摄影 / 李军

2013
中共山西年鉴

中　共　山　西　省　委　主办
中共山西省委党史办公室　编

中　央　文　献　出　版　社

《中共山西年鉴》编审委员会

《中共山西年鉴》编辑委员会

各市篇编委

太原市	白玉明	刘德清	谢　洋
大同市	李生明	景　京	王树鑫
朔州市	李根田	贾尚福	李　飞
忻州市	郝钧藩	王奋中	赵　芳
吕梁市	李良森	李俊有	薛　斌
晋中市	王建忠	李新文	杜晓凤
阳泉市	刘　星	郭玉珠	刘玉林
长治市	李东峰	孙宝英	陈青会
晋城市	高俊霞	贺建国	申福林
临汾市	扈新起	赵靖平	陈波轶
运城市	王　胜	樊朝阳	张建国

《中共山西年鉴》编辑部

主　　任　范小平

调 研 员　郭秀翔

副 主 任　徐海鸿

责　　编　李　军　袁佩红

图文设计　张晓娟

2012年11月20日，全国人大常委会委员长吴邦国在太原重工轨道交通设备有限公司考察。

（任灵杰　摄）

2012年3月10日，中共中央政治局常委、中央纪委书记贺国强来到人民大会堂山西厅，参加十一届全国人大五次会议山西代表团审议。

（任灵杰　摄）

2012年5月21日，中共中央政治局委员、全国人大常委会副委员长、中华全国总工会主席王兆国在山西潞安集团考察。

（任灵杰　摄）

2012年5月18日，中共中央政治局委员、国务院副总理王岐山在长沙参观第七届中国中部投资贸易博览会山西展区。

（孙荣祥 摄）

2012年8月26日，中共中央政治局委员、国务院副总理回良玉在朔州市参观造林绿化成果展示。

（孙荣祥　摄）

2012年2月16日，中共中央政治局委员、中央书记处书记、中央宣传部部长刘云山在山西日报报业集团印刷物流园考察。

（任灵杰 摄）

2012年2月18日，中共中央政治局委员、国务委员刘延东在中北大学考察。
（李联军　摄）

2012年9月5日，中共中央政治局委员、广东省委书记汪洋率广东省党政代表团在太原钢铁（集团）有限公司考察。

（任灵杰　摄）

2012年6月6日，中共山西省委书记、省人大常委会主任袁纯清在运城市夏县双庙村调研村务监督委员会运行情况。

（任灵杰　摄）

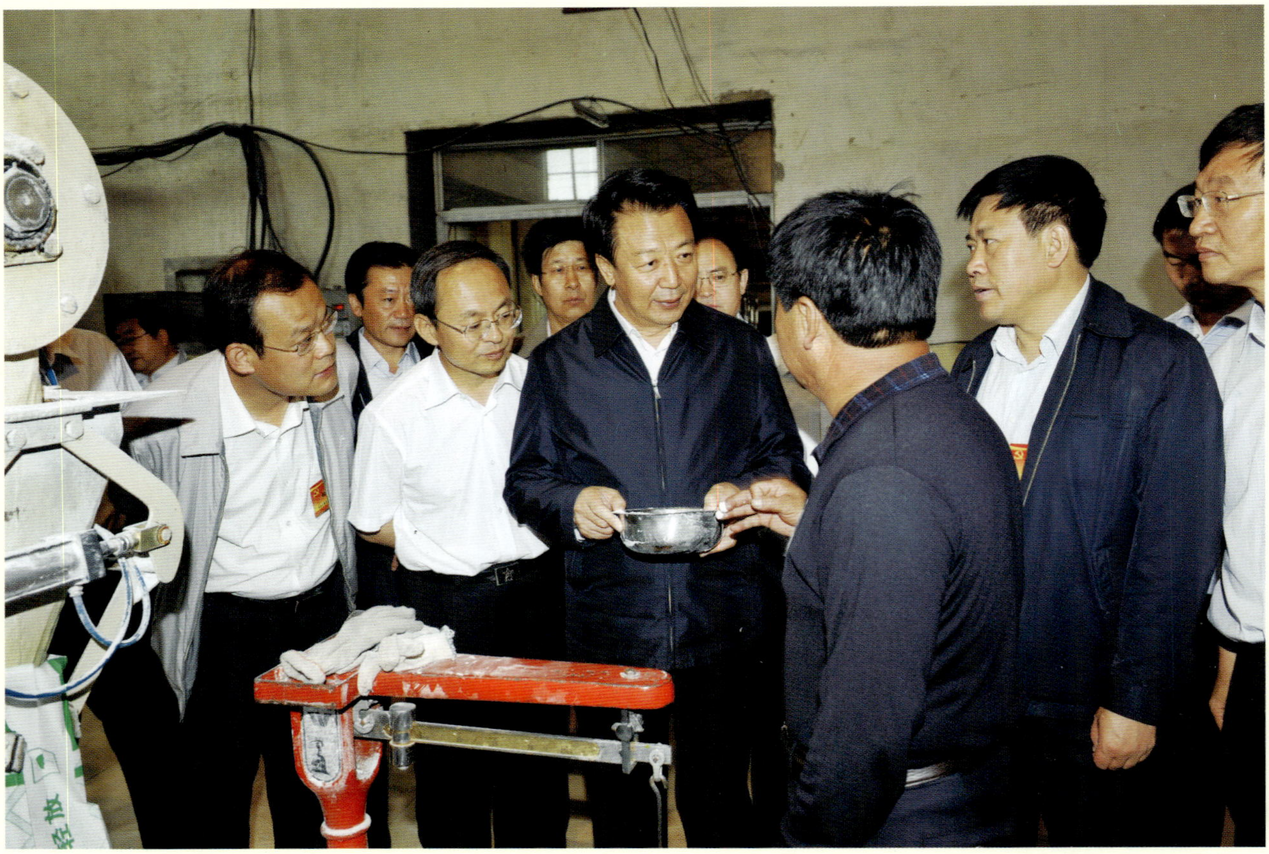

2012年6月7日，中共山西省委副书记、省长王君在五寨县前所乡右所村调研。

（樊文珍　摄）

2012年2月22日，中共山西省委常委、常务副省长李小鹏在太原市小店区西温庄天然气加气站调研。

2012年10月26日，中共山西省委常委、宣传部部长胡苏平在临汾调研。

2012年5月3日，中共山西省委常委、副省长高建民在朔州市调研保障性住房建设。

2012年6月30日，中共山西省委常委、组织部部长汤涛在朔州市山阴县下喇叭乡口子梁村看望已故村党支部书记彭云的家人，并给他们送去追认“彭云同志为创先争优优秀共产党员”的证书。

2012年8月23日，中共山西省委常委、省纪委书记李兆前在阳泉市平定县华通瑞盛高效农业示范园调研。 （续敏　摄）

2012年5月25日，中共山西省委常委、太原市委书记陈川平在山西大学调研。

2012年6月28日，中共山西省委常委、省军区政委张少华在山西省地震灾害紧急救援二队调研。

2012年10月12日，中共山西省委常委、政法委书记王建明在静乐县丰润高速口慰问联勤联动公安民警。

2012年1月15日，中共山西省委常委、统战部部长聂春玉在太重集团榆次液压有限公司项目部慰问一线农民工。

2012年4月21日，中共山西省委常委、秘书长杜善学在住村联系点平陆县部官乡郑沟村调研。

2012年6月29日，全省创先争优表彰大会在太原召开。

（任灵杰　摄）

2012年12月1日，中央宣讲团党的十八大精神报告会在太原举行。
（任灵杰　摄）

2012年2月23日，我国首个国家级煤炭交易中心——中国（太原）煤炭交易中心正式启动运营。

（杨耀华　摄）

2012年8月20日，以“新晋商·新山西·新跨越”为主题的首届世界晋商大会在太原召开。

（杨耀华　摄）

2012年9月16日，以“绿色能源　转型跨越”为主题的第四届中国（太原）国际能源产业博览会在太原隆重开幕。

编 辑 说 明

《中共山西年鉴》是中共山西省委主办的一部大型党史工具书，按年度连续出版，全面记录中共山西省委一年来召开的重要会议、发布的重要文件、进行的重大活动、开展的重要工作，系统反映全省各部门、各市县党的建设和其他各方面工作情况，为各级领导干部了解情况、科学决策、指导工作提供有力借鉴。

《中共山西年鉴》2013版记录的时限范围是2012年1月1日至2012年12月31日。所收资料采用分类编排法，共设置10个栏目。在保留传统栏目的基础上，特别设立了“保持党的纯洁性学习教育活动”专栏。本书资料主要由省委办公厅和各市县、各部门党委办公室提供，还有少部分转载自《山西日报》等。《附录》部分由省市统计部门和省委组织部供稿。“中央领导关注山西”专栏编排顺序按照来山西时间先后顺序编排。各部门工作概况中统计数字和领导成员名单以各部门所报资料为准。在本书组稿、编辑、印刷、出版过程中，得到了全省各有关部门的大力支持和协助，在此，表示诚挚的谢意。

由于《中共山西年鉴》2013版内容浩繁，涉及面广，编纂难度较大，加之编辑水平所限和部分单位未能按要求提供稿件，因此，所收资料疏漏之处难以避免，恳请广大读者批评指正，以便在今后的编辑工作中加以改进。

目 录

中央领导关注山西

中共山西省委工作概况

重 要 会 议

重要文献

省委工作部门工作概况

省人大常委会党组工作概况

省政府党组工作概况

省政协党组工作概况

省纪委（监察厅）工作概况

省高级人民法院党组工作概况

省人民检察院党组工作概况

省政府各厅局党组（委）工作概况

省直属事业单位党组（委）工作概况

群团组织党组工作概况

省管国有企业党委工作概况

中央部属单位党组（委）工作概况

驻晋部队党委工作概况

高等院校党委工作概况

市、县（市、区）委工作概况

中共太原市委工作概况

中共大同市委工作概况

中共朔州市委工作概况

中共忻州市委工作概况

中共吕梁市委工作概况

中共晋中市委工作概况

保持共产党员纯洁性学习教育活动

领导与专家论坛

人事变动

人　　物

大事记要

附　录

中央领导关注山西

文化潮涌春来早

——刘云山在山西考察文化改革发展侧记

早春的三晋大地，阳光明媚，春意渐浓。

2月16日至19日，中共中央政治局委员、中央书记处书记、中宣部部长刘云山来到我省，出席在太原召开的全国文化体制改革工作会议，并就文化体制改革、文化产业发展与文化惠民进行了深入考察调研。

刘云山对山西工作十分关心，对山西人民怀有深厚感情。他对右玉精神作出“持之以恒、艰苦奋斗、愚公移山、久久为功”的精辟概括，并欣然赋诗《右玉感怀》，彰显和丰富了右玉精神的特色和内涵。他倾注心血的八路军太行纪念馆，成为国家一级博物馆和4A级旅游景区；他对我省推出的文艺作品给予鼓励和指示，进一步扩大了山西文化产品的影响力……

4天里，刘云山率领中宣部和中央新闻单位的主要负责同志，在省委书记、省人大常委会主任袁纯清，省委副书记、省长王君等分别陪同下，冒着风寒，深入太原、长治、晋城的社区、农村和宣传文化单位，俯身听民意，问政家常中，给正在努力走出转型新路、加快全面小康的山西人民，带来了党中央的深切关怀，增添了前进的力量。

这是刘云山时隔两年再次踏上三晋大地，也是他7年里四度来山西考察。一样的亲切笑容，一样的平易近人；一样的务实作风，一样的殷切期望。话语谆谆，道出他对山西工作的无比关怀；脚步匆匆，难挡他对山西人民的无限深情。特别是他对山西工作的高度肯定，给广大干部群众以巨大的鼓舞和信心。

媒体必须导向第一、新闻立台、人民至上

山西近年大力实施“五大战略”，加快建设文化强省，文化改革发展取得重大突破。文化企业改制后现状如何、前景怎样，是刘云山十分关心的问题。

2月16日下午，寒风凛冽。刘云山一下飞机便换乘中巴车踏上考察之旅。在山西日报报业集团印刷物流园，刘云山详细了解了山西日报印刷发展史。

“印刷物流园业务开展得如何？”

“目前主要还是印业，承印集团报刊和人民日报、环球时报等百余种报纸，兼有书刊、教材等彩色印刷品的印刷。”

“山西日报发行量有增长吗？有没有零售？”

“前几年一直稳定在16万份以上，今年突破了19万份。”

这是刘云山自2005年以来第三次莅临山西日报报业集团考察。山西日报全体员工把他的期望牢记在心，各项事业上了新的台阶。此次他把赞许的目光投向了印刷物流园——目前我省规模最大、设备先进、实力雄厚的现代化综合性印刷企业之一。在这里，刘云山对改革发展成果展板、报纸印刷博物馆和印刷制版车间等，一边观看，一边询问，兴趣浓厚，多次赞许……

山西出版传媒产业园是文化体制改革试点单位。得益于组建集团、整体改制，山西出版集团异军突起，成为实施文化强省战略的夺目亮点。

“改革前后效益有什么变化？”

“去年企业总销售收入达到68亿元，比前两年增长了30亿元。”

刘云山听后欣慰地笑了。

在图书展台前，他拿起一本本装帧精美的书，仔细翻阅，当看到《侯马盟书》《三晋石刻大全》等书时，他感叹地说，山西文化资源太丰厚了，要好好挖掘，好好宣传。

当了解到山西出版集团通过寻求合作，实现电子图书全面上线，并开始盈利时，他高兴地说，数字出版是未来的发展方向，你们能够稳扎稳打，找到合适的发展模式，这很好。

临别，他语重心长地说，改革确实给出版社带来了生机和活力。希望你们再接再厉，抓住机遇，好好发展，取得更大业绩。

山西广播电视传媒(集团)有限责任公司、山西广电信息网络(集团)有限责任公司是去年我省新组建的文化集团。在网络电视台互动演播室,听取主持人与专家的互动评论后,刘云山走上前与专家亲切握手,指出,不仅报纸等传统媒体要发挥正确舆论引导作用,电视等新兴媒体也要发挥导向作用。

在离开网络电视台时,刘云山主动提出与工作人员合影。他对大家说,山西电视台是我看得最多的台之一,你们的新闻节目、文艺节目、访谈节目以及生活类的节目,水平都很高。希望山西电视台办成全国一流的省级电视台。要成为一流电视台,关键是节目的品质和水平,更加重视社会效益,坚持导向第一、新闻立台、人民至上,做到社会效益和经济效益的统一。什么是人民至上?就是要在为老百姓服务方面,下更多功夫。

在广电信息网络 NGB 总前端,刘云山还详细询问了网络整合、人员安置等情况。

名演员领办民营文化企业,探索出了一条好路子

在深化文化体制改革、促进文化产业中,如何加强基层公共文化服务体系建设;在群众物质生活极大丰富后,如何更好地满足群众精神文化生活的新要求,是刘云山最挂念的。

2 月 17 日下午,刘云山来到清徐县孟封镇南里旺村,看望扎根这里的第 18 届中国戏剧“梅花奖”得主、著名晋剧演员胡嫦娥,考察她创办的山西清徐嫦娥文化艺术有限公司。

自 2004 年创建以来,嫦娥公司一直坚持“羊能上去的地方,我们的戏就要上去”。在送戏下乡的同时,他们还建立培训基地,招收戏剧学员,培养了大批后备人才。对此,刘云山十分赞赏。

“培养了多少学员?培养完了就在你们的剧团演出,还是到其他地方?”

“总共有 300 多人。留下的是少数,大部分都输送出去了。国有、民营院团都有。”

“去年演了多少场?”

“800 场,前年最多,有 1500 多场。”

“演出主要在什么地方?”

“陕西、山西、内蒙古都有。”

“在县城演吗?”

“基本是在县里和乡下演,现在演出剧目大戏有 65 本,小戏有 40 多折。”

刘云山越听越欢喜,勉励大家继续努力,并嘱咐一同考察的部委领导对这样的民营剧团要多关心、多支持。

在演艺厅,演员们正排练晋剧《穆桂英挂帅》,扎实的功底、精湛的演出,引起大家阵阵掌声。刘云山与演员一一握手。他称赞说:“名演员领办民营文化企业,有利于提高企业的知名度和影响力,你们探索出了一条好路子,创造了很好的经验。”

挖掘山西优势文化资源,大力发展文化产业

2 月 17 日下午,刘云山考察了清徐县的老字号“宝源老醋坊”。

“宝源老醋坊”距今已有近 600 年的历史。山西水塔老陈醋股份有限公司深入挖掘老陈醋的历史文化内涵,还原了明清时期的醋坊原貌,再现了古代酿醋场景,并搜集展出大量与醋有关的古版线装书籍、器具,既生动展示了酿醋生产工艺,又集中展现了醋文化在山西的源远流长。

从醋原料到醋工艺,从醋器皿到醋文献,从醋产品到醋文化,刘云山不时驻足端详,特别是对保存完好的西晋、辽、元等朝代醋缸、珍贵的手抄本《看曲总论》及大量与醋有关的木制印牌,深为赞许。他说:“这些都是文化,都是财富。”

临别,刘云山拉着公司负责人的手说,感谢你们对弘扬传统醋文化所作的贡献。希望你们深入挖掘老陈醋深厚的历史文化内涵,弘扬山西醋文化,做一篇醋文化的大文章。

吉利尔潞绸集团公司专门从事高档丝织麻面料及系列产品的研发生产,被誉为“太行山上一枝花”。潞绸文化园融产业开发与文化创意于一体,展现了悠久的潞绸文化与现代工艺的完美结合。2 月 19 日,刘云山认真考察了解丝绸手绣、织锦等传统工艺后,对企业负责人说,这是真正的文化企业,并勉励他们继续打造文化名片,把企业做大做强。

刘云山还考察了皇城相府旅游景区。从藏在深山人未识到国家 5A 级文化景区,从偏僻落后的小山村到全国十佳文明村,皇城村走出了一条文化与旅游融合发展的路子。2 月 19 日一大早,刘云山实地考察了皇城相府,从相府庄园的恢弘气势,到明清商业一条街浓厚的文化商业氛围,从丰富多彩的民俗文化表演到家家户户投身旅游产业,所见所闻,给刘云山留下深刻印象。他深有感触地说,文化是旅游的灵魂,没有文化的旅游就难有魅力和生命力。

弘扬革命传统,培育社会主义核心价值体系

在发展旅游产业中弘扬优秀传统文化,在开展红色文化旅游中加强爱国主义教育,是刘云山一直关心和倡导的。

巍巍太行,承载着一段光荣的历史,多少英雄的中华儿女在这里浴血疆场,与日本侵略者进行殊死斗争。

7 年前,刘云山亲临武乡考察后,作出了“把八路军太行纪念馆建成一流的爱国主义教育基地”的重要指示。2 月 18 日上午,当他再次置身这里时,一个全新的红色旅游格局已经形成。

步入展馆,在平型关大捷的场景前,在黄崖洞兵工厂模拟场景前,在八路军创建敌后抗日根据地电动沙盘前……刘云山看得很仔细,不时询问有关情况,与大家一道追忆那段峥嵘岁月。

在文化墙前,刘云山深情观看广大文艺工作者创作的木刻版画、美术作品及编印的报刊杂志,他深有感触地说:“文化建设很重要,不论什么情况下都要高度重视文化。”

当讲解员讲到“太行精神和井冈山精神、长征精神、延安精神、西柏坡精神一样,是中华民族精神的重要组成部分。这种精神已成为鼓舞三晋儿女为实现转型跨越发展而努力奋斗的巨大精神动力”时,刘云山当即称赞:“你讲得很好!”

在新建成的八路军将领馆和八路军文化园，刘云山体验了声、光、电的互动演示。他说："将领馆创意非常好，这些照片很珍贵。还可以搞得再丰富一些，增加形象化的东西，多征集、展出一些革命文物、文艺作品，如著作、油画、雕塑等等。"他对有关负责同志说："要把纪念馆管理好，把作用发挥好。尤其是免费开放以后，对如何更好地发挥革命传统教育基地的作用，要很好地研究，并作进一步的改进，大力弘扬太行精神，弘扬八路军精神。"

八路军文化园占地 18 万多平方米，仿照晋东南太行山区传统村落建筑风格，再现了当年八路军和根据地人民战斗生活和生产建设的原貌。在这里，刘云山与游客一起兴致勃勃观看军民团结反"扫荡"情景剧，体验八路军文化内涵，称赞这是对历史文化、红色文化、民俗文化的充分挖掘和大力弘扬。

2 月 19 日，已是时近中午，刘云山乘车一个多小时，来到大山深处的平顺县西沟村，看望全国著名劳动模范申纪兰和西沟村的干部群众。

刘云山一下车便与申纪兰亲切握手，热情交谈。他说："现在还是正月，我代表党中央、国务院来看望您，给大家拜个晚年。"当申纪兰连连感谢时，他又说："应该感谢的是你们。"

在西沟展览馆。一幅幅珍贵的照片、一件件珍藏的实物，生动展现了以李顺达、申纪兰为代表的西沟人，在共产党的领导下艰苦奋斗、建设山区的辉煌历程。

当讲解员解说到西沟村走出了李顺达、申纪兰两位全国劳动模范时，申纪兰谦虚地说："这都是党的培养，没有共产党就没有西沟，就没有我们。"刘云山深情地说："你是我们共产党的楷模，我们要向你学习。祝你身体健康。"

建设社会主义新农村，文化的力量不可低估

群众生活好起来了，文化方面有什么新要求，基层公共文化服务体系建设得怎么样，刘云山对此非常关心。

泽州县巴公镇东四义村，一个新中国成立之初就闻名全国的卫生模范村、改革开放后红旗不倒的全国文明村……

2 月 18 日下午，刘云山来到东四义村，一走进展览室，就被该村各个时期取得的众多显赫成绩吸引住了。特别是绣有"毛泽东"署名的锦旗和周恩来亲笔签署的奖状，更是深深吸引了他的目光。在村党支部书记田真炉的介绍下，刘云山边看边听，边听边问。

"壮大村集体经济主要靠什么？"

"过去靠劳力、靠体力，现在主要靠科技，靠提高农民科技文化素质，近年来我们村培养了几十个大中专学生，还有两个博士，六个硕士。"

在村文化广场、旅游公园，村民有跳舞的、有打太极的，村表演队正在演奏当地特色节目"上党八音会"，刘云山径直走过去，看得津津有味，并与演出人员亲切交谈，合影留念。

当得知"上党八音会"是国家非物质文化遗产时，他指出，民间艺术的传承十分重要。赵树理《小二黑结婚》等作品中就有"八音会"的内容。

临别，刘云山问村党支部书记田真炉："说说你对科学发展观的理解。"

田真炉回答道："发展经济要依靠科技创新，实现转型跨越，经济发展是前提，提高农民文化素质、丰富农民文化生活同样不可少。"

刘云山满意地笑着说："你对科学发展观的理解很深刻。建设社会主义新农村，文化的力量不可低估。文化建设的最终目的是为了人民群众，要把文化建设的重点放在基层。"

希望山西文化改革发展走在全国前列

2 月 18 日下午，刘云山与我省部分市县、宣传文化单位、文化企业和农村负责同志进行了座谈，听取学习贯彻十七届六中全会精神、推进文化改革发展的情况和意见建议。长治市委书记田喜荣，晋城市委常委、宣传部长康吉仁，武乡县委书记周涛，高平市委书记谢克敏，泽州县文广新局局长马才富，山西吉利尔潞绸集团公司董事长王素琴，泽州县巴公镇东四义村党支部书记田真炉，阳城县北留镇皇城村党总支部书记、村委会主任、皇城相府（集团）实业有限公司董事长张家胜等先后发言，围绕文化体制改革、文化惠民、建设红色文化旅游基地、打造精品剧目、文化企业发展、农村基层文化、文化旅游融合等谈认识、谈体会。刘云山不时插话与大家进行交流。在听取发言后，刘云山作了重要讲话，对山西经济社会发展和文化建设、改革取得的成绩给予充分肯定，对山西下一步发展提出殷切期望。他说，山西的科学发展、转型发展呈现出良好态势。山西抓住建设资源型经济转型综改试验区的难得机遇，以煤为基、多元发展，大力调整产业结构，提升主导产业效益，发展循环经济，壮大新兴产业，实现了经济又好又快发展，在科学发展方面迈出新的步伐，经济社会发展迈上新的台阶。对民生问题高度重视，在民生建设方面取得明显成效，把改善民生放在突出位置，大力推进民生工程，农村"十个全覆盖"实际就是民生建设、民生工程。文化改革、文化发展实现了新的突破，像抓经济建设一样抓文化建设，像抓物质民生一样抓文化民生，像挖地下资源一样挖文化资源，贯彻十七届六中全会精神行动迅速、举措有力，有高度的文化自觉，文化建设呈现出新的气象、新的面貌。刘云山要求，山西文渊深、文脉广、文气足，文化建设成果多、亮点也多，要发挥文化资源、文化底蕴、文化氛围深厚的优势，在贯彻落实十七届六中全会精神和文化改革、文化发展方面进一步走在前列，在全国发挥率先、示范作用。要在大力弘扬社会主义核心价值体系，培育良好思想道德风尚方面走在前列、创造更多经验；在深入推进体制机制创新、加快文化事业文化产业发展方面走在前列、创造更多经验；在出人才、出成果，培育文化名家、创造文化精品方面走在前列、创造更多经验；在加强基层文化建设，提升文化民生方面走在前列、创造更多经验。

袁纯清在座谈会上说，刘云山同志来我省视察，对全省人民是巨大鼓舞，对全省各项工作是有力促进。刘云山同志

的重要讲话紧密结合山西发展特别是文化改革发展的实际，针对性、指导性很强，特别是提出希望山西在文化改革、文化建设、文化发展方面走在全国前列，发挥率先、示范作用，既是对我们的信任，也是鼓舞和鞭策。我们要认真学习贯彻全国文化体制改革工作会议精神和刘云山同志重要讲话精神，把文化改革、建设和发展作为一种重要领导责任、工作责任、政治责任来对待，明确实施的路线图、工作的进程表，在一个文化资源相对丰富、经济发展比较滞后的地区率先走出建设文化强省的路子，使文化改革发展努力走在全国的前列。

省委常委、宣传部长胡苏平，省委常委、太原市委书记陈川平，省委常委、秘书长杜善学，副省长张平，省检察院党组书记、省公安厅厅长杨司分别陪同考察或参加座谈会。

（徐补生）

新起点 新期许 新目标

——刘延东在山西考察调研侧记

2月17日至18日，中共中央政治局委员、国务委员刘延东一行在山西太原、晋中、吕梁等地对教育、科技、文化等领域的工作进行了考察调研。早春时节，虽然依旧是春寒料峭，但一路走来，刘延东对山西人民的关怀之情与殷切期许给人们心头带来了融融暖意。

考察调研期间，刘延东一方面了解所到单位、学校、乡村的情况，另一方面从宏观视角和理论高度为当地具体工作提出了期望，指明了方向。刘延东多次阐明，中国正处在从世界大国走向世界强国的新起点，山西正处于转型跨越的历史关头，新形势下，怎么把握新机遇？如何瞄准新目标？对此，她在考察调研中就上述问题给与了精辟论述。

要挖掘与提炼刘胡兰精神新的内涵

2月17日下午，考察团一行步入文水县刘胡兰纪念馆，这是刘延东一行此次在晋考察的第一站。“当年血溅处，今日万花红”。在聆听了烈士的英雄事迹后，刘延东一行向烈士墓敬献花圈，寄托哀思。当她得知刘胡兰烈士的五弟刘继烈在场时，刘延东无限深情地对刘继烈说道，今年是刘胡兰烈士诞辰80周年，牺牲65周年，在党的十八大前夕，我们专程来到刘胡兰纪念馆，以此表达对中国革命史上这位伟大女英雄的敬意。刘胡兰烈士把年轻的生命献给了中国革命的伟大事业，是你们全家的光荣，她的精神将永存人民心中。

在烈士塑像前，刘延东向人们谈到了法国民族女英雄贞德，她说，虽然历经几百年，圣女贞德的事迹依然在全世界广为流传。刘胡兰精神是山西人民的宝贵财富，刘胡兰纪念馆这些年办得很好，规模也很大，今后要结合社会主义核心价值体系建设，围绕理想信念教育，进一步挖掘提炼刘胡兰精神新的内涵，让刘胡兰精神成为鼓舞人们前进的强大动力。

当听说现在的小学课本没有编入刘胡兰事迹时，刘延东随即告诉随行的教育部相关负责人，应该让刘胡兰精神重回教科书，结合当前新的形势，对孩子们进行爱国主义教育。

以文化的大发展增加人民的幸福感

在太谷县水秀乡北郭村文化广场，鼓乐齐鸣，歌舞欢腾，经济上富裕起来的村民们脸上洋溢着幸福的表情。今天他们迎来了尊贵的客人，刘延东一行刚刚走进广场，他们就用红火质朴的鼓乐舞蹈展示出当代农民的文化风采。“不出正月就是年”，刘延东首先给乡亲们拜了一个晚年，为他们送上亲切的问候与美好的祝福。看着齐聚在广场上打扮入时的村民，她赞美道，你们的穿着都比我时髦、漂亮啊！一句话引来人群中阵阵欢笑与掌声。

在村图书室，刘延东告诉村党支部书记董新民，要让图书流转起来，发挥出书籍更大的作用。看到乡亲们丰富多彩的文化生活，刘延东告诉他们说，今天，全国文化体制改革工作会议在山西太原召开，来自全国31个省、市、区及中央各部委的450多名代表齐聚太原，研究贯彻中央精神，推动社会主义文化大发展、大繁荣。袁纯清书记向我推荐了北郭村，说这里的文化发展增强了村民们的幸福感，我来这里就是为了看看农村的文化建设，感受乡亲们的幸福生活。今后，我们国家的文化资源要向基层、向农村倾斜，要更好地为农民的幸福生活提供公共服务。经过30多年的改革开放，中国农村的生产生活发生了很大变化，今年，党的十八大即将召开，希望北郭村作为社会主义新农村建设的典范，在加快经济建设的同时，把文化建设放到一个重要位置，使全体村民都能享受到社会主义文化建设带给他们的幸福和快乐。

最后，刘延东祝愿山西省全体父老乡亲龙年龙腾虎跃，蒸蒸日上，过上更加美好的生活。

短短一席话，让乡亲们倍感亲切，顿无拘束。道别时，村民们依依不舍，争相上前与刘延东握手，并希望她能再来北郭村。大方的举止，热烈的气氛，村民们在国家领导人面前，尽情展示着自信与幸福。

职业教育大有可为，高等教育使命在肩

太谷县职业中学是一所国家级重点中等职业学校，是集教学、实训、生产为一体的现代化职业学校。在校区楼前，摆列着学校实习实训与生产中的成果和产品，刘延东仔细观看，不时驻足询问。

在教室中，刘延东询问了学生们的学习、生活情况，并特地问机电系王小龙同学上学是否免费，得到肯定回答后，刘延东露出欣慰的笑容。

面对操场上列队相迎的太谷职业中学的学子，刘延东在讲话中语重心长地说道，职业中学大有可为，在中国工业化、城镇化进程中，职业中学发挥着不可替代的作用。希望同学们今天好好学习，掌握本领，立德树人，明天在各条战线上成为社会主义事业合格的接班人。同时，希望太谷职业中学进

一步探索办学模式，为全省、全国职业学校作出表率。

2月18日上午，刘延东一行来到了中北大学。中北大学是中国著名高等学府，创建于1941年，是一所具有70多年光辉历史的老牌名校，其前身是八路军总司令部在太行抗日根据地创办的我党我军第一所兵工学校——太行工业学校。在今年刚刚结束的国家科技工作会议上，该校揽获三项国家科技进步奖二等奖。

参观中北大学微米纳米技术研究中心时，刘延东指出，要着力推进军工技术向民用领域的推广，以军工带动民用，民用产业发展起来后再反过来推动军工项目。针对中北大学多年来发挥太行精神所取得的办学与科研成果，刘延东首先表示敬意并祝贺，之后，她在讲话中就高等教育问题进行了精辟论述。

刘延东指出，高等教育的改革发展任重道远，目前中国已经作为世界大国屹立东方，成为世界瞩目的中心，但我们还不是世界强国。本世纪中叶，我们要进入中等发达的现代化国家，科教兴国、人才强国是根本所在。高等院校肩负着光荣的历史责任，一定要在人才培养、科学研究、社会服务三个方面办出特色和水平，克服同质化倾向。人才培养方面，必须把学生作为教育的中心，更新办学理念，改革教学方法，创新培养模式，培养出合格、高端、有责任感、有创新精神和动手能力强的人才。在科研方面，中国2020年要进入创新型国家行列，本世纪中叶，要进入世界科技强国，而高等院校是知识创新的主体和生力军，目前我国每年的科技大奖有70%都被高等院校拿走，所以高等教育应该面向国家经济社会战略发展的重大需求，瞄准世界科技前沿，担负起这一光荣的历史使命。

刘延东指出，按照我国中长期教育规划纲要，对高等院校的支持今后重点是支持学科，只要学科在领域内是领先的，国家都要一视同仁给予支持。中北大学有自己的专业优势，要瞄准国际科技前沿，办出特色、办出水平、办出品牌。

从大国走向强国，科技创新是关键所在

太原重型机械集团有限公司是新中国成立后我国自行设计和建造的第一座重型机器厂，始建于1950年10月4日，1995年11月被国家列为全国100家建立现代企业制度试点企业。该集团目前有研发人员1000余名，研发投入占到销售收入的5%，位于全国前列。

在太重集团考察调研中，刘延东在听取了情况介绍后，兴致勃勃地参观了该集团自己研制的设备产品，并走到一辆大型挖掘机前照相留影。刘延东说，太重大名名扬四海，是我一直想来的地方。这家企业建厂50年，创造了中国360多个第一，为国争了光。希望太重集团在未来发展中，在核心技术研发方面充分发挥企业的主体作用，实现科技与经济的紧密结合，发挥传统优势，成为带动行业共性技术、关键技术的排头兵。

在对中国电子科技集团公司第二研究所考察调研时，刘延东对该所科研项目、新材料、新产品作了详细了解，并就一些材料、产品的制作工艺与国外同类产品进行了比较。刘延东说，中国电子科技集团公司第二研究所一代代工作者半个世纪的拼搏，不断创出优异成绩，为国防工业现代化作出了巨大贡献。到2015年，我国科技投入将达1.5万亿元，科技将成为新的增长点。但目前我国依然没有进入科技强国之列，在一些科技领域还要受制于人，因为核心技术是买不来的。为此，希望研究所以建所50周年为契机，按照中央的战略要求，发挥专业优势，在自主创新上下工夫。同时，把科技研发与经济社会发展紧密结合起来，再接再厉，再创辉煌。

刘延东一行在晋考察调研期间，省领导袁纯清、王君、陈川平、张平、任润厚等陪同考察调研。

（贾力军）

做好五篇大文章 山西明天更美好

——贺国强参加山西代表团审议侧记

晋唐神韵，尧舜遗风。移位装修、重新启用的人民大会堂山西厅，庄重典雅，大气恢宏。“五台圣境”屏风、“云冈石窟”壁画、“应县木塔”雕刻……无不彰显出三晋文化的魅力与厚重。

3月10日下午，出席十一届全国人大五次会议的山西代表团，在人民大会堂山西厅举行全体会议，审议全国人大常委会工作报告。

下午3时，中共中央政治局常委、中央纪委书记贺国强来到山西代表团，与代表们一起审议吴邦国委员长代表十一届全国人大常委会所作的工作报告，代表们鼓掌欢迎。

话建设成就　献发展良策

主持会议的代表团团长袁纯清首先发言。他代表全省人民和全团代表对贺国强同志参加山西团的审议表示欢迎和感谢。

袁纯清在审议吴邦国委员长代表十一届全国人大常委会所作的工作报告时说，报告总结了人大工作的新进展，作出了坚持和完善人民代表大会制度的一系列新部署，提出了推进社会主义民主政治建设的新要求，体现了坚持党的领导、人民当家作主、依法治国的有机统一，体现了发扬民主与健全法制的有机统一，体现了服务发展大局与关注群众利益的有机统一，对进一步做好人大工作、加强社会主义民主法治建设，必将发挥重要指导作用。我们要认真落实报告作出的各项部署，结合山西实际进一步搞好人大工作，不断提高代表履职水平，加强人大常委会自身建设，全面提高人大工作科学化水平。

袁纯清还简要介绍了山西一年来在经济社会发展方面

取得的成就。

副团长王君在发言时说，温总理所作的政府工作报告，总结成绩实事求是，分析问题深刻透彻，目标确定科学合理，部署工作思路清晰，是一个主题鲜明、内容丰富、举措有力、文风朴实的好报告；吴邦国委员长所作的全国人大常委会工作报告，客观总结了过去一年的人大工作，科学部署了今年的人大工作，特点、亮点、重点都很突出，是一个高举旗帜、服务大局、促进发展、保障民生的好报告，我完全赞成和拥护这两个报告。过去的一年，在党中央、国务院的坚强领导下，我国各项事业又取得了新的成就，开创了改革开放和社会主义现代化建设新局面，实现了"十二五"良好开局。山西和全国一样，经济社会发展取得了新成绩，城乡面貌发生了新变化，人民生活水平得到了新提高，改革开放取得了新进展。2012年，我们将在党中央、国务院的坚强领导下，紧扣主题，围绕主线，牢牢把握稳中求进的工作总基调，认真贯彻落实中央各项决策部署，贯彻落实全国"两会"精神和国强书记的重要讲话精神，着力推动转型跨越，全面做好各项工作，以优异成绩迎接党的十八大胜利召开。

王君还就加大对山西的转移支付力度、扩大山西享受西部大开发和东北老工业基地相关政策范围和支持我省发行地方政府债券等问题提出了建议。

郭凤莲、郑建国、陈国荣、李晓波、田喜荣、李力、韩长安等先后发言，代表们谈看法、提建议，讨论十分热烈。他们围绕发挥财政职能作用、深入推进工程建设领域专项治理、发展新兴产业等内容提出意见建议。

坦诚交流　务实回应

贺国强认真听取大家的发言，对代表们提出的意见和建议逐一记录并不时与代表进行交流。

听完郭凤莲代表的发言后，贺国强说，回去代我向大寨的乡亲们问好。去年我到大寨，给我留下很深印象。新时期的大寨，既有艰苦奋斗的传统精神，又有改革开放的时代精神，这两个精神结合得很好。

对太钢的发展贺国强非常关心。太钢集团董事长李晓波代表发言时，贺国强关切地询问：过去某些钢是稀缺的，要靠进口。你们生产的不锈钢能满足国内市场需要吗？

李晓波说，不仅能满足国内需求，而且已经出口，从2008年到现在，已经累计出口120万吨。去年我们不锈钢产量达到了创纪录的302万吨，现在化工行业加氢反应器不锈钢焊带70%是太钢制造的。

贺国强听后非常高兴。

潞宝集团总裁韩长安是位热心慈善的民营企业家，17年累计捐出3个多亿做公益事业，尤其是汶川和玉树地震后，两次接回2300多名学生，到他创办的长安慈善学校免费过渡复学，表现出一位新晋商的社会责任。

听了韩长安的发言，贺国强很是感动。他说："我们要向你学习。"

时间已近下午5时，主持会议的团长袁纯清想让贺国强同志讲一讲。看到在座的申纪兰，贺国强说，请纪兰代表发个言吧，你是一到十一届的唯一代表。

申纪兰说，我是个农民代表，农民对政府近年的工作非常满意，出台了许多惠农政策，不但种粮免税，还吃上了低保。拿我们山西来说，农村五个全覆盖给农民修了路、通了水，连家门口都通了油路。今年省政府还给每户农民供了一吨"暖心煤"，真是做梦都没想到。

殷殷关切　深情嘱托

听了代表们的发言，贺国强表示，完全赞成吴邦国委员长所作的全国人大常委会工作报告。对山西过去一年取得的成绩，给予充分肯定。他说，过去的一年，山西省经济社会发展负重前行，真抓实干，取得显著成绩。省委、省政府团结带领广大干部群众，认真贯彻落实中央决策部署，锐意进取，顽强拼搏，各项工作取得新的进展和成效。各项数据充分说明，山西经济社会发展不仅速度是快的，而且质量和效益也是好的。对你们取得的成绩，我感到由衷的高兴，也向大家表示诚挚的祝贺。

关于山西的经济社会发展工作，贺国强讲了五点意见：一是要继续做深煤炭产业发展这篇文章。进一步在煤炭产业优化升级和煤炭产品深加工上下工夫，大力发展与煤炭紧密相关的煤电、煤化工、煤焦化、煤环保等产业，加强煤炭资源的综合利用，拉长产业链，提高附加值，不断把资源优势转化为产业优势、竞争优势和发展优势，努力把山西建设成为国家新型能源和能源后加工基地。二是继续做强非煤产业发展这篇文章。统筹发挥好煤炭资源、非煤资源这两大优势。做大做强焦化、冶金、建材、钢铁等传统非煤产业，大力发展先进装备制造业、现代煤化工、新兴材料工业以及新能源、信息技术等高新技术产业，努力把山西建设成为国家现代制造业的重要基地。三是继续做优文化和旅游业发展这篇文章。在传承、挖掘和保护好各种历史文化资源的同时，加快提高文化旅游产业的发展水平，加大历史文化名镇、名村和五台山等重点文化景区开发力度，积极推进文化旅游资源项目建设，全面提升文化旅游的内涵和品位，努力把山西建设成为文化和旅游的强省。四是继续做实生态建设和环境保护这篇文章。坚持发展和保护并重，加强环境污染防治，加大重点区域流域的生态治理修复力度，加强城乡环境综合治理，大力加强生态建设环境保护，深入推进造林绿化工程，努力再造山川秀美的新山西。五是继续做好加强和改进党的建设这篇文章。坚持党要管党，从严治党，以改革创新精神全面推进党的思想、组织、作风、制度和反腐倡廉建设，不断提高党的建设科学化水平，努力为山西经济社会又好又快发展提供坚强的政治保证。

他要求在加强党的建设中保持和发展党的先进性、纯洁性，在推进伟大事业中体现和检验党的先进性、纯洁性，在党员干部实际行动中践行和落实党的先进性、纯洁性，为党和国家事业发展提供政治保证。

袁纯清最后说，贺国强同志非常关心山西工作，多次作出重要指示。贺国强同志的讲话内涵丰富、深刻，具有很强的思想性和指导性，对山西工作的肯定是对我们的巨大鼓舞，提出的做好"五篇文章"的要求，使我们能够站在一个更高的起点上谋划和推进山西科学发展。我们要认真贯彻落实贺国强同志重要讲话精神，着眼于稳中求进，把稳增长、调结构、控物价、惠民生、抓改革、促和谐更好地结合起来，保持经济平稳较快发展；着眼于加快转型综改试验区建设，积极地大胆地先行先试；着眼于"十二五"规划的落实，加快推进工业新型化、农业现代化、市域城镇化、城乡生态化，在转型的基础上努力实现跨越发展。我们要充分认识保持党的先进性和纯洁性的重要性和紧迫性，进一步把反腐倡廉建设抓紧抓好，深入开展保持党的纯洁性学习教育活动，筑牢拒腐防变的思想道德防线，着力解决人民群众反映强烈的突出问题，引深煤焦领域反腐败专项斗争，始终保持惩治腐败的高压态势，建立具有山西特色的惩治和预防腐败体系，为转型跨越发展提供政治和纪律保证，为党的十八大胜利召开营造良好氛围。

离别时，贺国强和代表们一一握手，关切地嘱咐申纪兰代表，"一定要保重身体"。

代表团副团长申联彬、李小鹏、胡苏平、杜善学、杜玉林等参加审议。环境保护部部长周生贤、财政部副部长王军、国家发展改革委党组成员王庆云及其他国家部委领导同志到团听取意见建议。

（孟银凤　刘　宇　尚慧辉）

绿满三晋情满怀

——王兆国在山西考察侧记

入夏时节，生机无限。三晋热土，绿色尽染。

5月20日至23日，正当全省上下奋力攻坚项目落地，推进转型跨越，以优异成绩迎接党的十八大胜利召开的重要时刻，中共中央政治局委员、全国人大常委会副委员长、中华全国总工会主席王兆国，带着党中央对山西人民的深切关怀，踏上三晋大地，深入基层单位，走近干部群众，深入考察了新农村和城镇化建设、产业转型、企业自主创新等情况，并亲切慰问老劳模和困难职工。

王兆国对山西走出转型新路、加快全面小康寄予厚望，充满期待。4天里，在省委书记、省人大常委会主任袁纯清，省委副书记、省长王君等陪同下，王兆国从南到北，深察细访，足迹遍及晋城、长治、吕梁、晋中、太原等地，一句句叮咛、一声声问候，一个个期许、一次次交谈，深深温暖了广大干部群众的心，更给大家以深刻的启发、巨大的鼓舞。

全国人大常委会副秘书长、机关党组书记王万宾，中华全国总工会副主席、书记处第一书记王玉普，中华全国总工会副主席、书记处书记张鸣起随同考察。

农村城镇化节省了大量土地，农业集约化经营释放出更大活力，促进了新农村建设和城乡统筹

阳城县润城镇是王兆国此行考察的第一站。为改善采空区村民的居住条件和解决吃水难，当地政府将煤矿收入用于城镇化建设，整体搬迁7个村，建起了万人移民新村——洎水新村。

5月20日下午，王兆国来到这里，一下车就被焕然一新的农村新面貌和现代气息深深吸引。

"移民后腾出的宅基地如何使用？"他向簇拥过来的群众问道。

"复垦。所有耕地全部搞了土地流转，进行集约经营。"

"新房农民买得起吗？"

"买得起。一套110平方米的新居，农民个人掏万把元，其余都是集体补贴。"

当听说农民拥有新房的产权时，王兆国当即称赞说，这就是城镇化的好处，农民可以和市民一样用房产抵押贷款，等于盘活了农民的资产。同时他指出，宅基地产权问题涉及到立法，需要进一步探索。

王兆国十分关心移民新村的配套设施建设，看到移民新村成为最美的农村，不仅超市、学校、储蓄所、邮政、敬老院等一应齐备，而且有一流的乡镇医院，多达38个服务窗口的高标准便民服务大厅，给农民办事提供极大方便，他频频点头，给予赞许。

王兆国指出，农村走专业合作社发展路子，可以节省大量土地，实现集约化经营，释放出更大发展活力，促进新农村建设和城乡统筹。同时要明确，前提是农民自愿，一定要保障农民的合法权益。

同样是推进城镇化，孝义市梧桐新区探索出另一种模式。

5月22日上午，梧桐新区办事大厅，王兆国与工作人员和前来办事的群众热情交谈。得知村子变成社区后，耕地用途不变，腾出的宅基地搞了新型城镇化建设，经济发展了，村民就业解决了，城镇居民享有的便利、福利都享受得到，王兆国非常高兴。他说，真正实现城镇化，必须不断提高农民的工资性收入，解决好农民的就业、社会保障、住房等问题。你们实现了土地集中使用，农业合作社加上新产业的发展，让更多的农村劳动力转变成产业工人，农民群众得到了更多的收入和更全面的福利，这是一条很好的城镇化路子。

皇城相府是我省最为火爆的旅游景区之一，皇城村也因此走出了一条依托旅游促进新农村建设、加快城镇化步伐的路子。

5月20日下午，王兆国实地考察皇城相府，并饶有兴致地观看了当地的非物质文化遗产——"八音会"表演。

"你们演这么好，专业水平这么高，哪儿学的？"

"艺校。村里给出学费，只要愿意，都可以学。"

"年收入有多少？"

“平均4.2万元。”

王兆国深有感触地说，你们的表演既给游客带来了艺术的享受，也宣传了历史和文化。通过旅游业拉动，农民变成了专业文艺工作者，收入比城市职工还要高，这种发展模式很好。山西历史悠久，文化底蕴深厚，要挖掘优势资源，大力发展文化旅游产业。

转型跨越离不开科技进步、自主创新，要全心全意依靠广大科技人员和企业员工，走自主研发道路，创造更多的完全自主知识产权

王兆国十分关心山西以煤为基、多元发展的实践探索，对山西依靠科技创新实现产业升级，走出转型新路给予极大关注。

潞安21万吨/年煤基合成油示范项目是国家级示范项目，潞安集团因此成为目前国内惟一掌握钴基、铁基两种催化剂进行煤制油的企业，并拥有完全自主知识产权。

5月21日上午，王兆国来到潞安集团煤炭综合利用循环经济区，详细考察该项目的实施情况。

“投产几年了？”

“快3年了。从2009年7月至今一直连续稳定运行。”

“核心技术是自主研发吗？”

“是。由中科院山西煤化所自主研发。”

“合成产品有哪些？”

“主要有柴油、石脑油、石蜡、合成氨和尿素。”

王兆国详细了解公司总体规划、项目实施情况，参观了生产控制中心中控室、总控室及陈列的产品。他说，过去讲煤变油，用的是从国外引进的技术，现在不同了。这就是科技进步、自主创新，是靠我们科技人员和广大职工的创新劳动，创造了完全自主知识产权，生产出一系列石油化工产品，对你们的创造性发展成就表示祝贺。我相信，潞安集团在这个新产业上一定能创造出更多更大更好的成绩。

孝义乐百利特LED照明产业项目，由海归博士、“千人计划”专家伍永安创建，是山西重点转型项目。王兆国称赞他们把人才、科技和资本很好地结合起来，创造出了一个新光源产业。

在观看公司产品时，王兆国热情鼓励企业抓住国家对节能产品推广和支持的政策，抓住新兴环保产业发展的机遇，坚持自主创新，在关键技术上不断取得突破，积极抢占更多国内外市场。

太重集团是新中国自行设计、建造的第一座重型机器厂，在大型起重机领域创造了多项世界之最，主导产品全部实现出口。王兆国考察了挖掘焦化设备分公司和起重机分公司，对他们坚持自主创新、积极占领国际高端市场表示赞许。他说，太重领导、工程技术人员和全体职工用聪明才智和勤劳双手，输出大量好产品好人才，创造了好成绩，希望太重广大职工继续发扬国有企业工人阶级的优良传统、劳模精神和良好风貌，再接再厉，以奋发有为的精神状态和坚持不懈的劳动，在各自岗位上为太重的发展，为太原、山西和全国的经济发展做出更大贡献。

潞绸有着辉煌的历史，吉利尔潞绸集团是目前华北地区规模最大的丝绸织造印染企业。王兆国深入潞绸文化产业园吉利尔丝麻文化展馆，仔细了解丝麻历史、公司产品和公司改制发展历程，对手绘丝绸产品赞不绝口，希望他们主动适应市场竞争，不断推出新产品，继续保持良好态势，努力创造潞绸新的更大辉煌。

企业家要把工会的作用发挥好，积极建设和谐企业与和谐劳动关系，工会要做好促进企业发展和维护职工权益两项重要工作，实现好职工各项权益

在新的历史条件下，如何发挥好工会作用，处理好促进企业发展与维护职工权益的关系，是王兆国此次调研的重点。

5月22日上午，王兆国深入孝义市兴安化工有限公司，对300万吨4A沸石及多品种氢氧化铝项目进行考察，详细询问公司职工“四险一金”交纳、职工业余文化生活、大病保障及工会工作情况。

该项目由杭州锦江集团兴建，致力打造全国一流的现代化新型铝工业基地，四大能耗指标实现国内同行业最低。

“从技术装备讲，你们和国内、世界的先进企业比较是什么水平？”

“世界一流，某些技术已经走在前面。”

“业余文化生活有安排吗？职工生大病怎么办？”

“有文体活动室和活动场地，有大病互助资金，全靠工会组织。”

“这很好啊！”王兆国脸上露出满意的笑容。他说，通过工会来推动和谐企业、和谐劳动关系的建立很重要。把企业发展好，提供的就业岗位就会更多；把职工生活福利保证好，职工就会为企业发展做更大贡献。企业工会的原则就是促进企业发展，维护职工权益。企业要充分发挥工会一肩挑两头的作用；工会既要为职工着想，维护职工权益，也要考虑长远，为促进企业发展做贡献。

西铭矿有着50多年的开采历史，是山西焦煤西山煤电集团所属的特大型现代化矿井之一。

5月23日下午，王兆国深入西铭矿考察安全生产及工会帮扶情况。在矿工服务站，一边是几位工嫂正为矿工缝补衣服，另一边是热腾腾的饭菜已摆上桌。看到准备就餐的矿工，王兆国大步上前与大家紧紧握手，亲切交谈起来。

“你们老家是在哪里？”

“月收入有多少？”

……

当了解到井下矿工一个月可以挣到1.3万元时，王兆国高兴地说，你们用自己的诚实劳动、勤奋劳动和创新劳动，为祖国的现代化建设开采了宝贵的煤炭，照亮了全国，给全国人民带来了光明和温暖。我国改革开放的巨大成就，靠的是党中央的正确领导，靠的是工人阶级的努力奋斗。我代表党中央、全国人大和总工会，向你们表示亲切慰问和衷心感谢，祝愿大家把煤矿、把山西、把国家建设得更加美好。

临走，王兆国又到矿工会建立的困难职工帮扶平台——爱心救助站、爱心超市和爱心药店，了解扶贫帮困情况。他对西铭矿及工会创新帮扶机制，采取党员干部“一助一”结对帮扶困难职工的做法，给予高度评价。他说，要充分发挥党组织、工会在参与加强和创新社会管理方面的独特政治优势、组织优势、工作优势，切实服务职工群众，建立起党组织、工会与职工群众更紧密的联系，把广大职工更加紧密地团结在党的周围。

在太重考察时，王兆国还专程登门看望慰问了全国劳模、太重集团技术中心退休职工周国彰和太重集团因大病致贫的困难职工颉敦梅，详细询问他们生活、工作状况，并送上慰问金。

在周国彰家里，王兆国亲切地拉着周国彰的手，感谢这位老工程师为太重、为我国重型机械科研做出的重要贡献。他说，太重是全国机械制造领域的排头兵，近年积极自主创新，能够发展到今天的规模，掌握大量国际领先的关键核心技术，并将产品延伸到高铁、风电等领域，这其中有你们的功劳。

在颉敦梅家里，王兆国与她推心置腹，促膝而谈，关切地询问病情及治疗情况，勉励她树立战胜疾病和困难的信心，祝愿她保重身体，早日康复，生活幸福。他还叮嘱有关同志对困难职工给予更多的关爱，使他们感受到党和政府的温暖。

太行精神是太行军民用鲜血和生命铸就的伟大的民族精神、不屈的抗争精神和敢于牺牲的大无畏精神，值得我们永远学习

太行精神，光耀千秋。武乡革命老区在王兆国心中的分量很重很重。

八路军总部王家峪旧址位于武乡县东部丘陵山区，距县城35公里。5月21日下午，王兆国踏上了这块老一辈无产阶级革命家战斗生活过的红色土地。

普普通通的山村农家，便是抗击日本侵略者的八路军总部、中共北方局所在地。当年就是在这里，朱德、彭德怀、左权、刘伯承、邓小平、杨尚昆、陈赓、陈锡联等运筹帷幄，取得了辉煌战绩。一间间简陋的小屋、一件件珍贵的遗物，王兆国怀着崇敬的心情，边看边与大家交流，不时点头，由衷赞叹。

“当时老百姓也在这里住吗？”

“在。”

“是完整再现吗？”

“是。门口那棵树就是邓小平栽下的。”

“高高的山青青的岭，太行山里住过八路军。红枣儿甜漳河水清，山里人想念咱总司令。”听了这首深情的民歌，王兆国激动地说：“这是老区人民发自内心的歌唱，我们应该永远铭记这段历史。”

5月21日下午，王兆国专程参观了位于武乡县城西部凤凰山脚下的八路军太行纪念馆。

“红日照遍了东方，自由之神在纵情歌唱。看吧，千山万壑，铜壁铁墙，抗日的烽火燃烧在太行山上，气焰千万丈……”

王兆国走进庄严肃穆的纪念大厅，带领大家一起高唱《在太行山上》。激昂的旋律让人心潮澎湃，似乎又回到了那血与火的烽火岁月。唱毕，他深情地说：“我就是唱着这首歌长大的。”

《在太行山上》是桂涛声在随游击队转战太行山之巅——陵川，酝酿半年写在一张小小的烟盒纸上；左权将军惟一的全家福拍在太行山，拍摄这张照片的战士也牺牲在太行山上……

在八路军将士的照片前，在抗日英烈的遗物前，在敌后宣传的画册前，王兆国不时驻足凝视，与大家交流，他深有感触地说，八路军在抗击日本侵略者中发展壮大，太行精神是在党的领导下，太行军民用鲜血和生命铸就的伟大的民族精神、不屈的抗争精神和敢于牺牲的大无畏精神，值得我们永远学习。

在晋期间，王兆国还考察了山西博物院、太原市长风文化商务区、孝义市孝河生态环境综合治理工程、晋中市榆次区常家庄园。

考察期间，王兆国先后出席了人大、工会工作座谈会，对我省改革开放以来特别是近年来经济社会发展取得的成就，对加快转型跨越，以煤为基、多元发展等思路给予充分肯定。对山西各级人大和工会围绕中心、服务大局，在工作实践中取得的成绩给予热情称赞和鼓励。他强调，要坚定不移走中国特色社会主义政治发展道路，坚持党的领导、人民当家作主、依法治国有机统一，坚持和完善人民代表大会制度，全面落实依法治国基本方略，大力弘扬社会主义法治精神，不断推进科学立法、严格执法、公正司法、全民守法进程，实现国家各项工作法治化，加快建设社会主义法治国家。要发挥工人阶级主力军作用，推动经济平稳较快发展，加强和创新社会管理，坚持走中国特色社会主义工会发展道路，加强和谐劳动关系建设，切实代表和维护职工权益，鼓励引导广大职工用自己的劳动创造社会财富和价值，推进经济平稳较快发展和社会全面进步，以优异成绩迎接党的十八大胜利召开。

袁纯清在座谈会上说，在全省上下加快推进转型跨越发展，以实际行动迎接党的十八大胜利召开的关键时刻，王兆国同志亲临山西视察指导，体现了党中央对山西的关心和厚爱，对全省人民是巨大鼓舞，对全省工作是有力促进。王兆国同志对山西工作的肯定，对我们是鼓舞，也是鞭策，使我们进一步增强了搞好工作的信心。我们要认真贯彻落实王兆国同志重要讲话精神，保持政治上的清醒和坚定，坚持党的领导、人民当家作主、依法治国有机统一，坚持走中国特色社会主义政治发展道路，支持人大及其常委会依法履行职责。牢固树立工人阶级是领导阶级的意识，全心全意依靠工人阶级，充分发挥广大职工在经济社会发展中的主力军作用。要把工会工作作为党的工作的重要组成部分，把职工群众工作作为新形势下党的群众工作的重要组成部分，加强对工会工作的领导，进一步关心、重视、支持工会工作，为工会发挥作用提供良好条件和空间，搭建广阔舞台。要充分依靠各级工会组织，团结动员广大职工在转型跨越主战场建功立业，在促进和谐稳定中发挥中流砥柱作用。山西正处于改革发展的关键时期，省级四套班子要团结奋进，努力工作，团结带领全省人民，进一步把山西的事情办好，实现经济发展、社会稳定、人民幸福，以优异成绩迎接党的十八大胜利召开。

省委副书记金道铭，省领导陈川平、杜善学、申联彬、杜玉林、李政文、靳善忠、安焕晓、郭海亮、王雅安、张平、任润厚等陪同考察或出席座谈会。

（徐补生）

清风送爽情意深

——何勇在山西考察调研侧记

7月的河东大地，古老的关公故里，骄阳似火、瓜果飘香，一派丰收景象。

7月2日至3日，带着党中央对山西人民的深切关怀，中央书记处书记、中央纪委副书记何勇在山西省委书记、省人大常委会主任袁纯清，省委副书记、省长王君的陪同下，就深入推进党风廉政建设和反腐败工作进行考察调研。这是5年间他第二次来到山西，一样的关怀、一样的朴实、一样的深情，给广大干部群众带来巨大的鼓舞。

两天里，何勇顶烈日、冒酷暑，进机关、下农村、访农户，了解经济社会发展和惩防体系建设、农村基层党风廉政建设情况，走访慰问困难群众，看望纪检监察战线的工作人员。其间，何勇出席全国村务公开民主管理工作会议并作了重要讲话。全国村务公开协调小组组长、民政部部长李立国主持会议，全国村务公开协调小组副组长、中央组织部副部长王秦丰，全国村务公开协调小组副组长、民政部副部长姜力，中央纪委常委、监察部副部长王伟，省委副书记金道铭，省委常委、常务副省长李小鹏，省委常委、省纪委书记李兆前，省委常委、秘书长杜善学出席会议或陪同考察调研。

教育基地办得非常好

加强廉政教育基地建设，是创新反腐倡廉教育方式的具体体现，也是推进廉政文化建设的重要载体。运城市廉政教育基地，围绕“常修为政之德”“常思贪欲之害”“常怀律己之心”的主题，以先进的声、光、电手段承载了丰富的内容，体现了理论和实际的结合、历史和现实的互动、理性和案例的相融，通过一段段论述，一个个案例，一幅幅照片，一声声誓言，一句句忏悔，让人受到启迪、教育和感悟。

7月2日，何勇来到运城廉政教育基地，一个展厅一个展厅地看，认真听取讲解，不时插话询问。珍贵的历史影像、逼真的情景对话、先贤的名言警句、精彩的现场互动……何勇不时驻足，仔细端详、陷入沉思。

在电子读书台前，何勇饶有兴致地上前翻看，反腐倡廉相关知识不断滚动，非常直观、方便。他对基地采用现代科技手段丰富反腐倡廉教育形式的做法给予肯定，笑着说：“这个教育基地办得很好，很有特色。”

运城是我省较早在市县两级建立廉政教育基地的市。对如何利用这些基地发挥廉政教育作用，何勇十分关注。当听说运城每一位新任领导干部、每一名新入党党员、每一个新招录的公务员，都来这里接受任前或岗前警示教育时，何勇频频点头说：“这种形式很好，建立常态化教育机制，使人深受感染、产生共鸣，在潜移默化中增强了自律意识。”

让权力在阳光下运行

农村党风廉政建设关系“三农”工作大局，关系农民群众根本利益，时时牵动着何勇的心。

近年来，我省按照“制度＋科技”的思路，在全省实现了阳光农廉网全覆盖，走出一条具有山西特色的农村党风廉政建设新路子。何勇对这一做法给予充分肯定，去年专门就此作出重要批示。

7月3日上午，何勇来到运城市阳光农廉网监控大厅。运城市阳光农廉网目前已形成涵盖13个县（市、区）、264个涉农单位、153个乡镇、3197个行政村的“一网六平台”，农民群众已把农廉网当做参政议政、行使民主权利的“宝葫芦”，诉求表达的“直通车”和享受政府服务的“连心网”。

“公开涉农信息有多少，群众点击量多吗？”

“目前公开涉农信息已有1200多万条，网络点击量突破2600万人次。”

“农村都能上农廉网吗？”

“都能上网。现在群众了解村里的事、国家政策十分方便。”

当听到不少农村由大学生村官帮助农民上网时，何勇满意地说：“大学生村官在这方面有优势，又有了新的用武之地。”

民以食为天，食以安为先。在食品安全履责监督网平台前，何勇详细了解平台运行情况。我省由纪检监察部门牵头，13个与食品安全有关的监管部门通过网格化管理明确了责任，并细化到具体责任人。

何勇请工作人员随机选定一家食品企业，现场了解监管人员是否在规定时间入厂进行检查。

“你们怎么保证监管人员反映的情况是真实的？”何勇问道。

“监管人员手机都有GPS定位系统，他们现场拍摄照片，填写工作日志传回网上，我们通过定位就知道照片是不是在那个企业拍摄的。”

何勇还参观了公共资源交易监督、行政审批电子监察等网络体系，当了解到市一级能够在网上通过视频技术实时监控公共资源交易开标情况，并能通过网络监督，监控各职能单位在审批中是否设卡拖延时，何勇称赞道：“透明是公平公正的保证，通过监控就真正做到了权力在阳光下运行，有效保护了群众的合法权益。”

农民喜欢阳光农廉网

阳光农廉网能带给农民哪些实实在在的好处？农民群众的生产生活情况如何？带着对农民群众的殷殷关切，何勇来到平陆县张店镇张店村。

该村过去是一个矛盾突出的难点村，村集体没有一点资金，甚至连村里得过大奖的锣鼓队队服、锣鼓都卖掉了。2008年底，在外做生意的杨智强被选为村委会主任，由于村务不公开，工作总是遭到村民质疑，甚至自己出资帮村里打井的钱，也被村民误以为是上级拨款，还怀疑胡支乱花了。

“多亏有了阳光农廉网，我们把所有的政策、款项、收支、大事小情都公布到网上，让大家明明白白，取得了村民的信任与理解。”杨智强说，“现在村干部的工作好干了，压力减小了，威信提高了，村里也更和谐了。”

听着这些朴实的话语，何勇对农廉网又有了几多赞许。“村民生活怎么样？”

“我们正按规划建设新农村，集体固定资产有近300万元了，村民人均收入大幅增加。”

“好啊！3年多就改变了村里的面貌，应该感谢你。”

张店村农廉网查询室里，电脑上涉农信息、惠农政策、村务情况赫然在列，每个村民都可以随时通过QQ视频与县里相关部门领导对话。何勇立刻进行现场连线，随行的民政部部长李立国和平陆县民政局局长张效伟通过视频通上了话，询问如何服务农民申请低保。张效伟一一作答。“回答得很清楚，希望你们继续为群众服好务。”何勇高兴地说。

夏县双庙镇双庙村村民卫秀兰家的小院中，嫩绿的枣粒挂满枝头，排排翠竹让人心生凉爽。何勇进入室内，一台电脑映入眼帘。何勇坐在床边，问道：“你们常上农廉网吗？最关心哪些内容？”

“我们关心惠农资金是不是发对了。”卫秀兰边说边上网，顺利地进入阳光农廉网双庙村网页，打开惠农资金项目，指着屏幕上的图表说，“粮食直补、养老保险、低保领取，什么都在上面公开着。我最关心的还是粮食直补款。”

随后，卫秀兰熟练地操作电脑，把2011年玉米直补表打开，“找到了，第64个就是我家，种了3.7亩玉米。”

“这个网用处很大啊。”何勇说，阳光农廉网建设是信息化建设和反腐倡廉建设相结合的有益探索，对落实农民群众的知情权、参与权、管理权、监督权发挥了重要作用，值得各地学习借鉴。

“有了这个网，老百姓方便了，也减少了村干部犯错误的机会。”卫秀兰的话引来一片笑声。

“买这台电脑需要多少钱？”何勇担心会不会增加农民负担。

“3000多块钱一台。我们村有一半以上的家庭都有电脑。没有电脑的也可以到村里的查询室去查。”

“你家去年收入有多少？都靠什么收入？”

“去年收入有6万多元。除了玉米，还有两亩枣树，我丈夫还包了村里的垃圾清运，一年也有7000多块。现在儿子也上班了，日子更好过了。”卫秀兰的话中透着一种幸福感。

临走时，何勇与卫秀兰一家合影留念，祝他们全家幸福，生活越来越好。

这既是祝福，也是期望。热闹的农家小院里充满了欢乐，放飞出更多希望。

以村务公开民主管理促进农村又好又快发展

7月3日下午，全国村务公开民主管理工作会议在运城召开。何勇出席会议并作了重要讲话，对我省推进阳光农廉网建设的做法和成效给予充分肯定，对加强村务公开民主管理工作提出要求。他指出，随着农村经济社会不断发展，农村利益格局深刻调整，农村社会结构和组织形式发生深刻变化，农民群众多元化、多层次需求不断增加，对村务公开民主管理工作提出了新的更高要求。要着力落实和完善基层群众自治制度，着力加强村级民主监督，着力加强农村基层党风廉政建设，着力构建乡村治理机制，着力加强村级队伍建设，以建立健全村务公开民主管理长效机制为主线，认真落实民主管理制度，认真解决农民群众反映强烈的问题，切实维护农民群众合法权益，促进农村社会和谐稳定，推动农村经济社会又好又快发展。

袁纯清在致辞中代表省委、省政府和全省人民，向与会领导和同志们表示热烈欢迎。他说，全国村务公开民主管理工作会议在我省隆重召开，体现了党中央对反腐倡廉建设的高度重视，对山西工作的亲切关怀，全省干部群众深受鼓舞。这次会议为我省提供了难得学习机会，我们要认真贯彻落实会议精神特别是何勇书记重要讲话精神，学习借鉴兄弟省（区、市）的好经验好做法，进一步完善阳光农廉网管理服务功能，真正使村务公开民主管理步入信息化、制度化、规范化轨道，以村务公开和民主管理工作的新成效深化党风廉政建设，为加快转型跨越发展提供有力保障。

考察期间，何勇专程赴运城市纪委机关，看望慰问了纪检监察干部。

（刘　宇）

金风送爽绿更浓

——回良玉在山西考察造林绿化工作侧记

8月金秋，丰收在望。雁同地区广袤的田野上，庄稼长势喜人，杨柳青翠欲滴，一派粮丰林茂的美好景象。

正当三北防护林体系建设四期工程圆满完成，五期工程即将启动之际，8月26日至27日，中共中央政治局委员、国务院副总理回良玉，带着党中央、国务院对三北防护林体系建设工作的关心和支持，带着对山西干部群众的殷切厚望，出席在我省召开的三北防护林工作会议，并亲临朔州、大同等地考察指导。

沿途看绿化，停车谈感受。回良玉对我省推进三北防护林体系建设、大搞造林绿化、加快生态文明建设的成果和做法表示充分肯定，并对今后的工作提出了具体指导。这已经是回良玉第六次来到山西，他对山西的深切关怀和真情嘱托，给全省广大干部群众以极大的鼓舞和鞭策。

一

经过34年的艰苦努力，三北防护林工程建设取得了明显成效。代表们在朔州市实地看到，过去砂石遍地、狂风肆虐的雁北荒凉地，如今种满了樟子松、油松、榆树、国槐等生态林和经济林，变成了山水相依、绿树成荫的塞外俏江南。

回良玉乘车一路行来，不时询问朔州市造林绿化的投入情况和体制机制，对当地干部群众"栽活一棵、不愁一坡"的精神给予了高度评价。

会场外，有关单位竖起了两组主题展板。回良玉在和与会代表合影之后，一同来到展板前观看。

这两组展板长度各100多米，图文并茂，气势恢宏，从不同的角度反映了三北工程建设和我省造林绿化工作的成就。通过34年的大力实施，三北工程区干部群众累计完成造林保存面积2647万公顷，工程区森林覆盖率由建设初期的5.05%提高到12.4%,森林蓄积量由7.2亿立方米提高到13.9亿立方米。看到这些成就，回良玉连连说好！

三北防护林建设局局长潘迎珍和省造林局局长张云龙分别对展板进行了解说。回良玉边听边深有感触地说："你们的讲解饱含深情、富有感情、充满激情，从中能真切地体会到你们对三北防护林建设工程倾注了心血和汗水。听了讲解，深为感动，很是感慨。"并希望他们转达对广大三北工程建设者的衷心感谢和良好祝愿。

万亩林海汗水浇注，无边绿意智慧凝聚。当在展板上看到我省坚持多元化发展、多模式推进的办法，探索出绿化达标+多元产业模式、营造防护林+林产业模式、一林多用+复合生产模式、绿色防护+产业生态模式等建设模式时，回良玉频频点头称赞。他说："山西推进林业发展的工作，可圈可点；山西造林绿化取得显著成效，可喜可贺；山西植树造林体现的强大精神力量，可歌可泣；山西绿化造林好的典型，可看可学。"

回良玉还深情回忆了1978年中央开展三北防护林体系建设的决策过程：

1978年4月，当时一位国家林业总局下属单位的总工程师上书中央领导，提出在三北地区大规模开展植树造林的建议，受到党和国家领导人的高度重视，决定实施三北防护林体系建设工程。在短短半年时间，工程建设规划得以批复，迅速在10多个省(区、市)铺开。回良玉说："历届国家领导人都高度重视三北工程建设，为之付出了心血。这项工程利在当代、惠及子孙，大家一定要坚持不懈地抓下去。"

二

朔州市全力推进造林绿化工程建设，全市造林面积以每年33万亩的速度推进，森林面积已经达到辖区面积的28.6%，并涌现出朔城区西山连片生态综合治理工程、山阴县洪涛山连片生态综合治理工程等一批精品工程。

朔城区投资8亿元引水上山，在原本无井可打的西山上建起16个小型水库，解决了西山地区40万亩林木的灌溉问题。并依照山势进行景观规划，打造出人工喷泉，实现了造林成景，一举两得。

一场小雨不期而至，林木得到细雨的滋润，更加充满生机。回良玉一行驱车来到朔城区西山连片生态综合治理工程，了解工程的规划及进展情况。

回良玉冒着细雨来到一处名为玉泉湖的水库旁，看到湖心喷泉溅玉、湖面水波荡漾，和周围满山的树木相互映衬，形成了山水和谐、生态宜人的美景。他高兴地对当地干部说："你们建设的工程既利己、又利民、更利国；既是生态工程，更是德政工程、民心工程、发展工程！要坚持不懈抓下去，使这些工程更好地惠及于民、服务发展。"

看到朔城区委书记郭连厚在解说中不小心被雨打湿了肩膀，他关切地让身旁的同志给郭连厚打上伞。他语重心长地说："为官一任，要绿化一方，造福一方，留下经得起历史、实践和人民检验的实绩。"他勉励当地干部，要努力改善投资和发展环境，坚持走绿色发展的路子、可持续发展的路子。

三

云冈石窟位于大同市以西16公里处的武周山南麓，依山而凿，气势恢弘，是我国最大的石窟之一，与敦煌莫高窟、洛阳龙门石窟和麦积山石窟并称为中国四大石窟艺术宝库，代表了公元5世纪至6世纪时中国杰出的佛教石窟艺术，是中国佛教艺术第一个巅峰时期的经典杰作，1961年被国务院公布为全国重点文物保护单位，2001年列入联合国教科文组织世界文化遗产目录。但是，前些年，受煤尘污染、当地生态环境恶化等多种因素影响，昔日的佛教圣地一片颓败景象，不仅游客人数锐减，而且珍贵的石雕艺术精品也面临着加快腐蚀、风化的威胁。

2009年以来，大同市委、市政府下决心对云冈石窟周边环境进行综合治理，仅用两年时间就完成了云冈镇及其所属5个村的整体搬迁和省道339改线工程，特别是对整个景区进行了大面积绿化，使景区绿化面积由原来的5万平方米增加到目前的72万平方米，并点缀建设了一批配套设施和景点，再现了当年郦道元在《水经注》中描述的"山堂水殿，烟寺相望，林渊锦镜，缀目新眺"的美景。

雨后的云冈石窟生态环境综合治理区，古槐滴翠、松柏如洗，千年大佛显得更加古朴庄严。听取了当地政府负责人的汇报，看到景区改造特别是生态环境修复治理取得的巨大成绩后，回良玉的脸上露出了满意的笑容，对当地政府结合文物古迹保护、旅游文化产业发展，有针对性地加强植树造林和生态环境建设的做法给予充分肯定。他叮嘱当地负责同志，山西地处黄土高原，又是典型的资源型经济地区，尽管近年来在植树造林等生态建设方面取得了很大进步，但整个区域生态脆弱的状况还没有彻底改变，进一步加强生态保护与修复重建的任务还十分繁重。无论是发展旅游经济，还是加强城市建设，都要把生态保护与重建放在突出重要的位置，努力走生产发展、生活富裕、生态良好的文明发展道路。

车窗外的文瀛湖碧波荡漾，环湖四周绿树葱茏，市民们在湖边徜徉嬉戏，一派人与自然和谐共处的美好景象。看到市民们轻松惬意的生活，回良玉露出了会心的微笑。

（武俊鹏）

汪洋率广东省党政代表团在山西考察参观

金秋9月，硕果累累，意远情长。

9月5日至6日，广东省党政代表团在我省考察参观。考察期间，举行了山西·广东合作交流座谈会。考察团由中共中央政治局委员、广东省委书记汪洋，广东省委副书记、省长朱小丹率领，广东省委常委、深圳市委书记王荣，省委常委、秘书长、办公厅主任林木声，省委常委、广州市委书记万庆良，省委常委、珠海市委书记李嘉，副省长刘昆以及省直有关部门和各市负责同志50余人参加。省委书记、省人大常委会主任袁纯清，省委副书记、省长王君，省委副书记金道铭，省领导李小鹏、高建民、杜善学、任润厚分别陪同考察或出席座谈会。

晋粤两省交往历史悠久、经济联系密切、人民感情深厚。2012年4月中旬，袁纯清曾率山西省党政代表团赴广东省进行学习考察。在两天时间里，汪洋、朱小丹一行深入太原、晋中等地，考察了太钢、太重和山西博物院、平遥古城、常家庄园，了解我省装备制造、新材料、高新技术、文化旅游等产业发展情况，就转型升级、改革开放、产业合作等进行充分交流。考察中，代表团对我省加快转型跨越、再造一个新山西的发展战略给予高度评价，对山西深厚的历史文化底蕴表示赞叹，指出，山西加快转变经济发展方式、推动经济社会又快又好发展取得的成就令人敬佩，加快转型跨越、再造一个新山西的新思路、新举措值得学习借鉴。省委、省政府对广东省党政代表团来我省考察参观表示热烈欢迎，对广东取得的巨大成就深感钦佩，为广东人民昂扬的精神风貌和未来的美好前景倍感振奋。晋粤两省一个是中部欠发达省份、一个是沿海发达省份，一个是能源大省、一个是经济大省，一个是承东启西之地、一个是对外开放窗口，结构互补性、产业互惠性、经济互利性很强，合作空间广阔、潜力巨大，广东省改革发展的许多经验和做法值得我省认真学习。

广东省是我国改革开放的前沿窗口，是我国经济第一大省和文化强省，多项工作走在全国前列。近年来，广东省以加快转型升级、建设幸福广东为核心任务，加快转变经济发展方式工作力度，产业转型升级步伐进一步加快；深入实施提升珠三角带动东西北战略，城乡区域发展协调性进一步增强；加大宜居城乡建设和环境保护力度，人民群众宜居宜业水平进一步提高；全力深化改革和扩大开放，有利于科学发展与社会和谐的动力机制和政策导向进一步完善；加强以改善民生为重点的社会建设，人民群众的幸福感进一步增强；全面推进文化强省建设，社会主义文化大发展大繁荣的格局进一步形成。今年以来，面对错综复杂的国际环境和国内经济运行新情况，着力稳增长、扩内需，调结构、促改革，惠民生、保稳定，全省经济运行总体平稳，各项工作取得新成效。广东省党政代表团此次来我省考察参观，必将进一步加深两省人民情谊，深化交流合作，谱写两省交流合作的新篇章。

（尚慧辉）

关怀　期许　憧憬

——王岐山参加山西代表团讨论侧记

人民关注盛会，世界聚焦北京。

期盼已久的中国共产党第十八次全国代表大会于11月8日在北京隆重开幕，胡锦涛同志代表十七届中央委员会向大会作报告。下午，山西代表团在驻地举行全团会议，认真讨论报告。山西代表团代表、国务院副总理王岐山与代表一起讨论。

代表精神饱满，会场气氛热烈。

下午3时，讨论开始。代表团团长袁纯清主持会议。袁纯清、王君、金道铭、李立功等10位代表先后发言，代表们对报告给予高度评价。

王岐山认真听取代表们的发言，来自吕梁的代表高卫东发言后，王岐山很有感触。他插话说："卫东代表刚才谈到老区的发展，我想谈点体会。我曾在延安老区插队，对老区有深切的体会。在中央农研室工作时，曾参与农村问题的调研和农村五个一号文件的制定，对老区工作有些思考，今天与大家一起探讨和分享。"他深情回忆在老区调研和延安插队的生活，对老区人民心怀崇敬。王岐山说，山西也是革命老区，为中国的抗日战争和解放战争做出了巨大的贡献和牺牲，为中国革命和社会主义建设培养了大批干部。老区为什么贫困？老区贫困首先和自然条件有关，也和人才匮乏有关。党中央一直牵挂着老区群众，想方设法改善老区群众的生产条件，多措并举解决他们的生活困难。解决老区贫困问题，要以人为本，尤其要解决好老区人才短缺问题，改善老区群众的生产生活条件，加快老区人民脱贫步伐。

连续七届当选全国党代表、原省委书记李立功听了王岐山的插话，要求发言。他说，岐山同志对老区人民的感情令人感动，对农村问题的思考很有意义。三农问题事关全局，建设社会主义新农村要走共同富裕之路。

讨论在热烈进行着，来自基层一线的代表们畅所欲言，积极发言，从关注民生到重视生态，从煤炭生产到社会保障……王岐山认真地听着，在笔记本上记录着，不时地点头表示肯定。

最后，王岐山说，我是山西团的代表，今天和大家一起讨论报告。胡锦涛同志代表十七届中央委员会作的报告高举中国特色社会主义伟大旗帜，继往开来，与时俱进，系统总结过去5年的工作和10年的历史性成就，明确了未来的奋斗目标和努力方向，有很强的思想性、前瞻性、战略性和可操作性，是指导党和国家各项工作的纲领性文件。中国特色社会主义道路、理论体系和制度，是全党长期艰辛探索的智慧结晶，是实现社会主义现代化和中华民族伟大复兴的正确选择。我国仍处于并将长期处于社会主义初级阶段，面临的发展机遇和风险挑战前所未有，我们要密切联系党和国家的发展历程，联系工作实际和思想实际，认真讨论报告，以邓小平理论、“三个代表”重要思想、科学发展观为指导，坚定不移深化改革开放，大力推进经济建设、政治建设、文化建设、社会建设、生态文明建设，确保如期全面建成小康社会。

王岐山说，90多年来，我们党紧紧依靠人民，把马克思主义基本原理同中国实际和时代特征结合起来，开创和发展了中国特色社会主义，从根本上改变了中国人民和中华民族的前途命运，历史选择了中国共产党，选择了中国特色的社会主义道路。我们要以历史的高度进行深入思考，才能更深刻地理解中国特色社会主义道路、理论、制度。新中国成立60多年来，在中国共产党的领导下，把一个羸弱的中国、一个东亚病夫的中国，发展为GDP总量世界第二的国家，我们有理由自豪。

王岐山是山西天镇人，对家乡有着深厚情意，对山西的发展非常关心。他说，山西是黄河文明的重要组成部分，山西在支持中国工业化的同时，付出了巨大的能源和生态代价。目前，山西的转型发展任务很重，要深入贯彻落实科学发展观，实现全面协调可持续发展，全面落实经济建设、政治建设、文化建设、社会建设、生态建设五位一体总体布局，实现又好又快发展。

袁纯清在主持会议时说，王岐山同志在历史回顾当中、在现实分析当中、在深刻思考当中，讲述了中国特色社会主义道路问题、旗帜问题、目标问题。中国特色社会主义道路，探索是艰辛的、成功是必然的、未来是光明的。我们要运用历史的、唯物的、分析的、比较的方法，深刻理解报告，吃透精神，更加坚定信心、坚定信念、坚定信仰，坚定不移沿着中国特色社会主义道路前进，为全面建成小康社会而奋斗！

十八大代表、国务院副秘书长毕井泉一同参加讨论。

（孟银凤　田建平　尚慧辉　赵向南）

深情润沃土　厚爱暖民心

——吴邦国委员长在山西考察侧记

路边绿树婆娑，田野麦苗青翠。初冬时节的河东大地，暖意犹在，仍处处显露出勃勃生机。

党的十八大刚刚胜利闭幕，全省深入学习贯彻党的十八大精神热潮正在兴起。11月19日，全国人大常委会委员长吴邦国踏上三晋大地，从运城开始，进行了为期5天的考察。

吴邦国对山西人民怀有深厚感情，对山西工作非常重视和关心，这是他第四次莅晋考察。2010年3月全国“两会”期间，吴邦国参加了山西团的讨论。吴邦国多次对山西工作作出批示和指示，尤其是2011年春节前夕对同煤集团作出重要批示——“希望在绿色、低碳、高效发展上走在全国前列”，既是对同煤集团的殷切期望，也对全省具有重要指导意义。

从运城、太原到晋中，从农村、社区到企业，吴邦国在省委书记、省人大常委会主任袁纯清，省委副书记、省长王君等陪同下，不顾天气寒冷，一路风尘仆仆，围绕学习贯彻党的十八大精神，加快转变发展方式、提高自主创新能力，深化文化体制改革、推动文化事业大发展大繁荣，加强城乡基层组织建设等，进行了深入考察。

全国人大教育科学文化卫生委员会主任委员白克明、全国人大农业与农村委员会主任委员王云龙、国务院副秘书长焦焕成、全国人大农业与农村委员会副主任委员刘振伟、全国人大常委会副秘书长韩晓武等陪同考察。

声声问询，句句叮咛……吴邦国关心三晋，情系民生，是对山西各项工作的有力促进，更是对全省上下深入学习贯彻十八大精神的巨大推动。

文化资源丰富多样，是山西走向文化大发展、大繁荣的突出优势

党的十八大报告指出，文化实力和竞争力是国家富强、民族振兴的重要标志。山西作为文化资源大省，如何在文化大发展、大繁荣中向文化强省迈进，吴邦国给予高度关注。

19日上午，吴邦国抵达运城关公机场后，旋即转乘大巴，赶赴位于夏县的山西宇达集团。

宇达集团是国家文化产业示范基地、国家文化出口重点企业、中国艺术铸造产业基地，已为13个国家、地区和国内近100个城市制造安装巨型、大中型青铜雕塑1000余尊，成为国内外同行业第一品牌。

宇达集团建有国内惟一的青铜文化产业园，琳琅满目的青铜器艺术珍品、美轮美奂的海内外名家精品……无不构思奇特、造型生动，给人以极大的艺术享受。吴邦国看得津津有味，不住赞许。在玲珑剔透的镂空青铜鼎前，当了解到是采用失蜡法制作而成时，他连连夸赞非常精致、很有美感，体现了传统工艺和现代美学的融合。他深有感触地说，这也是文化大发展、大繁荣的一部分，山西有这方面的优势，要好好发掘，加以传承，让古老的传统艺术焕发新的生机活力。

山西人离不开醋，老陈醋之于山西，既是重要的产业名片，更是鲜明的文化符号。

21 日下午，吴邦国走进山西老陈醋集团有限公司，详细考察老陈醋独特的生产工艺、悠久的发展历史和丰富的文化内涵，高度称赞公司实现生产销售、文化挖掘、旅游开发有机融合的成功做法。

山西老陈醋集团有限公司源自始创于 1368 年的“美和居”醋坊，今天，他们不仅拥有享誉海内外的“东湖”“美和居”两大山西老陈醋品牌，而且原汁原味还原了明清醋坊原貌，活灵活现展出了传统酿醋工艺，实物实证昭示了醋文化在山西的源远流长。

吴邦国不时驻足端详，了解询问。他说，这些都是文化、是财富。山西历史悠久，文化资源丰富，要好好开发、利用，努力建设优秀传统文化传承体系，弘扬中华优秀传统文化。

作为文物大省，博物院具有重要的窗口作用。山西博物院不仅是山西文物的宝库，在全国博物馆中也是一流水准。23 日上午，吴邦国来到气势恢宏的山西博物院，他十分高兴，饶有兴趣地听取介绍，观看文物，探寻历史，并详细了解文物收藏、保护、展示情况。他指出，山西历史悠久、文化底蕴深厚，要深挖发展潜力，将文化资源优势转化为经济优势，造福更多百姓。

抓新兴产业，掌握核心关键技术，加快项目国产化进程

党的十八大报告指出，科技创新是提高社会生产力和综合国力的战略支撑，必须摆在国家发展全局的核心位置。山西正在转型中破解难题，通过掌握核心关键技术加速新兴产业发展。

20 日下午，吴邦国来到位于太原经济区的太原重工轨道交通设备有限公司，兴致勃勃地参观了高速轮对国产化项目。

吴邦国不仅对太重集团非常熟悉，而且在担任副总理期间，曾亲自协调处理三角债，帮助太重解决了紧迫的资金难题。

在项目锻轧区、热处理区，吴邦国详细询问了轮对材质、工艺技术参数、技术难点和要求，对产品核心关键技术掌握情况给予高度关注。

“生产高铁车轮的钢材还需要进口吗？”

“现在不用了。太钢就能提供。”

“好，这样就形成了一个产业链。”

“以前高速动车组所用的轮轴都依赖进口，现在情况怎样？”

“现在大部分技术都攻克了，正在攻关的是刹车片方面的技术。我们有信心在短期内拿下，实现完全国产化。”

“好，好！”吴邦国频频点头。

太重集团高速轮对国产化项目包括车轮、车轴生产线及配套设施，总投资 31 亿元。对此，吴邦国给予高度评价，希望尽快掌握所有核心关键技术，发挥企业作为科技创新主体的作用，瞄准世界同行业先进水平，全面推进项目国产化进程。

太钢是山西的、中国的，也是世界的。1994 年 12 月 7 日，吴邦国曾视察过太钢集团。21 日下午，他再次来到这里，受到工人们的热烈欢迎。

在 4350 立方米高炉前，在高炉控制中心，在主要产品陈列馆，吴邦国仔细地察看，关切地询问，认真地听取，从生产能力到企业效益，从科技创新到循环利用，莫不表现出极大的关心。

“现在产能多大？”

“可年产钢 1000 万吨，其中不锈钢 300 万吨。”

“前三季度盈利多少？”

“7 个多亿。”

“对高炉煤气和废渣如何处理？”

“高炉煤气发电，一年可以发电 5.8 亿度。废渣通过全封闭生产直接回收，是完全的循环经济。”

10 年前，吴邦国曾对太钢作出“提高质量，为国争光”的重要批示，此次他亲临太钢，看到了一个在多项领域成为中国惟一、世界最好的太钢，一个吨钢用水由 140 吨减少到 1.8 吨、为全世界提供最精美不锈钢产品的太钢。对太钢的科技创新、循环经济，吴邦国深表赞许，并特地在“1952 中国第一炉不锈钢”前与大家留影纪念。

晋煤集团代表了山西煤炭企业多元发展的水平，同时也是全国煤层气产业的绝对老大。

22 日下午，吴邦国赶赴昔阳，深入晋煤集团漾泉蓝焰煤层气公司考察。从煤层气开采的深度、压力、抽水等技术问题，到煤层气的开采范围、产量、成本、覆盖面和管网建设、运输，以及开采难度与页岩气的比较等，吴邦国每一个问题都问得十分仔细，相当专业。

该公司 2009 年 8 月成立，目前已完成投资 12 亿元，钻井 464 口，建成煤层气压缩母站 1 座，除向当地供气外，还将抽采服务扩展到太原、河北、阳泉等地。不仅对外输气能力达到 50 万立方米，而且为实现煤层气产业可持续发展奠定了坚实基础。

吴邦国还详细询问煤层气在轿车、公交车、大型运输车等交通工具上的使用情况，并到压缩机车间参观。与工人握手时，吴邦国还特地注意他们厂服上的“蓝焰煤层气”标识，向他们表示问候。他称赞说，转变发展方式，晋煤集团走到了前头。“气化山西”这条路走对了，要坚定不移走下去。他勉励大家为发展清洁能源、提高能源利用效率作贡献。

大寨精神不能忘，要继承大寨传统，谱写今日辉煌

党的十八大报告指出，要大力弘扬民族精神和时代精神。大寨曾是全国农业战线的一面旗帜，以自力更生、艰苦奋斗为核心内涵的大寨精神，受到了毛泽东、周恩来等老一辈无产阶级革命家的充分肯定。改革开放后，大寨二次创业，创造了新的辉煌。

21日上午，不顾寒风凛冽，吴邦国健步登上虎头山。在昔日铁姑娘、今日大寨村党总支书记郭凤莲的引领和介绍下，吴邦国兴致盎然，边走边看，并不断与大家交流。

“村里多少人？现在人均收入多少？”

“村里500多口人，去年人均收入13000元。”

“缺水吗？主要种些啥？亩产有多少？”

“缺。我们引水上山，建了一个小水库，能蓄水6万立方米。主要种玉米，平均亩产850公斤。”

看到满山的绿树和一排排整齐的新房，听说大寨的产业实现多元化，吴邦国甚感欣慰。

周恩来纪念亭、虎头山标志石、叶帅吟诗地……一个个景点、一个个故事，一次次驻足、一次次沉思，吴邦国听得专注、看得入神，他感慨地说，一个小小的山村，接待过30多个国家的元首、2.5万外宾，国内也有将近1000万人来参观过，而且至今每年有30多万人慕名而来，说明大寨了不起，大寨精神忘不了，也不能忘。

既继承传统，又与时俱进；既保持本色，又改革创新。大寨精神的魅力在于此，大寨精神的生命力更在于此。进入大寨展览馆，吴邦国仔细观看一幅幅照片、一件件实物，详细了解了大寨的发展历史和创业历程，并欣然题词：继承大寨传统，谱写今日辉煌。在大寨展览馆前，吴邦国挥锹栽下一棵挺拔的雪松。

在大寨村广场，吴邦国与闻讯赶来的大寨村民亲切握手，挥手致意。老劳模宋立英也在人群中，吴邦国发现后，主动上前拉着她的手嘘寒问暖，热情交谈。看到这位大寨村的第一个女共产党员、第一任妇联主任，尽管已是80高龄，身子骨仍然十分硬朗，吴邦国十分高兴。当了解到她办的宋立英旅游精品店一直红红火火时，吴邦国当即称赞她是老当益壮，为村里发展旅游作出了贡献，起到了模范带头作用。他说，我来大寨走走，看望大家，希望大寨的乡亲们继承大寨优良传统，发扬自力更生、艰苦奋斗精神，因地制宜发展现代农业，在社会主义新农村建设中谱写辉煌，日子一年比一年过得好，一年比一年更幸福！

以工促农、以城带乡，努力形成新型的工农、城乡关系

党的十八大报告指出，要加快完善城乡发展一体化体制机制，努力形成以工促农、以城带乡、工农互惠、城乡一体的新型工农、城乡关系，这也是吴邦国深深牵挂的一件大事。

山西粟海集团地处永济市许家营村，5年来既带动农民致富，又满足市民需求，是目前我国中西部地区最大的肉鸡饲养、加工、销售一体化外向型国家级龙头企业。20日上午，吴邦国饶有兴趣地来到这里考察。

“现在总资产多少？上市了没有？”

“22.7亿元，正在做上市准备。”

“现在生产规模有多大？销售渠道有哪些？”

“年加工肉鸡1.2亿只、饲料73万吨，孵化雏鸡1.2亿羽。销售渠道主要是出口和配送，肯德基、麦当劳和众多快餐店、超市、航空公司都是我们稳定的客户。”

吴邦国重点察看了肉鸡从屠宰到形成部位产品的生产过程。流水线作业生产线来自荷兰，是目前国内最先进的，一个工人可照看2000只鸡，达到发达国家水平，直接带动的养鸡户有6000多，间接服务的养鸡户有3万多，一年可给农民返利3亿多元。了解这些情况后，吴邦国当即称赞并指出，做这么好不容易，关键在大规模、高档次，有品牌、有渠道。

在大寨，吴邦国还专门考察了华通现代农业科技示范园。令他感兴趣的是，该项目只是正在实施的14项“大大寨”建设标志性工程之一。“大大寨”工程在5平方公里区域内实施总投资46亿元，完工后将实现大寨经济开发区支撑城镇建设与大县城无缝对接，成倍扩大县城规模、增加城市人口，大大加强城乡统筹力度，促进城乡统筹发展。

作为“大大寨”规划的一部分，华通现代农业科技示范园今年2月破土动工，目前已完成投资1.68亿元，建成8座蔬菜大棚。在这里，吴邦国详细了解示范园的多种栽培技术，认真察看蔬菜的生长、施肥、防病及销售等情况。他说，这样的技术农民需要，市民家庭美化也需要，从效益最大化出发，下一步还要发展花卉和中药材种植。他希望要利用好大寨这个独一无二的品牌优势，有针对性地发展，力争更好更大的效益。

锦绣苑社区位于太原市杏花岭区城乡接合部，也是吴邦国此次考察中惟一的城市社区。

21日下午，吴邦国在这里一下车，便受到早已等候的社区居民的热情欢迎。吴邦国健步上前，与大家紧紧握手。

科普路、科普画廊、科普文化墙、科普宣传墙，浓厚的科普氛围，推动了社区居民综合素质的普遍提升。这与党的十八大报告中所要求的“普及科学知识，弘扬科学精神，提高全民科学素养”高度一致，完全吻合。

驻足党的十八大精神宣传版面前，了解“一厅五室一站一校”社区建制及“一门式受理、一站式服务、一条龙办结”办公模式，吴邦国边走边看，边听边问，兴致勃勃，十分高兴。

“社区有多少党员？”

“1150名。”

“平常有活动吗？”

“有，每月18日集体活动。”

“棚户区改造得怎么样？”

“准备用3年时间全部完成。”

吴邦国还详细了解社区网格化管理情况，实地察看社区诊所、警务服务室和健康小屋，仔细翻阅社区“办实事、解难事”项目汇总资料，希望进一步增强社区服务功能，完善和创新流动人口和特殊人群管理服务。

把全省干部群众的力量凝聚到实现十八大确定的各项任务上来，开创全省各项事业发展新局面

23日上午，在此次考察行将结束之际，吴邦国专门赶赴山西省人大常委会机关，亲切看望全体机关干部。在十一届

人大工作展板前，服务转型跨越、保障改善民生、人大代表工作、人大自身建设等，体现了近年我省提高人大工作科学化水平的新进展新成效，吴邦国一一认真观看，并了解三晋环保监督、专题询问、发挥港澳代表作用等方面情况。随后，吴邦国考察了现代化的人大会议厅，并欣然题词：发挥地方人大作用，推动小康社会建设。他强调，要坚持中国特色社会主义政治发展道路，牢牢把握人大工作正确政治方向，充分发挥国家权力机关作用，服务全面建成小康社会大局。殷切的期望、郑重的嘱托，让大家深受鼓舞，更感受到沉甸甸的责任。

调研期间，吴邦国对山西工作给予充分肯定。他说，党的十六大以来，山西省各级党委和政府认真贯彻落实中央方针政策，结合实际创造性地开展工作，全力推动转型跨越发展，各项事业取得了很大成绩，城乡群众得到了更多实惠。希望山西以学习贯彻党的十八大精神为契机，把全省干部群众的力量凝聚到实现十八大确定的各项任务上来，解放思想、攻坚克难、扎实工作，努力走出一条资源型地区转型跨越、科学发展的新路子。

袁纯清说，吴邦国委员长对山西人民怀有深厚的感情，党的十八大刚刚胜利闭幕，吴邦国委员长亲临山西视察指导，对山西各项工作是有力促进，对全省深入学习宣传贯彻党的十八大精神是巨大推动，3570万山西人民深受鼓舞。我们要深入学习宣传贯彻党的十八大精神，认真贯彻落实吴邦国委员长视察山西重要讲话精神，加快推进转型发展，切实保障和改善民生，下大力气抓好生态文明建设，充分发挥人大作为国家权力机关的作用，开创全省各项事业发展新局面，为全面建成小康社会努力奋斗。

一句句谆谆寄语，一声声殷殷期望。吴邦国亲切和蔼的形象，求真务实的作风，关爱民生的情怀，令全省人民深深感动，必将激励全省广大干部群众进一步振奋精神、凝心聚力、攻坚克难，认真贯彻落实党的十八大精神，全力办好“两件大事”，加快全面建成小康社会。

省领导金道铭、李小鹏、胡苏平、陈川平、杜善学、申联彬、杜玉林、李政文、靳善忠、安焕晓、郭海亮、王雅安等分别陪同考察或参加看望。

（徐补生）

中共山西省委工作概况

省委书记　袁纯清

2012年,在党中央的正确领导下,山西省委团结带领广大干部群众,以邓小平理论、"三个代表"重要思想、科学发展观为指导,围绕迎接十八大、学习十八大、贯彻十八大,认真贯彻落实主题主线总基调,扎实推进"十二五"规划的落实,着力推动转型跨越发展,全面推进经济、政治、文化、社会、生态文明建设和党的建设,各项工作取得新进展新成效。

一、认真学习宣传贯彻党的十八大精神,切实把党员干部群众的思想统一到十八大精神上来

省委把学习宣传贯彻党的十八大精神作为首要政治任务,认真落实中央关于学习宣传贯彻十八大精神的一系列部署和要求,召开全省电视电话会议进行传达贯彻,发出关于深入学习宣传贯彻十八大精神的《通知》。省委常委会多次召开会议学习讨论十八大精神,深入学习习近平总书记在十八届一中全会、新一届中央政治局第一次集体学习、参观《复兴之路》展览时的讲话等一系列重要讲话精神。省委常委、副省长和省人大、省政协主要负责同志带头学习宣传贯彻十八大精神,分别到基层联系点和分管领域宣讲辅导,确定21个专题学习研讨,并集中进行研讨交流。召开省委十届四次全会暨全省经济工作会议,对引深十八大精神的学习贯彻、落实十八大提出的目标要求进行部署,并审议通过了《关于贯彻落实党的十八大精神 加快推进转型跨越发展的指导意见》。举办十八大精神轮训班,对2400多名省管领导干部和县(市、区)长进行集中轮训,省四大班子领导分期作辅导报告。召开省级领导干部会议,传达学习习近平总书记和刘云山、张高丽同志在新进中央委员、候补委员学习贯彻党的十八大精神研讨班上的重要讲话精神,进一步增强坚持和发展中国特色社会主义的自觉性和坚定性。各级各部门加强组织领导,切实抓好党委(党组)中心组学习,发挥各级党校、行政学院、理论研究部门和高等院校的思想教育作用,发挥机关、农村、社区、企业、新社会组织等基层党组织的宣传发动作用,发挥工会、共青团、妇联等人民团体的组织引导作用,发挥各级组织、宣传部门的指导促学作用,以十八大精神统一思想、激发干劲,使十八大精神家喻户晓、深入人心,全省形成学习宣传贯彻十八大精神的浓厚氛围。

二、坚持主题主线主基调,经济继续保持良好发展势头

面对经济下行压力加大的严峻局面,认真贯彻落实中央宏观调控政策,加强对经济形势的研判和对经济工作的领导,坚持抓投资、上项目、调结构、惠民生,出台56条稳增长的政策措施。充分发挥实体经济的支撑作用,强力推动"双千亿"、"双五百亿"和"百强潜力企业"工程,实施中小企业成长工程。全省销售收入超千亿元的企业达到8户,山西煤销集团进入世界500强,省监管国有企业资产总额、营业收入、上缴税金等主要经济指标均排全国前列。大力开展"项目落地年"活动,以基础设施、产业转型、民生改善等项目为重点,"六位一体"抓好项目的储备、签约、落地、开工、建设、投产,创新城乡建设用地增减挂钩等土地保障机制,一批重点项目建成达效,增强了经济发展后劲,带动全社会固定资产投资完成9150亿元,其中,民间投资增长33%,占总投资的比重达到48%。认真落实家电下乡、家具建材促销、节能产品惠民等措施,推进城乡流通基础设施建设,促进消费平稳较快增长。全年重点项目落地投资额达1.6万亿元,省市两级重点工程投资达1.1万亿元,实现"双超万亿"目标。全年地区生产总值完成12112.8亿元,增长10.1%;财政总收入完成2650.4亿元,增长17.2%;一般预算收入1516.4亿元,增长25%;城乡居民收入分别达到20412元、6357元,增长12.6%、13.5%;居民消费价格总水平上涨2.5%,社会消费品零售总额达到4375.8亿元,增长16%;煤炭产量、外运量分别达到9.1亿吨、5.8亿吨,全行业销售收入突破万亿元。

三、加大经济转型力度，努力走出资源型地区科学发展新路

坚持把促转型作为事关全局的大事来抓，加快转变经济发展方式，不断提升经济发展质量和效益，新兴产业、非煤产业投资占工业投资的比重分别增长 42.8%、67%，转型发展呈现出强劲势头。

（一）传统产业升级步伐加快，循环经济加快推进。把循环经济作为基本路径，坚持以煤为基、循环发展、绿色发展，加快重组整合保留矿井建设步伐，推动焦化、钢铁、电力、建材行业兼并重组。围绕提升资源就地转化率，煤炭行业推进利用劣质煤生产煤基合成油，焦化行业推进煤焦油深加工、焦炉煤气综合利用，冶金行业推进固态、液态、气态废弃物回收利用，电力行业推进煤矸石发电和粉煤灰综合利用，煤矸石发电装机达到 584.5 万千瓦，粉煤灰综合利用走出制砖、制墙体装饰材料、制陶瓷纤维、提取氧化铝和白炭黑等路径，投产或在建焦炉煤气制甲醇制烯烃项目 31 个、总产能达 400 万吨以上。围绕提升传统产业循环率，4 个国家级循环试点市和 15 个试点园区、121 个试点单位先行引领，总投资约 1400 亿元的 100 个循环经济项目 80%以上建成投产，具有山西特色的循环经济发展模式、技术标准和政策体系正在形成。

（二）新兴产业发展壮大，产业多元格局加快形成。把政策支持、产业引导、投资重点放在加快非煤产业发展上，促进煤炭资本与新兴产业、高端人才、高新技术嫁接融合，一大批煤炭企业转产装备制造、新能源、农业产业化、文化旅游等领域。太原年产 2200 万台苹果手机生产线投产，长治成功集团 30 万辆新能源汽车项目进入试生产，晋中吉利、太原长安等新能源汽车以及太原三一重工装备制造、吕梁无人机等项目快速推进，装备制造业占工业比重由 2011 年的 5.3%提高到 7%，成为继煤炭、冶金之后拉动工业经济的第三大产业。以手机、太阳能光伏、LED 芯片、云计算等高新技术产业项目为带动，电子产品制造业产值同比增长近一倍。现代物流业加快发展，中国（太原）煤炭交易中心实现全面上线交易，全年交易 4612 亿元。开展“晋善晋美”旅游促销活动，旅游业继续保持快速发展势头，旅游总收入达到 1813 亿元，增长 35%，贡献率居第三产业首位。实施十个重大科技专项，成功研发新一代激光显示、10 米以上 C 型钢等新工艺和新产品，自主创新能力进一步提升。

（三）“一村一品”、“一县一业”全面推进，农业产业化水平有效提升。把农民收入翻番作为“三农”工作的核心任务，出台实现农民收入翻番的《决定》，新出台 10 项强农惠农富农政策，全年“三农”投入达到 907 亿元，增长 30%。农业综合生产能力稳步提升，粮食产量达到 127.4 亿公斤，创历史新高。农业产业结构调整深入推进，大同、晋中、运城三大现代农业示范区加快建设，累计建设各类农业产业聚集区 600 个、投资近 100 亿元。4000 个专业村和 60 个基地县初具规模，设施农业、观光农业、畜牧业、干鲜果业占比不断提高。继续推进农产品加工“513”工程，全省农产品加工业销售收入超过 800 亿元，增长 30%以上。晋西北山老区“一村一井”工程新打井 300 眼，农业生产条件明显改善。农民专业合作社行政村覆盖率达 93%。全年完成 3000 个新农村重点村、100 个新农村集中连片建设。以吕梁、太行山区为重点，启动实施新一轮连片特困地区扶贫攻坚工作，新解决 40 万人口的脱贫问题。

（四）基础设施建设持续加力，统筹城乡发展迈出坚实步伐。把基础设施建设作为推进城乡一体化的重要载体，大西客运专线、中南部出海大通道等加快推进，铁路在建里程 1900 公里，营运总里程达到 3740 公里。新建成高速公路 1006 公里，高速公路总里程突破 5000 公里。运城、大同机场改扩建完成，吕梁、临汾、五台山机场建设进展顺利。计划投资千亿元的“大水网”四大骨干工程和一批配套工程全部开工。新增电力装机 510 万千瓦，总装机容量达到 5810 万千瓦。按照“一核一圈三群”规划，加快太原晋中同城化、大同都市区、上党城镇群、百里汾河新型经济带等组群建设。推进城市扩容提质，加快城镇新区建设、旧区改造和城乡清洁工程，开展城市容貌和人居环境专项治理，加快改造城中村、棚户区和老旧基础设施，城市公交优先发展取得新成效。推进大县城工程和 100 个重点镇建设特色宜居城镇，探索整村（镇）推进小城镇和新农村建设模式。全省城镇化率超过 51%。

（五）强力推进节能减排，生态环境显著改善。坚持治污与增绿两手抓，不断提高城乡生态化水平。全年淘汰小钢铁 55 万吨、小焦炭 1015 万吨、小火电 62 万千瓦、小水泥 2310 万吨，全省资源综合利用率、大宗工业固废综合利用率均达到 50%以上。严格落实节能减排目标责任制，推进千个重点节能改造工程项目，开展千家企业节能低碳行动，启动实施甲醇汽车试点。推广物联网等节能减排信息技术，实现全省县（市、区）空气质量自动监测站全覆盖，11 个设区市空气质量均达到国家二级标准。省城空气环境整治工作取得明显成效。实施绿色生态工程，完成营造林 460.4 万亩。煤层气、天然气总利用量达到 41 亿立方米，覆盖所有市和 70%的县（市、区）的 1000 万人口。万元生产总值综合能耗、万元工业增加值用水量实现了预定目标，环境主要污染物排放总量得到有效控制，化学需氧量、氨氮、二氧化硫、氮氧化物排放量以及烟尘、工业粉尘排放量均完成全年目标任务。

（六）以转型综改试验区建设为总抓手，重点领域改革开放取得新进展。年初召开先行先试推进大会，大力推进转型综改试验区建设。国务院 8 月初正式批复转型综改试验区《总体方案》后，省委加大宣传推进力度，围绕产业转型、生态修复、城乡统筹、民生改善等重点任务，在重大项目、政策创新、板块突破、破解难题上加快先行先试。“一市两县”、“一市两园”试点和首批 20 个省级转型综改标杆项目进展良好。选派 69 名干部到国家综改试验区、省级综改试点县（市、区）挂职。与 20 多个国家部委、金融机构、央企、高校签署转型综改合作协议。围绕体制机制创新开展 25 项课题研究，在创新产业转型促进机制、土地管理制度、科技创新体制机制、资源能源节约和生态环境保护修复机制、城乡统筹体制机制等方面

进一步深化改革。深入推进国有企业改革、事业单位分类改革,医药卫生体制改革任务全部完成。扩权强县试点取得新成效。打造区域性开放合作高地,晋陕豫黄河金三角承接产业转移示范区、太原武宿综合保税区获批,运城、晋城、长治三市纳入《中原经济区规划》。加强与省内外的产业互动和区域合作,赴兄弟省进行考察学习和招商引资。成功举办第四届能源博览会、首届世界晋商大会、首届科普惠农特色优质农产品展销会。全年进出口总额完成150.4亿美元,协议引进资金3.6万亿元,落地项目投资额达到1.7万亿元,机电和高新技术产品进出口额占进出口总额近六成。

四、加强社会主义民主政治建设,依法治省水平得到提升

坚定不移走中国特色社会主义政治发展道路,坚持和完善人民代表大会制度,加强对人大工作的领导,支持人大及其常委会依法履行职责。召开省委人大工作会议,出台《关于进一步加强和改进新形势下人大工作的意见》。加强和改进立法工作,重点做好推进转型跨越发展、转型综改试验区建设、保障改善民生、社会管理创新等方面的立法工作,制订修订《山西省循环经济促进条例》等法规9件。加强法律监督和工作监督,依法决定重大事项。加强和改进代表工作,加强常委会自身建设,充分发挥专门委员会和工作委员会的作用。组织开展纪念现行宪法颁布实施30周年活动。坚持和完善中国共产党领导的多党合作和政治协商制度,把政治协商纳入决策程序,支持政协围绕转型跨越开展专题调研,就加强食品安全、发展现代物流业和扶贫开发等建言献策,围绕搞好"项目落地年"活动、促进项目建设开展民主监督,引深"察百姓情、建惠民言、办利民事"活动。深入实施"同心"行动十大主题活动,改进对非公有制经济组织的服务,引导统一战线成员学习践行社会主义核心价值体系。加强党外代表人士队伍建设。圆满完成民主党派和工商联省级组织换届工作。加强和改进侨务工作。加强宗教和民族工作,坚决抵制境外利用宗教进行渗透破坏活动。法治政府建设成效明显,抓好"六五"普法,严格执法,公正司法,司法体制和工作机制改革稳步推进。坚持和完善基层群众自治制度,健全城乡社区服务体系。完善政务公开、司法公开、厂务公开、村(居)务公开和公共企事业单位办事公开等制度。支持工会、共青团、妇联等人民团体充分发挥作用。积极做好对台工作。坚持党管武装原则,完善军地齐抓共管国防后备力量建设机制,提高国防动员能力,组织信息化条件下的"探索—2012"国防动员综合防卫演练,党政军联合组织指挥、军警民联合遂行任务能力明显提高。加强人民防空建设。深化军民融合式发展,军地"双服务"迈上新台阶。

五、加强宣传思想文化工作,文化强省建设取得新成绩

深入贯彻落实党的十七届六中全会《决定》和加快建设文化强省的《实施意见》,发掘文化资源优势,提高文化自觉、增强文化自信、实现文化自为,加快推进文化强省建设。

(一)深入开展社会主义核心价值体系建设。加强理论武装,把社会主义核心价值体系教育融入转型跨越实践,实施中国特色社会主义理论体系普及计划,推动中国特色社会主义理论体系进教材进课堂进头脑。确定以"信义、坚韧、创新、图强"为主要内容的"山西精神"。树立和践行社会主义荣辱观,深化群众性精神文明创建活动,召开全省精神文明创建工作推进会。深入实施公民道德建设工程,推动学习雷锋活动常态化,人民群众思想道德素质和文明程度不断提高。

(二)营造良好舆论氛围。把握正确导向,充分发挥主流媒体新闻宣传的主渠道、主阵地作用,围绕中央和省委重大决策部署,开展"喜迎十八大、岗位做奉献"和"科学发展、成就辉煌"等主题活动,拍摄播出30集文献纪录片《旗帜·山西记忆》,唱响科学发展、转型跨越的主旋律,形成喜迎十八大的浓厚氛围。加强互联网等新兴媒体管理,有效化解网络突发事件。深入开展"走基层、转作风、改文风"活动,推动宣传报道"精新闻、大通讯、强言论、重特色"取得成效。加大对外宣传力度,积极开展一系列对外宣传交流活动,展示山西的新形象。

(三)丰富群众精神文化生活。坚持思想性、艺术性、观赏性有机统一,努力实现社会效益和经济效益双丰收,文化精品生产继续保持旺盛活力。电影《咆哮无声》、电视剧《红军东征》、舞剧《粉墨春秋》、话剧《立春》等受到广泛好评,电视剧《革命人永远是年轻》、说唱剧《解放》等4件作品获全国精神文明建设"五个一工程"奖。加强公共文化服务设施、基层文化阵地和文化队伍建设,农家书屋、村级综合文化活动室等重点文化惠民工程基本实现全覆盖,31个博物馆、126家图书馆、131家文化馆和所有乡镇文化站向社会免费开放,文化惠民活动实现常态化。我省实现农民健身场地设施"全覆盖"入选2012年度国内十大体育新闻。我省运动员在第30届奥运会上取得一金一银一铜的优异成绩,实现奥运会金牌零的突破。

(四)推动文化事业全面繁荣、文化产业快速发展。加强重大公共文化工程和文化项目建设,省级重大文化设施全部建成,市"五馆一院"和县"三馆一院"建设全面铺开。文物和非物质文化遗产保护进一步加强,非物质文化遗产立法保护走在全国前列。加强文化产业基地规划和建设,制定《"十二五"时期文化产业翻番计划》,促进文化和科技融合,发展创意、动漫、数字娱乐等新型文化业态。加大国家级和省级文化产业示范基地建设力度,实施重大文化产业项目带动战略,太原高新区创意产业园、大同文化科技产业园等一批新型文化企业孵化基地加快建设。在成功组建省属六大文化企业集团的基础上,文化旅游产业投资、工艺美术、体育、文博四大文化产业集团已完成筹组。引导和鼓励民营资本进军文化产业,文化产业发展步伐加快。

(五)深入推进文化体制改革。文化体制改革阶段性任务基本完成,走在全国前列。全国文化体制改革工作会议在我

省召开，出版行业转企、广电系统局台分离、文广新三局合一、文艺院团转企改制全面完成，网络整合、非时政类报刊改革阶段性任务完成。

六、在改善民生和创新管理中加强社会建设，维护社会和谐稳定

注重处理加快发展、改善民生、促进和谐的关系，着力解决基本民生，保障底线民生，发展普惠民生，努力使人民群众享受到实实在在的发展成果。

（一）人民群众最关心最直接最现实的利益问题得到较好解决。全省各级财政用于与民生直接相关的投入达到1437亿元，同比增长22%。投资300亿元的农村新一轮"五个全覆盖"（农村街巷硬化、便民连锁商店、文化体育场所、中等职业教育免费、新型农村社会养老保险全覆盖）全部完成，农村生产生活条件根本改观。各类教育统筹推进，选招特岗教师2200名，21个县启动农村义务教育学生营养改善计划，贫困生资助政策体系进一步完善，高校生均拨款标准由9000元提高到13960元。投资上百亿元、占地近万亩，可容纳15万学生的高校新区完成工程总量的80%以上，9所高校基本具备入住条件，2013年春季将迎来首批新生。扩大基本药物制度实施范围，基本公共卫生服务均等化稳步推进。全省乡镇、社区、村的医药卫生机构全部实行基本药物零差价销售，34个公立医院改革试点县建立破除以药补医新机制。各市均建立食品安全监管体系。加强人口和计划生育工作。保障性住房新开工建设41万套，竣工18万套，超额完成国家下达任务，走在全国第一方阵。房地产市场调控有力，运行平稳。

（二）就业质量和社会保障水平较快提高。实施更加积极的就业政策，强化公共就业服务，应届高校毕业生就业率达90%，农村劳动力转移就业示范县扩大到30个，转移农村劳动力42.5万人，新增城镇就业51万人，城镇登记失业率控制在3.4%。加快完善覆盖城乡的社会保障体系，推进"社保全覆盖、服务一卡通"，养老、医疗保险基本实现城乡覆盖，115个农业县、1379万人纳入新农保，失业、工伤、生育保险覆盖规定人群，参保人员人人持有社会保障卡。非公经济单位参保率达94.1%。企业退休人员基本养老金实现"八连调"，月人均达1873元，居中部六省首位。提高城乡低保、农村五保、孤儿和部分优抚对象生活补助标准，为812万户农户供应冬季取暖用煤，困难群众的基本生活得到有效保障。

（三）安全生产形势持续明显好转。确立安全发展科学理念，坚持底线思维和从零做起，夯实安全基层基础，严格落实政府安全监管和企业安全生产两个主体责任，开展覆盖20个行业领域的安全生产专项整治，严厉打击私挖滥采行为，严肃处理安全事故责任人。全年全省各类安全生产事故起数和死亡人数分别下降14.2%和0.36%，煤炭百万吨死亡率为0.091，继续保持全国领先水平。

（四）社会管理和维护稳定工作全面加强。围绕建设平安山西，全面推进基层社会服务管理体系建设，增强城乡社区服务功能，加强流动人口和特殊人群服务管理，加强学校安全防范工作，着力构建"两新组织"服务管理体系，推进社会管理项目化、网格化、信息化。完善党和政府主导的维护群众权益机制，全面推行社会稳定风险评估机制。严格落实维护稳定责任制，完善社会应急管理机制，扎实开展对治安重点地区的整治，严厉打击各种违法犯罪活动和黑恶势力。加强和改进对政法工作的领导，加强政法队伍建设。完善信访制度，省对各市进行稳定和信访工作面对面点评收到良好效果，受到中央肯定，连续四年实现信访总量、个体访、集体访、进京非正常访明显下降，当好首都"护城河"，社会大局保持和谐稳定。中央综治办在我省召开部分省（区、市）综治办主任座谈会。按照中央部署，扎实推进援疆工作，双向交流54名优秀干部。

七、全面提高党的建设科学化水平，为转型跨越发展提供坚强保证

（一）扎实开展保持党的纯洁性学习教育活动，党员干部焕发新的精神风貌。以思想教育、正面教育、自我教育为主，以县级以上领导班子和领导干部为重点，围绕"三学、六查、四改"和抓好"六个一"（开展一段集中学习、接受一次传统教育、聆听一场事迹报告、组织一次问题查摆、开好一个民主生活会、形成一份思想总结），在全省开展为期半年的保持党的纯洁性学习教育活动。省委常委带头参加各项活动，集中阅读经典著作，观看廉政文化精品剧目，邀请优秀共产党员荆保山、刘桂芝作先进事迹报告，举行专题学习报告会，召开学习心得交流会，赴革命老区武乡县和八路军太行纪念馆接受革命传统教育，"七一"前夕与基层党组织一同过党日活动，以保持党的纯洁性为主题召开民主生活会。各级党组织按照省委要求，扎实开展各项活动，实现了提升党性修养、加强基层组织、服务人民群众、促进各项工作的目的。

（二）密切联系群众，切实改进作风。认真落实习近平总书记对弘扬右玉精神的重要批示，进一步引深学习弘扬右玉精神活动。扎实开展领导干部下乡住村包村增收活动，帮助农民解决实际问题6.7万个，新上项目2万个，投入帮扶资金31.6亿元，包扶村农民人均纯收入连续两年增幅达20%以上。省委、省政府主要领导率队对11个市进行观摩检查，实地检查116个重点工程和项目。省委常委每人联系一个贫困县、一个大型国有企业、一个重点工程，协调解决突出问题。集中开展整治吃拿卡要、创优发展环境专项行动，查办典型案件995件，处理违纪干部1267人。中央政治局作出关于改进工作作风、密切联系群众的部署后，省委常委会三次召开会议学习讨论习近平总书记在中央政治局会议上的重要讲话精神和《八项规定》，结合实际制定了搞好调查研究、精简会议活动和文件简报、规范新闻报道的实施办法。从省委常委做起，立说立行，带头改进工作作风，带头深入基层调查研究，带头密切联系群众，带头解决实际问题，引导各级领导干部把精力放在抓发展、惠民生、促和谐上来，以作风建设的实际成效取信于民。通过转变作风，有力促进了全省各项工

作。

（三）学习型党组织建设深入推进。省委中心组共举行10次集体学习，邀请中央有关部委领导和知名专家学者就加强党的建设、转变经济发展方式、加强环境保护、推进科技创新等作专题报告，党委中心组“六学六用”模式取得良好成效。创新干部教育培训方式，全省共举办470余个干部选学培训班次，4.3万余名干部参加培训，基层干部和普通干部培训率达到70%以上。引深干部在线学习，完善“山西干部在线学院”平台建设。

（四）创先争优活动成效明显。组织引导基层党组织和广大党员创转型跨越之先、争强省惠民之优。不断深化“三晋先锋在行动”活动，建立党员先锋岗32.6万个、党员示范窗口22.3万个、党员责任区15万个，形成一批具有我省特色的创先争优理论成果，完善一批务实管用的创先争优制度。以“强组织、增活力，创先争优迎十八大”为主题，开展“创先争优巡礼”活动，全面展示创先争优活动成果。召开全省创先争优表彰大会和总结交流大会，开展学习彭云同志先进事迹活动，推动创先争优活动常态化、制度化、长效化。

（五）领导班子和干部人才队伍建设持续加强。围绕转型跨越发展配班子、选干部、建队伍，深化干部人事制度改革，完善公开选拔、竞争上岗和差额选拔干部等制度，开展从优秀大学生村官中公开选拔乡科级副职领导干部工作。加强干部实践锻炼，与中直单位互派31名干部挂职，选派49名干部到省信访局、山西证监局挂职，组织50名高校团干部到县（市、区）团委挂职。按照中央要求，认真做好省人大、省政府、省政协换届的相关人事工作。从严干部监督管理，深入开展“一报告两评议”和领导干部报告个人有关事项工作，加强干部档案管理。完善年度目标责任考核、领导班子和领导干部年度考核、党风廉政建设考核“三位一体”考核模式，出台加强干部德的考核考察办法。扎实推进干部能力素质提升工程。选聘524名大学生村官，实施大学生村官“创业行动计划”。启动建设太榆人才特区，实施十大人才工程，累计引进两院院士48名、海外高层次人才137名。

（六）基层党组织建设扎实推进。开展基层组织建设年活动，集中培训全省36915名村“两委”主干人员。加强非公有制经济组织党组织建设，集中组建党组织9697个。扎实推进社区网格化管理。在乡镇推广“文建明工作法”，探索机关党建融入中心、发挥作用的新途径。建立市委书记履行基层党建工作责任专项述职制度，推动党建工作“联述联评联考”，形成“三级书记联述、五级组织联动”抓党建的新格局。

（七）党的纪律建设和党风廉政建设取得新成效。认真学习《人民日报》评论文章，及时传达贯彻《中共中央关于薄熙来严重违纪案审查情况和处理决定的通报》，把全省干部群众的思想和行动统一到中央要求上来。严格执行政治纪律，自觉在思想上、政治上、行动上与党中央保持高度一致，不折不扣落实好中央决策部署。认真落实党风廉政建设责任制，省委常委带队对各市党风廉政建设情况进行考核检查。统筹推进教育、监督、改革、制度建设等预防腐败工作，省市县三级制定煤焦、工程建设等重点领域制度2.1万项，构筑起具有山西特色的惩治和预防腐败体系基本制度框架。运用“制度＋科技”推进反腐倡廉建设，惩防体系信息网建设推进顺利，农廉网覆盖率达88.56%，全国村务公开民主管理工作会议在运城召开。加强对重大决策部署落实情况的监督检查，深入开展清理规范庆典、研讨会、论坛、博览会（展会）和党政机关公务用车问题专项治理，巩固“小金库”专项治理成果，推进工程建设领域突出问题专项治理，切实解决人民群众反映强烈的突出问题。坚决查办违纪违法案件，纪检监察机关立查案件7489件，处分违纪党员、干部8413人，其中市厅级干部14人、县处级干部229人，挽回经济损失1.58亿元。加强巡视工作，配合中央巡视组圆满完成巡视回访工作。

（刘智钢）

附：中共山西省第十届委员会组成人员名单 (2012.1.1—2012.12.31)

书　记： 袁纯清

副书记： 王　君（12月离职）　李小鹏（12月任职）　金道铭（满族）

常　委： 胡苏平（女）　高建民　汤　涛　李兆前　陈川平　张少华　王建明　聂春玉　杜善学　白　云（女，12月任职）

委　员：（按姓氏笔画为序）

马天荣　丰立祥　王　亚　王　赋　王安庞　王茂设
王建武（12月递补）　王清宪　牛仁亮　左世忠　石扬令
卢晓中　申联彬　田喜荣　白培中（12月撤职）　冯改朵（女）
吕伟红（女，12月递补）　朱晓明　仲　轩　任润厚　刘传旺
刘向东　孙跃进（12月递补）　李　洪　李仁和　李平社
李东福　李永林　李兆前　李建功　李栋梁　李晓波
李高山　李悦娥（女）李富林（12月离职）　李福明　杨　司
杨森林　杨增武　吴永平　吴清海　张　保　张　健
张　璞　张九萍（女）张建欣（女）张高宏　张瑞鹏　陈永奇
罗清宇　周明定　段建国　姜新文　洪发科　耿彦波
高卫东　郭迎光　郭新民　董洪运　廉毅敏　潘军峰
薛延忠

候补委员：（按姓氏笔画为序）

李海渊　张义平　张文栋　张旭光　张志川　张建坤
岳普煜　赵雁峰　贺天才　席小军

重要会议

省委农村工作暨扶贫开发工作会议　1月5日，省委召开农村工作暨扶贫开发工作会议。会议认真贯彻中央经济工作会议、中央农村工作会议和扶贫工作会议精神，按照省第十次党代会以及省委第十届二次全会暨全省经济工作会议部署，总结2011年农业农村工作，分析当前农业农村形势，安排部署2012年农业农村和扶贫开发工作。省委书记、省人大常委会主任袁纯清，省委副书记、省长王君出席会议并讲话。省政协主席薛延忠，省委常委、太原市委书记陈川平，省委常委、吕梁市委书记杜善学，省人大常委会常务副主任申联彬，副省长郭迎光等分别在主会场和分会场出席会议。省委副书记金道铭主持会议。

袁纯清对全省农村工作和扶贫开发工作取得的成绩给予充分肯定，向辛勤奋战在农业农村工作一线的同志们表示亲切问候。他说，2011年是本世纪以来我省农业农村形势总体发展最好的一年，粮食生产创历史新高，农民收入是近十年来最大增幅，新农村建设成效显著，农业的基础地位进一步加强。要认真学习贯彻胡锦涛总书记、温家宝总理重要讲话精神，落实好省第十次党代表大会的部署，进一步开创农村工作和扶贫开发工作的新局面。

袁纯清着重就加强对农村工作的领导强调了四点意见：第一，把"三农"工作放在重中之重的位置，进一步增强责任感和紧迫感。充分认识"三农"工作是转型跨越的重要内容，没有农业的转型就没有全省的转型，没有农民的小康就没有全省的小康，没有新农村就没有新山西。工业化、城镇化越是加快发展，农业的基础地位越重要，越需要加大强农惠农富农力度。要把农业农村工作和扶贫开发工作作为全面小康的基础工程、城乡统筹的重要途径，做到思想不麻痹、政策不减弱、工作不松懈、投入有增加、干部要加强。要明确工作抓手，把农业现代化作为基本路径，把农民收入翻番作为核心目标，把"一村一品""一县一业"作为主攻方向，把"三化一体"推进作为重大战略，把扶贫开发作为紧迫任务，打好打胜新一轮扶贫开发攻坚战。要建立农业农村投入稳定增长机制，创新"以煤补农、以城带乡"体制机制，创新扶贫开发工作机制，动员资源型企业以多种方式支持"三农"。第二，把干部下乡住村包村作为一项战略工程，长期坚持下去。干部下乡住村既有利于发展，也有利于民生，还有利于加强干部队伍建设。要坚持宜工则工、宜农则农、宜服务业则服务业，帮助所包村制定科学合理的产业发展规划，分步组织实施，使规划成为发展引领、致富遵循。要帮助农村引项目、建项目，确保每个包扶村都要发展1至2个有效带动农民增收的项目。要把输血与造血结合起来，把帮扶与激励统一起来，培育有文化、懂技术、会经营的新型农民，把包村增收的过程变成了解实情和密切联系群众的过程，变成提高执政能力和领导水平的过程。第三，加强农村基层党组织建设，夯实农村发展、农民致富的基础。要夯实组织基础，精心组织好农村"两委"班子换届选举，真正选出"双带"能力强的村级班子，加强对新当选"两委"成员特别是党组织书记、村委会主任的培训，加强农村党员队伍建设，发挥好大学生"村官"的作用。要夯实群众基础，充分尊重农民的主体地位，发挥农民的首创精神，尊重农民意愿，提高农民自我管理水平和发展能力，注重维护农民在土地、财产、就业、社会保障和公共服务等方面的权益。要夯实发展基础，健全现代农业科技创新推广体系，加强农村地区金融服务体系建设，扎实推进城乡基本公共服务均等化，让农民群众共享改革发展成果。要夯实社会基础，加强农村基层社会管理和民主法制建设，深入开展精神文明创建活动，抓好矛盾纠纷排查化解工作，切实维护农村社会稳定。第四，充分发挥县乡干部的主体作用，确保把各项政策举措落实到基层。县乡两级是农村工作和扶贫开发任务的直接承担者、组织者、落实者，既是工作主体，也是责任主体。县乡两级干部要投入大精力，倾注真感情，掌握硬本领，创造新业绩，谋农事，干发展，惠民生，积极帮助群众排忧解难，多做打基础、谋长远的事。要提高学习的本领，提高建设项目的本领，提高结合的本领，深入研究农业和农村经济发展规律，善于发现外部机遇和自身优势，搞好上级政策与当地实际的结合，面对难题有点子、有招数，主动为企业、中介组织、农户搞好服务，使农村面貌有明显变化，使群众得到实实在在的利益。要建立健全农民增收和扶贫开发考核激励机制，把"三农"工作和扶贫开发情况作为考核县乡干部的主要依据。

王君指出，在刚刚过去的2011年，全省“三农”工作和其他工作一样，也取得了新的成绩，进一步巩固和发展了农业农村发展的好形势。农业实现稳定发展，粮食产量达到119.3亿公斤，再创历史新高；农民收入快速增长，人均纯收入增速达到15%左右并超过城镇居民收入增速，贫困地区农民收入增幅首次超过全省平均水平；农村面貌发生明显变化，农村首轮“五个全覆盖”得到巩固提升，新一轮“五个全覆盖”工程的年度目标任务超额完成。取得这样的成绩，得益于党中央、国务院的坚强领导，也得益于近年来我们不断加大“三农”工作力度，集中力量办了一些事关农业农村发展的大事、好事、实事。一是加大强农惠农富农力度。在不折不扣地落实中央各项决策部署和补贴政策的基础上，相继出台了一系列更加切合我省实际的强农惠农富农政策，补贴种类之全、范围之广、力度之大、受益农民之多，居于全国前列。二是加大对“三农”的投入力度。通过增加财政转移支付以及提高土地出让金、耕地占用税新增收入和煤炭可持续发展基金用于“三农”的比例等方式，不断加大各级财政对“三农”的投入，全省“三农”投入全年达到650亿元，占到一般预算支出的近1/3。三是加强农业农村基础设施建设。不断加大农业基础设施建设力度，农业综合生产能力稳步提高；大兴水利建设，长期制约我省发展的水资源短缺问题正在得到有效解决。四是推进农业结构调整和农业发展方式转变。从我省实际出发，宜粮则粮、宜牧则牧、宜菜则菜、宜果则果，不断深化农业结构调整，农业规模化、产业化水平有了新的提高，农民持续增收的产业基础更加坚实。五是大力发展农村社会事业、着力改善民生。特别是投资600多亿元，实施的两轮“五个全覆盖”工程，使农村面貌和农民生产生活条件发生巨大变化。与此同时，全省各地深入推进农村综合改革，扎实推进集体林权制度改革，积极开展扩权强县试点，极大地激发了农业农村发展的动力和活力。我省农业农村发展的大好形势，不仅为我们战胜各种困难、保持经济平稳较快发展奠定了坚实的基础，也进一步坚定了全省上下推动转型跨越发展、再造一个新山西的信心和决心。

王君强调，做好当前的农业农村工作，必须清醒地认识到我省已进入工业化、城镇化和农业现代化同步推进的发展阶段，农业的根本出路在科技，当前“三农”工作的中心任务是增加农民收入，我省农业结构调整和农业发展方式转变的切入点是发展现代特色农业。他要求，全省各级各部门要适应新形势、新任务，以促进农民增收为中心任务，扎实做好今年农业农村各项重点工作。一要继续加大强农惠农富农力度。在认真贯彻落实好中央和我省已有的各项强农惠农富农政策的基础上，进一步研究出台一批新的政策措施。在此基础上，要整合涉农资金，加强资金监管，进一步提高资金使用效率和效益，确保各项强农惠农富农政策落到实处。二要全面加强农业基础设施建设。加强以大水网工程为重点的水利建设，年内完成144座小型水库的除险加固和300眼山老区“一村一井”工程建设任务；加强以中低产田改造为重点的基本农田建设，全年改造中低产田200万亩、盐碱地10万亩；加快实施现代农机装备提升工程和机械化保护性耕作工程，积极扶持农机大户和农机专业合作社，不断提升农业机械化综合水平。三要着力做大做强现代特色农业。大力发展“一村一品”“一县一业”，加快建设一批较大规模的特色农业产业基地；重点推进大同、晋中、运城三大现代农业示范区和10个现代农业示范县建设，引领带动全省现代农业发展；积极支持“513”龙头企业的规模扩张和素质提升，打造一批销售收入过10亿、50亿、100亿的标志性企业；在继续扶持酒类、醋类等传统优势品牌的同时，集中培育杂粮和生态畜牧两大特色品牌，把小杂粮做成大产业，把雁门关生态畜牧经济区打造成大品牌。四要大力推进农业科技进步。提升农业科技创新能力，尽快解决一批制约我省农业发展的技术瓶颈问题；增强基层农技推广服务能力，不断提高农业科技服务水平；加大农技推广力度，加快培育有文化、懂技术、会经营、善管理的新型农民。五要加快推进社会主义新农村建设。在继续抓好100个新农村连片示范区和3000个新农村重点村建设的基础上，以农村新的“五个全覆盖”工程为重点，进一步改善农村基础设施；以改善农村公共服务为重点，进一步提升农村社会事业发展水平；以完善保障制度为重点，进一步增强农村社会保障能力。六要积极发展壮大县域经济。针对县域特点，立足资源禀赋、产业基础和区位优势，抓好县级产业园区建设，加大招商引资力度，深入推进扩权强县试点，积极培育壮大县域主导产业；同时积极推进城镇化进程，加快实施“大县城”战略和百镇建设工程，不断拓展县域经济的发展空间，推动县域经济大发展、大跨越。

王君要求，全省各级各部门要全面落实中央扶贫开发工作会议精神，紧紧围绕实现扶贫对象不愁吃、不愁穿和义务教育、基本医疗和住房有保障的目标，扎实抓好扶贫开发和农村低保制度的有效衔接工作，认真实施对连片特困地区的扶贫攻坚，全面落实各项扶贫开发措施，广泛动员全社会力量参与扶贫开发，集中力量打好新一轮扶贫开发攻坚战，确保我省按照扶贫新标准确定的452万贫困人口得到应保尽保，应扶尽扶，让全省贫困群众共享改革发展的成果，尽快过上富裕幸福的生活。

1月6日，省委农村工作暨扶贫开发工作会议闭幕。省委副书记金道铭作总结讲话。副省长郭迎光主持会议并宣读2011年度“三农”工作先进典型表彰通报。省政协副主席李潭生出席会议。

金道铭强调，各级党委、政府、各部门、各单位，一定要把狠抓落实作为贯彻中央和省委决策部署的最紧迫任务，作为检验各级领导干部党性和能力的最重要标准，切实在思想认识上有新的提升，把思想统一到中央和省委的科学判断上来，把思路统一到省委、省政府的战略决策上来，把行动统一到这次会议的安排部署上来；切实在组织领导上有新的加强，完善领导格局，健全工作机构，建立责任体系，做到责任到位、工作到位；切实在工作推进上有新的成效，落实强农惠农富农政策，加大支农和扶贫力度，加强农业科技创新，把握工作规律，破解工作难题；切实在工作导向上有新的举措，加强考核引导、作风引导和舆论引导，形成强大工作合力，努力开创全省“三农”和扶贫工作新局面，以优异成绩迎接党的十八大胜利召开。

会议还对《中共山西省委山西省人民政府关于进一步加强“三农”工作奋力实现农民收入翻番的决定》以及《山西省人民政府关于加强异地扶贫搬迁工作的指导意见》进行了讨论。

省委常委会讨论政府工作报告 1月5日，省委常委会召开会议，讨论省政府拟提请省十一届人大六次会议审议的《政府工作报告》稿。省委书记袁纯清主持会议。

会议指出，2011年是“十二五”开局之年。在党中央、国务院的坚强领导下，全省上下认真贯彻落实中央大政方针，坚持主题、围绕主线，着力推动转型跨越，经济社会发展和各项工作都取得了新成绩，主要指标、主要工作都圆满完成了目标任务，实现了“十二五”良好开局，在科学发展道路上迈出坚实一步。特别是认真贯彻落实中央宏观调控政策和各项决策部署，经济继续保持平稳较快发展，基础设施建设取得历史性突破，结构调整、节能减排和生态建设深入推进，转型发展势头强劲、转变发展方式迈出新步伐，农业农村好形势得到巩固和发展，安全生产形势持续明显好转，社会事业全面发展，民生进一步改善，改革开放不断深化，民主法制和精神文明建设进一步加强。在工作任务繁重、面临诸多挑战的情况下，上述成绩来之不易。这是党中央、国务院正确领导、亲切关怀的结果，是省委统揽全局、科学决策的结果，是全省广大干部群众同心同德、团结奋斗的结果。省政府和各级政府认真履行职责，工作深入扎实、卓有成效。

会议强调，2012年是全面贯彻落实省第十次党代表大会精神、加快推进转型跨越的重要一年。特别是要召开党的十八大，做好各项工作具有十分重要的意义。既要看到经济社会发展面临的形势严峻复杂，又要看到有利条件和难得机遇，进一步坚定信心、扎实工作，进一步开创转型跨越发展新局面。要全面贯彻落实党的十七大和十七届三中、四中、五中、六中全会精神以及中央经济工作会议精神，认真贯彻落实省第十次党代表大会精神，以邓小平理论和“三个代表”重要思想为指导，深入贯彻落实科学发展观，坚持科学发展主题、加快转变经济发展方式主线和稳中求进工作总基调，把握扩大内需的基本要求，以转型跨越发展、再造一个新山西为总体战略，以转型综改试验区建设为总抓手，大力推进工业新型化、农业现代化、市域城镇化、城乡生态化，在循环经济和新兴产业发展上有新突破，在转型综改试验区建设上有新进展，在保障和改善民生上有新举措，在社会管理创新上有新成效，保持全省经济平稳较快发展、物价总水平基本稳定和社会和谐稳定，在办好“两件大事”的进程中创造新的业绩。

会议强调，全省干部群众要紧密团结在以胡锦涛同志为总书记的党中央周围，开拓进取、扎实苦干，全力促进经济社会又好又快发展，以优异成绩迎接党的十八大胜利召开。

省委依法治省领导组会议 1月9日，省委依法治省领导组召开专题会议，听取2011年依法治省工作情况和有关事项落实情况的汇报，讨论《关于加强社会主义法治文化建设的意见》，研究部署今年依法治省工作。省委书记、省人大常委会主任袁纯清主持会议并讲话。省委副书记、省长王君，省领导胡苏平、王建明、申联彬、张建欣、李雁红、左世忠等出席会议。

会议认为，2011年是转型跨越发展迈出坚实步伐、“十二五”实现良好开局的一年，也是依法治省和“六五”普法取得重要进展的一年。各级各部门着眼于转型跨越发展大局，加快推进依法治省进程，地方立法、依法行政、公正司法、普法教育、依法治理、法律服务和法律监督等工作取得新进展新成效，干部群众的法律素质明显提高，依法治省的氛围更加浓厚，维护了社会和谐稳定，为转型跨越发展提供了坚强保证。

袁纯清指出，法治是社会文明程度的综合体现，也是经济社会发展的重要保障。2012年将召开党的十八大，对建设法治山西、平安三晋提出了更高要求。要按照省第十次党代表大会的部署，把依法治省贯穿于经济社会发展各个方面，认真解决法治建设中不适应、不符合转型跨越发展的突出问题，注重从法治层面破解难题、健全机制，大力加强诚信建设。他对加快推进依法治省提出五点要求：一是加强和改进立法工作，规范经济社会活动。着眼促进发展，坚持立法与改革、发展、稳定的重大决策相结合，抓紧抓好产业升级、循环经济、节能减排、新兴产业、改善生态等领域的立法，为转型跨越发展提供法律依据、法律支撑和法律保障；致力服务民生，加快保障和改善民生、加强和创新社会管理以及统筹城乡发展等方面的立法工作；坚持群众路线，反映人民群众的关切和合理诉求。二是深入开展法制宣传教育，营造守法诚信氛围。引导各级干部牢固树立社会主义法治理念，养成依法决策、依法管理和依法办事的思维方式和行为习惯。充分发挥新闻媒体和宣传阵地的作用，积极开展形式多样、内容丰富的社会主义核心价值体系和法制宣传教育活动，加快建设法治文化，营造尊重法律、崇尚法治、自觉守信、扶持诚信的浓厚氛围。三是扎实推进依法行政和公正廉洁执法，维护社会公平正义。推进依法行政，深化行政执法体制改革，提高政府公信力和执行力，进一步优化政务环境。深化司法体制和工作机制改革，有效预防和严厉查处滥用职权、徇私枉法、执法犯法、以权压法等行为。依法查处各种侵害群众权益的行为，深入推进平安建设，增强人民群众的安全感。四是加强社会征信体系建设，使诚实守信成为共同追求。诚信是社会道德的底线，也是法治建设的精髓。要把诚信建设作为法治山西建设的基础性工程，以诚实守信的形象打造良好发展环境。要把政务诚信建设作为关键，政府及其各部门要做诚实守信的倡导者、带头者、身体力行者；要把企业信用建设作为重点，引导企业强化社会责任意识，自觉遵守法纪、诚信经营，对不讲诚信、恶意欺诈、扰乱市场、损害公众利益的企业，依法依规惩处；要把公民诚信建设作为基础，大力开展全民诚信建设活动，大力宣传讲品格、重信用的先进典型，引导群众积极践行社会主义荣辱观；要把社会诚信建设作为保障，完善与诚信相关的法律制度，加强各领域的信用信息系统建设，努力做到信息资源共享，保证守信者得益、失信者受罚，形成诚信光荣、失信可耻的良好风尚；要加强司法诚信建设，为建设信用山西提供法治保障。五是加强组织领导，确保各项工作落到实处。牢固树立发展是第一要务、稳定是第一责任、法治是第一保障的观念，把推进依法治省、建设法治山西摆上重要议事日程，党委要发挥统揽全局的作用，人大、政府、政协和各级各部门、各类组织要依法履行职责，领导组成员单位和有关部门要充分发挥职能作用，形成推进依法治省的强大合力。要建立有利于推进依法治省的考核评价体系，加大对法治建设、诚信建设的考核力度，开创依法治省的新局面。

全省宣传工作会议 1月17日，全省宣传工作会议召开。会议全面总结了2011年全省宣传思想文化工作，部署了2012年宣传思想文化工作。省委常委、宣传部长胡苏平出席会议并讲话。

会议认为，2011年全省宣传文化战线围绕大局，改革创新，在服务转型跨越中成果丰硕。一是围绕打牢转型跨越发展的思想基础，理论武装取得新成效。省委中心组学以致用、学用结合的“六学六用”模式创造了新经验。二是围绕营造转型跨越发展的良好环境，舆论引导形成新氛围。山西日报、山西电视台等主流媒体发挥主渠道作用，营造了良好舆论氛围。三是围绕构筑转型跨越发展的精神支撑，文明创建实现新突破。四是围绕增添转型跨越发展的文化力量，改革呈现出新气象。文化体制改革主要任务全面完成，连续两年被评为全国先进。省属六大集团活力空前，文化产业增加值以25%的速度递增，高于全国平均增速。五是围绕展示转型跨越发展的崭新形象，对外宣传迈出新步伐。六是围绕探索转型跨越发展的科学道路，文化强省绘就新蓝图。文化强省建设大会召开，制定了关于加快建设文化强省的《实施意见》，文化改革发展进入全新阶段。

会议确定2012年全省宣传思想文化工作的基本思路是：紧紧围绕迎接十八大、宣传十八大、贯彻十八大这条主线，深入贯彻党的十七届六中全会精神、省第十次党代会精神、全省文化强省建设大会精神，以转型跨越、科学发展为主题，以建设社会主义核心价值体系为支撑，以建设文化强省为目标，着力深化文化体制改革，着力推动文化大发展大繁荣。着力塑造山西良好形象，为再造新山西提供有力思想保证、精神动力、舆论支持和文化条件。

胡苏平在讲话中强调，推动文化大发展大繁荣关键在党。各级党委政府特别是宣传文化部门，要按照中央和省委的要求，站在战略和全局的高度，增强文化自信，提升文化自觉，实现文化自为，并做好以下三方面的工作。一、强化组织领导。建立健全党委统一领导、党政齐抓共管、宣传部门组织协调、有关部门分工负责、社会力量积极参与的工作体制，形成文化建设的强大合力。二、强化人才保障。造就一批国内一流、业内公认的文化拔尖人才和领军人才。三、强化政策保障。加大财政、税收、金融、土地等对文化产业的政策扶持力度。会议表彰了太原市委宣传部等9个2011年度党报党刊发行先进单位，平遥国际摄影大展等11个优秀文化节庆会展，山西今鼎印务有限公司古代壁画复仿制系列产品等15个优秀文化产品，任灵杰等20名优秀新闻工作者，王如东等30名文化体制改革先进个人，武润林等17名网络舆情信息工作先进个人。

全省党风廉政建设干部大会 1月18日，全省党风廉政建设干部大会暨省纪委十届二次全会第二次会议在太原召开。省委书记、省人大常委会主任袁纯清出席会议并作重要讲话，省委副书记、省长王君主持会议，省政协主席薛延忠、省委副书记金道铭等出席。省委常委、省纪委书记李兆前传达十七届中央纪委第七次全会精神和胡锦涛总书记重要讲话精神。省委、省人大、省政府、省政协负责同志，省法、检两长，省纪委委员，省直各部门主要负责同志参加了会议。

袁纯清在讲话中对去年我省党风廉政建设和反腐败斗争取得的成绩给予充分肯定。他强调，胡锦涛总书记在中央纪委七次全会上的重要讲话，深刻阐述了保持党的纯洁性的极端重要性和紧迫性，对保持党员干部思想纯洁、队伍纯洁、作风纯洁和清正廉洁提出明确要求，彰显了我们党一以贯之的反腐决心和光明磊落的正气本色，展现了对党风廉政建设和反腐败斗争规律的深刻认知和科学把握，是对马克思主义政党建设理论的深化丰富和创新发展，对于指导当前和今后一个时期党风廉政建设和反腐败斗争、全面推进党的建设新的伟大工程、保持党的先进性和纯洁性，开创各项事业发展新局面，具有重大而深远的意义。我们要把保持党的纯洁性摆在领导班子和干部队伍思想政治建设重中之重的位置，贯穿于反腐倡廉建设乃至整个党的建设各项工作中，切实抓紧抓好。

袁纯清指出，保持纯洁性是党的性质和宗旨的集中体现，是增强党的创造力凝聚力战斗力的关键所在，是建设高素质领导班子和党员队伍的现实需要，是引深反腐倡廉建设的重要任务。省委决定，在全省范围内开展为期半年的保持党的纯洁性教育活动。总的要求是，认真学习贯彻胡锦涛总书记重要讲话精神，坚持党要管党、从严治党，坚持强化思想理论武装和严格队伍管理相结合、发扬党的优良作风和加强党性修养与党性锻炼相结合、坚决惩治腐败和有效预防腐败相结合、发挥监督作用和严肃党的纪律相结合，大力保持党员、干部思想纯洁、队伍纯洁、作风纯洁和清正廉洁，不断增强自我净化、自我完善、自我革新、自我提高能力，确保始终坚持党的性质和宗旨，永葆共产党人政治本色，以优异成绩迎接党的十八大胜利召开。各级党委要高度重视、精心组织，统筹安排、扎实推进，把这项活动与对党忠诚教育活动结合起来，与创先争优活动结合起来，与“基层组织建设年”活动结合起来，坚持领导带头，搞好典型示范，强化思想教育，重在解决问题，有效促进工作。各级党组织要组织党员干部学理论、学知识、学先进，对照党的纯洁性寻找差距，切实改进观念、改进作风、改进工作、改进形象，通过学、查、改，召开民主生活会，推动活动深入有效开展，在思想认识上有新提高，在作风建设上有新进步，在能力素质上有新增强，在转型跨越上有新贡献。

围绕保持党的纯洁性，袁纯清提出以下要求：一要把加强思想教育作为保持党的纯洁性的根本途径。坚定理想信念，教育引导广大党员干部用马克思主义中国化最新成果武装头脑、指导实践，对中国特色社会主义理论体系要真学真懂真信真用；增强党性观念，在思想上政治上行动上自觉同以胡锦涛同志为总书记的党中央保持高度一致，认真贯彻中央大政方针和省委、省政府的决策部署；抓好学习培训，引深学习型党组织建设，利用山西宝贵的红色资源加强党性教育，引导党员干部自觉践行社会主义荣辱观，切实筑牢思想道德防线。二要把密切联系群众作为保持党的纯洁性的基本要求。始终把人民放在心中最高位置，树立正确的政绩观、权力观、利益观，坚决克服形式主义、官僚主义，对民生不能冷漠，对民事不能无为，对民利不能侵害。要建立健全公共服务体系，加大民生投入力度，加快提高城乡居民收入，扎实推进新一轮扶贫攻坚，让人民群众共享改革发展成果。要认真解决就业、社保、物价、住房等事关人民群众切身利益的突出问题，解决好城镇拆迁、土地征用、企业破产重组、食品药品安全、环境保护、涉法涉诉等方面群众反映强烈的突出问题。三要把干事创业作为保持党的纯洁性的重要标准。大力弘扬太行精神、吕梁精神、右玉精神，提倡求真务实之风、真抓实干之为，努力在资源型经济转型上有新作为，在保障和改善民生上有新作为，在加强和创新社会管理上有新作为。四要把领导带头作为保持党的纯洁性的关键之举。深入开展领导干部下乡住村包村活动，与群众同吃同住同劳动。省委常委和副省长每人都要联系一个国有大型企业、一个国家扶贫开发重点县。弘扬勤俭节约、艰苦奋斗的作风，自觉抵制拜金主义、享乐主义、铺张浪费等不良风气。认真落实领导干部廉洁自律各项规定，自觉接受监督，以监督促廉洁，用廉洁保纯洁。

袁纯清指出，要深入推进反腐倡廉建设，为保持党的纯洁性提供坚强保证。要严明政治纪律，对中央和省委、省政府的决策部署，要做到认识统一、态度坚决，行动自觉、落实有力。要加强监督检查，特别是切实加强对中央宏观调控政策落实情况的监督检查，加强对综改试验区建设、农民收入翻番、农村新的“五个全覆盖”、社会管理创新等重要工作的监督检查，加强对重大转型项目、循环经济项目、新兴产业项目的监督检查，加强对民生工程实施情况的监督检查。要注重顶层设计，加快建设山西特色惩防体系。要着力推进重点领域和关键环节的改革，抓好源头防腐。要优化政务环境，建设服务法治廉洁效能政府，推进诚信山西建设。要狠刹不良作风，教育引导党员干部勤政为民、廉洁奉公，令行禁止、雷厉风行，继续狠刹闲话生非的不良风气、拉拉扯扯的庸俗风气、吃拿卡要的恶劣风气，严肃查处一批效能低下、懒政怠政、不负责任、执行不力的典型案件。要保持队伍纯洁，加强对党员的教育和管理，把好党员入口关，完善党员退出机制，对不纯洁的干部、不纯洁的班子，要及时采取组织纪律措施，引深创先争优活动和三级联创活动。要严查大案要案，始终保持惩治腐败的高压态势。要夯实基层基础，统筹推动基层党风廉政建设，加大对损害群众利益行为的问责力度，切实解决发生在群众身边的腐败问题。

袁纯清指出，各级党委、政府要把反腐倡廉建设摆在更加突出的位置，党政“一把手”要对本地区本部门的反腐倡廉建设负总责，亲自解决重大问题，亲自过问重大案件。要把党风廉政建设责任制和党政领导干部问责制结合起来，进一步增强各级领导班子和领导干部抓党风廉政建设和反腐败工作的责任意识，健全保持党的纯洁性的体制机制，营造保持党的纯洁性的良好氛围。纪检监察队伍要做党的纯洁性的忠实践行者和监督者、维护者。各级党委、政府要支持纪检监察机关开展工作，切实保护和优先使用坚持党性、坚持原则的纪检监察干部。

王君在主持会议时要求，一要把学习贯彻胡锦涛总书记重要讲话精神作为当前一项重要的政治任务抓紧抓好。他说，在刚刚闭幕的中央纪委七次全会上，胡锦涛总书记从党和国家事业发展全局和战略的高度，全面总结了党风廉政建设和反腐败斗争取得的新成效新经验，科学分析了当前反腐倡廉形势，明确提出了 2012 年党风廉政建设和反腐败斗争的总体要求和主要任务。胡锦涛总书记的重要讲话是对马克思主义党的建设理论的创新和发展，是对共产党执政规律的进一步把握和深化，是指导当前和今后一个时期反腐倡廉建设、全面推进党的建设伟大工程的纲领性文献。各级各部门要认真学习、深刻领会胡锦涛总书记重要讲话精神，自觉把思想和行动统一到中央和省委的决策部署上来，把保持党的纯洁性的要求贯穿到转型跨越的进程中，贯穿到党的各项事业中，贯穿到反腐倡廉建设中，切实抓好保持党的纯洁性的各项工作。重点要在党员、干部思想理论武装上下功夫，加强党性修养和党性锻炼，坚定理想信念、坚守精神家园；要在领导班子和干部队伍建设上下功夫，把好党员入口关，选好干部，配好班子；要在作风建设上下功夫，特别要加强换届后领导班子和领导干部作风建设，努力展示新面貌新形象；要在廉洁从政上下功夫，严格执行廉洁自律各项规定，切实做到为民、务实、清廉；要在加强监督和严明纪律上下功夫，保持党的先进性和纯洁性，增强党的创造力、凝聚力和战斗力。二要全面做好党风廉政建设和反腐败斗争各项工作，切实为推动转型跨越发展提供有力保障。要认真总结我省党风廉政建设和反腐败工作的有益经验和做法，按照胡锦涛总书记的重要讲话和中纪委全会的工作部署，按照袁纯清同志的讲话要求，既要扎实抓好党风廉政建设和反腐败斗争的各项长期性、基础性工作，又要切实解决好反腐倡廉建设中人民群众反映强烈的突出问题，统筹做好党风廉政建设和反腐败斗争各项工作。要加强对中央重大决策部署和省委、省政府工作部署贯彻落实情况的监督检查，抓好对稳增长、控物价、调结构、惠民生、抓改革、促和谐等政策措施落实情况的监督检查；要全面落实党风廉政建设责任制，加强惩治和预防腐败体系建设，加强反腐倡廉教育，强化对领导干部的监督，建立反腐倡廉长效机制；要继续加大查办案件工作力度，严肃查处腐败案件，坚决惩处腐败分子；要坚决纠正损害群众利益的不正之风，加大对征地拆迁、食品药品安全、环境保护等突出问题的治理力度；要深入开展煤焦领域反腐败工作，扎实推进工程建设领域突出问题专项治理，严格治理庆典、研讨会、论坛过多过滥及公务用车等问题，以反腐倡廉的实际成效取信于民。三要切实加强对党风廉政建设和反腐败斗争的组织领导，确保反腐倡廉各项工作落到实处、收到实效。各级各部门要把反腐倡廉工作摆在更加突出的位置，纳入本地区本部门本单位的总体工作之中，同部署、同检查、同考核、同落实。要进一步完善反腐败领导体制和工作机制，加强对反腐倡廉工作的领导，尤其是党政主要负责同志要切实履行好反腐倡廉第一责任人的职责，带头落实党风廉政建设责任制。各级纪律检查机关和广大纪检干部要全面履行党章赋予的职责，以身作则、率先垂范，强化理论学习，坚定政治立场，增强使命感、责任感、荣誉感，以更加坚定的决心和更加有力的举措，坚决贯彻落实中央和省委关于加强反腐倡廉建设的各项决策部署，确保各项工作落到实处，以党风廉政建设和反腐败斗争的新成效，以全省各项工作的新成绩迎接党的十八大胜利召开。

全省转型综改试验区先行先试推进大会 1月30日，省委、省政府召开转型综改试验区先行先试推进大会。省委书记、省人大常委会主任袁纯清主持大会并讲话，省委副书记、省长王君进行总结和部署。省政协主席薛延忠，省委副书记金道铭，省委、省人大、省政府、省政协负责同志，省军区、省法院、省检察院、省武警总队主要负责同志，省直各部门、中央驻晋单位和企业主要负责同志，省管国有骨干企业主要负责同志在主会场出席会议，各市、县设分会场。

袁纯清指出，2011年以来，全省上下坚持科学发展主题、加快转变经济发展方式主线和转型跨越发展总战略，全面推进转型综改试验区建设，《总体方案》编制批复取得重要进展，一批先行先试试点率先铺开，重大标杆项目加快推进，体制机制和政策创新初见成效，转型综改试验区建设的氛围正在形成，带动了全省各项事业的发展。特别是转型项目成为投资重点，新兴产业、非煤产业和循环经济快速发展。同时，要清醒看到，进展不快、不平衡、不到位的问题还比较突出，特别是等、靠、怕、慢还程度不同地存在，转型项目储备不足，园区建设力度需要加大，试点工作还需要加快推进。转型综改试验区既是改革机遇，又是发展机遇，更是国家赋予我们的重大责任。2012年是"十二五"承上启下的重要一年，是转型综改试验区出台实施《总体方案》的关键之年，更是党的十八大召开之年。各级各部门要抓住难得机遇，勇于改革创新，奋力先行先试，推动转型综改试验区建设有大突破，推动转型跨越有新进展。

袁纯清指出，先行先试是转型综改试验区的关键所在和最大政策。综改试验区能不能搞好，最主要的是看我们能不能领会好、把握好、践行好"先行先试"这个关键。要认识到，先行先试既是一项大的改革授权，又蕴含着许多具体政策。用好先行先试这个大政策，就能在实践中形成若干具体政策。先行先试既是敢闯敢干，又是按规律办事。要善于想别人没想到的、敢于做别人没做到的，同时要坚持实事求是、把握发展规律，用好用活政策，做到巧干会干。先行先试既是精神和理念，又是具体实践，是政策之先、改革之先、发展之先，是更快更大发展的内在动力，更是立说立行的实践。先行先试既是不断推进的过程，更是十分紧迫的任务。全省上下必须以时不我待的使命感、不进则退的危机感、奋起直追的紧迫感，努力在先行先试上展现新的作为。

袁纯清指出，先行先试要明确抓手、重在落实。充分发挥主观能动性，在实践中完善思路、制定政策、拓宽视野。一要抓住最关键最主要的。转型发展的核心在产业转型，难点也在产业转型。坚持工业新型化方向，继续扩大非煤产业投资比重，从项目、用地、政策等方面形成对新兴产业的支持倾斜导向，加快实施十大产业工程，推动传统产业循环发展，新兴产业加快发展，非煤产业多元发展。围绕产业转型，全面深化各领域改革，加快建立有利于转型发展的体制机制，促进社会事业发展和民生改善。二要抓紧能率先动起来的。2011年以来，各地结合实际积极探索，形成一些有特色的先行先试模式。要加大工作指导和统筹推进力度，通过要素供给的优化配置和叠加组合，增强转型力、创新力，形成先发效应，强化先行态势，凸显转型形象，加快形成一批在全省综改试验格局中具有较大影响和带动作用的优势板块。三要抓实见效快的。树立大项目促进大发展、多项目促进快发展、标杆项目引领转型发展的理念，建设一批循环经济项目、接续替代项目、战略性新兴产业项目和重大科技创新项目，抓好标杆项目、标杆工程、标杆园区、标杆企业建设。扎实推进财税、土地、科技和金融等领域的改革创新，加快建立促进转型的政策体系，依托标杆项目开展相关政策先行先试，能出台的政策尽快出台，真正让企业感受到转型、群众受益于转型、外界看到转型。四要抓好事权范围内的。只要政策法律没有明文禁止，都可以大胆尝试。对于省级事权内的改革，省政府及相关部门要加快推进。对于市级事权内的改革，市级政府要积极推进，赋予市县更大的改革自主权，扎实推进扩权强县、强镇试点。要把创优政务环境作为先行先试的重要突破口，提高办事效能、改革行政审批，简化审批程序、下放审批权限，强化全过程跟踪服务，以良好的政务环境、人文环境、诚信环境，为先行先试创造条件。

袁纯清指出，试点单位要争做转型综改试验区的排头兵和引领者。一要选准突破口，按照省委、省政府"抓紧干几件具有标志性的大事"的要求，本着立足实际、突出特色的原则，围绕转型项目、政策创新、板块突破、破解难题，积极开展先行先试，特别是在创新新兴产业发展机制、循环经济技术创新体系，创新土地管理、融资服务体制机制等方面大胆探索，创造经验。二要彰显特色，在产业转型、生态修复、城乡统筹、民生改善四大领域框架下，因地制宜、因事制宜、因时制宜，布局产业项目，做到错位发展，形成各具特色的发展模式。三要集中精力，主要负责人要亲自抓先行先试，把主要精力放在先行先试上，一切有利于试点的工作就要全力以赴完成，一切有碍于试点推进的事情就要切实改进，确保试点工作取得明显成效。四要加强考评，建立健全转型综改试验的考核评价体系，把转型综改试验工作纳入年度目标责任考核，加强跟踪检查。对先行先试工作出色，转型项目储备多、推进快、质量高和政策创新效果好的市县、园区、企业，从各方面给予倾斜。在先行先试的主战场考验识别干部，对敢行敢试、快行快试、善行善试的优秀干部，给予表彰奖励，优先提拔重用。

王君在讲话中指出，我省转型综改试验区建设顺利起步、扎实推进。一年来，全省上下坚持把转型综改试验区建设作为推动经济社会又好又快发展的总抓手，不等不靠、主动作为，大胆探索、先行先试，做了大量卓有成效的工作，实现了年初确定的目标。一是深入调研，制定方案。在科学把握省情，充分借鉴国内外先进经验和有益做法的基础上，精心编制了转型综改试验区建设的《总体方案》，明确了转型综改试验区建设的指导思想、基本原则、奋斗目标和主要任务，描绘出了转型综改试验区的发展蓝图。二是精心谋划，全面部署。省委、省政府站在全局和战略的高度，把转型综改试验区建设作为一项重要工作作出了全面安排部署，启动实施了“一市两县”“一市两园”和“一县一企”等先行试点工作，确定了焦煤、同煤、太钢等 11 户省属国有大型试点企业，筛选了一批重大转型标杆项目，全省上下进一步形成了转型跨越发展的共识。三是组建机构，强力推动。全省自上而下组建了转型综改试验区建设领导机构和办事机构，为全面开展这项工作提供了有力的组织保证。各级各部门和企业积极行动，形成了推动转型综改试验区建设的工作合力。四是突出重点，先行先试。在抓好生态修复、城乡统筹和民生改善等领域重大工程的同时，突出产业转型，不仅狠抓传统产业的整合重组与技术改造，而且大力发展新兴产业，布局实施了潞安 180 万吨煤基多联产、同煤 40 亿立方米煤制天然气、晋中吉利 10 万辆新能源汽车等一批标志性转型项目，推动全省产业结构调整和经济发展方式转变迈出了新的步伐。五是大胆探索，创新机制。重点推进用地保障机制、投融资机制和行政管理体制改革，2011 年全省供地面积达到 30.8 万亩，是前几年年均供地的 3 倍多，资本市场融资总额创历史新高、达到 900 亿元，有效化解了经济社会发展面临的土地和资金等瓶颈制约，为转型发展提供了强劲动力。与此同时，各级各有关部门不断加强对转型综改试验区建设的宣传工作，营造了推动转型综改试验区建设的浓厚氛围。

王君要求，2012 年，各级各部门和相关企业要进一步完善转型综改试验区建设的思路和举措，全力推动这项工作取得新的进展。一要进一步提高思想认识。建设综改试验区、推动转型发展，是遵循资源型地区发展规律的客观要求，是加快转变经济发展方式的战略选择，是实现我省可持续发展的根本出路。各级各部门和相关企业的同志特别是党政主要领导要切实把思想认识统一到中央和省委、省政府的工作部署和要求上来，把推进综改试验区建设摆上重要议事日程，不断加强组织领导，扎扎实实地抓好综改区建设各项工作，促进全省经济社会又好又快发展。二要进一步明确目标任务和思路措施。各级各部门和企业特别是主要领导要认真学习领会《总体方案》相关内容和省委、省政府对这项工作的部署和要求，组织编制好本地区本部门本企业的实施方案和行动计划，找准工作的突破口和着力点，设计好转型的路径，制定好转型的措施，力求在产业转型、生态修复、城乡统筹、民生改善等重点领域和体制机制创新方面有新的突破。三要进一步抓好试点工作。要抓好产业转型这个核心，努力在推动传统农业向现代农业转变、实现支柱产业多元化和建设中西部现代物流中心、生产性服务业大省和文化强省方面取得新的突破；要抓好企业这个主体，大力推进“大中小微”各类企业协同发展，不断夯实转型综改试验区建设的微观基础；要抓好园区这个载体，吸引更多企业向园区集聚，使园区成为促进产业转型、带动地区经济发展的重要载体；要抓好项目落地这个关键，在不断提高招商引资项目的履约率、资金到位率和落地率的同时，集中力量抓好重大标志性项目的建设，保证这些项目早日开工、早日投产、早日见效。四要进一步创新体制机制。重点推进产业转型、财政税收、用地保障、科技人才、投资融资、生态环保、城乡统筹、社会管理、行政管理、对外开放等十个方面的体制机制创新，不断强化对转型跨越发展的要素支撑和政策保障。五要进一步加强考核督查。要把转型综改试验区建设作为全年工作的重要组成部分，作为年度目标责任考核的重要内容，建立考核评价指标体系，制定考核评价办法，加大考核评价权重，通过奖优罚劣，树立正确导向，推动转型综改试验区建设各项工作落到实处，取得实效。

保持党的纯洁性学习教育活动动员部署会 2 月 15 日，省委召开电视电话会议，对在全省各级党组织中开展保持党的纯洁性学习教育活动进行动员部署。省委副书记金道铭出席并讲话，省委常委、宣传部长胡苏平宣读了省委关于开展保持党的纯洁性学习教育活动的工作意见，省委常委、省纪委书记李兆前传达了胡锦涛总书记在十七届中央纪委第七次全会上的重要讲话精神。省委常委、组织部长汤涛主持会议。省委常委、太原市委书记陈川平在太原分会场参加会议。

省委要求，保持党的纯洁性学习教育活动要与对党忠诚教育活动、创先争优活动、“基层组织建设年”活动紧密结合，从 2 月开始，到 6 月结束，每个单位集中学习教育活动时间为 3 个月左右；学习教育活动以县级以上领导班子和领导干部为重点，切实抓好开展一段集中学习、接受一次传统教育、聆听一场事迹报告、组织一次问题查摆、开好一个民主生活会、形成一份思想总结等重点环节，不断增强自我净化、自我完善、自我革新、自我提高的能力，以经济社会发展各项事业的优异成绩迎接党的十八大胜利召开。

金道铭指出，全省党员干部要从全局和战略的高度，积极投身保持党的纯洁性学习教育活动。一要把握总体要求，坚持党要管党、从严治党，着力保持党员干部思想纯洁、队伍纯洁、作风纯洁和清正廉洁，保证活动的正确方向。二要规范方法步骤，抓理论学习，抓对照检查，抓全面整改，确保活动质量。三要明确目标要求，使党员干部的理想信念进一步坚定、宗旨意识进一步增强、工作作风进一步改进、廉洁本色进一步保持、各项工作进一步促进，保证活动实效。四要创新教育内容和形式，引深学习型党组织建设，实施“党员干部读书工程”，全面加强思想建设、理论武装、道德建设、省情教育，引导党员干部自觉做科学发展观的忠实实践者、转型跨越的积极推进者、良好社会风气的模范示范者，保证活动长效。五要严格党内组织生活，把好党员入口关，完善干部退出机制，及时清理不合格党员。六要深入持久开展纪律作风整顿，弘扬太行精神、吕梁精神和右玉精神，树立正确政绩观，守好精神家园。金道铭强调，各级党组织要强化组织领导，加强分类指导，创新方式方法，确保学习教育活动顺利健康推进，不断取得实实在在的成效。

全国文化体制改革工作会议 2月17日至18日，全国文化体制改革工作会议在太原举行。中共中央政治局常委李长春对会议作出重要批示，强调要深入学习贯彻党的十七届六中全会精神，认真落实胡锦涛总书记“三加快一加强”要求，以组织实施《国家“十二五”时期文化改革发展规划纲要》为重要抓手，加大力度、加快进度、巩固提高、重点突破、全面推进，毫不动摇地把文化改革发展继续推向前进。中共中央政治局委员、中央书记处书记、中宣部部长刘云山，中共中央政治局委员、国务委员刘延东出席会议并讲话。山西省委书记、省人大常委会主任袁纯清代表省委、省政府致辞。山西省委副书记、省长王君作典型发言，介绍山西文化体制改革情况。

李长春在批示中指出，党的十六大以来，各地各部门认真贯彻中央决策部署，推进文化体制改革取得丰硕成果，有利于文化科学发展、充满活力、富有效率的文化体制机制初步建立，覆盖城乡、惠及全民的公共文化服务体系框架基本形成，以公有制为主体、多种所有制共同发展的文化产业格局日益完善，文化引领风尚、教育人民、服务社会、推动发展的功能进一步发挥，中华文化的国际影响力和竞争力显著增强。经过这些年的探索，我们走出了一条中国特色社会主义文化发展道路，开创了文化建设新局面。

李长春强调，2012年是贯彻落实党的十七届六中全会精神、在新的历史起点上深入推进文化改革发展的关键一年。要按照既定的路线图和时间表，加快推进文化体制机制改革创新，力争在党的十八大前如期完成既定的改革阶段性任务，努力增强文化发展活力和竞争力。要突出抓好农村和基层这个重点，深入推进重大文化惠民工程，加快完善公共文化服务体系，努力形成城乡文化一体化发展格局。要统筹速度与质量、结构与效益，加快构建现代文化产业体系和现代文化市场体系，加大骨干文化企业培育力度和国际文化市场开拓力度，努力推动文化产业成为国民经济支柱性产业。要坚持社会主义先进文化前进方向，牢固树立以人民为中心的创作导向，切实加强对文化产品创作生产的引导，努力推出更多思想性艺术性观赏性相统一、经得起历史和人民检验的精品力作。各级党委政府要更加自觉更加主动地肩负起文化改革发展的领导责任，坚持一手抓改革发展、一手抓科学管理，不断提高工作的科学化水平，努力以文化改革发展的优异成绩迎接党的十八大胜利召开。

刘云山在讲话中指出，必须紧紧抓住当前难得历史机遇，牢牢把握党的十七届六中全会、我国经济社会发展新阶段和今年工作特殊任务给文化改革发展提出的更高要求，以强烈的责任感使命感，只争朝夕、扎实工作，奋力开创文化改革发展新局面。要抓住关键环节，突出工作重点，着力推进国有文艺院团和非时政类报刊改革，不断完善转制企业运营机制，分类推进文化事业单位改革，推动文化体制改革全面深化，为文化长远发展、持续发展奠定坚实基础。要拓宽资金来源渠道，创新运行机制，着力在完善网络、均衡发展上下功夫，在共建共享、改善服务上下功夫，加快构建公共文化服务体系，更好地保障人民群众基本文化权益。要坚持走规模化、集约化、专业化发展路子，以结构调整为主线、以骨干企业为支撑、以科技创新为动力，推进文化领域资源整合，推进文化与科技融合，加强对文化市场的培育和引导，优化文化产业布局结构、提升发展质量效益。要按照“政府主导、企业主体、民间参与、合作共赢”的要求，在加强对外文化交流的同时，积极发展对外文化贸易，加强品牌建设和市场营销，更好地推动中华文化走出去。要积极适应文化改革发展的新形势新要求，加快推动文化行政管理部门转变职能，探索完善国有文化资产管理体制机制，健全宏观管理、提高管理效能，更好地以管理促发展促繁荣。

刘延东在讲话中要求，各地各部门要从党和国家事业发展全局的高度，从深入贯彻落实科学发展观的高度，充分认识推进文化改革发展的重要性紧迫性。要深入学习领会中央精神，进一步把思想和行动统一到党的十七届六中全会精神和国家“十二五”文化改革发展工作部署上来，使文化改革发展更好地体现中央部署、时代要求和人民期盼。要进一步加强统筹规划和协调指导，健全领导体制和工作机制，创新工作思路和方式方法，不断增强推进文化改革发展本领。要进一步完善政策体系，强化政策引导、扶持和保障，为文化改革发展提供强有力支撑。要进一步明确工作责任和时间进度，加强督促检查，确保文化改革发展各项任务落到实处，取得实效。

袁纯清在致辞中代表山西省委、省政府和3570万山西人民，向参加大会的党中央、国务院和各部委、兄弟省区市的领导和同志们表示热烈欢迎。他说，在全省上下深入贯彻落实科学发展观，稳中求进促发展，以优异成绩迎接党的十八大胜利召开之际，全国文化体制改革工作会议在我省隆重召开，对山西人民是巨大鼓舞，对山西各项工作是有力的促进。山西历史悠久、人文荟萃、资源丰富，是中华文明的重要发祥地和国家重要能源基地，历史文化、红色文化、民俗文化和现代文化相互交融、相得益彰，成为中华文化宝库中不可或缺的组成部分，同时为国家建设提供了重要能源支撑。我省积极探索具有山西特色的科学发展之路，围绕转型跨越、再造一个新山西的总体战略，坚持以煤为基、多元发展，举全省之力推进两件大事，一件是在全面建设小康社会进程中，力争全面小康实现程度五年达到全国平均水平；一件是抓住建设国家资源型经济转型综合配套改革试验区的机遇，率先走出资源型地区转型跨越发展新路。去年全省经济社会发展及各项工作取得新进展新成效，实现"十二五"良好开局。省委、省政府坚持把文化改革发展纳入经济社会发展大局，认真贯彻落实党的十七届六中全会精神，组织动员全省人民增强文化自信、提升文化自觉、实现文化自为，统筹开发利用地下地上两种资源，做好煤与非煤两篇文章，努力使文化资源优势转变为发展优势。我省文化体制重点领域、关键环节的改革任务圆满完成，通过大作品表现、大集团运作、大景点支撑、大服务引领、大会展集聚，在建设文化强省上迈出新的步伐。这次会议为我省提供了难得的学习机会，省委、省政府将全面贯彻落实会议精神，认真学习兄弟省区市的好思路、好做法、好经验，在深化文化体制改革、建设文化强省中打造新优势、塑造新形象、实现新发展。

王君在作典型发言时说，近年来，山西省委、省政府认真贯彻落实中央决策部署，大力实施文化强省战略，加快推进文化体制改革，积极发展文化事业和文化产业，取得了明显的成效。全省488家经营性文化单位转企改制任务全部完成，组建了出版传媒集团等六大文化集团，实现了全省市、县（市、区）文化、广电、新闻出版三局合一，电台、电视台两台合一；建成了大剧院、图书馆等重大文化设施，完善了市、县、乡公共文化基础设施，实施了广播电视"村村通"、农家书屋等重点文化惠民工程，公共文化服务体系基本建立；"十一五"全省文化产业增加值年均增速达25%以上，2011年文化产业增加值达到380亿元，占GDP的比重达到3.4%；涌现出《立秋》《一把酸枣》《解放》《乔家大院》等一大批精品力作，先后荣获"文华大奖""五个一工程"奖，全省文化改革发展呈现出前所未有的强劲势头。王君说，这几年我省文化改革发展的主要做法：一是加强组织领导，强力推动改革。省委、省政府高度重视文化建设，提出要像抓经济建设一样抓文化建设，像挖掘地下资源一样挖掘文化资源，自上而下成立了由党委或政府主要领导任组长的文化体制改革领导小组，制定出台了加快建设文化强省的实施意见，召开了省委全会、文化强省建设大会，省委常委会、省政府常务会专题研究解决文化改革发展中遇到的重大问题。二是完善支持政策，着力保障改革。先后出台了关于深化文化体制改革的一系列政策性文件，对改革过程中涉及的国有文化资产管理、人员分流安置、社会保障、收入分配等问题都作出了明确规定，在财政、金融、税收、土地等方面为文化改革发展提供了有力的支持，确保了改革的顺利推进。三是加大资金投入，全力支持改革。三年全省文化投入2500多亿元，其中省市县三级政府投入400多亿元，仅为所有行政村配送文化活动器材的投入就达1.4亿元，有效保障了文化建设资金需求。四是强化督促检查，大力促进改革。组织联合督导组，深入各地各部门督促指导，坚持督查通报制度，协调解决改革中的难题，保证了改革任务的圆满完成。五是注重舆论宣传，有力助推改革。充分发挥新闻媒体的宣传引导和激励鼓劲作用，大力宣传文化改革发展的重大意义、政策措施和先进事迹、典型经验，营造了推进文化改革发展的浓厚氛围。王君表示，山西将以这次会议为契机，深入贯彻落实党的十七届六中全会精神，全面落实国家"十二五"文化改革发展规划纲要，认真学习贯彻中央领导的重要批示和重要讲话精神，学习借鉴兄弟省市的好经验、好做法，进一步做好文化改革发展的各项工作，努力建设中西部地区文化强省，为全国文化改革发展作出新的贡献。

会上，中宣部、文化部、国家广电总局、新闻出版总署通报表彰了165个全国文化体制改革工作先进地区。中央文化体制改革和发展工作领导小组成员及其办公室成员，各省区市党委宣传部长、副省长（副主席、副市长），中央宣传文化单位负责同志，各省区市文化、广电、新闻出版部门负责人等出席会议。

省委议军会议暨省国动委第五次全体会议 2月24日，省委议军会议暨省国动委第五次全体会议在省军区召开，传达国家、北京军区国动委全会精神，传达中央军委、北京军区党委扩大会议精神，传达全国民兵工作会议精神和中共中央政治局委员、中央军委副主席郭伯雄视察省军区重要讲话精神，对全省国防后备力量应急能力建设进行总结并就新年度工作进行部署，对省军区提请的议题进行讨论审议。省委书记、省人大常委会主任、省国动委第一主任、省军区党委第一书记袁纯清主持会议并讲话。省委副书记、省长、省国动委主任王君讲话。省党政军领导金道铭、张少华、刘云海、李小鹏、高建民、陈川平、杜善学、杨司、张韧、曾广超、黄献军、赵冀鲁、李竞、谢新宁出席会议。

会议指出，2011年省军区党委认真贯彻军委、北京军区各项要求，按照省委、省政府的决策部署，团结带领广大官兵，全面加强国防动员和后备力量应急能力建设，各项工作取得新进展新突破，受到总部、北京军区充分肯定。驻晋部队和民兵预备役人员积极投身转型跨越发展，全力支援地方建设，在扶贫帮困、植树造林、维稳处突、抢险救灾等任务中发挥了重要作用，为全省经济社会发展、人民安居乐业做出了重要贡献。对省军区工作，省委、省政府高度肯定。

会议指出，2012年全省国防动员和后备力量应急能力建设要坚持以胡锦涛总书记主题主线重大战略思想为指导，以深化拓展军民融合式发展为基本途径，着眼有效履行京边屏护防卫区西部责任区使命任务，贯彻中央军委副主席郭伯雄在我省视察调研重要指示，加强统筹协调，推进改革创新，破解发展难题，全面提升应对多种安全威胁、服务全省经济社会发展的能力。

袁纯清强调，今年是实施"十二五"规划、推进转型综改试验区建设的关键一年，也是在更高层次和更高水平上加强国防和军队建设的重要一年。特别是今年要召开党的十八大，做好各项工作具有十分重要的意义。一要坚持履行使命根本职能，切实增强后备力量应急能力建设的责任感和使命感。加强后备力量应急能力建设，是维护我国重要战略机遇期之需，是促进社会和谐稳定之需，是促进转型跨越发展之需，各级党委、政府和军事机关，要站在维护国家安全与稳定的高度，深刻认识、清醒把握加强新时期国防后备力量应急能力建设的重要意义，把后备力量应急能力建设作为国防建设的重要内容，摆在重要位置，做到一手抓经济建设、一手抓国防建设，促进国防建设与经济建设同步发展。二要坚持党管武装根本原则，保持新形势下后备力量应急能力建设的正确方向。要强化党管武装统领作用，推进党管武装创新发展，要完善党管武装制度机制，各级党委、政府和军事机关要根据形势任务变化，坚持好党委议军、党管武装述职、国动委例会、军事日活动等制度，将行之有效的做法规范化、制度化、经常化，不断开创我省党管武装建设新局面。三要坚持突出重点统筹协调，有效提升后备力量应急能力建设水平。要把握重点，积极探索，完善联动机制，推动建用一体，落实综合保障，不断强化和完善破解之策，更加自觉地把国防后备应急能力建设融入全省经济社会发展中，做到“平战结合、寓军于民”，实现军民融合式发展。

王君强调，加强国防动员和后备力量应急能力建设，是各级党委、政府和军事机关的共同责任，尤其是各级政府要与当地军事部门和驻晋部队密切配合，统筹兼顾，突出重点，共同推进。要加强综合协调，促进应急应战联动，加强军队和地方应急体制与运行机制的综合协调，不断完善党政军一体、军警民联动的组织指挥系统，有机整合政府应急管理、国防应急动员的情报资源，进一步建立健全军地预警监测、情况研判、重大灾害应急救援等机制，大力提升应对和处置突发事件的能力。要密切军地联合，建好应急力量体系，各级各部门要切实加强军地联合，大力推进应急力量建设，进一步加强以驻晋部队、预备役部队和民兵应急救援分队为主体的抗洪抢险、地震救援、森林灭火“突击力量”，以公安、武警和民兵应急维稳分队为骨干的反恐维稳“拳头力量”，以电力、市政、交通、通信、医疗等行业为基础的水电气抢修、交通通信应急、医疗防疫救护“基本力量”，加快形成专兼结合、结构合理、覆盖全省的应急力量体系。要完善配套服务，搞好应急综合保障，要制定完善相关法律法规，为推进国防动员力量建设提供法律保证，要根据应急力量建设需要，把担负不同任务必需的特种装备、专业器材和专用物资配齐配好，为提升应急能力提供物质保障。要着眼发展需要，解决重大实际问题，继续加大对国防后备力量建设支持力度。

会上，金道铭宣读表彰通报；李小鹏传达了全国民兵工作会议精神；刘云海传达国家、北京军区国动委全会，中央军委、北京军区党委扩大会和郭伯雄视察省军区重要讲话精神，对全省国防后备力量应急能力建设进行总结并就新年度任务提出部署意见；张少华就深化拓展军民融合式发展，推进经济社会建设与国防后备力量应急能力建设协调发展互促双赢，以及提交会议审议的议题提出意见建议；对《山西省实施〈国防动员法〉办法（草案）》进行讨论。

省委常委（扩大）会议传达贯彻刘云山、刘延东考察山西重要讲话精神 2月24日，省委召开常委（扩大）会议，传达贯彻中共中央政治局委员、中央书记处书记、中宣部部长刘云山同志，中共中央政治局委员、国务委员刘延东同志考察山西重要讲话精神，研究贯彻落实全国文化体制改革工作会议精神的意见，听取省妇联工作情况汇报。省委书记袁纯清主持会议。

会议指出，全国文化体制改革工作会议在我省召开，体现了党中央、国务院和中宣部对山西工作的重视和关心，特别是对文化改革发展工作的肯定和期望，对全省人民是巨大鼓舞，对全省各项工作是有力促进。李长春同志的重要批示，总揽全局、内涵丰富，体现了党中央对文化改革发展的科学把握和战略部署。刘云山同志、刘延东同志的重要讲话，在总结经验、分析形势的基础上，对深化文化体制改革、加快文化事业和文化产业发展作出全面部署，具有重要指导意义。2月16日至19日，刘云山同志、刘延东同志先后对我省进行考察，看望慰问干部群众，了解经济社会发展情况，并发表重要讲话，对山西经济社会发展和文化建设取得的成绩给予充分肯定，对山西下一步发展提出殷切期望。全省要深入学习贯彻党的十七届六中全会精神、全国文化体制改革工作会议精神和刘云山同志、刘延东同志考察山西重要讲话精神，学习借鉴兄弟省区市的好思路、好做法、好经验，紧紧围绕转型跨越发展的主战略，以文化体制改革为动力，以建设文化强省为目标，以满足人民群众日益增长的文化需求为出发点和落脚点，像抓经济建设一样抓文化建设，像抓物质民生一样抓文化民生，像挖地下资源一样挖文化资源，努力走出文化资源相对丰富、经济发展比较滞后的地区率先建设文化强省的路子，使文化改革发展走在全国前列，发挥率先、示范作用。要以更高的境界认识文化强省建设，在更广的视野把握文化强省建设，用更大的力度推进文化强省建设，把更多的工作精力、发展要素向文化倾斜，在建设文化强省中打造新优势、塑造新形象、实现新发展。要营造良好文化发展环境，以山西精神筑就转型跨越之魂，不断深化文化体制改革，在发掘文化资源中把文化产业培育成为新的支柱产业，在加强基层文化建设中实现文化惠民，促进文化与教育科技融合发展。要发挥山西文渊深、文脉广、文气足的优势，发掘文化、开发文化、用好文化、张扬文化，确定一批重点文化企业和重点文化项目，作为转型项目加以扶持；制定文化人才培养引进规划；积极推进文化“走出去”，扩大山西文化的影响力；适应文化体制改革、文化产业发展的需要，进一步完善国有文化资产监管体制。要加强正面引导，大力宣传中国特色社会主义理论体系，大力宣传改革开放特别是党的十七大以来取得的巨大成就，大力宣传山西转型跨越发展面临的重大机遇、呈现的良好态势和广阔的发展前景，大力宣传各条战线的先进模范人物，为党的十八大胜利召开营造良好氛围和文化环境。要引导各级各部门、广大干部群众，振奋精神、齐心协力，形成转型跨越发展的强大合力，以优异成绩迎接党的十八大胜利召开。

会议指出，全省妇联组织围绕转型跨越大局，团结领导广大妇女，积极主动，勇于开拓，取得突出成绩。各级妇联要按照中央和省委的部署和要求，围绕中心、服务大局，立足基层、服务妇女，科学定位、把握重点，发挥好党和政府联系妇女群众的桥梁和纽带作用。要深入研究市场经济条件下妇联工作的特点和规律，组织动员广大妇女投身转型跨越发展，培养、总结、推广好的典型。要顺应广大妇女的期待和要求，代表和维护妇女儿童的基本权益，解决好涉及妇女切身利益的问题。要发挥妇联组织的优势，弘扬社会主义核心价值观，积极参与加强和创新社会管理，扎实推进家庭美德建设。各级党委要高度重视妇联工作，为妇联开展工作排忧解难，提供良好条件。要制定和完善妇女干部培养规划，加强优秀妇女干部的培养锻炼，注重从基层包括大学生村官中选拔优秀妇女干部，进一步加强妇女干部队伍建设。

省委常委会研究部署深入整治用人上不正之风工作和加强改进非公有制经济组织党的建设工作 2月27日，省委常委会召开会议，传达中央纪委、中央组织部严肃换届纪律深入整治用人上不正之风工作推进会精神，研究我省贯彻落实意见，讨论加强和改进非公有制经济组织党的建设工作的《意见》。省委书记袁纯清主持会议。

会议指出，严肃换届纪律，深入整治用人上的不正之风，是保证换届风清气正、改进干部作风、加强领导干部队伍建设的客观要求，是深化干部人事制度改革、提高选人用人公信度的有力保障。去年以来，我省坚持德才兼备、以德为先，坚持"六个优先"的用人导向，发扬民主、严格程序、严明纪律，四级党委换届圆满完成，换出了活力、换出了正气、换出了干劲。要认真贯彻落实中央的部署和要求，加强换届中的正风肃纪工作，常抓不懈、毫不放松，对深入整治用人上不正之风，要结合保持党的纯洁性学习教育活动，加强对干部的政治纪律教育、党性观念教育、民主集中制教育、用人准则教育，教育引导广大干部特别是领导干部带头遵守组织人事纪律，正确对待名利权位和进退留转。要坚持公开、公正选拔任用干部，深化干部人事制度改革，完善提高选人用人公信度的各项举措。要以更加坚决有力的举措，加大对违反换届纪律和干部人事制度行为的查处力度，重点查办拉票贿选、买官卖官、突击提拔调整干部、"带病提拔""带病上岗"、身份造假以及其他群众反映强烈的违规用人问题，发现一起查处一起，对典型案件要加强督办，进一步提高选人用人公信度，为党的十八大胜利召开营造风清气正的良好环境。

会议指出，毫不动摇地鼓励、支持、引导非公有制经济发展是党的一项重要方针政策。非公有制经济已经成为市场经济的重要组成、财政收入的重要来源、解决就业的重要渠道和推进转型跨越发展的重要力量。非公有制经济组织是党的基层组织建设的重要领域。要紧紧围绕转型跨越发展、再造一个新山西的总体战略，以加强党的执政能力建设和先进性建设为主线，推动党的组织和党的工作在非公有制经济组织实现全覆盖，切实增强非公有制经济党组织的创造力、凝聚力和战斗力，为促进非公有制经济健康快速发展提供坚强的政治保证、思想保证和组织保证。要做好发展党员工作，做好党员教育管理工作，选好配强党组织负责人，加强党组织制度建设，不断壮大非公有制经济组织党员队伍。把党建工作与企业发展有机结合起来，坚持围绕发展抓党建、抓好党建促发展，紧紧围绕企业发展开展党建工作，充分发挥党员先锋模范作用，团结带领广大职工努力完成生产经营任务。建立健全非公有制经济组织党建工作责任制，把非公有制经济的党建工作摆上重要议事日程，纳入党的基层组织建设整体规划，统一安排部署，统一督促检查，统一考核评比。要以改革创新精神研究新情况、解决新问题，加大宣传引导力度，在全社会营造推进非公经济党建工作、促进非公经济快速健康发展的浓厚氛围。

2011年度目标责任考核总结表彰大会 3月1日，省委、省政府召开2011年度目标责任考核总结表彰大会。省委书记、省人大常委会主任袁纯清作重要讲话，省委副书记、省长王君主持会议。省委副书记金道铭宣读《省委、省政府关于表彰2011年度目标责任考核优秀市、优秀单位的决定》，省委常委、组织部长汤涛通报全省2011年度目标责任考核情况。省政协主席薛延忠出席，出席会议的还有胡苏平、高建民、李兆前、陈川平、王建明、聂春玉、申联彬、牛仁亮、张平、张建欣、任润厚、左世忠、杨司。

袁纯清指出，过去的一年，全省上下以转型跨越发展为主战略，以目标责任考核为标尺，创新思路、埋头苦干、锐意进取，推动各项事业取得新进展新成效。从考核结果可以看出，各地抓投资、上项目、促转型的力度进一步加大，转型跨越成效明显；竞相发展态势喜人，形成了争先进位、竞相赶超的浓厚氛围；对民生问题更加重视，人民得到更多实惠；抓落实的力度明显加大，落实机制更加健全，形成了一级抓一级、层层抓落实的工作格局。目标责任考核工作在实践中不断完善，效果越来越明显。今年国内外环境更加复杂，工作任务十分繁重。全国"两会"召开在即，举世瞩目的党的十八大将在下半年召开，做好改革发展稳定各项工作具有重要意义。各级各部门要按照省第十次党代表大会、省委十届二次全会暨全省经济工作会议的部署，积极对标，狠抓落实，把政策措施变为实际行动，变为实实在在的发展成果。

袁纯清指出，转型跨越重在落实。要在转型发展上实现更大突破，推进工业新型化要进一步突出新兴产业这个重点，围绕提高"五个率"，继续打好循环经济这张牌，以高端技术提升现代装备制造、新能源、新材料等产业水平，加快文化与旅游的融合，切实改变服务业滞后的局面；推进农业现代化要进一步突出农民收入翻番这个核心，加大强农惠农政策支持力度，大力发展"一村一品""一县一业"，做大做强县域经济，加大扶贫开发力度；推进市域城镇化要进一步突出城镇群建设这个抓手，全面实施"一核一圈三群"战略，深入实施"大县城"战略和百镇建设工程；推进城乡生态化要进一步突出改善人居环境这个标志，狠抓节能减排和污染治理，加强生态文明建设；推进转型综改试验区建设要进一步突出先行先试这个灵魂，更新观念、用好机遇，打破定势、勇创新路，加快推进省里确定的标杆项目建设，推进体制机制创新。要在保障和改善民生上多办实事，加大民生投入力度，完善民生制度安排，下功夫解决好群众生产生活问题，高质量完成“五个全覆盖”建设任务，着力提高人民群众的社会保障水平、收入水平、健康水平和科技教育水平。要在安全生产和社会稳定上狠下功夫，严格落实政府和企业安全生产责任，严格落实各项安全管理制度，严格排查安全隐患，把问题解决在萌芽状态，杜绝重特大事故发生，把来之不易的安全生产良好局面巩固好、发展好；加强社会治安综合治理，认真排查和化解影响稳定的矛盾，做好信访工作，解决好涉及人民群众切身利益的突出问题；社会管理要不断创新，把管理的触角向基层延伸，把服务的对象向重点人群覆盖，把群防群治的网络向基层拓展。要在深化改革开放上加快步伐，大力创优发展环境，加快政府职能转变，通过流程再造和顶层设计，精减审批程序，缩短审批时限，加大招商引资引智力度，扩大发展半径，放大山西优势，彰显山西形象。

袁纯清强调，目标考核要在务实。要认真总结经验，紧贴发展实际，做到指标体系要实、责任强化要实、运行机制要实、日常督促要实、结果运用要实，更好地发挥目标责任考核的指挥棒和风向标作用。一要把握科学发展导向，不断完善考核指标体系。把主题、主线、总基调的要求贯穿考核工作全过程，突出重点工作的考核，强化约束性指标的考核，把群众所想、所思、所盼作为制定考核目标任务的重要依据，加大对民生工作的考核力度，积极探索市、县分类考核，提高目标设置和考核评价的科学性、合理性和针对性。二要坚持统筹联动，不断完善“三合一”运行机制。坚持和完善工作任务考核与领导班子和干部队伍建设考核、党风廉政建设考核的“三合一”，以整体工作成效考评班子、评价干部，引导各级领导干部工作尽职尽责、重视自身建设、作风清正廉洁，当好转型跨越发展的引领者。三要注重过程管理，不断完善日常考核督促落实机制。把年终考核与日常考核结合起来，健全省委统一领导、有关部门分工负责的考核机制，围绕省委、省政府重大工作部署，督促落实，跟踪问效，做到早督促、早预警，早协调、早解决。四要严格奖惩兑现，不断完善考核结果运用机制。坚持正确的考核标尺，坚持以发展论优劣、凭实绩用干部、靠德才定位子，把考核结果作为地方和部门获得政策、项目、财政、土地等支持的依据，在考核中发现干部、培养干部、锻炼干部、选拔干部。加大考核结果反馈力度，帮助各级各部门找准差距不足，明确努力方向，改进提高工作。拓宽考核结果运用渠道，树立奖优罚劣、奖勤罚懒的鲜明导向，切实解决干好干坏一个样的问题。

袁纯清指出，干部作风贵在踏实。推动转型跨越，既要用制度考核激励，又要大力弘扬踏实干事的精神和作风。各级领导干部要有担当的勇气，以对党和人民事业高度负责的精神，自觉担当工作重任，勇于担当困难问题，最繁重的任务要积极承担，最复杂的矛盾要积极破解。要有实干的精神，瞄准发展目标，狠抓措施落实，把更多精力用在实体经济增长、项目建设、解决群众困难、实施民生工程上。要有创新的思维，不断解放思想，树立宽广视野，大胆开拓新路，因地因事因时而动，形成适合自身实际的发展模式。要有科学的方法，深入探索加快转型跨越、办好“两件大事”的科学路径，在破解发展难题、协调利益关系、处理复杂矛盾中加强锻炼、提升本领、增长才干。要有清廉的操守，深入开展保持党的纯洁性学习教育活动，狠刹各种不良风气，教育引导广大干部珍惜岗位、珍惜事业、珍惜自己，始终保持思想的纯洁、作风的纯洁、作为的纯洁，为转型跨越发展、“办好两件大事”提供坚强保证。

王君在主持会议时要求，各地各部门要认真贯彻落实这次会议和省委书记袁纯清的重要讲话精神，全面总结经验，深入查找差距，有针对性地提出改进措施；要对照今年的考核指标，对本地本部门的工作目标、工作重点进行一次集中梳理，努力促进各项工作在去年的基础上再上新水平、再出新成绩。省考核办要结合今年省委、省政府确定的各项重点工作，进一步修订和完善考核指标体系，使考核工作真正成为推动工作、促进发展的指挥棒和风向标。

王君强调，各级各部门要全力以赴、真抓实干，狠抓重点工作，加强薄弱环节，确保全省经济社会发展实现首季“开门红”，为全面完成全年各项目标任务奠定良好基础，以优异成绩迎接党的十八大胜利召开。一要高度重视安全生产工作。要全面落实近年来行之有效的一系列安全生产措施和制度，认真做好各类安全隐患排查治理工作，切实防范各类事故的发生，巩固和发展来之不易的安全生产大好形势。二要努力保持经济平稳较快发展。要加强对经济运行的监测和分析，及时研究解决经济运行中的困难和问题，采取有针对性的对策措施，促进全省经济特别是工业经济平稳较快增长。三要认真抓好项目落地工作。要进一步创优环境、搞好服务，对已签约的项目，要提高审批效率，使其及早落地实施；对在建的项目，要及时协调解决推进过程中的问题，促进项目顺利推进、早日建成。四要全力推进转型综改试验区建设。要按照全省转型综改试验区先行先试推进大会的安排部署，因地制宜、因企制宜，找准转型发展的切入点，找准体制机制创新的突破口，创造性地开展工作，努力取得重大进展。五要着力保障和改善民生。要突出抓好稳定物价工作，切实抓好社会保障、扩大就业、城乡生态环境建设等工作。特别是要抓好保障性住房建设，确保实现全年目标任务；抓好农村新的“五个全覆盖”工程，如期实现全覆盖目标，让人民群众得到更多的实惠。六要切实维护社会稳定。要扎扎实实做好信访、维稳等各项工作，保持全省和谐稳定，发挥好“首都护城河”作用。

省委常委会研究部署加强新形势下党外代表人士队伍建设和共青团工作 3月1日，省委常委会召开会议，传达学习全国学习贯彻《关于加强新形势下党外代表人士队伍建设的意见》电视电话会议精神，研究我省贯彻落实意见。听取共青团山西省委汇报，研究全省共青团工作。省委书记袁纯清主持会议。

会议指出，加强党外代表人士队伍建设，事关坚持和发挥我国社会主义政治制度的特点和优势，事关为全面建设小康社会提供人才支持，事关巩固党的执政基础和扩大党的群众基础，事关推动新形势下统一战线事业不断向前发展。要把加强党外代表人士队伍建设作为新形势下统一战线的基础性、全局性、战略性工程，把党外代表人士培养选拔使用作为政治责任，坚持德才兼备、以德为先用人标准，以不断增强党外代表人士的代表性为重点，以广交深交党外朋友为基础，以加强理论培训和实践锻炼为途径，以提高素质、发挥作用为目标，拓宽视野、整合资源、健全机制、创新方法，围绕努力发现、重在培养、积极使用、注重管理做好各项工作，建设高素质的党外代表人士队伍。要着眼转型跨越发展大局，把党外代表人士队伍建设纳入人才和干部队伍建设总体规划，加大党外干部推荐使用力度。健全党外干部选拔任用工作机制，完善党外代表人士的管理监督制度，为加快转型跨越、办好“两件大事”提供有力人才支撑。各级党委要深入调查研究，进一步摸清底数、强化措施，结合实际制定具体实施意见。

会议指出，全省各级共青团组织团结带领广大青年坚定理想信念、投身转型跨越，加强就业创业服务，夯实基层组织基础，特别是以纪念中国共产党成立90周年为契机开展主题实践活动，各项工作取得新进展新成效。要深入贯彻落实省第十次党代表大会和共青团十六届五中全会精神，旗帜鲜明抓引导，坚持不懈抓基层，整合资源抓服务，健全机制抓维权，强化作风抓自身，不断提高团的建设科学化水平。一要做到政治更鲜明。坚持受教育、长才干、做贡献相统一，围绕中国特色社会主义理论体系和社会主义核心价值观，加强青年思想政治教育，开展各类主题活动，形成鲜明的政治导向和积极的价值导向，把广大青年培养成中国特色社会主义的合格建设者和接班人。二要做到工作更活跃。根据青年人富有朝气、思维活跃的特点，创新活动形式，丰富活动内容，积极开展形式多样、积极向上、为广大青年喜爱的主题实践活动，增强团组织对青年人的吸引力、感召力。三要做到着力点更突出。紧紧围绕提升青年整体素质这个根本，抓住促进青年就业、创业这个中心，加强职业技能培养，积极为青年创业提供有效服务，不断提高青年的思想素质、政治素质、技能素质，提高大学生的就业创业和社会适应能力，引导广大青年在转型跨越的主战场建功立业、实现价值。四要做到基层工作更扎实。抓好省市两级团委换届，强化基层组织功能，扩大团组织对青年的有效覆盖。各级团干部要走出机关、深入基层、到广大青年中，帮助解决突出问题，培养更多优秀青年骨干，把不同层面的青年群体团结起来、凝聚起来，不断增强政治基础、社会基础和发展基础，形成推动发展、促进和谐的强大力量。各级党委要坚持党建带团建原则，进一步加强对共青团工作的领导，选好配强各级团的领导班子，形成关心支持共青团工作的社会氛围。要以召开省第十四次团代表大会为契机，进一步开创共青团工作新局面，团结带领广大青年，开拓创新、锐意进取，为加快转型跨越、再造一个新山西作出更大贡献，以优异成绩迎接党的十八大胜利召开。

省委常委扩大会议传达贯彻全国“两会”精神　3月16日，省委召开常委扩大会议，传达贯彻十一届全国人大五次会议、全国政协十一届五次会议精神和中央领导对山西工作的指示和要求。省委书记袁纯清主持会议，传达中共中央政治局常委、中央纪委书记贺国强同志在山西代表团的讲话并提出贯彻落实“两会”精神的意见，省委副书记、省长王君传达国务委员兼国务院秘书长马凯同志在山西代表团的讲话，省政协主席薛延忠传达全国政协十一届五次会议精神，省人大常委会常务副主任申联彬传达十一届全国人大五次会议精神，省委副书记金道铭，省委常委，省人大、省政府、省政协负责同志和省法院院长、省检察院检察长出席会议。中央第五地方巡视组负责同志列席会议。

袁纯清指出，今年全国“两会”是在“十二五”发展取得良好开局、全党全国人民喜迎党的十八大胜利召开的重要时刻召开的。要认真学习领会“两会”精神，把思想和行动统一到中央精神上来，准确把握中央宏观调控政策和今年工作总体布局，深刻理解转型、改革、民生等方面的新要求新任务，保持清醒头脑，增强发展信心，更好地把稳增长、调结构、控物价、惠民生、抓改革、促和谐结合起来，把握关键环节、抓好重点领域，确保经济平稳较快发展。要坚持党的领导、人民当家作主、依法治国有机统一，学习好、运用好社会主义民主法治建设的最新成果，加快依法治省进程。要深刻把握贺国强同志提出的做好“五篇文章”的丰富内涵，进一步加快转型跨越发展；增强保持党的先进性和纯洁性的责任感和紧迫感，把保持党的先进性和纯洁性落实到实际工作中。要把贯彻落实“两会”精神与加快转型跨越、办好“两件大事”结合起来，与落实省第十次党代表大会的各项部署结合起来，进一步巩固和发展全省干事创业、向上向好的局面。

袁纯清指出，要围绕加快推进工业新型化，在巩固扩大煤炭资源整合和煤矿兼并重组成果的同时，发展循环经济，拉长产业链条，提高能源后加工能力，大力发展新兴产业和高新技术产业，扩大非煤产业投资比重，促进招商引资项目特别是中博会签约项目尽快落地，促进大中小微企业共同发展，强化实体经济支撑作用；围绕加快推进农业现代化，大力实施“一村一品”“一县一业”，抓好领导干部下乡住村包村增收活动，加快扶贫开发步伐；围绕加快推进市域城镇化，全面实施“一核一圈三群”规划，加快实施“大县城”战略和百镇建设工程，形成产业集聚发展、城镇扩容提质、农民就近转移的良好态势；围绕加快推进城乡生态化，大力开展造林绿化，强力推进节能减排，加强环境污染综合治理，积极推进“四气合一”，建设宜居环境。要积极先行先试，进一步加快转型综改试验区建设。转型综改试验区是山西最大的改革工程，也是山西最大的发展工程、民生工程。要在观念更新上实现新突破，用好先行先试这个最大的政策，解放思想、勇创新路；在标杆引领上实现新突破，把“一市两县”“一市两园”“一县一企”试点与扩权强县试点结合起来，抓好重大转型标杆项目建设；在体制机制创新上实现新突破，创新产业转型和循环发展机制，创新土地管理、融资服务等方面的体制机制；在营造氛围上实现新突破，对先行先试进度快、效果好的市县、园区、企业和部门，从各方面给予支持，对敢行敢试、快行快试、善行善试的优秀干部，给予奖励重用。

袁纯清指出，要致力改善民生，使群众得到更多实惠。加大民生和社会事业投入，政策要更多向民生领域倾斜，资源要更多向公共服务领域集中，支出要优先保证社会事业、民生改善需求，加快推进新的“五个全覆盖”等重点民生工程。实施更加积极的就业政策，保持物价总水平总体稳定，着力改善群众的生产生活条件。完善社会保障保险和救助服务体系，扩大各项社会保险覆盖面，加快推进保障性安居工程建设。要着眼为党的十八大胜利召开营造良好氛围，加强和创新社会管理，维护和谐稳定。坚持不懈地抓好安全生产，牢固树立发展是第一要务、安全生产也是第一要务的理念，严格落实政府和企业“两个主体”责任，全面落实各项安全生产制度，深化煤矿安全专项整治，遏制和杜绝重特大事故发生，保持来之不易的安全生产良好形势；深入扎实地抓好信访工作，深入开展矛盾纠纷排查化解，特别是要认真开展领导干部大接访活动，着力解决好涉及群众利益的突出问题；完善社会治安防控体系，严厉打击严重刑事犯罪活动，加快平安三晋建设，当好首都“护城河”；切实加强基层基础工作，积极探索城市社区和农村管理服务新模式，做到管理无死角，工作无空档。

袁纯清指出，要把保持党的先进性和纯洁性摆上更加突出的位置，进一步加强和改进党的建设，为各项事业发展提供坚强政治保证。把保持党的先进性和纯洁性转化为推动转型跨越、办好“两件大事”的强大动力，以科学理性的态度谋划发展，以百折不挠的韧劲推进转型，以敢于担当的气概破解难题。加强领导班子和干部队伍建设，教育引导各级领导干部锤炼党性、提升境界，教育引导广大党员在服务群众、引领群众、带领群众致富中，在解决复杂问题、化解社会矛盾中提高和检验党的先进性和纯洁性。坚持为民、务实、清廉，树立求真务实的作风，全面加强反腐倡廉建设，保持惩治腐败的高压态势，建立健全惩防体系，着力解决人民群众反映强烈的突出问题。加强领导、精心组织，明确标准、严格要求，深入开展保持党的纯洁性学习教育活动，形成新的思想共识，焕发新的精神面貌，展现新的工作作为。

袁纯清强调，全省党员干部特别是各级领导干部要在思想上、政治上、行动上自觉与党中央保持高度一致，更加紧密地团结在以胡锦涛同志为总书记的党中央周围，锐意进取，扎实工作，以优异成绩迎接党的十八大胜利召开。

保持党的纯洁性学习教育活动先进事迹报告会 3月30日，省委举行保持党的纯洁性学习教育活动先进事迹报告会，邀请全国优秀共产党员、运城市平陆县国营林场护林员荆保山，全省优秀共产党员、长治市妇幼保健院妇产科主任刘桂芝作先进事迹报告。省委书记、省人大常委会主任袁纯清主持报告会并讲话。省委副书记、省长王君，省委副书记金道铭，省政协主席薛延忠以及省领导李小鹏、胡苏平、高建民、汤涛、李兆前、聂春玉、杜善学、申联彬、杜玉林、靳善忠、安焕晓、张平、张建欣、任润厚、郭良孝、卫小春、刘滇生、王宁、张茂才，省法院院长左世忠、省检察院检察长杨司。省直有关单位，驻太原本科院校、部分省管国有骨干企业，中央驻晋主要新闻媒体的负责同志等参加了报告会。

报告会上，荆保山、刘桂芝分别作了题为《把忠诚刻在大山深处》《我愿为患者捧出一颗心》的报告，回顾了自己的工作经历，讲述了自己为党、为人民无私奉献的先进事迹，朴实的语言、真挚的情感，感动了在场的每一个人。

荆保山今年59岁，1987年8月从海拔5000多米的唐古拉山兵站转业到平陆县国营林场云盖寺瞭望台，成为一名护林员，一干就是25年。25年来，荆保山年复一年、日复一日，风雨无阻、坚守瞭望，没有旷工一天，没有漏报一次火情，累计清查各类进山人员2万余人次，保护了10万亩山林的安全。25年来，荆保山不畏艰苦、独守山林，面对大火，他临危不惧、冲锋在前；面对偷伐林木的不法分子，他挺身而出、勇敢保护国家的宝贵资源；面对威胁利诱，他义正辞严、不为所动。25年来，荆保山公而忘私、无私奉献，放弃家庭的温暖扎根深山，把孝义、爱心凝聚成看护山林的责任心，恪守着清贫和信念，践行着忠诚和奉献，在平凡的工作中做出了不平凡的业绩，为国家林业工作做出了突出贡献，被中组部授予全国优秀共产党员称号，被全国总工会授予全国五一劳动奖章。

刘桂芝是长治市妇幼保健院妇产科主任、副主任医师。从医30年来，她把医者父母心、生命大于天作为人生信条，爱岗敬业、忘我工作，为无数患者送去了健康，被誉为“用生命塑造生命的好医生”。她医术精湛，擅长妇产科疑难病的诊断治疗以及产科难产处理、危急重病人的抢救，2005年以来带领科室累计诊治患者571470人、分娩20250人、手术11692台、抢救急危重症1054人次。她舍小家顾大家，1998年辞别年迈的父母和幼子，参加了国家卫生部组织的第九批援非医疗队，在自然条件恶劣的喀麦隆北部沙漠地带工作四年，救治病人9789人、手术926台、抢救危重患者363人，深受当地群众好评。她带头钻研最新技术，孜孜不倦追求医术创新，在传统剖宫产术的基础上不断改进，缩短了手术时间，减少了病人痛苦，提高了新生儿分娩水平。她不顾自己的病痛折磨，倾力救治他人，面对危重病人从不言弃，树立了医护人员的高尚风格和良好形象。她多次受邀参加美国、台湾、香港等国际学术交流，参加国内医院手术演示和教学，先后获得全国先进工作者、全国医德标兵、山西省劳动模范、山西省优秀共产党员等荣誉称号。

袁纯清在报告会上作了重要讲话，他指出，荆保山和刘桂芝都是基层的普通共产党员，在他们身上集中体现了牢记使命、矢志不渝的坚强党性，无怨无悔、无私奉献的崇高品质，爱岗敬业、忠于职守的责任情怀，严于律己、廉洁奉公的良好作风。他们以自己的模范行动，深刻诠释了党的先进性和纯洁性，展现了新时期共产党人的精神风貌和光辉形象，是广大党员的学习楷模。荆保山、刘桂芝给我们上了一堂生动的党课，使我们受到一次保持党的纯洁性的深刻教育。从中我们得到深刻的启示，保持党的纯洁性，信念坚定是根本，心系人民是核心，率先垂范是关键，无私奉献是本色，清正廉洁是底线。要进一步引深学习教育活动，做到认识有新提高，作风有新改进，工作有新加强，面貌有新变化。要在学习教育中涵养纯洁性，用马克思主义中国化最新成果武装头脑，牢固树立社会主义核心价值观，养成高尚人格品质，时刻牢记自己肩负的使命和责任。要在创先争优中增强纯洁性，自觉学先进，敢于比先进，积极当先进，大力弘扬雷锋精神，在全省形成学习先进、崇尚先进、争当先进的良好风气。要在转型跨越中体现纯洁性，鼓足先行先试的胆气，提高项目落地的效率，营造创新创造的氛围，弘扬勇创一流的精神，在推动科学发展、促进社会和谐、加快全面小康上检验保持党的纯洁性的最终效果。要在为民惠民中彰显纯洁性，坚持民生为本、民意为先、民利为重，加大民生投入力度，切实解决事关群众切身利益的实际问题。要在正风肃纪中保障纯洁性，严格执行党风廉政建设责任制，加快完善惩治和预防腐败体系，始终保持惩治腐败的高压态势，以反腐倡廉的实际成效取信于民。

省委常委会研究部署加强非公有制企业党建工作 3月31日，省委常委会召开会议，听取全国非公有制企业党的建设工作会议精神汇报，认真学习习近平同志重要讲话、中央关于加强和改进非公有制企业党的建设工作的《意见》精神，研究我省贯彻落实意见。省委书记袁纯清主持会议。

会议指出，非公有制企业是发展社会主义市场经济的重要力量。加强和改进非公有制企业党建工作，对于巩固党的群众基础和执政基础，引导非公有制经济健康发展，促进社会和谐稳定具有重要意义。近年来，我省非公有制企业不断壮大，已成为推动转型跨越发展的重要力量。非公有制企业党建工作推进力度不断加大，党组织建设逐步加强。要认真贯彻落实全国非公有制企业党的建设工作会议精神特别是习近平同志重要讲话精神，充分认识推进非公有制企业党建工作的重要性和紧迫性，把非公有制企业党的建设与国有企业党的建设摆到同等重要的位置，从思想上真正重视起来，充分发挥非公有制企业党组织在企业职工群众中的政治核心作用、在企业发展中的政治引领作用，进一步增强党组织的创造力、凝聚力和战斗力。

会议指出，要以建立组织、配强班子为重点，创新非公有制企业党组织设置方式，不断壮大党员队伍，积极开展党的工作，努力推进党的组织覆盖和工作覆盖，增强党的影响力。同时，要按照守信念、讲奉献、重品行，懂经营、会管理、善协调，热爱党务工作和熟悉群众工作的标准，选优配强非公有制企业党组织书记，加强非公有制企业党建工作指导员队伍建设，制定实施党组织建设和党组织书记配备规划，不断壮大非公有制企业党建工作骨干力量。

会议指出，要加强对非公有制企业党建工作的组织领导和工作指导，充分发挥好非公有制经济组织工作委员会的领导作用，非公有制企业党建工作联席会议的统筹协调作用，工商管理部门的主要依托作用，积极探索非公有制企业党组织和党员发挥作用的有效途径，完善非公有制企业党建工作机制和保障机制，健全工作机构，配强工作力量，加大经费投入，加强场所建设，改善非公有制企业党建工作保障条件，为非公有制企业健康发展提供有力保证，进一步加快转型跨越发展步伐。

高速公路建设誓师动员大会 4月1日，省委、省政府在临汾市霍州至永和关东段高速公路施工现场召开全省高速公路建设誓师动员大会。会议的主题是：全省总动员，决战三百天，融资上千亿，高速通万里。

省委书记、省人大常委会主任袁纯清宣布"山西省2012年决战1000公里高速公路全面启动"。省委副书记、省长王君发表重要讲话。省领导薛延忠、李小鹏、王雅安出席，副省长牛仁亮主持。临汾市委书记，各市市长和分管交通运输的副市长，有关省直部门、中央驻晋单位、金融机构、大型企业的主要负责人，23个在建高速公路项目负责人，项目沿线40个县(市、区)和142个乡(镇)的负责人，以及施工、监理单位的代表参加大会。

2008年底以来，我省高速公路建设取得了突出的成绩，3年时间建成2000公里高速公路，总里程突破了4000公里。根据省委、省政府向全省人民作出的庄严承诺，今年全省将再建成高速公路1000公里，总里程突破5000公里。

王君在总结我省三年来高速公路建设时用了四个"前所未有"——投资强度之大前所未有，建设速度之快前所未有，通车里程之长前所未有，建设难度之大前所未有。他说，我省高速公路建设取得的巨大成就，不仅有效地拉动了当前的经济增长，而且极大地增强了山西长远发展后劲，为全省经济社会又好又快发展做出了重要贡献。今年再建1000公里高速公路，任务艰巨繁重，难度日益加大，既有银根紧缩带来的融资难问题，又有手续从严带来的审批难问题，还有复杂地质条件带来的施工难问题。王君要求各级各部门要提高认识，迎难而上，在继续坚持近年来公路建设行之有效的好经验、好做法的基础上，加大工作力度，加快建设进度，确保圆满完成今年新建1000公里的目标任务。

会上，牛仁亮宣读了《山西省人民政府办公厅关于成立2012年山西省高速公路建设指挥系统和重大事项协调小组的通知》；省交通运输厅、国土厅、国家开发银行、工商银行负责人，忻州、临汾两市市长，霍永东段高速公路指挥部、中铁十二局集团有限公司主要负责人，先后表态发言；23个在建高速公路项目前线指挥部的代表，上台接受省领导的授旗。

省委常委扩大会议学习讨论《人民日报》三篇评论员文章 4月9日，省委召开常委扩大会议，学习讨论近期《人民日报》刊登的评论员文章《集中精力把两会精神贯彻好》《牢牢把握稳中求进的总基调》《满怀信心迎接党的十八大》。省委书记袁纯清主持会议。他强调，要认真学习人民日报评论员文章，进一步提高认识、统一思想，坚定信念、增强信心，自觉同以胡锦涛同志为总书记的党中央保持高度一致，全面贯彻落实全国"两会"精神，牢牢把握稳中求进的工作总基调，加快转型跨越、大力改善民生、确保社会稳定，以优异成绩迎接党的十八大胜利召开。省委副书记、省长王君，省委常委，省人大、省政府、省政协党员负责同志和省法院院长、省检察院检察长出席会议。

会议认为，《人民日报》三篇评论员文章，非常及时、非常重要，发人深省、催人奋进，具有十分重要的意义。文章紧密结合世情国情党情的深刻变化，紧扣改革发展稳定面临的复杂形势和繁重任务，从战略和全局的高度，对当前干部群众普遍关心的重大问题作了深刻阐述，体现了党中央对当前工作的部署和要求，举旗帜、定基调、明方向、提要求、鼓干劲，反映了党心、民心、军心，兼顾了改革、发展、稳定，抓住了关键、要害、根本，具有很强的思想性、针对性、指导性，使全党全国人民深受鼓舞，增强了信心，明确了方向。要清醒认识到，越是国际政治经济环境复杂多变，越是国内经济运行面临新情况新变化，越是各种思潮相互影响、各种文化相互激荡，越要坚定中国特色社会主义信念和信心，越要坚定主题主线总基调；中国特色社会主义事业的前景光明无限，必须不断增强坚持和拓展中国特色社会主义道路的自觉性和坚定性，不断增强坚持和丰富中国特色社会主义理论体系的自觉性和坚定性，不断增强坚持和完善中国特色社会主义制度的自觉性和坚定性；用好重要战略机遇期，完成好全国“两会”确定的目标任务，必须把思想统一到中央的决策部署上来，把认识统一到中央对形势的分析判断上来，把力量凝聚到实现经济社会发展的各项目标任务上来，牢牢把握稳中求进的总基调，把握扩大内需的基本要求，坚持发展第一要务、落实稳定第一责任，统筹推进转型跨越、改善民生、维护稳定、安全生产等各项工作；在任何情况下，都不为困难风险所惧，不为噪音杂音所扰，不为传闻谣言所惑，最大限度增加促进社会和谐因素，最大限度减少不和谐因素，确保社会安定有序，扎扎实实地取得各项工作的新进展、新突破、新成效。

会议指出，学习领会贯彻三篇文章是一项重要政治任务。一要坚定政治立场。增强政治敏锐性和政治鉴别力，把思想认识进一步统一到中央大政方针和决策部署上来，坚定不移地在思想上、政治上、行动上与以胡锦涛同志为总书记的党中央保持高度一致。在路线原则上立场坚定，在大是大非面前不动摇、不迷失、不糊涂、不犯错，对中央的大政方针和决策部署，要坚决拥护、坚决执行，确保中央政令畅通。二要充满必胜信心。面对矛盾问题和繁重任务，精神状态至关重要。我国仍处于重要战略机遇期，我省煤炭资源整合和煤矿兼并重组取得重大成果，转型发展迈出坚实步伐，综改试验区建设顺利推进，基础设施更加完善，经济持续向上向好，全省人民在转型跨越上形成了广泛共识，我们有信心、有决心、有条件、有基础战胜前进道路上的各种困难，以饱满的热情、自觉的态度、扎实的工作，走出资源型地区转型跨越发展新路，加快全面建设小康社会步伐。三要加强宣传引导。旗帜鲜明坚持正确的、反对错误的，弘扬先进的、鞭挞落后的，建设社会主义核心价值体系，主动应对舆论热点，为转型跨越提供精神动力，为党的十八大营造良好氛围。四要着力改革发展。主动作为、积极作为，在稳的基础上求进，在转型中促跨越，确保全年目标任务圆满完成，努力实现又好又快发展。认真落实中央各项宏观调控政策措施，加快转变经济发展方式，大力发展循环经济，认真落实“项目落地年”的各项要求，全力引进项目，加快建设项目，加快转型综改试验区建设，坚定不移推进改革开放，着力破解资源型经济转型面临的难题。五要确保安全稳定。坚持不懈抓好安全生产，加强重点行业和重点领域的安全生产管理，遏制和杜绝重特大事故。把民生为本作为出发点和落脚点，政策更多向民生领域倾斜，资源更多向公共服务领域集中，支出优先保证社会事业和改善民生需求。用群众工作统揽信访工作，深入开展矛盾纠纷排查化解，着力解决好涉及群众利益的突出问题。完善社会治安防控体系，加强和创新社会管理。始终保持对严重刑事犯罪分子的高压态势，坚决杜绝发生重大政治性事件、非法聚集事件、大规模群体性事件、暴力恐怖事件，当好首都“护城河”。六要抓好党的建设。深入开展保持党的纯洁性学习教育活动，加强领导班子和干部队伍建设，转变作风、狠抓落实。教育引导广大党员立足岗位、扎实工作，充分发挥先锋模范作用。加强反腐倡廉建设，建立健全惩防体系，为转型跨越提供纪律和作风保证。各级领导干部要深入开展下乡住村包村活动，了解民情、联系群众，参加劳动、解决问题，团结带领群众创造新的业绩。

省委常委会和领导干部大会传达中央会议精神 4月10日，省委召开常委会和由省委、省人大、省政府、省政协负责同志，省军区、省武警总队和省直各部门、驻太原省管企业及高等院校、中央驻晋单位主要负责同志参加的领导干部大会，传达中央关于停止薄熙来担任的中共中央政治局委员、中央委员职务，由中央纪委对其立案调查的决定精神，并就贯彻落实中央精神和做好当前工作提出明确要求，作出具体部署。各地各部门及时传达学习中央精神和人民日报评论员文章《坚决拥护党中央的正确决定》，按照省委的要求进行了认真讨论。广大党员干部群众说，坚决拥护中央的正确决定，从对这一事件的处理中，我们看到了党和政府坚决维护党纪国法，对腐败现象决不容忍姑息的态度和决心，对我们党更加充满了信心。我国是社会主义法治国家，法律的尊严和权威不容践踏。不论涉及到谁、职位多高，只要触犯党纪国法，都要严肃处理、决不姑息。广大党员干部群众纷纷表示，要坚定信心，立足岗位，尽责尽心尽力做好当前工作。要认真贯彻落实全国“两会”精神，坚持主题主线和稳中求进总基调，全力推进转型跨越，保持经济平稳较快发展，保持安全生产和社会稳定的良好局面。要更加紧密地团结在以胡锦涛同志为总书记的党中央周围，高举中国特色社会主义伟大旗帜，团结奋进，锐意进取，以优异成绩迎接党的十八大胜利召开。

省军区第十次党代表大会 4月22日至23日，省军区召开第十次党代表大会，全面回顾省军区九届党委工作，总结分析省军区党的建设和部队全面建设情况，部署今后五年工作。省委书记、省人大常委会主任、省军区党委第一书记袁纯清出席并讲话。省委常委、省军区政委张少华代表省军区第九届委员会作工作报告。省军区司令员刘云海主持会议。北京军区党委巡视组专员陈运火、刁建业、王子彦列席会议。省军区领导负自博、曾广超、徐洪生、李竞、谢新宁出席会议。

会议通过省军区党委工作报告决议和省军区纪委工作报告决议，选举产生了省军区第十届党委委员和纪委委员，选举了出席北京军区第十次党代表大会代表。在随后召开的省军区党委十届一次全会上，选举袁纯清为省军区党委第一书记，选举张少华为省军区党委书记，选举刘云海为省军区党委副书记。

会议指出，省军区今后五年要高举中国特色社会主义伟大旗帜，以邓小平理论和"三个代表"重要思想为指导，紧紧围绕迎接党的十八大召开、学习贯彻党的十八大精神，紧贴贯彻国防和军队建设主题主线，重心下移重打基础重抓基层，大力加强思想政治建设，不断拓展和深化军事斗争准备，突出抓好党委班子和干部队伍建设，持续保持部队安全稳定，进一步推进省军区部队全面建设实现新跃升。

袁纯清首先代表省委、省政府向新一届党委、纪委班子表示热烈祝贺。在高度评价省军区近年来的工作后，袁纯清强调，省军区各级党委要始终保持部队建设发展正确方向，始终把思想政治建设摆在首位，紧紧抓住坚持党对军队的绝对领导这个根本，坚持用中国特色社会主义理论体系武装头脑、指导实践，不断打牢官兵高举旗帜、听党指挥的思想政治基础，确保部队自觉在思想上政治上行动上与党中央保持高度一致，坚决听从党中央、中央军委和胡锦涛总书记指挥，在重大政治原则问题上保持清醒头脑、站稳正确立场，严防政治上的自由主义，确保部队纯洁巩固。要持续深化和拓展军事斗争各项准备，各级要以胡总书记主题主线重大战略思想为统揽，着眼适应省军区部队使命任务和未来战争形态变化的需要，不断拓展和深化军事斗争准备，持续抓好战斗力生成模式转变，全面提高部队遂行多样化军事任务的能力，特别要从难从严从实战出发，扎实抓好民兵预备役人员的军事训练，针对我省山区、矿区、林区多，森林火险、地质灾害多，安全生产压力大的实际，注重加强实战化的研究性演练，努力提高部队应对突发事件的实战能力。要扎实打牢民兵预备役建设的基础，各级要深入贯彻落实全国民兵工作会议精神，自觉站在战略和全局的高度，充分认清做好新形势下民兵预备役工作的重大意义，科学筹划，宏观布局，完善政策，加强保障，积极推进民兵预备役工作科学发展。要在转型跨越中积极作为，各级要大力弘扬山西革命老区拥军优属、拥政爱民的优良传统，围绕中心、服务大局，深化和拓展具有山西特色的军民融合式发展路子，协调发动驻晋官兵和广大民兵预备役人员，深化开展"十个带头"活动，积极参与"四个山西""五个全覆盖""大水网"等重点工程建设，大力开展扶贫帮困、捐资助学、科技下乡等活动，积极推进"一村一品""一县一业"和农村基本公共服务体系建设，积极参与平安创建活动，在转型跨越发展中再立新功。

省委常委会研究部署整治吃拿卡要创优发展环境和党史研究工作 4月27日，省委常委会召开会议，讨论关于专项整治吃拿卡要、创优发展环境的实施意见，传达学习全国党史研究室主任会议精神并研究我省贯彻落实意见。省委书记袁纯清主持会议。

会议指出，省委十分重视发展环境建设，多次强调要整治吃拿卡要的恶劣风气。今年是"项目落地年"，对优化发展环境提出了更高要求。要着眼转型跨越、再造一个新山西的总体战略，紧密结合创先争优活动和保持党的纯洁性学习教育活动，以思想教育为基础，以自查自纠为重点，以建章立制为关键，以优化环境为目标，集中整治企业和人民群众反映强烈的吃拿卡要问题，为办好"两件大事"、加快转型跨越创造良好环境。要围绕为市场主体和人民群众搞好服务，重点整治利用公共权力或公共服务便利吃拿卡要、谋取私利以及效能低下、懒政怠政、不负责任等行为。各级各部门要进行自查自纠，每个工作人员都要接受深刻教育，强化服务意识，查找问题，积极整改，公开承诺。要促进作风转变，规范行政行为，对吃拿卡要的典型案件严肃查处，对行政审批和公共服务事项进行流程再造，完善重大项目"绿色通道"和跟踪服务机制，加强预防吃拿卡要和懒政怠政行为长效机制建设。要加大宣传力度，加强正面引导，树立先进典型，形成服务发展、服务项目、服务企业、服务群众的浓厚氛围。对整治吃拿卡要不力，导致问题长期得不到解决的，追究主要领导的责任。要把专项整治与"项目落地年"建设结合起来，与创先争优活动和保持党的纯洁性学习教育活动结合起来，加强组织领导和统筹协调，推动专项整治工作不断深入，确保取得企业和群众满意的效果。

会议指出，习近平同志关于党史研究工作的重要讲话，内涵丰富、思想深刻，对于进一步做好党史工作，发挥党史资政育人作用，提升党的建设科学化水平，以优异成绩迎接党的十八大胜利召开，具有重要指导意义。党史工作是党的工作的重要组成部分。近年来，我省党史部门在研究宣传山西党的历史、革命遗址保护利用、党史资料征集整理、党史基本著作编纂等方面做了大量工作，取得重要成果，工作富有成效。要围绕迎接党的十八大胜利召开和学习宣传贯彻党的十八大精神，精心组织重要党史事件和人物纪念活动，系统征集和深入挖掘重要党史资料和革命文物，做好《中国共产党山西历史》修订再版及发行宣传工作，抓好党史教育基地建设，利用红色资源加强党性教育，切实加强党史工作队伍建设，为党的十八大胜利召开营造良好氛围。

纪念共青团成立90周年大会 5月3日，我省隆重举行纪念中国共产主义青年团成立90周年大会。省委书记、省人大常委会主任袁纯清出席会议并作重要讲话。他强调，团员青年要围绕加快转型跨越、办好"两件大事"，奋发有为、锐意进取，勇敢肩负起富民强省的历史使命，在经济社会建设的主战场建功立业，在造福人民中展示新时代团员青年的形象，创造无愧于时代的业绩，以转型跨越的优异成绩迎接党的十八大胜利召开。省委副书记、省长王君，省党政军领导李小鹏、胡苏平、高建民、李兆前、陈川平、王建明、聂春玉、杜善学、刘云海、申联彬、郭良孝、左世忠、杨司、刘建华出席会议，省委副书记金道铭主持会议。

会议授予孟佩杰等25名个人"山西青年五四奖章"、山西华晋舞剧团等20个集体"山西青年五四奖状"，表彰了尹秀凤等619名"优秀共青团员"、蔺志新等246名"优秀共青团干部"、太原市阳曲县团委等180个"五四红旗团委(团支部)"。

全国道德模范孟佩杰、优秀大学生村干部高旭彬、青年创业典型伍永安在会上做了交流，表达了三晋团员青年立足岗位建功立业，为加快转型跨越、再造一个新山西贡献青春与才智的信心和决心。

袁纯清在讲话中指出，共青团90年的光辉历程告诉我们，团员青年是祖国的未来、民族的希望，是推动经济发展和社会进步的生力军，是勇往直前、夺取胜利的突击队，是朝气蓬勃、创新创造的活力源。办好"两件大事"、再造一个新山西是全省人民的共同事业，更是全省团员青年义不容辞的光荣使命。广大团员青年要在转型跨越这个大舞台上施展才华，创造无愧于时代的业绩。他对全省团员青年提出四点希望。一是围绕加快转型跨越、办好"两件大事"，坚定信念、增强信心，勇敢肩负起富民强省的历史使命。认真学习中国特色社会主义理论体系，坚定共产主义信仰和中国特色社会主义信念，全面贯彻党的路线方针政策，在大是大非面前保持清醒头脑，在大风大浪面前站稳正确立场，增强报效祖国、服务山西、建设家乡的责任感，增强转型跨越的信心和决心。二是围绕加快转型跨越、办好"两件大事"，勤于探索、不懈追求，努力掌握新知识、增强新本领。打牢知识基础，追寻科技前沿，自觉实践锻炼，在融入群众、融入社会、融入实践中，增强本领、提升境界，增加阅历、磨练意志。三是围绕加快转型跨越、办好"两件大事"，积极作为、开拓进取，在经济社会建设的主战场建功立业。立足岗位，崇尚实干，努力创业，勇于求新，围绕工业新型化献智出力，围绕农业现代化大显身手，围绕市域城镇化贡献力量，围绕城乡生态化当好先锋。四是围绕加快转型跨越、办好"两件大事"，心系群众、关注民生，在造福人民中展示新时代团员青年的形象。要坚持服务人民，在为民惠民中收获快乐和幸福；养成高尚品格，自觉践行社会主义荣辱观，提升思想境界和道德水准；努力奉献社会，积极参加社会性、公益性、服务性活动，把雷锋精神植根于思想中，体现在行动上；自觉促进和谐，服从国家大局，牢记时代责任，不为谣言所惑，不为私利所迷，做社会和谐稳定的坚定维护者。袁纯清强调，各级党委要切实加强和改善对共青团工作的领导，及时研究解决共青团和青年工作的重大问题。各级团组织在促进青少年成长成才上多下功夫，在服务转型跨越大局中多做贡献，在加强团的自身建设上多办实事，不断开创全省青年工作和共青团事业的新局面。

省委中心组保持党的纯洁性专题学习报告会 5月14日，省委中心组举行学习报告会，邀请中国社会科学院党组副书记、副院长李慎明作关于"保持党的纯洁性，为建设中国特色社会主义而奋斗"的辅导报告。省委书记、省人大常委会主任袁纯清主持会议并讲话，省委副书记、省长王君，省政协主席薛延忠，省领导李小鹏、高建民、汤涛、李兆前、王建明、聂春玉、杜善学、申联彬、杜玉林、李政文、安焕晓、王雅安、牛仁亮、张平、张建欣、任润厚、郭良孝、周然、李雁红、李潭生、卫小春、刘滇生、左世忠、杨司等出席会议。

李慎明同志是中央马克思主义理论研究和建设工程咨询委员会委员、首席专家，中国政治学会会长，长期从事党的思想理论战线工作，致力于党的建设、民主政治、国际战略等方面的研究。李慎明在报告中，紧密联系党面临的新形势新任务，深刻阐明了保持党的纯洁性的重要性、紧迫性和内涵要求，提出了保持党的纯洁性必须把握的若干重大问题，内涵丰富、见解独到，具有很强的理论性、针对性和指导性。

袁纯清在主持报告会时指出，保持党的纯洁性是我们党的鲜明特征和本质属性，是对广大党员特别是领导干部的基本要求。按照胡锦涛总书记在十七届中央纪委七次全会上的重要讲话精神，省委在全省部署开展了保持党的纯洁性学习教育活动。各级各部门高标准、严要求，精心组织领导，狠抓学习教育、对照检查、实践锻炼、建章立制等环节，开展了缅怀革命先烈、重温入党誓词、聆听先进事迹报告等活动，在促进党员思想纯洁、队伍纯洁、作风纯洁和清正廉洁上取得新成效，推动了工作开展。目前活动已进入关键阶段，要进一步引向深入，确保取得实效，为加快转型跨越、办好"两件大事"提供思想政治保证和精神动力。

袁纯清对引深保持党的纯洁性学习教育活动提出四点要求：一是深化学习教育，确保思想认识有新提升。把学习教育贯穿开展活动和党性锻炼的始终，在交流讨论中增强学习效果，开好领导班子学习讨论会，促进学习型党组织建设，形成重视学习、热爱学习、自觉学习的浓厚氛围；在理论武装中坚定理想信念，坚持用马克思主义中国化最新成果武装头脑，以党性的纯洁保证理想信念的坚定，在思想上政治上行动上同以胡锦涛同志为总书记的党中央保持高度一致；在学以致用中提高发展能力，把学习与工作结合起来，与解决实际问题结合起来，与探索转型新路结合起来，深入研究转型跨越发展、综合配套改革等方面的规律。二是真诚服务群众，确保民生改善有新成效。把保持党的纯洁性体现在深入群众上，引深领导干部下乡住村包村活动，深入开展领导干部大接访活动，进一步密切同人民群众的联系；把保持党的纯洁性体现在为群众办实事、谋福利上，抓好就业、社保、住房等事关群众切身利益的重点工作，解决好群众反映强烈的突出问题，扎实做好食品药品安全等事关群众身体健康和生命安全的相关工作；把保持党的纯洁性体现在理顺群众情绪上，畅通群众诉求表达渠道，对群众的合理要求要及时回应，对群众的合法权益要坚决维护，激发全省人民加快转型跨越的创造性、积极性。三是坚持领导带头，确保作风建设有新进展。领导干部要以身作则、率先垂范，一身正气，敢抓善管，着力提高落实力、执行力、创新力，把目标任务变成具体项目，把政策措施变成自觉行动，把各项规划变成发展成果；严守党的纪律，严格执行民主集中制；彰显清廉形象，秉公用权、廉洁从政，以正确的世界观立身、以正确的权力观用权、以正确的事业观做事。四是致力推动发展，确保转型跨越有新局面。全面贯彻落实中央宏观调控政策和省委、省政府工作部署，以有力举措确保经济平稳较快发展，抓好实体经济这个关键，加快传统产业转型升级步伐，培育战略性新兴产业，大力发展循环产业和循环经济园区，加大对中小企业的扶持力度；抓好保持投资强度这个关键，保证新兴产业、优势主导产业、重大基础设施、民生工程等重点产业、重点领域投资需求，促进投资持续较快增长，按照“项目落地年”的要求，加快引进和建设大项目、好项目；抓好扶贫攻坚这个关键，把富民增收作为基本立足点，拓宽致富门路，发展富民产业，大力发展“一村一品”“一县一业”，为农民收入翻番和加快致富奠定坚实基础。

袁纯清强调指出，当前改革发展稳定任务繁重艰巨，各级领导干部要切实负起责任，深入基层了解情况、帮扶生产，带头破解发展难题，最大限度增加和谐因素、减少不和谐因素。深入整治“吃拿卡要”，优化发展环境。毫不松懈地加强安全生产工作，加强对突出社会治安问题的整治，保证社会大局稳定和人民群众安居乐业，以优异成绩迎接党的十八大胜利召开。

省委常委保持党的纯洁性学习心得交流会 5月15日，省委常委召开保持党的纯洁性学习教育活动学习心得交流会，围绕保持党的纯洁性和转型跨越发展的要求，交流近期学习心得，深化思想认识，加强党性修养，进一步推动各项工作。省委书记袁纯清主持会议，省委副书记、省长王君，省委副书记金道铭和各位常委分别作了发言。

保持党的纯洁性学习教育活动开展以来，省委常委带头参加各个阶段各个环节的工作，特别是集中时间认真学习研读马克思主义经典著作和党的重要文献、重要文件，这次会议是对前一段学习教育成果、思想认识成果、实践体会成果的集中交流和展示。交流会上，各位常委从理论和实践结合的高度，谈认识、讲体会，认真思考、深入交流。大家指出，通过深入研读《共产党宣言》、党章等重要文献，学习毛泽东同志、邓小平同志、江泽民同志和胡锦涛同志以及其他中央领导同志的重要著作和讲话，联系思想工作实际进行深入思考，思想上有了新的收获和提高，特别是进一步深化了对共产党执政规律的认识，增强了保持党的先进性和纯洁性的信心；进一步深化了对社会主义建设规律的认识，增强了发展中国特色社会主义事业的信心；进一步深化了对人类社会发展规律的认识，增强了矢志为共产主义奋斗的信心；进一步深化了对资源型地区转型发展规律的认识，增强了山西走科学发展之路的信心，工作思路更加清晰，对策措施更加完善。实践证明，省委在全省开展党的纯洁性学习教育活动的决策是非常及时、十分必要的。

大家在交流发言时谈到，我们党始终高度重视以改革创新精神研究和解决党的建设面临的重大理论和实际问题，全面推进党的建设新的伟大工程，不断提高党的建设科学化水平。胡锦涛总书记在中纪委七次全会上对保持党的纯洁性作出深刻阐述，对党员干部保持思想纯洁、队伍纯洁、作风纯洁和清正廉洁提出明确要求，是对马克思主义政党建设理论的深化丰富和创新发展，在世情、国情、党情发生深刻变化，我们党面临“四大考验”“四大危险”的情况下，具有重大现实意义和深远历史意义。保持党的纯洁性，思想纯洁带有基础性和根本性，思想境界高不高、政治观点正确不正确是关键，必须把树立正确的世界观、人生观、价值观放在突出位置。

保持党的纯洁性，要体现在加强理论武装、坚定理想信念上，充分认识理想信念是人生奋斗之帆、事业发展之基、社会进步之源、党性纯洁之本，坚持自觉学习，不断深化学习，牢固树立共产主义远大理想和中国特色社会主义坚定信念，坚定不移走中国特色社会主义道路，深入贯彻落实科学发展观，始终保持理论上的清醒和政治上的坚定。保持党的纯洁性，要体现在继续解放思想、推进改革开放上，抓住建设转型综改试验区的机遇，学习借鉴其他综改试验区的宝贵经验，激发全省人民的干事热情和创造潜力，敢于走前人没有走过的路，敢于树立样板、创制标准，在深化改革、先行先试中探寻发展路径、拓宽发展空间，加快形成有利于资源型经济转型的体制机制和政策体系，加快建设一批循环经济项目、接续替代项目、战略性新兴产业项目和重大科技创新项目，使山西产业结构发生脱胎换骨的变化。保持党的纯洁性，要体现在探索资源型地区转型发展规律上，特别是要积极探索能源资源比重大的情况下转型发展的规律，转型任务重的情况下跨越发展的规律，贫困面较大的情况下农民收入翻番的规律，文化底蕴深厚的情况下建设文化强省的规律，收入差距较大的情况下统筹城乡发展的规律，煤矿和非煤矿山多的情况下实现安全发展的规律，社会事业欠账较多的情况下促进社会和谐的规律。保持党的纯洁性，要体现在为民惠民上，发展民生产业，抓好民生工程，重视群众诉求，维护群众利益，千方百计推进农民收入翻番，切实解决好涉及群众切身利益的突出问题，实现好、维护好、发展好最广大人民的根本利益，让人民群众共享改革发展成果。

袁纯清在会议结束时强调指出，保持党的纯洁性，基础在学习教育，关键在领导干部。前一段学习教育富有成效，这次会议开得很好，要运用好、拓展好这次会议的成果，以优良作风进一步做好各项工作。全省县以上领导班子都要在学习的基础上开好学习心得交流会。要把下一步活动重点放在对照检查上，按照“六查六看”的要求，重在查找差距，努力改进工作。要按照纯洁性的标准和要求，时时观照自己、反省自己、改造自己，做到精神层面不断“修习”，精神家园持久“保洁”。在思想上，要高举中国特色社会主义伟大旗帜，在关键时刻和重大问题上不动摇、不迷失、不糊涂，不折腾、不观望、不懈怠。在政治上，要自觉同以胡锦涛同志为总书记的党中央保持高度一致，全面贯彻党的路线方针政策，认真贯彻中央的决策部署。在组织上，要围绕转型跨越选好干部、配好班子，加强基层党组织建设。在制度上，要切实坚持和完善党的领导体制、工作机制和各方面的制度。在作风上，要求真务实、干事创业，察民情、惠民生、谋民利，形成想大发展、谋大发展、干大发展的浓厚氛围。在反腐倡廉上，要自觉廉洁自律，保持良好形象，严肃查处以权谋私、吃拿卡要等违法违纪行为。全省广大党员干部要在学习教育、党性锻炼、实际工作中锤炼纯洁性，以推进转型跨越、造福全省人民的实际成效检验纯洁性，以经济社会发展的优异成绩迎接党的十八大胜利召开。

省委十届三次全会 5月15日，省委十届三次全体会议在太原举行。会议由省委常委会主持。会议根据党章等有关规定，按照中央部署，圈选我省出席党的十八大代表候选人预备人选，通过了关于召开中国共产党山西省代表会议的决议。省委书记袁纯清作了重要讲话，省委常委、组织部长汤涛就山西省出席党的十八大代表候选人初步人选产生情况和建议召开省党代表会议作了说明。

出席会议的省委委员67人，候补委员13人。

全会圈选确定了我省出席党的十八大代表候选人预备人选48名，提交省党代表会议进行正式选举。

全会指出，即将召开的中国共产党第十八次全国代表大会，是我们党在全面建设小康社会关键时期，深化改革开放、加快转变经济发展方式的攻坚时期召开的一次十分重要的大会，是全党全国各族人民政治生活中的一件大事。搞好十八大代表选举，是十八大准备工作的重要组成部分，也是开好十八大的重要基础和保证。我省出席党的十八大代表候选人初步人选，是在充分发扬党内民主、集中大多数党组织和党员意见的基础上产生的，产生程序和各项构成比例完全符合中央要求，为搞好下一步选举工作奠定了坚实基础。

全会指出，要着眼于维护改革发展稳定大局，加快转型跨越发展步伐，为十八大胜利召开营造良好氛围和环境，扎实做好当前各项工作。要维护党的政治纪律，全面贯彻中央作出的一系列重大决策部署，增强党性意识，站稳政治立场，保持正确方向，坚定不移地在思想上、政治上、行动上与以胡锦涛同志为总书记的党中央保持高度一致，坚决维护中央权威，确保中央政令畅通。要增强责任感和紧迫感，认真做好当前经济工作，把重点放在抓投资、抓项目上，放在服务企业、营造环境上，放在抓转型、惠民生上，大力招商引资，加快项目落地；积极出主意、想办法，从政策、金融等方面加强对中小企业的服务；着力提升传统产业，培育壮大新兴产业，推进农业现代化、产业化，加快农民收入翻番、增收致富；更加重视改善民生，不断增进全省人民的福祉，确保上半年经济社会发展目标任务圆满完成。要以极端负责的态度、一丝不苟的作风，着力抓好安全稳定工作，维护全省大局稳定，当好首都“护城河”。

严格落实“两个主体”责任，狠抓安全生产，消除安全隐患，杜绝发生重特大安全生产事故；扎实开展矛盾纠纷排查化解，引深领导干部大接访活动，严厉打击各种违法犯罪行为，把不和谐不稳定因素解决在当地，把矛盾化解在萌芽状态。要加强宣传引导，弘扬右玉精神，引深创先争优活动和保持党的纯洁性学习教育活动，展现全省党员干部队伍和人民群众的良好风貌。

全会决定，根据党章和中央有关规定，近期召开中国共产党山西省代表会议。

全会号召，全省上下要紧密团结在以胡锦涛同志为总书记的党中央周围，高举中国特色社会主义伟大旗帜，以邓小平理论和“三个代表”重要思想为指导，深入贯彻落实科学发展观，全面贯彻落实省第十次党代表大会精神，团结一心，拼搏进取，进一步开创转型跨越发展新局面，以优异成绩迎接党的十八大胜利召开！

中国共产党山西省代表会议 5月23日至24日，中国共产党山西省代表会议在太原隆重举行。来自我省各条战线的667名党代表，肩负着全省220多万名共产党员和全省人民的期望和重托，在充分酝酿讨论的基础上，选举产生了42名山西省出席中国共产党第十八次全国代表大会代表。省委常委会主持会议。省委书记袁纯清作重要讲话。

袁纯清在讲话中指出，党的十八大是我们党在全面建设小康社会的关键时期和深化改革开放、加快转变经济发展方式的攻坚时期召开的一次十分重要的会议，是全党全国各族人民政治生活中的一件大事，具有重大而深远的意义。今年以来，我省经济保持良好发展势头，转型发展迈出坚实步伐，改革开放深入推进，群众生活明显改善，安全生产切实加强，社会保持和谐稳定。全省党员干部群众意气风发、信心满怀，在各个岗位上以优异成绩迎接党的十八大胜利召开，呈现出政通人和、创先争优、加快转型的良好局面。党的十八大日益临近，面对加快发展、深化改革、确保稳定的繁重任务，全省党员干部群众要以更高的热情、更大的干劲、更实的作风，全力以赴做好各项工作，创造新的业绩，营造良好氛围。

袁纯清对当前工作提出五点要求：一要坚持稳中求进总基调，确保经济平稳较快发展。增强实现稳中求进的责任感、使命感和紧迫感，把稳增长放在更加重要的位置，确保完成全年目标任务。千方百计稳住工业这个大头，大力实施“双千亿”“双五百亿”工程，对中小微企业要高看一眼、厚爱三分，加大支持力度。切实加大固定资产投资力度，下大力气招商引资，保证转型升级、新兴产业、重大基础设施、民生工程等资金需求，加快高速公路、水利工程、保障性住房等建设步伐，有效提高项目落地率、资金到位率、工程完成率。促进消费和进出口，培育城乡居民新的消费热点，巩固传统外贸优势，不断扩大外贸市场份额。二要积极先行先试，加快推进综改试验区建设。转型是产业结构调整的过程，也是培育新的经济增长点的过程，转型综改试验区是转型发展的核心承载和战略平台，必须认识更高、抓得更紧、付出更多。要围绕资源型经济转型、体制机制创新两大根本任务，加快标杆项目、标杆园区、标杆企业建设，扎实推进财税、土地、科技和金融等领域的改革创新，建立健全促进转型的政策体系；循环经济是转型的体现、跨越的承载，正当其时、大有可为，要以全循环理念组合产业、链接企业、建设园区，打造以煤为基、多元发展的循环链条，推进资源综合利用；坚持装备制造支撑，新材料、煤化工等突破，科技创新和文化创意引领，大力发展有市场、有潜力、有带动力的新兴产业；切实改善生态环境，以坚强决心淘汰落后产能，以务实举措抓好生态环保。三要践行爱民为民宗旨，不断增进人民福祉。我们所有的工作、所有的努力，都是为了让人民群众过上更殷实、更幸福的生活。对此，必须时时牢记在心、事事贯穿其中。要做到惠民为先，加大财政投入力度，健全基本公共服务体系，使群众得到更多实惠；要做到富民为要，广开就业门路，围绕农民收入翻番，全面推进“一村一品”“一县一业”，搞好扶贫开发，深入开展领导干部下乡住村包村增收活动；要做到安民为基，妥善安排好困难群体的生产生活，解决好涉及群众切身利益的突出问题。四要巩固发展安定团结的政治局面，维护社会和谐稳定。坚持和完善人民代表大会制度，坚持和完善中国共产党领导的多党合作和政治协商制度，建设法治政府和服务型政府，推进法治山西建设。加强宣传思想文化工作，坚持用中国特色社会主义理论体系武装党员干部群众，加快文化强省建设步伐。要以一丝不苟的态度抓好安全生产工作，确保政府和企业的主体责任落实到位，杜绝重特大事故发生，巩固和扩大安全生产良好形势；要以群众工作统揽信访工作，深入开展领导干部接访、下访活动，抓好矛盾纠纷排查化解，把不稳定因素、不安定隐患化解在萌芽状态；要以过细工作确保社会稳定，坚决防止发生各类群体性事件，当好首都“护城河”。五要加强和改进党的建设，为转型跨越发展提供坚强保证。加强理论武装，坚定理想信念，始终保持理论上的成熟、思想上的清醒、政治上的坚定，自觉同以胡锦涛同志为总书记的党中央保持高度一致。围绕转型跨越选干部、配班子，提高领导班子和干部队伍的创造力、凝聚力和战斗力。切实转变作风，大力弘扬太行精神、吕梁精神、右玉精神，坚持在顽强拼搏中创造一流业绩，在把握规律中破解发展难题。狠抓反腐倡廉建设，严肃查处以权谋私、吃拿卡要等违法违纪行为，着力优化发展环境。领导干部要守好精神家园，守牢道德底线，守住做人原则，严格廉洁自律，保持良好形象。要引深创先争优活动和保持党的纯洁性学习教育活动，在转型跨越的实践中体现先进性、检验纯洁性。

袁纯清强调，让我们紧密团结在以胡锦涛同志为总书记的党中央周围，高举中国特色社会主义伟大旗帜，以邓小平理论和“三个代表”重要思想为指导，深入贯彻落实科学发展观，顽强拼搏，开拓创新，努力开创转型跨越发展新局面，以良好风貌和优异成绩迎接党的十八大胜利召开！

山西省党代表会议选举产生出席党的十八大代表 42 名。代表名单如下(按姓氏笔画为序)：

丰立祥	王　君	王元林	王岐山
王茂设	王雷雨	牛国栋	申联彬
田喜荣	白　云(女)	毕腊英(女)	汤　涛
安建香(女)	许小红(女)	孙宏原	李　菲(女)
李小鹏	李仁和	李立功	李兆前
李培斌	杨怀恩	杨艳荣(女)	余晓兰(女)
宋金锋	张　璞	张九萍(女)	张义平
陈川平	武华太	罗清宇	金道铭(满)
周建民	郑建国	赵丽琴(女)	洪发科
袁纯清	原贵生	高卫东	董洪运
谢　涛(女)	薛延忠		

山西省出席党的十八大代表，是严格按照党章和中央关于做好代表选举工作的要求选举产生的。在代表候选人初步人选的推荐提名和代表的正式选举过程中，坚持了党的民主集中制原则，充分发扬了党内民主。代表的产生符合程序规定，结构比例符合中央要求。

出席党的第十八次全国代表大会代表资格，届时还需经党的第十八次全国代表大会代表资格审查委员会确认。

省委常委会传达贯彻全国创先争优理论研讨会精神 5月25日，省委常委会召开会议，传达学习习近平、李源潮同志在全国创先争优理论研讨会上的重要讲话精神，研究我省贯彻落实意见。省委书记袁纯清主持会议。

会议指出，习近平、李源潮同志在全国创先争优理论研讨会上的重要讲话，从政治和全局的高度，深入总结了开展创先争优活动的新鲜经验，深化了对创先争优的规律性认识，对于进一步引深创先争优活动，加强党的先进性和纯洁性建设，提高党的建设科学化水平，具有重要指导意义。全省创先争优活动开展以来，各级党组织和广大党员按照“推动科学发展、促进社会和谐、服务人民群众、加强基层组织”的总要求，努力创转型跨越之先、争为民惠民之优，焕发出新的精神风貌，密切了党群、干群关系，促进了各项事业发展，创造了许多宝贵经验。

会议指出，要把创先争优活动与保持党的纯洁性学习教育活动结合起来，从思想上政治上、从巩固党的阶级基础和群众基础上、从提高领导骨干素质上、从夯实组织基础上、从健全完善党内制度及工作机制上加强党的先进性和纯洁性建设，进一步提高党的建设科学化水平。要坚持用中国特色社会主义理论体系武装头脑，坚定理想信念，强化党性意识，积极践行社会主义核心价值体系，在思想上政治上行动上与党中央保持高度一致。要围绕转型跨越、再造一个新山西的总体战略，引导广大党员立足本职岗位创先争优，着力解决影响科学发展和社会和谐的突出问题，在重要工作、重大项目、重点工程中勇挑重担，充分发挥先锋模范作用。要牢固树立群众观点，建立健全联系群众、服务群众的长效机制，认真解决事关群众切身利益的突出问题，深入开展领导干部下乡住村包村活动，在为民排忧解难、增进群众福祉中体现党的纯洁性。充分发挥领导干部的表率作用，提高基层党组织的覆盖面和影响力，加强作风建设，深入开展反腐倡廉建设，抓好整治吃拿卡要、创优发展环境活动，开创转型跨越发展新局面。

会议指出，要总结好运用好这次创先争优活动的经验，把开展创先争优活动的成功经验上升到理论高度、提升为制度规范，牢固树立创先争优的价值理念，建立健全党组织进位升级机制和党员承诺践诺机制，建立健全接受群众监督评判机制，推动创先争优和保持党的纯洁性学习教育活动常态化长效化。要加强创先争优活动和保持党的纯洁性学习教育活动的宣传引导，选树表彰一批先进典型，深化理论研讨，形成学习先进、崇尚先进、争当先进的社会环境，为党的十八大胜利召开营造良好氛围。

纪念左权将军殉国70周年大会 5月25日，由中共山西省委、省军区主办，省党史办、省军区政治部、晋中市委、左权县委联合承办的“纪念左权将军牺牲70周年大会”在晋中市左权县隆重举行，来自省、市、县的各界代表800余人参加了纪念大会，因身体原因未能参加大会的左权将军女儿左太北带来了书面发言。省人大常委会副主任王雅安出席纪念大会。

左权是中国工农红军和八路军高级指挥员。1942年5月25日，他在辽县十字岭战斗中壮烈殉国，年仅37岁。为纪念他，同年9月18日，晋冀鲁豫边区政府决定将辽县易名为左权县。近年来，左权县新建了具有标志意义的将军广场，完成了桐峪晋冀鲁豫边区临时参议会旧址综合开发和西河头129师司令部旧址全面修整。投资近1000万元，对左权烈士陵园烈士塔、左权将军纪念碑亭进行了维修，新建了左权将军纪念馆，新立了左权将军全身塑像。

“新晋商·新形象·新境界”民企座谈会 5月31日，“新晋商·新形象·新境界”民企座谈会在太原召开，省委书记、省人大常委会主任袁纯清与新一届省工商联、省总商会班子及有关专家进行座谈。他强调，山西转型正处于关键时期，民营经济迎来了难得发展机遇。希望民营企业家提振精神，努力做责任晋商、诚信晋商、知识晋商和开放晋商，在转型跨越的实践中再立新功，为新时代的新晋商增光添彩。省委常委、统战部长聂春玉主持会议。副省长郭迎光出席会议。省委统战部、省工商联（省总商会）领导班子、民企代表和晋商研究专家学者参加了会议。

座谈会上，中阳钢铁有限公司董事长袁玉珠、潞宝能源集团董事长韩长安、亚宝药业集团董事长任武贤、安泰集团总裁李猛、大运汽车制造有限公司董事长远勤山、普大煤业集团董事长赵明、阳光焦化集团董事长薛靛民、晋商银行董事长上官永清等围绕转变发展方式、承担社会责任、参与社会公益、推进科技创新、投身转型发展等先后发言，提出意见建议。北京工商大学教授梁小民、北京大学教授周建波、山西财经大学教授孔祥毅等与参会人员进行了交流。

在听取大家的发言后，袁纯清作出重要讲话。他指出，今天的会议很有意义，不仅是全省民营企业家代表的一次座谈，而且是发展民营经济、重振晋商精神的高层论坛。改革开放以来，我省民营经济总量占到全省GDP的近一半，提供了超过一半的财政收入，吸纳了全省75%的城市新增劳动力和60%以上的农村富余劳动力，为经济发展、社会进步、和谐稳定作出了重要贡献。他说，从历史角度讲，相对过去的时代，新时代应该有新的晋商；从现实角度讲，山西民营企业家面临着从以资源产业为主的“煤老板”，向以新兴产业为主的企业家转型的时代课题。山西民营企业家要提振精神，努力做新时代的新晋商，以更鲜亮、更光彩的形象展示在世人面前。一是做责任晋商，要立足企业，把企业作为基本立足点，作为实现价值理念的舞台；要着力发展，全面推进转型发展，把循环经济作为基本路径和基本业态，把资源为王、创新为王有机统一起来，坚持全循环、抓高端，延长产业链条，实现资源综合利用，使企业面貌发生脱胎换骨的变化，在激烈的竞争中立于不败之地；要善待职工，充分认识企业职工是一切创造活力的源泉，要充分尊重企业职工，维护职工合法权益，构建和谐劳动关系，充分调动企业职工的积极性主动性创造性，使其不仅成为财富的创造者，而且成为成果的享有者；要关心社会，积极承担社会责任，加强节能减排，不搞假冒伪劣，积极参与社会公益事业，帮扶困难群体，在营造良好风尚中实现社会价值。 要加强自律，守廉知耻、为富有仁，不做有损企业形象的事。二是做诚信晋商。无诚不远，无信不立。诚信是晋商辉煌500余年的重要立业之本，也是成熟市场经济的普遍规则。新晋商要秉承晋商精神，以诚信为本，把诚信作为企业真谛、经营理念、自觉行为、精神境界，贯穿于企业整个经营活动过程之中，努力走在全国的前列。三是做知识晋商。当今时代是知识经济的时代。不论是贯彻落实科学发展观，还是加快转型跨越，从根本上都要以科学、以知识为基础。企业规模越大，企业家拥有财富越多，需要的知识面越广、知识强度越高，越要注重学习和修养。要把学习作为工作状态和生活习惯，加强专业知识的学习，努力成为本行业本领域的专家，同时认真学习法律、经济、营销等现代知识，在丰富知识的支撑中登高望远、正确决策、占领先机，使自己成为一名高素质的现代企业家。四是做开放晋商。开放是重振晋商的重要途径。只有开放眼界、开放境界、开放胸怀，敢于吸收一切有利于企业科学发展的新事物，为我所有，才能使企业尽快壮大，促进企业持续健康发展。要增强开放即发展的意识，树立世界眼光和战略思维，坚持与时俱进，把对外开放与内部开放结合起来，既要借鉴吸纳一切有利于企业发展的新理念新技术新成果，努力推进工艺创新和产品替代，提高企业市场竞争力；又要积极探索推行股份合作制、经理人等先进经营模式，加快建立现代企业制度，打造百年基业，实现家族式管理向现代企业制度的迈进。

袁纯清强调，各级各部门对民营企业要像国有企业一样同等看待，鼓励引导民营经济加快发展，对民营企业给予热情的服务、帮助和支持，使广大民营企业在转型跨越中再立新功、不断壮大，为新山西、新晋商增光添彩。

袁纯清希望省工商联（省总商会）新一届领导班子以这次换届为新起点，着眼大局、发挥作用，立足定位、扎实工作，面向企业、搞好服务，更好地发挥党和政府联系非公有制经济人士的桥梁纽带和助手作用。

省委中心组关于当前经济形势分析学习报告会 6月1日，省委中心组举行学习报告会，邀请国家统计局副局长、高级统计师许宪春作关于“GDP与当前经济形势分析”的辅导报告。省委书记、省人大常委会主任袁纯清主持会议并讲话，省委副书记、省长王君，省领导李小鹏、高建民、汤涛、李兆前、王建明、聂春玉、申联彬、李政文、靳善忠、王雅安、张平、张建欣、任润厚、郭良孝、周然、王宁、左世忠、杨司等出席会议。省直各部门主要负责同志，驻太原本科院校、省管国有骨干企业主要负责同志，中央驻晋新闻媒体主要负责同志参加了报告会。

许宪春同志是北京大学博士生导师，兼任北京大学中国国民经济核算与经济增长研究中心常务副主任，中国人民大学国民经济核算研究所名誉主任等职，长期从事国民经济核算理论研究和实际工作，曾获中国经济学界最高奖孙冶方经济科学论文奖，在统计学、经济学等领域有很深造诣。许宪春在报告中，着眼国内外经济发展大势，紧密结合山西的情况，运用科学方法和大量权威翔实的数据，对当前经济形势作了深入分析，对下一步经济形势作了预测和展望，具有很强的知识性、理论性、实践性。

袁纯清在主持报告会时指出，2012 年以来，面对复杂严峻的经济形势，省委、省政府认真贯彻党中央、国务院各项决策部署，坚持主题主线总基调，加快转型跨越发展步伐，推进重大项目和重点工程建设，转型发展势头强劲，传统产业加快升级，新兴产业发展壮大，民生持续改善，呈现良好发展态势。今年是实施“十二五”规划、推进转型跨越的重要一年，特别是党的十八大即将召开，扭转经济增长趋缓的情势，维护全省大局稳定，具有十分重要的意义。要把稳增长放在更加重要的位置，多措并举保持良好发展势头。投资要保重点，保证对经济增长有重大带动作用的重点项目、重点领域投资需求，抓住国家对重大基础设施、结构调整和民生领域项目予以倾斜支持的机遇，积极争取国家投资支持，落实好国务院近期出台的民间投资“新 36 条”实施细则，进一步激发民间投资活力。项目要抓落地，加快引进大项目、好项目，抓好中博会以及近期与粤鄂豫闽等省签约项目的协调落实工作，确保更多项目尽快落地、尽快建设、尽快投产。服务要重企业，充分发挥国有大企业的骨干作用，加快实施“双千亿”“双五百亿”工程。推进技术创新和战略重组，建成一批转型升级、循环经济大项目；加强对中小企业的引导支持，落实各项税收优惠和金融支持政策，破解中小企业融资难题，切实减轻中小企业负担。“三农”要增收入，落实好强农惠农政策，做好“三夏”的组织协调和服务保障，引深领导干部下乡住村包村活动，加快扶贫开发步伐，依托“一村一品”、“一县一业”，发展致富产业，实施增收工程，确保农民收入翻番建立在稳固的基础上。

袁纯清指出，要抓住和用好倒逼机遇，坚定不移推进转型发展。发展规律表明，在宏观经济形势波动较大的时期，创新能力强的企业受影响小，抵御风险能力强，资源型企业则受冲击大。转型既是调结构的过程，也是稳增长的过程。要增强转型的责任感和紧迫感，坚定不移推进转型，抓好转型项目建设。巩固煤炭资源整合和煤矿兼并重组成果，提高产业集中度和资源就地转化率，以高新技术和先进适用技术促进传统产业优化升级、产品更新换代。从项目、用地、政策等方面形成对新兴产业、转型项目的支持倾斜导向，大力发展有市场、有潜力、有带动力的新兴产业。打造资源循环产业链，提高资源综合利用水平，形成有山西特色的循环路线图。以先行先试的精神加快标杆项目建设，推进“一市两县”、“一市两园”、“一县一企”试点工作，建立有利于资源型经济转型的体制机制，确保综改试验区建设取得显著进展。

袁纯清强调，要加强组织领导和协调指导，牢牢把握经济工作的主动权。面对复杂形势和繁重任务，各级各部门要在科学研判中保持清醒头脑，在有力应对中增强工作实效。各级领导干部要深入基层和企业一线了解情况、协调指挥，及时解决经济运行中遇到的困难和问题。职能部门要强化服务意识，提高服务水平，完善绿色审批通道和推进、跟踪服务机制，妥善解决项目建设面临的困难和问题。要大力整治“吃拿卡要”歪风，创造良好发展环境。对经济下滑明显或不达全省平均水平的市县，要面对面加以督导和帮助。要更加重视改善民生，妥善安排好群众的生产生活，保障困难群众和低收入群体的基本生活。搞好领导干部大接访和矛盾纠纷排查化解活动，解决好涉及群众切身利益的突出问题。加强安全生产，严防重特大事故发生。妥善应对敏感复杂问题，确保社会和谐稳定。深入开展创先争优活动和保持党的纯洁性学习教育活动，在推动发展、促进和谐、维护稳定中体现党的先进性和纯洁性，以优异成绩迎接党的十八大胜利召开。

省委常委会研究部署改进文风、转变作风和加强信息督查工作 6 月 11 日，省委常委会召开会议，根据中央办公厅要求，研究部署规范公文处理、精简文件和简报、加强和改进信息与督查工作。会议要求各级党委、政府及办公厅（室）进一步改进文风、转变作风，提高信息报送和督促检查工作水平，为推进转型跨越发展提供良好环境和坚强保证。省委书记袁纯清主持会议。

会议指出，规范公文处理、精简文件和简报、加强和改进信息与督查工作，有利于推动各级各部门办公厅（室）工作创新发展，提高“三服务”工作科学化水平；有利于提高科学决策、民主决策、依法决策水平，加强党的作风建设和制度建设，进一步密切党同人民群众的联系，推动改革发展稳定各项工作的落实。各级领导机关和领导干部要带头落实中办要求，研究制定实施细则，改进工作流程和机制，提高运行质量和效率。公文处理要坚持实事求是、准确规范、精简高效、安全保密，减少数量，提高质量，突出思想性、针对性和可操作性。信息工作要适应信息资源、信息形态、信息载体发生的新变化新特点，不断整合资源、丰富内容，创新形式、增强时效，保证信息的完整性、准确性，更好地体现时代性、把握规律性、富于创造性，充分发挥党委信息系统主渠道作用，为领导机关和领导干部了解情况、科学决策和指导工作提供有力保障。

会议强调，督促检查工作是推动党委重大决策部署贯彻落实的重要环节，是密切党同人民群众联系的重要渠道。面对新的形势和任务，督促检查工作要重点督查中央和地方各级党委重大决策部署的贯彻落实情况，重要会议和重要文件精神的贯彻落实情况。对工作落实中的重点难点问题要加大督查力度，深入研究、认真解决、务求实效。要加强对办公厅

（室）工作的领导，加强领导体制和组织建设，完善运行机制，改善工作条件，不断提高办公厅（室）队伍整体素质。

省委常委会传达贯彻中央马克思主义理论研究和建设工程工作会议精神 6月20日，省委常委会召开会议，传达贯彻中央马克思主义理论研究和建设工程工作会议特别是李长春同志重要讲话精神，研究我省贯彻落实意见。省委书记袁纯清主持会议。

会议指出，实施马克思主义理论研究和建设工程，是以胡锦涛同志为总书记的党中央，从深入推进马克思主义中国化时代化大众化、坚持和发展中国特色社会主义事业的战略高度，作出的一项重大决策，是关系中国特色社会主义事业发展全局的战略工程、生命工程、基础工程。省委高度重视马克思主义理论研究和建设，把推进马克思主义理论学习研究和宣传实践，推进哲学社会科学繁荣发展作为重要任务，紧密结合山西实际，深化理论研究，推广重点教材，加强社科理论队伍建设，形成了一批理论研究成果，促进了社会主义核心价值体系建设，为改革发展稳定提供了思想理论支撑和良好氛围。在机遇与挑战并存、社会思想意识更加活跃的国际国内复杂形势下，加强马克思主义理论研究和建设，巩固马克思主义在意识形态领域的主导地位，进一步统一思想、凝聚力量，意义十分重大，任务繁重艰巨。

会议指出，各级各部门要从战略和全局高度重视和加强马克思主义理论研究和建设，增强理论自觉和理论自信，以理论上的清醒和坚定保证政治上的清醒和坚定，通过理论上、思想上的先进和纯洁保持党的先进性和纯洁性，在对共产党执政规律、社会主义建设规律、人类社会发展规律的把握和认识中坚定理想信念，坚定不移走中国特色社会主义道路。要紧紧围绕转型跨越发展、再造一个新山西的总体战略，发挥优势，突出重点，立足实际，重在提高，把马克思主义理论研究和建设与研究阐释事关山西发展全局的重大理论和现实问题结合起来，与弘扬太行精神、吕梁精神、右玉精神、大寨精神、纪兰精神等山西人民创造的宝贵精神财富结合起来，与回答人民群众关心的理论和实际热点问题结合起来，重点对办好“两件大事”，以煤为基、多元发展，推进工业新型化、农业现代化、市域城镇化、城乡生态化，建设绿化山西、气化山西、净化山西、健康山西，推进转型综改试验区建设等重要问题，从理论与实际的结合上作出回答和概括，进一步明确前进方向，坚定发展信心，激发创业热情。

会议指出，要进一步重视理论研究和建设工作，加强理论队伍建设，为理论研究创造良好条件，依托重点学科，整合研究力量，抓好重点课题，推出具有山西特点和风格的马克思主义理论研究成果，增强山西文化软实力，切实提高全省马克思主义理论研究水平，切实提高党员干部特别是领导干部马克思主义理论水平，切实提高人民群众特别是广大青年对马克思主义的认识水平，为办好“两件大事”提供精神动力，为党的十八大胜利召开营造良好思想理论氛围。

离退休干部暨老干部工作“双先”表彰会 6月26日，省委、省政府召开全省离退休干部暨老干部工作“双先”表彰电视电话会议。省委书记、省人大常委会主任袁纯清，省委副书记、省长王君出席会议，并为先进集体和先进个人代表颁奖。省委常委、常务副省长李小鹏宣读表彰决定。省委常委、组织部长汤涛讲话。省委常委、太原市委书记陈川平在太原分会场出席会议。省委常委、秘书长杜善学主持会议。阳高县龙泉镇老干部治安队党支部等99个离退休干部党组织创先争优先进集体、吕梁市委老干部局等101个老干部工作先进集体、解黎明等13名离退休干部优秀党员标兵、薛维忠等88名离退休干部发挥作用先进个人、孟小军等100名先进老干部工作者、郭连厚等10名重视老干部工作领导干部受到表彰。

近年来，在省委、省政府的正确领导下，全省各级老干部工作部门和老干部工作者坚持以邓小平理论和“三个代表”重要思想为指导，深入贯彻落实科学发展观，紧紧围绕转型跨越发展，主动适应离退休干部队伍的新变化和老干部工作面临的新形势，勇于创新，锐意进取，深化服务，全省老干部工作得到了全面健康发展。广大离退休干部退而不休、老有所为，充分发挥自身优势，在推动经济发展、促进社会和谐等方面作出了积极贡献，展示了新时期我省离退休干部和老干部工作队伍的时代风采和精神风貌。

汤涛在讲话中代表省委、省政府向受表彰的先进集体和先进工作者表示热烈祝贺，向全省广大离退休干部和老干部工作者致以亲切问候和崇高敬意。

汤涛肯定了近年来我省老干部工作取得的成绩，并就进一步做好老干部工作提出要求：要认真总结经验，大力宣传典型，营造尊重老干部、重视老干部工作的良好社会氛围；要站在讲政治的高度，进一步加强对老干部工作的领导，把老干部工作列入党委政府重要议事日程，加强对老干部工作的指导；要进一步推动老干部工作重点难点问题的解决，不折不扣地落实好中央和我省出台的一系列惠及老同志的优惠政策和措施；要进一步加强老干部工作部门自身建设，着力提高老干部工作者的政治业务素质，结合正在开展的保持党的纯洁性学习教育活动，大力发扬敢为人先的创新精神，不断研究新情况、解决新问题，创特色、出亮点，推动全省老干部工作创新发展。

会上，全体与会代表还发出《倡议书》，倡议广大离退休干部、离退休干部党组织、各级老干部部门、老干部工作者和各级领导干部，要以更加昂扬的姿态、奋发有为的精神风貌，团结进取、开拓创新，不断开创我省老干部工作新局面，迎接党的十八大胜利召开。

省委中心组关于互联网发展和管理学习报告会 6月29日，省委中心组举行专题学习会，邀请中央对外宣传办公室、国务院新闻办公室、国家互联网信息办公室副主任钱小芊作题为“关于我国互联网发展和管理”的报告。省委书记、省人大常委会主任袁纯清主持会议并讲话，省委副书记、省长王君，省委副书记金道铭，省政协主席薛延忠，省领导李小鹏、胡苏平、汤涛、李兆前、陈川平、张少华、王建明、聂春玉、杜善学、杜玉林、张平、张建欣、郭迎光、郭良孝、李潭生、卫小春、左世忠、杨司等出席会议。省直各单位主要负责同志，驻太原本科院校、部分省管国有骨干企业和中央驻晋新闻媒体主要负责同志，各市宣传部长参加了报告会。

钱小芊长期从事对外宣传和互联网的领导与管理工作，是新媒体运用与管理领域的专家，具有深厚造诣和丰富经验。钱小芊在报告中，深刻阐述了我国网络建设和管理的新进展、新特点，提出了加强网络建设管理的对策措施，指出了领导干部正确运用新媒体的努力方向，思路清晰、视野开阔，内容丰富、观点鲜明，有较强的启发性和指导性。

袁纯清在主持报告会时指出，中央把网络等新媒体的建设、运用和管理作为新时期党的执政能力建设的重要组成部分。在新的形势下，提高领导干部运用新媒体的能力，既是新的挑战，也是紧迫任务。一是要从提高党的执政能力的高度重视和运用新媒体。把握网络发展传播的规律和特点，加强和改进网络文化建设和管理，着力提升运用网络文化资源、主导网络文化舆论、应对网络意识形态挑战等方面的能力，形成网络建设管理新格局。通过下功夫建设好、运用好、管理好新媒体，使其成为党和政府联系群众的重要纽带，实现社会主义民主政治的重要途径，推动社会和谐的重要力量。二是要从巩固宣传舆论阵地的高度加强网络建设。坚持社会主义先进文化前进方向，坚持把社会效益放在首位，加强领导、加大投入、加快建设，在健全机制中凝聚合力，加强网络资源整合，建设统一管理平台，形成网络监管合力；在巩固阵地中提升水平，抓住互联网、通信网和有线电视网三网合一契机，建设具有广泛影响力的思想文化传播平台，加大正面宣传力度，扩大宣传半径，掌握舆论主导权，形成积极向上的主流舆论，唱响网上思想文化主旋律；在拓展领域中扩大影响，完善党政机关新闻发言人制度，与民生密切相关的部门要开设和办好微博客，发布政务信息，提供便民服务，积极宣传我省转型跨越的新成就、综改试验的新举措、全省人民的新风貌，使网络成为传播社会主义先进文化的前沿阵地、提供公共文化服务的有效平台、促进人们精神生活健康发展的广阔空间。三是要从维护社会稳定的高度加强网络管理，规范传播秩序，加强管理引导，注重制度建设，有效引导网上舆论；加强基础管理，强化内容管理，做到管理不缺位、引导不失语，为党的十八大营造健康文明的网络环境与和谐有序的舆论氛围。

袁纯清强调，要从提高领导干部整体素质的高度加强网络运用能力建设。把“媒介素养”作为“必修课”，增强学习运用网络等新媒体的主动性和自觉性，重视网络知识学习，探索加强网上宣传工作的新路子，克服网络“本领恐慌”。善于运用网络这一平台，关注网络民生、注重网络民意、汇集网络民智，借助网络实现与群众对话零距离，与群众交心零距离，充分发挥网络“信息传递员、文化宣传员、权力监督员”的作用。要切实做到善待、善用、善管新媒体，学会和适应在媒体关注、舆论监督下开展工作，及时发现和化解网上苗头性、倾向性问题，在党委政府、新闻媒体和社会公众之间建立良好互动关系，营造和谐稳定、积极向上的社会环境和舆论氛围，为转型跨越加油助力，以优异成绩迎接党的十八大胜利召开。

全国村务公开民主管理工作会议　7月3日，全国村务公开民主管理工作会议在山西省运城市召开。中共中央书记处书记、中央纪委副书记何勇出席会议并讲话。他强调，要坚持以邓小平理论和“三个代表”重要思想为指导，深入贯彻落实科学发展观，以建立健全村务公开民主管理长效机制为主线，认真落实民主管理制度，进一步完善乡村治理机制，着力解决农民群众反映强烈的问题，切实维护农民群众合法权益，促进农村社会和谐稳定，推动农村经济社会又好又快发展。全国村务公开协调小组组长、民政部部长李立国主持会议，全国村务公开协调小组副组长、中央组织部副部长王秦丰宣读了《全国村务公开协调小组关于命名“全国村务公开民主管理示范单位”的决定》。山西省委书记、省人大常委会主任袁纯清致辞，山西省委副书记、省长王君出席会议。

何勇指出，党的十七大以来，在党中央、国务院的坚强领导下，全国村务公开协调小组加强组织协调和工作指导，各成员单位认真履行职责，各地区各有关部门扎实开展工作，村务公开民主管理工作领域进一步拓展，载体不断丰富，法规制度逐步健全，不断取得新进展新成效，为促进农村改革发展稳定作出了重要贡献。

何勇强调，随着农村经济社会不断发展，农村利益格局深刻调整，农村社会结构和组织形式发生深刻变化，农民群众多元化、多层次需求不断增加，对村务公开民主管理工作提出了新的更高要求。要着力落实和完善基层群众自治制度，认真贯彻落实新修订的村委会组织法，加强对制度执行情况的监督检查，确保现有的各项民主管理制度不折不扣落到实处。要着力加强村级民主监督，注重发挥村务公开在民主监督中的重要作用，深入推进乡镇政务公开，积极推进组务公开，建立健全村务监督委员会，完善民主监督的制度保障，确保农民群众的知情权和监督权。要加强农村基层党风廉政建设，着力解决农民群众反映强烈的问题，加强对农村基层干部的教育、管理和监督，推进制度建设，从源头上铲除腐败现象滋生的土壤。要着力构建乡村治理机制，构建直接面向群众的基层管理服务平台，推动基层政府管理重心下移，完善农村治理结构，强化社会自治功能，逐步建立与创新社会管理要求相适应的农村基层组织体系。要着力加强村级干部队伍建设，加强对村“两委”换届选举工作的指导，把那些组织信任、农村需要、群众拥护的优秀人才选进村级班子，加强对村干部的教育培训，增强他们带领农民维护稳定、发展生产的本领和依法办事、民主管理、服务群众的能力。

何勇要求，各地区各有关部门要高度重视村务公开民主管理工作，切实加强组织领导，搞好统筹协调，完善工作措施，确保各项任务落到实处。要进一步完善“党委统一领导、党政齐抓共管、村务公开领导机构组织协调、有关部门各负其责”的领导体制和工作机制。各级党委、政府要将村务公开民主管理工作列入重要议事日程，纳入当地经济社会发展规划，与其他工作一同规划、一同部署、一同检查。各级村务公开领导机构要在党委、政府的统一领导下，加强组织协调和督促指导。各级村务公开领导机构成员单位要各司其职、各负其责，相互支持、相互配合，进一步形成整体合力。要完善农村各类组织和农民群众的参与机制，广泛动员社会各方面力量，推动形成社会共同参与的良好局面。

袁纯清在致辞中代表山西省委、省政府和全省人民，向与会领导和同志们表示热烈欢迎。他说，全国村务公开民主管理工作会议在我省隆重召开，体现了党中央对反腐倡廉建设的高度重视，对山西工作的亲切关怀，全省干部群众深受鼓舞。近年来，在党中央、国务院的坚强领导下，我们以转型跨越为主战略，抓住国务院批准山西为国家资源型经济转型综合配套改革试验区的难得机遇，积极探索欠发达地区和资源型地区科学发展新路，党员干部群众焕发出新的精神风貌。袁纯清指出，实行村务公开和民主管理，是党中央、国务院和中央纪委作出的重大决策。我们要认真贯彻落实会议精神，学习借鉴兄弟省（区、市）的好经验好做法，进一步完善“阳光农廉网”管理服务功能，以农廉促进农事，用农事检验农廉，真正使村务公开民主管理步入信息化、制度化、规范化轨道，以村务公开和民主管理工作的新成效深化党风廉政建设，为加快转型跨越发展提供有力保障。

山西省委常委、省纪委书记李兆前在作典型发言时说，近年来，山西按照“制度＋科技”的思路，建设运用“阳光农廉网”提升村务公开水平，强化农村民主管理和民主监督。主要做法包括：一是适应形势，积极探索深化村务公开民主管理的新途径。把强农惠农政策和村务事项全部在网上公开，把农村集体“三资”和重要村务事项纳入网上管理，畅通监督诉求渠道，延伸服务功能，着力解决农民群众生产生活中的现实问题。二是强力推进，确保“阳光农廉网”顺利建设、规范运行。三是成效显现，调动了农民群众参与民主管理和监督的热情，加强了对基层权力运行的制约监督，促进了群众身边腐败问题的解决，维护了农村改革发展稳定大局。

全国村务公开协调小组副组长、民政部副部长姜力，中央纪委常委、监察部副部长王伟，全国村务公开协调小组领导成员，各省（区、市）村务公开领导（协调）机构主要负责同志出席会议。山西省、北京市密云县等9个单位作了大会发言。会议代表现场观摩了运城市阳光农廉网建设和村务公开情况。

省委常委会学习贯彻全国科技创新大会、全国创先争优大会等重要会议精神 7月13日，省委常委会召开会议，传达学习全国科技创新大会、全国创先争优表彰大会和全国省区市党委组织部长创先争优情况通报会、全国村务公开民主管理现场会、全国巡视工作理论研讨会精神，研究我省贯彻落实意见，讨论落实中央巡视组反馈意见的整改方案。省委书记袁纯清主持会议。

会议指出，全国科技创新大会在我国经济社会发展的关键时期，对科技创新驱动发展作出战略部署，具有重大而深远的意义。近年来，我省科技创新有进展、有亮点，科技对经济的贡献率不断提高，但是与转型跨越的要求相比，科技整体水平不高，创新能力亟待提高。要认真学习贯彻全国科技创新大会特别是胡锦涛总书记、温家宝总理重要讲话精神，把科技创新作为转型跨越的基本理念和主基调，落实到各级各部门，渗透到生产生活中，推动发展转入创新驱动、科技支撑的轨道。要着力推动科技与经济的结合，发挥能源资源优势，突破一批关键技术，推动节能环保、安全生产、装备制造、电子信息等领域的创新，在创新驱动发展上取得重要进展。着力发挥企业技术创新主体作用，强化科技投入、科技人才两个支撑，加快太榆科技创新城建设，建设一批高水平的企业研发中心，培养造就创新型科技人才，实现研发投入占GDP比重翻番，技术合同交易总额翻番，高新技术产业增加值占GDP比重翻番。要尽快制定我省实施意见，完善“十二五”科技发展规划，营造有利于科技创新的政策环境和社会氛围，提高全民科技素质，为转型跨越发展提供科技支撑。

会议指出，我省创先争优活动开展以来，各级党组织积极创科学发展之先、争转型跨越之优，取得明显成效。要认真学习贯彻习近平同志重要讲话精神，始终坚持和充分发挥党的理论优势、政治优势、组织优势、制度优势和密切联系群众的优势，从理论上、政治上、组织上、制度上、作风上保持和发展党的先进性和纯洁性。要认真总结我省创先争优活动中涌现出来的典型和经验，推进长效机制建设，探索行之有效的创先争优新范式。要深入开展保持党的纯洁性学习教育活动，落实“基层组织建设年”任务，做好抓基层打基础工作，引导广大党员深入基层、服务群众，在转型跨越、为民惠民中体现和检验先进性、纯洁性。

会议指出，全国村务公开民主管理工作会议在我省召开，体现了党中央、国务院和中央纪委对山西工作的重视和支持。实行村务公开和民主管理，是加强基层廉政建设、推进基层民主的生动实践，既关乎农村和谐，又关乎农村发展。要建立健全村务公开民主管理长效机制，抓好干部队伍建设，着力解决农民群众反映强烈的问题，推动农村经济社会又好又快发展。“阳光农廉网”是利用现代信息技术，推进村务公开民主管理的有效平台和载体，要以农廉促进农事，用农事检验农廉，加快推进“阳光农廉网”全覆盖，使村务公开民主管理步入信息化、制度化、规范化轨道，以村务公开民主管理的新成效深化党风廉政建设。

会议指出，巡视工作对于纯洁党的肌体、提高党的战斗力具有重要意义。要认真学习贯彻贺国强同志重要讲话精神，紧跟经济社会发展的重大决策开展巡视工作，敢于发现问题，督促解决问题。要探索把握巡视工作规律，完善巡视工作制度，重视巡视成果运用，深入推进巡视工作实践创新、理论创新和制度创新，不断提高巡视工作科学化水平。

会议指出，中央巡视组对我省进行巡视回访后提出的反馈意见，充分肯定了我省经济社会发展和党的建设取得的成绩，指出了我省工作中存在的问题和不足，对今后工作提出具体要求，具有很强的针对性和指导性。要认真抓好反馈意见的整改落实工作，全面贯彻落实中央重大决策部署，扎实推进转型跨越发展战略，加快推进综改试验区工作，切实缩小城乡差别、贫富差距，采取更加有力的措施加强生态环境建设，坚持硬实力发展和软实力建设"两手抓"，引深煤焦领域反腐败斗争，进一步解放思想、提高素质、转变作风，着力提高选拔任用干部的公信度。要按照中央巡视组的要求，加大领导力度，突出工作重点，认真抓好落实，把各项任务分解落实到有关省领导和省直部门，明确工作要求和时限。要把整改落实与推进工作、改进作风结合起来，把整改落实的过程变成加快转型跨越的过程、保障改善民生的过程、改进干部作风的过程。

省委中心组关于环境保护形势学习报告会 7月17日，省委中心组举行学习报告会，邀请环境保护部部长、党组书记周生贤作关于"环境保护形势"的专题报告。省委书记、省人大常委会主任袁纯清主持会议并讲话，省委副书记、省长王君，省委副书记金道铭，省政协主席薛延忠，省领导胡苏平、高建民、汤涛、李兆前、陈川平、王建明、聂春玉、杜善学、申联彬、杜玉林、靳善忠、张建欣、任润厚、郭迎光、周然、卫小春、张茂才、左世忠等出席会议。省直各单位主要负责同志，驻太原本科院校、省管国有骨干企业和中央驻晋新闻媒体主要负责同志，各市分管副市长，市环保局局长参加了报告会。

周生贤回顾了环境保护的发展过程，阐述了联合国可持续发展大会和第七次全国环境保护大会精神，深刻分析了环境保护工作面临的新形势、新任务，充分肯定了我省环境保护工作取得的成绩，明确了下一步重点支持的措施，内容丰富、思想深刻，视野开阔、观点鲜明，具有很强的理论性、实践性和指导性。

袁纯清在主持报告会时指出，环境保护是我国的一项基本国策，是推动科学发展、实施可持续发展战略的必然要求。作为能源资源大省，近年来我省环境保护取得明显成效，建设绿化山西、气化山西、净化山西、健康山西的各项工作深入推进，生态建设得到加强，环境质量明显改善，但是受资源型经济的局限，我省面临的环境压力仍然很大，要认真贯彻落实中央决策部署，扎实做好环境保护工作，为转型跨越和改善民生提供有力支撑和良好环境。

袁纯清就做好环境保护工作强调了四点意见。一是提升发展理念，把环境保护作为科学发展的题中之义。坚持在发展中保护、在保护中发展，坚决避免以牺牲环境换取经济增长，把环境保护作为转变发展方式的重要推力、作为稳中求进的重要引擎，积极探索代价小、效益好、排放低、可持续的发展新路，实现经济效益、社会效益、资源环境效益的多赢。二是转变增长方式，把环境保护作为转型发展的内在要求。以绿色引领发展，以环保倒逼转型，实现环境与经济和谐共生，发展与转型协调共进，走出一条资源型地区绿色发展之路。通过优化产业结构推进节能减排，通过企业升级促进节能减排，通过发展循环经济推进节能减排，通过科技创新促进节能减排，发展节能环保产品、技术和服务产业。三是大力改善生态，把环境保护作为增进群众福祉的基本内容。强化以人为本、环保惠民的理念，着力解决关系民生的环境问题，让人民群众喝上干净的水，呼吸上清新的空气，吃上放心的食品。四是完善体制机制，把环境保护作为各级各部门的重要责任。加大环保投入，加强环保监管和执法检查，把环保任务作为年度目标责任考核的重要内容，引导广大群众以实际行动关心环境、珍惜环境、保护环境。

省委常委会研究部署经济工作 7月20日，省委常委会召开会议，听取省政府关于上半年全省经济形势的汇报，研究下一步经济工作，传达第七次全国信访工作会议、全国维护社会稳定工作电视电话会议精神，研究我省贯彻落实意见。省委书记袁纯清主持会议。

会议指出，2012年以来，全省上下认真贯彻落实中央决策部署和宏观调控政策，坚持主题主线和总基调，把稳增长作为首要任务，与调结构、惠民生、保稳定有机结合，坚定不移推进转型跨越发展，主要经济指标稳步增长并高于全国平均水平，呈现出经济平稳较快增长、质量效益较好、物价基本平稳、社会和谐稳定的良好局面。在各方面面临较大困难的情况下，取得这样的成绩确实来之不易，证明省委、省政府制定的思路和措施是正确的。同时，当前宏观经济下行压力仍然较大，能源原材料价格持续走低，企业生产经营面临较大困难，要清醒认识经济形势的复杂性、严峻性，坚定信心、强化措施，变压力为动力，化挑战为机遇，认识困难、解决困难、战胜困难，全力促进经济平稳较快发展，确保完成全年目标任务。要全力以赴稳增长，稳煤促销，稳定工业生产，加快推进"一村一品""一县一业"，积极扩大消费，强化要素支撑，保持经济增长的基本面。要加快推进综改试验区建设，加大改革开放力度，狠抓招商引资，借助能博会、晋商大会等平台开展大规模招商引资，引进一批大项目、好项目，吸引更多大企业大集团投资。要加大对重点工程和项目的支持服务力度，加快新建项目投产，保证对经济增长有重大带动作用的重点项目、重点领域投资需求，进一步激发民间投资活力，确保更多项目尽快落地、尽快建设、尽快达效。要做强实体经济，充分发挥国有大企业的骨干作用，加快实施"双千亿""双五百亿"工程，鼓励、引导和支持中小微企业发展。要着力改善民生，稳定和扩大就业，完善社会保障体系，加快保障性住房建设速度，扎实推进农村新"五个全覆盖"工程。要巩固安全生产良好形势，加强和创新社会管理。要加强对经济工作的领导，及时研究新情况、解决新问题，增强做好经济工作的前瞻性、预见性和有效性，坚持和完善省委常委、副省长联系企业和重点工程制度，有关部门要转变作风，主动深入项目和企业现场办公。无论是经济形势好的时候，还是经济下行压力大的时候，都要把转型发展作为中心任务，坚定不移推进重大转型项目建设，培育新的经济增长点，在转型中促进增长、实现跨越，牢牢把握经济工作的主动权。

会议指出，要认真贯彻落实第七次全国信访工作会议、全国维护社会稳定工作电视电话会议精神特别是周永康同志重要讲话精神，围绕维护群众合法权益、及时反映社情民意、着力促进社会和谐，严格落实信访工作责任制，狠抓矛盾纠纷排查化解，加强领导干部接访工作，努力从源头上预防和减少信访问题的发生，把信访问题和不稳定因素解决在基层和萌芽状态。加强信访队伍建设，维护良好信访秩序。要切实把维护稳定作为第一责任，突出工作重点，抓好关键环节，着力解决人民群众反映强烈的突出治安问题，深入开展打黑除恶、打击严重暴力犯罪、打击"两抢一盗"等专项行动，大力推进社会治安综合治理，切实保证公共安全，维护全省社会大局稳定，保证人民群众安居乐业，当好首都"护城河"，为党的十八大胜利召开营造和谐稳定的社会环境。

省委全委（扩大）会议认真学习贯彻胡锦涛总书记重要讲话精神 7月27日，省委全委（扩大）会议在太原举行。会议认真学习贯彻胡锦涛总书记在省部级主要领导干部专题研讨班的重要讲话，总结上半年工作，分析当前形势，抓好中央巡视组反馈意见的落实，动员全省干部群众，坚定信心，扎实工作，以优异成绩迎接党的十八大胜利召开。会议由省委常委会主持。省委书记、省人大常委会主任袁纯清作重要讲话，省委副书记、省长王君对上半年经济工作进行总结，对下半年经济工作作出部署，省委副书记金道铭通报中央巡视组反馈意见，省政协主席薛延忠出席会议。省委委员、省委候补委员；省人大、省政府、省政协负责同志；各市市委书记、市长，各县（市、区）委书记或县（市、区）长；省直各部门和中央驻晋单位主要负责同志；本科院校和省管国有骨干企业主要负责同志和中央主要媒体驻晋负责人参加了会议。

会议指出，胡锦涛总书记7月23日在省部级主要领导干部专题研讨班的重要讲话，以坚持和发展中国特色社会主义的政治高度和宽广视野，精辟分析了我国面临的新形势新任务，科学阐述了事关党和国家全局的若干重大问题，深刻回答了党和国家未来发展的一系列理论和实践问题，具有十分重要的意义。讲话高屋建瓴、思想深刻、论述精辟，具有很强的理论性、战略性、指导性，是一篇马克思主义的光辉文献。我们要认真学习领会胡锦涛总书记重要讲话精神，进一步深化对中国特色社会主义旗帜、道路、理论体系、制度的认识，进一步深化对党的十六大以来历史成就和宝贵经验的认识，毫不动摇以邓小平理论、"三个代表"重要思想为指导，深入贯彻落实科学发展观，毫不动摇走党和人民在长期实践中开辟出来的正确道路，毫不动摇推进改革开放，以更加坚定的决心、更加有力的举措、更加完善的制度来贯彻落实科学发展观，真正把科学发展观转化为推动经济社会又好又快发展的强大力量。要认真学习讲话关于奋力推进改革开放、加快转变经济发展方式、推进政治体制改革、建设社会主义文化强国、改善民生和加强社会建设、推进生态文明建设、全面推进党的建设新的伟大工程的论述，开创各项事业发展新局面。要把深入学习领会胡锦涛总书记重要讲话精神作为当前首要政治任务，深刻领会内涵要义，准确把握精神实质，全面贯彻新的要求，把思想和行动更好地统一到中央重大决策上来，切实做到认识上有新的提高，发展上有新的境界，工作上有新的成效。

会议指出，要认真落实中央巡视组对山西巡视回访的反馈意见，思想要高度重视，责任要明确具体，举措要务实有力，落实要确保到位。要重点抓好事关转型跨越发展战略重要工作的落实，重点抓好干部群众关心的突出问题的落实，重点抓好重大民生问题的落实，重点抓好中央巡视组强调指出的具体问题的落实，建立健全规章制度和长效机制，把整改工作纳入年度目标责任考核，作为评价领导班子和领导干部的重要依据，向中央交一份满意的答卷。

会议指出，今年以来，全省上下认真贯彻落实主题主线和总基调，全省经济在连续两年高位运行的基础上，继续保持平稳较快增长，转型态势愈加强劲，成为促进经济增长的重要力量，实现了稳增长与促转型、调结构、惠民生的有机统一，成绩来之不易。要对经济下行压力有足够的思想和工作准备，越是困难多、挑战大的时候，越要坚定信心、凝聚力量，积极而科学地应对。只要我们坚定信心不畏难，咬紧牙关不松劲，紧盯发展走势不茫然，狠抓实体经济不旁骛，就能够抢占到新的发展先机，就一定能实现又好又快发展。要坚持转型不动摇，无论经济形势好的时候，还是经济下行压力大的时候，都要积极主动、持之以恒地推动转型，坚持根本在工业新型化、基础在农业现代化、潜力在市域城镇化、持续在城乡生态化，做好以煤为基这篇大文章，坚定走循环发展的路子，加快工业化与信息化融合发展，加快发展"一村一品""一县一业"，加快推进"一核一圈三群"，坚持生态效益、经济效益和社会效益统筹兼顾。要狠抓项目不松劲，进一步增强项目即发展的意识，抓好项目履约率和落地率，完善重大项目推进机制，通过项目建设扩投资、稳增长、促转型。要全力招商不停顿，切实用好资源优势，推进资源换资本、换投资、换技术、换管理、换项目；善于放大资本优势，以资本为纽带，加大产业整合重组力度，搭建更多招商引资平台；致力打造环境优势，创优政策环境，创优政务环境，创优人文环境。要推进创新不懈怠，坚持科学技术是第一生产力，坚持自主创新是第一竞争力，坚持人才资源是第一资源，坚持科技体制改革是第一原动力，坚持群众积极性是第一创造力，建设具有山西资源型经济特点的地区创新体系。

会议指出，要围绕迎接十八大、学习十八大、贯彻十八大，在广泛宣传上下功夫，在深刻阐释上下功夫，在深入人心上下功夫，努力营造良好的理论氛围、舆论氛围和文化氛围。要增强宣传工作的引导力，兴起中国特色社会主义宣传教育热潮，兴起科学发展观宣传教育热潮，兴起改革开放和现代化建设宣传热潮，兴起新山西新发展新面貌宣传热潮，引导干部群众满怀信心迎接党的十八大。要增强宣传工作的感召力，广泛深入开展"科学发展、成就辉煌"主题宣传，坚定全省干部群众走科学发展之路的自觉自信，形成推动转型跨越发展的共识共为。要增强宣传工作的影响力，营造崇尚先进、争当先进、赶超先进的氛围。要增强宣传工作的亲和力，写百姓故事，为人民放歌，反映群众的创新创造，展现群众的精神风貌。

会议指出，抓发展是政绩，保稳定同样是政绩。要充分认识维稳工作的极端重要性和面临形势的严峻性、复杂性，进一步加强组织领导，加大工作力度，全力当好首都“护城河”。全面落实社会治安综合治理，深入开展打黑除恶、打击严重暴力犯罪、打击“两抢一盗”等专项行动。加强和创新社会管理，促进管理模式网格化、管理平台信息化、管理手段综合化、重点工作项目化、公众参与制度化。毫不松懈抓好安全生产工作，强化和落实“两个主体”责任，减少一般性事故，杜绝重特大事故。越是经济下行压力大，越要把民生关怀放在突出位置。对于涉及全民的社会事业，要增速提质、确保供给；对于涉及弱势群体的社会事业，要兜底保本、搞好保障；对于群众反映强烈的热点社会事业，要回应关切、妥善安排。

会议指出，要从新的形势和任务出发，全面加强党的建设，为转型跨越提供坚强保证。以“六查六看”为重点，抓好保持党的纯洁性学习教育活动，深入进行对照检查，重在查找问题，重在剖析原因，重在提出和落实整改措施。以建立长效机制为重点，抓好创先争优活动，把创先争优活动中形成的具体经验系统化、成功做法制度化、感性认识理性化，充分认识和发挥党的理论优势、政治优势、组织优势、制度优势、密切联系群众的优势，更加富有成效地保持和发展党的先进性和纯洁性。以密切与人民群众联系为重点，工作重心要下移，领导干部要下去，资源要向基层倾斜，做到党组织和党员干部的凝聚力战斗力在基层发挥，转型跨越的主战场在基层铺开，发展当中的问题在基层解决，各种矛盾隐患在基层化解，倾听民意、服务民生在基层体现。以严明党的纪律为重点，加强干部队伍建设，“严”要体现在自觉讲政治，在大是大非面前保持清醒头脑，在关键时候经得住考验，自觉同以胡锦涛同志为总书记的党中央保持高度一致；“严”要体现在健康的党内生活和人际关系，坚决反对庸俗之风；“严”要体现在提高选人用人公信度，让想干事者有机会、能干事者有舞台，不让老实人吃亏，不让投机钻营者占位置、掌权力、得利益；“严”要体现在整肃不良风气，治庸提能、治懒提效、治散提神、治软提劲；“严”要体现在深入开展反腐倡廉，始终保持思想纯正、品行端正、处事公正、为官清正。以崇尚实干实绩为重点，始终保持昂扬斗志，增强学习力，打造执行力，聚集发展力；大力弘扬苦干精神，比真干实干不比花拳绣腿、比群众实惠不比数字游戏、比发展成果不比形式主义、比可持续性不比一时之功，脚踏实地、扎扎实实抓好落实；努力创造优良业绩，省委常委、副省长带头，深入开展住村包村，深入重点企业和重点工程帮助解决问题，在干中去履职，在干中去作为，在干中去建功立业，保持一个共产党人、一个党员领导干部应有的觉悟、党性和情怀。

会议指出，2012 年以来，全省上下按照省第十次党代会、省“两会”和全省经济工作会议的部署，锐意进取、扎实工作，经济社会发展和各项工作又取得了新的成绩，全省呈现出经济平稳较快发展、物价基本稳定、社会和谐稳定的良好局面。上半年，全省生产总值同比增长 10.1%，高出全国平均增幅 2.3 个百分点，其他主要经济指标也高于全国平均增幅、快于序时进度，实现了时间过半、任务过半的目标。一是三次产业协调发展。夏粮喜获丰收，总产和单产增幅均居全国 11 个夏粮主产省区首位；规模以上工业增加值同比增长 11.8%，高出全国平均增幅 1.3 个百分点；服务业发展加快，同比增长 9.2%。二是投资、消费持续扩大。固定资产投资同比增长 24.1%，高出全国平均增幅 3.7 个百分点；社会消费品零售总额同比增长 15.2%，高出全国平均增幅 0.8 个百分点。三是质量效益稳步提高。财政总收入和一般预算收入同比分别增长 19.8%和 21.3%；节能减排全部完成序时进度任务。四是物价水平基本稳定。全省 CPI 同比上涨 3.2%，低于全国平均增幅 0.1 个百分点；房地产市场呈现投资总额、施工面积和销售面积快速增长、销售价格保持平稳的良好态势。五是人民生活水平不断提高。城镇居民人均可支配收入同比增长 12.8%，农民人均现金收入同比增长 17.5%；城乡就业稳步扩大，社会保障覆盖率和保障水平进一步提高。六是社会保持和谐稳定。全省没有发生重大群体性事件，特别是全省安全生产形势持续明显好转，各类安全生产事故死亡人数在前 3 年累计减少 1804 人的基础上，又同比减少 149 人，两年多来没有发生特别重大事故。

会议指出，在复杂多变的外部经济环境下，全省取得这些来之不易的新进展、新成绩，得益于党中央、国务院的坚强领导，得益于全省广大干部群众的团结奋斗，也充分证明省委、省政府的决策部署是完全正确的，各级各部门的工作是卓有成效的。一是加大政策保障力度，经济保持平稳较快发展。针对今年以来经济下行压力较大的实际，及时出台 56 条稳增长政策措施，特别是狠抓铁路、高速公路和大水网等重大基础设施项目建设，有力促进了经济平稳较快增长。二是加大结构调整力度，经济发展方式转变步伐加快。在圆满完成煤炭资源整合煤矿兼并重组工作的基础上，大力推进现代化矿井建设，加快推进焦化、非煤矿山、钢铁、建材等行业整合重组，积极发展新兴产业，全省转型发展呈现出强劲势头。三是加大强农惠农富农力度，农业农村好形势进一步巩固发展。依托三大现代农业示范区建设，加快调整农业结构，大力发展现代农业，特别是在继续执行中央和我省近年来出台的 40 项强农惠农富农政策的基础上，又出台了 10 项新的政策，有力促进了农民增收、农业增产、农村繁荣。四是加大规划建设管理力度，全省城镇化步伐明显加快。启动实施了新区示范、旧区提质、百镇建设、城乡清洁等“十大工程”，大力支持太原率先发展，扎实推进长治上党城镇群、临汾汾河城镇带、介孝汾城镇群等建设，全面推进城市扩容提质，城镇化步伐不断加快。五是加大污染治理力度，生态环境继续改善。全面实施绿色生态工程，大力推进节能减排各项重点工作，完成营造林 380 万亩，狠抓省城太原环境治理，生态环境进一步改善。六是加大专项整治力度，安全生产形势持续明显好转。集中开展以煤矿为重点的专项整治行动，严厉打击私挖滥采行为，进一步加强非煤矿山、尾矿库、危险化学品、交通运输、消防、食品安全等各领域的安全生产工作。七是加大保障和改善民生力度,人民群众得到了更多的实惠。在全面发展各项社会事业的同时,大力加强就业、社保和保障性住房建设、农村新的“五个全覆盖”等民生工作,各级财政用于发展社会事业和改善民生的投入同比增长21%。八是不断深化改革开放,转型综改试验区建设取得积极进展。

会议指出,下半年,要坚持主题主线和稳中求进的工作总基调,进一步处理好稳增长、调结构和管理通胀预期的关系,把稳增长放在更加重要的位置,统筹推进各项工作,重点抓好以下工作:一要全面落实中央宏观调控政策和我省稳增长的一揽子政策措施,努力保持经济平稳较快增长。要落实好稳增长的各项政策措施,保证我省出台的稳增长一揽子政策措施不折不扣地落到实处;要突出抓好煤炭工业,发挥好煤炭工业在促进经济增长方面的支柱作用;要切实抓好实体经济,促进大中小微企业协同发展;要继续发挥好投资等方面对经济的拉动作用,统筹推进各领域的投资,进一步促进消费、扩大出口。二要切实抓好基础设施和重点工程建设,圆满完成“项目落地年”的各项目标任务。要突出抓好资金筹措、土地供应、项目审批和监督检查四个关键环节,统筹推进重大基础设施建设和社会事业发展、民生改善、生态建设等领域的重点工程,扎实开展“项目落地年”活动,确保实现全年投资1万亿、项目落地过万亿、招商引资超万亿的目标。三要大力推进结构调整和发展方式转变,加快转型发展步伐。要坚持以煤为基、多元发展的思路,大力调整产业结构,突出抓好现代化矿井建设,进一步巩固和扩大煤炭资源整合煤矿兼并重组成果,加快非煤矿山、焦化、冶金、建材等行业的整合重组和技术改造,大力推进产业转型项目建设,认真落实支持服务业发展的政策措施,加快培育新的经济增长点;要坚持“两个毫不动摇”的方针,认真落实国家和我省出台的关于扶持民营企业健康发展的各项政策措施,进一步放宽市场准入,开拓民营经济发展的新领域、新空间;要统筹做好城镇规划、建设、管理等各项工作,大力推进太原晋中同城化;要强力推进节能减排,确保完成全年营造林450万亩的任务,狠抓省城太原的环境治理和生态建设,带动全省生态环境进一步改善。四要围绕增加农民收入这个核心,扎实做好“三农”工作。要加大农业基础设施建设推进力度,认真落实强农惠农富农政策,加快农业结构调整和农业发展方式转变,加强农村扶贫工作,全力推进新的农村“五个全覆盖”工程,进一步开创“三农”工作新局面。五要着力保障和改善民生,切实解决好人民群众生产生活中的实际困难和问题。大力发展科技、教育、文化、卫生、体育等各项社会事业,突出抓好就业、住房、社保和教育等工作,确保完成全年新增城镇就业40万人、开工建设保障性住房33.2万套、向低收入农户免费发放冬季取暖用煤和高校新校区建设、200所公办标准化幼儿园建设等重点任务。六要加强安全生产和社会管理创新,保持社会和谐稳定。持之以恒抓好安全生产,坚决杜绝重特大事故、减少一般性事故,促进全省安全生产形势明显好转、稳定好转、根本好转;要切实抓好食品安全工作,进一步加强社会管理创新,为党的十八大胜利召开创造良好的社会环境。七要进一步深化改革创新,推动转型综改区建设取得新的进展。坚持把改革创新精神贯彻到经济社会发展和各项工作的各个方面、各个环节,更加自觉、更加坚定地推进改革开放,特别是要充分利用好转型综改区这个抓手和平台,推进改革创新,不断增强转型跨越发展的动力和活力。

会议号召,全省各级党组织和广大党员要紧密团结在以胡锦涛同志为总书记的党中央周围,凝聚力量,攻坚克难,更加奋发有为、兢兢业业地工作,以务实创新的新风貌、转型跨越的新成绩迎接党的十八大胜利召开。

会上,朔州市、长治市、省发改委、省经信委、省煤炭工业厅、省国资委、太钢集团、高平市的负责同志作了发言。

全省维稳信访综治电视电话会 8月3日,全省维稳信访综治工作电视电话会议在太原召开,会议认真学习贯彻胡锦涛总书记“7·23”重要讲话精神,全面落实全国信访、维稳、综治工作会议和省委常委会议精神,以迎接党的十八大胜利召开为主线,交流了工作经验,分析了当前形势,对维稳、信访、综治工作进行了全面部署。省委书记、省人大常委会主任袁纯清,省委副书记、省长王君出席,省委副书记金道铭讲话,省领导陈川平、杜善学、张建欣,省法检两长左世忠、杨司分别在主会场、分会场出席会议。省委常委、政法委书记王建明主持。省直各部门和中央驻晋单位主要负责同志、驻太原本科院校、部分省管国有骨干企业主要负责同志,以及全省各市、县党政主要负责同志、党委副书记、分管政法、信访、综治、维稳的党政负责同志,各部门主要负责同志,分别在主会场和分会场参加会议。

会议指出,为党的十八大召开创造和谐稳定的社会环境,是摆在全省各级各部门各单位面前的重要政治任务和重大政治责任。会议要求,要深刻领会中央与省委对维护社会稳定工作的各项部署,不断巩固全省维护稳定工作已经取得的成果,充分认识当前维护社会稳定面临的风险挑战,进一步增强政治意识、大局意识、责任意识和忧患意识,坚决完成好维护稳定工作任务。

会议强调,要更加主动地维护国家安全,严厉打击各种渗透破坏活动。要更加及时地化解矛盾纠纷,深入推进不稳定因素百日排查化解专项行动和干部大接访活动,高度重视初信初访,及时解决群众的合理诉求,尽最大努力把问题解决在基层、把隐患消除在萌芽状态。要更加有力地整治社会治安,深入开展打黑除恶和重点区域治安整治,强化危险物品管理、要害部位保卫、公共安全防范和安全生产监督管理,严防发生重大事故。要更加有效地加强舆论引导,以喜迎十八大为主线,充分宣传十七大以来的巨大成就和不平凡历程,充分宣传我省转型跨越的积极进展和突出成绩,充分宣传广大干部群众努力工作、创先争优的崭新风貌,为促进社会和谐稳定提供强大的舆论支持和良好的社会氛围。要更加务实地加强和创新社会管理,坚持民生优先、服务为先、基层在先的工作导向,推进源头预防,提高服务水平,强化基层基础建设。要更加积极地保障改善民生,不断提高城乡群众收入,关心困难群众生产生活,办好关系群众切身利益的民生实事,维护社会公平正义,不断夯实社会稳定的群众基础。

会议要求,各地区各部门各单位要加强领导、精心组织、狠抓落实,把会议精神领会到位,把先进经验学习到位,把工作措施细化到位,把维稳责任落实到位,努力创造平安、稳定、祥和的社会环境,以优异的成绩迎接党的十八大胜利召开。

省委常委会研究部署党校工作、人大工作和党外代表人士队伍建设 8月10日,省委常委会召开会议,传达全国党校校长会议精神并研究贯彻落实措施,讨论省委《关于进一步加强和改进新形势下人大工作的意见》《关于加强新形势下党外代表人士队伍建设的实施意见》,听取首届世界晋商大会筹备情况汇报。省委书记袁纯清主持会议。

会议指出,党校是我们党加强党员领导干部教育、研究宣传党的理论的重要阵地,是培训轮训党员领导干部的主渠道,是党委的重要部门。要认真学习贯彻习近平同志在全国党校校长会议上的重要讲话精神,坚持把党校姓党的原则作为党校的灵魂,把提高党员干部理论素质、思想素质、综合素质作为核心任务,努力为党委中心工作服务,为党的干部队伍建设服务,为党的理论创新服务,为党委科学决策服务。要坚持特色办校、从严治校,深化教学科研改革,创新教学方式方法,加强对转型跨越重要理论和实践问题的调查研究,安排各级党委班子成员到党校讲课,突出培训的针对性、实效性,推进学习型党组织建设,更好地把党的创新理论和中央大政方针以及省委、省政府重要部署解读好,更好地突出服务大局的特色、理论教育和党性教育的特色、思想库的特色。坚持上级党校对下级党校的指导,加强县级党校工作,改善办学条件。统筹做好党校工作和行政学院工作。要围绕“迎接十八大、学习十八大、贯彻十八大”这条主线,做好党的十八大精神学习培训的各项工作,把全省党员干部的思想和行动统一到中央决策部署上来,为全省经济社会发展提供强大思想动力和理论支撑。

会议指出,要按照中央关于加强人大工作的部署要求,坚持党的领导、人民当家作主、依法治国有机统一,切实加强和改进党对人大工作的领导,把人大工作纳入总体工作部署。要支持和保障人大及其常委会,坚持科学立法、民主立法,突出地方特色,提高法规质量;依法开展法律监督和工作监督,完善监督机制,拓展监督深度,增强监督实效;抓住全局性、根本性和长远性的重大问题,加强调查研究,广泛听取意见,适时作出决议、决定,推动党委重大决策部署的贯彻落实;坚持党管干部原则与人大依法行使任免权的统一,依法行使选举任免权。要加强和改进代表工作,提升代表素质和履职能力,充分发挥人大代表的主体作用。要全面加强各级人大及其常委会组织制度、思想作风、干部队伍建设,加强乡镇人大和街道人大工委建设,改善人大机关工作条件,不断提升人大工作科学化水平。

会议指出,开好首届世界晋商大会,对于弘扬晋商精神、扩大对外开放、激活民间资本、推动转型跨越具有重要意义。有关方面做了富有成效的筹备工作。要加强组织领导,突出主题特色,精心组织筹备,完善接待方案,做好邀商招商、宣传推介等工作,确保会议接待、主题活动、后勤保障等有序衔接、万无一失,确保各项活动安全有序进行,把本届晋商大会办成高规格、高水平的盛会,全面展示山西新形象,广泛凝聚海内外晋商,形成情系山西、投资山西、发展山西的良好氛围。

会议指出,要认真贯彻落实中央关于加强新形势下党外代表人士队伍建设的《意见》,以不断增强党外代表人士的代表性为重点,以广交深交党外朋友为基础,以加强理论培训和实践锻炼为途径,以提高素质、发挥作用为目标,进一步做好党外代表人士的发现、培养、使用和管理工作,抓好党外代表人士后备队伍建设,抓好优秀年轻干部和代表人物培养。各级党委要把党外代表人士培养选拔使用作为政治责任,支持民主党派、工商联、有关社会团体在党外代表人士队伍建设中发挥作用,加强对党外代表人士的管理,建设一支数量充足、素质优良、结构合理、作用突出的党外代表人士队伍,推进爱国统一战线不断巩固壮大。

省委人大工作会议 8月14日,省委人大工作会议在太原召开。会议主要任务是,深入学习贯彻胡锦涛总书记在省部级主要领导干部专题研讨班的重要讲话精神,按照省委全委(扩大)会议部署,把握新时期人大工作的特点和规律,增强做好人大工作的责任感和使命感,总结经验,部署工作,着力提高人大工作科学化水平,进一步开创全省人大工作新局面,以优异成绩迎接党的十八大胜利召开。省委书记、省人大常委会主任袁纯清出席会议并作重要讲话,省委副书记、省长王君主持会议,省委副书记金道铭,省政协主席薛延忠,省领导李小鹏、胡苏平、高建民、汤涛、李兆前、陈川平、王建明、聂春玉、杜善学、申联彬、杜玉林、李政文、靳善忠、安焕晓、郭海亮、王雅安、左世忠、杨司等出席会议。省人大常委会委员、各机构主要负责同志,省直有关部门负责同志,各市市委书记和市、县(市、区)人大常委会主任出席会议。

袁纯清对近年来人大工作取得的成绩给予充分肯定,他指出,全省各级党委进一步加强和改进对人大工作的领导,有力支持和保证了人大及其常委会依法行使职权。各级人大及其常委会依法履行使命职责,地方立法成绩显著,监督工作扎实有力,重大事项决定及人事任免依法有序,代表工作日趋活跃,人大自身建设不断加强,为全省转型跨越发展作出重要贡献,积累了宝贵经验,主要是增强政治意识,始终坚持党的领导;增强大局意识,始终坚持推动科学发展、促进社会和谐;增强群众意识,始终坚持人民利益至上;增强法制意识,始终坚持社会主义法治精神;增强制度意识,始终坚持民主集中制原则;增强创新意识,始终坚持与时俱进、锐意进取。

袁纯清指出,要认真贯彻胡锦涛总书记在省部级主要领导干部专题研讨班的重要讲话精神,充分认识人大工作是中国特色社会主义道路的重要方面,人大理论是中国特色社会主义理论体系的重要内容,人大制度是中国特色社会主义制度的重要部分，充分认识人民代表大会制度是我国的根本政治制度，体现了我国社会主义国家本质，具有强大的生命力和巨大的优越性。面对新形势新任务，要更加重视和加强社会主义民主政治建设，更加重视和发挥人民代表大会制度的优势和作用，时刻保持思想上的清醒、立场上的坚定、政治上的自觉，坚定不移走中国特色社会主义政治发展道路。

袁纯清对做好新形势下人大工作、提高人大工作科学化水平提出六点要求：一是在坚持正确的政治方向上要有新境界。各级人大及其常委会都要自觉接受党的领导，把自觉坚持和依靠党委领导摆在人大及其常委会行使职权的首要位置，把党的领导贯穿于人大依法履职整个过程，落实到人大工作各个方面，监督和支持"一府两院"工作，使人大工作更好地体现党的主张和人民意志。二是在推进地方立法上要有新建树。紧紧围绕转型跨越发展战略，围绕"十二五"规划、转型综改试验区建设，围绕发展循环经济、壮大新兴产业、加强节能减排和建设"四个"山西，围绕加强和创新社会管理、保障改善民生，科学确立立法项目，努力提高立法质量。三是在增强监督实效上要有新举措。把法律法规实施中的难点问题、经济社会发展的重点问题和人民群众关注的热点问题以及执法工作中的薄弱环节作为监督重点，确保行政权和司法权得到正确行使，确保公民、法人和其他组织的合法权益得到尊重和保护，维护社会公平正义。四是在决定重大事项和人事任免上要有新成效。按照党委决策部署，围绕转型跨越发展的战略问题，依法研究决定重大事项，及时作出决议，通过法定程序全力推动党委重大决策部署的贯彻落实。认真做好人事任免工作。五是在发挥人大代表作用上要有新突破。提高代表履职本领，增强代表履职实效，尊重代表主体地位，不断拓宽代表知情知政和利民为民渠道，加大代表议案建议的办理力度，为代表履职搞好服务保障。六是在加强自身建设上要有新水准。坚持和完善集体学习制度和干部教育培训制度，认真总结人大工作中的好经验好做法，不断推进人大工作的制度化、规范化、程序化。改进工作作风，加强调查研究，严格执行党的纪律和人大工作规定，加强上下级人大之间的联系，打造一支政治可靠、素质较高、作风过硬的人大干部队伍。

袁纯清强调，要加强和改进党委对人大工作的领导，为搞好人大工作提供坚强保证。要更加自觉把人大工作摆上党委重要议事日程，把人大工作纳入党委的全局工作统一安排部署，定期听取人大工作专题汇报，健全党委领导人大工作的制度和机制。要更加努力提高依法执政的能力和水平，善于运用法律手段管理经济社会事务，在法治的轨道上推动各项工作的开展。要更加积极支持人大及其常委会依法履行职责。要更加有效推动人大及其常委会加强自身建设，统筹研究解决各级人大特别是县级人大、乡镇人大、街道人大工委工作中遇到的问题，重视和关心人大机关干部。要更加主动为人大工作创造良好环境和条件，加大对人大制度和人大工作宣传力度，加强人大理论研究和工作研究，保障人大工作经费，改善人大机关办公条件。

王君在主持会议时指出，这次省委人大工作会议开在全省上下深入学习贯彻胡锦涛总书记"7·23"重要讲话精神，以转型跨越发展的优异成绩迎接党的十八大胜利召开的重要时刻，具有十分重要的意义。会议回顾总结了2006年以来特别是近两年全省人大工作取得的丰硕成果和积累的宝贵经验，研究部署了加强和改进党对人大工作的领导，进一步做好人大工作的主要任务。各级各部门要迅速传达贯彻这次会议精神特别是纯清同志的重要讲话精神，进一步统一思想，提高认识，落实责任，扎实工作，努力开创新时期我省人大工作新局面，以优异成绩迎接党的十八大胜利召开。

省委常委、常务副省长李小鹏，省高级人民法院院长左世忠、省人民检察院检察长杨司分别作了发言，表示要认真贯彻中央和省委的决策部署，依照宪法法律的规定履行职责，推进依法行政，建设法治政府，坚持执法为民、公正司法，全面落实省人大及其常委会制定的地方性法规和决议决定，自觉接受人大的法律监督和工作监督，把以人为本、执政为民的要求贯穿于履职全过程，为走出转型新路、实现跨越发展作出新的贡献。

市委书记履行基层党建工作责任专项述职会议 8月17日，省委召开市委书记履行基层党建工作责任专项述职会议。省委书记、省人大常委会主任袁纯清主持会议并讲话，他强调，要认真贯彻胡锦涛总书记在省部级主要领导干部专题研讨班的重要讲话精神，扎实推进基层组织建设年活动，进一步提高基层党建工作科学化水平，为转型跨越发展提供坚强保证。中组部部务委员、组织二局局长陈向群出席会议并讲话，省委副书记金道铭，省领导胡苏平、汤涛、李兆前、陈川平出席会议。

袁纯清指出，开展市委书记履行基层党建工作责任专项述职，是坚持党要管党、从严治党的具体体现，是推进基层组织建设年活动的重要步骤，也是一项创新性工作。各市对基层党建工作高度重视，力度不断加大，取得了积极成效。全省形成"五级"联动抓党建的新格局，丰富了活动载体，解决了一些重点难点问题，推出了一批先进典型，保证和促进了各项事业的发展。

袁纯清指出，党的基层组织是党执政的组织基础，是党的建设的重要内容。要适应形势和任务的需要，围绕转型跨越发展大局，进一步加强基层党建工作。一要切实增强责任意识。党的基层组织处在改革发展的第一线，肩负着推动科学发展、促进社会和谐、服务人民群众的重要职责，是各项事业最直接的组织者、最有力量的推动者和最贴近实际的实践者。加强基层党建工作是增强党的执政能力的迫切需要，是推动转型跨越发展的迫切需要，是提高党的建设科学化水平的迫切需要。二要提升服务大局水平。将抓党建与谋转型、促跨越、惠民生有机结合起来，自觉把基层党组织的工作重心转移到服务发展、服务民生、服务群众上来，围绕省第十次党代表大会和全省"十二五"规划提出的宏伟目标和战略部署，围绕推动转型升级、促进农民增收、维护和谐稳定等重点工作，做到党建与发展目标相衔接、思路相吻合、制度相适应、重点相一致。三要夯实日常工作基础。在农村全面落实“一定三有”“四议两公开”，加强对流动党员的教育管理，发挥好大学生村干部的作用，完善发挥企业党组织政治核心作用的工作机制，解决好社区党组织“有人管事、有钱办事、有处议事”的问题，完善非公有制经济组织和新社会组织党建工作体制，重视抓好高校党建工作。四要创新工作方式方法。拓宽视野、勇于创新、破解难题，积极探索基层党建工作新路子，认真落实党建工作领导联系点制度，激励先进支部好上加好，帮助一般支部赶超先进，整顿转化后进支部，在以党建带团建、带妇建、带工建等方面加大步伐，充分运用信息技术改进党员教育管理。五要积极倡导新风正气。引深创先争优和保持党的纯洁性学习教育活动，大力学习弘扬彭云等优秀基层党员的先进事迹。加强基层党风廉政建设，认真解决损害群众利益的突出问题，严肃查处发生在群众身边的腐败行为。六要加大组织领导力度。完善党委统一领导、组织部门牵头总抓、各级党组织协同作战、广大党员干部共同参与的基层党建格局，各级党委书记要强化“抓好党建是本职、不抓党建是失职、抓不好党建是不称职”的责任意识，定期听取党建工作汇报，把基层党建成果纳入年度目标责任考核范围，抓好基层党建工作人员、经费、场地的落实，保证基层党组织工作有人手、办事有经费、活动有阵地。

陈向群充分肯定了我省基层党建工作。他指出，山西近年来基层党建工作扎实有效，今年开展的基层组织建设年活动富有特色、成效明显。省委对基层党建工作高度重视，主要领导带头落实基层党建工作责任制，各级党委和组织部门围绕中心、服务大局，按照中央和省委部署，充分挖掘和有效整合组织资源，科学组织“集成升级”行动，大力实施农村“领头雁”培训、非公企业党组织集中组建、社区“网格化”管理、机关党建“走在前头”、推广文建明工作法、“三级联述联评联考”六项计划，广泛深入开展干部下乡驻村活动，基层党建工作在探索中不断创新，有力地推动了转型跨越发展。他对加强基层党建工作提出要求：一是各级党委书记要牢固树立党的意识，坚持“书记抓、抓书记”，切实履行基层党建第一责任人责任；二要总揽全局，创新思路，在基层党建工作中投入更多精力，以基层党建的实际成效推动经济社会又好又快发展；三要认真贯彻落实中央要求和部署，从最薄弱的环节入手，从破解难题入手，从党员群众最关心、最迫切的问题入手，选好找准工作着力点，创新举措，夯实基础，不断提高基层党建科学化水平，为经济社会发展提供坚强的组织保证。

会上，各市市委书记就履行基层党建工作责任进行述职，汇报了各自的做法和经验。省委党建工作领导小组成员，各市市委常委、组织部长，部分省党代表和基层党组织书记出席会议。

首届世界晋商大会 8月20日，以“新晋商·新山西·新跨越”为主题的首届世界晋商大会隆重召开。全球42个国家和地区的1400余名晋商代表欢聚一堂，共话桑梓之情，向全球晋商发出《晋商宣言》，共同弘扬晋商精神，传承晋商文化，凝聚晋商力量，重铸晋商辉煌。全国政协副主席、工商联主席、首届世界晋商大会名誉主席黄孟复讲话。省委书记、省人大常委会主任、大会主席袁纯清致辞。省委副书记、省长、大会主席王君主持大会。中国侨联党组书记、主席林军讲话。

黄孟复代表全国工商联对首届世界晋商大会召开表示热烈祝贺！他高度评价了晋商业绩和我省转型跨越发展的成就，并提出希望。他说，新一代晋商秉承晋商传统，弘扬晋商精神，顺应时代潮流，勇于开拓进取，不仅在山西经济领域大显身手，而且广泛活跃于国内外经济社会发展舞台，取得了优异成绩，不断续写着晋商的光辉篇章。他说，当前，世界经济形势复杂多变，我们面临前所未有的机遇，也面临前所未有的挑战。面对当前形势，广大民营企业家们更需要理性分析，科学研判，坚定信心。身处这样一个难得的历史机遇期，广大新晋商要继续秉承老一辈晋商创业创新、诚信重诺、开放进取的传统美德，始终坚定信心，顺势而为，借经济下行之机调结构、促转型。要更加注重从全球的视野去捕捉商机，要更加注重效益和质量，要更加注重弘扬晋商美德，要更加注重发扬晋商精神，让基业长青，让财富永固，让晋商精神发扬光大。近年来，山西在省委、省政府的领导下，坚持科学发展主题和加快转变经济发展方式主线，攻坚克难、着力转型、奋力跨越，经济社会发展不断迈上新台阶。可以说山西正处于大有可为的黄金期。山西是晋商文化的故土、晋商的“家”。不管晋商走到哪里，根始终在山西。希望在座的各位晋商朋友能借此机会，多走走、多看看，寻找适合自身的投资项目或合作机会，广交好朋友、普结天下缘，在祖国、在故乡这片热土上创造出世人瞩目的奇迹，在坚持和发展中国特色社会主义伟大事业中重铸晋商辉煌。

袁纯清在致辞中代表省委、省政府和全省人民，向黄孟复副主席和有关领导，向晋商代表、海内外客商和各界人士，向长期以来关心和支持山西改革发展的同志们和朋友们表示欢迎和感谢。他说，这次大会是晋商发展史上的一件盛事，也是山西扩大对外开放的一次盛会。商贾文明是山西深厚底蕴的重要内涵，明清时期晋商凭“信”与“义”、靠“勤”与“俭”、用“智”与“闯”，谱写了一曲横跨欧亚九千里、称雄商界五百年的壮丽篇章。晋商汇通天下的气魄令人敬仰，勇于开拓的胆略令人钦佩，经营管理的精到令人赞叹，轻财尚义的胸怀令人折服。晋商的崛起壮大史，是一部开拓创新、艰苦奋斗的发展史；“节俭勤奋、明理诚信、精于管理、勇于开拓”的晋商精神，是我国商业文明和山西发展进步的宝贵精神财富。当代晋商以开阔的视野、顽强的毅力、拼搏的精神、卓越的才能，成为各行各业的佼佼者，涌现出一大批有引领力、影响力、创新力的明星企业和优秀企业家，影响播及五湖四海，足迹遍布世界各地。以“新晋商·新山西·新跨越”为主题召开世界晋商大会，旨在搭建海内外晋商联系的平台，弘扬晋商精神、传承晋商文化、彰显晋商形象，共促转型跨越发展。

袁纯清指出，近年来，省委、省政府团结带领全省人民，积极探索资源型地区科学发展新路，以煤为基、多元发展，挖掘煤与非煤两种资源，做好地下与地上两篇文章，肩负转型与跨越两个使命，各项事业呈现新的活力和局面。山西是一片正在崛起的热土，是一片多元发展的热土，是一片活力迸发的热土，是一片充满希望的热土，区位、资本、资源优势进一步凸显，低碳、多元、绿色成为发展的新取向、新亮点。我们要抓住建设国家资源型经济转型综合配套改革试验区的机遇，在巩固国家能源基地的基础上，建设全国重要的现代制造业基地、中西部现代物流中心和生产性服务业大省，加快建设中部地区经济强省和文化强省。

袁纯清对广大晋商提出四点希望：一是希望广大晋商登高望远、争先发展。开放眼界、视通万里，开放脑界、创新观念，开放胸界、志存高远，把握发展大势，紧跟时代潮流，敢想敢试、敢闯敢干、敢为天下先，高标准定位发展战略，高水平提升内生动力，高质量打造市场品牌，牢牢把握发展的主动权。二是希望广大晋商不断创新、戮力转型。以凤凰涅槃、浴火重生的勇气，立足转型潮头、瞄准高端产业，不断推进企业技术创新、管理创新、产品创新和文化创新，推动企业由制造向创造迈进，由价值链低端向高端转化。特别是要积极投身山西转型跨越主战场，在现代煤化工、新能源新材料、装备制造、节能环保、生物医药以及文化旅游、科技金融、商贸物流领域大显身手。三是希望广大晋商富而思源、回报桑梓。山西正处于加快转型、全面转型、深度转型的关键时期，转型是历史赋予我们这代人的神圣使命，是经济社会发展的内在动力，是山西未来发展的希望所在。要关注山西、宣传山西、投资山西，把更多高端产业、新型项目引进来，把更多高新技术、领军人才引进来，推动资源与技术、人才与资本的结合，实现传统产业与新兴产业的嫁接。四是希望广大晋商秉承传统、张扬新风。将商业追求与国家利益、民族利益融为一体，回报社会、关怀职工，积极参加社会公益事业，大力帮扶困难群体；诚信守法、加强自律，多做有利于社会的事、多做有利于民生的事；致富思源、富而思进，先富带后富，先富帮后富，在增加就业、做大"蛋糕"、促进和谐等方面发挥更大作用。我们要以更好的发展环境、投资环境、人文环境，使广大客商安心创业、放心创业、倾心创业，共同开创山西的美好未来。

林军在讲话中指出，希望已经在山西发展创业的侨商，继续把山西作为发展的战略高地和主战场，投入新的资源，开拓新的领域，创造新的辉煌；希望准备来山西发展的侨商，要抓住当前发展机遇，使自己的事业在山西这片热土上得以立足，并得到更大的拓展，与勤劳的山西人民一起开创新的天地，在加速山西崛起，促进祖国发展、实现中华民族伟大复兴的进程中体现侨商新的价值、展现侨商新的风采。

王君在主持大会时对前来参加首届世界晋商大会的各位领导、各位嘉宾表示热烈的欢迎和衷心的感谢。他说，首届世界晋商大会的召开，得到了国家有关领导、相关部委、兄弟省市的关心和支持，得到了各地商会、相关社团和广大晋商的积极响应，汇聚了 42 个国家和地区、65 个代表团、1400 多位晋商代表，是一次群英荟萃、盛况空前的大会。大会的成功召开，充分展示了当代晋商锐意进取、再创辉煌的美好愿景，体现了当代晋商情系桑梓、回报社会的赤子情怀，必将进一步推动我省改革开放和转型跨越发展。希望海内外新晋商把自身发展与民族振兴、祖国繁荣和家乡建设紧密结合起来，在推动山西科学发展的伟大实践中发挥更大的作用、作出更大的贡献。

在"全球晋商话发展"阶段，台湾鸿海集团董事局主席郭台铭，百度公司董事长兼首席执行官李彦宏，大运集团董事长远勤山等晋商代表先后发言。晋商代表、山西沁新能源股份有限公司董事长孙宏原宣读了《晋商宣言》。《晋商宣言》向全球晋商倡议：继晋商重贾之传统，积微成著，创业自强；承晋商创新之精神，把握大势，抢占先机；弘晋商诚信之品格，仁爱厚道，慎独自律；秉晋商担当之义理，感恩思报，富民强国；阔晋商开放之胸襟，提升境界，合作共赢。

大会共话"新时期的晋商精神"时，全国工商联常务副主席孙安民、北京大学教授周建波、金花投资控股集团董事局主席吴一坚、中阳钢铁有限公司董事长袁玉珠、晋商联盟控股股份有限公司董事长李建国、亚宝药业集团董事长任武贤、晋商银行股份有限公司董事长上官永清先后致辞或演讲，围绕主题发表了各自见解，表达了当代晋商锐意进取、再创辉煌的美好愿景，体现了当代晋商情系桑梓、回报社会的赤子情怀。

首届世界晋商大会由省委、省政府、全国工商联、中国侨联主办，牵头承办单位为省委统战部和省工商联，联合承办单位为省委宣传部、省投资促进局、省外侨办、省侨联、省台联和各市人民政府。举办首届世界晋商大会是省委、省政府今年一项重点工作，也是广大海内外晋商期盼已久的盛事。目前，晋商遍布全球，广泛分布于美洲、欧洲、非洲和亚洲等 50 个国家和地区，32 个国家设有山西商会，27 个省市区有山西商会，超过 200 万山西商人在全国各地投资兴业，近百万山西商人在世界各地创业发展，以实际行动展现了新时代晋商风采，丰富了晋商精神的内涵。

全国工商联常务副主席孙安民，副主席王健林、刘志强、吴一坚，中国侨联副主席王永乐，全国政协副秘书长宋北杉，甘肃省副省长、省工商联主席郝远，青岛市人大常委会主任王文华同志出席大会开幕式。省领导薛延忠、金道铭、李小鹏、胡苏平、高建民、汤涛、陈川平、聂春玉、杜善学、申联彬、牛仁亮、郭迎光、郭良孝及原省级领导韩儒英出席大会开幕式。

三北防护林工作会 8 月 26 日至 27 日，国务院在山西省朔州市召开三北防护林工作会议。中共中央政治局委员、国务院副总理回良玉在会上强调，要深刻认识三北防护林体系建设的重要性和艰巨性，把防沙治沙和水土保持作为根本任务，把改善生态环境和满足民生需求作为基本要求，把人工治理和自然修复作为主要手段，坚持全面推进，加强基地建设，完善政策措施，加大投入力度，创新体制机制，凝集各方力量，大力保护和扩大林草植被，努力走出一条生产发展、生活富裕、生态良好的文明发展道路。

会议期间，省委书记、省人大常委会主任袁纯清，省委副书记、省长王君看望了与会代表，并参观朔州市造林绿化成果展览。全国人大农业与农村委员会主任委员王云龙，全国政协人口资源环境委员会副主任刘泽民，国家林业局局长赵树丛，国家发改委副主任连维良，民政部副部长姜力，财政部党组成员、部长助理胡静林，水利部副部长刘宁，农业部副部长余欣荣，国务院研究室副主任黄守宏，北京市副市长夏占义，天津市副市长李文喜，河北省副省长沈小平，山西省副省长郭迎光，内蒙古自治区副主席王玉明，辽宁省副省长谭作钧，吉林省副省长王守臣，黑龙江省副省长吕维峰，陕西省副省长祝列克，青海省副省长张建民，共青团中央书记处书记汪鸿雁，宁夏回族自治区主席助理刘云，中国国际工程咨询公司副总经理鞠英莲出席会议。省委副书记金道铭代表省委、省政府致辞，会议由国务院副秘书长丁学东主持。

回良玉指出，伴随着中国改革开放的脚步，三北防护林工程走过了34年历程，取得了举世瞩目的伟大成就。特别是党的十六大以来，三北防护林工程建设进入了一个崭新的发展时期，是森林资源增长最快、生态环境改善最明显、群众得实惠最多的时期。10年间森林覆盖率的提高量和活立木蓄积的增长量都大大超过之前23年的总和，以黄土高原为主的水土流失危害得到有效控制，成功实现了由“沙进人退”向“人进沙退”的历史性转变。

回良玉强调，三北地区仍然是我国林草植被最稀缺、生态环境最脆弱的地区，三北防护林工程是事关国家生态安全的战略性工程。当前，工程建设正处于承上启下、加快推进的重要时期，处于攻坚克难、转变发展方式的关键时期。我国粮食生产重心北移，三北地区能源、矿产开发和工业建设加快，对林业建设提出了更高要求。新的建设任务空前繁重，过去营造的防护林相当部分需要进行更新改造，而造林的难度也越来越大。要根据农村劳动力明显减少、劳动成本大幅提升的情况，顺应经济社会环境的深刻变化，大力推进科技、机制、管理和政策创新，加快发展方式转变。

回良玉强调，在新的历史条件下，三北防护林工程建设必须遵循自然规律、经济规律和社会发展规律，弘扬宝贵经验，大力开拓创新，确保完成好各项任务。一要加强组织领导，切实把三北工程建设摆到突出重要位置，全面落实行政领导负责制。二要加强规划实施，工程区各级政府要以国家工程规划为指导，科学制定本地区的规划和实施方案，全面落实各项建设任务。三要加强投入保障，中央和地方各级财政都要建立持续稳定的工程建设投入机制，同时加大信贷支持，拓宽融资渠道，广泛吸引各种资金投入工程建设。四要加强科学指导，因地制宜、因害设防，封飞造结合，乔灌草搭配，统筹运用自然修复与人工治理。集中建设一批百万亩人工林基地。加强森林经营，加快先进适用新技术、新模式示范推广，开展工程效益监测评价，全面提高工程建设科学化水平。五要加强改革创新，继续深化集体林权制度改革，健全林权流转机制，调动农民和社会各方面积极性。创新工程建设组织形式，逐步推广专业化造林。六要加强资源保护，严格执行保护林业资源的法律法规，严厉打击破坏森林资源的违法犯罪行为，严密防范森林火灾和林业有害生物，保护好来之不易的建设成果。

国家发改委、国家林业局负责同志在会上介绍了三北工程规划并作了工作部署。赵树丛指出，各地要采取更加有力的措施，确保全面完成五期工程各项建设任务。要坚持以植树造林为建设重点，着力扩大森林资源和生态总量；要坚持以生态修复为核心目标，着力构建稳定的森林生态系统；要坚持以防风治沙和水土保持为根本任务，着力解决风沙危害和水土流失问题；要坚持以人工林基地建设为骨干载体，着力构筑北方绿色生态屏障；要坚持以强化管理为根本保障，着力提高工程建设质量，确保把工程建设好、管理好、发展好，能够长期稳定发挥效益。

金道铭在致辞中对与会代表的到来表示热烈欢迎，向国家有关部委及兄弟省（区、市）长期以来对山西工作的关心支持表示诚挚感谢，并简要介绍了我省省情和经济社会发展情况，以及我省推进三北防护林体系建设、大搞造林绿化、加快生态文明建设的成果和做法。他说，多年来，在党中央、国务院的亲切关怀下，山西省委、省政府带领全省人民坚定不移绿化山西、持之以恒植树造林，全省森林面积达到4236万亩，森林覆盖率达到18.03%，生态环境有了明显改观。特别是我省把三北防护林建设作为一项长期而重大的战略举措，工程区域内7个市51个县（市、区）各级党委、政府坚持强化组织领导，形成强大工作合力；坚持优化工程布局，实施规模连片治理；坚持生态经济并重，努力实现兴林富民；坚持加大投入力度，保障建设资金需求；坚持创新体制机制，不断激发内在活力。经过不懈努力，区域生态面貌发生了深刻而重大的变化，得到了广大人民群众的衷心拥护。金道铭说，国务院选择在山西召开这次会议，是对我省工作的充分肯定和有力支持，也必将对我省生态文明建设和林业发展起到积极的推动作用。我们将以这次会议为契机，认真贯彻落实回良玉副总理的重要讲话精神，认真学习借鉴兄弟省（区、市）的好经验、好做法，按照这次会议的部署，以更大的决心、更大的力度、更实的举措，不断开创工作新局面，为全国生态文明建设做出新的贡献。

会议期间，与会代表实地考察了朔州市平鲁区、右玉县的三北工程建设现场。朔州市在大会上作了典型发言。

三北防护林体系建设工程是1978年11月启动的，建设范围主要是风沙危害和水土流失严重的西北、华北、东北地区，工程规划期限为73年，分八期工程进行。本次会议对三北防护林工程建设进行了认真总结，决定正式启动第五期工程建设。

省委常委会研究部署惩治和预防腐败体系建设及党管人才工作 8月29日，省委常委会召开会议，传达学习全国贯彻落实建立健全惩治和预防腐败体系2008—2012年《工作规划》工作成果交流会、全国加强党管人才工作会议精神，研究我省贯彻落实措施，讨论《关于进一步加强党管人才工作的实施意见》。省委书记袁纯清主持会议。

会议指出，建立健全惩治和预防腐败体系，在党风廉政建设和反腐败工作中处于基础性、全局性、战略性地位。我省认真贯彻落实中央的部署和要求，在惩治和预防腐败体系建设上有力度、有特色、有成效，山西特色惩防体系建设取得新进展新成效。要从中国特色社会主义事业的高度，把建立健全惩治和预防腐败体系摆上更加重要的位置，严格执行党风廉政建设责任制，增强反腐倡廉建设的针对性和有效性，建立健全惩治和预防腐败长效机制。要严明政治纪律，加强监督检查，建设廉政文化，加强反腐倡廉宣传教育，深入开展煤焦领域反腐败专项斗争，加强对领导干部的监督，切实解决人民群众反映强烈的突出问题，加强基层党风廉政建设，加大查办案件工作力度，提高"制度加科技"防治腐败整体效能。要深入总结反腐倡廉建设的成效和经验，完善工作思路，推进工作创新，在调查研究的基础上，精心制定建立健全惩治和预防腐败体系下一个五年工作规划。

会议指出，加快转型跨越发展，关键在人才，潜力在人才。要树立人才资源是第一资源的观念，切实加强党对人才工作的领导，完善党管人才运行机制，推进党管人才方式方法创新，把人才工作纳入经济社会发展规划，统筹推进各类人才队伍建设，把优秀人才凝聚到转型跨越发展事业中来。要大力实施人才强省战略，加大人才投入，创新人才政策，围绕主导产业实施重大人才工程，加快引进高端领军人才，积极培养专业优秀人才，为各类人才发挥作用创造良好环境。各级党委、政府要定期研究人才工作重大事项，解决人才工作中面临的突出问题，不断提高党管人才科学化水平，形成人才辈出、人尽其才、才尽其用的良好局面。

省委中心组关于推进科技创新学习报告会 8月29日，省委中心组举行专题学习会，邀请科技部副部长张来武作题为"依靠科技创新，实现发展方式战略转变"的报告。省委书记、省人大常委会主任袁纯清主持会议并讲话，省委副书记、省长王君，省委副书记金道铭，省政协主席薛延忠，省领导李小鹏、胡苏平、高建民、汤涛、李兆前、聂春玉、杜善学、申联彬、李政文、安焕晓、张平、张建欣、郭迎光、郭良孝、周然、李雁红、令政策、卫小春、王宁、张茂才、杨司出席会议。省直各部门主要负责同志，驻太原本科院校、省管国有骨干企业主要负责同志，中央驻晋新闻媒体主要负责同志参加了报告会

张来武长期从事科技战线的领导与研究工作，是科技管理与创新领域的专家，具有深厚的理论造诣和丰富的实践经验。张来武在报告中，深刻阐述了建设创新型国家的重大战略意义，提出实施创新驱动、推进体制创新，加快转变经济发展方式的路径和措施，具有很强的思想性、知识性和指导性。

袁纯清在主持报告会时指出，加快转变经济发展方式是在激烈竞争中把握主动、赢得未来的战略选择，提高自主创新能力是提升综合实力、推进科学发展的根本途径。加快转型跨越发展，希望在科技、潜力在创新。一要牢固树立抓科技创新就是抓经济发展，就是抓转型跨越的理念，紧紧依靠科技进步，着力提高科技贡献率，形成少投入、多产出，少排放、多利用的生产方式和消费模式，建设具有山西资源型经济特点的区域创新体系，加快资源依赖向创新驱动转变。二要加快建设以企业为主体、市场为导向、产学研用紧密结合的技术创新体系，积极引导人才、资金、技术等创新要素向企业集聚，激发国有企业创新动力，提升中小企业创新能力，围绕煤层气抽采利用、粉煤灰综合利用、现代煤化工、装备制造、新能源新材料、节能环保、物联网、云计算等新兴产业，实施重大专项，攻克关键技术。三要促进科技与经济的紧密结合，形成促进、激励科技创新的政策导向、机制保障和要素支撑，建立促进科技成果转化和产业化的体制机制，促进民营企业家与科技领军人才优势互补，民间资本与高端技术有机结合。四要以建设转型综改试验区为契机，充分发挥各类园区和人才创新创业基地的平台作用，鼓励科技人员创办科技型企业，最大限度调动和激发广大创新人才的积极性和创造性。

袁纯清强调，各级党委、政府要把科技创新摆在更加突出的位置，加强宏观指导和具体协调，切实解决制约科技创新的突出问题。各级领导干部要学习科学知识，提高科技素养，增强用科学态度观察问题、科学思维分析问题、科学办法处理问题的能力。加快形成以政府投入为引导、企业投入为主体、社会资本以及风险资本积极参与的多元化科技投入体系，弘扬创新文化，搞好科普工作，为转型跨越提供良好创新环境和有力科技支撑。

晋粤合作交流座谈会 9月5日，山西·广东合作交流座谈会在太原举行。中共中央政治局委员、广东省委书记汪洋出席座谈会并作重要讲话，省委书记、省人大常委会主任袁纯清主持会议并讲话，省委副书记、省长王君和广东省委副书记、省长朱小丹分别介绍了两省经济社会发展情况。省委副书记金道铭，省领导李小鹏、高建民、杜善学以及省直有关部门和各市负责同志，广东省领导王荣、林木声、万庆良、李嘉、刘昆以及省直有关部门和各市负责同志出席座谈会。

汪洋指出，改革开放以来特别是近年来，山西省委、省政府团结带领全省人民，紧紧围绕转型跨越发展、再造一个新山西的总体战略，锐意创新、埋头苦干，全面推进经济、政治、文化、社会建设以及生态文明建设和党的建设，探索科学发展新路取得明显成效，呈现出人心思上、干事创业、政通人和的良好局面。山西省抓住国家批准为资源型经济转型综合配套改革试验区的重要机遇，落实"以煤为基、多元发展"战略，推进传统产业集约、清洁、安全、高效发展，提高新兴产业比重，装备制造业竞争力大幅提升，转型发展取得实质性进展。山西近年来的跨越发展，得益于坚持核心在转型、根本在改革、关键在实践，以先行先试的胆气和精神，创新体制机制。山西省委、省政府对经济规律的正确认识，对区域发展经验的科学总结，对山西实际情况、战略定位的准确把握，给我们很大启发。

汪洋指出，粤晋两省互补性强，合作基础扎实，合作成效显著，继续深化合作的潜力巨大。一要学习弘扬晋商精神，加快社会信用体系和市场监管体系建设，营造公平透明的市场环境。传承和发展优秀传统商业文化，树立"以义取利"的营

商理念，塑造强大信用品牌，实现优秀传统商业文化与现代市场经济的有机结合，共同为我国缔造当代商业文明、加强市场环境建设作出应有贡献。二要加快转型升级步伐，为转变经济发展方式探索新路，形成内外销协调拉动的格局。以资源产业、劳动密集型产业起步，是两省发展必经的阶段。比较优势始终处于动态变化之中，随着环境资源约束趋紧、要素价格上升，传统发展模式不可持续的矛盾越来越突出，加快转型升级变得尤其紧迫艰巨。希望两省围绕经济转型升级深化交流，鼓励企业利用比较优势加强投资合作，共同为我国转变经济发展方式探索新路，特别要深化产业合作，鼓励广东企业在山西合作建设生产基地，降低物流成本，扩大市场辐射面，提高市场竞争力，发挥广东毗邻港澳的地缘和平台优势，帮助更多企业走出山西、走向国际。三要加大改革攻坚力度，交流改革体会，完善改革措施，为推进体制改革创新积累经验。体制机制创新是实现科学发展效益最好、成本最低的措施，深化改革能为各项事业发展提供强大动力。要革除阻碍资源价值最大化、影响可持续发展的各种弊端，坚决打破背离社会主义市场经济改革方向的利益格局，在行政审批制度改革方面先行先试，着力建设精简、高效、廉洁的服务型政府。希望以这次考察参观为新的起点，两省携手并进、共谋未来，在各个层面互相借鉴、互通有无，不断开创粤晋合作发展新局面，为两省人民幸福安康多谋福祉，为改革发展大局作出新的更大贡献。

袁纯清指出，汪洋同志的重要讲话感情真挚、思想深刻。近年来，广东省围绕加快转型升级、建设幸福广东的核心任务，实施“腾笼换鸟”“双转移”“三促进一保持”等战略，转变发展方式成效显著，改革开放纵深推进，民生福祉全面提升，持续走在全国前列，许多方面值得我们认真学习。山西正在抓住国家促进中部地区崛起和建设转型综改试验区的机遇，按照科学发展观的要求，做好地下与地上两篇文章，抓好煤与非煤两种产业，办好加快小康进程和走出转型新路两件大事，履行转型与跨越两个使命，以煤为基、多元发展，传统产业优化升级，新兴产业加快壮大，生态环境明显改善，民生事业全面进步，安全形势持续好转，特别是转型项目加快布局，正由产业转型向全面转型、由单一结构向多元发展转变。

袁纯清指出，长期以来，晋粤两省在多个领域加强交流合作，在多个层面深化联系往来，以此次考察为契机，晋粤两省合作交流一定会迈上新的台阶。一是相信两省在产业升级方面的合作会有新进展。希望广东把山西作为产业转移的优选地，参与山西煤化工、装备制造、现代物流、农畜产品加工和高新技术等产业发展，实现全方位产业互动。二是相信两省在创新创意方面的合作会有新突破。希望广东高新技术、文化创意等领域的高端企业、高端人才把目光聚焦山西，把项目布局山西，使传统文化资源与高端创意、高科技手段有机结合，提升三晋文化的表现力和影响力。三是相信两省在改革开放方面的合作会有新成果。建立综改试验沟通交流机制，借助广东密切联系港澳的优势，使山西在发展理念、先行先试等方面学到真经，更好地“引进来”“走出去”。四是相信两省在各个层面的合作会有新提升。密切资金、技术、人才双向交流，在生态环境、基础设施和社会事业等领域，在党政企业、民间社会交流交往方面，构建全方位、多层次、宽领域的交流合作格局。

朱小丹指出，广东与山西在经贸、能源、农业、旅游、文化、劳务等领域开展了一系列合作并取得丰硕成果。随着国家深入实施东部地区率先发展战略和中部崛起战略，粤晋两省联手抢抓机遇，全面推进多层次、多形式、全方位的合作基础扎实，前景广阔。广东将按照优势互补、互惠互利、共同发展的原则，全面推进与山西省在矿产、能源、煤炭、农业和旅游文化资源开发利用、市场开拓、产业转移与对接等多个领域的合作，共创两省合作共赢、科学发展的美好未来。

王君指出，近年来，在党中央、国务院的坚强领导下，山西全省上下深入贯彻落实科学发展观，坚持主题主线，全力推动转型跨越，经济社会发展和各项工作都取得了新的成绩，经济实力和发展水平跃上新的台阶，转型发展势头强劲，基础设施建设取得历史性突破，农业农村好形势得到进一步巩固和发展，生态建设深入推进，安全生产形势持续明显好转，民生和社会事业全面发展，转型综改试验区建设顺利推进。王君指出，希望双方进一步健全合作机制、拓宽合作领域、提升合作层次。一是在能源产业和先进装备制造业、新型材料工业、特色食品工业和新能源、电子信息、节能环保等新兴产业发展方面进一步加强合作，实现优势互补、共赢发展；二是在文化旅游业发展方面加强合作，积极构建互为客源地、互为目的地的旅游格局，推动两地文化旅游业快速发展；三是在科技、人才方面进一步加强合作，在重点领域和共性关键技术方面联合攻关、协同创新，通过晋粤合作的重要平台，吸引更多海外高层次人才到山西施展才华；四是在基础设施建设方面进一步加强合作，希望更多广东企业特别是金融企业充分发挥优势，参与山西基础设施建设和城市建设管理；五是在综改试验区建设方面进一步加强合作，更好地学习借鉴广东改革开放的经验和做法，加快我省转型发展步伐。

省人大、省政府、省政协换届筹备工作领导组会议 9月11日，省人大、省政府、省政协换届筹备工作领导组召开会议，贯彻落实中央精神，安排部署省人大、省政府、省政协换届工作。省委书记、省人大常委会主任、省换届筹备工作领导组组长袁纯清主持会议并讲话，省委常委、组织部长、省换届筹备工作领导组副组长汤涛，省委常委、省纪委书记、省换届筹备工作领导组副组长李兆前，省委常委、统战部长、省换届筹备工作领导组副组长聂春玉出席会议。

根据有关规定，省人大、省政府、省政协将于2013年1月进行换届，这是我省政治生活中的一件大事。会议指出，做好省人大、省政府、省政协换届工作，对于坚持和完善人民代表大会制度、中国共产党领导的多党合作和政治协商制度，推进社会主义民主政治建设，对于加强省级领导班子建设，调动各方面积极因素，加快转型跨越发展步伐，实现再造一个新山西的宏伟目标，具有重要意义。要严格按照中央部署要求，巩固省级领导班子配备改革成果，着眼于推动科学发展、促进社会和谐，着眼于增强班子整体功能，坚持德才兼备、以德为先用人标准，坚持五湖四海、任人唯贤，以选好干部、配强班子、优化结构、增强活力为重点，严格执行《党政领导干部选拔任用工作条例》和有关规定，深化干部人事制度改革，树立正确用人导向，进一步改善和优化班子结构，真正把那些政治坚定、实绩突出、作风过硬、群众公认的优秀干部选拔到领导岗位上来，努力把新一届领导班子建设成为坚定贯彻党的理论和路线方针政策，善于推动科学发展、促进社会和谐、加快转型跨越的坚强领导集体，为实现党的十八大和省第十次党代表大会提出的各项目标任务提供坚强有力的组织保证。要认真做好省人大代表的选举和省政协委员的协商提名确定工作，充分发扬民主，严格依法办事，坚持好中选优，落实好代表、委员结构要求，把各个领域、各个方面、各个层次的优秀分子选出来，充分体现先进性、广泛性、代表性。

会议强调，要坚持加强党的领导、充分发扬民主和严格依法办事的有机统一，在省委的领导下，充分发挥省人大、省政府、省政协党组的作用，高度重视、精心组织，周密部署、统筹安排，认真负责、协同配合，严格要求、严格程序，确保换届工作有序健康平稳进行。要严格执行中央和省委关于严肃组织人事纪律的各项规定，严肃换届纪律，加强换届工作监督，坚决防止和严肃查处跑官要官、买官卖官、拉票贿选等行为，营造风清气正的换届环境。要正确处理换届工作与经济社会发展的关系，切实做到换届和日常工作两不误、两促进。

省委常委会传达贯彻回良玉同志考察山西重要讲话精神 9月14日，省委常委会召开会议，传达贯彻回良玉同志考察山西重要讲话精神和三北防护林四期工程总结表彰暨五期工程启动大会精神，研究部署省人大、省政府、省政协换届工作，听取第四届中国(太原)国际能源产业博览会筹备情况汇报。省委书记袁纯清主持会议。

会议指出，8月26日至27日，中共中央政治局委员、国务院副总理回良玉出席在山西召开的三北防护林四期工程总结表彰暨五期工程启动大会并对我省进行考察，发表了重要讲话。三北防护林工作会议在我省召开，体现了党中央、国务院对山西工作特别是生态文明建设的高度重视和大力支持。近年来，我省把绿化山西作为加快转型跨越发展的重要内容，大力开展植树造林，加快推进三北防护林等生态工程建设，涌现出许多好的典型，创造了宝贵经验，生态环境明显改善。要认真贯彻落实三北防护林工作会议精神特别是回良玉同志重要讲话精神，树立生态文明理念，加大生态文明建设力度，提高思想认识，完善政策措施，加大投入力度，创新体制机制，大力弘扬右玉精神，进一步开创造林绿化和生态文明建设新局面。要坚持分区施策，整体推进林业发展；坚持重点突破，攻克生态脆弱地区；坚持造管结合，加快建设现代林业；坚持政策驱动，努力实现好中求快；坚持着眼长远，不断提高生态文明建设水平，走出一条生产发展、生活富裕、生态良好的文明发展道路。要把三北防护林工程摆到突出位置，全面落实各项建设任务，大力保护和扩大林草植被，着力构筑绿色生态屏障。要深化集体林权制度改革，健全林权流转机制，调动农民和社会各方面积极性，严厉打击破坏森林资源行为，实现大地增绿、林业增效、农民增收。

会议指出，明年1月省人大、省政府、省政协领导班子将进行换届，这是我省政治生活中的一件大事。要按照中央要求，坚持德才兼备、以德为先，坚持五湖四海、任人唯贤，严格执行换届政策规定，树立正确用人导向，提高选人用人公信度，严格执行《党政领导干部选拔任用工作条例》和有关法律章程规定，以选好干部、配强班子、优化结构、增强活力为重点，进一步发扬民主、推进改革、严肃纪律，真正把那些政治坚定、实绩突出、作风过硬、群众公认的优秀干部选拔到领导岗位上来，把新一届领导班子建设成为坚定贯彻党的理论和路线方针政策，善于推动科学发展、促进社会和谐、加快转型跨越的坚强领导集体，为实现党的十八大和省第十次党代表大会提出的各项任务提供坚强有力的组织保证。要加强党的领导、充分发扬民主、严格依法办事，做好省人大代表的选举和省政协委员的协商提名确定工作。要严肃换届纪律，坚决防止和严肃查处跑官要官、买官卖官、拉票贿选等行为，确保换届风清气正。要统筹抓好换届与经济社会发展各项工作，切实做到换届工作和日常工作两不误、两促进。

会议指出，以"绿色能源与转型跨越"为主题的第四届能博会即将举行，这是一次深化能源交流合作，推动绿色能源产业体系发展，加快转型跨越、扩大对外开放、提升山西形象的重要机遇。要按照平安、顺畅、有效的要求，加强组织领导，精心规划运作，密切协同配合，搞好安全保障，确保把能博会办成一届高层次、高水平的精彩盛会，全面展示山西转型跨越特别是绿色能源发展成就，引进国内外先进理念、技术和项目，实现能源创新发展，增强转型跨越动力。

第四届中国(太原)国际能源产业博览会 9月16日，第四届中国(太原)国际能源产业博览会隆重开幕。中共中央政治局常委、国务院副总理李克强发来贺信。全国人大常委会副委员长华建敏宣布开幕。省委书记、省人大常委会主任、组委会名誉主任袁纯清，商务部国际贸易谈判代表兼副部长高虎城分别致辞。省委副书记、省长、组委会主任王君主持开幕式并宣读李克强副总理的贺信(全文另发)。科技部党组书记、副部长王志刚，国家能源局副局长刘琦，省领导薛延忠、金道铭、李小鹏、高建民、陈川平、申联彬、杜玉林、牛仁亮、张平、张建欣、任润厚出席。

中国(太原)国际能源产业博览会经国务院批准，由山西省人民政府和国家商务部、科技部、能源局共同主办。每两年举办一次。能源博览会是国内能源领域唯一的国家级、国际化、专业性的展会。本届博览会顺应世界循环经济和低碳经济发展趋势，围绕最大程度地实现能源的全面、协调和可持续发展，服务我国节能减排和能源战略，在加强煤炭等常规能源合作的基础上，不断深化新能源的国际交流合作，着力打造国内外能源交流合作新平台，努力构筑集约、绿色、多元、低碳的能源产业体系，把山西建设成为具有特色的、可持续的新型能源中心,引领我国能源转型发展。第四届能博会以“绿色能源与转型跨越”为主题,主要内容有展览展示、高峰论坛、投资贸易等。

袁纯清在致辞中向莅临博览会的各位领导、海内外嘉宾和各界人士表示热烈欢迎和衷心感谢。他说,在能博会隆重开幕之际,李克强副总理专门发来贺信,对我们是巨大的鼓舞。绿色清洁是人类社会的永恒追求,是建设生态文明的重要内容,是能源产业可持续发展的根本途径。山西作为国家重要能源基地和资源型经济转型综合配套改革试验区,立足安全发展、绿色发展,坚持以煤为基、多元发展,努力推进能源产业的集约化、机械化、信息化,促进产业结构的清洁化、高端化、多元化。山西将抓住新能源产业方兴未艾的机遇,以循环经济和转型升级为路径,促进资源优势与先进理念和创新技术相融合、与高端人才和社会资本相嫁接、与经济发展和民生改善相促进,把绿色能源产业打造成主导产业,构建能源产业新范式,走出资源型地区科学发展新路子。他指出,绿色能源前景广阔,转型山西商机无限。真诚欢迎海内外宾朋来山西投资发展新能源和其他新兴产业,我们将提供优质服务,创造良好环境,让广大贵宾和客商安心创业、放心发展、舒心生活,共同开创绿色能源发展新天地。

王君在主持开幕式时说,本届能博会得到了中央领导的关心和支持,也得到了有关部委、兄弟省市、相关企业的支持,来自39个国家和地区的192家企业、1.2万名客商参会。他代表省委、省政府和第四届能博会组委会,对各位领导、嘉宾的到来,表示热烈的欢迎和衷心的感谢。他说,能博会的举办必将进一步促进国内外能源领域交流合作,推动我国能源产业绿色发展,扩大山西对外开放,展示山西改革发展的新形象。

高虎城代表国家商务部对博览会的开幕表示热烈祝贺。他说,能源是一个全球的众所关注的问题,促进世界能源供求平衡、维护世界能源安全,是世界各国共同面临的紧迫任务。举办能源博览会对能源产业的交流与合作,加快我国能源产业的发展方式转变、扩大对外开放具有重要的现实意义。

本届博览会以“绿色能源与转型跨越”为主题,探讨合作发展大计,以更加务实、高效、创新的精神,突出展会主题,拓展展会内涵,更新办展理念,通过国际合作与交流,不断扩大合作领域,不断密切合作往来,不断提升合作空间。商务部会与科技部、国家能源局、山西省人民政府密切配合,积极支持这一国际性、专业化的品牌展会,为促进国际能源合作、推动经济发展方式转变作出积极的贡献。

出席开幕式的国家有关部委领导有:国务院国资委党委委员、副秘书长杜渊泉,国家安监总局副局长付建华,国家知识产权局局长田力普,国家电力监管委员会副主席史玉波。

中国煤炭工业协会常务副会长梁嘉琨,中国太平洋经济合作全国委员会会长唐国强,中国太平洋经济合作全国委员会常务副会长、大使邹明榕,中国工程院院士袁亮,中国工程院院士、中国科协副主席、中星微电子集团董事局主席邓中翰等出席了开幕式。

中国兵器工业集团公司总经理张国清、中国华能集团公司总经理曹培玺、中国大唐集团公司总经理陈进行、中国国电集团公司总经理朱永芃、中国电力投资集团公司党组书记、总经理陆启洲、中国长江三峡集团公司董事长曹广晶、神华集团有限责任公司董事长张喜武等中央大型企业负责人受邀出席。

江苏省委常委、常务副省长李云峰,北京市副市长洪峰,湖北省副省长郭有明,陕西省副省长李金柱,河南省副省长张大卫,辽宁省政协原副主席姜笑琴等兄弟省市领导,以及美国GE能源集团公司、思科、德国西门子、瑞士ABB(中国)有限公司、法国液化空气等47家国际企业代表,德国北威州代表团、非洲可持续发展代表团等嘉宾及外国友人也出席了开幕式。这次展会参展企业137家,参会企业55家。参展企业中,国际47家,国内90家,世界500强企业26家,中央企业25家,中国500强企业30家,山西省属企业12家,外省省属企业5家,民营及其他类企业41家。

省人大、省政府、省政协换届工作会议 9月24日,省委召开省人大、省政府、省政协换届工作会议,认真贯彻中央精神和省委要求,对换届工作进行全面部署,省委书记、省人大常委会主任、省换届工作领导组组长袁纯清出席会议并讲话。他强调,要统筹安排、精心组织,保证省人大、省政府、省政协领导班子换届选举顺利进行、圆满成功,把省级领导班子建设成为坚定贯彻党的理论和路线方针政策,善于推动科学发展、促进社会和谐的坚强领导集体,为实现党的十八大和省第十次党代表大会提出的各项任务提供坚强有力的组织保证。

根据《中华人民共和国地方各级人民代表大会和地方各级人民政府组织法》和《中国人民政治协商会议章程》,明年1月,省人大、省政府、省政协任届期满,将集中进行换届。袁纯清在讲话中指出,省人大、省政府、省政协换届,是加强省级领导班子建设的重要步骤,是党的十八大后省级领导班子的一次集中调整,也是我省为第十二届全国人民代表大会和全国政协第十二届委员会做组织准备的一个重要环节,是全省政治生活中的一件大事。要充分认识到,搞好这次换届,是深入推进转型跨越发展,加快全面建设小康社会进程的需要,是发展社会主义民主政治的需要,是进一步加强省级领导班子建设的需要,是全省上下凝聚人心、攻坚克难的需要,要增强工作责任感,统筹安排、精心组织,保证省人大、省政府、省政协领导班子换届选举顺利进行、圆满成功。

袁纯清指出,要突出重点、把握要求,扎实细致做好换届各项工作。这次换届要高举中国特色社会主义伟大旗帜,以邓小平理论和“三个代表”重要思想为指导,深入贯彻落实科学发展观,坚持和完善人民代表大会制度、中国共产党领导的多党合作和政治协商制度,坚持德才兼备、以德为先用人标准,坚持五湖四海、任人唯贤,严格执行《党政领导干部选拔任用工作条例》和有关法律章程规定,以选好干部、配强班子、优化结构、增强活力为重点,进一步发扬民主、推进改革、严肃纪律，真正把那些政治坚定、实绩突出、作风过硬、群众公认的优秀干部选拔到领导岗位上来，树立正确用人导向，提高选人用人公信度，推进社会主义民主政治建设，努力把省级领导班子建设成为坚定贯彻党的理论和路线方针政策，善于推动科学发展、促进社会和谐的坚强领导集体，为实现党的十八大和省第十次党代表大会提出的各项任务提供坚强有力的组织保证。一要认真做好省人大、省政府、省政协领导班子的配备工作。坚持好中择优、优中选强，严格把握人选标准和条件，既要选好配强一把手，又要把各级领导班子成员选配好，优化班子结构，做到优势互补，切实提高班子的领导力、执行力、战斗力。严把政治关，把思想政治素质作为第一位的要求，把干部的德放在首位，重点考核干部在关键时刻、重要事件中的表现；严把政绩关，树立重实干、重品德、重实绩、重廉洁的鲜明导向，不让老实人吃亏，不让投机钻营者得利，形成干事创业的良好风气。严把作风关，坚决避免"带病提名""带病提拔"等问题。二要认真做好省人大代表选举和省政协委员协商工作。坚持好中选优，落实好代表、委员结构要求，充分体现人大代表、政协委员的先进性、代表性和广泛性；把充分发扬民主贯穿换届选举工作的全过程，坚持走群众路线；严格执行有关法律和章程，严格按法定程序进行。三要认真做好思想政治工作。教育引导干部正确对待名利地位，正确对待个人得失，正确对待进退留转，正确对待选举结果。

袁纯清强调，要坚持党的领导、充分发扬民主、严格依法办事有机统一，加强领导、统筹协调，确保换届工作顺利进行。各级党委要充分发挥领导核心作用，把换届工作摆上重要议事日程，把握方向、管好大事。各级领导干部要坚持原则、敢于负责，公道正派、当好表率，落实责任、搞好协调，坚决落实中央和省委决策部署，充分发挥党员的先锋模范作用。要搞好协调配合，在省委的统一领导下，充分发挥各方面的作用，形成上下联动、齐抓共管的工作格局。要统筹好党委、人大、政府、政协换届的衔接，统筹好换届工作与日常工作，把换届与迎接、学习、贯彻党的十八大精神结合起来，做到思想不散、秩序不乱、工作不断，圆满完成今年目标任务，确保换届工作和日常工作"两不误、两促进"。要严肃组织人事纪律，加强对换届全过程的监督，确保换届风清气正，激励全省干部群众振奋精神、团结奋进，不断开创转型跨越发展新局面，以优异成绩迎接党的十八大胜利召开。

省委常委、组织部长、省换届工作领导组副组长汤涛主持会议并就换届工作有关规定作了说明，省委常委、省纪委书记、省换届工作领导组副组长李兆前就严肃换届纪律提出要求，省委常委、太原市委书记陈川平出席会议。省换届工作领导组成员，各市市委书记、人大常委会主任、政协主席及相关部门负责同志参加会议。

省委贯彻落实中央惩防体系《工作规划》工作成果交流会 9月24日，省委召开会议，贯彻落实中央纪委贯彻落实惩防体系《工作规划》工作成果交流会特别是贺国强同志重要讲话精神，研究部署下一阶段任务，进一步推进具有山西特色惩防体系建设。省委书记、省人大常委会主任、省惩防体系建设领导组组长袁纯清作重要讲话，他强调，要进一步巩固和扩大贯彻落实《工作规划》和《实施办法》工作成果，在新的起点上不断完善具有山西特色的惩治和预防腐败体系，为贯彻落实党的十八大精神，推动转型跨越发展提供坚强保证。省委副书记、省惩防体系建设领导组副组长金道铭，省委常委、太原市委书记陈川平，省高级人民法院院长左世忠，省人民检察院检察长杨司出席会议。省委常委、省纪委书记、省惩防体系建设领导组副组长李兆前主持会议。大同市、运城市、晋中市、省发改委、省工商局、省卫生厅等6个市和部门负责同志作了交流发言。省惩防体系建设领导组成员，各市市委书记、纪委书记和有关方面负责人参加会议。

袁纯清在讲话中指出，中央高度重视惩防体系建设。胡锦涛总书记对推进惩治和预防腐败体系建设作出一系列重要指示。贺国强同志在贯彻落实《工作规划》工作成果交流会上的重要讲话，全面总结了党的十七大以来推进惩防体系建设的做法、成效和经验，指明了下一步工作重点。党的十七大以来，各级党委、政府和纪检监察机关坚持标本兼治、综合治理、惩防并举、注重预防的方针，突出重点、整体推进，初步构建起山西特色惩防体系基本制度框架，煤焦领域反腐败专项斗争、工程建设领域、农村党风廉政建设等重点工作成效突出，反腐倡廉科学化水平不断提高，解决了一批影响改革发展稳定、人民群众反映强烈的突出问题，积累了宝贵经验，得到中央和中纪委领导的充分肯定。五年来的探索实践充分说明，推进惩防体系建设，必须围绕工作中心，服务发展大局；必须坚持标本兼治，发挥整体效能；必须坚持改革创新，提高科技反腐水平；必须结合省情特点，强化工作措施；必须不断总结经验，把握建设规律；必须调动各方面积极因素，形成推进合力。

袁纯清就完善具有山西特色的惩治和预防腐败体系提出五点要求。一要深化思想认识，增强政治责任。推进惩防体系建设，是促进中国特色社会主义事业顺利健康发展的重要保证，是全面推进党的建设新的伟大工程的内在要求，是新形势下加强干部队伍建设的客观要求，也是加快转型跨越发展、加快全面建设小康社会进程的重要保障。要通过富有成效的惩防体系建设，整治不良风气，改进干部作风，创优发展环境，进一步凝聚人心、振奋精神，形成齐心谋转型、合力促跨越的良好环境和浓厚氛围。二要强化顶层设计，搞好科学规划。按照中央新的《工作规划》部署，在认真总结经验、深入调查研究的基础上，制定好我省《实施办法》。要统筹推进惩防体系各项工作，建立健全从源头上防治腐败的长效机制，建立起思想道德教育长效机制、反腐倡廉制度体系、权力运行监控机制。三要坚持改革创新，积极探索实践。认真总结和推广基层创造的有益做法，运用创新的思路、系统的观点、改革的办法、科技的手段推进惩防体系建设，更加注重权力监督制约，更加注重反腐倡廉理论特别是重点课题研究。四要明确目标任务，注重抓好落实。认真梳理各项工作进展情况，对已经完成的工作，要建立长效机制、巩固工作成果；对正在进行的工作，要加大推进力度、加快工作进度，确保按期完成;对需要延伸的工作,要提前谋划、搞好衔接。特别要提高廉政教育水平,提高反腐倡廉制度建设水平,提高权力运行监督制约水平,提高维护人民群众利益水平,提高查办案件水平。五要加强组织领导,形成工作合力。各级党委、政府特别是主要领导干部要认真落实党风廉政建设责任制,切实担负起深入推进惩防体系建设的政治责任,把惩防体系建设与改革发展稳定各项工作有机结合起来,确保一同部署、一同推进、一同考核。各级纪检监察机关要加强组织协调和监督检查,在保障发展上有新作为、在关键环节上有新突破、在系统治理上有新进展、在长效机制建设上有新成效、在坚决惩治上有新成果,推动形成以廉为荣、以贪为耻的社会风尚。

全省创先争优活动总结交流大会 9月27日,省委召开创先争优活动总结交流大会,总结全省创先争优活动成果,交流经验和体会,研究部署下一步工作。会议由省委常委、组织部长汤涛主持。省委书记、省人大常委会主任袁纯清出席大会并作重要讲话,他强调,要巩固创先争优活动成果,着力推进创先争优常态化、制度化、长效化,动员和激励全省党员干部振奋精神、开拓进取、扎实工作,保持和发展党的先进性和纯洁性,推进转型跨越发展不断取得新成效,以优异成绩迎接党的十八大胜利召开。

按照中央统一部署,2010年6月以来,全省11.2万个基层党组织、228.57万名共产党员参加了创先争优活动。袁纯清指出,开展创先争优活动,是保持党的先进性和纯洁性的一次有益探索,是继学习实践科学发展观活动之后党内开展的又一场生动教育实践,影响巨大、意义深远。全省上下紧紧围绕"推动科学发展、促进社会和谐、服务人民群众、加强基层组织"的总要求和"创先争优我承诺,转型跨越促发展"的主题载体,坚持坚定目标抓转型,坚持经常抓机制,强化载体抓岗位,兑现承诺抓评议,检验效果抓惠民,较好地完成各项任务,受到人民群众和社会各界好评。活动中,始终贯穿科学发展这个主题,组织引导广大党员紧紧围绕加快转型跨越、办好"两件大事",努力创科学发展之先,争富民强省之优;始终把握加强领导这个要求,把创先争优活动作为"书记工程"抓在手上,省委常委带头参加各项活动,使领导力量、部门力量和基层力量有机结合起来;始终践行服务人民这个宗旨,坚持以群众得实惠为目标,以群众满意为标准,掀起服务群众热潮;始终突出基层组织这个重点,深入开展"基层组织建设年"活动,提高了基层党组织的战斗力;始终落实维护稳定这个责任,以党建工作创新引领社会管理创新,严格执行维护稳定工作一把手责任制;始终注重创新载体这个关键,开展保持党的纯洁性学习教育活动,引深学习弘扬"右玉精神",开展创优发展环境专项整治活动和作风纪律整顿。

袁纯清指出,两年多的创先争优活动,是统一思想、凝聚共识的基础工程,是推动科学发展、加快转型跨越的保障工程,是服务群众、造福人民的民心工程,助推了转型跨越,增进了民生福祉,夯实了基层基础,完善了体制机制,深化了探索研究,取得了党员欢迎、社会认可、群众满意的良好效果。搞好创先争优,必须把思想教育与专项治理结合起来,必须把解决突出问题与建立长效机制结合起来,必须把领导带头与典型引路结合起来,必须把实践探索与理论总结结合起来,必须把发挥组织优势和动员群众参与结合起来,必须把落实中央部署和大胆探索创新结合起来。

袁纯清指出,创先争优是一项经常性、长期性的党员教育活动,是永无止境、常抓常新的系统工程。要通过创先争优活动的常态化、制度化、长效化,推动党建工作的科学化,在保持和发展党的先进性和纯洁性,在推进转型跨越发展上不断取得新的成效。

一要运用和拓展好创先争优思想成果,不断提升思想水平和精神境界。教育引导广大党员,高举中国特色社会主义伟大旗帜,抓好党的十八大精神的学习贯彻,从思想上、政治上、行动上与党中央保持高度一致,把创先争优活动中焕发的热情和干劲,转化为推动发展的强大动力,更好地促进事业发展、造福人民群众。二要运用和拓展好创先争优理论成果,增强自觉性、把握规律性。围绕加强党的思想、组织、作风、制度和反腐倡廉建设,围绕走出资源型地区科学发展之路,加强重点问题研究,在把握规律中深化认识,在凝聚共识中完善思路,在更新观念中明确路径。三要运用和拓展好创先争优实践成果,努力开创转型跨越新局面。引导广大党员争科学发展的先进、发展质量和发展效益的先进、可持续发展的先进、以人为本的先进,以建设转型综改试验区为统揽,以实施《总体方案》为抓手和动力,加大项目建设和招商引资力度,通过建设循环经济创新工业形态,通过发展"一村一品"夯实农业现代化基础,通过"一核一圈三群"加快市域城镇化进程,通过生态建设和节能减排改善城乡面貌,着力提高人民群众的社会保障水平、收入水平、健康水平和科技教育水平,把安全生产和维护稳定摆在突出位置,加强和创新社会管理。四要运用和拓展好创先争优创新成果,不断提高研究新情况解决新问题的能力和水平。充分发挥党组织的战斗堡垒作用、广大党员的先锋模范作用、人民群众的发展主体作用、先进典型的示范引领作用,创新党组织的设置方式和活动方式,使各级基层党组织和广大党员成为全社会的行动标杆,使创先争优成为全社会的价值取向。五要运用和拓展好创先争优制度成果,建立健全永葆先进性纯洁性的长效机制。建立教育培训长效机制,把学习贯彻党的十八大精神作为理论武装的首要任务;建立推动发展长效机制,形成有利于资源型经济转型的政策体系;建立干部联系点长效机制,引深下乡住村包村活动;建立监督评价长效机制,形成学习先进、崇尚先进、争当先进的生动局面。

会上,清徐县委书记车建华、侯马市浍滨街北社区党支部书记赵俊丽、平定县岔口乡甘泉井村党支部书记刘建平、省高速公路管理局小店女子收费站党支部书记荣海凤、大同煤矿集团轩岗煤电有限责任公司党委书记高峰、山西财经大学党委书记杨怀恩作了交流发言。

省委常委会研究部署宣传思想文化工作和大学生村官工作 9月29日,省委常委会召开会议,传达学习全国文化体制改革工作表彰大会、全国第十二届精神文明建设“五个一工程”表彰座谈会、全国宣传部长座谈会和全国大学生村官工作会议精神，研究我省贯彻落实意见。省委书记袁纯清主持会议。

会议指出，深化文化体制改革，加强精神文明建设，加强宣传思想文化工作，推动社会主义文化大发展大繁荣，是发展中国特色社会主义事业的重要内容和保障。我省宣传思想文化工作取得明显成效和重要突破，创造了宝贵经验，彰显了山西文化，提升了山西形象，增强了全省人民的自豪感和自信心。要认真贯彻落实全国文化体制改革工作表彰大会特别是李长春同志重要讲话精神，依托山西丰厚的文化资源，以高度的文化自信、文化自觉和文化自为，继续深化文化体制改革，建立多元投入机制，鼓励社会资金进入文化产业，增强文化单位的内在活力。要坚持一手抓传统文化产业，一手抓新兴文化产业，推动文化产业跨越式发展，加快构建基本公共文化服务体系，深入开展对外文化交流，加快文化强省建设步伐。要顺应人民群众对文化生活的新期待，以精神文明建设“五个一工程”为载体，把弘扬社会主义核心价值体系作为根本任务，贯穿到文艺创作生产各个方面，引导广大文化工作者深入生活、深入群众，创作生产更多精品佳作，更好地发挥文化引领风尚、教育人民、服务社会、推动发展的重要作用。

会议强调，要按照中央部署和要求，坚持正确方向，把握舆论导向，进一步掀起迎接党的十八大的宣传热潮，唱响共产党好、社会主义好、改革开放好、伟大祖国好、各族人民好的时代主旋律。要抓紧做好学习宣传贯彻十八大精神的各项准备工作，制定学习宣传贯彻十八大精神的总体方案。要围绕迎接、宣传、贯彻党的十八大精神，把握主题、突出重点，面向基层、面向群众，围绕中国特色社会主义理论体系，围绕推进科学发展、促进社会和谐，突出转型跨越、“两件大事”的战略，突出转型综改试验区，着力抓好宣传工作和重点报道，进一步动员和激励全省人民的积极性和创造性。

会议指出，加强大学生村官的使用、培养、选拔工作，是培养新农村建设骨干力量，加强基层干部队伍建设的重要途径。我省选聘大学生村官工作走在全国前列，为广大农村发展注入了生机和活力。要按照全国大学生村官工作会议的部署，进一步提高思想认识，完善政策措施，把大学生村官纳入干部人才队伍建设规划，加大对优秀大学生村官的培养选拔力度，建立岗位管理制度，切实加强培养使用，提供创业平台，拓宽成长渠道，让大学生村官挑重担子，确保下得去、待得住、干得好、流得动，促进大学生村官工作健康发展。要加强管理考核，强化教育培训，健全保障机制，提高大学生村官管理制度化、规范化水平。要开展大学生村官创业行动计划，在政策、资金、信息、技术、项目等方面给予支持，通过大学生村官带动农民创业，增加农民收入，推动新农村建设，促进农村转型跨越发展。

省委常委会部署做好迎接党的十八大宣传舆论工作 10月15日，省委常委会召开会议，研究部署做好迎接党的十八大宣传舆论工作，听取整治“吃拿卡要”、创优发展环境情况汇报，提出引深措施。省委书记袁纯清主持会议。

会议指出，党的十八大即将召开，各地各部门要以高度政治责任感做好迎接党的十八大宣传舆论工作。要深入学习宣传贯彻胡锦涛总书记“7·23”重要讲话精神，深化中国特色社会主义理论体系宣传教育，增强贯彻落实科学发展观的自觉性坚定性，增强走中国特色社会主义道路的信念信心，把广大干部群众的思想认识统一到中央精神和决策部署上来，进一步形成共识、凝聚力量，打牢团结奋斗的共同思想基础。要唱响共产党好、社会主义好、改革开放好的时代主旋律，大力宣传十六大以来的辉煌成就，大力宣传转型跨越发展取得的明显成效，大力宣传社会主义核心价值观，组织开展丰富生动的群众性主题实践活动，掀起迎接党的十八大宣传热潮。要集中推出一批优秀文艺作品，开展丰富多彩的文化活动，营造喜庆热烈、文明和谐的社会文化氛围。要加强对意识形态工作的领导，解决好人民群众的切身利益问题，加强对新兴媒体的建设、运用和管理，统筹做好改革发展稳定各项工作，为党的十八大胜利召开营造良好思想舆论氛围。

会议指出，省委、省政府部署开展“吃拿卡要”问题专项整治工作以来，各地各部门把专项整治与创先争优活动和保持党的纯洁性学习教育活动结合起来，与项目落地年活动结合起来，以思想教育为基础，以自查自纠为重点，以建章立制为关键，以优化环境为目标，切实加强领导，深入自查自纠，严查典型案件，建立长效机制，集中整治企业和人民群众反映强烈的“吃拿卡要”问题，基本上达到教育干部、纠正问题、狠刹歪风和推进行政审批改革、提高行政效能的目的，促进了项目落地，推动了转型跨越，取得了重要阶段性成果。整治“吃拿卡要”问题是加强反腐倡廉建设的基础性工作，是治理群众身边腐败问题、创优发展环境、改进干部作风的重要举措。要把整治“吃拿卡要”作为一项长期任务，总结经验、巩固成果，把握规律、完善思路，坚持不懈、标本兼治，进行深度研究，强化工作措施，健全长效机制。一要抓好全员教育，紧贴工作、岗位实际，加强以以人为本、转变作风为重点的思想教育，提高教育的针对性、实效性，使思想教育覆盖到每一个部门、每一个岗位、每一个工作人员，增强为基层服务、为企业服务、为群众服务的自觉性。二要保持高压态势，对“吃拿卡要”问题发现一起、查处一起，严肃查处违纪违法案件，对典型案件要公开曝光，对整治“吃拿卡要”不力，导致问题长期得不到解决的，要追究领导责任。三要减少审批环节，深化行政审批制度改革，发挥市场配置资源的基础性作用。四要搞好流程再造，进一步整合审批资源、规范办事程序，加强顶层设计、提高办事效能。五要扩大办事公开，推广农廉网等成功经验，确保权力公开运行，保障群众的知情权、参与权、监督权，为转型跨越发展创造良好环境。

省委常委会研究部署维护社会稳定、党内法规建设和信访工作 10月29日，省委常委会召开会议，传达学习全国政法委书记座谈会精神，围绕党的十八大研究部署维护社会稳定工作，听取我省党内法规工作情况汇报，研究落实中央信访工作督导组对我省的反馈意见。省委书记袁纯清主持会议。

会议指出，党的十八大即将召开，做好各项工作，确保社会稳定，当好首都“护城河”，是一项十分重要的政治任务。要进一步增强政治意识、责任意识、协作意识、服务意识，全力以赴，严格要求，过细工作，确保各项安保维稳措施落到实处。要坚持重心下移、靠前工作、抓早抓小，加强基层基础工作，加大矛盾纠纷排查化解力度，从源头上预防和减少矛盾问题发生。依法打击各类严重刑事犯罪活动，深化治安突出问题和治安混乱地区专项治理，强化社会面的防控、重要设施安全防范和特殊人群的服务管理工作，严防发生影响社会稳定的重大事件和案件。进一步加强安全生产工作，及时消除各种隐患，坚决杜绝重特大事故发生。要强化责任、严肃纪律，加强组织领导，重视舆论引导，积极开展“喜迎十八大、岗位做奉献”主题活动，围绕党的十八大搞好宣传工作，为党的十八大召开营造喜庆祥和的社会氛围，创造安全稳定的社会环境。

会议指出，党内法规是各级党组织和全体党员开展工作、从事活动的基本遵循，加强党内法规建设是落实党要管党、从严治党，保持党的先进性和纯洁性的必然要求，是全面提高党的建设科学化水平、推进党的事业健康发展的重要保证，是提高党科学执政、民主执政、依法执政水平的客观需要。要增强法规意识，从全局和战略高度重视党内法规工作，充实党内法规工作力量，构建内容协调、程序严密、配套完备、有效管用的党内法规制度体系，形成重视、学习、遵守党内法规的浓厚氛围，提高党的建设制度化、规范化、程序化水平。

会议指出，中央督导组对我省信访工作进行督导，是对我省工作的有力指导、帮助和推进。要增强做好信访工作的责任感和紧迫感，坚持用群众工作统揽信访工作，加强组织领导，狠抓责任落实，从改善民生和维护群众权益的高度搞好信访工作，确保各项惠民政策落到实处，积极帮助群众排忧解难，解决好群众反映强烈的突出问题，最大限度增加和谐因素、减少不和谐因素。要把推动“事要解决”作为重中之重，加强排查、突出重点、协同作战，通过完善政策、领导接访下访、体制机制创新，加强重大决策的社会稳定风险评估，加强宣传教育和舆论引导，进一步抓好解决问题和源头预防。要认真贯彻落实中央督导组的反馈意见，总结好的做法和经验，建立信访工作长效机制，注重分类指导，抓好队伍建设，夯实工作基础，不断开创我省信访工作新局面。

传达贯彻党的十八大精神电视电话会议 11月16日，省委召开传达贯彻党的十八大精神电视电话会议。省委书记、省人大常委会主任袁纯清主持会议并作重要讲话，他强调，要把学习宣传贯彻党的十八大精神作为当前和今后一个时期首要政治任务，高举中国特色社会主义伟大旗帜，以高度的政治责任感和历史使命感，兴起学习宣传贯彻党的十八大精神的热潮，全力办好“两件大事”，为全面建成小康社会努力奋斗。省委副书记、省长王君传达党的十八大精神。省委副书记金道铭，省政协主席薛延忠，省领导李小鹏、胡苏平、高建民、汤涛、李兆前、陈川平、张少华、王建明、聂春玉、杜善学等出席会议。省人大、省政府、省政协负责同志，省军区、武警山西总队主要负责同志；省法院院长、省检察院检察长；省级老同志；省出席党的十八大代表；省直各部门主要负责同志；驻太原本科院校、省管国有骨干企业党委书记；中央驻晋主要新闻媒体负责同志在主会场参加会议。

袁纯清在讲话中指出，党的十八大是在我国进入全面建成小康社会决定性阶段召开的一次十分重要的大会。胡锦涛同志的报告，以引领时代的鲜明主题，阐明了关系党和国家工作大局的核心问题；以振兴中华的崇高使命，高扬了中国特色社会主义伟大旗帜；以开拓进取的勇气魄力，描绘了全面建成小康社会的美好图景；以全面协调的科学路径，对经济社会发展作出新的部署；以执政为民的宗旨意识，顺应了人民过上幸福美好生活的新期待；以居安思危的战略思维，提出了提高党的建设科学化水平的新要求。报告既有鲜明的思想性、前瞻性，又有很强的战略性、指导性，是坚定不移沿着中国特色社会主义道路前进的政治宣言，是引领全面建成小康社会的行动纲领，是马克思主义的纲领性文件。大会通过的党章修正案，充分体现了党的十七大以来党的工作和党的建设的实践成果和新鲜经验，特别是把科学发展观确立为我们党的行动指南并体现在各个部分，具有十分重要的意义。

袁纯清指出，要深刻领会、全面把握党的十八大精神实质，切实把全省广大党员和干部群众的思想统一到党的十八大精神上来。特别是深刻领会、全面把握大会的主题，深刻领会、全面把握过去五年的工作和十年的基本总结，深刻领会、全面把握中国特色社会主义的丰富内容，深刻领会、全面把握科学发展观的历史定位和深刻内涵，深刻领会、全面把握深化全面建成小康社会的宏伟目标，深刻领会、全面把握深化改革开放的时代要求，深刻领会、全面把握“五位一体”总体布局，深刻领会、全面把握提高党的建设科学化水平的新部署，深刻领会、全面把握党章修正案的新内容新观点，增强道路自信、理论自信、制度自信，更加自觉地贯彻落实科学发展观，增强忧患意识、创新意识、宗旨意识、使命意识，在认识上有新提高，在工作上有新举措，在精神上有新面貌，在事业上有新进步。

袁纯清指出，山西正站在一个新的历史起点上，转型跨越处于关键时期。省第十次党代表大会提出的办好“两件大事”符合党的十八大精神。我们要认真贯彻党的十八大精神，在坚持走中国特色社会主义道路上更加坚定，在贯彻落实科学发展观上更加自觉，在推进转型跨越发展、办好“两件大事”上更加有效。一要扎实推进全面转型、深度转型，在提高经济发展的质量和效益上取得新突破。通过构建现代产业体系和发展循环经济，进一步发挥资源优势，以新兴产业为先导，推动科技和资本在更高层次的融合互动，提高新兴产业的比重和核心竞争力；以传统产业为基础，抓好兼并重组和技术改造两个关键环节，提高资源就地转化率、传统产业循环率和原材料深加工率；通过抓好实体经济，进一步发挥发展优势，加快推进“双千亿”、“双五百亿”、“双百亿”工程，促进中小微型企业快速成长，推动国有经济与民营经济公平竞争、共同发展；通过推动城乡一体化发展，进一步发挥互动优势，加大强农惠农富农政策力度，大力发展“一村一品”、“一县一业”，深入推进新农村建设和扶贫开发，加快实施“一核一圈三群”总体战略，促进城镇化的内涵式高质量发展，形成以工促农、以城带乡、工农互惠、城乡一体的新型工农、城乡关系；通过推进科技创新，进一步发挥竞争优势，促进创新资源高效配置和综合集成，推动资源依赖向创新驱动转变。二要发扬艰苦奋斗的拼劲，在提高全面小康实现程度和速度上取得新突破。高举中国特色社会主义伟大旗帜，全力办好“两件大事”，为全面建成小康社会努力奋斗，重点在优化产业结构、提高科技进步对经济社会发展的贡献率、降低单位GDP能耗和二氧化碳排放等方面下功夫，着力解决生存型、发展型、保障型、安全型等各类问题，凝聚全省干部群众的智慧和力量，使我省全面小康实现程度达到全国平均水平。三要加快推进转型综改试验区建设，在深化改革开放上取得新突破。以实施《总体方案》为抓手，以产业转型、资源型产品价格形成、增强企业活力等为关键点，加快形成有利于资源型经济转型的体制机制和政策体系。坚持对内开放与对外开放并举、“引进来”与“走出去”并举、招商引资与招才引智并举，建立与转型跨越相协调、与山西实际相适应的开放型经济体系。四要着力改善民生、创新社会管理，在提高社会保障水平、收入水平、健康水平、科技教育水平上取得新突破。加快推进覆盖城乡居民的社会保障体系建设，落实就业优先战略和更加积极的就业政策，实施城乡居民收入倍增计划，为群众提供安全有效方便价廉的公共卫生和基本医疗服务，促进教育优先发展、均衡发展、公平发展。强化公共安全体系和企业安全生产基础建设，实现持久安全、稳定安全、本质安全。提高社会管理科学化水平，维护社会和谐稳定。五要加强政治文明建设，提升文化软实力，在建设“法治山西”和文化强省上取得新突破。坚持和完善人民代表大会制度，坚持和完善中国共产党领导的多党合作和政治协商制度，完善协商民主制度和工作机制，完善基层民主制度，加快推进依法治省。要以高度的文化自觉、文化自信和文化自为，提炼和培育具有广泛号召力、影响力和凝聚力的山西精神，深入实施“文化产业振兴工程”和“文化惠民”工程，推动文化大发展大繁荣，加快建设中部地区文化强省。六要以“绿化山西、气化山西、净化山西、健康山西”为重点，在生态文明建设上取得新突破。把生态文明建设融入经济社会发展的各方面和全过程，实施重大生态修复工程和“水生态系统保护修复行动”，推广清洁能源，实施城乡环境综合整治工程，加快建立生态文明制度。七要以提高党的建设科学化水平为指引，在建设学习型、服务型、创新型党组织上取得新突破。实施中国特色社会主义理论体系普及工程，促进党员干部思想教育常态化、党性教育深刻化、道德教育长效化。抓好以为民务实清廉为主要内容的党的群众路线教育实践活动，完善党员干部直接联系群众制度，提高为人民服务的能力和水平。深化干部人事制度改革，加强反腐倡廉工作，做到干部清正、政府清廉、政治清明。加强党的纪律建设，严肃党的纪律特别是政治纪律，自觉同党中央保持高度一致。

袁纯清指出，要把学习宣传贯彻党的十八大精神摆上重要日程，迅速兴起学习宣传贯彻党的十八大精神的热潮。一要深入宣讲，把党的十八大精神学习好领会好。抓好中心组学习，充分发挥各级党校、行政学院、理论研究部门和高等院校的思想教育作用，充分发挥机关、农村、社区、企业、新社会组织等基层党组织的宣传发动作用，充分发挥工会、共青团、妇联等人民团体的组织引导作用，充分发挥各级组织、宣传部门的指导促学作用，加强理论研究，做好培训轮训工作，开展各种学习实践活动，把广大党员群众的思想和行动统一到党的十八大精神上来。二要营造声势，形成学习贯彻党的十八大精神的浓厚氛围。新闻媒体要充分发挥舆论引导作用，把握正确导向，强化舆论引导，形成宣传强势，使全省人民以更大热情和干劲为全面建成小康社会努力奋斗。三要狠抓落实，有效破解难题推动工作。深入调查研究，完善发展思路，搞好规划衔接，总结新鲜经验，推广有效做法，把党的十八大精神转化为坚定的信念、科学的方法，转化为推动工作、加快发展的新理念、新部署、新举措，转化为实实在在的发展成果。四要领导带头，在学习践行党的十八大精神上作表率。从省委常委做起，从各级领导班子做起，带头学习十八大、带头宣讲十八大、带头贯彻十八大，保持顽强拼搏、干事创业，敢于争先、勇创一流的精神状态，以更宽的视野审视发展，以更高的水准推动工作，以更大的力度加快转型。

袁纯清对做好当前工作提出五点要求：一要加强经济运行监测，保持经济平稳较快增长，确保全年目标任务圆满完成。二要加快项目进度，在抓落地、抓开工、抓投产上下功夫。三要高度重视民生，解决好群众面临的生产生活困难。四要抓好安全生产，巩固安全生产良好形势。五要确保社会稳定，维护好人民群众的合法权益。

袁纯清强调，我们要紧密团结在以习近平同志为总书记的党中央周围，高举中国特色社会主义伟大旗帜，坚持以邓小平理论、“三个代表”重要思想、科学发展观为指导，敢于攻坚克难，不忘艰苦奋斗，全力办好“两件大事”，努力谱写转型跨越、科学发展新篇章，开创全省人民幸福美好的未来，为实现全面建成小康社会的宏伟目标努力奋斗。

省委常委会传达学习中央《通知》精神 11月23日，省委常委会召开会议，传达学习中共中央《关于认真学习宣传贯彻党的十八大精神的通知》，讨论关于省委常委、副省长和省人大、省政协主要负责同志带头学习宣传贯彻党的十八大精神的《安排意见》。省委书记袁纯清主持会议。

会议指出，深入学习宣传贯彻党的十八大精神是当前和今后一个时期的首要政治任务。习近平总书记在十八届一中全会上对学习宣传贯彻党的十八大精神提出要求，党中央发出《关于认真学习宣传贯彻党的十八大精神的通知》，在中央政治局深入学习贯彻党的十八大精神第一次集体学习时，习近平总书记作了重要讲话，强调把坚持和发展中国特色社会主义作为学习贯彻党的十八大精神的聚焦点、着力点、落脚点，把党的十八大精神学得更加深入、领会得更加透彻、贯彻得更加自觉。省委及时传达贯彻党的十八大精神，省委常委会对学习宣传贯彻党的十八大精神作了研究部署，省委发出《关于深入学习宣传贯彻党的十八大精神的通知》，一个深入学习宣传贯彻党的十八大精神的热潮正在全省兴起。省委常委、副省长和省人大、省政协主要负责同志要率先垂范，明确责任，突出重点，学深学透，在把握精神实质、搞好专题研讨、抓好宣讲培训、完善发展思路、促进各项工作上狠下功夫，确保取得实效。

会议强调，要着力抓好对党的十八大报告重大理论观点、重大方针政策、重大工作部署的学习宣传贯彻，省委常委、副省长和省人大、省政协主要负责同志围绕关于中国特色社会主义的丰富内涵和夺取中国特色社会主义新胜利的基本要求，关于全面建成小康社会目标和“五位一体”总布局，关于科学发展观的历史定位和指导意义等专题，在深入学习解读的基础上形成一篇学习心得；在联系点和分管领域，分别进行一次宣讲辅导；围绕报告的创新观点和重点工作，结合山西实际形成一份改进工作思路和提出新的工作举措的调研报告。

会议指出，要创新学习方法，确保取得实效。一要认真钻研学习，把大会精神领会好解读好。原原本本学习报告和党章，认真学习习近平总书记在党的十八届一中全会、中央政治局第一次集体学习时的讲话，把主要精神、创新观点、重大部署、有关背景领会好、把握准，力求学深学透、融会贯通。二要深入基层群众，把报告宣讲好宣传好。从理论和实践层面回答党员干部群众提出的问题，激发基层党员干部群众学习十八大、宣传十八大、贯彻十八大的热情和干劲。三要搞好调查研究，把民情民意了解好反映好。听取群众呼声，集中党员智慧，总结新鲜经验，推广有效做法，为完成党的十八大确定的奋斗目标提供强大动力，形成工作合力。四要坚持学以致用，把发展思路充实好完善好。把全面建成小康社会与完成省第十次党代表大会确定的目标任务特别是办好“两件大事”结合起来，把落实党的十八大提出的新理念新部署新举措与实施“十二五”规划和抓好分管领域工作结合起来，使各项工作方向更明确、思路更完善、措施更有力。五要注重实际成效，把各项事业推进好发展好。使学习宣传贯彻的成效真正体现到全面深度转型、建设综改试验区上来，体现到促进社会和谐、让人民群众得到更多实惠上来，体现到确保稳中求进、完成全年目标和科学谋划明年工作上来，体现到解放思想、改革开放、凝聚力量、攻坚克难上来，体现到提高党的建设科学化水平上来。

省委常委会传达贯彻吴邦国委员长考察山西重要讲话精神 11月23日，省委常委会召开会议，传达贯彻吴邦国委员长考察山西重要讲话精神，研究贯彻落实意见。省委书记袁纯清主持会议。

会议指出，在全省上下深入学习宣传贯彻党的十八大精神、加快转型跨越发展的重要时刻，11月19日至23日，全国人大常委会委员长吴邦国深入我省运城、太原、晋中等地，就贯彻落实党的十八大精神、加快转变经济发展方式、保障和改善民生、加强生态文明建设、加强城乡基层组织建设等进行考察，看望基层干部群众，发表了重要讲话，充分体现了对山西工作的高度重视和对山西人民的亲切关怀。吴邦国委员长的重要讲话，对我省经济社会发展取得的成绩给予充分肯定，对山西转型跨越发展提出希望和要求，对全省深入学习宣传贯彻党的十八大精神是有力推动，对全省干部群众是巨大鼓舞。

会议指出，要认真贯彻落实吴邦国委员长重要讲话精神，以学习贯彻党的十八大精神为契机，把全省干部群众的力量凝聚到实现十八大确定的各项任务上来，凝聚力量奔小康、攻坚克难促转型，努力走出一条资源型地区转型跨越、科学发展的新路子。一要深入学习宣传贯彻党的十八大精神，进一步加快全面建成小康社会步伐。按照中央的部署和要求，全面兴起学习宣传贯彻党的十八大精神的热潮，各级领导干部要率先垂范，认真钻研学习，把大会精神领会好解读好；深入基层群众，把报告宣讲好宣传好；搞好调查研究，把民情民意了解好反映好；坚持学以致用，把发展思路充实好完善好；注重实际成效，把各项事业推进好发展好，引导党员干部群众深入学习、深刻领会、准确把握党的十八大报告确立的重大理论观点、重大方针政策、重大工作部署，把思想和行动统一到党的十八大精神上来，把力量和智慧凝聚到全面建成小康社会、办好“两件大事”上来。二要深入推进转型，努力实现更高层次、更高质量、更高效益的发展。以转型综改试验区《总体方案》为路径，抓好兼并重组和技术改造两个基本环节，推动传统产业绿色发展、低碳发展、循环发展，走出具有山西特色的经济发展路子；抓好科技和资本两个要素，大力发展先进装备制造、现代煤化工、新能源、新材料等战略性新兴产业，提高新兴产业比重和核心竞争力；抓好国有大型企业和中小微型企业两类市场主体，采取有力政策措施，促进实体经济平稳较快发展；抓好文化旅游和特色农业两大优势产业，变资源优势为经济强势、转型态势和收入增势。三要切实保障和改善民生，让人民群众过上更加幸福美好的生活。着眼于提高人民群众的社会保障水平、收入水平、健康水平和科技教育水平，加大民生投入力度，着力解决生存型、发展型、保障型、安全型等问题，把扩大就业和增加居民收入作为重中之重，实施就业优先战略和更加积极的就业政策，落实城乡居民收入倍增计划。加大扶贫开发力度，着重抓好吕梁山区等集中连片贫困地区的脱贫致富工作。统筹推进以保障和改善民生为重点的社会建设，推进基本公共服务均等化，着力解决群众关注的教育、医疗、住房、社会保障等现实问题，让广大群众生活有尊严、发展有机会、利益有保障。四要走出具有资源型特点的生态文明建设路子，既要建设小康山西，又要建设美丽山西。把生态文明建设摆在更加突出的战略地位，以构筑绿色增长模式、建设绿色生态环境、完善绿色发展机制为重点，加快建设绿化山西、气化山西、净化山西、健康山西，大力淘汰落后产能，扎实推进节能减排，促进清洁生产和资源循环利用，抓好造林绿化、污染防治和生态修复工程，加快建设资源节约型、环境友好型社会。五要全面提高人大工作科学化水平，为转型跨越发展提供有力保障。坚持走中国特色社会主义政治发展道路，牢牢把握人大工作正确政治方向，充分发挥国家权力机关作用，依法行使立法、监督、决定、任免等职权，通过完善代表联系群众制度等措施，提高代表依法履职能力，更好服务全面建成小康社会和转型跨越发展大局。

会议指出，要紧密团结在以习近平同志为总书记的党中央周围，高举中国特色社会主义伟大旗帜，坚持以邓小平理论、"三个代表"重要思想、科学发展观为指导，深入学习宣传贯彻党的十八大精神，认真贯彻落实吴邦国委员长视察山西重要讲话精神，坚定信心，开拓进取，扎实工作，开创全省人民更加幸福美好的未来，为全面建成小康社会努力奋斗。

中央宣讲团党的十八大精神报告会 12月1日，中央宣讲团党的十八大精神报告会在太原举行，由中央宣讲团成员、国务院研究室党组成员、副主任宁吉喆宣讲党的十八大精神。省委书记、省人大常委会主任袁纯清主持报告会并讲话。省委副书记、省长王君，省委副书记金道铭，省政协主席薛延忠，省党政军领导李小鹏、胡苏平、高建民、汤涛、李兆前、陈川平、张少华、王建明、聂春玉、杜善学、申联彬、李政文、张平、张建欣、任润厚、郭良孝、李雁红、李潭生、令政策、卫小春、王宁、张茂才、左世忠、杨司、刘振所出席。报告会通过黄河新闻网全省直播。原省领导刘泽民、彭致圭、姚新章、秦国栋、阎爱英、韩儒英，省直各部门和中央驻晋单位主要负责同志，省人大、省政协各工作机构和专委主要负责同志，驻太原本科院校、省管国有骨干企业主要负责同志，党的十八大精神省委宣讲团成员，高校师生、武警、公安、企业职工等现场聆听报告。

宁吉喆多次参与国家发展战略的研究制定，主编和出版了多本经济学著作，在区域经济规划和投融资政策、国民经济和社会发展规划与产业政策、资源环境政策等方面有很深造诣，具有深厚理论功底和丰富实践经验。宁吉喆在报告中阐述了党的十八大的重大意义，介绍了报告的起草过程，详细解读了报告主要内容和每一部分的新亮点，深刻阐述了报告提出的新思想、新观点、新举措。他结合学习党的十八大报告的体会，深入阐明了党的十八大的鲜明主题和历史性贡献，深入阐释了党和国家过去10年来的重大成就和我们面临的前所未有的机遇挑战，深入阐述了科学发展观的历史地位和指导意义，深入论述了中国特色社会主义的丰富内涵，系统讲解了全面建成小康社会和全面深化改革开放的目标以及社会主义经济建设、政治建设、文化建设、社会建设、生态文明建设的重大部署和重大举措，阐释了全面提高党的建设科学化水平的任务和要求。报告坚持理论与实际相结合，系统透彻、深入浅出，联系实际、贴近群众，在现场听众中引起热烈反响，博得全场热烈掌声。

袁纯清主持报告会时指出，宁吉喆同志的宣讲报告，紧扣党的十八大报告的主题，从理论与实际、历史与现实、国内与国际的结合上，深刻阐述、深入解读报告的重大理论观点、重大方针政策、重大工作部署，内容翔实、深入浅出，既全面系统、又重点突出，既有理论深度、又有具体要求，对于我们深刻理解、准确把握党的十八大精神，具有重要指导意义。

袁纯清强调，要以这次报告会为契机，以更加扎实有力的举措，进一步把党的十八大精神学习好、宣讲好、贯彻好。一是要在把握精髓上下功夫，把思想和行动统一到党的十八大精神上来。系统地学、全面地学、深入地学，切实用十八大精神统一思想和行动，用十八大确定的宏伟目标凝聚人心、振奋精神，形成加快转型跨越步伐、全面建成小康社会的强大力量。二是要在广泛宣传上下功夫，让党的十八大精神家喻户晓、深入人心。把宣讲作为学习宣传贯彻党的十八大精神的重要举措，坚持贴近实际、贴近生活、贴近群众，把道理讲清楚讲充分，把难点热点讲明白讲透彻，帮助党员干部群众深化对十八大精神的理解。三是要在学以致用上下功夫，用党的十八大精神指导实践、推动工作。紧密联系办好"两件大事"、加快转型跨越发展的实际，联系各地各部门工作实际，联系党员干部思想实际，联系广大人民群众的所思所想、所盼所愿，把党的十八大精神落实到经济社会发展各方面，有效破解工作和发展中面临的难题，使人民群众享受到实实在在的发展成果。四是要在加强领导上下功夫，不断把学习宣传贯彻党的十八大精神引向深入。各级党委要把学习宣传贯彻十八大精神作为首要政治任务，切实加强组织领导；领导干部要率先垂范，先学一步、学深一些，带头宣讲、带头贯彻。要总结典型经验，不断引深学习宣传贯彻活动，引导全省党员干部群众在党的十八大精神指引下，凝聚力量，埋头苦干，加快建设小康三晋、美丽三晋，在转型跨越中开创各项事业发展新局面。

省管领导干部学习贯彻党的十八大精神集中轮训班开班会 12月3日，全省省管领导干部学习贯彻党的十八大精神集中轮训班在省委党校举行开班式，省委书记、省人大常委会主任袁纯清出席开班式并作首场报告。他强调，要深刻理解十八大主题，牢牢把握中国特色社会主义这一条主线，认真落实中国特色社会主义的基本要求，把认真学习宣传和深入贯彻落实党的十八大精神推向新高度，凝心聚力奔小康，攻坚克难促转型，动员全省党员干部群众，为加快转型跨越发展、全面建成小康社会努力奋斗。省委副书记金道铭主持开班式，省委常委、常务副省长李小鹏，省委常委、组织部长汤涛，省委常委、太原市委书记陈川平，省委常委、秘书长杜善学出席。省直部门主要负责同志，各市、县(市、区)委书记200余人参加开班式。

在两个多小时的报告中，袁纯清重点讲了四个问题，一是深刻理解、准确把握十八大主题，二是深刻理解、准确把握中国特色社会主义这一条主线，三是深刻理解、准确把握中国特色社会主义的基本要求，四是要把认真学习宣传和深入贯彻落实党的十八大精神推向新高度。报告围绕十八大确定的主题和中国特色社会主义这条主线及基本要求，紧密联系山西实际，深入解读、深刻阐述了十八大报告提出的一系列重大理论观点、重大方针政策、重大工作部署。袁纯清指出，旗帜决定方向，道路决定命运。明确了旗帜和道路，才能引领方向、坚定信念、凝聚人心、展示形象。党的十八大主题鲜明回答了我们党举什么旗帜、走什么道路、保持什么样的精神状态、朝着什么样的目标继续前进的问题，为全党全国人民抓住用好重要战略机遇期，开创中国特色社会主义新局面指明了方向。要充分认识中国特色社会主义是中国共产党和中国人民团结的旗帜、奋进的旗帜、胜利的旗帜，坚定不移地坚持和发展中国特色社会主义。要充分认识科学发展观的历史地位和指导意义，坚定不移把科学发展观贯彻到现代化建设全过程和党的建设各方面。要充分认识全面建成小康社会目标的内涵和要求，坚持解放思想，改革开放，凝聚力量，攻坚克难，以人一我十、人十我百的干劲，着力解决发展不足与结构不优两大问题，全力办好"两件大事"，在转型的基础上实现跨越发展，与全国同步建成小康社会。

袁纯清指出，中国特色社会主义是当代中国发展进步的根本方向，要深刻把握中国特色社会主义探索与实践的历史过程，深刻把握中国特色社会主义道路、理论体系、制度的科学内涵和相互联系，深刻把握中国特色社会主义"三个总"的概括，深刻把握中国特色社会主义的"四个特色"，不断增强道路自信、理论自信、制度自信。要全面贯彻落实夺取中国特色社会主义新胜利的基本要求，坚持人民主体地位，坚持解放和发展社会生产力，坚持推进改革开放，坚持维护社会公平正义，坚持走共同富裕道路，坚持促进社会和谐，坚持和平发展，坚持党的领导。袁纯清强调，我们必须牢牢抓住促进中部地区崛起的机遇，牢牢抓住建设转型综改试验区的机遇，牢牢抓住推进城镇化和创新驱动发展等机遇，通过全面转型、深度转型，有效化解长期困扰山西的周期性危机和结构性矛盾，有效消除外部市场需求不足通过需求端和产业链对我省形成的制约，促进经济社会持续健康发展。要着力解决发展不平衡、不协调、不可持续的问题，既要保持较快的增长速度，又要实现结构优化、质量提升、效益增加、永续发展等方面的要求。山西作为资源型地区和重要能源基地，资源开采强度大，立地条件差，生态环境欠账多，节能减排压力大，必须更加重视生态文明建设，构筑绿色增长模式，建设绿色生态环境，完善绿色发展机制；必须毫不放松安全生产，既要重点抓好煤炭生产安全，又要抓好其他领域安全，实现全面安全、持久安全、本质安全。

袁纯清强调，要围绕加强党的执政能力建设和先进性、纯洁性建设这条主线，着眼于建设学习型、服务型、创新型的马克思主义执政党，切实加强理论武装，进一步密切党群、干群关系，进一步改进工作作风，不断深化干部人事制度改革，大力加强反腐倡廉建设，加强党的纪律建设。要引深干部下乡住村包村活动，完善党员干部直接联系群众制度，把问政于民知民情、问需于民解民忧、问计于民理民事内化为心、固化为制、外化为行，始终与人民心连心、同呼吸、共命运，始终依靠全省人民推进转型跨越发展。

金道铭在主持开班式时强调，袁纯清同志对十八大精神作了全面的解读，对如何学习宣传贯彻十八大精神提出了明确具体的要求，帮助我们进一步深化了思想认识、坚定了信念信心，增强了责任感、使命感和紧迫感。省管领导干部要在学习贯彻十八大精神中发挥表率作用，先学一步、学深一层，学深学透、融会贯通，做到真学、真懂、真信、真用，把十八大精神落实到经济社会发展各领域、转型发展全过程和党的建设各方面。

省委常委会学习贯彻中央政治局改进作风八项规定 12月7日，省委常委会召开会议，学习中央政治局关于改进工作作风、密切联系群众的八项规定，研究我省贯彻落实意见。省委书记袁纯清主持会议。

会议指出，12月4日，习近平总书记主持召开中央政治局会议，审议通过关于改进工作作风、密切联系群众的八项规定。新一届中央领导集体带头弘扬党的优良作风，率先垂范，完善制度，体现了从严治党的决心和信心，彰显了勤政为民的宗旨意识、求真务实的进取精神、以身作则的崇高风范，给全党作出了表率，在全国人民心目中树立了良好形象。八项规定抓住了作风建设的关键，顺应了人民群众的所期所盼，具有很强的针对性和示范性。要认真学习贯彻中央政治局会议精神，把作风建设摆在更加突出的位置，坚持领导班子带头、领导干部带头，从我做起、从现在做起，增强主动性和自觉性，在践行为民服务宗旨、改进工作作风、加强廉洁自律上带好头、做表率。特别是省委常委要带头改进工作作风，带头深入基层调查研究，带头密切联系群众，带头解决实际问题。各级领导干部要树立正确的权力观、地位观、政绩观，坚决反对形式主义、官僚主义，牢固树立忧患意识、民本意识、简约意识，把改进作风作为高度的自觉和基本行为习惯。要抓紧建章立制，结合我省实际，对有关制度规定进行梳理，在改进调查研究、精简会议文件、改进新闻报道、厉行勤俭节约等方面出台具体规定，确保转变作风有章可循。要加强监督检查，组织、纪检、审计等部门要加强干部作风情况的监督检查，对突出问题要及时纠正，引导党员干部坚持说实话、办实事、出实招，在推动发展、加快转型、改善民生上取得实效，使全省干部更加清正、政府更加清廉、政治更加清明。

会议还讨论了《中共山西省委关于贯彻落实党的十八大精神加快推进转型跨越发展的指导意见（讨论稿）》。

省委常委（扩大）会议传达贯彻中央经济工作会议精神 12月18日，省委召开常委（扩大）会议，传达中央经济工作会议精神，研究我省贯彻落实意见。省委书记袁纯清主持会议，传达习近平同志重要讲话，对贯彻中央经济工作会议精神作出部署。省委副书记、常务副省长李小鹏传达温家宝同志重要讲话，省委副书记金道铭传达李克强同志重要讲话。省政协主席薛延忠，省委常委，省人大、省政府、省政协党员负责同志，省法检"两长"，省委、省政府有关部门主要负责同志，各市市委书记、市长出席会议。

袁纯清指出，习近平、温家宝、李克强同志的重要讲话，思想深刻、视野开阔，论述精辟、重点突出，语言平实、文风清新，分析经济形势准确到位，提出发展目标科学务实，出台的政策措施切实可行，作出的工作部署具体周密，具有很强的思想性、战略性、针对性和可操作性。我们要按照习近平同志提出的转变作风、真抓实干的要求，切实把思想和行动统一到中央关于当前国际国内经济形势的科学判断和做好明年经济工作的决策部署上来，抓好各项工作的落实。

袁纯清指出，今年以来，全省经济克服外部需求不足的困难，保持了良好发展态势，特别是资源就地转化率加快提升，新兴产业占比率加快提升，传统产业循环率加快提升，转型项目建设速度加快提升，呈现出全面转型、深度转型、自觉转型的局面。明年是全面贯彻落实党的十八大精神的开局之年，是实施"十二五"规划承前启后的关键一年。要全面贯彻落实党的十八大和中央经济工作会议精神，以邓小平理论、"三个代表"重要思想、科学发展观为指导，坚持主题主线，坚持稳中求进，坚持转型跨越、再造一个新山西总体战略，以提高经济增长质量和效益为中心，以建设转型综改试验区为总抓手，深入推进工业新型化、农业现代化、市域城镇化、城乡生态化，着力保持经济持续健康发展，着力推进产业优化升级，着力促进城乡一体化发展，着力保障和改善民生，努力取得转型跨越发展的新成效。要全面落实中央宏观经济政策，在解决发展中不平衡、不协调、不可持续的问题上下功夫，在转方式、调结构、惠民生上下功夫，促进工业化、信息化、城镇化、农业现代化同步发展，促进经济增长和居民收入增长同步。要推进产业结构优化升级，深化转型综改试验区建设，推动城乡一体化发展，加大扶贫开发力度，做好保障和改善民生的各项工作，深化重点领域和关键环节改革，进一步扩大对内对外开放。

袁纯清强调，面对转型跨越发展的繁重任务，要把握机遇，应对挑战，坚定信心，积极进取。加强对经济形势的分析和研判，提高领导经济工作科学化水平，牢牢把握经济工作主动权。深入基层、多办实事，敢作为、勇担当，用扎扎实实的工作创造实实在在的成绩。妥善安排好困难群众的生产生活，做好矛盾排查化解工作，加强和创新社会管理，毫不松懈地抓好安全生产，充分调动各方面的积极性，巩固和发展全省政通人和、安全稳定、干事创业、团结向上的良好局面。

省委常委会研究 2013 年经济工作 12 月 26 日，省委常委会召开会议，听取省政府关于 2012 年经济社会发展主要指标完成情况和 2013 年经济工作安排建议，传达中央农村工作会议精神、全国党委政府秘书长会议精神，讨论我省关于改进工作作风，搞好调查研究、精简会议活动和文件简报、规范新闻报道的实施办法。省委书记袁纯清主持会议。

会议指出，今年以来，面对复杂严峻的外部环境，省委、省政府团结带领全省人民，坚持主题主线和稳中求进工作总基调，认真学习贯彻十八大精神和中央决策部署，坚持把稳增长放在更加重要的位置，及时采取有效措施，抓投资、上项目、调结构、惠民生，各项经济社会发展指标完成或超额完成，转型跨越取得新成效，全省呈现经济发展、政通人和、干事创业的良好局面。

会议指出，2013 年是全面贯彻落实十八大精神的开局之年，是实施"十二五"规划承上启下的关键一年。要全面贯彻落实十八大和中央经济工作会议精神，以邓小平理论、"三个代表"重要思想、科学发展观为指导，坚持主题主线，坚持稳中求进，以建设转型综改试验区为总抓手，以提高经济增长质量和效益为中心，深入推进工业新型化、农业现代化、市域城镇化、城乡生态化，着力保持经济持续健康发展，着力加快产业转型升级，着力推进创新驱动发展，着力推进城乡发展一体化，着力保障和改善民生。要牢牢把握扩大内需战略基点和发展实体经济坚实基础，加快转变经济发展方式，毫不放松地抓好"三农"工作，加快推进城镇化，加大民生改善和社会事业发展力度，加强生态文明建设，全面推进改革开放，坚持不懈抓好安全生产和社会稳定工作，奋力开创转型跨越发展、全面建成小康社会新局面。

会议指出，在各级各部门共同努力下，全省"三农"工作很有成效，粮食总产再创新高，农民人均纯收入超过全国平均水平和城镇居民收入增幅，正在走上一条加快农民增收致富的新路子。要认真贯彻中央农村工作会议精神，把"三农"工作作为转型跨越的重要基础，坚持"一村一品""一县一业"为龙头不动摇，通过提高农业现代化水平，带动农村土地有序流转，带动市场主体发展壮大，带动农业生产经营体制机制创新，带动社会服务组织培育。要加大"三农"投入力度，抓好农村金融支持这个关键，着力改善农业生产条件，完善农田水利基础设施，抓好扶贫开发工作，实施大县城战略，推进县域经济发展，加快农民增收致富步伐。

会议指出，改进作风重在落实。要认真贯彻全国党委政府秘书长会议精神，把思想统一到中央要求上来，结合山西实际，围绕改进工作作风，完善搞好调查研究、精简会议活动和文件简报、规范新闻报道的具体实施办法，形成改进作风长效机制。要坚持领导带头，加强监督检查，确保各项规定落到实处，以务实作风开创各项事业发展新局面。

会议还讨论了《中共山西省委常委会工作报告》。

共青团山西省第十四次代表大会 12 月 27 日，共青团山西省第十四次代表大会在省城工人文化宫举行。省委书记、省人大常委会主任袁纯清，省委副书记、代省长李小鹏，省政协主席薛延忠出席开幕式。省委副书记金道铭在会上讲话。会议全面总结和回顾省第十三次团代会以来的工作，听取和审议共青团山西省第十三届委员会工作报告，明确提出今后 5 年山西共青团的奋斗目标、安排部署和工作任务，选举产生共青团山西省第十四届委员会。省领导胡苏平、高建民、李兆前、陈川平、王建明、聂春玉、杜善学、申联彬等出席开幕式。

金道铭在讲话中代表省委、省人大、省政府、省政协，向大会的召开表示祝贺，向出席大会的全体代表、全省广大团员青年和青少年工作者致以亲切问候。他指出，全省广大团员青年要进一步增强责任感和紧迫感，真正把思想和行动统一到党的十八大精神上来，把智慧和力量凝聚到省委、省政府的战略部署上来，积极地肩负起时代赋予的历史使命，为实现全面建成小康社会和全面深化改革开放的奋斗目标贡献青春、智慧和力量。他对全省广大团员青年提出四点希望：一要坚定信念，牢固树立民族复兴的雄心壮志，不断增强报效祖国、服务山西、建设家乡的责任感和使命感，勇做推动科学发展、加快转型跨越、促进社会和谐的突击队和排头兵；二要发愤读书，勤奋学习，真正把学习作为终生任务，用人类创造的一切优秀文明成果丰富自己，同时，要树立科学观念，培养科学精神，掌握科学方法，进一步提高辨别是非真伪的能力，切实做到学以致用、用以促学、学用相长；三要锐意创新，积极投身我省转型跨越发展实践，更加重视并自觉围绕推进转型综改试验区建设，围绕推进工业新型化、农业现代化、市域城镇化、城乡生态化，在探索资源型地区科学发展之路中建功立业；四要继承和发扬山西青年光荣传统，进一步强化全局意识、责任意识和奉献精神，通过实践活动不断锤炼品德，努力追求高尚的精神境界，以实际行动做中华民族传统美德的传承者，做体现时代进步要求的新道德规范的实践者，做和谐人际关系和良好社会风尚的倡导者。

金道铭强调，全省各级共青团组织要把广大团员青年紧密地团结在党的周围，使他们在推进山西转型跨越发展的实践中，锻炼成为共产主义事业的可靠接班人；各级党组织要把共青团工作纳入党委工作重要议事日程，支持共青团依照法律和自己的章程创造性地开展工作。

省委十届四次全会暨全省经济工作会议 12月28日至29日，省委十届四次全会暨全省经济工作会议在太原举行。会议由省委常委会主持。省委书记袁纯清，省委副书记、代省长李小鹏作了重要讲话。会议全面贯彻落实党的十八大和中央经济工作会议精神，分析国内外经济形势，总结今年工作，部署明年工作。会议听取和讨论了袁纯清受省委常委会委托作的工作报告，审议通过《中共山西省委关于贯彻落实党的十八大精神，加快推进转型跨越发展的指导意见》。省委副书记金道铭，省政协主席薛延忠，省领导胡苏平、高建民、汤涛、李兆前、陈川平、王建明、聂春玉、杜善学、申联彬等出席会议。省委委员65人，候补委员12人，有关方面负责同志出席会议，部分基层党员代表列席会议。

会议充分肯定了省委常委会一年来的工作。指出，一年来，在党中央的正确领导下，省委常委会高举中国特色社会主义伟大旗帜，以邓小平理论、“三个代表”重要思想、科学发展观为指导，围绕迎接十八大、学习十八大、贯彻十八大，紧紧依靠全委会的同志，团结带领全省干部群众，加快转型跨越发展，主要指标向快向好，转型发展态势强劲，社会保持和谐稳定，各项工作取得新进展新成效，全省呈现政通人和、团结干事的良好局面。

会议指出，2013年是全面深入贯彻落实党的十八大精神的开局之年，是实施“十二五”规划承前启后的关键一年，对各项事业发展提出了更高要求。总的指导思想是：全面贯彻落实党的十八大和中央经济工作会议精神，深入落实省第十次党代表大会部署，以邓小平理论、“三个代表”重要思想、科学发展观为指导，坚持主题主线，坚持稳中求进，以建设转型综改试验区为总抓手，以提高经济增长质量和效益为中心，深入推进工业新型化、农业现代化、市域城镇化、城乡生态化，全面加强经济、政治、文化、社会、生态文明建设，全面提高党的建设科学化水平，着力保持经济持续健康发展，着力加快产业转型升级，着力推进创新驱动发展，着力推进城乡发展一体化，着力保障和改善民生，为走出资源型地区转型跨越发展新路、全面建成小康社会努力奋斗。

会议指出，当前世界经济复苏乏力，但正孕育着新的突破。我国仍处于重要战略机遇期，中部崛起进入新阶段，城镇化发展进入加速阶段，山西转型综改试验区建设进入实质性阶段，转型跨越进入关键阶段。要认清和把握发展大势，把握山西处于加快发展区间这个阶段性特征，变挑战为机遇，坚定发展第一要务不动摇，坚持科学发展，在转型跨越中加快全面建成小康社会进程。一要坚持以煤为基、多元发展，加快转变经济发展方式。在巩固扩大煤炭资源整合成果的基础上加快传统产业的兼并重组步伐，加快构建以煤炭等资源为优势的全产业链，充分利用和深度转换煤炭的经济社会价值，大力发展以煤炭为主导的煤机制造、煤化工、煤建材、煤物流、煤环保、煤农业、煤商贸、煤金融、煤会展等产业，使山西成为以煤为基的特色新兴产业崛起之省。二要坚持以技术改造和循环发展为基本路径，全面提高经济增长的质量和效益。把技术改造摆在转型发展的核心位置，着力提高科技对经济增长的贡献率，下功夫、大手笔做好太榆科技创新城这篇文章，发展具有能源资源产业特点的循环经济。三要以城乡一体化发展为着力点，促进“四化”同步发展。把“一村一品”“一县一业”作为发展现代农业的重要切入点，打好新一轮扶贫开发攻坚战，把太行山区、吕梁山区两大国家连片特困区域作为主战场，使400多万贫困人口与全省人民同步实现全面小康。加快城镇化推进步伐，增强“大县城”和重点镇的集聚辐射力。四要大力推进山西特色生态文明建设，加快绿化山西、气化山西、净化山西、健康山西步伐，完善生态文明建设格局，夯实生态文明建设的体制机制和政策支撑，通过人人行动，久久为功，共同建设美丽山西。五要进一步增进人民福祉。强化以民生为导向的财政保障，健全以民生为重心的考核体系，出台农村新的重大惠民举措和政策，通过提高社会保障水平，让人民群众无后顾之忧；通过提高收入水平，让人民群众享有更好生活；通过提高健康水平，让人民群众生活得更有质量；通过提高科技教育水平，让人民群众有更好的发展机会。要创新社会管理体制机制，坚持依法办事和依法维权相结合，切实解决事关群众切身利益的突出矛盾和问题，毫不松懈、一角不落地加强安全生产，杜绝重特大事故发生，努力实现持久安全、稳定安全、本质安全。六要在转型综改试验区建设上用实招、下真功、出经验，重要政策上抓紧先行先试，体制机制上抓紧破题，改革试点上抓紧推进，对外开放上抓紧拓展，发展具有内陆省份特点的开放型经济。

会议指出，要把思想统一到中央对形势的分析判断上来，统一到省委、省政府对形势的分析判断上来，一分为二看形势，“底线思维”做准备，牢牢掌握主动权。工作中要突出以下重点：一是怀着“敬畏生命、敬畏责任、敬畏制度”的情怀狠抓安全生产，全力推动安全生产形势由明显好转向稳定好转迈进。特别要坚持把落实政府对安全生产的监管责任放在首位，加大安全生产目标责任考核力度，严格执行一票否决制，以铁的纪律保证安全生产。二是加大投资力度，继续实施大项目战略，抓好项目储备、签约、落地、开工、建设和投产等各个环节的工作，“六位一体”推进重点工程建设。优化投资结构，着力加强基础设施、产业结构调整、民生和社会保障、城镇化和生态环保等领域的投资，提高投资质量效益。同时着力培育消费和外贸新增长点。三是加快转变发展方式，大力调整经济结构。提升传统产业，壮大新兴产业，在解决产能过剩问题中，寻求新的发展机遇。推进煤电清洁发展，着力构建和谐煤电关系，促进高碳资源低碳发展，黑色煤炭绿色发展。以煤炭交易运输等为重点，以中国（太原）煤炭交易中心为依托，大力发展现代物流等生产性服务业。四是把保障和改善民生作为出发点和落脚点，将更多的财力和资源投入民生事业，抓好提高城乡居民收入水平这个核心，推进更高质量就业，加大城镇保障性住房建设和农村危房改造力度，加强教育、医疗、社保及创新社会管理等工作，巩固两轮“农村五个全覆盖”成果。五是加大力度修复生态，加强植树造林、绿化美化工作，加快推进大水网建设，推动土地集约节约利用，勘探、开发利用好煤层气等新型资源能源。严厉打击任何名义、任何形式的私挖滥采行为，规范地质灾害治理项目。六是积极稳妥推进城镇化，完善城乡一体化机制，统筹推进城镇化建设与扩权强县强镇、扶贫攻坚、农村危房改造、地质灾害治理等相关工作，不断提高城镇化质量和水平。七是把“三农”工作作为重中之重，以促进农民增收为中心，以“一村一品”“一县一业”为主攻方向，以七大翻番工程为支撑，加快发展特色现代农业，促进粮食等主要农产品稳定增产，大力加强农村基础设施建设和社会事业发展，扎实推进新农村建设及扶贫攻坚，着力巩固和发展农业增产、农民增收好形势。八是把深化改革、扩大开放作为核心动力，统筹推进农村综合改革、集体林权制度改革、事业单位分类改革和医药卫生体制改革等各项改革，加大招商引资、招才引智力度，加强国有资产监督管理，深化国有企业改革，增强国有企业在国际化全球化大背景下、在社会主义市场经济大潮中走出去、闯市场的能力。当前，要切实抓好经济运行调节、节日安全生产和社会稳定、财政增收节支、越冬作物田间管理和春耕备耕以及走访慰问、困难群众生活救助等岁末年初的工作，让全省人民过一个欢乐、祥和、平安的节日。

会议强调，要以十八大精神为指针，加强党的建设，改进工作作风。一要持续引深十八大精神的学习贯彻，准确把握十八大提出的新思想、新论断，用十八大精神指导实践。二要正导向、增活力、优结构，切实加强领导班子和干部队伍建设，积极推进领导干部公开选拔、竞争上岗，加大培养选拔优秀年轻干部力度，重视培养选拔女干部和党外干部，推进领导干部交流任职。三要切实改进作风，下大力气真抓实干。改进作风，重在自觉，要在实践，贵在坚持，从省委常委做起，从日常行为抓起，从具体小事抓起，切实减少文山会海，切实做到高效简约，建设长效机制，加强考核监督。四要严明党的纪律，自觉廉洁从政。把党的纪律作为约束言行的“紧箍咒”、规范行为的“高压线”，在思想上、政治上、行动上与党中央保持高度一致。领导干部要做廉洁从政的表率，严格落实党风廉政建设责任制，抓好本地本部门的反腐倡廉建设，树立以廉为荣、以贪为耻的社会风尚。五要切实提高领导经济工作的能力，善于抓大事、议大事，在研判把握能力、科学谋划能力、攻坚克难能力、宏观驾驭能力、改革创新能力上有新提高，制定符合本地实际的发展思路，在复杂局面、困难情况下能够打开局面，不断用新办法解决新问题、创造新经验。

全会审议通过了《关于王建武、吕伟红、孙跃进等3名候补委员递补为委员的决定》，审议通过了《关于确认省委常委会给予白培中同志留党察看一年处分决定的决议》。

会议号召，全省各级党委、政府和广大党员干部群众要紧密团结在以习近平同志为总书记的党中央周围，深入贯彻落实十八大和中央经济工作会议精神，坚定信心，奋力拼搏，全力办好“两件大事”，开创转型跨越发展新局面。

重要文献

政府工作报告

(2012年1月11日)

王　君

各位代表:

现在，我代表省人民政府向大会作工作报告，请予审议，并请省政协委员和其他列席会议的人员提出意见。

一、2011年工作回顾

2011年是“十二五”开局之年。一年来，在党中央、国务院的坚强领导下，我们认真贯彻落实党的十七大、十七届五中、六中全会和胡锦涛总书记“七一”重要讲话精神，深入贯彻落实科学发展观，坚持主题、围绕主线，着力推动转型跨越，经济社会发展和各项工作都取得了新的成绩。

(一) 经济继续保持平稳较快发展。

认真贯彻落实中央宏观调控政策和各项决策部署，立足扩大内需，继续加大投资力度，全社会固定资产投资在2009年完成5034亿元、2010年完成6353亿元的基础上，去年又完成7300亿元、增长28%（按老口径统计为8000亿元)。其中，铁路建设完成投资580亿元，排全国第1位；高速公路建设完成投资582亿元，排全国第3位；保障性住房建设完成投资415亿元，开工率位居全国前列。投资结构不断优化，其中，非煤产业投资增长40%，新兴产业投资增长57%，非国有投资增长50%。这不仅有力地拉动了经济的增长，而且为今后长远发展打下了基础。持续扩大消费，继续实施“家电下乡”、家电以旧换新和“农机下乡”等政策措施，新建和改造农村便民店6200个，建成大型农产品批发市场40多个，推进“农超对接”，发展电子商务等新型业态，深入开展食品药品安全专项治理和打击制售假冒伪劣商品等专项行动，有效地促进了消费增长，全年社会消费品零售总额达到3750亿元，增长17%。积极发展对外贸易，稳定拓展外需，全省进出口总额完成147亿美元，超历史最好水平。与此同时，继续实行减免相关费用、协调银行贷款、给予财政借款、保障电煤供应等帮扶措施，促进了各类企业健康发展，煤销、太钢、焦煤、潞安、阳煤、晋煤、同煤等7户企业销售收入均超过千亿元，省属国有大企业成为推动全省经济增长的重要力量。

2011年，全省经济在2010年高位运行的基础上，继续保持了较快的增长。预计全省生产总值达到1.1万亿元，增长13%左右；财政总收入、一般预算收入分别完成2261亿元、1213 亿元，均增长25%；城乡居民收入分别达到17680元、5500 元，增长13%、15%左右。经济总量突破万亿元大关，财政总收入突破2000亿元大关，在建设中部地区经济强省的道路上又迈出了坚实的一步！

(二) 基础设施建设取得历史性突破。

以交通、水利、电力等为重点，大力推进基础设施建设，大西客运专线、中南部出海大通道等铁路建设加快推进，全省铁路营运总里程达到3750公里；新增高速公路1003公里、通车总里程超过4000公里，新改造国省干线527公里、农村公路2972公里；运城、大同机场改扩建和吕梁、临汾、五台山机场新建工程进展顺利，一个四通八达、便捷高效的现代交通运输体系基本形成。35项应急水源工程全部建成，引黄北干工程如期实现引水到大同、朔州的目标，“两纵十横、六河连通”的大水网工程全面启动，规划五年投资1000亿元的水利建设高潮正在兴起；新增电力装机800万千瓦，总装机达到5300万千瓦；煤炭交易中心、大剧院、科技馆、博物馆、美术馆等省城十大建筑全部竣工，成为太原新的地标；城镇化进程不断加快，“一核一圈三群”建设取得新的进展，全省城乡面貌发生了新的变化。

（三）转型发展势头强劲、发展方式转变迈出新的步伐。

大力推进传统产业整合重组和技术改造。曾经一度被全国高度关注的煤炭资源整合煤矿兼并重组圆满结束，山西人民多少年想办的一件大事终于办成了，我们彻底告别了小煤窑时代，进入了现代化大矿时期。整合重组效果进一步显现，煤炭产量和外运量分别达到8.6亿吨、5.8亿吨，再创历史新高；煤炭价格稳中有升，煤炭行业效益稳步提高，上缴税费占财政总收入的比重达到43%；煤炭产业可持续发展能力进一步增强，为推动转型跨越发展奠定了坚实的基础。同时，全面启动非煤矿山、焦化、钢铁和水泥等行业的整合重组,加大用高新技术和先进适用技术改造提升传统产业，产业竞争力明显增强。

加快培育壮大新兴产业。大力发展先进装备制造业、现代煤化工、新型材料工业、特色食品工业，四大行业增加值均增长20%以上。大运二期5万辆重卡、焦煤60万吨焦炉煤气制烯烃、太钢不锈钢精密带钢、杏花村一期10万吨白酒等重大项目加快推进或部分投产。积极发展新能源、节能环保、信息等产业，新增风电装机100万千瓦，太原富士康年产2200万支第4代苹果手机生产线建成，晋城科技园一期5500台机器人下线。投资226亿元的潞安180万吨煤基多联产项目、投资26亿元的晋中吉利10万辆新能源汽车项目、投资170多亿元的大同协鑫多晶硅及光伏产业项目、投资近50亿元的阳泉百度云计算10万台服务器数据处理项目等一大批标志性转型项目开始布局。加快发展文化旅游产业，云冈石窟环境综合治理全面完成，五台山景区提升工程加快推进，印象平遥大型实景演出项目进展顺利，全省旅游总收入达到1343亿元，增长23.9%。

积极推进节能减排和生态建设。加快淘汰落后产能，全年共淘汰小钢铁814万吨、小焦炭506万吨、小火电44万千瓦、小水泥1315万吨、小电石31万吨。在全国率先实施燃煤电厂烟气脱硝，启动省排污权交易中心，推进太化、煤气化等企业搬迁改造，大力发展循环经济，启动实施绿色生态工程，深入推进造林绿化工程，预计全省万元生产总值综合能耗下降3.5%，万元工业增加值用水量下降5%，二氧化硫、化学需氧量、氮氧化物、氨氮、烟尘、粉尘等主要污染物减排完成全年目标任务，11个重点城市空气质量进一步改善，在前3年每年完成400多万亩营造林的基础上，去年又完成453万亩，森林覆盖率明显提高。

（四）农业农村好形势得到进一步巩固和发展。

不断加大投入力度，全年“三农”投入达到650亿元，增长20%。实施灌区建设补贴、高标准农田建设等“双十强农惠农工程”，推进大型灌区改造、山区“一村一井”和粮食高产创建等农田水利建设，改造中低产田210万亩，农田实灌面积达到1800万亩，农业综合生产能力稳步提高，全年粮食产量达到119.3亿公斤，再创历史新高。加快发展现代农业，扎实推进运城、晋中、大同三大现代农业示范区建设，重点扶持42个“一县一业”示范县和2000个“一村一品”专业村，大力实施农产品加工龙头企业“513”工程，农产品加工业销售收入达到629亿元，增长23%。启动实施100个新农村集中连片建设工程，又完成了2000个重点推进村建设任务。加大扶贫开发力度，开展领导干部下乡住村包村增收活动，又有20万贫困人口脱贫。大力发展县域经济，在22个县（市）开展了扩权强县试点，县域发展的活力进一步增强。通过这些措施，农民收入大幅增加，增速超过城镇居民收入的增速。

（五）安全生产形势持续明显好转。

深刻汲取一度时期重特大事故多发频发的教训，全面确立抓好经济发展是政绩、抓好安全生产也是政绩的理念，深入开展以煤矿为重点、覆盖各行业领域的安全生产专项整治；严格执行安全生产规章制度，实行安全生产挂牌责任制，全面落实企业和政府“两个主体”责任，严肃对待事故、严格责任追究；扎实推进安全生产标准化建设，全面提高从业人员素质和现场管理水平，进一步夯实安全生产基层基础，安全生产形势持续明显好转。全省各类安全生产事故死亡人数在2009年比2008年减少1018人、2010年比2009年减少505人的基础上，去年又减少281人，特别是没有发生特别重大事故，煤矿百万吨死亡率下降到0.086，居于国内领先水平，为推动转型跨越发展创造了良好的安全环境，也大大改变了山西的对外形象！

（六）社会事业全面发展、民生进一步改善。

不断加大发展社会事业和改善民生的力度，全年资金投入超过1000亿元，增长26%。大力发展教育事业，建设公办标准化幼儿园200所，提高中小学校生均公用经费100元，免除职业高中、职业中专学生学费，开工建设投资百亿元、占地近万亩的高校新区，招聘2150名特岗教师到农村任教。积极发展文化体育事业，建成省图书馆、体育中心等重大标志性设施，扎实推进文化信息资源共享、乡镇文化综合服务和农村电影放映等惠民工程，公共文化服务质量和水平进一步提高；全民健身活动蔚然成风，竞技体育取得优异成绩。深入推进医药卫生体制改革，国家要求的五项重点改革任务全部完成，覆盖城乡的基本医疗保障制度基本建立；所有政府办的基层医疗卫生机构和村卫生室实行了基本药物制度，药物价格下降30%以上；投资近20亿元的山西大医院投入运营，投资25亿元新建改造了一批基层医疗卫生机构；基本公共卫生服务均等化水平明显提高；公立医院改革试点稳步推进，群众“看病难、看病贵”的问题得到缓解。不断强化科技、人才支撑，组织实施了7个科技重大专项和22个科技示范工程，研究制定了引进国内高层次人才办法、转型跨越发展突出贡献人才奖励办法。与此同时，深入开展国防教育和双拥工作，做好人口计生、妇女儿童工作，加强民族、宗教、外事、侨务、对台工作，推进政策咨询、参事、史志、人防、气象、地震、测绘、文物、档案工作，发展老龄、残疾人、慈善救助和红十字会事业，都取得了新的成绩。

特别是下大气力狠抓民生工作。进一步稳定和扩大就业。全年新增城镇就业岗位50万个，超出年初计划10万人，转移农村劳动力40万人，高校毕业生就业率达到89%。全面加强社会保障。城镇社会保险综合覆盖率达到90%。企业退休人员基本养老金每人每月平均提高190元，7万未参保集体企业退休人员全部纳入城镇职工基本养老保险范围；启动城镇居民社会养老保险试点，覆盖率达到82%；新型农村社会养老保险覆盖率达到84%。城镇医疗保险参保率达到96%，新农合参保率达到98.5%，城镇居民医保和新农合补助标准每人又提高了80元。13.2万国企“老工伤”人员和工亡职工家属纳入工伤保险范围。242万城乡低保和农村五保供养对象实现应保尽保，城乡低保标准又每人每月分别提高25元、22元。为保障农民冬季取暖用煤，我们决定从去年起，由省内国有煤炭企业为低收入农户每户每年免费供应1吨煤，688万户家庭从中受益。加快推进保障性住房建设。全年共开工建设44万套，超额完成国家下达的任务，一大批住房困难群众住上了宽敞明亮的新房。与此同时，综合运用限购、提高首付比例等措施调控房地产市场，呈现出投资增加、销售面积基本稳定、销售价格下降的势头。综合施策稳定物价。大力发展粮食和农副产品生产，对生猪养殖大县每县奖补100万元，对每头能繁母猪在国家补贴60元的基础上，我省又补贴40元；投入1.2亿元支持设施蔬菜生产，畅通鲜活农产品“绿色通道”，加强市场监管，我省CPI涨幅低于全国平均水平0.2个百分点。建立了社会救助和保障标准与物价上涨挂钩的联动机制，在全国率先实行单月CPI涨幅超过5%或食品价格涨幅超过10%，即向低收入群体、大中专贫困学生、高校学生食堂发放临时价格补贴的措施，从2010年11月起，已连续补贴12个月，发放补贴资金12亿元，较好地保障了困难群众的基本生活。加快推进农村新的“五个全覆盖”工程。带着对农民兄弟的深厚感情，狠抓农村社会事业发展和民生改善，在巩固提升已完成的村通水泥（油）路、中小学校舍安全改造、村卫生室、安全饮水、村通广播电视等“五个全覆盖”的基础上，又投入300亿元，启动实施了街巷硬化、便民连锁商店、文化体育场所、中等职业教育免费、新型农村社会养老保险等新的“五个全覆盖”工程，全部超额完成年度目标任务。被农民兄弟誉为“幸福全覆盖”的这“十个全覆盖”，使全省农村面貌发生了巨大变化！

加强和创新社会管理。认真贯彻中央关于加强和创新社会管理的部署和要求，积极推进社会管理理念、制度、体制、机制、方法创新，进一步健全重大工程项目建设和重大政策制定的社会稳定风险评估机制，加强社会治安综合治理和信访工作，强化对重点领域和薄弱环节的管理，保证了全省社会的和谐稳定。同时，继续推进公路治超工作，走在全国前列。

（七）改革开放不断深化。

全面推进各项改革，行政审批制度改革深入推进，取消、下放和调整行政审批事项252项，取消行政事业性收费112项；事业单位分类改革清理规范工作基本结束；集体林权制度改革主体任务基本完成；国有企业改革不断深化，省属国有企业由原来的34家重组为21家；文化体制改革加快推进，省广电网络等五大文化产业集团组建运营，488家经营性文化单位完成转企改制任务；扎实推进转型综改试验区建设，成立了省市县三级领导组及工作机构，编制完成了总体方案和各市、各部门、试点县行动方案，启动开展了县(市)、园区和企业不同层面的试点工作，筛选实施了一批重大转型标杆项目；积极探索创新产业、财税、土地、金融、科技和行政管理等体制机制，进一步增强了发展的动力和活力。

加大对外开放力度，先后举办了央企恳谈会、民企恳谈会、沪浙苏招商推介会和农博会等一系列招商引资活动，全年到位资金3620亿元，在2010年的基础上翻了一番。尤其是精心组织、成功举办了第六届中博会，45个国家和地区的1.6万名嘉宾、2300多个代表团参会，我省签约项目引资总额达到2.4万亿元。中博会的成功举办，进一步宣传了山西，展示了山西，凝聚了人气，鼓舞了斗志，提升了我省的对外形象。

与此同时，积极推进对口援疆工作，全年完成投资2亿元，18个新建项目全部完成；累计投入21.6亿元，支援茂县恢复重建，圆满完成了中央交办的援建任务。

（八）民主法制和精神文明建设进一步加强。

自觉接受人大和政协的监督，积极支持各民主党派、工商联、无党派人士参政议政。全年共办理人大代表建议和政协提案1332件，向省人大常委会提请审议地方性法规草案9件。扎实推进“法治山西”建设，“六五”普法全面启动。不断完善基层民主制度，第九届村委会换届选举工作基本完成。以煤焦领域反腐败专项斗争为重点，全面落实党风廉政建设责任制，取得新的成效。审计和监察工作进一步加强。哲学社会科学、新闻出版、广播影视和文学艺术繁荣发展。深化群众性精神文明创建活动，公民思想道德素质和社会文明程度有了新的提升。

在这里，我向大会郑重报告，2011年不论是主要指标，还是主要工作，都圆满地完成了预定目标任务，实现了“十二五”良好开局，开创了山西科学发展新的局面！

各位代表，2011年我省经济社会发展面临的环境十分复杂，改革转型的任务艰巨而繁重，能取得这样的成绩实属不易。这是党中央、国务院坚强领导、亲切关怀的结果，是中共山西省委统揽全局、科学决策的结果，是省人大、省政协支持配合、有效监督的结果，是全省广大干部群众同心同德、团结奋斗的结果，是社会各界鼎力支持、无私奉献的结果，倾注了各位人大代表的心血和汗水。在此，我代表省人民政府，向全省人民，向驻晋部队广大指战员、武警官兵和中央驻晋单位，向各民主党派、人民团体和所有关心支持山西发展的海内外朋友们，向尽心履职的各位人大代表，表示崇高的敬意和诚挚的感谢！

在肯定成绩的同时，我们也要清醒地看到，我省经济社会发展还存在不少困难和问题，主要是：产业结构不够合理，发展方式比较粗放，城乡、区域发展还不够协调，节能减排任务和安全生产压力较大，农民增收任务艰巨，社会事业发展和民生改善与人民群众的期望还有差距，改革开放有待深化，政府职能还需进一步转变，等等。对此，我们将采取切实有效措施，认真加以解决。

各位代表，转型跨越发展的生动实践，使我们深切地感受到，做好各项工作必须始终坚持以科学发展观为统领，认真贯彻落实中央的方针政策和决策部署，将科学发展主题和加快转变经济发展方式主线贯穿经济社会发展各个领域、各个方面；必须始终坚持把中央的要求与山西的实际相结合，创造性地开展工作，不断增强工作的前瞻性、针对性和实效性；必须始终坚持解放思想、改革创新，着力破解制约科学发展的体制机制障碍，增强发展的动力和活力；必须始终坚持求真务实、真抓实干的作风，锲而不舍、扎实工作，确保各项决策部署落到实处；必须始终坚持以人为本、执政为民，一切想着群众，一切依靠群众，一切为了群众。我们相信，只要在今后的工作实践中坚持和发扬这些宝贵经验，就一定能够战胜前进道路上的一切艰难险阻，在推动转型跨越发展、再造一个新山西的征程中不断取得新的胜利！

二、2012年工作安排

2012年是党的十八大胜利召开之年，是全面贯彻落实省第十次党代会精神的重要一年。做好今年的工作，具有十分重要的意义。

今年面临的外部经济形势严峻复杂，欧债危机日趋恶化，发达国家经济增长乏力，世界经济复苏进程艰难曲折；我国部分企业生产经营困难，推动物价上涨的因素仍然较多，经济增长下行压力较大；国际市场需求萎缩、国内经济增速放缓，必然减少对我省能源原材料产品的市场需求，加之我省新兴产业还处于起步阶段，长期积累的结构性、体制性矛盾尚未从根本上得到解决，保持经济平稳较快发展的难度较大。在看到困难的同时，我们更应看到，我国仍处于重要战略机遇期，经济平稳较快发展的大趋势没有改变；中央继续实施积极的财政政策和稳健的货币政策，宏观政策环境机遇大于挑战；我省近年来经济实力显著增强，基础设施建设明显改善，煤炭资源整合煤矿兼并重组圆满结束，安全生产形势进一步好转，转型综改试验区建设全面推开，发展基础更加坚实，尤其是省第十次党代会极大地激发了广大干部群众干事创业的热情，这些都为我们做好今年工作提供了有利条件。我们要趋利避害、扬长避短，坚定信心、扎实工作，努力把今年的工作做得更好。

做好今年的政府工作，要全面贯彻落实党的十七大和十七届三中、四中、五中、六中全会精神及中央经济工作会议精神，认真贯彻落实省第十次党代会精神，以邓小平理论和“三个代表”重要思想为指导，深入贯彻落实科学发展观，坚持科学发展主题、加快转变经济发展方式主线和稳中求进工作总基调，把握扩大内需的基本要求，以转型跨越发展、再造一个新山西为总体战略，以转型综改试验区建设为总抓手，大力推进工业新型化、农业现代化、市域城镇化、城乡生态化，在循环经济和新兴产业发展上有新突破，在转型综改试验区建设上有新进展，在保障和改善民生上有新举措，在社会管理创新上有新成效，保持全省经济平稳较快发展、物价总水平基本稳定和社会和谐稳定，以优异成绩迎接党的十八大胜利召开。

2012 年我省经济社会发展的主要预期指标是：地区生产总值增长12%左右，固定资产投资增长22%，社会消费品零售总额增长16%，进出口总额增长10%，财政总收入和一般预算收入均增长15%，城镇居民人均可支配收入、农民人均纯收入分别增长10%和10%以上，城镇新增就业岗位40万个，城镇登记失业率控制在4.2%以内，居民消费价格总水平涨幅控制在4%左右。这些指标是指导性的，可以根据形势变化适当调整。

约束性指标是：万元生产总值综合能耗下降3.5%，万元生产总值二氧化碳排放量下降3.7%，二氧化硫、化学需氧量、氨氮排放量分别下降2%、1.3%、1%，氮氧化物排放量实现零增长，烟尘、粉尘排放量均下降3%，万元工业增加值用水量下降3.5%。这些约束性指标是硬任务、硬指标，必须完成。

实现上述目标，要在全面做好各项工作的同时，重点抓好以下工作：

（一）全面贯彻落实中央宏观调控政策，促进经济平稳较快发展。

进一步加大投资力度。在优化结构、提高质量和效益的前提下，紧紧扭住省市县重点工程这一抓手，统筹抓好在建续建新建项目建设，抓好重大转型项目建设，抓好重要民生工程建设。加大基础设施建设投资。全力推进23条在建高速公路项目建设，确保到今年年底新增通车里程1000公里，全省通车总里程达到5000公里；加快推进大西客运专线、中南部出海大通道等铁路项目建设；扎实推进吕梁、临汾、五台山机场建设和运城、大同机场改扩建工程；大力实施大水网工程，全面贯通黄河、汾河、桑干河、滹沱河、漳河、沁河六大河流，到“十二五”末使全省供水总量由现在的60多亿立方米增加到90多亿立方米，彻底解决全省人民吃水难、用水难的问题。抓好产业开发投资。加大技术改造和新兴产业投资，加快推进煤基多联产、煤制烯烃、煤制天然气等现代煤化工项目，高速列车轮轴、煤机成套设备等先进制造业项目，硅钢冷连轧、铝镁合金深加工等新型材料工业项目，以及新能源、节能环保等领域的项目建设。严格限制“两高一资”产业投资。增加社会事业发展和民生改善投资。继续加大科技、教育、文化、卫生、体育等社会事业投资，加大保障性住房、社会保障、就业等方面投入，加快高校新区、农村新的“五个全覆盖”

等工程建设，抓好城市扩容提质、市政基础设施建设、公共服务设施建设等方面的投资。同时，投资要继续向“三农”、生态环保、资源节约等领域倾斜。围绕上述领域，在积极争取中央资金、加大地方财政投资的同时，努力增加信贷规模，不断扩大市场融资，鼓励引导社会投资，大力开展招商引资，多渠道筹集建设资金。

进一步扩大消费需求。积极推进收入分配制度改革，着力提高低收入者收入，扩大中等收入群体；继续落实已有的促进消费政策措施，并适时制定出台新的政策措施；深入实施万村千乡市场工程，加快推进农超对接，发展电子商务，积极扩大旅游、健身、文化、养老、家政等服务性消费，加强食品药品质量监管，打击商业欺诈、制假售假、商标侵权等行为，维护消费者权益，让群众安心、放心消费。

进一步稳定拓展外需。深入实施科技兴贸、以质取胜和市场多元化战略，全面落实出口退税政策，强化出口信贷支持，健全出口信用风险保障机制，加快推进太原等综合保税区和外贸转型升级示范基地建设，大力发展加工贸易和服务贸易，努力扩大不锈钢、重型机械、玻璃器皿等优势产品出口；鼓励增加对先进技术装备、关键设备的进口，促进对外贸易稳定增长。

（二）加快调整经济结构和转变经济发展方式，进一步提高经济发展的质量和效益。

大力推进三次产业协调发展。在巩固加强第一产业的同时，突出抓好工业结构的调整和服务业的发展。着力改造提升传统产业。巩固提升煤炭资源整合煤矿兼并重组成果，进一步规范煤炭行业建设、生产、经营、安全秩序，加快保留矿井技改步伐，建设高标准现代化矿井，大力发展与煤炭紧密相关的煤机械、煤物流、煤环保、煤安全等产业，更好地发挥煤炭工业对全省经济社会发展的支撑和带动作用。推进焦化行业在关小上大、促进上下游联合的基础上发展大型焦化园区，实现由分散生产向集约生产转变，由“以焦为主”向“焦化并举”转变；推动钢铁、水泥、有色金属行业兼并重组，提高产业集中度和集约化水平。坚持用高新技术和先进适用技术改造提升传统产业，大力发展循环经济，发展煤焦化、煤气化、煤液化、煤电铝、煤电材，提高资源就地转化率、原材料深加工率和传统产业循环率。大力发展新兴产业。加快发展具有比较优势、带动能力强的先进装备制造业、现代煤化工、新型材料工业和特色食品工业，积极发展科技含量高、成长潜力大的新能源、节能环保、生物、物联网、新一代信息技术等高新技术产业，加快推进潞安180万吨煤基多联产、同煤40亿立方米煤制天然气、焦煤60万吨烯烃、晋城富士康精密制造、杏花村酒业工业园等项目，推进大同协鑫多晶硅及光伏产业、晋中吉利新能源汽车、阳泉百度云计算等项目，努力提高新兴产业占比率。加快发展服务业。实行对鼓励类服务业用电、用水、用气、用热与工业同价的政策，加大金融、税收和用地对服务业的支持力度，鼓励社会资本进入服务业领域，促进服务业发展提速、比重提高、水平提升。统筹发展各类服务业，既要发展信息、商务等生产服务业，又要发展家政、养老等生活服务业；既要发展商贸、餐饮等传统服务业，又要发展金融、会展等现代服务业。特别是要以五台山、云冈石窟、平遥古城等为龙头，加大重点景区开发提升力度，完善配套设施，打造精品线路，开发特色产品，壮大旅游企业，促进旅游与文化融合发展；推进三晋综合物流港等现代物流枢纽、大型物流园区建设，启动运营中国（太原）煤炭交易中心，加快现代物流业的发展。

大力推进“大中小微”各类企业协同发展。支持大企业做强做优，重点实施好“双千亿”、“双五百亿”、“双百亿”工程，力争有更多的企业进入全国百强、进军世界500强。促进中型企业快速成长，支持企业拓宽融资渠道，加大对企业开发新产品、开拓新市场的支持力度，培育一批销售收入超亿元的“小巨人”企业。加大信贷支持力度，落实税收优惠政策，加强创业辅导等公共服务，扶持小型微型企业健康发展。

大力推进国有经济与民营经济共同发展。继续推进国有企业兼并重组。认真落实鼓励引导民间投资健康发展的政策措施，鼓励民间资本参与铁路、公路、水利等基础设施和市政公用设施建设，投资新兴产业，发展社会事业，并在资金、技术、土地、人才等要素配置方面给予支持，使国有经济与民营经济共同发展。

各位代表，转型之路虽然不平坦，但前景十分广阔。只要我们坚持以煤为基、多元发展，痛下决心调结构，矢志不移转方式，我省的产业结构就一定能够发生脱胎换骨的变化，千里煤海的山西将会崛起一座座现代化的产业新城！

（三）扎实做好“三农”工作，不断开创农业农村发展新局面。

进一步加大强农惠农富农政策支持力度。今年省本级财政新增“三农”投入21亿元，继续实行我省近年来出台的农业灌溉水价补贴等 “五项补贴政策”，设施蔬菜大县奖补等“八项惠农政策”，规模健康养殖等“七项强农工程”，高标准农田建设、农机推广普及等“双十强农惠农工程”，同时，再研究出台一批新的政策措施。切实加强农田水利建设。开工建设塞上灌区、雁同灌区等大型灌区，加快推进山区“一村一井”工程，做好土地整理开发工作，改造中低产田和盐碱地，提高粮食和农业综合生产能力。加快发展特色现代农业。继续抓好三大现代农业示范区、雁门关生态畜牧经济区和10个现代农业示范县建设，积极推进“一村一品”、“一县一业”，建设一批特色农业产业基地，继续实施农产品加工龙头企业“513”工程，实行“公司+专业合作社+基地+农户”等产业化经营模式，加快推进农业科技创新和推广应用，促进农业结构调整和农业发展方式转变。深入推进新农村建设。抓好新确定的3000个重点村、100个集中连片区建设；加大培训力度，加快农村富余劳动力转移步伐；深化农村改革，积极稳妥推进土地流转，鼓励发展适度规模经营；完善农业社会化服务体系，提高农民专业合作社发展水平。加大扶贫开发力度。按照新十年扶贫《纲要》的要求，抓住国家把太行、吕梁山区列入11个连片特困地区的政策机遇，把集中连片特殊困难地区作为主战场，大力实施板块推进战略，切实抓好特色优势产业发展、基础设施建设、生态环境保护和劳动力素质提高等工作，继续实施移民搬迁、整村推进等重点扶贫工程，深入开展领导干部下乡住村包村增收活动，动员全社会的力量打好新一轮扶贫开发攻坚战，早日实现扶贫对象“两不愁、三保障”，即不愁吃、不愁穿，教育、医疗、住房有保障。发展壮大县域经济。加强县域基础设施建设，布局和建设一批强县富民的好项目、大项目，加快县域社会事业发展，壮大县域综合实力。

各位代表，农民收入翻番是“十二五”期间的一项重要任务。我们要紧紧围绕这一目标，毫不放松地抓好“三农”工作，实现农业特、农民富、农村美，让农民兄弟过上更加幸福美好的生活！

(四) 加快推进城镇化，促进城乡一体化发展。

城镇化是统筹城乡发展、扩大内需、促进经济增长的重要途径。要统筹规划、合理布局，完善功能、以大带小，加快城镇化进程，形成城镇化与工业化、城镇化与新农村建设良性互动的发展格局。

加快推进“一核一圈三群”建设。全力支持太原率先发展，充分发挥太原在全省发展中的龙头带动作用。以太原晋中共建区和太榆科技创新城建设为抓手，加快太原晋中同城化步伐。推广上党城镇群建设的经验，推进城镇组群发展。深入实施“大县城”战略和百镇建设工程，形成大中小城市和小城镇协调发展格局。努力提升城市综合承载能力。坚持高起点规划、高标准建设、高水平管理，大力推进城市扩容提质，统筹旧城改造和新城开发，加强城镇基础设施建设和社会事业发展，积极创新城市管理，提高城市管理水平。着力破除农民融入城市的体制机制障碍。推进户籍制度改革，放宽中小城市落户条件，健全公共服务体系。着力解决好农民工特别是新生代农民工融入城镇的问题，逐步将城镇社会保障、医疗卫生、文化教育和保障性住房等覆盖到农民工，使在城镇有稳定职业和住所的农民工有序转为城镇居民。

(五) 切实抓好节能减排工作，促进生态环境明显改善。

强力推进减排治污。大力实施绿色生态工程，严格控制重点区域和主要流域的污染排放，加大工业源、农业源、生活源污染治理，大力开展城乡清洁活动，抓好城市污水处理厂建设运营和垃圾无害化处理，在重点城市开展细颗粒物（PM2.5）监测。全力推进节能降耗。加大淘汰落后产能力度，抑制高耗能、高排放行业过快增长；优化能源结构，积极开发风能、太阳能、生物质能等可再生能源；全面推进工业、交通、建筑和公共机构节能，抓好重点行业和企业节能工作；优化工艺流程，降低能耗物耗水平。大力推进生态建设。以建设生态省为目标，继续抓好造林绿化工程，确保完成营造林400万亩以上。加强水土流失治理，加大汾河流域生态环境治理修复力度。加快推进太原西山地区生态环境综合整治，今年采暖期前太化、煤气化要全部停产，做到早日搬迁。着力健全长效机制。全面落实节能评估审查制度和环境评价制度，强化能耗限额标准管理，推行合同能源管理，积极开展能效对标活动，推进节能量、排污权、碳排放权交易，继续落实差别电价、征收排污费和鼓励节能环保产品消费等政策，推进节能减排工作走上制度化、规范化的轨道。

各位代表，尽快改变生态环境状况，建设资源节约型、环境友好型社会，是全省人民的热切期盼。我们要加倍努力，继续抓好这一件关系人民群众切身利益的大事。以省城太原为重点，改造城中村、拔掉黑烟囱、停用小锅炉、搬走污染源、治理臭水河，让三晋大地天更蓝、地更绿、水更清、空气更清新、环境更宜人！

(六) 深入实施文化强省战略，推动文化大发展大繁荣。

推进社会主义核心价值体系建设。坚持马克思主义指导地位，用中国特色社会主义理论武装头脑、教育干部群众。大力弘扬太行精神、吕梁精神、右玉精神等山西人民创造的宝贵精神，锻造锤炼传承优良传统、体现时代风貌的“山西精神”。树立和践行社会主义荣辱观，深入开展社会公德、职业道德、家庭美德和个人品德教育，拓展群众性精神文明创建活动，提高全社会文明水平。健全公共文化服务体系。大力发展公益性文化事业，抓好山西大剧院、省图书馆等重大文化设施管理运营和山西广电中心等重点工程建设，抓好市县图书馆、科技馆、文化馆、博物馆、电影院和体育场馆等建设，抓好万村千乡文化设施建设。加快推进“三网”融合，按期完成全省有线电视网络整合工作。继续实施文化惠民工程，不断满足人民基本文化需求。加大自然遗产地、重点文物、历史文化名城名镇名村的保护力度。加强非物质文化遗产的保护和传承。加快发展文化产业。落实文化产业振兴规划，用好文化产业扶持政策，推进文化产业重点工程，促进文化与旅游、科技、体育等深度融合，推动文化产业尽快成为我省新的支柱产业。深化文化体制改革。巩固国有经营性文化单位转企改制成果，限时完成非时政类报刊出版单位和新闻网站转企改制任务，稳步推进公益性文化单位内部改革，加强文化管理，进一步激发文化发展的内在活力。

各位代表，三晋文化源远流长，底蕴深厚，发展潜力巨大。我们要像挖掘地下资源一样挖掘文化资源，像抓经济建设一样抓文化建设，大力发展文化事业，切实抓好文化产业，打造一批具有国际影响力的文化品牌，创作更多叫得响、传得开、留得住的精品力作，推动文化大发展大繁荣，早日实现文化强省的目标！

(七) 着力保障和改善民生，让人民群众共享改革发展成果。

稳定和扩大就业。实施更加积极的就业政策，鼓励发展劳动密集型产业，多渠道开发就业岗位，全面做好各类人员的就业工作，重点做好高校毕业生、农村转移劳动力、城镇就业困难群体的就业工作。深入开展创业创建活动，完善创业政策和服务体系，扶持更多有创业意愿和创业能力的人自主创业，以创业带动就业。

完善社会保障体系。全面落实社会保障政策，进一步扩大社会保险覆盖面，提高统筹层次和保障水平。大力推进城镇居民社会养老保险和新农保工作，确保实现城乡居民养老保险全覆盖，使人人享有养老保险；巩固城镇医疗保险和新农合参保率，将政府补助标准在去年的基础上，每人再提高40元；要关心低收入群体的生活，城乡低保标准分别再提高30元、22元；农村集中供养、分散供养的五保对象省级补助标准分别提高500元、100元。积极发展社会福利和慈善事业，为集中供养孤儿、散居孤儿每人每月补助1000元、600元，决不让一个孤儿流落街头。

加快保障性住房建设。建设各类保障性住房33.2万套，重点推进公共租赁住房和廉租住房建设。创新资金、用地保障机制，加强质量监督管理，制定完善保障性住房建设、分配、管理、退出等制度和办法，让更多的低收入群众住上价廉舒适的新房。同时，继续严格执行房地产调控政策，促进房地产市场健康发展。

着力稳定物价总水平。全面落实稳定物价的各项政策措施，落实好“米袋子”、“菜篮子”负责制，做好粮、油、肉、菜的生产和储备工作，加强鲜活农产品流通体系建设，畅通运输“绿色通道”，加强物价监测和市场监管，进一步完善社会救助和保障标准与物价上涨挂钩的联动机制，决不能让物价上涨影响低收入群众的基本生活。

全面完成农村新的“五个全覆盖”任务。加快推进农村街巷硬化、便民连锁商店、文化体育活动场所、中等职业教育免费、新型农村社会养老保险等新的“五个全覆盖”工程，如期兑现向全省人民的郑重承诺；有条件的市县要结合本地实际，筹划实施更多的惠民工程。

各位代表，为人民群众谋求福祉是我们义不容辞的责任。我们要怀着对人民群众的真心真情、深厚感情，多办实事、多办好事，努力提高人民群众生活水平，让全省人民生活得更加美满、更加幸福！

（八）大力发展社会事业、全面加强和创新社会管理，努力保持社会和谐稳定。

坚持优先发展教育。认真贯彻落实中长期教育改革发展规划纲要，今年全省教育支出再增加100亿元，教育支出占一般预算支出的比例达到16%。积极发展学前教育，再建设200所公办标准化幼儿园；加快推进义务教育学校标准化建设，提高家庭经济困难寄宿生生活费补助，小学生、初中生每人每天分别达到4元、5元；在集中连片贫困县实施义务教育学生营养改善试点,每人每天补助3元；加快普及高中阶段教育，毛入学率达到88%以上；大力发展职业教育，全面实现中等职业教育免费全覆盖；加大高等教育投入，将生均经费由9000元提高到12000元，加快高校新区建设，确保今年秋季8所高校基本建成；积极发展继续教育、特殊教育，促进各级各类教育全面协调发展。

做好科技和人才工作。加大科技投入，完善科技创新体系，推进大学科技园、太榆科技创新城、工业研究院建设，在现代煤化工、装备制造、新材料、生态修复等领域实施科技重大专项。进一步促进产学研结合，加快科技成果向现实生产力转化。深入实施人才强省战略，全面落实中长期人才发展规划，统筹推进各类人才队伍建设，落实引进国内外高层次人才办法和转型跨越发展突出贡献人才奖励办法，培养、引进各类实用人才、专业人才、拔尖人才、创新人才和领军人物，为转型跨越发展提供智力支持和人才保证。

加快发展医药卫生事业。全面深化医药卫生体制改革，健全完善基本医疗保障制度和基本药物制度，加强城乡基层医疗卫生服务体系建设，稳步推进基本公共卫生服务均等化，加快推进以县级医院为重点的公立医院改革，扎实推进县域医药卫生一体化综合改革，加强全科医生培养和乡村医生队伍建设。扶持中医药事业发展。继续对贫困残疾人实施康复救助。同时，要广泛开展全民健身活动，提高全民健康水平。

加大社会管理创新力度。坚持民生优先、服务为先、基层在先的原则，加强社会管理整体规划设计，抓好社会管理创新项目建设，提高社会管理科学化水平。完善信访工作和矛盾调处机制，正确对待群众合理诉求，切实解决好征地拆迁、劳资纠纷等事关人民群众切身利益的问题。加强对流动人口、特殊人群、新经济组织和新社会组织、信息网络等重点领域的管理。健全突发事件应急体系，抓好突发事件应急工作，加强防灾减灾工作和公路“三超”治理。进一步完善社会治安防控体系，深入推进平安创建活动，加强国家安全工作，维护社会和谐稳定，发挥好首都护城河的作用。落实党的民族宗教政策，做好外事、侨务、对台等工作。发展人民防空事业，支持国防和军队建设，做好双拥和优抚安置工作。加强人口计生、妇女儿童、老龄、残疾人和红十字会等工作。

（九）加大安全生产工作力度，推动安全生产形势稳定好转。

发展是第一要务，稳定是第一责任，安全是第一保障。要继续坚持近年来行之有效的好经验、好做法，进一步做好安全生产各项工作，巩固和发展来之不易的安全生产大好形势。

强化安全理念，健全管理体制。牢固树立抓好经济发展是政绩、抓好安全生产也是政绩的理念，时刻紧绷安全生产这根弦，警钟长鸣、常抓不懈。要把“生命至上、安全第一”的要求落实到建设、生产、经营、管理的全过程和各个环节。完善安全生产的领导格局、监管体制、责任体系，形成分工明确、责任到人、齐抓共管的工作局面。

抓好专项整治，建立长效机制。巩固扩大三年多来安全生产专项整治成果，认真组织开展“回头看”活动，进一步加强安全隐患排查治理，切实做好以煤矿为重点，覆盖非煤矿山、尾矿库、危险化学品、民用爆炸物品、道路交通、特种设备、建筑施工、消防、水库、学校等各行业各领域的安全生产工作。在认真落实我省十项大的安全生产制度和12个行业118条安全生产规定的同时，进一步完善安全生产的制度和规程，形成保障安全生产的长效机制。

强化主体责任，夯实基层基础。严格落实政府的安全监管主体责任和企业的安全生产主体责任，实行安全生产挂牌责任制，做到职责分工明确、监管不留死角、责任落实到人。不断强化安全生产基层基础工作，抓好安全质量标准化建设，强化专业技术人才培养和职工安全技能培训，先培训后上岗，变招工为招生，突出抓好劳动用工管理和企业现场管理，从根本上提高安全生产保障水平。

加强工作考核，严格责任追究。把安全生产作为考核各级各部门和企业的重要内容，严格实行“一票否决制”。要定期对市（县）长、安全助理、煤矿“六大员”、非煤矿山“五大员”、安全监管“五人小组”的履职情况进行考核，对不能正常履职的要及时调整。要严肃对待事故，严格责任追究，保证各项安全生产措施落到实处。

各位代表，安全生产对山西来讲始终具有极端重要性。三年多的实践充分证明，我省的广大干部群众完全有智慧、有能力抓好安全生产这一人命关天的大事！只要我们认真履责、恪尽职守、勤勉工作，就一定能够实现安全生产形势的明显好转、稳定好转、根本好转！

（十）进一步深化改革开放，加快推进转型综改试验区建设。

继续深化各项改革。全面完成事业单位分类工作，继续推进事业单位人事、收入分配等配套改革；深入推进集体林权制度改革，完善公益林补偿等政策；继续抓好国有企业和集体企业改革，对长期亏损、资不抵债的企业依法实施破产；扎实推进扩权强县试点，进一步扩大县域发展的自主权；积极推进煤炭资源税改革，逐步完善资源性产品价格形成机制；大力推进金融体制改革，发展资本市场，创新BOT、BT、TOT等融资模式，尤其要高度重视并着力解决好农村融资问题，加大金融对“三农”的支持力度。

继续扩大对外开放。进一步优化发展环境，提升服务质量，加大招商引资力度，吸引更多的国内外大企业、大集团来晋投资兴业、安家落户。加强区域合作和对外交流。积极开展“项目落地年”活动，切实抓好中博会等签约项目的落地工作，提高项目落地率。精心筹备和办好世界太阳能十项全能竞赛、第四届中国（太原）国际能源产业博览会等重大展会。

全面推进转型综改试验区建设。配合总体方案的实施，尽快出台实施意见，加快推进“一市两县”“一市两园”和“一县一企”等试点工作，大力推进一批重大转型标杆项目建设，重点在产业升级、生态修复、城乡统筹、民生改善等方面先行先试；积极推进体制机制创新，力争在项目审批、用地保障、资金筹措等方面取得新的进展。要充分利用好转型综改试验区这个大品牌、大平台、大载体，并以此为总抓手，带动全省改革开放的进一步深化，增强转型跨越发展的动力和活力。

（十一）积极推进民主法制建设，促进社会公平正义。

发展社会主义民主政治。认真执行人大及其常委会的决议、决定，依法向人大及其常委会报告工作，自觉接受监督，积极支持人民政协履行政治协商、民主监督、参政议政职能，认真办理人大代表建议和政协提案。支持各民主党派、工商联、无党派人士以及工会、共青团、妇联等开展工作。完善基层民主管理制度，提升基层自治组织的管理能力和水平。深入推进政务公开、村务公开、厂务公开，保障人民群众的知情权、参与权、表达权、监督权。

加强社会主义法制建设。加强和改进政府法制工作，支持人民法院、检察院依法独立公正行使职权，做好法律服务和法律援助工作，维护社会公平正义。加强法制宣传教育，深入推进“六五”普法工作，在全社会形成自觉学法尊法守法用法的良好氛围。

（十二）坚持以人为本、执政为民理念，切实加强政府自身建设。

转变政府职能，提高行政效能。大力推进服务型政府建设，在加强和改善经济调节、市场监管的同时，更加注重社会管理和公共服务。深入推进行政审批制度改革，以投资、社会事业、非行政许可等领域为重点，进一步清理、减少和调整行政审批事项。认真落实首问负责制、限时办结制、服务承诺制、责任追究制，全面提高行政效能，为各类市场主体创造公平的发展环境，为人民群众提供良好的公共服务。

规范政府行为，推进依法行政。各级政府要严格依照法定权限和程序行使权力、履行职责。完善重大事项公众参与、专家咨询论证和政府集体决策相结合的制度，促进科学民主决策。严格规范行政执法，强化行政执法监督，加强行政监察和审计监督，提高政府的公信力和执行力。大力推进政务公开，完善政府新闻发布制度和信息公开制度，加强电子政务建设，让权力在阳光下运行。

深入学习调研，改进工作作风。广大公务员尤其是领导干部要进一步加强学习，提升综合素质和履职能力；要深入调查研究，拿出更多的时间和精力到基层去、到生产一线去、到群众中去，掌握实情、解决问题、推动工作；要大力弘扬求真务实、真抓实干的作风，力戒形式主义、官僚主义；要加强绩效管理，强化督促考核，确保各项工作部署落到实处、收到实效。

加强廉政建设，树立公仆形象。全面落实政府系统党风廉政建设责任制，建立健全惩治和预防腐败体系，继续深入开展煤焦领域反腐败工作，认真开展重点领域渎职侵权问题专项整治，严肃查处各类违法违纪案件。巩固正风肃纪创优环境活动成果，加强政风行风建设。坚持勤俭办事，反对铺张浪费，严格控制楼堂馆所建设和“三公”经费支出，减少会议、庆典和论坛。全体公职人员要模范遵守廉洁自律的各项规定，坚决杜绝以权谋私、吃拿卡要，做到为民、务实、清廉。

各位代表，2011年的辛勤耕耘收获了“十二五”的良好开局，2012年的光荣使命承载着党和人民的殷切期望。让我们紧密团结在以胡锦涛同志为总书记的党中央周围，在省委的正确领导下，开拓进取、扎实工作，不断开创转型跨越发展新局面，以优异的成绩迎接党的十八大胜利召开！

中共山西省委
山西省人民政府
关于深入贯彻党的十七届六中全会《决定》
加快建设文化强省的实施意见

晋发〔2012〕3号

（2012年2月13日）

为深入贯彻党的十七届六中全会精神，全面落实中共中央《关于深化文化体制改革推动社会主义文化大发展大繁荣若干重大问题的决定》（中发〔2011〕14号），根据省第十次党代表大会的决策部署，现就加快建设文化强省提出如下意见。

一、以高度的文化自觉推动文化强省建设

（一）重要意义。

文化是民族的血脉，是人民的精神家园。当今世界正处在大发展大变革大调整时期，文化越来越成为民族凝聚力和创造力的重要源泉，越来越成为综合国力竞争的重要因素,越来越成为经济社会发展的重要支撑，丰富精神文化生活越来越成为人民群众的热切愿望。文化建设是中国特色社会主义事业总体布局的重要组成部分，关系实现全面建设小康社会奋斗目标，关系坚持和发展中国特色社会主义，关系实现中华民族伟大复兴。山西是中华民族的重要发祥地之一，勤劳智慧的山西人民，创造了博大精深、特色鲜明、光耀千秋的灿烂文化，为中华文明发展做出了重要贡献。深入挖掘、传承和弘扬我省优秀的历史文化、红色文化、民俗文化和现代文化，增进全省人民的文化自觉和文化自信，对加快建设文化强省、推进转型跨越发展具有重要的现实意义和深远的历史意义。当前，我省正处在加快发展的黄金期、转型跨越的机遇期、改革开放的攻坚期、全面建设小康社会的关键期，必须把文化繁荣发展作为坚持发展是硬道理、发展是党执政兴国第一要务的重要内容，作为深入贯彻落实科学发展观的一个基本要求，进一步推动我省文化建设与经济建设、政治建设、社会建设以及生态文明建设协调发展。实现山西转型跨越，要统筹开发利用地下地上两种资源，做好煤与非煤两篇文章，要像抓经济建设一样抓文化建设，像挖掘地下资源一样挖掘文化资源，引导各种生产要素和社会力量向文化集聚，大力发展文化事业和文化产业，更好地满足人民的精神需求，为率先走出资源型地区转型跨越发展新路，加快推进全面建设小康社会进程，再造一个新山西提供坚强的思想保证、强大的精神动力、有力的舆论支持、良好的文化条件。

（二）指导思想。

全面贯彻党的十七届六中全会精神，高举中国特色社会主义伟大旗帜，坚持中国特色社会主义文化发展道路，以马克思列宁主义、毛泽东思想、邓小平理论和“三个代表”重要思想为指导，深入贯彻落实科学发展观，以科学发展为主题，以改革创新为动力，以建设社会主义核心价值体系为根本任务，以满足人民精神文化需求为宗旨，以引领山西发展、提升山西形象、增强山西综合实力为目标，发展面向现代化、面向世界、面向未来的，具有山西特色、民族风格、中国气派的社会主义文化，以高度的文化自觉和自信提高全省人民的文明素质，加快建设文化强省，努力实现文化跨越发展。

（三）主要目标。

到“十二五”末，社会主义核心价值体系建设深入推进，全省城乡文明程度和公民文明素质明显提升，文化在经济社会发展中的地位和作用显著增强；形成一批具有国际影响力的文化品牌和文化精品，文化晋军崛起，三晋文化的影响力显著增强；公共文化服务体系基本建成，人民群众基本文化权益得到切实保障，文化事业发展能力显著增强；文化产业增加值超过1000亿元，占地区生产总值6%左右，成为国民经济支柱性产业，发展实力和竞争力显著

增强；文化改革深入推进，体制机制进一步健全，发展活力和创新能力显著增强，文化强省建设进入全国先进行列。

到2020年，全省人民综合素质和文明程度大幅提高，文化体制改革不断深化，事业兴旺、产业发达、创新活跃、英才集聚、市场繁荣的文化发展格局初步形成，精品力作不断涌现，人民文化生活丰富多彩，建成全国具有较强综合实力的文化强省。

实现以上目标，必须坚持以马克思主义为指导，坚持社会主义先进文化前进方向，坚持以人为本，坚持把社会效益放在首位，坚持改革开放。实现以上目标，必须深入推进社会主义核心价值体系建设，引领全省文化发展；必须立足我省文化资源优势，在文化和旅游的结合上实现突破，大力实施"大作品表现、大集团运作、大景点支撑、大服务引领、大会展集聚"的"五大战略"；必须按照"在深化文化体制改革上有新进展，在公共文化服务体系建设上有新进展，在文化产业发展上有新进展，在文化精品创作上有新进展，在发展新型文化业态上有新进展"的"五个新进展"要求，大力实施"十百千工程"，到"十二五"末，培育壮大我省十大国有骨干文化产业集团，政府主导公共文化服务体系建设投入超百亿，政府引导、全社会投入文化产业超千亿，进一步解放和发展文化生产力，掀起全省文化建设的新高潮。

二、深入推进社会主义核心价值体系建设，为转型跨越发展凝魂聚力

社会主义核心价值体系是兴国之魂。必须把社会主义核心价值体系融入国民教育、精神文明建设和党的建设全过程，贯穿改革开放和社会主义现代化建设各领域，体现到精神文化产品创作生产传播各方面，在全省上下形成统一指导思想、共同理想信念、强大精神力量、基本道德规范。

（一）切实加强马克思主义思想理论的学习研究宣传。

坚持不懈用中国特色社会主义理论体系武装全党、教育人民，推动学习实践科学发展观向深度和广度拓展。坚持以领导班子和领导干部为重点，以提高思想政治素养为根本，以建设学习型党组织为抓手，大力推进马克思主义学习型政党建设。参照省委中心组"六学六用"模式，加强和改进党委（党组）中心组学习，抓好干部脱产培训和在线学习，完善考学评学述学制度，把学习情况作为民主评议党员、综合考核评价领导班子和领导干部的重要依据。加强对青年学生的思想政治教育，推动科学理论进教材、进课堂、进头脑。深入推进马克思主义理论研究和建设，实施中国特色社会主义理论体系普及计划，推进马克思主义中国化时代化大众化，不断提高全省人民的思想政治素质。

（二）积极开展中国特色社会主义理想信念教育。

深入开展理想信念教育，紧密结合国情省情实际，进行形势政策教育、革命传统教育、改革开放教育、国防教育，广泛开展多种形式的宣传教育活动，引导全省干部群众坚定中国特色社会主义的理想信念，形成推动转型跨越发展、再造一个新山西的强大合力。

（三）大力弘扬民族精神和时代精神。

大力弘扬爱国主义、集体主义、社会主义思想，大力弘扬与时俱进、开拓创新、敢为人先的时代精神，深入挖掘和弘扬太行精神、吕梁精神、右玉精神等山西人民创造的宝贵财富，进一步提炼"山西精神"，形成推动我省转型跨越的强大力量。加强爱国主义和国防教育基地建设和管理，用好我省丰厚的红色旅游资源，使之成为弘扬培育民族精神和时代精神的重要课堂。

（四）深入推进公民道德建设。

深入开展社会主义荣辱观教育，评选和宣传"三晋好人"，发挥道德模范的示范作用，在全省形成知荣辱、讲正气、作贡献、促和谐的良好风尚。充分发挥"全国文明城市"长治市的典型示范作用，深入开展各类群众性精神文明创建活动，努力打造区域文明城镇群。广泛开展志愿服务。加强学校德育体系建设，完善学校、社会、家庭"三结合"教育网络，做好大学生和未成年人的思想道德教育工作。深入挖掘和弘扬晋商精神的当代价值，把诚信建设摆在突出位置，加大对失信行为惩戒力度。加强法制宣传教育。加强人文关怀和心理疏导。弘扬科学精神，普及科学知识，反对封建迷信。深入开展反腐倡廉教育，推进廉政文化建设。

三、大力推动优秀文化产品的创作生产，为人民群众提供更好更多的精神食粮

创作生产更多无愧于历史、无愧于时代、无愧于人民的优秀作品，是文化繁荣发展的重要标志。必须全面贯彻为人民服务、为社会主义服务的方向和百花齐放、百家争鸣的方针，立足发展先进文化、建设和谐文化，激发文化创作生产活力，提高文化产品质量，发挥文化引领风尚、教育人民、服务社会、推动发展的作用。

（一）繁荣发展哲学社会科学。

坚持以重大现实问题为主攻方向，加强对全局性、战略性、前瞻性问题研究，加强对全省转型跨越发展热点难点问题研究。充分发挥哲学社会科学规划办公室统揽作用，搞好全省哲学社会科学研究，重点扶持山西经济社会发展亟需的学科和研究项目，推动有关山西转型跨越发展的研究项目及成果转化，推出一批经得起实践和历史检验的优秀成果，加快研究成果向实践转化。加大对哲学社会科学研究成果的奖励支持力度。各级社会科学联合会和各高校、党校、社会科学研究机构，要发挥自身优势，打造特色学科。要建设一支高素质的哲学社会科学研究队伍，造就一批高水平的理论家和学术带头人。

（二）加强和提高新闻舆论工作水平。

坚持团结稳定鼓劲，加大正面宣传力度，提高舆论引导的及时性、权威性和公信力、影响力，保障人民知情权、参与权、表达权、监督权。要从群众关注点入手，增强舆情预警反应能力，加强舆情分析研判，努力通达社情民意，

有效引领社会舆论。要整合各类宣传资源，加强对中央和省委重大决策部署的宣传，加强对转型跨越发展中涌现出的先进典型、新鲜经验、模范人物等的宣传，加强对社会热点难点问题的分析阐释，适时组织宣传战役，形成舆论引导的强大合力。做好重大突发事件新闻报道，提高新闻发布的质量和水平，增强应急反应能力和舆论引导效果。加强和改进舆论监督。加强新闻队伍的职业道德建设。

（三）推出更多优秀文艺精品。

大力实施精神文明建设“五个一工程”、舞台艺术精品工程、重大革命和历史题材创作工程、重点文学艺术作品扶持工程、优秀影视作品和动画片创作工程、优秀少儿作品创作工程等。抓好“四大梆子”传承和创新，扶持有浓郁地方特色的小剧种。全省文艺工作者要大力弘扬“山药蛋派”的优良传统，学习老一辈文艺工作者的高尚情怀，深入实际、深入生活、深入群众，努力发现和挖掘转型跨越发展中的鲜活素材，从人民群众的创造实践中汲取灵感和激情，既要力求创作生产更多通俗易懂、雅俗共赏、引领人民奋进的文艺作品，又要力求推出一批思想深刻、艺术精湛、格调高雅、群众喜爱，体现山西特色、代表国家水准、具有世界影响的精品力作，培育一批在国内外有重大影响力的名家大师。

不断加大对重点创作项目的扶持力度，省、市要设立专项艺术基金和重点文艺作品扶持资金。为文艺工作者参与国内外重大创作、展演和交易活动提供条件。完善文化产品评价体系和激励机制，把群众评价、专家评价和市场检验统一起来，定期评比表彰在国内外产生重大影响、深受群众欢迎的优秀文艺产品。

（四）发展健康向上的网络文化。

认真贯彻落实积极利用、科学发展、依法管理、确保安全的方针，加强和改进网络文化建设和管理，理顺互联网管理的体制和机制，加快建立健全全省各级网络宣传管理机构，落实互联网属地化管理原则。加强网上舆论引导，唱响网上思想文化主旋律。继续开展“全国网络媒体山西行”和网媒系列主题行活动。有效运用和管理社会化网站和即时通信工具，推动党政机关开设微博客，及时发布权威信息，提供丰富的社会服务。提倡党政领导干部开设微博，通过与网民的互动，增强社会互信。实施网络内容建设工程，积极推进思想先进、内容健康、特色鲜明的文化精品上网传播。支持黄河新闻网、山西新闻网、山西网络广播电视台等重点新闻网站加快发展。广泛开展创建“文明网站”活动。加强网络法制建设，规范网上信息传播秩序，依法惩处制造和传播谣言以及低俗、淫秽、色情等有害信息的行为，严厉打击网络违法犯罪。加大财政投入，建设互联网宣传和管理技术平台。

四、努力发展公益性文化事业，切实保障人民群众的基本文化权益

满足人民基本文化需求是社会主义文化建设的基本任务。必须坚持政府主导，按照公益性、基本性、均等性、便利性的要求，加强文化基础设施建设，完善公共文化服务网络，让群众广泛享有免费或优惠的基本公共文化服务。

（一）构建公共文化服务体系。

以公共财政为支撑，以公益性文化单位为骨干，以社区、农村为重点，以保障看电视、听广播、看电影、读书看报、娱乐健身、进行公共文化鉴赏、参与公共文体活动等基本文化权益为主要内容，创新投资方式，拓宽投资渠道，尽快建立覆盖城乡、惠及全民、结构合理、功能健全、实用高效的公共文化服务体系。

省、市及有条件的县要加快建设一批标志性文化设施。省级加快推进山西广电中心等五大文化重点工程。规划建设一批省及市级戏剧、歌舞、话剧排练和演出场馆。大力开展文化设施标准化建设，到“十二五”末，确保实现“市市有博物馆、公共图书馆、文化（群众艺术）馆、科技馆、体育馆、歌舞剧院”等“五馆一院”目标；县级在巩固“县县有文化(博)馆、体育馆（场）、图书馆”的基础上，加快“多厅数字影院”建设，形成“三馆一院”。采取省级政府引导补助、市县配套的办法，对不达标场馆进行新建和改扩建。鼓励社会力量兴办各种专业性、地方特色的博物馆。

继续推进广播电视村村通、文化信息资源共享、乡镇综合文化站、农村文化体育场所、农村电影放映、数字图书馆推广、电子阅览室建设等重点工程，2012年底前实现“农家书屋”全覆盖、农民体育健身设施全覆盖、村级文化活动场所全覆盖的目标。加快在全省有线网络未通达的农村地区开展直播卫星广播电视公共服务推广工作，纳入社会主义新农村建设、农村文化建设和精神文明建设总体规划，纳入“十二五”扶贫攻坚规划，推动广播电视由“村村通”向“户户通”延伸。2014年年底前，实现所有县级以上城市数字多厅影剧院全覆盖。

加强社区公共文化建设。继续推进“城市社区文体活动中心建设工程”和社区书屋建设，把社区文化中心建设纳入城乡规划和设计，对社区文化基础设施建设、管理服务、文化活动、人员培训等提供必要的政策和资金保障，尽快恢复使用被挤占挪用的社区文化中心和设施，努力实现每个社区都有设备齐全、运行良好的文体活动中心。

各级党委、政府要做好主要党报党刊在农村基层发行和赠阅工作，大力支持全省电影院线、演出院线建设，逐步提高购买演出（放映）场次或按场次补贴的额度，鼓励演艺团体深入基层和农村演出，加大对新华书店网点布局的支持。

（二）提高公共文化服务能力。

坚持建、管、用并重，推动文化资源共建共享。把公共文化服务设施运营维护、主要公共文化产品和服务项目、公益性文化活动纳入公共财政经常性支出预算。采取政府采购、项目补贴、定向资助、贷款贴息、税收减免等政策措施，鼓励各类文化企业参与公共文化服务。引导和鼓励

煤焦领域等资源型企业和社会力量通过兴办实体、资助项目、赞助活动、提供设施等形式参与公共文化服务，鼓励其他国有文化单位、教育机构等开展公益性文化活动。各类公共场所要为群众性文化活动提供便利。加强文化馆、博物馆、图书馆、美术馆、科技馆、纪念馆、工人文化宫、青少年宫（活动中心）、体育场馆等公共文化服务设施和爱国主义教育示范基地建设并完善向社会免费开放服务。完善面向妇女、未成年人、老年人、残疾人的公共文化服务设施。加快推进公共文化服务体系示范区创建。要制定公共文化服务指标体系和绩效考核办法，纳入领导班子和领导干部考核评价指标体系。从2012年起，省、市、县三级要设立农村文化建设专项资金，保证一定数量的中央转移支付资金用于乡镇和村文化建设。

加快城乡文化一体化发展，建立以城带乡联动机制，合理配置城乡文化资源，推动公共文化服务向农村倾斜、向革命老区倾斜、向贫困地区倾斜。大力实施“万村千乡公益文化建设工程”。鼓励文化单位面向基层和农村提供流动服务、网点服务。深入开展“全民阅读”、“全民健身”，推动送书送戏送电影下乡，开展好文化科技卫生“三下乡”、科教文体法律卫生“四进社区”、“送欢乐下基层”等文化活动。广泛开展群众性文化体育活动，鼓励支持自创自办、自娱自乐、积极健康的文化生活，满足人民群众多样化文化需求。以国有企业为重点，重视各种所有制企业的企业文化建设。提高机关文化、社区文化、村镇文化、校园文化、广场文化、家庭文化建设水平。

（三）加快建设现代传播体系。

加快构建技术先进、传输快捷、覆盖广泛的现代传播体系，不断提高社会主义先进文化辐射力和影响力。各级党报党刊、广播电视台和重要新闻出版单位要加强内部机制改革，完善采编、发行、播发系统，加快数字化转型，扩大有效覆盖面，提高原创率、首发率、落地率。支持山西日报等党报党刊进一步扩大影响力。支持山西卫视巩固提升全国覆盖率。支持省主要媒体发展网络多媒体、移动多媒体等新兴传播载体，建设省全媒体内容集成播控平台。

加快整合全省有线电视网络，2012年6月底前全面实现全省“一张网”，做到统一规划、统一建设、统一管理、统一运营。建立省级主导、可管可控、管理顺畅、符合三网融合发展趋势和行业要求的山西广电网络运营新体系，完成全省下一代广播电视网总前端、主干网及接入网的建设工作。加快全省广播电视骨干发射台站技术改造，扩大省、市广播电视有效覆盖；建设与国家应急广播网相连通的全省应急广播网。

（四）建设优秀传统文化传承体系。

全面认识三晋传统文化，取其精华、去其糟粕，古为今用、推陈出新，坚持保护利用、普及弘扬并重，加强对优秀传统文化思想价值的挖掘和阐发，使之成为新时代鼓舞人民前进的精神力量。加强文化典籍整理和出版工作，积极推进《三晋文库》编纂工作。健全文物保护传承工作机制，加大国家级、省级文化和自然遗产地、重点文物保护单位、历史文化名城名镇名村保护建设力度，注重对历史文化名人的研究和宣传，抓好非物质文化遗产保护传承，在确有需要、条件成熟的地区设立非物质文化遗产传习所。建设一批非物质文化遗产生产性保护示范基地。加快建设晋中等国家级文化生态保护区。加快推进陶寺、晋阳古城国家考古遗址公园等项目建设。抓好应县木塔申报世界文化遗产、芦芽山申报世界自然遗产的相关工作。加强文物科技保护开发工作，形成具有针对性和竞争力的文物科技保护、研发和推广基地。

五、加快发展文化产业，培育转型跨越发展的新兴力量

发展文化产业是社会主义市场经济条件下满足人民多样化精神文化需求的重要途径。要按照全面协调可持续的要求，推动文化产业跨越式发展，使之成为转变我省经济发展方式的重要新兴力量和新的经济增长点。

（一）优化文化产业发展格局。

积极构建结构合理、门类齐全、科技含量高、富有创意、竞争力强的现代文化产业体系。调整优化文化产业结构。发展壮大出版发行、影视制作、印刷包装、广告会展、演艺娱乐等传统文化产业，加快发展文化创意、数字出版、动漫游戏、移动多媒体等新兴文化产业，不断推动我省文化产业结构优化升级。

调整优化区域结构。突出地域特色，加快文化产业基地和区域性文化产业集群建设，精心打造五大特色文化产业区，即北部大同、朔州、忻州一带的佛教与边塞文化产业区，中部太原、晋中一带的晋商文化产业区，南部临汾、运城一带的根祖文化产业区，东南部阳泉、长治、晋城一带的太行红色文化产业区，西部沿黄一带的黄河风情文化产业区。要把太原长风文化岛打造成会展、演出、展览、科技、旅游一体化的文化高地。

调整优化所有制结构。支持省属国有文化企业集团做大做强，引导和鼓励各种非公有制文化企业健康发展。在国家许可范围内，制定优惠政策，推动资源型企业和社会资本进军文化产业，以多种形式参与国有经营性文化单位转企改制，参与重大文化产业项目实施和文化产业园区建设，在投资核准、信用贷款、土地使用、税收优惠、上市融资、发行债券、对外贸易和申请专项资金等方面给予支持。

推进文化科技创新。实施科技带动战略，增强自主创新能力。以先进技术支撑我省文化装备、软件、系统研制和自主发展，建立省级文化和科技融合示范基地，支持培育一批特色鲜明、创新能力强、拥有自主知识产权的文化科技企业，支持产学研战略联盟和公共服务平台建设。重点打造以太原高新区为中心、辐射全省的文化创意产业集聚区和数字出版基地。市、县两级要把运用现代科技推动传统文化产业优化升级作为重点，推动主题文化产业园区建设，打造文化产业示范基地。深入挖掘晋酒、晋醋、晋

药的文化含量，提升科技水平，拓展品牌的市场影响力和美誉度。

（二）加快培育现代文化市场体系。

加快培育产权、版权、技术、信息等要素市场，加强行业组织建设，重点发展图书报刊、电子音像制品、演出娱乐、动漫游戏、影视剧等产品市场，发展连锁经营、物流配送、电子商务等现代流通组织和流通形式，支持山西日报报业集团、山西出版传媒集团等省内大型文化企业物流基地建设，构建以大城市为中心、中小城市配套、贯通城乡的文化产品流通网络。

培育新的文化消费增长点，要出版适应群众购买能力的图书报刊，在商业演出和电影放映中要安排一定数量的低价场次或门票，网络文化运营商要开发更多低收费业务，有条件的地方要为困难群众和农民工文化消费提供适当补贴。

积极发展文化旅游。按照做大在文化、拓展在旅游的思路，大力推进文化与旅游的深度融合。重点开发五台山、云冈、平遥等一批有影响的文化旅游基地，积极鼓励《印象平遥》等优秀演艺作品在旅游景区落地，扩大景区的知名度和文化含量。扶持有鲜明三晋文化特色的传统工艺美术产品研发生产和市场开拓，支持以宇达青铜、广灵剪纸、平遥漆器、定襄雕刻等为代表的重点文化产品生产。加大吃、住、行、游、购、娱的文化含量，形成一体化的文化旅游产业链。积极承办国际性、全国性重大会议、文艺演出、展览和赛事，不断提高服务水平。加快建设太原等区域性会展中心，把平遥国际摄影大展、五台山国际旅游文化月、太原晋商文化艺术周、关公文化旅游节等会展节庆活动做大做强，积极筹办文化产品博览会，努力打造一批具有山西特色、全国影响、世界知名的会展节庆品牌。推动文化产业与体育、信息、物流、建筑等产业融合发展，增加相关产业文化含量，提高附加值。支持省级重点博物馆文化产品开发，进一步推动文博产品、文化艺术品交易市场规范有序，繁荣发展。

（三）大力实施大集团引领战略。

鼓励文化企业通过兼并、联合、重组等方式，加快组建跨地区、跨部门、跨行业和跨所有制的综合性文化产业集团。集中优势资源，大力支持省属出版、广电网络、演艺、日报传媒、广电传媒、影视等文化企业集团发展壮大，加快公司制或股份制改造，提升规模和档次，提高产业化、市场化、现代化、规范化水平，增强综合竞争力。鼓励和支持转企改制后的非时政类报刊企业做强做大，组建集团。加快成立山西省体育产业集团、文化旅游产业投资集团、文博产业集团、工艺美术产业集团，尽快形成以十大旗舰文化产业集团为主要支撑的“文化晋军”发展新局面。到“十二五”末，全省涌现出几个收入超百亿元的文化领军企业、一批收入超20亿元的文化骨干企业、众多收入超亿元的文化企业。推动有条件的文化企业上市融资。各市、县（市、区）要支持和培育各类文化企业发展，努力形成大、中、小、微型文化企业集聚发展、优势互补、各展其长、大小共生的新格局。

（四）大力实施重点项目带动战略。

发挥重点项目的支撑拉动作用，每年都要推出一批市场前景好、投资回报率高的文化重点招商项目，抓紧建设山西数字出版传媒产业园等一批投资大、规模大、关联度高、辐射能力强、带动作用大的大型文化项目。市、县（市、区）要深入推进文化产业发展“一策一业一品一节一剧”五个一工程，实现区域内文化产业的均衡发展，形成省、市、县“三级联动、百花竞放”的生动局面。在抓好重点项目建设的同时，按照“实施一批、论证一批、规划一批、储备一批”的原则，不断策划和开发新的文化产业项目。充分发挥文化改革发展领导组的组织协调作用，建立和完善重点文化项目联动推进机制。尽快设立文化产业投资公司。加大文化产业招商引资力度，积极参加国家和区域性的重大招商活动。省、市两级文化产业发展专项资金要发挥引导扶持作用，优先支持转企改制文化单位发展壮大。设立省级文化产业发展投资基金，鼓励国有企业、金融机构和社会资本认购，通过股权投资的方式，推动文化资源重组和结构调整。加大投资融资力度，鼓励各类融资担保基金和担保机构支持文化产业发展，建立文化产业投资和信用担保的风险补偿机制。

六、进一步深化改革开放，不断为文化繁荣发展提供强大动力

文化引领时代风气之先，是最需要创新的领域。要把文化改革发展纳入资源型经济转型综合配套改革试验区建设的规划布局之中，既要发挥文化在综改试验区建设中的渗透、引领和支撑作用，又要通过综改试验区的大机遇大载体大平台有力地推动我省文化改革发展，为进一步解放文化生产力，促进文化繁荣发展、建设文化强省提供强大动力。

（一）深化国有文化单位改革。

加快推进经营性文化单位改革，巩固拓展出版、发行、影视、演艺院团改革成果，按照现代企业制度的要求，完善法人治理结构，推动业务相近、资源相通的文化企业组建集团公司，鼓励面向资本市场融资，支持吸引社会资本进行股份制改造。加快推进我省非时政类报刊出版单位、新闻网站转企改制，妥善解决转企改制过程中的人员分流安置和社会保障等重点难点问题，抓好配套政策的落实和完善。整体转制的原全额或差额国有文化事业单位，转制之后享受有关优惠政策，期间原有财政拨款不低于原有额度。政府要通过购买公益性演出服务、资助基础设施建设、支持文艺创作以及奖励等方式支持改制后的文化企业发展壮大。全面推进文化事业单位人事、收入分配、社会保障制度改革，进一步完善党报党刊、广播电视台等文化事业单位管理运行机制，增强发展活力。

（二）创新文化管理体制。

深化文化行政管理体制改革，加快政府职能转变，强化政策调节、市场监管、社会管理、公共服务职能，推动政企分开、政事分开，理顺政府和文化企事业单位关系。完善文化市场管理，坚持主管主办制度，落实谁主管谁负责和属地管理原则，严格执行文化资本、文化企业、文化产品市场准入和退出政策。加快文化立法，加强知识产权保护。健全完善文化市场行政综合执法机构，深入开展“扫黄打非”。完善管人管事管资产管导向相结合的国有文化资产监管体制，做好国有文化资产监管工作。

（三）进一步扩大对外文化交流与合作。

认真贯彻国家“走出去”战略，积极推动三晋文化“走出去”。支持和鼓励文化企业参加国家重点支持的国际性文化展会，完善财税、商务、外事、海关等部门支持文化产品和服务“走出去”政策措施，做好互办文化周、艺术周、文物技术交流和文物展览等工作，积极开拓欧美及我周边国家和地区文化市场。加强与境外媒体合作，支持中国黄河电视台外宣频道在海外扩大覆盖范围和影响，山西广播电视台要办好外语频道，支持国有文化企业借助境外电影节、电视节、艺术节、书展、博览会、洽谈会等平台，推介我省文化精品和服务。拓展民间交流合作领域，把政府交流和民间交流结合起来，发挥非公有制文化企业、文化非营利机构在对外文化交流中的作用，支持海外侨胞积极开展中外人文交流，不断提高三晋文化的知名度和美誉度。利用和发挥我省驻外经贸机构的优势，鼓励和支持我省有实力的文化企业与境外文化机构开展多渠道、多层次的合作，逐步建立文化产品和服务销售网络。在省级以上开发区设立软件、动漫等文化产业园区，进一步提升文化产业的再创新能力和集聚效应。设立“走出去”贡献奖，促进文化企业发展服务外包。

七、加强党的领导，努力提高文化改革发展科学化水平

加强和改进党对文化工作的领导，是推进文化改革发展的根本保证，也是加强党的执政能力建设和先进性建设的内在要求。必须站在战略和全局的高度，把握文化发展规律，健全领导体制机制，改进工作方式方法，增强领导文化建设本领。

（一）加强组织保障。

各级党委和政府要切实增强推动文化改革发展的责任感和紧迫感，牢牢把握意识形态工作主导权，掌握文化改革发展领导权，切实担负起推进文化改革发展的政治责任。要把文化建设摆在全局工作重要位置，纳入经济社会发展总体规划，与经济社会发展一同研究部署、一同组织实施、一同考核检查。要把文化改革发展成效纳入年度目标责任考核评价体系，作为衡量领导班子和领导干部工作业绩的重要依据。要加强文化领域领导班子和党组织建设，把政治立场坚定、思想理论水平高、熟悉文化工作、善于驾驭意识形态领域复杂局面的干部充实到领导岗位上来。积极探索发挥党组织领导核心和政治核心作用的有效途径，改进党组织的工作方式和活动方式，创新党建工作方法和手段。重视加强文化领域干部教育培训，把文化建设内容纳入干部教育培训计划和各级党校、行政学院、干部学院教学体系。

（二）加强人才保障。

牢固树立“人才是第一资源”的理念，创新人才培养机制。以培育“四个一批”人才为重点，深入实施高层次文化人才和文化名家工程，在不同领域不同门类造就一批国内一流、业内公认的文化拔尖人才和领军人才。加强培养文化行业紧缺人才。重视培养文化专业人才，加强高等院校和职业院校的文化专业建设，尽快筹建传媒艺术类本科院校。建立文化人才引进绿色通道，大力引进国内外高层次文化人才，重点引进一批高端创意人才，一批具有国际眼光、熟悉市场运作的文化经营管理人才。支持文化企业园区引进领军人才和创新创业团队，对带技术、带项目、带资金创办文化企业的给予重点扶持。鼓励经济、金融、科技等领域优秀人才以合作、兼职、顾问等方式进入文化行业。

加强基层文化人才队伍建设，完善机构编制、学习培训、待遇保障等方面政策措施，配好配齐乡（镇、街道）党委宣传干部和乡（镇）综合文化站专职人员。设立城乡社区公共文体服务岗位，对服务期满高校毕业生报考文体部门公务员、相关专业研究生实行定向招录。吸引优秀文化人才服务基层，鼓励优秀年轻干部和大学毕业生到基层文化部门任职，发挥好城市社区和农村文化能人作用。

建立完善文化领域干部交流制度。转企改制前原国有文化事业单位处级及处级以上干部和转企后属于省管文化企业的中层副职以上干部，允许在各级文化企业间合理流动，到党政机关、事业单位任职按照干部调任有关规定执行。公益性文化事业单位急需的博士学位或副高职称以上高层次专业人才，经组织人事部门批准，可以从国有骨干文化企业专业技术人员中考核后聘用。

完善激励保障机制。对非公有制文化单位人员评定职称、参与培训、申报项目、表彰奖励同等对待。探索实施知识、技术、管理等生产要素按贡献参与分配的办法，在条件成熟的国有文化企业试行期权、股权激励。设立“人民艺术家”、“人民作家”等荣誉称号，评选表彰在文化强省建设中有突出贡献的文化工作者。开展年度杰出文化人才评选活动。对文化名人名家在工作和生活上给予更多关心支持。对做出突出贡献的文化创新型企业、文化高新技术企业的高层次技术和管理人员给予表彰奖励。对特殊专长的人才可以破格录用或评定职称。

（三）加强政策保障。

省、市、县三级要确保公共财政对文化建设投入的增长幅度高于财政经常性收入增长幅度，提高文化支出占财政支出比例。扩大公共财政覆盖范围，完善投入方式，加强资金管理，提高资金使用效益。落实和完善中央和我省

有关文化经济政策，支持社会组织、机构、个人捐赠和兴办公益性文化事业，引导文化非营利机构提供公共文化产品和服务。

加大财政、税收、金融、用地等方面对文化产业的政策扶持力度。鼓励文化企业和社会资本对接，对文化内容创意生产、非物质文化遗产项目经营实行税收优惠。要加大对学习型党组织、社会主义核心价值体系建设、哲学社会科学研究的支持力度。大幅度增加省级文化产业发展专项资金、省重点文艺作品扶持资金，加大公共文化服务设施投资力度。省、市、县三级财政要将文化体制改革经费列入年度预算，重点解决改革成本支付和转企改制单位发展启动资金等问题。按照中央要求，对转企改制国有文化单位扶持政策执行期限再延长五年。

省级文化产业园区(基地)比照国家级高新技术开发区给予政策扶持。对文化创新型企业、文化高新技术企业或高新技术项目、文化出口项目，各项行政性收费地方留成部分实行先征后返。文化创新型企业由省科技厅会同宣传文化、财政税务部门认定。各地在年度新增建设用地计划指标中，优先安排重点文化项目。国有商业银行、政策性银行要加大对文化企业的金融支持。完善文化产业统计制度和统计体系，增强统计数据的全面性、科学性。

（四）加强机制保障。

按照中央《决定》要求，建立健全党委统一领导、党政齐抓共管、宣传部门组织协调、有关部门分工负责、社会力量积极参与的工作体制和工作格局，形成文化建设的强大合力。文化领域各部门各单位要自觉贯彻中央和省委决策部署，落实文化改革发展目标任务，发挥文化建设主力军作用。发挥人大、政协职能作用，重视司法在保护知识产权、促进文化繁荣发展中的作用，调动各部门积极性，支持民主党派、无党派人士、新的社会阶层人士等统一战线成员和人民团体发挥作用，共同推进文化改革发展。文联、作协、社科联、记协等文化领域人民团体要发挥自身优势，积极参与文化建设，创新管理体制、组织形式、活动方式，履行好联络协调服务职能，加强行业自律，依法维护文化工作者权益。重视发挥宗教界人士和信教群众在建设文化强省中的积极作用。

各级党委、政府要始终坚持人民是真正英雄的唯物史观，尊重人民的文化创造，集中人民的丰富智慧，不断满足人民日益增长的文化需求。要认真贯彻党的十七届六中全会精神，统一思想、凝聚力量、开拓创新、奋力拼搏，让一切文化创造的源泉竞相涌流，让蕴藏于全省人民中的文化创造活力持续迸发，为加快建设文化强省，推动我省率先走出资源型地区转型跨越发展新路，实现全面建设小康社会的目标努力奋斗！

中共山西省委办公厅
印发《关于开展保持党的纯洁性学习教育活动的意见》的通知

晋办发〔2012〕1号

各市、县委，省委各部委，省直各委、办、厅、局党组(党委)，各人民团体党组：

《关于开展保持党的纯洁性学习教育活动的意见》已经省委同意，现印发给你们，请认真贯彻执行。

中共山西省委办公厅

2012年2月14日

关于开展保持党的纯洁性学习教育活动的意见

为进一步引深和扎实推进创先争优活动，迎接党的十八大胜利召开，进一步加强领导班子和干部队伍建设，推动转型跨越发展，省委决定，在全省开展保持党的纯洁性学习教育活动。现提出如下意见。

一、指导思想

认真学习贯彻胡锦涛同志在十七届中央纪委七次全会上的重要讲话精神，坚持党要管党、从严治党，大力保持党员干部思想纯洁、队伍纯洁、作风纯洁和清正廉洁，以应对精神懈怠的危险、能力不足的危险、脱离群众的危险、消极腐败的危险，不断增强自我净化、自我完善、自我革新、自我提高能力，始终保持党的性质与宗旨，永葆共产党人政治本色，努力实现省第十次党代表大会确定的宏伟目标，以优异成绩迎接党的十八大胜利召开。

二、目标要求

保持党的纯洁性学习教育活动重在思想提高，要坚持以思想教育、正面教育、自我教育为主，在岗位作奉献、发展上水平，推动转型跨越中做出新的成绩。广大党员领导干部，尤其是各地各部门各单位党组织的主要负责人要带头学习提高、带头查找问题、带头开展批评和自我批评，争做引领发展的带头人、保持党的纯洁性的示范者，具体要在以下几方面取得切实效果。

党组织的凝聚力战斗力得到进一步增强。学习实践科学发展观的自觉性、坚定性明显增强，理想信念更加坚定，理论水平、思想境界进一步提升。在创先争优活动中开展“基层组织建设年”工作得到落实。

领导班子和干部队伍建设得到进一步加强。实现建设坚强有力、奋发有为领导班子的目标，各级领导班子的领导核心作用，基层党组织的战斗堡垒作用，党员的先锋模范作用得到进一步发挥，干部队伍整体素质明显提升。

全心全意为人民服务的宗旨意识得到进一步强化。加强党性修养，弘扬良好作风，保持清正廉洁，进一步增强党同人民群众的血肉联系，努力实现好、维护好、发展好人民群众的根本利益。

全省经济社会发展各项事业得到进一步推动。各地各部门对标一流、履职尽责，攻坚克难、奋勇争先，在资源型经济转型、保障和改善民生、加强和创新社会管理的实践中作出新贡献，发展环境得到进一步优化。

三、方法步骤

保持党的纯洁性学习教育活动要与对党忠诚教育活动、创先争优活动、“基层组织建设年”活动紧密结合，从2月开始，到6月结束，每个单位集中学习教育活动时间为3个月左右。

保持党的纯洁性学习教育活动以县级以上领导班子和领导干部为重点，通过学、查、改，抓好重点环节，推动活动扎实深入开展。

开展一段集中学习。各地各部门各单位要深入进行思想动员，学习《中国共产党章程》、《中国共产党党员领导干部廉洁从政若干准则》等党内法规，学习胡锦涛同志在庆祝中国共产党成立90周年大会上和在十七届中央纪委七次全会上的重要讲话精神，学习袁纯清同志在全省党风廉政建设干部大会上的讲话精神，加强正反两方面典型案例教育，坚定理想信念，增强政治意识、大局意识和责任意识，确保党的纯洁性。

接受一次传统教育。各地各部门要充分利用全省红色资源，大力弘扬太行精神、吕梁精神、右玉精神，开展一次重温党的光荣历史和奋斗历程，继承优良传统、牢记宗旨使命教育活动。

聆听一场事迹报告。邀请在创先争优活动和各项事业中涌现出来的先进典型作事迹报告，学习先进典型、明确努力方向、激发工作热情，形成学习先进、争当先进的浓厚社会氛围。

组织一次问题查摆。通过召开座谈会、个别谈心、发放征求意见表、设立征求意见箱等方式，广泛征求服务对象和党员群众对领导班子和领导干部的意见，切实找出在保持党的纯洁性方面存在的问题与差距，对征集到的意见和建议及时进行整理并反馈。

开好一个民主生活会。根据征集到的意见，结合工作实际，召开一次领导班子专题民主生活会，认真开展批评和自我批评。具体要做到“六查六看”：查思想差距，看信念坚定不坚定；查政治差距，看立场坚定不坚定；查道德差距，看本色保持没保持；查作风差距，看联系群众密切不密切；查廉洁差距，看律己严格不严格；查工作差距，看业绩明显不明显。要坚持边学边改、边查边改，明确整改时限、措施、责任人，加强督促检查，确保整改效果，建立健全保持党的纯洁性的长效机制。

形成一份思想总结。党员领导干部要针对在保持党的纯洁性方面存在的问题与差距，结合年度工作安排，深入基层进行调查研究，继续开展领导干部下乡住村和包村增收活动，听民情、察民意，结合各自职责，形成一份在推动发展、促进民生中保持党的纯洁性的思想总结。

广大基层党组织要将保持党的纯洁性学习教育活动纳入创先争优活动中来，一同安排部署、一同承诺践诺、一同推动落实，切实发挥党组织的战斗堡垒作用和共产党员的先锋模范作用，将保持党的纯洁性的具体措施作为创先争优长效机制建设的重要内容。

四、组织领导

开展保持党的纯洁性学习教育活动，是今年全省党的建设的重要内容，各级各部门党组织要高度重视，从各地各系统各单位的实际出发，统筹安排，精心组织。

建立领导责任制。保持党的纯洁性学习教育活动在省委的统一领导下开展，各级党委（党组）主要负责同志是活动的第一责任人，要高度重视，加强领导，带头参加活动、积极推动落实。

加强指导和督查。在保持党的纯洁性学习教育活动开展过程中，各级党委和各部门各单位党组（党委）要按照党的隶属关系和干部管理权限，加强对所属单位保持党的纯洁性教育活动的指导和督查，一级抓一级、一级带一级、一级促一级，及时了解情况、总结经验、解决问题，确保活动取得实效。

强化舆论宣传和引导工作。各级党委要充分运用传统媒体、党建网站、信息简报等宣传渠道，积极宣传开展这次学习教育活动的重大意义，宣传先进典型，宣传学习教育活动好的做法、经验和成效，营造良好的舆论氛围，引导全省广大党员以推进转型跨越发展的优异成绩迎接党的十八大胜利召开。

各地各部门要根据本意见制定具体实施方案。

中共山西省委办公厅
关于印发《省市两级党委书记面对面点评信访工作制度》的通知

晋办发〔2012〕4号

各市委，省委各部委，省直各委、办、厅、局党组（党委），各人民团体党组：

《省市两级党委书记面对面点评信访工作制度》已经省委同意,现印发给你们，请认真贯彻执行。

中共山西省委办公厅

2012 年3月1日

省市两级党委书记面对面点评信访工作制度

为有效解决信访问题，切实加强信访工作，营造和谐稳定的社会环境，特制定省市两级党委书记面对面点评信访工作制度。

一、点评形式

每年年初省委召开省市两级党委书记面对面点评信访工作会议，专题研究信访工作。会议由省委书记主持，有关省领导和各市委书记、省直有关部门主要负责同志参加。点评工作主要通过“两对面、四点评”的方式进行，“两对面”即问题面对面、承诺面对面；“四点评”即点形势、评任务，点成绩、评经验，点差距、评对策，点措施、评效果。

二、主要任务

分析研究全省信访工作形势，梳理信访突出矛盾，着力解决信访积案，明确属地责任，考核工作成效，推动工作落实。特别要解决一些地方存在的对信访工作领导重视不够、基层基础不牢、应对复杂信访案件办法不多、信访工作协调不力、工作落实难等问题，形成统一领导、部门协调、统筹兼顾、标本兼治、各负其责、齐抓共管信访工作的良好局面，维护人民群众利益，创优社会发展环境。

三、工作步骤

（一）组织讲评。省信访局要对各市上年度信访工作任务完成情况进行讲评，指出存在问题，找出工作差距，提出改进建议，对好的经验和做法进行总结推广。

（二）制定目标任务书。对存在的信访突出问题、主要矛盾和信访积案等，提出解决意见，明确办理时限，把目标任务和责任落实到各市及相关领导，并制定各市目标任务书印发各市委书记。

（三）签订承诺书。各市委书记将上年度点评工作会议领办任务完成情况、承诺兑现情况向省委汇报交账。对本次会议交给的目标任务向省委书记作出表态承诺，并于会后5日内将书面承诺书报送省委书记。

（四）领导点评。省委书记对各市委书记履行信访工作“第一责任人”职责和兑现承诺情况逐一点评，指出问题，表扬先进，对做好信访重点工作进行安排部署。

（五）印发会议纪要。会议结束后，省委办公厅要根据会议内容，将议定事项整理成会议纪要，印发各市和省直有关部门落实。

四、会议准备

省信访局要积极做好会议准备工作，对全省信访工作情况提前进行分析汇总，结合听取各市信访工作部门和分管领导的汇报，对各市信访工作主要指标进行量化分析，摸清底数，掌握动态，科学评估，给省委主要领导决策提供依据。

五、督促落实

各地要进一步强化党委书记信访稳定“第一责任人”的责任，通过“书记抓、抓书记”，强化工作措施，狠抓工作落实，确保兑现承诺，以信访工作的实际成效维护社会的和谐稳定。省信访局要及时对各地信访工作进行督促检查，确保点评工作会议议定事项得到实实在在的落实。

中共山西省委办公厅 山西省人民政府办公厅 关于加强和改进新形势下侨联工作的意见

晋办发〔2012〕6号

（2012年3月26日）

为更好地团结和引导归侨、侨眷和海外侨胞为全省转型跨越发展服务，现就加强和改进新形势下我省侨联工作提出如下意见。

一、充分认识加强和改进新形势下侨联工作的重要性

（一）加强和改进侨联工作是巩固党执政基础的需要。侨联是党领导的由归侨、侨眷组成的人民团体，是党和政府联系归侨、侨眷和海外侨胞的桥梁和纽带。侨联工作是党的群众工作的重要组成部分，广大侨界群众是党执政的重要基础。发挥侨联组织人民团体作用，进一步凝聚侨心、汇集侨智、发挥侨力、维护侨益，促进社会和谐稳定，是侨联组织的重要职能；发挥侨联组织与侨界群众联系密切的优势，扩大团结面，增强包容性，把侨界群众更加紧密地团结在党的周围，保持党同侨界群众的血肉联系，是巩固和扩大党的执政基础的必然要求。

（二）加强和改进侨联工作是侨情发展变化的需要。随着改革开放的不断深入和国际形势的发展变化，侨胞人数持续增加，海外侨胞分布更加广泛，经济实力逐步增强，知识层次不断提升，他们对祖国怀有特殊的感情，是我国独特的国情和重要资源。据不完全统计，目前在我省居住的归侨、侨眷人数有20余万人，联系着海外华侨华人20余万人，华裔新生代、新华侨华人、留学归国人员数量仍在不断增加，侨务资源得到可持续发展，成为我省对外开放和现代化建设的积极力量和独特优势。世情、国情、省情、侨情的发展变化迫切要求侨联组织进一步培育、保护和发展好侨务资源，为我省经济社会发展服务。

（三）加强和改进侨联工作是加快我省对外开放和现代化建设的需要。省第十次党代表大会明确提出了今后五年工作的指导思想、奋斗目标和主要任务。为实现转型跨越发展、再造一个新山西的总体战略，必须充分发挥广大归侨、侨眷和海外侨胞的作用。海外侨胞中拥有大量能够发展高新产业、带动新兴学科和我省急需的高层次创新创业人才，他们拥有雄厚的经济实力和广泛的商业网络，是我省引进外资的重要渠道和提高对外开放水平的重要力量。侨联工作处于对外开放的前沿，发挥侨联对外联系广泛的优势，富有成效地开展以侨引资、以侨引才、以侨引智、以侨促贸工作，可以提高我省利用外资的质量和水平，吸引更多海外高层次人才来我省创新创业，帮助省内企业开拓国际市场。

二、新形势下侨联工作的主要任务

（一）围绕中心、服务大局。紧紧围绕省第十次党代表大会描绘的宏伟蓝图，积极发挥国内国外“两个平台”和财力智力“两大资源”优势，充分利用海外关系，“引进来”、“走出去”，做好对外开放工作。积极引进资金和先进管理经验，推动我省自主创新、科技进步；搭建汇集侨智的载体，拓展发挥侨力的渠道，邀请有实力、有影响、有地位的华侨华人来山西考察、投资；充分发挥华商会作用，打造内容丰富、形式多样、效果明显、在海内外有影响的活动品牌，为“引进来”搭建更多的平台。各级侨联组织要积极走出去、广泛联络华侨华人，充分发挥华侨华人社团和海外侨领的作用，大力推动“走出去”战略，帮助支持具有比较优势的省内企业，开拓国际市场；利用侨务资源，协助有关部门和单位举办各类项目推介会，开展招商活动；利用海外渠道为省内企业牵线搭桥，提供政策信息，帮助企业规避风险，采取有效措施保障在境外投资企业的合法权益。

加强以侨引智工作，贯彻落实全国人才工作会议精神，积极参与和配合中央“千人计划”和我省“百人计划”，推动引进海外高层次创新创业人才工作，不断加大力度吸引海外优秀人才回国服务、到山西创业，建立健全海外侨界高级人才回（为）山西服务工作机制，推进山西转型跨越发展。要有计划、有重点地开展招贤引智工作，建立汇集侨智的有效机制和基地；积极引进我省重点发展的技术领域、战略支撑产业急需的创新人才，引进能够突破关键技术的关键人才；通过山西省海外人员亲属联谊会等组织，引导和鼓励海外留学人员和高层次科技型、创新型华侨华人回国服务，转化科研成果；建立较为完善的海外人才信息库、归国留学人员数据库，并保持经常性的联系，掌握

他们的动态。

（二）积极履行参政议政职能。强化侨联参政议政职能，人大代表、政协委员中要有一定比例的侨界人选。侨联组织要参与人大侨界代表候选人的协商推荐，并做好推荐政协侨联界委员人选的工作。加强对侨界人大代表、政协侨联界委员的联系和服务工作，注重通过人大议案、政协提案反映侨界群众的意见、建议。依法参与民主监督，加大参与涉侨法规的制定和实施力度。畅通和拓宽侨界群众和海外侨胞反映意见、建议的渠道。

（三）加大对外交流工作力度。努力开展侨联海外联谊工作，注重发挥华商会、侨青委和海外亲属联谊会等侨团组织的作用，加强与海外侨、社团和国内侨务大省（市）的联络，巩固和加强与传统侨团及工商类、专业类侨团的联系联谊。鼓励和协助华侨华人社团到我省开展联谊、恳亲、商贸活动。加强与驻外使领馆的联系，支持引导海外侨胞融入当地社会，积极做好增进中国人民同各国人民相互了解和友谊方面的工作，促进我省民间对外友好工作。加强对政治上有影响、社会上有地位、经济上有实力、专业上有造诣的海外侨胞的工作，充分发挥他们在海外华侨华人社会中的影响和作用。加强与华裔新生代、新华侨华人、传统社团中新生力量的联谊工作。办好侨联国际信息网站，加大对外宣传和交流力度，让世界了解山西；办好侨刊乡讯，充分发挥其集体家书的作用。发展侨界公益慈善事业，积极争取海外侨胞、港澳同胞捐资助教，办好“侨（爱）心学校”、“珍珠班”，帮助困难群众解决生活、生产、求学等实际问题。

（四）根植三晋文化凝聚侨心。作为黄河流域文化的中心、华夏文明的发祥地，山西是地方文化特色最浓厚的地区之一，三晋文化是中华文化的重要组成部分。要大力支持海外侨胞传承中华优秀文化，使居住国民众更多地了解中华文化。协助开展海外华文教育事业，使中华优秀文化在归侨、侨眷和海外侨胞中代代相传。要充分发挥侨联组织民间交流的独特优势和作用，准确把握三晋文化与侨联工作的契合点，以宣传推介三晋文化为纽带，以挖掘和开发三晋文化产业为载体，以组织开展寻根之旅为品牌，加强与海外华侨华人的联系，积极开展海外文化交流活动，扩大三晋文化在海外华侨华人中的影响力、感召力，吸引海外华侨华人参与我省经济社会建设。

（五）积极促进祖国和平统一和港澳长期繁荣稳定。侨联组织要积极支持海外侨团和侨胞开展促进祖国和平统一的活动。密切与台湾侨界社团、侨界同胞和台湾籍海外侨团、侨胞的交往，促进两岸交流与合作。广泛联系并充分发挥各级侨联在港澳地区的荣誉主席、顾问、常委、委员的作用，密切联系港澳地区各类同乡会馆、宗亲会、商会、晋籍乡贤，通过联谊会等方式凝聚力量，为维护港澳的繁荣稳定作出积极贡献。

（六）切实做好维护侨益工作。侨联组织要依法维权、主动维权，充分发挥侨联法律顾问委员会的作用，积极会同有关部门妥善解决侵害海外侨胞和侨界群众在国内合法权益的问题。侨联组织要充分发挥调解作用，建立健全多形式、多层次的矛盾纠纷排查调处机制，会同有关部门做好释疑解惑、疏导情绪、化解矛盾的工作，促进侨界和谐。建立健全侨界群众诉求表达机制，保持诉求渠道畅通，引导侨界群众以理性合法的方式表达利益诉求。要强化服务职能，参与社会管理，切实为侨界群众和海外侨胞办实事、解难事、做好事。依法兴办各类公益性团体，广泛开展公益性活动。加大对贫困归侨、侨眷送温暖、帮扶、救助力度，建立健全帮扶济困机制，推进侨联扶贫助困工作的规范化和长效化。

三、切实加强组织领导

（一）加强对侨联工作的领导。各级党委、政府要高度重视侨联工作，县级以上党委要明确一位领导分管侨联工作，人大、政府、政协都要明确一位领导联系侨联工作。党委每年至少听取一次侨联工作汇报，研究解决侨联工作中的重大问题。在省、市人大常委会、政协常委会中要逐步安排侨联代表。支持侨联依照法律和《中华全国归国华侨联合会章程》创造性地开展工作，理顺侨联组织管理体系，侨联参与协商和推荐人民代表大会归侨、侨眷代表人选，提名政治协商会议的侨联界别委员人选。凡涉及侨界群众利益的重大决策出台前，要听取侨联组织的意见。各市侨联要成立党组，凡有三名以上中共党员的侨联组织均应建立党的基层组织。配备党组书记，原则上应具有归侨、侨眷身份，如确无适合人选，也可选虽无归侨、侨眷身份但热心、熟悉侨联工作的人员。要在侨界特别是侨界的“两新”（新华侨华人、华裔新生代）和新阶层人士中，加大发展中共党员工作力度。

（二）建立健全侨联组织网络。要以改革创新的精神，努力推进侨联基层组织建设工作。逐步建立“党建带侨建”制度，把基层侨联组织建设纳入党建的总体格局。在积极推进县（市、区）侨联组织建设的同时，要加强与新侨和“两新”组织的联系，大力推进新归侨、侨眷集中的机关、科研院所、大专院校、创业园区、企业和乡镇、街道的侨联组织建设工作。切实扩大基层组织的覆盖面，增强基层组织的活力，力争使侨联组织对侨界群众的覆盖面达到85%以上。努力做好侨联青年委员会、华侨商会、山西海外人员亲属联谊会等团体的工作，使为侨服务的领域不断扩大，内容不断丰富，形式日益多样，特色更加鲜明。

（三）加强干部队伍建设。各级党委、政府要把侨联干部的培养、选拔、交流和使用纳入干部工作的总体规划，加大侨联干部与党政机关干部的双向交流力度，努力建设一支政治坚定、业务精通、作风过硬、纪律严明的高素质干部队伍。切实重视侨联班子建设，把热爱侨联事业、德才兼备的优秀人才选拔到侨联领导岗位上来。侨联领导班子换届或领导干部调整时，同级党委应就侨联主席、副主席、秘书长人选听取上一级侨联党组的意见。县级以上侨联应配备专职侨联干部，落实各项待遇。扩大选人用人范围，及时发现优秀归侨、侨眷干部，并把其纳入各级后备干部工作中。各级党委、政府要把侨联干部的培训纳入总体培训规划，加大对侨联干部的轮训力度，有计划地选派侨联干部到基层锻炼。通过岗位培训、专题培训及上挂下派等方式，进一步提高侨联干部的综合素质。

（四）积极为侨联开展工作创造条件。各级党委、政府要本着有利于加强侨联工作的原则，对县级以上侨联要做到“五有”(有组织、有队伍、有经费、有阵地、有活动)，并对办公设备、工作用车等给予保障。各级财政要把侨联职能所需经费列入财政预算。要根据侨联职能和实际工作需要，充分发挥侨联与国外社团组织联系密切的优势，积极支持侨联走出去加强海外联谊。各级党校和行政学院要研究开设侨务工作课程，把侨务政策和侨联组织的相关理论列入学习内容。新闻媒体要宣传党的侨务政策和涉侨法律法规，宣传侨联组织的地位、作用和侨界先进典型。全省各涉侨部门要统筹侨务资源，加强沟通，形成合力，实现资源共享，提高涉侨工作整体水平。

中共山西省委办公厅
印发《关于在全省深入开展学雷锋
活动的实施方案》的通知

晋办发〔2012〕8号

各市、县委，省委各部委，省直各委、办、厅、局党组(党委)，各人民团体党组：

《关于在全省深入开展学雷锋活动的实施方案》已经省委同意，现印发给你们，请认真贯彻实施。

中共山西省委办公厅

2012年3月29日

关于在全省深入开展学雷锋活动的实施方案

为认真贯彻落实中央办公厅《关于深入开展学雷锋活动的意见》（中办发〔2012〕7号），在全省深入开展学雷锋活动，弘扬雷锋精神，促进社会主义核心价值体系建设，不断提升公民道德素质和社会文明程度，结合我省实际，现提出如下实施方案。

一、指导思想

认真贯彻落实党的十七届六中全会精神，以邓小平理论和“三个代表”重要思想为指导，深入贯彻落实科学发展观，着眼于建设社会主义核心价值体系，着眼于推进社会公德、职业道德、家庭美德、个人品德建设，着眼于提升公民思想道德素质和社会文明程度，以传承和弘扬雷锋精神为主题，以青少年为重点，以社会志愿服务为载体，贴近实际、贴近生活、贴近群众,创新内容、创新形式、创新手段，广泛进行雷锋事迹、雷锋精神和雷锋式模范人物的宣传教育，广泛开展学雷锋实践活动和社会志愿服务活动，广泛普及爱国、敬业、诚信、友善基本道德规范，持续兴起学雷锋活动新热潮，推动学雷锋活动常态化、机制化，形成践行雷锋精神、争当先进模范的生动局面和良好氛围，为转型跨越发展、再造一个新山西提供思想道德支撑。

二、活动安排

（一）召开弘扬雷锋精神座谈会。每年3月5日，组织召开全省弘扬雷锋精神座谈会,结合弘扬培育太行精神、吕梁精神、右玉精神等宣传教育活动，开展对雷锋精神的研究，推出研究成果，总结交流学雷锋活动的经验和做法。

（二）开展“雷锋精神进校园”活动。把弘扬雷锋精神作为校园文化建设的重要内容，发挥青少年学雷锋的骨干作用。各级各类学校要广泛开展学雷锋主题班日、主题队日、主题团日等活动，广泛开展学雷锋主题演讲、报告座谈、读书征文、诗歌朗诵、展览展示、文艺演出、网上互动等活动，动员广大青少年学生积极参加读一本书、讲一个故事、开一次班会、写一篇心得、做一件好事、参加一次志愿服务等活动。组织学生广泛开展各类学雷锋主题实践活动。

（三）广泛开展社会志愿服务活动。重点面向留守老人、留守儿童、农民工、残疾人等特殊群体，面向边远山区、贫困地区和革命老区，开展教育、科技、文化、卫生等方面的社会志愿服务，开展扶老助残、帮困解难、应急救助、便民利民的社会志愿服务，开展倡导文明礼仪、维护秩序、保护环境的社会志愿服务。建立完善参与广泛、形式多样、活动经常、机制健全的志愿服务体系。

（四）广泛开展践行雷锋精神主题实践活动。党政机关要把开展学雷锋活动同开展做“人民满意公务员”活动紧密结合，不断提高队伍素质。企业要结合自身特点，围绕生产经营，开展“岗位学雷锋，争做好员工”活动，把雷锋精神转化为企业精神和企业文化。商场、宾馆、医院、银行、电信、电力等窗口单位，公园、广场、车站、机场、旅游景区等公共场所，要广泛开展“学雷锋、树新风”活动，使之成为传播雷锋精神的窗口。社区要适应居民需求，广泛开展“学习雷锋、奉献爱心”服务活动，促进邻里关爱，建设和谐社区。

（五）加强学雷锋活动的新闻宣传。报纸、电台、电视台及网站等新闻媒体，要大力宣传学雷锋活动的重要意义，宣传雷锋事迹、雷锋精神和雷锋式模范人物，宣传社会各界学雷锋活动的进展和成效，宣传各地各部门学雷锋活动的先进经验。挖掘和宣传一批身边可亲、可敬、可信、可学的学雷锋典型。要制定学雷锋活动新闻宣传方案，形成学雷锋活动宣传报道常态化机制，扩大学雷锋活动的覆盖面和影响力。着力办好思想道德建设栏目，加大思想道德建设正面宣传力度，营造抑恶扬善的舆论环境。

（六）运用文艺形式传扬雷锋精神。组织创作一批弘扬雷锋精神的歌曲、影视剧和文学作品。到机关、学校、企业、社区等基层单位义务放映《雷锋》、《离开雷锋的日子》等弘扬雷锋精神的主旋律影片，向基层单位赠送有关雷锋故事和雷锋精神的宣传挂图和优秀图书，使雷锋精神进学校、进企业、进社区、进村镇。

（七）开展全省道德模范和学雷锋先进集体、个人评选活动。把学雷锋活动开展情况作为创建文明城市、文明村镇、文明单位、文明社区的重要内容和依据。对学雷锋活动中涌现出来的先进集体和个人进行表彰。着力帮助解决实际问题，努力营造关心、尊重、爱护学雷锋先进人物和道德模范的社会氛围。

三、活动要求

（一）高度重视，加强领导。充分认识新形势下开展学雷锋活动的重要意义，把学雷锋活动提上重要日程，周密安排，精心组织。各地要建立精神文明建设指导委员会统一领导、党委宣传部门牵头、有关部门各负其责、社会团体积极配合、各方面广泛参与的工作机制，加强统筹协调、组织指导、督促检查。要充分发挥党员干部在学雷锋活动中的示范带头作用。各行业和群众团体要结合自身实际，发挥自身优势，积极主动地开展学雷锋活动。各级教育行政部门和共青团组织要切实担负起在青少年中开展学雷锋活动、弘扬雷锋精神的重要职责。

（二）突出重点，面向群众。坚持面向基层、面向群众、面向青少年，多运用群众喜闻乐见的方式，多搭建群众便于参与的平台，多开辟群众乐于接受的渠道，吸引广大群众参与到学雷锋活动中来。充分调动群众的积极性、主动性，把统一组织活动与群众自发开展活动结合起来，把集中活动与日常工作结合起来，使学雷锋活动、志愿服务活动开展到农村、社区、企业、学校等基层单位中，开展到公园、广场、车站、机场、集市、商场、宾馆、医院等公共场所中，让学雷锋活动成为人们感悟崇高精神、提升价值追求的生动过程。

（三）强化指导，增强实效。各地各部门学雷锋活动要突出重点、区分对象，加强分类指导，强化学雷锋活动的特色，增强工作的针对性、实效性。把学雷锋活动与道德模范评选表彰、先进典型学习宣传结合起来，与学习型党组织建设、发挥党员先锋模范作用结合起来，与各类精神文明创建、社会志愿服务、讲文明树新风等活动结合起来，实现学雷锋活动同其他工作相互融合、协调推进。防止在学雷锋活动中搞形式主义。

（四）坚持创新，焕发活力。在总结和继承长期以来学雷锋活动好做法好经验的基础上，适应时代的发展变化，积极拓展活动内容，创新活动载体，打造活动特色，不断赋予学雷锋活动以新的吸引力。充分发挥互联网、手机等新兴媒体的优势，充分运用新的传播手段和新的文化样式，宣传雷锋事迹，弘扬雷锋精神，使学雷锋活动深入千家万户，产生广泛而持久的影响。

在省委保持党的纯洁性学习教育活动先进事迹报告会上的讲话

（2012年3月30日）

袁纯清

同志们：

今天，省委举行报告会，也是一次省委中心组的学习，邀请全国优秀共产党员、运城市平陆县国营林场护林员荆保山同志，全省优秀共产党员、长治市妇幼保健院妇产科主任刘桂芝同志作先进事迹报告。

荆保山、刘桂芝两位同志用朴实无华的语言，真挚深沉的感情，回顾了自己的工作经历，讲述了自己的先进事迹，情真意切、生动感人。两位同志都是基层的普通共产党员，虽然岗位和环境不同，但他们对党的忠诚，对人民的热爱，对事业的执着深深打动了我们。在他们身上，集中体现了牢记使命、矢志不渝的坚强党性，无怨无悔、无私奉献的崇高品质，爱岗敬业、忠于职守的责任情怀，严于律己、廉洁奉公的良好作风。他们以自己的模范行动，深刻诠释了党的先进性和纯洁性，展现了新时期共产党人的精神风貌和光辉形象，是广大党员的学习楷模。

荆保山、刘桂芝同志给我们上了一堂生动的党课，使我们受到一次保持党的纯洁性的深刻教育，从中我们可以得到以下五点启示：第一，保持党的纯洁性，信念坚定是根本。理想信念是一种具有决定性的核心价值。信念的坚定是最根本的坚定，思想的纯洁是最根本的纯洁。荆保山、刘桂芝同志没有惊天动地的壮举，他们几十年如一日的不凡业绩，展示出一个共产党员最宝贵的价值，证明了信念是人生之基，是理想之柱。第二，保持党的纯洁性，心系人民是核心。全心全意为人民服务是党的根本宗旨，是党的纯洁性的基本依据。正如荆保山同志放弃家庭的温暖守护大山，刘桂芝同志不顾自己的病痛倾力救治他人，他们舍小家为大家，是因为心里装着人民。第三，保持党的纯洁性，率先垂范是关键。纯洁性也是引领性、战斗性。面对火情，荆保山同志临危不惧，冲锋在前；刘桂芝同志带头钻研最新技术、攻克疑难病症，他们树立的是标杆，体现的是垂范。共产党员的纯洁性，就是要通过时时处处发挥先锋模范作用，成为群众创造幸福生活的引路人。第四，保持党的纯洁性，无私奉献是本色。公而忘私还是以权谋私，是衡量纯洁性的最具体直接的标准。荆保山同志把自己的一生融入10万亩林海，刘桂芝同志面对危重病人从不言弃。由此可见，只有一心为公、一心为民，才能摒弃私心杂念，成就光明人生。第五，保持党的纯洁性，清正廉洁是底线。廉洁是纯洁的起码要求，是不能越的底线。面对威胁利诱，荆保山同志的回答义正辞严；面对感激的红包，刘桂芝同志把医者父母心、生命大于天作为人生信条。作为共产党员，只有守好自己的精神家园，才能经受住各种考验。

胡锦涛总书记在中纪委七次全会上关于纯洁性的重要论述，是对马克思主义政党建设理论的深化丰富和创新发展，具有重大现实意义和深远历史意义。为贯彻落实胡锦涛总书记的重要讲话精神，省委部署开展了保持党的纯洁性学习教育活动。各级各部门高度重视，部署迅速，推进扎实，开局良好。特别是坚持以思想教育、正面教育、自我教育为主，突出县级以上领导班子和领导干部这个重点，抓住学、查、改重点环节，明确标准要求，规范活动流程，丰富教育内容，创新活动载体，体现各自特色，做到规定动作不漏项，自选动作有新意，促进了党员干部思想纯洁、队伍纯洁、作风纯洁和清正廉洁，推动了各项工作的开展。

山西的转型跨越发展正处于关键时期，转型综改试验区建设正在深入推进。今年以来，全省经济社会发展开局良好，全省上下正在认真贯彻落实全国“两会”精神，坚持稳中求进，加快转变经济发展方式，确保经济平稳较快发展，以优异成绩迎接党的十八大胜利召开。加快转型跨越，办好“两件大事”，实现再造一个新山西的宏伟目标，要靠全省人民的顽强拼搏，要靠更多像荆保山、刘桂芝同志这样的优秀共产党员的引领和示范，要靠党的纯洁性来保证。各级各部门要进一步引深学习教育活动，做到认识有新提高，作风有新改进，工作有新加强，面貌有新变化。为此，我强调五点：

一要在学习教育中涵养纯洁性。共产党人的纯洁性不是与生俱来的，而是在自觉的党性修养和党性锤炼中形成的。理论上的清醒与成熟，是纯洁之源。要做到像列宁说的“维护党的坚定性、彻底性和纯洁性”，必须打好理论根基。只有抓好学习，才能坚定信念、明辨是非，涵养正气、大气、静气，才能既有活力，又有免疫力。要多读点马克思主义经典，用马克思主义中国化最新成果武装头脑，增强对党的信念的坚定性，增强对中国特色社会主义的信心，始终在思想上、政治上、行动上与党中央保持高度一致，做到党有号召，我有行动。要牢固树立社会主义核心价值观，科学把握共产党执政规律、社会主义建设规律、人类社会发展规律，增强政治的敏锐性、原则的坚定性，在大是大非面前不动摇、不迷失、不糊涂、不犯错，理直气壮地坚持正确的、反对错误的，时刻牢记自己肩负的使命和责任。要养成高尚人格品质，保持党性纯正、人品纯厚、官德纯良，把党和人民的利益看得高于一切，为党的事业只立功不居功，为党的形象只增光不抹灰，为党的利益只争先不争位，保持积极进取的工作态度，保持干净纯粹的精神生活，保持和谐宁静的内心世界，使自己的人生充实而纯洁。

二要在创先争优中增强纯洁性。我们党是工人阶级的先锋队，同时是中国人民和中华民族的先锋队。党成立90多年来，先进模范人物层出不穷、灿若星空，使鲜艳的党旗熠熠生辉。正是有千千万万像荆保山、刘桂芝同志这样的共产党员，我们的党才能不断发展壮大，我们的事业才能从胜利走向胜利。榜样的力量是无穷的。我们要自觉学先进，在全省形成学习先进、崇尚先进、争当先进的良好风气。按照中央和省委关于深入开展学雷锋活动的部署和要求，大力弘扬雷锋精神，推动学雷锋活动常态化、机制化，开展向雷锋式人物的学习，以他们为旗帜、为标杆，学习他们纯洁无瑕的党性人格、艰苦奋斗的顽强意志和无私奉献的崇高品质。我们要敢于比先进，把先进人物作为一面镜子、一把尺子，正像毛泽东同志指出的那样，经常打扫“灰尘”，经常“洗脸”，自觉查找自己思想、工作、作风等方面的差距和不足，从先进人物身上汲取力量、学习本领、净化心灵、明确方向，增强党性锻炼和干事创业的动力。我们要积极当先进，牢记只要认真学习、自觉践行，人人都可以成为先进。要把先进性和纯洁性的要求体现在本职岗位中，创造实实在在的业绩；体现在点滴小事中，时刻以党员标准严格要求自己，以自己的模范行为为党旗增辉，为党的事业添彩。

三要在转型跨越中体现纯洁性。保持党的纯洁性要紧密联系发展实践和工作实践，最终的效果要体现在推动科学发展、促进社会和谐、加快全面小康上。山西最大的实践就是转型跨越。一个班子、一个党员领导干部、一个党员的纯洁性强不强，关键要以推进转型跨越的实际成效来检验。为此，必须鼓足先行先试的胆气，在先行先试中加快建设转型综改试验区，在先行先试中深化改革、扩大开放、招商引资，一切有利于转型的工作都要全力以赴推进，一切有碍于转型的体制机制弊端都要坚决破除，形成一批建设转型综改试验区的排头兵和引领者。必须提高项目落地的效率，今年是“项目落地年”，要以好项目、大项目和新兴产业、高新技术项目为重点，优化投资发展环境，全力引进项目，着力落实项目，加快建设项目。必须营造创新创造的氛围，更新思想观念，拓宽发展视野，激发创新动力，鼓励自主创新，加快引进创新型人才，在体制机制创新中实现要素优化配置，加快走出资源型地区转型跨越发展新路。必须弘扬勇创一流的精神，以不甘落后的志气、永不服输的劲头、后来居上的魄力，敢于对标一流、跳起来摘桃子。各市县各企业要争先抓转型、抓升级、抓壮大，每个党员都要想发展、谋发展、干发展，形成干事创业的浓厚氛围。

四要在为民惠民中彰显纯洁性。孔繁森曾经说过，一个人爱的最高境界是爱别人，一个共产党员爱的最高境界是爱人民。与人民群众的关系问题是保持党的纯洁性的根本问题。依靠群众、造福群众就能获得最广泛最可靠的力量支持；漠视群众、脱离群众就会最终失信群众，就会危及党的事业。要坚持民生为本，把改善和保障民生作为一切工作的出发点和落脚点，加大民生投入力度，建设一批重点惠民工程，打好农民收入翻番攻坚战，扎实推进新一轮扶贫开发，建立健全公共服务体系，切实解决事关群众切身利益的实际问题，让人民群众共享改革发展成果。要坚持民意为先，把深入基层、体察民情作为转变作风、增长才干、锤炼党性的基本途径，真正走到群众中间感受群众生活、体验群众冷暖、倾听群众诉求，做任何决策、办任何事情都要学会换位思考，做到“民悦则取之、民不悦则不取”。要坚持民利为重，把实现好、维护好、发展好最广大人民根本利益作为检验作风纯洁性的试金石，凡是涉及群众切身利益和实际困难的事情，再小也是大事，再难也要办好。要适应社会矛盾多发期的特点，积极回应群众诉求，及时理顺群众情绪，切实维护群众合法权益。

五要在正风肃纪中保障纯洁性。当前我们党面临“四个考验”和“四种危险”，其中消极腐败是最大危险，与党的纯洁性是根本对立的。要清醒看到市场经济条件下反腐败斗争的长期性复杂性，增强反腐倡廉建设的紧迫性和责任感。廉洁是为政者的价值原点，而只有纯洁才能做到廉洁。要继续狠刹闲话生非的不良风气、拉拉扯扯的庸俗风气、吃拿卡要的恶劣风气，引导党员干部勤政为民、廉洁奉公，把心思和精力用在推动发展和服务群众上。选拔任用干部要坚持德才兼备、以德为先，加大对德的考察力度，保持队伍的纯洁。要坚持“教育在先、警示在先、预防在先”，严格执行领导干部廉洁自律的各项规定，加强廉洁从政教育和党风党纪教育，树立崇尚廉洁、鄙弃贪腐的价值取向，规范工作圈、管住活动圈、优化社交圈、净化生活圈，真正做到不慕虚荣、不谋私利，一尘不染、一身正气。要严格执行党风廉政建设责任制，加快完善惩治和预防腐败体系，加强基层党风廉政建设，始终保持惩治腐败的高压态势，严肃查处贪污腐化、以权谋私、欺压群众案件，以反腐倡廉的实际成效不断取信于民。

同志们，保持党的先进性和纯洁性是党性所在，是时代要求。让我们紧密团结在以胡锦涛同志为总书记的党中央周围，忠诚党的事业，学习先进模范，切实保持纯洁，落实好全国“两会”精神，以优异成绩迎接党的十八大胜利召开！

在高速公路建设誓师动员大会上的讲话

（2012年4月1日）

王　君

在全省上下认真学习贯彻全国“两会”精神，全力推动转型跨越发展的大好形势下，今天我们在这里隆重召开全省高速公路建设决战1000公里、突破5000公里誓师动员大会，目的就是进一步动员全省上下再鼓干劲、再接再厉，圆满完成今年新建高速公路1000公里的建设任务，实现通车里程5000公里的宏伟目标，为全省经济社会又好又快发展创造良好环境，为转型跨越发展奠定坚实的基础。

高速公路作为基础设施建设的重要内容，不仅是汇聚人流、物流、信息流、资金流，促进经济社会发展的大动脉，而且是扩大对外开放、促进交流合作的大通道。高速公路建设，不仅是建设资源型经济转型综改试验区、实现转型跨越发展的重要支撑，而且是保障和改善民生的重要举措；不仅有利于带动当前经济的增长，而且有利于增强长远发展后劲。近年来，省委、省政府高度重视基础设施建设，特别是2008年四季度以来，我们紧紧抓住应对国际金融危机冲击、扩大内需的战略机遇，把高速公路建设放在基础设施建设的重要位置，描绘了“三纵十一横十一环”高速公路发展蓝图，确定了投资2500亿元、建设3000公里高速公路的奋斗目标，掀起了高速公路建设新的高潮。三年来，省市县三级党委、政府加强领导、精心组织，相关部门通力协作、密切配合，积极创新体制机制，有效破解土地资金难题，特别是交通战线广大干部职工和30万筑路大军艰苦奋战，克服重重困难，使我省高速公路建设取得了重大成就，在我省基础设施建设史上留下了浓墨重彩的一笔。三年来，我省高速公路建设投资强度之大前所未有，在没有一分财政投资的情况下，我省高速公路完成投资1500多亿元，位居全国前列；建设速度之快前所未有，新增通车里程2000多公里，相当于我省过去15年高速公路通车总里程；通车里程之长前所未有，全省高速公路通车总里程突破4000公里，在全国的排名由2008年的第16位上升为第7位；建设难度之大前所未有，桥隧比例高达30%，其中桥梁总长度555公里，相当于从太原经北京、跨天津到达渤海湾的距离；隧道总长380公里，相当于从太原经运城、到黄河的长度。我省高速公路建设取得的巨大成就，不仅有效地拉动了当前的经济增长，而且极大地增强了山西长远发展后劲，为全省经济社会又好又快发展作出了重要贡献。在此，我代表省委、省政府向关心支持我省高速公路建设的广大人民群众和社会各界表示衷心的感谢！向日夜奋战在建设一线的广大建设者表示诚挚的问候！

今年是我省高速公路建设史上具有重要里程碑意义的一年。到年底，全省高速公路通车总里程突破5000公里后，一个纵贯南北、横跨东西、覆盖全省、人便其行、货畅其流的高速公路网将全面形成，这必将对全省经济社会又好又快发展产生有力的推动作用。今年再建1000公里高速公路，任务艰巨繁重，难度日益加大，既有银根紧缩带来的融资难问题，又有手续从严带来的审批难问题，还有复杂地质条件带来的施工难问题。各级各部门要进一步提高认识，知难而进，迎难而上，在继续坚持近年来公路建设行之有效的好经验、好做法的基础上，进一步加大工作力度，加快工程建设进度，确保圆满完成今年新建1000公里的目标任务。

一要进一步加强组织领导。各级各部门要把加快高速公路建设作为一项重要工作，切实抓紧抓好，主要领导要亲自挂帅，分管领导要在一线指挥。在进一步发挥高速公路建设领导组作用的同时，要发挥好省、市、项目单位三级指挥部和各工作协调小组的作用，及时研究解决工程建设中的困难和问题，确保高速公路建设顺利推进。

二要进一步加强协调配合。交通、发改、国土、财政、金融等部门要牢固树立大局意识，做好审批、资金、土地等相关工作，为高速公路建设提供优质高效服务；尤其是交通部门要发挥好职能作用，加强工作指导，统筹推进工程建设；沿线市县要积极配合，做好征地拆迁、土地补偿等工作，上下共同努力，形成推进高速公路建设的强大合力。

三要进一步加强机制创新。要继续实行省投省建、市投市建、省投市建、省市共投共建等模式，充分调动各地建设高速公路的积极性。要进一步创新用地机制，加快土地手续审批，确保高速公路建设用地需求。要加强金融创新，多渠道筹集资金，协调银行贷款，继续采取BOT、BT、TOT等方式，加大招商引资力度，特别是要发挥好新组建的高速公路集团公司等融资平台的作用，扩大融资规模，为加快高速公路建设提供资金保障。

四要进一步加强监督考核。要加强对工程建设的全过程监督管理，严格项目招投标、资金使用、工程质量、工程验收和安全施工等方面的管理，做到程序符合要求、概算不得突破、安全没有事故、质量争创一流，保质保量完成工程项目建设任务；要加强资金管理和跟踪审计工作，坚决杜绝资金挪用和浪费现象，把每个工程都建设成为优质、高效、安全、廉洁的精品工程，经得起历史和实践检验的工程。要严格落实项目建设责任制，定期通报工程建设进展情况，加强督促检查，对好的地方、部门和单位要给予表彰，对工作不力的要进行约谈和批评，通过责任考核促进工程建设顺利进行。

五要进一步营造浓厚氛围。新闻媒体和广大新闻工作者要深入基层一线，深入火热的建设工地，充分报道近年来我省高速公路建设取得的成就，广泛宣传工程建设中涌现出的先进人物和典型事迹，形成全社会关心、支持和参与高速公路建设的浓厚氛围。

同志们，高速公路建设发展蓝图已经绘就，目标责任已经明确。全省上下要进一步坚定信心、全力攻坚，确保圆满完成今年新增1000公里高速公路的建设任务，以优异成绩迎接党的十八大胜利召开！

中共山西省委办公厅
山西省人民政府办公厅
关于进一步深化创新厂务公开民主管理工作的意见

晋办发〔2012〕12号

（2012年4月23日）

为认真贯彻落实全国深化创新厂务公开民主管理工作会议精神，更好地扩大基层民主，构建和谐劳动关系，促进企业的改革、发展和稳定，现就进一步深化创新我省厂务公开民主管理工作提出如下意见。

一、深刻认识厂务公开民主管理工作面临的新形势新任务

大力推进社会主义民主政治建设、坚定不移走中国特色社会主义政治发展道路，对厂务公开民主管理工作在加强基层民主政治建设方面提出了更高要求。坚持厂务公开民主管理制度，是坚持和落实全心全意依靠工人阶级指导方针的具体体现。推行厂务公开民主管理，有利于扩大职工群众有序政治参与，对于坚持和巩固人民当家作主的政治地位、加强基层民主政治建设具有重要作用。

深入贯彻落实科学发展观、巩固党的执政基础、实现以人为本对厂务公开民主管理工作在保障和落实职工当家作主的民主权利方面提出了更高要求。推行厂务公开民主管理，有利于保证人民群众直接行使民主权利，有利于保障职工的权益和主人翁地位，有利于实现好维护好发展好职工群众根本利益。

加快转变经济发展方式、实现“十二五”时期发展的目标任务，对厂务公开民主管理工作在团结动员广大职工建功立业方面提出了更高的要求。企业是实现“十二五”时期发展目标任务的主战场，职工是实现转型跨越发展的主力军，深化和创新厂务公开民主管理工作，有利于广大职工队伍凝聚人心、树立信心、群策群力、攻坚克难，有利于保证改革发展各项工作的顺利进行。

全面加强党的建设新的伟大工程、提高党的建设科学化水平，对厂务公开民主管理工作在加强企事业单位党风廉政建设和反腐败工作方面提出了更高的要求。厂务公开民主管理工作是推进企事业单位惩治和预防腐败体系建设的重要抓手，有利于健全权力运行监督机制和廉政风险防控机制，促进企业建立和谐稳定的劳动关系，形成科学有效的利益协调机制、诉求表达机制、矛盾调处机制、权益保障机制，最大限度减少劳动关系中的不和谐因素，实现企业和谐发展。

二、进一步明确厂务公开的主要内容

拓展公开领域，丰富公开内容，创新公开形式，确保厂务公开民主管理工作取得新实效。

（一）国有及国有控股企业厂务公开的主要内容。

围绕企业“三重一大”和经营管理流程，重点公开重大决策、重要人事任免、重大项目安排和大额度资金运作等决策制度执行情况；投资决策、产权交易、资本运营、财务管理、工程招投标、用工管理、选人用人、重大技术改造、境外资产监管情况；企业中长期发展规划、产品销售和盈亏情况；承包租赁合同执行情况；企业内部经济责任制落实情况；企业改革、改制方案，兼并、破产方案；职工裁员、分流、安置方案等重大事项。

围绕涉及职工切身利益的重要规章制度，重点公开劳动保障法律法规的执行情况，集体合同、劳动合同的签订和履行情况，劳动用工备案和劳动规章制度的制定、完善及执行情况；企业薪酬制度、职工提薪晋级、工资奖金收入分配情况，参加养老、医疗、失业、工伤、生育等社会保险及缴费情况；职工退休和内退情况；劳动就业、职工聘用，专业技术职称的评定，评选劳动模范和优秀职工的条件、名额及结果，职工购房售房的政策和住房公积金管理以及企业公积金和公益金的使用方案，安全卫生和劳动保护措施，职工培训计划及职工教育经费的提取和使用情况等。

围绕领导班子建设和党风廉政建设，重点公开职代会民主评议企业领导人员测评结果；中层领导人员、重要岗位人员的选聘和任用情况；干部廉洁自律规定执行情况；业务招待费使用情况；领导干部的工资（年薪）、奖金、补贴、住房、用车、通讯工具使用情况以及出国出境费用的支出情况等。

企业改革、改制、兼并、重组、整合隶属关系和所有制发生改变，必须实行厂务公开民主管理制度，没有实行的单位尽快实行，已经实行的要按照规定的内容进行公开，并将“三重一大”等重要事项在职代会上进行公开。

属国家秘密和企业商业秘密的除外。

（二）非公有制企业厂务公开的主要内容。

围绕涉及职工切身利益的重大事项，重点公开企业业主及领导班子成员的股金、红利、薪酬、福利分配等，以及职工的劳动报酬、工作时间、休息休假、劳动安全卫生、职工培训、劳动纪律、劳动定额、计件单价，职工基本养老、失业、基本医疗、工伤、生育等社会保险金的缴纳情况、职工奖惩情况和裁员方案等。

围绕企业生产经营，重点公开企业章程、企业发展规划、生产经营情况、重要规章制度等。

围绕平等协商、签订集体合同，重点公开工资集体协议、集体合同签订、续订、履行情况，用工管理和签订、履行劳动合同情况。

企业经营管理者与工会经过协商同意公开的其他事项。

（三）事业单位事务公开的主要内容。

围绕事业单位工作和发展，重点公开重大决策、重要人事安排、重大投资、工作计划、发展规划、改革改制方案、基建投资项目、行政领导任期目标责任制方案、职工培训计划；财务管理和经费收支；工程项目招标和承包；物资和设备采购，接待费开支情况；未聘人员的安置情况；职工普遍关注的其他问题及上级要求或本单位确定的其他需要公开的事项。

围绕涉及职工切身利益的重大事项，重点公开干部任免、职称评定和职工竞争上岗；工资调整和资金分配；人事制度、分配制度改革方案、绩效考核方案、职工奖惩办法、福利费管理使用、建房与住房分配及其他集体福利、办理职工养老、基本医疗保险等事项。

围绕领导班子建设和党风廉政建设，重点公开职工（代表）大会民主测评中层以上领导干部的测评结果；干部廉洁自律规定执行情况；领导干部的工资（年薪）、奖金、补贴、住房、用车、通讯工具使用情况以及出国出境费用的支出情况等。

法律法规规定的其他公开内容。

三、采取有力措施扎实开展厂务公开民主管理工作

各企事业单位要将职代会作为厂务公开的主要平台，依法将属于职代会职权范围内的事项，提交职代会审议，并作出决议或决定，否则无效，同时企事业单位行政应定期向职代会报告其决议或决定的执行情况。完善职代会提案制度，鼓励职工提出合理化建议，为促进企事业单位发展积极建言献策。要根据法律规定、政策要求、工作需要和职工申请，制定厂务公开实施办法，不断完善和创新厂务公开的内容和形式，编制厂务公开目录，定期予以更新。厂务公开各项制度、公开目录应方便职工查阅。

定期召开工作例会、经营形势报告会、劳资恳谈会、党政工联席会议、职工代表团(组)长联席会议、工会会员(代表)大会、民主议事会、职工股东大会、厂情通报会，集体解决企事业单位重大事项和重要问题，落实过程公开、动态公开、结果公开等规定。

建立重大事项事先告知制度。对涉及劳动关系的重大事项、尖锐矛盾，单位党政领导应事先告知工会，并与工会集体协商确定，处理结果应向工会通报。

建立健全职工董事、职工监事制度。根据公司法，着重落实好职代会选举产生职工董事、职工监事，未兼任工会主席的公司高中级管理人员不得占用职工董事、职工监事职位，职工董事、职工监事享有与其他董事监事同等权利并向职代会负责等规定，发挥职工董事、职工监事在厂务公开民主管理工作中的积极作用，保障职工代表通过参加董事会、监事会参与企事业单位的重大决策，行使民主监督权利。

规范公开程序。按照提出、公开、评议、整改等环节，实行事前、事中、事后全过程公开。既要公开有关政策依据和本单位的有关规定，又要公开具体内容、标准和承办部门；既要公开办事结果，又要公开办事程序；既要公开职工的意见和建议，又要公开职工意见和建议的处理情况，使厂务公开始终在职工的广泛参与和监督下进行。注重引入程序控制和质量管理标准，制定完善厂务公开的操作流程和规范标准，明确公开的责任主体、工作过程、规范要求、评价标准、改进措施等，落实公开的责任，提高公开绩效。

规范公开的时间。以及时、全面、全过程公开为原则，明确划分年度性公开、常规性公开、临时性公开的具体内容。属于职代会或职工代表大会审议的事项，应当每半年公开一次；属于常规性的工作，通过公开栏等形式按年度、半年、季度、月份实行定期公开；属于一事一议的事项，随时公开。凡是公开事项，公开时间不少于15天。

办好厂务公开栏。在方便职工阅知的地方设立醒目的企事业单位、车间（科室）、班组等多级公开栏，定期更换公开内容。要通过内部报刊、黑板报、广播、电视、简报、厂报、墙报、内部局域网、厂内信息平台、电子屏、董事长信箱、工会信箱、职工举报箱、民警联系箱、合理化建议箱等进行公开。拓展“二级公开”、“三级公开”、“点题公开”等公开形式，构筑动态性、即时性的厂务公开新平台，增强企业与职工在公开过程中的互动性。

严格厂务公开监督考评制度。采取企事业单位自检自查、上级定期考核和抽查相结合的办法进行监督考评。企事业单位的自检自查工作要综合“党、政、纪、工”的自我评价、职工群众满意度评价及上级主管部门（单位）评价。各级厂务公开协调（领导）小组的定期考核，可以与行业、系统内对领导班子和领导干部的业务目标考核、年度考核相结合进行，定期考核工作每年至少进行一次。以领导是否重视、制度是否健全、责任是否明确、工作是否规范、效果是否明显、群众是否满意为重点，对厂务公开、民主管理工作进行评价。对那些不公开、假公开、走形式走过场公开的单位领导进行通报批评，并责令其采取措施

限期整改，取消相关单位和人员评优评先资格；对不认真执行厂务公开、民主管理制度，引发事端，影响企业和社会稳定，以及暴露出来的违纪违法问题，要严肃查处。

四、切实加强对厂务公开民主管理工作的组织领导

各级党委、政府要切实加强对厂务公开民主管理工作的领导，建立健全工作机构和责任制度，加强行政监督，巩固和完善党委统一领导、党政共同负责、有关方面齐抓共管、职工群众广泛参与的工作体制和运行机制。及时调整和充实厂务公开协调小组成员单位及办公室工作人员，并为其提供必需的办公条件和经费保障。各级厂务公开协调小组要加强调查研究和督促检查，切实抓好落实，推动厂务公开民主管理工作制度化、规范化、法制化。

各级纪检监察机关要切实履行监督职责，对企业领导人员违反职代会决议、厂务公开和“三重一大”决策制度有关规定；弄虚作假，造成公开失真；导致矛盾激化，影响企业和社会稳定；在厂务公开中暴露出来的违法违纪问题等，要及时查处，构成犯罪的，移交司法机关依法追究其刑事责任。

各级组织部门要把推行厂务公开工作作为企业党组织建设的重要内容，将实施情况作为企业领导班子和领导成员考核的重要依据。在国有和国有控股企业实行职代会民主评议企业领导人员制度，对民主测评不称职票超过15%的，进行诫勉谈话；对民主测评不称职票超过30%的，按照干部管理权限，区别不同情况，予以调整或者给予免职、降职及其他相应的处分。

各级宣传部门要加大厂务公开工作的宣传力度，在大力宣扬先进典型的同时，对消极应付甚至搞假公开的反面典型进行曝光，为加强厂务公开民主管理工作营造良好的舆论环境。

各级国资委要把好未经职代会讨论通过的企业改制方案不予审批的关口，并把厂务公开工作情况作为评选先进企业、优秀经营管理者的必要条件，推动公司制企业建立健全职工董事、职工监事制度，促进企业决策的民主化、科学化。

各级工会组织要认真履行职责，加强分类指导，推广典型经验，依法落实职代会的各项职权，充分发挥好职代会的作用，有组织、有计划、有步骤地推动厂务公开工作深入健康发展。

在山西省纪念中国共产主义青年团成立九十周年大会上的讲话

（2012年5月3日）

袁纯清

同志们、青年朋友们：

今天，我们在这里隆重集会，纪念中国共产主义青年团成立90周年，展望中国特色社会主义事业美好前景，激励全省团员青年奋发有为、锐意进取，为加快转型跨越、再造一个新山西贡献智慧和力量。在此，我代表省委、省政府，向全省广大团员青年致以亲切问候!向受到表彰的先进集体和个人表示热烈祝贺!

90年前，在五四运动开启的波澜壮阔的革命洪流中，在中国共产党的领导下，中国共产主义青年团的前身——中国社会主义青年团应运而生，从此共青团作为党的忠诚助手和可靠后备军，坚定紧跟党不懈奋斗，在祖国大地上写下了辉煌的历史篇章。

山西是中华文明的重要发祥地，是革命老区和国家能源基地，也是全国最早建立地方党团组织的省份之一。90年来，山西各级团组织团结带领广大青年，心系民族命运、国家发展和人民福祉，听从党的召唤，始终站在时代前列，以青春和热血谱写了一曲曲英雄赞歌，表现出强烈的爱国热情、高度的社会责任、崇高的奉献精神。

共青团90年的光辉历程告诉我们：团员青年是祖国的未来、民族的希望，始终坚定不移地跟党走，把自身追求与祖国的前途、民族的命运紧密相连；团员青年是推动经济发展和社会进步的生力军，始终有一种昂扬向上的精神风貌，在革命、建设、改革的各个历史时期都创造了辉煌业绩；团员青年是勇往直前、夺取胜利的突击队，始终顽强拼搏、冲锋在前，敢于战胜前进道路上的任何艰难险阻；团员青年是朝气蓬勃、创新创造的活力源，始终保持追求之心、进取之志，不断为人民作出新贡献，为时代增添新光彩。

当前，我国正处于实施“十二五”规划、全面建设小康社会的关键时期。各个省份你追我赶、竞相发展，发达地区正在向着率先实现全面小康、率先实现现代化的目标稳步前行；中西部省份正在发挥后发优势，展现出赶超发展的强劲态势。在激烈的竞争中，不进则退、慢进亦退。省第十次党代表大会提出举全省之力办好“两件大事”：一件是在全面建设小康社会进程中，力争我省全面小康实现程度五年达到全国平均水平；一件是抓住建设转型综改试

验区的机遇，率先走出资源型地区转型跨越发展新路。这标志着山西走科学发展之路的步履更加坚定，目标更加清晰。全省上下围绕转型跨越、再造一个新山西的总体战略，全力推进工业新型化、农业现代化、市域城镇化、城乡生态化，各项事业呈现向上向好之势。经济总量突破万亿元，综合实力迈上新台阶；综改试验区建设扎实推进，改革开放日益深入；基础设施显著改善，发展条件日趋优化；安全生产形势持续好转，社会保持和谐稳定；城乡面貌明显改观，人民生活水平稳步提高。特别是转型成为全省人民的广泛共识，成为山西发展的战略支点，在能源基地进一步巩固的同时，非煤产业、非高耗能产业、新兴产业、高新技术产业成长迅速，集约发展、清洁发展、绿色发展成效明显。今年以来，省委、省政府认真贯彻落实主题主线和稳中求进的总基调，积极应对各种困难和挑战，经济运行总体呈现良好态势。同时要清醒看到，国内外经济环境复杂严峻，不确定不稳定因素增多，保持较高的经济增长幅度、较大的投资强度、较快的项目建设进度面临不少困难。办好“两件大事”、再造一个新山西是全省人民的共同事业，更是全省团员青年义不容辞的光荣使命。广大团员青年要在转型跨越这个大舞台上施展才华，创造无愧于时代的业绩，做到与时代同步伐、与祖国共命运、与人民齐奋斗、与山西同发展。

希望大家：围绕加快转型跨越、办好“两件大事”，坚定信念、增强信心，勇敢肩负起富民强省的历史使命。理想是成功之帆，有了远大的理想，就有了拼搏进取、勇攀高峰的动力，不至则不休；信念是人生之基，有了坚定的信念，就有了迎难而上、砥砺前行的决心，无往而不胜。周恩来青少年时期“为中华之崛起而读书”的壮志，方志敏在身陷囹圄中始终坚信“中国一定有个可赞美的光明前途”，刘胡兰面对凶残敌人发出“怕死就不当共产党”的豪言，都是崇高理想和坚定信念的生动诠释。青年时期是树立理想信念、确立奋斗目标的关键时期。要认真学习中国特色社会主义理论体系，自觉用马克思主义中国化最新成果武装头脑，以理论上的成熟保证政治上的坚定，坚定共产主义信仰和中国特色社会主义信念，全面贯彻党的路线方针政策，在大是大非面前保持清醒头脑，在大风大浪面前站稳正确立场。要树立远大志向，肩负时代使命，增强报效祖国、服务山西、建设家乡的责任感，自觉把个人追求与广大群众的共同理想结合起来，把个人奋斗与富民强省的宏大事业结合起来，做推动科学发展、加快转型跨越、促进社会和谐的排头兵。要增强转型跨越的信心和决心。我省有丰富的资源禀赋、坚实的产业基础、完善的基础设施，有以转型综改试验区为承载的深厚政策存量，有新项目新产业集聚的巨大发展势能，有太行精神、吕梁精神、右玉精神等宝贵精神财富，有3500万三晋儿女的团结奋进，发展机遇难得、发展空间广阔，只要我们发挥优势、倾力作为，转型跨越、再造一个新山西的美好图景一定会早日变为现实。

希望大家：围绕加快转型跨越、办好“两件大事”，勤于探索、不懈追求，努力掌握新知识、增强新本领。学习可增智、可养德，可悟道、可兴业，学习能力决定发展的能力。在信息化时代，新知识层出不穷，学习工作化、终身化成为必然趋势和时代特征。青年时期是学习增智的关键期，更是能力养成的黄金期。一要打牢知识基础。把学习作为成长成才的阶梯，以求知若渴的精神和持之以恒的态度，学什么专什么、缺什么补什么、干什么学什么，营造崇尚学习、刻苦学习、善于学习的浓厚氛围，力求学有所获、学有所长、学有所用，努力做思想型、学习型、实践型青年。青年学生要多读一些经典，广泛涉猎理论、文化、科学、社会、历史等方面的知识，丰富知识储备，打好思想基础。青年工人要重点学习最急需、最关键的知识，用专业技术知识来增强本领、提高技能。青年农民要勤奋学习现代农业所需的科学技术和市场营销知识，努力成为有文化、懂技术、会经营的新型农民。二要追寻科技前沿。在经济全球化时代，国与国、地区与地区之间的竞争越来越表现为科技的竞争。山西转型的过程，实质上是资源依赖向创新驱动迈进的过程。团员青年要保持对科学知识和科技创新的热情和敏锐，跟上时代前进步伐，保持世界眼光。要把现代煤化工、先进装备制造、新能源、新材料、生态环保等新兴产业和优势产业作为主攻方向，把握最新科技动态，加大科技攻关力度，提高我省自主创新能力，着力提升资源就地转化率、传统产业循环率、新兴产业占比率、节能减排率和科技贡献率。三要自觉实践锻炼。读书是学习，实践是更重要的学习。古往今来成大事者，无不经过社会实践的历练和艰苦环境的考验。中国特色社会主义是最伟大的实践，转型跨越发展为广大团员青年提供了广阔舞台。要到社会去、到基层去，到人民群众中去，到条件艰苦、情况复杂、任务艰巨的地方去，接地气、增底气，了解国情、感知省情、体察民情，学习人民群众发展经济、建设家园的好经验好做法，学习人民群众脚踏实地、勤劳工作的好精神好品格，把改造客观世界与改造主观世界紧密结合起来，把所学知识运用到实践中，通过实践增长新的才干，在融入群众、融入社会、融入实践中，增强本领、提升境界，增加阅历、磨练意志。

希望大家：围绕加快转型跨越、办好“两件大事”，积极作为、开拓进取，在经济社会建设的主战场建功立业。面对党和人民的殷切期盼，面对时代的热切召唤，团员青年要充分发挥积极性、主动性、创造性，让青春在干事创业中闪光，让人生在社会实践中升华。要立足岗位。千里之行，始于足下。要把工作当作事业来干，爱岗敬业、乐于奉献，干一行爱一行，钻一行精一行，精通本职业务，参与岗位练兵，主动开展小发明、小创造、小革新，努力在平凡的岗位上创造不平凡的业绩。要崇尚实干。认真贯彻省委、省政府的决策部署，围绕工业新型化献智出力，围绕农业现代化大显身手，围绕市域城镇化贡献力量，围绕城乡生态化当好先锋。要深刻把握以煤为基、多元发展的内涵和要求，全力做大新兴产业，大力发展循环经济，积极投身重点工程，让山西这个资源型地区和老工业基地在转型中焕发新的活力。尤其是农村青年、大学生村官、农科院校学生，要立推动山西现代农业之志，学做大做强农业本领，依托“一村一品”“一县一业”，组织引导农民发展设施农业、特色农业、高效农业，推广先进农业技术，促进农业增产增效、农民收入翻番。要努力创业。创业是青年人实现自身价值的最佳路径，真正有出息的青年都是勇闯新路的创业者。要弘扬自立自强、自信自为的精神，变知识优势为创业优势，变发展动力为创业动力，依托青年创业孵化基地、青年创业培训项目、青年创业小额贷款等平台，在市场经济的大潮中搏击风浪，在激烈的竞争中把握机会。青年科技人才要积极领办科技型企业、推动科技成果转化，青年工人要追求一流技术水平、创造一流工作效率，青年农民要努力成为种养大户、致富能手，在各行各业涌现出更多创业群体、创业先锋，形成创造活力进发的良好局面。要勇于求新。青年最少保守思想，是思维最活跃、求新愿望最强烈、最富创新意识的群体。要激发创造热情和潜力，摒弃因循守旧、封闭保守、求稳怕变的陈旧观念，反对不思进取、畏缩不前、得过且过的落后行为，敢于走前人没有走过的路，紧密结合山西实际，积极探索能源资源比重大的情况下转型发展的路子、转型任务重的情况下跨越发展的途径、贫困面较大的情况下农民收入翻番的办法、文化底蕴深厚的情况下建设文化强省的举措。总之，广大团员青年要以敢为人先的胆气，不怕失败的韧劲，成为我省创新发展的生力军和突击队。

希望大家：围绕加快转型跨越、办好“两件大事”，心系群众、关注民生，在造福人民中展示新时代团员青年的形象。来自人民、植根人民、服务人民是我们党永远立于不败之地的根本，更是团员青年成长、成才、成事、成功的根本。要坚持服务人民。把人民放在心中至高位置，感情上贴近群众、事业上依靠群众、发展上服务群众。大家正处于学习和创业的关键时期，学有所成要感念是人民创造了良好条件，业有所进要感念是人民给予了巨大支持，更加自觉地从群众的实践中汲取不竭的养分，从群众的奋斗中获取前进的动力，从群众的期许中找到努力的方向。要从本职岗位做起、从点滴小事抓起，助人为乐，为民排忧，为他人解难，在为民惠民中收获快乐和幸福。要养成高尚品格。解决好立身做人的问题，对处在人生起步阶段的团员青年至关重要。面对各种思想文化思潮交流交融交锋的新形势，既要做优秀传统美德的传承者，又要做良好社会风尚的引领者。自觉践行社会主义荣辱观，明是非、知荣辱、守气节，积极践行山西精神，模范遵守国家法律，带头遵守社会公德、职业道德和家庭美德，积极参与“青年文明号”“希望工程”“保护母亲河”等实践活动，提升思想境界和道德水准。要努力奉献社会。讲奉献的人生，是最快乐、最充实的人生。要深刻理解我为人人、人人为我这一朴素道理中的丰富内涵，弘扬奉献、友爱、互助、进步的精神，积极参加社会性、公益性、服务性活动，投身扶贫帮困、抢险救灾、环境保护等志愿服务，多做关心集体、热心公益、见义勇为的好事，真正尽到对国家、对社会、对人民的责任和义务，树立新一代青年的良好形象。要强调的是，今年中央专门发出深入开展学雷锋活动的通知，要认识到雷锋是实践社会主义、共产主义思想道德的楷模，雷锋精神彰显了我们党的先进性和纯洁性，是一面永不褪色、永放光芒的旗帜，雷锋是全国人民的榜样，更是团员青年的榜样。团员青年要始终走在学雷锋活动的前列，理解雷锋精神真谛，把握雷锋精神实质，不断赋予雷锋精神新的时代内涵，把雷锋精神植根于思想中，体现在行动上，使雷锋精神处处开花、代代相传。要自觉促进和谐。社会和谐是团员青年健康成长、安心学习和自主创业的重要保障，建设和谐社会需要每一名团员青年的积极参与。要正确认识面临的新形势新任务，正确面对调整利益格局中出现的矛盾和问题，服从国家大局，牢记时代责任，不为谣言所惑，不为私利所迷，做社会和谐稳定的坚定维护者。

同志们、青年朋友们，我们党从诞生之日起，就始终坚持赢得青年就能赢得未来的战略思想，牢牢把握中国青年运动的正确方向，指引青年健康成长。各级党委要切实加强和改善对共青团工作的领导，坚持党建带团建，把团的建设纳入党的建设总体规划，及时研究解决共青团和青年工作的重大问题，支持共青团依照法律和章程独立自主、创造性地开展工作，为青年的健康成长搭建舞台、创造环境。要动员全社会关心和支持团的工作，努力在全社会形成爱护青年、关心青年，鼓励青年成才、支持青年创业的良好氛围，把广大青年的积极性引导好、保护好、发挥好。

共青团是在实践中学习共产主义的大学校和联系青年的桥梁纽带。各级团组织要继承发扬优良传统，积极探索新形势下共青团工作的新特点、新规律、新办法，在促进青少年成长成才上多下功夫，在服务转型跨越大局中多做贡献，在加强团的自身建设上多办实事，不断开创全省青年工作和共青团事业的新局面。

同志们、青年朋友们，潮起海天阔，扬帆正当时。人生的华章等待你们去尽情书写，转型跨越的伟业需要你们去拼搏奋斗。让我们更加紧密地团结在以胡锦涛同志为总书记的党中央周围，高举中国特色社会主义伟大旗帜，以邓小平理论和“三个代表”重要思想为指导，深入贯彻落实科学发展观，开拓创新、拼搏奉献，以转型跨越的优异成绩迎接党的十八大胜利召开！

中共山西省委办公厅
山西省人民政府办公厅
印发《关于整治“吃拿卡要”问题创优发展环境的实施方案》的通知

晋办发〔2012〕13号

各市、县委，各市、县人民政府，省委各部委，省直各委、办、厅、局，各人民团体：

《关于整治“吃拿卡要”问题创优发展环境的实施方案》已经省委、省政府同意，现印发给你们，请认真贯彻实施。

中共山西省委办公厅
山西省人民政府办公厅
2012年5月10日

关于整治“吃拿卡要”问题创优发展环境的实施方案

为认真贯彻省第十次党代表大会、全省党风廉政建设干部大会暨省纪委十届二次全会精神，巩固和深化纪律作风教育整顿工作，切实解决“吃拿卡要”等破坏发展环境的突出问题，省委、省政府决定在全省专项整治“吃拿卡要”问题，进一步创优发展环境，提出如下实施方案。

一、总体要求

以邓小平理论和“三个代表”重要思想为指导，深入贯彻落实科学发展观，坚持标本兼治、综合治理、惩防并举、注重预防的方针，坚持专项整治与保持党的纯洁性学习教育活动相结合、与加强政府自身建设相结合、与推进“项目落地年”各项工作相结合、与建立健全规范的权力行使长效机制相结合，切实解决影响转型跨越发展的突出问题，进一步优化发展环境。

二、范围和内容

专项整治范围：全省各级党政机关、司法机关、行使公共权力的事业单位及其工作人员。

专项整治内容：重点整治各级决策、审批、执法单位在服务市场主体中的“卡、拖、要、乱”行为，特别是该批的不批、该早批的不早批、办事效率低下，影响发展环境、损害党和政府形象的行为。

重点整治以下六种行为：

1、不按规定向管理服务对象一次性公示或告知办理事项的具体条件、工作流程和办理期限，以及需要提交的全部材料目录的行为；

2、拒不受理应当受理的许可、审批、备案申请，或暗示、授意管理服务对象通过其他途径提交申请的行为；

3、在规定或承诺时限内无正当理由未办结应当办理的事项，或对职责范围内的事项推诿扯皮、敷衍塞责，以各种理由拖延刁难的行为；

4、索取、接受管理服务对象的财物、宴请以及活动安排，要求管理服务对象接受有偿服务、购买指定商品、报销个人费用，向管理服务对象摊派钱物、索要赞助的行为；

5、强迫管理服务对象做广告、订报刊，参加各类社团，参加国家无明确规定的学习班、培训班以及各种考核、升级、达标、评优等活动的行为；

6、其他利用职权“吃拿卡要”，不给好处不办事、给了好处乱办事的行为。

三、时间及方法

本次专项整治从5月份开始，到8月底结束。

（一）认真开展自查自纠。

各级党政机关、司法机关和行使公共权力的事业单位，要把自查自纠作为保持党的纯洁性学习教育活动“问题查摆、整改提高”工作的一项重要内容，组织干部职工对照《公务员法》、《行政许可法》、《中国共产党党员领导干部廉洁从政若干准则》，中央办公厅、国务院办公厅印发的《关于深化政务公开加强政务服务的意见》（中办发〔2011〕22号）、省政府《关于进一步加强行政机关效能建设优化发展环境的意见》（晋政发〔2011〕18号）和袁纯清、王君同志在全省领导干部大会上的讲话、袁纯清同志在全省兴起学习弘扬右玉精神新高潮大会上的讲话等有关文件，提高思想认识，认真开展自查自纠。重点抓好三个环节：

1、认真自查。向管理服务对象发放《征求意见函》，广泛收集意见建议。收回的意见建议要统一梳理分析，形成报告。各单位要对本单位的公共权力行使情况进行自查，重点检查条件设置、流程设计、时限设定是否科学，岗位廉政风险防控措施是否到位，是否存在这次重点整治的6种行为。各单位干部职工要对照整治内容进行自我剖析，并在分析评议会上开展批评和自我批评。各单位的党政领导班子成员要与关键岗位工作人员、平时群众有反映的工作人员开展个别谈话，提醒督促相关人员提高认识、查究问题、说明情况。

2、积极整改。对群众提出的意见和建议进行深入分析，对合理化建议予以采纳，对确实存在的问题进行整改。各单位的干部职工要针对自己在自查中发现的问题，针对征求意见时群众提出的问题，针对领导谈话时点到的问题，提出切实可行的整改措施和今后努力的方向。

3、公开承诺。组织关键岗位工作人员，结合岗位特点，作出“创优发展环境、抵制吃拿卡要”公开承诺。公开承诺要在办公场所、政务大厅、办事大厅醒目位置悬挂，接受群众监督。

（二）严肃查办典型案件。

各级纪检监察机关和专项整治机构要严肃查办一批利用决策权、审批权、执法权“吃拿卡要”、谋取私利的典型案件，以儆效尤。重点抓好四个环节：

1、线索收集。各级纪检监察机关要对2011年以来的信访举报件进行梳理，发现有“吃拿卡要”问题的信访件要移送各级专项整治机构，由专项整治机构统一安排调查处理。各级专项整治机构要在充分发挥“12388”举报电话、举报网站作用的基础上，开通专项举报电话，接受群众举报。

2、线索排查。各级专项整治机构要对信访移送案件线索和群众举报的案件线索进行分析，经整治领导组同意后，按照直查、转办、督办进行分类归口。特别对实名举报、线索具体的举报要列为重点线索。所有举报线索要安排专人负责登记，实行台账式管理。

3、案件查办。各级纪检监察机关和专项整治机构对“吃拿卡要”案件要发现一起查处一起，绝不手软、绝不姑息。建立案件查办工作机制，对直查案件实行组长负责制，对转办案件实行限时办结制，对挂牌案件实行领导领办制。加大案件通报力度，对查处的典型案件在一定范围内进行通报；对群众关注度高、反映强烈的案件，查处情况要适时向社会公开，取信于民。

4、责任追究。强化各地各部门各单位的监管职责，对整治“吃拿卡要”问题不力，导致问题长期得不到解决的，要追究单位主要领导的责任。

专项整治期间，对调查核实前能够主动向纪检监察机关或专项整治机构说明情况，并自觉上缴违规违纪财物的，可视情节轻重适当从轻处理或免予处理；对拒不说明情况、拒不纠正错误的，一经查实，要按照有关规定从严处理，涉嫌犯罪的，移送司法机关追究法律责任。

（三）注重长效机制建设。

各级党政机关、司法机关和行使公共权力的事业单位，要立足当前、着眼长远，针对自查自纠和案件查办中发现的问题，坚持边查边整边改，下功夫建立长效机制。重点抓好四个环节：

1、项目清理。对投资领域、社会事业领域的行政审批和非行政许可审批项目进行重点清理，严格依法设定和实施审批事项，实行动态管理。

2、优化流程。进一步优化行政审批和公共服务事项流程，缩短审批时限，压缩自由裁量空间，建立部门并联审批、联合会审机制。特别是要完善重大项目“绿色通道”和跟踪服务、推进机制。

3、审批公开。进一步推进行政审批公开，面向社会公布所有行政审批流程和具体办事程序，推进服务质量公开承诺。推进基层便民服务，为群众提供优质便捷高效服务。

4、强化监督。各级纪检监察机关要认真受理和核实群众关于发展环境和政务服务的投诉，进一步提升行政效能投诉平台运行效率，建立行政效能日常监督检查机制，进行定期巡查和不定期抽查暗访。

四、切实加强组织领导

（一）健全领导机制。专项整治工作在省委、省政府领导下进行，成立“省整治‘吃拿卡要’问题创优发展环境领导组”（简称省整治领导组），负责指导和协调全省“吃拿卡要”问题专项整治工作。领导组下设办公室，办公室设在省纪委（省监察厅）。各地各部门各单位要及时成立机构，加强对本系统本部门本单位专项整治工作的领导。各市和省直纪工委、省高校纪工委、省国资委纪委、省国防工业纪委的工作机构设立情况，要在5月15日前报省整治领导组办公室。专项整治工作结束后，各级专项整治机构要进行阶段性总结，形成书面报告，报上一级专项整治机构。

（二）严格落实责任。各级党委（党组）和政府对本地本部门本单位专项整治工作负全面责任。各单位党政主要负责人是抓专项整治工作的第一责任人。各地各部门各单位要把专项整治工作作为2012年度的重要工作之一，统筹安排、统筹推进。各级纪检监察机关要在党委、政府领导下，加强对专项整治工作的组织协调，确保整治工作取得实效。对整治乏力，走过场的，责令整改；对弄虚作假，造成不良影响的，追究领导责任。专项整治工作的开展情况要作为2012年度党风廉政建设责任制考核的重要内容。

（三）强化工作措施。各级整治领导组及办公室要按照省整治领导组及办公室的统一安排，扎实推进各个阶段的工作。要健全工作机制，制定工作方案，推动工作开展；加强舆论引导，宣传政策规定，营造整治氛围；查处典型案件，及时公开曝光，回应社会关切；注重典型带动，及时总结经验，树立先进典型。专项整治期间，省整治领导组办公室将派出检查小组，赴各地和省直单位就工作作风、办事效能等进行明查暗访，推动整治工作不断深入。

（四）加强调查研究。各地各部门各单位要针对专项整治过程中发现的群众反映强烈的共性问题和严重影响发展环境的突出问题，采取“沉下去”与“走出去”相结合的办法，深入调查研究，以改革创新精神探索解决问题的新途径新办法，从源头上根本上提出优化发展环境的有效措施。

中共山西省委
山西省人民政府
关于分类推进事业单位改革的实施意见

晋发〔2012〕5号

（2012年5月14日）

为认真贯彻落实中共中央、国务院《关于分类推进事业单位改革的指导意见》（中发〔2011〕5号）精神，进一步做好全省分类推进事业单位改革工作，提出如下实施意见。

一、分类推进事业单位改革的重要性

分类推进事业单位改革是党中央、国务院作出的重大决策部署，是深化行政管理体制改革的重要组成部分，是提高事业单位公益服务水平、加快各项社会事业发展的重要举措。2008年中央确定我省为全国事业单位改革试点以来，省委、省政府及各地各有关部门认真贯彻中央的部署要求，加强领导、精心组织，积极探索、大胆实践，研究制定了一系列改革政策措施，创造性地开展并完成清理规范工作，顺利启动分类工作，统筹推进教育、科技、文化、卫生、新闻出版等行业事业单位改革，积累了有益经验，取得了明显成效，全省事业单位布局更趋合理，服务水平逐步提高，在促进经济社会发展、改善人民群众生活方面发挥了重要作用。同时，也要清醒地看到，推进社会事业发展的一些体制机制尚未建立，支持公益事业健康发展的政策措施还不够完善，全省人民日益增长的公益服务需求同经济社会发展水平较低的矛盾较为突出，特别是我省正处于全面推进转型跨越发展的重要时期，加快发展社会事业的任务十分艰巨。各地各部门要从改革开放和社会主义现代化建设全局的高度，充分认识分类推进事业单位改革的重大意义，进一步增强工作责任感和紧迫感，坚定不移地把这项改革推向深入。

二、指导思想、基本原则和目标

（一）指导思想。以邓小平理论和“三个代表”重要思想为指导，深入贯彻落实科学发展观，按照政事分开、事企分开和管办分离的要求，以促进公益事业发展为目的，以科学分类为基础，以创新体制机制为核心，总体设计、分类指导、因地制宜、先行先试、统筹推进，进一步增强事业单位的发展活力，提高公益服务的质量和效率，推动全省经济社会又好又快发展。

（二）基本原则。坚持政事分开、事企分开，除法律法规和党中央、国务院有明确规定外，事业单位不再承担行政职能，事业单位承担的经营性职能要逐步予以剥离；坚持因地制宜、分类指导，根据事业单位的不同功能和各地实际情况，科学合理划分类别，对不同类型的事业单位实施不同的改革和管理；坚持循序推进、分步实施，针对事业单位类别繁多、社会功能和活动方式各不相同的特点，从实际出发，由易到难、由点到面，稳步推进改革；坚持保持稳定、促进发展，认真贯彻执行有关法律法规和政策，正确处理改革、发展、稳定的关系，积极稳妥推进改革，既要增强事业单位活力，又要有利于经济社会发展。

（三）总体目标和阶段性目标。到2020年，建立起功能明确、治理完善、运行高效、监管有力的管理体制和运行机制，形成基本服务优先、供给水平适度、布局结构合理、服务公平公正的适合山西省情特点的公益服务体系。今后3年，在完成分类的基础上，承担行政职能事业单位和从事生产经营活动事业单位的改革基本完成，从事公益服务事业单位在人事管理、收入分配、社会保险、财税政策和机构编制等方面改革取得明显进展，管办分离、完善治理结构等改革取得较大突破，社会力量兴办公益事业的制度环境进一步优化，为实现改革的总体目标奠定坚实基础。

三、科学划分事业单位类别

（一）划分现有事业单位类别。按照社会功能将现有事业单位划分为承担行政职能、从事生产经营活动和从事公益服务三个类别。根据职责任务、服务对象和资源配置方式等情况，将从事公益服务的事业单位细分为两类：承担义务教育、基础性科研、公共文化、公共卫生及基层基本医疗服务等基本公益服务，不能或不宜由市场配置资源的，划入公益一类；承担高等教育、非营利医疗等公益服务，可部分由市场配置资源的，划入公益二类。

（二）扎实推进分类工作。按照中央要求，结合我省实际，调整完善分类标准和分类目录。划分事业单位类别，要坚持以社会功能为依据，不以机构名称、经费来源、人员管理方式等作为分类依据。严格认定标准和范围，从严认定承担行政职能的事业单位。到2012年6月基本完成全省事业单位分类工作。今后，不再批准设立承担行政职能的事业单位和从事生产经营活动的事业单位。

四、推进承担行政职能事业单位改革

（一）推进部分承担行政职能事业单位的改革。认真梳理其职能，将属于政府的职能划归相关行政机构。职能调整后，重新明确其职责、划定类别，工作任务不足的予以撤销或并入其他事业单位。到2013年基本完成改革任务。

（二）推进完全承担行政职能事业单位的改革。原则上调整为相关行政机构的内设机构，确需单独设置行政机构的，按照精简效能原则设置。涉及机构编制调整的，不得突破政府机构限额和编制总额，要结合行政管理体制改革和政府机构改革，特别是探索实行职能有机统一的大部门体制进行，通过行政管理体制改革和政府机构改革中调剂出来的空额逐步解决。到2015年基本完成改革任务。

已认定为承担行政职能、但尚未调整到位的事业单位，在过渡期内继续按照现行法律法规和政策规定履行职责，使用事业编制且只减不增，人事、财务、社会保险等依照国家现行政策规定实施管理。

五、推进从事生产经营活动事业单位改革

坚持积极稳妥原则，完善配套政策，积极创造条件，逐步推动从事生产经营活动事业单位转企改制。到2013年基本完成转企改制条件成熟事业单位的改革任务，到2015年全面完成改革任务。

（一）规范转企改制。周密制定从事生产经营活动事业单位转企改制工作方案，按照有关规定进行资产清查、财务审计、资产评估，核实债权债务，界定和核实资产，由同级财政部门依法核定国家资本金。转制单位要按照规定注销事业单位法人，核销事业编制，进行国有资产产权登记和工商登记，并依法与在职职工签定劳动合同，建立或接续社会保险关系。事业单位转企改制后，要按照现代企业制度要求，深化内部改革，转变管理机制，并依照政企分开、政资分开的原则，逐步与原行政主管部门脱钩，其国有资产管理除国家另有规定外，由履行国有资产出资人职责的机构负责。

（二）完善过渡政策。为平稳推进转制工作，可给予过渡期，一般为5年。在过渡期内，对转制单位给予适当保留原有税收等优惠政策，原有正常事业费继续拨付。在离退休待遇方面，转制前已离退休人员，原国家规定的离退休费待遇标准不变，支付方式和待遇调整按照国家有关规定执行；转制前参加工作、转制后退休的人员，基本养老金的计发和调整按照国家有关规定执行，保证离退休人员待遇水平平稳衔接。在医疗保障方面，离休人员继续执行现行办法，所需资金按原渠道解决；转制前已退休人员，转制后继续按规定享受职工基本医疗保险、补充医疗保障等待遇。有条件的转制单位，可按照有关规定为职工建立补充医疗保险和企业年金。要进一步做好离退休人员的服务管理工作。

六、推进从事公益服务事业单位改革

（一）改革管理体制。深化政府机构改革，加快行政主管部门职能转变，创新管理方式，减少对事业单位的微观管理和直接管理，强化制定政策法规、行业规划、标准规范和监督指导等职责，进一步落实事业单位法人自主权。积极推进事业单位管办分离、建立法人治理结构试点工作，探索管办分离的有效实现形式，逐步取消事业单位行政级别；探索建立理事会、董事会、管委会等多种形式的治理结构，健全决策、执行和监督机制，提高运行效率，确保公益目标实现；不宜建立法人治理结构的，继续完善现行管理模式。加快推进山西大医院等14个单位的试点工作，为全省改革探索和积累经验。对不同类型事业单位实行不同的机构编制管理，科学制定机构编制标准，合理控制总量，着力优化结构，建立动态调整机制，强化监督管理。

（二）深化人事制度改革。以转换用人机制和搞活用人制度为核心，以完善岗位管理制度、聘用制度和公开招聘制度为重点，建立权责清晰、分类科学、机制灵活、监管有力、符合事业单位特点和人才成长规律的事业单位人事管理制度。在实现岗位管理制度全面入轨的基础上，加强规范管理，发挥岗位管理在事业单位人事管理中的基础性作用。健全聘用制度，建立起以合同管理为依据的用人机制，大力推行竞聘上岗制度，使之成为事业单位内部人员选拔聘用的主要方式，逐步形成人员能进能出、能上能下的用人机制，实现用人机制根本转换。全面实行公开招聘制度，实现公开招聘制度在事业单位的全覆盖，改进方法，完善政策，在公平、公正的基础上建立事业单位新进人员平等竞争的环境。完善事业单位工作人员考核制度，加强绩效考核管理，建立健全以聘用合同和岗位职责为依据、以工作绩效为重点内容、以服务对象满意度为基础的考核体系。加快推进职称制度改革，健全专业技术人才评价机制，实现事业单位专业技术人员职称评审与岗位聘用的有机结合。研究探索事业单位人员退出机制，畅通人员正常退出渠道。加强人事政策法规体系建设，实现事业单位人事管理的规范化、法制化。

（三）深化收入分配制度改革。以完善工资分配激励约束机制为核心，健全符合事业单位特点、体现岗位绩效和分级分类管理要求的工作人员收入分配制度。结合规范事业单位津贴补贴实施绩效工资，进一步做好义务教育学校、公共卫生与基层医疗卫生事业单位实施绩效工资的工作。按照分类指导、分步实施、因地制宜、稳慎推进的原则，做好其他事业单位实施绩效工资工作。探索针对不同类型

事业单位实行不同的绩效工资管理办法，分步实施到位。完善事业单位工资正常调整机制。

（四）推进社会保险制度改革。积极做好事业单位工作人员基本养老保险制度改革试点工作，按照国家的统一范围和口径，做好事业单位退休人员养老金计发办法改革的测算工作；遵循科学化、民主化的原则，制定我省事业单位工作人员养老保险改革实施方案，报国务院批准后组织实施。事业单位工作人员基本养老保险实行社会统筹和个人账户相结合，养老保险费由单位和个人共同负担。把握好改革前后退休人员待遇水平平稳衔接的原则，实行“老人老办法、新人新制度、中人逐步过渡”。对改革前已退休的人员，继续按原来标准发放基本养老金，保持已有待遇不降低；对改革前参加工作、改革后退休的人员，妥善保证其养老待遇水平平稳过渡、合理衔接，保持国家规定的待遇水平不降低；对改革后参加工作的人员，实行新制度，建立新机制。同时要建立事业单位工作人员职业年金制度，提高事业单位工作人员退休后的生活水平。

（五）加强对事业单位的监督。建立事业单位绩效考评制度，考评结果作为确定预算、负责人奖惩与收入分配等的重要依据。加强审计监督和舆论监督。面向社会提供公益服务的事业单位要建立信息披露制度，重要事项和年度报告要向社会公开，涉及人民群众切身利益的重大公益服务事项要进行社会公示和听证。

（六）全面加强事业单位党的建设。按照党章和有关规定，及时调整党的组织设置，理顺隶属关系，选好配强党组织领导班子，加强党员教育、管理、服务，做好思想政治工作，推进精神文明建设，领导工会、共青团等群众组织开展工作，充分发挥党组织在促进事业发展、完成本单位中心任务中的领导核心或政治核心作用，保证党的基本路线方针政策在事业单位的贯彻执行。

七、构建公益服务新格局

（一）大力发展公益服务。适应经济社会发展和人民群众需要，不断拓展公益服务领域，增加公益服务品种，扩大公益服务供给总量。发挥政府主导作用，引导社会力量广泛参与，引入市场竞争机制，充分调动各方面积极性，不断增强公益事业发展活力。通过改革，形成提供主体多元化、提供方式多样化的公益服务新格局，努力为人民群众提供广覆盖、多层次的公益服务。

（二）强化政府责任。按照逐步实现基本公共服务均等化的要求，优先发展直接关系人民群众基本需求和国家安全、社会稳定的公益服务，促进公益服务公平公正。加快发展农村、欠发达地区公益事业，缩小城乡之间、地区之间公益服务水平差距，切实满足广大农民和城市低收入群体医疗、教育、文化等公益服务需求。优化公益服务资源配置，合理规划布局，科学设置事业单位，推进资源共享。创新公益服务提供方式，完善购买服务机制，提高服务质量和效率。

（三）鼓励社会力量兴办公益事业。完善相关政策，放宽准入领域，推进公平准入，鼓励社会力量依法进入公益事业领域。对社会力量兴办公益事业的，在设立条件、资质认定、职业资格与职称评定、税收政策和政府购买服务等方面，与事业单位公平对待，并切实加强监管，引导其健康发展。完善和落实税收优惠政策，鼓励企业、社会团体和公民个人捐赠公益事业。大力倡导和发展志愿服务。

（四）充分发挥市场机制作用。完善扶持政策，充分发挥市场在公益事业领域资源配置中的积极作用，为社会资本投资创造良好环境，推动相关产业加快发展，满足人民群众多层次、多样化服务需求。

八、完善支持公益事业发展的财政政策

（一）加大财政对公益事业发展支持力度，着力构建财政支持公益事业发展的长效机制。加快建立健全公共财政体系，调整和优化财政支出结构，加大财政对公益事业发展支持力度，优先保障基本公共服务范畴的公益事业，向社会事业发展的薄弱环节倾斜，向基层和欠发达地区倾斜。根据社会事业发展规律和公共服务的不同特点，立足省情，重点加大对“三农”、教育、科技、公共就业服务、社会保障、医疗卫生、住房保障、公共文化、生态环境、节能减排、公共安全等方面的投入。

（二）完善财政投入政策，改进财政投入方式。制定和完善支持社会力量兴办公益事业的财政政策，全面落实支持社会力量兴办公益事业的税收优惠政策，形成多渠道筹措资金发展公益事业的投入机制。根据不同类别事业单位的不同特点，采取不同的财政投入和支持方式，促进公益事业发展。对已认定为承担行政职能、但尚未调整到位的事业单位，其履行行政职能依法收取的费用以及通过向社会提供其他服务取得的收入，全部纳入财政预算管理，收支彻底脱钩，各项经费由同级财政预算予以安排；对已认定为从事公益服务的事业单位，按照国家有关政策和以事定费的原则，结合不同类型事业单位的具体特点和财力，科学合理地制定经费标准并予以动态调整。对公益一类事业单位，根据正常业务需要，财政给予经费保障；对公益二类事业单位，根据单位业务特点和财务收支状况等，财政给予经费补助，并通过政府购买服务等方式予以支持。加强事业单位社会保险基金管理，认真研究测算资金需求，为事业单位及其工作人员参加社会保险提供必要的资金保障，促进事业单位改革工作顺利实施。

（三）建立健全事业单位绩效考评制度，提高财政资金使用效益。对事业单位的财政资金使用情况进行绩效考评，严格资金管理，提高使用效益。绩效考评结果既作为财政安排经费的依据，还可作为确定政府购买服务对象的依据之一。逐步建立绩效考评结果公开制度，提高绩效考评的透明度。

（四）深化预算管理制度改革，促进基本公共服务均等化。强化事业单位政府采购预算管理与执行，规范政府采

购操作执行行为。进一步加强和规范事业单位政府非税收入和经营性收入的管理，严格审批行政事业性收费项目和标准。除教育收费、彩票发行费以外，所有行政事业性收费全部纳入预算内管理。健全财政预算管理与机构编制管理的综合约束机制，各级财政对部门和单位超编人员不安排经费，上级财政对下级财政超过编制总量的人员也不安排相关转移支付资金。

（五）加强国有资产管理，保证事业单位国有资产安全有效使用。坚持“权属清楚、分类管理、风险控制、安全完整”的原则，按照不同类别事业单位的特点和要求，严格执行有关法规制度，切实防止事业单位国有资产流失，保证事业单位国有资产安全运行和有效使用。完善我省事业单位国有资产管理制度体系，推进事业单位国有资产管理制度化、法制化。建立事业单位国有资产配置标准体系，根据事业单位特点，制定资产配置标准，完善资产配置制度，逐步建立和完善预算管理与资产管理相结合，权属清晰、配置科学、使用合理、处置规范、监督有效的事业单位资产管理模式。加强对事业单位转企改制以及事业单位所办企业的监管，理顺监管体制，开展产权登记，依法建立现代企业管理制度，推行国有资本经营预算，开展综合绩效考评，研究制定国有资产管理办法，促进企业加强管理，提高国有资产经营使用效益。

九、认真做好组织实施工作

事业单位分类改革涉及面广、政策性强，关系全省经济社会发展全局和广大干部职工切身利益。各级各部门要充分认识这项工作的重要性、紧迫性和艰巨性，进一步统一思想、提高认识、加强领导。省事业单位改革领导组及其办公室要切实加强综合协调、督促检查，及时研究解决改革中的有关问题，推动改革深入开展。省机构编制、财政、人力资源和社会保障等相关部门要各司其职，密切配合，指导做好相关工作。各市、县（市、区）党委、政府要进一步加强对改革工作的领导，坚持分类指导、分级组织、分步实施，建立健全领导体制和工作机制，推动本地区改革任务落实。

机构编制部门要牵头制定我省事业单位的分类意见、行政类事业单位改革的实施意见、推进管办分离建立事业单位法人治理结构的意见、创新事业单位机构编制管理的意见；财政部门要牵头制定我省事业单位改革中的相关财政政策、生产经营类事业单位转企改制的实施意见、加强事业单位国有资产管理的实施意见；人力资源和社会保障部门要牵头研究制定事业单位养老保险改革的意见、事业单位人事制度改革的意见、事业单位收入分配制度改革的意见。组织、国有资产监管、工商、税务等部门制定出台改革涉及的相关政策。

各地各部门要注意处理好事业单位改革与发展、稳定的关系，认真做好思想政治工作，正确引导社会舆论，采取有效措施解决工作中出现的矛盾和问题，确保社会和谐稳定。严肃组织人事纪律，严禁突击提拔干部，严禁超职数配备干部或违反规定提高干部职级待遇。强化国有资产管理，确保公共资源得到进一步优化配置，防止国有资产流失，确保公益事业健康发展。

中共山西省委办公厅
印发《关于加强全省县级党校工作的意见》的通知

晋办发〔2012〕22号

各市、县委，省委各部委，省直各委、办、厅、局党组（党委），各人民团体党组：

《关于加强全省县级党校工作的意见》已经省委同意，现印发给你们，请结合实际，认真贯彻落实。

中共山西省委办公厅

2012年7月20日

关于加强全省县级党校工作的意见

为进一步加强全省县级党校工作，推进党校工作科学化、规范化、制度化，根据《中国共产党党校工作条例》和中央办公厅印发的《2010—2020年干部教育培训改革纲要》及我省实施意见精神，结合实际，提出如下意见。

一、深刻认识新形势下加强县级党校工作的重要意义

县级党校是在同级党委直接领导下培养党员领导干部的学校，是党委的重要部门，是培训轮训党员领导干部和基层党员干部的主渠道、主阵地，在加强基层干部队伍建设、提高基层党员干部素质、夯实党的执政基础方面，具有不可替代的作用。加强县级党校工作，是推进党的思想理论建设，用中国特色社会主义理论体系武装基层党员干部的重要举措，是不断强化党员干部党性修养，保持党的

先进性和纯洁性的迫切要求，也是推进转型跨越发展，加快全面建设小康社会进程的客观需要。要深刻认识做好新形势下县级党校工作的重要意义，采取切实措施，推进县级党校改革发展。县级党校要增强责任感和使命感，按照中央和省委的总体部署，紧紧围绕党委中心工作，从基层工作和基层党员干部队伍建设实际出发，搞好教学培训和调研咨询，为建设高素质的基层党员干部队伍服务，为推动山西转型跨越发展服务。

二、完善县级党校领导体制，深化办学体制改革

县级党校实行校务委员会领导体制。县级党校校长一般由县级党委书记或副书记兼任。党校常务副校长按副县处级领导干部配备，并择优配备一定数量的适宜党校工作的副校长和校委委员。

按照《2010—2020年干部教育培训改革纲要》和我省实施意见，2015年基本完成全省县级党校办学体制改革任务。改革的基本思路和目标是：通过整合本县（市、区）区域内同级各类干部教育培训机构等方式，增强培训实力，提高培训质量，建立以党校（行政学校）为主体的“大党校”培训格局。县级部门、行业干部培训机构逐步撤销，其培训资源和职能并入上级部门、行业干部教育培训机构或县级党校；以市为单位整合党校系统培训资源，县级党校加挂市委党校分校牌子，人、财、物隶属关系不变，由市委党校牵头统筹安排干部培训工作和师资调配；经济条件较好、城市化程度较高的地区，可以考虑建立中心党校，实现同城合并。各市要按照党校办学体制改革总体思路，把有利于加强基层党员干部培训工作作为出发点和落脚点，坚持从实际出发，不搞“一刀切”，全面推进县级党校办学体制改革工作。

三、提高党校办学质量，加强基层党员干部培训工作

县（市、区）委干部教育工作领导组按照上级规定的培训任务，制定县级党校年度培训计划，通过组织调训予以保证。

县级党校主要培训副乡科级党员领导干部和基层党员干部。主要班次为：乡科级干部培训班；农村“两委”干部培训班；入党积极分子培训班；基层干部专题研讨班；当地党委、政府根据工作需要确定的其他班次；上级党委、组织部门及党校安排举办的各类班次。

坚持党校姓党原则，加强理论教育、党性教育、县情教育和知识能力培训。坚持围绕中心、服务大局，适应经济社会发展需要，准确把握基层党员干部队伍特点，坚持培训为科学发展服务、为干部健康成长服务。结合实际，创新教育培训方式方法，增强教育培训的针对性和实效性，真正让基层党员干部听得懂、学得会、用得上。

围绕中心工作加强调研咨询，发挥好党的哲学社会科学研究机构和党委、政府的“思想库”、“智囊团”作用。

四、进一步加强县级党校领导班子和师资队伍建设

加强对县级党校工作的领导是县级党委的重要职责。县级党委常委会每年应至少听取一次党校工作汇报，研究解决党校工作中的重要问题。建立和落实党政领导同志到党校讲课、作报告制度。党委分管领导要切实负起责任，帮助党校办大事、解难题。县级党委组织部门作为干部教育培训的主管部门，要在党委领导下，负责好整体规划、宏观指导、协调服务、规范制度和督促检查，支持和促进县级党校改革发展。严格按照任职资格条件，配齐配强党校领导班子，特别是按照干部标准配好常务副校长，与其他同级干部一样管理使用，坚决杜绝以职级待遇安排干部。建立县级党校与其他党政机关干部交流制度，把党校干部的内外交流纳入干部交流配备的总体规划和统筹安排中，增强党校干部队伍的活力。建设政治强、业务精、作风正的党校教师队伍，着力提高党校教师政治理论素质，把党校姓党、忠诚于党贯穿于全部教研活动中。推行教师竞争竞聘上岗制度，并将岗位等级、工作业绩与薪酬挂钩。加大党校教师培训力度，积极安排教师外出培训学习、挂职锻炼，提高他们理论联系实际的能力和业务水平。县级党校常务副校长培训、县级党校师资培训统一纳入省委组织部年度干部教育培训计划班次。实行开放办学，注重选聘理论政策水平较高、实践经验丰富的党政领导干部、专家学者、企业经营管理人员和先进模范人物、优秀基层干部等担任兼职教师，改善教师队伍结构，提高教师队伍水平。

五、加大党校经费投入，改善办学条件

县级财政要将县级党校工作所需经费列入年度预算，并随着财政收入的增长逐步增加，确保党校教学科研、学科建设和行政后勤等各方面工作需要。加大县级党校基础设施建设力度，改善办学条件。县级党校基础设施建设应列入当地基本建设规划，统筹安排，没有独立校址的县（市、区）要积极采取措施解决办学场所问题。省发展改革委对确有困难的基层党校建设项目要予以支持。

六、加强对县级党校工作的检查指导

建立县级党校办学质量评估体系，开展县级党校评估工作，省委干部教育领导组组织有关部门具体实施，每3—5年对县级党校办学质量进行一次评估考核。

加强和规范业务指导。上级党校要加强对县级党校的业务指导，省委党校要办好县级党校校长研讨班和师资培训班，开展全省党校系统的教师赛讲、考核评比等活动，加强调查研究，总结推广典型，促进县级党校工作科学发展。市级党校要深入研究对县级党校指导的内容和方式，推进业务指导规范化、高效化。

中共山西省委
关于进一步加强和改进新形势下人大工作的意见

晋发〔2012〕9号

(2012年8月28日)

为全面贯彻中央关于加强人大工作的部署要求，支持和保障各级人大及其常委会依法履行职责，加快社会主义民主法制建设，促进转型跨越发展，现就进一步加强和改进新形势下人大工作提出如下意见。

一、深刻认识做好新形势下人大工作的重要意义，切实加强和改进党对人大工作的领导

1、增强坚持和完善人民代表大会制度的责任感和使命感。人民代表大会制度是符合我国国情、体现我国社会主义国家性质、保证人民当家作主的根本政治制度，是我们党在国家政权中充分发扬民主、贯彻群众路线的最好实现形式。各级党委、国家机关和各人民团体要从发展社会主义民主政治、建设社会主义政治文明的高度，从提高党的执政能力、巩固党的执政地位的高度，从依法保障转型跨越发展、促进社会和谐稳定的高度，从实现、维护、发展人民群众根本利益的高度，不断深化对人民代表大会制度性质、地位、作用的认识，自觉坚持、完善和发展人民代表大会制度。

2、把握人大工作的根本和核心。坚持和完善人民代表大会制度，做好新形势下人大工作，最根本的是要把坚持党的领导、人民当家作主和依法治国有机统一起来，核心是坚持党的领导。各级人大及其常委会要不断完善既坚持和依靠党的领导、又依法发挥人大职能作用的履职思路和工作方式，把党的领导贯穿于人大依法履职的全过程，把党的路线方针政策以及重大决策部署落实在人大工作的各方面，使人大各项工作有利于加强和改善党的领导,有利于巩固党的执政地位,有利于保证党领导人民依法治理国家。

3、完善党对人大工作的领导机制。各级党委要把人大工作纳入总体工作部署，自觉尊重人大及其常委会的法律地位，带头维护宪法和法律的权威，科学规范党委与人大关系，重点加强对人大工作的政治领导、思想领导和组织领导。每届党委任期内至少召开一次人大工作会议。党委常委会每年要听取人大工作专题汇报，及时研究答复人大常委会党组请示的问题，积极帮助解决人大及其常委会履职过程中的困难。党委在作出涉及经济社会发展全局和广大人民群众根本利益的重大决策时，应听取人大代表和同级人大常委会党组的意见。党委召开全局性会议、组织重大活动，党委组织部门组织对人大、政府、政协领导班子换届民主推荐和民主测评，都应按照规定安排同级人大常委会领导成员和同级人大各专门委员会、人大常委会各工作机构负责同志参加。各级党委及其组织部门要把执行宪法、法律、法规情况，落实人大决议、决定和做好人大工作的情况作为领导班子和领导干部综合考核评价的重要内容。坚持党委主要负责同志联系人大工作制度。

4、发挥人大常委会党组的领导核心作用。各级党委要支持和保证人大常委会党组发挥领导核心作用，实现对人大工作的领导。各级人大常委会党组要自觉坚持重大事项请示报告制度，对人民代表大会会议、常委会会议及主任会议审议的各项议题要认真审核把关，重大问题及时请示汇报。常委会组成人员、人大代表和人大机关干部中的中共党员，要充分发挥模范带头作用，保证党委决策部署的贯彻落实。

5、依法规范人大与其他国家机关的关系。各级党委要按照总揽全局、协调各方的要求，支持人大及其常委会依法行使职权。各级人民代表大会会议要按照法律规定及时召开。“一府两院”除在人民代表大会会议期间向大会报告工作外，对人大及其常委会决议决定贯彻执行情况、涉及全局的重大问题、经济社会发展中的重大事项、改革发展稳定中的重要工作以及其他人大及其常委会要求报告的事项，都要严格按照法律规定和相关制度及时报告。政府垂直管理部门、派出机构等要依法接受所在地人大及其常委会的监督。司法机关要把独立行使司法权与自觉接受监督统一起来，进一步规范任命、聘请人大代表担任人民陪审员、人民监督员制度，通过不定期地召开座谈会、新闻发布会、观摩庭审、特邀陪审、发送重要简报信息等方式接受监督。要高度重视人大及其常委会转办的涉法涉诉信访件，及时反馈办理结果。

6、加强对宪法、法律和人民代表大会制度的学习与宣传。进一步加强法制宣传教育，推进依法治省，全面落实“六五”普法规划，进一步在全社会弘扬社会主义法治精神，推进科学立法、严格执法、公正司法、全民守法进程。

坚持和完善领导干部学法制度，党委组织部门和党校、行政院校培训干部要把人民代表大会制度理论列入必修课程，要通过干部轮训、任职培训、网络在线学习等方式保证干部学法的学时和效果。人民代表大会制度的研究要纳入全省社会科学研究总体规划，加大引导和支持力度。党委宣传部门要继续落实中央宣传部关于进一步做好人民代表大会制度和人大宣传工作的意见，统筹宣传资源，加强宣传策划，全面发挥传统媒体和新兴媒体的作用，办好一批以宣传人大制度、人大工作、人大代表为主题的栏目，进一步深化宣传效果，扩大社会影响力。各级人大常委会要建立健全新闻发言人制度，客观、全面、准确反映人大工作，提高宣传工作水平。

二、支持和保障人大依法履职，全面提升人大工作水平

7、支持和保障人大及其常委会依法行使立法权。省委和太原、大同市委要加强对地方立法工作的领导，根据经济社会发展需要，适时提出立法建议，及时研究解决立法工作中的重大事项。人大及其常委会要坚持科学立法、民主立法，完善立法项目论证制度和民主参与机制，科学制定五年立法规划和年度立法计划，优先安排国家尚未立法而我省急需立法的项目，更加注重促进转型跨越发展、加强社会管理、保障和改善民生的立法，统筹协调法规起草、审议、修改、表决及立法后评估及法规废止等各项工作，进一步突出地方特色，提高法规质量。政府及相关部门要加强整体统筹，按照法律规定时间做好法规草案的立项、起草、审核、送审等工作，协调解决法规起草中遇到的疑难问题，防止和克服部门利益倾向，增强法规的针对性和可操作性。

8、支持和保障人大及其常委会依法行使监督权。各级党委要支持人大及其常委会依法开展法律监督和工作监督，协调解决人大监督中的重大问题。对人民代表大会会议上政府工作报告提出的各项任务开展多种形式的监督，以促进落实。各级人大及其常委会要按照监督法和我省实施办法的要求，以促进依法行政、公正司法、维护公民合法权益为目标，以转型跨越发展中的重大问题、关系人民群众切身利益的民生问题、社会广泛关注的热点难点问题为重点，综合运用听取和审议专项工作报告、审查和批准计划预算、执法检查、专题询问、质询、专项工作报告满意度测评等方式，进一步完善监督机制，拓展监督深度，增强监督实效。“一府两院”要自觉接受人大监督，对人大及其常委会审议意见的研究办理要及时反馈。完善监督信息公开机制，依法公开监督事项、过程和结果。加强规范性文件的备案审查工作，维护国家法制统一。

9、支持和保障人大及其常委会依法行使重大事项决定权。各级党委要积极推进决策科学化、民主化，支持各级人大及其常委会抓住全局性、根本性和长远性的重大问题，加强调查研究，广泛听取意见，适时作出决议、决定，推动党委重大决策部署的贯彻落实。人大及其常委会作出的决议、决定在本行政区域具有法律效力，其他机构必须认真贯彻执行。党委要加强对人大决议、决定贯彻实施情况的监督检查。

10、支持和保障人大及其常委会依法行使选举任免权。坚持党管干部原则与人大依法行使任免权的统一，加强对选举、任命人员的监督。党委向人大常委会推荐的国家机关工作人员人选，要按照法律和有关规定，在选举或表决前，向人民代表大会会议主席团或人大常委会组成人员介绍推荐意见。加强对选举工作的领导，坚持差额选举制度和联名提名候选人制度，坚决查处违反选举法律法规、破坏选举的行为。认真对待和研究处理人大代表和常委会组成人员对拟选举、任免人员提出的意见，如发现有事实依据、足以影响选举或任免的，党委可建议人民代表大会或人大常委会按照规定程序暂缓选举、任命、决定任命，也可重新推荐人选。人大及其常委会选举或任命的干部，在任期内要保持稳定，确需调整的，要严格按照法律规定办理。依法应由人大及其常委会选举或任免的干部，在选举或作出任免决定后方可正式公布。

三、加强和改进代表工作，充分发挥人大代表主体作用

11、保证代表的广泛性和代表性。各级党委提名推荐代表候选人，特别是连任的代表候选人，要高度重视其政治素质和履职能力，充分听取同级人大常委会党组意见，把履职情况作为提名的重要条件，防止和克服把代表职务当作荣誉职务或照顾性安排的倾向。省人大代表中担任县级人大常委会主任的比例要逐步提高。认真贯彻选举法和代表法，按照城乡相同比例和有关规定，结合我省实际，确定代表名额分配。适当提高基层特别是一线的工人、农民和专业技术人员代表及妇女代表比例，党政干部担任代表的比例要有所降低，对少数民族代表和归侨代表要按照法律规定予以保证。对非公有制经济和其他社会阶层人士担任代表，要统筹兼顾，注重质量，比例适当。

12、提升代表素质和履职能力。健全和完善代表培训制度，加强代表初任培训、履职培训和专题培训。代表任期内至少应当参加一次培训，对首次当选的代表要在当选一年以内进行基本履职知识的培训。要建立健全代表履职登记制度，完善闭会期间代表活动的组织、激励和保障机制，坚持以代表小组活动为基本形式，完善代表列席常委会会议制度，组织好代表在闭会期间的活动。积极探索代表退出机制，完善代表向选民或选举单位述职、接受评议等制度，接受人民群众监督。

13、服务和保障代表依法履职。要尊重代表主体地位，维护宪法和法律赋予代表的各项权利，支持和保障代表依法履行职责。各级党委和“一府两院”都应建立健全联系代表制度，有专门机构或指定专人负责联系代表，探索建立党委和国家机关领导干部联系代表、代表接待日等制度。

坚持各级人大常委会组成人员或主任会议成员接待、联系代表制度。坚持和完善政情通报、邀请代表闭会期间参加立法调研、执法检查、视察、专题调研等工作制度，规范代表集体约见“一府两院”负责人并提出询问、意见和建议的制度，切实保障代表的知情权、参与权、表达权、监督权。代表所在单位要为代表开展活动创造必要条件。对妨碍代表执行职务或侵犯代表权益的行为要严肃查处。

14、提高代表议案、建议办理质量。各级人大及其常委会要认真组织代表集中视察和专题调研，为代表提出议案、建议搞好服务。代表要密切与人民群众的联系，广泛听取和反映人民群众的意见和要求，高度关注和深入研究经济社会发展中的热点、难点问题，不断提高议案、建议质量。坚持和完善“一府两院”领导领办、相关部门承办、人大常委会组织相关工作机构督办的办理制度，加强代表建议重点督办，加强代表反映集中、事关全局建议的跟踪督办，加强代表建议办理工作的综合分析，探索建立代表议案、建议办理考核机制，督促、激励承办单位依法办理代表建议，推动建议办理工作的落实由“答复型”向“落实型”转变。相关部门要高度重视代表建议办理工作，明确办理责任，完善办理制度和程序，确保在规定期限内办结并答复代表，不断提高办理工作质量。

四、加强各级人大及其常委会建设，不断提高人大工作科学化水平

15、加强人大常委会组织制度建设。进一步优化人大常委会组成人员的年龄、专业和知识结构，适当提高常委会组成人员中法律、经济、管理等方面的中青年专业人员比例。提名的组成人员应任满一届，原则上应有三分之一的组成人员能在换届时连任。根据工作需要和实际情况，适当提高专职组成人员比例。注重从本级人大及其常委会各工作机构负责人中考虑组成人员人选，适当考虑从下一级人大常委会主要负责人中产生人大常委会组成人员。省人大及其常委会各工作机构一般应有2位常委会专职组成人员，市级人大常委会各工作机构至少应有1位常委会专职组成人员。贯彻《山西省信访条例》规定，规范各级人大常委会信访机构设置，配备专职信访工作人员，保证信访专项经费，认真落实信访职责。

16、加强人大及其常委会思想和作风建设。各级人大及其常委会要把思想政治建设摆在首位，坚持和完善集体学习制度和干部教育培训制度，不断提高依法履职的能力和水平，自觉贯彻党的路线方针政策。要认真落实省委加强和改进作风建设的规定，充分了解民情、反映民意、集中民智，不断夯实人大工作的群众基础和社会基础。要坚持民主集中制原则，完善适合地方国家权力机关特点的运行机制、议事程序和工作制度，完善程序规范、运转高效、充满活力的人大机关运行机制，狠抓效能建设和党风廉政建设。

17、加强人大机关干部队伍建设。各级党委要重视和关心人大机关干部队伍建设，把人大机关干部的培养、使用和交流纳入干部队伍建设总体规划，加大人大机关干部交流力度，加大选派人大机关干部到基层挂职锻炼力度，有计划地推进人大机关干部与党委、政府、司法机关干部双向交流、上下交流。

18、加强乡镇人大和街道人大工委建设。重视做好乡镇人大和街道人大工作，及时研究解决工作中的重大问题和办公用房、通讯、交通等方面的实际困难。乡镇人大应配备与工作任务相适应的工作人员。在乡镇领导职数范围内，乡镇人大主席由党委书记兼任的，可配备一名专职副主席，享受正科级待遇。不是乡镇党委领导班子成员的专职主席或副主席应列席乡镇党委会议。支持和保证乡镇按时召开人民代表大会会议，审议决定相关事项。适应城镇化发展和民主法制建设的需要，积极稳妥推进街道人大工作委员会建设。

19、加强人大及其常委会内外联系和交流。各级党委要积极支持人大及其常委会开展多种形式的对外交往活动，加强与兄弟省(区、市)人大及其常委会和外国地方议会的联系和交流，宣传人民代表大会制度，展示我省转型跨越发展的成就，促进对外经济、文化的交流和合作。加强上下级人大之间的联系，上级人大要加强业务指导，下级人大要自觉接受上级人大的监督。对于涉及区域性问题及与部分市、县（市、区）关联度高的议案、建议，要完善市和县（市、区）人大常委会上下联动办理机制，吸收市、县（市、区）人大常委会共同办理。

20、改善人大机关工作条件。根据工作需要，充实和规范各级人大及其常委会的工作机构和编制，保证各级人大及其常委会正常开展工作。对人大会议、立法活动、监督工作、代表培训、代表工作等履行职责所需经费，要列入本级财政预算，予以保障。省、市、县、乡人大代表工作经费基数，按照分级负担的原则，由各级财政纳入预算，并随着财政收入的增长逐步提高。加强人大机关信息化建设，注重解决好各级人大机关的办公条件。

各级党委和人大常委会、人民政府、人民法院、人民检察院及相关部门应按照本意见，结合实际制定具体实施办法。

中共山西省委办公厅
山西省人民政府办公厅
印发《关于加强高等学校青年教师队伍
思想政治建设的意见》的通知

晋办发〔2012〕30号

各市、县委，各市、县人民政府，省委各部委，省直各委、办、厅、局，各人民团体，各高等院校：

《关于加强高等学校青年教师队伍思想政治建设的意见》已经省委、省政府同意，现印发给你们，请结合实际认真贯彻落实。

中共山西省委办公厅
山西省人民政府办公厅
2012年11月16日

关于加强高等学校青年教师队伍思想政治建设的意见

为切实加强高校青年教师队伍思想政治建设，培养造就一支高素质的青年教师队伍，推动我省高等教育改革发展，提出如下意见。

一、加强青年教师队伍思想政治建设是高校党的建设一项重大而紧迫的战略任务

1、近年来，随着高等教育规模的日益扩大和人才引进力度的不断加大，高校补充了大量高学历的青年教师，对改善教师队伍结构、提升教学科研水平发挥了重要作用。目前,全省高校40岁以下的青年教师已经占到高校专任教师的60%以上，其中大多数已经成为教学、科研和行政管理骨干，有力促进了高校改革发展稳定工作。青年教师思想活跃，与学生的沟通互动多，是大学生学习知识和思想进步的引路人，其政治素养、理论水平和师德情操直接关系到高等教育“培养什么人”、“如何培养人”的重大问题。做好青年教师队伍的思想政治工作，全面提高思想政治素质，是高校坚持社会主义办学方向，培养社会主义事业合格建设者和可靠接班人的重要保证。

2、各级党委、政府高度重视高校青年教师队伍建设，不断加强对青年教师队伍思想政治教育工作的领导。高校工委和各高校结合实际，以党建工作为龙头，以师德建设为重点，积极推进青年教师思想政治工作。广大青年教师思想状况主流积极健康向上，政治立场坚定，对中国特色社会主义事业充满信心，积极投身党和国家的教育事业，能够自觉遵守教师职业道德规范，具有较强事业心和责任感，在培养高素质人才、推动高等教育改革发展、维护学校和社会稳定等方面发挥了重要作用。但由于受各种因素影响，高校青年教师在思想政治建设方面也存在一些不可忽视的问题：一些青年教师政治敏锐度不高，有的价值取向偏离社会主义核心价值观；有的青年教师重科研轻教学，重教书轻育人，与学生思想交流少，不能主动引导学生加强思想建设，等等。切实加强高校青年教师队伍思想政治教育，坚持党对青年教师的思想引领，引导、鼓励和支持青年教师干事业、干成事业、干好事业，已经成为高校党的建设一项重大而紧迫的战略任务。

二、把思想政治教育融入青年教师队伍建设全过程

3、坚持社会主义核心价值体系，用马克思主义中国化最新成果武装青年教师，用中国特色社会主义共同理想凝聚青年教师，用民族精神和时代精神鼓舞青年教师，用社会主义荣辱观引领青年教师。把加强高校青年教师队伍思想政治工作与加强党的基层组织建设相结合，与加强教学科研工作相结合，与提高人才培养质量相结合，与服务我省转型跨越发展相结合，政治上主动引导、专业上着力培养、生活上热情关心，在健全体制机制、拓展工作平台、关心成长发展上下功夫，努力增强工作的实效性和针对性。

4、加强思想政治教育，引导广大教师树立正确的世界观、人生观和价值观。抓好青年教师政治理论学习，完善青年教师理论学习制度，认真研究青年教师思想政治工作规律，准确把握思想动态，制定学习规划，创新方式方法。继续坚持岗前培训、专题培训、定期开展政治理论学习等行之有效的学习教育形式。结合留学归国教师、学科科研骨干和哲学社会科学专业青年教师的特点，采取党校培训、专题报告、课题研究、考察调研、名师带教等多种方式，针对性做好工作。建立健全高校党委负责人定期为青年教

师作形势政策报告的制度。加强对青年教师政治理论学习的考核，作为晋升职务、职称和评优的重要依据。

5、充分发挥党组织的领导核心作用，增强党对青年教师的影响力、吸引力。创新教师党支部的设置形式，把教师党支部建在系、教研室、实验室、研究所或科研团队中，积极打造政治素质好、专业水平高的学术团队。选拔素质好、党性强的青年党员业务骨干担任党支部书记，紧密围绕教学科研等中心开展工作，把党支部建设成青年教师政治上成熟的摇篮、业务上提高的平台。重视在青年教师中发展党员工作，党性观念强、业务水平高、在青年教师中有影响的党员专家教授和党员领导干部要专门联系培养教学科研骨干、学术研究带头人、优秀留学归国人员，把更多优秀青年教师吸引到党的队伍中来。

6、建立青年教师社会实践制度，引导青年教师在实践中践行社会主义核心价值体系。鼓励青年教师结合工作实际，紧密联系我省转型跨越发展的需求开展科学研究和社会服务。充分利用我省红色革命资源，深入开展爱国主义主题实践教育活动。通过送教下乡、到企业参观、开展社会调查等形式，积极组织青年教师参加社会实践，帮助他们增强对社会的正确认识，加深对国情、省情、民情的了解和认识，培养理论联系实际的能力。

7、着力加强青年教师队伍职业理想和职业道德建设，增强广大教师教书育人的责任感和使命感。教育广大青年教师牢固树立爱岗敬业的奉献精神，模范履行高等学校教师职业道德规范，在思想政治、道德品质和学识学风上以身作则，做学生的榜样。进一步完善教育教学规范、学术研究规范、校外兼职兼薪规范等配套政策措施，将师德规范要求落实到教师日常管理之中，正确引导和规范教师言行。要注重挖掘体现时代精神、师德高尚、敬业奉献的典型，大力宣传优秀青年教师的先进事迹。

8、加强青年教师管理，完善青年教师绩效考核评价体系。高校要根据本校发展需求和教师队伍结构情况，合理制定青年教师聘任和专业职务晋升办法，强化教师绩效考核中的思想政治要求，把思想政治教育与严格管理有机结合起来，将思想政治教育的内容和要求渗透到教学、科研、生活服务的各项制度中。改进和完善师德考核办法，将师德纳入教师考核评价体系，并作为教师绩效评价、聘任（聘用）和评优奖励的首要标准，严格执行“师德一票否决制”，对师德表现失范的，要依法依规严肃处理。坚持学术研究无禁区、课堂讲授有纪律，教育引导青年教师在教学过程中认真贯彻国家的教育方针，自觉遵守法律法规和学校规章制度，执行学校的教学计划，履行教师聘约，完成教育教学工作任务。发挥青年教师积极性，主动对学生进行宪法所确定的基本原则的教育和爱国主义教育、民主法制教育和思想品德教育，严禁在课堂上向学生传播违反宪法和法律规定的内容，严禁在校园传教和组织宗教活动。对在教学工作中散布错误言论和消极思想，违反教育教学政治纪律的，坚决调离岗位。

三、积极为青年教师发展创造良好环境

9、各级党委、政府要充分认识加强和改进青年教师队伍思想政治教育的重大意义，建立健全党委统一领导、党政群齐抓共管、有关部门各负其责、全社会大力支持的领导体制和工作机制，形成共同关心支持青年教师思想政治教育的强大合力。高校工委要加强对高校青年教师队伍思想政治建设的指导。组织部门要研究制定选拔优秀青年骨干教师到各级党政机关及企事业单位挂职锻炼的政策措施。在省筹公派出国留学基金和留学归国人员科研资助方面向青年教师倾斜。省财政要设立专项资金用于青年教师的思想政治建设和业务培训、资助优秀青年教师进修学习和对做出突出贡献的青年教师进行奖励以及评优表彰工作。

10、各高校党委要明确专门部门和专门人员负责青年教师的思想政治工作，定期对青年教师思想政治状况进行调研，对工作开展情况进行评估和督查，组织和动员全校各方面的力量为青年教师健康成长创造良好环境。逐步加大对青年教师队伍思想政治工作经费投入，为青年教师订阅党报党刊、开展宣传教育活动等积极创造条件。高度重视校园网、校报校刊、电视广播、宣传橱窗等阵地建设，添置必要的采、编、播设备和音像资料，充分发挥校内宣传媒体在青年教师队伍思想政治工作中的重要作用。建立健全竞争激励机制，在干部任职、骨干教师培训进修、职称评聘、评优评奖等工作中，坚持正确政策导向，提出并落实思想政治素质和业务工作能力两个方面的要求。努力营造有利于青年教师健康成长的文化氛围，发挥大学文化的导向、凝聚、激励功能，引导青年教师在学校人才培养、科学研究、社会服务和文化传承中作贡献、长才干。

11、扶持青年教师在教学科研业务上健康成长，为优秀青年教师脱颖而出、施展才华提供平台。建立教师培训基地，定期开展青年骨干教师海内外研修培训。继续遴选支持一批优秀创新团队、中青年拔尖创新人才和优秀青年学术带头人，申报教育部优秀创新团队、新世纪优秀人才支持计划。实施“双师型”教师培训计划，支持和资助高职院校和应用型本科院校依托企业、行业共建“双师型”教师培养基地，评选一批“双师型”青年教学名师。定期评选表彰一批优秀青年教师标兵，发挥优秀人才的示范引领作用，不断完善青年教师成长激励机制。在教学科研课题申报、立项、成果奖励等方面给予青年教师政策倾斜支持，鼓励青年教师开拓创新，引导青年教师成为学术领头人和教学名师。

12、尊重青年教师合法权益，畅通青年教师参与学校管理的渠道和途径。完善高等学校章程，健全依法办学制度，引导青年教师积极参与学校发展目标的制定，为学校发展献计献策，增强其主人翁意识。健全校领导接待日制度和领导信箱，完善校务公开、党务公开制度，建立网上信息沟通平台和新闻发布平台，建立教职工申诉机制，搭建与青年教师沟通联系的桥梁，随时掌握他们的思想状况，

了解他们在工作学习中的诉求和实际困难，及时发现并解决问题。各市教育行政部门要经常了解所属高校青年教师的思想状况，尽快建立青年教师思想政治建设的反馈与解决机制。

13、认真解决青年教师在生活工作中的实际困难，不断改善青年教师工作、学习、生活条件。高校在出台与青年教师切身利益密切相关的重大决策时，要通过教代会等形式广泛听取青年教师的意见和建议，尊重他们的意愿和主张。住房和城乡建设等有关部门要重视解决青年教师住房困难，把青年教师住房问题纳入我省统一住房保障体系予以整体考虑和优先解决。高校要制定青年教师生活帮困计划，对生活上有困难的青年教师提供帮助。切实采取措施，帮助青年教师解决交通、子女上学等实际困难，解除他们的后顾之忧。不断丰富校园文化生活，吸引青年教师积极参与读书活动、高雅艺术展演、各类文体活动等。

14、加强工作研究。宣传部门和教育行政部门要组织专家学者积极开展工作研究，为加强和改进青年教师队伍思想政治教育工作提供理论支持和决策依据。各高校学术研究机构和团体要加强自身建设，发挥在青年教师队伍思想政治教育科学研究、决策咨询、工作指导等方面的重要作用。

中共山西省委
关于深入学习宣传贯彻党的十八大精神的通知

晋发〔2012〕11号

各市、县委，省委各部委，省直各委、办、厅、局党组（党委），各人民团体党组，各高等院校、省管国有骨干企业党委：

党的十八大是在我国进入全面建成小康社会决定性阶段召开的一次十分重要的大会。为深入学习宣传贯彻党的十八大精神，动员全省广大党员和干部群众，把思想和行动统一到党的十八大精神上来，全面落实党的十八大作出的决策部署，全力办好“两件大事”，加快转型跨越步伐，为全面建成小康社会努力奋斗，经省委常委会研究，现通知如下：

一、充分认识学习宣传贯彻党的十八大精神的重大意义，迅速兴起学习宣传贯彻党的十八大精神热潮

党的十八大是一次高举旗帜、继往开来、团结奋进的大会。大会提出的宏伟目标、作出的重大部署、取得的重要成果，对于激励全党全国人民，高举中国特色社会主义伟大旗帜，以邓小平理论、“三个代表”重要思想、科学发展观为指导，解放思想，改革开放，凝聚力量，攻坚克难，坚定不移沿着中国特色社会主义道路前进，为全面建成小康社会而奋斗，具有十分重大的指导意义。胡锦涛同志的报告，回顾光辉历史、总结宝贵经验、谋划战略布局、展望光明未来，以引领时代的鲜明主题，阐明了关系党和国家工作大局的核心问题；以振兴中华的崇高使命，高扬了中国特色社会主义伟大旗帜；以开拓进取的勇气魄力，描绘了全面建成小康社会的美好图景；以全面协调的科学路径，对经济社会发展作出新的部署；以执政为民的宗旨意识，顺应了人民过上幸福美好生活的新期待；以居安思危的战略思维，提出了提高党的建设科学化水平的新要求。报告体现了全党意志、人民愿望和时代要求，通篇闪耀着马克思主义的真理光芒，既有鲜明的思想性、前瞻性，又有很强的战略性、指导性，是坚定不移沿着中国特色社会主义道路前进的政治宣言，是引领全面建成小康社会的行动纲领，是马克思主义的纲领性文献，标志着我们党对科学发展观的认识达到新水平，对中国特色社会主义伟大实践的推进达到新高度，对共产党执政规律、社会主义建设规律、人类社会发展规律的把握达到新境界。大会通过的党章修正案，充分体现了党的十七大以来党的工作和党的建设的实践成果和新鲜经验，特别是把科学发展观确立为我们党的指导思想并体现在各个部分，更好地适应了形势和任务对推进党的工作、加强党的建设提出的新要求，具有十分重要的意义。大会选举产生新一届中央委员会和中央纪律检查委员会，十八届一中全会选举产生了以习近平同志为总书记的新一届中央领导集体，符合党心民心，全党全国各族人民衷心拥护。学习宣传贯彻党的十八大精神，是当前和今后一个时期的首要政治任务。各级各部门要以高度的政治责任感和历史使命感，迅速兴起学习宣传贯彻党的十八大精神的热潮。

二、深刻领会和全面贯彻落实党的十八大精神，全力办好“两件大事”，开创各项事业发展新局面

党的十八大精神，内涵非常丰富，思想非常深刻，要把学习贯彻党的十八大报告与学习贯彻党章修正案、中央纪委工作报告结合起来，与学习贯彻十八届一中全会精神结合起来，把广大党员和干部群众的思想认识统一到党的十八大精神上来，在认识上有新提高，在工作上有新举措，在精神上有新面貌，在事业上有新进步。特别是在以下几

方面取得新进展：一要在加强理论武装、提高思想认识上取得新进展。深刻领会大会的主题，深刻领会过去五年的工作和十年的基本总结,深刻领会中国特色社会主义的丰富内容，深刻领会科学发展观的历史定位和深刻内涵，深刻领会全面建成小康社会的目标要求，深刻领会深化改革开放的时代要求，深刻领会“五位一体”总体布局及重点工作，深刻领会提高党的建设科学化水平的新部署，深刻领会党章修正案的新内容新观点，增强道路自信、理论自信、制度自信，更加自觉、更加深入地贯彻落实科学发展观，把力量凝聚到全面建成小康社会、夺取中国特色社会主义新胜利上来。二要在推进转型发展、提高经济发展的质量和效益上取得新进展。坚持主题主线和工作总基调，坚持以煤为基，多元发展、绿色发展、循环发展、低碳发展，促进“四化”共融互动，构建现代产业体系，发展循环经济，抓好实体经济，推动城乡一体化发展，推进科技创新，推动经济更有效率、更加公平、更可持续发展。三要在提高全面小康实现程度和速度上取得新进展。凝聚全省干部群众的智慧和力量，努力使我省全面小康实现程度达到全国平均水平，下功夫补齐发展短板，促进各项指标均衡较快增长，切实抓好改善民生这一核心任务，实现经济总量有新提升、产业发展有新体系、区域发展有新格局、民生福祉有新水准、社会管理有新作为、生态环保有新局面、发展环境有新气象，确保如期实现全面建成小康社会目标。四要在建设转型综改试验区和深化改革开放上取得新进展。以实施《总体方案》为抓手，围绕产业转型、生态修复、城乡统筹、民生改善四大领域，抓好“一市两县”、“一市两园”试点工作，加快重大转型项目、重大标杆项目建设，形成有利于资源型经济转型的体制机制和政策环境。实施更加积极的开放战略，更好地以开放促改革、促发展。五要在提高社会保障水平、收入水平、健康水平、科技教育水平和创新社会管理上取得新进展。多谋民生之利，多解民生之忧，解决好人民群众最关心最直接最现实的利益问题，促进权利公平、机会公平、规则公平，在学有所教、劳有所得、病有所医、老有所养、住有所居上持续取得新进展。强化公共安全体系和企业安全生产基础建设，巩固和提升煤炭百万吨死亡率在全国的领先地位，实现安全生产形势持续稳定好转。加快社会体制改革，提高社会管理科学化水平，维护社会和谐稳定。六要在建设“法治山西”和文化强省上取得新进展。坚持和完善人民代表大会制度，坚持和完善中国共产党领导的多党合作和政治协商制度，完善协商民主制度和工作机制，建立健全权力运行制约和监督体系，推进依法行政，完善基层民主制度，深化司法体制和工作机制改革。以高度的文化自觉、文化自信和文化自为，增强三晋人民的凝聚力，增强公共文化的服务力，增强文化强省的支撑力，增强文化发展的竞争力，推动文化大发展大繁荣，加快建设中部地区文化强省。七要在生态文明建设上取得新进展。把生态文明建设融入经济社会发展的各方面和全过程，变成全省干部群众的自觉行动，构筑绿色增长模式，建设绿色生态环境，完善绿色发展机制，促进生产空间集约高效、生活空间宜居适度、生态空间山清水秀，提高可持续发展能力和人民群众幸福指数。八要在建设学习型、服务型、创新型党组织上取得新进展。加强理论武装，着力建设学习型党组织；坚持群众路线，着力建设服务型党组织；创新体制机制，着力建设创新型党组织。扎实开展以为民务实清廉为主要内容的党的群众路线教育实践活动，着力解决人民群众反映强烈的突出问题，提高做好新形势下群众工作的能力。深化干部人事制度改革，提高选人用人公信度。扩大党内基层民主，推进创先争优活动常态化长效化，引深保持党的纯洁性学习教育活动。认真贯彻中央纪委工作报告提出的指导思想、基本思路和重要举措，严格落实党风廉政建设责任制，加快完善具有山西特色的惩治和预防腐败体系。加强作风建设，认真解决发生在群众身边的腐败问题。加强党的纪律建设，确保党的集中统一，确保中央和省委、省政府重大决策部署的落实。

三、加强组织领导，扎实做好学习宣传贯彻党的十八大精神的各项工作

全省各级各部门要把学习宣传贯彻党的十八大精神摆上重要日程，提高思想认识，迅速安排部署，采取有力措施，切实把学习宣传贯彻党的十八大精神的各项工作抓紧抓好。

（一）要运用多种形式学习领会好党的十八大精神。抓好中心组学习，通过组织宣讲、举办研讨班、培训班、专题讲座、座谈会等方式，努力学深学透，掌握精神实质。各级党校、行政学院要把党的十八大文件作为主要课程，优化教学设置，做好集中培训轮训工作；理论研究部门要加强党的十八大重要观点和重大理论问题的解读，推出更多有深度、有高度的理论成果；高等院校要把学习党的十八大精神作为思想政治教育、教学科研和党团组织活动的重要内容，让党的十八大精神进教材、进课堂、进学生头脑；机关、农村、社区、企业、新社会组织的基层党组织要因地制宜，利用党员干部群众喜闻乐见的形式，开展各种学习实践活动。工会、共青团、妇联等人民团体要充分发挥自身优势，广泛开展各种学习活动。各级组织、宣传部门要加强对学习宣传贯彻的指导，使党的十八大精神家喻户晓、深入人心。

（二）要形成学习宣传贯彻党的十八大精神的浓厚氛围。新闻媒体要充分发挥舆论引导作用，利用多种形式，开设专题专栏，广泛深入宣传党的十八大的重大意义和历史贡献，宣传中国特色社会主义道路、理论体系和制度优势，宣传科学发展观的科学内涵和精神实质，宣传党的十八大确定的目标、部署和任务，宣传全省各界对党的十八大的热烈反响和学习贯彻情况，宣传以党的十八大精神为指引解决实际问题的新进展新成效，把握正确导向，强化舆论引导，形成宣传强势，激发全省人民为全面建成小康社会努力奋斗的热情和干劲。

（三）要以党的十八大精神为指导有效破解难题推动工作。学习党的十八大精神，要在领会，重在实践，贵在落实。要大力弘扬理论联系实际的学风，把党的十八大对社会主义初级阶段基本国情的阐述与对山西省情实际的认识结合起来，把全面建成小康社会新的要求与本地本部门实际结合起来，把全面深化改革开放的部署与推进转型综改试验区建设结合起来，深入基层、深入群众、深入一线，围绕党的十八大提出的目标任务，围绕加快转型跨越，认真调查研究，完善发展思路，搞好规划衔接，总结新鲜经验，推广有效做法，积极破解改革发展中的实际困难和问题，把党的十八大精神转化为坚定的信念、科学的方法，转化为推动工作、加快发展的新理念、新部署、新举措，转化为实实在在的发展成果。

（四）领导干部要在学习宣传贯彻党的十八大精神上带好头作表率。从省委常委做起，从各级领导班子做起，带头学习十八大、带头宣讲十八大、带头贯彻十八大，先学一步、掌握精髓，真学真懂、学以致用，自觉做坚定理想信念的表率、认真学习实践的表率、坚持民主集中制的表率、弘扬优良作风的表率。要坚持解放思想、实事求是、与时俱进、求真务实，更加注重加快发展方式转变，更加注重通过改革破解发展难题，更加注重解决重点民生问题，更加注重调动各方面积极性，以更宽的视野谋划发展，以更高的水准推动工作，以更大的力度加快转型。要以对党和人民高度负责的精神，保持顽强拼搏、干事创业，敢于争先、勇创一流的精神状态，面对机遇不迟疑，面对挑战不退缩，面对困难不气馁，面对成绩不自满，以大作为推动大发展，以新作为展示新形象。要扎实抓好当前工作，保持经济平稳较快增长，确保全年目标任务圆满完成；在抓落地、抓开工、抓投产上下功夫，抓好项目建设；下功夫解决好群众面临的生产生活困难，确保群众温暖过冬；抓好安全生产，杜绝重特大事故发生，巩固安全生产良好形势；做好矛盾纠纷排查化解工作，加强社会治安综合治理，确保社会和谐稳定。

全省各级党组织和广大党员干部群众要紧密团结在以习近平同志为总书记的党中央周围，高举中国特色社会主义伟大旗帜，以邓小平理论、“三个代表”重要思想、科学发展观为指导，凝聚力量奔小康，攻坚克难促转型，全力办好“两件大事”，在转型跨越中全面建成小康社会，开创三晋大地更加美好的未来！

各地各部门学习宣传贯彻党的十八大精神的情况，要及时报告省委。

中共山西省委

2012年11月16日

中共山西省委
山西省人民政府
关于深入推进大学生思想政治教育工作的意见

晋发〔2012〕12号

(2012年11月26日)

为认真贯彻实施国家及我省中长期教育改革和发展规划纲要（2010—2020年），全面加强大学生思想政治教育工作，不断提高高校人才培养质量，为全省转型跨越发展提供人才支撑，现提出如下意见。

一、深刻认识和准确把握大学生思想政治教育工作面临的新形势新任务

1、国际国内形势的深刻变化对大学生思想政治教育提出了新挑战。近年来，各地各部门认真贯彻落实中央和省委、省政府关于加强大学生思想政治教育工作的部署要求，抓住关键环节，采取有效措施，创新途径方法，完善体制机制，使大学生思想政治教育工作呈现良好发展态势，大学生思想政治面貌发生可喜变化。但也要看到，与党和国家事业发展要求相比，与大学生健康成长的需要相比，与广大人民群众的期望相比，大学生思想政治教育工作还存在较大差距。同时，国际敌对势力与我争夺下一代的斗争更加尖锐复杂，大学生面临着大量西方文化思潮和价值观念冲击，某些腐朽没落的生活方式对大学生的影响不可低估。当前，我国正处于社会转型期，改革不断深化，经济快速发展，社会结构深刻变动，利益格局深刻调整，生活环境深刻变化，现代科技迅猛发展，互联网、手机等新兴媒体的影响与日俱增，各种思想文化相互激荡，对大学生理想信念、价值观念、道德标准和行为方式等产生了深刻影响，大学生思想政治教育工作面临许多新情况新挑战。各级党委、政府要充分认识大学生思想政治教育工作面临的新形势新挑战，进一步增强责任感、紧迫感和使命感，

保持清醒头脑，采取有力措施，推动大学生思想政治教育工作不断取得新进展、新成效。

2、新时期大学生思想政治教育工作必须以社会主义核心价值体系为引领。社会主义核心价值体系是兴国之魂，是社会主义先进文化的精髓，决定着中国特色社会主义发展方向。坚持用马克思主义理论武装当代大学生，用中国特色社会主义的共同理想凝聚大学生，用民族精神和时代精神鼓舞大学生，用社会主义荣辱观引领大学生道德风尚，引导大学生自觉把个人追求融入全体人民共同追求之中，把个人奋斗融入实现中华民族伟大复兴进程中。坚持以理想信念教育为核心，深入开展世界观、人生观和价值观教育，使大学生正确认识社会发展规律、国家前途命运和自己的社会责任。加强爱国主义教育和省情教育，培养大学生爱祖国、爱家乡、爱人民的情怀。以诚实守信为重点，广泛开展社会公德、职业道德和家庭美德教育，引导大学生自觉遵守社会基本道德规范。以全面发展为目标，深入推进素质教育，强化社会实践和创新能力，促进大学生思想道德素质、科学文化素质和健康素质协调发展。

二、坚持把社会主义核心价值体系融入大学生思想政治教育工作全过程

3、进一步巩固高校思想政治理论课在大学生思想政治教育中的主渠道地位。大力推进社会主义核心价值体系进教材、进课堂、进学生头脑，用马克思主义中国化最新成果武装大学生。进一步加强思想政治理论课标准化建设，规范课程设置，开足课程课时，落实教学经费。设立高校思想政治理论课教学改革专项研究课题，加强精品课程建设，鼓励教学手段和教学方法创新，不断提高思想政治理论课教学实效。进一步加强形势与政策教育，将形势与政策课作为全体大学生必修课程，完善教学计划，规范教材使用。各级党政负责人要主动到高校作形势政策报告，及时解答大学生关心的时事热点问题，提高形势与政策教育的时效性和权威性。

4、充分发挥专业教学课程的育人功能。深入发掘高校哲学社会科学课程的思想政治教育资源，教育引导大学生认识世界、传承文明、服务社会。坚持专业教育与思想教育相结合，把大学生思想政治教育融入到专业学习的各个环节，使学生在学习专业知识的同时，自觉提高社会认知能力和道德水平，塑造优良品格。

5、以社会主义核心价值体系指导大学文化建设。努力把社会主义核心价值体系融入学校物质文化、精神文化、制度文化建设，培育各具特色的大学精神。大力加强校风、学风、教风建设，精心组织开展学术科技、文娱体育等校园文化活动，利用重大节庆日、纪念日开展主题教育活动，引导学生开展阅读经典和专业著作活动，形成积极向上、和谐奋进的校园文化氛围。加强校园文化阵地建设，发挥好校园广播、宣传栏和校园网、校报、校史馆、电子显示屏等新兴媒体的作用，宣传先进典型，弘扬社会主义主旋律，形成良好的育人氛围。

6、积极开展大学生社会实践活动。将社会实践纳入学校教育教学总体规划，建立完善社会实践管理体制和运行机制。积极拓宽校内外实践教育渠道，为大学生开展社会实践提供条件和经费保障。高校要结合学生专业特点，制定实践教学计划和方案，通过组织参观、调查、实习、访谈等实践活动，让学生在学习实践中坚定理想、锤炼品质、增长才干。大力开展大学生社会志愿服务活动，建立一批青年学生社会志愿服务基地，为大学生参加社会志愿服务搭建平台、提供便利。逐步建立大学生社会志愿服务登记制度，建立大学生社会志愿服务组织，引导大学生自愿参加义务劳动和社会服务。

7、创新开展网络思想政治教育工作。高校要设立新闻发言人，建立官方微博，鼓励高校负责人和思想政治干部开设个人博客(微博)，辅导员要建立与学生互动的QQ群，及时了解学生思想动态，就学生关心的热点问题及时发布权威消息，加强正面引导。加大对高校思想政治主题网站的支持力度，探索新形势下网络思想教育新途径，提高网络教育的吸引力、针对性和实效性。

8、大力推进大学生党团组织建设。进一步加强大学生党员发展和培养工作，坚持标准，保证质量，适当增加高校发展党员数量，把优秀大学生吸纳到党的队伍中来，实现“低年级有党员、高年级有党支部”的目标。关心大学生基层党组织建设，指导大学生党支部创新活动方式，丰富活动内容，增强凝聚力和战斗力。充分发挥高校共青团组织和学生组织在团结、联系、教育大学生方面的独特优势，组织开展丰富多彩、生动有效的教育和自我教育活动。坚持党建带团建，切实加强共青团的组织建设，加强对共青团干部的培养。同时，高度重视大学生生活社区、学生公寓、网络虚拟群体等新型大学生组织的教育工作，支持和引导大学生社团自主开展活动，选拔大学生骨干参与学生公寓、网络的教育管理，发挥大学生自身的积极性和主动性，增强教育效果。

三、关心解决大学生成长过程中的实际困难

9、着力做好贫困大学生资助工作。进一步完善家庭经济困难学生资助政策体系，制定严格规范的工作制度和程序，加大检查和督查力度，确保国家资助政策落到实处。对于挤占挪用国家资助专项资金、弄虚作假等违法违规行为，要严肃追究责任。各级政府要进一步落实、完善鼓励捐资助学的相关优惠政策措施，积极引导企业和社会团体等面向高校设立奖学金、助学金。

10、高度重视大学生心理健康教育。各高校都要开设心理健康教育课程，组织编写符合大学生特点的心理健康教材，按规定配备专职教师，普及心理健康常识。加强和规范大学生心理健康教育咨询中心建设，建立大学生心理健康档案管理制度和心理危机预警机制，在辅导员队伍中选聘兼职院(系)心理辅导员，完善心理健康教育工作体系。

开展形式多样的心理健康教育活动，帮助大学生处理好在环境适应、学习成才、人际交往、交友择业、珍爱生命、健康生活等方面遇到的具体问题，促进大学生健康成长。

11、认真做好大学生就业指导和服务工作。各级党委、政府以及人力资源社会保障、教育等部门要认真落实有关大学毕业生就业的优惠政策，密切跟踪人才市场需求变化，完善就业信息平台建设，健全就业服务体系，努力做好大学生就业工作。加强大学生就业指导课程建设，提供专业化的、符合大学生需求的职业生涯指导。鼓励建立大学生创业基地和园区，支持大学生自主创业。

四、大力加强高校思想政治教育工作队伍建设

12、切实加强高校辅导员、班主任队伍建设。高校辅导员、班主任是开展大学生思想政治教育的骨干力量，各高校要按师生比不低于1:200的比例配备专职辅导员，每个班级配备一名兼职班主任的要求，认真选聘优秀教师、党员干部担任辅导员和班主任。研究解决高校专职辅导员岗位设置和职级待遇问题，完善辅导员职称单独评聘政策，消除辅导员队伍后顾之忧。鼓励辅导员长期从事大学生思想教育工作，探索辅导员队伍职业化、专业化发展道路。建立全省高校辅导员培训基地，制定全员培训计划，提高辅导员政治业务水平。

13、不断完善教师全员育人责任制。引导高校党政干部和教师职工发挥自身优势，在教学、科研、管理和服务过程中积极开展大学生思想政治教育。大力加强教师职业理想和职业道德建设，建立健全自律与他律并重的师德建设长效机制，进一步完善教师业绩考评机制，将师德表现和教书育人情况纳入考核体系，并将考核结果与教师职务职称晋升和聘任挂钩，教育广大教师坚守职业道德规范，模范践行社会主义核心价值体系，自觉履行“立德树人、教书育人”的光荣职责。严格教育教学纪律，对在讲台上和教材中散布错误观点和言论的教师，经教育仍不悔改的要坚决调离教师岗位。

14、充分发挥青年教师在大学生思想政治教育中的独特作用。切实加强高校青年教师自身思想政治建设，坚持青年教师的思想政治建设与教育、培养、管理相结合，为他们健康成长创造良好环境，引导青年教师增强政治敏锐性和政治鉴别力。充分发挥青年教师贴近学生的优势，通过言传身教，带动大学生健康成长成才。

五、切实加强对大学生思想政治教育工作的领导

15、不断完善大学生思想政治教育工作领导体制。各级党委、政府要站在培养社会主义合格接班人、巩固党的执政地位的战略高度，高度重视大学生思想政治教育工作，将大学生思想政治教育工作纳入重要议事日程，统筹规划，合理安排。完善大学生思想政治教育工作联席会议机制，落实党委、政府负责人联系高校制度，明确各部门工作职责要求，加强调查研究，认真解决大学生思想政治教育工作中的重大问题。省委宣传部和省高校工委、省教育厅要做好大学生思想政治教育工作的统一规划、宏观指导和组织协调。各级财政部门要逐步加大高校思想政治工作专项经费，为开展大学生思想政治教育提供经费保障。各高校要切实担负起大学生思想政治教育工作的领导责任，分析研究问题，制定实施方案，部署开展各项工作。

16、建立健全大学生思想政治教育工作测评体系。将大学生思想政治教育工作开展情况作为评价和考核高校领导班子实绩和能力的重要内容，完善评估体系和考核方案，定期进行督查测评。各高校要制定相应的评估考核办法，对校内各部门和院系大学生思想政治教育情况进行评估检查。对工作成绩突出的院校和个人要进行表彰奖励。

17、营造大学生健康成长的良好社会环境。各地各部门要制定相关政策，关心大学生健康成长，支持大学生思想政治教育工作，加强大学生社会实践基地和志愿服务基地建设。各级宣传、理论、新闻、出版、广电、文化等部门要以社会主义核心价值体系为指导，为大学生提供更多的精神食粮和文化服务，积极宣传大学生思想政治教育的先进典型和优秀大学生的先进事迹，进一步加强舆论引导，牢牢把握正确舆论导向。综治、公安、工商、文化等部门要切实做好高校周边环境的综合治理，加强对校园周边网吧、娱乐场所、非法传教场所的整治，严厉打击侵害师生合法权益、影响学生身心健康的违法犯罪活动。省高校工委和各高校要进一步完善应急处置预案，加强舆情信息通报，做好新闻发布工作，及时处置各种突发事件，确保高校和社会稳定。

中共山西省委办公厅
印发《关于深入做好党的十八大精神
学习宣传工作的方案》的通知

晋办发〔2012〕32号

各市、县委，省委各部委，省直各委、办、厅、局党组（党委），各人民团体党组：

《关于深入做好党的十八大精神学习宣传工作的方案》已经省委同意，现印发给你们，请认真组织实施。

中共山西省委办公厅

2012年12月5日

关于深入做好党的十八大精神学习宣传工作的方案

根据《中共中央关于认真学习宣传贯彻党的十八大精神的通知》（中发〔2012〕10号）和《中共山西省委关于深入学习宣传贯彻党的十八大精神的通知》（晋发〔2012〕11号）精神，为深入做好党的十八大精神学习宣传工作，制定如下工作方案。

一、总体要求

高举中国特色社会主义伟大旗帜，以邓小平理论、“三个代表”重要思想、科学发展观为指导，按照中央和省委要求，运用多种形式深入学习宣传党的十八大精神，引导广大党员干部群众深刻领会党的十八大的主题；深刻领会过去5年和10年党和国家事业取得新的历史性成就；深刻领会科学发展观的历史地位和指导意义；深刻领会中国特色社会主义的丰富内涵，深刻领会夺取中国特色社会主义新胜利的基本要求；深刻领会全面建成小康社会和全面深化改革开放的目标；深刻领会社会主义经济建设、政治建设、文化建设、社会建设、生态文明建设等方面的重大部署；深刻领会全面提高党的建设科学化水平，把全省广大党员和干部群众的思想和行动统一到党的十八大精神上来。通过深入学习宣传，使党的十八大精神家喻户晓、深入人心，使全省上下在加强理论武装、提高思想认识上取得新进展，在推进转型发展、提高经济发展的质量和效益上取得新进展，在提高全面小康实现程度和速度上取得新进展，在建设转型综改试验区和深化改革开放上取得新进展，在提高社会保障水平、收入水平、健康水平、科技教育水平和创新社会管理上取得新进展，在建设“法治山西”和文化强省上取得新进展，在建设绿化山西、气化山西、净化山西、健康山西上取得新进展，在建设学习型、服务型、创新型党组织上取得新进展，为全力办好“两件大事”，加快转型跨越步伐，全面建成小康社会努力奋斗。

二、主要任务

（一）深入学习。

1、围绕党的十八大精神，举行省委中心组学习，省委常委、副省长和省人大、省政协主要负责同志围绕重点专题学习研讨，交流讨论。

2、通过省委组织部山西干部在线学院，组织全省党员干部在线学习党的十八大精神。

3、省直工委牵头组织省直机关党员干部召开专题学习讨论会，开展学习党的十八大精神体会文章展评、主题演讲比赛、知识竞赛、有奖征文等活动，优秀文章在《党的生活》和山西机关党建网上刊登。

4、召开由部分厅局主要领导参加的“党组（党委）中心组学习座谈会”，交流学习贯彻党的十八大精神的体会。

5、邀请专家学者组织专题讲座或辅导，帮助党员干部群众加强对党的十八大精神的理解。

6、高校工委组织各高等院校开展党的十八大精神进学校、进课堂、进教材活动。

7、省委统战部牵头组织，以“坚持走中国特色社会主义政治发展道路”为主题在统战系统开展学习教育活动。

8、围绕党的十八大提出的坚定理想信念等要求，利用爱国主义教育基地和其他革命纪念地及设施组织开展党史教育、党的优良传统作风教育。

（二）广泛宣传。

1、山西日报、山西经济日报和各市党报及时转载中央发布的重要文件以及中央主要媒体的重要文章、重点报道。山西日报、山西广播电视台等省级主要媒体充分报道省委关于学习宣传贯彻党的十八大精神的安排意见和具体行动，充分报道中央和我省宣讲团在各地的宣讲活动，开设中央媒体看山西专栏。

2、省、市两级党报和电台、电视台推出各具特色的“学习贯彻党的十八大精神”专栏，充分反映各地学习宣传贯彻党的十八大精神的情况。

3、黄河新闻网、山西新闻网等省级重点新闻网站，及时发布转载党的十八大精神和有关报道；运用“山西微博发布厅”等平台，宣传解读党的十八大精神；通过网上访谈、网民互动等多种形式，帮助网民学习领会党的十八大精神；围绕网民关注热点，主动设置议题，回答网民关切，形成良好舆论环境。

4、山西日报、前进杂志和各级主流媒体集中推出“党的十八大报告解读”专栏，围绕党的十八大重大理论观点、重要论述，进行深入解读、深刻阐释；省直主流媒体推出“基层心声”专栏，反映基层干部群众学习宣传贯彻党的十八大精神情况。

5、组织理论工作者和实际工作者围绕党的十八大精神和转型跨越实际，撰写有特色的学习辅导文章。

6、举办“转型综改进行时”主题新闻发布会，及时主动对外宣传我省学习贯彻党的十八大精神、推进转型跨越发展的辉煌成就。

7、推出“永远的旗帜”——中国共产党从“一大”到“十八大”图片展，并组织好巡展。

8、运用“三下乡”、“四进社区”等载体，开展针对基层的宣传活动。

9、组织文艺战线采用群众喜闻乐见的形式，生动活泼地宣传党的十八大精神。

（三）集中宣讲。

1、组织好党的十八大精神中央宣讲团在我省的宣讲活动。

2、省委常委深入基层联系点和分管领域进行宣讲辅导。

3、组建党的十八大精神省委宣讲团，赴各市宣讲。各市县都要参照中央和省委的做法，组建宣讲团进行宣讲。

4、各级党委都要组建形式多样的宣讲活动。省委宣传部协调，各市和有关部门负责，在省级层面组建党的十八大精神“五进”宣讲团，即由省国资委牵头组建“党的十八大精神进企业宣讲团”，由省委农工办和下乡办牵头组建“党的十八大精神进农村宣读团”，由省直工委牵头组建“党的十八大精神进机关宣讲团”，由省高校工委牵头组建“党的十八大精神进校园宣讲团”，由各市委宣传部牵头组建“党的十八大精神进社区宣讲团”。

5、组织各级定点包村干部、扶贫包村干部、挂职干部和大学生村官等力量，开展“万名干部进村入户宣讲活动”。

（四）培训轮训。

1、从今年12月至明年2月，由省委组织部牵头，在省委党校举办18期省管领导干部学习党的十八大精神轮训班，对2300余名省管干部及各县（市、区）长进行集中培训。其中，省委组织部主办11期专题培训班，由省委党校具体承办；省委组织部与有关部门联合举办7期专题培训班，由相关部门具体承办。

2、省直工委牵头，举办省直单位副处级以上干部学习党的十八大精神培训班，从今年12月9日至明年6月5日，共举办33期，培训干部约10000人。

3、把省直党校主体培训与省直各部门、各单位自主培训结合起来，分期分批组织省直机关及直属单位处级以下干部（含处级）进行专题短期培训。

4、省委组织部牵头组织、各市委组织部具体实施，抓好农村、社区党支部书记党的十八大精神学习培训。

（五）调研和研讨。

1、围绕全面提高党的建设科学化水平，省直各部门各单位党组（党委）书记带队，深入基层党支部进行领题调研，形成有数据、有事例、有分析、有措施的调研报告。

2、省委党校组织安排全省党校系统开展党的十八大精神研讨活动，形成一批理论研究成果。

3、各级各部门要联系实际，围绕贯彻落实党的十八大精神，选取重点课题进行深入调查研究，形成改进工作的新思路新举措。

三、保障措施

（一）提高认识，加强领导。各级各部门要充分认识做好党的十八大精神学习宣传工作的重要意义，思想上高度重视，行动上高度自觉，不断把学习宣传贯彻活动引向深入。各级领导干部要率先垂范，带头学习十八大、宣讲十八大、贯彻十八大。

（二）周密部署，精心组织。联系工作实际，精心组织实施，确保工作任务落实到位。坚持贴近实际、贴近生活、贴近群众，创新形式载体，完善方法手段，增强学习宣传活动的吸引力、感染力，提高针对性、有效性，营造浓厚的学习宣传氛围。

（三）统筹兼顾，注重实效。把学习宣传与推动工作结合起来，用党的十八大精神指导实践、推动工作，把党的十八大精神转化为坚定的信念、科学的方法，转化为推动工作、加快发展的新理念、新部署、新举措。

（四）强化督导，狠抓落实。加强对各级各部门学习宣传贯彻党的十八大精神情况的督促检查，总结典型经验，树立先进典型。领导干部要切实加强组织指导，促进面上工作开展。

中共山西省委办公厅
印发《关于进一步加强党管人才工作
的实施意见》的通知

晋办发〔2012〕33号

各市、县委，省委各部委，省直各委、办、厅、局党组（党委），各人民团体党组：

《关于进一步加强党管人才工作的实施意见》已经省委同意，现印发给你们，请结合实际认真贯彻落实。

中共山西省委办公厅

2012年12月11日

关于进一步加强党管人才工作的实施意见

为认真贯彻落实党的十八大精神和中央办公厅印发的《关于进一步加强党管人才工作的意见》（中办发〔2012〕22号）精神，进一步加强党对人才工作的领导，不断提高人才工作科学化水平，全面构建党管人才工作新格局，加快实施人才强省战略，结合我省实际，提出如下实施意见。

一、充分认识进一步加强党管人才工作的重要意义

党管人才是人才工作的重要原则。党的十八大明确要求，“坚持党管人才原则，把各方面优秀人才集聚到党和国家事业中来”。随着世界多极化、经济全球化深入发展，人才在综合国力竞争中的地位和作用更加凸显。我国正处于全面建成小康社会的关键时期和深化改革开放、加快转变经济发展方式的攻坚时期，人才越来越成为推动经济社会又好又快发展的关键因素。加强党对人才工作的领导，切实做好人才工作，对于推动我省转型跨越发展、加快转型综改试验区建设具有重大现实意义。近年来，省委认真贯彻落实中央要求，采取有效措施，初步构建了党委统一领导，组织部门牵头抓总，有关部门各司其职、密切配合，社会力量广泛参与的人才工作格局，有力推动了各项工作开展。但是与新形势下实施人才强省战略的任务要求相比，党管人才工作还有不适应的地方，主要是：一些领导干部对人才资源是第一资源及坚持党管人才重大意义的认识还不够深刻，人才优先发展的地位还没有很好确立；党管人才领导体系和工作运行机制还不够健全，党管人才的方式方法还有待丰富和创新；党管人才工作力量还不够强，工作合力还没有很好形成；人才工作发展还不平衡，县一级人才工作普遍比较薄弱，部分职能部门抓本行业本系统人才工作还缺乏有效办法，等等。当前，我省已进入一个新的发展时期，省委提出在建设国家新型能源和工业基地的基础上，建设全国重要的现代制造业基地、中西部现代物流中心和生产性服务业大省，打造中部地区经济强省和文化强省。实现上述目标，必须进一步加强党对人才工作的领导，加紧实施人才强省战略，在我省的主导产业和新兴产业形成人才集聚的新高地。各级党委要从战略和大局的高度，充分认识加强党管人才工作的重大意义，准确把握我省经济社会发展新要求，准确把握我省人才发展新机遇，准确把握党管人才新内涵，增强责任感、使命感和紧迫感，解放思想，解放人才，解放科技生产力，不断提高党管人才工作科学化水平，努力开创我省人才辈出、人尽其才、才尽其用的新局面。

二、明确党管人才的总体要求，强化各级党委对人才工作的统一领导

加强党管人才工作，必须深入贯彻党的十八大精神，高举中国特色社会主义伟大旗帜，以邓小平理论、“三个代表”重要思想、科学发展观为指导，广开进贤之路，广纳天下英才，尊重劳动、尊重知识、尊重人才、尊重创造，遵循社会主义市场经济规律和人才成长、人才资源开发规律，以完善党管人才工作格局为核心，以健全党管人才领导体制机制为关键，以改进党管人才工作方法为着力点，以加强人才工作机构和队伍建设为保证，切实履行好管宏观、管政策、管协调、管服务的职责。

（一）加强党委统一领导。发挥党委（党组）在人才工作中的核心领导作用，保证党的人才工作方针政策全面贯彻落实。确立人才优先发展战略布局，坚持人才资源优先开发、人才结构优先调整、人才投资优先保证、人才制度优先创新。党委（党组）要及时研究部署人才工作，谋划大局，把握方向，解决问题，整合力量。各级党政主要领导干部是加强党管人才工作第一责任人，要树立强烈的人

才意识，自觉担当起“一把手”抓“第一资源”的责任，带头以宽广胸怀、民主作风、科学方法，发现人才、培养人才、团结人才、用好人才、服务人才。党委常委（党组成员）要按照分工抓好分管领域或系统的人才工作。县级以上党委要建立健全人才工作领导组，由党委主要负责同志担任人才工作领导组组长，党委组织部部长和政府分管领导同志担任副组长，领导组成员由党委、政府人才工作职能部门的主要负责同志担任。党委、政府所属系统内人才资源规模比较大的职能部门，如宣传、教育、科技、卫生、国有资产监管等系统应根据实际需要建立人才工作领导组，并配备必要的人员力量。强化人才工作领导组职责，加强统筹协调，强化督促检查，推动人才工作各项任务落实。加强人才工作机构和队伍建设，市、县（市、区）党委组织部门要建立健全人才工作机构，配备专职工作人员，做到编制、职责、人员、工作经费四到位。完善省、市、县、乡四级党委联系专家制度，不断创新联系专家方式，更好地为转型跨越发展服务。

（二）建立人才工作目标责任制。县级以上党政领导班子要普遍建立人才工作目标责任制，推动形成党政领导班子特别是党政主要负责人带头抓好人才工作的新局面。加强人才工作考核，科学设置考核目标，完善考核办法，重点考核领导班子落实人才工作领导责任制、统筹人才工作与经济社会发展、优先保证对人才发展的投入、改善人才成长发展环境、发挥各类人才作用等情况。把人才发展成效纳入党政领导班子综合考核指标体系，作为衡量领导班子和领导干部工作业绩的重要依据。

三、党委组织部门要发挥牵头抓总作用

（一）切实履行牵头抓总职责。各级党委组织部门要在党委领导下，切实担负起牵头抓总的责任，当好参谋，创新实践，整合资源，示范引领，积极推进党委人才工作决策部署的贯彻落实。根据各地各部门的实际情况，积极研究人才发展战略，将人才发展规划与经济社会发展总体规划有效衔接，抓好人才发展规划的落实。抓好重要人才政策的统筹，逐步建立各类人才的评价标准和方法，推进人才服务保障体系建设，不断优化人才成长和发展环境。抓好科学人才观的宣传，加强人才工作理论研究和实践探索，广泛宣传人才工作方面的典型，创造良好的人才工作氛围。整合人才工作力量，促进组织工作、干部工作与人才工作有机结合、良性互动、整体推进。

（二）努力提高牵头抓总水平。各级党委组织部门要积极探索创新牵头抓总作用发挥的有效载体和方式方法，坚持牵头不包办，抓总不包揽，统筹不代替，支持和配合各部门根据各自职能积极开展工作。组织实施一批重大的、有影响的人才工程，以抓大事和解决重点难点问题带动全局工作。抓好人才工作专项考核，调动各方面的积极性、主动性、创造性。注重加强人才工作队伍素质和能力建设，强化教育培训，着力提高他们知全局、懂人才、干实事的能力。

四、相关职能部门要各司其职、密切配合

（一）切实发挥各有关职能部门作用。党委人才工作领导组要依据部门职能，进一步明确各有关部门在人才工作和人才队伍建设中的主要职责。人力资源社会保障部门要在党管人才工作格局下，完善人才管理运行机制，在制定人才政策法规、构建人才服务体系、培育和发展人才资源市场等方面积极发挥作用，推动政府人才管理职能向创造良好发展环境、提供优质公共服务转变，运行机制和管理方式向规范有序、公开透明、便捷高效转变。承担党政人才、企业经营管理人才、专业技术人才、高技能人才、农村实用人才和社会工作人才队伍建设的主要责任部门要明确职责，各司其职。财政部门要根据党委、政府关于人才工作的战略部署，主动谋划人才投入问题，确保人才投入持续充足。国有资产监督管理部门要大力推动企业特别是国有企业经营管理人才队伍的建设，带动专业技术人才和高技能人才队伍的发展，不断培育企业的核心竞争力；农业部门要加大培训力度，尤其要加大对农村青年的职业技能培训，培养造就一大批掌握职业技能和致富本领的生产型、经营型、服务型农村实用人才；民政部门要不断总结推广经验，加强交流和培训，建设数量充足的社会工作专业人才队伍。宣传、发展改革、经信、教育、科技、文化、卫生等部门，要依据职能主动做好人才发展有关工作和本行业本系统内的人才队伍建设，特别是抓紧培养我省转型跨越发展重点关键领域急需紧缺专门人才。

（二）加强各部门协调配合。打造人才工作整体合力是加强党管人才工作的必然要求。各有关部门要自觉贯彻党委人才工作领导组决策部署，切实履行职能，齐抓共管、通力合作。凡属多个部门共同参与的人才工作，牵头部门要切实发挥牵头作用，参与部门要积极配合，协调解决工作中的重大问题，共同努力做好工作。要防止部门利益、局部利益对人才资源的不合理分割，避免部门之间人才政策相互脱节、相互掣肘的现象，形成做好人才工作的强大合力。

五、切实发挥用人单位主体作用

各用人单位要认真贯彻执行党的人才工作方针政策，自觉做好本单位人才培养、引进和使用工作。不断深化干部选拔任用制度改革，扩大干部工作民主，拓宽选人用人渠道，促进优秀人才脱颖而出。遵循放开搞活、分类指导和科学规范的原则，深化国有企业和事业单位人事制度改革，创新管理体制，完善用人机制，尊重和落实单位用人自主权。加强非公有制经济组织和新社会组织人才工作，完善政策规定，健全工作机制，充分调动做好人才工作的积极性、主动性。积极探索党管人才和人才资源市场化配置相结合的有效途径和方法，实现人才资源的高效配置。同时，要调动社会各方面力量广泛参与的积极性，采取有效措施，引导和支持工会、共青团、妇联、科协、文联、作协等人民团体和各民主党派、工商联、无党派人士等各方面力量积极参与人才

工作，充分发挥联系各类人才的桥梁纽带作用，广泛联系人才，真诚服务人才，共同推进人才发展。鼓励和支持各类人才培训机构、中介机构创新服务方式和内容，为各类人才提供个性化和丰富多样的优质服务。

六、健全完善党管人才工作运行机制

（一）建立科学决策机制。

建立健全人才工作领导组会议制度。凡是涉及人才工作的重大决策和部署，应提交人才工作领导组审议。涉及资金、项目和政府行政管理体制改革的重要人才政策和重大人才工程，要报同级党委、政府审定。提请领导组会议审议的事项，应事先充分征求各领导组成员单位的意见，涉及经济社会发展全局的重大事项，要面向社会广泛征询意见，听取专家意见和建议。领导组会议可根据议题内容邀请成员单位以外的有关部门负责人列席。建立健全人才工作调查研究制度，加强对人才工作的专项调研，掌握情况，及时研究解决存在的问题，组织调研成果交流，将优秀调研成果及时报告党委。建立健全人才工作信息收集和反馈制度，运用信息软件和人才信息数据库等现代手段统计分析各类人才基础数据、分析发展趋势。通过人才工作领导组工作会议、联席会议和日常检查、专题汇报等途径，收集各地各部门人才工作情况和意见建议，对于专家的重要意见和建议，对于基层反映的人才工作中的重要问题，都要及时向党委（党组）报告。

（二）完善分工协作、沟通协调机制。

建立健全工作责任分解制度。对人才工作重大部署、年度人才工作要点，要及时分解到相关部门，明确任务分工，提出具体要求。对落实人才发展规划、实施人才重大政策和人才重大工程等重点专项工作，要根据各部门相关职责，做好统筹安排。各责任部门要进一步细化任务分工，制定工作方案，确保任务落实。建立健全领导组成员单位例会协调制度，对多个部门共同参与的人才工作，牵头部门应定期召开会议交流工作进展情况，研究协调工作中的重点难点问题，推动工作落实。建立健全人才工作报告制度，定期向上级党委人才工作领导组报告本地、本单位或本系统人才工作情况。

（三）建立健全人才工作考核评价机制。按照不同地域、不同类型单位的特点，针对性地制定并优化人才工作考核办法和考核指标体系，实现考核工作的制度化、科学化。省委组织部要制定人才工作目标责任制专项考核办法，加强对各市和省直相关部门（单位）的考核。各市和省直相关部门（单位）要结合实际，分别制定具体考核办法。考核结果要纳入各地各部门年度目标责任制考核，成为考核领导班子和领导干部的重要指标。

七、创新和改进党管人才工作方法

（一）提高以科学理论指导人才工作的能力和水平。大力宣传普及科学人才观，以解决人才发展重大现实问题为主攻方向，围绕当前人才发展新趋势、新时期人才发展战略思想、人才发展体制机制创新、人才国际化、高层次创新型人才成长规律等问题，组织开展人才重大理论创新性研究和战略研究，不断提高人才理论研究和用理论指导工作的水平。重视将理论研究成果更好地服务于科学发展、服务于人才工作实践的需要，保持人才理论研究的生机与活力。学习借鉴国外科学评价人才、大力吸引人才、大胆使用人才的经验和做法，注重使用现代科技手段，运用科学统计、数据模型分析、案例研究等方法开展人才理论研究。加强人才学科、研究机构和研究队伍建设，鼓励建立专门人才战略研究机构，为人才理论研究提供支持和保障。

（二）统筹人才资源整体开发。根据经济社会发展需要，统筹经济社会发展和人才发展，围绕中心工作制定人才工作目标和措施。以高层次和高技能人才为重点，统筹推进各类人才队伍建设。统筹城乡、区域人才资源开发，积极引导人才向农村基层和艰苦边远地区流动、向科研和生产一线流动。统筹国内国际两种资源，坚持自主培养开发与引进海外人才和智力并举。

（三）加强人才工作分类指导。正确把握社会主义市场经济条件下人才资源开发的客观规律，根据不同地区、不同行业、不同所有制人才的成长规律和特点，加强分类指导，推动人才资源开发工作协调发展。要加大市、县（市、区）和企事业单位人才工作指导力度，积极推进部门、行业系统人才工作，分类推进人才强市、人才强县、人才强企、人才强校、人才强院等工作。指导各地各部门围绕育好用活人才，抓紧实施重大人才工程，创新人才政策和机制。积极探索建设我省的人才特区，鼓励各地结合实际建立人才管理改革试验区，并及时总结推广各地在人才工作实践中的新探索、新做法、新经验，不断把人才强省战略推向深入。

（四）推动人才管理向创造良好环境、提供优质服务转变。加强人才管理体制改革，加快建设统一规范的人才市场体系，整合各类人才资源市场，实现人才资源的高效配置。加大人才发展资金投入，逐步提高人力资本投资比重，设立人才发展专项资金，保障重大人才项目实施。建立健全政府、用人单位、个人和社会多元化的人才发展投入机制，积极为各类人才提供服务，不断改善各类人才的工作条件和生活待遇，努力营造尊重人才、见贤思齐的社会环境，鼓励创新、宽容失误的工作环境，待遇适当、无后顾之忧的生活环境，公开平等、竞争择优的制度环境，促使优秀人才脱颖而出，努力创造人人皆可成才，人人尽展其才的生动局面。

（五）推进人才工作制度化法制化。对现有的有关制度规定，根据情况变化和工作需要，在实践中进一步加以完善。认真抓好各项制度规定的贯彻执行，切实提高党管人才工作的实效。加快推进人才工作法制化进程，逐步建立人才培养、吸引、使用、合法权益保护等方面的法律法规，形成有利于人才发展的法制环境。

中共山西省委 山西省人民政府 印发《关于进一步加强城市社区居民委员会建设工作的实施意见》的通知

晋发〔2012〕15号

各市、县委，各市、县人民政府，省委各部委，省直各委、办、厅、局，各人民团体：

省委、省政府同意《关于进一步加强城市社区居民委员会建设工作的实施意见》，现印发给你们，请结合实际认真贯彻落实。

中共山西省委

山西省人民政府

2012年12月17日

关于进一步加强城市社区居民委员会建设工作的实施意见

为认真贯彻落实中央办公厅、国务院办公厅《关于加强和改进城市社区居民委员会建设工作的意见》（中办发〔2010〕27号）精神，进一步加强城市社区居民委员会建设工作，完善基层群众自治制度，加快推进基层社会管理创新，巩固党在基层的执政基础，结合我省实际，提出如下实施意见。

一、充分认识加强城市社区居民委员会建设工作的重要意义

城市社区居民委员会是居民自我管理、自我教育、自我服务的基层群众性自治组织。当前，城市基层正在发生新的深刻变革，社区居民委员会承担的社会管理任务更加繁重，维护社会稳定的功能更加突出，居民群众对社区居民委员会的服务需求更加迫切。进一步加强城市社区居民委员会建设，是实现建成小康社会奋斗目标、构建社会主义和谐社会的必然要求，是加强和创新社会管理，健全社区管理和服务体制的重要途径，是关注和改善民生的着力点，对推动转型跨越发展具有十分重要的意义。

进入新世纪以来，我省城市社区建设工作在发展群众自治组织、提升社区服务功能、推进城市建设和管理、促进社会和谐发展等方面发挥了不可替代的作用，社区建设水平有了一定的提升。但从我省社区居民委员会建设情况看，还存在着组织不健全、工作关系不顺、社区工作人员总体素质不高、办公和服务设施薄弱、工作经费偏少和工作人员待遇偏低等问题，制约和影响了社区各项建设的整体推进和管理服务工作的有效开展。各地各部门要站在全局和战略的高度，充分认识新时期加强城市社区居民委员会建设工作的重要性、紧迫性和艰巨性，把加强城市社区居民委员会建设工作摆在更加突出的位置，采取有力措施，切实抓紧抓好。

二、加强城市社区居民委员会建设工作的指导思想和发展目标

（一）指导思想。以邓小平理论、“三个代表”重要思想、科学发展观为指导，认真实施《中华人民共和国城市居民委员会组织法》，以服务居民群众为宗旨，以提高居民文明素质和社会文明程度、促进社区和谐为目标，着力加强社区居民委员会组织建设、队伍建设、制度建设、设施建设，进一步完善以社区党组织为核心的城市社区组织体系，努力把社区居民委员会建设成为功能完善、充满活力、作用明显、群众满意的基层群众性自治组织。加强城市社区居民委员会建设，要坚持党的领导、把握正确方向，坚持以人为本、服务居民群众，坚持政府主导、社会共同参与，坚持因地制宜、注重工作实效。

（二）发展目标。到“十二五”期末，按照国务院办公厅《社区服务体系建设规划（2011—2015年）》（国办发〔2011〕61号）发展目标，初步建立起较为完善的社区服务设施、服务内容、服务队伍、服务网络和运行机制。到2020年，努力使全省城市社区居民委员会的组织体系更加健全，社区居民的组织化程度明显提高；社区居民群众享有更多更切实的民主权利，社区群众自治范围进一步扩大，社区民主管理制度日趋完善；社区管理和服务功能显著增强，社区干部队伍结构进一步优化、力量进一步充实；社区工作用房和居民公益性服务设施能够满足居民群众的基本服务需求；政府投入逐步增长与鼓励引导社会投入相结合的多渠道经费投入机制更加健全；形成政府部门主抓引

导、社会力量广泛参与、人民群众关心支持的良好格局。

三、进一步明确城市社区居民委员会的主要职责

（一）依法组织居民开展自治活动。社区居民委员会是社区居民自治的组织者、推动者和实践者，要宣传宪法、法律、法规和国家的政策，教育居民遵守社会公德和居民公约、依法履行应尽义务，开展多种形式的社会主义精神文明建设活动；召集社区居民会议，办理本社区居民的公共事务和公益事业；开展便民利民的社区服务活动，兴办有关服务事业，推动社区互助服务和志愿服务活动；组织居民积极参与社会治安综合治理、开展群防群治，调解民间纠纷，及时化解社区居民群众间的矛盾，促进家庭和睦、邻里和谐；管理本社区居民委员会的财产，推行居务公开；及时向人民政府或其派出机关反映社区居民群众的意见、要求和提出建议。

（二）依法协助城市基层人民政府或其派出机关开展工作。社区居民委员会是党和政府联系社区居民群众的桥梁和纽带，要协助城市基层人民政府或其派出机关做好与居民利益有关的社会治安、社区矫正、公共卫生、人口计生、优抚救济、社区教育、劳动就业、社会保障、社会救助、住房保障、文化体育、消费维权以及老年人、残疾人、未成年人、流动人口权益保障等工作，推动政府社会管理和公共服务覆盖到全社区。

（三）依法依规组织开展有关监督活动。社区居民委员会是社区居民利益的重要维护者，要组织居民有序参与涉及切身利益的公共政策听证活动，组织居民群众参与对城市基层人民政府或其派出机关及其工作人员的工作、驻社区单位参与社区建设的情况进行民主评议，对供水、供电、供气、环境卫生、园林绿化等市政服务单位在社区的服务情况进行监督。指导和监督社区内社会组织、业主委员会、业主大会、物业服务企业开展工作，维护社区居民的合法权益。

四、健全体系，切实加强城市社区居民委员会组织建设

（一）加大社区居民委员会组织建设力度。按照便于管理、便于服务、便于社区居民自治的原则，考虑公共服务资源配置和人口规模、地域性、认同感等社会构成因素，合理设置社区，一个社区原则上设置一个社区居民委员会。适应城镇化发展的需要，加快城中村改造步伐，加大村改居工作力度，加强城乡结合部、城中村、工矿企业所在地、新建住宅区、流动人口聚居地社区居民委员会组建工作，探索属地管理为主、户籍管理为辅的管理模式，努力实现对社区居民的全员管理和无缝隙管理。新建住宅区居民人住率达到50%的，应及时成立社区居民委员会，在此之前应成立居民小组或由相邻的社区居民委员会代管；国有改制和关闭破产企业居民生活区，要依据社区设立原则及时成立社区居民委员会，如达不到规定户数，无特殊情况，不再设立社区，但要成立居民小组，按照属地管理原则并入相邻社区居民委员会管理；城中村改造、拆迁安置农民小区，要在完成村级集体资产处置、股权转换到位后，及时设立社区居民委员会。社区居民委员会的筹建工作在社区党组织领导下开展。

（二）科学构建社区网格化管理体系。社区网格大致可按照“街巷型”、“楼院型”、“单位型”三种类型进行划分。网格的划分一般不突破现有社区辖区范围，不打破现有居民小组格局。辖区内的所有住户和单位要全部纳入网格管理范畴。通过将社区划分为若干网格，在网格上同步建立党组织，对每一网格实行全方位、扁平化、联动式的动态管理，并配置相应的服务团队，为社区群众提供多元化、精细化、个性化的服务，做到网格全覆盖、服务零缝隙，逐步建立职责明确、管理精细、信息共享、渠道畅通、服务有效的社区网格化管理体系。

（三）建立健全社区居民委员会下属组织。及时调整充实社区居民委员会下属的人民调解、治安保卫、公共卫生、人口计生、文化体育等委员会，建立健全群团组织。选齐配强网格员、居民小组长、楼院门栋长，积极开展楼院门栋居民自治，推动形成社区居民委员会及下属的委员会、居民小组、社区网格、楼院门栋上下贯通、左右联动的社区居民委员会组织体系新格局。

（四）培育发展社区社会组织和志愿者组织。社区居民委员会要积极培育发展老年协会、文体爱好者协会、关心下一代协会、志愿者协会等社区社会组织，动员和鼓励协会成员依照章程开展活动。通过政府购买服务、设立扶持项目等途径，积极引导社会组织参与社区管理和服务，鼓励和支持社区居民开展互助服务，使之成为推进社区居民委员会工作的重要力量。加强以共产党员、共青团员为骨干和机关、企事业单位退休人员、大中专院校学生等各类人员参加的社区志愿者队伍建设，大力推行社区志愿者注册制度，到2015年，实现社区志愿者注册率占居民人口10%以上的目标。

（五）规范社区居民委员会专业服务机构。建立完善社区服务站（或社区服务管理中心）等专业服务机构，更好地完成社区管理和服务任务。社区专业服务机构要按照专干不单干、分工不分家的原则，在社区党组织和社区居民委员会统一领导和管理下，在政府有关部门业务指导下开展工作。

五、优化结构，切实加强社区居民委员会工作队伍建设

（一）扩大社区居民委员会工作人员来源渠道。社区居民委员会一般配置5至9人，辖区人口较多、社区管理和服务任务较重的社区居民委员会可适当增加若干社区专职工作人员。社区专职工作人员面向社会公开招聘，其配备比

例、招聘办法由市级政府确定。鼓励党政机关、企事业单位在职或退休党员干部、社会知名人士、社区民警、群团组织负责人通过民主选举担任社区居民委员会成员；鼓励党政机关和企事业单位优秀年轻干部到社区居民委员会帮助工作或建立经常性联系制度；鼓励高校毕业生、复转军人等社会优秀人才到社区担任专职工作人员；提倡社区党组织班子成员、社区居民委员会成员与业主委员会成员交叉任职。探索建立新录用公务员到社区锻炼制度。努力打造一支数量充足、结构合理、素质较高、相对稳定、能够长期在基层工作的社区工作人员队伍。

（二）加强对社区居民委员会工作人员的教育培训。根据当地经济社会发展和社区建设工作需要，结合实际制定培训计划、丰富培训内容、改进培训方式，定期开展对社区工作人员的培训，不断提高其工作能力和整体素质。对社区居民委员会班子成员每年至少培训一次，其他成员和专职工作者每2年至少培训一次。鼓励社区居民委员会工作人员立足岗位，自学成才，支持他们参加社会工作等各种职业资格考试和学历教育考试，不断提高综合素质。

（三）关心社区居民委员会工作人员的成长进步。采取多种方式，加大社区工作人员培养、使用力度。积极把优秀社区居民委员会工作人员培养发展成为党员，推荐符合条件的优秀社区居民委员会工作人员担任各级党代会代表、人大代表、政协委员，评选劳动模范。加大从优秀社区党组织成员、社区居民委员会成员和社区专职工作人员中考录公务员和选任街道（乡镇）机关、事业单位领导干部力度。建立健全表彰激励机制，对在社区建设工作中业绩优秀、贡献突出、居民群众满意的社区工作人员应及时给予宣传、表彰和奖励。

（四）提高社区居民委员会工作人员报酬。社区居民委员会班子成员、社区专职工作者的报酬主要由市、县两级财政统筹解决，实行统一发放，形成正常调整机制，标准原则上不低于上年度当地社会平均工资水平。社区居民委员会班子成员、社区专职工作者按国家有关规定参加基本养老、失业、基本医疗、生育、工伤保险，有条件的地方逐步落实住房公积金政策。

六、发扬民主，切实加强社区居民委员会制度建设

（一）完善社区民主选举制度。进一步规范社区民主选举程序，稳步扩大社区居民委员会直接选举覆盖面。社区党组织要加强对社区居民委员会选举工作的领导和指导，提倡按照民主程序将不参与选举的社区党组织负责人推选为居民选举委员会主任，主持居民选举委员会工作。依据《中华人民共和国城市居民委员会组织法》制定候选人的资格条件。通过法律程序，把办事公道、廉洁奉公、遵纪守法、热心为居民服务的人选入社区居民委员会。探索社区流动人口在居住地参加社区居民委员会选举的方式方法，保障其民主政治权利。

（二）完善社区民主决策制度。完善社区党组织领导下的“两委”联席会和议事协商会制度，推行“四议两公开”工作法（即对社区重大事务实行社区党组织提议、社区“两委”会商议、党员大会审议、居民代表会议或居民会议决议以及决议公开、实施结果公开）。坚持社区居民会议和居民代表会议制度，推广社区党员代表议事制度，引导社区居民和驻区单位广泛参与，对涉及居民切身利益的重大事项和社区内经济、政治、文化、社会等重要公共事务应进行议事协商、民主听证，在充分听取群众的意见后进行民主表决，保障社区居民的决策权。

（三）完善社区民主管理制度。进一步完善社区党组织领导的充满活力的社区居民自治机制，深入开展以自我管理、自我服务、自我教育、自我监督为主要目的的民主管理实践，完善以社区居民公约、社区居民自治章程为主要内容的社区民主管理制度。探索推广以网上论坛、民情恳谈、居民议事日等利于居民广泛参与的有效形式，保障社区居民的知情权、参与权。

（四）完善社区民主监督制度。完善社区党务、政务、财务、事务“四公开”制度，完善公开的内容、程序、时间、方法和监督保障机制。组织居民有序开展与其日常生活紧密相关的公共服务工作监督评价活动，保障社区居民的监督权。

（五）完善社区日常工作制度。建立健全社区居民委员会与驻区单位协商议事制度，推行分片包块、上门走访、服务承诺、结对帮扶等做法，密切社区居民委员会工作人员与社区居民的关系。县（市、区）要结合当地实际出台社区错时上下班、全日值班、节假日轮休等工作制度，方便群众办事。规范社区居民委员会财产、档案、公章管理，确保社区居民委员会工作有效运转。

七、多方支持，切实改善社区居民委员会服务设施建设

（一）加大建设力度。各级政府将社区居民委员会工作用房和居民公益性服务设施纳入当地城市规划、土地利用规划和社区发展相关专项规划，并与社区卫生、警务、文化、体育、养老等服务设施统筹规划建设。加大政府投入力度，以建设社区工作用房、社区服务用房、室外活动场所和办公服务配套设施等项目为重点，通过筹资新建、开发配建、政府购买、驻区单位援助、租赁公房、调剂置换等方式，加强社区居民委员会工作用房和居民公益性服务设施建设。社区办公和服务设施位置的确定要便于服务社区居民，并按照国家《无障碍环境建设条例》（国务院令第622号）要求，逐步完善无障碍设施。力争到“十二五”末，达到《社区服务体系建设规划（2011—2015年）》的建设要求。建设所需资金由各级人民政府统筹解决，产权归县（市、区）政府所有。社区工作用房和居民公益性服务设施要统一功能设置、统一社区标识、统一悬挂社区党组织和居民委员会两块牌子，做到“一室多用”，实现社区办

公空间最小化、居民活动空间最大化、使用效益最优化。

城市新建住宅小区和旧城区连片改造居民区的建设单位要按照国家有关标准要求，将社区居民委员会工作和服务用房纳入建设工程规划设计方案，按照每百户不少于20平方米的标准进行配套建设。市、县（市、区）人民政府要把配套建设社区居民委员会工作和服务用房纳入土地出让的规划条件，规划、国土等部门应严格把关。社区用房建设完成后由政府按成本价回购，费用从土地出让金中列支，社区居民委员会无偿长期使用，任何单位和组织不得以任何理由占用属于社区居民委员会的工作、服务场所和配套服务设施。当地民政部门和所属街道（乡镇）共同参与社区用房建设竣工验收工作，确保社区用房与开发建设项目同步设计、同步建设、同步投入使用。社区居民委员会工作和服务用房的供暖、水电、煤气、电信等费用按照当地居民使用价格标准收取，具体办法由各相关部门尽快制定出台。发展改革、规划、国土、住房和城乡建设、财政等有关职能部门要加大监管力度，确保落实到位。

（二）推进社区信息化。整合社区现有信息网络资源，按照“资源共享、协同服务、便民利民、安全可控”的目标，建立覆盖县（市、区）或更大范围的社区综合信息管理和服务平台，逐步改善社区居民委员会信息技术装备条件，提高社区居民信息技术运用能力，全面支撑社区管理和服务工作。加大社区综合信息管理和服务平台建设力度，整合区、街道、社区面向居民群众、驻区单位服务的内容和流程，建设集行政管理、社会事务、便民服务为一体的社区信息服务网络，实现数据一次收集、资源多方共享。积极推进社区居民委员会内部管理电子化，提高工作效率和管理效能。

八、理顺关系，完善城市社区居民委员会管理体制

（一）城市社区居民委员会要自觉接受社区党组织的领导。社区党组织是党在社区全部工作和战斗力的基础，是社区各类组织和各项工作的领导核心，社区居民委员会要自觉接受社区党组织的领导。社区党组织要不断加强自身建设，改进工作方式，切实领导和指导好社区居民委员会工作。以“三有一化”（即有人有钱有场所、构建城市区域化党建格局）为重点，积极推进社区党组织建设，为社会主义和谐社区建设提供坚强组织保证。支持和保障社区居民委员会充分行使职权，及时帮助解决社区居民委员会工作中存在的困难和问题。提倡社区党组织班子成员与社区居民委员会成员交叉任职，健全社区党组织领导社区居民委员会开展工作的相关制度，确保社区党建与和谐社区建设紧密结合，确保党的路线方针政策和各项工作得到贯彻落实。切实加强社区党员教育、管理和服务工作，坚持和完善党员设岗定责、依岗承诺、志愿服务和帮扶结对等制度，进一步落实在职党员到社区报到的要求，拓宽党员服务群众渠道，充分发挥党员在和谐社区建设中的先锋模范作用。

（二）城市基层政府或其派出机关对社区居民委员会的工作给予指导、支持和帮助。社区居民委员会依据法律和相关政策规定，协助城市基层政府或其派出机关做好与居民利益有关的各项工作。按照责、权、利相统一的原则，积极推进社区管理体制改革，明确各自的职能、权力和责任，努力实现政府行政管理与基层群众自治有效衔接和良性互动。基层政府或其派出机关要大力推进服务型政府建设，切实转变职能，改进管理方式和工作作风，履行好社会管理和公共服务的职责。在街道社区服务中心设立“一站式”服务大厅，为社区及居民群众提供方便快捷优质的服务。逐步清理和整合在社区设立的各种工作机构，规范政府部门面向社区居民委员会开展的检查评比达标活动，大力压缩针对社区居民委员会的各类会议、台账和材料报表，切实减轻社区居民委员会工作负担。

（三）理顺社区居民委员会与物业服务机构、驻区单位的关系。强化社区居民委员会与物业服务机构共同服务居民的协调合作，社区居民委员会要积极支持物业服务企业开展多种形式的社区服务，业主委员会和物业服务企业要主动接受社区居民委员会的指导和监督。建立健全社区党组织、社区居民委员会、业主委员会和物业服务企业协调机制，及时调解物业服务纠纷，维护各方合法权益。召开业主大会、业主委员会会议应当告知所在社区居民委员会，并听取其意见。

建立社区党组织、社区居民委员会、驻区单位联席会议制度，积极推动驻区单位将文化、教育、体育等活动设施向社区居民开放。积极推动驻区单位将服务性、公益性、社会性事业逐步向社区开放，为社区居民委员会提供人力、物力、财力支持。探索建立驻区单位社区建设责任评价体系，推动共驻共建、资源共享。把驻区单位履行社区建设责任的情况纳入和谐社区示范单位创建内容，有关部门在评先表优时要主动听取社区居民委员会对驻区单位的意见。驻区单位有关负责人可以通过选举兼任社区居民委员会成员，调动驻区单位人员参与社区建设工作的积极性。

九、加强领导，健全城市社区居民委员会建设工作机制

（一）建立领导责任机制。各级党委、政府要把加强社区居民委员会建设作为构建社会主义和谐社会的基础性工程摆在更加突出的位置，纳入党委重要议事日程，纳入政府履行社会管理和公共服务职能的重要内容。定期研究社区居民委员会建设工作，县（市、区）委书记要认真履行第一责任人的职责，街道办事处党工委书记和乡（镇）党委书记要履行好直接责任人的职责。县（市、区）领导干部要建立社区居民委员会建设联系点，并建立落实部门帮扶制度，及时解决社区居民委员会建设中遇到的困难和问题。将社区居民委员会建设工作成效作为各级党委和政府工作目标管理和年度目标考核的重要内容，建立激励机制，

推动社区居民委员会建设。

（二）推行工作准入机制。各市要指导县（市、区）制定并普遍推行社区公共服务事项准入制度。凡属于基层政府及其职能部门、乡（镇、街道）职责范围内的事项，不得转嫁给社区居民委员会；凡依法应由社区居民委员会协助的事项和委托给社区居民委员会办理的有关服务事项，应当为社区居民委员会提供必要的工作经费和工作条件，实行权随责走、费随事转。对社区的检查考评活动，要与同级社区建设工作领导小组统一研究、统一部署、统一组织实施。各县（市、区）政府每年要组织一次部门工作进社区的清理活动，对不属于社区居民委员会职责范围内的事项，要坚决予以取消。

（三）健全经费保障机制。建立市、县（市、区）财政投入为主、省级财政给予适当补助的经费保障机制。将社区居民委员会的工作经费、人员报酬以及服务设施和社区信息化建设等项经费纳入财政预算，确保社区建设各项经费落实到位。社区办公和活动经费主要由市、县两级财政统筹解决，市、县（市、区）财政投入比例由各地研究确定，省级财政给予补助。不断加大各级财政对社区服务设施建设的投入力度，省、市福彩公益金要大力支持社区“扶老、助残、救孤、济困”等方面建设。社区居民委员会兴办公益事业所需经费，经居民会议或居民代表会议讨论，按照自愿原则，可以向社区居民或受益单位筹集。社区居民委员会工作经费纳入乡（镇、街道）账户管理，实行专款专用、分账核算，不得挪用、挤占、截留，并定期向社区居民委员会及居民公开使用情况，接受居民监督。

（四）完善部门协调配合机制。各地各部门要在当地党委、政府统一领导下，密切配合，各司其职，各尽其责，共同推进社区居民委员会建设。党委组织部门在加强社区居民委员会建设中要发挥抓总引领作用，民政部门要充分发挥牵头指导作用，搞好协调服务。依托社区居民委员会开展公共服务的教育、科技、公安、司法、社会管理综合治理、人力资源和社会保障、城乡建设、文化、卫生、人口计生、环保、体育等部门要强化责任意识，把支持和帮助社区居民委员会建设作为为民办实事的重要内容予以落实。各地发展改革、财政、金融、税务、工商等部门要按照各自职能和权限，采取有效政策措施，积极支持社区居民委员会建设。工会、共青团、妇联及残联、老年协会、计生协会、慈善协会等群团组织要发挥各自优势，积极参与社区居民委员会建设。宣传部门和新闻媒体要加大宣传力度，大力表彰先进典型，总结推广先进经验，为推进城市社区居民委员会建设、构建社会主义和谐社会创造良好氛围。

各市各有关部门要按照本意见精神，结合实际制定贯彻落实的具体措施。省政府有关部门要加强对本意见贯彻执行情况的监督检查。

山西省国家资源型经济转型综合配套改革试验总体方案

山西省是我国典型的资源型地区，是我国重要的能源和原材料供应基地，长期以来为国家能源供应和现代化建设作出了突出贡献，但由于过分依赖煤炭等资源开发，发展方式粗放，导致产业结构单一、生态环境恶化、资源浪费严重、生产事故频发等一系列矛盾和问题，亟需通过深化改革和体制机制创新，探索资源型经济转型发展的新路子。2010年11月，国务院批准山西省作为国家资源型经济转型综合配套改革试验区（以下简称“试验区”），对于推动山西省经济结构战略性调整，破解长期积累的深层次矛盾，促进经济发展方式转变具有重要意义。为全面推进试验区建设，特制定本方案。

一、总体要求

（一）指导思想。

高举中国特色社会主义伟大旗帜，以邓小平理论和“三个代表”重要思想为指导，深入贯彻落实科学发展观，以科学发展为主题，以加快转变经济发展方式为主线，进一步深化改革开放，大力推进科技创新，围绕产业转型、生态修复、城乡统筹、民生改善，探索建立促进资源型经济转型的体制机制，为全国其他资源型地区加快转变经济发展方式、实现科学发展发挥示范作用。

（二）主要目标。

第一阶段。通过实施山西省“十二五”规划，到2015年，初步形成“以煤为基、多元发展”的产业体系，资源型产业改造提升取得明显成效，接续替代产业和服务业比重显著提高，经济对煤炭资源的依赖明显降低，促进资源型经济转型的体制机制初步建立，把山西建设成为国家新型能源基地、全国重要的现代制造业基地、中西部现代物流中心和生产性服务业大省、中西部经济强省和文化强省。

第二阶段。到2020年，山西省资源型经济转型综合配套改革取得重大进展，支撑资源型经济转型的政策体系和体制机制基本建立，产业结构调整取得重大进展、生态环境显著改善、城乡区域发展协调性不断提高，以民生改善为重点的社会建设明显加强；综合经济竞争力和城乡居民收入达到全国中等偏上水平，生态破坏、环境污染、安全事故、能源消耗问题明显改观，基本实现全面建设小康社会目标。

力争通过20–30年的努力，综合配套改革效应持续显现，结构合理、新型多元、竞争力强的现代产业体系全面建立，综合经济竞争力、人民生活水平和可持续发展能力达到全国上游水平，呈现经济发达、人民富裕、生态良好、社会和谐的崭新面貌。

（三）基本原则。

——坚持改革创新，先行先试。解放思想、实事求是，大胆破除阻碍经济转型、科学发展的观念和体制机制束缚，鼓励探索试验有利于资源有效利用、产业结构调整和经济发展方式转变的做法。

——坚持政府主导，市场运作。既要充分发挥政府在制定规划政策、保护资源环境、促进社会和谐等方面的主导性作用，又要充分发挥市场在资源配置中的基础性作用。

——坚持着眼长远，立足当前。深刻认识资源型经济转型的长期性、复杂性、艰巨性、紧迫性，既要做好长期奋斗的准备，从战略高度进行谋划部署；又要抓住起步阶段的关键几年，从解决当前突出问题入手，只争朝夕、扎实推进，为全面实现经济转型打下坚实基础。

二、资源型经济转型主要任务

推进试验区建设，“十二五”时期是关键阶段，要集中部署推进产业转型、生态修复、城乡统筹等方面的转型主要任务，努力实现试验区建设良好开局。

（一）以循环经济和技术进步为基本路径，全面推进产业优化升级。

1、提高煤炭资源开采回采率、就地转化率和综合利用率。切实用好宝贵的煤炭资源，用最少的资源消耗实现最大社会产出。全面实现煤矿综合机械化开采，提高煤炭开采回采率。加强对原煤洗选的监督管理，提高原煤入选率。根据环境承载能力，推进煤炭资源就地转化，发展坑口电站、变输煤为输煤和输电相结合，高水平实施现代煤化工升级示范工程，发展市场前景好、污染排放低、技术水平先进的现代煤化工产业，延长煤-电-铝、煤-焦-化、煤-气-化、煤-电-材等资源循环产业链。加强铝钒土、白云石等优势资源就地转化，提升加工利用技术水平。加强共伴生矿、工业“三废”和再生资源的综合开采高效利用，推进低热值煤发电和粉煤灰等工业固体废弃物加工转化利用，支持高炉煤气、焦炉煤气等废气发电和化工应用。加快山西大同塔山特厚煤层等矿产资源综合利用示范基地建设，积极发挥示范引导作用。按照“先采气后采煤，先抽后采”的原则，加快煤层气（煤矿瓦斯）开发和综合利用；对于过去已经批准的同一区域内煤层气和煤炭矿业权分属不同矿业权人的项目，通过协商解决先抽后采问题；新开发项目应先采气后采煤，实行先抽后采。

2、继续推进煤炭资源整合和企业兼并重组。坚持依法行政，遵循市场原则，全面落实矿产资源规划，按照一个规划区块范围内原则上只设一个勘查开发主体的原则，进一步推进煤炭资源整合和煤矿企业兼并重组，提高煤炭回采率和安全生产、清洁生产水平，减少生态破坏、加快生态修复。推进焦化、冶金、电力等行业的产业整合和兼并重组。打破产业边界，加快推进煤炭、冶金、焦化、电力、建材等上下游关联产业的联合兼并重组整合，促进资源型企业跨行业、一体化发展。

3、改造提升资源型产业。坚持以循环经济为主要抓手，以“多联产、全循环、高端化”为基本模式，加大技术改造投资力度，用先进适用技术改造提升煤炭、焦化、冶金、电力等资源型产业，使多数资源型企业的主要工艺水平达到国内先进水平。全面提升煤炭产业规模化、机械化和信息化水平，加快建设晋北、晋中、晋东三大煤炭基地和晋北、晋中、晋东南三大煤电基地，加强晋电外送能力。严格控制焦化产能，推进焦炭企业技术进步和升级换代。优化冶金行业产品结构，控制总量扩张。全方位推进煤炭资源和其他矿产资源清洁利用，大力推进节能减排和资源综合利用，实施重点节能工程。加大淘汰落后产能、“关小上大”等量或减量替换力度。积极探索高碳产业实现低碳发展的新模式，在电力、冶金、焦化等高耗能、高排放行业，推进碳捕捉、碳封存、碳利用的技术研发示范和产业化。

4、培育壮大接续替代产业。坚持低污染、低消耗、高附加值、高技术含量的产业技术标准，强化政策引导，推进接续替代产业跨越式发展，显著提高其对经济增长的贡献率。大力发展煤矿机械、铁路装备、重型机械、重型汽车、不锈钢和铝镁深加工等山西有产业基础和市场潜力的产业。发挥后发优势，重点发展资源深加工类新材料、高成长性新材料和高精尖新材料产业，创造条件发展新能源、节能环保、生物医药、高端装备制造、新能源汽车等战略性新兴产业。通过10年努力，使接续替代产业成长为支柱性主导产业，主要工艺达到国内一流水平。

5、大力发展现代服务业。把推动服务业大发展作为产业结构优化升级的战略重点，努力使服务业增加值比重5年提高到40%以上、10年提高到50%左右。充分发挥山西作为中华文明重要发祥地、中国古代建筑“博物馆”等的历史文化优势，利用好晋商大院、关公故里、佛教圣地等得天独厚的旅游资源，把旅游业打造成重要的支柱产业。推动电信网、广播电视网、互联网“三网融合”。推进物联网技术的研发与应用。依托丰富的物流资源，完善城乡现代物流体系，支持发展煤炭、冶金、化工等基础能源原材料专业物流，推进综合物流枢纽和大型现代物流园区建设，着力提高物流服务效率和专业化、信息化水平。把中国（太原）煤炭交易中心建设成为立足山西、服务全国、面向世界的高水平、现代化的交易中心。着力促进科技信息、会展商务、节能减排等生产性服务业向规模化、专业化、现代化发展。积极发展商贸流通、住宿餐饮、家庭服务、健康服务、体育产业等生活性服务业。

6、促进循环经济发展。全力推进循环经济试点省建设。推广煤炭、电力、冶金、化工等行业循环经济发展典型模式。大力发展循环经济园区和生态工业园区，用循环经济理念和模式对各类园区进行再规划、再改造。加快推进朔州市开展国家工业固体废弃物综合利用基地建设试点工作，带动建设一批资源综合利用基地，提高工业固体废弃物综合利用水平。在切实加强污染防治的基础上，建立工业废弃物、废旧汽车、废旧家电回收利用体系，促进废弃物资源化利用。

7、加快推进产业集聚区发展。把国家级经济技术开发区和国家级高新技术产业开发区等产业集聚区作为产业转型的主要载体，推动重大项目相对集中布局。创新产业园区发展模式，加大规划、建设和改造力度，提升各类园区承载力和发展水平。启动建设太（原）榆（次）科技创新产业集聚区。支持太原经济技术开发区和太原高新技术产业开发区加快发展。推动资源型城市建设科技创新园区和循环经济园区。

（二）以生态环境保护和治理修复为主要抓手，着力提高可持续发展能力。

1、加快生态治理修复。以汾河流域和大同矿区生态修复为龙头，对全省11条重点河流和国家规划的18个重点矿区的采煤沉陷区、采空区、水土流失区、煤矸石山，全面推进实施生态环境修复工程。全面推进尾矿库安全治理与闭库。加大煤田灭火力度，保护资源，防止对生态环境新的破坏。开展生态建设示范区和生态文明试点工作。

2、全面推进污染治理。实施污染治理工程，加大执法力度，淘汰落后产能，推进工艺改造，加强工业生产全过程污染防治，严格控制新增污染物排放量，确保二氧化硫、化学需氧量、氮氧化物、氨氮排放控制在国家确定的约束指标之内，烟尘、工业粉尘排放得到严格控制。“十二五”期间，单位地区生产总值能耗降低16%，单位地区生产总值二氧化碳排放降低17%。

3、大力开展造林绿化。实施太行山、吕梁山和荒山、荒沟、矿山、道路、城乡重点区域绿化工程，形成点、线、面相结合的城乡绿色生态体系。集中建设晋北和晋西北防风固沙林区、吕梁山黄土高原水土保持林区、太行山土石山水源涵养林区、中南部盆地防护经济林区四大生态屏障。加强自然保护区建设管理。

4、加强水资源开发利用和节约保护。完善引黄配套供水体系，改造提升提黄能力，推进提黄灌溉工程建设。提高供水保障能力，积极推进大中小型水库建设，完善地表水利用配套工程，做好山西大水网规划和实施工作。大力开展水生态系统保护与修复试点工作，加强汾河、海河流域城镇生活和工业污水处理能力建设，提高城市中水循环利用效率。进一步加大矿井水、工业废水资源化利用。严格地下水管理和保护，逐步实现采补平衡。加快建设节水型社会，提高水资源利用效率和效益，构建节水制度体系，倡导节水生产生活方式。

（三）以城乡统筹为基本方略，协调推进城镇发展和社会主义新农村建设。

1、提升城镇化质量和水平。把城镇化作为资源型经济转型的重要内容，坚持严格保护耕地特别是基本农田，努力使城镇化水平5年提高到55%、10年提高到60%以上。实施太原都市圈战略，以太原都市区为核心，以太原、晋中同城化为重点，以阳泉、忻州、吕梁为支撑，把太原都市圈打造成为中部崛起新的增长极。推进太原都市圈内产业发展规划、土地利用规划、城乡规划、生态环境保护规划之间的相互衔接和协调。发展晋北、晋南、晋东南三大城镇群，建立都市圈与城镇群高效协同机制，形成“一核一圈三群”协调发展的城镇体系。加快重点镇建设，打造一批各具特色的转型强县。加快大同、阳泉等资源型城市转型，促进矿区和城区融合发展。适时研究将符合条件的资源型城市列入国家资源枯竭城市转移支付政策支持范围。加强历史文化名城、名镇、名村保护。稳步推进农业转移人口转为城镇居民。加强农民工权益保护，使在城镇稳定就业的农民工及其子女在教育、医疗、社保、就业、住房等方面公平享有基本公共服务。

2、加快社会主义新农村建设。建立以城带乡、以工补农的长效机制。加快农村饮水、生活污水和垃圾处理、公路、供电、沼气等基础设施建设和教育、卫生、文化等社会事业发展。拓宽支农资金渠道，强化支农资金整合运用。加大农村扶贫开发力度，对革命老区和集中连片特殊困难地区给予重点扶持，在全省范围内经济发达地区与贫困地区之间开展结对帮扶，加大偏远农村移民工作力度，5年内使全省现有贫困人口减少50%。加强农村环境保护，开展农村环境综合整治，提高农村环境质量。

3、统筹城乡基础设施建设。统筹建设交通、能源、水利、信息、物流等重大基础设施，推进城乡基础设施一体化，促进都市圈、城市群、城乡间有机融合、联动发展。建设以普通公路为基础，以铁路、高速公路为骨干，与其他运输方式共同组成的综合交通网络，总体适应区域经济社会发展需要。着力提升太原机场的国际化、现代化水平，促进对外开放。

4、加快发展现代农业。不断加大农业基础设施建设投入，通过产业转型资金支持现代农业发展。完善现代农业产业体系，培育壮大现代农业示范区，发展高产、优质、高效、生态、安全农业，加快建设特色农产品大省。加快建设农田水利基础设施，大规模建设旱涝保收高标准基本农田，着力提高粮食综合生产能力。大力发展设施农业、有机农业、观光农业，优化种养业结构。积极发展农民专业合作组织，健全农业社会化服务体系，推进农业产业化经营。加快发展农产品加工转化，做大做强特色食品产业。

5、优化国土空间开发格局。着眼于资源集中开发利用和产业转型，科学划分各类主体功能区，科学规划城市空间、产业空间、生态空间，规范空间开发秩序。实施不同主体功能区分类管理的区域政策。探索建立各有侧重的绩效评价机制。

（四）以改善民生为重点，努力构建和谐社会。

1、积极促进就业。实施更加积极的就业政策，大力发展劳动密集型产业、服务业和小型微型企业。加大对就业和创业的支持力度，促进以创业带动就业。强化并落实好政府促进就业的责任。建立健全促进高校毕业生就业和农业富余劳动力转移就业的机制。突出抓好资源枯竭城市和老工矿区职工及其子女的就业工作。强化公共就业和人才服务。全面开展职业技能培训。

2、合理调节收入分配。努力实现居民收入增长和经济发展同步、劳动报酬增长和劳动生产率提高同步，提高中低收入者收入水平，培育壮大中等收入群体，有效调节过高收入，大力扭转城乡、区域、行业和社会成员之间收入差距扩大趋势。

3、推进基本公共服务均等化。加快建立覆盖城乡的义务教育经费保障体系、医疗卫生服务体系、社会保障和救助体系、公共文化服务体系。实施好教育、卫生等领域的重大民生工程。"十二五"期间，全面完成棚户区改造任务和煤矿采煤沉陷区危房搬迁改造，实现城镇低收入住房困难家庭廉租住房全覆盖，积极推进农村危房改造。

4、建立完善安全发展长效机制。把安全发展作为科学发展的基本要求，进一步强化安全发展理念，大力实施安全发展战略，建立健全安全生产制度，全面落实企业安全生产主体责任和政府安全监管主体责任，不断创新安全生产管理体制和机制，突出抓好以煤矿为主的工矿企业和交通运输领域的安全生产。进一步加强和完善公共安全体系，健全食品药品安全监管机制，完善社会治安防控体系和应急管理体制。

5、加强和创新社会管理。推进社会管理理念、体制、机制、方法创新。大力推进企业社会责任建设。推动管理模式网络化、管理手段信息化、公众参与制度化，提高决策民主化、科学化水平。强化城乡社区自治和服务功能。加强社会组织建设。完善社会舆情汇集和分析机制。建立健全重大项目建设和重大政策制定的社会稳定风险评估机制。

三、资源型经济转型综合配套改革主要措施

针对制约资源型经济转型的体制机制障碍，充分借鉴其他综合配套改革试验区的成功经验和有益做法，从山西实际出发，大力推进改革创新，进行创造性探索。

（一）创新完善产业转型促进机制。

1、理顺煤炭等资源开发利用的体制机制。完善煤炭等矿产资源矿业权按市场原则有偿取得制度，矿业权价款收益地方留成部分除用于资源勘查、保护和管理支出外，主要用于支持资源所在地转型发展、改善民生和分离国有煤矿企业办社会职能。提高煤炭等资源开采准入标准。巩固完善煤炭工业可持续发展试点政策。建立衰退产业援助机制，保障资源枯竭企业平稳退出。

2、建立资源型产业与非资源型产业均衡发展机制。进一步理顺煤炭等资源产业收益分配体制。建立健全接续替代产业尤其是高新技术产业和鼓励类服务业发展援助机制。强化国有资本经营预算产业调控机制，重点支持非资源型产业发展。充分发挥市场机制作用，积极引导非国有煤炭企业将利润的一定比例投向非资源型产业。统筹煤炭市场和电力市场建设，积极探索推进煤电体制改革有关试点工作。

3、健全接续替代产业发展推进机制。建立完善各类资源型经济转型专项资金统筹使用制度，加大转型发展的投入力度。健全促进产业结构调整和支持企业技术改造的长效机制和评价体系，改造提升传统产业。建设大（同）运（城）经济带承接产业转移示范区。创新战略性新兴产业发展促进机制。把山西物流业纳入国家服务业综合改革试点。启动山西旅游产业改革发展试点。

4、完善促进循环经济发展机制。坚持把符合循环经济要求作为产业准入的基本条件。完善政策引导和资金扶持机制，加大循环经济发展支持力度。加快建立循环经济技术创新体系。实行生产者责任延伸制度，探索建立工业废弃物处理认证等制度。建立完善循环经济统计评价制度，开展对市县循环经济发展成效的评估。制定完善循环经济标准体系和产品资源消耗标识制度。

5、优化企业所有制结构。加大国有企业改革力度。推动地方企业与中央企业联合重组，培育具有较强竞争力的大企业集团。完善国有资本有进有退、合理流动机制。大力发展非公有制经济，落实放宽市场准入的各项政策，鼓励民间资本进入基础设施、公用事业、金融服务和社会事业等领域。鼓励和引导民营企业通过参股、控股、并购等多种形式，参与国有企业改制重组。

（二）深化财税体制改革。

1、完善资源环境税收制度。按照"清费立税"的原则，加快推进煤炭等资源税改革，将煤炭资源税由从量计征改为从价定率计征。统筹推进各类矿产资源税费制度综合改革，促进资源高效节约利用和生态保护。落实有利于资源综合利用和促进循环经济发展的税收政策。

2、加大对转型的财政支持。中央财政对山西水源保护和生态恢复给予支持，加大对社会保障、基础教育、公共卫生等民生项目的转移支付力度，逐步提高中央财政对山西的转移支付水平。

（三）改革完善土地管理制度。

1、节约集约利用土地。坚持最严格的耕地保护制度和最严格的节约用地制度。建立节约集约用地奖惩考核机制，实行单位地区生产总值新增建设用地考核制度。开展采矿业土地整理，推进朔同地区成片盐碱地改造利用，组织实施国家级重大土地整治工程。建立财政投入与社会投入相结合的土地开发整治多元投入机制。

2、推进用地制度改革。以太原城市圈及其他设区市为单元，深化城乡建设用地增减挂钩试点。探索适合矿业特点的差别化土地管理政策。开展工矿废弃地复垦利用试点，选择部分有条件的市、县，对煤矸石占地、沉陷区、工矿废弃地等存量建设用地的复垦与建设用地调整利用相挂钩，

通过复垦的土地可以调整使用，优先用于转型项目。复垦应坚持山、水、田、林、路综合整治，具备条件的，应首先复垦为耕地。探索露天采矿用地方式改革，积极稳妥地在所批准的矿区范围内开展试点。探索推进土地审批、耕地占补平衡、重点转型项目用地保障、未利用地审批等改革。推进农村土地管理制度改革，加快推进农村集体土地确权登记发证，逐步建立城乡统一的建设用地市场，规范开展农村集体经营性建设用地流转试点，完善和创新宅基地管理机制。

（四）健全科技创新体制机制。

1、大幅增加研发投入。建立政府引导、市场驱动、企业投入为主体，多元化、多层次、多渠道的新型科技投融资体系。发展创业投资,推进科技与金融结合。山西省设立政府科技创新引导基金，切实增加研发投入，创建全省科技创新投融资服务平台，更好发挥创业投资支持创业创新的作用。开展知识产权质押贷款、科技保险等业务。“十二五”末，地方政府研发投入、全社会研发投入占地区生产总值比重均进入中西部地区前列。

2、加大对技术创新的扶持力度。实施科技创新跨越工程。推进实施科技重大专项。支持创新要素向企业集聚，使企业真正成为技术创新主体。组建产业技术创新战略联盟。加强与国家重点高校、科研院所的合作。建设一批工程中心、工程实验室、企业技术中心。发展科技中介组织，健全技术市场体系。加快科技成果转化，力争率先在循环经济及煤炭清洁生产利用、现代煤化工、装备制造、新能源、新材料等领域取得关键技术的突破。加大对中小型企业和微型企业技术创新的支持力度，健全服务体系，拓宽融资渠道，落实税收优惠政策，营造良好创新环境，充分激发企业创新活力。

3、强化创新人才支撑。建设与资源型经济转型相适应的人才教育、培养和引进体系。优化人才培养结构，着力培养创新型、应用型、复合型人才。推进省重点大学进入中西部地区高等教育振兴计划，建设一批对资源型经济转型具有重要支撑作用的特色重点学科，全面改善一批职业院校办学条件。充分发挥企业家和科技领军人才，特别是创新团队在技术创新中的重要作用，突出加强人才的引进和培养。

（五）加强金融创新和改革。

1、打造金融创新高地。加快构建与资源型经济转型相适应的金融体系。鼓励创新金融产品，加大对重点产业和重点领域的信贷支持,改善中小企业金融服务。推动符合条件的企业上市。积极参与全国性证券场外市场。支持符合条件的企业发行企业（公司）债券、短期融资券、中期票据等债务融资工具。山西省设立创业投资引导基金，扶持发展创业投资；规范发展各类股权投资企业（基金）。研究在太原增设焦炭期货交割仓库。不断扩大责任保险、农业保险覆盖面。支持山西保险业改革创新发展。探索组建有利于促进资源型经济转型的地方政府引导基金。

2、发展“晋商金融”。做大做强晋商银行；支持国内外各类银行在山西设立分支机构和营业网点；引导和鼓励银行业金融机构创新为小型微型企业服务的金融制度、业务和产品，加大对有市场、有效益、有前景的小微企业信贷支持力度。探索建立农业贷款保险制度。加快推进农村信用社股份制改造，培育发展村镇银行、贷款公司、农村资金互助社等新型农村金融机构，继续完善农户小额信贷制度。探索完善小额贷款公司设立审批制度，有序发展小额贷款公司。有序发展证券、期货、保险、信托、金融租赁、财务公司等金融机构以及融资性担保、典当等机构。鼓励金融机构进行业务创新。

（六）完善资源、能源节约和生态环境保护修复机制。

1、探索建立生态环境产权制度。科学核定环境容量，实施主要污染物排放总量控制。开展主要污染物排污权有偿使用和交易试点，发展排污权交易市场。按照有关规定，研究设立太原污染物排放权交易所。建立污染者付全费制度。加强环境容量管理，构建科学的环境监测监控评估体系。

2、建立完善矿山环境保护与恢复治理责任机制和补偿机制。实行矿产资源开采、地质环境恢复治理、土地复垦与生态修复同步规划、同步实施机制。严格落实矿产资源规划中关于禁止、限制开采区的管理要求。进一步完善煤炭开采生态环境综合补偿机制，将其推广至非煤矿山企业，建立相应的生态环境恢复评估制度和矿山环境恢复治理保证金制度。加大对生态环境综合治理的投入力度。加强国家重点生态功能区的生态监测、评价与考核。探索实施生态受益地区对生态损耗地区的生态补偿制度。

3、健全资源节约机制。理顺资源性产品价格形成机制，按照国家统一的会计制度对资源性产品进行成本核算，全面、规范地把矿业权取得、资源开采、环境治理、生态修复、安全投入、基础设施建设、企业退出和转产等费用列入资源性产品的成本构成，实现资源开发外部成本的内部化。建立健全节约用水和水资源保护机制，完善水价形成机制，实行最严格水资源管理制度，确立用水总量控制、用水效率控制和水功能区限制纳污控制“三条红线”。严格水资源开发利用，加强水资源节约和保护，加快用水方式转变。加快水权转换和交易制度建设，开展跨行政区域水权交易试点。

4、创新完善节能降耗、减排治污机制。通过强化管理、提升技术、优化结构，逐步建立节能降耗、减排治污的长效机制。健全固定资产投资项目节能评估审查制度。开展冶金、焦炭、电力、化工、建材等高耗能产业的能效对标管理。推行合同能源管理。建立能效“领跑者”制度。发展绿色建筑、低碳交通，降低公共机构能耗水平，倡导绿色消费，扩大可再生能源应用。进一步健全节能减排统计、监测和考核体系。

（七）改革创新城乡统筹体制机制。

1、建立健全城乡发展一体化制度。促进城乡基础设施、公共服务、社会管理一体化。加快形成城乡劳动者平等就业制度。完善城乡平等的要素交换关系，促进土地增值收益和农村存款主要用于农业农村。规范征地管理，深化农村土地使用制度改革，适时调整提高征地补偿水平，确保农民在土地增值中的收益权。促进公共资源在城乡之间的均衡配置，推动生产要素在城乡之间的自由流动。

2、加快形成有利于城乡统筹的户籍制度。因地制宜、积极稳妥地把在城镇有稳定职业和稳定住所的农民工及其家属逐步转为城镇居民。对暂不具备在城镇落户条件的农民工，要改善公共服务，加强权益保护。

（八）加快社会体制改革。

1、加快完善覆盖城乡的社会保障制度。进一步完善城乡基本养老、基本医疗保险和最低生活保障制度。完善跨地区养老保险关系转移接续办法、异地就医协作机制，推进城乡社会保险制度全覆盖和城乡统筹。探索建立工伤预防、补偿、康复相结合的工伤保险体系，按规定将国有煤炭企业已退休职工中的老工伤人员纳入工伤保险统筹管理。

2、改革公共服务供给制度。在基本公共服务领域，引入竞争机制，推进政府购买服务等提供方式改革，实现提供主体和提供方式多元化。在非基本公共服务领域，放宽市场准入，推进市场化改革，增强多层次供给能力。深化教育体制改革、医疗卫生体制改革、文化体制改革。积极稳妥推进事业单位分类改革。

（九）推进行政管理和投资体制改革。

1、优化行政管理体制。提升行政效率，合理调整完善行政区划。实施扩权强县，加快探索和推进实行由省直接管理县的体制。完善市辖区空间布局，扩展城市核心区服务范围。建立高效协同的跨区域行政协调机制，促进经济区域一体化管理。加快转变政府职能，大力推进依法行政。建立健全政府绩效管理和行政问责制度。提高政府执行力和公信力。

2、完善转型项目审批机制。在强化投资项目科学管理的同时，规范前置审批程序，减少审批环节，加快审批进度。建立转型项目储备库，推进转型项目储备、签约、落地、建设一体化管理。

（十）加大开放力度。

1、“引进来”“走出去”并举。积极引进国内外有实力的企业参与山西资源型经济转型。推进与中央企业的全方位、多领域、深层次战略合作。鼓励煤炭、冶金等行业的优势企业到境外开展投资合作。

2、积极推进贸易便利化。加快内陆口岸建设，支持山西省条件成熟的地区按程序申请设立综合保税区等海关特殊监管区域。支持开发区和重点加工贸易企业设立保税仓库。加强跨区域口岸合作，建立陆港航一体化大通关链条，提高口岸服务功能。

3、深化国内区域合作。密切与京津冀的协作发展，积极融入环渤海经济圈。探索积极承接长三角、珠三角地区产业转移的统筹协调机制。加强与沿海地区合作，建设出海通道、临港产业和物流基地。开展黄河金三角区域协调发展试点。扩大山西与中西部各省（区）经济、文化等领域的合作交流，形成优势互补、分工协作的区域合作机制。

四、工作保障措施

（一）加强组织领导。

成立山西省国家资源型经济转型综合配套改革试验区工作领导组，全面组织领导改革试验工作，领导组办公室负责具体协调推进试验区各项工作。各市县成立相应的组织和工作机构，统筹协调当地各项改革试验工作。

（二）明确职责分工。

山西省各市县、各部门要结合实际，提出本区域、本领域的实施意见、行动计划和配套措施。尽快将转型综改任务分解到位，加强省市县联动，各司其职，各负其责，相互配合，确保改革试验工作有序进行。

（三）密切部省合作。

建立发展改革委等国务院有关部门与山西省人民政府之间的部省合作机制，形成推进转型综合配套改革试验的合力。发展改革委要加强改革试验方案与相关规划的衔接，跟踪分析方案实施情况，重大问题及时向国务院报告。

（四）实施考核评价。

山西省要制定实施目标责任制度和绩效考评制度，加强日常督促检查，对工作成效进行跟踪评价，确保各项改革试验任务的顺利完成。

省委工作部门工作概况

省委办公厅工作概况

省委秘书长　杜善学

2012年，省委办公厅领导班子坚持以邓小平理论、“三个代表”重要思想、科学发展观为指导，以创建学习型、服务型、创新型机关为主线，深入学习宣传贯彻党的十八大精神，积极服务，主动作为，开拓创新，奋发进取，较好地完成了省委赋予的各项任务。

一、以学习贯彻党的十八大精神为核心，全面提高办公厅工作水平

一是围绕迎接学习贯彻党的十八大，做好各项服务保障工作。把迎接十八大、服务十八大、贯彻十八大作为首要政治任务，加强与宣传等部门的联系沟通，制定新闻宣传报道方案，协助搞好各项主题活动，营造积极向上的浓厚氛围。认真做好山西省出席党的十八大代表服务工作，组织了11次全团会议和媒体开放日活动，有力保障了我省代表团各项活动的顺利进行。大会胜利闭幕后，及时组织召开全省传达贯彻党的十八大精神电视电话会议，起草省委关于深入学习宣传贯彻党的十八大精神的《通知》，将我省传达贯彻十八大和十八届一中全会精神情况及上报中央，组织好省委及主要领导同志贯彻落实十八大的相关活动。

二是着力提升参谋服务水平。围绕项目建设、产业转型、民生改善、城乡统筹等重大课题，认真做好文稿起草、调查研究、督查督办、文件法规等工作，为省委科学决策提供有价值的参考和建议。起草、修改各类文稿650多篇，成稿410多万字，形成一批有深度、有影响的调研报告。编发《山西信息》各类刊物3100多期、《每日要情》354期，向中办报送信息2100余篇。审核处理省委和省委办公厅文件343 件，向中央报备党内法规和规范性文件12件，办理文件、信息、资料等约5300件、153万余份，《中办通讯》工作继续保持全国领先水平。

三是高效务实搞好综合协调。完善四大班子办公厅及省直部门之间协调协商协作机制，优化办文、办会、办事程序，形成了职责明确、衔接紧密、运转顺畅的工作机制。坚持务实办会、细节办会、规范办会，累计组织全省性大中型会议170余次，组织省委常委活动350余次，圆满完成了党的十八大山西代表团服务工作，圆满完成了吴邦国、王兆国、刘云山、刘延东等党和国家领导人来晋视察任务。树立“接待无小事”的理念，提高接待精细化、人性化服务水平，共接待党和国家领导人以及中央和各省、市、区来宾224批次6600余人。加强日常值班工作，建立完善指挥统一、反应灵敏、协调有力、运转高效的应急服务体系，协调处理突发事件335起。机要交通圆满完成了党和国家核心秘密载体传递任务。

四是积极主动加强督促检查。围绕中央重大决策部署、省委中心工作和群众关心的热点问题，就全省重点工作的推进情况组织开展12次决策督查调研活动。建立省委主要领导交办事项督办落实工作“1+5”机制，累计督办领导同志批示件188件。政协提案全部按时办复，政协委员满意和基本满意率达100%。

五是保障省委工作高效运转。财务管理紧紧围绕开源节流做文章，确保了重点项目、中心任务的支出。行政工作在大楼管理、会议和领导办公室服务、办公用品配置、固定资产管理、医疗保健等方面，进一步完善了措施，改进了服务。省委应急指挥中心项目建设快速高效，目前已具备投运条件。安全保卫连续23年保持了省委机关消防安

全无事故。深入推进机关事业单位改革，后勤服务单位焕发新活力。提升保密应急防范服务水平，密码工作连续九年实现零事故、零差错、零失误，档案工作有效发挥“活资料”作用。落实老干部各项待遇，推进个性化服务。

六是服务群众工作开创新局面。完善社情民意监控、监测机制，及时报送重大社情动态，加大网民留言办理工作力度，对群众反映的热点、难点问题主动回应、积极处理、及时反馈，有效维护了群众利益。加强和改进信访工作，全年共受理群众来信来访17.71万件（人）次，继续保持了“四下降一好转”的态势，确保了党的十八大等重大活动和敏感时期的社会和谐稳定。扎实做好防范和处理邪教工作，维护社会大局稳定。

二、以落实中央八项规定为抓手，进一步改进作风

中央对改进工作作风作出重大部署后，省委办公厅认真贯彻落实中央和省委要求，迅速安排部署，确保抓出成效。

（一）积极协助省委加强作风建设。首先，认真学习中央《八项规定》和《实施细则》。12月23日全国党委政府秘书长会议之后，召开秘书长办公会议传达贯彻，并向省委常委会专题汇报，召开全省党委政府秘书长会议，传达学习会议精神特别是栗战书主任和马凯秘书长的重要讲话，对贯彻落实全国会议精神提出要求。其次，制定意见。按照中央精神和省委要求，围绕搞好调查研究、精简会议活动和文件简报、规范新闻报道等重要方面，出台三个具体实施办法。第三，带头执行。对办文、办事、办会各个方面进行全面对照检查，确保中央要求不折不扣落实。省委全委会和全省经济工作合并召开，会议时间由三天压缩到两天，在会场、会风、食宿等方面进行了精简，收到良好效果。

（二）在密切联系群众中率先转变作风。根据省委关于开展下乡住村活动的要求，办公厅领导班子深入各自联系点与农民群众同吃同住同劳动，帮助制定发展规划，引进产业项目，在接地气中知民情、解民忧，加快脱贫致富步伐，进一步密切了与人民群众的感情。机关扶贫工作队创新扶贫思路、加大帮扶力度，广泛听取群众意见，积极协调项目、资金、人才，推进“一村一品、一县一业”建设，加强村级组织建设，已落实或办理中的资金约2000多万元，帮助包扶松村、牛寺两个乡新建核桃经济林4000多亩、蔬菜大棚2000多亩，赢得了干部群众的普遍好评。

（三）大力弘扬认真负责、立说立行、创新服务的工作作风。全厅广大干部职工认真学习习近平总书记关于改进作风的一系列重要讲话，切实增强忧患意识、责任意识、宗旨意识，把改进作风的要求体现到实际工作中，适应服务对象的思维特点、意图指向和工作习惯，坚持思之在前、虑之在先，根据工作情况变化，坚持量体裁衣，量身定做，摸清情况、掌握信息，积极主动、自觉超前，及时改进方式方法，突破僵化模式，增加现代因素，使各项工作在创新服务中集聚前进动力、激发蓬勃生机。

三、以提高办公厅工作科学化水平为目标，切实加强机关建设和干部队伍建设

把加强党的建设作为提高办公厅工作科学化水平的根本保证，以服务和保障办公厅中心工作、加强干部队伍建设为目标，以开展基层组织建设年活动和推进学习型党组织建设为抓手，切实加强机关党的建设。

（一）大力推进“三型机关”建设。从2012年8月开始，我们在全厅部署开展了以“学习型、服务型、创新型机关”为主要内容的“三型机关”创建活动。活动以“搞好服务”为主题，以“提高服务能力”为主线，以“提高办公厅工作科学化水平”为总要求，分集中学习、查摆整改、总结完善三个阶段，着力提升办文、办会、协调、督办、保障“五种能力”。一是加强领导、全员参与。成立创建“三型机关”活动领导组和办公室，出台总体方案和各阶段指导意见，制定考核办法，办好《工作动态》，强化督促检查。各位副秘书长认真抓好分管处室的创建活动，带头参加活动，全厅干部职工积极参加，形成合力共建的浓厚氛围。二是强化学习、加强引导。坚持集中学与自主学相结合，坚持“走出去”与“请进来”相结合，坚持组织培训和在线学习相结合，在提高“五种能力”上提升了境界、增强了信心、明确了途径。围绕学习贯彻党的十八大精神引深创建活动，通过编印《工作动态》、开设特色栏目等，在全厅掀起学习贯彻十八大精神、深化“三型机关”建设的新高潮。三是创新方法、增强实效。通过具体化、标准化、表格化、案例化、公开化、制度化、持久化，对各方面的工作提出统一标准，规范工作流程，切实提高规范化、制度化、科学化水平。各处室单位通过创新学习方式搞创建，通过出书建制搞创建，通过解决突出问题搞创建，以填表的形式推动工作，处室通过填写“五种能力”自评表，对职能工作认真梳理、准确定位；机关干部通过能力自我评价，查找不足、明确方向。活动开展以来，全厅上下把创建活动激发出来的干事热情转化为推动各项工作的强大动力，促进了干部职工观念转变，推动了各项工作创新，实现了工作作风转变，工作学习化、规范化、精细化成为共识，“五种能力”明显提升，焕发出团结一致、奋发向上的良好精神风貌。

（二）切实加强机关党的建设。扎实开展开展基层组织建设年活动，创新活动载体，完成基层党组织分类定级，建立基层党组织建设目标责任台账，加强基层党组织建设过程管理和量化管理，以“六大工程”引领党组织建设集成升级。探索建立“公开承诺式”党员服务机制、“身边楷模式”党内激励机制、“上下联动式”立体共建机制，举办“身边人讲身边事”事迹报告会，党建格局和党员队伍管理激励机制更加健全。

（三）建设高素质的干部队伍。深化干部人事制度改

革，完成干部的推荐、考察、鉴定、公示工作，对厅机关3名公务员和事业单位15名工作人员进行公开招录，建成机关公务员信息系统数据库。做好事业单位分类改革协调工作，档案中心参公管理和信息、督查、法规机构设置及事业单位分类改革工作稳妥推进，编外用工管理工作实现突破性进展。把严格要求干部与真情关心干部结合起来，采取多种措施，从工作上、发展上、生活上关心干部，下力改善干部就餐环境，加快推进桥东宿舍区改造工程，可解决900户机关干部住房困难。

（四）提高反腐倡廉建设水平。开展保持党的纯洁性学习教育活动，通过组织党员赴牛驼寨革命烈士陵园重温入党誓词等教育活动，净化了党员心灵，增强了保持党的纯洁性的自觉性。认真落实党风廉政建设责任制，加强干部廉洁从政教育，加强重点岗位、关键环节的监督，一年来办公厅机关干部没有违纪违规方面的情况。以“创优环境、创新服务”为重点，推进精神文明和谐创建工作，建设纪律严明、管理严格、廉洁奉公的机关文化。

面对推动转型跨越发展的崇高使命，面对全面建成小康社会的艰巨任务，办公厅上下要深入学习贯彻党的十八大精神，全面贯彻落实省委十届四次全会暨全省经济工作会议精神，以密切联系群众为重点，进一步改进工作作风，以新的理念、新的作风、新的形象，努力推动办公厅工作科学化水平再上新台阶，为加快转型跨越、全面建成小康社会作出新的更大贡献。

（刘智钢）

附：省委秘书长、常务副秘书长、副秘书长名单

省委常委、秘书长：李政文（1月离职）
杜善学（1月任职）

省委常务副秘书长：姜新文

省委副秘书长、省防范和处理邪教问题领导小组办公室主任：王铁选（5月离职）

省委副秘书长、省委农村工作领导组专职副组长：张克强

省委副秘书长、省委政研室主任：张瑞鹏

省委副秘书长、省信访局局长：李体柱

省委副秘书长、省防范和处理邪教问题领导小组办公室主任：冯建平（9月任职）

省委副秘书长：王进喜

省委副秘书长：孙 毅

省委组织部工作概况

省委组织部部长 汤 涛

2012年，省委组织部以迎接十八大为主线，以服务转型跨越发展为主题，以抓好领导班子思想政治建设、推进干部人事制度改革、深化创先争优、加强基层组织、落实人才发展规划为重点，改革创新、狠抓落实，努力提高组织工作科学化水平，为推动转型跨越发展提供了坚强组织保证。

一、认真做好十八大代表选举工作，及时开展十八大精神教育培训

按照中央“三上三下”的规定，通过“一会五结合”的方式，全省100%的党组织和98.93%的党员参加了的十八大代表推荐提名工作，省党代会选举产生了我省出席党的十八大代表42名。整个推荐提名和选举工作秩序井然，严格规范，代表各方面的构成比例均符合中央要求和我省实际。集中对出席党的十八大代表进行了履职学习培训，进一步提升了代表履职尽责的能力。党的十八大召开后，迅速制定省管领导干部集中轮训方案，拟分18期对全省2400余名省管领导干部及县（市、区）长进行短期强化培训；组织干部教育培训基地教师深入基层开展党的十八大精神宣讲；集中开展党员学习十八大精神冬训工作。

二、以“强组织、增活力，创先争优迎十八大”为主题，深入推进创先争优活动

围绕保持党的思想纯洁、队伍纯洁、作风纯洁和清正廉洁四个方面，组织开展了保持党的纯洁性学习教育活动，《求是》、《紫光阁》等杂志和媒体刊登了我省经验做法；深化干部下乡住村包村增收活动，省市县乡各级12.1万余名机关党员干部下基层，制定发展规划2.3万个，新上项目近2万个，帮助解决实际问题6.6万个；组织召开了全省创先争优活动总结表彰大会和“彭云同志先进事迹报告会”，编辑出版了《好支书彭云》、《三晋创先争优群英谱》；探索总结创先争优长效机制50项，编辑出版了《山西省创先争优活动理论研讨文集》，形成了一批具有我省特色的创先争优理论成果和制度成果。创先争优活动各个层面取得良好社会反响。

三、围绕转型跨越发展选干部配班子，着力建设高素质执政骨干队伍

一是加强干部宏观管理。健全完善党政领导班子和重要岗位领导干部结构定期分析制度，制定了《山西省领导干部德的考核考察评价办法》、《关于实行干部任前档案审核制度的意见》等一批务实管用的干部管理制度。二是突出抓好领导班子建设。圆满完成了太原、大同、阳泉、长治4个市人大政府政协和部分省级群团组织的换届工作。实施省委"两推两议两差额"办法，选拔3名市委书记、4名市长。健全完善市县党委领导班子内部制度建设，推动地方领导班子内部工作运行科学化、制度化、规范化。集中开展转型综改试验试点县和扩权强县试点县等专题调研。组织完成了84名援疆干部的轮换和受援地近700人来晋培训工作。三是扎实推进干部能力素质提升工程。完善具有山西特色的组织调训、干部选学、在线学习"三位一体"干部教育培训格局，大规模培训干部，大幅度提高干部能力素质。会同职能部门对3500多名业务骨干进行联合培训，组织优秀专家教授"分类送学"培训基层干部7.6万人次，多批次组织领导干部开展了境外专题培训，全省4.3万余名干部进行了选学培训，"山西干部在线学院"网络培训访问量突破2400万人次。四是严格干部监督管理。贯彻落实四项监督制度，开展了"一报告两评议"和领导干部报告个人有关事项工作，对部分市、县委书记进行了干部选拔任用工作离任检查。开展了与115位县委书记专题谈心谈话活动。进一步完善干部选任记实监督系统，对干部选拔任用情况进行督促检查。在全省组织开展以干部"三龄两历一身份"信息为重点的干部人事档案集中审核和专项清理工作，着力解决干部管理中存在的突出问题。通过一系列扎实有效的举措，2012年我省取得全国组织工作满意度民意调查五年来的最好成绩，选人用人公信度和组织工作满意度分别达到81.21分和82.62分，分别排全国第7位和第9位。

四、着力深化干部人事制度改革，继续推进落实各项改革举措

一是强力推进干部多层次多岗位挂职锻炼。按照省委提出的深化干部人事制度改革"6+7"的工作要求，继续组织推进相关举措的实施。首次实现了我省与中央国家机关和央企的双向互派挂职干部31名；从省直部门和市县选派58名干部赴8个省外国家级综改试验区挂职学习；从省直综合和研究部门选调11名年轻干部赴综改试点县挂职调研；继续选派第五批15名厅处级中青年干部到省信访局挂职锻炼；选派两批省市综合部门34名业务干部到山西证监局顶岗锻炼；安排省委党校教师和高校团干部到地方和企业的挂职锻炼。二是扎实开展年度目标责任考核。紧扣全省转型跨越发展的主题主线，研究探索科学的考核指标体系和评价方法；积极扩大考核民主，建立了"四位一体"的考核民意测评体系；推广运用"山西省年度目标责任考核信息网络系统"，提高过程管理的规范性和科学性；通过对在党风廉政建设、安全生产等方面出现严重问题的单位和干部严格实行"一票否决"，强化了发展导向和硬性约束，有效发挥了考核工作风向标、指挥棒和助力器作用。三是继续推行成熟改革举措。在地方、省直、高校和企事业单位加大有限性和差额选拔领导干部力度，取得良好成效。根据"政事分开、事企分开"原则，分类推进事业单位改革。健全完善公务员管理配套法规体系，强力推进公务员管理信息系统建设。加大从基层一线培养选拔党政领导干部力度，从优秀大学生村官中公开遴选318名县（市、区）乡科级副职领导干部，实施了有7万余人报名参加的"四级联考"、从优秀村干部、国有企业正式职工中招录公务员"三项招录"，改善党群系统公务员队伍来源和经历结构。

五、坚持人才政策创新和人才工程建设，深入推进人才强省战略

在全省深入学习宣传科学人才观，加快树立人才优先发展的理念；加快人才发展规划体系建设，我省所有市县、省直重点部门和单位都制定了中长期人才发展规划或实施意见；启动了人才特区建设，起草了《关于建设太榆人才特区的意见》；整体推进人才政策创新，制定出台了《关于推进产学研联合培养研究生的意见》等一批创新性政策文件；启动实施十项重大人才工程，为我省经济社会发展培养开发最急需最紧缺的人才；加大海外高层次人才引进力度，全省"百人计划"共引进海外高层次人才137名。

六、组织开展"集成升级"行动，全面加强基层党组织和党员队伍建设

一是大力实施六项系列计划，全面提升了基层党建工作整体水平。实施农村"领头雁"培训计划，对36915名农村"两委"主干进行集中培训，提升农村干部能力素质；实施非公有制经济组织党组织集中组建计划，新组建党组织9697个；实施社区网格化管理计划，有效提升社区党组织和社区居委会服务群众和参与社会管理的能力；实施推广文建明工作法计划，加强乡镇党委科学化、制度化、规范化建设；实施机关党建"走在前头"计划，机关党建的带动作用得到加强；实施"三级联述联评联考"计划，市县乡三级党委书记就抓基层党建工作情况进行专项述职并接受评议考核，使党委的关键作用和书记的带头作用得到了较好发挥。二是以提高发展党员质量为重点，加强和改进党员队伍建设。制定下发了《2012年山西省发展党员工作计划》，指导各地重点发展工人、农民党员，重视发展大学生以及窗口单位和服务行业工作一线党员。认真接听"12371"热线，切实为广大党员做好服务。不断强化党员教育，引导广大党员进一步坚定理想信念。进一步探索加强信教地区党员的教育和管理工作。坚持党内激励、关怀、帮扶机制，认真组织开展了走访慰问老干部、老党员活

动。结合非公有制经济组织建设,加强流动党员教育管理。三是加强大学生村官管理,着力构建长效机制。出台了《关于进一步加强大学生村官工作的实施意见》等政策规定;继续选聘524名大学生村官;开展了大学生村官工作先进单位和优秀大学生村官评选表彰活动;在全省大学生村官中实施了"创业行动计划";积极推广YBC创业扶持新模式,实行了大学生村官跨区域调整任职地的制度,为大学生村官办理"山西干部在线学院"学习账户。我省的经验做法在全国大学生村官工作会议上作了典型经验介绍。

七、巩固"讲党性、重品行、作表率"活动成果,进一步加强组织部门自身建设

坚持从严治部、从严律已、从严带队伍,带头开展创先争优活动和保持党的纯洁性教育活动,进一步巩固"讲党性、重品行、作表率"活动成果,全面加强部机关领导班子和队伍建设,促进了组工干部队伍整体素质、能力和形象的提升。一是加强理论武装,努力建设学习型机关。省委常委、组织部长汤涛率先垂范,亲自为全体党员干部讲授党课、解读十八大报告、推荐优秀书目。部机关通过多种形式,定期组织机关干部开展专题学习、读书交流和党日活动达18次,近期组织机关全体干部进行了十八大精神集中封闭学习,进一步形成了比学习、比工作、比贡献的良好风气。二是加强党性锻炼,努力改进干部作风。组织开展了学习李林森、彭云等同志先进事迹活动,激励机关干部创先争优。扎实开展"组工干部下基层"活动,两次组织部机关干部集中下乡驻村,开展十八大精神宣讲,积极帮助基层解决实际问题。三是加强内部管理,努力激发内在活力。带头贯彻民主集中制,全年共召开部务会议44次,班子的整体功能得到了较好发挥。积极推进内部人事制度改革,组织进行了部机关1名正厅级干部、3名副厅级干部、20名处级干部、8名科级干部的民主推荐、晋升考察等项工作。分4批通过公考、遴选或选调方式,为部机关补充26名30岁以下的工作人员,并对35名近两年新进部机关工作人员进行了集中培训,较大幅度地补充了机关工作力量,年轻化程度得以改善,梯次结构趋于合理,活力显著增强,素质明显提升。完成了省城联社办公用房租用装修,积极联系争取解决机关职工住房问题。四是加强文明建设,努力营造和谐氛围。坚持把设计新颖的教育活动与考虑长远的制度建设紧密结合起来,开展了丰润泽国家级农业科技示范园与农民朋友的迎新春联欢活动、万亩生态园的植树劳动、百团大战纪念馆和大寨村的参观活动、阳泉煤业的机关运动会营造了健康向上的和谐氛围,调动了广大干部的工作积极性。 (荆 沛)

附:省委组织部部长、常务副部长、副部长、部务委员名单

省委常委、组织部部长: 汤 涛

常务副部长: 朱先奇

副 部 长: 张 健 张高宏 陈跃钢 张 葆(女)

部 务 委 员: 陈学东 赵建华

省委宣传部工作概况

省委宣传部部长 胡苏平

一年来,全省宣传思想文化战线按照中央和省委的要求,紧紧围绕迎接十八大、宣传十八大、贯彻十八大这条主线,围绕全国全省工作大局,狠抓落实,奋发进取,各项工作取得了显著成效。

一、打牢了全省人民团结奋斗的共同思想基础

深入推进学习型党组织建设,组织广大党员干部认真学习党的十八大精神,学习党的基本理论和科学发展观,学习胡锦涛同志"7·23"重要讲话和中央省委的重大决策部署,统一思想,凝聚共识。及时组建各种层次的宣讲团,对党的十八大精神进行了深入宣讲。特别是组建"五进"宣讲团、把十八大精神迅速传达到各行各业、千家万户,取得了很好的效果,新华社为此专门进行了报道。

省委中心组坚持每月一次学习,并探索总结出了"六学六用"经验,得到了中央领导和中宣部的肯定,中央主流媒体予以集中报道,产生了很大反响。省委中心组率先垂范,带动了各级党委(党组)中心组、广大党员干部以及全社会的学习,科学发展观日益深入人心。

全省社科理论战线组织开展科研攻关,推出了一批优秀成果。省社科规划办加强重点课题的规划储备,共申请国家社科基金资助课题49项,评审确定我省哲学社会科学立项课题168项。省社科院出版了《山西经济社会蓝皮书》等专著22部。省社科联组织了第七次社科研究成果评选表彰活动,实施了社科研究"百部(篇)工程",推出了《山西资源型经济转型路径研究》、《山西农村城镇化发展研究》、《山西区域发展研究》等一批优秀成果。加强《前进》杂志、《先锋队》杂志和山西日报理论版等理论宣传阵地建设,积极探索理论通俗化大众化的新路子,推动了科学理论的宣传普及。

二、唱响了转型跨越发展的主旋律

充分发挥山西日报、山西广播电视台、黄河新闻网、山西新闻网等媒体以及各种外宣平台的主渠道、主阵地、主力军作用,围绕党的十八大,深入开展"新山西 新跨越 新成就"和"科学发展 成就辉煌"主题宣传,浓墨重彩宣传报道十八大盛况和广大干部群众的热烈反响,深入解读干部群众学习中

遇到的重点难点问题，充分报道全省上下学习贯彻十八大精神的进展和成效。

围绕省委省政府中心工作，精心组织了“有效应对稳增长”、“项目落地促转型”等主题宣传。成功组织了全国文化体制改革工作会议，推介了山西文化体制改革的宝贵经验。对我省党政代表团赴粤鄂豫闽四省招商引资、首届世界晋商大会、能源博览会、平遥国际摄影大展以及10个全覆盖、重点工程建设、安全生产等进行了大力度的宣传报道，唱响了转型跨越发展的主旋律。

加强同中央媒体沟通协作，聚焦山西转型跨越发展。一年来，新华社、人民日报、光明日报、经济日报、中国日报、中央电视台、中央人民广播电台等中央主要媒体，共刊发反映山西的稿件4000余篇(条)。《山西转型跨越风生水起》、《安全生产大如天》、《为了三晋大地更美丽》、《万树繁花春意闹——山西文化改革发展纪实》以及“喜迎十八大山西专刊”、“第四届能博会特刊”、“山西转型综改试验区建设特刊”等一大批重点稿件，在全国产生了重大影响，为山西转型跨越发展做出了重要贡献。

加强舆论引导，完善工作机制，充分发挥“五支队伍”的作用，对社会热点和突发事件，进行了及时引导、妥善处置，有效掌控了舆论，为树立山西的良好形象提供了正能量。

三、提升了全省干部群众的思想道德素质和城乡的文明程度

围绕思想道德建设，深入开展征集提炼“山西精神”宣传教育活动，推出了“信义、坚韧、创新、图强”的山西精神。拍摄播出了30集电视文献纪录片《旗帜——山西记忆》，开展了左权将军殉国暨左权县命名70周年纪念活动，完成了一批爱国主义教育基地的改陈布展工作，完成了一批革命旧址的修缮工作。组织举办了领导干部历史文化系列讲座、“我们的节日”系列文化活动。

围绕形成良好道德风尚，广泛开展了“学雷锋、树新风”活动，开展了第四届山西道德模范、“感动山西”十大人物、山西首届美德少年、“身边好人”等评选学习活动，开展了向国旗敬礼、传唱优秀童谣、网上祭英烈等未成年人思想道德建设活动，开展了净化社会文化环境、治理道德领域突出问题、“扫黄打非”等活动。

围绕提高城乡文明程度，深入开展“迎接十八大、讲文明树新风”、“送欢乐下基层”等文化活动，广泛开展优秀文艺作品展播展映展演活动，丰富了群众的文化生活，培育了崇德向善的良好风尚。深入开展了文明城市、文明村镇、文明单位等精神文明创建活动，对长治市创建全国文明城市的先进经验进行了集中宣传。围绕加强和改进思想政治工作，开展了专题调研，形成研究成果200余项。

四、开创了文化改革发展新局面

(一)文化体制改革走在了全国前列。完成了99家非时政类报刊出版单位、1家重点新闻网站转企改制任务。至此，连同前两年已经转企改制的120家出版发行单位、154家电影发行放映和电视剧制作单位、163家国有文艺院团，我省圆满完成了537家经营性文化单位转企改制任务，共核销事业编制15100余人。与此同时，进一步理顺文化管理体制，新组建的文广新局、广播电视台、文化市场综合执法机构、国有文化资产监管机构等运行良好。加大资源整合力度，全省广电“一张网”格局基本形成，旅游、体育、文博、工美等四大文化产业集团筹备工作基本完成。在去年2月召开的全国文化体制改革工作会议和9月召开的全国文化体制改革工作表彰大会上，我省及十一个市全部获得全国文化体制改革工作先进地区称号。

(二)公共文化服务体系建设取得了新突破。山西大剧院、图书馆、科技馆、体育馆等重点文化设施全部建成。山西广电中心等新的重点工程正在实施。市级“五馆一院”(博物馆、图书馆、文化馆、科技馆、体育馆和歌舞剧院)和县级“三馆一院”(文化馆、图书馆、体育馆和多厅数字影院)的建设，全面铺开。太原、大同、朔州、忻州等市的文化设施，起点高、功能全，成为了文化惠民的新平台。长治市国家级公共文化服务体系示范区创建工作深入扎实。乡镇综合文化站、广播电视村村通、农家书屋等文化惠民工程基本完成。公共文化活动场所实现了免费开放。文化遗产保护利用工作得到加强。启动了云冈石窟、五台山、应县木塔等的保护工程，推进了山西南部早期古建筑保护工程和晋阳古城国家考古遗址公园的建设，推出了《晋国文物精华展》、《山西佛教雕塑艺术展》等一批精品展览。省人大通过了《山西省非物质文化遗产条例》，今年1月起正式实施，走在了全国前列。文化部批准了《晋中文化生态保护实验区总体规划》，在全国是第三家。评审认定了一批非物质文化遗产示范基地和代表性传承人。

(三)文化产业发展实现了新跨越。认真落实“四五发展”战略，文化产业保持了强劲增长的好势头。在文化部最近公布的《2012中国省市文化产业发展指数报告》中，我省文化产业驱动力指数为全国第六。这是我省继2011年获得第二名的好成绩后，再次稳居全国前列。山西出版传媒集团销售收入突破90亿元，实现利润5亿元，进入了全国出版集团总体排名的第13位。山西日报传媒集团、山西广电传媒集团、山西有线网络集团、山西演艺集团、山西影视集团等骨干文化企业，也都取得了良好效益。夏县宇达青铜、平遥推光漆器、定襄晟龙木雕、广灵剪纸等文化产品进一步做大做优。太原高新区创意产业园、大同文化科技产业园、孝义完形影视基地等新型文化企业孵化基地，为我省文化创意产业发展提供了新支撑。八路军文化园、皇城相府文化园、雁门关风景区、大型实景演出《太行山》、《印象平遥》等文化旅游项目，实现了新突破。组团参加第八届深圳文博会、第七届北京文博会，签约金额突破120亿元。

(四)文化精品创作生产结出了新成果。电影《咆哮无声》、电视剧《红军东征》、话剧《立春》、舞剧《粉墨春秋》等作品，广受好评。姚奠中书艺展、赵梅生画展、陈巨锁墨迹展等，产生了广泛影响。全省各市县文艺创作热情空前高涨，精品

佳作不断涌现。山西鼓乐、山西民间歌舞和民间戏剧等20多个团组，先后出访美国、加拿大、新加坡、澳大利亚和我国香港、澳门、台湾等国家和地区。在全国第十二届精神文明建设“五个一工程”评奖中，我省申报的电视剧《革命人永远是年轻》、说唱剧《解放》、歌曲《阳光路上》和图书《乍放的玫瑰》等四部作品获奖。说唱剧《解放》进入国家舞台艺术精品工程。蒲剧《山村母亲》、晋剧《大红灯笼》入围国家舞台艺术精品工程资助项目。舞剧《一把酸枣》、《粉墨春秋》荣膺国家文化出口重点项目。（冯向宇）

附：省委宣传部部长、常务副部长、副部长名单

省委常委、宣传部部长：胡苏平（女）

常务副部长：杨　波（3月离职）　李高山（3月任职）

副部长、省文明办主任：李福明（3月离职）

副部长、省委外宣办主任：郭玉福

副　部　长：郭　健（6月任职）　杜学文

尹天五（5月任职）

省委统战部工作概况

省委统战部部长　聂春玉

2012年，省委统战部坚持以邓小平理论、“三个代表”重要思想、科学发展观为指导，紧紧围绕省委、省政府工作部署，务实创新，开拓奋进，为推动全省转型跨越、再造一个新山西，作出了新的贡献。

一、围绕中心突出工作重点，集中精力办好四件大事

深入学习贯彻十八大精神，进一步夯实了统一战线共同思想政治基础。以迎接十八大召开为契机，进一步深化“社会主义核心价值体系学与行活动”，组织统战成员到红色教育基地参观考察，在民主党派省级组织换届后开展政治交接学习教育，在非公有制经济人士中开展“发扬晋商精神，提升晋企形象”系列活动，在统一战线组织开展“喜迎十八大，争做新贡献”主题活动，极大增强了统一战线成员与中国共产党思想上同心同德、目标上同心同向、行动上同心同行的自觉性。党的十八大召开后，及时组织收听收看和中心组学习，迅速召开统一战线学习宣传贯彻十八大精神报告会，邀请省委党校副校长高建生进行专题辅导，及时下发《关于学习宣传贯彻十八大精神的通知》，就统一战线学习宣传贯彻十八大精神进行全面部署，提出明确要求。各级统战部门和统一战线各单位认真学习、深刻把握、积极贯彻十八大精神，全省统一战线思想政治基础更加牢固，拥护中国共产党领导、走中国特色社会主义道路的信念更加坚定，为全省转型跨越发展和全面建成小康社会做贡献的责任感进一步增强。

牵头承办首届世界晋商大会，彰显了统一战线服务转型跨越发展的优势和作用。落实省委、省政府决策部署，牵头承办首届世界晋商大会，取得圆满成功，得到袁纯清书记等省领导的批示肯定和社会各方面赞扬。一是领导重视，部门配合。省委常委会4次召开专题会议听取汇报，研究措施；袁纯清书记、王君省长7次作出批示，对开好大会提出要求。开幕式上，袁纯清书记致辞，王君省长主持。执委会22个成员单位密切协作，各司其职，各尽其责。二是规模盛大，内容丰富。全国政协副主席、全国工商联主席黄孟复及省委、省政府、省政协、全国工商联、中国侨联主要领导均出席大会活动。来自42个国家和地区的65个代表团、1400多名代表参加会议。会议安排了高层论坛、招商项目签约以及考察观光等一系列活动。三是主题突出，特色鲜明。大会以“新晋商、新山西、新跨越”为主题，实现了全球性与高端性、招商引资与招才引智、政府搭台与晋商唱戏、宣传造势与交流联谊、主体活动与自选动作“五个结合”，成为促进民间投资增长的新形式、加强与民营企业联系的新渠道、凝聚晋商力量的新平台。四是成果丰硕，鼓舞人心。不仅签约协议、合同561个，总投资7921.9亿元，拟引资7084.4亿元，引进高端人才123名，为我省转型跨越发展提供了项目、资金、人才等多方面支持，而且弘扬了晋商文化和晋商精神，宣传了山西发展成就和投资环境，为扩大开放聚集了广泛的人脉，激发了新一代晋商报效祖国、建设山西、造福桑梓的热情。

圆满完成民主党派、工商联换届，积极推进了统一战线可持续发展。省委对民主党派、工商联省级组织换届高度重视，省委常委会3次专题研究，袁纯清书记3次批示。我们认真贯彻落实省委要求，把协助搞好换届作为重要政治任务来抓。一是加强组织领导。根据省委要求和换届工作需要，成立民主党派、工商联省级组织换届领导组，主要领导挂帅，及时研究情况、解决问题，并及时印发有关指导性文件。二是充分发扬民主。坚持党的领导与充分发扬民主相统一，切实做到“三个协商到位”，即所有换届文件、程序、办法充分协商到位，各民主党派换届人选方案充分协商到位，针对换届有关的重要问题充分协商到位。三是严格认真把关。严把民主推荐关，统一时间、统一标准、统一程序，统一要求；严把沟通协商关，确保同中央统战部、各民主党派中央及其省级组织三方形成一致意见；严把人选质量关，对班子人选进行认真考察，保证候选人政治过硬、代表性强。四是精心筹备会议。部领导协调，处(室)人员积极服务，帮助各民主党派、工商联解决换届中遇到的困难和问题，特别是协调申请大会经费，协调搞好新闻报道，保障换届会议的顺利召开。截至6月中旬，全省6个民主党派及工商联全部圆满换届，班子队伍结构更加合理，人员素质进一步提高，较好实现了统一战线的接续发展。五是深化政治交接。省委袁纯清书记与各民主党派和工商联新一届领导班子成员分别座谈，提出殷切希望。换届结束后，及时举办各

民主党派省委班子及市级主委培训班、省工商联常委培训班，深化政治交接，提高履职能力。

贯彻落实中央4号文件精神，党外代表人士队伍建设取得了新成效。年初，中央就加强新形势下党外代表人士队伍建设专门下发中发〔2012〕4号文件，中央统战部及时召开视频会议进行传达部署。我部高度重视，积极贯彻落实。一是迅速向省委汇报。袁纯清书记就贯彻落实中央4号文件和中央统战部视频会议精神作出批示，要求省委常委会安排专题学习，提出贯彻意见；要求省委统战部先行调研，提出有针对性、操作性的加强举措。省委常委会专门听取情况汇报，对我省贯彻落实4号文件作出部署。二是起草《实施意见》。在认真学习基础上，组织11个小组，由部领导带队分赴全省各市、省直机关及有关高校、企业调研座谈，反复征求意见，几易其稿，完成《实施意见》起草任务，经省委常委会审定，以晋发〔2012〕8号文件正式下发。三是加强教育培训。坚持常规轮训与专题培训相结合，依托中央统战部干部培训中心、中央社会主义学院、大连高级经理学院、山西社会主义学院等培训机构，举办各类培训班8期，培训学员1000余名，有效提升了党外代表人士队伍的整体素质。四是做好党外人士推荐安排。结合省人大、省政府、省政协换届的有利时机，围绕党外代表人士政治安排和实职安排，积极协助省委及有关部门做好党外代表人士的推荐、提名、考察等工作，较好落实了中央和省委关于党外人士的安排比例和数量要求。

二、扎实推进各领域工作，促进五大关系和谐

坚持多党合作制度，推进民主党派工作。一是认真坚持多党合作制度。组织召开协商会、座谈会、通报会9次，就我省重要人事安排、重大决策部署、重点工程建设等，听取党外人士意见。各民主党派和无党派人士向省人大、政协提交提案480余件，其中多数被采纳，有的还被列为省领导督办事项。二是积极发挥民主党派和无党派人士服务发展的优势和作用。组织各民主党派、工商联和无党派人士，进行深度专题调研，形成8份高质量调研报告。袁纯清书记、王君省长给予批示肯定，省委、省政府专门召开统一战线服务转型跨越调研成果汇报会，省委、省政府相关领导和省直20多个部门负责人出席，对调研成果高度重视并及时采纳。三是积极改善民主党派机关办公条件。坚持照顾同盟者利益原则，着力推进民主党派新建办公楼和山西社会主义学院新校区建设项目。经过多方交涉，克服困难阻力，完成了签订协议、征地补偿、放线测量等工作，为下步工作奠定了良好基础。

贯彻民族宗教工作方针政策，在服务发展和稳定中发挥作用。坚持“共同团结奋斗、共同繁荣发展”的主题，扎实开展民族工作。一是积极促进少数民族经济和文化教育事业发展。帮助14个少数民族贫困村争取专项发展资金，协助改善山大附中西藏班和13所民族小学办学条件，得到少数民族群众信赖赞誉。二是深入开展“民族团结进步”创建活动。下发实施方案，推动活动进社区、进企业、进农村、进学校，太原师范学院等3家被表彰为全国示范单位。三是切实加强民族领域热点问题调研。围绕少数民族干部发现培养、城市少数民族流动人口管理、涉疆事件分析研判等，深入调研分析，形成上报了一批有价值的动态信息和调研报告。四是妥善处理民族领域矛盾纠纷。指导有关市县妥善处理20余起矛盾纠纷，特别是在加强少数民族流动人口管理方面发挥了积极作用。

全面贯彻落实党的宗教方针政策，稳步推进宗教工作。一是继续开展“和谐寺观教堂创建活动”，引导宗教与社会主义社会相适应，会同中国社科院举办海峡两岸“中国文化与宗教大同”研讨会，与省宗教局在全省宗教界开展“宗教慈善周”活动，宗教界爱国爱教、团结进步意识进一步增强。二是加强宗教团体建设，调整充实宗教团体领导班子，探索建立宗教界代表人士综合评价体系，召开省宗教团体领导班子履职交流会议，举办宗教团体十八大精神培训班。三是指导推动《宗教事务条例》贯彻落实，探索将宗教事务纳入一般社会管理，特别是妥善处理天主教修道院问题、基督教境外渗透和家庭教会等重点难点问题，有力促进了社会和谐与稳定。

加强港澳台海外统战工作，拓展了山西对外联系资源。一是扩大联系交流。以根祖文化、晋商文化、五台山佛教文化为纽带，密切同港澳台海外各界的联系与交流，争取文化认同，团结凝聚力量。完成台胞青年夏令营山西分营等10余个参观团的接待任务，组织召开三晋文化讲座、项目对接会等17次活动，海外联谊工作取得了新进展。二是促进招商引资与改善民生。晋商大会期间，积极外出邀商招商，宣传推介山西，为省内企业与境外企业搭建了交流平台。争取到香港李兆基基金捐赠100万元，资助我省娄烦、中阳等4个县建设20所同心海联卫生室项目。三是夯实队伍基础。把代表人士队伍建设作为战略任务和基础工程，与9个团体、近百名港澳台海外代表人士建立密切联系，圆满完成省台联、省海联会换届任务，实现了队伍数量和整体素质“双提升”。

深化经济领域统战工作，非公经济人士思想引导工作得到加强。一是突出思想教育。开展“发扬晋商精神、提升晋企形象”系列活动，组织参加全国光彩事业延边行、宁夏行，宣传表彰光彩公益事业先进企业和个人，广大非公有制经济人士富而思进、转型发展、服务社会的责任感进一步增强。二是引导服务非公有制经济人士转型跨越。通过举办工商联常委培训班、召开全省民营企业转型跨越发展座谈会、开展民营企业转变经济发展方式典型案例征集评选等方式，引导和支持非公经济人士争当转型跨越排头兵。三是深化感恩行动。实施“同心·新晋商科普惠三老活动”，组织广大非公有制经济人士向生活困难的全省老红军、老八路、建国前老党员家庭捐赠资金330余万元，提供10项科普惠农绿色通道服务，并赠送专用手机和话费，帮助“三老”家庭走科技扶贫、信息致富之路。四是加强对工商联指导。在非公有制经济组织中深入开展“创先争优”活动，加大组建商会的力度，进一步调动了广大非公有制经济人士参与建设、促进发展、争做贡献、服务社会的积极性。

探索开展党外知识分子和新的社会阶层人士工作，统战工作的覆盖面不断扩大。一是强化工作载体。积极推进党外

知识分子联谊会建设，着力发挥党外知识分子的作用。二是开展活动。积极组织“同心·律师服务团”志愿服务活动，到中央统战部确定的对口帮扶县，宣传法律法规，提供法律咨询，培训实用人才，组织律师服务团为首届晋商大会服务，有效增强了新社会阶层人士服务社会的责任感。三是探索创新。在对无党派人士、新的社会阶层人士、归国留学人员三支队伍建设调研和培训的基础上，探索建立了我省党外知识分子综合评价指标体系。

三、加强基础工作和机关建设，树立了统战部门的良好形象

深入开展统战理论调研、宣传和信息工作。制定下发2012年全省统一战线理论研究课题计划，确定“同心”思想、统一战线发展规律等重点课题，组织开展理论研究；协调高校、科研院所和统战系统有关单位，申报承担中央统战部、中央社会主义学院重点招标课题，8项调研成果上报中央统战部，3项成果获得表彰。积极与省内外主流媒体加强联系，围绕统一战线重要实践、重大活动开展新闻宣传报道，推动形成统战宣传工作的强大合力，在中央统战部和省主要媒体发稿300余条，其中山西日报136条。把信息工作作为统战部门的基础工作来抓，及时向中央统战部和省委报送全省统一战线工作中出现的新情况、新问题、新经验。着眼服务转型跨越发展，精心编辑《建言献策专报》刊物，截止年底，编发19期，得到省领导批示28条次。着眼推进全省“同心”行动，办好《“同心”工程简报》，全年编发24期。我省统战信息工作在全国省级统战部排名第二，荣获中央统战部表彰的一等奖。

进一步加强部机关建设和干部队伍建设。以学习贯彻十八大精神和树立践行社会主义核心价值体系教育活动为抓手，坚持中心组学习和机关学习制度，组织6次中心组学习和2次专题讲座，安排90人次参加了省委党校和省直分校的处级干部轮训班，强化了理论学习和思想教育。落实党建工作责任制，深入开展“创先争优”和保持党的纯洁性学习教育活动，通过上一次党课、开展一次传统教育、接受一次廉政警示教育等“八个一”形式，进一步坚定了统战干部保持党的纯洁性、服务转型跨越发展的决心和信念。探索完善管理体系，扎实推进干部人事制度改革。严格执行岗位责任制，将年度目标任务逐项分解，以文件形式落实到处室、人头。通过民主测评的形式评优评模、推荐选拔干部，促进干部人事工作的公开透明。认真开展整肃工作纪律、狠刹不良风气和整治吃拿卡要问题、创优发展环境专项工作，贯彻落实中央八项规定和厉行节约、反对浪费的要求，机关干部作风形象进一步好转。把加强党风廉政建设作为贯穿工作始终的重大课题和紧迫任务，完善惩防体系，加强廉政教育，坚持廉洁勤政，一年来，部机关没有发生腐败案件和干部不廉洁现象。关心干部职工生活，丰富机关文化，努力改善机关办公条件，热心为离退休老干部提供良好服务，机关凝聚力、执行力进一步增强。积极开展干部下乡住村实践活动，努力做好扶贫工作，机关包村干部6次进村入户查访调研，组织统一战线各单位筹集100万元进行春节慰问，争取300多万元资金协调解决了修路、建桥等民生工程和种植、养殖项目中的困难，被评为扶贫工作先进单位。深入开展精神文明和谐单位创建活动，继续保持省直文明和谐单位标兵荣誉。

（隋欣哲）

附：省委统战部部长、常务副部长、部长名单

省委常委、统战部部长： 聂春玉

常务副部长： 马天荣

副部长、省宗教(民委)局局长(主任)：

边根棠(5月离职)　郭海刚(5月任职)

副部长、省工商联党组书记： 郭海刚(5月离职)

杨临生(5月任职)

副部长： 王建新　张云泽（7月任职）

樊盛武（3月任巡视员）　李云平（3月离职）

省委政法委工作概况

省委政法委书记　王建明

2012年，省委政法委贯彻落实中央政法委、中央综治委的一系列重大决策部署，紧紧围绕为党的十八大胜利召开营造和谐稳定社会环境的总目标，牢牢把握“七个始终坚持”（始终坚持党的领导、始终坚持服务大局、始终坚持执法为民、始终坚持开拓创新、始终坚持统筹兼顾、始终坚持固本强基、始终坚持狠抓落实），以“六个坚决防止”（坚决防止发生影响国家安全和政治稳定的重大事件、坚决防止发生严重暴力恐怖事件、坚决防止发生大规模群体性事件、坚决防止发生大规模进京上访活动和重大个人极端事件、坚决防止发生重大公共安全事件、坚决防止发生重大安全生产事故）为重点，以深化三项重点工作为抓手，以开展政法干警核心价值观教育实践活动为保证，为转型跨越发展创造了和谐稳定的社会环境、公平正义的法治环境、优质高效的服务环境。

一、维护社会稳定

（一）努力为十八大召开创造稳定的社会环境。先后召开十几次会议，对十八大安保维稳工作进行研究部署，出台了维护稳定六项制度，有效增强了维护稳定的工作合力。十八大召开之前，组织督导检查组分赴各地各部门督促检查，强化出省进京检查站和护路护线工作，及时发现并清除了一批

不稳定因素和安全隐患，确保了"六个坚决防止"工作目标的全面实现，圆满完成了十八大安保维稳任务。

（二）深入开展严打整治。组织开展打黑除恶、命案侦破、治爆缉枪等专项行动，保持了对严重刑事犯罪活动的高压态势。开展社会治安重点整治"三项战役"，对城乡结合部、城中村、工矿区、流动人口聚居地四类治安重点地区，容易为犯罪分子藏身落脚、容易滋生"黄赌毒"丑恶现象的小旅馆、小洗头房、小足疗室、小桑拿浴室、小酒吧、小网吧、小游戏机室、小废品收购场所、小棋牌室等"九小场所"和各类大中专院校、中小学校、幼儿园及周边进行了集中整治，解决了一批治安乱点和治安突出问题。全省共排查各类场所20余万个，其中重点部位和场所3.5万处，逐一进行整治。同时，全面推进社会治安防控体系建设，确保了社会治安大局稳定。

（三）全力推进矛盾化解。在全面推行重大决策社会稳定风险评估机制的基础上，积极发展劳资纠纷、医患纠纷、交通事故纠纷等专业调解组织，进一步完善人民调解、行政调解、司法调解衔接互补的大调解体系。在全省组织开展了不稳定因素百日排查化解专项行动和信访积案攻坚工作。深入推进源头治理，全面推行社会稳定风险评估机制，建立风险评估先行、防范化解联动的工作模式，推动建立党和政府主导的科学有效的利益协调、诉求表达、社情民意调查机制，完善领导干部接访、下访等制度，努力提升各级各部门的决策科学化水平，从源头上根本上预防和减少社会矛盾。深入推进多元调解，进一步完善"大调解"体系，积极发展专业性调解组织。2012年，人民调解组织调解各类矛盾纠纷近30万件，全省法院民事案件调解撤诉率达68.82%，执行案件和解率达27.41%。在劳资纠纷、医患纠纷、交通事故纠纷等重点领域发展调解组织，强化专业性调解工作。召开了全省预防和化解医患纠纷电视电话会议，积极推动法官、警官、律师进医院，扎实开展"平安医院"创建活动。深入推进集中化解，推进涉法涉诉信访积案化解工作。

二、服务保障重点项目和转型综改试验区建设

按照全省"项目落地年"的部署，召开全省政法机关服务和保障重点项目建设电视电话会议，以"排干扰、解纠纷、化风险、保平安"为着力点，为全省3590个重点项目建设提供了良好的法律服务和法治保障。省委书记袁纯清同志批示："这是一个主动服务发展的举措，注意方法，注重效果"。

（一）更新执法理念。引导政法机关克服不合时宜的条条框框，树立正确的执法理念和发展理念，坚决克服机械执法、孤立办案的问题，稳妥处理涉及项目建设的各种涉法纠纷，依法同等保护各类市场主体，确保既准确打击经济犯罪，又有效保护改革创新，省政法各部门都出台了为"项目落地年"提供服务和保障的相关措施。国务院对我省资源型转型综合配套改革试验区的总体方案批复之后，组织调研并起草了《政法机关服务和保障转型综改试验区建设的指导意见》，并组织省法、检、公、司初步起草实施办法。

（二）维护项目安全。深入推进治乱除霸专项行动，组织开展企业及项目周边治安秩序专项排查整治，建立警企共建联动制度、社区民警走访联系和治安通报制度、治安刑事案件回访制度、报警求助第一时间响应制度、园区和企业周边重点巡防制度，营造让企业满意、让投资者放心的良好治安环境。

（三）化解矛盾纠纷。各级政法机关深入企业、对接项目，集中开展矛盾纠纷大排查、大化解活动，全面掌握涉及项目建设矛盾纠纷的情况，准确把握苗头性、预警性信息，及时认真研究化解。对涉及群众切身利益的重大项目和重大决策，推行分级评估、分类评估、专业评估、中介机构评估等办法，防止"项目一上马，矛盾跟着来"。

（四）创优投资环境。扎实推进法治建设，深入开展"六五"法制宣传教育，重点教育引导政府职能部门进一步规范服务企业行为、劳动保障行为、行政审批行为、城乡建设行为，不断提高国家机关工作人员依法行政、依法办事的能力和水平。发挥法律的强制和调节功能，坚持打击与调节并举，推动社会信用体系建设，促进形成依法竞争、公平竞争、诚信经营的良好市场环境。对涉及项目建设、企业发展、招商引资的案件，快侦快破、快捕快诉、快审快结。对各类行政审批项目，简化审批程序，提高审批效率。重点查办贪污贿赂、渎职侵权职务犯罪，查办国土、城建等行政执法人员职务犯罪，开展重点项目职务犯罪专项预防工作，预防工作与工程进度同步进行，预防措施与监理制度同步落实。

（五）防范法律风险。开展"牵手工程"，组建专项法律服务团为全省转型跨越20项标杆项目和100余项重点项目提供优质高效的法律服务。推行主动式顾问服务和客户监督回访服务模式，组织广大律师、公证员、基层法律服务工作者主动走访重点项目承建企业，到开发园区开展"法律服务接待日、咨询日"活动，建立联系点，为企业和项目建设防范化解风险提供法律服务。对我省产业转型、涉煤调产重点项目企业提供法律建议，对民营企业进行"法律体检"，努力为全省转型跨越发展提供坚实保障。

三、加强和创新社会管理

深入贯彻中央关于加强和创新社会管理的一系列重大决策，紧密结合省情特点，坚持全面推进与重点突破相结合，强力推进各项措施的落实，社会管理工作体制进一步完善，综合治理效能进一步彰显，社会管理科学化水平明显提升。

（一）强化顶层设计。一是加强组织领导。4月11日，省委办公厅、省政府办公厅下发文件，"山西省社会治安综合治理委员会"更名为"山西省社会管理综合治理委员会"，职责任务是省委、省政府的协调机构，负责领导、协调、指导各地区各部门贯彻落实党中央、国务院和省委、省政府关于加强和创新社会管理的决策部署，重点协调、推动涉及多个部门的社会管理重要事项的解决；对各地区、各部门开展社会管理工作情况进行督导检查；总结推广各地区、各部门在社会管理工作中的成功经验和做法；加强对社会管理有关重大问

题的研究，提出加强和创新社会管理的重大政策措施建议；协调、指导社会管理法规制度建设；省综治委成员单位数量由41个增加至52个。省综治委更名后召开的第一次全体会议，审议通过了工作制度和分工方案，对全省社会管理综合治理工作进行了安排部署。省委常委、政法委书记王建明逐一主持召开10个专项组工作会议和负责人会议，逐项进行研究部署。全省11个市、119个县(市、区)也迅速完成了更名工作。二是确立发展框架。全省加强和创新社会管理的总体思路是:着力构建“八大体系”，努力实现“四个突破”。“八大体系”是社会矛盾化解体系、实有人口服务管理体系、特殊人群服务管理体系、社会治安防控体系、公共安全管理体系、“两新组织”服务管理体系、信息网络服务管理体系、基层社会服务管理体系。“四个突破”是在全面推进的基础上，在公共安全管理、基层社会服务管理、流动人口服务管理、特殊人群服务管理上取得突破性进展。三是明确重点任务。在各专项组梳理出的149项工作的基础上，筛选确定了46项重点工作，制定了《2012年省综治委专项组重点工作安排》，明确了时间表、路径图、责任制，逐项强力推进。省委书记袁纯清和省长王君分别作出批示予以肯定。各地各有关部门及时召开会议，与本地本部门整体工作同规划、同部署，围绕重点确立项目，因地制宜突出特色，形成了明确的工作任务体系。

(二)推进重点突破。全面构建公共安全防范机制，大力推广电子雷管和现场炸药混装一体化爆破作业模式，大力构建以物联网为支撑、以网格化为模式、以社会化为特点的消防安全防范体系，不断健全交通事故预防机制，各类安全事故均有明显下降。努力创新流动人口服务管理，制定了《山西省农民工权益保障规定》、《山西省房屋租赁管理工作方案》和《关于进一步加强房屋租赁登记备案管理的通知》，起草了《山西省流动人口服务管理办法》，初步形成以证管人、以房管人、以业管人、以服务管人的多渠道管理格局。自主研发了流动人口综合信息服务管理系统，在试点的基础上在全省进行推广。同时，省综治委加强调研指导、督促检查，严格落实综治责任制，今年以来，共对22个问题进行了挂牌督办，对37个部门和单位行使了一票否决权。

(三)加强基层基础建设。省综治委制定下发了《关于加强基层社会服务管理体系建设的指导意见》，对全省基层社会服务管理工作的组织、职责、机制、保障等进行了规范，实施以县推进、“三步走”战略，用一年左右的时间，在全省基本建立县、乡、社区(村)、网格“四级”联动，组织构架、运行管理、信息支撑、组织保障四大体系为支撑的基层社会服务管理模式。在全省分别召开了4个片会进行专题部署和强力推进。2012年，全省乡镇(街道)综治维稳中心或信访维稳中心等机构全部更名重组为乡镇(街道)社会服务管理中心，实行管理联抓、矛盾联调、问题联治、治安联防、平安联创。全省城市社区全面实施网格化管理，加强了社会服务管理、信息采集处理、党员作用发挥、工作经费保障等各项工作机制。由网格负责人承担政策宣传、信息收集、治安巡逻、矛盾调解、困难帮扶等职责，形成“一次采集、多方共享、动态更新、全面覆盖”的网格信息收集利用体系，并将党支部建在网格上，形成多层次的党员管理机制。

四、开展政法干警核心价值观教育实践活动

按照中央政法委的统一部署，深入开展政法干警核心价值观教育实践活动。

(一)强化组织领导。制定了教育实践活动实施方案，明确教育实践活动的指导思想、目标任务、主要内容和方法步骤，具体确定了14个“规定动作”。召开省、市、县三级电视电话会议进行动员部署，各级政法机关层层制定实施方案、召开动员会议，充分调动广大政法干警的主动性，形成了“人人参与进来、人人接受教育”的良好局面。各级党委政法委和政法机关全部成立了由主要领导挂帅的教育实践活动领导组，建立领导干部联系点制度，确定联系点1032个，深入基层指导1908人次，推动联系点成为示范点。在省内主流媒体开设专栏、专题、专版，广泛宣传教育实践活动的举措和成效。省委政法委组织专题报道组深入基层进行采访，大力宣传践行政法干警核心价值观的先进典型。

(二)深化学习教育。组织大学习，省委政法委编印发放了《政法干警核心价值观教育学习资料》，各级政法机关制定学习计划，采取集体学习、个人自学、撰写体会等方式，深化对政法干警核心价值观的认识。组织大讨论，分忠诚、为民、公正、廉洁四个专题，采取专题研讨、征文比赛、演讲比赛、网上讨论等形式，开展“从警为什么、成长靠什么、价值看什么”的大讨论活动。组织大辅导，邀请著名军旅作家、武警总部政治部创作室主任王树增为千名政法干警作了题为“忠诚、为民，坚定理想信念”的专题辅导报告；邀请吉林省委政法委副书记、省综治办主任姜德志同志为全省广大政法干警作了廉政教育报告。各地举办专题辅导报告会90余场。组织大公祭，4月5日，省委政法委采取统一时间、统一行动的方式，组织全省3万名政法干警参加了“弘扬英烈精神、铸造忠诚警魂”的大型公祭活动，祭祀革命先烈，重温入党誓词，铭记党的光荣历史。组织大宣讲，遴选7名政法干警英模代表，组成英模事迹巡回报告团，深入11个市，为近万名政法干警作了12场先进事迹报告。组织大走访，政法系统领导干部安排2至3天时间进村入户，与群众同吃、同住、同劳动；政法干警深入企业、项目和园区排忧解难。组织大培训，省委政法委在中山大学举办“全省政法系统社会管理创新和领导力提升专题研修班”，在山西大学举办两期“加强和创新社会管理专题培训班”，抽调全省党委政法委系统、省综治成员单位330余人参加。组织大考试，对全省9万余名政法干警统一进行了政法干警核心价值观应知应会知识考试。

(三)抓好检查整改。自我查摆，对照执法办案中容易发生的十个方面问题和保持党的纯洁性教育活动“六查六看”要求查找自身存在问题。开门评警，省委政法委组织开展千人问卷调查，派专人到11个市发放调查问卷1000余份，调查对象涉及机关干部、法律服务工作者、企业职工、个体工商户、农民等各个阶层，广泛征求社会各界和群众对政法机关、

干警的意见和建议。各级政法机关通过面对面座谈、发放征求意见函、开设热线电话、建立投诉中心、接待来信来访、开设网络邮箱、开通官方微博等形式，多渠道征集群众的意见和建议。整改提高，对查摆出来的问题积极整改。专项治理，开展了“吃拿卡要”等不正之风专项整治活动和超期羁押、涉案人员非正常死亡、违法插手经济纠纷等执法问题的专项治理。严肃查处，省委政法委制定了《政法干警违法违纪案件线索管理暂行办法》，1 至 10 月，依法查处各类违法违纪干警 267 人。整章建制，编写了执法办案手册。

（史竹涛）

附：省委政法委书记、常务副书记、副书记、综治办主任、秘书长、综治办副主任名单：

省委常委、政法委书记： 王建明

常务副书记、综治办主任： 李富林（6 月离职）

副书记： 边晋南　杨有才　薛永辉（3 月任职）

秘书长： 苗　伟

综治办副主任： 李曾贵（3 月离职）

闫喜春（3 月任职）

省委政策研究室工作概况

省委政研室主任　张瑞鹏

2012 年，省委政策研究室领导班子团结带领全室干部职工，紧紧围绕中央和省委的重大决策部署履行职能，紧扣省委工作大局组织和安排工作力量，圆满完成了年初确定和省委交办的各项任务。

一、围绕迎接十八大召开和贯彻十八大精神做好相关工作

十八大召开之前，根据省委部署，着重围绕推进民主法治建设、深化国企改革、收入分配问题、党建重大理论和实践问题、十七大以来党领导人民推动科学发展促进社会和谐的做法经验及存在问题、新形势下五位一体建设的总体目标主要任务和重大举措等专题，由班子成员分别牵头开展调查研究，形成了《推进民主法治建设的情况与建议》、《关于深化国有企业改革、促进民营经济发展的研究报告》、《关于收入分配问题的五项思考》、《关于党的建设的重大理论和实践问题研究》、《当前群众反映强烈的热点难点问题分析》、《党的十七大以来党领导人民推动科学发展促进社会和谐的做法经验及存在问题》和《新形势下经济、政治、文化、社会、生态建设的总体目标、主要任务和重大举措》等总计 10 余万字的专项报告，报省委领导参考。大会期间，抽调人员参加党的十八大山西代表团文稿服务工作，撰写了《党的十八大精神传达提纲》，印发山西团各位代表。大会结束后，起草了袁纯清、金道铭、杜善学等省领导关于十八大精神的宣讲报告、学习十八大调研辅导材料等文稿。

二、围绕省委重要决策，深入开展调查研究

2012 年的调研工作，主要分为三类：一是根据省委中心工作在深入调研的基础上形成一批专项报告。其中，代省委起草了《关于我省学习弘扬“右玉精神”情况的报告》，习近平同志作出重要批示：“右玉精神”体现的全心全意为人民服务，是迎难而上、艰苦奋斗，是久久为功、利在长远。山西持续开展学习弘扬“右玉精神”活动，抓得好、成效大。望你们再接再厉，结合迎接党的十八大和贯彻落实党的十八大精神，继续学习弘扬“右玉精神”，深入贯彻科学发展观，牢固树立正确政绩观，在转型跨越和推进山西经济社会又好又快发展中取得新的更大成绩。袁纯清、金道铭、胡苏平、李兆前、杜善学等领导也分别作了重要批示。习近平同志的重要批示及《关于我省学习弘扬“右玉精神”情况的报告》刊发在《晋办通报》2012 第 55 期，印发我省各地各部门认真学习深入贯彻。此外，还起草撰写了《煤炭资源整合后存在的问题》、《对我省战略性新兴产业发展的思考》、《关于进一步深化改革的意见与建议》等一系列报告，为省委科学决策提供了重要依据。二是围绕省委中心工作组织的调查研究，主要以《调查与分析》形式呈报省领导。根据年初确定的全年工作要点，围绕把山西建成全国重要的现代制造业基地、中西部现代物流中心和生产性服务业大省，提升煤炭资源就地转化率，城乡居民收入分配问题，食品安全问题、当前群众反映的热点难点问题、县域经济发展问题，贫困乡村农民增收等重点课题启动调研并形成报告。全年共刊发《调查与分析》15 期，增刊 4 期，共计 20 余万字。其中《关于把山西建设成为全国重要的现代制造业基地的调研报告》、《关于把山西建设成为中西部生产性服务业大省和现代物流中心的调研报告》、《关于我省城乡居民收入分配问题的调研报告》、《建设榆次“百亿液压产业集群”势在必行》、《采用二氧化碳煤层预裂增透解吸技术抽采瓦斯有利于煤矿安全生产》、《山西提高煤炭资源就地转化率的调研报告》、《考核工作接地气——对县（市、区）推行年度目标责任考核制度的调查》等 8 篇报告受到了袁纯清、王君、金道铭、汤涛、牛仁亮、任润厚等省领导的重要批示，批示次数达 12 次。《建设榆次“百亿液压产业集群”势在必行》一文还得到了全国人大常委会副委员长路甬祥的批示，省经信委根据省委、省政府领导指示制定出台了推进榆次液压产业集群加快发展的实施意见，直接使调研成果转化为省政府决策，为加快促进全省经济社会发展发挥了重要作用，该报告在 7 月 17 日《山西日报》刊发。《当前群众反映的热点难点问题》在中央政研室《学习与研究》第 7 期刊发。三是反映基层典型经

验的报告。对基层工作有一定指导意义和借鉴作用的典型经验,我们采取编发增刊的形式转发,旨在总结经验,加强交流,推动工作,促进全省转型跨越和经济发展。如对榆次市朱村的发展设施农业,实现脱贫致富经验进行调研,形成了《"一村一品"的朱村之路》,在9月27日《山西日报》头版刊出,省电视台在山西新闻联播中摘播,新华网及新浪、搜狐、网易等国内主流网络都予以全文转载,晋中市、县、乡三级四大班子作为推进"一村一品"的重要文件进行了学习、讨论,在全省产生了较大反响;围绕"四化一同推进"开展调查研究,起草了《转型跨越的朔州实践》调研报告,并在省委办公厅《工作研究与交流》刊发;围绕县(市、区)推行年度目标责任考核情况,起草了《强化目标考核促进科学发展—关于临猗县开展年度目标责任制考核情况的调查》等报告。

三、完成了一批重要文稿、重要讲话的起草工作

一是省委重要文件的起草。完成了《中共山西省委贯彻落实党的十八大精神,加快推进转型跨越发展的指导意见》。此外,还分别完成了省委全委会、全省经济工作会议以及《山西省率先基本实现气象现代化的实施意见》等一些重要文字材料。二是重要讲话和署名文章的起草。主要有袁纯清书记《关于科技创新与改革科技管理体制问题的讲话》、《在"新晋商、新形象、新境界"民企座谈会上的讲话》、《在国防大学〈以煤为基多元发展〉的演讲稿》,《山西省委书记袁纯清谈资源型地区城乡统筹问题》,以及袁纯清书记署名文章《科学发展引领山西步入新境界》、《在转型中推动山西又好又快发展》、《以实干实绩推动科学发展》、《以务实之举提高党的建设科学化水平》等,其中部分文稿在《求是》、《学习与研究》、《人民论坛》、《党建研究》上刊发。三是专项报告和汇报材料的起草。主要起草完成向中央办公厅调研组汇报的《关于山西省民主法制建设情况》、为《财经界》系列报道山西转型发展撰写题为《山西经济转型的伟大实践》、省政府重大决策课题《山西县域经济发展难题与破解对策研究》、《关于充分发展基层民主夯实社会主义民主政治基础的调查》、《关于推进政治建设的思路和举措》、《煤炭资源整合后存在的问题》等文稿。

四、做好内部资料编发,努力提高信息化服务水平

继续办好《情况与建议》、《动态参阅》等内部参阅资料,及时向省委领导反映省内外有关经济、政治、社会、文化等方面的重要信息,为省委了解和掌握情况、发现和解决问题、指导和推动工作提供参考。特别是近年来随着互联网的发展,如何准确、快速搜索各方面动态信息,以便有针对性的采取措施,对确保稳定和促进发展具有重要意义。截止目前,我们已编发了《动态参阅》40期,约50多万字,其中对一些重大问题,如十八大报告解读、经济转型、顶层设计、页岩气革命、第三次工业革命、新型城镇化、收入分配制度改革、住房问题、物价调控、创新发展、社会管理改革等进行了聚焦式反映,编发了24期专题,为省委领导及时掌握各方面动态信息提供了方便。与此同时,对一些带有倾向性的问题,起草了《关于加快太原市城中村居民燃煤小锅炉改造的建议》、《关于在我省规模推广实施"峰谷电价"的建议》、《关于发挥我省电力资源优势争取国家专项奖励资金推进节能减排工作的建议》等文稿,采取编发《情况与建议》的形式进行反映,促进了问题的解决。

五、着眼省委重要工作,搭建权威性信息资料平台

为了真正发挥好参谋助手作用,根据年初工作安排,经过深入调查研究,充分听取各方意见,运用最新科技手段,通过公开招标,建成了信息资料平台,分别设置有省情资料、领导讲话、重要文稿、发展谋略、热点追踪、工作思考、专家论坛、调查研究、理论探讨、重点工作、基层之窗、学习园地、娘子关外、山西政研、数据计算系统、电子地图等若干栏目,每个栏目又分为若干个分支。在内容上,紧紧围绕"四化"战略、"五率"提升、"四个山西"建设、"一村一品"、"一县一业"、"一村一井"、转型项目等专题,建立资料平台和数据库,摸清底数,建立"台账",跟踪变化,旨在为省委领导决策提供依据,为重要文稿起草提供支撑。和谐社会建设,年内重点是向深度拓展,组织了"五个全覆盖"调研,形成了专题调研报告,同时编发了12期《和谐山西建设简报》,深入部分县(市、区)督查调研,进一步促进了和谐社会建设。

六、坚持正确舆论导向,努力办好《山西工作》

为了办好《山西工作》,坚持把宣传政策、引导舆论、指导工作、交流经验、服务大局、促进发展作为办刊的立足点,努力在办刊形式、刊物特色、栏目设置、图片报导等方面进行积极探索,全年共编发12期,刊登文章198篇,近200万字,其中包括大量省领导的署名文章。特别是我们结合实际,及时编发了《一定要把功夫下在抓落实上》、《持稳求进,以好求快》、《在转型中发展,在跨越中奋进》等12篇评论员文章。坚持面向基层、面向群众、贴近生活、贴近实际,及时总结、宣传了一批在改革开放和全面建设小康社会实践中的先进经验和典型,起到了较好的舆论引导和推动作用,刊物以其准确的定位、灵活的风格、精美的设计,赢得了广大读者的赞誉。

七、加强领导班子和干部队伍建设

(一)确立明确的指导思想。为了充分发挥好省委智库机构的作用,年初经室主任办公会议研究,根据政研室的工作职能和特点,坚持一切从实际出发,确立了2012年工作的指导思想和工作要点,突出强调考量工作任务政绩的标准,不再以调研报告和文稿的数量为唯一标准,而主要看质量和有多少进入决策,为省委提供了有效服务。同时将各项主要工作任务逐项分解,落实了目标责任分工,明确要求一切都必

须紧紧围绕省委中心工作，服务服务于全省转型跨越发展大局，瞄准服务省委决策的角色定位，强化责任意识，创新工作思路，改进工作作风，提升工作水平，为省委决策提供有效服务，以晋研发〔2012〕1号正式文件下发各处室执行，并认真抓了落实。

（二）推进学习型机关建设。认真学习贯彻十八大精神，是当前一切工作的重中之重。为此，我室先后制定下发了《关于开展创优环境、喜迎十八大活动安排的通知》、《“喜迎十八大、岗位做奉献”活动实施方案》、《认真学习贯彻党的十八大精神工作安排》、《关于认真学习贯彻胡锦涛总书记重要讲话和省委全委（扩大）会议精神的通知》，中心组先后8次集中学习，为大家起到了积极的表率作用。认真抓了机关干部职工的自主选学、在线学习、在职培训和学历教育。

（三）坚持民主集中制原则。坚持民主集中制，是加强班子思想政治建设的组织原则。为此，室主任办公会议研究，凡室内比较大的事项，都必须经过室主任办公会议集体研究决定，实施规范运作。上半年结合保持共产党员纯洁性教育，室领导班子紧扣“保持党的纯洁性”主题，召开了室领导班子民主生活会，班子凝聚力战斗力得到进一步增强。

（四）加大竞争性选拔干部力度。坚持以提高选人用人公信度和满意度为主线，努力打造一支“想干事、能干事、干成事、不出事”的干部队伍，是我们在加强干部队伍建设中坚持的基本原则。2012年，我室干部人事工作共调整了四次，第一次是文化处处长选任，第二次是选调人员到基层挂职，第三次是信息中心主任选任，第四次是两名非领导职务晋升。四次干部人事调整，都是严格按照有关规定，通过公开竞选选拔规范进行的。此外，我们还参加了省委机关公务员公开考录，进一步加大了竞争性选拔干部力度，在干部职工中反映很好，效果明显。

（五）强化制度建设。加强机关各项规章制度建设，是提高工作效率的重要措施。2012年，机关内部建设得到进一步加强。车辆管理，省财政厅年内为我室新配发了3辆新车，其中2辆小车和1辆中巴。新车到位后，进一步加强车辆管理，保证了机关车辆正常运行，全年未发生任何事故。专项经费申请，我们积极与有关厅局联系，积极争取专项资金，各项经费保障较之往年有较大幅度提高，保证了各项工作的顺利进行。

（六）落实党建工作责任制。坚持把提高干部职工的责任意识、履责能力作为重点，以建立长效机制为目标，认真抓了党建工作责任制和“创先争优”活动。首先，室党建工作责任制领导组组长由主要负责同志担任，对党建工作负总责，其他班子成员按照分工抓好落实。其次，建立了各项工作制度，出台了《深入开展“机关党建工作走在前头”活动实施方案》、《关于做好基层党组织分类定级工作实施方案》、《省委政研室关于加强作风建设创优发展环境长效机制意见》，成立了领导组办公室，负责做好日常工作。第三，制定了“创先争优”和纯洁性学习教育活动方案，请先进典型魏荣珠同志作先进事迹报告，赴太原支部旧址参观学习，组织开展了“三强党建”活动，机关党委被省直工委授予2010-2012年度创先争优先进基层党组织，创先争优活动进一步常态化和长效化。

（七）提高服务基层的能力和水平。省委政研室的主要职能是为省委决策提供服务，最终目标要体现在服务基层、服务群众和促进社会经济发展上，这是我们一切工作的出发点和落脚点。干部下乡住村活动，室领导班子成员多次带领机关干部到静乐县堂尔上村扶贫点下乡蹲点，深入贫困户访贫问寒，召开座谈会共商脱贫大计，目前已落实扶贫资金90万元，马铃薯改造、养羊和中药材种植等扶贫增收项目正在抓紧实施。

八、推进惩防体系和落实党风廉政建设责任制

（一）推进惩防体系建设。年初，制定了《省委政研室党风廉政工作要点》，按要求落实了党政“一把手”责任制，坚持谁分管谁负责，哪个处室发生问题，分管领导要负责任，形成了分工明确、各负其责的党风廉政建设责任制落实格局，同时做到了年初有部署，年中有检查，年底有考核。各处室处长认真履行“一岗双责”职责，按照党风廉政建设的要求，及时组织开展工作。此外，我们还结合实际，组织了党风廉政建设推进会，认真抓了党风廉政建设各项工作的落实。

（二）反腐倡廉和维稳工作效果明显。为了严明政治纪律，把反腐倡廉工作真正落在实处，做到防微杜渐，我们及时制定下发了《省委政研室党风廉政建设工作要点》、《省委政研室关于整治“吃拿卡要”创优发展环境的实施方案》、《省委政研室关于加强作风建设创优发展环境长效机制》等有关规定，平时室领导、机关党委、纪委加强教育监督，年内未发现任何违纪问题。此外，在做好维稳工作方面，也做了大量扎实有效的工作，确保不发生任何问题，受到中纪委领导表扬。

（贺高明）

附：省委政策研究室主任、副主任名单

省委副秘书长、省委政策研究室主任：张瑞鹏

副主任：霍甫安　杨绪全　王利波　马文革　安　洋

省直机关工委工作概况

省直机关工委书记　王铁选

2012 年，省直工委认真贯彻省委、省政府的决策部署，紧紧围绕服务中心、建设队伍两大核心任务，全面推进机关党的各项建设，圆满完成了全年各项任务，为推动山西转型跨越发展提供了有力保障。

一、喜迎十八大和学习宣传贯彻十八大精神，各项工作全面落实

（一）省直机关十八大代表候选人初步人选推荐提名工作圆满完成。工委成立领导机构，召开动员部署大会，按照规定程序和办法，完成了 48 名省直机关十八大代表候选人初步人选推荐提名工作。

（二）保持党的纯洁性学习教育活动取得实效。在近半年的学习教育中，针对省直机关的工作性质和特点规律，充分发挥省直工委重大活动牵头抓总、科学统筹和督导实施的作用，通过扎实开展革命历史档案珍品展、全省廉政文化精品剧目展演、剪纸艺术颂太行精神作品展、太原解放纪念馆革命传统教育、省直机关先进事迹巡回报告会等多项活动，注重问题整改，建立长效机制，引领省直各单位扎实开展了保持的纯洁性学习教育活动。

（三）喜迎十八大和学习宣传贯彻十八大精神主题活动扎实开展。从 8 月份开始，重点开展了以“机关党建名嘴”选拔赛、主题实践专题片评选、党员领导干部讲党课为主要内容的“创优软环境、喜迎十八大”主题活动，不仅选拔了一批理论宣讲骨干，扩大了党课教育的覆盖面，发挥了主题活动在服务中心、建设队伍中的教育、引领和促进作用，同时也为党的十八大胜利召开营造了浓厚的思想环境和舆论氛围。《紫光阁》杂志、《光明日报》、《山西日报》、人民网等媒体作了报道。10 月 17 日，举办了省直机关“喜迎十八大、岗位做奉献”主题活动启动仪式，印发了主题活动方案，以党员干部大讨论、理论骨干大宣讲、党组（党委）书记大调研、机关干部大培训“四大活动”为主要载体，再次把迎接党的十八大各项活动推向高潮。十八大闭幕后，工委迅速召开省直机关学习宣传贯彻党的十八大精神工作部署会，赋予“四大活动”新的任务和内涵，十八大精神辅导报告、省直机关处级干部培训、十八大精神宣讲团培训、网上知识竞赛等工作陆续展开，掀起了学习宣传贯彻党的十八大精神的热潮。

二、理论武装和学习型党组织建设不断深化

（一）注重督导检查。把党组（党委）中心组学习抓在手上，以编发《理论学习动态》《理论学习成果汇编》、不定期抽查、学习成果集中展示等形式和手段，加强了中心组和干部理论学习的监督指导。

（二）注重创新载体。围绕服务转型跨越发展，精心打造了“思想讲坛”和“厅局长报告会”两个特色品牌，全年举办了思想讲坛和厅局长报告会各 4 场，坚定了理想信念，拓宽了思维眼界。举办了省直机关首届读书月活动，引导机关党员干部养成爱读书、读好书的良好习惯。组织了 3 批 41 名工委机关干部赴外省自主选学，激发了干部的学习动力。对机关党建网进行了重新设计改版，编发了《前沿资讯》第 4 辑、《保持党的纯洁性学习教育活动读本》,《党的生活》增设了学习贯彻十八大精神和阅读经典等学习专栏，编印《省直党建信息》61 期，及时传递交流好的做法和经验，使各单位相互学习的平台更加丰富，学习效果更加明显。

（三）注重成果交流。首次推行省直机关部分党组书记、机关党委书记、专职副书记向工委述职，先后两次召开了省直机关党组（党委）中心组理论学习座谈会和经验交流会，总结经验，交流成果，推动工作。召开了全省机关党建研究会第三届四次全体会议，起草了《省直工委对各市直工委党建工作的指导意见》，课题调研成果在全国党建研究会机关专委会片会、年会上进行了交流。12 月份在临汾召开了全省机关党建工作研讨暨学习型党组织建设经验交流会，围绕学习贯彻党的十八大精神，全面提高机关党的建设科学化水平，进行了成果交流，逐步建立上下指导关系，整体推进了全省机关党建工作。

三、创先争优活动成效显著

在创先争优活动中思路清晰、形式创新、载体丰富，抓出了典型、抓出了经验、抓出了成效。把创先争优活动与基层组织建设年活动结合起来，对照《条例》和省委《实施意见》，围绕基层组织建设，深入调查摸底，实施分类定级，制定整改方案，基层党组织普遍实现了晋位升级。中央国家机关工委副书记俞贵麟对山西省直机关基层组织建设年的做法给予了很高评价。与省委组织部联合召开了全省机关党建走在前头推进会，总结成果，交流经验，安排部署机关党建工作“走在前头”的具体任务。走在前头活动的做法在 10 月 18 日南京召开的全国机关党建工作座谈会上进行了交流。结合庆祝建党 91 周年，召开了省直机关创先争优表彰大会，对在创先争优活动中表现突出的 119 个先进基层党组织、96 名优秀共产党员，特别是从事党务工作 15 年以上的党务干部予以表彰，充分体现了工委对党务工作者的重视和关怀。结合保持党的纯洁性学习教育活动，从省直机关先进典型中选树了 6

名代表，组成省直机关先进事迹报告团，在省直机关举行了3场先进事迹报告会，并在部分单位作巡回报告，引起了广大党员的强烈反响和共鸣。按照省委部署，隆重召开了省直机关创先争优暨保持党的纯洁性学习教育活动经验交流会，滚动播放并下发了“省直机关创先争优活动集锦”光盘，设台展览了省直机关创先争优活动资料，另有5个单位在大会上作了典型发言，省直机关两年多的创先争优活动成果得到了集中展示，为推进创先争优常态化长效化奠定了基础。

四、机关作风和反腐倡廉建设深入推进

（一）扎实构建惩防体系。认真履行牵头工作职责，严格落实党风廉政建设责任制，通过制定《分解意见》，省直各单位把党风廉政建设和反腐败工作的具体任务细化分解到每个班子成员和处室，形成反腐倡廉的整体合力。全面推行廉政风险防控工作，利用各种形式扎实开展反腐倡廉教育。进一步规范因公出国（境）审批管理，对省委拟提拔的94名正处级干部廉洁自律情况进行了审核把关。

（二）深入开展专项治理。加强整治“吃拿卡要”问题、创优发展环境专项治理工作的组织实施和监督检查，组织八个监督检查组，采取个别走访和明察暗访等形式，对各单位开展整治“吃拿卡要”工作进行了管理督查。同时，编发《简报》19期，对省直机关工作突出、成效明显的好经验、好做法予以宣传，推动纪检工作的开展。

（三）不断引深党务公开。召开了省直机关党的基层组织党务公开工作经验交流会。16个单位分别作了典型发言和书面交流，有力地促进了省直机关党务公开工作。省直各单位全部成立了党务公开领导小组，7503个基层党组织实现了党务公开全覆盖。

（四）加大案件查办力度。共受理群众举报99件，其中省纪委要结果4件，已办结3件；向省直有关单位要结果10件，已办结9件；自办案件11件，初步核实案件10案12人，查结9案11人，处分违纪处级党员干部16人，挽回经济损失230余万元。五是开展了万名群众评机关活动。下发了《关于开展“万名群众评机关”活动的通知》，发放调查问卷1万份，评出机关作风存在的3个方面突出问题，征求到加强机关作风建设的意见和建议568条，整理概括为23条建议，为下一步加强机关作风建设提供了参考。

五、机关文化建设和精神文明建设扎实推进

召开了省直文明委全委会，对2011年度270个省直文明和谐单位标兵、251个省直文明和谐单位、100名省直机关文明和谐创建先进工作者进行了命名表彰。深入调研，积极探索文明和谐创建的常规管理，完善了《山西省直文明和谐单位创建管理规定》、《省直文明和谐单位考评指标体系》等制度。树立“培育特色、打造品牌”的理念，开展了省直机关道德模范巡讲、学雷锋志愿服务和公民道德建设“五个一”品牌活动，组织评选了省直机关第一届道德模范和第六届“十佳文明窗口”、“十佳文明公民”。召开了省直机关精神文明建设工作经验交流会，开通了省直文明网，通过现场观摩、参观展板、会议交流，促进了文明和谐单位相互间的学习和提高。以“喜庆党的十八大、丰富机关文化生活”为主题，举办了省直机关首届“文化节”，展示了省直机关广大党员干部职工在推进我省转型跨越发展中的精神风貌。

六、统战、群团工作有序开展

举办了党外处级干部和优秀党外代表人士培训班，对“同心”品牌工程主题活动先进集体和个人进行了通报表彰。开展了“转型我争先、跨越我奉献、当好主力军、建功十二五”劳动竞赛活动、省直机关健身操舞比赛、省直机关庆祝建团90周年“青春之歌”文艺汇演。组织召开了省直机关基层党建带团建工作会议，针对新形势下党建带团建的特点规律进行了总结交流和安排部署。建立省直机关特困职工帮扶档案，继续开展联企帮困送温暖活动，积极为困难企业职工和企业军转干部排忧解难，有效保持了省直机关的安全稳定，未发生大规模群体上访事件。

七、领导班子和机关干部队伍建设进一步加强

省直工委班子坚持把抓好自身建设作为引领机关党的建设、推动工委全面发展的关键，着力在抓团结、带队伍、聚人心、促发展上下功夫，较好地发挥了核心领导作用。

（一）坚持民主集中，提高领导班子的决策能力。自觉同中央和省委保持高度一致，着眼大局、超前谋划，自觉做到“省委有号召、工委先行动”。严格执行民主集中制，凡是重大问题、敏感事项，都由工委会按照“十六字”原则决定。主要领导作风民主，表率作用发挥得好，班子成员配合密切，互相支持，在维护团结上都很真诚。工作上不讲苦累，利益上不计得失，体现了勤勉敬业、干事创业的良好精神状态。

（二）加强作风建设，树立工委自身的良好形象。在巩固深化2011年工委“形象建设年”活动成果的基础上，通过开展以“落实制度、强化服务、提升能力、树立形象”为内容的效能建设活动，克服“庸、懒、散、乱”等不良习气，着力提高工委干部学习能力、服务能力、执行能力、统筹能力和创新能力；通过工委领导班子成员在各项工作特别是大型活动中事必躬亲、言传身教，高标准、严要求，影响和带动工委干部职工形成人心思变、人心思进、以委为家、干事创业的良好风气，提升了工委的自身形象；通过加强机关规范化建设，严格干部考勤、财务管理、中心组和支部学习等规章制度的落实，加强办文、办会、办事的规范化管理，强化组织纪律观念，努力使工委上上下下养成工作严谨、遵章守纪、举止规范、行动自觉的良好习惯；通过举办以“忠诚责任奉献”为主题的演讲赛，围绕领会《把信送给加西亚》一书的精髓，结合工作谈体会，联系实际讲责任，在工委兴起了勇于担当、爱岗敬业的主流风气；通过开展下乡住村、“走基层、走工地、看转型、看兄弟”活动，大力弘扬右玉精神，密切联系群众，转变了工作作

风,激发了工委党员干部昂扬向上、奋发有为的精神状态。

(三)匡正用人导向,激发干部职工的内在动力。从工委工作大局和干部队伍现状出发,严格遵守《党政干部选拔任用工作条例》,坚持公开选拔,实行竞争上岗,连续6个批次调整提拔了46名工委机关和直属事业单位的处级干部,优化了干部梯次结构,树立了正确的用人导向,得到了群众的普遍认可。

(四)注重学习培训,增强党务干部的综合素质。采取党校培训、自主选学、参观考察、干部在线学习等多种形式提升干部的能力和素质。结合开展保持党的纯洁性学习教育活动,举办了5期省直机关保持党的纯洁性学习教育活动培训班,3期重庆、贵州党务干部培训班,3期福建党支部书记培训班和中心组学习秘书培训班,培训党务干部和党员骨干1000多人,进一步夯实了省直机关党务干部的能力基础。

八、扎实推进惩防体系建设和落实党风廉政建设责任制

(一)认真落实党风廉政建设责任制。制定了《2012年省直工委党风廉政建设任务分解意见》,召开了工委机关党风廉政建设干部大会,工委领导与18个处室和省直党校负责人签订了责任书,坚持"一把手"负总责,班子成员"一岗双责",处室领导各负其责,将牵头和协办的各项工作任务分解到处室、明确到岗位、落实到人头,一级对一级负责,年度党风廉政建设和反腐败各项任务全部完成。2012年,工委机关和直属事业单位没有任何违规违纪问题发生。

(二)注重加强廉洁从政学习教育。深入开展"整治吃拿卡要问题、创优发展环境"专项治理活动,从工委实际出发,从优化工委自身的工作环境入手,以解决消极拖沓、被动应付,思想不纯、形象不好,骄傲自满、工作懒散,责权不明、不守规矩四个问题为整治重点,切实提高工委机关的服务意识和工作效率。采取多种形式组织党员干部认真学习贯彻《廉政准则》,工委中心组两次专题学习研究党风廉政建设工作。两次召开会议讨论研究工委自身廉政风险防控工作,制定了《工委机关廉政风险排查防控责任分解表》。召开了工委保持党的纯洁性领导班子民主生活会,按照"六查六看"要求,深刻剖析思想,进行问题整改。采取集体谈话和个别谈话相结合的办法,对工委机关和直属单位新调整提拔的46名处级干部进行了任职谈话,提出了廉洁自律要求。

(三)积极推行党务公开。按照《省直工委基层党组织党务公开实施办法》,成立工委机关党务公开工作领导小组和党务公开监督小组,设立党务公开监督电话,推选党务公开监督员,工委会议议定事项及决议全部向机关中层干部公开。召开工委会议26次,印发工委会议纪要24期。加强扶贫资金的管理,研究制定了《省直工委扶贫项目资金管理制度》,确保了扶贫资金的安全和流向。

(单福光)

附:省直机关工委书记、副书记、委员名单

书　记: 李仁和(5月离职)　王铁选(5月任职)
副书记: 郭忠实　郭康锋(3月离职)　冯进成　王建成(5月任职)
委　员: 卫建友　尹桂郁

省委党校工作概况

2012年是党的十八大召开之年,也是省委党校、行政学院各项任务繁重、取得显著成绩的一年。在省委、省政府的正确领导下,校院委一班人团结带领全体教职工,以迎接党的十八大和学习、宣传、贯彻党的十八大精神为工作主线,坚持稳中求进,开拓创新,扎实推进和改进工作,保持了校院工作的连续性和稳定性,校院事业呈现出良好的发展态势,各项工作取得了新成绩。

一、教学培训工作取得新成效

一是重点抓了省管领导干部学习贯彻党的十八大精神集中轮训工作。多次专题研究部署集中轮训工作,与省委组织部研究确定集中轮训方案,全面动员、精心组织、有序开展了18期2440余名省管领导干部学习贯彻党的十八大精神集中轮训工作,充分发挥了校院在全省学习宣传贯彻党的十八大精神中的主力军作用。袁纯清、王君、李小鹏、金道铭、薛延忠等省领导和我省部分十八大代表分期为轮训班作了辅导报告。二是加大了干部培训力度,优化各类培训班次。全年举办了3期省管领导干部进修班、2期中青年领导干部培训班、2期正处级公务员培训班和3期新疆班、2期师资班以及5期专题研讨班。举办各类培训班次115期,培训1.5万余人,为历年最多。承担的干部选学、分类送学分别占全省任务的30%和23%,在参与的全省培训机构中均位居首位。三是继续深化教学改革,提高培训质量。坚持把中国特色社会主义理论体系以及党的十八大精神作为教学培训的中心内容,组织编写了"特色系列"教材。加强教学基地建设,建立省国防教育学院和省应急管理培训基地。四是干部继续教育和国民教育严把入学关、教学关、毕业关,稳定规模、严格管理,顺利完成各项招生任务,教学质量和社会影响稳步提升。

二、科研资政工作得到新提升

一是努力推进科研课题立项结项。全年立项各类科研课题40项,其中国家级3项、省部级23项、校院级14项,同时5项国家级课题结项,课题中研究山西问题的达到67%。二是大力提升决策咨询水平。组织教研人员围绕省委、省政府中心工作,全年编发12期《决策建议报告》,其中9期得到省

领导批示。三是不断推出理论成果。全年教研人员发表200余篇理论文章,其中以理论研究中心名义在省级以上党报党刊发表文章10篇。多篇论文获高层次奖励,全国党校系统评奖中获奖4项,全省社科研究优秀成果获奖9项,其中2项获一等奖并被《新华文摘》全文转载。四是稳步提高报刊质量。其中《理论探索》被评为CSSCI来源期刊,校办报刊全年被转载的论文、报道达21篇。五是积极组织各类学术活动,主办、承办了第五届"环渤海区域合作与发展党校论坛"、党的十八大精神研讨会等学术活动。

三、管理后勤工作有了新改善

校院危房改造项目后续工作稳步推进,历史遗留的土地问题于6月份得到解决,山西行政学院综合教学楼项目获准立项,校园维修改造特别是路网改造工程圆满收尾。后勤服务工作改善食宿条件和服务水平,学员满意度明显上升。信息化建设取得新进展,研发了党校学历在线查询系统,启动了"八路军总部在山西"数据库建设项目。办公室工作努力发挥服务校院大局的职能,加强了机要交换和对外宣传。财务工作加大了固定资产等基础管理力度,争取专项资金,严格资金收支管理。安全保卫、老干部服务、定点扶贫等工作也取得了新成绩,为校院事业发展提供了有力的保障。

四、思想政治建设有了新举措

校院委将加强领导干部思想政治建设和解决教职工切身利益问题作为引领和推动校院全局工作的重要抓手。按照中央、省委关于改进工作作风的规定,制定了改进工作作风的实施办法,推进校风学风建设。提出校院委班子要强化"三种意识",即政治意识、大局意识、责任意识;做到"三个相互",即相互尊重、相互支持、相互学习;正确处理"三个关系",即分工与合作、个人与组织、原则与感情的关系。各部门负责人要上心、用心、尽心、安心做好工作,做到"三个进一步",即进一步抓好工作、进一步搞好协调、进一步带好队伍。提出全体党员干部要牢固树立党的意识,坚持锤炼"在党爱党、在党信党、在党为党、在党捍卫党"的政治品质,进一步加强思想修炼,提升思想境界,做到"五个不断",即不断修炼全局观念,不断修炼敬业精神,不断修炼奉献思想,不断修炼务实作风,不断修炼合作意识;全校要形成认真研究问题、努力创新工作、坚持创先争优的浓厚氛围和良好风气。坚持思想政治建设与解决实际问题相结合,积极稳妥地解决了一些教职工普遍关心的、关系切身利益的问题,诸如事业人员绩效工资发放、聘干过渡公务员、科以下干部定级调整等实际问题,促进了校院大局和谐稳定。

五、党建人才工作有了新加强

校院充分发挥机关党建的引领作用和人才队伍建设的关键作用。从思想、组织、作风、反腐倡廉和制度建设等方面全面加强机关党建,围绕学习贯彻党的十八大精神,广泛开展学习交流会,全员报告会,"创优软环境、岗位作奉献"等各种学习活动。加强基层党组织建设,集中对全校院的党支部进行换届调整。工会、共青团、妇工委努力发挥各自职能作用,组织开展丰富多彩的文明和谐创建活动。有序开展创先争优、保持党的纯洁性学习教育、基层党组织建设年等活动,并将这些活动同学习型校院建设、文明和谐创建等工作有机融合,为做好校院工作提供了有力的思想政治保障。大力实施以教师队伍为重点的人才强校战略,招聘博士生充实师资力量,组织教师到国内外进修培训,赴基层挂职锻炼,开展集体备课、硕博论坛、教师赛讲、外请报告等教研活动,助力教师素质能力提升。

六、业务指导工作有了新进展

以县级党校建设为重点,调研起草印发《关于加强全省县级党校工作的意见》,并举办全省党校校长会议、党校系统师资培训班、教学交流评奖及教师赛讲等活动,制定全省党校、行政学院系统优秀教学成果及优秀教师评选办法等,努力整合和发挥全省党校、行政学院系统的整体优势。

(张耀东)

附:省委党校校长、常务副校长、副校长名单

校　　长: 金道铭

常务副校长: 李高山(3月离职)　李福明(3月任职)

副 校 长: 高健生　王联辉　郭成文

王永翔(女,5月离职)　潘　峰

山西行政学院院长、常务副院长、副院长名单

院　　长: 李小鹏

常务副院长: 李高山(4月离职)　李福明(4月任职)

副 院 长: 高健生　王联辉　郭成文

王永翔(女,6月离职)　潘　峰

省委党史办公室工作概况

省委党史办公室主任　张铁锁

2012年，省委党史办公室围绕工作大局落实资政育人的根本任务，以迎接党的十八大胜利召开和学习宣传贯彻党的十八大精神为主线，开展党史研究、党史宣传教育、组织党史纪念活动、进行党史资料征编等各项工作，取得了新的成绩。

一、认真贯彻落实中央和省委关于党史工作的部署和要求

2012年，省委党史办公室从我省党史工作的特点和实际、面对的新形势新任务出发，围绕以党史工作的优良成绩迎接党的十八大胜利召开和学习宣传贯彻党的十八大精神，不断完善工作思路，提出具体工作任务，努力推进完成。

一是向省委汇报党史工作，提出党史工作任务事项建议。2012年4月27日省委召开常委会会议，传达学习习近平同志关于党史研究工作的重要讲话和全国党史研究室主任会议精神，并研究了我省贯彻落实意见，袁纯清书记主持会议。省委党史办公室在会上作了工作汇报并提出党史工作有关任务和重要事项建议。会议对2012年的党史工作作出重要部署，指出要围绕迎接党的十八大胜利召开和学习宣传贯彻党的十八大精神，精心组织重要党史事件和人物纪念活动，系统征集和深入挖掘重要党史资料和革命文物，做好《中国共产党山西历史》修订再版和发行宣传工作，抓好党史教育基地建设，利用红色资源加强党性教育，切实加强党史工作的队伍建设，为党的十八大胜利召开营造良好氛围。

二是2012年5月18日召开了全省党史研究室主任会议，传达贯彻落实全国党史研究室主任会议精神，省委常委、秘书长杜善学出席会议并讲话，会议对统筹做好党史工作，以优异成绩迎接党的十八大胜利召开作了具体安排部署。会议要求全省各级党史部门和党史工作者，按照中央和省委的部署要求，围绕全省转型跨越发展和加强党的建设工作大局，统筹做好各项党史工作，为转型跨越发展、实现再造一个新山西的宏伟目标做出新的贡献。

三是党的十八大召开后，省委党史办公室组织全室干部认真学习领会十八大精神，在深入学习、联系实际、学以致用上下功夫。围绕深入学习贯彻党的十八大精神，进一步提高党史工作科学化水平，组织制定了《山西党史资政工作三年(2013—2015)规划》，上报中央党史研究室。

二、推进党史基本著作编写工作

2012年，组织编写山西地方党史基本著作，做好《中国共产党山西历史》第一卷(新民主主义革命时期)、第二卷(社会主义革命和建设时期)、第三卷(改革开放和社会主义现代化建设时期)出版发行前的相关完善工作。11月和12月，在省委常委、秘书长杜善学主持下，专门召开了两次山西党史3卷本出版发行工作协调会议。根据会议精神，省委、省政府19个部门分别提出了修改意见和建议，并与有关部门研究做好发行工作事项。组织编写《中国共产党山西历史简明读本》和《中国共产党山西历史大事记》简本，已完成修改稿。

三、开展党史专题研究

出版了《为了祖国的安宁——山西抗美援朝运动回顾》、《1949：山西干部南下实录》(上、下册)。启动了《山西革命根据地文化建设》课题研究，征集到革命根据地文化专题文献资料、研究资料58篇，70万字。研究人员撰写了专题史论《革命根据地文化建设形态——以山西为例》研究成果，入选《全国党史文化论坛文集》。

同时，推进完成全国党史部门统一部署的“抗日战争时期山西省人口伤亡和财产损失调研”课题，编撰出版了朔州卷、吕梁卷、长治卷。做好革命遗址普查成果编撰出版工作，编撰出版了《山西省革命遗址通览》太原卷、阳泉卷、临汾卷、晋城卷、晋中卷、大同卷。同时，编撰出版了《丰碑——山西革命遗址概览》一书。

7月10日，在太原召开了华北五省市(区)第九次党史工作协作会，山西、北京、天津、河北、内蒙古党史部门负责同志分别介绍了党史研究、党史资料征集工作经验，研究了以山西省委党史办公室牵头，华北五省市区党史部门共同编写《抗日战争时期的中共中央北方局》一书，中央党史研究室副主任高永中出席会议并讲话。

四、开展党史资料征集编纂工作

出版了《赖若愚纪念文集》《胡晓琴回忆文集》。推进中央有关方面交付的《李雪峰传》编撰工作，征集文献资料300多万字，撰写修改完成了初审稿。编辑完成《陶鲁笳文集》送审稿。完成了中央和中央有关部门交付的专项课题《彭真传》《彭真年谱》的有关编撰任务。继续办好《党史文汇》、《中共山西年鉴》，取得了党史宣传的良好效果，积极发挥了党史资政育人的作用。

五、组织举办重大党史纪念活动，扩大党史宣传教育

2012年，举办了彭真故居修缮竣工暨彭真生平业绩陈

列开展仪式、纪念左权将军牺牲70周年大会、纪念平型关大捷75周年大会、纪念忻口抗战75周年座谈会。通过开展纪念活动，广泛宣传山西党的历史、光荣革命传统，宣传老一辈革命家的丰功伟绩和崇高思想风范，为迎接党的十八大胜利召开营造了良好的舆论氛围。省委党史办公室与有关部门联合摄制了《旗帜——山西记忆》电视文献专题片，在迎接党的十八大召开之际播出，产生了覆盖面广的社会宣传效应。彭真生平暨中共太原支部旧址纪念馆充分发挥党史教育、革命传统教育基地的功能，全年接待6万多人次，被中宣部公布为全国爱国主义教育示范基地。

六、启动筹建中国共产党山西省党史馆(山西革命博物馆)前期工作

省委党史办公室针对编制中国共产党山西省党史馆（山西革命博物馆）建筑功能设计方案的程序要求及专业性、规范性强的特点，与省投资咨询和发展规划院进行研究讨论，共同编制完成了《中国共产党山西省党史馆(山西革命博物馆)项目建议书》，经省发改委审批后，正式下拨了前期经费，并启动了筹建的相关工作。

七、加强对市县党史工作的业务指导

2012年，省委党史办公室加强对市县党史工作的业务指导，对部分市县党史工作作了调研指导。围绕全省统一部署的党史重点课题和任务，加强合作，协力征集资料，共同完成有关课题。组织室内有关党史专家为运城市市县党史部门研究人员就如何编写地方党史第三卷进行培训辅导。组织《中共山西年鉴》编辑人员赴运城对《中共运城执政实录》的编写人员进行培训和指导。同时，及时掌握各市、县(市、区)党史正本编写工作的进度并进行督促指导。

(杨子晋)

附：省委党史办公室主任、副主任、副巡视员名单

主　　任：张铁锁

副 主 任：栗金凤(女)　牛崇辉

副巡视员：杨玉堂

省委老干部局工作概况

省委老干部局局长　陈跃钢

2012年，省委老干部局以邓小平理论和“三个代表”重要思想为指导，深入贯彻落实科学发展观，在全省转型跨越发展进程中充分发挥职能作用，各项工作取得明显成效。省委老干部局在省委、省政府年度目标责任考核中获“优秀”殊荣，机关党委被省直工委表彰为“先进机关党委”。

一、突出重点，全面推进，离退休干部工作取得新进展

一是围绕“喜迎十八大、学习贯彻十八大精神”这一主线，组织开展了全省离退休干部文体健身展演和文艺汇演、省城离退休干部童趣游戏比赛、武术健身展示和“民族风”全国歌舞邀请赛等系列活动。开展了离退休干部“诗书画影抒情怀，喜迎党的十八大”活动，遴选280幅进行了展览，23幅参加全国展览并获奖。全省共组织离退休干部开展有规模活动1200余场（次）。下发《通知》对各级老干部部门、广大离退休干部学习宣传贯彻十八大精神作出安排，并对在全省离退休干部中开展十八大精神大宣讲活动进行部署。举办了全省离退休干部党支部书记学习十八大精神示范培训班和省直厅局级离退休干部理论骨干学习贯彻十八大精神专题讲座。

二是围绕纪念干部离退休制度建立30周年和回顾十七大以来工作，组织开展理论研讨和大检查活动，进一步营造了尊老敬老的良好氛围。召开了纪念干部离退休制度建立30周年座谈会，开展了30年来老干部工作理论研讨征文活动，编印了《全省纪念干部离退休制度建立30周年工作研讨会文集》，出版了《山西老干部工作30年》和《山西老干部工作巡礼》画册，系统总结了30年来全省离退休干部工作发展历程和经验，展示了老干部工作丰硕成果。由省委老干部工作领导组成员单位厅局级干部带队，对十七大以来全省老干部政策落实情况大检查。总结了不少好做法好经验，发现了一些新典型，并推动一批历史遗留问题得到彻底解决。

三是广泛开展向解黎明同志学习活动，大力培树和表彰典型，引深了全省离退休干部党组织和党员创先争优活动。与省委组织部、省委创先办等部门联合下发《关于在

全省离退休干部中开展向解黎明同志学习活动的通知》，召开了全省学习解黎明精神座谈会。引深开展离退休干部党组织和党员创先争优活动，部署了“薪火传承葆本色，转型跨越立新功”主题活动。挖掘培树了刘科岐、梁广霖、石建华等一批离退休干部创先争优先进典型。召开了全省第十次离退休干部暨老干部工作“双先”表彰电视电话会议，对6类、411个先进集体和个人隆重表彰，对解黎明等13名全省离退休干部优秀党员标兵进行重点表彰。

四是紧抓离退休干部工作核心任务，健全制度完善机制，全面落实离退休干部两项待遇。在全省离退休干部党组织中开展基层组织建设年活动。按照“抓落实、全覆盖、求实效”要求，加强离退休干部党支部班子、制度和阵地建设。规范离退休干部党支部工作经费，规定为全省每个机关事业单位离退休干部党支部每年再补贴5000元工作经费，列入同级财政预算。与省脱钩改革办、财政等部门联合下发《通知》，对脱钩改革省直企业离休干部和退休人员的服务管理、待遇落实、工作要求等进行了规范。着力推进特困离退休干部帮扶工作，下发文件从健全机制、落实资金、规范管理、严格审批等方面提出要求。全省共落实财政帮扶资金1200余万元，帮助1.3万余名困难老同志解决燃眉之急。

五是按照建设模范部门、打造过硬队伍要求，大力实施素质能力提升工程，老干部部门自身建设得到进一步加强。扎实开展了以保持党的纯洁性为主题的学习教育活动，制定了《实施方案》，周密安排学习，深入查摆突出问题，宣传选树先进典型，积极开展传统教育，广泛进行学习交流，扎实开好专题民主生活会，精心撰写思想体会，学习活动富有成效。选派25名处级干部分别参加省委组织部中青班、全国老干部部门业务处长培训班、党校处级干部轮训班学习，在井冈山江西干部学院举办了全省老干部局(处)长提升能力素质示范培训班，新任市、县老干部局长和省局机关全体工作人员共116人参加培训。

二、扎实工作，不断创新，机关整体工作水平再上新台阶

一是认真做好学习服务和指导工作，扎实推进学习型党组织建设。制定了《2012年中心组和干部理论学习计划》，对全年学习作出总体安排。通过举办报告会、主题演讲、观看电影、参观学习等形式，不断增强学习的吸引力、感染力和渗透力。组织召开学习交流会议和工作研讨会，22名同志分别参加了省直机关党务干部、处级干部、党员骨干、舆情信息员、学习秘书和学习十八大精神培训班，培养了一批理论学习骨干。

二是运用有效载体，扎实开展保持党的纯洁性学习教育活动。制定了《保持党的纯洁性学习教育实施方案》，邀请省委党校宋建国同志作了保持党的纯洁性辅导报告，127名干部撰写了保持党的纯洁性学习心得体会，21名同志围绕保持党的纯洁性暨井冈山培训心得作了大会交流。组织局机关各处（室）、局属单位主要负责同志，深入扶贫点开展干部下乡住村和指导春耕生产活动。班子成员和广大党员对照“六查六看”内容，认真开展批评与自我批评，提出改进措施。全面总结创先争优活动。对开展创先争优活动以来情况进行回顾总结。组织党员干部观看了《苏联亡党亡国20年祭 俄罗斯人在诉说》专题录像，引导党员干部增强大局意识、责任意识和忧患意识。

三是创新活动形式，扎实开展基层组织建设年活动。制定了《基层组织建设年实施方案》和《党建工作走前头实施方案》，广泛听取各支部（党总支）和党员群众的意见和建议，对基层党组织建设情况进行总结。在135名在职党员中进行民主评议，对7个先进基层党组织、28名优秀党员、12名优秀党务工作者进行通报表彰。印发了《关于贯彻<中国共产党党和国家机关基层组织工作条例>的实施办法》、《党支部组织生活7项制度》、《党员教育管理监督规定(试行)》等制度，健全完善了党建工作长效机制。

四是开展专项整治，不断加强党风廉政建设。组织党员认真学习党章、胡锦涛同志在中纪委七次全会上的讲话精神，袁纯清同志在全省党风廉政建设干部大会的讲话精神。召开党的工作暨党风廉政建设工作会议，对本年度反腐倡廉工作任务进行分解，责任到处（室）和个人。制定专项整治实施方案，明确5项重点整治行为，党员干部撰写党性分析材料，开展批评与自我批评。举办了“山西老年杯”廉政短信征集暨评选活动，选出30条获奖作品予以表彰。组织局系统党员干部参观“山西省廉政文化书画展”，接受廉政文化的教育熏陶。

五是加强工作指导，文明和谐创建工作扎实推进。充分利用“三刊一网”、短信平台、电视显示屏等媒体，宣传文明和谐创建工作动态，营造工作氛围。组织50名青年干部参加了“省直机关庆祝建团90周年知识竞赛答题”活动。指导妇委会开展纪念“三八”妇女节活动。按时完成2012年文明和谐单位、单位标兵创建申报工作。组织人员对局属单位文明和谐创建工作进行交叉检查，推动了工作。开展“送温暖、献爱心”、“博爱一日捐”、“慈善情暖万家”募捐活动,向省社会捐助管理中心、省红十字会、省慈善总会交捐款21640元。制定《关于开展公民道德建设“五个一”活动的实施方案》，倡导在局系统广泛开展“一堂一队一牌一桌一组”公民道德建设活动，不断提高广大干部职工的道德素质。

（赵泽瑞）

附：省委老干部局局长、副局长名单

省委组织部副部长、老干部局局长：陈跃钢

副局长：刘仰良（5月离职） 郭世卿 郑兰珍

省委省政府信访局工作概况

省委省政府信访局局长　李体柱

2012年，省委省政府信访局认真贯彻全国第七次信访工作会议精神，按照中央和省委省政府、省信访联席会议的决策部署，紧紧围绕“333”工作目标，强化措施、狠抓落实，全省信访形势呈现出“四下降一好转”的良好局面：信访总量同比下降21.16%，来访量同比下降20.79%，集体访同比下降23.85%；进京重复非正常上访同比下降69.4%，在全国排位退出前五位，取得了多年来的最好成绩。特别是典型带动影响广泛，培树了10个信访工作先进县、50名信访战线先进模范，推出了卫俊芳等一批上访老户转化为致富能手的工作范例。在第七次全国信访工作会议上，我省有2个先进集体、12名先进个人荣获国家级表彰，并受到胡锦涛等中央领导同志的亲切接见。

一、以服务和保障党的十八大为主线，集中力量开展“六项活动”，努力下好先手棋、打好主动仗，有效维护了社会大局和谐稳定

一是深入开展领导干部接访下访活动，做到了各级接待场所每天都有1名领导干部坐班接访、重大活动期间实行“无假日”接访，减少了越级上访事项的发生。二是深入开展信访积案化解活动，召开5次全省信访积案化解推进会，7次疑难信访案件会商会议，8次对11个市、119个县进行排队通报。全年梳理出的5182件信访积案已化解5079件，化解率超过98%。对涉及地方和部门、责任难以厘清的463件疑难信访问题，实行地方党委政府和省直部门主要领导“双交办、双包案”。这一做法得到中央联席会议办公室肯定。三是深入开展矛盾纠纷排查化解活动。在十八大召开前夕，排查出重点信访人4761人，逐一明确责任主体，落实了“四包一”措施。十八大期间，强化对重点信访人的滚动摸排和动态管理，督促各责任单位找回并稳控重点人员87人。四是深入开展信访工作督导活动，推动了信访维稳任务落实。全国“两会”期间成立了6个督导组驻各市督导。“两会”结束后派出11个督导组带案督导。8月下旬从省直单位抽调业务骨干，由副厅级干部带队组成13个督导组。派出2名局领导、5名业务骨干陪同中央信访工作督导组深入11个市、72个县、16个乡镇街道、4个省直部门、7个省属企业开展专项督导。五是深入开展“预演彩排”活动，将全国“两会”期间信访工作作为十八大的预演，取得了“进京非访人次大幅下降、全国排位明显后移”的良好成绩，达到了“十八大前实战彩排”的目的。六是深入开展十八大期间信访工作攻坚活动，组建十八大期间驻京信访工作领导小组，建立由省市县乡四级协调联动网络，对可能进京滋事的重点人员，强化“五包一”教育稳控措施，圆满完成了十八大期间信访工作任务，受到中央联席会议和省委省政府充分肯定。袁纯清书记作出了“巩固成绩，继续做好工作”重要批示，并在传达贯彻党的十八大精神电视电话会议上讲话中，将“总结党的十八大期间加强信访工作的成功经验和做法”列为当前五项重点工作之一。中央联席会议办公室和中国人民解放军总政治部分别发来感谢信，对我省十八大期间信访工作给予表扬。北京市委、市政府派出慰问团来晋，感谢我省十八大期间为首都稳定做出的贡献。

二、以构建信访制度体系为抓手，着力健全和完善“六项机制”，积极探索新时期信访工作规律，有力推动了信访工作的制度化、规范化、科学化

一是健全书记点评机制，提请省委对省市两级党委书记面对面点评信访工作进行安排，请各市委书记作出承诺，确保目标任务完成。时任中央政治局常委、政法委书记周永康同志批示：这个做法好，请马凯并学军同志总结推广。中央政治局委员、国务委员、国务院秘书长马凯同志批示：请学军同志按永康同志批示要求，着人深入调研，总结推广。中央联席会议办公室专程赴我省调研，并向全国总结推广。二是健全联席会议机制，调整充实省联席会议成员，进一步明确了省联席会议职能、原则、机构、运行模式，着力创新县级联席会议机制，推动县（市、区）委书记任联席会议总召集人。三是健全分析研判机制，实行信访信息“零报告”、信访苗头隐患“零处理”，编发《每日情况》，会商重点信访事项，日统计、周分析、旬讲评、月通报，为省、市、县各级掌握信访动态提供了决策依据。四是健全督查督办机制，实行定期督查和不定期督查相结合，综合督查和带案督查相结合，重点督查和常态化督查相结合，由副厅级干部带队，巡回市县和国有骨干企业督导检查，抓住重点，一督到底。五是健全考核考评机制，建立对市县信访工作、市县信访系统工作、省信访局内部工作、挂职干部履职情况的四个考核评价体系。六是健全责任追究机制，提请省委出台信访工作责任追究办法，对侵犯群众利益、漠视群众诉求造成不良影响的干部进行责任追究；对思想不重视、制度不落实、措施不得力，但还不足以启动信访责任追究程序的责任人进行约谈。

三、以提升服务群众能力为根本，抓实“四项重点工作”，全面夯实信访基础工作，有序推进了各项内部建设

一是加强基层基础建设，着力改善信访服务环境。开通

视频信访业务，全省信访信息系统应用率、录用率均达100%，连续11个月排名全国第一，初步形成“信、访、网、电”四位一体信访网络。落实“市有大厅、县有中心、乡有办、村有室”要求，提升基层接待群众、服务群众能力，全省市、县（市、区）信访接待大厅和服务中心覆盖率达到81.8%和84.87%。二是加强干部队伍建设，着力提升信访队伍整体素质。抓住中办发“21号文件”出台的契机，通过竞争上岗方式，选拔了12名处级领导干部，并注重内外交流、人岗相适，进一步优化了队伍结构。这次竞争上岗坚持“公开、平等、竞争、择优”原则，程序严格，群众公认，班子调出了凝聚力，干部调出了积极性，工作调出了活力和创新力。举办了两期“全省信访系统服务转型跨越干部能力素质提升及信访业务培训班”，对全省市县（市、区）信访局局长和省信访局40名业务干部进行了培训。培树10个信访工作先进县和50名信访战线先进模范。三是加强机关党的建设，着力构建学习型、服务型、创新型机关。以“迎接、学习、贯彻十八大”主题，深入开展作风纪律整顿、保持先进性等系列活动，以作风建设推动工作落实、以增强凝聚力提高执行力。在省直工委组织的广播体操比赛中，我局荣获团体操一等奖；在干部下乡住村包村活动中，我局协调省农科院，帮助魏家坡制定了“农业创新工程——白色农业产业化试验园”方案，同时为该村筹措到了20多万元发展资金。四是加强党风廉政建设，着力树立信访干部讲政治、讲大局、讲奉献的形象。坚持不懈加强党性党风教育，组织全体干部参加廉政知识考试，对新提拔的处级领导干部集中进行任前廉政教育，认真落实新一届中央政治局“改进作风八项规定”要求。将党风廉政建设任务逐一落实到局分管领导和处室负责人头上并签订《党风廉政建设责任书》，年初建账、年中查账、年底交账。健全信访廉政风险防控机制，落实了党员干部职工知情权、参与权、表达权和监督权，从源头上筑牢了反腐倡廉防线。在干部调整中，严格按照组织程序和规定办事，班子主要领导带头作纪律承诺，而且严格履行承诺，营造了一个风清气正的好风气。

（杨卫兵）

附：省委省政府信访局局长、副局长名单

局　长：李体柱

副局长：梁雨润　张福祥　王进军（1月任职）
张建平（1月任职）

省人大常委会党组工作概况

党组书记　申联彬

2012年，省人大常委会党组坚持以邓小平理论、“三个代表”重要思想、科学发展观为指导，高举中国特色社会主义伟大旗帜，深入贯彻落实党的十七大、十八大精神及省第十次党代表大会、省十一届人大六次会议精神，紧紧围绕省委中心工作和省人大及其常委会总体工作部署，扎实推进新时期党的建设伟大工程，在思想建设、组织建设、作风建设、制度建设及反腐倡廉建设等各方面取得新的成绩，为省人大及其常委会依法履职提供了有力保证，为我省发展社会主义民主政治，推动科学发展，作出了新的贡献。

一、强化履职实效，充分发挥领导核心作用，圆满完成常委会一年来各项工作任务

一是围绕中心、服务大局，着力促进经济社会科学发展。着眼于促进经济平稳较快发展、提高经济发展质量和水平，听取审议政府计划、预算执行情况报告、审计报告、审计查出问题整改报告；着眼于推进经济发展方式转变、提高可持续发展能力，制定循环经济促进条例、节约用水条例，听取审议循环经济发展情况报告、煤炭工业可持续发展情况报告；着眼于优化产业结构、促进结构调整和培育新的经济增长点，听取审议新兴产业发展情况报告、文化产业发展情况报告、中小企业发展情况报告，就旅游“两条例一决定”开展执法检查；着眼于统筹城乡发展、加强“三农”工作，听取审议扶贫情况报告，开展农业法执法检查；着眼于推进城乡生态化、加强生态文明建设，制定气候资源开发利用和保护条例，继续开展“三晋环保行”活动。

二是以人为本、关注民生，着力保障和持续改善民生。充分利用听取报告、执法检查、调研视察等机会，支持和督促政府不断增加对社会保障、就业创业、文化教育、公共卫生等方面的投入。听取审议义务教育法律法规执行情况报告，推动教育事业发展。制定就业促进条例，听取审议社会保障及就业情况报告，推动形成城乡统筹、平等公正的就业环境。听取审议保障房建设情况报告，督促政府保障低收入人群基本需求。制定食品生产加工小作坊和食品摊贩监督管理办法，为人民群众身体健康和生命安全提供有力保障。

三是标本兼治、多措并举，着力推进“法治山西”建设。深入开展“信访制度落实年”活动，接待和受理人民群众来信来访3800余人（件、次）。从我省急需出发，制定修订非物质文化遗产保护条例、公路管理条例、突发事件应对条例、安全技术防范管理条例，听取流动人口服务管理情况报告、人口和计划生育情况报告，全面推进依法治理。

四是强化意识、搞好服务，着力支持和保障代表履职。先后邀请代表60人列席常委会会议，160余人次参加执法检查和立法调研等，委托各选举单位组织代表365人次参加专题调研和集中视察。完善代表建议交办制度，改进办理检查协调机制，加大重点办理建议跟踪督办力度，办理代表议案4件、建议636件。

五是依法任免、加强监督，着力为转型跨越提供保障。坚持党管干部和人大依法行使任免权的统一，充分发扬民主，严格依法办事，并加强任后监督，为山西经济社会发展提供了有力组织保证。特别是按照中央和省委统一部署，精心组织、加强指导，圆满完成十二届省人大代表、全国人大代表的换届选举工作，并深入开展了省十二届人大代表培训工作。

六是开拓创新、增强实效，着力提升工作科学化水平。特别是创新履职方式，选择农业综合开发条例首次组织开展立法后评估，就保障性住房建设开展专题询问，对煤炭工业可持续发展情况报告开展满意度测评，促进了履职效能的进一步提升。

二、强化理论武装，全面提升党员政治素养，着力为常委会工作有效开展提供坚实思想保证

一是扎实开展保持党的纯洁性学习教育活动，永葆共产党员政治本色。按照中央和省委统一部署，2月下旬至6月上旬，分学习动员、问题查摆、整改落实、总结提高四个阶段，组织机关深入开展了保持党的纯洁性学习教育活动。活动中，组织和安排各机构、各支部召开各类动员会34次、座谈会58次、专题讲座3次、民主生活会23次，开展各层次大讨论21次、各类调研42次、实地接受传统教育25次。党组及各机构、各支部就突出山西特色加强和改进立法工作机制、创新监督方式增强监督实效、规范决策范围依法决定重大事项、严格任免程序加强干部任后监督、提高服务效能改进代表工作及提升“三会”组织服务质量、进一步加强机关自身建设等各个方面制定整改措施200余项，处以上党员干部也都制定了详细的整改目标。整个学习教育活动“有机构、有动员、有方案、有方法、有要求、有效果”，促进了党员干部不断增强自我净化、自我完善、自我革新、自我提高的能力，实现了领导干部得教育、履职能力得提高、人大工作得推进的预期目标。

二是深入学习领会十八大精神，坚定走中国特色社会主义道路的信心和决心。十八大召开后，按照中央部署和省委要求，党组及时下发《关于认真学习宣传贯彻党的十八大精神的通知》，在常委会及常委会机关掀起了学习宣传贯彻大会精神的热潮。围绕学习领会十八大精神，为干部职工统一购置了辅导资料，中心组、秘书长班子及12个工作机构、19个支部以研讨、交流等多种形式开展集中学习47次，组织71名厅、处级干部参加了专门培训，邀请专家为组成人员作了专题辅导，邀请省直工委宣讲团为干部职工作了主题宣讲。特别是紧密联系人大工作实际，组织党员干部着重学习十八大关于坚定不移发展社会主义民主政治的理论，促进党员干部努力把十八大精神转化为推动人大事业不断前行的坚定信念、强大动力、科学方法。十八大召开前，受省委委托，党组组织相关机构和部门，就党的十六大以来，特别是近年来我省社会主义民主政治建设和各级人大履职实践进行了深入、系统的调研和总结，在此基础上，省委常委会专题研究人大工作，组织召开了全省人大工作会议，作出《中共山西省委关于进一步加强和改进新形势下人大工作的意见》，为推进全省人大工作和社会主义民主法治建设进一步指明了方向。

三是始终把先进理论作为学习重点长抓不懈，增强政治认同感和责任感、使命感。在世情国情党情发生深刻变化的背景下，面对“四大考验”和“四种危险”，我们始终把马克思主义中国化的最新成果作为学习重点，先后邀请专家学者就党建设形势与党的建设科学化、国家安全形势与战略对策、资本市场与山西转型发展、保持党的纯洁性问题、中国特色社会主义理论等专题，为党员干部作专题辅导报告5次，推荐书目20余本供党员干部开展自学，各支部围绕中国特色社会主义丰富内涵、科学发展观精神实质、全面建成小康社会目标任务、深化改革开放总体布局及人民代表大会制度建设辉煌成就等主题，组织开展集中学习、交流讨论80余次，着力解决党员干部在信仰信念信心方面的问题和疑惑，引导党员干部坚定道路自信、理论自信、制度自信。

三、强化党建基础，不断深化基层组织建设，着力为常委会工作有效开展提供坚实队伍保证

一是固本强基，大力夯实组织基础。按照党章、基层组织工作条例等有关规定，根据工作机构增加情况，新成立党支部1个，对个别基层班子进行了充实和调整，目前各机构党支部班子整齐，组织健全，运行高效。采取“走出去、请进来”等多种方式，开展支部书记讲党课活动，组织“两委”委员和支部书记19人赴山东沂蒙山革命老区开展革命传统和改革开放主题教育活动，选派10名优秀党员骨干、支部书记和党务干部赴福建、重庆参加党务专题培训，促进党务工作者素质和党务工作效能的进一步提升。认真把握培养、考察、政审、审批、转正等环节，发展党员5名，为党组织输入了新鲜血液。按照“基层党组织自评、党员群众测评、机关党委评定”的程序，完成了基层党组织分类定级工作，19个党支部全部被评定为“好”等级。

二是联系实际，不断完善工作机制。机关党委建立健全了党员效能评估制度、民主评议党员制度、党员干部联系群众制度及表彰奖励制度，各基层党组织建立健全了“三会一课”、参加组织生活登记、集中学习、党建工作责任、党风廉政建设等管理办法。在日常党务工作中，各基层组织普遍做到了五个坚持，即坚持民主集中，党建年度工作计划、年终总结、文明创建等重大事项都经集体讨论研究；坚持党建工作分级负责和“一岗双责”，将党建工作与机关工作同安排部署、同检查考核，党建、业务两促进；坚持党务公开，凡党员发展、评先推优、党费收支等重要事项都以不同方式向全体党员公示；坚持调查研究，凡出台重要规章制度、工作方案，预先召开座谈会或书面征求意见，广纳群言，集思广益；坚持民主推荐，支部成员调整，向上级组织推荐优秀，都实行党员提名、支部推荐，反映党员心声，体现集体意愿。

三是突出实效，扎实开展组织活动。机关党委组织党员干部参加轮训、培训等各种学习100余人次，组织支部成员外出交流、学习30余人次。特别是十八大召开前，有序开展了“七个一”系列活动（即举办一次摄影展、上一次党课、参观一次爱国主义基地、接受一次廉政教育、开展一次群众性文体活动、举行一次书画展览、召开一次座谈

会），按照省委、省政府加快建设文化强省的实施意见精神，就社会主义核心价值体系、社会主义荣辱观及社会公德、职业道德、家庭美德开展了各种形式的学习教育，有效焕发了党员干部爱党爱国、敬业奉献的政治热情和工作干劲。

四、强化责任意识，扎实推进班子自身建设，着力为常委会工作有效开展提供坚实组织保证

一是与时俱进，不断深化理论学习。认真贯彻落实省委《关于进一步加强和改进党委（党组）中心组学习的实施意见》和《省人大常委会中心组学习制度》，就十七届六中全会精神、保持党的纯洁性、修订后的党章、中央“八项规定”及转型综改试验区建设等主题开展中心组学习6次、听取专家辅导报告5次，特别是十八大精神，开展中心组学习2次、听取专家辅导报告2次，班子成员分批参加了中央党校集中培训。通过学习，进一步明确新时期新形势人大及其常委会的光荣职责和崇高使命，进一步深刻理解加快转型跨越对山西经济社会发展的重大意义，进而更充分发挥领导集体作用，奋力开创工作新局面。在搞好自身学习提高的同时，班子成员利用支部活动等各种机会给党员干部讲党课、做辅导，宣讲理论、解读政策，有效发挥了“传、帮、带”作用。

二是民主集中，不断提升决策水平。始终把贯彻民主集中制原则作为加强自身建设、发挥集体领导作用的关键环节。每位班子成员都对口联系和分管一个或多个机构和部门，既分工负责，又互相配合，机关运行顺畅高效，工作推进扎实有力。严格落实党内民主生活制度，在广泛征求干部职工意见基础上，围绕省委、省纪委确定的主题，认真举行党组民主生活会，深入开展批评与自我批评，沟通思想认识，增强凝聚力战斗力，集体领导、团结共事的良好局面进一步巩固。常委会年度工作要点的制定，立法、监督、重大活动等重要任务的部署，软硬件环境改造升级等重要项目的安排，全部集体研究决定，进一步增强了决策的科学性和工作的有效性。

三是求真务实，不断改进工作作风。特别是中央“八项规定”出台后，积极贯彻落实中央精神，深入对照查找自身问题，针对性制定改进措施，工作作风有了更大提升。首先，脚踏实地开展调查研究。紧紧围绕常委会会议议题，紧紧围绕关系全省改革发展稳定大局和人民群众普遍关注的热点、难点问题，党组成员深入基层开展调查研究并撰写了翔实的调研报告，为常委会会议审议和省委政府决策提供了积极参考。其二，以人为本密切联系群众。进一步完善常委会领导班子成员“包村增收”、领导干部“下乡住村”和机关“定点扶贫”“三位一体”的扶贫模式，党组成员先后14次组织带领党员干部210余人次深入榆社县扶贫联系点，帮助群众解决实际问题21次，落实扶贫项目56个，争取各方面资金1474.5万元，圆满完成“六个一”要求和包扶增收目标。其三，建章立制贯彻“八项规定”。坚持和完善常委会联系代表和群众制度，更好地把关注民生、维护群众权益落实到立法、监督等各个环节；主任会议成员、各工作机构领导班子成员每年下基层调研不少于60天，轻车简从，简化接待；严格控制会议简报规模和数量，鼓励实行网络传输办文等等。

五、强化统筹协调，扎实推进精神文明创建，着力为常委会工作有效开展提供坚实环境保证

一是完善机制，保证创建有序推进。党组统一领导、党委牵头组织、支部领导负责、分管领导主抓、群团密切配合的创建工作机制运转更为顺畅有序。按照省委创建实施意见、创建管理办法和目标责任考核新要求，本着合规、简练、高效的原则，进一步规范机关各项考核、评比、奖励，修订《山西省人大常委会机关创建省级文明和谐单位实施意见》、《山西省人大常委会机关创建文明和谐单位管理办法》和《考核细则》，更为科学地分解细化机关创建目标、部门考核要求、支部处室职责，创建工作做到了长计划、短安排、定期议、坚持抓，形成了人人有责任、层层有压力、工作有目标、奖惩有依据的良好工作格局。在完善机制的同时，进一步强化动态管理，定期自查形成常态。实现了4个独立法人的事业单位向省直文明委进行单独申报。

二是科学组织，积极提升工作效能。精神文明创建，归根到底要体现在本职工作效能的提升上。主要抓了三个方面。首先，着力提升常委会会议效能。加强计划性，年初制作全年会期日历卡，会议当月、当周印发月计划、周计划，便于相关领导和单位、部门合理安排工作，充分做好准备；加强协调性，每次会前都要组织与会议议题相关的机构、部门召开协调会，及时贯通信息，确保围绕会议开展的各项工作衔接有序、运行高效；加强严密性，明确各环节责任，规范会议流程，细致梳理每个环节，确保按要求准备到位；加强实效性，进一步规范会议审议意见办理流程，增强审议意见的可操作性、落实议定事项的时效性和整改结果的实效性。其二，着力提升机关运转效能。加强对机关各部门、各岗位的分析研究，进一步制定完善干部教育培训学分管理等10余项规章制度，特别是加强对已有的300余项规章制度执行和落实岗位目标责任制的检查指导。其三，着力提升后勤保障效能。强化办公厅服务保障意识，创新手段和方式方法，改进文风、会风，人事、财务、行政接待、文秘机要、老干部等各方面工作规范高效、保障有力。信息化建设、办公自动化建设有序推进，干部职工工作条件不断改善。

三是齐抓共管，努力形成创建合力。机关工会、妇委会充分利用自身优势，开展了一系列丰富多彩的文体活动。机关工会被授予“山西省直机关模范集体”称号，先后组织开展了“迎接十八大，岗位做奉献”、“省直机关文化

节”、“送温暖、献爱心”、“联企帮困”、“慈善一日捐”等10余项活动，向扶贫点学校捐赠文具、图书、乐器等物品价值5万元；妇委会利用多途径、多形式维护妇女儿童的合法权益，离退休老同志积极参加机关各项活动，创建活动有效凝聚了人心，提振了精神，锻炼了队伍，推动了工作。

六、强化监督制约，继续深化党风廉政建设，着力为常委会工作有效开展提供坚实纪律保证

一是明确责任抓落实。年初，召开机关干部大会，深入进行动员部署，党组与各部门签订了党风廉政建设责任书，明确领导班子和领导干部责任。

二是分解任务抓推进。机关纪委将全省反腐倡廉工作规划涉及省人大常委会机关的11项任务，以表格形式分解落实到机关各责任部门，确保年度党风廉政建设和惩防体系建设各项工作扎实推进。

三是突出重点抓整治。在机关开展了“整治吃拿卡要，创优发展环境”专项治理活动，督导机关严格落实厉行节约各项规定，严格公务接待、因公出国（境）等经费管理。尤其是重点抓好领导干部廉政档案制度、述职述廉制度、廉政承诺制度和诫勉谈话制度的落实，有效预防了问题的发生，巩固了常委会机关良好形象。

四是教育熏陶抓保持。组织干部职工认真学习了胡锦涛同志在十七届中央纪委第七次全会重要讲话，观看了廉政文化剧目《西沟女儿》、反腐倡廉影片《忠诚与背叛》和廉政文化艺术展，开展了廉政警句格言征集活动，并精选100余条廉政格言转发机关内网，通过多种形式的以案施教、明法守纪的典型教育和警示教育活动，进一步增强党员干部立党为公、执政为民和廉洁从政、遵纪守法的意识，提高拒腐防变自觉性。

（张　健）

附：省人大常委会党组书记、副书记、成员名单

书　记：申联彬

副书记：杜玉林　杨安和（1月离职）
李政文（1月任职）　靳善忠

成　员：安焕晓（女）　郭海亮　王雅安
朱　明（5月离职）　李仁和（5月任职）

省政府党组工作概况

党组书记　王　君

2012年，省政府党组认真贯彻落实党的十八大精神，坚持以改革创新精神推进党的建设，以求真务实作风推动政府各项工作，紧紧围绕政府的中心工作开展党的建设，经济社会发展和党的建设都取得了新的成绩。

一、党建工作情况

2012年，省政府党组围绕建设法治政府、服务政府、责任政府、廉洁政府和学习型政府，认真落实党建工作责任制和党风廉政建设责任制，自身建设不断加强，领导和推动科学发展的能力和水平进一步提高。

一是高度重视理论学习。坚持用党的最新理论武装头脑，党组成员都能够自觉学习中国特色社会主义理论体系特别是科学发展观，学习中央的大政方针、决策部署和国家法律法规，学习党的十八大精神，学习经济、政治、文化、社会等各方面知识,学习履职必备的知识。坚持理论联系实际，学以致用、用以促学，进一步提高了运用科学理论解决实际问题的能力。

二是坚持依法行政。不断完善重大事项公众参与、专家咨询论证和政府集体决策相结合的制度，促进科学民主决策。严格规范行政执法，强化行政执法监督，加强行政监察和审计监督，进一步提高了政府的公信力和执行力。进一步转变政府职能，切实加强行政效能建设，有效保证了政令畅通、促进了各项工作的深入开展。

三是始终坚持群众路线。省政府党组成员自觉把保障和改善民生作为出发点和落脚点，深入到各自联系点开展下乡住村活动，促进农民增收。自觉坚持群众路线，及时了解群众呼声、诚恳听取群众意见，把解决好人民最关心最直接最现实的利益问题作为以人为本、执政为民的具体行动，赢得了人民群众的拥护和支持。

四是着力改进工作作风。省政府党组成员严格执行中央关于改进工作作风、密切联系群众的“八项规定”和实施细则以及我省出台的具体办法。认真开展调查研究，深入基层和生产一线，掌握实情、解决问题。大力弘扬求真务实、真抓实干的作风，力戒形式主义、官僚主义。不断加强绩效管理，强化督促考核，有力地确保了各项工作部署都落到实处、收到实效。

五是大力推进反腐倡廉建设。建立健全惩治和预防腐败体系，认真开展重点领域渎职侵权问题专项整治，严肃查处各类违法违纪案件。省政府党组成员带头执行廉洁从政规定，严格要求自己的家属、子女和身边工作人员，始终保持廉洁自律的本色。大力提倡和忠实践行艰苦奋斗的优良传统，厉行节约，勤俭办事，维护了党和政府清正廉明的良好形象。

二、经济工作情况

2012年，省委、省政府团结带领全省人民，认真学习贯彻党的十八大精神，坚持主题主线和稳中求进的工作总基调，攻坚克难、开拓创新，经济社会发展和各项工作均取得了新的成绩。

地区生产总值完成1.2万亿元，同比增长10.1%；规模以上工业增加值完成6421.8亿元，增长11.9%；全社会固定资产投资完成9176亿元，增长24.5%；社会消费品零售总额完成4375.8亿元，增长16%；财政总收入、一般预算收入分别完成2650亿元、1516亿元，增长17.2%、25%；城镇居民人均可支配收入、农民人均纯收入分别完成20412元、6357元，增长12.6%、13.5%，城镇登记失业率控制在3.4%，居民消费价格总水平上涨2.5%；万元生产总值综合能耗、万元工业增加值用水量和主要污染物减排均实现了预定目标，经济社会发展和各项工作都取得了新的成绩。

（一）坚持把稳增长放在更加重要的位置，及时采取有效措施，经济继续保持平稳较快发展。

充分发挥政策措施的保障作用。在深入调研、充分论证的基础上，出台了56条稳增长政策措施，包括促进经济平稳较快增长的30条措施、支持服务业加快发展的9条措施和扶持小型微型企业发展的17条措施；各地各部门认真贯彻执行这些政策措施，并结合实际制定了具体的贯彻落实意见，形成了强大的政策合力，对有效克服外部环境的不利影响、稳定经济增长起到了重要作用。

充分发挥内需的拉动作用。积极开展“项目落地年”活动，继续实行项目储备、签约、落地、建设“四位一体”机制，大力推进重点工程建设，取得明显成效。投资结构进一步优化，民间投资增长33%，占总投资的比重达到49.8%；新兴产业、非煤产业投资占工业投资的比重分别由2011年的36.2%、63%提高到42.8%、67%。认真落实家电下乡、家具建材促销、节能产品惠民等政策措施，大力推进城乡流通基础设施建设，积极开展打击假冒伪劣商品和侵犯知识产权活动，促进了消费平稳较快增长。

充分发挥实体经济的支撑作用。国有大型企业加快推进“双千亿”、“双五百亿”、“双百亿”工程，成为推动全省转型跨越的重要力量。全省销售收入超千亿元的企业达到8户，煤销集团进入世界500强，省监管国有企业资产总额、营业收入、上缴税金等主要经济指标均排全国前列。大力培育发展中型、小型、微型企业，新增销售收入超亿元的企业约200户，总数达到1900户以上；新增小型微型企业和个体工商户17.7万户，总数达到107万户；引导上下游企业签订长期合作协议，允许企业缓缴相关费用，努力帮助困难企业渡过难关，保持正常的生产经营，夯实了实体经济基础。

（二）坚持把促转型作为事关全局的大事来抓，加快转变经济发展方式，转型发展呈现出强劲势头。

工业新型化步伐明显加快。大力推进煤焦冶电等传统产业整合重组和技术改造，产业集中度和竞争力明显提升，特别是煤炭工业在圆满完成整合重组的基础上，全面进入现代化矿井建设阶段；同时，面对需求疲软、外部竞争激烈的不利局面，加强内部管理和市场营销，全年煤炭产量、外运量分别达到9.1亿吨、5.8亿吨，全行业销售收入突破万亿元。积极推进煤电、煤焦、煤化工、煤机一体化发展，全省煤炭企业电力装机容量达到2000万千瓦、焦化产能达到5000 万吨、合成氨和尿素产能达到1500万吨。先进装备制造业、现代煤化工、新型材料工业和特色食品工业等新兴产业和服务业快速发展；积极开展“晋善晋美”旅游促销活动，旅游总收入达到1810亿元、增长35.1%。

科技支撑作用进一步增强。突出企业技术创新主体地位，组织实施了十个科技重大专项和403个重点技术创新项目，攻克掌握了新一代激光显示、精细化工、多晶硅制造等新技术、新工艺，成功开发了10米以上C型钢、6.25米捣固焦炉成套设备等新产品、新设备，大力推广应用新型煤炭机械装备、干熄焦、超临界大容量高参数及空冷等先进技术，为转型发展提供了有力支撑。

节能减排和环境保护成效明显。全年淘汰小钢铁55万吨、小焦炭1015万吨、小火电62万千瓦、小水泥2310万吨，新建节能建筑和完成建筑节能改造4000万平方米，全省资源综合利用率、大宗工业固废综合利用率均达到50%以上；以省城太原为重点大打环境质量改善攻坚战，在全部设区市开展PM2.5监测，拆除各类燃煤锅炉4万多台，新增集中供热面积5000多万平方米，关停30家重污染企业，11个设区市空气质量均达到国家二级标准，水质优良断面上升5.3个百分点、达到48.5%。加大植树造林力度，完成营造林460多万亩。深入推进重点区域生态环境治理修复，地下水位平均回升0.38米，全省生态环境持续改善。

（三）坚持把基础设施建设作为重要支撑，着力缓解经济社会发展的瓶颈制约，发展后劲进一步增强。

继续加强交通建设，加快推进大西客运专线、中南部大通道等铁路项目建设，完成投资500亿元，在建里程达到1900公里，相当于目前全省铁路营运里程的一半还多；加快推进吕梁、临汾、五台山机场项目建设；千方百计克服资金短缺等困难，掀起了“决战三百天、融资上千亿、高速通万里”的高速公路建设新高潮，完成1000公里建设任务，总里程超过5000公里；同时加大国省干线、农村公路改造力度，全省公路总里程达到13.68万公里。大力推进大水网建设，东山供水、中部引黄、辛安泉引水、小浪底调水等骨干工程加快建设，配套工程协调推进。新增电力装机容量510万千瓦，总装机容量达到5810万千瓦，电网、燃气管网、通信等建设改造力度不断加大。

（四）坚持把“三农”工作作为重中之重，加大统筹城乡发展力度，城乡面貌发生显著变化。

不断加大强农惠农富农政策力度，出台了小杂粮、设施蔬菜、规模养殖等10项扶持政策，累计达到50项之多，资金总额达到50亿元，补贴范围之广、含金量之高、受益农民之多都是前所未有的；新建“一村一井”工程345个，农田实灌面积达到1900多万亩，大力推广先进实用技术，农业综合生产能力稳步提升，粮菜果、肉蛋奶等主要农产品全面增产，特别是粮食产量连续3年突破100亿公斤，2012年达到127.4亿公斤，再创历史新高；扎实推进现代农业示范区和雁门关生态畜牧经济区建设，支持发展4000个“一村一品”专业村、60个“一县一业”基地县，深入实施农产品加工龙头企业“513”工程，全省农产品加工业销售收入超过800亿元，增长30%以上；编制实施吕梁山、太行山两大集中连片特困地区扶贫开发规划，深入开展干部包村增收和机关定点扶贫活动，40万贫困人口脱贫。

协调推进大中小城市、小城镇和新农村建设，启动实施了新区示范、旧区提质、城乡清洁等“十大工程”，城镇化进程不断加快，城镇化率超过51%。完成100个新农村连片示范区和3000个重点村建设任务，特别是在完成第一轮“五个全覆盖”的基础上，圆满完成街巷硬化、便民连锁商店、文化体育场所、中等职业教育免费、新农保等第二轮“五个全覆盖”任务。

（五）坚持把惠民生放在更加突出的位置，大力发展社会事业和改善民生，人民生活水平又有了新的提高。

进一步加大投入力度，各级财政用于与民生直接相关的投入达到1437亿元，增长22%，占到总支出的一半以上。就业工作成效显著。全年城镇新增就业51万人，转移农村劳动力42.5万人。教育条件显著改善。建成200所标准化公办幼儿园，改造农村幼儿园1600所，招聘农村特岗教师1752名，在21个集中连片贫困县全部实行义务教育学生营养改善计划，投资上百亿元、占地近万亩、可容纳13万学生的高校新校区基本建成。医药卫生事业加快发展。医药卫生体制改革成果进一步巩固，基本药物制度试点扩大到非政府办社区卫生服务机构，药品价格平均下降30%以上；改扩建市县乡医疗机构137所，34个县公立医院改革基本完成，群众看病难、看病贵的问题得到初步缓解。文化改革发展取得新突破。163家国有文艺院团完成改革任务，公共文化服务能力不断提高，六大文化集团健康运营，《粉墨春秋》、《立春》等一批精品力作引起较大反响。保障性住房建设力度加大。开工建设各类保障性住房40.9万套，竣工18万套，并出台了保障性住房建设、分配、运营和退出等管理办法。同时，全省房地产市场呈现出“三增一稳”的良好态势，即开发投资增长27.9%，施工面积增长25.9%，销售面积增长16.6%，价格保持基本稳定。社会保障全面加强。城乡居民养老、医疗保险和低收入群体保障实现制度全覆盖，316万60岁以上的城乡老人领到了养老金，新农合、城镇居民医保补助标准提高到每人每年240元，246万城乡低保和五保供养对象实现应保尽保。进一步完善供应制度和办法，共有812万低收入农户享受到每户1吨免费取暖煤，群众得到了更多实惠。

（六）坚持把安全生产作为做好一切工作的重要前提，强化责任、狠抓落实，安全生产形势持续明显好转。

在全面强化安全生产组织、制度、技术、人才、管理、措施、纪律和体制等“八个保证”的基础上，下大气力规范各行业各领域安全生产经营运行秩序，集中开展以煤矿为重点，覆盖非煤矿山、尾矿库、危险化学品、交通运输、消防、食品安全等领域的专项整治行动，对9万多个矿井、企业进行拉网式排查，对2285家重点企业实行安全生产挂牌责任制；深入开展“打非治违”专项行动，严厉打击私挖滥采行为；制定完善各行业各领域安全生产标准，全面提高从业人员素质；严肃对待事故、严格责任追究，促进了安全生产形势持续明显好转。全省各类安全生产事故起数、死亡人数同比分别下降14.2%、0.36%，煤矿百万吨死亡率控制在0.091，继续保持国内领先水平。与此同时，加强和创新社会管理，积极排查和化解社会矛盾，认真做好信访工作，健全社会治安防控体系，严厉打击违法犯罪活动，妥善处置各类突发事件，社会保持和谐稳定，为党的十八大胜利召开创造了良好环境。

（七）坚持把转型综改试验区建设作为总抓手，进一步深化改革开放，发展的动力和活力不断增强。

经过多方努力，转型综改试验区《总体方案》正式获批。在积极组织学习、宣传、解读《总体方案》的同时，编制了实施方案，制定了市县、省直部门行动方案，并选派干部到省外8个综改区学习先进经验，到省内11个试点县挂职指导工作。大力推进试点工作，围绕产业转型、生态修复、城乡统筹、民生改善等4项主要任务，加快推进“一市两县”、“一市两园”、“一县一企”、省属国有重点企业先行试点和标杆项目。积极创新用地、人才机制，有效保障了建设用地，引进了包括17名院士在内的一批高层次人才；不断深化配套改革，事业单位分类改革稳步推进，省直机关所属企业全部脱钩，集体林权发证率达到96.3%，深入实施扩权强县改革，下放审批权限85项。进一步扩大对外开放，全年进出口总额完成150.4亿美元；太原武宿综合保税区成功获批；成功举办了第四届能博会、首届晋商大会，赴广东、福建、湖北、河南招商引资，全年协议引进资金达到3.6万亿元，落地项目投资额达到1.7万亿元；与环保部、北京大学、民生银行、华润集团等部委、院校、企业签订战略合作协议，对外交流合作进一步深化。深入开展对口援疆工作，20个援建项目全部完成年度任务。

（柏亚华）

附：省政府党组书记、副书记、成员名单

书　记：王　君（12月离职）　李小鹏（12月任职）

副书记：李小鹏（12月离职）

成　员：高建民　牛仁亮　张　平　张建欣（女）　任润厚　郭迎光　陈永奇　杨　司（6月离职）　刘　杰（6月任职）

省政协党组工作概况

党组书记　薛延忠

2012年，省政协党组围绕省政协常委会确定的目标责任制，紧紧抓住“学习型、服务型、创新型、和谐型”机关建设，锐意改革，大胆创新，圆满完成了各项任务。

一、深入学习贯彻党的十八大精神，着力推进学习型机关建设

（一）加强组织领导，扎实开展保持党的纯洁性学习教育活动。按照省委统一部署，省政协于2月29日召开动员大会，薛延忠主席亲自动员，并对机关开展保持党的纯洁性学习教育活动提出了高标准、严要求。以秘书长班子牵头，成立了领导机构，抽调专人组建了办公室，制定了《实施方案》，提出了“十个一”工作任务和目标。机关党委制定了详细的学习计划和安排，各支部认真组织落实，扎实推进。

（二）举办中心组学习报告会，充分发挥党组领导核心和党员领导干部的示范带头作用。3月29日，省政协召开了中心组学习报告会，认真学习胡锦涛总书记在中纪委七次全会上的重要讲话精神，并邀请省政协委员、省委党校副校长高建生作专题辅导报告。

（三）深化理论学习，进一步坚定理想信念。机关理论学习采取集中学习与个人自学相结合、专题辅导与心得交流相结合方法，取得良好成效。一是组织机关处级以上干部赴中央党校开办学习班。5月3日至6日，省政协在中央党校举办新任省政协委员、市县（区）政协主席培训班，机关各专委会主任、副主任，以及机关各处室事业单位负责人一起参加了学习培训。大家认真聆听了专家学者关于“人民政协的基本理论和人民政协的经常性工作”、“提高领导干部网络虚拟社会管理能力”、“改革开放的历史进程及基本经验”、“目前我国经济发展形势及其走向”、“国际格局的新变化与我国的战略机遇”、“领导干部的决策力与执行力”和“社会稳定与社会管理创新”等专题讲座，拓展了思想，开阔了眼界。二是举办了机关干部“服务转型跨越、提升能力素质”培训班。10月16至21日，与山西经济管理干部学院合作，开办了省政协机关干部“服务转型跨越、提升能力素质”培训班，邀请省内著名专家学者，就我省综合改革实验区建设的理论与实践等五个专题进行了讲解与辅导，并组织机关干部职工赴太原不锈钢基地、西山森林公园参观学习。三是集中开展了支部学习交流。5月24、25两日，各支部分别组织机关全体党员干部开展了学习交流活动，大家结合各自学习和工作实际，踊跃发言，交流心得，互补有无。同时，将大家的学习交流材料刊登在机关内网，供全体干部职工进一步学习交流。6月1日，举办了省政协机关保持党的纯洁性学习心得交流大会，6位同志分别代表各支部进行了大会发言，引起广大干部职工的共鸣，进一步营造了机关良好的学习氛围。

（四）丰富学教形式，力求良好成效。3月29日，在张茂才副主席和阎根生秘书长的带领下，机关党委组织机关全体党员赴省档案局，参观学习了《光辉的历程——山西省档案馆馆藏革命历史档案珍品展》。4月16日，组织机关党员干部赴山西工美大厦，参观学习了《大山的品格、民族的脊梁——剪纸艺术颂太行精神作品展》。5月30日至31日，在郭良孝常务副主席和阎根生秘书长的带领下，机关党委组织机关干部职工赴武乡八路军纪念馆参观学习，接受革命传统教育。

（五）发挥网络优势，搞好舆论宣传。保持党的纯洁性学习教育活动伊始，根据机关“创先争优”活动领导小组的决定，在政协报和机关内网开辟了“省政协机关开展保持党的纯洁性学习教育活动”专栏，将活动的有关文件、领导讲话、学习材料以及进展情况予以及时宣传报道。同时，也为大家提供了一个学习交流的良好平台。活动中，机关党委已编发《省政协机关保持党的纯洁性学习教育活动简报》10期。

（六）科学安排部署，认真学习贯彻党的十八大精神。党的十八大召开以来，围绕学习贯彻党的十八大精神，机关党

委制定并下发了《学习通知》,对机关学习活动进行了全面部署和安排,各支部利用每周二、四下午的时间,组织全体党员开展集中学习。与省直分校合作,于12月19、20、21日集中3天时间,开办"省政协机关处级干部学习贯彻党的十八大精神培训班",机关处级以下干部职工参加了学习。12月底,我们还将组织机关全体干部职工开展学习交流活动。

二、坚持民主集中制,开好领导班子民主生活会

(一)认真开好党组民主生活会。12月14日,省政协党组召开了以"学习贯彻党的十八大精神,坚持为民务实清廉,推动转型跨越发展"为主题的民主生活会。党组成员在广泛征求意见、开展谈心活动的基础上,针对自己思想、工作、作风等各方面存在的不足和问题,进行深刻剖析,认真开展批评与自我批评,提出整改方向和措施,有力地促进了领导班子和领导干部的作风建设,形成了团结、和谐、坚强的领导集体。

(二)认真开好秘书长班子民主生活会。根据省委、省直工委的统一要求,按照《省政协机关保持党的纯洁性学习教育活动方案》的安排,6月27日,省政协秘书长班子召开了民主生活会,针对活动中干部群众提出的机关党建、干部管理与使用和后勤管理与服务等三个方面15项建议和意见,对照"六查六看"要求,深入剖析问题的根源,积极开展批评与自我批评,研究和探讨解决问题的对策与办法。根据省委的统一要求,12月底,秘书长班子召开以"学习贯彻党的十八大精神,坚持为民务实清廉,推动转型跨越发展"为主题的民主生活会。在民主生活会上进行自我剖析、开展批评与自我批评活动。

三、深化干部下乡活动,扎实推进领导干部包村增收活动

(一)继续抓好定点扶贫工作。根据省委下乡办和扶贫办的要求,机关党委组建了省政协机关第十四批扶贫工作队,深入偏关县新关镇,继续开展扶贫开发工作。

(二)深化领导干部包村增收活动。在薛延忠主席的带动下,各位副主席和秘书长均带队下乡,深入定点帮扶村与群众同吃同住,开展调查研究,研究确定帮扶项目。据不完全统计,已帮助实施扶贫开发项目12个,争取项目资金近千万元。

(三)开展"四送一帮扶"活动。5月21、22日,省政协副主席张茂才带领省政协社会法制委员会、省政协科技界、科协界委员和省城科技专家在偏关县陈家庄窝村开展送科技下基层活动。来自科技界的部分省政协委员和科技工作者向村民们发放科技宣传页和科技手册、赠送科技书籍。活动结束后还通过举办专家讲座,讲解养猪、大棚蔬菜培养技术。同时,还举办了数字图书馆培训班,为农民群众解答科普数字图书馆和惠农卡使用方法。活动中,还向村委会捐赠价值五万元华硕叁农书屋,颁发省级科普示范基地奖金十万元。

四、以机关党建工作为重点,深入开展"基层组织建设年活动"

(一)认真落实党建工作责任制。年初,机关党委认真贯彻《中国共产党党和国家基层组织工作条例》和省委、省直工委有关精神,制定并下发了《山西省政协机关2012年党的工作责任制》,对机关党建工作进行了详细部署和安排,分工明确,责任到人,奖惩分明。以深入开展"机关党建工作走在前头"主题活动为载体,认真贯彻《中国共产党党和国家机关基层组织工作条例》和省委制定的《实施意见》,科学组织"集成行动",切实把机关党建服务中心、建设队伍两大任务落到实处,充分发挥机关党组织在服务转型跨越发展中的战斗堡垒作用。"七一"前夕,机关党委对在机关党建工作和创先争优活动中表现突出的先进基层党支部和优秀共产党员、优秀党务工作者进行了表彰。

(二)扎实开展"基层组织建设年"活动。为认真贯彻落实省委组织部《关于在创先争优活动中开展基层组织建设年的实施方案》和省委组织部、省直工委下发的《关于做好基层党组织分类定级工作的指导意见》以及《关于做好基层党组织整改提高晋位升级工作的通知》精神,年初,机关党委从组织设置是否合理、领导班子是否健全、组织制度是否完善、作用发挥是否充分等方面入手,对机关十个党支部进行了全面的调查研究,针对由于干部调整导致部分支部班子不健全、支部间党员数量不均衡、支部党员相互间工作联系不紧密等问题,在充分调研和论证的基础上,提出了整改意见,制定了《省政协机关党支部换届方案》,按照有利于支部开展工作、有利于支部内各部门工作相互协调的原则,对原有的党支部进行了重新调整,将原有的10个党支部整合为7个。

为切实加强党支部领导班子建设,针对省政协机关组成结构的特点,经秘书长班子和机关党委联席会议研究决定,将党支部书记由原来的处级干部担任改变为由副厅级干部担任,进一步提升党支部的凝聚力和号召力。同时,为加强对党支部工作的指导,按照分工联系相对集中的原则,秘书长班子成员分别参加到各个支部,协助支部开展工作。充分发挥党内民主,突出党员主体地位,通过民主选举,新的党支部更加具有活力。

(三)积极开展党务工作培训。4月10日,省政协机关党委举办机关党务工作培训班,邀请省委党校机关党委书记张春年就如何做好党支部工作、加强党支部制度建设等内容进行专题辅导,机关各党支部新任书记、委员参加了培训。通过培训,大家深化了对党务工作的认识,进一步增强了做好支部工作的责任感和使命感,进一步明确了支部工作的各项任务和工作载体以及方式方法,对搞好机关党的建设、创建一流党支部充满信心。

(四)完善各项规章制度。根据秘书长班子的统一要求,机关党委对现有的各项规章制度进行了认真梳理,结合学习型机关建设的要求,将原有的机关各项学习制度,统一汇编为一项,制定了《省政协机关学习制度》。

五、加强反腐倡廉建设，探索党风廉政建设的成效机制

认真落实山西省政协《关于建立健全惩治和预防腐败体系2008—2012年实施方案》和《关于贯彻落实中国共产党党员领导干部廉洁从政若干准则的实施办法》，以“喜迎十八大、岗位做贡献”活动为载体，切实加强机关党风廉政建设。

（一）牢固树立“三服务”意识，切实加强机关作风建设。3月26日，省政协召开全体干部职工大会，秘书长阎根生就树立“服务领导、服务委员、服务机关”意识、提升政协机关工作科学化水平作了重要讲话和部署。要求机关全体干部职工要进一步提升思想境界、进一步提升工作水平、进一步提升创新能力、进一步完善制度建设、进一步提升队伍形象，有力地促进了机关作风建设。

（二）认真搞好“六查六看”，切实转变工作作风。6月5日至7日，按照省政协机关保持党的纯洁性学习教育活动的安排，以支部为单位，召开党员民主生活会。全体党员干部对照“六查六看”的要求，广泛征求意见，认真查找自己在思想、工作、作风上存在的不足和差距，开展党性分析，提出改进措施，明确努力方向，并认真撰写思想总结，开展批评与自我批评。

（三）开展专项整治活动，增强廉洁自律意识。2012年以来，机关党委以开展保持党的纯洁性学习教育活动为契机，认真贯彻全省党风廉政建设干部大会精神，以增强党员干部廉洁自律意识为目标，以惩防体系建设为手段，以推行党务公开为保障，围绕全省开展的整治“吃拿卡要”问题、创优发展环境的安排部署，成立了专项整治工作领导小组，制定了《实施方案》，深入开展了整治“吃拿卡要”、“纪律松弛”、“效能低下”、“铺张浪费”宣传教育活动收到良好成效。此外，还组织机关全体干部职工参观了山西省反腐倡廉成就展、廉政建设书画展，观看了电影《忠诚与背叛》、党员教育电视片《信仰》，开展了“喜迎十八大、岗位做贡献”、向彭云、李林森同志学习等活动，使广大干部职工深受教育。

（张建忠）

附：省政协党组书记、副书记、成员名单

书　记：薛延忠

副书记：郭良孝

成　员：李雁红　李潭生　令政策

张茂才（1月任职）　阎根生

省纪委（监察厅）工作概况

省纪委书记　李兆前

2012年，在中央纪委和省委的坚强领导下，省纪委常委会按照省纪委十届二次全会的工作部署，团结带领全省各级纪检监察机关，紧紧围绕服务保障党的十八大和学习贯彻党的十八大精神，围绕中心、服务大局，改革创新、狠抓落实，党风廉政建设和反腐败斗争取得新成效，为推动全省转型跨越发展提供了有力保障。全省反腐倡廉工作取得了积极进展和明显成效，中央、中央纪委和省委、省政府主要领导先后作出重要批示15次，给予了充分肯定；在召开的全国性会议上，我省就作风建设、惩防体系建设、阳光农廉网建设、食品安全责任监督、基层涉纪信访举报、反腐倡廉制度建设、案件监督管理、巡视、宣教、纠风以及乡镇纪检组织建设等工作作了10余次典型发言和经验介绍；全国村务公开民主管理会议、全国工程建设领域项目信息公开和诚信体系建设工作调度会、华北东北地区纪检监察工作座谈会等会议相继在我省召开，进一步扩大了我省反腐倡廉工作的影响力。这些成绩的取得，是中央纪委和省委坚强领导的结果，是全省各级纪检监察机关和广大纪检监察干部奋发努力的结果，是全省各级党委、政府和广大党员干部、人民群众、社会各界大力支持和积极参与的结果。各位省纪委委员认真履职尽责，发挥了积极作用。

一、加强监督检查，促进中央和省委重大决策部署贯彻落实

全省各级纪检监察机关自觉融入全局、主动服务大局，以严明的纪律保障政令畅通。加强对党的纪律特别是政治纪律的监督检查，督促广大党员干部讲政治、顾大局、守纪律，在政治上、思想上、行动上与中央和省委保持高度一致。认真落实省委关于开展保持党的纯洁性学习教育活动的部署，对11个市、15个省直单位、30个县（市、区）、32个市直单位及部分乡镇、企业等进行了监督检查，发现并督促整改了一批突出问题，推动党员干部思想纯洁、队伍纯洁、作风纯洁和清正廉洁。紧紧围绕转型综改试验区建设，创新监督检查机制，健全监督检查制度，推行综合集中检查，重点开展对“气化山西”、水利改革发展、保障性安居工程建设、节能减排和环境保护、耕地保护和节约用地政策措施、重点工程项目、2009年以来招商引资项目签约和落地情况的监督检查，发现各类问题5496个，下达督查建议书2052份。强化安全生产法规制度落实的监督检查，查处各类生产安全责任事故85起，给予党政纪处分455人。开展对支援新疆发展政策落实情况的监督检查。通过监督检查，发现和纠正了一批政策执行、资金管理、项目落实等方面存在的突出问题，查处了一批违纪违法案件，为我省“十二五”规划的顺利实施和转型跨越发展的全面推进提供了有力保障。

二、加强作风建设，优化转型跨越发展环境

认真贯彻省委关于加强作风建设的要求，坚持典型引导和集中整治“两手抓”。继续深入学习弘扬右玉精神，大力弘扬太行精神、吕梁精神，引导党员干部牢固树立正确政绩观，提倡求真务实之风、真抓实干之为。坚持重拳出击、严查严管，在全省范围内集中开展了“整治吃拿卡要问题、创优发展环境”专项行动，重点整治各级决策、审批、执法单位在服务市场主体中的“卡、拖、慢”等行为，严肃查处利用审批权、执法权吃拿卡要、索贿受贿的典型案件，查处典型案件995个，处理违纪干部1267人。针对暴露出来的漏洞和薄弱环节，建立健全长效机制。代省政府起草并提请出台《关于深化行政审批制度改革促进政务服务便捷高效的实施意见》、《山西省损害发展环境行政行为责任追究办法》等制度。按照法定权限和程序来严格规范各部门行使职权、履行职能，审批项目的设定依据、实施部门、受理方式、申请材料、办理环节、办理时限、收费

依据、监督等具体内容全部公开公示，做到了项目清楚、内容全面、流程清晰、明白易懂，切实减小了审批过程中的随意性和自由裁量权。建立部门内部并联审查机制或联合会审机制，改变了一个行政审批事项多头审批、多层次审批、多环节审批的状况；研究制定并联审批办法，实现审批权的合理配置和有效运转。推进扩权强县试点工作，抓好下放权限对接落实，积极发挥扩权政策效应。大力推进电子监察，基本建成覆盖41个省直部门、11个市、22个扩权强县试点县（市）的行政审批电子监察平台。

三、发挥“制度＋科技”综合效能，加快山西特色惩防体系建设

注重顶层设计，强化科技支撑，以“制度+科技”为路径，以“一网六平台”（“一网六平台”，即：惩防体系信息网，阳光农廉网平台、公共资源交易运行及电子监察平台、食品安全责任监督网格化信息平台、行政审批电子监察平台、工程建设领域项目信息和信用信息公开共享平台、信访举报平台）建设为抓手，坚持虚实结合、统分结合、软硬结合、长短结合、新旧结合的思路，加快推进惩防体系信息网建设。制定实施《山西省惩防体系信息网建设规划》，省、市“一网六平台”建成投入运行，初步形成互联互通、信息共享的综合网络服务和监管体系。认真贯彻落实中央惩防体系《工作规划》和省委《实施办法》，159项工作任务全部完成，形成了具有山西特色的惩治和预防腐败体系基本框架。

四、加大办案工作力度，保持惩治腐败强劲势头

贯彻党要管党、从严治党方针，不断加大查办案件工作力度。全省各级纪检监察机关共初核案件线索8529件，立查案件9504件，结案9519件，处分违纪党员干部10705人，其中市厅级干部18人、县处级干部313人。严肃查处了潞安集团原副总经理刘仁生、省国土资源厅原副巡视员王有明等一批重大典型案件。反腐败案件协调领导组的作用进一步发挥，突破大案要案的能力进一步增强；严格规范办案工作程序、加强内部监督制约、严肃办案纪律，推行案件查办责任制；积极改进案件审理、申诉复查、行政复议和行政应诉工作，规范党政纪处分决定执行工作，严格“两规两指”等办案措施使用，保障被审查人员的合法权益，依纪依法、安全文明办案水平进一步提高。加强对典型案例的剖析研究，充分发挥查办案件的治本功能，切实做到查处一起重大案件、教育一批干部、完善一套制度、促进一方工作。

五、推进专项治理，解决群众反映强烈的突出问题

坚持抓住重点、突破难点，继续推进煤焦领域反腐败斗争，煤焦领域腐败治理长效机制有效发挥作用。扎实开展工程建设领域突出问题专项治理，加大了国土资源、交通运输、铁路、水利、电力等重点领域以及资质资格审批、项目决策、招标投标、土地出让、规划管理、建设实施、资金管理、物资采购等重点环节的治理，加强了工程建设项目质量安全管理，积极推进工程建设领域项目信息公开和诚信体系建设工作，基本实现了省、市、县三级发改、住建、国土、交通、水利、工商等部门的工程建设项目全覆盖、信息全联通，共排查投资额500万元以上项目16625个，纠正各类问题15163个，清理和收缴违规违法资金115.9亿元。推广晋中试点经验，在全省基本形成以“分责全落实、示责全公开、知责全覆盖、履责全方位、问责全过程”为主要内容的食品安全责任监督长效机制。进一步畅通信访举报渠道，开展信访干部带案下访活动，巩固基层涉纪信访工作成效，我省到中央纪委监察部上访总量由2011年的第10名退至第15名。深入开展党政机关公务用车问题专项治理，清理违规用车3500辆，处分违纪干部56人，出台全省党政机关公务用车配备使用管理制度。深化庆典、研讨会、论坛、博览会（展会）过多过滥问题专项治理。狠刹大操大办、借机敛财歪风。巩固公款出国（境）旅游专项治理成果，费用支出比年初预算下降69.71%。巩固“小金库”专项治理成果，收缴违纪款3132万元。认真开展打击非法违法采矿、违法排污、农民工工资支付等专项执法监察，加强对保障性住房建设和棚户区改造情况的监督检查，推动建立保障性住房建设、分配、监管机制制度。治理公路“三乱”，纠正教育、医药购销和医疗服务中的不正之风等工作成效明显。进一步深化民主评议政风行风工作，协助省政府出台《关于深入开展民主评议政风行风工作的实施意见》，组织开展全省民主评议政风行风宣传月活动。全省纪检监察机关共查核损害群众利益的案件1194件，追究责任人员1883名。

六、深化基层党风廉政建设，健全完善基层长效机制

全面提升阳光农廉网，扩大村务公开，落实农民知情权、管理权、监督权，促进农村干部廉洁履职，密切党群干群关系。深入推进村级民主管理和民主监督，99.14%的农村建立了村务监督委员会。认真落实《农村基层干部廉洁履行职责若干规定（试行）》，严肃查处发生在农民身边的腐败问题，给予党政纪处分2831人，移送司法机关85人。不断建立健全农村惩治和预防腐败体系。继续深化国有企业党风建设和反腐倡廉工作，严格执行国有企业领导人员廉洁从业有关规定，加强对国有企业“三重一大”决策制度执行情况以及企业领导人员、关键岗位管理人员的监督。深入落实《关于加强高等学校反腐倡廉工作的意见》，认真解决高校园区建设、招生录取、物资采购、科研经费、财务管理、学术诚信等方面的突出问题。推进公用事业单位、城市社区党风廉政建设。探索非公有制经济组织和新社会组织反腐倡廉建设。

七、改进预防腐败工作，提高源头治理水平

坚持教育、监督、改革多管齐下，不断拓展预防腐败的领域和深度。加强反腐倡廉教育和廉政文化建设，全省共组织岗位廉政教育培训班60余期，培训党员干部6万余人次；新建廉政教育基地40个，开展教育活动1200余次；会同有关部门举办了为期10天的廉政文化精品剧目展演活动，省四大班子领导以及省直部门领导干部5000余人观看，参演剧目在全省各市县巡回展演，取得圆满成功，袁纯清书记对这次活动两次作出批示、给予好评；举办以“喜迎党的十八大”为主题的全省廉政文化书画展，省四大班子领导和广大党员干部共7000余人参展，省委、省政府主要领导给予充分肯定。反腐倡廉舆情网络信息工作得到加强，反腐倡廉网络环境得到净化。深化党务、政务公开，加强廉政风险防控，防控领域从行政机关向党的机关、国有企业、事业单位和社会团体延伸拓展。加强巡视监督，完成了对晋中、晋城、临汾、运城等4个市及所辖部分县（市、区）和省国土厅、交通厅、水利厅等3个省直部门的巡视，发现了一批突出问题和案件线索。加强公共资源交易市场建设，制定《关于推进统一规范的公共资源交易市场建设的意见》，启动省公共资源交易中心建设。建立健全防止利益冲突体制机制，起草了《山西省建立健全防止利益冲突制度的意见》和《山西省公职人员防止利益冲突暂行办法》。

八、加强纪检监察机关自身建设，夯实反腐倡廉工作基础

深入开展创先争优活动，加快建设学习型、责任型、创新型、规范型、廉洁型机关。积极适应反腐倡廉建设和转型跨越发展的新形势新任务新要求，自觉加强常委会自身建设，出台《关于加强省纪委常委会自身建设的意见》。制定一系列规章制度，为机关规范化建设奠定了基础。切实加强队伍建设，按照德才兼备、注重实绩、群众公认的原则，采用民主推荐、差额票决的办法，选拔了一批干部充实到重要工作岗位。对干部严格教育、严格管理、严格要求、严格监督，切实树立监督者更要自觉接受监督、执纪者更要带头守纪的意识。切实加强对全省纪检监察工作的领导和指导，改进检查考核，推进工作创新。坚持抓基层、打基础，全省1196个乡镇全部设立了纪委。积极推进省直派驻机构联组管理，重点开展交叉监督、专项检查和查办案件等工作，派驻机构监督作用进一步增强。全省各级纪检监察机关认真落实省委关于开展保持党的纯洁性学习教育活动的部署，坚持以更高的标准、更严的要求搞好全省纪检监察机关的学习教育活动，解决了一批纪检监察干部思想作风和反腐倡廉工作方面存在的突出问题。积极发挥教育、监督、检查、处理、保障等职能作用，出台《关于发挥纪律检查机关职能作用推动保持党的纯洁性学习教育活动深入开展的意见》，组织开展全省保持党的纯洁性学习教育活动专项监督检查，深入开展理想信念和党的纪律教育，严肃处理破坏党的纯洁性的行为，促进了学习教育活动深入开展。

（牛彦方）

附：一、省纪律检查委员会书记、副书记、常委名单

省委常委、省纪委书记：李兆前

副书记：杨森林（常务副书记）　李正印（3月离职）　冯改朵　贾毓杰

常　委：荀志坚　张秀萍（女）　康建成　孟　萧　因新中　孙兴武

二、省监察厅厅长、副厅长名单

厅　长：杨森林（1月离职）　冯改朵（1月任职）

副厅长：刘蓉华（女）　因新中（兼）　李吉山　刘予强

省高级人民法院党组工作概况

党组书记　左世忠

2012年，省高级人民法院党组深入贯彻落实科学发展观，全面加强法院队伍的思想政治建设、作风纪律建设、司法能力建设和党风廉政建设，紧密结合法院工作和党员干警的思想实际，加强理论武装，很抓专项教育，严肃作风纪律，突出廉政建设，丰富干警文化生活，全院上下呈现出团结向上、创先争优、开拓创新、文明和谐的良好局面，有力推动了以审判工作为中心的各项工作的健康发展。

一、开展专项教育活动，不断增强宗旨意识

根据中央、省委和最高法院的安排部署，在院党组的高度重视和坚强领导下，院机关自2012年3月以来，按照“领导带头、全员参与，正确引导、分类施教，依靠群众、开门教育，注重实践、务求实效”的原则，认真开展了“保持党的纯洁性学习教育活动”和以“忠诚、为民、公正、廉洁”为主要内容的政法干警核心价值观教育实践活动。活动中，认真制定方案，加强组织领导，端正指导思想，明确内容要求，规定方法步骤，突出学、查、改大三个环节，落实活动效果。一是抓住突出问题，做到有的放矢，言之有物。对理想信念动摇、宗旨意识淡薄、大局意识不强等八个方面的问题进行了揭、摆、查、改活动。二是丰富活动载体，做到内容充实，生动活泼。活动中明确了重点理论学习篇目9个，邀请专家作专题辅导2场，举办先进事迹报告会1场，到第四监狱开展警示教育1次，组织党的纯洁性教育和政治干警核心价值观主题演讲比赛2场，组织收看了电视系列片、组织参观了历史档案珍品展各1次，开展了重温入党誓词活动，召开了中心组暨干部理论学习会议1次，及时组织召开领导班子和各党支部专题民主生活会查摆问题，扎实推动活动深入开展。三是注重活动效果，做到入心入脑，扎实有效。在学习教育、对照检查、自我剖析的基础上，每个党员干警都写出了思想总结，制定了整改措施，撰写心得体会。通过活动使广大党员的党性意识和宗旨观念进一步加强，政法干警“忠诚、为民、公正、廉洁”的核心价值观进一步确立，有效促进了党员干部思想纯洁、队伍纯洁、作风纯洁和清正廉洁，促使每名党员干警真正做到思想入党，服务转型跨越发展的水平有新提高。

二、加强理论学习活动，提升政治理论水平

以理论学习、改造思想为先导，以创建学习型机关、学习型党组织、学习型部门、学习型领导班子为目标，引导干警自觉强化“学无止境、学用相融”、“没有终点、只有终身”的学习理念，坚持不懈地自觉抓好思想武装。一是认真搞好学习保障。年初，为各党支部和全体干警购买下发了专题学习资料13种2400余册，专门定制了三种学习笔记本，按照集体组织和个人自学分类做出详细的学习计划，并通过办讲座、专题辅导等增强学习效果，提高政治思想素质，使广大干警始终保持政治上的坚定、思想上的清醒、方向上的正确、行动上的自觉。二是全面落实各项学习制度。在坚持落实中心组学习制度，周二、五下午集体学习制度，学习计划制度、读书笔记制度、个人自学制度、学习交流制度等现有制度的基础上，进一步完善学习考核制度、重点培训制度等，形成用制度促进学习的长效机制，做到学习有计划、人人有笔记、重点内容有心得。全年共有189名干警参加了省直分校、省委学校、国家法官学院等专业培训机构的培训。三是坚持领导干部带头学习。真正做到学以立德、学以增智、学以致用，以领导干部的模范行动，带动全体党员干警形成注重学习的良好风气。中层以上领导干部共撰写理论文章91 篇。四是不断丰富学习形式。充分发挥党员教育基地、廉政教育基地、警示教育基地和局域网络的平台作用增强学习效果。通过学习破除了不合时宜的旧观念，树立了新理念，为公正司法、廉洁司法、为民司法扫清思想障碍。

三、强化监督制约机制，完善廉政建设体系

首先，进一步完善了以“利剑工程”为抓手的反腐倡廉制度体系。按照“利剑工程”《实施意见》部署的各项任务，对院机关的相关制度进行了全方位的废、改、立，将岗位权力防控监督制度、审判管理监督制度、行政管理监督制度和各部门的内部运行管理监督制度四个部分260多项制度汇编成《山西省高级人民法院岗位权力风险防控“利剑工程”制度手册》。出台了“利剑工程”《实施细则》，细化分解了工作目标和任务，把责任落实到具体部门和相关负责人，突出明确制度的执行主体、监督主体、责任承担主体，加大了“利剑工程”落实力度，形成了用制度管人，按制度办事，依制度追责的良好氛围。其次，进一步强化监督制约措施，创造良好的司法环境。围绕加强对审判权、执行权、司法行政管理权的监督制约，严格审判流程管理，实行电脑随机分案，发放随案跟踪“监督卡”、业务庭室派驻廉政监察员、严格合议制度、案件研究组制度、审委会制度和“人情干扰登记留痕”制度等加强对司法审判过程的内部监督；聘请社会监督员，重视人大代表视察工作，认真办理人大代表议案和建议，自觉接受人大监督；重视落实信访工作，支持和保证群众监督、舆论监督等强化对司法活动的外部监督；认真落实《党内监督工作条例》，严格民主集中、集体研究、会议决定，加强对重大事项的监督，做到阳光司法、阳光用权，杜绝暗箱操作，确保法官清正，法院清廉，司法清明。再次，进一步加强了司法作风建设，积极提高司法公信力。重点开展了整治“吃拿卡要”、领导干部廉洁自律、纪律作风专项督查和庆典、研讨会、论坛、博览会过多过滥问题专项治理活动。向服务对象发放《征求意见函》100多份，组织对全院的工作纪律、庭审作风、制度落实、警车管理、立案信访、“利剑工程”推进等情况进行了综合督察，院机关作风建设得到进一步加强。

四、注重司法能力建设，提升队伍整体素质

院党组积极倡导“学习型法院”建设，不断加大培训力度，努力提升干警的法律素养。在积极鼓励自我学习提高、认真组织系统内培训的同时，特别注重依托高等院校的教学力量提升培训质量，全年举办了法律业务培训班三期263人次，并有计划地选送17名法官到国家法官学院进修学习；先后组织形式多样的学术研究、理论研讨、中外司法合作交流、庭审观摩、案件评查、裁判文书评比、精品案例评选等活动15场次，引导法官认真钻研业务。积极探索推行干警绩效管理，合理整合现有人才资源，为业务能力强、工作好、有实绩的同志搭建了施展才华的舞台。

五、不断丰富活动载体，推进精神文明建设

省高院以服务大局、服务审判、服务干警为目的，拓展工作思路，创新工作方法，积极开展内容丰富、形式多样、健康有益的活动，充分发挥文明和谐创建活动的推动作用，提升法官形象，提高法官素养，丰富法官生活。一是成功举办了院机关“颂歌献给党庆七一文艺汇演”活动，机关各党支部自编自演文艺节目51个，从中精选了23个进行了汇演；二是成功举办了全省法院廉政文化书画摄影展。全省法院近1300名干警参与投稿，精选出200余幅获奖作品在晋宝斋展出，受到上级相关部门、领导和法院干警的好评；三是成功举办了第七届“春季健步走运动会”，从第一届只有几十名女法官参加的单项活动逐渐发展为人人参与的全院性大型活动，参与人员逐年增多，活动内容逐年丰富，体现了很好的群众基础；四是组织了全院干警第九套广播体操比赛。院机关全体在职工作人员400余人参加了比赛活动。27个部门组成的6个联队分获一、二、三等奖。五是充分发挥院机关主导作用和工会、青年团、妇工委联系和服务群众的优势，丰富创建活动内容。院工会组织的百人大合唱、广播操比赛，妇工委组织的迎三八联欢会、女干警警示教育，青年团组织的“青春绽放，精彩2012”新春联欢会、“学雷锋、送温暖”活动、“结对帮扶、爱心传递”活动，“献爱心、送温暖”活动等等，营造了积极向上的精神文明建设氛围，有力推动了院机关以审判为中心的各项工作的顺利开展。

（马云跃）

附：省高级人民法院党组书记、副书记、成员名单

书　记：左世忠

副书记：梁　权（5月离职）　朱　明（5月任职）
刘冀民（5月任职）

成　员：吴秋霞（女）　张　炜　王志刚（7月任职）
赵有珍　张学俊　冯　强　罗镇堂（5月离职）

省人民检察院党组工作概况

党组书记　杨　司

2012年，省人民检察院党组坚持以科学发展观为指导，按照省委和高检院的工作部署，充分发挥党组集体领导作用，不断深化对新形势的分析研究，团结和带领全省检察机关紧紧围绕全省工作大局，认真履行法律监督职责，不断强化队伍建设和自身监督，各项检察工作取得了显著成效，为促进全省转型跨越发展做出了积极贡献。

一、以科学发展观为指导，进一步明确检察工作科学发展思路

2012年以来，省检察院党组坚持把科学发展观的要求贯穿到各项检察工作中，积极服务全省工作科学发展，努力实现检察工作自身的科学发展。一年来，院党组始终紧密围绕全省实施"十二五规划"和推进转型跨越发展大局，主动把检察工作放在省委的重大战略部署中去谋划、去推进，制定了《贯彻落实政法机关服务和保障转型综改试验区建设指导意见的实施意见》。全省检察机关充分发挥打击、预防、监督、教育、保护等职能作用，扎实开展"吃拿卡要"专项整治行动，依法惩治危害综改试验区建设的各类犯罪，突出查办影响招商引资项目落地的职务犯罪，建立完善重大建设项目跟踪预防制度，在企业集中的综改试验区设立检察室，依法保障综改试验区建设和"项目落地年"工作顺利进行，服务全省工作大局取得明显成效。

在积极服务全省工作科学发展的同时，省检察院党组深入研究检察工作自身科学发展的新路径、新举措，从破除影响检察工作科学发展的思想观念和体制机制障碍入手，在全省检察机关开展了解放思想学习讨论活动，要求全省检察机关"跳出检察看检察"，以"跳起来摘桃子"的精神，进一步更新发展理念，破解发展难题，增强发展活力。在此基础上，院党组提出了2012年要着力抓好执法办案、执法规范化建设、检察信息化建设、修改后刑诉法学习培训、涉检舆情引导应对、政法干警核心价值观教育实践活动和保持党的纯洁性学习教育活动等六项重点工作，带动和促进执法办案、队伍建设、工作机制等各项检察工作的全面创新发展，全省检察工作呈现出协调发展、齐头并进的良好态势。

二、加强领导班子建设，领导班子的凝聚力和战斗力进一步增强

省检察院党组积极适应新形势新任务的要求，着眼于提高服务大局的能力，提高领导检察工作科学发展的能力，努力建设坚强有力的领导班子。在省委的统一领导下，结合市级换届工作，充实加强了省检察院领导班子，班子结构进一步优化。在新一届班子分工会上，杨司检察长对班子成员提出了"讲政治、讲责任、讲团结、讲纪律、讲民主集中制、讲廉洁"的要求。强化中心组政治理论学习，全年组织政治理论学习7次，深入学习了党的十八大精神、胡锦涛同志"7·23"重要讲话、习近平总书记在十八届一中全会上的重要讲话等内容，党组一班人坚持党的创新理论，贯彻落实中央、省委决策部署的坚定性、自觉性进一步增强。认真贯彻民主集中制原则，严格执行《党组议事规则》，注重发挥班子成员的集体领导作用，党组议事和决策的规范化、民主化和科学化水平不断提高。认真落实民主生活会制度，召开了政法干警核心价值观教育实践活动和保持党的纯洁性学习教育活动党组专题民主生活会，会前专门征求群众对每个班子成员的意见和建议，会上班子成员对照"忠诚、为民、公正、廉洁"要求和保持党的纯洁性学习教育活动"六查六看"要求，进行党性分析和对照检查，严肃开展了批评和自我批评，收到了良好的效果。认真贯彻执行党的干部政策，严格按照程序和规定，选拔任用正处级领导干部3名，树立正确的选人用人导向。强化自身廉政建设，班子成员自觉遵守《廉政准则》和《廉洁从检规定》等廉洁自律的有关规定要求，自觉接受群众评议和监督，在工作和生活中以身作则，较好地发挥了表率作用。

三、深入学习贯彻修改后的刑诉法，加大执法办案工作力度

（一）突出抓好修改后刑诉法的学习贯彻工作。强化学习培训，坚持以执法办案一线人员和基层检察人员为重点，采取点、线、块、面“四合一”措施，实现了全员学习、全员培训、全员考核、全员过关。强化实务探索，在太原市院开展了审查逮捕必要性评估、公诉案件庭前会议、非法证据排除等先行先试工作。在此基础上，省检察院召开贯彻实施修改后刑诉法观摩及动员大会，学习推广太原市院的经验，推动贯彻实施工作深入开展，为明年实施修改后刑诉法奠定了坚实基础。最高人民检察院曹建明检察长等领导同志作出重要批示，给予充分肯定。

（二）全力维护社会和谐稳定。坚持把维护山西稳定、保障首都安全，为党的十八大胜利召开创造良好环境作为检察工作第一位的任务，一手抓打击犯罪，一手抓化解矛盾。全年共逮捕各类犯罪13792件20676人，提起公诉19766件29330人。注重结合办案化解矛盾纠纷，办理当事人达成和解的轻微刑事案件206件，民商事和解息诉案件632件。积极参与加强和创新社会管理，创新监外执行、社区矫正监督方式，协助基层组织加强对特殊人群的管理帮教。认真落实检察环节社会治安综合治理措施，结合执法办案向党委、政府及社会管理部门提出检察建议2683件。成立了办理未成年人案件专门机构，完善办理未成年人刑事案件配套工作体系，加强对未成年人的司法保护。扎实推进集中化解涉检进京访专项工作，中政委交办的7起、高检院交办的8起进京访案件全部得到化解，实现了重大敏感时期涉检进京“零上访”目标。

（三）依法查办和积极预防职务犯罪。始终保持对腐败犯罪的高压态势，突出查办职务犯罪大要案件，共查办各类职务犯罪1244件1723人。深入开展查办重点领域职务犯罪专项治理工作，查办涉农惠民领域贪污贿赂犯罪410件637人，查办危害民生民利渎职侵权犯罪170件212人，查办国土、城建等行政执法机关职务犯罪338人。研究制定了《检察机关侦防一体化机制建设实施细则》，推进侦查和预防工作机制建设。认真落实讯问职务犯罪嫌疑人同步录音录像制度，规范办案区的管理使用，进一步规范执法办案活动。不断深化职务犯罪预防工作，组织召开省预防职务犯罪领导小组第三次会议，在全省116项重点工程建设中开展了职务犯罪专项预防，举办了“廉政宣传短片”评选活动，加强警示教育基地建设，对党员干部开展预防教育5524次，受理行贿犯罪档案查询15579次。

（四）全面加强诉讼监督。加强刑事立案和侦查活动监督，监督纠正侦查机关应当立案而未立案案件1457件，不应当立案而立案案件1019件。开展公安经侦队办理案件专项监督活动，共监督立案19件，监督撤案12件；发现违规扣押处理涉案款物、违法变更强制措施等案件144件，已纠正106件。开展“另案处理”、“在逃”案件专项检查活动，共发现处理不当案件25件35人，分别作了监督立案、督促移送审查起诉、督促公安机关上网追逃等处理。加强刑事审判监督，对认为确有错误的刑事裁判提出抗诉337件，原审改变率为84.2%，刑事审判监督质量进一步提升。开展了职务犯罪案件一审判决两级检察院同步审查工作，同步审查职务犯罪案件一审判决624件，着力解决职务犯罪轻刑化问题。加强刑罚执行和监管活动监督，制定了罪犯暂予监外执行同步监督程序的规范意见和特定重点罪犯教育改造和减刑假释同步监督规定，组织开展了看守所留所服刑专项检查以及清理久押不决案件专项检查活动，纠正减刑、假释、暂予监外执行不当383人，清理久押不决案件139案279人。加强民事行政检察工作，认真学习贯彻修改后的民事诉讼法，加大对二审生效裁判的审查力度和再审检察建议适用力度，共审结提请抗诉案件114件，对认为确有错误的民事行政裁判提出抗诉212件，原审改变率为82%；发出再审检察建议251件，法院采纳142件。拓宽监督范围，积极稳妥开展民事执行监督，多元化监督格局基本形成。

四、大力加强检察队伍和基层基础建设，夯实检察工作科学发展根基

（一）扎实开展政法干警核心价值观教育实践活动和保持党的纯洁性教育活动。不断创新活动形式，丰富活动载体，扎实开展政法干警核心价值观教育实践活动，组织和参加了清明节公祭、英模事迹巡回报告会、演讲比赛、应知应会考试等活动，开展“山西省第四届十大杰出检察官”评选活动，检察人员思想政治素质进一步提高。高检院政治部李如林主任在我省调研时，对我省主题教育实践活动开展情况给予充分肯定。深入推进保持党的纯洁性学习教育，组织了党课教育、读书月、读党章学党史等活动，党员干部党性党风党纪观念进一步增强。以迎接党的十八大，争创一流工作业绩向党的十八大献礼为载体，扎实开展创先争优活动，紧密结合检察工作实际，引导广大党员立足岗位争创一流。

（二）深入开展“三建三创”活动。为充分发挥省检察院机关在全省检察机关的引领示范作用，省检察院机关开展了“加强思想建设、作风建设、能力建设，创建学习型、效能型、服务型机关”活动，机关各部门认真组织理论学习，召开支部民主生活会，扎实开展以反对自由主义为主题的纪律作风教育整顿，进一步健全完善工作和管理制度，针对存在问题制定整改措施，机关工作秩序和工作效能得到明显改进，干警的精神面貌焕然一新。

（三）加强检察文化建设和涉检舆情引导应对工作。积极探索发展繁荣检察文化的新思路、新举措，加强文化建设示范院建设，成立了山西检察官文学艺术联合会，组织开展专项活动3次，检察文化建设水平居全国前列。加强涉检舆情引导应对，设立专门机构，配置舆情监测设备，配备专业人员，加大《涉检舆情快报》编发力度，及时处置涉检舆情6次，取得了较好效果，为检察工作科学发展提供了有力的精神动力和舆论支持。

（四）加大教育培训和人才培养力度。继续实施“351”人才培养工程，完成了第二批全省检察业务专家、业务尖子和办案能手的培养和考察确定工作。以领导素能、任职资格、专项业务、司法考试培训等为重点，开展大规模教育培训，省检察院举办各类培训班 19 期，培训 1943 人次。深化检校合作，再次选聘 4 名高校教授到省检察院挂职锻炼，检察队伍的能力素质和专业化水平进一步提高。

（五）大力推进信息化建设。制定了全省检察信息化建设三年发展规划，计划用 3 年时间，投入 3 亿元，大力推进侦查监督、公诉、职务犯罪侦查、检察技术、检察队伍建设等九大平台软件建设，并与其他政法机关和行政执法机关实现信息互联互通，以实现信息资源共享，使我省检察机关信息化建设达到全国一流水平。

（六）扎实推进基层基础建设。深入推进基层检察院“四化”建设，扎实开展“落实《基层检察院建设规划》攻坚年”活动，完善落实省、市院领导联系基层检察院制度，狠抓示范院培养指导工作，深入开展结对帮扶活动，推动基层院建设协调发展。研究探索基层检察院院内设机构设置改革，取得了阶段性成果。积极延伸检察工作触角，稳步推进派驻乡镇检察室工作，全省设立乡镇检察室 66 个，广泛开展农村巡回检察，为农民群众提供快捷优质的法律服务。深入推进铁路检察院工作体制改革，我省在全国首家签订了铁路检察院移交协议，加大对铁路检察院工作的指导力度，积极协调解决铁路检察院人员管理、经费保障、资产移交、信息化建设等方面的问题，促进了铁路检察院工作平稳健康发展。

五、大力加强党风廉政建设，努力促进公正廉洁执法

（一）深入落实党风廉政建设责任制。认真贯彻高检院新修订的《检察机关党风廉政建设责任制实施办法》，根据院领导班子成员的调整情况，及时完善全省检察机关党风廉政建设工作领导小组，对班子成员党风廉政建设分工进行了调整。年中和年底分别对部分市分院和省检察院机关各处室贯彻落实党风廉政建设责任制情况进行了检查考核。

（二）认真做好巡视和检务督察工作。开展了对太原铁检分院领导班子的巡视工作，针对存在的问题提出了整改意见，有力促进了太原铁检分院领导班子建设。结合“吃拿卡要”专项整治活动，积极开展执法办案和检风检纪督察活动，对全省检察机关遵守执法办案纪律和警车管理规定等情况进行了重点抽查检查，检察机关执法办案工作进一步规范，检察队伍纪律作风进一步好转。

（三）加强对执法办案活动的监督。扎实开展案件评查活动，对 2011 年度办理的 495 起自侦案件涉案款物进行专项检查，对扣押、冻结、处理不当的 8820.8 万元人民币、1.3 万欧元和物品全部上缴财政或返还当事人和相关单位。对 2011 年作出不起诉决定的 25 件自侦案件进行评查，对发现的问题提出了整改意见，对涉及程序和实体错误的案件，启动了纠错程序。制定《关于加强职务犯罪侦查监督工作的意见》，推进职务犯罪审查逮捕程序改革。落实办理自侦案件“一案三卡”制度，加大对职务犯罪案件线索初查不予立案的备案审查工作力度，制定《山西省检察机关办理企事业单位案件“十个不准”》，不断完善主要业务处室检察人员执法档案，进一步加强对职务犯罪侦查工作的监督制约。制定《检察人员参与或协助纪检委办案工作的规定》，对检察人员参与纪检委部门办案进行规范。

（四）严肃查办检察人员违纪违法案件。坚持从严治检方针，认真贯彻落实中政委“四个一律”的要求，以“零容忍”的态度，严肃查办检察人员违纪违法案件。制定了《山西省检察机关纪检监察机构查办案件考评办法》，对发生检察人员违纪违法案件的单位一把手进行了集体约谈。

（尹桂珍）

附：省人民检察院党组书记、副书记、成员名单

书　记： 王建明（1 月离职）　杨　司（1 月任职）

副书记： 文晓平（5 月任职）　荣　彰（5 月任职）

成　员： 李　勃（2 月离职）　严奴国　秦文峰

武传慧　胡克勤（3 月任职）

周茂玉（3 月离职）　王国宏（5 月任职）

谢鹏程（5 月离职）

省政府各厅局党组(委)工作概况

省政府办公厅党组工作概况

党组书记　陈永奇

2012年，省政府办公厅党组团结带领全体干部职工，以提升"三服务"水平为目标，以创建"五型"机关为牵引，坚持主题主线和稳中求进的工作总基调，深入宣传贯彻学习十八大精神，按照省第十次党代会、省"两会"和全省经济工作会议部署，全面实施"十二五"规划，奋力推动转型跨越，充分发挥参谋助手作用，扎实工作、锐意进取，经济社会发展和各项工作都圆满地完成了任务。

一、全力推进转型跨越发展，参谋助手作用发挥明显

(一)加强综合协调，确保中央和省委、省政府各项决策部署落在实处、收到实效。省政府办公厅紧密结合省委、省政府的工作大局，加强综合协调，促进工作落实，有力地推动了省第十次党代会、全省"两会"和经济工作会议部署的各项工作的落实。

一是采取多种形式加强沟通协调。坚持主动协调、重超前协调、多方协调原则，加强与国办、国家各部委的联系，加强与省委、省人大、省政协的沟通，加强与省直部门、市县、企业的联系，确保了中央和省委、省政府各项决策部署的贯彻落实，确保了各项工作的有序推进。二是全力助推经济平稳较快增长。面对复杂严峻的经济形势，加强了经济监测和经济运行调节，加强了对实体经济和重点工程的协调服务，扎实开展招商引资服务保障工作，始终把稳增长放在更加重要的位置，沉着应对、多措并举，为促进全省经济平稳较快增长做出了积极贡献。三是努力促进经济发展方式转变。协调开展煤矿集中整治专项行动，严厉打击任何形式和任何名目的私挖滥采；协调召开现代化矿井建设大同现场会，加快推进现代化矿井建设，进一步巩固和扩大煤炭资源整合煤矿兼并重组成果。组织开展对各市节能减排目标责任评价考核，认真总结经验做法，指导各市全面做好节能减排工作。协调组织近百家科研单位，在煤层气、煤化工等领域启动实施7个省级科技重大专项，为加快形成"以煤为基、多元发展"的产业新格局提供了有力的科技支撑。四是扎实推动"三农"工作。组织财政厅、发改委和农业各部门在全面梳理2009年以来我省出台的各项强农惠农富农政策的基础上，又提出10项新的政策，目前我省强农惠农富农政策达到50项，补贴资金超过50亿元。启动实施了杂粮、畜牧两个产业振兴计划，大力发展"一县一业"、"一村一品"，积极推进农产品加工龙头企业"513"工程。圆满实现了"五个全覆盖"目标。五是统筹抓好社会事业发展和民生工作。协调开发银行解决贷款100亿元，加快推进高校新区建设。组织承办了省政府与北京大学签署合作协议活动，双方就加强科技、人才、教育和决策咨询等方面达成合作共识。协调组织保障性住房建设任务分解、工作推进和目标考核，促进我省保障性住房建设走在了全国前列。协调举办"辉煌山西，文化惠民"文艺演出活动，协调组织2012年奥运会摔跤项目国际资格赛等重大赛事。特别是针对群众反映强烈的污染问题，以省城太原为重点，协助省政府领导、协调有关部门大力开展环境质量改善攻坚行动，确保"一年见成效、两年上台阶、三年大变样"。六是以转型综改试验区先行先试为重点全力推进各项改革。组织召开了全省转型综改试验区先行先试推进大会，进行了再部署、再推进；督促市、县全部组建了领导机构和办事机构，配合选派58名干部到其他8个国家级综改区学习挂职；协调争取《总体方案》获批，加紧编制《实施方案》，对各试点县和34个省直部门的行动方案全部批复；协调筛选了20个第一批省

级标杆项目、规划投资达到3300亿元,并提出8条政策措施予以重点推进;提出10条优惠政策,加快推进"一市两园"建设;积极开展产业、财税、土地、金融、人才等20个体制机制和政策创新课题研究。协调督促有关部门深化医药卫生体制改革、文化体制改革、集体林权制度改革,推进事业单位分类改革、国有企业改革、扩权强县改革,取得新的进展。

(二)深入调查研究,为省政府科学决策提供高效服务。紧紧围绕省委、省政府重大决策部署、省领导关注的重大问题和群众反映的热点难点问题,深入开展调查研究,提高以文辅政水平,为省政府科学决策提供优质服务。

一是深入调查研究。针对今年以来经济形势运行中出现的新变化,与相关部门和单位一道,深入研究并提出保持经济平稳较快增长、支持服务业发展、扶持小微型企业加快发展等一揽子政策建议。协助组织王君省长率领省党政代表团赴河南、福建学习考察。按照王君省长要求,协调研究制定了《关于深化行政审批制度改革促进政务便捷高效的实施意见》等一系列规章制度。出台并实施了向低收入农户冬季取暖供煤这一惠民政策。协调组织起草燕山——太行山和吕梁山连片特困地区发展和扶贫攻坚规划。同时,围绕在农村两轮"五个全覆盖"、推进工业新型化、农业现代化、市域城镇化、城乡生态化、增加农民收入等方面开展深入调研,形成了专题报告。二是以文辅政,对文字起草提出了高、实、准、新的具体要求。组织起草了《政府工作报告》、重大会议讲话、中央来晋调研汇报等多件重要文稿,为省政府领导科学决策提供了重要的文字资料。

(三)加强效能建设,进一步提高办文办会的质量和水平。一是办文方面。按照王君省长重要批示精神,组织机关干部认真学习《关于印发<党政机关公文处理工作条例>的通知》,进一步优化公文办理流程、简化程序、缩短时限,提高了办文的效率和水平。推行服务承诺、首问负责、限时办结制度,加快公文处理节奏,全年制发的各类文件无一差错。二是办会方面。按照改进会风、提高议事质量和效率的要求,进一步规范会议的审批和管理,从严控制以省政府名义召开的会议。进一步控制会议数量、规模,明确要求,尽量开小会、短会、视频会。进一步规范省政府领导政务活动安排,切实减少省领导事务性活动。进一步严肃会议纪律,严格到会时限,严格请销假制度,保证了会议的秩序和质量。三是政务接待方面。坚持把政务接待作为提升山西形象、争取外部支持、服务转型跨越的重要工作,精心组织、周密安排,确保来宾满意、领导放心。全年共完成政务接待活动168批、2200人次。

(四)强化督促检查,促进政令畅通和政府执行力提高。王君省长指出:"主要工作要边督查边总结。督查的过程就是工作落实的过程,同时也是深化认识、完善思路、发现真理的过程。"办公厅党组认真贯彻落实王君省长的重要批示精神,紧紧围绕全省中心工作开展全方位、多形式的督查,有力地推动了重点工作的落实。

一是围绕《政府工作报告》的工作部署开展全面督查。将《政府工作报告》涉及的288项重点工作逐项分解到9个领导组办公室、11个市政府和76个牵头单位跟踪督导,确定督查重点,以点带面推动工作落实。建立了重点工作督查人员联系体系,省内主要媒体开辟了《政务督查》栏目,适时将督查情况向社会公布。二是围绕重点、难点和热点工作开展专项督查。会同省发改委、省综改办对各市、各部门转型综改先行先试的机构组建、人员到位、项目落实、工作进展、推进成效等进行督查。深入贯彻落实国务院第五次廉政工作会议精神,对会议部署的各项目标任务进行了责任分解,并督促抓好落实。对中央巡视组反馈意见中的21个涉及政府部门的问题逐项进行责任分解,督促有关部门理清整改思路,制定整改方案,落实整改措施。

(五)自觉接受监督,认真办理人大代表建议、政协委员提案。积极创新工作机制,改进工作方式,加强与省人大、省政协的沟通联系,狠抓人大代表建议、政协委员提案办理工作,为人大依法监督、政协民主监督提供了服务保障。

一是建议提案办理方面。2012年省政府系统共承办省人大代表建议605件,全国人大代表建议3件;省政协提案558件,全国政协提案4件,向人大代表、政协委员及时答复了输结果。对省政府领导领办代表建议、政协提案88件,积极协调、督促、指导相关部门和单位做好办理工作。二是日常服务联系方面。组织省有关部门为全国"两会"山西代表团准备了丰富的建议提案参考资料汇编和专题宣传资料,为我省代表、委员建言献策和宣传山西、争取支持提供了服务。5次协调省政府有关部门向省人大报告专项工作,全票通过了省人大常委会的满意度测评。12次配合完成了全国人大及驻晋人大代表对山西的调研、考察、项目督导工作,确保了与全国人大的畅通联络。

(六)完善应急管理体系,进一步提高突发事件预防和处置能力。坚持以人为本、依法规范、突出重点、狠抓落实的原则,以保障人民群众生命财产安全为核心,以提高预防和处置突发事件能力为重点,扎实推进应急管理的各项工作。

一是科学有效处置突发事件。认真做好值守应急和信息报送工作,严格落实领导带班、24小时值班和节假日双岗制度,有效处置突发事件124起。二是加强应急管理法制建设。提请省人大常委会审议通过了《山西省突发事件应对条例》,编制完成《2012年度全省突发事件趋势分析及主要对策》;编制应急体系建设"十二五"规划和70个专项规划;撰写《山西省应急预案体系建设情况调查报告》,并上报国务院应急办。三是全面加强基层应急工作。对11个市应急管理工作进行督查,掌握了基层应急管理工作的详实情况,并对市县、部门应急预案体系建设情况开展了全面督导。积极推进应急救援队伍、物资储备与避难场所建设。组织开展应急管理系统培训,进一步提高队伍素质和能力。

(七)推进政务信息公开,加强电子政务建设。大力推进政务公开,健全政府新闻发布和信息公开制度,加强政府网站和电子政务建设,充分发挥政府公报和新闻媒体作用,为群众提供快捷方便的服务。

一是信息公开方面。起草完成了《山西省政府信息公开规定》,下发了《2012年政府信息公开重点工作安排》,建立了政府文件网上及时发布的信息协调机制,印发《关于做好2011年政府信息公开年度报告有关工作的通知》,不断规范信息公开的内容、程序和方式,提升政府信息公开水平。二是电子政务建设方面。组织开展政府系统电子政务的网络扩容、政府门户网站优化、信息资源共享安全保密、终端维护等工作。加快电子政务网络建设,新增51个省直部门和11个市对119个县的网络链路;推进电子政务应用推广,开发了移动办公平台,提高了办公厅日常工作效率;加强政府门户网站建设,制定了《省政府网站数据加载内容情况任务分解》、《省政府网站管理办法》,使省政府门户网站成为对外宣传的重要窗口、政务公开的重要渠道和为民服务的重要平台。

二、切实加强机关自身建设,着力打造"五型"机关

以创建学习型、服务型、创新型、廉洁型、和谐型"五型机关"为抓手,以加强领导班子和干部队伍建设为重点,创新用人机制、树立良好导向,进一步增强了办公厅的凝聚力、创造力和战斗力,厅机关积极进取、奋发有为、干事创业的良好局面得到进一步加强。

(一)切实加强领导班子和干部队伍建设,着力强化大局意识、责任意识、纪律意识。按照王君省长"办公厅要做加强政府自身建设的表率"的要求,不断强化思想政治和作风建设,始终坚持民主集中制原则,集体研究决定重大活动、年度计划、机构调整、人事变动、大额资金使用以及关系职工切身利益问题的事项;积极创新工作方式,每月召开一次秘书长碰头会议,通报工作情况、交流经验体会,研究重点工作的落实和推进举措,进一步提高了秘书长层面综合协调的质量和效率;通过开展"五查五比"活动,进一步强化了干部职工的责任意识和纪律观念;教育引导干部职工自觉在思想和行动上与党中央、保持高度一致,自觉维护省委、省政府的决策部署和工作大局。

(二)扎实推进学习型机关建设,机关干部队伍综合素质进一步提高。根据中央和省委关于大规模培训干部的要求,制定了《省政府办公厅干部教育培训实施办法(试行)》,下发了干部教育培训规划和年度计划,建立了组织调训、干部选学、在线学习"三位一体"干部教育培训机制。自行组班开展干部选学工作和"全省公文处理培训班",参加干部选学人员占干部队伍总人数37.6%。省政府梅山会议厅开设了"梅山讲堂",外请专家、学者,开展讲座和专题报告3次,520余人次参加了教育培训。落实在线学习全覆盖要求,通过季度检查通报,保证学习时间、效果双落实。通过这些工作的实施,有效地落实大规模培训干部要求,进一步推动了机关干部队伍建设。

(三)严格按照规定考核评价和选拔任用干部,有效激发了干部队伍的工作积极性。年度两次协助国家统计局山西调查总队开展组织工作满意度随机取样民意调查;组织召开办公厅全体干部大会,对机关处长(主任)进行年度述职述廉和民主测评;对136名处及处以下公务员、564名事业单位工作人员、25名机关工勤人员的德才表现和工作实绩进行了评价,进一步激发了干部职工干事创业的热情。严格按照《党政领导干部选拔任用工作条例》等要求选拔任用干部,完成了政府信息公开处、应急指导处等新运行处室的职能调整、人员配备;推荐3名副厅级领导干部,交流2名厅级干部;选拔任用17名机关、所属事业单位和驻外办事处处级干部,交流10名处级干部,调任5名处级干部,进一步优化了干部队伍结构。

三、严格落实党风廉政建设责任制,大力推进惩防体系建设

办公厅党组认真学习中央及全省一系列廉政会议精神,坚持标本兼治、综合治理、惩防并举、注重预防的方针,狠抓办公厅党风廉政和惩防体系建设,取得了明显成效。

(一)健全党风廉政和惩防体系建设责任制。厅党组成立了以党组书记为组长的廉政建设、惩治和预防腐败体系建设工作领导小组。认真落实"一岗双责"要求,厅党组书记履行党风廉政和惩防体系建设第一责任人职责,对惩防体系建设亲自部署安排。将牵头和协办的各项任务明确到每位班子成员、细化到分管处室,业务工作和机关工作同步进行,形成党政齐抓共管、全厅干部群众整体参与、共同推动的局面。

(二)全面推进党风廉政建设的各项工作。认真贯彻落实中纪委十七届六次全会和国务院第五次廉政工作会议精神,按照全省党风廉政建设大会和省政府廉政工作会议的部署,扎实推进办公厅党风廉政建设、惩治和预防腐败体系建设,组织开展了上廉政党课、观看廉政教育片、廉政承诺宣誓、发廉政警示卡和廉政短信等活动,进一步强化了干部职工廉洁从政意识;制定了《省政府办公厅整治"吃拿卡要"问题创优发展环境的实施方案》,坚决杜绝吃拿卡要现象,进一步营造了风清气正的良好氛围;积极开展赴左权县麻田镇下乡驻村扶贫活动,进一步强化干部职工的宗旨意识。特别是办公厅党组成员带头严格执行《党员领导干部廉洁从政若干准则》、《党员领导干部报告个人有关事项的规定》,树立了为民、务实、清廉的良好形象。

(三)扎实开展保持党的纯洁性学习教育活动。坚持以思想教育、正面教育、自我教育为主,按照省委"六个一"的要求,统筹安排、精心组织,卓有成效地开展了一系列活动。认真贯彻省委《关于推进学习型党组织建设的意见》和省直工委的实施意见,以坚定理想信念为重点,开展了中国特色社会主义理论体系特别是科学发展观、中央和省委省政府一系列重大决策部署、社会主义核心价值体系的学习教育。组织学习了《人民日报》评论员文章和袁纯清书记、王君省长等省领导在《山西日报》发表的保纯学教体会谈文章,邀请省委党校赵建英、张路教授就加强作风建设、提高政府执行力作了专题讲座,组织观看《西沟女儿》、《信仰》、《忠诚与背叛》等剧目和电影,组织参与了无偿献血志愿服务活动和赴山西省特

种职业学校开展与盲人特困生“手拉手”助残活动,组织参观《光辉历程——山西省档案馆馆藏革命历史档案珍品展》、《大山的品格、民族的脊梁》——剪纸艺术颂太行精神作品展、《山西党风廉政书画展》,赴武乡八路军太行纪念馆开展爱国主义和优良传统教育。特别是办公厅党组成员按照省委“六查六看”要求,带头学习提高、带头查找问题、带头开展批评和自我批评,通过学、查、改示范带动了教育活动的顺利推进,确保收到了实实在在的效果。

(黄祥树)

附:省政府办公厅党组书记、成员名单

书　记:陈永奇

成　员:巨宪华　韩和平　崔国红　白秀平　盛佃清　王　纯　余瑞卿　郭　立

省发展和改革委员会党组工作概况

党组书记　王　赋

2012年,省发改委党组始终坚持以邓小平理论和“三个代表”重要思想为指导,用科学发展观统揽全局,贯彻落实党的十七届六中全会和十八大精神,紧紧围绕科学发展主题、加快转变经济发展方式和稳中求进的工作总基调,坚持解放思想、优化服务、主动作为、勇于担当,在“谋项目、促改革、抓落实、提效能、强作风”上出实招、下硬功,为全省经济社会平稳较快发展做出了突出贡献。

一、贯彻落实党的十八大精神,提高党建科学化水平

(一)创新制度抓班子建设和队伍建设。一是做好“学习型机关”建设工作。结合工作实际,带着问题、难题,深入调查研究,请教专家学者,真正把“学习型机关”建设活动做好做实。尤其是党的十八大召开后,组织全委认真学习领会十八大精神,党组成员每人一个专题深入各支部进行辅导,党组书记先后三次在全委党员干部大会上进行党章、党课和十八大精神学习辅导。二是开展了保持党的纯洁性教育活动。按照上级党组要求,集中开展了3个阶段学习教育活动。5月23日,召开了专题民主生活会。党组归纳大家所提意见,提出了在更加注重调查研究、增强主动服务意识、增强创新力度等三个方面要改正的意见。三是建立了争先创优活动长效机制。在全委范围内开展了以创建“五个好”先进基层党组织、争当“五带头”优秀共产党员为主要内容的群众评议活动,召开了创先争优2012年度七一表彰大会。四是建立了AB角工作机制。对党组成员分工进行了调整,实行了AB角工作制度,两位委领导一组AB角,互相协助对方工作。五是完善了目标责任考评机制。对委内重点工作建立了目标责任考核机制,特别是对省委、省政府考核发改委的目标任务,建立了一把手总负责,分管领导、责任处室和责任人职责分明的工作机制,省发改委承担的30项责任目标全部圆满完成。六是规范了干部培训制度。制定了年度《干部教育培训计划》,组织举办了试验区、规划、农技、清洁能耗、廉政等各类培训班,累计集中培训人数约3000人次。

(二)坚持不懈抓效能建设。一是进一步优化审批流程。制定出台了《优化投资管理流程实施意见(暂行)》、《重大投资项目咨询评估管理办法(暂行)》,创优投资管理模式,实行并联审批、一站式审批和重大项目办公会集体决策。二是强化工作作风。制定省发改委机关工作人员80字接待守则等20余项机关内部管理制度,进一步强化了机关作风建设,行政效能大大提升。三是完善监督机制。通过与省直各部门的协作,加强对重大决策贯彻落实、重大项目组织实施的监督检查,关口前移,变事中、事后监督为事前介入。项目审批事项办理情况全部上网实行实时监控,自觉接受社会各界监督。

(三)持之以恒抓廉政建设。召开委党风廉政建设大会,对党风廉政建设和反腐败工作进行全面部署,将牵头和配合的任务逐项分解到党组成员和各处室,及时制定党风廉政建设和反腐败工作任务分解意见,切实把党风廉政建设责任制落到了实处。

二、紧紧围绕科学发展主题、加快转变经济发展方式和稳中求进的工作总基调,保持了全省经济平稳较快发展

(一)着力政策研究,增强宏观调控的前瞻性和有效性。一是研究起草重大政策。牵头起草了《关于保持经济平稳较快增长的若干意见》、《关于支持服务业发展的若干措施》,省政府已正式出台。组织起草《山西省循环经济促进条例》,经省人大常委会审议通过,10月1日已正式实施。研究起草了《关于推进战略性新兴产业发展的若干措施》、《关于支持资本市场发展的若干措施》等政策,已上报省政府。二是加强经济形势分析。按月组织召开经济形势分析联席会议,及时起草全省月度经济形势分析报告并上报省政府,为科学决策和制定政策提供重要依据。三是积极推进规划论证和报批。全省77个专项和区域规划论证衔接工作已经完成,已上报省政府52个,已发布26个;编制完成《山西省主体功能区规划》,经省政府审定后已上报国家发改委。四是多项事关全局的政策研究取得重要成果。结合工作实际,组织对近年来全省民生、改革、三

农、结构调整、科技创新、基础设施、生态环境治理、煤炭资源整合等8个方面工作做了回顾总结,提出了下一步工作建议,省委、省政府主要领导给予充分肯定,并做出重要批示。

(二)着力扩大投资,推动全省经济平稳较快增长。一是加快项目审批和投资下达速度。1-11月,省发改委已审批、核准、备案项目2800余项,总投资8100多亿元,审批项目个数、投资总额均已超过2011年全年总量;煤炭可持续发展基金投资计划除前期预备资金外,其余资金已基本下达完毕,比往年同期提速20多个百分点。二是加大力度争取国家资金、项目和政策支持。截至2012年底,已累计争取国家投资128.2亿元,高出去年30.7亿元;争取国家核准我省企业发行债券103亿元,同意省属7大煤业集团增加发债规模200多亿元;在基础设施、能源等重点领域,58个重大项目获得国家规划批复、核准或路条批复,涉及总投资1749亿元;通过积极努力,争取国家批复了转型综改《总体方案》,批准设立了"晋陕豫黄河金三角承接产业转移示范区",将我省长治、运城、晋城三市纳入《中原经济区规划》。三是大力鼓励和引导民间投资。围绕国家新出台的42项实施细则,已组织有关部门出台了22项操作方案,在省发改委网站开设了鼓励引导民间投资专栏。四是抓好项目储备和重点工程建设。对入库项目进行动态调整,全省储备项目超2万个,总投资始终保持在10万亿元以上;铁路、公路、机场、大水网等一批重点工程建设速度加快,有效拉动了投资快速增长。1-11月,全省投资完成7566.7亿元,同比增长26.1%,超过全国5.4个百分点,预计全年投资完成9150亿元,增长24%以上。投资对稳增长发挥了关键作用。

(三)着力调整结构,推进新兴产业快速发展。一是加快发展现代农业。落实强农惠农富农政策,加快大水网、农田水利等工程建设。重点支持"513"工程龙头企业和运城、晋中、大同三大现代农业示范区建设项目,有效促进了农业增产、农民增收。二是加快传统产业升级改造。大力支持高效安全的现代化煤矿矿井建设,加快煤电一体化进程。编制完成山西省冶金工业、镁工业、电力工业等"十二五"发展规划。积极推进冶金焦化建材等行业加快兼并重组,延伸产业链,发展高精细加工,促使产品升级换代。三是加快战略性新兴产业发展。谋划布局"512"工程,重点支持了装备制造、煤化工、新材料、新能源汽车、新一代信息技术等一批转型项目,带动全省转型发展呈现出强劲势头。四是促进服务业加快发展。谋划推进"1511"工程,支持服务业加快发展。积极推动重大物流项目建设,争取国家批复了太原武宿综合保税区和太原地区货运(物流)中心,推动中国(太原)煤炭交易中心"煤炭现货交易"正式启动运营。

(四)着力先行先试,加快转型综改试验区建设。一是先行先试取得新进展。组织研究并报请省政府出台了支持"一市两园"的优惠政策,明确了"一市两县"、"一市两园"名单;制定出台了《省级转型综改标杆项目认定办法(试行)》、《支持省级转型综改标杆项目若干优惠政策》,筛选认定了第一批20个省级转型综改标杆项目。二是《实施方案》编制完成。在多轮广泛征求意见并按照省政府111次常务会议精神认真修改完善基础上,编制完成《实施方案》,已上报省政府。三是行动方案进展顺利。批复了11个市级、11个省级试点县(市、区)的行动方案,近期组织对各市行动方案的落实以及标杆项目的实施、储备情况进行了调研督促。四是省部合作取得重要进展。截至目前,我省已与国家有关部委、金融机构、央企、著名高校签署了20多个转型综改合作协议或备忘录,在多个方面得到了国家有关部委和机构的大力支持,同时积极推进了重大体制机制创新研究。

(五)着力节能减排,推进生态环境持续改善。一是制定严格的节能减排措施。报请省政府出台了《山西省"十二五"节能减排综合性工作方案》,正在修改完善《山西省合理控制能源消费总量工作方案》。二是大力促进循环经济发展。《山西省循环经济条例》已正式实施,《山西省循环经济"十二五"发展规划》已编制完成,正在研究起草《关于进一步加快推进循环经济发展的意见》,支持了一大批循环经济示范园区和企业。三是积极推进低碳发展。《山西省"十二五"控制温室气体排放工作方案》已上报省政府;鼓励符合条件的企业参与CDM项目合作,积极争取国家批准我省清洁发展机制项目173个。

(六)着力改善民生,促进社会事业全面发展。一是医改工作成效突出。城镇医保参保率和新农合参合率分别达到98%、98.94%。在全国率先出台县级公立医院综合改革"1+5"政策文件。二是农村新"五个全覆盖"工程圆满完成。组织召开现场会、加强督促检查,积极推进农村新"五个全覆盖"工程建设,两年任务10月底已全面完成。三是保障性住房建设进展顺利。积极争取中央投资,落实配套资金,支持保障性住房建设。全年新开工保障性住房33.5万套、竣工12万套,分别超额5.27万套和4.89万套完成国家下达任务。四是其他社会事业明显加强。继续支持农村初中校舍改造工程、高校新校区等一大批教育基础设施项目建设;重点支持了就业、养老、社区服务、特殊群体、卫生、文体等服务设施建设,进一步健全了公共服务体系。

(栗　兵)

附:省发展和改革委员会党组书记、副书记、成员名单

书　记:李宝卿(1月离职)　王　赋(1月任职)

副书记:王　赋(1月离职)

成　员:李永平　程泽业　王晓胜　刘　峰　徐安崇　赵友亭(3月任职)　邢文奇　胡景善　王野彬　牛镇耀(5月离职)

省经济和信息化委员会党组工作概况

党组书记　胡玉亭

2012年，省经信委党组以十八大精神为指导，贯彻中央和全省经济工作会议，落实全国工业和信息化工作会议各项部署，坚持稳中求进的工作总基调，科学务实、勇于突破，全省工业经济转型升级取得新成效，领导班子和干部队伍建设焕发新面貌，党风廉政建设水平实现新提升。

一、坚持稳中求进，聚焦重点难点，促进全省工业经济转型升级

(一)强化运行调控，工业经济实现平稳增长

加强经济运行监测协调。完善各市目标进度月报及预警制度，建立涵盖50项核心指标和15套报表的运行监测体系，分行业选取300户规模以上企业进行实时监控，提高对工业经济的预警监测能力。针对经济下行压力提出10条针对性的调控措施(省政府《关于保持经济平稳增长的若干意见》，对工业经济平稳增长起到了重要促进作用。

提升生产要素保障能力。煤电联营取得积极进展，省调20万千瓦及以上33户主力火电企业已有21户电厂实现煤电联营，推动了煤电企业共赢发展。对35个符合国家产业政策和并网规定的发电机组实施并网发电，新增电力装机354.2万千瓦。强化铁路运力协调，配合铁道部做好“12306货运网上受理”工作，增强了重点企业、重要物资的物流保障能力。

推动优势产品产需衔接。组织全省22户煤机企业与90余户煤炭企业进行产需对接，签订合同4亿元，推进煤炭企业更多使用省内煤机产品。协调新增焦煤产量优先供应省内，确保了我省重点焦化企业的原料供应。2012年，全省规模以上工业实现增加值6421.8亿元，增长11.9%，高于全国平均水平1.9个百分点。

(二)坚持多措并举，工业经济发展质量明显提高

支持大企业大集团做大做强。强化“双千亿”、“双五百亿”和“百强潜力企业”的生产要素保障，在项目推动、资金支持、政策优惠方面给予倾斜。全省有9户工业企业进入全国500强，7户企业销售收入超过千亿元。

扶持中小企业快速成长。实施中小企业成长工程，新培育销售收入超亿元的小巨人企业118户，新兴产业领域的企业占比高达93%。全省小巨人企业达809户，实现主营业务收入3000亿元左右，市场竞争优势明显，行业特色鲜明，成为我省县域经济的重要支撑。

提升企业技术创新能力。新增国家级企业技术中心2户，新认定省级企业技术中心30户，全省总数分别达到22户和156户。大力推进焦化化产回收等403项关键技术创新项目，总投资达28.8亿元。13个项目成功申报国家专项，获得中央财政补助资金6500万元，有效提升了我省企业的核心竞争力。

淘汰落后生产能力。全年累计淘汰落后水泥产能2310万吨、焦炭1015万吨、炼铁55万吨、电力62万千瓦、铁合金9万吨、造纸18.55万吨、印染1720万米、铅冶炼2万吨、铅蓄电池7万千伏安时，均完成或超额完成年度目标任务，为新上优势项目腾出巨大市场和产能空间。

(三)狠抓结构调整，产业素质实现大幅提升

加强传统产业改造提升。优化服务流程，核准钢铁、水泥等传统产业改造提升项目28个，推动44座铸造高炉通过工信部公告，占全国公告企业数的26%；太钢不锈钢冷连轧、阳煤兆丰铝业年产100万吨氧化铝二期、孝义金岩年产500万吨焦化园区等一批重大项目开工建设或部分投产，传统产业素质明显提高。

加快新兴产业项目建设。全力推进太重高速轮轴、太钢不锈精密带钢、大运重卡、阳泉百度云计算、紫林老陈醋、杏花村酒业集中发展区等900余个新兴产业项目建设，太原年产2200万台苹果手机生产线投产，长治成功集团30万辆新能源汽车项目进入试生产，全年共有310个项目建成投产或部分投产，新兴产业发展加速。2012年，全省煤焦冶电之外的新兴产业完成投资1830.2亿元，同比增长48.3%，占全省工业投资的比重达44.2%。

积极推进兼并重组。制定下发了《山西省焦化行业兼并重组实施方案》，分别在吕梁孝义、晋中榆次组织召开推进会，推进60余户企业整合117户企业，涉及产能7254万吨，全省200万吨以上焦化企业由28户增加到40户。引进中建材、冀东等大企业累计兼并省内水泥企业18户，涉及产能1830万吨。以淘汰落后、等量置换等方式实施太钢4350m3高炉、首钢长钢2×3200 m3高炉等转型升级项目，钢铁行业集约化水平显著提高。

提升产业集聚水平。长治高新区成功获批国家新型工业化产业示范基地，全省国家新型工业化产业示范基地达到4户。引导各类产业要素向园区聚集，太原经济技术开发区煤机企业销售收入占全省同行业的70%；晋中市积极推动吉利轿车、一汽重卡和中航工业等近30户企业落户，形成新能源汽车制造产业基地。2012年，全省工业总体保持平稳增长，

特别是煤焦冶电之外新兴产业实现快速增长，占工业比重由2011年的15.7%提高到17.6%。其中，装备制造业增速高达33.3%，成为煤炭、冶金之后拉动工业经济的第三大动力。

(四)转变增长方式，节能低碳绿色发展取得显著成绩

加强节能降耗攻坚。完善节能监测预警体系，大力推进节能改造，全省重点推进的1024个重点节能改造项目累计完工873个，年可实现节能量1328万吨标准煤。严格执行节能评估和审查，在电力、水泥行业开展能效对标活动，全省供电煤耗下降0.76%、水泥综合能耗下降2.4%。对省千家企业开展能源审计，实施了5户重点用能企业能源管理中心示范项目建设。发布了8个主要能耗产品的地方能耗限额标准，组织开展了21项节能新标准的制定。

强化固废资源综合利用。推动朔州市工业固废综合利用示范基地建设，目前，园区总投资已达37亿元，有望成为全国最大的粉煤灰综合利用产业聚集区。推动太钢、太重、山西焦化三家企业列入“两型”(国家资源节约型、环境友好型)企业试点，确定了20个工业循环经济产业基地和50户工业循环经济骨干企业，认定了82户企业的资源综合利用产品，全省在有效期内的资源综合利用企业达到160户，年可利用煤矸石930万吨、粉煤灰350万吨。支持了30个资源综合利用项目，年可减少粉煤灰、煤矸石、脱硫石膏和废钢渣等工业固体废弃物排放415万吨。

(五)强化融合发展，信息化发展水平进步明显

推进两化深度融合。启动了《山西省信息化条例》的立法、起草及送审工作。遴选60个信息化项目，初步构建了我省两化融合项目储备库。太钢、阳煤两户企业获得工信部两化深度融合专项资金资助，资金额度排全国第六。实施45项两化融合及社会领域的信息化建设项目，有力推动了全省信息化水平向前迈进。

稳步实施三网融合。加快推动省政府与电信运营企业战略合作协议的实施，启动了总投资达103亿元的48个建设项目，目前电信基础网络升级工程完成量已过半，干线网光缆改迁完成90%。省IPTV集成播控平台一期工程已建成，全省发展IPTV用户2.7万户。组织制定了《太原市三网融合试点实施方案》，上报国务院三网融合工作协调小组备案，全省三网融合实现积极进展。

扶持软件和信息服务业发展。授予5户企业全省首批软件和信息技术服务示范企业称号、20户企业山西省计算机信息系统地方资质，新认定软件企业27户。2012年，全省软件和信息服务业主营业务收入增长31.8%；全省规模以上电子信息制造企业达111户，实现销售产值456.6亿元，增长127.8%，增幅居全国第一位。

二、弘扬精细崇实，提升素质能力，领导班子和干部队伍建设呈现新面貌

一是全面推进学习型机关建设。始终把打造学习型机关建设摆在突出位置，采取集中授课和调训轮训相补充、自主选学和在线学习相渗透等多种方式，着力提升干部队伍的能力素质。加强政治理论学习，结合保持党的纯洁性学习教育活动，组织学习了党章、《廉政准则》、十七届六中全会报告、省十次党代会报告等重要文件。强化业务知识学习，针对焦化产业链延伸、两化融合、煤电联营等专题多次组织研讨，开通了知网数据库系统，创造了更加便利的学习条件，全委干部学习的主动性不断增强，有力提升了全委干部干事创业的能力水平。

二是积极打造团结干事的领导班子。加强领导班子思想政治建设，完善健全党组制度规范。加强中心组理论学习，中心组围绕保持党的纯洁性、贯彻落实十八大精神进行了6次集中学习。认真组织民主生活会，党组成员按照保持党的纯洁性学习教育活动“六查六看”的要求，深刻剖析查摆问题，认真开展批评与自我批评，有效增进了班子团结。完善民主决策机制，对人事调整、资金使用、项目安排等重大事项坚持集体讨论、充分发扬民主，增强了班子的凝聚力。注重选好干部配强班子，根据省委组织部安排，推举了一名总工程师、两名副巡视员，选拔了两名工作年限较长的处长任副总经济师，优化了领导班子的年龄结构。

三是全面加强党组织和精神文明的建设。认真落实党建责任制，着力增强党组织的凝聚力和向心力。深入贯彻落实十八大精神，组织集中收看了十八大开幕式，认真传达学习十八大报告，各支部进行了分组学习，掀起了贯彻十八大精神的热潮。扎实开展保持党的纯洁性学习教育活动，结合“创先争优”活动，深入开展问题查摆，征集意见建议，党组进行专门通报整改，学习教育活动取得切实成效。夯实基层党组织建设，为11个党组织调整配备党务干部30名，对31个基层党组织、172名优秀共产党员进行了表彰。积极开展精神文明创建，各支部及离退休干部赴太原支部旧址、彭真纪念馆等地，接受革命传统教育。

四是树立正确选人用人导向。加强干部队伍梯队建设，注重培养使用年轻干部，在机关符合任用条件的15名主任科员及副调研员中竞争选拔了10名副处长。坚持民主公开原则，充实和选拔任用了交通处、综合处、法规处等9个处室处长，增强了业务处室领导力量。实施干部轮岗交流，根据专业背景、工作经历及业绩，对12名处级干部、5名科级干部进行了处室调整，完成了8名科级以下公务员的职务晋升、15名新录用公务员的任职定级、6名军转干部的职务确定，有效激发了干部队伍的整体活力。

五是全面强化机关自身建设。实施目标绩效管理，对各处室工作任务进行细化分解，明确关键绩效，任务量化赋分，责任落实到人。积极做好干部下乡住村工作，6位委领导带领40余名处级干部数次深入下乡住村联系点，实地调研指导包村增收工作。积极为老干部办实事、解难事，全年到老干部家中走访慰问多达200多人次，探视因病住院老干部多达90人次，累计组织各类学习活动11次。加强机关行政、财务管理工作，认真配合审计、财政部门的四次重大审计，及时与审计组沟通协调并及时整改。制定了全委专项资金、信息化发展专项资金的管理办法，有力推进了资金使用向集中投入

转变。

三、强化监督检查,着重建章立制,党风廉政和政风行风建设实现新提升

一是全面加强重大事项和项目资金监督检查。制定实施了《山西省经济和信息化委员会项目资金专项监督检查制度》,推动项目资金的管理使用走上规范化道路。先后对11个市、60多个县、189个企业的235个资金项目进行了检查,对发现的项目资金没有到位、验收审计不及时、个别项目进展缓慢等19个问题,及时督促有关部门进行纠正、通报。

二是大力实施“吃拿卡要”专项整治工作。对照省纪委明确整治的6种破坏发展环境、损害党和政府形象的“吃拿卡要”行为,组织全系统开展自查自纠和公开承诺,省经信委机关、行业办和有行政职能的事业单位260余名干部上交了自查报告和承诺书。召开省经信委系统“吃拿卡要”专项整治工作座谈会,总结经验、交流心得,巩固成果,推动专项整治工作有序开展。

三是扎实开展民主评议政风行风工作。开展了民主评议政风行风主题宣传月活动,从14个方面,面对面广泛征求服务企业和群众的意见建议。召开了委机关主要业务处长、各市经信委纪检组长、监察室主任和全省16户有代表性的大中型企业参加的听证对话会,与企业代表就产业政策、项目审批、焦化行业兼并重组和银企对接等问题进行了面对面的交流,得到了企业的一致好评。

四是认真做好群众信访举报工作。对群众来信来访反映的问题,进行认真梳理,对涉及改革和政策的问题,做细致的解释;对发现的违纪苗头问题,及时进行批评教育,将问题处理在萌芽状态;对一般的违纪问题及时核实,认真加以纠正;对损害群众利益的问题进行严肃处理。加强对各市经信委纪检监察工作的指导和推动,形成了合力,增强了监督效果。

(乔丽刚)

附:省经济和信息化委员会党组书记、副书记、成员名单

书　记:洪发科(1月离职)　胡玉亭(1月任职)

成　员:刘致远　冀明德　王克建(1月离职)
张华龙　陈官虎　胡荣华
朱　鹏(8月任职)　周礼仁　温元伟
薛忠晋(8月任职)

省教育厅党组工作概况

党组书记　李东福

2012年,省教育厅党组、省高校工委认真学习贯彻党的十八大精神,坚持服务全省转型跨越发展大局,认真落实教育优先发展战略,推动全省各级各类教育发展取得了新成效。

一、深入学习宣传贯彻党的十八大精神,全省教育系统兴起学习贯彻十八大热潮

十八大召开前,积极组织开展“创优软环境,喜迎十八大”、“喜迎十八大,岗位做贡献”等各类主题教育活动,扎实推进“党员干部大讨论、理论骨干大宣讲、党组书记大调研、机关干部大培训”等四项活动,广泛宣传教育改革发展取得的新成绩,为十八大的胜利召开营造了和谐稳定的环境。十八大召开后,省高校工委、省教育厅组织召开专题会议,制定了工作方案,对全省教育系统的学习贯彻工作进行全面部署。通过组织召开座谈会、专题报告会、专家讲座等多种形式,推动十八大精神进教材、进课堂、进头脑,全省教育系统掀起了学习贯彻十八大精神的热潮。积极响应中央和省委省政府号召,充分发挥高校资源优势,会同省委组织部组织山西大学、山西财经大学等9所高校近百名专家教授深入全省贫困县、扩权强县和转型综改试点县共60个县进行广泛宣讲,将十八大精神送到基层。12月6日,结合学习贯彻十八大精神,报请省政府在高平市召开了区域内教育协调发展现场会,对各市、县教育系统学习贯彻十八大精神进行了再安排再部署,推动全省教育系统用十八大精神指导实践,推进工作。

深入贯彻全国教育系统创先争优活动经验交流视频会和全省创先争优活动总结交流大会精神,积极做好创先争优活动总结工作,巩固和扩大创先争优活动成果,推动创先争优常态化长效化。组织召开保持党的纯洁性学习教育活动动员大会,对在全省教育系统开展保持党的纯洁性学习教育活动进行全面安排部署,制定实施方案。七一前夕,组织评选表彰全省教育系统2010–2012年创先争优活动14个先进党组织、77个先进基层党组织和106名优秀共产党员。

积极推进学习型党组织建设,进一步健全完善中心组学

习和学习督导制度，全年教育厅党组中心组共学习 18 次，共计 22 天，共组织参加省委、省直党校的各类培训学习 78 人次。组织开展了学习彭云、弘扬右玉精神等主题活动。认真撰写《深入学习型机关建设，提高机关干部改革创新、为民服务的本领》调研报告，此报告在教育部首次召开的全国教育厅机关党委书记联席会议上得到肯定。认真总结典型经验，省教育厅编写的《创建学习型党组织，扎实推进山西教育事业科学发展》在山西省机关党建工作研讨会上做了典型交流发言。

二、全面加强我省高校党建工作，努力提升党建科学化水平

经山西省委批准，省委组织部、省委宣传部、省高校工委于 2 月 10 日联合召开了全省高校党的建设工作会议，传达第二十次全国高校党建工作会议精神，提出山西省贯彻落实的意见，安排部署今年高校党建重点工作任务。省委副书记金道铭同志出席会议并作重要讲话。

加强领导班子建设。配合省委组织部认真做好本科院校领导班子和高职高专学校正副职领导干部的调整补充工作。认真贯彻落实省委《关于进一步加强高等学校领导班子建设的意见》，进一步健全和完善党委、行政议事规则和决策程序。与省委组织部联合印发山西省高校竞争性选拔中层干部的实施办法，进一步规范竞争性选拔干部方式，在高校形成以竞争性选拔为主体的选人用人机制。选派部分高校校级领导干部和中青年后备干部，参加国家教育行政学院高校领导干部进修班和高校中青年干部培训班和省委党校省管领导干部进修班和中青年领导干部培训班，进一步提升高校领导班子依法治校能力。

加强高校基层党组织建设。配合省委组织部，进一步修改完善山西省贯彻落实《条例》的实施意见。积极组织开展基层组织建设年活动，重点开展了组织、队伍、载体、阵地、制度“五大建设”和党员、党支部书记、党务干部“三大培训”等活动，配强配齐了基层党支部书记和党员队伍。对省高校工委所属 36 所学校的 3189 个基层党组织进行了调查摸底和分类定级工作，每一个基层党组织在原有基础上都有了新的提高，普遍实现了晋位升级。进一步加强民办高校党组织建设，调整充实、配齐配强党委书记和督导专员。积极推行公办高校对口支持民办高校工作。进一步扩大高校党的工作的覆盖面，强化党组织服务意识，增强高校基层党组织功能。

加强高校党员队伍建设。认真实施《山西省高校工委“十二五”时期发展党员工作规划》，重视新成立本科高校和高职高专学校的党员发展工作，重点做好在大学生和青年骨干教师中发展党员工作。创新教育载体，积极建设网络教育平台，推进入党积极分子和党员教育培训工作的信息化、网络化、科学化。认真做好党费收缴使用管理和党内统计等工作。

三、深入推进大学生思想政治教育工作和中小学生德育工作，全省教育系统保持了安全稳定

积极开展高校师生思想状况调研，起草并报请省委省政府印发《关于深入推进大学生思想政治教育工作的意见》和《关于加强高等学校青年教师队伍思想政治建设的意见》。深化思想政治课程改革，山西大学张利萍副教授入选教育部“2012 年全国高校优秀中青年思想政治理论课教师择优资助计划”，山西大学邸敏学教授、山西农业大学武星亮教授入选“2012 年全国高校思想政治理论课教学能手”。评选表彰了一批高校优秀辅导员，3 名高校辅导员获得全国辅导员年度人物提名奖和优秀奖。组织 23 所高校申报教育部校园文化建设优秀成果评选。

召开全省中小学德育工作会议，贯彻落实全国中小学德育工作经验交流会议精神，安排部署全省中小学德育工作。深入推进社会主义核心价值体系进教材、进课堂、进头脑。加强德育研究，立项 150 项山西省教育科学“十二五”规划中小学德育研究和实践专项课题。举办全省中小学班主任心理健康教育骨干培训班，开展全省第六届班主任素质展示活动。建成县级青少年活动场所建设项目 93 个，通过验收的项目有 78 个。成功申报晋中、运城两市青少年综合实践基地为中央彩票公益金支持建设项目，共获得扶持资金 9000 万元。

深入排查化解安全隐患，深化平安校园创建活动，进一步完善“平安校园”创建机制。开展校园安全专项整治，加强校园及周边环境综合治理，完善校园及周边环境综合整治联动机制。修订完善学校突发事件应急预案，建立健全各项安全制度，加强学校校园警务监控建设，加强师生安全教育，组织开展安全演练，学校安全防范能力不断提高。进一步加强学校食堂管理，强化学校食堂食品安全监管，确保学校食堂食品安全和价格稳定。特别是在涉日维稳工作中，省教育厅科学安排部署，各地各校积极应对处置，没有发生一起学生上街游行事件，得到了省委省政府的肯定。

四、教育事业取得新进展

一是大力推进幼儿园建设。年内完成新建(改扩建)214 所标准化公办幼儿园，新增 5.5 万个幼儿学位。同时投入资金 4.45 亿元，充分利用农村闲置中小学校舍改建幼儿园 806 所、在小学附设幼儿班 946 个，新增幼儿学位 14.3 万个。

二是义务教育均衡发展取得新成效。投入 11.76 亿元对 48 个县(市、区)的 3568 所农村义务教育学校进行农村义务教育薄弱学校改造，标准化配备教学仪器、图书、音体美卫器材。大力推进义务教育学校标准化建设，有 38 个县达到了标准化建设要求。加大义务教育均衡发展评估力度，有 38 个县(市、区)通过评估。下拨资金 5.14 亿元，对 21 个集中连片贫困县实施“农村义务教育学校学生营养改善计划”试点工作，共惠及 2241 所学校的近 37 万余名学生。12 月 3 日，组织召开了全省义务教育学校标准化建设工作现场推进会，大力推广孝义市的先进经验，推动全省逐步形成均衡发展义务教育的良好氛围。

三是加快现代职业教育发展。大力推进中职教育免学费全覆盖，2011-2012 年两年共下达资金 12.27 亿元，全面免除职业高中、职业中专、普通中专和技工学校学生学费，实现了中职教育免学费就学，惠及学生 86.88 万人次。加强职业教

育基础能力建设,11 所学校获批建设 2012 年度国家级中等职业教育改革示范校,25 所中高职院校批准为中央财政支持的职业教育实训基地建设项目校,50 所学校获得 9000 万元支持建设省级实训基地,11 个县(区)全部通过县级职教中心省级督导评估验收。规范职业教育办学行为,对 437 所中职学校开展办学资质清查工作。派出 14 名骨干专业教师参加了教育部组织的赴德国进修,200 多名教师参加全国中等职业学校素质提高计划的师资培训。积极推进中高职教育衔接发展,选择 30 所中职学校和 22 所高职院校开展五年制职业教育"三二分段"培养试点工作。广泛开展面向农民、企业职工、退役士兵、进城务工人员的学历教育和技能培训。

四是积极推进高等教育内涵式发展。经教育部审批同意,在原运城市卫生学校基础上设立运城护理职业学院,成为山西省第一所护理类高等职业院校。山西传媒艺术学院、太原学院普通本科学校的设置工作经教育部审批同意。加强特色学科专业建设,围绕山西省转型跨越发展需求,遴选出山西省优势重点学科 9 个和特色重点学科 29 个,山西大学等 12 所院校新增的 24 个学士学位专业获得省学位委员会审核通过。制定出台了《关于加强高等学校实践教学工作的几点意见》,切实加强高校实践教学。组织评选出 3 所高职院校为省级示范性职业院校立项建设单位。对全省 48 所独立设置高职院校开设三届以上的 151 各专业进行了专业大类评估,其中 54 个专业被评为优秀。大力实施研究生创新计划,山西大学陈刚的"微腔中多体系统的新奇量子相变及其调控"和太原理工大学刘雷的"金属磷酸盐骨架材料的离子热合成、结构调控与性能研究"2 篇博士论文被评为全国优秀博士学位论文。加强高校科研工作,新增山西大学 1 个国家发展与改革委员会"国家地方联合创新平台"和 6 个山西省高校人文社科重点研究基地。全省高校共承担国家和省部级科研项目 529 项,获得教育部高等学校科学研究成果奖(人文社会科学)4 项,获得山西省各类奖项 24 项。加强高校高层次创新人才队伍建设,遴选出 2012 山西省高等学校优秀创新团队 3 个、优秀创新团队重点培育对象 1 个、中青年拔尖创新人才 10 人、优秀青年学术带头人 33 人;2 人入选"长江学者"计划,2 名进入国家"千人计划",引进第五批"百人计划"23 名,5 名候选人进入"国家高层次人才特殊支持计划",11 人进入 2012 年度享受政府特殊津贴人选。大力实施"三晋学者"计划,评选出首批 16 名"三晋学者"。

五、积极解决教育热点难点问题,大力促进教育公平

大力实施"阳光招生",推进各类招生考试标准化建设。加大教育乱收费检查和治理力度,进一步规范中小学教辅材料的使用管理,出台了山西省中小学教辅材料使用管理工作的实施意见。制定出台了《山西省进城务工人员随迁子女接受义务教育后参加升学考试工作的实施方案》,积极创造条件接收残疾人入学,不断扩大随班就读和普通学校特教班规模,切实保障弱势困难群体公平接受优质教育权利。起草并提请省政府印发了《关于"十二五"期间进一步加快特殊教育事业发展的意见》,对进一步加快推进特殊教育发展提出明确具体要求。加强特殊教育学校教师队伍建设,对全省特殊教育学校 200 多名骨干教师和校长进行了专门培训。

2012 年秋季学期开始实施全省学前教育资助制度,共安排资金 6154.87 万元,惠及 12.3 万人儿童,覆盖在园儿童的 15%。小学生、初中生义务教育阶段家庭经济困难寄宿生生活费补助每人每天分别由 2011 年的 3 元、4 元,提高到 4 元、5 元。对中等职业学校全日制正式学籍一、二年级在校家庭经济困难学生按照每生每年 1500 元的标准,实施国家助学金资助。高校形成"奖、免、助、贷、补"的资助体系,全省基本建立起覆盖各阶段教育的政策资助体系。

配合省人社厅提请省政府下发了《山西省人民政府关于进一步做好普通高等学校毕业生就业工作的通知》,全力促进高校毕业生就业。多渠道拓展就业岗位,鼓励毕业生到基层一线就业,招聘农村特岗教师 1752 名,选聘 545 名大学生村干部,招募 600 名高校毕业生到农村基层从事"三支一扶"工作,招募 200 名普通高等学校应届毕业生从事为期 1–3 年的西部志愿服务工作,圆满完成高校毕业生报名参加入伍预征工作任务。全省各级行政、事业单位和各类企业供接收高校毕业生 9 万余人。优化大学生自主创业环境,2012 年全省提供就业创业资金 9800 万元,实现毕业生创业人数达到 2751 人。全省高校毕业生就业率达到 85%。 (李宏卿 孙雪松)

附:省教育厅党组书记、成员名单

书 记:李东福

成 员:刘惠民(6 月离职) 吴俊清(9 月任职)
贾坚毅 畅日宝(3 月离职) 张卓玉
王李金 赵庆华 王 云 李秋柱
张培良(2 月任职)

省科技厅党组工作概况

党组书记 贺天才

2012 年,省科技厅党组深入学习宣传贯彻落实党的十八大和全国科技创新大会精神,认真贯彻落实省委、省政府和科技部的安排部署,进一步明确了科技创新思路和重点,推动一批重点工作取得了新突破,形成了一些新的工作亮点。2012 年共获得国家科学技术奖 9 项,包括 1 项特等奖;争取国家科技项目资金 7 亿元以上,比上年增长 40%;

技术合同成交总额124亿元,比上年增长52%;全省年专利申请量再创新高,达到16786件,比上年增长31%。技术交易额和年专利申请量提前三年完成"十二五"科技发展规划目标。省科技厅荣获2012年度目标责任考核优秀单位、2012年度省直文明和谐单位标兵。

一、以切实提高自主创新能力、支撑转型跨越为己任,全省科技工作在巩固中持续发展,在创新中不断提高

一年来,厅党组以切实提高自主创新能力、支撑转型跨越为己任,想方设法加强科技和经济的密切结合,千方百计提高科技服务发展的能力,大力实施了工业新型化"五个一工程",打造了农业现代化"三大板块",推进了创新能力建设"双百工程"和科技体制机制五大创新,全省科技工作在巩固中持续发展,在创新中不断提高。

(一)以实施科技重大专项为龙头,集中力量重点组织实施了10个科技重大专项,为产业转型升级提供了新的支撑。积极创新项目的组织模式,加快产业发展新技术、新工艺、新装备的研发进程,重点组织实施了10个科技重大专项。煤机装备、煤化工等领域取得一批标志性创新成果并实现产业化,形成了新的经济增长点。新能源、新材料和电子信息等领域一批关键科技难题取得突破,为提升产业竞争力和促进节能减排做出了积极贡献。主要农作物新品种创制、矿区生态修复、矿井安全生产、资源综合高效利用等领域的重大技术研发与推广应用,为农业增产和民生改善提供了技术保障。省转型综改试验区确定的20个重大标杆项目,有9个属于科技重大专项前期培育和支持的成果。已经实施的61个课题、22项示范工程,取得了多项重大技术突破,解决了我省产业转型升级的关键技术难题,一批项目和技术达到世界先进水平。山西傲维光视光电有限公司大流明高亮度激光投影机开发成功,具有色域广、图像对比度高、寿命长、能耗低等四大优势,是当今光电信息产业的重大技术创新,将带动我省一个新兴产业的兴起。太重集团公司拥有完全自主知识产权的世界首台WK-75型矿用挖掘机正式下线,标志着我省大型矿用挖掘机制造技术站到了世界领先地位。山西大学精细化学品工程研究中心致力于高附加值精细化学品深度开发,在相关催化剂及催化工艺方面达到世界先进水平,将打破可降解塑料技术方面的国外垄断。我省动态测试技术、失重自行车功量计等成果成功应用在载人航天工程中。

(二)积极建设了一批科技创新载体,区域科技创新体系形成新的格局。在省政府的高度重视和大力支持下,我省在重大创新载体的建设上取得了突破性的进展,构建起"一城十一园"的区域创新体系新格局。太榆科技创新城规划方案进行了多轮论证,相关扶持政策设计初步完成。一市一个科技创新园经过深入调研和论证,省政府已发文批复认定,并配套出台了优惠政策措施。运城国家农业科技示范园区正式启动建设。省工业技术研究院边筹备,边运作,取得新的进展。中北国家大学科技园顺利通过复审,"多校一园,一园多区"的建设模式得到科技部的肯定。3家国家科技企业孵化器和4个国家火炬特色产业基地获批,新组建成立国家知识产权局专利局太原代办处,新认定省重点实验室4家、省级工程技术研究中心3家、省科普基地15家,新建设5个专业技术创新平台,新认定3家国家级国际科技合作基地,15家省科普基地。我省成为国家科技惠民计划试点省。临汾市进入国家"十城万盏"试点城市,5个企业入选国家"金太阳"试点单位。

(三)加强和推动了农村农业科技创新,科技惠民工作取得新的进展。重要农作物优种创新取得丰硕成果。三种主要农作物优种创新取得丰硕成果。育成的大丰30号玉米杂交品种居国内领先水平,可与美国先玉335品种相媲美。F型小麦不育系,被国内外专家称为农业战线上的一个重大技术创新。杂交大豆高效繁育制种技术在两项核心技术上取得突破,繁种异交率达到80%~100%,为我国及世界大豆的杂种优势利用开辟了广阔前景。启动实施了"百千万科技强农富民工程",100项省级农村技术承包标杆项目有序布局,1000名科技特派员、一万名乡土科技人才活跃在田间地头。农村农业信息化示范不断扩大,正在成为科技兴农的新选择。把科技惠民作为科技工作的落脚点,在全国率先设立了省级惠民计划专项资金,成功跻身国家科技惠民计划首批试点省行列。新组织的一批生态环保和循环发展领域的项目入选国家科技主体计划,争取国家科技资金5100万元。促成国际第四代基因芯片诊断技术落户山西,并正在建立新生儿出生缺陷防控体系试点。

(四)着力扩大拓宽了国内外科技合作渠道,科技资源集聚实现新的提高。以开放的胸襟在全球范围配置科技要素,以创新的举措广泛吸纳科技资源,成功组织开展了"科技外交官山西行"活动。21个国家和省级国际科技合作基地深化了与国外人才、项目、技术的交流联系,24个项目列入国家国际科技合作专项,争取国家资金达1.17亿元。第四届中国(太原)国际能源博览会高峰论坛组织成功,李小鹏省长评价内容丰富,言之有物。坚持把国家资源引入我省,把我省项目推向国家层面,进一步融入国家科技战略,与中国工程院、科技部、中科院和国家基金委的协作继续加强,争取国家科技项目资金7亿元以上。省际间、省与国家级高校和院所间、省与央企间的科技合作也务实有效。

(五)进一步促进了科技和金融的密切联系,多元化科技投入呈现新的面貌。继续巩固了与浦发、交通等5家股份制银行的合作,每年为企业争取科技贷款15亿元。加强与财税部门的联合联动,2012年为高新技术企业减免税收20亿元以上。特别是在科技与资本的结合上下功夫,为高新技术企业上市融资开辟绿色通道。与山西证监局签署了战略合作协议,联合组织106家高新技术企业开展了第一期上市培育培训,36家企业表示出积极的上市意向。有3家企业上报国家证监委待批,6家企业进入上市辅导期。政府引导、科技基金、金融信贷和资本市场等多元化的投入举措为科技企业成

长提供了全程化服务。

(六)全面加强了企业技术创新能力建设,促进企业成为技术创新主体形成新的机制。进一步加强了高新技术企业、创新型企业的培育和认定工作,新认定54家高新技术企业、3家国家级和70家省级创新型试点企业,首批认定6家创新方法重点示范企业。致力于创新促进企业成为技术创新主体的机制,与大型企业合作建立研究基金,省科技厅与晋煤集团每年共同出资1000万元组建了“煤层气联合研究基金”,首批向省内外招标立项16个项目。大力推动企业技术创新模式的转变,首批组建煤与煤层气共采产业、晋药产业、农业装备产业3家技术创新战略联盟(试点)。加强产业发展的人才支撑,正式启动实施科技创新团队培育建设工程,首批25个省科技创新团队已经成立,在全省科技界产生了良好的反响。我们进一步完善了科技奖励、科研绩效的评价机制,加强了省市县、部门之间的联合联动。研究制定了《山西省科技计划项目经费预算评审办法》《山西省科技计划项目信用管理和科研不端行为处理办法》《关于加强战略性新兴产业知识产权工作引领资源型经济转型发展若干意见》等,为全省营造良好的科技创新环境。

(七)深化管理创新营造新环境,科技创新迈上新的台阶。深入贯彻落实全国科技创新大会精神,初步形成了有关创新驱动发展的7个方面21条政策建议。进一步完善了科技奖励、科研绩效的评价机制,制定出台了《关于加强战略性新兴产业知识产权工作引领资源型经济转型发展若干意见》《山西省科技计划项目经费预算评审办法》《山西省科技计划项目信用管理和科研不端行为处理办法》等政策文件。知识产权工作为重点工程保驾护航,协助太钢成功排除了不锈钢冷连轧生产线在建项目的专利壁垒,保证了项目的顺利实施。2012年,重点面向市县科技部门、科研院所的技术和管理人员举办了科技创新素质培训,加强了科技新闻宣传和科技信息传播,各市科技工作特色明显,成效显著。全方位营造形成了政府有明确的“创新导向”、企业有内在的“创新动力”、全民有强烈的“创新激情”、社会有宽容的“创新氛围”的良好局面。

二、以改革创新的精神加强领导班子和队伍建设,坚持为民、务实、清廉,不断提高执政能力和发展能力

一年来,厅党组坚持以党的建设牵引机关全面建设,以改革创新的精神加强领导班子和队伍建设,坚持为民、务实、清廉,不断提高执政能力和发展能力,努力成为坚定贯彻党的路线方针政策、善于谋划科学发展的坚强集体,成为社会主义核心价值体系建设的倡导者、组织者、推动者和实践者。

(一)切实加强学习型机关建设,提高履行职责的能力。我们以建立学习型机关为途径,坚持一年至少6次中心组学习的制度化、规范化。我们提倡“两个半小时”,每日早来半小时,晚走半小时,通过“干部在线”广泛涉猎政治、经济、科技和市场等知识。联合省委组织部组织了科技创新与人才支撑专题培训班。特别是在开展党的纯洁性学习教育活动、机关党建走在前头活动和“读书月”活动中,结合学习党的十八大、全国科技创新大会精神,我们组织开展了“永远跟党走”演讲比赛、网上知识竞赛等。通过日常学习习惯的建立和党员干部喜闻乐见的学习活动的开展,学习逐渐成为了科技干部的一种生活常态。

(二)切实提高广大党员干部思想建设,以迎接十八大、学习十八大、贯彻十八大为主线,在全系统深入开展了保持党的纯洁性学习教育、机关党建走在前头、整治“吃拿卡要”问题创优发展环境等系列专项活动。召开了庆祝建党91周年暨创先争优表彰大会,表彰了一批创先争优优秀基层党组织、优秀共产党员和优秀党务工作者。

(三)大力开展精神文明建设。按照省直工委的要求,2012年在全系统开展了“读书月”活动,厅领导带头参与,在我厅掀起了读书学习的热潮。各党委、支部认真落实,并采取多种形式组织演讲活动,在层层选拔的基础上,召开了“永远跟党走－省科技厅读书月活动暨演讲比赛”;积极组织党员干部参与社会公益活动,开展了“博爱一日捐”、“送温暖、献爱心”等社会捐助活动,共捐款37000元;在汾西县永安镇马沟村进行持续驻村帮扶,厅党组成员多次到扶贫点对科技扶贫、农民增收等工作进行入户调研,一些科技厅对口帮扶项目均取得不俗进展。省科技厅机关荣获“2012年度省直文明和谐单位标兵”称号。

(四)进一步加强政风行风作风建设。印发了《山西省科学技术厅政风行风公开承诺》,通过制度规范、流程再造,促进了科技管理、服务环境的大力改善。致力于科技管理部门作风的进一步转变,坚持领导班子、领导干部带头,从我做起、从细节做起,在践行为民服务宗旨,加强廉洁自律上自觉行动,在深入基层调查研究,解决实际问题上收到效果,把一切为了科技创新,一切为了转型跨越发展真正落在实处。在全省目标责任考核中,科技厅连续三年获得省直单位优秀称号。

(蔡颖鑫)

附:省科技厅党组书记、成员名单

书　记:贺天才

成　员:张新伟　王　宏　郭春林

省公安厅党委工作概况

党委书记　刘　杰

2012 年，省公安厅党委团结带领全省公安机关和广大公安民警，紧紧围绕为党的十八大胜利召开创造安全稳定社会环境的总目标，紧紧围绕全省工作大局，扎实做好维稳安保工作，深化“三项重点工作”和“三项建设”，大力加强公安基层基础工作，有力地维护了全省社会大局的持续稳定。

一、全力维护社会和谐稳定，为党的十八大胜利召开创造良好环境

牢牢把握党的十八大安全保卫这条主线，紧紧抓住影响全省社会和谐稳定的突出问题，坚持谋划在早、防范在先，全警动员、整体防控，全面加强各项维稳安保工作。一是全力完成十八大安全保卫任务。省厅党委高度重视，提早谋划，精心部署，狠抓落实。成立安保指挥部，党委成员深入一线督导检查。全省公安机关全警全力，突出重点，完善机制，细化措施，落实责任，有效发挥了首都“护城河”作用，实现了“六个坚决防止”的目标，受到了省委、省政府的充分肯定和公安部的通令嘉奖。二是积极稳妥地做好涉日维稳工作。坚持“抓早、抓小、抓萌芽”的工作方针，启动了处置重大突发事件工作预案，狠抓舆情研判、指挥调度、警力部署、现场处置等工作，既保护了群众的爱国热情，又有效控制了现场事态，全省未发生打砸抢烧等极端事件。三是严密防范、严厉打击敌对势力的捣乱破坏活动。做到提前预知、提早预警、及时防范，有效防范了境内外敌对势力、敌对分子和法轮功等邪教的捣乱破坏活动。特别是精心组织开展了严厉打击“实际神”邪教组织专项整治活动，有力地维护了全省政治稳定。四是深入开展矛盾纠纷排查调处工作。积极开展矛盾纠纷排查化解工作，妥善处置了 168 起群体性事件，没有发生因处置不当而激化矛盾的问题。坚持领导干部接待信访工作制度，集中解决了一批信访突出问题，中政委、公安部交办的 279 件重点信访案件全部化解，化解率达 100%。五是严厉打击各类刑事犯罪活动。扎实推进打黑除恶、命案侦破、打击“两抢一盗”等多发性侵财犯罪、打击拐卖儿童妇女犯罪专项行动、打击电信诈骗犯罪、治爆缉抢、打击经济犯罪“破案会战”、禁毒人民战争等专项行动，全面推行合成战、科技战、信息战、证据战“四战合一”，保持对严重刑事犯罪活动的高压态势。全省公安机关共破获各类刑事案件 54011 起，抓获刑事犯罪成员 32327 人。六是大力整治社会治安秩序。紧紧围绕四类地区、“九小场所”、校园及周边地区，扎实开展社会治安整治“三项战役”，深入开展“打四黑除四害”、扫黄扫赌行动，集中解决了一批人民群众反映强烈的治安突出问题。深入开展治爆缉枪和清爆攻坚专项行动，全省涉爆安全形势平稳有序，未发生重大涉爆事故和爆炸物品丢失被盗案件。狠抓社会治安防控体系建设，严密社会面巡逻控制，努力增强人民群众的安全感。

二、深入推进社会管理创新，进一步提升公安机关服务管理水平

以流动人口、特殊人群管理为重点，创新实有人口管理，大力推行“以房管人、以证管人、以业管人”的新模式，积极探索流动人口居住证管理制度，大力推广流动人口信息化管理，推动建立覆盖全部实有人口的动态服务管理体系。进一步加强出入境管理工作，正式启动了电子普通护照签发工作，深入推进窗口规范化建设，实行“一站式”办理服务。省厅出入境管理局党支部荣获“2010—2012 年全省创先争优先进基层党组织”荣誉称号。狠抓消防安全监督管理，集中排查整治火灾隐患，广泛开展消防宣传教育，扎实做好扑灭大火和应急救援的充分准备，有效遏制了重特大火灾尤其是群死群伤火灾事故的发生。大力加强道路交通安全管理，紧紧围绕“压事故、保安全、保畅通”的目标，强力推进道路交通事故预防机制建设，积极开展“道路客运安全年”和“牵手平安行”活动，持续开展整治“三超一疲劳”违法行为和“安全带—生命带”专项行动，全面排查道路交通安全隐患，确保全省道路交通安全畅通。

三、大力加强基层基础建设，进一步提升公安机关战斗力

以“三项建设”为重点，把握加强公安基层基础工作的指导思想、基本原则和目标任务，紧密联系实际，找准结合点和切入点，深入推进公安基层基础工作。一是积极推动派出所和城乡社区警务建设。制定出台《关于进一步加强新形势下公安派出所和社区警务工作的意见》，积极推动社区警务工作全警化，全省共建立社区警务室 1969 个，农村警务室 3094 个。省厅制定了“机关服务基层 15 条”，大力推进领导干部联系帮扶基层、机关单位服务基层的工作作风。二是深入推进信息化建设。持续推进信息化系统的建设与应用，提高了公安机关打击违法犯罪、维护社会治安的能力，实现了公安数据信息的社会化服务。三是深入推进执法规范化建设。制定了《2012 年全省公安机关执法规范化建设推进意见》，全面推动执法规范化建设“四项重点工作”扎实落实。全省公安机关场所执法流程得到规范，监督管理得到加强，网上办案流转率得到提高，执法规范化“软件”建设取得了初步成效。四是深入推进和谐警民关系建设。组织全省公安机关深入开展了以访问民情、访察民意、访排民忧和评议工作、评查问题、评选先进“三访三评”深化大走访活动、“走基层、察

民情、解民忧、创满意”活动，排查了一批矛盾纠纷，整治了一批治安隐患，有力地维护了社会稳定。同时，积极开展“警民恳谈”、“相约警务室”、“向人民报告”等形式多样的爱民实践活动，着力增进同人民群众的思想感情，增强服务人民群众的本领。制定出台了《山西省公安机关服务民生15条措施》，进一步简化审批手续，提高办事效率，拓展服务领域，创新服务方式，为人民群众提供更方便、更快捷、更高效的服务。大力实施民生警务，积极筹建网上公安局，开通山西公安便民服务在线，努力实现“让群众足不出户就能了解办事流程，打开电脑就能表达意愿诉求，鼠标一点就能办理相关业务”。五是大力推动警务机制创新。不断深化基层公安机关警务体制改革和机制创新，努力实现打防控一体化、基础管控动态化、警务实战合成化。强化指挥中心实战指挥功能，着力搭建集研判、决策、指挥一体化运作的指挥平台，构建网格化布警、扁平化指挥、可视化监督、精确化布防的现代警务指挥体系。

四、狠抓领导班子和干部队伍建设，进一步提升公安队伍整体素质

坚持政治建警、素质强警、从严治警、从优待警，着力造就一支政治强、业务精、纪律严、作风硬、形象好的公安队伍。一是狠抓领导班子建设。坚持把班子建设作为队伍建设的重中之重，制定了《中共山西省公安厅委员会关于进一步加强公安厅党委自身建设的意见》，狠抓领导干部思想和作风建设，倡导班子成员做到互相尊重不越权、互相支持不旁观、互相监督不挑剔、互相理解不埋怨。针对省厅领导班子成员发生的问题，及时召开党委民主生活会，汲取教训，查摆问题，认真整改。同时制定了《全省公安机关党员领导干部廉洁从警若干规定》，进一步健全制度规范，加强监督制约，确保各级领导班子和领导干部头脑清醒，立场坚定，作风正派，品行端正。二是大力加强思想政治建设。结合保持党的纯洁性教育活动，认真组织人民警察核心价值观教育实践活动，编印了《山西省公安机关人民警察核心价值观教育实践活动学习读本》，开展了“弘扬英烈精神，铸造忠诚警魂”等主题活动，把“忠诚、为民、公正、廉洁”的人民警察核心价值观融入到思想政治工作和队伍管理的全过程。三是大力加强公安宣传工作。深入广泛开展了“最美警察”媒体推介活动，崔志强、崔作为2名民警被选为全国“最美警察”，其中崔志强入选全国最美警察前十名。充分发挥新媒体的优势，广泛开展网络宣传，新浪“山西公安”微博和博客共发布文章2345篇，在全国公安微博中排名居前十位。四是切实改进教育训练工作。坚持把教育训练作为提高公安队伍整体素质的重要途径，全面推行“轮值轮训、战训合一”和“全警组训、全员轮训”训练模式，围绕群体性事件处置、疑难案件办理、网上舆情引导、信息化应用等实战需求加强培训工作，确保培训内容更加贴近基层执法实践，确保训练成果更好地转化为现实战斗力。五是狠抓党风廉政建设和反腐败工作，推进惩防体系建设。严格执行中政委“四个一律”、省委“五个不准”、公安部“五条禁令”和省厅“六条警规”等纪律规定，部署开展争创“无违法违纪单位”、“尊重红绿灯，警车做标兵”等活动，拍摄并组织观看《贪途末路》警示教育片，用队伍中发生的违法违纪案例教育警示民警，积极预防和减少队伍违法违纪问题的发生。对案件查处坚持“零容忍”态度。全省公安机关查处民警违法违纪案件365起471人。与此同时，落实从优待警措施，开展“内联警心，建和谐警营；外联民心，建和谐社会”活动，在公安网开通“厅长信箱”、“服务之窗”等栏目，主动回应基层民警的期盼和呼声，帮助解决工作生活中的困难和问题，努力营造“快乐工作、幸福生活”的氛围，有效调动了广大民警的工作积极性。

（李晶辉）

附：省公安厅党委书记、副书记、委员名单

书　记：杨　司（6月离职）　刘　杰（6月任职）

副书记：任鸿太

委　员：成振林　燕和平（12月离职）　雷党辰　李亚力　边智慧（3月任职）　李太平（12月离职）　李喜春　段绪忠　贯继武

省民政厅党组工作概况

党组书记　周明定

2012年，省民政厅党组深入学习贯彻党的十八大精神，坚持以科学发展观为统领，紧紧围绕我省转型跨越发展和国家综改区建设的战略部署，认真践行“以人为本、为民解困、为民服务”的工作宗旨，围绕“破解难题、突出重点、提升能力、履行职责”的工作思路，全面加强思想建设、组织建设、作风建设和制度建设，不断增强党的凝聚力和战斗力，注重发挥广大党员的先锋模范作用，努力开创党建工作新局面，有力地促进了年度各项目标任务的圆满完成，为全省经济社会协调发展做出了积极贡献。

一、转变作风，提升能力，不断加强领导班子和干部队伍建设

（一）深入贯彻落实党的十八大精神和省委、省政府的重大决策部署，科学谋划民政工作。组织全厅广大干部职工认真学习党的十八大精神，深刻领会党的十八大对民政事业发展提出的新要求。召开全省第二十次民政会议，立足全省经济社会发展全局，对今后一个时期的全省民政工作进行了全

面安排部署。起草完成了全省民政事业“十二五”发展规划以及养老、社区、减灾等几个专项规划，为民政事业发展特别是民政公共服务设施建设描绘了蓝图。

（二）深入开展“创先争优”活动，切实加强作风建设。积极开展“创先争优”活动，特别是在民政系统窗口单位开展了以“真情暖人心、满意在民政”为主题的创先争优活动，大力加强基层党组织建设和党员队伍建设。组织党员干部接受革命传统教育，学习弘扬右玉精神。连续多年开展“三问两送”活动，组织民政干部深入基层为人民群众解决生产生活中的实际困难。深入推进政务公开和依法行政工作，不断巩固和深化文明和谐单位创建成果。深化行政审批制度改革，严格落实限时办结、首问负责等制度，提高了办事效率，优化了政务环境。

（三）狠抓教育培训，不断提高干部队伍整体素质。认真开展“山西干部在线学院”网上组班学习，在复旦大学举办了3期“山西民政系统干部管理能力提升研修班”，在省委党校举办了“保障和改善民生”专题培训，举办了8期“现代民政讲坛”，深入开展政治理论学习、法制宣传和廉政教育，领导班子和干部队伍的政策理论、业务素质和依法行政能力得到有效提升。

（四）严格执行民主集中制，增强领导班子的凝聚力和战斗力。厅党组坚决贯彻“集体领导、民主集中、个别酝酿、会议决定”的议事决策规则，严格执行民主集中制，凡重大问题决策、重要人事任免、重大项目投资、大额度资金使用全部由厅长办公会议或厅党组会议集体研究决定。领导班子成员都能充分发表意见，积极参与决策。

（五）严格执行相关规定，切实做好干部选拔任用工作。严格执行干部人事规定，竞争选拔按照制定并公示实施方案、报名及资格审查、笔试、面试及业绩素质评价、定向民主推荐、确定考察人选、考察、厅党组会议讨论决定任用人选、任前公示的程序实施，确保了整个选拔过程的民主、公开、择优。全年竞争性选拔干部4名，根据工作需要交流干部6名，从基层遴选公务员2名，为厅直单位公开招聘工作人员17名。

二、明确责任，狠抓落实，圆满完成年度各项目标任务

（一）城乡社会救助水平进一步提升。城市和农村低保标准分别提高30元、22元，截至2012年底，全省城市和农村低保平均标准分别达到308元/月、148元/月，分别比上年同期提高41元、23元。农村五保集中供养和分散供养省级补助标准分别提高500元、100元。城乡低保资金全部实现社会化发放。在11个市79个县开展了医疗救助“一站式”即时结算试点工作。

（二）救灾减灾工作扎实有效。修订完善了《山西省自然灾害救助应急预案》。全年下拨救灾资金3.38亿元，有效应对了洪涝、冰雹、低温冷冻等自然灾害，救助灾民410万人。广泛开展综合减灾示范社区创建工作，推荐76个单位为全国综合减灾示范社区候选单位。积极推进救灾物资储备库建设，省级库已完成选址，市级库除晋城正在建设、太原已完成环评外，其余各市按计划进度推进。

（三）优抚安置双拥工作不断深化。结合建军八十五周年，广泛开展了丰富多彩的军地双拥共建活动和宣传教育。为5.5万名60岁以上农村老兵和1.2万名60岁以上烈士子女发放了生活补助。再次提高了1–4级残疾人员护理费标准和部分优抚对象抚恤补助标准。制定了散葬烈士纪念设施维修改造标准，维修改造4168个零散烈士纪念设施。大力推进退役士兵安置改革工作，出台了自主就业退役士兵一次性经济补助政策。起草了《退役士兵安置条例实施办法》（草案）。2012年妥善安排城镇退役士兵8165人。退役士兵职业教育和技能培训政策知晓率均达到100%，参训人数3643人，参训率达74.3%，合格率为100%，就业率达84%；完成282名军休干部接收任务和741名军队无军籍退休退职职工安置去向审定任务。

（四）基层民主政治建设取得明显成效。全省28190个应换届村全部完成换届选举任务，换届率100%，选民参选率达90%以上，是我省九届村委会换届史上完成率和参选率最高、选举程序最规范、进展最平稳顺利的一次。对新当选的村委会主任进行了培训，建立健全了村务监督委员会，以“阳光农廉网”为载体深入推进村务公开民主管理工作取得显著成效。省委下发了《关于进一步加强城市社区居委会建设工作的意见》。大力推进全省社区网格化建设，基本做到网格全覆盖、服务零缝隙。对600余名社区干部进行了集中培训。农村社区实验全覆盖面进一步扩大，申报了3个实验全覆盖示范单位。

（五）社会福利和慈善事业稳步发展。省政府“为全省集中供养孤儿、散居孤儿每人每月补助1000元、600元”的要求全部落实。完成孤残儿童“明天计划”手术239例、“重生行动”手术32例。新建9个县级福利中心的任务全部完成，其中5个已具备入住条件、4个主体完工。在全省21个县的124个村开展了农村日间照料养老服务试点工作。启动实施了“送温暖、献爱心”社会捐助活动，组织机关单位、社会团体和广大群众广泛参与社会捐助活动。

（六）社会组织管理全面加强。2012年共办理各类全省性社会组织审批事项249件，对857个社会组织进行了年检。全省共对823个社会组织进行了评估，积极推进政会分开，分别在晋城、晋中开展了政府购买社会组织服务试点、行业协会与业务主管单位脱钩试点工作。对全省11712个社会组织进行了集中清理整顿。

（七）区划调整和地名界线管理工作有序开展。对各地申报的行政区划调整事项进行了调研审理。完成了3条市界、32条县界的联检，制定了《山西省平安边界示范市、县考评方案》，每个地级市均有1个县达到平安边界示范县标准。省地名数据库完成了《中华人民共和国政区大典》（山西分卷）审定稿中的所有词条和相关内容的充实完善工作；各市、县地名数据库中界线管理类别达到了国家标准。

（八）专项社会事务管理进一步规范。对全省殡葬业服务

收费情况进行了调查摸底,对经营性公墓进行了年检。出台了加强和改进流浪未成年人救助保护工作的实施意见,深入开展"接送流浪孩子回家"专项行动,全省共救助保护流浪未成年人2000多人次,基本实现城市街面无流浪未成年人的目标。在全省积极开展了婚姻登记机关标准化创建工作,推荐3家单位申报民政部3A级婚姻登记机关。

三、积极探索,创新发展,努力打造山西民政工作品牌

(一)率先开展的"敬老文明号"创建活动在全国得到推广。先后制定了《关于开展"敬老文明号"创建活动的意见》、《山西省"敬老文明号"创建和管理办法》等制度,成立了创建活动组委会,命名表彰了一批"敬老文明号"创建单位,在全国率先开展了"敬老文明号"创建活动,有力推动了老龄事业的发展,为全国创造和积累了经验,得到回良玉副总理和全国老龄委的充分肯定。2012年5月,全国老龄办在太原召开了全国"敬老文明号"创建活动推进会,推广了我省经验。

(二)以"阳光农廉网"为载体深化村务公开民主管理工作成效显著。将村务公开内容全部纳入"阳光农廉网",建立健全了村务公开民主管理监督的长效运作机制,确保了村务公开工作能够真正落到实处,有力促进了基层社会管理。2012年7月,全国村务公开民主管理工作会议在运城市召开,推广了我省的经验。中共中央书记处书记、中纪委副书记何勇出席会议并作了重要讲话,充分肯定了我省的工作。

(三)政策创制工作再上新台阶。继续把政策创制作为履行职责、推动工作的有效方法,全力加以推进。仅省级就出台了具有创新意义的规范性文件26件,其中以省政府和省政府办公厅名义出台4件,民政厅与其他部门联合出台9件,民政厅单独出台13件。这些规范性文件,涉及退役士兵安置改革、流浪未成年人救助保护、社会养老服务体系建设等多个业务领域,解决了工作难题,添补了政策空白,规范了工作程序。其中退役士兵安置改革以及民政法制建设的三个规范性文件,民政部进行了转发。

(四)厅市合作共建取得新成绩。2012年11月,省民政厅又与晋城市政府签署了合作共建协议,决定在11个方面进行合作,共同探索民政事业管理体制和工作机制的创新,更好地发挥民政工作在社会建设中的重要作用。

四、惩防并举,标本兼治,深入推进党风廉政建设

(一)认真落实党风廉政建设责任制。组织召开了全省民政系统党风廉政建设会议,印发了《省民政厅党风廉政建设工作要点》和《党风廉政建设任务分工意见》,形成了一把手负总责、班子成员分工协作、职能部门各负其责的反腐倡廉责任体系,各职能处室坚持"一岗双责",较好地落实了党风廉政责任制各项任务和要求,没有发生违纪违法现象。

(二)不断强化对各项政策落实的监督检查。在全省范围内开展了农村五保供养政策及专项资金管理使用情况、福利彩票公益金管理使用情况专项执法监察。深入开展了纪律作风集中教育整顿和整治"吃拿卡要"问题、创优发展环境活动。

(三)切实加强政风行风建设。深入开展政风行风示范单位创建活动,命名表彰了61个"群众满意窗口"暨行风建设示范单位、27个"优质服务品牌"、83名"优秀服务标兵"。制定了民政系统开展民主评议政风行风工作实施意见,向社会作出了公开承诺。厅领导和业务处室负责人参加了3次"行风热线",开展了"向人民承诺、请人民监督"政风行风宣传咨询活动,邀请政风行风监督员以及部分服务对象代表召开行风听证对话会,广泛听取意见,着力改进作风。

(王文广)

附:省民政厅党组书记、成员名单

书　记:周明定

成　员:王卫东　何耀光　何子义　游　炜　许富昌　李太平(12月任职)　王进龙

省司法厅党委工作概况

党委书记　王水成

2012年,省司法厅党委以邓小平理论、"三个代表"重要思想、科学发展观为指导,全面贯彻落实党的十八大精神,不断加强党的思想、组织、作风、队伍建设,全面提高了厅机关党建工作科学化水平。同时,以党建工作带动和促进业务工作,圆满完成了各项工作任务,为全面实现"万马奔腾创一流"的目标提供了有力保障。

一、学习宣传党的十八大精神,夯实党员思想理论基础

2012年是党的十八大召开的喜庆之年,厅党委以中心组学习为龙头、以支部学习为抓手,在做好日常政治理论学习的同时,第一时间下发通知,对厅机关及直属单位学习宣传贯彻十八大精神工作进行安排部署。

组织全系统各单位全体人员集中收看了十八大开幕式,学习讨论了党的十八大报告。召开了全系统电视电话会,邀请李培斌代表第一时间传达党的十八大精神。厅党委五次召开中心组扩大会议,专题学习党的十八大精神。王水成厅长按照省委宣讲团的安排,先后赴运城、临汾等地,在机关、学

校、企业做了十八大精神宣讲，引起基层干部群众热烈反响。在厅党委高度重视，王水成厅长率先垂范之下，山西司法行政系统先后组织学习传达了中央、省委主要领导关于十八大重要讲话精神，邀请教授做了专题讲座，制作了专题宣传版面，开展了知识测试、征文比赛，发放了学习书籍、组织了专题培训，在全厅迅速掀起学习宣传贯彻党的十八大精神的热潮。全年发放各类学习书籍5000余册，参加了省直工委组织的各类干部培训85人次。

二、加强基层党组织建设，发挥基层党组织战斗堡垒作用

一是创先争优活动深入开展。司法厅被省直工委选为92个厅局中的5个典型之一，省直工委书记、省直文明委主任王铁选一行来司法厅机关现场观摩，并对我厅党建工作给予了充分肯定。省委常委、统战部长聂春玉深入佳镜律师事务所进行调研，对司法厅的总体工作特别是佳镜所的工作给予充分肯定，鼓励我们在新社会组织加强基层组织建设方面探索总结更多好的做法和经验。在全省开展创先争优活动中，涌现出一大批先进典型，龙泉司法所长李培斌全票当选为政法系统唯一的党的十八大代表；佳镜律师事务所被评为全国先进集体，党支部书记梁桐栋受到胡锦涛总书记等中央领导同志的亲切接见，在习近平同志主持召开的座谈会上作了代表发言，为全系统和山西争得了荣誉；敦化坊司法所长肖增爱被选为全省政法系统英模团成员，在全省进行巡回报告。

二是基层组织建设年活动扎实推进。按照上级统一安排部署，召开了政法干警核心价值观主题教育实践活动专题电视电话动员会，向全系统下发了《全省政法干警核心价值观学习资料》，编印下发了政法干警核心价值观教育实践活动读本和学习资料，组织了全系统政法干警核心价值观应知应会考试。组织全省政法系统唯一的党的十八大代表、司法所长李培斌，省十次党代会代表、司法局长毛跃芳，全国五一劳动奖章获得者、监区长贾兆命，全国司法行政先进工作者、劳教民警王中选，阳泉市十佳道德楷模、“好人律师”刘新东等5位同志，组成英模报告团在全省巡回宣讲，共有40多名地厅级领导接见和慰问全体英模，6300多人聆听了报告。先后编发了《开展基层组织建设年应知应会》、《山西省司法厅深入开展政法干警核心价值观和保持党的纯洁性教育活动学习资料》1000余册；组织召开了厅机关及直属单位“保持党的纯洁性”和“学习十八大精神，坚持为民务实清廉推动转型跨越发展”专题党委民主生活会；全面完成了基层党组织评分定级工作。

三是各项党务工作有序进行。严把党员入口关，全年培训入党积极分子195名，新发展党员183人；新成立了锦天城律师事务所党支部，成立了全省首家司法鉴定所党支部，组织了党的十八大代表推荐选举工作，完成了厅机关各支部换届选举工作和党员信息报表报送工作。

三、加快精神文明创建，营造机关和谐文明新风

一是文明和谐单位创建工作扎实推进。年初对厅直11个单位的精神文明创建工作进行了检查、考核和申报；对精神文明创建工作目标任务进行了细化分解、责任到人；对创建档案进行整理归档；对机关荣誉室版面进行了全面更新，荣誉室全年共接待来宾400余人；对一年来精神文明创建中涌现出的23名文明职工和22个文明家庭进行了表彰；组织召开了司法厅学习雷锋精神座谈会、庆祝建团90周年表彰大会和纪念建军85周年座谈会。

二是大力开展扶贫济困送温暖活动。春节期间，为厅机关和直属单位的24名困难党员发放慰问金12000元，清明节为王文清烈士家属送去慰问金5000元，为困难企业送去慰问金6000元。我们还通过组织多次申请，从省工会为厅机关两位患大病者争取到救助金4万元。全厅干部职工积极奉献爱心，在“博爱一日捐”活动中捐款12400元，在“学雷锋，帮助身边的人”活动中，为厅机关三位患大病困难党员捐款41600元。

三是开展健康有益的群众性文体活动。以反映厅系统“四年提升争上游”取得的成绩为内容，自编自演了《看看司法厅的新面貌》、《万马奔腾创一流》文艺节目，在全省司法行政工作会上进行了汇报表演。组织参加了省直机关“三八”妇女节和首届“文化节”全健排舞表演；举办了学习雷锋精神主题演讲比赛；继续坚持了工间操制度。

四、落实党风廉政建设责任制，树立和弘扬良好作风

2012年厅党委按照司法部的部署，不断创新反腐倡廉工作载体，以“文”化“人”，全面加强廉政文化建设，拓宽思路，拓展内涵，多措并举，大力推进廉政文化建设。通过教育倡廉、读书思廉、典型导廉、公开明廉等多种途径，努力营造“以廉为荣，以贪为耻”的良好氛围，建设具有司法行政特色的廉政文化。

一是组织开展了以“忠诚、为民、公正、廉洁”为主题的政法干警核心价值观教育实践活动和保持党的纯洁性学习教育活动。在召开动员大会的基础上，各活动领导组办公室迅速印发实施方案对活动进行具体安排部署。通过组织开展集中学习、接受传统教育、聆听事迹报告、问题查摆、召开专题民主生活会、形成思想总结等形式，扎实推进活动不断深入，确保宣传教育取得实效。厅机关党委整理和编印了《政法干警核心价值观教育实践活动和保持党的纯洁性教育活动学习资料》。厅律管处组织开展了全省律师队伍践行政法干警核心价值观演讲比赛。为推进保持党的纯洁性学习教育活动深入开展，厅党委组织厅机关及厅直单位党员干部观看了全省廉政文化精品剧目展演，组织离退休干部赴交城吕梁英雄广场开展“继承革命优良传统，保持党的纯洁性”教育活动；长治市司法局举办了保持党的纯洁性学习教育活动先进事

迹报告会和走进"红色课堂"接受传统教育活动;虞乡劳教(戒毒)所创立了分级落实、分类要求、分段实施、分片进行的"四分工作法"扎实开展保持党的纯洁性学习教育活动。

二是开展了形式多样的警示教育活动。厅党委组织机关全体干部职工观看了《正风肃纪 创优环境》警示教育片。厅党委在抓好正面教育工作的同时,积极组织开展反面典型警示教育,责成厅纪委将近年来全系统各单位各部门发生的典型案件进行筛选汇编,形成具有代表性和教育性的文献资料,充分发挥典型案例的警示教育作用。在6月份举办的全省司法行政系统纪检监察干部培训班上,省司法厅党委委员、纪委书记张晓玲亲自带领180余名学员赴省女子监狱接受警示教育。晋城监狱召开预防职务犯罪警示教育大会、临汾监狱开展"用身边的事教育身边的人"警示教育活动。部分监狱单位作为警示教育基地,还分别组织在押罪犯为本监党员、民警、职工进行现身说法警示教育。太原一监、女子监狱、晋中监狱、阳泉二监等警示教育基地还为省地税、祁县党政机关、阳煤集团等多家单位举办了现身说法警示教育活动,收到了良好的社会效益。

三是继续深入开展廉政教育活动。2012年上半年,厅机关选拔任用了一批副处级领导干部,上任之初,党委班子全体成员及厅纪委张晓玲书记对新任干部就进行了集体廉政谈话。举办了廉政教育报告会,张晓玲书记与厅机关全体干部职工进行了一次集体廉政谈话,针对系统内存在的能力不足、履职不力、作风不正、精神状态不佳等主要问题提出了五点要求,即一要勤学习政治坚定作好表率,二要守廉洁敬畏法纪洁身自爱,三要重品行管好分管的干部队伍,四要创一流积极进取拼搏奋斗,五要履行一岗双责,作好党风廉政建设责任制工作。

五、加强干部队伍建设,为各项工作的开展提供坚实的组织保障

厅党委切实加强领导班子建设,引入竞争机制,严格、规范地开展了厅管干部的选拔任用工作。全年共调整厅管干部83人,基本上做到了组织满意、群众满意和本人满意,切实增强了厅机关及厅直单位领导班子的凝聚力和战斗力。严格贯彻执行中央、省委各项组织人事纪律,有效地规范了干部人事管理工作。我厅提高选人用人公信度的做法受到了省委组织部的充分肯定,并在全省干部监督工作会议上作了交流发言。进一步加大了干部轮岗交流力度,2012年调整的处级干部绝大多数都进行了交流轮岗;厅机关又有3位同志交流到监狱劳教单位担任领导职务。继续开展了干部挂职锻炼工作,协调有关地市接收了5批21名新疆来晋挂职干部;安排部署了第二批厅机关新招录公务员到基层锻炼工作;召开了基层优秀年轻干部到厅机关挂职期满座谈会,对工作进行了总结。履行协管干部职责,配合地方党委完成了晋中市司法局局长和大同市两个劳教所领导班子的调整配备工作。圆满完成了公务员录用和遴选工作,成功组织了遴选的面试工作,未出任何纰漏,经过笔试、面试、体检、考核等环节,2012年向社会公开招录公务员3名,遴选公务员5名,为厅机关注入了新鲜血液。向司法部和省编办报送了新增政法专项编制和部分机动编制的分配意见。完成了新版山西省公务员管理信息系统的录入工作,共计录入省司法厅、劳教局、省法律援助中心1496名人员信息,审核了1496名同志"三龄两历一身份",并按程序进行了登记备案。抽调了六批工作队,深入开展干部下乡住村工作。会同厅律管处完成了厅系统的省政协委员、人大代表推选工作,共有5人选为省人大代表,11人选为省政协委员。这些举措,进一步优化了司法行政系统的干部队伍结构,为各项工作的顺利开展提供了坚实的组织保障。

(张　霏)

附:省司法厅党委书记、委员名单

书　记:王水成

委　员:李满胜　苏　浩　周培斌　张玉良　句轶旺　张晓玲(女)　翟新山

省财政厅党组工作概况

党组书记　郑建国

2012年,省财政厅党组全面贯彻落实党的十八大会议精神和省十次党代会精神,以邓小平理论、"三个代表"重要思想和科学发展观为指导,与时俱进,开拓进取,以迎接党的十八大胜利召开和贯彻落实十八大精神为重点,深入开展创先争优和保持党的纯洁性学习教育活动,以改革创新精神和求真务实作风不断推进机关党的思想、组织、作风、反腐倡廉和制度建设,为促进财政事业科学发展提供了坚强保证。

一、以迎接十八大和贯彻十八大精神为主线,抓好理论武装

(一)突出重点,强化学习。年初,厅机关党委下发了《关于我厅2012年党组中心组暨干部理论学习安排意见》,对全年的政治理论学习进行了安排部署,始终坚持把政治理论学习放在党建工作首位。一是抓好专题教育。以迎接党的十八大胜利召开和学习宣传贯彻十八大精神为主线,开展"对党忠诚"主题教育活动,组织广大党员干部深入学习党的历史和党的建设基本经验,进一步坚定走中国特色社会主义道路的使命意识,进一步激发广大党员干部投身财政事业干事创

业的热情。4月23日，以“世界读书日”为节点，在全厅开展了为期一个月的“党员干部读书月”活动，倡导每个党员读一本好书、写一份心得，在品味红色经典中坚定理念信念。十八大召开期间，认真组织党员干部收听收看，并通过“寄语十八大”、“喜迎十八大，岗位做奉献”等活动，对党的十七大以来经济社会发展成就和党的十八大胜利召开进行广泛宣传。二是组织好集中培训学习。共组织26名党员参加了省直分校举办的党务干部培训班。三是认真学习贯彻胡锦涛同志在中国共产党第十七届中央纪律检查委员会第七次全体会议上的重要讲话，进一步坚定理想信念，坚定政治立场，切实保持党的纯洁性。四是学习贯彻胡锦涛同志在省部级主要领导干部专题研讨班重要讲话精神。根据晋发［2012］6号通知要求，厅机关党委及时印发了《中共山西省财政厅直属机关委员会关于认真学习贯彻胡锦涛总书记在省部级主要领导干部专题研讨班重要讲话精神的通知》，并要求直属各党总支、党支部以及广大党员提高认识、加强组织，切实把行动统一到胡锦涛同志重要讲话精神上来，为党的十八大胜利召开奠定坚实的思想基础。五是组织学习专题讲座。12月13日下午，厅机关党委邀请省委十八大精神宣讲团成员、山西省委党校副校长高健生教授为全厅党员干部作“深刻理解十八大的基本精神”专题讲座。六是组织党务干部培训讨论。12月14日，厅机关党委、纪委委员，各党总支、支部书记以及工会、青年团及妇委会的主要负责人共150余人参加分组学习讨论十八大精神。

（二）坚持学习制度，积极为党组中心组学习做好服务工作。认真落实党组中心组学习制度，及时制定厅党组中心组年度学习计划。同时，为党组成员订阅《紫光阁》、《理论学习内参》和《党的生活》等刊物作为学习的基本读物，做好每次学习前的各项准备工作，还多次将学习范围扩大到处级干部，有效地带动和辐射全厅的政治理论学习。

（三）创新载体，构筑多元学习平台。改版厅机关党建网站，开辟了网络教育；创办“财苑文化大讲坛”，开展各类知识讲座、专题报告；在基层3个总支、52个党支部中建立“财苑书屋”，实现了学习资源共享，方便干部职工的学习交流。

（四）积极探索，开展党建理论研究。厅机关党委积极参加省直党建研究会的理论研究工作，推荐上报《推动创先争优活动常态化、长效化、制度化机制建设的思考》，在全省机关党建工作会上进行了研讨交流。

（五）扎实开展2012年度法制宣传教育。一是在年初制定下发了《山西省财政厅2012年度法制宣传教育工作要点》，明确了2012年全年的四项法制宣传教育基础工作、五项弘扬法治精神活动以及两项法律法规培训工作。二是给全厅公务员以及厅属副处以上干部购买发放“六五”普法书籍500余册。三是7月10日，召开了“山西省财政厅2012年度普法依法治理工作汇报会”。四是12月4日“法制宣传日”组织相关处室人员在厅机关门口进行了财政法律法规的宣传，重点宣传了财政系统的法律法规——《车船税法》、《山西省会计管理条例》和《财政票据管理办法》。

二、加强基层组织建设，发挥战斗堡垒作用

（一）加强组织建设。一是进一步落实党支部建在处室（单位），领导干部“一岗双责”制度，及时召开机关党委会议，对直属9个支部进行了支委补选改选。

（二）认真做好党员发展工作。认真落实发展党员公示制度，加强入口管理，确保党员质量。按照上级党委要求并结合我厅实际，印发了《关于报送2012年度党员发展计划的通知》，同时，召开机关党委会议，研究确定了2012年度党员发展计划。全年共选派8名入党积极分子参加省直分校培训，发展新党员14名，同时，还为16名预备党员办理了转正手续。

（三）走访慰问老党员和特困党员。“春节”前夕，在并厅领导分别走访慰问了8名老党员和生活困难的党员。

（四）做好党建日常工作。严格按照党费收缴标准，按时定额收取党费，坚持合理开支、略有节余的原则，管理使用好党费；运用新版《党员信息管理系统》，认真做好党员信息管理工作，确保信息安全、准确。

三、加强制度建设，确保工作落实

一是认真贯彻落实《中国共产党党和国家机关基层组织工作条例》和《实施办法》，扎实做好抓基层打基础工作。着力扩大基层组织覆盖面，建立健全基层组织设置，做到机关工作延伸到哪里，机关党的工作就跟进到哪里，形成了完善严密、坚强有力的基层组织体系。同时，进一步健全和落实党政议事规则、“三会一课”、民主生活会、民主评议等一系列规章制度。二是坚持分类指导推动基层组织建设。根据中央关于开展“基层组织建设年”的要求，对直属党组织进行分类定级。坚持高标准严要求，积极探索分类指导办法，着力在强化组织功能、增强组织活力、发挥示范作用等方面取得实效。三是以党章为根本，以民主集中制为核心，完善民主决策机制。认真落实党员知情权、参与权、选举权和监督权，充分发挥党员在党内生活中的主体作用，积极推进党务公开，制定实施意见和党务公开目录，提高基层党组织工作透明度。四是实行目标管理，强化任务落实。将党建工作纳入年度工作目标责任制考核内容，实行了党的工作与财政业务工作一起部署、一起检查、一起考核、一起奖惩，以党建促业务的工作定位。

四、加强作风建设，推进机关作风转变

教育广大党员干部牢固树立以人为本、执政为民理念，以建设为民、务实、清廉机关为目标，推进机关作风转变。一是组织了“创优软环境、喜迎十八大”机关建设巡礼活动。制作了42块展版在厅机关进行巡展。二是开展纪律作风专项治理整顿活动。配合厅纪检组监察室开展了“纪律作风专项治理整顿”，着力解决党员干部在工作作风、生活作风方面群众反映强烈的突出问题，教育引导党员干部增强立党为公、执政为民的自觉性和坚定性。三是根据省直纪工委的要求，

集中组织全厅党员观看了影片《忠诚与背叛》并播放了两次廉政教育专题片。

五、扎实开展保持党的纯洁性学习教育活动

全厅3个党总支、52个党支部的681名党员，按照省委关于学习教育活动的总体部署和要求，紧扣“保持纯洁性”这一主题，紧密联系财政工作和党员队伍的思想实际，坚持以思想教育、正面教育、自我教育为主，严格按要求、按程序、高标准、高质量开展学习教育活动，切实做到了思想高度统一、活动组织规范有力、环节把握准确到位、工作落实注重实效，圆满完成了各项工作任务。6月25日，召开党组专题民主生活会，对我厅保持党的纯洁性学习教育活动进行阶段性总结，并认真开展“六查六看”，提出了今后工作的改进措施和努力方向。“七一”前夕，对11个先进基层党组织，80名优秀共产党员进行了通报表彰。

六、积极开展“财政精神”提炼活动

根据财政部机关党委的统一部署，特别是部党组书记、部长谢旭人“两促进”的重要批示和王君副部长重要讲话精神，我厅在全省财政系统开展了“财政精神”表述语提炼活动。厅党组书记、厅长郑建国高度重视，要求全省财政系统要切实抓好工作落实。厅机关党委及时下发文件，提出了“高度重视、加强领导，广泛参与、突出过程，落实要求、大力宣传”的三点要求，明确了“下发通知，组织讨论、征集表述语，推荐上报、学习宣传”的四大步骤。活动期间全省财政系统共征集到了有思想、有质量，朗朗上口，传诵称道的优秀表述语500余条。9月上旬，组织召开山西省财政厅“财政精神”表述语提炼活动研讨会。部分厅领导、厅机关部分处室单位负责人和各市财政局负责此项工作的有关人员以及特邀专家学者参加会议并发表了意见，最终确定了上报财政部的5条作品。

七、深入开展群众性精神文明创建活动

结合财政工作实际，深入开展“人人都是软环境，公仆先是好公民”文明和谐单位创建活动。始终坚持在广大干部职工中强化“四个一”的创建意识，即创建文明和谐单位是激励和凝聚干部职工爱岗敬业、自觉奉献的一面旗帜，是加强管理、改进服务和提高效益的一种手段，是展示行业形象、弘扬财政文明的一扇窗口，是一种无形资产和集体文化。“四个一”的创建意识进一步成为全厅上下的思想共识，保证了我厅文明和谐单位创建工作的健康发展。2012年，厅机关被省文明委授予2010—2011年度山西省文明和谐单位标兵，并连续九年保持省直文明和谐单位标兵称号，厅属15个单位中有11个是省直文明和谐单位标兵，有两个是省直文明和谐单位。

八、厅工会充分发挥职能，各项工作有效开展

(一)认真完成了全省“五一”表彰评比选送工作。在省直工会开展的“五一”劳动竞赛中，我厅推荐的厅办公室工会小组和厅企业处成怀平分别被授予“五一劳动奖状”和“五一劳动奖章”。

(二)为进一步倡导“健康生活，快乐工作”理念，厅工会充分发挥工作职能，经多方联系、积极筹备，为厅机关会员发放了健康卡，送去了工会组织的关爱和祝福。

(三)为丰富机关文化生活，增强职工健康体魄。厅工会组队参加了汾酒集团举办的“竹叶青”杯羽毛球团体邀请赛，获得了优秀组织奖；在汾河公园举办了干部职工“健康体魄喜迎新年”健步走活动，全厅共200余人参加。

九、厅团委积极开展建设学习型团组织活动

(一)开展庆祝建团90周年暨纪念“五四”运动93周年活动。5月4日，厅机关及直属单位各团支部的全体团干部近30人参加了厅团委在厅机关二楼会议室召开的庆祝建团90周年座谈会。会议传达学习了袁纯清书记《在山西省纪念中国共产主义青年团成立90周年大会上的讲话》精神，与会团员青年就学习袁纯清书记讲话精神并结合自身工作实际进行了座谈交流。厅党组成员、纪检组长张五胜代表厅党组向与会青年及全厅团员青年送上了节日的慰问和祝福，并与参会团员青年进行了深入交流。

(二)做好全省系统“青年文明号”创建工作。一是联合组织了2012年度省级青年文明号争创集体负责人培训班，通过组织听讲座、实地观摩、经验交流等活动为争创集体下一步做好争创工作起到了重要的指导作用。二是按照省青年文明号活动组委会有关要求，经过各基层单位积极推荐上报，厅团委最终确定推荐长治市襄垣县财政局白慧军同志参加2012年度山西省青年岗位能手评选表彰。三是邀请省青年文明号活动组委会领导以及我厅领导共同为财政系统2个获得2011年度省级青年文明号的集体举行了隆重的揭牌仪式。四是按照省青年文明号组委会要求，对2011年度省级以上青年文明号和2012年新申报集体进行了检查验收。

(王鹏程)

附：省财政厅党组书记、成员名单

书　记：郑建国

成　员：石常明　胡双明　武　涛　张五胜
　　　　张　韬　常国华　高向新　黄　庙

省人力资源和社会保障厅党组工作概况

党组书记 张 健

2012年，全省人社系统坚决贯彻落实省委、省政府的决策部署，紧紧围绕转型跨越发展，在经济增速放缓、下行压力加大的严峻形势下，稳中求进，自加压力，扎实工作，圆满完成全年各项目标任务，多项工作在全国名列前茅。

一、就业法规政策服务体系进一步完善，城乡就业创历史新高

各级把促进充分就业放在经济社会发展的优先位置，实施更加积极的就业政策，全省城镇新增就业51万人，城镇登记失业率控制在3.4%，转移农村劳动力42.5万人。

一是不断完善就业法规政策体系，起草完成了《山西省就业促进条例》（草案）并获省人大常委会第32次会议讨论通过，今年3月1日将正式实施。出台扶持创办微型企业的14条新政策，制定促进高校毕业生就业的18条措施。

二是深入开展“双创建”活动，创建创业型城市30个，其中国家试点3个，晋城市受到国务院表彰。全省投入创业资金7000万元，建立创业孵化基地83个，入驻创业实体6637家。实施“3万人创业扶持计划”，扶持3.4万人成功创业，带动就业12万人。创建农村劳动力转移就业示范县30个，树立劳务品牌20个，为重点工程有组织输出劳动力10万人次。

三是大力开展职业技能培训，制定劳动预备制全员免学费培训办法，实现了劳动预备制培训全覆盖。完成失业人员培训21.8万人、农村劳动力技能培训24.5万人、创业培训4.5万人、新成长劳动力培训8.7万人。

四是抓好重点群体就业，坚持把高校毕业生放在就业工作首位，开展公共就业和人才服务进校园活动，组织实施“大学生创业引领计划”，组织就业见习1.5万余人，机关事业单位考录招聘和“三支一扶”招募1.5余万人，全方位、多渠道促进大学生就业，应届高校毕业生就业率达90%。面向就业困难家庭和人员建立帮扶长效机制，帮助5.2万困难人员实现就业。

五是强化公共就业服务，组建省就业服务局，整合人力资源市场，形成城乡统一的就业服务规范。省市县联动，坚持开展“就业援助月”、“春风行动”、“民营企业招聘周”、“高校毕业生就业服务月”等系列公共就业专项服务活动，组织各类招聘会3000余场次，提供岗位信息百余万个。为170余户企业缓缴各项社会保险费21亿元，有效稳定了就业岗位。

六是召开全省创业就业表彰大会，树立就业先进集体和先进个人413个。

二、社会保障体系进一步健全，基本实现社保制度城乡全覆盖

全力推进“社保全覆盖、服务一卡通”，城乡基本养老、基本医疗保险参保人数分别达到2100万人、3500万人，覆盖城乡全体人民，失业、工伤、生育保险覆盖规定职业人群，基本建成省市县社保专网，实现参保人员人人持有社会保障卡。

一是健全城乡居民养老保险制度，在全省范围内建立起新型农村和城镇居民社会养老保险制度，广大城乡居民养老有了制度性保障，领取养老金的城乡60周岁以上老人达319万人。

二是组建省社会保险局，推行五保合一，五险统征，建立“一张票据征收、一个平台共享”业务经办新模式。降低个体工商户和灵活就业人员参保门槛。积极稳妥处理西山煤矿轮换工等群体历史难题。深入开展非公经济单位专项扩面行动。社会保险参保率和基金征缴率都创造了接近翻番的好成绩。

三是稳步提高各项社保待遇，企业退休人员基本养老金实现“八连调”，月人均达1873元，比上年增长12%，居中部六省首位。将封闭运行的6大企业集团医疗保险纳入社会统筹，基本实现医疗保险市级统筹。全面提高城镇医疗保险待遇水平，城镇居民医保补助标准提高到每人每年240元，进一步扩大个人账户支付范围。在100所公立医院开展付费方式改革试点，医疗费用不合理上涨得到有效控制。

四是全面推进社保“一卡通”建设，狠抓数据集中、网络延伸、软件统一、业务协同、服务提升，与8家金融机构战略合作，全力推进社保卡制发工作，新制发社会保障卡超过1000万张，基本建成省市县三级信息网络和社会保障卡综合服务窗口，实现了省域内的异地就医和即时结算，我省社保体系建设在全国名列前茅。

三、人才工作力度进一步加大，两高人才培养成绩显著

以高层次人才和高技能人才为重点，着力推进人才体制机制改革创新，人才发展环境不断优化，新增高层次人才6700余名、高技能人才7.3万名，在晋工作的外国专家超过500名。

一是提出在太榆科技创新城建设人才特区的意见，许多重大人才创新政策已在晋中市率先实施。

二是制定了引进国内高层次人才的意见和“三晋学者”培养计划，提出了突出贡献人才奖励办法，健全了引进海内

外人才和培养本土人才的政策体系，形成了高层次人才培养、引进、评价、激励相互协调的工作机制。

三是牵头实施4项人才工程，新设立院士工作站18个，博士后科研流动站15个，建立国家级、省级高技能人才培训基地9个、技能大师工作室11个，选拔"三晋学者专家"18个，选拔省级学术技术带头人400名，新产业领军人才50名，享受政府特贴专家55人，282名高技能人才受到国家和省表彰，2人获中华技能大奖。

四是成功举办世界晋商人才论坛和人才智力交流大会，搭建高层次人才交流平台，引进海外留学人才及"985"院校毕业生1600余人。

四、人事制度改革进一步深化，公职人员管理得到加强

一是公务员制度建设不断加强，全面强化考录工作风险点管控，顺利完成全省2014名行政机关公务员考录工作。首次在5个省直部门公开遴选基层公务员28人，开辟公务员培养选拔新通道。深入推进分类管理工作，完成监狱、劳教系统8000多名干警的职务套改工作。坚持开展公务员"四类培训"。深入开展创先争优争做人民满意公务员活动，推选右玉县在全国经验交流会上作典型发言。

二是事业单位人事制度改革不断深入，在各级各类事业单位全面推行新进人员公开招聘制度，新招工作人员1.3万名，进一步优化了队伍结构。事业单位全面实行岗位设置管理和聘用合同管理，岗位设置核准率达96%，聘用合同签订率达95%。

三是开展机关事业单位人事纪律、工资收入情况专项检查，整顿纠正了2300余个工龄、身份造假和"吃空饷"问题。

四是认真做好军转安置工作，推行"四公开两统一一监督"的安置方式改革，771名军转干部得到妥善安置。

五、工资分配调控进一步加强，从业人员劳动报酬普遍提高

一是继续提高最低工资标准，一类地区达1125元，平均增幅15.1%。扎实推进工资集体协商制度，发布企业工资指导线，基准线增长15%。

二是全面实施事业单位绩效工资制度，新覆盖近60万人，月人均增资542元，平均增长21%；

三是进一步规范公务员工资，提高津补贴标准，平均增长10%；

四是在建设领域推行农民工工资支付登记卡管理办法，有效防止了企业拖欠农民工工资。

六、劳动纠纷调解和矛盾排查进一步强化，劳动关系总体保持和谐稳定

一是强化劳动合同源头管理，全省企业劳动合同签订率保持在98%以上，集体合同覆盖率占已建工会企业的85%。

二是落实劳动监察网格责任制，划分监管网格9791个，实地检查企业10.5万户次，涉及职工591.8万人次，主动监察面达50%以上，为7.4万人追发工资及经济补偿金3.72亿元，督促缴纳社会保险费2.82亿元。健全法律援助服务体系，建立刚性维权和柔性维权相结合的维权机制，投诉举报结案率达95%。

三是进一步完善信访维稳和争议仲裁工作机制，全系统接待来信来访件次和人数均有所下降，信访案件有效处置率达97%，劳动人事争议仲裁结案率达93.1%，困难企业军转干部进省赴京"零上访"，劳动关系总体和谐稳定。

（张　琼）

附：省人力资源和社会保障厅党组书记、成员名单

书　记：张　健

成　员：杨培岳　李文慧　李建刚　王云龙
王建文　姚　逊
安尼瓦尔·买买提（挂职，3月任职）

省国土资源厅党组工作概况

党组书记　李建功

2012年，全省国土资源系统认真贯彻省委、省政府的各项决策部署，着力推进国土资源管理机制创新，狠抓党建与业务工作的高度融合，以实现"十新"目标为抓手，进一步积极主动作为，严格规范管理，在更高起点上为全省转跨越发展提供了优质服务和有力的资源保障。

一、攻坚克难、扎实工作，圆满完成保障发展、保护资源、保持生态的光荣使命

（一）用地保障取得新成效，全年提供用地空间超过37万亩。2012年，通过争取国土资源部下达、追加及调剂用地指标共18.51万亩，争取省内国家重点工程使用国家控制的计划指标8.87万亩；通过实施城乡建设用地增减挂钩、工矿废弃地整合利用、露天采矿用地改革等用地新机制，拓展用地空间超过10.2万亩；全年共提供用地空间达到37.58万亩，有力保障了一大批转型标杆项目、新兴产业项目和民生项目落地。

（二）耕地保护采取新举措，坚守了6075万亩耕地红线。

在全国首创耕地占补平衡新机制，省级财政设立耕地开发专项资金30亿元，每年可新造耕地15万亩，连同市级占补平衡造地15万亩，全省每年可新造耕地30万亩。2012年，省级专项资金安排土地开发项目82个，可新造耕地19.2万亩；市级占补平衡可补充耕地18.6万亩，在有效解决国家、省级重点工程占补平衡难题的同时，有力坚守了6075万亩耕地红线。

（三）矿政管理展现新作为，推动了全省矿业经济的可持续发展。2012年底，全省矿产资源开发利用方案、矿山地质环境保护与恢复治理方案、矿山土地复垦方案的评审率和备案率均已超过98%，资源储量核实报告和采矿权价款处置工作按进度完成。煤炭企业兼并重组整合后续五项工作进展顺利，应换长期采矿许可证874个，已审批换证810个，换证率达到92.7%。全省整合保留非煤矿山137个省级应发证已全部换发了采矿许可证，铁、铝土矿、耐火粘土等12个非煤资源进一步整合工作基本结束。

（四）地质找矿实现新突破，增强了矿产资源的保障能力。全年安排勘查经费5.5亿元，新立勘查项目68个，找到重要大中型矿产地12处，验收了104个地勘项目，新增高级别煤炭资源储量434.79亿吨，其中新增煤炭储量80亿吨，另外，新增铁矿和铝土矿各1亿吨。

（五）保障民生加大新力度，维护了广大人民群众的权益。为33.2万套保障性住房供应土地2.17万亩，实现了应保尽保。成功预报地质灾害5起，避免人员伤亡91人，搬迁避让1000多人，避免直接经济损失128万元。完成了征地补偿标准更新工作，全省亩均补偿费比2009年提高5500元，增幅达21.4%。

（六）地环管理开创新局面，促进了全省生态文明建设。全年投入各项治理资金4.49亿元。其中，申请国家矿山地质环境治理资金1亿元，启动了历史遗留和矿权灭失的矿山地质环境治理工程；争取到国家地质灾害防治专项资金1.14亿元，安排治理项目11个；省财政安排治理资金0.99亿元，安排工程项目24个；选择21个煤矿开展全省煤矿矿山地质环境恢复治理示范工程建设，投入资金达1.5亿元。新建成“十有县”81个，全面筑牢基层地质灾害防治基础。

（七）执法监察形成新思路，规范了国土资源开发利用秩序。保持高压态势，并利用航空、遥感技术等高科技手段严厉打击非法采矿违法占地。全年查处土地违法案件892件，涉及土地面积1116.5公顷，涉及耕地面积335.1公顷，全省卫片执法检查顺利通过省级验收。全年出动巡查人员14.72万人次，取缔非法违法矿点805个，叫停未取得用地手续的露天矿33处，查处越界开采41起，排查各类关闭矿井3067处，恢复地貌或复垦土地3000多亩。

（八）资源利用达到新水平，落实了节约优先战略。加快供地速度、加强供后监管，全年供地率达80%左右；全省2007—2011年农转征项目供地率达到71.18%，居全国前列。加强土地市场建设，招标拍卖挂牌出让土地的比例占全部出让面积的92%。建立实施了《单位GDP及固定资产新增建设用地消耗考核办法》，建立健全了“土地利用总体规划管控制度”等八项节约集约用地制度。完成了24家开发区及太原市的节约集约利用评价工作，并将考核评价成果与下达年度土地利用计划及建设用地审批挂钩，进一步形成倒逼机制，促进了全省土地的节约集约利用。

（九）国土收益呈现新增长，加大了对地方财力的支持力度。全年国土资源收益达891.2亿元，大幅超额完成了600亿元的年度任务。其中，建设用地成交价款414.2亿元，征收矿产资源规费455亿元，征缴新增建设用地有偿使用费22亿元。

（十）基础工作迈上新台阶，提升了国土资源管理水平。完成了省、市、县、乡四级土地利用总体规划的编制、审批工作，并已开始全面实施。完成我省建国以来投资最大的一次农村集体土地确权登记发证工作。全面调查清理了“两权”价款底数，并与各市分成交割清楚。基本完成国土资源“一张图”工程，初步建成国土资源“批、供、用、补、查”网络监管平台。

二、创新党建工作格局，深入开展党风廉政建设

（一）科学谋划，精心布局，统筹安排系统党风廉政建设工作。2012年初，厅党组围绕“基层单位违纪违法案件所占比例较高”、“失职渎职案件所占比例有所上升”、“如何促使廉政教育向基层拓展、廉政监管向基层延伸”、“如何采取措施防控基层单位违纪违法案件比例居高、失职渎职案件比例上升”四个主题进行专题研讨，在此基础上制订下发了《中共山西省国土资源厅党组关于2012年党风廉政建设和反腐败工作的实施意见》和《山西省国土资源厅关于2012年党风廉政建设和反腐败工作任务分工的意见》，进一步明确全省国土资源系统党风廉政建设和反腐败工作重点，形成“一把手”负总责，其他领导各负其责的工作机制，全面推进各项工作的深入开展。

（二）强化防线，注重预防，深入开展廉政教育。先后开展了“文明和谐过春节”、“廉政文化进机关”、“新时期保持共产党员纯洁性”大讨论、“廉洁从政学习教育周五个一”（即抓好一次集中学习，进行一次述职述廉，组织一次警示教育参观，观看一次廉政录像和安排一次座谈讨论）、“缅怀先辈、对党忠诚、永葆纯洁”革命传统等主题教育活动。在“创优发展环境、整治吃拿卡要”专项行动中，结合实际组织了“居安思危、优化环境4+1”系列教育活动。十八大胜利召开后，多次邀请省委党校范俊彦教授就十八大反腐倡廉工作的新形势、新目标及工作重点和要求做了专题辅导。2012年，我厅开展创先争优活动的经验《凝心聚力、扎实工作，努力为国土资源工作提供有力的思想政治保证》被《求是》杂志社研究所编辑的《先锋的力量——全国创先争优典型经验选编》收录。

（三）落实责任，加强监督，不断健全廉政风险防控机制。积极开展廉政风险排查“回头看”活动。按照“对岗不对人”的原则，认真查找岗位职责、业务流程、制度机制、外部环境四个方面可能造成部门或个人权力失控、行为失范的廉政风险

点,并对每个流程、每个环节、办结时限及运行机制进行定位,逐一对照监督检查。对全省各级国土资源部门的廉政风险防控机制建设和落实情况进行了深入细致地督促检查,在政务大厅对服务对象进行了随机调查询问,填写调查问卷200余份;6月份分两组对太原、运城、临汾、晋中、忻州等5个市、10个县、20个国土所进行了重点抽查,对存在问题的单位进行了通报批评,责令限期整改。

(四)抓源治本,以纪督政,进一步强化对权力运行的监督制约。2012年,驻厅纪检组配合省厅相关业务处室对全省土地供后开发利用违约情况进行全面清查整顿,共清查处置全省土地供后未能按照合同约定开(竣)工项目共计178宗,涉及国有建设用地面积1.25万亩。对2012年全省招标出让的2宗矿业权和9宗转让的矿业权,驻厅纪检组全程参与了矿业权招标出让评标会和评估机构抽签仪式,并对“招、拍、挂”等关键环节进行重点监督,确保了矿业权出让工作的公开透明。

(五)有腐必反,有贪必肃,违法违纪案件查办工作成效明显。查处违法违纪案件是严肃党纪政纪的重要手段。2012年,驻厅纪检组加大查办案件的工作力度,共收到各类信访举报件30件,转相关部门办理23件,直接查办7件,查实3件,建议处分18人,建议追究刑事责任1人,办结率为100%。对省纪委李兆前书记批示的《交城县天宁镇蒲渠河村书记贺东非法占用耕地》和省委巡视四组交办的《交城县天宁镇东关居委会违法占地、违规批地、违规划拨》两起重要案件,均已全部查实,并做相应处理和上报。

(六)求真务实,多措并举,政风行风评议工作扎实有效推进。在省、市、县国土资源部门成立了“一把手”负总责的领导机构,全面实施政风行风评议“一把手工程”。通过在全省设立举报箱215个、举报电话145部、开通举报电子邮箱;在厅机关、各市局长期设立征求意见箱、行政效能监督箱、商业贿赂治理举报箱;在信访室、政务大厅等服务窗口向来办事的人员发放《征求意见卡》、在门户网站开设征求意见栏目;聘请省人大代表、政协委员、新闻媒体、服务对象等社会各界代表11人作为政风行风监督员;建立社会各界参与的千人评议代表数据库;召开政风行风监督员座谈会、参加“行风热线”等方式,六管齐下多渠道征求、采纳社会各界和人民群众的意见建议。

(张　峰)

附:省国土资源厅党组书记、副书记、成员名单

书　记:李建功

成　员:高　博　岳盛林(6月离职)

郭英杰(9月任职)　牛来有(11月离职)

彭东晓　杨志强　周际鹏　葛建生

省环保厅党组工作概况

党组书记　刘向东

2012年,省环境保护厅党组坚持以邓小平理论和“三个代表”重要思想为指导,深入贯彻落实科学发展观和党的十八大精神,以加强党的执政能力建设、纯洁性建设为主线,以建设学习型党组织为目标,坚持服务中心、建设队伍,着力提高全厅党建科学化水平,不断提升党员干部的思想政治素质和工作业务能力,为确保全年环保工作圆满完成提供了坚强的政治和组织保证。

一、以提升领导干部执政能力水平为目标,切实加强组织建设和队伍建设

(一)加强组织建设,提高领导班子执行力。一是坚决贯彻执行省委省政府决策部署。按照省委、省政府的决策部署,先后提请省政府出台了《山西省环境保护“十二五”规划》,《山西省人民政府关于加强环境保护促进生态文明建设的决定》,大力推进绿色生态工程,并实施了一系列促进环境保护的措施,全面完成18项环保目标责任考核指标。二是认真组织中心组理论学习。制定了2012年党组中心组及干部理论学习计划,编印了有关学习资料,全年组织中心组集体学习6次,举办领导班子学习研讨会10次。开展了保持党的纯洁性主题学习教育活动,累计编发动态信息近20期。三是专题学习十八大精神。组织厅系统所有人员观看了党的十八大开幕式,召开了十八大精神学习部署会,配发了辅导读本,开辟了十八大学习专栏。四是认真落实民主集中制。坚持重大问题集体讨论、集体决定制度,党组内部形成了规范有序、务实高效的工作格局,进一步增强了厅领导班子凝聚力、向心力和战斗力。

(二)加强队伍建设,提升为民服务本领。一是加强干部教育培训。制定了2012年度干部培训计划,举办了“扩权强县试点环保业务”、“全省环保系统干部自主选学和生态建设与循环经济发展”培训班。二是扎实推进干部下乡住村活动。制定2012年度领导干部包村增收活动工作方案,厅领导包点到户,重点解决春耕备耕、基层组织、制度建设。全厅下乡人次达到48人次,协调扶贫项目资金40余万元,投入连片整治资金136万元,捐赠3.2万元慰问金和一批生活、学习必需品。三是落实干部人事管理制度。加强干部选用管理,指导5个直属单位开展科级干部竞争选拔和调整,规范科级干

部任用管理5批18人次；完成了技术援疆人员选派工作；开展了事业单位分类改革前期调研，90%岗位设置方案批复完成，在省直厅局中处于前列。四是扎实做好年度党务工作。认真完成年度党员发展、培训工作，完成年度党费收缴工作及2007年—2012年党费统计工作、2012年度党内统计工作、党员信息系统更新工作，切实抓好各支部(总支)及工会按期换届和届中调整的督促指导工作。

二、以落实党风廉政责任制为载体，扎实推进全厅党风廉政建设和机关作风建设

一是深入开展党风党纪和反腐倡廉教育。推进廉政文化建设，着力加强领导干部的廉洁从政教育，组织党员深入学习了党章、党规、党纪，引导党员干部自觉严守党的纪律，严格执行廉政规定，增强了党员干部拒腐防变能力。

二是落实党风廉政责任制。贯彻落实《关于实行党风廉政建设责任制的规定》，严格落实"一岗双责"，将党建和业务统筹规划，做到了同安排，同推进，同检查，同考核，同奖惩。

三是加快惩防体系建设。推进惩防体系《实施纲要》和《工作规划》的贯彻落实，规范了13项行政许可，制定了42项廉政风险防控点制度，规范了26项专家评审活动，向省纪委惩防办上报我厅十七大以来惩防体系建设工作报告。

四是加强政风行风建设。制定了进一步开展民主评议政风行风活动的实施意见，通过省电台向社会做了六项公开承诺，机关10个主要处室在省电台开展了政风行风评议对话会，接听群众咨询热线，认真调查处理和反馈群众反映的问题。

五是强化电子监察系统建设。将13项行政审批事项全部纳入电子监察系统，提出了详尽的程序流程，实现了电子监察系统与监察厅数据全面对接，在省直厅局电子监察系统绩效量化考核中成绩优秀。

六是改进工作作风。为贯彻落实中央政治局关于改进工作作风，密切联系群众的八项规定和省委、省政府有关要求，厅党组结合实际，在省直厅局中首家制定出台了《贴近群众改进工作作风的有关规定》，明确要求领导干部要率先垂范，带头执行；开展了省环保厅"万名群众评机关"活动，发放问卷210份，收回203份，征求解决问题的措施和建议，进一步促进了机关作风转变。

三、以实现精神文明全覆盖为动力，不断深化精神文明建设

一是进一步推进厅系统文明单位创建工作。全厅上下以实现精神文明全覆盖为动力，在"创"字上下功夫，在"建"字上求实效，扎实开展了文明单位创建工作。监察总队被命名为2012年度"文明和谐单位标兵"；省环境规划院、省环境监控中心、厅后勤服务中心被命名为2012年度 "文明和谐单位"至此，全厅已有3家单位荣获"省直文明和谐单位标兵"称号，9家单位荣获"省直文明和谐单位"称号，基本实现了厅系统文明单位全覆盖。

二是认真组织创先争优活动，涌现出"全国五一劳动奖章"、"山西省五一劳动奖章"、"省直机关先进基层党组织和优秀共产党员"、"青年文明号"等一批先进典型。四是积极开展"送温暖、献爱心"、"联企帮困"、"博爱一日捐"、"慰问困难党员"、"爱心书递"等活动，捐款约4万元。

四、以实施空气质量改善攻坚行动为抓手，大力改善全省环境质量

(一)推进污染减排。一是落实减排责任。向各市明确了"十二五"和2012年主要污染物总量减排责任，将1448个重点减排项目落实到各市县和有关企业。二是细化工程减排。率先建成882万千瓦燃煤电厂烟气脱硝工程；新铺设污水管网149公里；推动113个规模化养殖场建设；机动车环保检测和标志发放显著增加。三是强化结构减排。淘汰拆除了178家企业、457台(套)落后生产设施；配合完成了2012年淘汰落后产能任务；太原西山地区8大省管污染企业如期关停。四是深化监管减排。建立了"环保、发改、住建、公安、交通、农业"等部门联动的污染减排新机制，联合出台了一系列减排措施，得到环保部充分肯定；建立了污染减排月调度、季分析、半年核查、年终考核制度，先后对运城等6市37台1475万千瓦燃煤发电机组采取了停产或限产措施。五是创新技术减排。水泥行业，开展燃气和低氮燃烧技术改造，推广布袋除尘和活性炭—氨法联合脱硝塔技术；钢铁行业，采用活性炭法实现了"两脱三除"(脱硫、脱硝、除尘、除二恶英、除重金属)减排效果，推广湿法脱硫；在污水处理上，增加脱氮除磷技术。六是强化减排考核。合理分配减排考核分值权重，拓展了考核范围，强化考核检查监管，督促各级政府和有关部门、重点企业履行减排责任。

(二)开展空气质量攻坚。一是抓重点，改善省城空气质量。三次对太原市环境质量改善工作方案进行修改完善，经省政府同意予以批复。推进太化、煤气化等8家企业如期关停，拔掉黑烟囱1.66万根，拆除596台采暖锅炉，新增供热面积2785万玉方米，创历史新高，采暖期期间，二氧化硫浓度下降29.1%。二是攻难点，解决全省冬季空气质量反弹顽症。11个市对66个城中村整体改造，对52个城中村实施供热改造；拆除各类燃煤锅炉2.87万台；新增供热面积4900万平方米；对30家重污染企业实施关停淘汰；建成气源引入和输配管网1142公里。三是破热点，全力推进绿色生态工程。将目标任务分解落实到相关市县，制定了考核办法，建立了调度督查制度，强化考核，提前两个月完成年度目标任务。四是解焦点，实施大气联防联控。国家将太原、大同、朔州、忻州纳入"十二五"大气污染防治联防联控体系，省环保厅又将太原市六县区和吕梁、晋中两市部分县区纳入省城冬季大气污染联防联控，开展了为期100天的专项治理，对生活燃煤设施、工业污染源进行拉网式排查，对重点工业污染源实施24小时跟踪监控。

(三)强化水污染防治。一是推进跨界断面水质考核。对36个地表水跨界断面水质实施考核，并开展了生态补偿金

的扣缴和补偿工作。二是强化饮用水水源地监管。划定乡镇饮用水源地保护区812个；对湖库型集中式饮用水水源地开展了专项执法；对汾河水库、引黄工程81公里明渠以及汾河上游支流实施集中整治；依法否决或暂停了8个影响饮用水源保护的建设项目。三是启动汾河水库生态保护试点。成立了领导组，编制了试点工作方案，指导娄烦县政府制定了《汾河水库生态环境保护实施方案》，完成了前期准备工作。四是强化重点流域环境整治。继续在全省五大流域范围内的9个市、54个县(市、区)开展流域环境综合整治工作，长治"三河一渠"、忻州汾河源头、晋城丹河人工湿地、临汾百里汾河、大同十里河实施了河道综合整治。

(四)加快生态建设。一是推进"2+10"生态修复工程。全面整治汾河干流3公里范围内污染企业，对13个治理项目下达资金1162万元；西山地区10家重污染企业全部停产整体退出；十市河道治理、生活垃圾及污水处理、污染企业关停整治等项目扎实推进。二是深化示范创建。创建了24个省级生态乡镇、183个省级生态村；积极推进17个生态工业示范园区创建。三是开展连片整治。2012年连片整治2.5亿元资金已下达，涉及434个村，覆盖人口73万人；2013年示范项目已确定，涉及621个村90余万人。四是实施矿山生态修复。推进平朔矿区生态修复绿色示范区建设，启动生态环境监测试点，批复实施了278个"矿山生态环境恢复治理方案"；建立污染土壤修复技术实验室，开展了焦化场地污染土壤修复示范工程。五是强化保护区监管。依法调整了5家自然保护区功能和范围，依法对3家自然保护区进行了查处。

(五)提升监管效能。一是严格环评审批。凡不符合环境功能区划和产业政策、未取得污染物总量指标的项目，坚决不批；凡"两高一资"和产能过剩、未入园区的新改扩建焦化、化工、医药以及生产工艺落后的项目，坚决不批。2012年，共退回及暂缓审批项目18个，涉及投资51.67亿元。二是推进规划(园区)环评。共完成8项行业规划环评、3个城市发展规划环评和4个园区环评。三是强化项目验收。共审批建设项目试生产95个，竣工验收109个。四是强化在线监控。对251个省控重点源增加氨氮、氮氧化物自动监控，对全省958家重点排污企业进行了实时监控；确立在线监控执法地位；推进移动执法通建设。五是实施约谈制度。印发《山西省重大环境问题约谈规定》，先后对7个县政府、20家企业进行了约谈。六是开展环境稽查和后督查。对26个市县环保部门、590份现场检查笔录和行政处罚案卷实施专项稽查，纠正问题1488个；对309个省级建设项目、30起环境违法和信访案件进行了专项督察。七是实施限期治理。依法对首钢长治、大同一电、山西合成胶下达了限期治理通知，督促其按要求落实了整改。

(六)强化环保服务。一是下放环保审批权限。依法将10大类50项建设项目报告书和所有登记表项目的审批管理权限下放至11市环保局；将5类环保权限下放到22个扩权强县试点县(市)。二是推进扩权强县试点。成立了领导组，印发了实施细则，实施了与试点县现场对接，完成了孝义、柳林和平朔矿区生态修复绿色示范区建设战略规划。三是开辟"绿色通道"。推进行政审批"零障碍"，对重点工程项目开辟"绿色通道"。四是坚持特事特办。环保厅主动与国土厅积极沟通协调，先行对整合煤矿出具了推进环评审批的意见。

(七)严格环境执法。一是开展环保专项行动。先后开展了"整治违法排污企业保障群众健康、环境百日安全、重点区域行业防范性环境监察、矿产资源开发"等一系列环保专项行动。二是严查重处环境违法行为。对空气质量改善、污染减排方面的热点、焦点、难点问题实施约谈和挂牌督办，对20余起环境违法行为进行了直接查处。三是认真办理环境信访。共受理各类环境信访102件，全部予以办结答复。特别是促使富士康投资7000万元完善了污防设施。

(八)创新体制机制。在行政措施方面：落实省部六项合作协议，推进综改区标杆项目；推进208家工业企业环境行为等级评价。在法律层面方面：实施了重大环境问题约谈制度。在经济手段方面：实施跨界断面生态补偿；实现排污权交易全覆盖；建立银行绿色信贷绩效评价；推行环境污染责任保险。在技术支撑方面：开展PM2.5研究性监测，并拓展了监测项目；试行刷卡式总量控制仪；推进环保物联网建设。

(张　帅)

附：省环保厅党组书记、成员名单

书　记：刘向东

成　员：阎安虹　刘四龙　张广勇　王学东　刘大山

省住房和城乡建设厅党组工作概况

党组书记　李俊明

2012年，全省住房城乡建设系统按照"三、十、五"总体工作部署，以转型综改试验为统揽，以城镇化、住房保障、重点工程三项工作为重点，以实施城镇扩容提质"十大工程"为抓手，以创新五个工作机制为动力，对标一流确定目标，一事一表细化责任，调度推进狠抓落实，定量考核排名通报，圆满完成各项目标任务。2012年全省城镇化率达到51.26%，总体步入城市型社会，保障性住房开工建设42.48万套，重点项目落地和重点工程建设实现"双超万亿"目标，房地产呈现"三增一稳"良好态势，建筑业持续健康发展，建筑节能和城镇生活减排等约束性指标圆满完成，建筑工程质量、安全生产和信访维稳形势总体平稳。

一、认真贯彻落实省委、省政府决策部署，圆满完成了各项重点任务

（一）着力推进提速提质，城镇化发展进入新阶段。

城镇组群发展实现新突破。总结推广上党城镇群建设经验，按照建立“五个协调机制”、实施“十个统筹”的思路，加快推进城镇组群建设。编制完成了太原都市圈和晋北、晋南、晋东南城镇群等6项规划，实现了省域层面都市圈、城镇群规划全覆盖。大同都市区、运城盐临夏等城镇组群规划基本完成。长治制定出台了9个配套政策，实施了总长95.8公里、投资54亿元的城镇群连接路网工程。临汾实施道路连接、生态修复、产业园区和城镇建设工程，推进百里汾河城镇带建设。

城镇扩容提质实现新提升。实施百项标杆项目，推进“十大工程”。高质量编制完成100余项城乡规划。制定出台了城镇新区规划建设导则。太原实施两山绿化、汾河整治，加快山水林城一体化建设。大同“一轴两翼”城市格局已现雏形。忻州云中新区、阳泉生态新区、晋中北部新城、襄垣漳江新区、临猗南城新区等一批新区初具规模。太原、阳泉、长治、晋城和22个扩权强县试点县开展城乡清洁工程，太原投资20亿元对47个片区实施综合整治，完成17个城中村整村改造。大同主城区基本完成棚户区改造，城市面貌焕然一新。晋城获得“国际花园城市”竞赛金奖，临汾公厕获得联合国“迪拜国际改善居住环境最佳范例奖”，晋中、侯马两个项目获得“中国人居环境范例奖”。48个古村落入选第一批中国传统村落，位居全国第三。碛口成为国家级风景名胜区。

小城镇和新农村建设实现新进展。大力推进百镇建设，公布百镇名单，引入竞争机制，改革投入方式，开工建设230项，完成投资20多亿元，初步形成以沁河流域小城镇群为代表的集群发展、以孝义市梧桐镇为代表的新区建设、以阳城县北留镇为代表的旧区提质、以柳林县留誉镇为代表的园区拉动、以临县碛口镇为代表的文化旅游等五种小城镇建设模式。初步形成以阳城县润水新城为代表的中心村集聚、以榆次区石羊坂村为代表的易地搬迁、以岢岚县吴家庄村为代表的以企带动、以泽州县洞头村为代表的旧村整治、以阳城县皇城村为代表的乡村旅游等五种新农村建设类型。典型示范带动作用逐步显现。

（二）全面加强住房保障，实现数量、质量、管理“三个走在全国前列”。

推进政策创新，在全国率先出台了保障性住房建设管理和廉政风险防控6+1制度，制定了建设技术导则和质量监督检查办法，忻州市实行保障性住房对象敞口申报、一站式服务。完善决策机制，开展了规划设计方案竞赛等公众参与活动，成立了省级专家咨询委员会。在全国首家开展城乡住房调查，10万余人参加此项工作。强化督查考核，开展了两轮拉网式大检查，逐月考核，公布排名。城镇保障性住房开工建设36.48万套，为国家下达任务的129.3%，竣工13.12万套，为国家下达任务的184.6%；农村危房改造完成6万户，争取国家专项资金77.57亿元，完成投资448.4亿元，为年度计划的112%。城镇人均住房建筑面积连续五年每年增加1平方米，居民住房条件明显改善。

（三）扎实开展“项目落地年”活动，重点项目落地和重点工程建设实现“双超万亿”。

认真落实储备、签约、落地、建设“四位一体、统筹推进”机制，坚持月调度、月考核、月排名制度，大力推进重点项目落地和重点工程建设。全年完成重点项目落地金额1.89万亿元，省市两级重点工程投资1.26万亿元，充分发挥了火车头、主力军、排头兵作用，为调结构、稳增长、惠民生作出了重大贡献。

（四）统筹推进各项工作，整体水平明显提高。

综改试验工作有序推进。住房城乡建设系统承担着综改试验四大领域之一的城乡统筹工作。编制完成了统筹城乡发展、住房城乡建设行动方案和12个“十二五”专项规划，组织实施了省级转型综改相关标杆项目。为太原轨道交通等150余个建设项目办理了选址审批手续，为3000多个招商项目办理了规划审核手续，积极支持了全省转型跨越发展。

房地产市场调控成效明显。严格执行国家调控政策和限购措施，呈现出开发投资、施工面积、销售量增加和住房价格稳定“三增一稳”良好态势。房地产开发投资首次突破千亿元大关，房地产税收达到136.9亿元。太原市新建商品住房平均销售价格同比下降1.2%。创建国家康居示范工程6个、国家级物业服务示范项目10个。房地产业在拉动投资、促进消费和改善民生方面发挥了越来越重要的作用。

建筑市场监管进一步加强。创新监管方式，严格资质资格管理，积极推进诚信体系建设，进一步优化建筑市场环境。制定出台了支持我省骨干建筑业企业做大做强和加强省外入晋建筑业企业服务与监管18条措施。全年实现建筑业总产值2622亿元，增加值706亿元，占GDP的比重达到5.8%，建筑业支柱产业地位进一步巩固。

建筑节能和城镇生活减排扎实推进。发布《居住建筑节能设计标准》等地方标准7项，落实“十二五”既有建筑节能改造省级配套资金9亿元，完成“既改”758.9万平方米。我省被列为国家公共建筑能耗监测平台建设示范，11个设区城市绿色建筑、三星绿色建筑和绿色建筑示范小区实现“零”的突破，大同、介休、闻喜被列为国家可再生能源建筑应用示范。城镇生活垃圾无害化处理场建成10座、新开工10座，污水处理配套管网新增560公里，城镇生活COD、氨氮减排约束性指标可圆满完成。城镇集中供热面积新增5000多万平方米，覆盖率同比提高3.2个百分点。

建筑工程质量安全和信访维稳总体平稳。认真落实安全生产和信访维稳“一岗双责”制度。组织保障性住房和重点工程质量大检查5次，强化建筑施工企业质量安全认证和施工现场达标验收，工程质量稳中有升。深入开展安全生产“打非治违”专项行动和百日安全生产活动，整改隐患9341项。全年发生房屋建筑和市政工程生产安全事故4起，死亡10人，事故起数同比减少3起。寿阳“11·23”火锅店燃气爆炸事故

后，根据省政府要求，建立联席会议制度，会同10个部门开展燃气安全隐患专项整治行动。全力做好党的十八大期间信访维稳和应急值班工作，确保了行业稳定。

行政效能建设不断加强。面对全省住房城乡建设事业发展的新形势、新任务、新要求，建立健全上下统筹联动、政策法规推动、试点示范引领、对标赶超管理、考核评价激励"五个工作机制"，推动了工作落实，保障了目标完成。省厅开展以提高行政效能为目的、以加强绩效考评为手段、以电子政务建设为平台、以机关文化建设为灵魂的"四位一体"机关建设，将24项行政许可项目压缩为13项，减幅近50%，审批时限缩短1/3以上；对机关处室、直属单位及工作人员实行绩效考评，导入ISO9001质量管理体系认证，机关工作标准化、精细化、科学化水平进一步提高；加快建设全省视频会议、建筑市场管理、住房保障管理和厅机关办公OA等四大信息系统，着力提升机关信息化水平；凝炼出"崇实尚新，守正至善"的机关精神，为推动工作提供精神支撑。

二、全面推进党的建设，为住房城乡建设事业健康发展提供有力保证

(一)加强思想建设，提升党员干部队伍的政治理论素养和工作学习水平。

一是认真组织学习宣传贯彻党的十八大精神。组织机关全体工作人员集中收看了党的十八大开幕式和中央宣讲团党的十八大精神报告会，购买了一批辅导学习读本，组织学习了十八大精神、习近平总书记在政治局第一次集体学习会上的讲话，学习了中央政治局关于改进工作作风密切联系群众的"八项规定"，制定了学习宣传贯彻十八大精神实施方案，积极做好厅直机关十八大精神的学习讨论、宣传报道和贯彻落实工作。

二是积极开展保持党的纯洁性学习教育活动。邀请古县住建局局长徐金虎、平顺县西沟村大学生村官陈帅和太原市市政工程管理处水道女工王润梅作了先进事迹报告；组织100多名党员参加省直工委组织的"牢记宗旨使命、保持共产党员纯洁性"革命传统教育活动，参观山西省革命历史档案珍展。通过召开动员会、民主生活会、公开承诺、思想总结等"九个一"活动，加强厅直机关党员干部的思想纯洁、队伍纯洁、作风纯洁和清正廉洁，不断增强自我净化、自我完善、自我革新、自我提高能力。

三是深入推进学习型机关建设。机关党委编发了6个专题的《学习参考》，厅党组中心组开展了18次集中学习，实施了"党员干部读书工程"，开展了"书香伴我行"征文比赛，举办了"网络舆情及突发事件应对"等4期"建设讲坛"讲座，对直属各支部的学习记录和学习笔记进行了检查考核，对上交和发表的文章、读书笔记和心得体会要组织进行了量化打分。

(二)加强组织建设，发挥基层党组织的战斗堡垒和党员的先锋模范作用。

一是开展"基层组织建设年"活动。深入学习贯彻《党和国家机关基层组织工作条例》，在对基层党组织进行调查摸底和分类定级的基础上，按照巩固先进、推动一般、整顿后进的要求，指导基层党组织明确改进提高的目标、责任和措施，认真抓好整改落实，使每一个基层党组织在原有基础上都有新的提高，普遍实现晋位升级，进一步理顺了关系，加强了领导。厅直各单位党委、机关各支部认真落实"三会一课"等组织生活会制度，开展党员党性分析评议。同时，进一步加强民主生活会管理，建立了厅党组成员参加指导厅直单位民主生活会联系点制度，促进了领导班子民主生活会质量明显提升。认真做好党员教育、管理、服务和发展工作，积极争取党员发展指标，严把入党关，厅直机关发展党员31名，组织9名厅直机关党务干部和150名入党积极分子参加学习培训。

二是推进创先争优活动深入开展。以窗口单位和服务行业为民服务创先争优和"基层组织年"为主题，不断深化"三亮三比三创"，召开了厅直机关建党91周年创先争优总结表彰大会，对机关20个基层党组织，81名党员进行了表彰，组织引导基层党组织履职尽责、广大党员立足岗位"学先进、见行动"，省设计院苏敏芳在省直机关作了先进事迹报告，山西建院、省勘察院、省规划院党委先后在省直机关创先争优学习观摩会、推进会和总结表彰大会上作了经验交流发言，厅直机关逐步形成了学习先进、崇尚先进、争当先进的良好工作环境。

(三)加强机关作风建设，增强党员干部的宗旨意识。

一是认真落实党风廉政建设责任制。厅党组始终坚持"两手抓、两手都要硬"，实行机关党风廉政和政风行风"一岗双责"，把反腐倡廉工作与业务工作一同部署，纳入年度目标责任考核体系一同考核，细化分解任务，落实岗位责任。年初，召开全系统党风廉政建设会议，制定下发任务分解意见，细化落实到厅领导班子成员、机关处室和责任人，实行年中、年末两次检查，使党风廉政建设与业务工作融为一体。建成30个网上监管信息平台，为提高反腐倡廉科学化水平创造了条件。

二是积极推进惩防体系和政风行风建设工作。认真组织开展"吃拿卡要"专项整治活动和工程建设领域突出问题专项治理，对重点工程建设、城镇化建设、保障性住房建设、房地产市场调控、工程质量安全、住房公积金等重点工作加强监督检查，特别是与省监察厅联合出台了保障性住房廉政风险防控意见，积极推进保障性住房绩效管理试点工作。组织召开政风行风听证对话会，积极参加"政风行风热线"节目，开展明查暗访，政风行风进一步好转；着力解决拆迁、规划、保障性住房等群众关心的热点、难点问题，社会满意度进一步提高。

三是积极开展干部下乡住村包村增收活动。我们把开展干部下乡住村和领导干部包村增收活动与扶贫工作、锻炼干部、转变作风等结合起来，按照省委"组织创先进、党员争优秀、干部变作风、群众得实惠"的要求，李俊明厅长、郝耀平组长先后两次深入到河曲县文笔镇唐家会村、坪泉村进行实地

考察调研，与县乡村三级干部和村民代表进行座谈，并就农村经济社会发展、规划与建设、城中村改造等问题进行了深入探讨，提出了农村危房改造、开发大棚蔬菜工程、村庄整体规划等实施规划，帮扶资金200多万元，扎实开展“六个一”活动。

（四）加强精神文明建设，全力创建省直文明和谐单位标兵。

一是深化文明和谐单位创建活动。厅机关积极争创文明和谐单位标兵，加强领导，健全组织机关，召开了动员部署大会和推进大会，建立完善了创建工作的目标机制、项目化管理机制、考核机制和激励机制，紧紧围绕社会主义核心价值体系建设这个根本，不断提高广大干部职工的思想道德素质和机关的环境建设，按照标兵单位的6项创建标准，创新工作方法，做好统筹兼顾，以文明和谐单位常态化管理为保证，进一步深化文明和谐创建工作。

二是加强行业精神文明建设。加强对厅文明办和省住房城乡建设系统政研会工作的指导，深入开展住建行业窗口单位为民服务创先争优活动，不断深化“三亮三比三创”，在全国宣传推广太原市管委“市政服务进社区”的经验做法，印发了《关于学习王润梅同志先进事迹的通知》，开展了“青年文明号”复核检查，推荐了全国住建系统精神文明建设先进工作者和劳动模范。

三是注重发挥统战和工青妇群团组织的作用。进一步加强对工青妇的工作指导，工青妇组织全部进行了换届，选举产生了新一届厅直机关工会委员会、共青团委员会和妇女委员会。各级工会组织深入开展“转型我争先、跨越我奉献，当好主力军、建功十二五”主题竞赛活动，厅直机关3个集体、6名个人分别获得“五一劳动奖状”和“五一劳动奖章”。积极开展“博爱一日捐”、“慈善进万家”公益活动，厅直机关共捐款近10万元。组织开展了厅直机关书画摄影展、第三届“建科杯”篮球友谊赛和“设计杯”乒乓球比赛。

（李国红　米玉婷）

附：省住房和城乡建设厅党组书记、成员名单

书　记：王国正（1月离职）　李俊明（1月任职）

成　员：任在刚（1月离职）　闫晨曦　郝耀平
郭燕平　郝培亮　李锦生
赵友亭（4月离职）

省交通运输厅党组工作概况

2012年，省交通运输厅党组坚决贯彻省委、省政府决策部署，坚持“稳中求进”的总基调，团结一心，积极进取，努力转变发展方式，交通建设与运输生产继续保持良好发展势头，胜利完成新建成高速公路1000公里，通车5000公里的目标，较好地完成了省委、省政府下达的各项任务，为全省稳增长作出积极贡献。

一、2012年经济工作

（一）高速公路基本建成1000公里。按照省委、省政府“全省总动员、决战三百天、融资上千亿、高速通万里”的要求，全力以赴推进工程建设，保质量、保安全、保进度、保稳定，取得难能可贵的成绩。2012年又新建成高速公路1006公里。经检测，实体工程抽检合格率95.1%，比目标90%高5.1个百分点。其中，关键指标抽检合格率96.7%，比目标90%高6.7个百分点。

（二）在全国率先实现农村街巷硬化“全覆盖”。继“十一五”末实现村通水泥（油）路、村通客车“全覆盖”之后，2011-2012年，全省完成农村街巷硬化工程27873个行政村13.68万公里，提前实现了具备条件的行政村街巷硬化“全覆盖”，工程合格率达到100%。至此，山西在全国率先实现农村交通“两通一硬化”，农村交通面貌发生了翻天覆地的变化。

（三）融资总量全国交通运输系统领先。把化解政府融资平台制约与转变高速公路发展方式结合起来，积极创新融资方式，拓宽融资渠道，2012年融资总量达到1023亿元，确保了还本付息不欠账、建设资金不断链。

（四）治超工作继续保持全国领先。继续坚定不移地推进治超工作，切实发挥主力军作用，不断加大源头监管、路面执法、经济调节和责任追究力度，加快推进科技治超和检测站点升级改造，全省所有的公路超限检测站和214个高速公路入口全部安装不停车检测系统，8个市104个县建立了远程监控平台。以打击短途运输和过境车辆为重点，不断深化超限超载车辆治理专项行动，全省公路超限超载率稳定控制在0.2%以下，高速公路和干线公路基本杜绝非法超限超载，公路桥梁得到有效保护。

（五）交通战备工作名列全国前茅。交通战备工作以军民融合式发展重大战略思想为指导，着力提升军民融合式发展的层次和水平，在全国交通战备系统起到了示范和标杆作用，“136”等贯彻国防要求工程初步具备战略投送集散、人员物资掩蔽储藏和联合指挥三大功能，驻晋部队进出口道路硬化基本实现“全覆盖”。8月，总后、国家交战办在山西省专门召开交通建设贯彻国防要求现场观摩暨交通战备践行“平时服务、急时应急、战时应战”总要求交流研讨会议。

(六)城乡公交发展创全省历史之最。争取省政府出台《关于进一步促进道路运输行业健康稳定发展的通知》和《关于优先发展城市公共交通的意见》。2012年各市财政当年对城市公共交通投入达到15亿元，新增更新公交车辆1552辆，城市居民公交出行分担率达到16%。太原市被列入全国首批“公交都市”试点城市，连续三年每年新增更新公交车600辆，并建设了总车数2万辆、覆盖主城区、面向广大市民的公共自行车服务系统，受到人民群众的广泛好评。在村村通客车的基础上，加大农村客运公交化改造力度，全省13%的乡镇政府所在地、6%的行政村通了公交。

二、省委、省政府下达的各项任务基本完成

(一)公路投资及建设任务基本完成。2012年，全省公路建设累计完成投资589.61亿元，为年计划的122.84%；其中高速公路完成493.54亿元，为年计划的116.13%；干线公路完成33.63亿元，为年计划的112.09%；农村公路完成55.48亿元，为年计划的221.93%；站场和交通院校新校区完成6.96亿元。除高速公路新建成1000公里外，国省干线公路完成新改建工程350公里，农村公路完成新改建工程2156公里，提前完成全年目标任务。运输枢纽建设建成7个一级客运站、16个二级客运站。太原公路主枢纽武宿货运中心主体工程和物流公共信息平台基本建成。

(二)车辆通行费收入再创新高。在国内经济下行压力加大、煤炭等能源需求下降的情况下，2012年全省收费公路车辆通行费收入达到130.28亿元，同比增长5.0%。其中，高速公路114.34亿元，同比增长5.1%；普通公路15.94亿元，同比增长4.3%。

(三)“绿色通道”政策得到落实。全省收费公路共为150万辆鲜活农产品运输车辆减免通行费4亿元，为降低农产品流通成本、增加农民收入做出了贡献。

(四)贯彻小客车免费通行政策首战告捷。中秋、国庆长假期间，全省交通部门和公路管理机构提前制定了实施方案、操作细则和应急预案，全力以赴做好首次小客车免费通行工作，共为600万辆7座及以下小型客车减免通行费1.62亿元。没有发生大面积长时间拥堵事件，没有发生重大及以上交通事故，60%的交通事故能够在20分钟内清障，为社会公众安全便捷出行、扩大消费需求、促进经济增长发挥了积极作用。

(五)公路管养继续加强。完成《山西省公路条例》的起草、调研、论证等工作，进一步明确市县政府的公路保护职责和农村公路养护主体责任等，省人大常委会12月初正式发布，2013年1月1日正式实施。干线公路实施改造危桥33座、灾害防治264处660公里、安保工程162处100公里、翻修10公里、加铺92公里、双罩面281公里。高速公路分路段制定了养护计划，对三类桥梁进行维修加固、标志标识及排水设施进行完善、砌体边坡进行整修、路容路貌全面整治，保证道路始终处于良好的使用状态。深入开展“农村公路养护管理年”活动，推动养护责任主体落实，努力做到有路必养。全省高速公路优良路率为99.97%，国省干线公路优良路率81.64%，县公路优良路率80.83%，分别高于年度目标要求4.97、6.64、10.83个百分点。

(六)安全生产形势稳定好转。深入开展百日安全大检查、安全生产专项整治“回头看”等活动，大力加强基层基础工作。公路部门将列入危桥数据库的桥梁进行了改造，对夏季水毁路段及时抢修抢通，对事故多发路段进行了专项整治，提高了安保标准，设立了警示标志，进一步提高了公路安全保障能力。运管、海事机构重点加强了客车、客船安全管理，深入开展了“安全带—生命带、救生衣—救命衣”专项行动，全省所有高速客运班车、200公里以上客运班车和旅游客车安全带安装率达到了100%，农村客运安全带安装率达到了80%。GPS终端动态监管记录纳入处罚依据，市级和企业平台上线率100%，车辆上线率达79%。水上客运船舶救生衣实现全员配置。在营运车辆和船舶数量不断增加、公路建设规模保持高位、建设难度不断加大的情况下，全系统安全生产形势稳定好转。2012年共发生安全生产事故13起，死亡23人。

(七)交通运输节能减排积极推进。加强道路运输行业节能减排统计监测，加快淘汰高耗能、高排放老旧车辆，大力推广清洁能源。全年全省新增公交车全部为双燃料车辆，双燃料公交车在全省公交车总量的比例达到38%；50%以上的出租车进行了双燃料改造。加快推进公路不停车收费技术应用，全省高速公路ETC用户达到4万余户。河津、晋中等服务区清洁能源和水资源循环利用工程被交通运输部列为“十二五”首批节能环保试点工程。继续推动实施交通运输部忻阜高速资源节约型和环境友好型科技节能示范工程，推广了一批潜力大、应用广的节能减排技术和产品。

三、党建工作

(一)深入学习宣传贯彻党的十八大精神。

十八大召开前，以庆祝建党91周年和喜迎十八大、岗位作奉献为主题，开展系列主题活动。组织开展了党建理论征文，党建理论宣讲比赛和巡回宣讲活动；以4月23日世界读书日为节点，开展“党员干部读书月”活动；与中交报社共同举办了“山工杯”全国交通运输行业首届摄影大赛暨图片巡展活动，宣传党的十七大以来经济社会发展成就、党的建设成就以及山西交通运输转型跨越发展成就等。十八大召开后，全系统掀起学习宣传贯彻党的十八大精神热潮，举办专家辅导讲座、专题培训班、学习十八大精神知识竞赛等学习宣传活动，为广大党员购买学习辅导书籍，组织广大党员深入学习贯彻十八大精神。与山西诗词学会一起举办“喜庆十八大、爱祖国、颂交通”诗歌征文比赛和朗诵会，歌颂交通运输行业各领域干部职工攻坚克难、勇于奉献的精神风貌和先进事迹，以丰富多采的形式深入宣传贯彻党的十八大精神，把党员干部的思想统一到十八大精神上来。

(二)深化学习型党组织建设。

一是积极推广省委中心组理论学习"六学六用"的学习模式,充分发挥党员领导干部的示范引领作用,大力弘扬理论联系实际的学风和密切联系群众的作风,健全和完善学习管理、调查研究、考核评价、成果转化等制度,推进学习型党组织建设制度化、规范化。抓好厅直各单位中心组学习的督促检查和指导,进一步完善中心组学习月报告制度。

二是深入开展"领导干部下乡住村、机关干部下基层住工地、党建结对联学共建"三项活动。通过三个活动平台,把学习的课堂向农村延伸、向基层延伸、向一线延伸,真正做到调查研究在一线,学习实践在一线,解决问题在一线,力求在活动内容上深化,活动形式上活化,活动机制上制度化、规范化、经常化,形成机关干部学习基层、服务基层的浓厚氛围。8月份,配合省直工委组织省直部分厅局领导赴苛临高速一线工地开展"走工地、看兄弟、察民情、办实事"主题实践活动,对一线工程建设者进行了慰问。

(三)扎实开展主题教育实践活动,加强党员队伍建设。

一是以主题活动为抓手,深入推进创先争优活动。进一步引深"三晋先锋在行动"活动,在领导干部中开展"敢于担当、勇于奉献"主题活动,倡导各级领导干部在推动交通运输转型跨越发展中,做好坚定信念的表率、敢于担当的表率、勇于奉献的表率、干事创业的表率、改革创新的表率、清正廉洁的表率。在窗口单位开展"为民服务创先争优"主题活动,建立"三亮三比三评"制度,推出便民利民新举措,积极倡导阳光服务、微笑服务、规范服务、廉洁服务、高效服务,创优发展环境。在基层单位开展"扎根基层"主题活动,引导广大干部职工立足基层,奉献岗位,把平凡的工作做好,在平凡的工作中创造出不凡的业绩。在全国交通运输行业创先争优活动推进视频会、全省创先争优经验交流会上,省交通厅都作为典型单位发言介绍开展活动的经验。

二是深入开展保持党的纯洁性学习教育活动。认真贯彻落实厅党组关于开展活动的"六个一"要求,增强党员自我净化、自我完善、自我革新、自我提高的能力,保持党员干部思想纯洁、队伍纯洁、作风纯洁和清正廉洁,党组织的凝聚力战斗力、党员干部队伍建设得到进一步加强。5月份,组织厅机关党员干部赴武乡八路军太行纪念馆开展爱国主义和革命传统教育,重温入党誓词,激发全体党员干部爱党、爱国热情,不断增强理想信念,开创交通事业转型跨越发展的新局面。

三是深入开展"基层组织建设年"活动。重点抓好组织、队伍、载体、阵地、制度等"五大建设"和党员、党支部书记、党务干部"三大培训",增强党员队伍生机活力,组织引导基层党组织和广大党员争科学发展之先、创行业和谐之优。进一步抓好党员领导干部民主生活会的督促检查,加强对党员的教育、管理、服务和发展工作,完善党内激励、关怀、帮扶机制。4月份,中央国家机关工委调研组来省交通厅调研基层党建工作,对厅党建工作给予了充分肯定,评价厅党建工作善于创新,敢于创新,好的理念、好的思路都能落实在工作中,为行业、为全省树了标杆,引领风气之先。在省直机关党务公开工作经验交流会、基层组织建设年座谈会上,省交通厅作为典型单位发言。

四是深入开展整治"吃拿卡要"问题创优发展环境活动。牢牢把握活动的原则和要求,抓住各级领导机关、各级领导干部、行业窗口服务单位和交通执法队伍四个重点,通过自查自纠、明查暗访、完善制度等办法积极整治各级决策、审批、执法单位在服务市场主体中的"卡、拖、要、乱"行为,特别是该批的不批、该早批的不早批、办事效率低下,影响发展环境、损害党和政府形象的行为。6月11日,厅党组召开专门会议,就全省交通运输发展的现状及存在的问题,进行了全面的分析与梳理。6月13日召开了由厅属单位320多名领导干部参加的"山西省交通运输厅领导干部警示教育大会",会议就交通运输重点工程建设领域和行业管理及交通执法方面存在的一些突出问题进行了剖析,找出了症结所在,要求广大党员干部一定要正确认识当前交通运输系统面临的形势,进一步加强自我改造和党性修养,加强制度建设和执行力建设,全面推进工程规范建设、行业依法管理和干部廉洁从政。

(四)推进精神文明建设和文化建设。

一是广泛开展文明和谐创建活动。认真贯彻中央和省委的部署,积极开展社会主义核心价值体系和行业核心价值体系学习教育活动,大力弘扬和宣传以太旧精神为核心的山西交通精神,着力提高干部职工的认知度和认同感。结合创先争优、保持党的纯洁性学习教育等主题活动,扎实开展"学树建创"、"六个文明" 创建活动和道德领域突出问题专项教育治理活动,省厅在省直机关精神文明建设经验交流会和全国交通运输行业道德领域突出问题专项教育和治理活动现场会上作典型发言。积极组织开展学雷锋及志愿服务活动。深入挖掘、选树典型,积极组织推荐山西省和省直道德模范、省直"双十佳",晋临花同志获第四届山西道德模范提名;开展行业文明和谐示范窗口的评选表彰工作,发挥典型示范效应,提高全行业的服务水平和社会满意度。

二是加强交通运输行业文化建设,精心打造行业品牌。按照精神文明建设"十二五"规划要求,积极推动独具特色、个性鲜明的交通运输文化建设,大力实施文化建设"1320"工程,充分发挥文化品牌的辐射带动作用,促进全行业文化建设稳步推进,不断扩大交通运输行业的社会美誉度和影响力。山西高速"畅享三晋"文化品牌入选全国交通运输十大文化品牌候选行列。11月份,与高管局、中交企协一起主办了第七届全国交通运输企业文化建设高峰会,在会上为全国同行首演了由干部职工历时一年多,自主创作编排的一台以表现全省高速公路建设艰苦奋斗、顽强拼搏、勇于奉献的发展历程为主题的大型情景组歌《畅享三晋》,宣传全系统广大干部职工攻坚克难、敢于担当的昂扬精神和交通运输转型跨越发展的优异成绩。

(梁锦华)

附：省交通运输厅党组书记、副书记、成员名单

书　记：段建国

副书记：张　润

成　员：王志民　戴　飞　韩日裕　郜玉兰(女)
张德仪　郭贵平

省水利厅党组工作概况

党组书记　潘军峰

2012年，省水利厅党组围绕中心，服务大局，深入落实科学发展观，以贯彻十七大精神、喜迎十八大召开为任务，以加强各级党组织的先进性建设和执政能力建设为主线，以开展“喜迎十八大，岗位做贡献”、“创优软环境，喜迎十八大”等系列活动为契机，全面加强厅直机关党的思想、组织、作风、制度和党风廉政建设，积极推进文明和谐创建，为我省大水网建设和转型跨越发展提供了有力保障。

一、纯洁性教育活动成效明显

根据省委安排部署，省水利厅开展了为期三个半月、分四个阶段分步展开的保持党的纯洁性教育活动。全厅召开动员会，深入发动，统一思想，严密安排，周密部署，下发厅直机关《开展保持党的纯洁性学习教育活动实施方案》。活动中，厅直各级党组织采取集中学习、个人自学、在线学习、讨论交流、主题活动、事迹报告、知识问答等形式深入开展活动，取得了较好的学习效果。在集中学习阶段，观看了由中央党校党建教研部张希贤教授主讲的《党的纯洁性建设将是未来五年党建的主题》视频专题讲座，潘军峰厅长亲自为党组中心组成员和厅直机关党政一把手上专题党课。厅机关党员干部参加了省直机关“牢记宗旨使命、保持共产党员纯洁性”革命传统教育活动仪式。组织厅直单位书记和党务干部赴革命圣地延安开展保持党的纯洁性主题教育活动，重温入党誓词，接受革命传统教育。举办了保持党的纯洁性学习教育先进事迹报告会，邀请陵川县抗旱服务队队长苏佩军同志做事迹报告。召开学习教育活动转段动员暨交流座谈会，起到了典型示范、以点带面、整体推进的效果。成立督导组对厅直各单位活动情况进行全程督导，对存在的问题及时进行督促整改。通过活动的深入开展，使广大党员干部在思想上和行动上保持了“四个纯洁”，经受了“四大考验”，防止了“四大危险”，增强了自我净化、自我完善、自我革新、自我提高的能力，确保厅直广大党员干部始终坚持党的性质和宗旨，永葆共产党人政治本色。

二、学习型党组织建设硕果累累

省水利厅以加强党员干部理论武装、建设学习型党组织为载体，通过落实学习制度，积极开展各种群众性学习活动，加强教育培训，有力地促进了厅直党员干部能力素质的提高。一是认真落实学习制度。按照年初制定的厅党组中心组和干部理论学习计划，定期组织党组中心组成员和干部进行党课教育。厅党组中心组成员和党员干部按照学习计划，认真组织学习，通过集中学习、个人自学、讨论研究、撰写心得体会等方式开展学习活动，进一步提高理论水平。按计划安排厅直单位处级以上领导干部参加省直工委举办的领导干部思想讲坛、厅局长报告会，进一步开阔视野，提高政治素质和文化素养。二是开展“读书月活动”。在厅机关和厅直单位广泛开展“读书月活动”，为党员干部发放购书卡，自主选书购书，鼓励干部自学。同时，指导机关干部参加省内外高校的自主选学和在线学院学习。通过各种不同形式的学习活动，营造浓郁的学习氛围，加强学习型党组织建设，进一步提高党员领导干部的政治觉悟、夯实理论基础、提升能力素质。三是组织各种教育培训。一年来，按计划、分类别组织厅直单位党员干部参加省直工委组织的青年后备干部、机关干部培训，组织了党务干部和党员培训。参与组织了军转干部、大水网建设干部和工会干部培训。通过教育培训，提升了各级领导和干部职工的理论水平、业务技能，为大水网建设提供了有力的智力支持和人才保障。

三、创先争优活动不断深化

以开展“基层党组织建设年”活动为主题，组织厅直各级党组织深入开展形式多样的创先争优活动。开展“创建和谐机关、争做文明职工”和“喜迎十八大、岗位做贡献”活动，有效地促进了党建工作的开展。全厅49个党组织坚强有力，团结和谐；3400余名党员精神振奋，模范带头，基层党组织战斗堡垒作用和党员干部先锋模范作用发挥明显。一是重视基层组织建设。按照省委要求，在厅直单位开展“基层组织建设年”活动，重点抓好组织、队伍、载体、阵地、制度“五大建设”。通过严格的程序，发扬民主，严格把关，对厅直基层各级党组织进行分类定级，帮扶指导，实现晋位升级。对厅直各级基层党组织的基本情况进行认真摸底调查，针对组织建设中存在的突出问题进行分析研究，重点做好大水网建设中新建单位的党组织组建和建设工作，对符合成立党组织条件的及时指导成立，做到工程建到哪里，组织就延伸到哪里，确保党的基层组织工作在厅直单位全覆盖。积极响应省委号召，在厅直单位机关开展“党建工作走在前头”活动，在省直工委的“党建工作走在前头”安排部署会上，潘军峰厅长作了典型发言。通过扎实细致的工作，为基层党建工作起到示范带头作用。二是科学合理发展党员。按照坚持标准、保证质量、规范程序、慎重发展的方针，建立入

党积极分子档案，严格培养、考察、培训、政审、公示、审批、转正等环节，着重在工作第一线和青年群体中发展党员，提高新党员素质，补充了新鲜血液，增添了组织活力。一年来，全厅共组织80余名入党积极分子进行了培训。三是开展主题实践活动。我厅在窗口单位和服务行业积极开展"三晋先锋在行动"主题实践活动。厅里向社会作出十项公开承诺，服务群众，建设民生水利。厅直窗口单位推出多项便民新举措，积极倡导阳光服务、微笑服务、规范服务、廉洁服务，创优发展环境。四是先进人物不断涌现。省水利厅紧紧围绕推动全省转型跨越发展，建设山西大水网，以"创先争优我承诺、转型跨越促发展"活动为载体，积极开展创先争优活动，先进人物和先进事迹不断涌现。我厅在创先争优活动中涌现出来的1个先进基层党组织、2名优秀共产党员受到了省直工委的表彰，营造了学先进、赶先进、当先进的良好氛围。五是认真做好选举工作。年初组织厅直各级党组织，按照组织程序、原则和基本要求，按照"三上三下"的方式，发扬党内民主，组织厅直单位各级党组织选举推荐山西省出席十八大党代表候选人人选，认真做好基层选举工作，迎接党的十八大胜利召开。

四、党风廉政建设扎实推进

一是严格维护政治纪律。针对国内外形势和热点问题，按照省委安排部署，组织党员干部认真学习《人民日报》评论员系列文章。通过宣传教育，引导广大党员干部进一步统一思想、提高认识、增强信心、坚定信念。教育广大党员干部群众，充分认识和深刻领会文章精神实质，把思想统一到党中央的部署上来，坚定政治立场，遵守政治纪律，干好本职工作，以实际行动维护安定团结的政治局面。二是认真推进体系建设。认真落实中央《2008—2012年工作规划》和省委《实施办法》。对照《实施办法》逐项盘点梳理各自承担任务的进展情况，确保各项任务按期保质完成。要把推进廉政风险防控机制建设作为制度建设的着力点，健全内控机制，构成制度防线，形成以防范为核心、以强化管理为手段的科学防控机制，努力从源头上预防和治理腐败。三是切实落实责任追究。认真贯彻中央《关于实行党风廉政建设责任制的决定》和省委《实施办法》，进一步明确责任主体、责任内容、责任目标和责任追究，推动党风廉政建设制度化、规范化和科学化。认真学习《廉政准则》和《实施办法》，牢固树立廉洁从政理念。引深廉政文化进机关活动，大力培育和弘扬以廉为荣、以贪为耻，遵纪守法、廉洁从政的价值理念，以廉政文化建设净化执政从政环境。四是开展作风纪律整顿。开展树立正确的世界观、人生观、价值观和权力观、地位观、政绩观教育，进一步学习弘扬右玉精神，强化党员干部以人为本、执政为民的宗旨意识，从思想上解决好对待群众的立场问题、感情问题和态度问题，以思想作风转变促进工作作风转变。开展深化"正风肃纪、创优环境"纪律作风整顿。在厅直单位召开"严禁吃拿卡要"专项治理会议，以治庸治懒、治软治散为重点，坚决查处效能低下、懒政怠政、不负责任、执行不力、弄虚作假、奢侈浪费的人和事，继续狠刹闲话生非的不良风气、拉拉扯扯的庸俗风气、吃拿卡要的恶劣风气，有效地纠正了歪风邪气，树立了风清气正的政务环境和良好形象。五是不断推进党务公开。按照党务公开的制度要求，认真贯彻《关于省直机关基层党组织实行党务公开的意见》，今年以来重点在丰富公开内容、创新公开形式、提高公开效率，建立公开长效机制上下功夫。利用已经建成的党务政务公开平台，公开了厅直党建和政务工作信息。进一步落实党员知情权、参与权、选举权、表达权、监督权，尊重党员主体地位，保障党员民主权利。

五、文明和谐创建成绩斐然

积极开展"迎接十八大、岗位做贡献"、"创优软环境、喜迎十八大"文化节等富有水文化特色的机关文化和文明创建活动。一是大力加强厅直机关文化建设。按照省委、省政府《关于贯彻落实十七届六中全会〈决定〉，加快建设文化强省的实施意见》要求，下发《机关礼仪守则》、开展第九套广播体操比赛、设置文化墙和廉政长廊，规范机关大院管理秩序，加强综合治理，通过形式多样的活动，弘扬了社会主义核心价值观，切实加强学习型机关建设，不断健全机关管理体制机制，促进了和谐机关建设。二是开展"文化节"等文体活动。组织厅直单位广大干部职工开展丰富多彩的业余文化活动。开展花灯展、闹元宵活动，厅直各单位报送各类大中型花灯105盏；"三八"妇女节组织厅直单位300多人举办文艺汇演；还组织人员参加了省直工委和省水利厅举办的文化节，积极开展党建名嘴比赛、广播体操比赛、主题演讲、模范事迹交流会、书画摄影展、文艺演出等活动。用丰富多彩的职工文体活动丰富业余文化生活，陶冶情操，营造文明和谐的氛围。三是推进文明和谐单位创建工作。大力开展社会主义核心价值体系教育、践行社会主义荣辱观、加强社会主义公德、职业道德、家庭美德教育，努力创建文明和谐单位、文明机关、文明处室。今年35个厅直单位参加了省直以上文明和谐单位的创建活动，文明单位占到了厅直单位总数的62.5%以上，省水利厅在省政府的目标责任考核中，连续三年被评为"优秀"。

六、统战群团工作协调发展

充分发挥工青妇等群团组织的桥梁纽带作用，加强统战工作，积极开展各种丰富多彩的活动。一是积极开展群团工作。厅工会深入开展了扶贫济困送温暖活动，厅机关通过捐款筹集资金慰问困难职工。围绕大水网建设在厅直单位开展"转型我争先、跨越我奉献、当好主力军、建功十二五"劳动竞赛活动，联合举办了水利行业第四届职业技能大赛，200多名选手获得了表彰奖励。组织55名工会干部参加的工会业务培训班，进一步提高了工会干部的工作能力。厅直各级团组织围绕建团90周年"青春之歌"主题实践活动，继续开展"青年文明号"创建、青年志愿者活动，我省水利系统省级青年文明号单位达到22个。我厅团员青年400多人参加了省直团工委举办的"建团90周年知识竞赛"。3名同志荣获"五四青年奖章",2个单位荣获"五四青年奖状"称号。组织厅直单位举行庆祝"三八"国际劳动妇女节102周年文艺汇演和"创优软环境、喜迎十八大"文艺演出。二是切实加强防范维稳。做好节假日、敏感日和重大活动期间的维稳防范工作,教育省直广大党员干部主动肩负维稳责任和使命,增强政治意识、防范意识和"护城河"意识,营造人人促稳定、保稳定的良好氛围。按照厅长办公会的要求,建立健全信访值班制度,妥善处理信访接访工作,畅通信访渠道,维护群众权益,确保安全稳定。三是认真做好统战工作。定期召开座谈会,组织厅直单位党外人士参加了省直工委举办的培训,加强党外人士队伍建设,充分发挥统一战线的优势和作用,积极引导统战成员为实施"十二五"规划,建设山西大水网,实现转型跨越发展建言献策。四是维护群众合法权益。把为职工解决实际困难,保持队伍稳定,帮扶老党员、老干部及困难职工作为促进和谐干群关系的重要举措,做到制度化、长期化。开展了"联企帮困送温暖"活动,对省水利建筑工程局、省水利机械厂、省水工机械厂等三个困难企业513名困难职工全部建立了电子档案。厅直42个单位和厅机关17个处室与省水利建筑工程局的93户困难职工结成了帮扶对子,厅领导带头捐款为厅直特困职工送上慰问金8万多元。

(王秀芳)

附:省水利厅党组书记、成员名单

书　记:潘军峰

成　员:奥雨迎　郭正义　张　健　李　力　解放庆
常书铭　张江汀　张建中(9月任职)

省农业厅党组工作概况

党组书记　李平社

2012年,省农业厅党组深入学习贯彻党的十八大精神,全面落实省委省政府关于"三农"工作的各项重大决策部署,坚持以农民增收为核心任务,以"一村一品"、"一县一业"为主攻方向,完善强农惠农富农政策,积极培育特色主导产业,深化农业农村经营体制改革,加快推进新农村建设,全省农业农村经济工作发展取得了明显成效。

一、农业农村经济实现新发展

2012年是多年来农业生产形势最好、农村面貌变化最大、农民得到实惠最多的一年。

(一)粮食产量再创历史新高。通过实施粮食高产创建、加大种粮补贴力度等措施,粮食总产单产均创历史新高。总产量达到127.4亿公斤,比上年增长6.8%,增幅在全国排第三位;单产达到258公斤,比上年增长6.6%,增幅在全国排第四位。蔬菜、水果、肉、蛋、奶等主要农产品全面增长。

(二)农民收入持续较快增长。全省上下咬定省委省政府提出的到2015年实现农民收入翻番的目标,通过产业增收、项目增收、政策增收、劳务增收、干部包村增收等措施,千方百计增加农民收入。2012年全省农民人均纯收入达到6357元,增长13.5%,高于城镇居民收入增幅。

(三)强农惠农富农政策力度持续加大。在认真落实中央和我省已有政策的基础上,省政府新出台10项政策,新增补贴资金20多亿元,累计资金总额超过50亿元。同时,各级地方财政也加大了农业投入力度,7个市财政支农投入增幅同比超过20%。

(四)特色现代农业发展势头强劲。以"一村一品"、"一县一业"为主攻方向,制定出台了全省现代农业发展规划,启动实施了杂粮、畜牧、设施农业、水果、中药材等一批产业工程,引进了正大、新希望、中粮、首农、雨润等一批国内外知名企业投资我省,全省特色现代农业呈现出强劲的发展态势。全年扶持发展"一村一品"专业村4000个,"一县一业"基地县60个,累计建设各类产业园区600个,新建、改扩建标准化规模养殖小区700个,新增设施蔬菜20多万亩,新发展果园21万亩,全省农产品加工业实现销售收入800亿元,同比增长29.7%。

(五)农业科技支撑进一步加强。全面落实中央"一个衔接,两个覆盖"政策,扎实开展农业科技促进年活动,大力实施"双百"转化工程、百万农民素质提升工程和"一乡一站、一村一点"建设工程。全年推广新品种100个、新技术100项,培训农民105万人,完善建设乡镇或区域农技推广站1075个,建成村级服务点520个。全省农业科技贡献率达到52%,较上年提高一个百分点。

(六)农业经营管理形式不断创新。在稳定家庭联产承包经营的基础上,依法积极稳妥推进土地流转,全省土地流转面积达到640万亩。完成了35个县的农村土地流转服务体系规范化建设任务。大力开展农民合作社"358"示范社建设行动,新发展农民合作社9188家。积极创新农村社会管理,省市县乡村五级开通"阳光农廉网",实现了农经、农廉同网运行。

(七)农业合作交流取得重大进展。成功举办了第二届北京农产品展销周,推动京津晋区域合作。在上海、北京、昆明等地成立了山西特色农产品展示直销中心。组织省内企业参加国内外各类农产品交易展销活动,以苹果、红芸豆、芦笋为重点,加强优势农产品出口基地建设。

（八）农业风险防控得到加强。以宣传贯彻《山西省农产品质量安全条例》为契机，扎实推进农产品质量安全专项整治行动和农资打假供优活动，全面落实农畜产品监管责任，狠抓重大动物疫病防控，全力推进乡镇农产品质量安全监管站建设全覆盖，全年没有发生重大农产品质量安全事故和重大动物疫情。加强农产品"三品一标"认证，累计认证"三品"1732个，产地面积2068万亩，认证地理标志产品58个。

（九）新农村建设扎实推进。按照产业连片、设施连通、服务配套、管理有序的思路，实施了3000个新农村重点村和104个连片示范区建设，开展了新农村基层干部集中培训，配合有关部门完成了新的农村"五个全覆盖"建设任务，农村民生得到较大改善。

二、党建工作水平得到新提高

2012年，厅党组围绕全省农业农村经济工作全面加强和改进党的建设，充分发挥了各级党组织的战斗堡垒作用和广大共产党员的先锋模范作用。

（一）加强思想建设，坚定党员干部理想信念。围绕建设学习型党组织，坚持自我学习和集中学习相结合、政治理论学习和业务工作实践相结合。落实党组中心组学习制度，厅党组全年集中学习16次。外聘专家教授，内请行家里手，继续办好"三农大讲堂"，系统讲授政策理论、经济科技、业务技术等，共举办19期。邀请北京大学教授和十八大代表解读党的十八大报告，厅党组书记为机关干部作了"总结新成就 把握新趋势 建设新三农"党课辅导报告，在井冈山举办了以"保持党的纯洁性"为主题的处级单位党政"一把手"专题培训班。深入开展保持党的纯洁性教育活动，针对党员干部中存在的思想不纯洁、作风不纯洁、队伍不纯洁等9种表现和4个问题，旗帜鲜明地亮明态度，明确提倡什么、反对什么，按照边学边查、边整边改的要求，查找差距，立行立改。

（二）加强组织建设，增强党组织发展活力。召开省农业厅直属机关第四次代表大会，选举产生了新一届厅直机关党委和纪委，圆满完成机关党委换届工作。结合全省"基层组织建设年"活动，对全厅基层党组织深入细致调研，对厅属97个党组织进行了分类定级和晋位升级，促进基层党组织不断转化升级。健全党员管理系统，全年新发展党员15名，向省直工委推荐表彰了1个先进基层党组织和2名优秀共产党员，进一步激发了党员创先争优的积极性。稳妥纠正"突击提拔干部"问题，聘请省委党校教授专题辅导《党政干部选拔任用条例》，增强了干部选拔任用的法律法规意识。按照省委组织部部署，以"三龄两历一身份"为重点，对全厅行政事业单位在编人员档案进行了清查。

（三）加强作风建设，营造风清气正的发展环境。认真学习中共中央关于改进工作作风、密切联系群众的八项规定，自觉把各项要求落实到每一项工作、每一个环节中。改进下乡调研，继续深入开展"厅领导联市包村、处站联县包村增收活动"，各级农业干部深入"三农"工作第一线，听真话、摸真情、出真招，认真撰写调研报告，提出解决问题的意见和建议，11篇调研报告受到农业部好评，"三农干部的办公室在田间地头"、"下乡就是上班"的服务理念深入人心。精简会议数量，严格会议报批程序，控制会议规模，全年会议数量较2011年减少12%；规范文件简报，没有实质内容、可发可不发的文件坚决不发，完善办公自动化系统，文件签收一律采用办公OA系统，不涉密文件通过厅网站公开发布，不再印发纸质文件。厉行勤俭节约，可在机关举行的会议活动，一律不安排在宾馆等经营场所进行，工作会议不摆花草、不制背景板、不发高档文具，公务接待不超标准安排食宿。

（四）加强党风廉政建设，建设廉洁勤政机关。制定了《党风廉政建设和反腐败工作任务分解意见》，将48项具体工作任务分解落实到18个处室，把党风廉政建设责任制列入厅级领导班子成员和处级领导干部重大事项报告内容和考核内容，实行年初公开承诺、年中跟踪督查、年末述职评议，切实做到党风廉政建设与业务工作同部署、同要求、同落实。开展诫勉谈话2次，对3人进行了任期经济责任审计，241名厅处级干部按要求填报了《个人有关事项报告表》。组织召开全省农业项目监督管理工作会议，针对部分农业项目进度缓慢、变更建设内容、财务管理不规范和配套资金不落实等问题，提出整改意见，健全项目监管制度，规范项目管理程序，农业项目监管由事后监督向事前、事中、事后全程监督转变，由单一的纪检监察监管向全系统干部职工和广大农民全方位监管转变，确保了项目安全、资金安全、干部安全。

（马小波）

附：省农业厅党组书记、成员名单

书　记：孙连珠（1月离职）　李平社（1月任职）

成　员：董希德　左义河　王高勇　关建勋　雷郭堂　张红星　贾明进　穆锦清　李　广

省林业厅党组工作概况

党组书记　李永林

2012年,省林业厅党组坚持以科学发展观为指导,以绿化山西、生态兴省为目标,创新思路,扎实工作,强力推进党的建设、党风廉政建设,继续加强林业干部队伍建设,新启动实施林业六大工程,确保了省委省政府重大决策部署落到实处、全年各项林业目标任务全面完成、林业队伍作风进一步改进、服务水平进一步提高。

一、求实创新,扎实工作,各项目标任务圆满完成

厅党组把"山上治本、身边增绿、产业富民、林业增效"作为林业建设的总基调,坚持区域推进、重点突破、科技兴林、造管结合,大力实施林业六大工程,林业各项工作任务圆满完成、成效明显。

一是造林绿化持续快速推进。全年完成营造林460.4万亩,占年度任务452万亩的102%。超额完成了年度目标任务。

二是森林资源得到有效管护。扎实推进天然林保护和以防火为重点的森林资源综合保护"双保"管护工程,强化基层基础和森林公安队伍建设,严厉打击乱捕滥猎野生动物、非法侵占林地等行为,确保了森林资源安全。天保工程考核我省在全国排名第一,受到了国家林业局的表彰。全年没有发生大的森林火灾和林业生物灾害,火灾受害率0.033‰,林业有害生物成灾率0.74‰,均低于考核指标。组织编制了《山西省林地保护利用规划》,拓宽了林业生态建设的空间。

三是集体林权改革扎实推进。全面完成了明晰产权、承包到户的集体林改主体任务,林权发证面积8663万亩,发放林权证131万本,林权发证率96.3%,超额完成了年度任务。加快推进配套改革,出台了林权抵押贷款、林权流转管理、森林保险等政策措施,进一步调动了广大农民造林护林的积极性。

四是林业增效农民增收效果明显。认真实施强农惠农工程,坚持发展和管理并重,新完成核桃、红枣、仁用杏等干果经济林82.3万亩,注重加强管护管理,加大技术培训,强化科技服务。积极引导农民发展个体育苗、合作制育苗,加大种苗生产,全年共完成新育苗35.6万亩,超额完成了任务。新开工建设森林公园21处,森林旅游人数达到917万人次,门票收入1.5亿元。全年林业总产值达到282亿元,农民人均林业收入1300多元,较去年增长10%。

二、创新机制,重点突破,全年工作成绩突出

全省林业干部职工,按照厅党组提出的"忠诚、敬业、创优、奉献"的队伍建设要求,扎实工作,不畏困难,努力争先,成绩突出。

(一)攻坚克难,区域推进,生态脆弱区造林绿化有了较大突破。针对同朔地区生态环境脆弱、风沙危害严重的状况,下力气组织科技人员攻关,克服盐碱、风沙、干旱等制约因素,开展大规模、连片式造林绿化,形成了10万亩以上的集中连片造林工程,在平鲁、右玉形成了百万亩樟子松基地,使风沙肆虐、水土流失的状况有了较大改观,基本遏制了生态持续恶化局面。2012年,省政府在大同市召开了全省造林绿化现场会,国务院在朔州市召开了以现场观摩为主要形式的三北防护林工作会议。回良玉副总理高度评价我省造林绿化,指出:"山西林业建设领导重视可圈可点、建设成效可喜可贺、精神力量可歌可泣、经验做法可看可学。"特别是2012年9月,习近平总书记对右玉县坚持不懈造林取得的成效和体现出的精神,给予高度评价,作出重要批示。

(二)创新机制,多轮驱动,社会参与造林呈现新气象。全厅上下本着"不求所有、但求有绿"的理念,积极创新机制,努力突破思想束缚、突破体制制约,大力推广开发式、合作式、直补式、购买式等造林模式,出台鼓励政策对超额完成任务按同等标准补助,调动了社会各方面参与造林绿化的积极性。全省形成了"政府主导、市场运作、社会参与"的造林新格局。

(三)立说立行,不折不扣,省政府年中交办的三项任务圆满完成。一是圆满完成了煤炭企业29个林场的交接工作。二是完成了大运高速北段143公里高速公路的提档升级、盐碱地治理分段试验的年度任务。三是完成了大同矿区、太原西山棚户区年度改造绿化任务。

(四)求真务实,强化服务,林业干部队伍作风明显好转。厅党组一直把作风建设作为推动工作的强力抓手,创新工作方法、改进工作作风,加强督导服务,确保林业目标任务完成、服务水平提升。2012年厅领导班子全体成员两次开展集体督查,历时近两个月,对全省119个县区采取报查、突查、抽查形式,进行了大规模、高密度、较严格的工程督查,共检查252项造林工程,做到了每县都查、现场点评、专题分析、分类排队、公开通报,起到了鼓励先进、鞭策后进的作用。督查坚持"中午不休息、基层不迎送、现场不装点、房间不超标"做到了高效实在、不扰基层。今年首次向全省115个农业县派出了综合指导员、科技特派员、行政信息服务员,处级干部带队"三员"驻县服务基层,全年为基层办实事235件,代办审批项目81个,开展技术培训106次,培训干部群众5000多人次,受到广泛好评。

三、严格要求，科学管理，干部队伍和党风廉政建设成效明显

厅党组始终把班子队伍和党风廉政建设作为推动林业发展的基础性工作来抓，列入重要日程，持续抓在手上，取得了明显成效。

（一）加强学习，学以致用，领导班子政治素养和业务能力有了较大提高。厅党组高度重视理论业务学习，制定了理论业务学习制度，努力建设学习型机关。2012年举办了全省林业系统领导干部政治理论、党纪法规、业务知识培训班，先后8次召开中心组(扩大)学习会，及时学习中央和省委的重大决策部署，领会精神实质，统一思想认识，提高工作执行力。注重学以致用，厅领导带头宣讲十八大精神，按照建设生态文明的要求部署，进一步明确今后林业工作思路和举措。厅领导班子成员注重相互学习、取长补短，经常交心、求得共识，认真召开民主生活会，对全局性重大事项坚持民主集中制，实行民主科学决策，全年召开9次党组会议、7次厅务会议、17次厅长办公会议，研究议定林业重大事项和资金使用管理。在搞好班子自身学习的同时，引导带动厅直系统干部学习，编印了《林业厅领导干部应知应会300题》，鼓励干部参加自主选学、在线学习，并对干部学习情况进行检查，每两年组织一次考试，将成绩记入档案，作为干部选拔使用的重要依据。通过这些措施，领导干部的学习自觉性明显提高，全系统学习氛围更加浓厚。

（二）严格程序，公开民主，选用干部做到了风清气正。2012年采取民主推荐、差额考察、党组票决的方法，调整了涉及29个单位的34名正处级干部。在干部调整中做到了“三个坚持”。即：坚持发扬民主、坚持公开公正、坚持严明纪律。干部调整得到了广大干部职工的大力支持和配合，新提任和交流的干部到岗后工作努力、整体反映较好。

（三）健全规章，创新制度，科学管理迈上新台阶。厅党组十分重视制度建设，努力做到用制度管人、管权、管事、管钱。在认真执行中央和我省有关制度的基础上结合实际，年初制定出台了《改进机关工作作风加强行政效能建设十项制度》。一年来，大力精简行政审批项目，优化审批服务，审批项目由原来的29项减少为11项；建立“绿色通道”，5个工作日内办结重点工程项目审批；全年审批的578个项目全部按时办结，效率明显提高。项目资金和国有资产管理实行分类管理、分级负责、会议审定，提高了资金的使用效益，实现了固定资产保值增值。行政经费按科目、人员、车辆公开，支出透明，较大幅度减少了一般性开支。2012年还结合林业工程建设实际，制定了《关于加强和改进造林绿化工程科学高效管理工作的办法》，规范工程招投标，堵塞管理漏洞。这些规章制度在规范机关运行、加强行政效能方面发挥了重要作用，促进了服务型、效能型、法治型、廉洁型“四型”政府部门建设。为贯彻中央改进作风八项规定，深化学习弘扬右玉精神，制定了《山西省林业厅关于进一步加强和改进作风建设十项规定》，从学风、会风、政风、作风、廉风等六个方面入手，加强管理，规范行为，改进作风，努力做到求真、求是、求实干，减文、减会、减应酬，创新、创造、创实绩。

（四）强化教育，狠抓管理，党风廉政建设进一步加强。厅领导班子从重带动、强教育、严管理入手，始终把党风廉政建设放在十分重要的位置。班子成员带头遵守《廉政准则》，自觉抵制不正之风，在工程招投标、干部选拔任用、事业单位招录等过程中不打招呼、不插手干预。在厅直系统扎实开展了党的纯洁性学习教育活动。加强党性教育，印发了《林业厅开展党的纯洁性学习教育活动方案》，编印650本《开展党的纯洁性学习教育活动学习资料选编》先后邀请全国优秀共产党员荆保山、大同县林业局长赵德清等为全厅干部作报告。搞好廉政警示教育，组织观看了《国门惩腐》等警示教育片。对新提拔干部进行任前廉政谈话，告知经济责任，实行公开承诺。加强廉政管理。认真开展整治“吃拿卡要”专项活动，编印了《整治吃拿卡要、创优林业发展环境学习资料选编》，对省直9大林局、10个驻并单位进行内部审计，对11个市36个县开展资金稽查，提出整改意见，约谈了相关负责人。加强政风行风建设。开展明察暗访活动，组成5个组对11个市林业政风行风工作进行督查。在沁源县召开林业听证对话会。2012年公布的全省政风行风评议结果，林业厅位居经济管理部门第一名。在我省2012年度目标责任考核结果中，林业厅获得“优秀”等次。

（续河元）

附：省林业厅党组书记、成员名单

书　记：李永林

成　员：霍转业　常光明　谢　璞　任建中　张云龙　刘虎山(8月任职)　李　更

省商务厅党组工作概况

党组书记　孙跃进

2012年，省商务厅党组深入贯彻落实科学发展观，紧紧围绕商务中心工作，认真贯彻落实党的十八大和省第十次党代会精神，按照全省商务工作会议的安排部署，狠抓基层党的思想、组织、作风、反腐倡廉和制度建设，以改革创新精神全面推进基层党的建设，不断提高基层党的建设科学化水平，推进基层党的建设科学发展，为全省商务事业发展提供坚强的政治保证。

一、扎实推进学习型党组织建设

一是厅党组高度重视,认真部署。成立了省商务厅推进学习型党组织建设领导小组,研究制定切合我厅实际的《关于推进学习型党组织建设的实施方案》。二是周密计划,合理安排学习内容。制定并下发了《2012年厅党组(中心组)及机关党员干部理论学习计划》、《党组(中心组)及机关党员干部理论学习月计划》,选取重大政策、重要讲话等重点、热点内容,及时组织安排学习。三是认真落实"每月一本书"活动。组织厅机关干部阅读《细节决定成败》、《五百年来谁著史》等书籍,每名党员认真撰写读书心得体会。四是每月举办"山西商务大讲堂",邀请厅领导或专家进行专题讲座。厅党组书记、厅长孙跃进同志带头讲课。通过学习教育,机关干部的执行力明显提高,由应付交差转变为自我加压、扎实执行;工作态度明显改进,由粗枝大叶转变为做实细节、把工作做成精品;由"等靠要"转变为主动谋事干事,工作主动性和服务意识不断提高。

二、大力开展保持党的纯洁性学习教育活动,全面推进机关党的建设

一是注重领导带头,与中心工作相结合深入开展。厅党组高度重视保持党的纯洁性学习教育活动,坚持与中心工作同规划、同部署,共同提高。二是注重自学提高,与日常读书活动相结合引深教育。集中教育过程中,不仅学习了《党章》、《廉政准则》、胡锦涛总书记的重要讲话等规定内容,还与"每月一本书"活动紧密结合,拓展了学习内容,引深了学习教育,保证了学习效果。三是注重集体学习,与"山西商务大讲堂"相结合扎实推进。将3月至5月的"山西商务大讲堂"列为保持党的纯洁性专题讲座,邀请厅领导和专家作专题报告。四是注重拓展教育,与主题活动相结合丰富教育内容。组织广大党员干部赴武乡、太原解放纪念馆等红色教育基地,开展了一系列具有深刻教育意义的主题教育活动。五是注重问题查摆,与专题民主生活会相结合整改提高。班子成员以"保持党的纯洁性"为主题,围绕"六查六看",结合班子和个人的思想工作实际,以严肃、认真、求实的态度,从思想、政治、道德、作风、廉洁、工作业绩等六个方面检查存在的问题,开展批评和自我批评。六是注重长效改进,与思想总结相结合延伸教育活动。厅机关干部结合工作实际,积极撰写在推动发展、促进民生中保持党的纯洁性的思想总结。七是注重全面建设,与各项党建活动相结合相互促进。在开展学习教育活动中,积极与学习型党组织建设、创先争优活动、基层党务公开、基层组织建设年等各项党建活动结合起来,努力推进厅直系统的全面建设。

三、认真学习贯彻落实党的十八大精神

一是集中组织学习讨论。厅党组成员以身作则,带头学习发言;各处室负责人及每名党员干部结合工作实际,就如何贯彻落实党的十八大精神谈体会、话落实。二是组织了机关干部大培训。特邀商务部研究院院长霍建国做"开放型经济 扩大消费"专题讲座。各地市商务局、厅直单位、商务系统协会负责人及厅机关全体干部共200余人参加培训。三是开展了机关干部大宣讲活动。厅领导带头上台宣讲,结合分管工作畅谈学习体会;各地市局长、厅直单位负责人和厅机关处长,分层次逐个进行发言,结合十八大的具体部署找准本单位、本部门的结合点及存在问题,结合具体工作讲述贯彻落实十八大具体部署的工作思路、工作目标、工作重点和工作措施。四是开展下基层解难题大调研活动。由厅领导带队,各处室参加,组成8个专题调研组,展开了全省商务系统为期一个月的大调研活动。每个调研小组深入到基层、企业、群众中,坚持边学习、边调研、边讨论、边整改、边提高的原则,问计于基层,问需于企业,问情于群众,掌握了详实丰富的第一手材料,并形成了专题调研报告。

四、扎实开展创先争优活动,建立健全创先争优活动长效机制

一是开展了创先争优评议活动。厅直属123个党支部认真组织所属党员和群众开展了党支部互评、党员互评、群众评议党支部和党员。二是开展了创先争优表彰活动。召开"创先争优"表彰大会,表彰了厅直系统3个先进基层党组织、28名优秀党员和4名优秀党务工作者。三是参加了省直机关创先争优活动经验交流会。孙跃进厅长做了典型发言,并将我厅创先争优活动和保持党的纯洁性学习教育活动成果汇编成册予以展示。四是围绕通过基层党组织和党员立足岗位承诺践诺,党员领导干部建立联系点和群众评议党组织、党员,努力构建创先争优活动长效机制。

五、抓文明促和谐,大力开展2012年度文明和谐创建工作

一是积极参加省直机关第六批"双十佳"和省直机关第一届道德模范评选活动。二是加强了精神文明建设信息报送工作。将信息报送作为精神文明建设的重要内容来抓,选好配强信息员,及时准确报送信息,并严格督促指导厅直各文明单位的精神文明建设信息报送工作。三是组织召开省学雷锋道德模范先进事迹商务厅专场报告会。厅机关全体班干部职工和厅直属单位班子成员130多人到场聆听了三名道德模范的感人事迹。四是开展"红红火火过大年"主题活动。元旦、春节期间,组织志愿者服务小队赴右玉县右卫镇下元村慰问困难群众,撰写春联;厅领导带队走访慰问厅直系统生活困难党员和老党员,并发放500元慰问金;本着安全节俭、自编自演、红红火火、快乐祥和的原则,成功举办了2012年度春节团拜会。五是组织厅直属各文明单位开展"国际志愿者日"主题志愿服务活动。通过组织志愿者开展家政服务、健康保护、亲情陪伴等方面的志愿服务活动,大力弘扬扶贫济困、扶弱助残的良好社会风尚,在厅直系统营造文明和谐、团结奋进的良好氛围。

六、商务工作硕果累累

一是扩消费稳增长取得明显成效。构建农村现代流通网络,提前超额完成2242个农村便民连锁商店建设任务,全省农村便民连锁商店年销售额突破100亿元。家电下乡活动有效激发了乡村市场活力,全年家电销售额达到109亿元。大力推进鲜活农产品流通体系建设,带动社会投资农产品流通设施30亿元,带动农户30万户,增加农产品年销售额50亿元。在全省11个市的276个社区开办了周末车载蔬菜市场,新建早餐网点1000余个,服务民生能力进一步增强。大力整顿和规范规范交易秩序,全省大型零售商向供应商违规收费清理整顿工作得到国务院纠风办、商务部的高度赞扬;"双打"成果进一步巩固;打击私屠滥宰强化肉品卫生安全专项治理活动受到商务部督查组的充分肯定;全省酒类流通领域专项整治工作得到省食安办的高度评价;全省商务综合执法实现市级全覆盖;开展了二手车市场清理整顿和报废汽车专项整治工作,消费环境进一步改善。在全国率先建立了饮用水、方便面和饼干等应急商品储备,市场应急保障能力得到有效提升。

二是全力保持对外贸易稳定增长。认真落实稳外需的各项政策,出台了稳定外贸增长促进外贸转型升级的实施意见和部门领导包干外贸企业制度等措施,省、市、县三级相关部门近1000名负责人对500多家企业实行了"包任务、包服务和包企业",努力开展"两转"工作,全年对外贸易达150.5亿美元,创历史新高。结合我省产业实际,积极推进省级转型升级示范基地建设,首批认定了26家省级外贸转型升级专业型示范基地。大力开拓国际市场,积极组织全省近400家骨干企业参加国内外品牌展会,与传统市场美国的贸易额增长81.1%,与新兴市场东盟的贸易额增长28.1%。不断提高贸易便利化水平,协同海关、检验检疫、国税、外管、银行、中信保等部门,实行24小时预约通关和报检,在2个工作日内确保企业出口退税款项及时足额到位,简化贸易收付汇手续。创新外贸企业融资担保方式,支持企业投保出口信用保险。积极应对贸易摩擦,产业损害调查工作不断取得新进展。

三是大力开展招商引资活动。成功举办了第四届能源博览会,共有来自39个国家和地区的192家企业、1.2万名客商参会,国际企业参展参会占比达到24.5%,国际化程度明显提升。积极开展区域合作,在京举办外资企业推介会和山西--央企合作恳谈会,在广州、武汉、郑州、福州举办了山西招商推介会,与长三角、珠三角、环渤海、中部地区的合作更加深入。组织开展了与墨西哥、澳门、老挝、东盟等国家和地区经贸代表团及亚非国家商务官员的座谈会,组团参加了澳门"餐博会",特别是驻22个国家商务参赞山西行活动,进一步宣传了山西,提升了山西影响力。全年实际利用外资25.3亿美元,增长22.3%。大项目带动作用日益显现,富士康新增投资额11亿美元,已成为我省第一大出口企业、第二大进口企业。太原市在第七届中部博览会上,实现签约项目总投资全省第一。忻州市依托10个特色园区招商成效明显。

四是稳步实施"走出去"战略。晋非经贸合作区扎实推进,完善了合作区领导体制和工作机制,制定了鼓励投资晋非经贸合作区的政策,重新定位了园区规划,大力推动招商引资,合作区建设步伐进一步加快。对外经济合作平稳发展,对外承包工程向房地产和基础设施建设领域集中,对外投资项目向地质勘探、矿产资源等领域集中。研究提出了我省对外劳务合作管理办法。

五是积极推进商务领域综改试点工作。制定《山西省国家资源型经济转型综合配套改革试验商务专项行动方案(2012)》,确定了商务领域的十项主要综改任务并圆满完成。同时,不断深化农产品流通体制改革,新增国家农产品现代流通体系建设综合试点、大型流通企业参与万村千乡市场工程试点、流通领域肉菜追溯体系建设试点和电子商务示范基地试点,使商务部在我省的试点工作达到10项。先后召开9个试点工作现场会,全面推进商务领域试点工作,多项试点工作得到商务部的肯定。

七、进一步加强厅机关自身建设

按照建设学习型、团结型和作风过硬型班子的要求,厅领导带头开展批评和自我批评,班子成员紧密配合、团结协作,厅直单位及商协会服务大局的合力明显增强,老干部和工青妇工作的作用进一步发挥,商务系统上下凝心聚力、谋事干事蔚然成风。党风廉政建设深入推进,与厅机关处室和直属单位签订了廉政责任书,制定全厅廉政风险点排查定级和岗位廉政风险的防控措施,编制《商务系统违法违纪案例选编》教育读本。创办了《商务动态》、《昨日情况》、《昨日要情》,进一步健全和完善了厅党组会议制度、厅长办公会议制度等。加强政风行风建设,加快行政审批事项改革,减少了审批事项。强化对财务和资金使用的管理,制定了专项资金管理办法和行政事业单位财务管理若干规定,制度建设进一步加强。

(要宏锋)

附:省商务厅党组书记、副书记、成员名单

书　记: 孙跃进

副书记: 张跃建(12月任职)

成　员: 张　文　乔亮生(7月离职)
孙兆岚(6月离职)　牛榆生(9月任职)
刘　进　王来平

省文化厅党组工作概况

党组书记　张明亮

2012年，省文化厅党组紧紧围绕省委、省政府中心工作，牢牢把握山西文化改革发展的主题、主线，以“四个走在全国前列”为奋斗目标，以推进艺术生产力重新布局和文化体制机制创新为核心任务，以抓文化转型跨越、抓文化资源整合、抓重大文化项目为工作重点，以实施“双百凝心、百县强基、万村千乡、四级保护、产业集聚、引导示范、旅游演艺”七大工程为基本抓手，不断加大工作力度，文化体制改革取得明显成效，文化事业、产业快速发展，文艺精品和优秀人才竞相涌现，文化创新能力和发展实力显著增强，全省文化建设兴起了又一个新高潮。

一、全心全意谋划文化繁荣发展大局，超额完成年度工作目标任务

2012年文化系统圆满、超额完成了省委省政府下达的目标任务，全年文化产业将实现增加值500亿元，比去年增加33.3%；全省文化惠民演出达到8000余场，观众近700万人次。

（一）文化体制改革深入推进，再次荣获“全国文化体制改革工作先进地区”称号。继续推动国有文艺院团体制改革向纵深发展，163家国有文艺院团体制改革阶段性任务全面完成，转企改制中心环节取得重大进展，并形成了《山西省组建演艺院线联盟实施方案》；继续推动行政体制改革，较好解决市县两级“三局”合一中存在的不彻底、不到位问题，文化市场综合执法改革工作向纵深发展；继续推动事业单位分类改革，完善事业单位岗位绩效工资制度，建立健全了与工作业绩紧密联系的保障机制；开展事业单位法人治理结构试点工作，进一步激发了文化发展创新的活力。

（二）“双百凝心”工程全面实施，艺术创作高潮迭起，在全国引起强烈反响。2012年，围绕社会主义核心价值体系建设和新时期“山西精神”塑造，推出大量具有鲜明时代特征和体现民族精神的精品佳作。说唱剧《解放》获得中宣部第12届精神文明建设“五个一工程”奖；晋剧《大红灯笼》入围2010–2011年度国家舞台艺术精品工程资助剧目；《傅山进京》参加第四届全国少数民族文艺会演，荣获表演、编剧、导演等9个大奖；舞剧《一把酸枣》、《粉墨春秋》荣膺2011–2012年度国家文化出口重点项目；第七届全国儿童剧优秀剧目展演中，晋剧《刘胡兰》、皮影木偶剧《孙悟空三打白骨精》共获四项大奖；开展了《毛泽东同志在延安文艺座谈会上的讲话》发表70周年纪念活动；组织《粉墨春秋》、《立春》、《大地情深》等10台剧目进京为十八大献礼演出22场。

（三）文化产业跨越式突进，迈入与全国同步发展的新时期。制定出台《山西省文化厅“十二五”时期文化产业翻番计划》、《山西省国家资源型经济转型综合配套改革试验区文化建设实施方案（2012–2015）》、《山西省组建演艺院线联盟实施方案》、《关于建立文化与科技融合工作会商制度议定书》、《山西省文化与旅游结合发展的意见》，进一步优化了全省文化产业发展政策环境。命名国家级文化产业示范基地2个、省级文化产业示范基地18个，带动形成产值超亿元企业20余个，产值500万元以上企业700多个；参加第八届深圳文博会和第七届北京文博会，共签约项目54个，总额达128亿元，文化产业进入了与全国同步发展的新时期。

（四）“四级保护”工程稳步实施，非遗保护工作在全国名列前茅。制定《山西省非物质文化遗产条例》，2013年1月实施，非物质文化遗产立法保护走在了全国前列；文化部批准《晋中文化生态保护实验区总体规划》，成为全国第三家获得论证通过的国家级文化生态保护实验区总体规划；完成河曲、碛口2个省级文化生态保护区和山西杏花村汾酒有限集团公司、山西水塔醋业股份有限公司等16个省级非物质文化遗产生产性保护示范基地的评审认定工作；健全了国家、省、市、县4级6700个人(单位)传承保护体系；参加深圳文博会非物质文化遗产展；成功举办中国山西非物质文化遗产成果展，在中国第二届非物质文化遗产博览会，中国非物质文化遗产传统技艺大展等各项展览展示活动中，都取得了较好的社会效益和经济效益。

（五）公共文化设施建设实现全覆盖，服务能力显著增强。坚持把公共文化服务体系建设作为首要任务，着力加强公共文化基础设施建设。创建长治市国家级公共文化服务体系示范区，初步形成面向基层、面向农村的公共文化服务体系；继续实施“百县强基”工程，积极推进中央资助支持的16个市级文化设施和85个县级文化设施建设；继续实施“万村千乡”文化设施建设工程，全力推进中央及我省规划内1135个乡镇综合文化站建设，完成村级综合文化活动室建设28200个，实现了乡镇综合文化站和全省乡村文化设施建设和两区村“流动书库”三个全覆盖；完成了1115个文化站建设终期评估和第二届山西省文化先进乡镇和示范村的评选工作，推动基层公共文化设施建设和服务水平不断提升。

（六）文化惠民工程扎实推进，群众文化生活进一步丰富。加强“三馆一站”的免费开放工作，落实美术馆、公共图书馆、文化馆(站)中央免费开放补助资金5813万元，地方配套近5000万元；推进省图书馆和4个市级图书馆首批数字图书馆试点单位建设；完成了市县级文化共享工程标准化中心建设，共建成1个省中心、6个市中心、119个县支中心、975个乡镇(街道)站点、29024个村(社区)站点；完成了81辆流

动舞台车、138辆流动图书车、服务车的采购配送；深入开展各类群众文化活动，开展了“幸福山西”、“欢歌笑语满三晋，龙年文化大拜年”、“辉煌山西文化惠民”活动，“百团千场大惠民”等惠民演出8000余场；举办文源讲坛网上公益课堂38场、中华诗词赏析讲座9场，举办系列专题讲座45场。

（七）积极服务改革开放大局，对外文化交流质量进一步提升。充分调动国际与国内、政府与民间、省级与地方等文化资源，全面推动新时期对外及对港澳台文化工作向纵深发展。全年完成对外文化交流项目20个，涉及智利、美国、加拿大、意大利等20个国家和地区。圆满完成了出访斯里兰卡演出、大型舞台精品《粉墨春秋》赴澳大利亚参加中国文化年闭幕式演出和新加坡演出、省歌舞剧院《黄河情韵》赴南美参加“欢乐春节”等重大文化品牌活动；完成澳门各界庆五一演出活动；组派文化交流代表团参加山西与意大利阿布鲁佐大区结好20周年庆祝活动。

（八）文化人才战略全力推进，队伍规模进一步壮大。实施文化领军人才素质提升工程，继续与中国戏曲学院、上海戏剧学院等高等院校合作，开展戏曲表演人才、舞美、导演等紧缺人才的培养工作；组织各类文化人才培训班10期共2300余人次；开展人民艺术家评选评比工作，推进知名艺术家建立工作室，鼓励名师收徒传授；参加第十六届中国少儿戏曲小梅花荟萃，并获“金花冠军”；组织开展全省第八届音乐舞蹈比赛和第十三届“杏花奖”评比演出，全年成功申报国家级课题2项、省软科学课题5项、省艺术科学规划课题15项；组织推荐9篇调研论文参加宣传部优秀调研论文评选活动，荣获思想文化调研工作先进单位。

（九）文化政策和市场管理不断创新，发展环境进一步优化。《山西省图书馆管理办法（草案）》通过省政府法制办修改定稿；正式印发《山西省文化厅“十二五”时期山西文化改革发展规划纲要》；起草完成《山西省文化厅2012-2016艺术创作规划》、《山西省舞台艺术精品创作资助办法》、《公益性演出补贴暂行办法》、《人民艺术家评比办法》和《山西省文化厅知识产权评价体系建设指导意见（草案）》；完成了《山西省公共文化场所和文化活动突发事件应急预案》编制，进一步健全省直文化系统政策保障体系。组织开展了“全省文化市场专项整治行动”，为党的十八大胜利召开创造了良好环境。

二、加强政治素质和能力建设，着力打造奋发有为的领导班子和干部队伍

（一）努力用党的创新理论武装头脑、推动工作。一是坚持制度。厅领导班子始终将理论学习摆在突出位置，积极打造学习型机关。厅党组坚持每月一次学习制度，认真学习党的路线方针政策特别是党的十八大精神。深入开展保持党的纯洁性学习教育，75个基层党组织开展专题讲座70次、专题座谈会61次、专题党课120次。二是联系实际。紧紧围绕中央和省委省政府关于文化改革发展的重大决策部署“综改试验，先行先试”和专题贯彻落实相结合，对党的十八大报告、胡锦涛总书记7·23讲话、全国文化体制改革会议、全国文化厅局长会议、文化强省建设大会和全省宣传工作会议做了系统学习贯彻，努力做到学以致用、学有成效，促进了政风行风和能力素质的提升。三是注重常态。紧紧围绕保持党的纯洁性教育、基层组织建设年、作风转变年的专题教育，坚持举办专题讲座、专题座谈会、专题党课等多种形式；扎实开展干部教育培训，共组织完成文化部、省委组织部组织的学习调训34人次；举办文化系统领导干部素质提升专题培训班，对全省文化系统200余名干部进行了集中培训。

（二）努力用民主集中制原则集思广益、完善决策。一是坚持集体领导，民主决策。充分尊重群众、依靠群众，问政于民、问计于民，集体领导，民主决策，科学决策，依法决策，充分调动了干部群众在文化建设发展中的积极作用。二是坚持以人为本，和谐发展。把维护人民群众的根本利益作为一切工作的出发点和落脚点，认真解决院团转企过程中的人员身份、工资待遇等利益问题，出台保障政策规定，保证艺术院团“人心不散、队伍不乱、工作不断”的良好局面。三是坚持服务人民、服务社会。引导文艺工作者牢固树立以人民为中心的艺术创作思想，牢固确立文化发展为了人民、文化发展依靠人民、文化发展成果由人民共享的原则，弘扬主旋律，把社会主义核心价值体系建设自觉地贯穿到艺术创作生产的全过程。

（三）努力用共同目标凝聚人心、开拓进取。一是持续解决在新的机遇和挑战面前存在的畏难情绪。二是持续解决在转型跨越发展面前存在的精神疲软。三是持续解决在加快文化强省步伐面前存在的守成求稳。

（四）努力用党的干部选拔任用政策规范行为、强基固本。一是认真贯彻执行有关规定。深入贯彻落实中央《2010—2020年深化干部人事制度改革规划纲要》和省委实施意见，深入推进文化系统干部人事制度改革。二是积极实行干部任用竞争上岗。在厅机关内设机构领导职位和事业单位处级领导班子成员中，实行了竞争上岗；在公益性文化单位中，全面推行了中层干部竞聘上岗；在经营性文化单位中，中层干部和项目负责人实行了聘任制；在基层党组织领导班子中，逐步扩大了直接选举范围。

三、不断推进惩防体系和党风廉政建设，积极营造风清气正的文化工作氛围

（一）加强反腐倡廉宣传教育。坚持把反腐倡廉教育与社会主义核心价值体系建设结合起来，把专项教育与经常性党内生活结合起来，把先进典型激励与反面案例警示结合起来，通过开辟网络专栏、组织专题教育、观看警示教育片等形式，开展理想信念教育、道德修养教育和反腐倡廉法规制度教育，把宣传教育融入到实际工作中，使广大党员干部牢固树立秉公用权、廉洁从政的价值理念，筑牢党员干部的思想道德防线，进一步提高了党员干部拒腐防变和抵御风险的能力。

（二）加强建立和完善工作制度。认真贯彻落实中央《关于实行党风廉政建设责任制》、《建立健全惩治和预防腐败体

系2008—2012年工作规划》和省委的《实施意见》;下发了《全省文化系统开展惩治和预防腐败体系建设年活动工作实施方案》、《关于2012年党风廉政建设责任制工作任务的分解意见》、《关于整治"吃拿卡要"问题创优文化发展环境的实施方案》、《关于2012年度落实党风廉政建设责任制 推进惩治和预防腐败体系建设工作进行自查的通知》;制定了《述职述廉制度》、《诫勉谈话制度》、《行政过错追究制度》、《督促检查工作制度》、《办文办事限时制度》、《政府信息公开制度》等25项规章制度,落实"一岗双责",并在网上公布,接受群众监督,规范了厅机关行政行为;惩治和预防腐败体系建设呈现出科学谋划、系统治理、整体推进的良好局面。

(三)加强对"三重一大"等重要工作的监督检查。加强党风廉政建设,坚决同各种消极腐败现象作斗争,是我们党必须始终抓好的生命工程,为确保各项制度落到实处,我们加大了对"三重一大"等重要工作的监督力度。2012年,加强对"三馆一站"免费开放情况、省级彩票资金申报项目评审、"群星奖"和"杏花奖"评比、人事竞聘、职称评定等重要活动、重大项目、重点工程的检查监督,对发现的漏洞和问题,及时提出整改措施,建立起日常监督的长效机制。认真解决群众反映强烈的突出问题,对15件信访案件认真调查核实、及时处理。

(四)加强廉政文化阵地建设。举办星期日讲座、文源讲坛、廉政文化讲座和报告会,扩大廉政文化的影响范围;组织廉政文艺精品剧目展演,上党梆子《西沟女儿》、晋剧《母爱》、《刘胡兰》、《廉吏于成龙》、耍孩儿《血溅乌纱》、眉户《薪保山》、蒲剧《斩公槐》、《还债局长》、话剧《信仰之光》7个剧目,演出8个场次,观众达5000人次,并在全省各市、县进行了100多场巡演,受到驻部纪检组监察局的肯定,纪检监察简报2012年17期专门刊发了省文化厅举办廉政文艺精品剧目展演活动的相关信息;加强廉政文艺作品创作,由省话剧院创作演出的话剧《立春》在参加文化部组织的2012年全国优秀剧目展演活动中,受到了中纪委领导同志的肯定。

(杨 渊)

附:省文化厅党组书记、成员名单

书 记: 张明亮

成 员: 李春荣 赵银邦 窦明生 贾新田 李 力 李培勇

省卫生厅党组工作概况

党组书记 高国顺

一、医药卫生体制改革

2012年,新农合参合率提高到98.94%,人均筹资标准提高到290元,住院最高支付限额提高到10万元以上,自付比例下降到47%。基本药物制度在全省所有政府办基层卫生机构实施的基础上,在全国率先扩大到所有村卫生室。人均基本公共卫生服务经费提高到25元,服务项目扩展到10大类41项,在卫生部、财政部组织的国家公共卫生服务项目考核综合评分中,排全国第6名,受到卫生部的表彰和奖励。在34个县38所县级医院开展了公立医院综合改革,全部实行了药品零差率销售。安排27所三甲医院对口帮扶38所综合改革试点医院,起草制定了《关于推进县级公立医院综合改革试点工作的实施意见》及配套文件,举办了两期公立医院院长职业化培训。试点县医疗服务出现了"两升两降"的良好趋势,门急诊次均费用同比下降5.3%,住院次均费用同比下降6.8%。创造性地在试点县同步实施县域医药卫生一体化综合改革,得到卫生部和国务院医改办的充分肯定,多次在全国作了经验介绍。

二、医疗卫生服务能力建设

2012年,山西省医疗机构诊疗人数达到8342万次,出院人数达到353万人次,住院手术75万人次。制定出台了《山西省医疗机构设置规划(2011—2015)》,投资20亿元的山西大医院建成并投入使用,运城、临汾、大同、忻州、晋城等5个市分别新建扩建了市级医院,优质卫生资源不足的问题得到明显缓解。修订出台了《山西省二、三级综合医院评审标准实施细则(2012年修订版)》,制定了《山西省卫生厅医院评审专家库管理办法(试行)》,建立了省一级的评审专家库。2012年,共评审14所三级综合及专科医院、20所二级综合及专科医院,督导检查60所二级医院,91.7%的农业县县医院达到二级甲等水平,新增3个国家临床重点专科,总数达13个。继续实施"城乡医院对口支援"和"县级医院骨干医师培训"项目,安排300名基层骨干到城市三级医院接受规范培训,派出594名技术骨干支援基层医疗卫生工作。组织起草了《山西省鼓励社会资本举办发展医疗机构实施细则》,鼓励社会资本举办发展医疗机构。积极开展医师多点执业试点。确定了太原市、大同市、朔州市、晋城市作为医师多点执业试点城市。截至

2012年底，山西省申请开展多点执业的执业医师数达96人次。按照《山西省卫生厅关于印发〈山西省卫生厅优质医院创建工作实施方案〉的通知》有关要求，共组织73所医疗机构开展申报创建工作。其中，申报创建国家级优质医院、区域级优质医院和优质县医院的医疗机构分别为8所、27所和38所，向卫生部推荐山西医科大学第一医院为首批国家优质医院创建重点联系单位。推进预约诊疗服务。下发了《全省医院预约诊疗服务工作实施方案》，启动建立全省统一的预约诊疗服务平台，山西省所有三级综合医院和专科医院普通门诊号源全部开放，专家号源开放率高于50%，二级以上公立医院均能提供两种以上预约诊疗服务，工作开展比例达到100%。实施了同级医院检查检验结果互认工作，下级医院认可上级医院检查检验结果全面开展，全省11个市均启动了此项工作。优化就诊流程落实便民服务。推行"先诊疗，后结算"模式，开展双休日及节假日门诊，结合"三好一满意"活动，在全省三级医院和有条件的二级医院大力开展了"志愿服务在医院"活动。

三、疾病防控工作

2012年，山西省共报告法定传染病18万例，发病率约518/10万，无鼠疫、霍乱等甲类传染病病例报告。

一是重点传染病防治。加强布病防治，2012年共报告布病6276例，分布在除阳泉市城区以外的11市118个县(市、区)。共筛查高危职业人群8.3万人，血清学检查4万人，阳性检出率7%。与山西省教育厅联合加强托幼机构和学校手足口病防治工作，全年共报告病例3.1万例。强化丙型肝炎防治能力。与中国肝炎基金会联合启动全省丙肝防控暨医师培训项目，举办了7·28世界肝炎日运城盐湖区现场宣传活动，完成了骨干医师培训任务。

二是结核病防治。印发了《结核病"三位一体"防治服务技术方案》，在全省推广新型结核病防治服务模式。固定剂量复合剂药品试点市扩增为5个，启动了耐多药结核病防治项目，妥善处置了原平市学校结核病疫情，对11市38县(市、区)进行了结核病防治工作督导。2012年共筛查可疑肺结核病患者5.3万例，发现肺结核患者2万例，均规范治疗，新涂阳肺结核患者治愈率达97%。

三是艾滋病防治。2012年前三季度各级艾滋病实验室累计检测145.7万人次，确证阳性数667例；全省423个自愿咨询检测点，咨询3.5万人次、检测3.5万人次。对1876例符合条件的病人进行了免费抗病毒药物治疗，临床用血100%来自于无偿献血。

四是慢性病防治。开展了食管癌/贲门癌、大肠癌早诊早治项目，共筛查1.7万例，早期病变83例，癌症88例。在7市9县(市、区)开展肿瘤随访登记，上报癌症发病9200例，死亡5100例。开展了儿童口腔疾病综合干预项目，共完成口腔健康检查11万人，为2.7万名儿童窝沟封闭10万颗牙，县级完好率为94%，省级完好率为92%。在太原等5市12县(市、区)启动了脑卒中高危人群筛查和干预试点项目，完成了年度12万人筛查任务，山西省2个基地医院荣获卫生部项目先进集体。在山阴等11个县(市、区)开展了农村癫痫防治项目，共筛查癫痫患者6085例，随访患者5127例。在大同、忻州、临汾、吕梁4市21个贫困县(市、区)启动农村义务教育学生营养改善计划营养健康状况监测评估工作，除对21个试点县(市、区)开展常规监测外，对其中的大同县和吉县进行重点监测。强化人员培训，专题培训各级精防专业人员1600余人，利用督导对11市22县区44个社区和乡镇卫生院以及村卫生室卫生人员1687人进行了现场培训。在6市19县开展了重性精神疾病管理治疗项目，免费用药1213人，免费住院120人，应急处置191人。实施基本公共卫生重性精神疾病患者管理服务项目，全省累计登记录入重性精神疾病患者7.7万例，纳入管理服务患者7.4万例。

五是地方病防治。邀请国家级、省级专家完成了两轮全省地方病专业人员培训，对垣曲等18个大骨节病区县考核验收自查工作进行现场技术指导，在5个高碘县对儿童开展碘营养监测，在3个克山病病区县开展克山病病情监测，以县为单位开展碘盐监测，每县抽取300份食盐样本进行检测，碘盐覆盖率达到95%以上。

四、卫生应急工作

截至2012年底，累计接报处置突发公共卫生事件10起，发病275人，无死亡病例。组织协调开展突发公共事件医疗卫生救援8起，成功救治伤员134人。有效组织协调调动国家和省级专家30余人次赶赴事故现场指挥、指导医疗救治工作，完成了"4·25"吕梁离石区馥兴园酒店食物中毒事件、"2·25"207国道晋城泽州段重大交通事故、"7·26"阳泉盂县玉泉煤业瓦斯燃烧事故、"11·23"晋中寿阳火锅店爆炸燃烧事故等突发事件医疗卫生救援任务。

强化卫生应急队伍建设。2012年，全省累计组建、调整各级各类卫生应急队伍1034支13133人(其中，省级13支212人，市级164支2427人，县级857支10494人)。省、市、县三级医疗卫生单位以知识竞赛、技能比武、桌面推演等形式积极开展"卫生应急大练兵"活动，建立了卫生应急培训师资库，编写卫生应急案例和培训教材，组织举办了应急管理、风险评估、紧急医学救援、伤员转运、床位动员、应急疏散等培训演练20余次。

建立科学合理的装备储备。调整完成了《2012年省级医药储备品种目录》，储备价值2500万元的各类医药物资276种120余万盒(支、瓶)。从实战出发，先后为省级卫生应急队伍采购四批次卫生应急现场处置和通讯、后勤保障、个人携行装备。配发了对讲机、海事卫星电话、移动通讯设备、GPS导航定位仪、应急包、卫生应急服装500余台(件、套)。为11个市卫生局配发了海事卫星电话、笔记本电脑、打印多功能一体机、数码照相摄像机、录音笔、高清便携投影仪等办公装备77台，建立了卫生应急通讯保障网络。

五、卫生监督工作

2012年，山西省卫生监督检查各类单位66941家，覆盖率达 100%,监督频次 13 万余次,查处案件 2774 起。打击非法行医共投入专项经费 336 万元，共检查医疗机构 28755 家,查处案件 3255 起,罚款金额 405.3 万元,取缔“黑诊所”2154 家,移送案件 83 件,其中法院判决案件 11 个。全省非法行医、非法采供血举报案件查处率达到 100%。医疗机构(不含村卫生室)监督覆盖率达到 100%。

六、食品安全工作

起草并通过了《山西省食品生产加工小作坊和食品摊贩监督管理办法》。出台了《山西省食品安全黑名单管理办法》。与省公安厅等 6 个部门联合下发了《关于加强行政执法与刑事司法衔接严厉打击危害食品药品安全犯罪的通知》，建立了打击危害食品安全犯罪的联动机制。各市县根据《山西省食品安全举报奖励办法(试行)》,制定出台了实施细则,公布了举报电话,全省共设举报奖励资金 1858.4 万元,受理食品安全举报 1006 起,兑现奖金 19.843 万元。截至 2012 年底，全省 11 个市财政共投入食品安全工作经费 1.7 个亿，较上年增加将近 6 千万元。各市县完善和充实了食品安全协调机构,11 个市落实协调工作经费 1167.5 万元,有 9 个市解决了人员编制问题。11 个市组织监管培训班 360 次,培训领导干部 3633 名、监管责任人 21935 名;各县组织食品生产经营者培训 4220 次,培训企业负责人 11 万余人,培训从业人员 22 万余人。

七、党风廉政建设和政风行风建设

落实《关于卫生系统领导干部防止利益冲突的若干规定》,山西省卫生厅和直属单位共填报 236 份报告表。141 名领导干部申报了个人住房、收入、婚丧嫁娶、因私出国等事项。实行领导干部出国护照统一管理制度,严格控制因公出国人员。注重对配偶子女移居国(境)外的国家工作人员的监督管理,建立了内部动态管理机制。严格执行“三重一大”事项集体讨论决策制度,健全和完善领导班子内部议事和决策机制。印发了《山西省卫生厅关于整治“吃拿卡要”问题创优发展环境的工作方案》,成立了以厅党组书记、厅长为组长的专项整治领导组。积极开展公共权力和资金划拨项目自查自纠工作,制作了《卫生监督监管服务对象征求意见表》,向服务对象征求意见,公开服务承诺,接受社会监督,山西省卫生厅向社会做出了政风行风评议六项承诺、抵制“吃拿卡要”问题六项承诺。印发了《2012 年全省医疗卫生系统纠风工作的实施意见》、《卫生系统 2012 年深入开展民主评议政风行风工作的实施方案》。2012 年对 1 个市卫生局、22 个县卫生局、90 所(次)医疗机构进行了明查暗访。制订出台 15 个管理制度,行政审批项目由 30 项精简合并为 9 项。在山西省纪委、监察厅行政审批绩效量化考核 30 个厅局排名中，山西省卫生厅一直名列前五名。

(刘　翔)

附：省卫生厅党组书记、副书记、成员名单

书　记：高国顺

副书记：李书凯

成　员：李凤岐(8 月任职)　李双才　梁明虎　王　峻　赵光国

省人口和计划生育委员会党组工作概况

党组书记　杨增武

2012 年，省人口计生委党组坚持以邓小平理论、“三个代表”重要思想和科学发展观为指导,按照“稳中求进、服务全局、转型发展、创新提升”的工作思路,努力稳定低生育水平，提高出生人口素质，创新人口服务管理,全面加强党的建设,年度各项目标任务圆满完成，改革创新取得明显成效，人口和计划生育事业取得新进展。

一、认真贯彻落实省委省政府决策部署,推动人口计生事业创新发展

(一)加强组织领导和统筹协调,保持和稳定了低生育水平。召开高规格人口计生工作会议,签订人口计生工作目标责任书。将人口计生工作纳入全省年度目标责任考核,实行“一票否决”。省政府制定《山西省人口发展与人口计生事业发展“十二五”规划》并顺利实施。召开省人口计生领导小组会议,全面推进免费孕前优生检查和“三晋康家”工程。坚持和完善人口计生目标责任制考核,促进重点工作落实。加强经费投入保障，全省人口计生事业人均经费为 57.38 元,达到全国中等水平。抓好稳定低生育水平的首要任务,2012 年,山西省人口总量为 3610.83 万人,人口出生率和自然增长率分别为 10.70‰和 4.87‰,“十二五” 规划的人口调控目标圆满完成。

(二)坚持依法管理和依法行政,提高人口计生法制化水平。坚持干部提拔、评先评优等计划生育审核制度,省市县三级共审核单位 11614 个,否决 58 个;审核个人 15197 人,否决 74 人。开展依法行政、政务公开和便民维权活动,全省共创建依法行政示范乡镇 (街道)131 个,60%的县达到诚信计生标准,61 个村(居)被评为全国基层群众自治示范村(居)。开展出生人口性别比治理年活动,与公安、卫生、药监、妇联等部门联合查处“两非”典型案例,树立了全社会关爱女孩的良好风尚。推进流动人口服务管理全省“一盘棋”和服务均等

化，开展“爱在流动”服务家庭、关心关爱留守儿童、空巢老人系列活动，流动人口服务均等化试点扩大到53个县，保障了流动人口合法权益。

（三）加快推进优质服务全覆盖，提升人口计生公共服务能力。按照标准化、规范化、信息化要求，建成50个县级数字化服务站。继续开展优质服务先进单位创建活动，共创建9个国家级和15个省级优质服务先进县（市、区）。开展优质服务进农村、进社区、进企业、进机关、进军营活动，实施农村独生子女、双女母亲“第二春”免费生殖健康检查，服务123万多人次，改善了群众生殖健康水平。推进优生促进工程，运用“孕前优生咨询指导系统”，为群众提供免费孕前风险评估累计90.36万例。认真落实国家免费孕前优生健康检查项目，投入专项资金1700多万元，在72个县开展试点，覆盖率达到60.5%。2012年全省共确定目标人群17.9万人，实际检查19.13万人，超额完成任务，建起了预防出生缺陷的重要防线。

（四）加强人口信息化建设，着力创新人口服务管理。健全完善“四网一库”为架构、九大应用系统为支撑的人口信息化体系，全省全员人口信息库常住人口入库率达到99.98%。加强信息共享，各级人口计生与公安、教育、民政、卫生等部门按季度互通信息，建立了长效机制。强化业务协同，35000个手机信息直报终端覆盖全省乡村、社区，运用人口计生考核平台对市、县进行网上考核，推广运用计生奖励扶助系统、人口计生证件打印系统等，实现重点任务、业务工作与目标责任制考核统筹推进。深化综合应用，开发创建“山西省人口管理服务信息系统”，搭建了基层社会服务管理的信息平台。在阳泉矿区、介休、娄烦等21个县开展人口网格化管理服务新模式试点，召开“全省人口社会管理服务信息系统建设座谈会”，加快推广步伐，为新时期人口领域加强和创新社会管理探索了有效途径。“山西省城镇人口管理服务平台”获得2012年度中国信息化（人口计生领域）成果评选一等奖。2012年12月，国家人口计生委在山西召开全国人口计生信息化建设工作会议，推广了该经验做法。省委书记、省人大常委会主任袁纯清批示，“山西人口数据资料库建设取得的成绩令人欣喜，统计局、金融办、工商以至发改委、民政、政法、公安都可以利用好这些难得的数据和平台，为我省发展、民生及稳定服务”。

（五）全面实施“三晋康家”工程，增强计生家庭民生福祉。全力打造“三晋康家”民生工程，形成“一市一品牌、一县一特色”的良好局面，受到全国政协副主席、中国人口文化促进会会长李金华的肯定。长治的“好娃娃工程”、晋中的“宜人宜家”、太原的“幸福家庭创建”、晋城的“凤之家幸福促进行动”等等，受到群众欢迎。2012年全省共发放奖励扶助资金60845.83万元，惠及计生群众920267人（户）；发放生育关怀救助金2700多万元，救助计生大病家庭和基层计生工作者近1万人；全省有155901户计生家庭在集体林权改革、扶贫移民搬迁、集体收益分配中，多领到1人份补助；327342户计生家庭在新农合和新农保中享受优先优惠；14409名农村独生子女和双女中考加分被录取；13600多户计生家庭在贴息贷款、种植养殖、科技项目等方面得到帮扶。“三晋康家”工程，使更多的计生家庭走上“文明、健康、优生、致富、奉献”的小康之路。

二、全面加强机关党的建设，为人口计生事业发展提供有力保障

（一）强化思想理论武装，提高领导班子和领导干部统揽全局的能力。加强学习型党组织建设，制定《2012年委党组和干部理论学习安排意见》，委党组中心组集体学习13次。学习《人民日报》评论员文章，学习党的十八大精神，学习新《党章》，学习中央、省委省政府有关决策部署，统一思想认识，坚定政治立场。采取集中学习、个人自学、专题辅导、讨论交流等方法，邀请专家教授举办专题讲座11次，增强学习效果。坚持学以致用，将学习成果转化为谋划发展、推动工作、改善民生的实际能力。制定2012年全省人口计生工作要点，围绕山西人口发展中的重大问题，由委领导牵头，开展人口信息化与创新社会管理、流动人口服务管理等专题研究，共撰写10个课题，推动工作创新发展。

（二）坚持民主集中制，增强领导班子的凝聚力和执行力。严格执行民主集中制，凡涉及重大方针、政策、指示、决定的贯彻落实，涉及人口发展规划制订、人事安排、干部奖惩、目标责任制考核、重点项目安排和大额资金分配使用等，都集体研究决定。围绕“坚持以人为本、执政为民理念，发扬密切联系群众优良作风”的主题，召开领导班子专题民主生活会，认真查找在党性、党风、党纪和作风方面存在的问题，开展批评与自我批评，统一思想，增进团结。积极推进党务公开，对党组重大决定和工作重大事项等七个方面的内容，按规定、按程序及时予以公开，营造党内民主的良好环境。

（三）加强干部队伍建设，为人口计生事业发展提供组织保证。严格执行《党政领导干部选拔任用工作条例》，坚持任人为贤、德才兼备、群众公认、注重实绩，不断提高干部任用科学化、规范化水平。2012年委党组共研究人事任免4次，提拔处级干部8人，机关干部全部实行竞争上岗。加大教育培训力度，先后举办省、市人口计生领导干部研修班，山西省暨新疆建设兵团农六师县级人口计生局长培训班。推进干部自主选学，开展“世界眼光与战略思维”专题培训，机关干部在线学习4849个学时。开展专业技术人员继续教育，推进乡村人口计生工作者在职学历教育，人口计生干部队伍素质能力明显提高。

三、扎实推进党风廉政建设和作风建设，形成为民务实清廉的良好风气

（一）加强党风廉政建设，构建惩防体系。落实党风廉政建设责任制，实行“一岗双责”，签订党风廉政建设责任书，分解任务，落实责任。深化廉政风险防控，召开人口计生系统反腐倡廉工作会议，将“制度+科技”融入制度设计和工作流程，建立长效机制。加强反腐倡廉教育，组织观看警示教育片，保持党员干部思想纯洁、队伍纯洁、作风纯洁和清正廉

洁。加强人、财、物及关键岗位、关键环节的监督,严格执行车辆使用、公务接待、财务开支和制止奢侈浪费等各项制度,确保权力规范运行。

(二)开展创先争优和保持党的纯洁性学习教育活动,激发创新活力。坚持讲政治、树正气、塑形象,开展窗口单位为民服务创先争优工作,推进“三亮”行动(亮标准、亮身份、亮承诺),开展“比、学、促、帮、带”活动。开展保持党的纯洁性学习教育活动,抓好“学、查、改”关键环节,举办学雷锋先进模范人物事迹报告会、参观太原解放纪念馆等活动,强化党性观念,坚定理想信念。开展基层组织建设年活动,强组织、增活力。认真贯彻落实中央“八项规定”,扎实开展干部下乡住村活动,委领导带头深入基层调研帮扶,包村致富,树立了密切联系群众的良好风气。

(三)加强政风行风建设,树立良好形象。全面推进“阳光计生行动”,完善“12356”阳光计生服务热线,10个县(市、区)被国家人口计生委授予“基层阳光计生行动示范单位”称号。召开民主评议政风行风听证对话会,参加政风行风热线,深入基层开展明察暗访,治理乱收费、乱罚款和“吃拿卡要”等问题。继续开展“请农民兄弟姐妹评计生”等五项评议活动,发放问卷15.3万余份,主动听取意见建议,维护群众利益,树立了良好形象。2012年9月在全国人口计生纠风工作座谈会暨阳光计生行动经验交流会上介绍了经验。省人口计生委连续四年被评为全省政风行风建设免评部门。

(张晋军)

附:省人口和计划生育委员会党组书记、成员名单

书　记:杨增武

成　员:杨恩建　王祥瑞　杨建勇　赵新民　李跃珍(女)

省审计厅党组工作概况

党组书记　郝志远

2012年,省审计厅党组认真学习贯彻党的十八大、十七届六中全会和省第十次党代会精神,紧紧围绕服务转型跨越发展的大局和审计中心工作抓党建,深入开展“创先争优、基层组织建设年、保持党的纯洁性、建设学习型党组织、文明和谐创建和创优软环境、喜迎十八大”等活动,各项工作取得新的进展和成效。

一、明确工作思路,以创新精神围绕中心抓党建

在工作思路上,坚持做到“三个始终”:始终把加强和改进机关党的建设放到中央、省委的中心工作大局中,准确把握形势与政策,全面抓好贯彻落实;始终注重围绕审计工作为科学发展服务的大局,把党建工作、党风廉政建设和文明和谐创建工作融为一体,和审计业务工作统筹部署,一起落实、一起检查,整体推进,形成合力;始终坚持注重“抓教育、打基础”工作,以加强党性党风党纪和社会主义核心价值体系教育为主线,不断加强领导班子自身建设和基层党组织、党员干部队伍的思想、组织、作风、廉政和制度建设。

在措施方法上,着力推进和落实机关基层党组织“围绕中心、建设队伍”的两大核心任务。一是抓书记、强班子。厅党组高度重视基层党组织建设,为加强机关党委力量,配备两名厅级领导干部进党委班子。二是加强基层党支部建设。创新党组织设置形式,采取把党支部设在各处室和事业单位的形式,由原来的11个支部扩大覆盖成36个支部,与审计、教育、管理、服务等行政组织的设置与功能相适应,为基层党组织充分发挥协助监督作用奠定了坚实基础。三是党建关口前移,在审计组设立临时党组织,制定并实行了在审计组设立临时党组织的工作制度规定,做到审计到哪里,党组织就建立在哪里,为高效、廉洁完成审计任务提供了坚强有力政治保证和组织基础。

二、紧密结合审计工作实际,学习贯彻党的十八大精神

把学习贯彻十八大精神作为首要政治任务来抓。先后在厅机关组织开展了“推荐我省出席十八大代表”、“创优软环境、喜迎十八大”、“喜迎十八大、岗位做奉献”主题活动,机关办公生活环境专项整治活动,党员群众十八大寄语征集活动。《围绕审计抓党建、创先争优促发展——深入开展创先争优暨保持党的纯洁性学习教育活动纪实》专题片,被评为省直工委“优秀专题片”。

十八大召开后,厅机关迅速组织传达学习,中心组先后5次集体学习,并专门召开厅党组(视频)扩大会议和处以上干部会议,学习贯彻十八大精神和习近平总书记在政治局集体学习会议上的重要讲话精神以及省委和审计署关于学习贯彻十八大精神的具体安排意见,贯彻落实中央改进工作作风密切联系群众八项规定,就审计机关改进工作作风提出五项具体要求。各支部、审计组临时党组织也利用多种形式开展了深入学习和讨论。

印发《山西省审计厅学习宣传贯彻党的十八大精神的意见》,着重强调深入学习领会《报告》精神,紧密联系审计工作实际,丰富和完善审计工作思路,依法履行审计监督职责,切实发挥审计工作保障经济社会健康发展、推动依法行政、促进廉政建设等方面的作用。

利用“辉煌成就图片展”、宣传栏、电子屏幕、在审计厅

网站设立学习专栏、组织参加全省学习十八大精神网上知识竞赛等多种手段,多措并举,广泛深入学习宣传十八大精神。

三、深入开展创先争优和保持党的纯洁性学习教育活动

(一)融入中心,围绕审计工作创先争优。一是明确审计机关要普遍开展讲党性、重品行、作表率,比学习、比工作、比贡献的'三比'活动,不断增强审计为转型跨越发展服务的能力。二是公开承诺践诺,机关和事业单位31个党支部和工青妇组织,218名党员作出公开承诺。党支部和党员作出的承诺在支部扩大会上宣读,并采取承诺上墙、设立党员先锋岗、党员和群众结对子等形式接受群众监督,促进承诺落实。三是把学习教育活动与加强审计队伍建设、提高审计工作科学化水平相结合,在审计干部中广泛开展了创先争优,争当查核问题的能手、分析研究的高手、计算机审计的强手、内部管理的行家里手,进一步加强了审计机关公务员队伍的专业化建设。四是认真组织开展领导干部点评创先争优工作。采取召开厅党组民主生活会、党支部专题组织生活会对照检查、厅领导干部和支部书记重点点评、群众评议和督导员全程参指导讲评的形式,对党支部和党员进行了全面点评和民主评议,保证了点评效果。

(二)坚持创先争优高标准,树立全新创先争优理念。审计机关在坚持争创"五个好"基层党组织和争当"五带头"优秀共产党员标准基础上,结合审计工作提出更高标准:一是全方位创先争优。要在党建工作、行政工作、审计业务各领域全方位创先争优,扩大覆盖面。二是集体创先争优。涌现出来的先进人物、好人好事要越来越多,形成一个群体。三是整体创先争优,整体先进。

(三)办实事服务群众,大力弘扬党的良好作风。积极开展领导干部下乡住村工作。郝志远带头先后七次深入到包村帮扶点静乐县上双路村开展调研座谈和实行"三同"。《人民日报》、新华网等媒体刊登郝志远下乡住村纪实文章《难忘的两天两夜——近距离地同群众交流,送技术,办实事,增进了群众对党和政府的信任》,《省直党建信息》第58期刊发郝志远厅长下乡住村纪实报道《省审计厅真心真意为民,实实在在扶贫》。袁纯清书记、王君省长、汤涛部长在郝志远同志下乡住村情况的材料上作了重要批示,予以充分肯定。

(四)发挥先进典型示范引领作用,形成当先进、促后进、比学赶帮的浓厚氛围。厅机关在创先争优活动中评选表彰先进基层党组织和党风廉政建设先进集体13个,优秀共产党员、优秀党务工作者和党风廉政建设先进个人等65人。

(五)建立完善制度,形成创先争优长效机制。针对审计机关党建工作特点,制定印发了厅党组《关于在审计厅党组织中深入开展"机关党建走在前头"活动的实施方案》、《山西省审计厅保持党的纯洁性的具体要求》,继续执行落实《厅机关党建工作目标责任制实施方案》,坚持落实在审计组建立临时党组织的工作制度,进一步明确机关党委、党支部、党小组的工作职责和考核办法。

(六)搞好结合,把加强基层组织建设贯穿始终。把学习教育活动与开展基层组织建设年、严格政治纪律、吃拿卡要专项治理和审计作风建设年等各项主题教育活动紧密相结合,增强了活动实效。作出"创优发展环境、抵制吃拿卡要"的"八不准"审计纪律公开承诺。加强廉政监督,厅督查处对审计组执行"八不准"审计纪律情况、到被审计单位以明察暗访方式,进行全面督查和现场检查。

四、加强精神文明建设,坚持不懈推进"文明和谐学习型"机关建设

(一)抓根本,扎实推进学习型机关、学习型党组织建设。以抓好中心组理论学习、提升领导干部综合素质为重点,以广泛开展群众性读书月活动、专题学习辅导、党建理论专题研讨、网络和在线学习等多种形式为载体,大力推进学习型组织建设,形成理论联系实际、促进中心工作的良好学习风气。加强党员干部培训工作,9名厅级、30名处级干部分别参加了学习贯彻十八大和省十次党代会精神党校脱产培训,并被省委组织部评为"全省干部在线学习先进单位"。

(二)践行审计人员核心价值观,着力加强审计队伍思想作风建设。在党员和干部职工中广泛开展"创优软环境、喜迎十八大","创先争优","保持党的纯洁性","基层组织建设年","讲政治、顾大局、守纪律","核心价值体系","审计机关读书月","争做人民满意公务员","审计作风建设年","整治吃拿卡要"等十项主题教育活动,党员干部的政治意识、理想信念、职业道德和文化素养得到进一步提高。在审计任务工作量比往年多出近三分之一的情况下,出色完成全省社保资金、农村中小学布局调整、保障性安居工程等三项全国性重大审计任务。

(三)加强审计文化建设,开展丰富多彩的群众性文体活动。紧紧围绕迎接党的十八大这个主题,积极组织开展群众性文体活动。举办"山西省审计厅'迎新春、树新风'2012年专题演唱会";参加省直机关庆祝2012年"三八"妇女节健身操舞比赛,荣获一等奖;参加省直机关迎接"全民健身日"健步走接力活动,获得优秀组织奖。

(四)扶贫济困,为群众排忧解难。春节前夕,郝志远厅长带队,对厅扶贫点困难群众和厅机关离退休人员进行了走访慰问,对机关14名困难职工和困难党员进行了帮扶救助,发放救助款14000元;继续开展联企帮困活动,元旦、春节慰问救助省机电公司困难职工4000元,中秋、国庆慰问救助宇星客车公司困难职工5000元。组织开展"送温暖、献爱心"捐助活动,318名干部职工向贫困灾区、困难群众踊跃捐款43550元。

(郑钰卿)

附:省审计厅党组书记、成员名单

书　记: 郝志远

成　员: 郝素珍(女)　高爱平　杨光照　任建平

省政府外事侨务办公室党组工作概况

党组书记　张志川

2012年,省外侨办党组深入贯彻落实党的十八大、全国侨务工作会议、全国地方外办主任会议精神,以服务国家对外大局、服务全省转型跨越和综改试验区建设为中心,解放思想,开拓创新,着力推进"八大工程",加快外事大省建设步伐,为国家总体外交大局和我省转型跨越发展作出了积极贡献,被授予服务国内发展突出贡献奖、国际友好城市交流合作奖、全国侨务信访工作示范单位、因公电子护照改革协作奖等重点奖项。

一、认真学习贯彻党的十八大精神,全面加强党建工作和反腐倡廉工作

(一)认真学习贯彻党的十八大精神。以学习贯彻党的十七届六中全会、十八大精神和习近平总书记一系列讲话精神为重点,认真开展"大讨论、大宣讲、大调研、大培训"四项活动,组织全办党员干部认真对照十八大报告,立足本职工作谈认识,结合报告内容谈心得。十八大召开后,办党组组织中心组学习,办领导参加省委党校组织的培训,处以上干部参加省直分校的培训,办理论骨干对其它人员进行了理论宣讲和报告解读。全办共组织专题学习17次,约1300多人次分期分批参加了学习。

(二)坚持加强办党组自身建设。办党组坚持理论中心组学习,制定了中心组年度学习计划,学习前把学习内容告知中心组学习成员,确定中心发言人,使讨论研究的问题有深度,指导面上的理论学习,聘请省委党校等单位专家和领导进行专题授课。严格考勤制度,定期通报中心组成员的考勤情况,使学习制度化、规范化。全年共进行集中学习12次,提高了省外侨办领导班子运用科学理论分析和解决问题的能力。按照新党章和《中国共产党党和国家机关基层组织工作条例》的要求,着重抓好党的组织生活制度和党内监督制度的落实,切实抓好对贯彻执行机关党的各项制度的督促检查。积极探索机关党内监督的有效途径,落实好党员领导干部讲党课制度、双重组织生活制度和党员领导干部民主生活会等党内生活各项制度。召开以"保持党的纯洁性"和以"为民务实清廉"为主题的办党组民主生活会。认真分析影响和制约我办发展的突出问题和群众反映强烈的问题73条,深刻剖析根源,积极进行整改,所有问题已得到妥善解决。坚持和完善民主集中制和集体领导制度,健全办领导班子的民主决策程序和议事规则,建立了科学高效的工作机制,增强了办党组的凝聚力。坚持集体决策,提高办党组会、主任办公会效能,坚决执行"三重一大"制度。

(三)坚持加强党内民主建设和党员队伍建设。办党组十分重视党建工作,把党建工作纳入重要议事日程,定期听取汇报,多次召开会议对党建工作进行专题研究。办党组成员自觉接受党支部的管理和党员的民主监督,积极参加党的组织生活,在全办党员干部中产生了很好的影响。办党组在工作中把理论武装工作作为党建工作的重点,摆到党建的重要位置来抓。通过读书自学、集中学习研讨、参观考察、听取报告、座谈交流等多种形式,保证了中心组学习、党支部学习、干部职工政治学习任务的落实。积极推进机关党内民主建设。尊重党员主体地位,保障党员民主权利,推进党务公开,不断拓宽党员了解党内事务的渠道,建立和完善党内情况通报、情况和重大决策征求意见制度,保障党员在党内生活中的知情权、参与权、选择权和监督权。建立健全党内激励、关怀、帮扶机制,做好关心和爱护基层干部、老党员和生活困难党员工作。机关各支部严格规范党内组织生活,坚持党内各项组织制度,落实主要领导带头上党课的要求,认真做好党费收缴管理工作,坚持发展党员公示制度,积极做好入党积极分子培养教育和发展党员工作。

(四)坚持做好反腐倡廉工作。省外侨办根据《关于开展贯彻落实"两办规定"制止党政干部公款出国(境)旅游专项工作的通知和《关于开展贯彻落实"两办规定"制止党政干部公款出国(境)旅游专项工作的实施意见》精神,严格审批各类因公出国(境)团组,狠刹利用公费出国(境)旅游等不正之风。健全完善制度,抓好惩防体系各项任务的落实。按照省委、省纪委的部署和要求,出台了《省外侨办2012年反腐倡廉建设工作任务分解意见》。认真落实反腐倡廉建设会议制度、民主生活会制度、领导干部述职述廉制度。推行党务、政务、财务公开制度,加大对"三重一大"(重大决策、重要人事任免、重大项目安排、大额度资金使用)等关键环节的监督。

二、推进外事系统强身工程,加强外事工作

制定和实施《关于进一步扩大对外开放,建设外事大省的意见》、《山西省转型综改试验外事侨务工作专项行动方案》、《"八大工程"工作任务细化分解方案》。切实提高系统科学发展能力。按照任务项目化、工作系统化原则,分解落实"八大工程"任务;对各市外侨办提出了"六个一"工作目标,取到了良好的效果。提高涉外管理信息化水平。全面完成因公电子护照上线工作;全面完成E-山西网站群建设并投入使用;完成网上因公出国(境)审批平台、涉外资源共享平台和高层交往平台的立项申请工作;启动侨务资源信息库建设。建立健全各级外事侨务工作机构。忻州市、吕梁市成立了对外友好协会;阳泉市成立了外事侨务服务中心;长治市、吕梁市在县一级明确了外事机构和专门人员。

推进项目引领工程,深度服务综改试验区建设。积极争取外交部等部委对我省综改试验区的政策支持。协调袁纯清书记、李小鹏省长、高建民副省长等省领导拜会中央外办、外交部等中央部委,争取对我省的政策支持。精心策划高层出访。圆满完成袁纯清书记等17位省领导出访29个国家和地区,广泛接触各政府、议会、政党和世界500强企业,有力地促进了我省对外交流合作。深度服务综改试验区建设。制定和实施《关于进一步支持我省企业和高等院校、科研院所加快实施"走出去"战略的具体措施》,为企业、院校和科研院所"走出去"开辟绿色通道。组织"山西省资源型经济转型考察培训团"赴日本考察培训;主办中日清洁煤技术交流研讨会;邀请我驻英国等四国大使来晋举办投资环境报告会、国际形势报告会,为我省"走出去"搭建平台、拓宽渠道。共邀请接待不丹王国公主、波兰前总理等来自50个国家和地区代表团66批,2717人次。安排省领导外事活动50次。

推进友城与品牌工程,进一步扩大国际交流与合作。加大国际友城交流力度。新增友城4对,正在报批3对,签订结好意向10对,全省友城数量达37对。在2012年中国国际友好城市大会上,运城市与法国马尔芒德市正式签署友好协议,成为唯一一个代表中部省份签约的城市。坚持增量与提质并重,举办山西省与埼玉县结好30周年、山西省与意大利阿布鲁佐大区结好20周年纪念活动。开展丰富多彩的友好交流活动。太原市精心编制17个项目在英国纽卡斯尔市和投资贸易总署网站发布,得到英国政府和企业的积极响应。朔州市山阴县与美国华威市签署农业项目合作协议,利用美国奶酪生产技术优势,推动古城乳业国际化水平。提升"中外使节山西行"品牌效应。组织外国驻华和我驻外使节61人来晋考察,与相关地市和厅局座谈交流,引导中外使节转变山西省情观念,支持山西扩大对外开放。得到外交部和省政府的表扬。进一步深化国际交流合作。加强与哈萨克斯坦务实合作,组团参加了第十届哈萨克斯坦—中国商品展,成交额近300万美元,意向合同700万美元。在哈主办"中国食品文化节",展示我省特色文化。驻阿拉木图总领事馆专门致电省政府予以表扬。协助有关部门,积极推进晋非合作区建设。引进日本"小渊基金"680万日元,在方山县等四个县种植生态林2000亩,培训303人。

推进标杆工程,进一步服务县域经济发展和民生需求。加大对各市标杆工程的跟踪,对标杆项目的涉外事务上门服务;加大对"一市两县""一市两园"对外开放的指导,出国指标和外事资源向它们倾斜;积极践行"外事为民理念",加大为民营企业和公民"走出去"的服务力度,为民企审核上报APEC卡21张,开拓了代办公民因私出国签证业务。阳泉市帮助阳泉民营企业服务中心在日本大阪建立"中国山西阳泉企业营销平台"。积极服务新农村建设,组织完成县乡村干部赴先进国家考察培训"一村一品"项目。积极开展"驻晋外企服务年"活动,挂牌服务外(侨港澳)资重点企业30多家,组织各市外侨办积极走访,开展针对性服务。忻州市帮助侨资企业银辉生化科技公司解决土地、资金等困难,协助引进资金5亿元。实施外事侨务保障工程,建立健全制止党政领导干部公款出国(境)旅游长效机制。

加强因公出国(境)管理,与省纪委、省委组织部等8部门共建联动机制,联合出台《关于进一步加强因公出国(境)人员审批管理的实施办法》,从源头上制止党政干部公款出国旅游。严格出访计划报批、量化管理制度,删减无实质性任务等出访计划150多批900多人次。共审批办理因公出国、赴港澳1400多批5000多人次,办理签证3000多个。

三、推进侨务资源涵养与利用工程,加强侨务工作

进一步凝聚侨心,发挥侨力、侨智。深入贯彻落实国务院侨务工作发展纲要。制定和实施了我省《关于贯彻落实国家侨务工作发展纲要(2011—2015年)实施意见》。发挥侨务资源优势,服务我省对外交流合作。开展侨务引资和项目合作,组织"上海侨商企业山西行活动"。促成投资50亿元的粉煤灰与煤矸石综合利用项目落户朔州。促成山西世界华商中心、通澳世界名品会都、富鸿万亩农业生态庄园等三个侨商项目落户太原,共计投资50亿元。促成新西兰中国国际贸易促进会与省贸促会签订合作协议。坚持依法护侨,为侨服务。完善涉侨信访工作机制,受理并办结有较大影响的案件9件;扎实开展归侨侨眷扶助救济,组织"侨爱工程 -- 送温暖医疗队"及"十八大送温暖朝蒙归侨慰问专项活动"。开展"万侨助万村活动",加强侨务捐赠工作。争取海外捐资捐赠237.85万元,扶持了贫困乡村教育、医疗事业发展。积极启动社区侨务工作,加大华文教育工作力度。太原市青年路二社区、忻州市建设北路社区被确定为国侨办挂牌联系的全国社区侨务工作示范单位。选派11名华文教师赴外支教。

推进文化推广和形象塑造工程,进一步宣传山西、推介山西。积极开展对外文化交流工作。落实袁纯清书记出访成果,制作了我省外宣片在日本、老挝电视台播放。发挥E-山西网对外宣传的重要窗口作用,对外发布信息两万多条。推出我省15条采访路线,供境外媒体采访。制作山西形象片,在我省重大涉外活动中播放。组织我省《粉墨春秋》等一批优秀作品赴澳大利亚等4国演出,受到当地群众的热烈欢迎,对宣传山西文化、塑造山西形象起到了积极作用。

(武志明)

附:省政府外事侨务办公室党组书记、成员名单

书　记:张志川

成　员:张志仁(9月离职)　武绍忠　高玉厚　田亦军　鞠　振

省煤炭工业厅党组工作概况

党组书记　吴永平

2012年，省煤炭工业厅党组认真学习贯彻党的十八大精神，深入开展保持党的纯洁性学习教育活动，不断创新思想建设、干部队伍建设、组织建设、作风建设、精神文明建设和廉政建设，全面提高党建工作科学化水平，为全面推进我省煤炭工业转型跨越发展提供坚强的政治和组织保证。

一、学习贯彻党的十八大精神，进一步强化思想建设和干部队伍建设

认真组织学习和宣传贯彻党的十八大精神，厅党组中心组组织十八大精神专题学习4次，12位厅领导结合工作实际，对十八大报告各篇章谈心得体会、讲学用精神；加强中心组理论学习，创新干部队伍素质提升模式，全年安排中心组理论学习17次，举办领导干部专题讲座3次，编辑党组中心组理论学习参考资料和贯彻十八精神学习资料11期，结合我省煤炭工业转型跨越发展和行业管理的实践组织学习讨论。组织184名厅机关及直属单位副处以上领导干部和党务干部参加了省委党校进修班及十八大专题轮训班和自主选学培训班。创新干部培养模式，机关选派30名干部、五大煤炭集团公司选派31名干部实行双向挂职锻炼，增进了机关与基层的交流，提高了干部专业知识水平和综合素质。坚持理论联系实际，以科学发展观为指导推进煤炭工业转型跨越发展，明确了“以煤为基，多元发展，率先走出煤炭工业转型跨越发展新路”的发展思路，制定了实施煤炭工业高标准、高科技、高管理、高端化、高要求、高质量、高效益、现代文明的“七高一文明”奋斗目标，创新发展思路，破解发展难题，推动发展方式转变，进一步提高我省煤炭工业科学发展水平。

二、扎实开展保持党的纯洁性学习教育活动，进一步加强基层党组织建设

厅机关和直属14个党委、8个直属总支、19个直属支部、2559名党员以“我是共产党员，我要保持党的纯洁性；我是煤炭人，我要保持党的纯洁性；我是党员干部，我要使周围的人保持纯洁性”三项主题争创为载体，认真开展了保持党的纯洁性学习教育活动，坚定理想信念、强化宗旨意识，树立科学发展理念。组织召开好各级领导班子保持党的纯洁性学习教育活动专题民主生活会，厅领导班子成员带头认真学习规定篇目，撰写学习心得，认真开展批评和自我批评，参加了联系单位领导班子民主生活会并进行点评，切实保证了民主生活会和组织生活会的质量，进一步加强了各级党组织和党员同志党性修养和党性锻炼，切实增强了保持纯洁性的自觉性和主动性。继续深入开展“创先争优”活动，促进党员干部履行好创先争优的责任，增强了各级党组织的凝聚力、党员领导干部的执行力、党员群众的向心力。建立健全厅机关和基层党组织党务公开工作保障制度，拓宽了党内监督与群众监督渠道，提高党组织和党员的践诺能力。结合“基层组织建设年”抓支部建设，认真组织184名厅机关、直属单位副处以上领导干部和党务干部集中进行了集中培训。举办丰富多彩、健康向上的群众性文体活动，凝聚人心，坚定信心，鼓舞士气，形成了团结和谐、朝气蓬勃、昂扬向上的良好氛围。严格遵循“坚持标准、保证质量、改善结构、慎重发展”的方针，着眼于保持党的先进性和纯洁性要求，积极探索发展党员工作新路，全年共组织337人参加入党积极分子培训，发展党员319名，227名预备党员按期转正，较好的完成了年度党员发展工作。

三、深化“三风”教育整顿，扎实创建“三型”机关，进一步深化作风建设

省委开展纪律作风教育整顿月活动以来，结合实际，引申开展了为期三个月的纪律、思想、工作作风“三风”教育整顿，把提高思想认识、规范工作制度、树立核心价值理念贯穿于教育整顿活动中。按照“政治上高标准、思想上高境界、业务上高水平”的总要求，以培养和造就政治素质好、业务水平高、工作能力强的煤炭干部队伍为重点，以建设政治坚定、务实高效、勤政廉洁、企业满意的行政机关为总目标，开展“学习型、服务型、文化型”“三型”机关创建活动。以“三风”促“三型”，提升了各级领导班子战略思维和决策能力，提升了各级干部深入基层调研、主动服务基层的工作意识，提升了煤炭行业管理服务整体水平。深入开展“带公章下基层”活动，把送政策法规、送技术标准、送文件证照、送安全教育作为重点内容，寓管理于服务之中；开展了“抓转型、谋发展、听意见”调研，贴近基层，岗位前移，努力解决实际问题，全省煤矿企业实实在在感受到了省厅煤炭行业管理职能的转变，感受到了优质的服务和管理。“带公章下基层”活动得到了省委常委、省委组织部汤涛部长的充分肯定和高度评价，要求认真总结，大力宣传和推广。

四、大力弘扬“山西煤炭精神”，进一步促进精神文明建设

进一步完善精神文明创建工作机制，大力实施文化强煤工程。在全行业广泛宣传征集、精心提炼总结了以“忠厚吃苦、敬业奉献、开拓创新、卓越至上”为表述的“山西煤炭精神”，2月22日召开了“山西煤炭精神”研讨会，进一步激发

全行业干事创业做贡献的激情。4 月 24 日召开了全省煤炭系统劳模表彰大会，评选出 35 个模范单位和 54 个模范集体、20 名特级劳模和 238 名劳动模范，弘扬劳模精神，传承山西煤炭精神，激发全省煤炭干部职工爱岗、敬业、建功、奉献的豪情壮志。以提高党员素质，加强基层组织，服务人民群众，促进各项工作为目标，开展丰富多彩的“文明和谐单位”创建活动。邀请党校教授讲国内外形势、讲理论、讲经济发展，进行党性和国情世情教育；组织党员读书座谈、撰写学习心得，开展领导干部讲党课交流讨论；通过观看影视资料和赴教育基地参观，开展传统教育和对党忠诚教育；开辟“机关文化长廊”宣传主阵地，大力弘扬煤炭精神、宣传转型跨越业绩；组织机关及直属单位 30 多名干部职工参加“无偿献血”活动；努力做好扶贫和下乡住村工作，筹集到位资金 120 万元，帮助包村点新建修建蓄水池 600 平米，蔬菜大棚 30 个，简易棚 100 个，组织医疗专家义诊 400 余人次；经过省直文明委复查验收，省厅 6 个单位荣获省直文明标兵单位称号，5 个单位荣获省直文明单位称号。

五、落实党风廉政建设责任制，进一步加强惩治和预防腐败体系建设

坚持把党风廉政建设责任制与各项业务工作紧密结合，同部署、同落实、同检查、同考核，形成了党风廉政建设齐抓共管、人人负责的氛围。加大监督检查力度，重点开展煤矿企业兼并重组整合后续工作、煤矿安全生产、低收入农户冬季取暖用煤等工作的监督检查，全力推动省委、省政府和厅党组重大决策部署的贯彻落实。深入开展党纪政纪教育、权力观教育和道德情操教育，认真贯彻执行《廉政准则》，加强对重点环节和关键岗位公务人员廉政教育，述职述廉、廉政谈话、诫勉谈话等党内监督制度得到有效落实。深化行政审批制度改革，精简审批项目，优化审批流程，改进煤矿建设项目竣工验收程序，改善政务大厅办公条件，安装“即时评议系统”，切实提高服务质量。坚决整治“吃、拿、卡、要”，创优煤炭发展环境，认真开展发放征求意见函、开展自查自纠、召开基层座谈会、组织现场测评、进行明察暗访“五个一活动”，为进一步提高服务水平和工作质量奠定了基础。强化政风行风建设，走进“政风行风热线”，召开政风行风评议对话会，听取政风行风监督员和服务对象的意见和建议，煤炭行业管理形象稳步提升。

六、推进行业转型，加快跨越发展，进一步提升煤炭工业科学发展水平

创新颁布了《煤矿办矿企业标准》、《煤矿建设施工管理标准》、《煤矿管理标准》、《煤矿建设标准》、《煤矿现代化矿井标准》、《煤矿安全质量标准化标准》等六个新标准，在全国首次建立了煤炭工业发展标准体系，开创了我省煤矿标准建设的新局面。加快全省煤矿现代化建设进程，完成煤炭固定资产投资 1802 亿元，同比增长 26.9%；61 座矿井年内竣工验收，63 座矿井进入联合试运转，新增产能 6180 万吨 / 年；非煤项目投资 574 亿元，同比增长 26%；非煤收入实现 7028 亿元，同比增长 75.87%，以循环经济发展模式为特征的煤炭转型发展步入快车道，省人大常委会测评我省煤炭工业可持续发展满意度为 100%。68 项煤炭科研项目通过省级鉴定，28 项荣获国家级安全生产科技成果奖，3 项获得国家科学技术进步二等奖，组织培训各类从业人员 15 万人，煤矿新招从业人员 3.68 万人中变招工为招生比例达到 36.9%，全省煤炭科教人才体系建设质量进一步提升。强力开展了三次“百日煤矿安全生产集中整治专项行动”，坚持“治瓦斯、摸清水”，突出隐患排查治理，深化煤矿安全质量标准化建设，全省煤矿事故起数同比减少 15 起，煤炭百万吨死亡率为 0.091，比全国低 0.283，为全省创造了安全稳定的发展环境。全省煤炭产量 91333.06 万吨，同比增长 4.7%；销售收入首次突破万亿大关，实现 11870.18 亿元，同比增长 41.72%；上缴税费 1313 亿元，同比增长 8.41%；煤炭工业增加值 3711 亿元，同比增长 11.6%；煤炭工业对全省经济的贡献率进一步提高，达到了 56.6%，拉动工业经济增长 6.7 个百分点，为全省经济增长做出了突出贡献。

（杨震宇）

附：省煤炭工业厅党组书记、成员名单

书　记：吴永平

成　员：杨茂林　牛建明　武建森　胡万升　何　青　王宇魁(7 月任职)　李成先　戴子平　徐忠和

省国资委党委工作概况

党委书记　朱晓明

2012 年，省国资委党委认真贯彻落实省委、省政府各项决策部署，以迎接、宣传、落实党的十八大精神为重点，深入开展保持党的纯洁性学习教育活动和基层组织建设年活动，不断深化和巩固创先争优活动成果，国有企业党建工作、党风廉政建设水平明显提升，为全省国有经济的发展提供了坚强保证。全省国有企业积极应对复杂多变的经济形势，克服困难，扎实工作，为山西经济社会发展作出了新贡献。截至 2012 年底，山西省国有企业资产总额达到 1.46 万亿元。在全国省级国资委中，我省营业收入、增加值、上缴税金列第 2 位，资产总额和利润排第 5 位。省属企业全年完成投资 1915 亿元，山西煤销集团成功跨入 2012 年世界 500 强企业。太钢

集团等10户省属企业入围中国500强，省属企业品牌价值整体提升，主力军作用更加彰显。

一、加强省属企业党的建设

一是深化创先争优活动，强化了企业转型跨越发展的内在动力。按照省委创先争优活动领导小组的部署和要求，突出创先争优活动的典型选树，充分发挥先进基层党组织和优秀党员的示范引领作用，全年选树两个受中组部表彰的基层党组织、五个集体和两名个人受省委表彰，选树受省国资委党委表彰的104个先进基层党组织、154名优秀共产党员和51名优秀党务工作者。9月7日在同煤集团召开了省监管企业创先争优活动经验交流会，扎实推进创先争优活动长效机制建设，不断提高监管企业党建工作的整体水平。

二是扎实开展基层组织建设年活动，夯实了基层党组织在推动企业转型跨越发展的组织基础。围绕突出分类定级这一基础环节，客观全面评价各级基层党组织；围绕突出整改提高晋位升级这一中心环节，提升基层党组织建设的整体水平；围绕突出三级联述联评联考这一重要环节，全面提高各级党组织书记的执行力；围绕全面体现企业广大党员意志为核心，认真做好十八大代表选举工作。

三是开展保持党的纯洁性学习教育活动，充分发挥了党员在推动企业转型跨越发挥的引领作用。紧密结合省监管企业转型跨越发展实际和省委、省政府明确的目标任务，以开好纯洁性学习教育期间民主生活会为重心，凝聚企业领导班子推动转型跨越发展合力；以弘扬红色传统、提升干部素质为重点，强化党务干部教育培训；以保持党的先进性和纯洁性为核心，认真做好党员队伍建设工作。全年发展党员3200名，培训党务干部156人。

二、加强思想政治工作和精神文明建设

一是抓好中心组学习。省国资党委中心组集中学习4次，结合实际开展专题调研，由中心组成员带队组成8个课题组，对我省经济下行压力下的省属企业抱团取暖工程进行专题调研。从7月开始，对省属企业中心组学习提出明确要求，对学习情况进行检查督促，提高班子成员的履职能力。

二是做好宣传工作。配合全省“转型跨越”战略，对省属企业转型发展情况进行全方位主题宣传。6月12日，针对全省经济低迷的形势，朱晓明主任代表省国资委接受山西电视台和山西日报专访，通报省属企业应对经济下滑的思路和举措，提振信心。8月7日《人民日报》发表《万里风鹏正举——山西转型跨越发展纪实》，对省属企业转型跨越发展传报道。《财经界》对省属企业在转型综改试验过程中的做法进行系列报道。10月19日，新华网《山西国有经济“一枝独秀”转型“多极支撑”》，宣传省属企业转型跨越发展成就。全年“山西国资网”刊发和转发全国国资监管、国企改革等相关新闻信息2200余条，刊发委内工作新闻60余条，提高了社会公众对国资委工作的了解和认知度。全年出版发行了8期《先锋队·国企党建》，进一步拓展了党建研究的平台和阵地。举办了“山西省属企业新闻宣传暨新闻发言人培训班”，提高企业应对突发事件和正确引导舆论导向的能力。

三是深入推进精神文明创建活动。组织省属企业积极开展道德模范先进事迹巡讲活动，积极推进公民道德建设工程。参加第四届山西道德模范评选表彰工作，向省文明办推荐省属企业9名人选。与省志愿工作者委员会共同举办了“学雷锋志愿服务先进事迹报告会”，在同煤、潞安等企业进行了演讲。对2011～2012年度省属企业精神文明创建工作进行检查验收。组织省属企业申报“五个一工程”作品。6月组织省属企业参加中部六省企业文化高峰论坛，对企业文化建设先进单位、先进个人、优秀论文进行表彰。

四是做好群团工作。推动了与中央企业团工委、企团干的工作交流，在上海主办“对标央企学先进，转型跨越争先锋”青年工作研讨会。深入开展“转型跨越，我为先锋”主题实践活动，不断深化青年文明号、青年岗位能手等活动，激励、影响和带动更多青年学技成才，健康成长。以凝聚力量为宗旨，推进省属企业统战工作。10月26日，召开省属国有企业民族团结进步创建活动经验交流会，对推动省属企业民族团结工作起到了积极的促进作用。

三、加强企业班子建设和人才工作

一是进一步规范企业领导人员管理工作。制定下发《关于对省管企业领导人员选拔任用开展“一报告两评议”工作的通知》、《企业领导人员任免票决办法》，组织实施了省管企业中层领导人员选拔任用“一报告两评议”工作。制定了《关于推荐省管企业领导人员后备人选的工作方案》，进行了企业领导人员后备人选选拔工作。出台了《监管企业领导班子职数设置的意见》、《监管企业领导人员任用工作程序》、《关于被重组企业领导班子备案管理的意见》。制定了《省监管企业领导班子和领导人员2011年度考核工作方案》，对省管企业进行领导班子和领导人员年度考核。坚持德才兼备、注重实绩、群众公认、任人唯贤、公道正派的选人用人导向，认真执行干部民主推荐、组织考察和任免等规定和工作程序，全年对17户企业领导人员66人次进行任免工作，其中新提拔20人、企业平调或交流11人、免职及免职退休35人；完成了2011年公开招聘的焦煤集团、同煤集团、山西煤销集团公司3名副总经理试用期满的考察工作。制定下发了《关于省直机关脱钩改革企业领导人员过渡期管理的意见》，召开省属托管企业组织人事工作座谈会，推进省直机关脱钩企业领导人员过渡期管理工作。

二是落实人才发展规划纲要。召开省属企业组织人才工作会议，全面贯彻落实省委、省政府及省委组织部关于加强组织和人才工作的有关部署，就推进企业干部人事制度改革、加强企业人才队伍建设、做好企业干部教育培训等方面进行了交流。召开全省人才强企工作座谈会，省委组织部汤涛部长和张健副部长出席并做了重要讲话。按照《关于加强省属企业人才工作的意见》要求，做好人才数据统计和督察调研。与省经信委联合制定下发了《山西省企业经营管理人

才素质提升工程实施意见》，组织太重集团等企业申报我省“百人计划”、同煤集团和晋煤集团申报海外高层次人才创新创业基地，太钢集团等企业做好中组部青年拔尖人才支持计划首批申报工作。组织申报技能人才平台，省级以上技能大师工作室6个，省级以上高技能人才培训基地4个，省级以上技师学院2所。

三是开展人力资源培训，全年主办和推荐参训为期7–90天的班次14个，做好在线学习工作，企业注册用户832个，平均完成49.61学时。11月由省委组织部和省国资委党委在大连联合举办提高省属企业干部人事工作科学化水平专题培训班，这是我省第一次高规格大规模地对企业组织人事干部的集中培训。省属企业及省委组织部直接管理的金融和文化类企业30户共67人参加了培训。

四是开展干部人事档案专项清理工作。11月组织省属企业及机关事业单位人事档案管理业务骨干在太钢进行专门学习轮训。12月组织省属企业组织部长参加全省干部人事档案专项清理整顿动员大会。组成专项检查组，对10户省属企业提高选人用人公信度工作落实情况进行了抽取检查，重点检查了假年龄、假学历、假干部等方面的情况。

四、深化党风廉政建设和反腐败工作

一是落实党风廉政建设目标责任书，严格落实“一岗双责”，坚持“谁主管、谁负责”，层层进行党风廉政建设责任制的分解，把党风廉政建设工作常抓不懈。省国资委纪委对17户省属一级企业、17户二级企业及11户三级及以下企业进行了专项检查，对存在问题的6户企业进行了意见反馈和落实整改。各企业积极开展“反腐倡廉教育宣传月”活动，组织4400多人开展了廉洁承诺宣誓活动，对860名新任领导人员进行廉政谈话，对303人进行了诫勉谈话，组织参加廉政教育、培训、讲座人数达10万多人次，参观各类反腐倡廉成果展、文艺汇演430场次。

二是健全和完善制度体系和惩防体系。先后制定下发了《省属企业领导人员廉洁从业监督办法（试行）》、《省属企业煤炭营销监督办法(试行)》、《省属企业效能监察管理办法》、《关于加强省属企业案件查办工作的指导意见》等文件。全年共制定制度263项，修订制度107项。太钢、晋煤、焦煤、煤销集团作为全省防止利益冲突和廉洁风险防控试点单位，采取“制度＋科技”、“人控＋技控”手段，加强惩防体系科学化建设。充分运用组织处理和经济处罚等手段，加大责任追究力度，不合格的要进行经济处罚和组织处理。

三是加强了监督检查和专项治理工作。整合企业内部监督资源，增强监督合力。通过深化党务公开和厂务公开工作，发挥党员和职工群众的监督作用。加大巡视督察和调研督察力度，强化对企业主要领导和重点领域和关键环节权力运行的监督。重点加强了煤焦领域煤炭销售环节中价格和合同两个关键点的监督管理。狠抓了工程建设领域工程基建、物资采购、招标投标和资金使用管理等环节。各企业重视发挥效能监察堵塞企业管理“跑、冒、滴、漏”的作用。全年省属企业效能监察共计立项2067项，通过效能监察提出建议1304条，纠正违规问题440项，整章建制1333项，挽回经济损失19172万元，增加效益24086万元。对部分国有企业贯彻落实中央“三重一大”《意见》及相关工作进行了抽查。加强治理商业贿赂工作，纠正私设“小金库”一起，制止和纠正违规处置报废、闲置物资设备2起。规范了企业领导用车标准，纠正了购买使用豪华车辆和违规换车、借车、豪华装饰及公车私用等问题。

四是采取集中办案、联合办案、交叉办案等有效措施，严肃查办了一批案件。受理信访举报601件，立案193件。给予党政纪处分518人，组织处理112人，挽回经济损失440.67万元。

五、扎实做好信访稳定和安全生产工作

一是深入开展领导干部大接访活动。全国“两会”期间，加大领导干部接访频率和密度，扎实开展了“万名领导干部开门大接访”活动，接待上访群众3177人次，化解信访问题1812件，通过开门接访、主动约访、带案下访等多种形式，及时解决了群众反映的热点、难点问题。

二是积极开展矛盾纠纷排查化解活动。通过深入细致的排查，共排查出影响省属企业稳定的重点、难点问题40余项，认真梳理，建立台帐，确保排查出来的信访问题不留死角。信访积案化解工作稳步推进，全年复核案件156件，息诉36件，走依法终结程序的120件。加强了对省属企业信访稳定督导检查，对429个信访案件、19个省属企业（共21户）及9个重点子企业进行了专项督导。

三是做好企业军转干部工作。按时足额汇总发放企业军转干部生活困难补助，54户企业5712名共7111.73万元。全部解决有关企业军转干部“两保”问题，发放了“两险”补助金37.5万元。完成企业军转干部管理系统升级后的数据录入、建库工作。积极做好企业军转干部解困标准调高后的差额补助工作，确保了够条件的军转干部能够按时享受到国家的解困政策。关心军转干部的生活困难和子女就业等问题，积极组织企业广泛开展送温暖、献爱心活动。

四是做好安全生产工作。严格落实企业主体责任，加强安全业绩考核，深入开展安全文化的普及教育，强化“人人都是安全员”的理念，层层签订安全生产责任书，完善激励机制，实行“一票否决”，深入开展防患排查周、应急预案演练周等活动，安全生产长效机制的建设日益完善，加大安全生产科技投入，促进了企业安全技术的升级改造。

六、加强机关建设

一是推动人事改革。改进了处级干部的选拔方式，积极推动了机关干部的轮岗交流，完善了对处室和干部的考核，激发队伍活力。按中组部、省委组织部、省人社厅的要求，完成对全体公务员139项/人的公务员管理信息系统的录入工作。积极推进事业单位的改革，做好直属事业单位的分类改革方案、绩效工资改革方案、岗位设置工作。开展全方位培

训,机关全体干部参加山西干部在线学院学习,参训率达到93%以上。

二是开展纯洁性教育活动、文明和谐创建活动。集中开展了保持党的纯洁性学习教育活动,支部换届工作全面完成。编发了《保持党的纯洁性学习教育活动工作手册》,举办了"保持党的纯洁性与廉政准则"专题辅导,组织了红色教育培训。下发了《省国资委机关创建省直文明和谐单位实施方案》,举办了文明和谐成果展览,设立了文明和谐宣传灯箱,编印了《山西国资》文明和谐专刊和《文明和谐创建掠影图册》,开辟了"文明和谐之窗"网页,展示了机关干部职工蓬勃向上的良好形象。

三是开展机关建设提升年活动。出台"机关建设提升年"实施方案,集中整治"吃拿卡要",创优发展环境。通过问卷调查的形式在省属企业中层以上领导干部中对国资委党委、处室及直属单位进行了问卷调查。开展了大量丰富多彩的活动,营造健康向上的文明和谐氛围。参加了省直单位"三八"妇女节全健排舞比赛,并获一等奖,"五四"青年节举办了"对党忠诚、保持纯洁、争当先锋"主题演讲比赛,组织各支部书记、党员"七一"期间深入到扶贫点开展党日活动,"八一"期间深入军工企业和装备制造企业开展国防教育。

四是扶贫工作有新举措。制定了《省监管企业结对帮建新农村建设情况统计表》《省监管企业定点扶贫工作情况统计表》,明确企业扶贫工作责任。"六一"儿童节,到兴康中心小学和安家庄小学送去节日礼物。机关党委开展献爱心送温暖公益活动,机关全体干部捐款 17920 元,向扶贫点孩子赠送了棉鞋和棉手套。

(刘忠兵)

附:省国资委党委书记、常务副书记、副书记、委员名单

书　记: 朱晓明

常务副书记: 渠性轩

副书记: 李天太　田国仁

委　员: 李宝文　朱成基　崔联会　曹慧昌　马　进　张宏永

省地税局党组工作概况

党组书记　卢晓中

2012 年,省地税局党组以科学发展观为指导,全面贯彻"十二五"时期我省地税"1436"工作思路,认真落实"抓好五项重点、服务转型跨越"的总体要求,以"督查落实年"为抓手,积极应对挑战,大胆创新实践,各项工作取得了新的进展,在全省 2012 年度目标责任考核中获优秀单位。

一、科学组织收入有序推进,地税收入快速增长

2012 年,省局党组大力倡导科学组织收入理念,开展大规模督导调研,按季召开经济税收分析会,出台进一步深化税收征管工作的意见,牢牢掌握了组织收入主动权。面对收入均衡增长压力加大、政策性减收因素不断增加的困难和挑战,各级各单位认真落实科学组织收入工作要求,始终坚持组织收入原则,全面清查管户,大力清缴欠税,不断完善强征管、堵漏洞、挖潜力的制度措施,做到了政令畅通、步调一致,有效推动了组织收入工作的开展。面对转型跨越亟需财力支撑、社会各界对地税寄予厚望的崇高使命,广大干部职工牢记宗旨、顽强拼搏,在省政府追加 60 亿元任务的情况下,开展了卓有成效的工作,付出了非同寻常的努力,确保了收入任务圆满完成。全系统累计完成各项收入 1270.87 亿元,增长 19.05%,增收 203.36 亿元。其中,各项税收完成 957.27 亿元,增长 23.82%,增收 184.15 亿元,为年计划的 106.96%,提前 35 天完成年初任务;煤炭可持续发展基金完成 190.27 亿元,增长 2.86%,增收 5.29 亿元,为年计划的 100.14%,提前 7 天完成全年任务;其他规费收入完成 123.32 亿元,增长 12.7%,增收 13.9 亿元。

二、税收管理创新取得积极成果,征管质效显著提升

税收业务流程再造实现重大突破,流程导向型税收管理形态初步建立。征管改革创新取得新的经验,以纳税评估为切入点的专业化管理试点深入推进,省市局定点联系大企业机制不断健全。以票控税不断强化,数据分析应用全面深化。在全国率先建立税收风险指数体系,完善税源发展指数体系,重点税源监控和税收预警工作经验在总局进行了交流。

房地产税收一体化管理持续深化，在拓展评估范围、建立健全机制、实现信息共享等方面走在了全国前列。重点行业自开票、代开票纳税人管控不断加强，建筑业、不动产营业税项目管理取得实效，营业税管理工作受到总局表彰。财产行为税税源监控成效明显，在全国率先完成车船税管理系统与国家保监协会、全省22家保险公司征收系统的联网运行，总局在全国推广了我局经验。土地增值税预征清算全面加强，国际税收管理不断强化，税收资料普查受到财政部和总局表彰。房地产企业所得税历经三年重点管理成效显著，收入三年增长近3倍。牵头编写全国煤炭行业所得税管理指南受到总局肯定，企业所得税税收优惠政策质效反馈机制初步建立，所得税纳税评估、汇算清缴、股权登记信息传递及中介机构和高收入者管理等工作受到总局表扬。个人所得税管理系统新增上线企业1万余户，年所得12万元以上自行纳税申报人数持续增长，为160万人开具完税证明。夯实规费征管基础，推进规费征管信息化，开展规费专项检查，完成煤炭水补费停征清缴工作，规费管理水平稳步提升。煤炭可持续发展基金票据管理全面加强，查验补征监管力度不断加大。稽查基础建设稳步推进，体制机制更加完善，稽查质效明显提高，全年查补收入11.8亿元，查处违法受票企业1117户，查获非法发票3.8万份。综合征管系统和基金征管软件完成升级改造，契耕两税统一会计核算纳入新征管系统，涵盖财产行为税“六税一费”的税源监控平台和规费征管软件上线运行，使信息系统涵盖了税收、规费、基金全部内容，一个结构完整的税费征管系统即将全面建成。网上申报和财税库银横向联网电子缴税全面开通，POS机刷卡缴税业务成功运行，机打发票使用范围稳步扩大，24小时自助办税终端试点成功。信息安全与运维体系建设不断加强，金税三期基本建设全面启动，数据中心建设取得重大进展。

三、服务大局展现新的作为，税收环境不断优化

积极服务我省转型综改试验区建设，广泛开展税收科研和税收政策研究，多条政策建议被省综改办吸纳。加强涉税政策把关审核，178条意见建议被省政府及有关部门采纳。出台支持小微企业加快发展的实施意见，全面落实税收优惠政策特别是结构性减税政策，全年为纳税人减免税收92.1亿元，我局被省政府评为创业就业工作先进集体。纳税服务平台建设取得突破性进展，历经三年努力、投资1.89亿元、150个办税服务厅标准化改造初步完成，12366纳税服务热线正式开通，网站功能进一步完善。出台多项纳税服务制度办法，推行多元化办税方式，开展纳税信用等级评定，办税服务日益规范，纳税人权益保护不断加强。税法宣传咨询深入开展，涉税热点问题收集受到总局表彰。省局委托省统计局进行了纳税人满意度调查，纳税人综合满意度为88.77分，比2010年提高17.43分。在总局开展的全国纳税人满意度调查中，我省地税各项调查得分均高于全国地税平均得分，全系统综合满意度、省会城市满意度、地级城市满意度、县级城市满意度等四方面主要测评指标均进入前十名行列。

四、依法行政扎实有效开展，法治理念深入践行

“依法行政是税收工作生命线”的思想意识全面确立，法制宣传教育深入开展，规范性文件管理、执法督察、创建活动不断加强，依法行政考核正式启动。目标责任管理成效明显，我局在全省目标责任考核中再次被评为优秀单位，省局班子再次被评为“好”等次。“督查落实年”活动富有成效，全系统普遍建立了重点工作落实机制，完善了工作考评、督察检查制度，一季度围绕“深化纯洁性教育，确保开门红”、二季度围绕“推动工作落实，确保双过半”、三季度围绕“强化税收征管，促进堵漏增收”，四季度围绕“推进2012年度目标责任考核，确保全年任务完成”开展了大规模督查调研和工作考核，有效促进了各项工作落实到位。制度建设全面加强，公文运转持续提效，安全保密信访工作不断强化。经费支出、基本建设和固定资产管理更加规范，后勤管理服务保障能力持续提升，全系统依法决策、依法行政和依法管理水平不断提高。

五、干部队伍建设全面加强，综合素质持续提升

省局党组始终把发挥税收职能作用，服务全省转型跨越发展作为地税工作的出发点和落脚点，认真落实我省“项目落地年”的要求，下发了狠抓工作落实服务转型跨越发展的通知和开展“督查落实年”活动的实施意见；适应创新社会管理的要求，着眼于提高税收征管服务质效，出台了进一步深化税收征管工作的意见；落实袁纯清书记“依法征税、文明征税、科学征税”的要求，以“让纳税更便利，让执法更规范”为原则，全面完成了税收业务流程再造和综合征管系统升级改造，使信息化管理系统涵盖了税收、规费、基金全部管理领域，实现了征管体制机制和服务方式方法质的飞跃；围绕服务转型综改试验区建设工作，提出了率先突破的政策措施，制定了地税专项行动方案，3条政策建议被转型综改试验区方案吸收，得到了省综改办的充分肯定。加强了重点投资和重大建设项目管理，启动了对省属七大煤炭集团的税源专业化管理服务工作。制定了支持小微企业加快发展的20条服务措施，全面落实各项税收优惠政策和结构性减税政策。制定下发了全面推进依法行政依法治税的意见，在全系统深入开展依法行政示范单位创建活动，省局被省依法治省领导组评为“省级依法治理标兵单位”和示范单位。

省局党组始终坚持民主决策、科学决策，认真落实党组会议制度，对于重要的征管措施、干部选拔调整等重大事项，都要充分酝酿，集体研究做出决策。启用了干部选拔任用记实监督系统和干部人事信息化管理系统，制定了干部交流管理办法，在全系统公开选拔了15名副处级领导干部，面向社会公开招录了294名公务员，进一步确立了鲜明的工作导向和用人导向。2012年，省局领导班子成员下乡住村天数均超过规定天数，共争取帮扶资金690万元，组织实施12个帮扶

项目,卢晓中局长在省直机关领导干部包村增收活动经验交流推进会上作了典型发言。

省局党组创造性地落实党建工作责任制,充分发挥"党组抓党建"的核心作用,始终把党建工作与地税中心工作紧密结合,实现了围绕税收抓党建、抓好党建促税收,为各项任务的圆满完成提供了坚强的政治保证。省局党组在年初就全面部署,以迎接十八大召开和学习贯彻十八大精神为主线,在全系统深入开展保持党的纯洁性学习教育活动,通过开展"九个一"活动,有效推动了学教活动深入开展。一年来,全系统共有7个单位获得全国文明单位称号,山西省地方税务系统获得山西省文明和谐行业称号,23个单位获得文明和谐单位标兵称号,84个单位获得文明和谐单位称号,7个单位获得军民共建先进单位称号。

六、扎实推进党风廉政建设

省局领导班子牢固树立"制度+科技+文化"的理念,把党风廉政建设融入到依法治税、税收征管、纳税服务和队伍建设中来部署和推进。以制度为基础,不断完善党风廉政责任机制,初步形成了与地税现阶段反腐倡廉建设相适应的规范、管用、有效的制度体系;以科技为引领,运用信息化手段,把反腐倡廉的要求纳入税收征管改革、税收业务流程再造的顶层设计中,嵌入体制、机制和权力运行的工作流程,建设税费基金征管系统,实现了权力运行的流程控制、痕迹管理。研制开发了煤炭可持续发展基金征收监控软件,对基金征收管理5项重点环节和21项主要业务实时防控。建立税收执法廉政风险特征库,开展税收执法权和行政管理权监督检查,在长治、阳泉市局开展廉政风险防控机制建设试点,初步建立了税收核心业务与廉政风险一体化防控模式;以文化为导向,深入开展地税廉政文化建设系列活动,组织编写《税务干部廉洁从政警示录》,在太原、长治、运城、吕梁市局建立了4个廉政教育基地。切实加强政风行风建设,扎实开展整治"吃拿卡要"创优税收环境活动,将专项整治的6项重点细化为15条禁令,受到省整治领导组通报表扬。129个市县局在当地政风行风测评中名列前三,其中102个排名第一,省局荣获政风行风评议先进部门。

(徐 鸿)

附:省地税局党组书记、成员名单

书 记: 卢晓中

成 员: 张跃建 郭英杰(9月离职) 刘建光
张澎涌 马爱锋 薛延孝
张亥生(9月任职)

省工商局党组工作概况

党组书记 王虎胜

2012年,山西省工商局党组紧紧围绕"提高履职尽责能力,提升服务发展水平,增强干部队伍素质,树立良好工商形象"目标要求,以全力促转型谋跨越为工作主旋律,以全面推进效能建设为工作总抓手,以改革创新精神全面提高机关党建工作科学化水平,为服务山西转型跨越发展,营造环境好、作风实、效率高的工作氛围,形成真抓实干创先进,为民服务争优秀的良好局面。

一、以学习贯彻落实党的十八大精神为主线,着力抓好思想政治建设

(一)开展了"对党忠诚"主题教育活动。在全系统开展了对党忠诚教育活动。旨在加强党的建设、转变干部作风、提升服务转型跨越发展能力。通过教育活动,着力解决各级领导班子和党员干部在"忠诚于党、忠诚于人民、忠诚于工商事业"方面存在的突出问题,进一步坚定了马克思主义信仰、社会主义信念、科学发展的信心和对党的信任,从而达到思想认识明显提高、政治觉悟明显进步、工作作风明显转变、纪律观念明显增强的目的。

(二)开展了"党员干部读书月"活动。引导党员干部"好读书、读好书",不断提升广大党员干部的理论素养、业务水平,全系统两万名党员干部职工和群众以4月23日世界读书日为节点,开展一个月的"党员干部读书月"活动。通过活动形成了富有特色的新阵地、新平台、新品牌。深入学习了《为人民服务》等党的经典文章,加强党性修养;深入学习了先进典型的事迹,激发干好工作的热情,提升了广大党员干部的学习能力、理论素养、法律知识、业务水平,增强了党组织的创造力、凝聚力、战斗力,为全省工商系统"全面加强效能建设、全力服务转型跨越"提供强大的政治思想保证、精神动力和智力支持。

(三)深入学习宣传贯彻十八大精神。为各支部购买了《十八大辅导读本》、《十八大学习问答》、《新党章》和《党章修正案》等图书,专题制作了学习宣传贯彻十八大系列图片展,通过轰轰烈烈深入学习宣传贯彻十八大活动的开展,进一步坚定了广大党员干部与时俱进,改革创新,永葆党的先进性和党员本色的信心和决心,加强了党员干部队伍建设,增强

了全心全意为人民服务的宗旨和责任意识；进一步强化了工商各级党组织创造力、凝聚力和战斗力，有效促进了工商干部队伍思想纯洁、作风纯洁、队伍纯洁和清正廉洁。

二、以提高干部队伍执政能力为目标，着力抓好学习型党组织建设

（一）创新党员干部理论学习模式。把形势政策宣传教育、中国特色社会主义理论体系、社会主义核心价值体系、党的十八大和省委十次党代会精神作为理论学习的重要内容。在党组中心组和干部理论学习上采用“六学六用”模式，即“自主学，用以打开思想大门；专题学，用以推动科学决策；调研学，用以总结新鲜经验；研讨学，用以破解发展难题；观摩学，用以督导任务落实；干中学，用以指导实践进程。”进一步完善学习制度和电子化管理，引导干部自主选学、在线学习。

（二）引深学习型党组织建设。按照“组织建设有新突破、党员先进性有新提高、服务群众有新举措”的要求，着眼提高理论素质，搞好理论武装，领导示范带头，激发学习兴趣，理论联系实际，把学习型党组织建设作为建设学习型机关的“基础工程”，作为加强基层组织建设的“创新工程”，作为提高执政能力的“系统工程”，作为推动党建科学发展的“升级工程”，以学以明志、学以为民、学以致用、学以创优为目标，提升各级党组织理论指导实践的能力，扎实深入开展了学习型党组织建设活动。

（三）加强党员干部教育培训工作。认真贯彻落实省委《2010—2020年干部教育培训改革实施意见》，加强组织保障，确保教育正常有序；加强师资力量，提高教育培训质量；加强培训方式，提高学习教育实效；加强培训内容；提升党员综合素质；加强分类学习，提高培训的针对性；加强宣传教育，增强党员的使命感。一年来全系统参加不同层次培训26796人次。通过教育培训，使全体党员干部的宗旨意识、大局意识得到提高，使得更多的党员干部在服务转型跨越发展中建功立业，创先争优。

三、以全面引深创先争优活动为动力，着力抓好党员干部作风建设

（一）开展“三晋先锋在行动”主题实践活动。以引领党员干部“讲党性、重品行、做表率”为目标，以激励全系统共产党员积极发挥模范带头作用和岗位示范作用为要求，以“创先争优我承诺，转型跨越促发展”为载体，着眼于加强党的执政能力建设、先进性建设和作风建设，通过“三晋先锋在行动”主题实践活动，开展“党员先锋岗”、“党员示范岗”等活动，积极倡导微笑服务、阳光服务、廉洁服务、规范服务、高效服务，改进工作作风，创优发展环境，以良好的工作业绩展现为民服务创先争优的实效。

（二）开展干部下乡住村包村增收活动。组织了三批60人的工作队积极开展了与群众“同学习、同吃住、同劳动、同谋划、同建设”的五同活动，组织党员干部深入开展“六个一”活动，深入基层办实事，在联系服务群众中加深与人民群众的感情，形成领导在一线带头、干部在一线实干、问题在一线解决、工作在一线创新、难点在一线突破、水平在一线体现、能力在一线提高、作风在一线转变、形象在一线树立等良好的干事创业氛围，使广大党员干部在知民情、办民需、解民忧、暖民心的实践中锤炼党性，增强服务群众的本领、创造服务群众的业绩。

（三）开展“基层组织建设年”活动。以加强党的执政能力建设和先进性、纯洁性建设为主线，紧紧围绕“强组织、增活力，创先争优迎十八大”这一主题，狠抓了基层组织建设年和科学组织“集成升级”行动，活动的总体目标是：抓好组织、队伍、载体、阵地、制度“五大建设”和党员、支部书记、党务干部“三大培训”，按照“书记抓、抓书记”要求，充分挖掘和有效整合组织资源，进一步健全落实党组书记抓基层党建工作责任制，着力解决基层党组织建设中的突出问题，增强基层党组织的创造力、凝聚力、战斗力，完善加强基层党组织建设的体制机制，形成组织健全、作用突出、制度配套、保障有力的基层组织建设新格局。建设一支守信念、讲奉献、有本领、重品行的基层党员干部队伍，充分发挥基层党组织推动发展、服务群众、凝聚人心、促进和谐的作用。

（四）开展“为民服务、创先争优理论研讨”活动。积极探讨，广泛发动，加大为民服务、创先争优理论研讨力度，在4月份召开了一次全系统党建工作暨为民服务、创先争优理论研讨会。把为民服务、创先争优活动中形成的具体经验系统化、成功做法制度化、感性认识理性化，形成了一批思想性、创新性较强，且具有工商特色的创先争优理论成果，并深化活动规律研究，构建创先争优活动长效机制，为工商文化大发展大繁荣做出积极的贡献。

四、以加强党员领导干部队伍建设为重点，着力抓好机关效能建设

（一）开展保持党的纯洁性学习教育活动。按照省委要求，从2月到6月在全系统以领导班子和领导干部为重点，以认真负责的态度、务实高效的作风和明确清晰的思路，高起点启动、高标准谋划、高质量落实，大力开展保持党的纯洁性学习教育活动，努力保持党员干部思想纯洁、队伍纯洁、作风纯洁和清正廉洁。

（二）深化“正风肃纪、创优环境”作风教育。以思想教育、完善制度、集中整顿、严肃纪律为抓手，以贯彻《廉政准则》为重点，以“治假、治浮、治庸、治懒、治散、治奢”为内容，开展了“六查六纠”活动。通过开展活动，达到进一步提升工作效能，提升服务水平，提高队伍整体素质；进一步优化公平竞争的发展环境，优化规范有序的市场环境，优化诚信守约的信用环境，优化公正廉洁的执法环境，优化公开高效的办事环境，为我省经济社会又好又快发展建功立业，创先争优。

（三）开展“万名干部下基层”、“万名群众评机关”活动。“万名干部下基层”活动同干部下乡住村包村增收活动统一安排部署，主要通过社会满意度测评中介机构的测评网，采取调查问卷、采集数据、电话询问、召开会议等方式进行。评

议内容主要是工商机关党员承诺践诺情况、完成工作业绩情况、工商机关效能建设情况、为民服务创先争优情况、工作开拓创新情况、党风廉政建设情况。

(四)开展"效能提升年"活动。根据国家总局要求,积极开展"效能提升年"活动。提升效能,以提高工作效率、管理效益和社会效果为目标,以加强思想、作风、业务、制度和能力建设为内容,科学配置资源、优化管理要素、改进工作作风、完善工作机制,确保职能作用发挥更佳、工作效果达到最好的管理活动,开展"效能提升年"活动有效实现了登记注册提速、服务发展提质、监管执法提效、消费维权提信、干部监督提力,打造了一支政治过硬、业务过硬、作风过硬的工商干部队伍。

五、以推动社会主义文化大发展大繁荣为契机,着力加强机关文化建设

(一)加强工商机关文化建设。全系统举办文艺演出、职工健身活动、书画摄影、工艺作品展等26场次,省局机关组织60余人积极参加了省直工委举办的首届职工文化节。真正实现了用先进的理论武装人,科学的机制激励人,良好的环境熏陶人,共同的愿景鼓舞人。

(二)开展思想职业道德建设。在全系统开展了以"政治坚定,忠于职守;执法为民,高效服务;依法监管,公正维权;严守纪律,廉洁清正"为内容的职业道德规范教育活动。开展了社会主义核心价值体系教育、践行社会主义荣辱观教育、社会公德教育、家庭美德教育,开展了向全国职工职业道德建设标兵单位太原市工商局小店分局学习的活动 。

(三)推进文明和谐创建工作。深入拓展群众性精神文明创建活动,大力开展"迎接十八大、讲文明树新风"活动、"讲道德、做好人"活动、文明单位创建活动、"弘扬雷锋精神、开展志愿服务"活动、"我们的节日"主题活动、结对帮扶共建文明村活动、未成年人思想道德建设,开展低碳生活和资源节约活动,提高干部职工文明素质和机关文明程度。在全系统机关开展"创文明单位、文明职工、文明岗位、文明窗口"活动,努力形成为民、务实、清廉、高效的政风行风。

六、以落实《党员领导干部廉洁从政若干准则》为抓手,着力加强廉政建设

(一)落实党风廉政建设专题教育制度,深化廉政文化建设。把落实党风廉政责任制纳入工作的大局,把党风廉政建设教育列入党课教育计划,把学习党章,树立八种良好风气,建设学习型党支部作为主要内容,组织党员干部每季认真学习《中国共产党党和国家机关基层组织工作条例》、《中国共产党党员领导干部廉洁从政若干准则》等相关法律法规,积极开展党风廉政宣传教育活动。

(二)将党风廉政建设与干部作风建设相结合,坚持不懈地抓好党风廉政建设责任制的落实。全面推行政务公开,认真落实廉政风险点防范,以强化班子建设带动干部作风建设,推进干部作风的整改落实,以绩效管理考核促进干部作风管理的有效性,确保干部作风建设与党风廉政建设的良性互动。成立了党风廉政建设工作领导小组,制定了全系统2012年党风廉政建设和反腐倡廉工作要点。认真抓好以开展保持党的纯洁性为主题的干部作风教育实践活动,为更好地履行职责提供优良的作风纪律保证,确保各项工作取得实效。

(三)加强廉政勤政建设,强化效能建设。认真执行上下班制度、请销假制度、首问责任制、外出公示制等制度,并制定内部监督检查制度,以制度促落实,并强调责任追究制,确保干部队伍作风的进一步转变。营造了良好的政务环境,为省市发展战略和辖区经济发展提供了有力服务。

七、以全面准确践行科学发展观为统领,着力服务转型跨越发展

(一)立足服务发展,开展"市场主体增量行动"。一是突出"三力"促进市场主体增量提质。同时,全面推行网上登记、网上年检,开展"市场主体增量行动",对市场主体实行《服务经济平稳较快增长"八条措施"》和《支持扩权强县工作"八条措施"》,服务市场主体发展。二是实施商标战略,服务品牌创建。以"直通车"重点服务企业、成长型中小企业和新办企业,助推企业成长和提档升级,进一步营造了"品牌兴省、品牌兴企、品牌兴农"的浓厚氛围。三是立足职能,服务发展。加大在招商引资、为重点项目服务过程中对企业通过股权出质、股权出资、动产抵押登记和商标权质押贷款等渠道获取融资的指导帮扶力度,加强与各银行的协作交流,为中、小企业和个体工商户融资409亿元。

(二)立足监管执法,开展"市场秩序优化行动"。全年突出"打假、打虚、打传、打诈、治贿即四打一治",开展了"严厉打击危害消费安全违法行为集中执法行动"、"打假保名优、保民生""打假保春耕、秋播"等系列专项执法行动,全面强化了市场经济秩序的整治、规范,有效实现了市场秩序优化到位。

(三)立足消费维权,开展"放心消费保护行动"。通过强化消费维权基础工作、消费维权宣传引导、侵权行为集中查处,进一步规范受理、处理消费者申诉工作程序和行为,严格执行《12315信息系统数据登录规范》及"12315申诉调解回访制度"。同时,继续推进12315进商场、进超市、进市场、进企业、进学校,进一步建立健全社会消费维权网络,基本实现消费纠纷处理化解在源头,解决在基层,畅通渠道,及时维权。

(郭明生 曹廷殿)

附:省工商局党组书记、成员名单

书　记:王虎胜

成　员:马联社　薛维栋　王振宇　马春生　胡凤莲(女)

省质量技术监督局党组工作概况

党组书记　常高才

2012年，省质监局党组紧紧围绕山西省“转型跨越发展、再造一个新山西”的战略部署，以“抓质量、保安全、促发展、强基础”为主线，坚持发展与稳定齐抓、监管与服务并重，提升水平抓质量，全力以赴保安全，拓宽领域促发展，多方努力强基础，服务全省转型跨越发展的能力、水平和成效得到进一步提升。

一、加强学习型党组织建设

在全省质监系统开展中国特色社会主义理论体系和社会主义核心价值体系学习教育，组织学习讨论《人民日报》评论员文章，以“深厚读书氛围、提升能力素质”为主题，开展“党员干部读书月”活动，在全系统组织开展质监大讲堂活动，都收到良好成效。参加国家质检总局组织的“质检文化建设征文”活动，省质监局机关获“优秀组织奖”。根据理论中心组学习计划，学习党的十七届六中全会精神、胡锦涛“7.23”讲话和保持党的纯洁性教育活动主要内容，全年共组织集中学习8次，收看廉政教育和党委中心组学习专题报告光盘4次，聘请专家作保持党的纯洁性专题讲座，邀请全国著名劳模申纪兰作保持党的纯洁性教育先进事迹报告会；召开专题领导班子民主生活会，组织党员干部参加太原市支部旧址纪念馆、牛驼寨革命烈士陵园和省直工委组织的《光辉的历程——山西省档案馆馆藏革命历史档案珍品展》。参与了国家质检总局举办的“党旗下的质检人”图片征集活动和省直工委举办的“保持党的先进性和纯洁性经验交流会”图片展，展示山西质监党员干部风采。十八大召开期间，组织全系统收听收看大会开幕式和胡锦涛作的工作报告，及时制定学习计划，以理论中心组学习带动所属各级党组织学习的氛围，全面兴起学习贯彻党的十八大精神热潮。

二、加强党员队伍建设

根据“基层组织建设年”有关要求，对各党支部进行摸底调查，分类定级，完成各党支部支委增补调整工作，选举新一届党支部委员。加强党内激励、关怀、帮扶机制，召开纪念建党91周年暨创先争优表彰大会，对系统41个先进基层党组织、56名优秀党务工作者和270名优秀共产党员进行表彰；继续引深“为民服务、创先争优”活动和“三晋先锋在行动”主题实践活动，在全系统开展“党员示范岗”、“文明单位”、“文明窗口”挂牌示范活动；积极开展“喜迎十八大、岗位做奉献”和党员干部送温暖、送帮助、学雷锋志愿服务进社区、进企业活动，在元旦、春节和“七一”等重要节日期间，开展走访慰问生活困难党员、老党员和老干部活动。参加省直机关组织的“省直单位女干部职工电视双升邀请比赛”、“庆‘三八’妇女健身操舞比赛”和“创优软环境、喜迎十八大”主题演讲比赛和党建演讲比赛，均取得优异成绩。注重发挥工青妇群团组织作用，重视老干部工作，全系统呈现出和谐稳定发展的良好局面。

三、加强作风建设和反腐倡廉建设

扎实开展“整治吃拿卡要问题创优发展环境”专项整治，研究制定了30余条具体整改措施和3项制度规范；以“正风肃纪、创优环境”专项治理为重点，加强作风建设，狠刹不良风气，在全系统开展“纪律教育月”；深入推进政风行风评议工作，向社会作出公开承诺，广泛听取社会各界意见，积极参加“政风行风热线”，聘请政风行风监督员进行监督，省质监局常高才局长参加政风行风热线2次。坚持教育监督、制度监督并重，全面落实党风廉政建设责任制，加强《廉政准则》学习和贯彻，加强重点岗位、关键环节的监督，建立健全有质监特色的惩治和预防腐败体系；深入开展党务公开工作，引深廉政文化进机关活动，多次组织党员干部观看反贪廉政警示教育片、电影，全年共编发廉政短信1500余条。严格执行中央和省委关于领导干部廉洁从政的规定，对干部严格管理、严格教育、严格监督，制定了《2012年全省质监系统党风廉政建设和反腐败工作要点》《2012年全省质监系统党风廉政建设和反腐败工作任务分解意见》和《2012年全省质监系统党风廉政建设目标责任书》，省质监领导班子其他成员按照职责分工分别与15个直属单位签订了责任书，明确责任分工，落实“一岗双责”制。在充分发挥全系统各级各单位原有举报途径的基础上，畅通投诉举报渠道，在省质监局门户网站上开设了局长邮箱和行风监督栏目，将省局机关、11个市局、2个直属局和15个直属单位的举报电话和举报邮箱向全社会进行公示。开展质量安全风险排查整治和道德领域突出问题专项教育治理活动，全程监督处级干部选拔任用和事业单位工作人员公开招聘工作，推广运行国家质检总局“金质工程”行政许可审批管理系统软件，全面对接省监察厅电子监察系统。全年全省质监系统没有党员干部违法违规方面的情况，树立了山西质监系统的良好形象。

四、注重制度创新工作

省质监局认真落实《质量违法行为有奖举报办法》，成效显著；大同市质监局实行的监察、检验、执法“三位一体”特种设备安全工作机制，长治市质监局认证监管“六项制度”，晋中市质监局督促企业落实主体责任“六字工作法”，吕梁市质监局在食品安全监管上的“六定三公示”、“三定四有”、“两方八级”和“三级四项”，太原高新区局的特种设备安全黑名单、重大危险源监控等措施,使安全监管能力得到增强;晋中市质监局编制5个风险管理和控制指导手册的使用,阳泉市质监局被总局评为全国质检系统法治优秀创新奖的“特种设备安全电子动态执法监管系统”开发应用,都收到良好效果。深入开展质量月、食品安全宣传周、世界计量日、国际认可日、安全生产月等活动。在食品安全方面,省质监局建立食品监管人员和食品生产企业人员定期培训制度,在全省推广晋中市质监局网络化监管模式,代省政府起草的《山西省食品生产加工小作坊和食品摊贩监督管理办法》已由省人大常委会审议通过,颁布实施。在特种设备安全方面,完善全省统一的企业安全承诺制、安全约谈制、安全例会制等10余项规章制度。全年省质监局召开4次安全例会,全省质监系统共约谈企业负责人396人次,培训作业人员141745人次,组织应急演练476次,签订责任书509份。在“两节”和“十八大”期间,以“特殊时段采取特殊举措”为总体思路,从“两节”开始至“十八大”闭幕,全省质监系统各级领导干部和相关监管人员取消节假日和双休日,坚守工作一线,对“两个安全”督查督导、现场值守;采取“省局领导包市、市局包县、县局领导包点”的措施,坚持行政与技术督查相结合,将“两个安全”监管对象全部纳入包片责任范围,采取集中约谈、严治隐患、责任前移、短信提示等14项举措,确保重要时段“两个安全”。

五、加大质量立省工作力度

深入宣贯《质量发展纲要》,共印发《纲要》单行本、宣传册等宣传资料3000余本;大力开展“全国知名品牌示范区”创建申报活动,积极帮助汾阳白酒集中产区、祁县玻璃器皿产业集中发展、大同云冈旅游示范区等单位申报创建,大同云冈旅游示范区已成功获批;帮助太原市、襄垣县、长治县等市县申报“全国质量强市示范城市”;太原、晋中顺利开展“政府质量奖”评审活动;长治对申报2012年山西省名牌产品的88个产品进行了专家评审和市场评价;组织太钢、太重、南风化工等骨干企业积极参与品牌价值评价;太原经济区局协调管委会对质量管理先进单位和个人进行表彰,奖励金额达100余万元。研究建立了重点企业动态质量信用档案和重点产品质量数据库,评选2012年全省质量信誉企业210家,山西省AAA级质量信誉企业12户,AA级质量信誉企业70户,A级企业128户。大力开展电线电缆、车用汽柴油等9类重点产品质量提升行动,努力规范重点行业发展。组织803人参加年山西省质量工程师考试,99人参加设备监理师考试,256人参加继续教育。联合多家媒体推出“转型跨越质量行”系列采访报道活动。

六、规范计量标准工作

研究起草《山西省用能单位能源计量评定》地方标准,与12个省直部门联合印发了《千家企业节能低碳行动方案》;组织开展能源计量服务活动和专项监管检查,大力规范和促进全省白酒行业节能减排,组织多家企业开展“能效对标计量诊断”活动,省质监局荣获全省节能减排先进集体。深入推进“诚信计量、和谐城乡”行动,扎实开展加油机、电子计价器、热量表计量等民生领域计量器具专项监督检查,共检查加油机9403台件,合格率98.9%;检查在用热量表49258台,首次检定数35566台;检查在用电子计价秤11599台件;查处各类计量违法案件78件。圆满完成定量包装商品净含量、商品包装国家计量监督专项抽查工作,民生计量环境不断改善。不断加强治超用衡器的周期检定和动态监管,组织开展公路在用汽车衡专项检查,省质监局被表彰为全省治超工作“工人先锋号”。参加国家质检总局组织的全国计量知识竞赛,取得优异成绩;组织了全省计量技能技术比武,组织各类计量考评员换证培训考核256人次,对提高人员素质成效显著。

七、深入推进认证认可监管工作

深入推进有机产品认证示范区创建,长治沁县获批第二批“国家有机产品认证示范区”。大力推广建立“五定四查三监管”的联合监管模式和“一网三联”执法监管系统,加强3C产品认证监管,推广长治、临汾市质监局联合监管模式经验,开展强制性认证产品质量安全专项整治监督抽查和涉及食品和环境空气的7个参数能力验证活动;全面规范机动车安检机构的检验行为;狠抓食品检验机构资质认定评审,已为45家食品机构换发新的食品检验机构资质认定证书。联合山西出入境检验检疫局和《山西经济日报》开展“世界认可日”专题宣传和实验室开放日活动。

八、加强执法监管工作

以食品、农资、建材、汽配、化妆品为重点,扎实开展“质监利剑行动”、“双打”专项行动和20余项专项整治,全系统共出动执法人员12.3万人次,查处各类违法案件2800余起。进一步加强对食品、农资、建材、日用消费品等产品的质量监督抽查,累计抽查41类6375批次产品,总体合格率为91.17%,其中山西产品的合格率为95%;对全省12564个企业生产销售的14632批次的产(商)品进行定期监督检查,合格率为96.5%。不断加大监督抽查后处理力度,对563家不合格企业进行惩处,先后通过新闻媒体发布监督抽查通报29期和消费警示1期,向省内外质监部门发出不合格产品处理通知单64份,约谈不合格产品生产企业负责人25人次,吊销食品生产许可证1张。在全省范围内开展电线电缆、电力变压器、车用油品、自镇流荧光灯、节水器材、建材、农资、儿童用品、眼镜等9类重点产品质量提升行动;通过监督抽查,对化肥、农药、农膜、小型潜水泵、钢筋、水泥、电线电缆、工业气体、建筑扣件、粗苯、煤焦油、食品包装袋(膜)、棉被等13种产品进行风险排查;山西省产品质量总体水平稳步提升。

九、狠抓两个安全工作

在食品安全监管中,围绕国务院《关于加强食品安全工作的决定》,研究制定了8个方面28条具体措施。推广晋中市食品安全监管责任监督的成功经验,在全系统建立了全覆盖、无缝隙的网络化监管网络。安排太原市质监局试点研究小作坊监管具体措施，积极探索建立小作坊监管机制。全面理顺食品生产许可证受理、审核、发证等各项职责，严把许可受理关、现场核查关和产品检验关，累计发放各类食品生产许可证 867 张，注销 269 张。继续深入推进乳制品、肉制品等 6 类重点产品综合治理以及非法添加和滥用食品添加剂严打行动，开展非法使用工业明胶加工食品彻查严打行动。安排 200 万元专项经费，重点选择 22 类 37 种食品的 6 大类指标 62 个风险因素进行风险监测，其中白酒、食醋等重点产品覆盖率达到 100%。在特种设备安全监察中，通过“四个转变”、集中开展全省特种设备普查、编制标准化检查指导书，深入推行安全例会、约谈法人、企业承诺等制度措施，全面提高监管能力。开展打非治违、小型立式锅炉安全隐患大清查、气瓶充装站和检验站整顿治理、法兰元件质量提升、学校在用特种设备检查等 10 余项专项整治行动和两轮特种设备百日安全大检查活动，致函 29 个相关部门共同参与，开展执法检查 11213 次，责令整改各类问题 35896 个。

十、加大打假治劣力度

积极开展打击侵犯知识产权和制售假冒伪劣商品专项行动，开展以酒类、农资、建材、汽车配件和化妆品为重点的五个“质监利剑行动”，全年共查获假劣产品货值 7800 余万元，捣毁制假售假窝点 114 个，移送公安机关案件 4 起。按时、按要求完成国家质检总局督办案件 1 起、转办案件 9 起。加大食品生产违法违规行动的查处力度，联合省直八个部门下发《2012 年联合打击假冒侵权酒类产品专项集中行动方案》，把吕梁、晋中、太原三地作为重点地区，严厉查处制售假劣白酒和严厉打击生产加工非法添加和滥用食品添加剂违法行为。在春季、秋季开展农资打假集中行动，以复混肥、农药、农膜等产品为重点，以有效含量不足、虚假标注、以次充好、无证生产等违法行为为重点打击对象，有效保障春耕和秋收工作。会同省直九个部门联合下发了《关于印发 2012 年建材市场秩序专项整治工作重点的通知》，重点突出了瘦身钢材、无证水泥、劣质电线电缆和油漆、涂料、乳胶等问题比较多的产品，着力加强对保障性住房、大西高铁、高速公路等重点工程建设用建材质量的执法监管。以刹车片、安全玻璃等涉及安全的产品为重点，抓好汽配打假有关工作。重点对美白、祛斑、防晒和婴幼儿化妆品开展了执法检查，严厉打击无证生产、标实不符、限量物质超标及添加行为，形成了对质量安全违法违规行为的执法打假高压态势。

（郝建玉　李　昆）

附：省质量技术监督局党组书记、成员名单

书　记：常高才

成　员：刘　军（12 月离职）　张岐云　王国强
尹乃明　张亥生（9 月离职）
田永明（9 月任职）

省广播电影电视局党组工作概况

党组书记　梁志祥

2012 年，省广播电影电视局党组以邓小平理论、“三个代表”重要思想和科学发展观为指导，全面贯彻党的十七届六中全会、省委九届十一次全会精神，以迎接学习宣传贯彻党的十八大精神为主线，以纪念建党 91 周年为契机，深入贯彻落实《中国共产党党和国家机关基层组织工作条例》，扎实开展创先争优活动和学习型党组织建设，大力加强机关作风建设，为实现广播影视转型跨越发展提供了坚强的政治保证。

一、认真贯彻落实十七届六中全会精神，努力找准机关党的工作的根本要求和核心任务

牢牢把握“围绕中心、服务大局”是党建工作的生命线，是党建全部工作的着力点；坚持“围绕中心抓党建、抓好党建促发展”，把机关党建工作放在整个大局中来思考和谋划，使机关党的建设始终着眼于发展与和谐，工作始终围绕着发展与和谐，做到有机结合、互相促进。根据省直机关工委 2012 年机关党建工作要求，围绕 2012 年广播影视工作的中心任务，结合广电实际，及时制定了局《2012 年广电党建工作要点》，确保党建工作找准位置、体现价值、有所作为、取得实效。

二、紧密结合广播影视实际，扎实开展保持党的纯洁性学习教育活动

局党组高度重视，制定了《省广播电影电视局关于开展保持党的纯洁性学习教育活动的实施方案》，成立了保持党的纯洁性学习教育活动领导组，召开了全局保持党的纯洁性学习教育活动动员大会，对学习教育活动进行了安排部署。在宣传动员的基础上，制定了学习计划，开展了大讨论。主要采取集中学习和自主学习相结合的方式，其中，党组中心组集中学习 13 次，各支部组织党员集中学习 80 余次，参加省直工委保持党的纯洁性学习教育培训 12 人次。积极组织印发学习材料，并编发简报 18 期，为学习教育活动的开展营造了浓厚氛围。

开展了多种形式的教育活动，进一步引深纯洁性学习教育活动。紧密结合广电工作实际，邀请专家专题辅导 1 次，举办先进事迹报告会，组织参观党史教育基地，放映爱国影片，

广大党员干部的工作干劲进一步激发，党性修养显著提高。在此基础上，所有基层党组织分别召开了专题生活会，组织党员干部进行“六查六看”，并针对在保持党的纯洁性方面存在的问题与差距，制定了整改措施。

结合创先争优活动，建立健全保持党的纯洁性的长效机制，认真总结提炼保持党的纯洁性学习教育活动中总结的好经验好做法，结合工作实际，建立健全长效机制，用制度巩固和发展保持党的纯洁性学习教育的成果。一是健全学习教育制度体系；二是健全转变作风制度体系；三是健全廉洁自律制度体系；四是健全组织建设制度体系，主要是要建立公开承诺制度、群众评议制度和联系点制度；五是健全工作责任制度体系，提高工作效率；六是健全考评监督检查制度体系，巩固提高“保纯”活动的成果；七是进行了保纯资料汇编、图片掠影、制作了党课课件。

三、继续围绕以推进学习型党组织建设为重点，切实加强党组中心组学习

充分发挥党员领导干部的示范引领作用，抓好局党组及各党委(总支)中心组学习，进一步加强学习型党组织建设。一是完善学习计划，健全学习制度。制定并下发了《局党组中心组2012理论学习安排》。局党组领导带头学习，坚持理论学习与研究工作相结合，在理论学习中分析、研究、布置、检查工作落实情况。二是抓好学习内容，落实学习专题。继续落实《关于继续推进学习型党组织建设实施意见》，按照《2012年理论学习安排》要求，开展了有针对性的专题学习，对《中国共产党党员领导干部廉洁从政若干准则》、胡锦涛同志在庆祝中国共产党成立90周年大会的讲话、胡锦涛同志在十七届中央纪委第七次全会上的讲话精神、袁纯清同志在全省党风廉政建设干部大会上的讲话、金道铭同志在全省保持党的纯洁性学习教育活动电视电话会议上的讲话、省直工委开展保持党的纯洁性学习教育活动动员会相关资料共进行了11次集中学习。在集中学习的基础上，自学了《中国共产党章程》和《保持党的纯洁性学习读本》。三是组织学习《人民日报》评论员文章。4月11日，召开党组中心组理论学习会议，认真学习《人民日报》刊登的评论员文章《集中精力把两会精神贯彻好》、《牢牢把握稳中求进的总基调》、《满怀信心迎接党的十八大》、《坚决拥护党中央的正确决定》。

四、以庆祝建党91周年为契机，深入开展精神文明创建活动

一是制定下发了《省广电局2012年精神文明建设工作计划》。对2012年精神文明创建活动提出了明确目标：以邓小平理论为指导，在干部职工中牢固树立建设有中国特色社会主义的共同理想，牢固树立坚持党的基本路线不动摇的坚定信念；实现以思想道德修养、科学教育水平、民主法制观念为主要内容的公民素质的显著提高，实现以积极健康、丰富多彩、服务人民为主要要求的文化生活质量的显著提高，实现以社会风气、公共秩序、生活环境为主要标志的文明程度的显著提高，在单位形成物质文明和精神文明协调发展的良好局面。

二是组织参观党史教育基地。为深入了解党的十七大以来经济社会发展的成就和党的建设成就，学习党的建设基本经验，4月12日至4月21日，组织党员干部分赴延安革命纪念馆、八路军太行纪念馆、尹灵芝纪念馆、彭真纪念馆等地接受革命传统教育，通过重温入党誓词、听讲解、观实物、看图片，凝神聆听一个个可歌可泣的悲壮故事，伫足观瞻一件件见证历史的革命文物，缅怀革命先烈的光辉业绩、回顾祖国建设的伟大成就。

三是组织党员干部外出参观学习。3月16日，省广电局组织局机关各处室、局直各单位部分党员干部到省档案馆参观了《光辉的历程—山西省档案馆馆藏历史档案珍品展》。4月23日到省工艺美术馆参观了剪纸艺术展。通过参观学习，使广大党员干部更深刻地感受到半个多世纪以前山西人民表现出的顽强不息的民族精神与广博深厚的生活内涵，进一步坚定了理想信念，强化了宗旨意识。

四是组织开展“读书月”活动。为认真贯彻落实中央和省委关于推进学习型党组织建设的要求，响应省直工委关于认真组织“读书月”活动的号召，引导广大党员干部读好书、悟哲理、受教育，局机关党委订阅《五百年来谁著史》、《决战朝鲜》等多本经典读物，发放到各党委、总支、支部，激发了广大干部职工读书学习的积极性。活动期间，党员干部共撰写读书笔记和学习心得400余篇，广大党员在品味红色经典中坚定了理想信念。

五是组织党员干部参加教育培训。采取“请进来、走出去”的方式加强保持党的纯洁性和“对党忠诚”教育培训。邀请山西省委党校党史教研部副主任张宏华教授就《大力保持党的纯洁性，为转型跨越发展提供坚强保证》进行专题辅导讲座，局党组成员、局机关全体公务员以及局属各单位班子成员、部分中层以上干部共百余人参加了学习。另外，组织安排12名机关处室和局属事业单位党务人员积极参加省委党校和省直分校举办的保持党的纯洁性教育活动培训班。通过分层次、分类别对党员骨干的教育培训，形成带动示范效应。

六是深入开展学雷锋活动。为认真贯彻落实党的十七届六中全会精神，传承和弘扬雷锋精神，倡导文明和谐新风，促进社会主义核心价值体系建设，根据《中共山西省委办公厅关于深入开展学雷锋活动的实施方案》，制定了《山西省广播电影电视局关于深入开展学雷锋活动的实施意见》，并进行了分类指导。各部门、各单位都以各种形式积极开展了学雷锋活动，局机关开展了“人民满意公务员”活动、广电学校开展了“雷锋精神进校园”活动、无线管理中心组织志愿者开展志愿服务活动、后勤服务中心开展了“提升服务促和谐，爱岗敬业赢发展”活动、局电影处开展了《雷锋》《离开雷锋的日子》影片放映等。通过多种形式传扬雷锋精神，使雷锋精神进一步发扬光大，党员干部的先进性进一步体现，党的纯洁性教育活动进一步升华。

五、落实党建工作责任制，健全基层党组织，抓好党员的发展和服务工作

一是开展“基层组织建设年”活动。重点围绕保持党的纯洁性教育活动和创先争优活动开展，考查基层党组织硬件条件和软件标准，对基层62个基层党组织进行量化评分，通过自评、测评和上级党委评定，对基层党组织建设情况进行分类定级，并进行公示。按照巩固先进、推动一般、整顿后进的要求，各级党组织尤其是被评定为“一般”和“较差”等次的基层党组织，针对自身存在的不足和薄弱环节，制定了转化升级方案，明确了升级目标，提出了转化措施。

二是进一步调整完善了基层党组织。根据工作实际，调整了机关党委专职副书记、机关纪委书记，免去2名机关党委委员；根据省直工委组织部下发的《2012年省直机关发展党员工作计划》，分6批组织9名入党积极分子参加省委党校省直分校组织的入党积极分子培训班。

三是召开先进个人典型事迹报告会。6月5日，召开保持党的纯洁性学习教育活动先进典型事迹报告会。在创先争优活动和各项事业中涌现出来的先进基层党支部代表，无线管理中心党委二二八台党支部书记郭伟和五二八台党支部书记刘启峰给全体党员作了一场感人至深、催人奋进的报告。

四是开展整治“吃拿卡要”创优发展环境活动。为认真贯彻落实全省党风廉政建设干部大会精神，巩固和深化全局纪律作风教育整顿工作，会同驻局纪检组、监察室、办公室切实解决“吃拿卡要”问题，进一步优化广播影视发展环境。接受了省直纪工委对“吃拿卡要”的专项检查。

五是开展党务公开“回头看”工作。4月6日，召开党组会专题研究全局党建工作，就党务公开“回头看”进行了研究部署。全局党务公开“回头看”活动，着重围绕党务公开工作常态化和长效化进行对照检查，通过“回头看”活动进一步将党务公开工作落到实处。

六是做好推荐山西省出席党的十八大会议代表候选人初步人选工作。局认真落实省委部署，严格按照规定的程序和要求，扎实做好十八大代表宣传和选举工作，并按期对十八大代表初步人选进行公示。

七是健全群团组织，发挥党建助手作用。认真贯彻落实《关于加强新形势下全省基层党建带团建工作的实施意见》的通知精神和金道铭同志在全省基层党建带团建电视电话会议上讲话精神，局团委增补了副书记，725台团委进行了换届改选工作，后勤中心成立了团总支，进一步健全了局共青团组织。

八是进行了全省广播影视系统青年文明号集中授牌。8月2日至4日，在大同举行了全省广播影视系统青年文明号集中授牌。团中央、团省委、省直团工委、省广电局、大同市人民政府等相关领导出席了授牌仪式，太原、晋中、忻州、临汾、晋城、大同市文广新局、省广播影视系统部分县市青年文明号集体负责人和大同广播电视台干部职工约70余人参加了集中授牌。

九是开展联企帮困活动。中秋、国庆前夕，到太化甲醛厂困难职工家中进行走访慰问，对6户困难职工发放了1800元慰问金。

六、扎实开展领导下乡驻村和包村增收工作

根据中共山西省委组织部包村增收工作安排，贯彻落实“省直机关领导干部包村增收活动经验交流推进会”要求和汤涛部长的指示精神，省广电局确立了2012年“以粮为基、以林为主、以养为补”的包村增收工作方针，制定了2012年党员干部下乡住村、包村增收活动计划。局领导分六批带领30余名机关党员先后赴上寨南村，落实下乡住村包村增收实施方案。

一是申请专项资金，扩大核桃树种植。申请扶贫补助专项资金20万元用于扶贫点建设，联系培养了2、3名种植核桃树的技术骨干。局下乡住村干部、局扶贫队协助村委组织当地村民利用10多天时间补栽和扩种4.3万多株核桃苗，使核桃林由去年3000亩扩种到3900亩，完成了“一村一业”核桃林的扩种任务。

二是局领导和村委会共同筹划在该村背后的荒山上先行试验15亩的散养土鸡项目。以发展养殖业来拓宽村民增收渠道，已投入16万元试验散养土鸡项目，力争农业、副业全面开花，提高村民的致富能力。

三是投入1.6万元开展了创建“和谐幸福家庭”倡导签名活动。

四是投资17万元帮助上寨南村开展了完善溉灌渠道修建工程和管网配套工程。

七、学习、宣传党的十八大精神

省广电局干部职工以听报告、看新闻、议报告、听讲座、谈体会、写心得等多种方法，全面深刻准确地学习掌握十八大精神。11月8日，全体党员共同学习收看胡锦涛总书记做的《坚定不移沿着中国特色社会主义道路前进，为全面建成小康社会而奋斗》的报告。中心组学习党的十八大报告。11月9日，局党组中心组专题学习了胡锦涛同志的报告精神。省广电局从门户网站到影视报刊，从电子屏到宣传栏都将党的十八大作为宣传发动的首要政治任务。省局编发的刊物《广播影视》，以党的十八大宣传为重点，传播党的十八大重点信息，宣讲党的十八大重点思想，解读党的十八大文化发展新内涵，在全省广电影视系统掀起学习十八大的高潮。

（王　斑）

附：省广播电影电视局党组书记、成员名单

书　记：梁志祥

成　员：董育中　李光明　王建中　董晓林　薛　荣　李和林

省新闻出版局党组工作概况

党组书记　林玉平

2012年，省新闻出版局党组团结带领全省新闻出版战线广大同志，围绕年初工作部署，主动强化机遇意识和政治意识"两种意识"，全力做好贯彻落实党的十七届六中全会精神和迎接学习贯彻党的十八大"两件大事"，各项工作都取得了新进展新突破。

一、全面加强领导班子和干部队伍建设，凝聚工作合力

（一）坚决拥护和执行党的各项路线方针政策，坚定政治立场。认真组织开展学习型党组织建设、创先争优活动和保持党的纯洁性学习教育活动，加强思想理论建设。党组成员以身作则，做勤奋学习的表率，全年组织召开党组中心组理论学习（扩大）会议16次。依托网络课堂、轮训、选学等平台，加大教育培训力度，党员干部的政策理论水平和业务素质得到新提高。按照建设文化强国和文化强省的总体部署，坚持以科学发展观指导推进工作，引领全省新闻出版战线大力推进实施"十二五"规划、继续走"加速发展"的前进道路。

（二）始终坚持党的群众路线，树立良好形象。坚持民主集中制原则，充分发扬党内民主，大力推进党务公开、政务公开，形成了民主和谐、团结协作的良好氛围，班子的凝聚力和战斗力进一步增强，在干部群众中树立了较高威信。深化行政审批制度改革，清理调整审批事项，共减少25项，保留9项，精简率达73.5%，审批效率提高70%以上。行业诚信建设和精神文明创建工作再结硕果，51家印刷企业被认定为2010～2011年度"优质双效、守合同重信用"印刷企业，《英语周报》入选全省十大文明网站，评选出首批全省新闻出版行业文明单位48家。

（三）继续深化干部人事制度改革，优化干部队伍结构。坚持德才兼备、注重实绩、群众公认的原则，加大竞争性选拔干部力度，推选出副局长1名、副巡视员2名，公开竞争选拔正处级领导职位干部5名。纪检监察全程监督，选拔工作顺利推进，党员群众高度认可。

二、扎实做好三项重点工作，为党的十八大献礼

（一）率先实现全省农家书屋全覆盖。圆满完成7147个农家书屋的年度建设任务，顺利实现了全省28339个行政村农家书屋全覆盖的建设目标，提前半年率先完成了省政府确定的新的"五个全覆盖"工程任务。全年落实中央和省级配套资金共计8809.7万元，落实省级财政对国定贫困县7188个农家书屋的县级配套资金共计718.9万元。山西省新闻出版局、山西新华书店集团荣获2012年全国农家书屋工程建设突出贡献单位荣誉称号，我省21个农家书屋、20名农家书屋管理员获得国家表彰。

（二）全面完成省级政府机关软件正版化工作。全力做好调查摸底、经费保障、采购安装、使用培训等工作，率先于4月底完成了我省111个省级机关的正版软件安装和使用自查工作，走在全国前列。从加强计算机软件销售市场监管、强化软件资产管理、明确政府领导责任入手，积极建立软件正版化工作长效机制。太原、吕梁、朔州3个市以及孝义市已提前完成本级机关的软件正版化工作。此外，我省109家重点企业和新闻出版行业三大集团软件正版化工作全面完成。

（三）基本完成非时政类报刊出版单位体制改革工作。按照"三个一批"和"两步走"的整体思路，从政策培训、流程规范、清产核资、方案批复等环节入手，全面加大指导力度，保障改革稳步实施。广泛争取各方支持，协调有关部门制定出台了《关于委托主管主办单位对所属非时政类报刊企业国有资产管理的通知》等一系列专门政策，首批转制企业省财政给予了2726万元的补充注册资本金财政支持。与有关部门协调配合，建立联合办公制度，开辟工商登记绿色通道，一日一报、倒排工期，加快改制工作进程。99家非时政类报刊出版单位改革的阶段性任务基本完成，整合组建了五大集团和六个专精特新报刊传媒出版企业，初步形成了山西报刊产业"5+6"的格局。

三、充分发挥自身职能作用，为群众提供更多更好的精神食粮

（一）强化出版管理。确定年度重点选题94种，审批图书选题4221种，核发书号2409种，专题报备图书选题23种；批复备案音像电子选题222种，审核备案游戏产品2款。组织出版了《中国共产党图史》等一批红色主题出版物，十八大读物印刷发行、主题读物营销推广等活动迅速开展，全省发行量近200万册，人均购书量位居全国前列。

（二）实施精品战略。组织优秀出版物参加各类评奖评先活动，《乍放的玫瑰》等荣获"五个一工程"奖等国家级奖项，《公司的力量》《山西期刊史》等207种出版物荣获优秀晋版图书奖暨音像电子出版物奖，《英语周报》等山西教辅类报纸整体出版质量位居全国前列。

四、着力提高产业发展水平，为实现“十二五”规划目标打牢基础

（一）加快科技与文化融合，发展新兴业态。组织召开数字出版、绿色印刷、数字印刷等主题演讲和专题会议，以观念转变促产业转型。加快发展新业态，目前，我省共有数字印刷企业70余家，通过绿色认证的印刷企业2家，获得互联网出版许可单位12家。

（二）上项目、兴园区，提高集中度和竞争力。《山西出版传媒集团数字出版系统等4个项目入选全国新闻出版产业发展项目库，《中国分体文学学史（5册）》等3个项目入选国家出版基金资助项目，山西太报传媒印务园区建设等6个项目获省文化事业建设资金支持。

（三）引进来、走出去，增强辐射力和影响力。在第二十二届全国图书交易博览会上，山西图书出版总计订货突破6000万码洋。积极推动晋版出版物“走出去”，全年输出版权75项，引进版权14项，连续6年实现版权贸易顺差。

五、全面加大行业监管力度，为党的十八大营造良好的出版物市场环境和社会文化环境

（一）依法加强行业管理。坚持日常监管和集中治理相结合，年检年审、质量评估、出版物审读、人员资质管理等工作扎实到位，3·15专项质量检查、打击“新闻敲诈”治理有偿新闻专项行动、印刷复制发行监管专项行动等成效显著，出版活动和出版市场秩序得到有效规范。

（二）持续保持“扫黄打非”工作高压态势。全年查办案件282起，查缴各类非法出版物116万余件，其中，违禁类非法出版物17540件，淫秽色情出版物24470件，侵权盗版出版物60万余件，非法报纸期刊51万余件，有力维护了良好环境和稳定大局。

（三）全面加强版权宣传、保护与执法工作。“4·26”知识产权宣传周活动直接受众达25万余人，版权监管服务能力及社会认知度大幅提高。“打击侵犯知识产权和制售假冒伪劣商品”、打击网络侵权盗版专项治理“剑网”等专项行动深入开展，全省查办各类重大侵权盗版案件252起，涉案金额达800余万元。全年作品版权登记数量达211件。

六、积极落实惩防体系建设和党风廉政建设责任制，筑牢思想防线

（一）严格执行党风廉政建设责任制，推进惩防体系建设。按照“一把手”总负责的分工责任制，分级分层次签订年度党风廉政建设责任书，并制定下发任务分解意见，形成了“人人肩上有担子”的工作机制。组织观看专题教育片，召开廉政警示教育大会，做到警钟长鸣。坚持和完善“三重一大”监督制度，重点监督干部选拔、行政审批、农家书屋建设等工作，实现了项目、资金、干部的“三个安全”。

（二）认真完成反腐倡廉的各项任务，深化政风行风建设。严格落实《关于在新闻出版工作中进一步严明党的政治纪律的意见》，结合新闻出版的业务环节，建立健全政治纪律检查、惩戒和责任机制。认真开展整治“吃拿卡要”问题创优发展环境专项治理活动，充分利用网站平台，主动加强信访答复和案件查办工作，全年受理各类咨询、举报、投诉百余条并逐一核实反馈。聘请行风政风监督员397名，召开民主对话会，主动接受群众监督和评议，政风行风建设工作连续两年获得省政府表彰。

（潘 焱）

附：省新闻出版局党组书记、成员名单

书　记：林玉平

成　员：梁宝印　王吉敏　田奇越　吴体刚

省体育局党组工作概况

党组书记　苏亚君

2012年，省体育局党组认真学习贯彻落实党的十八大精神，围绕“推进全民健身，提高竞技水平，增强发展活力，服务和谐山西”发展思路，全面加强党的思想、组织、作风和制度建设，各项工作取得了新成绩。

一、加强党的思想、组织、制度和作风建设

（一）认真开展纯洁性学习教育活动。组织学习胡锦涛总书记在中纪委七次全会上的重要讲话精神和袁纯清书记在省纪委十届二次全会上的重要讲话，制定《山西省体育局关于开展保持党的纯洁性学习教育活动的实施方案》，成立领导小组，按照“六个一”要求圆满完成任务。局系统33个基层党组织和1000多名党员积极参加活动。

（二）坚持不懈抓好理论武装，着力提高党员干部思想政治素质。加强党组自身建设，建设学习型领导班子。在抓好各级中心组理论学习的同时，通过继续开展创建学习型机关、学习型党组织主题活动，把局系统学习宣传贯彻党的十八大精神不断引向深入。

（三）大力加强基础党组织建设，推动系统党建工作迈上新台阶。开展基层组织建设年活动，强化基层党支部书记培训，完善党建工作考核体系，加强党员队伍建设。发展党员20名，选派20名积极分子参加入党培训班。

（四）做好经常性精神文明建设工作，打造和谐团队。坚持不懈抓好文明和谐单位创建活动。省体育局机关党委被省直工委评为“先进机关党委”，省射击射箭运动管理中心党总

支被评为“创先争优先进基层党组织”。

二、各项工作取得了新成绩

(一)坚持以人为本,大力强化公共体育服务,全民健身覆盖范围不断拓展。新建农村体育健身场地3255个,实现全省28200个行政村农民体育健身工程“全覆盖”,被评为2012年最具影响力的国内十大体育新闻之一;国家体育总局联合山西省人民政府在北京召开新闻发布会进行宣传推广。农民体育健身工程电子档案同步实现“全覆盖”。全省新建、扩建农村乡镇型全民健身活动广场200个,更新、建设城市社区全民健身路径工程180个,扶持2568个自然村建成农民体育健身场地。争取国家援建项目,6个“雪炭工程”项目获得资助,创建国家级“全民健身活动中心”2个、“全民健身户外活动基地”4个。

群众体育组织不断发展壮大。加强体育总会建设,全省11个市全部设立体育总会,县(市、区)体育总会建设有序推进。加强基层群众体育组织建设,社区、农村全民健身指导站(点)组织建设力度不断加大。鼓励、扶持社会各界投资兴办各类体育俱乐部。推进组建全省各级社会体育指导员协会和志愿者组织,培训等级社会体育指导员近1万名,全省注册总数达到近4万名。

各具特色的全民健身活动覆盖全省、贯穿全年。元旦春节全民健身系列活动、体育三下乡、山西跤王争霸赛、晋城棋子山国际围棋文化节、永济五老峰登山节等品牌项目深入人心,国际形意拳交流大会、国际柔力球交流大会、第四届老年人健身大会、残疾人体育健身展演、省直妇女体协趣味健步走、武乡太行穿越挑战赛等一系列活动深受群众喜爱。与有关部门共同组队参加第七届全国农民运动会、第九届全国大学生运动会,都取得运动成绩和精神文明双丰收。

深入落实《全民健身条例》。全省11个市、119个县(市、区)全部制定实施《全民健身实施计划》。各级政府推进全民健身工作“三纳入”取得新成效。青少年体育工作不断加强,公益性青少年体育活动组织机制基本形成。太原、大同、平遥三个城市举办主题为“激扬青春、与青奥同行”的“全国青年迎青奥”(山西站)长跑活动,约7000名青少年参加。创建山西省体育传统项目学校师资培训基地4所。

(二)坚持突出重点,不断优化运动项目布局,竞技体育竞争实力不断增强。山西体育健儿在伦敦奥运会上取得1金1银1铜和1个第五名的优异成绩,实现山西28年奥运征战史上单项金牌“零”的突破,创造奥运参赛历史最好成绩。国家体育总局授予山西省体育局“2012年伦敦第30届夏季奥运会重大贡献奖”;省委省政府授予省体育局及省体操运动管理中心、省射击射箭运动管理中心“山西省先进集体”称号;董栋被评为2012年“感动山西”十大人物之一。

全运备战扎实有效推进。坚持“以奥运带全运”战略,深入开展规律研究,抓好运动训练,巩固强化优势项目,挖掘发展潜优势项目,推动整个备战队伍上水平、求突破、出效益,在全国最高水平的年度比赛中共获得金牌18枚、银牌26枚、铜牌28枚。

重大赛事不断落户山西。举办2012年奥运会摔跤项目资格赛、蹦床世界杯赛、太原国际马拉松赛、全国蹦床锦标赛、全国自行车锦标赛和冠军赛、全国跳水锦标赛、全国女子武术冠军赛、全国小轮车锦标赛。全国男女篮球职业联赛、中国乒乓球俱乐部超级联赛山西赛区比赛组织有序,山西汾酒男篮夺得CBA年度比赛第三名,山西兴瑞女篮当年组队、当年冲甲成功。山西成为唯一同时拥有男子、女子两项篮球顶级联赛的中部省份。

省运会比赛力求规范有序。对2011年取得阶段赛资格的运动员进行赛后集训和骨龄测试,对举报投诉的运动员进行身份鉴定和骨龄测试,取消部分运动员参赛资格;制定下发各单项竞赛规程;第十四届省运会阶段赛19个大项的比赛顺利完成。

(三)坚持面向市场,努力深化产业结构调整,体育产业和体育场馆设施建设基础不断巩固。按照省委、省政府要求,完善组建山西省体育产业集团有限公司方案并上报省政府,已经省政府常务会议研究通过;努力加强部门协调,完成局属企业脱钩改制及清产核资等相关工作。

体育市场监管更加规范,进一步明确体育产业行政执法范围和依据,履行市场监管职能,组织全省体育经营活动安全工作检查,加强体育市场信息统计和服务,建立健全体育市场监管考评机制,组织全省体育产业考评。山西参展中国体育旅游博览会获10项大奖。

体育彩票销售突破10亿大关。遵循市场规律,拓展销售渠道,加强培训,提升营销水平,加大优势玩法市场占有率,加强销售网点品牌建设,全省体育彩票共计销售10.16亿元,首次突破10亿元大关。航空体育服务不断拓展。积极推动航空体育普及,加大滑翔、跳伞等运动培训和航模科普工作力度,举办2012年全国滑翔锦标赛;大力发展通用航空事业,完成飞播造林、防火灭虫、人工增雨、航拍航测等大量通航服务。

体育设施建设进展顺利。山西体育中心全面竣工并交付使用,承办多项大型国际体育赛事和大型文体活动。太原航校迁建工程正式开工。省全民健身中心改建工作积极推进。大同、临汾等市级体育场馆建设取得新进展。

全省体育系统各项工作整体推进,协调发展,党的建设和反腐倡廉工作不断加强,体育法治、科技、教育、宣传、人事、财务、外事、安全、老干部、史志、后勤服务、综合治理、扶贫帮困等各方面工作围绕中心,服务大局,都取得新成绩。

(王宏德　申肖楠)

附:省体育局党组书记、成员名单

书　记:苏亚君

成　员:杨凤楼　李振生　郝晓峰　李世杰

杜　荣(女)

省统计局党组工作概况

党组书记　杨文章

2012年，省统计局党组认真学习宣传贯彻党的十八大精神和省十次党代会精神，以科学发展观为统领，坚持围绕中心搞党建、抓好党建促发展，实现了“抓党建”与“促发展”的互促互动，为全省转型跨越发展、实现再造一个新山西目标提供了有力的统计保障，受到省委、省政府和国家统计局的充分肯定。

一、始终坚持发挥“两个作用”，大力加强组织建设和党员队伍建设

一是以增强党性、提升能力为重点，用丰富的理论武装党员干部。第一，建立了每月处级以上干部集中学习制度，成为干部学习特别是党员领导干部的品牌。第二，中心组率先垂范。全年中心组学习达到16次，《省直机关中心组理论学习动态》多次专题报道。第三，坚持请进来、走出去推动能力提升。一方面创设统计创新讲坛，邀请国家局领导、知名专家来局作报告；另一方面局领导走进省委党校、走向省直、市县做经济形势报告。第四，积极组织干部职工参加自主选学和在线学习。坚持平时督促与季度考核通报相结合，干部在线学习效果明显。第五，着眼拓展视野、提升素质，名校培育人才。继续在名校组织培训，在武汉大学系统业务骨干和优秀青年学习培训，在省委党校举办统计局长培训班。

二是以开展“喜迎十八大，岗位做奉献”主题教育活动为抓手，把学习十八大精神作为全年学习的重点。第一，营造浓厚宣传舆论气氛，在统计内网开设专栏，刊载各支部、处室推出党员撰写的文章；利用简报、统计内外网加大舆论宣传引导，编写工作简报85期。第二，多措并举，使干部职工学习十八大精神成为自觉。组织全体干部职工集中收听收看十八大开幕式实况；组织召开传达贯彻十八大精神大会，传达省委的部署要求和袁纯清书记的讲话精神；开展支部宣讲活动；举办学习经验交流和成果观摩会；围绕十八大提出的全面建成小康社会，局党组召开会议专题研究完善小康监测体系；局党组连续召开学习十八大精神落实工作会、学习贯彻十八大精神研究班，取得积极效果。第三，扎实推进“创优软环境、喜迎十八大”主题系列活动。认真开展党课教育活动，翟振新副局长为全局党员作党课报告；举办“创优软环境、喜迎十八大”报告会，全国劳动模范、沁水县统计局局长宋柳红和全国统计系统先进工作者、省局普查中心张淑虹作事迹报告，进一步在全局掀起学习贯彻十八大精神的热潮。

三是以创新党员干部培养和人才成长机制为手段，靠有效的激励引领党员干部。第一，评选统计专家。在全国统计系统首创“统计专家”评选表彰机制，成功举办第七届评选活动，省总工会、省妇联给予记功表彰和授予“三八红旗手”。第二，培树青年能手。在全国统计系统率先推出青年业务能手大赛机制，成功举办第三届大赛，40名能手在比拼竞赛中脱颖而出，连续三届获得能手的14名青年荣获全省青年统计专家。第三，奋力创先争优。通过制作“大干实干，创先争优”专题片，展示了统计人争创一流的精神风貌，受到省直工委充分肯定；召开庆祝建党91周年表彰大会，先进党组织和优秀个人受到表彰；把创先争优活动紧紧融入到统计发展的中心工作之中，响亮地提出了“争创全国一流”的目标，在全局开展争创一流处室活动，并将机关党建、文明和谐创建等纳入考核中，实现了“创”有载体、“争”有目标，营造出奋发向上、比学赶超的浓厚氛围。第四，重视培养青年。坚持以党建带团建，不断完善全省统计青年工作领导小组领导下，领导小组办公室统筹协调，市局青年组织、省局机关团委共同推动青年工作的运行机制；通过座谈会、征文活动、素质拓展训练等，激发青年新活力；通过工作实践压担子、重大任务用青年，引领青年勇于担当、积极作为；团省委、省直团工委分别授予全省共青团工作特色奖、省直五四红旗团组织称号等。

四是以组织纯洁、队伍纯洁为突破，弘扬新风正气，推进作风建设。第一，保持党的纯洁性教育活动有力有序。专门印制活动工作手册，专题报告、座谈讨论、成果观摩、传统教育、警示教育、生活会等扎实有效，党员保持纯洁性的自觉性进一步增强。第二，扎实推进党支部分类晋级，顺利完成三个党支部补选工作，基层党组织得到强化。第三，推进行风建设。以党风促行风，以行风带作风，内练素质，外塑形象，得到国家统计局和省纪委监察厅的高度认可，连续三年荣获全国统计系统行风建设先进集体。第四，强化生活会制度。围绕作风建设这个主题，召开年度局领导班子民主生活会和党支部组织生活会，坚持会前谈心、征求意见，会后通报情况、认真整改，守程序，质量高，效果好，党组织的战斗力得到进一步增强。第五，密切联系群众。推行局领导接待日制度，架起联系群众的桥梁。第六，坚持量化考核。局党组与各处室（单位）签订年度目标责任考核书，以责任制的方式和例会制度等督促各单位落实任务。第六，认真抓好党员民主评议。通过个人自查与民主互评相结合，集体评议与组织评定相结合，增强了党组织对党员教育、管理和监督的职能。第七，强化正风肃纪。以落实省委提出的“五不准”规定为契机，开展整顿机关工作秩序活动，印制工作纪律小拉册，对不守纪的人和事公开通报，严肃了工作纪律。第八，把强基固本、服务基层作为落实以人为本、执政为民的基础，凝聚发展合力。创造性地把下乡住村与推进统计基层基础建设工作相结合，实行了处包县、干部驻点的办法，使转变干部作风与县乡统计基层基础

规范化实现了互动共赢;扩大省、市、县互动交融,深化与朔州市政府共建统计综合改革发展示范区,处室帮扶基础薄弱县区统计局,强化了交流协作,凝聚了发展合力;扩权强县试点县统计改革率先起步、扎实推进,业务培训、数据把控报送、经济形势专题分析取得实效,受到省纪委领导的充分肯定。第九,把走基层、搞调研作为推动统计发展、提升服务转型跨越能力的有力举措。重大方法制度改革创新到基层听取意见成为制度,月度、季度经济形势下基层调研成为惯例。

五是针对国际国内经济形势复杂多变,全省"稳增长"任务艰巨的现实,不断加大调研力度,加强经济形势预判,提升统计在服务稳增长中的作为。坚持全面监测与重点监测相结合,宏观监测与行业监测相结合,完善和强化全省经济监测和工业、投资等监测制度,建立扩权县经济运行监测制度,及时向省委、省政府报送监测报告;加大调研力度,多批次、多主题,由局领导亲自带队,分赴11市和有关县(市、区)调研经济形势,注重了解发展中的活情况,捕捉发展中的苗头性、倾向性信息,掌握发展中的新成果,丰富了对经济运行状况的理性认识,提升了研判经济运行的科学化水平;坚持全面和专题分析相结合,加大经济运行分析的力度,分析报告、统计快报、中部专报数量明显增加、质量明显提升,30多篇分析材料得到省领导的重要批示,为全省转型跨越、实现再造一个新山西目标提供了有力的统计保障、做出重要贡献。

二、始终坚持优化软硬件并举,不断提升文明和谐创建水平

一是树立正确导向,以统计核心价值观规范人。利用统计内外网等媒体,广泛宣传并积极引导广大党员、干部职工践行统计核心价值观。

二是提升公信力,以统计诚信塑造人。坚持统计职业道德教育常抓不懈,提升了干部职工的职业道德素养。坚持统计法制观念牢固树立,利用全国法律宣传日、统计法律宣传月,大力普及统计法律知识;加大统计执法力度,确保了统计求真务实。2012年省局直接查处4起统计违法案件,在1万多家"三上"企业开展了统计法律事务告知,国家局马建堂局长对我局法制工作作批示。

三是多办实事打造民心工程,以贴心的关爱凝聚人。第一,从常态工作入手,每年组织干部职工体检。第二,从热点难点抓起,先后两次为职工办理了住房团购。第三,从优化软硬条件着力,从改造荣誉室,改善乒乓球室,到以省摄影协会统计分会为平台举办摄影讲座、开展摄影采风活动。

四是创新载体,以多元化的文体活动提升人。第一,扎实开展公民道德建设"五个一"(一堂、一队、一牌、一桌、一组)活动。以创新讲坛为平台,邀请专家作报告,提升干部职工道德水准;组建了学雷锋志愿服务队,到太原荣军养老院慰问老红军、老党员,在全局重大活动中提供志愿服务。第二,注重活动的持续性。以联欢为纽带,举办元旦联欢会成为惯例;在"九九重阳节"、"五四青年节"分别举办老干部、青年座谈会。第三,注重活动的多样性和广泛参与性,诸如乒乓球、摄影讲座和摄影采风、外出考察交流等文体活动形式多样。第四,注重活动的教育性。组织党员、干部赴延安、长治等接受传统教育,在西沟聆听老劳模教诲,到右玉实地考察、宣誓,弘扬右玉精神等。第五,注重活动的文化性和品位性。在全省统计青年代表会期间,举办"为专家能手喝彩"联谊会,在联谊中增进情感、活跃气氛等;成功举办"山西统计风"书画摄影展,选送优秀作品参加省直机关文化节受到好评。

三、始终坚持"围绕中心抓党建、抓好党建促发展",以系统的理念机制提升机关党建科学化水平

一是在思想认识上,坚持把加强基层党组织建设放在统计发展战略目标的大背景下去思考和把握,使基层党组织建设着眼于发展、有利于发展;把增强党的意识和增强中心意识高度统一起来,把加强基层党组织的自身建设与完成统计的各项工作任务高度统一起来,坚持中心不动摇,围绕中心抓党建,更好地服务和推动全局中心工作。

二是在工作思路上,始终坚持一手抓机关党建,一手抓统计业务,把机关党建与统计业务、中心任务同部署,同检查,同落实。特别是努力把提高抓机关党建的能力,与提高抓中心工作的能力统一起来,以党建工作推动中心任务,以中心任务促进党的建设,拧成"一股绳",合成"一股劲",形成"一盘棋"。

三是在领导职能上,坚持把完成中心任务,作为党建工作的出发点和落脚点,作为衡量机关党建成效的基本标准。主要体现在"五个机制"上:第一,完善落实党组负总责、"一把手"亲自抓、分管领导具体抓的领导机制。始终把机关党的建设作为局党组整体工作的一个重要组成部分,列入重要议事日程。局党组经常听取机关党委的工作汇报,并给予大力支持,经常征求机关党委对全局性工作的意见和建议;把理论学习、机关党建等列入干部述职的重要内容;局党组每年定期或不定期地研究机关党建,认真研究机关党的思想、组织、作风建设等重要问题,及时研究和帮助解决了许多工作中的困难和问题。第二,强化"一岗双责"机制。在推进机关党的建设中,局领导班子成员都能够率先垂范,积极参与并支持全局性的或所在支部、分管单位的党建工作,在机关党建工作中发挥了表率作用;所有处室、单位的"一把手"都是党支部书记或副书记,切实做到了"两手抓、两促进"。第三,总揽全局、调动各方、履职尽责的协调机制。注重指导和引导机关党委不断拓宽工作领域,放手开展工作。协助局党组加强机关及直属单位领导班子、领导干部的思想政治建设,加强对党员领导干部的管理;协助党组召开民主生活会、组织中心组理论学习,推进党员和干部职工的思想政治工作。第四,凭实绩考核班子、选贤任能、奖优罚劣的评价机制。我们不断加大力度,强化责任,认真落实机关党的工作目标责任制。局党组与机关党委签订目标责任书,量化考核党支部工作,并将机关党建列入各处室(单位)工作目标责任制中。第五,对统计发展常议常抓、把关定向、抓要解难的议事机制,在促进

统计科学发展中切实发挥党组织的核心领导和战斗堡垒作用。

（程建平）

附：省统计局党组书记、副书记、成员名单

书　记：杨文章

副书记：翟振新

成　员：卢建明　赵占明　荆红社　张建华

省安全生产监督管理局党组工作概况

党组书记　张根虎

2012 年，省安全生产监督管理局党组认真贯彻落实党中央、国务院和省委、省政府关于安全生产的一系列重要指示和工作部署，围绕"一树立、三坚持、三强化"措施，加强领导，深化整治，严格检查，狠抓落实，全省安全生产形势继续好转。全年发生各类安全生产事故 9475 起，死亡 2507 人，继续保持了"双下降"的态势；亿元 GDP 死亡率、工矿商贸 10 万从业人员死亡率、道路交通万车死亡率比上年分别下降 9.61%、13.21%、11.35%，煤炭百万吨死亡率 0.091，继续保持全国领先水平（全国 0.374）；连续三年没有发生特别重大事故。对我省安全生产工作经验和取得的成就，新华社、人民日报等主流媒体都做了宣传报道，马凯副总理、国家安监总局杨栋梁局长等领导也给予了充分肯定。

一、召开全省安全生产工作会议

2012 年 3 月 27 日，省政府安委会扩大会议暨全省安全生产工作会议在太原召开。省委副书记、省长李小鹏出席并讲话。省委常委、常务副省长高建民，省委常委、副省长杜善学，副省长张建欣、任润厚、王一新、张复明等出席。会议强调，要牢固树立正确的安全生产理念。随着经济社会的发展、生产规模的扩大、从业人员的增加和人类对自然开发利用强度的提高，影响安全生产的因素也随之增加。做好安全生产工作，必须戒骄戒躁、永不自满，牢固树立发展是第一要务、安全生产也是第一要务，抓经济发展是政绩、抓安全生产也是政绩的理念，坚持"安全第一、预防为主、综合治理"的方针，始终以如临深渊、如履薄冰，敬畏生命、敬畏责任、敬畏制度的态度，狠抓安全生产责任和工作的落实。

二、完善目标责任体系

省政府与 11 个市政府和省有关部门签订了安全目标责任书，各级、各部门把考核指标和工作目标层层分解，落实到基层政府、部门和企业。同时，各级、各部门不断完善挂牌责任制实施细则，落实了挂牌责任人的安全责任。坚持实行五人监管包保制度，并实施监管部门、分管领导和具体监管人员监管责任"三落实"制度，进一步强化了政府部门安全监管。

三、强化企业主体责任

在重点行业推行了企业法定代表人承诺制，在高危行业推行了安全责任保险制度。充分发挥煤矿"六大员"、非煤矿山"五大员"，以及其他企业"三大员"作用，加强现场安全管理。大力推进标准化建设，到 2012 年底，全省 273 座煤矿生产矿井全部达标，非煤矿山和尾矿库 1783 家企业达标，达标率 81.6%；危险化学品 2405 家企业达标，生产企业达标率 83%；冶金等工贸行业 1389 家企业达标，规模以上企业达标率 80%；建筑施工特级企业全部通过安全认证。

四、狠抓安全生产专项整治

连续 4 年开展了覆盖 20 个行业的专项整治，排查各类生产经营单位 35 万多个，关闭取缔非法窝点 3.8 万个，投入隐患治理资金 70 多亿元。2012 年的整治工作，分三个阶段，组织了集中整治行动和两个"百日安全生产活动"。省安委办派出 7 个督查组，由各部门副厅（局）长带队，不间断地进行督查。省级行业主管部门进行了垂直督导和重点抽查，全省煤矿整治分 12 个督导组，分别由副厅级领导带队，对全省煤矿逐一排查评估，取得了良好效果。2012 年全省共成立检查组 8 万多个，检查各类企业 40 多万个（次），发现和治理隐患 72 万多条，其中重大隐患 303 条，落实隐患治理资金 7700 多万元。

五、推行挂牌责任制

继续在重点行业推行企业法定代表人安全生产承诺制，11 万家企业签订了承诺书，促进企业建立健全安全生产管理机构，完善安全生产制度，落实领导现场带班制度，足额提取安全生产费用，加大从业人员安全培训力度。全省安监部门着力推行高危行业安全责任保险，充分发挥责任保险的社会管理辅助功能，通过建立事故预防机制、行业差别费率和费率浮动杠杆机制，促进企业自我约束，自觉加强安全风险管控力度。通过发挥煤矿"六大员"、非煤矿山"五大员"作用，加强矿山企业现场安全管理，提高了企业安全生产水平。

六、创建标准化和安全乡村

深入开展以岗位达标、专业达标和企业达标为内容的安全生产标准化建设。煤矿生产矿井全部达标，对申报一、二级标准化的273座矿井正在验收;非煤矿山和尾矿库856家企业达标,年底达到总数的60%以上;危险化学品2302家企业达标,年底达到总数的80%以上;冶金工贸等行业622家企业达标,年底990家企业达标,达到总数的60%;建筑施工在年底前,特级企业全部通过安全认证,建筑工程施工现场全部达到"合格"标准。通过开展安全标准化创建活动,企业实现了安全管理工作程序化、岗位作业要求标准化、作业人员安全操作规范化,建立了运转有效的安全生产保障体系。全省95%的乡村(镇、街道、社区)通过了安全乡村基本标准达标验收,有14775个乡村建成了"安全乡村",占全省乡村总数(30397个)的48.6%。通过召开会议、现场观摩,分解目标、加强考核等措施,大力推进安全乡村创建活动。截至2012年底,全省已有96%的乡、村通过了基本标准达标验收,有7千余个乡村(社区)建成了"安全乡村",安全监管的触角已延伸到行政村,初步形成"四级机构、五级网络"的安全监管格局。

七、开展打非治违专项行动

根据国务院安排,各级各部门坚持以联合执法为手段,以打击非法违法采矿为重点,加大巡查、突查、夜查、抽查和督查力度,采取停产整顿、关闭取缔、从重处罚和从严问责的"四个一律"打击治理措施,对非法违法行为进行了严肃查处。省政府召开5次专题会议,布置打击非法违法采矿活动,对37个重点县、152个重点乡和589个重点村实施了全程跟踪、全程监控、重点打击。专项行动以来,全省共打击非法违法行为96331起,责令停产、停业、停止建设企业3744家,关闭取缔非法违法窝点4786个。

八、加强事故查处力度

各级、各部门不断完善安全生产目标责任考评办法,严格实行日报告、周调度、月通报、半年发布、年终考核制度,在全省大考核中坚持安全"一票否决",通过从严考核,使各级、各部门更加重视安全生产工作。严格查处各类安全生产事故,2012年全省共查处事故93起,追究刑事责任59人,党纪政纪处分413人。对3起社会影响大的较大事故,提高了事故调查等级,由省政府组织成立调查组进行调查处理。通过严格问责,使广大干部对安全生产工作更加尽职尽责。

(成 龙)

附:省安全生产监督管理局党组书记、成员名单

书 记:张根虎

成 员:狄重阳 王玉成 唐 晋 刘德政 霍红义

省旅游局党组工作概况

党组书记 席小军

2012年,省旅游局党组认真贯彻落实党的十八大精神,按照省委、省政府的战略部署,狠抓领导班子建设、干部队伍建设、党风廉政建设和产业发展工作,全局上下呈现了班子团结、风清气正、干事创业的良好氛围,旅游经济实现了强劲快速增长。

一、围绕2012年度经济发展目标,加快推进旅游业转型跨越发展

(一)旅游发展态势强劲,综合经济效益有了新提升。

2012年,全省共接待海外旅游者189.18万人次,入境旅游创汇7.2亿美元;接待国内旅游者1.94亿人次,国内旅游收入1766.28亿元;实现旅游总收入1813.01亿元,完成了年度目标的111.6%。全省共实现旅游增加值942.4亿元,占全省GDP的比重为7.6%。占服务业增加值的比重为20.54%;为全省增加财政收入317.16亿元,占全省财政总收入的12.2%。全省共新增旅游直接从业人员5.6万人,新增间接从业人员14.3万人。截止2012年底,全省共有旅游直接从业人员38.1万人,间接从业人员176.8万人。

(二)景区开发科学推进,旅游产品形成新格局。

省旅游局积极与省综改办联系,配合各有关部门抓好以五台山、云冈石窟、平遥古城为龙头,太行山大峡谷、皇城相府、晋祠、应县木塔、碛口古镇、藏山、洪洞大槐树、关帝庙等11个标杆景区的提升建设工程。

优化产品结构。加快了红色旅游产品的开发力度,八路军文化园、黄崖洞、麻田八路军总部、大寨等4家景区成功创建国家4A级景区,太行山红色旅游精品线路基本形成。生态旅游有了新的发展,榆次乌金山、灵石石膏山、襄垣仙堂山等生态旅游与文化旅游相结合的旅游产品日渐成熟,临汾百里汾河经环境整治后成为百里生态文化画廊和"城市绿肺"。工业旅游正在成为山西旅游的新亮点,清徐宝源老醋坊、晋华宫矿井下游成功创建国家4A级景区,太原西山国家矿山公园正在大力建设之中。

(三)旅游业转型促发展,招商引资有了新突破。

2012年全省在建的84个项目中有近70%来自省内传统产业的转型投资。在2012年的第七届中部贸易博览会旅

游投融资合作洽谈会上，山西省共有9个项目签约，资金总额达91亿元，居历届中博会前列。在首届世界晋商大会上，吕梁岚县与北京中港天龙投资有限公司签订创5A级旅游风景区项目协议，总投资额150亿元，拟引资100亿元。

（四）坚持改革创新，旅游业发展呈现新气象。

全省各地在景区开发建设、经营管理和引进知名品牌酒店等方面进行了积极探索。长治市大力度对壶关太行山大峡谷景区进行了资源整合，实行统一规划、统一宣传、统一管理，成立了统一经营的旅游公司，并对大峡谷品牌进行了评估，目前正在与国内知名的景区管理公司洽谈景区托管事宜。运城市为进一步激活景区开发建设的活力，市委、市政府将关帝庙、李家大院、永乐宫的经营管理权下放至景区所在区县，实现了资源的有效配置。武乡县为加快发展红色旅游，创新管理机制和经营模式，引进深圳华侨城集团的管理团队，统一管理、策划、营销。

（五）加强旅游市场秩序的整顿规范，旅游市场有了新变化。

一是加强了旅游市场秩序的整顿规范。省旅游局联合省纠风办、省公安厅等10个部门开展了对重点景区的市场秩序整顿，收到了较好的效果。在全省范围内组织了规模较大的明察暗访活动，对旅行社、星级饭店和旅游景区服务质量、规范经营等方面进行专项整治，共检查旅游企业268家。山西卫视公共频道以抽百人查百案工作为基本素材做了三期专题片。有效净化了旅游市场秩序。

二是不断提升公共服务水平。依托景区游客服务中心、星级饭店、旅行社门市部、机场、长途汽车站和高速公路服务区等人员聚集的地方建设旅游咨询服务点，统一标识、统一风格，为民众出游提供便捷化服务，计划建设500个，首批233个已挂牌启动。与山西电信合作，建立全省旅游行业管理信息化系统，提高旅游行业管理信息化和服务旅游企业的水平。制订了33条旅游热线的参考价格并对外公布，防范与打击旅游企业间的恶性价格竞争、零负团费等不良行为。

三是大力加强旅游安全工作。全省各级旅游部门严格落实“一岗双责”、企业安全生产责任和行业监管责任，努力把各种事故苗头、安全隐患消灭在萌芽状态。2012年全省旅游安全形势总体平稳，没有发生旅游安全事故和重大旅游投诉，省旅游局被省政府评为安全生产先进单位。

四是大力推进诚信旅游建设。召开了山西省旅行社（旅游公司）诚信经营大会，各级旅游行政管理部门与所属旅行社签订了《诚信经营责任状》。制订了33条旅游热线的参考价格并对外公布，防范与打击旅游企业间的恶性价格竞争、零负团费等不良行为。

五是开展了游客满意度调查工作。从2012年第二季度开始，省旅游局通过科学有效的方式，对各市综合服务环境建设、旅行社、星级饭店、景区（点）进行测评，用满意度调查结果和游客投诉信息发布等手段，引导、督促各地改进和提升服务质量。

六是加强旅游标准化建设。研究制定了规划、评选、创建、行业、示范、建设等方面的一系列旅游业的认定标准，以标准化促进全省旅游业的规范化发展。同时加大标准执行的力度，对全省68家四星级饭店和50家三星级饭店进行了复核。

（六）加大宣传促销，强化品牌塑造，山西旅游知名度和美誉度有了新提升。

一是大手笔投入广告进行品牌塑造。省、市联动，投入近8000万元，在中央电视台、《人民日报》、凤凰卫视、山西卫视、《山西日报》等省内外主流媒体进行了宣传推广。此外，在重点动车线路共311个车次和北京西客站出口LED大屏幕进行了宣传推广。

二是利用互联网等现代传媒进行品牌塑造。省旅游局策划了“我发现·晋善晋美”山西旅游网络推广活动，其中仅“美好印象·山西十大景区”一个版块就收到500多万份网民投票。此外，还利用百度、新浪、搜狐等知名网站进行山西旅游品牌推广。

三是通过文化精品和旅游纪念品进行品牌塑造。省旅游局与省人民出版社联合编撰了“晋善晋美”系列丛书，以图文并茂的形式分编了文化名人眼中的山西名胜、古代散文和古代诗歌赞咏山西的精品图书。根据客源市场分布情况，设计制作了多个语种的宣传册。设计开发了“晋善晋美·山西礼物”系列旅游纪念品。

四是通过会展、节庆进行品牌塑造。积极参加国内外各类旅游交易会、博览会，成功承办了第十七届中国北方旅游交易会。推动文化与旅游深度融合，五台山国际文化旅游月、平遥国际摄影大展、云冈国际文化旅游节、运城关公文化节、洪洞大槐树寻根祭祖节、绵山清明文化节、长治国际攀岩节、云丘山中和文化旅游节等已成为具有国内外影响力的文化旅游节庆活动。

五是通过区域合作进行品牌塑造。积极开展跨区域旅游合作，参加了环渤海和周边9省市及上海、杭州、西安等十个热点旅游城市的“9+10”区域合作；与沿黄8省进行旅游区域合作；与河南、河北两省构建了太行山区域旅游合作机制；同中部五省和广东、福建、江苏、浙江等省分别签定了战略合作协议，开展务实合作。

六是通过专题活动进行品牌塑造。举办了“晋善晋美——山西旅游年票册首发仪式”、“晋善晋美进社区，百万读者欢乐游”、“山西旅游季”、“关公祖庙圣像台湾巡游”和第四届“耐特斯达”杯日语演讲大赛等主题活动。省旅游局和山西电视台联合推出了“晋善晋美晋唐诗”和“晋善晋美晋味道”大型电视专题节目。

（七）安全整治成效明显，旅游市场秩序有了新变化。

省旅游局修订、完善了全省旅游安全日常监管制度和考核办法，与11个市旅游局签订了旅游安全目标责任书。在黄金周、小长假、特殊气候等重要旅游时段，分别组织了旅游专项安全检查，并以发送手机提示短信、免费发放安全保障卡等方式强化旅游从业者和游客的安全意识。深入开展了各项旅游安全整治活动，配合交通、公安、食药监等相关部门进行旅游安全检查。

二、狠抓领导班子和干部队伍建设,为旅游产业发展提供坚强的组织保证

一是领导班子指导产业发展的能力进一步增强。与证监局签订了战略合作协议,通过资本市场推动旅游业发展。与省林业厅签订了《关于推进森林旅游发展的合作框架协议》,共同推进森林旅游产品的开发。与省气象局签订了《联合提升旅游气象服务能力合作框架协议》,为旅游企业和游客提供便捷的气象服务。与省住建厅、省物价局联合下发了《关于旅游宾馆(饭店)用水执行一般工业用水价格的通知》,落实宾馆饭店用水与一般工业企业同等价格的规定。指导编制和组织评审旅游规划各15个。举办了"山西省星级饭店管理人员高级研修班"和"山西省旅行社管理人员高级研修班"。一批国有、集体、民营煤焦企业和其他行业纷纷投资旅游业。在第七届中部贸易博览会旅游投融资合作洽谈会上,山西省共有9个旅游项目签约,资金总额达91亿元,居历届中博会前列。

二是深入推进学习型机关建设和精神文明创建。全局上下认真学习贯彻十八大精神、中央和省的各项决策,局领导带头宣讲学习党的十八大精神的体会。在全局系统认真开展了保持党的纯洁性学习教育活动,召开了局领导班子保持党的纯洁性专题民主生活会。在全行业开展了"讲诚信、守承诺、树品牌、促发展"引深旅游窗口单位"为民服务创先争优"活动,《紫光阁》网站和国家旅游局党建网给予了宣传报道。2012年,局党组中心组共组织专题学习8次,累计学习15天。组织党员干部80余人次参加省委党校等各类培训及参加在线学习。

三是深入抓好干部队伍建设。充分发扬民主集中制,局党组做到了重大事项一起决策、重点工作一起部署、难点问题一起解决。坚持正确的用人导向,注重培养和选拔优秀年轻干部,全年调整干部2次,提拔任用干部5人,都能严格按照任用标准,坚持公开、公正、公平,按岗位要求和每个干部的特点进行优化配置。加强了教育培训,分13批组织27名机关干部到清华大学、北京大学等高校进行自主选学培训。建立了机关干部与重点景区一对一的联系帮扶制度,在服务基层的同时提升素质。

三、狠抓党风廉政建设,为旅游产业发展优化环境

局党组全面贯彻落实全省党风廉政建设干部大会、省纪委十届二次全会、全国旅游纪检监察暨行风建设工作会议精神,及时组织召开全行业会议进行了安排部署,制定下发了《反腐倡廉工作任务责任分解实施意见》,与局机关各处室和直属单位签订了党风廉政建设目标责任书。大力开展整治"吃拿卡要"活动,积极推进旅游行政审批改革,将原来的4项行政审批事项合并为3项。畅通和规范信访举报渠道,积极开展党风廉政建设满意度调查。

深入开展旅游政风行风建设和评议工作。5月份和9月份,省旅游局先后两次参加了"政风行风热线",与听众直接对话进行现场解答;10月份,省旅游局又在晋城市召开了省、市、县三级联动民主评议旅游政风行风听证对话会,倾听民生,了解民情,关心民众;我省《建立服务质量报告制度 提升旅游企业服务质量》的做法得到国家旅游局的充分肯定,并在全国旅游纪检监察暨行风建设工作会上进行了经验介绍。

扎实推进《党员领导干部廉洁从政若干准则》和"一岗双职"要求的贯彻落实。局班子成员率先垂范、以身作则,带头遵守廉洁自律的各项规定,局纪检监察部门全过程参与、全方位监督旅行社审批、饭店星级评定、旅游景区评级、导游考试定级等重大业务活动。

为进一步加强机关作风建设,提高工作效率,树立机关良好形象,局机关出台了《关于进一步加强作风纪律建设的通知》,严肃工作纪律,全局上下根据建设人民群众更加满意的现代服务业和服务型机关的要求,打造"为民、务实、高效、清廉"的旅游管理队伍。以建设服务型机关为目标,切实加强机关行政效能建设,机关风气整体好转,受到了社会各界的好评。

(魏然　乔美华)

附:省旅游局党组书记、成员名单

书　记:席小军

成　员:王炳武　王文保　姚十保　李　贵

省宗教事务局党组工作概况

党组书记　郭海刚

2012年,省宗教局党组认真贯彻落实中共中央和山西省委的重要指示精神,紧紧围绕年初确立的"重在加强,贵在创新,务实有序,稳中求进"的工作思路,各项工作取得明显进展,圆满完成了省委、省政府下达的工作目标责任制任务,维护了全省民族宗教领域的和谐稳定。

一、继续深入开展民族团结进步创建活动,进一步营造全社会团结和谐氛围

认真贯彻落实中办、国办《关于深入开展民族团结宣传教育活动的意见》,认真落实国务院和我省民族团结进步表

彰大会精神及袁纯清书记对做好我省民族工作提出的新要求，认真贯彻落实全国民族团结进步创建活动银川经验交流会精神，与省委宣传部、省委统战部联合下发了《关于贯彻全国民族团结进步创建活动经验交流会精神进一步推动我省创建活动的通知》，对全省开展民族团结进步创建活动进行了再动员、再部署。在省属国有企业开展民族团结进步创建活动实施方案的基础上，积极与省国资委协调，确定特色鲜明、具体可行的创建主题。落实国家民委、国务院国资委《关于进一步做好新形势下国有企业民族工作的指导意见》，扎实推进省属国有企业创建活动的深入开展。10月26日，省民委、山西省国资委联合召开了省属企业民族团结进步创建活动经验交流会。总结交流了近年来省属国有企业开展创建活动的经验，研究解决存在的问题和薄弱环节，为深入推动企业创建活动的开展奠定了基础。

二、努力加快民族聚居村经济建设，进一步提升全省少数民族经济发展水平

省委省政府高度重视少数民族聚居村的经济社会发展。1月15日，省委书记袁纯清主持召开了十届省委第14次常委会议。会议传达贯彻落实中央民族工作会议精神经验交流会精神，研究部署我省贯彻落实意见。4月27日，省民委召开全省民族经济工作会议，就贯彻落实省委常委会“把少数民族经济社会发展摆在更加突出的位置”，把少数民族聚居村放在发展一村一品、扶贫开发、新农村建设的优先位置，从各方面给予倾斜”等精神，进一步加快我省少数民族聚居村经济社会发展。9月10日，郭迎光副省长主持召开会议，专题研究少数民族聚居村扶贫开发工作。会议研究确定了加快少数民族贫困村脱贫致富奔小康的帮扶措施。11月2日，省民委召开年轻干部与少数民族贫困村结对帮扶动员会。会后，省民委机关帮扶干部深入全省26个少数民族贫困村开展帮扶工作。

继续做好少数民族发展资金分配使用管理工作，加强资金的监管力度，坚持“科学选项，择优扶持，公开透明”的原则，邀请省农业厅、省农科院畜牧所、省交通科学院、省林业及省财政厅等有关单位专家论证，确定了27个项目给予扶持。根据国家民委、财政部、中国人民银行联合下发的《关于申报十二五期间全国民族特需商品定点生产企业的通知》精神，联合省财政厅、中国人民银行太原中心支行对全省拟申报的民族特需商品生产企业进行了考察，选择36家具有一定经济实力、能够承担民族特需商品生产并坚持为少数民族群众服务的企业申报“十二五”期间全国民族特需商品定点生产企业。

三、大力做好少数民族教育文化体育工作，进一步发展全省少数民族社会事业

认真贯彻《关于进一步繁荣发展少数民族文化事业的若干意见》的精神，积极筹备参加第四届全国少数民族文艺会演，加强与文化、广电等部门协调配合，与省文化厅共同推荐太原市晋剧艺术研究院晋剧《傅山进京》参演。省领导对我省组团参加会演高度重视，郭迎光副省长亲自审查、观看剧目，为演职人员加油鼓劲。委领导先后多次深入院团指导修改、排练，确保每项工作都按要求落实到位。6月8日组团赴京参加了本届全国少数民族文艺汇演，圆满完成演出工作。山西省参加会演的新编晋剧《傅山进京》捧回本届会演最高奖项——会演剧目金奖，且位居戏剧类剧目榜首。山西代表团荣获优秀组织奖。为总结少数民族文艺会演工作发展，发挥少数民族文艺会演的积极作用，推动少数民族文化事业发展，由国家民委举办的第四届全国少数民族文艺会演总结交流会在太原召开。会议充分肯定了山西的民族工作，并对繁荣民族文化事业工作进行了工作安排。继续贯彻落实《山西省清真食品监督管理条例》，进一步加强清真食品的监督管理工作，在全省开展了清真食品安全工作专项检查。严厉打击经营假冒清真食品的违法行为，切实维护了少数民族的合法权益。

四、全面贯彻落实党的民族宗教政策，进一步依法加强对民族宗教事务的管理

深入贯彻《宗教事务条例》、《山西省宗教事务条例》，不断强化各级民族宗教工作部门的依法行政意识，提高信教群众的法律意识，使民族宗教事务的管理逐步走向法制化轨道。按照省审改办的要求，行政审批改革工作顺利完成，将原有的14项行政审批项目合并为9个审批项目。按照省效能办要求，对局(委)行政审批电子监察工作进行严格自查，制定对外行政审批《首办责任制》、《一次性告知制》、《限时办结制》等工作制度，制成挂图公示公开。根据两个条例和国宗局2号令，按照上海会议对设立宗教场所有关问题的要求，下发了《关于对已审批重建、改建、扩建寺观教堂调查摸底的通知》，对乱建寺观教堂，滥塑宗教造像和以各种借口聚敛钱财的行为进行坚决制止。

根据国家民委和国家宗教局统一部署，将每年的6月份定为开展政策法规“学习月活动”。局(委)领导高度重视，将此项工作列入目标责任制。我们结合实际，积极部署，下发了通知，制定了详细的工作方案，以“三进三学三引导”为目标，采取举办培训班、在报刊刊登知识问答、发放政策法规知识宣传资料、悬挂宣传标语、开展知识竞赛等方式，做到民族宗教法律法规进宗教团体、进宗教场所、进少数民族聚居村，进一步提高宗教界人士、信教群众政策法律意识，“学习月活动”成效显著。

深入贯彻实施《条例》，认真完成宗教教职人员认定备案工作，不断推进宗教活动场所财务监督管理两个专项工作。全省教职人员认定备案近6000人，其中佛教2447人，道教151人，伊斯兰教154人，天主教332人，基督教2752人。全省绝大多数宗教活动场所建立了会计制度、预算管理、收支管理、资产管理等监督管理机制基本完善，为进一步加强宗教活动场所规范化管理，7月底全省宗教活动场所财务监督管理工作推进会在阳泉召开。会议总结了近年来全省宗教活

动场所财务监督管理工作所取得的成绩,着重研究解决"小场所"财务监督管理等难点问题实现分类管理,并对下阶段工作进行了安排。

五、有效处置各种突发事件和复杂问题,进一步落实维护团结稳定工作

按照中央和省委、省政府的部署,省局(委)多次召开党组扩大会议进行工作部署,下发维稳通知,认真排查分析全省民族宗教关系状况,进一步修订完善了应对民族宗教方面群体性和突发性事件的处置预案和专项工作预案。局(委)党组从8月21日分赴全省进行矛盾排查调研周活动,修订应急预案,研究防范措施,周密安排部署,做好关键人物的工作,着力解决影响全省社会稳定的突出问题,全力以赴确保全省民族宗教领域和谐稳定。一年中,我们积极稳妥地处置了50余起突发情况和复杂事件。

六、着力解决各教存在的重点难点问题,进一步稳定全省民族宗教领域

一是高度重视和积极部署天主教专项工作。为进一步掌握全省天主教界基本情况,积极化解天主教存在的热点和难点问题,局党组决定自8月至11月利用4个月时间对全省天主教教职人员进行一次走访约谈教育,深入10个教区,与4名主教、6名教区负责人、1名修院院长,16名中青年骨干神甫进行了单独约谈,教育效果良好,达到了预期目的。通过近4个月的教育,全省天主教上层人士的思想认识有了明显变化,初步扭转了天主教工作的被动局面,同时在天主教修道院,个别教区选举祝圣等问题上有了进一步进展,为做好全省天主教工作打下坚实基础。

二是切实加强对佛道教乱建庙宇、乱塑佛像等乱象的治理。根据条例、规章有关规定和中央统战部、国家宗教局通知精神,结合上海会议对设立"宗教场所"有关问题的要求,下发了《关于对已审批重建、改建、扩建寺观教堂调查摸底的通知》,对近两年已审批通过的新建、重建、复建等宗教活动场所进行摸底排查,对乱建寺观教堂、滥塑宗教造像和以各种借口聚敛钱财的行为进行坚决制止。对举办大型宗教活动,严格坚持报批程序,确保了宗教活动如法如律进行,维护了宗教政策和法规的严肃性。同时,加强对全省特别是五台山宗教活动场所、教职人员的管理。根据五台山风景区综改试验区提升改造工程规划,全面贯彻袁纯清书记的要求,宗教局在五台山举办了佛教寺院管理培训班,以此进一步提高全省教职人员的综合素质。

七、认真加强宗教团体自身建设,进一步增强宗教界自我管理能力

重点指导省级五大宗教团体搞好制度建设和领导班子建设,推动团体工作规范化、制度化。指导省天主教"两会"筹备换届工作,指导省基督教"两会"完善工作机制。指导省基督教"两会"召开六届五次常委会。为进一步加强宗教团体自身建设,建立宗教界述职交流评价机制。在太原召开省级宗教团体学习报告暨述职交流会议。与会人员主要学习听取全省经济形势报告,各宗教团体领导班子成员和宗教界上层人士进行述职及民主测评。

着力加强对全省宗教教职人员的教育、培养和管理力度,制定省级宗教团体副秘书长和常务理事以上人员的培训计划。选派宗教界人士参加中央统战部、国宗局举办的各类培训学习和文化交流活动。举办省道协一届五次理事(扩大)会议暨道教教职人员认定发证培训班。指导省伊协参加国宗局举办的2012年伊斯兰教解经骨干培训班和中国伊协举办的第八届全国卧尔兹演讲比赛。指导省伊协在太原对2012年山西穆斯林朝觐团组织行前教育培训。指导省基督教"两会"成功举办全省基督教第六期教职人员培训班。多次派出专人到五台山尼众佛学院进行考察调研,指导学院做好课程设置和建立完善体制机制工作。指导省道协推进芮城纯阳宫修复工程的建设进度。指导省佛协在五台山召开海峡两岸"中国文化与宗教大同暨五台山佛教文化"研讨会。指导省基督教"两会"成功举办了燕京神学院七届三次董事会。适时引导全省宗教界积极参加社会公益事业等慈善活动,省宗教局向各市下发《关于在全省宗教界开展"宗教慈善周"活动的通知》,9月17日至23日,山西省以"慈爱人间、五教同行"为主题的"宗教慈善周"活动正式拉开帷幕。全省宗教界在"宗教慈善周"为公益慈善事业捐资捐物达2100余万元。受到了社会各界的好评。

八、坚持以创建活动为抓手,进一步加强对宗教界的正面引导和服务保障工作

积极支持开展佛教讲经交流、道教玄门讲经、伊斯兰教解经、天主教民主办教、基督教神学思想建设等。为配合省委、省政府制定的文化强省战略和综改试验区建设,积极引导宗教界重视文化建设,3月举办了以"弘扬优秀宗教文化,服务文化强省建设"为主题的宗教文化建设座谈会,积极引导宗教界重视文化建设、坚持宗教文化的正确发展方向。

按照国宗局安排,省局(委)把2012年以"安全年"为主题的和谐寺观教堂创建活动,做为维护稳定、促进和谐的重要抓手。专门制定了《关于深入推进以安全为主题的"和谐寺观教堂"创建活动实施方案》,就指导思想、标准条件、方法步骤、工作要求等做出具体安排部署。各地注重在活动中对宗教活动场所安全大检查,排查宗教领域安全隐患,把检查验收结果作为和谐寺观教堂评比表彰的硬性指标,提高场所的安全防范能力,确保宗教活动安全有序开展。

积极为民族宗教界人士服务,解决他们在工作中和生活中遇到的问题,把解决宗教教职人员社会保障问题摆在突出位置,并将此项工作列入2011—2012年工作目标责任制。国家宗教事务局等五部门《关于妥善解决宗教教职人员社会保障问题的意见》下发后,联合五厅局形成了《实施意见》。全省各地按照《实施意见》,梳理宗教教职人员备案人数、参保人数、参保类型,创新工作思路,合理制定方案,总结探讨经验,

主动解决问题,有效地推进了社保工作。

九、坚持不懈地推进机关建设,进一步提高创优发展环境水平

按照省委在全省开展保持党的纯洁性学习教育活动的安排部署,省宗教局(省民委)党组高度重视,2月23日,机关全体党员参加了省委统战部统战系统开展保持党的纯洁性学习教育活动动员大会,3月1日,局(委)召开保持党的纯洁性学习教育活动动员大会。专门印制了《省宗教事务局(省民委)开展保持党的纯洁性学习教育活动学习材料》,组织全体干部职工赴武乡和顺学习考察。按照省直工委《关于2012年省直机关党组(党委)中心组和干部理论学习安排意见》的部署,结合民族宗教工作实际,制定了局(委)7个方面的学习专题。8月份局(委)党组召开中心组专题学习会,学习了胡锦涛总书记在省部级主要领导干部专题研讨班开班式上的重要讲话精神,学习了人民日报评论员文章《深刻把握党和国家工作总要求》、《深刻把握科学发展观的重大意义》。

2012年,全省民族宗教工作系统重点抓机关建设,掀起了学习贯彻党的十七届七中全会精神、胡锦涛总书记"7·23"讲话精神和党的十八大精神高潮,坚定了全省民族宗教工作干部以实际行动做好本职工作的信心和决心。8月9日,省局(委)召开加强机关建设动员会,全面启动了加强机关建设工作,机关建设取得显著成效,共建风清气正、高效有序、团结和谐机关的风气正在形成。

全面部署和推进干部教育培训工作,做好干部的培养选拔工作,响应省直工委组织的"读书月"活动,为机关全体党员购买了读书卡,推进党员干部理论学习教育活动。加强对各级党政分管领导和宗教工作干部的培训工作,8月在北京举办山西省民族宗教干部行政执法培训班,全省各市、县的69名统战、民族宗教干部参加了培训。9月中旬举办全省民族宗教信息员培训班,提高了民族宗教工作干部驾驭和处理问题的能力水平。

加强党风廉政建设和反腐败工作,制定《省宗教局(省民委)落实2012年反腐倡廉工作任务责任分解实施意见》,进一步加强行政机关效能建设优化发展环境的意见,贯彻全省整治"吃拿卡要"问题创优发展环境会议精神,严明政治纪律。通过廉政风险进一步的防控排查和制定防控措施,进一步加强了对重点处室和关键岗位相关人员的岗位廉政教育,加强了对"人、财、物"的管理,全年没有违纪现象发生。

(王泽武)

附:省宗教事务局党组书记、成员名单

书　记: 边根棠(5月离职)　郭海刚(6月任职)

成　员: 卫望军　李广禄　侯文禄

省文物局党组工作概况

党组书记　王建武

2012年,省文物局党组团结带领全省文物系统广大干部职工,紧紧围绕转型跨越发展战略,创新思路,改进作风,真抓实干,奋力拼搏,使全省文物保护工作取得了新进展,各项任务取得了好成绩。

一、坚持不懈地抓领导班子团结和队伍建设

一是深入学习贯彻党的十八大精神,推进"学习型"机关建设。扎实开展了"创优软环境、喜迎十八大"和"喜迎十八大、岗位做奉献"主题活动。通过组织收看实况,王建武局长做专题辅导,举办培训班,系统学习了十八大报告和党章、党史。省局网站专门开辟了党建专栏,涵盖了局机关、局直以及各市的党建工作动态,点击率高,反响良好。局系统组织观看了"弘扬太行精神,牢记宗旨意识"主题文艺演出、纯洁性专题教育片,局机关还组织党员赴西柏坡接受革命传统教育。全局15个基层党支部都办了"学习十八大心得体会"专栏。八路军太行纪念馆推出《永远的旗帜——中共一大至十七大专题巡展》讴歌了党的丰功伟绩。

二是坚持民主集中制,加强领导班子建设。局领导班子能够较好地坚持党的民主集中原则,在调整干部、部署重大工作任务、安排文物保护项目和经费等工作中,班子成员之间积极沟通,科学决策,充分发挥了领导班子的整体效能。6月,局党组召开了保持党的纯洁性专题民主生活会。班子成员紧密联系个人思想和工作实际,认真开展党性分析,寻找差距,剖析原因,提出整改措施,收到了良好的效果。12月,局党组召开了"学习贯彻十八大精神坚持为民务实清廉推动转型跨越发展"为主题的民主生活会,班子成员之间积极开展批评与自我批评,讲党性、讲大局、讲宽容、讲理解,正确处理民主与集中、自由与纪律、个人与组织的关系,相互之间增加了了解、增强了信任,做到了相互配合,真诚相待,切实维护了班子的团结和谐。

三是深化干部人事制度改革,加强干部队伍建设。2012年对5名处级领导干部进行了岗位交流;选拔任用了4名正处级领导干部、2名正处级非领导干部和6名副处级领导干部。对副处级干部选拔任用实行了竞争上岗,做到了公开、公平、公正。举办了行政执法、安全管理、博物馆运行管理、

自主选学等培训班，全系统有502名干部接受了培训。

二、深入开展创先争优、文明和谐单位创建活动，大力加强基层党组织建设

一是继续开展创先争优活动。上半年，制定下发了《2012年创先争优活动工作要点》，指导各支部开展活动。七一前夕，向省直工委推荐表彰了一批先进个人和先进集体。同时在局系统开展“向先进看齐，做时代楷模”活动，号召广大党员向“文博大家”张晗先生、柴泽俊先生，“全国文博系统先进工作者”获得者张庆捷同志，“山西省五一劳动奖章”获得者王万辉同志学习。

二是积极推进基层组织建设年活动。指导基层支部召开了以保持党的纯洁性为主题的民主生活会；严格按照程序，完成了山西省出席党的十八大代表初步候选人的推荐工作；完成了各支部“分类定级”工作；完善基层组织建设工作，指导部分支部完成换届、补选、班子配齐等工作，发展了党员。

三是进一步抓实文明和谐创建工作。6月29日，局机关“文明和谐单位标兵”挂牌，成为我局机关建设新的里程碑。在保持局机关创建文明和谐单位标兵建设势头的基础上，指导山西博物院、省考古所积极进行文明和谐单位标兵的创建，指导新加入文明和谐单位创建的艺术馆、古建所、民俗馆、信息中心等单位开展创建活动。

三、圆满完成全省重点工程建设中的文物保护工作

全年受理大型重点工程建设中的文物保护事项共计56个项目，省局牵头，有关市、县文物局配合，完成考古勘探面积39万平方米、考古发掘面积2万余平方米，出土各类遗物1410余件（套），既使工程建设中的濒危文物得到了有效保护，又保证了重点工程建设工期。在省政府重点工程调度会上，我局多次受到李小鹏省长的表扬。

五台山重点寺庙文物保护工程开局良好。这项工程是省政府确定的五台山风景区提升标杆项目的重要内容。我局组织了对重点寺庙的实地踏勘，完成了菩萨顶、显通寺等9处重要寺庙的维修保养及整治方案的编制和上报工作。启动了五台山野外文物普查，整理了部分寺庙档案资料。完善寺庙管理制度，编印了《寺庙文物管理与保护手册》。后因省政府调整了工程内容，文物保护工程暂停实施。

太原晋阳古城国家考古遗址公园建设取得新进展。我局召开了两次专题会议，推进此项工作。对晋阳古城进行了考古勘探和发掘工作，编制了遗址上现存的明太原城重要文物遗迹点的维修方案、晋阳古城遗址保护规划和西城墙保护展示方案。

应县木塔申遗工程成效明显。协调参与木塔申遗工程有关方面召开了应县木塔申遗工作推进会，报请国家文物局批准了应县木塔保护规划，完成并上报了《应县佛宫寺释迦塔申遗文本》，国家文物局将应县木塔、关圣文化建筑群（解州关帝庙）、汾阳杏花村汾酒老作坊、丁村古建筑群列入了《中国世界文化遗产预备名录》，以此为标志，木塔申遗工作向前迈出了一大步。组织完成了木塔二到四层的屋面勾抿养护工程，编制了《应县佛宫寺释迦塔底部三层结构加固方案》，并组织专家进行了评审。督促应县政府完成了《应县佛宫寺释迦塔周边环境整治方案》的编制。推进辽应州城及佛宫寺寺庙遗址考古工作，完成考古勘探30万平方米，发掘1300平方米。起草了《山西省应县木塔保护管理条例》。

襄汾陶寺遗址国家考古遗址公园建设前期准备工作扎实推进。完成了《陶寺遗址保护规划》编制工作，已上报国家文物局审批。完成了对陶寺遗址手工业作坊区及宫殿区的考古勘探发掘工作。

山西南部早期建筑保护工程取得阶段性成果。组织完成了新绛三官庙、陵川西溪二仙庙等17个项目的招投标工作，15 项已开工，2项正在进行开工前的准备。组织完成了武乡洪济院、闻喜后稷庙等9处国保单位文物保护规划编制工作，组织专家对武乡洪济院、闻喜后稷庙等5个规划进行了评审。2012年3月、10月两次邀请国家文物局专家组对南部在建工地进行了检查。对已完工的6项工程进行了竣工验收。整理完成了8个项目的工程技术资料。我局实施南部早期建筑保护工程的经验和做法得到了国家文物局的肯定，12月，国家文物局在太原召开了第五次全国文物保护工程会。会上，我局举办了山西南部早期建筑保护工程汇报展，并做了典型发言。

云冈石窟窟檐保护工程正式开工。组织完成了五华洞保护性窟檐建设方案、岩体加固工程方案、壁画及泥塑彩绘修复方案的编制和报批工作，于6月27日举行了开工仪式。组织完成了对《云冈石窟第3窟保护性窟檐建设工程比选优化方案》的修改，已上报国家文物局审批。在世界遗产地管理方面，先后完成了《云冈石窟动态信息及监测预警系统设计方案》及《五华洞文物本体及微环境监测系统建设方案》，已报国家文物局审批。开展了对洞窟现状的调查及评估工作。完成了窟顶考古发掘收尾工程，“云冈石窟窟顶考古发掘”入选2011年度全国十大考古新发现。

博物馆建设稳步推进，公共服务能力明显提升。运城、大同市新馆建设进展顺利。朔州市博物馆《朔州古代文明》布展工作基本完成。指导帮扶了广灵剪纸艺术博物馆、朔城区马邑博物馆新馆建设与陈列布展工程。一年中，我局直属院馆精心举办了《姚奠中张颔林鹏书法作品展》、《发现霸国》等5个精品展；引进了《张大千敦煌临摹作品展》、《傅抱石绘画作品展》、《丰子恺漫画展》等20余个精品展；组织《傅山书画艺术展》、《晋国文物精华展》、《山西佛教雕塑艺术展》赴江苏、广东、湖北、江西等地展出；组织《金代戏曲砖雕艺术展》、《来自黄土高原的考古发现展》赴美国展出。承办了中国博协在我省召开的国际会议，使博物馆对外交流空前活跃。据统计，我局直属院馆共举办展览60个，接待观众260万人次，较去年增长17%。

狠抓文物安全工作，完成了我省国保单位安全巡查人员位置监控管理系统建设工程。围绕确保党的“十八大”期间文物安全工作，狠抓隐患排查治理，狠抓日常安全管理，狠抓岗位责任制的落实。今年，全省各级文物行政部门共检查文博单位3569个（次），发现安全隐患652处，下达安全隐患整改通知书125份，整改594条。我省国保单位安全巡查人员位置监控管理系统（即一键报警）建设工程，在太原试点经验的基础上，今年向全省稳步推进，先后完成了招标、签订合同、培训、工信部IDC备案、数据录入、制作信息平台软件、设备交接、系统试运行、验收等工作。目前，一键报警系统已投入运行。

四、继续加强党风廉政建设

（一）召开了“全省文博系统反腐倡廉工作会议”，对2012年反腐倡廉工作做出了安排部署。

（二）强化“一岗双责”意识，在全系统层层签订了《山西省文物局党风廉政建设责任制责任书》。

（三）健全完善了有关制度。在原有制度基础上，印发了《山西省文物保护科学和技术研究课题管理办法》等3项制度，出台了《山西省文物局关于加强文物保护工程招投标管理工作实施意见》等3个实施意见。《山西省文物建筑构件保护管理办法》已报省政府法制办审查。由国家文物局委托，我局承担编制的在全国具有指导意义的《文物建筑消防管理规则》已提交国家文物局审核。局机关和直属各单位对完善的各项制度进行了汇编。

（四）积极开展廉政警示教育活动。组织局直系统领导干部认真学习贯彻落实中纪委七次全会、省纪委七次全会暨全省党风廉政建设干部大会精神。党组中心组进行了专题学习。组织机关全体党员学习《领导干部廉洁从政教育读本》，集体观看党内教育参考片《苏联亡国20年祭》等教育片。组织新任处级干部赴革命传统教育基地左权麻田八路军总部旧址和八路军太行纪念馆，实地开展廉政教育，并进行了集体廉政谈话，签订了《廉政承诺书》。

（五）加大对权力运行监控力度。进一步在规范“三权”上下功夫，今年对局机关和直属单位的多个处级岗位和副处级岗位选拔任用全过程、机关和直属单位招录工作人员、山西南部早期建筑保护工程招投标等工作进行了全程监督，保证了各项程序的公开透明。聘用社会中介机构，对局直属各单位进行每年一度的财务检查。对4个直属单位进行了经济责任审计。

（六）开展“整治吃拿卡要问题创优发展环境”等专项治理工作。我局及时成立了领导组，制定了工作方案，召开了动员大会，圆满完成了剖析、自查与交叉检查、整改阶段的各项工作。局机关带头向社会作出“创优发展环境、抵制吃拿卡要”八条公开承诺。

（七）积极查办信访举报案件。今年纠正处理了群众举报的在文物保护区内乱建用房和公务员招考工作中报考人员作弊等两起案件。

（谢宾顺）

附：省文物局党组书记、成员名单

书　记：王建武

成　员：刘正辉　宋文斌　黄继忠

省粮食局党组工作概况

党组书记　杨随亭

2012年，省粮食局党组坚持以邓小平理论、“三个代表”重要思想和科学发展观为指导，认真贯彻党的十七届六中、十八大精神、省第十次党代会和全省粮食工作会议精神，紧紧围绕粮食工作再上新台阶的目标，开展了学习型党组织建设活动、保持党的纯洁性学习教育活动、文明和谐单位创建活动、基层组织建设年和创先争优活动，进一步加强了党的思想建设、组织建设、作风建设、制度建设和反腐倡廉建设，促进了精神文明建设，各级党组织的政治核心作用、党支部的战斗堡垒作用和共产党员的先锋模范作用得到了充分发挥。

一、以学习贯彻十八大精神为主线，突出抓了学习型党组织建设活动

（一）开展了保持党的纯洁性学习教育活动。按照省委部署，从2月底开始，分集中学习、查摆问题和总结提高三个阶段在所属1000多名共产党员和50多个基层党组织中开展了保持党的纯洁性学习教育活动。一是开好一个学习教育动员会。2月27日召开了省粮食局保持党的纯洁性学习教育活动动员大会，对活动进行了动员部署；二是制定了一个实施方案。制定了《省粮食局开展保持党的纯洁性学习教育活动实施意见》，使整个学习教育活动有序进行。三是进行一段时间集中学习。各单位坚持党组中心组和干部理论学习制度，先后用40多学时组织党员干部学习了胡锦涛在建党90周年大会上的讲话、胡锦涛在中纪委十七届二次全会上的讲话，袁纯清、王君省长在全省党风廉政建设干部大会上的讲话和《廉政准则》等，提高了党员干部对保持党的纯洁性教育活动重要意义的认识。四是举办了一次先进事迹报告会，进行了一次廉政警示教育。3月30日，举办了创先争优先进事迹报告会，播放了山西省创先争优报告团大同分会的实况。组织60多名机关副处级以上干部、局直单位党政一把手、山西粮油集团公司班子成员和所属单位一把手，到太原第一监狱进行廉政建设警示教育，用典型事例和犯人的现身说法教

育各级领导干部要遵章守纪。五是组织了一次红色教育。组织了90名干部职工到武乡八路军纪念馆进行革命优良传统教育,参观了《大山的品格、民族的脊梁－剪纸艺术颂太行精神作品展》和《光辉的历程－山西省档案馆馆藏革命历史档案珍品展》。六是召开了以查摆问题为主要内容的党员领导干部专题民主生活会。党组成员和局领导对照"六查六看"要求撰写了发言提纲、进行了查摆。七是党员领导干部每人写出一份学习教育活动的思想总结等,较好地完成了"七个一"。

(二)重视了党组中心组和干部职工的理论学习。制定下发了季度党组中心组和干部理论学习计划,向干部职工推荐40本好书。党组中心组全年学习6次12天,重点学习了党风廉政建设有关内容,胡锦涛总书记在中央党校7.23讲话,《坚持和发展中国特色社会主义》等,先后举办了4次学习讲座。组织2名领导干部参加了省委组织的彭云同志先进事迹报告会;40名领导干部参加了山西领导干部历史文化专题讲座和省直工委的思想讲坛;安排10名处级干部到省直机关分校和省直工委保持党的纯洁性学习教育培训班学习;组织局属单位20名干部职工参加了省直工委在南宫启动的"读书月"活动仪式。组织5名党组成员、5名处级干部参加了省直机关党组中心组理论学习笔记成果展览,40多名处级干部参加了局机关干部理论学习笔记展览,进一步推进了领导干部的理论学习,促进了学习型党组织建设。

(三)重点抓了党的十八大精神的学习贯彻。组织党员干部收看了党的十八大召开实况和十八届一中全会闭幕时中央政治局常委集体向中外记者见面时的实况。为全体党员购买了十八大报告和新党章修正案及有关辅导材料。党组中心组运用自学和集体学习的方式专题学习了十八大报告、新修改的党章、人民日报社论及《求是》有关文章。为了更进一步将学习引向深入,按照省委和省直工委的要求,11月29日召开了省粮食局学习宣传贯彻党的十八大精神工作部署会,制定了学习宣传贯彻十八大精神的实施意见,对学习宣传贯彻十八大精神作了安排部署,提出了要求,确定了省粮食局十八大精神宣讲团。通过学习,坚定了对马克思主义的信仰,坚定了对中国特色社会主义道路的信念,坚定了对新一届党中央领导集体的信任,坚定了对全面建成小康社会、实现两个翻番和再造一个新山西的信心。

二、以贯彻《条例》和《实施意见》为抓手,开展了基层组织建设年活动

2012年是基层组织建设年。按照目标责任指标对局直各单位2011年度党建工作进行了考核。完成了山西省出席党的十八大代表候选人的推荐、公示工作。召开了党的工作会议,部署了2012年党建工作。制定了省粮食局加强基层组织建设年活动的实施意见,对所属党组织进行了分类定级。5月31日召开了局直机关基层组织建设座谈会。6月14日至15日,在阳泉市召开了全省粮食系统党建工作情况交流会,交流了各市粮食部门党建的好经验和好做法。6月28日召开了省粮食局纪念建党91周年暨创先争优表彰大会,对创先争优活动中涌现的13个基层党组织,52名优秀党员和20名优秀党务工作者进行了表彰,会上马珩副局长讲了《在转型跨越中,共产党员要做保持党的纯洁性的模范》党课。对3个党支部进行了改选,新建党支部2个,理顺了党员的党员组织关系。建立了全省粮食系统20多名党建信息员骨干队伍。省局的"围绕中心,服务大局,努力在三个方面为全系统作出表率"被选编为全省党建工作"走在前头"推进会经验交流材料。9月下旬制定下发了省粮食局基层党组织和党员公开承诺制度、省粮食局领导点评制度、省粮食局党员领导干部联系和服务群众工作制度、省粮食局党员领导干部调研工作制度、省粮食局考核评比制度等五项制度,完善了创先争优活动的成效机制。按照省直工委关于党组书记讲党课的统一部署,9月24日,省粮食局党组书记、局长杨随亭同志为全体党员干部职工讲了《共产党员要做坚定不移地走中国特色社会主义道路的模范》的党课,编辑了《全省粮食系统创先争优先进单位和先进个人事迹材料选编》。组织人员对局直各单位党建工作进行了督促检查。通过开展基层组织建设年活动,基层党组织得到了健全,存在的一些问题得到了较好解决。

三、以推进粮食文化建设为动力,深入开展文明和谐单位创建活动

党组重视文明和谐单位创建工作,积极为创建工作提供必要的支持。年初配合省直工委文明办对2011年局属9个文明和谐单位或标兵单位进行了检查验收。局机关和局直8个单位进行了申报。对学雷锋活动进行了安排部署,举办了省粮食局2012年春节团拜会,开展了文明和谐处室和个人评选活动。组织参加了省直机关开展社会主义核心价值体系征文活动。7月27日,吕梁市临县普降大暴雨,造成了7个乡镇严重受灾,22万农民的基本生活遇到了困难。得到消息后,党组立即决定对受灾群众进行捐赠,将20万斤白面和70万现金送到吕梁市临县受灾农民手中。"八一"前夕,组织30多名机关干部和绵山库职工与驻晋部队进行庆八一建军节军民联欢活动,开展了乒乓球、羽毛球、象棋、扑克等友谊比赛,加深了军政军民团结。由省粮食局领导干部羽毛球队参加的省直单位领导干部羽毛球比赛,获得了组织奖。起草了《山西省粮食局2012年精神文明建设工作要点》、《山西省粮食局2012-2014年文明和谐单位创建规划》、《山西省粮食局机关创建省直文明和谐单位标兵实施细则》、《山西省粮食局文明和谐单位创建管理办法》,9月25日召开了省粮食局机关创建文明和谐单位标兵动员大会,局机关及局直单位和老干部约90人参加了大会,会上宣读了对4个机关文明和谐处室和19名文明和谐个人表彰的决定,杨随亭局长做了动员讲话,省直工委副书记王建成做了重要讲话。为了提升文明和谐创建水平,组织开展了创先争优主题活动、建设学习型党组织主题活动、走前头做表率主题活动、净气肃纪转作风主题活动、"雷锋在我身边"主题活动、做文明礼貌粮食

人主题活动、创建节约型机关、环保型单位主题活动、廉政文化建设主题活动、粮食文化建设主题活动、安全管理主题活动等十大主题创建活动”。组织开展了迎中秋、庆国庆文体比赛活动。举办了由机关各支部书记、局直各单位领导和工作人员参加的文明和谐单位骨干培训班，省直文明办蒋卫东副主任做了创建工作专题讲座。在新年、春节、中秋、国庆、重阳节等重大节日期间，局党组都要安排人员对生活困难职工和老干部进行慰问和送温暖活动。同时，在全省粮食系统开展了“十佳保管员”评比活动、对局荣誉室和机关文体活动室进行了整理维修，为粮食职工活动提供了方便。积极做好职工书屋的管理和服务工作，在取得全国总工会颁发的“职工书屋”荣誉后，又增加了图书，为广大干部职工提供了精神食粮。局党组关注民生，积极想办法解决职工生活困难，筹办了机关食堂，受到了干部职工一致拥护。通过文明和谐单位创建活动，干部职工的凝聚力进一步得到增强，文明素质进一步得到提高，工作秩序、生活秩序进一步好转，工作作风明显转变。

四、以提高拒腐防变能力为重点，积极推进全省粮食系统党风廉政建设

印发了《省粮食局2012年党风廉政建设和反腐败工作实施意见》以及《省粮食局2012年党风廉政建设和反腐败工作任务责任分解意见》，召开了全省粮食系统党风廉政建设电视电话会议，党组成员、纪检组长薛愿兵对全年纪检监察工作进行了总结部署，会上组织机关干部和局直单位领导干部收看了警示教育片。通过组织60多名领导干部到太原第一监狱进行警示教育活动和召开以“六查六看”为主要内容的党组领导干部民主生活会，促进了领导干部的廉洁自律。为了加强纪检干部队伍建设，党组决定在局直事业单位、山西粮油集团公司所属储备库中设立纪检专员。组织70多名处以上领导干部按照规定做了重大事项填报。组织召开了省粮食局整治“吃拿卡要”问题创优发展环境动员大会，对整治工作进行了安排部署。组织80多名党员干部职工观看了《忠诚与背叛》电影，进行了廉政警示教育。9月5日，举办了由中央党校党建研究部教授任铁缨同志主讲的《对腐败“零容忍”》专题知识讲座，提高了党员干部遵章守纪的自觉性，提升了粮食部门的形象，为全省粮食系统转型跨越发展起到了保驾护航作用。

（李瑞平）

附：省粮食局党组书记、成员名单

书　记：杨随亭

成　员：牛银虎(2月离职)　马　珩　吕苛青　梁　政　薛愿兵　李春泽(3月任职)

省人民防空办公室党组工作概况

党组书记　韩裕峰

2012年，在省委、省政府和省军区的正确领导下，办党组团结带领全省人防系统广大干部职工，坚持以邓小平理论、“三个代表”重要思想、科学发展观为指导，认真学习贯彻“十八大”精神，以“三三三”推进战略为抓手，不断探索有山西特点的人防与经济社会融合式发展机制，人防可持续发展能力明显提升，按照全省转型跨越发展的总体部署要求，全力推进人防办党的组织、思想、作风、纪律建设和制度建设，为人防事业各项任务的圆满完成提供了坚强的思想政治和组织保证。

一、结合山西人防实际认真贯彻落实党的路线方针政策

办党组加强领导班子思想政治建设，严格执行中心组学习制度，坚持每月集中学习不少于一次，每季度组织一次理论研讨。中心组认真组织学习了科学发展观、《廉政准则》、党的“十八大”精神等。通过学习讨论，党组成员进一步解放了思想，提升了政策理论水平，将贯彻落实党的路线方针政策与发展山西人防事业有机结合起来，将深入开展创先争优活动、保持党的纯洁性学习教育活动同实施“三三三”推进战略有机结合起来，将人防自身能力建设与基层组织建设有机结合起来。班子全体成员利用5个月时间，深入基层、轻车简从，调研考察了全省50多个县(市)和全部办直属单位，对基层人防工作进行了深入的了解，同时也把党和国家关于人防的政策法规向基层党政领导进行宣传，并切实帮助解决了基层人防在发展中存在的一些突出问题。

全省人防系统破除自成体系的陈旧观念，积极参与国家资源型经济转型综改试验区建设，推进人防建设与经济社会统筹兼顾、融合发展。人防建设使3000多万平方米建筑物的抗震能力大幅增强，可停泊4万辆轿车的地下停车场将陆续竣工，可供500万民众就近避难的地下设施正在低成本建设。应急指挥通信网覆盖11个地级市，防空防灾警报网覆盖107个行政区。50万平方米闲置的地下空间资源得到开发利用，拉动百亿元社会投资，能解决12000多个就业岗位。提高城市承载能力、增强公共应急能力、促进经济转型等社会效益显著发挥出来，省第十次党代会报告分解到人防部门的任务以及上级部门安排的各项任务圆满完成，党的路线方针政

策得到有效贯彻。

二、突出建设重点,全面提升人防自身建设能力

按照山西省人防事业"十二五"期间发展战略纲要和"三三三"推进战略的部署,2012年为人防自身能力建设重点工作年。一是请示省军区和国动委,发出了《关于在推进山西省综改试验区建设进程中加快人民防空事业发展的意见》,对人防事业如何围绕我省综改试验区建设的大局开展工作,做出了全面的部署。二是协调省编办下发了《关于县级人民防空办公室领导职数的通知》,为全省96个县(县级市)人防办均增设一名专职副主任,有效解决了长期以来县级人防没有专门机构和专职人员工作的瓶颈问题,大力加强了全省人防基层组织及队伍建设,使我省的人防建设实现了从重点城市开展向全省普遍开展的跨越。三是协调省住建厅同我办联合发出《关于进一步加强和规范建设项目人民防空审查管理的通知》,有效解决了人防工程的前置审批问题,从源头上杜绝了人防工程审批中各个环节容易出现的漏洞和问题,进一步完善了住建、规划、人防等部门在建设项目审查管理中的协调机制,有力促进了人防建设与城市建设相结合。四是争取省委组织部发出了《关于进一步加强人防部门领导干部管理有关问题的通知》,进一步明确了上一级人防部门在下一级人防班子配备中,要在干部人选酝酿、任前考核、任命、平时考核、定期考核等环节与同级组织部门共同参与,有效落实了人防部门领导干部为双重管理的工作机制。五是继续协调省纪检监察部门的省工程建设领域突出问题专项治理办公室(简称治工办),会同发改、国土、规划、住建、监察等部门共同开展了防空地下室易地建设费专项检查,形成相关部门联合执法的机制。六是邀请和组织各市政府分管领导和人防系统骨干在国防大学、中国人民大学、浙江大学、清华大学、解放军防化学院等20多个高等院校举办人防业务培训,省办相关处室和省民防协会联合,也多次组织全省人防建设设计、监理、审图等各类市场主体的专业人员开展各类业务培训,培训达到700余人次。七是在对全省民用建筑同步修建防空地下室情况进行了大量调研的基础上,通过与省法制办、省人大法工委多次沟通协商,提出了对《山西省人民防空工程建设条例》相关条款进行修改的建议,目前,修订稿草案已经报送省人大,并被列入2013年我省地方性法规立法计划。八是经过努力,争取省财政把防空地下室易地建设费的收缴列为全省实施非税分成收入收缴改革的试点,试点经验推广后,将使今后各级易地建设费的收缴等完全实现制度化、规范化、法制化。九是人防迈出了同国外科技、业务交流和业务培训的第一步,2012年有两个团组出国考察学习。十是国家人防群众防空防灾宣传教育和防护技能训练太原基地(暨山西省防空防灾安全体验馆)示范性建设进展情况在全国人防系统位居第一,即将进入布展阶段,可承担综合性的防空防灾教育和技能培训。

通过以上人防自身能力建设重点工作年开展的工作和活动,人防机构、队伍、工作机制等长期困扰我省人防发展的基础性问题得到有效解决,干部队伍素质明显提高,全省人防可持续发展能力、创新能力、统筹能力显著增强。一年来,先后获得全国人民防空信息化建设先进单位、人防工程科研创新和成果转化应用先进单位、华北人防宣传骨干培训优秀组织单位等多项表彰。国家人防办几次在《人民防空通讯》、《中国人民防空》等媒体上刊登报道我省人防发展的思路和具体做法,要求全国人防系统学习借鉴。《山西工作》等省内媒体也分别刊登了我省人防工作推进情况。

三、贯彻民主集中制,落实党风廉政建设责任制,加强干部队伍建设,保障人防事业健康发展

一是坚持民主决策。一年来,召开主任办公会议十五次,党组会议三次,对涉及全省人防发展的七十多项事务进行了集体研究讨论。3月和5月严格按照《干部选拔任用条例》关于民主推荐、组织考察、党组集体研究的要求,组织提拔、调整了8名处级干部,取得较好的效果。在干部职工高度关注的商品房团购上,维护群众关心的切身利益。

二是切实关注民生。党组一班人精诚团结,多方协调,多次专门研究群众提出的意见和建议,克服多种困难,使府东绿苑主体建设顺利完成。组织职工体检,开展节假日慰问,对困难职工救济,与老干部座谈,扎扎实实关心职工生活。整治办公环境,丰富文体活动,提供良好的生活学习条件。开展企业帮困,推进下乡住村,把党的关怀送到困难群众身边。

三是注重廉政建设。专门召开全省人防党风廉政建设工作会议,结合人防各项工作同步部署廉政任务。制定下发了《山西省人防系统党风廉政建设和反腐败工作要点》和《山西省人防办机关落实2012年反腐倡廉工作任务的责任分解意见》,明确了每位领导、每个部门在党风廉政建设中的责任。严格落实党风廉政建设责任制,以《廉政准则》和《山西省人防办党风廉政建设责任制实施细则》为依据,全面落实党风廉政建设责任制和责任追究制度。认真组织整治"吃拿卡要"问题创优发展环境专项活动,开展了"廉政警示教育月"活动,取得预期效果。班子集体与新提拔干部进行了任前廉政谈话。一年来,把党风廉政建设贯穿渗透到年度的每个阶段、工作的方方面面,不断提高惩防体系建设的水平,全年未发生违法违纪案件。

(景　涛)

附:省人民防空办公室党组书记、成员名单

书　记:韩裕峰

成　员:孙　群　刘　涛　张　铭　相里岩

省政府法制办公室党组工作概况

党组书记　崔国红

2012年，省政府法制办党组认真学习贯彻党的十八大精神，紧紧围绕转型跨越发展重大战略部署和“十二五”规划，深入贯彻落实国务院《全面推进依法行政实施纲要》、《国务院关于加强市县政府依法行政的决定》和《国务院关于加强法治政府建设的意见》，以全面推进依法行政、加快建设法治政府、保障和服务转型跨越发展为目标，积极推进政府法制和依法行政工作不断取得新进展、新成效，切实加强党建工作，着力提高党员干部理论素质和修养，进一步加大了创建文明和谐单位活动，全年各项工作任务顺利完成。

一、重视党的自身建设，为开创政府法制工作新局面提供坚强组织保证

（一）扎实推进机关党建工作，认真开展党的纯洁性教育活动。办党组坚持抓好机关党建工作，认真落实党的责任制，把开展党的纯洁性学习教育活动作为一项重大政治任务，加强组织领导，积极组织开展活动。认真贯彻落实省委《关于开展保持党的纯洁性学习教育活动的意见》，制定印发了《省政府法制办开展保持党的纯洁性学习教育活动实施方案》。开展纯洁性教育活动坚持与推进和不断引深创先争优活动相结合，与整治“吃、拿、卡、要”问题创优发展环境相结合。2月24日，组织召开了党的纯洁性学习教育活动动员大会。邀请省委党校教授作了专题辅导，组织党员干部赴爱国主义教育基地西柏坡等地接受革命传统教育。办党组召开了党组中心组理论学习会议和民主生活会、各支部组织了集体学习活动并召开了组织生活会。“五一”前夕，召开了全办干部职工大会，对评选出的先进工作者进行了表彰。坚持深化“创先争优”活动，召开了全办创先争优表彰会议，充分肯定了全办创先争优工作取得的成绩。为加强机关文化建设和社会主义精神文明建设，举办了“牢记党的宗旨，做好本职工作”党建名嘴选拔演讲比赛和干部职工趣味运动会。认真落实省委、省政府关于干部下乡驻村、包村增收有关精神。及时组织召开专门会议，认真传达学习“省直机关领导干部包村增收活动经验交流推进会”精神，积极安排部署包村增收和干部下乡住村工作。由办领导和有关负责同志带队，先后组织四批次党员干部赴包村增收和下乡住村联系点平陆县北留村开展住村下乡活动。

（二）认真落实党风廉政建设责任制，积极推进反腐倡廉工作。办党组高度重视廉政建设，坚持把反腐倡廉工作列入全办工作重要议事日程，做到与业务工作同部署、同落实、同检查、同考核。一是制定印发了《中共山西省人民政府法制办公室党组2012年党风廉政建设和反腐败工作要点》。二是经办党组讨论通过了《省政府法制办2012年度反腐倡廉工作任务分解意见》，对党风廉政建设工作进行了责任分解，印发办机关各处室、各直属单位。三是做好由法制办牵头完成的“加快建立煤焦领域集体审批、联网公开制度”工作。采取调研、召开座谈会、听取汇报、梳理意见建议等工作方式，认真总结经验，研究建立进一步规范我省“六证”审批的长效机制，组织起草了《关于建立煤焦领域集体审批联网公开制度的总结报告》。四是扎实开展整治“吃拿卡要”问题创优发展环境工作。成立了专项整治领导组，制定了《山西省人民政府法制办公室关于整治“吃拿卡要”问题创优发展的实施方案》，提出了具体工作要求，明确了专项整治范围、内容时间及方法步骤。省纪委派驻机构第五联组、省直工委纪工委在8月份组织的专项检查和督查中对我办整治工作给予了充分肯定。五是组织办机关全体人员观看警示教育片《赵生龙、陈怀生严重违纪违法案件》等，参观国家证监委山西监管局和省发改委联合举办的内幕交易警示展览，以此增强广大党员干部党纪政纪观念，提高拒腐防变能力。六是加强权力运行监督检查，切实促进“三重一大”决策制度的落实。严格财经纪律，坚持按程序办事，公示了2011年预算执行审计情况和办主要领导任期内经济责任审计情况。严格执行党政领导干部选拔任用工作规定，对选拔任用干部工作进行了全程监督和岗前廉政谈话。

（三）坚持强化内部管理，不断提升行政效能。进一步完善了业务工作和内部行政制度，修订印发了机关管理规章制度。坚持深化干部人事制度改革，建立完善干部考核评价体系，细化考核标准，努力建立干部考核与干部培训、选拔、任用相衔接的良性机制。同时，高度重视抓好年度目标责任考核相关工作。着力从健全工作制度，完善工作机制入手，坚持加强工作沟通与对接，认真落实年度目标责任考核有关规定。

二、坚持改进政府立法工作，制度建设质量有了新提高

2012年，7件地方性法规草案的指导起草和审查送审工作计划圆满完成，修订了《山西省节约用水条例（草案）》和《山西省公路条例（草案）》，制订了《山西省促进就业条例（草案）》、《山西省食品生产加工小作坊和食品摊贩监督管理办法（草案）》、《山西省非物质文化遗产保护条例（草案）》、《山西省安全技术防范管理条例（草案）》和

《山西省气候资源条例（草案)》。加强省政府规章立项和项目草案的起草、审查工作。《山西省流动人口服务管理办法（草案)》、《山西省石油天然气管道建设和保护办法（草案)》、《山西省行政区域界线管理办法（草案)》、《山西省医疗纠纷预防与处理办法（草案)》、《山西省陆生野生动物损害补偿办法（草案)》、《山西省道路交通事故预防与处理规定（草案)》等已完成起草任务，有的已完成征求意见、修改、论证等工作。

三、加强统筹规划和督促指导，牵头推进依法行政取得新进展

（一）召开全省政府法制工作电视电话会议，加强对全省政府法制和依法行政工作的督促指导。一季度召开了全省政府法制工作电视电话会议。省委常委、副省长高建民出席会议并作了《加强法治政府建设，保障转型跨越发展》的重要讲话。会议全面总结了近三年来全省政府法制和依法行政工作情况，分析了新的形势，安排部署了下一阶段的工作任务。

（二）坚持培育依法行政观念，着力提升政府机关工作人员特别是领导干部依法行政的能力。6月中旬，牵头与省委党校、省行政学院共同举办了两期领导干部依法行政专题研讨班。省直53个厅局法制机构负责人和11个市政府法制办主任（副主任)、22个县（市、区）分管法制工作的副县（市、区）长或法制办主任共99人参加了学习研讨。

（三）积极发挥省级依法行政示范县示范单位引领作用，以点带面整体推进全省依法行政工作。8月中旬，在武乡县召开了全省省级依法行政示范县示范单位经验交流会议。会议紧紧围绕“依法行政做示范、综改试验当先锋”这一主题，组织省级依法行政示范县示范单位认真交流推进依法行政的好经验、好做法和新进展、新成效。

（四）加强依法行政宣传，浓厚依法行政社会氛围。8月份组织开展了“依法行政宣传月”和第二届“依法行政山西行”媒体集中采访报道活动。紧紧围绕“推进依法行政、加强法治政府建设，保障服务转型跨越发展”这一主题，安排部署全省“依法行政宣传月”活动，并由办领导带队，邀请新华社山西分社、《人民日报》山西分社、《经济日报》驻山西记者站、《山西日报》社、山西电视台、政府法制杂志社6家中央和省级媒体组成采访报道团，赴4个市和3个省直部门进行实地采访报道。

四、强化行政执法监督职能，促进政务环境不断优化

（一）完善行政执法基本规范，细化量化行政裁量权，保障和促进公权力在法制轨道上健康有序运行。为进一步加强行政执法监督，提升行政执法规范化水平，组织研究起草了《山西省行政执法规定（草案)》和《山西省规范行政裁量权规定（草案)》两个规章草案。

（二）认真组织开展学习宣传和贯彻实施《行政强制法》系列活动，积极推动新出台的规范政府共同行为的法律得到正确实施。5月30日，举办了“加强法治政府建设暨贯彻行政强制法专题报告会”，邀请国家行政学院法学部主任、博士生导师胡建森教授作专题报告，省委常委、副省长高建民主持报告会并作了重要讲话。

（三）采取按系统抽查检查的方式，积极推行和督促落实行政执法责任制。为加强和创新社会管理，严格规范行政执法行为，不断优化政务环境，第三季度，按行政管理系统组织开展了对全省人社、教育部门推行行政执法责任制情况的抽查检查，取得良好效果。并向省政府报送了《关于对全省人社、教育系统推行行政执法责任制情况检查的报告》。

（四）加强行政执法人员资格管理，严格行政执法证件申领、发放工作。督促指导各地各部门法制机构严格把好行政执法人员资格确认关，提高申领行政执法证件信息报送工作质量。加强行政执法证件管理系统的维护和升级，进一步完善了执法证件申领网上查询、审核、发送程序，缩短证件审核制作周期，提高了办事效率。全年，共审核、发放证件16616个。

五、着力提升行政复议工作水平，行政复议化解纠纷促进和谐的重要作用进一步发挥

一是召开了全省行政复议工作会议。各市政府法制办负责人、省直部门法制机构的负责同志参加了会议。会议总结了我省近年来行政复议工作开展情况，分析研究了行政复议工作面临的新情况、新任务，提出了今后开展行政复议工作的指导思想、总体思路，确定了下一步工作重点。

二是大力推进行政复议工作规范化建设。制订印发了《关于印发<山西省行政复议工作规范化建设实施方案>的通知》，明确了加强我省行政复议工作规范化建设的思路、方向、措施和目标，为我省行政复议工作规范化建设提供了重要的制度依据。

三是着力加强行政复议工作监督指导。积极支持市县级政府和省直部门复议机构的工作，及时指导办理重大、复杂和疑难案件。

四是努力完善行政复议工作机制。加强与法院的联系与沟通，进一步完善行政复议与行政诉讼联席会议制度。年初，与省高院行政审判庭组织召开了第二届行政诉讼与行政复议联席会议，研究探讨了行政诉讼与行政复议的衔接机制。

五是加强行政复议工作分析研究，关注热点、抓好重点、破解难点。针对土地管理行政争议共性问题和复议案件逐年上升趋势，7月上旬，法制办与省国土厅联合召开了全省土地管理行政复议案件专题研讨会。会议总结分析了近年来省市两级政府法制机构及省市两级国土资源管理部门在办理土地管理行政复议案件中发现的引发行政争议的共性问题，探析产生争议的原因，研究提出解决问题的办法。

六是为加强行政复议宣传和工作经验交流，扩大行政复议社会影响力和公信力，共编印《山西省行政复议工作动态》10期，受理行政复议案件72件,基本上做到了“案结事了”、“定纷止争”。

六、认真做好规范性文件审查和涉法事务的处理，参谋、助手和法律顾问作用进一步显现

一是坚持提升制订规范性文件有关人员的工作能力和水平。2012年，法制办在阳泉、忻州举办了两期规范性文件审查备案培训班，对市县政府、省直部门从事规范性文件起草、备案和审查的176名同志进行了专题培训。

二是有力推动形成有利于引领保障转型跨越发展的配套政策和制度。坚持提供政策支撑和制度保证，为推动全省治超工作取得重大突破和阶段性成果作出积极贡献，获得“全省治超工作优秀单位”称号，被省劳动竞赛委员会记“集体一等功”一次，荣获多项集体和个人荣誉。全年组织审查各市报送的规范性文件99件，审核省政府及省政府办公厅规范性文件草案56件，前置审查省直部门的规范性文件草案104件，保障了规范性文件合法、统一、有效，促进了规范性文件制定质量的进一步提高。

七、政府法制理论研究扎实推进，政府法制宣传影响力和法制培训工作水平进一步提升

（一）紧密结合实践，积极推进政府法制理论研究不断迈出新步伐。围绕保障服务转型跨越和综改试验，立足政府法制和依法行政工作实践，办领导带头，积极推进政府法制理论研究取得新成果。2012年，办主要领导先后在《山西信息》上发表了《大力发展循环经济,推动山西转型跨越发展》和《加强政府立法工作，提高制度建设质量，为转型综改试验积极发挥引领保障作用》的理论研究文章。在6月份召开的环渤海区域政府法制工作研讨会上，法制办提交的《推进依法行政是优化发展环境的重要因素》论文,思路、观点和内容得到肯定和称赞。在山西省经济法研究会、山西省经济法学研究会共同举办的“山西综改试验区法律问题研讨会暨山西省经济法研究会年会”上，提交了6篇研究报告和论文，3篇荣获一等奖，2篇荣获二等奖，1篇荣获三等奖。

（二）加强政府法制宣传，政府法制社会影响力不断提升。建立了政府法制系统信息编报网络，理顺了信息编报和推荐刊发工作机制，加强了信息宣传工作。先后在《山西信息》发表信息和理论文章3篇，在《晋政信息》上发表信息5篇。《政府法制工作简报》共印发14期33篇，政府法制网站刊载信息65篇，依法行政、政府立法、行政复议等工作信息在《法制日报》、《山西日报》见诸报端。全年在各种媒体累计刊发各类文章和信息130多篇。

（三）创新政府法制培训工作，不断提高政府法制干部队伍素质。坚持抓好政府法制教育培训工作，定期对各处室、各直属单位人员在线学习情况进行通报，加强督促检点，确保全办干部认真坚持在线学习。2012年上半年，与武汉大学教育培训中心共同组织举办了“和谐社会与法治政府建设专题培训班”，与北京大学共同举办了依法行政学习研修班，对省市县三级政府法制干部70余名同志进行了能力提升学习培训。

（张魁银　张明厚）

附：省政府法制办公室党组书记、成员名单

书　记：崔国红

成　员：王卫星　刘钢柱　傅　平　周计伟

省政府机关事务管理局党委工作概况

2012年，省政府机关事务管理局党委紧紧围绕服务政府、责任政府、廉洁政府和法治政府建设的要求，狠抓“项目落地年”建设，全力推进“二次创业”，认真做好管理、保障、服务，积极发挥窗口、形象作用。全局各项事业快速推进，呈现出人心齐、风气正和干事创业、和谐发展的大好局面。

一、以管理事务、服务政务为主线，圆满完成省政府下达的五项年度目标任务

（一）继续加强省直机关房地产管理。一是着力加强对产权产籍的管理，将省直机关房产、地产的权属统一变更到省机关事务管理局名下。纳入我局集中统一管理共有166个厅局及事业单位、1236个省直所属事业单位，共管理着土地13000亩、办公用房365万平方米、土地证410本、房产证2032本，收缴率和办证率已达到98%以上；二是严格控制省直机关土地开发利用和房屋建设的审核管理；三是为71个单位办理了1035套公房的出售、补差、调购，并对省直机关干部职工住房进行摸底调查。

（二）认真做好省直单位住房制度改革和住房货币化补贴工作。全年共归集省直机关住房补贴资金5596万元，厅局单位覆盖率达到74%，超额完成了省政府下达的70%的目

标任务;归集住房公积金5185万元,较去年同比增长108%。

(三)加强和规范公务接待工作。一是圆满完成了党和国家领导人来晋视察重大政治任务的接待服务。先后接待了吴邦国、刘云山、刘延东、回良玉、王兆国、何勇、汪洋、彭佩云、成思危、许嘉璐、张榕明、周铁农、路甬祥、王汉斌、华建敏、顾秀莲等党和国家领导人;二是圆满完成了全国文化体制改革工作会议、全国村务公开工作会议、第四届能博会等全国和全省大型会议、重要活动的接待服务;三是圆满完成了省部级领导来晋考察的接待服务。全年共接待政治任务和各类活动的领导和来宾共计16665人。

(四)快速推进丽华甲第苑住房工程建设。作为落实省领导包案接访原63集团军移交企业职工住房安置和解决部分省直单位职工住房的丽华甲第苑建设工程,在2011年完成主体工程基础上,2012年基本完成了室内安装、外墙装饰、室外管网、路面铺设及室外人工湖和园林绿化等工程。

(五)全力抓好全省公共机构节能工作。一是积极开展"公共机构节能宣传周"等活动,举办了4期节能培训班;二是编制了《节能产品政府采购目录》等3项地方标准;三是对全省11个市和97个省直单位的节能工作进行了考核评价,对全省1.61万个公共机构上报的能耗数据进行了审核汇总和分析;四是对38个省直机关单位的167台电梯进行了节能改造,申请财政补贴高效荧光灯50万只,落实节能改造资金1500万元;五是指导襄垣县、泽州市等地开展合同能源管理项目;六是推进公共机构废旧商品回收体系建设。山西省节能领导组授予我局2011年度节能先进单位,并奖励10万元。

在圆满完成省委、省政府下达的五项年度目标任务的同时,积极推进了以下工作。

一是圆满完成了人民大会堂山西厅移位改建装修的收尾工程,并于全国"两会"前正式启用,受到党和国家领导人和省委、省政府及参加"两会"代表的高度评价。二是接收五台山栖贤阁宾馆并进行维修改造。用87天完成了土建工程、土地扩征和3.6万平方米主体工程及7.7万平方米的周边环境治理和景观工程。三是认真做好省政府大院的后勤保障工作。坚持服务为本,积极对标一流,不仅有力地保障了省政府大院工作和生活秩序的有序运转,而且各项工作有新突破、新发展,受到了省领导的肯定和好评。

二、以经营市场、创新发展为动力,积极推进省政府机关事务管理局"二次创业"

2012年,在第一个五年规划目标圆满实现的基础上,启动了"二次创业",力争用三到五年时间实现全局经济总量和职工人均收入再翻一番,把管理局打造成为在市场竞争中有作为、在省直机关有地位、在全国后勤系统有影响,职能发挥明显、职工生活富裕的管理局。围绕这一目标,2012年着重抓了以下工作。

一是快速推进山西饭店装修改造。新的山西饭店除保留原北楼的主体结构外,其余均实施新建改造,总体风格为传统四合院古建造型,建筑体量达到5万平方米,经营面积为改造前的4倍,有人形象地称为"山西最大的晋商大院"。建成后,不仅与周边的文瀛公园、万字楼、彭真纪念馆、纯阳宫共同构成新的文化景观,而且将成为具有浓厚山西餐饮特点的高星级酒店。

二是快速推进丽华甲第大酒店建设。该酒店是加快"二次创业",进一步完善政务接待功能的一项重点工作,2012年正式启动。仅用100多天时间主体工程就胜利竣工,正在进行砌筑和安装工程。丽华甲第大酒店建成后,有容纳1000人规模的会场和1000人的大宴会厅,将与迎泽宾馆、晋祠宾馆、丽华大酒店,以及正在建设中的五台山栖贤阁迎宾馆、山西饭店一起构成六个功能互补的政务接待酒店,将从根本上提升我省接待服务能力。

三是快速推进丽华海景苑建设。丽华海景苑项目位于青年路九号院,与迎泽公园一墙之隔。原有楼房为七十年代初建设的预制板楼房,为尽快改善职工的住房条件,2010年5月正式启动工程建设项目,拆除所有危旧建筑,新建四栋高层住宅楼,建筑面积约12万平方米,2012年已全部完工。

四是不断提升局属单位经营管理效益。在狠抓硬件建设的同时,始终把提高局属单位的经济效益和发展后劲作为重中之重来抓。通过市场机制的手段和严格的考核奖惩,大大激发了局属单位干部职工的积极性、创造性,局属单位经济效益大幅提升,连续五年保持38%的高速增长。2012年,全局全年经营收入达到6.76亿元,完成工程产值15.03亿元,全局经济总量将再创历史新高,突破21.7亿元。

三、以打造队伍、改善民生为目标,不断推进党的建设和党风廉政建设,全局各项工作实现新跨越

(一)领导班子和干部队伍建设。一是用中国特色社会主义理论体系武装各级领导班子,确保党的路线方针政策在管理局不折不扣贯彻执行,为围绕中心、服务大局提供坚强的政治保证。二是用自我加压和干事创业凝聚各级领导班子。三是用奖惩挂钩激励各级领导班子和干部。四是用为老百姓办实事检验各级干部。五是用公开选拔、挂职轮岗培养提高干部。六是用学习培训提升干部队伍素质。

(二)加强党的建设。一是高度重视党建工作,把党建工作摆到重要位置。年初制定了全局《党建工作要点》,并与局属单位各总支、支部签订了党建工作目标责任书。年终,局党委专门组成考核组对全局党建工作目标责任的落实情况进行检查验收,并将考评结果作为年终总结评比的重要依据;二是以学习贯彻十八大精神为重点,继续推进学习型党组织建设;三是以精神文明创建活动为载体,推动党建工作深入开展;四是积极做好党内关怀和送温暖活动。

(三)廉政建设和推进惩防体系建设。一是局党委严格执行党委会议事规则,坚持党委民主生活会制度和中心组学习制度。在日常工作中,带头深入一线解决问题,特别是正在施工的四个建设工地,局长和分管领导几乎是"五加二,白加黑"地工作。二是用开展各种活动促进党风廉政建设。三是用

效能建设促进党风廉政建设。四是用严格的制度促进党风廉政建设。

（四）关注民生。坚持从老百姓最关心、最直接、最现实的“房子、票子、孩子、车子、位子”问题入手，从 2007 年开始，就下发了《关心群众生活，为群众办好十件实事的通知》，并列入每年的年度目标责任进行重点考核。主要内容包括，必须按时足额发放职工工资、缴纳五险一金，为全局 80 岁以上离退休职工每月发放 300 元养老补助金，为干部职工父母在 80 岁以上的老人每年发放 500 元赡养老人费，对职工子女考上大学进行奖励，对特困职工和患重病职工给予及时救济等。2012 年以来，在落实“十件实事”方面，全局共筹集 1.88 亿元。通过集中精力办这些顺民意、解民忧、惠民生的实事好事，在全局形成了扶贫济困、保障公平、各得其所的和谐局面。（崔志明）

附：省政府机关事务管理局党委书记、委员名单

书　记：任云峰

委　员：逯哲锋　王东春　孙富忠　牛柱珍　梁若皓

省物价局党组工作概况

党组书记　李福龙

2012 年，省物价局坚持以邓小平理论和“三个代表”重要思想为指导，全面贯彻落实科学发展观，围绕中心、服务大局，努力加强政治建设、组织建设、制度建设、反腐倡廉建设、作风建设，为价格工作任务圆满完成和促进山西经济社会转型跨越发展提供了坚强的思想保证和组织保证。

一、以“抓学习、强素质”为主线，不断推进学习型党组织建设，努力加强思想政治建设

（一）深入推进学习型党组织建设。各级党组织认真开展学习型党组织建设活动，以政治理论学习、业务知识学习、法律法规学习为重点，组织全体干部职工进行了深入的学习教育。通过采取集中学习、专家辅导、专题研讨、学习交流等方式，做到日学一小时、月听一堂课、季读一本书，提高了学习覆盖面，增强了学习型党组织建设的效果。

（二）狠抓中心组和党员干部的理论学习。局党组中心组都能够按照计划认真组织专题学习。在抓好中心组学习的同时，在全局范围内，认真组织了中国特色社会主义理论、社会主义核心价值体系、右玉精神等学习教育，深入学习了袁书记的重要讲话精神，组织 20 余人次分批参加了省直工委举办的处级干部培训和中青年干部培训。参加了省委组织部牵头组织的“山西干部在线学院”学习，组织 40 余人次参加了在北大、清华等高等院校进行的干部选学活动。

（三）深入开展保持党的纯洁性学习教育活动。制定下发了《关于开展保持党的纯洁性学习教育活动的意见》，召开了保持党的纯洁性学习教育活动动员大会，制定了活动实施方案。从 3 月份开展，到 6 月底结束，扎实完成了学习教育活动的“六个一”规定动作，一是开展了一次集中学习教育，利用三、四月两个月的时间，组织全体党员认真学习了保持党的纯洁性有关资料；二是聆听了一次事迹报告，聘请省直兄弟单位的先进典型给全局党员作了一次生动的事迹报告；三是接受了一次红色教育，由各支部组织，充分利用我省红色资源，开展了一次重温党的光荣历史和奋斗历程，继承优良传统、牢记宗旨使命教育活动；四是组织了一次问题查摆，通过召开座谈会、个别谈心、发放征求意见表、设立征求意见箱等方式，广泛征求服务对象和党员群众的意见，切实找出在保持党的纯洁性方面存在的问题与差距；五是召开了一次专题组织生活会，局党组、各支部分别召开了民主生活会，按照“六查六看”的要求深入开展了批评与自我批评，查找了问题、深挖了根源、制定了措施；六是进行了一次思想总结，全体党员领导干部要针对在保持党的纯洁性方面存在的问题与差距，结合年度工作安排，深入基层进行调查研究，听民情、察民意，结合各自职责，形成一份在推动发展、促进民生中保持党的纯洁性的思想总结。

二、以“建机制、抓落实”为手段，深入开展创先争优活动，努力加强党组织建设

（一）深入开展创先争优活动。深入开展了创建“五个好”先进基层党组织、争当“五带头”优秀共产党员活动，在“七一”期间，组织了“创先争优”评比表彰活动，对评选出的先进基层党组织、优秀共产党员、优秀党务工作者、党风廉政建设先进工作者、文明和谐个人给予通报表彰。

（二）深入开展基层组织建设年活动。《中国共产党党和国家机关基层组织工作条例》体现了党的理论创新、实践创新、制度创新的新成果，为深入贯彻落实《条例》，首先各级党组织把学习《条例》列入年度党组中心组和干部理论学习计划，采取多种形式认真组织学习；其次是进一步建立健全机关党建工作责任制，形成了局党组统一领导、机关党委具体负责、党支部狠抓落实的工作格局；第三是进一步修订完善了各项机关党建的工作制度，认真组织党员落实会议制度、党员汇报思想制度、民主评议党员制度、报告工作制度、党课制度、民主生活会制度等。

（三）组织开展了迎接十八大、学习宣传贯彻十八大精神活动。按照省委、省直工委的安排，制定了《关于转发〈“创优软环境、喜迎十八大”主题活动等三个活动方案〉的通知》、

《省物价局"喜迎十八大、岗位做奉献"主题活动方案》、《中共山西省物价局党组关于深入学习宣传贯彻党的十八大精神的通知》，并切实抓好各项活动的开展，组织开展了演讲比赛、书画摄影展等活动，组织全体党员深入学习宣传贯彻十八大精神，把十八大精神融入到各项价格业务工作中，掀起"岗位做奉献、贯彻十八大"的热潮。

三、以"抓教育、强监督"为关键，全面落实惩防体系实施方案，努力加强党风廉政建设

（一）深入抓好反腐倡廉教育。认真贯彻落实省纪委《关于加强领导干部反腐倡廉教育的意见》及《山西省物价局反腐倡廉教育制度》，深入总结并丰富发展廉政教育经验，针对审批权、定价权、处罚权、监督权、管理权行使过程中的廉政风险，更加广泛深入有效地开展党风廉政教育。组织党员干部认真开展了党的纪律尤其是政治纪律教育，继续深入开展了理想信念教育、法纪教育和廉洁自律教育，组织广大党员干部认真学习了中纪委十七届七次全会和省委十次党代会、省委十届二次全会精神，组织全局干部职工认真学习贯彻《廉政准则》，并加强对《廉政准则》贯彻执行情况的监督检查，促进党员领导干部以身作则，严于律己、忠于职守，始终保持职务行为的廉洁性。

（二）加强反腐倡廉制度建设。切实加强了反腐倡廉的教育制度建设、监督制度建设、预防制度建设和惩治制度建设，对以前制定的各项制度，在全局范围内组织了广泛深入的宣传教育，使全体干部职工领会制度精神、熟知制度内容、增强制度意识，进一步提高了执行制度的自觉性和执行力。加强了对制度落实情况的督促检查，由监察室、机关党委不定期对制度落实情况进行抽查，保证了各项制度的落实。

（三）加强对行政权力的监督。充分发挥党内监督、制度监督、群众监督、舆论监督的多元作用，加强对党员领导干部特别是主要领导干部的有效监督。在监督对象上，突出了对领导班子及成员、重点岗位的监督；在监督事项上，加强了对重大事项决策、重要干部任免、重大资金安排、重要价费调定的监督；在监督方式上，坚持了事前、事中、事后，全方位、全过程的监督。通过有效的监督，保证了科学发展观在价格工作中的落实、保证了各项政策措施制度的落实、保证了市场价格的稳定和各项价格任务的圆满完成。

（四）深入开展整治"吃拿卡要"问题、创优发展环境活动。全省整治"吃拿卡要"问题、创优发展环境视频会议召开后，局党组召开了专题会议，对整治"吃拿卡要"问题进行研究，成立了省物价局整治"吃拿卡要"问题、创优发展环境工作领导组，制定出台了《山西省物价局关于开展整治"吃拿卡要"问题、创优发展环境的实施方案》。一是开展自查自纠。全局以处室为单位，认真组织干部职工对照此次重点整治的6种行为，开展自查自纠。二是认真开展承诺。省物价局及关键处室单位工作人员，结合岗位特点作出"创优发展环境、抵制吃拿卡要"公开承诺。三是开展社会民意调研。针对服务对象发放《整治"吃拿卡要"问题创优发展环境的征求意见表》，认真受理群众意见，及时解决反应的突出问题。四是积极进行整改。对在自查自纠和民意调查中查找发现的问题进行了认真的疏理归纳总结，对存在的问题和不足进行了细致的分析，制定了切实可行的整改措施和今后努力的方向。五是加强行政效能建设。严格落实《山西省物价局涉价（费）事项首办负责制》、《山西省物价局涉价（费）事项限时办结制》，对价格行政审批事项进行了再梳理盘点，进一步优化审批流程，缩短审批时限，努力实现审批效能的提速。六是加强监督检查。严格落实《山西省纪委监察厅驻省物价局纪检组监察室对廉政风险点实施监督暂行办法》；严格落实"廉政反馈卡"制度。继续完善处级干部带班纪律作风巡查制度，专项整治领导组办公室采取定期与不定期、明查与暗访相结合的办法进行督促检查，对发现的推诿扯皮、敷衍塞责、精神不振等现象能够得到及时整改。

四、以"强作风、树新风"为重点，深入开展作风纪律整顿，努力加强机关作风建设

（一）集中整治"庸、懒、散"。深入开展了以"改进机关作风、创优发展环境"为主题的专项治理，对吃拿卡要、纪律松驰、效能低下、铺张浪费等四个方面的问题进行了着力整治，把治理"庸、懒、散"作为转变机关作风的突破口，以治庸提能力、以治懒增效率、以治散正风气。局党组研究制定了《关于进一步严肃工作纪律的通知》，进一步细划并明确了工作纪律及各项制度规定。

（二）加强效能建设，提高工作效率。严格落实省局制定的首办负责、限时办结、服务承诺等各项制度，价格行政审批事项一律实行政务大厅"一站式"服务制度，行政审批事项"内转外不转"，做到"大厅之外无审批"，从收文到发文，从受理到办理，从来局办事人员到本局公文流转，实现"一个窗口对外，一条龙服务"，减少办事的环节，使整个办事时限较法定时限平均缩短了约三分之一。

（三）狠抓了干部下乡住村领导包村增收活动。2012年安排六次干部下乡住村及领导包村增收活动，到神池县虎鼻乡开展扶贫调研工作，研究确定了扶贫项目，并筹措资金130万元，保证了各项目的顺利开展。出资20万元，帮扶完成了虎鼻村3412亩集中联片机械化作业玉米工程，平均亩产达到490公斤；完成了山丛林提水工程的后续工程、虎鼻乡碾槽沟村引水工程、整治虎鼻村过村河道工程。

五、以"争先进、创标兵"为目标，深入开展争创省级文明和谐单位活动，努力加强文明和谐建设

（一）组织领导严密。局党组能够切实把文明和谐创建作为"一把手"工程来抓，把文明和谐创建工作与其他各项工作结合起来一起布置、一起检查、一起考核、一起奖惩，形成一岗双责、齐抓共管的文明和谐创建体系。文明和谐创建领导组办公室按照文明创建工作规划和各项创建制度，对创建工作认真计划、安排、检查，确保各项创建内容落到实处。

（二）思想认识到位。为把全局干部职工的思想认识统一起来，使大家充分认识文明和谐创建的重要性和必要性，局领导利用各种机会，进行了深入不断地动员教育，使全局干部职工充分认识文明和谐创建活动的重要性和必要性，实现了从“要我创”到“我要创”的思想观念转变，“两手抓、两手硬”的意识明显增强，建立了一把手亲自抓、分管领导具体抓、全体干部职工都有创建任务的良好机制，做到了党、政、工、青、妇齐抓共管，各职能科室相互配合，形成了上下联动、全员参与、合力创建的良好氛围。

（三）活动内容丰富。组织开展了“文明和谐过春节”、省市物价局春节联欢会等活动；深入开展了“人人都是软环境、公仆先是好公民”思想道德教育活动和道德实践活动；全体干部职工积极做好扶贫济困工作，先后组织了为扶贫点神池县虎鼻乡、太化溶剂厂联企帮困、博爱一日捐等捐款捐物活动，在各种募捐活动中，全体干部职工能够积极参与、主动捐款，充分体现了物价干部胸怀全局、心系百姓的高尚情怀，进一步树立了物价系统“讲文明、树新风、促和谐”的良好形象。

六、以“促发展、创和谐”为任务，充分发挥价格管理职能，服务山西经济社会发展

（一）树立大局意识，着力稳定价格总水平。一是进一步提高价格监测水平，进一步提高价格监测工作的前瞻性、准确性和有效性。二是进一步加大价格监管力度，及时对市场价格监管、稳定节日市场价格做出安排，有效保障节假日市场价格的稳定。三是进一步加强对低收入群体的保障，安排9126.75万元发放保障对象价格补贴，自联动机制建立以来，累计发放13个月保障对象价格补贴，总计约13个亿，在全国排列第一。四是进一步推进平价商店建设，充分发挥价格工作职能作用，积极推进平价商店建设。

（二）树立绿色发展意识，推进环境价格改革。一是实施差别电价促进转型升级，继续对电解铝、铁合金、电石、烧碱、水泥等“两高一资”企业实行差别电价政策。二是结合我省实际情况，在全国率先制定氨氮等四项污染物排污权交易基准价。三是在全国率先实行脱硝试点，脱硝加价由原来的每千瓦时加价0.6分钱，调整到0.8分钱。四是继续加大脱硫工作力度，开展燃煤电厂脱硫加价政策，对燃煤电厂实行每千瓦时1.5分钱的脱硫加价。

（三）树立群众意识，加强民生价格监管。一是加强药品价格管理，切实降低药品虚高价格。二是加强教育收费监管，进一步规范各类教育收费、代收费行为；三是加强和完善保障性住房价格管理，制定印发《关于加强和完善保障性住房价格管理的通知》。

（四）树立法制意识，加大执法力度，着力规范价格秩序。2012年，先后开展涉农价费、涉车收费、医药价费、大型零售企业明码标价、市场价格、教育收费等专项检查及巡查。全省共查处价格违法案件1729件，查出涉嫌价格违法金额7949.342万元，实施经济制裁6988.733万元。

（崔海兵）

附：省物价局党组书记、成员名单

书　记：李福龙

成　员：张存登（5月离职）　王克信　庞金龙　祁晓虎　武振功　王春庆（7月任职）

省国防科学技术工业办公室党委工作概况

党委书记　张华龙

2012年，省国防科技工业办公室党委坚持以邓小平理论、“三个代表”重要思想和科学发展观为指导，紧紧围绕迎接十八大、学习十八大、贯彻十八大，围绕推进军工转型跨越发展、构建和谐军工，以建设高效的党建工作运行机制、高标准的基层党组织和高素质的党员队伍为目标，全力推进党的思想建设、组织建设、作风建设和制度建设，党组织的创造力、凝聚力和战斗力进一步提高，为推动全省国防科技工业平稳较快发展提供了有力政治保证。

一、狠抓基层党建工作，基层党组织战斗力不断提高

一是创先争优活动形成长效机制。继续突出军工特色，精心安排实施，将创先争优融入推动我省国防科技工业转型跨越发展的生动实践，通过抓活动、抓表彰、抓交流、抓机制，基层党组织战斗堡垒作用和广大党员的先锋模范作用得到充分发挥。七一前夕，隆重召开创先争优表彰大会，对在创先争优活动中涌现出的44个先进基层党组织和48名优秀共产党员进行了表彰。认真组织基层单位党组织开展理论研究，召开全系统创先争优理论研讨会。对建立健全创先争优长效机制提出指导意见和工作部署。

二是纯洁性教育活动取得明显成效。围绕保持党员干部思想纯洁、队伍纯洁、作风纯洁和清正廉洁，全系统42个党委的40315名党员开展了为期半年的保持党的纯洁性学习教育活动，占党员总数的91%；完成集中学习教育、革命传统教育、先进事迹学习、问题查摆、召开民主生活会和思想总结“六个一”活动，得到省委创先争优领导小组的充分肯定。

三是基层党组织普遍实现晋位升级。按照领导班子好、党员队伍好、工作机制好、工作业绩好和群众反映好的“五个好”标准和基层组织建设年的各项要求，部署开展了基层组织分

类定级工作,在创先争优活动中推动基层组织的“集成升级”,打造新亮点、塑造新形象、树立新典型。全系统1344个基层党组织中,定级为“好”的,由年初的1020个增加到1063个,占79.1%;定级为“较好”的,由213个减少到184个,占13.7%;定级为“一般”的,由114个减少到97个,占7.2%,基层党组织建设得到全面提升。

四是开展党建责任制考核,提升党建科学化水平。为深入贯彻落实科学发展观,以科学的指标体系考核各军工企事业单位党的建设、经营发展和履行社会责任的工作实绩,制定印发《山西国防科技工业党建责任制考核办法》,建立了以党的建设为统领,包括党建责任制落实、经营发展情况和履行社会责任三个方面主要工作的考核指标体系和实施办法,强调了考核工作的导向性、系统性和规范性。通过开展重点工作专项督查活动、召开各单位党委书记抓党建工作专项述职会议,对各单位进行党建责任制完成情况集中考核,基本实现了对全系统落实党建责任制工作的系统规范,形成了一级抓一级、层层抓落实的工作局面和各单位抓落实、打基础、争先进的浓厚氛围。全省军工党的建设科学化水平有了新的提高。党的建设与中心工作的结合融入更加紧密,各级党组织的自身建设更加扎实,党员干部队伍建设更加充满活力,党组织活动的创新更加富有成效。

二、狠抓思想作风建设,领导班子和干部队伍建设不断加强

坚持以科学发展观为统领,把军工放到全省转型跨越发展的大局中去谋划、部署和安排,切实加强领导班子和干部队伍建设,不断提高服务军工发展的能力和水平,团结带领各级干部提振信心,奋发努力,重塑形象,形成了昂扬向上、干事创业的良好氛围。一是围绕学习十八大、贯彻十八大,加强班子思想政治建设。党的十八大召开后,我们把学习十八大精神的过程转化为推动军工转型跨越发展的过程,把落实十八大精神体现到做好2012年各项工作和谋划安排2013年工作之中。及时下发了《关于深入学习宣传贯彻党的十八大精神的通知》,组织9个宣讲团,由党委班子成员分别带队,深入基层共宣讲报告13场,近2万名干部职工参加。分别举办了军工企事业党委书记和副书记、纪委书记、组织部长、宣传部长、团干部和青年代表等专题培训班,通过舆论宣传、组织宣讲、举办培训班、专题讲座等形式,在全系统迅速兴起了学习贯彻党的十八大精神的热潮。同时,以开展学习型机关建设为契机,充分发挥党委中心组的示范带头作用,坚持集中学习与个人学习相结合,使干部理论水平进一步提高。二是改进工作作风,提升破解难题能力。认真贯彻落实中央和省委改进工作作风的规定,不断提高服务水平和能力。坚持民主集中制,进一步完善民主议事和集体决策机制,深入基层,调查研究,解决问题,班子决策能力和干部胜任能力不断提高。通过开好民主生活会,开展批评与自我批评,进一步增强了团结,提高了领导班子整体战斗力和凝聚力。三是强化责任落实,提升工作执行力。制订了年度目标责任考核实施办法,把重点工作和目标责任落实到部门、到人头。通过开展基层企事业单位评议机关活动,奖优罚劣,全面推动了工作。四是领导率先垂范,提升干部感召力。领导班子以高度负责的态度,率先垂范,真抓实干,做到日常工作和重点工作统筹兼顾,整体推进,取得良好成效。五是充分发挥干部协管作用,加强军工单位领导班子建设。全年参与15个军工单位班子换届和干部考察,提任、交流、调整领导干部58人。

三、狠抓党风廉政责任制,惩防体系建设不断推进

一年来,全省军工系统紧紧围绕转型跨越发展中心任务,以落实党风廉政责任建设责任制为抓手,以建立健全风险防控机制为切入点,以惩治和预防腐败体系建设为重点,扎实推进全系统的党风廉政建设和反腐败斗争。一是加强考核,党风廉政建设责任制得到落实。建立分工负责制,制定《2012年反腐倡廉建设工作任务分解意见》;建立分级负责制,年初与各军工企事业单位党政负责人签订责任书,并层层分解落实;建立考核机制,修订和完善了检查考核制度,加大考核和责任追究力度,做到了责任落实、监督到位、追究有力,全年共追究责任16人。二是强化监督,规范领导干部廉洁从业行为。建立和完善“三重一大”决策程序,防范经营风险,深入开展整治“吃拿卡要”工作,突出监督实效,加大约束力度,进一步增强了领导干部廉洁从业、廉洁自律的自觉性。三是突出重点问题,严肃查处违法违纪案件。全系统共受理信访举报81件,排查案件线索14起,立案查处10起,结案8起,处分8人。四是融入生产经营中心,深入开展效能监察工作。全系统围绕生产经营和国拨资金重点项目选题立项75个,提出效能监察建议62条,避免和挽回经济损失3000余万元。通过物资采购比质比价,共节约资金2000余万元。五是创新制度,扎实推进惩防体系建设。全系统围绕排查确定的风险点和风险等级,有针对性地制定了防范措施,形成以岗位为点、以程序为线、以制度为面的廉政风险防控机制。六是注重实效,强化反腐倡廉教育。通过广泛开展示范教育、警示教育,扎实开展“宣传月”活动,深入推进廉洁文化建设,建立健全了党风廉政教育长效机制,进一步筑牢了干部的思想道德防线。

四、狠抓军工文化建设,和谐军工取得新成效

认真贯彻落实中央和省委关于推动文化大发展大繁荣的各项要求,发挥军工文化在构建山西和谐军工中的促进作用,制定印发《关于加强我省军工文化建设的实施意见》,凝炼和建设具有军工特色的企业文化、院所文化。召开了军工文化建设推进会,谋划推动了黄崖洞军工传统教育基地建设,并通过加强监督检查、调研指导和情况通报等工作,进一步提升了我省军工文化的软实力。把加强精神文明建设作为党委的一项重要工作抓紧抓好,坚持把社会主义核心价值体系建设作为主线,贯穿到精神文明和谐建设全过程,不断引深创建工作,

巩固扩大创建成果，共创建 2 个全国文明和谐单位和 6 个省级文明和谐单位，为建设和谐军工创造了良好的环境。省国防科工办经过广泛征集、科学概括、认真提炼，形成了“忠诚、奉献、创新、高效”的核心价值观，并制作了标识图案，在广大党员干部职工中形成了统一指导思想、共同理想信念、强大精神力量和基本道德规范，为推动我省军工转型跨越发展奠定了坚实的思想基础。

全系统各级党组织始终把实现好、维护好、发展好职工群众的根本利益作为工作的出发点和落脚点，紧紧围绕喜迎党的十八大胜利召开，扎实推进文明和谐单位创建活动，群众性文化体育活动形式多样、异彩纷呈。围绕“为党的十八大胜利召开营造和谐稳定喜庆的社会环境”这一政治目标，切实加强维护稳定工作，通过强化责任，排查矛盾，化解积案，全系统政治安定，职工队伍稳定，和谐军工建设不断推进。

与此同时，积极落实省委扶贫攻坚任务，履行社会责任，成立省国防科技工业扶贫工作领导组，制定印发了《省国防科技工业扶贫实施意见》、《进一步落实全省军工企事业单位扶贫攻坚任务通知》和《省国防科工办机关扶贫工作管理制度》，安排部署了喜迎十八大扶贫惠民五项工作，全年扶贫目标任务完成。召开全系统企业军转干部生活困难补助工作会议，并协调落实解决 1100 人、1650 万元的解困资金，保持了企业军转干部队伍的稳定。

五、狠抓党建促发展，全省军工经济实现新发展

一是军工经济保持平稳较快增长。2012 年，全年实现销售收入 320.47 亿元，同比增长 12.42%；完成增加值 69.37 亿元，同比增长 11.39%；实现利润 7.86 亿元，同比增长 37.26%；职工年均收入 38346 元，同比增长 10.48%。

二是武器装备科研生产任务圆满完成。技术创新成果显著，共获得 6 项国家科学技术奖国防专项奖，21 项国防科学技术进步奖，2 项国防技术发明奖一等奖。

三是军民融合发展取得新突破。认真贯彻落实国发〔2010〕37 号文件，提出我省加快推进军民结合产业发展的意见，已提交省政府研究。建立领导分工负责制，一个领导联系一个集团，狠抓我省与军工集团签署的战略合作框架协议项目落地。全省军工落地建设项目 117 项，总投资 377 亿，完成投资 113 亿。高精度铜板带、风力发电机、节能电机、矿用避难硐室、太阳能电池硅片及成套装备等一批具有先进技术和市场潜力的民品项目建设投产，成为新的经济增长点。全系统民品销售收入同比增长 11.18%。

四是质量、安全、保密工作全面加强。深入贯彻落实武器装备科研生产的各项法律法规，许可审查、合同鉴章、保密资格认证和复查、国防计量许可审批、军工关键设备登记审核等工作做到严格依法行政、依法管理，有力保障了科研生产顺利实施。推动安全生产标准化建设，开展专项检查和“打非治违”，连续七年高标准完成省政府的考核，未发生泄密案件。

五是民爆行业保持平稳发展。建立和完善了民爆行业生产经营动态监控信息系统，产业集中度进一步提高，产品结构进一步优化。全年共生产工业炸药 37.4 万吨，同比增长 2.3%；工业雷管 1.06 亿发，同比增长 19.1%；实现工业总产值 24.7 亿元，同比增长 2.4%；实现利税 1.86 亿元，同比增长 15.8%。（赵云刚）

附：省国防科学技术工业办公室党委书记、副书记、委员名单

书　记：张华龙

副书记：安雅文　史国兵（12 月任职）

委　员：张继庆（5 月离职）　温国贵　王树峰　李章贺　齐建伟（12 月任职）　段万乐（12 月任职）

省中小企业局党组工作概况

党组书记　胡荣华

2012 年，在省委、省政府的正确领导下，省中小企业局党组团结带领全局干部，坚持以科学发展观为指导，全面落实国家及我省促进中小企业发展的各项政策措施，扎实工作，开拓创新，积极作为，攻坚克难，有力促进了全省中小企业持续健康发展。

一、创新工作思路，奋力开拓进取，全面完成 2012 年度各项目标任务

（一）加强政策支持，优化中小企业发展环境。为应对复杂严峻的经济形势，紧密结合中小微企业发展的实际，代省政府起草了《关于扶持小型微型企业加快发展的若干政策措施》，从七个方面提出了 17 条含金量高、操作性强的政策措施。这是我省首次针对小型微型企业发展出台的指导性意见，是当前和今后一个时期指导小型微型企业平稳健康发展的纲领性文件。代省政府向省人大常委会做了《关于全省中小企业发展情况的报告》；开展了“送政策、送专家、送服务”三送活动，中小企业发展环境得到进一步改善。

（二）加强运行协调，促进中小企业稳增长。认真做好中小企业经济运行监测分析，每月召开经济运行分析会，及时掌握中小企业发展动态，积极协调解决企业生产经营中遇到的困难和问题。联合省统计局在全国率先开展中小企业统计

制度课题研究。全省中小企业增加值同比增长 18%,分别高于全省 GDP 和规模以上工业增加值 8 个和 6.4 个百分点,为全省经济稳增长做出了积极贡献。

(三)坚持多措并举,缓解中小企业融资困难。一是推动金融机构改善对中小微企业的服务。全省小微企业贷款余额达 2114.43 亿元,同比增加 324.3 亿元、增长 18.12%,增量高于 2011 年 41.3 亿元,增速高于全省各项贷款平均增速 0.93 个百分点,达到了"两个不低于"的要求,中小企业资金困难的问题得到一定程度的缓解。。二是创新"政银企保"合作机制。省中小企业局系统向金融机构推荐企业 2600 多户,帮助 1057 户落实贷款 170 亿元,落实率 41%。三是加强信用担保服务。为 7 家担保机构申请并获得国家风险补偿资金,为 3 家担保机构申报取得了免征营业税资格。四是拓宽直接融资渠道。一批中小企业在天交所挂牌;推动发起设立了一批股权投资基金;省内首只中小企业集合票据完成审批程序、即将发行。

(四)落实财税优惠,加大对中小企业扶持力度。一是省级中小企业发展资金增加了 1 亿元。二是全年争取国家各类资金 1.04 亿元,支持了 128 个项目建设。三是认真落实各项税费优惠政策。仅"增值税起征点调至最高限 2 万元"一项,每年可使全省中小企业享受税收优惠 3.1 亿元。暂免征收小型微型企业行政事业性收费 26 项,每年可为企业减负近 5000 万元。

(五)加大培训力度,提升中小企业整体素质。一是开展能力素质培训,举办了全省中小企业系统领导干部能力素质提升专题培训班,近 200 名领导干部和业务骨干参加了培训;二是开展 5 期"银河培训",累计培训企业经营管理人员 1250 余人。三是开展创业培训,累计培训创业者 3 万人次以上。四是利用社会资源,开展实用技能培训,累计培训技术工人 10 万人次以上。五是鼓励企业开展各类自主培训,累计培训 20 万人次以上。

(六)加强创业辅导,加大小微企业创办力度。得益于省委、省政府一系列重要会议的安排部署,中小企业系统联合省有关部门强力推动,掀起了创业兴业的热潮。全省新创办小微企业 3.02 万户,超额完成每年新创办 1 万户以上小微企业的年度任务,创出近年来我省新创办小微企业数量之最,成为经济发展的新动力。

(七)加大扶持力度,壮大"小巨人"企业队伍。培育销售收入超亿元的"小巨人"企业,是省委、省政府作出的重要战略部署,也是省委、省政府交给全省中小企业系统的一项重要任务。为了确保这项工作起好步、开好局,我们制定了《培育"小巨人"企业实施意见》,实行干部定点联系企业制度,对培育对象进行点对点帮扶指导。全年新培育"小巨人"工贸企业 118 户,超额完成省政府确定的 100 户年度任务。

(八)加快结构调整,推进中小企业转型升级。着力推进产业结构调整,中小企业中采掘业企业数量占比由 2008 年的 9.1%下降到 3%以下;着力推进企业技术创新,认定首批省级中小企业技术中心 28 家;着力推进企业集聚发展,全省初步形成 120 个产业特色鲜明的中小企业集聚区;着力推进企业循环发展,培育形成了一批以中小企业为主体的循环经济示范园区,中小企业转型发展的趋势更加明显,产业结构和布局日趋优化。

(九)加强协作配套,推进大中小微企业协同发展。搭建协作配套平台,定期发布中小企业产品推介目录和大企业产品需求目录;鼓励大企业通过专业分工等方式,带动中小企业发展。重点推动了 86 户和 116 户中小企业,分别与太钢集团、太重集团开展协作配套。

(十)扩大招商引资,推进中小企业对外交流合作。组织 242 家企业、350 多种产品,参加了第十二届金属冶金展、第七届 APEC 中小企业技术交流暨展览会、第九届中国国际中小企业博览会等展会,签约 156 个项目,引进资金近 60 亿元。

(十一)推进平台建设,不断完善中小企业服务体系。积极推进公共服务示范平台建设,我省"国家中小企业公共服务示范平台"新增 3 家、达到 6 家;启动了省级中小企业公共服务平台网络建设,争取到我省历史上有关中小企业发展的单笔国家最高扶持资金 5000 万元。

(十二)创新服务理念,进一步拓宽服务渠道。一是试点建设了全国首家"小微企业服务站",为创业兴业者提供一站式、全方位免费服务。二是支持新建 30 个中小企业创业基地,认定首批 29 个省级中小企业创业基地。三是举办了首届山西中小微文化企业博览会,推动中小微文化企业发展。四是与山西财经大学联合组建山西省中小企业发展研究院,开展中小企业信息的收集整理、数据的统计分析、决策咨询服务和战略性、前瞻性的政策研究。五是与省政府驻广州办事处合作,筹备建设首家山西中小微企业名优特新产品展销中心,帮助企业引导消费、开拓市场。

二、强化学习提高,提升能力素质,全面加强领导班子和干部队伍建设

(一)以班子建设为核心,打造团结创业的领导集体。一是坚持理论武装。建立健全并始终坚持党组集中学习和述学、评学、督学制度,努力以科学理论武装头脑。二是注重调查研究。班子成员围绕多个课题,先后 50 余次深入基层、深入企业,为企业办实事、解难题。三是注重分工合作。班子成员之间相互信任、相互支持,协同合作、团结共事的意识不断提高。四是坚持民主集中制。严格执行党组议事规则,重大问题、重点工作等都由党组集体讨论决定,民主决策、科学决策水平不断提高。

(二)以干部队伍为重点,建设奋发向上的有为机关。一是注重学习提高。坚持在线学习,平均完成 145 个学时,在省直机关名列前茅;善用外脑,组织专题讲座、专家辅导、交流研讨;善于借鉴,到发达地区、兄弟单位学习经验,分析差距、启发思路、完善措施。二是突出处室建设。梳理整合处室职能,优化配置行政资源,业务工作有手段、有资源,行政能力得到全面提升。三是提升综合能力。着力提高干部队伍的执

行能力、谋划能力和协调能力，增强敬业、务实、执着、团结意识和集体荣誉感。四是狠抓作风建设。修订完善工作制度，规范优化工作流程，切实改进会风文风。五是关心干部成长。针对局机关近十年没有提拔干部的实际，党组敢于担当，采取民主推荐和竞争上岗相结合的方式，对13名机关干部进行了选拔调整，体现了公开公平公正的原则，树立了正确的用人导向。省委常委、组织部长汤涛来我局调研时，给予充分肯定。

（三）以文化建设为抓手，营造文明和谐的良好氛围。一是完善协调机制。实行职务服从、业务服从"两个服从"，资源共享、成果共享"两个共享"，机关围绕中心工作、协同配合的良性工作机制基本形成。二是实施精细化管理。努力做到工作精心、数据精准、过程精细、成果精品。三是注重对标一流。在学习上对标一流，着力提高工作能力；在作风上对标一流，真心实意服务企业；在工作上对标一流，立足岗位干事创业。四是倡导友善包容。在机关提倡友善包容，欣赏同事的长处，包容同事的个性，理解同事的难点，关心同事的工作与生活。五是积极开展文体活动。组织开展了全民健身体育比赛等系列活动；组建了局机关系统业余合唱团；高度重视老干部工作，组织老干部开展多种形式的学习、调研、考察；参加了省直单位健身操比赛，荣获一等奖。

（四）以创先争优为载体，提升党建工作的整体水平。一是以开展"基层组织建设年"活动为契机，认真落实党建工作责任制，积极推进党务公开、政务公开。二是扎实开展保持党的纯洁性学习教育活动，深入推进创先争优。三是开展了"创优软环境、喜迎十八大"主题活动，以"历代领袖论学习——把学习作为促进我省中小企业发展的重要任务抓紧抓好"为题，进行了党课辅导；四是召开全省中小企业工作务虚会，认真学习贯彻党的十八大精神，分析新形势、新任务，研究新思路、新举措。五是认真开展干部下乡住村活动，筹资51万元，帮助建设农业技术服务站、修建水渠等，扶贫点人均增收1700元、达到4300元左右。

三、坚持标本兼治，建立长效机制，全面提高党风廉政建设和反腐倡廉建设工作水平

（一）加强组织领导，认真落实党风廉政建设责任制。深入学习贯彻中纪委、省纪委全会和全省党风廉政建设干部大会精神，以局党组1号文件，把2012年党风廉政建设工作细化为39项任务，分解落实到分管领导、牵头单位、责任单位和配合单位。领导班子成员带头遵守廉政规定，切实履行"一岗双责"，既对职责范围业务工作负责，又对党风廉政建设负责。积极开展党性党风党纪教育，结合今年处室职能调整幅度大、干部提拔任用人数多的实际，印发了《新任职领导干部廉政谈话制度》，加强对新任职干部的廉政教育。组织开展了一系列警示教育，提升机关党员干部对权责利的认识。切实加强日常监管，有效防止了违法违纪问题发生。

（二）狠抓风险防控，创新监督机制。制定了《中小企业发展专项资金管理使用监督检查暂行办法》，规范了项目申报审批程序，明确了监督检查职能，对项目资金管理实行全过程、全覆盖监督，确保了专项资金优质、安全、高效和专款专用，预防和杜绝在专项资金的申报、推荐、审批和使用等各个环节腐败现象的发生。

（三）开展专项治理，努力提高行政效能。认真开展"吃拿卡要"专项整治，对照专项整治内容和重点整治的6种行为，积极开展自查自纠，取得了明显成效。认真开展政风行风评议活动，制定《2012年政风行风评议工作方案》，召开民主评议政风行风听证对话会，向社会作出公开承诺。完善机关行政效能建设九项制度，增强办事透明度，提高了机关行政效能。

（杜红伟）

附：省中小企业局党组书记、成员名单

书　记：王克建（1月离职）　胡荣华（1月任职）

成　员：赵志杰　闫龙江　武晨阳（女）

省食品药品监督管理局党组工作概况

党组书记　赵光国

2012年，省食品药品监督管理系统围绕保障安全和促进发展两个主题，狠抓责任落实，加强能力建设和基层基础建设，着力解决重点问题，大力整治突出问题，探索破解难点问题，食品药品监管工作取得明显成效，许多重点工作有了大的突破，一些经验做法全国推广，全省监管工作呈现出新局面。

一、加强药品、医疗器械监管工作

针对药品安全出现的新情况、新问题，省食品药品监督管理局抓住重点环节、重点品种，在全省组织开展药品生产流通领域集中整治和药品安全风险百日大排查，药品领域的违法违规问题得到有效整治。

在药品生产环节，重点整治原辅料来源不合法、生产投料不规范、工艺要求不严格、检验记录不完整等问题。对全省158家药品生产企业全部进行了现场检查，对77家药品生产企业的181个高风险品种执行新版药典情况、原辅料生产工艺变更情况进行了专项检查，完成药品GMP跟踪检查41家，组织检查麻黄碱原料使用企业36家次、化学原料药购进使用情况119家次。

在药品流通环节，重点整治购进渠道、储存条件、异地设库及票据管理等问题。对78家药品批发企业仓储温湿度实

施在线监控,检查基本药物配送企业88家、疫苗经营企业9家,检查互联网药品信息服务网站63家,对11家存在问题的网站实施行政告诫,收回服务资格证1家、关闭1家,对9家违法广告企业警示告诫,对7个违法广告品种实施了全省暂停销售的行政强制措施。

针对医疗器械企业质量管理基础薄弱的状况,重点整治医疗器械生产质量管理体系不落实、购销记录不真实、使用行为不规范等问题。全省共对32家一类医疗器械生产企业生产质量体系建立和运行情况、102家无菌、植入类医疗器械生产企业执行规范情况进行现场检查,检查体外诊断试剂经营企业54家,检查医疗器械生产经营企业11805家次,查处案件416起,限期整改1157家。

积极稳妥应对铬超标药用胶囊事件,受到国家局和省委、省政府主要领导充分肯定。我省作为全国最大的药用胶囊生产基地,年产240亿粒,占全国市场的1/10,因为严格地实施批批检,保证了生产的药用胶囊全部符合国家标准。同时,全系统集中力量对流入我省的问题胶囊及时处置、监督销毁,有效防范和控制了问题胶囊对我省的冲击和影响。省食品药品监督管理局的监管工作和应对措施,得到省委、省政府主要领导的充分肯定,省委书记袁纯清同志批示:"情况可嘉,巩固成果,不懈努力。"省长王君同志批示:"工作做的好,情况清,措施实。"

二、加强餐饮食品、保健食品和化妆品监管工作

省食品药品监督管理局从解决餐保化安全监管的难点和热点问题着手,在监管中探索,在探索中创新,全省餐保化监管工作取得新的突破。

对重点餐饮单位开展综合整治。以学校食堂、建筑工地食堂、旅游景区餐饮单位、大型餐饮单位为整治重点场所,以肉及肉制品、凉菜、腌制食品、食用油、餐用具、水产品为重点品种,以进货渠道、清洗消毒、加工操作为重点内容开展综合整治,督促餐饮单位整改问题,有效防范安全风险。

严厉整治学校食堂餐饮安全。采取检查排队、约谈告诫、停业整顿、公开曝光和上限罚款等监管办法,对全省6232所学校食堂进行了检查整顿,责令整改2211家,停业整顿159家,警告1359家,吊销餐饮服务许可证7家。对太原警官职业学院食堂等8家问题比较突出的高校食堂进行了公开通报,学校食堂餐饮安全保障能力明显提升。

积极破解小餐饮监管难题。采取"全面整顿、重在规范,降低门槛、登记备案,先行试点、逐步推开"的办法,以小餐饮、小饭桌、农家乐为重点对象,大力开展小餐饮整顿规范。全省已对9000余个小餐饮实施了登记备案,对30余条小餐饮片区和街道进行了集中整治。省政府在长治召开全省餐饮食品安全现场会,张建欣副省长评价省食品药品监督管理局"思路清晰,措施有力,敢于担当,积极作为,为全省整治小作坊、小摊贩、小餐饮问题提供了借鉴。"

大胆探索保健食品监管办法。针对保健食品非法添加、违规宣传和委托生产行为混乱等问题,在国家相关法律法规缺失的情况下,省食品药品监督管理局在全国率先制定实施《保健食品非法添加行为管理办法》、《保健食品违法宣传管理办法》和《保健食品委托生产管理办法》,采取全省禁售、强制下架、监管公告、媒体曝光和委托生产登记备案等措施进行专项整治,下架禁售94种保健食品,发布4期监管公告,对32个品种的委托生产行为进行严格规范,收到明显震慑作用和整治效果。省食品药品监督管理局在全国保化监管工作会上作了经验介绍,大同市局和省局保化处受到国家食品药品监督管理局三项表彰。

食品药品安全示范县创建取得新进展。采取分类指导、宣传引导、资金支持等措施,充分调动地方政府示范创建工作积极性。新创建闻喜县、孝义市、寿阳县、潞城市、侯马市、右玉县等6个省级药品安全示范县。新创建孝义市、原平市、繁峙县、长治县、曲沃县、闻喜县、介休市、平定县、怀仁县、泽州县等10个省级餐饮安全示范县,新创建省级餐饮安全示范街16条、示范店84家。太原小店区、晋城城区、右玉县、稷山县成为首批国家级餐饮安全示范县。

三、创新监管方式

山西省食品药品监督管理局在全系统推行"网格化监管、格式化检查、痕迹化管理"的"三化"监管模式,网格化监管解决责任到人、监管覆盖无空白的问题,格式化检查解决监管到位、检查项目无遗漏的问题,痕迹化管理解决行为规范、监管问责有依据的问题。通过实施"三化"监管,强化了责任落实,提升了监管效能,提高了案件查办力度,收到了明显的监管成效。全年,共出动执法人员527349人次,检查各类单位207990家次,责令整改32077家,停业整顿2055家,捣毁窝点81个,查处各类违法违规案件9692起,罚没款3363万元,与上年同比,分别增长72.9%和114%,案件查办数和罚没款总额均达到历史最高水平。国家食品药品监督管理局对山西实施"三化"监管模式给予充分肯定。2012年12月5日,新华社《国内动态清样》第5444期专题刊载了山西的做法和经验。

四、推进医药产业发展

省食品药品监督管理局抓住国家实施新版《药品生产质量管理规范》这一机遇,采取"五个加强"推进措施,即加强外引内联、加强银企合作、加强政策引导、加强责任落实、加强跟踪服务,推动省内一批企业兼并重组,推动国药集团、华润集团、石药集团、扬子江药业等国内优势企业来山西投资合作,目前已有29家制药企业实施了资源整合,提高了产业集中度,增强了山西制药企业的核心竞争力。选择交通银行、民生银行作为战略合作伙伴,引导金融机构把医药产业作为重点投资领域,成功举办了医药产业转型发展企业合作洽谈会、银企合作洽谈会,帮助制药企业落实信贷支持17.5亿元。通过一系列措施,加快山西制药企业认证进程,目前已有14家企业30条生产线率先完成新版GMP认证,全省医药

产业呈现出健康快速发展的势头。去年12月13日，国家食品药品监督管理局在山西召开现场会，向全国推广该局的做法。

五、加强监管能力建设

全省各市县局增强工作主动性，加大工作力度，积极争取地方党委、政府对食品药品监管工作的资源保障，全省基层监管机构和人员编制普遍得到充实和加强。到目前，市县两级机构配套改革基本完成，全省累计新增监管机构168个，新增编制1780名。

省食品药品监督管理局着眼于倾斜基层能力建设，积极争取各方面的资金支持，加大对市县两级的投入力度。省局全年拨付市县两级资金7516.95万元，重点加强基层检测检验、快速检测、信息化建设和业务培训等方面的能力建设，是这些年对市县投入力度最大的一年，市县两级积极争取地方投入，全系统监管能力有了显著提升。

省食品药品检验所完成了餐饮和保健食品省级检验认证273个项目，通过国家级项目认证51个，药品评价抽验和药品质量分析两项工作经过国家局考评被评为全国第一。省药品不良反应监测中心荣获全国不良反应监测工作先进省级中心。

六、加强党风廉政和干部队伍建设

全省食品药品监督管理系统面对体制改革、职能调整带来的压力，用事业凝聚人心，用精神激励士气，把争创一流作为全系统的目标追求，把树立良好形象作为全系统的共同责任，坚持把党风廉政建设和作风建设放在突出位置，严格规范全系统的党风、政风和行风，全系统的战斗力、凝聚力和向心力进一步提高。

一是严格落实党风廉政建设责任制。各级领导干部坚持管队伍必须管作风，抓业务必须抓廉政，始终绷紧反腐倡廉这根弦。全系统按照省委要求，集中开展争先创优活动，提高队伍创造力和执行力，树立了干事创业、廉洁清正的良好形象。

二是坚持执法监督与行政监察同步开展、行政执法与案件评查同步推进。抓住关键岗位，强化监管审批权、监督执法权、资金项目管理权和干部人事权的严格监督，严格实行监督抽样、技术检验两分离和受理、审评、审批三分离制度，强化权力制衡。

三是坚持作风建设与提高效率、便民惠民相结合。省局将原来47项审批事项精简合并为20项，五项审批项目下放市局，简化流程，提高效率。全系统始终重视和加强政风行风建设，把行风建设与提高监管水平相结合，促进全系统改进作风，加强内部管理，认真解决群众反映的热点问题，赢得社会广泛好评。省局筹措259万元，为下乡住村扶贫点大宁县东堡村建成了提水灌溉工程、人畜饮水工程，改造村卫生所和党员活动室，为该村农民增加收入、脱贫致富奠定了基础。

（高　翔）

附：省食品药品监督管理局党组书记、成员名单

书　记：赵光国

成　员：任晋斌　贠亚明　徐跃华　刘建国

省监狱管理局党委工作概况

党委书记　句轶旺

2012年，省监狱管理局党委明确提出了在全系统开展创建“平安监狱”活动的总体工作部署，确立了未来三年全省监狱工作发展的战略重点和基本思路。一年来，在省委、省政府、司法部的坚强领导下，全省监狱系统深入开展创建“平安监狱”活动，圆满完成了党的十八大期间的安保任务，连续第6年实现了“四无”目标，实现了三年创建“平安监狱”的良好开局。

一、强化基层基础工作，确保监狱安全稳定

为了确保监狱安全稳定、万无一失，把开展基层基础建设年活动，夯实基层基础工作，作为解决影响监狱安全发展问题的重大工程来抓。一是钱往基层用。在监狱经费十分紧张的情况下，投入资金3亿元，优先安排监狱监管设施改造，优先解决基层民警职工的民生问题。同时，着眼于向科技要安全，完成了10个监狱的信息化建设一期工程，使基层单位的安全基础更加牢固。二是劲往基层使。深入开展“强化罪犯行为规范、维护监管改造秩序”专项整顿活动和安全隐患百日排查整治活动，与驻监武警开展联合处突演练，并组建了狱内快反分队，监狱的安全防范能力有了明显提高。在党的十八大召开前后，严格执行监狱安全稳定“零报告”制度，实行领导包点、停止安排民警休假、充实一线警力等若干有力措施，全力做好十八大安保工作。三是人往基层流。立足于解决一线警力不足的问题，以基层5个单位为试点，开展了机关机构改革试点工作，合并压缩机关科室三分之一以上，将近30%的机关民警充实到监区一线。在学习推广改革试点单位经验的基础上，各监狱积极推开去机关化改革，实行机关领导包监区、机关民警顶岗值班等制度，使一线警力得到充实，有力保障了监狱的安全稳定。

二、加强制度建设，规范工作运行机制，依法治监的局面基本形成

坚持用制度管人、用制度管钱、用制度管事，出台了一系列的制度规定，建立起了较为完备的监狱工作制度体系。一

是突出制度建设的全面性。出台了《刑罚执行实务手册》、《监狱警戒安防设施建设标准》、《监控指挥中心管理办法》、《罪犯食品安全管理实施办法》等监管改造工作制度;出台了《关于加强和规范监狱系统国有资产和专项资金管理的规定》、《内部审计工作规定》、《监狱系统安全生产管理规范》等企业管理工作制度;出台了《领导班子成员分工制度》、《处级领导干部选拔任用实施办法》等干部人事工作制度。二是突出制度建设的系统性。出台了机关和基层《工作目标责任制考核办法》、《监狱系统实行部门首长问责制暂行办法》等制度规定,为监狱工作的规范运行提供了强有力的制度保障。三是突出制度建设的针对性。为保障罪犯合法权益,联合公检司等有关部门出台了《关于贯彻〈罪犯保外就医执行办法〉有关问题的通知》、《关于贯彻落实〈罪犯保外就医执行办法〉的补充通知》等文件。通过加强制度建设,进一步规范了工作程序,理顺了工作关系,明确了工作职责,有力促进了各项工作的开展。

三、突出教育,强化改造,监狱工作"首要标准"得到进一步落实

按照教育改造和劳动改造相结合的原则,多形式开展罪犯改造工作,不断提高罪犯的改造质量。组织编写《创建平安监狱》罪犯思想教育读本,认真开展罪犯政治思想、形势政策教育和法律法规教育。制定了《罪犯个体改造评估实施办法》,开展了罪犯改造预测评估工作。组织开展罪犯职业技能培训和鉴定考试工作,考试合格率达到98.7%,并由劳动保障部门颁发了全国统一的职业资格证书。积极开展监狱经济结构调整,为有劳动能力的罪犯提供了劳动岗位。同时,积极与山西省四川商会沟通联系,就商会会员企业为全省刑满释放人员提供就业岗位达成共识,使川渝籍刑满释放人员实现了"百分之百"就业安置。

四、统筹推进,规范运行,监狱体制改革和布局调整进一步深化

为落实好司法部和省政府高危退犯工作要求,省监狱局统筹规划,大手笔推进监狱体制改革和布局调整工作。一是完善监狱体制改革配套制度,建立规范的监企工作运行机制。全面实施工人养老保险转企工作,开展工人职业技能等级鉴定工作,推开工人分配制度改革,为监企规范运行创造了条件。围绕监狱体制改革目标,制订出台集团公司制度40多项,基本形成规范新体制运行的制度框架。6月10—13日,司法部监狱体制改革工作第六检查组对我省监狱体制改革工作进行了检查,认为"山西省基本完成了监狱体制改革任务,基本建立了公正、廉洁、文明、高效的新型监狱体制,基本达到了改革预期目标,促进了监狱工作的全面发展"。二是统筹规划监狱建设项目,进一步优化监狱布局。积极向国家和省发改委及司法部汇报工作,争取了中央和省级投资。按照司法部高危退犯的要求,结合我省押犯迅速增加的实际,及时调整规划思路,使监狱布局更加科学合理。贯彻落实新的《监狱建设标准》,协助和指导施工单位细化施工管理流程,加大工程监理力度,确保了工程建设质量。国家发改委专项稽查组对我省监狱系统的建设项目给予了高度评价。

五、从优待警,从严治警,狠抓民警队伍建设

一年来,扎实开展了政法干警核心价值观教育实践活动、保持党的纯洁性教育活动、基层组织建设年活动。大力开展了先进典型选树活动,在全系统选树了8名监狱工作先进典型和7名新疆挂职干部先进典型,编写先进事迹材料,组成先进典型事迹报告团,在全系统进行巡回演讲,较好地发挥了先进典型的引领作用。首次采用"两竞争、两推荐、一差额、一票决"的办法选拔任用了52名处级领导干部,并选拔了28名党委委员。选拔任用的处级领导干部,70%以上来自管教、生产一线,66.7%的处级领导干部进行了交流使用。加大从严治警力度,组织开展了为期三个月的纪律作风教育整顿活动,对民警的日常工作、行为形象、警容风纪等进行全面的规范和整肃,树立了民警队伍的良好形象。

六、坚持民主集中制,积极转变工作作风,领导班子建设取得明显进步

重点抓了四个方面工作。一是坚持抓好学习,本着学用结合,学以致用的原则,采取集体学习、专题培训、自主选学、在线学习等形式,同时结合实际召开学习交流会,联系工作开展解难题、保稳定大讨论,把理论和实践结合起来。就是在这种情况下,确立了"平安监狱"建设的思路。二是严格落实民主集中制,各级领导班子坚持重大问题集体讨论、集体决定,工作中密切配合、互相支持,形成了干事创业的合力。进一步完善局党委内部议事和决策机制,促进了局党委决策的科学化、民主化、规范化。三是积极转变工作作风,开短会、发短文、讲短话,力戒摆花架子、作表面文章。同时,眼睛向下,深入基层一线调查研究,督导落实。据不完全统计,局党委成员累计下基层339次。各监狱的领导干部积极向局党委看齐,坚守岗位,埋头苦干。四是始终抓好党风廉政建设。制订了党风廉政建设和反腐败工作任务责任分解意见,强化党风廉政建设责任考核。从强化源头治腐入手,组织开展警示教育活动,签订《廉政承诺书》,建立局管干部廉政档案,认真开展行风评议活动,提高了党风廉政建设的实际成效。

(李青林)

附:省监狱管理局党委书记、副书记、委员名单

书　记:句轶旺

副书记:王　伟

委　员:王华艳　李扁顿　高　奇　高建公　石玉泉　吴峻山

省扶贫开发办公室党组工作概况

党组书记　刘昆明

2012年，省扶贫开发办公室党组认真贯彻落实中央扶贫开发工作会议精神和省委、省政府实现贫困地区农民增收的决策部署，从全省转型跨越发展大局出发，求真务实，开拓创新，团结拼搏，勤奋工作，全力推动全省扶贫开发事业迈出新的步伐。

一、围绕中心、服务大局，圆满完成各项扶贫工作任务

一年来，省扶贫开发办公室党组以促进贫困地区农民增收为目标，加大力度、创新思路、完善政策、强化举措，全面完成年度目标任务，有40万贫困人口实现脱贫。根据各市统计上报的数据：58个贫困县农民人均纯收入达到4841.36元，比上年增长19.8%，其中35个国家扶贫开发工作重点县农民人均纯收入达到3685.9元，比上年增长17.8%，两项增幅连续三年超过全省平均水平。

一是实行新的扶贫标准，组织完成全省农村贫困人口的识别确认工作。2012年开始，全省扶贫工作范围扩大到所有农业县份，同时实行2300元的新扶贫标准，对全省452万农村贫困人口实现扶贫开发政策全覆盖。一年来，按照扶贫开发和农村低保“两项制度”有效衔接的工作要求，组织全省扶贫系统完成农村贫困人口识别确认和建档立卡工作，并逐步落实兑现帮扶措施。

二是制定出台全省新十年农村扶贫开发总体规划。按照《中国农村扶贫开发纲要（2011–2020年）》的总体要求和全省转型跨越发展的战略部署，编制完成《山西省2011–2020年农村扶贫开发总体规划》，对新阶段全省扶贫开发范围、工作对象、总体要求、奋斗目标、重点措施和政策保障等作出全面安排部署。

三是组织完成连片特困地区区域发展和扶贫攻坚规划编制工作。在国家对口联系单位工信部和卫生部的协调指导下，与省发改委共同牵头，组织省直有关部门和相关市、县，分别编制完成太行、吕梁两大连片特困地区区域发展和扶贫攻坚规划。规划着眼于彻底改变两大区域落后面貌，瞄准制约区域发展的瓶颈问题，提出重点基础设施、产业发展、生产生活条件改善、公共服务、农村人力资源开发、生态建设和环境保护等7大类8000多个项目。

四是启动实施连片特困地区扶贫攻坚试点工作。在太行、吕梁两大连片特困地区选择临县、大宁、岢岚、五台、天镇等5个县作为试点县，同时依托试点县辐射周边县组成3个示范片，率先启动扶贫攻坚试点工作，为大规模实施连片特困地区扶贫攻坚探索路子，做出示范。

五是大力推进易地扶贫搬迁。按照省政府《关于加快推进易地扶贫搬迁工作的意见》要求，年度易地扶贫搬迁规模由往年5万人扩大到10万人，省级补助资金从2.5亿元增加到5亿元；在11个县开展了利用土地增减挂钩政策推进易地扶贫搬迁试点工作，当年10万人的易地扶贫搬迁工程主体完工率达到75.6%，上年滚动入住率达到75.4%，超额完成两个60%的年度目标任务。

六是抓好特色优势产业开发。在完成2010年15个片区开发项目竣工验收、推进2011年17个片区开发项目工程建设的同时，新启动实施11个片区开发项目，扶持11个贫困县、44个乡镇、365个贫困村发展设施农业、特色种养业和核桃等经济林为主的优势产业；在抓好2011年620个整村推进项目建设同时，新扶持214个贫困村实施整村推进；为22家国家扶贫龙头企业的4.95亿元贷款安排下达贴息资金828万元，辐射带动2.6万贫困农户生产增收；评审确定173个贫困地区特色农产品产业战略支撑项目并采取贴息方式给以支持；亚行贷款山西河川流域农业综合开发项目建设完成提款报账1972.75万美元，项目建设投资2.12亿元。

七是开展劳动力技能培训和教育扶贫。依托117个“雨露计划”培训基地，开展劳动力转移培训5万人次；围绕特色优势产业开发，开展科技培训7万人次；在10个国家扶贫开发工作重点县和连片特困地区扶贫攻坚重点县组织开展“雨露计划”实施方式改革试点工作，资助各类贫困生36040人；加强完善教育扶贫工作，新资助贫困大学生900名、中职生1645名、高中生2000名，受益贫困生累计达到19046人。

八是开展机关定点扶贫和领导干部包村增收活动。各级扶贫工作队以促进农民增收为核心，将帮扶重点转向产业开发，全年筹集帮扶资金31.86亿元，新上项目6468个，其中省级工作队投入帮扶资金8.69亿元，新上项目414个；全省先后召开省直机关和市县乡领导干部包村增收活动推进会，发挥行业部门优势，帮助6010个包扶村发展增收产业，包扶村农民人均纯收入增长幅度达到20%以上。

二、分工协作、团结一致，高度重视班子自身建设

一是坚持把思想政治建设放在首位。一年来，围绕学习领会党的十八大报告、习近平总书记一系列重要讲话精神、国家新十年扶贫开发纲要、中央扶贫开发工作会议和省委农村工作暨扶贫开发会议精神等重点内容，党组中心组学习12次；有1名班子成员参加了省委党校为期1个月的培训，2名班子成员参加了清华大学能力素质提升培训，5名班子

成员参加党的十八大专题培训。党组和班子成员参加干部在线学习平均在150课时以上。年度班子成员每人深入基层调研三个月以上。

二是认真贯彻民主集中制。省扶贫开发办公室党组始终把贯彻落实民主集中制作为加强自身建设和发挥集体领导作用的关键环节,坚持重大问题集体研究决定,既分工负责,又互相支持配合,不搞个人说了算,做到决策管理的民主化和规范化。严格落实党内的民主生活制度,在充分广泛征求机关干部意见基础上,6月份召开了保持党的纯洁性专题民主生活会,开展批评和自我批评,沟通思想,增进团结,形成合力。

三是坚持正确选人用人导向。严格按照《党政领导干部选拔任用工作条例》和省委关于干部选拔任用的《三个规定》,对2011年提拔使用的2名正处级干部、6名副处级干部进行试用期满转正考察。公开透明地进行4名处级干部的竞职选任工作。

三、狠抓学习、提高认识,扎实推进学习型党组织建设

省扶贫开发办公室党组始终把加强思想政治建设放在党建工作重要位置,以"武装头脑、指导实践、推动工作"为目标,着重抓好学习型党组织建设。

一是加强学习培训。采取周二集体学习、外出培训、在线学习等方式,推动干部学习的常态化和规范化。全年组织干部职工除了参加党校和有关部门举办的各类培训58人次外,在清华大学组织39名干部职工举办干部能力素质提升培训班,安排38名干部参加山西干部在线学院学习,人均学习超过176课时,参学率达到100%。

二是强化党性教育。深入开展保持党的纯洁性教育活动,邀请省委党校孟永华教授进行专题辅导;赴山东革命老区开展传统教育;举办主题演讲比赛;撰写思想总结报告。

三是注重调查研究。党组和班子成员带头大兴调查研究之风,坚持深入基层调研督导工作,发现问题,研究对策,制定措施,抓好落实。一年来,班子成员深入基层调研督查工作都达到3个月以上。党组书记刘昆明《关于全省扶贫工作的调研报告》在国务院扶贫办年度扶贫调研评比中荣获三等奖,党组成员郎作仕《关于山西省集中连片特殊困难地区扶贫攻坚的调研报告》在《扶贫开发》〔2013〕第2期中刊发。

四、创先争优、改进作风,进一步增强党员干部的向心力和凝聚力

立足扶贫开发工作实际,确定把"改进干部作风,提高工作效率"作为创先争优活动主题,党组和班子成员带头加强作风建设,全系统工作作风有了极大改进。党组书记刘昆明多次深入包村点沁县郭村镇池堡村开展帮扶工作,全年下乡住村8天,帮助筹措资金160万元;其他五位班子成员下乡住村人均达到7天。结合单位实际,省扶贫开发办公室还制定推进扶贫系统政风行风建设八项制度,班子成员分别在山西广播电台"政风行风热线"节目、壶关县与群众进行政风行风的对话。

充分发挥工青妇的工作积极性,开展一系列精神文明创建活动。先后获得省行政办公中心元宵节文艺汇演二等奖、省直机关庆"三八"广播体操比赛一等奖。牵头组织四家单位联企帮困,筹集资金10万元;积极开展送温暖、"博爱一日捐"、向红十字会捐款、"爱心包裹"等活动。

五、完善机制、严肃纪律,不断推进党风廉政建设和反腐倡廉工作

一是加强领导落实责任。把党风廉政建设作为"一把手工程",严格落实党风廉政建设责任制。召开全省扶贫系统党风廉政建设动员大会,对全省扶贫系统反腐倡廉工作进行安排部署;制定印发《2012年党风廉政建设和反腐败工作任务分解意见》,党组书记与处、站、中心主要领导签订《党风廉政建设责任书》;落实党员领导干部报告个人事项和廉政谈话等各项廉政制度,建立领导干部廉政档案。

二是完善机制强化监督。按照《惩防体系建设工作规划》和《实施办法》的要求,调整加强惩防体系建设工作领导机构,组织开展廉政风险防控机制建设,加强反腐倡廉教育;根据国家《财政专项扶贫资金管理办法》和省委、省政府扶贫资金使用管理的有关规定,制定出台《山西省财政专项扶贫资金及项目监督检查意见》。

三是扎实开展专项整治。制定《省扶贫办关于整治"吃拿卡要"问题创优发展环境实施方案》,成立省扶贫办整治'吃拿卡要'问题创优发展环境领导组,并按照学习动员、自查自纠、整改落实和检查总结等步骤,对工作中存在的突出问题进行了专项治理。

(石哲锋)

附:省扶贫开发办公室党组书记、成员名单

书　记:刘昆明

成　员:郎作仕　王汉有　张晓红(女)　柴全管

省公安厅交通管理局党委工作概况

党委书记　尹喜平

2012年，省公安厅交通管理局党委团结带领全省公安交警认真落实上级工作部署，紧扣"围绕一个中心，守住两条底线，抓好三项重点工作"的思路，全面加强公安交警队伍建设，扎实开展交通管理工作，有力保障了全省道路交通安全畅通，圆满完成了省安委办下达的各项交通事故控制指标。截至12月31日，全省共发生涉及人员伤亡的道路交通事故5587起，死亡2294人，受伤5983人，同比分别下降10.46%、0.61%、17.10%。

一、充分发挥职能作用，在全省道路交通安全工作的组织协调、指导检查、考核推动上迈出新步伐

交管局充分发挥省道路交通安全领导小组办公室的职能作用，切实加强对全省道路交通安全工作的组织协调、指导检查和考核推动，结合我省实际，研究制定并向各地、有关部门印发了《2012年山西省道路交通安全工作指导意见》，先后5次提请省政府召开专题会议部署加强道路交通安全工作，及时向各市政府和相关职能部门发出道路交通安全预警49次。先后两次部署并牵头组织公安、交通、安监、工商、质检5部门联合开展全省道路交通安全大检查，及时发现和消除了一大批交通安全隐患。对各市2012年交通事故控制指标进行了细化分解，并根据《山西省道路交通安全工作考核细则》，对各地工作完成情况进行了认真考核，有力促进了全省道路交通安全工作的扎实开展。

二、不断强化源头管理，在交通事故预防的基础工作上取得新进展

严把机动车登记检验和驾驶人考试发证关，建立了重点车辆分类检验管理机制，加强驾驶人考试监管。认真开展重点车辆排查摸底工作，做到了底数清、情况明、台账全，为有效管控打下扎实基础。大力强化校车管理工作，对专用校车注册登记、使用许可等作了明确规定。督促运输企业落实交通安全主体责任，认真开展"道路客运安全年"和"牵手平安行"活动。

三、突出管控重点，在维护良好道路交通秩序上采取新举措

严厉整治重点交通违法行为，在全省部署开展了"三超一疲劳"、"一防两保"、"百日道路交通秩序整治"、"文明交通示范公路"、"平安畅通运煤通道"创建等多项整治行动，共纠正交通违法行为1339万余起。深入整治道路安全隐患，全省共排查事故多发点、段237处。严格管控重点车辆，与省交通运输厅联合出台了客、货运车辆限速规定以及对危化品运输车辆夜间和节假日高速公路管控的新规定。强化高速公路隧道安全管理，会同多部门对全省354条高速公路隧道开展了安全大检查，完善了安全设施。

四、细化工作措施，在圆满完成各类交通安保任务上取得新成绩

圆满完成了党的十八大交通安保任务和中秋、国庆长假等重要节假日保安全保畅通任务，圆满完成党和国家领导人来晋视察以及各类重要会议交通安保任务540余起。

五、深化执法规范化建设，在提升全省公安交警整体执法水平上取得新进步

进一步加强教育培训，全省组织各类培训230余期，培训1.4万余人次。开展全省公安交警秩序、事故、车管三大业务综合技能比武竞赛，对选拔出来的业务尖子，大张旗鼓地进行了表彰和宣传。组织高速交警和太原交警支队20余名基层领导干部、民警交流挂职。积极推动《山西省实施<道路交通安全法>办法》、《山西省"十二五"道路交通安全管理规划》、《山西省关于贯彻落实<国务院关于加强道路交通安全工作的意见>的实施意见》等的修订和出台，完善法规制度。

六、加强社会管理创新，在满足人民群众新期待、新要求上实现新拓展

建立了省、市、县三级道路交通事故月公告制。积极推动省政府出台了《山西省道路交通事故社会救助基金管理实施办法》。深入推进事故纠纷人民调解，长治、阳泉交通事故人民调解长效机制建设的先进经验被省综治委列为2012年全省重点工作项目。大力加强"流动车管所"和"网上车管所"建设，最大限度开展便民服务。积极救助交通事故致困少儿，在全省公安交警系统募集救助资金39万元，引起了全社会对少儿交通安全问题的广泛关注。建设山西公安便民服务在线交警平台，不断满足人民群众新需求。

七、强化宣传教育，在提升全社会交通安全法制意识、安全意识上取得新突破

联合省委宣传部、文明办、工商、广电等部门建立文明交通公益广告宣传工作长效机制。全省公安交管部门共开办各

类交通安全宣传电视栏目 11 个、报纸专栏(版)12 个、广播栏目 15 个,全年在各级媒体发稿 8952 条次,共有 10 余条次被央视新闻联播等栏目采用。交管局和全省 15 个交警支队全部开通官方微博,实现了交通安全手机短信全省客货运驾驶人全覆盖,累计编发短信 2000 余万条。先后组织开展了"全国中小学生安全教育日"、"道路客运安全年"、"4·30"暨五一交通安全宣传教育和"12.2"交通安全日等系列活动。在全省各地主要路口免费安装了 2000 余块 LED 交通安全电子显示屏,在全省规范设置了 7500 余块宣传教育专栏。对全省 10 个文明交通示范城市、100 个文明交通示范集体、1000 名文明交通使者进行表彰奖励,营造了文明交通的浓厚社会氛围。

八、加强信息化建设,在提高交通管理科学化水平上取得新发展

研究制定了《全省公安交通管理信息化"十二五"规划》。推进了指挥系统建设步伐,完成了 350 兆集群通信系统三期工程补点建设,基本实现了高速公路和主要运煤通道的全覆盖。整合优化了全省各级公安交警指挥中心无线对讲指挥系统,建成了全省公安交警高清视频会议系统。完成了省级数据集中和全省公安交通管理综合应用平台系统建设,向全省发放 1160 台移动警务手持终端,推进了信息资源共享。自主研发了"山西省客货运车辆登记核查预警系统",强化了对重点车辆的管理。

九、加强队伍教育管理,在树立公安交警良好形象上取得新提升

一是抓教育,全省公安交警扎实开展了保持党的纯洁性教育、人民警察核心价值观教育、创先争优争做人民满意公务员、公正廉洁执法严肃执法纪律教育整顿等。二是抓管理,出台了规范执法行为禁绝公路"三乱"十五条措施。三是抓监督,开通了 96122 局长热线电话、官方微博,设立"局长信箱",在全省重点路段树立举报公告牌,重奖举报人,多次召开恳谈会、民主评议政风行风对话会等。四是抓考核,制定了对各市及高速交警支队的考核办法。五是抓惩处,扎实开展整治吃拿卡要、创优发展环境活动,严肃查处了运城新绛、吕梁柳林和高速交警三支队三大队收"黑钱"案件。六是抓保障,对全省交警警力和经费保障问题进行了深入调研,向省委、省政府有关领导作了专题汇报。七是抓从优待警,组织全省优秀交警和交通协管员疗养,为全省民警、职工办理人身意外伤害保险等。

十、创优工作环境,在机关自身建设上得到新加强

一是营造良好工作氛围。建章立制,明确了部门职责分工,理顺了高速交警管理体制,规范了财务管理制度,严明了工作纪律,努力形成按规矩办事、按职责履职的良好工作格局。同时,积极协调各部门间关系,努力创造良好的外部发展环境。二是树立正确用人导向,着力形成干部清正、机关清廉、政治清明的良好风气。三是充分发挥职能作用,加强对基层工作的指导和考核,同时,从政策、法规、经费、装备等各方面为基层工作提供有力支持和保障。全年共为基层下拨经费 5900 余万元,下拨警用装备 930 余万元。四是强力推进基本建设,全省公安交警应急指挥中心开工建设,完成了现有办公楼的改造修缮,完成了宿舍楼拆迁改造的一系列审批手续。

(张利荣)

附:省公安厅交通管理局党委书记、副书记、委员名单

书　记:边智慧(3 月离职)　尹喜平(3 月任职)

副书记:马玉川

委　员:李新生　刘　敏　张顺喜　王丕谟　杨有才

省直属事业单位党组(委)工作概况

山西日报报业集团党委工作概况

党委书记　袁升德

2012年,山西日报报业集团党委认真学习宣传贯彻党的十八大精神,深入开展保持党的纯洁性学习教育活动,推进学习型党组织建设。坚持正确的舆论导向,全面、深入、客观、集中的宣传我省推进科学发展与建设和谐社会取得的巨大成就和宝贵经验,宣传转型跨越发展的重大进展和改善民生的显著变化,为迎接党的十八大胜利召开创造良好的舆论环境。

一、以高度的责任感和使命感,努力做好学习宣传贯彻党的十八大精神的报道工作

一是党的十八大召开之前,山西日报重点推出全面反映我省近5年来在经济、政治、社会、文化等方面取得巨大成就的报道,陆续刊发近30个选题;8月27日开始,推出人物通讯专栏《十八大代表剪影》,对我省选出的来自基层一线、在各行各业中作出突出贡献的十八大代表进行重点报道。

二是在党的十八大召开期间,山西日报选派政治强、业务精的记者,随山西代表团赴京报道大会盛况。围绕以下几个方面进行了充分的报道:及时报道山西代表团参加大会情况;积极反映我省代表建言献策情况;报道中央领导参加山西代表团讨论、活动的情况;报道山西媒体开放日活动,做好书记、省长专访报道;反映全省党员干部群众对大会的反响和关注。

三是党的十八大闭幕后,山西日报重点报道省委传达贯彻党的十八大精神的重大部署,反映全省各地掀起学习宣传贯彻十八大精神的热潮,报道十八大代表回到各地、各单位后带头学习宣讲、贯彻落实十八精神的内容。经过精心组织策划,推出学习贯彻十八大精神系列评论、《在十八大精神引领下——新思路、新举措、新成效》专栏、《在十八大精神引领下——代表归来履职记》专栏、连续刊发本报记者对全省11个市委书记的专访、先后围绕坚定中国特色社会主义道路自信、理论自信、制度自信和全面建成小康社会、生态文明建设、提高党的建设科学化水平等专题作新闻对话、推出《全面贯彻落实党的十八大精神》系列主题专版。以消息、通讯、特写、新闻图片等形式全方位报道全省各地、各行各业、干部群众学习贯彻十八大精神的动态新闻,从11月16日至21日连续推出6块整版。同时,把学习贯彻十八大精神与我省中心工作相结合,组织撰写了《尽心竭力完成全年任务》5篇系列述评,并围绕完成全年目标任务,刊发动态消息,报道典型亮点。

二、掀起学习宣传贯彻党的十八大精神的热潮

一是对集团基层党组织学习宣传贯彻党的十八大精神进行安排部署。集团党委书记、社长袁升德同志听取了集团机关党委对学习宣传贯彻党的十八大精神的安排汇报后,提出学习宣传贯彻党的十八大精神,要紧密结合新闻单位的工作实际,各媒体的新闻工作者要先学一步,学以致用,以高度的政治自觉和饱满的工作热情宣传好党的十八大精神,为全省党员群众迅速兴起学习宣传贯彻党的十八大精神提供强有力的舆论保障。

二是开展理论骨干大宣讲。按照省委、省直工委"宣讲十八大精神进企业、进农村、进机关、进校园、进社区"的要求,开展好大宣讲活动。11月28日集团党委举办"学习宣传十八大精神报告会",请山西日报赴京采访十八大记者、政法部主任孟银凤同志宣讲赴京采访十八大的所见所闻和学习十

八大精神的心得体会。孟银凤同志在宣讲中结合新闻单位的特点，把学习宣传十八大精神、提高政治理论水平与提升业务工作能力结合起来，以其参加“党代会”、“全国两会”等重大会议报道的亲身经历，对党员干部和广大新闻工作者进行了生动的宣讲和辅导。

三是组织党员干部学习研讨十八大精神。集团各基层党组织通过召开支部专题学习讨论会等多种形式，组织广大党员干部学习党的十八大精神，紧密联系工作实际和思想实际，人人谈体会、讲感受、写心得，使党的十八大精神入脑入心。

四是举办学习宣传贯彻十八大精神培训班。12月17日—21日，集团举办学习宣传贯彻党的十八大精神培训班。邀请省委党校教授郭华红作了题为《夺取中国特色社会主义新胜利的政治纲领和全面建成小康社会的行动指南——学习党的十八大报告解读》的专题辅导。培训课程陆续播放中央党校教授秦刚主讲的《坚定不移地走中国特色社会主义道路》、中央党校教授周熙明主讲的《建设文化强国、实现民族复兴》、中央党校教授戴焰军主讲的《全面推进党的建设新的伟大工程》等十八大精神专题讲座，集团处级干部和基层党支部委员参加培训。

三、抓好党委中心组学习，党委中心组成员努力做认真学习、勤于思考、勇于实践的表率

集团党委年初制定党委中心组和党员干部理论学习计划，要求中心组成员增强理论学习的自觉性，把加强理论学习作为提高自身素质和加强自身能力建设的首要任务。借鉴省委中心组首创的“六学六用”学习模式，带头参加各类学习。2012年党委中心组成员采取自主学、专题学、调研学、研讨学、观摩学、干中学等有效形式，努力使理论学习做到经常化、规范化，学好规定的内容，以党委中心组良好的学风为广大党员干部树立榜样、做出表率，带动广大党员干部努力学习。

一是学习贯彻袁纯清书记来集团调研的指示精神，围绕“科学发展，成就辉煌”的主题，做好以优异成绩迎接党的十八大召开的宣传工作。集团党委中心组召开会议，认真学习贯彻袁纯清书记的讲话精神，对山西日报和集团各媒体做好迎接党的十八大召开和宣传十八大精神的报道工作作出部署，要求广大党员干部和新闻工作者进一步增强政治意识、大局意识、责任意识，以高度的责任感和使命感，精心策划，用心谋划，科学筹划，把迎接党的十八大宣传报道工作做足做好。

二是安排部署学习宣传贯彻党的十八大精神。11月16日，省委召开了传达贯彻党的十八大精神电视电话会议，袁纯清书记在大会上作了重要讲话，省委下发了《关于深入学习宣传贯彻党的十八大精神的通知》，对全省学习宣传贯彻党的十八大精神进行了安排部署。集团党委中心组认真组织学习党的十八大精神，对贯彻落实省委通知精神认真进行了研究。

三是认真学习贯彻中央“八项规定”，切实转变作风、端正学风、改进文风。2012年12月4日，中共中央政治局召开会议，审议通过了中央政治局关于改进工作作风、密切联系群众的八项规定。12月14日，集团党委中心组召开扩大会议，组织集团所属11报2刊1网站的负责人，召开学习“八项规定”，切实转变作风、端正学风、改进文风座谈会。

四、深入开展创先争优活动，推进学习型党组织建设，落实党的工作责任制

(一)集团党委认真组织广大党员干部理论学习，教育引导广大党员干部提高党性修养，充分发挥共产党员的先锋模范作用。为更好的指导基层党组织开展学习型党组织创建活动，集团机关党委积极组织参加省直机关开展的读书月活动，为各党支部和广大党员下发了《中共中央关于加强和改进新形势下党的建设若干重大问题的决定》辅导读本、《学习型党支部建设》、《加强领导干部党性修养学习读本》、《中国共产党历史》、《中国共产党为什么能》、《在新形势下保持党的纯洁性》、《共产党人的12个幸福观》、《辩证看 务实办》、《党的十八大报告辅导读本》、《中国共产党章程》等学习资料。机关党委还组织广大党员干部职工观看省委组织部、省委宣传部、省直工委推荐观看的爱国主义、理想信念、廉政建设内容的电影、电视剧《杨善洲》、《建党大业》、《雨中的树》、《人民的好儿女》、《忠诚与背叛》、《立春》等，使党员干部职工受得了形象生动的教育。

(二)集团党委把党务公开工作列入重要议事日程，不断引深党务公开工作。成立了集团党务公开工作领导小组，并以党委文件的形式向全体党员公布党务公开监督电话。集团党务公开领导组聘请基层党支部的纪检委员为党务公开监督员。集团内部刊物及时刊载党务工作信息。集团党务工作中所有重大活动，《新闻生活》都通过专栏、专版、特刊等形式予以宣传报道。集团在新闻大楼大厅和部分楼层设置电子显示屏以及党务工作宣传栏，进行党务工作、精神文明、党风廉政建设的宣传、展示。

(三)深入开展基层组织建设年活动。2012年，按照省委组织部《关于在创先争优活动中开展基层组织建设年的实施方案》的要求，集团党委紧紧围绕“强组织、增活力、创先争优迎十八大”这一主题进行了安排部署，从基层党支部入手，进行调查摸底、自评自测。经过集团基层党组织自下而上开展自评自测的情况，集团机关党委对集团33个基层党组织进行了分类定级，其中定级为“好”的基层党组织31个，占基层党组织的94%，定级为较好的基层党组织2个，占基层党组织的2%。集团各基层党组织通过开展创先争优活动、保持党的纯洁性学习教育活动，战斗堡垒作用得到充分的发挥。

五、加强精神文明建设，广泛开展文明和谐单位创建活动

一是开展道德模范评选推荐活动。集团参加由省直工委组织开展的省直机关第一届道德模范评选表彰活动，在集团

范围内推荐提名道德模范。通过推荐提名和广泛投票活动，在集团范围内掀起了推进公民道德建设宣传社会主义核心价值观的热潮，掀起了向道德模范学习的热潮。

二是开展争创全国青年文明号活动，积极参加"博爱一日捐"、"送温暖、献爱心"活动，开展"送温暖、献爱心"社会捐助活动的通知，广大党员干部职工积极响应号召，踊跃捐款，参加各级举办的文化体育活动，9月集团组队赴晋城市参加全省党政领导干部乒乓球比赛，报业集团乒乓球男女代表队双双夺冠，为集团赢得了荣誉。

六、加强党风廉政建设，加强廉政风险防控

一是集团党委坚持以科学发展观为统领，以贯彻落实《工作规划》和《实施办法》为重点，以党风廉政建设责任制为抓手，加强廉政风险防控，注重从思想道德、机制制度、岗位职责方面加强教育和防控。

二是注重对广大党员的廉洁自律教育。集团机关党委、纪委通过下发党风廉政建设学习资料，安排观看电影、录相片等形式，加强对广大党员干部的教育。

三是开展重温入党誓词活动，加强对党员干部进行理想信念教育。

四是加强长效机制建设。建立健全《廉政准则》的相关配套制度和措施；集团成立了监察审计委员会，确保按照《廉政准则》的规定，严格执行财经纪律和经营管理制度，对集团经营部门每年进行内部审计，对违犯行政纪律的行为进行监察。

五是开展整治"吃拿卡要"、创优发展环境活动。集团纪检监察部门以整治"吃拿卡要"问题、创优发展环境工作为重点，与编辑部门开展的打击"新闻敲诈"、治理有偿新闻专项行动紧密结合，开展了为期三个月的整治"吃拿卡要"、打击"新闻敲诈"、治理有偿新闻专项行动。

（于彦军）

附：山西日报报业集团党委书记、副书记、委员名单

书　记：袁升德

副书记：兰炎平

委　员：杜天威　李蜀昌　张　宁　冯爱民　胡　果　杨小宁　李志刚　丁伟跃　李　伟

省政府发展研究中心党组工作概况

党组书记　李劲民

2012年，省政府发展研究中心（以下简称"中心"）党组按照省委、省政府的统一部署，紧紧围绕科学发展主题，以服从和服务于全省稳中求进、转型综改为着力点，多层次、多角度对我省经济社会发展过程中的重大问题展开研究，为省委、省政府提供了一定的决策咨询服务，各项工作取得新的进步。

一、围绕省委、省政府的战略部署，在重要领域、重大问题、重点活动上取得新进展

促进经济"稳中求进"。根据省政府部署，每月分析一次经济运行情况，每季度总结和预测一次经济形势，适时提出观点和建议，特别是积极建言稳定经济增长的政策措施。6月底，国务院发展研究中心在郑州召开全国经济形势专题分析会议，中心的汇报发言受到与会领导和专家好评，《中国经济时报》对山西作了篇幅较大的报导。我省出台《关于保持经济平稳较快增长的若干意见》一揽子稳定经济增长政策后，中心领导和有关研究人员发表文章，从不同的侧面集中解读了《意见》的重要意义和落实要点，回答了稳增长、调结构和惠民生等人们普遍关心的热点问题，整版刊登在6月22日《山西经济日报》，得到省政府领导表扬。

推进综改试验。中心全力参与转型路径研究，参与转型跨越发展理论与实践研究，参与综改试验区方案实施追踪调查和政策取向研究。一是组织研究人员全面参与了《山西转型综改试验区实施方案》反馈意见的提出和文件修改。二是围绕资源型经济转型，举办了一系列讲座和论坛，主要有为全省"转型综改"专题培训班做了题为"德国鲁尔地区经济转型经验"讲座；与省直工委合作举办省直机关领导干部"思想讲坛"，邀请加拿大女王大学梁鹤年教授，做了"西方文明的未来——大国盛衰的逻辑"专场报告；两次邀请德国专家做了"德国煤炭业面临的挑战及应对措施"、"循环经济：矿区土地回收治理"等专题讲座。三是继续开展中德项目合作，起草并签署中德项目二期合作框架方案，主题为"山西省资源型经济转型与可持续发展能力建设"。

迎接党的十八大和贯彻落实会议精神。在十八大召开前,按照省委、省政府安排,在学习研究征求意见稿的基础上,研究形成了"生态文明建设"和"民生社会建设"两个专题材料。十八大召开后,把贯彻十八大精神与综改试验结合起来,围绕产业转型、民生改善、城乡统筹、生态建设四个领域,开展了一系列调研活动,同时以布局决策咨询课题为纽带,明确了下一步的重点研究方向,并将任务分配给中心9个研究处室,保证研究工作同全省战略部署相统一。

除此之外,中心有影响的重大活动还包括:一是全程参加省党政代表团学习考察和中部论坛等活动,在关系山西发展的土地问题、产业集群问题、文化强省问题等提出了建议。二是与国发中心沿着煤炭产业链,从煤矿、煤厂、运输到港口,全程调研分析煤炭运行态势,其中关于解决煤炭资源整合后遗留问题的建议,省政府领导作了重要批示,要求有关部门具体落实。三是加强与省委政研室、省政府研究室、省建设厅、省综改办、省经贸委等部门的协作配合,在"一核一圈三群"规划、循环经济发展等方面展开合作,取得明显进展。

二、积极推进研究人员下基层、接地气,在贴近省情、贴近实践、贴近基层上取得新进展

2012年,中心把加强调查研究作为推进工作的一个重要抓手。在保证完成省委、省政府交办的重点调研任务的同时,鼓励研究人员结合处室分工和自身专长,以处室为单位命题开展调研。各处室千方百计深入基层、深入企业、深入社会,锻炼研究队伍,提升调研成果的针对性和可操作性。按照国务院发展研究中心组织安排,中心领导参加了公共政策决策咨询制度比较研究赴美培训,赴英国地方政府智囊机构研究能力培训。组织和参与了河南产业集聚区建设、福建对外开放、河北天津煤炭形势、内蒙古宁夏煤化工、江苏太仓"三化同步"等一系列考察活动。省内调研既有宏观性问题,也有行业、民生社会热点,还有重点工作进展情况。主要调研议题有:应对经济下行压力、打造中西部物流强省、巩固煤炭资源整合成果、一县一业、一村一品、煤电联营、矿区环境治理、煤机产业集聚区建设、天然气产业发展、农村学前教育、农村公共文化设施建设、贫困乡村建设、深化农村全覆盖、扩权强县、招商引资、新一轮治超工作等,初步预计全年出刊调研报告50期左右。

三、认真完成重要文件、文稿起草撰写和课题研究工作,在研究成果的影响力、创新力上取得新进展

参与了对《山西转型综改试验区实施方案》、《山西省人民政府关于支持农业产业化龙头企业发展的意见(讨论稿)》等重要文件的修改工作。组织完成了《关于义安经济发达镇行政管理体制改革试点情况评估方案征求意见稿》的修改意见。参与了旅游产业、"十二五"人口规划专家评审会、加快服务业发展的意见座谈会,以及对《一核一圈三群规划》提出建议等。

完成省委领导全国人代会发言背景材料"投资转型与提振消费并重,加快形成持续有效的扩大内需机制",省政府领导"在首届世界晋商大会上的讲话"和关于民生社会发展的署名文章。参与讨论省政府领导能博会、全省科技奖励大会等讲话稿。完成省政府领导安排"打破发展瓶颈推进重点项目"、"对山西省情的认识" 等文稿撰写。向中央巡视组作了"缩小收入差距 调整收入分配"汇报。为全国"两会"撰写议案"关于加快贫困地区城镇化进程的建议"等。

组织开展15项重大课题,已完成8项,分别为灵石县行政效能暨软环境建设、太榆科技城发展规划、科技创新跨越式发展的成功实践、循环经济发展规划、焦化产业可持续发展战略研究、高新技术产业"十二五"发展规划、中小企业融资难问题研究、基于周期波动理论的山西经济运行研究等。另外7项正在进行,主要有流动人口抽样调查分析报告、中国典型省市应对气候变化科技战略与政策研究、国有大中型企业投融资能力评价、国有大中型企业投融资能力评价、资源型区域投资环境评价指标体系的理论探索、节能路径政策研究等。

研究成果的影响力、创新力明显增强。"集约发展 推动煤炭产业优化升级——山西煤炭资源整合企业兼并重组的实践与思考"(《中国经济时报》10.19)、"政府诚信如何越做越好"(《山西日报》7.19)、"当前经济形势下的政策选择"(《山西日报》8.28)都产生了较大的反响。"对山西煤炭企业兼并重组若干问题的思考"、"资源型经济:理论解释、内在机制与应用研究"两项分别获省第七次科学研究优秀成果一等奖,中心获得优秀社科成果组织奖。"山西省煤炭工业可持续发展系列研究"获得省科技进步三等奖。

四、精心编辑上报《省长专阅》,在信息立体化、专题特色化上取得新进展

按照省目标责任考核任务要求,《省长专阅》全年编辑任务为15期。2012年4月份,根据省政府领导的批示,又增加了"摘编信息"任务,预计全年编辑上报将达到30期左右,基本实现任务翻番。在借鉴省委政研室、省政府研究室、省统计局等兄弟单位相关刊物的办刊经验同时,《省长专阅》克服信息摘编平面化,有分析、有借鉴、有建议,在宏观经济、部委政策、省外动态、行业快递等方面发掘和加工信息,形成了信息立体化的办刊特色。

进一步加强了同省直部门的沟通联系工作,先后召开两次大的《省长专阅》工作室座谈会议,研究讨论我省的重点工作和《省长专阅》的选题意向。同时,在一些具体领域还不定期召集有关专家学者、厅局部门人员进行讨论,保证《省长专阅》专题报告同有关部门的工作相衔接,反映厅局意向,反映基层声音,站在全省的高度为省领导提供决策参考。《省长专阅》先后得到省长重要批示有7件,常务副省长的重要批示1件,省领导批示率达到26.7%,其中专题报告批示率达到66.7%。主要获批议题有民间融资、污染减排与绿色发展先

行先试、宏观经济形势分析与政策走势、战略性新兴产业发展、"稳增长"综合信息、专家对转型综改的新观点等。

五、积极开展重大决策专家咨询论证活动，在建设性、支撑力上取得新进展

积极开展重大决策咨询活动。组织咨询委特聘委员、专家对《政府工作报告(征询意见稿)》征询意见，有关修改建议提交后，省政府领导作了重要批示。组织召开"山西省煤炭产业稳市保价战略咨询会"，山西经济日报、山西电视台等媒体对会议情况进行了相关报道。组织省内外专家，就山西资源型经济转型任务的阶段性布局和递进式要求等议题进行研讨。

健全决策咨询委系统的通联合作。参加全国省区市决策咨询工作联席会执委会会议，交流决策咨询工作的最新进展和经验，建立合作交流机制。参加全国省区市决策咨询工作联席会议第二次全体(扩大)会议，中心领导在大会上作了《山西资源型经济转型的实践》的专题发言。

指导地市开展决策咨询活动。就运城成立决策咨询委及开展围绕"转型发展"决策咨询活动提供指导，对大同决策咨询委筹建大同决策咨询网提供指导。与阳泉、吕梁、长治决策咨询委始终保持密切联系，经常就一些重大问题交流经验和信息。

组织省政府重大决策咨询课题中期进度管理工作。根据省政府重大课题管理办法，对各课题组研究进度进行跟踪，与课题承担单位及负责同志，就各课题组织进展情况、存在困难问题及下一步的工作安排进行沟通。制定重大决策咨询课题验收方案，多次组织召开重大决策咨询课题验收协调会，对2011年省政府重大决策咨询课题开展结题验收。拟定2012年山西省重大决策咨询课题目录，草拟了《关于呈报2012年山西省政府重大决策咨询课题备选题目的请示》，报送省政府。

六、扎实加强机关自身建设，在为民务实上取得新进展

一是加强班子建设。2012年，"中心"党政班子进行了调整，新班子在继续发扬以往历任班子光荣传统的同时，讲大局、讲团结、讲作风，围绕转型跨越发展，以中心组学习为重点，推进理论武装工程，带领中心全体干部职工取得各项工作新进展。二是以目标责任考核为抓手，分解任务，责任到处，为各项工作的有序进行奠定基础。三是加强制度建设，组织有关处室对以往的制度进行了修订，并且新增加了一些制度，初步实现了依托制度管事、制度管人。四是扶贫工作有序展开，按照省委统一部署，组建扶贫工作队，组织安排干部下乡驻村活动，中心领导带队赴吕梁市临县枣圪垯村开展下乡住村活动，多次与当地村委会开会研究发展计划，组织会议谏言献策，讨论工作方案，投资20万引进绒山羊项目，协助搬迁高压线，为中国发展基金会到临县帮扶进行前期铺垫，在春种秋收、夏季抗洪指导等方面发挥了一定作用。五是认真做好离退休干部管理服务工作，加强离退休支部建设，组织离退休干部召开年度工作情况通报会，组织离退休人员外出考察，及时安排保健干部体检。六是廉政建设进一步加强，通过一系列警示性教育学习，提高自觉性，从思想深处树起反腐的屏障。七是精神文明建设有序展开。围绕精神文明单位创建，中心全面开展了保持党的纯洁性学习教育活动。组织党员干部认真学习了胡锦涛同志重要讲话精神和学习教育活动读本。组织党员干部赴上海浦东干部学院进行了为期9天的业务培训。组织党员干部赴平顺县西沟村和武乡太行山八路军纪念馆红色教育基地进行了革命传统教育活动，全体干部职工展现出新活力、新气象、新发展、新风气，多个处室和个人获得省劳动竞赛委员会、省直工委等表彰。

(王展波)

附：省政府发展研究中心党组书记、成员名单

书　记：孟原生(3月离职)　李劲民(3月任职)

成　员：董宇明　王亦兵　王岳红

高志明(9月任职)

省地方志办公室党组工作概况

党组书记　李茂盛

2012年，省地方志办公室党组坚持以邓小平理论、"三个代表"重要思想和科学发展观为指导，围绕中心，服务大局，各项工作取得了可喜的成绩，圆满完成了年度目标任务。

一、以落实《山西省地方志工作"十二五"规划》为抓手，大力推进第二轮修志工作

(一)全力推进省志的编纂出版。为推进省志工作，4月5日，在省政府梅山会议厅召开《山西省志》编纂工作推进会，省政府秘书长陈永奇出席会议并讲话，要求有关部门进一步加强对省志编纂工作的领导，全面启动并着实推进省志的编写工作。会后，省志一处、省志二处分别深入到有关厅局，通过召开启动会、培训会、座谈会、篇目讨论会等多种方式，推动省志编纂工作。经过一年苦战，列入年度考核的6部省志《供销合作社志》《农业机械化志》《医药志》《科学技术

志》《民主党派和工商联志》《大事记》全部编审完成，由中华书局正式出版。为了开展读志用志工作，扩大宣传志鉴成果，5 月 25 日，与省供销合作社联合社在山西大学商务学院召开出版工作会议。省人大常委会副主任杜玉林出席并讲话，省委宣传部等厅局的领导和修志负责人 140 余人参加。

(二)不断加强对市县地方志工作的发动、组织，督促指导。一是广泛发动。年初、年末召开两次市级主任会议，听取汇报，发动组织。二是强化督促。3 月 1 日，以省政府办公厅名义给各市、县政府下发《关于全省第二轮市县志编纂工作情况的通报》，公布成效名单，重在鞭策后进。三是重点指导。李茂盛主任分别到临汾市、运城市和晋城市调研指导工作。分管市县处的刘益龄副主任不断深入县区，先后参加了《古县志》《太谷县志》《宁武县志》《新绛县志》《和顺县志》《原平市志》《榆社县志》《夏县志》8 部县志和《临汾市志》的评审工作，并在 8 月指导启动了《运城市志》编纂工作。

(三)着力推进古志整理和抢救工作。明代万历版《山西通志》是明代编纂的最后一部古志，经过 3 年的努力，提前完成点校，于 6 月由中华书局出版。清康熙版《山西通志》是清初编纂最大的一部通志，编审人员穷经皓首，完成二校稿。同时，狠抓市县志的整理影印工作，全年古志影印达 58 种之多，创历年之最。

(四)加大服务省委、省政府中心工作的力度，专志编纂进展顺利。为全面客观记述我省这些年来重点工程建设，启动一年一册的重点工程大事志，在连续两年编撰两册的基础上，《2011 山西重点工程大事志》已由山西人民出版社正式出版。这是一部创新的史体，又是一部非常规范的记事载体。为全面记述省委、省政府重大民生工程，我室启动的《山西省“五个全覆盖”工程志》经过分管主任张晓光同志的不断督促和专志同志们的共同努力，完成送审稿。为发展旅游事业，编辑出版的旅游景区志丛书《朔州风景名胜志》正式出版，《上党炎帝文化旅游志》经过专门会议推动，编辑人员拿出初稿。

(五)不断提高年鉴和期刊质量。为充分发挥《山西年鉴》的时效性，及时服务经济和社会发展，先后召开了《山西年鉴》组稿会、推进会和评审会，并聘用 10 多名山西大学研究生参与编辑，经过室内室外工作人员共同努力，《山西年鉴》(2012)于 9 月由方志出版社正式出版，实现了当年组稿、当年编辑、当年出版，收到了良好的社会效益。《山西年鉴》(2011)版还荣获第六届全国年鉴编校质量检查评比特等奖。9 月下旬在晋中承办了第十三次全国省级年鉴研讨会。《沧桑》杂志在无财力支持的情况下，走社会办刊路子，越办越好，发挥了存史、资政、育人的功能，已按时编辑出版了 6 期。同时，积极为《中国地方志年鉴》撰稿，荣获先进组稿单位，受到中指组的通报表彰。

(六)省情信息处负责组织编纂《山西乡镇简志》，经过一年努力，已收回资料，经过编辑，完成初稿。并为国家方志馆收集了一大批陈展志书，报送了 1127 册志书，受到中指组办公室的通报表彰。

(七)为规范村志编纂工作，指导出版了卫恒书记家乡《附城村志》。

(八)承办了中国地方志学会城市区志专业委员会 2012 年学术年会、第十三次全国省级年鉴学术研讨会。

二、发挥地方志资政优势，直接为省委、省政府提供资政辅治报告和为广大干部提供学习了解历史的读本

为推动全省综改试验，省政府下达 10 个重大选题，我们承担了社会管理方面的选题，经过征集资料、调查研究，反复研讨，写出了 5 万字的《山西“综改区”建设与社会管理体制创新研究》，目前已通过预评。5 月，根据省委杜善学秘书长的批示，成立了调查组，组织专家学者到运城市实地进行《中条山爱国官兵勇跳黄河事件》调查，并先后征调重庆、南京中国第二历史档案馆资料，完成了《对抗战时期中条山“六六”战役爱国官兵勇跳黄河事件的调查报告》，并上报省委和全国政协。根据习近平同志领导干部要学点历史的精神，及时组织专家撰写出版了《山西通史》干部读本，并按照汤涛部长的要求，在山西干部在线学院录制了 23 个课件，为全省干部教育提供了学习的平台。11 月 14 日，李茂盛主任又到省委党校为中青班作了《山西领导干部应学点山西历史》报告。为了用山西省情教育干部和青年，组织专家修订了《华北抗战史》，并启动了《民国山西实业志》修版影印工作。

三、根据山西省国民经济和社会发展“十二五”规划纲要，大力推进省情(方志)馆建设工作

省情(方志)馆是收集保存和集中展示全省自然、经济、政治、社会、文化发展历史与现状的大型收藏和陈展中心，是研究和彰显地域文化的主体平台，更是爱国主义教育的重要基地。根据山西省国民经济和社会发展“十二五”规划纲要，多次召开专家论证会，聘请设计院作可行性报告等，着力推动山西省省情(方志)馆建设工作。张晓光副主任具体负责此项工作，经多方努力，山西省省情(方志)馆建设项目已列入省发改委计划，并下拨 800 万元的前期经费。目前，正在进行选址工作。

四、以贯彻《山西省地方志工作条例》为契机，竭力推动全省市县方志工作

2011 年 5 月 23 日，山西省十一届人大常委会第二十三次会议审议通过《山西省地方志工作条例》，7 月 1 日正式执行，为新一轮修志提供了法制保障。从 7 月开始，党组书记李茂盛带领导班子成员分头配合省人大教科文委杨波主任、翁小绵副主任、王茂林副主任、梁权副主任先后到阳泉、忻州、吕梁、晋中、大同、朔州、运城、临汾、太原、长治、晋城市对《条例》的贯彻执行情况进行了执法检查。每到一市均听取市级地方机构和两个县的工作汇报，并实地查看各地办公条件，了解“一纳入五到位”情况和各市县方志编纂工作情况，督促各市县重视地方志工作。通过执法检查，有力地提高了党政部门对地方志工作的认识，推动了全省方志工作。

五、坚持以人为本、执政为民理念，不断加强领导班子建设，努力提高干部队伍素质

（一）在加强理论武装、坚定理想信念方面，以学习为主、正面教育为主做了一系列工作。一年来，采取了多种方式组织大家学习，有分散学习，有集中学习，有室内学习，有考察学习。7月27日，召开干部大会传达胡锦涛总书记7·23讲话精神，明确要求广大党员特别是领导干部把思想和行动统一到讲话精神和省委的决策部署上来。9月6日，李茂盛亲自给全体党员作了《坚持民主集中制，保持党的先进性和纯洁性》的党课讲座，从理论与实践两方面，说明坚持民主集中制是保持党的先进性和纯洁性的重要保证。11月8日，组织党员干部集体收看了党的十八大实况，聆听了胡锦涛同志代表十七届中央委员会作的政治报告。11月16日下午，组织处级以上党员领导干部会议，传达学习党的十八大精神和省委袁纯清书记在传达贯彻党的十八大精神电视电话会议上的讲话精神。12月7日至9日，又举办了党的十八大精神集中学习班，进一步引导党员干部深刻领会报告的精神实质，不断提升理论水平。

（二）在加强干部队伍建设方面，通过开展"基层组织建设年"活动，以支部建设为重点，加强基层组织建设，形成了创先争优的良好氛围。为优化干部结构，经组织考察，向中指组办公室推荐了一名正处级干部，并调进了二名具有研究生学历的处级干部，充实了编纂队伍。同时还向省政府公务员局申请再公开招聘3名硕士以上学历的公务员。

（三）在加强作风建设方面，主要抓了深入基层、深入群众、深入实际的三深入活动，以革除机关作风、官僚作风，保持与人民群众的血肉联系。人民是我们党生存的根本、力量的根源、执政的根基。按照省委的安排，组织开展学习弘扬右玉精神活动，教育领导干部树立正确政绩观。还通过组织干部下乡住村，了解"三农"情况和社会底层人民的疾苦，增强干部对群众的感情，从而促进干部工作作风的转变。李茂盛在和顺县大窑底村包村，先后7次下去住村，落实扶贫资金70万元。省地方志办公室荣获扶贫工作先进单位。

六、以《廉政准则》为准绳，不断推进惩防体系建设和落实党风廉政建设责任制

（一）落实党风廉政建设责任制。年初，党组会议研究部署了党风廉政建设责任制工作和惩防体系建设工作。随后，召开全体干部大会，要求领导干部自觉讲党性、重品行、作表率，严格执行《廉政准则》等规定，勤政为民，公道为政，廉洁为官，决不放任和纵容任何消极腐败现象。纪检组长郑小豹同志高度负责，就落实"一岗双责"，同各处长进行了廉政谈话，要求处长对党风廉政建设责任制作出承诺。

（二）坚持标本兼治、综合治理、惩防并举、注重预防的方针，全面推进，不断推进惩治和预防腐败体系建设。特别是通过整治"吃、拿、卡、要"、清理公车、反对大吃大喝、公布财务收支等办法预防腐败现象发生，进一步改善工作软环境。

七、以社会主义核心价值体系建设为目标，不断推进和谐文明单位创建工作

（一）加强组织领导。年初，党组就听取室文明办工作汇报，研究部署本年度的文明和谐创建工作。室文明委根据《山西省直文明和谐单位创建管理规定》和《山西省直文明和谐单位考评指标体系》，结合实际以文件形式向省直文明委提出了《山西省地方志办公室2012年度省直文明和谐单位标兵创建计划》，并以此为方案全力推动我办文明和谐创建工作。室文明办经常开会，加强组织领导，12月5日室文明办召开会议，传达贯彻省直机关精神文明建设工作经验交流会精神，目的是学习先进单位经验，进一步推进和谐文明创建工作。

（二）不断创新载体。6月16日，我办研究制定了《关于开展机关党建"走在前头"活动的实施方案》，要求以迎接党的十八大为契机，采用演讲比赛、理论征文、文体活动等喜闻乐见的形式，特别是通过开展"喜迎十八大，创优软环境"，"喜迎十八大，岗位做奉献"等系列活动，进一步激发了广大干部职工的工作热情。

（三）广泛参与创建活动。在室文明委领导下，文明办通过机关党委、党支部、机关工会等组织，广泛组织群众参与，充分发挥了党组织、党员以及工青妇在文明和谐创建工作中的作用。除组织职工每天做第九套广播体操外，还组织参加诸如乒乓球、象棋、围棋之类的文体活动，开展丰富多彩的和谐文明创建工作，并荣获省体育总会2012年乒乓球锦标赛体育道德风尚奖。（杨建中）

附：省地方志办公室党组书记、成员名单

书　记：李茂盛

成　员：赵群虎　刘益龄　郑小豹　张晓光

省农科院党委工作概况

党委副书记　刘惠民

2012年，省农科院党委坚持以邓小平理论和"三个代表"重要思想科学发展观为指导，认真贯彻落实党的十八大、省第十次党代会精神，进一步深化创先争优和学习型党组织建设，大力加强党的基层组织建设、科研文化建设和精神文明建设等工作，抢抓机遇、开拓创新，全力推动我院党建工作再上新台阶。

一、坚持党要管党、从严治党的方针,认真落实党的工作责任制

一年来,院党委坚持党要管党、从严治党方针,全面落实《省直工委党的工作责任制暂行规定》,建立和完善了加强党的工作的长效机制,从制度上保证了党的工作的全面落实。着力加强落实党的工作责任制,根据党委成员分工,对党的工作责任进行了任务分解,切实做到任务到人,职责明确。全院形成了院党委统一领导,党委书记负全责,分管领导具体抓,各单位党委(总支、支部)书记对本单位负责,一级抓一级,层层抓落实的工作格局。

二、坚持中心组学习制度,加强思想政治建设

(一)认真学习宣传贯彻党的十八大精神。十八大召开后,院党委要求各基层党组织积极组织干部职工收听收看十八大实况。党委中心组率先带头学习十八大精神,及时下发了学习十八大精神的通知。要求下属各单位在学习时找准方向和结合点,把握精髓,真正做到有安排、有记录、有专题、有检查。

(二)扎实开展保持党的纯洁性教育活动。按照省委的要求,在院党委的安排部署下开展了保持党的纯洁性学习教育活动。成立了保持党的纯洁性教育活动领导组和办公室,召开了全院保持党的纯洁性教育动员大会,对活动进行了安排和部署。一是加强了各党委、总支、支部的集中学习教育,二是组织全院党员干部聆听我省创先争优活动中涌现出的先进典型事迹报告会,三是指导院属各党委、总支开好了以“保持党的纯洁性,推动科研大发展”为主题的专题民主生活会。

(三)切实推进学习型党组织建设。一是制定了《关于推进学习型党组织建设的实施意见》,成立了领导组和办公室。二是加强干部职工理论学习。下发了全院党委(总支、支部)中心组和党员干部理论安排意见。三是积极参加省直工委举办的省直机关首届“读书月”活动。四是积极参加省直工委开展的“迎接党的十八大,读一本好书”征文活动,下发了开展“迎接党的十八大,讲读一本好书”征文活动的通知,共收到征文27篇,经过评选,推荐2篇优秀征文上报省直工委。通过活动的开展,提高了干部职工的综合素质。

(四)坚持党委中心组学习制度。紧密结合本院改革发展的实际,坚持党委中心组学习制度,下发了《2012年党委(总支、支部)中心组理论学习安排意见》,院党委中心组全年集中学习六次(12天)以上。2012年,重点学习研究了中央1号文件《关于加快推进农业科技创新持续增强农产品供给保障能力的若干意见》、《关于深化科技体制改革加强创新体系建设的意见》和党的十八大精神。通过理论学习,全院各级领导班子和党员领导干部进一步加深了对我院落实科学发展观、实现转型跨越发展重要性的认识,进一步坚定了党员干部的理想信念。

三、加强党的基层组织建设,发挥党员先锋模范作用

(一)积极开展“喜迎十八大、岗位做奉献”活动。印发了《山西省农业科学院“喜迎十八大、岗位做奉献”主题活动方案》,组织编印了全院创先争优和保持党的纯洁性学习教育活动以来的资料汇编及图片掠影,选派了2名同志参加了省直机关举行的首届“机关党建名嘴”选拔活动。开展了以“加强党的先进性和纯洁性建设”为主题的支部书记讲党课活动,选出优秀代表推荐到省直工委。

(二)不断引深创先争优活动。围绕“科研创新争一流,服务‘三农’做贡献”为主要内容的创先争优活动主题,制定了《关于在全院基层党组织和党员中深入开展创先争优活动的实施意见》,提出了基层党组织“五好”标准和优秀共产党员“五带头”要求。

(三)加强领导班子建设,提高干部队伍素质。一是进一步加强干部培训工作。全院54名处级以上干部赴清华大学“领导艺术与管理智慧高级研修班”进行了为期一周的学习教育培训。二是调整充实所处级领导班子。严格执行《党政领导干部选拔任用工作条例》,通过公开选拔方式,为7个研究所分别选配了书记、所长,进一步健全了领导班子。三是加强干部年度考核。对院属28个研究所、试验站和机关职能处室进行了年度考核,全院所有的所处级干部参加了述职述廉。四是全面加强对领导干部的管理监督。认真贯彻落实党员领导干部报告个人有关事项的规定,所有的副处级以上党员干部都认真填写了《2012年度领导干部个人有关事项报告表》。

(四)加强党的民主集中制建设。一是坚持民主集中制原则,严格执行民主集中制的各项规定。建立了党委和领导班子成员分管各处室、联系研究所的工作制度,经常深入基层、深入群众,了解问题、解决问题,积极为职工办实事、办好事、解难事。二是建立健全党内民主生活各项制度。院党委每年都能按期召开民主生活会。三是建立和完善议事决策制度。制订了《党政联席会议规程》、《研究所综合管理条例》等一系列文件,规定了党委会、党政联席会、职代会的议事范围和程序,实现了议事决策的制度化。坚持重大事项、重大决策、重要干部任免都要经过党政联席会议集体研究决定,对专业性、技术性较强的重要议题,充分听取学术委员会和专家的意见,对涉及职工的议题,充分听取职工意见或提交职工投票决定。通过加强党的民主建设,进一步增强了领导班子的团结与活力,密切了干群关系,从根本上防止了决策的失误。

(五)加强党员队伍建设。全年组织培训入党积极分子12名,有11名同志光荣地加入中国共产党,10名同志转为中共正式党员。建立党员帮扶机制,做好服务党员工作。对生活困难的党员进行了慰问、补助。

四、加强党风廉政建设,为全院跨越发展创造良好环境

(一)大力开展党员干部廉洁从政教育。认真组织学习中

央和省的各项规定，引导领导干部树立正确的世界观、人生观、价值观

（二）全面贯彻落实党风廉政建设责任制。把党风廉政建设的要求落实到全院各项工作的方方面面，明确责任主体、责任内容、责任目标和责任追究，切实做到了有主体、有责任、有考核、有追究。

（三）党务政务公开工作实现全覆盖。在党务公开方面：对干部任用人选、入党人选、先进基层党组织和模范单位、先进工作者的表彰、公开选拔副所级领导干部、人才申报等工作进行了公开。在政务公开方面，对科研项目申报、科技进步奖评选、人事制度改革、公开招聘人员、工程建设招标等情况进行了公开。通过落实党务政务公开，维护了职工的权益，提高了院领导班子的公信度。

（四）开展专项治理工作。建立健全了领导干部重大事项报告制度，领导干部婚丧喜庆事项的"报告、方案、公示"制度，扎实开展"小金库、公务用车"专项整治工作。

（五）开展作风纪律整顿，切实改进机关作风。深入开展以"正风肃纪、优化环境"为主题的教育整顿活动，进一步加强和改进机关作风建设。

（六）认真落实惩防体系《工作规划》和《实施办法》。着力建立和完善教育防范机制、监督约束机制、制度规范机制、廉政责任机制。通过党风廉政制度建设，党风院风得到明显改进，全院没有发生大的违规违纪事件。

（七）大力加强信访接待工作。对群众来信来访及时进行调查核实，予以澄清，视不同情况进行了纠正和处理。同时，对一些苗头性、倾向性问题，及时打招呼、敲警钟，做到早发现、早提醒、早预防，使问题消除在萌芽状态，防患于未然。

五、大力加强精神文明建设和统战群团工作，充分调动各方面的积极性

（一）稳步开展文明和谐单位创建工作。充分认识文明创建工作的重要性、必要性，将文明和谐单位创建工作列入党政工作的重要议程。一是加强组织领导。根据创建活动的要求，调整了院文明委，成立了文明办，做到了组织落实、任务落实、经费落实。制定了创建规划和实施方案，把精神文明建设工作与中心工作、科研工作一起抓，同计划、同部署、同落实。二是建立长效机制。建立健全了创建工作责任制。三是完善创建制度。转发了《文明和谐单位创建管理规定》和《文明和谐单位考核指标体系》，按照文明和谐单位的"六好"标准，明确提出创建目标和任务。建立了创建工作考核机制，把创建工作列为单位和部门年度考核的重要内容。

（二）群团组织在文明创建中发挥了积极作用。一是积极开展 "文明处室"、"文明家庭"、"文明职工""平安农科院"创建活动，将文明创建工作不断推向深入。二是深入开展劳动竞赛活动，在科技人员中，开展"建功十一五，岗位作奉献"活动。在女职工中，深入开展"岗位建功"、"巾帼文明岗"活动。在全院青年中，深入开展五四红旗团组织等活动。在统战成员中，深入开展统一战线"同心"品牌工程。通过创建活动，涌现出一大批先进集体和个人。院工会被全国总工会授予"全国模范职工之家"称号，被山西省总工会授予"五星级基层工会"称号，院团委被省直团工委授予"青年文明号"荣誉，有4个课题组分别荣获 "山西省三八红旗集体"、"山西省巾帼文明岗"、"城乡妇女岗位建设先进集体"称号。三是积极开展主题创建活动。积极参加省直工委举办的庆祝建党90周年系列活动，组织党员在全院开展了"党在我心中"演讲比赛、党的知识竞赛、重温誓词、红色教育等一系列活动。

（三）树立先进典型。在全院深入开展"喜迎十八大、岗位做贡献"活动，结合我院实际，院党委作出了《关于开展向陈俊同志学习的决定》，举办优秀共产党员、优秀科技人员陈俊同志先进事迹报告会，并在全院各单位巡回报告8场，营造了积极向上，奋发有为的氛围。

（四）关心职工生活，改善工作生活环境。一是为全院职工团购建房1000多套。二是定期组织在职和离退休职工进行体检，举办健康讲座。三是对患有重大疾病的职工及其家属，组织职工捐款帮扶。四是每年的春节前夕，都要举办职工联欢和团拜会，并对生活困难的职工进行慰问。五是先后投入200多万元，扩建了老干部活动中心和职工活动中心。

（五）丰富职工文化生活。举办了元宵节系列活动，有文艺演出、少儿游艺、趣味运动会等。组织妇女开展庆"三八"活动。组织青年开展纪念"五四"青年节活动。通过形式多样、丰富多彩的群众性文化活动，丰富了职工的文化生活，增强了全院职工的凝聚力。

六、坚持党管人才的原则

认真贯彻尊重劳动、尊重知识、尊重人才、尊重创造的方针，着力抓好以高层次人才为重点的各类人才队伍建设。出台了《加强科技创新人才队伍建设的意见》，继续实施"133人才素质工程"，现拥有博士99人，硕士422人，人才学历结构不断改善。选派60名青年科技骨干到国内一流科研机构或高校培训学习。扩大了研究视野，提升了研究能力。

七、坚持党的工作和科研工作两手抓、两手都要硬

一是科研创新能力稳步提升。全院承担各级科研课题962项，鉴定科研成果23项，7个农作物新品种通过国家级审（鉴）定，50个获省级审（认）定。40件专利获国家授权，在省级以上刊物发表论文416篇，出版专著10部。

二是科技示范和推广成绩显著。在全省50个县实施了53项示范推广项目和11项科技支撑项目。全年示范推广新品种235个，集成配套适用技术260项，组装高产高效种养模式30种，示范9.5万亩，推广298万亩。为我省农业生产提供了强有力的技术支持。

（赵玉莲）

附：省农科院党委书记、副书记、委员名单

书　记：（空缺）

副书记： 刘惠民　戴文斌　邢亚静(女)
委　员： 陈明昌　张敬平(女)

省社会科学院党组工作概况

党组书记　李中元

2012年，省社科院党组认真贯彻党的十七届六中全会、十八大和省第十次党代会精神，以邓小平理论、“三个代表”重要思想、科学发展观为指导，以加强党的执政能力建设、先进性和纯洁性建设为重点，认真落实党的工作责任制，坚持党要管党、从严治党方针，充分发挥党组的领导核心作用、基层党组织的战斗堡垒作用和共产党员的先锋模范作用，团结带领全院干部职工，围绕中心，服务大局，完成了一大批高质量、高水平的研究成果，为省委、省政府决策提供了理论支撑与智力支持，得到省委、省政府主要领导和全省各界一致肯定，党建工作迈上了新台阶，各项工作取得了新进步。

一、高度重视党的建设，落实党的工作责任制

党的建设是我们党领导的伟大事业不断取得胜利的重要法宝，也是我院推动改革和发展各项工作向深度和广度发展的重要保障。院党组始终高度重视党的建设，及时将中央、省委重大决策部署和工作要求传达到全院干部职工，确保各项工作与中央、省委保持高度一致，确保各项方针政策能够得到及时贯彻落实。党的十八大胜利召开后，组织广大党员干部认真学习工作报告。同时充分运用我院手机党校暨“文明创建”短信平台，发送党员干部编发的十八大寄语、十八大重要论述和学习十八大精神体会等短信，在全院营造了学习宣传贯彻党的十八大精神的浓厚氛围。

与此同时，根据院领导班子成员变动情况，对党的工作责任制领导组成员及责任分解进行了调整。在岗位竞聘工作进行过程中，将机关党委、机关纪委换届选举工作提上重要议事日程，召开党组会专门研究部署换届选举工作。按照《党章》和《中国共产党基层组织选举工作暂行条例》有关规定，结合我院工作实际，安排全院17个支部(总支)进行了换届选举。7月份又召开全院党员大会，选举产生了院第五届机关党委、机关纪委，顺利完成了全院基层党组织的换届选举工作。

2012年是中央确定的基层组织建设年。院党组和机关党委结合社科院党建工作实际，制定了《关于在创先争优活动中开展基层组织建设年的实施方案》。按照基层党组织“五个好”标准和“五个一”要求，从“党组织带头人、工作思路、工作制度、活动阵地、保障机制、工作业绩、群众评价”七个方面对22个基层党组织进行了分类定级。按照《党和国家基层组织工作条例》和省委《实施意见》及党的工作责任制考核指标体系、创建省直文明和谐单位考评指标体系的相关内容，对党委会会议制度、“三会一课”制度、党员经常性教育制度、思想政治工作制度等原有制度进行了修改完善；根据事业单位党组织分类定级参考标准，对《党支部量化考核办法》的具体内容进行了调整。经机关党委全委会认真讨论，并一致通过，将十四项制度汇编成册下发各支部(总支)。

党组成员认真落实党的工作责任制，并将其列为年终工作考核述职及民主生活会的重要内容，对联系点支部的工作进行经常性的指导，积极参加全院党的活动，自觉过双重组织生活。院党组按照要求，召开了以“学习贯彻落实党的十八大精神，坚持为民务实清廉，推动转型跨越发展”为主题的党员领导干部民主生活会。针对征集到的意见和建议，认真自我剖析，积极开展批评与自我批评，制定了改进措施。

二、重视理论学习，坚持走基层、转作风、改文风

不断加强理论学习，不断提升理论水平既是执政党提升执政能力的重要途径，也是社科工作者充分发挥认识世界、传承文明、资政育人作用的重要手段。院党组高度重视理论学习，落实各项学习制度。党组中心组学习年初有计划、年终有总结，坚持中心组学习考勤制度和学习记录制度，基本做到“学前有安排、学中有记录，学后有成效”。全年集中学习七次，中心组成员参学率在90%以上。党组书记、院长李中元带头讲课，就“综改试验区建设与未来山西发展”在省委党校副厅级干部培训班、省直工委举办的讲座上为党员干部作专题辅导。按照省委统一安排，作为省委宣讲团成员，在太原、大同、吕梁宣讲十八大精神，取得很好效果，获得当地党员干部的一致好评。

按照中央、省委“走基层、转作风、改文风”的要求，党组成员带队，深入全省市、县、乡、村、企了解省情、民情，与广大干部群众促膝交谈，有针对性地开展调研，了解我省转型跨越、全面建成小康社会进程中存在的热点、难题，形成专题调研报告或决策参考。全年全院共计编发《决策专报》14期，《综改参考》4期，圆满完成了省委、省政府主要领导交办的课题，得到了领导的充分肯定。

为使全院干部职工进一步掌握世情、国情、党情、民情，理解中央和省委的中心工作、战略部署、未来方略，更好地发挥决策参谋助手作用，院党组积极探索适合科研单位干部职工学习的新形式，从9月份起启动“集中学习教育培训暨社科大讲堂”，到目前已经邀请各领域专家和熟悉实际工作的领导同志为全院干部职工作了10次专题讲座，收到很好效果。

学科建设是科研工作的基础，是学科发展的引领力量。院党组继续把推进学科体系创新作为“改革强院”的重要举

措，以学科建设为主干、以学科带头人为抓手、以科研量化考核为保障，着力在学科建设、学科带头人选拔与管理、科研量化考核三个方面抓好创新管理工作。6月以来，组织各所、研究室、中心围绕学科建设、人才队伍建设、数据库建设，制定"十六定"、"六化"具体要求，编制三年(2012—2015)科研发展规划，为学科建设创新工程奠定扎实基础。目前在研课题有规划课题22项、社科联课题5项、软科学课题25项、省基础研究计划项目1项、留学人员科技活动资助项目择优资助经费1项，其中就有院党组书记或成员主持或参与的《山西经济运行周期性特征及保持经济平稳较快增长对策研究》、朔州市和忻州市等《资源型经济转型综改试验区实施方案》、《山西文化资源优势转化路径与文化产业集群创新发展研究》、《城乡公共资源均衡配置研究》、《城乡统筹在山西的实践》、《山西文明史纲》、《中国红色经典案例》等。据不完全统计，全年全院共出版专著22部2000余万字，发表论文218篇20余万字，完成各类调研、研究报告87项40余万字。

三、加强作风建设和党风廉政建设

加强新形势下思想作风、学风、工作作风、领导作风和干部生活作风建设，不断提高反腐倡廉水平和能力，是中央、省委反复强调的重要工作，也是院党组一直不懈追求的目标任务。院党组书记都与各部门负责人签订《党风廉政建设责任书》，以保证党风廉政各项制度明确到人，落在实处，形成一级抓一级、层层抓落实的良好机制。结合事业单位改革和全员竞聘上岗工作，院党组和机关纪委制定了《事业单位改革及岗位竞聘工作纪律》，要求选拔任用干部坚持德才兼备、以德为先，加大对德的考察力度，保持干部队伍的纯洁。通过竞聘，58名同志走上了处级领导岗位，院党组书记又与他们进行了集体谈话，党组成员、纪检组长进行了廉政谈话，对新聘任干部思想、作风、纪律、工作等提出明确要求。

根据中央转变作风"八项规定"，省委、省政府关于"开展保持党的纯洁性学习教育活动"，整治"吃拿卡要问题、创优发展环境"等部署和要求，院党组出台了《关于进一步加强我院纪律作风建设的意见》，制定完善了《关于进一步严格人事科研劳动纪律补充规定》、《山西省社会科学院车辆管理规定》、《山西省社会科学院财务管理制度》和《山西省社会科学院支出管理细则》等规定，从制度建设入手，扎实改进作风。

院党组始终重视廉政文化建设和廉政理论研究。年初，"中国廉政研究中心山西调研基地"暨"山西廉政研究中心"在社科院挂牌成立。相关研究人员完成了《2012年山西省党风廉政建设和反腐倡廉民意调查分析报告》、《山西省2012年度国有企业反腐倡廉民意调查分析报告》和《新形势下反腐倡廉建设的特点、规律和发展趋势》、《当前反腐败斗争面临的突出问题重大挑战及对策建议》、《反腐倡廉网络舆情应对研究》等调研报告。在保持党的纯洁性学习教育活动中，撰写了《强化理论武装和严格队伍管理相结合》、《以优良作风和坚强党性保持党的纯洁》、《坚持惩治腐败和预防腐败不放松》、《坚持强化监督与严肃纪律相结合》四篇理论文章，在《中国纪检监察报》理论版公开发表。

（杨亚琳）

附：省社会科学院党组书记、成员名单

书　记：李中元

成　员：贾桂梓(女)　潘　云　孟艾芳　杨茂林　景世民　宋建平　张建武(5月任职)

山西社会主义学院党委工作概况

党委书记　王宝生

2012年，山西社会主义学院党委认真贯彻落实《中共中央关于加强新形势下党外代表人士队伍建设的意见》和《2010—2020年党外代表人士教育培训改革和发展纲要》精神，按照围绕中心、服务大局的要求，以迎接党的十八大、贯彻十八大精神为契机，以开展创先争优活动、保持党的纯洁性教育活动为重要抓手，以发挥社会主义学院在党外人士教育培训中的主阵地作用和推进正规化建设为基本目标，牢牢把握统一战线教育培训工作的主题和重点，圆满完成了各项工作任务，为不断提高社会主义学院的办学水平提供了坚强的政治和组织保证。

一、积极推进学习型党组织建设，以中国特色社会主义理论体系武装教职工头脑，夯实统一战线教育培训工作的思想基础

(一)认真学习贯彻党的十八大精神。党的十八大召开后，组织全体教职工收听收看大会盛况和胡锦涛同志的报告，在11月8日至12月13日以全员培训的方式集中进行学习。按照省委和省直工委关于省直机关学习宣传贯彻十八大精神的部署，重点开展了大讨论、大宣讲、大总结、大培训四项活动，党委书记亲自进行动员部署并宣讲辅导、收听收看十八大实况转播、党委中心组集体研讨加强和改进我院党的建设的新思路、新举措，收听收看中央十八大精神宣讲团报告会，参加统一战线学习十八大精神报告会、进行学习十八大精神大会研讨交流、全体教职工撰写心得体会、进行学习十八大精神全员培训、组织积极参加学习十八大精神网上知识竞赛、对学习宣传贯彻活动进行总结评审。党委中心组成员和处级干部重点把握了统一战线是夺取中国特色社会主义新胜利的重要法宝、一致性与多样性的关系、坚持和完善中国共产党领导的多党合作和政治协商制度的重要意义、

加强党外代表人士队伍建设的重要意义等对统一战线的新论述新要求。

(二)认真学习贯彻胡锦涛同志省部级主要领导干部专题研讨班重要讲话精神。充分认识胡锦涛同志重要讲话的重大意义,深刻领会讲话的精神实质,深化对党和国家工作总要求的认识、深化对中国特色社会主义伟大道路的认识、深化对贯彻落实科学发展观的根本要求的认识、深化对"五位一体"建设重大部署的认识、深化对全面提高党的建设科学化水平新任务的认识。党委中心组召开中心组扩大学习会,对在教育培训工作中如何贯彻胡锦涛同志省部级主要领导干部专题研讨班重要讲话精神进行了深入研讨和积极实践,教学科研部门在讲话精神进课堂、进教材、进学员头脑方面进行了卓有成效的工作。

(三)深入学习贯彻《中共中央关于加强新形势下党外代表人士队伍建设的意见》和中办印发的《2010—2020年党外代表人士教育培训改革和发展纲要》。党委中心组充分认识《意见》和《纲要》在党外代表人士队伍建设中的重要意义,深刻领会把握《意见》和《纲要》的主要内容和精神实质,进一步明确了社会主义学院在党外代表人士教育培训中的地位和作用,清晰把握社会主义学院正规化建设中亟待加强的基本要求,统一思想,坚定信心,扎实工作,更加富有成效地推进社会主义学院的各项工作。按照省委组织部的要求,全体干部参加了网上在线学习,在线学习总时数达3084个,处以上干部平均学习时数128个。在学习中,注重学用结合,特别是对社会主义学院改革发展问题的理性思考,切实做到了学与用、知与行的统一。理论学习为学院党员干部运用科学理论分析和解决统一战线教育培训工作中的问题的能力进一步提高。

二、以迎接、学习贯彻党的十八大为主线,搞好纯洁性学习教育等主题实践活动,促进山西社会主义学院正规化建设的新进展

(一)保持党的纯洁性学习教育活动成效显著。根据省委办公厅关于开展保持党的纯洁性学习教育活动的意见要求和统一部署,2月至6月,以处以上党员干部为重点,开展了保持党的纯洁性学习教育活动。采取党委中心组扩大学习会、党支部集中学习、专题讲座、交流体会等形式,重点学习胡锦涛同志在中纪委七次全会的重要讲话精神和2011年七一重要讲话精神。以开展传统教育、聆听事迹报告、开展警示教育、参观历史图片展览、收看电视系列片等形式,把保持纯洁性学习教育活动引向深入,组织党员干部参加省直机关先进事迹报告会,组织全院教职工和离退休人员赴武乡八路军太行纪念馆进行"牢记宗旨使命、保持优良传统"主题教育活动。通过发放征求意见表和个别谈心活动,对照六查六看,院党委和各党支部分别召开了民主生活会和组织生活会,切实找出差距,制定整改措施,形成了保持纯洁性、创造新业绩的思想总结。

(二)巩固和扩大创先争优活动成果,推进创先争优常态化制度化长效化。院党委制定了《山西社会主义学院党委关于健全党员承诺践诺制度的实施办法》,以创先争优为动力,打基础,增活力;积极运用和拓展创先争优成果,教育引导广大党员不断提升思想水平和精神境界。结合学院职能特点,以贯彻落实《意见》和《纲要》、推进学院正规化建设为统揽,以积极发挥社会主义学院主阵地作用,搞好党外代表人士教育培训工作为抓手和动力,进一步强化学院党外代表人士教育培训工作全过程服务的规范化和制度化,推动创先争优融入中心工作、融入岗位职责,努力使各党支部和广大党员成为全院教职工的行动标杆,使创先争优成为全院干部职工的价值取向,努力形成学习先进、崇尚先进、争当先进的生动局面。

(三)学院领导班子建设得到加强。2012年5月,省委对院领导班子进行了调整充实。省委常委、统战部长聂春玉对院领导班子提出了希望和要求。院党委积极组织党员干部认真学习聂春玉部长讲话精神,把这项学习活动作为加强领导班子建设的重要举措,密切联系社院工作实际,联系个人岗位实际,同时与学院开展的创先争优活动、保持党的纯洁性学习教育活动和实施同心品牌工程结合起来,把学习贯彻聂春玉部长讲话精神纳入迎接党的十八大胜利召开的系列活动中,进一步增强贯彻落实中央办公厅《纲要》和省委办公厅《实施意见》、办好社会主义学院的责任感和使命感。

(四)认真组织开展基层组织建设年活动。根据中央和省委关于开展基层组织建设年的要求,在对各党支部分类定级的基础上,结合对各党支部的调查和摸底和分类定级情况,制定了各党支部晋位升级的实施方案,明确了党支部晋位升级的指导思想、主要目标和方法步骤,并对晋位升级工作进行了有效实施;根据中组部、省委组织部和省直工委关于建立健全党员承诺践诺制度的意见精神,院党委制定了实施办法,对学院党员承诺践诺的基本要求、承诺践诺的重点以及承诺践诺的方式方法做出规定。积极参加全省机关党组织开展的"机关党建工作走在前头"活动,认真贯彻《中国共产党党和国家机关基层组织工作条例》和省委《实施意见》,在推进学习、搞好培训、联企扶贫、完善机制、廉政教育等方面下功夫出成效。

(五)文明和谐单位创建活动生动活泼。2012年,以科学发展观统领文明和谐创建工作,紧紧围绕社会主义核心价值体系建设,与创先争优活动密切结合,与贯彻落实《意见》和《纲要》精神密切结合,坚持突出创建重点,努力拓展活动载体,不断深化创建内容,继续深入开展创建文明和谐单位活动。把迎接党的十八大胜利召开的一系列活动纳入文明和谐单位创建之中,把搞好党外代表人士教育培训工作作为出发点和落脚点,引导教职工把为党的统一战线事业服务,为全省中心工作服务,为学员服务作为价值取向,提出"忠诚于党,献身统战,服务学员,敬业自律"的社院教职员工职业道德基本规范,以学员学习、生活的满意度来检验创建工作的成效。

（六）开好一年一度党员领导干部民主生活会。以“学习贯彻落实党的十八大精神，坚持为民务实清廉推动转型跨越发展”为主题开好2012年度学院党员领导干部民主生活会。在民主生活会上，院党委成员对照学习党的十八大报告和胡锦涛同志在中纪委七次全会关于保持党的纯洁性论述，认真对照检查理想信念、党性锻炼、政治纪律、联系群众、作风建设、选人用人、民主集中制、党风廉政建设等方面的情况，切实增强民主生活会的思想性、政治性和原则性，实事求是、推心置腹，深入开展批评与自我批评，有针对性地提出整改措施，明确整改重点，落实整改责任，切实进行整改。

（七）搞好党风廉政教育工作。按照学院党风廉政建设工作责任制的要求，学院党委认真组织党员干部学习贯彻中纪委七次全会精神和胡锦涛总书记的重要讲话，学习贯彻袁纯清书记在全省党风廉政建设干部大会上的讲话，深入开展理想信念和宗旨教育、党性党纪党风教育、法制教育、诚信教育，做好示范教育、警示教育，增强教育的针对性和实效性。积极开展廉政文化活动，教育党员干部站稳人民立场，牢记群众观点，践行为民理念，强化公仆意识，认真执行国家有关政策，积极完成上级有关部门布置各项申报工作。

（八）积极开展“创优软环境、喜迎十八大”和“喜迎十八大，岗位做贡献”主题活动。根据省直工委在省直机关开展“创优软环境、喜迎十八大”主题活动和“喜迎十八大、岗位做贡献”主题活动的安排精神，制定了活动方案，开展了大学习、大总结、大培训活动，深入学习中央关于加强党外代表人士队伍建设的意见，总结山西社院近年科学发展的实践经验，十八大后及时进行了全员大培训。特别是十八大召开前进行的形势（党课）教育，党委书记王宝生同志紧密联系当前国际、国内的热点问题，紧密联系当前我院党员干部的思想实际，以世情、国情、党情为切入点，对2012年以来国内外诸多大事的表象和特点进行了深入梳理和分析。

（九）搞好扶贫工作，参与联企帮困活动，积极参加送温暖献爱心活动。按照省委关于扶贫工作的总体部署精神，立足当地实际情况，深入基层、深入群众，尽最大努力为当地群众办实事、办好事，圆满地完成了扶贫任务，受到了当地干部群众的赞扬。联企帮困工作在调换帮扶企业的新情况下，按照牵头单位省财政厅的安排，开展了前期的一些工作。在一年一度的“送温暖献爱心”活动中，我院全体教职工积极踊跃，共捐献爱心款项4000余元。

（十）积极参加省直机关首届读书月活动。在读书月活动中，结合学院自身实际，积极创造条件，丰富形式内容，广大党员干部牢牢把握“浓厚读书氛围，提升能力素质”的活动主题，参加省直工委在南宫广场举行的省直机关首届读书月活动启动仪式和思想论坛报告会。特别是充分发挥了学院图书室的作用，在读书月中，每人读一本健康有益的图书。这项活动，使全院教职工进一步坚定理想信念，培养健康情趣，提高能力素质，营造了爱读书、读好书、善读书的浓厚氛围。

三、认真贯彻中央、省委关于加强新形势下党外代表人士队伍建设的意见精神，以服务中心、建设队伍为重点，为山西省党外代表人士队伍建设贡献力量

（一）以党外代表人士教育培训工作的新成绩，服务山西统一战线工作大局，用实际行动迎接十八大、贯彻十八大精神。2012年，紧紧围绕迎接十八大、贯彻十八大精神，努力贴近山西转型跨越的实际，贴近党外代表人士的思想实际和工作实际，针对性和实效性日益增强，统一战线人才培训工作取得了新成绩。先后举办培训班18期，共培训学员1521人次。科研方面，学院开展了同心思想与统战文化、新的社会阶层参与共建和谐社会、党外代表人士代表性问题等课题研究，年底全部完成结项。

（二）以党员、干部、教师队伍建设的新突破，为学院正规化建设固基础、强内功，为我省党外代表人士队伍建设贡献力量。一是突出管理干部队伍的建设。根据实施公务员法后六个管理处室职能岗位的特点，严格按照党政干部选拔任用条例和选拔干部的政策规定，充分发扬民主，经过规定的程序，进行了力度较大的干部选拔任用工作，先后有13名同志走上了新的领导职务和非领导职务岗位。二是重视专业技术人员队伍建设。经省委组织部批准并委托，组织实施了学院专业技术人员的招聘工作。严格按照国家关于招聘工作人员的有关政策规定，在报名、审查、笔试、面试、考察等环节，本着“公开、公正、公平”的原则，招聘了8位研究生以上学历的专业技术人员。三是重视干部队伍的能力建设。在搞好学院党的纯洁性学习教育活动、党外代表人士教育培训工作、招聘专业技术人员等重要工作的同时，注重了各个岗位干部的能力建设。特别是针对一些新进岗位的干部和教师，采取了培训、学习和实践等措施，阔视野、给空间、压担子、助成长，努力提高他们的业务能力。积极选派干部协助有关部门开展干部考察和专题调研、会议服务等工作。

（冯进军）

附：山西社会主义学院党委书记、副书记、委员名单

书　记： 王宝生（5月任职）

副书记： 王宝生（5月离职）　王建新（5月任职）

委　员： 李祥熙　王解峰　王绍青

省档案局(馆)党组工作概况

党组书记　阎默彧

2012年，省档案局（馆）党组带领全体干部职工认真贯彻落实省委省政府的各项工作部署，在国家档案局的精心指导与大力支持下，深入贯彻落实科学发展观，以解放思想为先导，以服务全省转型跨越发展为重心，以服务民生为根本，进一步更新观念、开拓创新，切实发挥部门优势和资源优势，大力加强档案“三个体系”建设，各项工作取得了新的成绩，为推进全省档案工作服务转型跨越、为全省经济社会发展做出了积极贡献。

一、机关党建工作“走前头、做表率”

一是深入开展保持党的纯洁性学习教育活动。按照省委“六个一”活动要求，我们在完成好“规定动作”的同时，3月份，利用馆藏红色档案资源，成功组织了省直机关全体党员干部为期一个多月的学习教育活动——参观红色档案展览《光辉的历程》，在省直机关反响强烈。省委组织部将此次活动的情况向中组部做了汇报，省委创先争优活动简报、省直党建信息都重点关注，山西电视台、《山西日报》、《中国档案报》等媒体予以报道。4月21日，向武乡八路军太行纪念馆赠送馆藏1937—1948年太行、太岳、晋冀鲁豫、华北人民政府等根据地形成的珍贵档案史料，使保持党的纯洁性学习教育活动进一步辐射全省。

二是加强学习型党组织建设，理论学习彰显特色。在抓好党组中心组理论学习的同时，继续在调动全员学习、提高学习质量、彰显组织特色上下功夫，“走出去、请进来”，学习型机关创建工作搞得红红火火，有声有色。先后赴武乡八路军太行纪念馆、黎城黄崖洞八路军兵工厂旧址、平顺西沟村等地学习，请著名劳模申纪兰给全体党员干部上党课；5月份，与省委党校联合办学，把党校教育的课堂搬到机关，对全局党员干部开展了为期一个月的“党性锻炼与忠诚教育”培训学习；认真组织干部在线学习，对在线学习过程中遇到的困难和问题及时汇总、及时解决、及时反馈，每月月末对全局干部学习状况进行总结，督促学习进度落后的同志加紧学习，保证了全机关干部在线学习任务的完成；开展向雷锋同志学习，做“人民满意公务员”活动。机关党委制定了《山西省档案局关于深入开展学雷锋活动实施方案》，在局机关开展做“人民满意公务员”活动，特别是查阅室，实行公开服务承诺制度，开展优质服务，受到档案利用者的称赞。

三是转变机关工作作风，党员领导干部“走前头”。我局党员领导干部下乡住村工作连续受到省委、省政府领导的高度重视和赞扬，阎默彧局长在2012年全省扶贫工作会上做了典型发言。局党组成员深入基层、深入群众、深入一线，帮助解决实际问题已成为制度化、常态化。

四是深入开展“基层组织建设年”活动。在去年全面实现党务公开的基础上，完成了机关基层党组织的分类定级工作。

五是继续加强对党员干部反腐倡廉教育，廉政文化进机关。认真落实“一岗双责”，持续加强自身建设，坚持“三会一课”，每年开展民主评议和评先评优，不断增强党组织的凝聚力、战斗力。制作“山西省档案局党风廉政建设宣传专栏”，进行廉政文化的宣传，警钟长鸣。

六是继续做好文明和谐单位标兵创建工作。我局连续6年被省直文明办评为省直文明和谐单位标兵。

二、各项业务工作成绩显著

一是继续加大力度接收档案进馆。省馆将省新闻出版局、省机械成套局、山西日报社、省环保厅、省广电局、省文物局、省发改委和城南公证处共8个单位15377卷9172件档案接收进馆；将我省国家级摄影家顾棣先生的5264张图片征集进馆，丰富了馆藏内容。

二是积极抓好重大活动档案整理接收。省局在广泛征求意见的基础上，重新修订了重大活动档案管理办法，并提请省政府办公厅审议，现已进入省政府法制办的立法程序，为全省各级档案部门做好重大活动档案接收整理工作奠定了基础。2012年，省局指导省文物局相关部门对全省第三次文物普查活动中所形成的文件材料进行了规范整理，并按照《山西省档案管理条例》，将其755卷档案接收进馆，这是省馆首次征集重大活动档案进馆。同时，省局充分重视并积极介入首届晋商大会文件材料的管理工作，起草了首届晋商大会文件材料的收集范围，进行了首届晋商大会开、闭幕式的现场音像的采集和制作工作。

三是围绕政府改善民生工作，做好民生档案指导与整合接收。为了更好地推动我省社保档案工作的全面开展，我们多次对省社保局、省医保中心进行业务指导，帮助其修改、制定了《山西省社保档案管理办法》、《山西省医保档案管理办法》等制度性文件；联合省社保局对各市的社保档案工作进行了检查，现场指导市、县两级社保档案工作。

四是做好重大工程档案的指导工作。为了配合省委、省政府应急水源建设、山西大水网建设等中心工作，省局会同省水利厅对8个省属水利项目进行了检查，并对我省水利项目档案工作进行了一次摸底和现场指导，促进了水利项目档案的规范化管理，为下一步大水网建设档案指导工作积累了经验。

五是确保档案馆库安全。通过完善基础设施、提高人员安全意识、加大安检力度等具体措施，做了大量扎实有效的工作，受到了省、市、区公安部门的高度好评，被省综治委授予“省级平安单位”称号。

六是扎实开展档案清查工作，确保珍贵档案安全。完成了包括对库房提调档案的清点、平整、编页、统计等在内的档案缩微胶片前处理25000余张；完成计算机扫描档案缩微照片1.5万余画幅；完成了包括破损档案、字画装裱在内千余张的修裱工作。

七是积极做好信息公开和接待利用工作。2012年，省馆共接收47个单位7969件政府信息公开和可公开现行文件，8个单位114册资料。全年共接待查档人员1122人，利用档案4840卷，资料1503册，复印19486页；同时为做好已满30年和未满30年可开放档案的鉴定工作，满足人民群众的档案利用需求，完成了1982年共1918卷档案的统计工作；编制完成了大中专院校招生、毕业分配花名表和派遣证专题目录，提高了群众利用档案的效率。

八是积极开发档案资源。通过编纂档案文化产品，宣传党的历史，宣传社会经济发展史，充分彰显档案“资政惠民”、“文化阵地”作用。2012年先后编辑出版《十一届三中全会以来山西省经济建设文献汇编》《阎锡山手迹》《山西省劳模汇编》《档案背后的故事》《李顺达档案文件汇集》等；参加了由省委宣传部、省委组织部、省委党史办、山西电视台与省档案馆联合摄制的大型文献纪录片《旗帜——山西记忆》的拍摄，该片在山西电视台多个频道播出，反响强烈。

（王　斌）

附：省档案局(馆)党组书记、成员名单

书　记：阎默彧

成　员：张彦杰（女，12月离职）　王保国　邢利民

省万家寨引黄工程管理局党委工作概况

党委书记　管二拴

2012年，省引黄局党委坚持以邓小平理论、“三个代表”重要思想和科学发展观为指导，扎实开展保持党的纯洁性学习教育活动，深入学习宣传贯彻党的十八大精神，以服务全省转型跨越发展为着力点，以提高党的建设科学化水平为目标，不断加强思想建设、组织建设、作风建设、反腐倡廉建设和制度建设，凝神聚力谋发展，同心同德促跨越，引黄事业取得新进展，荣获全国“五一劳动奖状”，被省总工会和省安监局授予“安康杯优胜企业奖”，荣获全国“安康杯优胜企业奖”。

一、保持党的纯洁性，认真学习宣传贯彻党的十八大精神

一是开展保持党的纯洁性学习教育活动。根据省委、省直工委的部署和要求，制定《开展保持党的纯洁性学习教育活动实施方案》，召开保持党的纯洁性学习教育活动动员大会，广泛深入发动，明确了开展活动的指导思想、目标要求和程序步骤。在动员学习阶段，印发学习资料235套、理论文章2445篇，发放书籍115册，组织集中学习180余次。在引深教育阶段，组织观看警示教育片，引导党员干部讲党性、重品行、作表率；组织党员赴延安、右玉等党建教育基地参观学习，开展重温党史、重温入党誓词活动；开展学习郭明义、杨善洲、荆保山、刘桂芝、李林森等新时期优秀共产党员先进事迹活动，不断加强党性修养。在整改提高阶段，广泛征求党员群众意见，每个党员领导干部对照检查，深刻反思，形成了一份保持纯洁性、创造新业绩的对照检查提纲。局党委召开民主生活会，各支部召开专题组织生活会，党员领导干部围绕“六查六看”进行自我剖析，进行了点评和评议。通过开展学习教育活动，广大党员干部的大局意识、宗旨意识和开拓创新意识明显增强，全局上下风清气正，人心思进，和谐稳定。

二是开展“创优软环境、喜迎十八大”活动。围绕迎接党的十八大召开，组织了主题演讲比赛，展示了引黄人积极向上、开拓进取的精神风貌。组织了“机关党建名嘴”选拔赛，承办了省直企事业单位赛区的预赛工作，荣获优秀组织奖，我局推荐的选手获个人优秀奖。局领导和各支部书记分别为党

员干部讲党课,推动党员教育活动深入开展。主题鲜明、形式多样的庆祝活动,为十八大召开营造了良好的软环境。

三是开展"喜迎十八大、岗位做奉献"主题活动。制定了活动方案,成立了领导组,对党员干部大讨论、理论骨干大宣讲、党委书记大调研、党员干部大培训四项工作进行了全面安排部署。局机关和局属各单位分别组织职工集体观看十八大召开盛况,局党委在十八大召开后的第一时间即召开党委扩大会议,集中传达学习党的十八大精神。制定了《学习宣传贯彻党的十八大精神实施方案》,排定了学习任务。邀请省委党校教授作了《党的十八大报告导读》的专题辅导,为党员购发《中国共产党第十八次全国代表大会文件汇编》、《十八大报告辅导读本》近千册。各支部通过专题学习讨论会、学习讲话资料、举办辅导讲座等形式开展学习活动。组织省直机关十八大精神宣讲团报告会,党员干部参加了省委宣传部组织的"学习党的十八大精神网上知识竞赛"活动,局党委组织了党的十八大现场知识竞赛活动,各支部的90名党员代表参加,引深了学习活动。根据省委组织部安排,局领导分批参加省管领导干部学习贯彻十八大精神集中学习。根据省直工委安排,处级干部分批参加省直工委组织的学习贯彻党的十八大精神培训班学习。

二、坚持从严治党,建设奋发有为领导班子

一是强化理论学习。制定《2012年党委中心组理论学习计划》,全年安排10次集中学习,其中4次邀请省委党校教授主讲,1次党员领导干部讲党课,学习了党风廉政建设、纯洁性教育、十八大报告、《党章》等内容,发挥了中心组理论学习的辐射和带动作用,推动了学习型党组织建设持续健康发展。

二是匡正用人风气。局党委坚持党管干部和民主、公开、竞争、择优的原则,始终把握"推荐－考察－酝酿－决定"四个关键环节,严格执行《党政领导干部选拔任用工作条例》和省委《三个规定》等政策,做到程序不简化,规定不变通。坚持"用发展衡量实绩,凭实绩任用干部",不让老实人吃亏,不让投机钻营者得利,真正把政治上靠得住、业务上有本事,想干事、能干事、能干成事的干部选用上来,激发了全局上下干事创业的热情。

三是推进反腐倡廉建设。局纪委制定《2012年反腐倡廉工作任务责任分解意见》,将36项反腐倡廉年度工作任务细化分解到各有关处室、单位。大力开展警示教育,组织党员干部观看警示教育片《赵生龙、陈怀生腐败案》和电影《忠诚与背叛》。推进廉政文化建设,在《引黄工程》报上连载《廉政准则》问答知识。加强监督检查,对重点工作、重要环节、关键岗位实施全方位、全过程监督。及时核查和协查上级转办、领导批办和群众举报案件。开展整治"吃拿卡要"、创优发展环境专项行动。全年未发生一例违法违纪案件。

四是开展下乡住村活动。制定《2012年领导干部包村增收目标责任分解方案》,局领导经常深入下乡住村联系点——偏关县天峰坪镇黑豆埝村,深入田间地头,走访慰问贫困户,与老百姓共商脱贫致富之策。2012年安排扶持资金150万元,为黑豆埝村修建20座温室大棚,建立围栏养羊合作社,更新改造村级粮食加工厂,修通进村公路,解决了人畜饮水和设施农业灌溉用水问题。还多次聘请农业科技专家,为农民传授蔬菜大棚养殖技术,帮助联系点加快脱贫致富步伐,缩小发展差距。

三、强化基层组织,贯彻《党和国家机关基层组织工作条例》

一是学习贯彻《条例》。中央颁布新修订的《中国共产党党和国家机关基层组织工作条例》后,局党委召开中心组理论学习会,中心组成员与各支部书记、各单位主要负责同志逐条逐句学习,共同研究讨论。发放了《条例》学习辅导,各支部认真组织广大党员学习,形成了学习《条例》、宣传《条例》、贯彻《条例》的热潮。省委下发《实施意见》后,又分层次、分专题组织各支部和广大党员进行传达学习。

二是强化基层组织。认真开展基层组织建设年活动,按照中组部办公厅《关于做好基层党组织分类定级工作的指导意见》,局党委从支部入手,进行了深入的调查摸底,通过广泛征求基层党组织和广大党员群众的意见,制定了整改措施。按照支部自评、党员群众测评、局党委评定等程序,对30个党支部进行了分类定级。在此基础上,全面部署晋位升级工作,各支部按照缺什么补什么的原则,查缺补漏,重点在工作思路、工作制度、党支部和党员联系服务群众等方面予以完善细化,切实整改提高,使每一个支部在原有基础上实现晋位升级。

三是引深创先争优活动。在完成公开承诺、领导点评工作的基础上,开展了群众评议工作,群众对支部和党员满意率均为100%。制定了创先争优公开承诺、群众评议、联系点、考评监督四项制度,探索形成创先争优长效机制。通过创先争优活动,选树了一批敢于担当、勇于奉献、爱岗敬业、顽强拼搏的先进典型。总公司荣获"全国五一劳动奖状";参与北干建设的16个集体、116名个人受到省劳动竞赛委员会的表彰;局党委对创先争优活动中涌现出的11个先进党支部,44名优秀共产党员和30名优秀党务工作者进行了命名表彰。

四是打牢党建工作基础。根据人员变动情况,对15个支部的书记、副书记进行了调整,选齐配强了支部领导班子,实现了党的组织和党的工作全覆盖。严格执行发展党员工作制度,坚持发展党员16字方针,加强入党积极分子的培养和教育,全年发展党员36名,党员队伍不断壮大。加强党费收缴与管理,党委办和各支部都设专人负责党费工作,并在工商银行开设党费专户,2012年收取党费55138.5元,上缴工委22055.4元。

四、深化道德建设,提升精神文明创建水平

一是加强学习型党组织建设。积极参加省直工委组织的党外处级干部培训、处级干部轮训,中青年干部培训、党务干

部培训、中心组学习秘书培训、省第十次党代会精神专题培训、党支部书记示范班培训等活动。组织开展“读书月”和“迎接十八大读一本好书”活动，培养了健康情趣、提升了能力素质。在组织好干部理论学习的同时，不断强化岗位技能培训，结合北干投运，组织新进人员和北干线运行人员岗前培训，组织北干经营调度业务培训，实现了持证上岗。

二是践行社会主义核心价值体系。组织开展省直机关第一届道德模范和“十佳文明公民”的评选活动，我局推荐的23名道德模范和10名“十佳文明公民”参加了评选。印发《王铁选书记在精神文明建设经验交流会上的讲话》，要求各支部组织广大干部职工认真学习，创新工作思路，制定工作措施，扎实推进文明创建工作。制定了《公民道德建设“五个一”活动方案》，对“一堂一队一牌一桌一组”活动的目标任务、主要内容、组织实施等进行了安排。组织开展“博爱一日捐”、“慈善情暖万家”献爱心和“送温暖、献爱心”活动，全局干部职工捐款7.8万余元；开展联企帮困送温暖活动，为太原染料厂下岗职工捐助慰问金9000元，展示了引黄人扶危济困的精神风貌。

三是丰富文明创建载体。局工会积极维护职工合法权益，组织职工健康体检，开展帮贫送温暖活动，推进“职工书屋”建设。局团委组织“学雷锋”活动和“青春杯”男子篮球赛，开展为边远地区学生捐赠图书和“国际志愿者日”服务活动，展示了引黄青年奋发向上的精神风貌。妇委会组织“三八”文艺汇演，落实计划生育目标责任制，关心未成年人成长，在省直机关“三八”妇女节健身操舞比赛中荣获一等奖。

五、服务转型跨越，推动引黄事业科学发展

省第十次党代会绘就了山西转型跨越发展蓝图，引黄局全体干部职工自觉把引黄事业融入全省经济社会发展大局之中，增强了服务全省转型跨越发展的责任感和使命感。年初即对全局50项重点工作任务进行分解细化，责任到人，适时督促检查，推动工作落实。2012年，紧紧围绕安全生产和经济运行，提高科学化管理水平，供水运行继续保持安全稳定态势。一是强化制度建设，形成与引黄工程相适应的制度体系。二是强化检修维护，形成件件设备有人管、处处设施有人查的检修维护体系。三是强化成本管理，通过调整运行方式，单方水耗电量同比下降1.9%，工程经济运行水平明显提升。四是强化指标考核，建立了涵盖安全、生产、技术、经营等方面的指标管理体系。全年水费收入38266万元，水费收缴率85%。全年供水总量达到24745万方，较去年增加14725万方，实现了年初确定的“翻一番”目标。其中，生态供水11370万方，生活和工业供水13375万方，向太原供水9441万方，12月下旬开始，日供水量由26万方增加到26.5万方；向朔州供水1475万方，向大同供水2414万方，平鲁供水45万方，黄河水惠民范围逐步扩大，工程综合效益已经显现，为全省转型跨越发展提供了强有力的水源支撑。

（温　捷）

附：省万家寨引黄工程管理局党委书记、副书记、委员名单

书　记：管二拴
副书记：朱春耀
委　员：崔富春　张俊杰　樊安顺　贾伟智　苏连元　雷天才　呼运平

省煤炭地质局党委工作概况

党委书记　潘增武

2012年，省煤炭地质局党委紧紧围绕学习宣传党的十八大精神这一主线，立足局“十二五”规划和“1558”发展战略，团结引领党员群众坚定信心，务实创新，党建各项工作扎实推进，为全局转型跨越发展提供了坚强保证。

一、学习宣传贯彻党的十八大精神突出全覆盖

为迎接十八大召开，开展以“七个一”活动为主要内容的保持党的纯洁性学习教育活动，通过集中学习、传统教育、召开专题民主生活会等内容，有力锤炼了党性，纯洁了党风；全局普遍开展党委（总支）书记讲党课活动，进一步强化了党员干部理论自信、制度自信和道路自信。围绕十八大召开，举办以“弘扬地勘文化，喜迎党代盛会”为主题的职工文化艺术节；在省直工委“喜迎十八大，岗位做奉献”主题活动部署基础上，结合实际制定了以“大讨论、大宣讲、大调研、大培训、大观摩”为主要内容的“4+1”活动方案，在全局营造了浓厚的学习氛围。十八大召开后，通过全局动员、专题学习、党员培训、党委（总支）书记大调研，局班子成员到联系单位进行理论宣讲、下拨党费开展专项活动等方式，全局学习贯彻十八大活动不断掀起新的高潮。

二、学习型党组织建设突出制度化

探索建立了“一周一学习，一月一报告，一季一讲座，半年一演讲”的学习模式。在学习层次上，突出党委中心组带动，通过集中学习、专题培训、讲座、演讲、知识竞赛、读书月、局网站开辟“学习园地”栏目等方式，形成了全员学习的浓厚氛围；在学习内容上，涵盖政治理论、时势分析、业务培训、国学熏陶等，有效提高了职工综合素质。同时，地质局积极介入职工职业生涯规划，坚持完善职工专业技术技能教育，年内完成了七批459人次参加的专题培训；通过输送青年职工高

校深造、生产和科研一线"师带徒"、优质地质报告评选等方式,加快青年职工成长;根据野外作业实际,为基层支部配备了流动书箱方便职工日常学习,确保学习全覆盖。2012 年,全局获得 1 项发明专利,8 篇论文在全国行业评比中获奖,1 篇专业论文在《山西工作》发表,1 篇党建论文入选省"红船杯"征文大赛优秀文章,在《先锋队》杂志发表。

三、宣传工作突出品牌影响

对内,地质局创办《晋煤地勘通讯》,不仅带动全局通讯员队伍素质和内部刊物质量明显提升,更成为对内凝聚发展共识、对外展示品牌形象的特色载体,赢得系统内外高度评价。对外,着重在宣传的数量和质量上下功夫,全年在各类媒体宣传报道 302 篇次,在《中煤地质报》的年度发稿量排名进入前十,实现历史性突破;在宣传质量上,共有 59 篇报道发表在各类报纸头版,反映局一线钻机的专题片《栉风沐雨找矿人》在山西卫视播出。全局宣传报道的深度和影响力明显提高,不仅为转型发展营造了昂扬向上的舆论氛围,更扩大了地质局社会知名度。

四、党风廉政建设突出风险防控

在制度建设上,地质局结合行业特点制定党员干部廉洁从政"六个不准",通过干部自查、组织集中检查,使领导干部廉洁自律的责任意识不断提高。在具体工作上,严格审计制度,完成对 5 名干部的离任经济责任审计;组织处级干部到太原一监进行廉政警示教育;部分院层层签订廉政责任书,将廉政建设责任落实到人;加大效能监察力度,强化重点工作监管。全局权力运行制约机制不断完善,有效提高了领导干部预防腐败的能力。

五、社会主义核心价值体系建设突出道德引领

举办全局"道德讲堂"现场观摩会,突出典型引领,大力弘扬传统美德和职业道德,在核心价值体系建设方面进行了积极探索。先后开展了先进事迹报告会、双"十佳"、道德模范、优秀志愿者评选等活动,通过树立和宣传典型,以职工群众身边的人、身边的事教育和引导干部职工,在全局营造了学先进、赶先进,立足岗位做奉献的实干环境,有效促进了转型跨越发展。

六、承担社会责任突出办实事、求实效

筹办"爱心超市",号召全局干部职工踊跃捐助,并将 3500 件(套)衣物送到岢岚县温泉乡农民手中;科技扶贫取得新进展,提交了岢岚县石材矿与铝土矿分布调查报告,为当地开辟新的经济增长点提供了依据;局班子成员多次到温泉乡住村,在援建蔬菜大棚基础上,确定基础建设、技能培训等 9 件实事;积极扶危济困,全年组织慈善捐助 23 万余元;先后两次参加省内矿山抢险救援,受到省领导高度评价。全方位展示了地质局党员群众勇担社会责任的良好形象。

七、基层组织建设迈上新台阶

根据"基层组织建设年"活动要求,扎实推进基层组织分类定级和晋位升级工作,全局 3 个评定为"一般"的党支部全部晋位升级,评定为"好"和"较好"的基层组织也不同程度再次提升。积极开展创先争优活动成效群众评议、先进评比表彰、岗位做奉献等工作,有效提升了基层组织和全体党员服务群众、服务发展的主动性。局属各院通过调整党群工作机构设置、完善人员和设备配置、符合条件的支部升级为总支、选派机关优秀干部充实基层支部力量、党建工作与经济工作同步考核等方式,使基层组织工作关系逐步理顺,任务高效完成。2012 年 4 月,省委组织部长汤涛同志莅临调研,对地质局党建工作给予高度评价,鼓励地质局在基层组织建设上继续下功夫,凝聚力量,为事业发展提供更大的组织保障;地质局先后在省直机关党组织负责人述职大会、中央国家机关工委"基层组织建设年"调研座谈会、全省"机关党建工作走在前头"推进会上进行典型发言和经验介绍,标志着全局基层组织建设再次迈上新台阶。

八、作风建设成效明显

2012 年,局班子成员根据分管领域和工作需要,先后就钻机一线生产、老干部政策落实、事业单位分类改革等内容进行 10 余次专题调研,完成 11 篇调研报告,有力指导了工作实践。根据省委要求,成立党委督查室,督促推进重点工作全面落实;进一步完善党务公开机制,扩大了党员群众知情权和监督权。开展了全局性的"转作风,树形象、练内功,提素质"整肃工作作风活动,党员干部和机关处室服务群众、服务一线的主动性持续提升,有效密切了党群干群关系。

九、干部队伍建设得到全面加强

始终坚持党管干部原则,在干部选任上,突出德的考核、综合素质、基层经历和群众评价,规范群众推荐、组织考察、公开公示等程序,加大干部任职交流和基层锻炼的力度,全年调整处级干部 34 人次、科级干部 52 人次,干部队伍结构日趋合理。在干部管理上,通过调研、监督指导民主生活会、职代会等方式,加强对领导干部的团结教育,确保了班子集体的核心号召力;多次组织干部到兄弟单位观摩学习,开阔了干部视野和思路,提高了领导转型发展的能力。在干部考评上,除原有的年度考核、述职述廉外,更加突出群众监督评议,完成了对局属 13 个单位 2012 年度"一报告两评议"工作,全局干部建设逐渐步入制度化、规范化轨道。

十、文明和谐单位创建取得新成绩

2012 年,全局职工人均收入实现 6.09 万元,同比增长 7.6 %,其中在岗职工人均收入 7.82 万元,同比增长 13.83 %;启用农民工工资支付登记卡,确保农民工工资及时足额发放。积极推进危旧房改造开发,局机关和下辖 3 个院的小区开发计划顺利推进,3 个院搬迁至太原高新区办公。在 10

台钻机试点安装远程实时监控系统，全局技术保安全水平正逐步提高。完善内部帮扶机制，全年投入25.66万元用于扶危济困；参加“在职职工医疗互助保障计划”，开办职工餐厅，全局内部发展环境持续优化。

2012年，山西省煤炭地质局获得省“五一劳动奖状”、省总工会“文化建设标兵单位”称号；在保持原有省“模范单位”、“文明和谐单位”、省直“文明和谐单位(标兵)”称号基础上，2个下属单位进入省直文明和谐单位行列；2个院获全国“模范地勘单位”称号；3个院获评全国煤炭行业AAA级信用企业；1个院被省总工会评为“文化建设先进单位”，1个钻机机组获省“工人先锋号”称号；全局2名职工获得省“五一劳动奖章”，26名职工获得省直工委、国土厅等部门的表彰，4名职工被评为省直机关第一届道德模范，全局各项工作取得新的进展。

(赵晓彦)

附：省煤炭地质局党委书记、副书记、委员名单

书　记： 潘增武

副书记： 王学军　王宏伟(9月任职)

委　员： 黄岑丽(女)　张晓峰　宋　儒(12月任职)

省地质勘查局党委工作概况

党委书记　康有全

2012年，省地质勘查局党委认真贯彻党的十七届六中、七中全会和党的十八大精神，围绕中心，服务大局，开拓创新，锐意进取，地勘经济突破20亿元大关，跨上新台阶，“创先争优”取得新成效，关注民生、和谐稳定取得新进展，开创了党建工作的新局面，为全局转型跨越发展提供了坚强的思想、政治和组织保证。

一、以地质主业为中心，促进地勘经济稳步发展

狠抓地质项目组织实施，地质找矿取得突破。2012年找矿工作成果显著，全局预计可提交煤炭资源量123亿吨、铝土矿3.8亿吨、铁矿2.3亿吨、铜矿7638吨、金矿8.68吨、白云岩12亿吨、石墨2817万吨，为山西省经济发展做出了积极贡献。

2012年，实施中央和省级地质勘查项目、局专项资金项目共计138个，累计完成钻探50.7万米、槽探60499m^3，开展不同比例尺区域地质调查186794 km^2。经过十年不懈努力，右玉县金矿普查取得重大发现，有望提交1个中型金矿；运城盆地煤炭资源空白区万荣—临猗—带首次发现大型煤矿；原平市南坡村—孙家庄铁矿详查项目估算铁矿资源量达1亿吨；灵丘县腰站铁矿普查、繁峙县铁矿普查、兴县后发达铝土矿远景预查、交口—汾西铝土矿远景预查等项目也取得较好工作效果，发现了规模较大的矿体。河津义唐铁矿普查发现新类型铁矿。各单位紧紧围绕市场需求开展工作，积极承揽实施地质灾害治理、环境评价、工程勘察、水资源勘查、土地开发整理复垦等市场项目1900余个，全年社会地质工作收入完成17.9亿元，既有力支撑了地勘经济持续较快发展，也为我省社会经济发展做出了积极贡献。

二、领导班子和干部队伍建设不断加强

注重领导班子自身建设。班子成员坚持原则，各负其责，自觉维护班子的权威和团结，局党委科学决策、民主决策、依法决策水平不断提高。

干部作风有了新转变。按照省委“六个一”活动的要求，认真开展领导干部下基层活动。局队领导坚持深入基层和野外一线调查研究，帮助解决实际问题。全年局级领导下基层累计371天，人均41天，机关各处室下基层累计474天，人均7天。通过深入基层，掌握一手材料，拉近了与职工的距离，促进了工作的开展。

干部制度不断完善。加强对干部的考核，坚持基层党政主要负责人每半年向党委报告工作制度，局机关处室负责人季度汇报交流工作制度，逐步完善了以年度经营目标责任制为基础的综合考核制度。认真执行任用干部“一报告两评议”制度。强化了干部日常教育、管理和监督制度，加大经济责任审计力度，对法定代表人进行任期责任审计。

三、基层党组织建设扎实推进

认真落实基层党建工作责任制。印发了2012年全局思想政治工作要点，对全局政治工作作出了具体部署和安排。制订了《党的工作责任制实施细则》，认真贯彻省委《党政机关党组织工作条例》，对全局的党建工作职责、考核程序和奖惩办法做出明确规定，逐步完善了党建工作考核评价办法。

开展基层组织建设年活动。局党委着眼于提高基层组织建设工作整体水平，对全局143个基层党组织进行分类定级。各级党组织以提升基层党组织战斗力、党组织书记素质、党员队伍生机活力、基层基础保障水平和党建制度化水平为目标进行整改提高，完成晋位升级工作。

“创先争优”活动深入推进。坚持创先争优常态化、长效化、制度化，定期开展选树表彰先进，各地勘单位对创先争优活动中涌现出的30个先进基层党组织和200名优秀共产党员进行了表彰奖励。地调院晋中分院党支部被省委评为2010—2012年全省“创先争优”先进基层党组织；一水党委被评为省直机关“创先争优”先进集体，217地质队赵永被评为省直机关“创先争优”先进个人。通过创先争优活动，逐步在全局形成学先进、赶先进、当先进的浓厚氛围，创先争优成

为全局系统的价值取向。

保持党的纯洁性学习教育活动取得成效。按照省委部署，全局11个基层党委、2个直属党总支、125个党支部、2366名党员参加了保持党的纯洁性学习教育活动，围绕“三学、六查、四改”，抓好“六个一”(开展一段集中学习、接受一次传统教育、聆听一场事迹报告、组织一次问题查摆、开好一个民主生活会、形成一份思想总结)，完成了各项规定动作。通过学习教育活动取得了明显成效，各级党组织的凝聚力战斗力进一步增强，领导班子和干部队伍建设进一步加强，广大党员干部全心全意为人民服务的宗旨意识进一步强化，全局各项工作得到促进。

喜迎十八大系列活动丰富多彩。在党的十八大召开之前，局党委安排了系列活动，举办了领导干部讲党课、演讲比赛、党建名嘴比赛、征文活动、文体活动、传统教育、先进事迹报告会等七项庆祝纪念活动。组织参加了全省党建名嘴比赛，获“山西省优秀党建名嘴”称号。整个主题系列活动历时三个多月，参与职工5400余人次。通过形式多样的群众性纪念活动，歌颂了党的丰功伟绩，宣传了地勘行业的先进典型，营造了积极向上的良好氛围。

四、学习宣传工作深入推进

思想政治建设不断加强。一是加强干部的思想教育，要求广大干部在市场经济条件下，不能光顾权衡利害，还要明辨是非，把握政治方向。二是先后召开大会，传达贯彻省委全委(扩大)会议精神，学习《人民日报》三篇评论员文章的精神，传达中共中央关于薄熙来严重违纪案件审查情况和处理决定的通报，要求全局干部增强政治敏锐性和政治鉴别力，坚定不移地在思想上、政治上、行动上与党中央保持高度一致。三是认真学习贯彻习近平总书记在十八届中央政治局第一次集体学习时的重要讲话精神、中央政治局关于改进工作作风密切联系群众的八项规定等精神，对干部的作风建设提出了要求。

兴起学习宣传党的十八大精神热潮。局机关及局属各单位组织党员干部收看了党的十八大开幕盛况，聆听了胡锦涛总书记的报告。十八大和十八届一中全会胜利闭幕后，召开全局干部大会进行传达贯彻，发出关于深入学习宣传贯彻十八大精神的《通知》，对全局学习贯彻十八大精神作了安排部署。局领导、局属各单位主要负责同志带头学习宣传贯彻，积极参加省委党校和省直党校组织的十八大精神专题轮训班。邀请省直机关十八大宣讲团作宣讲报告。各单位加强组织领导，通过集中学习、举办专题讲座、重点辅导、知识竞赛、交流心得等方式，加深了对十八大精神的学习理解，十八大提出的一系列新思想、新观点逐步深入人心，成为推动全局各项工作的强大精神动力。

学习型党组织建设深入推进。坚持党委中心组理论学习制度，做到主题明确、观点鲜明，有指导性、创建性。落实了干部在线学习、制订了学习计划。开展了读书月活动和征文活动。创新干部教育培训方式，举办培训班，加大全局干部职工业务技术、管理技能培训力度。安排30多名处级以上干部参加省委党校、行政学院举办的各类政治理论和业务培训。

地勘文化建设成效明显。开展了社会主义核心价值体系教育，实施了公民道德建设工程。围绕“三光荣”精神，在全局开展学习地调院青藏项目部先进事迹活动。以“喜迎十八大”为主题，拍摄编辑了9部反映我局党建工作的短片。加大了宣传力度，全年在社会媒体上发稿900余篇/次，在局网站发表新闻报道300余篇，图片2600余幅，提高了地质工作的社会影响力，为我局发展营造了良好文化氛围。

五、文明和谐工作取得新成绩

文明和谐创建扎实开展。以创建文明和谐单位为载体，努力提升职工队伍建设的质量和水平，在工作机制、经费投入、活动内容及责任考核等方面给予保障。局属各地勘单位全部进入省直文明和谐单位行列，局机关连续16年保持省直文明和谐单位标兵称号。各单位结合实际，鼓励和引导职工成立各种活动团体，坚持开展创建文明机台、文明班组、文明家庭、青年文明号等活动，推进了群众性精神文明建设的开展。

工团组织作用得到进一步发挥。各单位坚持开展以职代会为主要形式的职工民主管理、民主监督，大力推行队务公开，使职工知情权、参与权和监督权得到有效保障。地调院获“山西省五一劳动奖状”，3个集体5名个人获省总直属基层工会“五一劳动奖状”和“五一劳动奖章”。加大了全局特困职工帮扶工作力度，坚持开展全局“送温暖”活动，及时掌握困难职工的总体情况，帮扶工作做到了经常化和制度化。重视共青团工作，不断健全团委工作机制，广泛开展青年学习活动，通过座谈会、室外运动、社会公益活动、技能竞赛活动服务青年。认真开展省级青年文明号创建活动，24个青年文明号通过了考核。

离退休工作不断加强。局党委重视老干部工作，认真落实离退休人员的政治和生活待遇。组织开展丰富多彩的文化体育活动，对异地安置的离退休人员进行慰问，努力营造弘扬优良传统、尊老敬老的氛围。局离退休管理工作连续多年获得省先进称号。

六、党风廉政建设深入开展

党风廉政建设责任制落实到位。局党委把反腐倡廉建设摆在更加突出的位置，纳入领导班子、领导干部目标管理，与经济建设、政治建设、文明和谐建设以及业务工作紧密结合，同部署、同落实。年初局党委以贯彻落实中央《关于实行党风廉政建设责任制的规定》为契机，进一步明确“一岗双责”。印发了《山西省地勘局党风廉政建设责任制分解意见》，把任务分解落实到人。同经济责任制目标考核一道，对全局党风廉政建设责任制进行了考核。

惩防体系建设不断推进。通过多种形式加强对党员干部的反腐倡廉教育，及时组织传达贯彻中纪委、省纪委有关文件，增强领导干部廉洁自律的自觉性。对廉政风险防控工作进行了专项检查，党政班子成员按照整治“吃拿卡要”着力解决发生在群众身边腐败问题的实施方案要求写出思想汇报67份。扎实推进廉政风险防控工作，对全局建立健全惩治和预防腐败体系2008—2012年实施方案完成情况进行了检查。（李耿为）

附：省地质勘查局党委书记、副书记、委员名单

书　记：康有全

副书记：安俊生　赵得权（12月任职）

委　员：翁金明　韩晋生　武　胜　潘海燕　卫继周（12月任职）

省公路局党委工作概况

党委书记　郭贵平

2012年，省公路局党委深入贯彻落实科学发展观，围绕加快基础设施建设和转变发展方式、强化行业管理，提升公路服务能力及水平的发展目标，以迎接十八大召开和学习宣传贯彻落实十八大精神为主线，以贯彻《机关基层组织工作条例》、深化创先争优活动和学习型党组织建设、开展“保持党的纯洁性学习教育”、“基层组织建设年”等活动为重点，把服务中心、建设队伍两大任务贯穿各级党组织活动始终，以改革创新精神全面提高党建工作科学化水平，进一步巩固行业精神文明创建成果，不断探索公路文化建设新路子，为我省公路工作各项目标的顺利实现提供了坚强有力的思想政治保障和精神文化支撑。

一、认真学习宣传贯彻落实十八大精神，开创公路事业改革发展新局面

（一）开展“对党忠诚”主题教育活动。十八大召开前，开展了以“对党忠诚”为主题的教育活动，广泛赞颂党的十七大以来经济社会发展成就、党的建设成就以及山西公路转型跨越发展成就，深入学习党的建设基本经验，把广大党员干部的思想凝聚到党的奋斗目标上来，凝聚到公路发展目标上来。组织广大干部职工积极参与了学习讨论和征文活动。

（二）开展“党员干部读书月”活动。配合对党忠诚主题教育，根据省直工委安排，以4月23日世界读书日为节点，开展为期一个月的“党员干部读书月”活动。在“读书月”期间，组织了形式多样的荐书、读书、品书、用书活动，倡导每个党员读一本好书、写一份心得，在品味红色经典中坚定理想信念。举办了读书演讲竞赛、党史党建知识竞赛、读书征文活动。

（三）掀起学习、宣传、贯彻十八大精神的热潮。十八大召开后，迅速组织广大党员干部学习贯彻会议精神，要求广大干部职工原原本本学习党的十八大报告和党章，专题研讨党的十八大报告中的新思想、新观点、新论断。深刻领会、全面把握大会的主题，深刻领会、全面把握过去五年的工作和十年的基本总结，深刻领会、全面把握中国特色社会主义的丰富内容，深刻领会、全面把握科学发展观的历史定位和深刻内涵，深刻领会、全面把握全面建成小康社会的宏伟目标，深刻领会、全面把握深化改革开放的时代要求，深刻领会、全面把握“五位一体”总体布局，深刻领会、全面把握提高党的建设科学化水平的新部署，深刻领会、全面把握党章修正案的新内容。要求全系统结合本单位的实际，坚持学以致用，用以促学，把学习成果转化为推动工作、加快发展的新理念、新部署、新举措，以党的十八大精神为指导谋划明年和今后一个时期的工作。

二、以提高素质能力、服务转型跨越发展为目标，深化理论武装和学习型党组织建设

（一）引深学习型党组织建设。把学习型党组织建设与创先争优活动紧密结合起来，在建设学习型党组织过程中，以学习为平台开展创先争优活动；在创先争优活动中，以评选先进基层党组织和优秀共产党员为动力推进学习型党组织建设；通过不断总结推广学习型党组织建设的新经验，认真研究新形势下机关党员干部学习的新需求，积极探索推动学习的新方法，建立了完善的学习评价机制和考核办法，把学习型党组织建设不断引向深入。

（二）创新中心组学习和党员干部理论学习模式。推广省委中心组理论学习“六学六用”的学习模式，充分发挥党员领导干部的示范引领作用。大力弘扬理论联系实际的学风，健全和完善了学习管理、调查研究、考核评价、成果转化等制度，推进学习型党组织建设制度化、规范化。同时抓好局直各单位中心组学习的督促检查和指导力度，进一步完善中心组学习报告制度。继续办好政治思想研究会、报告会等学习载体。

（三）深入开展了“领导干部下乡住村、机关干部下基层住工地、党建结对联学共建”三项活动。认真贯彻落实省委、省直工委和厅党组的要求，进一步深化三项活动，通过三个活动平台，把学习的课堂向向基层延伸、向一线延伸，真正做到调查研究在一线，学习实践在一线，解决问题在一线，力求在活动内容上深化，活动形式上活化，活动机制上制度化、规范化、经常化，形成了机关干部学习基层、服务基层的浓厚氛围。

三、引深创先争优活动，深入开展“保持党的纯洁性学习教育”和“基层组织建设年”活动

（一）以主题活动为抓手，深入推进创先争优活动。进一

步引深“三晋先锋在行动”活动，在窗口单位开展“公路先锋在行动”主题活动，继续推出便民利民新举措，积极倡导阳光服务、微笑服务、规范服务、廉洁服务、高效服务，创优发展环境。在领导干部中开展了“敢于担当、勇于奉献”主题活动，倡导各级领导干部在推动公路转型跨越发展中，做坚定信念的表率、敢于担当的表率、勇于奉献的表率、干事创业的表率、改革创新的表率、清正廉洁的表率。在基层单位开展了“扎根基层”主题活动，引导广大干部职工立足基层，奉献岗位，把平凡的工作做好，在平凡中孕育闪光，在平凡的工作中创造出不凡的业绩。

（二）深入开展了保持党的纯洁性学习教育活动。深入开展保持党的纯洁性学习教育活动，增强党员自我净化、自我完善、自我革新、自我提高的能力。坚持发扬党的优良作风和加强党性修养与党性锻炼相结合，使之相互促进。在引导党员、干部加强党性修养与党性锻炼的过程中，积极宣扬党性强、作风好、政绩实、贡献大的先进典型，带动弘扬党的优良作风。在继承发扬党的优良作风的过程中，注重挖掘党的优良作风的内在本质，使党性高度彰显，使党员、干部感受到党性的崇高和重要，从而自觉地修养党性、锤炼党性。结合纯洁性教育活动，在工程建设一线进行了火线入党。

（三）深入开展“基层组织建设年”活动。重点抓好组织、队伍、载体、阵地、制度等“五大建设”和党员、党支部书记、党务干部“三大培训”，突出抓好基层党支部书记队伍建设。认真开好党员领导干部民主生活会。加强对党员的教育、管理、服务和发展工作，完善党内激励、关怀、帮扶机制。加强党务干部队伍建设。以能力建设为重点，进行对基层党支部书记和党工部部长的培训，造就一支既懂党务又懂业务的复合型党务工作队伍。“七一”前夕，对开展创先争优活动成绩显著的先进基层党组织和优秀共产党员进行了表彰。

四、巩固行业精神文明创建成果，进一步提升行业服务水平和文明程度

按照《山西省公路局精神文明建设规划（2011～2015年）》要求，突出重点，创新载体，扎实开展“学树建创”和“七个文明”创建活动，深入挖掘、选树创建先进典型、文明服务品牌，发挥典型示范效应，提高了全行业的服务水平和社会满意度。在今年经费紧张的情况下，文明创建不放松，坚持以职业道德为核心，以行为规范为标准，以科学管理为手段，以先进典型为导向，继续保持了“省级文明和谐单位标兵”荣誉；“文明路”创建重点实施品牌工程，以文明管理、规范执法、安全运输、优质服务为主要内容，有效地提高服务经济社会的能力，为社会提供更好的“畅、洁、绿、美、安”的道路通行条件；“文明处(科)室”创建活动继续以建设“五型”机关为重点，进一步规范机关办事行为，提升工作效率、服务质量，提高职工素质，改进工作作风；“文明职工”创建活动继续以岗位能手评选竞赛活动为载体，教育引导职工热爱祖国、热爱公路、立足本职、干一行、爱一行、专一行、精一行；“文明示范窗口”创建以“素质高、管理严、服务优、环境美、效益好”为目标，以省内一流、国内领先为标准，精心打造行业文明建设精品；“文明项目部”创建活动以“文明施工、安全生产、优质廉政、创建品牌”为主要内容，加强文明施工管理，推进工程建设水平整体提升；“青年文明号”创建活动重点加强青工的思想教育和职业技能培训，强化服务意识、提升服务质量，积极开展内外和谐建设，对内团结协作、友爱相助，对外扶危济困。

五、积极探索公路文化建设新路子，精心打造公路行业文化品牌

为了大力宣传公路文化建设，将山西的特有历史文化、人文地貌等元素镶嵌于公路中、融化在群众心田里，从今年初集中近5个月的时间，采用走出去、请进来的方式组织到省内外进行调研，重新修订出台了《山西省公路局关于进一步推动公路文化建设大发展的实施纲要》，对文化建设的指导思想、基本原则、主要任务以及保障措施作了规划。按照省厅的安排，将公路文化建设作为专项工程上报省政府列入计划进行安排，五年实现“一县一区”和“一线多区”目标，全力推进服务区规范化建设，实现基础服务设施质量的全面升级，为人民群众提供安全舒畅、绿色环保、便捷高效、文明和谐的出行条件。抓好“三室改造”。将公路文化建设经费单独列入年度计划，从资金上给予保障，对公路管理段以上单位的文化活动室、图书阅览室、成就展览室，有的改造升级，没有的重新配置，全省统一规划、分步实施、因地制宜。以推进文化建设与行业管理相融共进为手段，着力创新文化管理实践活动，拓展文化管理覆盖领域，丰富行业文化管理体系。认真组织实施文化建设“十百千”工程，组织干部职工积极参与文化建设活动，全面推进文化公路品牌建设，充分发挥品牌的辐射带动作用，促进全系统公路文化建设稳步推进，不断扩大公路行业的社会美誉度和影响力。

（段晓燕）

附：省公路局党委书记、副书记、委员名单

书　记：郭贵平

副书记：惠高峰　李铁山

委　员：蒋　品　周文全　张兴顺（6月任职）　刘耀华（5月任职）　赵玉生（6月任职）

省农机局党组工作概况

党组书记　王立伟

2012年，全省农机系统按照省委省政府“三农”工作部署要求，全面贯彻落实党的工作责任制，不断加强思想、组织、作风、制度和党风廉政建设，创新工作思路，狠抓任务落实，全省党风廉政建设、反腐败和农机化各项业务工作继续保持良好发展态势。

一、以实施农机购置补贴政策为工作总抓手，继续推进农机化全面协调可持续发展

2012年，全省农机系统围绕现代农业和新农村建设，以农业科技促进年活动为契机，继续把农机购置补贴作为工作总抓手，开拓创新，狠抓落实，全省农机化事业呈现全面、持续、健康发展态势。主要表现在：一是农机装备水平持续提高。全省农机总动力达到3056万千瓦，增长4.4%，突破3000万千瓦大关。其中，大中型拖拉机、玉米收获机和薯类收获机保有量分别达到9.78万台、1.05万台和5454台，分别比上年增长10%、61.4%和32%；新增畜牧业、林果业、设施农业和农产品加工等机械3.7万台件，全省农机装备结构得到有效改善。二是农机作业水平持续提升。全省机耕、机播、机收面积分别达到了3860万亩、3660万亩和2273万亩，主要粮食作物机械化综合水平达到了58.37%，比上年提高了3.17个百分点，分别比全国农机化平均水平和平均增幅高出1.37和0.97个百分点。三是农机化经营效益持续增长。全省农机化经营总收入达到了115亿元，比上年增加7.66亿元，增幅7.2%。其中农机户经营纯收入达到57亿元，比上年增加4亿元，增幅7.55%。四是农机安全生产形势持续稳定。全省发生10起一般农机事故，未发生一次死亡3人以上的重特大农机事故，没有突破农机安全生产控制考核指标。

(一)认真落实农机购置补贴政策，不断夯实现代农业和新农村建设的物质基础。全省共落实农机购置补贴资金7.4亿元，其中中央财政资金6.7亿元，比去年增加了15.5%，省级财政投入4000万元。共补贴10.34万户农民购买各类农业机械15.87万台件，带动全省农机经销企业销售额达到23亿元。采取了“补贴资金结算审核、经销商确定和监管、补贴资金分配和调剂”三个权力下放到市，和“先上户后累加”、“先作业后累加”和“先验收后补贴”“三先三后”办法，进一步严格了经销商监督管理、补贴资金结算，狠抓了农机补贴廉政风险防控机制建设和督导检查，农机购置补贴工作总体上保持了平稳运行的良好态势。

(二)精心组织重要农时季节机械化生产，玉米、薯类机收等农业生产关键环节机械化取得突破性进展。春耕春播期间，全省共完成机械化耕整地2735万亩，机械播种2180万亩，总体生产进度比去年提早7天左右。“三夏”抢收抢种期间，全省共完成小麦机收面积995万亩，小麦机收水平达到了95.1%，比上年提高了3个百分点；秋粮机械复播面积565万亩。“三秋”作业期间，全省投入1.125亿元，实施玉米丰产方机收秸秆还田作业补贴375万亩；完成玉米机收面积987万亩，薯类机收面积165万亩，玉米秸秆还田面积1800万亩，全省主要作物生产关键环节机械化“瓶颈”实现了较大突破。

(三)稳步推进机械化保护性耕作工程，全省粮食生产能力和耕地生产能力得到显著增强。全省机械化保护性耕作新增实施面积192万亩，累计实施面积达到了1300万亩，覆盖了全省11个市100多个县，受益农民近1100万人，为全省增产粮食7亿公斤，节约生产成本3.5亿元，总节本增效18.2亿元以上。在资金投入、建设规模和建设质量等方面，我省保护性耕作都名列全国前茅。

(四)加大农机科研和农机化技术推广力度，机械化对现代农业的科技支撑作用显著增强。全省共举办了各类大型农机化现场演示、展示活动110场，培训机手20万人次；举办专题技术培训班140多次，培训农机推广人员和业务骨干3.7万人次；建设玉米和马铃薯机收示范区366个；引进和试验示范特色农业新机具64种；新建设现代农机化项目示范区4个。围绕全省实施杂粮产业振兴计划，在全省组织了丘陵山区机械化发展调研，与中国农机工业协会联合举办了全国谷子生产机械技术研讨会，加大了荞麦、燕麦、糜黍、豆类等杂粮播种、管理、收获等作业机械的研发推广力度，取得了阶段性成果。

(五)农机专业合作社建设步伐加快，农机社会化服务水平明显提高。采取健全组织机构、增加资金投入、制定创建标准、推出示范典型、建立表彰机制等措施，开展农机化生产劳动竞赛，狠抓了农机专业合作社规范发展。全省农机合作社和农机大户分别新增286个和1300个，分别达到了1558个和4716个；承担了全省30%以上的农机作业任务和近50%的农机项目建设任务，成为农业生产的主力军；采取带地入社、承租等方式，参与流转土地76.5万亩，占全省土地流转面积的13.3%，已成为我省土地流转的重要承载主体和推进主体。

(六)狠抓了农机安全监理和质量监督工作，农机安全生产形势保持稳定。在农机安全生产监理方面，我们狠抓了拖拉机安全监理“三率”工作，全省新注册登记拖拉机、联合收割机2.13万台，检验机车8.81万台，新训新考驾驶员1.34万人；实施了新购拖拉机、联合收割机累加补贴政策，审批兑付1.23万台拖拉机、联合收割机补贴资金893万元；开展了农机免费监理工作，免除2.13万台手扶拖拉机检验费、8.8

万台拖拉机及联合收割机喷放大字号费等 50.8 万元；开展了"打非治违"、百日农机安全生产、农机交通安全"牵手平安行"和农机安全生产专项整治等活动；新创建 5 个省级"平安农机"示范县、52 个示范乡、563 个示范村；狠抓了农机安全生产宣传教育，全省共印发宣传资料 20 多万份，签订安全生产承诺书 1.6 万份。在农机产品质量监管方面，在全省组织开展了"发展与安全"农机化质量大型宣传活动、玉米收获机质量调查和质量督导，联合工商、质检等部门开展了农机打假专项治理行动，查处无证、假冒、劣质农机及零配件产品 1200 台(件)，共受理农民投诉 25 起、结案 25 起，为农民挽回经济损失 30 余万元。

二、以预防腐败为重点，全面加强党风廉政建设

2012 年，按照中央和省委的部署要求，围绕全省农机化发展大局和中心任务，认真学习实践科学发展观，全面贯彻落实党的工作责任制和党风廉政建设责任制，积极组织开展思想政治教育，进一步完善监督管理工作机制和运行机制，切实强化组织监督、群众监督和社会监督，推进党风廉政建设和反腐败工作深入开展，确保年度各项工作任务顺利完成。

一是认真落实惩防体系建设和党风廉政建设责任制。我们组织召开了局直系统党风廉政建设干部大会，签订了党风廉政建设目标责任书和廉政承诺书，把全年 29 项党风廉政建设和反腐败工作任务按照"一岗双责"和"谁主管谁负责"的原则，具体分解到各党组成员和职能部门，进一步明确了党组成员和职能部门的责任，在局直系统建立起了"一把手"抓班子成员、班子成员抓分管部门、一级抓一级、层层抓落实的责任体系，为落实党风廉政建设责任制、推进惩治和预防腐败体系建设工作提供了组织保证。

二是狠抓了十八大宣传学习。我局组织机关党员干部集中收看了十八大会议的实况转播；制定了学习宣传贯彻十八大精神实施意见；举办了局直系统"喜庆十八大，争创新业绩"为主题的演讲比赛；邀请省直机关宣讲团来我局进行了十八大精神的宣讲；通过电子屏和板报宣传了十八报告的有关内容，营造出了学习贯彻十八大精神的浓厚氛围。

三是积极开展警示教育。我们传达贯彻了中央纪委七次全会和全省党风廉政建设干部大会暨省纪委七次全会、国务院和省政府廉政建设会议、全省整治"吃拿卡要"问题发展环境总结交流工作会议精神；开展了党的纯洁性教育创先争优活动；组织副处级以上领导干部观看了警示教育片；邀请专家作了纯洁性教育和预防职务犯罪的专题报告，有针对性的对全省农机工作人员进行警示教育，教育广大干部筑牢反腐倡廉"防火墙"，严守党纪国法，杜绝违规、违纪和腐败问题发生。

四是深入开展主题教育和文体活动。我们坚持把精神文明建设作为党建工作的重要组成部分来抓，积极组织丰富多彩的主题教育和文体活动。先后组织机关干部职工开展踢毽子、扑克、乒乓球对抗赛；观看电影《雷锋》并进行座谈；召开纪念共青团成立 60 周年大会和纪念建党 91 周年大会；开展登山健身等活动。此外，还邀请农业部农机鉴定总站、山西农大工学院等单位，举办了第三届农机杯篮球友谊赛。

五是全面加强了基层组织建设。根据工作需要，我局调整了农机校党委、推广站总支、加工管理站支部的领导班子，指导农机再造中心成立了支部、工会和共青团组织，做到了党员工作到哪里，组织管理就延伸到哪里。抽调处级干部参加了省直工委组织的培训班，组织有关同志参加了文源讲坛、思想论坛和厅局长报告会等讲座。选送 9 名入党积极分子参加了党前培训，其中 6 名同志已发展为中共预备党员。

六是切实加强监督机制建设。我局先后下发了《山西省农机局整治吃拿卡要问题创优发展环境的实施意见》和《山西省农机项目监督管理办法》，重点整治决策、审批、执法中的"卡、拖、要、乱"行为，详细规定了农机项目监督管理的职责分工、监督管理的内容、监督检查的程序以及检查结果处理。同时，狠抓了内部监督机制建设，纪检监察部门全过程参与农机化重大问题决策、重大项目实施等，确保决策人员、决策内容、决策程序符合相关规定要求。结合全省廉政风险防控体系建设，认真排查廉政风险防控点，制定廉政风险防控工作措施，坚决抵制和预防严重违纪违法和腐败问题。我局党组成员带队，定期和不定期深入基层进行督查指导，及时发现和纠正工作中存在的问题和不足，指导市县农机部门严格执行政策规定，切实加强了全省农机化项目管理，农机化项目资金使用效益显著提高。

（赵忠伟　秦永红）

附：省农机局党组书记、成员名单

书　记：王立伟

成　员：姚建忠　许继光　张培增　张乃晨
侯振全(7 月任职)

省测绘地理信息局党组工作概况

党组书记　张宝玉

2012 年，省测绘地理信息局党组紧紧围绕保障全省转型跨越发展大局，科学谋划，扎实工作，进一步强化测绘地理信息工作统一监管，推进省级基础测绘重大项目实施，不断丰富地理信息资源，提高科技创新能力，增强公共服务保障水平，加强班子和干部队伍建设，全省测绘地理信息事业科学发展，取得了新成就。

一、强基础、提能力，不断提升测绘地理信息工作水平

扎实推进，基础测绘取得新成效。2012年省级基础测绘经费全面落实。实施了运城、晋城测区、汾河流域951幅1:1万地形图全要素采集和左权测区1057幅1:1万数字正射影像生产任务。全省96个县（市）有65个开展了基础测绘。其中，太原、晋中、晋城、阳泉、临汾等5个市的县级基础测绘全面实施，忻州市的县级基础测绘大面积展开。《山西省基础测绘"十二五"规划》由省政府印发。除大同、吕梁、晋中3个市外，其余8个市的"十二五"基础测绘专项规划均通过本级政府批准并报省局备案。省级贫困县基础测绘"以奖代补"政策得到落实，古县、大宁、隰县3个贫困县基础测绘经费补贴全部到位。

落实了重大测绘项目专项经费。完成了"省专题地图数据库"、"测绘成果及档案的快速提供"、"第二次土地调查省级数据库建设"、"省突发公共事件地理信息应急服务系统"、"山西卫星定位接收机、电磁波测距仪基线检定场技术改造"等项目。此外，还完成了省"十二五"规划大水网重点工程中部引黄工程的数字航摄及正射影像图制作，完成了省级电网GIS平台影像数据入库，为省内多条高速公路、一级公路和旅游公路建设提供了优质的测绘保障服务。

服务大局，保障能力得到新提高。围绕全省转型跨越发展，积极开展服务。完成了"省国防动员综合应用系统"的更新，并成功应用于省军区八一演练；开发了"省地震应急基础地理空间数据库"管理和展示系统；编制了"省森林资源信息管理系统"方案。向全省重点工程建设和社会事业提供地形图5478幅，测绘成果数据32477幅，大地控制点1405个。2012年全省测绘服务总值达到12亿元，全局测绘服务总值达到2.22亿元。

更新了1:100万、1:75万及1:50万山西省系列地图。编制了新版省领导工作用图、专用挂图、省委省政府紧急接待工作用图。完成了全省11个市的政区、交通、旅游和119个县（市、区）行政区划地图的制作。编制完成了《山西省农业地图集》、《汾河流域地图集》等60余种普通及专题地图。"山西地图网"日均点击率稳定增长，推进了地图成果的社会化应用。针对热点问题，及时编制了《图说钓鱼岛》和《图说南海诸岛》专题图册，供省领导参阅。

以用为先，数字城市开辟新局面。全省11个地级市的数字城市建设全面开展。其中，太原、晋城、阳泉、晋中已经完成，大同、朔州、忻州、长治、临汾、运城正在实施，吕梁已立项未启动。同时开展了长治县、孝义市、古交市、清徐县、昔阳县、介休市、潞城市7个数字县（市）建设。国家2012年边老少区基础测绘专项补助项目——数字昔阳正式启动，数字武乡已落实了中央财政项目资金。全省数字城市建设工作重点已逐步由建设向应用转移。智慧城市建设进行了积极探索。太原市作为全国首家完成数字城市建设的地级市，已在公安、国土、环保、应急等21个部门开展了成果推广应用。同时，太原市智慧城市时空信息云平台建设已获国家测绘地理信息局批准。他们申报的两个项目已列入国家863计划，获科技部批准。

广泛宣传，平台推广取得新成效。山西省地理信息公共服务平台于2011年底投入运行。国家测绘地理信息局在2012年3月召开的"天地图"省市级节点建设技术培训会上，推广了山西省在平台建设方面的做法。山西省人民政府新闻办和山西省测绘地理信息局联合组织召开了"山西省地理信息公共服务平台"新闻发布会，"天地图·山西"正式向社会提供在线地理信息服务。该局与省政府办公厅联合召开了平台应用推广会。与省公安厅密切合作，解决了平台与PGIS平台对接的难题，在警用地理信息服务方面进行了积极探索。在平台数据更新方面，完成了全省骨干交通网、11个地级市城区电子地图、0.5米城市高清影像等数据更新工作。平台全年为国土、交通、环保、联通等20余个厅局及企事业单位提供服务。国内外用户通过互联网方式访问平台计8万余次。

项目带动，省情监测开展新探索。开展地理省情监测已列入《山西省基础测绘"十二五"规划》。开展了地理省情普查的前期准备工作。启动了"山西省重点城市建设用地遥感监测系统"项目。项目成果对打击土地违法占用，建立土地利用动态监测机制，确保土地利用可持续发展具有重要意义。"山西省煤层自燃遥感调查"项目正在稳步推进。该项目将对全省六大煤田、五个煤产地煤层自燃火区的范围、灾害现状进行调查，为今后灾害治理及生态环境修复提供科学依据。"山西省汾河主河道流域生态地理环境影像信息系统"项目通过验收。项目所取得的汾河流域的生态环境治理、国土空间格局优化和经济结构调整地理影像数据等成果，将为全省生态文明建设和政府科学决策提供支撑和依据。

凝心聚力，产业发展抢抓新机遇。省测绘地理信息局先后与武汉大学签订战略合作框架协议，与浙江省测绘与地理信息局签订友好省局协议，为及早谋划全省测绘地理信息事业发展及"借智"和合作共赢奠定了基础。同时，首次邀请省人大代表到局视察，主动听取人大代表对发展全省测绘事业和壮大地理信息产业的意见和建议。首次召开了全省测绘地理信息企业代表座谈会，共谋全省测绘地理信息事业发展大计，畅通了管理部门与地信企业对话交流的渠道。与省交通厅开展了公路数据信息共享合作，与省公安厅、民政厅开展了地名地址信息共享合作。为山西省深蓝地理信息工程有限公司等100余家企业提供了GPS连续跟踪站实时定位、控制点坐标和地图数据服务。与国家级太原高新技术产业开发区管委会协商，拟共建山西省测绘地理信息产业创新基地。

依法有序，统一监管创造新成绩。依法开展了《测绘资质证书》年度注册、作业证审核发放工作。对175个地图网站进行了甄别和确定；开展了测绘地理信息市场信用体系建设。组织了测绘地理信息行政处罚案卷评查和专项执法检查工作，2件案卷被国家测绘地理信息局评为优秀。继续加强测绘成果质量管理、地图市场监管。加强测绘成果保密检查，加

强测量标志管理，扎实开展了国家版图意识宣传教育“进学校、进社区、进媒体”等活动。

制度推进，工作落实呈现新气象。管理体制逐步完善。2012年1月，省测绘地理信息局举行了更名揭牌仪式。积极与有关部门沟通协调，争取在11个地级市国土资源局加挂测绘地理信息局牌子，强化测绘地理信息行政管理职能。运行机制更加科学。出台了《加强测绘地理信息人才工作的意见》、《政务督查制度》、《新闻发言人工作制度》、《网络舆情监察办法》等制度，局机关政务运行机制更加规范，用制度管人，照流程办事，确保了重大决策的高效落实，全年各项任务圆满完成。荣获全国省级部门贯彻落实科学发展观年度测绘地理信息工作考评2012年度特色工作创新单位；荣获山西省年度目标责任考核2012年度良好单位。

二、抓廉政、促文明，党建工作再上新台阶

局党组认真履行党风廉政建设的主体责任，按照一级抓一级、层层抓落实的原则，抓好责任分解、考核及追究，加强组织协调和监督检查。领导班子成员率先垂范、以身作则，严格按照“一岗双责”的要求，认真落实党风廉政建设责任制，推进惩防体系建设。加大督查力度，抓好重大决策和重要任务的落实，深化“小金库”专项治理，坚持纠建并举，探索建立长效机制；严格庆典等活动的审批程序，加强经费监管；深化基层党务公开；认真开展整治“吃拿卡要”，创优发展环境专项治理。为适应测绘地理信息工作发展的需要，出台了财务管理办法等7项制度，重视廉政风险防控管理，进一步加强了惩防体系建设，积极推进行政审批制度改革，规范了审批项目，优化了审批程序，缩短了审批时限，提高了审批效率，全局党风廉政建设取得明显成效。

积极动员，全面部署，扎实开展了保持党的纯洁性学习教育活动。按照省委、省直工委的统一安排部署，组织全局基层党组织和全体党员认真开展了保持党的纯洁性学习教育活动，完成了三个阶段、12个环节的工作任务，进一步增强了全体党员的党性意识和宗旨观念，促进了党员干部思想纯洁、队伍纯洁、作风纯洁和清正廉洁，推动了测绘服务保障能力的不断提高，收到了预期效果。期间组织召开了全局保持党的纯洁性学习教育活动动员会，组织机关人员参观了牛驼寨太原解放纪念馆，举办了局保持党的纯洁性学习教育活动专题讲座。收集征求了干部职工意见，认真召开了局级领导班子民主生活会。同时狠抓制度建设，巩固活动成果，建立长效机制，以局党组文件印发了《局领导班子成员建立党建工作联系点制度》《在基层党组织和党员中实行公开承诺实施意见》《全局党员中开展激励关怀帮扶制度》，使创先争优活动常态化、长效化。

坚持分类指导，加强了基层组织建设。根据中组部《关于在创先争优活动中开展基层组织建设年的实施意见》和省委组织部《实施方案》，按照省直工委的要求，制定了省测绘地理信息局实施方案。对全局基层党组织作了全面的摸底，进行了分类定级。局机关处室独立设置党支部，局属单位独立设置党委、总支、支部。所属1个党委、2个总支、32个党支部，全部确定为“好”和“较好”。全局基层党组织紧紧围绕“强组织、增活力，创先争优迎十八大”主题，积极加强自身建设。

制定规划，落实责任，扎实开展了文明和谐建设。按照《省直文明和谐单位管理规定》《山西省直文明和谐单位考评指标体系》以及国家测绘地理信息局《关于加强测绘文化建设的意见》，以创建文明和谐单位为载体，加强测绘文化建设，加强文明创建日常管理，坚持年度申报、考核、推荐机制，年初确定创建规划，年中督促检查，年底考核验收。充分发挥工青妇作用，利用重大纪念日，结合实际开展了群众性文明创建活动。举办了2012年新春团拜会，春节前夕开展了助残扶贫、联企帮困等活动；三八节组织机关女职工赴大寨参观学习；五一前夕组织慰问了全局劳模，向省直工委推荐表彰了2名先进个人和1个先进集体；五四期间组织机关团员开展了学雷锋做好事活动，帮助老干部打扫活动室；协助国家测绘地理信息局成功举办了首届全国测绘地理信息系统“测绘地理信息杯”桥牌赛并获得冠军；组队参加了全国测绘地理信息系统羽毛球比赛；安排部署了“测绘地理信息文化大家谈”征文活动；积极参加中国测绘职工政研会各项活动，申报了重点研究课题。局机关连续五年保持省直文明和谐单位标兵，局属单位中1个为省级文明和谐单位，2个为省直文明和谐单位标兵，7个为省直文明和谐单位。

深入宣传贯彻党的十八大精神。党的十八大召开后，立即兴起学习、宣传、贯彻十八大精神热潮。组织开展了“服务保障优环境、和谐喜迎十八大”系列活动。以“加强党的先进性和纯洁性建设”为主题，以一把手讲党课为活动主体，以中心组扩大学习、专题讲座等形式开展讲党课活动。制作巡礼展板，全面展示局机关和局属单位党组织围绕中心、服务大局，加强党建工作、创先争优、提供测绘地理信息服务保障等内容。举办了服务保障优环境、和谐喜迎十八大文艺汇演，组织全局各基层党组织、工、青、妇等群团组织积极开展形式多样的文体活动。组织开展了“喜迎十八大、岗位做奉献”主题活动。即开展“党员干部大讨论、测绘学习大讲堂、党组书记大调研、党员干部大培训、岗位奉献大展示”活动，进一步激发了职工奋发向上、努力工作的热情。

(任玉荣)

附：省测绘地理信息局党组书记、成员名单

书　记：牛来有（6月离职）　张宝玉（6月任职）

成　员：于建刚　王喜瑞　孔令礼　秦炎平

王秀珍（女）

中国煤炭博物馆党委工作概况

党委书记　李希海

2012年，中国煤炭博物馆党委坚持以邓小平理论和“三个代表”重要思想为指导，深入贯彻落实科学发展观，紧紧围绕煤博馆第三个五年发展规划提出的“五个提升”的目标任务，深化创先争优活动，扎实开展保持党的纯洁性学习教育活动，积极推行党务公开，加快推进民主建设，丰富精神文明创建内容，为文博主业、生产经营工作的开展提供了坚强的政治、思想和组织保证。

一、以迎接十八大召开和学习宣传贯彻十八大精神为主线开展系列活动

一是认真做好十八大代表候选人初步人选推荐提名工作。按照上级的统一部署，精心组织，确保质量，推选出能够代表广大党员意志、履行代表职责的优秀党员。此次推选工作，煤博馆各党支部及党员的参与率均达到了100%。

二是积极营造迎接十八大召开的浓厚氛围。在十八大召开前，将十七大以来经济社会发展和党的建设的伟大成就的24幅图片制作成展板，大力宣传党的建设中取得的辉煌成就。

三是组织举办“喜迎十八大 岗位做贡献”主题活动。十八大胜利闭幕后，馆党委及时下发通知，对学习宣传贯彻十八大精神做出安排部署。邀请省委党校社会科学部主任郭华红教授到馆为党员做学习宣传贯彻十八大精神专题讲座，并组织党员答题，还为每一位在岗党员购买了十八大报告的小册子。为营造“创先争优，爱岗敬业”的良好氛围，年底，馆党委在全馆开展了“先进集体”和“先进工作者”评选表彰活动。

二、开展保持党的纯洁性学习教育活动

为扎实推进创先争优活动，迎接党的十八大胜利召开，进一步加强领导班子和干部队伍建设，根据上级党组织要求，煤博馆党委在各党支部开展了保持党的纯洁性学习教育活动。制定了《中国煤炭博物馆党委关于开展保持党的纯洁性学习教育活动的实施意见》，在深入思想动员的基础上，组织学习了《中国共产党章程》、《中国共产党党员领导干部廉洁从政若干准则》等党内法规，学习胡锦涛同志在庆祝中国共产党成立90周年大会上和在十七届中央纪委七次全会上的重要讲话精神，学习袁纯清同志在全省党风廉政建设干部大会上的讲话精神，学习全国“两会”相关文件材料，中央和省委有关党风廉政建设的文件规定，通过加强正反两方面典型案例教育，达到坚定理想信念，确保党的纯洁性目的。通过发放征求意见表的方式，广泛征求党员群众对领导班子和领导干部的意见建议，对征集到的意见和建议及时进行整理，并将意见和建议反馈给班子成员，班子成员根据意见建议，对照“六查六看”内容，撰写民主生活会发言提纲，并在会上进行批评与自我批评，会后对一些能解决的问题进行了逐步落实，对不能马上解决的制定了解决的计划和措施。5月29日～31日，组织全馆11个基层支部召开了保持党的纯洁性学习教育活动党员组织生活会。党员们按照“六查六看”内容，结合自己的思想和工作实际，认真撰写了发言提纲。会上，通过领导点评、同志们相互帮助，每个党员都深入分析了自身存在的问题、差距及其原因，并制定了整改措施与努力方向，切实提高了党性原则，坚定了政治方向。

三、加强党的建设

（一）进一步做好加强思想建设的各项工作。煤博馆党委安排部署了全年理论学习计划，制定并下发了《2012年中国煤炭博物馆党委中心组和党员干部职工理论学习安排》，为使党委中心组的学习更加制度化、规范化和取得实效，馆党委进一步下发了《中国煤炭博物馆进一步加强和改进党委中心组学习实施意见》。另外，对干部在线学习专门下发通知，对学时、学分等事项进行了强调。

（二）进一步做好宣传工作。一是做好对内宣传工作。为了在全馆营造正确的舆论导向、良好的精神氛围，馆党委通过简报、组织先进事迹报告会、展板、网络等各种载体加强思想宣传工作。二是做好对外宣传工作。向一些杂志、图书提供有关图片和文字资料，详细介绍煤博馆在思想建设、组织建设、作风建设、党风廉政建设、文博主业和经济工作中取得的成绩。依托文物局、旅游局专业平台，及时传播煤炭文化的悠久历史和重要信息，进一步提高人们对煤炭文化重要性的认识，从而激发起挖掘、研究、保护及发展煤炭文化的主动意识。充分发挥博物馆教育功能，为多所学校提供教学实习基地。及时向省直文明委提供资料，介绍煤博馆在文明和谐创建方面的一些做法。

（三）进一步做好加强组织建设的各项工作。一是召开党委专题民主生活会。二是进一步加强对党支部和党员队伍的日常管理。三是加强对入党积极分子的培养。四是加强对现有党员队伍的管理。五是按时收取党费。六是进一步深入开展“创先争优”活动。“七一”前夕，馆党委开展了评选表彰先进党支部、优秀共产党员和优秀党务工作者活动。七是进一步推行党务公开。为进一步发扬党内民主，加强党内监督，改进和完善党的各项工作，2012年，馆党委坚持把党员、群众关注的热点、焦点、难点问题作为公开的重点，进一步保障了党员的民主权利，增强了领导干部的民主意识。

四、全面推进反腐倡廉工作

馆党委把党风廉政建设与文博主业、经济工作、精神文

明建设一起布置、一起安排、一起落实、一起考核,进一步加强了对党员领导干部理想信念和廉洁从政教育,有效提高了反腐倡廉工作的科学性、规范性。为从源头上预防和治理腐败的产生,纪检监察室对全馆基建项目、维修工程、改造工程等的招标、施工、验收、审计等项工作均进行了全方位的监督,对有关公司的清算、整顿以及馆属各单位新上经营项目的合同、协议的签订进行了审核把关。对群众反映的问题和上级部门转发的信访案件,积极主动,实事求是地予以调查核实,认真做到对组织负责,对本人负责。

五、加强文明和谐创建工作

煤博馆的文明和谐创建工作,以深入推进社会主义核心价值体系建设为主线,以深入贯彻《公民道德实施纲要》为重点,把文明和谐创建工作与职工的切身利益紧密结合,不断提高煤博馆文明和谐程度

(一)进一步完善规章制度,加强对文明和谐创建的领导。2012年,煤博馆党委在文明和谐创建方面,进一步完善机构,明确责任,形成"党委统一领导、文明委组织协调、部门各负其责"的精神文明建设领导体制。从机构设置、职责划分到工作落实,形成了层次清晰、责任明确、上下通畅、协调有力、运作规范的管理体系,充分调动了各方面的积极性、主动性。进一步完善了《中国煤炭博物馆精神文明创建奖惩办法》,加强了对文明和谐创建档案资料的管理,增加了对创建考核机制记录的检查,在重要节假日积极开展社会主义核心价值体系建设,引导职工广泛参与活动。

(二)切实关心困难职工,解决职工实际问题,一是馆、处两级领导在元旦、春节期间都要看望慰问困难职工,为困难职工家庭送去救济款。二是为身患重病的职工办理了大病医疗保险,帮助他们解决看病难、看病贵的问题;三是为职工承担部分托儿费;四是馆党委决定将分期分批为退休的独生子女职工发放独生子女奖励金。五是组织离退休人员外出旅游和健康体检,并为女职工进行健康体检。六是开展丰富多彩的文体活动。举办春节职工联欢会,并选拔人员参加了山西省煤矿工会"投资集团杯"女职工跳绳比赛,获得集体跳绳一等奖。组织职工爬崛围山、举办踢毽子比赛、组织职工参加煤炭系统的书法、美术及摄影比赛。

(三)加强综合治理,建设安全文明和谐煤博馆。为了给职工营造一个安全文明的工作生活坏境,成立了内部巡逻队,进行安防巡逻,对特定区域进行重点防控,在全馆范围内开展了"治安、消防安全大检查"活动,对143个安全隐患进行了整改复查。举办了"消防安全知识讲座"活动,组织职工了解消防安全知识,掌握消防器材操作方法、紧急避险、逃生自救等方法,努力从源头上杜绝安全隐患的发生。

六、加强对工会、共青团工作的领导

馆党委大力支持工会、共青团围绕中心工作开展活动,带动广大职工、青年不断增强主人翁责任感,增强转型跨越发展的紧迫感。支持工会组织职工开展了各种文体活动,丰富了职工的文化生活。支持共青团进行了换届选举,开展了多项活动,进一步增强了团组织的凝聚力,有效激发了年轻人的活力和激情。

七、推动文博主业和经营工作向前发展

煤博馆的文博事业取得了显著成绩。一是在藏品征集方面,与相关部门广泛接触购进了博物馆及煤炭史料方面的专业书籍及其它书籍六百余册,征集有关煤炭历史方面的电子文本著作近三百册及数百篇专业论文。二是在学术研究与科研成果方面,出版了首部学术论文集《石薪文池》;《中国煤炭之最》和《中外煤炭博物馆概览》其体例及篇章结构已经基本确定,并望在2013年上半年完成出版;《煤炭博览》2012年出版了4期;向山西省科技厅申报的"山西古代壁画仿真全景观复制技术研发"、"山西科技创新平台建设与高端人才培养对策研究"两个科研项目已通过正式立项。三是在学术交流方面,与四川嘉阳集团签署了中国煤炭博物馆四川嘉阳分馆建设协议书,促进了馆际交流,扩大了我馆的影响。四是完成了"国家一级博物馆运行评估"工作。

面对世界经济复苏放缓,国内经济下行压力加大的宏观形势下,馆党委带领各经营部门认真分析形势,科学制定目标,与焦煤联合办公贸易合作项目、与理工大联合办学项目、煤炭发运、汽车销售、房产经营等工作平稳运行,较好地完成了年初制定的指标任务。另外在经营管理上,积极控制成本,降低费用,取得了较好成效。

(张晓玲)

附:中国煤炭博物馆党委书记、委员名单

书　记:李希海

委　员:陈胜军　胡高伟　王　晋

省城镇集体工业联合社党组工作概况

党组书记　李荣钢

2012年,省城联社党组坚持以邓小平理论、"三个代表"重要思想和科学发展观为指导,全面贯彻党的十七届六中全会、省第十次党代会精神,围绕省城联社十个转型跨越发展的战略目标,以迎接党的十八大召开和学习贯彻十八大精神为主线,以贯彻《中国共产党党和国家机关基层组织条例》和省委的《实施意见》、深化创先争优和学习型党组织建设、开

展保持党的纯洁性学习教育活动为重点，把服务中心、建设队伍两大任务贯穿党组织活动始终，以改革创新的精神，努力推进全省城镇集体工业经济的改革和转型跨越，呈现了稳定的发展态势。2012年，全省城联系统完成工业总产值145.86亿元，工业增加值66.48亿元，销售收入133.59亿元，上交利税40.68亿元。

一、重视党建工作，坚持党要管党、从严治党的方针

（一）党组对党的工作做出了总体部署。2012年3月12日召开的省城联社工作会议上安排部署2012年主要工作任务时，对党的工作和争创文明和谐单位标兵等工作作了具体安排。每年部署对机关及直属单位年度考核工作时，同时对落实党的工作和党风廉政建设进行考核，做到了每年将党的工作和经济业务工作同安排、同落实、同考核。

（二）党组书记切实履行党建工作第一责任人职责。一是党组书记和党组成员自觉参加双重生活会。二是党组先后4次听取机关党建工作汇报，研究部署党建工作。三是党组书记以《加强党的先进性和纯洁性建设》为主题，给全体党员讲党课，进行党性教育。四是党组书记和党组成员对分管处室和直属单位的党建工作进行督查、指导。五是建立了党员干部工作联系点，并经常深入联系点进行调研，帮助解决群众关心的热点、难点问题。

（三）组织开展了保持党的纯洁性学习教育活动。一是制定了《山西省城镇集体工业联合社党组关于开展保持党的纯洁性学习教育活动的实施方案》。二是召开了动员大会，党组书记李荣钢作了动员讲话。三是协助省直工委举办了为期近一个月的省直机关保持党的纯洁性学习教育活动《大山的品格·民族的脊梁——剪纸艺术颂太行精神作品展》，132家省直单位的近万名党员干部参观了展览。通过学习动员、学习教育、学习总结三个阶段，党员干部进一步坚定了理想信念，更加珍惜党员荣誉称号；进一步提高了党员素质，树立了正确的人生观、价值观；进一步改进了工作作风，使每一位党员干部无论做什么事都做到事事有落实，件件有回音。

（四）党组认真学习贯彻落实党的十八大精神。2012年11月18日，省城联社召开党组扩大会议，传达学习了中共山西省委《关于深入学习宣传贯彻党的十八大精神的通知》、省委传达贯彻党的十八大精神电视电话会议精神和袁纯清书记在电视电话会议上的重要讲话。党组书记、主任李荣钢在会上提出学习宣传贯彻落实十八大精神的意见。一是学习宣传贯彻党的十八大精神是我社当前和今后一个时期的首要政治任务，要求各级党组织以高度政治责任感和历史使命感，迅速兴起学习宣传贯彻党的十八大精神热潮，紧紧围绕省委提出的“加快转型跨越、办好两件大事、全面建成小康社会”的目标任务，学习好、宣传好、贯彻好、落实好十八大精神，做实城联社党组提出的“围绕转型跨越一个中心，突出山西集体合作经济和工艺美术两条行业主线、做强山西工艺美术（集体）有限公司和山西城联资产管理投资（集体）有限公司，实现资产的保值增值和行业的再次振兴两大目标”。二是根据十八大报告强调的“增强文化整体实力和竞争力”和袁书记提出的“拓展延伸、大作品表现，大集团运作，大景点支撑、大服务引领、大会展集聚战略的内涵和空间，全力实施文化产业振兴工程”的要求，进一步修改完善和论证《山西工艺美术十二五规划》。三是在山西城联网、山西工美网开设学习贯彻十八大精神专栏，形成氛围，激发干部职工贯彻落实的热情和真抓实干的工作干劲。四是11月28日召开了党组中心组（扩大）学习会，机关全体工作人员、直属单位班子成员、部分离退休党支部成员等60人参加了会议，会上学习了人民日报《共同创造更加幸福美好的未来》、《担当历史使命的坚强领导集体》两篇社论，党组书记就十八大报告的新思想、新观点、新论断和关键词进行了讲解。五是邀请省直机关宣讲团来我社宣讲十八大精神。

（五）强化制度建设，建立健全长效机制。一是我们将完善各项工作制度作推动党风廉政建设的重要举措，不断修订完善相关管理制度，积极推进党务社务公开。制订了《省城联社关于严肃组织人事纪律加强工资管理的实施意见》，完善了《党建工作制度》，做到了用制度规范人的行为。二是积极推进党务社务公开。在贯彻落实《省城联社直属组织实行党务公开的实施方案》的基础上，2012年结合实际情况，对党务社务公开进行了细化，制定了《省城联社党务社务公开目录》，责任到相关处室，更增强了党务社务公开的透明度。三是组织开展了整治“吃拿卡要问题、创优发展环境”工作。按照省委、省政府的统一部署和省直工委的安排，在城联社机关和直属事业单位开展专项整治工作。成立领导组和办公室，制订了《工作方案》。通过开展整治工作，基本达到了教育党员、纠正突出问题、狠刹歪风邪气、提升工作效能的预定目标。四是组织学习贯彻十八届中央政治局关于改进工作作风、密切联社群众的八项规定和省委的实施意见。12月10日中心组组织了专题学习，随后又制定了贯彻八项规定的实施意见。

（六）党组认真贯彻落实《中国共产党党和国家机关基层组织工作条例》和省委的《实施意见》。多年来，党组坚持安排机关党委专职副书记列席党组会，尤其是研究经济业务工作、直属单位改革改制、讨论干部任免奖惩等重大事项时，都要听取机关党委的意见，并参与推荐、考察干部等环节的具体工作。

二、创新工作载体，文明和谐创建工作取得成效

省城联社在省直文明委的领导下，围绕社会主义核心价值体系和公民道德实施纲要，以“保先进、争标兵”为目标，广泛开展文明和谐单位创建活动，2012年文明和谐创建工作稳步推进。一是健全领导机构，切实加强管理。始终保持精神文明建设领导机构的健全，同时结合创建工作的实际，制定《省城联社2012年精神文明建设和文明和谐创建工作计划》。二是为加强广大干部职工文明和谐意识，进一步规范大家的职业行为和社会行为，编印了《职工文明手册》，发到每

一位职工(包括离退休职工)手中。三是与机关各处室签订了《2012年度创建文明和谐处室目标责任书》,把争当"文明职工"、"文明处室"与文明和谐单位创建活动结合起来,一级抓一级,层层抓落实,推动文明和谐单位创建目标和任务的落实。四是以"扶贫济困、送温暖、献爱心"活动为载体,培养干部职工的奉献精神。组织开展了"博爱一日捐"活动,向省红十字会捐款7540元;组织参加了省委、省政府开展的"送温暖、献爱心"捐助活动,捐款5860元;组织开展关怀老党员和困难职工活动,在中秋、国庆"两节"前,联社党组书记、主任李荣钢和党组成员副主任杨晋才对困难党员和职工进行了走访慰问,送去了慰问品,同时也送去了党的关怀。五是以人为本,优化工作、生活环境。为进一步优化工作环境,对机关办公楼进行了粉刷,并为机关办公室、老干部活动室安装了净水机;为丰富老干部文化生活,在寇庄小区修建了老干部活动室,配备了电视、乒乓球案子、麻将桌、报刊、杂志等学习、娱乐、健身设施;为加强学习型党组织建设,为困难企业订购了党报、党刊,能使困难企业职工及时了解到党和国家路线方针政策。六是以全民健身活动为载体,倡导文明生活方式。组织在职职工和离退休老同志利用乒乓球、羽毛球场馆,开展健身活动;组织机关在职职工利用工作之余做工间操,既锻炼身体,又增加了机关和谐的氛围;组织参加全省处级干部羽毛球比赛,获得女子双打第二名、混合双打第五名的好成绩和主办单位颁发的"优秀组织奖"。七是为进一步打造学习型机关,营造机关全体职工爱读书、读好书的氛围,建立了"图书阅览室",为职工提高自身素养和理论知识提供了学习平台。2012年,被省直文明委评为文明和谐单位标兵。

三、深入宣传贯彻省政府重点工作目标责任和"十二五"规划

2012年,省政府《关于印发2012年省人民政府重点工作目标责任分解的通知》,明确省城联社牵头的工作:一是"深入推进厂务公开,保障人民群众的知情权、参与权、表达权、监督权";二是"继续推进集体企业改革,对长期亏损、资不抵债的企业依法实施破产。"省成联社通过专题工作会、《山西城联信息》、"山西省城镇集体工业经济网"等多种形式进行广泛宣传贯彻;同时将任务分解到有关处室、直属单位和各市城联社,要求切实落实目标责任制,推进集体经济转型跨越发展。

2012年3月,任润厚副省长就加快集体企业改革发展工作在省城镇集体工业联合社进行调研,指出要加快推进城镇集体企业的改革发展工作,增强企业自主创新能力和核心竞争力。7月,省城联社召开了"全省城联社落实省政府目标责任制推进集体企业改革座谈会",任润厚副省长再次亲临会议指导并作重要讲话;省政府有关部门领导及11个市城联社、30强县城联社、11个贫困县城联社主任、省城联社各处室和直属单位负责人参加了会议。会议讨论了《关于加快城镇集体企业改革发展的意见》(草案)和《山西省城镇集体企业关闭重组实施方案》(草案),对下一步工作作了部署。任润厚副省长肯定了城联系统干部职工为贯彻落实省政府目标责任制做出的工作成绩,在保护和发展山西传统工艺美术、推动城乡就业、维护社会稳定,解决弱势群体困难方面的贡献。并指出行业振兴的关键是企业的振兴,要用发展解决改革遗留下的问题,用改革解决和促进企业发展。要加快改革,抓住国家积极支持中小微企业发展的机遇,促进小微企业发展。并要求各部门对集体企业厚爱三分,加快有关政策的出台。5月,省政协副主席张茂才率省政协一行18人到省城联社进行考察和调研。张茂才副主席指示要理顺体制,建好机制,盘活资产,使企业做活做大做强;要加快山西工艺美术的发展。

四、继续推进城镇集体企业深化改革转型跨越发展

2012年,在推进全省城镇集体工业经济改革发展的同时,继续加大对直属单位和联社资产两个资源的重组,在改革中求发展,在发展中求稳定。对省二轻迎泽交易大厦和山西城联物业公司进行了整合;对职工工艺美术学院和技工学校、包装研究所领导班子进行了调整;加快推进皮革试验工厂和皮革公司的破产及闲置场地的开发利用;城联物流公司落实专项资金项目成效显现;省二轻文教事业发展中心继续推进所属单位开拓市场势头良好。省太行锯条厂招商引资2000多万元,年拆解处理40万台废旧家电项目建成正式投产,年交易量20万吨长治市区域性大型再生资源回收利用基地项目蓄势待发。省城联社新注册成立了山西工艺美术(集团)有限公司和山西城联资产管理投资(集团)有限公司。同时积极引进央企中国工艺美术集团总公司双方出资组建山西工艺美术(集团)有限公司,已列入我省十大文化产业集团之列。

五、继续推进传统手工业向工艺美术、文化产业的转型发展

制定了《山西省工艺美术十二五规划纲要》(草案)。省城联社、省工美协会和朔州市委、市政府、市城联社、市工美协会在朔州主办了以"手艺山西·龙腾朔州"为主题的首届山西省工艺美术精品博览会暨朔州精品陶瓷展,汇集了全省的工艺美术精品和山西省工艺美术馆部分馆藏珍品5000余件,同期举办了"首届山西省工艺美术职业技能(漆器、陶瓷)大赛";"2012唐都·晋艺杯首届山西省工艺美术精品奖"评比活动及招商引资活动。共签订项目24个,总投资额25.56亿元,拟引资额25.56亿元;贸易项目10个,总交易额3.1亿元。

省工美协会2012年先后组团参加了第八届中国(深圳)国际文化产业博览交易会、中国(青岛)工艺美术博览会、中国国际旅游商品博览会。利用省工艺美术馆、山西黄河画院平台,先后举办了十余次各种专题展览,打造名牌。省工艺美术馆被列入太原市"惠民工程走进千家万户旅游'一卡通'改变你我生活"项目;被省委办公厅、省政府办公厅授予"第三

批省级爱国主义教育基地”。10月，省委常委、宣传部部长胡苏平，省委常委、太原市委书记陈川平，市长廉毅敏等均莅临省工美馆检查指导。4月和11月，参加全省经济和信息化工作会议、全省煤机企业和煤炭生产企业深化合作座谈会的代表也前来参观考察。还接待了由法国旅游产业发展委员会主席梯也尔·贝过率领的法中友协考察团、黑龙江、福建、天津联社、工艺美术协会等前来考察。

全系统继续落实省人社厅、财政厅《关于解决未参保集体企业退休人员基本养老保险历史遗留问题的实施意见》，各级城联社积极配合各级人社厅局落实政策，摸清底数，推进了遗留问题的解决。

（贾爱珍）

附：省城镇集体工业联合社党组书记、成员名单

书　记：李荣钢

成　员：杨晋才

省供销合作社联合社党组工作概况

党组书记　高　璋

2012年是全省供销社以十八大精神为指导，以基层组织建设为主线，强化举措、合力攻坚，便民连锁商店建设圆满实现全覆盖，各项工作任务全面完成，主要经济指标保持高位增长，党的建设和精神文明建设取得丰硕成果。全省供销社按照七届八次会议确定的“一条主线、两大活动、三个重点”和“稳中求快、以快为主、重在发展”的工作部署和要求，凝心聚力，改革创新，扎实苦干，克难攻坚，圆满完成了各项工作任务，全系统经济实力进一步壮大，组织体系建设进一步加快，服务能力进一步增强，发展活力进一步激发，社会形象进一步提升。

（一）全系统经济运行势头强劲。2012年，全系统购进总额完成262.9亿元，销售总额完成283.6亿元，实现利润1.28亿元，同比分别增长25.1%、25.5%和24.9%，经营绩效再创历史新高。一是研判形势，及时应对。年初党组提出了“稳中求快、以快为主”的指导思想，在上半年全系统经济形势分析会上又提出了“迎挑战、保增长、强管理、谋转型”的工作思路，同时，加大了对全系统经济运行的研判掌控和工作指导力度。全系统结合实际，主动应对，确保了稳中求快的目标实现。二是开拓领域，创新模式。全系统上下加快转变经济增长方式，从单一业务向多领域发展，从传统经营向综合服务转变。太原、运城、平定等市县社大力推进农产品物流园区建设，现代流通模式初步显现；省盐业公司加快业务结构调整，非盐业务经营取得突破；山西农资集团积极开展水肥一体化科技创新和商业模式创新，经营活力不断激发；山大商务学院大力整合教育教学资源，教学质量在巩固中大幅提升；省商业供销职工医院积极引进医疗新技术，服务水平不断提高；省盐务局全力推进食盐安全示范市、县、村建设，碘盐合格率和覆盖率分别达99.13%和99.16%，超指标完成任务。三是改善设施，优化经营。河津、汾阳、平定、潞城、平遥、昔阳、原平、灵丘、吉县、高平、阳城、沁水等一大批县级供销社强化配送中心功能，对基层社门店和便民店进行电子信息管理，普遍实行了连锁配送、电子商务、计算机管理等现代经营方式，有效提高了经营管理水平。四是强化制度，规范管理。全系统深入开展社有企业管理效益年活动，省社研究制定了《直属企事业单位管理制度汇编》，共计8大类21项，运城、晋中市社制定下发了加强社有资产监督管理意见，高平市社实行了企业财务收支统一报审制度，企业管理更趋规范。

（二）便民店“两年全覆盖”工程圆满收官。在全系统广大干部职工的共同努力下，全省累计建设便民店24530个，提前三个月超额601个实现了全覆盖。一是敢于攻坚克难。针对后期基础设施差、建店任务难的状况，各级供销社及时分解任务，层层抓紧落实。特别是处于一线的各县供销社，不畏艰难，敢于攻坚，充分体现了奋力争先的拼搏精神。二是主动协调推进。省社联合有关厅局下发了实施意见，制定了建店标准和资金补助办法。各级社主动与相关部门做好申报协调工作，做到项目落地、资金到位。省、市、县三级财政累计为便民店建设补贴资金13444.9万元，全省供销社直接投入资金和经费达1860万元。三是管理规范提升。省社进一步规范和完善了便民店软硬件配套建设以及配送中心、连锁加盟体系建设标准，组成11个督查组先后4次深入实地督查。在省政府召开的全省新“五个全覆盖”工程现场会上，重点推出了屯留县“一店多能”的先进经验；忻州市社建立回访制度有效制止了个别便民店“只挂牌、不连锁”的现象；晋中市社对全市便民店实行量化百分制考核星级评选等工作措施，管理水平进一步提升。便民连锁商店建设，使我们打了一场收复失地、重塑形象的硬仗、胜仗，达到了社会满意、农民高兴、党政领导肯定、供销社形象提升的良好效果。

（三）新农村现代流通网络生机勃发。全系统持续推进“新网工程”建设，网络体系的带动力和影响力进一步显现。一是农资配送新体系新机制基本形成。全系统建设改造提升农资配送中心28个，较省政府下达的年度目标任务数（20个）超额40%，形成了有龙头、有骨干、有主体、有终端的农资连锁经营服务新体系，特别是省农资集团创新模式，创新机制，连锁经营，诚信服务，下乡进村，促进企业活力倍增，商品配送面达90%，配送率达85%。二是日用消费品配送体系建设步伐加快。全系统建设改造提升日用消费品配送中心48个，较任务数（35个）超额37%，日用消费品商品配送面达

80%,配送率为69.5%。三是农副产品购销网络体系日趋壮大。全系统建设改造提升农副产品交易市场22个,较任务数(15个)超额46.7%,累计达到67个,年交易额10.3亿元,较上年增长23.6%。四是再生资源回收利用网络体系蓄势待发。全系统已建设再生资源回收利用集散市场59个,废旧家电拆解中心3个,回收网点1454个。太原、长治、朔州、临汾等市社加快实施再生资源和物资回收产业发展,大大提升了再生资源回收利用加工水平。

(四)基层基础建设强势推进。全省供销社大力开展基层基础建设年活动,高平现场推进会后全系统又形成了新一轮基层基础建设高潮,农村主阵地得到恢复巩固。一是基层社多元化改造更加扎实。按照"空白抓重组、薄弱抓改造、较强抓提升"的分类指导原则,全系统先后争取资金1500余万元,消灭网络空白县30个,同时对256个经营困难社成功进行了改制,对75个无法经营的实行了撤并和破产。二是以专业合作社改造基层社创出新路。全省供销社积极领办创办专业合作社,现已发展各类专业合作社1336个,入社农户达75437户,其中山里红等4家专业合作社被全国总社确定为"百佳标准化农产品品牌"。朔州市社积极探索发展资金互助社,前期基础工作已基本就绪。同时,省社"农合联"和小杂粮协会,阳泉、运城、长治、朔州等市级"农合联",汾阳、吉县、阳城等县级"农合联"先后成立,在提供信息、推销产品和合作经营等方面开始发挥作用。三是综合服务社打造了农村社会化服务的新平台。目前全系统已建成综合服务社460多个。在尖草坪、襄垣供销社率先垂范的基础上,屯留、临猗、阳城、河津、怀仁、应县、昔阳、平定等一大批县社也积极主动,奋力打造,取得了明显成效。

(五)社企改革正能量努力激活。各级社持续加大社有企业改革力度,进一步激发了企业活力。一是优化结构,增强实力。一批体制全新、机制灵活、管理先进、竞争有力的企业开始显现和活跃,社有资产进一步优化。截止2012年底,全系统资产总额113.17亿元,同比增长3.24%;所有者权益23.10亿元,同比增长13.63%;资产负债率79.59%,同比下降1.87个百分点。二是项目带动,强化龙头。各级社在政策、资金上重点向龙头企业倾斜,落实"新网工程"中央专项资金、山西省城乡一体化商贸流通体系建设资金、全国供销总社农业综合开发资金共计8000多万元,支持各类项目100多个。省盐业公司、省农资集团在全国供销总社2012年"百强企业"排行榜上分别跃居第53位和第55位。三是加强管理,提高效益。通过管理效益年活动,社有企业的创效能力明显增强。全系统汇编企业2381个,其中2365个实现盈利,盈利面达到99.33%。

(六)党风廉政和干部队伍建设不断加强。各级社深入学习贯彻落实党的十八大精神,积极创建学习型、服务型、创新型机关,认真落实党风廉政建设责任制,严格按照"八项规定"转变工作作风,深入开展整治"吃拿卡要",严肃查办违纪案件,专题检查项目资金管理使用情况。全系统高度重视、积极发挥监督职能,不断加强干部队伍建设,目前已有9个市级社和54个县级社成立了监事会机构,省社组织各市供销社主任和机关副处以上干部共60人赴清华大学参加领导干部高级研修班,提高理论素质,增强创新能力。省社机关和直属单位的精神文明创建活动生动活泼,成效显著;工、青、妇以及书法、摄影等群众组织在活跃机关文化生活中发挥了积极作用;党建、审计、法律、老干部等工作在规范企业经营管理和保障职工利益中均取得优异成绩。

一年来,供销社工作得到了党政领导的充分肯定和农民群众的广泛赞誉。省委、省政府、全国总社领导先后八次对我们的工作作出重要批示。在全国总社五届六次理事会议上,我省荣获2012年度全国供销合作社系统综合业绩考核省级优胜单位一等奖,各级领导对我省的基层基础建设、便民店建设、干部队伍建设以及争取政策资金支持等各项工作给予了高度评价。全省政风行风民意调查问卷显示,农民群众对供销社工作的满意度明显上升,运城市社在满分为40分的行评中获得39分的高分,在参评单位中排名第二,朔州市社排名第五,太原和忻州市社均排名第六,与上年相比大幅跃升。

(张　明)

附:省供销合作社联合社党组书记、成员名单

书　记:高　璋

成　员:王义升　李亚明　李俊德　袁清茂　李　海　张稳科(2月任职)　王彤宇(9月任职)

群团组织党组工作概况

省总工会党组工作概况

党组书记　郭海亮

2012年，在省委和全总领导下，省总工会党组以迎接十八大召开、贯彻十八大精神为强大动力，认真学习宣传实践中国特色社会主义工会发展道路，服务转型跨越、服务职工群众，不断提高工作科学化水平，团结带领全省广大职工充分发挥工人阶级主力军作用，为加快推进转型跨越发展、全面建成小康社会做出新的贡献。

一、抓住关键、突出重点，领导班子和干部队伍建设不断推进

一是坚决贯彻执行中央和省委、省政府的决策部署，把握正确方向。及时传达贯彻省委省政府和全总决策部署，在省总十二届三次全会上提出"一个主题，一条主线，一个主旋律和七项重点工作"的思路、重点和措施。召开全省工会学习宣传实践中国特色社会主义工会发展道路研讨会，全总领导作专题辅导。党的十八大召开后，党组中心组带头学习，召开了全省工会电视电话会和省总常委会，对学习贯彻十八大精神进行部署。为职工发放《报告》和《党章》单行本，每周二、五下午组织集体学习，邀请专家辅导，组织撰写心得体会，掀起学习贯彻十八大精神的热潮。

二是扎实推进学习型机关建设，全面提高干部队伍综合素质。全年党组中心组集体学习12次，有记录、有考核，发挥了领导干部示范引领作用。通过每月一次集体讲座、每月送一本好书、定期通报"山西干部在线学院"学习情况、在北大举办高级研讨班等活动，深入实施社会主义核心价值体系教育，提升了干部职工的政策理论水平和综合素质。

三是认真贯彻民主集中制，切实增强领导班子的凝聚力。省总工会党组带头讲政治、讲民主、讲纪律、讲团结，重大事项集体研究，日常运转规范有序，班子有凝聚力，队伍有战斗力，社会有影响力。召开了党组民主生活会，在学习贯彻十八大精神、保持党的纯洁性、推动工作创新发展等方面查找不足、分析原因，制定措施、整改落实。省总工会党组政治上听党话，跟党走，党组成员热爱工运事业，有事业心、责任感，不越红线，不破底线。

四是切实加强干部人事管理，深入推进政务公开。民主公开选人，对4名正处级干部进行轮岗，交流副处级干部1名，选派27名无基层工作经历的干部到企业挂职锻炼。加强内部管理，出台《办公室会务工作规范》，强化财务管理，严格请销假和考勤签到制度，实行内部目标责任考核，分三个档次打分排队、通报、奖励，新建机关图书室、老干部活动中心和全国首家省级工运史馆，再次被评为省级文明和谐单位。增加评比表彰透明度，严格条件，严明程序，严肃纪律，并在媒体公示。依托省总网站，及时对重要事务进行公开。

五是认真落实党建工作责任制，全面转变干部作风。深入开展保持党的纯洁性教育活动，召开动员大会，制定实施方案，编印学习资料，到烈士陵园接受主题教育，组织专题考试，增强了干部的宗旨意识、责任意识。继续深化"创先争优"活动，总结推广潞安集团、西山煤电集团和阳泉市城区总工会主席范秀林等一批先进典型，不断完善"四往基层、五个联系"长效机制。着力推进"面对面、心贴心、实打实服务职工在基层"活动，通过会议动员部署，制定实施方案，建立健全五联系、五必访、五必知、五必帮、五必促、五个在一线制度，帮助基层和职工解决实际问题。认真开展下乡驻村活动，郭海亮、高凤平同志多次深入岢岚县联系村驻村，帮助制订规划，扶持牛羊养殖和大棚蔬菜种植，提高了村民收入。

二、加强教育、完善机制，党风廉政建设稳步推进

省总工会党组始终将反腐倡廉和业务工作同部署、同落实、同考核，形成层层落实责任、齐抓共管的局面。省总工会党组将党风廉政建设和反腐败任务分解落实到每个班子成员，建立起牵头、协办工作机制。加强反腐倡廉教育和廉政文化建设，落实廉政谈话制度，对下属事业单位目标责任和党风廉政建设实行百分制考核，举办反腐倡廉书画展，节庆前给职工发廉政短信，定期发放廉政书籍、光盘。加强经费使用监督，大额经费使用全部经过大额采购办公室和审计部门审查监督。集中开展专项整顿治理，开展了整治“吃拿卡要”、党纪政纪处分决定执行情况、举办展会活动情况等专项自查。认真处理职工来信来访举报及有关部门转来的举报信件，继续引进社情民意调查，认真组织整改提高，推动了党风廉政建设和反腐败工作深入开展。

三、服务大局、认真履职，各项工作任务扎实推进

一是群众性建功立业活动取得新成果。以“转型跨越杯”劳动竞赛为统领，广泛开展转型综改试验区先行先试立功竞赛、重点工程“七比一创”竞赛、重点行业节能减排竞赛、创建“工人先锋号”班组升级竞赛等活动，参赛职工达577.9万人。隆重召开全省“五一”表彰大会，表彰了100个先进单位、508名先进个人和199个先进集体，其中一线职工和专业技术人员占先进个人的43.7%。我省10个单位、31名个人、27个集体分获全国五一劳动奖状、全国五一劳动奖章和全国工人先锋号荣誉。

二是凝心聚力工程得到新加强。深入开展“心系重点工程，情暖一线职工”慰问演出，举办了6场示范性慰问演出，6万多名职工观看演出，赠送了价值20多万元的慰问品。深入实施社会主义核心价值体系建设工程，广泛开展“讴歌辉煌成就，凝聚奋进力量”职工主题教育活动、“岗位学雷锋，争做好员工”活动和职工职业道德建设活动，评选出山西省职工职业道德建设标兵单位20个、示范岗20个、标兵个人20个。

三是职工队伍素质建设取得新突破。广泛开展群众性技术创新活动，职工提合理化建议67.5万条，完成技术革新4.1万项。成功举办第四届全省职工职业技能大赛，带动全省100多个工种技能竞赛，15.3万名职工提升职业技能等级。组队参加全国第四届职工职业技能大赛，名列第二。健全完善高技能人才示范带动机制，命名了100个省级高技能人才创新工作室，选树技能带头人7036人。积极探索职工书屋创建模式，在全年新建424个职工书屋基础上，因地制宜建起职工书柜、书房、书角、书包、书箱等，职工学习更为便利。

四是工会维权机制建设取得新进展。持续推进安康工程，召开全省2011—2012年度“安康杯”竞赛总结表彰暨交流会议，推动竞赛进一步引深到班组，竞赛范围和规模实现新突破。切实加大参与职业病防治工作模式推广力度，制定实施方案，举办两期培训班，开展全省职业病防治情况统计，广泛宣传修改后的《职业病防治法》，各级工会提出职业病防治法律政策制定意见和建议5851条，开展职业卫生检查3472次，提出职业危害隐患和整改意见17576条。着力推进平等协商集体合同制度，以“建制扩面提质年”为抓手，不断完善考核制度，提前一年完成全总三年规划任务。工资专项集体合同覆盖企业76461家，增长57%；覆盖职工483万多人，增长26.7%；工资集体协商指导员和集体协商代表分别达3091人和41007人，增长12.36%和46.43%。劳动争议调解组织达21892个，增长12.45%。深入开展厂务公开、职工代表大会建制专项行动，选树了50家全省厂务公开民主管理工作示范单位，我省非公企业厂务公开和职代会建制率在全国排名第一，公有制企业排名第三。大力加强法律服务和法律援助工作，总结推广交口县总“一站式”社会化援助模式，表彰了9家法律援助维权服务示范单位，评选出第六届维护职工合法权益卫士22名，依托工会帮扶中心或法律服务中心，及时为困难职工和农民工提供法律服务。

五是工会服务帮扶能力得到新提升。推广西山煤电“3110”帮扶经验，推进帮扶网络向企业和社区延伸，10482名工会干部与困难职工结成帮扶对子。深化送温暖活动，全年筹资1.2亿元，慰问困难企业2598家、困难职工207237户、困难农民工29289户，实现建档困难职工全覆盖、不遗漏。“金秋助学”筹资3290万元，资助困难职工子女14515人，其中农民工子女2986人。推动帮扶设施规范化，与建行联合发行晋工龙卡，慰问金直接入卡，持卡享受80余家商户和机构优惠，第一批已发放12万张。

同时，工会组建、自身建设、女职工、财务、经审、工运研究、资产监管、对外交流、职工物价监督、产业工会等工作进一步加强。王兆国同志5月份在山西考察，对省总工会工作给予高度评价。袁纯清同志、金道铭同志和全总副主席、书记处第一书记王玉普以及副主席陈豪、张鸣起等同志均多次对我省工会工作作重要批示。在全国工会“两个普遍”工作推进会议、全国工会推进世界500强企业工资集体协商工作经验交流会、全国工会推进职工法律援助工作视频会议、全国县级工会经审工作经验交流会议、全国工会经审工作创新成果推进会议、全国工会好信息表彰大会、全总女职工委员会五届四次会议上，我省都作了经验介绍。

（宋海兵　冯　千）

附：省总工会党组书记、副书记、成员名单

书　记： 郭海亮

副书记： 高凤平（11月离职）　郭新民

成　员： 王兴旺　梁若洁　王　珍（2月离职）

梁克昌　王　荣（女）　赵沂旸

李江龙（2月任职）

共青团山西省委党组工作概况

党组书记　赵雁峰

2012年，团省委党组高举中国特色社会主义伟大旗帜，以邓小平理论、“三个代表”重要思想和科学发展观为指导，紧紧围绕全省工作大局，认真履行团的职责，着力加强党的建设，团结带领全省各级团组织和广大团员青年在办好两件大事、建设美丽山西的实践中发挥了生力军和突击队作用，各项工作取得明显成效。

一、强化党的建设，不断提升做好党的青年群众工作的能力

党的建设是共青团做好青年群众工作的基础。团省委党组始终坚持党要管党、从严治党，以坚定理想信念为重点加强思想建设，以强化党员队伍为重点加强组织建设，以密切联系青年群众为重点加强作风建设，以健全民主集中制为重点加强制度建设，以完善惩治和预防腐败体系为重点加强党风廉政建设，不断加强党组的执政能力和先进性建设，为党做好青年群众工作的能力和素质得到进一步提升。

（一）深入开展保持党的纯洁性教育和“基层组织建设年”活动，团组织党建工作进一步加强。一是按照保持党的纯洁性学习教育活动要求，专门下发了《团省委机关系统开展保持党的纯洁性学习教育活动的实施方案》，确定了活动的八个具体方法和四项基本要求，并着重在“学、查、改”三个关键环节上适时推动，将纯洁性教育活动不断引向了深入。二是认真落实基层组织建设年相关精神，紧紧围绕“强组织、增活力，创先争优迎十八大”这一主题，准确把握“抓落实、全覆盖、求实效、受欢迎”四项要求，严格按照“推进三个转变，实现五个提升”的工作目标，就基层党组织的设置、班子、制度、经费、作用等情况，对机关系统31个基层党组织进行了摸底自查、分类定级、晋位升级，机关系统基层党组织建设得到夯实。三是选树和表彰了机关系统纯洁性学习教育活动中涌现出的6个先进党组织、11名优秀党员和6名优秀党务工作者，用身边典型教育引导广大团干部。

（二）扎实推进“建设学习型组织、培养研究型干部”活动，团干部队伍的理论水平和综合能力进一步提升。注重把个人自学与集体学习相结合，请进来与走出去相结合，提升理论素养与加强党性锻炼相结合，不断丰富学习形式，努力增强学习效果，努力提升团干部队伍的理论水平和综合能力。一是组织广大党员干部及时学习党的十八大、全国“两会”等重大会议及我省重要会议精神。先后邀请省政协秘书长阎根生、省保密局副局长王鹤平等领导同志和省直工委十八大精神宣讲团为广大党员干部进行专题辅导，全年共组织开展集体学习讨论35次。与此同时，专门为机关干部购买下发了《在新形势下保持党的纯洁性》、《十八大报告辅导读本》等多部学习资料。二是组织机关全体干部赴省档案馆、武乡八路军纪念馆和刘胡兰纪念馆进行实地参观学习。三是组织团省委机关系统40名干部赴清华大学公共管理学院举办了“宏观经济形势与国情分析专题培训班”。先后组织6名省管干部参加学习党的十八大精神专题培训班。选派19名干部参加省委党校、省直分校等组织的各类专题培训班。四是按照省委组织部的统一要求，及时开通干部在线学习系统，为机关系统全体干部专门办理了网络学习帐号，利用网络平台推动干部学习，全年61人参加干部网上在线学习。

（三）认真贯彻民主集中制原则，班子决策水平进一步提高。认真执行党组会议制度、书记办公会议事规则等规章制度，严格按照“集体领导，民主集中、个别酝酿、会议决定”的原则，把民主集中制贯穿于工作决策的全过程。定时召开民主生活会，开展批评与自我批评，各抒己见，相互学习，使班子进一步凝聚了力量，增进了团结，提高了工作效率。坚持年中及年终述职制度，听取各市级团委和机关各部门的工作述职，面对面地交流看法和认识，认真听取意见和建议，及时改进工作中存在的问题，进一步提高了书记班子的决策水平。

（四）深入落实党风廉政建设责任制，干部队伍建设进一步加强。坚持团要管团，从严治团，把落实党风廉政建设责任制工作纳入党组的中心工作，精心部署，狠抓落实。通过组织警示教育报告会、观看警示教育片、专题民主生活会、年度述职述廉、廉政谈话等，引导党员干部严格遵守党纪，时刻保持警醒，自觉抵制各种错误思想和不良风气的侵蚀。党组成员经常与所分管部门干部交流谈心，对苗头性问题和不良作风及时纠正。

（五）坚持开展精神文明创建，文明和谐机关建设进一步推进。以和谐文明创建活动为载体，积极开展争创文明部室、争当文明干部等群众性文明创建活动，着力推进文明和谐机关建设。通过慈善捐赠、扶贫帮困、健康筛查、主体团日、植树造林、球类比赛、书法比赛等活动，丰富了机关文化建设，增强了集体凝聚力，提升了机关精神文明创建水平。团省委机关连续13年被评为省直文明和谐单位。

二、履行团的职能，不断巩固和扩大党执政的青年群众基础

巩固和扩大党执政的青年群众基础，是党赋予共青团的根本职责。团省委党组紧紧围绕党对共青团和青年工作的新要求，认真履行组织青年、引导青年、服务青年、代表和维护青少年合法权益等四项基本职能，努力用团的组织覆盖全体青年，用团的工作影响全体青年。

（一）加强教育引导，广大青少年跟党走的理想信念更加

坚定

理想信念教育扎实深入。一是广泛开展"喜迎十八大、学习十八大"系列活动，深入推进"学党史、知党情、跟党走"主题教育活动,广大青少年更加坚定了跟党走中国特色社会主义道路的理想信念。二是以纪念建团90周年为契机，800万团员青年紧密结合社会主义核心价值体系建设，积极参加报告会、大讲堂、专题座谈、主题团日等多种形式的活动，全面回顾和总结了共青团90年来团结带领青年跟着党奋斗的光荣历程和经验规律，深入思考和探索了共青团教育引导青少年跟党走的方法与路径。三是围绕红色教育、红色足迹、红色记忆、红色竞赛等专题，分期组织22569名大学生骨干、青年科技工作者、青年社会工作者、青年志愿者、大学生村(社区)干部参加青年马克思主义者培训班。四是深入挖掘刘胡兰精神新的时代内涵，团省委、省少工委、省青联、省学联向全省青少年发出学习和弘扬胡兰精神的倡议书，广泛开展"学习胡兰精神，争做时代先锋"主题系列活动，组织120名团干部、青年代表实地举行宣誓、座谈等活动，动员青联委员以实际行动建设烈士家乡。

思想道德建设进一步强化。一是推动学雷锋活动在青少年中常态化开展。各级各战线充分发挥组织优势，将学雷锋活动与创先争优活动、团的品牌工作、选树青年典型等紧密结合。学校战线组织300万青少年参加了"雷锋榜样进校园"主题团、队日活动。农村战线组织180万青年参加了以关爱留守儿童和孤寡老人为重点的帮扶活动。城市战线组织260万青年以志愿服务为重点，参加了促进社区和谐和社会管理创新活动。广大青少年在"知雷锋、学雷锋、做雷锋"中，踊跃争当学习雷锋的倡导者、示范者、推动者。二是开展基本道德规范教育实践活动，培养青少年良好道德品质。邀请"全国孝老爱亲道德模范"、"2011年度感动中国十大人物"、"全国青年五四奖章"获得者孟佩杰巡回演讲，教育引导广大青少年。三是选树"劳动·创造·奋斗——我的青春故事"励志教育活动优秀青年典型89名，其中大学生村干部高旭彬被团中央选树为全国优秀青年典型。

分类引导工作深入推进。按照《思想引导大纲》，运用党课、团课等推动分类引导青年工作在基层不断深化，切实提高团组织引导青年工作的针对性、适用性和普遍性。特别是注重运用新媒体手段，在新浪、腾讯网上开通"山西共青团"、"山西青年"微博，各级各条战线团组织也都开通了微博，实现了微博全覆盖。团山西省委新浪、腾讯网上的官方粉丝数分别达到99812和78406人次。

(二)坚持狠抓基层，基层组织建设和基层工作活力明显增强

层级化组织载体建设不断巩固。一是扎实推动《关于加强中学共青团工作的意见》的贯彻落实，开展中学共青团工作大调研，形成全省中学共青团工作调研报告。二是按照"组织建设好、活动开展好、机制运行好、青年反映好"的标准，进一步规范全省乡镇、街道团的建设。完善工作机制上，通过工作实践，形成了"项目领办制"、"公开承诺制"、"工作轮值制"、"双向考核制"、"信贷员与团委书记交叉互兼制"等好的机制。创新工作项目上，乡镇团组织结合当地实际情况，建立了"关爱帮扶农村留守儿童"、"我们村的好青年"等一系列工作项目，进一步丰富了工作载体。街道团组织结合兼职团干部的工作性质、专业特长等，以"定岗+承诺"的方式制定工作任务、主要职责、工作内容和考核办法，切实做到了"两不误，两促进"。

非层级化组织载体建设逐步加强。一是非公企业团建确立了"抓大带小、培育骨干，条块结合、形成合力，包干负责、靠前指导"的团建原则，配备了专门团建指导员。全年新建非公企业团组织5266个。二是印发《关于加强农村专业合作组织团建工作的的通知》，成立党组织的农村专业合作组织全部建立团组织。三是继驻京团工委成立后，先后成立长治驻并团工委、离石驻并团工委和大同驻北京孚隆尔科技有限公司团工委。并指导已成立的驻外团工委积极开展"晋籍青年相亲会"、"迎中秋、庆国庆"等活动。

对基层的支持力度持续加大。继续在人员、经费、培训等方面向县、乡两级倾斜。一是继续为县级团委配备1名大学生志愿者，选派64名省、市团委机关干部到县级团委驻点，选派53名高校团干部到县级团委挂职；二是为基层团委支持工作经费、物资等共计300余万元；三是省市县团委分层分级开展团干部培训工作，重点对乡镇、街道、驻外、非公、新社会组织等领域的团干部进行培训。

(三)全力促进青年就业创业，服务青年成长发展取得成效

青年创业小额贷款工作日益深化。不断完善青年创业贷款服务，继续加强与金融机构的合作，多渠道搭建融资平台，探索贷款风险担保方式，优化贷款申报审核程序，努力扩大青年创业贷款的覆盖面。全年为55214名青年提供小额贷款58.87亿元，带动就业11.15万人。

青年就业创业培训形式多样。整合各类培训资源，拓展培训渠道，全年组织43542名青年参加SIYB等各类就业创业技能培训，13768人实现就业。组织"共青团劳务输出大篷车"劳务洽谈会325场，实现转移就业34603人。

青年就业创业见习基地建设日趋规范。严格准入资格，完善择优汰劣机制，建了一批"运转有序、管理规范"的优秀见习基地。加强见习过程管理，规范岗位发布等工作流程。严格《见习证书》发放，强化档案管理和信息台账录入。全年共有4773名青年通过就业创业见习基地上岗见习，3425名青年通过见习实现就业。实施"MM百万青年创业计划"，18000余名学生参与网络创业。

(四)以加强和创新社会管理为切入点，维护青少年合法权益工作扎实推进

青少年维权机制日趋完善。一是开展"面对面"活动。与人大、政协建立常态化联系制度，由以往的单向联系转变为双向联系。全省各级开展"面对面"活动30余次，形成提案建议26份，有效畅通和拓宽了青少年利益诉求表达渠道。二是推进青少年维权关爱行动。组织优秀"青少年维权岗"单位、

专家团队深入社区、农村、务工青年聚集地，为青少年提供安全自护、法律心理咨询与援助服务 8.1 万人次。三是拓展 12355 青少年服务平台的功能和渠道。依托新媒体，将 12355 建设为集热线、短信、网站、QQ、微博为一体的综合服务平台，尝试开展了青少年网络"面对面"、"微访谈"活动。不断创新服务领域，丰富服务内容，在部分高校、大型国企建立工作站，进一步完善专家和志愿者队伍管理机制，举办了"12355 公益大讲堂"、"12355 心理督导沙龙"、"轻松备考 12355 与你同行"、"百名专家进社区"系列活动，为广大青少年提供了切实有效的服务。

预防青少年犯罪工作力度进一步加大。一是加强工作机构建设。牵头召开了省综治委预防青少年违法犯罪专项组工作会议，明确了各成员单位职责任务和分工，形成有效的联动机制。推动市县"两办"、共青团权益工作机构和 12355 青少年公共服务台(站)建设。全省 11 个市及 98%的县(市、区)成立了"两办"工作机构，配备了相应的专兼职工作人员。二是开展青少年法制教育。举办了第二届山西省大学生模拟法庭大赛，通过以案说法、知识竞赛、演讲比赛、警示教育等多种形式的宣教活动，增强了广大青少年的法制意识。三是引深重点青少年群体教育帮扶试点工作。组织专项督导检查，进行阶段性总结，逐步完善了重点青少年群体信息监测管理系统，理清了重点青少年群体服务管理和预防犯罪工作的理念思路、体制机制和方法手段，增强了工作的针对性和实效性。

关爱农民工子女志愿服务工作持续推进。全省各级团组织按照机制、队伍、内容、阵地"四位一体"的工作布局，积极开展"大手拉小手"、"志愿者进社区"、"送书籍到农村"等各类关爱农民工子女志愿服务活动 16 万余次，爱心捐赠 192.41 万元。全省共结对农民工子女学校 980 所，覆盖面达 96.4%。

希望工程对贫困青少年群体帮扶面不断扩大。筹资 1023 万余元，资助贫困学生 1644 名。"希望工程—心希望"项目资助身患先天性心脏病的儿童 32 名。"壮苗行动"项目资助贫困青少年 13890 人次。援建希望小学、图书室、音乐教室等 13 个。

(刘晓晖)

附：共青团山西省委党组书记、副书记、成员名单

书　记：赵雁峰(11 月任职)

副书记：赵雁峰(11 月离职)

成　员：安　华　任　忠　李云峰

马皖东(11 月任职)　刘　娟(女，11 月任职)

省妇女联合会党组工作概况

党组书记　李悦娥

2012 年，省妇联党组深入贯彻落实科学发展观，紧紧围绕我省转型跨越发展大局，坚持解放思想，着力改革创新，积极推进党的思想、组织、作风、制度和反腐倡廉建设，充分履行妇联组织妇女、引导妇女、服务妇女和维护妇女合法权益的职能作用，各项工作取得明显成效。

一、以加强党的执政能力建设和先进性建设为重点，努力提高领导班子和干部队伍政治素质和业务素质

省妇联党组高度重视自身建设，自觉同党中央保持高度一致，认真落实省委、省政府和全国妇联的各项决策部署，加强理论学习，提高实践能力，努力提高工作的科学化水平。坚持落实党组中心组学习制度，全年党组中心组组织学习 12 次，第一时间认真学习宣传党的十八大精神，班子成员分别就学习体会作了发言，提高了用十八大精神指导妇联工作实践的能力。坚持党组民主生活会制度，自觉执行集体领导和个人分工负责相结合的领导制度，重大事情集体讨论决定，形成了团结协作、和谐融洽的工作氛围。坚持勤政为民、求真务实的作风，开展"下基层、访妇情、办实事"活动，全年 8 名厅级领导下乡 122 次 278 天，为妇女群众办实事上百件，用真情和真心真正为妇女群众排忧解难。

以理论学习为先导，以教育管理为基础，以精神文明创投为依托，大力加强干部队伍建设。坚持用马克思主义中国化最新理论成果和各种现代知识武装广大妇联干部群众头脑，召开学习十八大精神大会，邀请专家进行专题辅导，下发《十八大报告辅导读本》、《中国共产党章程》等资料。党组书记李悦娥以《常怀感恩之心 永葆政治本色》为题为全体党员干部讲授党课，组织督导干部参加在线学习、自主选学和各类业务知识培训，干部职工的政策理论水平和业务素质进一步提高。积极开展创先争优和保持党的纯洁性教育活动，深入开展理想信念、社会主义核心价值体系、党的优良传统和作风教育，大力弘扬太行、吕梁和右玉精神，倡导真抓实干、敢于超越的良好风气。加强制度管理，严格执行请销假等规

章制度，干部职工的思想作风明显改进，工作效能明显提升。继续推进文明和谐单位标兵创建工作，开展在职干部结对离退休干部职工的“牵手夕阳 爱心助老”活动，举办“保持纯洁性 爱岗爱生活”书画摄影大赛，组织“慈善一日捐”等系列扶贫济困送温暖活动，为干部职工每月过一次集体生日等，加强了对干部职工的人文关怀，提高了组织的向心力。

二、以深入学习贯彻宣传党的十八大精神为重点，加强妇女儿童思想道德建设

2012年是党的十八召开之年，省妇联把迎接十八大召开与学习宣传贯彻十八大精神作为全年妇联系统宣传工作的重点。十八大召开前夕，全省各级妇联开展了丰富多彩的文体活动，以文艺汇演、报告演讲、摄影比赛等多种形式，颂党恩、赞家乡、展风采。十八大召开后，省妇联及时下发文件在全省广大妇女群众中开展学习宣传贯彻十八大精神系列活动。省妇联组织成立了十八大女代表报告团，深入城乡举办妇女十八大精神宣讲活动，召开了全省廉政文化进家庭“四个一”工程推进会和“弘扬家庭美德 增强家庭责任”座谈会，进一步统一妇女群众思想，凝聚了妇女群众力量。

深入开展“我爱我村·我爱我岗·我爱我家”活动。组织“三爱”先进事迹演讲团，在全省举办巡回报告50多场，产生了良好的社会反响。以弘扬女性“四自”精神、为女大学生励志引航为主题，组织16名优秀女企业家、女专家学者、女大学生村官，分别深入到全省6所高校举办“优秀成功女性进高校”报告会，近4000名女大学生分享了优秀女性的成长经历和成功经验。广泛开展各类特色家庭创建活动，与山西广播电台联合组织“幸福家庭、精彩人生、品质生活”节目展播，60户省文明和谐家庭的感人事迹在节目中播放，引导广大家庭传承传统美德、弘扬文明新风，促进了社会和谐。

以妇女为主体、以家庭为基础、以社区为依托、以爱心为纽带、以服务为桥梁，以奉献为宗旨，广泛开展巾帼志愿服务活动。省妇联实施巾帼志愿服务关爱空巢老人行动，在太原地区发放“巾帼爱心呼唤器”900个，在巾帼志愿者与空巢老人之间搭起“一对一”帮扶桥梁。省委书记袁纯清高度评价这项活动：“此事很有现实意义，应倡导更多的巾帼志愿者参与关爱空巢老人活动”。

大力度贯彻落实家庭教育五年规划。继续开展家庭教育“进学校、进社区、进农村”活动，举办“家庭教育大讲堂”和“我与孩子共成长”等公益讲座674场，19万家长受益。召开我省妇联系统家长学校工作座谈会和关爱留守流动儿童之家建设工作推进会，我省27个留守流动儿童之家被命名为全国家庭教育示范单位。全国妇联系统网上家长学校年会在我省召开，促进我省家庭教育工作长足发展。

三、以推动妇女创业就业敬业为重点，引领广大妇女群众为山西经济社会发展做出新贡献

深化“服务创一流、巾帼展风采”活动。与省旅游局等单位联合举办全省导游大赛、第四届女职工技能大赛、第五届收银员职业技能竞赛，展示窗口服务行业女性的职业素养、岗位技能和文明形象。表彰“双学双比”活动涌现出来的先进集体和先进个人各100个，进一步激发了农村妇女全面参与新农村建设的高涨热情。

推进女性创业就业促进行动。全省组织“春风送岗位”招聘会286次，提供就业岗位12.2万个，帮助妇女就业6.4万人。全省新建巾帼创业基地637个、巾帼创业就业培训基地439个、女大学生创业实践基地405个。被省妇联命名的省级基地分别达到106个、100个和104个，完成和超额完成年度目标。首办晋商女性财智论坛，推动晋商女性成为山西经济建设的生力军。

实施巾帼现代农业科技示范基地创建项目。申请财政专项资金1000万元，扶持、创建省级项目基地144个，完成任务目标的120%。全省创建市县两级巾帼现代农业科技示范基地共515个，培训巾帼科技致富带头人3.2万人，辐射带动农村妇女就地就近就业9.2万人。

推动妇女小额担保财政贴息政策落实。通过层层沟通协调、深入调研督导、举办培训班、以会代训等举措，全省发放小额担保贷款6000万元，获贷妇女1305人，落实财政贴息金额26万元，女企业家获贷30亿元，妇女小额贷款工作和红玫瑰”行动均取得突破性推进。

四、以建设维权维稳工作新机制为重点，深化维护妇女儿童合法权益

以妇女诉求为宗旨，发挥12338维权热线作用，拓展基层妇女维权站和基层法院妇女维权合议庭建设，完善信访接访制度，加强统计分析，全年共接待来信来访来电近万件。强化妇女法律援助，完成法援案件33件，落实法援资金6万余元，为受援人挽回经济损失150万元。

抓住“三八”维权周等重要节日，组织开展广场、街头法律宣传咨询服务，印发宣传资料上万份，编印《妇女维权工作手册》。强化“平安家庭”创建活动，出台《平安家庭考核方案》，联合省电视台举办《对家庭暴力说“不”》电视访谈节目，积极参与打拐反拐、禁毒禁娼、帮教帮扶等综治工作，为我省社会和谐稳定发挥了积极作用。

积极争取和落实改善妇女儿童生存发展环境的民生项目。新增“母亲健康快车”20辆，实现全省贫困县区全覆盖。实施“母亲邮包”新项目，为贫困母亲募集善款50万元。争取并落实中国儿基会、妇基会“春蕾计划”、“安康计划”各类项目17个，项目资金165万元。在留守妇女相对集中的200个村继续实施留守妇女关爱基金项目。在全省开展下百乡、进千村、入万户送健康知识、送健康理念、送健康服务“三送”活动。

五、以党群共建创先争优为重点，加强妇联组织自身建设

深化党群共建创先争优活动，与省委组织部联合下发《关于加强新形势下基层党建带妇建工作的意见》，进一步推

动基层妇联组织活力。在农村、社区“妇女之家”实现全覆盖基础上,加快机关、事业单位、新经济组织中的“妇女之家”建设,推动妇女组织网络不断拓展。开展“妇女之家”建设示范点创建工作,投入财政专项资金400万元,建设400个省级“妇女之家”示范点。加强“妇女之家”制度化管理工作,按照“七有”建设标准,在建家、管家和用家上下功夫,在宣传党的政策、了解民意、化解矛盾纠纷、服务妇女需求等方面充分发挥作用。

加强妇女干部的教育培训工作,与省委组织部签订“山西省服务转型跨越发展干部能力素质提升工程”联合培训协议,举办全省女性领导干部专题培训班、妇联系统发展部长培训班、维护妇女权益培训班,完成对全省近4万多女性村两委和农村巾帼领头雁的培训工作,妇女干部队伍的理论素养和业务能力得到进一步提升。深入开展“下基层、访妇情、办实事”活动,8名厅级领导全年下乡122次278天,为所包村争取资金92万元,办实事984件。

妇联机关大力推进群众性精神文明创建工作,开展在职干部结对离退休干部职工的“牵手夕阳 爱心助老”活动,举办“保持纯洁性,爱岗爱生活”书画摄影大赛等多项文体活动,组织“慈善一日捐”等系列扶贫济困送温暖活动,积极营造健康向上、文明和谐的工作氛围,连续30年被评为精神文明单位。

(李　敏)

附:省妇女联合会党组书记、成员名单

书　记:李悦娥(女)

成　员:张烈珍(女,11月离职)　郑　红(女)　顾青圻(女)　韩　红(女)

省作家协会党组工作概况

党组书记　张明旺

2012年,省作家协会党组和主席团团结一致、锐意进取,积极履行联络、服务、协调工作职能,全心全意为作家服务,为推动山西省文学事业繁荣发展发挥了重要作用。

一、认真加强学习教育,不断提升素质能力

(一)领导带头,中心组做好表率。作协党组高度重视理论学习,按照安排,全年组织中心组成员进行集中学习15次,每次出勤率都达到了95%以上。在学习过程中,注重实际效果,着眼抓住中心,突出重点,形成措施,推动发展。班子成员带头作表率,各支部结合自己情况,坚持每月学习一次,党员干部纷纷开展各种形式的自学,形成了人人重学习,人人爱学习的良好氛围。通过中心组学习,提高了作协班子领导和干部队伍的理论水平和业务素质,提高了破解改革发展中难题的能力,扎实有力地推进了各项工作的开展。

(二)全员培训,增强党员干部的素质能力。认真贯彻落实中央《干部教育培训工作条例》和省委《2009—2013年全国党员教育培训工作规划》精神,全体干部职工参加了“保持党的纯洁性学习教育活动”培训,圆满地完成了上级安排的各项培训任务。通过培训学习,使大家了解了当前我省经济社会发展的总体形势,掌握提高了自己的业务知识和相关技能。紧密结合山西转型发展实际,全体党员干部利用“山西干部在线学院”这个平台,积极参加在线学习,开阔了视野、提升了能力。

(三)突出重点,加强党的十八大精神的学习宣传贯彻。为更好地学习宣传贯彻党的十八大精神,省作协成立了十八大学习中心组,出台了《学习宣传十八大精神的具体实施方案》,组织召开了“贯彻学习十八大精神大会”。并且邀请山西省委党校省直分校的陈辉等10位老师,进行了为期一周的专题培训。我们积极联合《文艺报》、《山西日报》等媒体,推出关于学习宣传十八大的主导性报导。同时,组织党组和主席团成员深入基层,宣讲十八大精神,开展文学调研活动,有针对性地帮助他们解决实际问题,取得了很好的实际效果。

二、坚持出精品、出人才,努力推动文学繁荣发展

(一)加强引导,积极培育和践行社会主义核心价值观。社会主义核心价值体系是兴国之魂,是社会主义先进文化的根本。我们坚持用社会主义核心价值体系统领文学创作,作协党组书记、常务副主席张明旺做了《努力繁荣发展文学事业 推动社会主义核心价值体系建设》的专题讲座,领导带头讲党课,使作协机关干部和我省广大作家们深刻认识到了推动社会主义核心价值体系建设的重要性。组织我省评论家段崇轩、傅书华、王春林、陈坪在《人民日报》发表了《关于文学核心价值观的审视与对话》,被加了编者按郑重推出,在社会上引起广泛影响。积极组织机关干部参与了首届机关党建名嘴活动和省直机关建设社会主义核心价值体系征文活动。通过这些形式多样的做法,使文学工作者和作家们弄清楚了社会主义核心价值体系的基本内容和基本要求,为什么文学创作要坚持社会主义核心价值体系,怎样在创作实践中坚持社会主义核心价值体系。作家们自觉地用自己的作品倡导富强、民主、文明、和谐,倡导自由、平等、公正、法治,倡导爱国、敬业、诚信、友善,积极培育社会主义核心价值观,充分发挥了文学引领风尚、教育人民、服务社会、推动发展的作用。

(二)精心策划,大力开展主题教育活动。毛泽东同志《在延安文艺座谈会上的讲话》集中体现了我们党的文艺思想、文艺路线、文艺方针,是我们党对马克思主义文艺理论的独特贡献。通过举办系列主题纪念活动,继续学习《讲话》精神,

促进山西文学繁荣。

一是开展"延安行"采风活动。山西文学院组织我省近30名签约作家赴革命圣地延安和沿线老区进行采风，踏访革命先辈的奋斗足迹，缅怀老一辈无产阶级革命家的丰功伟绩，感悟延安精神，创作了一批散文、诗歌作品。

二是开展"踏着先辈的足迹"纪念活动。组织了两批我省60余名中青年作家、评论家赴赵树理、马烽、西戎、孙谦、胡正、冈夫、郑笃等老作家、人民作家故里参观学习，广大作家深刻感受到了老一辈作家的高尚精神和优秀品格，切身体会到了各地在转型跨越发展上取得的新成就，激发了自己的创作激情，并在采风过程中为一些基层作者举行了研讨会，为基层文学事业的发展贡献了一份力量。

三是开展赴革命根据地学习活动。组织机关作家赴福建龙岩参观了"中国共产党红军第九次代表大会"(古田会议)旧址，赴刘胡兰纪念馆缅怀了革命先烈。组织我省部分作家赴兴县、石楼、吉县等革命老区参观学习，加深了大家对中国共产党党史的认识，接受了生动的革命传统和爱国主义教育。

三、全面落实党风廉政建设责任制，积极构建惩防体系

(一)加强领导，细化责任。认真贯彻落实中央《关于实行党风廉政建设责任制的规定》和山西省《贯彻落实〈关于实行党风廉政建设责任制的规定〉的实施办法》，突出"一岗双责"，认真落实廉政建设工作。明确提出领导责任落实要到位，任务细化分解要到位，督查考核细致要到位。本着谁主管谁负责的原则，各位班子成员既抓业务工作，又抓党风廉政建设工作，坚持"两手抓，两手都要硬"。特别是将党风廉政建设责任制落实情况作为考核考评各部门的一项重要组成部分，一级抓一级，层层抓落实。我们还加强检查督促，确保各单位领导成员严格履行各项职责，认真执行党风廉政建设责任制工作的规定。通过真抓实干，目前作协班子团结，干部自律，廉洁从政，干事创业，没有出现任何违法违纪的现象。

(二)率先垂范，以身作则。党组领导班子按照讲党性、重品行、作表率的要求，严格执行《廉政总则》、《中共中央纪委关于严格禁止利用职务便利谋取不正当利益的若干规定》、《党员干部报告个人有关事项的规定》等廉洁自律各项规定，秉公办事、廉洁从政。在日常工作和生活中，领导班子成员都能处处严于律己，率先垂范，凡要求别人做到的事，班子成员首先自己做到，时时处处体现领导干部应有的先进性和示范性，用实际行动树立领导干部"为民、务实、清廉"的良好形象。

(三)突出重点，抓好落实。认真贯彻落实省委、省政府关于《建立健全惩治和预防腐败体系工作实施方案》和实施办法，深入开展党风党纪教育，推行政务公开制度，强化权力监督制约。围绕"八个严谨、五十二个不足"、"整治吃拿卡要，创优发展环境"，首先在我会党员干部中开展了自纠自查，并面向社会公布热线电话，设立意见箱，发放《征求意见表》，广泛进行查找，还利用座谈会等多种形式诚恳地邀请从事文学工作多年的老同志帮助查找问题。此外，党组领导带队深入市县基层，召开座谈会、评议会，深入查找问题。对于查找出的干部群众比较关注的办公环境、人才引进瓶颈等问题，积极认真地加以整改和推进落实。同时，认真开展"小金库"专项治理和"公务用车"专项治理工作，各项反腐倡廉工作得到了具体落实。

四、努力加强自身建设，不断提高作协服务水平和服务能力

(一)加强领导班子和干部队伍建设。注重加强领导班子和干部队伍的党风、政风、作风教育，把它和保持党的纯洁性学习教育活动与机关创先争优活动结合起来，成立了《山西省作家协会保持党的纯洁性学习教育活动领导组》，出台了《山西省作家协会保持党的纯洁性学习教育活动方案》，通过学习教育、对照检查、整改总结三个阶段的具体活动，广大党员干部的理论水平得到提升、理想信念更加坚定、服务意识进一步增强、示范作用更加突出，作协党组织的凝聚力、战斗力进一步增强。

与此同时，继续扎实开展创先争优活动，以"创先争优我承诺，转型跨越促发展"为活动主题，开展了争创"五个好"先进党组织和争当"五带头"优秀党员等系列活动，组织党员赴刘胡兰纪念馆和石楼、兴县等一些革命老区缅怀先烈，接受爱国主义教育，利用"七一"评选表彰了一批先进党支部"、"优秀共产党员"、"创先争优先进个人"等先进集体和个人，发挥模范的示范作用。真正实现了作风转实、工作提速、服务创优，推进了文明和谐创建工作。

此外，坚持实行民主集中制原则，在重大活动安排、重点建设项目、重要人事安排等许多问题上，都经过会议民主讨论决定。2012年，作协党组在充分酝酿、集体研究后，严格按照《党政领导干部选拔任用工作条例》的规定，通过竞争上岗方式，调整选拔了11名处级干部，优化了干部队伍结构，增强了干部队伍活力，进一步激励机关干部爱岗敬业、开拓进取，促进了作协各项工作的全面发展。

(二)搞好服务、办好实事。坚持以人为本，一切从大局考虑，一切从细节考虑，努力为文学的繁荣发展营造团结和谐的良好氛围，不断增强机关干部为作家服务、为文学服务的意识，认真履行好"联络、协调、服务"职能。对于老干部、老作家，积极为他们办实事、办好事，如组织专家给他们作十八大精神讲座，利用节假日慰问离退休老干部，邀请专家给老干部讲解保健知识等，让他们在政治上、思想上、生活上感觉到作协的温暖；对于年轻作家和基层作者，主动给他们提供机会、创造条件，不断提高服务能力。如推荐他们上鲁迅文学院、申报中国作协各类重点扶持项目，组织专家给他们召开作品研讨会，邀请他们参加各种培训班和采风活动，协调当地部门解决他们工作和生活上的一些困难，让他们能够较好较快地发展。

积极响应省委号召，下乡驻村，服务群众。组织27名机

关干部，分三批去临汾市隰县午城镇桑梓村开展驻村活动，与村民同吃同住同劳动，结合桑梓村“十二五”规划，研究一村一品种植计划，扎实推进桑梓村的大棚建设。帮助桑梓村争取到省物价局、水利厅、下乡办、农业厅的资金110多万元，用于改造学校危房、兴修水利工程、硬化交通道路等。此外，充分发挥作协优势，以文化扶贫，用智力富民，投资100多万元，联合隰县县委、政府，拍摄了反映隰县人民英勇抗战的电影《血战午城》，用影视的形式提升隰县的影响力，凝聚隰县人民转型跨越的力量。

（吕轶芳）

附：省作家协会党组书记、副书记、成员名单

书　记：张明旺

副书记：李　歆（1月离职）　杨占平

成　员：张锐锋　赵建平（11月任职）

省科学技术协会党组工作概况

党组书记　杨伟民

2012年，省科协深入贯彻落实省委、省政府对科协工作的一系列指示精神，按照“三个代表”重要思想和科学发展观的要求，落实党的工作责任制，加强党建工作，有力地促进了科协各项工作和事业的全面科学发展，推动了科协工作的全面创新和科学发展。

一、以迎接十八大召开和学习宣传贯彻十八大精神为主线，用科学理论武装党员干部头脑

省科协围绕理论学习服务于科协工作全局这条主线，始终着眼于提高党员思想政治素质这个目标，坚持把理论学习与业务工作有机结合起来，使理论学习常抓常新。在党的十八大召开前，广泛赞颂党的十七大以来经济社会发展成就和党的建设成就，组织党员干部深入学习党的建设基本经验，把广大党员干部的思想凝聚到党的奋斗目标上来。十八大召开后，迅速组织广大党员干部学习贯彻十八精神，请省直机关党的十八大精神宣讲团到省科协，举行了深入学习宣传党的十八大精神专场报告会；举办党务干部培训班，省科协党组书记杨伟民同志就学习领会党的十八精神作了专题辅导，把党员干部的思想统一到十八精神上来。省科协各级党组织积极组织广大党员干部学习宣讲党的十八大精神，为配合学习的开展，省科协为全体党员干部购买了《十八大报告辅导读本》、新的《中国共产党章程》等。落实好科协党组中心组学习计划，全年中心组集中学习共七次，中心组成员坚持理论联系实际的学风，用理论指导工作实践，在实际工作中大胆创新，努力探索，积极为省委、省政府出谋划策。

二、加强党的组织建设，充分发挥广大党员的先锋模范作用

根据省委和省直工委的要求和工作部署，省科协主动适应形势变化，积极探索新时期党的基层组织建设和党员管理工作的新机制、新方法，狠抓党支部班子建设、党支部战斗堡垒作用、党员的先锋模范作用三个环节，省科协党的组织建设出现了三个明显变化：一是基层党的组织建设得到了加强。省科协现有两个基层党委和十个基层党支部，各基层党组织健全、党的基层组织作用发挥明显，能很好贯彻党的路线、方针政策。二是党员队伍得到了发展。一年来，我们严格按照党员发展的“十六字”方针，积极做好入党积极分子培养和党员发展工作，坚持吸收政治素质高、工作能力强的优秀入党积极分子，突出新时期党员标准的时代特征，做到成熟一个发展一个。省科协现有党员230名，2012年发展了5名。三是党员的先锋作用得到了进一步发挥。在2012年的各项工作中，省科协的广大党员干部在各自的工作岗位上较好地发挥了党员的先锋模范作用，为推动科协事业的发展做出了积极贡献。2012年七一前夕，省科协通报表彰了3个先进基层党组织和26名优秀党员。

三、党风廉政建设工作扎实有效

省科协紧紧围绕中央和省委关于廉政建设和惩防体系建设工作的安排部署，坚持标本兼治、综合治理、惩防并举、注重预防，全面完成各项工作任务。

省科协先后出台党风廉政建设责任制实施办法、整治“吃拿卡要”问题创优发展环境实施方案等文件，把反腐倡廉工作与科协业务工作紧密结合起来，对责任进行层层分解和落实，从组织和领导上保证了党风廉政建设工作的有序开展。

认真落实《山西省科协基层党组织党务公开实施方案》，加强党内监督，做到党务公开、政务公开。面向科协系统发放《整治“吃拿卡要”征求意见函》，与各部门、各单位负责人签订《抵制“吃拿卡要”公开承诺书》，强化班子内部监督，并自觉接受群众监督。把党风廉政教育工作放在重要位置，通过发放学习资料、组织专题讲座、在科协网站设置专栏、发送手机短信等多种方式，对广大干部进行不间断的廉政教育，做到警钟长鸣，取得了很好的教育效果，大大增强了领导干部自警自励、拒腐防变能力。

一年来，省科协未发生违法违纪现象。

四、做好省级文明和谐标兵单位的创建工作

认真贯彻党的十八大精神，紧紧围绕省委、省政府转型跨越发展的思路和目标，按照省文明委及省直工委有关工作要求，结合科协工作实际，以建设社会主义核心价值体系为根本，以群众性精神文明创建活动为载体，以提高干部职工思想道德素质和社会现代文明程度为目标，重点在科协机关及直属单位自身文明和谐建设，推动和促进全省科技界的文明和谐建设，广泛组织开展面向全社会的科普教育和促进全民科学素质提高等三个方面开展工作。在省级文明和谐单位标兵的基础上，不断创新工作内容，提高创建工作的经常化、制度化、规范化、科学化水平，努力突出科协工作特色，做了大量卓有成效的工作。2012年初，按照省文明办、省直文明办的要求，我们及时申报了省级文明和谐标兵单位，并上报相关材料，制定和下发了《省科协2012年文明和谐单位创建工作实施方案》，先后接授了省直文明办、省文明办检查评比。2012年，省科协继续被评为省级文明和谐标兵单位。

五、抓党建促工作，省科协各方面工作取得新成绩

（一）紧扣转型发展主题，实施“四大科普计划”。省科协把省委、省政府的中心工作和科协工作进行有机结合，组织实施科普惠农、益民、强企和助教“四大科普计划”，促进经济发展向依靠科技进步、劳动者素质提高和管理创新转变，提高科技对经济社会发展的贡献率。

一是“科普惠农计划”。“农科110”热线电话全年服务群众3.5万余人次，“健康365”热线电话服务群众1.5万人次，组织科普惠农服务队、科普大篷车巡回服务队等深入基层238场次，超额完成目标考核任务。会同省委统战部、省工商联开展科普惠“三老”活动，为全省1万多名“三老”人员提供10项科普服务，并发放了专用手机。在全省建设农村科普示范基地50个、优质农产品示范基地31个，建设科普惠农绿色通道优质农产品直营店5个，为农民提供农资产品下乡、优质农产品返城双向服务，受益农民5万余人。评选表彰山西省优秀农技协50个，省农技协和40个基层农技协受到中国农技协表彰。扎实开展“下乡住村”和科技扶贫工作，帮助方山县郝家庄村实施脱毒马铃薯种植、西门达尔牛养殖等5个帮扶项目。帮助建设科普惠农服务站、青少年科学工作室等，为农民提供实用技术培训和义诊，引进社会扶贫资金100余万元。

二是“科普益民计划”。省科协制定了山西省科普示范社区标准，评定省级科普示范社区50个，有9个社区被中国科协、财政部评为首批全国社区科普益民计划先进单位。科普教育基地建设快速推进，省科协今年评选命名省级科普教育基地20个，5个基地获评“全国科普教育基地”。实施科普节目走进省城公交楼宇电视工程，每天受众200余万人次，全年播放科普宣传片52期。

三是“科普强企计划”。全年实施完成“金桥工程”40项，为国家创利税2.2亿元，节约资金7.5亿元。在太重、汾机等企业举办创新方法培训10场次，受众3000余人，为企业培养了一批创新方法推广应用初级人才。组织实施院士专家企业协作行动，联合有关单位征集企业技术需求76项，发布科技项目127项，与中科院、中国矿大等单位进行“点对点”对接服务。完成技术创新、改造立项1000项，组织开展了第12届山西省“讲比”活动评比表彰工作，我省有9个单位和12名个人获全国“讲比”活动表彰。

四是“科普助教计划”。省科协组织举办了青少年科技创新大赛、青少年机器人竞赛、宋庆龄少年儿童发明奖等赛事，全省参加各级青少年科技竞赛活动的中小学生有48万人，学校750多所。在各类全国竞赛中，我省选手共获得一等奖3项，二等奖11项，三等奖57项。组织实施“太原市中小学科普双百工程”，在大、中、小学校举行科普报告107场，受众10万余人次。深入开展了农村非正规教育项目、中小学科学教师培训、青少年科学调查体验、院士专家校园行等一系列活动，为提高教师的科学教育水平、激发青少年创造活力，发挥了积极作用。

（二）聚焦热点难点问题，为经济社会发展献智出力。省科协积极搭建大型学术论坛、院士专家讲坛、学术茶座、星期日知识讲座等平台，举办高层次、高质量的学术交流活动，凝聚专家学者智慧，提升科技创新能力，助推我省转型跨越发展。6月，组织承办“中国创新论坛之走进山西”系列活动，中国工程院院长周济携全国装备制造领域的80多位院士专家来晋开展服务活动。论坛围绕“发展高端装备制造，实现转型跨越发展”主题，先后举办了主题报告、高端对话、决策咨询、企业服务等一系列活动，为省委、省政府加快推进全省工业新型化提供决策参考。

省科协先后主办、合办了院士专家讲坛、2012京津冀晋蒙区域协作论坛和山西省综改试验区专题讲座，扶持省级学会推出了“中国第一届肾脏病黄河论坛暨第二届肾脏病太原国际论坛”、“全国煤矿采空区地球物理勘察技术研讨会”等多项高端、精品学术活动，全年举办“学术茶座”14场、“星期日知识讲座”45期。

积极利用中国科协“海智”平台，实施了海外科技团体、专家学者来晋服务和我省科技人才出国培训两个项目。山西省科协作为中国科协确定的国家级科技思想库建设试点单位，全年组织完成10项决策咨询调研课题。

（三）科学素质建设走在全国前列，推动形成社会化科普工作新格局。省科协认真履行省纲要办职责，安排部署和督导推进全省科学素质工作。会同各成员单位在全省开展了山西省“全国科普日”暨“科普三晋”系列活动，策划开展了首届中国科普摄影大赛、食品安全与健康知识竞赛、山西省公众科学素质电视大赛等多项专题活动，受众人数达120万余人次。山西省科协被中国科协评为“全国科普日”活动优秀组织单位，被中国科协、国务院食品安全

委员会办公室授予“突出贡献奖”。

大力实施科普基础设施工程，积极推动全省科技馆建设和合理布局。山西省科技馆新馆的展品、展项和布展的深化设计工作已全部完成,充分体现了技术路线创新化、展示布展前沿化，新馆定于2013年10月1日正式开馆。针对多年来山西省市县科技馆建设相对薄弱，基层科普公共服务能力不足的现状，经省科协努力争取，省政府将加强全省市县科技馆建设写入2012年政府工作报告并列入重点考核工作。目前，全省市县科技馆建设进入“黄金发展期”，忻州科技馆已开工建设，运城、太原、阳泉三市科技馆已正式立项。

（四）深入开展科技人才工作，为推动人才强省与社会和谐服务。省科协组织开展了第五届“山西省十佳中青年优秀科技工作者”评选工作，评选出10名长期工作在科技一线，作出显著成绩的优秀科技人才。积极向国家有关部门推荐优秀科技人才，山西省有18位同志荣获“全国优秀科技工作者”，1位同志荣获“十佳全国优秀科技工作者提名奖”。深入开展科学道德和学风建设宣讲教育活动，特邀院士专家言传身教，共举办宣讲报告会7场，在高校和社会上都引起了积极反响。

党的十八大召开后，省科协迅速组织召开山西省科技界学习贯彻十八大精神座谈会，推动在全省科技界兴起学习贯彻十八大精神的热潮。省科协还通过举办“山西省‘科技工作者之家’新春联欢会”、“中国科协会员日”活动等，进一步密切科协与科技工作者之间的联系，切实把党和政府的关心和温暖送到科技工作者身边，努力把科协建设成为温馨和谐的“科技工作者之家”。

（李朝胜）

附：省科学技术协会党组书记、成员名单

书　记：杨伟民

成　员：侯晋川　王德贵　崔　忠　郝建新

省文学艺术界联合会党组工作概况

党组书记　宋新柱

2012年，省文联高举邓小平理论和“三个代表”重要思想伟大旗帜，全面贯彻落实科学发展观，按照省委、省政府的统一部署，围绕中心、服务大局，面向基层、服务群众，认真履行联络、协调、指导、服务职能，充分发挥文联和文艺的优势，在改革创新中焕发活力，在热情服务中增强凝聚力，在奋发有为中扩大影响力，为我省转型跨越发展提供了坚强的文化支撑，为建设文化强省谱写了新的篇章。

一、落实党风廉政建设责任制

（一）不断推进学习型党组织建设。

一是制定并落实了《2012年省文联党组中心组及领导干部理论学习安排》。组织党内外干部参加省直机关各类干部学习培训32人次，选派20名厅级、处级干部参加了由中国文联、省委组织部、省委宣传部等单位主办的各项专题集中培训。制定了《省文联2012年干部自主选学规划》，积极组织干部网上自主选学，收到了良好的学习效果。二是开展保持党的纯洁性教育活动。通过学习提高、问题查摆等阶段，着力解决在党员队伍中存在的党性观念淡薄、群众意识不强、责任意识缺乏等突出问题。以“基层组织建设年”活动为主线，以践行“爱国、为民、崇德、尚艺”的文艺界核心价值观为主题，向各支部和党员发放了《保持党的纯洁性学习教育活动读本》等学习资料；组织全体党员赴吕梁参观了晋绥边区革命纪念馆、四·八烈士纪念馆，举行了“红色党日”教育活动。三是开展学习宣传贯彻十八大精神。机关党委为每一位党员下发了十八大报告单行本、新党章、十八大报告辅导读本、十八大报告学习辅导百问等学习资料和专用学习笔记本；党组（中心组）“学习贯彻落实党的十八大精神 坚持为民务实清廉推动转型跨越发展”为主题的民主生活会已制定了方案。

（二）深入学习贯彻《廉政准则》。

省文联党组继续坚持标本兼治，扎实推进机关廉政文化建设。一是成立了省文联落实党风廉政建设责任制和反腐败工作领导组，由省文联党组一把手负总责，积极开展各项工作。二是组织党员干部学习《廉政准则》教育读本，张贴廉政图片，组织参观反腐展览。三是把治理“庸、懒、散”作为转变机关作风的突破口，以治庸提能力，治懒提效率，治散正风气。四是及时处理了省纪委、省直工委转来的群众来信，做到件件有着落，事事有结果。五是严格执行财经法规和纪律，真正做到堵塞漏洞、完善制度，依法理财、阳光理财。在全省公务卡实施评比中我会名列前茅。

（三）切实推进党风廉政建设责任制。

一是制定并落实了《2012年省文联党风廉政建设责任制党组成员责任分解》，不断加强和创新反腐倡廉制度建设，不断完善监督制约机制。二是认真落实《关于党的基层组织实行党务公开的意见》，深入落实党员的知情权、参与权、选举权、监督权，充分发挥党员在党内生活的主体作用。三是坚持召开党内民主生活会，开展批评与自我批评，切实加强领导班子的思想建设、作风建设、制度建设。四是党组坚持定期听取机关党委的工作汇报。

二、全面推进各项工作

（一）积极组织大型专题文艺活动，为党的十八大胜利召开营造喜庆热烈的文化氛围。

山西文联及各团体会员紧紧围绕“党的旗帜高高飘扬，文艺事业发展繁荣”，主办、承办了一系列内容丰富，形式多样，有声势、有特色、有影响的喜迎十八大主题文艺活动。一是主办了“歌从银幕来·喜迎十八大，山西省‘常家庄园杯’第二届影视歌曲演唱大赛”。二是主办了“春之约——纪念毛泽东同志《在延安文艺座谈会上的讲话》发表70周年红色经典朗诵音乐会”。三是举办了“喜迎十八大·杂技下基层”慰问演出。四是举办了“弘扬民族文化·山西省首届民俗专题展”。五是参加了“迎接十八大·加强文化建设”专题调研活动；赴红色圣地西柏坡采风。六是举办了“中国太原（清徐）国际醋文化节‘紫林杯’书法大展”；“山西省首届草书展”。七是举办了“风华三晋——山西省青年美术作品展”；举办了“山西省首届平面艺术设计论坛”。八是举办了“社会主义新农村——美丽长沟摄影大赛”；“首届中国科普摄影大赛”；协办了“首届全国农民摄影大赛”巡展。九是承办了“第五届中部六省曲艺大赛”；“第五届全国少儿曲艺大赛山西总决赛”。十是策划、组织参与了太原钢铁集团举办的“庆祝党的十八大职工书画展”。

（二）精心打造文艺精品，大力推进向党的十八大重点献礼作品的创作生产和展演。

一年来，在我省文艺百花园开出了更加鲜艳的花朵，结出了更加丰硕的果实，在国际、国家级文艺评奖中屡获大奖，主要有：在2012“上海国际摄影节暨上海第十一届国际摄影艺术展”上，我省摄影家石志强荣获金奖。在中国摄影家协会主办的“霍山杯”首届全国摄影大展中，我省摄影家王金国荣获金奖。晋剧《大红灯笼》在中国剧协主办的“第二十届曹禺戏剧文学奖”评比中荣获“曹禺文学剧本奖”。在第十六届“中国少儿戏曲小梅花荟萃展演”中，我省八位选手分别荣获中国戏曲小梅花金花称号、银花称号。在中国曲协举办的“马街书会”中，我省创作、参演的小品《我爸俺嗲》荣获创作一等奖、表演二等奖。在第五届全国少儿曲艺大赛中，我省代表队演出的节目分别荣获二等、三等奖；省曲协荣获“优秀组织奖”。在“第三届中国剪纸艺术节暨第二届蔚县国际剪纸艺术节”上，我省推荐的七位艺术家分别荣获金、银、铜奖；省民协荣获“优秀组织奖”。在“2012中国保定国际空竹艺术节”上，我省代表队参赛节目荣获团体一等奖。在“中国杂技金菊奖第七届理论评奖”中，我会聂翠青撰写的论文《新语境下的杂技本体语言》荣获三等奖第一名。在第六届华北五省市区舞蹈大赛中，我省代表队参赛舞蹈共获得创作一等奖8个，表演一等奖21个。我会文研室荣获《中国艺术报》优秀记者站称号。

（三）积极开展“送欢乐、下基层”等惠民文化服务活动，进一步密切与人民群众的血肉联系。

一是由中国文联、中国影协、山西文联主办，省影协承办了“百花放映·情系矿工”大型公益慰问演出活动在西山煤电集团隆重举行。全国著名电影表演艺术家和著名歌唱家、曲艺家为广大矿工表演了精彩的节目，同时为煤矿职工家属放映了电影《毛泽东在安源》等优秀影片。二是省文联组织山西“中国戏剧梅花奖”获得者，举办了“植根乡土·情系农民”赴浑源县蔡村镇进行文化扶贫慰问演出，为广大农民送去了一台丰富的精神大餐。三是省摄协会同中国摄协举办了“送欢乐、下基层”情系大寨活动和“万人万幅摄影作品进万家”活动，为村民义务拍摄“全家福”，并现场免费打印送到乡亲们手中。四是省曲协会同中国曲协举办了“送欢笑下基层——走进沁县”进行慰问演出。五是省书协举办了“山西省首届群众书法篆刻作品展”，《人民日报》对此次活动作了图文报道。六是精心打造“民间艺术进校园”、“百姓健康舞培训”、“书画下乡”等文化惠民品牌，送文化、种文化，努力满足人民群众多层次、多样化、多方面的精神文化需求。我会还组织干部职工赴贵州、青海采风，贴近实际、贴近生活、贴近群众。

（四）广泛开展对外艺术交流，宣传山西文化新形象。

为进一步拓宽国内外文化艺术交流的渠道，形成“走出山西、走向全国、走向世界”的文化大格局，一年来，我们积极开展了一系列对外、两岸民间文化交流和全国文化交流活动。先后举办了“第九届五台山国际摄影大展”，“俄罗斯油画大师西多罗夫画展”。推荐我省优秀美术作品参加了中国文化部举办的“澳大利亚感受中国·中国文化年”美术展。为建设企业文化，组织部分企业家赴匈牙利、奥地利等国学习考察。我省曲艺表演艺术家应邀赴新加坡交流演出，表演相声《我从山西来》等。省摄影家协会赴台湾举办了“山西省世界文化遗产和非物质文化遗产摄影展”，这是省摄协首次在海外举办摄影展。“山西省百名摄影家聚焦台湾”启动仪式也在台同时举行。在“走出山西”的文化艺术活动中，晋剧《大红灯笼》应邀进京参加了文化部主办的“讴歌伟大时代·艺术奉献人民——2012全国优秀剧目展演”。省文联会同中国美协、省委宣传部举办的“雪海流香——赵梅生画展”在中国美术馆开展；“陈巨锁墨迹展”在全国政协礼堂举办。组织我省部分企业文艺队参加了“第三届中国职工艺术节”。我们进一步强化“全国文联一盘棋”的理念，加强与兄弟省市文联的友谊和交流，在山西召开了“华北、东北文联工作会议”，接待了广西文联采风团。

（五）切实加强自身建设，文联工作的科学化、制度化、规范化水平得到明显提高。

一是加强干部队伍建设，省文联党组始终坚持党管干部的原则，在选拔任用干部上严格执行《党政领导干部选拔任用工作条例》。首次在山西文联系统选拔任用厅级干部。为配合期刊改制，完成了《记者观察》等五个编辑部负责人的调整工作。经各文艺家协会推荐，省文联党组研究决定，向中国文联推荐了“践行文艺界核心价值观优秀文艺工作者”。党组还制定了《山西文联人才发展规划》。配合中宣部干部局、中国文联干部局、省委宣传部干部处，分别完成了中国摄协、中国曲协换届副主席候选人的考察工作。在中国曲协第七次全国代表大会上，我会马小平同志当选副主席；在中国摄协第八次全国代表大会上，我会王悦同志当选副主席。党组历来注重老干部工作。组织全体老干部进行了体检、田间采风、观看电影，为老干部活动室配备、完善健身器材，订阅了大量报刊。为给人才的成长积极创造有利条件，完成了省文联机关事业单位技术人员的职称评审报名，事业单位工勤人员的等级考试报名。

二是加强文艺组织建设。省影视协成立了八个影视专业委员会。省民协成立了山西剪纸艺术家委员会。省摄协建立健全了各专业委员会组织机构，并在五老峰、云丘山、解州关帝庙建立了三个摄影创作基地。继续抓好省文联所属16个社团的管理工作。去年，我会承办了全国文联组织网络体系建设调研会议。

三是加强业务建设。2012年，省文联和各团体会员分别举办了“第八届山西省文艺评论奖”评选；“山西省第十九届电视艺术评奖”；“首届山西杂技金菊奖空竹大赛”；“摄影艺术研讨会”等活动。配合省委宣传部对全省“五个一工程”奖进行作品评审；联合省文化厅举办了“第十届山西省‘杏花奖’评比演出”。我会所属期刊在文化体制改革中，不断增强政治意识、市场意识、责任意识，抢抓机遇，以跳起来摘桃子的精神，不断取得社会效益和经济效益的双赢。

（六）学习十八大、宣传十八大、贯彻十八大精神。

中国共产党第十八次全国代表大会召开期间，省文联党组集中组织干部职工收听、收看了党的十八大开幕式，认真聆听了胡锦涛同志代表第十七届中央委员会所作的工作报告。党组还及时传达了省委关于对“兴起学习宣传贯彻党的十八大精神热潮作出部署”的会议精神。制定了省文联学习十八大的具体安排意见。要求干部职工把学习宣传贯彻党的十八大精神，作为当前和今后一个时期的首要政治任务。把十八大精神转化为做好文联工作、文艺工作，推进我省文艺事业大发展大繁荣的思想保证和精神动力。

（樊丽红）

附：省文学艺术界联合会党组书记、副书记、成员名单

书　记：宋新柱

副书记：李太阳　石跃峰

成　员：刘廷明　李和平　靳　忠　李剑斌

省工商业联合会党组工作概况

党组书记　杨临生

2012年，省工商联党组紧紧围绕中心、服务大局，抓住“服务转型跨越”主线，把握“两个健康”工作主题，切实履行五项职能，突出抓好“首届世界晋商大会”和“提升新晋商形象”两项重点工作，服务转型跨越作出新贡献，非公经济人士思想政治工作赢得新成效，参政议政、建言献策取得新成果，自身建设迈上新台阶，整体工作呈现出蓬勃发展的新局面。

一、举办首届世界晋商大会，助力全省民营经济转型跨越发展

积极落实省委、省政府决策部署，与省委统战部共同牵头，于2012年8月19至20日在太原举办了首届世界晋商大会，山西省委副书记、省长王君主持，省委书记袁纯清致辞，全国政协副主席、全国工商联主席黄孟复出席。

会议筹备期间，按照“以商招商、以企引企”原则，先后组成7个邀商招商小组，分赴23个省市自治区，以海内外的晋藉商人和在晋投资创业的外藉商人等为主要邀请对象，精心选定和邀请了来自45个国家和地区、国内和省内的65个代表团、共计1400多名嘉宾和企业家代表参加了会议。共完成招商引资项目802个，拟引资金额10327亿元，签约引进高端人才123名。实现了“千名晋商精英参会，万亿招商项目”签约两大目标。大会召开期间，安排5场论坛和招商项目签约等活动，11个市和有关单位也抓住晋商领袖人物聚首龙城的难得机会，在会前、会中、会后举办了形式多样的交流联谊、招商引资活动，加强了晋商之间、晋商与家乡之间的交流

合作。

围绕首届世界晋商大会，开展了“三晋行”采风、“百名晋商人物”宣传等活动，在山西卫视、《山西日报》等主流媒体设专栏宣传大会、宣传晋商、宣传山西。50多家海内外媒体对大会进行了专题报道，山西卫视对大会盛况进行了现场直播，《晋办通报》加发编者按全文刊载了大会工作总结。会后，全国政协副主席、全国工商联主席黄孟复称：“首届世界晋商大会取得圆满成功，凝聚了全球晋商的力量，提升了山西的区域形象，促进了全省的转型升级”；省委书记袁纯清认为：“首届世界晋商大会既是一次大的宣传，又开展了积极的招商活动，聚集了广泛的人脉，这是山西发展很有利的人才资源、市场资源，需要有一种经常性的组织形式，使之可持续”；省委副书记、省长王君评价：“首届世界晋商大会初战告捷，要总结经验，做好后续工作，促进全省转型发展”。

同时，全年还开展了多种形式的经济服务活动，组织90家民营企业负责人与工商、民生、兴业、晋商、华夏和农村信用社6家金融机构负责人进行座谈，为银企合作搭建了平台。召开了环渤海地区联络工作联系会议，形成了加强区域合作、抱团服务民营企业的共识。开展了山西省转型与民营经济可持续发展能力建设德国国际合作机构合作，签订了《德国国际合作机构支持山西省转型与民营经济可持续发展能力建设的协议》，举办了《德国矿区土地修复治理及市场化运作》专题报告。

二、开展“发扬晋商精神，提升晋企形象”主题活动，拓展非公经济思想政治工作的新途径

按照省委领导的指示精神，组织开展了“发扬晋商精神、提升晋企形象”主题活动。围绕这一主题，先后举办了“发扬晋商精神·提升晋企形象”座谈会、“新晋商·新责任·新作为”专题培训班、“新晋商·新形象·新境界”民企座谈会、“传承与发扬晋商精神”专题研讨会、“全省民营企业转型跨越发展参观学习活动”、“喜迎十八大、争做新贡献——省工商联常委培训班”等系列活动，教育引导全省民营企业家，深入贯彻落实党的十八大精神，在发扬晋商精神、承担社会责任、传承晋商文化、塑造晋商形象等方面更好地发挥带头作用。省委书记袁纯清在出席民企座谈会时提出：“全省民营企业要提振信心，展示形象，作无愧于时代的责任晋商、诚信晋商、知识晋商和开放晋商。”

同时与各主流媒体合作撰写了《山西搭建载体引导“煤老板”投身经济建设和社会公益事业》等50多篇重量级文章，分别刊载在《国内动态清样》、《瞭望》、《人民日报》等报刊，与《光明日报》联合就资源型民营企业承担社会责任情况开展专题调研。省委书记袁纯清六次对“发扬晋商精神、提升晋企形象”主题活动作出重要批示，指出“主题活动开展得有声有色，晋企自身得到提高，社会反响积极”；中央统战部部长杜青林批示中央统战部五局对我省开展主题活动情况进行专题调研。

2012年12月18日，召开了山西省工商联成立60周年座谈会。省工商联领导班子新老成员、全省工商联会员、市县工商联组织代表共同回顾省工商联60年光辉历程，会议表彰了工商联系统先进组织、先进个人和优秀会员企业，印发《山西省工商联60年简史》，会议号召全省会员要发扬光大老一代工商人士“听、跟、走”的光荣传统，坚定走中国特色社会主义道路的信心。

开展树立宣传先进典型活动。挖掘、树立、宣传了26家在坚持自主创新、加快转变发展方式，关爱员工、构建和谐企业，保障改善民生、自觉履行社会责任，“走出去”争创民族品牌，非公企业党建和企业文化建设等方面的先进典型企业。开展“关爱员工，实现双赢”活动，引导企业构建和谐劳动关系。举办民营企业文化建设培训活动，指导民营企业加强文化建设，打造符合时代要求的优秀企业文化。

做好非公人士政治安排，推荐全联第十一次会员代表大会21名代表人士和9名执委人选；推荐17名非公经济人士为省政协委员人选；推荐50名非公经济人士进入党外优秀中青年人士后备队伍。

组织民营企业家举行同心·新晋商科普惠“三老”推进活动，向“三老人员”赠送了爱心手机1700部。组织441家民营企业参加招聘周活动，提供就业岗位信息10914个，签订就业意向人数4916人。开展高校毕业生就业见习活动，接收4400名高校毕业生就业见习。开展“红丝带健康包”活动，为民营企业外来务工人员发放健康包4000个。

三、开展调查研究、建言献策活动，创优民营企业发展环境

深入全省11个市、80多个县市区、200多家重点民营企业进行专题调研，撰写了《山西省助力中小微企业快速发展》、《山西小微企业调研报告》、《2011年山西民营经济发展报告》、《民营企业融资情况调研报告》、《民营企业发展战略性新兴产业的路径选择》、《2011山西省上规模民营企业分析报告》、《山西民营企业法律风险及防范调研报告》等，编印了《2011山西民营经济发展报告》。其中“如何充分发挥民营企业在转型跨越发展中作用”课题调研，在山西统一战线服务转型跨越发展调研成果汇报会上专题汇报，受到省委、省政府的充分肯定。

四、加强组织建设，推动新形势下工商联工作迈上新台阶

2012年5月19日，召开省工商联(总商会)第十一届会员代表大会，严格按照换届文件要求制定换届工作方案，全面部署未来5年工作目标和任务。张复明当选为省工商联第十一届执委会主席、总商会会长，杨临生当选第一副主席，樊秀清、王建华(兼秘书长)、郎宝山、赵淑芊当选为驻会副主席，上官永清(女)、王新哲、冯建新、史元魁、任武贤、伍永安、孙宏原、朱晓鹏、米占有、张亚平、张来拴、李玮、李猛、李安

平、李建明、李彦宏等26名民营企业家当选为省工商联兼职副主席，马力农、王长青、王迎新、王艳梅(女)、王殿辉、朱建军、吴晓年等29名民营企业家当选为省总商会副会长，圆满完成换届工作。

加大会员发展力度，优化会员结构，改进会员管理，吸收优秀人才加入工商联会员队伍。截止2012年底，新增会员11061个，全省会员总数达102749个。履行社会团体业务主管单位职责，召开了商会工作座谈会，推动了商会建设。批准民生银行太原分行牵头成立了“山西省小微企业金融服务促进会”，建立起面向小微企业发展的融资平台。

坚持以理论学习促进思想政治建设，健全机关学习制度、培训考核制度，全年组织7次中心组学习，全体机关干部完成了在线学习任务，选派干部参加省委党校、省直分校的中青年干部培训班、大连高级经理学院进行选学培训。组织机关干部职工和会员企业收看十八大盛况，印发了学习贯彻党的十八大精神的《通知》，制定了《学习贯彻党的十八大精神方案》，在机关干部和非公有制经济人士中开展“五个一”活动，举办了十八大报告、非公有制经济代表人士培训班、市县工商联负责人培训班暨省工商联执委推荐人选培训班、省工商联常委培训班，全年共培训执委以上非公经济代表人士800人次，引导非公经济人士更加坚定拥护中国共产党领导、走中国特色社会主义道路的信念。

开展文明和谐标兵单位创建活动，制定了《创建文明和谐标兵单位活动实施方案》。组织机关干部赴刘胡兰烈士陵园和嘉兴南湖中共一大会址接受教育。开展了“迎晋商大会、争一流水平、创一流业绩”、“机关党建名嘴”演讲选拔、“党建工作走在前头”等活动，激发了干事创业活力。“七一”期间对表现突出的18名优秀党员进行了表彰。扎实推进干部下乡住村活动，会领导班子成员先后12次带队到包村扶贫点调研，提供帮扶资金170万元，省工商联被省直工委评为2012年度文明和谐标兵单位。

指导非公企业开展党建工作，开展“创先争优”和保持党的纯洁性学习教育活动，宣传推广了山西沁新集团等一批先进典型和经验。组织直属商会开展了党建工作观摩交流、赴武乡八路军纪念馆和平型关大捷旧址考察学习、优秀党员表彰等党建活动。全省11.3万户非公企业以单独组建、联合组建、挂靠组建等形式，共建党组织13195个，组织覆盖率达99.78%。

(冯学亮)

附：省工商业联合会党组书记、成员名单

书　记：郭海刚(5月离职)　杨临生(5月任职)

成　员：樊秀清　王建华　郎宝山　赵淑芊　高志勇

省残疾人联合会党组工作概况

党组书记　郭贵仁

2012年，省残联党组坚持以邓小平理论、“三个代表”重要思想、科学发展观为指导，以迎接党的十八大胜利召开和学习贯彻党的十八大精神为主线，以改革创新精神全面提高机关党建工作科学化水平为重点，围绕全省转型跨越发展、再造一个新山西的总战略，加快残疾人事业社会保障体系和服务体系建设，全面实施“康馨工程”，推动残疾人事业又好又快发展。

一、认真学习宣传贯彻党的十八大精神，营造推进残疾人事业发展的良好氛围

一是召开了学习贯彻党的十八大精神会议，及时对学习贯彻党的十八大精神进行安排部署，省残联中心组成员和处级干部带头谈学习心得体会。省残联党组书记、理事长郭贵仁同志带头4次向干部职工传达、解读、宣讲党的十八大精神。组织116人参加了全省学习党的十八大精神网上知识竞赛。举办了山西省残联学习贯彻党的十八精神党务干部培训班。

二是开展“对党忠诚”主题教育活动，扎实开展保持党的纯洁性学习教育活动。组织召开了山西省残联开展保持党的纯洁性学习教育活动大会。按照省残联开展保持党的纯洁性学习教育活动方案和相关要求，各支部认真贯彻落实学习教育活动的相关工作。召开了省残联引深开展保持党的纯洁性学习教育活动大会。参与组织了山西省学雷锋志愿服务模范事迹报告会(省残联专场)。开展“继承优良传统、牢记宗旨使命”教育活动，组织机关党员干部到刘胡兰纪念馆、武乡八路军纪念馆参观学习，接受革命传统教育。结合保持党的纯洁性教育活动，组织机关干部职工参观了《光辉的历程—山西省档案馆馆藏革命历史档案珍品展》，观看了《大山的品格·民族的脊梁—剪纸艺术颂太行精神作品展》。及时组织召开了省残联领导班子民主生活会，各支部分别召开了民主生活会(组织生活会)。按照创先争优活动的常态化、经常化、长效化要求，印发了《山西省残联基层党组织和党员公开承诺制度》等五个制度。在2010—2012年创先争优活动中，省残联机关党委被省直工委授予先进基层党组织。

三是积极宣传贯彻落实省第十次党代会精神和省直机

关2012年党的工作会议的决策部署，集中学习传达了全省召开转型综改实验区先行先试推进电视电话会议精神。集中组织学习讨论了胡锦涛同志“7·23”重要讲话精神。组织参加了山西省直机关“喜迎十八大、岗位作奉献”主题活动启动仪式,制定了《山西省残联开展“喜迎十八大、岗位作奉献”主题活动实施方案》。

二、切实加强领导班子和干部队伍建设,筑牢干部职工团结奋斗的共同思想基础

一是加强领导班子建设,强化执政能力建设。紧紧围绕省委、省政府的工作大局,以党的先进性和纯洁性为主要内容,坚持以思想建设为核心,以组织建设为基础,以制度建设为保障,不断加强领导班子建设。形成了政治坚定、作风民主、求真务实、团结干事的领导班子。坚持重大问题按照集体领导、民主集中、个别酝酿、会议决定的原则进行决策。领导班子经常深入基层,调查研究,指导工作,正确决策,残疾人事业出现了良好的发展态势。

二是提高理论素质,加强理论武装。认真贯彻中央和省委的部署,加强理论学习,大力开展社会主义核心价值体系教育、践行社会主义荣辱观。学习推广省委中心组理论学习“六学六用”的学习模式,做到理论联系实际,学以致用。组织中心组集中学习20次,积极组织参加文源讲坛·山西领导干部讲座和思想讲坛·山西省直机关领导干部讲座等学习活动,编印《中心组学习参考资料》12期,积极参加干部自主选学、在线学习。

三是认真贯彻落实省委《2010—2020年干部教育培训改革实施意见》，提高教育培训质量。积极组织参加省委党校、省直工委组织的各种培训12人次;组织机关及直属事业单位副处以上干部参加省直机关学习贯彻党的十八大精神培训班;在山西大学学术交流中心报告厅参加了干部选学课程;积极组织参加省直工委“创优软环境、喜迎十八大主题活动”。机关及各支部开展以党章、党史、中国特色社会主义理论体系、社会主义核心价值体系等内容为题进行党员领导干部讲党课活动。

三、深入贯彻《公民道德建设实施纲要》,不断提高干部职工的思想道德素质

一是扎实开展思想道德建设,加强个人品德、社会公德、职业道德、家庭美德教育。组织了《关于推荐申报省直机关第六批“十佳文明窗口”、“十佳文明公民”》和《关于推荐申报和评选表彰省直机关第一届道德模范》工作。组织机关及直属单位开展了2012年“三八”妇女节纪念活动。组织机关及各支部干部职工学习观看全国优秀共产党员电视系列片《人民的好儿女》。

二是积极组织以爱国主义为主要内容的革命传统教育。组织各党支部书记、党员干部骨干到福建等地学习考察。参观了古田会议纪念馆、林则徐出生地、朱熹纪念馆、陈嘉庚先生纪念馆、土楼民俗文化村,观看文化遗产接受革命传统教育。

三是各支部结合工作实际,在窗口单位和服务行业开展“三晋先锋在行动”主题实践活动。在窗口单位和服务行业推出便民利民新举措,积极倡导阳光服务、微笑服务、规范服务、廉洁服务、高效服务,创优发展环境。积极组织扶贫济困及公益活动。两次到省残联联企帮困企业太化集团太原溶济厂走访慰问,组织开展了“送温暖、献爱心”“慈善情暖万家”“博爱一日捐”募捐活动,机关及直属事业单位干部职工踊跃参与,向困难群众奉献爱心,募集的款项合计38880元。

四是扎实开展下乡住村、包村增收活动。机关支部配合有关部(室),到阳高县罗文皂村开展下乡住村活动,与群众同吃、同住、同劳动,增进同群众的感情,为群众排忧解难,组织慰问困难党员、群众20户,每户发放慰问金300元。

四、严格执行党风廉政建设责任制,加强机关作风建设

一是认真部署年度工作,落实党风廉政建设责任制。层层分解党风廉政建设年度工作任务,明确各级领导、机关各部(室)、各直属事业单位的职责。召开2012年度党风廉政建设工作会议,下发了《关于进一步加强廉政建设的意见》、《机关纪委2012年工作安排》。落实“一岗双责”,没有发生违纪现象。

二是进一步完善相关制度,推进惩防体系建设。始终坚持反对腐败、建设廉洁政治的鲜明政治立场。在行动上自觉遵守廉政准则,严格执行领导干部重大事项报告制度。下发了反腐倡廉教育、监督、预防、惩治四个制度和《关于认真履行岗位职责、严肃领导干部问责的通知》。按照《省残联关于开展廉政风险防控体系建设工作的实施方案》的要求,部署机关各部(室)、各直属事业单位认真排查廉政风险点,制定防控措施。印发了《山西省残疾人联合会重点工作关键岗位廉政风险点及防控措施工作流程图》。

三是强化廉政教育,增强自律意识。把廉政教育特别是《廉政准则》的学习教育作为政治学习和党员教育的重要内容,结合工作,扎实推进。带领机关和直属单位近百名党员干部在太原第一监狱举行了省残联廉政教育基地挂牌仪式,并接受了警示教育。扎实开展整治“吃拿卡要”、创优发展环境活动。开展“万名群众评机关”活动,并通过残疾人专门协会征求残疾人对残联工作的意见。

五、不断提升党建工作科学化水平,推动各项业务工作取得显著成效

一是按照目标责任考核要求,进一步完善工作机制。根据2012年目标责任考核指标，逐级分解任务，细化工作措施,明确责任部门和责任人。对各项考核指标的推进落实情况,进行动态跟踪,及时分析研判,调整完善措施。

二是科学谋划残疾人事业发展,进一步加强规章制度建设。为了更好地实施省政府批转的《山西省残疾人事业“十二五”发展规划》,协调有关部门制定了22个配套方案并认真

组织实施，督促各市出台残疾人事业“十二五”发展规划，为推动残疾人事业的持续快速发展提供了依据。为推动残疾人文化发展繁荣，出台了《山西省关于加强残疾人文化建设的意见》。积极出台规范性文件。会同有关部门制定并下发了各康复救助项目的机构准入标准及服务规范、《关于进一步加强残疾人辅助器具服务机构规范化建设的意见》、《山西省农村贫困残疾人实用技术培训项目实施细则》、《山西省“十二五”贫困残疾人家庭无障碍改造项目实施办法》、《关于在全省各级残联换届工作中进一步加强组织建设的意见》等。

三是实施“农村基层党组织助残扶贫工程”，进一步加大农村贫困残疾人扶贫力度。“农村基层党组织助残扶贫工程”是中组部和中国残联为发挥基层党组织的政治优势，帮助农村贫困残疾人改善基本生活条件，扶持发展生产，增加收入，实现稳定脱贫，会同有关部门共同开展的扶残项目，我省“十二五”期间任务是5000户，拟分3年完成。省委常委、组织部长汤涛同志对这项工作高度重视，专门到省残联调研，两次亲自参加协调会，对这项工作的开展提出要求。经过5个多月的努力，为符合条件的749个帮扶对象户中的1192名家庭成员办理了低保，使帮扶户的低保覆盖率达到74.9%；为933个帮扶对象办理了新农保，为989个帮扶对象户办理了新农合，覆盖率分别达到93.3%和98.9%，并为其中符合条件的参保对象落实了个人缴费部分由政府代交的优惠政策；为40户帮扶对象解决了住房困难；市、县财政部门全部落实了每户1000元的配套帮扶资金。

四是加强残疾人社会保障和服务体系建设，进一步做好惠及残疾人的各项工作。72.5%的城镇残疾人参加城镇居民社会养老保险，80.5%的农村残疾人参加新型农村社会养老保险，98%的城镇残疾人参加城镇居民医疗保险，99%的农村残疾人参加新型农村合作医疗制度。新农保、城镇居民社会养老保险已实现制度性全覆盖，全省农村残疾人参加新农保、新农合及城镇残疾人参加城镇居民社会养老保险、城镇居民医疗保险的比例均高于全省平均水平。

组织实施国家和省康复救助重点工程，5万多名贫困残疾人得到康复救助。实施彩票公益金助学项目，对198名残疾大学生每人资助5000元，对102名残疾人家庭子女大学生每人资助3000元。“交通银行——残疾青少年助学计划”资助了200名残疾高中生，每人1000元。使用78万元专项彩票公益金资助了308名学前年龄段的残疾儿童。对21136名农村残疾人进行了生产实用技术培训，对7918名城镇残疾人进行了职业技能培训，分别完成全年任务的141%、158%。全省征收残疾人就业保障金2.57亿元，对11个市53个县（市、区）的2300户农村贫困残疾人家庭的危房实施改造，2700名残疾人直接受益。

围绕“全国助残日”等节日和残疾人文化周、健身周等活动进行宣传报道。建立全省残联系统新闻宣传QQ群。在省级以上主流媒体刊（播）新闻报道300多条。举办山西省残疾人事业好新闻评选和各地人民广播电台残疾人节目展播活动。与省广播电台合作开播《同在蓝天下》残疾人专题节目。全省11个市均开设了广播专题节目，太原市开办电视手语节目。组织开展第二十二次“全国助残日”活动，围绕“加强残疾人文化服务，保障残疾人文化权益”主题，开展“共享阳光”文化、体育主题系列活动。在“全国助残日”期间开展轮椅等辅助器具捐赠、图书捐赠、助残募捐，现场义诊、街头宣传、播放电视公益广告，法律知识巡回讲座，文艺汇演、书画作品（才艺）展示、趣味运动会，走访慰问残疾人、志愿者助残等活动。组织各地开展第三次“残疾人文化周”系列活动。举办山西省残疾人书画工艺美术作品展。举办了“生命阳光·别样绽放”喜迎党的十八大山西省残疾人文艺展演活动。为15577名下肢残疾人发放燃油补贴405万元。安排30万元彩票公益金，继续为100名贫困残疾人实施法律救助，为提供法律救助的律师每案给予3000元办案经费补助。255名残疾人领到驾照。按照每户6000元的标准，对11个市38个县（市、区）的1000户城乡贫困残疾人进行了家庭无障碍改造。

（尹惠民　王秋妮）

附：省残疾人联合会党组书记、成员名单

书　记：郭贵仁

成　员：温万一

省社会科学界联合会党组工作概况

党组书记　侯秀娟

2012年，省社科联党组以邓小平理论、“三个代表”重要思想和科学发展观为指导，以学习贯彻党的十八大及省第十届三次全会精神为主线，以学习型党组织建设和创先争优为抓手，加强机关党的政治建设、思想建设、组织建设、作风建设、制度建设、反腐倡廉建设，促进了社科联各项工作的全面发展。

一、抓好班子，带好队伍，创建学习型、研究型、团结型、服务型、廉洁型组织

（一）强化政治意识，狠抓政治理论学习，创建学习型领导班子。一是领导带头，抓好中心组专题学习。一年来，我们以搞好中心组学习为抓手，不断提高党组班子的政策理论水平。党组中心组全年完成了10个专题学习。领导班子成员完成了10余篇体会文章和调研报告，其中党组书记侯秀娟同

志分别在《前进》、《宣传工作》、《山西日报》、《学术论丛》等报刊杂志上发表多篇论文。二是突出重点，深入学习宣传党的十八大精神。组织干部职工收听收看党的十八大报告；举办了“山西社科界学习党的十八大精神座谈会”，组织专家专题学习研讨；开展了大学习、大讨论、大宣讲、大调研活动。撰写理论文章，为学习宣传党的十八大精神，释疑解惑，发挥社会科学的宣传引领作用。三是学以致用，始终坚持正确的政治方向。始终保持清醒的政治头脑，以马克思主义指导社会科学研究，用社会主义核心价值体系引领社会思潮。在新成立学会审批时，按照有关规定严格审核，把好准入关，特别是注意抓好学会“举旗人”的问题；学术活动实行申报制，根据中央精神加强对各种讲座、研讨会、报告会的监督管理；评审成果时注意严把政治关，对涉及民族问题、宗教问题、敏感问题的个别成果慎之又慎，执行“研究无禁区、宣传有纪律”的要求，没有出现任何政治倾向性问题，学会活动没有出现一例违法行为，真正发挥了社科联管理、指导的职能。

（二）强化大局意识，狠抓社科研究，创建研究型领导班子。组织社科专家联合攻关，搞好重点课题研究。党组成员带头调研，亲自领题，搞好课题研究。党组书记侯秀娟同志主持完成了《非政府组织在构建社会主义和谐社会中的作用研究》、《学术性社科团体党建工作研究》的调研报告，获得省委宣传部优秀调研成果特别奖。省社科联主编的《华夏文明看山西论丛》获得全国优秀科普作品奖，《山西文化创意发展对策研究》获得优秀调研成果一等奖，《河东文化遗产与区域特色文化产业发展研究》、《山西省非物质文化遗产保护与文化产业发展研究》获得优秀调研成果二等奖。省社科联还被授予全省宣传思想文化调研工作先进单位称号。

（三）强化组织意识，认真贯彻民主集中制，创建团结型领导班子。我们始终把民主集中制贯穿于工作决策的全过程，落实在内部议事规则和决策机制中，严格按照议事规则、程序办事。一是开好党组会。做到凡遇“三重一大”问题，必经党组集体研究，充分发扬民主，集思广义，集体决策，增强决策的科学性、正确性。二是定期开好办公会。汇报工作，沟通情况，分配任务，查漏补缺，及时改进。三是开好民主生活会。上半年，结合保持党的纯洁性教育，召开了民主生活会，在广泛征求意见的基础上，进行了对照检查、自我剖析，开展了批评和自我批评，并提出了整改措施。

（四）省社科联围绕建设学习型服务型创新型组织的目标，全面落实岗位目标责任，建立了从党组成员到每一个机关干部人人既有学习培训任务、又有工作责任、还有研究任务的工作体系，将各项任务落实到人。为了加强干部锻炼和改变工作作风，建立了学会联系人制度，副处级以上的干部每人联系9–11个学会，且在学会兼任一定职务，具体参与和指导学会工作，不仅为领导干部提供了学习、锻炼、提升和展示才华的机会，而且加强了基层组织建设。

（五）强化宗旨意识，狠抓作风建设，创建服务型领导班子。一是开展了领导干部下乡住村活动。党组成员深入省级贫困县垣曲县古城镇南堡头村进行调研，同镇、村干部座谈，共商发展大计。在科技惠农兴农和经费上给予大力支持，为该村党员活动室添置了电脑3台，为该村特色养殖项目争取了25万元资助资金，带领省农业厅专家入村进行养殖、果木种植等技术指导，增强了帮扶的针对性。还到困难企业太化燃料厂进行慰问。二是深入高校、地市、学会进行调研。党组书记侯秀娟同志先后多次深入晋中、太谷、晋城、太原和太原师范学院等单位进行调查研究，就我省哲学社会科学的繁荣发展进行交流探讨。党组书记侯秀娟同志深入学会10多次，领导班子成员深入基层及学会90多人次，机关副处以上的干部深入学会150余人次，与学会沟通思想、交流研讨，分析发展中的困难，帮助指导学会工作。

（六）强化责任意识，积极开展创先争优和文明和谐创建活动，以文明和谐创建和党的建设促进机关全面建设。把文明和谐创建作为创先争优活动开展主要抓手，推动机关工作的全面提升，以加强机关党建为突破口，通过“内强素质、外树形象”，不断激发机关干部职工干事创业的精神动力，逐步把创先争优理念注入干部职工的思想，融入干部职工的灵魂，变成大家自觉自愿的行动。把以“围绕中心，服务大局，发挥社科界思想库作用”为主题，以“抓好‘四个一批’建设，夯实组织基础”为载体的创争活动推向高潮，引入实际，付诸行动。在省社科联机关形成干事创业、学习研究、创建文明和谐的良好风气。省社科联的文明和谐创建工作得到省直文明委和省直工委的充分肯定，连续4年获得省直文明和谐单位。

（七）强化法制意识，坚持政务公开，严格依法行政，按照《社会团体登记管理条例》和章程管理好社会组织。省社科联认真贯彻落实中央及省关于政务公开、《法治山西建设纲要》的要求，建立健全了政务公开、依法治理组织机构，制定了计划，明确了责任人。一是增强法制意识，不断完善制度建设。按照国务院颁布的《社会团体登记管理条例》以及有关法律法规进行学会的年检、成立审批、学术管理，逐步形成了《学会登记管理制度》、《学术活动申报制度》、《社会团体年检制度》等制度，为依法管理学会、学术活动提供了制度基础。二是增强工作的透明度，强化党务政务公开。不论是申报课题、申报优秀成果，还是评选先进、评选优秀成果，都在网上向社会公示；不论是财务收支，还是重要活动，都在一定范围内公开；不论是党组的决议，还是领导班子建设，都在党内进行公示。

二、严格要求，率先垂范，扎实推进党风廉政建设

（一）严格落实“一岗双责”。召开党组扩大会，认真学习中央《关于实行党风廉政建设责任制的规定》、《廉政准则》和山西省《实施办法》等相关规定，制定了《省社科联机关党风廉政建设责任制》，成立省社科联党风廉政建设领导小组，设立党风廉政建设办公室。

（二）深入贯彻《廉政准则》。把《廉政准则》的深入学习贯彻作为党风廉政建设的主要内容之一，采取党组中心组学习、各支部集中学习、班子成员上党课和个人自学的方法，进

行层层发动，加深理解。结合《廉政准则》学习，还重点学习了胡锦涛同志在中纪委第七次会议上的讲话、中纪委的十八大报告、新《党章》等相关法律法规，并根据个人工作职能，对照检查，从思想深度剖析，在实际行动中落实。

（三）不断完善制度机制。一是坚持和完善民主生活会。通过民主生活会，达到交心通气、统一思想、凝聚共识的作用。二是坚持和完善社科评奖工作制度。不断完善社科评奖细则和评奖指标体系，制定了“五不准”评奖工作纪律，实行评委及工作人员回避制度、纪检委全过程监督制度、评审结果公示制度、三级评审制度，从而保证了评奖工作风清气正。三是坚持和执行干部选拔任用工作制度。贯彻落实《公务员法》、《党政领导干部选拔任用工作条例》和省委出台的干部选拔任用3个规定，严格落实民主推荐、民主测评、干部考察、任前公示、竞争上岗等选拔任用机制。四是坚持和完善财务管理制度。坚持“收支两条线”管理制度，积极推进“公务卡”消费和物资集中采购。坚持大项开支集体讨论的制度。五是坚持和完善领导干部个人事务汇报制度。党组一班人严格要求，以身作则，自觉执行领导干部婚丧嫁娶报告制度。党组书记侯秀娟同志，儿子结婚时，及时向机关党组织报告，向省纪委请示，未通知机关同志参加。六是坚持和完善党务政务公开制度。以党务公开带动政务、财务、人事公开。保证机关党员群众和社科界的知情权、参与权、监督权。

（四）深入开展纯洁性教育。把保持党的纯洁性学习教育活动作为推动机关党风廉政建设的主要抓手。以思想教育、正面教育、自我教育为主，紧密联系工作实际，通过集中学习、分析检查、整改落实，着力解决在社科界党员队伍中存在的党性观念淡化、服务意识不强、能力建设不足、责任意识不够等突出问题，不断增强党性意识、政治意识、危机意识、责任意识。组织机关党员干部赴武乡县和平顺县西沟村，开展“勿忘历史、爱我中华”的爱国主义教育活动和“学习申纪兰精神、永葆党的纯洁”教育实践活动。参观了八路军总部纪念馆，聆听了申纪兰同志的报告。并在西沟纪念馆前，举行了廉洁从政宣誓。在2010—2012年创先争优活动和机关党建工作中，省社科联机关党总支连续两年被评为先进基层党组织。

三、以党的建设为基础，推动社科联各项工作的全面发展

（一）围绕我省经济社会发展战略，组织社科专家开展重点课题研究，努力发挥思想库作用。2012年，在圆满完成50项重点课题的基础上，实际完成108项，超额完成了任务。新确立了158项重点课题，圆满完成了课题的立项工作。党组书记和其他党组成员带头领题调研，省社科联机关直接承担完成9项课题，编辑出版了《山西发展研究报告（二）》。这些课题就山西转型发展的途径、提升文化软实力、城乡生态建设、公共服务均等化和农业“一村一品”等重大问题进行了深入研究，所提出的建议与对策，有的已经被省委省政府或有关部门采纳，转化为现实生产力。

（二）组织带领社科专家“走转改”（走基层、转作风、改文风）。省社科联党组成员带领20余位社科专家，深入到孝义、介休等综改先行先试区进行现场调研，实地出招。还深入朔州市调研文化产业发展，帮助朔州市制定了文化产业发展规划，推出了《西口研究》。专家学者足迹跨涉6市10余县20多家企业村镇。

（三）圆满完成了山西省第七次社会科学研究优秀成果评奖工作，推出一批高质量的优秀成果。第七次社科大评奖，社科联组织了130多名评审专家，分9个学科组进行了三级评审（初评、学科评审、评委会审定），4月1日至30日进行了网上公示，8月13日领导组进行研究确认。最后评出了295项优秀成果，其中荣誉奖2项，一等奖23项，二等奖69项，三等奖93项，优秀奖108项。

（四）主动占领宣传阵地，扎实推进社会主义核心价值体系建设。一是与《山西日报》联合开展了“山西精神大家谈”征文活动 。经过各方面广泛参与讨论，不仅初步提炼出以“诚信、节俭、创业、开放”为主要内容的“山西精神”，而且在我省营造了学习研究山西精神的氛围，促进了社会主义核心价值深入人心。二是办好山西社科网站。山西社科网不仅为社科工作者提供了方便快捷的服务，而且积极运用中国特色社会主义理论体系引导网上舆论，弘扬了社会主义核心价值。三是办好《学术论丛》。全年高标准完成6期、120余万字的编辑出版发行任务。这一刊物以其较高的学术水准得到学术界的重视与认可。四是办好《山西社科联》。围绕迎接十八大、宣传十八大、学习十八大、贯彻十八大，以及山西转型跨越发展进行宣传，同时及时反映社科界和学会的信息，高质量完成了编辑发行工作。

（五）积极开展学会创先争优活动，提升了学会管理水平，整合社会资源，促进文化繁荣发展。学会管理是社科联的一项基本职责。从4月份开始对全省132个学会的组织建设、学术活动、课题研究、财务收支以及遵纪守法等方面的情况进行了全面审查年检。同时，在学会中开展了创先争优活动，评选出优秀学会（包括市社科联）48个，先进学会工作者52名。

（六）开展了社科优秀成果“百部（篇）工程”评审工作，促进学术繁荣和人才成长。“百部（篇）工程”是省社科联精心打造了17年的一项品牌工程，其影响越来越大。今年共评出获奖成果169项，其中：荣誉奖3项，一等奖35项，二等奖55项，三等奖74项。“百部篇工程”奖不仅具有专业水平，更体现群众性学术活动的特点，使一大批青年社科人才脱颖而出，逐渐成为学术骨干和理论创新人才。

（七）建立健全社科专家人才库，加强对社科人才的培养和管理工作。认真贯彻落实我省中长期人才规划，加强社科人才队伍建设，调整充实了由419人组成的社科专家人才库，其中涉及17个社科类学科及新兴交叉学科，所有人员全部为正高级职称。与此同时，积极参与我省优秀青年拔尖人才的选拔评选工作，为优秀青年人才的成长，发挥了很好的作用。

（王纪山 刘英珍）

附：省社会科学界联合会党组书记、成员名单

书　记：侯秀娟(女)

成　员：王崇德　王纪山　王志超

省归国华侨联合会党组工作概况

党组书记　王立业

2012年，省侨联党组全面贯彻党的十七届六中、七中全会和党的十八大及省第十次党代会、省委十届二次全会精神，高举中国特色社会主义伟大旗帜，以邓小平理论、“三个代表”重要思想和科学发展观为指导，紧紧围绕省委、省政府决策部署和转型综改的总体战略，着力加强基层组织和自身建设，坚持“两个并重”，推进“两个服务”，履行四项职能，发挥侨联组织独特作用，科学谋划、多措并举，助力服务于我省经济社会的和谐发展，圆满完成全年工作任务，为推动全省转型跨越发展作出了积极贡献。

一、注重思想教育，进一步强化侨联组织服务大局的意识和水平

一年来，省侨联党组组织机关干部认真学习了党的十八大精神，学习习近平总书记一系列重要讲话和中央政治局改变工作作风八项规定，传达学习《中央书记处关于侨联工作的几点意见》和王兆国同志在中国侨联八届四次全委会议上的重要讲话；开展保持共产党员纯洁性学习教育活动，举办全省侨联干部培训暨党的十八大精神学习班，并组织各市侨联和省侨联各部门主要领导赴江苏进行学习考察。

在加强各级侨联干部学习的同时，在全省侨界开展了群众性学习活动。根据省委和中国侨联要求，选派干部参加了省委党校、省直机关党校和中国侨联干部培训班，组织机关干部参加了干部在线教育和干部自主选学。

二、主动服务发展大局，积极参与并认真做好首届世界晋商大会的各项工作

一是精心组织，积极开展招商工作。省侨联依托中国侨联的有力支持，通过出访香港、组团赴江浙沪侨联拜访、电话与邮件沟通等多种形式，及时地宣传首届世界晋商大会并进行招商，诚邀海外客商来晋投资兴业。经过全省侨联系统的共同努力，共落实签约项目81个，项目总投资额1155亿元人民币，拟引资额1061亿元人民币，其中合同和协议签约项目32个，签约金额532亿元人民币。顺利完成“千亿项目签约”和合同额“保四争五”的招商工作目标。

二是多措并举，积极开展邀商工作。一方面主动与重要侨领、侨商和海外友好侨团沟通联系，诚邀侨领、侨商和海外侨团前来参会；另一方面组织各市侨联积极参与，多渠道邀请海外知名客商参会。通过不懈努力，省侨联共确定邀请到海(境)外侨领侨商代表、世界500强企业代表、国别代表共计105人前来参加首届世界晋商大会，其中贵宾6人、嘉宾27人，涉及32个国家和地区。各市侨联共为大会邀请到海(境)外代表97人。

三是周到细致，圆满完成接待工作。省侨联按照大会执委会的统一安排：负责中国侨联林军主席、王永乐副主席一行7人的对口接待；按照1+1安排接待香港侨领侨商代表团一行41人、美国侨领侨商代表团一行19人；配合完成25名海(境)外侨领、侨商4批次的会见工作。省侨联按照一对一跟踪、全程服务的原则圆满完成大会交办的各项接待工作任务。紧紧抓住晋商大会海内外侨团、侨领及专家学者云集山西的重大历史机遇，借势发力，举办了“侨之盟·晋之约——海内外侨团缔结友好仪式”和“山西省侨联特聘专家委员会成立大会暨首批专家聘书发放仪式”，构建了侨联更好地助力服务全省经济社会发展的海外合作平台和人才技术合作平台。我会参与组织首届世界晋商大会的工作得到了大会组委会和中国侨联林军主席等领导的高度评价。

三、积极参与社会管理，为推进山西和谐稳定做出积极贡献

一是发挥界别作用、积极参政议政。省侨联紧紧抓住人大、政协换届的有利时机，指导各级侨联顺利完成了人大代表、政协委员的推举工作，推荐了一批德才兼备、参政议政能力强，懂侨、爱侨、敢于为侨说话的侨界代表人士担任归侨侨眷人大代表和侨联界政协委员。各级侨联充分发挥侨界人大代表和政协委员的主体作用和侨联组织的基础作用，纷纷组织侨界人大代表和侨联界别政协委员开展调研和座谈活动，广泛听取侨界群众的意见和建议，真实反映侨情民意，为大局工作建言献策。2012年以来，各级侨界人大代表和政协委员共撰写提案、议案和社情民意300多篇，其中大部分被当地党委政府采纳，受到了社会各界关注和好评。2012年7月，省侨联在阳泉召开了山西省侨联参政议政工作经验交流会，全面总结了近年来全省侨联参政议政工作，对下一步工作进行了安排，提出了“提高两个认识、增强四种能力、完善四种途径、抓好两项工作”的参政议政工作总体要求。

二是发挥组织优势，开展群众工作。针对全省农村贫困归侨侨眷较多的特点，在开展科技扶贫、项目扶贫、职业技能培训等多种关爱活动的基础上，全省侨联组织积极开展了不同形式的捐资助教、助学活动等公益活动。在浙江新华爱心教育基金会的资助下，我省有三所中学(祁县、贺昌、代县二中)高中阶段的650名“珍珠生”累计得到共计170余万元的资助；意大利罗马华侨华人妇女联谊会会长康胜燕女士一行

六人，考察了忻州市特殊教育学校、向定襄县宏道镇西街小学进行捐资助教，并表示长期资助。按照中国侨联和省委、省政府统一部署，在2012年元旦、春节来临之际，组织开展了较大规模的“送温暖、献爱心”活动，共向全省600余户贫困侨户发放慰问金近60万元。

三是坚持“两个并重”，拓展工作平台。按照“国内国外并重、新侨老侨并重”的总体思路，主动延伸工作触角，组织开展了多项联谊活动，加大了海外联谊力度。先后承办了全国侨联宣传文化工作会议和第四届全球华人羽毛球团体锦标赛；举办了著名书画家李双海书画展；参加了中国侨联主办的2012东芝“侨心杯”全国少年足球邀请赛、首届全球华人书画大赛并获得嘉奖。组织全省中小学生，特别是归侨、侨眷子女参加第十三届世界华人学生作文大赛。此外，为适应工作重心转移和工作任务转型，省侨联相继成立了山西省侨联青年委员会、山西华侨商会、山西海外人员亲属联谊会、山西省侨联法律顾问委员会、山西华夏书画院、山西省侨联特聘专家委员会、山西侨联海外侨团联盟、山西省侨联国际信息网站。各市侨联结合各自实际，先后成立了相应社团组织，全省6个市级侨联建设开通了网站。

四是干部下乡住村工作扎实推进。按照省委和省委统战部的安排部署，及时调整了下乡住村工作领导组，进一步完善了工作方案。新任党组书记王立业在上任不久就带领机关全体人员深入扶贫点中阳县三角庄村进行调研、与村两委班子成员座谈，听取两委班子新农村建设的规划设想。在春耕来临之际，副主席范安龙同志带领机关同志到三角庄村进行了调研，查看备耕情况，并与村两委班子商讨今年扶贫工作的重点。党的十八大召开后，省侨联书记党组王立业，专程赴扶贫点进行十八大精神宣讲。一年来，由党组书记和驻会副主席带队，我会机关人员先后6次深入扶贫点——中阳县三角庄村进行矿物质调研活动。全年共争取扶贫资金30余万元，主要用于中草药种植和牛群圈养工程。

四、着力加强自身建设，积极开展创先争优和文明和谐单位创建活动

一是认真学习贯彻我省《关于加强和改进新形势下侨联工作的意见》。2012年3月，省委办公厅、省政府办公厅印发了《关于加强和改进新形势下侨联工作的意见》，《意见》下发后，省侨联对学习贯彻《意见》进行了安排部署，并先后召开主席扩大会议、机关全体会议进行学习贯彻。并于11月在江苏省苏州市召开了学习贯彻《意见》精神座谈会。各市、县侨联也纷纷通过各种形式组织侨联专、兼职干部认真学习贯彻《意见》，并及时向当地党委分管领导进行汇报。

二是进一步健全完善考核评比机制。为深入贯彻落实科学发展观，推动争先创优活动在全省侨联系统深入开展，进一步贯彻《山西省年度目标责任制考核试行办法》，实现年度考核工作的规范化、制度化，建立健全科学合理的侨联工作目标责任管理体系，推动全省侨联事业又好又快发展，省侨联进一步健全完善了《山西省侨联年度工作考核办法》及《评分细则》，并将县级侨联组织纳入考核评比范围。通过考核，进一步调动了全省各级侨联的工作积极性，全省侨联工作呈现出良好的发展势头。此项工作得到了中国侨联的充分肯定。

三是自身建设得到进一步加强。一年来，各级侨联积极探索符合侨联特点的组织模式和工作机制，建立健全规章制度，转变侨联机关作风，侨联机关建设得到进一步加强。为进一步提高工作的计划性，加强对工作任务落实情况的督促检查，省侨联机关建立了每月一次的工作安排部署和落实检查制度，对照年度工作计划逐事逐项进行督促检查，确保计划任务按时保质保量完成。为进一步加强对所属社团的监督管理，加强所属社团党的基层组织建设，制定了《关于加强对所属社团监督管理的意见》。建立了《侨情专报》制度，把我省侨联工作的新情况、新做法、新经验、新成果和出现的新问题及时地向中国侨联反应，把中央领导和中国侨联领导的批示、指示及时向省有关领导报告。为进一步扩大对外交流力度，做好信息交流和发布，确保网站安全运行，对省侨联网站进行改版升级。按照新的党政机关公文格式解读，组织全体机关人员进行了培训，提高机关干部的办文能力。2011年，省侨联和太原、大同、长治、晋城、临汾、运城六市侨联分别被评为省直(市直)文明和谐单位。

五、加强制度建设、确保清正廉洁，努力建设开拓创新、团结干事的领导集体

省侨联党组高度重视和切实加强班子自身建设，认真执行民主集中制和党风廉政建设责任制。建立并坚持了党组书记为第一责任人的党风廉政建设责任制，领导小组及办公室运行正常。坚持把反腐倡廉建设纳入工作总体规划，在年初安排部署工作的同时对廉政建设一起安排、年底一起检查。制定了党风廉政建设和反腐倡廉工作学习教育计划，把反腐倡廉教育纳入了党员、干部年度教育计划。全面推进惩防体系建设，努力营造“勤政尚廉、秉公用权、艰苦奋斗、风清气正”的良好环境。严格落实信访工作首问负责制和责任追究制，主动了解侨界群众的所思所想所需，侨界群众没有出现越级、进京上访现象。党组制定了党组会议制度、党组议事制度并坚决执行；对重要决策、干部任免、重大项目安排、涉侨案件和大额资金使用等，在广泛征求群众意见的基础上，一律通过班子集体研究，尊重群众意见、坚持民主决策，不搞个人好恶和一言堂。按时召开领导班子民主生活会和党员组织生活会，积极开展批评与自我批评，主要领导在参加领导班子民主生活会的同时，还以普通党员的身份参加党员民主生活会。作为涉外工作部门，省侨联班子成员和全体机关人员在与海外侨胞和国外友人交往中严格外事纪律，维护集体形象，杜绝以个人名义接受客人馈赠礼品。坚决落实中央和省委关于厉行节约的有关规定，严格执行有关接待和到基层调研工作的具体规定，我会没有私设小金库，一年中无公款出国(境)旅游等事项。

省侨联党组把贯彻实施《党政领导干部选拔任用工作责

任追究办法(试行)》、《党政领导干部选拔任用工作有关事项报告办法(试行)》、《地方党委常委会向全委会报告干部选拔任用工作并接受民主评议办法(试行)》、《市县党委书记履行干部选拔任用工作职责离任检查办法(试行)》等四项监督制度和其它有关干部制度列入重要议程,做到"三个坚持":即坚持中心组认真学习,坚持组织全体机关干部学习,坚持在实际工作中严格认真执行。在选拔任用干部工作上严格按照《党政领导干部选拔任用工作条例》办事,坚持民主推荐,组织考察,党组集体研究决定,预告、公示等程序,保证了用人上的公开、公平、公正,有效调动了机关干部的积极性。省侨联连续两年"一报告两评议"结果四项指标都是100%,受到了省委组织部好评。

(张志龙)

附:省归国华侨联合会党组书记、成员名单

书　记:王立业(5月任职)

成　员:许并社

省红十字会党组工作概况

2012年,省红十字会党组坚持围绕全省红十字事业改革与发展工作大局,坚持党建工作与业务工作相结合,突出重点,狠抓落实,注重成效,全面加强全会机关党建工作,在党的思想、组织、作风、反腐倡廉、制度建设上取得了可喜成效。同时,以红十字会"三救三献"核心业务工作为中心,团结奋进,扎实工作,开拓创新,切实改善民生,在人道救助领域协助政府开展了大量卓有成效的工作,充分发挥了红十字会作为政府助手的独特作用,为山西转型跨越发展做出了积极贡献,圆满完成了全年各项工作任务。

一、紧紧围绕"三救三献"工作职责,千方百计完成各项人道救助工作任务,为"改善民生、促进和谐"做出应有贡献

(一)继续深入开展"博爱一日捐"募捐活动,救助区域不断扩大。与省直工委、省文明办联合下发了《关于加强"博爱一日捐"募捐工作的通知》,在全省范围内广泛开展"博爱一日捐"募捐活动,全年全省红十字会系统共接收"博爱一日捐"捐赠款物1500余万元。在全省范围内开展了"微笑工程"、"博爱救心"、"小天使基金"、"博爱幸福工程"等博爱助医工程,实施医疗救助526人次。连续15年开展了"红十字博爱送万家"活动;2012年全省各级红十字会共筹措了包括棉衣、棉被、大米、面粉等价值700余万元的救助物资,对全省55个受灾及贫困县、区近15000余户特困家庭进行慰问发放,受益人数达40867人次。

(二)加强备灾救灾,完善应急机制,扎实推进应急救护培训工作。7月,晋城、吕梁等市部分地区遭受强降雨侵袭而发生洪灾后,省红十字会及时调拨50多万元救灾物资发放给受灾群众;根据应急救灾工作的需要,采购了价值60万余元共3000个博爱应急箱,进一步完善了我会的应急物资储备;修订了《山西省红十字会自然灾害救助应急预案》并完成评审;与武警山西省总队医院联合组建了"山西省红十字救援队";与省地震局、省应急办等单位和部门联合举办了"防灾减灾日"宣传活动;积极选派红十字应急救援队志愿者参加了中国红十字会总会主办的"第二届全国红十字应急救护大赛"并获优秀奖。

进一步发挥红十字会应急救护培训工作的传统业务优势,不断增强高危行业人员的安全意识和救护技能,逐步降低突发事故所致意外伤害的致残、致死率,全面推动我省群众性救护培训工作在铁路、煤矿、电力等高危行业的开展,并不断向外资企业、台资企业、移动公司、酒店等行业拓展,同时也加大了对社区居民、学校学生以及救援队红十字志愿者、国际能源博览会志愿者的救护知识的普及与宣传力度;全年共开展应急救护培训115期,培训初级急救员6788人次,普及救护知识达6.2万人次。

(三)稳步推进造血干细胞和遗体与人体器官捐献工作。保质保量完成了2012年"中华骨髓库"分配我省4500人份的造血干细胞采样工作任务,累计向总库传输志愿者HLA(人类白细胞抗原)分型数据6.6万人份;2012年,山西省分库有18名志愿者捐献了造血干细胞,累计捐献造血干细胞72例,是省红十字会建立造血干细胞捐献者资料库以来造血干细胞捐献最多的一年;与省卫生厅联合下发了《关于无偿献血者异地用血报销的通知》,明确了造血干细胞捐献者及配偶、直系亲属(父母、子女),可以不限时无偿使用800毫升全血的待遇(可在本省异地用血并进行报销,报销费用由用血地血站承担)等相关规定。

(四)广泛宣传红十字精神,积极开展红十字青少年和志愿服务活动。积极取得省内主要报纸和电视媒体的支持与配合,广泛宣传报道我会在全省范围内开展的"红十字博爱送万家"、"五八世界红十字纪念日"和"5·12防灾减灾日"活动、捐献造血干细胞、应急救护培训、开展"博爱一日捐"公益募捐活动、干部下乡住村暨助农帮扶活动;编印了《山西省红十字会建会百年系列庆祝活动汇编》,通过办好网站、发行《山西红十字通讯》等,不断扩大红十字会的宣传覆盖面。

(五)加强国际与地区间的红十字会交流与合作,积极引进外援资金,服务我省弱势群众。引进挪威红十字会外援资金130余万元,在榆社县西马村实施打井增水项目,以解决该村饮用和灌溉缺水问题,并通过在该村举办健康知识普及教育培训活动,以改变村民不良卫生习惯,减少疾病发生,提高全村卫生健康水平;派员考察学习泰国应急救灾体系管理和参加在美国举办的第19届世界艾滋病大会及红十字系统防艾工作交流会。

二、全面推进党的建设，为全省红十字事业健康发展提供有力的政治保证

（一）狠抓党的工作责任制落实。

一是加强政治理论学习。2012年，会党组将学习宣传贯彻党的十七届六中全会、党的十八大精神和省第十次党代会精神以及《党员领导干部廉洁从政若干准则》、党史、《中国共产党党和国家机关基层组织工作条例》等作为年度理论学习的重点进行了安排部署，制定了年度中心组和干部理论学习计划；在省委党校举办了全省红十字会系统2012年专职干部能力建设暨突发事件应对与危机管理培训班，深入学习了党的十七届六中全会和省十次党代会精神解读、提升领导干部能力素养、应对突发事件等内容；安排了处级干部和党务干部参加省第十次党代会精神、省直机关保持党的纯洁性学习教育活动党员骨干专题培训；中心组组织全会党员干部认真学习胡锦涛总书记在十七届中央纪委第七次全会和省部级主要领导干部专题研讨班开班式上的重要讲话精神、党的十八大精神等内容，全年中心组学习共计7次12天；深入开展领导干部讲党课活动，党组成员、专职副会长冯晋生作题为《关注民生，增强党性，担纲职责》的专题党课辅导；积极组织党员干部参加干部在线学习；根据省委统一部署，深入开展了保持党的纯洁性学习教育活动，成立了我会开展保持党的纯洁性学习教育活动领导小组，制定了实施方案，召开了开展保持党的纯洁性学习教育活动动员大会，并通过参观八路军纪念馆、抗日战争图片展、开展全体党员重温入党誓词等多种形式的缅怀革命先烈活动以及召开以“保持党的纯洁性、创优发展环境、抵制‘吃拿卡要’”为主题的支部专题民主生活会，不断将活动引向深入，效果显著。

二是加强党的组织建设。2012年，会党组认真履行对党的建设工作“负总责”的职责，坚持把机关党的工作与业务工作同部署、同检查、同落实、同考核；认真学习贯彻落实《国务院关于促进红十字事业发展的意见》精神；制定了《山西省红十字会2012年法制宣传教育规划》，将红十字会法律、法规的学习宣传列入普法教育计划；在全会各级党组织中深入开展了机关党建工作“走在前头”活动，认真做好全年的党费工作和党员发展工作；根据省委工作部署，深入开展了创先争优活动和基层组织建设年活动，制定了《山西省红十字会关于在创先争优活动中开展基层组织建设年的实施方案》，对在我会开展健全组织、分类定级、整改提高、晋位升级、创先争优等项活动作出工作部署；我会在分类定级工作中被评定为“好”；在纪念建党91周年之际，对2010—2012年在全会开展创先争优活动中涌现出的5名优秀共产党员进行了表彰。

三是加强干部作风建设。认真按照省纪委、省委组织部关于加强作风建设的八条规定，树立和弘扬良好作风，大兴调查研究之风，狠抓工作落实。继续深入推进干部下乡住村活动，通过在干部下乡住村活动包扶村——榆社县西马村举行“红十字博爱送万家”救助物资慰问发放活动、为包扶村蔬菜大棚种植户带去蔬菜大棚种植理知识、对在西马村实施打井增水项目进行选点调研、引进挪威红十字会外援资金130余万元在西马村实施打井增水项目、为村民实施改水改厕项目等活动，使全会干部在下乡住村与村民同吃同住同劳动的过程中，注重调查研究，不断转变工作作风，切实能够抓住工作重心，按照服务民生的工作宗旨，做到为民、务实、清廉。

（二）全面加强党风廉政建设工作。高度重视全会党风廉政建设工作，认真按照中央、省委和省纪委的统一部署和要求，严格执行中央《关于实行党风廉政建设责任制的规定》和我省《实施办法》，落实“一岗双责”制度，教育和引导党员，特别是党员领导干部始终绷紧反腐倡廉这根弦，着力提高领导班子和领导干部的责任意识，完成反腐倡廉各项任务和要求，切实将党风廉政建设工作贯彻好、落实好。印发了《山西省红十字会2012年党风廉政建设工作安排》，按照“一岗双责”制度，对全年党风廉政建设工作进行了安排部署，对2012年全会党风廉政建设和反腐败工作任务进行了分解，对全年党风廉政建设和反腐败工作作出安排部署；深入开展整治“吃拿卡要”问题创优发展环境活动，专门成立了开展整治“吃拿卡要”问题、创优发展环境活动领导小组，制定了实施方案，召开了2012年党风廉政建设干部大会暨整治“吃拿卡要”问题创优发展环境会议；一年来，全会未发现违法违纪问题。

（三）充分发挥党员主体作用和工会等组织作用，有效推动精神文明创建工作。高度重视精神文明创建工作，着力加强创建活动的组织领导，机构、人员、经费到位。创建工作有计划、有制度、有内容、有总结，使创建文明和谐单位的工作有了良好的运行机制；积极开展以社会主义核心价值体系为重点的公民思想道德建设和学习型党组织建设活动，深入开展学习雷锋志愿服务活动，通过开展丰富多彩的群众性文化活动，不断陶冶情操，活跃文化氛围，积极推进精神文明建设。2012年，被省直文明委再次评定为“文明和谐单位标兵”。

（侯晓俊）

附：省红十字会党组书记、成员名单

书　记：（空缺）

成　员：冯晋生　白　冰（女）

省管国有企业党委工作概况

山西焦煤集团有限责任公司党委工作概况

党委书记　任福耀

2012年，山西焦煤集团完成原煤产量1.054亿吨，精煤产量4558万吨，焦炭产量807万吨，发电量179亿度，销售收入1807亿元，利润26亿元，上交税费158亿元，在岗职工近20万人。企业位居2012年“中国企业500强”第83位、“全国煤炭企业100强”第7位和“全国煤炭企业产量50强”第7位。

一、明晰发展思路

年初，山西焦煤集团党委在准确研判内外形势的基础上，明确提出“安全生产要有新举措，应对危机要有新对策，转型跨越要有新动作，文明建设要有新追求”的工作思路，将全年工作科学定位在“四件大事”上，不断将党的政治优势、组织优势转化为企业的竞争优势、发展优势。面对复杂多变的内外形势和不利影响，公司党委认真组织开展了“形势任务教育、安全宣传教育、喜迎党的十八大教育”三大教育活动，强化干部职工的危机意识、竞争意识、发展意识，提出了应对危机的阶段性工作安排，保证了企业发展的正确性、连续性。所属山焦西山、山焦焦化等子分公司党委分别开展“亮家底、明形势、共渡难关”、“学先进、找差距、强化管理”等活动，在统一思想、形成合力上抓出了成效。党的十八大召开之后，各级党组织认真学习宣传党的十八大精神，坚持在学习领会上下功夫，在结合落实上做文章，用党的十八大精神统领企业发展方向，提出和描述了建设“安全焦煤、百年焦煤、十强焦煤、美丽焦煤”四大战略重点，初步形成了新时期，新阶段的企业发展总体战略。

二、夯实工作平台

围绕“创先争优”、“基层组织建设年”活动开展工作，理顺隶属关系，优化机构设置，健全组织体系，全年新发展党员2030人，消灭了84个基层党员空白点，巩固了1669个先进党组织，有655个一般党组织和240个后进党组织实现晋位升级。深入开展保持党的纯洁性学习教育活动，广泛开展“向优秀共产党员武学成同志学习”活动，激励广大党员干部恪尽职守、无私奉献，有效发挥了党员的先锋模范作用。一年来，山焦西山“标准化党支部建设”、山焦汾西“亮身份、亮业绩”、山焦霍州“达标升级竞赛”、山焦焦化“挖潜增效益，党员展风采”、山焦华晋“党员一面旗”、山焦投资“党建创水平，三化提绩效”、山焦销售“党员进厂入户”等活动创造了许多鲜活经验。

三、焕发团队活力

坚持党委中心组集中学习、民主生活会等制度，提高了各级领导班子的理论素养、党性观念和宗旨意识。坚持优化结构、提高质量、好中择优、优中选强的原则，及时调整充实了山焦西山、山焦汾西、山焦华晋等单位领导班子，优化了班子结构，增强了班子活力。坚持党管干部和现代企业法人治理结构相结合的原则，健全完善了《关于进一步规范干部选拔任用工作的意见》、《关于进一步加强后备干部队伍建设的意见》，提高了选人用人的公信度。2012年共选任处级以上干部246人，交流处级以上干部352人。坚持把基层一线作为培养干部的主阵地，把应对经济危机、推进并购重组、化解复杂矛盾等工作过程作为考察识别干部的主战场，在武乡电厂、太矿电气、运城盐化等重点项目并购、重点工程建设和有效落实“四件大事”考验中，激发了团队干事创业活力。

四、促进廉政建设

创新完善“防范、规范、监督、监察”四位一体工作机制，认真履行"一岗双责",增强党员干部"干净干事、干事干净"的自觉性,营造了风清气正的环境。充分发挥山焦西山效能监察、山焦汾西警示教育、山焦霍州廉洁文化"三大示范工程"的引领作用,提升了党风廉政建设整体工作水平。进一步规范安措工程立项和项目投资管理制度,出台"领导人员廉洁从业"和"煤炭焦炭营销"两个监督实施细则,完善了廉政建设防控体系。组织以"保持党的纯洁性,促进廉洁从业"为主题的宣传月活动,巩固了100个各具特色的廉洁文化阵地。重点对"三重一大"决策程序和重大决议落实情况开展监督,全年督查督办工作事项479件,办结率97%,各级各单位的落实力、执行力显著增强。

五、树立良好形象

按照"内强素质、外塑形象"的总体要求,集中力量开展文明创建活动,对外加强主要环节、重点部门、销售系统文明办事和窗口形象的养成教育,在广大客户中树立了"诚实守信、和蔼可亲"的形象;对内加强机关形象建设,简化工作流程,提高办事效率,在职工群众中树立了"务实高效、干事创业"的形象。不断丰富文明创建内涵,扎实开展特色创建活动,山焦西山马兰矿等3个矿(厂)荣获山西省文明单位标兵,山焦霍州杨晓敏、韩学军入选百名"感动中国矿工"。大力开展报刊杂志网站的清理整顿工作,共停办各类内部报刊54种,关停外网10余家,整合了新闻资源,减少了重复投资。

六、安全生产能力稳步提高

提出了"安全第一,生产第二"的原则和纪律,确立了治理大隐患,预防大事故与提高两支队伍素质,减少零打碎敲事故并重并举的指导思想。研究预防大事故的重点领域,在简化通风系统、加强瓦斯抽采队伍建设和技术进步、完善矿井排水系统和水文地质勘测等方面采取了一系列措施,并先后组织了瓦斯煤尘百日治理和防治水百日治理活动,共查出各类隐患47060条,整改率99.8%。认真开展领导干部联系单位活动、集团领导下矿对矿(处)级领导班子"熟悉系统、熟悉现场、熟悉规程、熟悉图纸"情况现场考核活动。创立"干部上讲台,培训到现场"制度,全年共有11875名干部受聘讲课,18320名干部现场包保职工140889人,推动了干部职工两支队伍业务技术素质同步提高和干群关系不断改善。加强地面生产及公共领域安全管理,重点对焦化特别是化工生产的基本规律进行了分析教育,对保持设施设备完好,检修现场组织领导和干部职工开展教练式培训进行了部署,对自备电网集中整治工作进行了重点调研和督办。2012年,集团共有5座矿井被国家授予"安全高效特级矿井"称号;共发生人身伤亡事故3起,其中煤矿2人、洗煤1人,创造了历史最好成绩。

七、市场竞争能力显著提高

采取调整结构、扩大产销、提高单产单进、清理项目投资、降低采购成本等一系列措施,大幅度降低成本费用。年度商品煤综合成本同比降低50元/吨,实现山西五大煤炭集团中的最低成本生产;焦炭成本同比下降150元/吨;会议费用、招待费用、差旅费用支出同比减少11000万元。在煤炭需求下降、库存大幅增加的时刻,迅速做出了"实施大客户战略,调整运销体制,加强铁路运输环节,调整价格决策机制,加强质量管理和扩大产销,禁止赊销,价格随行就市,实施月、旬、周价格制度"等一系列重大决策,全面实行营销系统"包区联户"、"驻厂入户"制度,年度煤炭销售量达到9353万吨,同比增加796万吨,实现了逆势大幅度增长。加快非煤产业发展,全年非煤产业实现收入1286亿元,同比增加578亿元,增幅81.6%。积极争取国家资金支持,加大融资力度,全年向上争取到15亿元的政府政策资金支持,向香港恒运公司和北京中广核公司引进资金20亿元,全年直接融资130亿元、间接融资100亿元。千方百计支持困难企业扭亏脱困,打破了困难企业躺在煤炭产业身上吃大锅饭的惰性,通过收缩战线、机构改革、运销支持、招商引资等系列措施,帮助其获得生存和发展能力。

八、企业发展速度显著加快

明确提出发挥集团、子公司、区域公司、煤矿和非煤基层单位四个积极性,实施基建技改、整合煤矿建设、兼并重组、拓展实物贸易"四轮驱动"战略,促进煤炭与非煤产业同步发展。坚持做大做强煤炭产业,整合煤矿形成产能1020万吨/年,煤矿基建技改项目完成投资126亿元,山焦霍州庞庞塔、山焦华晋沙曲煤矿扩建,山焦西山斜沟矿等一批大型煤矿建设项目取得阶段性成果。先后完成了对武乡电厂、太矿电气、德汇钢管、爱钢再制造、安泰机械、天安电气、防爆电机、安瑞风机、南风化工等15个企业的并购,重组非煤企业销售规模达到70亿元/年,特别是南风化工的成功并购,使山西焦煤一步成为国内最大的无机盐生产供应商,为继续发展盐化工产业提供了强有力的技术和人才支撑。加大招商引资力度,引资组建机械电气股份公司、引资重组投资公司并推动上市工作取得重要进展。

九、文明企业建设初步启动

以党的纯洁性教育和"创先争优"活动为载体,狠抓党员干部队伍的思想作风建设,出台了促进干部作风转变"十严禁"的规定,形成了团结紧张、严肃活泼、纪律严明、务实高效的工作格局。积极构建帮扶工作新格局,发放慰问救济金3741万元,发放金秋助学金361万元。全面加强特殊时期和重要时段矿区和谐稳定工作,圆满实现党的十八大期间省委省政府提出的"五个不发生"目标,集团公司被评为党的十八大期间全省"信访工作先进单位"。扎实开展矿区旧区改造和环境治理,加快保障性住房建设,在建住宅面积达到455万平米,其中棚户区住宅261万平米,保障性住房194万平米,共完成矿区绿化面积95.9万平米,职工生活和工作环境得到进一步改善。

(马海虹)

附:山西焦煤集团公司党委书记、副书记、常委名单

书　记:任福耀

副书记:高斌旗　邓保平　李堂锁

常　委:金智新　李建胜　杨根贵　游　浩　薛道成　李贵生

太原钢铁(集团)有限公司党委工作概况

党委书记　杨海贵

太原钢铁(集团)有限公司党委下设基层党委40个,直属党总支4个,直属党支部10个,基层党总支26个,基层党支部545个。全集团党员共计23601名(在岗11023名)。

2012年,集团党委以科学发展观为指导,紧紧围绕公司发展战略和年度目标任务,以迎接党的十八大、学习宣传贯彻党的十八大精神为动力,全面落实党建工作的指导思想和基本方针,充分发挥党组织的政治核心作用、战斗堡垒作用、领导干部的示范表率作用、党员的先锋模范作用,为公司营造了和谐稳定的发展环境,各项事业取得丰硕成果。集团全年累计产钢1012.66万吨,比上年增长2.25%,其中不锈钢310.61万吨,比上年增长2.77%;实现营业收入1405.04亿元,比上年增长10.63%;利润4.01亿元,居行业前列。集团党委荣获"全省创先争优先进基层党组织"。

一、全面掀起学习贯彻党的十八大精神热潮,转型跨越发展开启新征程

集团党委认真组织十八大代表选举工作,不锈冷轧厂有一名职工光荣当选。广泛开展"寄语十八大"、网上知识竞赛等活动,营造了喜迎十八大的浓厚氛围。十八大召开后,通过收看大会实况、专家辅导等进行了学习宣传。召开太钢传达贯彻十八大精神专题报告会,结合贯彻十八大精神,对推进太钢转型跨越发展作出了新部署、提出了新要求。省委有关领导专程来太钢宣讲十八大精神,进一步增强了党员和干部职工对十八大精神的深刻领会和准确把握。在集团上下掀起了学习宣传贯彻十八大精神的热潮,进一步激发了广大党员和干部职工干事创业的热情。

二、扎实开展保持党的纯洁性学习教育活动,领导班子和干部队伍建设取得新进步

集团党委结合实际,制定活动方案,创新活动载体,党员干部思想、作风、队伍的纯洁性进一步增强。两级中心组全年集中学习六次,公司中心组成员赴刘胡兰纪念馆和吕梁英雄广场参观学习,参加太原市"国防日"活动,接受革命传统教育和国防现代化教育。召开各级领导班子民主生活会,认真开展批评与自我批评,形成142条整改措施,向全体党员、群众公布,接受监督。

三、创新推进基层组织建设年活动,党组织建设创出新水平

集团党委开展党建三级联述联评联考工作,评价结果纳入绩效考评体系。认真组织基层换届选举工作,及时调整部分党组织设置。严格质量标准发展党员,加强党员教育管理,出台《开展"选育树"优秀共产党员标兵工作的指导意见》。公司基层组织建设的经验在中组部召开的座谈会上作了典型介绍。

四、不断深化创先争优活动,党建工作增添新活力

集团党委制定落实《关于建立健全创先争优长效机制的实施方案》,印制了《太钢创先争优长效机制汇编》。集团创先争优活动理论入选全国创先争优理论研讨会优秀成果,荣获"全国基层党组织创先争优活动优秀案例奖"。创先争优活动经验在全省创先争优理论研讨会、省国资委创先争优长效机制经验交流会上进行了交流。集团党委荣获"全省创先争优先进基层党组织",焦化厂党委荣获"全国创先争优先进基层党组织"。

五、不断拓展思想文化建设载体,企业软实力得到新提升

集团党委面对钢铁行业的严峻形势,以提升企业凝聚力、增强企业软实力为目标,大力开展形势任务和主题宣传教育活动,极大地激发了职工迎难而上、创造价值、转型跨越的信心。开通了覆盖全体职工的《太钢手机报》,对宏观经济和钢铁行业的形势、集团生产经营和党建工作进行动态通报、信息共享成果展示;围绕工程建设、品种开发、质量提升、降本增效、安全生产、节能环保和民生改善等,精心策划系列宣传教育活动。扎实推进思想政治工作和精神文明建设,完善企业文化传播途径,推动文化落地。集团被评为"中部地区十大企业文化示范基地"和"中国企业文化建设优秀单位"。在主流媒体大力宣传公司改革发展成果,各类媒体刊播集团稿件900余条,各类网站转载5万余条,集团品牌和社会影响力显著提升。

六、科学构建党风廉政和反腐败长效机制,建设廉洁太钢取得新成效

集团党委加强廉洁教育,营造廉洁从业氛围。建立三级廉洁风险防控网络和考核评价机制,运用"制度+科技"的方

法，对重点工程建设、领导人员和有业务处置权人员进行重点监督检查。全年对大宗原燃材料入厂、计量、检化验等关键环节的稽查，挽回经济损失3131万元。强化效能监察，为改进管理、增加效益做出了积极贡献。查处案件40个，处分处理违纪人员102人次。

七、精心打造一流团队，全员职业素养再上新台阶

集团开展"提高职业素养，建设一流企业"主题讨论和实践活动，组织"感动太钢人物"评选，大力学习宣传李双良和王其峰精神，推动全员职业素养不断提升。推进人才强企战略，公司人才工作的经验在全省进行了交流推广。开展岗位练兵、技术比武、导师带徒、青工岗位实践等活动，提高职工岗位技能。深化群众性经济技术创新创效活动，职工创新工作室扩大到15个，完成课题149项。在第六届全国钢铁行业职业技能竞赛中，集团获得团体第二名的，四名参赛选手获得"全国钢铁行业技术能手"荣誉。

八、高度关注民生、履行社会责任，和谐发展呈现新局面

集团党委推进"0123"安全管控模式，强化职业健康安全管理体系运行，深化安全文化和安全生产标准化建设，加强安全生产专项整治，实现了工亡事故为零等各项安全生产目标。抓紧解决职工关心关注的利益问题，两处住宅小区已分配入住，体育文化活动中心投入使用，增加了职工交通、健身补贴。省内外疗休养达到2.5万人次。金秋助学、大病互助等帮扶工程扎实推进，全年发放救助金2002万元。积极开展"慈善一日捐"活动，职工募捐慈善款169万元。在线倾听有效发挥了倾听民意、改善民生、汇集民智的作用。"公众开放日"全年接待社会各界人士9532人，"太钢工业游"列入"太原市旅游一卡通"的66个景区。集团在"中国国有企业100强社会责任指数排名"中列16位，省属企业第1位。太钢不锈钢股份有限公司在《财富》发布的"2012年中国企业社会责任100强排行榜"中，列"中国本土公司50强"第8位。

（张小虎）

附：太原钢铁（集团）有限公司党委书记、副书记、委员名单

书　记：杨海贵

副书记：王新平　韩瑞平

委　员：李晓波　高祥明　刘复兴　侯进平　周宜洲　王继光

山西国际电力集团有限公司党委工作概况

党委书记　刘建中

2012年，山西国际电力集团有限公司党委以十八大精神为指导，认真贯彻落实省委、省政府和省国资委的各项决策部署，以提高经济增长的质量和效益为中心，以做强做大电力和燃气产业为基础，以拓展发展光伏和风电新兴绿色能源为重点，加强管理，开拓创新，充分发挥了党的领导政治核心作用和党员的先锋模范作用。现集团公司党委下属基层党委17个，党总支6个，党支部79个，全集团党员共计1922人。

一、深入学习贯彻党的十八大精神，切实加强思想政治工作

集团公司党委及各分子公司党委（总支、支部）深入学习贯彻党的十八大精神，举办了多种形式的报告会、学习宣讲会等，把学习贯彻党的十八大精神不断引向深入。加强理想信念教育，组织党员、干部和职工深入学习马列主义、毛泽东思想和中国特色社会主义理论体系，教育引导党员、干部为中国特色社会主义共同理想而奋斗。积极培育和践行社会主义核心价值观，为干部职工提供价值引领和精神支撑。大力加强形势任务教育，增强广大干部职工的的责任感、使命感，较好地完成了年初工作会上预定的各项工作目标。全年，集团公司完成项目落地总金额204亿元，完成实际投资60.8亿元，均超额完成了省国资委下达的任务，创集团公司历史最好水平。集团公司通过全面强化安全生产组织、制度、技术、人才、管理、措施、纪律和体制"八个保证"，安全生产创近年来最好水平，实现人身事故、设备事故和火灾事故零发生。

二、切实改进工作作风，进一步加强基层党组织建设

集团公司党委把改进作风放在突出的位置，用过硬的作风强素质树形象，用实干苦干正党风、赢民心、出实效，永严谨、高效、廉洁的作风统领组织建设。完善了集团董事会、党委会、党政联席会、经理办公会议事规则和决策程序，努力做到集体决策、科学决策、民主决策。按照"基层组织建设年"要求，完成了创先争优活动各阶段工作任务，开展了基层党组织分类定级、整改提高晋位升级工作，开展了以"一迎双争"为主题的讲党性、重品行、作表率活动，组织各分、子公司召

开了党委(总支、支部)书记履行基层党建工作责任“三级联述联评联考”大会,对照党章要求和职工群众意见查找自身不足,解决突出问题。在全公司党员干部中倡导重实际、讲实话、办实事、求实效的工作作风,坚持艰苦奋斗,勤俭节约,反对铺张浪费和奢靡之风。

三、坚持党管干部的原则,积极加强领导班子和人才队伍建设

坚持以“四好”班子建设为载体,认真执行各级领导班子的议事规则、决策程序,坚持党管干部,认真组织召开各级领导班子民主生活化。紧紧围绕公司发展战略,建立健全各级领导班子工作机制,形成靠制度管人、按程序办事的工作机制,进一步优化人才结构,为集团快速发展提供人才支持,五支人才队伍建设扎实有效。一是加大人才引进力度,围绕各产业发展需要,全年共引进高级专业技术人员、国家注册师、硕士研究生等高层次人才 35 人,招聘优秀大学毕业生 256 人。二是加大教育培训力度,举办了第四期清华大学后备高管人员培训班,建立了专业化培训基地,同时组织开展了新员工入职培训、专业轮训、技术比武等,全年累计培训 16214 人次,有效提升了专业能力。三是强化人才开发培养,组织 23 名员工考取了天津大学工程管理专业硕士学位班,地电公司对新录用大学生采取综合考评、集中调考等方式建立了个人开发培养档案,集团公司所属的山西阳光发电有限责任公司坚持开展“星级班组建设”活动,建立了专业技术人才、岗位技能人才“双通道”开发培养模式,增强了创新活力,激发了创业动力。全年,集团公司有 4 人入选“山西省会计领军人才”,1 人入选“山西省学术技术带头人”。

四、深入开展党风廉政建设,切实保持党的纯洁性

集团公司党委狠抓党风廉政和惩防体系建设,突出抓好工程、招标、财务管理、违反劳动纪律等专项监督检查。贯彻落实党风廉政建设责任制,抓好责任分解、考核、追究环节,促使领导干部切实履行好“一岗双责”。集团公司党委对 2008 年以来应公开的立项、在建、竣工的工程建设领域项目,建立了信息档案,对 2011 年以来新开工、投资额 500 万元以上的政府投资和使用国有资金的工程项目(含技改工程),开展了工程建设中挂靠借用资质投标违规出借资质问题专项清理工作,认真贯彻落实《国有企业负责人职务消费行为监督管理暂行办法》,进一步规范高管人员职务消费。集团公司党委高度重视信访稳定工作,组织开展了信访稳定百日大会战专项行动,排查矛盾纠纷,化解信访积案,加强督导检查,保证了集团公司所属各单位在“两会”、“十八大”和重大节日期间没有发生任何不稳定事件。

五、加强制度建设和制度创新,推进经营管理水平提升

集团公司党委将制度建设和制度创新作为加快集团公司发展的“红利”。为加快集团公司发展步伐,促进年度重点工作按要求完成,集团公司成立了项目落地领导组,建立了重点落地项目周例会制度,围绕前期项目推进、重点工程进度和安全生产三个重点,设立了总额为 2700 万元的专项奖励,形成了干事创业、快速发展的良好氛围。以平衡计分卡为主要战略落地工具,与全面预算管理、对标管理有效衔接,将全年经营目标逐级分解,按季度进行战略回顾,实现了整体经营状况的可控、在控。继续加强信息化建设,完成了资产管理系统、辅助决策支持系统的上线试运行及初验工作,以及工程项目集中管控平台、数据中心存储系统扩容项目、互联网升级改造项目以及信息系统安全评估项目的终验工作,为集团发展提供了有效的技术支撑。重视依法治企和内部审计工作,对内部审计、法律审查和日常风险评估中发现的问题,通过完善制度、优化流程,强化整改落实对各分子公司风险管理应关注的重点问题,定期提出风险提示、管理制度建议等专项风险应对方案,初步搭建起了适应集团公司“十二五”发展战略要求的全面风险管理组织体系架构和基本管控流程。

六、加强企业文化建设,深入开展精神文明创建工作

集团公司党委将精神文明建设等作为推进企业发展的重要推手,积极参展第四届中国(太原)国际能源产业博览会,广泛展示交流,寻求合作机会,组织举办了“山西国际电力摄影协会”首届摄影培训班、“耀光杯”摄影比赛和“喜迎十八大超越铸辉煌”摄影巡展活动。积极开展群众性文体活动,丰富职工精神文化生活,在太原市迎泽公园举行了集团公司“燃气杯”龙舟赛。以评优树模为驱动,选树一批真正可学可信的先进典型,按照业绩突出、群众认可、基层为主的原则,经过广大职工代表的投票,评选产生了 20 名集团公司先进个人和 15 个先进集体。改进传媒系统,创建视频专栏,组织编辑了集团公司简介专题片,对《山西国际电力》电子报进行了改版,在全国企业报刊交流中,荣获“中国企业报刊金纽带奖”和“中国企业报刊最佳策划奖”两项殊荣,为宣传集团文化、塑造企业形象、提升集团文化软实力发挥了积极的作用。

(杜豪俊)

附:山西国际电力集团有限公司党委书记、副书记、委员名单

书　记:常小刚(1 月离职)　刘建中(1 月任职)

副书记:赵进明　傅志明

委　员:曹　冬　白　雷　刘世文　樊　洪　张　然　郭永和　刘会成　薛文晔(8 月离职)　崔立新

大同煤矿集团有限责任公司党委工作概况

党委书记　张有喜

大同煤矿集团有限责任公司是省属特大型综合能源集团，秉承"以煤为基，多元发展"的绿色发展道路。2012年是同煤集团"两新"战略体系的全面实施年，更是集团上下齐力奋进、攻坚克难，转型跨越发展取得显著成果。一年来，集团公司各级党委充分发挥政治引领作用，谋全局、把方向、出思路、强保障，紧扣"两新"战略，在创先争优上谋思路，在提升企业软实力上求突破，在促进企业科学发展上下功夫，在转变干部作风上出实招，努力把党的政治优势转化为企业的竞争优势、发展优势，为企业转型跨越发展提供了有力保障，企业进入了良性发展的快车道，知名度和社会影响力大幅提升。

一、政治优势在统领发展中充分发挥

集团各级党委把深入学习宣传贯彻落实党的十八大精神作为首要政治任务，层层召开动员大会，把思想和行动统一到中央的重大决策部署上来。集团班子成员分期分批参加了省委党校专题培训班；各级党委中心组列出专题学习研讨；各级党组织举办培训班系统辅导，组织理论骨干巡回宣讲；广大党员干部深入学习、深刻领会、全面贯彻，用科学的理论武装头脑，完善思路，指导实践，推动工作。

各级党委以学习宣传贯彻"两新"战略愿景为抓手，把方方面面的智慧力量凝聚到实现既定的各项任务和目标上来。通过高层论坛、专家解读授课、基层党委书记分片座谈会、理论骨干下基层巡回宣讲等方式，在认识上不断深化，内涵上不断拓展，实践上不断创新，从集团公司层面到基层员工群众，从企业发展到惠及民生，"两新"愿景在同煤这片沃土上落地生根。各级组织和广大党员干部带领80万员工群众，心往一处想，劲往一处使，超前谋划、主动作为，成功驾驭了经济下行、煤炭市场下滑的复杂局面，八项指标再创历史新高，兑现了向员工群众的承诺，圆满完成了职代会确立的各项目标任务，党的政治优势在引领企业发展中得到充分发挥，大集团行业地位和影响力巩固提升。

二、组织建设在服务发展中得到加强

深入开展了纯洁性学习教育和基层组织建设年活动，实施了"基层党组织对标升级工程"，创建了党员突击队、党员安全标准岗、党员攻关项目、党员品牌工程和星级党员服务站五大类50个特色争创项目，签订"一助一"结对帮扶承诺书15000多份，"百、千、万"争创目标全面完成。全面实施"领头雁"工程，300名党支部书记接受了专门培训。认真落实党建工作责任制，在104个党委中开展了"联述联评联考"工作。《创先争优在同煤》入围全国党员教育培训优秀教材，两个党委被命名为全国创先争优先进基层党组织。全省监管企业创先争优活动经验交流会在同煤集团召开，争创活动在全省乃至全国打响了品牌。

坚持党管干部、党管人才。向子公司派驻总法律顾问、总会计师，为主要生产矿选优配齐"六大员"。稳步推进"八个一批"选人用人工程和"五个一批"大培训工程，200名正处级领导干部在中国浦东干部学院学习，38名优秀青年干部在省委党校、中央党校、清华大学进行培训，扎实提高各级干部战略思维能力、领导发展能力和驾驭复杂局面的应对能力。首次评选首席专家、首席工程师、首席技师和优秀大学生，开展了第七届优秀人才评选表彰工作，197名优秀人才和3名特殊贡献优秀人才受到表彰。申报了海外人才创业基地和外专项目，同煤集团人才工作经验在全省交流。

三、宣传思想工作在凝心聚力中有效提升

广泛开展同煤核心价值体系研讨活动，大力推进"岗位描述、手指口述"，集团公司《打造特色企业文化 实现转型跨越发展》和《构建特色企业文化 提升核心竞争力》被评为全国企业文化科研成果一等奖，并荣获全国企业文化建设优秀单位称号。

深入开展"百里煤海文明和谐带"创建活动，集团公司再获"中华慈善奖"，2人入选山西省第四届道德模范和提名奖，3人入选"中国好人"，11人入选"百名感动中国的矿工"。

深入开展"走、转、改"活动，电视台改版、报社扩编、网站扩容，不断提升文化品位和社会影响力。深入生产一线，走进百姓家庭，时事追踪，热点访谈，深刻反映建设新同煤的丰硕成果和打造新生活的生动实践。全年在新闻媒体发稿430篇，同煤网站总访问量突破千万次，集团的知名度更加广泛。

四、党风廉政建设在监督保障中持续深化

深入推进党风廉政建设和反腐倡廉惩防体系建设，集中开展了"千名干部进课堂、千名干部读廉文、万名干部进基地、万名干部进考场"的"双千双万"系列教育活动，形成了强大的教育声势。深入推进党务公开工作，实现了党务公开内容系统化、公开形式多样化，公开范围全覆盖。完善效能监察制度，编制了廉洁风险防控流程图，强化源头治理和风险防控。围绕企业发展和民生热点，开展专项监督，在推动企业发展、服务员工群众上发挥了作用。按照中央"八项规定"，制定了集团公司"双十项规定"和实施办法，强力改进"三风"，推行"三个三分之一"工作法，压减会议、务实文风、"转作风、强素质、树形象"，工作效率和服务意识显著提高。

五、群团工作在共建共创中不断拓展

集团不断加强党对工会、共青团、武装、老年等群众工作的领导,形成了"党委领导、行政支持、群团牵头、各方参与"的良好工作格局,各级群众组织围绕中心,服务发展,发挥了积极作用。各级工会充分发挥了参与、维护、建设、教育四项职能,强化企务公开和民主管理,广泛开展劳动竞赛,极大地调动了员工群众的积极性、主动性、创造性。集团工会荣获全国"五一"劳动奖状。各级共青团组织充分发挥先锋队作用,建功立业打造"青字号"品牌,持续帮扶青年就业创业,近万名团青参与了"青年感恩大行动",百支"学联精神践行"青年志愿者服务队活跃在百里煤海,成为同煤青年弘扬新风的大平台,打造了富有时代特色的团建新品牌。

六、践行宗旨在惠及民生中更加坚定

惠及员工群众和老同志的"双十件"实事好事全部兑现。员工收入同比增长了11.6%,持续开展了"党政工团大行动,环境治理献爱心"活动,打造了文化活动中心、煤海大道、"天眼"工程等一大批"亮化、美化、绿化"民心工程,员工群众生活质量持续改善。成立了帮扶中心,出资914万元对2.5万户困难员工进行帮扶,出资183万元对126名重特大病员工和151名考入大学的困难员工子女进行资助,关爱员工取得新成效。强化信访稳定,成立了维稳中心和舆情中心,畅通社情民意通道,加大社会治安综合治理,维护了一方平安,开创了和谐稳定发展的新局面。

(樊卫斌)

附:大同煤矿集团有限责任公司党委书记、副书记、常委名单

书　记:张有喜

副书记:谷　泉　刘　敬

常　委:郭金刚　吴跃平　王　宏　靳　华　陈旭忠

山西潞安矿业(集团)有限责任公司党委工作概况

党委书记　李晋平

2012年,潞安集团党委认真学习贯彻党的十八大精神,紧紧围绕"三地一新"战略,以党建工作绩效管理为主线,以"德、新、和"为主要内容,不断加强和改进党的建设,各项工作取得了新突破、新成效,为集团转型跨越发展提供了坚强政治保证。全年,潞安集团完成煤炭产量8008万吨,营业收入1730亿元,资产总额1260亿元,工业增加值322亿元,实现利润25亿元。

一、思想建设迈上新台阶

潞安集团党委不断加强学习型党组织建设,建立了"五种方式、五种内容"的"双五"学习机制;组建讲师团,深入40余家基层单位和整合矿井宣讲集团两会和十八大精神,宣讲42场次;组织为期一周的矿处级领导干部脱产培训,进一步提升了党员领导干部的能力素质。深入开展"树立危机意识、忧患意识,促进安全发展、转型发展"主题活动,为有效应对市场危机奠定了坚实的思想基础。集团生产运销战线立足"抓早才能抓好",抓住年初有利时机,多出煤、多销效益煤,赢得了市场主动。各生产单位树立过"紧日子"思想,开展节支降耗活动,确保全年吨煤成本下降20元、其它单位成本费用下降10%,实现了成本最优化、效益最大化。大力推进思想政治工作创新,集团常村矿建立了"员工思想状况分析卡",工程公司制定了"望闻问切"思想政治工作法,更好地发挥了思想政治工作在职工思想上解惑、精神上解忧、文化上解渴、心理上解压的独特作用,保证了企业安全生产。

二、组织建设实现新突破

集团党委继续深化创先争优活动。501个基层党组织公开承诺1895项,9979名党员公开承诺15572项,建立党员领导干部联系点351个,解决职工群众反映强烈的突出问题411个,为职工群众办实事好事5747件。坚持"五问自己"和"五问班子",深入开展纯洁性教育活动,提高了党员干部的政治觉悟、综合素质和党性修养。扎实推进组织建设年活动。坚持"好人+能人"用人导向,强化干部队伍建设,出台《加强干部德的考核实施办法(试行)》,对40个基层班子和309名

处级领导干部进行考核;建立240余人的中层领导后备干部库。成立新建单位、整合矿井党组织11个。所有整合矿井都配齐了党组织,各支部设立了指导员,实现了党组织、工会组织和文化员"三个全覆盖"。建立整合矿井以矿带矿、部门包保等制度5项,集团党委委员、党群部门深入整合矿井指导工作300多次,推动整合矿井党建工作得到新提升。

三、道德建设赋予新内涵

集团党委深入开展"感动潞安人物"评选活动,组织道德模范评选,开展以学习践行新"二十四孝"和唱咏《十孝歌》为主要内容的"感恩父母,争当孝星"宣传教育活动,开设潞安大讲堂,推广普及《国学》经典,潞安人的道德文化素养得到新提升。特别是集团余吾煤业公司建立学习践行《弟子规》常态化工作机制,石圪节煤业公司实施"二十四孝温暖行动",民爆公司实行员工双方父母生日带薪休假制度,总医院建立医德医风档案,公司二中推动传统国学进课堂,日照国贸公司引伸"家"文化建设,进一步拓展了德的建设的新途径,涌现出了"孝子贤夫"、"老骥伏枥"的一批道德楷模,形成了重德崇德、立德育德的良好风尚。

四、作风建设取得新成效

集团党委出台了《关于改进工作作风,密切联系群众的若干规定》,开通了董事长、党委书记和总经理热线,实行集团领导每月带班下井制度,领导作风得到新改进。纪检监察部门利用突击检查、跟踪走访等形式监督干部带班下井等安全管理制度的落实,确保了重点工程、重点工作的执行。组织各主体矿交叉监督检查,对整合矿井重点工作进行监督检查,工作作风呈现新气象。集团五阳矿实行"红、黄、绿""三卡"评价制度,开辟了干部作风建设新途径。开展"小金库"专项治理,监督公务用车、职务消费,严格落实婚丧嫁娶禁止大操大办相关规定,规范了干部的生活作风。

五、企业文化建设呈现新亮点

集团党委突出价值引领、使命管理。以"文化建设十周年"为契机,制定潞安文化建设新大纲,掀起文化建设新高潮。提炼符合时代要求、潞安发展需要的全新理念系统;制定新《理念手册》,深入开展宣贯活动,使潞安新理念内化于心、外化于形。引深6S管理,加大动态转换力度,全年动态转换3次,上转示范点7个、达标点9个,下转摘牌11个。推进形象文化建设。参加第六届国际太阳能产业及光伏展,配合中央台、凤凰卫视、新华网等媒体加强企业形象宣传,集团余吾煤业公司制定职工行为礼仪手册,建立了"周检、旬检、月检、季检+通报考核"的"4+1"管理长效机制,提升了企业软实力。集团荣获"首届2012年度中部地区百佳企业文化品牌"、"首届2012年度中部地区十大企业文化示范基地",《中国潞安之歌》被评为"中部优秀企业歌曲"。集团及基层共荣获"中部地区企业文化理论成果奖"33项;"石圪节精神"荣获"2012年度全国企业文化建设十大典范案例"。集团五阳矿荣获"全国企业文化建设优秀单位"。

六、党风廉政建设取得新进展

集团党委深入开展系列专题教育,引深廉洁文化建设,增强了干部自律意识。不断丰富党务企务公开平台,实现了党风廉政建设工作的闭合管理。推行党风建设和反腐倡廉重点工作项目化管理,不断深化大廉政、大监察,全年共监督招标1953次,完成商务谈判1482次,节约资金4.88亿元,堵塞管理漏洞150个,建章立制478项,确保了项目建设的优质廉洁。初核了结举报线索15件、立案6件,处分7人(处级2人,科级3人,一般人员2人),端正了矿区风气。

七、党建绩效管理呈现新特色

集团党委不断完善和发展党建工作绩效管理。集团煤基合成油、太阳能科技和日照国贸等10个新成立党组织按照"四步走"要求,全面推行党建工作绩效管理,实现绩效管理推行全覆盖。集团王庄矿推行"四大板块"部门负责人碰头会制度、政工部门人员工作日志统计分析制度、政工部门工作对象和工作统计职责统计分析制度,司马煤业公司形成"234"党政联席会工作模式,全面提升了党建工作绩效管理的境界。集团党委修订完善《党建工作创新评审办法》,编印《党建工作创新亮点集成》,推广常村煤矿佩戴"标志型安全帽"等创新做法,创新亮点集成效应迅速放大。集团漳村矿首创"党建创新成果发布会",党建工作创新机制得到新完善。

八、群团组织建设得到新提升

集团党委坚持以自身建设带动各级群团组织建设。集团工会组织开展"面对面、心贴心、实打实服务职工在基层"活动,持续开展安康杯竞赛、金秋助学、民主管理和推广普及太极拳等活动,组织开展"读十本好书、唱十首好歌、看十部好片"活动,桥梁纽带作用得到新发挥。集团全国唯一连续13年蝉联全国"安康杯"竞赛优胜企业。集团工会被评为"全国煤炭系统协管安全竞赛先进组织单位"、"全国安全生产督导师培训优秀组织单位"。集团常村矿1名同志荣获"全国五一巾帼标兵"称号,司马煤业公司团委被评为"全国五四红旗团委"。

九、和谐矿区建设取得新成果

集团党委大力实施惠民工程、安保工程,投资近千万元上马了监测监控系统;全国安全社区潞安支持中心揭牌,开展监测监控,有效减少伤害发生。集团高质量通过中国职业安全健康协会对国家安全社区的五年复审验收,世界卫生组织对国际安全社区的五年复审验收。集团王庄社区被授予"全国妇联基层组织建设示范社区"和"全国社区睦邻文化建设示范社区"。集团常村矿、漳村矿、王庄矿、石圪节煤业公司、司马煤业公司、余吾煤业公司获评"中国最美矿山"。石圪节煤业公司第三次蝉联"全国文明单位"称号。潞安冬泳队荣获哈尔滨国际冬泳邀请赛团体第二名。同时,信访稳定、老龄老干、武装保密等工作，在战略发展中发挥了新作用，做出了新贡献。

（平晓明）

附：山西潞安矿业（集团）有限责任公司党委书记、副书记、常委名单

书　记：王安民（7月离职）　李晋平（7月任职）

副书记：李晋平（7月离职）　王俊彦　王志清　张丛林　孙宏波

常　委：翟　红　王光彪

山西晋城无烟煤矿业集团有限责任公司党委工作概况

党委书记　武华太

2012年，山西晋城无烟煤矿业集团有限责任公司各级党组织认真贯彻落实集团公司“两会”精神，紧紧围绕“5·15·8”总体工作部署和“11246”党委总体思路，坚持在把方向、抓班子、带队伍上下功夫，在保安全、保稳定、促发展上着气力，在夯基础、强考核、重实效上求突破，为集团公司转型跨越发展提供了坚强保证。集团公司党委荣获“山西省创先争优先进基层党组织”。

一、坚持思想先行，强化组织发动，推动转型跨越发展氛围浓厚

（一）迅速掀起学习宣传贯彻党的十八大精神热潮。集团党委在党的十八大召开前，组织学习胡锦涛同志“7·23”重要讲话，举办“科学转型 创新发展 喜迎党的十八大”系列专题报道、图片展等。大会期间，组织各单位第一时间收看大会盛况。党的十八大闭幕之后，迅速召开大会，下发《关于学习贯彻党的十八大精神的安排意见》，通过举办了培训班、报告会、座谈会、诗歌朗诵比赛等，全方位、多层次、宽领域宣贯党的十八大精神。

（二）加强形势任务教育，改进调查研究工作。围绕企业“两会”精神，组建巡回宣讲团宣讲53场次，在三大媒体开办“两会”精神专栏，深入宣贯“两会”精神。围绕晋煤集团《稳增长 谋跨越 强管理 促转型 保持企业持续平稳健康发展的二十六项措施》，开展了形势任务教育、专题宣传报道、专题调研、党员干部“五带头”、“三提倡、三反对”、我为企业双增双节做贡献、“发现最佳实践”合理化建议、“五个一”节支降耗等八项主题教育活动。深入开展“联企包点”活动，各级领导干部积极深入基层和重点项目建设现场，调研了解情况，查找分析问题，指导督促整改。

二、坚持围绕中心，强化继承创新，企业党建工作充满活力

（一）夯实组织基础，扎实开展三项活动。坚持把保持党的纯洁性学习教育、基层组织建设年和创先争优三项活动有机结合，努力构建长效机制。一是以服务“再造两个新晋煤，跨入世界500强”奋斗目标为主题，开展“三深入四联系五争做”活动，确立了“十三个一”方法步骤，举办了“党旗下的誓言”事迹报告会、廉政文艺晚会、专题民主生活会，组织百名党员干部前往右玉、大寨、武乡学习考察，接受优秀传统教育。二是按照“抓落实、全覆盖、求实效、受欢迎”工作要求，以全面深化党建“四五六八”为载体，以加强组织和党建工作全覆盖为重点，599个党支部科学组织“集成升级”行动，基本消除了较差党支部。认真落实《党委工作条例》，规范基层党组织设置管理。三是开展“强组织、增活力、创先争优迎接党的十八大”主题活动，编印《百舸争流勇当先》、《群英谱》等书籍，召开了经验交流会，建立269个长效机制。1个党委被中组部授予“全国创先争优先进基层党组织”。

（二）打牢创建根基，深化党建“四五六八”系列活动。制定下发《基层党组织建设管理办法》，实施基层党组织书记履行基层党建工作责任“联述联评联考”计划和述职报告制度，推行“百千万”工程和党员“政治生日”制度，筑牢党组织建设根基。以“党员无违章、身边无事故”为主题，开展了“两保一促”、“党员示范岗”、“一个党员一面旗”等主题实践活动。成庄矿构建“1·5·3·3”党建工作模式，被授予“2012年全国企业党建工作先进单位”。

（三）狠抓队伍建设，打造卓越团队执行力。继续深化“矿处级干部培训大讲堂”，强化“五位一体”教学模式的运用，邀请企业领导、知名专家进行企业战略、管理、团队执行等方面的培训。落实《领导干部管理条例》，公开竞聘12名二级子分公司财务高管和21名三级煤化工公司财务总监；先后对一些重要单位和处室领导进行上下交流。落实了《人才队伍建设战略规划纲要》，编印下发了《组织人事工作管理制度汇编》，大力实施“三大序列”人才管理，建立了“人人可成才成长”的平台和机制，1名技术能手成为山西省唯一参加高技能人才海外培训成员。

三、坚持惩防并举，强化源头防控，党风廉政建设扎实推进

（一）夯基固本，建设廉洁晋煤。提出建设廉洁晋煤，从反腐倡廉、惩防体系、干部队伍、思想道德和廉洁文化建设五个方面入手，将具体任务细化分解为24大项60小项，明确了38个牵头部门。严格落实党风廉政建设责任制，层层签订了目标责任书，对落实责任制的50个重要课题进行立项研究，

实行重大事项报告、纪委书记“双报告”、党风廉政监督员信息报送制度，确保了责任制的全面落实。推进全面风险防控，制定实施方案、管理办法和管理手册，对存在的风险进行辨识与评估，形成399条风险事件库。在此基础上，把投资决策、资金管理、煤炭价格波动三项风险作为全年风险防控的重点，提升了企业综合管控能力。引深廉洁文化建设，探索形成了“5+1”教育模式，建设了廉洁书画廊、廉洁文化一条街，开展了“读书思廉”、“小手拉大手、廉洁进我家”、“算账对比”教育、廉洁文化作品征集、到廉政基地接受廉政教育、廉洁文艺晚会、家庭助廉座谈会等活动。

（二）融入管理，强化对重大决策落实监督。先后制定完善《巡视督察工作实施细则》等62项巡视督察制度，促进各项工作的规范运行。特别是以贯彻落实晋煤集团重大决策部署的执行情况、党风廉政建设责任制的贯彻落实情况、各级领导班子和领导干部履职情况为重点内容，先后进行8轮巡视和专项督察，发现重要问题731条，提出整改意见和建议576条，把管理隐患和经营风险控制在萌芽状态。探索“5321”工作思路，不断整合监督资源，初步形成了“十位一体”监督网络。全年共参与重大事项决策153项，民主决策153项；集团公司两级共立效能监察项目84项，完成83项，挽回和避免损失3746万元，增加和创造效益1.714亿元；开展审计项目44项，纠正违规违纪金额5.66亿元；出具法律意见书152份，办结涉诉案件12起，审核合同824份，金额204.43亿元；参与招投标监督203次，制止违规招标10次，涉及金额50.8825亿元，节约资金3.179亿元，并认真负责地、针对性地解决招标监督中实际问题，努力推进招标监督管理制度化、规范化。

（三）注重创新，加快惩防体系建设。建立完善一系列规章制度，初步形成以党组织工作、安全管理、党风廉政等为主的十二个单元体制度体系。抓好“查、防、控”三个环节，对8074个岗位，查找出风险点31246个，制定防控措施35656条。严肃查处违规违纪案件，共受理信访件71件，办结70件；立案16件，受党政纪处分人员114人。

四、坚持强势打造，强化引深推进，宣传思想文化特色鲜明

（一）全面构建大宣传工作格局。制定下发《关于完善新闻宣传工作考核评价机制 强化责任落实的通知》《舆论风险应对管理办法（试行）》《关于规范企业文化传播的意见》等管理规章，进一步完善了度体系。充分利用国家、省、晋煤集团“两会”和党的十八大、全省重点工程观摩、能博会等重大宣传节点，强化对企业发展战略、发展成就和实践特色的宣传，对内凝聚力量，对外树立形象。特别是在《山西日报》发表的《晋煤集团：转型跨越开新局》被《中国企业科学领导科学发展调研报告》刊发，受到省里有关领导高度重视，并签发批示省政府有关厅局及各大企业参阅学习。

（二）加强和改进安全宣传教育。围绕“三基”强化这一主线，全面构建起了集团公司是督导主体、子分公司是管理主体、区队（车间）是执行主体、班组是落实主体的“分层管理、四级联动”的运行机制，推动安全宣传教育向基层区队、班组延伸。举办“爱与责任”安全宣传教育工作推进会，推出了优秀班组长、安检员、支部书记等一批安全宣传教育工作先进典型。开展了“三基”强化年典型案例、安全格言警句、安全理念故事与安全漫画征集活动，组建事迹报告团、案例宣讲团、“爱在晋煤一家亲”慰问演出团，深入生产矿井、资源整合矿井进行宣讲和演出20余场。成庄矿“三化十法”特色安全文化建设模式被国家安全监督管理总局授予“全国安全文化建设示范企业”荣誉称号。

（三）推动思想政治工作责任落实。强化企业三级思想信息员队伍建设，推行思想政治工作预警机制，开展职工思想状况专题调研，为领导决策提供信息参考。开展《国有及国有控股企业思想政治工作评价指标体系实施细则》试点工作，探索思想政治工作考核评价机制。以“凝聚发展合力 服务转型跨越”为主题，组织重点研究课题立项27项，其中《加强企业形势任务教育的有效机制与方式方法》等4个课题荣获山西省政研会优秀课题成果一等奖。

（四）加强企业文化建设。认真贯彻中央十七届六中全会和山西省文化强省会议精神，下发《关于深化企业文化建设增强企业软实力的指导意见》；总结提炼近年来企业改革管理中的实践成果，形成《晋煤集团企业文化纲要》；组织参加首届中部六省企业文化高峰论坛和晋城市企业文化论坛，展示企业文化建设优秀成果，晋煤集团之歌《阳光地带》被评为“中国中部优秀企业歌曲”。

五、坚持继承完善，强化创新提高，文明和谐创建硕果累累

（一）持续深化文明和谐创建。组织开展“讲文明、树新风”主题实践、“健康呼吸万里行——走进晋城”大型慈善爱心义诊、首届老年文化节、文艺演出、篮球赛等群众性文明创建活动，并组织成立老年大学。扎实开展“我推荐、我评议身边好人”活动，7名员工荣获“晋城好人”称号，4名矿工入围感动中国百名矿工，凤凰山矿有1名职工当选“同煤杯·第二届寻找感动中国的矿工活动”的“十大杰出人物”。做好典型选树和向上推优工作，有4个单位被授予省级“文明和谐单位标兵”。

（二）稳步推进安全社区建设。围绕安全社区建设，多次邀请专家授课指导，先后开展了一系列专项培训，在网站开设《加快推进安全社区建设》等专题栏目，编印下发了《居民安全健康手册》《和谐家苑》《安全社区建设基础知识500题》等。制定《安全促进与伤害预防计划》组织开展防震、公共文体场所、防踩踏、特种设备或压力容器爆炸事故等应急救援演练，提高社区安全保障能力和社区居民应急避险能力。

（三）扎实开展普法宣传教育。开展“12·4”法制宣传教育活动，普及法律知识，提高广大职工群众学法用法的意识和能力。认真贯彻落实《保密法》，开展保密宣传教育活动月、“三进工程”摸底调查。集团荣获“晋城市国家保密局保密宣

传教育活动暨保密知识竞赛组织奖”。

(四)积极履行企业社会责任。认真做好新农村帮建工作,派出工作队驻村包点,大力支持省定点扶贫对象——沁县发展设施农业项目和特色养殖业,集团被授予“全省扶贫工作先进单位”。积极参与地方新农村建设,帮助农民改善生产生活条件,58.28万吨低保煤按时足额供应到位。

六、坚持打防并举,强化群防群治,综治维稳工作成效明显

(一)全力维护党的十八期间企业大局稳定。多次组织召开党的十八大维稳安保工作会议,下发《关于强化维护稳定责任的安排意见》《关于进一步强化党的十八大期间维稳工作的特殊措施》以及责任追究办法等制度文件,对信访重点案件、治安、交通、消防、要害部位、重点人员等进行细致摸排。组建四支信息员队伍,建立起由2600余名信息员组成的情报信息网络。严格24小时值班和维稳“日报告”制度,对重点人员实行“红、橙、黄”分色管理法,逐人建立帮教管控小组,严格24小时动态管控机制,辖区内183名重点人员,全部纳入管控视线,十八大期间未发生影响稳定的事件。以巡视办为主体,成立6个专项督察小组,强化突击督察,对查出的418条问题和隐患进行监督整改。

(二)着力加强治安消防以及危险源防控。一是落实出租房屋分等级、暂住人口分层次管理机制,严把人口申报、审核教育、变动巡查三个关口,排查暂住人口9983人次,出租房屋1351家次,全部建档办证。二是加强民爆等危险物品安全监管,组织涉爆从业人员签订责任书、保证书,进行了业务培训,对收缴的民爆物品进行了集中销毁。严防了各类事件的发生。三是采取消防安全“户籍化、网格化”管理,开展“清剿火患”、“夜鹰”等专项行动,督促整改火灾隐患1446处,全年未发生重特大火灾事故。四是对辖区27个交安办及所属通勤客车、火工品运输车和煤层气运输车多次进行安全检查,发现并整改问题隐患112条,建立危险源档案144份,全年未发生重特大交通事故。五是修订企业重特大事故抢险队伍保障预案,调整“应急抢险”、“雨季三防”队伍,开展了“雨季三防”应急拉动演练,提高应对突发事件的防控能力。

(三)耐心细致做好来信来访工作。推行“信通访和”四步工作法,实行“无假日”接访,完善三级信访信息网络建设,及时把影响稳定的信访苗头和群体性事件纳入视野。深入开展领导干部大接访活动,围绕重点群体、重点人员进行重点排查,对掌握的各种不稳定因素进行梳理汇总,逐人逐案建立台账,明确责任主体。全年共接待职工群众来访1913人次;受理群众来信16件,结案14件;受理上级交办案35件,结案34件;向基层转办13件,全部结案。

七、坚持党群联动,强化互补共促,工团群众组织活跃有为

(一)各级工会组织继续开展“安康杯”竞赛活动,强化群安工作规范化建设,不断夯实“12311”班组建设思路,形成班组长选拔、培养、考核管理体系;认真落实“861”帮扶工作机制,举办“平安晋煤·好矿嫂”经验交流会、“翰墨晋煤”百米长卷书法笔会、“墨韵晋煤·情润矿山”书法笔会,编排创作“35° 晋城文明”舞台剧,各类群众性文化娱乐活动异彩纷呈。晋煤集团连续四年荣获全国“安康杯”竞赛优胜单位,集团工会被授予全国能源化学工会系统“先进工会”。

(二)各级团组织持续深化“六为”共青团组织创建,组建6支直属青年志愿者服务队,加强青年文明号创建和青监岗建设;不断扩展“一团一品一特色”工作内容,晋煤共青团工作博客群、长平“聊天室”、“挑战无限”青年技能趣味赛、“青年讲堂”、“星星导航”事迹报告会等一批特色项目落地生根,晋煤集团团委被授予全国煤炭行业“五四红旗团委”称号。

(张永林)

附:山西晋城无烟煤矿业集团有限责任公司党委书记、常务副书记、副书记、常委名单

书　　记: 武华太
常务副书记: 贾国华
副 书 记: 王良彦　胡耀庭　张虎龙
常　　委: 李鸿双　苏清政(6月离职)　郗新建　王　毅　王茂盛

太原重型机械集团有限公司党委工作概况

党委书记　王创民

2012年,太原重型机械集团有限公司党委在省委、省国资委的正确领导下,集团按照年初党建工作会确定的总体思路,充分发挥党组织的政治核心作用、战斗堡垒作用和党员先锋模范作用,为集团转型跨越发展提供了坚强的政治保证、组织保证、思想保证和精神动力。

一、认真组织活动,积极营造氛围,以实际行动迎接十八大和学习宣传贯彻十八大精神

(一)积极营造喜迎十八大的氛围。省委组织部和集团党委在本集团共同举办了“喜迎十八大,三晋红e网络”活动,众多网络媒体对太重的党建成果进行了广泛报道,承办大型专场文艺晚会进一步把活动推向了高潮,得到了上级部门和

党员群众的好评。坚持党内民主,圆满完成了出席省国资委党代会代表和山西省出席党的十八大代表提名推荐选举工作。各基层党组织先后开展了形式多样的主题活动,在五大基地陆续投产和各项重点工作稳步推进的进程中,进一步体现了党员先锋模范作用,形成了浓厚的学习贯彻氛围和努力完成全年方针目标的竞赛热潮。

(二)兴起学习宣传贯彻十八大精神的热潮。十八大胜利召开后,集团党委及时召开书记会,党委中心组先后进行了两次集中学习,要求将学习贯彻党的十八大精神,切实转化为正确处理好"五种关系"的实际行动。制定下发了《关于认真学习贯彻党的十八大精神的通知》。邀请省委党校知名专家对中层以上领导干部进行了专题辅导,组织理论教师对十八大精神进行了深入宣讲。累计订购下发《十八大报告》和《党章》等图书16800余册。

(三)深入开展纯洁性教育和基层组建设年活动。按照省委、省国资委的安排部署,结合企业实际,科学制定实施方案,明确活动主题,严格程序步骤,加强督促指导,提升了党员思想政治素质,加强了基层组织建设,促进了生产经营任务完成。《前进》杂志刊登了集团党委开展两大活动的思路、做法和成效。顺利完成了23个基层党组织的换届和组建工作。组建了集团党建工作辅导员队伍,强化基层党建的督导和检查。

(四)不断引深创先争优活动。在深入开展"两创"活动的基础上,引深内涵、扩大载体、细化考核,形成了具有太重特色的"争、创"模式,成为提升党建工作科学化水平的重要抓手,5个党组织受到省国资委党委表彰,2名同志分别被省委评为"优秀共产党员"和"优秀组工干部",8名共产党员、2名党务工作者受到省国资委党委的表彰。另外,加强了党员队伍建设,全年发展党员94人。

二、加强领导班子和干部队伍建设,增强领导转型跨越发展的能力

(一)完善领导干部选用机制。修订完善了《领导干部选拔、任免及管理的若干规定》,制定下发了《关于对集团公司直接管理单位选拔任用下一级干部开展"一报告两评议"工作的通知》《中层领导干部任免票决办法》等文件,提高了选人用人公信度,完善和规范了干部选拔任用工作制度和程序。将本部外子公司所属公司领导班子和领导干部纳入了年终考核范围。根据年终考核情况,对综合考核分排在末位的2名干部进行了免职,靠后的10名干部进行了诫勉谈话。

(二)强化领导干部培训。制定并实施了干部学习培训计划。全年选送17人分别参加了省委党校领导干部培训班和省科技产业化专题培训班等12项送外培训,提高了领导干部综合素质。

(三)创新后备干部的选拔培养机制。经过基层推荐、初审、面试、笔试、公示、考察、党政联席会研究等程序,确定了30名同志为第九期青年后备干部。创新培训形式,强化军事化管理,在内部培训的基础上,首次送天津大学进行MBA核心课程学习,并增加了雅思考试。

三、实施人才强企战略,为转型跨越发展提供有力的人才支撑

围绕企业发展战略,编制了《集团中长期人才发展规划》,确定了人才强企战略的总体思路和目标措施。人才工作氛围和部门之间的相互配合得到加强,人才工作的体制机制初步形成,尤其是高端人才引进培养取得新的进展。集团引进的1名同志被山西省确定为引进海外高层次人才"百人计划"人选,另有一名海工专家在洽谈中。有1人被确定为山西省新兴产业领军人才、4人被确定为山西省学术技术带头人。"张东元国家级技能大师工作室"被人社部确定在矿山设备分公司建立。有4人获三晋技术能手称号。

四、不断提高新闻宣传水平和舆论引导能力,为企业发展营造良好氛围

按照"围绕中心、服务大局、鼓舞士气、提升形象"的要求,全年广播新闻和专题播发2000余条次,电视新闻和专题播发1500余条次,《太重新闻》出版54期。制作电视专题片13部。太重展览馆全年累计接待参观475场次,12529人次。

(一)对外宣传提升了企业形象。对外宣传达到700余篇(次)。中央媒体、行业及省市重要媒体的重要版面和重要时段对太重的报道达143篇(次)。其中,新华社、人民日报分别以长篇通稿和大幅照片的形式对WK-75型挖掘机进行了报道。中央电视台《向劳动者致敬》栏目以直播的形式对在五一期间坚守岗位的太重工人进行了报道。组织了第四届中国能源博览会太重产品和发展成就的宣传活动。

(二)对内宣传提振了干部职工士气。认真组织重要会议、重大决策、重点工作、重大项目和标志性产品的宣传战役,提振了士气,营造了真抓实干、争做贡献的良好氛围。坚持把笔锋和镜头对准经销、技术、生产一线,对技术中心重点产品研发人员、全国技能大赛优秀选手和三晋技术能手的2名同志以及党员标兵进行了典型报道,形成了学先进、赶先进的氛围。

五、大力推进企业文化和精神文明建设,不断增强企业向心力和软实力

总结形成了"3211"的思想政治工作模式。调整了企业思想政治工作(企业文化)研究会理事会人员和特约研究员队伍。编印了《转型跨越面对面 当前职工关注的理论热点36问》。创办并编印了两期《太重文化》刊物。组织开展了职工思想状况问卷调查。开展了"岗位学雷锋、争做好员工"活动。起重机分公司装焊四组获"省级青年文明号"称号。集团被评为山西省思想政治工作优秀单位,太重品牌荣获"首届中部地区十大企业文化品牌"。政研会被授予全国机械行业优秀政研会。

六、扎实做好纪检监察和反腐倡廉工作，为转型跨越发展提供坚强的纪律保证

纪检监察工作坚持标本兼治、综合治理、惩防并举、注重预防的方针，大力推进惩防体系建设。制定了《反腐倡廉教育宣传月活动实施方案》《关于集团公司廉政风险点岗位人员廉洁从业的规定》，对873名风险点岗位科级干部进行了廉洁从业测评，对考核得分较低的4名科级干部进行了岗位调整。在生产外协、物资采购、工程建设等领域开展专项检查，对太原重工141辆公务车辆进行了排查，清理超配置的公务用车12辆。对1名私自与合作厂家签订安装合同的党员给予了党纪处分。对1名在任外协科长期间与外协单位直接发生经济往来关系的党员领导干部进行了通报批评。

七、维护企业稳定大局，确保企业健康稳定发展

集团党委高度重视稳定工作，深入开展了领导干部大接访和信访维稳百日大会战专项活动，深入进行矛盾纠纷排查，及时化解矛盾纠纷，确定包案领导，在十八大期间，认真排查矛盾纠纷隐患，努力做到一次性解决，实现了零上访。榆液集团及时化解了太原南站建设拆迁涉及400多名职工利益的矛盾，确保了企业的和谐稳定。 （徐永健）

附：太原重型机械集团有限公司党委书记、副书记、常委名单

书　记：岳普煜（1月离职）　王创民（1月任职）

副书记：丁永平

常　委：王创民（1月离职）　张志德（3月任职）　王春明　王　敏（3月任职）　张克斌　林　经

山西煤炭运销集团有限公司党委工作概况

党委书记　刘建中

2012年，山西煤炭运销集团有限公司党委在省委、省政府及省国资委党委的正确领导下，深入贯彻落实科学发展观，紧紧抓住集团跻身世界500强的有利契机，围绕集团公司发展思路和战略步骤，充分发挥党委的政治核心作用，建班子、带队伍、创环境，着力培育企业核心竞争力，为企业转型跨越发展提供了坚强保证。

一、领导班子建设实现新提升，为集团公司转型跨越发展提供有力保证

（一）深化“四好”班子建设。集团公司党委以“四好”领导班子建设为目标，坚持党委中心组学习制度，建立了干部在线学习管理体系，完善了领导包片包矿制度，加强了民主集中制建设，规范了各级领导班子议事规则和决策程序。继续坚持“三重一大”集体决策制度、民主生活会制度，民主决策水平和质量得到提高，各级班子和干部队伍的凝聚力、执行力和战斗力得到增强。

（二）优化基层班子配备。按照三大支柱产业对19个市公司及直属单位的班子进行了人事调整。目前，集团各市公司和直属企业班子成员共有260人，其中，70后有46人，本科以上学历有130人，并且三分之一强的班子成员为煤炭专业人才，有效解决了专业干部匮乏的局面。

（三）强化班子管理考核。建立了干部考核档案，将考核结果与干部选用、薪酬奖励相挂钩，逐步形成干部能上能下、薪酬能增能减，优胜劣汰的领导干部选用机制。起草了《集团加强对干部“德”的考核制度》《集团选拔任用干部一报告两评议制度》《集团各单位主要负责人履行干部选拔任用工作职责离任检查办法》等制度，通过这些制度的不断完善，促进了班子考核体系的不断科学化、制度化和规范化。

二、干部人才队伍建设再上新台阶，为集团公司转型跨越发展提供人才支撑

（一）干部队伍建设取得新成效。起草了集团公司《集团推荐领导干部工作规定》等9项干部管理制度，进一步理顺了干部管理权限，规范了干部管理程序。积极倡导“以发展实绩用干部，靠群众公认定取舍”的正确用人导向，完善了干部民主推荐制度，全面实行干部任免票决制度，进一步规范了干部选拔任用机制，提高了选人用人公信度；积极推进公开选拔，公开招聘引进了煤炭生产专业、物流专业、酒店管理等一大批中高级管理人员。推进了干部对外交流工作，推荐集团团委书记赴团中央挂职锻炼一年，选派集团大同公司党委书记到神华集团进行交流锻炼。

（二）人才队伍建设取得新进展。集团公司对人才现状进行了摸底调研、梳理总结，起草了集团公司人才工作中长期规划；落实煤矿企业“变招工为招生”，紧紧围绕集团转型发展大局，对专业急需人才开辟“绿色通道”，积极引进煤炭专业管理人才，全年招聘煤矿主体专业毕业生1680名，组织培训31次，共1368课时，培训人数达到2673人。加强了与山西大学、黑龙江科技大学、中南大学等多所高校的合作，通过校企合作培养人才，有1300人次参加煤矿相关专业、软件专业、物流专业包括研究生在内的在职高等学历教育。

（三）后备队伍建设得到新发展。全年在全系统范围内公开选拔了223名35岁以下、全日制本科毕业、工作三年以上的优秀青年干部，按照科级和一般青年干部进行分类，分三期分别开展了为期一个月的集中强化培训。对进入青年后备

干部库的青年干部进行了跟踪培养，每季度所在单位考核一次，每半年向集团组织部汇报一次，及时掌握了解青年干部成长状况。对于各方面表现优秀的青年干部及时选拔使用，充实到重要岗位进行挂职、轮岗锻炼，已有66名青年干部得到提拔任用。

三、基层组织建设实现新突破，为集团公司转型跨越发展提供组织保证

（一）深入开展混合所有制企业党建工作调研。成立了混合所有制企业党建工作调研课题组，深入基层厂矿，调研基层单位16个，同时，在集团范围内发放调查统计表600余份，召开了16场座谈会，草拟了《集团加强混合所有制企业党建工作的意见》，从制度化方面对混合所有制企业党建工作进行指导。

（二）深入开展基层组织建设年活动。紧紧围绕“强组织、增活力，创先争优迎十八大”这一主题，建立和完善法人治理结构的同时，同步设置党的基层组织，在集团示范矿井中全部成立了党组织；结合实际情况，进一步配齐配好配强了基层党群干部；对全系统772个基层党支部进行了分类定级，普遍实现了晋位升级，党组织的凝聚力战斗力得到进一步增强。

（三）深入开展保持党的纯洁性学习教育活动。以集团各级领导班子和党员领导干部为重点，分五个阶段13个环节，推动活动扎实深入开展。活动期间组织开展了29次集中学习，组织1680人次到红色教育基地参观学习，举办了22场先进事迹报告会，安排督导基层43个二级单位党委、81个党总支召开了专题民主生活会。纯洁性教育取得了预期目标，干部职工满意率达100%。

（四）深入开展“创先争优”活动。继续深入开展“创先争优”活动，引导广大党员争做安全生产的能手、经营管理的模范、转型发展的标兵，在集团上下形成了学先进、比贡献、创一流的浓厚氛围；组织开展了群众满意度测评活动，测评满意率100%。组织召开了迎接建党九十一周年暨创先争优表彰大会，对创先争优活动进行了全面总结，对活动期间涌现出来的62个先进基层党组织、48名优秀党务工作者和118名优秀共产党员进行了表彰。

四、党风廉政建设取得新成效，为集团公司转型跨越发展提供纪律保证

（一）切实加大惩防体系建设力度。出台了《廉洁风险防控管理工作实施意见》，把廉洁风险防控体系建设作为健全惩防体系的重点工作在全系统部署推开，着力构建“制度＋科技”、“人控＋技控”风险防控机制，不断提升内控管理水平。

（二）切实加大专项治理力度。引深煤焦领域反腐败专项斗争工作，推进了“三权制衡”深化细化常态化；加强工程建设领域突出问题专项治理，修订改进了招投标管理办法，优化管理流程，加强过程和程序监管，细化风险防范措施，推行违规企业“黑名单”制，使相关举报和反映明显减少；深化纪律作风综合整治，将各级机关存在的不符合作风纪律要求的普遍现象和倾向问题归纳为21项任务，分解责任到相关部门，限期整改落实；整治“吃拿卡要”和公务用车专项治理，通报了4起县公司违规收费案例，开展了三轮明察暗访，收回违规外借车辆44部，涉及金额1000余万元。

（三）切实加大监督检查力度。对集团确定的示范矿井、达标投产矿井、重点建设矿井、煤炭物流营销示范和改造项目开展效能监察，年集团效能监察立项单位23家，立项324项，提出建议258条，纠正违规问题99个，整章建制314项，挽回经济损失2789万元，增加效益2375万元。

（四）切实加大案件查处力度。成立了信息信访室，实行24小时网络舆情监控，增强了涉纪信访工作的前瞻性、主动性和实效性；注重发挥查办案件的惩戒和震慑作用，全系统共初核案件24件，立案查处13件，对57人给予了党纪政纪处分。

五、企业软实力取得新进展，为集团公司转型跨越发展提供持续动力

（一）围绕塑形抓文化。不断培育和塑造具有整体性、统一性和鲜明个性的企业形象，统一企业标识，在省内外树立起统一规范的山西煤销集团品牌形象。通过广泛深入地开展各种宣传教育活动和以企业文化升级为导向的管理创新，加强全体职工对企业理念、行为和视觉三个识别系统的认知和认同，实现企业文化体系与企业管理制度体系的融会贯通。逐步丰富和完善具有山西煤销集团特色的完整的企业文化体系，激发员工创造力，增强企业凝聚力，提升整体执行力。

（二）围绕转型抓宣传。集团围绕转型跨越的新形势，重点宣传各集团在经营管理的新举措、新成效，宣传干部职工在转型发展中创造的新经验、新典型，宣传转型发展中的宝贵经验和优秀典型，宣传重大工程重大项目，为工程项目的顺利实施创造良好的舆论文化环境；借集团公司进入世界500强的有利契机，着力培育和塑造与“500强企业”相匹配的企业形象，在十余家省内外媒体进行了70余篇宣传报道，策划推出《走基层看落实》、《安全生产大调研、大讨论》栏目，报道基层一线的安全生产建设情况、进展情况，组织开展“聚焦煤销三十年”大型影像摄制工作，积极参加能博会、晋商大会等活动，对外展示了集团的良好形象。建立了新闻发言人制度，制定了《突发事件新闻应急处置办法》，加强舆情监测与研判工作，主动引导社会舆论，对突发舆情事件进行了积极应对，保证了舆情信息的时效性和准确性。

（三）围绕合力抓工团。充分发挥工会组织联系职工群众的桥梁和纽带作用、企业民主政治建设的重要支柱作用、职工合法权益维护者的作用，推进了基层工会组织建设，基本实现了工会组织全覆盖，开展了形式多样的劳动竞赛活动，开展星级职代会创建活动，提高了企务公开的效果和质量，完善劳动合同和集体合同制度，积极开展“送温暖”等帮扶活动，维护了职工安全健康权益，构建了和谐劳动关系。进一步

加强了对共青团工作的领导，根据共青团组织的特点和优势，充分发挥党的助手和后备军作用，共青团工作得到不断发展。

（四）围绕发展抓稳定。严格落实维稳工作责任制，健全了应急管理体制机制，及时排查调处不稳定因素；建立了企业矛盾调处排查机制，畅通职工意愿反映渠道，解决了职工的合理诉求；健全了职工帮扶机制，建立了困难职工档案，实行动态管理，为集团创造了和谐稳定的发展环境。

（高　燕）

附：山西煤炭运销集团有限公司党委书记、副书记、委员名单

书　记： 刘建中

副书记： 王建设　张泽田（8月离职）

委　员： 曹耀丰　荣海涛　王利君（女）　龙孝忠　张银元　张　树　韩振贵　郑　涛　郭润喜　石魁英（5月离职）　于喜东（6月离职）

山西省国信投资（集团）公司党委工作概况

2012年，山西省国信投资（集团）公司党委在省委、省直工委的正确领导下，集团系统各级党组织和全体党员的共同努力，深入贯彻落实党的十八大精神，以推动公司科学发展为中心，以创先争优活动为载体，以党建工作责任制为抓手，以保持党的纯洁性教育活动和学习宣传贯彻党的十八大精神为主要内容，稳步推进党的基层组织建设，着力提高党的建设科学化水平，为公司各项工作的开展提供了强有力的政治保证。

一、坚持中心组学习制度，促进学习型党组织建设

集团党委中心组充分发挥带头示范作用，认真学习党的十八大精神、中央和省经济、金融工作会议以及中央和省委领导重要讲话精神，并邀请省委党校知名专家做专题讲座。集团党委中心组以学习带头示范，有效带动各子公司中心组、基层党支部、广大党员群众的学习热情。全年，集团党委中心组共集中学习9次，各子公司中心组集中学习次数都在6次以上；党支部结合岗位、业务实际，积极开展理论知识和业务技能学习，广大干部还积极参加了集团党委和各公司党组织组织的干部培训。集团系统学习氛围浓厚，学习热情高涨，学习型党组织建设稳步推进。

二、积极推进创先争优和学雷锋爱心帮困活动

各级党组织和广大党员干部把"五好五带头"目标融入到工作中，融入到推动公司发展的实践中，有目标、有计划、有措施，把公司跨越发展的目标逐次分解，落到实处，创先争优、创新务实，切实把创先争优活动的成效转化为推动发展的强大动力。同时，广大党员干部还积极开展学雷锋爱心帮困活动。全体职工向爱心帮困救助基金捐款171962元。根据省直工委的安排，慰问山西现代物流有限公司职工2500元。向因患肾病需进行换肾手术的山西证券大连营业部员工盛金秋捐助16万元；向石楼县辛关学校捐赠了价值5万元的物品（广播器材17台，体育器材93件，学生书包、文具220套，课外图书710册）和现金2万元。

三、加强教育培训，不断壮大党员队伍

各公司党组织把发展壮大党员队伍作为加强基层党组织建设和创先争优活动的重要内容，不断加大工作力度。重视空白点、一线和重要岗位的党员发展工作，坚持标准，严把党员质量关。全年共发展党员23名，推荐30名重点发展对象参加省直机关党校培训。同时，加强青年的思想教育，大力拓展入党积极分子人队伍，有近100人积极主动申请入党，并向党组织递交了入党申请书，目前集团系统共有党员626名。

四、加强党风廉政建设，提高党员干部廉政意识

认真落实中纪委"教育、制度、监督"并重的精神，坚持标本兼治、综合治理、惩防并举、注重预防的方针，深入开展党风廉政建设。一是明确责任，全面落实党风廉政建设责任制。二是组织召开了集团系统党风廉政建设工作大会，明确2012年工作重点，强化工作要求，确保党风廉政建设各项工作落到实处。三是加强廉政教育，组织观看廉政警示片，进一步增强党员干部的廉洁从业意识。四是注重预防，做好廉政谈话和《廉洁从业承诺书》签订工作，确保党员干部廉洁从业。五是组织集团总部中层以上干部和子公司班子成员，针对《国有企业领导人员从业若干准则》实施集中学习考试。

五、深入开展保持党的纯洁性学习教育活动

（一）组织得力。省委、省直工委对党的纯洁性学习教育活动动员部署后，集团党委立即召开会议进行传达学习，研究制定学习教育活动实施方案，并成立了保持党的纯洁性学习教育活动领导组和办公室。各子公司也成立相应机构，负责本公司的学习教育活动，形成一级抓一级，层层抓落实的工作格局。同时根据各阶段工作重点，制定出学习教育活动流程图及办公室分工表，确保学习教育活动每个环节落实到位。

（二）动员深入。针对集团系统各公司营业网点和分支机构点多面广，集中动员不便的现实情况，（集团）公司党委采取集团党委、各公司党组织、各基层党支部层级动员的方式，使全体党员都能直接了解并积极参与到保持党的纯洁性学习教育活动中来。保持党的纯洁性学习教育活动实现所有基层党组织、所有党员全覆盖。

（三）宣传到位。各公司党组织充分利用多种手段，营造良好的活动氛围。一是公共场所悬挂横幅、标语；二是在OA办公系统和网站开设学习教育活动园地；三是制作学习教育活动板报专栏，专题介绍学习教育活动相关情况。

（四）学习扎实。集团党委为每位党员购买了《在新的形势下保持党的纯洁性——胡锦涛同志在第十七届中央纪委第七次全会上重要讲话精神学习读本》，编印下发了《学雷锋历史资料汇编》，向各公司党组织发放了《保持党的纯洁性学习教育活动读本》；并及时向党员干部印发胡锦涛同志的重要讲话、习近平同志撰写的《领导干部要带头保持党的纯洁性》和有关省领导的重要讲话和学习心得等。各公司党组织还根据实际情况，购买下发《党章》等学习资料。此外，各公司党组织积极参加省直工委组织的《光辉的历程—山西省档案馆馆藏革命历史档案珍品展》，组织党员干部赴红旗渠、黄崖洞、红军东征纪念馆等地进行革命传统教育，邀请优秀共产党员作报告；集团系统广大党员还通过不同形式进行集中宣誓，重温入党誓词。集团系统全体党员以支部为单位广泛开展自学、集体学习研讨，认真撰写心得体会，真正做到思想上经受洗礼，境界上得到提高，作风上得到加强，信念上更加坚定。

（五）督促有力。为保证活动顺利有序开展，集团党委领导带领活动办公室人员分两次对各公司学习教育活动开展情况进行调研督导，并同支部党员进行座谈，确保学习教育活动不流于形式、不走过场。

（六）联系实际。各公司党组织充分考虑实际情况，立足工作实际开展活动，把保持党的纯洁性学习教育活动的成果体现在推动工作上。信托公司、证券公司面对经济形势的变化，审时度势，在全体职工中大力开展思想教育和业务培训，不断提高党组织的凝聚力和战斗力，不断提高员工的工作能力；国贸中心组织开展五四升国旗、职工技能大赛以及大练兵等多项活动，以工作推动学习深入，以学习促工作开展；光信公司围绕项目开展活动，“5+2”、“白加黑”，把学习教育活动融入到精品工程的打造中；博爱医院借学习教育活动的东风，积极修订完善各项制度，推动工作的制度化建设和执行力建设，着力打造“三个中心”（体检中心、妇儿中心、社区医疗服务中心）建设。

六、加强督导检查，促进党建工作落实

集团党委领导在年中和年底带领党工部、纪检、工会、团委等部门负责人对子公司党建工作和党风廉政建设情况进行调研和检查。各子公司能够在集团党委的领导下，高度重视党的建设和党风廉政建设工作，围绕中心，服务大局，切实做到两手抓，两不误，两促进。能够充分发挥中心组学习的带动示范作用，充分调动党支部及党员群众的学习热情，广泛深入学习，扎实开展活动，推动业务发展。能够深入开展保持党的纯洁性学习教育活动，进一步强化思想作风和工作作风建设，充分发挥党组织的战斗堡垒和党员的先锋模范作用，立足岗位当先锋，创先争优做贡献。

七、认真组织，周密安排，党的十八大精神学习宣传贯彻活动深入推进

（一）精心组织。在十八大刚刚胜利闭幕后，集团党委就组织召开中心组扩大学习会议，学习党的十八大精神，研究贯彻落实意见。一是全体党员干部要把学习贯彻十八大精神作为首要任务，学习好，联系实际贯彻好。集团党委中心组多次专题学习，把十八大精神具体落实到公司科学发展中。二是各公司中心组组织专题学习，基层党支部组织全体党员进行学习。三是集团党委班子成员带头学习，做好示范；抓好分管单位的学习，并以十八大精神为内容讲党课，做辅导。

（二）统筹学习。在集团党委的组织指导下，各公司党组织学习贯彻十八大精神迅速展开。一是在办公场所悬挂“热烈庆祝党的十八大胜利召开”的条幅，营造学习贯彻十八大精神的氛围。二是组织集团党委班子、总部全体员工以及各子公司班子成员、中层干部、党员集体收看黄河新闻网在线直播的中央宣讲团十八大精神报告会。三是从思想、安全、经营管理等各方面入手，深入开展“喜迎十八大 岗位做奉献”活动。四是选派集团中层以上干部、各子公司班子成员分批参加省直机关十八大精神学习培训班。五是子各公司中心组立足本公司发展实际，召开十八大专题中心组学习，研究部署落实意见。六是购买下发十八大报告单行本、新党章单行本和十八大报告辅导读本，一些公司还在网上开辟十八大精神学习园地。七是将学习贯彻十八大精神与落实中央关于改进工作作风、密切联系群众的八项规定，与做好基层组织建设年活动结合起来，一起部署，一起落实。八是加强督导检查，集团党委派出指导检查组，检查各公司党建工作及十八大精神学习贯彻情况，并提出落实要求。九是组织召开省直机关十八大精神报告会，通过专家讲解，提高全体党员对十八大精神的理解。十是选派干部参加省直工委组织的厅局长报告会，进一步加深对十八大精神的理解把握。

（三）组织举办庆祝十八大书画展。为庆祝党的十八大胜利召开，集团党委组织举办庆祝党的十八大暨第八届职工书法、绘画、摄影、写作作品展。共展出作品523件，（书法58件；绘画7件；摄影437件；写作21件）。

（刘琦伟）

附：山西省国信投资（集团）公司党委书记、副书记、委员名单

书　记：杨小勇

副书记：张广慧

委　员：赵润廷　郭晋普　曹　煜

山西出版传媒集团有限责任公司党委工作概况

党委书记　齐　峰

2012年是山西出版传媒集团深入贯彻落实党的十七届六中全会和十八大精神，实施“十二五”规划承前启后的关键一年。集团党委以科学发展为主题，以转变发展方式为主线，紧紧围绕省委转型跨越发展的总要求，加快转型发展，做强出版主业，圆满完成了年初制定的各项任务。集团被授予“全国文化体体制改革工作选进单位”和“山西省文化体制改革工作先进单位”荣誉称号。

一、经济效益跨越增长

集团全年完成营业总收入92.65亿元，比上年度增长24.82亿元，超额完成“十二五”发展目标，实现了营业总收入“三级跳”；全年实现利润总额4.42亿元；国有资产保值增值率达到127.33%。在市场竞争日益激烈的情况下，集团上下克服不利因素，经济指标持续快速增长。

二、社会效益成效显著

集团全年共有233种图书获得省部级以上奖励。《乍放的玫瑰》荣获中宣部第十二届精神文明建设“五个一工程奖”；《王者的智慧》《公司的力量》《中草药的故事》等3种图书，获得新闻出版总署第十一届输出版权优秀图书奖；《文明中国书典》和《流动的花朵》，双双入选中宣部、中央文明办、新闻出版总署三部委联合推介的“百种优秀思想道德读物”；《讲给孩子的世界科学》入选新闻出版总署2012年“向全国青少年推荐的百种优秀出版物”。

三、学习宣传十八大精神

2012年，党的十八大胜利召开，作为党重要的舆论阵地，出版战线有责任有义务走在学习宣传贯彻十八大精神的最前面。集团承担的一项重要任务是，做好十八大相关重要文件的出版、印制和发行工作。集团党委对这项工作高度重视，在上半年就进行了安排部署。一是在十八大召开前，新华书店集团就着手安排全省的宣传征订工作，全省各级新华书店积极行动起来，利用国庆黄金周有利的销售时机，纷纷在卖场设立十八大重点图书发行专柜，制定了十八大优秀出版物发行计划，并深入到机关、厂矿、企事业单位、学校、乡镇进行推广，吸引了广大群众广泛参与，为十八大胜利召开营造了良好的舆论氛围。同时各出版社围绕十八大主题，在十八大召开前后出版了《中国共产党图史》《中国红色报刊图史》《红色账簿》《从红墙翻译到外交官》等重点图书。二是在十八大闭幕后，集团结合自身实际，开展了“学习贯彻十八大，立足岗位做奉献”主题活动。制定了实施方案，明确了实施细则，在全系统迅速兴起学习宣传贯彻党的十八大精神的热潮。集团所属山西人民出版社，充分发挥党社作用，以最快的速度拿到了十八大重要文件的型版，山西新华印业公司加班加点印刷，于11月21日将首批十八大重要文件摆上全省各地新华书店的柜台，在外文书店举行了山西省党的十八大重要文件首发仪式，省委有关领导出席了活动。

四、纯洁性教育创出新模式

集团党委按照省委要求，在直属16个成员单位及全省119个县(市、区)新华书店的基层党组织中扎实开展了保持党的纯洁性学习教育活动。围绕“学、查、改”三个环节，抓住重点，突出特色，统一部署，全面推进，创出“六个结合”的新模式。省委有关领导对此亲笔批示予以肯定。此次学习教育活动有三个主要特点：一是革命传统教育“搞得好”。全系统革命传统教育覆盖面广、参与人数多，在省直单位中形成特色。二是民主生活会“开得实”。使集团上下的作风进一步转变，工作进一步务实，创先争优的热情进一步高涨。三是宣传工作“跟得紧”。各单位都充分利用简报、报纸、信息、板报、网络等多种媒体，互通信息、交流体会，有力地推动了学习教育活动的深入开展。

五、社会影响不断扩大

集团经济规模在新闻出版总署发布的《产业分析报告》中综合排名第13位，比上年提高1位。在全国550家图书出版单位中，山西教育出版社、希望出版社、山西人民出版社、山西科学技术出版社全部跻身地方专业社十强。山西新华书店集团在全国发行集团总体经济规模综合排名12位，比上年提升了3位，销售额排名全国第6位。出版排名的大幅提升，表明集团整体实力不断增强，极大地提升了集团的社会影响力。

（郭文礼）

附：山西出版传媒集团有限责任公司党委书记、副书记、委员名单

书　记：齐　峰

副书记：王宇鸿　邓国帅

委　员：安小慧　崔元和　琚林勇　李文芳

中条山有色金属集团有限公司党委工作概况

党委书记　王树琪

2012年，中条山集团公司党委以科学发展观为指导，以创先争优、保持党的纯洁性学习教育和基层组织建设年活动为载体，围绕企业中心工作，全面加强党的建设，不断推进企业精神文明和企业文化建设，为实现全年各项工作目标任务提供了坚强的保证。

一、围绕中心，服务大局，为实现集团公司奋斗目标营造良好的舆论环境

（一）继续推进了宣传系统"走、转、改"活动；对集团公司电视台和报社等机构进行了归并重组；进行了《中条山集团》报纸改版尝试，全年共编辑出版36期，发表稿件800余篇。开办了《一线扫描》等栏目20余个，共制作播出《中条新闻》180余期；开办《重点工程报道》等电视专题栏目12个，制作播出电视专题片20余部；完善网站管理制度，提高网络宣传水平，开设专题20个，刊发新闻稿件数百篇；加强了对外宣传工作，分别在《中国有色金属报》《山西日报》《山西工人报》等媒体刊载稿件30余篇，对宣传企业起到了积极的作用。

（二）集团党委按照中央和省委的要求，印发了《关于认真学习宣传贯彻中国共产党第十八次全国代表大会精神的通知》，迅速掀起学习宣传贯彻十八大精神的热潮。在党员职工中开展了"寄语十八大"短信征集活动，共征集短信2603条。

（三）集团党委围绕"创先争优"、"创新增效"和"节本增效"活动，在全公司范围内积极推动合理化建议、劳动竞赛、减少浪费等活动，各级党组织累计完成创新增效项目263个，产生了较大的经济效益。集团公司全年营业收入109亿元，利润8303万元，资产总额达83.2亿元，多项生产经营指标创历史新高，实现了集团公司奋斗目标。

二、巩固成绩，提高质量，深入推进创先争优和创建学习型党组织活动

集团党委在原有的基础上，进一步总结经验，完善措施，使创先争优活动质量有了新的提升。截至年底，各级党组织共公布承诺事项4833个，完成4587个，完成攻关项目210个。各级党组织深入调查研究，建立了干部联系点235个，党员服务站174个，积极为群众办实事、办好事1359件，组织公益捐款24万元。坚持"党组织抓安全"、"党员示范岗"、"党员安全责任区"等活动，使党建工作有效融入中心，进入管理，发挥作用。

三、深入开展基层组织建设年和保持党的纯洁性学习教育活动

（一）积极开展了"基层组织建设年"活动。确定了推进"三个转变"，功能升级，实现"五个提升"的工作目标。上半年完成了16个基层党委、6个基层党总支、216个基层党支部的分类定级工作。

（二）深入开展了"保持党的纯洁性学习教育"活动。按照"四个一"和"六个结合"要求，把开展活动与企业的生产经营紧密结合，以活动的开展推动各项生产经营任务的落实，真正做到了"两手抓、两不误、两促进"。

四、健全制度，严格管理，加强领导班子建设和干部队伍建设

（一）规范干部选用工作。中条山集团党委坚持党管干部原则，坚持德才兼备、以德为先的标准，根据《党政干部选拔任用条例》，完善出台了集团公司选拔任用干部考察和公示制度，进一步规范干部选用的工作程序，并按要求完成了2012年中层管理人员后备干部推荐工作。

（二）狠抓干部队伍作风建设。加大了舆论监督、群众监督、制度监督力度，开设领导干部作风问题举报箱、举报电话和网络监督。加强了领导干部政策、法纪法规的学习，实施了领导干部的诫勉教育和警示教育，促进了作风建设长效机制的形成。

（三）完善了干部年度考核工作。对班子成员的考核增加了学习能力的内容，同时，开展了"一报告两评议"工作，使干部基础管理和考核工作的覆盖面进一步扩大。

五、巩固基础，完善模式，提升党建工作科学化水平

（一）集团党委通过进一步探索和实践，简化程序，减少检查，尽量使软指标量化，重点工作突出，进一步完善了党群工作目标责任制考核工作。不断完善党群工作计划管理。增加年度计划、工会工作计划，初步实现了党群工作计划管理全覆盖，增强了党群工作的可操作性。全年，集团公司党群部门和基层单位四个季度累计工作项目1041项，绝大多数项目得以完成。通过强化党群工作计划管理和党群工作目标责任制考核，夯实了党群工作基础，提升了党群工作科学化水平。

（二）切实做好党员发展工作，全年共发展新党员81名。召开了集团公司党委"七一"表彰大会，对5个红旗党委、27个红旗党支部（总支）、5名模范共产党员、31名优秀党务工作者、50名优秀共产党员进行了表彰。

六、强化重点，丰富载体，精神文明和企业文化建设取得新成效

（一）以社会主义核心价值体系为指导，坚持不懈地深入开展创建文明单位、文明小区、文明家庭、文明职工活动，积极开展职工喜闻乐见、内容新颖、形式多样的文体活动，活跃职工的文化生活，陶冶职工的情操。大力推进6S管理。按照“细化、深化、固化、升华”的基本思路，狠抓理念渗透和行为养成，狠抓制度文化建设，不断将企业文化建设引向深入。6S管理模式为职工素养提升、行为养成奠定了良好基础，同时也有效地促进了企业科学管理、精细管理和精益管理。

（二）召开了2011—2012年度集团公司精神文明、企业文化建设暨6S管理表彰大会，对获得省属企业文明和谐单位以上荣誉的先进集体和个人以及近两年来在集团公司企业文化建设和6S管理推进工作中取得优异成绩的先进集体和个人进行了表彰奖励。

七、关注民生，维护稳定，积极构建和谐中条

（一）集团党委坚持以人为本，关注民生，积极打造和谐中条。针对广大职工改善居住条件的诉求，加大住房建设力度。完成了职工住宅楼主体工程13栋。修缮了供暖管路，提高了采暖质量，受到职工群众好评。职工洗浴中心和游泳馆已基本建成。各级党组织都建立了社区党员服务站和联系点，开展了党员志愿服务、走访慰问，一帮一等活动。设立“爱心助学基金”、“帮扶基金”，形成了扶贫帮困的长效机制。集团公司“五大保险”全部纳入社会统筹。通过校企联合和自主培养等途径，解决了部分职工子女就业问题。

（二）进一步加大了稳定工作力度。围绕确保党的十八大胜利召开和建设和谐矿区等重要工作，在基层单位的密切配合下，组织开展了信访稳定工作“百日大会战”和“双交办、双包案”化解信访问题活动。对职工群众来信来访，做到件件有着落、事事有回音，最大限度地减少了不和谐不稳定因素。全年集团公司接访总量共计52批71人次，与去年相比继续下降。

（三）加强了反邪教工作。严格落实“包保转”责任制，有针对性地做好“回归社会工程”。坚持完善综合治理，形成齐抓共管工作格局，提高了综合治理工作的成果。加强了矛盾排查工作，共排查化解矛盾纠纷31起。开展了对重大建设项目社会稳定风险评估排查工作，起到了降低和消除社会风险的效果，为集团公司重大建设项目的顺利推进做出了积极贡献。

（吴少鸿）

附：中条山有色金属集团有限公司党委书记、副书记、委员名单

书　记： 王树琪

副书记： 刘正国

委　员： 刘广耀　何小青　董效林（9月任职）　许新强（9月任职）　刘东奎（9月任职）

山西能源交通投资有限公司党委工作概况

党委书记　武　强

2012年，山西能源交通投资有限公司在省委、省政府和省国资委的正确领导下，解放思想、开拓进取，齐心协力、真抓实干，为打造集路港矿、产运销为一体产融结合的现代物流旗舰企业集团而努力奋斗，为加快建成中西部现代物流中心和生产性服务业大省做出新的贡献。

一、党组织情况

山西能投公司现有基层党组织400个（基层党委25个、总支部30个、支部345个），其中能投公司党委有直属基层党委5个、直属党支部3个。全公司党员共计7606名。

二、经济工作情况

（一）战略思路更加清晰，大集团效应开始显现。党委领导班子确立了“123556”发展战略和实施战略的八条路径，增强集团管控力，初步构建大集团架构，收入和利润实现快速增长，分别较整合前增长了75.25%和195%，大集团协同效应逐步显现。

（二）投融资创历史新高，铁路出资任务圆满完成。公司实现融资167亿元，完成省国资委下达45亿元任务的382%；实现铁路投资105亿元，完成省国资委下达任务60亿元的175%；全面完成了省政府下达的省部合资铁路出资任务，有力保障了省部合资铁路建设。

（三）主要指标全线飘红，经济运行质量大幅提升。公司全年实现营业收入175亿元，同比增长25.4%，完成年度目标135亿元的129.9%；实现利润总额2.36亿元，同比增长20.1%，完成年度目标9500万元的248.4%，利润总额增幅在省属企业中位列第四；增加值17亿元，同比增长102.7%，增加值增幅在省属企业中位列第二，经济运行质量显著提高。

（四）项目建设步伐加快，转型发展势头强劲。全年完成投资128.65亿元，同比增长28.76%，完成年度投资任务的109.12%，在省属大企业中位列第三；共有21个项目成功落地，完成项目落地投资额200.56亿元，完成年度落地任务的100.28%。各子公司奋力上项目、抓投资、调结构，煤层气开发利用、现代物流等新型产业取得积极进展，呈现出产业多元、加速转型的良好势头。

（五）优势企业异军突起，引领作用不断增强。全系统 54 户三级子公司中，前 10 户企业的销售收入占到公司营业收入的 74.1%；前 10 户企业的利润总额占到公司利润总额的 137%，三级优势企业在各子公司和大集团发展中的影响力、带动力、引领作用显著增强，发展贡献率进一步提高。

（六）安全稳定明显好转，和谐发展氛围浓厚。公司上下谋发展的思想逐步统一，业务流程更加顺畅，组织体系更加健全，企业文化深度融合，干部职工团队精神、协作意识不断增强，扶贫帮困送温暖深入开展，特色文化体系初步构建，安全稳定形势明显好转，大集团的向心力、凝聚力、战斗力持续增强，和谐发展氛围日趋浓厚。

三、党委工作情况

（一）抓理论学习研究，巩固扩大思想建设成果。公司党委通过中心组理论学习、组织班子深入河南、福建等周边地区学习调研，以及邀请省内外多名专家先后进行了 9 次专题学习培训，进一步开阔了各级党组织负责人和广大党员干部的工作视野，理清奋斗目标和方向。各子公司认真执行“三会一课”制度，制定党员学习教育培训计划，通过上党课、专题讨论、组织廉政教育、先进模范事迹报告会等多种形式加强政治理论学习，切实提高各级领导班子成员党性修养、政治素质、民主决策科学决策水平，同时“基层党建五项指标考核”工作荣获全国党建思想政治工作一等奖。

（二）抓基层组织，夯实党建工作基础。重点抓了五方面工作：一是抓党员队伍建设，破党员管理难题，促党员队伍“全面活跃”。二是抓基层党组织建设，破带头人选配难题，促基层党组织充分发挥“核心引领”作用。三是抓活动阵地建设，破作用发挥难题，促活动阵地“利用效益最大化”。四是抓规章制度建设，破落实不力难题，促基层党组织“规范运行”。五是抓“集成升级”，破活力不足难题，促基层党组织增强“凝聚力和战斗力”。

（三）抓机制创新，提高党建工作水平。公司各级党组织通过开展公开承诺、党性教育、岗位竞赛、优质服务、民主评议、评选表彰等主题活动，激励以实际行动推动企业转型跨越发展。通过选树先进典型、宣传先进事迹，公司上下学习先进、争当先进的氛围浓厚。建立完善党建工作长效机制，以制度建设促企业经济发展，全年各子公司主要经济指标均超额完成。公司党委组织开展党建工作专题调研，相关单位和班子成员撰写了调研报告，为实施公司基层党组织党建工作目标责任考核奠定基础。

（四）抓干部人才队伍建设，提高干部履职能力。一是实行两级班子“一报告两评议”工作，加强对领导班子年度考核，推动“四好”领导班子建设。二是严格按照上级党委规定的职数、任职条件、任职资格及选任程序，选齐配强子公司领导班子。三是公司党委坚持“岗位靠竞争、薪酬靠贡献、提升靠本领”选人用人理念，针对本部新增设 4 个职能部门副职岗位，在系统内部实施公开竞聘、竞争上岗。四是公司党委放眼全省，先后从央企和省属国有企业引进 4 名高级管理人才，为项目持续有效推进集聚人才，为公司转型跨越发展储备人才。五是采取“请进来、走出去”的方式加强教育培训，加大干部教育培训投入，提升干部人才队伍素质能力。

（五）抓党风廉政建设，转变干部工作作风。一是建立公司党委书记负总责、其他领导对各自分管的部门和单位负总责的目标责任体系，开展定期不定期考核检查，促进党风廉政建设责任制分解落实到位。二是加强党纪政纪条规教育，适时开展“反腐倡廉教育宣传月‘六个一’”活动。三是制定完善 10 余项内部制度，建立反腐倡廉制度体系。四是健全了风险防控体系，加大专项治理的开展力度，为企业营造良好的经营环境。五是重点围绕企业投资、安全生产、改制重组、财务管理、经营管理、工程招投标、物资采购、作风建设、“三重一大”决策程序等热点难点问题开展效能监察。全年共立项 55 项，完成 42 项，提出合理化建议 46 条，整章建制 23 条。其中 3 个项目作为公司效能监察优秀成果向国资委纪委进行了推荐。六是建立党务公开工作的长效机制。七是加大查办案件的力度，设立了多种举报平台，畅通信访渠道，全年共受理信访举报 41 件次，初核 7 件，立案 2 件，在查 2 件。八是基层纪检监察机构和队伍建设得到加强。

（周海波）

附：山西能源交通投资有限公司党委书记、副书记、委员名单

书　记： 曹晨明（3 月离职）　武　强（5 月任职）
副书记： 郝瑞珍（女，5 月离职）　刘　波　张广明
委　员： 武　强（5 月离职）　任　秀（10 月离职）
于喜东（6 月任职）　梁润德　荣建民
杜　峰（5 月离职）　邢海洋　潘来喜
赵敏崎

山西省农村信用社联合社党委工作概况

党委书记　王　亚

2012 年，山西省农村信用社联合社在省委、省政府的坚强领导下，在各级监管部门的有效监管下，始终坚持以科学发展观统领全局，认真贯彻落实全国、全省经济工作会议精神，继续坚持“强服务、促转型、谋跨越”工作思路，以“巩固提升、稳中求进”为主基调，着眼从严治社、从远治社，把握“业

务发展与风险控制”两条主线,全面落实“三个转变”(抓时点向抓经常、单项抓向综合抓、领导抓向全员抓转变)要求,在经营转型上实现新突破,在内控管理上得到新加强,在业务发展上取得新跨越,在服务水平上实现新提升,在支持三农上创出新作为,改革发展取得了突出成效。截至年末,全省农村信用社总资产达6403.54亿元,各项存款余额4319.64亿元,各项贷款余额2666.09亿元,三项指标全部位居我省金融机构第一;全年累计发放支农贷款1898.8亿元,累计为481万农户提供金融服务,有力支持了山西经济社会发展。

一、支持全省转型跨越发展,着力优化提升服务

(一)深入开展“阳光信贷工程”。在推行“绿色通道”、“阳光信贷”、“一站式”信贷服务的基础上,着手打造透明高效的信贷流程,合理配置审批权限,适当简化审批手续,明确设定审批时间,动态管理授信额度,并向社会公开信贷政策,接受社会监督。部分县联社增设了专门办理贷款的营业窗口,部分信贷业务量较大的机构尝试成立了敞开式办贷中心。在全辖推行贷款条件、利率和程序“三公开”服务,在村镇主要路口设立贷款公示栏,公布包片客户经理姓名、联系方式、监督电话,做好信贷人员配备、信贷部门设置、规章制度制定、信贷业务办理、信贷档案管理等工作,实现信贷管理工作的流程化、规范化、标准化;鼓励各市积极选择部分信用环境较好、经济增长后劲足、小微企业发展较快的城郊型机构,探索建立准事业部制的“小企业贷款专营服务中心”,满足小微企业创业、生产、发展三个阶段的融资需求。

(二)深入开展“富民惠农金融创新工程”。一是创新服务产品。开发出“商户通”、“即时贷商户信用贷款”、“商户联保贷款”、“商户贷款担保协会担保贷款”等特色商户贷款产品,探索开办了林权抵押贷款、土地承包经营权抵押贷款、农产品仓单质押贷款等新业务品种,推出了农村青年创业贷款、复转军人创业贷款、巾帼创业贷款、残疾人小额信用贷款、大学生村官创业贷款等种类丰富的创业助业产品;与省住房和城乡建设厅、中国电信山西分公司、省烟草局等达成合作意向;全面代理了全省“新农保”、代收交警罚没收入、社保“一卡通”、省级财政非税收入收缴等业务;全省11个市全部发行了理财产品,共发行理财产品242期,募集金额129.18亿元。二是创新服务方式。加大电子化建设力度,积极推动电话银行、网上银行、自助银行业务的广泛开展,大力发放信合通卡,福农卡,并探索拓宽服务功能,延伸服务范围,利用现代化手段提升金融服务质量和效率。有条件的行社先后设立了办贷大厅或办贷专柜,通过采用“轮流坐班”、“专人坐班”办公,和“公示坐班时间、统一办公”的方法,切实提高办贷大厅的利用率,积极拓宽服务渠道。三是拓宽服务范围。牢固树立服务“大三农”的全新理念,把服务对象由局限于传统客户扩展到“大三农”全局和县域经济整体,在重点支持全省“513”工程、“一村一品、一县一业”的同时,重点扶持小微企业发展,积极支持高速公路建设、山西大水网建设、保障性安居工程建设等全省重点工程,积极参与全省煤炭资源整合,支持全省农业产业龙头企业、绿色低碳经济企业和优质县域中小企业,推动了县域经济的快速发展。截至年末,全省农村信用社累计发放支农贷款1898.8亿元,巩固和扩大支持农业龙头企业1379个(新拓展385个),支持农民专业合作社1347个(新拓展502个),巩固支持优势农畜产品种养基地(园区)553个(新建210个);巩固支持农村供销社(流通企业)551个(新拓展213个);累计为481万农户提供金融服务,支持59889名农村青年创业,成为了名副其实的地方金融主力军。

(三)深入开展“金融服务进村入社区工程”。组织全辖信贷人员大力推进“进农户、进基地、进企业、进社区”行动,认真开展“送信用、送产品、送服务”活动,稳步推进“农村金融服务网络建设工程”,加大“信合通”卡发卡量,加快农村地区非现金支付工具受理环境建设,扩大ATM、POS等受理机具在乡镇村的覆盖面,开通了网上银行业务,使山西信合具备了与其他商业银行同等的、先进的、现代化的支付结算渠道。截止年末,全省农村信用社累计发行信合通卡1439万张,建设自助银行服务网点995个,安装取款机920台,存取款一体机285台,多媒体终端51台,发展特约商户26164户,布放POS机具28062台,设立助农取款服务点16968个。部分县采取“流动服务车”的方式,有效解决了金融服务网点空白问题,有效改善了农村地区支付结算环境,满足了广大客户深层次、多元化的金融服务需求。

二、加快高风险社重组改制,扎实推进体制改革

坚持把高风险社重组改制作为推进改革的重点,把“后进梯队”推到改革一线,实现后进社向先进社“蜕变”,共同驶进发展的“快车道”。采取“分类指导、先难后易、重点突破”的方式推进改革,各地(市)把高风险社(监管评级五B级以下)的重组改制作为改革的重点,主动协调地方政府扶贫帮困,积极创造条件,帮助重组改制,实现脱胎换骨。同时,为了加强化解处置高风险社的组织领导,省联社成立了高风险社防范化解工作领导组,领导组成员实行包片制度,并划定1—2个高风险联社为联系点,负责争取相关政策,指导高风险社内部化解工作,监督高风险社相关风险控制指标进步度情况,协调推进并购重组工作,先后指导15家高风险社借助体制改革,积极寻求合格并购方,加大不良贷款清收力度,实施并购重组化解风险,取得了明显成效。全年有10家高风险社提出拟筹建农商行申请,获省联社批复筹建10家,其中长治潞城农商行在11月26日挂牌开业,成为全省第一家改制农商行的高风险社;清徐联社、盐湖区联社(五A级)已将筹建农商行报告上报银监会;阳曲联社高风险社处置工作即将进入清产核资阶段。

三、严密防范各类风险,严守风险防控底线

(一)积极防范信用风险。严密防范重点领域信用风险,不断完善信贷管理流程,编印了《信贷管理手册》和《支农服务手册》,建立了统一的业务操作流程、标准化的评级授信流

程、严密的大额信贷咨询流程；积极探索风险资产分账经营、集中管理的新路子，积极化解历史包袱，不断提高资产质量，不良贷款余额、占比持续实现“双降”目标。

（二）积极防范流动性风险。一是加强资产流动性和融资来源稳定性的管理，积极拓展资金来源渠道，使资产负债期限相匹配。二是积极探索“结构稳定、持续增存”的长效机制，确保各项存款稳定增长。全省农村信用社在做好柜面服务、对公客户服务的同时，着重抓好基础储蓄客户营销，深入挖掘内部潜力，有效拓展客户总量。

（三）积极防范市场风险。省联社指导全省农村信用社密切关注经济形势，深入研究宏观走势，准确把握市场走向，加强对市场资金供求关系、市场利率及风险收益变化趋势的研判，特别是重点关注全省主导产业煤炭等传统优势行业的风险防控。同时，因地制宜，未雨绸缪，主动适应经济形势与政策变化，适时、适度地预调、微调经营策略，提高工作的主动性、前瞻性，提升认识市场、识别市场、驾驭市场的能力和水平。如针对经济下行、政策调控、产业风险，以及利率市场化等各方面因素的影响，全系统收入增长后劲不足的问题，千方百计保收入、促增长、增效益。

四、规范化经营管理，积极推进科学发展

（一）强化全员培训教育。按照“上下结合、内外结合、长短结合”的原则，坚持省联社集中培训与县联社系统培训相结合，依靠系统内专业人员讲授和邀请专家、学者讲课相结合，组织连续长期培训与各业务部门临时、短期、专题培训相结合，采取多种方式，加大培训力度，全方位提升全省信合队伍整体素质。全年省联社组织各类培训 22 期，参训人员 6100 余人，全省各市累计组织培训 90000 余人次，覆盖率达到 100%。

（二）加大制度建设力度。以监管要求和农村信用社实际需求为依据，对内控制度进行梳理，按照年初定规划、年内抓落实的步骤扎实推进全省农村信用社内控制度建设步伐。截至年末，已累计出台实施 362 项内控制度，基本建立起覆盖所有机构、全部业务的制度体系。同时，对于新颁布或修订的涉及农村信用社经营管理的各类法律、法规部门规章和司法解释，及时制发《新法提示》下发全省，累计印发新法提示 37 项。

（三）积极推进信息化建设。启动了统计分析系统、信贷管理系统、人事管理系统、稽核非现场监督系统、OA 办公系统、会计事后监督系统和大前置系统等各业务条线的多项系统建设，进一步细化工作流程，规范操作行为，借助科技手段，提升管理水平。目前，统计分析系统已正式上线运行，稽核非现场监督系统上线试运行，信贷管理系统、人事管理系统和 OA 办公系统正在测试和完善过程中，会计事后监督系统和大前置系统开发正在有序进行。

五、以“大联动、大案防”为抓手，确保安全稳健经营

（一）研发非现场稽核系统。研发完成了信贷、柜面、财务指标、IT 审计等 4 个方面、41 个专题、210 个稽核风险模型，对各项业务数据进行采集、筛选、分析，并将非现场稽核系统分析出的每笔可疑业务交易数据传达至基层，做好现场核实验证工作，有效防范和化解各类风险隐患。同时认真研究分析业务风险，定期提交查处思路，稳步提升非现场稽核系统的数据挖掘能力。

（二）搭建全员违规信息平台。研发了“违规信息登记系统”，出台了员工违规积分办法，将每个违规问题的检查、处理、整改纳入系统进行全程监控、有效管理，创建了全省农村信用社“违规问题库”和“积分管理库”，建立了个人和机构的违规电子台账，借助信息化科技手段，对各类问题进行分类归档，对违规积分进行动态管理，对新老问题进行划段管理，为各级各部门管理决策、控险防案提供了强大的数据支撑。

（三）推进案防长效机制建设。通过完善法人治理结构、加强制度流程建设、提高技术控险能力、实施“五人联保”动态管理、注重信访举报查办效果等措施，形成强有力的风险管控机制；通过充分发挥一系列业务条线的职能作用，采取多种方式，借助多种手段，对重点人员、重点岗位、重点环节、重点业务等进行全方位、深层次、大力度的排查和检查，密切关注“职工参与民间融资风险，银行卡业务风险，大额存取款业务风险，客户新开账户风险，贷后业务风险”等五类风险，及时发现问题、落实责任、整改到位；加强对监管部门提出的监管意见、历次条线检查中发现的问题的督促整改，加大相关责任人员的追究和惩处力度，实现了连续三年“零发案”，确保了全省农村信用社安全、稳健经营。

（聂宏伟　雷鹏锋）

附：山西省农村信用社联合社党委书记、副书记、委员名单

书　记： 王　亚

副书记： 王再升

委　员： 邢亮喜　张转芳（女）　蒋桂荣（女）　高之岩　王忠泽　王俊飚

中央部属单位党组(委)工作概况

省气象局党组工作概况

党组书记　杜顺义

2012 年，省气象局党组坚持“重服务、强能力、优环境、促发展”的方针，团结带领全省气象部门职工为促进我省转型跨越和经济社会发展做出了积极的贡献。

一、公共气象服务水平和应急气象服务能力不断提高

针对 2012 年 2 月份寒潮降温、3 月份大风降温、春播期第一场好雨、汛期 5 次区域性暴雨、8 月末强降水以及首场强降雪等重大天气过程，做到了无一漏报、预警及时、服务到位。圆满完成了“首届世界晋商大会”、“太原国际马拉松赛”、“第四届中国(太原)国际能源博览会”等重大活动气象服务保障。农业气象业务服务能力显著提升，全年制作发布各类农业服务材料 755 期。召开了“山西省第三次人工影响天气暨‘一增三防’工作会议”，加大了人工增雨作业力度，人工增雨量 30.5 亿立方米。省局共启动应急响应 5 次，利用多种媒体，及时发布各类气象预警信号 3012 次，发送手机气象预报预警服务信息 6930 万人次，制作发布各种决策服务材料 982 期，向省委、省政府等提供气象灾害防御预警专报 31 期。中国天气网山西页面总点击量超过 7300 万次；中国气象频道在各市全部落地，省级电视频道均能及时发布天气预报和插播气象预警信息；腾讯、搜狐、新浪开通了省、市级气象官方微博，微博听众 42 万人，比上年翻一番；12121、96121 声讯平台月平均拨打量 6 万次。全省公众气象服务满意度为 88 分，较上年提高 0.4 分。

二、率先基本实现气象现代化工作积极推进

成立了由省委政研室、省政府研究室、省政府办公厅、省法制办和气象局等单位组成的“山西省率先基本实现气象现代化方案研制领导组”。通过充分调研、咨询、论证，编写完成《山西省率先基本实现气象现代化的实施意见》并上报省政府，即将由省政府出台印发。《实施意见》分析了实现气象现代化的意义，明确了指导思想和目标，确立了六项主要任务和七个重点工程，并初步制定八大类气象现代化指标。同时，省局确定长治为推进气象现代化市级试点。

三、现代气象业务体系建设不断强化

推进交通气象服务体系建设，在全省 5000 公里高速公路上分期进行监测站建设，建立高速公路气象监测预警服务，一期投资 1600 万已落实到位，57 个监测站已开始建设；推进旅游气象服务体系建设，一期已建 28 个监测站，二期 50 个监测站已开始建设，将覆盖全省所有 4A 以上景区，提供旅游景区气象监测预警服务；推进河流防洪防汛气象监测服务体系建设，已在汾河、桑干河、漳河等重要河流及流域面积 200 平方公里以上的中小河流建设 25 个自动监测站，逐步实现河流防洪的提前预警和有效防范；推进山洪地质灾害气象监测服务体系建设，在山洪易发区、泥石流沟、滑坡点已建 221 个山洪地质灾害监测站，不断提高山洪地质灾害监测预警能力；推进环境气象监测服务体系建设，建设了 3 个温室气体观测站和 4 个气溶胶观测站，与省环保厅共建共享 54 个环境监测站，逐步开展环境空气质量预报；推进农作物病虫害气象服务体系建设，与省农业厅共建共享 30 个病虫害测报站，建立了山西 13 种病虫害的预测模型，定期开展农作物病虫害监测预警服务。重视预报员队伍建设，设立 13 名市级首席预报员。强对流天气落区、精细化预报和中尺度数值模式 3 个预报团队作用显著。继续加强中尺度天气分析业务，建立了精细化监测资料基础上的山西暴雨、暴雪、冰雹、

雷雨大风等预报模型。逐步建立了基于 WRF 模式的区域数值预报业务系统，在森林大火、空气污染等突发事件气象预报服务中发挥重要作用。全省 24 小时晴雨、最高和最低气温预报准确率分别为 88.99%、73.9%和 75.38%，均比上年有所提高。积极推进气象观测业务改革调整，全省 109 个国家级台站地面观测业务切换圆满完成。全省区域气象观测站网规划稳步实施，覆盖乡镇和城市社区的气象观测网得到进一步优化，交通、旅游、河流周边、山洪地质灾害气象观测网基本形成，已建设区域气象监测站 1631 个。岢岚大气光学干涉成像仪、五寨中频雷达项目开始业务运行，为太原卫星发射中心提供服务。完成了 4 项中国气象局信息网络试点工作任务。进一步加强自动气象站运行监控和资料质量控制，气象信息共享能力显著提升。"新一代国内通信系统"、"卫星数据广播接收系统"正式投入业务运行，实时气象资料的传输时效和收集数量均有大幅度提高。

四、应对气候变化工作得到加强

重点面向农业、生态、水资源、卫生、能源等行业开展气候变化研究和评估，提高气候风险管理能力和适应气候变化能力。制定了本地干旱、暴雨、高温、低温等项目的极端天气气候事件指标，极端天气气候事件系统和气象干旱监测指标系统开始业务运行。参与了《山西省十二五控制温室气体排放工作方案》的编写。组织编写的《火电厂空冷气象条件分析论证技术指南》由中国气象局预报司印发全国。向省政府报送 2 篇气候变化决策咨询报告，郭迎光副省长批示有关单位全面做好应对气候变化和防灾减灾工作。"山西省温室气体观测站网建设（一期）工程"太原、大同、临汾 3 个观测站已开始业务运行，二期已获山西省发改委批复投资 735 万元，拟在朔州、五台山、晋城再建 3 个观测站。每月与省发改委联合报送《山西省温室气体监测报告》，监测温室气体变化趋势，检验不同区域温室气体减排效果，为政府应对气候变化提供决策依据。

五、科技创新体系和人才体系不断完善

首次获批国家行业专项 1 项，资金支持 317 万元；首次获批中国清洁发展机制基金赠款项目 1 项，资金支持 150 万元。获批中国气象局项目 4 项。获批山西省科技厅社会发展类攻关课题 5 项。省局设立了领军人才课题、重点课题、开放基金、青年基金和一般课题，各类用于科技创新的支持经费达 558.5 万元。第一作者核心期刊发表论文 29 篇，其中 SCI 论文 2 篇。通过实施"梧桐计划"，重视人才、尊重人才、发挥人才作用的环境氛围进一步优化。省局出台各类竞赛奖励办法 30 项，全年用于人才奖励的经费达 223 万元。加大了人才引进力度，全年共招聘、考录 71 名大学本科以上毕业生，目前本科以上人员占到职工总数的 65%。不断加强教育培训工作，举办 23 期面授培训班，805 人次参加学习。与南信大联合举办大气科学、公共气象管理专业 2 个研究生课程班，来自全国 11 个省（市）、共 67 人参加了学习。

六、气象防灾减灾体系建设持续推进

山西省、市、县三级政府均成立了气象防灾减灾领导组，组长由政府分管领导担任，气象局长任副组长。全年地方政府气象防灾减灾财政支持近 2 亿元。积极推进以"一个预案、两支队伍、三个能力、四种手段、五项措施"为主要内容的气象灾害防御体系建设，省、市、县三级均以政府专项预案形式出台本级《气象灾害应急预案》，7 个市发文出台了《气象灾害防御规划》，75 个县（市）以政府文件形式出台了气象灾害应急准备认证工作文件。全省已建成 36600 人的防灾减灾责任人队伍，30837 人的气象信息员队伍，其中纳入地方财政预算有 6333 人。已建成乡村气象信息服务站 6516 个，乡镇电子显示屏 1302 块，农村大喇叭自动语音广播系统 10088 套，分别在晋中寿阳和运城市试点建设了气象预警调频接收系统和北斗卫星气象预警信息发布系统。临汾、长治、太原、阳泉等市将农村气象防灾减灾工作纳入地方政府工作目标考核。积极推进突发事件预警信息发布体系建设，不断整合省级部门 113 个预案的预警信息资源和发布平台资源，充分履行政府预警信息发布职能。省级突发事件预警信息发布中心业务运行一年来，共发布预警信息 82 次，起到了提前防御、有效应对的重要作用。中央党校、国务院应急办和 50 余个省市政府、省市气象部门来省级中心交流学习。在省级预警信息发布中心建设带动下，3 个市级预警中心和 9 个县级预警中心相继建设完成。继续整合各部门涉农信息资源和平台，积极推进农业综合信息服务体系建设。省局农业综合信息服务中心已完成业务场地建设。4 个市局已建成农业综合信息服务中心。31 个县（市、区）农业综合信息服务体系建设取得明显进展。

七、法制建设和科学管理不断深化

《山西省气候资源开发利用和保护条例》开始施行，实现了一届人大出台 2 部地方性气象法规的突破。启动了《山西省气象设施和气象探测环境保护条例》出台前期工作。全年做出气象行政许可 2302 件，累计执法检查 2770 次。稳妥推进基层气象机构综合改革，制定了《山西省气象局县级气象机构综合改革试点工作方案》，选取寿阳、小店、新绛 3 个县局改革试点单位。全省落实地方气象事业经费 2.66 亿元，比上年增长 40%。为 31 个基层台站改善了基础设施。安全管理工作常抓不懈，省局连续 5 年被省政府授予"安全生产先进单位"。

八、认真学习贯彻落实党的十八大精神，党的建设和气象文化建设不断加强

全省气象部门开展了迎接党的十八大和宣传贯彻党的十八大精神学习、研讨、培训活动。大会召开当日，山西省、市、县三级气象部门组织干部职工集体收听收看了中国共产党第十八次全国代表大会开幕盛况，认真聆听胡锦涛总书记代表党的十七届中央委员会所作的工作报告。当日下午，省局召开党组中心组扩大学习会，进一步深入学习胡锦涛总书

记在中国共产党第十八次全国代表大会上所作重要报告,研究部署十八大学习贯彻工作。省局党组就学习贯彻十八大精神提出了要求。11月9日,省局党组下发《关于在全省气象部门迅速掀起学习宣传贯彻十八大精神热潮的通知》,要求全省气象部门把十八大精神转化为科学谋划山西气象事业改革发展的强大动力,体现到提高"四个能力"上,体现到率先基本实现气象现代化上,体现到推进"三个体系"建设上,体现到推动科学发展、促进部门和谐上,以实际行动学习好、贯彻好、落实好十八大精神。11月16日,省局党组书记、局长杜顺义主持召开山西省气象局党组中心组十八大专题辅导(扩大)学习会,特邀山西省委党校、山西行政学院教授对深入学习贯彻党的十八大精神进行了专题辅导。12月2日至4日,举办了全省气象部门党的十八大精神专题学习研讨班。省局党组书记、局长杜顺义和省局领导班子成员结合学习十八大体会,紧密联系山西气象工作和分管领域工作实际,分别为处级主要领导干部授课,培训班还邀请省委党校、山西行政学院教授为全体学员作《深刻领会十八大精神 全面把握重大战略部署》的专题辅导。此次研讨班标志着省局学习宣传贯彻十八大精神党员干部大讨论、理论骨干大宣讲主题活动正式启动。

认真落实《中国共产党党和国家机关基层组织工作条例》精神。党组认真听取机关党组织和纪检监察部门的意见,指导并支持基层党组织的班子进行及时改选、补选,省局机关所属26个党支部进行了换届选举,进一步完善和健全了基层党组织。各基层党组织积极推进创先争优活动,在省局机关党支部分类定级工作中,经自查、复查、综合考评、分类定级,确定为"好"的党支部12个,其余14个党支部为"较好"。在庆祝建党91周年暨创先争优表彰大会上有10个党支部、8个党小组、48名优秀党员受到表彰。机关党委被省直工委授予"2010－2012年创先争优活动先进基层党组织"荣誉称号。省局党组先后组织了13次党组中心组学习会议。认真组织开展了气象部门第十一个党风廉政宣传教育月活动,被中纪委驻中国气象局纪检组评为优秀组织奖。组织开展了廉政风险防控工作,制定了《山西省气象局党风廉政建设责任制实施细则》。不断加强内部审计和局务公开工作,共完成各类审计139项,内部审计工作连续3年被中国气象局审计室评为优秀等次。继续加强气象科普宣传工作,省局与中央电视台山西记者站签订了合作协议,组织召开了全省气象宣传与科普工作会议。开展气象人精神大讨论和文明创建活动,凝练和大力提倡"不畏艰辛、爱岗敬业、科学严谨、开拓创新"的山西气象精神。全省126个应创建单位继续保持文明和谐单位称号。继续重视和做好老干部工作,省局被省委、省政府评为"全省老干部工作先进集体"。加强群团组织建设和青年工作,召开了青年人才工作座谈会。我局举办了2012年迎春文艺晚会、春季运动会、(测报、预报和财务)劳动技能竞赛、忘年交书画摄影展、全省气象部门迎十八大文艺调演、革命传统教育、廉政知识竞赛、法律知识竞赛、青年团员志愿者活动等。还利用3.23世界气象日、12.4法制日等走上街头宣传群众,职工累计参与率达到100%。

(李增友)

附:省气象局党组书记、成员名单

书　记: 杜顺义

成　员: 张洪涛　梁亚春　申　敏

省地震局党组工作概况

党组书记　樊　琦

2012年,省地震局党组认真学习贯彻党的十八大精神和省第十次党代会精神,围绕贯彻落实省委、省政府和中国地震局工作部署,以创新的精神和务实的作风,积极探索党建工作运行模式,使党建工作更加贴近我省防震减灾工作实际,用党建工作为全省防震减灾事业科学发展提供思想保证和动力支持。

一、以学习宣传十八大精神为中心,加强党的建设

开展了系列喜迎十八大主题活动。举办了"喜迎十八大党团知识竞赛活动",在局外网开辟了"喜迎党的十八大"专栏,召开"学习贯彻十八大精神动员部署会",举办处以上干部"深入学习贯彻十八大精神专题研讨班",以此为契机,进行防震减灾事业创新发展大讨论。抓好党的路线、方针、政策的学习贯彻。以学习宣传十八大精神和贯彻落实山西省委、中国地震局重要会议精神为重点,全年共召开党组中心组会议11次。注重学习成果转化。对照民主生活会中征集到的意见建议,进行深入分析并有针对性地完成整改意见。制订了涉及干部作风、防震减灾3+1体系和9项管理方面的工作措施。

开展"基层组织建设年"活动。按照职能一致、便于工作的原则调整了6个支部的处室设置,占支部总数的55%。加强机关党组织与部分台站建立党建结对共建机制,在加强台站党建和文明台站建设上帮助完善工作思路,改进工作方法,解决实际问题。开展干部职工到艰苦台站锻炼活动,新员工一律到台站锻炼2个月,部分岗位锻炼一年以上。开展"十八大精神在台站"新闻媒体走基层活动。组织省电视台等3家新闻媒体深入地震台采访,树立关注基层、支持基层的舆论导向。

二、以提高制度执行力为抓手，加强制度建设

在全局开展学习制度、执行制度、维护制度、落实制度为主要内容的制度建设活动。一是修订《山西省地震局党建工作责任制实施办法》，进一步落实党组负总责，党组书记带头抓，分管领导具体抓，机关党委抓落实，党支部抓实施的机关党建工作格局。以年度工作目标责任书的形式把党建、精神文明建设、党风廉政建设任务纳入党组成员、各单位年终工作目标考核内容，并与各支部签订《2012年度党支部工作责任书》。二是修订出台《山西省地震局党员教育培训制度》，加大党员干部交流学习力度，党员干部参加各类培训80余人次。三是汇编了《"创先争优"活动实施办法》等8个文件，制订《山西省地震局机关党员"承诺践诺评诺"制度》，坚持"三会一课"、民主评议党员制度、党课制度等。四是制订了《关于推进防震减灾文化建设的实施方案》。布置了地震文化走廊，每个楼层各有特色，以丰富的图文资料、地震仪器实物，直观地介绍地震工作发展史，歌颂我省防震减灾工作成就，宣传地震科学大家风范，展现防震减灾文化。扩大局图书阅览室容量，增加和完善体育场地和文体活动设施，丰富职工业余文化生活。参加中国地震局防震减灾行业精神提炼调研活动。大力培育以"安全、和谐、创新、奉献"为特质的防震减灾特色文化。其基本内涵就是以人为本，以安全保发展、和谐促发展、创新求发展、奉献图发展。

三、加强文明创建活动和继续开展创先争优活动

成立山西省地震局精神文明建设委员会，强化道德教育，组织职工开展《山西省地震工作道德规范》大讨论，制订了《山西省地震局贯彻落实公民道德建设"五个一"品牌活动实施方案》。开办道德讲堂。以共青团组织为依托，成立了山西省地震局志愿服务队。厉行勤俭节约，在机关食堂张贴"文明就餐公约"。深化精神文明创建，局夏县中心地震台获"省直文明和谐单位"，参加"博爱一日捐""慈善一日捐"活动，参加省直单位的联企帮困活动，在中秋、春节期间走访慰问困难职工。

把创先争优的立足点放在创造一流的工作业绩，提供一流的防震减灾公共服务上。坚持开展"监测预报创先争优"、"科普宣传创先争优"、"服务基层创先争优"等主题活动。监测预报一线党员干部从及时查找问题，改善环境条件，强化运行管理，开展岗位练兵入手，促进了地震观测和地震速报水平的逐步提升。参加年度全国地震观测质量评比，共有15个台项获全国前三名。震害防御岗位干部职工进一步引深防震减灾知识"进机关、进校园、进企业、进社区、进农村、进家庭"，抓住"5.12"等特殊时段积极开展宣传，并为全省每个行政村配发一套抗震设防民居设计图纸，有效提高了城乡防震减灾工作水平。机关党员干部为基层解疑释惑，出主意想办法，解决了部分地震台站的临时用工问题、环境保护问题。在此基础上，总结、推广典型经验和先进事迹。局地震工程勘察研究院党支部获省直机关先进党支部。

完成了《山西省地震局廉政风险防控手册》，汇总行政职权和重要业务事项68项，廉政风险点525个，防控措施278项，基本做到重点部位和关键环节全覆盖，廉政风险防控机制体系基本形成。结合廉政风险防控机制建设，重点对民主决策、干部选拔、财务管理、项目管理、廉政建设等5个方面重要制度执行情况进行专项自查。并完成领导干部经济责任审计11项，审计金额3500余万元。

四、围绕防震减灾中心工作，推进事业全面发展

一是地震监测步入一流。对地方台、企业台实施环境改造，进一步改善我省监测基础条件。全省现有6个测震台网、45个数字测震台、30个强震动固定观测台、83台套前兆观测仪器、19个综合观测站，在地域上基本实现全覆盖，技术上基本实现数字化、网络化和自动化。不断改进会商形式，加强与中国地震局科研单位和省国土、气象、水利、林业等有关部门的合作，建立了跨部门、跨区域的预测预报专家协调机制。地震观测质量逐年提高，在全国质量评比中有15项获前三名。

二是震害防御保持先进。抗震设防能力进一步提高。全省11市均下文要求将抗震设防要求纳入基本建设审批程序。抗震设防要求监管基本步入正轨。全省全年共完成抗震设防要求审批912项，地震安全性评价405项。完成重点监视防御区69个县的农村民居抗震性能普查数据收集和汇总，向省政府上报普查结果并提出解决我省重点监视防御区和地震危险区农村民居抗震加固建议。继续推进农村民居地震安全示范工程建设，目前，全省共有505个农村民居地震安全工程示范点，共建成符合抗震设防要求民居12万套；向3万余个行政村发放了农村民居抗震设防宣传挂图（一村一套），建成12个农村民居建筑抗震服务中心。稳步推进全省地震安全示范社区创建活动。全省共建成160所示范社区，并完成省级示范社区的审定工作。城市活断层探测和地震活动性评价项目进展顺利。临汾市活断层探测和震害预测工作基本完成。朔州市小区划工作全面启动，长治市完成晋获断裂探测一期工程。

三是应急救援能力稳步提升。加强了地震应急预案的动态管理。组织抗震救灾指挥部九大牵头部门学习贯彻《国家地震应急预案》，修订《山西省地震应急预案》、《山西省地震局地震应急预案》。不断增强各级各类地震应急预案的实效性和可操作性。积极开展地震应急演练。在学校、社区、企业开展各级各类地震应急演练4000余次。临汾、运城、阳泉组织了较大规模的地震综合演练。加强各类救援队伍建设。召开了省救援队联席会议，明确今后工作重点，就救援队伍建设、训练场地、技能培训等达成共识。各市积极开展各类救援队伍培训和演练，太原、阳泉派出救援队骨干队员赴北京国家地震紧急救援训练基地进行了培训。积极推进我省地震应急避难场所建设。按时组织申报国家发改委4个应急避难场所建设项目，并下达各级投资2506万元，其中获中央预算投

资1100万元。地震应急保障能力不断提高。加强了各级各类应急物资储备和队伍建设,相关部门对全省应急物资生产能力进行了调查摸底,确保突发事件后能够及时组织相关物资生产。

四是不断提高全社会防震减灾意识。认真贯彻落实全国防震减灾宣传工作会议精神,省委宣传部和省地震局联合召开会议并转发《关于加强防震减灾宣传工作的通知》。修订《山西省地震应急新闻联动方案》,增加了联动单位,明确了职责分工。地震新闻联动单位开展了桌面演练和走基层活动。积极开展形式多样内容丰富的防震减灾宣传活动。"5.12防灾减灾日","7·28"唐山地震纪念日期间,通过举办专家访谈,专题讲座、联合制作邮寄防震减灾宣传折页等形式开展了内容丰富的防震减灾科普知识宣传,效果良好。继续开展防震减灾科普示范学校和科普基地建设。

(车海兵)

附:省地震局党组书记、成员名单

书　记: 樊　琦(女)

成　员: 郭跃宏　郭君杰　郭星全　史宝森　田　勇

省国家税务局党组工作概况

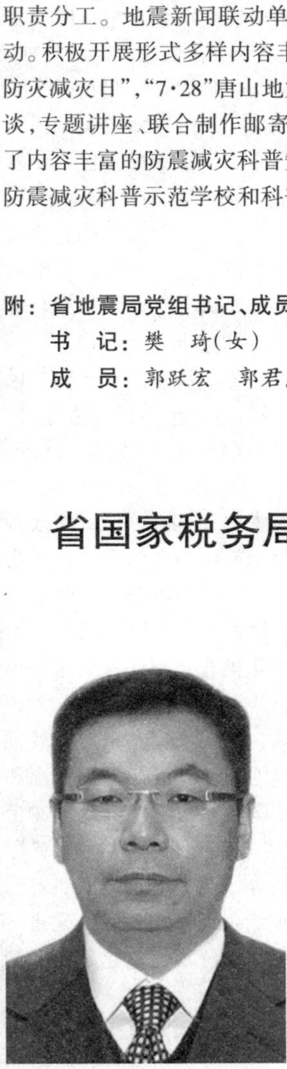

党组书记　王学东

2012年,省国家税务局党组紧紧围绕"服务科学发展、共建和谐税收"的工作主题,团结和带领全省国税系统广大干部职工,顽强拼搏,开拓创新,积极发挥税收职能作用,为全省经济社会发展做出了积极贡献。

一、加强学习,改进作风,提高领导班子执政能力

一是认真学习贯彻党的十八大精神。省国税局党组把学习贯彻党的十八大精神作为首要政治任务,及时传达贯彻,制定学习规划,丰富学习方式、方法和载体,广泛开展党员干部讨论、理论骨干宣讲、党组(党委)书记调研、机关干部培训等活动。举办十八大精神研讨班,党组一班人带头学习,认真研读,深刻领会;带头参加讨论和调研活动,研究制定落实党的十八大精神、推进国税事业科学发展的新举措,在全系统形成学习贯彻十八大精神的浓厚氛围。

二是加强政治理论学习。省国税局党组严格执行党组中心组学习制度,确定学习主题,拓展学习内容,努力增强学习效果。重点学习了党的十八大精神,中央、国家税务总局和省委省政府领导的重要讲话、重要文件精神。在学习中,紧密联系全省国税工作实际,深入研究探讨了全局性、战略性、前瞻性的重大问题。通过学习,牢固树立以人为本、执政为民的理念,增强了党性修养和理论素养,增强了做好国税工作的责任感和使命感。

三是坚决贯彻党的民主集中制原则。严格执行"集体领导、民主集中、个别酝酿、会议决定"的原则和程序,对涉及重大决策、机构改革、干部选拔任用、人员录用调动和奖惩、大额资金的安排和使用、工程建设项目以及其它全局性的重要问题,坚持召开党组会议或局长办公会议集体研究决定。充分发挥党组的领导核心作用,班子成员之间注重团结配合,真正做到既对全局性工作参与决策、畅所欲言,又对自己分管的工作认真负责、敢抓敢管,增强了班子的凝聚力和战斗力。

四是进一步改进工作作风。省国税局党组牢记为人民服务的根本宗旨,切实解决干部职工和纳税人反映强烈的突出问题。完善领导干部基层联系点制度,党组成员带头深入基层开展调研,切实帮助基层解决实际困难,做到投入向基层倾斜、向征管一线倾斜、向困难地区倾斜。为体现组织的温暖和关怀,深入基层国税部门和离退休老干部家中,开展走访慰问活动。按照省委要求,高度重视并积极开展干部"下乡住村"活动,深入扶贫点吕梁市石楼县龙交乡,想方设法帮助村民增收致富,增进了干群感情。

二、求真务实,真抓实干,促进国税事业科学发展

一是科学谋划税收工作思路。省国税局党组紧紧围绕中心工作,提出了"不断夯实基础,推动改革创新,在建立健全税源专业化管理体系、纳税服务体系、执法监督体系上求突破,推动依法行政进一步规范、税收管理水平持续提高、队伍活力有效提升、工作作风明显转变"的工作思路,号召广大干部特别是领导干部,强化责任,转变作风,狠抓落实,奋力开创全省国税工作新局面。

二是依法组织税收收入。面对错综复杂的经济税收形势,省国税局党组牢牢把组织收入工作抓在手上,先后多次组织召开全省税收形势分析会和重点税源企业座谈会,制定了强化组织收入工作的意见,积极加强与地方党政的协调沟通。坚持组织收入原则不动摇,指导各级国税部门继续落实加强征管、堵漏增收的各项措施,包片督导收入,检查组织收入质量,牢牢把握组织收入工作主动权。2012年,全省国税收入完成1316.74亿元,同比增长5.78%,增收72亿元,为全省转型跨越发展提供了有力的财力保障。

三是全面落实各项税收优惠政策。始终坚持从讲政治、顾大局、促转型、谋跨越的高度出发，认真落实国家出台的一系列结构性减税政策。执行国家对高新技术企业、资源综合利用企业、农产品流通企业、宣传文化企业等各项税收优惠政策，全年共计减免抵退税126.3亿元，办理出口退（免）税25.9亿元，及时把国家税收优惠政策转化为全省经济转型跨越动力和企业发展优势。

四是全力服务转型综改试验区建设。制定转型综改试验区《国税工作专项行动方案》，进一步明确行动目标和具体措施，重点围绕山西转型综改试验区建设，做好税收政策调研和政策需求论证工作，研究并争取有利于山西资源型经济转型发展的税收制度和税收优惠政策。认真做好省政府统一部署的太原武宿综合保税区申建工作，积极向国家税务总局汇报相关工作，争取对我省的政策支持。

五是进一步优化税收法治环境。始终坚持把依法行政作为税收工作的生命线和基本准则。积极推进税务行政审批制度改革，抓好税收规范性文件管理和清理工作。进一步推进依法行政工作考核，全面落实税收执法责任制，加强税收执法实时预警、动态监控和疑点核查，做好行政复议工作，全省国税系统执法质量考核保持了良好水平。大力开展税收专项检查和专项整治，广泛开展查处虚假发票竞赛活动，严厉打击成品油领域的发票违法犯罪，稽查查补入库税款 19.11亿元，有力地打击了涉税违法行为。

六是积极构建纳税服务工作新体系。积极创新服务平台，全省147个办税服务厅全部实现了标准化，省级12366热线运行以来解答咨询3.2万次，国税网站、纳税人之家建设进一步深入，税收宣传月活动蓬勃开展。大力推广多元化办税方式，优化办税流程，开展“免填单”、“办税导航”服务，探索试行“一窗通办”、“同城通办”，全省纳税人有12.4万户使用网上申报，17.4万户通过财税库银联网缴税。完善纳税信用等级评定指标体系和方式方法，评定工作更加公平、客观、高效。推进纳税人权益保护工作，开展纳税人需求调查3.4万户次。在2012年全国纳税人满意度调查中，山西省国税系统名列第九。

七是全面加强税收征管。深入推进税源专业化管理，全年纳税评估入库税款28亿元，占到全年税收收入的2.25%。积极发挥信息化支撑作用，圆满完成金税三期广域网络建设，搭建风险管理信息平台，数据应用分析水平进一步提升。在各税种管理上，重点抓好增值税专用发票和固定资产抵扣管理；加强企业所得税汇算清缴和跨地区经营汇总纳税企业管理；加强出口退税执法风险管理；加大国际税收监管力度，积极探索非居民企业分级分类专业化管理机制。加强大企业税收管理，共建大企业税收风险防控体系。

八是切实加强队伍建设。加强领导班子建设，实施干部培训学分制管理，开展领导干部综合考核评价，加强巡视监督，不断优化班子结构。改进干部教育培训，全年共组织各类培训47期，培训干部3420人次，干部业务技能切实提升。认真学习贯彻党的十八大精神，开展保持党的纯洁性学习教育活动，深入开展文明和谐创建活动，加强对干部的人文关怀和心理疏导，积极做好思想政治工作。

三、严明纪律，深化建设，打造廉洁型国税机关

一是增强廉洁从税的自觉性和坚定性。省国税局党组认真组织学习了中央纪委十七届七次全会、全国税务系统党风廉政建设工作会议和省纪委十届二次全会精神以及胡锦涛总书记在中央纪委十七届七次全会上的重要讲话精神。按照省委统一部署，开展了保持党的纯洁性学习教育活动，组织机关干部职工前往太原解放纪念馆、双塔烈士陵园，开展重温党的光荣历史、继承优良传统、牢记宗旨使命教育活动；组织机关党员干部前往平顺县西沟村参观学习，集体重温入党誓词，进行廉政宣誓；组织召开保持党的纯洁性学习体会报告会和党员领导干部民主生活会；各支部分别召开了专题组织生活会，副处级以上党员干部结合各自工作实际，撰写了思想总结。

二是全力推动反腐倡廉工作任务的落实。坚持把党风廉政建设放在税收工作大局中去谋划，融入到依法行政、税收征管、纳税服务和队伍建设中统筹推进，保障税收事业健康发展。以学习贯彻《税收违法违纪行为处分规定》为契机，以党性党风党纪教育为工作重点，以岗位廉政教育为重要载体，以示范教育和警示教育为主要形式，在全系统营造了廉洁从税的良好氛围。动员开展“整治吃拿卡要、创优发展环境”活动，有力地推动了反腐倡廉工作不断深入。山西省国税系统连续八年被省政府评为政风行风评议先进集体。

三是扎实开展创先争优活动。省国税局党组以开展创先争优活动为抓手，充分发挥基层党支部战斗堡垒作用和广大党员先锋模范作用，2012年全省国税系统涌现出20个模范办税服务厅和100名纳税服务标兵、156名办税服务厅业务标兵。加强系统党建工作指导，制定下发《山西省国税系统2012年党建工作要点》，坚持办好《山西国税党建》，重点宣传省国税局机关及全省国税系统加强党建工作、创建学习型党组织活动、学习贯彻党的十八大精神的情况。省国税局党组继续加强对全省国税系统基层党建工作的调研，组织党务工作者集中培训，进一步促进基层党组织的自我完善和自我提高。

（杨宇星）

附：省国家税务局党组书记、成员名单

书　记：许月刚（5月离职）　王学东（5月任职）

副书记：王德平（11月任职）

成　员：贾志坚　张有乾　范扎根　王宏晋　牛新文

国家统计局山西调查总队党组工作概况

党组书记　刁满庆

2012年，国家统计局山西调查总队党组认真贯彻落实全国统计工作会议、全国国家调查队工作会议和全省经济工作会议精神，继续强化"两个意识"教育，始终坚持"三个提高"方针，大力推进统计调查改革和建设，突出重点，狠抓关键，求真务实，奋发作为，在服务山西转型跨越发展中取得了新的成绩。

一、统一思想，明确任务，谋划工作有新思路

总队党组着眼于推进山西调查工作的又好又快发展，深入分析面临的形势和机遇，认真研究存在的困难与问题，精心安排部署了2012年统计调查工作。一是认真组织学习，统一思想认识。引领全省各级调查队深入学习领会全国统计工作会议精神，准确把握国家统计局确立的工作方针和指导思想，把思想认识统一到全国统计工作会议精神上来，把主要精力统一到推动改革发展上来，把具体行动统一到抓好工作落实上来，以思想认识的统一带动了实践行动的统一。二是科学谋划工作，及时安排部署。多次召开党组会议、队长办公会议，广泛听取各方面意见和建设，集中大家的智慧和力量，明确了2012年工作目标。提出了"突出重点，整体推进，全面提升统计调查工作科学发展水平"的总体要求，形成了落实全国统计工作会议部署、服务经济社会发展的工作思路，部署了2012年以"六个围绕"为重点的工作任务。通过上述措施，全省统计调查干部职工的思想认识更加统一，工作任务更加明确，工作干劲也得到充分激发。各市县国家调查队和总队各处室，积极贯彻落实总队的工作部署，务实进取，主动作为，形成了推动工作发展的强大合力，确保了各项工作的扎实开展和深入推进。

二、强化管理，狠抓落实，工作效能有新提升

坚持推进规范化、科学化管理，加大督查督办力度，工作效能得以有效提升。一是坚持规范管理，强化量化考核。对年度综合考评办法和各专业考评细则进行了修订和完善，进一步明确考核范围、考核办法、考核等级、奖惩措施等方面内容，形成了规范调查工作、确保数据质量的新机制。总队各处室严格按照工作目标责任要求，实行量化考核，促进了工作任务的落实。二是加强动态管理，及时检查指导。总队领导班子成员认真落实联系市县队管理办法，加强了与分管市县队的联系沟通，主动深入基层检查指导工作，解决工作中存在的实际问题。各市县队和总队各职能处室紧紧围绕各项重大工作任务，通过跟踪检查、阶段性督查，及时掌握各项工作进展情况，及时发现执行过程中的问题，将管理渗透到调查工作的全过程，形成了上下联动、齐抓共管的工作格局。三是强化制度约束，自觉按章办事。各市县调查队普遍加强了各项规章制度的修订完善工作，形成了涵盖更为全面、管理更为规范的制度体系，进一步使管理工作实现了制度执行职责化、工作程序规范化、行政记录明晰化，形成了以制度管人、按制度办事的联动机制，推动全省调查队系统各项工作步入科学化和规范化的运行轨道。

三、突出重点，把握关键，重大工作有新进展

始终把业务建设作为统计调查工作的核心，突出重点，把握关键，重大业务工作顺利推进。一是稳步推进了城乡住户一体化调查工作。认真落实全国住户调查工作会议精神，积极研究部署，及时协调汇报，强化工作措施，狠抓工作落实，与省统计局达成共识、联合发文，得到了省政府的大力支持，山西省人民政府办公厅向各市、县（市、区）人民政府发出《关于做好全省城乡住户调查一体化改革工作的通知》，全省城乡住户调查一体化改革顺利实施。二是周密细致推进了服务业小微企业调查和规下工业调查工作。严格按照国家统计报表制度和相关会议精神，强化教育培训，完善管理机制，推进联网直报，深入督导检查，及时解决问题，确保了服务业小微企业调查和规下工业调查工作的扎实有序开展。三是大力推进了采购经理指数(PMI)调查。将采购经理调查作为"四大工程"的重点工作加以推进，在国家选定企业基础上适当扩大企业样本，提高了样本的省级代表性，确保全省499家采购经理调查企业全部实现了网上直报。四是及时开展了CPI手持价格采集系统推广应用。认真贯彻落实国家统计局有关要求，从8月起，纳入国家样本的17个市县全部实现了CPI手机采价。为推进全省CPI手机采价工作，山西总队与省统计局联合发文，要求各调查市县明确责任、各司其职，确保思想到位、组织到位、软硬件到位、措施到位。要求坚持"三定一直"的采价原则，加强数据审核，加强巡查督导，以规范统一的规章制度，确保了手机采价工作高效、顺利推进。五是积极推进了贫困监测调查工作。按照《关于进一步加强农村贫困监测工作的通知》精神，及时研究部署，积极与省统计局、省发改委、省民政厅、省财政厅和省扶贫办联系并联合行文，提出了具体落实国家五部（委、局、办）《通知》精神的意见，确定在我省58个国定和省定贫困县

(包括被纳入燕山—太行山连片特困地区的大同县)中开展贫困监测调查工作。六是抓好重大专项调查工作。认真组织开展了2012年组工满意度调查、党风廉政建设和反腐倡廉民意调查工作，同时，与省物价局合作开展了阶梯电价专项调查，完成了山西煤炭企业景气指数的调查样本抽选、代表性测算等前期准备工作。

四、夯实基础，严格程序，数据质量有新提高

始终把提高数据质量摆在首位，不断强化基层基础工作，认真组织常规调查业务，严格落实国家调查制度，保障调查数据真实可靠。一是牢固树立“两个意识”。总队党组坚持用“三个严格”的工作标准来规范调查工作，引领全省各级调查队牢固树立国家队意识；坚持用“现场调查、直接调查”的工作要求来发挥队伍优势，促进全系统干部职工牢固树立调查队意识。确保了国家统计局工作部署的自觉落实，做到了独立调查、独立上报，保障了调查数据质量。二是夯实基层基础根基。把加强基层基础建设作为全盘工作的根本，多措并举促进国家专业调查方案的落实，规范调查数据采集、审核、汇总、评估、上报各个环节，组织各业务部门通过深入基层，加强调研指导，积极探索调查业务规范化管理的新途径和新办法。实际工作中注重加强对调查人员的规范化管理，加强对调查全过程的监督与控制，杜绝了工作失误和调查纰漏的发生。三是开展数据质量检查。按照国家统计局和总队的工作部署，及时组织力量深入市县队对城乡居民收入、粮食产量等重点专业工作，从数据采集到审核上报各环节开展了全面的数据质量检查，推动了基层工作规范化运作和确保数据质量责任意识的增强。一年来，总队提供的两个收入、两个价格、粮食产量等主要指标数据均顺利通过国家局的审核验收，客观真实的反映了山西经济社会发展实际，得到了省委省政府和有关部门的高度评价。

五、围绕热点，深入调研，调查服务有新突破

继续把搞好调研分析和调查服务作为提升工作水平、扩大社会影响的重要抓手，不断创新服务方式、拓宽服务领域，努力为山西转型跨越发展提供统计调查保障。一年来，全省各级调查队密切关注经济社会发展过程中的新情况、新问题，积极组织专题研究和各项约稿调查工作，深入基层开展调查研究，撰写了大量有情况、有分析、有建议的调研报告，发挥了统计调查部门的服务职能。如总队与院校合作开展的《山西省转型发展与综改试验区建设创新研究》、《山西省收入分配方式创新研究》、《山西省GDP增长与宏观经济均衡发展研究》等课题研究，受到山西省委、省政府高度重视。11月29日，省委书记袁纯清对《山西省转型发展与综改试验区建设创新研究》作出重要批示，并要求省委办公厅以文件形式转发给全省各市委书记、市长、省直各单位主要负责人参阅。同日，省长王君对该课题研究报告和《山西省收入分配方式创新研究》也作出重要批示，要求分管综改试验区建设的副省长、省政府秘书长、省发改委主任、省政府研究室主任、省政府发展研究中心主任阅研，并对山西如何搞好全国首个全省范围的综合配套改革试验区建设要进行认真研究。一个单位的研究报告在同一天得到省委书记和省长的重要批示，这在全省范围内非常少见，充分说明了山西总队的研究成果已参与了领导的决策，为山西转型跨越发展、综改试验区建设和民生改善做出了积极贡献，是山西总队在统计服务方面实现的重大突破。一年来，山西总队依据国家局和省两办约稿调查信息，常规调查取得的城乡居民收入、CPI、PPI、粮食产量等重要数据信息，通过《每日调查》、《省长专报》、《山西调查信息》等渠道，通过编发“喜迎十八大，数字看变化”《十七大以来山西城乡经济发展成就系列报告》、为政府经济形势分析会提供重要信息资料，发挥了服务宏观决策的职能作用，提升了服务水平、扩大了调查影响力。

六、拓展思路，创新方法，新闻宣传有新亮点

积极拓展、创新统计调查新闻宣传的思路和方法，密切与新闻媒体的沟通联系，加强统计调查宣传推介力度，推进统计调查公开透明，提升了山西国家调查队伍的形象，扩大了社会影响。一是协调组织《山西日报》记者在深入城乡调查住户采访并对总队调查工作进行专访后，以《居民收入是如何统计出来的》为题，图文并茂，向社会各界全面、客观介绍了城乡居民收入从基层记账到数据公布的整个过程，宣传展示了山西城乡居民收入数据的科学性、准确性和权威性；二是组织策划了“山西新闻媒体记者基层行”主题宣传活动，邀请省城主流媒体通过实地采访记帐户，零距离感受统计调查数据的生产过程，并通过对采访内容的全方位系列报道，提升了公众对统计调查数据的信任度，取得了良好的社会效果；三是结合第三届中国统计开放日、法制宣传日，积极联系新华社山西分社、山西日报、山西晚报、山西经济日报、山西电视台等新闻媒体，组织开展了领导专访、室外宣传、网络宣传等系列活动，让更多的社会公众走近统计调查、了解统计调查、支持统计调查；四是在举办系列宣传活动的同时，及时协调新闻媒体解读调查数据、推广调查成果，先后向省政府门户网站报送100余条信息，向党报、党刊推介了多篇反映经济社会发展情况的报告，总队粮食产量、居民收入等多项调查成果被山西电视台新闻频道播发，对提升山西统计调查的社会影响力起到了明显的推动作用。

七、以人为本，弘扬正气，队伍建设有新气象

坚持把以人为本理念融入到班子建设和队伍管理中，坚持弘扬正气和营造风清气正氛围，以先进的统计文化建设保障统计干部队伍建设。一方面，以党的创新理论学习为重点，提升干部职工政策理论水平；以统计核心价值观教育为重点，培养干部职工高尚的职业道德操守。另一方

面，以推广先进经验、宣传先进事迹、设立党员先锋模范岗为载体，鼓舞了队伍士气、带动了共同进步；以演讲会、联欢会、文体等活动为载体，活跃了机关文化气氛、促进了大家身心健康。同时，坚持强化班子建设，认真执行民主集中制，严格按照“党组议事规则”民主决策、科学决策，大力增强班子的向心力、凝聚力和感召力。坚持正确的用人导向，切实尊重理解、关心爱护干部职工，积极帮助解决干部职工工作生活中的实际问题，营造了宽松愉悦的工作氛围，形成了团结奋进的工作格局，极大激发了广大干部职工的热情和干劲。

八、注重预防，构建机制，党风廉政建设有新成效

围绕统计调查中心工作认真贯彻落实党中央和国家局有关反腐倡廉和党风廉政建设工作部署，坚持标本兼治、综合治理、惩防并举、注重预防的方针，建立健全了以教育、制度、监督、改革、惩治为主要内容的惩防体系。深入开展反腐倡廉教育，党组中心组创新学习方式，走出机关深入基层开展学习右玉精神、吕梁精神和太行精神，拓展视野，进一步弘扬了清风正气；签署《党风廉政建设承诺书》，进一步强化了“第一责任人”意识；建立健全统计调查系统廉政风险防控机制，进一步规范了权力运行；严格执行“三重一大”决策的规定，进一步促进了党风廉政建设责任制的落实；加强对市县调查队纪检监察干部管理，进一步强化了纪检监察队伍保障；加大监督检查和责任追究力度，及时处理了违纪人员及相关责任人；加强统计行风建设，稳步推进了调查队党风廉政建设和反腐败工作的健康开展。

2012年，山西调查总队有49项工作在国家统计局考评中获奖，其中一等奖16项；报送的材料先后得到领导批示29篇次，其中，国务院领导批示2篇次，国家局领导14篇次，省领导13篇次。（师荣贵）

附：国家统计局山西调查总队党组书记、成员名单

书　记：刁满庆

成　员：王续孔　贾　海（3月离职）　陈并生　包超英　程海营（10月任职）

中国东方航空股份有限公司山西分公司党委工作概况

党委书记　高　峰

2012年，东航山西分公司党委深入学习贯彻党的十八大精神，紧紧围绕中心工作，坚持“深、实、细、新”的工作要求，按照“起、承、转、合”的工作思路，以发扬队伍传统优势为着力点，党建工作在转型创新的实践中继续深化发展，为推动完成各项生产任务提供坚强的政治思想和组织保证。实现了安全飞行二十周年，文明创建和服务水平持续提高、职工队伍和谐稳定，为山西省转型跨越发展以及对外开放做出了积极贡献。

一、围绕中心，党建创优，文化推进，凝聚合力

（一）以“四好”班子建设为抓手，加强学习，增强服务群众的能力。面对复杂多元的社会环境，东航山西分公司党委敏锐意识到不学习就要淘汰，为此，分公司党委首先从班子建设抓起，推动队伍思想转型，于2012年荣获“中央企业思想政治工作先进单位”以及“东航领导人员综合考评第一名”的荣誉。分公司党委将建设学习型领导班子列为工作重心之一，班子成员不但重视自身的学习提高，并率先垂范，走上讲台，与大家分享知识，为全体员工树立热爱学习的榜样。十八大召开期间，分公司党委立即组织了党委中心组扩大学习会，认真学习传达《人民日报》和其他新闻媒体有关十八大召开的社会背景、历史意义、报告关键词等方面的内容，推动了全公司学习十八大的热潮。班子建设以和谐务实为主线，在每月一次党群联席会议的基础上增加了季度扩大会议，将关注重点聚焦在了解决基层难点热点的问题上，聚焦在了为中心工作发挥合力的主旨上。

（二）以基层组织建设为重点，强身健体，打造“三力五型”党组织。2012年，东航山西分公司党委将目光投向基层、力量沉到基层、指导下到基层、资源倾向基层，推动了干部队伍作风转型。制定并下发《东航山西分公司基层组织建设年党支部目标管理考核表》，各党支部共建立创先争优长效机制18项，围绕“三力五型”提出改进措施37

项,继续开展机关基层结对支部共建活动,亮点突出。分公司班子成员均积极参与了共建活动，与年轻飞行员面对面交流，把支部共建与政策宣讲、文化落地、疏导解压紧密结合。基层党支部在生产一线切实发挥了凝聚力量的堡垒作用，一线党员也充分展现了示范引领的模范作用。

（三）以确保队伍稳定为目标，凝心聚力，切实发挥组织协同作用。东航山西分公司党委坚持以人为本开展各项企业经营活动，高度重视员工队伍思想状况，通过开展各种形式的教育活动，引导员工在岗位上建功立业、争做先进，保持队伍和谐稳定。2012年春节，党委书记高峰亲自带队走访，慰问了19名困难党员，为他们送去了组织的温暖和关爱。继续开展“爱在东航”候机楼志愿服务活动，2012年春运期间连续32天、暑运高峰连续40天，分公司党委分别组织了320人开展志愿服务工作，缓解了生产保障压力，切实践行机关为基层、基层为旅客服务的企业宗旨。

（四）以企业文化落地为核心，找准方向，创造良好内部发展环境。2012年，新东航企业文化正式推出，为推进文化落地，东航山西分公司创新方式，开展了“我是东航人”情景小品及微博大赛、企业文化钢笔字大赛等活动，各单位也相继在办公区域布置各具特色的“文化展示墙”，全面营造氛围。同时加强形势教育，让全员对公司发展目标，面临困难、取得成绩有明确认识，与企业同呼吸、共命运。“五一”期间，邀请太原电视台、《太原晚报》等媒体的记者，登上东航航班，感受劳模服务，收到良好社会反响。

（五）以惩防体系建设为主体，廉洁从业，为分公司健康发展保驾护航。东航山西分公司纪检工作以推进惩防体系长效机制建设和“廉洁文化推进强化年”为重点，分解了党风廉政建设目标责任内容，进一步完善了规章制度，深化了廉洁文化建设，拓展效能监察领域和科技防腐手段，夯实风险管理制度，营造了勤廉和谐的工作环境。利用网络平台，举办了“诚信守法、廉洁从业”电子海报大赛；利用楼宇电视，将“廉政准则”和廉洁小故事制成PPT，在分公司各二级单位播出；利用廉政诗歌朗诵会和廉政格言警句征集等活动，提高了大家学习反腐倡廉知识的兴趣和能力。继续完善惩防体系建设，强化制度管人、管权、管事。制定下发了《党风廉政建设责任制实施细则》，细化和量化了检查考核、奖惩细则等内容。针对重点部门和关键岗位，开展了风险评估。对涉及的关键岗位进行了重新梳理和定位，对发生变化的人员和岗位进行了调整，有针对性地加强了对关键岗位的管理。以开展“廉洁文化建设示范点”为契机，开展了“五个一”活动，即：组织一场廉洁文化报告会、举办一次廉政板报比赛、组织一场廉政诗歌朗诵会、开展一次廉洁格言警句征集、发放一批廉洁文化书籍。通过开展形式多样的廉洁文化活动建设，化无形为有形，多角度诠释廉洁文化内涵，提高广大干部员工对廉洁文化的感性认识。2012年，东航山西分公司荣获“2011年落实党风廉政建设责任制优秀单位”称号，是唯一荣获此殊荣的分公司。

（六）以群团建设为助力，和谐发展，发挥群团组织的桥梁纽带作用。东航分公司工会紧紧围绕中心，大力开展“安康杯”、“创二无”劳动竞赛，组织“劳模航班”弘扬劳模精神；通过“五小、六举措”等活动广泛开展“创新学习型班组建设”，从沟通、关爱入手，贯彻实施“六个全覆盖”，推进“员工关爱行动”；加强民主管理，不断完善合理化建议制度；加强职工文化建设，建设模范职工之家，开展了“阳光老人、孝顺子女”评选活动，传承传统美德；女工委以阳光课堂为载体，引领女职工提素质建功业。团委以加强青年思想引导为抓手，推出“共享与交流”主题系列活动；不断丰富青年文化生活，多角度开展与机场、空管的三方交流活动。东航分公司已连续三年对广灵县望狐乡开展扶贫工作，2012年，党委书记、总经理多次带队深入望狐乡，为他们送去书籍、衣物、日用品等，体现了央企的社会责任感，展现了央企形象。

二、夯实安全基础，拓展市场营销，提升服务品质，履行社会责任

（一）安全文化凸显、体系推进有力、安全持续平稳。2012年，东航山西分公司顺利实现了安全飞行20周年。基于对过去二十年安全保障经验的全面回顾和安全管理实际的深入分析，分公司总结、提炼出“带一支能接受各种考验的队伍、坚持一个安全为根的准则、树立一种全员奉行的诚信态度和创造一个服务安全的良好氛围”的安全信条，也称安全“四个一”，以此夯实安全的长效基础。在安全运行中重点做到了四个突出：第一是基础管理突出扎实。继续完善《安全奖惩管理程序》、修订《一般差错标准》，作为东航B737机型代表顺利通过局方II类航线验证检查，并得到验证组的高度肯定。第二是专项治理整顿突出落实。认真落实东航“七项”专项治理及“打非治违”专项行动要求，并对空勤人员时间管理工作进行了专项整治，细化了方案、落实了责任。在十八大安全保障工作中，分公司严格落实预案、精心调配人员，确保了十八大期间空防安全；第三是训练关口突出严实。进一步严格飞行人员资质管理及飞行品质分析管理，全年培养机长7名、副驾驶16名。第四是SMS体系突出务实。完成《航空安全委员会例会组织程序》等四个程序的编写和修订；在飞行运行和客舱安全系统确立“预先准备质量提高”等三个重点安全风险管理项目；是严格落实公司安全巡视制度，解决存在问题。

2012年7月，东航山西分公司以连续安全飞行60万小时的业绩，顺利实现安全飞行20周年，并获得省政府安全工作先进单位荣誉称号。

（二）优化航线结构、提升营销能力、收益再创新高。2012年，东航山西分公司通过艰苦努力，大量协调，积极落实“候鸟战术”，适时调整太原始发4条经停航线，做到了运力与市场高度匹配。全年东航太原进出港旅客217万，

同比增长19%，突破200万大关；山西地区进出港旅客260万，同比增长22%；在机场吞吐量总体大幅增加的情况下，东航太原市场份额达到32%，其中共飞市场份额达到48%，山西市场份额保持在30%。2012年4月12日，开通了太原到大阪的航线，首航班机航班号为MU7053/4,单程飞行时间2小时40分钟左右，空中飞行距离2393公里，标志着山西太原与日本大阪的空中直航通道正式开启。

（三）管理体系有力推进、管理提升有序开展、管理基础持续夯实。2012年，东航山西分公司正式启动了质量管理体系建设工作，结合管理提升工作的开展，将其视为一个有力的规范促进和细节提升的平台。经过质量体系小组以及全体干部职工的大量艰苦努力和细致工作，共完成分公司三大管理层级、391项流程的梳理、流程地图的绘制及一级流程的发布，年度计划圆满完成。在这项工作中，分公司抓住总部流程建设试点单位的契机，引入外部咨询机构，多次开展流程培训及研讨，提升了干部的认识、促进了大家参与的热情，奠定了推进的基础。

（四）转变观念、提升服务、品牌增辉。结合东航服务转型一体化工作部署，东航山西分公司进一步深入树立“以客为尊，倾心服务”的服务理念，以SKYTRAX星级评定和山东地服为标杆，以强化服务基础管理为抓手，以高端服务为侧重，努力提高全流程服务保障能力。空中服务突出转变服务观念，以“靓起来、笑起来、动起来、细起来”四个阶段的分段落实强化服务环节，完善要客保障工作流程、继续开展好高端旅客生日祝福活动、以紫色“VIP姓氏温馨记录贴”等人性服务为高端提供机上尊享服务。相继开展了“浓浓海峡情、共庆团圆年”、“群龙聚首庆新年、凌燕祝福永相伴”、“工人先锋号”等特色空地主题服务活动，并精心组织、科学保障，圆满完成了山西代表团十八大运输保障任务。2012年，东航山西分公司荣膺“全国五一劳动奖状”，被评为“全国民航文明和谐单位”。

（李　彦）

附：中国东方航空股份有限公司山西分公司党委书记、副书记、委员名单

书　记：高　峰

副书记：姜　疆（兼）　柴　舸（兼）

委　员：侯建军（5月离职）　于　强　谢鹏军
姚常春（10月任职）

审计署驻太原特派员办事处党组工作概况

党组书记　朱登云

2012年，审计署驻太原特派员办事处党组坚持以科学发展观为指导，牢固树立科学审计理念，深入学习贯彻党的十八大精神和全国审计工作会议精神，认真落实科学发展观，严格执行审计署的各项工作部署，紧扣科学发展主题和转变经济发展方式主线，依法尽责地履行审计监督职责，按照《审计署太原特派办2011至2015年工作发展目标》的规划，紧紧围绕审计中心工作，进一步完善了内部管理制度体系，全面推行审计工作量化考核制度，强化审计现场管理，实施跟踪审理，审计质量和水平得到进一步提升并取得积极的成效，较好地发挥了审计的“免疫系统”功能和推动完善国家治理的作用。

一、科学组织，有序推进，较好地完成了各项审计任务

2012年，太原办按照全国审计工作会议确定的总要求，密切关注经济社会运行中的突出矛盾和风险，严肃揭露和查处重大违法违规问题和经济犯罪案件线索，坚持从体制机制制度层面分析问题、提出建议，确保审计质量，为推动完善国家治理做出更大贡献。

（一）认真组织完成财政大格局审计项目，当好公共财政“卫士”，促进财政资金合理高效使用。

根据审计署下发的审计工作方案，组织实施了山西省县级政府性资金专项审计调查、中小学校舍安全工程审计、现代农业生产发展资金审计、铁路建设基金审计和保障性住房跟踪审计等5个审计项目。期间，按照审计署的安排增加了扶贫资金、农机推广、乡镇文化站建设、淘汰落后产能和“金太阳工程”等方面的审计调查任务，实施了对人民银行太原中心支行财务收支审计、山西银监局预算执行审计。根据审计署有关业务司的安排，开展了对内蒙古自治区有关市企业民间借贷情况和山西省煤炭企业整合情况的专项审计调查。

（二）加大对重点民生资金和民生项目的审计监督力度，保障中央惠民富民强民政策的落实，维护人民群众的

根本利益。

按照审计署的统一安排和部署，先后组织实施了山西省社会保障资金审计、新疆生产建设兵团社会保障资金审计和山西省农村中小学布局调整情况专项审计调查。在社保资金审计中，查出了被征地农民社会保障政策未落实，民营企业参保率低，享受低保的家庭未如实提供家庭所有的经济收入情况等问题。各级政府部门对查出的问题积极予以整改。在山西省农村中小学布局调整情况专项审计调查中，查出部分县落实义务教育阶段民办中小学“两免一补”政策不到位，造成困难学生家庭负担较重；义务教育阶段智障残疾儿童就学困难较大，辍学率较高等问题。引起山西省政府的高度重视，分管教育的张平副省长专门作出具体整改指示。

（三）积极开展经济责任审计，加强对权力运行的监督制约，促进责任追究和问责机制的健全完善。

2012年组织实施了省长经济责任审计、高校校长经济责任审计、中国农业银行江苏分行经济责任审计和中国建设银行江苏分行经济责任审计等4个经责审计项目。在山西省省长经济责任审计中，还同时开展了对山西省可再生能源建筑应用示范资金、矿产资源节约与综合利用资金和中小企业信用担保资金的专项审计，并配合审计署财政司完成了对北京兴财有限责任公司的延伸审计。审计查出了山西省违规安排煤炭可持续发展基金、EMBA教育管理亟待规范等问题。关于山西省煤炭工业可持续发展相关经济政策措施贯彻落实情况等专题报告被署领导批转函采用。

（四）继续加强对政府重大投资项目和资源环保项目的审计力度，优化结构、提高效益，促进经济社会可持续发展。

组织实施了南水北调中线一期委托河北省建设管理项目的审计，结合省长经济责任审计开展了山西省节能减排专项资金审计。在南水北调工程审计中，查出的南水北调中线一期工程部分区段安全隐患较突出；南水北调配套工程进度滞后，影响总体工程如期发挥效益等问题，被审计署重要信息要目或信息转送函采用。在山西省节能减排审计中，查出的燃煤电厂脱硝工程建设进度缓慢、氮氧化物排放指标不降反升；合同能源管理项目存在诸多问题亟待解决；餐厨废弃物资源化利用和无害化处理项目进展缓慢等问题，被审计署重要信息要目采用。

（五）不断加大审计整改落实情况的检查力度，审计整改成效明显。

为推动被审计单位自觉落实审计意见和建议中，提高审计执行力和公信力，太原办抽调人员组成检查组，对全办2011年至2012年8月已完成的29个审计项目的审计报告（审计调查报告）、审计决定书和审计移送处理书的整改落实情况，以及审计建议采纳情况进行了跟踪检查。此次检查更加侧重于收集被审计单位重视审计整改、采纳审计建议完善内部管理、健全规章制度等方面的做法及相关资料，确保审计成果更加完整得以体现。

二、创新思路，完善制度，努力实现机关管理的高效化、科学化

（一）深化建章立制工作，完善和强化了机关内部管理。

在2011年对137项规章制度进行清理的基础上，又进一步深化制度建设工作，先后制定了《审计署太原特派办审计现场管理办法（试行)》、《审计署太原特派办审计项目量化动态考核办法（试行)》、《公务卡管理使用暂行办法》、《审计署太原特派办关于同城审计执行异地审计外勤经费标准实施办法》、《审计署太原特派办晋升主任科员及以下公务员职务规定》、《审计署太原特派办内部网站管理意见》等22项制度。这一系列制度的出台，使审计业务管理制度、审计成果考核制度、财务管理制度、人事管理制度、计算机管理制度和后勤保障制度等得到进一步完善。

（二）积极探索了大项目审计组织管理模式，审计业务精细化管理迈出新的步伐。

针对大项目的特点，引入“精细化管理”理念，创新工作思路，强化大项目的现场审计组织管理。一是以制度作保障，确保政令统一、令行禁止。二是坚持“数据分析先行，动态引领”的工作思路；三是精确定位，合理分工。针对大项目对内对外协调任务重的特点，设置综合协调小组，负责对信息报送、上传下达等事务进行归口管理，及时协调各小组之间出现的交叉重叠情况；四是细化任务，落实责任。对大项目实施三级审计方案指导制、倒计时管理制度等，特别是各小组要进一步细化审计重点内容和方法步骤，制定现场审计操作方案，并对各审计事项逐一明确时间要求；五是注重点题布局、深入挖掘，提升成果；六是监督跟进，量化考核。

（三）积极开展计算机审计工作，努力提高审计信息化水平。

在“数据分析先行”工作思路的指导下，全办上下积极探索大项目环境下的计算机审计，针对数据分析专业人员少、大项目数据量大等实际，提出了搭建“三级数据分析平台”的计算机审计工作思路，初步取得了一定的成绩。一是整合多部门、跨专业数据，搭建特派办三级数据分析平台。二是根据审计组的业务需求，组建审计组级数据分析平台；三是根据具体需求，针对特定数据，构建审计人员级数据分析平台，迅速完成个性化的数据分析。分层次搭建三级数据分析平台，通过数据信息与业务经验的紧密结合，人力资源与设备资源的科学组合，业务骨干和计算机骨干的有效整合，以及审计延伸与数据分析时间的合理安排，增强了计算机技术对审计工作支撑能力，强化了数据分析审计成果的转化率，大大提高了审计信息化水平。

（四）审计项目跟踪审理全面展开，审计质量得到有效提高。

对组织实施的审计项目全面开展了现场跟踪审理，真正实现了审计质量控制关口前移。一是分类制定跟踪审理

实施方案。审理人员严格遵循跟踪审理实施方案的要求，分阶段对审计项目进行全过程跟踪，从问题定性、法规引用到问题归类、文字表述、审计证据的收集等各个方面及时提出改进意见；二是坚持“三个结合”的跟踪审理思路，即“吃透项目基本情况与严格执行审计实施方案相结合”、“准确把握项目总体与全面落实署、办审计工作要点相结合”、“深入分析项目审计结果与揭示反映典型问题相结合”，促进了审计目标、重点和内容的全面贯彻落实，加大了从体制、机制和制度层面揭示反映问题的力度，推动了审计署业务司审计要点和办领导现场调研指导意见的落实。

（五）全面实行审计项目的动态量化考核，真正形成以业绩为导向的激励机制。

为真正形成以业绩为导向的激励机制，推动审计工作质量的全面提升，太原办研究制定并下发了《审计项目量化动态考核办法》。并对社会保障资金审计项目第一个实施了量化考核。考核结果从审计基础工作、审计成果、计算机信息化审计等9个方面，全面反映了审计项目参加处室、每位参审人员的工作成果和质量水平。一是细化指标，责任到人，突出业绩导向。二是统一标准，全面量化，客观反映工作成效。通过量化考核，反映出了每个人在审计质量和审计现场管理水平等各个方面存在的差异，为审计人员指明了今后工作的努力方向，促使审计人员提高质量意识和责任意识。

（六）进一步加强了与山西省各级政府的沟通和联系，审计工作的外部环境得到极大改善。

在2012年开展的审计项目中，办党组按照确定的工作要求，进一步加大与山西省政府的沟通联系。不仅赢得了山西省政府和主要领导的大力支持，而且建立起了与地方党委政府通畅的联系联络机制，有力地推动了各项审计工作的顺利开展。一是领导班子思想统一，齐心协力做好外部协调工作。二是注重程序规范，建立了审计现场协调联系规程。三是建立有效的保障机制。确定大项目联系工作向上集中、综合组统一联络协调机制，避免多个审计小组重复交叉打乱仗；注重审计过程中的整改沟通机制，客观公正反映问题，确保审计质量；建立审计结果的通报核实机制，规范审计结果的征求意见沟通过程。

（七）大力加强审计宣传和理论研究工作，展示了太原办良好形象。

为改变多年来审计宣传工作落后的局面，太原办采取了一系列措施，加强对外宣传工作，营造重视审计宣传、促进审计宣传的氛围。全年共向审计署门户网站投稿479篇，被采用238篇。同时，积极组织理论研究活动，征集论文100余篇，被审计署门户网站采用51篇，被报纸期刊采用28篇。通过加强审计宣传工作，及时有效地展示了太原办的良好形象，也凝聚了人心，增强了干部职工做好各项工作的信心。

三、不断推进机关党建和廉政建设，大力弘扬审计人员核心价值观

（一）切实加强组织建设和廉政建设，为审计工作任务的圆满完成奠定了思想和组织基础。

一是健全基层组织。严格按照组织程序，完成了机关党委和工会换届选举工作，成立了青年工作委员会，加强了临时党支部建设，使基层组织得到加强；二是结合审计工作，开展形式多样的教育活动，进一步坚定党员干部的理想信念，强化党员干部的思想教育；三是开展廉政建设大讨论活动。针对廉政建设工作中存在的问题，组织全体干部职工开展大讨论，认真查找廉政风险点，进一步树立廉政“高压线”意识，切实筑牢拒腐防变的思想防线。

（二）扎实推进惩防体系建设，不断完善风险防控机制。

在全面完成和总结上一个五年工作规划的基础上，太原办下发了《审计署太原特派办开展惩防体系建设2012年度自查工作和落实惩防体系2008—2012年工作规划总结的实施方案》。全办上下按照方案自查和总结，对反腐倡廉建设各项工作进展情况进行了全面梳理，督促反腐败领导体制和工作机制落实。根据《中共审计署党组印发审计署关于加强廉政风险防控实施意见的通知》的要求，办党组紧密结合太原办实际，对廉政风险相对集中的重点部位和关键环节有效防控，排查廉政风险点。初步形成了权责清晰、流程规范、预警及时的廉政风险防控机制，为推进审计机关惩治和预防腐败体系建设提供了制度保障。

（三）紧抓思想建设，坚定理想信念，大力弘扬审计人员核心价值观。

一是增强党员责任意识，加强党的纯洁性建设。办党组明确提出目标要求，从“加强理论武装，坚定理想信念”、“突出率先垂范，提高党员队伍素质”和“讲重点抓落实，在组织建设上有实效”三个方面落实纯洁性教育方案；二是组织学习贯彻十八大精神。深刻领会报告的精神实质。要求党员干部要将学习贯彻党的十八大精神，与审计工作紧密结合，真正把十八大精神贯彻落实到实际工作中去；三是永葆阳光心态，提升党员思想境界。以保持干部“阳光心态”为主题，组织了系列活动，使党员干部进一步坚定信念、开阔视野、放松心情、调整心态；四是树立先锋模范，推动创先争优活动常态化。

（郎少萍）

附：审计署驻太原特派员办事处党组书记、副书记、成员名单

书　记：朱登云

副书记：王铁英

成　员：卢华胜　王爱梅（女）　朱伟定

太原铁路局党委工作概况

党委书记　张义平

2012年，太原铁路局党委以迎庆党的十八大为动力，深入贯彻省委、省政府和铁道部党组的重大战略部署，创新落实政治工作与中心任务一体化机制，坚持以安全、服务、经营、建设为主战场，全面深化创先争优，为全局科学发展提供了坚强政治保证。铁路局荣获全国企业文化建设先进单位、省级平安单位、党的十八大期间全省信访工作先进集体、全省民主管理示范单位、全省职工文化建设先进单位，连续六年被评为省政风行风评议先进单位，连续七年夺取全国“安康杯”竞赛优胜单位，全局上下呈现出思想硬、安全好、风气正、队伍稳、业绩优的良好态势。

一、坚持以创建学习型领导班子为带动，两级班子的驾驭力在素质提升、结构优化中不断增强

一是理论武装持续深化。突出党的十八大、安全风险管理、落实市场主体地位等专题，运用中心组联学、高端讲坛、视频课堂、素能大讲堂等形式，不断引深“转变思想观念、推进科学发展”主题学习，夯实了全局科学发展的思想基础。致力于学用结合，集中培训新职领导干部344名，实施党委书记联述联评联考，分层破解了“降低调车‘两违’问题”、“释放枢纽通道能力”等安全经营难题551个。二是科学决策更加规范。完善“三重一大”事项集体决策机制，细化八项配套制度，组织专项督查。局领导班子全年集体决策“三重一大”事项34次120项。三是班子结构不断优化。多维度调研评估基层领导班子，竞争性选拔19名副处级领导干部、9个党群领导岗位预备人选，“三差额”选拔10个领导岗位，交流领导干部143名，新任职纪委书记全部跨单位任职，轮岗交流局机关69个关键岗位和基层劳人、财务科长及货运负责人67名，提高了选人用人公信度。四是工作作风切实转变。以两级班子民主生活会为带动，认真践行“三点共识”和“三个重中之重”要求，围绕冬春暑运、防洪抗汛、集中修施工、安全大检查等重点任务，各级领导干部全年累计添乘机车9000余趟次，解决问题23.5万个。五是管理效能得到提升。按照“问题在现场、原因在管理、根子在干部”的思路，严格现场督查、定期考核、公开晾晒、排队促尾的干部绩效考评机制，严整“十假”行为和“八个就”的思维懒症，追责领导干部82人次，强化了盯现场、抓落实的导向。

二、坚持以“一诺三学四岗两创”长效机制为推动，党组织的攻坚力在强基固本、创先争优中不断增强

一是坚持抓基层、打基础。开展党支部书记提素年活动和党支部标准化建设，优化支部设置，规范工作机制，展开专题培训，两级党委成员包保指导125个薄弱党支部按期转化，一体化等级考评、党组织党员作用发挥等动态信息管理系统日趋完善。二是强力抓岗位、展作为。以“创四岗、灭两违、攻难关、树品牌”为重点，以路港联创、联建共创为扩展，分层选树“四岗”党员3834名，组织党员背规大赛681场，集中攻克立项攻关课题986个，打造了“李静售票法”“海华女子作业组”等193个党字号品牌，太原车辆段党员“45/49步检车法”列为全路客车检车技术比武标准。三是突出抓创争、强引领。坚持以人民群众满意为根本标准，认真践行“以服务为宗旨、待旅客如亲人”理念，深入开展“服务旅客创先争优”、“三保两增”、“创效益、比贡献”、“主人翁保安全”等主题实践活动，全国创先争优先进党组织湖东车辆段党委、全国组织系统“讲党性、重品行、作表率”先进个人张秀春、全局十大标杆党支部等一批先进典型强化了示范引领效应。党员电教片《信念》获中组部最佳作品奖。

三、坚持以实施人才强局战略为驱动，人才队伍的支撑力在适应需求、纵深拓展中不断增强

一是拓展学习培训平台。立足现场需求，着眼发展储备，分层推进“紧重强”培训172期、23691人次；发挥三大平台优势，实现工学“零矛盾”、考试“零奔波”、知识支持“零距离”；企校联合培养经营管理、财会骨干等高端人才215名。二是完善人才激励机制。648名一线优秀职工通过“缺岗竞聘”选拔到管理和专业技术岗位，公开招聘局机关干部91人，启动百万“詹天佑”专项基金，21人次被授予国家和部级称号，“书学技改工作室”等4个工作室被命名为山西省首批劳模和高技能人才创新工作室。三是加大现场培养力度。公开选拔11名高铁人才，通过跟班实践、厂家考察、铁科院深造，提升实战能力；挑选百名高职生到重载一线实践锻炼；启动大学生“4+1”、“4+2”卓越工程师培养项目，为重载增运、高铁开行提供了素质保证。

四、坚持以培育“严爱一体”的价值导向为互动，宣传思想文化工作的引领力在内聚合力、外塑形象中不断增强

一是主题谈心贯穿全年。运用面谈、笔谈、网谈、信谈、家属访岗谈等多种形式，深化全员谈心，强化了“严爱一体”的思想共识，通过谈心直面问题、倒逼管理，解决现场问题8658件，拓展了接通地气、理顺心气、聚集人气、鼓舞士气的效应。二是形势教育凝聚共识。集中开展“推进铁路科学发展”主题宣讲，深化落实班组“四个活动日”工作机制，3600多场宣讲会覆盖全员，安全、服务、经营“三个大家谈”活动持续推进，凝聚了发展共识。三是安全文化示范带动。扎根大秦重载一线，分片研讨，现场观摩，亲情叮嘱、安全格言、金点子征集等活动激发了职工共鸣、促进了岗位落标，推出了“笑脸墙”、“亲情树”等一批文化精品。全路安全文化建设座谈会在我局召开。四是宣传舆论强势引领。整合宣传资源，强化考核激励，调控网络舆情，激发了正能量，塑造了新形象。中央主要媒体刊稿7564篇，《人民铁道》报刊稿1871篇。太铁官方微博获全省企业官方微博第一名。

五、坚持以维护稳定大局为联动，和谐路局建设的保障力在优化环境、共建共享中不断增强

一是“平安创建”取得实效。以十八大安保为重任，深化“大手牵小手”爱路护路宣传教育，开展打非治违专项行动和路外安全专项治理，化解涉路矛盾纠纷，形成了路地联防联控的工作格局。特别是主动协调省委政法委建立涉太铁案件政法联席会议制度，在全路开创先河，为推进平安创建提供了法律保障。二是信访维稳持续加强。组织领导干部接访、机关干部下访，推进信访积案化解，实施稳定风险评估，化解矛盾纠纷391件，连续三年保持部重点项目考核零扣分。三是惩防体系日臻完善。以全路车皮计划管理试点为契机，深推运输、物资、多经、建设领域廉政风险防控工作，严抓党风廉政建设责任制落实，“制度+科技+阳光”防控风险的做法先后在省、部交流经验。全年办案32件，组织处理6人，党纪处分32人。四是民生工程惠及职工。组织名医名家巡回医疗，实施异地职工择优调剂，完善帮扶救助长效机制，助困助医助学2911万元，惠及职工2.14万人次。投入8000余万元深化“八小”建设，打造全局民心工程、全路品牌工程。局离退、保密、武装、关工委、文联等部门主动发挥职能作用，凝聚起推进科学发展的攻坚合力。

（王金虎　高　毅）

附：太原铁路局党委书记、副书记、委员名单

书　记： 张义平

副书记： 杨绍清　杨月江　郭家宏

委　员： 杨国秀　张锁明　刘　俊

省煤矿安全监察局党组工作概况

党组书记　杜建荣

2012年，山西煤矿安全监察机构认真贯彻落实党中央国务院关于加强安全生产工作的一系列重大决策部署，按照全国安全生产电视电话会议、全国安全生产工作会议的总体要求和全省煤矿安全监察工作会议明确的任务，以坚决遏制重特大事故、减少事故总量、促进安全生产状况持续稳定好转为目标，以“一树立、三坚持、三强化”为抓手，继续深入扎实开展了第四个“安全生产年”活动，不断强化煤矿安全监察行政执法工作，积极推动地方政府加强煤矿安全监管和煤矿企业落实安全生产主体责任，有力地促进了全省煤炭经济发展方式的转变和煤炭产业安全发展水平的提升。2012年，全省煤矿发生安全生产事故39起，死亡83人；全省生产原煤9.1333亿吨，煤矿百万吨死亡率0.091。

一、精心安排全年总体工作和主要任务

一是召开了全省煤矿安全监察工作会议，对2012年煤矿安全监察工作做出了总体部署。二是编审了省局机关处室、各监察分局（站）2012年度监察执法计划，明确执法任务。三是完善了主要工作目标责任分解和考核办法，实行千分制考核，将主要任务细化到各监察分局（站）、机关各处室、各直属单位，分解到各科室、各执法小组和每一个执法人员。四是实行逐月报告进度、按季滚动通报、半年综合考核、全年考核排队，开展半年执法分析，总结经验、寻找差距，不断完善、促进落实。

二、认真开展煤矿安全监察执法工作

一是各监察分局（站）根据辖区煤矿复工复产进程，按计划有序开展了“三项监察”，对高瓦斯矿、煤与瓦斯突出矿及周边矿、水害严重矿、发生过事故矿进行重点监察，对建设矿井安全设施“三同时”、煤矿领导带班下井、井下安全避险“六大系统”建设完善、安全费用提取使用进行专项监察，对事故多发区域、多发企业开展定期监察。二是对辖区内煤矿兼并重组整合主体企业、保留煤矿进行了安全生产许可证持证条件的专项检查，对未取得安全生产许可证的主体企业和降低持证条件的矿井下达了现场处理、行政处罚执法文书，责令限期办理、停产整顿。三是适时

开展了煤矿安全行政许可前的现场检查。2012年全系统共检查3320矿次，“三项监察”计划完成率119%，查处隐患和问题11072条,责令停产整顿矿井26个、暂扣和吊销安全生产许可证30个。

三、从严做实安全生产专项整治工作

一是根据全省统一安排，对全国“两会”、重要节庆期间的安全生产工作进行督查；对十八大期间的煤矿安全生产工作召开专题会议、下发专门文件进行广泛动员、精心部署，确保敏感时期、重要时段安全生产应急值守和安全形势平稳有序。二是与省煤炭厅联合制定了针对煤矿企业“打非治违”工作方案，各监察分局（站）根据市政府统一安排，实行“三个结合”，适时开展了零点行动、夜间突查，形成了“打非治违”工作的高压态势、有效震慑。三是根据全省煤矿安全集中整治专项行动统一安排，我局分别由五位局领导带队组成五个督查组，抽调50人，会同专家赴大同、朔州、忻州、太原、阳泉5市开展了以隐患排查治理为重点对整合矿进行了逐矿检查。四是根据省安委会统一安排，对五个辖区开展百日煤矿安全七项集中清理整顿专项行动和百日煤矿安全隐患集中整改专项行动进行了省级督查。五是认真贯彻省政府要求，对在督查期间要求整改的煤矿进行了重点跟踪复查，对省政府要求实行煤矿安全生产挂牌责任制执行情况进行了抽查。

四、严把安全准入关口

一是以建设项目安全设施“三同时”审批和安全生产许可证发放为抓手，严格标准程序、提高许可质量，提高安全设施的可靠性，严禁不具备安全条件的煤矿企业进入生产领域。二是认真执行国家安全监管总局第44、52号令，制定了煤矿安全培训机构管理办法和二、三级机构认定标准，完善评估制度、严格资质认定、推动示范创建、开展专项检查、提高培训质量。三是严格对评价、检测机构的年度考核，召开座谈会推动专项治理，依法依规开展检测项目扩项许可。四是严格救护队资质认定，积极推动矿山救护队质量标准化达标晋级，提高救援能力。五是制定了行政审批电子监察专网使用管理等六项制度，所有许可事项受理全部进入政务大厅办理，加强对行政许可行为的监督检查和过程监控。2012年共受理办结煤矿安全生产许可证申请380份，受理审查批复建设项目安全设施设计130矿次，受理验收批复建设项目安全设施和安全条件竣工64矿，受理批复煤矿安全培训机构资质申请16个。

五、突出抓好重大隐患排查治理监察

一是实行重大隐患约谈制度。对辖区存在重大安全隐患继续组织生产、未全面正确履行职责导致发生安全事故、拒不执行煤矿安全监察指令等情况的煤矿企业负责人进行问责谈话，实行重处重罚，督促整改隐患。二是坚持分类指导、重点监察，对存在违法建设、超能力生产等重大隐患矿井整改情况进行跟踪督导，增强整改实效；定期开展了生产矿井安全程度评估、主体企业安全状况评估、辖区安全状况动态评估，适时掌握辖区安全生产动态。三是坚持执法与服务结合，组织专家会诊，开展形势分析，参与复工复产验收，指导地方煤矿安全监管部门、主体企业针对灾害严重地区开展瓦斯参数测定和涌出量预测、建立抽采达标评估体系，进行区域水文地质勘查和水文地质类型划分统计分析。2012年全省煤矿瓦斯抽采38亿立方米、利用13 亿立方米。

六、着力提升煤矿安全保障和应急能力

一是将煤矿井下安全避险“六大系统”建设完善情况列入各监察分局（站）监察执法计划,对生产矿要求制定规划、限期承诺、对建设矿必须纳入安全设施“三同时”范畴，制定监察办法，开展专项监察。二是在安全科技活动周期间，举办了山西煤矿安全科技工作座谈会暨煤矿安全科技论坛；组织了全省煤矿安全关键技术科研项目的遴选申报。三是强化救护队培训考核、案例分析、预案演练，提高队伍素质；组织19个矿山救护大队（独立中队）开展了矿山救援知识竞赛活动，不断提高突发事故救援实战水平和应急处置能力。及时指导、协调煤矿伤亡事故的应急救援，全年成功救援被困人员41人。四是通过不断加大对地方煤矿安全监管工作的检查指导，促进煤矿安全质量达标，夯实煤矿安全基础。2012年命名全省有225个生产煤矿达到省一级、二级安全质量标准化，其中有72个达到国家级安全质量标准化。

七、严肃查处事故，严格责任追究

一是坚持“四不放过”和“科学严谨、依法依规、实事求是、注重实效”的原则，严肃查处各类煤矿伤亡事故。2012年共查处结案39起煤矿伤亡事故,追究责任人585人。二是对今年以来接到的37起举报事故的核查情况加强了跟踪督办，完成了2011年煤矿伤亡事故分析报告，深刻吸取事故教训，用事故教训推动安全工作。三是严格执行煤矿伤亡事故通报、分析、约谈、督查四项制度，加强了对煤矿事故单位、事故责任人责任追究、防范措施落实情况的督察。四是开展了警示教育。将当年发生的四起典型事故案例制作宣传册和DVD光盘260张，发放主体企业和保留煤矿深刻吸取前车之鉴和事故教训，使“一矿出事故、千矿受教育”。

八、深入开展安全宣传文化建设

一是组织开展了2012年“安全生产月”集中宣传教育活动，部署开展了“依法行政宣传月”活动，开展了煤矿安全评价机构论文征集活动。二是利用监管部门、工会组织、中介机构、主体企业举办的各种培训班进行专题讲座，大力宣传煤矿安全法律规定和政策要求，积极营造安全发展良好氛围。三是相继召开了全省煤矿安全文化建设座谈

会和推进会，组织进行创建经验宣讲，扩大了安全文化建设的影响力。四是在本局政府网站开辟安全宣传与安全文化专栏，开展了煤矿安全生产格言警句征集评议活动。五是制定了推进省级煤矿安全文化建设示范企业创建暂行办法，建立了省级专家库，开展了申报示范矿现场评审、现场检查，组织现场观摩，开展专题调研，积极推动省级示范企业创建活动。六是启动了全省煤矿安全文化建设千人培训计划，首批三期已培训近500人。

九、不断提升监察队伍执法能力

一是认真学习党的十八大精神，组织集中学习，开展宣讲报告，强化理论武装，坚定理想信念，推动工作、指导实践。二是制定了山西煤矿安全生产“十二五”规划实施方案，对监察执法能力和煤矿安全发展进行了全面规划，着重强调各监察分局局长是监察执法第一责任者、书记是监督执法的第一责任者。三是开展了教育规范整治、党的基层组织建设年、保持党的纯洁性学习教育活动；召开了党风廉政建设和反腐倡廉工作会议，对主要任务进行分工，明确党风廉政建设“一岗双责”，加强廉政风险防控，确保公正廉洁执法。四是按照“德才兼备、以德为先”的用人标准，对相关监察分局（站）重要岗位领导干部进行了选任和交流，优化了领导干部年龄、经历、来源结构，科学配备领导班子。加强监察员培训，提高业务能力，2012年仅省局分别组织320人次、抽调14人参加了国家安全监管总局举办的视频讲座、党校培训。五是制定了执法案卷评查办法，通过案卷评查、案例评选、现场比武、执法分析、处罚备案、零罚陈述、期段负责、执法调研等手段，不断加大监督力度，规范执法行为，提高执法水平。

（王云爱）

附：省煤矿安全监察局党组书记、成员名单

书　记：杜建荣

成　员：梁云祥　徐占成　薛勇军　赵文才　杨谦禄

中华人民共和国太原海关党组工作概况

党组书记　吕伟红

2012年，太原海关认真落实“把好国门、做好服务、防好风险、带好队伍”的总体要求，坚持求真务实、锐意进取，着力推进各项建设，整体工作继续保持平稳健康发展的良好态势。全年完成税收入库47.8亿元，同比增长12.6%；监管货运量1920万吨，同比增长5.1%；监管进出境飞机2285架次，同比增长2.2倍；监管进出境人员23.4万人次，同比增长2.1倍。

一、积极促进外贸发展

把服务山西转型跨越发展作为自身的重要职责，较好地促进了开放型经济的稳定发展。全省全年进出口总值150.4亿美元，比上年增长2%，再创历史新高，进出口总值居全国23位，增速居全国第21位。其中：出口70.1亿美元，增长29.4%，增速居全国第8位；进口80.3亿美元，下降13.9%。切实加强统计预警分析，坚持定期向省、市政府和商务部门提供海关统计数据和进出口贸易重点商品的进出口情况分析，为省、市领导科学决策提供依据。

二、深入学习贯彻十八大精神

十八大胜利召开后，把学习贯彻十八大精神作为重要任务，坚持多管齐下，做到了十八大精神在全体党员干部中的入脑、入心、入行动。统一印制理论学习本，订购报告单行本和辅导材料，组织收看开闭幕式和新闻发布会，积极营造学习宣传的浓厚氛围。11月23日召开大会，集中传达十八大精神，党组书记在会上作专题辅导。各党组成员发挥表率作用，深入分管部门和单位进行宣讲，并带头撰写理论文章。组织为期3天的党组中心组封闭学习，采取个人自学、集中研讨、参观学习、企业调研等多种方式，谈认识、找差距、定措施、明方向。机关党委积极开展经常性督导和随机抽查，对各支部的学习台账、党员学习笔记全面检查并进行展评。召开关区学习十八大精神经验交流会，选取6个部门的代表作大会发言，并组织了全关干部理论考试、学习十八大精神硬笔书法比赛等系列活动。通过采取各种措施，全关的十八大学习宣讲活动实现机关和基层、党员和群众全覆盖，群众反映学习形式新、作风实、效果好，进一步坚定了对中国特色社会主义的理想和信念。

三、太原武宿综合保税区获国务院批准

国务院于8月26日正式批复设立太原武宿综合保税区，规划面积2.94平方公里，四至范围:东至武宿国际机场，南至龙城街，西至唐槐路，北至电子街。这结束了山西没有海关特殊监管区域的历史，对促进全省开放型经济发展、综改试验区建设、调整经济结构、承接产业转移都具有十分重要的意义。为确保建设工作顺利进行，太原海关成立了由关长任组长的专项工作组，并指定专人对接武宿综保区指挥部，积极参与相关工作。从规划选址、基础建设、监管设施、产业项目、管理机构、政策解读等方面提出政策建议，并帮助综保区指挥部开展规划、设计、招商等工作，年内综保区建设工作顺利推进。

四、运城海关获批设立

中央机构编制委员会办公室于4月26日正式批复设立运城海关，承担运城市辖区的海关业务，正处级，核定行政编制26名。至此，太原海关的隶属海关增加到4个，山西省内的海关机构布局更加合理。为确保运城海关尽快开关，太原海关成立专门工作组，指定专人驻运城工作，切实加强与运城市政府的联系协调，筹建工作正在进行之中。

五、支持全省开放型经济发展

1月出台《太原海关服务和支持山西转型跨越发展的20项措施》。为有效应对复杂严峻的外贸形势，10月又在认真分析省情的基础上出台《太原海关促进山西外贸稳定增长的30条措施》。经太原海关积极协调，海关总署于11月出台《关于支持山西省国家资源型经济转型综合配套改革试验促进外贸稳定增长的意见》，制订了为山西量身定做的12项具体措施，成为国家部委中第一个出台支持山西综改区建设具体意见的单位。

六、努力提升服务质量和水平

坚持“有为方能有位”的理念，主动融入省内经济发展环境，取得明显成效。一是深入各市开展调查研究和政策宣讲。由关长带队，先后多次赴省内各市调研，会见了当地党政领导，并深入有关进出口企业进行实地考察，帮助地方政府和企业解决外贸发展中的困难。期间还到晋中、运城等市和省商务厅组织的专题会议上开展政策宣讲，对有关部门和企业作了海关政策专题讲座。各业务部门也结合实际积极组织进出口企业培训，深入企业送政策上门，积极帮助相关人员了解掌握海关规定。二是将服务措施机制化。太原海关先后与晋城、太原、长治、大同、吕梁5市政府，省商务厅、省民航机场管理局和山西出入境检验检疫局3个协作单位，以及太钢、太重、同煤、平朔、建邦集团5个大型企业签订合作备忘录，明确了海关支持各地和重点企业发展的具体措施，建立了沟通顺畅的紧密合作机制。三是真诚服务外贸企业。畅通“12360”海关服务热线，统一受理社会各界向海关提出的服务需求，全年受理各类咨询电话7679个，接通率100%，直接回复率95%，满意率100%，取得了良好的社会效益。与外贸企业建立紧密合作伙伴关系，继续落实大客户服务制度，指定专人具体服务重点企业，及时解决通关过程中遇到的问题。继续与口岸海关加强区域通关合作，共与16个海关建立区域通关合作关系，将区域通关适用范围放宽至1年内无走私违规记录、资信良好的B类生产型出口企业，适用区域通关的企业由原来的27家上升为98家。通过向企业提供“一次报关、一次查验、一次放行”的区域通关服务，在提高通关效率的同时，大大降低了企业贸易成本，有力支持了外贸企业的快速发展。在人力紧张的情况下，科学配置管理资源，为山西增加的国际航班做好监管服务，有效支持了全省的对外开放工作。

七、打击走私取得新突破

组织召开山西省打击走私综合治理办公室工作会议，扎实推进“国门之盾”行动，保持打私高压态势。破获低报价格出口走私金属镁锭案件，案值9275.47万元，偷逃税款211.45万元。成功破获走私武器弹药案，实现了关区涉枪案件零的突破。立案调查行政违规案件59起，同比减少3.28%；案值42369.65万元，同比增长5.7倍；偷逃税额272.39万元，同比增长2.4倍。查获政治类违禁宣传品、非法出版物135起共394册，同比增长7.8倍。查获侵犯知识产权案件2起，实现了关区侵犯知识产权案件零的突破。

八、队伍建设实现新进步

坚持严管与厚爱相结合，以打造“内陆强关”为目标，切实加强队伍建设，干部的履职能力不断增强，全关上下风正、气顺、人和、劲足。2012年初集全关同志的智慧，讨论提炼出“忠诚、进取、奉献、创新”的太原海关精神，引导全关同志不断增强凝聚力和向心力。严格执行各项规章制度，坚持组织升国旗仪式，在关区推广第9套广播体操，组织关警员到驻晋部队军营、八路军纪念馆、雷锋纪念馆等地参观，认真开展准军事化训练，正规化水平明显提升。坚持每周通过手机平台向全关同志发送格言警句，倡导健康生活、快乐工作，引导大家建立正确的价值观。坚持以德才兼备为重点、以工作实绩为重心、以群众公认为基础的用人导向，全年共开展八批次干部选拔任用工作，涉及48人次，同时评出关税和统计专家各1名，为各项工作提供了有力的组织保障和人才支持。

九、精神文明建设成果丰硕

成立学雷锋志愿服务队，组织关警员分两批参观雷锋团和郭明义工作室，聆听雷锋班战士和郭明义讲助人为乐

故事。积极组织“博爱一日捐”活动，坚持重要节日慰问太化硫酸厂困难家庭，并向兴县扶贫点资助建设石楼山原生态土鸡养殖专业合作社，赠送优质鸡苗4000只，受到地方政府和群众的欢迎。2012年，太原海关继续被省直机关精神文明建设委员会命名为“省直文明和谐单位标兵”，关长吕伟红被全国妇联授予“全国三八红旗手”和“全国妇女创先争优先进个人”荣誉称号。

十、党风廉政建设再上新台阶

认真落实廉政建设的各项规定，坚持年初召开会议、分解任务，年中对照要求、督促检查，年底围绕目标、考核评估。深入落实党风廉政建设责任制，组织关处科三个层面逐级签订责任书，由关领导带队对党风廉政建设责任制落实情况、廉政准则学习贯彻情况进行专项检查。召开廉政例会，通报督察情况，分析关区廉政形势，使全关同志时刻保持如履薄冰、如临深渊的忧患意识，时刻遵守海关人员“6项禁令”和公安部“5条禁令”，提高防御能力，不断增强自觉性。组织科级以上领导干部报告个人廉洁从政情况及配偶、子女从业情况，并在全关公示，接受群众监督。继续加大海关廉政风险预警处置系统（HL2008）的应用力度，不断完善“科技+制度”反腐成果的转化，强化对业务运行的监督制约。

（张新年）

附：中华人民共和国太原海关党组书记、成员名单

书　记：吕伟红（女）

成　员：韩　渡　高志凯　岳玉敏（女）　许乾峰　牟军海（5月任职）

驻晋部队党委工作概况

省军区党委工作概况

党委书记　张少华

2012年，省军区党委团结带领全区官兵，贯彻落实科学发展观，以听党指挥、履行使命、安全稳定三个重点为统揽，坚持重心下移重打基础重抓基层，上下协力、顽强拼搏，主动作为、攻坚克难，圆满完成了以军事斗争准备为龙头的各项工作任务，部队整体建设水平得到新的跃升。

一、紧紧围绕迎接十八大召开、学习贯彻十八大精神这件大事，坚持以强烈的政治责任感和高度的政治敏锐性，大力加强思想政治建设

按照军区“五步法”和省军区“十项学习制度”，狠抓团以上党委中心组和机关理论学习，特别是胡主席“7·23”重要讲话发表后，及时下发学习贯彻意见，采取集中学习、领导宣讲、办班集训等，强势推进落实。扎实开展“两项重大教育”，区分层次、压茬推进、步步深入，先省军区本级后师旅团党委机关、先现役后民兵预备役、先试点先行后面上推开，一个阶段一个阶段逐步深化，一个专题一个专题抓好落实，为迎接十八大召开做了思想和理论准备。晋城军分区组建创新理论百人宣讲团巡回宣讲，推动了理论武装向基层延伸。十八大召开后，迅速采取有力举措，深入开展了一系列学习宣传贯彻活动，在部队兴起了学习贯彻热潮，广大官兵加深了对十八大重大理论观点、重大战略思想、重大工作部署的认识理解。重视做好意识形态工作，投资58万元升级改造互联网监控设施，及时封堵删除涉军有害信息，对突发的重大案件和敏感热点问题，跟进开展形势政策教育，第一时间把党和政府的决策指示传达贯彻到部队，注重做好转业待安置干部和入学、住院等分散人员的思想教育工作，确保了部队纯洁巩固和集中统一。太原警备区精心打造民兵情报信息员队伍，初步形成了军地衔接、沟通顺畅的情报信息网络，在维护省城社会稳定中发挥了重要作用。

二、紧紧围绕有效履行“屏护首都、稳定山西”使命任务，持续加大战斗力生成模式转变探索

采取观摩集训、示范引路、督导落实等多个环节，强势推进日常战备规范化建设，在遂行各类急难险重任务实践中得到了检验。依据军区“一个基础、六个系统”信息化建设部署，狠抓基础建设拓展延伸和实践应用，高标准完成国防动员“两网一库”试点任务和本级显控系统改造，全区所属部团展开光缆传输扩容、新建机动指挥车，初步形成机固结合、动中通联的框架体系。始终把军事训练作为提高综合防卫能力重要途径，严格落实按纲施训、训练教学责任制和基础训练比武竞赛，圆满完成市级应急力量、民兵训练周期调整和阶段划分试点任务。阳泉军分区深入基层开展“百连大调查”活动，探索形成了“533”双应能力生成模式。运城军分区代表省军区组织民兵三项队参加全国第七届农运会，成绩在华北五省市区名列第一。着眼提升国防动员组织指挥能力，8月1日，组织省市两级国动委主要领导，进行信息化条件下山西省综合防卫国防动员指挥演练，进一步强化了军地各级领导国防观念，畅通了国防动员制度机制，探索了组织国防动员行动的招法对策。

三、紧贴省军区实际，始终在激发动力、提高能力、增强执行力上下功夫

巩固深化连续四年大抓风气建设成果，年初扎实开展

"谨防精神懈怠,筑牢思想根基"专题教育,党员干部普遍受到深刻党性锻炼。圆满召开省军区第十次党代表大会,规划党的建设和部队发展蓝图,提升了省军区部队党建科学化水平。逐级召开党委(常委)民主生活会,持续深化"三爱一创"活动实践成果,普遍抓好民主集中制学习培训,组织对师旅级党委班子考核并面对面讲评,有力促进了各级党委班子建设。吕梁军分区党委珍视荣誉,始终保持强烈的使命感和责任感,合力搞建设,聚力求发展,全面建设有了新进步。预备役83师注重典型引领,培养了一批拥军爱民、爱军精武等不同类型的先进典型,有效激发了干事创业的内动力。进一步规范干部选拔任用程序,下力提升干部队伍素质,积极稳妥对7个师级班子、97个团级班子进行调整, 对17名任前考核未通过的提升对象一票否决,打牢了班子和干部队伍建设的基础。认真落实党风廉政建设制度规定,持续开展"五用一履行"清理整治,高标准迎接军区党委巡视,鲜明提出未巡先改、边巡边改、以巡促建,及时研究制定整改方案,下力抓好整改落实,在解决原红星制药厂职工、朝阳街55号院等影响部队科学发展的遗留棘手问题上取得新进展。预备役高炮旅充分发挥合成式党委作用,地方支持力度逐年加大。

四、继续把人武部、预备役团建设从工作全局中突出出来,坚持全面抓建、配套规范,促整体提高

先后两次召开部团建设工作会议,反复对部团建设《意见》及其附件《等级考评办法》进行修改完善,形成了《关于进一步加强新形势下人武部、预备役团建设的意见及等级考评办法》, 作为新形势下指导和加强部团建设的基本遵循下发部队。持续加大帮带指导力度,坚持军师两级常委分片包干责任制,区分层次、分类指导,抓先帮后、两头用力,有效强化了部团党委班子积极作为、自我抓建的意识和能力。在师级单位普遍考评基础上,省军区组成联合工作组,对各单位上报的一类部团进行抽考,全区一类部团达到38%。大同军分区在部团建设上突出常态化考评、经常化帮建,有效解决了重临时性突击、轻经常性工作等问题。强势推进部团基础设施建设,今年年底可望全部建成入住。全面加强直属连队、民兵装备仓库和应急分队等小散远直单位建设,高标准完成干休所车辆装备保障试点工作,对干休所三年重点帮建进行达标验收,按纲抓建水平不断提升。

五、深入贯彻落实《关于推进军民融合式发展的意见》,积极推进党管武装考核经常化,国防后备力量建设质量整体提升

"八一"组织全省党管武装工作述职,对事关部队长远建设、涉及官兵切身利益的五项重点指标量化细化讲评,有力推动了党管武装工作落实。忻州军分区连续3年推行"三保一增加"经费保障模式,为加强人武部建设提供了政策遵循和财力支持。晋中军分区军转干部安置连续11年在全省率先发出报到通知,正团职军转干部全部安排副处实职。按照全国民兵工作会议精神,狠抓结构优化、阵地建设、重点队伍,调整组建应急、支援和储备三类队伍。在经济建设中贯彻国防需求,太古高速公路隧道新增战略投送集散、人员物资装备掩蔽、联合指挥控制等功能,国家交战办召开现场会推广经验。加大经济动员中心建设力度,新建国家级动员中心1个、省级9个,走在了全国前列。扎实推进国防教育"百千万"工程,中央国家机关联合检查组给予"山西模式,名不虚传"的高度评价。朔州军分区连续9年在复退军人中开展"四爱四心四帮带"活动,引领他们在新农村建设中发挥作用,深受社会和人民群众好评。有效应对"当兵冷、征兵难"问题,组织兵役登记规范化集训,择优确定预征对象,抓实优抚政策兑现,广泛进行宣传发动,从严加大廉洁征兵力度,圆满完成年度新兵征集任务。长治军分区联合市委、市政府出台《关于加强新形势下退役士兵就业工作的意见》, 组织入伍战士与用工单位签订就业协议, 极大激发了适龄青年的参军热情。持续深化"十个带头"活动,建立首长机关扶贫点,协调军区给水团赴吕梁参加"一村一井"打井工程,赢得老区人民的广泛赞誉。

六、紧贴十八大召开的特殊要求和部队较长时间保持平稳的实际,始终把安全稳定作为政治任务和头等大事抓紧抓实,部队安全稳定形势保持了持续向好的局面

坚持分段取胜,结合每个阶段形势任务特点,持续开展学用法规、安全隐患排查治理和百日安全评比竞赛活动,督导末端落实,有效消除了安全隐患。大力规范安全建设,深化转化"长治会议"成果,全面落实八个方面安全基本规范,配套完善枪支离位报警、门禁管理、涉密载体离位监控等设施,推开应用民兵装备仓库"一个中心八个子系统",提高了综合防范效能。临汾军分区狠抓重点问题防范,强化具体措施落实, 接受军区考核被表彰为八个方面安全基本工作先进单位。加强常态指导,定期召开电视电话会议分析形势,健全完善按职能分系统安全责任制,两个常态督导组不间断实施检查抽查,始终保持了大抓安全稳定的态势。截止目前,省军区连续实现了五年零7个月"双无"。6月份,军区专门发来贺电,并转发推广我们的经验做法。

七、大力加强基干信息系统的体系作战后勤保障能力建设,全年投入1.4亿元用于军事训练、信息系统、配套设施建设和官兵生活保障,后装综合服务保障水平不断提高

积极推进社会化保障统筹规划,协调省政府制定《山西省"十二五"期间驻军保障社会化实施意见》和《驻晋军队人员住房供应社会化实施办法》, 为加快推进我省驻军保障社会化改革实践寻求政策支持。狠抓党委理财,严格落实预算执行和公务卡强制结算制度,突出大项工程、经费预决算和

领导干部离任经济责任和政府专项经费审计，落实职工待遇，调整改革补发职工工资980余万元，有效规范了财经管理秩序。高度重视武器装备管理，组织召开武器装备规范化建设集训，圆满完成装备仓库规范化建设试点，完成6个军分区、34个人武部仓库安防信息系统升级改造；清查收缴旧杂武器2723支，废旧弹药130余万发，清退代存武器2486支；协调总部配备民兵和预备役部队装备3000件(套)，整建制更换省军区机关和直属分队新式武器，调整补充部团指挥车118台。

八、部队其他各项工作成效显著

新闻报道全年在省级以上报刊杂志刊稿3047余篇，其中中央电视台新闻联播报道4条；机要工作实现了全区连续40年，省军区机关连续51年安全保密无事故；保密档案工作始终保持了无泄密案件、无失密问题；军转安置进度和质量在华北地区名列第一；老干部和职工移交工作进展顺利，全年移交老干部95名，审定移交职工312人；国防生选拔培养圆满完成70名招收和346名毕业分配任务；信访工作接待处理群众来信和上级转处信件70多件、来访130余人次，确保了全年特别是十八大期间驻地和部队的安全稳定；军史馆全年迎接老干部、学生、党政机关等军内外人士近1万人次参观学习；协调省教育厅出台军人子女中高考加分优待政策，212名官兵子女升学享受了分数优待。此外，学生军训、史料编纂、计生幼教、绿化美化等工作，也都取得了好成绩。

（杜占甫）

附：省军区党委第一书记、书记、副书记、常委名单

第一书记：袁纯清

书　　记：张少华

副 书 记：刘云海

常　　委：张　韧(3月离职)　贠自博(3月任职)　曾广超(12月离职)　喻　军(12月任职)　黄献军(3月离职)　赵冀鲁(3月离职)　徐洪生(3月任职)　李　竞　谢新宁

武警山西省总队党委工作概况

党委书记　刘建华

2012年，武警山西省总队党委坚持以科学发展观为指导，着眼有效履行职责使命、推进部队现代化建设，紧紧围绕迎接保卫贯彻党的十八大这条主线，牢牢把握稳中求进总基调，以正规化建设为突破口，突出抓好党的建设和基层建设两项工程，部队建设局部突破、整体提高，呈现出稳步发展的良好势头。

一、着眼“三个确保”时代课题，积极创新方法手段，思想政治建设坚强有力

深化党的创新理论武装，突出十八大精神的学习贯彻，严格落实中心组学习制度，举办师团职领导干部理论读书班，持续兴起学习贯彻热潮。抓好主题教育，推行组合式备课、统分式授课、递进式教育模式，组织“四会”优秀政治教员评比，持久培育当代革命军人核心价值观，重视发挥网络思想政治工作功能作用，广大官兵听党话跟党走的思想基础更加牢固。深入推进先进军事文化建设，制定加强先进军事文化建设措施，新建总队警史馆，规范警营政治环境建设，走开以文促武、以文聚气、以文塑形、以文创安、以文育人路子，不断提振军心士气。大力开展形势政策教育，积极应对网络政治谣言，稳妥处置涉警敏感事件，超前做好防间保密工作，部队保持了纯洁巩固。积极做好任务中政治工作，深入研究涉日维稳政治工作战法，抓好心理、法律服务工作，为完成中心任务提供了有力保证。

二、坚持“十六字”执勤思路，中心任务圆满完成

着力规范执勤秩序、推行“三环”卡点和深化“666”专勤专训，深入开展执勤等级评定、业务培训和专项整治，新建改造16处两看目标，治理35处重大隐患，连续15年无执勤事故，太原支队五中队被总部表彰为执勤标兵中队。严密组织敏感期战备维稳，按要素紧抓力量建设，按不同定额规范兵力抽组，投资880万元配备处突反恐救援装备，战备体系建设实现突破。全力抓好直升机大队建设，集中力量、攻坚克难，按期完成机场建设和入驻、接装工作。坚持按纲施训，依托卫士演习加强课题研练，发挥资源优势拓展基地化训练，运用等级评定牵引机动分队训练，投资2160万元完善场地

器材，拿出13万元奖励训练先进单位和个人，运城支队教导队被总部表彰为先进教导队。大力完善信息基础网络，投资4100万元完成总队“三个中心”，83%执勤中队完成技防建设任务。累计用兵97000人次，担负临时任务630起，十八大安保、敏感期备勤、处置富士康事件、森林灭火等重大任务完成出色，有力维护了社会稳定。

三、认真贯彻全军、武警部队基层建设工作会议及武警党委1号文件精神，抓基层打基础工作深入扎实

专题分析基层建设形势，树立大抓基层的鲜明导向。加大按纲抓建力度，组织两级党委机关深入部队考察帮建，实施分类指导、分块治理，58个连续五年以上未跨入先进的中队进步明显。优化基层干部编配、稳定基层组织结构，广泛开展“大练基本功”活动，分期组织520名基层主官《纲要》培训，强化了干部能力素质。积极推行经常性工作画圈分解运行模式，逐项研究落实举措，系统规范工作程序，注重检查指导跟踪问效，促进了经常性工作落实。“四有”建队模式“五会”育人目标入心导行、进岗入责，网络学习、周末育才、读书育人活动深入广泛，内涵建设成效明显。坚持创先争优活动常态化长效化，狠抓组织生活制度落实，基层党组织建设坚强有力。临县、翼城县中队党支部被武警部队党委表彰为创先争优先进基层党组织。

四、以迎接总部“两项达标”验收为契机，狠抓正规化建设三年规划收官，正规化管理水平明显提升

按照巩固成果、分级负责、波次推动、一次通过的思路，严密组织专项培训、试点观摩、交叉检查和先期达标验收，对234个基层中队逐一规范，一些长期制约部队正规化管理的顽疾得到较好解决，总体实现“礼节礼貌规范、内务设置统一、基础设施配套、管理制度落实、内外关系和谐、部队安全稳定”目标，被总部评定为正规化管理优秀达标单位。围绕打赢“五大战役”，扎实开展条令学习月、作风纪律整顿和安全隐患排查治理活动，集中组织安全集训，分片召开安全管理座谈会，敏感时段派出工作组深入基层检查和蹲点指导，紧盯“三性”问题综合整治，连续4年实现“三无”，两次代表武警部队接受全军安全检查，均受到好评。

五、高标准承办武警部队现代后勤工作会议，探索形成“七种建设模式”，后勤综合保障能力全面加强

为推进现代后勤工作提供了示范引导。调整编配两级应急保障力量，总队卫勤分队纳入省应急灾害救援体系，后勤应急保障地位作用凸显。完成173个中队基础设施和168个单位给养器材配套任务，解决32个中队冬季洗澡、取暖问题，基层生活保障条件进一步优化。修订完善资金管理、工程建设等9个管理规定，突出抓好预算执行、物资采购审计，严密组织退役报废武器销毁和车辆安全教育整顿，后勤安全发展基础日趋稳固。后勤综合值班室“一个中心、两大系统”建成使用，财务视频监控、物资射频识别、远程网络审计等12个信息系统改造升级，后勤资源可视可查可控能力得到加强。

六、扎实开展“讲政治、顾大局、守纪律”学习教育活动、“戒浮躁、正风气、促落实”主题党日和“读书思廉”活动，党委班子建设科学化水平有效提高

落实领导干部廉政承诺要求，有力促进了党的先进性纯洁性建设。精心调配支队级党委班子，调整任命327名营团职干部，组织结构得到优化。认真学习贯彻《党委工作条例》和总部“三个规范性文件”，研究制定针对性措施，抓好民主集中制学习研讨，对15个支队级党委班子进行考察帮建，专题召开民主生活会，党委班子凝聚力战斗力得到加强。精心做好十八大代表选举和出席工作。晋中支队党委被表彰为全军创先争优活动先进旅团党委和党建带团建工作先进党委。

（邸俊伟）

附：武警山西省总队党委第一书记、书记、副书记、常委名单

第一书记：杨　司（7月离职）　刘　杰（7月任职）
书　　记：刘建华（10月离职）　刘振所（10月任职）
副书记：仲　轩
常　　委：杨建国　夏家亮　王树海　胡占林
　　　　　李善勇　张喜文　穆瑞国

省公安消防总队党委工作概况

党委书记　陈子浩

2012年，山西省消防总队党委带领全省消防官兵发扬攻坚克难、连续作战、顽强拼搏的精神，全省消防工作和部队管理扎实，成效显著，先后圆满完成了“清剿火患”战役、党的十八大消防安全保卫战等重大任务，保持了全省火灾形势的持续稳定。全年共发生火灾3897起，死12人，伤3人，直接财产损失6105.9万元，实现了连续29年未发生群死群伤恶性火灾事故。

一、坚持思想政治工作“生命线”，为消防工作提供坚强有力的思想和组织保证

一是坚持抓班子带队伍。总队党委在全国率先推行了支队级以下单位政治主官任书记工作，通过“双考”公选调整营团职干部328人；全省消防部队有50个集体、70余人受到中央政法委、部消防局、省公安厅及地方党委政府的表彰，人民群众对消防部队的满意度进一步提升。二是加强各级领导班子民主集中制建设。强化了学习型领导班子建设，制定完善了《党委中心组学习制度》和《党委中心组理论学习计划》，组织集中学习50余次，收集调研文章和学习心得70余篇。扎实推进支队级以下单位政治主官任书记制度，制定下发了《进一步规范大队级党委班子建设的意见（试行）》，以营、团职干部调配为契机，选拔能力强、业务精、熟悉党务工作的到政治主官岗位。全年共改选建基层党组织254个，落实政治主官担任书记率达到100%。三是全面遂行十八大消防安保战期间经常性思想工作。坚持把完成中心任务作为思想政治工作的着眼点和落脚点，十八大消防安保战期间，制定了遂行任务思想政治工作意见，完善了政治工作预案，及时跟进了心理疏导，以从优待警为抓手，积极向地方政府申请专项经费5520余万元，组织4000余名官兵开展了集体宣誓活动，成立心理工作组30余个、开展官兵心理调查问卷820次、开展官兵心理干预、咨询1400余次。组织各级领导干部深入一线与官兵谈心2000余次；协调为13名官兵子女优先办理了入学入托。四是狠抓党风廉政建设工作。重点抓好消防执法监督、尽快健全完善各类消防违法行为处罚标准；重点抓好干部选任工作的监督管理；重点抓好财务管理和招标采购的监督；重点抓好案件查办力度，坚决保持对违法违纪“零容忍”的高压态势。

二、坚持攻坚克难，全力打造现代化消防铁军，提升抢险救援和火灾处置能力

一是全力打造消防铁军。全省消防部队大力开展基地化、模拟化和实战化训练，深入开展案例教学，全面打造现代化消防铁军，创建一星级铁军中队41个，二星级铁军中队12个。二是部队正规化建设深入推进。山西总队党委将2012年确定为“部队正规化建设基础年”，确定长治、朔州两个支队为正规化建设试点单位，全面开展正规化建设试点工作，并明确提出：“用三年的时间完成五年规划”，坚持高起点谋划、高标准推进、高科技支撑、高品位打造，以“硬件建设上档次、软件管理上水平”为抓手，强势推动部队正规化建设有序开展。三是狠抓基层指挥员队伍建设。为进一步推动执勤岗位全员大练兵活动的深入开展，着力提升部队的灭火救援水平，2012年7月份，总队举办了“2012年度基层指挥员暨攻坚组集训”。11月初，总队利用举办“打造现代化消防铁军基层指挥员比武竞活动”，全省11个消防支队88名基层指挥员围绕着闯关答疑、供水技巧、横渡吊升、危机救生、巷道救生、纵深灭火救人、百米负重、3000米跑、理论笔试等九个比武科目展开了激烈的角逐，最终太原、运城、晋城支队最终名列前茅。四是稳步推进信息化建设。率先在全国成立了应急通信保障大队，朔州和长治支队成立了应急通信保障中队，其余9个支队成立了应急通信保障分队，所有执勤中队均成立了应急通信保障小组；完成了全省消防图像综合集成项目的建设和验收工作，全省消防高清视频会议系统、视频指挥系统、中队监控系统正式投入使用；为全省消防现役警官配备了移动办公终端和移动执法终端；在总队、长治、朔州支队开展灭火救援指挥系统接处警子系统试点建设，目前已基本完成。先后在总队和支队安装部署了消防接处警、灭火调度指挥、部队管理、统计分析等34个一体化消防业务系统。五是推进搜救犬队伍建设。总队于11月8日成立搜救犬比武集训大队，召集全省31名训导员及搜救犬参加集训。经选拔确定6名参赛队员参加全国消防部队第一届搜救犬技术比武竞赛北片区比赛。山西消防总队代表队以良好的精神面貌、精湛的技能、过硬的素质，分别取得了野外搜救第一名，服从科目第二名，箱体搜救第三名，翻越障碍第九名，团体总分第四名的成绩。六是推进合同制消防员征召工作。下发了《关于下达“十二五”期间政府专职消防队员和消防文员发展任务的通知》。2012年全省新增政府专职消防队员1109人，新增消防文员1553人，圆满完成了部局下发的招收任务。2012年，我省全年共接警出动9999起，出动车辆1.7万余次，出动人员10.6万余次，抢救人员3944人次，保护财产价值10亿元。

三、坚持以人为本开拓思路，做好基层基础建设和后勤保障工作

一是加强部队基础建设。联合财政厅制定了《山西省消防业务经费保障标准》，确立了地方消防经费分类最低保障标准，并在全国进行了经验介绍；新增消防车83辆，新增个人防护装备3万余套，新增抢险救援器材1.2万件套；新建消防站25个，建成了朔州区域应急物资储备库，成立了山西消防装备维修服务中心。二是装备评估工作初见成效。总队邀请部局专家组对太原市进行了装备建设评估论证，针对太原市的地域情况和产业结构特点，经过深入研究和反复论证，对今后一个时期消防基础设施建设和消防装备建设提出了14条宝贵意见，为进一步推动太原市消防装备建设水平提供了科学依据，并为下一步全面推开全省消防装备建设评估工作明确了思路、指明了方向。三是总队级采购目录正式出台。2012年度消防技术装备集中采购采取竞争性谈判的方式，纪检部门全程跟踪，分六个步骤（需求论证，发布公告，集中谈判，公布中标单位，签订合同，实物验收）进行。2012年度消防装备集中采购各类消防车辆26辆，器材装备37659件套。四是土地房屋管理规范。在全省组织开展土地、房屋管理情况调查统计工作，全面掌握了全省消防部队所有的土地、房屋资产占有、使用、管理及权属，摸清了部队所属住房和部队人员及家属住房情况，建立健全了土地、房屋产权电子和纸质档案。五是《消防员职业健康标准》稳步推进。

总队成立消防员职业健康管理工作领导小组，并编制了《消防员职业健康标准实施方案》，明确了目标任务和实施步骤，建立健全各项职责及规章制度。六是合同制消防员服装逐步统一。通过招投标方式确定了服装生产企业，并签订合同开工制作，解决了全省合同制消防人员服装标示不统一，服装样式杂乱导致不便管理等问题，改变了全省政府专职队、文职和企事业消防队人员服装散、乱、差等现象。

四、全力推动政府落实消防安全责任制，加大火灾隐患查处力度，实现连续28年未发生群死群伤恶性火灾事故

一是推动落实消防安全责任制。省政府将2012年确定为"重大火灾隐患排查整治年"，5次召开会议部署安排消防工作，制定出台《关于进一步加强和改进全省消防工作的实施意见》、《山西省消防事业发展"十二五"规划》。全省11个市、119个县级政府召开230余次常务会、办公会，专题研究消防工作重大问题，建立了从省直厅局到县区基层单位的56条竖向消防通道，层层落实监管责任。圆满完成了"清剿火患"战役、党的十八大消防安全保卫战等重大任务并受到公安部和部消防局表彰，在党的十八大消防安保中连续三次名列环京"护城河"总队第三名。二是深入推进"清剿火患"战役。自2011年9月26日"清剿火患"战役以来，总队党委以推进战役社会化、全民化为目标，不断创新工作思路，打造战役亮点，得到了刘金国副部长和部局领导的高度肯定，刘金国副部长先后8次做出重要批示，要求全面推广先进经验。全省火灾四项指标全部大幅下降，降幅达到近20年最高，全省消防安全环境明显改善。三是全面加强消防产品监督管理工作。积极开展打击使用领域假冒伪劣消防产品的专项整治行动，共检查在建工程198家，检查各类消防产品2146件，现场判定不合格79件，抽封样品40件。组织研发了"山西省消防行业信息服务平台"，坚决杜绝和有效防止假冒伪劣消防产品扰乱市场秩序，建立长效机制，开创消防产品监督管理工作新局面。四是社会群众消防安全意识显著增强。消防宣传工作逐步纳入到各级党委政府工作考核内容，全省利用119个县级网格，1448个街道乡镇网格，在消防监督检查的同时开展全民消防宣传，建成了消防网格化宣传体系。利用山西消防官方微博等多种新兴媒介开展消防公益宣传，制作"十八大党代表谈消防"、"山西名人话消防" 等系列访谈节目，借助名人效应引发社会关注。2012年，全省消防宣传工作成效显著，为全面打赢"清剿火患"战役和十八大消防安全保卫战发挥了巨大作用，得到了公安部刘金国副部长的批示表扬，受到了公安部消防局和省厅领导的充分肯定。

（张静琼）

附：省公安消防总队党委书记、副书记、委员名单

书　记：陈子浩

副书记：孟应新（4月任职）

委　员：赵　鹏　任珠善（9月离职）　赵江畔　薄成效（1月离职）　刘振山　王建平　戴芝荣　刘孟龙　唐国忠　王　政

高等院校党委工作概况

山西大学党委工作概况

党委书记　秦良玉

2012年，山西大学在省委、省政府和省高校工委、教育厅的正确领导和关心下，校党委团结带领全校党员干部和师生员工，高举中国特色社会主义伟大旗帜，坚持以邓小平理论、“三个代表”重要思想、科学发展观为指导，抢抓中西部高校综合实力提升工程历史机遇，加强和改进党的建设，为学校科学发展、转型发展、跨越发展提供了强大的精神动力和坚强的政治保障。

一、学习宣传贯彻党的十八大精神，加强理论学习和思想政治工作，建设政治坚定的校院两级领导班子

(一)召开了党的十八大精神宣传贯彻会议，下发了《关于学习宣传贯彻党的十八大精神实施意见》，围绕创先争优活动和纯洁性教育活动两条主线，依托校院两级中心组理论学习制度，全面开展理论学习活动。收听收看了党的十八大开幕式、十八大报告，开展了“党的十八大精神进学校”活动，邀请中宣部有关领导为全校党员干部解读十八大精神，掀起了学习宣传贯彻党的十八大精神的热潮。

(二)开展以党性党风教育和社会主义核心价值观教育为主题的思想政治教育活动，引导党员干部深入领会中国特色社会主义理论体系的科学内涵和精神实质，深刻理解和准确掌握马克思主义的立场、观点、方法，更加自觉地坚持中国特色社会主义旗帜、道路、理论体系、制度不动摇。完善了《山西大学加强领导干部民主生活会的意见》，召开了校级领导班子“学习贯彻落实党的十八大精神，坚持为民务实清廉推动转型跨越发展”主题民主生活会，传达学习了中央《关于改进工作作风密切联系群众的八项规定》和省委、省高校工委、教育厅相关文件精神，结合实际制定作风建设实施意见。举办了荆保山事迹报告会，掀起了向杨善洲、李林森同志的学习热潮，赴大寨等教育基地参观学习，教育党员干部努力保持思想纯洁、队伍纯洁、作风纯洁和清正廉洁。出台了《开展保持党的纯洁性学习教育活动的实施方案》，召开了保持党的纯洁性学习教育动员大会，持续深化“四学”活动；开展党的建设理论研究，《延安学习运动对学习型党组织建设的启示》入选教育部创先争优优秀理论研究文集。

(三)加强民主集中制建设，完善民主决策的机制体制，建立健全民主生活会制度、会议制度、谈话制度、请示报告制度、议事规则等。实施干部专项教育培训，参加教育部高校党务工作者骨干队伍示范培训班、省委党校优秀女性领导人才专题培训班、国家教育行政学院中青年干部培训班等。完善基层调研制度、领导班子、干部考核评价机制体制和校领导联系学院、民主党派制度，推动民主治校进程。

二、贯彻落实学校三届二次党代会精神，弘扬110年优良传统，提升学校综合实力和社会影响力

(一)成功入选国家“中西部高校提升综合实力”高校，强化区域特色，提高办学质量和综合实力。学校在列入中西部基础能力建设工程的基础上，成功入选中西部高校综合实力提升工程，成为中西部提升综合实力的14所高校之一。学校贯彻落实教育部关于内涵发展、提高质量、建设本地区“有特色、高水平”大学的要求，按照“明确目标、突出重点、注重实效、着力改革”的原则，结合山西区域经济社会发展需要和

学校自身优势，制定了提升综合实力加快区域特色鲜明的高水平研究型大学的《建设规划》和《建设资金规划》，进一步细化了学科建设、教学实验平台、科研平台与实践基地、公共服务体系、人才培养和团队建设等工作内容和项目的资金规划。

(二)胜利召开三届二次党代会，统一思想认识，鼓舞人心干劲。学校三届二次党代会全面回顾和总结了第三次党代会以来的主要工作，总结了学校发展取得的宝贵经验，分析了党建工作面临的新形势、新问题和新挑战，确定了学校的办学定位、办学目标、办学特色，提出了提高质量，强化特色，建设区域特色鲜明的高水平研究型大学的奋斗目标。全校227名党员代表参加了大会，听取并审议了党委工作报告，讨论并通过了《关于深入贯彻落实十八大精神进一步加强和改进党的建设的意见》。下发了《抓住发展机遇提升综合实力为建成区域特色鲜明的高水平研究型大学而努力奋斗》和《从新的起点出发向新的目标迈进》，广泛深入地宣传大会精神和各项工作部署，把学习宣传贯彻十八大精神、落实三届二次党代会精神与提高党的建设科学化水平相结合，为凝聚力量，提升综合实力，在新的起点上办好人民满意的大学，开创全省高等教育新局面奠定了坚实的基础。

(三)圆满举办建校110周年校庆系列活动，突出学术交流，弘扬传统文化。建校110周年活动遵循“隆重热烈、格调高雅、规模适度、突出学术”的宗旨，回顾了学校110周年的办学历史，总结和展示了近十年来取得的辉煌成就，弘扬了百年山大文化，新闻媒体各类报道100余条，赢得了社会和海内外校友的高度赞誉。举办了“姚奠中先生国学思想研讨会”，出版了学术专著110本，举办了自然科学院士论坛、人文社会科学高层论坛等，邀请200多位国内外院士和专家学者举办了100多场学术论坛和报告会。18位党和国家领导人发来题词、贺信，教育部有关领导亲临学校视察工作。省委、省政府主要领导亲莅校庆大会现场，在社会各界产生广泛影响。

三、坚持党管干部原则，创新基层党建工作，党组织的战斗力凝聚力不断增强

(一)校党委坚持党管干部原则，不断深化人事制度改革，全面贯彻“民主、公开、竞争、择优”的工作方针，严格党政领导干部选拔任用程序，实行公示制度、试用期制度和干部交流制度，任人唯贤、唯德、唯才，着力打造勤政廉政、团结奋进的干部队伍。

(二)按照中组部《关于在创先争优活动中开展基层组织建设年的实施意见》的要求，扎实推进基层组织建设年活动，建立基层党支部225个，流动党员支部7个，实现了基层党组织全覆盖。按照“四高四强”标准选配党支部书记，本着“控制总量、优化结构、提高质量、发挥作用”的工作原则，吸引优秀人才和研究生入党，举办入党积极分子培训班4期，培训入党积极分子1904名，发展党员922名。召开创先争优活动经验交流总结大会，运用制度成果提升基层组织建设的工作质量。通过基层组织建设年活动，基层组织的结构进一步优化，党的建设科学化水平得到有力提升，光电研究所被评为“全省创先争优活动先进基层党组织”。

(三)强化人才队伍建设。健全完善党委联系专家制度，对中央、省委联系的高级专家进行了调整。实施重大人才引进计划，召开了新疆伊犁州引进高层次紧缺人才招聘推介会，扎实做好第五批“百人计划”高层次人才引进工作，5人入选山西省“百人计划”，入选人数达到27人。按照“科学化管理、专业化培养、多样化发展”的思路，打造专兼结合的高素质学生工作队伍，专兼职辅导员139人，具有博士学位和博士在读的28人，博士化比例超过20%。依托心理咨询中心，培养心理健康教育骨干队伍，开展新生心理普查和心理咨询。发挥马克思主义理论一级学科博士点和博士后科研流动站的学科优势，举办了全省高校马克思主义理论学科教师培训班，打造结构合理、素质精良的思想政治理论课教师队伍，1人获“全国教学能手”称号，新增全国百名优秀教师、山西省教学名师各1人。作为全省干部自主选学培训的高校基地，发挥综合性大学的学科优势、专家优势和教学优势，培训省政法委、人社厅、交通厅、忻州市委市政府等部门和地区干部1056人次。积极开展送教下乡活动，已完成送学18个县(区)，培训学员1220人。1人被推荐为全国干部教育培训师资人选。

四、严格执行党风廉政建设责任制，以党风促教风学风，营造风清气正的育人环境，反腐倡廉建设取得新成效

(一)校党委召开了党务工作会议、全校党风廉政建设工作会议和校纪委全委会议，对反腐倡廉工作进行安排部署。制定了《2012年党风廉政建设和反腐败工作责任分解实施意见》、《2012年党风廉政建设工作要点》、《关于落实2011年度党风廉政建设责任制部分重点工作的整改方案》，量化考核指标体系，形成了年初有分解、年底有考核，党政齐抓共管、各负其责的良好局面。

(二)坚持标本兼治、综合治理、惩防并举、注重预防的方针，全面推进惩治和预防腐败体系建设。根据风险等级对各类风险点实行分级管理、分层防控，将“高风险”等级的重点部位、关键环节作为重点防控的对象，制定了《山西大学反腐倡廉重点部位和关键环节防控管理办法》、《关于整治“吃拿卡要”问题创优发展环境的工作方案》，对专项整治的总体要求、整治重点、整治方法和组织领导进行了详细安排，营造了良好的制度环境。

(三)深化重点领域和关键环节反腐倡廉工作改革，科学有效地防治腐败。开展了工程建设领域突出问题专项治理，召开了山西大学工程建设廉政教育培训会，学习山西省高校新校区工程建设廉政监督培训会议精神和全省工程建设领域突出问题专项治理工作辅导报告，加强了工程建设领域整治“吃拿卡要”问题治理。对招生考试、基建工程招标等重点

项目进行了68项(次)监督监察;深入开展教育收费专项治理,签订了《教育收费工作责任书》;坚持阳光治校,树立权力在阳光下运行的理念,探索"制度+科技"、"人防+技防"、"人控+机控"的模式和手段,从源头上防治腐败。

(四)加强反腐倡廉教育和高校廉政文化建设,牢固树立"立党为公、执政为民"的服务意识和廉政意识。组织观看《忠诚与背叛》、《溃穴》等,教育引导领导干部树立警觉意识、廉政意识,提高拒腐防变能力。加强党务公开和反腐倡廉网络建设,山西大学党务公开网正式运行。参加了教育部举办的"全国高校廉政文化作品大赛",获得全国三等奖2项,全省一等奖6项、二等奖4项。加强廉政理论研究,完成教育部、省纪委、省高校纪工委有关课题调研,申报了《我国高校防止利益冲突浅析》和《山西省矿难治理中的行政问责制研究》两项课题。全年受理办结信访举报6件,对相关问题进行了及时纠正。

五、坚持育人为本、德育为先,加强和改进大学生思想政治教育和思想道德建设,校园文化软实力显著增强

(一)校党委坚持育人为本、德育为先,将社会主义核心价值体系融入国民教育全过程,努力培养具有社会责任感、创新精神和实践能力的新一代大学生。发挥马克思主义理论研究的学科优势,把党的十八大精神作为教学的重要内容,实施社会主义核心价值观"三进"工程。开展青年教师思想政治调研,举办了全省高校马克思主义理论学科、思想政治理论课培训班,有效提升了思政队伍的战斗力。依托"青马工程",以学生党建带动学生思想政治教育工作,承办了全省高校加强大学生党建工作座谈会。以学习贯彻十八大精神为主题,向全校大学生发出"勇做学习贯彻十八大精神的排头兵和突击队"的倡议书。加强"君宇网"建设,进行了8次思想调研,准确掌握学生思想动态,增强了工作的针对性和有效性。

(二)坚持"教书育人、管理育人、服务育人",培养德智体美全面发展的社会主义建设者和接班人。制定辅导员量化考核指标体系,实施辅导员"三进"工作,打造师德水平高、业务能力强的学生工作队伍。深化"三学期制"改革,强化课程体系建设,依托初民实验班,全面实施素质教育。广泛开展西部计划、三支一扶计划、村干部选聘、研究生支教团、暑期"三下乡"等实践活动,全校共组建36支社会实践服务队,建立"青年就业创业见习基地"54个,组织1006名团员青年深入全国8个省、市进行了实践调研。全年共获得国家级专业、学科竞赛奖项193项,省级专业、学科竞赛奖项123项。

(三)出台了《学生志愿服务工作实施方案》《山西大学青年志愿者管理办法》,全年组织开展志愿服务活动27次,累计参与人数22793人,荣获"铁路春运志愿服务优秀单位"。加大学生就业工作力度,建立实习实训基地,引导学生转变就业观念。全年举办招聘会40余场,提供需求岗位4200余个。奖、困、贷、助、补工作坚持公平、公正、公开原则,800余名学生通过"绿色通道"入学;设立勤工助学岗位1000余个,发放勤工助学补助100余万元。一年来,发放优秀奖学金和单项奖学金440万元,各类基金奖助学金66万余元,国家助学金及伙食补助711万余元;争取助学贷款以奖代补资金75万元,还款率达95.17%。学校荣获"山西省校方责任保险工作先进集体"称号。

(四)依托校园文化品牌工程,以文化感染人、熏陶人、塑造人,推动精神文明和校园文化建设不断升级。打造国学论坛、渊智论坛等六大论坛文化精品,以科技文化节、文化艺术节为依托,分层分类打造文化精品,书院式学生宿舍文化、"一院一品"高层次品牌活动格局逐步形成。开展希望杯、栋梁杯、阳光杯等八大校园赛事。出台《山西大学学生社团挂靠管理办法》,创建和发展了《山大青年》《我们》《百草园》《猫头鹰》等20余种学生期刊杂志,全年举办各类活动910次。认真落实结对帮扶工作,依托校地合作艺术文化基地,支援农村教育发展和文化建设取得新成效,获得全省"定点扶贫先进单位"荣誉称号。

六、以大安全观为统领,建立和完善安全稳定工作体制机制,努力创建平安和谐校园

(一)按照中央和省委要求,结合稳定安全工作现状,共召开专题会和突发事件协调会23次。在做好政治、治安、消防安全等常规工作的基础上,与学生就业安全、心理健康安全、网络安全、防恐和反恐安全有机结合,形成了常规与重点结合、学校与部门联动的工作机制。完善了《山西大学突发公共事件总体应急预案》,依托信息研判机制、网络舆情监控机制、信息报送机制和突发事件处置机制,形成了预判、监控、引导、报送、处置等各环节紧密衔接的工作流程。

(二)严厉打击宗教势力、非法邪教对校园的政治渗透,确立了"摸准信息,吃透政策,内紧外松,预防为主,预防、管控和打击相结合"的工作原则,坚持宗教政策知识进思想政治理论课、进党课、进安全教育课。严格讲座、论坛的审批程序,将"安全教育月"、"形势教育月"列为必修课,实行安全教育"四进工程"和"四个一"工程,不断提升学生的安全防范意识和自救互救能力。完善心理健康教育与心理危机干预四级危机防护网络,依托信息员队伍,严格落实"三排查",荣获"省级平安单位"称号。

(三)引导学生正确认识钓鱼岛、南海问题等热点问题,引导学生理性表达爱国诉求。召开了学生、青年教师系列座谈会,发放调查问卷,利用校园媒体开展正面宣传教育,正确引导学生畅谈时事。在十八大维稳期间,按照省委要求,与省安全厅、省教育厅信息联动,上报信息16期,获省政法委"信息预警工作先进单位"称号。

七、围绕学校中心工作,凝聚人心,创新发展,开创学校各项工作新局面

(一)党委高度重视统战工作,加强"同心品牌"工程建设,继续贯彻"同心"思想、推进"同心"行动,不断加强与学校

各民主党派的联系与合作。举办了学校民主党派领导班子成员学习贯彻中共十八大精神座谈会，参加了省委统战部组织的党外知识分子培训。民进山大委员会成功换届，推荐第十一届省政协委员人选20余人，其中12人成为省政协委员。编印了《山西大学统战工作资料汇编》，《关于选拔推荐党外代表人士机制的探索》获全省统战工作实践创新成果奖。

（二）学校坚持“面对面、心贴心、实打实服务教职工”的工作主线，工会的桥梁纽带作用得到进一步增强。组织参加了山西省本科院校中青年教师教学基本功竞赛，获得特等奖1个，三等奖1个，优秀奖5个。参加省“五一劳动奖章”评选，获得省“五一劳动奖章”1人。坚持执行教职工体检制度、劳模政策和困难教职工帮扶制度，形成了关爱帮扶职工的长效机制。参加了中国高校工会第十六次宣传思想工作会议，《高校师德建设的内涵及路径探寻》获优秀调研成果和论文评选优秀奖。校工会荣获“山西省五星级基层工会”、“2012年度全省宣传工作先进单位”荣誉。

（三）党委坚持“政治上尊重、思想上关心、生活上照顾”的工作原则，充分发挥离退休老干部的重要作用。完成12个党支部的换届选举，开展了红色基地实地教育活动，组织离退休老同志外出参观学习。抓“两个待遇”和涉老政策落实，为全校老同志发放年终奖和精神文明奖励，为离休干部报销医药费。组织了喜迎十八大健步走、校庆书画展等活动，保障他们老有所为，老有所乐。走访慰问老红军、老八路、老干部260余人次，组织编写了《历史的情怀——山西大学建设与发展亲历记》，荣获全省“老干部工作先进集体”、“老龄工作先进集体”、“关心下一代工作先进集体”等多项荣誉表彰。

（四）学校认真落实省委巡视组反馈的意见和建议，形成了《关于落实省委巡视组反馈意见的整改工作方案》，制定了《任务分解实施方案》，确立整改项目9大类39项93个，开展了为期6个月的集中整改工作，从学校的办学定位、学科建设、人才培养、队伍建设、党风廉政建设等9个方面进行了全方位、宽领域、深层次的整改活动，进一步明确了发展方向，凝练了办学特色。

（五）认真贯彻落实中央和省委保密工作会议精神，完善各项保密安全制度建设，制定了学校“六五”保密宣传教育规划，推进保密教育“三进工程”。开展了“保密宣传教育周”、“安全教育进课堂”、“大学生安全教育考试”等活动，对大学生进行保密知识、保密常识教育，增强了师生员工的保密意识和法制观念。

（徐冠华）

附：山西大学党委书记、副书记、委员名单

书　记：秦良玉

副书记：郭贵春（7月离职）　贾锁堂（7月任职）
张汉静　李忠人

委　员：赵怀洲　梁吉业（7月离职）　党志峰
丁耀武　王世杰

太原理工大学党委工作概况

党委书记　姚芝楼

2012年，太原理工大学党委认真贯彻山西省第十次党代会和全国、全省高校党建工作会议决策部署，以学习传达党的十八大精神为契机，坚持“围绕中心抓党建、抓好党建促发展”，按照年初确定的党建工作指导思想、总体思路，抓大局，把方向，圆满完成各项任务，为学校各项事业的蓬勃发展提供了坚强的政治保证，取得了一系列阶段性成果。

一、扎实开展四项活动，同步推进九项工作，成效显著

（一）四项活动扎实开展，特色明显。一是创先争优建立长效机制有新经验。校党委认真总结全校各基层单位在创先争优活动中取得的丰硕成果，通过表彰先进组织和个人，总结提炼党建经验，建立长效机制，引导基层党组织和广大党员学先进、比贡献、见行动，崇尚先进、学习先进和争当先进的氛围日益浓厚。相关经验材料在山西省高校党建工作会议上作了交流，并被全国高校党建工作会议收录。1个基层党支部被省委组织部评为“山西省创先争优先进基层党组织”，3个基层党组织和2名个人受到省高校工委表彰。二是基层组织五星级创建工作有新亮点。3月份以来，校党委在全校362个基层党组织中开展了以创建“五星级党组织”为主要内容的基层组织建设年活动，经过层层评选和组织考察，命名了24个“五星级党组织”、9个“五星级重点创建单位”，通过比学赶超有力地推动了全校基层组织建设。同时，印发《基层党组织五星级管理实施细则》，五星级党组织创建工作实现长效化。三是保持党的纯洁性学习教育活动有新办法。校党委不断创新教育学习的形式，提高认识严肃纪律。各基层党委、党总支组织党员干部观看警示教育片38场，观看人员近3000余人次，重点部门岗位人员廉政教育培训近2000人次，引导和督促广大党员干部讲政治、顾大局、守纪律、强作风，保持了党员干部的思想纯洁、作风纯洁和队伍纯洁。四是学习型组织和处室建设有新推进。深入开展“二抓二创”活动，即抓龙头，创学习型领导班子；抓基层，创学习型党组织，干部带头、班子先行、组织推进、党员引领的学习型党组织建设格局得到进一步推进。党建例会先后开在新校区、长治屯留、北京，广大党务干部亲身感受了学校的美好未来及我国城乡的巨大变化，更进一步认识到创新实干是学校实现跨越

发展的不竭动力。一年来,注重全校教职工的理论学习,注重校级中心组理论的学习和效果,党员的学习能力得到不断提升,思想政治和业务素养明显提高。

(二)九项工作同步推进,卓有成效。一是稳定工作。学校党委高度重视秩序稳定、思想稳定和政治稳定。特别是在重要节点上务实有效的研究和部署,认真和务实的开展维稳工作,保证了全校的稳定,在和谐和稳定的校园环境中促进了学校的发展。二是班子建设。校级领导班子形成的"团结务实、勤奋高效、坦诚共事、互相支持、凝心聚力、共谋发展"的作风进一步体现。各级中层班子"顾大局、谋发展、讲团结、高效率"氛围日益浓厚。班子的建设和干部的表率,在得到大家认可的同时,在与全校教职工团结一心共谋共促学校的发展中发挥了重要作用。三是宣传思想文化工作。围绕宣传党的十八大精神和学校中心工作,宣传思想文化工作为学校发展提供了有力的舆论支持。过去一年在各级各类媒体上刊登或播发消息、通讯、专题、专访等180余篇次,再创学校外宣工作历史新高。历时一年时间的"110年校庆·清泽讲坛",共组织安排了160多讲,受众师生5万余人次。学校被教育部、《中国教育报》评为"教育宣传先进单位"。四是组织工作。学校现有26个基层党委(直属党总支)、22个党总支和314个基层党支部的合理设置、组建、调整以及按期换届工作圆满完成;在建党91周年之际,对30个基层党组织,50名共产党员和15名党务工作者予以了表彰。学校"'四合一'型大学生党建品牌基地"项目被评为全省组织工作创新项目。五是人才工作。学校党委继续深入推进"人才强校"工程,大力引进高层次优秀人才,在引进双聘院士、"百人计划"特聘专家、国内外优秀博士毕业生以及推荐评选各级各类高层次人才方面取得了新的进展,为学校事业发展和进步奠定了坚实的基础。六是民生改善工作。学校党委把民生建设继续推进,完成了采暖管网维修、建筑节能改造、校园道路整修、教职工住房分配等关乎师生群众切身利益的专项工程,进一步改善了校园环境和教职工生活条件。七是统战工作。学校统战工作以打造"理工同心品牌"为引领,重点推进"智力支撑工程、聚力推动工程、人才驱动工程、维护促进工程、合力共进工程",充分发挥凝聚人心、汇聚力量、协调关系、化解矛盾的功能,学校统一战线服务学校科学发展和实现自身科学发展的新局面逐步形成,并荣获全省统战工作实践创新成果奖。八是群团工作。校党委积极发挥群团组织的作用,3月份教职工代表大会联席会议,一致通过了《关于实施"西矿街53号柏林校区部分筒子楼(棚户区)改造,"工程项目的决议》,决定建设保障性住房,教职工的生活条件得到进一步改善;举办了校庆师生书画摄影展、田径运动会、各类球赛、中青年教师教学基本功竞赛活动等等以党建带团建,积极推进共青团数字红网工程等五项工程建设,学习型、创新型、服务型团组织建设得到进一步加强,共青团工作内涵得到不断提升。九是离退休工作。校党委始终能把离退休工作放在突出的位置,这既是落实中央和省委有关政策和精神的需要,也是继承中华民族优良传统

二、干部选任办法日臻完善,干部考核工作不断创新

(一)干部选任办法日臻完善,干部对外交流工作有进展。4月份以来,校党委针对《太原理工大学处级干部竞争上岗实施办法(试行)》在实施过程中发现的不足和问题,认真组织召开不同类型的座谈会征求意见,同时通过各基层党委广泛征求干部教师的意见。修改和完善干部选任办法,拟提交党委会研究并审定;通过积极的宣传和争取,认真配合省委组织部顺利完成了几次交流干部的推荐和考核工作。

(二)干部考核工作不断创新,反馈机制有新举措。全年共完成试任期满干部考核131人,是学校各类干部竞争性选任模式全覆盖以来进行的首次全面考核。此次考核实现了宏观评价和量化测评的有机结合,确保了考核结果的科学性、真实性、公平性。通过考核,较为客观、准确地了解了选任干部的工作状态、工作能力、服务意识,以及干部群众的认可度等,收到了良好效果。

三、党风廉政建设工作取得新进步,形成反腐倡廉整体合力

(一)坚持党风廉政建设责任制,构建高效反腐倡廉机制。校党委始终把落实党风廉政建设责任制作为加强党风廉政建设和反腐倡廉工作的"龙头"来抓。党委书记、校长作为学校党风廉政建设第一责任人,逐层逐级签订责任书,并把贯彻党风廉政建设责任制的情况作为领导班子民主生活会、年度考核的一项重要内容。

(二)坚持开展党风廉政教育,增强党员干部拒腐防变能力。校党委始终把中纪委、省纪委和全省教育系统党风廉政建设工作会议精神等纳入校党委中心组、各学院和部门的理论学习计划中,开展专题学习,并将十八大精神与反腐倡廉宣教工作紧密结合,举办了"反腐倡廉宣传教育月"活动,通过参观宣传展板、播映警示教育片、聆听专家专题讲座以及通过手机发短信提警示语的形式等,在全校营造了良好的廉政文化氛围。

(三)着力推进廉政风险防控机制建设,切实加强监督实效。学校党委继续贯彻执行领导干部述职述廉、报告个人重大事项、领导班子民主生活会等制度,并健全和完善了预防职务犯罪的制度措施,对涉及干部人事、学生管理、教学科研、财务审计、基建工程、物资采购、职称评聘、招生考试等重点工作的管理和监督制度的执行情况进行严格监控,切实做到了用制度管人管事,从源头上预防和治理腐败的效果逐步显现。

(四)加强政风行风建设,继续做好党务校务公开工作。学校遵循"重大决策听证,重要事项公示,重点工作通报"的原则,严格坚持党务、校务公开。在完善各项监督管理制度的基础上,充分发挥党务校务兼职监督员的作用,收集意见建议,并将落实情况进行反馈。同时吸纳建工、水利、环工、计算机、财务等方面的专业人才充实到监督员队伍中,进一步提

升了监督水平。

（李济民）

附：太原理工大学党委书记、副书记、常委名单

书　记： 姚芝楼

副书记： 张文栋　安川全　张惠元

常　委： 王秀珍（女）　吕　明　李大公（12月离职）

山西农业大学党委工作概况

党委书记　石扬令

中共山西农业大学委员会下设基层党委18个、党总支3个和党支部123个，全校党员共计3260名。一年来，学校先后荣获全省创先争优活动“先进基层党组织”、山西省内部审计先进工作单位、教育系统关心下一代工作先进集体、第六届山西省青年志愿者行动优秀组织奖等荣誉称号；在全省深入推进学习弘扬右玉精神、保持党的纯洁性工作座谈会上，学校作为高校代表，作了题为《弘扬右玉精神，促进学校发展，服务地方经济》的典型发言。

一、以“三型”党组织建设为目标，切实提高了党建科学化水平

（一）深入学习宣传十八大精神。组织师生员工收看收听了开幕式盛况，下发了学习通知，举办了学习十八大精神培训班，利用形势政策课对全校学生进行了十八大精神的讲解和辅导，在全校教职工和农村基层干部中开展了十八大精神宣讲活动；全校235名干部和团干辅导员结合各自工作，撰写了学习十八大精神心得体会；全校各基层党委、党支部，分别通过集中办班、听辅导报告、专题研讨等多种形式，深化学习效果，营造了良好的学习贯彻氛围。

（二）扎实推进集中学习教育活动。在保持党的纯洁性学习教育活动中，紧紧抓住“大力保持党员干部思想纯洁、队伍纯洁、作风纯洁和清正廉洁”这个关键，按照省委“六个一”的活动要求，先后推出十项主题教育活动；在创先争优基层组织建设年活动中，以学科、专业为单位设置基层党支部，选配了一大批学历高、年纪轻的党支部书记，加大了在青年教师中发展党员的力度，下拨了支部活动专项经费，固定了支部活动场所，加强了制度建设，进一步夯实了支部建设这个基础，基本达到了支部工作“五个好”的标准要求。

（三）广泛开展调研研讨活动。学校领导班子进行调整后，全体班子成员根据自己的职责分工，深入基层单位，走访兄弟院校，广泛开展调研活动。先后就教学、科研、社会服务、人才引进、争取资金和项目等工作，在较大范围内进行了专题研讨。进一步了解了学校的现状，找准了存在的问题。

（四）深化干部选拔任用机制。对党委办公室等6个部门的负责人进行选配时，参照省里“两推两议两差额”的干部选任办法，进行了三轮差额推荐，扩大了民主，提高了选人用人的公信度，也树立了良好的用人导向。

二、以科学发展观为指导，切实推动了学校重点工作的有效开展

（一）争取到了难得的发展平台。超额完成招生计划，争取到中央财政支持地方高校发展专项资金1500万元，危房改造政府债券2000万元，香港华革协会古建修缮资金100万元，生物工程综合大楼重点项目已完成立项申请并上报发改委，教学中心项目已进入招投标阶段。

（二）推动了教育教学改革的深化。开展了“本科教学质量月”活动，推动了“卓越农林人才”培养模式改革，制定了《关于全面提高本科人才培养质量的实施意见》，申报了适应山西经济发展需要的5个专业，增加了两个博士后流动站，启动了专业布局调整工作，制定了专业提升计划。

（三）加大了师资队伍建设力度。通过省委“百人计划”，引进2位海外高层次创新拔尖人才，总数达到了13人；出台了《中青年学术带头人及学术骨干培养计划实施办法》和《关于博士研究生来校工作暂行办法》；要求各学院走出去延揽人才，加大了从“985院校”招聘人才的工作力度。

（四）加快了和谐校园建设步伐。积极推进安全教育、保密教育进校园、进课堂、进头脑，开展了校园及周边环境专项治理工作，加强了消防重点单位的隐患排查与整改力度，完成了南北院地道加宽加固工程，棚户区改造项目和附中教学楼建设基本完工，安装了减速路障等设施，清理了私自搭建的车棚，建立健全了离退休工作体制机制，组织了离退休工作先进集体和先进个人表彰活动。

三、以服务“三农”为已任，切实提高了对新农村建设和现代农业发展的贡献率

（一）科研项目和科技经费实现突破。新增国家部委项目29项，省级项目105项，横向项目125项，全年科研到位经费6000万元，比往年有较大幅度的提升，研究通过了《关于进一步提升学校科技创新能力的实施意见》。

（二）科技服务专项行动扎实推进。先后与晋城市、榆次区、泽州县签署了《特色现代农业产业发展科技合作协议》，积极开展“一村一品，一县一业”科技服务专项行动，争取到农业技术推广示范行动项目资金500万，目前，全校59支科技服务团队，230多位专家教授，400余名研究生、本科生，已深入到全省25个县市，在17个项目中开展科技服务活动。

（三）“自主选学、送教下乡”工作成绩显著。共完成省农业厅、省农机局等厅局单位834人的干部自主选学培训，完成37个县市11734人的分类送学培训，与晋中市民政局共同启动了退伍兵职业教育技能培训，圆满完成了新疆少数民族高校毕业生培训班的培训任务。

（四）社会服务机制逐步完善。筹备成立了新农村发展研究院，整合资源，组建团队，研究新农村发展中的战略问题，构建面向“三农”的信息服务平台，积极探索“多元、开放、综合、高效”的社会服务运行机制和服务模式。

四、以立德树人为根本任务，切实增强了思想政治工作的实效性

（一）学生党建工作全面推进。扩大了学生思想政治“课堂教育、日常教育、党校教育”三结合试点范围，规范了二级党校入党积极分子培训班教学大纲。全年，新发展学生党员885名，各二级党校培训入党积极分子4300名，学校党校重点培训发展对象1440名。

（二）思政管理工作逐步规范。形成了“围绕一个主题、突出两个层面、通过五个阶段、搭建九个平台、抓好十项教育”的入学教育工作思路，修订完善了《辅导员工作手册》、《奖助学金评选办法》的有关制度，成立了“奖学金评审领导组”，召开了学生工作和学生先进集体、优秀个人表彰会，健全了“班主任—辅导员—分团委书记—党委副书记”四级联动机制。

（三）文化教育活动广泛开展。举办了第三届校园文化节，开展了8个系列25项主题文化活动，参与青年学生累计1.8万人次；积极推进学雷锋活动常态化，累计开展志愿服务活动5.6万人次，举办了雷锋精神征文活动和人文知识竞赛；扎实开展暑期社会实践活动，40支科技支农服务团队，分赴全省31个县区开展科技文化下乡活动，其中23支团队入选全国重点团队。

（四）创新创业教育成绩显著。扎实开展科技创新活动，完成了全年大学生科技创新结题和立项工作；在全省第五届“兴晋挑战杯”大学生创业计划竞赛中，取得了2金、7银、5铜的好成绩；30个山西省大学生创新创业训练项目通过评审，获得资助经费15万元；成立了大学生创业工作指导委员会，进一步推进了创新创业教育和大学生自主创业工作的开展。

五、以党风廉政建设为关键，切实促进了学校各项工作的又好又快发展

（一）认真落实党风廉政建设责任制。印发了《党风廉政建设和反腐败工作安排意见》及《任务分解意见》召开了科级以上干部党风廉政建设工作会议，与全校各单位的党政负责人签订了《党风廉政建设责任书》。

（二）圆满完成各项专题工作任务。组织了政风行风民主评议工作，深入开展了推进“吃拿卡要”专项整治工作，开展了工程廉政建设监督自查工作，完成了落实党风廉政建设责任制部分重点工作的整改任务。

（三）稳步推进惩防体系建设。初步形成了以《廉政准则》为基本内容，以正面引导与反面警示为主要手段，以《纪检监察信息》、《警钟长鸣》和廉政网页为主要载体，以中心组、专题民主生活会和述职述廉为主要形式的廉政教育体系。加强了对全校各项制度的梳理、修订和规范工作。全年，共受理或收到上级转批信访件7次，向有关单位发出《提醒书》3份、《询问书》1份、《警戒书》1份，对6名党员干部进行了诫勉谈话或廉政谈话。

（闫海冰）

附：山西农业大学党委书记、副书记、委员名单

书　记：石扬令

副书记：董常生（7月离职）　岳文斌（7月离职）　赵春明（7月任职）　滑云龙

委　员：周富国　张虎芳（8月任职）　邢保荣　姚考文　田晓东（7月离职）　李长萍（8月离职）

山西医科大学党委工作概况

党委书记　师　帅

中共山西医科大学委员会下设7个二级党委，14个党总支，3个直属党支部和245个党支部，全校党员共计5284名。

2012年，学校党委高举中国特色社会主义伟大旗帜，以邓小平理论、“三个代表”重要思想和科学发展观为指导，认真学习贯彻党的十七届六中、七中全会和十八大精神，按照学校“十二五”事业发展规划的整体部署，围绕学校工作要点，全面推进教学研究型医科大学建设进程，各项事业发展迈出了新步伐。以深入开展创先争优、基层组织建设年、保持党的纯洁性学习教育、迎接党的十八大系列活动和学习贯彻十八大精神为载体，全面加强和改进党的建设，党组织的创造力、凝聚力、战斗力不断增强，为事业发展提供了强有力的组织保证。

一、统一安排，多措并举，分层组织，全面掀起学习贯彻党的十八大精神热潮

党的十八大是全党政治生活中的一件大事。校党委把迎接十八大和学习好、领会好、贯彻好、落实好党的十八大精神

列入学校年度重点工作，多措并举，分类指导，分层组织，全面掀起了学习贯彻党的十八大精神的热潮。一是多措并举，广泛开展学习宣传系列活动。制定了《关于在全校开展“唱响主旋律，喜迎十八大”主题活动的实施意见》，组织开展了12项主题活动；广泛设立实况收看点，组织广大员工及时、持续收听收看党的十八大召开盛况；在校园网开辟学习贯彻十八大精神专栏；为干部和党员发放了十八大报告辅导材料和新党章；以十八大精神为主题召开了党委中心组会议等各级各类研讨会、座谈会；举办了处级干部、支部书记专题培训班、专题报告会；开展了主题党日活动；学习党的十八大精神网上知识竞赛、共产党员网学习十八大报告和党章知识竞赛等活动；组建了宣讲团，对学校各基层单位进行了宣讲辅导和“全省党的十八大精神干部送学专题”送学工作；开展党员冬训和“三亮三比三评”等活动。二是分层组织，全面开展学习竞赛系列活动。在学校处级干部学习中心设立十八大精神专题，要求广大干部认真学习；要求各基层党组织充分利用网上党校、干部在线学习中心等学习平台开展党支部书记培训和党员冬训活动；学习竞赛方面，积极组织全体党员参加共产党员网的学习竞赛，学校统一印制了5000余份试卷组织党章学习竞赛，各基层党组织也分别开展各种形式的学习竞赛。

二、统筹谋划，整体推进，扎实开展保持党的纯洁性教育活动、基层组织建设年活动和创先争优活动

学校党委把保持党的纯洁性学习教育活动与创先争优活动、基层组织建设年活动和创先争优总结表彰工作紧密结合，统筹谋划，整体推进，以处级以上领导干部和领导班子为重点，坚持以思想教育、正面教育、自我教育为主，创新载体，创新内容，创新方法，紧密围绕“九个一”，扎实开展保持党的纯洁性教育活动。通过开展多层次多平台集中学习、举办先进人物事迹报告会、组织收看反腐倡廉警示片、赴革命老区进行实践教育、校领导班子广泛征求意见、各级领导班子和党员干部召开专题民主生活会等多种方式，在广大党员干部中开展了保持党的纯洁性学习教育活动。

实施“六项措施”，以加强基层党支部建设为抓手，扎实开展基层组织建设年活动。一是认真开展党支部分类定级和晋位升级工作，248个党支部中，50%实现晋位升级。二是制定了《关于加强和改进基层党支部建设的实施意见》，提出“八项措施”，推进基层党支部建设工作。三是积极推进基层党支部“八进”工作，使党支部进实验室、进新校区、进工地、进班级、进公寓、进实习基地、进学生社团、进成人教育，提高党支部的覆盖面。全年，调整党支部设置12个，新成立党支部26个。四是创立党建研究创新基金，开展党建创新研究。五是全年度、分阶段、分层次、多形式、有计划开展基层党支部书记培训，选优训强党支部书记。六是创新基层党组织目标责任制考核方式，将考核结果与评优表彰相结合，提高考核效率。

认真开展了创先争优活动总结工作。召开了全校创先争优教书育人经验交流会；第一临床医学院（第一医院）党委代表学校在全省教育系统创先争优活动经验交流会上作了发言。在庆祝中国共产党成立91周年大会上，学校对创先争优活动中涌现出的40个基层党组织、118名优秀共产党员、10名优秀共产党员岗位标兵进行了表彰。有4个基层党组织、2名党员分别被省高校工委授予先进集体和优秀个人荣誉称号。

三、夯实基础，认真调研，着力推进师生思想政治建设

学校党委坚持“抓好重点人群、把握主要内容、创新教育方式”的原则，进一步加强了学校党的思想政治建设。认真落实《关于进一步加强思想政治理论课建设的意见》，着力推进中国特色社会主义理论体系和十八大精神的“三进”工作，夯实了广大青年学生的思想基础。采用召开座谈会、发放调查问卷、深入基层走访等形式，对青年教师队伍建设和思想状况进行了调研；根据调研结果，有针对性地举办了青年教师思想政治教育培训班，进一步巩固了青年教师队伍的思想政治建设。坚持理论联系实际，加强党建研究，拓宽思想政治建设的思路。确定了学习贯彻党的十八大精神专题调研项目6项；设立了党建研究创新基金并立项17项；1项理论成果获教育部“高校文化传承创新研究优秀成果”二等奖，是全省高校、全国医学院校唯一获奖成果。

四、完善制度，改进作风，进一步加强领导班子建设

学校党委坚持“团结、尊重、学习、务实”的原则，不断加强学校领导班子建设。坚持党委领导下的校长负责制，严格执行民主集中制原则，认真落实“三重一大”制度，进一步完善了议事规则和决策程序，提高了决策的科学化、规范化、民主化水平。根据学校人事变动，及时调整了领导班子成员分工，进一步完善了工作机制。全年共召开校党委（扩大）会议25次、研究议题151项，校长办公会议49次、研究议题299项。注重学习，强调通过学习来提升班子的领导能力。坚持和完善了校、院（系）两级领导班子中心组学习制度，学校党委中心组召开系列专题学习会议14次，召开了首次工作务虚会议，对党的建设、高等教育改革、学校事业发展等专题进行了认真学习和研究，交流了思想、达成了共识，推动了学校各项建设。坚持和完善民主生活会、领导干部下基层调查研究、联系专家、听课、接待日等各项制度，改进了工作作风。校党委中心组召开校级领导班子民主生活会3次，班子成员积极参加了所在基层组织和分管部门召开的民主生活会；各级领导干部通过多种形式，深入基层进行调研，了解了基层实情，密切了干群关系。

五、加强监督，规范管理，积极推进干部工作科学化、制度化和规范化

学校党委坚持党管干部原则，认真落实述职评议制度、

任期制度、试用期等制度。出台了《处级干部请销假制度》《干部教育培训实施办法》《干部教育培训学分制管理实施办法》《关于开展自主选学培训工作的实施办法》等一系列制度，规范了学校干部教育培训管理，加强了对处级领导干部的管理和监督，积极推进了干部管理工作制度化、规范化建设。

学校积极探索处级领导班子和领导干部年度考核机制，进一步加强了处级党政领导班子和领导干部队伍建设，全面真实反映处级领导班子和领导干部履职情况，提高了考核工作的真实性、有效性，充分发挥考核工作的激励作用。

学校党委坚持践行"四坚持四提高"，加强干部的教育培训，不断提升干部综合素质。一是坚持分层次分类别培训，提高干部教育培训的覆盖面；二是坚持多形式多渠道培训，提高干部教育培训的积极性；三是坚持多内容多专题培训，提高干部教育培训的实用性；四是坚持培训与考核管理相结合，提高干部教育培训的实效性。全年举办集中培训班6次，培训各类干部1100人次；组织实践教育2次，参加人员149余人次；参加干部教育培训中心远程网络培训人数168余人，培训总学时达12518学时；组织干部轮训39人次；举办校内处级干部干部选学培训班1次，培训干部191人；为省直机关、太原市、卫生厅、晋城市疾控中心等举办干部选学班，培训342人次，共210学时；为太原市等6市14个县（市、区）的干部分类送学22场次，累计培训4200名干部。学校坚持"践行四坚持四提高，提升干部教育培训水平"的做法被评为2012年度全省组织工作创新项目。

六、坚持党管人才，营造关怀氛围，着力加强人才队伍建设

学校党委认真贯彻落实全省人才工作会议精神和人才发展规划，对人才工作更加重视，对人才投入不断增加。一是围绕学校发展规划，以实际需求为依据，有序做好"百人计划"引进海外高层次人才工作。学校先后多次召开了全校重点学科负责人会议，下发了申报工作有关事项的通知，为引进人才的申报做了大量准备工作。3月份和7月份先后推荐5名教授申报全省第五批"百人计划"，两名教授被批准为山西省第五批"百人计划"特聘专家。二是启动给正高人员生日祝福活动，体现党政人文关怀。为弘扬尊师重教的良好风气，从第28个教师节起，校党委启动为每一位正高、教授、专家人员送上生日祝福的活动。进一步激发了专家、教授们的爱党、爱校热情。

七、多措并举，积极探索，持续深化反腐倡廉建设

学校党委坚持标本兼治、综合治理、惩防并举、注重预防的方针，广泛开展了廉政文化主题教育活动。组织处级以上干部观看警示教育纪录片、参观警示教育基地、听取专题报告等形式，增强了领导干部党风廉政教育的针对性和有效性。召开党风廉政建设干部大会暨纪检监察工作会议，分解党风廉政建设任务，签订党风廉政建设责任书，采用日常监督、述职述廉、综合测评、履职考核等方式，把党风廉政建设责任制落到了实处。深化纪律作风教育整顿工作，认真整治"吃拿卡要"问题，进一步优化了发展环境。持续深化廉政风险排查防控工作，认真开展了权力运行规范化监督探索试点工作，积极探索建立权力公开透明运行监督机制，积极推进党务公开、校（院）务公开，进一步规范了权力运行。认真开展对校园基本建设、物质设备采购等专项工作的监督检查，强化了对重点领域和关键环节工作的监督检查，健全规范了物质设备采购监督制度，持续开展了工程建设领域突出问题排查整改工作，深入开展了争创"工程优质、干部优秀"活动，有效防范了违规违纪和腐败问题的发生。认真受理信访举报，严肃查办违纪违法案件，充分发挥了案件惩治的综合效应。深入开展党风廉政建设理论研究，1篇论文获省纪委、省监察学会反腐倡廉优秀理论成果一等奖。

（成星亮）

附：山西医科大学党委书记、副书记、委员名单

书　记： 师　帅

副书记： 段志光　郭巍伟

委　员： 顾昭明　李汝德　王斌全　王　军　刘越泽（女）

山西师范大学党委工作概况

党委书记　倪生唐

2012年，山西师范大学在省委、省政府和省高校工委、省教育厅的正确领导下，校党委团结带领广大师生，贯彻落实十七大、十七届三中、四中、六中全会精神，积极学习贯彻党的十八大精神，深入贯彻落实科学发展观，深入贯彻落实教育规划纲要，围绕山西转型跨越发展和学校"十二五"总体规划，继续坚持内涵发展特色发展和谐发展战略，全面推进教学大改革、学科大提升、结构大调整、校园大拓展，各方面工作都取得了长足进展。

一、深入贯彻落实科学发展观，坚持走以质量提升为核心的内涵式发展道路，推动"十二五"发展规划顺利实施

（一）人才培养质量稳步提升。一是重新修订了本科人才培养方案，进一步优化了培养目标和课程体系，强化了实践

教学。二是扎实推进本科教学质量工程,国家级项目再获突破,入选教育部视频公开课建设计划的有1门,入选山西省高校课程的有4门;入选省级特色专业项目的有2个、入选教改项目的有9项、入选大学生创新项目的有30项。三是扎实推进课堂教学改革,课堂教学质量评价标准体系更加完备。四是进一步健全研究生培养质量保障体系,着重规范专业学位研究生培养,研究生培养质量稳步提升。

(二)科学研究水平持续提升。获得国家社科基金项目8项,国家自然基金项目13项,省部级项目77项,纵向经费达1488万元,创历年新高,横向经费达到121万元。全年共发表学术论文580余篇,出版学术专著、教材等35部,获得山西省第七次社会科学奖一等奖2项、二等奖10项。

(三)重点学科建设取得新成效。戏剧戏曲学被评为山西省特色重点学科。戏曲文物研究所入选山西省"师大文化品牌"。化学一级学科博士后流动站获准设立。功能材料院士工作站成为山西省首批获准设立的院士工作站。"亚洲区域发展研究中心"通过验收,成为学校第四个省人文社科重点研究基地。

(四)师资队伍建设迈上新台阶。全年共引进博士以上高层次人才19名,返校博士12名,教师考取博士研究生有8名。入选"三晋学者"特聘教授有3名,入选教育部新世纪人才支持计划的有1名,入选山西省中青年拔尖创新人才的有1名,入选山西省青年学术带头人的有5名,入选山西省高等学校优秀创新团队的有1个;在全省本科院校中青年教师教学基本功竞赛中,分别获得了特等奖、一等奖、二等奖、三等奖的好成绩的有4名,并分别授予省五一劳动奖章和荣记省劳动竞赛一、二、三等功;在开展"教学优秀教师"评比活动中,被授予"教学优秀教师"荣誉的有7名,被授予"全省教育系统职业道德建设标兵"的有1名,被授予"山西省师德标兵"的有1名。

(五)对外交流步伐加快。与韩、美、日等国家和台湾地区的五所大学签订校际合作协议和学生交流协议。与莫斯科国立大学、莫斯科市立师范大学、列宁格勒大学等三所大学达成了初步合作意向。与国内大学、研究机构接触频繁,交流合作不断。同地方政府、基础教育一线合作更加紧密,"教育创新实验区"覆盖面不断扩大,实质性合作不断增加。

(六)体制机制不断完善。一是修订完善了《学院年度工作考核办法》,首次对管理服务部门工作进行考核,有力地调动了学院、机关部门的积极性、创造性和竞争意识。二是启动了《山西师范大学章程》修订工作,制度体系建设迈出新的一步。三是按照现代企业制度要求,组建山西师大教育科技传媒集团有限公司,下设《语文报》、《英语周报》、《数理报》三个子公司,进一步理顺了校企关系,提高国有资产管理效率、实现国有资产保值增值等健全了必要的制度和体制条件。

(七)其他方面工作也取得了可喜成绩。学校被纳入"中西部高校基础能力建设工程",新校区建设取得重大进展,省政府批准了用地指标,与临汾市政府签署了合作共建协议。投资723万元,完成各类维修改造工程29项,图书、设备、网络等条件持续改善,数字化校园建设取得重大进展。

二、加强和改进党的建设,努力提高党建工作科学化水平,为学校改革发展提供了有力的保障

(一)扎实开展党的十八大精神学习贯彻工作。校党委在继续组织好中国特色社会主义理论体系学习以及其他常规性学习培训的同时,将学习贯彻党的十八大精神作为年度理论学习的重中之重。举办了以十八大代表叙述亲身经历、专家解读主要精神、校党委领导讲授专题党课为主要内容的十八大精神专题培训班,培训角度多样、内容丰富,实效明显。举办了党支部书记培训班、十八大专题党课以及各种主题学习活动,真正使十八大精神进教材、进课堂、进学生头脑。举办题为《坚定不移跟党走,昂首阔步奔小康》的十八大精神图片展,开展"唱支红歌给党听"、"向党说句心里话"演讲比赛、学生社团成立30周年巡礼、"践行十八大精神之志愿服务"等迎庆十八大系列活动,营造了浓厚的学习贯彻十八大精神氛围。全年发表IC论文3篇,获得教育部思想政治教育工作专项课题1项。

(二)扎实开展保持党的纯洁性教育活动。校党委将开展保持党的纯洁性教育活动作为一项重要工作来做,周密安排部署,认真组织实施,圆满完成了纯洁性教育活动集中学习、集中调研、总结整改等各个阶段任务,达到了预期目的,取得了明显成效,历时将近4个月。特别是党员校领导分4个组,分别带经费深入20个学院,围绕基层组织建设、师生反映强烈的热点难点问题、学院发展中存在的问题和困难、对学校发展的建议和意见等四个方面进行调研,切实为学院、师生解决了难题。各级领导班子以及处级以上干部对照"六查六看"要求,认真开好专题组织生活会和民主生活会。

(三)加大干部工作创新力度。做好干部选拔、培养、教育、管理、考核工作,选优配强领导班子,建设高素质干部队伍,是办学治校能力建设和先进性建设的重点,是校党委重要职责之一。主要有两方面创新:一是干部选任工作。两次干部选任工作,共提任了正处级干部8名、副处级干部19名,整个选任过程,严格标准、严格审核、严格程序,没有接到教职工反映的异议或意见。保证了干部个人信息准确无误和选任质量,进一步提高了选任用人公信度。主要做法是:在初始提名阶段,结合实际情况,慎重确定学院个别谈话推荐的人员范围,对于教职工人数较少的,将个别谈话的范围扩大至中级职称以上人员,确保投票推荐和谈话推荐结果相互印证;在干部信息审查阶段,认真落实中组部《关于严格审核干部任前公示信息的通知》和省委组织部《关于实行干部任前档案审核制度的意见(试行)》以及"三龄两历一身份"的核实;在公示阶段,实行干部考察预告制度,变"一公示"为"两公示",将组织考察与接受群众监督结合起来,提升了干部考察的准确性。二是干部学习培训工作。校党委启动了干部在线学习中心,全年共安排了20节(45学时)必修课和若干选

修课，并将干部参加在线学习的情况纳入今年的干部考核，绝大部分处级干部都按照要求完成了学习任务。经过层层选拔，组织17名处级干部到美国进行高校行政管理培训，6名处级以上干部参加了国家教育行政学院、省委党校培训和挂职锻炼。进一步开拓了广大干部视野，提升了理论素质、管理水平和工作能力。

（四）加强党的基层组织建设。学校把创先争优活动的重点放在加强基层组织建设上。主要取得了四个方面成效：一是建立了党员领导干部联系基层制度；二是基层组织设置更加科学。三是创新主题载体，提升党员活动的教育功能。四是健全经费保障机制。

三、文明和谐单位创建工作再上新台阶，营造了平安稳定、和谐有序的发展环境

（一）校党委扎实推进民主治校、依法治校工作。一是校、院两坚持级各项制度；二是领导坚持深入基层调研，解决师生难题；三是扎实开展信访接待、信息公开、校领导接待日等工作，保证教职工的各项权益；四是认真开展普法工作，严格按照法律、法规、制度办事。

（二）学生工作取得了显著成绩。一是推进“阳光招生”工程，面向全国24个省、市、自治区录取新生6808人；二是推进“思政创新”工程，开展大学生思想状况调查，准确地把握学生的思想脉搏，增强了大学生思政工作的针对性；三是推进“队伍强化”工程，加大辅导员培训、交流和管理力度，提高了辅导员队伍的整体素质和能力；四是推进“健康心灵”工程，积极开展心理健康普查、教育、指导工作，对部分存在心理问题的学生进行了及时有效的干预；五是推进“帮困励志”工程，帮助776名新生顺利入学，通过奖、助、贷、勤共发放3980余万元奖助学金，惠及学生达到23628人次；六是推进“就业创业”工程，普通本科毕业生就业率87.9%，第三批本科毕业生就业率72.1%，专科毕业生就业率78.2%。卓有成效的学生工作，有力地促进了学生健康成长和全面发展。

（三）校党委持续加强校园文化建设。一是围绕迎接十八大召开、学习十八大精神，开展了很多形式多样、丰富多彩的活动，使社会主义核心价值体系更加深入人心；二是围绕钓鱼岛事件等热点敏感问题，有针对性开展形势教育，引导师生理性爱国，保护了师生爱国热情；三是继续开展各项学术活动，营造了浓厚的学习创新氛围。有效地发挥了校园文化在感染人、激励人、教育人的作用。

（四）校党委继续加强节约型校园、平安校园建设。一是开源节流取得明显成效，学生人均拨款增加至1.2万元，同时加大国有资产经营性收入收缴力度，积极争取专项资金；二是严格编制和执行预算，加大项目、采购审计力度，大力压缩行政维持费支出，学校被山西省和临汾市授予“节水型”校园；三是加大安全稳定隐患排查整改和校园周边环境治理力度，继续完善群防群治安全体系，维护了正常的教学、科研、生活秩序，创造了平安、稳定、和谐的发展氛围。

四、扎实推进党风廉政建设和反腐败工作，为学校科学发展保驾护航

（一）认真落实党风廉政责任制。校党委继续按照“党委统一领导、党政齐抓共管、纪委组织协调、部门各负其责、依靠群众的支持和参与”的党风廉政工作领导体制和工作机制，认真落实上级纪委安排和部署，制定了《2012年党风廉政建设和反腐败工作实施意见》，对党风廉政建设及反腐败工作任务逐一进行分解，落实到具体班子成员、主管部门和责任人；同时，建立健全督察、考核、奖惩、责任追究工作机制，将反腐倡廉建设情况纳入职能部门、院系、二级单位领导班子和领导干部考核、评优的一项重要内容，要求班子成员每年至少听取一次所分管部门和单位的党风廉政建设情况汇报，真正做到了一岗双责，使党风廉政建设工作呈现整体推进的态势。全年来，各级领导班子和领导干部都能够严以律己，认真抓好职责范围内的反腐倡廉工作，圆满完成党风廉政建设各项任务。

（二）加强党风廉政教育。校党委把党风廉政教育纳入全校党的宣传教育工作进行总体部署和安排，坚持经常性教育与主题教育活动相结合、正面典型引导教育与反面典型警示教育相结合、廉政文化建设与多种教育形式相结合，采取分层次、多类型、多元化、多途径廉政教育模式，全方位地开展宣教工作，着力在解决廉洁教育的针对性、实效性上下功夫。校党委继续将《廉政准则》的学习作为当前反腐倡廉宣传教育的一个重要内容，开展了一系列警示教育活动；继续通过入党积极分子培训、入学教育等多种渠道和方式，落实党风廉政教育进课堂的有关精神；组织学校处级以上干部赴西柏坡和大寨进行革命传统教育，观看《没有规划好的人生》警示教育片，观看革命历史题材电影故事片《忠诚与背叛》，组织师生参加全国高校廉政文化作品大赛，在全校营造了廉洁从政、廉洁从教的良好氛围。

（三）切实加强对权力的制约与监督。一是校党委继续加大制度建设力度，重点是进一步健全了干部人事管理、基建工程、设备招投标等容易滋生腐败的领域和环节的防控机制，形成了适应学校改革发展的惩防体系和长效工作机制，从制度、源头上构筑了坚实的预防腐败发生的防线。二是严格执行两个《条例》，加强党内监督，认真开好各级领导班子民主生活会，校级党员领导均参加了双重民主生活会。三是严格落实纪检监察部门人员编制、领导职数、办案专项经费、办案补贴等政策规定，同时还加强学生廉政信息员队伍建设，确保了纪检监察工作的正常运行。四是发挥纪委监察、审计等部门作用，加大对招生、干部任用、大宗物资采购的招投标等重点领域和关键环节监督检查和审计力度，确保公平、公正、公开。五是加大执法监察工作力度，继续开展治理“小金库”工作，领导干部违反规定收送现金、有价证券、支付凭证和收受干股，以赌博和交易等形式收受财物，利用婚丧嫁娶收钱敛财等问题；按照上级纪委要求，开展“吃、拿、卡、要”专项整治，重点整治在工作中的“卡、拖、要、乱”行为，特别是

该批的不批、该早批的不早批行为，有效预防了腐败问题发生。六是加大信访和案件查处力度，全年共受理信访 14 件，其中上级要结果的 7 件，按照程序，全部调查完毕，办结率为 100%。针对办案过程中出现的苗头性、倾向性问题，注重举一反三，从源头上、从制度上入手查找原因，寻求对策，及时堵塞了管理漏洞。

（郭李鹏）

附：山西师范大学党委书记、副书记、委员名单

书　记：倪生唐

副书记：武海顺　刘子学（2 月离职）　王心平

委　员：李德龙　卫建国　高　峰

山西财经大学党委工作概况

党委书记　杨怀恩

2012 年，山西财经大学在省委、省政府、省高校工委和省教育厅的正确领导下，不断提高党建科学化水平，为建设高水平教学研究型大学提供坚强保证。

一、深入开展党的十八大精神学习宣传贯彻活动

党的十八大是党和国家政治生活中的一件大事，学校党委书记代表全省高校系统参加党的十八大，充分激发了学校师生员工学习宣传贯彻落实十八大精神的热情。学校上下高度重视十八大精神的学习宣传和贯彻落实工作，一年来，学校组织了一系列的专题报告，参加师生 2000 余人次，山西电视台、山西日报等多家媒体对学校学习活动进行了报道。

二、切实推进党员队伍建设

立足学校特色学科和师资优势，完善干部自主选学课程体系和师资库，使学校自主选学培训课程体系达到 7 个专题、43 门课程和 40 名授课教师，为“山西干部在线学院”制作提供了 12 门课程的视频资料。加强选人用人工作，努力增强干部工作的透明化、民主化和科学化，学校选人用人工作的群众满意度在全省名列前茅。4 月份，校党委在“山西省严肃组织人事纪律提高选人用人公信度”座谈会上作了典型经验交流。

三、不断加强基层组织建设

认真加强党建理论研究，全校 26 个基层党组织共申报党建研究项目 49 项，邀请省高校工委领导和有关专家组成三个专家组，对研究项目进行了立项答辩，最终确定立项项目 27 个。突出抓好基层组织建设年活动和党的纯洁性学习教育活动，取得了良好效果。在全国创先争优表彰大会上，中共中央组织部授予学校党委“全国创先争优先进基层党组织”称号，并颁发了荣誉证书与奖牌，该荣誉是全国高校基层党组织的最高奖项，学校成为全省高校多年来唯一获得中组部表彰的单位。

四、加强社会主义精神文明建设

进一步打造和建设“春蕾”、“红烛”、“支残助残”等大学生志愿者服务品牌，同时把学习雷锋艰苦奋斗、勤俭节约的创业精神与学校“明礼诚信、艰苦创业”的晋商精神相结合，与现代大学精神相结合，纳入学生综合素质评价体系。学校获得年度“高校创建省级文明和谐单位”荣誉称号。

五、不断提高民主建设水平

认真完善以教职工代表大会为基本形式的高校民主管理制度，召开了四届三次“双代会”，不断丰富教职工业余文化生活，学校羽毛球队获得全省高校教职工羽毛球比赛多项冠军，乒乓球队获全省高校第八届教职工乒乓球比赛第二名。工会被省教科文卫体工会授予“2012 年度宣传工作先进单位”荣誉称号，工会女工委员会被评为“全国女工委先进组织”，成为全省教科文卫体系统获此荣誉的唯一单位。

六、有效推进党风廉政建设

认真落实党风廉政建设“一岗双责”制度，积极开展多种形式的廉洁教育活动，全面开展廉政风险排查防控工作，进一步加强了对重点部位和关键环节的监督检查。畅通信息反馈渠道，不断提高党务、校务公开工作的科学化水平。建立健全了党风廉政建设相关制度，推进了党风廉政建设的规范化、常态化和制度化。

（马晓娟）

附：山西财经大学党委书记、副书记、委员名单

书　记：杨怀恩

副书记：郭泽光　刘玉平　薛文治

委　员：李富明　赵国浩　刘中朝

中北大学党委工作概况

党委书记　陶功定

中共中北大学委员会下设19个党总支,4个直属党支部和165个党支部,全校党员共计4445人。

2012年,学校党委高举中国特色社会主义伟大旗帜,以科学发展观为统领,认真贯彻党的十八大以及全国、全省高校党建工作会议精神,解放思想,改革创新,全面加强和改进党建与思想政治工作,为学校在新时期的科学发展提供了坚强的思想、政治和组织保证。

一、高度重视校级领导班子的思想政治建设,把班子建设成为团结奋进、开拓创新的坚强领导集体

学校党委坚持中心组理论学习制度,不断加强班子的思想政治建设,坚持用中国特色社会主义理论体系武装头脑、指导实践、推动工作。班子成员增强了贯彻落实科学发展观和党的教育方针的自觉性,思想政治素质和办学治校能力有了明显提高。坚持党委领导下的校长负责制,贯彻执行民主集中制,学校的重大问题和重要事项都要经过集体讨论决定。党委在抓大事、谋全局、管方向上发挥了领导核心作用,健全了党委统一领导、党政分工合作、密切协调配合的工作机制。班子成员相互理解、相互支持、团结一致、扎实工作,得到了全校师生员工的信任和支持。

二、加强干部队伍建设,着力造就高素质干部队伍

学校党委高度重视干部队伍建设,干部工作不断走向规范化。在干部选拔任用方面,始终坚持执行中央、省委有关干部选拔任用工作的条例规定,按照"健全制度,坚持导向,严格标准,规范程序,强化监督"的思路,坚持正确的用人导向和用人标准,坚持民主推荐、竞聘上岗、组织考察、会前酝酿、集体决定的原则和程序,坚持公开透明、扩大民主,充分征求各方面意见,不搞临时动议,不搞一言堂。坚持积极推进干部人事制度改革,对干部选拔任用工作作了适当改进:根据干部选拔任用管理规定,使用了"干部选拔任用工作记实监督系统",强化干部选拔任用工作的监督机制,提高干部选拔任用工作的群众满意度。为适应朔州电力学院建设需要,新选拔任用处级干部3名(正处1名、副处2名)。完成9名处级干部、14名科级干部的考察转正工作;在干部考核方面,结合学校实际,适当作了创新和改进:一是注重定性考核和定量考核的结合,采取分级分类、定性与定量相结合的办法进行。按单位职能分三个组进行,不同组采取不同的考核办法。考核过程中,注重定量考核。能量化的,在设计考核指标的同时,分门别类赋予不同的权重,使考核更具科学性、操作性,更客观公正具有说服力。二是注重考核方式和考核方法的结合,述职和测评采用网上测评系统的方式进行,保证了投票人的独立、不受影响,节约了人力物力财力和时间,汇总时间快,介入环节少,而且准确,保证了客观公正,效果良好。根据考核方案,完成了全校处级单位和领导班子及领导干部的任期及年度考核工作,9个单位、27名处级干部被评定为优秀。在干部教育管理方面,以纯洁性教育、理论武装、业务素质能力提升等为主要内容,采用政策解读、专题辅导、案例分析、参观考察、分组讨论、教学互动等方式,举办了为期一个月的处级干部培训班,加强了中北大学干部自主选学培训基地建设,加大了干部在线学习的力度,集中一段时间开展了干部作风整治活动,组成工作作风联合检查组对全校处级干部考勤情况进行检查,进一步转变干部作风,促进干部整体素质的提高。

三、抓好基层党组织建设,夯实基础工程

学校党委紧扣主题、突出特色,以努力实现基层党组织做到"五个好"、共产党员做到"五带头"为活动目标,认真组织全校党员和全体师生员工积极投入到创先争优活动中,开展了"红色五个月"、书记论坛等一系列特色活动,党员干部的思想觉悟、认识水平进一步提高,基层党组织工作主动性明显提高,37个校内先进基层党组织、81名优秀共产党员受到学校表彰。积极推进基层党建创新,开展了基层党组织课题立项、活动立项以及党员培训等特色活动,扩大了党员参与面,提高了党建活动成效。按照"坚持标准、保证质量、改善结构、慎重发展"的原则,认真做好发展党员工作,全年新发展党员1438名(学生1426名,教工12名)。坚持政治理论学习与业务知识学习相结合的原则,继续推进经常性教育工作,提高了党员的理论素养。做好了人才工作与统一战线工作,为学校的改革和发展提供了广泛的力量支持。

四、坚持唱响主旋律,切实加强宣传思想工作

学校党委结合学校实际,把学习宣传贯彻党的十八大精神作为当前和今后一个时期的首要政治任务来抓,制定了学习贯彻实施意见,开展了内容丰富、形式多样的系列学习贯彻活动,进一步把全校师生员工的思想、行动统一到了党的十八大精神和学校的重点任务上来,在全校营造了学习宣传党的十八大精神的浓厚氛围,促进了相关工作的开展。坚持"围绕中心,服务大局,内聚人心,外树形象"的工作思路,抓好理论武装工程,扎实推进社会主义核心价值宣传教育,深

化了思想道德建设和精神文明创建活动，开展了学校青年教师思想政治状况调研，出台了《中北大学精神文明与大学文化建设规划》。开展了“太行大讲堂”、“中北文化节”、“太行精神宣讲”等活动，推动了《以“太行精神”为核心的品牌校园文化建设工程》的实施。重视哲学社会科学的研究工作，配套专项经费，省部级以上课题立项30余项，3项成果获得山西省第七次社会科学研究优秀成果奖励。创新新闻宣传模式，推出校报网络版，全年社会各种媒体宣传学校50多次，扩大了学校的影响。

五、创建和谐校园，全力维护学校安全稳定局面

学校党委高度重视安全稳定工作，坚持“安全第一、预防为主、综合治理”的方针，强化“一岗双责”，完善了安全工作机制，逐级签订了年度《安全管理目标责任书》，落实了安全管理责任。成立了大学生安全教育教研室，加强了安全宣传教育和安全培训。开展了安全隐患排查整治行动和应急演练活动，改善了校园消防安全条件，进一步落实了校园治安防范巡查措施，加强了校内交通安全管理，有效提高了安全事故防控能力。面对重大节假日等重大事件、重要时刻的考验，认真分析形势，有针对性地开展思想政治工作并组织系列活动，保持了学校安全稳定的局面。特别是“九一八”万人升旗仪式在全省产生了良好的影响。

六、严格执行党风廉政建设责任制，扎实推进反腐倡廉工作

学校党委认真贯彻落实全省教育系统党风廉政建设会议精神，高度重视党风廉政建设和反腐败工作。一是全面落实党风廉政建设责任制，制定下发了《2012年纪检监察工作要点》与《中北大学党风廉政建设和反腐败工作任务分解的实施意见》，签订了党风廉政建设责任承诺书。二是着力推进廉政风险点防范管理工作，全校52个单位列出了工作事项334项，绘制工作流程图336个，查找廉政风险点264项。认真推行了廉政风险预警制度，严格落实廉政风险预警询问书、提醒书、警戒书，初步形成了以教育、制度、监督并重的惩防体系，促进了权力规范运行。三是坚持以正确行使权力和堵塞管理漏洞为重点，进一步完善了干部选拔任用、招投标、招生考试、基建（修缮）项目等管理制度，形成了用制度管权、管事、管人，适应学校建设和发展需要的反腐倡廉长效工作机制。四是坚持把解决教职工反映的热点问题作为重点，陆续将私设小金库、商业贿赂、违规收费、不良机关作风和师德师风等问题作为不同阶段纠风工作的重点，探索建立了纠、评、建相互促进的长效工作机制，廉洁自律工作取得了明显成效。五是坚持实事求是、依法执纪的原则，把查处违纪违法案件作为严肃党纪政纪的中心环节，处理、查办了一些违反财经纪律及严重影响学校教育形象的案件，对1名行为不端严重影响学校声誉的教师进行了除名处理。通过认真开展案件查处工作，及时有效地解决学校发展工作中的一些矛盾及问题，规范了管理，有力地保障和促进了学校的改革发展稳定大局。

（张小明）

附：中北大学党委书记、副书记、委员名单

书　记： 陶功定

副书记： 贾锁堂（7月离职）　刘有智（7月任职）　张惠选　常晓宝

委　员： 安建平　肖忠良　韩　焱　潘晋孝　苏铁熊　王俊元

长治医学院党委工作概况

党委书记　申建设

长治医学院下设基层党组织79个，其中党委4个，党总支8个，党支部67个。全院党员共有2081名。

2012年，学院党委在省委、省政府、省高校工委、省教育厅的正确领导下，全院师生员工、医护人员坚持以中国特色社会主义理论体系为指导，以教学、医疗、科研为中心，以深化校内改革为抓手，以硕士专业学位试点建设和临床医学专业认证为重点，以加强和改进党建和思想政治工作为保证，解放思想，深化改革，创新发展，各项工作取得突出成绩，改革发展呈现良好势头，“国内知名、特色鲜明高水平医学院校”建设迈出坚实的步伐。

一、教学和人才培养质量跃上新台阶

2012年，学院面向全国25个省（市）、自治区招收本科生（含专升本）1783人、成教生547人，学院现有在校生达到11145人。一是接受教育部临床医学专业认证。二是人才培养质量进一步提升。全年，学院为国家输送了1640名合格的医学人才（本科1434人，专科206人），其中，被评为省级“三好”学生和优秀学生干部的有15人；获得院级“三好”学生和优秀学生干部的有1364人次；获得国家奖学金和国家励志奖学金的有244人次；光荣加入了中国共产党的有405人；通过英语四、六级考试的有1167人和263人；到农村担任“村官”的有2人，应征入伍的有6人，考取硕士研究生的学生有285人。学院组队参加第三届全国高等医学院校大学生临床技能竞赛，荣获华北赛区一等奖、全国二等奖。三是专业

建设迈出新步伐。申请增设本科专业2个,通过了省卫生厅和教育部专家组的评估论证。四是教学改革进一步深化。获全省高等学校教学改革重点项目1项、一般项目2项,大学生创新创业训练项目16项。学院成为教育部、卫生部第一批卓越医生教育培养计划项目试点高校。五是师资队伍建设得到加强。与中南大学联合举办第三期研究生课程班;组织176名教师开展网络在线培训学习;参加山西省教师教学基本功竞赛,2名教师获得三等奖,并荣立三等功。六是素质教育取得丰硕成果。"三维"结构素质教育体系进一步完善,学生的的综合素质、创新意识和实践能力持续提升。依托学生社团开展内容丰富的第二课堂活动,深入开展文化、科技、卫生"三下乡"社会实践活动,积极参加全国大学生艺术展演、全国大学生英文辩论赛、第二届山西省大学生模拟法庭大赛等。获全国大学生第三届艺术展演二等奖2项;全省一、二等奖各1项。游泳代表队参加省大、中、小学生游泳锦标赛,获得大学生组团体总分第三名。

二、医疗服务再上新水平

两所直属附属医院全年门诊量74.74万人次,急诊量3.27万人次;入院6.41万人次;出院6.38万人次;完成手术3.15万例,平均住院日11.69天。

(一)附属和平医院坚持一切以病人为中心,以提高医疗质量为核心,以"三三三战略"为导向,以开展"三好一满意"与"医疗质量万里行"活动为载体,加强医院管理,创新工作思路,规范医疗行为,提高医疗质量,有效推动了医院各项事业健康持续发展。开展了腹腔镜下前列腺癌根治术、造血干细胞移植前全身照射术等新技术新项目。心内科荣获"山西省优秀护理站",普外科荣获"优质护理服务示范病区"。消毒供应室被确定为全省首批医院消毒供应中心护士岗位培训基地。医院被评为"全国百姓放心百佳示范医院"、"全国教育科研先进集体"、"山西省三八红旗集体"、"全省综合医院中医药工作示范单位"、"全省城乡医院对口支援工作先进集体"等多项荣誉,并通过了国家认可委"ISO15189实验室认可"。

(二)附属和济医院认真落实"医疗质量万里行"方案,积极开展临床路径工作,不断提高医疗水平和质量。医院成为"中国医院管理协会副理事长单位",先后荣获"第四届全国医院文化先进单位"、"全国医院感染横断面调查组织先进单位"、"山西省高校文明和谐单位"、"长治市卫生工作先进单位"、"城市卫生支援农村卫生工作先进单位"等荣誉称号。

三、科研工作取得新突破

(一)学院成为临床医学硕士专业学位研究生培养单位。经过一年的重点建设,11月学院顺利通过国务院学位办试点建设论证答辩。12月,经国务院学位委员会批准,学院正式成为培养临床医学硕士专业学位研究生单位。

(二)学院重点学科建设进一步加强,全年获全省高等学校重点学科建设专项资金资助项目1项,获得研究经费80万元。

(三)学院科研实力进一步增强。申报各级各类项目83项,获得资助项目20项,获得资助经费137万元。

(四)学术交流更加广泛。与美国罗克福德学院正式结为中美友好大学,建立了互访交流机制;组团赴台参观考察台北医学大学、台北医学大学附设医院等多家医学院校及星级医院。邀请国外多名专家学者来校访问。

四、改革发展呈现新局面

(一)院内改革全面铺开。为进一步贯彻落实全国医学教育改革工作会议精神和教育部《关于全面提高高等教育质量的若干意见》文件精神,深化校内改革,增强办学活力,学院于7月8日在武乡召开了改革发展座谈会,深入讨论了29个改革文件,全面启动了人事管理、科研管理、学位与研究生教育等一系列校内改革,为学院今后五年及中长期改革发展绘就了美好蓝图,进一步增强了学院科学发展的持续力和创新力。

(二)实现新校区、新附属医院建设奠基。在长治市委、市政府的大力支持下,8月8日,学院新校区和新附属医院开工奠基在长治市科教园区举行。按照规划,新校区及附属医院规划总面积1365亩,其中附属医院100亩,总建筑面积50万平方米。整个项目建成后,学院的办学条件根本改善,育人环境进一步优化。

五、党建和思想政治工作取得新成效

(一)深入开展学习宣传贯彻十八大精神活动。一是举行专题报告会。邀请山西省理论界著名学者、教授为学院副科以上干部、学生党员和入党积极分子1000余人作了题为《党的十六大以来我国经济社会发展》的专题报告。二是印发了《关于在全院开展深入学习宣传贯彻党的十八大精神的通知》,认真组织广大干部师生通过电视和网络等媒体收听收看十八大开幕式盛况,并利用院报、广播、校园电视台、橱窗等媒介大力宣传十八大精神,坚定师生员工高举中国特色社会主义伟大旗帜,走中国特色社会主义道路的信心和决心。

(二)加强领导班子建设和干部队伍建设。一是抓好理论学习。坚持院系两级党委中心组理论学习制度,理论联系实际,不断提高班子成员的政治素养和领导水平,提高领导学院科学发展的能力和水平。二是构建了有效的领导班子工作机制。党委主要是把方向、抓大事、做决策、管干部,全力支持行政工作,保证了各项决策的落实。三是认真贯彻党的民主集中制原则,领导班子团结干事,党政主要负责同志经常沟通思想和情况,重大问题提交党委会集体研究决定,保证了各项决策的民主化、科学化。四是制定了《长治医学院院本部处级干部选拔任用实施意见》,经省委组织部、省高校工委批准,对学院新增和空缺的处级干部岗位通过院内公开竞聘的方式进行调整充实。

(三)认真开展保持党的纯洁性学习教育活动。一是邀请省委党校党史专家来学院作《大力保持党的纯洁性、为转型跨越提供坚强保证》的专题辅导讲座。二是开展重温入党誓词，进行了一次警示教育，组织副处以上干部观看警示教育片，增强党员干部的法纪观念和责任意识。三是组织深入基层调研活动。通过深入学院、附属医院各基层单位调研，组织领导干部医护人员深入扶贫点和医疗联系点下乡住村，为群众排忧解难，进一步密切党群干群和师生关系；四是认真召开专题民主生活会，受到省高校工委领导的充分肯定。

（四）认真实施“基层组织建设年”，全面提升基层党建科学化水平。一是紧密围绕“强组织、增活力，创先争优迎十八大”主题，按照“抓落实、全覆盖、求实效、受欢迎”的工作要求，全面落实基层组织建设的各项任务，共制定了近100余条整改措施。二是坚持党支部建设“54321凝聚工程”、党员民主评议制度和党员领导干部双重组织生活制度。三是组织全院80余名党员干部参加“加强高校党的基层组织建设，学习贯彻党的十八大精神”远程专题培训班。四是做好党员发展、教育、管理和服务工作。全年培训入党积极分子1000余人，发展新党员344名，预备党员转正225名。五是进一步完善党的基层组织建设，使党组织活动开展有经费、有阵地，使每一个基层党组织都有新的提高，普遍实现晋位升级。

（五）深入开展创先争优，提高广大党员为民服务意识。一是通过“亮标准、亮身份、亮承诺”、“比技能、比作风、比业绩”、“领导点评、党员互评、群众评议”等方式，解决了一批涉及群众切身利益的实际问题。二是结合实际，细化活动内容。和平医院在“创先争优为民服务”活动中，结合“三好一满意”，开展“党员亮身份，工作我带头”主题实践活动；和济医院开展了“以人为本，人文关怀”为特点的文化建设，密切了医患关系；机关党总支组织机关党员干部以“促进学院改革与发展，推动教学、医疗、科研、管理工作上水平”为主题，深入开展了调研活动；学生党总支建立党组织活动项目化管理机制，充分发挥大学生党员的表率作用；教务党总支以“教书育人做楷模”为主题，开展“教学科研示范岗”活动，推进了中心工作；社科部直属党支部带领全体党员带头探索思政课实践教学改革，提高了理论教学的质量。

（六）思想政治教育进一步深化。一是扎实推进思想政治教育“三进”工作，强化思想政治理论课实践教学环节，认真落实辅导员进公寓制度，及时发现和解决学生在思想、学习和生活上遇到的问题。二是重视红色教育，努力促进大学生“三观”的正确形成。学院组织大学生赴武乡“八路军太行纪念馆”“平顺西沟”等地，开展革命传统教育。三是开展了“纪念建团90周年”“纪念建党91周年”“向雷锋同志学习，弘扬雷锋精神”等活动。四是加大对大学生思想政治教育主题网站和心理咨询中心的建设力度，建立全方位覆盖、全过程渗透的网络德育实施体系。五是公平公正“两评”，坚持维护学生切身利益，进一步提高广大师生对奖助学金评选工作的满意度。六是深入开展诚信教育、励志教育、感恩教育，多角度促进大学生健康成长。

（七）进一步加强群团、统战和老干工作。一是推进学院民主管理进程，组织全体教代会代表和工会干部参加了《学校教职工代表大会规定》知识竞赛。二是开展了青年教师赛讲，选拔出7名优秀教师参加了全省高校中青年教师教学基本功大赛。三是组织大学生广泛开展“兴晋挑战杯”大学生创业计划竞赛、大学生暑期社会实践、青年志愿者活动，加强青年就业创业见习基地建设，获得全省共青团“工作特色奖”和“山西省优秀青年志愿者服务集体”等荣誉。四是坚持开展扶贫帮困送温暖活动，为家庭有困难职工、生病住院职工和部分老同志送去慰问金和生活物品。五是召开各民主党派负责人座谈会，及时通报重点工作情况和动态，积极推荐无党派人士担任各级领导职务，较好地发挥了民主党派和无党派人士参政议政的作用。六是全面落实老干部的政治、生活待遇，坚持每月组织老干部开展政治理论学习；为离退休老干部体检身体，组织老干部到武乡八路军纪念馆、河南等地参观考察，使老干部切身感受到了党组织的关心和温暖。

（八）党风廉政建设进一步强化。一是学院召开了2012年工作会议暨党风廉政建设工作会议。二是认真落实党风廉政建设责任制，开展了工程建设领域的治理，对全院的二级单位及正副处级干部进行了廉政考核和民主测评。三是发挥纪委在干部选拔任用、招生考试、人员招聘、物资采购、基建项目等工作中的的监督职责。四是建立健全反腐倡廉宣传教育机制，大力开展各级领导干部反腐倡廉示范教育、警示教育和岗位廉政教育。五是加强领导干部作风建设。制定了《关于实行党务公开的实施方案》、《关于贯彻落实“三重一大”决策制度的意见》、《长治医学院整治“吃拿卡要”问题优化育人环境的实施方案》等规章制度。六是积极开展廉政文化进校园活动，参加山西省高校廉政文化作品大赛，获三等奖2个，优秀奖4个。七是严肃查处违法违纪案件。

（邢育宏）

附：长治医学院党委书记、副书记、委员名单

书　记：申建设

副书记：王庸晋　冯向先　李富德

委　员：李玉冰　赵中夫　陈忠义　尚进平　陈广斌

山西中医学院党委工作概况

党委书记　张俊龙

山西中医学院是山西省唯一一所培养高级中医、针推、中药、中西医结合临床及中医护理人才的高等学府，是山西省中医药教学、科研、医疗中心。学院现有基层党组织85个，其中党委3个（基层党委2个），党总支10个，党支部72个，在职教工党支部51个，离退休人员党支部3个，学生党支部18个）。全院党员共计1780名。

一、教学工作

（一）专业改革成效显现。在原有的基础上，在中西医结合临床医学专业、针灸推拿学专业及中药学专业各开设一个实验班。“中医学专业人才培养模式改革与实践”项目被确定为省教育体制改革试点项目以及国家级教育综改项目。

（二）教学管理日趋规范。贯彻教育部《关于全面提高高等教育质量的若干意见》等系列文件精神，积极开展“教学质量活动月”活动，规范教师教学行为，提升教师教学素养。顺利通过了省教育厅组织的本科课堂教学专项检查。

（三）质量工程成果丰硕。获批国家中医药管理局项目2项，省教育厅教学项目3项，高校哲学社会科学研究项目1项，大学生创新项目16项。新增药学专业1个、护理学专业涉外护理方向1个。积极组织学生参加2012“外研社杯”全国英语演讲大赛山西赛区比赛，获得优异成绩。

（四）师资队伍得到改善。引进博士研究生3名，硕士研究生22名。积极组织教师参加2012年度中青年教师基本功竞赛等比赛，取得了优异成绩。

（五）实践教学持续加强。召开2012年临床实践教学工作会议。承办了首届“三北地区”大学生中医临床能力竞赛及研讨会，取得了团体三等奖的好成绩。组队参加了“全国高等中医药临床技能大赛—2012针灸推拿临床技能大赛”取得总成绩第六、团体二等奖的好成绩。

（六）招生计划圆满完成。大力实施阳光招生工程，制定了各类招生的录取实施方案。全年本科招生1130人，其中免费医学定向生50人；成人教育招生884人，专科招生307人，研究生招生91人。

（七）学生竞技再获佳绩。成功举办了第十七届田径运动会，承办了山西省2012年大、中、小学生围棋、象棋、国际象棋锦标赛。组队参加了全国全民健身操大赛总决赛、全国中医药院校第十一届传统保健体育运动会等比赛，获得优异成绩。

二、学科、科研与研究生教育工作

（一）学科建设全面推进。召开了学术带头人及创新团队首席专家聘任大会，健全了学科工作机构，组建了校级创新团队50个。一个团队被确立为山西省高校优秀创新团队重点培育对象，一个“中医方剂新药科技创新团队”被确定为山西省科技厅科技创新团队。中医基础理论等7个学科被列为国家中医药管理局“十二五”重点学科。

（二）研究生教育持续推进。成立了研究生教育专家委员会以及中医学等5个学位评定分委员会，成功举办了山西省中医药高层次人才继续教育项目启动暨“傅山国医大讲堂”活动。承办了全省研究生学院（处）院（处）长联席会议，设立了华龙泰研究生创新基金。

（三）科研实力大幅提升。组织申报课题251项，立项43项，其中科技部国家“十二五”科技支撑计划2项，国际科技合作项目1项，国家自然基金项目8项。共获得各类科研经费748万元。顺利通过科技项目验收项目40项，科技成果鉴定项目7项，申报专利2项，获得省部级以上奖励5项。与山西振东制药股份有限公司共建山西省现代中药工程实验室通过省发改委审批。

（四）国际合作日益频繁。与澳大利亚阿德莱德大学积极开展“中医药与生物医学教育合作项目”合作交流。建立了振东中－澳分子中医学研究中心。积极筹备召开了中华中医药学会对外交流与合作分会“系统和网络生物学与中医药学”国际学术大会。

三、学团工作

（一）开展校园文化活动。通过举办主题班会、团日活动、专题讲座等形式，开展了喜迎党的十八大系列校园文化活动。组队参加2012年山西省大学生人文知识竞赛，获得三等奖和优秀组织奖的好成绩。

（二）强化学生日常管理。修订了《山西中医学院学生奖学金条例》，全面做好评优表彰和学生资助等工作。大力实施“贫困生营养鸡蛋工程”，受到了省教育厅的赞誉及全体学生的好评。成立了学生心理工作站，开展了第四届心理健康宣传活动月，积极开展新生入学心理普查等教育活动。

（三）积极做好大学生就业创业工作。积极开展迎接全省高校就业评估工作。全年共召开大、中、小型就业洽谈会20余场，提供岗位5263多个。

四、新校区建设

（一）全力推进建设进程。及时调整新校区建设领导组、协调推进组组成人员，抽调骨干力量充实到新校区建设指挥部等工作机构，成立了新校区建设指挥部党支部，切实加强对参与新校区建设工作人员的管理与教育。学校领导班子每周定期深入到新校区建设工地现场办公，及时研究解决新校区建设中的问题。召开领导组会议27次、推进组会议10次。先后出台了《新校区建设协调推进组议事规则和决策形式》等6项管理制度，推动了各项工作的有序高效运转。

（二）着手开展新校区搬迁工作。成立了新校区搬迁工作组，出台了《新校区搬迁工作方案》。

五、推进校院体制改革

（一）实施全员聘用工作。召开了岗位设置与管理工作实施动员大会，与全体教职工签订了合同，完成了全员聘用工作。积极推进医药管理学院管理体制改革试点工作，与山西振东实业集团有限公司签署战略合作框架协议，聘任该集团董事长为医药管理学院院长。

（二）大力开展大学文化建设。深入贯彻党的十八大精神，开展大学文化建设大讨论，学校被确定为省级中医药文化宣传教育基地。积极筹划召开学校文化建设工作会议，拟出台《大学文化规划发展纲要》等系列配套文件。

（三）《章程》修订工作。贯彻落实《高等学校章程制定暂行办法》和省教育厅《关于加强高等学校章程制定工作的意见》精神，召开了章程修订工作启动会议，组建了修订工作班子，章程修订正在抓紧进行。

六、党建工作

（一）思想建设。研究制定贯彻落实十八大精神的具体工作安排，印发《关于认真学习贯彻党的十八大精神的通知》，着力推进十八大精神进教材、进课堂、进头脑“三进”工作。深入开展大学文化建设大讨论，有力推动大学文化建设。

（二）组织建设。深入推进党的基层组织建设和党的纯洁性教育活动，扎实开展了系列主题教育活动。召开了学院创先争优总结暨经验交流大会，学院荣获“全国中医药系统创先争优活动先进集体”称号。开展了创先争优表彰活动，16个基层党组织和155名党员受到表彰。

（三）反腐倡廉建设。加强反腐倡廉网络舆情信息和网络评论工作。召开了新校区建设廉政誓师大会，每月定期召开新校区建设廉政教育专题会议，提高了新校区建设者的廉政素养。制定出台了《新校区建设廉政风险防控手册》，切实加强对新校区的廉政防控工作。

（四）落实党风廉政责任制。召开了全校党风廉政建设工作会议，安排部署了2012年党风廉政建设和纪检监察工作。印发了《任务分解意见》，完善“一岗双责”，认真落实党风廉政责任制。

（五）加强人才队伍建设。贯彻落实《关于进一步加强党管人才工作的意见》，隆重召开了学院人才工作会议，成立了学院人才工作领导组，出台了《“十二五”人才队伍建设规划》等配套文件，明晰了人才工作的思路。

（六）工会和扶贫下乡工作。举办了喜迎十八大，建功十二五“建设者风采”师生摄影书法展。加大对扶贫工作的重视力度，积极为和顺县横岭镇旺盛村筹集资金20余万元。

（七）统战和老干部工作。积极开展同心系列品牌活动，召开了民主党派座谈会。在家属区幼儿园的基础上改造老干部活动室，积极为离退休教职工发放独生子女父母一次性补贴。

（八）做好安全稳定工作。全力做好2012年秋季开学的各项工作，成立了安全稳定工作领导组，研究出台了工作方案，通过召开部署会议、联动带班值班、舆情研判、调研座谈、举办应急演练等形式，落实安全维稳责任，确保校园和谐稳定。

（郭宏鹏）

附：山西中医学院党委书记、副书记、委员名单

书　记： 张俊龙

副书记： 马存根　贾学萍（女，10月离职）

委　员： 冯　海　冯前进　杨　波

太原师范学院党委工作概况

党委书记　王尚义

2012年，太原师范学院党政班子深入学习贯彻落实党的十八大精神，以科学发展观为指导，团结带领全院师生在“传承、超越、创新”理念的指引下，深入开展基层组织建设年活动和保持党的纯洁性学习教育活动，围绕中心抓党建，努力提高党建科学化水平。

一、加强党的建设，增强责任感和使命感

（一）学院党委认真学习党的十八大精神、中央、省委各项重大决定等内容。严格坚持党委中心组学习制度，结合学院发展实际制定学习专题，全年共进行了6次党委中心组集中学习，进一步凝聚了发展共识。组织了专题学习论坛、专题学习报告会、培训会，邀请省内知名学者教授来学院作专题报告，围绕提升人才培养水平、申硕建设、新校区建设、全年工作任务、师生员工关注的现实问题和安全稳定等各项工作展开研讨，主动自学、在线学习，撰写学习笔记和论文。思想理论建设上的多措并举，提高了班子把握方向、谋划发展的能力，改革创新、攻坚克难的能力，进一步拓宽了广大干部的工作思路，增强了科学推进工作的使命感和责任感。

（二）坚持完善制度建设，提高决策科学化水平。一是坚持党委会议、党政联席会议、院长办公会议等，自觉贯彻“集体领导、民主集中、个别酝酿、会议决定”的议事和决策的制

度,做到了科学决策和民主决策。二是始终坚持党委领导下的校长负责制,充分发挥好党委的领导核心作用和行政的管理作用。三是坚持民主生活会制度,充分征求群众意见,自觉开展批评与自我批评,增进团结,凝聚干事创业的力量。四是坚持领导联系基层制度,领导深入基层和师生中间调研听课,为各院、系、部更好地开展工作提供指导,为师生提供服务,也为科学决策提供依据。

二、科学决策、谋划大局、锐意创新,不断推动学院快速发展

(一)申硕建设是关系学院上层次上水平的重要工作,意义重大。院党委高度重视,列入重要议程进行研究,从政策、经费、人力方面予以支持。年底,省政府学位委员会组织专家对学院立项建设硕士学位授予单位进行了整体工作验收,专家组全票通过。

(二)新校区建设已经开工37个单体建筑,总面积51万平方米,截止11月份共完成投资9.1亿元。主体已经封顶的有31个,11幢学生公寓和校医院、后勤综合楼已经完成内外装修,开始节能、消防等分项验收;食堂、公共教学组团开始外装修;其他单体正在进行主体结构和二次结构的施工。

(三)教学科研工作有较大突破。进一步确立教学工作的中心地位,先后获得省级教改项目7项、大学生创新性实验项目16项。同时积极开展省级课题《新建高师院校教师教育专业实践教学模式改革研究》工作,努力用理论研究指导和推动教学实践。注重教师教学基本功提升,学院教师在山西省中青年教师教学基本功大赛中,荣获特等奖1个,二等奖2个,三等奖1个。美术系的一名教师在参加全国首届中青年教师教学基本功大赛中,荣获二等奖。加强了专业建设,组织申报舞蹈表演、物联网工程、文物与博物馆学、社会体育指导与管理、翻译5个新专业,资源环境与城乡规划管理专业入选山西省特色专业。学科建设和科研水平明显提升。学院全年共组织申报各类项目277项,获批纵横向项目80项(国家自然基金项目4项),获批经费530.32万元。汾河流域科学发展研究中心的影响力进一步扩大,并成功获批"区域文学研究中心"。学院荣获山西省高等学校科学研究优秀成果奖一等奖1项、二等奖4项。获得山西省第七次社会科学研究优秀成果奖一等奖2项、二等奖1项。

三、深入学习贯彻党的十八大精神,推进党的建设科学化水平

(一)学院党委学习宣传贯彻十八大精神做到"三个全覆盖"和"四个结合"(党支部全覆盖、广大党员全覆盖、基层群众全覆盖;把学习贯彻十八大精神与提升办学层次和提高人才培养质量相结合;与拓展办学空间提高办学效益相结合;与维护好落实好广大师生的切身利益解决好民生问题相结合;与提高我院党的建设科学化水平相结合)。真正把学习贯彻党的十八大精神内化为学院破解难题、推动工作、加快发展的新理念、新部署和新举措,充分发挥了党建思政工作的政治保证作用。

(二)围绕学习贯彻十八大精神。一是院党委组织了党委中心组扩大学习报告会、学习十八大精神专题报告会、专题学习论坛等多种形式的学习,收到了良好的效果。特别是学院与光明日报社联合举办了"学习贯彻十八大精神 科学解读生态文明建设"研讨会,新华社、光明日报社和省内主要媒体进行了报道,扩大了我院的知名度和学术影响力。二是院党委始终把民主建设放在重要位置予以推进,党务公开和校务公开实行联动机制,充实了学院党务公开、校务公开网页,继续完善了党务公开、校务公开体系,拓宽了公开的渠道,丰富了公开的载体,进一步完善了党务公开、校务公开工作。三是院党委始终把大学生思想政治教育摆在重要位置,召开了第三届大学生思想政治工作研讨暨表彰会议,总结经验,加强研究,在如何把中国特色社会主义理论体系、社会主义核心价值体系进一步融入学生思想政治教育中创新思路,丰富载体,进一步提高了大学生思政教育的吸引力和感染力。共青团、统战、老干部和工会工作也取得了一定的成绩。

四、坚持以师生为本的工作理念,做好服务工作

(一)院党委坚持以师生为本的工作理念,班子成员经常深入基层部门和单位调研、走访,注重倾听师生的声音,及时的了解情况、处理问题、化解矛盾。

(二)党政班子高度重视解决教职工生活相关的现实问题。一是千方百筹措资金,重新制定学院校内津贴分配办法,提高了教职工生活待遇,极大地调动了全院上下的工作积极性。二是认真落实贫困生资助计划,为2542名学生办理了生源地贷款;为175名家庭困难学生提供了勤工助学岗位。对16名新疆籍学生不仅给予了助学金的资助,还安排了2.35万元的专项资助经费。三是重视学生心理健康教育,为3027名学生进行了心理健康状况测查,确保了校园和谐稳定。

五、把党风廉政建设工作放在重要位置抓紧抓好

(一)党风廉政建设责任制全面落实。2月份学院分别召开党委会和中层干部大会,传达省纪委十届二次全会、全省党风廉政建设干部大会和全省教育系统党风廉政建设工作会议精神,并提出了落实会议精神的新举措。院党委会共召开5次专题会议,研究学院的党风廉政建设情况。出台了《2012年党风廉政建设和反腐败工作要点》《2012年党风廉政建设和反腐败工作任务责任分解意见》,与全院各党总支和职能处室签订了2012年党风廉政建设责任书,实行党风廉政建设年度考核,收到了良好的效果。每位院领导都认真执行"三谈两述"制度,和自己分管部门的负责人及联系单位的正职以及部分副职进行廉政谈话,全年共谈话80余人次。

(二)党风廉政建设重点工作任务全面完成。一是各级干部能认真贯彻《廉政准则》,加强了作风建设,制定了《关于整治"吃拿卡要"问题 创优发展环境的实施方案》,积极整治吃拿卡要,开展"教育乱收费自查自纠",各部门进行排查,创优

发展环境，提高群众满意度。二是推进惩治和预防腐败体系建设成效显著。加强反腐倡廉宣教工作，开展各种廉政教育活动；加强了制度建设，分三册汇编了《太原师范学院党风廉政建设制度汇编》，健全了惩治和预防腐败长效机制；完成了廉政风险防控二期工作，加快推进廉政风险防控体系建设。三是加强了新校区建设监督检查。首先成立机构，明确职责；其次强化教育，抓好预防同时加强管理，完善程序。

（三）我院党风廉政建设的工作特点。一是立足预防教育，工作扎实。学院将预防教育作为党风廉政建设工作的基础工作抓紧抓好。组织了1300余名师生在观看了电影《忠诚与背叛》，院领导、中层干部带头观看。院纪委组织新校区建设人员和学院管人、财、物部门的领导干部30余人赴晋中监狱接受反腐倡廉警示教育。学院廉政网经过二次改版，栏目丰富，内容翔实，已成为党风廉政教育的亮点和窗口。二是廉政风险防控二期工作完成，细致深入。院纪委审定汇编了以各系部为监控重点的第二册廉政风险排查防控体系，共65个流程图和防控登记表，使全院的廉政风险防控二期工作全面完成。三是新校区建设监督工作起步早，招投标监管特色鲜明。学院新校区建设的监督工作起步早。进一步细化了新校区建设的监督工作，对重点环节和关键领域的监督有新探索，出台了20余项工作制度，监督工作比较到位。

（侯学文）

附：太原师范学院党委书记、副书记、委员名单

书　记： 田润华（女，7月离职）　王尚义（7月任职）

副书记： 王尚义（7月离职）　梁吉业（7月任职）
王敬泽　王亦农

委　员： 吴生彦　张瑞君　王川龙　侯学文　薛建武

晋中学院党委工作概况

党委书记　解根法

2012年，晋中学院在省委、省政府和省教育厅、省高校工委的正确领导与关怀下，学院党委认真学习贯彻党的十七大、十八大精神，在全院上下深入开展了基层组织建设年、保持党的纯洁性教育等系列活动，各级基层党组织的创造力、凝聚力、战斗力进一步加强，广大党员干部的思想修养和工作水平进一步提升。

一、以迎接十八大为主题，全面加强党建和思想政治工作

（一）在全院深入开展基层组织建设年活动。3月份，学院紧紧围绕“强组织、增活力、创先争优迎十八大”这一主题，在全院95个基层党组织中深入开展了基层组织建设年活动。结合学院实际制定出台了《中共晋中学院委员会在创先争优活动中深入开展基层组织建设年活动的实施方案》。活动开展前，组织全院24名党总支书记提前集中学习了活动的重大意义和有关要求，切实提高了活动的实效性和针对性。活动中，对全院95个基层党组织进行调查摸底和分类定级，17个党总支和48个党支部被定性为先进，7个党总支和23个党支部被定性为较好，有3个党总支和4个党支部在对标整改、晋位升级阶段由较好升级为先进。针对分类定级中各级基层党组织发现的活动场所不足、活动费用紧张等问题，学院党委及时进行研究解决，在学院新校区为每个党总支、党支部统一规划了党员活动场所，为每位党员每年拨付培训活动费用30元，纳入学院财务年度预算，做到专项列支，基本保证了各党总支、党支部日常党务活动的开展。

（二）全院深入开展保持党的纯洁性学习教育活动。院党委以思想教育、正面教育、自我教育为主，以中层以上领导干部和领导班子为重点，在学院两级领导班子和党员干部中开展了为期半年的保持党的纯洁性学习教育活动。召开了校、院两级班子成员和各职能部门科级以上干部参加的动员大会，并通过宣传栏、专题版面、校报、校园广播、校园网等多种形式宣传活动的重大意义。先后邀请省内知名专家学者来校作专题报告，组织全院党总支、党支部书记赴左权麻田、黎城黄崖洞、河北涉县等地接受革命传统教育和理想信念教育，组织指导各党总支、党支部召开了保持党员纯洁性学习教育专题民主生活会。

（三）扎实推进十八大精神“三进”工作。为迎接党的十八大的胜利召开，学院相继组织开展了“喜迎十八大 青春展风采”、“谈学习 看发展”、“迎接十八大 志愿者在行动” 等系列主题活动，在全院师生中开展了“党在我心中”主题征文活动，举办了十八大专题形势报告会，为十八大精神“三进”工作营造了良好的舆论氛围。学院24个党总支、71党支部采取多种形式，组织广大党员干部和师生员工集中收听收看了党的十八大开幕式盛况，通过座谈会、主题讨论会等方式组织师生员工认真学习领会十八大精神，通过宣传栏、标语、橱窗、板报等宣传阵地，利用新闻网、校报、广播电台等校内媒体，及时开展宣传教育，积极创设了十八大精神“三进”工作的渠道。编印下发了《关于学习宣传贯彻党的十八大精神的通知》，对全院学习宣传贯彻十八大精神进行了统一部署。校、院两级中心组进行了十八大精神的专题中心组学习；邀请省内知名专家学者举办了十八大精神专题报告会；思政课教师及时将党的十八大精神引入课堂，进行宣讲，有效地激发了学生学习政治、关心国事的热情；全体中层以上干部和师生党员结合工作学习实际，认真撰写了学习十八大精神的

心得体会；各级党组织、各部门、各班级通过专题讲座、座谈会、学习讨论、知识竞赛、主题班会、主题网站、主题征文、主题团日活动等多种形式，深入推进十八大精神的学习传达。

（四）切实做好安全稳定工作。钓鱼岛等事件的持续升级为高校安全稳定工作带来新的挑战。为营造和谐安全稳定的校园环境，以实际行动迎接党的十八大胜利召开，学院成立了校、院两级安全稳定工作领导组，明确书记、校（院）长同时为安全稳定工作第一责任人，分管学生工作副书记为直接责任人；通过举办形势与政策课程讲座，引导学生正确判断国际国内形势，相信党和国家处理国际问题的能力，以理性正确的方式表达爱国诉求；对全院学生思想动态进行研判，广大辅导员、班主任深入到班级和学生宿舍，及时掌握学生的思想动态，主动开展正面宣传引导，通过个别谈心、集体辅导、心理咨询等方式帮助学生化解矛盾、解决问题；重点开展对学习、教学及生活设施进行保障检查，对影响学院安全稳定的隐患和矛盾进行全面排查，通过奖助贷等方式切实解决家庭经济困难学生的学习和生活问题。经过各级基层党组织和相关职能部门的共同努力，一年来，学院师生整体思想状态稳定，工作学习秩序正常，为学院各项事业健康发展提供了良好的校园舆论环境和坚实的安全保障。

二、以新校区建设和本科教学工作合格评估为中心，全面推进各项事业健康发展

（一）优质高效地完成省委、省政府确定的新校区建设任务。高校新校区是省重点工程，时间紧、任务重、要求高，为加强新校区建设的组织领导，学院党委从新校区建设之初就及时对领导分工进行了较大调整，除重大事情进行上会研究外，由一名副书记、副院长分别主持党政日常工作，书记、院长、一名副书记、一名副院长集中精力搞新校区建设；学院党委坚持以新校区建设为工作重心不动摇，想方设法，克服困难，确保决策不误事，解决小问题不过夜，大问题不拖延。先后分三批从全院19个部门抽调25名素质高、责任心强、具有奉献精神的同志组成新校区建设办公室，并深入施工一线，实行按楼包干责任制，做到职责明确，责任到人。截至年底，学院已完成投资额11.25亿元，规划60栋单体已完成主体封顶58栋，其中3月入驻区12个单体69032平方米基本交付使用，9月入驻区46个单体，370222平方米完成封顶，正在实行两次结构施工，为实现省政府确定的2013年春季4000名学生入住，10月前完成整体搬迁的目标做好了全面充足的准备。

（二）做好迎接教育部本科教学合格评估的启动准备工作。教育部本科教学合格评估是学院面临的又一件具有里程碑意义的大事。为提高班子成员对本科教学工作合格评估的思想认识，1月5日，学院召开党委中心组学习会议，专题学习讨论了《普通高等学校基本办学条件指标（试行）》《普通高等学校本科教学工作合格评估实施办法》《普通高等学校本科教学工作合格评估指标体系》等有关文件，严格对照评估要求的“三个基本”和各项办学指标要求，深入查找了学校各个层面存在的问题与不足。学院进一步加强教学管理，构建和完善了以课程为核心的教学平台和管理平台；进一步完善了教学质量监控体系，加强教学督导和听课评课制度，通过“网上评教、学生评价、教指委评定”三结合的方法开展了教师评教工作，组织开展了第三届、第四届青年教师课堂能力考核工作；进一步推进课程建设与改革，立足学生全面化、个性化发展需求，鼓励教师开设公共选修课程，积极探索大学英语、高等数学、大学计算机、大学体育、思想政治教育等课程分类分级考核新机制；进一步强化应用型人才培养的实践教学力度，先后组织师范类毕业生1056人分赴阳泉郊区、平定、昔阳、寿阳、左权6个实习支教点开展为期半年的实习支教工作；积极探索校地合作、校企合作、校校合作的新模式，加强实习实训基地建设，培养应用型人才的实践能力。通过宣传、学习、教育，进一步增强了广大师生对评建工作的紧迫感、危机感、责任感，统一了思想，提高了认识。

（三）推进学院各项事业蓬勃发展。学院在确保两个中心的同时，教学、科研、学生、服务等方面都取得长足的发展：新增本科专业3个，学士学位授予专业达到26个，确定大学生创新创业训练1项，获得全省高校教改重点项目1项，普通项目1项。招聘硕士以上学历教师34名，专职辅导员5名：其中博士2人，985院校5人，211院校4人；有5名教师晋升教授职称，12名教师晋升副教授职称，师资队伍力量进一步增强。学院立足地方经济社会发展，继续加大科学研究力度，获批山西省科学项目13项，获省社科联优秀成果奖1项，成立了“晋中文化生态研究中心”，取得省级科研基地零的突破。充分发挥学科人才优势，积极参与各种赛事，获全国第九届大学生运动会毽球男子团体冠军、第五届全国大学生机械创新设计大赛二等奖、第十六届“外研社·亚马逊杯”全国大学生英语辩论赛三等奖等一系列奖项，学院综合竞争力和社会影响力进一步增强。

三、以落实党风廉政建设责任制为主线，全面构建惩治和预防腐败体系

（一）加强廉政学习宣传教育，筑牢思想防线。全省教育系统党风廉政会议召开后，学院党委立即组织中心组学习，学习贯彻会议精神，并组织召开学院处科级干部党风廉政会议，先后为处级干部发放了《领导干部廉洁从政教育读本》，组织科级以上干部观看了新编历史剧《廉吏于成龙》、警示片《背叛与忏悔》，组织总支书记和职能部门负责人到八路军总部纪念馆参观学习，对新任职的40余名处科级干部进行了廉政谈话，给全校党员发了廉政贺卡。通过形式多样的学习教育活动，进一步坚定了干部的理想信念，增强了干部的廉政意识和服务意识。

（二）加强党风廉政建设责任制的落实，推进惩防体系建设。学院印发了《晋中学院2012年度党风廉政建设反腐败工作责任分解意见》，按照“谁主管、谁负责”的原则，明确了各项工作的责任主体、责任考核和责任追究。各位班子成员能够做到各负其责，认真抓好分管部门的党风廉政建设工作。

学院党委还将廉政建设责任制纳入干部年度考核当中，处级以上干部每年年底要进行廉政考核，接受群众评议，考核结果会记入廉政档案，作为干部奖惩提拔的重要依据。通过抓干部廉政责任制考核，进一步增强了勤政廉政意识和服务意识。

（三）加强监督检查工作，切实规范工作秩序。学院加强了对教材图书、仪器设备和大宗物资采购的招标工作监督，保证了招标工作的公平公正。加强了对学生奖助学金发放和评定各种补助的监督，加强对资金发放环节的监督，确保国家的政策体现和落实到位。实现了干部考核、教师招聘、英语四六级考试等项工作纪委人员的全过程参与监督。开展了治理教育乱收费专项活动，同各教学学院和职能部门负责人签订了责任书；印发了《晋中学院"整治'吃拿卡要'问题创优发展环境"专项活动的实施方案》，成立了以书记、院长为组长的专项活动领导组，在全院范围内开展了为期4个月的专项整治活动。通过认真自查、各项工作程序更加规范，工作效率大大提高，进一步优化了学院发展环境。

（四）极开展了党务公开工作。学院坚持把党务公开作为加强党内民主监督，推进党内民主建设的重要内容。印发了《晋中学院党务公开组织机构及职责》，党委、总支、支部都成立党务公开领导小组，制定出台了一系列文件，在全院各级党组织中建立健全了党务公开制度，推进了例行公开、依申请公开、责任追究等工作科学化、规范化。建立了党务公开专题网站，对学院党建工作、干部任免、大事要事等内容予以及时公开，全面提高了党务公开工作水平，扩大了党员的知情权、参与权和监督权，密切了党群干群关系。

（五）加强新校区建设监督工作，确保新校区成为优质工程、安全工程、廉洁工程。学院党委采取预防为先、教育为主、制度约束、监督到位的工作方法，确保工程建设中不发生违规违纪行为。主要做法是："六到位，一公开"（人员到位、机构到位、制度到位、教育到位、预防到位、监督到位、信息公开）。

（王　栋）

附：晋中学院党委书记、副书记、委员名单

书　记：解根法

副书记：孙建中　马建华（2月离职）

委　员：刘润生　杨高才　梁云阶　卫二平

市、县(市、区)委工作概况

中共太原市委工作概况

市委书记　陈川平

截至2012年底，太原市共有基层党组织10666个，其中党委402个，党总支部455个，党支部9809个。共有党员207017名。

2012年，在省委、省政府的正确领导下，太原市委以邓小平理论、"三个代表"重要思想、科学发展观为指导，认真学习贯彻党的十八大精神，坚决贯彻落实党中央和省委、省政府的决策部署，经济呈现良好增长势头，全年完成地区生产总值2311.43亿元，同比增长10.5%；固定资产投资1320.63亿元，增长28.9%，规模以上工业增加值782.96亿元，增长13.5%；财政总收入454.49亿元，增长15.6%；城镇居民人均可支配收入22587元，增长12.1%；农民人均纯收入10079元，增长13.4%，率先转型跨越发展、建设一流省会城市迈出坚实步伐。

一、深入学习宣传贯彻党的十八大精神

市委把学习宣传贯彻十八大精神作为首要政治任务，及时召开市委常委扩大会和中心组学习会，传达学习大会精神，发出深入学习宣传贯彻十八大精神的《通知》。市委常委带头，深入基层宣讲辅导。对1200余名市管干部和乡镇、街道党组织书记集中轮训，组建十八大精神宣讲团，分赴全市宣讲。各级各部门结合实际，认真贯彻中央和省市委要求，迅速兴起了学习宣传贯彻十八大精神的热潮。

二、加快一流新兴产业基地建设

立足自身优势，着力引进龙头企业，大力培育支柱产业，坚持走高端化、园区化、循环化、集群化和信息化的路子，全面构筑现代产业新体系。加快推进工业新型化，出台《太原工业振兴行动方案》，推动工业化和信息化融合。引进江铃福特汽车、中星微电子、三一科技工业城等一批重大新兴产业项目。坚持把大力发展服务业作为重点，推动总部经济、物流、金融、会展等现代服务业发展。加快旅游与文化、科技融合发展，成功举办中国北方旅游交易会等重大展会，实现旅游总收入355.6亿元，增长28.5%。大力发展现代都市农业，促进农民增收致富，推进新农村建设。坚持"一村一品"、"一县一业"，启动十大现代农业主题产业园规划建设，农业龙头企业实现销售收入101.13亿元，增长10%，带动农户18万户。同时，进一步完善农业社会服务体系，稳步推进集体林权制度改革，积极推动扶贫开发和连片示范区建设。

三、加快一流自主创新基地建设

大力推动制造与创造互促，实现信息技术与新材料、新能源、新制造、生命科学结合，形成以企业为主体、市场为导向、产学研有机结合的创新体系。强化企业的自主创新主体地位，提升企业自主创新能力，在通泽重工等7家企业建立院士工作站，华顿实业和汾西重工建成国家级企业技术中心，中绿环保被确定为国家级国际科技合作基地。积极推进产学研合作，科技成果转化率达到58%。加快高新技术产业发展，积极推进专业科技园区建设，形成了新材料、新能源、文化创意、物联网等新兴产业集群。进一步优化科技创新环境，出台《关于加快建设一流自主创新基地的实施意见》，加大科技投入力度，促进科技与金融结合。全年专利申请8500件，授权3900件，均增长30%。

四、加快一流现代宜居城市建设

紧紧抓住太原城市群上升为国家战略的机遇,按照全省“一核一圈三群”的部署,建设智慧太原、美丽太原。高起点做好城市规划,完成了《太原都市区域规划》和《城市总体规划》,启动1460平方公里范围内控规编制。启动太榆科技创新城和太原晋中共建区建设规划。全面加快南部区域建设,扎实推进汾东商务区、晋阳湖区建设,南客站工程基本竣工。加强城市基础设施建设,完成投资163亿元,新建改建20条城市道路,对一批小街巷进行全面改造。积极推进水电气暖和污水、垃圾处理等公用设施建设,提升了城市的综合承载能力。大力推进“净化太原”、“气化太原”和“绿化太原”建设,加快推进数字化城市管理。坚持公交优先发展战略,新增600台新能源公交车,1.2万辆自行车投入使用,跻身创建“公交都市”示范城市行列。全年造林49.48万亩,城区绿化覆盖率和绿地率分别达到39.07%和34.18%;环城森林公园建设成效明显,初步形成两道绿色生态屏障。全年二级以上天数达到324天,比上年增加16天,环境空气质量首次达到国家二级标准。

五、全面深化改革开放

积极启动转型综改试验先导区建设,一批重大转型项目快速推进。转型综改行动方案获省批复。选派干部到国家综改试验区挂职学习。积极推进与北京学习对接,加强同晋中合作交流。太原武宿综合保税区和城市轨道交通项目获国务院批准,18个省级标杆项目进展顺利。试点县区、园区和企业建设扎实推进。加快推进效能政府建设,实现“两集中、两到位”,实施新的固定资产投资项目联合审批流程再造,固定资产审批由310个工作日压缩为45个工作日,事业单位的公共服务由164个工作日压缩为58个工作日;行政审批事项383项精简为168项,效能政府建设取得突破性进展。进一步提高对外开放水平,引进了福特、三一重工、华润集团等世界500强、国内500强企业。全年实际利用外资7.82亿美元,引进境内资金569.14亿元,分别增长15.2%和52.8%。大力发展民营经济,出台《关于大力推进民营经济转型跨越发展的实施意见》,加大支持力度,帮助民营企业解决融资难、用地难等问题,民营经济在全市经济总量中的比重进一步提高。

六、全面加强宣传思想文化工作

加强社会主义核心价值体系建设。率先在全国省会城市提炼并大力践行“包容、尚德、崇法、诚信、卓越”的城市核心价值观,“忠诚、为民、务实、清廉、卓越”的公务员核心价值观和“公、廉、严、能、信”的领导干部核心价值观。不断引深群众性精神文明创建活动,城市文明程度指数排名位居全国省会城市提名资格城市第二。高度重视舆论监督,健全网络舆情引导机制,荣获“全国舆情信息工作先进单位”称号。加大对外宣传力度,进一步完善公共文化服务体系,丰富省城群众精神文化生活,基本形成市、县、乡、村4级文化基础设施网络。不断推进文艺精品塑造工程,打造晋剧《傅山进京》、话剧《信仰之光》等一批优秀剧目。加大文化产业招商引资力度,引进资金10.3亿元。继续深化文化体制改革,公益性文化事业单位的活力和转企改制院团的市场竞争力明显增强,文化体制改革阶段性任务基本完成,再次荣获“全国文化体制改革工作先进地区”称号。

七、全面抓好民生改善和社会管理

进一步深化就业和社会保障,大力推进创业型城市建设,不断完善社会保障体系,企业退休人员养老金在中部省会城市保持最高,新农合定点医疗机构“先住院后付费”模式让105万参合群众受益。开工建设各类保障性住房53401套,竣工9426套,为省下达任务的128%和124%。年初向市民承诺的“十件实事”全部落实,民生财政支出达到172.9亿元,占公共财政支出比重达到82.7%。深入推进百校兴学工程,新建、改扩建项目学校59所、公办幼儿园30所。“百院兴医”一期工程25个新改扩建项目顺利推进,基本药物制度和公立医院改革试点工作全面铺开,乡村医生进退流转模式在全国推广。全面加强社会管理和维护社会稳定工作,坚持筑牢“源头预防、动态控制、应急处置”三道防线,深入开展矛盾纠纷排查,全力抓好信访积案化解、重大突发事件处置等工作,十八大期间,信访工作实现“双零”和“四个不发生”,全年信访总量下降42.1%。推进14个社会管理创新重点项目的落实与成果转化。突出抓好重点行业和重点领域的安全管理,组织开展重大安全隐患有奖举报活动,消除安全隐患4485个。

八、全面加强民主政治建设

坚持和完善人民代表大会制度,顺利完成市十三届人大及其常委会的换届和省人大代表的选举工作。突出立法重点、提高立法质量,制定修订初审5件法规。深入开展执法检查,对重要法规和决议决定进行执法“回头看”。坚持和完善中国共产党领导的多党合作和政治协商制度,拓宽政治协商、民主监督、参政议政渠道,推进协商民主。支持政协围绕全市中心工作开展重点课题调研。坚持“双月座谈会”等6项政治协商制度,全面推进“同心发展”八大工程,加强和巩固与党外人士的联盟。坚持依法治市,进一步建立健全基层群众自治制度,政务、厂务、村务“三公开”稳步推进。人民调解和特殊人群管理服务工作力度不断加大,“六五”普法途径进一步拓宽。市、县两级党委“社情民意通道”成为人民群众反映诉求的重要渠道。工会、共青团、妇联等人民团体的优势和作用有效发挥。连续第七次荣获“全国双拥模范城”称号,军民融合式发展不断深化。

九、全面提高党的建设科学化水平

认真落实中央八项规定,大力改进作风。围绕精简会议文件、搞好调查研究、规范新闻报道分别制定了《实施办法》。大力发扬优良传统，认真学习"右玉精神"，深入开展"向人民汇报、请人民评议"、为人民群众"办实事、解难事"活动，扎实做好包村包企工作。坚持对标一流定目标、"一事一表"作计划、调度例会抓落实、活力曲线抓考评，有力地促进了干部作风转变，密切了党群干群关系，提高了公信力和执行力。全市各级党组织扎实开展保持党的纯洁性学习教育活动，达到了提升党性修养、加强组织纪律、巩固基层组织、服务人民群众、促进各项工作的目的。不断引深创先争优活动，以"对标一流在太原"为主题，组织开展"并州先锋在行动"等活动。坚持民主集中制，进一步完善领导班子议事规则和决策程序。坚持德才兼备、以德为先、注重实绩、群众公认的用人导向。全面落实"869"人才计划，引进11名院士、25名"千人计划"人才和一批高端人才。认真抓好基层党组织建设，深入开展基层组织建设年活动，非公经济组织党组织组建率达到100%，社区"三有一化"建设得到加强，乡镇文建明工作法、农村"四议两公开"工作法、星级社区创建、农村星级党组织创建、社会组织党组织集中组建"五个全覆盖"深入推进。全面落实党风廉政建设责任制，出台惩治和预防腐败体系建设的《指导意见》，建立具有太原特色的反腐倡廉长效机制。以落实决策部署为重点，加大监督检查力度，确保政令畅通。加大宣传教育力度，组织开展典型案例警示教育、廉政教育和廉政文化建设。巩固煤焦领域反腐败专项斗争和工程建设领域专项治理成果，深入开展"小金库"、公务用车等专项治理。做好阳光农廉网建设等工作，加强农村党风廉政建设。强化案件查办，切实维护了党纪政纪的严肃性。

（谢　洋）

附：中共太原市委书记、副书记、常委名单

书　记： 陈川平

副书记： 廉毅敏　荣　彤

常　委： 郐天敌　李俊明（1月离职）　李志江　弓　跃　任在刚（1月任职）　高　键　张春根　柳遂记　刘海芸（女）　贠自博（3月离职）　张金旺　蒋　鹿（3月任职）

中共小店区委工作概况

区委书记　张金旺

2012年，小店区委在省委、市委的坚强领导下，团结和带领全区干部、群众，紧紧围绕建设现代化都市新区，巩固全省第一区，跨入一流省会城市一流城区目标，真抓实干，奋力拼搏，全区经济社会保持了良好发展势头，共荣获国家级荣誉31项、省级荣誉118项、市级荣誉314项。由中国中小城市经济发展委员会等联合发布的"2012年度中国市辖区综合实力百强"名单中，小店区名列74位，是山西省唯一入选"百强"的市辖区。

一、着力抓好项目建设，转型跨越开创新局面

全年地区生产总值完成291亿元，同比增长8.3%；社会消费品零售总额完成344.3亿元，同比增长17.1%；固定资产投资完成285.2亿元，同比增长35%；财政总收入完成35.3亿元，同比增长16.4%；一般预算收入完成18.2亿元，同比增长22.6%；规模以上工业增加值完成14.5亿元，同比增长18.7%；农民人均纯收入完成13665元，增长13.7%。

全力服务经济区、高新区、保税区、南站片区、汾东商务区、龙城片区发展。完成保税区征地1400余亩，迁坟700余座；完成南站片区全部征地，拆迁16.5万平方米。完成铁路三项工程引入太原枢纽工程全部征地、迁坟任务，拆迁42.9万平方米；完成汾东商务区4条道路全部征地任务，拆迁8万余平方米；完成联盛城市综合体、云计算、罗克佳华3个项目全部征地；完成龙城片区征地1390亩。

全年共谋划储备项目50余项，实施各类重点项目66项，总投资近700亿元。平阳景苑、茂业天地、华宇商业中心等重点项目开工建设。完成国家、省、市重点项目固定资产投资125.76亿元。

实际利用市外、境外资金108亿元。参加中博会、晋商大会、能博会，共签约物联网产业园区、联盛城市综合体等项目13个，总投资445.74亿元。资金到位全省第八、全市第一。

全力推进总投资531亿元的19个现代服务业重点项目。阳光五星级酒店等16个项目开工建设。引进昆烟、汇镪磁材等大型项目，推动煤机、山西电机厂搬迁、扩产改造。青玉食品加工园、华辰葡果休闲农业园列入全市现代农业十大主题产业园。

二、着力统筹城乡发展,宜居宜业城区建设取得新突破

东山五龙城郊森林公园顺利建设，投资4000万元基本完成路、水、电等基础设施建设,投入1.5亿元完成一期绿化面积4300亩。小店区被评为全省两区增绿工程先进单位。

深入推进改善省城环境质量行动，完成14个城中村集中供热及燃煤锅炉改造,拔掉黑烟囱8682根;完成134台分散采暖燃煤锅炉、42台常年运行燃煤锅炉替代改造。全区供暖扩网近700万平方米,承担完成了全市供热改造任务的近60%。在全省首家全城镇使用LED路灯照明。万元GDP能耗比年计划3.5%降低近1个百分点。

汾东文体中心、消防特勤中心、法院审判大楼、税政服务中心等公共工程规范推进。平阳景苑完成投资35.8亿元。投资1100万元改造晨光西街、永康北路、都乐街东延等小街巷。开工建设保障房7674套。启动实施新庄等3个整村拆迁。开展新农村建设“回头看”活动,“五个全覆盖”水平领先全省。

深入推进城乡清洁工程,单元达标率75.2%。集中打造了六大亮点社区群,组建街、乡(镇)城乡管理联合执法队。全市数字城管绩效考核、市容环卫绩效考核连续居全市第一。加大打击力度,查处违法用地1417亩,拆除违法建筑28处。

三、着力强化社会服务管理,和谐小店建设迈出新步伐

深入开展区级领导大接访，在全市创新开展安全隐患、矛盾纠纷、基层困难大排查大化解活动,十八大期间实现赴京非正常上访、集体上访“双零”和“四个不发生”目标。

率先在全市建立“三位一体”安全生产隐患排查治理模式和“黑名单”制度,在城中村全面实施消防“四个基础”建设。全年安全设施投入达3000多万元。深入开展重大安全隐患有奖举报活动,一大批安全隐患有效排除。

开展计划生育和户籍管理、违法占地违法建设清理、“两法一制度”规范运行、改进工作作风规范从政行为等4项整治行动。

建立基层社会服务“网格化”体系,全面推行以“四议两公开”工作法、新修订《农村工作九项制度》为核心的农村管理机制,相继完善农民工工资保障、流动人口服务管理、城市行政执法3项管理机制。

四、着力改善民生,发展成果普惠更多群众

在一般性支出和“三公”支出明显下降的情况下,区财政在惠民领域共计投入资金13.3亿元，占财政总支出80%以上,成为全省县区级财政中民生投入总量最大、比例最高的县区之一。

推行城乡低保标准一体化,达到400元。城镇居民基本医疗保险参保人数全市第一。城镇登记失业率控制在3.25%以内。全面推行“一站式”城乡医疗救助模式,实行救灾资金“一卡通”发放新模式,开展高龄老人、散居孤儿和困难职工帮扶行动。在全面完成为全区人民办的“十件实事”基础上,投资6000余万元开展为人民群众“办实事、解难事”活动,平价直销菜店等68件实事圆满完成。

投资1.5亿元新建38中、八一小学教学楼,完成4所学校配套建设。投入3000万元对中小学进行二期标准化配备。安排专项资金500万元用于师资培训。义务教育阶段生均公用经费每生增加200元,全市最高。安排科技项目专项经费2706万元,占到区本级财政一般预算支出的1.5%,科技工作在十县(市、区)中唯一连续5年全市优秀。秧歌《农家乐》荣获山西省全面深化文化体制改革以来优秀文艺作品奖;人武机关规范化建设被警备区部队学习借鉴。双拥、粮食、民族宗教、残联、气象、防震减灾等事业也取得了新成绩。

五、着力加强党的建设,执政基础更加牢固

充分发挥区委领导核心作用，支持人大发展人民民主;支持政府解放思想、创新实干;支持政协完善民主协商机制;支持群团组织依照各自章程开展工作。

在全区科级干部中连续3年开展“双包三联”活动,在全区扎实开展矛盾纠纷、安全隐患、基层困难大排查大化解活动。认真落实中央八项规定,严格区委二十条规定,党员干部作风更加扎实。

深入开展保持党的纯洁性学习教育活动,衡量活动成果的“五项重点工作”圆满完成。实施“领头雁”培训计划,涌现出马福保等一批先进典型。实施非公党建和社区网格管理全覆盖工程,亲贤社区“蓝马甲”网格服务模式受到社会广泛赞誉。

组织各级“一把手”带头讲党课,组织各级干部观看警示专题片、电影和廉政话剧。全年共处分43人,组织处理18人,特别是严肃查处了引起广泛关注的媒体事件中涉嫌违法违纪人员,严肃查处了个别村(居)干部违法违纪案件。

(张　茹)

附：一、中共小店区委书记、副书记、常委名单

书　记：张金旺
副书记：陈向阳(7月离职)　杨继承
常　委：李恩星　冯原平　宋晓丽(女)　张建平
刘永华　高筱燕(女)　边军红

二、乡镇(街道)党委(党工委)书记、副书记名单

坞城街道

书　记：马　明(1月离职)　李素梅(女,1月任职)
副书记：常增荣(1月任职)　邢　炜　原密云(女)
郭改琴(女)　刘素林(挂职,1月离职)

营盘街道

书　记：李天亮
副书记：靳贤亮(1月离职)　姚卫民(1月任职)
任宝中

李凤山　王定国

北营街道

书　记：高彤燕（1 月离职）　张志中（1 月任职）

副书记：魏志刚（1 月任职）　王卫民　许文阁

张　震

平阳路街道

书　记：王成周

副书记：张俊兵　任贵贵　张志杰

郭国权（1 月离职）　杨晋霞（女，1 月任职）

黄陵街道

书　记：侯继保

副书记：王保文（1 月离职）　李明全（1 月任职）

尚红宝（1 月任职）　吴德胜　肖桂峰

小店街道

书　记：任效杰（1 月离职）　李经魁（1 月任职）

副书记：张志中（1 月离职）　米贵文（1 月任职）

武建平（1 月离职）　刘仙梅（女，1 月任职）

张惠梅（女，1 月离职）　温喜昌（1 月任职）

高云兵

龙城街道

书　记：樊胜利

副书记：李　健（12 月离职）　任朝华（女，1 月任职）

焦玉宝（1 月离职）　焦继华（1 月任职）

刘子英

西温庄乡

书　记：陈晨明

副书记：李太平（1 月离职）　张惠梅（女，1 月任职）

任润兰（女，12 月离职）

刘家堡乡

书　记：荣杰峰

副书记：王保文（1 月任职）　郑德勇

北格镇

书　记：雍志斌

副书记：魏志刚（1 月离职）　郭国权（1 月任职）

刘仙梅（女，1 月离职）　田忠军（1 月任职）

中共迎泽区委工作概况

区委书记　郜天敬

迎泽区现有党委 23 个，党总支 49 个，党支部 956 个，党员 11355 名。2012 年，迎泽区在市委、市政府的坚强领导下，按照“一年强基础，两年大变样，五年创一流”的时间表，坚定目标不旁骛，稳中求进促转型，抓重点，攻难点，求创新，增亮点，全力打好主动仗和攻坚战，迎泽区经济、政治、文化、社会、生态和党的建设局面发生了明显变化。

一、突破转型重点，产业布局和结构发生明显变化

以迎泽大街为中心，打造以金融总部为重点的现代服务业总部区，以柳巷、朝阳街传统商贸区为重点，打造传统服务业和文化创意、旅游休闲等新兴服务业总部基地，以企业创新园为载体，在东山地区打造生产型、创新型中小企业研发总部基地，着力形成以区域龙头为示范、重点楼宇为载体、品牌企业为带动、优质服务为支撑的总部经济发展格局。按照这一布局，实施了“510”工程，引入了赛博数码、鸿星尔克、屈臣氏、安普电动汽车等大型企业区域总部；建设了景峰国际、鼎元时代中心、万邦国际等 10 个楼宇总部经济发展基地；打造了佰源智能、瑞飞机械、中鲁物流等一批智慧型、知识型、创新型企业研发总部基地，并被科技部确定为国家火炬特色产业基地；引进了专业化餐饮服务管理公司，对衰落已久的食品街进行特色餐饮街升级改造和经营结构重整提升。在能博会、晋商大会签约太原国海广场等 14 个重大项目，协议资金 191 亿元，全力服务和推进 14 个省、市重点项目，累计完成投资 41.3 亿元，是全市唯一全面完成各项经济指标的县（市）区，地区生产总值绝对量、社会消费品零售额增幅排名全市第一，农民人均现金收入增幅排名全市第二。

二、攻克城建难点，城市承载力和环境面貌发生明显变化

在全市率先打响棚改攻坚战，启动具有标志性意义的东岗棚户区改造，完成了 1135 户居民 99.3%的房屋征收任务；集中攻坚双塔景区、铁路三项枢纽工程等省市重点城建工

程,高起点完成双塔景区总体规划设计,启动了核心区朝阳片区综合整治和朝阳街道路改造,完成了铁路三项枢纽95%房屋征收任务;集中攻坚老旧片区整治,拆除各类违建3000余平方米,立面粉刷和楼体整饰40余万平方米,新建绿地1800余平方米,对柳巷、庙前片区范围内的30余条小街巷进行全方位、高标准综合改造和整治;引深城乡清洁工程,对全区1006个无物业楼院实施专业长效保洁,提升城市主干道的清扫保洁标准;完成5个城中村"村改居"和133用地规划,郝庄村整村拆除签订协议率达到94.8%。

三、全面集中治理,生态环境发生明显变化

高标准推进生态环境建设,完成106台分散采暖和常年运行燃煤锅炉拆除任务,通过对占全市困难小区环境整治任务1/3的满洲坟、西里、老军营、南海街、柳南等困难小区和城中村进行集中供热改造,对东岗棚户区、双塔北路南延区段、铁路三项工程迎泽段、枣园新区进行拆迁,累计共拆除2700余台土小锅炉和燃煤设施。启动南沙河5.2公里截污工程,铺设管道4700米,完成总任务的90.4%,建成104座污水检查井,完成总任务的90%。完成了35条道路行道树补植补种,新建2条高档次花卉街,严厉打击私挖滥采和违法占地,增加造林面积2万亩,林地认养面积达1.2万亩。

四、做实民生工程,人民生活质量发生明显变化

深入开展"办实事、解难事"活动,办了20余件民生实事。在全省率先实施了婚姻登记全免费。新改扩建了7所中小学3所标准化公办幼儿园,为21所学校高标准配置了设施设备,19所学校通过太原市标准化学校评估验收,获山西省中小学德育工作先进县区荣誉称号。建成并免费开放了区文化馆、图书馆、美术馆和郝庄综合文化站。基层医疗卫生机构多渠道补偿机制逐步建立,社区中医药工作迈入全国先进行列,城乡基本公共卫生服务实现全覆盖。强化流动人口服务管理,人口自然增长率控制在5.19‰以内。建成功能齐全、设施完备的残疾人综合服务中心。对困难群众实施每人每年200元门诊医疗救助,新农合最高支付限额提高到10万元。扩大社会保险覆盖面,城镇基本养老、基本医疗、失业、工伤、生育等各类保险累计参保人员达22.96万人,新农保参保人数覆盖率达95%以上。对特困人群基本生活,城市低保边缘户救助、大病医疗救助、突发灾害临时救助及慈善救助、高龄津贴、散居孤儿补助全面提标扩面,全年支出救助金677.72万元,累计救助困难群众16664户(人)次,足额发放义务兵优待金876.7万元。新建6个社区菜市场、提档升级30个社区流动蔬菜直销点,政府出资对全区1006个无物业管理小区楼院进行清扫保洁。新建、改造公厕40座,对外开放单位厕所50余座,开工建设保障性住房3705套。积极拓展居家养老试点,为1500余名空巢(独居)老人发放"爱心一键通"手机,南海二社区居家养老工作被中央电视台新闻联播报道。

五、夯实基层基础,基层党建格局发生明显变化

大力推进"基层组织建设年"活动,突出社区、非公经济、农村3个关键领域,完善街道"大工委制"和社区"兼职委员制",全面推行社区网格化管理服务工作,投资1000余万元,以新建、改扩建、调剂置换等方式解决了22个社区的工作场所;扎实推行"四议两公开工作法"、"文建明工作法",开展了农村星级支部创建活动;选派300余名党建指导员,建立非公经济党组织598个,圆满完成两个"全覆盖"。开展"问人民所需,向人民承诺、让人民满意"、"党员领导干部下基层解难题办实事见成效"、"党员一句话承诺"等主题实践活动,创先争优和保持纯洁性活动效果明显,荣获全省创先争优活动先进县市区党委称号。各领域党建统筹推进,189个基层党组织经过整改实现了晋位升级,在全市基层党建工作责任专项述职民主测评中名列第一。

六、狠抓正风肃纪,干部队伍能力和作风发生明显变化

把基层和实绩导向作为选拔干部的重要取向,在干部调整中扩大基层干部比例,从街镇选拔交流干部77名,是历次街镇干部被提拔使用最多的一次,重用18名长期工作在拆迁、维稳、项目建设一线的优秀干部;把严肃纪律作为管理干部的重要方面,狠刹"吃拿卡要"恶劣作风,深入推进"整肃作风纪律、优化发展环境"活动,严肃查处纪律松驰问题。

(彭利兵)

附:一、中共迎泽区委书记、副书记、常委名单

书　记:邹天敬

副书记:刘文华　阎生华

常　委:侯富田　张志勤　梁宏宇　孟永宁　秦　琦
詹玉梅(女,7月离职)　冯润春(7月离职)
刘锦春(女,7月任职)

二、乡镇(街道)党委(党工委)书记、副书记名单

迎泽街道

书　记:张健康

副书记:高宪强　王舰英(女,7月离职)
黄跃增(7月离职)　杨红梅(女,7月离职)
于丽华(女,7月离职)　徐丽珍(女,7月任职)
骆耀红(女,7月任职)　康一春(7月任职)
刘　峥(女,7月任职)

桥东街道

书　记:薛晓明

副书记:刘俊刚　张利宏(女,7月离职)
张　跃(7月离职)　张勇生(7月任职)
李会忠　赵喜梅(女)　王跃芹(女,7月任职)

文庙街道

书　记：孟晋忠
副书记：樊世勋　马东明　任文英（女）
石林全（7月离职）　冯清莲（女，7月任职）
王爱香（女）

庙前街道

书　记：秦宇星
副书记：田　华（女）　韩淑芳（女，7月离职）
骆耀红（女，7月离职）　王亚生（7月离职）
高瑞萍（女，7月任职）　马笑宣（女，7月任职）
史秀萍（女）　张海斌（7月任职）

柳巷街道

书　记：白　霞（女，7月离职）　刘锦春（女，7月兼职）
副书记：王孝兵　于以江　吉根秀（女，7月离职）
郭晓军（女，7月离职）　郑慧霞（女）
梁晓燕（女，7月任职）　高丽丽（女，7月任职）

老军营街道

书　记：闫晓琴（女）
副书记：叶　涛　梁丽鸿　李青枝（女）　钱桂萍（女）
秦建平（7月离职）　田　芬（女，7月任职）

郝庄镇

书　记：尹晓平
副书记：畅耀宗（7月离职）　任太生（7月离职）
刘　丰（7月任职）　陈祚斌（7月任职）

中共杏花岭区委工作概况

区委书记　魏　民

2012年，在市委、市政府的正确领导下，杏花岭区委紧紧围绕“创宜居环境、建和谐城区”目标，以保障和改善民生为主线，以推进“双十工程”为载体，转变作风，狠抓落实，圆满完成了各项工作任务。全区财政总收入完成26.32亿元，增长20.8%；一般预算收入完成12.02亿元，增长20%；地区生产总值完成376.35亿元，增长11.5%；社会消费品零售总额完成120.13亿元，增长17%；社会固定资产投资完成158.22亿元，增长36.9%；规模以上工业增加值完成20.9亿元，增长6.1%；农民人均纯收入完成11822元，增长14.5%。

一、经济社会发展情况

一是着力推进东山生态建设，大力发展现代都市农业。围绕打造牛驼、长沟、榆林坪“三个万亩片区”，高标准建成牛驼生态观光园，全年完成绿化3.6万亩，栽植各类苗木162万株。其中，区重点造林1.8万亩，提档升级1.72万亩，发展经济林800亩，提前完成“十二五”绿化任务。启动了东坪垃圾填埋场生态恢复工程，清运垃圾52万方，平整土地80余亩，修筑基础护坝180米。新建了淖马种苗研发基地，年育苗30万株；完善了后沟苗木培育基地，培育苗木500亩；在东涧河洪子峪新建智能温室21栋1.6万平方米。

二是大力加强城市管理和建设，不断提升城市品位和承载力。实施了坝陵北街、国贸、同乐苑、半坡、北大街中5个片区综合整治工程，整治小街巷57条8.6公里，改造便道4.6万平方米，改造楼院257个，新增绿地1.15万平方米，惠及居民2.8万余户8.8万人。耙儿沟村累计拆除212户11.13万平方米，完成拆迁总量的95.9%；七府坟村整村拆除基本完成，累计拆除473户2.89万平方米；剪子湾村一期回迁工程已全面开工建设。启动实施了迎晖苑、路景苑、卧虎山片区一期、胜利街13号院等11个棚户区改造项目，总占地面积313.5亩，全部完成拆迁并开工建设，拆迁总户数3025户，总拆迁面积15.09万平方米。新开工保障性住房8443套，完成市下达任务的104%。全区城乡清洁工程达标单元达到111个，达标率78.2%；新建改造公厕36座；在全市季度综合考核评比中，两次排名第一，两次排名第二。成立了区动迁工作领导组，组建了由区四大班子领导和其他市管干部任组长的29个动迁小组，建立了“一户一策，一事一表”档案资料，采取“以房换房、现房安置”方式，全面加快龙潭片区拆迁步伐，完成动迁282户。府东街东延工程竣工通车，胜利街东延工程正加紧推进。

三是着力保障和改善民生，促进经济社会协调发展。全区城镇新增就业19635人，城镇登记失业率控制在2.96%。城镇居民养老保险、医疗保险参保人数超额完成年度目标。新型农村合作医疗参合率达100%。按时足额为15671名企业离退休人员发放基本养老金2.9亿元，为城乡低保对象6597户1.302万人发放低保金4123万元，实现了应保尽保。

积极推进“百校兴学”工程，新建路、五一路、后小河3所小学续建项目全面完工并投入使用；建设北路、柏杨树街、享堂南街3所小学新建项目开工建设；富力城小区配套的区实验小学和第一幼儿园正式投入使用，完成10所学校标准化建设和区实验幼儿园、西羊市幼儿园改扩建。

以提高社区服务水平为核心，完成10个标准化社区建设，新增办公用房3713平方米，惠及居民2.3万户6.4万人。

狠抓重点行业和重点领域的安全管理，扎实开展重大安全隐患有奖举报工作，全年办结群众举报432件，办结率83.2%。严厉打击各类违法犯罪，社会治安持续稳定。积极创新社会管理，建成了区社会服务管理指导中心和街乡、社区（村）社会服务管理中心，初步建成了“三级平台、四级管理”

的社会服务管理体系。狠抓信访积案化解,中央、省、市交办的47起重点信访积案全部办结。着力抓好十八大期间信访工作,深入开展安全生产、社会矛盾纠纷“双排查”专项行动,实现了“双零”和“四个不发生”。

全面完成了向全区人民承诺的10件惠民实事。

二、领导班子和干部队伍建设情况

一是兴起学习宣传贯彻党的十八大精神热潮。区委及时召开常委会和中心组学习会,传达十八大精神,安排部署学习宣传贯彻工作。举办专题报告会12场,邀请10位省市专家对全区副科以上干部、机关干部、社区(村)干部、区属企业负责人共3000余人进行了专题辅导。组建十八大精神宣讲团,开展基层巡回宣讲32次。

二是积极改进作风,提高公信力和执行力。全区各级党组织按照市委“十个一”要求,深入开展保持党的纯洁性学习教育活动。举办专题辅导讲座48场,设立征求意见箱440个,发放征求意见表17150份,召开民主生活会323次,落实整改措施651项。

深入开展了“向人民承诺、请人民监督”、“向人民汇报、请人民评议”活动,帮助群众解决问题296个,落实群众意见建议91条。深入开展为人民群众“办实事、解难事”活动,全面完成“十件实事”,各街乡、各部门办实事好事1350件。

深入开展“吃拿卡要”专项整治活动,对违反工作纪律的16人责令作出书面检查和通报批评。

三是干部队伍和基层组织建设不断加强。注重在一线锻炼、培养干部,选调5名后备干部到信访部门锻炼,安排11名新录用的公务员到各街乡进行为期一年的实践锻炼,先后两次共选派近百名年轻干部充实到龙潭片区动迁一线。进一步完善干部科学考核评价机制,全面推行“一事一表”管理方法,强化对全区“双十工程”、重点工作的动态管理和跟踪考核。对21名工作失职、监管不力的干部进行了问责。

深入开展基层组织建设年活动,率先推行社区网格化管理服务,将全区12个街乡108个社区划分网格892个,逐步构建起“人在格中走,事在网上办”的社区管理服务新模式。2012年6月,全省社区网格化管理现场推进会在本区锦绣苑社区进行了观摩。组建非公经济党组织350个,非公经济党组织组建率和党的工作覆盖率均达到100%。

三、落实党风廉政建设责任制,推进惩治和预防腐败体系建设情况

将全年反腐倡廉工作任务进行细化分解,落实到17名区级领导、23个牵头部门和125个责任单位。加大查办案件力度,全年立查案件32件,办结32件,给予党纪政纪处分32人。认真开展廉政风险防范试点工作,共排查出风险科室60个、廉政风险岗位和环节63个,有针对性地制定防范制度65个。全区所有村全部建立了村务监督委员会,村务公开涵盖村级所有事项。积极探索社区党风廉政建设新途径,实施社区“网格促廉”工程,建立起区、街道、社区、网格4级工作格局,被中纪委选定为全省唯一的社区党风廉政建设工作联系点。

2012年,杏花岭区先后荣获全国社区睦邻文化建设工程示范城区、全省党的十八大期间信访工作先进集体、省级依法行政示范区、全省创先争优活动先进县等9项省部级以上荣誉称号。

(连建星)

附:一、中共杏花岭区委书记、副书记、常委名单

书　记:魏　民

副书记:李　浓(女)　杨俊民

常　委:程有录　王晋章　施国立　张振国　武润生　杨天玉　李领国

二、乡镇(街道)党委(党工委)书记、副书记名单

三桥街道

书　记:郭亚君(女)

副书记:付彦军　张瑞敏　吴　敏(女)　李瑞萍(女)

敦化坊街道

书　记:王建生

副书记:刘霜红(女)　贯汝萍(女)　焦　斌

巨轮街道

书　记:赵联庆

副书记:冯立君　徐卫丽(女)　张　钢

涧河街道

书　记:田　景

副书记:李洁亮　王守明　王东军

鼓楼街道

书　记:李　晶(女)

副书记:苏常青　陈海林　王金华(女)　李高峰(7月离职)

杏花岭街道

书　记:任文忠

副书记:王天娇(女)　刘庆生　孟庆林

坝陵桥街道

书　记:姚静忠

副书记:张爱兰(女)　苏广生　王启元

大东关街道

书　记:陈向琰(女)

副书记:冯志刚　韩书萍(女)　史芝茹(女)　赵小萍(女)

职工新街街道

书　记:张荣义(女)

副书记:张毓民　郭　坚　成雪原(女)

杨家峪街道

书　记:连会银

副书记:常　青　梁计恭　李彩霞(女)　冯存拴

中涧河乡

书　记：刘玉辉
副书记：宋永柱　张雁冰
小返乡
书　记：尹　骏
副书记：成建鱼　李　蕊(女)

中共尖草坪区委工作概况

区委书记　郭建发

2012年，在市委、市政府的正确领导下，尖草坪区委团结带领全区干部群众，大力实施项目建设、综改先行、城市发展、民生改善、安全稳定、党建创新的“六轮齐动”战略，在全球经济整体下滑的形势下，区域经济社会保持了平稳运行。全年地区生产总值完成258.43亿元，增长6.3%；规模以上工业增加值完成165.94亿元，增长8.5%；固定资产投资完成122.06亿元，增长51.6%；财政总收入完成11.96亿元，增长22.9%；一般预算收入完成4.98亿元，增长18.3%；社会消费品零售总额完成57.47亿元，增长8.4%；农民人均纯收入完成9612元，增长13.1%。

一、三大创新促综改，十八个标杆齐上马，先行试点区建设如期推进

作为全市唯一的省级转型综改先行试点区，大胆突破城区没有规划编制权限的制约，与上级部门进行广泛沟通，最终敲定了“能都新区”的规划方案。按照市委“一事一表”的要求，创新实施了“周工作制”，截至年底，列入周工作的70个项目，有6个建成投产，其他项目都有序推进，所包的46个信访案件全部办结。在服务创新上，提前介入，主动服务。全区确定的18个标杆项目全面开工，投资总额达505亿元，在全省11个转型综改试点区中位居第四，截至年底，累计完成投资45.1亿元。

二、千亿项目进草坪，半数开工增后劲，项目落地年活动取得实效

2011年下半年以来，全区确定了总投资达千亿元的56个重点项目。10亿元以上的有11个，总投资553亿元，占总签约额的55.2%。56个重点项目有32个开工，投资总额达507亿元，占总投资的50.6%，2012年完成投资40.7亿元。引进了我省一流的名校太原市第一外国语学校、全市首家篮球主题公园、西班牙风格的公园式酒店，以及技术水平国内领先的大明不锈钢加工中心等知名度高、品牌效应强的项目。

三、三大产业抓转型，龙头引领调结构，转型发展迈出坚实步伐

以“科技、高端、循环”为发展方向，从“内、外”两个方面着力打造新型产业。全年有8家区属企业进行了扩大再生产或搬迁改造，5家被认定为省高新技术企业。引进了一批科技含量高的新型项目，引领和带动全区产业结构转型升级。如太原铁路装备园、晋西春雷铜板带材等项目，技术水平都在国内领先。

以众成为代表的花卉种植基地初具规模，以宇文为代表的无公害蔬菜种植规模进一步扩大。全区28家500头以上的生猪养殖户达到了标准化要求，重点扶持了九牛牧业等现代农业企业发展壮大，畜牧业产值达到2.06亿元，占农业用地仅2.65%的畜牧业创造了43.83%的农业产值。重点扶持了金大豆搬迁改造项目，建成后，年加工能力可达到10万吨，成为全省最大的豆制品、面点加工企业。2012年全区农产品加工龙头企业销售收入4.15亿元，同比增长18%。

小商品市场一期主体工程已完工，二手车交易市场搬迁改造工程已启动建设。滨西商务中心首批300亩土地已挂牌出让，红星美凯龙锦绣灯世界已正式运营。建成了西山生态文化景观长廊，将“两山六景”连为一体。完成了中华傅山园3A级景区创建工作，举办了纪念傅山诞辰405周年等活动。全年共接待游客50万人(次)，旅游创收4000万元。

四、五项举措靓草坪，整治环境打基础，新型城区建设拉开帷幕

重点突出了路网建设，完成了北山绿化通道、西山旅游防火通道2条公路建设。实施了新兰路、千峰北路北延和迎新北三巷打通等3条道路改造工程。启动了阳兴大道和汾西路2条道路的改造工程。

投入5000万元，购置各类环卫车辆30台，对9个老旧片区进行综合整治，141个单元实现达标，达标率为91%。

超额完成了107台分散燃煤采暖锅炉集中供热和3个村集中供热改造2项任务，圆满完成了30台常年运行燃煤锅炉的清洁能源替代，全力推进了西干渠截污和光社整村拆除。全面完成了水源地保护、粪便处理、垃圾处理、污水处理等4项任务，全区环境质量明显改善。确保进入汾河的污水全面达标。加强了集中式饮用水源地的保护，上兰、西张、三给3个集中式饮用水源地水质达标率100%。

全力以赴服务西山城郊森林公园建设和北山绿化工程，配合完成了滨河东路北延风景绿化带建设，对大同路、和平北路等7条城市主干道提档增绿，完成了北固碾、上兰水厂等4个小游园建设。

圆满完成了六项省市重点工程的协调任务，征地1103亩、拆迁45万余平方米。在11月太原市的考核排名中，重点

工程完成额和完成率均排名第二,重点项目落地金额排名第三。

五、六大工程暖民心,好事实事结硕果,民生事业取得新进展

新农合参合率首次达100%,15家医疗机构实施了"先住院,后付费"服务,荣获全省农村卫生室全覆盖工程先进单位,南寨社区卫生服务中心被评为全国示范。人口自然增长率控制在4.55‰以内,向阳镇被评为"全国人口计生依法行政示范镇"。

大力改善办学条件,4所"百校兴学"项目学校竣工并交付使用。区一中"1+1"课堂教改走在全省前列。尖草坪区被授予"全国两基工作先进单位"和"全省校舍安全工程先进集体"称号。积极开展科技创新平台建设,挂牌成立了太冶院士工作站和九牛牧业循环产业园博士工作站。

区图书馆和文化馆实现免费开放,对柴村体育场实施了改造升级,为22个村(社区)建成了电子阅览室,举办了150余场群众文体活动,送戏、送电影下乡1300余场。

社会保险覆盖面继续扩大,城镇居民和农村养老保险都超额完成了任务。区慈善总会正式成立,资助各类困难群众1500余人。保障房开工建设8006套,超额完成了市下达任务。圆满完成了农村新的"五个全覆盖"工程。农村社区综合服务中心建设成绩突出,全省现场会在本区召开。

完善制度、强化措施,集中力量保稳定,全年共化解信访案件195件,赴京非访和赴省集体访实现了"双零"目标,取得了历史性突破。强化了安全监管,全年未发生重特大安全生产责任事故。

六、四抓四促强党建,发挥作用提能力,党建科学化水平不断提升

以创先争优和保持党的纯洁性教育活动为载体,创新开展了"一句话承诺回头看"和"双带双讲"等活动,共落实帮扶资金3000余万元,为群众办实事好事近3万件。全年组织中心组学习17次,开展干部专题培训6期。十八大召开后,按照"三抓、六进、九结合"的思路,迅速在全区形成了学习热潮。大力实施"基层党建指导网制度",组建了586人的党建指导员队伍。严格落实党风廉政建设责任制相关要求,扎实开展了"结对查账"活动,从源头上预防了腐败。开展纪律作风检查165次,查实问题11个,全部进行了整改落实。高度重视和支持人大、政协工作,认真办理人大代表议案和政协委员提案,办结答复率为100%。

(康明海)

附:一、中共尖草坪区委书记、副书记、常委名单

书　记:郭建发

副书记:白玉明(7月离职)　李贵增(7月任职)　李　颖(女)　郭九林(8月挂职)

常　委:张　霞(女)　贯慕权　王春龙　金林平　景德奎　裴耀军　蔚　来(7月离职)　徐国强(7月任职)

二、乡镇(街道)党委(党工委)书记、副书记名单

马头水乡

书　记:刘永诚

副书记:郝晓中　卢素琴(女)

柏板乡

书　记:李凤义

副书记:王　鹏　刘　飞

西焉乡

书　记:王为民

副书记:张建宏　温瑞芬(女)

向阳镇

书　记:魏新红

副书记:焦　勇　赵海平

阳曲镇

书　记:张玉和

副书记:李瑞清　袁美兰(女)

柴村街道

书　记:李　蓉(女)

副书记:姚新顺　孙　艳(女)　张宇波

上兰街道

书　记:史瑞泉

副书记:江志军　乔荣槐　武海峰

新城街道

书　记:李　汇

副书记:宋国旺　段晓燕(女)　刘素珍(女)

南寨街道

书　记:阴建中

副书记:古秀娥(女)　史宝儒　张满惠

尖草坪街道

书　记:田　娟(女)

副书记:王玉贵　王　丽(女)　高晋平

迎新街街道

书　记:孙晋成

副书记:史海俊　李春录　王　彤

光社街道

书　记:刘　智

副书记:赵　杰　吕建新　王建法

古城街道

书　记:赵晓红(女)

副书记:田永胜　王保东　史瑞卿(女)

汇丰街道

书　记:侯　岳

副书记:白建新　张进芳(女)　梁炳龙

中共万柏林区委工作概况

区委书记　张齐山

2012年，万柏林区委全面贯彻十七届六中全会、十八大及省市全委会精神，勇于先行先试，敢于攻坚克难，经济、政治、社会、文化和生态文明建设取得了明显的进步，党的建设得到了全面加强，又向建设一流"产业、生态、宜居"大区的目标迈出了坚实的一步。

一、坚定经济发展方式转变，推动产业转型升级

按照第二产业发展总体布局，北车铁路装备制造基地建设全面铺开，狮头水泥搬迁升级重建进展迅速，东峰煤业改扩建基本完成。重机、晋机等大型企业的一批重大技改项目和新型装备制造业项目正在进行。以煤气化为代表的一批污染工业企业彻底关停。按照现代服务业发展规划，在主城区，尤其是迎泽西大街沿线，集聚了费尔蒙酒店、花园国际酒店、信达国际金融中心、万科国际等一大批现代服务业项目，所有项目全部完成动迁等前期工作。按照生态旅游文化一体化建设构想，瓦窑文化创意园、生态园大酒店主体完工，致远风鹏文化创意园正在建设。由南而西向北，龙泉寺佛教文化园、万柏林生态园等景区的各项设施得到高标准完善；加上长风、东社一南一北两大城郊公园的有效补充，西山U字形生态旅游景观带已经形成。

总投资505亿元的60项重点工作、重大工程项目，基本完工12项，在建38项，完成投资137.7亿元，带动固定资产投资突破200亿元，增长37%。其他经济指标完成为：地区生产总值350.7亿元，增长3.6%；规模以上工业增加值215.7亿元，增长2%；社会消费品零售总额167.99亿元，增长17.5%；财政总收入17.3亿元，增长19.2%；一般预算收入9.17亿元，增长30.5%；农民家庭人均现金收入14860元，增长19.5%。

二、破解城乡统筹发展难题，推动城乡发展一体化进程

全力推进城中村改造。下元、南寒完成整村协议拆除，其他村积极跟进，9个村累计拆除110万平方米，全区城中村改造的氛围已经形成。加速山区22个村的整体搬迁。九院新区一期已安置采煤沉陷区村民3192户，二期2079套住宅已经竣工并开始分配。20多个村正在谋划新农村改造。红沟等6个村的建设按照城市化标准顺利进行；枣尖梁村树立了新农村建设的标杆。

三、山川并进持续改善生态，推动宜居度不断提升

完成了迎泽西大街、南内环西街西延的动迁，小街巷改造、一线天旅游公路、农村街巷硬化全覆盖等全部完成，生态园至狼坡26公里连接线通车。以移村南北街片区为代表的18个片区得到综合整治。对占道经营等10种违规行为进行全面整治，完成135条街巷的城市容貌整治工作，巩固了105个达标单元成果。实施了生态园到狼坡生态走廊绿化、西山生态恢复绿化等6项重点。在城区，实施了25项园林绿化重点工程，新增绿地36.61公顷。以集中供热全覆盖、整治城中村燃煤污染、污染企业搬迁为重点，拆除分散燃煤锅炉67台、土小锅炉1770台。

四、牢固以民为本宗旨，推动民生事业改善

两所新建学校投入使用，区青少年活动中心及妇儿发展中心建成，兴华礼仪幼儿园西园重建主体完工。科技综合服务大楼具备开工条件，万柏林科技创新园进入首批市转型综改试验科技创新园。设立文化专项扶持资金，创办《今日万柏林》画刊，举办"平安伴航程"文艺晚会、"舞动万柏林"舞蹈大赛。完善区、乡、村三级农村卫生服务体系建设，提高新农合筹资额度。3个社区卫生服务中心投入使用，取缔黑诊所75家。保持就业形势稳定，突出抓好社保"全覆盖"工程，进一步完善社会救助体系和最低生活保障制度。保障房建设超额完成市定开工任务。区级为民办的12件实事全部完成；乡街、部门承诺的123项已100%完成；开展了"进千家、访万民、保稳定、促发展"活动，解决实际问题87个。

五、大力加强民主法制建设，推动和谐社会建设

充分发挥人大和政协的作用。加强同民主党派和无党派人士团结合作，引导非公有制经济和新社会组织健康发展。工会、共青团、妇联等积极开展维权、帮扶、志愿服务等活动，民族宗教和工商联工作有新的提高。强化常备民兵队伍建设，民兵训练基地主体完工。扎实开展"双拥"工作。深入开展"专项整治"和"打非治违"专项行动，彻底治理安全生产隐患，全区安全形势继续保持平稳态势。坚持开展大接访活动，化解了各类信访积案88件，快速处理了28个新发信访案件。全国"两会"和十八大期间，实现赴京"零非访"、"零滞留"。加强对各类违法犯罪活动的严厉打击，加大矛盾纠纷排查调处工作力度。

六、全面提高党建工作水平，推动形成坚强领导核心

深入开展创先争优和纯洁性教育活动，认真学习贯彻十

八大精神，强化“党委中心组”等各类学习制度。广泛开展群众性精神文明创建，组织党的十八大精神等巡回宣讲，大力提升文明城区创建工作水平。注重各级班子建设，将在各条攻坚战线成绩出众的128名干部优化到各级领导班子和重要岗位。启动“领头雁”培训，派驻工作组对后进村整治；通过“标准化社区创建”等措施，打造了社区党建品牌；选派党建工作指导员，全面落实非公企业党组织组建计划，非公企业党支部达到146个，实现党的工作全覆盖。结合“项目落地年”、“办实事、解难事”、“向人民汇报、请人民评议”等活动，实行领导干部“一面多点”联系制度，切实形成大干快干实干的良好风气。狠抓干部队伍的廉洁自律建设，积极开展“对党忠诚”、作风纪律、警示教育等专题教育。深入开展工程建设领域突出问题专项治理和重大安全隐患有奖举报，严肃案件查处，立结案39件，处理党员干部46人(次)。

（陈艳丽）

附：一、中共万柏林区委书记、副书记、常委名单

书　记： 张齐山
副书记： 王立刚　马金安
常　委： 常福元　张宝军　李晓玉(女)　袁尔铭　杨宏林　郭海燕(女)　张　新(挂职)　王凤余

二、乡镇(街道)党委(党工委)书记、副书记名单

王封乡
书　记： 闫晋宏
副书记： 张永利　郭晋玲(女)　侯淑强

小井峪街道
书　记： 王立学
副书记： 梁红根(7月离职)　王爱军(7月任职)　刘　英(女)　尚　武　王建强

西铭街道
书　记： 武中全
副书记： 马保平(3月任职)　蔡增辉　安炳文　王占平(3月任职)　王石林(7月任职)　贾瑞卿

化客头街道
书　记： 牛培亮(7月离职)　让志亮(7月任职)
副书记： 裴治晋　耿彦忠　高亮则(7月离职)　王丽保(7月任职)　程明生

东社街道
书　记： 李润敖
副书记： 阴玲光(7月离职)　张改翠(女,7月任职)　杜广迁　毛瑞芳(女)　王红云(女)

千峰街道
书　记： 王丽芬(女)
副书记： 王爱军(7月离职)　李志强(7月任职)　郑亚雄　赵伟强　李新文

下元街道
书　记： 高建军
副书记： 张立奇　韩忠杰(7月任职)　张月亮(7月任职)　宋　征　李志强(7月离职)　李秀生(7月离职)

和平街道
书　记： 田晋明
副书记： 乐丽梅(女)　侯力红　郭瑞良　敫卫红(女)

兴华街道
书　记： 王少强(7月离职)　梁红根(7月任职)
副书记： 张立权　刘丽君(女)　周振才　刘　莉(女)

万柏林街道
书　记： 王五义
副书记： 闫　斌(女)　呼　勇　朱丽珍(女,7月任职)　贾进芳(7月离职)　刘丽荣(女)

南寒街道
书　记： 陈永哲
副书记： 翟建武　张月卿(女)　张根正　卜金梅(女,10月任职)　陈黎明(7月离职)

杜儿坪街道
书　记： 张文会
副书记： 王晋发　常增荣　李建民(7月离职)　郑　旭(女,7月任职)　王爱萍(女)

白家庄街道
书　记： 柳丽辉
副书记： 侯永清　武爱娟(女)　毛焕珍(女)　孙　杰

长风西街街道
书　记： 王俊仙(女)
副书记： 王在峰(7月离职)　王广平(7月任职)　毕文莲(女)　张晋萍(女)　王宏卫

神堂沟街道
书　记： 张　莹(女)
副书记： 李晋寿　曹建华(女,7月离职)　王金生　韩少峰

中共晋源区委工作概况

区委书记　赵伟东

2012年，在市委、市政府的正确领导下，晋源区委坚持以科学发展观为统领，全面贯彻落实中央和省、市决策部署，围绕“人文晋源、生态晋源、活力晋源”建设目标，全面实施“五区联建”战略，抢抓机遇，对标一流，真抓实干，奋力赶超，经济发展成效显著，社会事业全面进步，发展环境持续优化，党的建设不断加强，为实现转型跨越发展奠定了坚实基础。

一、凝心聚力，切实加强领导班子自身建设

区四大班子成员以中心组为平台加强集中学习，不断延伸学习的广度和深度，全年共组织中心组学习12次。严格区委常委会议事规则，重大决策、重大事项均由四大班子集体研究决定。积极开展批评与自我批评，召开民主生活会3次，四大班子同心同德、团结共事。充分发挥工青妇等群团组织的桥梁纽带作用，加强对武装工作的领导和宗教事务的管理。

二、区域经济进入快车道，转型发展取得新成效

2012年，完成地区生产总值56.06亿元，比上年增长1.3%；全社会固定资产投资78.52亿元，比上年增长33.3%；社会消费品零售总额21亿元，比上年增长17%；财政总收入6.46亿元，比上年增长20.6%；公共预算财政收入3.5亿元，比上年增长26.1%；农民人均纯收入9364元，比上年增长13%。

农林牧渔业总产值持续增加，特别是花卉苗木产业蓬勃发展。以晋阳湖片区建设为契机，大力引进总部经济、城市综合体等现代服务业集群。继续淘汰落后产能，引导传统产业转型升级，重点引进培育新兴产业。共落实工业项目40个，完工15个，完成投资20亿元，同比增长108%。新兴产业完成投资9亿元，同比增长3倍以上，增幅居全市前列。美佳矿业装备制造、锦业小企业创业基地等项目已经投产达效。明太原县城复兴工程全面启动，晋阳古城遗址保护性规划初步完成，晋祠景区三期整治即将展开，积极推进蒙山大佛景区市场化运作，累计接待游客达55万人次，店头古村被列入中国第一批传统村落名录。全年共引进项目22个，总投资728.7亿元。积极参加中博会、能博会、首届世界晋商大会等招商引资活动，签约项目8个，签约资金388.8亿元。27个落地推进项目14项已开工，完成投资约10亿元；13个市重点项目和7个与市签订目标责任书重点项目全部开工。城市建设管理水平不断提高，主动服务国家、省、市重点工程，西南环铁路、晋阳湖片区、省广电中心项目积极推进，西山旅游公路竣工通车。城中村改造和新农村建设扎实推进，晋阳湖片区13个首批推进村均已签订改造协议，义井、吴家堡等5个城中村整村拆迁全面展开，农村新的“五个全覆盖”工程全面完成。不断加大环境保护力度，大力发展循环经济，淘汰落后产能27万吨。扎实推进生态建设，圆满完成省市下达的2.82万亩造林总任务。

三、加强和创新社会管理，社会大局保持和谐稳定

全年民生类支出达3.49亿元，同比增长14.8%。为民办的“十件实事”和“办实事、解难事”39件承诺事项全部完成。积极推进“百校兴学”工程，新改扩建中小学校5所、标准化公办幼儿园5所。医疗卫生服务体系进一步健全，区人民医院开工建设，文化馆、图书馆投入使用。各类社会保险覆盖面继续扩大，补助标准逐年提高，城市低保、农村低保累计发放2290万元。保障性住房开工10648套。全区城镇新增就业6761人，城镇失业人员再就业2519人，转移农村劳动力7500余人。按时足额为低收入农户发放冬季取暖用煤37662吨，50户农村贫困残疾人家庭危房改造全面完工。落实“一岗双责”，实行党政领导每日轮流接访和领导干部包案下访等9项工作制度。深入排查调解矛盾，化解信访积案，共排查各类矛盾纠纷53件，有效化解50件。中央和省市交办重点案件41件，息诉37件、终结1件、正在办理3件。赴京非访、赴省、到市、来区上访人数和批次同比明显下降。严厉打击各类违法犯罪，集中开展社会治安重点整治“三项战役”，整治治安混乱地区13处，排查校园及周边安全隐患18处。深入开展安全生产专项整治和“打非治违”专项行动，排查治理各类安全隐患1697项。

四、全力推进民主法治进程，依法治区取得新进步

进一步强化人大监督职能，依法行使重大事项决定权和人事任免权，审议和决定全局性的重大问题，并适时作出决议和决定。全年共收到代表意见建议62份，办复率达到100%。政协积极参政议政、建言献策，创新提案办理方式，共审查立案116件，现已全部办结。共征集社情民意信息118条，被上级政协采用31条。组织政协委员和民主党派人士开展调研视察，提出针对性意见建议58条。加强对司法工作的领导，促进司法公正，维护司法权威。深入推进“六五”普法工作，积极开展法制宣传教育。狠抓依法行政，规范执法行为，强化执法监督，推进“法治晋源”建设进程。切实转变政府职

能,提高行政效能,法治政府、服务政府、效能政府建设取得了积极进展。

五、创新选人用人工作机制,全面加强干部队伍建设

深化干部人事制度改革,先后对部分区直单位、镇街和法检领导班子进行了调整。全年选拔任用乡科级干部6批次207人,其中:正科级干部83人,副科级干部124人;提拔129人,交流平调60人,免职18人。注重优化干部结构,调整提拔女性干部47名,占提拔干部总数的36.4%;针对年轻干部出现断档的问题,加大优秀年轻干部选拔力度。坚持多岗位锻炼干部,促进干部队伍合理流动,"赛场选马"、动态管理、注重实绩的用人导向基本形成。

六、突出强基固本,扎实推进"基层组织建设年"活动

认真开展"联述联评联考"工作,狠抓基层党组织"领头雁"、下派驻村干部和大学生村官"三支队伍"建设,全力推进基层党组织晋位升级。加强农村"三资"管理,完善镇街党(工)委议事决策机制。全面推行"四议两公开"工作法,建立健全民主监督、财务"联签"等6项民主制度。针对村级组织存在的突出问题,集中开展农村"十个方面"的专项治理。完善党组织网格功能,建立网格服务团133个。加大非公经济组织党建力度,基本实现了非公经济组织集中组建全覆盖。

七、坚持理论武装,全面加强宣传思想文化工作

坚持用科学理论武装头脑,深化学习型党组织和学习型机关建设。充分发挥党校干部教育培训主阵地作用,开展各类培训班10期。深入学习宣传贯彻党的十八大精神,践行太原"三个核心价值观",推动广大党员干部作风转变。深化精神文明创建,广泛开展群众性文化活动。大力弘扬晋阳文化,全面加强宣传工作,树立晋源转型跨越新形象。

八、强化党的统一战线,助推转型跨越发展

充分发挥统战优势,服务民营经济发展,为9家企业搭建融资平台。以首届世界晋商大会为契机,积极参与招商邀商,落实项目5个,总投资186亿元。全力打造"同心工程",更好地发挥民主党派、工商联和无党派人士在促进转型发展、服务社会管理中的积极作用。

九、坚持从严治党,深入推进党风廉政建设

严格执行党风廉政建设责任制,进一步加强惩防体系建设,深入开展党风党纪教育和廉政教育,转变工作作风,认真开展整治"吃拿卡要"专项工作。强化对煤焦、工程建设、公务用车、"小金库"等重点领域的专项治理。深入开展"向人民汇报、请人民评议"和重大安全隐患有奖举报活动。加大案件查办力度,全年转立案45件,结案45件,给予党纪处分51人。

(杜俊霞)

附:一、中共晋源区委书记、副书记、常委名单

书　记:赵伟东
副书记:冯　霞(女,7月离职)　尤天拴(7月任职)
　　　　张奇峰
常　委:张　彤　高二虎　李志民　李卫平　纪　元
　　　　葛德高

二、乡镇(街道)党委(党工委)书记、副书记名单

义井街道
书　记:温志勇(4月任职)
副书记:温志勇(4月离职)　董笑龙(4月任职)
　　　　孙天贵

罗城街道
书　记:程焕金
副书记:刘太文　阎秋喜(9月离职)
　　　　韩福贵(9月任职)

晋源街道
书　记:李茂生(7月离职)　张　仕(9月任职)
副书记:朱永军　贾建刚(4月任职)

金胜镇
书　记:江金魁
副书记:马志宏　常建强

晋祠镇
书　记:郝志会
副书记:张　仕(9月离职)　成练明(9月离职)
　　　　武志刚(9月任职)　张建勇(9月任职)

姚村镇
书　记:李建华(女)
副书记:钮宝林　路国萍(女)

中共古交市委工作概况

市委书记　常　青

2012年以来，在省委、太原市委的正确领导下，古交市委坚持把方向、谋全局、议大事、抓关键，充分发挥总揽全局、协调各方的作用，围绕迎接十八大、学习宣传贯彻十八大这条主线，创新思路谋发展，攻坚克难促转型，促进了古交经济社会协调健康发展。

一、全面加强党的建设，党建科学化水平明显提升

古交市委现有直属党(工)委28个，共有11个党组，2个二级党委，22个党总支，590个党支部，10535名党员。

区委坚持"走出去"与"请进来"相结合，举办中心组学习12次，邀请省市有关领导和知名专家学者作专题报告。创新干部教育培训方式，举办主体、专题培训班20期，培训轮训干部4100余人次，特别是围绕学习宣传党的十八大精神，组建市委宣讲团，市级四套班子领导带头深入基层宣讲和辅导，对全市各级干部进行了集中培训和轮训。注重对年轻干部、妇女干部、党外干部和基层一线干部的培养使用，对全市科级干部和公安系统中层干部进行了合理调整。深入开展"基层组织建设年"、"机关党建走在前头"、"双百强基" 等活动，全面落实基层党建"联述联评联考"工作制，大力加强农村、社区、企业、机关、学校和非公有制经济组织、新社会组织等党建工作，实现了党的组织和党的工作全覆盖。工青妇等群众团体的桥梁纽带作用得到有效发挥。大力加强党管武装工作，进一步巩固了双拥模范城"六连冠"创建成果。首创开展"学党章、查问题、党员标准对照"活动，深入开展"保持党的纯洁性"、"向人民汇报、请人民评议"、干部下乡住村"六个一"和"办实事、解难事"活动。狠抓领导干部廉洁自律和廉洁从政，全年开展警示教育活动90余次。深入推进党务、政务、村务、企务"四公开"，着力纠正教育乱收费、公路三乱、医疗购销中的不正之风，全年共核查案件59件，立案处分违纪党员干部37人。

二、坚持稳中求进总基调，转型发展迈出实质性步伐

全年完成地区生产总值32.7亿元，固定资产投资54.3亿元，财政总收入12.6亿元，城镇人均可支配收入20919元，农民人均纯收入9910元。

筛选实施了40个重点项目，总投资283.78亿元，实际完成投资56.83亿元。在传统产业上，13座煤矿正在进行基本建设和提档升级，太原煤气化煤焦化工园区正做前期工作，西山华通粉煤灰水泥项目开工建设。在培育新兴产业上，镁合金深加工、纳米聚晶金刚石等项目建成试生产，西山蓝焰煤层气综合利用项目、泡沫彩釉玻璃等项目顺利实施；中海能源煤焦铁路专用线基本建成，龙城向新滑雪场投入运营。

加强效能政府建设，严厉打击"吃拿卡要"行为，荣登全省投资环境创优县区榜首。全方位推进招商引资工作，与沁水县、四川省崇州市缔结为友好城市，与太原煤气化、阳泉华润燃气等大型企业集团签订了合作协议，签约资金485亿元，实际利用外资49.4亿元。深入开展煤矿安全大整治，加强非煤矿山、森林防火、食品药品等各领域的安全监管，特别是严厉打击私挖盗采，重新封堵私开坑口20余处，实现了重特大事故"零"目标。

三、统筹推进城乡建设，城乡一体化发展成效显著

全面完成农村两轮"五个全覆盖"任务。认真落实强农惠农政策，涉农投入达3亿元。大力发展现代农业，强化"一村一品"，新建了关头红色老区文化农业园、龙城向新观光采摘园等特色农业园，一产增加值达2.02亿元，在三次产业中的比重实现新突破。修编了城市总体规划，编制了东部新城等十大片区修建性详规，并分片区制定了拆迁建设方案。火山片区回迁安置项目正式开工建设。福康苑二期安居工程、凤凰苑小区建设已完成投资2.7亿元。大川河步行桥、滨河南路、金牛大街路灯节能改造和景观亮化等工程全面完工。实施"三环生态圈"战略，全年造林8.51万亩。强化节能减排，万元地区生产总值能耗下降3.55%。全面提升环境质量，全年二级以上天数达到364天，其中一级天数为76天，创历史最好水平。

四、全力保障和改善民生，人民生活质量得到较大改善

加大民生投入，为民办的"十件实事"全面完成，公开招聘了84名教师，完成16所学校标准化建设和36所寄宿制学校食堂标准化提升工程，推行农村新型合作医疗"先住院后付费"政策，中心医院新住院楼投入使用，新农合筹资标准由241元提高到295元，文化宫投入使用，养老、医疗、失业、工伤、生育等社会保险参保覆盖面进一步扩大，发放城乡低保金2859万元、城乡大病救助金485.7万元。同时大力支持高速公路建设，太古高速建成通车破解了古交交通"瓶颈"；投入1.3亿元改造供热管网、新建3号锅炉，提高了供热质量；投资5.7亿元开工建设各类保障性住房2004套，年度竣工598套，超额完成年度目标。

五、加强文化和法制建设，着力构建和谐古交

组织开展了文化下乡、知识竞赛等30多次文体活动。大力支持人大、政府、政协开展工作，推进依法治市进程，着力建设法治古交。加强与各民主党派、工商联、无党派人士联系，进一步巩固和发展爱国统一战线。成立了市乡两级社会服务管理中心。大力开展“平安古交”创建工作，全年共调解各类矛盾纠纷3115件，查处治安案件549起，破获刑事案件342起。推行市委常委、副市长每周一天接访制度和AB角工作制度，排查化解信访苗头性问题522件。全年开展书记大接访27次，接访106件，解决102件；市级领导接待日共接访215件，解决194件。中央、省、太原市交办的59件案件全部按时办结。

2012年，古交市荣获全国宜居宜业典范市、全国家庭教育工作示范县市等国家级荣誉6项，山西省园林城市、卫生城市、环境质量改善攻坚行动突出县市等省级荣誉22项，太原市科技工作优秀县市、医改先进县市等市级荣誉76项。

（张　华）

附：一、中共古交市委书记、副书记、常委名单

书　记：常　青
副书记：韩良会　程顺旺
常　委：孙劲松　王富强　高保民　郝淑贞（女）
牛全英　王　镭　陈晋忠

二、乡镇（街道）党委（党工委）书记、副书记名单

河口镇
书　记：吕四虎
副书记：姜　玉（3月离职）　左　铭（6月离职）
雷剑刚（6月任职）　李瑞平（10月任职）

镇城底镇
书　记：弓梅梅（女，3月任职）
副书记：弓梅梅（女，3月离职）　李开明（6月离职）
程兴旺（6月任职）　范发亮（10月任职）
王二娃（挂职）

马兰镇
书　记：阎　伟（3月任职）
副书记：阎　伟（3月离职）　张所元（6月离职）
李勇存（6月任职）　阴文旺（6月任职）

加乐泉乡
书　记：贾维龙（3月任职）
副书记：续福明（6月离职）　郝根师（10月离职）
阴才顺（挂职，11月离职）　李丽光（6月任职）
丁雷海（10月任职）

梭峪乡
书　记：高　鹏（3月任职）
副书记：程兴旺（6月离职）　冀树林（10月离职）
徐国昌（挂职，11月离职）　武三小（6月任职）
李晓红（10月任职）

岔口乡
书　记：张维维（3月离职）　武卫伟（3月任职）
副书记：武卫伟（3月离职）　程明芳（6月离职）
覃宇泉（6月任职）

常安乡
书　记：张全荣（3月任职）
副书记：张全荣（3月离职）　郝学忠（6月离职）
弓文慧（6月任职）　高福海（10月任职）

原相乡
书　记：裴宏瑞（3月任职）
副书记：张拉明（6月离职）　武三小（6月离职）
邢树明（6月任职）　杨炳亮（10月任职）

邢家社乡
书　记：姜　玉（3月任职）
副书记：周保平（6月离职）　邢树明（6月离职）
张耀清（11月离职）　王焰宇（6月任职）
郝学成（10月任职）

阁上乡
书　记：邢武晓
副书记：康通明（6月离职）　李秀忠（10月离职）
李开明（6月任职）　郑惠平（10月任职）

东曲街道
书　记：王志刚（3月任职）
副书记：王志刚（3月离职）　张　敏（6月任职）
任永刚　李兰英（女）

西曲街道
书　记：张吉明
副书记：高　鹏（3月离职）　李丽光（6月离职）
闫秀梅（女，6月任职）　阎存旺
阴亮珍（女，10月任职）

桃园街道
书　记：张宏印
副书记：贾维龙（3月离职）　高福英（女，6月离职）
周保平（6月任职）　李秀忠（10月任职）
冀学贵

屯兰街道
书　记：杨爱爱（3月离职）　周爱勇（3月任职）
副书记：周爱勇（3月离职）　程巨发（6月任职）
阎亮平　刘俊武

中共清徐县委工作概况

县委书记　车建华

2012年，清徐县委以学习宣传贯彻党的十八大精神为主线，团结和带领全县人民，抓住转型综改试验区和“扩权强县”试点县的发展机遇，以“项目落地年”为着力点，突出“项目推进、环境建设、民生改善、社会管理创新”四项工作重点，各项工作取得了新进展、新成效。全年完成地区生产总值117.5亿元，同比增长3.8%；财政收入14.39亿元，同比减少19.1%；一般预算收入10.01亿元，同比增长2.1%；全社会固定资产投资完成85.2亿元，同比增长40.5%；社会消费品零售总额33.3亿元，同比增长11.4%；城镇居民人均可支配收入21671元，同比增长14.4%；农民人均纯收入11633元，同比增长13.5%。城乡居民收入增幅超额完成全年任务，农民人均纯收入位居全省22个扩权强县试点第一。

一、稳中求进，经济发展方式转变明显加快

一是基础产业巩固提升。狠抓煤矿改建扩建和技术改造，煤矿建设顺利推进。加强煤层气勘探开发，东于煤业地面抽采工程投入试运行。完成了瓦斯治理国家工程研究中心清徐分中心场所的选址工作。二是新兴产业快速发展。阳煤化工新材料等一批具有市场前景的新型项目落地开工。研究制定了物流业发展规划，美特好农产品配送中心、太中银铁路清徐物流园等生产性服务业快速发展。三是农业现代化程度进一步提高。发展设施蔬菜2411亩，被列入全国580个蔬菜产业重点县。水塔文化产业园、大禾高效蔬菜科技园、绿源万亩葡萄产业园列入全市十大主题农业产业园。论证复查无公害产品20个，认证无公害产地1.4万亩。全县农产品加工销售收入28.7亿元，同比增长11.2%。新发展农民专业合作社99个，达到570个。全县农业旅游观光点达到45个，全年共接待游客120.14万人次，同比增长23.2%，旅游收入10122.5万元，同比增长48%。

二、狠抓项目，经济发展后劲显著增强

一是大力招商引资。通过参加第七届中博会、第四届能博会、晋商大会等和举办中国太原（清徐）国际醋文化节，共签约项目17个，总金额44.27亿元。全年实际投入外来资金25.5亿元，完成市下达任务的111%。二是狠抓项目投资。7项省重点工程，开工6项，累计完成投资30.32亿元。15项市重点工程，开工13项，累计完成投资22.78亿元。三是推进扩权强县试点县工作。在土地规划调整和报批上环节减少、审批时间缩短，实现当年报地、当年批准、当年供地。四是加快园区建设。按照“一带四区四园”空间布局，狠抓清徐经济开发区等园区的征地及水、电、气、路等配套基础设施建设。

三、改善民生，社会大局和谐稳定

一是民生工作全面落实。新的农村“五个全覆盖”工程、为民兴办的“十件实事”、“办实事、解难事”公开承诺的10个事项全部落实。在全省率先启动农村居民商业大病保险工作。改造农村危房1500户，开工建设3000套保障性住房。“百校兴学”工程完成5所中小学校新改扩建和18所义务教育标准化学校建设。二是宣传文化工作成效突出。广泛开展践行太原“三个核心价值观”活动。“走基层、写生活、唱和谐”活动丰富了群众文化生活。宝源老醋坊成为国家4A级旅游景区。成功举办架火节、葡萄采摘月、中国（太原）清徐国际醋文化节“两节一月”活动，东于镇被文化部命名为“中国民间文化艺术之乡”，嫦娥剧团荣获全省文化体制改革先进单位。三是社会保持安全稳定。加强对煤矿企业等领域的隐患排查和监管，严格安全生产目标责任考核，未发生一起重特大安全生产事故。严厉打击各类犯罪，农村社会治安“五个全覆盖”工程全面完成，188个村和24个社区全部建立警务室。落实“1+3”矛盾纠纷调处机制，化解信访积案43件，省交办的19件和市交办的8件信访案件全部办结。四是推进社会服务管理创新。进一步提档升级和推进实施社会服务管理创新“575工程”17个试点项目，扩充新增32个推广项目。县域内共划分网格780个，建立了县、乡、村三级社会服务管理中心，搭建了四级电子信息平台框架，形成了安监、治超、环保、房管、计生、组织建设“六网合一”网格化、全覆盖的社会服务体系。

四、夯实基础，生态建设成效明显

一是狠抓基础设施建设。太原环城高速太谷连接线工程建成通车，307国道清徐段改线工程路基及桥涵工程基本完工。徐沟“百镇建设”打造出相对独立、功能较为完善的综合片区。太原至清徐的公交专线顺利开通。投资5740万元，实施了老旧片区改造。全县城镇化率达到39.83%。二是狠抓节能减排。关停东盛焦化等10个传统企业，淘汰落后产能77.5万吨。全面加强对工业污染源、饮用水源地、危险废物及放射性污染源等领域的监管。落实节能减排目标责任制，主要节能减排指标任务全面完成。全年二级以上天数355天。荣获治超工作优秀县。三是狠抓城乡生态建设。完成造林绿化3.15万亩，建成区绿化覆盖率39.8%，全县森林覆盖率16.2%。煤层气管线覆盖7个乡（镇、街道）。投资2297.9万元实施农村环境连片整治，城乡面貌进一步改善。

五、团结协作，民主法治建设不断推进

加强和改善对人大、政协工作的领导。县人大主动建言献策，监督整改落实，议事质量和效率不断提高。效能政府建设扎实推进，积极推进“两集中、两到位”，高标准建设政务大厅，为实现一站式审批、一条龙服务打下基础。全县农村和社区全部设立了便民服务代办点。县政协共征集到委员提案203件，立案196件，参政议政作用发挥明显。高度重视和支持工会、共青团、妇联、科协、残联等群团组织建设和工作开展。深入开展“双拥”活动，武装部正规化建设和应急队伍建设日趋规范。

六、强基固本，党建科学化水平稳步提高

一是十八大胜利闭幕后，及时组建六个宣讲组进行巡回集中宣讲，在全县掀起了学习宣传贯彻十八大精神的热潮。二是在全省率先学习推广文建明工作法，开展了“县直服务乡村、乡村服务群众”活动，全市基层组织建设推进会在本县召开。严格落实纯洁性教育活动“学、查、改”三个环节，开展纪律作风集中教育整顿。三是69个基层党组织实现了晋位升级。全县非公党组织总数达到232个，非公经济组织工委正式成立，实现了非公党建工作和组织“两个全覆盖”。制定并落实了农村经济10项监管制度配套措施，四议两公开、文建明工作法和星级社区、星级农村、社会组织的党组织创建“五个全覆盖”工作全部完成。四是完善了干部“一报告两评议”、联系通报、离任交接、集体会审等监督管理制度，提高了选人用人公信度。五是深入开展了“向人民汇报、请人民评议”、“整治吃拿卡要、严查基层腐败、转变工作作风、创优发展环境”等活动，科学厘清县、乡、村三级党组织259项职权，党务公开工作深入推进。深入开展了“下乡住村、包村增收”、“下乡住村、走遍村庄、破解难题、服务群众”、为人民群众“办实事、解难事”等活动。2012年，清徐县荣获全国创先争优先进县(市、区、旗)党委、全省政风行风评议先进县。

(杨　帆)

附：一、中共清徐县委书记、副书记、常委名单

书　记： 车建华

副书记： 张　强(12月离职)　王琳玉(12月任职)　白晋虎

常　委： 杨保恒　王耀武　郭云贞　张桂芝(女)　田文浩　杨登科　邢蕴武　孙兴玲(女，挂职，10月离职)

二、乡镇(街道)党委(党工委)书记、副书记名单

清源镇

书　记： 李晓辉

副书记： 岳建强　边晋明

马峪乡

书　记： 靳秀发

副书记： 武晓俊　荆培辉

东于镇

书　记： 郭　彬

副书记： 岳兔立　张建新

柳杜乡

书　记： 陈晓勇

副书记： 连利强　王振刚

西谷乡

书　记： 陈俊峰

副书记： 陈　晋　阎孝勇

孟封镇

书　记： 贾宏俊

副书记： 郭建平　王瑞清(女)

王答乡

书　记： 李凤梅(女)

副书记： 牛志来(5月离职)　王卫民

徐沟镇

书　记： 孟连柱

副书记： 贾　环(女)　王富喜

集义乡

书　记： 董隽杰

副书记： 韩晓东　潘巨发

东湖街道

书　记： 罗学功

副书记： 齐国庆　王玉和　王贵河

中共阳曲县委工作概况

县委书记　吕　荣

2012年，是阳曲县确定的“项目开工建设”年。按照市委、市政府“三个一流”要求，县委、县政府分析县情，对标一流，突出主题主线，制定了“三保一促”，“四化三区”，走工业强县、农业富民、城镇化提高幸福感的发展方针、发展战略和发展道路，经济社会呈现出集聚要素步伐加快、投资趋强转型加快、规划先行推进加快、城乡一体发展加快的良好局面。2012年，全县地区生产总值完成33.02亿元，增长12.4%；规模以上工业增加值18.83亿元，增长21.5%；固定资产投资25.45亿元，增长60.9%；服务业增加值10.01亿元，增长5%；社会消费品零售总额7.44亿元，增长9.3%；财

政总收入 5.74 亿元，增长 23.7%；一般预算收入 3.45 亿元，增长 36.5%；城镇居民人均可支配收入 1.63 万元，增长 15.6%；农民人均纯收入 5177 元，增长 13.5%。

一、打造园区集聚要素，项目建设强势推进

把高标准打造“三业”发展新平台，视为经济转型实现跨越发展的主攻方向。2012 年 7 月份，启动了阳曲县转型产业园区的建设，园区规划面积 50.3 平方公里，设“一心、一轴、两带、五组团”。第一期占地 10.4 平方公里，可利用土地 8000 亩，按市里规定的最低投资强度，可承接 320 亿的项目。目前，土地性质已经全部变成了建设用地、允许建设用地和有条件建设用地，利用全省唯一的“征转分离”试点县的政策，已征土地 4600 亩。完成了 2.6 亿元的投资，建成了园区管委会大楼和 6.3 公里的园区大道，集给排水、强弱电、天然气等工业要素，为工业发展打造了承载平台。中博会、世界晋商大会、能博会签约项目 28 个，协议引资 624 亿元。目前，碳纤维、锦地工业园、精密加工等项目已经落地，三一重工、双汇食品、梗阳物流等项目正在深度对接中，一批新材料、新能源、新型装备业的投资项目正在洽谈中，省市下达的重点项目落地完成率排在全市前茅。

二、科技支撑规模生产，现代农业加速发展

以科技化、农机化推动农业现代化，以土地流转引导规模发展。充分发挥合作社规模化的生产优势，普及机播、机耕、机收和双垄沟播技术，采取科技支撑、种粮直补的办法，全县粮食产量达到 2.66 亿斤，净增 3000 万斤，粮食实现 9 年连增，农民收入增幅继续高于 GTP 的增幅。稳步推进粮食、蔬菜、杂粮、经济林 4 个 10 万亩的建设，全年蔬菜产量达 1.37 亿公斤。投资 6000 余万元，加固病险水库和治理小流域。全年植树造林 4.26 万亩。利用贴息的办法推动养殖业的大发展，全县牛存栏 9000 头、羊存栏 9 万只、猪存栏 7 万头。

2012 年，荣获全国农村集体“三资”管理示范县、全国“平安农机”示范县、全省农机大县、全省粮食生产大县、全省农村养老全覆盖先进县称号。北方四省旱作农业现场会、全省农机现场会、全市土地流转现场会先后在本县举行，六固村“树木直补”的试点开启了全国植树造林补偿性先河。

三、县域城镇化稳步推进

2012 年全面完成了县城控制性详规，进入专家评审阶段，通过铁路下穿，使县城面积由原来的 4.9 平方公里，增至 9.2 平方公里，人口由原来的承载 4 万人达到承载 8 万人，城镇化率由原来的 22%提高至 40%，接近全省平均水平。新城的建设同时也担负着太原工业园区和阳曲产业园区产城一体的生产性和生活性服务功能，产城融合必将推动城镇化建设和促进县域经济的良性发展。0.64 平方公里的旧城进行了集中整治，美化亮化了 108 国道县城段，建成两座人行天桥，完成了县幼儿园和老干部活动中心的主体工程，进一步完善了城市功能。

四、加大民生投入，改善困难群体的生产生活条件

执行扶贫政策，整合扶贫资金，针对年收入 3500 元以下贫困人群，发展养羊、种菜(设施蔬菜、旱地疏菜)、种万寿菊、育苗等 4 种适合当地的产业，利用财政和项目资金，利用社会资助和社会保险，利用包扶单位和经济杠杆作用，逐乡逐村逐户落实符合每家每户的增收项目，采取乡监村管户执行的办法，每年脱贫 1 万人，确保“十二五”末稳定脱贫 4 万人目标的实现。政府公开承诺的 16 件实事全面完成，904 公交通车改变了阳曲无公交车的历史，新农合“就医新政”降低了患者的负担，保障性住房和危旧房改造完成了市下达的任务，建成“村级澡堂”102 座，基本实现了“六个全覆盖”，彻底解决了 33 个村 1.6 万余人的安全饮水问题。1300 余件涉及农村的重大事项，5000 余万元涉及农民的资金，在“四议两公开”的议事规则中得已解决。全年财政用于教育、卫生等民生方面的支出占全部财政支出的 70%以上。率先推出“床日付费”惠民政策，计生工作连续 3 年在全省考核中名列前三。

五、加强党建工作，各级领导班子执政能力明显提升

精心组织深入学习党的十八大精神，抓班子的学习，坚持集中时间每周半天，在通读的基础上，精读讨论，主题发言。邀请中央、省市委党校的教授进行专题辅导，参加人员达 1800 余人次，县级领导带头到基层进行宣讲。给党员发放学习资料、给外地党员寄送学习资料、给年迈党员发放收音机辅助学习领会十八大精神。县委、县政府制定出台了转变作风的《二十七条》。

全市领导干部大会之后，县委、县政府开展了为期 3 个月的“四查四看”纪律作风整顿工作，召开 3 级干部大会，向“庸、懒、散”开刀，向“不作为、乱作为、慢作为”开刀。县级领导参加基层民主生活会，乡镇领导参加村级民主生活会，分别对梳理出的 6 类 1478 个问题，进行对照检查和限期整改。整顿中，查处干部 9 名，通报干部 7 名。在干部选拔任用中坚持党的干部路线、坚持正确的用人导向，调整了公安部门的干部，调整了部分局级干部，优化了结构配强了班子，进一步调动了干部谋事干事的积极性。

用“四议两公开”的办法加强基层党组织建设，推进基层组织晋位升级。观摩重点工程，包促重点项目，各级干部下乡住村落实强农惠农政策促进农民增收，用“接地气”的方法转变工作作风，密切党群干群关系。组织开展“打黑除恶、打霸治痞”专项行动，万人刑事发案率为 18.26，没有发生重特大刑事案件，没有发生影响全县乃至全市的刑事、治安案件。开展民生领域“五打五整治”活动，引深“打非治违”专项行动。未发生较大以上安全生产事故，安全生产形势平稳向好，约束性指标全面完成。坚持不懈开展领导干部大接访活动，政府出资化解历史遗留问题和信访问题，中央和省、市交办的

信访案件全部办结,网络舆情和社会矛盾及时研判和有效化解,进京非正常上访和赴省、赴市集体上访均为零。

(王并生)

附:一、中共阳曲县委书记、副书记、常委名单

书　记:冯晋生(7月离职)　吕　荣(7月任职)

副书记:吕　荣(7月离职)　李贵增(7月离职)　刘晋萍(女,7月任职)

常　委:韩　勇　刘国伟　何爱萍(女)　薛运中　李文权　乔文清

二、乡镇(街道)党委(党工委)书记、副书记名单

黄寨镇

书　记:王志勇

副书记:王向正　庞美文(2月离职)

泥屯镇

书　记:王凯明

副书记:赵东明　李育明(2月离职)

东黄水镇

书　记:金润全(11月离职)

副书记:王福刚(4月任职)　李和平(2月离职)

侯村乡

书　记:张明生(7月离职)

副书记:王丽琴(女)

大盂镇

书　记:岳　波

副书记:梁永胜

高村乡

书　记:侯爱英(女)

副书记:荣素青　白　洁

凌井店乡

书　记:王国兴(11月离职)

副书记:孙国锋　薛宇斌

杨兴乡

书　记:王庆丰

副书记:王建兵　张新文

西凌井乡

书　记:陈永胜

副书记:张俏林　徐新华(女)

北小店乡

书　记:李贵龙(11月离职)

副书记:闫文革　裴　瑜(11月离职)

中共娄烦县委工作概况

县委书记　薛东晓

2012年,娄烦县经济社会发展和各项工作都取得了新成效。地区生产总值完成15.7亿元,增长17.2%;规模以上工业增加值6.85亿元,增长32.4%;财政总收入9.66亿元,增长20%;一般预算收入5.33亿元,增长27.3%;固定资产投资8.77亿元,增长95.9%;社会消费品零售总额2.9亿元,增长13.5%;服务业增加值6.8亿元,增长11.1%;农民人均纯收入4073元,增长13.4%。

一、坚持结构调优,狠抓产业升级,转型跨越深入推进

太原煤气化龙泉矿井、国能风电、静静铁路3项省重点工程完成投资13.73亿元,完成任务的120%。涧河蓄水工程、涧河公园提升改造、生态建设项目等12项市重点工程全部完工,完成投资8.58亿元。省市重点工程投资完成率、固定资产投资完成增速、重点项目落地率3项指标全市排名第一。包括16项标杆工程在内的76项县重点工程全部完工,完成投资21亿元。

省煤运集团煤矿项目有序推进,马家岩煤矿、三聚盛煤矿、天池店煤矿完成总工程量的65%,完成投资2.6亿元。太原煤气化龙泉矿井完成投资11.8亿元。旅游服务业迈出坚实步伐,高君宇纪念馆主体基本完工,故居修缮后于2012年7月1日开放。花果山景区游客接待中心投入使用。汾河水库被批准为国家级水利风景区。

加大力度招商引资,签约8个项目24.1亿元,到位18.1亿元。国能风电项目一期开工建设。华能风电项目进行风场选址等工作。龙泉煤矿投产。

惠农马铃薯科技园被确立为"太原现代农业十大主题产业园"之一。全县马铃薯种植8万亩,实现产值1.3亿元。马铃薯"一县一业"全省推进会在娄烦县观摩。编制完成了南川河现代农业示范园区建设规划,建成核心区215栋节能温室大棚,种植蔬菜6000亩。培育了14个"一村一品"村,5家无公害农产品、1家绿色食品通过认证,"513"龙头企业销售收入完成1.93亿元。

二、坚持保水富民，狠抓造林绿化，生态环保建设持续加强

投资1.49亿元，实施了库周城周造林绿化、石峡沟生态建设、东山生态基地、矿山生态恢复治理、通道绿化、出口靓化等重点工程，完成营造林7.43万亩，合格率95%。全县绿化率达到50%，同比提高了5个百分点。治理水土流失面积6.8万亩，年减少入库泥沙27万吨。

汾河水库成功列入国家26个湖泊保护项目之一，库区生态环境治理保护项目开工建设。在完成涧河城区段造林水保工程、危险化学品车辆重点监控工程等项目的基础上，全长2300米，占地210亩的涧河人工湿地水质改善工程加快建设。

扎实开展环保专项整治，万元GDP能耗下降5.4%。全县空气质量二级以上天数首次达到365天。地表水质量达到三类水标准，达标率为100%。

三、坚持大县城战略，狠抓基础设施建设，城乡统筹加快发展

投资2.7亿元，实施了“一河两路三桥”和“一街五巷提升改造”工程，蓄水2.5公里，建设了大型音乐喷泉，打造了水脉文脉共生、休闲健身一体的涧河公园，新建了娄家庄桥，整饰亮化了南大街及两侧建筑。县城新增绿化面积250亩，绿化覆盖率39.2%，人均公共绿地10平方米。

县城东区、西区土地储备基本完成。滨河北路拓宽改造扎实推进。南大街东延、迎宾大道开工建设。尖山移民搬迁工程、综合性医院项目、国防教育基地等一批市政基础设施开工建设。县城规划建设面积达到了7.26平方公里，城镇化率提高了0.5个百分点。

完成了城中村、娄家庄村、三元村等6个村的自来水、污水扩网改造。新建了2处换热站，供热能力增加64万平方米，集中供热普及率提高了2个百分点。全力实施城乡清洁工程，120个村(居)达标。

四、坚持民生至上，狠抓和谐社会建设，社会事业全面发展

加快教育发展，学前入园率达到87.1%，高中阶段毛入学率83%，完成了14所薄弱学校设施设备配置和16所寄宿制学校食堂标准化改造。6所高标准卫生院建成，投资1亿多元的县城综合性医院开工建设。成功申报“首批太原市转型综改试验先导区科技创新园”。

新增就业岗位1785个，238名下岗失业人员实现了再就业，城镇登记失业率为3.4%。开工建设保障性住房660套，改造农村危房1770户。实施了9个村1900人的扶贫移民搬迁，解决了35个村1.2万人的安全饮水问题，“十件实事”和农村新的“五个全覆盖”工程全部完成，“办实事、解难事”活动中承诺的150件实事全部完成。

社会治安持续稳定，95%以上的村庄社区实现了“零发案”。积极排查矛盾纠纷，清理整顿了企事业单位人、财、物，困难企业职工养老、退休等10类人员历史遗留问题妥善解决。全县连续两年没有发生赴省市重复群访、进京非正常上访，十八大期间实现了“双零”和“四个不发生”。深入开展“打非治违”专项行动和百日安全生产活动，实施重大隐患有奖举报，受理举报152件，兑现奖金4.21万元。

五、坚持党建工作责任制，狠抓政治文明，党建科学化水平不断提高

县委及时召开常委扩大会和中心组学习会，传达十八大精神，下发《通知》，安排部署学习宣传贯彻工作。先后选派56名干部参加了省、市组织的学习培训，邀请专家对全县科级干部进行轮训。开展了学习体会征文和理论知识测试。扎实开展保持党的纯洁性学习教育活动，在市委规定的“十个一”基础上，增加了知识测试、履职承诺两项活动，梳理出的553条问题，已整改497条，整改率93%。

深入开展基层组织建设年活动，扎实实施“领头雁”工程、“一定三有”工程、“晋位升级”工程，全县90%以上的乡镇党委成为“五个好”乡镇党委，85%以上的村党支部成为“五个好”村党支部。认真推广文建明工作法，乡镇工作效能有效提高。“四议两公开”工作法全面推开。非公经济组织组建率达到了100%。

不断完善干部选拔任用机制，先后调整干部228名，提拔98名，平职调整130名，其中从优秀大学生村干部和公务员中公开遴选2名副乡(镇)长、8名乡镇副科级干部。

严格执行《阳光农廉网运行管理九项制度》，加强“三务”公开检查，强化“三资”管理。认真开展“整治吃拿卡要问题、创优发展环境”专项行动，深入治理公路“三乱”、教育乱收费等损害群众利益的问题，全年查办各类案件61件，处分违纪党员干部67人，给予党政纪处分6人。累计清缴煤焦领域违规资金853万元，整改工程建设领域突出问题81个，清缴违规资金505万元，纠正公车私户车9辆，封存超标车6辆。

扎实开展了“请人民评议、向人民汇报”和“办实事、解难事”活动，有效解决群众反映强烈的问题110余个。扎实开展下乡住村活动，先后帮助124个村制订了“一村一品”产业发展规划，投入扶贫资金6620余万元，落实扶贫项目95个。

(马建玉)

附：一、中共娄烦县委书记、副书记、常委名单

书　记：薛东晓

副书记：张　磊　李发平(7月离职)　刘振华(8月任职)

常　委：程顺安　赵树文　尹洪志(6月离职)　李贵军　任同珍(女)　纪根有(7月任职)　王剑峰

二、乡镇(街道)党委(党工委)书记、副书记名单

娄烦镇

书 记：王秀峰(女，2月离职) 强国生(2月任职)
副书记：强国生(2月离职) 段尚军(2月任职)
张爱平(4月离职) 苏建峰(6月任职)

静游镇

书 记：赵生魁(2月离职) 高 林(2月任职)
副书记：高 林(2月离职) 褚铖斐(2月任职)
刘志生(4月离职) 王建文(6月任职)

杜交曲镇

书 记：雷爱婵(女)
副书记：曹文杰 赵 琪(4月离职)
郝爱武(6月任职，11月离职)
强 俊(11月任职)

天池店乡

书 记：李永强
副书记：闫乃存 韩永生(4月离职)
王丽军(6月任职)

马家庄乡

书 记：李贵军(2月离职) 郭建生(2月任职)
副书记：郝爱国 梁俊峰(6月任职)

盖家庄乡

书 记：侯尚德(4月离职) 刘俊奎(4月任职)
副书记：刘俊奎(4月离职) 李亚晋(4月任职)
段成亮(4月离职) 段会军(6月任职)

米峪镇乡

书 记：郭建生(2月离职) 王先奎(4月任职)
副书记：王先奎(4月离职) 冯代生(4月离职)
刘志生(4月任职) 褚美生(6月任职)

庙湾乡

书 记：孙晋生
副书记：曹锦斐 段文奎(4月离职)
李清华(11月任职)

中共大同市委工作概况

市委书记 丰立祥

2012年，在省委、省政府的坚强领导下，市委认真学习贯彻落实党的十八大精神，围绕“转型发展、绿色崛起”发展战略和“三名一强”奋斗目标，坚持主题主线，把握稳中求进的工作总基调，统筹推进经济建设、政治建设、文化建设、社会建设、生态文明建设和党的建设，各项工作都取得了新进展、新成效。

一、坚持“以煤为基、多元发展”，经济转型和综改试验区建设扎实有序推进

一是产业转型取得重大进展。以清洁化、集群化、规模化为目标，加快煤电传统产业改造升级步伐，煤炭资源整合和企业兼并重组取得显著成效。坚持把培育壮大新兴产业作为转型发展的主攻方向，统筹推进装备制造、新医药、新材料、循环经济、光伏产业、清洁能源、冶金管材、煤化工八大工业园区建设，产业多元格局加快形成。依托园区载体，中国重汽大齿公司搬迁改造项目、北车集团大同公司六轴大功率变流传动电力机车项目、陕汽大同公司一期工程等一批引领产业转型发展的重大项目取得积极进展。文化旅游业与现代服务业互相促动，大同文化产业科技基地、大同煤气工业遗址文化创意园区、晋华宫煤矿文化体验园区等一批新型文化企业孵化基地加快建设，庞大汽车文化广场、万昌国际物流园区、东信商贸城投入运营，希尔顿、王府井等国内外知名商贸餐饮企业相继落户大同。

二是招商引资和项目攻坚势头强劲。全市签约项目152个，项目总投资2107.87亿元。重点项目和重点工程加快推进，全市共有170个项目落地，落地金额1750亿元，落地率为209.75%。省市两级重点工程累计完成投资1219.82亿元，超年度计划46个百分点。

三是综改试验区建设全面加速。编制完成《大同市国家资源型经济转型综合改革配套试验区实施方案(2012—2015年)》，在重大项目、政策创新、板块突破、破解难题上加快先行先试。在大同市转型综改项目库中新列入产业转型重大项目46项，已完成投资136亿元。“一市两县”、“一市两园”、

"一县一企"和四大领域转型综改标杆项重大项目进展顺利。扎实开展扩权强县试点工作，对扩权县行政审批事项进行了逐项清理，在省定目录的基础上，又下放了14项，总的下放权限事项达到99项。

二、坚持统筹城乡发展，"三农"工作取得新进展

围绕农业增效和农民增收核心目标，不断加大"三农"工作力度，市财政支农投入达到2.9亿元，同比增长28.5%。粮食总产量达9.49亿公斤，连续3年创历史新高。农民人均纯收入大幅增长，增幅全省排名第三。积极发展现代特色农业，现代农业示范区建设高标准推进，累计完成投资55亿元，建设各类现代农业项目363个。23个"一县一业"省级基地县和新增134个"一村一品"省级专业村取得显著成效，设施蔬菜总面积超16万亩。新建和扩建标准化养殖小区165个，涌现出全国一流、全省第一的南郊四方农牧公司现代化奶牛养殖园区等一批规模化、现代化养殖园区。新农村建设共投入资金10.8亿元，9个新农村集中连片示范区建设全面推进，新的"五个全覆盖"全面完成，低收入农户71.8万吨冬季取暖供煤全部发放到位。完成农民培训29万人，新转移农村劳动力4.3万人，完成农业科技入户2.6万户。扶贫开发扎实推进，解决3.95万贫困人口的温饱问题。以新水源工程为重点，大力加强农业基础建设，新建、改扩建农村饮水安全工程105处。

三、大力推进名城复兴工程，城市面貌发生巨大变化

城乡基础设施建设步伐加快。建设改造道路57条、103公里，古城新区四通八达的路网体系基本形成。天大高速、同源高速通车，广源高速基本完工，市县一小时经济圈基本形成。大同机场扩建工程完成。古城保护与修复快速推进。北城墙修复工程完工，西城墙修复工程任务过半，展览馆平移、代王府修复、鼓楼东西街历史文化街区修复工程进展顺利，云冈窟檐保护工程稳步推进，关帝庙、观音堂、浑源文庙、圆觉寺、律吕神祠被列为新的国保单位。御东新区基本格局初步形成。太阳宫、博物馆、大剧院、图书馆、美术馆、体育中心等六大标志性工程主体基本完成，中心规划区14个城中村改造加速推进。城乡生态化建设成效显著。全年共完成造林47.44万亩，新增绿化面积476万平方米，建成区绿化覆盖率、绿地率、人均公共绿地分别达到42.9%、38.8%、14.15平方米。文瀛湖生态公园全面完工，十里河生态植物园、口泉植物园、御河东西两岸景观等重点绿化工程基本完成。全省造林绿化大同现场会成功举办，大同市被授予全省造林绿化先进市称号。全市89平方公里禁燃区综合整治锅炉由3000多台减少至110台，新增集中供热总面积600万平方米，实现热电联产集中供热全覆盖。城市生活垃圾无害化处理、天然气新能源利用和城市污水处理基本实现全覆盖。

四、坚持保障和改善民生，社会建设步伐明显加快

社会保障方面，各类保障性住房开工建设116185套，竣工48989套，超额完成省下达目标任务；全市城镇新增就业人数54369人，完成省下达任务的121.36%；城镇失业登记率2.9%，低于4.2%的控制目标；养老金发放率和社会化发放率均为100%；城镇职工基本养老保险参保56.92万人，完成全年目标任务的100.01%；城镇基本医疗保险参保人数达129.45万人，完成全年目标任务的100.58%；城乡低保实现应保尽保、动态管理。教育医疗事业方面，大同十六中、实验小学御东新校、市卫生学校御东新校、三中新校投入使用；调整优化了市直义务教育学校学区格局，采取兼并吸收式和委托管理式两种模式组建了5个教育集团。市疾控中心投入使用，市一医院、五医院、中医院御东新院和六医院新院建设工程全面完成，"以药补医"全部取消，医疗救助的惠及范围和补助水平显著提升。安全生产方面，全市发生各类事故数同比下降16%，没发生重大和特别重大安全事故；全市亿元地区生产总值事故死亡率、工矿商贸企业就业人员10万人死亡率均低于省控目标；特种设备万台死亡率为零，继续保持平稳趋好的安全生产形势。信访维稳方面，认真组织开展领导干部大接访、大下访活动，不断完善基层涉纪信访长效机制，实现了十八大期间"双零"和"六个坚决防止"的工作目标。在全市范围内实施全天候的治安管理和立体化的动态巡逻防控，深入开展治安整治"三项战役"，组织了以打击黑恶势力犯罪、严重暴力犯罪、多发性侵财犯罪、涉毒涉枪涉爆涉众犯罪为重点的系列专项行动，开展了"拉网式"安全隐患排查整治和涉法涉诉"清积案、化新访、回头看、压反弹"活动，实现了刑事发案率的明显下降和人民群众满意度、安全感的明显提升。

五、大力加强宣传思想文化工作，文化强市战略深入贯彻实施

举办了山西省第二届全民阅读月（大同片）、全市第十九届青少年爱国主义读书教育等一系列活动，深入开展了"同心·社会主义核心价值体系学与行主题活动"，创办了大同市民文化大讲堂。深化群众性精神文明创建活动，深入实施公民道德建设工程，推动学雷锋活动常态化。围绕宣传"新大同、新跨越、新成就"，组织开展了"科学发展·辉煌成就"主题活动。在全省"走基层、转作风、改文风"经验交流暨表彰会上，大同市获得一个先进集体奖和两个先进个人奖。制作和拍摄了《古都大同》、《北岳恒山》、《塞外有家》等多部具有较高艺术水准的专题片、电影、电视剧，新编历史要孩儿剧《血溅乌纱》在全省获奖。成功组织了2012大同市新年音乐会、第二届"古城之春"民族音乐会等活动。进一步完善市县乡村四级文化服务网络，深入推进"广播电视村村通"、"文化信息资源共享"等文化惠民工程。文化产业发展迅猛，方特欢乐世界主题公园主体工程完成，中国雕塑馆、中国美术馆大同分

馆项目全面推进;成功举办了2012中国(大同)国际汽车文化节、"壁画双年展"、曾竹韶雕塑艺术奖学金作品展等各种会展20多场。文化产业的迅猛发展带动了全市旅游业的快速增长,全年旅游总收入达162.85亿元。文化体制改革不断推进,大同市被表彰为"全国文化体制改革工作先进地区"。

六、扎实推进社会主义民主政治建设,依法治市工作有效开展

加强对人大工作的领导,积极支持市人大及其常委会依法行使各项职权,加强和改进立法,依法开展监督工作,圆满完成第十二届全国人大代表选举工作,组织开展纪念宪法颁布实施30周年活动。积极支持政协围绕全市工作大局和中心工作开展专题调研、积极建言献策、实行民主监督。巩固和发展最广泛的爱国统一战线,深入实施"同心"行动十大主题活动。充分发挥统战优势,精心组织参加首届世界晋商大会,招商引资成果丰硕。加强民族宗教工作,爱国宗教团体建设进一步加强。加强和改进侨务工作。扎实开展"六五"普法宣传教育,加强"法治大同"建设。坚持和完善政务公开、村务公开、厂务公开等办事公开制度,不断扩大基层民主。支持工会、共青团、妇联等人民团体充分发挥作用。积极做好对台工作。坚持党管武装原则,完善军地齐抓共管国防后备力量建设机制,提高国防动员能力。深入开展双拥共建活动。

七、着力加强党的先进性和纯洁性建设,党建科学化水平迈上新台阶

市委把学习宣传贯彻十八大精神作为首要政治任务,制定出台了《关于深入学习宣传贯彻党的十八大精神的实施意见》。采取中心组集中学、党校培训轮训、市委常委带头作专题辅导宣讲、个人自学和撰写学习心得体会等多种形式,深入学习宣传贯彻十八大精神。利用各类宣传媒体,对十八大精神进行了全方位、多层次、多角度的宣传和解读,努力做到家喻户晓、深入人心。

努力推动创先争优活动常态化、制度化、长效化,不断深化"为科学发展创先进、为大同崛起争先锋"各类主题实践活动。扎实开展纯洁性学习教育活动,全市9600多个基层党组织和18.6万多名党员参加了学习教育活动。

市委中心组率先垂范,严格学习制度,并以市委中心组扩大学习的形式,邀请国内知名专家、教授为全市县级以上领导干部作专题辅导报告。各县区委、市直各党组(党委)中心组也组织开展专题学习2500多场,召开了全市学习型党组织经验交流会。

圆满完成了市级人大、政府、政协领导班子换届工作,对部分县区、市直单位领导班子进行了调整补充。完成了市人大、市政协内设机构领导干部和县区公安局长、政委、交警大队大队长的调整选配工作。干部人事制度33项改革任务和19个干部人事制度改革试点项目继续推进。5支人才队伍建设的中长期规划完成。

扎实开展基层组织建设年活动,重点实施了党员先锋、支部堡垒、示范带动、素质提升、阵地达标和机制保障等六大工程。统筹推进各领域党组织建设,在乡镇推广"文建明工作法",在农村推广"四议两公开"工作法,在机关开展党建工作"走在前头"活动。分期分批对全市1860名农村党组织书记和213名社区党组织书记进行了培训。

八、认真落实党风廉政建设责任制,反腐倡廉工作取得显著成效

严格推行以责任分解为基础、责任考核为动力、责任追究为重点的运行机制,市委常委带头参加对县区和市直各部门党风廉政建设责任的考核,有效推动了责任落实。加强对中央和省、市重大决策部署贯彻落实的监督检查,服务保障重大项目落地建设、推进经济发展方式转变的做法和成效得到省里的充分肯定。狠抓优化发展环境工作,创立了"软环境=制度+科技+人"的工作思路,行政审批制度改革工作走在全省前列。继续加大效能监察力度,共受理效能投诉86件,已全部办结。扎实开展"吃拿卡要"问题专项整治,查结案件99件,党政纪处分164人,移送司法机关56人。积极探索构建具有大同特色的惩治和预防腐败体系,圆满完成大同市惩治和预防腐败体系信息网一期工程"一网七平台"建设任务。加强对权力运行全程监督,对市直54家单位的行政权力和服务项目进行全面清理,对所有列入清单的权力进行了流程优化。坚决查办违纪违法案件,全年纪检监察机关受理群众来信来访1314件次,初步核实案件线索623件,立案762件,党纪政纪处分786人,移送司法机关25人。扎实推进基层党风廉政建设、纠风和专项治理工作,覆盖乡村的"阳光农廉网"全面提升,社区党风廉政建设试点工作进展顺利,医药购销和医疗服务中的不正之风、教育乱收费、公路"三乱"、农资制假售假等问题得到有效治理。

(高　起)

附:中共大同市委书记、副书记、常委名单

书　记: 丰立祥

副书记: 耿彦波　柴树彬

常　委: 李世杰(女)　胡玉亭(1月离职)
王克建(1月任职)　姚生平　李俊敏　赵向东
马　斌　卫洪平　侯立智(3月离职)
卫　国　杨广雨(3月任职)
操学诚(3月挂职)

中共大同市城区区委工作概况

区委书记　祁学峰

2012年，城区区委在省、市委的正确领导下，团结带领全区干部群众，坚持以科学发展观为统领，全面贯彻落实党的十八大精神，紧紧围绕转型跨越发展、打造“五化魅力新城区”的奋斗目标，牢牢把握“经济发展、城市管理、社会工作、民生保障”四大任务，全力开展“经济转型跨越、房屋征收安置、社会管理创新、城市品位提升、民生工程覆盖”五大攻坚年活动，全面加强思想建设、队伍建设、作风建设，各项工作都取得了新的成效。全区有28个党委、7012个党支部、10494名党员。

一、挖潜力，破瓶颈，稳中求进，着力推进经济转型跨越攻坚

区委把握稳中求进的工作总基调，突出抓好“保盘、扩容、招商、转型”4个环节，全区经济保持了平稳、健康、快速的发展态势。全年完成地区生产总值130亿元，同比增长11%，规模以上工业增加值同比增长2%；社会消费品零售总额164.3亿元，同比增长16%；固定资产投资总额192亿元；服务业增加值72亿元，同比增长10%；财政总收入33.94亿元，同比增长27.21%；一般预算收入3.32亿元，同比增长31.65%。全区重点项目建设34项，总投资108.28亿元，全年计划任务42.11亿元，实际累计投资完成额52.39亿元，累计投资完成率124.43%。重点工程落地预计完成22.5亿元，累计落地完成率150%。全区共签约项目12个，签约总额为98.9亿元，签约项目到位资金43.6亿元。全年民营经济税收完成6.95亿元，占全区税收的21%，同比增长20.22%。

二、付辛苦，强推进，公正公开，着力推进房屋征收安置攻坚

城区始终把握“征收谁、改变谁、造福谁”的政策导向，坚持尽全力维护群众利益的原则，全年共计征收了各类房屋15908户、169万平方米，其中住户14982户，面积96.44万平方米。同时，始终坚持征收与安置同推进、两不误，始终坚持公开、公正、公平的原则，广泛接受群众监督，一把尺子量到底，坚持按序选房、按号选房，不徇私、不舞弊，受到涉征群众的普遍认可，全年共组织公开选房18场，安置居民住户和商户20030户。

三、惠民生，谋福祉，注重倾斜，着力推进民生工程覆盖攻坚

加快推进以基本校舍、基本装备、基本功能“三基建设”为主要内容的强基固本计划。四十三校等6所学校12月底全部建成并投入使用，十校迁建、四十七校扩建工程开工建设。全面实施了以颂师德、正师风、强师资“三师活动”为主题的重师兴学计划。全年共为2.8万户低保对象发放低保金1.94亿元。全年城镇新增就业人数3014人，开发就业岗位13011个，城镇登记失业率控制在4%以内。启动实施城镇居民社会养老保险试点工作，全年城镇职工基本医疗保险参保人数达19.7万人，城镇职工基本养老保险参保人数达2.02万人。39家社区卫生服务机构全部实行药品零差率销售制度。始终保持严厉打击各类违法犯罪活动，集中开展了社会治安重点整治“三项战役”、“云安利剑九号”严打整治专项行动及校园内外安全隐患集中整治工作。全面开展安全生产整治，全区未发生一起重特大安全事故，居民安全感满意度达到91.8%。

四、高标准，求精细，常抓不懈，着力推进城市品味提升攻坚

始终把城市管理工作作为城区的立身之本，进一步加大了基础建设力度，总投入3900万元的21座垃圾挤压站和11座垃圾站正在加紧建设，配套设备和车辆已经陆续到位；完成了6座水冲公厕的选址工作，新增加了6个清洗车辆加水点；进一步提高了机扫能力。投资2800万元，购置机扫、保洁车辆56部，组建成立了机扫四公司。新改扩建7个便民市场，打造10个精品示范市场。

五、保稳定，促和谐，突出特色，着力推进社会管理创新攻坚

作为全省社会管理创新试点区，中央综治办、省政法委、市委主要领导多次莅临城区考察调研社会管理创新工作，并给予高度评价。全区社会管理网络化“三级平台、四级网络”已基本建成。合理调整社区布局，根据实际需要新成立了开源街街道办事处；由于行政区域发生变化，涉及的相关街道又因需新设立了14个社区居委会。全年新增社区办公用房、居民活动场所达4000平方米，再次上调社区居委会办公经费标准和社区干部生活补贴。振华南街街道惠民里社区、新建北路街道花园里社区、大庆路街道同兴里社区被评为省级充分就业星级社区，城区被中国社会工作协会社区工作委员会评为“全国社区睦邻文化建设工程示范城区”。坚持每周一的区委书记接访制度，定期安排县级领导轮流接访，全区信访形势总体平稳。党的十八期间，实现了“双零”和“三个不发生”的工作目标。2012年城区先后被评为“党的十八大期间信访维稳综治工作”省、市两级先进集体。

六、强基层,重创新,务实求真,着力提升党的建设科学化水平

区委两次邀请市委讲师团的专家、教授对全区科级以上干部进行十八大精神集中培训,区党政主要领导结合城区实际情况和对十八大精神的理解和认识授课和宣讲。全区各级党组织开展学习贯彻十八大精神专题培训班50余次,开展各级中心组(党组)专题学习560余次。

坚持把创先争优的理念贯穿在谋划发展路径上,把创先争优的要求落实在提升党建水平上,把创先争优的宗旨体现在为群众谋利益上,区委被评为全省"创先争优活动先进集体"。在开展保持党的纯洁性学习教育活动中,区委牢牢把握解决突出问题、建立长效机制这个主题,创新学习形式,全面加强教育,认真查摆问题,积极整改提高,保证了教育活动见实效。

认真落实党建工作责任制,切实加强非公经济组织的党建工作,成立了区非公经济组织党工委,对3927家非公企业单独组建139个,联合组建119个。

区委坚持既重"能"也育"德"的干部教育理念,网上培训科级干部和单位骨干力量890余人次,外出学习培训46人次。加大竞争性选拔干部力度和干部交流力度,把一批德才兼备、踏实干事的优秀干部充实到各街道和区直单位班子当中。

七、转作风,提效能,优化环境,着力推进反腐倡廉工作

凡属重大决策部署、重要人事任免、重大项目安排以及大额资金使用等,均严格按照民主集中制的要求,集体研究决定。积极支持区人大依法行使各项职权;支持区政府履行职责,依法行政;充分发挥区政协政治协商,民主监督和参政议政的作用;进一步加强党对统战工作的领导;坚持党管武装,积极开展双拥工作;区委书记祁学峰被北京军区政治部评为"党管武装新闻人物";充分发挥工、青、妇等群团组织参与社会事务管理的桥梁纽带作用。

要求四套班子成员带头深入街道、社区、非公企业、学校等联系点开展指导、协调和帮扶工作,提出指导性工作意见和建议。确定7月为全区"无会月",在无会月不安排全区性的大会,让各级部门利用更多的时间忙业务、办实事。

深入开展"治懒治散"专项行动和优化发展环境监督检查;深化改革拓展源头治腐工作领域,社区廉政建设工作稳步推进,"四议两公开"工作法全面推行;重视和支持纪委、检察等部门办案工作,始终保持惩治腐败高压态势。强化领导干部廉政自律意识,开展了以"保持党的纯洁性、让廉洁成为习惯"为主题的廉政教育宣传月活动。

(李宏宾)

附:一、中共大同市城区区委书记、副书记、常委名单

书　记:祁学峰

副书记:薛明耀　来　彦

常　委:唐　胜　王建成　闫　军　董建中　曹葆春　罗士彬　史万才(6月离职)　李振福(6月任职)

二、街道党工委书记、副书记、名单

东街街道

书　记:魏　军

副书记:王　治

西街街道

书　记:张力宏(9月离职)　刘翰龙(9月任职)

副书记:刘翰龙(9月离职)　赵志强(9月任职)

南街街道

书　记:王殿武

副书记:岳　峰

北街街道

书　记:任根德

副书记:常占库

南关街道

书　记:郝连志

副书记:杨根旺

北关街道

书　记:郭进宝

副书记:李文杰(女)

新建南路街道

书　记:刘　顺

副书记:吴顺利

新建北路街道

书　记:田德禹

副书记:韩守国

振华南街街道

书　记:白静玲(女)

副书记:孙雪彬(9月离职)　马　腾(9月任职)

新华街街道

书　记:王　强

副书记:王建军

向阳里街道

书　记:王　巨

副书记:杨亚峰(9月离职)　刘清湖(9月任职)

大庆路街道

书　记:王立中(9月离职)　夏　强(9月任职)

副书记:石晨东

老平旺街道

书　记:王红峰

副书记:姚　斌

西花园街道

书　记:王鸿宾

副书记:邱秀娟(女)

开源街街道

书　记：杨亚峰(9月任职)

副书记：王　岗(9月任职)

中共大同市矿区区委工作概况

区委书记　门开发

2012年，矿区区委在市委、市政府的正确领导下，以邓小平理论、“三个代表”重要思想和科学发展观为指导，牢牢把握稳中求进的总基调，锐意进取，奋力拼搏，圆满完成了全年各项奋斗目标，经济、社会、党建等各项事业取得了可喜的成绩。

一、以实现转型跨越为动力，经济社会各项事业成效显著

经济平稳健康发展。紧紧围绕“民营立区、工业强区、商贸富区”的发展战略，全力推进产业结构调整，走传统产业新型化、新型产业规模化的转型发展之路。煤机制造业不断发展壮大，新增加3家煤机制造企业，全年煤机制造企业产值达到2.6亿元，实现税收3000万元；新平旺地区、口泉地区、恒安新区现代服务业网络初具规模，必胜客、华林超市等知名商贸企业纷纷落户；全年实施33个重点项目建设，完成投资12.24亿元，其中落地项目13项，落地率100%；招商引资工作取得重大突破，在能博会、中博会、晋商大会上签约17个项目，签约资金30.26亿元，创区历史之最。新发展民营企业和个体工商户1350户，新增注册资金9333万元，新增从业人员3244人，民营经济实现税收1.745亿元，占区本级税收的75%。

民主法制建设扎实推进。人大、政府、政协依法履行职能，全年共办理人大代表、政协委员提案、建议、意见94件，办复率100%。进一步公开政务、企务，基层民主不断扩大。扎实推进“法治矿区”建设，积极开展“法律五进”活动，“六五”普法工作成绩显著。民族宗教工作稳步推进，统一战线工作有声有色，工青妇等人民团体桥梁纽带作用进一步发挥。

民生状况显著改善。扎实做好就业再就业工作，帮助3000多人实现了就业再就业。大力实施教育强区战略，教育总投入4.5亿元，同比净增2725万元。投资1798万元启动实验小学教学楼项目，投资1187万元建成了恒安一中标准化运动场、室内体育馆，投资1837万元为义务教育标准化项目学校配备了教学设备，改善了办学条件；清泉二小和平盛二小正式挂牌并投入使用；出资300万元对优秀教师和办学质量优胜学校进行了表彰奖励。进一步完善社会保障体系，启动实施城镇居民养老保险工作，财政补贴20万元，为28189名城镇居民办理了养老保险。加大对困难群众的救助力度，累计发放低保金1.68亿元；加大对困难企业人员的救助力度，全年安排363名“4050”人员就业。全民医保体系初步形成，区财政对城镇居民医保补助标准由每人每年30元提高到54元，7.2万名城镇居民参保；财政一次性支出900多万元，今后每年支出500万元，解决了企业人员看病报销比例与机关事业单位同比率报销的问题。继续推进医药卫生事业改革，国家基本药物制度在政府举办的基层医疗卫生机构实现全覆盖，基本药物安全性提高、价格下降；区属医疗卫生机构实现一体化管理，基层医疗卫生服务体系基本建成，全区设置社区卫生服务机构40个，国家级社区卫生示范中心达到3个，省级示范机构达到10个。

社会管理迈出新步伐。将区社会治安综合治理委员会更名为区社会管理综合治理委员会，成立10个专项工作领导组，形成由区社会服务管理指导中心、28个街道社会服务管理中心、106个社区社会服务管理中心、690个网格组成的四级社会服务管理体系。在恒安新区建立大同市首家社区关爱留守儿童活动基地，在口泉高标准建设完成全省一流养老院。深入开展严打整治专项斗争，共破获各类刑事案件961起，打掉各类犯罪团伙7个，打击处理刑事犯罪作案成员239人。认真落实安全生产责任制，2012年安全生产形势总体稳定。圆满完成了十八大期间信访维稳工作，化解信访积案48件，中央和省交办15件信访积案全部化解，实现了十八大期间进京零非访、零滞留；全年进京非正常重复个体访10次，同比下降了90%，比市考核目标降低54%，保持了进京赴省3年集体零上访的记录。

社会事业取得新进步。进一步转变政府职能，保留行政审批项目103项，进驻大厅79项，即办项目达到80%，承诺件办理时间由15天缩短到3天以内。加强基层基础工作，平均为每个社区下拨上级资金3万元。所有社区干部工资翻了一番并办理了城镇居民基本医疗保险。文化基础设施不断完善，引资700万建成矿区第一家电影院，为基层配备了价值180万元的文体设施。文明创建成果丰硕，有2个单位被授予省级文明单位荣誉称号，有1个社区被授予省级文明和谐社区荣誉称号。

二、以学习、宣传、贯彻党的十八大精神为抓手，党建科学化水平不断提高

认真抓好思想政治建设。区级领导参加了省市学习十八大精神培训班，在全区开展了科级干部学习贯彻党的十八大精神培训班，组建宣讲团深入各基层单位和街道社区传达十八大精神。全区474个党组织9339名党员参加了保持党的纯洁性学习教育活动。深入开展创先争优活动，组织召开了

街道党工委书记履行基层党建工作专项述职会和创先争优先进事迹巡回报告团报告大会。

切实加强领导班子和干部队伍建设。积极协调与人大、政府、政协班子的关系,做到"区委总揽全局、人大有效监督、政府依法行政、政协积极参政",确保了全区四套班子高效运转。认真执行干部选拔任用工作条例,全年共调整干部90名,其中提拔干部78名;创新干部选任方式,面向全区公开选拔了51名科级干部。加强大学生社区干部教育管理,完善了《矿区大学生社区干部管理办法》、《大同市矿区大学生社区干部考核暂行办法》。

不断加强基层党组织建设。全面推进社区党建工作,全区28个街道形成了"以街道党工委为核心,社区党组织为基础,全体党员为主体,驻街单位共同参与"的基层党建网络;逐步推进党建工作"全覆盖、凝聚力、组织化"进程,全区非公经济集中组建率达到100%。召开大同市矿区党建研究会第一次会员代表大会,选举出第一届理事会会长、常务副会长等人员。注重做好在流动人员、非公有制企业中发展党员工作,全年共发展党员131名。

扎实推进党风廉政建设。区委——街道——社区层层签订党风廉政建设责任书,形成了"横向到边,纵向到底"的责任网络;严格落实"三谈两述"制度,全区各党政负责人谈话65人次,领导干部任前廉政谈话55人次,诫勉谈话2人次。继续加强政风行风建设,通过对全区50个部门、30个基层站所进行评议。深入推进机关效能建设,就"吃拿卡要"问题对全区60个单位进行了专项督查,责令2个单位进行整改;加大违法违纪案件查办力度,全年共受理群众信访举报23件次,查处违纪违法案件58件,给予党纪处分29人、政纪处分29人。

(陈晓圣)

附:一、中共大同市矿区区委书记、副书记、常委名单

书　记: 门开发
副书记: 刘勇军　马曙光
常　委: 幸学武　苏　海　赵　雄　石　忠　李　飞　马晓峰　陈晓琳

二、街道党工委书记、副书记名单

煤峪口街道
书　记: 张蕴杰(12月离职)
副书记: 李佃士　张建新
永定庄街道
书　记: 范爱君
副书记: 张　伟　付　胜
同家梁街道
书　记: 王有成
副书记: 丁丽英(女)
四老沟街道
书　记: 王　权
副书记: 许治堂
忻州窑街道
书　记: 李延军
副书记: 张　瑞　刘宝玉
白洞街道
书　记: 张万祥
副书记: 孟　括
雁崖街道
书　记: 于亚铭
副书记: 娄旭东
挖金湾街道
书　记: 刘　建
副书记: 渠田盛
晋华宫街道
书　记: 白继明
副书记: 张志军
马脊梁街道
书　记: 陶　飞
副书记: 曹元宝
大斗沟街道
书　记: 付　启
副书记: 郑　富
王村街道
书　记: 郭　金
副书记: 武　侠
姜家湾街道
书　记: 王　俊
副书记: 卢永平　张德民
四台沟街道
书　记: 杨圣河
副书记: 庞明财　郭　璧
燕子山街道
书　记: 幺宏利
副书记: 王　洋
青磁窑街道
书　记: 宋　河
副书记: 黄进贤　王　进　次建清(3月离职)
马口街道
书　记: 李晓东
副书记: 曹增忠
杏儿沟街道
书　记: 董　青
副书记: 王金春
口泉街道
书　记: 李　刚
副书记: 乔　江　王春江
新泉街道
书　记: 李松吾

副书记：李建宏　邓仙梅（女）

平泉街道

书　记：孟青峰

副书记：陈桂英（女）　丁新华（女，2月离职）

新平旺街道

书　记：王丽娟（女）

副书记：孙有贵　郭照宇（7月离职）　席志祥

新胜街道

书　记：赵　耀

副书记：程小平　杨　贵（3月任职）

民胜街道

书　记：力日才

副书记：王　业　米俊琴（女）

和顺街道

书　记：董占成

副书记：魏　广

和瑞街道

书　记：李长春

副书记：樊海龙

平盛路街道

书　记：王军文

副书记：张霁彤　次建清（3月任职）

清泉街道

书　记：高　鹏

副书记：薛海军

中共大同市南郊区委工作概况

区委书记　杨勤荣

2012年，南郊区区委团结带领全区干部群众，坚持在发展中谋转型，在转型中促跨越，奋力拼搏，真抓实干，全区各项工作都迈上了新台阶，取得了新成绩。全区财政总收入完成98.14亿元，同比增长26.79%；一般预算收入完成8.25亿元，同比增长36.97%。全区共有基层党组织684个，其中党（工）委15个，党总支34个，党支部635个，县一级设党组7个，党员13186名。

一、在发展现代农业上取得了新进展

在完善提高去年已经建成的3000栋日光温室大棚的基础上，投资1.39亿元，新建日光温室大棚2048栋、智能连栋温室1.5万平方米、育苗基地4处220亩。目前，全区共有温室大棚10458栋，设施农业种植面积达到1.8万亩，设施农业总产值达到2.9亿元。

新建、扩建21个畜禽规模养殖园区，全区标准化养殖小区和规模养殖场达到72个，奶牛存栏2.4万头，农民人均畜牧业纯收入达1650元。

夏进乳业、华晟果蔬、杨家窑兰花基地等生产规模继续壮大，全区共有农业龙头企业15家，年可实现销售收入20.3亿元，创利税7000万元，带动农户6万户，安排就业1.3万人，农民从产业化经营中增加的收入达4.6亿元，户均增收820元。

全力推进小型农田水利重点县项目建设，投资5000万元完成4万亩高效节水灌溉工程；投资1158.6万元实施国家农业综合开发土地治理项目，治理面积1.18万亩；农机工作快速发展，农业生产机械化综合生产率达到68%，名列全市第一，获得了“全省农机化发展大县（区）”荣誉称号。

二、在推动项目建设上取得了新突破

在积极服务同煤集团60万吨烯烃、120万吨甲醇、2×33万千瓦热电联产等项目基础上，扎实推进投资4.9亿元的液化空气（大同）有限公司工业气体、投资9.4亿元的10万吨煤基活性炭、投资15.4亿元的山西华通路桥集团和正环保建材等项目，大力发展现代商贸物流企业，投资10亿元的东信广场商贸城已经建成，投资20亿元的大同庞大汽车文化园林广场、投资7亿元的凯德世家购物中心等项目正在建设，投资40亿元的益丰博览城、投资32亿元的大同和泰物流园区、投资30亿元的同悦城等项目已经开工。

全区新上、续建项目53个，总投资278.5亿元。其中，新上项目26个，续建项目27个；亿元以上项目34个。项目到位资金104亿元，位居全市第一、全省第十。

三、在保障改善民生上取得了新业绩

采煤沉陷区治理卓有成效。续建区采煤沉陷区治理一期工程、新建永同嘉苑和四方嘉苑工程、平旺乡4个村在煤峪口村新建15栋住宅楼工程，主体全部完工。

农村新的“五个全覆盖”工程全面完成。农村街巷硬化工程投资1.38亿元，完工里程358.4公里；新建农家书屋43个、村级文化活动室25个；中等职业教育完成511人的职业高中招生计划，全部免费就读；新型农村社会养老保险参保人数达到了11万人；农民便民连锁商店工程已于2011年完成。

口泉中心区建设总体规划由中国城市规划设计研究院设计完成，规划方案经市政府组织专家评审并同意。时庄村

“城市棚户区改造”工程,项目选址已经确定,乡村通过公开公平确定合作伙伴。影响道路建设的拆迁工作圆满完成,共拆除住户房屋、村民住宅、温室大棚等建筑物3.6万平方米。

房屋征收有序推进。既要服务御东新区建设、古城保护、道路建设、项目建设等重点工程,又要启动新胜、和平、宋庄等7个村城市棚户区改造工程,共完成房屋征收9369户,148.7万平方米。

生态绿化成效显著。以同左路、大运高速等5条公路和同左路南山、北山等3座荒山为重点,筹集资金5.26亿元,完成通道绿化51.9公里,荒山造林1.7万亩,被省绿化委授予“全省‘两区’增绿工程建设先进单位”称号。

四、在维护和谐稳定上取得了新成效

健全安全制度,完善监管网络,加大监管力度,突出现场管理,深化隐患排查治理,认真开展煤矿安全集中整治、“打非治违”和百日清理整顿活动,取得了良好效果,全区煤矿百万吨死亡率为零,各项安全指标均在市定控制指标以内。

严格实行区四大班子领导接访制度,解决了一批群众反映强烈的热点、难点问题;对违反《信访条例》的上访人员,坚决依法严肃处理,全区信访秩序明显好转。全年进京非正常重复访2人次,赴省集体访零批次,是近10年来的最佳效果,实现了全国“两会”和十八大期间进京非正常上访零目标,被省信访联席会议授予“党的十八大期间信访工作先进集体”称号。

区、乡、村三级成立了社会服务管理中心,全区190个行政村全面推行网格化管理。扎实开展严打整治专项行动,严厉打击各类违法犯罪活动,增强了人民群众的安全感。

五、在加强党的建设上取得了新进步

深化创先争优活动,扎实开展保持党的纯洁性学习教育活动。以学习宣传贯彻“十八大”精神为重点,举办了“十八大”精神培训班,对全区科级干部和190个村的书记、村委会主任进行集中培训;组建了“十八大”精神宣讲报告团,深入基层广泛宣讲;在《南郊周报》、政府网站开设专栏,集中开展宣传报道。

坚持民主、公开、竞争、择优原则,根据职数情况和工作需要,对区直部门和个别乡镇的领导干部进行了补充调整。通过实践培养锻炼干部,先后抽调240名年轻干部,参加信访维稳、农村新的“五个全覆盖”、口泉中心区建设、“城中村”改造等重点工作。

扎实开展“基层组织建设年”活动,对12个后进农村党组织集中整顿,组织20个红旗党组织与13个经济落后村结对帮扶,打造了杨家窑、永宁、国投大同能源公司等全国、全省、全市先进基层党组织;建立非公企业党组织172个,组建139个党建工作指导组,联系指导3123个非公企业。

不断提高领导干部的廉洁自律意识。突出案件查办,共受理群众信访举报168件,立查53件。廉政风险防控工作稳步推进,查找廉政风险点2815条,制定廉政风险防控措施2844条。认真开展整治“吃拿卡要”活动、行政审批项目清理及流程优化工作、清理和规范行政权力公开透明运行工作。

区委选派的50个下乡工作队,帮助农村制定发展规划,落实帮扶项目86个,解决群众反映的热点难点问题1800多个。

充分发挥区委领导核心作用,支持区人大依法行使职权,推动政府依法行政,一如既往地重视政协工作,推进了民主法制建设,保证了区委决策有效落实。始终坚持党管武装,加强国防后备力量建设,切实抓好统战、工会、共青团、妇联等工作。

(池文斌)

附:一、中共大同市南郊区委书记、副书记、常委名单

书　记:杨勤荣

副书记:姚振华(9月离职)　张　团

常　委:李有清　明海君　王　玺　张建军　周　灏
王义萍(女)　刘少忠(6月离职)　张　军
温开亮(挂职,6月离职)　张兴平(6月任职)

二、乡镇党委书记、副书记名单

新旺乡

书　记:刘中文

副书记:高彦东　高　煜(1月离职)

马军营乡

书　记:梁翼龙(1月离职)　李鹏飞(1月任职)

副书记:李　徽(1月离职)　庞有文(1月任职)
刘翰启(4月离职)

水泊寺乡

书　记:王　伟(4月离职)　杨建中(4月任职)

副书记:魏毓思(4月离职)　刘翰启(4月任职)
齐卫东　刘　刚(4月任职)

平旺乡

书　记:张　军(9月离职)　李森林(9月任职)

副书记:杜　军　李秉军

口泉乡

书　记:李　银(1月离职)　张一多(1月任职)

副书记:苗泽田(1月离职)　刘　熹(1月任职)
韩光华(1月离职)

西韩岭乡

书　记:周　灏(1月离职)　乔正南(1月任职)

副书记:杨建中(1月离职)　杜　安

鸦儿崖乡

书　记:张一多(1月离职)　李　徽(1月任职)

副书记:庞有文(1月离职)　李培荣(1月任职)
梁　春

云冈镇

书　记:李鹏飞(1月离职)
李森林(1月任职,9月离职)

副书记： 韩志杰（1月离职） 高　煜（1月任职）
　　　　李　武

古店镇

书　记： 乔正南（1月离职） 苗泽田（1月任职）

副书记： 刘　熹（1月离职） 韩光华（1月任职）
　　　　孟善高

高山镇

书　记： 王海军（1月离职）
　　　　杨建中（1月任职，4月离职）
　　　　魏毓思（4月任职）

副书记： 李森林（1月离职） 徐尚刚（1月任职）
　　　　董　平

中共新荣区委工作概况

区委书记　董志刚

2012年，新荣区区委坚持以科学发展观为主题，以加快转变经济发展方式为主线，按照“稳中求进”的工作总基调，紧紧围绕“凝心聚力、转型创业”发展战略，把稳增长、调结构、促转型放在更加重要的位置，经济社会发展呈现出稳中有进的良好态势。

全区地区生产总值完成193566万元，同比增长10.1%；农林牧渔业总产值完成58040万元，同比增长14.1%；规模以上工业现价总产值完成200351万元，同比增长14.6%；规模以上工业增加值完成89013万元，同比增长14.8%；财政总收入完成51601万元；城镇居民人均可支配收入达到16333元，同比增长16.64%；农民人均纯收入达到5664元，同比增长13.1%。

一、结构调整明显加快，转型发展迈出新步伐

新型工业化的“引领”更加强劲。在确保唐山沟、甘庄两座煤矿安全生产的同时，加快推进小梁沟、上深涧、北辛窑3座煤矿的技改进度。小梁沟煤矿技改工作已全面完成，进行试运转；上深涧、北辛窑两座煤矿技改工作已进入扫尾阶段。在巩固原有碳素企业的基础上，重点完成了投资3.1亿元的新成特炭有限公司年产4000吨各项同性等静压石墨制品和年产2000套单晶硅炉用热场石墨制品等项目的建设任务，碳素产业初步实现了由粗放型向精细化的转变。在建成凯翔凯宇科技有限公司太阳能光伏及LED组件项目的同时，重点建设了投资2720万元的鑫龙商砼有限公司年产50万立方米商品混凝土搅拌站、投资6383万元的大同市明星门窗科技有限公司年产10万平方米高档门窗等项目，基本形成了以原料、板材、门窗、灯具为主的系列产品。在巩固特威尔、普瑞奇等机械制造企业的同时，重点推进了唯实机电和康泽机械制造等项目，初步实现了从部件到整体设备的成套化发展。

农业现代化的“基础”更加牢固。围绕马铃薯、小杂粮、油料、蔬菜等种植区域，不断扩大种植规模，全区马铃薯、小杂粮、油料、蔬菜种植面积分别达到6万亩、19万亩、4万亩和1万亩。大力发展猪、牛（奶牛）、羊、鸡特色养殖，建成各类标准化养殖小区42个，全区猪、牛、羊、鸡饲养量分别达8万头、3.5万头、26万头、18万只。二是农产品转化率节节升高。大力培育和扶持微型种薯、薪源种羊、华进薯业、新康粮油制品、田源酱油等农业龙头企业，积极引导和培育农民专业合作社和农村经纪人队伍，农民专业合作社总数达155个。农技推广、疾病防控、质量监管发展迅猛，郭家窑、新荣镇、西村3个区域站和花园屯1个乡镇服务站，农作物病虫害预警与控制站，食品安全网络化监管平台建设稳步推进。农民培训力度持续加大，农业补贴标准全面提升，粮食直补和农资综合补贴资金达1973.07万元。

招商引资的“地位”更加突出。全年全区招商引资签约项目9个，协议总投资达47.73亿元，到位资金16.45亿元。

二、更加关注民生，和谐社会建设取得新成效

在完成73个新农村重点推进村的基础上，重点推进了12个新农村重点村建设任务。全面完成了新的“五个全覆盖”工程建设。同时，明确了25名区级领导和29个区机关企事业单位结对帮扶新农村建设任务。在加强区址市场、交通、环境秩序管理的同时，重点推进了淤泥河改造治理、古长城森林公园、滨河南北路、区残疾人活动中心楼、区卫生服务综合楼、张士窑饮水等工程。继续加大教育投入力度，全面深化教学改革，出色完成薄弱学校改造计划项目。认真做好就业与再就业工作，全年新增就业1210人，城镇登记失业率控制在4.0%以内。全面推进社会保障“一卡通”工作，养老、医疗、失业、工伤、生育保险范围进一步扩大，新农合以村为单位覆盖率达到100%，参合率达98.57%，15854名城乡低保和农村五保供养对象实现应保尽保。大力推进医疗提质工程，完成居民健康建档工作。坚持文化强区和文化惠民，重点开展了碓臼沟秧歌、《翠屏山》、《打经堂》等乡土文化的传承和开发。严格落实维护稳定责任制，引深“平安新荣”创建活动，深入推进社会治安综合治理，完善社会应急管理机制，严厉打击各类违法犯罪活动。重视抓好安全生产，全年未发生一起死亡3人以上重特大事故。加强和改进新形势下群众工作，全区信访形势呈现了“四下降一好转”的良好态势，圆满实现了全国“两会”和十八大期间的信访工作目标。

三、立足治理保护建设，生态文明取得新突破

4年全区造林累计投资7.06亿元，完成荒山造林42万亩、四旁植树280万株、通道绿化323公里，森林覆盖率提高到24.82%，林木覆盖率达43.2%。全面启动了建设期5年、规划面积20万亩、投资达15亿元的新一期风沙源治理工程。重点完成了光华矿业、天源矿业球磨机节电控制系统，巨强活性炭公司活性炭活化炉节能装置等项目改造工程和荣和煤化工2座焦化炉、荣和碳素2座焦化炉拆除废毁工作。2012年全区万元GDP综合能耗同比下降4.3%，比控制目标低0.7个百分点。全年完成小流域治理1.66万亩、水库加固改造2座；认真做好污水处理厂的管理运行，积极推进生活垃圾无害化处理厂建设进程，二级以上良好天数达到317天。

四、围绕十八大胜利召开，党的建设得到新加强

召开全区学习宣传贯彻党的十八大精神动员大会；广泛开展“寄语十八大”、专题学习、理论研讨、集中辅导等活动；组建3个区委宣讲组深入全区开展巡回宣讲；开设学习贯彻党的十八大精神集中轮训班；在各新闻媒体开设《转型创业成就辉煌》、《十八大精神在基层》等专栏。深入推进创先争优活动和保持党的纯洁性教育活动，全区各基层党组织和广大党员干部共解决涉及经济、民生、党建等方面突出问题996个。大力开展先进典型选树活动，5个先进基层党组织、2名优秀共产党员受到市委表彰，1名优秀共产党员被评为全省优秀共产党员。严格执行《干部任用条例》和《四项监督机制》，选任、交流干部3批45人次。大力开展党员、干部教育培训，重点抓好“山西干部在线学院”的学习和管理。严格落实基层党建工作责任制，认真组织实施农村“领头雁”培训、“三级联述联评联考”等6项计划。加强企事业单位、机关、社区和非公有制经济组织的党建工作，对全区355个党组织进行了调查摸底、分类定级，整改提高、进位升级，选树农村党建示范点21个。严格规范大学生村干部管理。认真做好发展党员工作，全年新发展党员142名。全年发放各类补贴、慰问金15.79万元。全年全区400余名机关党员干部下基层，帮助解决实际问题220多项，为群众办实事、做好事118件。狠刹各种不良风气，对全区130个部门和单位进行了明察暗访。特别是对省行评办明察暗访时发现的问题，及时进行了调查和处理，给予1人党内严重警告处分，3人行政记大过处分，并调离原工作岗位。严格执行党风廉政建设责任制，认真贯彻《党员领导干部廉洁从政若干规定》。不断引深煤焦领域反腐败专项斗争，深化农村、国有企业党风廉政建设，继续推进工程建设领域突出问题专项治理，清缴各类工程建设问题资金11.4万元。加强领导干部廉洁自律工作，严肃查办违纪违法案件。全年立查案件73件，处分违纪党员、干部71人，挽回经济损失204.84万元。

（杨文彦）

附：一、中共大同市新荣区委书记、副书记、常委名单

书　记：董志刚
副书记：王东升　郝守农
常　委：姚夏冬　靳文军　景　珍
王建平（6月离职）　樊　菁
张培文（6月任职）

二、乡镇党委书记、副书记名单

新荣镇
书　记：兰　敏
副书记：王志清　张永宏

郭家窑乡
书　记：张建国
副书记：安　杰　王　东

花园屯乡
书　记：郭钰晶
副书记：王晓媛（女）　赵越雄　张　军

破鲁乡
书　记：王利军
副书记：王永刚　李茂强

堡子湾乡
书　记：冀　勇
副书记：高　泽　王文辉

西村乡
书　记：王永军
副书记：周　品　刘文国

上深涧乡
书　记：张志军
副书记：康春强　王占春

中共阳高县委工作概况

县委书记　曹世平

2012年，阳高县委坚持以科学发展观为统领，以转型跨越发展为主题，紧紧围绕“富民强县，和谐安康”总目标，坚持农业设施化、工业园区化、城镇特色化、事业民生化的发展战略，坚持绿色基调、生态路径、特色品牌、民生主题的发展思路，推进有机农业、循环工业、安全产业、园林县域的发展重点，迎难而上、奋力赶超，全县经济

社会呈现出持续健康发展态势,民主政治呈现出团结和谐良好局面。

全年地区生产总值23.17亿元,按可比价增长9.6%;完成工业增加值3.23亿元,按可比价增长13.6%;完成财政总收入20564万元,增长14.9%;完成一般预算收入8662万元,增长17.5%;完成固定资产投资39.29亿元,增长52.68%;城镇居民人均可支配收入14419元,增长16.0%;农民人均纯收入4589元,增长13.0%。

一、园区项目建设取得突破,在推进工业新型化上迈出新步伐

阳高县始终坚持工业园区化发展战略,凭借龙泉工业园区良好发展平台,通过工业园区建设形成资源优势,增强招商吸引力。相继引进中化、华润、国电、华电、大唐等世界500强企业5家,同煤集团、北京顺鑫等中国500强企业2家。驭龙药业、华润长城风电、京元锰业高锰酸钾等14个工业项目顺利推进,引进投资总额达40亿元的同煤衡安自动风门等8个重点项目。标志性项目投资1.8亿元的同煤实业橡胶输送带项目奠基开工。

二、设施农业强劲推动,在推进农业现代化上取得新突破

阳高县始终坚持农业设施化发展战略,通过几年的发展实力看,由过去全省"一县一业"蔬菜示范基地县、产粮大县和规模健康养殖先进县,跃升为全国蔬菜产业重点县、全国粮食生产先进县、全省四大生猪养殖大县;粮食生产实现"六连增",突破5亿斤;全年新建蔬菜大棚6716栋9810亩,总面积达4.42万亩,占到了蔬菜总面积的1/3;新建规模养殖小区14个,总量达到76个,生猪饲养达到78万头,生产的优质肉端上了全国"两会"餐桌;集中连片发展杏果经济林2.4万亩,总面积突破17万亩,成为全国干果经济林基地县。通过北农阳光万栋大棚育苗基地、鹏程小店种猪繁育基地和露露集团杏果加工产业园三大龙头带动,农业产业化进程明显加快。

三、城镇建设顺利推进,在打造特色城镇化上取得新进展

阳高县始终坚持城镇特色化发展战略,进一步缩小城乡差距。全面铺开的县城大北街、政府街、镶门街、西门口4处商业核心区开发改造顺利推进,10万平方米保障性住房和一批档次较高的住宅小区相继建成;县城主干街道硬化、绿化、亮化工程同步推进,集中供热、供气覆盖面进一步扩大,县城的承载服务功能进一步提升。围绕新区建设,天大高速入城引道拓宽、积大线和长神线改线三大工程启动,将构架县城新的环城公路网。

四、民生事业全面发展,在构建和谐社会上取得新成绩

社会发展上,新建中小学校舍1.58万平方米,新建罗文皂等农村幼儿园18所,公开招聘49名中小学教师;县人民医院顺利搬迁启用,医药卫生体制改革全面推进,城乡就医环境日渐改善;新型农村合作医疗参合率达到98.96%,新型农村养老保险和城镇居民养老保险参保人数达16万人,全年输出劳务8072人次,城镇新增就业1235人,成为全省就业工作先进县。民生改善上,投资3.2亿元的农村新"五个全覆盖"工程全面完成,使8000多人受惠扶贫政策,实现稳定脱贫,11个村1.2万人的饮水安全问题得到有效解决,城乡低保按时足额发放。文化宣传上,成功举办了首届道德模范人物评选活动;成功申报大泉山纪念馆为山西省第三批省级爱国主义教育基地;十八大代表龙泉镇司法所所长李培斌荣获2012年度法治人物"年度特别贡献奖"。维稳安全上,高度重视信访工作,坚持领导接访下访长期化、积案化解制度化、矛盾排查化解常态化,确保了社会和谐稳定。深入开展专项整治行动,采取"打、防、控"多项措施,加强社会治安综合治理,深入推进基层社会管理创新,对十八大期间的安保维稳工作周密部署、措施得力,没有出现重大失误。安全生产常抓不懈,全年没有发生一起重大安全事故。

五、突出特色重实效,深入推进保持党的纯洁性学习教育活动

一年来,把引深创先争优与开展保持党的纯洁性活动有机结合、同步开展。在创先争优常态化建设上建立健全了党性教育、服务群众、评先树优、岗位创建、承诺践诺等5项机制,特别是以学习宣传十八大代表李培斌为契机,实施了"典型培育"工程;以"保持纯洁性,全力促转型"为主题,扎实开展保持党的纯洁性学教活动。

六、创新载体强基础,全力推进基层组织年建设活动

在全县深入开展基层党组织晋位升级、非公企业党组织集中组建、推广"文建明工作法"、机关党建走在前、万民干部下基层、领导干部下乡住村等基层组织建设年各项活动,按照标准全县有121个"较好"支部顺利实现晋位升级,在全县所有非公企业成功组建党组织106个。同时,积极探索社区管理网格与基层党建相融合的管理模式,将龙泉镇10个居委会划分为45个网格,实施社区"网格化"管理,在全县逐渐建立充满活力、富有特色、和谐稳定的社会管理体系。

七、围绕中心抓队伍,党员队伍建设取得新进展

在全面加强机关党建工作的基础上,面向生产一线、大学生村干部、"两新"组织发展新党员122名,党员队伍结构进一步改善;深入贯彻落实"一定三有"激励保障机制;深入推行"四议一审两公开"工作法,全面加强流动党员管理,确保流动不流失、离乡不离党;深入开展干部教育培训工作,农村"领头雁"培训圆满完成,举办各类实用技术培训班60多次,1.25万党员受益,全县农村干部整体素质得到进一步

提升。

八、注重素质配班子，各级干部综合能力明显提高

在干部选任上，以《党政领导干部选拔任用工作条例》为准则，始终以群众公认为评价标准，以工作实绩为选用条件，以德才表现决定任免，严格坚持“民主推荐、组织考察、集体决定”3个基本程序，做到干部选任的公开、公平、公正。全年共调整干部117人，其中提拔41人，交流74人，免职2人。

（张　东）

附：一、中共阳高县委书记、副书记、常委名单

书　记：曹世平（11月离职）　解先文（11月任职）

副书记：解先文（11月离职）　李晓红（女）

常　委：白　宝　袁润德　王成武
曹占江（6月离职）　李东升　孟德昌
王进波（6月任职）

二、乡镇党委书记、副书记名单

龙泉镇

书　记：解秀成（1月离职）　闫志文（1月任职）

副书记：吕福军（1月离职）　荆建林（1月任职）
庞利江

罗文皂镇

书　记：张　匀（1月离职）　孙富纯（1月任职）

副书记：张智文（1月离职）　闫东斌（1月任职）
任　利

王官屯镇

书　记：祁金林（1月离职）　高　文（1月任职）

副书记：余天东（1月离职）　李建军（1月任职）
杜宏伟

北徐屯乡

书　记：陈　仲（1月离职）　吕福军（1月任职）

副书记：李建军（1月离职）　王文虎（1月任职）
刘淑芳（女）

大白登镇

书　记：高　飞（3月离职）　徐碧洋（3月任职）

副书记：孟永泉（1月离职）　王　镇（1月任职）
郝秉亚

狮子屯乡

书　记：闫志文（1月离职）　孟永泉（1月任职）

副书记：何昌利（1月离职）　田占国（1月任职）
兰　德

长城乡

书　记：兰学欣（1月离职）　张智文（1月任职）

副书记：张　广　何广清

下深井乡

书　记：孙富纯（1月离职）　李建新（1月任职）

副书记：王德军（1月离职）　何昌海（1月任职）
贾高峰

东小村镇

书　记：徐碧洋（3月离职）　何昌利（3月任职）

副书记：王　镇（1月离职）　杨兴斌（1月任职）
张文忠

马家皂乡

书　记：李　刚

副书记：荆建林（1月离职）　吴海军（1月任职）
王俊林

古城镇

书　记：白志友（1月离职）　王德军（1月任职）

副书记：孙　福（1月离职）　吴廷录（3月任职）
谢　彪

鳌石乡

书　记：高　文（1月离职）　余天东（1月任职）

副书记：闫进德　高炳龙

友宰镇

书　记：王　龙（1月离职）　孙　福（1月任职）

副书记：田占国（1月离职）　尉武华（1月任职）
徐德明

中共天镇县委工作概况

县委书记　徐尚红

2012年，天镇县委全面贯彻落实科学发展观，全力推进富民和强县两大目标任务，团结和带领全县广大干部群众，解放思想、开拓创新、奋力拼搏、锐意进取，全县各项事业呈现全面进步的可喜局面。

全年地区生产总值16.97亿元，比上年增长10.6%；规模以上工业增加值2.72亿元，增长17.5%；固定资产投资31.55亿元，增长19.9%；社会消费品零售总额6.52亿元，增长16%；财政总收入1.2亿元，增长18.3%；一般预算收入5508万元，增长20.3%；城镇居民人均可支配收入1.48万元，增长17.3%；农民人均纯收入4209元，增长14.6%。

一、坚持以产业转型为重点，着力转变经济发展方式，转型跨越发展取得新突破

突出农民增收这个核心，全年新建蔬菜大棚7498栋，新增设施蔬菜面积7800亩，总面积上到2万亩，设施蔬菜产量

达到7.5万吨。同时,在北京市东城区新建农副产品直营店7家,总数达到17家,顺利完成东城区所有街道全覆盖的目标。大力发展订单农业,发展生产基地15万亩。农民专业合作社总数达到513家。新建扩建养殖小区22个,规模养殖小区总数达到190个。新增和改善灌溉面积19.7万亩,实施节水灌溉16.3万亩,改造盐碱地和中低产田10.7万亩。粮食总产量再创新高,达到2.98亿斤,被评为全省粮食生产先进县。农村经济总收入完成15亿元,同比增长14.5%。

突出项目建设这个关键,与华能、华润、大唐、国电、山西国际电力、保利协鑫、神华国华、中电投、香港羿飞等9家大型企业签订风光资源开发协议。组织实施了天城汽配、晋田电极、新裕隆金属镁、边城酒业等改制后企业的技改扩建工程。加快廿里铺科技园区和环翠山光伏产业园区建设。廿里铺科技园区完成“四通一平”工程,新建一座年供水能力500万立方米自来水厂。博诚公司5000吨脱水蔬菜加工项目落户园区并开工建设。

突出发展环境这个重点,一手抓旧城改造,一手抓新区建设。硬化旧城街巷14.4公里,扩建供水管网26公里,修筑排污管涵39.2公里。完成疾控中心、汽车客运站、职教中心、新城中医院、劳动就业保障服务中心、天兴园廉租住房小区等21处公共建设项目。天大高速公路天镇段正式通车运营。省道马走线升级改造工程已全面完工;大力实施生态兴县战略,扎实推进京津风沙源治理、巩固退耕还林成果等项目,完成国家、省级林业重点工程4.9万亩。

二、坚持以改善民生为根本,着力提高社会保障水平,和谐社会建设取得新进展

着力推进新城学校、廉租住房、中医院扩建、迎宾大桥等11项重点民生项目。实施了3.9万平方米的棚户区改造工程和1000套廉租住房工程,圆满完成了500户2万平方米的农村危房改造任务。扎实推进农村饮水安全工程,解决了8个自然村1.2万人,0.39万头大牲畜的饮水安全问题。全面完成了新的农村“五个全覆盖”工程。

加大非公企业、灵活就业人员扩面参保工作,大力推进医疗、工伤、失业保险,全面启动了城镇居民基本养老保险工作,新型农村社会养老保险工作得到新巩固,参保人数达9.1万人,参保率达90%。加强城乡基层医疗卫生服务体系建设,健全完善基本药物制度,加快推进基本公共卫生服务均等化和县级公立医院改革,新型农村合作医疗不断巩固完善,参合人口达到16.36万人,参合率达98.46%。纳入城乡低保和五保供养对象3.07万人,基本实现应保尽保。积极落实奖扶政策,强化教育引导,人口自然增长率4.23‰。向受灾群众发放价值495万元的救灾款物,发放医疗救助金277万元,组织发放低收入农户冬季取暖用煤9.08万吨。

三、坚持以维护稳定为关键,着力创新社会服务管理,平安天镇建设取得新成效

健全县乡村三级矛盾纠纷源头预防机制,完善了定期排查、信息共享、分析研判、落实反馈等制度,全年共接待、受理群众来信来访239起1826余人次,受理中央及省交办案件53件,办结率达100%。

新组建成立了县社会管理综合治理委员会,健全了综治专项工作10项制度,成立社会矛盾化解、特殊人群、社会治安、校园及周边治安治理等10个专项组。全面加强基层社会服务管理体系建设,推行网格化管理,全县221个行政村划分为403个社区网格。

坚持严打整治方针不动摇,加快构建社会治安综合防控体系,扎实开展阳光警务区建设、云安利剑九号、清网行动等专项行动。进一步加强流动人口和特殊人群的服务管理,继续深化对“法轮功”等邪教组织和境内外敌对势力的防范打击力度。强化“六五“普法工作,全面推进法制宣传教育“六进”活动。

四、坚持以边塞文化为支撑,着力推动文化事业发展,特色文化建设得到新拓展

完成南河堡、贾家屯、赵家沟、南高崖、张西河5个乡镇文化站建设;完成115家农家书屋建设任务,新建58个农村体育场地。基本完成慈云寺维修工程。实施直播卫星村村通覆盖工程,完成了向全县9个乡镇115个村输送信号落地工程。

组织篮球、健身、歌舞、太极拳等多场赛事,举办纪念建党91周年“千题万人”党史知识竞赛,组织为期一个月的“群众文体消夏月”活动。

五、坚持以改进作风为核心,着力提升执政能力和党性修养,党的自身建设得到新加强

把学习贯彻党的十八大精神作为一项首要的政治任务,扎实推进学习型党组织建设。纯洁性学习教育活动扎实有效,从加强领导、健全机制、教育引导上入手,邀请专家教授为副科以上干部作专题讲座;举办了“继承优良传统、牢记宗旨使命”大型教育活动。

严格落实“一定三有”,全面推行“两议两公开”工作法,大力实施“文建明工作法”,为群众办好事实事1100余件。大力强化非公企业党建工作,成立非公有制经济党组织63个,并在非公党组织中全部建立工、青、妇组织。通过分类指导、典型带动、强化督查,深入推进“集成升级”工程,29个后进党支部实现转化升级。

重点就学习贯彻党的十八大精神、廉洁从政等内容,举办8期“科学发展·构建和谐”大讲堂。举办了2012年新任领导干部能力提升培训班,对133名新任领导干部进行专题培训。组织全县955名干部参加在线学习。实施“领头雁”培训,开展了县委书记与农村、社区党支部书记谈心式培训。注重考核结果运用,与物质奖励、精神激励和干部选拔任用相结合,对工作实绩突出的单位和个人给予表彰奖励。

引导干部自觉做到十八大精神宣讲到一线、了解民意到一线、解决问题到一线、服务增收到一线。共选派221个工作队、560名干部深入到221个行政村解民忧、排民难、帮民需。扎实推进下乡住村增收活动,共帮助农村制定发展规划163个,提供帮扶资金2575万元,走访农户5300户,慰问困难户960人,帮助贫困学生490人,为群众办好事实事2080件,解决热点问题860个。

对全县42家单位的权力项目进行集中清理、审核、确认,审批项目由174项精简为128项。进驻县政务大厅单位扩大到19家,进驻项目增加到110项。对46个单位、106个基层站所进行政风行风评议,对薄弱环节进行了督促整改。狠抓新闻媒体曝光、上级领导批转、影响恶劣、违法违纪4类案件,今年共初核案件72件,立查案件70件74人。加强廉政宣传教育,引深学习《党员领导干部廉洁从政若干准则》和“右玉精神”活动。选树50名作风纯洁的先进典型,将典型事迹制作成电教片进行广泛宣传。

(李文峰)

附:一、中共天镇县委书记、副书记、常委名单

书　记: 徐尚红(女,11月离职)　姚振华(12月任职)
副书记: 解廷师　范振凯
常　委: 冯　尚　赵　亮　李润军　王　伟　梁　军　陈学春　王剑辉(挂职,4月任职)

二、乡镇党委书记、副书记名单

玉泉镇
书　记: 杨　智
副书记: 原存柱　安志宏
谷前堡镇
书　记: 郝世国
副书记: 宋君太　苗国栋
卅里铺乡
书　记: 田　炯
副书记: 刘振云　孙　亮
南河堡乡
书　记: 安和仁
副书记: 吴志峰　张　河
米薪关镇
书　记: 宋　奕
副书记: 庞　捌　马国辉
贾家屯乡
书　记: 郑佃文
副书记: 李建利　刘瑞林
赵家沟乡
书　记: 姜　高
副书记: 安建清　张小平
南高崖乡
书　记: 杨宝英
副书记: 唐广平　韩永泰
张西河乡
书　记: 杨景利(女)
副书记: 高　顺　曹　权
逯家湾镇
书　记: 王　林
副书记: 高平福　郝秀芹(女)
新平镇
书　记: 张建明
副书记: 杨　忠　范　忠

中共大同县委工作概况

县委书记　王凤瑞

2012年是大同县深入学习贯彻党的十八大精神,抢抓机遇,奋发有为,全力推进现代城郊型美丽大同县建设的一年。全县地区生产总值完成20亿元;固定资产投资总额完成49.7亿元;财政总收入完成34076万元;一般预算收入完成13873万元;农民人均纯收入达到5657元,城镇居民人均可支配收入达到13556元。

一、打造生态品牌,县域园林化实现新突破

县委依托良好的生态资源,把生态作为第一品牌,实施“生态立县”战略,全年投资1.1亿元,完成造林绿化4.15万亩。特别是成功迎接全省造林绿化大同现场会的召开,受到了国家、省市领导的充分肯定,全国各地前来参观考察的人士络绎不绝,“中国黄花之乡、国家火山公园、城郊休闲胜地”的品牌声名远播。全县森林覆盖率达到28.6%,林木绿化率达到40.8%,其中有30万亩、20万亩、10万亩连片工程各1处,万亩以上的绿化工程10多处,大同县继“全国防沙治沙先进县”、“全省造林绿化先进县”之后,荣获“全省林业生态县”的殊荣。

二、紧抓项目建设,工业园区化取得新进展

县委将2012年确定为“项目攻坚年”,全年共完成签约项目22个,拟引资金139亿元,到位资金51亿元(包括9个

装备园区项目)。其中,总投资30亿元的福建隆德集团“中国大同论坛”项目奠基开工;总投资6.5亿元的山西万昌国际物流园开业运营;投资2.8亿元的保利协鑫20MW太阳能光伏电站开工建设;投资2亿元的玉鑫农牧项目基本建成;投资2亿元的同华矿机、投资1亿元的欧凯建材、投资5000万元的鹏瑞混凝土、投资3000万元的大同市鑫涛门窗、投资3000万元的华青活性炭二期项目投产运行,还有4个农业龙头企业进展顺利。

三、培育特色产业,农业现代化迈出新步伐

县委积极推进都市农业、观光农业、近郊农业的发展。全县黄花种植达到6万亩,初步形成“一县一业”的发展格局。林果达到8万亩,露地菜达到7万亩,绿豆达到8万亩,万寿菊达到6000亩,温室大棚发展到3649栋,猪、鸡、牛、羊饲养量分别达到21.3万头、140万只、4.6万头、38.4万只。全县有77个村成为全省“一村一品”专业村。总投资2.7亿元的金森农牧生态有机猪完成投资1.4亿元;投资1.2亿元的省煤运集团高端农业循环园区完成投资8000万元;投资1亿元的奕曦生态农业观光园推进迅速;投资2300万元的天佑禽业存栏鸡达17万只。重点实施了投资3000多万元的土地整理、投资1280万元的国家高标准示范农田、投资557万元的陈庄水库除险加固、投资510万元的地膜覆盖、投资400万元的农村饮水解困等项目,大同县连续两年荣获“全省农建禹王杯”称号。规范专业合作社432个,建成科普示范基地20多个,推广新品种和新技术30多项,科技入户1000户,培训农民4万人次。大同县被评为“全省农民增收先进县”。

四、把握近郊优势,城乡特色化迈上新台阶

2012年,主要推进了10项工程:投资2亿元的云冈机场至县城城际路通车;投资6000万元的县城西环路竣工;投资3600万元建成火山旅游路;建成投资1000万元的文化图书大楼;投资5000多万元进行县城生态公园一期工程建设;总投资3亿元的大塘汽配服务园开工建设;在农村实施投资1292万元的环境综合整治示范工程,在县城投资1130万元建设污水、供热、天然气管道,投资50万元建成一个集贸市场;投资1000多万元的体育馆开始进行前期准备;农村新的“五个全覆盖”工程全面完成;大同火山群国家地质公园批复命名,投资400万元建成了博物馆,修建了标志牌,开通了网站,通过了国土资源部专家组复核验收。

五、坚持以人为本,各项社会事业得到新发展

坚持教育兴县战略,实施了“1+6”综合改革,投入1000万元推动新建高中投入使用,从同煤一中择优选聘了校长,引进了大同市云天补习学校,投资2850万元改善了办学条件,调整了县城中学布局。巩固农村合作医疗成果,参合率达到99.2%,全年共支付补偿3610.5万元,受益人数29.58万人次;落实国家基本药物制度,基本药物占到全部用药的60%;实施13项基本公共卫生服务项目,推进城镇居民医疗保险,县医院投资340万元采购先进设备32台。认真落实国家有关政策,职工养老、失业、医疗、工伤等保险征收到位,发放及时;新增就业岗位1212人,创业带动就业385人,下岗再就业355人;规范城镇和农村低保工作,现有3394户6776名城镇人口、13080户14444名农村人口享受低保政策,向低收入农户按时足额发放62874吨取暖用煤,解决了1000户农村困难群众的住房问题,投资5661万元建设760套廉租房,建成了大同县社会福利中心。精心组织春节、元宵节文艺活动和喜迎十八大等一系列活动,认真举办杏花节、黄花节、菊花节、蔬菜节,协助拍摄电影《黄花女人》,吸引《中国作家》杂志社将创作基地和书画分院落户大同县,“意象中国、走进大同”活动在大同县启动。大同县被评为“全省观光农业和乡村旅游示范县”。严厉打击违法犯罪行为,全年共立刑事案件147起,破获258起,打掉犯罪团伙4个、抓获嫌疑人19人,刑拘50人,抓捕逃犯22名。认真抓好信访维稳工作,全年共受理群众来信来访358件次,办理上级交办案件149件,结案率100%,及时解决了诉求合理案件126件,维护了全县安定和谐。

六、加强党的建设,谋事干事氛围初步形成

组织开展了保持党的纯洁性学习教育活动,多种形式学习宣传党的十八大精神,增强了广大干部的理论素质。尤其是在学习杨善洲精神、右玉精神的同时,坚持用身边的人和身边的事教育人,选树了30多年如一日辛勤工作在林业战线的先进典型赵德清同志。

围绕创先争优活动和基层组织建设年的开展,组织了基层党建工作责任联述联评联考,选派27名街道干部担任社区党组织书记,完善目标责任制考核办法,非公经济党组织组建率达到100%,做好发展党员工作,创新日常教育管理方式。

在开展领导干部下乡住村、包村增收活动的基础上,组织开展弘扬赵德清精神千名干部下乡包村促发展活动。截至年底,各工作队共组织实用技术培训153次,排查矛盾隐患320个,为农村办实事141件。涌现出周士庄镇便民服务中心的典型,受到了省委、市委领导的肯定。

围绕贯彻落实中央和省市决策部署、整治“吃拿卡要”、规范办学行为、纠正医药购销不正之风、煤焦领域反腐败、巩固公路“三乱”治理成果等方面加大工作力度,完善工程建设领域项目信息平台和食品安全责任监督网格化信息平台,开展政风行风评议活动,优化了发展环境。完善阳光农廉网平台,督促检查惠农政策的落实情况,做好基层涉纪信访工作,查处了一批损害群众利益的人和事。全年纪检监察机关立案70件,结案70件,其中涉及乡科级干部14件;给予党政纪处分73人,形成了惩治腐败的高压态势。

县委十分注重发挥人大、政府、政协班子作用,充分调动工会、团委、妇联、工商联等群团组织的积极性,统筹抓好武装、党校、防邪、对台、关工委、党建研究等工作,老干部工作

受到省委、省政府的表彰,形成了推动发展的强大合力。

(田泽全)

附:一、中共大同县委书记、副书记、常委名单

书　记:王凤瑞

副书记:邢　斌　杨近源

常　委:李立平(女)　刘红斌　冯学中　赫　瑞
于　君　李振福(6月离职)
董建平(6月任职)

二、乡镇(街道)党委(党工委)书记、副书记名单

倍加造镇

书　记:闫合山

副书记:刘海平　白　刚

党留庄乡

书　记:曹　亮

副书记:朱　华　张一鑫

周士庄镇

书　记:刘义深(1月离职)　张建中(1月任职)

副书记:张建中(1月离职)　门开应(7月任职)
田　恒

杜庄乡

书　记:徐　军

副书记:赵建宝　张玉龙

许堡乡

书　记:孙　政

副书记:门开应(7月离职)　田军山

西坪镇

书　记:薛彦斌

副书记:郭进忠　康强仁

瓜园乡

书　记:李一忠

副书记:薛志军　李月英(女)

峰峪乡

书　记:张文娟(女)

副书记:闫　红　赵向东

吉家庄乡

书　记:马　斌

副书记:李海江　刘应斌

巨乐乡

书　记:刘喜斌

副书记:吴志明　常　金

东街街道

书　记:王　强

副书记:梁振权

西街街道

书　记:孙　革

副书记:王权山

湖东街道

书　记:赵　祥

副书记:冯　启

中共浑源县委工作概况

县委书记　张清河

2012年,浑源县委在市委、市政府的正确领导下,团结带领全县各级党组织,全面贯彻落实党的十八大精神,突出"跨越发展、率先崛起"工作主题,深入实施"大招商、大引资、大项目、大建设、大发展"攻坚战略,全县呈现经济社会各项事业又好又快发展的良好局面。全县地区生产总值完成34.47亿元,固定资产投资完成46.76亿元,财政总收入完成4.56亿元,一般预算收入完成2.47亿元,城镇居民人均可支配收入完成15037元,农民人均纯收入完成4547元。

一、提速项目攻坚,发展活力持续迸发

全县筛选确定了总投资749.89亿元的10大类56个招商引资项目,总投资202亿元的100个省市县重点项目,总投资132.42亿元的16个转型综改标杆项目。全县招商引资144亿元,到位资金71.39亿元。列入省、市考核的72个重点项目完成投资52.81亿元,完成项目落地任务42.22亿元。总投资22亿元的凯德世家打包开发建设县城项目已签订合作框架;总投资2.8亿元的浑源汽配城建设项目正在开展前期工作;投资1.5亿元的浑源建材市场项目已经达成合作意向。

二、做强主导产业,工业经济提标升级

煤炭产业坚持安全与速度同抓、产值与效益同提的原则,百川、东邦、金岷3座露天煤矿顺利通过联合试运转,百川煤业兼并重组整合项目顺利通过省验收组的竣工验收。总投资2亿元的太原锦华能源公司废弃矿渣及土地综合开发利用项目全面铺开。年内,煤炭产量完成169万吨,上缴税费2.89亿元。花岗岩产业坚持"集聚发展、循环利用、规模生产"的原则,循环经济园区建设进入规划设计阶段,总投资5287万元的正沟神达等3家花岗岩企业的技改项目进展顺利,全年共完成税费1683万元。坚持把发展实体经济作为保持经济平稳较快增长的坚实基础,积极推进了膨润土、高岭土加

工提取等中小企业建设，全县中小企业完成税金3.6亿元，占全县财政总收入的80%。

三、加快开发保护，文化旅游提品进位

投资4000万元的恒山索道迁建工程完成投资2630万元，投资1094万元的岳门湾、悬空寺停车场项目开工建设，总投资6亿元的汤头温泉开发项目达成合作意向，成功申报国保级文物单位3处。成功开展了"中国健身名山登山赛"恒山站赛事和大同旅游推介会等宣传促销活动，恒山大景区的知名度进一步提升。全年接待游客82.7万人次，实现门票收入5008万元，分别比去年同期增长10.71%和11.29%，综合收入突破3.5亿元，。

四、紧扣富民增收，现代农业提质增效

神农、春润、巨丰、鑫泰荣四大农业观光园区建设有序推进，全县农民专业合作社达到318个，土地流转面积达到12.07万亩，设施大棚达到3500栋。新建扩建标准化养殖小区16个，完成"一县一业"肉羊基地县棚舍建设4000平方米，全县肉牛饲养量5.59万头，羊饲养量76万只。大力推行黄芪标准化基地种植，大力推进10万亩北坡区经济林建设，加快推进了忠旺恒达、万生黄芪、丽珠芪源等黄芪深加工项目，6个涉芪重点乡镇新增黄芪标准化种植2.7万亩。完成了两座小型水库的除险加固工程，推广了土地治理高标准农田建设示范工程项目等10个农田水利基本建设项目，落实各种惠农补贴4151万元。

五、推进文化繁荣，精神文明创建精彩纷呈

组织开展了春节文化系列活动、吴城杏花摄影艺术节、庆祝十八大召开文艺踩街巡游等大型文化体育活动。立足"省级历史文化名城"和"中国民间文化艺术之乡"两大名片，扎实开展了传统铸钟制作技艺、凉粉制作技艺的国家级非遗保护项目申报工作，下韩村砂器制作工艺和神溪村传统文艺表演技艺踢鼓秧歌被列入市级非遗保护项目。积极开展了学雷锋做好事活动，全县志愿者队伍达到1000多人。

六、强化功能承载，城市形象彰显魅力

北岳西街拓宽改造工程已全部完工，书院街、恒荫街、兴源东街、天峰路和县城供水管网综合改造工程正在有序推进，城市集中供气工程实现局部供气。县城生活垃圾处理项目已完成投资3150万元，填埋区土建、防渗处理和办公区建设全部完工，2012年，浑源县被评为全省十佳卫生县城。完成了北坡区经济林通道建设工程，荣乌高速浑源段、同源高速已经通车，广源、王城高速正在加紧建设。完成了县城新修道路和迎宾大街西出口生态公园绿化等工程项目，高质量完成植树造林任务8.73万亩。

七、秉承以人为本，民生福祉持续改善

农村街巷硬化1466公里，建成了154个农村便民连锁商店、117个行政村的农民体育健身设施和315个村级文化活动场所，中等职业教育免费惠及1394名学子，新型农村社会养老保险参保人数达到16万人，累计发放基础养老金3953万元。职业教育中心大楼、特殊教育学校、农村幼儿园新建等重点工程全部建成并投入使用，中小学生营养改善计划如期实施，高考二本以上达线人数达到430人，全市排名第一。国家基本药物制度在全县18个乡镇全面实施，新型农村合作医疗参合率达99.23%。2000套廉租房建设工程已经开工，完成农村危房改造3100户。新增城镇就业1208人，发放城乡低保金7289万元，城镇职工基本养老保险和城镇基本医疗保险参保人数分别达到3.07万人和5.36万人。

八、加强社会管理，平安创建纵深推进

以县计生网络服务平台为依托，建立了县级社会服务管理中心，在全县18个乡镇和150个村建立了社会服务管理中心。深入开展了以煤矿为重点的安全生产专项整治活动和"打非治违"专项行动。加强治安防控体系建设，投资420万元完成了全县报警监控扩容改造工程和办案、执法场所改造工程。扎实开展了信访积案攻坚和县领导信访接待日活动，荣获"全省信访维稳工作先进县"称号。全年共接待群众来访1221批次3900余人次，成功调解各类纠纷810件，破获各类刑事案件172起。

九、注重强基固本，党的建设全面加强

全县共有23个党委、10个党组，29个党总支，675个党支部，党员总数14407人。以县乡两级党员领导干部为重点，开展各类教育教学活动120余次，培训农村党员干部群众2.5万人次。全县所有党组织和96%的共产党员参加了保持党的纯洁性学习教育活动，50个先进党组织和100名创先争优优秀共产党员受到了表彰奖励；县四套班子领导和党员干部继续开展了住村包村活动，帮助农民办实事好事6000余件；实现了党的组织和党的工作在全县233个非公企业中的全覆盖。实施了农村"领头雁"集中培训计划，实行了发展党员全程记实制度，全年共发展新党员175人。深入开展了规范行政执法检查行为、整治"吃拿卡要"、优化审批流程等创优发展环境活动，对全县225个重点基层站所进行了严格评议，通过审计挽回经济损失1245万元。全年共立查案件83件，结案83件，给予党纪政纪处分87人。

（刘东升）

附：一、中共浑源县委书记、副书记、常委名单

书　记：张清河

副书记：康晓剑（12月离职）　李凤舟

常　委：姚志强　杨忠文　李国军（6月离职）

文晓东　郭普跃　李继忠　孟玉香

陈小广（6月任职）　杨　文（挂职，6月任职）

二、乡镇党委书记、副书记名单

永安镇

书　记： 张权军

副书记： 李仲元　左　玉

东坊城乡

书　记： 武建文

副书记： 顾国锋　王　飞

裴村乡

书　记： 于海滨

副书记： 张　军

西坊城镇

书　记： 曹启龙

副书记： 郭　华　郝兴东

驼峰乡

书　记： 杨　庆

副书记： 范淑慧(女)　顾必武

西留乡

书　记： 雷迎春

副书记： 李子君　范　文

下韩村乡

书　记： 屈永亮

副书记： 张东皞

蔡村镇

书　记： 付元进

副书记： 乔　普　郭　松

南榆林乡

书　记： 裴雁巍

副书记： 韩飞鹏　刘　达

吴城乡

书　记： 宋桂珍(女)

副书记： 张国华　张志丹

沙圪坨镇

书　记： 李启忠

副书记： 段治国　孟　祥

大仁庄乡

书　记： 陈利军

副书记： 王　杲　晋举科

黄花滩乡

书　记： 左世明

副书记： 杨永安　侯文权

大磁窑镇

书　记： 熊开明

副书记： 陈月祥　刘　峥

青磁窑镇

书　记： 李兴宇

副书记： 郝希涛　李文学

千佛岭乡

书　记： 高　飞

副书记： 任志强

官儿乡

书　记： 贺韶东

副书记： 李建圣　赵志远

王庄堡镇

书　记： 杨振仁

副书记： 许建国　李　荣

中共灵丘县委工作概况

县委书记　张小立

灵丘县共有基层党组织687个，其中党委24个、党总支42个、支部621个，党员13422人。2012年，县委坚持以科学发展观为指导，深入学习贯彻落实党的十八大精神，牢牢把握稳中求进的总基调，团结带领全县干部群众，齐心谋转型，戮力促跨越，扎实惠民生，全县呈现出经济持续发展、社会和谐稳定、人民安居乐业的良好局面。全年地区生产总值完成33.33亿元，财政总收入完成5.51亿元，一般预算收入完成2.1亿元，农民人均纯收入达到4597元。

一、围绕提高党的执政能力目标，不断加强党的建设

把学习宣传贯彻党的十八大精神作为首要政治任务，县委中心组3次专题学习党的十八大精神，邀请市委宣讲团为全县副科级以上干部宣讲党的十八精神，抽调部门骨干组成县委十八大宣讲团，分4个组赴全县各乡镇、机关、学校、农村、企业，对广大党员干部群众进行面对面的宣讲。举办了32期创先争优和保持党的纯洁性学习教育活动专题培训班，培训领导干部4000余人次；组织10批241名农村党支部书记参加了全市集中培训；全县654名副科以上干部参加了省委组织部“山西干部在线学院”网上学习。积极推进干部人事制度改革工作，分4次对乡镇、群团、党政工作部门进行了人事调整。完成了647个基层党组织晋位升级工作，发展新党员167名，新建非公经济党组织38个，实现了非公经济党组织全覆盖。深入整治“吃拿卡要”，重点对涉农乱收费、公路“三乱”、银行业金融机构乱收费等群众关注的热点问题进行了专项检查治理。组织各乡镇、县直部门“一把手”深入浑源县下韩乡麻庄村“大同市廉政建设教育示范基地”开展廉

政教育活动，组织全县科级干部集体观看《血溅乌纱》、《杨善洲》等廉政文化影片。

二、围绕工业新型化目标，大力推进项目建设

实施重点工程项目36项，完成投资51.54亿元，占年任务的140%。在新建项目中，同煤集团300万吨钢铁项目已经省经信委批复，可行性研究报告已通过，地形地貌测绘、环评综合检测、初设、迁坟等已完成；晋渝公司珍珠岩加工项目和威凯公司玻化微珠保温抗裂砂浆生产线技改项目具备生产条件；年产80万吨水泥粉磨站技改项目辊压机主机安装就位，水泥磨机即将安装。在续建项目中，金地公司富锰渣技改生产线项目高炉、热风炉主体建设和带式烧结机等设备安装已完成；豪洋公司极贫难选矿石选矿厂改扩建项目3条预干选生产线已建成投产；春阳公司苦荞芸香苷及杂粮食品项目厂房和生产线建设全部完成；集中供热工程项目二期工程全部完工并投入使用；县城垃圾处理项目已基本完成。县政府出台了扶持中小微企业发展的实施意见，认真落实国家和省、市关于免、减、缓征中小微企业行政事业性收费规定，加大财政金融支持力度，最大限度地减轻企业负担，鼓励引导企业加快转型，推进技术创新和节能减排，增强企业发展后劲。加大招商引资力度，先后组团参加"中博会"、"能博会"等各类招商洽谈会6次，充分利用各类招商平台推介项目57个，成功签约招商项目两个，拟引资99.58亿元。

三、围绕两大政策机遇，深入开展综改路径的探索和转型试点的培育

确定了总投资420.8亿元的循环经济园区建设、矿山生态环境综合治理等12个影响大、带动强、见效快的标杆项目，项目陆续开工建设，到10月底，实际完成投资近12亿元，完成年度投资计划的104%。委托中国体改研究会专家组起草编写了《灵丘县2012—2020年转型综改实施方案》，方案以非煤资源型经济转型为主线，明确了今后9年间转型综改的指导思想、基本原则、战略定位、总体目标、阶段目标和指标体系，提出了本县转型综改的五大主要任务和12个方面的重点体制机制改革内容。在扩权强县方面，以"增强县域自主发展能力，提升县域经济发展和管理水平"为中心，以提高办事效率、缩短办事周期、节约办事费用、方便群众办事、加快高质量项目落地见效为目标，主动作为，积极探索创新。县发改、经信、环保、人社等部门充分运用省市下放权限，直接办理事项5218件，极大地简化了办事程序、优化了投资环境。

四、围绕农业现代化目标，全面加强新农村建设

年内栽植核桃、仁用杏等各类干果经济林4000多亩，南山区优质核桃发展到6.3万亩，丘陵区仁用杏发展到5.8万亩。新发展设施蔬菜面积654亩，日光节能温室达2026栋。全县牛、羊、猪、禽饲养量分别达到8.53万头、73万只、10.8万头、91万只。农作物播种面积52.28万亩，粮食总产量达到7.4万吨。

完善了104个重点推进村的新农村建设，为27个重点推进村建成便民连锁店15个，农家书屋15个，农村体育健身场所14个，栽植仁用杏2000亩、核桃1100亩、油松1000亩、绿化风景树4100多株、种草500亩，修建护村护地坝3115米。

全县农业龙头企业达到13家，其中春阳公司投资6000多万元的苦荞芸香苷加工项目投入试生产，大山苦荞食品公司投资200万元新增苦荞凉粉生产线已投产，全县农产品加工企业实现销售收入2.5亿元。在全县12个乡镇建立了畜产品质量安全监管站。

投资1609.4万元实施农村危房改造1096户，解决了部分农村特困群众住房困难问题。落实农资综合直补、粮食直补、良种补贴、农机补贴、退耕还林补贴等惠农资金4270多万元，农村生产条件极大改善，农民群众的生产积极性进一步提高。

五、围绕社会和谐化目标，不断加强社会事业建设

办学条件日益改善，利用农村闲置校舍改建幼儿园和增设农村小学附属幼儿园11所，对57所中小学校食堂进行了维修改造和设备配置。招聘70名特岗教师充实到农村学校空缺岗位，组织教师参加各类培训3600余人次。16所学校被评为省市级"绿色学校"。学生营养改善计划全面实施，106所农村义务教育学校21109名中小学生受益。2012年高考本科达线386人，达线率17.81%。灵丘县被国务院授予"全国'两基'工作先进单位"称号。

武灵镇卫生院建成并投入使用，县医院住院楼主体工程、史庄乡卫生院、独峪乡卫生院改建工程和17所村卫生所建设工程顺利完成。为基层医疗机构招聘专业技术人员20名，组织医务人员参加省市培训340余人次。常住人口电子健康档案建档率达86.7%；新农合参合人数19.02万人，参合率达99.3%；完成3000例农村妇女宫颈癌筛查任务。乡村两级公立医疗机构继续实施基本药物制度，零差率补偿264万元。县医院急救中心建成使用，血液透析中心建成并通过审批许可即将运行。顺利通过"全省中医药工作先进县"达标验收，中医院血液透析科投入运行。

新农保参保人数达到11.7万人；医疗保险参保人数达到32370人，工伤保险参保人数达到13757人，失业保险参保人数达到8824人，生育保险参保人数达到6606人。为城乡23635名低保对象、3787名五保对象发放保障金5000多万元，救助城乡低保对象和特困对象1273人，发放救助资金近430万元，下拨救灾款物160多万元，救助灾民2.5万人。城镇新增就业1220人，下岗失业人员再就业228人，就业困难人员就业117人，农村劳动力转移就业3190人。

（李云飞）

附：一、中共灵丘县委书记、副书记、常委名单

书　记：张小立（11月离职）　张　强（11月任职）

副书记：赵亚雄　罗永山

常　委：索根生　方　旭　连满仓（6月离职）

赵　宇　张　田　史万才（6月任职）

郭尚元　郭　鹏（10月离职）

二、乡镇党委书记、副书记名单

武灵镇

书　记：胡桂森

副书记：王永绘　曹金明

东河南镇

书　记：勾海德

副书记：王　峰　郭　雷

上寨镇

书　记：曹全先

副书记：刘忠良　姚建新

落水河乡

书　记：李守明

副书记：张海英　李春元

赵北乡

书　记：徐振宇

副书记：刘向东　邓备战

史庄乡

书　记：李青春（3月离职）　李　春（3月任职）

副书记：李　春（3月离职）　赵优文

石家田乡

书　记：李灵杰

副书记：李文鑫　刘慧聪

柳科乡

书　记：张进明

副书记：尹素荣（女）　杜志栋

白崖台乡

书　记：邓　棒

副书记：刘贵军　陈良玉

独峪乡

书　记：王怀忠

副书记：赵　斌　支永兴

下关乡

书　记：王东伟

副书记：臧福升　陈文革

红石塄乡

书　记：张秀丽（女）

副书记：刘志田　邢喆翀

中共广灵县委工作概况

县委书记　郭占宝

2012年，中共广灵县委以科学发展观统领全局，紧紧围绕建设富裕民主文明和谐新广灵的主题和年初确定的奋斗目标以及“十二五”规划的具体要求，加快转型跨越发展步伐，团结带领全县人民攻坚克难，创新进取，经济社会事业和党的建设都取得了新的重大进展。

一、巩固组织基础，党的建设不断加强

全县现有基层党（工）委17个，党总支17个，支部444个。截至2012年底，全县党员9948名。

一是学习型党组织建设不断巩固。将学习贯彻十八大精神作为首要政治任务来抓，为全县基层党组织和广大党员发放了《党的十八大精神文件汇编》和《十八大报告学习辅导百问》共计900余册。派出25名县级干部参加了省委和市委举办的十八大精神培训班，举办科级干部学习贯彻十八大精神培训班5期，共472名科级干部参加了培训。全县9个乡镇分别成立了大学生村官十八大精神宣讲团，使十八大精神家喻户晓，深入人心。深入开展保持党的纯洁性学习教育活动，全县各级党组织共召开专题民主生活会451次，撰写民主生活会发言提纲1840余篇，组织专题大讨论415次。举办专题辅导和集中培训分别为389次和215次，共培训党员44820人次，收到良好的教育效果。

二是服务型党组织建设全面加强。从2010年6月到2012年9月，在全县463个基层党组织和9840名党员中开展了创先争优活动，全县各级党组织和党员分别兑现承诺1071项和10234项。深入开展科级以上干部“察民意、解难题、促和谐、保增收”住村帮扶活动，解决了制约群众生产生活发展的一系列难题。按照“抓落实、全覆盖、求实效、受欢迎”的工作要求，顺利完成了基层党组织分类定级和晋位升级工作。扎实推行文建明工作法，基层干部服务群众水平不断提升。圆满完成农村“领头雁”培训工作，实现了非公企业党组织全覆盖。切实做好机关党建工作，发展党员140名，对15个支部进行了换届，3个支部进行了补选，2个支部进行了改选。

三是创新型党组织建设稳步推进。坚持“大稳定、小调

整、补空缺”的总体原则，提拔了2名年轻干部担任乡镇党委副书记、政协联络组长，调整1名乡镇人大专职副主席担任乡镇党委副书记、政协联络组长，平调1名乡镇党委副书记、政协联络组长。严把干部档案关，为考察识别干部、客观评价干部、公正任用干部提供了客观准确、真实有效的信息依据。严格按照省市精神，严密程序，圆满完成了党的十八大代表初步人选工作和市人代会代表选举工作。

四是党风廉政建设成效明显。加强宣传教育，利用多种形式宣传优化发展环境的意义、作用、做法，营造起了良好的工作氛围。加大政风行风评议力度，扎实开展“企业评议机关”活动，全力抓好民主评议政风行风工作，严厉查处影响发展环境的典型案件。坚持防治结合，全面开展专项治理、纠风治乱工作，加强农村惩防体系建设，创新信访工作机制，加大查处力度，全面推开党务公开工作，强力推进行政审批制度改革，进一步加强乡镇纪检监察组织建设，党风廉政工作得到进一步引深。

二、推动转型跨越，经济社会发展迈上新台阶

2012年，全县地区生产总值17亿元，增长11.8%；全社会固定资产投资30.5亿元，增长15.98%；财政总收入完成14658万元，增长16.67%；一般预算收入完成6197万元，增长28.28%；农民人均纯收入4417元，增长14.6%；城镇居民人均可支配收入14761元，增长17.82%；社会消费品零售总额6.7亿元，增长16.03%；万元GDP综合能耗下降3.6%。各项经济社会指标均已完成或超额完成市定任务，为实现转型跨越发展奠定了坚实的基础。

一是现代农业扎实推进。2012年，全县农作物播种面积47.8万亩，其中粮食播种面积40.8万亩，农田灌溉面积20.75万亩。全县粮食总产量达到13.13万吨，比上年增长2.7%，粮食产量实现三连增。继续开展玉米高产竞赛活动，亩产量达到1153.21公斤，创全县玉米单产新纪录。依托园区建设，提升企业发展潜能，全县14家“513”农产品加工龙头企业实现销售收入6.2亿元。大力加强“三品”认证工作，全县农产品“三品”认证12个，已认证有机产业龙头企业4家，有机、绿色、无公害农产品认证面积占到总播种面积的59%。全省创建有机产品认证示范县活动动员会在广灵召开。

二是环保工业健康发展。始终坚持“绿色环保、节能、可持续”环保工业发展目标，工业产业结构持续优化，继续保持了平稳运行的良好态势。风电、生物质能发电、新型干法水泥、煤炭资源整合等重点产业项目建设进展顺利，10户规模以上工业企业生产指标增幅较大，县域经济发展实力不断增强。节能减排工作取得新进展，完成万元GDP单位能耗2.4524吨标煤，同比下降3.6%，规模以上万元工业增加值能耗2.611吨标煤，同比下降3.91%。

三是招商引资和项目建设再创佳绩。2012年，促成项目签约11个，总投资92.56亿元，超市定年度项目签约任务近46%。所有落地项目均获批相应支持性文件，项目开工率达到100%。品牌兴县战略取得实质性进展，“东方亮”小米商标被国家工商行政管理总局评定为“中国驰名商标”，填补了广灵中国驰名商标的空白。2012年，全县重点工程考核项目21项(省3项、市18项)，总投资615947万元。其中：省重点项目188231万元，市重点项目427716万元，目前，已完成381658万元，圆满完成市考核任务。

四是基础设施不断完善。城乡面貌进一步改善，生态文明建设水平不断提升，新农村建设扎实推进，新的“五个全覆盖”提前一年全面完成，廉租住房、经济适用住房、棚户区改造和农村危房解困工程顺利实施。以涧东新区建设和木槽涧河综合整治工程为重要内容的宜居广灵建设取得重大进展，河道整治、沿河景观绿化、14条新改扩建道路以及管网配套、道路绿化亮化等37个单项工程全面推进，景貌崭新亮丽的新区轮廓初现。

五是科教兴县战略深入推进。办学条件进一步改善，教师队伍建设进一步加强，教育资助体系进一步完善，教育均衡化发展持续加快，教育教学质量稳步提升，高考达二本线学生476人；中考成绩名列全市各县(区)第一。

六是医疗卫生事业继续巩固。继续深化医药卫生体制改革，基本医疗保障制度建设顺利推进，新型农村合作医疗参合率稳步提升，达到99.5%。公共场所卫生监督监测覆盖率达到100%，职业病防治监测覆盖率达到100%。积极开展国家级计划生育优质服务县创建工作，人口计生工作成效明显，荣获“全国计划生育优质服务先进单位”称号。

七是社会保障力度不断加大。全面落实就业和再就业政策，不断完善城镇企业职工和机关事业单位养老保险制度，新农保和城居保实现全覆盖，城镇低保、农村低保、五保集中供养、救灾、城乡大病救助、优抚等工作有序推进，社会保障水平得到全面提升。

八是文化事业蓬勃发展。文化惠民工程扎实推进，群众文化体育活动更加丰富。剪纸产业龙头带动作用日渐增强。广灵剪纸企业先后参展第八届深圳文博会、首届中国(北京)国际服务贸易交易会、第二届全国非遗博览会，广灵剪纸首次亮相央视“倾注三农”晚会，知名度、美誉度和产业效益进一步提升。剪纸文化产业园区成为大同市唯一一家国家文化出口重点企业。

九是社会治安秩序保持稳定。扎实开展“平安广灵”建设，深化“安全生产年”活动，进一步加大严打整治力度，有效维护了社会稳定。大力开展矛盾纠纷排查调处工作，切实做好群众的上访接待工作，进一步规范完善了群众上访接待程序，理顺了群众反映诉求渠道。

(田广源)

附：一、中共广灵县委书记、副书记、常委名单

书　记：郭占宝

副书记：张宏东

常　委：刘宝贵　牛志刚　郭云峰　杜　福　晋子顺　白　洁

二、乡镇党委书记、副书记名单

壶泉镇
书　记：李贵峰
副书记：仝循清　王晓震
南村镇
书　记：魏向军
副书记：李贯新　王润峰
作疃乡
书　记：刘玉清(女)
副书记：魏一光　梁仁杰
加斗乡
书　记：李尚吉
副书记：高志华　高　翔
蕉山乡
书　记：仝在福
副书记：张胜国　刘众一
宜兴乡
书　记：王俊军
副书记：陶　恒　杜　霞(女)
梁庄乡
书　记：阎熙福
副书记：苑在勇　牛鸿志
望狐乡
书　记：张志新
副书记：刘红胜　张霄峰
斗泉乡
书　记：仝志华
副书记：班灵军　李洁实

中共左云县委工作概况

县委书记　刘振国

截至2012年底，左云县有党委17个，党总支28个，党支部559个，党员7760个。

2012年，县委认真贯彻落实党的十八大精神，以科学发展观为指导，紧紧围绕建设"能源重地、生态胜地、边塞名城"发展战略，大力推进党的建设、县域经济发展、民生保障和文化强县4项重点，圆满完成了各项工作目标任务。农民人均纯收入达到7431.55元，城镇居民人均可支配收入达到17838.36元，财政总收入完成8.75亿元，一般预算收入完成3.45亿元。

一、以创先争优和保持党的纯洁性教育活动为载体，狠抓领导班子和干部队伍建设，党的建设开创新局面

全县28名处级领导干部，428名科级干部累计下乡住村11904天(次)，为群众办实事好事928件，解决热点难点问题1039个，发放慰问金、慰问品361.65万元。100多个单位组织开展了重温入党誓词宣誓活动，举行了多种形式的"优秀党员在身边"先进事迹报告会。严格执行《干部任用条例》，对6个乡镇书记职位和9个乡镇长职位进行了公开选拔。选优配强乡科级领导班子，2012年共调整干部3批次140人，提拔24人，交流42人，免职74人。大力加强科级后备干部队伍建设，公开选拔了21名正科级和50名副科级后备干部。每月组织正科实职以上干部集中在线学习，全年组织学习26次。先后邀请国内7位知名专家学者到左云讲学；组织有关部门和部分企业5批130人次赴北大、清华学习。在全县9个乡镇全面推广了"文建明工作法"。全面推行"四议两公开"工作法，解决群众生产生活难题1360多件。全年发展党员225名。全县192家非公经济组织建立了党组织，选派党建指导员80名，实现了党组织和党建工作两个全覆盖。把全年党风廉政建设和反腐败任务分解落实到每位县委常委、政府副县长和县直机关单位和部门，层层抓落实，党风廉政建设责任制得到较好落实。继续加大违纪违法案件查处力度，全年共查办案件73件，给予党纪处分58人，政纪处分22人，其中乡科级领导干部违纪案件13件13人。深入开展民主评议政风行风工作，推进行政审批制度改革，全年共精简审批许可项目112项。

二、坚持"以煤为基、多元发展"，全力推进转型项目建设，转型跨越发展有了新突破

持续提升改造生产矿井，李家窑煤业、高家窑煤业已实现联合试运转。金庄煤业和同发东周窑煤业两座千万吨大矿稳步推进。非煤产业稳步发展。招商引资取得新成效，积极参加了第七届中博会、第四届能博会和首届世界晋商大会等招商引资会议，大力开展招商引资工作，并取得了良好的效果。签约引进项目21个，总投资额307亿元，已开工建设的8个，正在开展前期工作的13个。全年招商引资到位资金达到64.49亿元。

三、大力推进特色农业现代化，统筹建设社会主义新农村，农村经济社会有了新发展

加大"一县一业"马铃薯产业基地县建设力度，全县马铃薯种植面积达到10万亩以上。发展小杂粮、养羊、养牛、蔬菜、食用菌等"一村一品"专业村15个。现代设施农业建设有力推进，全县设施农业标准大棚达到3000多栋。巩固壮大雁门清高、三兴农牧、青云农牧等龙头企业，培育纠偏食品、京奥马铃薯和亿源升农产品加工项目达产达效，提升了农产品

的市场竞争力和产业化水平，年内“513”龙头企业实现销售收入2.5亿元；全年发展专业合作社41家。全县养殖场、户共饲养牛1.7万头，猪2.7万头，羊23.2万只，鸡21.5万只。农村新“五个全覆盖”工程圆满完成。全年完成24个新农村重点推进村建设任务，县、乡、村共投入资金980万元，重点落实“四化四改”和“五个一工程”。投资391万元解决了24个村、近1万人、600多头大牲畜的安全饮水问题；投资1330万元对县城周边12个村进行环境集中连片整治，惠及7263户18096人。

四、狠抓基础设施建设，大力发展生态林业，城乡环境面貌有了新改善

云新大街整体改造工程道路改造工程已竣工，完成投资1.3亿元；总投资1.01亿元的供热三站扩容改造工程投运，供热面积达到160多万平方米；启运了左云二级汽车站；开工建设了5万平方米“云和园”经济适用房二期和2万平方米廉租住房工程。投资2100万元，在县城主要干道、重要交界路口安装了信号灯监控设备8处，交通隔离栏3400多米；投资8704万元的古长城旅游路主体工程已完工，完成路面建设30公里；县道新陈线镇河堡——三屯段路面改造工程、张家场——葛家园生态路路面改造工程全部完工。京津风沙源治理工程和巩固退耕还林成果水利项目顺利完成。投资3668万元完成高低压建设工程15处。新增造林面积2.99万亩，高标准打造了109国道左云段通道绿化、刘家窑新村园林化建设等造林绿化精品工程。成功举办了全省造林绿化现场会左云观摩会。

五、全力保障和改善民生，加强和创新社会管理，和谐社会建设取得新成绩

率先在全省实行了学前3年到高中阶段15年免费教育，惠及学生2万多名；投资500多万元，新建改建单办幼儿园2所，增设附属幼儿园4所；投资1500万元为23所学校配置了标准化的教学和信息技术装备；县综合职业技术学校一期工程主体建筑全部完工，建成后将成为全市中等职业教育三大基地之一。新型农村合作医疗参合人数9.54万人，参合率达到99.3%；公立医院改革积极推进，全面取消以药补医，实行药品零差率销售；认真实施了县乡医疗机构能力提升工程；计生服务体系不断完善，实现了年初提出的年度人口控制目标。全年城镇新增就业人数1212人，转移农村劳动力2517人。新型农村社会养老保险、城镇居民社会养老保险年内实现了全覆盖；清退不符合条件的城乡低保对象2174人，兑现各类低保金、五保供养金、救助金2800多万元；开办了全省首家县级儿童福利院，集中收养孤儿28名。为全县低收入农户发放冬季“暖心煤”54168吨。严厉打击各类刑事犯罪，全年共立刑事案件235起，侦破刑事案件167起，抓获各类刑事犯罪嫌疑人93人。持续深入开展领导“大接访”和矛盾纠纷大排查、大化解活动，解决了一大批信访问题，实现了党的十八大期间赴省进京零上访目标。

六、加强文化建设，推进依法治县，精神文明与民主法制建设进一步加强

免费开放了文化馆和图书馆，为未成年人提供了享受文化资源的便捷途径。集中全县人民智慧确立了“勤劳、守法、崇文、厚德”的“左云精神”。大力开展文化综合市场专项治理，有力地打击了无证经营，规范了市场经营秩序，促进了全县文化市场的繁荣稳定。全县公益文化设施达标率达到70%，全市排名第一。开展文化下乡活动300多场次，送戏下乡近100场，农村电影放映近2736场。2012年，左云县被山西省人民政府命名为“山西省文化强县”荣誉称号。在做好传统“两节”文化活动、消夏活动、摄影采风活动的同时，成功举办了“左云县楞严寺民俗文化节”，开展了中国大同——左云长城论坛暨摄影家采风等活动，举办了全省第一家县级展览——左云县文艺创作晋省汇展。

（邵明仁）

附：一、中共左云县委书记、副书记、常委名单

书　记：刘振国（11月离职）　徐尚红（女，11月任职）
副书记：李广林　苏　智
常　委：赵建军　刘志强　常国文　王建军　张立波　张清田

二、乡镇党委书记、副书记名单

管家堡乡
书　记：张　华（2月离职）　冀文富（2月任职）
副书记：史长华（2月离职）　马宏武（2月任职）　贾文斌

鹊儿山镇
书　记：李　林（2月离职）　张志宏（2月任职）
副书记：苏日海（2月离职）　赵建军（2月任职）　张兴礼

张家场乡
书　记：宋德君（2月离职）　张生贵（2月任职）
副书记：张生贵（2月离职）　宋振中（2月任职）　郭　殿（2月离职）

三屯乡
书　记：崔　发
副书记：张志宏（2月离职）　张晓梅（女，2月任职）　王生文

云兴镇
书　记：刘　耀（2月离职）　王　瑾（2月任职）
副书记：王　瑾（2月离职）　李　江（2月任职）　孔庆禄（2月离职）

马道头乡
书　记：马　杰
副书记：冀文富（2月离职）　贾宏泓（2月任职）　郭忠森（2月离职）

小京庄乡

书　记：乔永忠

副书记：王振业(2月离职)　张宏龙

店湾镇

书　记：宋　海(2月离职)　任　刚(2月任职)

副书记：韩月儒

水窑乡

书　记：李　宏(2月离职)　潘志廷(2月任职)

副书记：潘志廷(2月离职)　王树俊

中共朔州市委工作概况

市委书记　王茂设

2012年，在省委的坚强领导下，市委团结带领全市干部群众，紧紧围绕迎接、服务、保障党的十八大胜利召开和学习、宣传、贯彻党的十八大精神这个中心任务，以大力传承弘扬右玉精神、牢固树立科学发展观和正确政绩观为核心，凝心聚力抓转型，突破重点谋跨越，创新驱动求发展，有效战胜了欧债危机的不利影响和经济下行的压力考验，努力开创了全市上下竞相争先、经济发展增势强劲、各项事业均衡协调的良好局面。全市各项主要经济指标在上年高位运行的基础上，地区生产总值完成1007亿元，增长11.1%，增幅位居全省第二位；工业增加值完成569.9亿元，增长16.3%，增幅位居全省第二位；服务业增加值完成360.1亿元，增长9.5%，增幅位居全省第三位；海关进出口总额完成25687万美元，增长84.2%，增幅位居全省第二位；固定资产投资完成610.6亿元，增长28.6%，增幅位居全省第三位；社会消费品零售总额完成191.1亿元，增长16.5%，增幅位居全省第一位；财政总收入完成210亿元，增长20%，增幅位居全省第二位；城镇居民人均可支配收入达到23114元，增长13.9%，绝对额位居全省第一位，增幅位居全省第三位；农民人均纯收入达到8000元，增长13.9%，增幅位居全省第六位。

一、坚持以“四化一体”为引领，着力推进经济平稳较快发展

第一，围绕建设全省转型综改示范区，大力实施东部新区建设攻坚战略，区域突破格局快速形成。进一步以神头湿地公园开发为先行，精心打造东部新区核心区，辐射带动东部新区与平鲁区、右玉县“一市两县”转型综改试点竞相发展、相互促进、整体腾飞。2012年，东部新区地区生产总值完成831亿，同比增长11.5%，占全市总量的82.5%；财政总收入完成171亿元，同比增长20.2%，占全市总量的81.4%；固定资产投资完成427.4亿元，同比增长24.7%，占全市总量的70%；规模以上工业增加值完成473.9亿元，同比增长18%，占全市总量的83.2%；率先实现了区域突破和改革先行，引领全市经济社会发展。

第二，围绕建设全省循环经济集聚区，大力实施工业新型化攻坚战略，转型跨越发展势头强劲。一是改造提升传统产业，不断提高煤炭产业现代化水平和规模化程度。全年共完成22座安全质量标准化矿井建设任务，投产运行矿井达到35座。生产原煤2.07亿吨，全部实现洗选。二是大力推进“八大循环工业园区”建设，实现资源深度开发和循环利用。八大园区已建成投产项目96个，总资产412.37亿元，实现产值267.1亿元，利税49.8亿元，呈现出全面转型、深度转型、自觉转型的良好局面。三是培育壮大新兴产业，着力构建新型工业产业体系和多元格局。总装机68万千瓦的14个风能发电项目建成投产，完成四座煤矸石发电项目。全市电力装机容量达到634万千瓦，发电量可达到257亿度，增长10.3%。总资产144亿元的36个陶瓷项目以及太阳能单晶硅、大型轮胎翻新、胶带胶管等一批新兴产业项目已竣工投产。四是全力推进现代服务业，加快形成新的经济增长极。加快推进了投资50亿元的中煤总部基地、投资32亿元的中煤平朔物流园区和投资73亿元的朔城区旧城旅游商贸区改造、投资52亿元的怀仁县金沙滩商业步行一条街，以及华联、清河湾、沃尔玛、杭州自由港等城市综合体项目，建成运行了投资23亿元的华北皮革城等现代服务业项目。

第三，围绕建设国内知名的生态畜牧基地，大力实施农业现代化攻坚战略，农民增收渠道持续拓宽。一是以区域化特色产业建设为重点，提高特色农业发展水平。大力发展朔城区城郊型农业、山阴县奶牛产业、怀仁县肉羊产业、平鲁区马铃薯产业、应县蔬菜产业和右玉县小杂粮产业。二是以基础设施建设为突破，提高农业集约化科学化水平。建成设施农业项目11万亩，产值15.6亿元。重点打造了高标准生态畜牧环保小区36个，大力推广生态畜牧循环经济。全市60%的奶牛、50%的肉羊实现入园饲养。三是以龙头企业建设为抓手，提高经营组织化程度。全市农业产业化经营组织发展到332家，18家企业年销售收入超亿元。

第四，围绕建设全省一流的城乡一体幸福新城，大力实施市域城镇化攻坚战略，中心城市、县城、小城镇、新农村“四位一体”统筹推进。在提升中心城市建设上，围绕“五城联创”目标，以道路工程、水源工程、供热工程、绿化工程、亮化工程、净化工程等六大工程为重点，投资14亿元建设“十大城建工程”。在实施大县城战略上，总投资320亿元的大县城建设各具特色。朔城区与平鲁区同城化步伐明显加快；幸福怀

仁大县城美丽雄姿展新容；右玉县向着北欧一样美丽的生态县迈进；山阴县统筹推进工业园区、县城旧区、生态新区和城镇小区，大山阴框架已经形成；应县围绕木塔申遗，城建工程日新月异变化大。在加快城镇建设上，五个"省级百镇建设示范镇"建设迈出坚实步伐，"五建设两整治"共完成投资1.5亿元，完成省定任务的125%。在推进新农村建设上，全市新农村重点村达到818个，占全市农村总数的一半。

第五，围绕建设绿色发展的全省生态市，大力实施城乡生态化攻坚战略，植树造林、水源工程、环境治理取得重大进展。在植树造林上，全年投资15.2亿元，完成营造林33.2万亩。特别是积极争取到国家"三北"防护林100万亩樟子松基地建设项目，全市森林覆盖率达到18%。在新水源建设上，大力实施全域化、系列化生态水源工程，打造了新增28平方公里水面的城市新景观。在节能减排上，强力淘汰落后产能，市区污染企业全部关停，二级以上天数稳定在300天以上。在生态修复上，加快"园林化矿山"建设步伐，67座关闭煤矿全部恢复原有地貌并绿化，大型煤矿的土地复垦率达到40%以上。

第六，围绕建设全省改革开放先导区，大力实施招商攻坚战略，创新引资步伐全面加速。在创新生态治理机制方面，坚持"以煤补林"、"挖一吨煤、种一棵树"、"一矿一企绿化一山一沟"等行之有效的做法，研究制定了《朔州市关于加快城郊森林公园和生态景区建设的指导意见(试行)》。在创新产业转型促进机制方面，推行"一矿一企"，全市煤矿共开办转型项目47个，总投资100亿元，累计完成投资53亿元。在创新金融机制方面，朔州市被列为全省资本市场支持转型综改试点市。全市银行业机构达到14家，银行存贷比提高了6.7个百分点。特别是新增存贷比达90.2%，为建市以来最好水平。在创新土地集约利用制度方面，探索把36.25万亩重度盐碱地直接变为建设用地。朔州市成为国土资源部在全国确立的首批国土资源政策法律实验基地之一。在创新科技人才体制方面，实施了聘请100名知名专家学者、联系100所高等院校和科研院所、引进100名中高级紧缺人才的"三个一百"工程。在创新行政管理体制方面，大力推行了"两集中两到位"成功范式，全面开展了"六个一"活动。主动积极对接，争取到中央和省级资金45亿元，其中三北防护林建设项目就争取到投资10亿多元。通过各种招商途径，全市共签约178个招商引资项目，投资总额3704亿元，位列全省第三。

二、加强和完善社会主义民主政治建设，努力提高全社会法治水平

始终坚持党的领导、人民当家作主、依法治国有机统一，以保证人民当家作主为根本，不断加强和完善社会主义民主政治建设。一是坚持和完善人民代表大会制度，支持人大及其常委会依法履行职能，充分发挥地方国家权力机关的作用。二是坚持和完善中国共产党领导的多党合作和政治协商制度，围绕团结和民主两大主题，支持和保证人民政协履行政治协商、民主监督、参政议政职能。三是扎实推进法治朔州建设，大力实施"六五"普法，积极推行"四议两公开"工作法，基层民主法治进程进一步加快。四是推动国防和驻朔部队建设，国防后备力量建设水平稳步提升，军民融合式发展成效显著。

三、全面加强宣传思想文化工作，加快推动文化事业和文化产业大发展大繁荣

始终把党的宣传思想文化工作摆在突出位置，以迎接党的十八大和学习宣传贯彻十八大精神为主线，大力实施文化强市战略。一是围绕保障朔州转型跨越发展，精心策划了重大新闻、重要活动、重点工作的宣传报道，广泛开展了"走基层、转作风、改文风"活动，舆论宣传工作成效明显。二是大力加强社会主义核心价值体系建设，组织开展了"学习弘扬右玉精神感动朔州十佳人物"等评选活动，群众性精神文明创建活动深入开展。三是文化事业和文化旅游产业发展迈出坚实步伐。市财政每年列支3000万元作为扶持文化发展专项资金，加快推进文化建设"九大工程"，努力打造以右玉精神为核心的创业创新品牌、以平朔露天煤矿为代表的对外开放品牌、以应县木塔为龙头的文化旅游品牌等八大文化品牌。应县木塔已正式列入《中国世界文化遗产预备名录》。

四、始终把人民放在心中最高位置，不断提高人民群众幸福指数

坚持以人为本、执政为民，始终把实现城乡居民幸福指数最大化作为一切工作的出发点和落脚点，加快健全基本公共服务体系。教育事业得到优先发展，朔州历史上第一所大学中北大学朔州电力学院短短10个月完成了主体工程，实现招生运行。医疗卫生条件显著改善，不断深化医疗卫生体制改革，基本药物制度由乡村卫生服务机构扩大到试点县县级公立医院。社会保障体系不断完善，全面启动了"社会保障一卡通"工作。低收入农户户均1吨煤的发放工作在入冬之前已经完成。实施积极就业政策，朔州被评为全省唯一的省级创业型城市。保障性住房建设加快推进，综合排名位列全省第二。农村新的"五个全覆盖"工程全面完成。投资9000万元，高标准兑现了年初向全市人民作出的实施义务教育阶段寄宿学生饮用奶工程等八件实事的承诺。

五、加强和创新社会管理，全力确保政治社会大局和谐稳定

坚持把提高社会管理科学化水平作为创新工作、联系群众、助力发展的政治任务，进一步健全完善了党委政府领导、综治部门牵头、职能部门负责、有关部门配合、人民群众参与的社会管理工作格局。继续全力实施社会管理10大体系70个项目，全面构建了乡镇综治信访维稳、社区管理服务、企业综治维稳"三大中心"，积极创新了社会治安防控、社会管理服务、社会保障"三大体系"，建起社会服务管理中心120个。率先在全省市一级政法委建立了涉法涉诉联调中心和矛排中心，完成了中央政法委交办的17件涉法涉诉案件的化解

和息诉罢访任务。全市化解涉法涉诉信访积案考核位居全省第一。组织开展了社会治安重点整治“三项战役”、“打黑除恶”专项斗争等活动。进一步强化了企业安全生产和政府安全监管“两个主体”责任,进一步引深安全生产年活动,安全生产形势进一步好转,特别是煤炭生产领域,全年没有发生一起死亡事故。在2012年全省社会治安公众安全感满意度调查中,朔州排名第一。

六、坚持党要管党、从严治党,全面提升党的建设科学化水平

一是快速掀起学习宣传贯彻党的十八大精神热潮,理论武装工作扎实有效。组建了学习贯彻党的十八大精神采访团,组织开展了以“深入学习宣传贯彻党的十八大精神”为主题的学习教育活动。举办了全市县处级领导干部学习党的十八大精神培训班。及时出台了《中共朔州市委关于深入学习宣传贯彻党的十八大精神的通知》,组织召开了全市干部大会、市委中心组(扩大)学习会议、朔州市学习党的十八大精神报告会,并采取领导带头、主题宣讲、互动交流的方式与全市青年干部集中学习了党的十八大精神。认真组织开展了党的十八大精神主题学习教育30项系列活动,不断把学习贯彻党的十八大精神活动引向深入。隆重举行了党的十八大精神宣讲团集中宣讲活动启动仪式,组建了党的十八大精神宣讲团,广泛深入地宣讲党的十八大精神,在全市上下兴起了学习宣传贯彻党的十八大精神热潮。

二是切实强化班子队伍建设,各级领导干部的素质能力明显提升。进一步完善了《关于加强换届后干部跟踪管理的意见》,开展了年初、年中、年末三轮大巡察。同时,大力实施“千名干部境外培训工程”,市财政每年列支500万元作为专项经费用于干部国内外培训。《新华社内参》、《人民网》、《中国组织人事报》等媒体分别对朔州干部教育培训的做法作了专题报道。

三是全力推进基层组织建设,各级党组织的战斗堡垒作用有效发挥。组织了两次基层党建工作观摩活动,召开了县区委书记履行基层党建工作责任述职会议。按照园区设立党工委、企业单独或联合建立党组织的模式,在全市“八大循环工业园区”跟进党组织的设置。选树了农村基层党支部书记的优秀代表——彭云,在全市党员中开展了向彭云同志学习活动。率先在全省全面推开学习推广文建明工作法,高规格承办了全省现场推进会。社区党建网格化管理工作成效卓著,受到全省社区党建网格化管理会议与会代表的高度评价。进一步深入开展了市委常委、副市长包县区包企业、县区党政领导干部包园区包项目和全市各级领导干部包村增收工作。

四是全面加强党风廉政建设和反腐败斗争,全市发展环境不断优化。认真落实党风廉政建设责任制,贯彻执行《廉政准则》,进一步强化了廉洁自律意识,规范了廉洁从政行为。大力学习弘扬右玉精神,制定出台了《关于加强党员干部作风建设保障转型跨越发展的意见》和《关于转变干部作风优化发展环境的意见》,促进了作风转变。深入开展整治“吃拿卡要”创优发展环境专项行动,发展环境得到优化。惩防体系信息网建设全省领先,建立了具有朔州特色的“一网九平台”惩防体系信息网。朔州市党务公开工作走在全国前列,受到了中央党务公开领导小组办公室通报表彰。

(舒晓海)

附:中共朔州市委书记、副书记、常委名单

书　记:王茂设

副书记:李正印(1月任职)　马彦平

常　委:韩忠荣　刘国庆　董一兵

刘英魁(9月任职)　李　锦

郭　健(6月离职)　张耀生　李根田　黄跃进

中共朔城区委工作概况

区委书记　郭连厚

2012年,在市委、市政府的坚强领导下,朔城区紧紧围绕加快转型跨越发展的总体部署,以党的建设为统领,突出经济建设和主城区建设两大任务,持续推进“四个升级”,抓住产业转型、农民增收、城市改造、生态治理、民生改善五大重点,先行先试,开拓创新,经济社会各项事业继续保持了平稳较快的发展势头。全年地区生产总值完成264.23亿元,同比增长11.2%;财政总收入完成25.1亿元,同比增长18.88%;一般预算收入完成10.88亿元,同比增长17.39%;城镇居民人均可支配收入达到22712元,同比增长14.8%;农民人均纯收入达到9198元,同比增长13.6%。其它各项主要经济指标均保持了两位数的增长幅度。

一、经济社会发展情况

一是项目建设成效大。依托富甲和东坡两大工业园区,全年新上马了50多个大项目、新项目,总投资580多亿元,其中诚信锅炉、三元炭素一期、晋能铝硅等10个项目已经投产,中煤平朔20万吨粉煤灰综合利用、朔芳亚麻搬迁、易荣热虹吸管等15个项目正在建设,储备了LED生产线、20万吨铝板带箔、铝合金汽车轮毂、锂离子电池等13个项目。投资158亿元,加快推进了峪沟、恒宝源等5个煤炭技改项目和10个煤炭洗选发运项目,其中,峪沟、恒宝源2个整合改造项目完成标准化综采矿井改造,刘家口1100万吨洗煤厂、葫芦堂300万吨洗煤厂、智龙200万吨洗煤厂、东方长宏

300万吨洗煤厂、新开渊发运站全部建成投产，中煤吉庄和同煤前寨2个万吨发运站项目完成前期准备工作。同时，大力发展新兴产业，其中总投资22.4亿元的金圆水泥二期、山水水泥及余热发电项目开工建设，滋润、马跳庄2个110千伏变电站已完工。投资60亿元的同煤4×35万千瓦矸石发电项目完成前期报批工作。全年共签约招商项目48个，总投资829亿元，超额完成市委、市政府下达年度任务。

二是农民增收步伐快。围绕玉米、蔬菜、马铃薯三大传统种植产业，重点实施了45万亩玉米地膜覆盖、6万亩玉米丰产方建设、万亩玉米高产示范等项目，引进示范品种64个，完成春播面积97万亩，粮食总产量达到6.3亿斤，连续九年稳定增长。培育壮大了绿源等农副产品加工龙头企业，推动了农业产业化的快速发展。建成百亩以上设施蔬菜园区29个，重点推进了新农苑二期、华源农业、马跳庄、上沙塄河、红旗牧场南大学生村官创业基地等六大设施蔬菜园区建设，完善了晟源蔬菜专业合作社、胜茂农业科技园区2个工厂化育苗中心。全区蔬菜种植面积达到10.9万亩，蔬菜收入7.5亿元，新增设施蔬菜面积7200亩，累计达到3.1万亩，连续2年成为全省20强设施蔬菜先进区县。总投资3100多万元，整合风沙源、雁门关生态畜牧建设、巩固退耕还林成果等项目，新建、改造养殖小区22个，建设规模养殖场20个，初步形成了华北地区规模较大的无公害绿色生态养殖园区。同时，认真贯彻农机购置补贴政策，落实资金2000多万元，农业机械化耕、播、收面积分别完成84万亩、75万亩、35万亩，农业机械化水平达到66%，实现了农机化向大农业全覆盖的奋斗目标。

三是城市建设标准高。全年开工建设工程123项(续建55项)，总投资90亿元，总建筑面积540万平方米，完成投资62.8亿元，竣工86项380万平方米。其中，投资38亿元，实施了占地近2000亩、总建筑面积320万平方米的19个保障性住房建设项目。投资23亿元，加快了棚户区拆迁改造步伐，全年拆迁110万平方米，新建180万平方米。改造新建了全长42公里的古北街、怡北街、平安路等20条城市道路，全区城市道路里程达到132公里。完成全长52.3公里的紫荆山旅游公路、峪沟治砂公路、富甲工业园区南大道、朔州市生态旅游公路路基拓宽、桥涵建设等任务。完善了14个街角游园广场，新建顺意、满庭芳、广福等3个游园，高标准绿化了15条城市道路，新建大型花坛80多个，栽植各类苗木1100多万株，增加绿地面积3.8万平方米，城市绿化覆盖率达到40.5%，人均公共绿地面积达11.8平方米，居全国领先水平。同时，不断加大工作力度，确保重点工程顺利实施。投资6亿元，推进了神海湿地综合治理、神朔大道东延征地拆迁、大运路环境绿化整治、神头电力工业园区环境整治四大工程，取得明显成效。投资170多亿元，全面实施和推进了准池铁路总部基地、杭州绿城、义乌国际商品城、北京电子城朔州电子科技园和平朔物流园区等高端项目，有效提升了城市品位，增强了城市核心竞争力。

四是生态治理亮点多。全面铺开了总投资25亿元、总治理面积15万亩的十大生态建设工程，重点实施了五大工程：一是西山生态水系治理工程。总投资5亿元，治理面积8万亩，修路30公里，建景点六处，栽植各类苗木650万株。二是金沙植物园二期工程。总占地4000亩，总投资10亿元，其中一期工程2600亩已竣工，今年实施的二期工程1400亩，投资3.5亿元，修建景观山和人工湖，栽植各类乔灌木40万株。三是恢河湿地治理五期。全长25公里，投资1.5亿元实施了五期工程，治理面积4000亩，形成水面1300亩，栽植各种乔灌木16万株。四是森林大道西延及两侧绿化工程。总投资2亿元，西延6公里，完成铺油硬化及路灯安装，直达雁家湖，目前已建成通车。五是通道绿化工程。投资1.1亿元，绿化里程30公里，完成二级路改造、大运高速路两侧盐碱地、朔神大道东延线、朔广路、紫荆山旅游路等道路的绿化任务。同时，在全市率先开展了村镇环境综合整治，完成了130个重点村的整治任务。目前，全区生态治理面积达到130万亩，林草覆盖率达45%，绿色成为城市的主色调。

五是社会事业反响好。投资4亿多元，完成二中、五中、二小、五小改扩建工程，建成职业学校，新建了12所城镇幼儿园，建立了覆盖城乡的基本医疗卫生服务体系，区人民医院、二医院、中医院全部达到“二甲”或“二甲”以上水平，全区医疗水平明显提升，城乡群众上学难、看病难的问题得到切实改善。启动了北旺庄敬老院和新光荣院，建成了商贸就业孵化基地，提前全面完成了“暖心煤”供应工作和农村“新五个全覆盖”工程，进一步强化了社会保障。成功举办了首届马邑文化节、第二届大型菊花展等大型系列文化活动，丰富了群众精神文化生活，打造了特色文化品牌，城乡居民的幸福指数明显提升。同时，不断加强和创新社会管理，全年调处各类矛盾纠纷426起，解决信访积案110多起。扎实开展社会治安重点整治“三项战役”和土地违法专项行动，有力地保障了重点工程建设，维护了社会和谐稳定。

二、党的建设情况

2012年，区委始终把勤于学习、与时俱进、勇于任事、廉洁勤政作为党建工作的基本要求，全面推进党的思想、组织、作风、制度和反腐倡廉建设，及时研究解决党建中面临的新情况、新问题，为推动全区经济社会持续健康发展提供了坚强有力的政治保障。

一是加强思想政治建设。推行了区委中心组“读、讲、议、写、用”学习法，全年集中学习30次，提升了中心组成员理论素质。举办各类培训班10期，受训人数5000多人次。特别是党的十八大召开以来，组织宣讲团深入基层宣讲60多场次，激发了基层党员干部理论学习的热情。精心打造了善阳报、新闻网两个内宣平台，出版报纸54期，网站访问12万人次。积极拓展外宣渠道，在各级媒体共发表报道126篇次，充分发挥了舆论的引导作用。扎实开展了文明创建活动，实行文明单位与文明村结对帮扶，实现了互补有无、双向促进，有效扩大了文明创建工作的覆盖面。

二是加强基层组织和干部队伍建设。扎实开展了创先争优、基层组织建设年、保持党的纯洁性学习教育、干部下乡住村和领导包村增收等活动,涌现出一批新的创先争优先进典型。大力学习推广文建明工作法,积极探索非公企业党建新模式,实现了党组织全覆盖,切实增强了各级党组织的凝聚力、号召力、战斗力。进一步规范干部选拔任用,提高选人用人公信度,及时充实加强了乡镇街道和机关事业单位领导班子,形成了勇于任事,真抓实干的工作氛围。

三是加强党风廉政建设。认真贯彻执行党风廉政建设责任制,加强城乡环境综合整治、重大项目落地、保障性住房建设、土地管理等重点工作的监督检查,有效保障重大决策执行到位、重要部署实施到位、重点工作落实到位。开展了整治吃拿卡要,创优发展环境专项活动。深化惩治和预防腐败体系建设,大力推进党务、政务和村务公开,切实加强反腐倡廉宣传教育。加大案件查处力度,全年共立查案件 38 件,收缴违纪款 22 万多元,促进了党风政风和社会风气的进一步好转。

(王治东)

附:一、中共朔城区委书记、副书记、常委名单

书　记: 郭连厚
副书记: 刘　彪　孟维君
常　委: 史宝元　李　杰　董　达　李有平　刘卫东
王建军　高　才(6 月离职)
蒯　勇(6 月任职)

二、乡镇(街道)党委(党工委)书记、副书记名单

北旺庄街道
书　记: 陈　钊
副书记: 杜　超　郭宏斌
南城街道
书　记: 周庆山
副书记: 谢　刚　尹志刚
北城街道
书　记: 雷在祯(8 月离职)　李志明(8 月任职)
副书记: 王　栋(8 月离职)　王秀梅(女,8 月任职)
陈　磊
神电街道
书　记: 常武权
副书记: 句成生　年永登
下团堡乡
书　记: 高　峰
副书记: 谭　雄　刘进强
神头镇
书　记: 孙　义
副书记: 刘　丰　周新华
小平易乡
书　记: 郭向东
副书记: 赵斌山　宁句文(8 月离职)
霍秉明(8 月任职)
贾庄乡
书　记: 王万宇
副书记: 解　庆　胡晓昕
滋润乡
书　记: 齐宏业
副书记: 张义新(8 月离职)　蔚新义(8 月任职)
梁双存
南榆林乡
书　记: 林　实
副书记: 齐宏亮　陈　先
福善庄乡
书　记: 李　敏(8 月离职)　赵子平(8 月任职)
副书记: 霍永生(8 月离职)　赫　云(8 月任职)
李　宏
沙塄河乡
书　记: 尚志新
副书记: 张权喜　高建荣(女)
窑子头乡
书　记: 徐生荣
副书记: 刘晓东　李培祎
张蔡庄乡
书　记: 梁耀文
副书记: 王国文　宿建军
利民镇
书　记: 赵子平(8 月离职)　霍永生(8 月任职)
副书记: 李　林　贾鹏飞

中共平鲁区委工作概况

区委书记　李　俊

2012 年,区委、区政府紧紧围绕省、市转型跨越发展的战略部署,坚持稳中求进的工作总基调,以转型综改试点区建设为统揽,以"70%的土地绿化,70%的农民进城"为抓手,加速推进工业新型化、农业现代化、市域城镇化、城乡生态化进程,经济社会各项事业取得突破性进展,继续保持了较快增长的良好势头,谱写了转型跨越发展新篇章。

一、综合实力持续增强

2012年，全区经济增长速度在连续几年高位运行的基础上，继续保持了持续增长的良好势头。全区地区生产总值完成292亿元，增长12.4%；规模以上工业增加值完成243.5亿元，增长16%；固定资产投资完成130亿元，增长28.4%；社会消费品零售总额完成25.9亿元，增长16.4%；城镇居民人均可支配收入达到16833元，增长14.6%；农民人均纯收入达到6204元，增长13.6%；财政总收入完成35亿元，增长16%，一般预算收入完成15.87亿元，增长6.2%。

二、产业转型全面提速

坚持把转变发展方式作为主攻方向，大力推进传统产业升级和新兴产业扩张，加快构建以煤为基、多元发展的现代产业体系。一是支柱产业基础稳固。全区24座整合保留矿井中，9座已经建成安全质量标准化矿井，煤矿产业整体素质和可持续发展能力从根本上得到提升。二是产业转型势头强劲。全年共实施省市重点工程23项，总投资299.76亿元，全年完成投资133亿元。特别是北坪循环经济园区，短短一年多的时间，就全部完成基础设施建设，并实现了6个项目建成投产、5个项目正在建设和9个项目准备落地的好成绩。全省重点工作观摩期间，北坪循环经济园区成为全市转型发展的一个样板和亮点。三是现代农业成功起步。以下水头为主的设施农业迈出可喜步伐；以向阳堡为主的双万亩种苗基地新增育苗5000亩；以凤凰城镇为中心的四大优势农产品种植基地，完成连片种植50万亩；以双碾为中心的畜牧产业，已经建成标准化养殖园区和牧场5个。四大农业产业板块初具规模，农业增收前景广阔。

三、城乡统筹步伐加快

按照打造市域次中心的科学定位，紧紧围绕“城市让人民生活更美好”的理念，强力推进城乡统筹发展。城市建设日新月异。全年共实施城建重点工程29项，总投资20亿元。目前，已完成两个住宅小区、三条城市道路、七大功能性建筑工程；完成敬老院、惠民服务中心等五大惠民基础设施建设工程；完成锴琪购物中心、汽车城等商贸流通市场建设工程；完成“一库一场两系五湖”水系景观建设工程；全面启动了“智慧平鲁”建设工程。特别是按照山水园林城市的定位，全面实施了总投资16亿元、涉及3个乡镇20个村、总面积70平方公里的环城生态新区建设工程，加快推进煤矿生态恢复治理、塌陷区生态修复、生态旅游景观、水系建设等八大工程，其中投资3000万元的元宝湖和投资9000万元的如意湖，当年建设，当年蓄水，当年成景。城市的通达性、功能性、宜居性得到有效提升，农村人口进一步向城镇集聚。在农村，以便民利民、全面覆盖为宗旨，强力推进新的“五个全覆盖”工程。投资2.6亿元，完成街巷硬化1604公里，实现了便民连锁店、文体场所全覆盖，农村居民生产生活条件显著改善，农村基础设施、产业发展、公共服务、社会事业全面跟进，城乡差距进一步缩小。

四、生态修复效益彰显

按照“打造千里绿色长廊、建设二百万亩生态屏障”的定位，以迎接三北防护林现场会的召开为契机，投资5.2亿元，重点实施了“一园一圃两大圈，一区三山四条路”造林绿化工程。完成大片造林15万亩，通道绿化200公里，零星植树100万株，新育苗1万亩，村庄、煤矿、学校绿化各20座。2012年8月，全国三北防护林四期工程总结暨五期工程启动大会成功在平鲁召开，并授予平鲁区全国生态建设突出贡献奖。

五、民生改善成效显著

始终把实现城乡居民幸福指数最大化作为一切工作的出发点和落脚点，全力为群众谋实事、办好事、解难事，努力让人民群众共享改革发展成果。教育方面，启动实施了15年免费教育；与山大附中开展全方位深度合作，实施了振兴平鲁教育三年行动计划。卫生方面，深化和省人民医院的合作关系，加快推进全省医疗卫生体制改革试点区建设，完善了新型农村合作医疗和基本药物制度，新农合补助标准达到315元，报销比例达到90%，封顶线提高到10万元，三项指标全省第一，全国领先；所有基本药物和1500多种非基本药物补助标准也达到了全国领先水平。文化方面，北固山、乌龙洞等旅游景区进一步完善，博物馆面向社会开放，成功举办了第三届门神文化节，开机制作60集《中华门神》动画片，门神文化之乡的知名度进一步提升。社保方面，进一步完善了覆盖城乡的“普惠型”社会保障体系和就业服务体系，让广大人民群众更多更好地享受到了经济社会发展成果。

六、体制机制创新取得突破

紧紧抓住综改试验区建设的战略机遇，在体制机制创新上取得了突破。一是实现发展思路新突破。按照“非禁即入”“非禁即可”的原则，突破常规思维，打破发展瓶颈，创造性地提出“两个70%”的战略思路，得到省综改办的充分肯定。二是全力推进综改试点工作。按照“顶层规划、高位推动，突出难点、率先突破”的要求，对全区的综改工作进行认真定位，并委托省投资咨询和发展规划院及时编制上报了《转型综改先行试点区行动方案》并获批。三是在标杆项目建设上先行先试。筛选报送了总投资达127.8亿元、16项影响大、带动性强、见效快的项目作为转型综改标杆项目，其中环城生态新区和“智慧平鲁”项目被省综改办批准并拨付1500万元，启动前期工作，其他项目正在办理相关手续。四是积极外出学习考察。按照“对标一流”的思路，组织有关人员赴东南沿海、山东、甘肃、太原西山和朔州市的东部新区等先进地区学习考察，进一步提高全区干部驾驭转型综改的能力和水平。五是探索建立用地新机制。在全国率先探索尝试了“以租代征”的用地模式，探索尝试工矿废弃地复垦利用试点工作，全面深化城乡建设用地增减挂钩试点，探索建立跨区域耕地占补平衡市场化机制,探索推行土地审批、重点转型项目用地保障、未利用地审批等改革,探索露天采矿用地方式改革、露天采矿用地按临时用地审批管理以及对采矿业土地整理等更加有效的征地用地模式,着力破解土地制约瓶颈。六是建立产业转型新机制。按照“一矿一企、矿企联动”的思路,引导和鼓励煤矿兴办有一定规模的地面转型产业,实现地上地下同步发展,加快转型跨越。七是切实加大招商引资力度。探索建立分部门、分行业的招商引资机制,充分发挥同乡会、老乡联谊会等各类组织的桥梁纽带作用,加快招商引资步伐。八是探索实施了对农村五保老人和“老、弱、病、残、荣”等五类群体实施集中供养政策。

七、党的建设全面加强

2012 年, 把认真开展保持党的纯洁性学习教育活动与干部下乡住村“六个一”、创先争优、“基层组织建设年”“加强作风建设、创优发展环境”等活动紧密结合起来,教育和引导广大党员干部立足岗位、扎实工作,充分发挥先锋模范作用,团结带领广大群众创造新的业绩,以党的建设的实际成效推动各项工作的全面落实。把学习贯彻党的十八大精神作为首要政治任务, 结合学习弘扬右玉精神和推进综改试点区建设,全面加强了党员干部培训教育,干部队伍建设得到明显加强,精神状态发生了深刻变化。出台了《加强机关效能建设若干规定》,建立了“党员在一线锻炼、干部在一线培养、业绩在一线检验” 的工作机制, 全年共处分了违纪党员干部 32 名,表彰了贡献突出的党组织和党员干部 129 个,切实转变了干部作风,形成了心齐、气顺、劲足、干事创业的良好氛围。

(石　海)

附:一、中共平鲁区委书记、副书记、常委名单

书　记: 李　俊

副书记: 吴晓斌　马占文(5 月任职)　刘向东

常　委: 李　权　苑冬梅(女)　卢义平　高耀君　陈永杰　赵保良(6 月离职)　王世杰(6 月任职)　赵金龙(6 月离职)　张仁英(6 月任职)

二、乡镇党委书记、副书记名单

井坪镇

书　记: 李玉兰(女)

副书记: 贺永兴(1 月任职)　南志义

白堂乡

书　记: 王　波(1 月任职)

副书记: 刘华忠　廖德宇

陶村乡

书　记: 王　军

副书记: 落常春　朱步升

下面高乡

书　记: 袁　耀

副书记: 石国玮　刘卫平　梁志强

榆岭乡

书　记: 孟廷忠

副书记: 王志平　武尚荣

向阳堡乡

书　记: 赵占祥

副书记: 黄国栋　郑建平

西水界乡

书　记: 计瑞芝(女)

副书记: 齐永仁　徐　海

凤凰城镇

书　记: 张万军

副书记: 刘志仁　戎占文

高石庄乡

书　记: 李和有

副书记: 赵建新　边　谋

阻虎乡

书　记: 杜　耀

副书记: 贾志强　马　鑫

双碾乡

书　记: 解志远

副书记: 马润平　郭　强

下水头乡

书　记: 孟　泽

副书记: 康巨荣　陈建军

下木角乡

书　记: 张晓青

副书记: 王树盛(1 月任职)　马英明

中共怀仁县委工作概况

县委书记　王智杰

2012 年,在省委、省政府,市委、市政府的坚强领导下,县委、县政府团结带领全县干部群众,以煤为基,多元发展,围绕“十成”思路,依托“八大园区”,加快建设“四化一同推进”领先区,着力打造自然、生态、文明、富裕、美丽的幸福怀仁,全县经济发展步伐明显加快,各项社会事业全面进步,党的建设稳步推进,呈现出经济发展、民生改善、政通人和的局面。先后荣获国家卫生县城、全国高标准基本农田建设示范县、全国农田水利基本建设先进县、全国平安畅通县、国土资源节约集约模范县等22项省级以上荣誉。回顾全年的工作,概括起来主要有以下几个方面:

经济实力明显增强。全年完成地区生产总值175.8亿元,可比增长12.8%;财政总收入25亿元,同比增长24.5%;一般预算收入8.5亿元,同比增长36.5%;规模以上工业增加值98亿元,可比增长17.1%;固定资产投资86.9亿元,同比增长28.5%;社会消费品零售总额48.4亿元,同比增长16.4%;城镇居民人均可支配收入23106元,同比增长15%;农民人均纯收入9834元,同比增长14%。

工业新型化稳步推进。依托"八大园区",开工建设重点工程66项,完成投资117.8亿元,开工率95.65%。深入推进"煤成亿吨"战略。同煤焦煤矿500万吨发运站、集华兴业500万吨发运站、金海洋集团600万吨发运站已基本完工,玉龙集团600万吨发运站正加紧建设。深入推进"瓷成精品、以煤扶瓷"战略。把金沙滩陶瓷工业园区作为转型综改的抓手,建起"陶瓷展销中心",全县陶瓷产量达到9亿件,"怀仁陶瓷"的知名度进一步扩大。新兴产业快速发展。投资2亿元的宏力再生项目、投资8.4亿元的金沙滩固废综合利用项目进展顺利;投资1.5亿元的联顺玺达柴沟煤业设备维修中心已经建成;投资7亿元的华元医药加快建设。投资30亿元的玉龙集团精细化工综合产业园区扩建项目,正在加紧建设。招商引资成效明显。签约项目27项,总引资724.6亿元,落地项目14个,完成投资52.54亿元。全县工业新型化已形成"以煤为基、多元发展"的良好格局。

县域城镇化成效明显。以创建国家卫生县城为契机,投资130亿元,实施35项城建重点工程,完成投资66.3亿元,规模之大、投资之多创历年之最。依托清凉河现代服务商贸物流园区,加快推进城市建设、商贸物流、文化旅游深度融合进程,现代服务商贸体系正在形成,服务业产值占地区生产总值46.2%。开工建设了金沙滩、怀贤、仁福3条商业步行街,以及金沙滩国际大酒店、东关商贸城、三合商城等商业项目;华北最大的皮革物流中心——中国怀仁·海宁皮革城已试营业,被评为"山西省特色旅游商品购物示范区"。城乡道路网络继续完善。先后完成怀安大街、仁德路、仁爱路等6条城市主干道改造工程,高标准建成芦子沟、同煤水泥厂、同煤王坪电厂3条道路,完成了7条乡村、旅游道路建设任务,"路成网络"已经实现。城市棚户区改造深入推进。实施了九大城市棚户区、三大工矿棚户区改造工程,保障性住房开工建设4599套,超市下达任务1042套,人民群众居住条件显著改善。城市功能日益完善。开工建设了热源厂三期工程,引黄两个水厂顺利建成,改造背街小巷1046条,修建星级公厕18座。城市绿化水平再上台阶。实施"大树进城"工程,新增城市绿地面积50万平方米,城市建成区绿化覆盖率达到40%,绿地率达到36.9%,人均公园绿地达到10.8平方米。城市管理走上制度化、精细化、长效化道路。同时,以"三拆四改五化"为重点,全面铺开农村环境整治工作和农村危房改造工程,7个小集镇建设初具规模,完成了67个精品村的建设任务,全县农村面貌发生了深刻变化。

城乡生态化规模空前。坚持"林成风景、水成公园",加快造林绿化和水系建设,展示出了"北欧风光、塞北风情、美丽怀仁"。完成了金沙滩生态经济园林区三期工程,新造林13.5万亩。开工实施了金沙滩生态经济园林区四期工程,新修作业路25公里,完成整地挖坑500万个。全县森林覆盖率达到28%。大力实施兴水战略,磨道河、清凉河两大湿地公园顺利完工,成为休闲度假的旅游胜地和招商引资的重要平台。全年县城大气质量二级以上天数达到353天。

农业现代化加快推进。按照"羊成商品"的思路,大力推进全省"一县一业"羔羊养殖示范基地建设。新建养殖小区50个,棚圈面积12万平方米。全县标准化养殖小区累计达到268个,棚圈面积达到53.6万平方米。2012年,全县羔羊饲养量达到230万只,农民人均养羊纯收入3160元。投资7800万元,新建了怀仁羔羊肉展销中心,成为羊产品物流的重要平台,"怀仁羔羊肉"远销京津沪、蒙疆牧区、港澳地区。并成功举办了第九届全国羊业发展大会、第三届中国羊肉美食文化节暨中国怀仁第二届羊肉美食文化节。同时,设施农业快速推进。新建日光节能温室1000个,全县各类大棚累计达到5700个。引进了投资6亿元的毛皂圣天万亩现代农业园区项目。

文化建设取得新进展。深入实施文化强县战略,以正确舆论引导群众,推动文化大发展大繁荣。建成了文殊塔、怀仁塔、建业塔、令公塔、功德塔,与魁星塔、永宁塔相互映衬,形成了独特的塔林文化。金沙滩生态旅游区成为国家旅游3A级景区。积极组织开展春节、元宵节、清明节、"四月八"等大型民俗文艺活动,深入开展"科技、文化、卫生"三下乡活动,城乡群众文化日益繁荣。以"创建国家卫生县城"为契机,扎实开展"倡导文明规范,争当礼仪明星"、"优化市容环境,争当环境卫士"等活动,城乡整体文明水平明显提升。

社会民生事业取得新进步。一是优先发展教育事业。全县高考二本以上达线4843人,达线率40%,连续21年保持全市第一;大力实施"三名工程",深入开展学校餐饮改革和"平安校园"创建活动;率先试行校车改革;完成了一中教学楼、四中南校区公寓楼、特教中心教学楼和南窑寄小教学楼、公寓楼建设工程;实施了9所幼儿园改扩建工程,16所学校扩容改造工程和39所公立薄弱学校改造工程,校成殿堂初步实现。二是医疗卫生事业不断发展。实施了中医院改扩建工程。全县乡镇卫生院建设达标率100%。人口和计生工作继续保持低生育水平,人口自然增长率为5.73‰。三是社会保障能力全面提升。全县享受新农保人员10万人,完成市下达任务的103%。城镇登记失业率控制在1.7%以内。圆满完成农村"爱心煤"发放工作,提前完成农村新"五个全覆盖"。四是"平安怀仁"创建不断引深。人民群众社会安全感满意度测评全市名列前茅,连续两年实现进京非正常访、赴省集体访"双零"目标。安全生产形势持续向好,全年未发生一起重特大安全生产事故。

党的建设科学化水平全面提升。全面加强党的思想、组织、作风、反腐倡廉和制度建设,完善党建工作格局,不断提高各级领导班子和党员干部推进转型跨越发展的创新力和执行力,为转型跨越发展提供了坚强保证。一是扎实开展保持党的纯洁性学习教育活动,快速掀起学习宣传贯彻党的十八大精神热潮。组建了学习贯彻党的十八大精神宣讲团,组织开展了以"深入学习宣传贯彻党的十八大精神"为主题的学习教育活动。举办了全县干部学习党的十八大精神培训班,广泛深入地宣讲党的十八大精神,培训党员干部9600余人(次),在全县上下兴起了学习宣传贯彻党的十八大精神热潮。二是切实强化班子队伍建设。进一步加强换届后干部跟踪管理,推行年中、年末两次目标责任考核,监督、激励和引导全县各级干部在转型跨越主战场建功立业。同时,大力实施干部素质提升工程,全县四大班子领导和各级领导干部分36批次先后赴山东、浙江、广东等先进发达地区考察学习,进一步开阔了眼界,各级领导干部的素质能力明显提升。三是全力推进基层组织建设。把创先争优活动作为基层组织建设的常规工作抓在手上,常抓不懈。落实县、乡、村党组织书记履行基层党建工作责任"三级联述联评联考"制度,进一步强化了基层党建工作的组织领导。创新基层党组织设置,新建农村产业园区和专业合作社党组织56个、非公企业党组织28个、民办学校党组织13个,选派153名党建指导员,实现了非公经济党组织建设和党的工作全覆盖。全县1238名党政机关干部深入开展干部下乡住村、包村增收活动,投入帮扶资金5980万元,实施帮扶项目68个,解决实际问题2600多个,以实际行动赢得了民心。四是全面加强党风廉政建设和反腐败斗争。认真学习贯彻十八届中央政治局改进作风的"八项规定",严厉整治"庸、懒、散"等不良风气,开展了整治"吃拿卡要"专项工作,促进了工作作风转变。同时,加快阳光政府建设,网上行政审批和电子监察系统建成运行。案件查办力度进一步加大,全年纪检监察机关共立案查处案件62件,结案62件,其中大要案25件,处分科级干部19人,为全县改革发展营造了良好氛围。

(康慧元)

附:一、中共怀仁县委书记、副书记、常委名单

书　记:王智杰

副书记:吴秀玲(女)　王彦平(女)

常　委:司永恒　李启军　吴文莉(女)　梁文晓　王万波　陈志刚　常增宝

二、乡镇党委书记、副书记名单

云中镇

书　记:边彦明

副书记:王秀东　曹国强

何家堡乡

书　记:刘　鹏

副书记:刘兴中　贺　英

新家园乡

书　记:刘宏武

副书记:王　福　尹高峰

吴家窑镇

书　记:潘亚非

副书记:于仲谦　杨小奴

金沙滩镇

书　记:余治山

副书记:杨　钰　聂旭仕

亲和乡

书　记:姜世广

副书记:司永红　李志杰

海北头乡

书　记:张致荣

副书记:田　勇　曹　忠

河头乡

书　记:仝晨宇

副书记:郭昌龙　孟　波

马辛庄乡

书　记:张启荣

副书记:谭金花(女)　王三喜

毛皂镇

书　记:石　晶

副书记:李剑星　田　龙

中共应县县委工作概况

县委书记　兰成国

2012年,在市委的坚强领导下,应县县委坚持以邓小平理论、"三个代表"重要思想和科学发展观为指导,团结带领全县干部群众,以转型发展为主题,以打造"新能源产业领先区、现代农业示范区、文化旅游核心区"为目标,解放思想、先行先试,负重奋进、干事创业,全县经济发展步伐明显加快,各项社会事业全面进步,党的建设不断加强,开创了传统农业县转型跨越发展新局面。

一、坚持不懈推进转型跨越,县域经济实力不断增强

(一)主要经济指标持续大幅增长。2012年,全县完成地

区生产总值52.7亿元,同比增10.8%;固定资产投资35.9亿元,同比增28.4%;社会消费品零售总额21.8亿元,同比增16.3%;服务业增加值22.8亿元,同比增10.2%;规模以上工业增加值16.2亿元,同比增17.1%;城镇居民人均可支配收入16418元,同比增13.9%;农民人均纯收入6550元,同比增13.9%;财政总收入2.9828亿元,同比增6.01%;一般预算收入1.4771亿元,同比增18.12%。多项指标增幅名列全市前茅。

(二)园区和项目建设取得重大突破。坚持以推进"四化三区"建设为目标,大力实施"开放招商"、"园区承载"、"项目带动"战略,全年共签约招商项目34个,签约额293.7亿元,相当于年任务的1.5倍;同时,多渠道破解建设用地难题,全年争取土地审批指标近3000亩。共铺开新型产业科技创新园、5万亩现代农业示范园、万亩现代养殖示范园、文化旅游产业园、现代商贸物流园5大产业园区,95项重点项目、重点工程,总投资480多亿元,当年开工77个,开工率81.05%。其中,省市重点工程27项,完成投资59.3亿元;新落地开工招商项目25个,到位资金53.5亿元,达年任务的2.5倍,成为应县发展史上铺开项目最多、投资规模最大、建设速度最快的一年。

(三)新型工业强势发展。紧抓朔州新型产业科技创新园落户应县的机遇,大力实施新型工业集群式、板块化开发,整体布局为核心区和辐射区。其中,核心区规划面积2.5万亩,位于城南和城西;辐射区位于核心区周边区域。整个园区形成了新能源、高档陶瓷、农副产品加工、新型化工建材、装备制造业五大板块。经过努力,投资9500万元完成了城南核心区框架基础建设和科技孵化器基础工程。以园区为承载,推进了总投资270多亿元的27个新型工业项目,完成投资19亿元。其中,新能源产业项目9个,单晶硅二期、生物质能发电两个项目基本建成,其他7个项目跟进顺利。新型高档陶瓷项目8个,4个续建项目建成投产,4个新建项目今年可全部建成投产。农副产品加工,新建了梨花春黄芪养生酒项目。新型化工建材项目7个,减水剂、再生橡胶、华通建材3个项目建成投产,光华复合材料、草酸二期、水泥粉磨站等4个项目正在积极推进;装备制造业项目2个,赛特电梯即将建成投产,总投资60亿元的北方汽车产业城,正在推进8个车间的基础工程。目前,全县已经建成投产的规模以上工业企业31家,正在建设的10家。

(四)现代农业板块开发形成框架。按照"南菜北牧"产业布局,突出培育两大核心示范区。一是南河种5万亩现代农业示范园区。重点推进了50多个现代农业项目。以5万亩现代农业示范园区为核心,"南菜板块"辐射到7个乡镇93个村,发展到21万亩,其中,无公害蔬菜15万亩,"应州绿"蔬菜基地通过了中国质量认证中心"良好农业规范认证",成为全省首家获得出口认证的蔬菜种植基地县。"南菜板块"人均蔬菜产业收入占到农民人均纯收入的57%,各类示范园区、项目发展到93个,其中,新发展规模园区和项目18个。二是万亩现代养殖示范园区。投资2亿元,完成了园区道路框架、水电配套和畜产品监测大楼主体工程。当年引资1.82亿元,新建肉羊育肥项目8个、肉牛项目1个,入园肉羊22万只、和牛1000头。以万亩现代养殖示范园区为核心,"北牧板块"辐射到4个乡镇113个村,奶牛存栏3.8万头,羊饲养量70万只,畜牧业产值7.13亿元,各类现代养殖加工园区、项目发展到145个,其中新发展25个。以蔬菜、畜牧为主,"一村一品"专业村发展到218个,占到农村总数的73%。

在全力打造"南菜北牧"两大板块的同时,优势玉米基地县建设卓有成效,粮食总产5亿多斤;特色产业进一步壮大,大蒜发展到1万亩,黄芪发展到10万亩,干果经济林发展到2万亩;农业产业化水平进一步提升;组织化、市场化水平进一步提高,新发展专业合作社62个,并完成了南河种蔬菜批发市场扩建;现代农业发展基础进一步夯实,投资6亿多元,完成了以设施农业、养殖小区、农田水利、综合开发、国土整理为主的一系列工程。

(五)文化旅游和商贸物流产业蓬勃兴起。依托木塔申遗,重点规划建设了两大产业园区:一个是文化旅游产业园,推进了动漫文化博览园、工艺美术城两大项目的前期工作;另一个是现代商贸物流园区,开工了金亿建材装饰城、天津港散货物流园、华联物流中心三大项目,总投资17.7亿元。

二、高举木塔申遗龙头,城乡建设取得新突破

(一)木塔申遗取得重大进展。统筹推进软硬件建设。释迦塔保护规划、申遗文本编制全部完成。2012年6月18日,木塔顺利通过国家文物局专项考察;11月12日,正式进入《中国世界文化遗产预备名单》。与木塔申遗相配套的遗址考古挖掘、遗址公园设计、释迦塔文化挖掘整理等工作同步展开,周边环境整治方案基本完成。

(二)县域城镇化高标准推进。一是县城综合改造建设大力推进。以打造历史文化名城为目标,铺开了总投资60亿元,以道路改造、公园绿地建设、保障性住房、水热电气扩容配套、亮化美化等为主的40项城市综合改造建设工程,大范围改善了市政基础设施,提升了城市品位。二是小集镇和新农村建设扎实有效。南河种镇"城乡一体化"项目,完成投资6100万元,被列入全省"百镇建设"示范镇。中曹山、席家堡等新农村中心村改造建设一期工程全面完成。三是新"五个全覆盖"工程圆满完成。特别是两年投入3.5亿元,完成农村街巷硬化2267公里,超任务160公里;同时,还大力推进农村危房改造、农村环境整治,实现了县城综合改造与新农村建设同步大幅提升。

(三)城乡生态化全面推进。一是生态绿化工程。投资1.35亿元,完成了城市绿化、通道绿化、荒山绿化、京津风沙源治理、退耕还林成果巩固、干果经济林等十大工程。特别是在城市绿化中,高标准推广大树移植,投资1亿元种植景观大树6万多株,新增城市绿地30万平方米,城市绿化覆盖率达到40%。二是生态水系建设,启动了塔北水景公园、清宁公园、城东湖三个蓄水景观工程,启动了镇子梁库区、薛家营库区两个湿地公园建设,铺开了龙首山、石柱山两个生态森

林公园建设。三是积极推进节能减排和污水垃圾处理,各项能耗和污染治理综合控制性指标全部实现目标任务。

三、积极改善民生,社会建设取得新进步

(一)教育振兴成效明显。大力推进基础建设,全面完成了县一中实验楼、青少年活动中心、两个体育场和5所幼儿园建设,实施了总投资近1.5亿元的一中教学楼、八小迁建、3所幼儿园和56所义务教育薄弱学校改造工程,办学条件进一步改善。大力加强教师队伍建设,积极深化教育教学改革,教学水平大幅攀升,普通高考3名考生进入全省前百名。积极加强职业教育校际合作,培养了一批本土专业人才。

(二)医疗卫生事业健康发展。县医院迁建工程基本完成,即将投入使用,39名医护人员招录补充到位;40个村卫生室新建工程全部完工,卫生监督大楼工程顺利推进;新农合覆盖面进一步扩大,参合率达到95.76%;基本公共卫生服务均等化实现了全覆盖。

(三)社会保障和社会救助进一步加强。全县各类社会保险参保人数近22万,征缴基金1.18亿元,发放资金1.48亿元,增强了整体保障功能。城乡低保、农村五保、城乡医疗救助、孤儿保障工作实现了保基本、广覆盖,优抚政策全面落实,救灾工作扎实有效,低收入农户吨煤发放圆满完成。

(四)社会管理服务水平不断提升。加大下访、接访、约访力度,认真落实信访工作责任制和事要解决机制,信访维稳工作形势不断好转。推进“社会管理服务中心、专职巡防队伍建设和社区矫正”三大项目建设,社会管理进一步加强。深入开展平安创建,治安形势和文明水平进一步改善提升。全面加强安全生产,营造了安全稳定的环境。

(胡　广)

附:一、中共应县县委书记、副书记、常委名单

书　记: 王守林(4月离职)　兰成国(4月任职)
副书记: 兰成国(5月离职)　边润文(5月任职)
王志坚
常　委: 谭德宝　张玉儒　唐学仕　高世亮
白玉堂　张天林　武春兰(女)

二、乡镇党委书记、副书记名单

金城镇
书　记: 张宝峰
副书记: 赵利勋(5月离职)　丰礼泽(7月任职)
张巨生

镇子梁乡
书　记: 寇永芳
副书记: 赵耀峰　赵　胜

义井乡
书　记: 方国一
副书记: 曹宝骥　唐怀仕

臧寨乡
书　记: 刘　竹
副书记: 戚耿文　曹帅国

大黄巍乡
书　记: 胡文彬
副书记: 李德春　赵喜全

杏寨乡
书　记: 高建广
副书记: 贺一凡　张　仁(3月离职)
王永山(3月任职)

下马峪乡
书　记: 程利民
副书记: 李昌彩　徐志宏

南泉乡
书　记: 李尚宝
副书记: 刘学理(女)　张　鹏

南河种镇
书　记: 王振兴
副书记: 韩成生　赵　生

下社镇
书　记: 李　宁
副书记: 杨名党　米宗泽

大临河乡
书　记: 尹式平(5月离职)　赵利勋(5月任职)
副书记: 赵振龙　王德福

白马石乡
书　记: 杨良贵
副书记: 安喜栋　郭占武

中共右玉县委工作概况

县委书记　苏连根

2012年,全县完成地区生产总值43.4亿元,同比增长12.4%;规模以上工业增加值20.5亿元,同比增长20.1%;固定资产投资58.8亿元,同比增长28.1%;财政总收入8.1亿元,同比增长37%;一般预算收入3.52亿元,同比增长63%;社会消费品零售总额11.6亿元,同比增长16.3%;城镇居民人均可支配收入15684元,同比增长14.7%;农民人均纯收入4600元,同比增长20.7%。其中规模以上工业增加值、财政总收入、一般预

算收入、农民人均纯收入增幅位居全市第一。荣获全国创先争优活动先进党委、全国五一劳动奖状;获得全国绿化先进集体、国土绿化突出贡献单位、国家水土保持生态文明县、全国农田水利基本建设先进县等多项国家和省级荣誉。

一、坚持“四化”同步,转型跨越迈出坚实步伐

(一)全力壮大主导产业,工业新型化水平实现新提升。煤炭产业扩能提效,资源综合利用实现较大突破。教场坪等三座矿井通过省级质量标准化验收,玉岭煤业矿井改造项目进入联合试运转。元堡煤业300万吨洗煤厂试生产。玉龙240万吨洗煤厂进行设备安装。铁丰铁路开通运营。教场坪集团铁丰铁路运煤连接线完成铺轨。准池铁路右玉段控制性工程完工,教场坪集团准池铁路右玉连接线全面开工。京玉电厂投产运营,长距离曲线输煤项目基础工程完工。惠洁粉煤灰固体废渣综合利用项目完成“三通一平”并订购设备。全县煤炭生产、洗选、发运能力大幅提高,煤炭就地转化及煤电废弃物利用实现突破,煤炭产业步入现代化、规模化、循环化发展轨道。非煤产业快速成长,工业转型升级步伐全面加快。诚达牛家堡、中广核铁山堡4.95万千瓦风电项目主体工程完工。国电高家堡三期风电并网发电。全县风电装机容量达50万千瓦。教场坪集团投资50多亿元的LED产业园区一期项目试产,实现了高新技术产业的突破。臣丰食业10万吨苦荞饮料、晋西口6万吨小杂粮深加工项目主体完工。招商引资成果丰硕,工业园区建设成效显著。积极参加中博会等各种招商活动,全年签约项目22个,引资507.8亿元。不断完善梁威工业园区基础设施,提升园区承载能力,成立了园区管委会。目前入园企业21家,正式投产17家。

(二)紧抓农民增收致富重点,“三农”工作取得新成效。产业培育取得新进展。以“一县一业、一村一品”为主攻方向,大力发展小杂粮、肉羊等优势产业。全县新增“一村一品”示范村15个。粮油总播面积64.5万亩,优种覆盖率达90%以上。在降雨频繁等气候不利情况下,粮食总产6664.29万斤,为近年来最高。以燕麦、胡麻为重点,新增200亩以上种植园区51个。加快发展现代畜牧业。改良本地羊18万只、黄牛2.5万头,黄牛、奶牛冷配实现全覆盖。新建肉羊养殖小区11个,新增棚圈4.6万平方米,羊饲养量达70万只。山远3万头商品猪养殖项目完工,实现了规模化、集约化养猪的突破。种植当年生、多年生牧草15万亩。实施草原生态保护补助奖励制度。农业基础条件明显改善。积极发展设施农业,新建大棚290座400亩,新增灌溉农田3.5万亩。京津风沙源小流域治理完成11.25万亩。强农惠农政策全面落实。发放粮食直补资金2850.6万元,惠及2.5万余农户。落实新十项强农惠农政策,补贴1400多万元。

(三)持续加大生态建设力度,绿色品牌得到新巩固。城乡绿化水平全面提升。春季投资近2亿元,完成以“一城两区两山六线四十村” 为重点的7大类15项7.5万亩绿化造林工程,栽植100多万株树。把生态农建作为贯彻落实习近平总书记重要批示精神的切入点,秋季大打农业“五项建设”大会战,完成今秋明春5大类16项生态农建工程整地和树坑开挖任务。大力发展苗木产业,新增育苗面积1.5万亩,全县苗圃面积达4.7万亩。创新造林模式,积极探索以煤补林机制,鼓励煤炭生产企业承担重点造林工程投资建设任务。集体林权制度改革主体任务完成。生态旅游产业加快发展。启动了全省重点旅游县申报工作,加快景区景点建设。编制了南山公园建设总规和详规,海子湾水库水上乐园一期工程完工,南山旅游客服中心完成规划设计。成功举办了第三届西口风情生态旅游文化节。全年共接待游客98.69万人次,旅游经济收入达9.86亿元。污染减排工作扎实推进。加强污水处理厂运行监管,完成中水回用工程。垃圾处理厂基本完工。关停了玉林建材公司。

(四)强化基础设施建设,城乡面貌有了新改观。县城功能更加完善。投资13亿元的紫玉苑项目全面推进。建设配套了新区南北纵向市政路、滨河路。实施了四大街人行道、花池整修及亮化提升工程。玉林商贸购物中心投入运营,玉龙商场主体完工。人民公园改建基本完工,改造了文苑休闲健身广场。镇村建设同步推进。投入3400多万元,对各乡镇所在地和中心村进行了环境综合整治,农村新的“五个全覆盖”工程全面完成。道路建设不断加快。大呼高速右玉连接线建成通车,西纵高速右平线完成施工图设计,荣乌高速右玉连接线正在做开工准备,109国道县城段改线正在进行初设勘察,县乡公路改建全面完成。

二、坚持总揽全局,民主法治建设扎实推进

人大工作全面加强。组织人大代表就生态建设、重点工程等开展专题视察、执法检查等10余次,听取和审议专项工作报告20余个。政协作用充分发挥。县政协围绕全县重点工程开展调研、观摩检查7次,政协委员参政议政实效进一步提高。统战工作扎实开展。成功组织“晋商回家乡”项目考察、海内外记者“三晋行”采风等活动。宗教、对台工作更加务实有效。法治建设深入推进。大打社会治安整治等“三项战役”,维护了社会安全稳定。深入开展“六五”普法,积极开展司法救助、法律援助等服务,依法保障了人民群众合法权益。

三、坚持以文化人,宣传思想文化工作成效显著

对外影响力进一步提升。大打转型跨越发展、基层党组织建设、生态建设、惠民工程、生态旅游产业、右玉精神“六大”对外宣传战役,积极配合600余名主流媒体记者来右采访,举办西口风情生态旅游文化节各项主题活动和文化论坛,进一步提升了右玉形象、扩大了对外影响。社会文明水平进一步提升。通过大力传承、广泛宣传右玉精神,实现了社会主义核心价值体系建设的特色化、具体化。深入开展群众性文明和谐创建活动。文化发展实力进一步提升。农村文化活动室、“农家书屋”和村级文化活动场所“全覆盖”工程全面完成。深入挖掘开发地域文化,新排道情历史剧3本。大力开展电影下乡、送戏下乡、广场文化等活动。反映右玉精神的话剧

《立春》全国巡演并被评为十八大献礼优秀剧目。右玉精神专题片荣获第22届中国新闻奖。成功举办中国“四花”剪纸大赛,建成全国一流的剪纸艺术馆,剪纸产业初具规模。

四、坚持民生为要,和谐稳定局面持续巩固

社会事业加快发展。一中新校区基本完工,上堡幼儿园、雨露希望小学新教学楼主体完工,多媒体“班班通”二期开始安装设备。实现15年免费教育。加强教育管理和师资队伍建设,教学质量稳步提升。县医院新门诊楼即将投用,乡镇卫生院和村卫生室实行一体化管理。新农合参合率达100%,最高报销补偿限额提高到10万元。人口计生工作各项考核指标圆满完成。全县专利申报达标,申报一项国家发明专利。广播电视户户通卫星覆盖工程基本完成。社会保障水平提升。稳步推进社保工作,全年参保人数达9.3万人,征缴社会保险费7180.3万元,社保覆盖面进一步扩大。实施积极的就业政策,开发公益性岗位84个,城镇增加就业2411人,转移农村劳动力3608人。加大城乡最低生活保障力度,各类社会救助救济资金物资发放到位。户均一吨煤入冬前全部发放到位。老年服务中心新建工程完成前期工作。年内完成保障性住房200套,农村残疾人危房改造50户。社会管理扎实有效。严格落实安全生产责任制,加强隐患排查,安全生产形势持续稳定。扎实开展领导干部下访、接访、包案活动,信访案件有效化解。创新实施县直部门副科和政法部门中层以上本地籍干部包户籍所在村矛盾排查化解机制,强化乡镇、农村和社区社会服务管理中心建设,全面推行社区网格化管理,社会安定团结有序。

五、坚持改革创新,党的建设不断加强

思想理论建设不断加强。以传承弘扬右玉精神、保持党的纯洁性为核心,各级党组织扎实开展中心组理论学习活动。深入学习、广泛宣传习近平总书记对右玉精神的重要批示,进一步增强了广大党员干部的党性修养和传承弘扬右玉精神的自觉性和坚定性。全面开展党的十八大精神学习宣传活动,组织全县正科级领导干部在清华大学进行了培训,副科级干部、农村支部书记和非公企业党组织负责人在县里组织了专题培训。基层组织建设不断加强。积极探索村企联建、产业协会+支部等党建模式。大力实施大学生村官创业“四个一”计划。狠抓基层党组织晋位升级工程,在全省率先开展了换届后农村“两委”主干培训。规范社区党组织设置,配套社区党员活动中心,探索适应社区网格化管理的党建模式。强力推进非公经济党组织集中组建,实现了非公经济组织党建“双覆盖”。作风建设不断加强。深入开展创先争优活动,作为全国唯一的县委,在全国创先争优、争做人民满意的公务员经验交流视频会上作了典型发言。大力推进干部下乡住村长效化、制度化,各级包村干部为群众办实事1263件。深入开展整治吃拿卡要、创优发展环境活动,对机关党员干部实行群众点评、干部互评、集体联评,进一步提高了机关工作效能。

(李冬盛 李振贤)

附:**一、中共右玉县委书记、副书记、常委名单**

书 记:苏连根
副书记:马占文(5月离职) 苏斌如(5月任职)
丁 裕(6月任职)
常 委:丁 裕 张乐祥 庞明明 李康正
傅存新 田献军

二、乡镇(旅游区)党委书记、副书记名单

新城镇
书 记:魏 斌(9月离职) 韩志强(9月任职)
副书记:韩志强(2月离职) 赵一虎(2月任职)

右卫镇
书 记:杨永文(2月离职) 王志平(2月任职)
副书记:杨 成(9月离职) 郝建忠(9月任职)
高玉明

威远镇
书 记:韩日华(2月离职) 宣 勇(2月任职)
副书记:蔚 瀚(4月离职) 田心世(4月任职)
韩晓辉(女,2月任职)

元堡子镇
书 记:卢太平(2月离职) 王建忠(2月任职)
副书记:李鹏泉(4月离职) 郝 义(4月任职)
王志军

李达窑乡
书 记:贺 仲(9月离职) 蔡灵和(9月任职)
副书记:蔡灵和(9月离职) 王日勋(2月离职)
李志平(2月任职)

高家堡乡
书 记:王建忠(2月离职) 武振东(2月任职)
副书记:田心世(4月离职) 方志纯(4月任职)
刘永旺

牛心乡
书 记:宣 勇(2月离职) 王志文(9月任职)
副书记:王志文(9月离职) 刘 儒(9月任职)
傅生瑞

杨千河乡
书 记:王志平(2月离职) 蔚 瀚(4月任职)
副书记:郝 义(4月离职) 金 虎(4月任职)
陈福明(2月离职) 降 君(2月任职)

丁家窑乡
书 记:门进孝(4月离职) 李鹏泉(4月任职)
副书记:赵一虎(2月离职) 刘继珍(4月任职)
王志军(2月离职) 闫向前(2月任职)

白头里乡
书 记:李国斌(9月离职) 杨 成(9月任职)
副书记:武振东(2月离职) 武海滨(4月任职)
许志刚(2月离职) 韩 强(2月任职)

杀虎口旅游区

书　记：王　宇（2月离职）　樊文智（2月任职）

副书记：樊文智（4月离职）　王军芳（4月任职）

吴红岩

中共山阴县委工作概况

县委书记　侯　元

2012年，山阴县委紧紧围绕打造全省多元循环发展第一县的目标，抢抓全省"一市两县"扩权强县试点和"一市两园"循环经济园区建设试点两大机遇，团结带领全县广大干部群众，迎接十八大、学习和贯彻十八大精神，进一步解放思想、开拓创新、和衷共济、奋力拼搏，全县经济保持平稳增长，"四化一体" 同步推进，群众生活全面改善，社会大局和谐稳定，民主政治扎实推进，党的建设不断加强，各项工作都取得了新成效。全年地区生产总值完成169.1亿元，同比增长11%；社会消费品零售总额完成27.1亿元，同比增长16.3%；工业增加值完成80.8亿元，同比增长17.1%；固定资产投资完成95.1亿元，同比增长28.1%；财政总收入完成30亿元，同比增长24.2%；一般预算收入完成10.6亿元，同比增长22.4%。城镇居民人均可支配收入完成22811元，同比增长13.5%；农民人均纯收入完成10110元，同比增长13.5%；粮食产量达到5亿斤，同比增长25.4%。

一、以加快转型跨越为根本，创优循环经济发展模式，"四化一体"同步发展

一是"十大园区"实现了集群化发展。依托现有的资源禀赋，在桑干河以北布局建设了四大工业园区和县城现代商贸城，在桑干河以南布局建设了四个现代农业园区和广武边塞文化旅游区，带动新上强工强农项目83个，总投资459亿元，形成了十大园区互相促进、竞相发展，带动区域突破的新格局。

二是工业新型化进程明显加快。坚持转型不忘优势的理念，以中煤金海洋"双500亿"工程为重点，进一步发展煤、延伸煤、超越煤，依煤而电、依煤而化、依煤而冶、依煤而建，加快了生产科技化、产品高端化、管理信息化、布局园区化、产业循环化进程，生产能力和安全管理水平明显提升。全年投入建设资金18.9亿元，进行煤矿标准化建设，实现综采矿井9座。昱光2×30万千瓦矸石电厂等一大批项目投入运行。

三是农业现代化发展势头强劲。紧紧围绕"十二五"末农民人均纯收入在全省率先突破2万元和玉米秸秆、畜禽粪便两个100%转化的目标，农牧结合、多措并举，农业种养加循环产业链不断延伸发展，全县农副产品加工销售收入达24亿元。全县存栏奶牛达到8.5万头，奶牛健康养殖园区达到153座，实现畜牧养殖业的园区化、规模化、健康化发展。

四是城乡生态化建设再创佳绩。紧紧围绕"两山一河十通道"，投资10.5亿元，重点实施了"6+2+10"生态治理工程，即西山和南山6万亩生态扩容提质成片林、2万亩经济干果林和10条主干通道绿化，种植各类树木共1200万株。全力打造了集生态绿化、湿地修复、盐碱地治理、水系建设、城市建设为一体的桑干河湿地生态修复工程，为建设美丽山阴打下了基础。

五是县域城镇化建设整体推进。以桑干河湿地生态修复工程为龙头，掀开了大县城扩容提质的序幕，使县城面积由12平方公里拓展为24平方公里。铺开市政建设项目20多项，开工建设各类保障性住房2251套，改造农村危房1515户，开工建设的各类保障性住房达到5776套，发放住房补贴1744户；引进华联集团和美特好集团来我县投资建设，商贸流通服务业实现突破性发展。

六是招商引资工作成绩突出。先后参加了省、市组织的大型招商活动5次，组织参加了首届边塞文化周暨招商引资项目推介会和深圳项目推介会等七次对外招商活动，共签约项目49个，拟投资921.1亿元。其中：落地项目24个，累计到位资金95.6亿元，完成年度目标任务82.1亿元的116%。

二、以着力改善民生为重点，推动社会全面进步，人民群众幸福指数不断提高

一是振兴教育战略全面实施。以山阴一中建设为龙头，新建扩建了县二中、五中、二幼以及8所乡镇幼儿园等教育基础设施建设项目，极大地改善了教育教学环境，教育质量稳步提升。全面实施学生营养奶工程，公开择优聘用了100名教师，优化了教师队伍。深化教育体制改革，义务教育阶段学校全面落实绩效工资制。

二是社会保障体系不断完善。养老、失业、医疗等九项社会保险参保人数达23万人次，保障率达100%；城乡低保对象达到5670户1.44万人，实现了应保尽保；城镇新增就业人数2844人，完成年任务2600人的109%，失业人员实现再就业1170人，全县城镇登记失业率控制在2.1%以内，低于全省平均水平。

三是各项惠民措施全面落实。认真实施农村新的"五个全覆盖"工程，并于年内全部完成，农村街巷硬化完成1692公里，完成投资29473.8万元；便民连锁商店累计完成投资1500万元，实现了村村便民连锁店全覆盖；农村文化体育场所完成了156个；中等职业教育、新型农村社会养老保险都已圆满完成任务。

四是覆盖城乡的社会公共事业全面推进。以新建县人民

医院为龙头,着力推进乡、村级卫生室升级改造。公开招聘了50名医疗卫生技术人员,乡村医疗卫生体系不断完善。全县农村医保参合人数达到15.5万人,参合率97%,成为全市卫生体制综合改革先进县。同时科技、人口与计生工作走在省市前列,成为山西省十佳创新科技富民样板县。

五是创业就业渠道不断拓宽。加大培训力度,拓宽就业渠道,全面落实各项就业扶持政策。全县城镇新增就业人数2844人,创业带动就业人数581人,失业人员实现再就业1170人,就业困难人员就业人数410人,全县城镇登记失业率控制在2.1%以内,低于全省平均水平。

六是困难群众生产生活问题得到解决。在全县范围内开展了"送温暖、献爱心"活动,共接受社会各界捐款90多万元,帮助受灾群众、困难群众和弱势群体解决实际困难和问题;深入开展"圆梦大学"、"启航教育"等活动,238名家庭困难的孩子得到资助,救助金额达到63万元。

七是信访维稳工作力度不断加大。坚持从领导带头做起,变上访为下访,使一些矛盾问题消灭在萌芽状态,集中公正地解决了一批信访积案。全年共接待受理群众来访152批次,同比下降2%,实现了赴省集体访、赴京非正常上访两项控制指标为"零"的目标,成为全省信访工作"十佳县"、全国两会期间信访先进县。

八是安全生产监管工作成效显著。重点做实了煤矿安全四项工程,把好煤矿安全四道防线。从而有效地杜绝了煤矿重特大伤亡事故,严格控制了一般事故,全年安全生产创下了零事故、零死亡的佳绩。安全生产取得了良好效果。

九是社会治安综合治理不断深化。全面落实社会治安综合治理各项措施,深入开展了严打整治、民爆整治、矛盾纠纷排查调处等专项活动,打黑除恶和命案侦破工作走在了全市前列。同时加强流动人口、虚拟社会的服务和管理等重点工作,打击邪教组织非法聚集活动,有效维护了社会稳定。

三、以提高执政能力为核心,坚持勤政廉洁务实,党的建设全面加强

一是着力强化政治思想建设。积极开展了党员干部培训教育活动,累计600多名科级干部、乡镇干部、大学生村官等到清华、浙大、哈工大、人大、省委党校等地进行培训学习,邀请30多位知名专家学者来山阴授课,全年共培训各级党员干部79批1.6万余人次。

二是全力强化基层组织和领导班子建设。扎实开展了基层组织建设年活动,创新并推广了故驿村"园区+合作社+党组织"三位一体的党组织设置模式,选任78名大学生村官担当村"两委"主干,全县农村基层党组织设置和班子得到普遍优化。组织千名干部开展了下乡住村包村增收活动,累计帮扶项目312个,投入帮扶资金6700多万元,解决实际问题3649个。

三是大力加强干部作风建设。深入开展了向彭云同志学习的活动,深度挖掘了彭云精神。以彭云为镜子,采取正面教育与刹风整纪相结合,以制度建设为保障,严格考核评价、加强监督检查、严肃问责追究,干部作风纪律明显改进,服务水平明显提升,工作效能明显提高。

四是努力发展文化产业。充分发挥了全县新闻舆论的主渠道、主阵地作用,为构建和谐山阴营造了良好的舆论氛围。不断推进文化体制改革,加快了文化产业发展。成功举办了首届中国山阴边塞文化周暨奶牛节,举办了奶牛文化、王家屏文化、桑干河文化等9大文化研讨会,为山阴的旅游业发展搭建了平台,提升了山阴的知名度。

五是全面加强反腐倡廉建设。组织广大干部通过观看警示教育片,在干部思想上树立了执政为民、立党为公的务实作风意识,筑起了拒腐防变的防线;在案件查处方面,开展了整治"吃拿卡要"、创优发展环境专项工作。同时,查办了涉及农资发放、粮食直补、教育乱收费等公职人员不作为、乱作为案件,全县共受理群众来信来访和电话举报74件,立案45件,结案45件,给予党政纪处分84人。通过对违纪违法人员的查处,极大地惩治了腐败,教育了广大党员干部。

(韩承升)

附:一、中共山阴县委书记、副书记、常委名单

书　记:侯　元

副书记:南志中　苏斌如(5月离职)
李全胜(5月任职)

常　委:程育胜　智杰山　张凯瑞　句爱云(女)
黄永红(女)　孟福荣　郭兆文
田永清(挂职)

二、乡镇党委书记、副书记名单

马营乡

书　记:王嘉平

副书记:程　毅　常顺平(3月离职)
梅树元(3月任职)

玉井镇

书　记:陶占有

副书记:闫志民　李志宏

吴马营乡

书　记:苑　曙(2月离职)　魏雁明(2月任职)

副书记:魏雁明(2月离职)　叶　青(2月任职)
周振国

下喇叭乡

书　记:薛拉格(女)

副书记:张志斌　肖玉林

北周庄镇

书　记:王碧邦

副书记:史俊龙　樊宇峰

合盛堡乡

书　记:吴玉梅(女)

副书记:张凤清　兰彩云(女)

岱岳镇

书　记：刘德义

副书记：马维华　邱建忠

安荣乡

书　记：王登峰

副书记：朱志斌　梁艳锋(女)

薛圐圙乡

书　记：赵生富

副书记：郝建明　季玉恒

古城镇

书　记：刘世泉

副书记：梁日军　薛有华(2月离职)　王日东(3月任职)

马营庄乡

书　记：郭金业

副书记：魏玉彪　王玉国

后所乡

书　记：乔新文

副书记：宋　军　高贵林

张家庄乡

书　记：刘文斌

副书记：吕志宇　王继红

中共忻州市委工作概况

市委书记　董洪运

2012年，忻州市委深入贯彻落实中央和省委的安排部署和党的十八大精神，紧紧围绕主题主线，创新实施"3581"发展战略，以"走出去年"、"项目落地年"、"大干城建年"、"基层组织建设年"和"社会管理创新项目落实年"为抓手，团结带领全市广大干部群众务实创新，开拓进取，不断加快转型跨越、赶队前行、进位争先步伐，持续推动新型工业旅游城市大建设、大发展。

全市生产总值完成620.9亿元，同比增长11.5%；固定资产投资完成653.3亿元，同比增长26.6%；规模以上工业增加值完成301.6亿元，同比增长16.4%；社会消费品零售总额完成215.5亿元，同比增长16.2%；财政总收入完成144.2亿元，同比增长18%；一般预算收入完成65.2亿元，同比增长21.7%；外贸进出口总额21800万美元，同比增长15.2%；城镇居民人均可支配收入19493元，同比增长13.5%；农民人均纯收入4776元，同比增长15.5%。在全省目标责任考核中，以第二名的成绩列入全省"优秀市"行列。

一、围绕转型跨越，推动产业多元发展

突出项目攻坚，推动工业新型化。把项目建设作为调结构、促转型的重要引擎。全市确定转型综改标杆项目17个，总投资1305亿元。中博会等13次招商活动签约项目339个，总投资3190.8亿元，到位资金378亿元。省市重点工程完成839.36亿元。重点项目落地641个，落地金额1374.1亿元。全市10个市级、20个县级工业园区建设加快，原平煤化工循环经济园区列入省级新型工业化示范基地培育园区。成功核销249户企业不良贷款3.2亿元，忻通公司等一批企业改革稳步推进，企业活力进一步迸发。煤炭开采和洗选业、黑色金属矿采选业、通用设备制造业、金属制品业、黑色金属冶炼及压延加工业等支柱产业转型升级步伐加快，保持了两位数以上增长。

突出农民增收，推动农业现代化。以特色产业规模化开发为重点，启动建设东部环五台山以定襄为中心、西部环管涔山以五寨为中心的两个杂粮核心产业区，发展基地面积295.2万亩，倾力打造全国"杂粮之都"。发展区域性主导产业34个、"一村一品"特色专业村545个，建设设施农业9.41万亩、标准化养殖小区360个、规模养殖场1320个、农民专业合作社5884个、百万元以上的加工龙头企业150个，新认证无公害农产品、绿色食品、有机农产品453个。小杂粮播种面积219万亩，打造杂粮名优品牌14个。粮食总产"九连增"，达到32.68亿斤，再创历史新高。省农村工作领导组表彰我市为"粮食生产先进市"、"一县一业先进市"。打好扶贫开发攻坚战，贫困县农民人均纯收入4264元。扎实推进"千村扶贫移民搬迁"工程，全市3.2万人的移民建房工程全部开工。完成26491人的建房主体工程，共建房8629套。

突出产业开发，推动文化大发展。加快演艺资源整合，出台《支持改制后国有文艺院团发展的意见》。文化体制改革成效显著，我市被评为全国文化体制改革工作先进市。增加市县两级文化产业专项资金，大力扶持市县两级文化产业开发"十项基础行动"。组织赴深圳、台湾考察，签约10个文化产业项目，投资约14.1亿元。储备文化产业项目274个，特色文化产品36个，建设5大文化园区，扶持12个龙头文化企业。五台山、雁门关两个文化景区和定襄晟龙木雕文化产业园区荣获"全省优秀文化景区和文化产业园区"称号，雅艺轩澄泥砚系列产品、晋绣坊系列刺绣产品荣获"全省优秀文化产品奖"，五台山入选山西最美十大文物景观。加快推动文旅互动，五台山作为全省转型综改试验区旅游领域的第一个标杆项目，23个项目投资100亿元。

突出规划引领，推动协调发展。抢抓转型综改的重大机遇，出台《忻州市转型综改试验行动方案》和《考核方案》，提出了建设三个门户、三个基地、六大经济板块的综改试验区发展“336”规划，全市共储备亿元以上的标杆项目965个，总投资11474.62亿元，有力推动了区域协调发展。出台关于行政审批制度改革等6个文件，市场发育进一步加快。出台《关于进一步加快民营经济发展的意见》，制定36条优惠政策，推动中小微企业、多种所有制经济协调发展。出台《关于进一步加快服务业发展的意见》，制定10项扶持政策、5项保障措施，推动服务业大发展。下发开展中小企业助保贷融资业务的《通知》，资本市场活力进一步迸发。

二、强化制度建设，优化发展整体环境

充分发扬民主，营造同心同德促发展的社会氛围。加强和改进常委会工作，市人大、政府、政协和各部门各司其职，共谋发展。市人大常委会紧紧围绕“3581”发展战略，在全市人大系统开展了“项目落地年，大干城建年，走出去年，人大有作为”主题活动，积极履行职能，推动科学发展、转型跨越有为高效。市政府努力建设法治政府、为民政府、服务政府、效能政府、诚信政府、清廉政府，开展“给人民汇报、向人民问计、请人民评议”活动，行政效能进一步提高，各项工作推进有力。市政协围绕中心、服务大局，全面履行职能，提案工作、委员视察、社情民意反映、“市长接待委员日”活动和法、检两院工作情况通报会，均有发展与创新。进一步强化“同心”教育，引导各民主党派、无党派人士、非公有制经济人士、党外知识分子，为转型跨越和“3581”发展战略建言献策、建功立业。加强基层民主政治建设。积极推进党务公开、政务公开、村务公开、企务公开、厂务公开，充分保障人民群众的知情权、参与权、决策权、管理权和监督权。

扎实推进依法治市,平安忻州建设迈上新台阶。扎实开展“打黑除恶”、“两抢一盗”等专项行动，破获各类刑事案件3300起。深入开展以治安整治为主要内容的“三项战役”，对“十小场所”、“四类地区”进行了专项整治，共整治411个问题。坚持严格执法、公正司法、全民守法，大力推进警务公开、检务公开和审判公开，推行网上办案，稳步推行量刑规范化建设，深化司法改革，司法公信力不断提升。

不断创新社会管理，维护和谐稳定。第三次召开全市三级信访攻坚千人大会，坚持“1+16”工作制度和“3445”工作法。创新信访工作，采纳群众合理化建议，群众主人翁地位得到进一步体现。全市进京非正常重复访和赴省重复集体访两项考核指标继续保持全省第一。我市被评为党的十八大期间信访综治维稳全省先进市。牢牢把握“七个始终坚持”，以“六个坚决防止”为重点，完善维护稳定工作的六项制度。创新重点人群管控机制，开展不稳定因素大排查、大化解，“十二五”确定的社会管理创新“八大体系”、48个项目分批有序推进；原平、代县、静乐、保德基层社会服务管理体系建设全面完成。立足源头预防，完善社会稳定风险评估和大调解工作机制。深入开展涉法涉诉积案攻坚行动，积极预防和妥善处置群体性事件，认真化解社会矛盾。全市综治工作实现历史性突破，进入全省先进行列。

进一步凝聚发展共识，提升发展动力。坚持中心组学习制度，不断加强理论武装，党的十七届六中全会精神、胡锦涛“7.23”讲话、十八大精神不断深入人心。在全社会进一步形成了思想大解放、发展大讨论的良性互动机制，推出“忻州十问”，形成“忻州十策”，全社会进取争先的合力进一步增强；面向全国开展忻州精神、忻州（旅游）形象宣传主题语、忻州城市形象标识、忻州市市歌、忻州市赋五项征集活动，关心忻州、建设忻州的社会氛围更加浓厚。

三、建设宜居城市，统筹城乡一体发展

注重科学规划布局。着眼国务院把忻州列入太原城市群节点城市、省委省政府把忻定原融入太原都市圈建设的新布局、新机遇、新要求，以东西部县城为两翼,以忻定原城市集群为躯干，谋划“大雁形”城镇体系建设，编制《忻州市城市总体规划》、《忻定原组群规划》和市区扩容提质《实施方案》，计划在“十二五”期间实施“十大工程”，建设107个项目。

加快市域城镇化发展。中心城市先行，实施“7451”工程。“七路”、“三桥”当年开工，当年竣工通车，“五馆一院”“一桥”当年开工，次年完工。酒吧、名吃、古玩和康乐“四条特色街”正在规划设计中。“7451”工程竣工后，中心城市面积将由28平方公里拓展到70平方公里，实现框架、品位双提升，成为太原都市圈的一个重要卫星城市。13个县市的城镇扩容提质加速，总投资在100亿元以上。

坚持城乡生态化建设。中心城市积极推进全国环保模范城市、省级园林城市、国家可再生能源应用示范城市“三城同建”。加大环境保护力度，10个县市创建山西省环保模范城市，繁峙创模成功，神池通过验收，保德等8个县“创模”工作扎实推进。全市14个县市区和五台山风景区二级以上天数5455天，其中一级天数3166天；城区二级以上天数356天，其中一级天数103天，大气质量稳定好转。实施农村连片整治示范工程，宁武、忻府、保德3县45个村5万余人受益,成功创建3个省级生态乡（镇）、25个省级生态村。积极开展国家卫生城镇创建活动，定襄、河曲、东寨、奇村“两县两镇”通过国家验收。实施“两增三建”造林绿化工程，造林68.67万亩，超全年计划任务4.64万亩。

四、着力改善民生，推进和谐社会建设

切实加大投入，坚持教育优先发展。制订《忻州市积极推进县域义务教育均衡发展的意见》，确保义务教育均衡

发展。继续开展农村义务教育学生营养改善工程，以五台、繁峙、静乐、神池、五寨、岢岚6个县为试点，投入中央专项和县级配套资金5444.16万元，惠及680所学校7.95万名学生。结合试点工程，11个县利用中央专项支助资金8705.44万元，新建和改造学校食堂210个，学生营养改善工程多次受到省教育厅表扬。

全力推进城乡公共基础设施建设。大力实施新的“五个全覆盖”工程。农村便民连锁店提前一年全覆盖。农村街巷硬化、文化体育场所、中等职业教育免费、新型农村社会养老保险全覆盖，一项全部完成、三项超额完成。大力实施水利工程建设，投资1.1亿元，为444个村建设饮水安全工程455处，解决了21.282万农村人口饮水安全问题，投资1.08亿元，完成了12座中小型病险水库的加固工程。

统筹推进城乡社会保障体系建设。城镇登记失业率3.27%，控制在省要求的4.2%以内。全市新农合参合人数210.7万人，参合率99.7%，为全省第一；市域中医药住院报销比例达到90%，属全省最高。积极推进计生优质服务县创建等“五项工程”，人口与计划生育工作实现新发展。大力推进保障性住房建设。开工建设各类保障性住房19836套，完成投资20.639亿元，竣工2739套。

坚决打好安全生产攻坚战。开展专项整治，安全生产形势持续好转。全市发生各类事故起数、死亡人数两项指标，同比下降排位均在全省前列。落实责任，突出重点，加强制度建设，交通道路安全、校园安全、食品药品安全，持续平稳向好。

进一步丰富人民精神文化生活。出台《深入贯彻党的十七届六中全会<决定>加快建设文化强市的实施意见》，持续推进文化引领、文化融合、文化创新“三大战略”，加快实施“十大文化工程”，全面推进73项重点工作任务的完成。在建设市级“五馆一院”的同时，县级“三馆一院”纳入城乡建设总体规划。推出“周末大戏台”、“乡村大舞台”，组织开展“我们的节日”、送书送戏送电影下乡、送文化进军营、文化科技卫生“三下乡”、科教文体法律卫生“四进社区”、“送欢乐下基层”、城区广场消夏晚会等文化活动，极大丰富了群众文化生活。聘请张艺谋团队担纲，大型室内情境体验剧《印象五台山》制作加快。《徐向前返晋》、二人台省城大拜年汇演，引起强烈反响；北路梆子新编现代剧《情悟五台山》获“第二届全国戏剧文华奖”原创剧目大奖等7个奖项。

五、坚持强基固本，提高党建工作科学化水平

进一步转变工作作风。认真开展保持党的纯洁性学习教育活动。常委会率先垂范，认真落实省委部署，召开市党风廉政大会，坚决维护党的政治纪律；坚决保持党的纯洁性，密切联系群众，维护人民群众根本利益，争做忠诚于党、忠诚于人民的表率。继续深入开展争做“五个表率”活动，深入开展“八个破除、八个勇于”的解放思想活动，加强“二十字”素能建设，大兴“九个方面”的良好作风。领导干部坚持联系重点工程、困难企业工作制度，扎扎实实下乡住村包村，带头开展千名干部进企业、万名干部下农村、窗口行业搞竞赛等活动，办实事、解难事、见实效，保持了党同人民群众的血肉联系。

深化干部人事制度改革。坚持党的干部政策，坚持党的领导，坚持组织原则，坚持工作程序，坚持群众路线，创新干部选任“3+4”机制，即坚持“三三制”，按照干部民主推荐、年度考核和完成中心工作各占三分之一的权重，提出拟考察对象人选；坚持“四先四后”，干部选任工作遵循先申报后启动、先审批后调整、先审核后操作、先共同考察后上会研究的办法，进一步规范干部选任程序，树立了实绩与民意并重的良好导向。在集中换届后，补充调整干部112名，直接从优秀大学生村干部中遴选乡镇副职37名，通过竞争性选拔的副科级干部8名、遴选市委办公厅干部5名，做到了风清气正。“3+4”干部选任新方式，得到了中组部、省委组织部的肯定。

夯实基层组织建设。以项目化管理的科学手段，实施基层组织六项集成升级计划。提前完成农村“领头雁”培训计划、乡镇学习推广文建明工作法，既学方法又学精神，实现了本土化、科学化，非公企业党组织集中组建实现了“两个全覆盖”，积极推进社区网格化管理，推动机关党建走在前头，实施联述联评联考，组织开展县、乡党委书记述党建工作，各级基层组织实现了晋位升级。

深入推进反腐倡廉建设。各级领导干部积极履行“一岗双责”，严格遵守《党章》，遵守《廉政准则》，遵守领导干部廉洁从政的各项纪律规定。围绕“3581”战略和“7451”等重大工程实施，强化监督检查，确保政令畅通；整治吃拿卡要，创优发展环境；切实解决群众反映强烈的突出问题。围绕发生在群众身边的10个方面腐败问题，共查结涉纪信访案件126件，查办典型案件54件。查处教育乱收费项目7个，纠正公路“三乱”问题41起，取缔违规医疗机构14所，责任追究72人。面对面评议57个市直单位，现场解决问题115个。直接评议基层站所174次，解决问题620个，调解基层矛盾纠纷821起。专项治理工程建设领域突出问题，排查项目2283个。加大查办案件力度，严肃查办民愤大、影响坏、社会反响强烈的案件，全年共立查案件1706件，处分党员干部1722人。其中，县处级9人、乡科级283人，撤职以上重处分205人，移送司法机关23人。

（王　玫）

附：一、中共忻州市委书记、副书记、常委名单

书　记：董洪运

副书记：李平社（1月离职）　郑连生　张晓峰（2月任职）

常　委：辛旭光　吉久昌（4月任职）　王　成　王士桦　武　德　郝钧藩　阮全进　梁　洁　陈义青（女）

中共忻府区委工作概况

区委书记　武宪堂

2012年，忻府区委认真贯彻落实省委、市委党建工作会议精神，动员全区各级基层党组织和党员干部以奋勇争先的思想观念、奋发有为的精神状态和奋力赶超的工作作风，深入贯彻落实党的十八大精神，围绕中心，服务大局，高标准、高质量地完成各项党建工作任务。

一、精心实施集成升级"六项计划"，党建工作基础得到了新加强

一是农村"领头雁"培训实现了全覆盖。从2012年2月3日开始，共分4期，对全区300多个农村的"两委"主干、20个乡（镇、办）党政一把手、"7451"重点工程涉及的乡镇办16个有土地征迁任务村的两委干部、村民代表和人大代表、政协委员等2000余人进行了农村"领头雁"培训，有效地提高了农村基层干部的政策理论水平，增强了他们服务群众、服务大局的意识和带领群众致富的本领。为"7451"重点工程的顺利展开，发挥了舆论开道和政治动员作用。

二是非公经济党组织集中组建工作全部完成。全区非公企业共1658户，占全市1/4。2012年在广泛深入调查研究的基础上，整合工商、税务、公安、城管等相关单位和部门的力量，齐心协力，通过单独建、挂靠建、园区建、派员建、区域建、龙头建、市场建多措并举，多方努力，共组建非公企业党组织185个，在全市率先实现了非公有制企业中党组织全覆盖。全市非公有制经济党组织集中组建现场促进会在本区成功举行。

三是社区网格化管理计划稳步推进，城市社区管理工作迈上了新的台阶。坚持"边试点，边总结，分类梯次推进"的原则，充分发挥民政、综治、政法、公安等职能部门的作用，稳步推进社区网格化管理工作。抽调160多名干部深入到城市社区的街道、楼宇、住户进行调查摸底，数据采集，科学划分社区网格，建信息库，绘制网格化图谱，建章立制，大幅度提高了社区管理工作科学化水平。也为2013年如期完成网格化奠定了坚实基础。

四是乡镇学习推广"文建明工作法"扎实开展。区委将推行"文建明工作法"情况纳入乡镇办党（工）委年度党建目标责任考核内容。各乡镇办结合实际，把学习推广"文建明工作法"与学习弘扬文建明精神结合起来，认真盘点，精细梳理，立足管用有效、方便操作、着眼长远，创新思路、强力推动文建明工作法的本土化、具体化和实效化。各乡镇办普遍建立起信访接待中心、"三资"管理中心、便民服务中心、矛盾调处中心、计生服务中心等5个中心。

五是机关党建"走在前头"计划有序推开。确立了"当好六个排头兵，创建六型机关，实现六个走在前头"的工作思路，结合"五个一"活动和"十百千"创建工程，进行了10个方面的积极探索，在全市机关党建走在前头现场推进会上区直工委作了典型交流发言。按照市委组织部的要求，印发了文建明工作法进机关实施意见，将文建明工作法进一步引入机关，进一步提高了机关党建工作的整体水平。

六是"三级联述联评联考"工作进一步完善。认真落实区、乡、村三级联述联评联考工作要求，不断加大执行力度。组织基层党组织、党员和群众代表，对区、乡、村、三级党组织书记抓基层党建工作和创先争优活动的情况进行评议，把基层党建工作情况和创先争优活动的情况作为对各乡镇办党（工）委和区直各党委领导班子、领导干部年度考核的重要内容，做到了述职述党建、评议评党建、考核考党建、任用干部看党建。

二、突出抓好基层党组织整改提高、晋位升级工作，基层党建工作水平得到了新提升

按照巩固先进、推动一般、整顿后进的要求，坚持因地制宜、分类指导，抓两头、带中间，把选派基层党建工作指导员到支部帮助指导工作作为整改提高的重要举措，突出抓好后进党组织的整改转化。全区基层党组织共制定整改措施349条，年初评定为"较好"、"一般"、"较差"的基层党组织全部实现了晋位升级。

三、创新载体，多措并举，基层党组织激发了新活力

紧紧围绕市委提出的大干城建年、项目落地年、走出去年和区委关于"建设转型发展示范区、开放和谐首善区"的要求，以"重点工程惠民生、'7451'当先锋"、"建设转型跨越示范区、党员干部要奉献"、"建设开放和谐首善区、我是党员我带头"等系列主题实践活动为载体，扎实开展保持党的纯洁性学习教育活动。区别不同领域、不同行业基层组织的性质和职责任务，结合不同群体党员的特点，在乡镇、农村、机关企事业单位广泛开展不同内容、不同形式的"五个一"活动，使学习教育活动有形化，创

先争优长效化、常态化，有效激活了基层党组织和党员队伍的内在活力。全区各级党组织和广大党员累计为群众办实事1700余件。2012年，忻府区被省委组织部评为“全省创先争优先进县（区）”。在全市纪念建党91周年系列活动中，获得了两个全市一等奖。（全市“七一放歌——轩煤杯”文艺汇演一等奖、“庆七一”系列体育活动——广播体操比赛一等奖）。区委组织部连年被省委组织部评为“讲党性、重品行、作表率”先进集体。

四、切实加强领导班子和干部队伍建设，干部工作呈现出新亮点

一是思想政治建设得到了新加强。2012年，结合深入学习贯彻党的十八大精神，通过开展党员干部人人讲党课、领导干部人人登台宣讲十八大精神等活动加强了领导班子和干部队伍思想政治建设。建立健全了把思想政治建设的成效与经济工作的成果有机结合，突出强调领导班子思想政治建设的考核评价机制。

二是干部教育培训工作取得了新成效。通过实行学分登记制度和培训档案制度，初步建立了干部培训考评激励机制，将干部学习培训情况和考核结果如实记入干部信息库，同时纳入干部考核指标体系，加大了对干部学习的考核力度。以“朝阳、夕阳、希望”干部全员教育培训三大系列工程为抓手，通过专题培训、走出去请进来培训、干部教育“进电视、进手机、进网络”等多种培训方式，对全区科级以上干部、机关一般干部、农村干部、大学生村官进行培训教育，实现了全区干部教育培训全覆盖。全年共组织专题培训18期，培训科级以上干部及大学生村官2700人次。

三是干部思想和工作作风有了新转变。通过开展“千名干部下农村，百名干部进企业”等活动，促进干部作风转变，收到了明显成效。统筹协调区级领导、科级干部和专业技术人员、后备干部等1000多人,深入394个村、65户骨干企业或工业调产项目，开展了下乡住村和结对帮扶活动。累计为群众办实事、好事1200余件，为所驻村点、企业协调解决各类发展难题300余个。

四是干部选任工作的公信度得到新提高。2012年6月，根据区机关和乡镇领导班子建设的实际情况，对部分区直机关和乡镇领导班子进行了调整，一批政治素质高、工作能力强的同志在调整中走上领导岗位。调整中，区委严格执行《干部选拔任用条例》各项规定，重点把好推荐关、考察关、决定关“三关”，整个调整过程风清气正，得到了干部群众的普遍认可。

五是大学生村官培养教育工作取得了新成绩。在坚持制度管人，加强日常管理的基础上，组织开展了“大学生村官十问”思想解放大讨论，引导大学生村官强化宗旨意识和服务观念。不断提高《大学生村官报》办报水平和报纸质量，不断加强大学生村官队伍的政治引导和思想教育工作，促进了他们健康成长成才。

五、认真落实人才工作规划，人才工作做出了新贡献

不断完善“管、训、奖、引、用”5种工作机制，推进人才强区战略的实施。2011年以来，开展各类专家和优秀人才服务基层活动70多场次，为高新技术产业、重大研究课题、重大技术创新和重点发展行业提供咨询服务和技术支持11次，为制定全区“十二五”规划建言献策21条，为全区经济发展做出了重要贡献。在全市人才工作座谈会上，忻府区和禹王煤炭气化有限公司分别作了典型发言。

（杨国文）

附：一、中共忻府区委书记、副书记、常委名单

书　记：武宪堂
副书记：赵志伟　王　昕　崔向松
常　委：刘卫东　宁云楼　邢雨花（女）　安亮东
卢维忠　高瑞军　李锁明

二、乡镇（街道）党委（党工委）书记、副书记名单

秀容街道
书　记：史万中（6月任职）
副书记：戎清元（6月离职）　李志军（6月任职）

新建路街道
书　记：刘明祥
副书记：白先明　冯仁旺（6月任职）　张有根

长征街街道
书　记：李秀文
副书记：王　强　刘为众（6月任职）　王万荣

董村镇
书　记：张炳秀
副书记：侯俊明　刘顺昌

紫岩乡
书　记：丁国仓
副书记：董永胜　赵建平

西张乡
书　记：周越宏
副书记：侯建林　郝宏斌

播明镇
书　记：孙晓磊
副书记：范建斌　王双良

北义井乡
书　记：蔚念军
副书记：李　宁　付俊敏（女）

东楼乡
书　记：赵剑勘
副书记：宗　德　王云龙（6月任职）

曹张乡
书　记：赵志强

副书记：郭春宝　罗海田

秦城乡

书　记：刘　岗

副书记：刘宏伟　卢建荣

高城乡

书　记：李　勇

副书记：张晋荣　索文华（女）

解原乡

书　记：任明生

副书记：石培银　董海平

奇村镇

书　记：卢红卫

副书记：石志勇　刘利文

合索乡

书　记：王　坤

副书记：王素霞（女）　武培明

兰村乡

书　记：安全明

副书记：谢利荣　高贵田

豆罗镇

书　记：史万中（6月离职）　戎清元（6月任职）

副书记：于永青　张会元

庄磨镇

书　记：常清华

副书记：郭亮明　张国清

三交镇

书　记：韩瑞强

副书记：张　文　降秀亭

阳坡乡

书　记：郭沛华

副书记：巩文亮　常天荣

中共原平市委工作概况

市委书记　薛根生

2012年，原平市委紧紧围绕“扭住跨越发展，挺进全国百强”奋斗目标，牢牢抓住转型综改和扩权强县历史机遇，以争创一流的决心和敢行敢试的勇气，团结带领全市人民，团结攻坚，奋力克难，思想大解放、作风大转变、项目大会战、教育大整顿“四大战役”捷报频传，园区创建、天牙景区、治理滹沱、范亭广场、城南水系、城市畅通、化二改造、范中振兴“八大工程”强势推进，党建工作全面提升，步入了转型跨越发展的高速轨道，全市经济社会发展呈现出良好态势。

一、乘势而上，合力促跨越

坚持“短期快速，适者先行”的发展战略，2012年各项经济指标稳步攀升。全市生产总值突破百亿大关，完成105.2亿元，同比增长10.5%；财政总收入突破20亿大关，完成20.8亿元，增长18.7%，净增3.2亿元，其中一般预算收入8.8亿元，增长27.3%，净增1.9亿元；规模以上工业增加值52亿元，增长11.2%；固定资产投资114.6亿元，增长26%；社会消费品零售总额39.8亿元，增长16.4%；城镇居民人均可支配收入19895元，增长14.6%；农民人均纯收入6472元，增长16.8%，城乡居民收入的增速明显高于经济增长速度，人民群众得到了更大更多的实惠。各项经济指标继续保持两位数以上高速增长，全市生产总值、财政总收入、固定资产投资等5项指标的总量均居忻州市第一。

二、高举龙头，全力抓转型

按照省委袁纯清书记“把原平循环经济示范区建成全省综改试验破局的排头兵”的指示要求，市委举全市之力加快园区建设步伐。坚持“走出优化布局、循环利用的新型工业园区化发展的路子”，破解用地难题。实行了市领导联系项目、市直部门包项目责任制，对入园项目进行“一对一”全程跟踪服务，为投资者提供“并联式”快审快批、现场办公解决问题、挂牌保护排除干扰等“保姆式”服务，促进了项目建设顺利进行。共完成基础设施投资3.2亿元，入园项目达到23个，有3个项目的一期工程已经竣工投产，目前正在洽谈准备入园的项目有5个。园区被省相关部门确定为山西省新型工业化产业示范基地、山西省工业循环经济产业基地、山西省中小企业创业基地。一年来，先后有80多批次1000余人前来观摩指导。2012年9月上旬，由省商务厅、发改委、建设厅、国土厅组成的联合考察组对园区进行考察后，得出了“原平经济开发区在山西省规模最大、规划最好、建设进度最快、最有希望之一”的评价。在2012 年10月份代表忻州接受全省项目观摩中，观摩组领导和成员深为震撼，特别是袁纯清书记给予示范区“建设速度之快、项目落地之多、招商效果之好,走在了全省前面，为推进转型综改试验区建设、加快工业园区发展提供了新的标杆，值得学习借鉴”的高度评价。一年的艰苦努力，使示范区开历史先河、创原平速度，积聚了原平经济社会的发展后劲，闯出了一条新型工业化跨越式发展的新路。同时，坚持以大开放促进大发展，投资环境进一步改善，被评为全省投资环境创优十佳县（市）。实施和建设了具有引领带动作用的二十大工业项目、六大农业项目和四大商贸物流项目，全市现已形成以铝、电、煤、铁、机械装备制造为支柱的产业格局，佳诚液压、兴胜机械、泰宝密封等科技含量较高的企业日益壮大，以日昇、德金等为龙头的商贸物流业快速推进，以天牙山风景区、滹沱河水利风景区为代表的新兴旅游业迅速崛起。全年启动实施项目224 个，总投资1084亿元，共完成投资235亿元。省、忻州市重点工程完成投资81.3亿元，完成率100.2%，完成落地额185.6亿元，落地率183.6%。储备项目523个，总投资3000亿元，其中新型产业项目210个，投资额2100亿元，为转型跨越发展奠定了坚实基础。

三、共建共享，扎实惠民生

按照“东拓南改、三水环城”的发展思路，“两景·十二路”胜利竣工，总投资1.3亿元的天牙山风景区，形成了“一桥、二路、三水、四场、五区”的总体格局，建成了具有灵山秀水、彰显精忠纯孝精神的文化生态旅游公园；总投资5.3亿元的滹沱河水利风景区，形成了2.3公里长、400米宽、80万平方米的水面，东西两侧各建成100米宽的景观带和双向六车道滨河大道，开辟了旅游揽胜地，打造了城市新地标；全长11公里、硬化面积15.3万平方米的北环线、青年西街等城市干线公路和打通10条“断头路”（共12条路）的建设，使城市框架进一步拉大，交通压力得到有效缓解。总投资2.6亿元的范亭广场和总投资5500万元的牛卧河生态公园一期工程，将于2013年6月底竣工；总投资3300万元的新汽车客运站和总投资4000万元的新红旗大桥，现已建成投用。同时，完成小街小巷道路硬化8.5万平方米，新建标准化公厕5所，粉刷街道立面墙体14万平方米，实施了平安大街综合整治工程，市容市貌得到进一步改善。一年来，全市用于城市基础设施建设的投资达到4.2亿元，为历年投资之最，打造出城乡环境优美、人文气息浓厚的崭新形象。创建成为国家计生优质服务先进市、全省文化强市、食品安全全省级示范市，科技专利申报名列忻州市第一。新“五个全覆盖”任务全部完成。承诺为老百姓办的实事基本兑现。社保政策有效落实，基本实现城乡养老、医疗保障全覆盖。计生、文化、卫生、科技等工作全面开花，创建成为国家计生优质服务先进市、全省文化强市、食品安全全省级示范市，科技专利申报名列忻州市第一。

四、抢抓机遇，增添新动力

牢牢抓住转型综改和扩权强县“双试点”机遇，坚持以敢行敢试的勇气、善行善试的担当、快行快试的速度，全力推进试点工作。确立了18个在全市乃至全省有影响的战略标杆项目，深化用地保障、投资融资、产业配套等方面的改革，采取“对上要一部分、外地买一部分、设法造一部分、增减挂钩解决一部分、存量土地盘活置换一部分、非耕地利用一部分、科学规划节约一部分”等7个办法，为项目建设提供了必要的用地保证；顺应国内产业和资本梯度转移的大势，出台了一系列招商引资优惠政策和奖励办法，成立了京津冀、珠三角、东北、沪浙、苏锡常宁五大区域招商局，激发了发展活力，扩大了开放半径，全年签约项目资金达到827亿元，同比增长2.5倍，其中，总投资50亿元的台湾融伍科技产业项目，创建了“引凤筑巢、以商招商”的发展模式，以先进的管理理念进入原平投资创业。

五、党建引领，聚合正能量

扎实推进创先争优和保持纯洁性教育活动，组织工作满意度测评名列忻州第一、全省前茅，忻州市党建项目观摩评为第一名。深入开展反腐倡廉工作，农廉、三比一树、惩防体系信息化建设等工作名列忻州第一、全省领先，连续三年被评为“全省政风行风评议先进市”。不断提高宣传思想工作水平，“崇文尚武、自强包容”的原平精神成为展现市域文化形象的一张靓丽名片，遍布城乡的“草根文化”得到省领导和中央媒体的高度关注。深入推进“法治原平”、“平安原平”建设，成为山西省唯一的全国法制宣传县级联系点，市公安局被评为“全国公安机关执法示范单位”，政法综治工作排名忻州第一、全省领先。认真抓好统战工作，年度综合考评列忻州第一，晋商大会签约任务超额完成。扎实抓好信访维稳工作，获得了中央信访督导组的好评，工作经验在全国信访会议上交流推广，并被列为全省信访工作的两面红旗县之一。“崇文尚武、自强包容”的原平精神广为弘扬，全市形成了政通人和、风清气正、干事创业的良好局面。（邢三强）

附：一、中共原平市委书记、副书记、常委名单

书　记：薛根生

副书记：温建军　白亚军

常　委：马根泉　高秀亭　张清池　葛小树
郭殿生（7月离职）　尹志刚　庞晋源
程建明（3月离职）　赵晋富（7月任职）

二、乡镇（街道）党委（党工委）书记、副书记名单

书　记：温志亭
副书记：苏怀亮　邢建勇

东社镇

书　记：赵一初
副书记：张志强　续艳峰

子干乡

书　记：陈振田
副书记：闫晓彬

中阳乡

书　记：张建中
副书记：韩海燕（女）　杨明勇

苏龙口镇

书　记：张国强
副书记：郝树平　任登科

沿沟乡

书　记：张军胜
副书记：韩飞龙　程海军

崞阳镇

书　记：王　彤
副书记：邢中平（6月离职）　王　晟（6月任职）
贺利荣

大林乡

书　记：申国华
副书记：赵世军

西镇乡

书　记：朱清云
副书记：刘海生　赵水泉

新原乡

书　记：郭志宏（6月离职）　贾文柱（6月任职）
副书记：贾文柱（6月离职）　兰彦勇（6月任职）
张泽峰

王家庄乡

书　记：潘　颖（女）
副书记：高曙东　刘冠星

闫庄镇

书　记：张永明（6月离职）　李永生（6月任职）
副书记：马欣荣　赵申文

楼板寨乡

书　记：郝治国
副书记：杜五田　张在田

解村乡

书　记：赵永进
副书记：王卫东　邸俊峰

大牛店镇

书　记：丁佐华（11月离职）
副书记：张高中　岳　畛

长梁沟镇

书　记：张海亮（9月离职）　刘文柱（9月任职）
副书记：王　晟（6月离职）　李志强（6月任职）
刘红羽

轩岗镇

书　记：张青林
副书记：李永生（6月离职）　邢中平（6月任职）
解建斌（3月离职）

段家堡乡

书　记：张新所（3月离职）
副书记：赵国斌（3月离职）　解建斌（3月任职）

南城街道

书　记：郑国梁
副书记：罗建军　郝晓华（女）

北城街道

书　记：刘永顺
副书记：侯培生　苏小钧

轩煤矿区街道

书　记：韩美智
副书记：冀礼云　孙军前

中共定襄县委工作概况

县委书记　刘婷芳

2012年，定襄县深入贯彻“3581”发展战略，认真落实“156”工作思路，以创建国家卫生县城为总牵引，以项目落地、走出去、城建提质、交通提速、教育提升和基层组织建设“六个年”为重点，强化组织领导，突破重点难点，务实创新，埋头苦干，主动作为，全县经济稳健发展，各项工作有序推进。

一、围绕凝心聚力总要求，自身建设取得新成效

不断加强思想政治建设。以中心组学习为龙头，扎实抓好班子成员理论学习。一年来，县委中心组成员集中学习14次，撰写心得体会29篇。开展了“忻州十问”大讨

论，布置了涉及转型跨越的十大专题调研，形成报告58篇。围绕学习宣传贯彻十八大精神，组织了覆盖全县9个乡镇和县直各单位的43场巡回大宣讲，有力地指导和推动了全县各项工作的顺利开展。通过学习，广大干部的政治意识、大局意识更加坚定，理论水平和执政理念显著提升。

不断加强民主集中制建设。进一步完善全委会、常委会议事规则和决策程序，形成了用制度管权、按制度办事、靠制度管人的有效机制。2012年以来先后就创卫工作、西大街迁建、县城总规修编等召开县委常委会、党政联席会、四大班子联席会22次，实现了决策的科学化、民主化。为更好发挥人大、政协的依法监督和民主监督作用，人大、政协与县委、政府的领导成员一样，每人分包一个乡镇，在项目建设上人人有任务，个个有担子，在全县形成了“县委为核心，各方一条心，共同抓中心”的良好氛围。

不断加强干部队伍建设。牢牢贯彻“德才兼备、以德为先”用人原则，全年共调整干部3批50人次。努力提升干部素能，针对定襄党员干部现状，量身打造了常规培训保质量、网络培训全覆盖、请进来培训上品味、送出去培训抓重点、走下去培训强服务的“五位一体”党员干部教育培训模式，并成功打造了“定襄大讲堂”。2012年以来，先后举办培训班7期，“定襄大讲堂”专题讲座4次，在“送教下乡”活动中，1000余名党员干部接受了实用技术培训。不断创新干部综合考评，实施了“2+2”考核办法，即一、三季度日常督查，半年、全年目标考核，考核更加注重结合，更加突出重点，切实发挥了风向标、导航仪和推进器的作用。

不断加强反腐倡廉建设。强化监督检查，制度落实到位。定襄县率先在全市推出了工程建设项目廉政合同管理制度。对国有投资在50万元以上和其他投资在3000万元以上的建设项目，全部实行“双合同”管理制，有效预防了腐败问题发生；强化作风教育，纪律整顿到位。进一步引深“三比一树”主题教育活动，深入开展政风行风评议，组织党员干部2300余人观看警示教育片60场次，开展新任科级干部廉政考试两期128人；强化案件查处，执法监察到位。进一步健全领导包案、联合办案、全员办案和责任考核等一系列制度，全年纪检监察系统共立查案件122件，结案率100%。

二、围绕加快发展总目标，县域经济迸发新活力

一年来，广大干部群众扎实苦干，奋勇争先，全县经济社会主要指标运行趋稳。全县地区生产总值完成41.4亿元，同比增长11%；规模以上工业增加值完成9.8亿元，增长16.2%；全社会固定资产投资完成22.5亿元，增长34.5%；社会消费品零售总额完成14亿元，增长16.1%；财政总收入完成38556万元，同比增长1.1%；一般预算收入完成17711万元，同比增长7.6%；城镇居民人均可支配收入完成19854元，增长14.8%；农民人均纯收入完成8017元，增长14.2%。

项目建设势头强劲。2012年是定襄县确定的“项目落地年”，围绕这一重点，创新机制，狠抓落实，四大班子领导带头跑项目，职能部门分别包项目，全县共有25个重点项目落地，落地金额115.46亿元，超全年目标任务62.8亿元，完成率219.3%。2012年全市项目观摩，定襄县荣获三等奖，受到市委市政府的表彰。

招商引资成效明显。围绕“走出去年”，全县上下组织专题培训、出台考核办法、建立激励机制，先后以季组团赴上海、广州、温州、四川等地进行自主招商，同时积极筹备项目，参加农博会、中博会、台湾经贸洽谈会和世界晋商大会等各类招商展会。通过“走出去”，全年共签约项目14个，总投资181.5亿元，落地5个，其中3个已开工。特别是聚力环保公司的环保设备项目和宝源钢厂二期年产10万吨大型锻件项目，落实土地260亩，实现了项目当年引进、当年开工。

三次产业基础巩固。农业方面，粮食生产再获丰收，全县粮食总产达到3.3亿斤，超额完成市下达3亿斤的目标任务，是全市唯一受省政府奖励的产粮大县。工业方面，面对市场低迷，经济下行压力，定襄县及时出台政策、主动加强服务、积极鼓励创新，出台了机关干部“下基层、转作风、送服务”活动实施方案，通过组织银企对接、实施信用补贴、转变经营模式等举措，全县工业经济稳中有进，规模以上企业完成总产值50.6亿元，同比增长24.9%。旅游服务业方面，不断加大旅游基础设施和景点建设力度，投资636万元建成了七岩山景区旅游公路，投资600万元的河边文化产业园项目道路工程全部竣工，凤凰山景区温泉乐活园项目,总投资1.2亿元，已完成投资9000万元。大力发展现代物流产业，积极引进生产型服务业，山西永旺集团投资35亿元的物流园区和出口保税仓库建设项目，集钢材采购、物流配送、电子商务、产品展销、质量检测等功能为一体，建成后将有力支撑全县现代服务业的发展。

三、围绕创卫工作总牵引，城乡面貌发生新变化

2013年以来，定襄县集中打响了创建国家卫生县城攻坚战，在基础差、时间紧、资金缺、任务重的情况下，全县上下坚持节约创卫、能力创卫、全民创卫，筹资近4亿元、集中5个月时间，全面完成了市容整治、环境保护、卫生管理、秩序整顿等9大类46大项237小项创卫工作任务，全面改善了定襄面貌。

城建大提质。年初确定的16项城建重点工程，开工12项，完工9项，已完成投资5.7亿元。道路建设方面，总投资5.6亿元的北大街全线通车，总投资5.1亿元的西大街全面启动。同时新修了牧马河、文化路、定宏线、康乐街四条大道，总长4360米；改造了忻阜路、新开路、靶场路3条主街道，总长5624米；硬化小街小巷20余条、9.52万平方米。

市场建设方面，新建南关、朝阳、新开路、光明等6个市场，改造百货公司、华泰早市2处。城乡清洁工程方面，投资1387万元，新建了垃圾转运站、垃圾填埋厂、污水泵站，购置了清扫车、清运车、压缩车等环卫设备216台辆，添置垃圾筒、果皮箱2830个,城区保洁面积达到80万平方米,日处理垃圾100吨。实施环城林带及城区绿化亮化工程，共栽植各类乔灌木14万株,规范整治了1500户商铺牌匾,安装改造路灯470盏，县城面貌焕然一新。

交通大提速。确定了“一道一站两桥六路”的十大交通重点工程，总投资2.78亿元，其中七岩山、定东、董家堰等六路工程已全部竣工通车，完成投资8133万元。跨年度的4项工程，定襄至凤凰山景区旅游公路（即机场大道），总长25公里，路基宽度15米，投资1.57亿元，已开工；县城二级汽车站新建工程，占地30亩，总投资1800万元，已开工并完成投资1000万元；宏忻线滹沱河大桥加固工程设计已完成；季定线滹沱河大桥总投资1923万元，已开工并完成投资1300万元。

生态大改善。深入推进通道绿化工程，完成忻阜高速、大运高速通道绿化提升工程26.9公里，完成三环路和忻台改线通道绿化20.1公里。突出工程造林，完成太行山绿化、退耕还林、干果经济林、封山育林共2.3万亩，完成四旁植树60万株，造林植树任务完成率100%。实施水保生态治理、改善和新增水地1.2万亩。重点开展污染物减排工作，鼓励企业使用天然气，共减排二氧化硫96.7吨、烟尘89.3吨、粉尘9.8吨。2012年全部为二级以上天气，其中一级天气195天。

四、围绕社会稳定总基调，和谐创建呈现新局面

奋力抓安全。全年开展春雷等专项整治行动20次，组织检查96次，检查企业800余家，查出隐患282条，现场整改234条，下达文书24份。交通、消防等隐患排查整改率均达到100%，安全培训实现全覆盖，培训人员1452人。

全力抓信访。一年来，县级领导共接待来信来访群众186次，356人次，党政领导包案123件，解决73件，息诉罢访68件；党政主要领导包案12件，解决12件。同时，突出抓好敏感时期和重要节会的信访工作，圆满完成“两会”、特别是十八大期间信访安保工作任务，全年信访总量较往年明显下降。

聚力保稳定。坚持以稳为先、以打为重、以治为本，通过情况先导、打防并举、科学管理，2012年全县共立刑事案件477起，侦破216起，受理治安案件1255起，查处1203起，抓获网上逃犯41名，查获各类违法犯罪嫌疑人1203人，逮捕116人，刑事拘留116人，行政拘留381人，现行命案4起全部破获，有力地震慑了违法犯罪行为。此外，全面开展了“三级平台、四级网络”建设，在县、乡、村分别建立社会管理指导中心、服务中心，在村、社区以下建立了300个基础网格，为提升社会管理科学化水平奠定了基础。

合力惠民生。新的“五个全覆盖”工程全部完成，硬化农村街巷1074公里，新建18个农村便民连锁店和155个农村健身场地，中等职业教育和新型农村社会养老保险均按要求及时足额完成。教育方面，与省教科院合作全面启动了教育质量提升工程，并结合定襄实际出台了强化校长、教师和学生管理六项制度，有力地提升了教育的整体水平。卫生方面，县乡村三级卫生服务体系健全，基本药物制度覆盖范围进一步扩大，零差价销售率达100%。此外，全县还建设了228套保障性住房，实施了1000人、4.5万平方米的移民小区建设工程，对1万个农村劳动力进行了就业培训。特别是针对广大市民反映强烈的集中供热问题，创新管理体制，更换供热主体，科学配置换热站，确保了县城居民温暖过冬。

五、围绕统揽全局总依托，各项事业取得新进步

县人大以“项目落地年、大干城建年、走出去年，人大有作为”为工作核心，开展专题视察调研5次，撰写调研报告5篇，提出意见建议40余条；政协工作牢牢把握同心主题，积极建言献策、参政议政，撰写经济发展调研报告4篇，反映社情民意68条，办理提案、建议65件；县总工会主动开展“面对面、心贴心、实打实，服务职工在基层”活动，共举办技能和安全知识培训110次，打造“五星级乡镇工会”3个，省“五星级工会联合会”1个；共青团积极开展社会实践和爱心助学活动，为全县200名创业青年争取小额贷款1000万元；妇联以促进妇女创业就业、妇女健康、关爱留守流动妇女儿童为抓手，共举办各类实用技术培训班298期，培训农村妇女8594人；人武工作严格落实市议军会议精神和“十纳入十统一”要求，广大官兵积极投身县城创卫和各项重点工作，为地方经济和社会发展提供了坚强的国防保障。

（崔　昱）

附：一、中共定襄县委书记、副书记、常委名单

书　记： 刘婷芳（女）

副书记： 王志东　曲俊安

常　委： 曹剑文　董晓林　智志林　姚　朴　曲建成　张生明

二、乡镇党委书记、副书记名单

晋昌镇

书　记： 郭俊文

副书记： 王文伟　韩文杰（7月离职）　陈玉萍（女，7月任职）

杨芳乡

书　记： 曾一平

副书记： 张志杰（3月离职）　徐久伟（3月任职）

卢　帽

南王乡

书　记：郭小凤（女）

副书记：李永安　杨晓光

神山乡

书　记：吴建功

副书记：张先林　张震海

蒋村乡

书　记：武　强

副书记：郭会军　魏有旺

河边镇

书　记：殷雪梅（女）

副书记：王志强　胡爱平

宏道镇

书　记：刘永清

副书记：赵树恒　徐　勇

季庄乡

书　记：刘俊良

副书记：徐树人　霍培新

受禄乡

书　记：赵泽清

副书记：李变萍（女）　张国平

中共五台县委工作概况

县委书记　王继明

2012年，五台县围绕迎接十八大、学习十八大、贯彻十八大，积极落实中央和省市委的决策部署，按照“一目标、两重点、三整治、四创建”总体工作安排，全面推进经济、政治、文化、社会、生态文明建设和党的建设，把“加快进位赶超、提升综合实力”作为执政为民的第一目标，抢抓机遇，深挖潜力，加快建设宜居宜业宜游新五台，经济社会发展保持良好态势。全年完成地区生产总值33.6亿元，增长10.9%；全社会固定资产投资26亿元，增长25%；社会消费品零售总额14.8亿元，增长16.03%；财政总收入5.1亿元，增长24.4%，增幅全市第一；一般预算收入2.3亿元，增长18.5%；城镇居民人均可支配收入17216元，增长15.3%；农民人均纯收入4024元，增长14.1%。主要指标持续高位运行，县域经济平稳较快增长，进位赶超迈出坚实步伐。

一、强化组织，领导重视

县委始终把抓党建放在重要位置，在年初组工会上就确立了抓党建工作思路和总体要求，并由县委组织部长与各党（工）委书记签订了党建目标责任书，县委常委、党员副县长都建立了各自的党建联系点,形成了一级抓一级，层层抓落实的党建工作格局。县委书记王继明、县长武新亮还经常深入各乡镇调研党建工作，撰写了调研文章，并提出了具体的指导意见。

二、方法到位，措施得力

基层组织建设年活动开展以来，县委迅速行动，召开动员会，制定了切合本地实际的方案，狠抓基础，创新方式，力求各项工作见实效，有特色，创品牌。

突出“四化”，构建立体培训模式。村“两委”换届以来，及时制定了农村党员五年培训规划。建立了“县党校主训，乡镇党校轮训，村级组织随机训”的三级立体培训模式。主要是突出“四化”：一是培训管理制度化。建立了督促检查、考核评比、表彰奖励等一系列制度，印发了会务组织、纪律要求、时间安排等资料，保证了学习效率。二是培训内容多样化。针对不同地域、不同创业项目、不同知识程度的学员，分类开设了不同的课程，既有党建内容，又有实用技术，增强了培训的针对性、实用性、可操作性。三是培训方式多样化。采取灵活多样的教学方法，采取示范班与普及班相结合，走出去与请进来相结合，现代远程教育与传统教育相结合，集中学习与送教下乡相结合，教师授课与学员讨论相结合，理论学习与谈心谈话相结合，保证了授课效果。四是培训阵地网络化。完善“3+2”党员干部培训模式，即搭建三个平台，农村支部书记短信服务平台、大学生村官短信服务平台、党员干部短信服务平台，用好二个网络现代远程教育网和党员干部在线学习网。通过这种立体培训模式，进一步加强了“一好双强”（政治素质好、致富能力强、带富能力强）农村“领头雁”队伍建设，为推动全县“三农”工作再上新台阶奠定了坚实的基础。

狠抓“三个三”，实现非公党建有形有效双覆盖。对具备建立党组织条件的个别相对规模较大的企业，主要采取了单独建的办法。对“多、小、散、杂”仅有个别党员的单一企业主要采取了“联合建”办法，形成了以骨干企业为依托，“多企合一”建立党组织的区域联建模式。对没有党员的企业，采取“挂靠建”办法，把它们挂靠到已建企业。以“三支队伍”建设来带动非公党建整体工作向前推进。第一支是注重建设高素质党务干部队伍。注重把那些党性强、业务精、会管理、善谋事的党员骨干选配到班子中来，充实到企业的中层干部岗位，使支部班子成员既是党员的核心，又是企业业务的骨干。第二支是注重建设党建指导员队伍。抽调政治立场坚定、责任心强、热爱党务工作，善于做群众工作的党员干部到非公企业兼任党建工作指导员。第三支是注重建设非公党员队伍。把发展党员的重点放在生产、经营、科技骨干和一线优秀工人，突出“三维培养”：一是把优秀职工发展成党员；二是把优秀党员培养成企业骨干；三是把党员企业骨干培养成企业管理人员。2012年共发展党员3名，在五峰等有条件的非公企业中开展了党员挂牌服务和“党员示范岗”。

注重“三强化”,推进“文建明工作法”本土化。县委以“服务是核心、集中是关键、‘两下’见成效”为抓手，全面学习创新推广“文建明工作法”，在实际工作中，注重“三强化”。一是强化管理。按照“明确岗位、确定职责、竞争上岗、双向选择”的原则，开展岗位选人。将每个工作任务细化分解到每个岗位，签订目标责任书，都做到任务清、责任明。推行效能管人，将目标考核、效能管理和作风督查贯穿于每名干部的日常工作中，乡镇干部做到“四个一”（即一种声音维护和谐、一门心思干好工作、一支队伍能打硬仗、一流业绩创先争优）。二是强化服务。乡镇建立集中服务和集中理财大厅，各村建立群众工作站，形成了覆盖全乡镇的便民服务网络。建立“民情档案”，更好地为群众开展针对性服务。印发“便民服务卡”做到群众随叫随到。三是强化保障。通过健全乡镇干部绩效与奖金挂钩制度，从经济、感情等多方面调动乡村干部的积极性和创造性。建立乡镇职能转变目标考核体系，对乡村两级干部实行考核，年终兑现奖惩，对落实目标责任不到位的依照有关规定取消相关待遇。

构建“三体系”，实现社区网格科学化。一是构建党建统领的组织体系。坚持网格划分和成立党小组同步设置，网格长选配和党小组长同步考虑，网格服务和党员作用同步发挥，实行居民党员直管、在职党员双管、离退休党员接管、流动党员协管“四管合一”模式，逐步建立起“社区党支部——网格党小组——党员”的组织体系。二是构建多方参与的工作体系。定期召开社区居委会成员、网格长和网格员工作例会；开展“1+2+X”工作模式，即1名网格长(党小组长)；2名网格员；X名社会各界志愿者，如社区片警、物管人员、保洁人员、群众志愿者等，开展网格管理和志愿服务。建立起有人巡查、有人报告、有人负责、有人解决、有人督查的“五有”工作机制，实现了小事不出网格，大事不出社区。三是构建统一规范的制度体系。建立健全了社区工作、入户走访、考核、联席会议等制度，明确了工作人员职责。统一制作了服务公示牌，社区网格地图、党员网格图、党员楼层图三种分布图以及基本群体，特殊群体，流动群体三类人群信息登记表，为社区具体实施网格管理提供详实的参考依据。推行“三体系”社区党建模式，全面落实了有人管事、有钱办事、有场所议事和构建区域化党建格局的“三有一化”工作要求，强化社区服务、凝聚、管理、维稳“四大功能”，促进了党组织和党的工作在社区全覆盖。

三、榜样引领，典型带路

县委始终坚持榜样引领，典型带路。在机关党建走前头工作中，我们围绕“一个班子一个龙头，一个支部一个堡垒，一个党员一面旗帜”这一主题，与下乡住村活动相结合，创新载体，统筹安排，形成了比学赶超的好局面，实现了结对帮扶，扶贫助残两促进的良好局面。在“七一”期间，大张旗鼓的表彰了50个先进基层党组织、80名优秀党员、30名优秀党务工作者，并广泛宣传，扩大了先进典型的影响力和示范效应，增强了基层党组织建设的凝聚力。

四、稳抓强化，常规工作取得了实实在在的效果

一是创先争优活动扎实有效。结合纪念建党91周年，开展了各项创建活动。以打造宜居、宜业、宜游新五台目标，在农村党组织开展了“升级晋档、科学发展”活动；在机关党组织开展了建和谐班子、带和谐队伍、创和谐机关的“三和谐”建设活动；在社区党组织开展了“评星晋级、科学发展”活动；在窗口单位和服务行业开展了“双评议”活动；在非公企业党组织开展了壮大一支党员队伍、建好一个领导班子、落实一个活动场所、建设一批宣传阵地、构建一套工作制度的“五个一”活动。同时，在全县普遍开展了党建带团建、带工建、带妇建活动，在22个具备条件的企业中建立了团组织、工会和妇联。“七一”期间，对创先争优活动进行了全面总结，形成了长效机制，并对活动中涌现出来的80名优秀共产党员、30名优秀党务工作者、50个先进基层党组织进行了大张旗鼓地表彰。

二是干部工作成效明显。积极推进干部人事制度改革，全面推行考察预告、任前公示、廉政谈话、廉政考试、任职试用期、干部离任经济责任审计以及干部选任工作“一报告两评议”等制度。逐步规范干部任用初始提名程序，积极推行选任干部全程记实制。对建立干部德的考核评价体系进行了探索，初步建起一套具有可操作性的考核机制，使干部考核体系更加科学。认真贯彻落实中组部“四度十一条”，引导群众积极主动参与干部选任工作的监督，不断提高“12380”的知晓度和公认度，进一步匡正选人用人风气，提高选人用人公信度。全面加强全县各级各类干部教育培训，呈现出调训面广、参训率高、针对性强、实效性好的良好态势。上半年，在浙江大学培训副科级以上干部60人，全县1776名干部全部参与了“山西干部在线学院”学习，每人累计学时均达到了10个以上。按照市委统一安排部署，上半年,在全县干部中深入开展了“干部下村进企”活动，既服务基层党员群众又促进作风转变。全县干部下村进企达到1200余人次，帮助制定发展思路235个，参加抗涝救灾5000余人次，协调引入项目18个，为基层解决饮水、卫厕、灾后重建等实际困难300余件。

三是人才工作常抓不懈。按照“服务发展、人才优先，以用为本、创新机制，高端引领、整体开发”的人才工作

24字方针，进一步推进人才强县战略，努力营造“爱才、引才、用才、聚才”的氛围。依据《五台县农村实用人才评价管理办法》，重点抓了农村致富能人和致富带头人队伍建设，鼓励和引导乡土人才发挥示范带头作用。大力开展“百千万工程”，进一步加强党委联系专家工作，优化服务，激发各类优秀人才干事创业的热情。约谈县委联系专家30名，并对5名年事较高的老专家进行了慰问。

（田志宏）

附：一、中共五台县委书记、副书记、常委名单

书　记：王继明

副书记：武新亮　刘炳龙　王　卓

常　委：刘建坤　孟宏斌　李秀云（女）
赵永平　杜立新　王根伟

二、乡镇（街道）党委（党工委）书记、副书记名单

东冶镇

书　记：胡建华（12月离职）　赵补文（12月任职）

副书记：白建伟（12月离职）　高福康

建安乡

书　记：师泽喜

副书记：杨常胜　姚旺盛

阳白乡

书　记：陕爱华

副书记：韩泰山　刘俊伟

神西乡

书　记：郅建康

副书记：高建东　李霞云（女，6月离职）

台城镇

书　记：张文荣

副书记：白俊清　刘降莲（女）

沟南乡

书　记：白建康

副书记：韩世愚　闫开元

东雷乡

书　记：刘志勇

副书记：徐玉斌　闫志华

白家庄镇

书　记：毛小平

副书记：金永安

茹村乡

书　记：白海龙

副书记：孟利伟　段鹏高

陈家庄乡

书　记：罗恩波

副书记：朱彩红（女）　赵俊伟

豆村镇

书　记：刘新宇

副书记：闫海龙　丁引根（女）

蒋坊乡

书　记：左拴生

副书记：边俊根　杨维波

灵境乡

书　记：闫玉光

副书记：张跃飞　安军伟

高洪口乡

书　记：刘会平

副书记：韩林武　安荣华

耿镇镇

书　记：白　冰

副书记：姚永杰　王开伟

门限石乡

书　记：姚云萍（女）

副书记：党　杰

石咀乡

书　记：赵补文（12月离职）　白建伟（12月任职）

副书记：卢永昌　安志高

台怀镇

书　记：赵全洲（12月离职）　戎智信（12月任职）

副书记：戎智信（12月离职）　苏国华

金岗库乡

书　记：刘文伟

副书记：边利军　白建堂

居民街道

书　记：武降伟

中共代县县委工作概况

县委书记　霍富荣

2012年，代县县委认真贯彻党的十八大精神，深入贯彻落实科学发展观，抢抓市委、市政府做出全面实施“3581”发展战略机遇，团结带领全县干部群众，解放思想、锐意创新，振奋精神、苦干实干，全面实施“三大战略”，奋力推进“五大突破”，推动县域经济社会转型跨越发展，全县经济、政治、文化、社会和党的建设取得了新的成绩。全年完成地区生产总值55.2亿元，同比增长13.2%；规模以上企业工业增加值28.2亿元，同比增长18.1%；财政收入12亿元，同比增长20.2%；一般预算收入3.9亿元，同比增长27.5%；固定资产投资21亿元，同比增长36.1%；社会消费品零售总额10.1亿元，同比增长16.2%；城镇居民人均可支配收入17374元，同比增长16.6%；农民人均纯收入3651元，同比增长19.5%。各项主要经济指标增幅居全市前列，整体经济发展水平位居全市中上游水平，全县经济社会继续保持了平稳较快发展的良好态势。

一、县域经济社会实现跨越式发展

农业产业化水平显著提升。按照农业工业化的思路，紧紧围绕促进农民增收这一目标，全面推进“两带四园八大产业”大力发展“一村一品”，做大做强农产品加工龙头企业，累计投资7亿多元，建成全向辣椒、金九洲水果玉米、丰裕农产品、代王黄酒、四达黄酒等农产品加工龙头企业20多家，总投资4.25亿元的金鸡农牧业肉鸡养殖加工项目一期工程投产运营，带动农民发展养鸡大棚100座，代县被确定为省级“一县一业”肉鸡养殖基地县，三年内将建成晋北地区最大的肉鸡产业基地；投资7000万元的金九州水果玉米扩建项目竣工投产，水果玉米种植面积达5000亩，带动种植户亩均增收2500元；帝晨红芸豆加工项目完成投资3500万元，加工出口红芸豆3000吨，带动杂粮种植6.8万亩，代县外贸出口增速全市第一。代州黄酒项目总产能超过1万吨，目前进行黍米原产地认证、酒质全化验分析和米酒鼻祖寻根溯源等工作，力求用绿色、健康、文化等代县黄酒特有的魅力，进一步促进黄酒产业做大做强，使代县在“名关、名城、名将”历史文化殊荣的基础上，再增加“名酒”这一金字招牌。以辣椒、干果、水果、小杂粮、牧草为主的5个10万亩产业扶贫基地建设快速推进，“一村一品”专业村达47个，农业示范园区达15个，设施农业面积达5000亩，规模健康养殖示范小区达123个，农民专业合作社达489个，干鲜果经济林达25.4万亩，农业产业化迈出崭新步伐。全县100个新农村全面完成“四化四改”和“五个一工程”，滨河移民区已全面开工，一期工程年内将完成工程量的50%，2013年7月底前竣工入住，整村推进10个村任务圆满完成，片区扶贫开发任务基本完成。

工业新型化取得历史性突破。依托矿产资源优势，以铁为基，以铁兴业，以铁富县，大力推进非煤矿山资源整合，非煤矿山资源整合工作已全面完成，全县铁矿企业由37家整合为25家，规模以上企业达到78家。实施技改扩建项目，目前已完成投资2.6亿元，铁矿资源利用率、经济效益和安全系数进一步提升。总投资210亿元、一期工程50亿元的200万吨代州钢铁有限公司淘汰落后等量置换升级改造项目，已得到省经信委的核准，开工在即；总投资6.1亿元的200万吨水泥项目已完成投资的50%，2013年6月底前建成投产；总投资20亿元的200MW雁门关风电一期工程已完工，即将并网发电；总投资10亿元的100MW大唐风电一期工程开工建设；总投资3.6亿元的具有国家专利技术和自主知识产权的混炼胶项目一期工程竣工投产，经济效益和环保效益显著;总投资1.86亿元的尾矿砂加气混凝土砌块项目，已完成设备订购并开工建设，为铁矿资源型地区发展循环经济探索出了一条新路；一批新型产业项目建成投产，全县工业新型化向纵深发展。

文化旅游产业蓬勃发展。全面实施“文化强县”战略，加快推进五大景区联动发展，“一心四线”旅游总体格局基本形成。代州古城景区，先后完成了阿育王塔大修、西门城楼复建、武庙复建、牌楼建设工程，铺开了钟楼落架大修、城隍庙复修、城角楼复修等历史人文景观建设,完成文庙敬一亭、崇圣祠修缮工程；北线雁门关景区，投资500多万元完成了后腰铺服务区宾馆酒店室内装修及配套设施；投资1500万元建起了前腰铺生态酒店，即将投入运营；投资2800万元复建了威远楼及两侧长城，供游客游览的长城增加到2600米；总投资1.69亿元全长25.7公里的雁门关循环旅游公路项目全面开工建设；成功举办了两届中国雁门关国际边塞文化旅游节，“雁门关国际边塞文化旅游节”荣获“2012中国节庆产业金手指奖”，雁门关景区成为国家“4A”级旅游景区、山西十大旅游品牌、“晋善晋美”山西十大景区、山西作家影视拍摄基地和国家登山训练基地；南线赵杲观景区，总投资7000万元，完成投资1000万元，全面铺开服务区、水景观、旅游步道建设等工程，明年即可建成；西线白人岩景区，慧远洞、登山步道等景点复建工程开工建设；东线杨家将故里景区，杨家将文化园建设项目已完成可行性报告和总体建设规划，正在积极招商引资。全年各大景区旅游门票收入2200万元，游客人数突破130万人次，旅游综合收入达12.6亿元。在文化产业发展方面，代县成立了雁门文化发展基金会，重点扶持了杨氏古建、锦绣源刺绣等文化产业龙头企业，电影《给我一支枪》荣获山西省“五个一工程”奖，数字电影《浴血雁门关》在中央电视台电影频道黄金时段首播；韩街民俗博物馆成为山西雕镌技艺博物馆和中国长城书画家协会理事单位；32集电视连续剧《北宋风云》与中影集团达成合作意向，正在紧张地筹备拍摄，动漫《杨家将》已完成剧本创作和样片制作，代县文化旅游产业呈现出推动有力、互动发展的强劲势头。

城市建设步伐全面加快。新城方面，累计投资20亿元，全面完成了市政基础设施建设，挂牌转让了480多亩建设用地，检察院、五中、人武部等单位已入驻；新城医院已装修完毕，正进行医疗设备安装；公安局技侦大楼、司法档案大楼、五星级酒店诚济大厦主体完工；社会投资11.8亿元，住宅区、商贸区、教育区建设全面推进。旧城恢复性建设方面，城隍庙街等6条历史街区整治工程全部完工，西门瓮城、西城墙等4项恢复性建设工程完成规划设计，即将开工；投资2.1亿元的滹沱河湿地公园建设项目一期工程胜利竣工，正式向市民开放。

保障和改善民生有了新进步。新旧“五个全覆盖”基本完成；医疗卫生体制改革不断深入，基本公共卫生服务均等化稳步推进，2012年全县参合率达到99.98%;累计完成廉租房和经济适用房910套，农村危房改造870户;整村推进155个村任务圆满完成；解决了29个村1.4万人的农村饮水安全问题；北同蒲铁路改线工程进展顺利，灵河高速公路繁大段明年将实现通车，代县境内将拥有两条高速大通道；大运高速连接线改造工程开工建设，全县人民群众生产生活条件进一步改善，幸福指数明显提升。

维护稳定工作扎实推进。以深入开展“打黑除恶”、民爆物品专项整治行动为重点，认真开展“三项战役”，全年共破获各类刑事案件280起，破获经济犯罪案件28起，为国家、集体和个人挽回直接经济损失486多万元；全面实施“3361”基层社会服务管理体系建设工程，重点抓好“三有”、“三化”、“六大平台”建设，全面提升基层社会管理科学化水平，扎实推进全县社会服务管理体系建设，人民群众的安全感进一步增强。同时，全县为党的十八大营造和谐稳定的社会环境作为开展信访工作的着力点，不断深化各级领导大接访活动，严格执行信访事项三级终结制，积极开展矛盾纠纷排查调处和信访积案化解工作，全面提升信访工作水平，实现了“双下降”、“双为零”。

安全发展水平进一步提高。以“矿山安全生产标准化建设年”为主线，认真落实“专项整治”和“打非治违”，全面组织开展标准化建设、采掘施工队伍备案、冶金等八大行业“三同时”备案等工作，强化安全生产目标责任管理。落实企业安全生产主体责任，组织培训从业人员3246人，“五大员”、“三大员”实现全部持证上岗。聘请专家对全县25座铁矿、110座尾矿库进行逐个排查检查，逐矿、逐库建立了安全档案。全县各行业标准化建设工作全面推开，安全生产标准化建设达标企业共55家，全县100万m3以上尾矿库全部安装了在线监测系统。组织培训企业职业卫生管理人员48名，完成申报70家，完成职业卫生“三同时”备案5家，对51家企业3123名从业人员进行了职业卫生健康体检，全县安全生产形势持续稳定。

生态文明建设成效显著。大力实施四大工程，全力推进生态文明建设。一是实施县城污水处理厂提标改造工程。日处理生活污水1万吨，污水处理率达到90%以上，处理水质已达到农业灌溉标准，生活污水回用率达到30%以上。二是实施集中供热工程。目前，已建成四家集中供热公司，县城集中供热普及率达到67%，基本实现了城区内住宅小区和企事业单位集中供热全覆盖。三是天然气管道入户工程。代县中旺天然气公司已在县城内符合条件的住宅小区铺设管道，部分用户已经安装完毕，居民用上了天然气。四是实施新技术推广工程。全县球团企业全面推行脱硫除尘、煤气发生炉等新技术，对3座集中供热站和部分球团企业安装了脱硫除尘设施，对产生粉尘的铁矿采选企业严格按照环评要求配套完善抑尘设施，有效地降低了二氧化硫、氮氧化物和烟尘等有毒有害废弃物的排放，加快了代县“蓝天碧水”和节能减排目标的实现，全县6项节能减排约束性指标全部完成了市政府下达的目标任务。

二、加强民主政治建设，依法治县水平明显提高

全力支持人大及其常委会依法履行职能，加强法律监督和工作监督，听取和审议一系列专项工作报告，严格检查法律法规贯彻落实情况。组织人大代表围绕新城建设、雁门关旅游开发、扩大招商引资等进行深入调研，提出意见建议，高质量办理代表议案和建议。

全力支持人民政协围绕团结和民主两大主题履行职能，提高参政议政实效。组织政协委员就加强和创新社会管理、水资源开发利用等开展协商讨论、献计献策。加强和改进新形势下工商联工作，组织“新晋商万企联万户感恩行动”和“光彩之星”活动，全县济困助学、扶贫帮困等工作走在了全市的前列。全面贯彻党的民族宗教和侨务政策，利用杨忠武祠的窗口作用，积极开展对台工作，扩大与台湾同胞的交流交往。

围绕市委“双创建”目标要求，进一步加大落实“十纳入、十统一”力度，全县武装工作和后备力量建设扎实推进。投入财政资金1500余万元，划拨10亩建设用地，建成人武办公大楼。抓好民兵预备役工作，全面提升应急维稳和应急救援能力，高质量完成了“探索2012”专项训练。组织发动全县民兵参与地方生态绿化工程建设和维护社会稳定工作，推动军民融合式发展，军地“双服务”和双拥共建工作取得新成绩,连续六年被评为“双拥模范县”。

深入实施“六五”普法工作，法律服务和法律援助不断加强。健全基层群众自治机制，完善基层民主管理制度，大力推行政务公开、村务公开制度，全面推广“四议两公开”工作法，基层民主法治建设进一步加强。支持工会、共青团、妇联等群团组织和人民团体围绕全县大局，依照法律和各自章程积极开展工作，各项工作都取得了新成效。

三、全面加强精神文明建设，文化事业更加繁荣

组织开展“代县十问”思想解放大讨论。各级各部门紧扣县委、县政府工作重心，结合工作实际，围绕“十问”，展开“十论”，寻求“十策”，掀起了新一轮解放思想新热潮。党校、各新闻媒体开设“代县十问”思想解放大讨论专栏，组织系列报道；将县委中心组学习和干部培训工作结合，请专家、选内容、破议题，进一步创新理论学习载体；县四大班子领导带头参与大讨论活动，深入基层调研，积极撰写调研文章，带动了全县大讨论活动的深入开展。全年共组织集中大讨论活动20余次，报送市委宣传部“代县十问”调研文章35篇，占全市报送数量的二分之一强。在大讨论期间，举办了县委中心组（扩大）学习暨建设学习型社会专题报告会，特别邀请到北京航空航天大学教授韩德强为全县副科以上干部授课。此外，还加强了社会科学研究，全年共编辑出版、发表社科论文33篇，

《雁门关志》获忻州市社会科学研究优秀成果一等奖，《即将“消失”的村落》获二等奖，《解读雁门关长城》、《对“三农”问题的感悟》获三等奖。

文学艺术创作成绩斐然。紧紧围绕文化强县工作大局，坚持“二为”方向和“双百”方针，以繁荣雁门文化为己任，创作出了一批地域特色鲜明、紧扣时代主题的文学艺术精品。由代县作家郎眉存创作的青春励志电影《山路弯弯》在全国公映并获得广泛好评，创作的电影文学剧本《第十个失踪者》被国家广播电影电视总局电影卫星频道节目制作中心选中，并投资拍摄；由代县籍作家张卫平任编剧的数字电影《浴血雁门关》获山西省优秀文艺作品奖，创作的长篇小说《歌太平·萨都剌》出版发行；李培根创作的《代州风情》出版发行；崔有良创作的历史名人传纪《冯志沂传》出版发行；代县籍青年作家杨遥的短篇小说《柔软的佛光》在《上海文学》发表等，这些作品在省内外产生较大反响，有力促进代县文化大发展大繁荣。

全力开展群众性文化活动。围绕“迎接十八大、宣传十八大、贯彻十八大”这一主题，全县大力开展了征文大赛、文艺汇演、书画展览、图书出版等多种活动，为庆祝建党91周年、喜迎党的十八大胜利召开营造了喜庆和谐的氛围。

大力推进文化惠民工程。继续加强公益性文化体育设施建设，在去年完成100个农家书屋的基础上，剩余284个行政村农家书屋的送书工作全部完毕，全县384个行政村全部实现了农家书屋全覆盖。继续推进农村公益电影“2131”放映工程，全县15个农村公益电影放映队、15台农村公益电影放映设备全部安装了远程监控——GPS定位系统，全年共放映公益电影6144场，受教育观众达200余万人次，实现了全县农村公益电影放映全覆盖。积极开展“文化三下乡”活动20余次，在乡镇文化站完成市级采购的基础上，已完成了乡镇文化站器材的接收工作，为下一步乡镇综合文化站免费开放工作做好了准备。实现了广播电视“村村通”向“户户通”延伸，重点解决了20户以下已通电自然村覆盖，广播电视人口综合覆盖率达到99%,全县山区和半坡地区的3800户群众解决了看电视难的问题。此外，开展了重点党报党刊在农村基层发行和赠阅工作。

四、坚持党要管党，从严治党，党的建设全面推进

扎实开展保持党的纯洁性学习教育活动，全县党员干部的思想政治素质显著提升。坚持以深入贯彻落实科学发展观和党的十八大精神为指导，紧扣思想政治建设主题，扎实开展保持党的纯洁性学习教育活动，并建立健全了创先争优活动长效机制。在创先争优活动开展过程中，突出主题和载体，明确争创目标，建立健全长效机制，全县呈现出了党组织履职尽责创先进、党员立足岗位争优秀的生动局面，党的基层组织建设得到了进一步强化。

深入开展干部驻村、进企活动，全县各级领导干部作风建设全面加强。认真开展了“千名干部下农村、进农户，帮助农民办实事、增效益”活动和“百名干部进企业开展帮扶活动”两项主题实践活动，千名干部下农村3500天次，走访农户975户，协调资金384多万元；县四大班子32名领导和72个县直单位结对联系104户规模以上企业或工业调产转型发展项目，为企业办实事114件次，全县各级领导班子和党员干部的作风建设得到进一步提升。

扎实开展基层组织建设年活动，圆满完成集成升级活动。集中开展农村“领头雁”培训工作，分两期在原平农校对全县375名农村两委主干进行了集中培训，县委书记、县纪委书记、组织部长亲自授课；依托“代县科学发展大讲坛”，对全县农村干部进行了3次集中培训，共培训960余人次。深入开展非公经济党组织建设，以非公企业党组织集中组建为抓手，实现了党组织在全县非公企业的全覆盖，形成了党建和企业发展互动双赢的良好局面。着力抓好三支队伍（机关党务干部队伍、机关人员队伍、党员队伍）建设，结合“五好支部”评比，基层党组织分类定级、晋位升级工作、党的纯洁性学习教育、创先争优、干部下农村、进企业等活动，大力推进机关党建工作走在前头。全县召开学习推广文建明工作法促进会，县委书记发表了致全县乡镇干部的一封公开信，组织乡镇党委书记到四川营山县实地参观学习，全县11个乡镇通过在总结中学习、学习中创新、创新中完善和提高，切实做到了学习工作法与做好研究、实际工作、创新工作、完善提高、形式与内容的结合，各乡镇分别形成了本土化的、实际管用的一套工作方法。创新社会管理模式，在全县开展社区网格化管理工作。投资600多万元，成立代县社会服务管理指导中心，新高、聂营两个矿山集中地乡镇分别投资200万元，建起社会服务管理系统，逐步建立起职责明确、管理精细、信息共享、渠道畅通、服务有效的社区网格化管理体系。

深入开展党风廉政建设和作风整顿专项活动，进一步创优发展环境。开展整治“吃拿卡要”专项行动。组成6个督查组，重点开展了“六个必查”，针对31项涉农资金进行专项督查，查办“吃拿卡要”典型案件25起，处理党员干部25人，有针对性地发放征求意见函1408份，制定整改措施46条，整改问题133个。加强机关效能建设。定期不定期开展明察暗访行动，全年进行效能监察35次，严格按照《代县领导干部及工作人员有错无为问责暂行办法》，对一些部门和公务人员的不作为、慢作为、乱作为行为进行问责；以优质服务竞赛活动为载体，积极开展“两争两创、五岗四亮”活动，努力创建高效便捷、文明规范的优质服务窗口；对29个部门163项行政审批项目进行清理，取消行政审批部门7个，取消行政审批项目36项，转移调整行政审批项目53项，合并行政审批项目26项，合计压减行政审批项目110项，压减率67.5%；新的行政服务中心已完成设计方案和选址工作，进入实质性操作阶段。深入开展“政风行风面对面”活动和民主直评基层站所活动，窗口单位服务群众质量明显提升，老百姓得到实惠。

坚持“标本兼治、综合治理、惩防并举、注重预防”的方针，认真贯彻落实中纪委、省市纪委各项要求，严格执行党风廉政建设责任制，完善党政“一把手”负总责、分管领导各负其责的领导机制。认真学习贯彻落实《廉政准则》，着力解决涉及领导干部廉洁自律的突出问题，促进党员领导干部廉洁从政。始终保持案件查处和纠风治乱的高压态势，实行领导包案制度，加大重点案件查处力度，全年共立案75件，结案75件，党内警告处分30人，党内严重警告21人，留党察看1人，开除党籍3人，受政纪处分21人。

（李润玖）

附：一、中共代县县委书记、副书记、常委名单

书　记：霍富荣

副书记：郝江陵（女）　赵继先（女）

常　委：白凤山　牛俊和　韩建保　贾明亮　陈月峰　袁　斌(7月任职)　赵晓云

二、乡镇党委书记、副书记名单

上馆镇

书　记：张东家

副书记：王玉海　周　玮

峨口镇

书　记：陈文秀

副书记：乔建平　王华锋

阳明堡镇

书　记：张英瑞

副书记：郭耀东　任志峰

枣林镇

书　记：李纪东

副书记：刘吉文　赵国恩

聂营镇

书　记：杨建勇

副书记：张国伟　王　峰

滩上镇

书　记：李　诺

副书记：孙耀林　王晓军

新高乡

书　记：宋太平

副书记：梁瑞平　董春敏

峪口乡

书　记：蔚利平

副书记：孙润民　王新才

磨坊乡

书　记：石高岚（女）

副书记：李海东　白向东

胡峪乡

书　记：高步峰

副书记：杨亮远　张建平

雁门关乡

书　记：杨建东

副书记：张国文　程建文

中共繁峙县委工作概况

县委书记　范波涛

2012年，繁峙县委认真贯彻落实市三次党代会精神和市委三届二次全会暨全市经济工作会议精神，全面落实市委“3581”发展战略，坚持科学发展主题，紧扣加快转变经济发展方式主线，把握稳中求进的总基调，进一步强化“有限资源、无限发展，绿色经济、循环发展”的理念，坚持以“一区一带十大产业园区”为承载平台，以项目建设为重要抓手，以环境建设为保障，大力实施“六大战略”，全力稳增长、促转型、惠民生、构和谐，全县经济社会各项事业取得了新的成就。

全县生产总值完成58.7亿元，同比增长14.5%。财政总收入完成7.42亿元，同比增长23.37%。一般预算收入完成2.86亿元，同比增长31.81%。固定资产投资完成46.92亿元，同比增长25.1%；规模以上工业增加值完成42.53亿元，同比增长18.3%；社会消费品零售总额完成11.4亿元，同比增长16.3%；城镇居民人均可支配收入达到19038.57元，同比增长16.7%；农民人均纯收入达到4752.43元，同比增长18.9%；其中，GDP、财政收入、一般预算收入三项增幅全市排名第二，社会消费品零售总额、城镇居民可支配收入两项增幅全市排名第三。

一、狠抓项目建设，为转型跨越发展提供坚强支撑

全县围绕实施“项目落地年”和“走出去年”，大力加强项目建设，推动项目建设取得新突破。一是精心谋划抓项目储备。发挥本地优势和比较优势，从政策和市场导向中寻找项目，筛选、论证、储备、充实和完善了“十二五”项目库。二是主动走出去抓项目签约。先后组织参加了第七届中博会、首届世界晋商大会、第四届能博会等，共签约项目16个，签约金额126.01亿元，完成市下达任务。远赴台湾、上海、南京、哈尔滨等地开展自主招商活动，共

达成签约意向13项，意向金额30亿元。三是强化服务抓项目落地。5月16日，举行了项目落地年启动暨5个重点项目开工仪式。一年来，繁峙县对签约项目积极对接，搞好全程服务，积极为投资方提供环评、立项、规划、审批、土地指标争取等一系列优质服务，保证了所有签约项目的顺利落地。全年上级下达项目落地任务19.6亿元，已完成62.36亿元，落地率318.2%。四是落实责任抓项目建设。严格落实项目目标管理责任制和县级领导干部联系重点项目制度，责任单位和联系领导经常深入联系的重点项目建设现场，督促指导工作，解决实际问题，加快项目建设。

全县实施的100个重点项目完成投资76.3亿元，完成率127.17%。11个省级重点项目完成投资7.53亿元，完成率117.3%。25个市级重点项目完成投资43.79亿元，完成率110.9%。在全市重点工作和重点项目观摩评比中，我县荣获三等奖。

二、扎实做好“三农”工作，促进农民收入较快增长

加快推进现代农业。围绕产业基地、龙头企业、品牌认证三个关键，以工业化理念走出农业产业化新路。一是抓设施农业示范园区建设。2012年新发展设施农业1150亩，全县设施农业总面积达到3399亩，集义庄万亩有机农业示范园区一期工程已投产，标志着繁峙县在设施农业发展上取得重大突破。二是实施粮食高产创建工程。建设优质玉米丰产方11个，建设小杂粮示范园区7个，建设优质玉米高产示范园区、优质油料示范园区各一个。粮食生产喜获丰收，粮食总产量达0.73亿公斤，为历年来最高。三是高度重视畜牧业发展。以重大疫病防控、良种繁育等六大工程为重点，扎实开展了各项检查工作，2012年以来没有发生一起重大疫病。雨润集团5万头育肥猪场建设项目和富云牧业30万只蛋鸡养殖项目已全部完工。全县畜牧业总投入达到2.6亿元，全县规模养殖户达到2000余户，畜牧业总产值占农业总产值的54.1%。四是培育壮大农产品加工龙头企业。实施农业产业化新建扩建项目5个，总投资4.7亿元。“513工程”农产品加工龙头企业销售收入1.1亿元。五是抓好“一村一品”建设。每个“一村一品”特色种植村都配备了1名县级技术人员和1名乡级技术人员，搞好技术指导服务。新培育“一村一品”专业村24个，新增农民专业合作社48个，全县共建设“一村一品”专业村42个。六是抓好农产品品牌认证工作。按照无公害农产品操作流程，建设各类无公害农产品基地13个，总面积16.8万亩。

切实抓好新农村建设。全县共建设新农村重点推进村45个，建设新农村连片示范区1个。为了扎实推进该项工作，按照结对帮扶的办法，共落实帮扶单位48个，帮扶企业63个，落实帮扶资金850多万元，实现了村企良性互动。各重点推进村以规划为龙头，以改善人居环境，整治脏、乱、差为切入点，扎实开展各项建设工作，所有推进村都确立了自己的主导产业，“四化四改”、“五个一”工程全部完成。

不断加大扶贫开发力度。根据省市要求，结合实际，编制了《燕山—太行山片区繁峙县区域与扶贫攻坚规划(2011—2020)》，已上报待批。按照国家扶贫新标准，涉及9个乡镇19个村1020户的扶贫移民工程三个片区全部开工建设，目前，大营片区已完成主体工程的95%，东山片区、繁城宏源养殖场片区完成主体工程的70%。2012年共减少贫困人口1.25万人，圆满完成年度目标任务。认真开展干部包村增收活动，共有146名干部下乡住村，围绕农民收入翻番和改善农村民生，积极开展帮扶，所包村的农民人均纯收入实现大幅增长。组织开展了“千名干部下农村、进农户”活动，为农业、农村发展寻找对策，解决难题。

三、认真落实“大干城建年”工作部署，加快县域城镇化步伐

认真落实市委、市政府“大干城建年”工作要求，全面实施“大县城”战略。按照“建设宜居城市”的总体目标和“构建大框架、打通微循环、增强承载力”的思路，进一步加快县城扩容提质步伐。县城总体规划和控制性详规已完成规划的送稿审稿工作，正在报省住建厅备案。全力推进城区基础设施重点工程建设，实施了平型关街东西延伸工程、东循环路(108国道支线工程)、滹沱河综合治理县城段东延伸工程、如阳集中供热工程四项城建重点工程。其中，平型关街延伸一期工程已完工，完成投资4500万元，使县城的微循环进一步畅通。县城东循环路已完成全部工程量的75%，预计明年9月通车。滹沱河综合治理县城段东延伸已完成工程设计工作。县城“三馆一院”项目正在进行规划和设计。坚持建管并举，进一步完善了县城保洁、管理等各项机制，在城区实行网格化管理模式，从事环卫保洁的人员达到640余人，投放各类保洁车辆20余台，县城环境常年保持干净整洁。砂河示范镇建设扎实推进。镇区亮化美化工程全部完成。启动了“两水两气两站一园”工程建设，其中污水处理厂于5月份开工，现已完成主体工程。同时，砂河镇还启动了创建国家卫生镇工作，以“一环两街三游园”为主的镇区绿化工程全部完工，108国道镇区段改线工作已经启动，改厕、街道改造年度任务完成。

四、加快建设文化强县，推动文化大发展大繁荣

制定了《创建省级文明和谐县城实施方案》，完成了全县文明单位复查验收的前期基础性准备工作。组织了农村“五旗文明户”评选命名活动，表彰了“十行十佳”和精神文明建设先进单位，举办了以“读书——让繁峙更文明”为主题的繁峙县学习型县域暨“全民读书月”活动，在全县营造了全民读书的氛围。县图书馆、文化馆以及乡镇文化站全部实现向社会免费开放，共放映农村公益电影2400余场。完成了171个行政村的体育健身器材安装任务，完成

了401个村的农家书屋全覆盖任务，完成广播电视“村村通”建设任务480户。开展了广场文化周、“七一”、“十一”等一系列群众性文体活动。挖掘保护文化资源，完成了平型关关堡修缮保护工程（一标段）的施工登记、开工审批等工作，成立了繁峙秧歌剧团，推荐毛主席路居纪念馆等4处市、县级文物保护单位申报为省级重点文物保护单位。鼓励文艺精品创作，组织出版了《平型关》、《滹源流韵》、《文化繁峙》等作品，散文《祈福湖听歌》获得全国散文大赛三等奖。

五、切实保障和改善民生，全面推进和谐社会建设

大力发展社会事业。全年用于教育的支出达3.52亿元。启动实施了农村义务教育学生营养改善工程，全县129所学校的2.46万名学生受益。共筹集资金2841万元用于改善城乡办学条件，完成了繁峙县第三幼儿园、15所农村义务教育薄弱学校餐厅建设等重点工程建设。继续深化医药卫生体制改革，不断完善基本医疗保障制度，新农合参合率达99.43%；实施国家基本药物制度，全县共集中网上采购配送药品483万元。加快推进公立医院改革，县人民医院取消药品加成，全部药品实行“零差率”销售。稳步扩大基本公共卫生服务，进一步推进居民健康档案、健康教育等11项国家免费基本公共服务项目。完善医疗卫生服务体系，为乡镇卫生院引进5名专业技术人员，完成全科医生转岗培训68人。全面推进医疗卫生基础设施项目建设，投资1600万元完成了县第一人民医院医技大楼建设任务，投资275万元开工建设了卫生监督所业务用房。全面做好计生工作，获省级计生工作优质服务县殊荣，逐步扭转了计生工作落后局面。

进一步稳定和扩大就业。城镇新增就业2840人，完成创业带动就业420人，下岗失业再就业1144人，就业困难群众就业316人，转移农村劳动力2977人，城镇登记失业率控制在3.17%以内。积极构建和谐劳动关系，全县劳动合同签订率保持在95%以上，劳动用工备案率达到95%，维护了劳动者的合法权益。

全面落实社会保障政策。进一步提高社会保障水平，新农保参保人数达到13.8万人，60岁以上共3.09万人纳入享受城乡居民社会养老保险保障范畴。进一步做好城镇职工基本养老保险征缴扩面工作，把扩面征缴重点向非公经济转移。全县参保职工达8632人，其中非公经济参保人数达4486人。机关事业单位养老保险不断发展，参保人数达7172人。大力推进医疗保障由应保尽保到增质增效转变，城镇职工医疗保险参保人数达16817人，城镇居民医疗保险参保人数达30448人。切实关心低收入群体生活，城市低保应保尽保6298人，农村低保应保尽保16210人，农村“五保”对象2061人。加快建设社会养老服务体系，县中心敬老院已正式启动运行。加快保障性住房建设，新开工830套，超市下达任务90套。

扎实推进民生实事。农村新的“五个全覆盖”全面落实。农村街巷硬化年度任务1053.1公里全部完成，两年共完成建设里程1917.9公里。共建设农村便民连锁店328个。中等职业教育免费全面落实，共免除2865名中职学生学费171.9万元。新型农村社会养老保险覆盖城乡居民。全面完成了农村低收入农户爱心煤发放工作，全县90105户低收入农户用煤全部供应到位。

加强和创新社会管理。在社会管理创新的8大体系48个创新项目中，选择了16个有一定的工作基础、前期投入费用相对较少、年内可以完成的项目作为2012年必须完成的社会管理创新项目，经过努力，16个项目的建设任务基本按进度完成。扎实开展领导接访下访，县乡两级领导干部共接访396批次1411人次；抓好源头治理，共开展5次矛盾纠纷大排查、大调处，排查出114起矛盾纠纷，全部建立台账，逐案化解；抓好积案化解，省交办的23件信访积案全部息诉罢访。2012年，实现了进京非正常访、赴省到市集体访“零登记”、“零滞留”的目标。进一步完善社会治安防控体系，全年共破获各类刑事案件294起，打击处理各类犯罪嫌疑人员638人，有效维护了社会和谐稳定。全面加强安全生产工作。进一步强化两个主体责任的落实，加大对尾矿库、非煤矿山等重点领域的执法监管力度，对排查发现的隐患全部进行了督促整改，全年没有发生一起矿山企业安全事故。

六、加强环境建设，优化发展环境

继续巩固、延伸、拓展“创卫”、“创模”成果，进一步优化全县发展环境。通过“五城”创建，打造新的城市“名片”。卫生环境方面，在国家卫生县城的基础上，坚持高标准、广覆盖，进一步提升城乡卫生管理水平，持续开展城乡整洁行动，顺利通过了省爱卫会专家组对全县“创卫”工作的第二次复检。生态环境方面，坚持整治与建设并重，加快美丽繁峙建设。扎实开展了整治违法排污企业保障群众健康环保专项行动、违法排污排查整治专项行动，全县未发生一起突发环境事件。以创建园林城市为目标，扎实推进造林绿化工作，京津风沙源治理工程完成2.5万亩，巩固退耕还林完成1.39万亩；矿区绿化完成0.2万亩。政务环境方面，深入开展整治吃拿卡要专项行动，共查办吃拿卡要案件35起，处分国家工作人员35人。继续整肃工作纪律，狠刹不正之风，加大治庸、治懒、治散、治乱力度。进一步加快行政审批制度改革，审批事项由176项精减到161项，大力推进行政审批公开，改造提升的新政务大厅即将投入使用。

七、加强党的建设，为转型跨越提供坚强保障

以指导工作为目标，扎实开展党的十八大精神学习宣传贯彻活动。切实把十八大精神落实在了推动转型跨越发展、全面建成小康和加强党的建设的实际行动中。一是摆

上重要日程，及时动员全县的学习宣传贯彻活动。十八大闭幕后，及时组织了县委中心组传达学习贯彻十八大精神会议，并召开全县传达学习贯彻党的十八大精神干部大会。二是拓展学习渠道，深刻领会、把握十八大的精神实质。采取多种形式，深化学习，把握内涵。市委宣讲团、县委宣传部和党校深入各系统、各部门、各乡镇开展巡回宣讲23场，使广大党员干部进一步加深对十八大精神的理解。三是强化宣传，营造十八大精神学习的良好氛围。充分利用电视、报纸和宣传展板等各种有效平台和形式，做好十八大精神的深入学习和宣传工作，积极组织全体干部深入到基层，向群众解读十八大精神，做到家喻户晓。四是联系实际，学以致用。结合本县转型跨越发展实际，县委提出“六个矢志不渝”，切实把十八大精神转化为加快发展的新理念、新部署、新举措。

以思想政治建设为重点，切实加强领导班子建设。认真执行县委中心组学习制度，共组织13次，就全国、省市“两会”精神及《人民日报》的评论员文章等进行了学习，使班子成员在思想上、行动上与中央和省委、市委保持高度一致。坚持加强能力建设，大力实施干部素能提升工程。县四套班子成员、新提拔进班子的领导干部和部分中层干部共48人分别到清华大学、省市党校等进行了培训。坚持加强作风建设，教育引导班子成员带头深入开展住村包村增收活动。5月3日，在沁县召开的干部包村增收活动现场推进会上，繁峙县作了书面典型交流。

以深化干部人事制度改革为动力，建设高素质的干部队伍。坚持“六个优先”的用人导向，从转型跨越发展的主战场识别干部、选拔干部，对在工作一线表现优秀、实绩突出的干部优先使用。创新选人用人机制，推进干部推荐制度改革，大力实施“青年干部培养工程”，一大批优秀年轻干部走上了领导岗位。全年共调整干部173人。其中，35岁左右的年轻干部中有2名任乡镇党委书记，6名任乡镇长，38名任副科级领导干部。

以开展“基层组织建设年”活动为契机，全面加强基层党组织建设。紧紧围绕“强组织、增活力，创先争优、迎接十八大”这一主题，认真开展“基层组织建设年”活动。一是基层组织晋位升级成效显。对全县595个基层党组织进行了分类定级，制定晋位升级方案，共有45个党组织实现了晋位升级。二是农村“领头雁”培训力度大。分三期对455名新任农村党支部书记、村委会主任进行了培训。三是非公经济党组织覆盖广。全县924家非公企业建立党支部280个，党组织覆盖率为100%。四是乡镇“文建明工作法”推广好。结合乡镇实际，以“六个三”、“三三三五”、“三二一”三种模式进行分类推广，乡镇工作科学化水平进一步提高。五是社区网格化管理、机关党建走在前、“三级联述联评联考”工作推进快。六是“党的政治生命工程”有提升。全面加强全县党员队伍特别是农村党员队伍建设，全年共培养35岁以下优秀青年农民入党积极分子684名，共发展35岁以下农民党员140名。

以惩防体系建设为主线，全面加强党风廉政建设工作。全面落实党风廉政建设责任制。开展警示教育周活动，组织全县领导干部观看警示教育片98场次，开展典型案例剖析30场次，受教育面达85%以上。加大案件查办力度。全年共查处各类违纪违法案件141件，处分党员干部141人。扎实开展非煤矿山领域反腐败专项斗争，查结违纪违法案件3件，处分党员干部3个。继续开展工程建设领域突出问题专项治理，共发现问题88个，全部进行了整改。继续开展房地产开发领域突出问题专项治理，共追缴城市基础设施配套费160.28万元。继续开展民生领域突出问题专项治理，围绕8个领域36类民生问题，以问事、问责、问效为手段，进行明察暗访6次。同时，还就公路“三乱”、教育乱收费、食品安全等进行了大力整治，及时回应了群众关切，维护了群众利益。

（赵秋水）

附：一、中共繁峙县委书记、副书记、常委名单

书　记：范波涛

副书记：曹爱民（4月离职）　孔保宝（4月任职）
　　　　杨松树　佟　杰

常　委：李宝山　钟文秀　姚力山　刘燕萍（女）
　　　　王彦清　郭建中

二、乡镇（街道）党委（党工委）书记、副书记名单

繁城镇

书　记：张龙恩

副书记：赵　斌　马培文　赵振兴

砂河镇

书　记：左百胜（4月离职）　师天阳（4月任职）

副书记：张爱中（4月离职）　张利尧（6月任职）
　　　　沙保红（8月离职）　侯福国（8月离职）
　　　　王　青（8月任职）

大营镇

书　记：闫　佩（5月离职）　韩　敏（5月任职）

副书记：何卫峰（5月离职）　闫永祥（6月任职）
　　　　刘　海

杏园乡

书　记：刘爱中（5月离职）　王志胜（5月任职）

副书记：韩　敏（5月离职）　张　斌（6月任职）
　　　　王治国

光裕堡乡

书　记：张世龙

副书记：刘秀德　郗路彦

下茹越乡

书　记：王兆平（4月离职）　韩红英（女，4月任职）

副书记：方笔计（5月离职）　柴清亮（6月任职）
　　　　席应平

集义庄乡

书　记：辛　岗（5月离职）　何卫峰（5月任职）
副书记：张利尧（6月离职）　陈焱伟（6月任职）
　　　　韩　铭

东山乡
书　记：韩宏恩（4月离职）　张　巍（4月任职）
副书记：张　巍（4月离职）　韩海亮（6月任职）
　　　　段玉成

金山铺乡
书　记：李　勇
副书记：马晓华（6月离职）　苏建政（6月任职）
　　　　张利军

横涧乡
书　记：师天阳（4月离职）　方笔计（5月任职）
副书记：李　斐　杨维廷

柏家庄乡
书　记：王　政
副书记：闫永祥（6月离职）　任雨田（6月任职）
　　　　张卫龙（8月任职）

神堂堡乡
书　记：乔　哲
副书记：王志胜（5月离职）　马晓华（6月任职）
　　　　韩海亮（6月离职）　高宏波（8月任职）

岩头乡
书　记：张占羽（4月离职）　张爱中（4月任职）
副书记：韩红英（女，4月离职）
　　　　乔　磊（6月任职）　刘剑跃

居民街道
书　记：王国元（8月任职）

中共宁武县委工作概况

县委书记　任宁虎

2012年，宁武县委、县政府团结带领全县广大干部群众，坚持以科学发展观为统领，紧扣全省转型跨越发展大势，认真贯彻落实市委"3581"发展战略，努力克服宏观经济趋紧、经济下行压力加大、信访维稳任务繁重等多种困难和挑战，解放思想、创新苦干，自我加压、赶队前行，全县经济和社会各项事业继续保持了健康快速的良好发展态势。

一、坚持执政为民，着力加强班子建设

突出理论武装，着力提高思想政治素质和工作能力。坚持把理论武装作为基础性和战略性工作来抓，着眼于提高班子的执政水平和工作能力，认真学习中央、省委和市委的重要文件，深入学习胡锦涛同志"七一"重要讲话和党的十八大文件，学习中央经济工作会议、省委十一届二次全会、市委三届二次全会和袁纯清书记莅宁调研重要讲话精神，班子成员的思想政治素质和驾驭经济工作的能力有了进一步提高。

贯彻民主集中制，大力推进党内民主建设。按照"集体领导、民主集中、个别酝酿、会议决定"的要求，严格议事规则和程序，实行集体决策。班子内部坦诚相见、合作共事，多谈心、常沟通、勤商量，互相信任和支持。坚持和完善县委常委会、书记办公会、县四套班子联席会等议事制度，对事关全县改革、发展、稳定等重大问题，都严格按照程序，广泛征求意见，深入调查研究，反复完善方案，集中各方智慧，做到科学民主决策。

强化宗旨意识，争做勤政廉洁表率。班子成员自觉践行科学发展观，不断提高执政能力和执政水平。坚持一线工作法和下乡蹲点调研制度，经常深入乡村、企业、重点项目建设现场，面对面指导工作，就地解决问题，进一步密切了党群干群关系。全面贯彻执行领导干部廉洁自律的各项规定，班子成员能够自觉遵守《廉政准则》，在管好自己的同时，管好亲属、子女和身边工作人员，并自觉接受社会各界的监督。

二、坚持发展为要，着力促进经济转型跨越发展

大力推进综改试验，在先行先试上求突破。一是抓住生态修复这个主题，着力强化生态建设。重点实施了以"保护母亲河、建设生态源"为主的河道整治、生态修复、公园建设等重点工程，县域生态环境有了质的提升。二是瞄准产业转型这个核心，全力打好项目攻坚战。全年实施项目215个，总投资 241.28亿元，完成投资58.99亿元，在全市项目考核中，再次蝉联第一，被市委、市政府授予一等奖。三是突出先行先试这个灵魂，积极推进用地改革。露天采矿用地改革试点方案已经国土厅评审通过，矿业存量土地整合利用和城乡建设用地增减挂钩两个试点已进入实施阶段。四是落实"走出去年"这个要求，努力探索综改新路径。在太原组织召开了宁武县推进转型综改工作研讨会，组织县乡两级领导干部赴湖北武汉学习"两型"社会综改试验区建设经验，为全面推进综改试点建设理清了思路。

大力推进新型工业，在转型升级上求突破。一是加快煤矿升级改造步伐。全县24个整合主体矿井18矿拿到开工报告，15矿已开工建设，完成投资27亿元，原煤产量达到1318万吨，同比增长38.6%。二是高度重视工业园区建设。

阳方口煤炭洁净化综合利用循环经济工业园区被省发改委批准为省级循环经济工业园区；凤凰镇小庄煤气化循环经济工业园区已取得土地预审手续，环评报告正在批复中。三是积极构建多元稳固的现代工业体系。实施大项带动战略，两个大型煤电项目已上报国家发改委待核准，省煤运煤制烯烃项目正按国家发改委意见修改可研报告。坚持以煤为基，多元发展，煤机修配项目正在进行前期设计，扩容改造的阳方口水泥磨粉站已投入生产。大力发展清洁能源产业，总投资110亿元的6个风电项目，1个已并网发电，3个正在建设，其余2个正在前期准备工作，余庄太阳能热电项目被国家发改委国际合作中心确定为全国太阳能光热研究基地。

大力推进现代农业，在富民增收上求突破。一是着力加强农业基础设施建设。全年实施人畜饮水和抗旱工程28处，开发整理土地2000亩，改造中低产田1.5万亩。二是巩固发展传统优势农业。投入资金480万元，创建高产、高效农业丰产方12处，万亩玉米丰产方2处1.3万亩，优质杂粮丰产方10处5万亩。三是大力实施特色乡镇建设工程。按照“一乡一业”、“一村一品”思路，14个乡镇基本建立起自身的主导产业，初步形成各具特色的区域产业格局。四是积极发展现代设施农业。聘请中国农业大学编制了全县现代农业总体发展规划，巩固完善了两个千亩科技示范园区，狠抓了雨润10万头生猪养殖基地建设，新建了脱毒马铃薯制种、食用菌菌种培育和现代化工厂育苗3个农业科技示范基地，全县设施农业新增1000余亩。

大力推进旅游开发，在上档升级上求突破。一是以创建国家5A级景区为目标，重点实施“3321”工程。第一个“3”是指三大旅游客服中心建设，目前，东寨客服中心已基本完工，西马坊和天池客服中心已完成前期规划。第二个“3”是指三类酒店建设，东寨五星级酒店正在装修，县城和东寨新建改造的8个快捷酒店已具备接待条件。“2”是指两大景区开发建设，芦芽山索道建设项目已上报国家环保部待批复，游步道建设项目已完成前期规划，悬空村开发保护一期工程已经完工。“1”是指汾源大型演艺广场建设，主体已经完工。二是加大旅游宣传促销力度。精心制作了宁武山水风光片和专题片，分别在央视、凤凰卫视以及山西卫视专题节目和黄金强档播出。成功举办了以“大美芦芽山、冰雪汾河源”为主题的冰雪文化艺术节，进一步丰富了旅游内涵，提升了宁武旅游的知名度和影响力。三是积极创新投融资体制。为了加快旅游开发进程，积极引进山西国贸共同开发旅游资源，目前正与巨遨协商整合收购事宜。

大力推进城镇建设，在城乡统筹上求突破。认真落实市委“大干城建年”决策部署，坚持高起点规划、大力度开发、高标准建设，上马实施了“4442”城镇建设重点工程，包括东城新区、西城新区、旧城区和西北片区四大片区开发，人民广场、凤凰广场、恢河广场和火车站站前广场四大广场建设，档案馆、博物馆、图书馆和体育馆四大场馆建设，东寨和阳方口两大特色集镇打造。在此基础上，全面开展了创建省级卫生县城和东寨国家卫生镇“双创”活动，在县城和东寨镇重点实施了以城镇绿化、街巷硬化、市容美化等为内容的提质达标工程，城乡环境面貌发生了很大改观。2012年10月，“双创”活动顺利通过国家和省级验收。

三、坚持从严治党，着力提升党建科学化水平

狠抓各级领导班子和干部队伍建设。坚持“德才兼备、以德为先、注重实绩、群众公认”的标准，进一步优化了队伍结构、激活了队伍活力。创新教育形式，拓宽培训渠道，按照“主动监督、关口前移”的思路，建立公务员信息库，设立公布干部监督举报专用电话，畅通“三位一体”举报受理平台，切实加强了干部队伍的日常管理和监督。立足于“激励有为、淘汰平庸”，不断完善考评办法，健全激励机制，有效地激发了干部人才队伍的生机和活力。

狠抓基层组织建设。深入开展基层组织建设年各项活动，科学实施“集成升级”六项系列计划，有效提升了基层党建工作水平。落实巩固“一定三有”政策和“四议两公开”工作法，分类推进基层党组织晋位升级。大力推行任前涵养储备、任中培养塑造、任后退养关爱的“三养”工程，全面加强农村党员干部队伍建设。创办《汾源组工》网，积极开展网络党建工作，增强与广大党员干部群众和大学生村官的互动交流，有效提升了基层党建工作服务水平。

狠抓干部作风建设。深入开展保持党的纯洁性学习教育活动，进一步增强了广大党员干部的宗旨意识、政治意识和责任意识。把争做“五个表率”作为创先争优活动的重要内容，深化窗口单位和服务行业主题实践活动。把干部进企下村活动作为深化创先争优活动的有效途径，组织广大党员干部，带头践行“一线工作法”，进一步转变了干部工作作风，密切了党群干群关系。

狠抓党风廉政建设和反腐败工作。认真贯彻落实党风廉政建设责任制，严格按照“一岗双责”要求，将全年反腐倡廉工作细化分解落实到有关县级领导和单位。着力完善源头治腐长效机制，建立行政审批、公共资源交易、公共服务三个政务服务平台，实行了集中支付和“公务卡”制度。加大案件查办力度，做到发现一起，查处一起，共立案查处各类违法违纪案件141件，给予党政纪处分153人。狠抓廉政谈话、诫勉谈话、领导干部请销假等制度的落实，有效规范领导干部的从政行为。严格落实政务、村务、党务公开制度，开通了阳光农廉网，进一步密切了党群干群关系。

(李　栋)

附：一、中共宁武县委书记、副书记、常委名单

书　记：任宁虎

副书记：边东圣　马在岐

常 委：弓凤英 郑建国 任鸿宾 付光政
薛军良 帅学华

二、乡镇党委书记、副书记名单

薛家洼乡
书 记：王志荣
副书记：李文斌 贾小平

阳方口镇
书 记：冀海亮
副书记：刘成平 陈元全

凤凰镇
书 记：武 强
副书记：冀登科 毕俊红

余庄乡
书 记：丁新生
副书记：郭庆才 贾文才

东寨镇
书 记：谷茂华
副书记：郑志峰 任卯星

涔山乡
书 记：王继宁
副书记：马跃飞 张 华

化北屯乡
书 记：陈玉峰
副书记：李建平

西马坊乡
书 记：马国贞
副书记：李树文 韩文清

石家庄镇
书 记：张建平
副书记：吴拴龙 亢巨保

新堡乡
书 记：胡增海
副书记：杜五凯 王保忠

迭台寺乡
书 记：李茂华
副书记：董树平 徐朝峰

怀道乡
书 记：王东升
副书记：宗守军 李拥军

圪谬乡
书 记：白云龙
副书记：李 峰

东马坊乡
书 记：闫凯亮
副书记：杨丽琴 武毅峰

中共静乐县委工作概况

县委书记 李德新

2012年，静乐县委认真贯彻落实省委办好“两件大事”（走出转型新路和加快全面小康）和市委“3581”工作总要求，以科学发展观为统领，牢牢把握稳中求进的总基调，紧紧围绕“扬正气、树新风、创环境、促发展”的工作主线，突出农民增收，推进项目攻坚，统筹城乡发展，维护安全稳定，锐意创新实践，奋力攻坚克难，转型跨越发展迈出坚实步伐。

一、坚持以科学发展观为统揽，立志争先进位，转型跨越形成共识

静乐县委注重上级部署与本地实际的有机统一，主动把各项决策部署置于改革、发展、稳定的大局中，通过认真开展调查研究，广泛听取各方意见，汇聚全县上下智慧，在深化“五新静乐”建设的基础上，提出了“扬正气、树新风、创环境、促发展”的工作主线，贯彻执行民主集中制的制度举措，以及深化布局调整，全面实施“五个一”工程，促进农民增收致富；创优发展环境，狠抓项目攻坚，加快转型跨越；注重民生改善，科学统筹兼顾，推动城乡发展；注重管理实效，提升服务水平，维护和谐稳定；全面加强党的建设，保障经济社会发展等具体目标措施。一年来的实践充分证明，所有这些决策部署、方法措施和实践效果符合科学发展观要求，符合市场经济规律，符合静乐现阶段实际，得到了社会各界的广泛认同，形成了干部群众的普遍共识，成为凝聚全县人民意志和力量的强大动力。

二、坚持以农民增收为核心，深化布局调整，产业富民扎实有效

静乐县委始终把产业富民放在实现发展的首要位置，本着切合实际、容易见效、群众接受的原则，总结经验成效，反复讨论研究，确立了3年内全县农民实现人均1亩水浇地、1亩藜麦、1分大棚、1亩经济林和1亩小杂粮的“五个一”目标，从长远和战略的高度全力推进，科学实施。截至目前，汾河西干渠节水改造工程正在施工，南干渠、南干二渠节水改造以及东干渠维修项目正待省市批复。成功试种藜麦1400亩，通过中国互联网中心审核认证，获得

了“中国藜麦之乡”的国际国内顶级域名；发展蔬菜大棚1700座；种植核桃1万亩、玫瑰3000亩；发展小杂粮示范区10万亩。同时，尊重群众意愿，强化引导扶持，大力发展规模养殖，全年新建标准化养羊小区11个，新发展羊2.3万只，总量达到25万只。新发展农民专业合作社57个，全县达到245个。特别是培育起了汾源科技、浩正、静丰园、稼祺等一批以生态农业、农产品加工为主的龙头企业，有效地推动了农业产业逐步向规模化、产业化、效益化发展。

三、坚持以项目建设为抓手，优化经济结构，工业强县务实有力

静乐县委始终把扩大招商引资，加快项目建设，推进转型跨越作为工业强县的根本举措，加快推进重点项目建设，全年共实施省市重点项目36个，年内实际完成投资52.68亿元，投资完成率达到122.6%，项目建设全市排名第三。立足煤炭资源优势，注重产业联合和集聚联动，先后引进了冀中能源、霍州煤电、潞安集团、阳煤集团等一批知名企业。目前，山浪煤矿正式投产，出煤约120万吨，产值达6亿元；大远煤业通过验收合格，其余煤矿正实施矿井技改和地面设施建设等工作，煤炭生产机械化、集约化、信息化和安全化水平明显提升，资源整合效果开始显现。认真落实全省综改试验区建设和市委、市政府“一园六企”制度，以天柱山煤焦电化工业园区为重点，扎实推进综改工作。“1830”化工项目9月份开始试生产，生产甲醇约0.36万吨、尿素约4.5万吨，总产值达9639万元，甲醚、百万吨焦炭扩产项目等12项延伸项目正在积极推进。注重新型能源开发利用，国电5万千瓦风电项目9月份已并网发电，发电约600万度，产值达390万元，成为工业经济增长的新亮点，生物质能发电项目有序推进，全县多业支撑的工业发展格局正在形成。

四、坚持以美丽静乐为目标，注重基础先行，城乡面貌日新月异

静乐县委坚持城市规模扩大与功能完善并举、城乡发展与生态保护同步，规划、建设、管理水平不断提高。积极实施“大县城”战略，持续推进汾河西区综合开发，怡汾公园、滨河西路、检察大楼、文化广场投入使用，体育中心、汾源国际大酒店、档案综合大楼、梅苑综合小区、汾河二桥、第二幼儿园、静汾苑小区、人武部大楼相继竣工，优化了县城布局，拓展了发展空间。加大旧城改造力度，公安、交警技术业务用房主体完工；投资2.6亿元的西关村新农村建设和棚户区改造工程全面推进，县城面貌焕然一新，功能日趋完善，人居环境大为改观。对照园林城市建设的标准要求，以打造“百里汾河川，太原后花园”为目标，持续加大环境综合整治力度，突破基础设施的制约，启用并改建县城污水处理厂，汾河水质稳定在三类标准以内；突出抓好城乡绿化工作，积极实施各项林业重点工程，采取“一矿一企绿化一山一沟”的办法，强力推进“两线两点两片一园区”的绿化任务，城乡绿化、通道绿化、企业绿化的工作成效显著，全年造林5.58万亩，森林覆盖率达到18%，林木覆盖率上升到23%，城市绿化覆盖率为32%。

五、坚持以惠民利民为主线，致力民生改善，和谐构建成效显著

静乐县委牢固树立以人为本的执政理念，关注民生，体察民情，尊重民意，始终注意实现好、维护好和发展好人民群众最关心、最直接、最现实的利益问题，和谐构建初见成效。新的“五个全覆盖”如期实现，农村面貌发生深刻变化，基础设施、公共服务加快向农村延伸，城乡一体化步伐有力有效，全市“两增三建”现场会在本县召开。认真落实国家各项强农惠农政策，各项奖补资金都通过惠农卡及时发放到户。各项工作协调推进，教育事业全面发展，高考达线140人，应届生达线率位居全市第三；新建县医院全市领先，顺利搬迁投入使用。农村供煤工作全面实施，城镇各类补贴补助、低保五保、救灾救助等惠民政策全面落实。加强和创新社会管理工作作为全省试点，成效显著、经验多样，社区网格化管理工作特色鲜明、科学实用，走在省市前列，全市网格化管理现场会在本县召开。严格信访工作纪律，畅通和拓宽信访渠道，深入开展领导干部大接访活动、扎实开展信访案件集中化解专项行动，弘扬社会正气，打击歪风邪气，信访维稳工作成效明显。全年全县煤矿、危险化学品、道路交通、消防及食品安全等行业未发生任何安全事故，进京赴省零上访，受到了省市相关部门的一致好评。

六、坚持以先进纯洁为根本，夯实执政基础，党的建设全面提升

静乐县委始终重视党的建设，不断推进党的先进性建设和执政能力建设，为转型跨越发展提供了坚强的政治保障。认真贯彻落实“基层组织建设年”规定要求，不断引深和拓展“创先争优”活动，培育和选树了十八大代表王元林。建立健全为民服务体系，制定出台了《静乐县重大事项民主决策制度》，党委、政府的公共服务能力和公共管理能力得到提升。扎实开展了保持党的纯洁性教育活动和“三比一树”主体教育活动，大力推广“文建明工作法”，有效地规范了从政行为，转变了工作作风，提升了服务效能。严格落实《党政领导干部选拔任用工作条例》，科学推行“三三制”干部选任机制，树立了注重实绩、崇尚实干、群众公认的用人导向。扎实开展领导干部下乡住村、包村活动，实施农村“阳光工程”，推行“四议两公开”工作法，为农民增收、农业发展、农村稳定提供有力保障。把学习贯彻党的十八大精神作为当前和今后一个时期的首要政治任务，注重实效，创新形式，广泛深入地开展了学习活动，各级党组织和党员领导干部驾驭全局、破解难题、领导发展的能力明显提高。坚持标本兼治、综合治理、惩防并举、注重预防的方针，扎实推进惩治和预防腐败体系

建设，党风、政风和民风持续好转，全县上下形成了团结向上、奋发争先，风清气正、干事创业的良好氛围。

（吕彦生）

附：一、中共静乐县委书记、副书记、常委名单

书　记：李德新（3月任职）

副书记：张文斌　宋爱莲　李小博（挂职）

常　委：王利民　梁　康　秦文明　李　泽　张宏皋　王树明（7月任职）

二、乡镇党委书记、副书记名单

鹅城镇

书　记：吴星亮（1月离职）　吴剑珍（1月任职）

副书记：郝彦峰（1月离职）　徐鹏举（1月任职）　王亮瞒

杜家村镇

书　记：张玉堂

副书记：王亮中　孙继中

康家会镇

书　记：李宝炎（1月离职）　郝彦峰（1月任职）

副书记：李芝青（7月任职）

丰润镇

书　记：黄海君

副书记：郝成杰　李永栋

堂尔上乡

书　记：张志宇

副书记：王　彦（女）　吕金虎

中庄乡

书　记：李俊宏

副书记：赵兰俊　高旭东

双路乡

书　记：杜雪峰

副书记：徐鹏举（1月离职）　任亚军（7月任职）　李劲宣

段家寨乡

书　记：曹拴珍

副书记：李世泽　王文惠

辛村乡

书　记：段惠卿

副书记：赵艳峰　宋海生

王村乡

书　记：刘怀祖

副书记：谢文德　李建峰

神峪沟乡

书　记：梁志平

副书记：吕志强　段璠瑢（女）

娘子神乡

书　记：边四厚

副书记：李俊清　高变荣（女）

娑婆乡

书　记：张哺梅

副书记：郝丽军　李富亮

赤泥洼乡

书　记：吕晓敏

副书记：韩志宏　梁跃武

中共神池县委工作概况

县委书记　曹爱民

2012年，神池县委坚持以科学发展为主题，以加快转变经济发展方式为主线，以“走出去年”、“项目落地年”、“大干城建年”和“基层组织建设年”为契机，围绕市委“3581”发展战略，按照县第十三次党代会的工作部署，团结带领全县干部群众，牢牢把握“创先争优、奋发崛起、转型跨越、富民强县”这一主旋律，紧紧依托丰富的风光资源、土地资源和区位资源，以胡麻、燕麦等特色种植为支撑，着力打造特色农业强县；以增加农民收入为核心，着力打造三晋羔羊第一县；以风电光电为主体，着力打造新型能源工业体系；以神朔、朔黄、宁岢三条铁路为依托，着力打造煤炭集散基地，自加压力，奋力争先，同心同德，创新苦干，全面推进经济建设、政治建设、文化建设、社会建设、生态文明建设和党的建设，各项事业发展取得了新的成效。全年地区生产总值完成13.6亿元，同比增长10.3%；工业增加值完成1.1亿元，同比增长20.1%；固定资产投资完成19.5亿元，同比增长32.1%；社会消费品零售总额完成7亿元，同比增长16.26%；财政收入完成3.5亿元，同比增长15.6%；一般预算收入完成1.6亿元，同比增长26.5%；城镇居民人均可支配收入完成15245元，同比增长15.1%；农民人均纯收入完成4782元，同比增长17.6%。8项主要经济指标都实现两位数增长，其中有6项指标的增幅高于全市平均水平。

一、深化理论学习，打牢思想政治建设的基础

县委坚持把学习邓小平理论、“三个代表”重要思想、科学发展观、党的十八大精神作为加强思想政治建设的根

本，紧抓不放。在内容上，按照中央、省委和市委要求，组织县四大班子成员和全县广大干部系统学习了党的十八大精神，以县委党校为阵地，集中培训了副科以上领导干部，开展了以整顿机关作风、整顿环境卫生、整顿交通秩序，创建省级环保模范县城、省级卫生县城、省级文明县城和国家级平安县城为内容的“三整顿四联创”活动，进行了12个专题的学习教育。在措施上，坚持了计划安排制度、党委机关同步学习制度、领导辅导报告制度、检查交流制度。通过学习，使大家进一步掌握了中国特色社会主义理论的思想内涵和理论体系，政治上更加坚定，运用特色理论指导工作、改造思想更加自觉。县委“一班人”撰写的《打造绿色产业，构筑富民工程》等80多篇立足神池发展的学术文章，为神池的经济建设、政治建设、文化建设、社会建设、生态文明建设和党的建设提供了有力的依据。为把理论学习与指导实际工作更好地结合起来，县委要求四大班子成员带着问题去学，结合实践去学，注重在实践中加以应用。《中共神池县委关于落实省委巡视四组巡视神池工作反馈意见的整改方案》、《神池县关于进一步加快养羊业发展的意见》中的许多具体操作办法，都是理论与实践相结合的产物，在指导工作、解决实际问题上收到了成效。

二、突出班子建设，发挥党委核心领导作用

县委坚持把加强党委班子建设放在突出位置，认真贯彻“集体领导、民主集中、个别酝酿、会议决定”的方针，加强民主集中制建设，不断提高班子的凝聚力和战斗力。一是严格落实民主生活会制度，提高领导班子解决自身问题的能力。县委常委严格执行中纪委、中组部和省委的有关规定，坚持民主生活会制度。广泛征求党内外干部群众的意见，对照自己的思想和作风情况，进行深刻剖析，积极开展批评和自我批评，进一步明确努力方向。针对干部群众反映的突出问题，及时制定整改方案和整改措施，在工作中认真改进，确保民主生活会真正取得实效。同时，每个常委积极参加所在党支部、党小组的组织生活会，自觉接受党组织和党员的监督。二是完善领导班子集体议事制度，推进决策的科学化、民主化。县委研究制定了《县委常委会会务工作程序》等制度，对县委全委会、常委会的工作职责、议事内容、议事规则、决策程序、落实措施等作出了明确规定。凡是方针政策性的大事，重要领导干部的推荐、任免和奖惩，事关人民群众切身利益的重大事情，都提交常委会或全委会集体讨论作出决定。对于重大问题，在决策前认真调查研究，广泛听取各方面意见，直至组织专家进行咨询论证；在决策中坚持集体讨论决定，不搞个人或少数人说了算；决策后团结一致，齐心协力抓落实。在加强集体领导的同时，认真落实个人分工负责制，支持和鼓励每个领导班子成员积极大胆、独立负责地开展工作。三是注重发挥各方面的作用，提高决策的质量和水平。县委认真贯彻执行上级《关于进一步加强人大工作的意见》、《关于进一步加强政协工作的意见》，积极支持人大及其常委会依法行使职权，进一步推进政协履行职能制度化、规范化、程序化。县委全委会、常委会对重大问题的决策，事前及时与人大、政府、政协班子沟通协商，事后注意发挥各自职能作用。县委充分发挥民主党派、工商联、无党派人士和群团组织的作用，认真听取各个方面的建议和意见，保证各项重大决策能够充分反映各方意见，广泛集中各方智慧。四是加强基层组织建设，增强基层班子的战斗力。以开展“基层组织建设年”活动为契机，以保持党的纯洁性教育为抓手，抓好农村两委换届后续工作，加强对新任村级干部的培训；积极发展农村青年党员，有效解决农村干部后继乏人的问题；坚持干部下乡住村包村制度，坚持和完善村党支部书记和村委主任“一肩挑”与农村“两委”干部交叉任职体制；适应产业、企业、社区发展新要求，加强流动党员管理，调整党组织设置方式，及时扩大党的工作覆盖面；围绕“五好、五化和五个一”的目标，做实做好基层组织建设“六项工程”，大力推广“文建明工作法”，非公党建达到了全覆盖，社区网格化迈新步。进一步完善党建工作责任机制，形成了一级抓一级、层层抓落实的党建工作新格局。五是坚持标本兼治，扎实开展反腐倡廉工作。全县纪检监察机关围绕中心，服务大局，以查办案件为抓手，始终保持了惩治腐败的高压态势。把维护群众利益作为工作的出发点和落脚点，着力解决基层涉纪信访问题。认真进行了煤焦、工程建设、党政机关公务用车专项治理工作，开展了“三比一树五提升”主题教育和纪律作风集中整顿月活动，全年查结案件125件，处分党员干部和监察对象124人，为神池转型跨越发展和创优发展环境提供了坚强的纪律保证。

三、创新用人机制，规范干部选任工作行为

县委在干部选拔任用工作中主要抓了四方面的工作：一是围绕班子选干部，选好干部强班子。在干部选任工作中，县委始终坚持重德才、重民意、重实绩，始终坚持把敢干事、会干事、能干成事的人用在领导岗位，始终坚持干部调整统筹安排、通盘考虑，始终坚持把优化班子结构、增强班子活力作为重要目标。二是不折不扣贯彻执行《干部任用条例》及有关干部政策精神。认真按照《干部任用条例》和有关政策规定办事，坚持原则，执行标准，履行程序，遵守纪律。在具体工作中，严把调整干部动议关、民主推荐关、考察对象确定关、组织考察关、沟通酝酿关、集体讨论决定关。在执行纪律上，严格遵守“十不准纪律”，做到了没有空缺职数的不配干部，不搞临时动议决定干部任免，更不存在个人决定干部任免的问题。三是创新机制，不断深化干部人事制度改革。在干部选任工作中按照中央和省委、市委的要求，积极探索，努力创新，不断加大干部人事制度改革的力度，力求在干部选任上体现时代性，把握规律性，赋予创造性。注重年轻干部的选拔任用，在全县公开选拔了8名年龄30岁以下、学历本科以上的

副科级领导干部，在调整公、检、法领导班子时，都配备了35岁左右的年轻干部。四是不断加强对干部选拔任用工作全过程的监督。强化事前教育，坚持对各级干部进行思想政治和党风廉政教育，推行了预告制度、干部任免材料和档案调阅制度、民意调查制度、群众举报案件专项督查制度和专题调研制度，进一步端正了用人导向，巩固和发展了风清气正的用人环境。

四、实施富民强县战略，推进经济社会跨越发展

县委坚持以科学发展观为统领，树立清洁发展、循环发展、绿色发展的理念，锐意进取，扎实工作，开创了全县经济社会健康平稳发展的崭新局面。一是攻坚克难上项目。坚持发展为第一要务，加速经济总量的扩张和质量的提升，认真落实“走出去年”和“项目落地年”的工作要求，制定了“三三制”招商引资工作机制和考核激励机制。先后参加了上海首届国际高端产业转移项目洽谈会，桂林燕麦加工项目洽谈会，忻州?温州经济合作恳谈会和湖南长沙中博会。全年签约资金81.1亿元，到位资金35亿元。组织县四套班子有关领导、乡镇书记、农口负责人到北京中国农大现代农业示范基地和宁夏自治区盐池县进行了观摩考察，在天津举办了神池县特色农副产品推介暨招商洽谈会。狠抓项目落地，严格实行了“五定两报一调度”和县四大班子领导包重点项目工作机制，确保省市重点项目的推进。2012年我县共承担省市重点工程项目25项，其中省重点工程项目13项，市重点工程项目12项，总投资123.75亿元，完成投资39.61亿元，完成额全市排名第八；完成计划任务的136.68%，全市排名第二。目前，全县风电项目核准的5期25万千瓦，拿到路条申请核准的10期50万千瓦，拿到支持性文件跑路条的5期25万千瓦。2012年全县建成投产的风电场达到4期20万千瓦，占到全市风电总量的三分之一。年产200万吨新型干法水泥项目已完成投资5.9亿元，预计今年上半年投产运营。完成了《神池县光能利用总体规划》，共规划13个区53期265万千瓦。与大唐国际发电股份有限公司山西代表处、山西艾特科创有限公司和北京瑞宏伟业投资咨询有限公司签订了建设规模51万千瓦总投资53.8亿元的光伏发电开发协议，正在做前期工作。双万吨同煤塘涧煤炭集运站、同煤神铁联营庄儿上装煤站，神华贺职煤炭集运站、山西秋阳煤炭经销有限公司神池装煤站已建成投入运营，全年发运煤炭235.2万吨，上缴税金5554.7万元。与此同时，全县储备项目107项，总投资133.9亿元，其中产业项目98项，总投资88.2亿元；重大前期项目9项，总投资45.7亿元。二是突出特色促增收。以农民增收为核心，发挥比较优势，以胡麻、胡油、莜麦、羊肉四大地标认证为支撑，进一步确立了“特色兴农、羊业富民”的发展思路，倾力发展特色农业，加快绿色食品工业园区建设。以东湖设施农业园区为核心，重点打造“一核两线”特色种植示范带，建成了15万亩油料、20万亩玉米、4万亩南瓜、6万亩黑豆、10万亩莜麦、15万亩土豆六大特色种植基地。新建和完善了规模为500亩的设施瓜菜园区1个、规模为100亩的设施瓜菜园区6个、规模为50亩的设施瓜菜园区5个。围绕西长线和阳河线两条公路线，创建了胡麻、莜麦等五个万亩高产机械化作业示范片。全县粮食总产达到16985万公斤，油料总产2130万公斤，种植业产值达到6.06亿元，粮食总产量较上年增长39.1%。深入推进“一村一井”工程，投入1100万元，完成29眼，开工在建6眼。举全县之力，大力发展养羊业，组织国家、省市专家科学制定了《养羊发展三年规划》，按照“一年树典型、二年扩规模、三年上水平”的工作思路，确立了到2014年全县养羊达到100万只的新目标。采取单位包村、干部包户的形式，扶持养殖示范村、示范户建设。新建养殖小区8个，规模养殖户发展到5400户，32个标准化养殖小区投入使用，同时配套种植多年生牧草2.1万亩，羊饲养量达到65.1万只。编制完成了绿色食品工业园区建设规划，成立了园区管委会，启动了道路等基础设施配套建设。投资4000万元的万吨燕麦片加工厂建设项目已进入设备安装调试阶段。对全县35个中小油料加工厂进行了改造，与北京商贸公司签订了规模为9600万元的1200吨冷榨胡油代销协议。整合11家月饼作坊，组建了神池月饼联合体，成功举办了第七届神池月饼美食文化节，月饼销售量达1.3亿个，销售额达2.97亿元，从业人员达到1.2万人。三是凝心聚力搞建设。适应城镇化发展的需要，认真落实“大干城建年”的工作要求，在财政十分紧张的情况下，多方筹措资金，重点实施了县城建设“5763”工程。省道岭五线神池县城过境公路改线工程完成投资7900万元，2013年7月竣工通车，届时神池县城脏乱的问题将从根本上得以改变。投入802万元，对县城五条主要街道进行了改造升级，总里程达4.85公里；投入928万元铺设完成了排污管道、广场草坪、西海子清淤和绿化等配套工程；5个旧城改造项目全面开工，总投资3.71亿元，总面积21.85万平方米；投资1810万元日处理80吨的垃圾处理场已完成主体工程。四是坚定不移抓移民。立足根本上脱贫，务实推进扶贫开发，加快移民搬迁。2012年移民搬迁任务是4个乡镇17个村472户1997人。已有四栋移民楼开工建成，可安置移民192户、960人。围绕移民户的就业、创业组织开展了技能培训、就业指导、职业介绍等工作，完成培训1380人次，介绍就业425人，促进了移民户移得出、稳得住、能致富。与此同时，编制完成了《连片特困地区区域发展和扶贫攻坚规划》。片区开发任务已开工建设日光温室1019个，具备生产条件的有782个，两个种羊繁育场也已建设完成。五是坚持不懈惠民生。全面落实中央、省、市各项惠民政策措施，尽全力推进社会事业发展。新的“五个全覆盖”进展顺利。完成了231个村1107.3公里农村街巷硬化全覆盖、257个农村便民连锁商店全覆盖、249个农村文化体育场所全覆盖、2504名中等职业教育免费全覆盖和4.95万人的新型农村社会养老保险全覆盖任务。认真落实惠农政策，将3162万元粮食直补资金全部发放到农

民手中。投入1778万元，开工新建3所幼儿园、2所中学餐厅，改扩建3所中学教师周转房。投资35万元为全县1186名离退休干部进行了免费体检。全县10个乡镇卫生院及157所村卫生室已实施基本药物制度，实行药品零差率销售。开展了“三整顿四联创”活动，县城秩序明显改观，环保创模成绩显著，顺利通过省创模领导组的检查验收。六是夯实基础保稳定。始终把安全生产和信访稳定工作放在重要位置来抓，严格落实信访责任制，及时有效处理和化解各类社会矛盾，信访量持续下降。信访咨询答复率、信访举报查处率、群众对问题解决的满意率都达到99%以上。深入开展安全生产隐患“十排查”和专项整治工作，加大对煤矿、非煤矿山、道路交通、危险化学品、公共场所等领域的安全监管力度，共整改各类安全隐患49处，安全生产形势平稳。

五、加强民主政治建设，为实现富民强县目标营造良好的发展环境

一年来，县委坚持统揽全局、协调各方的原则，进一步推进民主政治建设和法治建设，调动方方面面，围绕中心、服务大局、推动发展，取得了明显成效。

县人大常委会创造性开展工作，依法作出了贯彻落实县委打造特色农业强县、实现富民强县目标发展战略的《决议》，并坚持把《决议》的贯彻落实作为今年工作的一条主线，举办专题讲座，组织代表深入宣讲，动员代表积极投身建设“四大产业”基地主战场，有力推动了全县打造新型清洁能源示范基地的新实践。创新视察形式，丰富调研内容，加强执法检查，提高审议质量，不断强化人大监督，推进基层民主政治建设，在服务人民、代表人民的实践中有较多创新与成效。

县政协围绕县委中心工作，加强社情民意信息渠道、委员提案平台规范、视察调研监督机制和机关自身建设，围绕实现富民强县目标开展视察活动，组织政协委员积极参加行风评议活动，主动献计出力，为构建和谐社会、凝聚社会合力、创优发展环境做出了积极贡献。

宣传思想文化工作按照“高举旗帜、围绕大局、服务人民、改革创新”的总要求，紧紧围绕县委、县政府重大决策部署，以理论武装为先导，以改革创新为动力，以服务大局为中心，以文化繁荣为目标，开拓进取，扎实工作，狠抓落实，为全县经济社会又好又快发展提供了强大的思想保证、智力支持、精神动力和文化条件。

人武工作坚持党管武装原则，创新推进军地共建，“双拥”活动取得新成效。各级强化领导，完善措施，健全机制，全面提升应急维稳和应急救援能力，进一步推进军民融合式发展。

政法部门深入推进“社会矛盾化解”、“社会管理创新”和“公正廉洁执法”3项重点工作，为维护公平正义、维护社会稳定做出了新贡献。开展“严打整治”专项斗争，破获刑事案件44起，追捕各类逃犯24名。

统战部门充分发挥部门优势，组织各民主党派、工商联、无党派人士、各界人士，广泛调研、建言献策、参政议政，发挥了重要作用。

工会、共青团、妇联、科协等群团组织和人民团体围绕全县大局，依照法律和各自章程积极开展工作，主动参与社会管理和公共服务，各项工作都取得了新成效。

（张雁冰）

附：一、中共神池县委书记、副书记、常委名单

书　记：李德新（3月离职）　曹爱民（3月任职）
副书记：冯晓雷　王建光
常　委：李生旺　马志强　张明光　贾平华　牛旭伟　乔震宇

二、乡镇党委书记、副书记名单

龙泉镇
书　记：詹海洋
副书记：陶　琛　刘　然

义井镇
书　记：李　俊
副书记：马俊强　甄建伟

八角镇
书　记：冯建华
副书记：刘福林　丁建斌

东湖乡
书　记：乔吉晓
副书记：张　鹏　张仲儒

太平庄乡
书　记：肖　云
副书记：刘　荣　吴兴荣

贺职乡
书　记：王志刚
副书记：许福才　宫继军

大严备乡
书　记：党　勇
副书记：冯宝平　李福林

虎北乡
书　记：田　旺
副书记：周　强　王　锟

长畛乡
书　记：田江波
副书记：袁　帅　梁丽丽（女）

烈堡乡
书　记：刘志文
副书记：张继清（女）　张志凯

中共五寨县委工作概况

县委书记　张　春

2012年，五寨县委团结带领全县广大干部群众，深入贯彻落实十八大精神，按照市委“3581”战略总要求，紧紧围绕全国、省、市组织工作会议安排部署，以创建全省农村基层党组织建设先进县为目标，以“1531”党建工程为抓手，以开展创先争优和基层组织建设年活动为契机，不断提升党建工作科学化水平，为五寨经济社会转型跨越发展提供了坚强的组织保障。

一、围绕保持党的先进性、纯洁性，不断提高党建科学化水平

一年来，五寨县以迎接、学习、宣传、落实十八大精神为重点，建队伍、聚人才，抓基层、打基础，改革创新，真抓实干，为保持全县经济社会平稳较快发展提供了思想、政治和组织保证。

大力加强干部队伍建设。一是在全县范围内进行了非定向的后备干部民主推荐工作，把各单位、各部门的优秀干部推荐出来，进一步完善了后备干部队伍储备制度。二是按照科学发展观的要求，针对不同战线、不同岗位的特点，进一步完善了领导班子和领导干部考核评价体系。三是通过实行推荐责任追究、考察预告、任前公示、离任审计、诫勉谈话五项制度，进一步完善了干部监督体系，有效地堵塞了干部选拔任用工作的漏洞，防止和纠正了选人用人上的不正之风，极大地提高了干部工作的公信度。

全面加强基层组织建设。实施了“1531”党建工程：一是深入开展了“文建明工作法”推广活动，出台了具体指导意见，12个乡镇已累计为民办理事项2000余件。实施了机关党建“引领示范工程”，机关党组织在带头学习、带头整改、带头服务发展、带头服务基层等21个方面走在了前面，得到了市委组织部的充分肯定。二是实施了社区网格化管理工程，明确划分6个社区40多个网格，下拨了活动经费，信息采集、人员配备和设施建设正在进行中。三是实施了非公有制经济组织党建扩面提质工程，实现了两个全覆盖。四是实施了创建全省农村基层党组织建设先进县工程，以“五好、五带头”为标准，坚持以点带面、点面结合的创建思路，选择4个乡镇36个农村先行创建，带动其他乡镇农村全面开展了创建工作。五是实施了先进典型选树工程，以选树引领型、务实型、服务型、创新型、领军型优秀共产党员为目标，带动党员队伍争先进创佳绩。“1531”党建工程的实施，为基层组织建设注入了活力，推动了社会和谐稳定，为五寨经济社会转型跨越发展提供了坚强的组织保障。

全面实施干部教育培训扩面提质工程。推行了“三线一体”网络培训干部模式，干部点单自主选学模式、“走出去”办班培训模式，在线学习分类要求模式，保证了各类干部群体受训50个学时以上；认真实施了“2885”干部教育培训工程，搭建了8个培训平台，畅通了8条培训渠道，强化了5类培训考核，实现了干部培训“进电视、进手机、进网络、进农村”，一年累计开展集中培训活动23次，举办清涟大讲堂4次，发送手机短信380余条，电视专栏播放专题片20余部，全县干部队伍6个方面的能力得到明显提高。

扎实开展人才工作。对县委联系的14名优秀人才进行了命名表彰，推出了五寨优秀人才“群英谱”。启动全县人才工作专项资金，为县委联系的优秀人才发放了年度津贴，进行了健康体检，组织三中教师赴清徐进行了培训进修。实行了优秀人才工作目标责任制，年初签订责任书，年终进行量化考核，实行末位淘汰，打通了优秀人才出口。大力开展了“优秀人才下乡住村五服务”活动，5个服务团出动人员200余人次，举办各种讲座30余场次，实地义诊8场次，实地示范新型农机具6场次，直接为3万多群众带去了实惠。

大力转变干部队伍作风。开展了机关干部下乡住村进企业活动、结对包村帮扶创建全省农村基层党组织建设先进县活动、农村基层党组织结对助残扶贫活动、大学生村官“创业行动计划”、乡村干部科技示范。广大党员干部大力推行“一线工作法”，在一线解决问题，在一线化解矛盾，累计为基层投入建设资金80多万元，帮助引进致富项目28个，创办示范致富项目30余个，帮扶救助困难群众1500余名，解决基层实际问题900余件。

深入推进党风廉政建设工作。召开全县党风廉政建设干部大会，全面安排部署2012年党风廉政建设及反腐败工作，各级领导班子和领导干部按照党风廉政建设责任制的要求，层层签订党风廉政建设责任书。对全县19个省市重点项目开展了监督检查，确保项目顺利实施。以开展整治“吃拿卡要”问题、创优发展环境为重点，对全县纪律作风进行了集中整顿，查结“吃拿卡要”案件21件，处分17人。制订出台了“机关干部下农村、进企业”活动“十项严禁”工作纪律，切实改进了干部住村进企工作作风。召开了“一线工作法”现场推进会，下发了《五寨县全面深化“一线工作法”的实施意见》。加大案件查处力度，共查结各类案件83件，处分83人。加强了对工程建设领域的监督检查，摸排项目30个,涉及资金3.87亿元。进一步加大了农

村“三资”监管力度，各项强农惠农政策落实到位。支持纪检部门开展“三比一树”活动，纪检监察机关履行职责、服务转型跨越发展的能力和水平明显提升。

二、统筹协调三次产业，县域经济快速发展

一年来，全县深入贯彻落实科学发展观，坚持转型跨越主题，不断优化经济结构，转变发展方式，认真贯彻落实中央、省委、市委各项决策部署，全面发展三次产业，致力于实现五寨经济社会加快发展、科学发展、又好又快发展。提出了以新农村建设为主线，围绕农民增收、农业增效、土地增值，瞄准全省建设京津唐地区的“菜园子”，构建华北地区绿色农产品供应基地的发展目标，制定出台了《五寨县农业产业化发展奖扶办法》，拿出1600万元奖励扶持相关产业，集中实施了“1735”工程，园区建设、粮食丰产方、绿色认证、大棚种植、农机推广、生态畜牧、农副产品加工都取得了新的突破。各类专业村累计发展到30个，农民专业合作社发展到288个，规模养殖户达到592户，新增“三品”认证20个。粮食总产3.26亿斤，农民人均纯收入达到4538元，比上年增长19.1%。被省委、省政府评为粮食生产先进县。认真落实项目储备、招商、落地、开工、建设、服务、考核、投产“八位一体”项目建设统筹推进战略，制定出台了《五寨县招商引资优惠奖励办法》、《五寨县重点项目考核办法》，实行“四大班子”领导包项目制度，实施了总投资71.7亿元的160个重点工程项目，全县工业生产总值突破3亿元,工业强县大步迈进。突出发展煤炭物流、餐饮服务和生态旅游业，实现全年煤炭发运量2387万吨，上缴税金4.1亿元，为全年财政持续增收做出了重大贡献。《荷叶坪五寨沟国际旅游度假区总体规划》经过四次修改，顺利通过省市评审，进入实质性开发阶段。成功举办了首届“中国·五寨沟寻胜摄影大赛”，有效促进了旅游产业的发展。全年共接待游客36万人次，旅游总收入4.73亿元。三次产业的协调推进，带动了主要经济指标的快速攀升，全县生产总值突破18亿元，财政总收入完成6.45亿元，金融机构各项存款余额47.6亿元。

三、稳步推进民主法制建设，依法治县水平不断提高

人大常委会深入开展了“项目落地年，大干城建年，走出去年，人大有作为”主题活动，先后对项目建设、农村街巷硬化、集中供热、教育均衡发展等情况进行了调研，并提出了合理化意见和建议40余条。政协组织围绕中心工作进行视察调研，撰写调研报告6份，反映、报送社情民意40多条，为县委、政府了解群众意愿、密切党群联系发挥了积极作用。着力抓好“六五”普法，依法治县方略稳步推进，全民法律意识明显增强。积极推进党务公开、政务公开、村务公开，基层民主政治建设成效明显。扎实推进统一战线工作，支持工会、共青团、妇联等人民团体充分发挥作用。坚持党管武装原则，按照“十纳入十统一”的要求，人武部基础设施建设全面完工，国防动员能力、民兵预备役工作水平不断提高。

四、以学习宣传党的“十八大”为主线，深入开展宣传思想文化工作

按照市委提出的“忻州十问”，结合五寨实际开展了新一轮解放思想大讨论。开设了“五寨·清涟”大讲堂，邀请知名学者、专家做专题讲座5期。加强理论武装，十八大精神不断深入人心，干部群众的理想信念进一步坚定。充分发挥主流媒体的主渠道、主阵地作用，深入开展了一系列主题宣传活动，县域形象进一步提升。全面开展了文化“三下乡”活动，为偏远乡村送戏30多场，公映电影3000多场，乡镇综合文化站建设完工，文化大院、文化广场实现全覆盖，各类群众文化活动健康开展。加强社会主义核心价值体系的学习教育，深入开展了公民素质提升行动，组织动员群众积极参加多种形式的精神文明创建活动，全民道德、文化和法制素质明显提升，为转型跨越发展提供了强大的精神动力。

五、加大环保攻坚力度，深入推进生态文明建设

继续加强大气环境综合整治，各项节能减排指标都控制在市定任务以内，城区空气质量全部保持在二级以上，一级天数达到201天。积极开展生态文明村创建活动，梁家坪村和周家村已通过省厅验收。把国家重点工程、省级造林工程和县级绿化工程有机结合起来，重点实施了10项林业工程，完成造林6.15万亩，栽植各类苗木650余万株，新增育苗面积1500亩。全市造林绿化“两增三建”现场会在本县召开。

六、以民生改善为重点，全面加强社会建设

突出教育、卫生、文化和社会保障等各项事业，全面保障和改善民生。先后投入2100万元，不断加强教育基础设施建设，全县办学条件得到了进一步改善。乡镇卫生院和村卫生室实现了全覆盖，全县医疗卫生基础设施建设不断加强。文化大院、文化广场实现全覆盖。在民生改善方面，财政直接用于民生支出达6.5亿元。新的“五个全覆盖”全面完成。各项社会事业协调发展，基础保障更加有力。农村安全饮水、道路和危房改造等民生工程深入推进，人民群众的幸福指数不断提升。加强和创新社会管理方面，围绕平安建设目标，加大社会管理力度，全面推进基层社会服务管理体系建设，着力构建“两新组织”服务管理体系，推进社会管理项目化、网格化、信息化。严格落实维护稳定责任制，完善社会应急管理机制。深入开展了严打整治专项行动，大力整治涉恶涉毒、“两抢一盗”等治安突出问题，治安环境不断改善，群众的安全感和满意度进一步提高。完善信访工作制度，深入开展“大接访、大下访”活动，四大班子领导轮流坐班接访，全年接待群众来

访648批1787人（次），妥善解决了一批缠访、闹访等老大难问题，在全国、全省重大会议召开期间，无进京赴省到市重复访、无越级非正常上访、无越级集体上访、无突发群体性事件。在道路交通、校园、食品药品，建筑施工等重点领域，开展了安全生产专项整治，有效遏制了重特大安全事故，全县安全生产形势持续好转。

（沈雁冰）

附：一、中共五寨县委书记、副书记、常委名单

书　记：张　春

副书记：张宇光

常　委：靳海珍　白效文　左　峰（4月任职）　杨全隆　尹新凤（女）　刘建文

二、乡镇党委书记、副书记名单

砚城镇

书　记：苏国平

副书记：彭原峰　马小东

三岔镇

书　记：周晋堂

副书记：范　波　徐　炜

小河头镇

书　记：郝　伟

副书记：邸云竹　秦建新

前所乡

书　记：刘　维

副书记：王　斌　于文献

李家坪乡

书　记：贾育新

副书记：李广中　陈　强

胡会乡

书　记：李永林

副书记：郭力逢　高　建

新寨乡

书　记：张鹏珍

副书记：任胜宇　张瑞生

韩家楼乡

书　记：刘舜尧

副书记：刘　灏　周　达

孙家坪乡

书　记：张银业

副书记：顾利锋　贺　震

梁家坪乡

书　记：武云飞

副书记：李　斌　樊继忠

东秀乡

书　记：周德华（女）

副书记：武建军　忠文斌

杏岭子乡

书　记：李秀歧

副书记：路向阳　温兰生

中共岢岚县委工作概况

县委书记　张钰祥

2012年，岢岚县委团结和带领全县人民，全力实施“553”工作纲要，使全县经济社会继续保持了平稳较快发展的良好势头。地区生产总值完成14.2亿元，增长13.4%；规模以上工业增加值完成3.74亿元,增长20.3%；固定资产投资完成24.5亿元，增长41.6%；社会消费品零售总额达到6.14亿元，增长16.3%；财政总收入完成3.34亿元，增长20.96%；一般预算收入完成1.17亿元，增长31.5%；城镇居民人均可支配收入达到1.7万元，增长16.2%；农民人均纯收入达到4006元，增长19.3%。荣获全国双拥模范县、全省文化建设先进县、全省“一县一业”先进县、全省植树造林先进县、全省农田水利基本建设红旗县、全省人口和计生目标管理先进县、全市科技兴农先进县和宣传思想文化工作创先争优先进县等荣誉称号。县委被评为全省“创先争优先进县委”。

一、充分发挥县委总揽全局作用，进一步凝聚转型跨越发展合力

一是统筹全面工作，明确发展思路和工作重点。在认真总结经验、充分分析形势、深度挖掘区域优势的基础上，确立了年度工作思路：即把握好“稳中求快”的总基调，以“五个年建设”和“三个争创”为总抓手，做好“六个统筹”，实现“六个突破”。就经济、社会、文化和党的建设等各项工作作出具体规划，确定了47项县委重点工作、52项县重点工程、20件惠民实事和16项农业农村重点工作，明确了“44516”农业农村工作、“73173”项目建设、“36822”市政建设和“56569”教育卫生等工作，以责任落实、效能建设和作风建设为抓手，把全县干部群众的思想行动统一到推动转型跨越发展上来。

二是夯实基层组织，发挥战斗堡垒作用。以基层组织建设年集成升级“六项计划”为重点，扎实推进党建“五大工程”，按照“十有”标准在198个非公有制经济组织中全覆盖组建党组织60个；按照“三有一化”标准探索建起

地缘型、单位型、服务型等6个社区示范网格；通过观摩考评，全面完善了基层人大、政协、组织、武装、统战以及工会、团委、妇联组织阵地。扎实开展学习十八大精神和纯洁性主题教育活动，对各乡镇党委书记、组宣员、新任农村“两委”主干进行了“领头雁”培训；在乡镇创新推广“文建明工作法”的基础上，派出班子成员在内的220名干部参加了省市组织的各类培训，组织160余名干部外出到山东寿光、内蒙和临近县市进行多次学习交流，在浙江大学对60多名民营企业家和非公企业支部书记进行了异地培训。完善了三级联述联评联考制度，对全县368个基层党组织实行星级动态管理，大力选树先进典型，吴家庄村党支部被中组部评为“全国创先争优先进基层党组织”。

三是加强干部队伍建设，为转型跨越提供强有力人才保障。统筹考虑全县各项工作对高素质干部队伍的迫切需求，采取“切块调整，成熟一批调整一批”的措施,先后分五批次对常委部门、县直机关事业单位、经济管理部门和部分乡镇正职进行了小幅的调整和配备。在干部调整任用中，严格按照省委《四项规定》、市委“三三制”和“四先四后”要求，以及《岢岚县领导干部选拔任用“三结合”初始提名办法》等规定，共调整干部235人，其中提拔93人，平调63人，免职71人，兼职4人，高职低配4人，提升了干部队伍的整体活力。此外，还分批次选拔24名乡镇后备干部、150名优秀村干部、106名大学生村官到职能部门和乡镇轮岗学习锻炼，筛选65位大学生到企业就业，确定了36名县委联系专家、88名乡镇联系专家、101名单位联系专家和45名农村科技特派员，在人才队伍建设上迈出了新步伐。

四是密切联系群众，发挥领导干部模范带头作用。坚持多到群众中去、多做群众工作、多为群众服务，扎实开展了干部“下农村、进企业、进社区”活动，全体班子成员每人至少包2个村和1个企业，带动全县800余名机关干部进驻157个村和所有企业解难题、促发展，制定农村发展规划126个，落实帮扶资金3000余万元，兑现公开承诺事项284件，为民办实事1800多件。集中整治了东川、南川公路沿线三个乡镇34个村的村容村貌。在信访工作中，坚持班子成员轮流接访制度，解决了征地补偿、林地矛盾、拖欠农民工工资等一批信访案件，全国“两会”期间被省信访联席会议评为“信访工作先进县”，连续十年荣获全市信访工作先进县。

五是贯彻执行民主集中制原则，齐心协力抓发展。严格执行《中共岢岚县委工作规则》和《中共岢岚县委常委(扩大)会议事规则》，从年初财政预算到重大工程项目的审定，从机关事业单位人事调整到干部的提拔任用，都由县委党委或四套班子成员集体讨论决定，较好地凝聚了班子的整体合力。在日常工作中，注重听取人大、政协、统战、武装、工科青妇等方面的意见和建议，形成了一心一意谋发展、同心同德促跨越的良好政治局面。

二、认真贯彻落实科学发展，全面推动经济社会转型跨越发展

一是突出抓好项目建设，努力提升县域经济发展质量。以优化产业结构和推进多元发展为主导，围绕煤焦运销加工、新兴建材生产、新能源开发利用、农牧产品加工、现代物流、文化旅游六大产业和基础设施建设，共规划实施总投资248.8亿元的各类项目137项，其中总投资79.59亿元的50个省市重点工程全部开工，实际完成投资34.14亿元。完成签约项目20个，总投资73.1亿元，已开工建设15个。实施了“73173”重点项目工程，其中7个煤炭发运项目建成3个；3个煤炭洗煤项目1个运营，胡家滩煤焦镁化工业园区新增100万吨焦化技改项目、150万吨洗煤生产线、5万吨煤焦油、1.2万吨粗苯、1.1万硫铵项目；7个电力项目中，3个风电项目2个完成1期，3条高压线路项目完成2条；3个建材项目中晋兴奥隆水泥项目年内完成投资4.5亿元，超细玻璃棉项目已投产，花岗岩石材开发项目已购置设备。在全市项目观摩评比中，岢岚县连续第三年荣获优胜奖。

二是突出抓好“三农”工作，努力促进农民增收。主抓“44516”农业农村重点工作，全面实施了以羊、豆、棚、加、林、劳为重点的“六大增收工程”，农民全年人均纯收入达到4268元，比去年增长27%。大力发展以绒山羊养殖为主的“一县一业”，建成总投资1.55亿元的国家级晋岚绒山羊育种中心一期工程，培育种羊600只，带动建设了17个饲养量为1000只以上的种羊养殖场，培育了500户饲养量为300只以上的重点繁育户。主打以红芸豆种植为主的“一村一品”，实施红芸豆“三五”精品工程5.55万亩，建设农业科技示范园区33个1.5万亩，粮油达到历史新高的1.1亿斤。以鲁忻蔬菜寿光模式引领温室大棚种植1200亩，以连片开发形式累计发展干果经济林2.9万亩。重点扶持了恒旺颐合、中仑奥富、山阳药业、乾泽科技、晋岚绒山羊种羊场5大龙头企业，使全县龙头企业销售收入完成4亿元。创新移民扩城、村企共建、建设城周“卫星村”、扩建中心村镇、小村并大村和分散搬迁六种模式，完成梯次移民搬迁3300多口人。全省易地扶贫搬迁现场会于2月份在岢召开。

三是突出抓好城乡建设，努力改善群众生产生活条件。启动“大干城建年”规划，按照“一城两带五区”的总体规划引领城市建设，财政投入5000万元，拉动社会投资2.6亿元，全力实施了“36822”市政综合工程。其中，在3座山的绿化中，完成了南山、花果山和北山7000余亩的绿化任务。在6个景观新建中，年度规划的南山景点工程、文昌塔主体、东山系列工程、高速出口景观和岚漪大桥装饰美化工程全部完成。在8条道路工程中，环城路、岢大改线路、民生东路至北寺塔道路和南坪法院东侧道路顺利通车。在2个住宅小区建设中，广惠园新村一期工程基本完工，建成各类保障性住房2700余套。在2个宾馆建设中，岢岚宾馆改造装饰工程提前完成，总投资5000余万元的形胜大酒

店已完成主体工程。在农村全面完成新“五个全覆盖”年度任务，建设“一村一井”35眼、幼儿园8所、敬老院2所、乡镇文化站12个、农村体育健身场38个、农家书屋96个、便民超市45个，硬化乡村街道393.9公里，安装直播卫星设备1500套，切实为农村群众办了很多好事实事。

四是突出抓好惠民实事，努力保障和改善民生。将占到财政总支出82%以上的资金，用于各项民生事业，仅教育、卫生、社保、保障房和农林水事务就支出近7.1亿多元。全面推进教育卫生“56569”工程、劳动就业、社会保障、文化惠民等各项工作，完成了农村新五个全覆盖的各项任务，使各项民生保障政策实现全面落实、扩面提标，使城镇新增就业人数达到1123人、城镇职工养老保险参合人数达到9709人、城镇基本医疗保险参保人数达到13918人、新农合参合人数达到59805人；住院费用支付比例乡卫生院达90%，县级医院达到了85%，全县居民健康档案建设完成85%，免疫规划接种率达98%以上，高中阶段入学率达到85.3%，人口自然增长率小于2.48‰；发放临时价格补贴和春节困难群众补贴427万元，帮扶困难学生958名83.75万元，为农村妇女免费体检6800人次。同时，实施了以“一策一业一品一节一剧一志一画一题一所一场”为主的文化产业“十个一”工程，丰富和满足了人民群众精神文化生活需求。

五是突出抓好生态绿化，努力建设绿色家园。重点实施了以一条线、一座山、一面坡、一条沟、一道川为主的“五个一”造林工程，完成各项造林4.6万亩，水土流失治理3万亩。完成退耕还林提标工程1000亩，封山育林项目4000亩；通过义务植树，完成通道绿化27公里，花果山绿化280亩。全县林地面积增加到173.4万亩，森林覆盖率达到16.01%，林木绿化率达到35.3%，被评为“全省植树造林先进县”。狠抓节能减排，万元地区地区生产总值能耗降幅为2.98%；万元工业增加值用水降幅为3.5%；地下水止降回升1.15米；“4+2”减排任务全面完成。

三、严格落实党风廉政建设责任制，为转型跨越发展提供坚强的作风保障

一是落实党风廉政建设责任制。始终坚持“党委统一领导，党政齐抓共管，纪委组织协调，部门各负其责，依靠群众参与”的领导体制和工作机制，把反腐倡廉工作列入重要议事日程，建立了“一岗双责”工作体系和部门齐抓共管的工作机制，将反腐倡廉的各项工作逐项分解，认真落实到常委、副县长及牵头部门和47个协办单位，尤其是党政“一把手”身上。

二是构建惩防体系。组织中心组成员集中学习了《关于严格禁止利用职务上的便利谋取不正当利益的决定》、《廉政准则》等有关重要文件，观看了反腐警示片，深入开展了“三比一树”主题教育活动，组织全县4000余名公职人员进行了廉政考试。同时，完善了党风廉政诫勉谈话制度、党风廉政例行谈话制度、个人重大事项报告、领导干部廉政档案、领导干部议事等制度，形成了比较完整的党风廉政建设工作制度体系。

三是优化发展环境。实施行政审批制度改革，在原有144项行政许可、25项非行政许可项目的基础上进行了精简优化，审批时限压缩了1/2至2/3，即时办结率达到40%以上。组织县直参评部门召开了5场政风行风面对面活动，对承诺解决的27个问题进行了跟踪督办，提高了解决问题的实效性。对2011年以来的工程建设项目进行了“回头看”专项整治；大力整治“吃拿卡要”问题，处分违纪人员21人（其中，正科干部6人、副科干部6人）；对煤炭价格稽查费、排污费等煤焦税费收缴情况进行了清查，共收缴煤焦企业各类偷逃税费94万余元；对食品安全责任监管单位3名工作人员进行了诫勉谈话；处理违法占地5宗，处理违纪干部6人。

四是深化便民服务。投资40万元建设了王家岔、李家沟、大涧、西豹峪四个乡镇的“三个中心”，使全县12个乡镇全部建起了“三个中心”；组织全县63个窗口行业率先在全市开展了优质服务竞赛活动，进一步增强了文明、优质、高效现代服务意识，提升了服务效能。

（侯晓峰）

附：一、中共岢岚县委书记、副书记、常委名单

书　记：张钰祥

副书记：刘　亮　崔向松（4月离职）
毕晋锋（4月任职）

常　委：武砚斌　牛大业　赵亚峰（女）　赵　伟
闫莉芸（女）　赵国兴　陈培成（挂职）

二、乡镇党委书记、副书记名单

岚漪镇

书　记：杨建刚

副书记：梁　军　王海波（6月离职）
葛爱军（6月任职）

三井镇

书　记：周在田

副书记：武耀斌　刘继业　王文瑞

神堂坪乡

书　记：李智勤

副书记：王治国　王耀东

宋家沟乡

书　记：张文生（5月任职）

副书记：刘建新（5月任职）　田白白　王福生

阳坪乡

书　记：刘庆云

副书记：武砚君　薛利军（5月离职）
任德众（6月任职）

大涧乡

书　记：程贵平

副书记： 王爱生　马建国　赵举红　张国新

高家会乡

书　记： 胡少平

副书记： 朱鹏华　赵庆文

李家沟乡

书　记： 高志远

副书记： 高志平　田曾光（6月任职）

水峪贯乡

书　记： 刘　霞（女）

副书记： 高永平（5月任职）　刘建新（5月离职）　张志强

王家岔乡

书　记： 吕少东

副书记： 张国莲（女）　孟彩俊

温泉乡

书　记： 白茂生

副书记： 冀向萍（女）　贾培林（6月离职）

西豹峪乡

书　记： 刘玉欢

副书记： 王　政　夏海峰

中共河曲县委工作概况

县委书记　王书东

2012年，县委、县政府以迎接十八大、宣传十八大、贯彻十八大为工作主旋律，以转型跨越发展、建设新型工业旅游城市为目标，坚定不移贯彻落实“3581”发展战略，诚心诚意为全县人民谋幸福，坚持统筹兼顾与重点突破相结合，持续全力推进十大工程，着力抓好打基础利长远的重大项目、重要产业和重点实事，经济总量和发展质量有效提升，初步形成了经济社会转型跨越的战略格局和发展态势。

一、经济运行总体平稳，县域经济实力稳步提升

2012年底，全县生产总值完成59.1亿元，同比增长13%;规模以上工业增加值完成39.1亿元，同比增长19.6%;财政收入完成15.4亿元，同比增长19.5%；一般预算收入完成5.5亿元，同比增长15%；城镇居民人均可支配收入17773元，同比增长17.2%；农民人均纯收入4019元，同比增长18.7%。地区生产总值、规模以上工业增加值、固定资产投资、财政总收入绝对量位居全市前列。

二、项目攻坚成效显现，新型工业化取得重要突破

神华国能河曲电厂二期2×66万瓩机组和神华神东低热值煤2×30万瓩发电项目双双获得国家发改委正式核准文件。神华国能河曲电厂三期2×100万瓩发电项目计划明年拿到路条并开工，神华神东二期2×60万瓩发电项目前期工作加快推进，这预示着河曲县的发电能力将再翻一番。煤矿企业整合重组扎实推进，明年随着11座煤矿达产和黄柏煤矿700万吨项目开工，河曲县煤炭产量将实现第二个翻番。在非煤产业方面，上市公司同德化工稳健运营，产销爆一体化项目顺利推进，在民爆行业集约化、规模化发展中取得了领先地位。山东山水集团120万吨新型干法水泥项目建成投产。年产2万吨癸二酸项目以及一批中小企业项目落地，并招商引资储备了一批项目。河曲县新型工业化已经和正在取得重大突破。

三、扶贫攻坚扎实推进，初步探索到传统农业向现代农业转变过程中种地农民收入达小康的新路子

引黄灌溉一期工程通水到县城项目12月通水试验成功。河畔提黄灌溉工程试水运行。人饮安全工程解决了1万人的饮水安全问题。“一村一井”工程计划35眼，完成27眼，正在钻探8眼。五花城水库除险加固、县川河流域治理、中低产田改造工程全部完成。土地整理项目有序推进。全县脱毒马铃薯普及率由20%提高到80%以上，增产增收效益十分显著，涉及46个村4000多户的片区开发项目扎实推进。新建高标准设施农业830亩，初步形成文笔、巡镇、刘家塔等高效温室大棚生产基地。实施振兴畜牧产业“2531”工程，新建和改扩建标准化养殖小区12个、规模养殖场19个，重点培育39户科技养殖示范户。累计建成“一村一品”专业村31个，发展各类农民专业合作社295个，涌现出一批龙头企业和致富能人。脱毒种薯、种草养畜、新型节能大棚正在成为全县农民稳定脱贫增收的支柱产业。在东兴移民新村、北元移民新村、南元移民小区摆开三大主战场，规划安置8600人的移民小区建设扎实推进。6个整村推进扶贫项目扎实推进。完善集体林权制度改革，圆满完成了三北防护林、退耕还林、灌木造林、矿区绿化等生态绿化年度任务。新农村建设发展明星村3个，启动35个省级重点村。

四、创建国家卫生县城取得阶段性成果，新型城镇化打开新局面

按照市委、市政府“大干城建年”和创建国家卫生县城的工作要求，全县上下团结一心，大干苦干，把“创卫”作为解决老大难问题的战场、作为锤炼干部队伍的考场、

作为凝聚人心的磁场，胜利拿下了“创卫”任务，县城建成区面积扩大了一倍。长城大街基本建成，完成黄河大街、向阳大街等县城旧街道改造，城中村街巷全部硬化，新建了二级汽车客运站，新建和改造市场6处、公厕17座，新增绿地1400亩，完成供气、排洪、排污、通讯管线改造和电网升级改造。县城垃圾处理厂、污水处理厂、集中供暖扩容、县城供水水源井投入使用。强化了健康教育。健全完善了县城和城中村卫生保洁长效管理机制。加强了城市管理，农贸市场规范整洁，广告牌匾整齐美观，街道交通井然有序，卫生环境焕然一新。通过创卫这场观念革命、习惯革命和管理革命，县城面貌发生了历史性变化，极大地增强了广大干部群众热爱家乡、建设家乡的责任感和自豪感。“创卫”工作通过国家爱卫办验收，在巩固和扩展创卫成果的基础上，将于2013年挂牌。

五、民生实事深入推进，社会事业协调发展

经多方争取，延伸到河曲的神河高速公路建设加速推进，将于明年通车。准朔铁路连接河曲和准格尔旗的黄河特大桥成功合龙，石城万吨列集运（客运）站和县内13公里接轨铁路建设，已获得准朔铁路公司同意，正在加紧推进。河曲中学新校区按照省级示范高中的标准要求基本建成。巡镇中学职教中心实训大楼建成，中等职业技术培训发展迅速。高中教育出现了后劲增强、蓬勃向上的发展势头，高考二本以上达线人数248人，位居全市第三。义务教育均衡发展成效受到上级肯定和表扬，全市现场会在本县召开，县教育局在全国两基总结表彰大会上受到国务院表彰。学前教育三年行动计划全面启动。“一颗鸡蛋、二两肉”中小学生营养改善工程持续实施。县医院综合住院楼即将启用，计生工作由全省二类县跃升为全省优质服务县。省级民歌二人艺术人才培养基地在本县挂牌，成功举办四省（区）民歌二人台艺术交流展演和西口文化论坛，建立了河曲民歌二人台农村籍县级传承人补贴机制，省文化厅批准设立“河曲县文化生态保护实验区”。年初承诺兴办的“十件实事”有效落实。农村两轮“五个全覆盖”全部完成。覆盖城乡的养老保险体系基本建立，企业养老保险基金累计结存突破2亿元，为全省第一。新农合、新农保参合（保）率保持全市前列，新农保和城镇居民养老保险工作受到国务院表彰。全县三级卫生服务体系全面建立。城乡居民每人6斤碘盐免费供应实现全覆盖。对困难企业职工进行了爱心帮助。保障性住房二期全部完工，三期、四期开工建设。文笔敬老院基本完工。社会保障工作走在全省前列。

六、民主政治建设、精神文明建设与和谐社会建设不断加强

县委坚持统揽全局、协调各方的原则，积极支持县人大、县政府、县政协、政法、人武、统战和人民团体，各司其职，共同唱好一台戏。注重调动方方面面的积极性，同心同德、共谋发展的局面得到巩固加强。积极推进党务公开、政务公开、村务公开，重大规划、重大决策、重要活动、重要事项广泛征集意见，基层民主政治建设得到加强。积极支持县人武部基础设施建设，引深开展“三爱一创”活动，党管武装得到加强。深入开展法制宣传教育，稳步推进“六五”普法。坚持依法行政、严格执法、公正司法、全民守法，法治河曲建设迈上新台阶。深入开展社会主义核心价值体系学习教育，持续倡导三级干部岗位学雷锋，培育学习为乐、助人为乐、创业为乐、奉献为乐的新风尚。结合“创卫”，开展了文明卫生村、文明卫生社区和文明卫生单位创建活动。积极推进社会服务管理创新“三级平台、四级网格”建设。针对突出问题，部署开展了社会治安重点整治“三项战役”和严打集中行动，深入开展了打黑除恶专项斗争和民爆物品集中整治行动。共侦破刑事案件142起，查处治安案件987起。全面贯彻落实“安全生产年”和“打非治违”专项行动，进一步强化落实安全生产责任，认真落实信访工作责任制和信访积案化解措施，依法规范信访秩序，安全生产和信访稳定形势持续好转。

七、党的建设科学化水平不断提高

党的十八大召开后，县委及时作出安排部署，县委常委和党员干部带头学习、进村入户宣讲，用十八大精神统一思想、凝聚力量，掀起了学习宣传贯彻十八大精神的热潮。深入开展了“创先争优”活动、保持党的纯洁性学习教育活动和“三比一树”主题教育活动，广大党员干部的理论素养、党性修养和履职能力不断提高。按照党的干部政策，对换届后部分机关正职进行调整，干部工作步入了程序化、制度化、规范化的轨道，选人用人的公信度不断提高。按照“基层组织建设年”的要求，建立创先争优长效机制，对全县基层党组织进行了分类定级，全面推进“集成升级”6项计划。组织了形式多样的廉政教育和警示教育，围绕中心工作和热点问题，加大监督检查力度。精简行政审批项目，简化办事程序，提高了行政效能。开展民主评议政风行风活动，完善党务、政务、村务公开制度及评议、考核、责任追究制度。领导干部坚持联系重点工程、困难企业工作制度，扎扎实实下乡住村包村、进企业帮扶，认真落实中央改进工作作风、密切联系群众“八项规定”，强化党的群众路线教育，干部队伍思想认识有了新提高，工作作风有了明显改进。精心打造了6个农廉工作示范乡镇和50个农廉工作示范村，阳光农廉网覆盖率达到92.7%。强化案件查处工作，全年共立案112件，党政纪处分37 人，其中乡科级领导干部20人，重处分6案6人，切实起到了警示震慑作用。加强信访案件督办力度，严格落实信访问责制度，化解了一批突出问题。

（黄建林）

附：一、中共河曲县委书记、副书记、常委名单

书　记：王书东

副书记：李旭清　田尚麒
常　委：贺贵平　王志荣（4月离职）
刘东云（4月任职）　丁二明
韩　斌（4月离职）　刘建忠（4月任职）
赵辰隆　宋晓辉

二、乡镇党委书记、副书记名单

文笔镇
书　记：李步成
副书记：刘　军

巡镇镇
书　记：韩　昌
副书记：邬晋波　丁小文

楼子营镇
书　记：管劲春
副书记：王永锋　周永清

刘家塔镇
书　记：李晓峰
副书记：郝瑞光　赵建军

鹿固乡
书　记：张秀文
副书记：王永胜　王英强

单寨乡
书　记：郭永胜
副书记：薛志荣　管培元

土沟乡
书　记：周　明
副书记：王伯文　刘巨水

前川乡
书　记：贾建忠
副书记：朱玉清(女)　白欢兵

旧县乡
书　记：闫慧军
副书记：王彦东　周永厚

沙坪乡
书　记：王　军
副书记：张　甫

杜梁乡
书　记：刘云钦
副书记：钟永瑞　周海林

沙泉乡
书　记：李裕民（6月离职）
副书记：李永智　郭垒厚

赵家沟乡
书　记：邬志明
副书记：李成良　吕富军

中共保德县委工作概况

县委书记　段　新

2012年，保德县委坚持以科学发展观为指引，以迎接十八大、学习十八大、贯彻十八大为工作主旋律，认真贯彻落实省、市重大决策部署，紧紧围绕“建设三晋新型工业强县、中西部物流集散地、优秀宜居宜业城市”的总体目标，扎实开展了“项目落地年、农民增收年、城市建设年、作风转变年”四大活动，圆满完成了年初确定的各项目标任务。重点抓了以下三件大事：

一是兴起学习宣传贯彻十八大精神热潮，把党员干部群众的思想统一到十八大精神上来。县委把学习宣传贯彻十八大精神作为首要政治任务，发出了《关于开展学习宣传贯彻党的十八大精神活动的通知》，成立了县委宣讲团深入基层宣讲240多场次。县四大班子和单位、部门的负责人带头学习贯彻，纷纷深入到所包（联系）单位、乡镇、企业、村矿，向广大干部群众宣讲十八大，一起学习十八大、热议十八大，在全县上下营造了学习贯彻党的十八大精神的浓厚氛围。

二是坚持阔步前进、奋发赶超，经济保持良好增长势头。面对经济下行压力带来的不利影响，县委加强对形势的研判和对经济工作的领导，坚持转方式、调结构、抓项目、兴产业、办实事、惠民生，主要经济指标均实现两位数增长。全县GDP完成72亿元，同比增长14.2%；规模以上工业增加值完成56.3亿元，同比增长20%；固定资产投资完成58.9亿元，同比增长25.2%；社会消费品零售总额完成12亿元，同比增长16.3%；财政总收入完成19.2亿元，同比增长13.6%；一般预算收入完成6.1亿元，同比增长14.1%；城镇居民人均可支配收入完成19309元，同比增长15.1%；农民人均纯收入完成4570元，同比增长19.8%，全县经济社会发展进入了新的阶段。

三是坚持解放思想、先行先试，扩权强县成效凸显。积极抢抓“扩权强县”机遇，大力推进各项工作的落实。在项目建设上，通过BT合作、地企合作及“向上争取、向内挖潜”等模式，有效解决了资金、土地等瓶颈制约问题。在优化服务环境上，新建了政务服务大厅，实行一站式审批、一条龙服务，推动了项目的启动和实施。在协调地企关系上，县乡两级设立了地企工作协调办公室，最大限度地维护了群众利益，同时为企业创造了良好的发展环境。

同时，做了以下八方面主要工作：

一是“项目落地年”活动取得重大进展，发展后劲不断增强。一年来，县委千方百计上项目，全力以赴抓项目，先后启动实施了涉及农业、工业、基础设施、民生等方面的重点工程项目50项。同时，通过四大班子领导包联项目等制度，保证了项目建设的强势推进。截至2012年底，省市重点工程累计完成投资64.3亿元，完成年度投资任务的126.67%，得到了市委、市政府的高度评价和充分肯定，在全市重点项目建设评比中，荣获“二等奖”。同时，积极响应市委“走出去年”部署，借助中博会、青岛（韩国）商洽会、珠洽会、首届世界晋商大会、台湾招商会等平台，签约项目36个，签约总投资额103.28亿元。

二是“农民增收年”活动全面推进，农业产业化水平有效提高。立足于农民增收，县委坚持一手抓传统产业的增效提质，一手抓现代农业建设，大力发展设施农业、订单养殖等种养经济，全力打造保府城市圈的“菜篮子”。目前，以“两红、两杂、生态畜牧、设施蔬菜”为主的四大主导产业初具雏形，新发展“一村一品”专业村16个，设施农业2037亩，建设繁庄塔高新农业示范园和示范小区15个，启动实施了冯家川康熙万亩枣园旅游区建设工程，扶持发展科技示范户1000户，标准化养殖小区5个，规模养殖场13个，完成造林6.68万亩，被评为全省“农民增收先进县”和“‘两林’富民工程建设先进单位”。同时，积极推进社会主义新农村建设步伐和扶贫开发、农村富余劳动力转移等工作，完成了2000人的异地移民搬迁，培训农民2.2万人次，转移劳动力2500人。

三是“城市建设年”活动持续加力，人居环境大为改善。以东城区提质、西城区建设为重点，不断拉大城市框架、提高城市品位。目前，总投资8.5亿元的新城区基础设施建设工程全面铺开，“一横四纵”道路框架已形成。文昌塔、国防动员指挥中心、公安业务大楼建成投入使用；飞龙山度假公园一期项目、新县医院、标准化消防站建设接近尾声；同舟广场、体育馆等项目有序推进。同时，以创建省级园林城市、环保模范城市和优秀宜居宜业城市为目标，以硬化、绿化、亮化、美化、净化、气化建设为抓手，全党动员、全民动手、多方联动，大打了一场市容环境综合整治攻坚战，城市面貌焕然一新。城区垃圾无害化处理率达到100%，污水处理率达到95%以上，城区绿化率达到27%以上，热化率达到75%以上，气化率达到23%以上，荣获“山西省城乡环境集中整治先进县”称号。已连续五年通过“省级卫生县城”验收，连续两年进入“山西省十佳卫生县城”行列。

四是“作风转变年”活动扎实开展，党员干部焕发新的精神风貌。全面推行了情况在一线掌握、问题在一线解决、作风在一线转变、感情在一线培养、能力在一线锤炼、形象在一线树立的“六个一线”工作法。大力开展了思想纪律作风整顿活动，在县乡两级开展了100场“百姓直通车、服务零距离、百场千岗万人评”大型户外政风行风面对面活动，有效解决了群众关心的热点、难点问题。深入开展保持党的纯洁性学习教育活动和干部素能提升工程，分批组织全县广大干部到清华、北大、西北农林科技大学、省市党校进行培训，到大同、繁峙、代县、静乐、宁武等地学习考察，开视野、看差距、学经验。进一步深化干部下乡住村活动，133个机关企事业单位、1090名干部与185个村联系结对，察民情、解民忧、办实事。

五是社会事业进一步发展，民生福祉持续增进。公开选拔聘用了34名中小学校长（学区主任），免除了高一、高二在校生学费，对农村寄宿制学生实行了每人每天3.5元的伙食费补贴；全面推行了公立医院改革；提高了城乡困难群众的救助标准，为全县农村困难群众每户发放1吨“爱心煤”；公开招聘了194名大中专毕业生，城镇新增就业1797人，城镇登记失业率控制在3.8%以内；实施了402套保障性住房建设工程。养老、失业、工伤、生育保险覆盖面不断扩大。同时，进一步深化“安全生产年”、“专项整治年”等活动，安全生产形势继续保持了总体平稳的发展态势。深入开展党政班子领导大接访活动，实现了进京赴省到市零上访。加强和创新社会管理，大力推行网格化服务，有效维护了社会大局稳定。公检法职能有效发挥，严厉打击各类违法犯罪行为，人民群众的安全感和满意度明显提升。

六是民主政治建设积极推进，依法治县水平得到提升。县委充分发挥领导核心作用，在把好方向、抓好大事的基础上，协调各方，凝聚力量，为贯彻落实党的路线、方针、政策提供了强有力的政治和纪律保障。坚持和完善党的民主集中制，实现了决策的规范化、民主化、科学化。坚持和完善人民代表大会制度，加强对人大工作的领导，支持人大及其常委会依法履行职责。坚持和完善中国共产党领导的多党合作和政治协商制度，推进政协履行职能制度化、规范化、程序化。特别是注重发挥人大代表、政协委员的作用，支持围绕中心工作、重点工程等开展了一系列专题视察和调研，提出合理意见建议，供县委、县政府决策参考。高度重视统一战线和民族宗教工作，充分发挥工会、共青团、妇联等人民团体的桥梁纽带作用，切实加强对人民武装工作的领导，巩固和发展了安定团结的政治局面。积极发展基层民主，完善党务公开、政务公开、村务公开等制度，让人民群众充分享有知情权、参与权、表达权和监督权，共同参与社会建设。

七是宣传思想文化工作不断加强，文化强县建设迈出新步伐。深入贯彻落实党的十七届六中全会《决定》和省市一系列安排部署；强化组织领导，创新工作机制，狠抓工作落实，推动了文化事业的大发展。理论武装不断加强。健全完善了四大班子成员轮流讲学、县委常委理论学习考核等多项学习制度。组织开展了“抓住扩权强县机遇，推进转型跨越发展”解放思想大讨论活动，广大干部群众热爱家乡、建设家乡的氛围日益浓厚。文化事业迈上新台阶。

成功举办了第十五届黄河文化艺术节，并荣获“2012年度中国节庆产业金手指奖十大民俗节庆奖”。圆满承办了山西省报告文学创作会议，举办了建党91周年书画展、第三届职工运动会、广场文化周等活动，在农村播放电影4080场，极大地丰富了群众精神文化生活。精神文明创建活动深入开展。命名县级文明单位和文明示范单位106个，评出省级文明单位2个。

八是党的建设全面加强，执政能力有效提升。县委牢固树立“抓党建就是抓发展、抓发展必须抓党建”的意识，紧紧围绕全县中心工作和发展大局，谋划、部署、推进党建工作。先后健全完善了12类74项内部制度，开展了“基层组织建设年”活动，推行了党建集成升级“六项计划”，整体推进全县党组织晋位升级，取得了明显成效。全面落实党风廉政建设责任制。持续推进惩防体系建设，加大对违纪违法案件的查办力度，切实纠正各种损害群众利益的不正之风。全年共查办各类案件139件，涉及党员、公职人员139人，涉及科级干部21人。给予党纪处分88人，给予政纪处分43人，组织处理10人，受双重处理2人，开除公职1人。通过查处违纪违法案件，惩治了腐败，教育了干部，营造了风清气正的干事创业氛围。

（杨　剑）

附：一、中共保德县委书记、副书记、常委名单

书　记：段　新

副书记：郭新生　周书泉

常　委：宁志刚　岳海滨　侯俊生　王培才　张永红　李迎熙　王爱全

二、乡镇（街道）党委（党工委）书记、副书记名单

东关镇

书　记：刘竞才

副书记：郭守义　霍培荣　陈培光

桥头镇

书　记：高彦林

副书记：胡培全　张俊星（3月离职）　高际东（12月任职）　韩赛昌

义门镇

书　记：郭兴田（12月离职）　张智才（12月任职）

副书记：张海军　杨晋清（12月离职）　王翠珍（女，12月任职）　可英义（12月离职）　王建杰（12月任职）

杨家湾镇

书　记：张智才（12月离职）　郭兴田12月任职）

副书记：白利军　高际东（12月离职）　张　健（12月任职）　冯新波

腰庄乡

书　记：张埃平

副书记：赵　晋　姜永清（12月离职）　武荣科（12月任职）　王三清

窑洼乡

书　记：高彩文（女）

副书记：陈培峰（12月任职）　马宏宇（12月离职）　白如雪（12月任职）

土崖塔乡

书　记：翟连平（3月任职）

副书记：翟连平（3月离职）　翟志伟（3月任职）　张奋宇（12月离职）　周　宇（12月任职）　王　喆

孙家沟乡

书　记：李宝权

副书记：刘埃生　张　健（12月离职）　梁　栋（12月任职）　王晓东（12月离职）　狄常青（12月任职）

尧圪台乡

书　记：康智新

副书记：郭俊鸣　吴高宇（12月离职）　王焕林（女，12月任职）　李建平

冯家川乡

书　记：王耀光

副书记：孙彦林　白佩玉（12月离职）　王子健（12月任职）　徐振清（12月离职）　孙文俊（12月任职）

南河沟乡

书　记：白侯平

副书记：霍建新　梁　栋（12月离职）　张宇飞（12月任职）　崔晓伟

林遮峪乡

书　记：闫　俊

副书记：王志新　张建慧（12月任职）　郭海召（12月离职）　赵培荣（12月任职）

韩家川乡

书　记：张振清

副书记：李彦东　郭海召（12月任职）　武荣科（12月离职）　宋春龙（12月任职）　翟小平（12月离职）

街道办

书　记：王福全

中共偏关县委工作概况

县委书记　任建华

2012年，偏关县委团结带领全县人民，认真落实省第十次党代会、市委三届二次全会暨全市经济工作会议的战略部署，凝心聚力、砥砺奋进，坚持思路不变、目标不移、力量不减、劲头不松，按照年初十二届二次全会暨经济工作会提出的指导思想，以科学发展观为统领，继续深化“双五”发展战略，狠抓“七项”建设，强势推进“4815”重点项目，全县整体呈现出经济逆势走强、环境不断优化、民生显著改善、社会和谐稳定、党的建设全面加强的良好局面。

一、狠抓县委班子自身建设，进一步增强核心凝聚力

面对繁重的任务和复杂的形势，县委以提高执政能力为总抓手，总揽全局、统筹兼顾、突出重点、科学决策，保证了全县经济和社会事业的健康发展。

严守纪律，坚定不移贯彻上级精神。在重大原则问题上始终与党中央和省市委保持高度一致，力求对上级指示精神深刻领会，全面把握，不折不扣地抓好落实。同时注意从实际出发，做好结合文章，创造性地开展工作，努力使中央的路线方针政策和省市委的工作部署能够在实践中充分体现，取得了比较明显的效果。

坚持民主集中制，实现科学民主决策。建立和完善了重大决策的规则和程序，规范了县委常委会议事决策程序，做到准备充分，不临时动议，确保了常委会决策质量的不断提高。凡事关经济社会发展的全局性问题，事关群众切身利益的重大问题，以及社会普遍关注的热点难点问题，都经过深入调查，然后作出决策。在常委会内部，充分发扬民主，提倡知无不言，言无不尽，集思广益，民主决策，对领导班子调整、干部提拔使用等重大问题，都严格按照规定的程序，事先征求各大班子和有关同志的意见，反复酝酿，广泛讨论，统一思想，达成共识，然后正式开会讨论决策。

总揽全局、协调各方，充分发挥统领作用。县委支持人大依法履行国家权力机关的职能，支持政府依法行政，放心、放手、放胆地开展工作，支持政协履行好政治协商、民主监督、参政议政三大职能，将年初经济工作会上确定的各项重点工作、工程、任务分解，打破常规，通盘筹划，实行县四大班子领导所有成员“包重点项目、包重点工作”责任制，做到有分工、有合作，凝心聚力、共谋发展，县委形成了坚强有力的领导核心，形成了党风正、民心稳、事业兴的良好局面。

二、积极开展精神文明创建，主导方向促发展

制定出台了《关于贯彻党的十七届六中全会〈决定〉加快建设文化强县的实施意见》，积极推进“十项文化基础行动”，即“一策一业一品一节一剧一赛一台一企一园一景”。县财政设立了文化产业发展专项基金，每年将拿出200万元用于扶持优势文化产业。全县各级党组织深入学习党的十八大精神，紧紧围绕“忻州十问”，结合实际工作展开集中讨论和专题调研。目前，已收集理论调研文章11篇。开展了系列文明创建活动，其中在党政机关开展了“争当人民满意的公务员”主题道德实践活动，推动形成为民、务实、清廉、高效的政风。在工商企业开展了“争当优秀员工”主题道德实践活动，积极培育以诚信为核心的企业文化。在农村开展了“争当新型农民”主题道德实践活动，促进社会主义新农村建设。在城镇小区开展了“争当好市民”主题道德实践活动，积极塑造文明偏关的良好形象。在清明等传统节日，开展了“我们的节日”主题活动。4月23日至5月23日，开展了“全民读书月”活动。开展了“庆七一，喜迎十八大”知识竞赛和“对党忠诚，让党放心”主题演讲比赛。7月31日拉开帷幕为期一个月的“唱响偏关舞台艺术大赛”，以群众自己的舞台展示群众艺术。在全县建立了新闻发言人、舆情信息员、网络评论员和通讯员等四支队伍，为进一步把握舆论的主导权，坚持正确的舆论导向奠定了基础。

三、加强干部队伍建设，提升能力促发展

不断加强党员干部思想政治建设，努力促进党员干部掌握马克思主义的立场、观点、方法，着力提高党员干部运用科学理论和知识分析、判断、解决问题的能力。

完善干部教育培训机制。注重创新教育培训形式和内容，完善教育培训载体，不断增强党员干部的领导水平和执政能力。一是深化拓展“干部素能提升工程”。制定出台了《偏关县贯彻干部教育培训改革纲要实施意见》。充分利用干部在线学院、农村远程教育网等资源开展干部自主选学，全方位提高干部综合素质。二是健全干部培训网络。建立“五进三下”党员干部教育平台，确保做到“电视有图像、广播有声音、报纸有文字、网络有页面、手机有信息”，“基层调研有总结、基地培训有主题、阵地授课有内容”，全方位提高干部综合素质。三是实施重点专题培训。有计划地组织各级领导干部赴清华大学、武汉大学、西北

农林科技大学等知名学府进行专题培训。2011年以来，全县县级领导干部有37人次、乡科级干部有632人次、村级干部有1285人次参加了各类培训，通过教育培训，进一步增强了党员干部领导和服务科学发展的能力。四是创新学习培训方式。采取走出去学的方式，组织县乡村领导，先后到陕西杨凌、延安，河北蔚县，甘肃敦煌，本省长治、临汾、繁峙、永和等地学习考察现代农业、市政建设、旅游开发等方面的先进经验。大规模的学习考察，让全县党员干部进一步解放了思想，学到了经验，开阔了眼界，鼓足了干劲，提升了素质和致富带富能力。

健全干部选拔任用机制。一是认真贯彻执行《干部任用条例》，不断完善选贤任能的用人机制，坚持干部选任“四先四后”原则、“三三制”选任干部的新机制,创新了干部选任方式，全年共调整干部79人，营造了干事创业的良好氛围;二是强化干部监督，坚持“主动监督、关口前移”的思路和以教育为主、预防为主、事前监督为主的原则，把干部监督与选拔任用、日常管理、培养教育、考察考核和领导班子运行结合起来，实行关键环节监督、制度监督、群众监督、协同监督、网络监督、日常监督、重点监督的全过程监督，构建了全覆盖、无缝隙、立体式干部监督体系。认真贯彻落实市委“四度十一条”工作会议精神，开通了3312380干部监督电话，通过网络、手机、电视台、张贴宣传挂图进行宣传，提高知晓度。出台了《干部监督工作制度》。成立了舆情工作领导小组，组建了网络舆情应对队伍，加强了网络舆情应对队伍的教育培训，建立健全了网络舆情应急处置预案，不断强化对网络舆情的监测和管理。

积极推进干部人事制度改革。积极探索实践“两全”工作措施。一是全方位民主选拔，全过程反映民意。通过全方位推荐干部，把好初始提名关、全方位识别干部，把好考察质量关、全方位酝酿干部，把好任用环节关；二是全方位培养教育，全过程记实考评。通过选派干部到一线岗位培养锻炼，把优秀的年轻干部放在最能锻炼的岗位上培养、采取“外挂”、“内挂”、“下挂”的办法，进一步加大培养锻炼干部的力度、多形式、全方位抓培训，努力实现干部教育培训全覆盖；三是全方位实行严格管理，实现全过程实施干部监督。通过完善制度建设，强化规范监督、拓宽参与层面，强化群众监督、构建联动机制，强化协同监督、实施“三位一体”，强化网络监督、全方位跟踪，强化日常监督、注重关键节点，强化重点监督，落实广大干部群众的知情权、参与权、选择权和监督权，群众的参与面不断扩大，参与渠道不断拓宽，参与程度不断增强，有效提高了选人用人的公信度。

四、不断提高基层党建工作水平，夯实基础促发展

县委坚持党要管党、从严治党，高度重视基层党建工作，坚持把落实基层党建工作责任制摆在突出位置，立足“大抓党建，抓大党建”的宏伟构想，以大抓党建创先争优、抓大党建强基固本为目标，通过实施党建“双五工程”助推了县域经济“双五战略”目标的实现。

创新方法“五位一体”抓党建。一是立体推进抓领导。成立了由县委书记任组长、县长任第一副组长、副书记任常务副组长、常委任副组长，各相关单位领导为成员的大党建工作领导组，建立了县四大班子党员领导干部党建工作联系点，着力构建县委书记带头抓、常委重点抓、四大班子领导合力抓、组织部门具体抓、职能部门定点抓，分层实施，多维推进的大党建工作格局。二是制度规范抓常规。以常规工作抓规范为目标，抓好“1+7”系列制度建设。即以县委下发的《关于进一步加强党的基层组织建设的意见》为统领，从乡镇、农村、机关、事业单位、社区、国有企业、“两新”组织七个层面抓规范建设，形成队伍优化、制度健全、阵地达标、活动开展、作用发挥五种工作目标体系，抓好具体落实，以制度规范加强党建工作。三是动态创新抓突破。紧紧围绕县委大局和中心工作，本着管用、有效的原则，创新思路方法，在解决问题的动态过程中搞创新、求突破，在点上出经验，搞探索；在线上重实施，查不足，在面上做推广，见成效，做到常规工作规范，重点工作创新，确保党建工作常抓常新。四是分级考评抓提升。结合“联述联评联考”，基层党组织书记年底要就抓基层党建工作情况向上一级党（工）委进行专项述职；组织基层党组织、党员和群众代表对县、乡镇、村（社区）党组织抓党建工作情况进行评议。上级党（工）委要将所属基层党组织日常检查、半年督查、年终考评结果分别建档，科学分析，促进党建工作水平提升。五是奖惩兑现抓运用。实行考核评议结果排名、通报、反馈和问责制度，对考核为好的党组织和个人予以表彰奖励，对考核为差、工作不力的主要领导要进行“约谈”，限期整改。

夯实基础实施“五大工程”。一是党员先锋工程。以党员责任区、党员示范户、党员设岗定责、党员承诺制、党员结对帮扶等为载体和平台，加强党员教育和管理。二是支部堡垒工程。加强党组织班子建设，促进党组织工作规范化、活动经常化、资料档案化、全过程记录化。三是示范带动工程。把全县的先进代表、亮点品牌、典型经验推选出来，在各个领域、各个层面树立一批“可看、可听、可信、可学”的先进典型，全县建立乡镇党建示范点10个，村官教育示范基地10个，机关党建示范点10个。四是阵地达标工程。制定《村级组织活动场所晋级达标方案》，按方案标准分三类划分类别，要求二、三类场所制定具体升级措施，并限时达标，实现村级活动场所同步晋级达标。五是结对共建工程。结合干部下乡住村领导干部包村增收，开展城乡牵手、支部共建活动，形成党群部门包弱村、经济部门包慢村、政法部门包差村共建，涉农部门包强村，服务部门包社区，形成强弱互补、双强共建的城乡党建新局面。

五、深入推进反腐倡廉建设，优化环境促发展

加强教育规范，进一步提高廉洁意识。一是抓好示范教育和警示教育，巡回播放《右玉精神》、《比贪走得更远》等教育片20场次，1000多名党员干部受到教育。二是结合实际，进一步完善领导干部在公务接待、工作日中午禁酒、出国（境）等方面的规定，切实加强领导干部廉洁自律工作。三是深化公务用车管理。对全县公务车数量、编制等情况展开了地毯式清理，并印发了《偏关县公务用车配备使用管理办法》和《关于规范公务用车购置审批流程的通知》，按规定严格控制公务车购置。

坚持查信办案，进一步惩治腐败行为。大力加强案件查办工作。加强与司法机关、审计、财政等部门的沟通和联系，实行案件信息资源共享，不断完善办案工作领导责任制，突出查办案件重点，严肃查处了一批违纪违法案件。全县纪检监察机关共立案查处各类违纪案件106起，结案106起，处分违纪人员106人，其中科级干部19人，有力维护了党纪国法的严肃性。

加强监督检查，进一步优化发展环境。全县各级纪检监察机关把服务保障县委工作大局、优化发展环境作为履职尽责的根本，加强监督检查，确保政令畅通。一是对“双五”发展战略落实情况开展监督检查，突出对“4815”项目建设、市政建设“五项治理”落地实施的监督检查，保证了项目的顺利推进。二是围绕加快转变经济发展方式，加强对水利改革发展、节能减排和环境保护、耕地保护、节约用地、保障性安居工程建设等政策措施落实情况的监督检查，坚决纠正有令不行、有禁不止的行为。三是加强对整治“吃拿卡要”问题创优发展环境工作的监督检查。全面开展“吃拿卡要”问题专项整治，巩固和深化纪律作风教育整顿工作，有力促进了机关工作秩序的好转、办事效率和服务水平的提高。

（李　敏）

附：一、中共偏关县委书记、副书记、常委名单

书　记：任建华
副书记：王　源　王文阁
常　委：白建国　王映中　徐晓兰（女）　李贵峰　田小平　左　峰（4月离职）　梁利军（4月任职）

二、乡镇党委书记、副书记名单

新关镇
书　记：郭秀鸿
副书记：王卫兵　刘俊平
窑头乡
书　记：李　瑞
副书记：闫文俊　赵明君
陈家营乡
书　记：胡高峰
副书记：张翠莲（女）　张俊杰
万家寨镇
书　记：杨占录
副书记：白生成　梁震宇
天峰坪镇
书　记：武秀贵
副书记：高吉生　李生龙
楼沟乡
书　记：秦庆元
副书记：闫志忠　张艳军
老营镇
书　记：马　富
副书记：李为乐　李志强
水泉乡
书　记：李　毅
副书记：张俊峰　李世荣
尚峪乡
书　记：王在英
副书记：王安荣　白永宽
南堡子乡
书　记：郭建忠
副书记：戴永胜　郝丽丽（女）

中共吕梁市委工作概况

市委书记　高卫东

2012年，吕梁市委在省委的正确领导下，高举中国特色社会主义伟大旗帜，以邓小平理论、“三个代表”重要思想、科学发展观为指导，围绕迎接十八大、学习十八大、贯彻十八大，紧紧依靠全委会的同志，团结带领全市干部群众，坚持主题主线总基调，把握“打基础、利长远、惠民生”总体要求，突出抓好资源转化和扶贫攻坚，着力加强民主法制建设，着力保障和改善民生，着力创新社会管理，着力提高党的建设科学化水平，各项工作取得新进展新成效。全年地区生产总值完成1300亿元，增长10%左右；规模以上工业增加值完成890

亿元,增长 14%;固定资产投资完成 680 亿元,增长 25.5%;社会消费品零售总额完成 302.9 亿元,增长 16%;财政总收入完成 341.66 亿元,增长 23.37%;一般预算收入完成 141.95 亿元,增长 41.23%;城乡居民收入分别达到 20252 元、5647 元,增长 16.2%、19.01%。

一、加快转变发展方式,着力提高经济发展的质量和效益

第一,项目建设取得重大进展,传统产业升级步伐加快,新兴产业快速发展,调整优化产业结构迈出新步伐。抓住全省"项目落地年"重大机遇,以基础设施、产业转型、民生改善等项目为重点,建立完善项目储备、签约、落地、开工、建设、投产"六位一体"推进机制,一批重点项目建成达效。全年共铺开各类重点项目 473 个,总投资 5456 亿元,其中投资 10 亿元以上项目 66 个。特别是中国汾酒城、孝义信发铝系综合循环项目、中钢 1780m3 高炉、岚县太钢项目等一批骨干项目顺利建成,增强了经济发展后劲。围绕提高资源就地转化率,加快用先进技术改造传统产业,延伸产业链,促进资源型产业低碳、绿色发展,循环经济成为基本模式。焦化行业兼并重组稳步推进。把政策支持、产业引导放在加快非煤产业发展上,促进煤炭资本与新兴产业嫁接融合,一批煤炭企业投资农业产业化、白酒酿造、文化旅游等领域。着力培育经济发展新优势,高科技产业高位起步。柳林李家湾光电子工业园、离石无人机产业基地建设快速推进。现代商贸物流业加快发展,汾阳阳城商贸物流经济开发区、离石信义物流园区相继开工建设,沃尔玛、美特好等大型商贸企业入驻吕梁,居然之家离石店项目奠基开工。旅游产业继续保持快速发展势头。

第二,"一村一品"、"一县一业"扎实推进,农业产业化水平有新提升。把农民收入翻番作为"三农"工作的核心任务,全面落实强农惠农富农政策,全年"三农"投入达到 112.14 亿元,增长 29.5%。农业产业结构调整深入推进,孝义、文水、柳林等现代农业示范园区加快建设,累计建设各类园区 93 个、投资近 128 亿元。235 个专业村和 9 个基地县初具规模。农民专业合作社行政村覆盖率达 90%以上。农业龙头企业加快发展,全市亿元以上农业龙头企业达到 14 户,年销售收入实现 75 亿元。启动实施"农业六大工程",新建设施蔬菜 2.2 万亩、新栽核桃林 50 万亩、新建标准化示范养殖小区 342 个、新打井 200 眼、易地搬迁 2.28 万人、集中打造 101 个高标准新农村。启动实施新一轮连片特困地区扶贫攻坚工作,新减少贫困人口 11.3 万人,新完成引导性培训 15 万人,新转移农村劳动力 5.1 万人。

第三,特色城镇化和基础设施建设加快推进,城乡一体化迈出新步伐。把基础设施建设作为推进城乡一体化的重要载体。岢临高速、环城高速、临离高速主体完工,西纵高速进展顺利,中南出海大通道铁路、太兴铁路加快建设,吕梁民用机场今年前半年通航试飞,立体交通网基本形成。惠及 10 个县(市、区)的中部引黄工程进展顺利,5 处沿黄提灌工程主体基本完工,16 个施工支洞全部开工。龙门供水工程、离石千年水库基本完成,坪底水库开工建设。着眼吕梁中心城区长远发展,启动实施吕梁新城建设,一期 30 平方公里总体规划全面完成,正式奠基开工。汾阳阳城新区、文水文东新区等 10 个县城新区建设加快推进。深入开展城市容貌和人居环境整治,11 个县顺利通过省级卫生城市复审,岚县成功创建国家卫生城市。30 个市级重点特色镇加快建设,2 个省级示范镇建设稳步推进。全市城镇化率新提高 1.7 个百分点,达到 41.54%。

第四,扎实开展造林绿化和节能减排,生态环境有新改善。严格落实节能减排目标责任制,深入开展环境质量改善攻坚行动、违法排污整治等专项活动。加大落后产能淘汰力度,淘汰末位企业 31 户,关停取缔落后生产工艺企业 45 户。实现市县空气质量自动监测站全覆盖。扎实推进以"身边增绿"为重点的造林绿化工程,全年完成营造林 56.11 万亩、通道绿化 226.5 公里,全市林木绿化率达到 34.1%。全市空气质量优良率为 96.6%,同比增加 0.2%;大气综合污染指数 1.65,同比下降 2.4%。13 县(市、区)空气质量均达到国家二级标准。

第五,进一步深化改革,对外开放取得新进展。深入推进国有企业改革、事业单位分类改革,医药卫生体制改革任务全部完成。扩权强县试点取得新成效。扎实推进综改试验区建设,《吕梁行动方案》顺利获批,十大标杆项目加快建设,"一市两县"、"一市两园"、"一县一企"试点工作进展良好。加强对外交流与合作,与国防科技大学成功签订战略合作协议,组建军民融合协同创新研究院。积极组团参加第七届中博会、首届世界晋商大会、第四届能源博览会等大型招商引资活动,签约项目 84 个,拟引资 1912.2 亿元,到位资金 589.51 亿元,完成省下达任务的 143.95%。

二、加强宣传思想文化工作,文化兴市取得新成绩

一是大力加强社会主义核心价值体系建设。坚持把社会主义核心价值体系教育融入转型跨越的生动实践,社会主义意识形态的吸引力和凝聚力进一步增强。以学习宣传贯彻党的十八大精神为契机和动力,深入开展学习弘扬右玉精神、吕梁精神活动,各级干部尽职履责、勇于担当的责任感和紧迫感进一步增强。

二是大力加强新闻宣传和舆论引导工作。围绕中央、省委和市委重大决策部署,开展"科学发展、成就辉煌"、"十八大精神在基层"等主题活动,唱响科学发展、转型跨越的主旋律,形成学习宣传十八大的浓厚氛围。加强互联网等新兴媒体管理,有效化解网络突发事件。建立新闻发言人、网络新闻发言人、网络评论员、通讯员和舆情信息员"五支队伍",积极推进新闻发布工作规范化。加大对外宣传力度,积极开展一系列外宣交流活动,展示吕梁的新形象。

三是深入开展思想道德建设和精神文明创建活动。组织第二届道德模范、"吕梁好人"评选活动,命名表彰第九批"当代吕梁英雄",开展省、市道德模范巡讲活动,营造了崇尚道德模范的社会新风。制定出台文明城市、文明单位、文明村镇创建管理标准,孝义市荣获全国文明城市提名奖、省级文明

城市称号，汾阳市、柳林县荣获省级文明城市创建工作先进县市。加强大学生思想政治教育和未成年人思想道德建设，大力实施文化环境净化工程，各类群众性文化活动蓬勃发展。

四是大力发展文化事业和文化产业。坚持社会效益和经济效益同步提高，文化精品生产继续保持旺盛活力。电视连续剧《红军东征》在央视一套播出，大型现代晋剧《刘胡兰》获“第七届全国儿童剧优秀剧目奖”，晋剧《杏花酒翁》获“全国戏剧‘文化奖’七项大奖”和“第五届中国国际青年艺术节优秀剧目奖”。加强公共文化服务设施、基层文化阵地和文化队伍建设，农家书屋、村级综合文化活动室等重点文化惠民工程实现全覆盖，全市30余个图书馆、文化馆、博物馆向社会免费开放，文化惠民活动实现常态化。加强文化产业基地规划和建设，编制完成《吕梁市文化产业发展规划纲要》。实施重大文化产业项目带动战略，交城庞泉沟漂流项目、孝义木偶影视拍摄基地、汾阳文湖文化园区等一批新型文化基地加快建设。文物和非物质文化遗产保护工作进一步加强。成功举办第二届年俗文化节和文艺产品、民间工艺品博览会，促进文化产业健康发展。文化体制改革阶段性任务基本完成，走在全省前列。

三、着力改善和保障民生，促进社会和谐稳定

一是民生工程扎实推进。全市各级财政用于与民生直接相关的投入达到185.39亿元，同比增长33.4%。农村新的“五个全覆盖”全部或超额完成。低收入农户“暖心煤”发放111.8万吨，全面完成省下达任务。在全市所有行政村兴办“方便农民五件实事”，全面完成任务的行政村占到总数的三分之一以上。抗灾救灾有力高效，全市投入救灾资金2.33亿元，动员各级机关、厂矿企业和干部群众捐赠衣物17.23万件，灾后重建工作有序展开，灾区群众生活稳定。各类教育统筹推进，全面完成义务教育薄弱学校改造工程，4个县启动农村义务教育学生营养改善计划。新一轮普通高中建设取得重大进展，新建10所、竣工9所、5所投入使用。基本药物制度在基层医疗机构实现全覆盖，新型农村合作医疗参合率达到97.79%。人口和计划生育工作继续全省领先。保障性住房建设超额完成省下达任务，廉租房、公租房、经济适用房、限价普通商品房建设力度进一步加大。

二是就业和社会保障工作得到加强。采取有力措施促进就业创业，新增城镇就业5.61万人，下岗失业人员再就业1.6万人，城镇登记失业率2%，低于省控4.2%的目标。加快完善覆盖城乡的社会保障体系，推进“社保覆盖面、服务一卡通”，养老、医疗保险基本实现城乡全覆盖规定人群，参保人员人人持有社会保障卡。非公经济单位参保率达50%以上。提高城乡低保、农村五保、孤儿和部分优抚对象生活补助标准，困难群众的基本生活得到有效保障。

三是安全生产持续明显好转。严格落实企业安全生产和政府安全监管两个主体责任，深入开展“安全生产年”、打非治违、百日安全隐患排查整治等一系列专项活动，有效遏制重特大安全事故，全市安全生产形势继续趋稳向好。去年全市各类安全生产事故起数和死亡人数分别下降16%和5%；煤炭百万吨死亡率为0.015，同比下降48.3%，实际死亡1人，远远低于省下达9人的控制性指标，安全生产继续保持较好水平。

四是社会管理和维护稳定工作进一步加强。严格落实维护稳定责任制，继续深化社会矛盾大调解、社会治安大防控、治安秩序大整治“三大体系”建设，不断引深“平安吕梁”创建活动。全面推进基层社会服务管理体系建设，增强城乡社区服务功能，加强流动人口和特殊人群服务管理，着力构建“两新组织”服务管理体系，推进社会管理项目化、网格化、信息化。深入开展对“六类地区”、“十八类场所”、“校园及周边”治安秩序的集中整治，全市共整治治安混乱地区375处，九小场所17655处，排查学校及周边629处。严厉打击各种违法犯罪活动和黑恶势力，全市共破获各类刑事案件3673起，打掉各类违法犯罪团伙91个382人，抓获刑事作案人员2840人。加强和改进对政法工作的领导，加强政法队伍建设。完善信访工作制度，开展市对县面对面点评、信访积案化解行动、集中研判处理等一系列专项活动，信访总量、集体访、进京非正常访明显下降。

四、加强和改进党的建设，为转型跨越发展提供坚强保障

一是深入推进学习型党组织建设。出台《学习型党组织创建标准》，扎实推进学习型机关、学习型支部、学习型企业、学习型社区等创建活动，命名表彰72个“学习型党组织”。市委中心组共举行11次集体学习，邀请专家学者就转变发展方式、推进科技创新、转型综改试验区建设等作专题辅导，取得良好成效。创新干部教育培训方式，全市共举办77余个干部培训班次，8900余名干部参加培训。坚持“请进来”与“走出去”相结合，先后邀请4位专家学者作客“吕梁大讲坛”，选派300名干部参加农业部干部管理学院、上海复旦大学专题培训班。干部在线学习进一步加强。

二是创先争优活动扎实开展。引导基层党组织和广大党员创转型跨越之先、争富市惠民之优。在基层党组织和党员中，实施了素质工程、先锋工程、堡垒工程、示范工程、强基工程，建立党员先锋岗2.4万个，15万名党员写出公开承诺书，在窗口单位和服务行业党员中开展了“三晋先锋在行动”活动，建立党员示范窗口1.8万个、党员责任区1.5万个，形成一批创先争优理论成果，完善一批务实管用的创先争优制度。召开全市创先争优表彰总结交流大会，推动创先争优活动常态化、制度化、长效化。

三是领导班子和干部人才队伍建设进一步加强。深化干部人事制度改革，坚持德才兼备，配班子、选干部、建队伍，完善公开选拔、竞争上岗和差额选拔干部等制度，开展从优秀大学生村官中公开选拔乡科级副职领导干部、从优秀年轻干部中选拔团市委副书记等工作。从严干部监督管理，深入开展“一报告两评议”和领导干部报告个人有关事项工作，重新审定近三年新提拔干部的“三龄两历一身份”，全面清理干部队伍中“吃空饷”人员。进一步完善干部政绩考核评价体系。

选聘74名大学生村官。实施人才引进工程,累计引进两院院士2名,高层次人才264名。

四是基层党组织建设扎实推进。认真落实基层组织建设年活动各项任务,深入开展基层党建"一报告一评议"工作和"十星级党员"评选活动。大力实施农村"领头雁"培训工程和基层党组织提升转化工程,全市7094名农村"两委"干部进行集中培训,8263个基层党组织进行分类定级。启动社区党建网格化试点管理工作,全面推广"文建明工作法",建立基层党建工作专项述职评议制度。实现非公有制经济党组织"全覆盖",集中组建党组织6328个。

五是党风廉政建设和反腐败斗争取得新成效。认真落实党风廉政建设责任制,市委常委带队对各县市区党风廉政建设情况进行考核检查。完善建立具有吕梁特点的"一网八平台"惩治和预防腐败体系,实现阳光农廉网市县乡村四级联网。扎实开展整治"吃拿卡要"和"千人百日百案"专项活动,大力整治公路、学校、医院乱收费行为,切实解决人民群众反映强烈的突出问题。深入开展《廉政准则》学习教育活动,领导干部廉洁自律取得新成效。加强对重大决策部署落实情况的监督检查。加大案件查办力度,全市各级纪检监察机关共立案查处1453件,党政纪处分1751人,挽回经济损失4032.72万元。

(薛 斌)

附:中共吕梁市委书记、副书记、常委名单

书 记: 杜善学(1月离职) 高卫东(1月任职)

副书记: 张九萍(1月离职) 丁雪峰 吴志国(4月任职)

常 委: 牛社威 雷建国 刘保明 吕改莲(女) 张效彪 李良森 刘云晨 陆崇相 秦怀金(挂职,10月任职)

中共交城县委工作概况

县委书记 李志安

2012年是实施"十二五"规划的关键之年,是强力推进"三大建设"、落实"两大任务"的攻坚之年。一年来,交城县委在省委、市委的正确领导下,深入贯彻落实党的十八大精神和中央、省委、市委决策部署,持续推进"1359振兴工程",团结带领全县人民锐意进取、攻坚克难,全县经济社会呈现出转型发展、跨越发展的良好局面。

积极发展县域经济,综合实力迈上新台阶。全年地区生产总值完成73.5亿元,同比增长12.2%;规模以上工业增加值完成60.98亿元,同比增长16.82%;全社会固定资产投资完成30.36亿元,同比增长20.26%;社会消费品零售总额完成15.12亿元,同比增长14.11%;财政总收入完成11.4亿元,与2011年基本持平;一般预算收入完成5.56亿元,同比增长33.03%;城镇居民人均可支配收入达到14870元,同比增长13%;农民人均纯收入达到6229元,同比增长18.3%。这些指标是在经济下行压力大、交城县煤焦等传统主导产业萎缩、新兴产业艰难成长的形势下取得的,确实来之不易。

项目建设力度空前,产业发展实现新突破。全年共实施重点项目43个,总投资209亿元,完成立项审批41个,环评审批34个,土地审批39个,43个项目全部开工,完成投资139.52亿元,18个项目完工或部分完工。项目审批攻坚力度加大,国锦煤电2×30万千瓦热电联产项目、宏特公司6万吨/年超高功率石墨电极项目等先后通过国家相关部委审批,促进了项目快速落地。积极拓宽融资渠道,累计为中小企业融资29.08亿元。严格实行"一个项目、一套班子、一组人马、一抓到底"的项目包联机制,县四大班子领导深入重点企业现场办公,一些影响项目建设的瓶颈制约得到有效解决。对外合作全面提升,先后引进德国西格里集团、美国阿姆斯壮公司、中国电力国际公司、上海医药工业研究院、阳煤集团、太原河西农产品发展公司等大企业、大集团,为县域经济发展注入了强劲活力。旅游产业快速提升,顺利通过国家"千年古县"专家组评审,卦山、玄中寺被正式批准为国家4A级景区,全县旅游人数达到近100万人,是常年旅游人数的10倍,沉睡千年的独特生态旅游资源成为山区群众的"幸福源泉"。

惠农措施落实有力,"三农"工作开创新局面。坚持以特色产业发展带动农民增收,新发展核桃经济林1.3万亩;依托原禾源、坤润等龙头企业带动,新建日光温室650亩、蔬菜大棚1067亩,其中,原禾源公司投资4.8亿元,建设1000亩蔬菜种植基地、500亩蔬菜瓜果仓储供应中心;特色养殖业总产值实现翻番,达到3.72亿元;新的"五个全覆盖"工程圆满完成,累计硬化街巷道路1406.5公里,建成农村体育健身场所148个、农家书屋142个、便民连锁店39个,1054人享受到中等职业教育免费政策,90192人享受新型农村养老保险;"方便农民五件实事"扎实推进,累计投入4100万元,完成32个幼儿园、36个洗澡理发室、36个磨面豆腐房、41个红白理事厅、41个村路灯安装任务;稳步推进扶贫攻坚,全年转移农村劳动力3500人,减少贫困人口5015人。

城乡建设统筹推进,发展环境展现新面貌。投资1.8亿元,铺开城建重点工程20余项,南环路拓宽改造后续配套工程、天然气支线管网铺设工程、新开路中段安置房主体工程相继完工;县城垃圾填埋场正式开工建设,城南集中供热工程扎实推进。基础设施建设力度加大,大安线(大游底-安定)、后义线(后火山-义望)路面改造工程圆满完成;总投资 5.2 亿元的太中银铁路战略装车点正式开工建设；总投资 3900 万元的天宁 110KV 输变电工程基本完工；龙门供水工程顺利推进，渠首枢纽工程及倒虹吸工程已顺利完工，引水入川、引水进城目标指日可待，"交城山交城水，不浇交城浇文水"的千年历史将彻底改写；柏叶口水库开始试蓄水，278 户、950 名库区移民喜迁新居；完成安全饮水工程 12 处，1 万余人的饮水安全问题得到有效保障。

社会事业深入发展，民生改善得到新加强。交城二中改扩建二期工程、职中新校园一期工程、农村幼儿园建设工程扎实推进；总投资 5 亿元、设置床位 600 张的山西医科大学第一医院交城分院奠基，新型农村合作医疗参合率达到 99.73%；农村文化体育健身场所、农家书屋实现全覆盖；对外宣传力度加大，举办首届"山水交城"全国摄影大赛，丰富了群众精神文化生活；城镇居民养老保险实现全覆盖，工伤保险、生育保险、医疗保险参保人数稳步提高；加强生态文明建设，全面铺开造林绿化工程，栽植各类苗木 620 余万株，对 143 户企业实行了环保综合整治，取缔土小企业 10 户，城区二级以上天数达到 361 天，污染指数由去年的 1.65 下降到 1.46，生态环境明显改善。

管理创新稳步推进，社会建设取得新成效。深入开展"大排查、大接访、大化解"活动，全县 1163 名党员干部深入 148 个行政村、6 万余户家庭，累计排查化解各类矛盾纠纷 28088 件，进一步密切了党群干群关系。健全完善信访工作机制，信访稳定工作走上良性轨道。全力抓好社会综合治理工作，群众安全感进一步增强。全面启动以"三中心一社区一网格"为主的社会管理体系建设，县、乡、村(社区)、网格"四级联动"的社会服务管理体系逐渐形成。高度重视安全监管，排查整改安全隐患 749 处，安全生产形势持续平稳。

党的建设全面加强，执政能力得到新提升。以学习贯彻党的十八大精神为统领，以创先争优和保持党的纯洁性学习教育活动为载体，干部队伍思想素质和工作能力进一步增强。扎实开展"基层组织建设年"活动，445 个基层党组织实现了晋位升级。坚持"三重三论"选人用人导向，一批德才兼备、苦干实干、能力突出的干部得到提拔重用。从严落实中央、省、市关于作风建设各项新要求，扎实开展纪律作风整顿和"吃拿卡要"专项治理，党风、政风和社会风气明显好转。

附：一、中共交城县委书记、副书记、常委名单

书　记：李志安

副书记：乔晓峰　李义祥

常　委：曹万新　李忠毅　郭　强　刘小栋
郑仰强(5 月离职)　权扣维　武冬祯
谢文波(5 月任职)

二、乡镇党委书记、副书记名单

天宁镇

书　记：权扣维(5 月离职)　张五宁(5 月任职)

副书记：冀　斌(5 月离职)　王建军(7 月任职)
樊秋平(9 月任职)　赵恩光(8 月任职)
白联瑾　侯宝明(9 月任职)

夏家营镇

第一书记：权　斌(4 月任职)

书　记：权　斌(4 月离职)　薛耀刚(4 月任职)

副书记：王建福　魏明生　双飞(9 月任职)

西营镇

第一书记：双然兴(5 月任职)

书　记：杨　辉(5 月离职)　李华斌(5 月任职)

副书记：李志武(5 月离职)　司记才
曹仙刚(9 月任职)　闫林忠(9 月任职)

洪相乡

第一书记：韩　说(5 月任职)

书　记：程通彦(5 月离职)　李志武(5 月任职)

副书记：任勤林(5 月离职)　游　芳(女)
连光辉(9 月任职)

岭底乡

书　记：韩　说(5 月离职)　程通彦(5 月任职)

副书记：王建军(7 月离职)　张学强(7 月任职)
张一民(9 月离职)　杜慧琴(女，9 月任职)

水峪贯镇

书　记：张五宁(5 月离职)　冀　斌(5 月任职)

副书记：卞德昌(5 月离职)　郭志强
马宁祥(9 月任职)

西社镇

书　记：双然兴(5 月离职)　寇拥军(5 月任职)

副书记：张学强(7 月离职)　张宝山(9 月离职)
张一民(9 月任职)

会立乡

书　记：薛耀刚(4 月离职)　卞德昌(5 月任职)

副书记：寇拥军(5 月离职)　庞利虎(9 月离职)
李志坚(9 月任职)

庞泉沟镇

书　记：李华斌(5 月离职)　任勤林(5 月任职)

副书记：郝艳萍(女)　闫林忠(9 月离职)
王　伟(9 月任职)

东坡底乡

书　记：刘建军(3 月免职)

副书记：赵辉彪　张　伟(9 月离职)
段剑峰(9 月任职)

中共文水县委工作概况

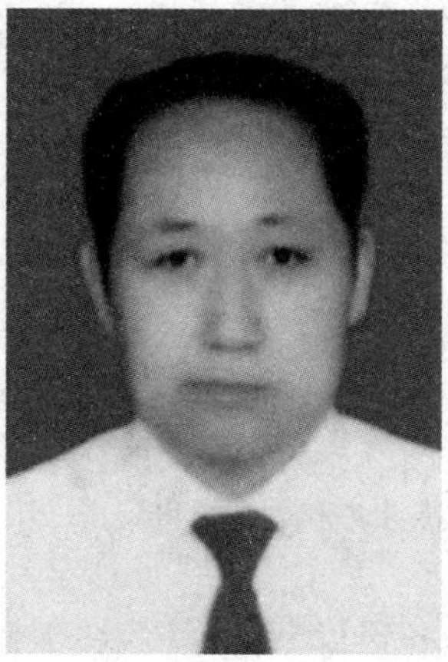

县委书记　孙善文

2012年，在省委转型发展、跨越发展战略的指引下，在市委的正确领导下，县委团结带领全县广大干部群众，积极面对国内外经济持续低靡的冲击，面对经济社会发展相对落后的压力，继续坚持“三五发展战略”，集中精力发展经济，更加注重改善民生，全面加强民主法制、精神文明和党的建设，全力维护社会稳定，开拓进取、埋头苦干，各项工作取得了良好成绩。全县生产总值完成51.17亿元，同比增长7%，全年完成56亿元；固定资产投资完成12.9亿元，同比下降20.97%，年底完成14.1亿元；社会消费品零售总额完成12.79亿元，同比增长14.4%，全年完成14亿元；财政收入完成5.1613亿元，同比下降5.9%，全年完成5.6亿元；一般预算收入完成1.9637亿元，同比下降0.3%，全年完成2.142亿元；城镇居民人均可支配收入13640.2元，同比增长14.94%，全年完成14940元；农民人均现金收入完成6524元，同比增长16%，年底农民人均纯收入为6501元。

一、项目建设扎实推进，工业经济遭受冲击，县域经济发展喜忧参半

受国际金融危机和国内经济形势影响，积极采取各种有效措施应对金融危机，把项目建设作为突破口，推动经济平稳发展。一是扎实推进“百项重点工程”项目建设。目前，文水县列入市“百项重点工程”的5个大项目进展顺利，其中：投资25亿元的海威公司新区建设一期工程顺利完成，1800m³炼铁高炉年底点火试车；金地煤焦300万吨煤矿建设进入井下二期工程及地面储装运系统全面施工阶段，即将投产；国金电力2×350MW煤矸石发电项目、2×200万吨水泥项目相继开工；太中银铁路文水战略装车点项目经省发改委首家核准并已开工建设。二是全力招商引资。重新修订完善了《文水县招商引资实施办法》，将招商引资任务分解到县四大班子和各乡镇，全党动员，全民动手，不断创新招商理念，加大招商引资力度。充分发挥文水在外人员多、人脉关系广的优势，积极组织商会、推介会及各类招商活动，以情招商，以商招商，山东六和集团畜禽产业服务项目、山西陆宇物流园区项目、中国水电集团投资25亿元的风力发电项目等先后签约落户文水县，增强了县域经济发展后劲。三是积极向上争取资金。坚持“走出去”，立足“跑项目”，加强与上级部门沟通和联系，积极争取项目资金扶持。通过项目承载，已争取到各类资金11366.7万元，为文水的经济建设注入了活力。

二、新农村建设步伐加大，产业化进程不断加快，“三农”工作成效显著

“三农”工作始终是文水县各项工作中的重中之重。文水县不断加强对“三农”工作的重视，加大“三农”投入，全面加快新农村建设步伐。17个重点推进村的规划编制基本完成，全面实施了“四化四改”、“五个一工程”，农村人居环境得到明显改善。新“五个全覆盖”工程进展顺利。全县完成街巷硬化1072.5公里；建成便民连锁店119个，发展便民店190个；建成综合性乡镇文化站12个，建成农家书屋199个，建设村级文化活动场所完成文化信息资源共享工程村级站点199个，完成农村流动书库建设199个；为山西徐特立高级职业中学的1497名学生免除学费89.82万元；新型农村社会养老保险参保人数达到18.37万人。农业经济稳步发展。投资10亿元的大象农牧肉鸡产业综合开发项目即将投产达效；投资3.2亿元的诚信种业新品种育繁推一体化项目全面启动，300亩良种繁育基地、1000亩试验示范基地已建成，2万亩制种基地正抓紧建设；投资5.2亿元的仙塔食品木本粮功能食品开发项目顺利推进，建成后将有效推动吕梁地区干果、杂粮产业化发展；野山坡饮品第二条年产1万吨生产线投产，生产规模不断扩大，市场份额居全省同类产品领先位置；鑫杰食品年产万吨农产品加工商贸物流扩建项目稳步推进；汇丰源食品放心豆制品农业产业化项目正式启动；同州酒业上马年产2万吨“雪莱”梨汁生产线。完成西部边山4000亩核桃经济林种植项目，新发展设施蔬菜2000亩，全县设施农业规模效益逐步显现。

三、城镇建设取得突破，社会事业不断发展，民生得到持续改善

城镇建设迈出新步伐。稳步推进文东新区建设，学府路、北环路和堡子村村民安置小区建设基本竣工，红旗桥、大陵桥扩宽，北环桥、胡兰桥新建和则天大街东延改造工程正式启动。扎实推进刘胡兰村中心集镇建设“1+10”工程，其中人畜安全饮水、街巷硬化、十字街改造、环村公路、农贸市场、客运站等项目已完工；1800亩高标准农田建设项目，已获省国土厅批准；刘胡兰故居广场建设项目、肉牛集中养殖基地建设项目、祁方线改线工程项目、红色旅游路改造项目正在积极申请上级部门审核批复。投资2900万的磁窑河整治工程完工，投资4.6亿的文峪河整治工程正式立项。投资3.4亿元、总里程1982公里的街巷硬化工程基本完成。大下线(下曲—武良)、柳开线(吴村—武良)、战备路(白玉酒厂—汾阳界)改造项目基本竣工，区域交通状况得到有效改善。

社会事业全面发展。全县人民期盼已久的新文中、新县

医院建设进展顺利。新文中的主体已经完工，正在实施室外附属工程、完善扫尾工程；新医院的门诊楼、医技楼主体结构已全部完成。西南街学校、城镇第五中学、县特殊教育学校正在加紧建设。35.06 万农民参加新型农村合作医疗，参合率达到 95.47%，全县乡、村两级医疗机构全部实行国家基本药物制度，实现零差率销售。就业再就业、社会救助、社会福利、优抚安置等各项工作健康发展，社会保障覆盖面进一步扩大。

四、深入开展“三大活动”，圆满完成十八大安保，有效维护平安稳定社会大局

按照市委“打基础、利长远、惠民生”的总体要求，在全县范围内开展了“矛盾纠纷大排查、领导干部大接访、信访案件大化解”活动。全县共排查出 67481 件问题，化解 67454 件，化解率达到 99.96%，书面答复率达到 96.25%。全县各级领导干部接待群众 10620 批次 15661 人次，解决重点问题 874 个，调处矛盾纠纷 3519 起。全县依法处置非正常越级上访、缠访闹访人员 86 名，其中训诫 70 名、行政警告 4 名、行政拘留 10 名、刑事拘留 2 名。县委书记、县长包办的 20 件案件已化解 20 件、息诉 20 件，省、市交办的重点信访案件已经全部有效化解，化解率达到 100%，息诉率达到 93.75%。特别是十八大期间，全县构筑村、乡、县“三道防线”和汽车站、火车站、公路、铁路“两站两路”防控体系，设立了 10 人的驻京接访组和 3 人的驻省接访组，确定了 86 个重点信访案件、135 名重点信访稳控人员，全部落实了“四包一”稳控措施，并同步制定应急预案，一旦发现情况，能够快速反应，妥善应对。十八大期间，文水县没有发生一起进京非访事件，实现了信访稳定“两个零”和“三个不发生”的目标。

五、坚持正确舆论导向，扎实推进文明创建，营造和谐向上的社会氛围

理论武装工作不断强化。紧紧围绕县委中心工作，纵深推进全县领导干部的理论学习，以“分类送学”为契机，就新农村建设、当代安全观及事故预防、国际经济形势等专题对全县干部进行了培训。抽调全县理论骨干组成宣讲团，深入乡镇、机关、企业、学校、社区开展十八大精神集中宣讲活动，面对面地向广大干部群众介绍、阐释党的十八大精神，使十八大精神家户喻晓，深入人心，快速营造学习宣传贯彻十八大精神的良好氛围。

先进文化建设有效加强。加大文化惠民力度。认真组织开展“送文化下乡”活动，全年共为基层群众开展专场演出 18 场，放映电影近 2400 场，送图书下乡近 3000 册，送科技信息下乡 30000 份。继续加大非物质文化遗产挖掘、发现和保护的力度，积极开展武士䕶陵墓及攀龙台碑的发掘保护工作。继续加大“扫黄打非”和网吧整治监管力度，打击盗版和非法出版物，有效规范市场经营秩序，进一步净化未成年人成长环境。

六、加强基层组织建设，狠抓反腐倡廉工作，党的建设不断加强

干部教育培训工作迈上新台阶。以党的十八大精神为主要内容，利用党校集中培训、县委理论中心组学习等方式，认真抓好党员领导干部的学习培训，加强全县各级领导班子和广大党员干部的理想信念教育、思想道德建设和先进性、纯洁性建设，广大党员干部的精神状态和工作作风得到有效改善，在全县上下进一步营造了转变作风、狠抓落实、求真务实、干事创业的浓厚氛围。

基层组织建设得到全面加强。以“基层组织建设年”为契机，按照“抓落实、全覆盖、求实效、受欢迎”的工作要求，全面推进基层党组织晋位升级工作。全县 199 个农村党支部分类定级为好的 20 个全部得到巩固提高，其余 179 个支部晋位升级为好的 54 个，较好的 95 个，实现晋位升级比例达到 85%，机关事业单位晋位升级的比例达到 83.6%，非公企业达到 75%，基层组织的凝聚力、战斗力和创造力得到进一步增强。

反腐倡廉建设成效显著。坚持标本兼治、综合治理、惩防并举、注重预防的方针，扎实推进惩治和预防腐败体系建设。全年纪检工作共立查各类案件 90 件，处分党员干部 107 人，涉及乡科级干部 13 人。大力开展行业风气、行政执法、行政效能、“吃拿卡要”等专项治理，进一步加强对党员干部的管理，转变干部作风，提升工作效率。同时，加强村务、财务的监督管理，在农村普遍成立了村务监督委员会，规范村主干的用权行为，村干部胡支乱批乱占行为得到有效控制。

附：一、中共文水县委书记、副书记、常委名单

书　记： 刘云晨（8 月离职）　孙善文（8 月任职）

副书记： 孙善文（8 月离职）　王成军（11 月任职）　李玉林

常　委： 陈兰生　王海蓉　郭建刚　闫启明　白　鹤　王立志　许晋文

二、乡镇（街道）党委书记、副书记名单

凤城镇：

书　记： 郭志刚

副书记： 刘逸清　张风亮

开栅镇

书　记： 孟颖杰

副书记： 赵振军　韩　鹏

胡兰镇

书　记： 苏德环

副书记： 田怀利　吴国权

南安镇

书　记： 张志军

副书记： 李永旺　韩全生

下曲镇

书　记：郗晓娟(女,8月离职)　刘　杰(8月任职)
副书记：刘德志　武建国
孝义镇
书　记：徐建岗
副书记：陈松杰　马永川
南庄镇
书　记：张玉和
副书记：张云峰　梁玉维
西城乡
书　记：张国强
副书记：王志刚　张喜财
南武乡
书　记：武云强
副书记：吴晨劲　贾瑞芝
北张乡
书　记：曹会成
副书记：王全钟　郭宏斌
西槽头乡
书　记：段拉银
副书记：肖　锋　李建环
马西乡
书　记：李志英
副书记：文栋梁　王加良
苍儿会街道
书　记：马德高
副书记：高建岗

中共汾阳市委工作概况

市委书记　王志强

2012年,在省委和吕梁市委的正确领导下,汾阳市认真开展"项目建设攻坚年"、"创新社会管理年"和"大排查大接访大化解"活动,大力推进杏花村、阳城和禹门河三大新区及三泉园区项目建设,继续加快"五城同创",经济社会保持稳定发展。全市地区生产总值完成115.3亿元,可比增长3.4%;财政总收入达到33.57亿元,增长44.18%;固定资产投资达到45.76亿元,增长27.37%;城镇居民人均可支配收入达到15844元,增长14.15%;农民人均纯收入达到9001元,增长19.1%。

一、农业农村工作取得新成效

围绕提高农业综合生产能力,加强农、林、水、机、牧各项工作,农业连续几年风调雨顺,粮食总产达2.38亿公斤,再创历史新高,被评为全国粮食生产先进市和全省农民增收先进市、全省农机工作先进市、全省生猪养殖大市。围绕发展绿色食品产业,建成酿酒高粱等特色农业基地和10个标准化示范养殖小区,发展"一村一品"专业村37个,9月份接待了全国花生机械化生产现场观摩会;新增核桃面积5万亩,成立汾州核桃研究所,开工核桃产业综合示范园区和汾州核桃会展交易中心,成为国家核桃良种基地;发展农民专业合作经济组织127个,上马农业产业化项目15个,全市农产品加工销售收入突破20亿元。裕源公司成为国家级龙头企业,"汾州裕源"被评为中国驰名商标。山宝、特达、汾州香和荣璋等龙头企业快速发展。围绕建设新农村和改善农民生产生活条件,投资2亿多元,加快"四化四改"和"五个一"工程,实现"十个全覆盖",完成"便民五件实事"任务,继续推进"新网工程"和"家电下乡"活动。农经、气象、扶贫等工作都取得了新成绩。

二、项目建设攻坚取得新成效

全力开展"项目建设攻坚年"活动。在产业集聚上,杏花村中国汾酒城初步建成,加快推进中汾酒业、市酒厂、汾阳王、古杏、白酒经销商总部基地及汾酒老作坊、酿酒博物馆等项目,开工建设汾酒集团保健酒和汾酒勾兑储存项目,大力发展利前、利民、中汾包装等白酒相关产业,杏花村被国家批准"全国知名品牌创建示范区";三泉园区建设以国峰煤电2×300MW电厂为标志项目的"一电四矿",积极推进昊阳太阳能背板膜等项目;阳城开发区作为省级第一个大型商贸物流园区,一期占地6平方公里,已签约总投资130亿元的11个项目,启动建设"商贸汾阳",将成为新的就业和经济增长点。在项目攻坚上,年初确定67个重点项目,落实了领导包联负责、定期调度观摩等6项制度,帮助企业新办立项、土地、环评手续70项,使开工项目达到62个。在招商引资上,组织外出10多次招商,接待数十家企业来汾考察,引进香港汉业集团、江苏万泰置业和临汾恒瑞业等大型商贸物流企业,并与广东省商会签订了代理招商协议。全年共签约项目14个,金额95.23亿元,到位26.57亿元,超出省、市下达任务。通过各级各部门的共同努力,全年争取到上级资金10亿多元。

三、城市建设管理取得新成效

加快了汾阳市区建设。《汾阳市城市总体规划》修编完成并通过省住建厅审核,市公安大楼等十大建筑和曹兴庄等8个社区小公园建成投用,鼓楼东街、文峰东街等棚户区拆迁改造加快推进,英雄南路打通、金鼎大街五中段拓宽、原汾孝路路面改造等市政工程完成,大力推进学院路——英雄路、禹门河、石盘山、文湖文化园"一街一河一山一园"城建工程。

全长6公里的英雄路改造工程部分完成，统一规划装修了20多栋重要建筑的外型，更换了路灯等设施，使市区面貌发生了明显变化。禹门河新区作为市区防洪、景观工程，建成了滨河路和禹门河公园，开工了小学、幼儿园、园丁小区和禹门河桥改造工程，实现了投资少、工期短、质量高、效果好的目标。加强了城市管理。以“五城同创”活动为抓手，对照100多项创建指标，实施了卫生汾阳10项基础工程、绿色汾阳“14991”工程和污水、垃圾处理工程，实现了由管理缺位、粗放向精细化管理的转变。10月份汾阳市通过了国家卫生城市基础评估和省级园林城市复验。

四、文化汾阳建设取得新成效

不断加强宣传思想工作。开展了“贯彻十八大、建设新汾阳”等主题宣传和“创建文明城市、争做美德少年”签名等活动，评选出“汾阳好人”、“当代汾阳先锋”等先进人物，被评为省级文明城市创建工作先进市。大力实施文化兴市战略。健全了城乡公共文化服务体系，推进了村村通广播电视等惠民工程，加大了对外宣传力度，掀起了文化创作热潮，再次被评为山西省文化强市。10月份全省宣传文化工作现场会在汾阳市观摩。加快发展特色文化旅游产业。修缮了南大街关帝庙，开工了石盘山景区旅游开发项目，建成了马烽纪念馆、海虹寺大殿和文湖文化园“一庙一府一馆一院”(即汾州府文庙、汾阳王府、王文素纪念馆、冀家书院)，启动了省级重点旅游城市申报工作。在文湖文化园举办了吕梁市第二届年俗文化节“走进汾阳”活动，承办了国际儒联第五次儒学座谈会。优先发展教育事业。开工了府学东街幼儿园和4所乡镇中心幼儿园，建成投用了在省内一流的四中、五中和海洪学校、海洪幼儿园，实现了高中全部进城办学。公选了高中校长，对全市中小学校长进行了暑期集训，校长队伍的作风明显转变。面向全国招聘了研究生学历教师，为进一步强化师资队伍建设奠定了基础。与山西医科大学汾阳学院签订战略合作协议，为学院升本扩容创造了条件。

五、民生事业发展取得新成效

解决就医难，强化基层卫生所建设，招录了113名基层医卫人员，建成了西河社区等卫生服务中心；启动城镇参保职工健康体检关爱行动，为78.8%的居民建立了电子健康档案；建成投用计生卫生综合服务大楼，使卫生系统的条件得到了改善。解决就业难，新增城镇就业4626人，安排再就业1621人，转移农村劳动力4325人，城镇登记失业率控制在3.48%以内。解决养老难，完善了养老保障体系，城乡居民参保人数分别达到5562人和18.28万人。开始着手解决老年人看病、坐车、生活补助等问题。解决住房难，实施了城乡安居工程，新建廉租房、经适房378套。完善社会救助体系，扩大了低保覆盖面，城乡低保对象分别达到10735人和15888人。此外，史志、档案等工作得到加强，地震、人口计生工作走在全省前列。

六、创新社会管理取得新成效

围绕“平安汾阳”建设，扎实开展“创新社会管理年”和“大排查大接访大化解”活动，建立完善矛盾纠纷排查调处等10个工作体系，使全市排查出的40589件矛盾纠纷99.93%得到了化解或答复，汾阳市成为吕梁城市社区管理试点市，并于8月份在全省社会服务管理临汾会议上作了经验介绍。通过创新社会管理，全市信访形势稳定好转，信访总量批次下降7%、人次下降28%，得到了中央信访督导组的肯定；社会治安状况持续好转，共破获各类刑事案件360起、“两抢一盗”案件159起，抓获网上在逃人员95名，没有发生大的恶性案件；安全生产形势明显好转，连续三年跨入全省先进县市行列。

七、民主政治建设取得新成效

加强了人大、政协工作。人大、政协班子成员参与中心工作和重点项目建设，组织人大代表、政协委员分别开展了多次视察、调研活动。代表和委员的意见建议受到市委、市政府重视和采纳。加强了统战工作。建立与各民主党派、工商联工作联系制度，召开了汾阳市党外知识分子代表联谊会，接待了世界郭氏宗亲总会、台湾郭氏宗亲文化交流团。加强了群团组织工作。工青妇等群团组织围绕中心，开展了一系列主题宣传、竞赛比赛、维护权益和扶贫济困活动，充分发挥了党和人民群众的桥梁纽带作用。加强了党管武装工作。建成投用了在全省一流的武装部，9月份吕梁军分区“全要素建设暨日常战备管理观摩会”在汾阳市召开。老干部工作及几个涉老机构工作也都取得新成绩。

八、党建工作取得新成效

深入学习宣传党的十八大精神。举办了科级干部轮训班，开展了千名干部下基层宣讲活动，认真组织党员群众学习报告。继续解放思想。组织干部赴绍兴挂职锻炼，到省内及云南、广东等地考察学习，邀请10多位专家学者“在汾阳作讲座”，进一步解放了各级干部思想。切实转变作风。推行了领导干部工作职责公布、职能部门办事程序公开、乡镇(街道)为民服务代理和基层干部服务群众等四项制度，在省委党校举办了“干部执行力培训班”，多数干部形成了“认真、负责、辛苦”的工作作风。狠抓基层党建。扎实开展“基层组织建设年”、创先争优和保持党的纯洁性学习教育活动，在机关、农村、社区、企业和广大党员中营造了创先争优的氛围。引深反腐倡廉。推进煤焦领域和工程建设领域专项治理，整治“吃拿卡要”行为，整顿机关工作纪律，加强农村党风廉政建设，加大案件查处力度，全年共立案查处各类违纪案件114件，处分136人。

附：一、中共汾阳市委书记、副书记、常委名单

书　记：王志强

副书记：吕文平(12月离职)　李玉林(12月任职)

白小勤　谭曰文

常　委：李立武　王利强　姚翠萍(女)　达月亮　宋志江　麻　娟(女)　刘晓莺(女)

二、乡镇(街道)党委(党工委)书记、副书记名单

贾家庄镇

书　记：宋志江(4月离职)　秦广生(4月任职)

副书记：王海彦(4月离职)　王宝启(4月任职)　刘国星

峪道河镇

书　记：游陆明

副书记：任光耀(2月离职)　靳福斌(2月任职)　徐新瑞(11月离职)　武艳勇(11月任职)　赵双龙

杏花村镇

书　记：郝耀光

副书记：张兴亮(4月离职)　宋耀斌(4月任职)　王兆龙

冀村镇

书　记：王　峰(4月离职)　王海彦(4月任职)

副书记：何　雄(2月离职)　温懿卿(2月任职)　曹志勇

肖家庄镇

书　记：申东高(11月离职)　任淑宏(女,11月任职)

副书记：任淑宏(女,11月离职)　徐新瑞(11月任职)　郭清河

演武镇

书　记：吕佩锋

副书记：马　文(11月离职)　李吉明

阳城乡

书　记：韩秀山

副书记：张耀东　王宝启(4月离职)　张向东(11月任职)

三泉镇

书　记：张映楠

副书记：吕晓全(11月离职)　薛开宇(11月任职)　宁　水

石庄镇

书　记：秦广生(4月离职)　张兴亮(4月任职)

副书记：薛开宇(11月离职)　司海滨(11月任职)　靳福斌(2月离职)　张晓涛(11月任职)

杨家庄镇

书　记：文成宝(11月离职)　任光耀(11月任职)

副书记：李智平　王韶将(2月离职)　田丽琴(女,11月任职)　雷鸣鹤

栗家庄

书　记：郭清智(11月离职)　吕晓全(11月任职)

副书记：宋耀斌(4月离职)　张　健(11月任职)　赵丽燕(女,2月离职)　王绍华(2月任职)

西河街道

书　记：董士元

副书记：渠友林　王　贵(2月离职)　赵丽燕(2月任职)

文峰街道

书　记：赵　强

副书记：杨丽春(女,2月任职)　张　宁(2月任职)

太和桥街道

书　记：冀小明(女)

副书记：栗振斌(2月任职)　王　虎

辰北街道

书　记：王晓飞(11月离职)　申东高(11月任职)

副书记：任光耀(2月任职,11月离职)　马　文(11月任职)　李维宏

南薰街道

书　记：雷成才

副书记：何　雄(2月任职)　郭贵成

中共孝义市委工作概况

市委书记　张旭光

2012年，孝义市委坚持以党的十八大精神为指导，坚决贯彻落实中央、省、吕梁市各项决策部署，团结和带领广大党员干部群众，紧紧围绕资源型城市经济转型和民生幸福型区域中心城市建设两大战略，牢牢把握转型综改和扩权强县试点两个总抓手，继续解放思想、放胆先行先试，“三年打基础”取得了阶段性成果，在推动转型跨越发展、全面建成小康社会的道路上迈出了坚实的步伐。

一、综合经济实力继续位居全省前列

全年GDP实现390.1亿元，增长14%；财政总收入实现64.26亿元，增长7.05%；一般预算收入实现24.82亿元，增长22.3%；规模以上工业增加值完成257.9亿元，增长21.85%，；全社会固定资产投资完成221.25亿元，增长30%；社会消费品零售总额完成93.38亿元，增长15.52%；城镇居民人均可支配收入达到23151元，增长17.22%；农民人均纯收入达到11077元，增长19%。

二、转型综改和扩权强县试点工作取得新进展

在全省市县两级首家获批《孝义市转型综改试验先行试点行动方案（2012年）》，首家通过《绿色转型三年行动计划》。千万吨级煤化工循环经济园区列为全省四个焦化集中发展区之一。高新科技产业园区被确定为吕梁市级科技创新园。金岩集团入围全省"一县一企"循环经济试点企业。城乡一体化建设、胜溪湖湿地公园和梧桐镇宜居新区项目被列为全省城镇化首批百项标杆项目。完成《扩权强县首批下放权限汇编》，首批7大类85项行政审批事项全部纳入行政审批服务中心大厅办理，自行受理项目1367项，办结1361项，直接上报省直部门97项，办结67项，办理时间由30天缩短至5天左右。开通全省首个评标专家库县级抽取终端，为53个项目免费提供评标专家抽取服务。借助梧桐镇、下堡镇列入全省首批"百镇建设"有利契机，启动6个扩权强镇试点，从财政激励、组织人事、行政执法、土地资金要素保障等方面先期铺开准备工作。

三、转型项目攻坚实现新突破

全年完成项目储备2103.42亿元、签约229.9亿元、落地707.32亿元、建设投资210.03亿元。特别是新实施亿元以上转型项目22个，累计实施65个，概算总投资达1487.01亿元，完成投资335.2亿元，重点项目建设综合排名吕梁前茅。总投资800亿元的山西信发铝系综合循环项目完成投资120亿元。兴安化工300万吨4A沸石及多品种氢氧化铝、鹏飞500万吨焦化、大象禽业1亿只肉鸡加工及60万吨饲料生产等33个转型标杆项目建成完工或部分完工。义乌商品交易国际博览城、红星美凯龙城市商业综合体、金晖PBS生物可降解聚酯等15个亿元以上转型项目落地开工。千万吨级煤化工循环经济园区、高新科技产业园区、装备制造业园区、现代农业园区和中心城区现代服务业集中示范区"五大园区"吸引70余个转型项目入驻园区，总投资涉及2000亿元。

四、农业产业化实现新突破

依托"一村一品"、"一县一业"，大力发展特色"种养加"产业，带动5万户农户致富增收。新发展核桃经济林5.5万亩，总面积突破40万亩，建成230.7公里核桃林区循环公路。新发展设施蔬菜4564亩，总面积达1.7万亩。胜溪新村（绿盈蔬菜）入围全国第二批"一村一品"示范村镇名单。全市肉禽养殖总规模达到2400万只。铭信二期2520万只枫叶鸭加工项目完成孵化场、种鸭场建设。威尔仓储5000吨果蔬深加工项目一期工程投入生产。融森核桃深加工项目奠基开工。现代农业园区累计入驻企业24户，实现产值6亿元。

五、特色城镇化实现新突破

围绕在全省率先实现"市域城镇化、城乡一体化"目标，深入实施特色城镇化"1420"工程。完成《市域城镇化规划》、《"一河一湖"两岸重点地段城市设计》等城市重点规划编制。铺开总投资13亿元的文体园区等地标性建筑建设，"一河一湖、沿河环湖"城市框架基本形成。完成府前街西延、大众路等总长27.5公里的12条城市道路新建改建工程，搭建起"八横九纵一环"的开放型交通网络。人民广场景观提升改造工程基本完工。市区集中供热普及率达到95%，集中供气普及率达到95.7%。梧桐镇宜居新区基本实现6000户居民搬迁入住。胜溪新村中小学校投入使用，首期9栋300套安置房实现部分入住。

六、市域生态化实现新突破

在全省市县两级首家通过《绿色转型三年行动计划》。深入实施节能减排、造林绿化和城乡环境卫生整治"三大工程"。坚决否决不符合产业政策和环保要求的项目11个，搬迁取缔城市规划区和敏感区范围内企业174户。城区空气质量二级以上天数达361天，一级天数达111天，创历史最好水平。国家级胜溪湖湿地公园、孝河生态环境综合治理三期、兑镇河、下堡河、柱濮河、曹溪河流域生态环境综合治理加紧推进。全年新造林11.2万亩，森林覆盖率达30.9%，林木绿化率达42%。市区生活垃圾无害化处理率达100%。获得全国文明城市创建提名，国家环保模范城市创建规划通过评审，国家卫生城市创建通过暗访，荣获全国生态文明先进市、国家园林城市、首批省级综合宜居城市、省级城乡环境卫生整洁行动先进市等荣誉称号。

七、文化强市实现新突破

深入学习右玉精神、吕梁精神，大力弘扬"行孝仗义、包容大气"的优秀传统和"先行先试、勇闯一流"的时代精神。评选首届"孝义好人"暨道德模范32人。重视未成年人思想道德建设，金晖小学、胜溪新村小学列入中央专项彩票公益金支持乡村学校少年宫项目，司马初中刘炳彤获得山西省助人为乐美德少年。农家书屋实现全覆盖，图书馆、文化馆面向社会免费开放，"送戏下乡"、城市公益放映和农村电影放映等文化惠民活动常态化进行。新编作品《影戏缘》通过第16届群星奖预选。旧城保护性开发工程奠基开工。

八、保障和改善民生实现新突破

高标准完成农村新"五个全覆盖"、低收入农户"暖心煤"发放，吕梁市"方便农民五件实事"全面推进。签约北京师范大学，启动基础教育优质均衡发展促进工程。投资2165万元支持薄弱学校改造。高考二本达线2568人，再创历史新高。全市399个医疗机构实现药品零差率销售。新农合、新农保以及城镇居民养老保险、医疗保险全面推行，城乡低保应保尽保。保障性住房竣工1270套，首批1068户住房困难家庭入住廉租房。投资5000万元启动"大办社区年"活动，构建起市、街道、社区、网格"四级联动"服务管理模式。组织市乡村5000余名干部扎实开展"三大活动"，投资10.6亿元启动20项惠民工程。全市进京非正常重复访和赴省集体访均为零，

荣获吕梁“三大活动”综合奖集体荣誉称号。

九、基层党组织和党员队伍建设实现新突破

认真学习贯彻党的十八大精神,深入开展保持党的纯洁性学习教育活动,举办“孝义大讲坛”22期,培训干部2万余人次。实施干部任职挂职“五个一批”计划,选派18名部局主要负责人赴国家、省转型综改职能部门挂职锻炼,10名年轻副科级干部赴江苏吴中学习交流,选调46名优秀大学生村干部到市直部门挂岗锻炼,700余名农村“两委”主干到市信访局跟班学习。竞争性选拔5名乡镇长和35名社区党组织书记,3名大学生村官通过公开竞争走上乡镇副科级领导岗位。扎实开展基层组织建设年活动,选树基层党建工作示范点100个,基层党组织实现党务公开全覆盖。严格执行中央关于改进工作作风、密切联系群众的《八项规定》,大力倡导“说实话、办实事、求实效”工作作风,严厉打击“吃拿卡要”等发生在群众身边的腐败问题,组织工作和廉政工作满意度均名列全省县市第一。

附:一、中共孝义市委书记、副书记、常委名单

书　记:张旭光
副书记:郭保平　薛虎平
常　委:王锦锋　乔　云　李殿生　田永明　朱周亮
薛厚华　薛向东　韩瑞林(挂职,8月份任职)

二、乡镇(街道)党委(党工委)书记、副书记名单

新义街道
书　记:马锦忠
副书记:郝琮颖(女)　贺英平

中阳楼街道
书　记:刘书宏
副书记:李雪峰(2月离职)　任永刚(2月任职)
靳三东(8月离职)

振兴街道
书　记:梁　洪
副书记:戴凤兆(2月离职)　左燕娜(女,2月任职)
马宇峰(8月离职)

大孝堡乡
书　记:李永平(2月离职)
冀晓强(2月任职,4月离职)
孟兰生(4月任职)
副书记:冀晓强(2月离职)　李雪峰(2月任职)
韩培兴(8月离职)

梧桐镇
书　记:薛厚华(2月离职)
马世要(2月任职,8月离职)
苏光旭(8月任职)
副书记:马世要(2月离职)　赵　滨(2月任职)
程晋龙

下栅乡
书　记:武锦平
副书记:史建新(2月离职)　史东山(2月任职)
赵海兵(8月离职)

驿马乡
书　记:杨　团(8月离职)　张再强(8月任职)
副书记:王茂同　薛志彪

兑镇镇
书　记:郭海渊
副书记:李旭峰(2月离职)　续晓强(2月任职)
张恩辉(8月离职)

阳泉曲镇
书　记:何一帆
副书记:郑洪泉　侯艳红(8月离职)

西辛庄镇
书　记:王　勇
副书记:杜二牛(2月任职)　张克胜

柱濮镇
书　记:刘孟升
副书记:史建新(2月任职)

高阳镇
书　记:李映滨
副书记:张武红(8月离职)　马鹏飞(8月任职)
薛新攀

下堡镇
书　记:孟兰生(4月离职)　杨　团(8月任职)
副书记:杜二牛(2月离职)
周昌兴(2月任职,8月离职)
王治攀(8月任职)　赵忠胜

南阳乡
书　记:苏晓明
副书记:郭　峰(2月任职)　刘宝兴

杜村乡
书　记:张承红(2月离职)　李旭峰(2月任职)
副书记:刘廷文(2月任职)　郭庆渝(8月离职)

东许街道
书　记:郭绍辉
副书记:马鹏飞(8月离职)　郭俭宏(8月任职)
杨海生

崇文街道
书　记:任承起
副书记:郭　鹏　张晓东

胜溪湖街道
书　记:张再强(8月离职)　张武红(8月任职)
副书记:左燕娜(女,2月离职)　戴凤兆(2月任职)
郝文俊

中共交口县委工作概况

县委书记　郑明珠

2012年，交口县委、县政府深入贯彻落实党的十七届五中、六中全会、中央及全省经济工作会议和市委三届二次全会精神，坚持以科学发展为主题，把握稳中求进工作总基调和“打基础、利长远、惠民生”的总要求，坚定不移地推进“四化”进程，突出资源转化和扶贫攻坚，全面推进项目落地、基础设施、城镇改造、生态建设、民生改善、社会管理、党的建设等各项工作，全县经济和各项社会事业呈现平稳较快发展的良好态势。全县地区生产总值完成40亿元，同比增长20%；规模以上工业增加值完成37亿元，同比增长25%；全社会固定资产投资完成24.3亿元，同比增长31%；财政总收入达到18.01亿元，同比增长69.64%；一般预算收入完成5.65亿元，同比增长31.35%；社会消费品零售总额完成3.7亿元，同比增长17.8%；服务业增加值完成6.1亿元，同比增长14.3%，城镇居民人均可支配收入完成13914元，同比增长15.3%；农民人均纯收入完成5076元，同比增长23%。各项主要经济指标均实现两位数增长，增速均居全市靠前位次。

一是以重点项目建设为抓手，经济发展方式实现明显转变。紧紧抓住省、市“项目落地年”的机遇，进一步改造提升传统产业，培育发展新型产业，确定实施了煤炭提升、工业转型、农业产业、三产服务、基础设施5大类53个重点工程项目，概算总投资329.12亿元，年内计划完成投资100亿元。在项目推进上，严格实行“一个项目、一名县级领导、一个牵头部门、一包到底”的项目包联责任制，严格落实项目法人承诺制和项目推进例会制等工作制度，以目标倒逼进度、时间倒逼程序、督查倒逼落实，极大地推进了项目建设。截止年底，完成立项43个，土地28个，环评37个，37个项目开工建设，16个项目投产投运，累计完成投资126.1亿元。

二是以农民收入翻番为核心，农业发展基础得到极大夯实。坚持以扶贫攻坚作为“第一民生工程”，以农民收入翻番为核心，以打造核桃为主的干果经济林基地和特色养殖基地为目标，以发展“一村一品”、“一县一业”为重点，加快推进农业现代化进程，不断拓展农民的增收渠道。全年投入6000万元，对“三农”工作进行补贴，高标准完成核桃经济林、小杂粮、中药材、特色养殖、蔬菜种植5大类20个“一村一品”专业村建设任务。实施龙头带动战略，新上“天蕤”万头特色山养猪基地及加工项目，新建桃红坡高庙山、双池梁家沟、康城唐院川、水头羽丰4个标准化示范养殖小区。全县县级以上农业龙头企业完成加工销售农产品3.3万吨，销售收入实现1.8亿元。完成17个村3501人的扶贫移民搬迁工作，完成新农村建设7个重点推进村、8个高标准示范村的年内建设任务。完成水土流失治理2.1万亩，基本农田保护33.3万亩。

三是以基础设施建设为重点，县域城镇化水平实现稳步提高。坚持扩容与提质并重，加快推进交通、水利、电力、供热供气、通信“五网”建设，不断推进县域城镇化进程。中部引黄工程项目开工建设，新增温泉、大麦郊、回龙3个取水口，完成“山区千井灌溉富民工程”10处，完成人畜饮水工程6处。县城集中供热面积达到70万平米，完成天然气入城输气管道建设及城区供气管网改造，实现2G基站广覆盖和3G基站主城区和主要交通路段全覆盖。同时，集中推开17万㎡的旧城改造工程、交口新区建设工程、宝岩河城区段综合治理等重点市政工程项目，累计完成市政公用设施投资1.6亿元，城镇化率提高了4个百分点。

四是以生态文明建设为要务，城乡生态建设取得重大突破。坚持建设与保护并重、经济与生态同步，全力实施“生态立县”战略，深入开展造林绿化和生态修复治理。全面实施“三北”防护林、天然林保护、中幼林抚育等生态防护林人工造林项目和通道绿化、城周“三山”绿化、孝石线沿线第一山脊线荒山绿化工程，营造合格林面积3.659万亩。按照矿山生态环境恢复治理方案，高标准完成复垦治理面积3440亩。开展了重点企业环保整治、违法排污排查整治和以“净空、净水、减排”为重点的绿色生态工程攻坚专项行动，六项环保约束性指标均控制在市规定范围内。

五是以增进民生福祉为首要，社会各项事业取得长足进步。坚持把保障和改善民生摆在更加突出的位置，竭尽财力、集中力量解决事关群众切身利益、社会反映强烈的突出问题。全面新建幼儿园10所，启动实施农村义务教育薄弱学校改造计划，一中新校区建成投运，吕梁学院交口分院项目开工建设，全县教育教学水平稳步提升。进一步深化医药卫生体制改革，县医院新建住院楼建成投运，并创建为“人民满意医院”，全县新农合参合农民87975人，住院费用支付比例达到75%，新农合慢性病保障增加到30种，重大疾病保障扩大到20项。制定出台《关于加快推进文化活县战略的实施意见》，积极开展系列文化惠民、“文化低保工程”活动，以山核桃、根雕、刺绣等为重点，积极发掘和推介文化产业。实施城乡就业“双消零”工程，完成农民素质提升培训2.8万人，完成劳动力转移培训3400人，完成技能培训1600人，全县农民劳务收入占到农民人均纯收入的70%以上。新型农村养老保险、城镇居民基本养老保险、民营企业职工基本社会保险实现全覆盖，农村低保新增3559人。开工建设各类保障性住房756套，完成324套。“五保户”、重点优抚对象、残疾人等各类特殊群体的保障政策均得到全面落实。"三个五"重点民生工程全面完成年度计划，全县人民共享发展成果的程度稳步提高。

六是以"三大活动"为抓手，社会管理创新取得显著成效。"三大活动"开展以来，共排查出各类矛盾纠纷、民生诉求以及意见建议等6684条，化解6682件，化解率达99.97%。同时，总结形成了涵盖10大方面32项科学有效的长效制度，信访秩序更加规范科学。十八大期间，构筑了"六道防控体系"，圆满实现了"双零"和"三个不发生"总体目标。全面落实安全生产"两个主体责任"，持续深入开展重点行业安全隐患大排查大整治、矿业秩序整治和打击非法违法采矿专项行动，各项安全生产指标都控制在规定范围内。深入开展社会治安重点整治"三项战役"，完善"打、防、控"相结合的管理体系，积极推进政法、综治、司法、信访等基层基础建设，创新机制，形成合力，社会管理工作更加依法有序，人民群众满意度达89%以上。

七是以保障任务落实为根本，党的建设科学化水平得到稳步提升。按照"科学理论武装、具有世界眼光、善于把握规律、富有创新精神"的总要求，充分发挥各级党委中心组的示范作用，不断拓展学习阵地，创新学习方式，通过开设交口大讲坛、邀请专家学者辅导等形式，全县各级领导干部和党员队伍的整体素质和工作能力进一步提升。全年进行了8次县委中心组学习，命名表彰了44个学习型党组织，有效推动了学习型党组织建设的不断深入。坚持把保持党的纯洁性学习教育活动与创先争优活动有机结合起来，做到领导带头、思想提升、边查边改、推动工作、典型带动"五个贯穿始终"，把查摆和解决问题作为活动取得实效的关键。活动开展以来，县级领导共建立联系点32个，深入联系点讲党课30余次，县、乡参学单位党员领导干部深入联系点达5000多次，党群、干群关系进一步密切。以实施"优化设置"、"素质提升"、"激励保障"、"党员先锋"等十大工程为抓手，成立非公企业党工委，建立工作指导站5个，成立非公企业党组织48个，全县非公企业党组织建设实现了全覆盖。深化干部人事制度改革，盘活干部流通渠道，出台干部自愿提前离岗的优惠政策，为符合条件提出离岗申请的39人办理落实了相关待遇。提任正科非领导职务27名，副科非领导职务32名，激发了干部活力。加大竞争性选拔干部力度，拿出29个副科级领导岗位进行了公开选拔，为优秀干部和年轻干部脱颖而出搭建了平台。切实加强干部教育培训，继续实施"走出去"培训战略，采取与专业培训机构合作的方式，举办了1期农村支部书记综合能力提升山东培训班，结合贯彻落实十八大精神为主题，深入实施"引进来"培训战略，共举办农村"两委"干部、企业经营管理人员、专业技术人员、资源型城市转型等各类专题培训班8期，培训人员1898人次。开展了文明和谐创建典型的申报、评选工作，全年共创建县级文明和谐典型12个。认真贯彻落实党风廉政建设责任制，全面构建对口九大系统县直单位和乡镇党风廉政建设"一把手"负责和各级班子成员集体负责的责任体系，对105项重点工作、11项责任内容分别落实到各县级领导、乡镇党委政府、各职能部门主要负责人头上，分别与44个县直重点单位一把手面对面座谈讨论确定党风廉政建设和反腐败工作重点，建立了较为完备的反腐倡廉工作责任网络。全年共立案查处各类违纪违法案件93起、108人，追缴违纪款58.825万元，案件查办的警示教育作用进一步发挥。

附：一、中共交口县委书记、副书记、常委名单

书　记：郑明珠

副书记：徐宇平　李子荣

常　委：刘晓春　靳　钧　兰彦生　王京明　李　明　朱和平

二、乡镇党委书记、副书记名单

水头镇

书　记：郑海生

副书记：尹连生　温海涛

石口乡

书　记：王安前

副书记：韩晓红(女)　杜晓刚

康城镇

书　记：吴文华

副书记：刘永强　武银平

回龙乡

书　记：张晋平

副书记：李建军　张巧珍

双池镇

书　记：李晓钦(女)

副书记：杜财旺　马云福

桃红坡镇

书　记：刘青平

副书记：白玉明　刘俊明

温泉乡

书　记：李志勇

副书记：王占河　闫海龙

中共柳林县委工作概况

县委书记　王　宁

2012年，柳林县在省委、省政府和市委、市政府的正确领导下，在全县人民的共同努力下，以科学发展观为指导，紧抓综改试验和扩权强县两大机遇，按照“打基础、利长远、惠民生”总体要求，围绕“产业转型、生态修复、城乡统筹、民生改善、三大活动、社会管理、安全生产、党的建设”八项重点，着力构建人民满意的富裕家园、绿色家园、幸福家园，全县经济社会在逆势中保持了平稳较快发展的良好势头。全县地区生产总值完成280.2亿元，同比增长14.8%；财政总收入完成86.36亿元，同比增长19.58%；一般预算收入完成25.35亿元，同比增长52.02%，财政总收入和一般预算收入名列全省实质性双第一；城镇居民人均可支配收入达到21226元，同比增长17.9%；农民人均纯收入达到7596元，同比增长18.7%；城镇化率达到35.3%；森林覆盖率达到32%，继续入选“全省十佳卫生县城”，成功跻身2012年度最具投资潜力和最具区域带动力中小城市百强县行列。

一、园区承载、项目支撑，转型跨越迈出了坚实步伐

（一）第一产业继续壮大。一是粮食生产喜获丰收。认真落实了各项粮食直补政策，加大科技投入，共发放粮食直补、农资综合补贴1226.4万元，粮食产量稳步增加，达到了4828.75万公斤。二是规模种植快速推进。联盛农业生态文化园区完成土地平整4万亩，新栽植核桃林3.5万亩、钙果林6000亩；汇丰昌盛农业科技园区建成采摘观光园500亩，两个农产品加工项目生产车间主体已完工；凌志农业园区立项、土地、环评等工作基本完成，整理土地1200亩，建成高标准日光温室100栋；三交红枣桑蚕工贸园区正在编制总体规划，前期工作顺利推进。三是设施蔬菜成效显著。县财政安排设施蔬菜建设专项资金4000万元，共建成设施蔬菜2615亩，占年度任务的180%，其中温室1000亩，大棚1615亩。四是畜牧产业迅猛发展。新发展规模健康养殖专业户300户，建成标准化养殖小区30个，草地面积达到8万亩，38.58万元畜养补贴已全部发放到位。五是特色产业稳步提升。以垣地、机修地、沟坝地为重点，建设28万亩优质小杂粮标准化生产基地；加强了对28万亩红枣林管护工作，高标准推进东部山区30万亩核桃林基地建设，累计建成22万亩。

（二）第二产业不断延伸。一是省重点工程项目进展迅速。今年共确立3项省重点项目，其中宏光2×30万千瓦煤矸石发电项目进入试运行阶段；煤矸石综合利用产业示范园区累计完成投资8.38亿元，5万吨煤矸石提取1.5万吨白炭黑和1万吨氧化铝工业化中试取得成功；华泰960万吨洗煤项目进入试运行阶段。二是市重点工程项目顺利推进。今年共确立5项市重点项目，其中凌志集团210万吨矿井建设项目土建和机电安装工程已基本完成；森泽煤铝60万吨阻燃剂技改项目设备已开始订购，预计2013年9月完工。其他47项县重点项目有序推进。三是转型跨越发展项目落地生根。在“1+2”模式的引领下，全县8个煤炭主体企业和2个驻柳国有大型企业上马的12个非煤转型项目、领办的9个农业园区已全部开工建设。

（三）第三产业迎头赶上。一是文化产业展现生机。斥巨资修缮了香严寺、南山寺等一大批国家和省级重点保护单位；投资500万元新建了柳林展览馆；投资2500余万元建成了柳林民俗文化雕塑园，使文化成为了展示柳林形象的重要窗口。二是服务产业蓬勃发展。总投资13.8亿元的五星级煤炭大酒店已投入使用；汇丰大酒店20层主体框架已封顶；龙门会、孟门、留誉、上白霜4个铁路货运站建设进度加快；柳林铁路集运站新建项目“三通一平”已经完成，其余工程顺利推进。三是旅游产业方兴未艾。总投资8亿元的晋陕黄河大峡谷国际漂流探险旅游项目的规划编制、申报审批、招商引资等前期工作正在顺利推进，建成后的5A级景区将成为吕梁文化产业的“航空母舰”。四是高新产业异军突起。投资100亿元、产值达1000亿元的李家湾光电子产业园区一期建设用地400亩已经完成征地拆迁、安置补偿等工作，毫米波勘探系统和矿山智能网已签订入园协议并注册公司，天地一体宽带卫星通信综合业务平台基座工程已开工建设，展览厅已投入使用。

二、科学规划、夯实基础，城乡统筹实现了一体发展

（一）规划修编不断完善。委托中国城市规划设计研究院编制完成的《柳林县县域城镇体系规划》和《柳林县县城总体规划纲要》通过省、市专家评审，成为全省城镇化转型发展的标杆项目；聘请北京师范大学、山西省环境规划院编制了《柳林县试点扩权强县推进绿色发展重大战略实施方案》，形成了《柳林县资源环境承载力评估》、《绿色GDP核算与煤炭资源开发生态环境污染损失评估》和《柳林县城市总体规划环评》三大课题成果，并进行了专家论证。

（二）城镇建设扩容提质。一是加快市政设施建设。投资2470万元对贺昌大街、石家沟南路进行了升级改造；总投资33.8亿元的北大街拆迁建设和涵洞工程已基本完成；清河西路庙湾至杜家湾段改线工程土地已报批；投资9900万元的柳林清河景观公园已经投入使用。二是加快住房保障建设。投资6700万元的500套廉租房和500套经济适用房已全部

开工,288套公租房建设已全部完工;药材公司住宅楼和司法大楼前期规划已完成;寨东安置楼正在办理前期手续;汇丰广场建设即将竣工。三是加快新区开发建设。总投资100亿元的东山新区,规划设计已经完成,正在进行登记丈量、征地补偿和土地整理等前期工作,并与太原千禧集团和中国黄金集团进行了合作洽谈。四是加快"城中村"改造。锄沟村改造一期工程11栋住宅楼已完工8栋,二期工程正在进行拆迁工作;青龙村拆迁安置楼改造主体已竣工;薛家湾片区开发已完成土地征用;贺昌"府西苑"项目已开工奠基,各项前期工作已准备完毕。五是加快中心集镇建设。投资40亿元的留誉新镇建设一期工程2000套农民新居主体完工;成家庄中心集镇项目规划设计、项目可研、评审和地质灾害评估已全部完成,土地流转已全部办结。其他乡镇的建设也在稳步推进。

(三)基础设施得到夯实。一是电力设施日趋完善。南山110KV变电站、金家庄35KV变电站已通过地电公司验收;城东110KV、孟门110KV、贺昌35KV变电站可研报告已通过审查;雅沟二期增容工程已进入招标阶段;高家沟35KV线路改线工程已完工;高红工业园区110千伏变电站进展顺利。二是交通条件明显改善。投资5.09亿元对全县公路进行了升级改造,聚雅公路完成了大王家山主体工程和三川河大桥墩柱建设;八石公路改造路基工程建设和车道沟至贺家坡公路改造工程已全部完工。三是水利建设扎实推进。投资300亿元,完成了中部引黄柳林小水网配套工程前期规划工作;横泉水库柳林供水工程已经完工;孟门、高家沟2处沿黄提灌工程已经启动;规划的13处"山区千井灌溉富民工程"已全部开工;新建成农村饮水工程5处;李家湾集中供水工程输水管路已全部完工;完成水保治理面积10.57万亩。

三、标本兼治、综合治理,生态修复取得了显著成效

(一)造林绿化工作成绩斐然。一是扩大绿化面积。全年共完成荒山绿化4万亩,核桃林栽植6万亩;完成村庄绿化50个、企业绿化25个、旅游景点绿化20个;完成三北防护林工程1.6万亩。森林覆盖率达到32%,林木绿化率达到40%,被国家林业局授予"全国生态建设先进集体"荣誉称号。二是打造绿化精品。重点打造了龙门垣生态经济型综合示范园区、联盛农业生态文化园区等绿化工程区,槐树沟凤凰岭绿化工程被授予"三北防护林建设优质工程"荣誉称号。

(二)蓝天碧水工程成效显著。一是净空工程深入推进。对全县所有工矿企业燃煤锅炉安装了高效除尘脱硫设施,对国有企业安装了烟气在线监测设备,实行24小时监控;对城区燃煤锅炉和燃煤炉灶进行燃料结构改造,并逐步向村镇拓展。二是净水工程进展顺利。全县29对采煤矿井,除了正在升级改造的8对基建矿井以外,其余21对全部建成了矿井水处理站;对三川河沿线的14户重点污染企业安装了18套废水在线监测系统;对全县2户焦化企业强制性封堵了排污口。全年累计查处各类环境违法案件36起,经济处罚146.6万元。三是雨污分流工程投用。投资3000余万元的城区雨污分流工程完工,城市生活污水收集处理率由60%提高到80%以上。四是节能减排力度加大。山西华光发电4#机组脱硝项目和柳电公司脱硝项目已进入调试阶段;华润福龙低氮燃烧和烟气脱硝工程设备安装已经完工,城区二级以上天数达到363天。围绕创建国家卫生城市目标,全面开展了各项创建工程建设,被评为2012年度全省县城整洁行动先进县、全国生态建设突出贡献奖先进集体,继续入选"全省十佳卫生县城"。

四、改善民生、维护稳定,民生事业持续快速发展

(一)强力推进惠民利民工程。一是加快交通设施建设步伐。柳林至吕梁火车站城际公交已经开通;城区公交在部分路段率先实施了免费乘坐,并将逐步推广。二是推进教育事业稳步发展。全县共改建农村闲置校舍47所,附属幼儿园17所;总投资5.88亿元的汇丰中学、鑫飞中学已投入使用,同步实施了高中阶段免费教育;总投资18亿元的联盛教育园区建设进展顺利。三是加快公共设施建设。县医院和贺昌烈士陵园选址、规划等前期准备工作已经完成;县城殡仪馆选址、规划等建设工作已全面启动。

(二)健康柳林体系不断完善。一是加大了医药改革力度。公立医院试点改革取得突破性进展,药品实施了"零差率"销售;实行了免门诊挂号费、诊查费,县、乡、村三级卫生医疗体系基本形成。二是健全了社会保障体系。新型农村合作医疗覆盖面继续扩大,参合率达97%;城乡低保、城镇居民社会养老、城镇居民基本医疗等7大保险体系和城乡大病医疗救助体系不断健全;围绕"健康柳林"工程,全面启动了孕妇保健及健康费用保障、12岁以下婴幼儿童医疗健康定额补助、70岁以上老人医疗健康补助、城乡居民大病医疗统筹救助试点工作;4所中心敬老院运转正常。三是拓宽了群众就业渠道。依托大项目和"1+2"转型模式,积极扩大城乡居民就业渠道,共吸纳劳动力1.3万人;通过开发公益性岗位帮助困难家庭就业,新增就业人数6332人。

五、增强意识、创新方法,社会管理开创了崭新局面

(一)三大活动圆满收官。一是宣传营造氛围。共开展大型采访报道42次,向市级以上报刊及网络媒体发稿500余篇;开展了主题演讲、社会征稿等特色宣传活动,舆论宣传做到了家喻户晓、深入人心。二是排查贯穿始终。5000余名干部上门走访群众10.4万户,排查出民生诉求、社会稳定、安全隐患、意见建议等四大类事项共计50556条。三是接访规范到位。进一步规范了领导干部定期接访、带案下访制度,全县各级领导干部共接访群众10015批31750人次,调处问题9695宗,息诉9636宗。四是化解案结事了。按照"件件有落实、事事有回应"的化解要求,共送达答复意见告知书50556份,答复率100%。省市交办的180件、县排查的129件疑难信访案件全部得到了化解,县委书记、县长所包重点案件化

解率均达 100%。在全市“三大”活动考核验收工作中，柳林县获得了综合奖第二名。

（二）社会管理全面提升。一是推行了人口网格化社区管理。加强对城区实有人口的“网格化”管理，采集登记信息 1.5 万户 5 余万人；初步构建了县、乡、村三级社会管理服务体系，成立了柳林县社会管理服务指导中心和 15 个乡镇社会管理服务中心，村级社会管理服务中心覆盖率达到 80%。二是深入开展安全生产专项整治。全年共排查出各类安全隐患 1380 条，整改 1365 条，整改率达 98%，责令 45 户生产经营单位停产整顿，营造了安全平稳的生产秩序。三是不断加大企业安全生产投入。引导企业加大安全设施投入，提升安全设施标准。全年共督促企业投入安全专项资金 1700 余万元，有效遏制了重特大安全事故的发生。全县煤矿、危化等行业领域未发生死亡 10 人以上重大责任事故，其他行业也未发生死亡 6 人以上责任事故。

六、凝心聚力、固本强基，党的建设激发出强大活力

（一）以开展纯洁性教育活动为契机，切实加强了各级领导班子思想政治建设。一是选树典型发挥带头作用。选树了农村基层党组织先进典型 30 个，制作了 18 名优秀共产党员先进事迹专题片，在省、市、县电视台进行了播放。二是结合实践提升思想认识。选派 10 名年轻优秀后备干部在基层一线挂职锻炼。结合学习贯彻落实十八大精神，为全县各级干部发放学习资料 1 万余本，举办专题学习辅导班 6 期，在全县兴起了学习宣传贯彻十八大精神的热潮。三是加大培训提升能力素质。充分利用各类学习培训平台，举办“柳林大讲堂”14 期，培训党员干部 1 万余人次。组织 140 名办公室骨干赴省委党校开展了为期一个月的能力提升培训，组织县级领导和 30 名乡镇主干赴市委党校参加了学习宣传贯彻十八大精神和转型综改集中培训，党员干部能力素质进一步提升。

（二）以开展“基层组织建设年”活动为载体，不断提升基层党建工作整体水平。一是实现党建责任制“全落实”。健全“三级联述联评联考”和“一定三有”制度，大幅提高农村“两委”主干岗位报酬，全年共拨付基层党建工作经费 600 余万元。积极实施后进党组织升级晋位工程，4 个较差党组织全部实现了后进转化，333 个党组织实现了晋位升级。二是实现非公经济组织“全覆盖”。成立了县非公工委和 5 个党建工作指导站，在全县非公经济组织共建立了 5 个党委、4 个党总支、136 个党支部。三是实现争创工作“全到位”。大力开展了基层党组织“五争创”和争当“十星级”党员活动，试点推行了“文建明”工作法，积极创建“三服务、两满意”机关，机关党员干部直接联系服务群众，为农村办实事 300 余件，落实帮扶资金 730 余万元。

（三）以深化干部人事制度改革为动力，切实加强了干部队伍建设。一是优化县乡领导班子结构。采取“一评两推两考一审核”办法，先后对 26 个乡镇、党政部门和事业单位领导班子进行了充实，共调整干部 37 名，激发了干部队伍干事创业的活力。二是加强干部队伍基础管理工作。完成了全县 813 名公务员和参公人员的信息采集、登记、录入和审核工作，对全县 1213 名干部进行了“三龄两历一身份”审核认定。三是强化干部年度考核结果运用。通过突出考核重点、创新工作方法，进一步增强了考核工作的科学性。为考核结果优秀的 24 个领导班子和 159 名领导干部发放奖金 179.6 万元，对考核结果较差的领导班子和领导干部进行了诫勉谈话。

（四）以为民务实勤廉为核心，着力加强了党风廉政和反腐倡廉工作建设。一是全面落实党风廉政建设责任制。拓宽问责领域、突出问责重点、强化问责措施、加大问责力度，切实落实党风廉政建设的各项任务。二是扎实开展“整治吃拿卡要”专项活动。通过电话举报、专项检查、巡访暗访等形式，开展了“一周一领域、一周一检查、一周一重点”干部作风整顿活动。三是圆满完成反腐倡廉重点工作任务。围绕重点工程建设、农廉工作、涉纪信访工作，加大监督检查力度，继续深化源头防治腐败工作。全年共受理办结案件 133 件，处分党政干部 174 人，避免或挽回经济损失 230 余万元。

附：一、中共柳林县委书记、副书记、常委名单

书　记：王　宁

副书记：武跃飞　薛保平　刘建国

常　委：王义平　李双会　王　琴（女）　李根志　赵晓岗　贺柱才

二、乡镇党委书记、副书记名单

李家湾乡

书　记：侯林俊（女，7 月任职）

副书记：王保国　（7 月任职）　白建平

柳林镇

书　记：刘旭平

副书记：郝向东　王开贵　杨　森

贾家垣乡

书　记：任启斌

副书记：高文斌　张圣龙

陈家湾乡

书　记：李守勇

副书记：梁　喆（7 月任职）　杨忠明　张建平

穆村镇

书　记：贾飞平

副书记：李海斌　李廷光　王淑荣

薛村镇

书　记：梁志华

副书记：刘忠旺　车志宏

庄上镇

书　记：杨湖平（7 月任职）

副书记：王彦民（7 月任职）　雷稳兴　李继鹏

金家庄乡

书　记: 王建荣(7月任职)

副书记: 王利荣(7月任职)　刘玲平(女)

留誉镇

书　记: 张青年

副书记: 王春焕　刘永强　王吉祥

三交镇

书　记: 高治安

副书记: 陈秋平　穆晓峰

高家沟乡

书　记: 白艳平(女)

副书记: 柳更生　王秋平　白秀清

石西乡

书　记: 艾永成

副书记: 刘立生(7月任职)　薛晓峰　刘丽琴(女)

成家庄镇

书　记: 贺兴龙

副书记: 康保平　高逢春　王登荣

王家沟乡

书　记: 刘海洪

副书记: 贺建兴　李泽平　刘晓君

孟门镇

书　记: 贾立坚(7月任职)

副书记: 柳海燕(7月任职)　冯永宁

中共中阳县委工作概况

县委书记　刘广龙

2012年，中阳县委在市委、市政府的正确领导下，坚持以科学发展观为指导，以转变发展方式为主线，团结带领全县干部群众，打基础、利长远、惠民生，各项工作取得新进展。全年地区生产总值完成62.3亿元，下降1.5%；固定资产投资28.25亿元，增长31.8%；财政总收入18.93亿元，一般预算收入6.56亿元，分别增长5.5%、30.7%；城镇居民人均可支配收入15282元，农民人均纯收入4345元，分别增长15%、16.6%。

产业建设步伐加快，县域经济平稳运行。围绕推进转型跨越，重点实施了25个工业项目，当年完成投资79亿元。其中，1对煤矿竣工投产，4对进入三期工程；中钢一体系升级改造、桃园东义200万吨水泥熟料项目基本建成，福裕煤化工2座焦炉建成；鑫泽金属50万吨丝网项目竣工投产；大唐桃园发电项目已上报国家发改委待批；项目建设拉动了经济发展，规模以上工业增加值实现51.21亿元。商贸物流网络进一步完善，客都购物等三产项目投入运营，社会消费品零售总额10.37亿元，增长15.5%。“三农”工作不断加强，全年财政投入1.24亿元，增长59.9%；新栽核桃2万亩，顺利建成20万亩优质核桃基地，核桃产量400万公斤，销售收入8000余万元；硬化核桃园区道路723公里、配套旱井1972眼；新发展设施蔬菜482亩；开工建设厚通10万头生猪、紫云10万只羊等养殖项目；农林牧渔业总产值2.08亿元，增长12.1%。

城乡建设力度加大，发展环境不断优化。坚持城乡同步规划、同步建设，综合承载能力进一步增强。城区三条街(路)建成通车，3座人行天桥接近完工，二郎坪生态公园进展顺利，第一人民医院开工建设，“四馆合一”工程完成规划设计，一批商住小区基本建成；城区新增集中供热面积18万平方米、排洪排污管网6.4公里、集中供气2000户。金罗、枝柯等中心集镇铺开公园、街道、集贸市场等一批建设项目；张子山乡三期移民工程进展顺利，梗阳煤业一期移民工程主体完工；农村新“五个全覆盖”圆满完成，“方便农民五件实事”三年任务一年基本完成。扎实开展环境卫生整治，城乡面貌进一步改观。水电路等基础设施建设有力推进，万年饱—吴家峁运煤专线，部分路基成型；原209国道街路一体化改造工程金罗段竣工通车；东山绕城过境公路进入设计招标程序。完成农村安全饮水工程26处、淤地坝20座；城南110KV变电站建成投运。生态建设成效明显，节能减排任务圆满完成，城区空气质量二级以上天数350天，净增11天；造林绿化力度加大，生态营林1.5万亩，综合改造低效林2.15万亩，通道绿化18公里，被省政府授予“林业生态县”称号。

社会事业稳步推进，人民生活得到改善。教育科技方面，学前三年教育工程提前完成，新建、改扩建、提升幼儿园33所；纳入薄弱学校改造计划的6所学校竣工投用；宁兴学校全面托管中阳二中；高考二本以上达线422人，中考继续保持全市先进水平；5631人次享受到补助、贷款等优惠政策；利用中钢爱心助教资金培训教师7769人次。专利申请29件。卫生计生方面，县级公立医院综合改革九项指标全部完成，县医院实行药品零差率销售，工资、经费全额纳入财政预算；新农合保障水平进一步提高，普通门诊统筹补偿比例提高到80%，住院补偿封顶线提高到15万元，行政村定点补偿新增51个。人口与计生工作不断加强，人口自然增长率5.32‰。宣传文化方面，《中国·中阳剪纸》编辑出版；中阳刺绣列入市第七批非遗项目；举办群众性文化活动1000余场次，民间文艺活动蓬勃兴起。文明单位创建和“文明公民”道德模范评选活动深入开展，进一步弘扬了核心价值观。社会保障方面，事业人员绩效工资足额兑现，公职人员住房公积金普遍增加。职工养老、医疗、失业、工伤、生育五大保险覆盖面继续扩大；农村养老保险、城镇居民养老保险参保人数分别完成市任务的100%、167%；城乡低保、农村五保对象19005人，占总人口的12.4%；城乡大病救助、困难群众救济3200人次、374万元。廉租房一期、二期工程全部完工，三期工程顺利铺开；一中经济适用房主体完工。安全稳定方面，加强以煤矿为重点的安全生产，扎实开展了覆盖各行业领域的三轮百日专项行动，通过分类整治、挂牌督办、专项督查等措施，企业本质安全水平有效提升。认真开展"大排查、大接访、大化解"活动，调处各类矛盾问题21756件，化解率100%、息诉率98.4%；加强社会治安综合治理，严打违法犯罪活动，维护了社会和谐稳定。

党的建设全面加强，组织保障能力进一步提高。学习宣传党的十八大掀起高潮，围绕迎接十八大，举办了专场文艺晚会、艺术作品展等系列活动；围绕学习宣传贯彻十八大精神，县委认真安排部署，四大班子领导带头宣讲，广大机关干部积极参与，全县形成学习宣传贯彻十八大精神的浓厚氛围。领导班子和干部人才队伍建设得到加强，修订落实《党委议事规则》，严格执行领导班子民主生活会制度。广泛开展领导干部驻村包增收活动；坚持走出去、请进来，培训干部3000余人次；坚持德才兼备原则，选用了一批优秀干部。基层组织建设实现突破，扎实开展党的纯洁性学习教育活动，党员参学率98%；按照"六个好"标准，完成基层党组织分类定级；城区13个社区推行"梯级管理、分级帮联、星级评创"；非公企业党组织实现全覆盖；命名"五星级党支部"34个、"十星级共产党员"601名。反腐倡廉建设取得进展，全面落实党风廉政建设责任制，建立健全了廉政承诺、重大事项报告等制度；廉政文化广泛宣传，"阳光农廉网"有效运行。深入开展整治吃拿卡要、创优发展环境专项行动；加大案件查办力度，切实解决了一批群众反映强烈的突出问题。

附：一、中共中阳县委书记、副书记、常委名单

书　记：刘广龙

副书记：王建国　阴大瑞

常　委：贺兵锁　赵有军　任杰平　薛东升　张喜旺　翟贺平

二、乡镇党委书记、副书记名单

宁乡镇

书　记：姚文郁

副书记：王子荣　王志宏

张子山乡

书　记：杨春海

副书记：车利民

金罗镇

书　记：郭全生

副书记：任四虎

枝柯镇

书　记：郭　安

副书记：张玉泉　王志伟

下枣林乡

书　记：郝志军

副书记：贺建强　刘　伟

武家庄镇

书　记：杨志新

副书记：张玉平　郝志斌

暖泉镇

书　记：张映芝

副书记：张宏伟　白海兵

中共离石区委工作概况

区委书记　王彤宇

2012年，在市委、市政府的正确领导下，区委团结带领全区干部群众，按照市委"打基础、利长远、惠民生"总体要求，紧紧围绕迎接十八大、学习十八大、贯彻十八大，聚精会神谋转型，一心一意促跨越，扎实抓好区委各项工作，促进全区经济社会健康快速发展。

一、区域经济平稳增长

区委积极应对经济下行的不利因素，抓投资、上项目、调结构、惠民生，强力推动重点工程项目建设，全区主要经济指标保持了向上向好的态势。2012年，全区GDP完成90亿元，同比增长6.1%；财政总收入完成29.243亿元，增长17.88%；城镇居民人均可支配收入达到20006元，增长14.79%；农民人均纯收入达到3932元，增长19.19%。

一是项目建设取得新进展。全年共铺开重点项目29个，总投资387.5亿元，累计完成投资52.15亿元。矿井机械化装备水平持续提升，焦化行业产能置换重组积极推进；非煤产业快速成长，同辉机械8万吨煤矿成套设备建成投产，亿龙日产4000吨熟料生产线项目基本建成。

二是农业产业化水平有新提升。规模养殖业快速成长，大象禽业4000万只肉鸡产业化项目奠基开工，益得利10万头生猪育肥基地和1万头种猪繁育基地项目开工建设；设施农业迅速扩张，整合资金8950万元，新建设施蔬菜1950亩，落实了专人包棚指导；核桃经济林成果不断巩固，新栽补栽2万亩，农民增收基础更加夯实。

三是现代商贸物流业加快发展。天源物流、旭海农产品

交易市场全面启动,吴城铁路专用线和兴田现代物流中心项目积极运作。美特好购物广场、同至人商业广场开业运营,居然之家、如家快捷酒店、横店电影等一批大型商贸企业落户离石,千年景区旅游开发项目扎实推进。

四是特色城镇化迈出新步伐。东城新区河道综合整治工程具备蓄水功能;1—6#桥梁工程竣工具备通车条件;供水、供热、供气、供电等市政基础设施和文化商务中心建设方案已经确定;滨河两路、六纵支线开工建设;生态公园初步建成,东城新区框架初具雏形。

五是转型综改和对外开放取得新成效。扎实推进综改试验区建设,市政府批准了《离石区国家资源型经济转型综合配套改革试点行动方案》,积极推进大土河焦化有限公司为全省循环经济试点企业。加强对外交流与合作,积极组团参加第七届中博会、首届世界晋商大会、第四届能源博览会等大型招商引资活动,签约项目6个,签约引资171.6亿元。

二、思想宣传文化工作得到加强

一是思想道德和精神文明创建深入开展。社会主义核心价值体系大力弘扬,离石江阴支教团队荣获"感动山西"特别奖,冯志明等4人被评为吕梁市第三届道德模范;深入开展了"做一个有道德的人"、"警校共建和谐"、"小手拉大手"等主题实践活动,以及文明和谐单位、文明和谐行业、文明和谐乡镇等评选活动,选树了省级文明和谐单位7个、市级17个、区级22个,培养创建了一批各具特色的文明示范点。

二是群众性文化活动持续开展。文明之春系列活动成为群众节日文化盛宴,"和谐家园"广场、社区群众消夏活动和美食文化节广受好评,山西卫视《走进大戏台》为全区群众送上了丰盛文化大餐;纪念建党91周年书画摄影展、非公党建专场文艺晚会、"三大活动"主题歌咏大赛、百佳青年卫士颁奖晚会、《吕梁铁血》原创歌舞演唱会等活动有声有色,人民群众的精神文化生活更加丰富。

三、社会事业全面进步

一是教育事业稳步推进。江阴高中二期工程扎实推进,1栋教学楼、2栋学生宿舍楼投入使用,体育馆完成前期立项、设计工作;袁家庄中学与袁家庄小学附属工程基本完善;新建了三中教学实验楼和西崖底小学多功能室;启动并完成了21所幼儿园的建设任务,教育仪器装备标准化建设步伐加快,城乡学校办学条件较大改善。深化与江苏省江阴市的教育合作,全面推广先进的教育理念和管理模式;校长和教师队伍得到了加强,名师工程持续推进,教师交流任教全面推行,800余套教师公寓完成分配。

二是农村生产生活条件明显改善。23个省级新农村建设重点村的整体规划、"四化四改"、"五个一工程"全面完成,14个整村推进村综合配套工程全部竣工;农村新的"五个全覆盖"和"方便农民五件实事"扎实开展,千井灌溉富民工程完成12处,易地搬迁扶贫主体完工787户,全年减少扶贫人口5000人。

三是卫生医疗事业得到加强。社区卫生服务中心和社区卫生服务站的服务水平不断提升,群众就医难、吃药贵的问题得到进一步缓解。新农合参合率达99.84%,补助标准提高到每人每年240元,重大疾病保障由8项扩大到20项。

四是社会保障更加完善。加快完善覆盖城乡的社会保障体系,推进"社保覆盖面、服务一卡通",养老、医疗保险基本实现城乡全覆盖规定人群。城乡低保、农村五保、孤儿和部分优抚对象生活补助标准继续提高,困难群众的基本生活有效保障。公租房和廉租房基本建成,经济适用房竣工618套;廉租住房租金补贴发放1781万元。

四、政治社会保持稳定

一是"三大活动"扎实开展。组织万名机关干部进村入户排查矛盾纠纷,共排查出矛盾和问题39982个;区、乡两级干部共接访20990批75779人次,化解矛盾纠纷39962件,化解率达到99.95%。特别是下大力气抓了十八大期间的维稳工作,荣获省委、省政府授予的"十八大期间信访稳定工作先进县市区"荣誉称号。

二是社会管理得到加强。重新划分了35个社区居委会,人员、经费、办公场所和网格化建设有效落实,社区服务功能进一步增强;推进基层社会服务管理体系建设,建立了区、乡、村三级社会服务管理中心123个;深入开展对"六类地区"、"十八类场所"、"校园及周边"治安秩序的集中整治,全区共整治重点治安区域39个、十八类小场所1484处、学校及周边162处。严厉打击各种违法犯罪活动和黑恶势力,全区共破获各类刑事案件2056起,成功侦破了一批大案要案,打击了犯罪分子的嚣张气焰。

三是安全生产持续好转。深入开展了"安全生产年"、"防事故、保安全、保畅通"、"十八大"消防安保、百日安全隐患排查等系列活动,严格落实政府安全监管和企业安全生产两个主体责任,开展覆盖多个行业领域的安全生产专项整治,有效遏制重特大安全事故,全区安全生产形势继续趋稳向好。

五、党的建设进一步加强

一是扎实开展党的纯洁性教育活动。全区各级党组织和广大党员积极参加各项活动,集中阅读经典著作,观看廉政文化影片;邀请优秀共产党员赴各乡镇、街道和各系统作先进事迹报告;印发了各种学习资料,举办了各类专题讲座、专题报告。区委中心组带头学习党的优良传统和作风,在兴县蔡家崖革命纪念馆召开了专题学习和民主生活会。全区各级党组织组织党员赴革命传统教育基地参观学习,接受了革命主义和爱国主义教育,增强了党性观念和宗旨意识。

二是兴起学习宣传贯彻十八大精神热潮,把党员干部群众的思想统一到十八大精神上来。十八大和十八届一中全会胜利闭幕后,区委把学习宣传贯彻十八大精神作为首要政治任务,召开全区干部大会进行传达贯彻,下发了关于深入学习宣传贯彻十八大精神的《通知》。邀请专家对全区干部学习贯彻十八大精神进行了专题辅导。组建区委宣讲团赴各乡镇、街道和区直各系统进行宣讲。举办7期十八大精神轮训班，对1125名区管科级干部、农村两委主干、非公企业党组织书记和大学生村干部进行了集中轮训，区四大班子领导分期作了辅导报告。

三是基层组织建设和非公党建成效明显。认真落实"基层组织建设年活动"各项任务，深入开展基层党建"一报告一评议"工作和"十星级党员"评选活动。大力实施农村"领头雁"培训工程和基层党组织提升转化工程，全区300余名农村"两委"干部进行集中培训；通过抓住重点对象、抓好重点领域、抓实重点措施以及"回头看"等办法，全面完成了基层党组织整改提高、分类定级、晋位升级工作。召开了推广文建明工作法现场推进会，西属巴街道成为全市的典型。机关党建和社区党建水平进一步提升，大学生村干部管理得到加强，成立了党建研究会，加强了党的理论建设工作。

四是干部作风得到锤炼。制定出台了《改进工作作风密切联系群众的若干规定》和《厉行勤俭节约反对铺张浪费的意见》，规范了干部行为；扎实开展了"三大活动"和领导下部下乡包增收、干部驻村、党员联户活动，各级干部为群众办实事、解难事3000余件，落实帮扶资金3800余万元，密切了干群关系，转变了干部作风。

五是党风廉政建设和反腐败斗争取得成效。认真落实党风廉政建设责任制，大力整治公路、学校、医院乱收费行为，切实解决人民群众反映强烈的突出问题。深入开展《廉政准则》学习教育活动，推出了一批廉政勤政典型，举办了反腐倡廉专题讲座，组织了科级干部任前廉政考试、党纪党规知识考试和千名农村两委干部学习《农村干部廉洁履职规定》考试；组织全区干部观看了警示教育片，营造了勤政廉政良好氛围。加强对重大决策部署落实情况的监督检查。深入开展了整治"吃拿卡要"、创优发展环境活动，引深干部作风纪律整顿，处理违纪干部465人次。积极推进安国寺于成龙廉政教育基地建设，初步完成了展厅布展工作，努力打造离石特色的廉政文化精品工程。

附：一、中共离石区委书记、副书记、常委名单

书　记：王彤宇（9月离职）　阎刚平（12月任职）
副书记：薄宇新　吕文平（12月任职）　李溢涛
成志斌
常　委：刘俊禄　王怀清　刘晓勤　陈建华
李源春（女）　秦　亮

二、乡镇（街道）党（工）委书记、副书记名单

滨河街道
书　记：李源春（女，4月离职）
薛凤平（4月任职）
副书记：魏玉青　刘海军

莲花池街道
书　记：王候明
副书记：李建国（6月任职）　雒建龙

凤山街道
书　记：张向峰（4月离职）　刘杏平（4月任职）
副书记：任利星　范金龙

城北街道
书　记：吴　卿
副书记：王月亮（6月离职）　李克勤（6月任职）
王卫红

交口街道
书　记：白志荣
副书记：李保云　张平生

田家会街道
副书记：张致滨（6月任职）　吴永锋

西属巴街道
书　记：张兴平
副书记：王月亮（6月任职）　刘建忠

吴城镇
书　记：李耀星
副书记：张致滨（6月离职）　王惊雷（6月任职）
雒保廷

信义镇
书　记：王　宇
副书记：薛晔峰　张亮斌

坪头乡
书　记：王永福
副书记：李建国（6月离职）　高斌君（6月任职）
雷吉平

枣林乡
书　记：李建红（女）
副书记：郭光辉（4月离职）　马小兵（6月任职）
王迎平

红眼川乡
书　记：秦　亮（4月离职）　张向峰（4月任职）
副书记：李克勤（6月离职）　张彩平（女，6月任职）
胡新星

中共方山县委工作概况

县委书记 李少杰

2012年，在市委的正确领导下，方山县委深入贯彻落实科学发展观，紧紧围绕"打基础、利长远、惠民生"的总要求，坚持绿色发展理念，实施"五位一体"战略(把方山建设成生机无限的吕梁新城区，低碳循环的新型工业区，健康天然的绿色农业区，避暑休闲的生态旅游区，宜居宜业的和谐发展区)，全县经济社会继续保持了持续快速发展的良好态势。全县生产总值完成26.6亿元，同比增长4.3%；财政总收入完成8.44亿元，同比增长17.49%；一般预算收入完成3.04亿元，同比增长21.85%；城镇居民人均可支配收入完成14596元，同比增长13.2%；农民人均纯收入完成3029元，同比增长18.7%。

一、吕梁新城建设顺利推进

吕梁新城建设涉及方山县拆迁面积70多万平方米，需征占大武镇大部分的土地，征地拆迁任务艰巨，补偿安置工作量大。为了确保这些项目的顺利实施，方山县及时成立了吕梁新城建设方山指挥部，制止和打击了各种抢占抢建行为500余起，为新城建设排除了阻力、扫清了障碍，提供了便利条件。全面完成了新城区所涉拆迁户的调查摸底工作，涉及拆迁户7890余户，24500余人。

二、工业新型化高位启动

以实现工业与生态协调发展为目标，着力改造提升煤炭、建材等传统产业，培育壮大太阳能、风力等新型能源产业，全面促进工业经济的转型升级。及时调整产业布局，经多方论证、实地察看，将积翠乡赤红沟规划为新的工业园区，区域面积6000亩。扎实推进74个重点项目建设，其中：33个市重点项目完成投资50.5亿元，占任务的125%；3个全市百项重点项目完成投资5.69亿元，占任务的105.37%。金晖凯川、金晖瑞隆、汇丰新星等三座煤矿进入联合试运转，国电马坊风力发电项目已经国家能源局核准，引进了安华汇丰、宏泰铝业、联盛电厂3个项目。

三、农业产业化水平不断提升

按照"突出绿色、一村一品、多元增收、生活提质"的总要求，积极引导教育农民"绿色种养"，大力实施农民"五大增收工程"。全年发展设施蔬菜2347亩，带动农民亩均增收1.5万元；栽核桃经济林3万亩，全县总面积达到12万亩；完成农村安全饮水工程12处，解决了13个村5000口人的饮水安全问题，打井10眼，新增灌溉面积2300亩；实施占补平衡项目13个，新增耕地3525.5亩；建成千头肉牛、绒山羊标准化养殖小区4个，全县大畜存栏达到1.73万头；积极支持农业龙头企业扩大生产经营，带动农民发展订单农业3.3万亩。继续扩大小杂粮、油料、土豆等种植规模，稳定粮食播种面积33万亩，粮食总产量达到3300万公斤。

四、生态旅游开发步伐加快

全面启动了"百里绿色走廊"建设，完成横泉水库周边绿化3000亩、北武当山旅游路绿化4000亩、太佳高速两边荒山绿化1万亩、荒山灌木造林3万亩，实现了林木畜积率和森林覆盖率双增长。深入开展环境污染综合治理，积极淘汰落后产能，全县二级以上天数达到357天，大气污染综合指数1.63。全面铺开了8个重点景区景点的规划设计工作，完成了积翠至云顶山25公里、峪口至横尖44公里旅游路铺油工程，全面铺开了北武当山后山开发及循环路建设。

五、社会各项事业全面发展

加快县城扩容提质步伐，概算投资7亿元，铺开了新高中建设、廉租房建设、城区集中供热、天然气入户、太佳高速方山连接线、北川河综合整治等多项民生工程。集中打造了15个高标准新农村，圆满完成了农村新"五个全覆盖"工程和"便民五件实事"建设任务，完成整村推进20个村，扶贫移民354户1464人。大力实施"教育振兴"工程，对全县32所中小学、14所幼儿园进行了维修改造，新建教师周转房两处。深化医药卫生体制改革，全面实行基本药物零差率销售，新农合参合率达到98%；大力发展文化事业，农家书屋、农村文化活动室、广播电视村村通实现了全覆盖。社会保障体系逐步完成，全年累计发放各种救助资金3700余万元，22578万名城乡低保对象、905名优抚对象、895名五保对象、833名城乡重大疾病患者和受灾群众及时得到救助；全县1.17万人享受到了城镇职工医保，13598人享受到了城镇居民医保，1.16万人享受到了城镇职工基本养老保险，8542人参加了失业保险，构建了医疗保险、养老保险、最低生活保障全方位救助的保障体系。扎实开展了"三大活动"，全县共排查各类矛盾纠纷19035件，化解率达到99.9%，一大批矛盾纠纷得到有效化解，一大批民生问题得到有效解决。

六、切实加强和改进党的建设

一是思想政治素质不断提升。扎实开展了为期半年的保持党的纯洁性教育活动，先后组织全县副科以上领导干部学习了党的十七届六中全会、胡锦涛同志7.23讲话、道德模范专题报告、十八大精神等专题辅导讲座6次。积极参与领导干部在线学习，增强了全县干部用科学发展观谋划思路、制定措施和领导发展的能力。二是基层组织建设扎实推进。深入开展了"创先争优"活动和"基层组织建设年"活动，对全县317名农村两委主干进行了集中培训；对431个基层党组织进行了分类定级；开展了党建示范点创建工程，培植农村基层党建示范点14个、机关党建示范点19个、非公有制企业党建示范点5个；圆满完成了非公有制经济党组织集中组建工作，组建单独党支部20个，联合党支部18个；对309名现任村干部、565名退职主干发放了岗位报酬和生活补助。三是党风廉政建设和反腐败斗争取得新成效。坚持标本兼治、综合治理、惩防并举、注重预防的方针，全面落实党风廉政建设责任制。大力加强反腐倡廉教育，坚持把廉政教育融入干部培训、选拔、管理和使用全过程。深入开展了以"治庸、治散、治浮、治奢、治邪"为主的作风纪律大整顿。深入开展了煤焦领域、工程建筑、医疗卫生、三农资金、社会保障等重点领域的专项治理，全年共立查各类违纪案件118件。

附：一、中共方山县委书记、副书记、常委名单

书　记：闫孝敏（女，4月离职）　李少杰（4月任职）
副书记：田安平　孙玉堂
常　委：王喜祥　刘月顺　张建良　侯小将　王爱军　刘大鹏

二、乡镇党委书记、副书记名单

马坊镇
书　记：李文铭
副书记：赵玉祥
积翠乡
书　记：刘荣杰
副书记：张犛云
麻地会乡
书　记：雒雪梅(女)
副书记：霍丙良　李玉春
圪洞镇
书　记：王海清
副书记：田德隆　王满顺
峪口镇
书　记：高云林
副书记：任海涛　车三奴
北武当镇
书　记：赵林平
副书记：孙燕飞　李　军
大武镇
副书记：杨少锋　任星星

中共临县县委工作概况

县委书记　刘永平

2012年，县委、县政府在省市的正确领导下，提出了加快发展环境、产业发展、扶贫攻坚、特色城镇建设"四大跨越"，建设晋陕峡谷有机红枣基地、晋西沿黄河东煤田现代煤化工基地和晋陕黄河中游物流基地"三大基地"，实现资源大县向经济强县、贫困大县向文明和谐大县"两个转变"的总体思路，抢抓发展机遇，扎实苦干，奋力进取，全县经济和社会各项事业呈现出快速发展的势头。

一是主要经济指标再上台阶。全年地区生产总值完成38.12亿元，同比增长9.3%；财政收入完成15.09亿元，增长12.98%；一般预算收入完成5.93亿元，增长31.69%；固定资产投资完成30.6亿元，增长28.27%；城镇居民人均可支配收入11862元，增长15.6%；农民人均纯收入3144元，增长18.3%。社会消费品零售总额预计可达27.8亿元，增长16.9%。主要经济指标都实现了两位数增长，顺利完成了年初制定的各项目标任务。

二是重点项目建设加快推进。深入贯彻落实省委、省政府"项目落地年"的总体部署和市委、市政府"百项重点工程"建设的具体要求，强力实施了5大类100个总投资1186亿元的"百项千亿重点项目"，其中：煤炭提升项目16个、工业转型项目10个、农业龙头项目33个、三产牵动项目12个、基础设施惠民项目29个。截止目前，立项办结65个，土地办结61个，环评办结59个，开工81个，完工36个，完成投资400亿元。特别是霍州煤电1000万吨煤电一体化项目、晋太600万吨矿井项目等骨干型支撑项目都取得了新的进展。

三是农民增收基础不断夯实。紧紧抓住全省连片特困地区与扶贫攻坚试点县的机遇，编制了临县连片特困区区域发展与扶贫攻坚《十年规划》和《三年试点实施规划》，启动了区域发展与扶贫攻坚试点，计划利用三年时间，在5个乡镇51个试点村实施产业开发、公共服务、基础设施、生态建设等4大类83个总投资104.65亿元的重大项目。特别是围绕农民增收这一核心，积极培育农业产业化龙头企业，为重点农业项目融资贷款2亿元，政府给予贷款贴息614万元。目前，投资13亿元的红枣深加工园区和投资4.8亿元的肉鸡产业化园区均已开工建设。此外,投资 7026 万元在 7 个乡镇 15 个村完成了 2100 亩设施蔬菜建设任务,全县设施蔬菜面积达到 2 万亩,总产值突破 2 亿元。

四是基础设施条件全面提升。西纵高速、太佳高速克虎段、晋中南出海通道、太中银铁路吕临支线、太兴铁路建设有序推进;完成县道林招线和青正线三级公路路面改造工程、高家塔等 4 个水运码头建设工程;铺开碛口沿黄扶贫旅游公路改线工程前期工作;铺开太佳高速连接线征地拆迁工作。积极配合推进中部引黄工程,完成松峪水库前期勘测设计,阳坡、曹家岭、太平、薛家圪台、刘王沟水库除险加固,以及马家湾、高家湾沿黄提灌工程。新建县城管道供水工程 1 处,日供水量近 1 万立方米。全面完成水门桥提升改造、湫河景观工程重建、自来水管网建设、西山生态公园等重点市政工程。

五是民生条件明显改善。新建 68 所、改扩建 3 所幼儿园全部通过验收并投入使用,对西部 8 所乡镇学校进行了优化布局。631 个行政村全部安装体育器材,实现了体育场所全覆盖。高级中学主体基本完成,进入装修装饰阶段。青少年活动中心正在进行内部装修,明年可投入使用。新城人民医院主体已建成,铺开总投资 1166 万元的 6 个中心卫生院辅助设施建设项目。完成了 4101.3 公里的农村街巷硬化工程,建成 311 个农村便民连锁商店、631 个农村体育活动场所、农家书屋,全额补助 3696 名职业学校学生学费,实现了 326194 名农村适龄人口社会养老保险全覆盖。全面提高低保五保标准,全县城市低保对象达 9837 人,农村低保对象达 43841 人,五保供养对象达 4947 人,基本实现了应保尽保。启动"便民五件实事"工程,铺开的 81 个村中,已建成幼儿园 54 个,洗澡理发室 63 个,磨面碾米豆腐房 58 个,红白理事厅 65 个,66 个村安装了太阳能路灯。为 441501 个农业人口和 45313 个非农业人口建立了居民健康档案。在安家庄等 4 个乡镇开展了村民道德评议会试点,在刘家会镇试点实施了空巢老人帮扶救助工程。加大对特殊困难群体的保障力度,将 173 名退役人员安排为乡村保洁员。

六是扎实开展"三大活动"。开展了矛盾纠纷大排查、领导干部大接访、信访问题大化解"三大活动",县乡村干部 4300 余人进乡镇、进农村、进农户,走访老党员、走访困难群众、走访上访人,共排查出各类矛盾诉求 89885 件,目前已化解 89835 件,化解率 99.94%。通过开展"三大活动",干部作风明显转变,干群关系进一步密切,大量合理诉求得到妥善解决,群众合法权益得到切实维护,社会治安秩序实现明显好转。

七是有力应对暴雨灾害。2012 年 7 月 27 日临县发生了百年不遇的特大暴雨洪涝灾害,致使 23 个乡镇 554 个村不同程度受灾,受灾人口达 25.67 万,造成直接经济损失 15.9 亿元。灾情发生后,全县各级、各部门全身心投入到抢险救灾和恢复重建工作当中。截止目前,已经累计拨付救灾款、生活救助资金 2790.47 万元,累计完成投资 1.7 亿元,恢复灾区道路、水利、电力、通讯、教育、卫生等基础设施。同时,聘请水利专家对 6 个需重建的重灾村进行实地勘测、规划和测算。目前,受灾群众生产生活有序,恢复重建工作也正有条不紊地推进。

八是党的基层组织建设不断加强。将长期在基层工作、经验丰富、群众基础好、工作能力强的 8 名乡镇党委书记、乡镇长调整到县直机关重要部门担任"一把手",同时从基层择优提拔了 14 名乡镇书记、乡镇长,对县直党群、政府、政法、发改等口单位副职领导班子进行了调整充实。积极开展星级支部创建活动,共有 61 个农村党支部被市委命名为五星级支部,112 个党支部被县委命名为四星级支部。扎实开展基层后进组织整顿,严把农村党员入口关,不断优化农村党员结构。全面学习推广文建明工作法,切实转变干部作风。把学习推广文建明工作法与转变干部作风、开展"三大活动"、密切干群关系紧密结合,围绕"规范农村干部工作方法、促进农村和谐稳定发展"这一主题,组织专人对临县近年来涌现出的 10 多名优秀农村党支部书记进行了调研,从他们身上总结提炼出"化解农村问题十法"(感情联络法、身先士卒法、利益平衡法、平时沟通法、建章立制法、阳光作业法、致富引领法、通俗宣传法、迂回化解法、应急处置法),并编印成册,在全县农村干部中推广,力求提高农村社会管理水平。扎实推进社区党建"三有一化"工程,确保社区党建工作正常运转。加强对流动党员的跟踪管理和服务,着力优化基层党组织设置,建立了 68 个非公企业党组织(覆盖非公企业 366 个,个体商户 3147 个),不断扩大了基层组织的覆盖面。

附:一、中共临县县委书记、副书记、常委名单

书　记:刘永平

副书记:张建国　李智勇(6 月离职)

常　委:王成军(10 月离职)　王少利　李　琦　游福海　陈　浩　雍建华　李正奎

二、乡镇党委书记、副书记名单

白文镇

书　记:李烽峰

副书记:高宏亮　刘秀荣

城庄镇

书　记:李正奎(2 月离职)　李晓春(2 月任职)

副书记:成小龙(2 月离职)　薛增平(2 月任职)　王　勇

木瓜坪乡

书　记:郭　原

副书记:张莹源(2 月离职)　刘玉洁(2 月任职)　高泽鹏

临泉镇

书　记:王犁青

副书记:李卫平　刘毓剑

安业乡

书　记:贺向亮(2 月离职)　薛银贵(2 月任职)

副书记:刘元日　杜慧君

玉坪乡

书　记：任文珍（2月离职）　郝有旺（2月任职）

副书记：秦京亮（2月离职）　赵小峰（2月任职）

　　　　张恒宇

大禹乡

书　记：李晓春（2月离职）　陈小林（2月任职）

副书记：李有喜（2月离职）　李桃林（2月任职）

　　　　辛喜顺

三交镇

书　记：张向阳

副书记：陈　顺（2月离职）　李有喜（2月任职）

　　　　刘宏伟

车赶乡

书　记：高文平（2月离职）　贺向亮（2月任职）

副书记：闫　平（2月离职）　张翠珍（2月任职）

　　　　李小明

湍水头镇

书　记：李金峰

副书记：高翠文（2月离职）　张积赟（2月任职）

　　　　秦国雄

林家坪镇

书　记：郝振杰

副书记：刘新民（2月离职）　高文标（2月任职）

　　　　陈侯平（2月离职）

招贤镇

书　记：郝有旺（2月离职）　刘新民（2月任职）

副书记：刘玉洁（2月离职）　陈侯平（2月任职）

　　　　陈　照

碛口镇

书　记：张文全

副书记：郝大山　薛文泽

青凉寺乡

书　记：王廷海

副书记：贺旭峰（2月离职）　张永斌（2月任职）

　　　　刘勇聪

石白头乡

书　记：薛银贵（2月离职）　闫　平（2月任职）

副书记：薛增平（2月离职）　高晋明（2月任职）

　　　　高建荣

雷家碛乡

书　记：张小明

副书记：张翠珍（2月离职）　白鹏飞（2月任职）

　　　　刘海斌

兔坂镇

书　记：曹孝伟

副书记：高文标（2月离职）　贺旭峰（2月任职）

　　　　郝东连

八堡乡

书　记：刘建平（2月离职）　秦京亮（2月任职）

副书记：高艳飞（2月离职）　秦继明（2月任职）

　　　　高永龙

克虎镇

书　记：王荣平（2月离职）　高翠文（2月任职）

副书记：李桃林（2月离职）　李旭峰（2月任职）

　　　　李保明

安家庄乡

书　记：成小龙（2月任职）

副书记：张积赟（1月离职）　柔卫峰（2月任职）

　　　　高凤喜

刘家会镇

书　记：陈小林（2月离职）　陈绍文（2月任职）

副书记：刘侯民（2月离职）　高燕飞（2月任职）

　　　　刘继明

丛罗峪镇

书　记：陈绍文（2月离职）　陈　顺（2月任职）

副书记：赵小峰（2月离职）　王　浩（2月任职）

　　　　高　荣

曲峪镇

书　记：苗焰银

副书记：刘江海　高玉杰

中共石楼县委工作概况

县委书记　闫孝敏

2012年，石楼县委、县政府团结带领全县各级各部门，积极面对宏观经济下行的压力和各方面条件都十分落后的情况，以省委转型跨越发展和市委“打基础、利长远、惠民生”的工作要求统揽全局，锐意进取、真抓实干，在困难中奋进，在挑战中拼搏，各项年度目标任务圆满完成，开创了全县经济稳步增长，社会和谐稳定，民生不断改善，各项事来蓬勃发展的新局面。

一、结合实际，准确定位发展思路

2012年，县委、县政府确立了“十大工程、十大项目”的工作新思路，把工程项目作为激发内生活力、孕育发展新机的重要载体，以工程建设来重组各种资源要素，以项目实施来推动全县转型跨越。

十大工程:城市建设工程、道路建设工程、核桃产业建设工程、红枣产业工程、生态建设工程、兴学育人工程、薛家垣农业生态园工程、中南铁路建设工程、坪底水库工程、干部培训教育工程。

十大项目:煤炭产业项目、煤层气开发项目、水泥产业项目、电力项目、有线电视村村通项目、红色旅游项目、黄河第一湾开发项目、片区开发项目、红枣核桃深加工项目、沿黄旅游公路项目。

十大工程、十大项目涉及产业发展、城乡建设、基础设施、民生事业、人才教育等多个领域,十大工程立足当前发展,十大项目着眼长远谋划,是实现眼前利益和长远利益统筹兼顾的结合体。十大工程更多地体现了打基础的要求,十大项目更好地诠释了利长远的内涵,二者最终都集中于惠民生的本质上,为人民谋利、为人民造福的工作抓手。

二、戮力同心,经济社会各项事业全面发展

2012 年,全县上下形成了全党动员、全民参与"十大工程、十大项目"的浓厚氛围。县四大班子领导作表率、挑重担,主动而为、积极工作;科级干部搞好服务、全力推进;党代表、人大代表、政协委员主动深入基层调查研究、建言献策;离退休老干部关心项目、关注工程;广大人民群众支持项目、投身工程。大抓工程、大上项目成为了石楼 2012 年经济社会发展的最强音。紧紧依托"十大工程、十大项目",全县各项经济社会事业取得了全面发展。

一是经济实力在克服困难中稳步提升。全县地区生产总值完成 7.03 亿元,同比增长 9%;财政总收入完成 1.17 亿元,同比增长 3.2%; 固定资产投资完成 7.15 亿元, 同比增长 18.3%;工业增加值完成 1.42 亿元,同比增长 2.4%;社会消费品零售总额完成 1.76 亿元,同比增长 18.3%;城镇居民收入 1.01 万元,同比增长 18.8%;农民人均纯收入 2452 元,同比增长 36%。

二是主导产业在结构调整中显现优势。工业产业方面,依托资源,立足市场,先后与大唐、中煤、中石油、中电等几家大型央企、国企签订了战略合作协议,达成了合作意向,形成了石楼县以煤炭、煤气、煤电为主的工业发展框架,开启了 300 万吨煤矿、100 万吨焦化、2×60 万千瓦发电、20 亿立方液化气的前期项目工作。农业产业方面,同步推进种植业、养殖业和林果业。特别是依托省市纪委的帮扶,在灵泉镇薛家垣村,探索性地构建了贫困山区循环农业产业发展新模式。依托片区开发项目,在灵泉、罗村、龙交 3 个乡镇 20 个行政村集中发展核桃 3 万亩,初步走出一条农户自觉自愿、自栽自管的核桃产业发展新路子。

三是城乡建设在统筹并重中迈出新步。以"扩容提质"为核心,在实施东征路延伸、廉租房建设、屈产河蓄水美化等城市建设系列工程的同时,大胆运用市场化经营理念,首次引进房地产开发企业在县城铺开了王村、塔底、西河三处城中村改造, 迈出了石楼县城镇化进程中具有里程碑意义的一步。以扶贫移民为载体,以"四化四改"、"五个一"工程为抓手,铺开完成了霍阳庄、小蒜等 6 个移民点建设工程,完成了塔子上、永由等 15 个省级新农村重点推进村和岔沟、城关等 4 个百村行动村的建设任务。

四是基础设施在强势推进中实现突破。全面加强了水、电、路、讯等各方面的建设,特别强化了供水、供暖、道路建设工作。供水方面,启动了投资 2 亿多的坪底供水工程,为石楼县今后工农业生产用水创造了良好的条件;抓住北京军区给水团在石楼县支援打井的机遇,调整布局,在县城附近增加了 6 眼水源井,有效解决了供水不足的问题。供暖方面,利用石楼县丰富的天然气资源,新上燃气供暖设备,启动了月亮湾小区 2 万平方米的燃气供暖,为全面解决县城供暖,改善环境质量提供了示范。道路建设方面,在积极争取西纵高速、汾清高速立项,积极支持中南铁路石楼段建设的同时,完成了涉及全县 9 个乡镇 53 个村委的街巷硬化任务, 全县交通运输状况大为改观。

五是民生事业在全面协调中和谐发展。强化了科教文卫等各项社会事业。特别是坚持了教育优先发展的原则,在教育上舍得投入,保证了教育的良性健康发展。去年,全县高考达线突破 300 人, 达线率连续第六年稳居吕梁山区九县第一,职中对口升学考试首批本科达线 109 人,升学率全市排名第一。医疗卫生体制改革有序推进,卫生事业得到进一步发展。强化了医保、养老保险等各项社会保障。进一步完善了城乡居民最低生活保障、城乡医保、企业养老、农村养老等一系列制度,初步构建了多层面、宽领域、全方位的社会保障体系, 人民群众共享发展成果的普惠度和满意度有了新的提高。强化了信访、稳定等各项社会管理。县委将信访维稳作为压倒一切的中心任务,全方位实施了"三大活动",促进了全县的和谐稳定。特别是圆满完成了十八大期间的信访、安全、稳定任务,给省市交了一份满意的答卷。

六是党的建设在实践活动中得到加强。紧紧结合吃拿卡要整治活动,强化了廉政监管,落实了领导干部一岗双责和农村干部约束制度,实现了党风廉政建设责任制和惩防体系向基层的拓展和延伸,得到了省市的认可。紧紧结合保持党的纯洁性教育活动,狠抓了党员培训、队伍发展、组织覆盖等项工作,特别是在财政十分紧张的情况下,对各乡镇尤其是党建活动阵地进行了改造,进一步提升了基层党组织的凝聚力和战斗力,为各项工作的开展提供了坚强的组织保障。

附:一、中共石楼县委书记、副书记、常委名单

书　记: 李少杰(4 月离职)　闫孝敏(4 月任职)

副书记: 刘应刚　田文军

常　委: 潘晓明　张建峰　郑世光　范发宾　刘　云　郭　雄

二、乡镇党委书记、副书记名单

灵泉镇

书　记: 宁　煦

副书记: 高巩艳

曹家垣乡
书　记：王　鹏
副书记：吴锋平
裴沟乡
书　记：王立国
副书记：冯三应
罗村镇
书　记：王延平
副书记：李小平
义牒镇
书　记：马晋军
副书记：张云
和合乡
书　记：解利国
副书记：辛文平
小蒜镇
书　记：温建宏
副书记：郭瑞平
前山乡
书　记：田建军
副书记：郭登亮
龙交乡
书　记：郭永东
副书记：赵晋民

中共岚县县委工作概况

县委书记　阎刚平

2012 年，在市委的正确领导下，岚县县委团结带领全县广大干部群众，按照“打基础、利长远、惠民生”的总要求，以党的建设为统领，以科学发展为主题，以转型跨越为主线，全力实施“五大建设”，努力打造“三新岚县”，全县经济快速发展、社会大局和谐稳定，各项工作取得了新进展、新成效。全年地区生产总值预计完成 16 亿元，同比增长 25%。财政总收入完成 10.01 亿元，同比增长 166.27%；一般预算收入完成 7.37 亿元，同比增长 307.74%，两项增速均为全市第一。社会固定资产投资完成 60.5 亿元，同比增长 28.18%。城镇居民人均可支配收入 13910 元，同比增长 16.3%；农民人均纯收入 3450 元，同比增长 21.01%。

一、项目建设进展顺利

始终把项目建设作为经济社会发展的动力引擎，紧紧抓住储备、签约、落地、建设、投产各个环节，进一步健全了项目推进相关制度，一二三产业、大中小项目协调推进。列入市考核的总投资 230 亿元的 37 个重点项目，全市考核排名第三。全省重点项目、亚洲规模最大的露天冶金矿山——太钢袁家村铁矿项目，总投资 110 亿元，目前选矿三个系列全部进入试生产。总投资 15 亿元的 200 万吨太钢球团项目点火试生产。金隅日产 2500 吨干法水泥、正利 150 万吨煤矿等项目相继建成投产。盛华 10 万吨铸造、佳昌 10 万吨铸造建成投产，继亨 518 立方高炉建设主体完工，普明工业园区 30 万吨铸件项目顺利推进，被省经信委确定为“山西省新型工业园区铸造产业示范基地”。

二、招商引资成效明显

坚持以资源换资本、换项目、换技术，狠抓招商引资工作，与华润、华电等五大集团签订了煤化工、煤电、铸造、农业、生态建设、城市开发等项目。与山西联盛能源投资有限公司举行了 1000 万吨煤矿、4×100 万千瓦发电和煤电铝循环经济一体化项目启动仪式，签订了合作协议，正在进行前期工作。转型跨越的后劲不断增强。

三、民生事业全面推进

岚县县委、县政府始终坚持把关注民生、解决民忧、实现民愿作为工作的出发点和落脚点，整合资金，多措并举，竭尽全力解决群众最直接、最关心、最现实的利益问题。城乡环境明显改善。全年造林 8.5 万亩，创历史新高。城乡面貌明显改善。共投入 13.5 亿元，开展了基础设施建设、市容整治、环境保护、健康教育等“十大攻坚战”，推进“三治五化”（即大力开展环境卫生、街道装饰、交通秩序三个整治，狠抓城乡环境净化、硬化、绿化、亮化和美化“五化”建设），成功创建吕梁市第一个国家卫生县城，岚县的对外形象显著改观，干部群众的幸福指数明显提升。以城镇化建设为核心，拉大县城框架，以扩容提质为重点，铺开了总投资 28 亿元、总里程 103 公里的岚河南路、迎宾大道等 8 条道路建设工程，大县城框架将由 15 平方公里拓展为 234 平方公里。投资 6400 余万元，建成日供水 1 万吨的县城岩溶水供水工程，县城群众喝上放心水、优质水。县城集中供热面积达到 83 万平方米，居民开始用上了天然气，宜居岚县建设步伐不断加快。农民增收态势良好。围绕农民增收，以“一村一品、一县一业”为抓手，加快推进现代农业和特色农业建设。全县马铃薯种植面积超过 20 万亩，被省政府确定为“全省马铃薯生产示范基地县”。马铃薯组培实验室建成投用。投资 1.3 亿元、占地 250 亩的集电子交易大厅、产品检验检测中心、恒温贮藏窖等为一体的马铃薯批发市场主体完工，明年可投入使用。成功注册“岚县土豆”商标，所有外销马铃薯统一产品标识和包装。与太原

"美特好"、"沃尔玛"等超市签订了"岚县土豆"直销合同,每年通过农超对接销售的马铃薯超过10万吨。咬定"华北油松种苗第一县"目标,全县油松育苗总面积突破4万亩。教育事业得到加强。把教育放在优先发展的地位,实施科教兴县、人才强县战略。投资3.4亿元、占地270亩,按照全省一流标准建设的30轨制、可容纳4500名学生的岚县中学新建项目主体完工,即将投入使用。总投资2亿元的12轨制岚县职教中心开工建设。开展学前三年行动,新建6所标准化幼儿园。三年内可基本普及十五年基础教育。实施人才兴县战略,完善人才引进办法,面向全国招聘优秀紧缺人才,首批录用17名研究生。建立乡土人才动态管理数据库,评选表彰了22名第三批县域优秀人才。制定了《岚县特殊人才政府津贴实施办法》,评选出首批16名特殊人才给予政府津贴,进一步调动和激发了优秀人才服务经济社会发展的积极性。卫生工作进一步发展。按照"小财政、大卫生"的理念,进一步强化了县乡村三级卫生服务体系建设。投资2亿元,拥有490张床位的岚县人民医院(新建)项目开工建设。实现了乡村医疗卫生机构全覆盖,被省政府评为村卫生室全覆盖先进县。全县所有公立医疗机构全部实行了国家基本药物制度,实现了药品零差率销售。全县将516种基本药物纳入新农合支付范围。药品费用下降40%以上。新农合参合率达到98.7%,城镇居民和城镇职工基本医疗保险参合率达到95%,基本医疗保障制度初步建立,群众看病难、看病贵的问题得到明显改善,群众满意度明显提升。文化惠民工程持续推进。不断完善公共文化服务,构建覆盖城乡、惠及全县的基本公共文化服务体系。以社区、农村为重点,推进县文化馆、乡镇文化站、农家书屋、农村电影放映等文化惠民项目建设。深入挖掘岚县深厚文化元素,由中央电视台制作的历史文化专题纪录片《岚之风》完成。国家级地理杂志《炎黄地理》岚县专刊出版发行,岚县知名度和影响力不断扩大和提升。加大文化产业发展力度,培育八音、面塑、剪纸、刺绣、餐饮等特色文化产业,设立了文化产业发展扶持基金,不断加大文化资源的保护与开发力度。民生保障进一步完善。加大对低收入群体的救助力度,城乡低保、大病救助、新农保、新农合等民生事业提标扩面。对1820名五保户、伤残军人、孤儿、参战参核人员实行住院全免费,经济社会发展成果不断惠及全体岚县人民。全面加强就业再就业工作,全年完成各类创业就业培训2500人(次),转移农村劳动力2849人。积极开发公益岗位,新增就业人数2145人,城镇登记失业率下降为1.9%。社会养老、医疗、工伤、生育、失业等各类保险稳步推进,社会保障体系日趋完善。

四、社会大局和谐稳定

按照市委"大排查、大接访、大化解"活动的安排,将"三大活动"作为加强群众工作、创新社会管理、塑造岚县形象、提升民生素质的民心工程和全县压倒一切的政治任务,书记、县长亲自抓,四大班子齐上阵,500名机关干部驻村包点,一村一警,全党动员,创新思路,带着感情推进"三大活动",成效显著。全县共排查出信访突出案件、民生诉求等10个方面16792个问题,全部依法、合理、有效化解,化解率达100%。针对"三大活动"中群众反映的基层资源财产产权不清、管理不善的较多矛盾,县委、政府在全县范围组织开展了农村"六项工作",主要内容包括耕地、林地、宅基地"三地"确权,资产、资源、资金"三资"清理,违法违规用地、违法违规建设和违法违规经营"三违整治",基层组织、基础设施、基本制度"三基建设",党务、财务、村务"三务公开",耕地占用税、土地使用税、房产税"三税征收"。通过开展农村"六项工作",确保国家利益不受损、集体资产不流失、群众权益有保障,为岚县当前与今后更长时期的持续、快速、健康发展打造一个和谐稳定的社会环境。

按照"党委领导、政府负责、社会协同、公众参与"的要求,整合资源,创新机制,建立服务群众、社会管理、人民调解、公共安全、维护稳定一体化的综治工作新平台。构建大调解网络格局,成立了县矛盾纠纷排查调处工作领导组,定期召开联席会议,对筛选认定的重大矛盾纠纷进行全面分析,然后根据部门责任分工,交给有关部门限期办理;乡镇成立了矛盾纠纷排查调处中心;在村(居)、社区设立调解委员会,形成了县、乡、村的三级配套联动、上下贯通的调解网络体系。整合所有综治维稳工作力量,进行资源整合,多所合一,成立了乡镇综治维稳中心,杜绝了推诿扯皮,方便了群众诉求,取得了良好效果。

不断强化安全生产。着眼于全面安全、本质安全、持久安全,强化政府和企业两个主体的责任,全面落实安全生产的各项制度,严格安全生产目标考核和责任追究,推进安全生产标准化建设,建立"横到边、纵到底、无缝隙、全覆盖、立体化"的安全生产网格化管理体系,杜绝了安全责任事故的发生。

五、转型综改试点县建设积极推进

抓住被省政府确定为转型综改试点县这一重大机遇,大胆先行先试,努力破解发展中遇到的理论和实践难题。在争取政策支持上先行先试。各级各部门结合各自职责和工作实际,制定具有可操作性的转型综改行动方案,对照扩权强县政策,积极争取上级对综改试点县机构设置、编制核定、人员招聘、县级投资项目审批、资源型欠发达县份新增财力返还等"人权"、"事权"、"财权"的支持和政策倾斜,解决转型综改试什么、怎么试、谁来试的问题。在提高行政效能上先行先试。根据岚县实际,对行政审批事项进行清理整顿,做到简政放权,提升效能,解决管理效率低下、管理水平低下的问题。发挥政府主导作用,大力推进各级各部门放权让利,厘清上下级之间、部门之间、领导干部之间的职责权力边界。从县级领导、乡镇和县直部门、农村和企业三个层面理清工作思路,将全县总目标分解为各乡镇、各部门的具体指标和任务,转化为软硬项目,细化到具体人头,明确各个项目的时间表、路线图和责任人。在体制机制创新上先行先试。发挥企业主体作用,在资源型企业中推行一矿一企拉长一条产业链、绿化一山一沟、兴办一事一业、联动一个乡镇、建立一个安全保障网“五个一”制度创新，促进资源综合利用，解决生态环境恢复难、项目进度慢、村企矛盾大、安全生产任务重等制约转型综改的突出问题，成为加快转型跨越发展的有效抓手。

六、坚持从严治党，党的建设得到加强

根据新形势新任务的需要，以党委中心组学习为龙头，以迎接十八大、宣传十八大、贯彻十八大为主线，狠抓学习型党组织建设。长期坚持讲党课制度，全县三级书记讲党课，各级主官上讲台，全县上下开展各级各类培训近1000多次。办好“岚州大讲坛”，邀请省内外知名学者教授来岚传经送宝。走出去合作办班学习，在清华大学举办了两期领导干部综合能力提升研修班。大兴调查研究之风，全县干部积极撰写调研文稿，形成调研文稿500余篇，为推动科学民主决策、探索发展思路方法提供了很好的借鉴参考作用。

注重加强组织建展谈心通话活动和民主生活会议，加强对各级领导班子的定期分析研究，及时解决班子建设中出现的苗头性、倾向性问题。深化党员星级目标管理和五好乡镇党委、星级农村党支部争创活动，党的基层组织的创造力、凝聚力、战斗力显著增强。全县至上而下开展核岗定职活动，探索形成了一套比较完备的领导机制、投入机制、激励机制、考核机制、监督机制，机关行政效能建设不断加强。扎实推进党务公开制度，实行决策、执行、结果全过程公开、全环节公示。以党务公开带动政务公开、企务公开、村务公开、司法公开和项目公开，让权力在阳光下运行。

坚持把创先争优作为统领各项工作的总抓手和总平台，各级各部门全国范围找标杆，对照先进找差距，人人争先进，事事争一流。党员干部在攻坚克难的实践中当先锋、作表率、变作风、树正气，比贡献、促发展，创先争优的新成果不断转化为推动转型跨越的新思路、新措施、新成效。全县呈现出政通人和、心齐气顺、蓬勃发展的良好势头。落实县级领导包联乡镇、包联企业、联系农户制度和领导干部下乡住村活动，深化县直单位帮村、党员帮户的“结对帮扶”制度，不断健全干部作风建设的长效机制。创新干部考核评价体系，所有工作任务实行项目化管理，继续加大治懒治庸、问效问责力度，营造了勤政廉政、踏实干事的浓厚氛围。

附：一、中共岚县县委书记、副书记、常委名单

书　记：阎刚平
副书记：油晓峰　程芝生
常　委：李宝莲　程　堂　张海文　杨中宁　李清玉　张新春

二、乡镇党委书记、副书记名单

东村镇
书　记：刘瑞峰（12月任职）
副书记：牛泉深（8月离职）　丁永堂（8月任职）　李永录

社科乡
书　记：王志平（8月离职）　郭俊生（8月任职）
副书记：尹元生（8月离职）　贾杰云（8月任职）　李建军

普明镇
书　记：梁瑞连（8月离职）　牛泉深（8月任职）
副书记：王春旺（8月离职）　牛俊生（8月任职）　刘和平

梁家庄乡
书　记：任海燕（8月离职）　梁俊山（8月任职）
副书记：周爱军（8月离职）　温四生（8月任职）　杨会生

上明乡
书　记：樊朝生（8月离职）　陈文礼（8月任职）
副书记：丁永堂（8月离职）　梁建光（8月任职）　兰海龙

王狮乡
书　记：梁俊山（8月离职）　程智芳（女，8月任职）
副书记：刘建军（8月离职）　梁贵生

岚城镇
书　记：陈文礼（8月离职）　杨秋旺（12月任职）
副书记：闫　冬（12月任职）郭建民（8月离职）　王志刚

顺会乡
书　记：杨秋旺（8月离职）　郭建民（8月任职）
副书记：李志臻

河口乡
书　记：程智芳（8月离职）　刘建军（12月任职）
副书记：温四生（8月离职）　梁杰珍

大蛇头乡
书　记：王春旺（8月任职）　郭俊生（8月离职）
副书记：张国庆　梁建光（8月离职）

界河口镇
书　记：杨亮明（8月离职）　尹元生（8月任职）
副书记：程富春　牛俊生（8月离职）

土峪乡
书　记：闫　冬（8月离职）　杨亮明（8月任职）
副书记：组亮平

中共兴县县委工作概况

县委书记 郭颖

2012年是保稳定、促发展的关键之年。在省委、市委的正确领导下，县委与县人大、县政府、县政协一道，团结带领全县人民，继续实施“五五兴县战略”，克难攻坚，开拓创新，各项工作取得了新进展、新成效。

一、经济工作方面

(一)主要经济指标实现年初预期。全年完成地区生产总值68亿元，增长15.5%；规模以上工业总产值59.6亿元，增长18.5%；固定资产投资36亿元，增长20%；社会消费品零售总额5亿元，增长15%；财政总收入25.3亿元，增长47%；城镇居民人均可支配收入14050元，增长12%；农民人均纯收入3028元，增长23.34%。

(二)市县重点工程总体运行良好。2012年兴县有11个项目列入市县重点工程，总投资182亿元。累计完成投资76亿元，立项办结9个，国家能源局同意开展前期工作2个，环评办结10个，开工建设10个。市百项重点工程项目3个，总投资158亿元。斜沟井田1500万吨矿井及配套选煤厂项目，完成投资5.4亿元，已建成投产。肖家洼1000万吨煤矿及配套选煤厂项目，完成投资20.9亿元,已进行试生产。80万吨氧化铝项目，完成投资28.8亿元，明年5月底建成投产。

县重点工程8个，总投资24亿元。关家崖煤业120万吨煤矿改扩建及配套选煤厂项目，完成投资4.6亿元，联合建筑，35KV变电站、办公楼、宿舍楼等场地建设已完成；车家庄煤业90万吨煤矿改扩建及配套选煤厂项目，完成投资4.4亿元，联合建筑已完成，主副井基础建筑已开工；峁底煤业90万吨煤矿改扩建及配套选煤厂项目，完成投资5.2亿元，联合建筑，部分场地建设已完成；金地煤业90万吨煤矿改扩建及配套选煤厂项目，完成投资4.1亿元，综采设备库、机修车间主体工程已完成。友兰中学二期工程，完成投资6500万元，学生宿舍楼、教师公寓开始内部装修，学术报告厅开挖地基。康宁220KV输变电工程，完成投资6404万元，已完成线路勘探工作。蔚汾河清淤蓄水一期工程，完成投资1.1亿元，清淤工程、橡胶坝工程、拦砂坝工程及喷泉工程基本完工。山花烂漫小杂粮深加工项目，完成投资2400万元，厂房基本建成，设备已安装，已进行试生产。

二、农业工作方面

紧紧围绕“增加农民收入、减少贫困人口”这一目标，通过加大投资力度，改善农村条件，落实惠民政策，群众生产生活环境有了新的改善。2012年全县粮油总产1.3059亿公斤，水果总产155万公斤，瓜菜总产5000万公斤，肉类总产1.12万吨，禽蛋总产9710吨，贫困人口由14.3万减少为12.7万。

(一)新农村建设工程。安排52个县直单位、34户企业帮扶帮建53个新农村重点村和“百村行动计划”村，建成蔬菜大棚107座300亩，为48个村安装了太阳能路灯，在30个村办实办好了“方便农民五件实事”，48个新农村建设重点推进村的年度任务基本完成。

(二)设施蔬菜建设工程。全年发展设施蔬菜1302亩，其中：日光温室452亩，大棚850亩，超额完成了市委市政府下达的任务。

(三)规模健康养殖工程。全年计划新建标准化养殖小区6个，目前6个养殖小区基础设施建设任务已完成75%以上，年内可投入使用。

(四)造林绿化工程。完成三北防护林工程2.2万亩，天然林保护工程建设6900亩，退耕还林及巩固退耕还林工程1.4万亩，核桃经济林6万亩，灌木林工程5万亩，交通沿线荒山造林1万亩，晋绥森林公园二期工程1800亩，新育苗6200亩。

(五)农田水利基础设施工程。投资21万元，实施农田灌溉末级渠系配套工程，新增节水灌溉面积3300亩；投资1421万元，完成张任碧泵站沿黄提灌工程；投资2918万元，启动惠及3个乡镇16个自然村9.5万人的蔚汾河城区段河道治理工程，现已完成投资800万元；投资1130万元，完成44眼灌溉深井主体工程，并配套建设了变压器、深水泵、防水电缆、配电柜、上水管和泵房，铺设了灌溉管道，全部工程正在进行扫尾工作。

(六)扶贫移民工程。计划移民1076口人，目前项目都已开工建设。整村推进涉及8个乡镇的12个自然村，共1645户6432口人。组织全县163名领导干部包319个村，实施项目330个，解决问题307件，劳务输出9822人次。组织86支下乡扶贫工作队包扶87个行政村，完成机修梯田1000亩，新增核桃经济林2500亩，举办科技培训80期。

三、公共事业方面

(一)农村新“五个全覆盖”工程全面完成。硬化农村街巷1686公里，建设农村便民连锁店80个，建成“农家书屋”372个、体育场77个，中等职业教育全部免费，新型农村社会养老保险完成摸底10.3万人，缴费参保率100%。

(二)“方便群众五件实事”工作稳步推进。建设农村幼儿园39所、洗澡理发室50个、碾米磨面豆腐坊45个、红白事务厅45个，为64个村主街道安装了太阳能路灯。

(三)县城基础设施建设完成年度任务。编制完成《兴县县城新区河北片控制性详细规划》、《县城环卫专项规划》、《县城东城区修建性详细规划》、《工业集中区规划》和《县城燃气专项规划》。总投资2000万元的引水工程投入使用。总投资1.35亿元，长4.2公里、宽33米的连城大道全面贯通。新增集中供热面积30万平方米，惠及供热户数5000余户；集中供气工程铺设高中低压管网19.3公里，天然气入户3000余户。

（四）各项社会事业方面。教育工作方面。投入1544万元改善全县中小学办学条件，投入179万元对全县寄宿制中小学校学生进行生活补助，投入100万元奖励优秀中小学教师，投入88万元资助高考达线学生，新建34所、改扩建5所幼儿园。卫生工作方面。投资740万元对县医院住院部进行改扩建，新增面积950平方米，新增床位80张；投资325万元对3个乡镇卫生院进行了改扩建。对全县376名乡村医生进行了培训。高薪聘请专家在县医院常年坐诊。新农合参合人数21.49万人，参合率98.1%，新农合最高补偿金额提高到15万元。住房保障方面。分配138套廉租住房，发放住房租金补贴46万元。完成200套1万平方米廉租房建设任务，795户棚户区改造工程基本完工，开发商品房1.96万平方米。劳动和就业方面。城镇失业登记率控制在2.0%以内，城镇新增就业人员2546人，失业人员实现再就业718人，创业带动就业680人，转移农村劳动力3475人，创业培训90人，其他培训1547人，职业技能鉴定398人。低保和社会救助方面。农村低保户发展到29440户29940人，城市低保户发展到4941户7978人，农村五保户发展到1957户1962人，农村低保补助标准由月人均88元提高到110元，城镇低保补助标准由月人均175元提高到205元；大病医疗救助1125人，发放救助金284.5万元；为14名1—4级伤残优抚军人分配了廉租房；投资120余万元，在高家村镇西坪村修建兴县综合社会福利院，全部工程2013年竣工。文明创建方面。开展第一届“文明兴县人”评选活动，81位来自各行业各阶层的模范代表受到表彰奖励，全县形成了崇尚文明、追求高尚的良好风气。

四、党建工作方面

（一）开展创先争优方面。深入开展创先争优活动，在县直机关开展了创建“三服务两满意”机关党组织、争当十星级党员等活动，在窗口单位和服务行业开展“三晋先锋在行动”活动，对70个先进基层党组织、37名优秀共产党员、28名优秀党务工作者进行了表彰。

（二）党员干部培训教育方面。开展“领头雁”培训活动，书记、县长亲自授课，对全县721名农村“两委”主干和大学生村干部分两期进行了为期3天的培训；以“山西干部在线学院”为平台加强干部自主选学；充分发挥晋绥边区革命纪念馆的红色资源优势，开展了多种形式的保持党的纯洁性学习教育活动；借助“送教下乡”活动，举办培训班3次，培训干部800余人；邀请国内高校专家、教授举办高端讲座4期，培训干部3000余人次；依托“吕梁大讲坛”调训干部40人次。

（三）干部选拔任用方面。严格执行《干部任用条例》，坚持德才兼备、实绩突出、群众公认原则，努力做到严把“八关”，即：严把初始提名、民主推荐、组织考察、酝酿和讨论决定、任前公示、执纪执法情况审查、任职谈话、职数报批、任职试用等八关。在乡镇主干的配备上，采取了有限性公推公选方式，选任6名乡镇书记和9名乡镇长，社会反响良好。

（四）基层组织建设年方面。一是加强基层组织建设。将全县17个信访问题突出村作为基层组织建设年后进村，采取县级领导包村抓、乡镇党委主要抓、县直部门帮扶抓、选任“第一书记”具体抓的工作措施，有效促进了后进村的转化。投资1500余万元，为341个农村党支部配备了软硬件设施，全县共建成标准化活动场所89个。年内56个先进党组织得到巩固加强，21个后进村党支部、152个基层党组织实现晋位升级。二是落实农村两委主干待遇。对建国以来担任过农村党支部书记、村委会主任（生产大队大队长），现已正常离任的2865名农村干部，按任职年限给予生活补助，共计200多万元，并为农村“两委”主干缴纳养老保险补助。为18名连续五年评为五星级农村党支部书记落实了事业人员工资待遇。三是完善非公有制党组织建设。配齐了非公经济组织党工委领导班子，采取了“单独建、联合建、挂靠建”的组建模式，共发展非公企业党组织38个，涉及企业115户，成立了6个党建指导站，派出党建指导员28名。

（五）深入开展“三大活动”，为发展奠定良好的社会基础。吕梁市“大排查、大接访、大化解”活动开展以来，兴县通过加强组织领导，强化工作措施，严肃工作纪律，健全工作机制，取得了明显成效。中央、省交办的52件信访重点案件，51件息诉罢访，信访量明显下降，信访秩序明显好转，信访工作摆脱了在全省全市的落后位置，为进一步创新社会管理开拓了新思路，积累了丰富的经验。

附：一、中共兴县县委书记、副书记、常委名单

书　记：郭　颖

副书记：梁志峰

常　委：王恩泽　郝继平　程晓春　白连厚　成　林　杜侯平　崔雷霆

二、乡镇党委书记、副书记名单

蔚汾镇

书　记：李　茂

副书记：马兴勇

蔡家崖乡

书　记：张建斌

副书记：尹新明

奥家湾乡

书　记：白小荣

副书记：梁云云

高家村镇

书　记：贾晋云

副书记：刘小明

恶虎滩乡

书　记：康瑞斌

副书记：王改燕(女)

瓦塘镇

书　记：白旭平

副书记：康连平

魏家滩镇

书　记：白保明

副书记：张贵生

康宁镇

书　记：史怀勇

副书记：孙　轶

贺家会乡

书　记：李迎斌

副书记：张　敏

罗峪口镇

书　记：贺相平

副书记：赵雪峰

孟家坪乡

书　记：白卫利

副书记：范新森

蔡家会乡

书　记：白宇峰

副书记：刘东海

东会乡

书　记：张　欣

副书记：高俊军

固贤乡

书　记：王憨迎

副书记：刘欣渭

赵家坪乡

书　记：王斌斌

副书记：温永明

圪垯上乡

书　记：康建华

副书记：吕　军

交楼申乡

书　记：王亚荣

副书记：乔文华

中共晋中市委工作概况

市委书记　张　璞

2012年，在中央和省委的正确领导下，中共晋中市委认真贯彻党的十八大和省十次、市三次党代会精神，团结带领全市各级党组织和广大干部群众，围绕建设全省“四化”率先发展区总目标，按照“速度快、效果好、特色浓、人民富”总要求，遵循“开放引领、项目支撑、同城发展、综改推动”的晋中转型跨越“四化一体”总路径，统揽全局，攻坚克难，全市经济、政治、文化、社会、生态文明建设和党的建设均取得新业绩，呈现出“转型发展着力奋进、跨越发展势头趋旺”的良好态势。

全年全市地区生产总值完成985.9亿元，同比增长10.2%；规模以上工业增加值完成480.9亿元，增长13.7%；固定资产投资完成744.1亿元，增长28.2%；财政总收入完成210.4亿元，增长18.1%；一般预算收入完成99.2亿元，增长27.2%；社会消费品零售总额完成377.3亿元，增长16%；外贸进出口总额完成4.95亿美元，增长112.2%；城镇居民人均可支配收入完成21409元，增长13.2%；农村居民人均纯收入完成7936元，增长14.8%。

一、全力迎接十八大，认真学习贯彻十八大精神

党的十八大召开前，突出氛围营造和信访维稳，为十八大召开营造了和谐稳定的社会环境。十八大胜利闭幕后，将学习宣传贯彻党的十八大精神作为首要政治任务，在第一时间组织学习传达，从市委常委做起，从各级领导班子做起，迅速铺开了学习培训、舆论宣传、宣讲辅导、培训轮训、调研研讨、贯彻落实等工作，推动党的十八大精神进机关、进企业、进学校、进社区、进农村，有效激发了广大干部群众干事创业的热情。

二、坚持“四化一体”，推进转型跨越发展

把项目建设作为保增长、调结构、促转型、争跨越的总抓手，深入开展“项目落地年”活动，围绕“四位一体”，全程跟踪服务，持续加压发力。全年新签约项目111个，总投资2399亿元，项目落地1158项，落地金额1428.5亿元，新签约项目

总投资和项目落地金额完成量均为省定任务的两倍，再创历史新高。年初确定的省、市重点工程639项，开工625项，开工率97.8%，完成投资1148.54亿元，同比增长64.9%。

工业新型化步伐加快。传统产业集中度提高、竞争力提升。86个煤矿升级改造工程，22个竣工验收，21个竣工联合试生产；122座地方统计煤矿全年累计生产原煤6000万吨，外运量3049万吨。全面启动焦化行业兼并重组工作，产能达到2500万吨以上。新兴产业发展迅速。以中航特种装备汽车项目、寿阳煤机制造等项目为标志，装备制造业稳步发展。东方希望铝系循环综合项目、太钢万邦30万吨铬铁、平遥煤化新型光学材料等项目落地建设或建成试生产，新材料产业加快成长。介休青云轻型直升机生产项目，催生了飞机制造新产业。22个现代物流项目当年完成投资14.2亿元。太谷旅游直升机场建设，《印象系列之又见平遥》等一批高档次项目建成，带动全市文化及相关产业增加值达到58亿元，增长25%。八大工业集聚区销售收入占到全市工业的43%。晋中开发区升级为国家级经济技术开发区。

农业现代化稳步推进。7个省级“一县一业”基地县、545个“一村一品”专业村加快建设。全市粮食总产量达到16.95亿公斤，连续三年创历史新高；蔬菜、肉蛋奶总产分别达48.9和6.91亿公斤，稳居全省首位。实施农产品加工“513”工程，加工龙头企业发展到345户，农产品加工、流通企业销售收入达111亿元，同比增长38%，转化农产品43.5亿公斤，带动51万农户增收9.6亿元。118个乡镇全部建立农产品质量监管站。“农民增收明白卡”覆盖全市近六成行政村。新发展农民专业合作社768个，累计达到6694个，继续保持全省前列。全年有2.82万贫困人口脱贫。

市域城镇化质量提高。太原晋中同城发展迈出新步伐，山西高校新校区建设创造出“晋中速度”，完成232座单体建筑、198.6万平方米的建设任务。与太原交通对接加快推进，新建成四横五纵新城道路框架，新开通902、903路城际公交，市区至太原双向六车道快速路拓宽工程启动建设，建成太太路、龙城高速，城市轨道交通一体化项目加紧前期对接。市城区铺开市政重点工程7大类76项，开工63项，完成投资141.2亿元，是上年的2.3倍。10个县（市）铺开354项城建重点工程，完成投资97亿元。17个市级重点镇建设，实施建设工程117项，完成投资15.4亿元。打造了20个新农村建设集中连片区、100个“六美”乡村。全市城镇化率达到47.3%以上，比上年提高1.56个百分点以上。城乡基础设施更加完善，水利建设，东山供水工程完成计划投资114%；松塔水电站、和顺恋思水库、灵石石膏山水库、左权泽城西安水电站全部进入扫尾阶段；成功争取到中部引黄工程晋中供水项目。交通建设，汾邢高速平遥至左权段建成通车，阳黎高速阳泉至左权段有序推进，全市高速公路总里程达到558公里。全年新增公路通车里程353.2公里，农村公路改造完成283公里。电网建设，新增35千伏及以上线路100公里、变电容量602.6兆伏安。

城乡生态化力度加大。6项主要污染物减排指标完成省下达任务。农村环境连片整治和潇河流域、汾河流域生态修复治理项目扎实推进。全市燃气普及率增加2个百分点，达到82%。全市林木绿化率提高1.1个百分点，达到31.6%。介休市成功创建国家级园林城市。

三、加强民主政治建设，提升依法治市水平

坚持和完善人民代表大会制度。支持人大及其常委会，采取专题询问、组织视察、满意度测评、跟踪督办等形式，对全市重点工作和重点建设工程，开展调研、进行监督。坚持任后监督制度，对市人大常委会任命“一府两院”工作人员专项工作报告进行审查，并进行了反馈。组织市人大代表进行了执法检查、专题调研和集中视察，督办代表建议243件。坚持和完善中国共产党领导的多党合作和政治协商制度。深入开展政协委员为建设全省“四化”率先发展区作贡献活动，创造性举办“太原晋中同城化论坛”，政协参政议政实效不断增强。将贯彻党的十八大精神与践行“同心”思想紧密结合，统一战线成员共同思想政治基础更加巩固。实施中共晋中市委与党外代表人士“双月座谈会”制度，进一步引深“同心”行动六大主题活动，精心组织首届世界晋商大会晋中相关活动。民族宗教和港澳台海外统战工作成效显著，统战理论研究、宣传和信息工作有了新提升，对台工作取得可喜成绩。坚持推进依法治市和民主政治建设。开展“保障护航”专项行动，为项目建设提供了有力法治保障。全面推进“六五”普法。圆满完成市工会、共青团换届工作。积极推进军民融合式发展，双拥共建水平进一步提高。

四、实施文化强市战略，加快推进文化晋中建设

认真落实市委三届二次全会《关于加快建设文化强市的实施意见》，扎实推进社会主义核心价值体系建设，集中全市人民智慧提炼出了以“明礼诚信、开放包容、艰苦奋斗、唯实唯先”为内容的“晋中精神”。大力加强未成年人思想道德建设，青少年学雷锋活动实现常态化。深化文化体制改革。各县（区、市）全部成立了文化广电新闻体育出版局、文化市场综合执法机构，院团转企改制基本完成。全面发展文化事业。启动了市级图书馆、博物馆、科技馆、规划馆建设，扎实推进广播电视村村通、文化信息资源共享、农家书屋、乡镇综合文化站和农村电影放映等工程。大打“六张文化名片”和“八大文化品牌”，文化知名度和影响力不断扩大。推出《褒尚论道》、《太行奶娘》等精品力作。成功举办第十二届平遥国际摄影大展、左权将军殉国暨左权县命名70周年纪念大会、晋中市旅游形象大使大赛等活动，群众精神文化生活日益丰富。文化产业快速发展。实施文化产业项目46个，完成投资40亿元。《印象系列之又见平遥》、乔家大院等成为文化产业“新标杆”。全市旅游总收入增长75%，文化产业增加值占GDP比重达到5.36%，全省领先。

五、突出以人为本,以保障和改善民生为重点的社会建设进一步加强

民生工程扎实推进。全市财政用于民生领域的支出121.78亿元,增长13.01%。义务教育均衡发展经验在全国推广,学校标准化建设走在全国前列。公立医院改革试点工作扎实开展,基本药物制度在乡村卫生院(室)全面实施。建成城市社区"500米健身圈"场地160块、面积5万平方米。农村新"五个全覆盖"全部完成或超额完成省定任务。开工保障性住房44537套。投资6996万元完成2498户农村危房改造。"爱心煤"发放有86.42万农户受益。

就业和社会保障整体加强。全年城镇新增就业4.37万人,转移农村劳动力6.25万人,下岗失业人员再就业1.55万人,创业带动就业1.35万人,城镇登记失业率1.95%。城镇基本社会养老、基本医疗、失业、工伤、生育保险和新型农村社会养老保险参保人数,全部超额完成省定任务,各类人员社保待遇及最低工资全部落实。新农合参合率达到99.14%。在全省率先推行城乡困难群众医疗救助"一站式"制度。

安全生产形势总体稳定。出台促进安全生产的"20条意见",坚持"逐月安全例会"、"隐患逐月排查治理"制度,完善安全生产挂牌责任制,严格落实政府安全监管和企业安全生产主体责任,严格实行"一票否决制",强化安全监管网格化平台建设,开展安全生产知责、履责、问责教育轮训和"双万人"培训,累计培训7.9万人。安全生产伤亡事故同比下降17.85%,死亡人数同比下降8.64%。地质灾害防治工作继续保持零伤亡纪录。

"网格化"社会管理服务模式组建成型。市、县(区、市)、乡镇(街道)、农村(社区)、基础网格"五级"网格化社会管理服务体系组建成型。全市划分网格7145个,网格长覆盖率100%;处置事件2万余件,及时处置率达91%;社会矛盾排查率提高33.5%,矛盾调解率提高18.1%。

社会和谐稳定局面持续巩固。严格落实信访工作责任,扎实推进领导干部接访、信访积案化解、控制越级上访和加强源头预防等工作,实现了党的十八大期间"四个不发生"和"双零"目标。全面推进社会治安"大防控"、矛盾纠纷"大调解"、治安乱点"大整治",社会管理综合治理工作全面加强,群众的安全感进一步提升。

六、不断深化改革,综改试验区建设取得突破

坚持先行先试、政府主导、市场运作,集中推进灵石、介休"一市两县"和开发区、榆次工业园"一市两园"试点工作,在土地流转、金融创新、部门整合、行政审批制度改革等方面打造了亮点,积累了经验。编制了"108综合发展廊带"实施方案。加快行政审批制度改革,审批时限由100个工作日缩短到43个,审批项目由307项调整为93项。推动金融创新,加快全省资本市场改革创新示范区建设,出台了《关于鼓励发展资本市场中介机构的指导意见》,天津股交所挂牌企业4户,成立了3家股权投资管理公司、2支私募股权投资基金,拓宽了中小企业融资渠道。扎实推进城乡建设用地增减挂钩和矿业存量用地整合利用、露天采矿用地三项改革,11个县(区、市)全部列为增减挂钩试点,获得周转指标6000亩。全市新造耕地3.3万亩,复垦土地1.85万亩,盘活存量土地5623.9亩。

七、坚持"党要管党、从严治党",党的建设科学化水平得到提高

以建设学习型党组织为目标,加强思想政治建设。出台了《关于进一步引深和推进学习型党组织建设的意见》、《晋中市县处级学习型党组织建设检查考核办法(试行)》等制度,总结推广"六学六用"经验,借助山西干部在线学院、晋中干部网络培训学院、党校、邓小平理论学院等平台,对12余万党员干部进行培训,广大党员干部的理论素养、政治意识和知识水平不断提升。

以主题实践教育活动为载体,促进干部作风改进。扎实开展保持党的纯洁性学习教育活动,深入推进创先争优活动,5.4万名党员挂牌服务,组织党员开展志愿服务10万人次。引深干部下乡住村工作,17名市级领导干部和1948名县乡干部,对884个贫困村和1081个相对贫困村实行全包扶,实施项目2368个,投入资金15.71亿元,包扶村群众收入大幅度增加。全面铺开"全心全意解民忧,尽职尽责办实事"活动,促进了干部作风改进,密切了干群关系。

以基层基础基本功建设为着力点,基层组织建设实现重点突破。加强基层,拓展领域。实现非公有制经济组织党的组织和党的工作两个"全覆盖",圆满完成社会组织党组织集中组建工作。夯实基础,集成升级。全市9401个基层党组织,有6975个实现晋位升级,升级率达96.9%。增强基本功,提升能力。完善党员干部教育培训、实践锻炼、能力激励平台建设,分层次开展培训,在城市社区建立党建网格1482个,实现干部人手一册"工作日志"。

以"德才兼备、以德为先"和"六个优先"为导向,打造高素质党员干部队伍。完善干部选拔任用机制,一批素质高、能力强、作风硬、年轻有为、业绩突出的优秀干部走上领导岗位。推进年度综合考核工作改革创新,出台了《晋中市垂直管理部门(单位)年度考评办法》。深入实施"551"引才计划,启动建设"人才特区",招商引资与引才、引智并举,全年共引进各类高层次人才269名。

以落实党风廉政建设责任制为抓手,引深反腐倡廉建设。追究217名违反党风廉政建设责任制规定的责任人;加强对保障性安居工程、节能减排、耕地保护等重点工作的监督检查;开展"吃拿卡要"专项整治行动和纪律作风整顿,查处解决教育乱收费、公路"三乱"、医药购销不正之风等损害群众利益的突出问题27起,追究责任73人。全年立查案件1060件,办结1047件,处分党员、监察对象1017人,挽回经济损失2473.33万元。

以强化对"一把手"的监督管理为重点,惩防体系建设不断加强。市委出台了《关于进一步加强市、县(区、市)领导班

子思想政治建设的意见》、《关于加强对各级各部门"一把手"监督管理的暂行办法》、《关于健全完善全市经济和社会发展重大事项集体决策监督制度的意见》和《关于精简文件会议改进文风会风的意见》等一系列加强对"一把手"监督管理的工作制度，补齐了制度短板，进一步规范了各级各部门"一把手"履行职责的行为。

（王秀峰）

附：中共晋中市委书记、副书记、常委名单

书　记：张　璞

副书记：吴清海　刘润民　程锡景

常　委：王　琦　李苏平　刘志宏　畅志仁　丁文禄　黄耀春　孙光堂　王建忠　郭雄飞（3月离职）　王　威（3月任职）

中共榆次区委工作概况

区委书记　贡　琦

2012年，中共榆次区委团结带领全区人民，深入贯彻落实科学发展观，积极应对经济形势波动、企业经营困难等挑战，主动抢抓中部崛起、转型综改等机遇，特别是对省委、市委在榆次布局建设山西高校园区和太榆科技创新城的难得机遇，举全区之力主动作为，顺发展大势攻坚克难，确保工作连续，加大工作力度，务求工作实效，主要指标均实现两位数增长，GDP完成198.1亿元，增长10.2%；财政收入完成22.8亿元，增长25.9%；一般预算收入完成9.8亿元，增长46.8%；工业增加值完成71.3亿元，增长19.4%；固定资产投资完成141.2亿元，增长60.2%；消费品零售总额完成119.7亿元，增长16.2%；外贸进出口总额完成6208.2万美元，增长41.8%；城镇居民人均收入22568元，增长11.8%；农民人均纯收入10630.3元，增长16.3%，为"十二五"赶超跨越奠定了坚实基础。

一、加快经济转型，综合实力明显增强

紧紧围绕山西高校园区、太榆科技创新城建设，科学谋划全区产业布局，坚持"传统产业优化、优势产业做强，亮点产业擦亮"，不断提升区域综合实力。都市农业成效初现，粮菜果牧花五大主导产业扩规上档；国家农业科技示范园通过中期评估；特别是探索科技支撑、典型带动、大户示范、龙头引领、市场扩容、干部住村帮扶"一村一品"发展路径，全区获批省级专业村59个，农民人均收入实现"十连增"，并首次突破万元，被省委表彰为"农民增收先进县"和"一县一业"先进县。新型工业进程加快，"五大百亿产业集群" 持续发力，经纬、榆液、万邦等骨干企业运营良好，6904车载方舱、恒天20万吨精密铸造等10个投资5亿元以上项目成功落地；全年新签约实施内资项目28项，总投资321.6亿元，完成年度目标的149.6%，太重榆液、太钢万邦、汇隆市场等三个项目被列入了省级标杆投资计划；启动了总规划5250亩的"一核两区"榆次液压工业园建设，榆次液压研究院加快建设进度，山西省精密铸造及机械装备制造院士工作站落户，液压集群申报国家级创新型产业集群；高行液压、榆缆线缆、斯普瑞三家企业在天交所上市。现代服务业日趋繁荣，乌金山国家森林公园二期竣工，第九届榆次文化旅游节精彩绽放，粮食、太铁、中储、经纬等物流项目落地，全省最大汇隆农副产品交易市场全面建成。全区三次产业结构进一步优化为3.6:35.4:61。

二、大干基础设施，园区经济总量壮大

突出"基础设施建设年"主题，全面提升园区基础，完善园区功能，切实壮大园区经济总量。坚持以"山西最好、全国较好"精品工业园区定位，完善了园区提质扩容规划，融资1.1亿元配套了园区道路、水电气增容、污水管网等基础设施建设，园区综合承载能力进一步提升。启动了榆次工业园区、修文工业基地周边园中村规划，规划了寇村生活区、西堝综合服务区等工业园区配套地产，服务园区功能进一步完善。探索了择优推进、先租后征、梯次供地、无地招商、腾笼换鸟等5大招商项目落地模式，采取了"保姆式"、"跟踪式"全程服务，园区发展环境进一步优化，区级重大项目库优选储备项目达到175项，总投资1555.8亿元；目前，园区入驻企业新增36户，总数达到223户，其中规模企业41户，实现产值预计141.7亿元，税金4.5亿元，园区综合承载能力和服务功能进一步提升。

三、抢抓发展先机，城镇建设步伐加快

牢固树立"我为人人"思想，主动做好市政重点工程建设、城中村改造和新农村建设三篇文章。征地拆迁进展顺利，完成1500多户9200余亩征地拆迁任务，以及3500余户36万平米的市区共建项目。城中村改造有序铺开，实施了直隶庄、小南庄、大东关等7项城中村改造项目。探索失地农民生活安置、生产转型新路子，启动了太榆科技创新城建设规划及高校新校区周边控制性规划，完成了乌金山、张庆、修文、庄子4个乡镇城镇建设规划，实施了榆次工业园区、修文工业基地周边园中村规划和东阳、永康等10个重点村建设，寇村生活区前期准备工作完成，西堝服务区建设启动，形成了园、城、村、镇一体化城镇建设格局。全力破解要素瓶颈，"伽西"农村危房改造和朱村、张胡新农村建设试点工作展开，全年为项目建设供地2813亩。

四、坚持改善民生，和谐建设成效显著

积极构建民生财政体制，七成以上财力投向民生领域，“十件实事”全部兑现，社会事业健康发展。以幼儿园、中小学为重点的教育基础建设工程完成，义务教育均等化建设走在全省前列。启动城乡居民社会养老保险，深化医药卫生体制综合改革，就业、城乡低保、养老、医疗等社会保障水平稳步提高。低生育水平持续巩固，人口计生工作继续走在全市全省前列。大力推进社会服务管理网格化建设，工作模式全省推广。深入推进“蓝天碧水”工程，二级天数达到360天，造林3.9万亩，城乡环境面貌得到有效改善。实施了本质安全创建工程，安全生产形势稳定好转。全力构筑大信访格局，赴京非正常访以及赴省、赴市集体访大幅下降。加强平安创建，积极开展“打黑除恶”、“清障护航”等专项行动，进一步提高了社会综治的威慑力，构建了安定平稳的社会秩序。

五、凝聚发展共识，民主政治得到加强

把发扬民主作为“生命线”，严格执行民主集中制，坚持重大问题集体讨论、集体决定。加强和改进对人大、政协工作的领导，积极支持人大、政协开展工作。高度重视统一战线建设，大力开展“同心”品牌活动，民族、宗教、非公经济人士、侨务、对台和新的社会阶层人士工作进一步加强，六个民主党派完成换届，完成首届世界晋商大会筹备任务。落实行政执法责任制，法治政府建设步伐加快。全面推进“六五”普法，全民法制意识显著提高。

六、夯实执政基础，党的建设富有成效

坚持把基层党建作为固本强基的重中之重，成立了党建研究会，完善了农村、社区、企业、机关和党员队伍“五位一体”的区域化党建格局。创先争优更见成效，扎实开展保持党的纯洁性学习教育活动，引深了“两整两创”和“三联一包”工作，创新开展了“全心全意解民忧、尽职尽责办实事”和千名干部下基层活动，基层党组织和党员干部在项目建设、征地拆迁、八缚岭火情扑救，在推动发展、服务群众、凝聚人心、促进和谐中的创造力、凝聚力、战斗力明显增强。特别是作为全省唯一试点，全面启动党代表工作室建设，22个区级党代表工作室全面启动，286名党代表入室开展工作。人才队伍更趋优化，全面实施人才强区规划，重点打造党政干部、企业家、农村干部和科技人才四支队伍，加强干部教育、监督、管理，新发展党员570名，调整干部5次，涉及160人。廉政建设更加深入，严格落实党风廉政建设责任制，探索创新廉政教育和源头治腐模式。牢牢把握改进作风、会风、文风三个关键，积极贯彻省委、市委关于调查研究、精简会议活动和文件简报、规范新闻报道等实施办法，建立健全了“一把手”监督管理、民主评议党风政风行风等工作制度。深入开展“双规范双提升”活动和“吃拿卡要”专项整治，查结违纪违法案件115件，挽回经济损失700余万元，取得了反腐倡廉阶段性成效。

（毋清威　王志斌）

附：一、中共榆次区委书记、副书记、常委名单

书　记：孙光堂(6月离职)　贡　琦(6月任职)
副书记：贡　琦(6月离职)　赵瑞昌
常　委：邢如彪　张祖祁　李鹏飞　原士旭　冀德政　冀　杰　王思利

二、乡镇(街道)党委(党工委)书记、副书记名单

郭家堡乡
书　记：赵肖波(8月离职)　赵凌中(8月任职)
副书记：屈瑞明　郑荣辉　赵致远(8月离职)　孙　健(3月任职,挂职)

乌金山镇
书　记：梁英俊
副书记：郝枫筝　王文玉　焦志刚　杨林杰(3月任职,挂职)

张庆乡
书　记：田晓宇
副书记：刘　明　李福柱　王利珍(女)

修文镇
书　记：张志峰
副书记：姬亚东　赵海卿　齐　涛

东阳镇
书　记：常崇健(6月离职)　郝志明(8月任职)
副书记：郝志明(8月离职)　张秀珍(女,8月任职)　李　源(10月离职)　韩晓峰

北田镇
书　记：范耀明
副书记：崔宴杰　褚　峰　王建宏

庄子乡
书　记：许润生
副书记：张秀珍(女,8月离职)　赵致远(8月任职)　张永亮　宁艳琴(女)

长凝镇
书　记：籍永利(女)
副书记：郭　强　李秀平　翟秀国

什贴镇
书　记：马　宏
副书记：孙　军　师国珍　李国梁

东赵乡
书　记：杜吉平
副书记：安小红　赵彩珍(女)　胡耀峰

晋华街道
书　记：王建政
副书记：郑拴保(5月离职)　马桂萍(女,5月任职)　程　秀(4月任职)

经纬街道

书　记： 郭翠枝(女)
副书记： 张　峰(5月离职)　郭金书(5月任职)
锦纶街道
书　记： 王建生(5月离职)　陈彩林(5月任职)
副书记： 原丽花(女)　成俊虎(4月任职)
北关街道
书　记： 常春俊
副书记： 武丽芯(女,5月离职)　刘文枝(女,5月任职)
李　伟(5月离职)
新建街道
书　记： 畅玉光
副书记： 张奇志(女,5月离职)　程雪瑾(女,5月任职)
新华街道
书　记： 陈宝贵(5月离职)　张奇志(女,5月任职)
副书记： 程雪瑾(女,5月离职)　李　伟(5月任职)
高富维(4月任职)
路西街道
书　记： 李转萍(女,5月离职)　武丽芯(女,5月任职)
副书记： 郭金书(5月离职)　王建华(5月任职)
张守政(4月离职)　张巧顺(4月任职)
安宁街道
书　记： 张喜玲(女,5月离职)　李转萍(女,5月任职)
副书记： 陈彩林(5月离职)　张　峰(5月任职)
王栓成
西南街道
书　记： 余民山
副书记： 马桂萍(女,5月离职)　王金秀(女,5月任职)
刘文枝(女,5月离职)

中共太谷县委工作概况

县委书记　杨建平

2012年以来，太谷县委全面贯彻落实党的十七届五中、六中全会和省市党代会精神，团结带领全县干部群众，以发展县域经济为根本，以改善民生为灵魂，以党的建设为保障，牢牢锁定"十二五末经济总量再造两个新太谷"这一目标，紧紧扭住"解放思想、项目建设"两个主攻方向，抓住解放思想不动摇，坚持抓项目、增投资、广招商，奋力赶超、争先进位，大力实施"双十双百"工程，经济社会呈现出稳中求好、好中加快的良好态势。全县经济建设和社会发展取得了新进展、新成效，实现了"十二五"承上启下之年的圆满收官。主要表现在六个方面：

一、坚持解放思想，发展理念不断创新

一年来，太谷县委紧紧围绕省委转型跨越发展和市委建设全省"四化"率先发展区的战略部署，按照县委十二届三次全会要求，牢固树立"优势更优、短板不短"的发展意识，强化既要富民，又要强县的发展理念，坚持以解放思想为前提，以项目建设为主体，突出抓好"招商引资、作风转变、环境创优和体制创新"四项工作。在招商引资上以"规划招商引资、熟地招商引资、产业招商引资、环境招商引资"为导向，全面打响了"工业强县、全民招商"的攻坚战；在转变干部作风上，县委向全县干部提出了在思想上打个"翻身仗"、在行动上打个"持久战"的要求，通过一以贯之的学习培训和工作实践，全县干部综合素质得到进一步提升；在环境创优上着力营造谋事创业的政治环境、宽松有序的政策环境、高效务实的政务环境、公平正义的法治环境、文明和谐的社会环境和聚才集智的人才环境，为县域经济发展创造了更加有利的空间；在体制创新上，健全和完善了土地管理流转、激活民间资本、转移支付、筹融资和干部监督考核等多项机制，实现了各项要素的合理配置和优化组合。理念的创新，思路的清晰，工作的激情，考核的严格，使全县干部进一步统一了思想，凝聚了人心，激发了干劲。

二、坚持奋力赶超，经济发展跃上了新台阶

县委着眼转型跨越的新形势、新要求，在经济发展上，按照做精一产、做强二产、做活三产、三次产业相融互动的发展思路，重点实施了农业10个亿的工程建设和工业、旅游业各100个亿的项目建设。项目的拉动，成为推动三次产业持续、快速发展的有力抓手。在农业产业上，以建设国家级现代农业示范区为契机，坚持不懈的实施农业"四个一"工程，农业产业化经营水平不断提升，产业规模不断扩大，园区化特征更加明显，产业优势更加凸显，现代农业元素更加活跃，"一村一品"示范村建设迈出了新步伐。同时，通过狠抓农产品龙头企业培育，有效延长了产业链，进一步提升了农产品附加值。此外，农业综合开发、农田水利建设、农机工作等取得新成效，农业和农村条件明显改善；在工业强县战略上，依托"四大工业园区"抢抓国家扩大内需的政策机遇，大力实施项目带动和招商引资战略，坚持扩张规模和提升效益并重，加大政策支持，推进技术创新，强化管理服务，集中力量做大工业经济。在国内外经济走向复杂多变不利形势下。县委多次召开了全县工业发展大会，研判经济形势，深入落实县级领导、部门包抓重点项目责任制，定期召开银企座谈会，大力推行"一站式、保姆式"服务制度，确保招引来的项目落地生根、产生实效。招商引资上，全年签约项目15个，引资222.2亿元，落地11个。项目建设上，市考核41个重点项目，40个开工建设，完成投资43.25亿元，完成率110.13%，高出全市平

均水平。全县入园企业达到28家,17家开工建设,工业经济整体实力进一步提升。在盘活第三产业上,县委立足县域特色,深入挖掘地方文化,不断加大旅游产业、产品开发力度。先后举办了中华孟母文化节,桃花节、国际形意拳大赛等多项旅游宣传推介活动,进一步提升了太谷的知名度和美誉度。与此同时,融采摘、餐饮、住宿、观光为一体的太谷农家乐,成为备受周边城市人群青睐的短途旅游消费热点,再创历史新高,成为农民增收的又一亮点。此外交通运输、批发零售、住宿餐饮等传统产业和金融保险、房地产、信息咨询等新兴产业也逐步兴起。

三、坚持统筹城乡发展战略,城镇化建设取得新成效

在发展空间布局上,常委会按照城乡统筹发展战略,抓住与晋中、太原同城化发展的机遇,加快推进"一城两镇三大功能区"的总体规划。在经营城市上,按照"城乡统筹、西扩北进、做精做大、扩容提质"的发展思路,县城建设力度进一步加大,重点实施了城建10个亿的工程建设。城南片区改造,城西龙湖建设规划,城北金谷广场等各项工程建设亮点纷呈;完成县城交通主道路改造和太太路、三中环路、高速连接线绿化、亮化工程;实施城北小区、城中村建设改造、农村安居小区建设等多个惠民项目,城乡差距进一步缩小,城市品位得到有力提升。与此同时,开展农村生活垃圾规范化处置试点工作,人居环境不断优化。

四、坚持以人为本,社会建设展现出新面貌

常委会坚持把"改善民生"放在突出位置,将县财政新增财力的70%用于解决民生实事,一批涉及群众切身利益的问题得到有效解决。全县教育、基本养老、医疗、计生、科技、文化、保障性住房取得新成绩。特别是通过扎实推进社会管理网格化建设,全县信访总量、个体访、群体访、越级访明显下降,维护了正常的生产和生活秩序,全县发展环境得到进一步净化和优化。同时,围绕化工企业、交通运输、校车安全、建筑工程、公共场所五大重点,严格执行源头把关、层层落实的督查原则,力求切中要害、打准七寸,确保了人民群众生命财产的安全和全年安全工作目标任务的完成。

五、加强民主政治建设,依法治县水平得到了新提升

常委会坚持和完善人民代表大会制度,积极支持人大及其常委会围绕转型发展、跨越发展的中心工作及维护群众利益等重大问题进行监督。坚持和完善多党合作和政治协商制度,加强和改进政协提案、委员视察等工作,保证人民政协职能得到充分发挥。县委重大决策坚持听取人大、政协的意见和建议。坚持党管武装原则,大力开展双拥共建活动,实现军政军民紧密团结、相互支持。积极支持工会、共青团、妇联等人民团体按照各自章程开展工作,全面加强民族、宗教、对台和新社会阶层等各个领域统战工作,在聚民心、集民智、促发展上取得了实效;深入开展法制宣传教育,增强全民法律素质,"六五"普法工作稳步推进。坚持依法行政,不断提高政府依法决策、依法行政的意识和能力,推进各项事业依法治理。促进司法机关严格公正文明执法,政法队伍建设迈上新台阶。

六、坚持团结干事,党的建设得到了新加强

县委常委会充分发挥县委班子领导核心作用,狠抓思想政治建设不放松,在加强理论武装上带头学、用心学、全面学。在抓好中心组学习的基础上,县委常委会强化各级干部的教育培训,不断提高各级干部的理论水平。干部队伍建设进一步加强。常委会坚持把端正用人导向作为干部队伍建设的重中之重,做到用纪律规范行为,用民意体现公正,用规则强化制度,凭业绩决定升迁,确保了干部工作的严肃性、提名对象的广泛性、操作步骤的规范性、干部选任工作的导向性;按照"一岗双责"的原则,把党风廉政建设与推动经济社会发展同部署、同落实、同考核。县委与各乡镇、各单位一把手签订了党风廉政建设目标责任书,对落实责任不力的单位和责任人,坚决予以追究。按照治庸、治懒、治散的要求,坚持开展作风整顿活动,有效解决了作风不良、纪律不严、责任不明、意识不强、效率不高等突出问题,使全县党员干部纪律意识明显增强。

(杜会兵)

附:一、中共太谷县委书记、副书记、常委名单

书　记:杨建平

副书记:郝向明　刘　伟

常　委:雷秦国　游大庆　李军荣(女)　刘凯宇　李王俊　王　鹏

二、乡镇党委书记、副书记名单

明星镇

书　记:党翠花(女)

副书记:王有忠　胡巧生

胡村镇

书　记:赵瑞旭

副书记:庞瑞宾　聂光启

水秀乡

书　记:张国文(12月离职)　程锡威(12月任职)

副书记:刘俊明(12月离职)　孙俊杰(12月任职)　史安国

侯城乡

书　记:王志强

副书记:白建军　王　刚

北汪乡

书　记:郭志强(12月离职)　池丽萍(女,12月任职)

副书记:白建利(12月任职)　杨巨文

阳邑乡

书　记：夏文利
副书记：韩卫政　石问鼎
小白乡
书　记：郑　炜
副书记：贾俊杰　白文钢
任村乡
书　记：武正梅(女)
副书记：李　波　杜诗茂
范村镇
书　记：程锡威(12月离职)　郭志强(12月任职)
副书记：渠建隆　杜惠民

中共祁县县委工作概况

县委书记　段燕翔

2012年，在省委、市委的正确领导下，县委认真贯彻党的十八大和省十次、市三次党代会精神，紧紧围绕主题主线，谋全局，抓大事，团结带领全县各级党组织和广大党员干部群众，解放思想、攻坚克难，全面推进经济、政治、文化、社会建设和党的建设，各项工作取得新业绩，转型跨越打开新局面。全县地区生产总值完成54.95亿元，增长10%；规模以上工业增加值完成13.64亿元，增长21%；固定资产投资完成33.04亿元，增长35.9%；财政总收入完成5.11亿元，增长18.7%；社会消费品零售总额完成26.9亿元，增长15.4%；城镇居民人均可支配收入完成21370元，增长13%；农民人均纯收入完成10129元，增长17%。

一、认真学习贯彻十八大精神，深入推进思想大解放

把学习贯彻党的十八大精神，作为当前和今后一个时期全县上下的首要政治任务。十八大以来，县委中心组先后六次组织专题学习，常委会成员带头记学习笔记，带头撰写体会文章，带头深入包扶村、联系点宣讲十八大精神。县级领导分批参加了市委组织的轮训。县委召开了全县科级以上干部大会，传达贯彻党的十八大精神，邀请省委党校、市委宣讲团教授对全县干部进行了五次专题讲座。组建宣讲团，开展了十八大精神进企业、进农村、进机关、进学校、进社区"五进"基层宣讲活动，进一步统一了思想，激发了干劲。抓住山西综改试验区建设的契机，建直通车，打擦边球，先行先试，快行快试，敢字当头，巧字为先，深入推进思想大解放，办成了一批多年想办但不敢办的民生大事，一些困扰多年的发展难题得到解决。

二、紧紧扭住发展第一要务，奋力推进转型跨越

以招商引资和项目建设为主线，全力推动县域经济转型跨越发展。把招商引资作为项目建设的重点，县委常委带头跑项目、引资金，先后十余次到北京、内蒙、广东等地拜访大企业、大集团，洽谈引进重大项目，带动了全县大招商、大引资。全年共签约项目11个，总投资189亿元。围绕推进项目建设，实施了"双十"工程和十大续建工程为重点的37个项目。成立了由四套班子领导牵头的30个项目指挥部，建立了半月调度例会制度，集中解决突出问题。组织年中、年末两次观摩活动，实行项目督查通报制度，有力推进了项目进度。全年完成项目建设投资41.4亿元，投资完成率108%。充分发挥省级经济开发区优势，积极打造项目集聚平台。完成了开发区扩区规划编制工作，进一步完善了园区配套基础设施建设，理顺了管理体制，组建了投资建设总公司，设立行政服务分厅，开发区扩区规划进入评审阶段，统一饮品方便面、110KV变电站等16个项目落户园区，开发区集聚效应进一步显现。

以玻璃器皿、酒类饮品、材料加工、机械制造四大支柱产业为重点，大力推进新型工业化。规模以上工业总产值达到47亿元，增长38%。玻璃器皿产业。被中国轻工业联合会授予"中国玻璃器皿之都"称号。国家玻璃器皿产品质量监督检验中心项目开始设备采购；美国玻璃器皿展销中心项目完成"中国玻璃器皿之都(祁县)有限公司"注册；红海会展中心项目开工建设。酒类饮品产业。燕京啤酒达产达效，今麦郎饮品正式投产，红星3万吨灌装生产线建成，统一饮品方便面项目开工建设，伊利集团液态奶项目即将签约。材料加工产业。碳素产业打开国际市场，全年出口增长4倍。包胶面板、SEP管道项目等一批新材料项目落地开工，带动材料产业向新型化发展。机械加工产业。天波大功率磁悬浮水泵项目开始安装设备。

以"果、菜、牛"三大主导产业为特色，加快推进农业现代化。县委、政府出台《进一步扶持农业加快发展的实施意见》和设施蔬菜、规模养殖等五个配套实施意见，以"一村一品"和"四个十"工程为重点，狠抓规模扩张、典型引导、服务完善和基础改善。全县粮食收获面积41.49万亩，总产22.3万吨。新发展设施蔬菜7050亩，蔬菜播种面积达到13.1万亩。其中，辣椒种植面积达到4.5万亩，被评为"中国辣椒之乡"。水果面积达到17.27万亩，完成酥梨GAP认证1.2万亩、有机认证1000亩，被评为"国家级出口酥梨质量安全示范区"。新发展干果经济林1.3万亩，贾令、里村、修善集中连片发展核桃8000亩，成为全县最大的核桃种植基地。被评为"全国首

批农民林业专业合作社典型示范县”。牛饲养量达到14.7万头,各类养殖小区发展到155个。投入财政专项资金1.7亿元,重点实施十大设施蔬菜示范园、十大林下经济示范园、十大规模养殖示范园和十大水果标准化示范园建设。古县5000亩标准化酥梨出口基地、标准化奶牛示范园和西六支设施蔬菜示范园3个现代农业示范区项目全部完成。全县列入省、市级龙头企业34户,列入省“513”工程建设梯队企业11户,农产品加工龙头企业年销售收入达13.8亿元,农业产业化加工销售收入突破17.3亿元。“一村一品”专业村、示范村发展到106个,被评为全省农民增收先进县。举办农技培训500场次,培训农民15万人次。农民专业合作社发展到815个,入社农户2.46万户。公开选聘33名大学生充实到乡镇、园区一线农技服务,农业服务体系进一步完善。实施投资1.2亿元的10项水利基础设施重点工程,完成保护性耕作示范区面积1万亩。新“五个全覆盖”工程进一步完善,重点打造10个新农村建设中心村和3个连片建设示范区,农业和农村基础进一步夯实。

以“一轴两区”大县城建设为契机,加快推进县域城镇化。完成了《祁县平川地区城乡一体化发展规划》、《东观镇总体规划》和《乔家大院景区规划》的编制工作。昌源河国家湿地公园完成一期工程建设。县城区实施了总投资17亿元的十大市政重点工程,新建南北路、友谊东西路改造,湿地公园旅游路,东风大街立面整治,108走廊亮化,古城四条大街及小街巷改造等工程全部完工。东观镇区列入全省百强重点集镇建设行列,实施了镇区绿化、亮化、硬化工程和保障房、周转房、住宅小区建设,强化了镇区人口集聚功能。“一轴两区”大县城框架初步建成。

以旅游产业为龙头,大力发展现代服务业。旅游业。加快乔家大院5A景区建设,“德兴堂”正式对外开放,实现与乔家大院一体化管理,乔家堡整村搬迁工程顺利实施。邀请中央电视台在乔家大院举办“国庆七天乐”专场活动。祁县在“大晋中”文化旅游区的核心位置更加巩固。全年累计接待游客106万人次,实现门票收入6165万元,同比增长80%。物流业。运输产业营运车辆达到1.1万辆,实现营业收入40亿元。仓储、包装业发展壮大,物流园区、配送中心成为行业新亮点。商贸业。大力实施“新网工程”和“万村千乡市场工程”,农超对接和放心粮油店建设稳步推进,全县形成“县有配送中心、镇有综合超市、村有便民店”的连锁经营网络。对外贸易。被评为省级外贸转型升级酥梨示范基地,全年外贸进出口总额达到4360万美元,增长13.5%。

三、高度关注民生改善,大力推进社会建设

社会事业成效显著。“十件实事”完成9件,汽车客运站开工建设。祁县中学新校区投入使用,高考录取增长率连续五年名列全市前茅。基本药物制度在乡村卫生院全面实施。新增就业人数5166人,农村劳动力转移6753人,为全县80岁以上老人发放长寿优待金,财政出资缴纳医保和新农合基金,养老、医疗、低保等保障标准均高于省平均水平。更加关心低收入群众基本生活。全年发放各类救助资金835.6万元。新开工建设保障性住房2929套,完成农村危房改造300户。“爱心煤”发放提前完成。

生态建设成果喜人。大力推进通道绿化、平原绿化、荒山造林等八项重点工程,完成造林3.5万亩,全县森林覆盖率达到25.97%,全国造林绿化模范县创建取得实质性进展。加快城市园林绿地建设,城市绿化面积达到400万平方米,绿化覆盖率达到34.2%。深入开展城乡环境综合整治,大力实施“蓝天碧水”工程,全年环境空气优良率达到99%以上,稳定达到国家二级标准,城乡生态环境更加美好。

和谐局面持续巩固。加强“三级平台、四级网格”体系建设,持续推进社会管理网格化。新改建的县政务服务中心、信访服务中心投入运行,社会管理服务中心建设顺利实施。高度重视信访工作。出台信访稳定九项制度。严格落实信访工作责任,扎实推进领导干部大接访、信访积案化解、控制越级上访和加强源头预防等工作,实现了十八大期间“四个不发生”和“双零”目标。全面推进社会治安“大防控”、矛盾纠纷“大调解”、治安乱点“大整治”,社会管理综合治理工作全面加强,群众的安全感进一步提升。高度重视安全生产,深入开展隐患排查和专项整治,全年没有发生重特大安全事故。

四、加强宣传思想工作,加快文化强县建设

牢牢把握正确舆论导向。认真落实《关于加快推进文化强县建设的实施意见》。加强县级媒体公信力、发展力、传播力和影响力建设,组织开展“走基层专题采风”活动,制作专题12期,报道160次,刊登文章70篇。依托中央、省、市主流媒体开展系列采访活动,积极拓宽外宣渠道。制定出台《新闻通气会制度》,举办首届十佳新闻工作者表彰会,启动政府网站改版工作,《今日祁县》被评为山西省市县报业协会一级内部宣传资料。组建社会舆情疏导管理办公室,加强网络发言人、互联网兼职宣传员、评论员队伍建设,做好舆情信息和网络信息的收集、研判和上报工作,新闻突发事件处置能力进一步提高。

加快发展文化产业。突出晋商文化、民俗文化、古城文化、玻璃文化、生态文化、红色文化六大文化产业板块,坚持大手笔谋划,大景点引领,大园区孵化,大服务支撑,着力构建“一城一院三园”的文化产业格局。乔家大院5A景区开发、红海玻璃文化艺术园、昌源河生态休闲文化湿地公园3个项目列入全市重点文化产业项目名录。

积极构建公共文化服务体系。实施农村电影放映工程,加快图书馆改造工程,完成81个农家书屋配送工作,基本实现了农家书屋全覆盖。坚持文化贴近实际、贴近生活、贴近群众,组织了“两节”群众文化系列活动和家庭才艺大赛、晋剧票友大赛、老年书画作品展等丰富多彩的文艺活动,活跃和丰富了群众文化生活。被授予“市级文明和谐城市”荣誉称号。

五、扎实推进民主政治建设，不断增强发展合力

坚持和完善人民代表大会制度。全年共听取和审议“一府两院”工作汇报13项，提出建议、意见40条，对3个部门120件案卷进行了评查，依法任免国家机关工作人员23人次，作出决议、决定3项，修订出台了《祁县人民代表大会常务委员会信访工作办法》，组织人大代表开展集中视察、专题调研、执法检查等活动15次。支持人大常委会就“果、菜、牛”特色产业和玻璃器皿发展情况进行深入调研，形成了4篇有价值的调研报告，为县委科学决策提供了依据。

坚持推进依法治县和民主政治建设。认真组织开展“保障护航”专项行动。全面推进“六五”普法工作。深入开展矛盾纠纷大排查、大调处、大防范活动，调处各类案件357件。强化社区矫正工作，规范特殊人群管理，为弱势群体提供法律援助123起。进一步推进政务、厂务、村务公开和村民自治。加强对工会、共青团和妇联等人民团体的领导，群团组织作用得到进一步发挥。坚持党管武装原则，定期召开议军会议，加强国防和后备力量建设，积极为驻地部队办实事，军民融合式发展、双拥共建水平进一步提高。

六、全面加强党的建设，党建科学化水平不断提高

以加强领导班子建设为核心，凝聚发展“合力”。注重学习提高。县委中心组每月至少组织一次理论学习，学习范围扩大到县四大班子领导和法检公三长。认真学习党的思想理论，深入开展党性教育。通过集中学习、网上学习、专题培训等多种方式，提高了思想水平，坚定了理想信念。注重制度规范。从顶层设计抓起，用制度推进、按制度落实、靠制度保障。制定党政领导周工作报告制度、县委书记备忘录制度，强化了县委的执行力；出台领导干部出席庆典、公务接待、用车等五项制度，从小处着眼，防微杜渐。注重贯彻落实民主集中制。重新修订了《常委会议事规则》，对重大事项实行民主决策。严格落实民主生活会制度，主动开展批评与自我批评。落实重大决策民意咨询机制，重大事项社会公示、民主决策。注重县级班子团结协作。四套班子领导遇事主动沟通，重大问题决策召开四套班子会议协商。坚持早餐例会制度，每天用早餐时间碰头沟通一天工作，腾出更多时间和精力深入基层，解决实际问题。县级班子一个声音，一致行动，营造了民主、和谐、团结的氛围，成为全县转型跨越发展的核心。

以推进干部队伍建设为抓手，激发发展“活力”。一是抓干部能力提升。县委出台《关于进一步引深和推进学习型党组织建设的意见》，通过组织集中学习、专题培训、网上学习、挂职锻炼等方式，充实干部党建知识和管理经验。7000余名行政事业单位干部接受网络在线教育。建立新提拔干部信访定向挂职制度。举办信访经验交流会，让乡镇书记上台讲经验、谈体会，用身边事教育身边人，提高干部化解矛盾、处理突发事件、驾驭复杂局面的能力。二是抓干部考核管理。严格执行干部考勤和请销假、个人重大事项报告、经济责任审计和述职述廉等制度。对干部管理由事后追究向事前提示转变，由8小时向24小时转变，由查处惩治向经常性教育转变，由组织监督向纪检、审计、舆论、群众等综合监督转变。干部考核更加注重考核单位年度工作在全市的排位、经济部门财政支出的力度，考核干部在推进重点工程、重点项目，完成急难险重任务关键时刻的表现。三是抓干部作风转变。认真学习贯彻中央政治局改进工作作风、密切联系群众八项规定，深入开展“全心全意解民忧、尽职尽责办实事”活动。全县116个职能部门、61个窗口单位和服务行业的3062名党员深入开展以“三亮三比三争创”为主要内容的为民服务创先争优活动。扎实开展干部下乡住村、包村增收活动，近千名机关干部担任企业党建指导员、包扶村第一书记，访民情办实事，解难题促发展，为群众解决实际困难427件。四是抓干部廉洁自律。开展了“践行廉政准则、优化干部作风”主题学习教育活动。着力从加强惩治和预防腐败体系建设上下功夫，建立健全教育、制度、监督“三位一体”的防控廉政风险新机制。扎实推进政风行风建设，组织开展政风行风面对面对话会和政风行风测评活动。加强对全县重点工程、重点工作落实情况的监督检查，深入开展整治吃拿卡要问题专项行动。加强食品安全责任监督，加强阳光农廉网建设，严肃查处涉农、教育、银行业乱收费和医药购销、医疗保障中的不正之风。严厉查处腐败案件，立案66件，办结53件，处分57人，移送司法机关6人。

以夯实基层基础为突破，保障发展“有力”。围绕“基层组织建设年”活动，抓典型引路，促转化升级；抓薄弱环节，促组织覆盖；抓活动载体，促作用发挥。全县649个党组织全部“晋位升级”。873户非公企业组建党组织106个，实现非公经济党组织和党的工作“全覆盖”。在全市率先推行“一格一支部”建设，全县255个网格全部成立了党支部，夯实了党在基层的基础。对农村“两委”主干和大学生村官全部进行集中培训，农村无职党员设岗定责、社区党员开展志愿服务活动，强化党员教育管理。培育昭馀镇丰泽村、宏艺玻璃器皿党总支等党建典型，推广“十分钟党课”、“党员挂牌上岗”、“三有三无”等活动，丰富了基层党建工作的思路和措施。实施“三联共创”工程。96个机关单位和96个农村社区、106个企业党组织结对共建、结对帮扶，共创“五好”党组织，让广大党员找到了发挥作用的舞台，提升了基层党组织的活动水平和社会影响力。

（王玉根）

附：一、中共祁县县委书记、副书记、常委名单

书　记：段燕翔

副书记：张　鹏　米立志（10月离职）
沈和定（4月任职）

常　委：史　洁（女）　张曲波　王兆俊
张宝贵　刘进文　权　冰

二、乡镇(街道)党委(党工委)书记、副书记名单

昭馀镇

书　记：李耀强

副书记：李志勇　杨治敏

东观镇

书　记：杜惠敏

副书记：马　勇(5月任职)　董永兴(5月离职)
梁利斌

古县镇

书　记：贾玉川

副书记：张英杰　闫素绘(女)

城赵镇

书　记：崔　俊

副书记：赵宏海　李　浩

贾令镇

书　记：高子彪

副书记：刘晓峰　刘学昌

西六支乡

书　记：郭俊杰

副书记：王雪花(女)　马　勇

峪口乡

书　记：梁安贵

副书记：范春瑞　卢勇龙

来远镇

书　记：王海旺

副书记：许威旺　刘奇彪

昌源城区

书　记：薛瑞刚

副书记：武宏亮　杨承雄

丹枫城区

书　记：温　豪

副书记：李　禄　唐保珍

麓台城区

书　记：李增耀

副书记：郭雪萍(女)　张维忠(5月任职)
李晓宇(3月离职)

经济开发区

书　记：杜惠敏(5月任职)

副书记：董永兴(5月任职)　许映洲(5月任职)
高　耀(挂职)

中共平遥县委工作概况

县委书记　李非忠

2012年，平遥县委以邓小平理论和“三个代表”重要思想为指导，深入贯彻落实党的十八大精神和科学发展观，围绕“把古城做新做靓，让平遥更富更强”目标，带领四套班子领导和广大干部群众同心协力，奋力转型，提升平遥位置，谋求跨越，弘扬平遥精神，凝聚共识，鼓舞三级斗志，攻坚克难，创造平遥速度，不断推动经济转型、遗产保护、民生改善和城乡建设，全县经济、政治、文化、社会、生态文明和党的建设全面协调快速发展。

一、经济社会各项事业全面协调持续健康发展

全县主要经济指标呈现平稳上升态势，全年生产总值完成97亿元，增长15%。财政总收入12.05亿元，增长9.43%，一般预算收入5.4亿元，占总收入的45.19%，提高6.78%；地税收入5.06亿元，占税收的50.65%，提高9.04%，首次超过国税收入；规模以上工业增加值36亿元，增长17%；固定资产投资52.6亿元，增长25%。社会消费品零售总额39.8亿元，增长17.9%。经济增长的同时，城镇居民人均可支配收入和农民人均纯收入分别达20176元和8388元，分别增长13.4%和25%；各项约束性指标和主要污染物排放量均控制在要求之内。

以转型综改为统领，产业结构更趋合理，新兴产业比重明显提升。现代农业龙头壮大、基地拓展、基础夯实，“一区三化十大重点工程”建设成效显著，农业龙头企业销售收入23亿元，超任务2亿元，18户农业龙头企业的技改扩建上档；冠云万头肉牛育肥基地和保林6万只蛋鸡标准化养殖园完工；三水源大水网建设主体竣工，完成梁村生态植物园、横坡生态庄园、邢汾高速及其引线和平泰线“两园两线”绿化。新型工业结构优化、层级提升、地位巩固，当年投资近15亿元铺开20项重点工程，煤化新型光学材料产业园和中科鸿基生物产业园两个项目被列为省转型综改标杆项目，煤化集团成为全省“一县一企”转型综改试点循环经济企业，温家沟煤矿通过120万吨机械化矿井改造和省一级矿井标准化验收，峰岩铸造集聚区一期3万吨汽车零部件生产线投产，工业经济顶住市场冲击，37户规模以上工业企业纳税6.72亿元，占

财政收入的56%。投资20亿元的耀光煤电2×200兆瓦机组正式发电，煤化液化天然气项目正式启动。国际型旅游业内涵丰富、品位提高、影响扩大，率先在全市启动文化大平遥建设，印象系列演出之《又见平遥》从动工到正式上演仅仅不到1年时间，创造了平遥速度，“晋商神韵”迎宾演出常态化，推光漆文化产业创意园一期工程完工，投资1500余万元新改建星级旅游厕所27处，成功举办平遥国际摄影大展、中部六省非遗成果展、平遥中国年、襄垣梨花旅游节和酥梨采摘节，平遥中国年荣膺2012年度“中国十佳节庆活动”和“中国会展业年度大奖”殊荣，打造了“航天英雄刘旺家乡”名片，在央视播出“何日平常心、千年逍遥游”旅游宣传广告，平遥古城荣登“年度魅力品牌城市”榜，全年旅游人数达417万人次，门票收入1.5亿元，旅游综合收入40亿元。

以项目建设为统领，城市布局更趋优化，招商引资和古城保护持续推进。全年新引进项目14个，总投资239亿元，超额完成110亿元。投资8亿元的田森广场、投资12.6亿元的煤矸石造纸项目正式落地，投资3亿元的生活垃圾焚烧发电项目正式签约，投资5亿元的大西高铁站前广场和双林、文景大道以及投资6亿元的“一园两中心”建设达成初步协议。按照“中部神龟灵动、两翼凤凰展翅”的城建布局推进晋商文化旅游中心城市建设，铺开总投资40余亿元的城建工程。6大旅游基础设施建设和4条历史街区保护修复项目完工或部分完工，3大配套项目全部建成。倡导公职人员每人每月捐献1元钱，用于传统民居保护修缮。惠济河综合治理拆迁13.8万平方米，全县拆迁总量20万平方米，超过历年拆迁总和。实施环城墙景观绿化等城市绿化工程，完成了20余条城区道路和51栋楼体亮化工程。

以民生建设为统领，社会各项事业更趋协调，社会保障水平得到提高。全县财政收入的75%用于民生。启建二幼和平遥二中教学楼，铺开实验中学、古陶一中、示范幼儿园和实验小学综合配套工程，新增、附设农村幼儿园36所。城乡广播、电影、电视实现数字化全覆盖。投资200万元改善农村体育条件。农村和城镇新型居民养老保险实现全覆盖。全面完成市政府下达的保障性住房建设任务。完成普洞村、青龙村地质灾害移民搬迁。新农合参合率达98.56%。投资1.5亿元建成南良庄旅游路、西王智至香乐二级路、香乐至安固仿古家具园产业路、襄垣酥梨园区循环路、西崖窑至南依涧三级路，完成汾屯线宁固至香乐10公里改造工程。投资880万元解决近2万人的饮水安全问题。城区二级以上天数达356天。投资350万元改善安全生产条件，开展了“打非治违”专项行动和两轮“百日安全生产”活动。形成“一增三降两解决”的信访态势，中央信访督导组给予高度评价，在全国推广平遥经验。持续加大综治力度，高标准建成社会服务管理体系。

二、加强党的建设，不断提高执政能力和科学化水平

2012年县委以迎接党的十八大为主线，把农村“领头雁”队伍建设、社区活动场所建设、机关“星级创建”活动、非公经济组织党组织集中组建、学校党建工作机制、开展保持党的纯洁性学习教育活动和创先争优活动、党支部经费保障作为基层组织建设年的工作重点，加强领导，健全机制，狠抓落实，全县基层党建工作科学化水平得到新的提高。

活动引领，创先争优，基层党员队伍建设取得新成效。深入开展了“创先争优和保持党的纯洁性学习教育”两项活动，“三引四转”确保创先争优活动见实效受表彰，注重组织引导，注重活动引领，注重典型引路，有效促进了广大党员思想认识转变，作风效能转优，经济发展转型，发展环境转好，被省委表彰为全省创先争优先进县。七一期间开展了“庆祝表彰大会、集中宣传月、民主生活会、走访慰问、主题征文”等庆祝建党91周年系列活动。通过“两推一票决”(党员推、群众推、票决发展对象)严把发展党员“入口关”，通过“两强一保障”(强教育、强管理、落实经费保障)加强经常性教育和常态化管理，通过“两评一审定”(党内评、党外评、支部综合审定)加大处置不合格党员力度，全力构建党员发展、管理、教育“2+1”新机制。

强基扩面，晋位升级，基层组织建设开创新局面。开展基层党组织分类定级和晋位升级工作，对全县825个党组织进行分类定级，选派29名“第一书记”进驻后进村党组织，选派10个工作组进驻48个企事业单位后进党组织，采取建整改台账，明确整改责任、定期分析等措施，全面实现晋位升级。紧抓农村、非公企业、机关和社区四大重点领域，在2月份党建大调研的基础上，在乡镇农村着力推行文建明工作法，开展为期三天的农村“领头雁”专题培训，落实“一定三有”政策，全年打卡发放497名342.5万元在职村主干报酬和1065名101.8万元离任村干部待遇；在非公企业和社会组织完成190个非公有制企业党组织集中组建任务，实现全县744户非公企业党的组织和党的工作“两个全覆盖”，有力推进非公党建“双强六个好”建设，受到省市领导的好评。全县依法登记的63个社会组织成立13个党组织；在社区新成立16个社区党支部，推进“三有一化”建设，率先把党建专项经费列入财政预算，每社区年度党建经费达6.2万元，城西街道办公楼开工建设，16个社区以租赁等方式落实了办公场所，社区党建网格化工作迈出步伐。

强化责任，健全制度，基层党建保障机制有新突破。健全党委书记牵头抓总，分管领导具体落实，一级抓一级、层层抓落实的党建责任体系；规范建立农村和社区基层党建经费保障制度和管理使用办法；建立联述联评联考制，每年对乡镇街道党委书记专项述职和民主测评；深化包村联企双联共建制，四套班子领导和县直单位一把手包村联企帮扶活动取得一定成效。

规范管理，综合施措，认真做好大学生村官工作。组建宣传团学习宣传十八大精神。认真贯彻全省大学生村官工作议精神，完成岗位管理、培训教育、年度考核、聘期考核、保障机制、五条出路等工作。给他们压担子定任务积极参与三农各项工作。完成大学生村官聘任合同重签和人事代理合同签定工作。通过思想引导、技术指导、政策支持、资金扶持等，扶持

村官自主创业。抽调58名大学生村官参与国际摄影大展、社火节、元宵节等重大活动。

(王德锋)

附:一、中共平遥县委书记、副书记、常委名单

书　记:李非忠(12月离职)

副书记:卫明喜　雷新平

常　委:王润明(1月离职)　王根元(1月离职)

郭午生(1月任职)　王金宝

刘晶朋(1月任职)　曹治胜　张贵青(女)

刘国宏　张志宏　郭玉兰(女,10月任职)

二、乡镇党委书记、副书记名单

古陶镇

书　记:张锦东

副书记:师新坚　梁风旺

岳壁乡

书　记:郭锦全

副书记:梁绍晋　霍耀俊

南政乡

书　记:闫洪泽

副书记:刘　雄　冀成柱

中都乡

书　记:刘向东

副书记:左晓俊　吴旭海

洪善镇

书　记:郑仰兴

副书记:成美玲(女)　耿洪汉

襄垣乡

书　记:刘国斌

副书记:宋锡瑾　任修龙

朱坑乡

书　记:刘光明

副书记:牛登山　冯晓梅(女)

东泉镇

书　记:王本荣

副书记:雷　军　廉玉强

孟山乡

书　记:李英伟

副书记:裴　义　乔文林

卜宜乡

书　记:许银武

副书记:范志明　闫兵辉

段村镇

书　记:邓继杰

副书记:裴畅科　张思茂

宁固镇

书　记:李　文

副书记:郝金福　郝凤华(女)

香乐乡

书　记:王忠华

副书记:闫昕朝　刘德光

杜家庄乡

书　记:乔增利

副书记:王桂梅(女)　赵　栋

城东街道

书　记:武凯山

副书记:贾月森

城西街道

书　记:闫俊蕊(女)

副书记:郭文玉　史锦云

古城街道

书　记:张灵明

副书记:马景龙

中共介休市委工作概况

市委书记　秦太明

2012年,在省委、晋中市委的正确领导下,介休市委高举中国特色社会主义伟大旗帜,认真贯彻党的十八大精神,深入贯彻落实科学发展观,团结带领全市党员干部群众,坚持主题主线,以“加速再造一个新介休”为目标,不断探索发展路径,强化工作措施,全力克难攻坚,积极应对宏观经济下行带来的不利影响,全面加强经济、政治、文化、社会、生态建设和党的建设,各项工作取得显著成效。

全年全市生产总值完成150.9亿元,同比增长9.6%;规模以上工业增加值完成94.7亿元,同比增长15.1%;全社会固定资产投资完成75.8亿元,同比增长37.2%;社会消费品零售额完成60.4亿元,同比增长16.1%;财政总收入完成28.02亿元,同比增长1.9%;一般预算收入完成12.3亿元,同比增长9.5%;城镇居民可支配收入完成23060元,同比增长15.4%;农民人均纯收入完成8704元,同比增长14.8%。

一、加快转变经济发展方式,综合实力不断增强

坚持“长的变强、短的补上、亮点擦亮”的思路,多措并举

构建多元支撑、优势互补的产业格局,有力推动了转型跨越的发展进程。

(一)传统产业加快改造提升。大力提升传统产业的产业级次。煤矿标准化建设工作稳步推进,全年共有6座矿井进入了联合试运转,2座煤矿进行综合竣工验收。焦化产业兼并重组取得突破性进展,制定了全市焦化产业兼并重组方案,确定了安泰、茂胜、路鑫、龙源、昌盛五个主体,聘请专家编制了焦化发展整体规划。新泰钢铁100万吨1080立方炼铁高炉建成投产,提高了钢铁产品的质量和档次,增强了市场的竞争力。

(二)新型产业呈现出良好势头。安晟50万立方泡沫陶瓷保温材料一期、博创1万吨纳米氧化锌、东湖龙220千伏变电站、4000台矿用水泵等项目建成投产;昌盛20万吨煤焦油馏分加氢和140万吨焦化、志尧6万吨超高功率石墨电极、国泰2×15MW秸秆发电、三佳5万吨炭电极等项目部分投产;青云超轻飞机、中加20万吨大型锻件、新科东创5万吨沥青焦和碳纤维、路鑫9.9万立方成品油库等项目开工建设;黄金港五星级酒店开始试运行,益通300万吨铁路专用线已开工建设,建成奥迪、雷诺等一批汽车品牌4S店,浦发银行落户介休,华都村镇银行投入运行。新型工业产业及餐饮、物流、金融等三产服务业呈现出蓬勃发展态势。

(三)园区经济迈出坚实步伐。始终把工业园区作为承接项目的主平台、作为项目推进的主战场不遗余力进行攻坚,园区实现了提档升级。义安经济园区着力打造以焦化、钢铁为特征的循环经济园区,完成了千万吨焦化产业整合,整合主体已经确定,被省经信委确定为首批扶持的20个工业循环经济产业基地之一。装备制造园区淘汰关闭了32户落后小企业,土地利用“腾笼换鸟”的办法引进总投资42.77亿元的中加公司20万吨大型锻件项目。新材料园区建成了中央大道和汾河大桥建设,完成了三佳25万吨有机硅深加工、路鑫大唐热电联产等标杆项目布局。通用航空产业园区完成投资5亿元,成为全省重点转型标杆项目,代表晋中市接受了省委、省政府年度重点工程观摩检查。

(四)现代农业发展富有成效。紧紧抓住国家政策机遇,充分依托工业发达优势,大力发展现代农业,推动蔬菜、干果、养殖、加工四大产业提档升级、扩面增效、快速发展。形成“一村一品”专业村60个,设施蔬菜达到2.6万亩,新发展民昌、紫丁香等4个千亩园区,百亩以上设施蔬菜园区40个,育苗基地3个,铁巩园区成为部级园区,仙台园区成为省级园区,2012年被列为“晋中盆地设施农业示范工程”重点县;按照“生态建设产业化、产业发展生态化”的理念,集中连片,规模营造,龙凤镇3万亩核桃林基地全部建成,全市核桃林面积达到10万亩;全市发展万头猪场20个,畜禽饲养量达到350万头(只);农副产品加工以忠平公司和金核仁公司为核心,清水核桃仁年加工能力达3000吨,年产值达2.5亿元,带动劳力近万人。

(五)城镇化建设进程不断加快。紧紧围绕建设晋中市副中心城市的目标,加快推进城镇化建设。投资10亿元完成城市路桥新改建工程30项,新增城市道路50公里,形成城北新区“棋盘式”路网,城市框架进一步拉大;按照城市功能区划分的原则,建成嘉和园、御珑湾等一批中高档小区,供气、供水、供热等基础设施实现同步配套。总投资1.2亿元的新建职业中学投入使用。总投资3.2亿元的人民医院和总投资5亿元的文化艺术中心加快推进。

(六)生态环境质量持续改善。以创建国家园林城市、国家卫生城市、省环保模范城为抓手,植树、造绿、治污取得新进展。2012年,共投资2亿元实施造林绿化工程9项,造林2万亩,完成新育苗2000亩。汾河湿地公园成为国家级湿地公园试点。新增绿地面积60.6万平米,建成区城市绿地率达到33.74%,人均公园绿地面积9.8平米,成为晋中首座国家级园林城市。创卫工作全面展开,城乡环境面貌明显改善,市民健康卫生水平明显提高。空气质量持续改善,超额完成了晋中市下达的目标任务,市区二级以上天数达到363天,一级天数达到131天,实现了有监测记录以来最好的空气质量。水污染治理成效显著,地表水汾河义棠断面水质已由劣五类达到了农灌标准,恢复了使用功能,集中式饮用水源地水质达标率100%。

二、加强思想文化建设,发展软实力不断增强

(一)加强社会主义核心价值体系建设。切实把社会主义核心价值体系教育融入介休的转型跨越实践,增强全市干部群众的凝聚力和创造力。编写了《文明礼仪普及读本》、《文明人、卫生城》等宣传资料,在全市范围内广泛分发和宣传。开展“晋中精神”大讨论和弘扬践行活动,同时,启动“介休精神”提炼总结活动。出台了《学雷锋活动的实施意见》,成立介休市青年志愿者协会,持续开展“弘扬雷锋精神、服务转型跨越”志愿者服务活动,促进学雷锋活动实现常态化、机制化。圆满完成“介休市首届道德模范人物”评选活动。

(二)大力发展文化事业和文化产业。成功举办第五届中国·介休清明(寒食)文化节系列活动,获山西省“优秀节庆文化会展”殊荣。“盛世和韵、魅力介休”元宵节活动、第八届广场文化节等群众性活动满足了不同领域、不同层次、不同人群的精神文化需求。举办“维护文化遗产、发展城市文化”第十一届人类学圆桌论坛、张壁古堡历史考察暨高层学术论坛等专业研讨论坛。历史文化名城保护项目完成投资1.5亿元;张壁古堡旅游度假区项目完成投资1亿元,堡内基础设施及环境整治全面完工,张壁新村已交工验收;总投资1.5亿元的张兰古玩城主体工程已经完工;绵山风景区配套及文化建设项目完成投资2762万元,创建5A景区工作取得实质性进展。

三、加强社会建设和管理,民计民生不断改善

(一)保障体系更加完善。社会养老、医疗、工伤、失业、生育等五大保险覆盖面进一步扩大,参保人数全部超额完成全年目标任务。按时足额为离退休人员发放养老金2.5亿元;城乡居民医保补助标准提高到240元,80岁以上城镇居民

全部实现了免费医保；为全市下岗职工发放失业保险待遇1523万元。切实保障低保人群的基本生活，全年为城乡6883户低保对象发放低保金2050万元，对全市1026名农村五保对象实现了应养尽养。

(二)就业创业更为活跃。全面落实就业政策，新增就业人数5817人，下岗失业再就业人员2361人，就业困难对象再就业587人，转移农村劳动力4500人。通过创业培训、项目推介、就业指导、政策扶持等措施鼓励自主创业，开办创业培训班11期，培训各类创业主体330人，大力开发公益性岗位，帮助"4050"人员、就业困难高校毕业生、零就业家庭等群体实现就业再就业。

(三)民生事业成效显著。7个乡镇卫生院和5个社区卫生服务中心新建、改造工程全面展开；高标准完成校安工程和中小学标准化建设，按每个寄宿生每年1300元的标准实行了生活费、交通费、住宿费"三补"全覆盖。在全省率先为农村走读3华里以上的小学生配备专用校车，启动学前教育三年计划，全面推进23个幼儿园改扩建工程。全年开工建设9069套保障性住房，完成晋中市任务的104%。农村新的五个全覆盖任务全部提前完成。

(四)安全生产形势总体稳定。通过狠抓安全生产责任落实，全力夯实安全生产基层基础，在全市相继开展了安全生产"打非治违"、"百日安全"等专项行动，全年共开展执法检查1006次，查处非法违法生产行为412起，整改率100%。全市总事故起数同比下降31.7%、总死亡人数同比下降34.94%。

(五)社会稳定局面持续巩固。以全市治安防控体系建设为核心，大力推进人防、物防、技防"三张防控网"建设和天眼、天网、天盾工程建设，扎实开展了"打黑除恶"、"两抢一盗"等专项行动，刑事案件发案率同比下降27%，全市公众安全满意度为97.3%。积极推进隐患排查和积案化解，共排查出各类矛盾隐患1474件，化解1361件，化解率达到92%以上。中央、省、晋中市交办的30个信访案件办结率100%，全市151个重点信访案件办结120件，其余案件按照"四包一"的要求，全部落实稳控责任，确保了全年特别是十八大期间的社会稳定。

四、加强党的建设，发展基础不断夯实

(一)思想政治建设扎实推进。紧紧围绕全市中心工作，以建设学习型党组织为目标，加大干部培训力度，提高思想理论水平和改革实践能力。一是抓好党的十八大精神学习培训，召开市委常委会议专题研究部署十八大精神贯彻落实工作，下发了《关于学习宣传贯彻党的十八大精神的通知》，组建了由四套班子领导任团长的16个宣讲团，为全市学习宣传贯彻党的十八大精神提供了组织保障。二是认真举办了全市各类干部培训班，组织全市正科级以上领导干部进行了"转型综改、扩权强县"专题培训，全年举办高层讲座8期。分系统举办农村领头雁、基层综治、党务工作、安全生产等专业培训班次，累计培训人数达5000余人次。三是依靠山西干部在线学院及晋中干部培训网络学院，加强干部日常教育工作，党员干部的理论素养、政治意识和能力水平大幅提升。

(二)干部队伍建设进一步强化。在人员选拔上，坚持德才兼备、以德为先的标准。全年共进行人事调整2次，涉及干部269人，其中，提拔干部105人，平职交流104人，免职60人。通过调整，全市领导干部平均年龄为42岁，大学专科以上学历占到93%，干部结构得到了明显优化。同时，加强了干部的任职交流，增强了党务部门与经济工作部门、综合部门与业务部门干部的交流力度，有效地激发了干部的工作积极性，班子整体功能显著加强。

(三)"基层组织建设年"活动深入开展。以"求实效、受欢迎、靠机制、常态化"为着力点，创新工作机制，破解基层难题，提升工作水平，在联系和服务群众中推动党建转型升级和创新发展，实现了五个历史性突破：一是党建工作与年度综合考核全面挂钩，通过"三级联述联评联考"及整改督办、考核排位和责任追究，党建考核评价体系进一步健全完善；二是建立基层党组织活动专项经费保障制度，市财政每年拿出311.2万元，实现全市1050个基层党组织全覆盖；三是"三奖一晋升"考核激励机制在农村干部中反响强烈，调动和激发了基层干部干事创业的激情；四是用"契约化"理念指导社区党建，"三有一化"进程明显加快，共驻共建活力焕发；五是率先在全晋中实现"两新"领域党的组织和工作全覆盖，受到省委、晋中市委组织部肯定。

(四)党风廉政建设全面加强。加大廉政教育力度，对全市523名副科以上干部进行了"一岗双责"专题培训，对新调整提拔的113名科级干部进行了任前廉政谈话。扎实开展环境治理，认真开展整治"吃拿卡要"专项行动，纠正和解决涉及发展环境的问题62个，严肃查处典型案件5件，处理党员干部5人，全年因行政不作为、慢作为、乱作为问责各级干部50余人次；深入推进政风行风建设，继续引深治理公路"三乱"、治理教育乱收费、纠正医疗领域不正之风等工作，力查纠风案件13件，协调办理群众行风投诉17件，对连续两年被评为"群众不满意基层站所"的基层单位负责人予以免职处理；大力加强农村基层党风廉政建设，进一步健全农村"三资"管理制度，积极推进农村财务和"三资"规范化管理，严肃查处了一批发生在群众身边的违纪违法典型案件。2012年，全市纪检监察机关共受理群众举报140件，立查各类违纪案件84件，处分党员和监察对象84人，其中涉及乡科级干部13人，撤职以上重处分22人，移送司法机关5人，挽回经济损失678.96万元。

(李卫林)

附：一、中共介休市委书记、副书记、常委名单

书　记： 秦太明

副书记： 王怀民　王双寿

常　委： 赵　宇　杜云成　张晋平(1月任职)　林全胜　张　鑫　寇建文　李成海

二、乡镇党委书记、副书记名单

义安镇

书　记：乔洪治

副书记：鹿人杰　田俊杰（2月任职）
郝震前（2月挂职）

张兰镇

书　记：任云峰（1月离职）　刘冠英（1月任职）

副书记：武卫中（1月离职）　冀鹏俊（1月任职）
贾晓江

连福镇

书　记：李克虎

副书记：张德云　李增寿

义棠镇

书　记：冀晓军

副书记：郭建武　王建芳

绵山镇

书　记：段燕瑞

副书记：孟锡政　闫兰云

龙凤镇

书　记：黄金山

副书记：武铁军　于朝阳

洪山镇

书　记：刘冠英（1月离职）　韩彦青（1月任职）

副书记：李俊萍　武晓俊

宋古乡

书　记：侯建文

副书记：赵　辉　刘建军

城关乡

书　记：杨东辉

副书记：杨宝民　韩青泉（1月离职）
郎发炜（12月任职）

三佳乡

书　记：马　军

副书记：降士瑜　石　斌

北关街道

书　记：张俊龙

副书记：赵岚云　张清涛（女，12月任职）

西南街道

书　记：董德红

副书记：卫燕萍（女，1月离职）　张岩峰（1月任职）
王秀芳（女，12月任职）

西关街道

书　记：李守信

副书记：曹润梅（女，1月离职）　董润华（女，1月任职）

东南街道

书　记：段玉成（1月离职）　朱明智（1月任职）

副书记：朱明智（1月离职）　范玲玲（女，1月任职）

北坛街道

书　记：张卫平（1月离职）　乔忠民（1月任职）

副书记：乔忠民（1月离职）　曹　华（女，1月任职）
孔庆霞（女，12月任职）

中共灵石县委工作概况

2012年，县委十三届三次全会以来，在中央和省委、市委的正确领导下，县委常委会认真贯彻党的十八大和省、市、县党代会精神，紧紧依靠全体委员的共同努力，团结带领全县干部群众，坚持主题主线，围绕“再造两个灵石、冲刺全国百强”目标，抓住转型综改、扩权强县两大政策机遇，以“三县”建设为统领，解放思想，真抓实干，攻坚克难，全县经济、政治、文化、社会、生态文明建设和党的建设均取得新业绩。

一、突出工作重点，转型跨越步伐加快

县委常委会研究出台了加快“四化”建设的实施意见，在产业转型、城乡建设、创优环境、民生改善等方面持续发力，各项工作齐头并进，取得了明显成效。全年全县财政总收入完成36.7亿元，增长17.5%，一般预算收入完成13.8亿元，增长46.2%，两项指标完成情况均排名全市第一、全省第八；地区生产总值完成174亿元，增长12.7%；规模以上工业增加值完成116.9亿元，增长20.4%；全社会固定资产投资完成101.6亿元，增长13.4%；社会消费品零售总额完成46.4亿元，增长16%；城乡居民收入分别达到25175元、10515.5元，增长13.1%和15.6%。

第一，工业新型化明显加快。传统产业集中度提高、竞争力提升。26座煤矿升级改造工程完成投资45.8亿元，煤炭产业集中度和矿井机械化、信息化、本质安全化水平显著提高。洗煤企业数量压减12%，产能增长32.3%。中煤化工“1830”项目进入调试阶段。新兴产业发展迅速，灵鹤矿山机电设备制造安装项目完工、永泰大型煤机制造项目进展顺利，装备制造业从无到有。天石电力年产12万立方米粉煤灰加气砌块生产线投入运行，东方希望铝系综合循环经济项目、聚义90万吨/年煤矸石制纤维项目快速推进，新型建材产业快速成长。以通宇冰葡萄酒、强隆核桃制品等项目为带动，清洁型、生态型、绿色型工业特色开始显现。园区承载能力加强。以中煤循环经济园区为核心，初步形成段纯、南关、两渡三大园区。2012年，园区完成产值167.5亿元，占到全县规模以上工业总产值的60.2%。

第二，农业现代化稳步推进。加大强农惠农富农投入，财政支农支出同比增长20%。加快发展现代农业。全县粮食总产5740万公斤。以农民增收为目标，以核桃经济林为主攻方

向,全力提升"一县一业"、"一村一品"档次和规模,新发展市级"一村一品"专业村16个、"一乡一业"专业乡镇2个;新栽植核桃经济林4万亩,总面积达到28万亩;以静升、马和、翠峰3个现代农业示范区为带动,新建温室大棚1060亩;规模养殖大户发展到274户,畜牧总产值达3.5亿元。完善农业服务体系。建立农业科技生产示范区15个,农业科技贡献率、农业机械化水平分别达到56%、65%;培育农产品加工"513"龙头企业市级4户,县级2户,加工龙头企业达到37户;完成6个产品的"三品一标"认证;"农民增收明白卡"覆盖全县47%的行政村和60%的农户;农民专业合作社达到570个。加大扶贫力度。积极做好农村最低生活保障和扶贫开发"两项制度"的有效衔接,大力实施项目移民工程,异地搬迁510人。

第三,县域城镇化质量提高。立足打造山西最具魅力的现代化新城目标,全力推进县域城镇化。突出"大县城"发展战略,铺开基础设施建设项目25项,完成投资13.9亿元。紧扣"扩容提质"主题,加快旧城改造步伐,总面积107.5万平米的县城五一商场至贸易中心区域改造、常青小区、贵都财富中心等房地产开发项目快速推进;静升新区森林公园、新区路网进展顺利,政法业务大楼主体封顶。着力提升城镇承载能力。县城区集中供热、供气普及率分别达到96.7%、96.5%;启动"数字城管"工程,全面推行市政网格化管理,国家卫生县城创建工作顺利通过综合审定;以静升镇纳入全省百镇建设工程试点镇为标杆,带动特色镇村建设,鑫源新村、延安新村等工程已完成建筑面积20万平米。2012年,全县城镇化率达到44.3%,比上年提高2个百分点。基础设施明显改善。汽车站、南马路等一大批交通工程完工,全县公路密度达到121公里/百平方公里;石膏山水库工程完工,完成农村饮水工程17处;新增35千伏及以上线路17.5公里,变电容量100兆伏安;农村土地整理项目完工,新增耕地1756.6亩。

第四,城乡生态化力度加大。以"蓝天、碧水、绿地"生态系统建设为重点,全方位推进环境质量提档工程。做好节能减排工作,预计全县万元GDP综合能耗同比下降3.73%;6项主要污染物减排指标均超额完成市下达任务。加强城乡环境综合整治,铺开4个乡镇、16个行政村的农村环境连片整治工程,创成2个省级生态村、1个市级生态乡镇、2个市级生态村。突出改善汾河水质,完成汾河沿线5户企业搬迁,两渡镇污水处理厂投入运行,张家庄、夏门、南关河西区3个乡镇污水处理厂加紧建设;城区新水源地通过环保验收。全方位推进造林绿化,新植生态林2.8万亩,村庄绿化37个,通道绿化103.8公里,全县林木绿化率提高1.5个百分点,达到57.64%。县城区二级以上天数达到358天,其中一级天数142天,环境空气质量优良率达到98%。

二、加强文化建设,文化事业快速发展

深入贯彻落实党的十七届六中全会《决定》和县委建设文化强县的《实施意见》,全面加快文化灵石建设,被评为第二批山西省文化强县。思想道德建设纵深拓展。组织开展了"德耀灵石"首届道德模范人物评选表彰活动,大力开展各类志愿者服务活动,加强未成年人思想道德建设,推动青少年学雷锋常态化。文化事业不断发展繁荣。完成4个乡镇文化站建设,县乡村三级公共文化设施向社会免费开放;晋剧《大禹治水》拍摄完成并成功首演,《静升王家》剧本已经完成,正在对外招商引资;成功举办灵石首届春晚。文化产业快速发展。设立文化产业发展专项资金,对重点文化旅游项目进行支持;采取"资源换项目"模式,提速静升古镇保护与开发项目,全力打造"中华第一古镇";石膏山风景名胜区建设内涵进一步提升;红崖峡谷景区一期完工并对外开放;完善配套服务体系,在建的有3个五星级、2个四星级酒店,旅游接待能力和水平明显提高;成功举办"第三届文化旅游月"、"2012年首届中国灵石国际版画双年展"等活动,文化旅游品牌影响力进一步扩大;加大对非遗项目的研究、保护及传承,谋划建设"山西省非物质文化遗产博览园"。

三、紧扣民计民生,社会建设全面加强

坚持以人为本,切实加大工作力度,以保障和改善民生为重点的社会建设进一步加强。社会事业统筹推进。完成职中实训楼新建、中小学校舍维修工程,启动6所乡镇幼儿园建设;公立医疗机构全部实行基本药物制度,人民医院、疾控中心、急救中心大楼主体完工,新农合参合率达到98.6%;就业和社会保障整体加强,城镇登记失业率1.04%,城乡各项社会保险参保人数全部超额完成市任务,城乡低保、农村五保、优抚补助标准大幅提高。开工保障性住房3911套,占市定任务的107%,完成410户农村危房改造。"爱心煤"政策使6.9万农户受益。安全生产形势总体稳定。以创建"本质安全型县"为目标,持续开展安全生产"三责"教育和"对标"活动,大力引深安全生产专项整治、百日安全大检查和"打非治违"专项行动,强化安全监管网格化平台建设,全县安全生产形势稳定好转,全年安全生产事故死亡人数同比下降6.5%。社会和谐稳定局面持续巩固。严格落实信访工作责任,扎实推进领导干部大接访、信访积案化解、加强源头预防等工作,实现了党的十八大期间"四个不发生"和"双零"的目标;组织开展"保障护航"专项行动,破获影响重点工程建设的各类违法犯罪案件54起;理顺社会管理体制机制,完成县乡村三级社会管理服务平台信息化建设,社会管理综合治理工作全面加强,群众的安全感进一步提升。

四、坚持强基固本,党的建设全面提升

认真贯彻落实"党要管党、从严治党"方针,大力推进党的思想、组织、作风、制度建设和反腐倡廉建设,全县各级党组织的创造力、凝聚力、战斗力明显增强。

一是思想政治建设扎实推进。深入推进学习型党组织建设,县委常委会发挥带头作用,全年集中学习10次,撰写多篇高质量的调研报告,拓宽了理论视野,提升了执政水平。围绕保持党的纯洁性学习教育、十八大精神学习宣传贯彻等,

深入开展主题教育、宣讲自学和培训活动,做到新思想、新观点、新部署学习宣传全覆盖。全年组织干部到先进地区考察学习25次,开阔眼界,增长见识,提升了干部的整体素质。

二是干部选任机制公开透明。坚持以"德才兼备、以德为先"和"六个优先"为导向,完善干部选拔任用机制,努力打造高素质的党员干部队伍,县委全年共调整干部219人次。注重从基层一线选拔党政干部,3名优秀大学生村官通过公开遴选成为副科级干部。严格按照规定的程序选任干部,注重抓好民主推荐、任前考察、讨论决定三个环节,把好任职条件、领导职数两个关口。严格执行干部选拔任用四项监督制度,做到把握关键、全程监督,防止了干部"带病上岗"和"带病提拔"。

三是党风廉政建设成效显著。全面实施创优环境推进项目"双百"行动,协调项目单位解决各类问题98个。深入开展纪律作风整顿,对12名涉及单位负责人及当事人进行责任追究。全县基层党组织党务公开覆盖率达100%。建成阳光农廉监管服务平台并实现三级联网。持续深入开展"小金库"治理等专项整治,群众关心的热点难点问题得到有效解决。全年立案查案件70件,处分党员、监察对象42人,挽回经济损失500多万元。 (刘志刚)

附:一、中共灵石县委书记、副书记、常委名单

书　记:杨　洪(6月离职)

副书记:吴文胜　骞锋兵

常　委:岳　泰　刘北亚　王世强　张李虎　郭春林　成建英(女)　吴学意

二、乡镇党委书记、副书记名单

翠峰镇

书　记:靳亚龙

副书记:张志亮　张建旺

静升镇

书　记:李文亮

副书记:陈晋廷　郝　燕(女)

南关镇

书　记:赵贞平

副书记:温德伟　刘斌奇

两渡镇

书　记:弓建勇

副书记:侯文斌　降永前

段纯镇

书　记:苏晋华

副书记:王志琴(女)　武海瑞

夏门镇

书　记:温耀勤

副书记:许云峰　燕小军

马和乡

书　记:梁　诚

副书记:王海忠　王瑞峰

英武乡

书　记:张全亮

副书记:李俊丽(女)　崔建明

坛镇乡

书　记:陶长义

副书记:钮　明　李玉祥

交口乡

书　记:王　轩

副书记:尹彦强　张能震

梁家焉乡

书　记:赵林旺

副书记:温郎鹏　赵德生

王禹乡

书　记:赵　裕(女)

副书记:王建卫　贺瑞勋

中共榆社县委工作概况

县委书记　梁璐阳

2012年,榆社县委在省、市委、政府的正确领导下,以邓小平理论和"三个代表"重要思想为指导,认真贯彻落实党的十八大精神和科学发展观,紧紧围绕"为建设富民强县、和谐榆社奋力推进全县经济社会赶超跨越"的目标,县委四大班子领导全县广大干部群众,不图名利、不计得失,心往一处想,劲往一处使,凝聚力量,抢抓机遇,奋力拼搏,大力实施了"农业富县、工业强县、商贸活县、科教兴县"四大战略,推动了全县经济社会转型跨越发展,全县经济、政治、文化教育、党的建设等各项事业全面协调健康发展,努力开创了榆社发展的新局面。

一、经济社会各项事业全面协调持续健康发展

2012年,全县地区生产总值完成23.8亿元,同比增长7.1%;财政总收入完成3.2亿元,增长11.2%,其中一般预算收入1.42亿元,增长2.4%;规划以上工业增加值完成10.9亿元,增长7.6%;全县固定资产投保7.5亿元,增长14.8%;社会消费品零售总额8.1亿元,增长15.2%;城镇居民人均可支配收入15360.2元,增长13.5%;农民人均纯收入3346元,增长14%。

现代农业迈出新步伐，大力实施“1311”特色产品工程，核桃种植、笨鸡养殖、设施蔬菜、小杂粮等特色产业迅速扩张，新发展核桃经济林4.4万亩，新发展笨鸡57万只，笨鸡饲养量达到146万只，新发展设施蔬菜1013亩，累计达到3851亩，小杂粮8万亩，特色农业初具规模。土地整理开发、农村安全饮水、坡耕地水土流失治理、小型水库除险加固、国家水保重点工程等顺利完成，发放粮食直补和综合补贴1679万元，粮食总产量达高产为6153万公斤。建成省级“一村一品”专业村22个，市级专业村10个。

工业转型实现新突破，按照工业园区化要求，编制了化工、医疗、食品、物流园规划，榆化公司成功引进山西东方红特种涂料生产项目，实现了项目招商引资近年来零的突破。3万吨聚合氯化铝项目建成投产，化工产业规模不断壮大。天生制药公司6000吨中成药技改扩产项目进展顺利。广生公司100亿粒植物胶囊项目开工建设，发展势头强劲。食品工业园的主力产品阿胶、五福小杂粮、森生核桃等项目主体基本完工，取得实质性进展。

城乡面貌发生新变化，实施廉租房、公租房、适用房等保健性住房建设。丽华苑、仪川小区均建成使用。150户农村危房改造全面完成。完成迎春南路段综合工程、顺城街改造、城市路灯节能改造等工程；城区供热二期组建和污水管网补充建设工程；实施北寨—幸福桥路面改造工程等。中等职业教育实现免费。高考达线人数首次突破500人大关，万人高考达线率创晋中市第二，科技创新成果丰硕，知识产业工作位居全市前列，230个农家书屋，92个农村健身场建成，被评为全国全民健身先进县，广播、电视评为全省“村村通”先进县称号，新编榆社“土滩秧歌”获全国“群星奖”选拔赛特等奖。文体活动中心开工建设，公共图书馆、文化馆、乡镇综合文化站实现免费开放。新农村参合率达98.73%，“卫生十一项目”被授予全国优秀项目县称号。发放各类救助资金3984万元，80周岁以上老人全部享受长寿优待金。

二、加强党的建设，强基础、求突破，不断提高执政能力

2012年，县委以开展基层组织建设活动为主题，深入学习贯彻党的十八大精神，把农村党组织建设、队伍建设、社区活动所建设和机关星级党组织创建活动，非公经济组织党组织集中组建、学校党建工作机制，在全县开展了保持党的先进性学习教育活动和创先争优活动，使全县党组织进一步加强领导，完善了机构，取得明显成效。

保持党的纯洁性为动力，推动创先争优活动深入开展。全县各级党组织精心组织，扎实推进，广大党员积极参与。通过集中学习、思想讨论、事迹报告、警示教育、问题剖析、以点带面等取得显著成效。同时，开展了“保持党性纯洁、党员一日奉献”活动，在流动党员中开展“送学、寄学、帮学”活动，赴红色革命圣地缅怀革命先烈，重温入党誓词的“继承优良传统，牢记宗旨使命”等活动。七一期间，隆重表彰2010—2012年创先争优涌现出的50个先进基层党组织和50名优秀共产党员、4个“党员先锋岗”，郝北镇郝北村党支部被评为省级先进基层党组织，根据“四有一奖”规定，该村党支部书记韩补元成为榆社第二个捧上金饭碗的农村干部。

三、创建“星级党组织”，推进机关党组织创先争优

根据晋中市工委出台了《关于开展星级党组织创建活动的意见》和晋中市机关党建工作要求，榆社在全县开展了星级党组织活动，并制定了星级设置和评定标准，实行动态管理，逐级递进，优胜劣汰，按照五星作示范，四星树标准，三星打基础，二星级以下抓整顿。开展了星级党组织创建“五个一”活动(一是组织调研座谈会活动，二是开一次流动观摩现场会，三是制定一项政策，四是完善一项制度，五是开展一次评比表彰活动)。各基层党组织健全完善“三会一课”党务公开、党员联系群众、民主评议党员等制度。同时，制定“三挂钩”考核奖惩办法，星级党组织创建活动与五个好基层党组织评选挂钩，与“七一”表彰挂钩，与领导干部实绩考核挂钩，达到了制定政策奖惩兑现。“七一”期间，评出红旗基层党组织、优秀党务工作者、优秀共产党员进行了表彰奖励。进一步完善机制，保障了创建活动有力、有序、有效开展的效果。通过星级标准制定、分解、实施、检查、评定，涌现出了计生妇女保健院、医院、机关事务管理局、文物局、计生局、发改局等16个先进典型。

四、晋位升级，推进基层党组织建设开创新局面

开展了基层党组织分类定级、晋位升级工作，在全县478个基层党组织中开展了整改提高晋位升级活动，按照“红旗党组织党旗示范、先进党组织巩固提升、一般党组织赶超先进、后进党组织转化提高”的目标要求，全县基层党组织通过规范定级、建立台帐、明确时限、分类指导，建立了县委书记带头开展“三级联述联评联考”制度，全县基层党组织全部实现了整改提高，集成升级，县委专门投资6万元专项保障经费，共排查解决问题1096个，上级党组织为所属党组织办实事120余件。

紧抓农村、非公企业、机关、社区四大重点领域，加强了农村党支部书记、党员、大学生村官三支队伍建设，对360名农村党委、村官分期进行“领头雁”集中培训，选派50名村官到农业、牧业、畜牧和非公工委等部门进行一个月的挂职锻炼，实行了大学生村官民情日志管理制度，村官“创业行动计划”。县政府拿出8万元作为村官创业启动资金。举办了村官创业培训班，开通了创业网、在农村开展了“强班子、强队伍、促和谐、促发展”的双强双促活动，实施了农村党建网格化管理。

有力推进了非公经济党组织建设，出台了《榆社县非公经济组织党组织集中组建方案》，成立非公经济工委，建立党建工作指导站3个，组建非公经济党组织35个。开展了“六个有”活动，对21个社会组织全部完成党组织组建工作，其中单独组建2个，联合组建2个，实现了党的工作由传统领

域向新型领域的延伸覆盖。推进了社区网格管理模式,在社区新成立 社区党支部,网格成立党小组 123 个,推进“三有一化”建设,对 6 个社区以租赁等方式落实了办公场所。社区党建网格化逐步走上规范化轨道。

五、“双帮双扶”为主题,解民忧办实事

全县开展了“组织双帮促发展,党员双扶办实事”活动,各级党组织帮助联系村发展“一村一品”产业,促进农民增收,党员领导干部在联系村扶持 1 个产业户,联系一个贫困户,建立“三包三联”责任制,创新“党员一日奉献”做好事,一日下访解难题,和党员联户办实事三项制度。四大班子 24 名领导成员每人联系一个村和企业,103 个县直单位联系 103 个村和 42 个企业,654 名科级党员深入联系村、社区、企业开展活动。把近年来遗留问题、信访及诉求经过细致分析、梳理,一件件落实解决,取得一定成效。

(常彩萍)

附:一、中共榆社县委书记、副书记、常委名单

书　记:梁潞阳

副书记:贾尚明　侯文亮

常　委:郭晓红　刘艳萍(女)　赵　宏
张晋平(1 月离职)　卢永红(1 月任职)
王宏昌　郭志平

二、乡镇党委书记、副书记名单

箕城镇

书　记:田志银

副书记:杨林海　王俊青　张晓峰(9 月任职)

云竹镇

书　记:贾旭峰

副书记:裴庆林　赵俊平

郝北镇

书　记:徐奋江

副书记:陈　军　贾旭军

社城镇

书　记:白建勋

副书记:王　芳(女)　李　莲(女)

河峪乡

书　记:张建军

副书记:石余忠　杨秀龙

西马乡

书　记:马　俊

副书记:赵培良　李　军(9 月离职)
崔　凯(9 月任职)

北寨乡

书　记:闫跃文

副书记:程艳花(女)　李水清

兰峪乡

书　记:田　飞

副书记:李星海　张晓波

讲堂乡

书　记:贾永胜

副书记:王俊飞　申　艳(女)

城管委

书　记:李天亮

副书记:赵宏峰　张卫军

中共左权县委工作概况

县委书记　王　兵

2012 年,县委班子深入贯彻落实科学发展观,按照省委、市委安排部署,创新工作思路和举措,在诸多矛盾、挑战、困难面前,果断决策、积极应对,全县干部群众同舟共济、共克时艰,县域经济实现了平稳较快发展,各项社会事业取得了显著成绩,人民生活水平得到了明显改善。

全年全县地区生产总值完成 34 亿元,同比增长 13.2%;规模以上工业增加值 11.7 亿元,增长 29.3%;全社会固定资产投资 57.9 亿元,增长 23.1%;财政总收入 9.4 亿元,增长 2.3%;一般预算收入 4.3 亿元,增长 8.7%;社会消费品零售总额 9.54 亿元,增长 15.9%;城镇居民人均可支配收入 17638 元,增长 15.8%;农民人均纯收入 3236 元,增长 16.8%。

一、产业转型势头强劲

按照“投产一批、在建一批、开工一批”的要求,一方面做大工业经济总量,积极推进九大煤矿技改和七个铁矿企业资源整合矿山改造,全年全县生产原煤 415.7 万吨、铁精粉 29.8 万吨,发电 65.1 亿度,实现现价工业总产值 39.9 亿元,同比增长 68.3%。另一方面加快转型步伐,重点推进“五大产业集聚区”、“十大非煤转型项目”。全年“五大产业集聚区”共完成投资 74 亿元,华能左权电厂一期、中豪镍业一期、宏远科技一期、金隅水泥等非煤项目陆续建成投产。尤其是华能左权电厂累计发电 63.6 亿度,实现总产值 18.1 亿元,占到全县规模以上工业总产值的 45%,带动全县煤与非煤产值比由上年的 3:1 优化为 1:1.5,彻底扭转了过去“一煤独大”的产业格局,全县经济转型发展迈出坚实步伐。

二、农业产业提档升级

以核桃产业大县建设为龙头,同步推进左权湖万亩现代生态农业园区、庄园经济、生态林建设工程,引领全县“三农”工作蓬勃发展。全年新栽植核桃2.13万亩,总株数达400万株,核桃总产量达730万公斤,农民人均核桃收入达到1327元;启动实施左权湖生态农业示范区等农业基地,规划总占地面积6.9万亩,匡算总投资5.07亿元,产业规模逐步扩大,开创了我县农业发展先河;新开发生态庄园10个,重点打造精品庄园20个,累计完成投资5000万元,全县生态庄园总数已达243个;新增造林面积6.27万亩,全县森林覆盖率超30%,被省政府授予“省级林业生态县”,成为我市东五县第一家获此殊荣的县份;新培育“一村一品”专业村30个、专业乡镇2个,其中18个村被评为省级示范专业村;新增设施蔬菜种植面积1100亩;“农民增收明白卡”实现了全覆盖。全县三农工作站在了新起点,朝着产业化、规模化、现代化的方向大步迈进。

三、城乡建设力度空前

在城市建设方面,高标准铺排城建重点工程5大类22项,总投资30亿元,当年完成投资9.2亿元。其中北大街、万寿西街、陵园街、东外环、桐粟线道路改造以及示范小学续建、集中供热、集中供气等项目已全部完工,县城容量进一步扩大,品味进一步提升。在新农村建设方面,投资5800余万元,建设省级重点村20个、市级中心村8个、县级特色村58个。开展了五大集镇、三大主干道沿线105公里、涉及67个村庄的大建设、大整治,城乡面貌焕然一新。

四、文化旅游乘势而起

紧抓左权将军殉国和辽县易名左权县“双70周年”契机,投资8000万元实施麻田红色旅游综合开发项目,形成了具有独特地标文化的红色旅游景区,并完成4A级景区申报工作;隆重举行了“双70周年”纪念大会等12项系列活动;投资1500万元打造的大型花戏歌舞剧《太行奶娘》成功首演。全年累计接待游客62.5万人次,是上年的1.7倍,旅游综合收入达4.8亿元,左权知名度和影响力得到进一步提升。

五、民生福祉显著改善

投入7000余万元财政性资金,铺排了“民生十工程”。教育上,对高中阶段2360名学生免收学费,实现了十二年免费教育;投资2000万元,实施了学校标准化建设工程;5所幼儿园建设工程,2所已投入使用,3所主体已完成。社会保障上,对10所乡镇敬老院进行了标准化建设,集中供养能力达到65%;60周岁以上老人基础养老金由每月55元提高到60元,新农合财政补助标准由200元提高到240元;城市低保、农村低保标准分别上调780元和264元;投资135万元实施了残疾人新“五助”工程;大力开展农民技能万人培训和千人就业促进工程,共培训13059人次,新增就业1911人。基础设施建设上,投资1860万元,完成县乡公路改造16条、县城小街巷改造11条;完成农村危房改造203户,占目标的101%;投资857万元实施农村饮水安全工程,改善和提高了2.15万农村人口饮水质量。环境保护上,全年全县二级以上天数达362天,综合污染为1.51,清漳河麻田出境口断面水质稳定达到三类水质,石匣水库和滨河两个集中式饮用水水源地水质达标率为100%,群众受益面不断扩大、幸福指数持续攀升。

六、党建工作常抓不懈

在推动经济社会发展的同时,县委常委会高度重视自身建设,严格按照常委会工作规则开展工作,坚持重大问题充分协商、征求意见,集体讨论、集体决定,最大限度发挥班子的整体功能。

一是围绕改进干部作风和优化发展环境,党风廉政建设和反腐败斗争取得明显成效。加强作风效能建设,对重点项目全程跟踪督查,严肃查办吃拿卡要案件,狠抓纠风治乱工作,精简县级行政审批项目152项,查处纠风案件27件,给予党政纪处分15人,辞退3人;倾力关注民生,扎实推进了食品安全、乡镇敬老院建设、民用煤供应监管;严惩腐败,全年共立查案件94件,处分党员及监察对象93人,保证了全县党员干部队伍的健康纯洁。

二是围绕保持党的先进性和纯洁性,基层组织建设得到全面加强。按照抓落实、全覆盖、求实效的工作要求,创新方式,注重实效,干部教育管理工作成绩斐然;规范程序,完善机制,干部人事制度改革不断深化;重视培养,激发活力,各类人才队伍建设稳步推进;健全机制,搭建平台,构筑大学生村官成长快车道;夯实基础,突出重点,党的基层组织建设明显巩固;创新机制,严格把关,党员队伍结构不断优化,为全县经济转型跨越发展提供了坚强的组织保证。

三是围绕文化强县建设,宣传思想文化工作实现重大突破。牢牢把握“左权将军殉国暨辽县易名左权县70周年”活动契机,突出抓好“理论武装创新、思想道德建设、文化发展繁荣、舆论引导提升”四个重点,以“迎接十八大、学习十八大、宣传十八大”为主题主线,在全县掀起学习宣传贯彻十八大精神热潮;推广“六字模式”,纵深推进学习型党组织建设;唱响主旋律,打好主动战,营造转型跨越发展浓厚氛围;推进核心价值体系建设,深入开展道德实践活动,彰显精神文明建设影响力;实施文化强县战略,深化文化体制改革,推出一批文化建设新成果,催生文化建设焕发新活力。

四是围绕社会和谐稳定,社会管理得到创新和加强。着力构建“大调解”工作体系、治安防控体系,狠抓公共安全管理、流动人口管理和特殊人群管理,以“三级中心”建设为抓手,全面加强基层社会服务管理体系建设;扎实开展“保障护航”活动,着力净化重点工程周边环境,成功调解涉企矛盾纠纷3起,提供法律援助6次,为15家大中型企业担任了法律顾问;全力维护社会稳定,认真开展情报信息研判工作,实施了“护城河”工程,集中开展了“严打”专项行动。全年破获各类刑事案件254起，打击犯罪团伙8个28人，查处治安案件499起、402人，打掉了犯罪分子嚣张气焰，保障了全县社会治安持续稳定、人民群众安居乐业。（郝红东）

附：一、中共左权县委书记、副书记、常委名单

书　记：王　兵

副书记：刘　娟（女）　赵宏钟

常　委：郑春华　郭午生（1月离职）

梁生仁（1月离职）　杨建功（5月离职）

韩　军　程俊斌　苟富杰

郭建雄（5月任职）　张永东（5月任职）

二、乡镇党委书记、副书记名单

石匣乡

书　记：陈建国

副书记：程利宏　冯聪斌

龙泉乡

书　记：吕爱鸿

副书记：赵治宏 赵淑萍（女）

桐峪镇

书　记：张文伟

副书记：秦国英（女）　李　海

麻田镇

书　记：崔　波

副书记：巨晓华　李振国

寒王乡

书　记：王东光

副书记：王　飞　张东庆

辽阳镇

书　记：张生桥

副书记：张俊恩　侯军华

粟城乡

书　记：裴丽华

副书记：申继红　王世宏（6月撤职）

樊智国（6月任职）

芹泉镇

书　记：张彦红

副书记：张　勇　禹俊新

羊角乡

书　记：张雪东

副书记：刘德荣　王云田

拐儿镇

书　记：张雪平

副书记：程振华　张建强

城区

书　记：郝建国

副书记：杜长青

中共和顺县委工作概况

县委书记　孙永胜

2012年，全县完成地区生产总值41.5亿元，增幅全市第三，财政总收入12.68亿元，增幅全市第一，城镇居民人均可支配收入16010元，同比增长16%，增幅全市第一，农民人均纯收入3830元，同比增长14.86%。

一、经济大发展、社会大进步，经济社会呈现提速奋进的局面。加大项目建设和招商引资力度，经济发展后劲持续增强。开工建设43个市级重点项目，完成投资56.44亿元。总投资18.57亿元的10大转型综改标杆项目全部开工建设，其中竣工投产8个，完成投资19亿元。招商引资签约6个项目，签约资金318.7亿元。投资6.58亿元对煤矿进行升级改造，神磊煤业通过竣工验收，益德、北关、良顺煤业升级改造工程进展顺利，吕鑫、鸿润煤业开工建设。阳煤集团500万吨泊里矿井奠基开工，阳煤集团百万吨尿素项目一期、盛宝年产1.2亿块结砖、随生年产4000万块结砖、长沟选煤厂和丰泰选煤厂项目竣工投产。阳煤集团晋东煤机维修制造项目顺利推进。佰裕东粮食加工项目完工70%。完成投资6170万元的合山、太行龙口、阳曲山景区建设。成功举办了第六届牛郎织女文化旅游节，旅游综合收入2.3亿元。

农村经济发展势头强劲。2012年，全县粮食总产量6300万公斤，新增设施蔬菜面积4020亩。规划“一村一品”专业村170个，发展“一村一品”示范村24个。新建、改扩建标准化养牛园区88个，全县10头以上母牛饲养户达到2153户，母牛存栏2.4万头。新建绿和、宇蘖、和牧三个千头规模肉牛育肥企业，大型肉牛育肥企业达到8个，龙旺公司肉牛屠宰生产线建成投产。天凯现代农业科技示范项目完成投资6430万元。新增双孢菇菇床面积15万平方米，总产量300余万公斤。

二、城乡环境不断改善。确定“一城四区”、“五位一体”复合县城结构。投资1.8亿元，重点实施旧城扩容提质工程。西外环路、北外环路开工建设。实施六大片区、660余户的房屋征收工作。开工建设1752套保障性住房，超额完成市定任务269套，开工率、竣工率、投资完成率、综合排名均居全市前3

位。投资500余万元改善市容市貌,顺利通过省级园林县城初评工作。安和线恋思水库淹没段改线二期铺油配套工程、董榆线至县城连接线工程全面完工;安和线城市过境段井玉沟至东垴改线路基工程完成90%;县道马石线上北舍至石拐段路基工程完工;董榆线董坪——部家庄段一级路改造工程和和榆高速许村——松烟、平松——喂马连接线工程前期工作基本完成,征地拆迁进入施工阶段;和榆高速和顺段完成投资3.1亿元,阳左高速和顺段完成投资9.15亿元;二级汽车客运站投入运营。总投资1.76亿元的恋思水库工程下闸蓄水。投资597万元,实施饮水安全工程40处,解决了40个自然村、1万口人、6389头大牲畜的饮水安全。投资5621.63万元,造林3.3万亩,村庄绿化43个。节能减排指标及污染防治项目全部完成,县城环境空气质量二级以上天数361天。

三、民生和社会事业成效显著。全年用于民生及各项社会事业的支出达到6.58亿元,同比增长20.5%。新增城镇就业1729人,转移农村劳动力6000人,城镇登记失业率控制在2%以内。新农合参合率达到98.55%。投资1.8亿元,实施薄弱学校改造和标准化幼儿园建设工程。新建县中医院项目竣工。40所标准化村级卫生所竣工投用。9所乡镇敬老院建成投用。为全县40959户农户免费供应原煤40959吨。强化社会治安综合治理,规范信访秩序,开展矛盾纠纷排查调处活动,提高社会管理服务水平。

四、组织工作围绕全县转型跨越大局,始终融入中心、服务中心、保证中心,探索创新,狠抓落实,整体工作齐头并进、推进有力、亮点纷呈。围绕提升服务水平,深入开展了保持党的纯洁性学习教育活动。扎实开展了党员设岗定责、承诺践诺活动和"继承优良传统、牢记宗旨使命"教育活动,基层党组织集中召开了以"对党忠诚、为民服务、秉公用权、清正廉洁,保持党的纯洁性"为主题的专题组织生活会,有力地促进了活动的深入开展,着力解决了一批突出问题。

围绕加强高素质执政骨干队伍建设,加强了领导班子建设和干部队伍管理监督。一是加强了领导班子思想政治建设,开展了以廉洁奉公、忠诚服务、敬业奉献为主要内容的"对党忠诚"教育系列活动。二是狠抓了干部能力和作风建设。在全县科级干部中实行了工作日志制度,举办了两次"晒"日志活动,增强了干部的交账意识和责任意识,提升了干部的工作作风和执行能力。大力开展了"500名科级干部下基层帮农促增收"活动,向农村基层派驻了115名"第一书记"和390名驻村科级干部,有力地促进了农民增收和社会稳定。三是优化了干部培训教育工作。着力抓好网络在线学习。出台了相应的学分考核管理办法,对全县1000余名公务员、参照公务员、大学生村官和3000余名事业干部的在线学习情况进行跟踪考核评价。四是强化了干部管理监督考核工作。严格执行了干部四项监督制度,对34名离任领导干部进行了离任审计。在领导班子和领导干部考核上,强化德的考核,提高了考核工作的针对性和准确性。

围绕提高选人用人公信度,不断深化干部人事制度改革。一是提高了选人用人公信度。在3月份进行的县直单位领导班子和干部配备中,采取全委会票决的形式,对141名拟任免人选进行了票决。在大学生村官公开遴选县直单位副职工作中,实行了全委会差额票决,进一步提高了选人用人公信度。二是推进了干部人事制度改革。坚持按照德才兼备、以德为先的用人标准,对县直单位正职和部分副职进行了调整。三是加强了干部队伍宏观管理。对所有拟提拔干部都严格执行了《干部任前考察档案审核试行办法》,认真核查了"三龄两历一身份",进一步严肃了组织人事制度。扎实做好了干部人事档案管理工作。

围绕提升基层党建科学化水平,创优推进基层党建工作。一是深入开展了创先争优活动。对81个单位进行了创先争优工作满意度及干部作风建设集中测评。二是全面实施了党建"八大工程"。实施"领头雁"工程,组织举办了农村"领头雁"培训班。集中选派115名科级干部担任村党支部"第一书记",整顿了后进村69个。实施"温暖凝心"工程,深入开展了"三联五帮"城乡共建活动,组织召开了全县"三联五帮"马坊现场推进会。实施"民主治村"工程,特别是在水库移民、房屋征收、高速占地、露天开采等重点工作中,广大农村党组织大力推行"三定双评四议三公开"机制,达到了良好的效果。实施"拓展提升"工程,实现了非公企业党组织、社会组织党组织建设全覆盖。实施"争先领先"工程,全面推行了群众评议和党员票决"两项制度",扩大了发展党员工作中的民主,全年共发展党员296名。实施了大学生村官"创业行动计划",全县大学生村干部兴办、领办、合办、参与创业项目达到38个。实施"达标升级"工程,对后进党组织量身定制整治方案,促进了后进党组织的整顿转化,提升了基层党建工作水平。实施"凝聚力"工程,在机关推广了"星级创建"活动,在职能部门、窗口单位和服务行业党员中开展了"三亮三创"活动,在社区每个网格上建立党小组。实施"机制保障"工程,认真落实基层党建目标责任制和党委书记抓党建工作责任制,开展了三级"联述联评联考"。三是开展了"全心全意解民忧、尽职尽责办实事"活动。集中开展了"大走访大调研",共深入农村、社区、企业、项目一线、基层群众1000余次,征求意见建议200多条。四是建立推行了党员关爱金和党员活动日制度。五是切实加强了基层党建基础性工作。成立了和顺县党的建设研究会。

围绕目标责任引领科学发展,不断完善年度目标责任考核评价体系。组织开展了目标责任完成情况半年督查,并进行了年终考核,对优秀单位在经济工作农村工作会议上进行了表彰,营造了激励先进、鞭策后进、创先争优、干事创业的浓厚氛围。

围绕人才强县战略,加强对优秀、拔尖人才的管理、使用,全面做好人才工作。以"双百双千"人才工程为引领,健全完善了《和顺县人才发展中长期规划(2010—2020年)》,兑现了人才政策待遇,按时发放了特殊津贴。积极配合市委完成了第五届市委联系专家的命名表彰工作。

(马志清)

附：一、中共和顺县委书记、副书记、常委名单

书　记：孙永胜

副书记：马海军　赵成武

常　委：刘素英（女）　李保安　韩祥书　陈建平　田忠贵　任拥东　高中华（挂职）

二、乡镇党委书记、副书记名单

义兴镇

书　记：李敬忠

副书记：郝瑞斌　乔　勇

李阳镇

书　记：翟树森

副书记：徐晓林　吴　鹏

松烟镇

书　记：冯乐天（3月离职）　奚爱忠（3月任职）

副书记：王爱斌　赵世明

青城镇

书　记：李　明

副书记：王　勇　王永胜

横岭镇

书　记：宋瑞斌（3月离职）　师秀文（3月任职）

副书记：张晓瑞　赵建国

平松乡

书　记：李中瑞

副书记：李　虎　郑耀文

喂马乡

书　记：刘彦云

副书记：郭　庆　刘海鹏

牛川乡

书　记：柳建斌

副书记：薛卯庆　徐力峰

马坊乡

书　记：韩永军

副书记：白　妍（女）　牛　振

阳光占乡

书　记：田　芳（女）

副书记：唐志斌　周建红

中共昔阳县委工作概况

县委书记　刘润民

2012年，中共昔阳县委在中央和省委、市委的正确领导下，认真贯彻党的十八大和省十次、市三次党代会精神，团结带领全县广大党员干部群众，坚持主题主线，紧紧抓住山西综改试验区和全市建设“四化”率先发展区的重大机遇，围绕建设民富县强、人和政通、山川秀美、人民幸福自豪新昔阳的总体目标，解放思想、真抓实干、攻坚克难、奋勇争先，圆满完成了年初确定的各项目标任务，全县呈现出经济持续健康发展、社会和谐稳定的良好局面。全县财政收入完成12.7亿元，同比增长26.7%，增幅位居全市第二；地区生产总值达到51.1亿元，同比增长7.3%；全社会固定资产投资完成59.6亿元，同比增长36.1%；城镇居民人均可支配收入达到16924元，同比增长15.1%；农民人均现金收入达到5366元，同比增长14.1%。

一、大力学习弘扬践行大寨精神，着力打造昔阳人民的核心价值观

大寨精神是昔阳宝贵的精神财富，是激励干部群众干事创业、奋斗奋发的强大精神动力。2012年，出台了《学习弘扬践行大寨精神的实施意见》，把大寨精神作为一条主线，贯穿在全县工作的方方面面，推动了各项工作的顺利开展。把学习弘扬践行大寨精神与干部的教育培训相结合，坚持每月两次邀请专家教授对全县干部进行专题培训，为全县干部补课充电，提高干部的理论素养。把学习弘扬践行大寨精神与解放思想相结合，坚持每年多批次组织全县党政干部，尤其是年轻干部到先进发达县市考察学习，到沿海前沿城市和省厅局挂职锻炼，开阔思维，增长见识。把学习弘扬践行大寨精神与转变作风相结合，深入开展“干部下乡住村包扶、保持党的纯洁性教育和基层组织建设年”活动，使基层成为干部践行大寨精神的主战场，让广大干部在为民办事中净化思想，锤炼作风。在全县掀起了学习弘扬践行大寨精神的新高潮，营造了比学赶超、争先创优的浓厚氛围，有力地推进了全县经济社会的健康快速发展。

二、全力实施“三大战略”，不断夯实转型跨越发展基础

“三大战略”是推动昔阳转型发展的重要载体和平台。项

目建设方面,坚持"大项目顶天立地、小项目铺天盖地"的发展理念,全面落实四套班子包项目责任制,不断优化发展环境,加大招商引资和项目建设力度,努力打造晋中乃至山西发展最优区。工业上,阳煤40万吨电石项目建成投产,铁氧体高档磁性材料及高效微型马达制造项目加紧建设,投资80亿元的镁基合金汽车轻材料、投资200亿元的阳煤电石200万吨扩规和乙炔化工系列项目已进入实质性操作阶段,正在抓紧前期工作。农业上,围绕"西菜东果"战略,重点扶持了"绿色蔬菜、核桃干果、规模养猪、双孢菇种植"四大特色产业。目前,全县无公害绿色蔬菜种植面积达到2.5万亩,核桃经济林种植面积达到13.6万亩,猪饲养量突破50万头,双孢菇种植面积达到28万平米,总产值达3600万元,带动全县农民人均增收175元。旅游上,着力打造以大寨旅游为龙头的黄庵垴、石马寺、龙岩大峡谷、水磨头渔乡、红色一条街等大寨文化旅游圈。目前,大寨4A级红色旅游景区顺利通过国家验收。大县城建设方面,按照"规模扩大、布局合理、功能完备"的要求,完成了"大县城"建设总体规划,把207国道以东、蒙山以西、松溪桥以南、留庄村以北4平方公里纳入城区范围,城市发展布局初步形成。围绕水、电、路网改造,城乡环境改善,居民住房保障,公益设施完善等,"大县城"建设累计投资达到30个亿。供热、供气、供电、供水管网配套建设不断完善,公安刑侦、检察院、人武部、煤销公司等综合服务大楼相继开工建设,新西街、厚庄路、小西外环、庄园路、下城街等县城干道改造和水泥厂桥、东风桥两座百米大桥拓宽基本完工,"城中村"改造全面铺开,进一步完善了城市功能,丰富了城市内涵,提升了县城品质。全力实施生态绿化工程,建成城市街心公园12处,新增绿地面积5.2万平方米,被山西省政府命名为"山西省园林县城"。大大寨建设方面。按照"拓展空间、壮大实力、叫响品牌"的原则,坚持高起点规划、大力度投入、大手笔推进,致力于建成产业大大寨、旅游大大寨、文化大大寨、精神大大寨、历史大大寨。目前,"大大寨"整体规划已经完成,以大寨为中心的五大经济联合体正按照"统一领导、统一规划、统一实施、统筹发展"的"四统"发展要求,整合区域要素,优化资源配置,实现抱团发展。总投资46亿元的14项"大大寨"重点工程全面铺开,其中,投资8亿多元的大寨现代农业科技示范园一期工程已完工,大寨史志征集办挂牌运行,大寨经济开发区初具规模,大寨干部学院、大寨农业研究院、中国(大寨)农民节、中国农产品(大寨)交易中心、中国农业博物院等"大大寨"建设重要平台都已启动实施。同时,继续在更深更广的层次上打好用好大寨品牌,目前以大寨冠名的商品达29类190种,大寨品牌的市场占有率和核心竞争力进一步提升。

三、下大力气改善民生,人民群众的幸福指数显著提升

民生是和谐的基础,改革发展成果更多地惠及全县老百姓。在全市率先实行了12年免费义务教育,切实减轻学生上学负担。启动了"山西健康希望工程",全县中、小、幼儿学生每人每天可以免费吃到一颗鸡蛋、半斤牛奶。投资1800万元对城乡居民养老保险予以配套补贴,实现了城乡居民养老保险全覆盖。统筹600万元为全县24万人民落实了大病商业保险。加快惠民政策的落实,免费为全县农户发放一吨煤、每人优惠购买半吨煤,目前已全部发放到位。投资2.55亿元建设各类保障性住房1752套11.9万平方米。投资1.5亿元建成了全省标准化程度最高的千人养老院。在全市率先开通了城市免费公交。出台了个体户奖励3000元的创业就业补贴政策,鼓励全民创业。扎实推进网格化社会管理工作,作为全市网格化社会管理试点县,网格化社会管理工作走在了全市前列。2012年昔阳县的安全满意度名列全市第一,被授予全市"文明和谐县城"。

四、不断加强和谐共建,民主政治建设取得新进展

高度重视常委会自身建设,政治上清醒坚定,通过理论武装、交心谈心、批评与自我批评等形式,不断增强党性锻炼,坚定理想信念,自觉在思想上、行动上同党中央和省委、市委保持高度一致。作风上率先垂范,认真落实领导干部包乡镇、包重点工程、包信访案件责任制,主动深入基层、深入企业、深入群众,帮助解决实际问题,带动了全县干部作风的改进。贯彻民主集中制不折不扣,坚持重大问题集体讨论,集体决定,落实干部人事任免相关规定,实行人事任免常委会票决制。与此同时,常委会坚持总揽全局、协调各方,充分发挥人大、政协和群团组织的重要作用,积极推进社会主义民主政治建设。坚持和完善人民代表大会制度,支持人大及其常委会依法履行职权,保障人大代表依法履行职责,开展各种视察和调研活动。坚持和完善中国共产党领导的多党合作和政治协商制度,支持政协围绕团结和民主两大主题,履行职能,发挥作用,努力实现人民政协工作制度化、规范化。坚持在重大决策前主动协商,工作实施中及时通报,支持政协对重点工作和群众关心的热点、难点问题进行视察和调研。充分发挥统一战线人才荟萃、联系广泛的优势,不断加强经济统战工作。高度重视民族宗教工作,依法管理宗教事务。加强对工会、共青团和妇联等人民团体的领导,群团组织的作用有效发挥。坚持党管武装原则,加强后备力量建设,积极推进军民融合式发展,双拥共建水平进一步提高。

五、切实加强干部队伍建设,党的建设科学化水平得到明显提升

一是拓宽选拔任用渠道。县委在用人制度改革方面积极探索,大胆创新,按照"一看人品、二看能力、三看群众公认度"的选人用人标准,出台了《昔阳县公开选拔科级领导干部工作方案》,积极推行以"两考双推两差额"(考试、考察,单位干部职工和县委常委会双重推荐,差额考察、差额票决)为核心的公开选拔干部新模式,实行基层提名制度,一批优秀干部走上了领导岗位,体现了年轻化、专业化和重用基层一线干部的导向。与此同时,积极探索行政与事业,县直与乡镇干

部之间的流转渠道，对同一单位同一岗位同时任职满两届的干部进行了轮岗交流。二是强化干部教育培训。认真坚持集中教育培训制度，先后和省委党校、山西大学、苏州干部学院、上海浦东干部学院建立战略伙伴关系，邀请专家、学者、教授为全县广大干部授课，受训干部达到了4000多人次。组织全县副科以上100余名党政干部到山东淝城进行了为期10天的学习考察。选派37名优秀年轻干部，到江苏盐城和省直机关挂(任)职学习锻炼。围绕基层组织建设，从县直机关和离职干部中选拔120名优秀干部到农村担任"第一书记"或副书记，真正帮助基层组织解决实际困难和问题。三是完善干部奖惩考核机制。对工作要求提出了"上级任务本土化，本土工作特色化"。对工作目标提出了"省里有影响，市里有位置，老百姓有口碑"。出台了《领导干部目标责任制考核办法》，严格奖惩兑现。2012年，县政府拿出了600多万元给予奖惩兑现，其中评为一等奖的奖工作经费10万元，干部职工人均奖金2000元，奖正科级岗位一个；二等奖的奖工作经费5万元，干部职工人均1000元，奖副科级岗位一个，在全县营造出争着干、摽着上，奋勇争先的工作氛围。四是不断加强党风廉政建设。严格落实党风廉政建设责任制，进一步完善反腐倡廉制度。深入开展专项治理，坚决纠正损害群众利益的不正之风，切实维护群众切身利益。组织开展了公路、煤炭、餐饮、食品等重点领域的整治活动，对发现的违规问题及时给予相应处理。加大查办案件工作力度，全县累计查办案件94件，给予党纪政纪处分94人，挽回经济损失93.14万元，党风、政风进一步好转。

(赵珍珠)

附：一、中共昔阳县委书记、副书记、常委名单

书　记：刘润民(兼)
副书记：丁雪钦　冯耀黎
常　委：孔爱科　张　驰　郭丰慧　马成毅　刘玉红
　　　　杜占生

二、乡镇党委书记、副书记名单

乐平镇
书　记：赵海斌
副书记：程海华　王怀庆
大寨镇
书　记：孔爱科
副书记：张向明　吴燕兵
李家庄乡
书　记：郭立平
副书记：张东锋　张海明
三都乡
书　记：邓庆善(5月离职)　王永胜(5月任职)
副书记：赵　鹏(5月离职)　魏鹏耀(5月任职)
　　　　申瑞红
赵壁乡
书　记：王志刚
副书记：张　军(5月离职)　陈振林(5月任职)
　　　　王志军(2月离职)　任淑华(2月任职)
闫庄乡
书　记：翟世清
副书记：李晓冬　乔爱青
皋落镇
书　记：赵继胜
副书记：魏鹏耀(5月离职)　杨东晗(5月任职)
　　　　张庆军
界都乡
书　记：张月清(女)
副书记：周江平　杨维东(11月离职)
东冶头镇
书　记：张胜利
副书记：裴素青　侯庆荣
孔氏乡
书　记：梁保棠(5月离职)　赵　鹏(5月任职)
副书记：李东生　耿怀德
沾尚镇
书　记：王永胜(5月离职)　张　军(5月任职)
副书记：李越胜　郭恩录
西寨乡
书　记：王江平
副书记：张兴华　庞锁怀

中共寿阳县委工作概况

县委书记　王继堂

2012年，在市委、市政府的正确领导下，寿阳县委团结带领全县人民，认真学习贯彻党的十八大精神和省市党代会精神，牢牢把握稳中求进的总基调，围绕建设全省"四化"率先发展区的战略部署，加快实施"项目带动、城乡统筹、环境创优、和谐建设"四大工程，持续推进全县经济、政治、文化、社会、生态建设和党的建设，较好地完成了年度目标任务，推动全省十强县建设取得新成果。全年地区生产总值完成111.1亿元，同比增长9.2%；规模以上工业增加值完成69.4亿元，同比增长 12.5%；固定资产投资完成 78.9 亿元，同比增长 37.8%；财政总收入完成 31.4 亿元，同比增长 24.1%；社会消费品零售总额完成 17.7 亿元，同比增长 16.5%；城镇居民人均可支配收入达到 23245 元，同比增长 16%；农民人均纯收入达到 8287 元，同比增长 16.8%。

一、转型跨越迈出坚实步伐

2012 年，面对宏观经济下行的严峻形势，县委、政府坚持科学研判、准确把握，组织带领各级领导班子和干部群众深挖潜力强优势、对标先进寻差距、创新思路找办法，推动县域经济继续保持快速健康发展的良好势头。

(一)项目建设强势引领。全年重点项目签约 10 个 258 亿元，完成额居全市第二；重点项目落地 103 个 128 亿元，完成额居全市第四；市考核的 48 个重点项目全部开工，投资完成额居全市第三，完成率居全市第一，带动固定资产投资增幅高出全市 9.6 个百分点。

(二)主导产业加快提升。大力推进煤炭产业高效、清洁、安全发展，累计投资 57 亿元用于 8 个矿井的新建和技改工程，全年生产原煤 2003 万吨。双磊、佳新等一批煤矸石综合利用产业初见成效，同力达新型干法水泥生产线、南娄百万吨水泥粉磨站等一批项目推动了寿阳县建材业提档升级。

(三)非煤产业展现新姿。国新能源、中联煤层气的落地开工，标志着“气化寿阳”有了实质进展；环保石头纸、高分子复合膜、碳纤维的引进，催生了新材料产业；绿色饲料、健康食用油等农产品加工企业的带动，提高了全县农业的产业化水平。同时，建成 6 个大型市场和物流项目，引进 3 家银行设立分支机构，加快祁寯藻故里等景区景点建设，促进了全县三产服务业的快速发展。

(四)现代农业起步良好。出台全县“一村一品”发展规划和实施意见，实施农业产业化项目 59 个，建成景康高科技现代农业园区、田益生态有机肥等一批示范项目，新发展百亩以上集中连片园区 31 个、畜禽标准化规模养殖场区 15 个，新培育专业乡镇 4 个、专业村 43 个。全县粮食总产 6.16 亿斤，蔬菜总产 96.85 万吨，肉蛋奶总产量同比增长 13%。主导产业收入占到农民纯收入的 65.5%。

(五)城镇建设加快推进。启动县城总规修编和北部新城建设规划，大力实施宜居城市创建和扩容提质工程，全年铺开各类市政设施建设 7 类 30 项，完成投资 3.3 亿元。加快 7 个煤矿采空区村庄的整体搬迁，选择工矿业发达的路北乡镇和 30 个省级推进村统筹建设新农村，全县城镇化率提高 2 个百分点。

(六)生态环境不断改善。加快淘汰落后产能，大力开展植树造林，重点实施 307 通道绿化、万亩矿区绿化、万亩核桃经济林、天然林保护等林业工程，全年造林 7.2 万亩，完成水土流失治理 4.7 万亩。

二、社会建设取得明显进步

始终把改善民生作为最大的政务，切实给群众带来看得见的发展红利，给更多的人带来幸福尊严。

一是保障体系更加完善。五大保险和城镇居民养老、医疗保险全部超额完成年度目标任务，新型农村社会养老保险参保率达到 99.8%，新农合参合率提高 2 个百分点，实际补偿同比增长 9.6%，全部完成城乡低保、农村五保、重点优抚对象的新一轮提标工作，将弱势群体全部纳入城乡医疗救助“一站式”服务平台，全县集中养老供养率提高到 11.2%，被评为“全国敬老助老模范县”。

二是创业就业更为活跃。全力为创业就业者提供政策、技术和小额贷款扶持，举办各类人才和企业用工招聘会 12 场，全年城镇新增就业、安置下岗失业人员、就业困难人员实现就业人数全部超额完成年度目标任务，城镇登记失业率 0.87%，新增农村转移劳动力 3840 人，劳务收入占到农民收入的 38.4%。

三是民生事项圆满完成。滨河一幼和 27 所乡村幼儿园建成完工，寿阳一中新校区主体完工；全力推进医药卫生体制综合改革，公立医院改革试点取得重大进展，第二人民医院已经竣工，急救中心、4 所乡镇卫生院门诊楼主体完工，卫生监督所办公楼开工建设；人口自然增长率保持 1.96‰；保障性住房和农村危房改造全部完成任务，按时完成全县农户和城市低保户的供煤工作。

四是社会管理逐渐加强。全县初步建成社会管理网格化体系和工作平台，全年受理各类案件 1807 件，办结率达到 86%；进一步建立完善信访稳定风险评估机制，深入开展领导干部大接访、大下访活动，切实强化对重点人员、特殊人群的疏导管控，促进中央、省市交办案件和一批重点积案得以案结事了。深入开展“安全生产年”活动，严格落实两个“主体责任”，全县煤矿、非煤矿山、危险化学品、农机等行业安全无事故。

三、思想文化建设结出硕果

全年以喜迎十八大、宣传十八大为主题，大力加强宣传思想文化工作，进一步凝聚起全县上下同心同德谋发展的强大合力。坚持“三贴近”原则，在新闻战线深入开展“走转改”活动，围绕县委政府重大决策、重点工作、老百姓关注的热点难点问题进行追踪报道，正确引导社会舆论。全面开展省级文明城市创建活动，大力加强青少年学生思想道德建设，举办山西“煤销杯”读红书、唱红歌大奖赛和劳模事迹巡讲，开展敬老助残、文明劝导、“心愿直通车”和“寿阳好人”评选，为和谐寿阳建设注入生机活力。制定《关于加快建设文化强县的实施意见》，切实加强公共文化服务体系建设，实现乡镇文化站、行政村文化活动室、农家书屋全覆盖，青少年活动中心投入使用，新建体育馆顺利推进，文化体制改革进一步深化，全县文化事业焕然一新。积极推动文化与旅游深度融合，成功举办第三届福寿文化旅游节和“寿星杯”全国老年摄影节，举办祁寯藻诗词研讨会、地方长寿土特产品和旅游工艺品征集展、中国水墨名家寿阳书画展等活动，精心创作话剧《寿星来到您身边》等作品，编辑出版 11 种图书画册，设立文化产业发展专项资金，采取担保、贴息、资助、奖励等方式，支持鹿泉山寿星文化休闲度假旅游区等项目的开发建设，积极引进辽宁信德、太原盛玖、山西金潞苑等文化产业项目。全年接待国内外游客同比增长59%，旅游综合收入同比增长53%。

四、民主政治进程不断加快

坚持和完善人民代表大会制度，支持县人大及其常委会依法履行职能，组织人大代表开展专题调研、工作视察7次，开展专项评议活动2次。坚持和完善中国共产党领导的多党合作和政治协商制度，组织政协委员就经济社会发展中的重大问题和群众高度关注的事项进行了6次调研视察，涉及水资源保护利用、市场建设、旅游业发展、煤炭市场运行等方面，反映社情民意105条，征集提案131件，有效激发调动起全社会建设十强县的积极主动性。坚持把维护群众权益作为依法治县的落脚点，大力推进执法队伍规范化建设，扎实开展矛盾纠纷"大排查、大调解"活动，组织实施"三项战役"行动，健全"六张网"治安防控体系，稳步推进"六五"普法、社区矫正和安置帮教工作，各级领导干部依法决策、依法办事的意识有所提高。健全完善基层民主管理制度，积极推进党务公开、政务公开、村务公开、厂务公开，群众民主法制观念明显增强，民主管理制度更为健全。召开县总工会第十次代表大会，工会、共青团、妇联等群众团体工作得到加强。坚持党管武装，推进军民融合式发展，县人武部被省军区表彰为"先进人武部"。

五、党建工作提供坚强保证

2012年，紧扣党的先进性、纯洁性建设，着力增强各级党组织和广大党员干部的执政能力和创新能力，有效提升了党建工作的科学化水平。

（一）加强思想政治建设。深入开展党的纯洁性学习教育活动，广泛征集来自基层的意见建议，组织县乡领导干部到省内外学习考察、拜师取经，安排党员先锋岗现身说法，大力推进党委领导班子内部制度建设，重点就"一把手"监督管理、重大事项决策等方面定出实施办法，形成用制度管权、管人、管事的工作机制。

（二）加强领导班子和干部队伍建设。从提高素质入手，全年邀请专家教授做专题讲座17期，培训干部4500人次，完成干部在线学习教育全覆盖，动员机关干部全程参与下乡住村、包村增收和扶贫工作。不断深化干部人事制度改革，积极探索干部绩效考核管理新途径，认真落实领导干部报告个人有关事项制度、诫勉函询制度和述职述廉述学制度。2012年组织工作满意度达到89.1%，排全市第三，高出全省3个百分点。

（三）加强基层组织建设。全面落实"基层组织建设年"的各项任务要求，实施县乡村三级"联述联评联考"，扎实推进基层党组织晋位升级：在机关建成"五好"党组织28个、示范窗口35个，在乡镇大力推行"文建明工作法"，在农村实施"领头雁"工程和大学生村官创业富民行动，在社区全面开展"三有一化"建设，在企业完成非公经济集中组建党组织工作。县委被评为全省创先争优先进党组织。

（四）加强党风廉政建设。狠抓党风廉政建设责任制的落实，开展"一岗双责"全员培训，突出责任分解、责任考核和责任追究三个环节，持续进行监督检查，对39名履职不到位的人员进行严肃追究。狠抓机关效能建设，大力实施"双百"行动，加强政风行风民主评议，从严整治"吃拿卡要"，进一步优化了全县发展环境。不断加大案件查处力度，全年核查各类违纪违法案件103件，党纪政纪处分97人，起到了良好的警示作用。

（庞广生）

附：一、中共寿阳县委书记、副书记、常委名单

书　记：王继堂
副书记：郝鹏鸿　刘　旋
常　委：傅贵亨　冯耀洲　张俊文　张峻德
卫虎周　刘军池　傅艳红（女）

二、乡镇党委书记、副书记名单

朝阳镇
书　记：赵　弘
副书记：荣爱民　武瑞明
丹凤管委会
书　记：付建民
副书记：王利民
南燕竹镇
书　记：常拴林
副书记：潘慧琴（女）　王海明
马首乡
书　记：张海平
副书记：王瑞军　张素萍（女）
宗艾镇
书　记：吴志明
副书记：李莉峰（女）　张慧兵
平舒乡
书　记：张江涛
副书记：赵东青　付晓柱
解愁乡
书　记：孙金钟
副书记：郭丽君　郭志胜
温家庄乡
书　记：李　雪（女）
副书记：王云虎　张俊峰
平头镇
书　记：李志义
副书记：刘维斌　付学宏
松塔镇
书　记：宋润平

副书记：罗晋山　马海文

景尚乡

书　记：史敬海

副书记：李玉峰　王瑞琴（女）

上湖乡

书　记：岳俊文

副书记：曹长青　宋海新

羊头崖乡

书　记：杨海军

副书记：张海亮　赵全成

西洛镇

书　记：冀俊武

副书记：张永宏

尹灵芝镇

书　记：姜明亮

副书记：柳宝平　李改珍（女）

中共阳泉市委工作概况

市委书记　洪发科

2012年，在省委的正确领导下，阳泉市委坚持以邓小平理论和"三个代表"重要思想为指导，全面贯彻落实科学发展观，深入学习贯彻党的十八大精神，团结带领全市干部群众，围绕"千亿阳泉、百万新城"目标，牢牢把握稳中求进总基调，大力实施"四大战略"，统筹推进经济、政治、文化、社会以及生态文明建设和党的建设，加快转型跨越发展，各项工作取得了新进展、新成效。

一、突出稳中求进总基调，转型跨越发展迈出新步伐

坚持把稳中求进作为全年经济工作的总基调，以转型跨越发展为主题，以转变发展方式为主线，认真落实各项宏观调控政策，扎实推进经济结构调整，全面深化改革扩大开放，强力推进生态建设，着力强化节能减排，努力提高经济发展的质量和效益。全年生产总值完成602亿元，同比增长9.6%；财政总收入完成141亿元，同比增长16.1%；一般预算收入完成56.9亿元，同比增长22%；规模以上工业增加值完成296亿元，同比增长11.9%；服务业增加值完成238.3亿元，同比增长9.2%；全社会固定资产投资完成391.3亿元，同比增长14.5%；社会消费品零售总额完成217.6亿元，同比增长15.6%；城镇居民人均可支配收入达到21891元，同比增长8.1%；农民人均纯收入完成8683元，同比增长13.1%；万元生产总值能耗下降3.5%。较好地完成了年初确定的目标任务。

大力实施工业强市战略，经济结构调整取得新成效。全市进一步确立了主攻工业、加快推进工业新型化的发展战略，提出了决战"十二五"，工业增加值突破650亿元的奋斗目标。大力实施"双百工程"，着力培育煤炭、电力、铝工业、新型化工、新型材料、装备制造等六大百亿元产业，实施100个亿元以上工业项目；大力实施实体经济壮大工程，按照产业抓龙头、企业上规模、民营大发展的思路，推动实体经济振兴发展；大力实施十大产业园区工程，对经济技术开发区、平定龙川产业集聚区、平定张庄煤化工产业集聚区等十大产业集聚区进行高标准规划建设，吸附效应进一步显现，产业集聚化、企业园区化成为全市工业经济发展的基本形态；大力实施科技人才支撑工程，切实增强自主创新能力，全市工业经济发展迈上新台阶。全市煤炭产业机械化水平和整体素质全面提升，煤电转化和新型能源产业快速发展，以煤为基的"煤—醇—肥、煤—甲醛—乙二醇"等化工产业链初具雏形，氧化铝—电解铝—铝合金制品配套的铝工业初具规模，以煤矿机械电器为主的装备制造业发展势头强劲，以冶金材料、新型建材、高档耐火材料为重点的新型材料产业群进一步壮大，支柱产业多元化发展格局正在形成。

大力实施扩城阔市战略，全面推进生态新城建设和四区融合发展。围绕加快全面城镇化，重新修编了《市域总体规划》、《城市总体规划（草案）》，完成了生态新城控制性详规和城市综合交通体系规划的编制评审工作。围绕四区融合发展实施基础设施项目23个，计划总投资48.9亿元，完成投资15亿元。漾泉大道二期、宁波北路一期等一批新城路网工程启动建设，城市规划展览馆、高新科技园区等一批标志性建筑项目正在谋划启动，新城大道、广阳路等4条城市干道建成通车。对北大街、南大街、泉中路等6条城市干道进行了大修。盂五、阳左、环城高速等重点公路项目进展顺利。龙华口水电站枢纽工程完工，娘子关水源地保护取得阶段性成效。改造和新增供气、供暖管网达13公里。平定县、盂县大县城建设持续推进，取得重大进展。南娄、张庄、河底等5个省级重点镇的市政公用设施、公共服务设施、公园绿地、中心街市、居住区建设等同步推进，共完成投资10亿元。2012年全市城镇化率提高1.4个百分点，达到63.04%。

大力实施文化兴市战略，打造阳泉新名片。编制完成了《阳泉市文化产业发展规划（2011—2015年）》。实施文化精品工程，强力打造中共第一城、中国版画城、中国刻花瓷、百团大战主战场、盂县藏山、北方水乡娘子关六大品牌；积极开发阳泉煤雕、平定刻花瓷、平定莹玉陶瓷等工艺精品。启动了中国版画基地工程和阳泉文化创意园建设工程。大力实施文

化惠民工程，公共文化场馆无障碍、“零门槛”向群众免费开放；“文化下乡”、“送欢乐到基层”等公益性文化活动经常化、制度化开展；着眼提升市民的综合素质，开设了“漾泉大讲堂”；巩固农村文化场所全覆盖成果，加快上档升级步伐，两家农家书屋被评为“全国示范农家书屋”。荣获“全国文化体制改革工作先进地区”称号。群众体育、竞技体育齐头并进，人民群众身体素质进一步增强，运动员王智伟在第30届奥运会上获得铜牌，实现了零的突破。

大力实施生态靓市战略，积极建设美丽阳泉。巩固发展国家园林城市创建成果，深入开展全国绿化模范城市和国家森林城市创建工作，重点实施了一核（市区）、两山、三路、九圈绿化工程，完成各类造林15.84万亩，完成省下达年度任务的130%。深入推进国家环保模范城市和卫生城市创建工作，实施了区域环境综合治理、水环境保护、工业企业达标成果巩固、矿山生态环境恢复、废物综合利用“五大工程”。全市化学需氧量、氨氮、二氧化硫、氮氧化物、烟尘、粉尘排放量同比分别下降3.66%、1.87%、8.72%、0.06%、4.24%、5.74%，均完成考核目标任务，二级以上天数达到338天，空气质量稳定达到国家二级标准。集中开展城乡清洁百日大整治和保洁示范、街景容貌示范街道创建工作，阳泉市荣登全省先进卫生城市榜首。智能城市建设扎实推进，由百度总裁李彦宏捐建的无线互联网开通运行。

高度重视“三农”工作，加快农业现代化步伐。大力实施“一乡一品”、“一县一业”工程，积极扶持核桃、蔬菜、畜牧三大主导产业发展，全市核桃种植面积达到38万亩，设施蔬菜种植面积达到10220亩，规模畜禽养殖户达到253家。全市粮食总产量达到2.8亿公斤，创30年来新高，完成省定任务的135.8%。大寨饮品、裕盛源、三来食品、福润禽业、田园乳业、万和油脂等农产品加工企业进一步做大做强。全市农民专业合作社发展到1361家，行政村覆盖率达到87%。105个新农村建设重点村共完成产业发展、基础设施建设、公共事业发展等建设项目487个，完成投资5.2亿元，“四化四改”和“五个一”工程建设任务全面完成。

深化改革扩大开放，先行先试和招商引资工作取得新突破。抢抓综改试验区建设机遇，大胆先行先试。组建了强有力的工作机构，编制了《阳泉市转型综改先行试点行动方案（2012）》。郊区作为省级转型综改试点区，《综改试验区行动方案》获得批复，盂县、平定作为市级试点县，《综改试验区行动方案》编制完成。鑫磊循环经济产业园和东城科技创新园循环经济试点工作进展顺利。认真开展扩权强县试点工作，积极推进县区区划调整。制定实施了鼓励发展高科技产业和煤炭企业发展非煤产业的政策。城区、矿区、开发区托管城中村、城周村工作积极推进，县域医药卫生一体化综合改革迈出实质性步伐，文化体制、集体林权等改革全面推进。大力实施借力发展战略，积极发展与全球、全国500强企业的经济技术合作，进一步深化与我省“五大集团”的洽谈对接，组团参加晋商大会及各级各类招商引资活动，全年共签定各类经济技术合作合同协议项目154个，总投资1498.6亿元，拟引资1494.5亿元。累计完成落地项目389个，落地金额850.65亿元，落地率113.42%，共有228个项目实现外来投资到位，实际到位资金253.6亿元，同比增长44.1%，超额完成省目标任务。积极扩大对外出口，重点加强高档耐火、陶粒砂等出口产品生产基地建设，并顺利通过评审。

二、切实改善和保障民生，维护社会和谐稳定

高标准完成“五个全覆盖”工程。农村便民连锁店、农村文化体育场所、中等职业教育免费、新型农村社会养老保险、农村街巷硬化等“五个全覆盖”全部高标准完成。市委、市政府向全市人民承诺的提高城乡居民最低生活保障标准和农村五保集中供养对象年补助标准、提高新农合人均筹资标准、实现数字电视、肢残人轮椅免费发放、义务教育阶段学生教科书免费“全覆盖”等5件实事全部兑现。

社会保障继续扩面提质。全市实现城镇新增就业23604人，完成年度任务的113.5%；创业就业7200人，完成年度任务的105.9%；下岗失业人员再就业13520人，完成年度任务的104%。城镇职工养老、城镇基本医疗、失业保险覆盖率分别达到95.6%、98%、98.01%，城市低保实现了应保尽保；稳步推进城镇居民医疗保险全国试点工作，参保率达到95%，农村新型医疗合作保险参保率达到99.21%，基本实现了全民医保目标。成为全国创业型试点城市。各类保障性住房完成投资23.84亿元，为年度任务的110.4%。开工新建各类保障性住房17377套，开工率为107.4%，累计竣工10788套，完成目标任务的101%；700户农村危房改造任务全部竣工，完成投资1830.38万元。

切实加强和创新社会管理。积极构建党委领导、政府负责、社会协同、公众参与的社会管理新格局。制定实施了《阳泉市加强和创新社会管理试点工作意见》，明确了矿区为省级试点单位，全面推行“一委一居一中心”管理模式；在盂县全面推行“网格化”管理模式试点工作，在全市选择30个街道、社区、农村进行流动人口“一卡通”试点工作。大力加强基层基础建设和群众工作，完善“大防控”体系和“大调解”机制。深化“平安阳泉”建设，大力加强社会治安综合治理，严厉打击各类犯罪活动，高度重视校园安保工作，连续3年被评为“综治工作先进市”。高度重视信访稳定工作，实行领导干部包处化解信访积案责任制度，在全市开展“百日攻坚”大行动，深入开展领导干部大接访、大下访、大走访活动，一批积案和群体性事件得到妥善解决，党的十八大召开期间，没有发生进京非正常访事件，全市社会保持和谐稳定。

高度重视安全生产工作。严格落实企业安全生产主体责任和政府及有关部门安全生产监管主体责任，突出煤矿安全重点，同时加强道路交通和易燃易爆行业的监督管理，加大安全投入，强化现场管理，开展全员培训，夯实安全生产基础。全市安全生产事故起数同比下降11.41%，煤炭百万吨死亡率0.26，安全生产形势持续好转。

三、全面提升党的建设科学化水平，为转型跨越发展提供坚强保证

深入推进学习型党组织建设。坚持和完善党委中心组学习制度，推动理论学习制度化，带动学习型机关、学习型社会建设。与中央党校、中国井冈山干部学院、中国延安干部学院、中国浦东干部学院等联合办学，采用培训班、网络学习、干部论坛、送教上门等多种学习形式，大规模开展干部培训工作，全市干部大教育、大培训格局初步形成。先后举办各类培训班28期，培训干部2080人次。所有新任县级干部初任培训实现了“全覆盖”。

着力加强领导班子和干部队伍建设。积极探索和完善考核评价工作机制，结合人大、政府、政协换届，稳妥推进领导班子调整配备和干部交流，严格按照干部选拔任用工作政策法规规定的原则、条件、程序和纪律，对241名干部进行了调整，配齐配强了领导班子。大力推进干部人事制度改革，加大竞争性选拔力度，坚持“六个优先”用人导向，围绕转型跨越发展和综改试验区建设识别干部、考验干部、选拔干部，进一步扩大了干部选用民主。大力实施“年轻干部成长工程”，一批年轻干部脱颖而出，走上了领导岗位。

扎实推进基层组织建设。在农村乡镇精心实施“领头雁”培训工程，科学推广“四议两公开”工作法和“文建明工作法”；在城市社区严格落实“三有一化”，推行社区网格化管理，不断提升全市社区党建水平；在机关党组织中深入开展“机关党建走在前头”活动，提升了全市机关党建科学化水平；大力抓好非公经济组织党组织集中组建，全市新组建非公党组织670个，实现了党的组织和党的工作两项“全覆盖”。全市“三级联述联评联考”全面启动。

反腐倡廉建设取得新成效。认真贯彻落实党风廉政建设责任制，加大源头治腐力度，积极开展系列警示教育活动。行政审批事项精简、清理、调整为98项，公共资源交易中心建成投入使用，财政和人事制度改革不断深化，预防和惩治腐败行为发生的体制、机制和制度进一步健全。突出抓好农村党风廉政建设，农村基层党风廉政建设工作深入推进。狠抓工程建设领域、煤焦领域专项治理和公路“三乱”治理，不断加大查办案件力度，全市各级纪检监察机关受理群众举报658件(次)，立查案件155件，处分违纪党员干部223人，为国家和集体挽回经济损失以及收缴违纪违规资金1.25亿元。

(高世亮)

附：中共阳泉市委书记、副书记、常委名单

书　记： 白　云(女，1月离职)　洪发科(1月任职)

副书记： 李栋梁　郭长青

常　委： 王旭明　王　民　杨永生　王湜洲　李利生　许　霞(女，3月任职)　方庆灵　刘　星(5月离职)　李定武

中共阳泉市城区区委工作概况

区委书记　康晓剑

2012年，在市委、市政府的正确领导下，阳泉市城区区委团结带领全区干部群众，以科学发展观为指导，以迎接十八大、学习贯彻十八大为统领，抢抓综改试验区机遇，解放思想谋转型，攻坚克难促跨越，凝聚力量保稳定，全区经济、政治、文化、社会、生态文明建设和党的建设得到了全面加强。

一、勇于改革创新，党建科学化水平进一步提高

邀请十八大代表杨艳荣为全区科级以上干部进行了专题宣讲。召开了区委理论学习中心组专题会议，邀请了市委宣讲团资深专家为全区干部进行了专题辅导，组建了区委宣讲团赴基层党组织进行宣讲。

在省委党校举办了街道社区干部创新社会管理专题培训班，在清华大学举办了科级以上干部转型跨越发展专题培训班，依托山西干部在线学院开展了网上选学。加大对优秀干部和党外干部的培养选拔力度，全年共提拔干部47人。

深入开展基层组织建设年活动，全面推进党组织晋位升级工作。扎实推进非公党组织百日集中组建活动和“双强十好”创建活动，实现了非公党的组织和党的工作“两个全覆盖”。扎实开展创先争优活动，新华东街社区党总支被评为全国创先争优先进基层党组织。开展了为期半年的保持党的纯洁性学习教育活动，实现了提升党性修养、加强基层组织、服务人民群众、促进各项工作的目的。

继续引深政风行风评议活动，开展了以“转变机关作风、促进工作落实”为主题的纪律作风集中整顿活动，着力解决机关作风方面存在的突出问题，对违纪人员进行了严肃处理。

深入开展廉政文化“六进”和警示教育活动，构筑了大宣教格局。深入开展食品安全责任监管、工程建设领域突出问题等专项治理，有序推进公务用车、庆典、研讨会、论坛的清理和规范工作。

二、突出主题主线，经济保持平稳较快发展

到年底，全区生产总值完成131.3亿元，增长9.1%；财政

总收入完成49645万元，增长7.5%；一般预算收入完成27020万元，增长8.5%；固定资产投资完成55.7亿元，下降24.1%；社会消费品零售总额完成118.8亿元，增长15.7%；城镇居民人均可支配收入达到23144元，增长14.2%。

坚定走现代服务业转型之路，下站商贸中心得到提升，滨河商贸中心巩固壮大，泉东路商贸中心启动实施，沃尔玛、北国商城等一批商业巨头强势发展，全年服务业增加值完成107.5亿元，增长11.9%。强力推进"项目落地年"活动，重点打造"十大标杆项目"，全面推行重大项目全程代办和绿色通道制度，全年省市重点工程完成投资32.36亿元，为计划的146.36%；重点工程落地金额完成64.33亿元，为目标的100.52%。组织参加了首届世界晋商大会。全年储备招商引资项目73个，完成市任务的208.57%，项目总投资358亿元，完成市任务的102.29%；签订各类合资合作项目36项，总投资175.4亿元，完成目标的175.4%。开展了为期4个月的整治"吃拿卡要"问题、创优发展环境专项活动，完善了项目清理、流程再造、集中审批、审批公开等内容。

三、强化生态文明建设，城市管理精细化水平进一步提高

全区森林覆盖率达到29.49%，绿化覆盖率达到36.55%，绿地率达到33.10%，人均公共绿地面积达到16.39平方米，连续17年蝉联省级"卫生区"称号。在城市管理理念上，坚持疏堵结合，既加大了依法取缔马路摊点力度，又建成了桥北街民族特色烧烤便民市场等规范性市场。全面引深城乡清洁工程百日集中整治活动，顺利完成了西河滩、新建路、青年路等20余条街道的整治任务，北大街创建成为省级街景容貌示范街和环卫保洁示范街。围绕国家森林城市创建，采取了"规划建绿、拆违扩绿、挤地建绿、填沟造绿、拆墙透绿、见缝插绿、垂直挂绿"的措施，全区精细化养护管理水平得到提升；围绕国家环保模范城市创建，开展了以"禁原煤、治油烟、控扬尘、查尾气、防反弹"为主要内容的环境质量改善攻坚行动，辖区二级以上天气达到338天，空气优良率达到92.3 %。

四、加强民主政治建设，依法治区水平进一步提升

支持区人大及其常委会依法履行职能。加强和改进代表工作，组织人大代表开展专题调研和视察监督，促进各项重大决策部署的贯彻落实。支持和保证区政协履行政治协商、民主监督、参政议政职能，积极建言献策。切实加强对台、民族宗教、科协等工作，小阳泉南社区被授予"全国科普示范社区"。支持工青妇等人民团体依照法律和章程独立自主开展工作，《工会志》完成编撰，区总工会连续3年获得山西省十佳县区工会。深入开展"六五"普法教育，加快推进"法治城区"建设，依法行政效力不断提高。坚持党管武装原则，积极支持国防、驻区部队和民兵预备役部队建设，军民融合式发展得到巩固提升。

五、注重民生改善，群众幸福指数进一步提高

全年民生支出达到29086万元，增长21.89%，占到总支出的64.08%。坚持教育优先发展，教育支出占到一般预算支出的41.7%。全区校舍、教学设施得到了大幅改善。实施更加积极的就业政策，全年城镇新增就业人数4166人，城镇登记失业率控制在3.5%以内，均超额完成年度目标。全面启动城镇居民基本养老保险、生育保险、工伤保险，城镇基本社保覆盖率达到94.67%。职工社会保障卡正式启用，发放工作走在全省前列，被省政府授予"社保全覆盖、服务一卡通"工作先进集体。全区享受廉租住房保障家庭1636户4295人，租赁补贴资金发放437.4万元，新增实物配租169户。全面落实国家基本药物制度，区人民医院率先在全市实现了药房托管。不断提升社区卫生服务水平，义井社区卫生服务中心荣获"全国示范社区卫生服务中心"称号。狠抓精品社区创建，新华东街社区的"双五"工作法、小阳泉南社区的"打造20分钟服务圈"等经验和做法得到推广。不断引深百日安全生产无事故活动，在全市率先推进街道安全生产监管机构规范化建设。分解落实了社会管理创新项目责任，推荐了11个市级项目，打造了20个区级项目，被评为全市"2012年度社会管理先进区"。高度重视信访稳定工作，实行领导干部包处化解信访积案责任制度，在全区开展了"百日攻坚"大行动，一批积案和群体性事件得到妥善解决，圆满完成了十八大及全国、省市"两会"期间的信访维稳和安保任务，实现了非正常上访为零的目标。大力加强社会治安综合治理，严厉打击各类犯罪活动，集中开展社会治安重点整治"三项战役"，有力地维护了社会的和谐稳定，社会安全满意度达到97%。

六、实施文化引领，文化软实力进一步增强

坚持用中国特色社会主义理论体系武装干部群众，大力弘扬民族精神和时代精神，积极培育和践行社会主义核心价值观。深化群众性精神文明创建活动，广泛开展"一堂、一队、一评""三个一"活动，创新推出了《文明漂流册》。围绕喜迎十八大和学习贯彻落实十八大、推动经济平稳较快发展、党的建设等中心工作，充分发挥主流媒体新闻宣传的主渠道、主阵地作用，开展了一系列大型宣传活动，广泛凝聚社会合力，营造了良好发展氛围。大力实施文化惠民工程，深入开展文化进社区活动，启动实施公益文化配送工程，免费开放区文化馆、图书馆及10个基层"群众文化免费培训基地"。

（马艺玮）

附：一、中共阳泉市城区区委书记、副书记、常委名单

书　记： 李春泽（4月离职）　康晓剑（11月任职）

副书记： 武　雪（女）　王明厚（7月离职）　任时杰（7月任职）

常　委： 冉志伟（12月离职）　李进军（6月离职）　任时杰　李保存　杨献斌　李昱平　刘志军　胡秀毅　田　青（6月任职）

王志伟(12月任职)

二、街道党工委书记、副书记名单

上站街道

书　记：高　鹏

副书记：白俊平　陈拥军　郭小丽(女)

下站街道

书　记：温敏芬(女)

副书记：冯利民　程葆华(女)　穆志强

北大街街道

书　记：宋燕明

副书记：苏红霞(女)　郝田庆　王素敏(女)

南山路街道

书　记：赵志勇

副书记：刘广顺　卫　玲(女)　贾树林

义井街道

书　记：李荣贵

副书记：李丽萍(女)　赵文燕　刘广利

坡底街道

书　记：路永清

副书记：王海军

中共阳泉市矿区区委工作概况

区委书记　刘德跃

2012年，在省委、市委的正确领导下，阳泉市矿区区委坚持以邓小平理论、“三个代表”重要思想、科学发展观为指导，紧紧围绕“发展总部经济、培育第三产业、创新社会管理、构建和谐矿区”的工作思路，总揽全局，协调各方，锐意创新，开拓进取，党的建设和经济社会各项事业取得新进展。

2012年，地区生产总值完成168亿元，增长9.1%；全社会固定资产投资完成78亿元；社会消费品零售总额完成16亿元，增长15.6%；财政总收入突破6亿大关，完成6.2亿元，增长21.5%，增幅位居全市“三区两县”之首；城镇居民人均可支配收入达到2.37万元，再居全市第一。

一、围绕主题活动，筑牢基层基础，党的建设实现新提高

在全区认真开展形式多样的专题学习活动，举办十八大精神宣讲骨干辅导班，开设十八大精神学习宣传讨论栏，开展“十个一”学习活动，举行学习贯彻十八大精神专题征文比赛，组织“进企业、进机关、进学校、进社区”宣讲活动，不断把学习宣传引向深入。

深入保持党的纯洁性学习教育活动，通过聆听优秀党员先进事迹报告，接受革命传统教育，召开专题民主生活会，各级领导干部党性得到锤炼，宗旨意识得到加强。四套班子领导带头深入基层调研659次，机关干部为民办实事556件。建立了公开承诺、领导点评、群众评议等长效机制，以“三创一打造”引深创先争优活动，塑造了平潭街东社区等一批示范单位。

落实区委中心组学习制度，开展主题学习活动11次。举办组织培训轮训班20期2000人次，70余名基层干部赴南开大学等地学习，503名干部参加了网络在线学习。开辟廉政教育专栏，举办专场报告会，开展廉政文化“五进”活动，在全市首推党政主要领导公开述廉评议活动。引深政风行风建设和机关效能建设，大力整治“吃拿卡要”。持续开展工程建设项目等专项治理。全年受理举报17件，3名干部受到党纪政纪处分。

采用“公推差选”方式选拔配备3名副科级干部，交流调整88人。采取无定向推荐方式选拔28名学校干部。制定完善了优秀人才培养制度，7人享受市政府特殊津贴。畅通大学生社区干部出路，累计21人转岗到国家机关、事业单位、国有企业。

完成了全区193个基层党组织“晋位升级”分类定级工作。新组建29个非公经济党组织，实现了非公经济党组织全覆盖。全市机关基层组织党建现场会在矿区召开。圆满完成社区“两委”换届工作，社区干部由239人增至330人。

二、围绕发展总部经济，培育第三产业，区域经济再添新活力

优化经济结构。将服务驻地企业阳煤集团作为推动区域经济发展的重点，建立与阳煤沟通对接常态机制。2012年，吸引56家企业落户，其中45家入驻总部商务楼，新增企业注册资金2.5亿元，实现翻番。充分发挥金融支持作用，搭建起政银企合作平台，鑫利信公司为11家中小企业提供担保贷款438万元，长安信托为阳煤集团供应商、中间商提供50亿元信贷支持。

加速推进物流、餐饮、家政等服务业发展。全市首家五星级酒店——卓凡大酒店即将开业。同信证券、博亿通典当公司等金融机构挂牌运营。全年新增商业服务区5000平方米，新增内资和私营企业150家，个体工商户534户。

推进项目建设。确定了13个项目重点扶持，进一步完善了“一个项目、一名领导、一套班子、一抓到底”的区级领导包保制度。全年包装项目44项，引进新项目22项，协议利用外来资金116亿元。投资3亿元的华骏减速机项目注册成立。进一步加大科技研发投入，支持华越、金法支护等装备制造企业规模化、品牌化发展，矿用救生舱、永磁直流变频电机等

一系列技术领先产品实现量产。矿区成为“全省专利工作先进区”。

三、围绕加强和创新社会管理，社会事业取得新成效

社会建设跃上新台阶。以21个项目为抓手，大力推进社会服务管理体系建设和信息化平台建设，初步实现了服务管理体系化、社区管理网格化、重点工作项目化、服务平台信息化。注册500万元成立全省首家特困帮扶基金会，帮扶救助了248人次、177万元。投资300万元在法院建立诉讼管理中心，全年共调解案件499件，占民商事案件结案总数的46%。在全市率先使用GPS社区矫正人员管理系统，实现了“人防”和“技防”的有效结合，177名社区矫正人员无一重新犯罪；建立全市首个刑释解教人员安置帮教基地，安置60人次。注重基层基础建设，社区全面实行“一委一居一中心”管理模式，有13个社区成立了党委，40个社区全部建起服务管理中心。投资350万元建成全省首个社会服务管理指导中心，整合各类信息资源，建起区、街道、社区三级综合服务管理平台。9月底运行以来，网格上报的365条信息，全部及时得到办结，中心便捷、高效的作用开始显现，被苏州大学确定为“江苏高校优势学科地方政府与社会管理重点研究基地”。矿区社会建设工作得到了省政法委的高度评价，《山西经济日报》对平东社区“139老年服务”、刘家垴社区“邻里守望”等活动进行了报道，并被民政部命名为“全国养老服务示范单位”。

文化建设迈出新步伐。《新矿区》改版并入《阳泉日报》发行，发行量由3000份增至3万份；《城矿动态》播出192期，播出时长增加，内容更加全面；全年在省市级媒体刊发信息报道670条，新华社、《山西日报》、山西电视台等多家媒体对矿区民生改善、转型发展等工作进行了多次报道。举办了“三节”文化活动、社区文化节、邻里艺术节等活动。《绢花飞舞》、《矿山情》进入全国十六届“群星奖”复赛，“春之声”合唱团获两岸三地艺术节大赛金奖。召开“中国·阳泉版画城”矿区版画基地建设研讨会。注册成立了博艺文化传播公司，洪城河文化产品一条街建设进入实施阶段，推动煤雕、铝箔画等特色文化产品规模化发展。

民计民生得到新提升。始终把改善民计民生放在重要位置，全年用于民生投入1.69亿元，占财政支出的29%。投资1060万元，完成了蔡西煤矸石堆等3个生态恢复治理，新增绿化面积7万多平方米，全区小公园总数达到18个。大力推进节能减排城市环境明显改善，二级以上天数达到280天，其中一级以上天数达到58天。深入推进国家卫生城市创建，被评为“省级卫生区”。

教育强区稳步推进。召开了全省初中课堂教学改革学校校长高峰论坛暨阳泉矿区现场会，第十二中学课改经验得到推广。继续实施校安工程，新建、加固、维修校舍9600平方米。加强教师队伍建设，组织参加各类培训3850人次。矿区荣获“山西省关心下一代工作先进集体”荣誉称号。

社会保障体系不断完善。全年新增就业人员4129人，发放低保金2130余万元，城镇基本医疗保险参保人数77095人，城镇基本养老保险参保人数5039人。成立了6个社区卫生服务中心。免费发放康复辅助器具919件，社区康复辅助器具基本实现全覆盖。协调建设保障性住房60套，分发廉租住房65套，发放廉租补贴260余万元。

安全稳定抓出成效。落实“分级分管分口”责任制和综治目标责任制，实行社会稳定风险评估。继续推进“平安矿区”创建，“天网”工程新装探头660个，深入开展严打斗争，社会治安秩序持续好转。公安分局荣获“全国优秀公安局”称号、法院荣获“全国优秀法院”称号。建成6个街道安监站，全年没有发生重大责任事故。继续完善区级领导接待群众日制度，解决信访问题512件，办结率达93%。十八大期间，成功化解3件信访积案，依法终结14件信访案件，实现了赴省进京非正常“零上访”的目标，保持了和谐稳定的良好局面。

（李连博）

附：一、中共阳泉市矿区区委书记、副书记、常委名单

书　记：刘德跃

副书记：刘乙佑　冉志伟　郭爱聪（12月离职）

常　委：侯彦军　王宝新　吴亚非　高海明　王晓丽（女）　史晓文　史连海

二、街道党工委书记、副书记名单

沙坪街道

书　记：李俊萍（女）

副书记：彭　平　邓小琴（女）　刘　建　王宝银

蔡洼街道

书　记：郑满柱

副书记：刘　恒　李志清　韩晋明

赛鱼街道

书　记：李新宇

副书记：韩瑞辉　李永新　弓存义　王永刚

桥头街道

书　记：刘世平

副书记：杨海林　王计平　张少华　李非柱

平潭街道

书　记：周拉弟（女）

副书记：张志明　杨宝生　刘喜平　张贵军

贵石沟街道

书　记：王德珍（女）

副书记：乔　勇　韩石润　刘喜亭　刘新桥

中共阳泉市郊区区委工作概况

2012年,在省、市委的正确领导下,阳泉市郊区区委高举中国特色社会主义伟大旗帜,以邓小平理论、"三个代表"重要思想、科学发展观为指导,深入贯彻党的十八大精神,团结带领广大党员干部和群众,齐心谋发展、合力促跨越、扎实惠民生,经济社会发展取得了明显成效。

全区生产总值完成71.66亿元,增长9.7%;财政总收入完成12.02亿元,增长19.9%;一般预算收入完成5.1亿元,增长25.8%;固定资产投资完成56.1亿元,增长34%;规模企业工业增加值完成26.3亿元,增长16.1%;农民人均纯收入达到9203元,增长14%,实现了经济总量和发展质量的稳步提升。

一、加大经济转型力度,区域综合经济实力不断增强

2012年,全区共确定投资项目69项,开工62项,完工34项,累计投资45.9亿元。一是重点项目有序推进。按照"启动一批、落地一批、储备一批"的项目推进措施,区定十大重点项目全部开工。其中,冀东一期200万吨水泥项目投产,燕煤300万吨选煤、河坡电厂2×350兆瓦发电机组项目启动。连大公路改线、温河油瓮水库除险加固等工程完工;漾泉大道一期、南区主干道、雅馨园小区等工程持续推进。招商引资工作成绩斐然。区政府与山东信发、恒大地产、联合荣大等集团签订了战略合作协议,初步形成大项目、大企业、大集团引领转型跨越发展的新局面。全年新引进百万元以上经济合作项目69项,签约总额413.4亿元,到位资金62.4亿元。二是传统产业改造提升步伐加快。煤炭产业突出优化整合,7个煤矿基建工程进展顺利,已有6矿领证开工。其中,保安煤矿转产验收顺利完成。全区生产原煤244万吨,实现税收1.6亿元。耐火产业提质上档。金隅通达引领作用显现,宏瑞通矿产品项目如期完工。耐火制品完成118万吨,增长12.3%,实现税收1.2亿元。建材工业蓄势而发。河底煤矸石空心砖、益汇和百通混凝土生产线建成投产。冶金铸造业扎实推进。赛诺粉末压件项目即将竣工。新型产业快速崛起。装备制造业加快发展,惠通、广凯等机械项目已成为郊区产业转型发展的增长极。铝工业发展步伐加快,氧化铝二期70万吨项目进入试生产,全区氧化铝产能达到110万吨。三是现代农业稳步发展。新增蔬菜温室大棚304亩、果品2000亩、核桃16万株;新建规模养殖小区10个,生猪出栏7万头,蛋鸡存栏180万只。河底现代农业核心区蔬菜基地"农超对接"巩固发展,易汇公司与苏家泉、路家山等实现村企合作。2012年,本区被评为全省"农民增收先进县区",有13个村进入全省"一村一品"专业村行列,桃林沟村被授予全国"一村一品示范村"称号。四是城镇化进程明显加快。双营路、国防动员指挥中心、档案馆、区人民医院外科楼、信访服务大厅等一批基础设施工程相继竣工,珍宝园小区破土动工。全区24个省级新农村推进村"四改四化五个一"工程如期完工。城乡环境卫生明显改善,荫营河道综合治理取得进展,全区新增造林3.3万亩,6项约束性减排指标顺利完成,荫营城区二级以上天气达到340天,生态环境进一步优化。

二、大力发展社会事业,人民生活明显改善

区委、区政府年初承诺的"十件实事"基本兑现,农村新的"五个全覆盖"圆满完成,人民群众幸福指数不断提升。一是社会事业全面进步。教育工作稳步发展,投入2000多万元,完成了67所学校标准化建设任务,职业教育实现免学费全覆盖。科技工作成效明显,全年申报专利251项,争取上级资金700万元。文化事业扎实推进。区首届春晚成功举办,农村文体活动有声有色。牵牛镇村被命名为"全国示范农家书屋"。李家庄、义东沟等4村被评为"省级文化示范村"。医疗卫生工作不断发展。"三晋康家"工程和为生命护航行动大力实施,人口计生工作成绩突出。二是社会保障体系逐步完善。新增城镇就业岗位3200个,完成500套保障性住房主体,改造200套农村危房,部分低收入家庭圆了住房梦。残疾人生活水平逐步提高,为全区二级以上残疾人发放救助金118万元。三是创新社会管理成效明显。信访维稳"百日攻坚"行动扎实开展,实现了信访总量、个体访、集体访、进京非正常访明显下降。"和事佬"、"代办制"工作法积极推行,社会管理步入了项目化、信息化轨道。打非治违、百日安全生产等专项行动深入开展,有效维护了全区社会和谐稳定。

三、继续夯实基层基础,党建水平全面提升

全区现有基层党组织889个(新增222个非公党组织),其中党委22个、党总支78个、党支部789个,党员12392人。

区委全面推进创先争优、晋位升级、领头雁培训、推广文建明工作法、非公党建、联述联评联考等6项工作,不断提高党建工作的科学化水平,把党建优势转化为发展优势,把党建成果转化为发展成果。一是学习型党组织建设深入推进。坚持区委中心组学习制度,举办了5期科级以上干部学习轮训班和56场次的区乡"一把手"巡回送教活动,培训了支村"两委"成员、大学生村官、非公经济组织党支部书记等共1100余人。二是干部队伍建设持续加强。围绕区委中心工作,积极选派干部到村级整顿、护林防火、重点工程建设、"双

百”活动、信访工作等一线挂职锻炼。坚持以考促管，充分发挥考核的“操纵杆”与“风向标”作用，实行考单位与考主要领导、班子评优与主要领导评优“双挂钩”，把单位目标责任考核结果作为评价单位主要领导工作实绩和提拔选用干部的重要依据。三是基层党组织建设扎实推进。认真落实“联述联评联考”制度，不断强化党建工作责任制。广泛开展富有特色的“三化一创”和“一创一争三结合”活动，248个党组织晋位升级。非公企业党组织实现全覆盖，涌现出了华岭耐火、融尚国际等一批先进非公企业党组织。2012年，阳泉市郊区荣获全省“创先争优先进县区”称号。四是“双百”活动取得实效。共有33名县级领导、8个乡镇工作队、18个重点村工作组，298名党员干部深入所帮扶村，先后开展座谈会1100多场次，走访群众4800多人，联系困难家庭460余户，解决实际问题220多个，为民办实事、好事420多件。五是党风廉政建设全面加强。区委将党风廉政建设和反腐败工作主要任务分解为47项，明确区委、区政府14名领导同志为责任人，由26个部门牵头抓落实，47个职能部门配合协办，形成“横向到边、纵向到底”的责任网络，对失职渎职的5名科级党员领导干部给予党纪政纪处分；481名党政干部健全完善了《廉政档案》；出台党务公开考核细则，党务公开率达到了100%。“吃拿卡要拖”专项整治行动深入开展，共查找出“吃拿卡要拖”问题110余个，督促有关部门积极进行整改。开展明察暗访4次，共查办典型案件12件。

（王　敦）

附：一、中共阳泉市郊区区委书记、副书记、常委名单

书　记：赵　峰（5月离职）　王永珍（5月任职）

副书记：杨　勇（12月离职）　苏秀瑞（12月任职）　郭少敏（7月离职）

常　委：郭　斌　孙　毅　王振杰　王建华　刘瑞生　冯学勤（6月离职）　周新革（6月任职）　薛安廷（挂职，8月任职）

二、乡镇党委书记、副书记名单

荫营镇

书　记：张斌武

副书记：武永庆　侯秉戬

河底镇

书　记：杨兆明

副书记：王红卫　任晋忠

平坦镇

书　记：李胜英

副书记：郭智英　刘守宇

义井镇

书　记：段永军

副书记：史丽娟（女）　任志刚

李家庄乡

书　记：郭志强

副书记：常　征　张魁福

西南舁乡

书　记：韩晓东

副书记：黄瑞刚　张建存

杨家庄乡

书　记：马大刚

副书记：朱建芳（女）　程慧文

旧街乡

书　记：李仁照

副书记：闫立宏　王守刚

中共平定县委工作概况

县委书记　王银旺

2012年，平定县委在阳泉市委的正确领导下，团结带领全县干部群众，以科学发展观为指导，深入学习贯彻党的十八大精神，抢抓“两个试点县”机遇，围绕“两大”目标，打造“三大”基地，推进“四县”建设，全县经济较快增长，社会事业长足发展，民主法制和党的建设进一步加强，转型跨越发展开创了新的局面。

全县地区生产总值实现71.72亿元，同比增长12.8%；财政总收入完成12.12亿元，同比增长20.03%；固定资产投资完成89.1亿元，同比增长36.9%；城乡居民收入分别达到19418元和8213元，同比增长14.6%和14%。

一、坚持强基固本，党的建设科学化水平不断提升

县委研究制定了《关于贯彻落实党的十八大精神，加快转型跨越发展的意见》，提交全会审议。县委常委带头学习、亲自辅导，各级领导上讲台、下基层，县委宣讲团巡回宣讲、深度解读，在全县各级组织中开展了分类别、分领域的专题培训。

全县基层党支部全部实现了晋位升级；深入开展“百日集中组建”活动，实现了非公经济党组织和党的工作两个全覆盖，建立非公经济党组织138个。

在全县开展了为期半年的保持党的纯洁性学教活动，县委常委带头参加各项活动，深入基层解决实际问题。全县各级党组织按照县委要求，扎实开展各项活动，实现了提升党

性修养、加强基层组织、服务人民群众、促进各项工作的目的。

认真总结提炼全县创先争优活动取得的成功做法和有益经验,打造出县自来水徐虎服务队、县煤气公司蓝焰服务队等一批党建先锋品牌。岔口乡甘泉井村党支部被授予全国“创先争优先进基层党组织”,东回镇前黄安村党支部书记裴海平被授予全省“创先争优优秀共产党员”称号。

坚持用科学的机制评价干部,用规范的程序选拔干部。围绕转型跨越发展和综改试验区建设识别、考验、选拔干部,增强了选人用人的公信度。全年新提拔科级领导干部71人。

严格落实党风廉政建设责任制,加大源头治腐力度。着力解决机关作风方面存在的突出问题,认真开展“吃拿卡要”专项整治,平定县被表彰为“全省政风行风评议先进县”。突出抓好农村基层党风廉政建设,狠抓工程建设领域、煤焦领域专项治理和公路“三乱”治理。

二、坚持稳中求进,转型跨越发展迈上新台阶

一年来,举全县之力,实施项目攻坚。全年签约外来投资项目26个,协议利用外资445.4亿元,累计到位外资55.8亿元。75个重点项目进展顺利,完成投资39.16亿元。其中,65个落地,落地率86.66%;61个开工建设,开工率81.33%。山西伯瑞纳特10万件钢塑永久复合涂层管材项目等15个项目完工,山西贝特瑞石墨化加工负极材料5000吨扩建项目、煜昌机械大型铸件及新型装备制造项目等6个项目基本完工。重点工程落地金额328亿元,为年计划的101.87%。规划建设了以龙川工业集聚带、平定高新技术产业园、王家庄新能源新型装备制造产业园和巨城新材料产业园为主体的“一带三园”产业发展平台;引进建设了高功率激光器、煤炭地下气化等一批科技含量高、发展前景好的项目。

围绕农民增收这一核心,突出“种植业、养殖业、加工业”三大重点。粮食产量实现“九连增”,达到1.2亿公斤。生猪、蛋鸡饲养量分别达到20.6万头、126万只,福润禽业年屠宰加工3000万只肉鸡项目试产运行,瑞盛20万套肉鸡养殖雏鸡孵化和肉鸡养殖示范小区建设顺利推进。万和油脂、小杂粮等农副产品加工企业不断壮大,“513”龙头企业实现销售收入3.56亿元。“现代肉鸡健康养殖技术示范推广”项目列入国家富民强县专项行动计划,是平定县首次实施的国家级科技产业化项目。本县被评为全省“‘一县一业’先进县”、“畜牧业生产先进县”、“农机化生产大县”。

实施大县城扩容提质战略和重点城镇建设工程,县城外延有序扩展,县城框架逐步拉大,省级重点示范镇娘子关、张庄和锁簧、巨城、东回3个市级重点城镇建设快速推进,城镇化率提高1.5个百分点。广阳路竣工通车,全年用于市政公用设施投资完成2.3亿元,城乡水、电、路、气、暖等基础配套设施日益完善。

通过大力实施“绿色生态”和治污减排工程,万元地区生产总值能耗降幅4.49%,万元工业增加值用水降幅3.5%;重点铺开“一路两河三圈”绿化工程,国家森林城市和省级环保模范城创建步伐不断加快。全县完成造林面积3.6万亩,森林覆盖率达到21.6%,绿化覆盖率达到38.4%。

实施了一批重大文化项目,娘子关景区开发稳步推进,娘子关镇被评为中国特色景观旅游名镇,列入全省“10+1”文化产业园区;刻花瓷入选全省十大文化品牌,刻花瓷文化园被国家文化部授予“国家文化产业示范基地”;冠山舍利文化园建设进展顺利,冠山书院文化影响力得到提升。

华通农贸市场续建工程有序推进,完成投资5015万元;规划建设6万平方米的晋东商贸物流园进展顺利,完成投资5600万元,一期4.9万平方米主体工程已完工,开始招商;投资8000万元,占地3万平方米的东升商贸公司太阳城购物中心建成开业;加快农家店信息网络化建设,100家农家店完成上档升级。

三、坚持民生为本,人民群众幸福感持续增强

10件为民兴办实事进展顺利,农村街巷硬化、便民连锁商店、文化体育场所、中等职业教育免费、新型农村社会养老保险等新的“五个全覆盖”全面完成,供销合作工作受到全国表彰,县社被评为“全国供销合作社系统先进集体”。教育事业全面进步,中考和高考成绩继续保持全市前列,义务教育阶段学校标准化建设全面完成,平定四中小学部投入运行;全面落实中等职业教育免费和农村小学寄宿生三餐全免费“营养工程”;被省政府授予“县级职教中心建设达标县”。完成专利申请71件,被省政府评为“山西十佳产业创新科技富民样板县”。全县三级医疗机构业务用房总体建设基本完成,县医院综合病房大楼投入使用,被评为“全省卫生应急综合示范县”;县级医院全部取消“以药补医”,全面推行基本药物零差价销售;中医药工作成绩斐然,被评为“全国中医药工作先进县”。积极推进农村劳动力转移和就业、再就业工作;覆盖城乡的养老、医疗等社会保障体系和低保、五保等社会救助体系不断完善,城市养老、失业、医疗保险覆盖率达到100%,农村60周岁以上老人按时足额领到养老金,被确定为全国新农保试点县。加快推进保障性住房建设,第三期700套保障性住房全部开工,首批277户城镇低收入家庭喜迁廉租房。

分类实施、分块推进社会管理创新十大体系和30个重点项目。初步建立了“五网合一”的社会管理工作体系,建立了“四级”网格化管理模式,全县建立基础网格1600个。巩固“全国平安建设先进县”成果,严厉打击各类犯罪行为,在流动人口服务管理、特殊人群服务管理、治安防控网络、校园及周边治安综合治理等体系建设上取得较大进展。实行领导干部包处化解信访积案责任制度,在全县开展“百日攻坚”大行动,深化大排查、大调处、大接访活动,一批积案和群体性事件得到妥善解决。

积极开展安全生产专项整治、大检查大督查、打非治违行动,以煤矿和非煤矿山安全为重点,同时加强对非法采矿、道路交通、建筑施工、消防、危险化学品、烟花爆竹、民用爆炸物品、冶金等高危行业领域的集中整治。全县安全生产形势

稳定，被评为“全省安全生产专项整治先进单位”。

（王红文）

附：一、中共平定县委书记、副书记、常委名单

书　记：王银旺

副书记：任晓华　冯维明（12月离职）

郭爱聪（12月任职）

常　委：杨艳红（女，12月离职）　杜平华（12月离职）

李维程（7月离职）　高锦孝　李宏革

郝建国（12月任职）　赵文骥（12月任职）

梁海昌　赵建军（6月离职）

朱继明（6月任职）　王卫东（12月任职）

二、乡镇党委书记、副书记名单

冠山镇

书　记：梁海昌

副书记：闫立彪　王　强

冶西镇

书　记：苏秀莲（女）

副书记：侯成军　张　忠

石门口乡

书　记：梁宝元

副书记：张丽荣　苏宝莲

锁簧镇

书　记：张石明

副书记：冀虎平　霍振宏

张庄镇

书　记：李鸿斌

副书记：程秀宏　武子房

东回镇

书　记：赵贵恩

副书记：王植彬

柏井镇

书　记：路海平

副书记：王俊杰　邵永贵

巨城镇

书　记：刘顺彬

副书记：赵　帅　岳　晖

娘子关镇

书　记：李有义

副书记：潘爱斌　冯俊青

岔口乡

书　记：田怀所

副书记：侯永庆　尹素明

中共盂县县委工作概况

县委书记　张玉斌

2012年，在省、市委的正确领导下，盂县县委以科学发展观为指导，以转型跨越发展为主旋律，抢抓扩权强县试点和综改试验区建设机遇，大力推进县域经济社会发展，保持了经济平稳发展、政治安定团结、社会和谐稳定的良好局面。

全县生产总值完成134.6亿元，同比增长12.6%；财政总收入完成23.2亿元，同比增长12.5%，其中，一般预算收入完成9.3亿元，同比增长19.1%；规模以上企业工业增加值完成82.7亿元，同比增长17.2%；固定资产投资可完成90亿元，同比增长38.3%；农民人均纯收入可达到8734元，同比增长11.3%；城镇居民人均可支配收入达到21081元，同比增长14.3%。

一、大力提升县域经济综合实力

通过实现产业转型建立新型工业化体系。一是推动煤炭产业多元发展，推进20项煤矿提升改造项目，煤炭产业的主体地位得到进一步巩固；坚持实施品牌战略，耐火、焦化等传统非煤产业得到进一步提升；着力培育化工、电力、冶金、新型材料、节能环保、装备制造、旅游文化和现代物流服务业等八大新兴接替产业形成规模。二是推动工业园区形成积聚效应，主抓重点调产项目实施，铺开重点工程项目87项，总投资774亿元，共完成投资82.19亿元，其中4项建成投产；高起点规划建设了牛村煤电化工、苌池循环经济、西小坪新型耐材、南娄煤焦建材、西烟煤电化建材循环经济等5个产业集聚区。三是大胆先行先试探索发展路径，围绕扩权强县试点和转型综改试验区建设，制定了实施办法和责任追究办法；建立了重点工程项目挂牌保护、挂牌督办和重大项目并联审批3项制度，大大加快了项目申报审批工作。四是通过招商引资拉动发展，共策划包装招商引资项目102项，其中亿元以上项目50项，总投资800亿元；积极组团参加中博会、农博会、晋商大会，共签约项目46个，签约资金646.56亿元，其中已落地项目38个，总投资147.06亿元，到位资金46.7亿元。五是推动旅游产业强劲发展，藏山翠谷、龙台山、乌玉李嘉谷大院、藏山旅游景区等一批极具发展潜力的旅游产业项目相继取得进展，全县全年旅游收入完成2.3亿元。

通过完善农业服务提高农业现代化水平。一是进一步完善五大基地建设,即粮食基地、核桃基地、畜牧基地、种植基地、农产品加工基地。二是进一步健全农业服务体系,全面落实各项补贴措施和惠农政策,县财政用于农业农村的投入达到5860万元;组建县委第23批农村工作队,安排98个单位帮扶102个村;组织全县50个工商贸企业结对帮扶100个新农村建设重点推进村,投入资金1020万元。三是进一步推进新农村建设,形成了温池、西小坪等一批新农村建设示范村;完成206个村垃圾清运及卫生保洁工程,两年实现垃圾清运全覆盖;建成大型沼气池1座,大型秸秆气化炉1座,户用沼气500户,吊炕860户,秸秆气化炉2.4万户;“农户科学储粮工程”全面启动,已重点发展2000户。

通过完善县城建设促进市域城镇化建设。一是科学规划,完善了县域总体规划、控制性详规、重点区域形象设计、小城镇建设规划等的规划体系;共实施县城路网建设工程12项,总里程39.1公里,“三横三纵二环”的道路骨架基本形成。二是绿化造林,先后完成站前大街、太阳高速盂县段的通道绿化和沿线荒山绿化工程;积极打造东部生态旅游循环圈、西部水源涵养林循环圈和北部干果经济林循环圈三个林业生态循环圈造林工程;重点实施了石店煤业华北奕丰万亩生态农业综合开发项目;投入资金4900万元实施了通道亮化工程。三是完善路网,全力配合五盂高速、太阳高速和阳泉西外环高速做好征地拆迁工作,太阳高速公路3月6日建成通车,阳五高速公路二期盂县至五台段、阳泉西外环高速正在有序推进;围绕高速铁路、高速公路建设,完善互通路口建设和县乡公路网建设,打造晋东地区新兴交通枢纽。

二、大力提高社会民生质量

稳步推进民生工程。公共财政和经济发展成果更多关注民生,年初确定的10项为民办实事全部启动实施。完成211个村、1242公里农村街巷硬化工程;县城二期供水扩容工程完成1眼深井;县财政拿出1200万元为全县农民每人发放50元取暖补贴和农村低收入群众每户供应1吨暖心煤全部发放到位;农村无线数字电视通达工程完成8000户;城乡电网升级改造工程完成3条10KV高压线路改造;保障性住房建设工程进展顺利。

不断强化安全生产。深刻汲取玉泉煤业“7.26”瓦斯事故教训,县委多次召开专题会议进行安排部署,深入开展隐患排查和整改专项行动,严格实行“五人包矿”制度,全面加强行业监管,认真落实安全生产责任制,始终做到警钟长鸣、防患未然。

做好十八大安保维稳工作。严格落实县级领导包案制度,集中开展信访积案大化解活动,共排查化解各类矛盾476件次,实现赴省集体访零目标,进京非正常访大幅下降。深入开展社会治安重点整治“三项战役”;发挥公安和社区(乡镇)两个作用,推动网格化、点对点、人对人服务管理流动人口、重点人员、特殊人群;深入开展“打黑除恶”专项严打斗争,对各类违法犯罪保持高压态势。

大力发展文化体育事业。成功举办了首届盂县仇犹古国暨三晋文化学术研讨会和盂县首届全民运动会。全县公共文化服务体系达标率达到85.45%,排名全省第13位。

三、大力提升基层党的执政能力

坚持政治建设强素质。认真学习领会十八大精神,牢牢把握思想导向,注重加强党性教育,用党的新思想、新理论、新政策武装教育广大党员,通过加强思想政治建设锤炼党性、引领思想、凝聚力量、营造氛围。

坚持基层党建促提升。对全县科级领导干部、农村干部、大学生村官、非公党组织负责人、农村实用人才全部进行了培训,累计培训达4200余人次。组织2批次126名新提拔科级干部到井冈山进行理想信念教育;组织全县650名科级干部进行轮训。扎实开展基层组织建设年和晋位升级活动,实施机关与村组织帮扶共建工程,社区推行网格化管理,非公党组织实行党建指导员制度、开展“双强十好”争创活动。

坚持制度建设促保障。进一步完善了农村民主选举、决策、管理、监督,村务公开,农村集体经济审计等制度;健全完善了农村“四议两公开”工作法;实现了干部选拔、管理、考核等工作的科学化、民主化、制度化,共调整科级领导干部5批次63人。完善基层组织各项管理制度建设,推进基层党建联述联评联考“三联”工作。

坚持开展活动促转变。开展了百日、百村、百干部、百项目、百实事、百案件“六个百”干部下乡包村活动,机关干部深入基层,为农村群众办实事、解难事,在推进工作中加强各级作风建设。截至目前,案件已办理94件,办实事120件。

坚持反腐倡廉保纯洁。深入开展煤焦领域、工程建设领域反腐败专项斗争,进一步加强以“四资”管理为重点的农廉工作。抓好公路“三乱”、食品安全、机关作风、农资种子等治理,着力解决人民群众反映强烈的突出问题。积极推进政风行风民主评议活动。严格落实党风廉政建设责任制,坚决查处干部违法违纪案件。全年共受理信访举报112件,初核案件53件,立案45件,结案45件,处分党员干部72人。

(闫建国)

附:一、中共盂县县委书记、副书记、常委名单

书　记: 吕昌政(6月离职)　张玉斌(6月任职)

副书记: 苏秀瑞　荆存柱(7月离职)
武润珍(7月任职)

常　委: 武润珍　王　刚　高永红(8月离职)
靳毅刚　王海珠　刘淑英(女)
牛　芳(女,挂职,11月任职)

二、乡镇党委书记、副书记名单

秀水镇

书　记: 李海忠

副书记: 韩德健　李　杰

孙家庄镇
书　记：郭爱东
副书记：李东亮
路家村镇
书　记：王建华
副书记：李瑞峰　韩志坚
南娄镇
书　记：张丙福
副书记：杨献东　田晋中
牛村镇
书　记：刘家才
副书记：郭　华　王建军
仙人乡
书　记：王建明
副书记：闫东红　武俊志
北下庄乡
书　记：聂玉明
副书记：杨晓卫　高献瑞
苌池镇
书　记：张五太
副书记：赵红卫　任忠银
上社镇
书　记：王俊德
副书记：赵保红　梁会平
下社乡
书　记：韩志勇
副书记：侯秀英(女)　张永计
梁家寨乡
书　记：郭方恺
副书记：张利兵　韩俊宏
西潘乡
书　记：高尚明
副书记：赵剑涛　代建华
西烟镇
书　记：高彦青
副书记：郝志强　韩新生
东梁乡
书　记：刘淑英(女)
副书记：刘智华　庚保德

中共长治市委工作概况

市委书记　田喜荣

2012年，中共长治市委高举中国特色社会主义伟大旗帜，以邓小平理论、“三个代表”重要思想和科学发展观为指导，围绕迎接党的十八大、学习宣传贯彻落实党的十八大精神，按照省委、省政府转型跨越发展战略部署，团结带领全市广大干部群众，着力推动经济社会平稳协调快速发展，各项工作取得新进展新成效。

2012年，全市地区生产总值完成1328.6亿元，增长10.6%；财政总收入完成302.1亿元，比上年增长18.2%；一般预算收入完成133.5亿元，比上年增长27.9%；固定资产投资完成867亿元，比上年增长26.2%；社会消费品零售总额完成372.6亿元，比上年增长16.1%；外贸进出口总额完成11.489亿美元，增长48.3%；城乡居民人均可支配收入分别达到22548.9元和8120元，增长12%和14.5%，农民人均纯收入的增幅持续高于城镇居民人均可支配收入增幅。

一年来，市委主要做了以下五个方面的工作：

一、深入学习宣传贯彻党的十八大精神，切实把全市上下的思想和行动统一到中央、省委的决策部署上来

党的十八大和十八届一中全会闭幕后，市委把学习宣传贯彻落实党的十八大精神作为首要政治任务，召开全市领导干部大会进行学习传达，提出具体贯彻落实意见。会后，及时下发关于深入学习宣传贯彻十八大精神的《通知》，号召全市上下迅速兴起学习宣传贯彻落实热潮。市委常委，市人大、市政府、市政协主要负责同志带头到基层联系点和分管领域宣讲辅导。组建十八大精神宣讲团，深入机关、社区、农村、企业、学校宣讲26场次。举办5期集中轮训班，分批轮训市管干部980名。市四大班子领导分别作了辅导报告。各级各部门组织开展了形式多样的宣讲活动，有效凝聚起全市干部群众加快转型跨越、率先在全省建成全面小康社会的共识，在全市上下营造出学习宣传贯彻落实党的十八大精神的浓厚氛围。省委书记袁纯清充分

肯定了长治市贯彻落实十八大精神的新突破和新举措，批示《山西信息》摘发。《山西信息》在不到一周的时间内，先后两次从不同角度在头条位置刊发了长治市的做法。

二、牢牢把握第一要务，扎实推进“四化”建设

工业新型化迈出坚实步伐。为重点企业、项目争取到国家、省级各类扶持资金2.1亿元。实施千万元以上工业项目228项，总投资2019亿元。规模以上工业增加值全年预计完成879.3亿元，增长13%。新兴产业实现增加值125.7亿元，增长22.8%。20个销售收入百亿元以上非煤非电项目全部开工，成功汽车、潞安多晶硅、高科LED、潞安太阳能电池、金泽生物等10个项目实现部分竣工投产。不断拉长产业链条、增加产品附加值，形成了煤焦化、煤气化、煤电化、光伏、LED、镁合金、玉米深加工等多条较为完整的产业链。全市循环经济产值占工业总产值的60%以上，被列为国家级首批循环经济标准化试点城市。坚持走园区化承载、集约化发展的道路，建成工业园区31个，全年实现产值1300亿元，占全市工业总产值的62%。2012年实施的228个工业重点项目，有192个入园，入园率达到84%。全市新型工业化产业示范基地创建走在全省前列，高新技术开发区成为长治市首个国家级示范基地，城南工业园、襄垣富阳工业园、武乡蟠洪工业园、郊区漳泽工业园进入省级示范基地行列。现代物流体系初步建立，文化旅游产业继续保持快速发展势头，产业多元化发展格局正在加速形成。

农业现代化实现异军突起。不断提高农业综合生产能力，粮食总产量达到15.9亿公斤，创历史新高。新建扩建农业产业化项目112个，总投资95.9亿元，完成48.6亿元；农产品加工龙头企业实现销售收入118.9亿元，完成省任务的120%，全省排名第二。筛选确定了102个特色农产品产业支撑项目，总投资173.55亿元。引导资源型企业和非农企业投资农业项目33个，总投资40.5亿元。有序推进“一村一品、一县一业”，长子、沁县、壶关、长治县、武乡、平顺6个县被列为全省一县一业示范基地县。农民专业合作社发展到7354家，比上年增加1022家。新增设施蔬菜面积10.77万亩，完成省任务3.8万亩的207.6%，占全省总增量的一半多。部级蔬菜标准园区累计达到6个，省级蔬菜标准园达到7个，设施蔬菜建设综合工作全省排名第一，全省设施蔬菜生产流动现场会在长治市召开。加快农产品市场体系建设，改、扩建了两个农业部定点批发市场，重点扶持了20个产地批发市场。参加了山西特色农产品北京展销周活动，贸易签约项目117个，总金额66.18亿元；招商引资签约项目75个，总投资167亿元，两项签约额度均居全省第一。加大扶贫开发工作力度，投资5.4亿元实施扶贫开发项目389个，全市3.9万贫困人口稳定脱贫。

市域城镇化建设进程加快。围绕“一核双圈”城镇化发展空间布局，加快上党城镇群建设步伐。大力推进中心城区旧区提质和新区建设，实施了棚户区和城中村改造、“九纵九横”主干道畅通工程、污水处理厂二期等一系列城镇化标杆项目，市政公用设施投资达到32亿元，行政中心、企业总部园区、科教园区和文化创意传媒产业园区相继开工建设。6条城际快速连接线有5条竣工通车，另一条正在加紧建设。全市11个县城启动了一批城镇建设项目，投资5000万元以上的有25项，完成投资16亿元，大县城的综合承载能力进一步增强。同步推进大集镇、中心村建设，规划建设的53个大集镇，开工42个，完成投资48.15亿元；规划建设的240个中心村，开工122个，完成投资16亿元。加快农民市民化进程，以城中村城边村改造为切入点，成建制有序将村民转为城市居民。制定了6条落户政策，重点解决进城3年以上农村务工人员转为城镇户口问题。市县两级均设立了城镇化专项资金，用于解决农民转为市民后的低保、医保、教育、住房等问题，让转户农民享受与原住市民同等待遇。全市新增城镇人口22.2万人，城镇化率达到了49.8%，比上年提高6.37个百分点。全省城镇化推进会在长治市召开。

城乡生态化有效巩固提升。投资16亿元，开工了漳泽湖清淤治污综合治理工程，力争在两年时间内全面改善漳泽湖水环境，为建设全国“两宜”城市注入新活力。扎实推进林业生态建设工程，造林52.9万亩，完成省任务的186.4%。加快森林城市创建步伐，38项基础指标基本达到要求，正在迎接国家林业局检查验收。城市建成区绿化覆盖率达到45%，绿地率达到40.29%，所有县市区全部进入省级园林县城行列，市区和武乡、壶关、潞城被评为国家级园林县城（市）。狠抓节能减排，淘汰落后工艺设施23座，涉及18户企业全部关停，淘汰落后产能491万吨。万元GDP能耗预计降幅3.6%，可超额完成省下达节能指标。节能工作连续5年全省排名第一。推进蓝天碧水扩容提质工程，继续加强浊漳河流域生态治理和太长高速路沿线环境整治，太原—长治煤层气输气管道贯通，促成华润燃气项目落地。城市集中饮用水源地辛安泉水质达标率100%，空气综合污染指数持续下降，稳步达到国家二级标准，连续七年名列华北第一。

招商引资和项目建设取得新突破。全年签约项目299个，总投资3956亿元，签约额居全省第二。各县市区和高新技术开发区均超额完成了年初安排的项目签约、资金到位任务。中国五矿、华润集团、德国西门子、大唐集团、红星美凯龙等一批世界500强和国内外知名企业纷纷入驻长治市发展。新签项目落地229个，落地率76.7%，到位资金590.26亿元，完成省年度任务496.5亿元的118.8%，全省排名第三。

综改试验区建设迈出实质性步伐。大力驱动“制度创新、科技创新、金融创新”三个轮子，全面推进转型综改试验区建设各项工作。在全省观摩点评会上，省委书记袁纯清对长治市作出了“各项工作敢争先、转型跨越站头排”的整体评价。科技创新方面。2012年，财政用于科技的投

入为2.58亿元，增长11.69%，比当年经常性财政收入增幅高4.17个百分点，拉动全社会用于科技研发的投入达到17亿元，占当年GDP的1.28%。两年来，全市申请专利2514项，为全省第二。新建院士、博士（后）工作站18个，累计拥有院士和博士（后）工作站27个，正在报批申请建设的还有4个。发展市级企业技术中心41个。科技人才支撑着高新技术，催生出LED、成功汽车、大功能储电池、纳米碳、低温发电机等30多个高科技新型产业项目，规划、洽谈和准备实施的高科技项目有8个。金融创新方面。率先在全省出台了《关于大力推动金融业发展的实施意见》和《金融服务实体经济发展十条措施》。市县两级成立了金融办公室。以打造“长治华尔街”为目标，建立了金融e站，吸引了北京摩根泰达、天交所、华龙证券等11家金融机构进驻。新引进浦发、交通、华夏、兴业4家股份制银行。中信银行、晋商银行将在长治市设立分支机构，现已选址并成立了筹备组。完成了长治商业银行增资扩股改造，争取更名为“长治银行”。积极推进有条件的农村信用社改制为农村商业银行。成立了两个村镇银行。发展小额贷款公司31家，注册资本30.57亿元。开展企业上市辅导和私募债券发行工作，市政府与天交所签署了战略合作协议，设立了天交所长治办事处，安排了10家上市辅导企业。协助华南纸业在天交所挂牌交易，壶化集团、中德型材等企业也将很快上市。沁源县沁新集团短期9亿元债权发行在即。引进太平洋集团、泛华建设集团，采取BT、BOT、TOT方式，力争在5年内为上党新区建设融资500亿元。与此同时，信贷增量支持地方经济能力明显提高，全年新增贷款110.7亿元，增长15.2%。制度创新方面。继续坚持和完善“六七八”工作机制，不断深化行政审批制度改革，减少审批项目，优化审批流程，确保重点项目享受“一站式”服务。公开招录了200名大学生“企官”，解决了民营企业引进人才难的问题。深化文化领导体制改革，县（市、区）委常委、宣传部长兼任副县（市、区）长，市委常委、宣传部长兼任市政府党组成员，文化产业和文化事业发展实现了一个口子管理。

三、加强宣传思想文化工作，着力打造文化强市

一是加强新闻宣传和舆论引导工作。围绕中央和省委重大决策部署，开展“喜迎十八大、岗位做贡献”和“科学发展、成就辉煌”等主题活动，形成了喜迎十八大的浓厚氛围。深入研究和大力弘扬“太行精神”和“纪兰精神”，总结提炼出“平和睿智、包容大度、勤奋敬业、长治久安”的长治人文精神。建立健全新闻舆论引导处置机制，进一步完善突发事件新闻发布工作，及时发布权威信息，回应社会关切。推进网络文化建设，突出抓好互联网、手机等新兴媒体的建设、运用和管理。加大对外宣传力度，主动邀请主流媒体，采访报道长治市事业发展取得的新成效，提升了长治对外形象。

二是深入开展思想道德建设和精神文明创建工作。以公民思想道德建设为抓手，培育“长治好人”群体，打造“好人城市”品牌，先后评选、表彰“长治好人”1万余名，成为山西省道德楷模最多的城市。未成年人思想道德建设取得新突破，在中央文明办组织的专项测评中，长治市名列全国地级城市第26名，全省惟一。深入开展群众性文明创建活动，先后涌现出全国精神文明建设先进典型31个，全省各类精神文明建设先进典型200多个，名列全省第一，率先在全省形成了第一个文明城市群体。

三是大力发展文化事业和文化产业。扎实推进国家公共文化服务体系示范区建设，实现了文化活动场所全覆盖，公共图书馆、文化馆（站）、博物馆、文化信息资源共享工程网点、农家书屋全部免费开放。推进文化惠民系列工程，继续举办“周末大剧院”、公益电影免费放映等活动，丰富了群众文化生活。文物和非物质文化遗产保护进一步加强。推进以八路军文化园区、太行山大峡谷、太行水乡、仙堂山、黄崖洞等为重点的文化旅游集散地建设，文化旅游产业链基本形成。精心组织了八路军文化节、国际攀岩节、端午民俗文化节等文化节庆活动，收到了良好的经济效益和社会效益。繁荣文艺创作，打造了一批文艺精品，6件曲艺作品获中部六省曲艺大赛一等奖，6部地方戏剧在山西省“杏花奖”评选中获新剧奖。

四是深入推进文化体制改革。推进文化产业规模化发展，加快组建报业、广电和演艺三大文化企业集团。推动已转制文化企业建立现代企业制度，完善法人治理结构，成为自主经营、富有活力的现代文化市场主体，被中宣部、文化部、国家广电总局、新闻出版总署表彰为“全国文化体制改革工作先进地区”。

四、全面加强社会建设，切实保障改善民生

一是扎实推进农村新的“五个全覆盖”工程。截至9月底，长治市农村新一轮“五个全覆盖”已提前全面完成。农村街巷硬化完成3449个村12396.6公里，建设里程超省任务1466.7公里。建成农村便民连锁商店1426个，超省任务24个。农村文化体育场所、中等职业教育免费和新型农村社会养老保险三项工程提前一年实现全覆盖。

二是着力加强就业和社会保障工作。以帮助大学生就业和农村劳动力转移为重点，全力推进创业就业工程，城镇新增就业人数4.22万人，转移农村劳动力4.6万人，分别完成年度任务的136.1%和152.3%。城镇登记失业率为1.85%，远远低于省控4.2%的目标。进一步提高了城乡低保对象最低生活保障标准，发放临时价格补贴412.23万元，把临时救助资金列入了财政预算。按时、保质、超额完成了农村贫困户吨煤发放工作，为77.3万农村人口发放冬季取暖用煤84.5万吨。积极推进廉租房、经济适用房建设、城中村改造和农村困难群众危房改造，开工建设各类保障性住房21341套，竣工2598套，综合排名全省第三。

三是统筹推进教育、医疗卫生等各项社会事业。加大

教育经费投入，新建幼儿园89所，走在全省前列。义务教育阶段巩固率达99.85%，义务教育学校标准化工程进展顺利。提前完成中职教育免学费全覆盖工作，中职教育质量明显提升。加强教师队伍建设，为市直学校选拔高学历教师367名，为师资薄弱的县市区招聘特岗教师80名。组织1000余名城镇教师赴农村学校进行对口支教。启动县域卫生综合改革，实现了基本公共卫生服务、卫生资源配置、基本医疗保障、药品供应等一体化统筹推进，全市医疗卫生服务能力全面提升。新农合参合率稳步提高，达到99.53%，全省领先。人口计生工作整体提升，全省“三晋康家”工程推进现场会在长治市召开。与此同时，体育、慈善、史志、科普等工作都取得新的成绩。

四是坚持不懈狠抓安全生产工作。深刻汲取“4·12”事故教训，出台了进一步加强安全生产工作的“双十条”意见。严格落实“一岗双责”，形成了较为完善的安全监管保障体系。深入开展了对煤矿、非煤矿山、危险化学品、尾矿库、道路交通、森林防火、特种设备、建筑施工、食品药品、中小学校等重点行业领域的安全生产专项整治和打非治违专项行动。积极推动本质安全型企业、本质安全型社区、本质安全型路段等创建试点，逐步实现创建本质安全型城市工作的全覆盖。被国家安监总局列为全国安全发展示范城市。全年全市共发生各类生产安全事故425起，死亡231人，同比分别下降20.6%、0.86%。

五是扎实做好社会管理和维护稳定工作。建立完善了三级党委书记抓维稳的工作运行机制，全面加强和创新社会管理。统筹基层组织资源和公共服务资源，在城市社区实行了网络化管理新模式，在农村广泛开展了“六小民务”服务管理活动，在民族宗教集中区域推进了“共建共荣”服务新模式。严厉打击各种违法犯罪活动，从2010年起连续3年实现现行命案全部破获，影响群众安全感的八类案件发案率比上年同期下降6.4%，公众安全感连续7年保持在95%以上。全省加强和创新社会管理工作现场会在长治市召开。坚持依法治访，采取源头疏导、开门调处、依法化解的方法，对人民群众反映事项及时办理。市公开电话办理中心累计受理短信和来电18.6万条，群众满意率达到80%。全市排查不稳定因素650件次，基层矛盾纠纷调处成功率保持在85%以上。全面引深领导干部大接访，市县两级领导共接待群众来访2638批次，解决问题3064个。在12月全国综治办主任座谈会上，长治市作了典型发言。强化领导包案制度，解决疑难信访案件，省交办的244件信访积案办结率100%。进京非正常上访得到有效控制，党的十八大期间，实现了进京“零上访”。

五、全面加强党的建设，执政能力有效提升

一是扎实推进学习型党组织建设。市委中心组先后组织集中学习15次，听取专家学者专题讲座11次，围绕加快转型跨越、全面建成小康社会组织开展专题调研，形成了一批理论成果。探索形成了以“专家讲学、自主选学、高端教学、因需施学、网络送学、实践促学”和“实名调学、跟班督学”为主要内容的“6+2”干部培训管理模式，举办领导干部理论进修、高级研修、业务培训、自主选学、市外培训、国外培训等多个班次，培训干部6500余人次。充分发挥市委党校在干部教育培训工作中的主渠道作用，借助“山西干部在线学院”网络学习平台，拓宽了党员干部的学习渠道。

二是深入开展创先争优活动。深入开展了保持党的纯洁性学习教育活动，在农村、街道社区、机关事业单位、窗口单位、服务行业等基层党组织以及群团组织中深入开展了“转型跨越促发展，上党先锋走在前”等一系列主题实践活动，涌现出了一大批先进典型。深入开展干部下乡住村包村增收“六个一”活动，各级党员干部深入基层、共促发展，市县乡三级领导干部住村包村2527个，组织开展各类帮扶活动40961次，投入帮扶资金1.63亿元，帮助群众解决实际问题21484个。长治市的“万名干部下乡住村‘六个一’活动”被人民网评为全国创先争优十佳案例，全省干部下乡住村包村增收工作现场会在长治市沁县召开。

三是加强领导班子和干部队伍建设。深化干部人事制度改革，在全省率先推行了市、县两级常委会任免干部票决制度、干部多元提名、干部档案任前审查、干部双向挂职锻炼等制度。进一步健全和完善年度目标责任考核体系，落实干部管理“六项制度”，形成了奖优惩劣的鲜明导向。作为全国、全省试点，深入开展了干部人事档案专项清理工作。圆满完成了市人大、市政府、市政协换届工作。严格执行市县两级常委会“一报告两评议”制度。2012年，调整市管干部357人。其中，提拔91人、平调71人，军转安置19人，免职176人。选任过程程序严谨，公开公正，没有违法违纪问题。

四是加强基层党组织建设。对全市8762个基层党组织进行了分类定级、整改提高和晋位升级，开展农村“领头雁”培训工程，培训农村“两委”干部5918人次。实施了大学生村干部“两委”主干培养工程和“创业行动计划”。广泛实施了“三级联述联评联考”制度。

五是全面加强反腐倡廉建设。加强监督检查工作，对依法行政情况进行了专项督查，对全市实施的1341个省市重点项目进行了8轮整体督查和7次重点抽查，查处各类违规违纪案件81件，对123人进行了问责。推行阳光党务，不断强化对权力的监督制约，促进权力透明运行。加大重点案件查办力度，各级纪检监察机关全年共立查案件822件，处分党员干部971人。深入开展煤焦领域反腐败专项斗争，有效遏制煤焦领域腐败案件易发多发势头。全面整肃工作纪律，严厉整治吃拿卡要、不作为、慢作为、乱作为等损害发展环境的行为。

(靳彬彬)

附：中共长治市委书记、副书记、常委名单

书　记：田喜荣

副书记： 张　保　李年善（5月离职）
董　岩（3月任职）
常　委： 董　岩　李国隆　薛永辉（4月离职）
尚宪芳（3月任职）　潘贤掌　王维卿（女）
李东峰　高建国　郭康锋（3月任职）
王玉圣　李志平

中共长治市城区区委工作概况

区委书记　孙刘琳

2012年，面对经济社会的复杂形势和转型跨越的艰巨任务，区委、区政府团结带领全区干部群众，紧紧围绕建设“四宜”城区目标，大力实施“双擎四驱”发展战略，扎实开展“五个年”活动，有力提升“五个度”水平，全区经济社会呈现出好中求快、稳中求进的发展态势。

全年地区生产总值完成151.2亿元，同比增长8.5%；规模以上工业增加值完成18.9亿元，同比增长5.2%；全社会固定资产投资完成107.9亿元，同比增长25.3%；财政总收入完成20.48亿元，同比增长9.9%；一般预算收入完成4.32亿元，同比增长12.3%；社会消费品零售总额完成215.3亿元，同比增长16.1%；城镇居民人均可支配收入达到2.26万元，同比增长12%；农民人均纯收入达到9373元，同比增长15%。

全年共获得国家部委荣誉9项，省级荣誉97项，市级荣誉127项，并在全市重点项目建设大观摩活动中赢得第三名的突出成绩。全区转型跨越发展的步伐更加坚定从容，建设“四宜”城区的基础更加坚实牢固。

全年统筹推进了五项重点工作：

（一）突出一个“快”字，全力攻坚项目建设。致力于招大商、引大资、上大项目，先后与50余家国内外知名企业开展项目洽谈，并与25家集团公司签定合作协议，签约金额达到282亿元。仅用20天时间，完成了与北京地雅集团、山西田森集团的项目洽谈和签约；一个月内为LED、悦达家乐福、红星美凯龙等重点项目提供建设用地468亩；3个月内，两次集中开工了总投资102亿元的11个重点项目；6个月内完成了万吉大厦项目涉及的70余户居民建筑的拆迁任务；8个月内完成了玛钢厂改制工作，安置职工1200余名；9个月内，实现了总投资92亿元的40个重点项目顺利竣工；全年推进的总投资416亿元的100个重点项目完成投资77.8亿元，占到年度目标任务的122%，在项目的招商签约、前期服务、开工建设等各个环节创造了全区的“新纪录”。

（二）把握一个“稳”字，加强创新社会管理。致力于夯基础、保稳定、促和谐，精心打造了具有全国首创意义的“三位一体”网格化社会管理服务信息平台，帮助群众解决问题11万件，被国家科技部列入“科技惠民计划”。强力推进了“六星示范社区（农村）”创建活动，改善了安康、淮北等一批社区服务用房，创新了“延时服务、错时服务、择时服务”等服务方式，涌现出长兴、电力、广场西等10个“六星”示范社区，马坊头、新民、李家庄等5个“六星”示范农村，形成了基层工作“比、学、赶、超”的浓厚氛围。深入开展了安全生产隐患排查和专项整治，实现了安全生产“零事故”目标。扎实开展了“社会矛盾大排查大化解”和“综合治理专项行动”，排查化解了一大批矛盾纠纷，打击了各类违法犯罪活动。全面启动了区级领导、民族宗教人士、律师和法律工作者三个层面的“一岗双责”社会履职活动，实行了“六抓六制四包四问责”信访维稳工作机制，集中化解和处置了一批疑难信访案件，实现了十八大期间“零上访”。

（三）围绕一个“优”字，着力提升服务水平。致力于办实事、强服务、惠民生，高标准建设了城中村改造展示中心，完成了100万平方米的拆迁任务，开工建设了53万平方米的安置楼，李家庄、南石槽、南关等500余户城中村居民喜迁新居，推出了一批“城改典型”和“拆迁先锋”。大力实施“垃圾不落地”工程，增设了垃圾收集点，添置了垃圾运输车，规范改扩建了32所公厕、120个公共澡堂和177个便民服务网点，绘制了一张布局科学、服务多元的“城管便民地图”，市容环境卫生得到持续改善，蝉联了省级卫生区17连冠。圆满完成了年初确定的10件惠民实事，出资110万元实施了环卫清扫职工“暖心早餐”工程，为全区3400余名社区干部、市容环卫职工和公益性岗位人员提高了工资待遇；投资4200万元，新建了淮海、安康两所高标准幼儿园，开工建设了淮海小学二期、华丰路小学改扩建项目；投资1900万元，开工建设了长治市精神卫生中心住院楼项目；投资2000万元，用于老年公寓和20个社区（农村）居家养老试点建设，并为600多名孤寡老人安装了“智能养老服务一键通”呼叫器；全年新增城镇就业岗位4000余个，创业带动就业1200余人，群众的满意度和幸福指数稳步提升。

（四）体现一个“特”字，推进文化旅游开发。致力于突主题、创特色、展亮点，开展了各类文明创建活动，完成了新一轮全国文明城市测评考核任务。投资520万元为街道、社区和农村配置了各类文体器材，全区综合文化站、农家书屋和文化活动室实现了“全覆盖”和“全开放”。编制了东山旅游服务区总体规划和控制性详细规划，建成了

“五纵一横”的景区环山旅游交通公路；启动了刘伯承工厂、潞商文化园、农耕体验中心等东山旅游系列项目，全区的文化旅游事业得到蓬勃发展。

(五) 注重一个“实”字，全面加强党的建设。致力于筑堡垒、提素质、转作风，开设了“专家讲座”和“处级干部大讲堂”，组成了十八大精神宣讲团，深入基层开展了多层次、全方位的宣讲活动，并与下乡驻村活动相结合，帮助基层制定发展规划78个，为群众办实事1800多件，充分发挥了党建引领带动作用，真正让党建工作贴近实际、贴近群众，增强了党建工作的针对性和实效性。大力支持人大及其常委会依法行使职权，人大对全区重要工作、重点项目“督”出了进度，“问”出了效果；大力支持人民政协依章履行职能，政协在民主监督、参政议政方面“建”了真言，“献”了良策；切实加强党管武装和统战工作，国防动员基础设施和民兵应急队伍得到加强，统战“同心”品牌及民族宗教工作受到中宣部和中央统战部表彰；充分发挥群团组织的社会功能，工会、共青团、妇联等组织在联系群众、服务社会、保障权益等方面起到了积极作用。严格贯彻新一届中央领导班子“八项规定”，出台了“转变工作作风、密切联系群众”的29条规定，强化了广大干部的宗旨意识和务实作风。认真落实党风廉政建设目标责任制，加快建设具有城区特色的惩防体系,坚决查办重点领域和关键环节中的违法违纪案件，全年立查各类案件8件，立案涉及人数16人，处理违纪人员15人，营造了风清气正、清廉为民的干事创业环境。

(申卓潭)

附：一、中共长治市城区区委书记、副书记、常委名单

书　记：孙刘琳（女）

副书记：胡　坚　宋福庭

常　委：王沁平　王现敏　牛文庭　秦玉琪　李　峰　付云波　崔云峰

二、街道党工委书记、副书记名单

常青街道

书　记：牛庆红

副书记：（暂缺）

五马街道

书　记：秦航宇

副书记：武国宏

东街街道

书　记：张　琼

副书记：李　诚

西街街道

书　记：焦明珍

副书记：马俊林

太行东街街道

书　记：王宇红

副书记：魏理伟

太行西街街道

书　记：侯　敏

副书记：樊义忠

英雄中路街道

书　记：田向红

副书记：杨卫中

英雄南路街道

书　记：王路敏

副书记：张　玲

紫金街道

书　记：栗　玮

副书记：张玉斌

延安南路街道

书　记：郜治平

副书记：郝庆华

中共长治市郊区区委工作概况

区委书记　王辅刚

全区共有各级党（工）委16个，党总支部33个，党支部521个，中共党员总数达到9383人（其中女党员1882人）。

2012年，郊区区委围绕迎接党的十八大、学习十八大、贯彻十八大，团结带领全区干部群众，努力克服体制性、机制性和观念性制约，深入实施“三四四五”战略，全力推进转型跨越发展，加快建设全国百强县区，经济、政治、文化、社会、生态文明和党的建设取得了令人鼓舞的成绩。

经济建设平稳较快发展。坚持以科学发展为主题，以转型发展为主线，以跨越发展为目标，持续保持了经济快速发展的良好势头。全区地区生产总值完成170亿元，同比增长17.5%；规模以上工业增加值完成130亿元，同比增长26%；固定资产投资完成114.9亿元，同比增长27.5%;社会消费品零售总额完成30.3亿元，同比增长15.9%；财政收入完成30.76亿元，同比增长21%；一般预算收入完成5.92亿元，同比增长49.3%；城镇居民人均可支配收入达到26097元，同比增长14.2%；农民人均纯收入达到11076元，同比增长17%。各项主要经济指标逆势上升，均以两位数高速增长，超过了全省、全市平均增幅。在全市考核的8项指标16项排名中，郊区有13项名列全市前三，综合经济水平和竞争力有了质的飞跃。

民主政治建设进一步加强。坚持和完善“一个核心、三个党组、多个口子”的领导格局，认真落实层级负责制，进一步完善党委领导经济和社会管理工作的体制机制，制定出台了学习培训、科学决策、干部选任、联系群众、监督制约等14项决策议事和监督制度，用制度保证区委决策的科学民主。加强了党对人大、政府、政协工作的领导，大力支持区人大及其常委会依法履行监督职能，支持政府及其部门按照职责权限依法管理日常工作，支持和保证人民政协履行政治协商、民主监督、参政议政职能，依法治区水平不断提高。注重调动全区干部群众的积极性和主动性，发挥社会各方面的力量，全力以赴、步调一致地开展工作，推动发展，全区上下形成了干事创业的良好氛围。

文化强区建设取得新成绩。以迎接十八大、学习十八大、宣传十八大、贯彻十八大为重点，精心组织党的十八大精神的学习宣传贯彻落实工作。区委中心组率先垂范，第一时间组织学习十八大精神，区四套班子领导带头下基层宣讲，并对副科级以上干部进行了集中轮训，形成了学习宣传贯彻落实党的十八大精神的浓厚氛围。全力抓好社会主义核心价值观教育，在全区形成了共同理想信念和强大精神支柱。扎实推进文化事业和文化产业发展，制定出台了《关于加快文化强区建设的意见》，完善了文化建设的配套政策，设立了文化产业和农村文化事业发展专项资金，大力推进文化工程建设，发展文物旅游事业，被市委、市政府命名为“文化建设先进区”，荣获“2012亚洲金旅奖·最具民俗特色旅游区”和“中国十佳最具投资潜力文化旅游目的地城市”两项殊荣。

社会各项事业全面进步。扎实推进民生工程建设，率先在全市完成了省市确定的新的“五个全覆盖”工程任务。全面完成了中小学校舍改造工程，启动了幼儿园建设、“一颗鸡蛋一两肉”营养餐工程，加强了校车、学校食堂安全等各项安全管理,全区学前三年幼儿毛入学率达到95%，高中阶段毛入学率达到96.5%，义务教育阶段入学率达到100%，高中和中等职业教育免学费覆盖率达到100%。进一步健全了区、乡、村三级卫生服务网络和城镇社区卫生服务体系，大力实施创业就业工程，建立健全各项社会保障制度，城乡低保对象实现了应保尽保。2012年用于民生事业的支出高达3.6亿元，比2011年增长21%。围绕群众权益维护、公共安全保障、社会管理服务等关键环节，建立了“三五”社会管理机制，全面整合公安、司法、信访、农委、人社、民政、国土、住建、工商、书记区长公开电话办理中心等管理资源，在区、镇两级建立了社会管理服务工作平台，建立了区、镇、村、网格“四级”联动信息网络，社会管理水平明显提高，是全省3个最早实现社会管理信息化全覆盖的县区之一。

扎实推进城乡生态化建设。以节能降耗和治污减排为突破口，坚持环境治理和保护不动摇，2012年全区二级以上天数达到355天，万元工业增加值综合能耗下降9.5%；大气综合污染指数为1.57，同比减少0.08，减幅为5.4%，主要污染物减排量全部控制在市控指标之内，荣获“中国生态建设示范区”荣誉称号。狠抓过境通道增绿提档、农田林网和干果经济林建设，大力推进园林村庄、园林单位、园林企业创建工作，进一步深化以硬化、绿化、净化、亮化、美化、白化为重点的“生态文明建设百村竞赛”活动，生态环境和城乡面貌发生明显变化，为全区人民创造了一个健康幸福的生活环境，为长治市打造了一个绿色、卫生、整洁、秀美的周边环境。

全面提高党的建设科学化水平。按照党的十八大提出的“努力提高党的建设科学化水平”的总要求，以党的执政能力建设和先进性、纯洁性建设为主线，扎实开展了保持党的先进性和纯洁性学习教育活动，引深了创先争优活动，各级领导班子和党员干部的思想素质和执政能力得到进一步提高。以全省“基层组织建设年”为契机，全面加强农村社区、企业、机关、学校基层党组织建设。在全市13个县（市、区）率先成立了非公有制经济组织工作委员会，实现了党的组织和党的工作“两个全覆盖”，共新建非公党支部101个，应建尽建率达到100%。坚持标本兼治、综合治理、惩防并举、注重预防的方针，着力构建教育、制度、监督并重的惩治和预防腐败体系，扎实推进党风廉政建设和反腐败工作。建立健全了区直机关“保五争三”、乡镇“百分制”考核工作机制，大力推行“三个三分之一”工作法和“四个一”工作落实机制，为转型跨越发展提供了坚强的政治和组织保证。

（王丽芳）

附：一、中共长治市郊区区委书记、副书记、常委名单

书　记：王辅刚

副书记：金所军　桂元平　张耀华（8月任职）

常　委：李维祥　赵九大　卢展中　牛晨霞（女）
王跃林（8月任职）　王喜富
何庆红（8月任职）

二、乡镇（街道）党委（党工委）书记、副书记名单

西白兔乡

书　记：龙玉民

副书记：原青山

黄碾镇

书　记：尹秀丽（女）

副书记：曹高峰

马厂镇

书　记：李彩虹

副书记：郝利兵

大辛庄镇

书　记：李保增

副书记：张　龙

堠北庄镇

书　记：王　峰

副书记：田　力

老顶山镇

书　记：常峰旭

副书记：许卫泓

故县街道

书　记：原　勇

副书记：李　健

长北街道

书　记：杨　明

副书记：赵慧军

老顶山旅游开发区管理局

书　记：崔士钧

副书记：王跃进　王国文

中共长治县委工作概况

县委书记　裴少飞

全县共有基层党组织777个，其中党委25个，党总支36个，党支部716个。共有党员18997名，其中女党员2987名，农村党员11769名。

2012年，长治县坚持以邓小平理论和“三个代表”重要思想为指导，深入贯彻落实科学发展观，认真学习贯彻党的十八大精神，围绕建设“两宜”城市决策部署和一系列稳增长、保稳定政策措施，牢牢抓住全省综改试验和扩权强县历史机遇，努力克服经济下行压力加大等诸多不利因素影响，解放思想，改革创新，先行先试，率先突破，加快推进“四个发展”，全力冲刺“全国百强”，全县经济社会文化各项工作成效卓著，再创新高。

一、百强引领，率先突破，综合实力稳步提升

2012年，面对国内经济下行压力，县委及时调整发展预期目标，积极采取应对措施，全县上下凝心聚力，大胆突破，扎实苦干，奋勇开拓，县域经济综合实力再上新台阶。截至年底，全县财政总收入累计完成57.3亿元，比上年增长21%，成为全市第一家突破50亿元的县区；一般预算收入完成18.2亿元，同比增长19.7%。全县全年地区生产总值完成180亿元，同比增长12%；社会消费品零售总额完成18.9亿元；规模以上工业增加值预计完成115亿元，同比增长12%；城镇居民可支配收入预计达到2.15万元，同比增长13%；农民人均纯收入预计达到1.08万元，同比增长19%。

二、园区承载，项目攻坚，工业新型化强势推进

（一）传统产业改造升级。截至年底，县管辖18座矿井全面升级改造，完成投资11.2亿元，占年计划任务8.6亿元的130.2%。其中，有7座矿井经批准开始联合试运转。全县煤炭产能持续提升，生产原煤达到1250万吨（含经坊、王庄），较上年同期增长6%。

（二）“双百”项目工程扎实推进。按照省市委项目建设要求，长治县加快项目建设储备、签约、落地、建设“四位一体”项目推进机制，围绕产业转型、城乡一体、生态建设、社会民生四个方面筛选了2012年“双百项目”工程200个，大打项目建设攻坚战。“双百项目”，即投资1000万元以上项目100个，总投资562亿元；投资1000万元以下项目100个，总投资67亿元。截至年底，全县储备项目55项，总投资1021亿元；签约项目46项，签约金额716亿元；落地项目125项，落地金额156亿元；“双百项目”累计完成投资143.7亿元，占市下达任务116亿元的118%，全市排名第一，其中在建市级重点项目121项，完成投资138.6亿元，开工率达到100%。项目建设“四位一体”指标全部超额完成市下达指标任务。

（三）“三大企业方阵”梯队形成。围绕高科技、高就业“两高”方向，通过出台优惠扶持政策，着力构建企业集群，推进梯队发展，形成三大企业方阵。截至年底，百亿龙头企业集团加快发展。其中，成功汽车具备12万辆生产能力，进入批量生产阶段，产品进入厄瓜多尔等南美国家，被列入全省百强潜力企业；与湖南大学联合，新上年产10万台变速箱项目，企业综合竞争力不断提高。易通钕铁硼与上海罗德康普强强联合，合作生产的空压机已经全面走向市场；与天津大学合作的“973”计划课题成果成功转化的第一台低温发电机组于10月16日正式下线，是我国首台低温余热发电机组，其技术在国内处于领先地位，发展潜力巨大。未来五年，易通集团将整合资源，扩大投资额度，致力于打造中国低温发电产业城。振东制药成为商务部第一批典型药品流通企业，百亿片剂建设项目进入生产阶段。我省最大的光伏玻璃生产企业日盛达集团承担的500兆瓦光伏玻璃项目进展顺利，设备正在安装调试阶段，基本具备生产条件。惠丰特车、森特重机、华鹏铝塑等20个产值10亿以上的大型企业进展顺利；设施农业、商贸、纺织、建材等100个产值5000万元以上的企业快速推进。积极落实各项扶持政策，中小微企业健康发展。一大批投资强度大、科技含量高、市场前景好的产业项目成长迅速，

一个大企业“顶天立地”、小企业“铺天盖地”的梯队发展格局已经形成。

（四）“四大产业园区”扩规上档。按照顶层设计、高端对接原则，按照合理布局、集约发展的原则，科工贸产业聚集区、太行山农产品物流园区、中国太行国际医药健康产业园区、新型工业创业园区“四大园区”加快推进，促进产业集聚，形成规模优势。

三、龙头拉动，培育特色，农业现代化扎实推进

（一）农业龙头企业带动增强。振东五和、芸生粮业、康寿园食品3个亿元企业以“企业+农户+基地”的形式延伸带动，组成三个大型生产、加工、销售循环圈，带动农民专业合作社近300户，在全县形成农企带动的农业现代化发展格局。全年，农产品加工龙头企业销售收入达3.5亿元，占市下达任务3.31亿元的105.7%。

（二）特色农业成效显著。根据各乡镇、村特点，分别建设了一批养殖、蔬菜种植、农业观光等农业项目，带动了农民增收致富。截至年底，全县新建或扩建特色养殖场36个，其中千万元以上规模健康养殖场达到8个。其中，“一县一业”生猪产业基地建设成绩突出，建成省级以上生猪标准化养殖示范场4个，国家储备肉活畜储备基地4个，年出栏万头以上生猪养殖场8个。新增设施蔬菜面积0.826万亩，总面积达2万亩以上，其中日光温室大棚1.5万亩，移动大棚0.5万亩。同时，依托洁思、金科、东升等养殖公司，以生猪饲养为基础逐步向饲料加工、无公害蔬菜种植、有机肥生产、沼气利用等多领域延伸，形成了独具特色的循环经济产业链。

（三）农民收入普遍提升。高度重视耕地保护工作，全县耕地占用基本实现占补平衡。严格执行各项惠农补贴政策，落实各类强农惠农补贴资金1.2亿元。加大科技培训力度，对农户进行玉米新品种配套栽培、沼气建设、农作物病虫害防治、节能大棚建造等技术开展培训，确定1000名科技示范户和100名农技指导员，培训农民达3万余人次，转移劳动力6000余人。继续实施测土配方施肥、玉米丰产、坡地综合治理等农业技术项目，农机作业水平稳中有升，粮食产量稳步提高。2012年，全县粮食总产量达到1.4亿公斤，超过市下达任务17个百分点；农民人均纯收入突破万元。

四、统筹城乡，同城发展，市域城镇化成效突出

（一）“一轴两区”城市格局形成。“市区—县城—荫城”城际快速通道主轴线全线贯通。在与长治市区实现对接的基础上，2012年向南延伸到荫城。截至年底，该工程已投资2.4亿元，完成工程量的45%，预计2013年10月可建成通车。

北部城市区，全年投资1.6亿元，完成了学府街新建、光明路拓宽改造、英雄南路修复、城际快速通道设施完善等工程，“五纵十横”道路框架搭建完成。科工贸产业聚集区大力度推进，高标准建设涉及24个行政村、总投资123.2亿元的城乡一体化项目，截至年底，已全面铺开；总投资13亿元的产业聚集区信义生活区建设项目，已完成投资2.86亿元，城乡一体化配套设施建设项目已完成投资15亿元，山西太行CBD国际中心项目，已完成投资2.67亿元。第二热源厂及二期县城供热、县城集中供气、保障性住房、经济适用房、民生大厦等项目进展顺利。全县城乡一体化工作进入建设的逐步加速期、效果的快速显现期。

城镇区依托南部丰富的文化旅游资源和山青水秀的宜居优势，以荫城镇为中心，按照集聚8万人口的规模，打造南部次中心城镇。2012年，荫城镇按照小城镇聚集区推动、设施农业区带动、新型工业创业园区拉动、中心社区促动的“四轮驱动”，重点实施了城际快车道南延、红旗路改造、镇区集中供热、寄宿制小学等配套工程，完成投资1.8亿元。特别是总投资4.8亿元的荫西旅游公路，于11月4日建成通车，将荫城古镇、南宋五凤楼、振兴新区、天下都城隍等旅游景点连为一体，形成了长治县南部独具特色的文化旅游圈，带动了全县旅游业的快速发展，推动了以荫城为中心的南部城镇区快速发展。

（二）“一城五镇五十村（区）”规模扩张。县城围绕集聚20万人口的目标，加强公共服务和市政设施建设，不断增强辐射带动功能，打造县域经济的新增长极。荫城、西火、八义、贾掌、南宋五个重点集镇继续加大建设资金投入，完善水电暖、通信、教育、医疗等公共服务设施建设，辐射周边中心村，成为人口集中、产业集聚、要素集约的城镇化发展新平台。

中心村建设不断推进。按照“科学规划、典型带动、分类推进、整体提高”的思路，立足新农村建设基础，统筹考虑人口现状、产业发展、交通网络、功能配套等要素，重点发展荫城镇荆圪道村、振兴新区等20个3000人以上的中心村，引导农户互换、等量置换、预留用地协商退包以及利用机动地、弃包地调换等方式搞好土地调整，稳步发展中心村建设。目前，部分中心村建设工作已启动，村民居住环境、道路、供水等基础设施和服务设施功能逐步得到完善，全县中心村建设总投资达到3.8亿元。

五、植树造林，节能减排，城乡生态化稳步发展

（一）造林绿化任务全部完成。高标准、高质量重点实施了5000亩灭荒工程、50公里通道绿化、2000亩干果经济林、2000亩种苗基地、25个村镇园林绿化任务，各项造林绿化树木成活率达到95%以上。森林资源管护落实到位。集体林权主体改革全面完成，正在有序发放确权证；林地保护利用规划编制完成，严格执行限额林木采伐制度，凭证采伐率达到100%。严格落实森林防火责任制，全县森林防火实现全年不间断常态化运作。截至年底，全年无森林

火灾发生。

（二）节能减排指标全面完成。通过淘汰落后产能、实施减排工程、严格环境准入等综合手段，COD、SO2等6项主要污染排放总量明显降低，全部超额完成年度减排任务。全面完成5大类27项环境连片整治重点工程项目，农村环境质量明显改善。开展饮用水源污染、废气污染、噪声污染及矿山生态环境治理等专项行动，检查企业300余次，征收排污费700余万元。县城综合污染指数为1.87，空气质量二级以上天数预计全年达357天，稳定达到国家二级标准。

（三）生态治理项目持续推进。重点实施陶清河生态综合治理工程，上游整治工作、下游北呈乡段湿地保护工程进展顺利。按照“谁破坏、谁治理”的原则，切实做好煤矿生态修复，司马煤矿采空区、经坊煤矿采空区塌陷治理工程正在全面推进。刘家山磺矿治理项目前期准备工作完成，准备开工。

六、健全制度，强化基础，文化产业快速推进

成功创建国家公共文化服务体系示范区，农家书屋、资源共享、村级文体活动场所及农民体育健身设施配套等工程实现254个行政村全覆盖，公共文化服务体系建设再上新台阶。积极开展学雷锋志愿活动，大力推动道德模范建设，全县精神文明建设喜结硕果，长治县刘路军入选“中国好人榜”，长治县西火镇庄子河村农家书屋被授予“全国示范农家书屋”。举办多项大型文化活动，县域文化品牌和文化影响力全面提升。

文化旅游产业运行体制机制取得突破，通过租赁、承包经营、股份合作制和拍卖经营权等多种形式，天下都城隍、五凤楼、八义红绿彩、南呈地道4个旅游景点实现经营机制转换，文化旅游产业得到快速发展。制定出台《长治县文化产业发展专项资金管理办法》，设立文化产业发展专项扶持资金，2012年，对八义红绿彩、神农中医药文化园、大雄山国家生态文化休闲度假区、高端艺术品代理等11项重点文化产业项目进行专项扶持，拨付资金1300余万元。启动实施中国北方民俗文化产业园项目。南宋至西火旅游环线公路建成通车，南部“城镇区”特色文化旅游圈形成。成功举办了中国长治县第三届文化旅游节，“天下都城隍”文化旅游品牌名扬海内外。截至年底，全县接待入境游客5000余人次，创外汇收入218万美元，接待国内游客180万余人次，旅游收入达到11.8亿元。

七、民生优先，保障提升，共建共享文明幸福之都

（一）民生保障全面领先。免费公交持续运行；继续实施冬暖工程，免费为全县农户供应冬季取暖用煤14.1万吨，第二热源厂建成供热，全县新增供热面积130万平方米，县城供热覆盖率达到80%；农村新“五个全覆盖”率先在全省完成；城乡低保标准每人每月分别提高24元、22元；孤儿养育保障金按时足额发放；解决1.8万农村居民安全饮水困难。长治县民生保障工作始终处于全市、全省乃至全国的领先水平，全县人民生活更有尊严，更加幸福。

为进一步增进民生福祉，2012年又实施了“四个全民”工程：一是全民教育工程。学前教育阶段幼儿免费教育工作于9月1日起全面实施，长治县在全省率先实行了15年免费教育。“学生蛋奶营养餐”工程全面启动实施，惠及全县中小学生4万余名。农村寄宿制学校和标准化中心幼儿园建设工程进展顺利。教育园区一期工程，进入扫尾阶段。全县人民20岁以前都享有优质教育。二是全民就业工程。多渠道、多形式开发就业岗位，落实扶持创业补贴、小额贷款贴息等各项惠民政策，鼓励和扶持全民创业，以创业带动就业，力争提供就业岗位容量超过全县劳动力人数，让全县20岁至60岁的群众实现充分就业。截至年底，全县城镇新增就业4372人，下岗失业人员再就业590人，帮助就业困难人员就业190人，城镇登记失业率低于全市指标。三是全民养老工程。社会养老保障制度进一步健全，城乡养老保险全覆盖基本实现。截至年底，全县累计参加各类养老保险人数达到21万人，覆盖了除行政人员和16周岁以下的所有城乡居民。城镇职工养老金待遇标准连续7年调高，新农保和城居保养老金待遇标准分别高于国家统一标准，在全国处于领先水平，全县60周岁以上老人实现无忧养老。四是全民医保工程。截至年底，城镇基本医疗保险参保人数达到3.8万人，超过市下达任务8个百分点，享受医疗保险待遇16.8万人次，支付医疗保险待遇2173万元；新农合参合人数为28.5万人，参合率达99.6%，新农合政策范围内住院费用支付比例达到67%。全县城镇职工、城镇居民、参合农民大病医疗保险待遇水平得到提高，分别达到20万元、12万元和10万元。投资1.79亿元的县大医院开工新建，截至年底已完成投资3500万元，预计2013年10月完工。

（二）安全生产持续平稳。以安全生产专项整治为主线，通过完善安全监管体系、引深安全隐患排查整治、强化安全生产宣传培训、健全应急救援预案、落实安全主体责任，全县安全生产形势保持总体平稳态势，各类事故和伤亡人数均控制在指标以内，没有发生重特大事故，安全生产工作受到省、市表彰。

（三）信访稳定成效显著。深入开展社会治安重点专项行动，强化校园全方位安全监控，加大治安防控体系建设，实现多警联动巡防，刑事案件、治安案件发案率大幅下降，人民群众的安全感进一步增强。全面推进社会管理创新，建立健全社会管理服务中心，大力推行网格化管理模式，逐步实现城乡人口社会事务信息化、动态化管理服务。不断拓宽民意诉求表达渠道，完善信访工作机制，持续开展县级领导接访下访活动，排查矛盾隐患，切实化解信访积案，圆满完成十八大期间信访维稳工作任务，确保全县大局和谐稳定。

八、大胆创新，突破瓶颈，综改试验活力倍增

（一）集中开展项目审批。举办“项目审批周、项目审批月”活动，由县纪委、监察局等相关项目审批部门在县行政服务中心现场办公，提供“一站式”服务，现场为企业重点项目办结各项审批手续，集中解决了一批影响和制约长治县重点项目建设的难点和问题，行政效能大幅提升。

（二）千方百计引进人才。探索建立了县委决策、政府服务、企业吸引、基地培训互动推进，社会化、多元型、立体式的人才工作大格局。大力实施“万名人才引进”计划，新建了院士工作站和中-澳分子中医学研究中心，筹建易通环能工业余热综合利用博士工作站，产业集聚区与南开大学滨海研究院建立研究生实习基地，华鹏铝塑与华南理工大学签署人才战略合作协议等，先后引进海归、博士、硕士等高端人才180多名，高技术人才700余人。

（三）扎实破解土地难题。积极争取省、市国土部门支持，按照增减挂钩平衡的要求，通过废旧矿山整合、中心村改造、撤村建区等办法，解决项目用地问题。科工贸产业聚集区正在进行24个村的撤村并区工作，将节约耕地近8000亩用于总体开发；振兴新区将置换出上千亩土地用于新农村建设和现代农业发展。

（四）着力壮大金融经济。积极推动长治县金融市场发展，组建长治基金、商业银行、小额贷款公司，增强现代金融经济的活力。举办首届政银企洽谈合作会，各级金融机构与长治县的企业初步形成融资意向金额162亿元，共有17家省、市金融机构与长治县25个项目现场签约，签约金额为53.9亿元。加大扶持力度，鼓励企业上市，继振东制药上市后，华南纸业在天交所成功上市。采取BT、BOT、TOT等方式，融资128亿元建设太行国际CBD。

九、夯实基础，打响品牌，全面加强党的建设

（一）思想解放得到新拓展。围绕全县经济转型发展、民生幸福，先后举办中国县域经济发展论坛、资源大县转型跨越发展的几个问题等多场高规格专题报告会，进一步增强了全县干部群众以更加饱满的热情、更加务实的作风和更具创新的思路开展工作。

全力迎接和学习宣传党的十八大。十八大召开前，长治县宣传媒体开辟“科学发展，成就辉煌”十八大专栏，强化宣传报道全县科学发展成绩。11月8日，十八大召开当日，县四套班子领导及全县各乡镇（区）、各部门通过电视、网络、广播等多种媒体，认真收听收看开幕式盛况。11月9日，县委书记裴少飞专门组织县委办、县委党校、县委政研室、县新闻中心等负责人逐字、逐句、逐段学习了胡锦涛总书记所作的报告。11月18日，长治县在第一时间，邀请中共中央党校党建教研部教授梁妍慧就十八大报告内容做了深刻解读，全县各乡镇（区）、县直各单位科级干部共计300余人参加了报告会。11月26日至12月7日，长治县与华南理工大学共同举办了两期党政领导干部“新型城镇化”高级研修班，就十八大热点解读、中国新型城市化战略、农村工业化与农村城镇化、公共政策转型与民生幸福工程建设、创新思维与领导行为能力以及低碳智慧城市等内容进行学习。通过十八大精神的学习宣传，进一步坚定了广大干部解放思想、敢于先行先试的决心和信心。

（二）基层党建取得新突破。在基层组织建设年中，探索建立基层党建新机制，创新实施“五链”共建和党建“六提”工程。深入开展保持党的纯洁性教育活动，1060名党员干部与农户结对帮扶，落实好事1800余件。成立103个非公经济党组织，实现了党的组织和党的工作两个“全覆盖”。充分发挥县委党校阵地作用，重点培训农村“两委”干部、非公企业党组书记等1300余人，打造了一批眼界宽、能力强、服务优的“领头雁”。积极吸纳优秀青年入党，重点培育大学生村官、企官，35岁以下青年党员比例达到75%，生产、工作一线党员比例达到70%。大力推广文建明工作法，积极创新乡镇党委工作，形成韩店“152”、西火“六小民务”、南宋“三强五塑”和振兴“五级联包”等工作法。2012 年10月15日，《人民日报》把长治县的“六提”党建工程，作为全国创先争优唯一的县区典型进行了报道。

（三）干部队伍建设得到新加强。严格执行干部任用条例，实现干部选拔考核常态化。继续推行全委会、常委会票决制，充分发挥全委会、常委会在选拔任用干部工作中的集体决策作用。制定出台《后备干部队伍管理暂行规定》，储备科级后备干部149人，后备干部队伍管理得到加强。围绕全县重点工作和冲刺全国百强制定考核指标，强化目标责任考核，实行末位责任追究制度，充分发挥考核在激励、约束干部等方面的作用，各级领导干部的履职能力全面提升。

（四）作风建设取得新进展。持续开展“吃拿卡要”专项整治，严格追究履职不到位、行政不作为、乱作为等相关责任，始终保持共产党人的蓬勃朝气、昂扬锐气和浩然正气。在县行政服务中心设立电子监察系统，全程实时电子监控服务窗口的行政审批情况。一年来，共清理各类行政权力1927项，25665件行政审批服务事项全部在规定时限内办结。

（五）党风廉政建设开创新局面。紧紧围绕“扩大党内民主、加强社会监督”这一主线，强力推进县委权力公开、政府履职公开、基层党务公开“三个公开”，带动企务公开、校务公开、医务公开、警务公开等各项公开，做到了权力规范健康运行。建立领导干部电子廉政档案，实现全县科级领导干部廉政建设动态化管理。分解落实党风廉政建设责任制，全县政府主要职能部门和各乡镇（区）党委负责人就落实“一岗双责”在县电视台、《今日黎都》公开作出承诺，接受社会监督。全县重点岗位1889名党员干部共查找廉政风险点4487个，并制定了相应的防控措施，确保了党员干部正确履职、廉洁履职。（李伟峰）

附：一、中共长治县委书记、副书记、常委名单

书　记：裴少飞

副书记：李文兵　张向东

常　委：杨立宏　王建良　魏俊英(女)　郑成钢

杨志飞　张宏山　陈文广

二、乡镇(园区、新区)党委书记、副书记名单

韩店镇

书　记：宋文斌

副书记：王　瑛

荫城镇

书　记：李文斌（8月离职）

副书记：张慧军（8月主持工作）

苏店镇

书　记：侯立峰

副书记：张建国

西火镇

书　记：杨　斌

副书记：刘　江

八义镇

书　记：宋立刚

副书记：张庆兵（8月离职）

贾掌镇

书　记：陈华丽

郝家庄乡

书　记：李　翔（5月任职）

副书记：郭建勇

北呈乡

书　记：张五清

东和乡

书　记：原泽英

副书记：刘显勇

西池乡

书　记：和　伟

副书记：郭　兵

南宋乡

书　记：秦岩伟

工业园区

书　记：李志文

副书记：常琪亮

振兴新区

书　记：牛扎根

副书记：张会军

中共潞城市委工作概况

县委书记　唐立浩

2012年，面对经济下行的巨大压力，潞城市委、市政府团结带领广大干部群众，毫不动摇抓项目，凝心聚力创环境，敢行敢试谋发展，做了大量打基础、促转型、利长远的工作，全市呈现出经济发展、民生改善、风清气正、干事创业的大好局面。

——完善工作思路，转型跨越发展成效显现。2011年，新一届市委、市政府提出了突出项目建设和党的建设，奋力打造全国一流的煤化工循环经济集聚区和长治一流的现代服务业集聚区的战略部署。2012年三干会进一步确立了“实施三三战略，推进六化建设，以杀出一条血路的决心和气魄，奋力冲刺全省二十强”的总体思路。这一思路已为全市干部群众广泛认可，正在变为转型跨越的生动实践。2012年，完成地区生产总值97亿元，增长10.4%；规模以上工业增加值72.8亿元，增长13.9%；固定资产投资81.1亿元，比上年增加24.5亿元，增长43%，增幅排名长治市第一；社会消费品零售总额10.1亿元，增长15.7%；城镇居民人均可支配收入18953元，增长13.8%；农民人均纯收入8533元，增长15.6%；财政总收入8.0068亿元，完成调整后预算的100.1%；一般预算收入3.5635亿元，完成调整后预算的98.6%。荣获省招商引资资金到位重要贡献奖、集体林权制度改革先进市、药品安全示范市、农产品质量安全工作先进市等4项省级荣誉和长治市重点项目建设先进市等18项长治市级荣誉，131项工作获长治市级以上表彰，6个长治市级以上现场会在潞城市召开。

——创优发展环境，招商引资引智和项目建设取得重大突破。“投资者是恩人、引资者是亲人、破坏发展环境者是罪人”和“招商引资引智是项目建设的生命线”的理念更加深入人心。实施了“双十推进机制”，建立了招商引资引智和争取上级资金目标责任制、处级领导包项目责任制、重大项目职能部门跟踪服务制、重点项目联席会议制、限时办结制、挂牌保护制、倒排管理制、督查通报制、观摩检查制、考核兑现制等“十项推进制度”，采取了成立经济环境保护委员会、出台招商引资优惠政策及奖励办法、处级领导包项目包企业督办制和公示制、政务大厅首席代表制和项目联审制、重点项目协调调度制、涉企检查执法

备案登记制、破坏发展环境行为追究制、举报并查处不落实的人和事、选派机关干部到项目单位挂职服务、对农民群众开展“四知两有”教育活动等“十项推进措施”；搭建了园区承载、技术支撑、信息共享、金融服务、土地收储“五大平台”，创造了良好的政策、政务、信用、人文和治安环境。

好环境引来好项目。新加坡胜科集团、重庆兴海公司、北京铱格斯曼航空科技公司、湖北禾溢集团、中材集团、浙江大学等10多个国内外知名企业和院校落户潞城。全年开工建设投资额在3000万元以上的项目53个，平均一个星期就有一个新项目落地。25个工业项目建成投产，全部达效后可实现年产值120亿元、税金10亿元。特别是10个投资额10亿元以上的大项目，对潞城转型跨越发展有着重大的意义。潞宝集团与晋城福盛、承德兆丰钢铁集团合作，投资22亿元建设的世界上最大的6.3米捣固焦炉建成投产，年产特级铸造焦300万吨；潞宝集团与重庆兴海公司合作，规划在5年内投资115亿元建设年产60万吨新型有机合成材料，被确定为全省转型的重大标杆项目，其中投资32亿元的一期工程开工建设，第一套装置10万吨合成氨建成试产；兴宝集团投资15亿元的2×550 m³锰铁高炉项目建成投产，年产生铁150万吨、钢材120万吨；华润集团投资11亿元的300万吨水泥项目即将建成投产；潞安集团整合亚晋、隆源2个焦化厂，盘活了总投资35亿元的30万吨甲醇项目及相关项目；投资20亿元的北航无人机、投资16亿元的城西新区一期开发项目开工建设；将开工建设湖北禾溢集团投资20亿元的生态颐居健康谷、中材集团投资10亿元的500万吨建筑骨料生产基地、长运房地产投资10亿元的城西新区二期部队旧址开发项目。这10大项目全部建成达效后，可新增年产值300亿元、税金25亿元。在长治市项目建设7项指标考核中，潞城市4项获得前3名，获奖总数排名长治第二。各部门、各单位向上争取项目资金4.05亿元，是年度目标的1.9倍。

好环境引来“金凤凰”。潞宝煤化工、卓越水泥、北航无人机3个博士后工作站相继建立，国际电除尘学会秘书长闫克平教授所率的国家“八六三”科技攻关课题组，以及煤化工专家尹华清，水泥专家周明凯，无人机专家武哲、马云鹏等人才加盟潞城，为转型跨越发展插上了腾飞的翅膀。

——推进产业转型，煤化工循环经济集聚区和现代服务业集聚区建设取得重大进展。进一步完善煤化工循环经济集聚区产业发展规划，煤化工循环经济集聚区从“一区两园”拓展到“一区四园”。一是潞宝园区，规划环评由省环保厅审查通过并批复，成为长治市第一家取得区域环评“绿卡”的工业园区，总投资60多亿元的6个煤化工产业链项目开工建设，其中6.3米大型捣固焦炉等3个项目建成投产，60万吨新型有机合成材料等3个项目顺利推进；二是天脊园区，总投资7亿元的25万吨硝酸铵钙和13万吨苯胺项目建成投产，总投资5亿元的27万吨硝酸和2×15万吨碳酸钙渣综合利用项目开工建设；三是潞安园区，盘活了亚晋、隆源两个焦化厂，启动了总投资35亿元的30万吨甲醇及相关项目；四是史回园区，金通铁路物流交割库项目通过评审，煤化工物流园区正在加紧规划。

围绕建设长治一流的现代服务业集聚区，修编了城南新区概念性规划，重点发展现代服务业。总投资30多亿元的中盛汽车大世界、金威超市潞城店、永达家电大世界、凯丰物流、金源新天地、卢医山庄等9个项目开工建设。城西新区规划总面积975亩，设计总建筑面积150万m²，其中总投资16亿元、建筑面积60.1万m²的一期工程潞安颐龙湾、永盛水岸春城、公园尊邸商住小区建设进展顺利。

——勇于先行先试，综改试点市建设实现良好开局。潞城市转型综改试验先行试点行动方案得到省综改办批复，产业转型、生态修复、城乡统筹、民生改善四大领域15个标杆项目全面启动。打破条条框框，破解要素制约，取消行政审批项目 13项、非行政许可3项，简化了办事流程，提升了行政效能。设立金融办，建立了政银企合作长效机制，实现了政府、金融机构与企业之间的网络信息沟通和项目对接，协调驻市金融机构为企业融资43亿元；率先在全省实施高风险农村信用联社改制，创造了信用联社改制的典范，引进社会股金15亿元成立了农村商业银行。实施了城乡建设用地增减挂钩、集体土地预征收、二次开发利用存量土地、露天采矿用地和点式用地、工矿废弃地复垦利用等五项保障机制，全年审批新增建设用地3273亩，复垦耕地994亩，预征收集体土地1340亩，盘活存量土地2000亩，确保了重点项目建设用地。

——统筹协调发展，“六化”建设亮点纷呈。工业新型化强力推进。改造提升传统产业，加快推进卓越和华润水泥、兴宝锰铁、大唐余热余压综合利用、盈德气体、泰山纸面石膏板等项目建设，通过推广节能新工艺将电厂脱硫石膏、粉煤灰和钢厂废渣吃干榨净。积极培育新兴产业，加快建设华农万吨纳米碳增效肥、北航无人机等项目，新兴产业投资完成38亿元，增长35.7%，占工业总投资的57.9%；新兴产业增加值完成16.5亿元，增长14.8%，占工业增加值的22.7%。

农业现代化稳步提高。新发展核桃林2.1万亩，全市形成7 万亩规模，实现了户均1亩核桃林，被命名为全省优质核桃基地县和核桃产业重点县；新发展设施蔬菜1017亩，总面积达到7000亩；新增“百千万”养殖工程20个，畜禽饲养量达到313万头（只）。新增农民合作社35家，总数达到373 家。鑫垚、美味、圣堂、凤栖桥、新润、金谷子、绿佳园等龙头企业发展壮大，销售收入达到3.1亿元，增幅21.6%。加强农田水利基本建设，7万亩农田灌溉和28万亩基本农田保护圆满完成。持续推进“六村联创”，新创星48颗，总创星926颗，61%的村有了主导产业，99%的村实现户户通，62%的村达标园林绿化，92%的村成为平安村，74%的村成为文明村，69%的村成为村级管理先进村。第二轮农村“五个全覆盖”全部完成，其中街巷硬化433公里，超出计划110公里，排名长治市第一。

市域城镇化加速发展。长潞城际线辅路绿化及配套设施、县道李黄线和常辛线提档升级、翟店园区长锻道路等工程竣工，翟店园区华润道路、110KV变电站、自来水厂、污水处理厂和潞安园区道路等基础设施顺利推进。新增集中供热面积23万m²，总面积达到173万m²。店上镇农村环境连片整治稳步推进，潞华办事处西南山棚户区改造全面启动，4个小集镇和20个中心村建设加紧规划。城镇化率达到51.4%，同比提高2.3个百分点。

城乡生态化巩固提升。新增造林面积4.2万亩，森林覆盖率达到19.5%，林木覆盖率达到25.6%，同比提高2个百分点；城市建成区新增绿地面积1.7万m²,绿地面积达到280.8万m²，绿地率35.1%，绿化面积321.5万m²，绿化覆盖率40.2%，顺利通过全国绿化模范县（市）验收。淘汰落后产能162万吨，规模以上工业企业万元增加值能耗降幅4.5%、用水量降幅3.5%，二氧化硫、氮氧化物、化学需氧量、烟尘、粉尘和氨氮等减排任务全面完成。市区二级以上天数达到354天，同比增加2天。

文化特色化凝心聚力。提炼出“崇仁、包容、求实、敢为”的潞城精神和“爱国爱家、守信守法、尚勤尚俭、积善积德、崇仁崇义、有礼有容、敢为敢当、求实求新”的市民公约，经过广泛宣传，正外化为推动潞城发展的强大精神动力。授予武哲、陈金泉“荣誉市民”称号，凝聚了外来企业家奉献潞城的向心力。国有演出院团成功转企改制，舞蹈《海英和她的妈妈们》入围第十届中国艺术节群星奖决赛，常庄村农民自编自演的《家乡美》赴韩国参加中韩建交20周年庆祝活动摘取银奖。西天贡村被表彰为全国文明村，3人成为“中国好人榜”候选人，20个集体和个人荣获省级文明和谐先进称号。

社会和谐化增进福祉。优先发展教育事业，实施了“一颗鸡蛋、一两肉”营养餐工程；高考录取率达74.4%，超出全省平均水平6个百分点。新增就业岗位3983个，解决15个村、6所学校2万人饮水安全问题，60套保障性住房主体完工，新一轮566套经济适用房、12套廉租房、108套公租房开工建设，市委、市政府年初向全市人民承诺的十件实事全部兑现。城乡低保年发放标准分别提高360元、264元，新农保参保率达到98.7%，同比提高0.9个百分点；城镇医保和新农合财政补助由每人每年200元提高到240元；5.6万吨“暖心煤”发放到户。在“暖心煤”发放过程中，市乡村三级高度重视，采取了许多行之有效的办法，确保了“暖心煤”发放公平公正、平稳有序，人民群众非常满意，树立了党和政府的良好形象。深入开展百日安全集中整治和打非治危专项行动，安全生产保持平稳态势。严厉打击各种违法犯罪活动，现行命案全部破获，“两抢一盗”可防性案件进一步下降，公众安全感满意度达到99.8%。带着对人民群众的深厚感情，实行了领导接访制、包案制、疑难案件集中研究解决制、信访责任追究制等制度，一大批信访积案得到妥善解决。

——加强党的建设，执政能力不断提升。扎实推进学习型党组织建设，市委理论中心组集中学习24次，举办解放思想论坛14场，开办“武汉大学潞城市领导干部能力提升班”2期，组织120名领导干部到武汉综改试验区学习考察，解放了思想，开阔了眼界，提升了能力，长治市学习型党组织建设座谈会在潞城市召开。匡正选人用人风气，坚持正义，主持公道，注重在工作实践中特别是招商引资引智和项目建设第一线识别干部、考察干部、选拔干部，先后提拔和调整了147名德才兼备、年富力强、政绩突出、群众公认的优秀干部。选派19名35岁以下的机关干部到项目单位担任总经理助理挂职锻炼、服务项目建设，选派10名新提拔的副科级干部到信访局担任局长助理挂职锻炼、提升能力。严格管理、严格要求、严格监督干部队伍，打造出一支思想好、素质高、纪律严、作风硬的铁军。深入开展基层组织建设年活动，扎实推进纯洁性教育活动，进一步引深“双向承诺”，开展了招商引资引智和项目建设最佳党组织最佳党员“双佳”创建活动，营造了夺标晋位、创先争优的浓厚氛围。加强非公经济党组织组建，实现了党的组织和党的工作两个“全覆盖”。认真落实中央“八项规定”，深入开展“廉洁潞城”建设，出台了改进工作作风密切联系群众的25条措施。大力开展整风肃纪活动，给予存在作风问题的49名干部通报批评、8名干部党政纪处分、5名干部组织处理，立查各类违纪违法案件62件、处分66人，创造了风清气正的发展环境。市人大、市政协紧紧围绕全市中心工作，依法履行职能，主动建言献策，积极参政议政，切实加强监督，为加快转型跨越发展做出了重要贡献。不断加强对政法、武装、统一战线、工商联以及工青妇等人民团体的领导，民主法制纵深推进，执政能力明显增强。

（魏钰恒）

附：一、中共潞城市委书记、副书记、常委名单

书　记： 唐立浩

副书记： 张志刚

常　委： 陈轶群　连碧鹏　孙彩虹　李　媛　元文波　王国勤　李杜平

二、乡镇（街道）党委（党工委）书记、副书记名单

店上镇

书　记： 靳忠玲

副书记： 牛裕民

翟店镇

书　记： 李　明

副书记： 许　巍

微子镇

书　记： 申永刚

副书记： 秦　波

辛安泉镇

书　记： 李健一

副书记：魏江波

史回乡

书　记：曹　枫（女）

副书记：白彦军

合室乡

书　记：靳林琦

副书记：郭　亮

黄牛蹄乡

书　记：米一波

副书记：薛满春

潞华街道

书　记：桑爱斌

副书记：王振宁

成家川街道

书　记：韩旭军

副书记：王路斌

中共屯留县委工作概况

县委书记　郭泽兵

屯留县委下辖基层党组织647个，其中党委25个，党总支19个，党支部603个。共有党员13121名。

2012年以来，屯留县委团结带领全县广大干部群众，牢牢把握主题主线和稳中求进工作总基调，紧紧围绕跻身中部百强县的奋斗目标，深入实施“二四六”发展战略，坚持稳步构建和谐，同步推进四化，快步促进转型，跑步争上项目，圆满完成了各项工作任务，全县经济建设、政治建设、文化建设、社会建设、生态文明建设以及党的建设都取得新进展新成效。市委、市政府下达的49项指标中，有30项超额完成。地区生产总值完成112.4亿元，同比增长13.1%；财政总收入完成16.05亿元，同比增长3.5%；一般预算收入完成5.5亿元，同比增长8.9%；固定资产投资完成76.5亿元，同比增长27.2%；社会消费品零售总额完成10.1亿元，同比增长16%；城镇居民人均可支配收入达到18098元，同比增长12.5%；农民人均纯收入达到9581元，同比增长15.3%。共有190项工作受到国家和省市表彰。财政收支管理绩效考评工作跻身全国前20强，名列山西第一，开展创先争优活动的经验和做法被评为全国50个优秀案例之一，先后荣获全国乡镇体育健身示范工程先进县、全省街巷硬化工程先进县、全省治超工作先进县、农村饮水安全先进县、农机化生产先进县等殊荣。

一是狠抓项目落地建设，转型跨越发展增添新动力。按照“项目落地年”的要求，始终坚持“三不两零四个一”（“三不”是喜新不厌旧、抓大不放小、重外不轻内；“两零”是零事故、零上访；“四个一”是一个项目、一套班子、一名领导、一抓到底）工作要求，对淘汰落后的项目坚决不上，对敲企业和政府竹杠的行为坚决不让，抓住吃拿卡要的行为坚决不放，严格执行项目储备、签约、落地和建设“四位一体”工作机制，确保重大项目引得来、留得下，落了地、开了工。全年共引进项目18个，总投资94亿元，到位资金50亿元，落地项目15个，落地率达到84%。总投资383亿元的127个重点项目完成投资141亿元，投资完成率149%，竣工项目达到76个。先后举行了“项目落地年”启动暨30项重点工程开工仪式和45项重点工程竣工剪彩仪式。金泽6万吨赖氨酸项目作为长治市的一个代表项目接受了全省大观摩。

二是同步推进四化建设，经济发展方式实现新转变。在工业新型化上，共实施工业新型化项目39个，总投资100.9亿元，完成投资47.3亿元。古城1000万吨矿井项目正在加快建设，小南村煤矿90万吨技改项目开工复产，余吾煤业、郭庄煤业全面提能升级，兴旺、尔安等焦化企业的兼并重组工作全面启动；万吨多晶硅一期、百万吨HF乳化油一期、40万吨聚氯乙烯一期、安泰百万套新型矿工防护装备、宏发木业、金日能源等一批非煤非电工业项目竣工投产；康庄——李高——西贾和渔泽——路村——余吾南北两条产业带和康庄高新、余吾煤电油、王村煤焦化、渔泽煤焦化、古城煤电、金泽农产品六个工业园初具规模。在农业现代化上，以增加农民收入为核心，快速发展“一乡一业、一村一品”，全力打造现代农业先导县。全县粮食总产量达到2.4亿公斤；优质玉米、绿色蔬菜、干鲜水果、规模养殖、苗木花卉五大主导产业形成规模；老爷山、王公庄、福瑞、助民、旖旎、本源蔬菜六大农业生态园正在加快建设；农业机械化综合水平达到76.9%；农民专业合作社达到676家，转移农村富余劳动力3540人；建成“一乡一业”特色乡镇3个、“一村一品”特色产业村67个。在市域城镇化上，共实施城镇化项目48个，总投资69.5亿元。投资5.9亿元、全长15.3公里的上党城镇群路网工程屯留连接线竣工通车。投资3.4亿元修建的禹王路、东环路、滨河南北路、宝峰路、张贤街、获璧街等14条道路全部竣工通车，县城“七纵七横一环”框架基本形成。公安局技侦大楼、国防动员指挥中心等重点工程竣工；仿古商业街、圣源世纪城、看守所迁建等工程加快建设。渔泽、上村等小城镇和20个中心村建设加快推进，全县城镇化率达到34.12%。在城乡生态化上，以建设“美丽屯留”为目标，以推进绿化、气化、净化、健康“四个屯留”建设。全县森林覆盖率达到30%，县城绿化率达43.1%，绿地率达到39.5%，城市人均公共绿地达到11.06平方米；投资2亿元的热电联供集中供热工程投入运行；“燃气入屯”工程全面实施，完成了30公里管道铺设和1000户安装任务；万元规模工业增加值能耗下降6%；农村沼气建设继续保持全省领先水平，空气质量二级以上天数全年达到361天。

三是突出社会管理创新，安全稳定工作开创新局面。严格落实“一岗双责”和安全生产工作“双十条”，形成了较为完善的安全监管保障体系。深入开展了非煤矿山、道路交通、森林防火、建筑施工、食品药品、危化品、中小学等重点行业领域的安全生产专项整治和打非治违专项行动。全县各类安全事故均低于市控指标。建立了服务零距离、管理网格化、对接无缝隙、监督日常化“四项机制”，探索形成了具有屯留特色的社会管理网格化体系。严厉打击各类违法犯罪活动，公众安全感明显提升。坚持依法治访，采取源头疏导、开门调处、依法化解的方法，对群众反映的事项及时办理。全面引深领导干部大接访活动，进一步强化领导包案制度，圆满完成了十八大安保工作。

四是着力保障和改善民生，群众幸福指数有了新提高。扎实推进农村新的“五个全覆盖”工程，实现了两年任务一年完的目标。农村街巷硬化两年完成1520.7公里，建成农村便民连锁店294个，农村文化体育场所、中等职业教育免费和新型农村社会养老保险全部实现了全覆盖。代表长治市迎接了全省农村新的“五个全覆盖”工程现场会。投资3586万元新建和改扩建幼儿园15所，新建的县直机关幼儿园，即将投入使用。率先在全县寄宿制小学实施了“一颗鸡蛋一两肉”营养餐工程，教育教学质量明显提升，2012年高考二本B类以上达线528人，名列全市各县区第四。医药卫生事业富有成效，新农合参合率达到100%。两年共招聘高校毕业生300余名，转移农村劳动力6000余人。开工建设保障性住房514套。全力抓好供应低收入农户冬季取暖用煤工作，共发放暖心煤7.3万吨。

五是全面推动文化大发展大繁荣，软实力实现新提升。加强理论武装，把社会主义核心价值体系教育融入到跻身中部百强县的伟大实践中。开展了“喜迎十八大、岗位做贡献”等主题活动，形成了喜迎十八大的浓厚氛围。以公民思想道德建设为抓手，开展了“屯留道德模范”评选活动，评选出50多名道德模范，最美乡村医生李栓州被推荐到中央文明办参评。深入推进“文化低保”和“文化惠民”工程，大力加强文化设施场所建设，建成乡镇文化站9个，村级文化活动室100个，农家书屋294个。设立了1000万元文化产业发展奖励扶持基金，全力实施文化产业发展工程。老爷山文化旅游区、巍山国际体育园、康庄彩印包装产业园初具规模。对北岗村女子抗大一分校旧址进行了修缮，编撰了《抗大一分校在屯留》一书。

六是扎实开展纯洁性教育活动，党的建设实现新加强。以学习党的十八大精神为重点，县委先后召开中心组会议和全县干部大会进行了传达学习贯彻，并专门下发文件，采取多种形式在全县兴起了学习宣传贯彻十八大精神的热潮。深入开展保持党的纯洁性学习教育、学习贯彻十八大，县乡干部下基层、抓党建、保稳定、促发展、办实事、转作风活动。大力实施“强基创先”工程，为356名农村党支部书记、村委主任和1800名农村离退职“三主干”发放补助500多万元。积极深化干部人事制度改革，坚持正确用人导向，完善了“五重”选人用人方案，为转型跨越发展提供了坚强的干部保证。认真落实中央、省市各项规定，扎实开展“整顿纪律作风、创优发展环境”活动，重点整治“吃拿卡要”等问题，共排查吃拿卡要问题线索9件，立案5件，处分5人。扎实做好党务公开和县委权力公开透明运行工作，深入开展煤焦领域和工程领域反腐败专项斗争，加大案件查办力度。全年共立案49件，给予59人党政纪处分，其中科级干部16人。与此同时，大力推进民主政治建设，人大、政协职能得到较好发挥。宣传、统战、武装、群团等工作均取得新的成绩，“六五”普法全面启动，全县法治水平进一步提高。（张海军）

附：一、中共屯留县委书记、副书记、常委名单

书　记：郭泽兵
副书记：段树新　王国英（3月离职）
　　　　李晓峰（5月任职）
常　委：马国勤　李常青　翟卫华　秦建宇
　　　　冯贵兴　王忠强　秦世芳

二、乡镇（开发区）党委书记、副书记名单

麟绛镇
书　记：李书红
渔泽镇
书　记：王长胜
副书记：王　辉
上村镇
书　记：马东斌
副书记：申云鹏
张店镇
书　记：杨　斌
副书记：赵丽君
丰宜镇
书　记：高志刚
副书记：刘文茂
余吾镇
书　记：刘志敏
吾元積
书　记：西立功
副书记：宋　军
李高乡
书　记：李俊青
副书记：郭迎红

河神庙乡
书 记：倪 敏
副书记：郭银萍
路村乡
书 记：张宏斌
西贾乡
书 记：连晓燕
康庄医药工业区
主 任：申全刚
书 记：崔 青
西流寨开发区
书 记：刘艳丽
上莲开发区
书 记：郭乐慧
副书记：杨 青

中共长子县委工作概况

县委书记 张 圣

2012年是长子县转型跨越发展的一年。全县地区生产总值完成96.9亿元，同比增长15.6%；固定资产投资完成66.1亿元，同比增长26.4%；规模以上工业增加值完成67.6亿元，同比增长24.3%；社会消费品零售总额达到11.93亿元，同比增长16.5%；城镇居民人均可支配收入达到19029元，同比增长14.1%；农民人均纯收入达到8707元，同比增长16%。特别是财政收入，首次突破30亿元大关，达到30.28亿元，同比增长80%，增幅全市第一、全省第二；位列全市第四、全省第十九，一举跻身全省财政收入二十强。

一、工业工作

按照“以煤为基、多元发展”的要求，重点狠抓了九座百万吨以上煤矿增产增效，全年煤炭产量达到1793万吨，较2011 年净增 561万吨。延伸产业方面，重点推进了新易达煤炭物流园区、山煤集团长子煤炭物流园区、能交投集团长子南战略装车点、赵庄电厂、高河电厂、三元煤业与澳大利亚合作的原位煤制气等煤炭延伸项目。其中，新易达物流园区实现当年开工、当年建设、当年投产，山煤集团长子煤炭物流园区、能交投集团长子南战略装车点奠基开工，加速推进。三大物流园区全面建成后，产值将超千亿元、利税超百亿元，带动新增城镇人口3—5万人。新兴产业方面，引进上马了生物雪莲、苯加氢、山河中矿矿山装备制造等一批高科技转型项目，全县以煤电为主，医药、化工、装备制造、现代物流等多元发展的新型工业体系进一步成型。与此同时，持续加大招商引资力度，先后签约了总投资219亿元的新兴项目21个，到位资金43.25亿元，极大地增强了新型工业发展后劲。

二、农业工作

紧紧抓住以农民增收为核心，以“一村一品”为抓手，新发展设施蔬菜1.21万亩，蔬菜种植总面积突破20万亩，其中，设施蔬菜面积达到10.7万亩，增加农民人均收入3000多元，正在向“户均一座蔬菜棚、农民收入超矿工”的目标迈进；新增规模健康养殖场区20个，总数达到137个，畜禽饲养量达到1215万只（头），存栏量达到470.4万只（头）；烤烟种植面积稳定在8900亩，蔬菜、畜禽、烤烟三大农业主导产业规模不断壮大，效益显著提升。狠抓龙头企业建设，出台了扶持农业企业发展奖补办法，全县农业龙头企业达到15个，销售收入达到9.09亿元，农民专业合作社达到781家，农产品加工转化率达到40%。同时，积极规划引进总投资5亿元的潞酒厂和总投资8亿元的红枣保健酒厂两个农产品深加工项目，努力促进全县农业产业化提档升级。深入推进社会主义新农村建设，荣获“全国社会主义新农村建设示范县”称号。

三、城镇建设工作

投资20多亿元，全面铺开了长子会堂装修、五星级大酒店装修、霍尔辛赫公寓楼、鹿谷大街延伸改造、金融大厦、商贸大厦等一批城建重点工程。长子会堂装修、五星级大酒店装修、霍尔辛赫公寓楼项目进展顺利；鹿谷大街延伸线基本建成，扩大了县城建成区面积5平方公里；金融大厦、商贸大厦等项目相继落地开工，进展顺利。投资7亿多元实施安居工程，共新建住宅小区5个，建筑面积30.7万平方米，可容纳城镇人口0.7万人

四、生态环境工作

投资3833万元，全面实施了荒山绿化、通道绿化等8大造林绿化工程，新栽植各类苗木136.2万株，新增绿化面积2.56万亩。狠抓节能减排，县城空气质量继续保持全年365天都达到国家二级标准。同时，加快发鸠山、仙翁山、羊头山、崇庆寺、法兴寺、天王寺，精卫湖、皇明湖和长子县城“三山三寺两湖一城”生态旅游开发力度，康宝龙脉地槐花林海家园、仙翁山木化石公园等旅游项目先后投入使用，并成功举办了长子首届“木化石杯”梨花摄影大赛，为建设美丽长子增添了新亮点。

五、民生工作

惠民政策方面，在继续落实好蔬菜种植、畜禽养殖、农村“五老”等各项惠民补贴政策的基础上，按时足额发放了冬季低收入农户取暖用煤补贴。投资200多万元，为全县5000名农村寄宿制学生每人每天提供一颗鸡蛋和一两肉。实施幼儿园免书费政策，对所有在园幼儿按每人48元标准免除了教科书费。民生工程方面，农村新的五个全覆盖工程全面完成；县直新小学、县城示范幼儿园、县医院12层住院楼、集中供热二期、供水管网改造等一批重点民生工程相继开工。开通了县城免费公交，进一步缓解了群众出行难问题。建设廉租房、经济适用房和棚户区改造1973套，为低收入家庭发放住房补贴123.2万元，有效保障了弱势群体住房。教育文化方面，在连续招录1332名大学生的基础上，2012年又择优招录293名大学生，充实到教育、卫生等基层一线。狠抓教育质量提升，普通高考二本B类以上达线人数达到867人，高考升学率达到61%，并有长子一中、实验中学两个班全班达线，开创了长子县高考史上的先河。推进公共文化事业建设，文化馆、图书馆、电影院“两馆一院”顺利通过验收，公益电影放映工作得到省市肯定。狠抓文化精品创作，长子鼓书《小两口回娘家》荣获第五届中国中部六省曲艺大赛一等奖；八音会《好兴头》以全省第一的好成绩，荣获全国“群星奖”参赛资格；拍摄完成了以反映上党梆子传承发展的五集大型电视记录片《根在太行》；配合完成了电影《1942》在长子县的取景拍摄工作，为进一步提高长子县知名度和美誉度打下了坚实基础。

六、安全稳定工作

安全生产方面，继续深入开展“安全生产年”活动，全面落实安全生产“双十条”要求，扎实推进百日安全生产集中整治专项行动和企业安全标准化建设，全县安全生产形势持续稳定好转。特别是在煤矿安全方面，进一步深化了“驻矿监管、分片巡查、专家会诊、跟踪整改”工作法，确保了煤矿安全万无一失。信访稳定方面，集中解决各类信访突出问题138个，特别是中央交办案10起、省交办案29起全部化解，化解率达100%。深化创新社会管理工作，充分发挥县、乡、村三级社会服务管理机构职能，定期不定期排查日常矛盾纠纷，实现随时接诊、随时处理，使一大批矛盾纠纷在茶余饭后、田间地头就得到有效解决，确保了十八大期间全县和谐稳定。在全国信访工作会议上，长子县被评为全国信访工作先进县，是全省唯一获此殊荣的县区。创新社会管理、解决突出问题的主要做法分别在云南普洱召开的全国创新群众工作现场会、浙江宁波召开的全国领导干部接待群众来访现场会上做了经验交流。综合治理方面，以平安长子建设为抓手，严厉打击违法犯罪活动，共侦破各类刑事案件257起，命案侦破实现发2破2；深入开展网上追逃、打黑除恶、两抢一盗等专项整治行动，有效遏制了违法犯罪活动，维护了全县和谐稳定大局。

七、党建工作

一是领导班子建设全面加强。坚持把思想政治建设放在首位，深入开展了保持党的纯洁性学习教育活动和学习贯彻党的十八大精神活动，全县各级领导干部的大局意识、责任意识、发展意识明显增强，驾驭全局、破解难题、领导发展的能力明显提高。深化县委权力公开透明运行、党务公开、常委会和全委会议事等制度，在重大项目安排、重要资金使用、重要政策出台、干部选拔任用等方面，注重听取各方意见，集中大家智慧，努力做到民主决策、科学决策，形成了步调一致、分工合理、运转有序的工作局面。

二是干部人事制度改革持续深化。探索建立了交流任职一批、竞争性选拔一批、挂职锻炼一批、择优储备一批的“四个一批”选任干部新机制，形成了梯次科学、流动有序、活力迸发的干部工作格局。制定实施了《关于对拟提拔、调整干部廉政考察的实施意见》，有效防止了“带病上岗”、“带病提拔”。注重在项目建设、招商引资、信访维稳、担当急难险重任务中培养、锻炼和检验干部，营造了以实绩论英雄、凭德才选干部的良好用人导向。坚持党管人才原则，加强各类人才的培养、引进、使用和储备工作，先后建成了康宝药业、凌志达煤业博士工作站，为转型跨越发展提供了有力人才支撑。

三是基层组织建设水平不断提高。深入开展基层组织建设年活动，严格执行基层党建工作责任制，全面落实了乡镇党委书记抓基层党建述职制度、“四议两公开”和文建明工作法。深化干部下乡住村活动，选派48名县直机关优秀科级干部到农村“较差”党支部担任“第一书记”，48个“较差”党组织全部晋位升级，这一做法在全省“第一书记”座谈会上作了经验交流。强化干部培训，对全县科级干部、大学生村官、农村主干等进行了理论和业务素质专题培训。特别是依托山西干部在线教育平台，创新性推出网上组班培训，这一做法和经验受到中组部充分肯定。进一步拓展延伸党建工作覆盖面，突出抓好非公经济党组织建设这一薄弱环节，成立了非公企业党工委，在全县354家非公企业中全部建立了党组织，实现了党的组织和党的工作两个全覆盖，基层党组织的凝聚力、战斗力大为增强。

四是干部作风和反腐倡廉建设扎实推进。始终将作风建设和反腐倡廉建设作为党的生命线，坚持标本兼治，惩防并举，在全县所有单位和行政村设立纠风监督员，实现了纠风机构全覆盖；深化“整治吃拿卡要、创优发展环境”专项整治行动，开展政风行风民主评议，狠刹了“不敢担当、推诿扯皮、借故刁难、吃拿卡要”等不正之风，形成了以优良党风促政风带民风的良好局面；狠抓案件查办，加大煤焦、工程建设等重点领域反腐力度，共立查各类腐败案件63件，处分违纪党员干部68人，为全县经济社会各项事业快速发展创优了发展环境，提供了作风保证。

（王俊平）

附：一、中共长子县委书记、副书记、常委名单

书　记：张　圣

副书记：卢展明　丁向东（女）

常　委：胡三虎（8月离职）　牛恩毅

贾软贤（8月离职）　杨　隽　王成枝

高玉飞　杨国华　姬　文（5月任职）

尚治安（8月任职）

二、乡镇（林区、景区）党委书记、副书记名单

丹朱镇

书　记：吴　斌

副书记：李亚军

石哲镇

书　记：师　宏

副书记：师向东

色头镇

书　记：王华庆

副书记：徐宏伟

慈林镇

书　记：王志宏

副书记：王建军

大堡头镇

书　记：申丽光

副书记：张树军

南漳镇

书　记：李　帅

副书记：常绍伟

鲍店镇

书　记：张　明

副书记：李建新

碾展乡

书　记：赵海斌

副书记：和　军

南陈乡

书　记：王鹏飞

副书记：常　凯

常张乡

书　记：暴巍宏

副书记：陈黎明

宋村乡

书　记：申宛成

副书记：高振文

岚水乡

书　记：秦红霞

副书记：陈志宏

横水林区

书　记：张宇峰

王峪景区

书　记：王　敏

中共壶关县委工作概况

县委书记　李全心

2012年，壶关县委大力实施“引深‘四五’发展战略，走好‘六化’发展路径，打造‘5+1’经济格局，做靓‘三大’县域名片，实现五个翻番目标，建设实力壶关、绿色壶关、和谐壶关”的总体发展思路，坚持以转型跨越论英雄，以创先争优论高低，以攻坚克难论能力，以德才标准用干部，大力抓招商，着力上项目，全力保稳定，致力惠民生，县域经济社会呈现持续、平稳、健康发展的良好态势。

2012年，全县地区生产总值完成37.98亿元，增幅16.6%；规模以上工业增加值完成23.2亿元，增幅25.7%；固定资产投资完成29.2亿元，增幅27.9%；财政总收入完成4.1亿元，增幅18.5%；一般预算收入完成2.03亿元，增幅60.2%；社会消费品零售总额完成12.1亿元，增幅16.1%；服务业增加值完成11.1亿元，增幅10.8%；城镇居民人均可支配收入达到15201元，增幅13.9%；农民人均纯收入达到3529元，增幅17.0%。

一、以强基固本为要求，全力推进了党的建设

一是加强思想理论建设。召开县委常委会、理论学习中心组会议、全县干部大会认真学习贯彻十八大精神，抽调理论骨干组成7个宣讲团，深入全县各乡镇、各单位开展宣讲活动。认真开展保持党的纯洁性学习教育活动，按要求完成了“学、查、改”三个阶段、十二个环节各项工作，出台了《壶关县转变干部作风、提高工作效能、创优发展环境、推动转型跨越十项制度》。二是加强基层组织建设。对全县所有基层党组织进行分类定级、晋位升级，建立县级领导干部党建联系点制度，选派21名优秀党员干部到较差支部担任“第一书记”，对500多名农村“领头雁”进行培训。全面推行“四议两公开”工作法和文建明工作法，制定出台《壶关县农村党组织书记管理办法》，创新出台“124”工作模式，制定乡镇千元百分绩效考核办法和县直单位“433”目标责任百分考核办法。实行干部住村下乡“双包双联”制度，全县下乡住村干部达680人，解决问题560个。实施招才引智战略，建立了紫团生态农业和华兴

环保能源2个博士工作站；面向社会公开招聘事业岗位工作人员，建立了13个大学生村官创业基地。三是加强反腐倡廉建设。扎实推进党务公开和县委权力公开透明运行工作，建立党务公开制度11项，开通运行“壶关县党务公开暨县委权力公开透明运行网”和“阳光农廉网”。持续推进农村“三务”公开，县乡两级阳光农廉网监管（服务）大厅全部投入使用，村级农廉查询室覆盖率达78%。实施预防职务犯罪“免疫工程”，深入开展“整治吃拿卡要、创优发展环境”专项整治活动，依法严肃查处了4起典型案件。共查处违纪违法案件83件，党政纪处分103人，其中涉及科级领导干部案件10件17人，查办万元以上贪污贿赂类案件10件10人。四是加强民主法治建设。县人大先后组织5次人大代表视察调研，对全县重点工程、民生工作、热点问题等提出意见建议68条并全部办结。县政协推荐40余名政协委员担任政法、公安、监察、物价、卫生、环保等相关部门的监督员，对全县重点工程进行调研视察，提出200余条意见建议。全面贯彻党的民族宗教政策，依法加强对宗教事务的管理。积极筹备参加首届晋商大会，取得显著成效。大力实施“六五”普法工作，创新开展“法制宣传教育示范村”创建活动。

二、以项目建设为抓手，着力增强了发展后劲

工业新型化方面，常平集团与北京大学科技开发部合作，引进上马了总投资20亿元的矿渣纤维保温材料项目；壶化集团投资5000万元建成了我国第一条领先世界水平的高强度导爆管雷管生产线，投资2亿元上马了国内第一条全连续化和自动化起爆具生产线；煤炭产业重点抓了500万吨煤矿技改扩能项目；石料产业30万吨以上大型石料厂达到14个，产能达到500万吨；投资3亿元的邦仕得特效烧伤药“克烧净”项目一期工程已经完工；投资3500万元的太行陶瓷化妆品配件生产线项目已经完工。农业现代化方面，全县“一村一品”专业村达到115个，农民专业合作社达到667个。其中，紫团公司投资1.8亿元上马了冷冻调理食品生产项目一期工程，已正式投产。郭氏食品公司投资6300万元上马了系列速冻水饺项目，并正式投产。旱地西红柿种植覆盖9个乡镇130个村，面积达到4万亩，亩均增收1万元，成为农民增收的特色产业、亮点产业。旅游品牌化方面，积极开展旅游资源整合工作，已经完成资产评估，正在确定整合主体。总投资7亿元上马建设了大峡谷旅游循环路（已经竣工通车）、八泉峡大坝（主体工程完工）、大峡谷游客中心（主体工程完工）、高标准旅游特色村等工程。积极参加各种旅游交易推介活动，在央视频道和山西卫视等重要媒体播放大峡谷旅游宣传片。全年共接待游客129万人次，门票收入2002万元，旅游社会总收入18亿元。

三、以功能完善为重点，大力提升了县城品位

一是高起点规划。编制完成了《壶关县县城总体规划（2011年—2030年）》，完成了县城供热、供气、供水、排水、环卫、绿化、照明、污水等10个专项规划。二是高标准建设。总投资11.7亿元，上马建设了上党城镇群路网壶关连接线“五化”工程、文化广场、文体馆、保障性住房、树人学校、城南幼儿园、国防动员指挥中心、社会保障服务大楼、文昌阁、路街铺装改造、垃圾填埋场、旧城拆迁改造等22个重点项目。三是高水平管理。深入开展县城秩序大整治活动，巩固了文明县城创建成果，顺利通过国家卫生县城省级验收。与此同时，编制了百尺、店上、晋庄、树掌4个重点集镇和70个新农村的建设整体规划，建设园林化村庄50个，完成造林5.3万亩，实施通道绿化100公里，美化了乡村人居环境。

四、以管理创新为突破，努力维护了社会稳定

一是突出隐患排查抓安全。认真落实长治市委、市政府安全生产“双十条”规定，全面加强煤矿、非煤矿山、尾矿库、危险化学品、道路交通、特种设备、建筑施工、食品安全、学校安全等各行业、各领域的安全隐患排查，全年累计检查各类企业1600余次，查出各类隐患2360余条，已完成整改2240条，整改率达到95%以上。深入开展“打非治违”专项行动，对22家煤矿、铁矿、危化企业进行专项整治，严肃查处了10起违法开采案件。二是突出解决问题抓信访。出台实施《关于进一步畅通信访渠道、强化领导责任、维护信访秩序、打击非法上访的若干规定》，广泛开展“人人都是壶关形象、壶关形象人人维护”的主题宣传教育活动。认真落实“六三”信访工作机制，实行领导“五包”和案件“四包”机制，彻底解决了一批历史时间长、涉及人数多、社会关注度高的信访突出问题。组建成立了十八大维稳指挥中心，有效维护了社会稳定。三是突出社会创新抓管理。创新构建乡村三级社会服务管理平台，做到了社情民意早知道，群众困难早解决，矛盾纠纷早化解，突发事件早处置。建立新闻发言人制度，对全县各单位新闻发言人开展集中培训。成立网络社情民意办理中心，实施“16116”网络舆情管理办法，切实加强了对网络舆情的监测、引导和管理。四是突出平安创建抓综治。投资300多万元建成了覆盖县城主要街道、路口的“电子眼”视频监控系统。集中开展专项整治活动，破获各类刑事案件162起，打掉违法犯罪团伙15个，查处治安案件433起。开展严打整治毒品犯罪专项活动，抓获犯罪嫌疑人13名，收缴各类毒品1800余克。

五、以民生福祉为追求，致力促进了社会和谐

一是大力发展社会事业。投资6000余万元的树人学校

已经投入使用，投资2000万元的城南幼儿园和投资350万元的教师培训基地主体工程已经完工，高考二本以上达线人数440人。总投资2200万元的县人民医院门诊医技大楼已经建成；百尺、集店、东井岭卫生院配套扩建工程和大峡谷急救中心建设工程全面完成；全县新型农村合作医疗参合人数达到24万人，参合率达到99.86%；全县1万名干部职工和10万名农民进行了免费健康体检。总投资2300万元，完成6座小型水库除险加固工程，全部通过省市验收；总投资1100万元，解决了12个乡镇、62个自然村、33837口人的饮水安全问题，全县自来水入户率达到73.2%。二是健全社会保障体系。组织开展家政服务培训、职工在岗培训5000余人次，全县新增城镇就业人数2085人，农村劳动力转移就业人数3000人，城镇失业人员再就业424人。深入开展新型农村养老保险和城镇居民养老保险国家级试点工作，参保人员达到14.2万人，覆盖率达到100%。提高城乡低保保障标准，城市低保月保障标准达到345元，农村低保年保障标准达到1728元。深入开展“情暖万家”慈善捐助、“慈善一日捐”社会捐助等慈善活动，共募集捐款210余万元，先后对8400余户困难职工、121名贫困大学生进行了及时救助。三是繁荣群众文化生活。加强基础设施建设，打造精品力作。为全县贫困村免费送戏191场，放映公益电影4860场。新编排的情景剧《郭氏羊汤》赴北京参加展演，先后成立书法、摄影、诗词、楹联等7个文艺团体，开展文艺创作、演剧编导、书法绘画等文化活动，极大地丰富了全县群众的文化生活。

（王林茂）

附：一、中共壶关县委书记、副书记、常委名单

书　记：李全心
副书记：崔江华　马先明
常　委：卫　明　郭爱霞（女，7月离职）　段尧刚
张　剑　徐思江　张月飞

二、乡镇（街道）党委（党工委）书记、副书记名单

龙泉镇
书　记：王文斌
副书记：李志强
百尺镇
书　记：贾凤鸣
副书记：秦志岩
店上镇
书　记：闫志斌
副书记：雷学波
晋庄镇
书　记：宋　波
副书记：赵申岗
树掌镇
书　记：张红伟
副书记：冯小红
集店乡
书　记：李立堂
副书记：牛加强
东井岭乡
书　记：闫晓陵
副书记：张海江
黄山乡
书　记：李建宏
副书记：张　昱
五龙山乡
书　记：徐云开
副书记：张斌君
石坡乡
书　记：张君平
副书记：吴凤林
桥上乡
书　记：张　文（4月离职）　苏建红（4月任职）
副书记：王红伟
鹅屋乡
书　记：高福生
副书记：苏军方
常平街道
书　记：陈忠孝
副书记：陈　阳

中共平顺县委工作概况

县委书记　吴小华

平顺县共有13个基层党委，1个党工委，1个非公工委，29个党组，530个党支部，10622名党员。

2012年，县委以邓小平理论、“三个代表”重要思想、科学发展观为指导，团结带领全县干部群众，围绕迎接党的十八大、学习贯彻落实党的十八大精神，按照省委转型跨越发展和市委、市政府重振上党雄风、建设全国“两宜”城市战略部署，把握稳中求进的总基调，唱响转型跨越发展主旋律，弘扬纪兰精神，咬定脱贫目标，抢抓综改机遇，强化项目

支撑，推进园区建设，着力推动经济社会平稳协调发展。

一、全面加强党的建设，执政能力不断提升

严格落实“党要管党、从严治党”的要求，坚持以基层组织建设年活动为抓手，不断推进党的思想、组织、作风、制度和反腐倡廉建设再上新台阶。深入推进学习型党组织建设。以省委“六学六用”学习模式为指导，围绕加快转型跨越、全面建成小康社会组织集中学习，听取专家学者讲座，广泛开展专题调研，认真学习、精读细研成为广大党员干部的自觉行动。党的十八大召开后，县四大班子带头学习宣传贯彻，围绕51个专题进行了学习研讨；组织全县党员干部开展“三学九重”活动，举办4期集中轮训班，分批轮训县管干部500余名，使十八大精神家喻户晓、深入人心。认真开展主题实践活动。结合创先争优活动深入开展纯洁性学习教育活动，系统推出“三分四动”工作措施，全省创先争优活动简报第254期对此进行了专题刊发，平顺被评为长治市创先争优活动先进县。不断加强基层党组织建设。推广文建明工作法，深入实施“四分定类、五星定级、六措定责”措施，推动基层党组织晋位升级、整体提高；在农村开展创建“创业型、富民型”党组织活动，在机关开展创建“学习型、服务型”党组织活动，在非公经济组织开展“双争双强”活动，基层党组织战斗堡垒作用不断增强。创新干部队伍建设。进一步规范干部选拔任用提名制度，将群众推荐、组织推荐、领导干部推荐、干部自荐等多种形式相结合，建立了集政绩考核、民主测评、资历学历考评为一体的科学考核选拔机制，在全省干部人事制度改革座谈会上进行了经验交流。全面加强反腐倡廉建设。在全面推进党员领导干部教育、制度、监督并重的惩治预防腐败体系建设，严格落实党风廉政建设责任制。全年共查结各类违纪违规案件36起，处分违纪党员干部39人，其中乡科级干部8人，对腐败行为和不正之风始终保持了高压态势，营造出了风清气正的良好氛围。

二、牢抓第一要务，县域经济保持了平稳协调较快发展

强化项目支撑和投资拉动。按照省市委“项目落地年”的安排部署，把项目建设作为工作的重中之重，坚持大上项目、上大项目、上好项目，完善项目建设各项机制，强力推进70项重点工程项目。全年累计完成投资39.71亿元，投资额占年计划的101.1%，其中62项开工建设，29项完工或完成年度进度要求。在项目建设和投资拉动的共同作用下，全县经济保持了向上向好的发展势头。全年地区生产总值完成21.18亿元，同比增长12%；固定资产投资完成20.5亿元，同比增长26.4%;规模以上工业增加值完成10.02亿元，同比增长24.4%；社会消费品零售总额完成5.7亿元，同比增长15.5%；财政总收入完成1.5918亿元，为年初预算的103.2%；一般预算收入完成7204万元，为年初预算的125.1%；城镇居民人均可支配收入预计达到15755元，同比增长15.7%；农民人均纯收入预计达到3677元，同比增长14.9%，主要经济指标全部超额完成市定任务。

大力引进和培植高新技术产业。在营造开放招商、放手发展的浓厚氛围的同时，2012年组织参加西洽会、中博会、世界晋商大会等20多个大型招商会，共接待各类考察投资商80多批次，共签约亿元以上项目17个，其中5亿元以上大项目6个；签约总金额101.04亿元，项目到位资金21.5亿元，完成市级下达目标任务的143%。新签约项目中节能环保类项目2个，新能源项目3个，高端装备制造业项目2个，现代服务业项目6个，新材料项目2个，现代农业项目2个。通过大力招商引资、项目建设，工业、服务业在三次产业中的比例持续提高，产业结构更加优化，产业质量不断提升，行业类型呈现多元化趋势。

扎实推进工业园区建设。按照“产业集聚、布局集中、土地集约”的原则，坚持产业园区化、园区集群化、集群工业化的思路，充分发挥逐步凸显的区位、交通等硬环境优势，凭借服务、诚信等软环境优势积极营造“无障碍进入，无障碍发展”的投资氛围，招商引企，集聚产业。航天工业园区和高新科技产业园区两个新型产业园区破茧而出、发展顺利。清华机械厂、弘泰化工、山西文正卓越、香港矿业等企业落户平顺、进驻园区。

工业新型化建设集聚新动力。4×2.5万千伏安环保电石炉项目、4×4万千伏安密闭型电石炉项目一期工程建成投产，矿山资源进行第二轮整合重组，传统优势资源产业化、循环化模式基本形成。风力发电、航天工业园、汽车电喷、光伏发电、溯头水库等项目获批、开建、完工、投产，铁矿采选一枝独大的产业布局开始扭转，新能源、新材料、机械制造、航天工业等新兴产业多元格局加快形成。

旅游产业化建设取得新突破。2012年，旅游产品更加丰富、要素更加完善、质量持续提升。与山西煤销集团签订总投资18亿元的旅游景区合作开发框架协议，景区开发建设编制规划工作基本完成；通天峡景区开发项目完成投资2.5亿元，通天峡大酒店建设项目完成投资1.5亿元；生态博物馆规划编制工作基本完成，天脊山国家地质公园项目、县游客服务中心、天脊山旅游公路等项目进展顺利。成功举办第六届全国新闻记者漂流邀请赛暨首届“晋善晋美·诗画平顺”风光摄影大赛，荣获全国生态休闲创新奖，2个村入选国家首批传统村落名录，神龙湾村被命名为“全国特色景观旅游名村”，三里湾农业合作社纪念馆被评为省级爱国主义教育基地，通天峡景区被命名为省级风景名胜区，平顺旅游的知名度和美誉度提高。全县旅游综合收入实现7.62亿元，增幅达25%以上。特别随着长平高速的全线通车，平顺旅游必将呈现出大开放、大发展的崭新局面。

农业特色化建设呈现新亮点。充分发挥农业区域特色优势，加快农业规模化、区域化、产业化发展步伐。农业产业示范园区总面积达到23.8万亩，被省政府列为全省

“一县一业”中药材基地县；新增5个“山西省著名商标”，成功认证21个有机食品、9个绿色食品、9个无公害农产品和1个地理标志产品；年产8000万吨花椒芽菜生产线开始试生产，连翘深加工基地3000平方米饮片提取车间即将封顶，农业产业化水平和带动农民增收致富能力显著提升。

扶贫开发工作再创新佳绩。全面实施整村推进、片区开发、移民搬迁、“雨露计划”四大工程，全年共争取各级各类扶贫资金2000多万元，新建花椒芽菜基地2000亩，完成16个整村推进村项目，培训贫困群众2200余人次，建设移民新区9个，实施移民搬迁338户1200人，入住率达到95%，搬迁模式得到了省扶贫办的充分肯定。

县域城镇化建设取得新进展。围绕打造宜业宜居宜游特色山城目标，全年共铺开28个城镇化项目。劳模文化广场一期工程竣工并投入使用；425套保障性住房项目全面开工；县城集中供热项目，初步具备二次入网条件；全年新增城镇人口4067人，城镇化率达到24.6%，增幅达2.72%,超额完成市定任务；成功创建国家园林县城，城市综合承载能力、宜居指数和城镇化水平进一步提升。

城乡生态化建设实现新提升。全年造林7万亩，同时，完成了低效林改造1万亩，中幼林抚育1万亩，通道绿化15公里，村庄绿化27个，种苗基地建设0.4万亩。迎接了省、市林业系统集中观摩检查，赢得省、市领导和专家的一致好评。集体林权制度改革如期完成，均山到户、联户承包92.04万亩，并接受了省市检查验收。大力实施“蓝天、碧水、静音”工程，环境质量持续改善，全县二级以上天数达到365天。

三、加强宣传思想文化工作，文化软实力持续增强

深入贯彻落实党的十七届六中全会《决定》，充分发挥文化资源优势，着力提升文化软实力，加快建设文化强县。通过强化舆论引导，狠抓文明创建，加强文化建设，唱响了转型跨越发展的主旋律，推进了以劳模文化为内涵的公共文化服务体系建设。开工建设县文物博物馆、文化艺术中心综合楼,公益性文化设施全部免费开放。拍摄主旋律电影《申纪兰》、完成历史剧《大明惊魂》剧本创作，在凤凰卫视《凤凰大视野》栏目成功推出反映平顺县农业互助组、合作化的五集专题片，将平顺优秀文化推向了全国。

四、加强民主政治建设，依法治县水平进一步提高

县委坚持统揽全局，协调各方原则，既充分发挥领导核心作用，又注重发扬民主作风，加快推进法治平顺建设。切实加强和改进对人大工作的领导，支持政府依法履职，为政协提供强力支持和组织保障，进一步巩固统一战线，规范司法行为，坚持党管武装原则，支持工、青、妇等人民团体依法依章开展工作。将全县各阶层力量凝聚到了县委中心工作上，形成了团结一心、和衷共济的良好局面。

五、加强民生事业发展，社会建设扎实推进

扎实推进农村新的“五个全覆盖”工程。农村街巷道硬化工程率先在全市实现全覆盖，迎接了全市农村街巷道硬化全覆盖工程现场推进会的召开。城乡群众生产生活条件得到较好改善。交通出行条件有了质的提升。解决了1万口人安全饮水问题，完成水土流失面积13万亩，被评为全省“农田水利基本建设红旗县”。着力加强就业和社会保障工作。新增就业人数1750人，城镇登记失业率控制在了1.7%以内；各类保险政策有效落实，参保覆盖面进一步扩大，社会救助、优抚生活补助标准再次提高。向45449户低收入农户及时足量发放了冬季取暖用煤。统筹推进教育、卫生等各项社会事业。职教教学楼投入使用，特教小学、教师周转房、教师培训基地等开工建设；“一个鸡蛋，一两肉”工程惠及全县所有农村寄宿制小学生。县医院升级为“二甲医院”,5个乡镇卫生院业务用房建设工程快速推进，50个标准化村级卫生室完成建设任务，居民健康档案建档率达到98%，新农合参合率稳步提高，达到99.99%。社会管理和安全稳定工作全面加强。狠抓矛盾排查、隐患处理、积案化解和机制创新四项工作，全县共排查解决问题216件，解决重点信访案件38起。党的十八大期间全县大局和谐稳定，实现了“三不两零”目标。

（申丽枋　刘　磊）

附：一、中共平顺县委书记、副书记、常委名单

书　记：陈鹏飞（6月离职）　吴小华（6月任职）
副书记：秦　军
常　委：孙　伟　贺思宇（7月离职）
樊俊生（5月离职）宋忠义　宋玉清
张宏方（3月任职）李玉忠
郭红平（6月任职）

二、乡镇党委书记、副书记名单

青羊镇
书　记：刘沁梅（女）
副书记：翟双全
西沟乡
书　记：牛海江
副书记：张永杰
龙溪镇
书　记：张秀斌
副书记：张云红（女）
杏城镇
书　记：申涌泉
副书记：郝淦林
东寺头乡
书　记：吴月红
副书记：王建慧（女）

虹梯关乡

书　记：黄世贤

副书记：吕秋林

中五井乡

书　记：张浩波

副书记：李忠贤

北耽车乡

书　记：原保根

副书记：杨伟红

阳高乡

书　记：李建青

副书记：张高军

石城镇

书　记：段开松

副书记：杨慧栋（9月离职）

北社乡

书　记：何　军

副书记：许淑芳（女）

苗庄镇

书　记：刘忠虎

副书记：程丽荣（女）

中共黎城县委工作概况

县委书记　郝双庆

2012年，黎城县委、县政府团结带领全县广大党员干部群众，紧紧围绕省市转型跨越发展的总体部署，以打造中国硅都、世界红山、宜居古城为引领，统一思想，坚定信念，奋发作为，全县经济、政治、文化、社会、生态和党的建设保持了全面协调可持续的良好发展态势。全县地区生产总值完成30.8亿元，较去年同期增长13.9%；财政总收入完成3.94亿元，增加266万，一般预算收入完成1.59亿元，增加413万元；全社会固定资产投资总额完成29.9亿元，增长30.3%；社会消费品零售总额完成9亿元，增长15.7%；城镇居民人均可支配收入12725元，增长13.7%；农民人均纯收入5467元，增长14%，在转型跨越发展的道路上迈出了坚实的步伐。

一是中国硅都建设逆境奋进。蓝天燃气煤高效洁净转化、华驰物流、三醋酸甘油酯、晋道酒业等一批项目进展顺利，积蓄了经济发展的新动力。特别是在国内光伏产业面临漫漫寒冬的严峻形势下，多方联系，引进了山西太阳能科技产业园项目，首期6000吨高纯硅材料中试线和300MW高纯硅片两个项目开工建设。采用国际领先的HQL建造体系，建设中技金谷集成房屋项目，填补了长治市新型建筑材料领域的一项空白。云计算信息平台和矿山物联网项目攻克核心技术，完成了专利申报和成果鉴定。成功组建了黎城县太阳能新材料博士工作站和黎城县矿山物联网博士工作站。加大了对传统产业的升级改造，粉末冶金公司完成整合重组，太行钢铁有限公司与长福、华太两个焦化厂和青春玻璃有限公司进行规模兼并重组，组建起大型集团公司，传统产业焕发出新的生机与活力。

二是原生态农业进展顺利。新发展核桃经济林2万亩，全县核桃树总量达到13万亩、370万株。选取5000亩耕地作为原生态农业示范基地，全面取消了激素、农药、化肥在农业生产中的使用，生产绿色食品、有机食品、健康食品。引进建设了黎城高效农业示范园区项目，建设国内一流、省内领先的绿色农产品生产基地和生态旅游观光基地，一期工程全面开工建设。与北京投资商合作，建设集农产品加工、仓储、交易、物流配送于一体的黎城县生态农业科技产业园，打造安全、高效的农产品流通链条。规划了辛安泉、源泉、清泉三项提水工程和21座小型水库，其中6座小型水库列入省级规划，辛安泉提水工程开工建设。

三是宜居古城全面推进。引进了重庆同元文化古镇旅游开发公司，投资35亿元建设黎侯古城项目，打造“中华黎民故里、太行第一古城”，建设5A级文化旅游景区，一期工程和“黎城印象”住宅小区工程全面开工。项目全部建成后，可提供8000人的就业岗位，带动城镇人口增加2万人。聘请深圳建筑设计总院高标准编制了新区建设规划，新区主框架道路、黎侯古城西环路工程全面启动，国防动员应急指挥中心、基层就业和社会保障用房等项目主体工程基本完工。全面加快一品嘉园、宏远广场等居民小区和第三期保障性住房建设，县城居民住房条件进一步改善。

四是旅游产业加速发展。坚持不懈抓好生态黎城建设，完成荒山绿化4万亩，全县森林覆盖率达到50%。太行红山景区完成了洗耳河至杏树滩26公里标准化生态旅游路工程，建设了总长38公里的4条旅游连接线。黄崖洞景区成功申报国家4A级景区，投资1.5亿元的观光火车道、索道、观光电梯等6大工程进展顺利。白岩寺三大殿和国宾馆建设完成主体。与中港恒银投资集团达成合作意向，对景区进行全方位开发，文化旅游产业正在成为黎城转型跨越发展的重要支撑。

五是社会事业整体进步。农村街巷硬化、农村便民连锁商店、农家书屋和农村文化体育场所、中等职业教育免费、新型农村社会养老保险等新“五个全覆盖”工程全面完成。圆满完成低收入农户冬季取暖用煤工作，在广大农村寄宿制小学实施“一颗鸡蛋”和“一两肉”工程。扎实推进各项社会保障事业，城乡困难群众实现动态下的应保尽保。实施新提拔的科级干部到企业挂职、企业员工一线安全培训、对企业一把手进行安全约谈等一系列制度措施，深入开展非煤矿山、危化企业、学校、森林防火等重点行业、重点领域的安全生产专项整治，排查事故隐患，完善监管机制，严格事故追究和行政问责，促进了全县安全生产形势的持续稳定。坚持各级领导公开接访、带案下访和亲自包处重点信访案件制度，一大批重点信访案件得到化解终结，保持了党的十八大期间的和谐稳定，群众的满意度不断提升。

六是民主法制建设不断深入。严格实行民主决策、科学决策，凡属重大决策、重大工程项目建设、重要干部任免、大额度资金使用，都由县委常委会、党政联席会集体研究决定。积极支持人大、政协及社会团体充分履行职能，尽最大努力提供全方位保障。完善基层群众自治制度，深入推进党务、政务、村务和厂务公开。以“法律六进”活动为载体，深入开展法制宣传和依法治理工作，全社会进一步形成自觉学法、守法、用法的浓厚氛围。

七是党的建设全面加强。深入学习宣传贯彻党的十八大精神，加强各级党委中心组学习，制定完善了相关制度，推进理论学习制度化、规范化。扎实开展保持党的纯洁性学习教育、基层组织建设年和创先争优活动，取得了明显成效。实行县乡干部党建联系点制度，建立县四套班子成员联系点25个，科级干部联系点250个，乡镇班子成员和机关干部联系点250个，实现领导干部联系点全覆盖。抓好基层党组织整改晋位、集成升级，有力提升了基层党建工作科学化水平。通过“双岗双责”或“多岗多责”，提升大学生村官能力。深入推进反腐倡廉建设，拓展源头治腐领域，狠抓作风建设，严惩违法违纪人员，促进了党风、政风和社会风气的明显好转。

（杨彩云　杨尚军）

附：一、中共黎城县委书记、副书记、常委名单

书　记：郜双庆

副书记：郝献民　孙希谋（8月离职）

牛玉书（8月任职）

常　委：孙彩虹（7月离职）　程　琦　常　庆

刘永清（女）　姬　文（7月离职）

郭卫斌（7月任职）　段联刚

袁素军（7月任职）

二、乡镇党委书记、副书记名单

黎侯镇

书　记：岳保谷

副书记：康海江

西井镇

书　记：岳红宜

副书记：郭晋东

黄崖洞镇

书　记：谢永强

副书记：郭联豪

上遥镇

书　记：王瑞岗（10月任职）

副书记：申展芳

东阳关镇

书　记：郭力毅

副书记：郭少军

西仵乡

书　记：王永刚（10月任职）

副书记：王勇波

停河铺乡

书　记：魏晓伟（10月任职）

副书记：丰云飞

程家山乡

书　记：江永兴

副书记：李　炜

洪井乡

书　记：任文忠

副书记：龚文勇

中共襄垣县委工作概况

县委书记　冯俊义

2012年，襄垣县委围绕实施新型工业化、信息化、城镇化、农业现代化“四化战略”，狠抓招商引资不动摇，攻坚项目建设不松手，创优发展环境不懈怠，有力地推动了全县经济社会转型跨越发展。经济运行总体平衡，重点项目扎实推进，招商引资成效明显，各项工作统筹推进。

2012年，全县生产总值完成226.65亿元，同比下降7.4%；规模以上工业增加值完成182.52亿元，同比下降10.5%；财政收入40.17亿元，同比增长12.6%；固定资产投资105.05亿元，同比增长2.3%；城镇居民人均可支配收入23250元，同比增长12.9%；农民人均纯收入9414元，增长15%；社会消费品零售总额17.64亿元，同比增长16%。

引资上项。全县列入市级“四化”重点工程项目121项，总投资664亿元。其中，新建93项，续建28项，完成投资142.9亿元，完工45项，其余项目顺利推进。全年洽谈引进各类项目153个，概算总投资686.8亿元。其中，开工项目71项，到位资金69.6亿元，占市计划任务112%,签约资金488.4亿元，占市计划任务132%。

工业转型。按照集群化和垂直一体化的发展思路，立足区位、资源和产业优势，依托园区平台，重抓工业转型项目31个。其中，富阳园区入园企业26个，落地项目19个，基本形成以煤为基的循环经济产业链条。至德新能源建设示范生产线、山力铂钠百万米矿用皮带、襄子老粗布等项目进入试生产，聚氯乙烯二期、塑木复合材料等项目开工建设。王桥园区的潞安煤基多联产、乙二醇等一批大项目加紧筹建，转型发展实力增强。

农业产业化。加大财政扶持力度，重点培育设施蔬菜、规模养殖、干果经济林三大产业。建设蔬菜园区123个，新增蔬菜大棚8570亩，总面积达3.2万亩。新上善福石楼20万只养鸡、化岭千只养羊等一批项目，全县规模养殖基地达63个。种植优质核桃1.2万亩，总面积达3.4万亩。建成智能化育苗大棚4座、冷库5座和农产品质量安全检测中心。重点扶持壮大晋襄王、东宝薯业、宝达菇业等一批农业龙头企业，辐射带动能力增强。

旅游开发。聘请国内知名专家对襄垣县文化旅游产业进行总体规划，重点建设了仙堂山、宝峰湖、襄子文化园等三大景点30余个项目，旅游开发初见成效。同时建成了襄美商贸中心、综合物流配送中心等一批配套基础设施，现代服务业发展加快。

城乡基础设施建设。新建了城北街、滨河东路、城际快速路等路网工程，文化活动中心、游泳馆、垃圾处理厂等基础工程顺利推进。下良、西营等小集镇建设初具特色。农村新的“五个全覆盖”（农村道路硬化全覆盖、农村便民连锁商店全覆盖、农村文化体育场所全覆盖、中等职业教育免费全覆盖、农村社会养老保险全覆盖）任务全面完成。改造虒王线等县乡公路30公里。除险加固灰垴等6座小水库。建成善福集中供水工程，解决8000余人安全饮水问题。复垦农村闲置宅基地和废弃工矿建设用地3010亩。建设六大造林绿化工程，新增绿化面积3.18万亩。

民生事业。优先发展教育，新建了二中、四中、职业中学，高中阶段学生住宿费和信息费全部免除。强化卫生工作，新建了县医院急救中心和中医院门诊楼，药品零差率销售制度稳步实施，新农合参合率达到99.7%，提高了新农合、城镇居民医保和城乡低保补助标准，顺利通过国家卫生应急综合示范县和全国农村中医药工作先进县验收。城乡居民养老保险实现全覆盖，开工建设保障性住房1200套。推进县乡村三级公共文化服务体系建设，新编大型历史剧《豫让与襄子》获省“五个一工程”奖，《襄垣秧歌》、《襄垣鼓书》音像制品获第四届中华优秀出版物提名奖，襄垣县荣获“山西省文化强县”称号。高度重视安全稳定，认真汲取事故教训，切实强化安全执法监管和企业主体责任，扎实开展专项整治，安全基础进一步夯实。重视群众诉求，突出“事要解决”，实现十八大期间赴省进京“零上访”。基层武装、精神文明、体育计生、财税金融、审计统计、电力通讯、广电新闻、老龄妇儿、民族宗教等各项工作协调推进、取得新成效。

党的建设。全面引深纯洁性教育，扎实推进“基层组织建设年”，集中开展“对党忠诚”官德教育和以“进百家门、知百家情、解百家忧、集百家智、帮百家富、暖百家心”为主要内容的“六百”活动，锤炼了干部作风，密切了党群干群关系，营造了和谐稳定的社会环境。

（万瑞星）

附：一、中共襄垣县委书记、副书记、常委名单

书　记：冯俊义（9月离职）　田志明（9月任职）
副书记：黄福喜（8月离职）　张志刚（8月任职）
珸海鹏　徐建军
常　委：王守国　秦启明（7月离职）　桑爱平（女）
孙泽强　贺思宇（7月任职）
赵灵芳（5月离职）　崔玉彪
边军强（5月任职）

二、乡镇（园区）党委（党工委）书记、副书记名单

古韩镇
书　记：史红宾
副书记：赵艳斌
王桥镇
书　记：王勇伟
副书记：孙明利
夏店镇
书　记：侯慧平（女）
副书记：宋喜宏（2月离职）
侯堡镇
书　记：王　威
副书记：张素珍
虒亭镇
书　记：牛志强
副书记：张登科
西营镇
书　记：杨丽霞（1月离职）　申建峰（1月任职）
副书记：刘红飞
下良镇
书　记：李晓飞
副书记：刘立斌
王村镇
书　记：王宝力
副书记：付　健
善福乡
书　记：冯丽华
副书记：刘海斌

北底乡

书　记：王德宏（1月离职）　宋喜宏（1月任职）

副书记：赵　勇

上马乡

书　记：李卫伟

副书记：王国旺

富阳园区

书　记：史志刚

中共武乡县委工作概况

县委书记　周　涛

全县共有基层党委28个，基层党组织739个，党员14269名，其中农村党员8997名，建国以前入党的老党员160名。

2012年以来，武乡县紧紧围绕迎接十八大、学习十八大、贯彻十八大，按照省委、市委转型跨越发展总体部署，坚持“三个建设”引领、“五项措施”保障，严明铁纪律、锻造硬作风，狠抓项目、强化落实，三次产业齐头并进，转型跨越提速增效，经济社会各项事业取得了新成效、新跨越。2012年，全县地区生产总值完成66亿元，同比增长15.1%；财政总收入完成13.5亿元，增长11.4%；其中一般预算收入完成5.04亿元，增长20.9%；固定资产投资完成39亿元，增长27.3%；社会消费品零售总额完成8.6亿元，增长15.9%；城镇居民人均可支配收入达到15725元，增长13.8%；农民人均纯收入达到4493元，增长30.3%。7项主要经济指标保持两位数增速，尤其是农民人均纯收入实现大幅度增长，超出预期10.3个百分点。其它指标均全部完成或超额完成市下达目标任务。

一、三次产业转型升级取得新跨越

武乡是新一轮国家扶贫开发重点县，也是省委书记袁纯清同志的帮扶联系点。武乡县以此为新契机，抢抓机遇，奋力赶超，以脱贫翻番为目标，加快转变经济发展方式，三次产业转型升级取得新跨越。

一产上，以建设全省规模健康养殖大县为目标，把农民增收作为头等大事和核心任务，大力推进100万头生猪、4000万只肉鸡、300万只蛋鸡、100万只羔羊、20万亩核桃等重点项目，生猪、肉鸡、核桃分别被确定为全省“1323”生猪产业化30个重点县之一、60个“一县一业”基地县之一和35个重点县之一，现代农业格局初步显现。与美国PIC公司合作引进曾祖代种猪，肉鸡屠宰项目主体完工，养殖基地建设如火如荼；成功引进山西多维集团投资1.05亿元建设百万只太行黑头羔羊生态养殖项目，现代农业格局初步显现。

二产上，以建设全国镁合金终端制品基地为目标，促成中国五矿与王家峪煤业集团成功签约，投资200亿元实施中国五矿轻金属新材料产业集群项目，一期3万吨镁合金项目全面启动；引进山东水泥集团与昌靖建材公司合作，日产3000吨新型干法水泥熟料及6MW纯低温余热发电项目主体完工，即将全面投入生产；7座120万吨煤矿技改扩建项目进展顺利，蟠洪循环经济工业园区基础设施建设逐步完善；和信工业园区发展规划编制完成。镁合金、压铸件、装备制造、新型建材等新兴产业发展格局初步形成。

三产上，以建设全国八路军文化产业集聚区为目标，做强做大“两园一剧”（八路军文化园、游击战体验园、大型实景剧《太行山》），全面启动“两区一园”（王家峪八路军总部集聚区、八路军影视文化创意园区、八路军烈士陵园），成功引进八一电影制片厂进行战略合作，由王家峪煤业集团投资100亿元建设全国战争题材影视基地，力争实现“南有横店、北有武乡”的目标；加强与浙江义乌、山东临沂战略合作，两地三方联手打造现代商贸物流业，投资1亿元的红星杨物流中心开盘营业，入驻商户362户，可解决就业1500人；太行建国酒店、丰州东村农家乐一条街投入运营，餐饮住宿业蓬勃兴起。2012年前半年武乡县游客接待量一跃上升为全省第三，全年共接待游客221万人次，同比增长33.3%，旅游综合收入达18亿元，同比增长36.6%。文化旅游产业迸发出正能量，文化“软实力”已经成为经济发展的“硬支撑”，极大地带动了第三产业的蓬勃发展。

二、招商引资和项目建设取得新成效

认真贯彻落实省委、省政府“项目落地年”战略部署，按照项目储备、签约、落地、开工、建设和投产“六位一体”推进重点工程项目建设，创新性地采取了以下几项措施：一是成立重点项目推进办公室，实行倒排工期、挂图作战；二是成立县金融工作办公室，聘请省证监局张国华同志担任金融办副主任，着力破解融资难题；三是严格落实包项目责任制，县四大班子主要领导主抓10亿元以上大项目，各位常委、副县长主抓亿元以上项目；四是组建政府招商、以企引企、以商招商三支招商队伍，积极筹建长江三角洲、珠江三角洲、环渤海经济圈三个招商引资联络处。2012年确定的78个重点项目总投资203.6亿元，实际完成投资58亿元，投资完成率为118.5%。签约项目22个，落地17个，落地率达81%。中国五矿轻金属新材料产业集群、八路军影视文化基地两个百亿元项目取得了突破性的重大进展。

三、“文化强县”建设取得新进展

武乡县大力推进文化强县建设，成立了以县委书记担任组长的文化强县领导组，制定出台了《加快文化强县建设实施办法》，成功举办了第二届八路军文化旅游节、第三届八路军文化研讨会、中国武乡《太行穿越》挑战赛，承办了山西少儿频道“童声嘹亮”武乡歌会，中央电视台《新闻联播》栏目专题播报第二届八路军文化旅游节，中央电视台电影频道进行全程录播。加大宣传促销力度，在北京、邯郸、郑州、晋城、晋中、大同等地举办旅游推介会，在北京和省内各大城市公交车、出租车、LED大屏幕和汽车站、火车站、地铁、高速公路大力宣传，武乡老区知名度和影响力大大提升，已经成为长治的品牌、山西的窗口。积极推动社会主义核心价值体系建设，以社区文化、乡村文化、企业文化、校园文化、机关文化“五大文化”为重点，组织开展了周末消夏文艺晚会、送戏下乡、送图书下乡、农村电影公益放映活动，以及“武乡县十大杰出（优秀）青年”评选等一系列精神文明创建活动，公民文明道德素质明显提升，未成年人思想道德教育取得实效。国家卫生县城三年复查复审顺利通过，大型实景剧《太行山》被省委宣传部评为第十届精神文明建设“五个一工程”特别奖，由阎肃作词、徐沛东作曲、宋祖英演唱的《巍巍太行》被评为“五个一工程”歌曲（20首）优秀作品奖，“两园一剧”被省文化厅表彰为第三届山西十大文化品牌，县委书记周涛同志被省文化厅表彰为第三届山西十大文化创新人物。

四、人才培养引进取得新突破

人才不足不强，是制约武乡县发展的最大“短板”。县委坚持大力实施人才战略，制定出台了《武乡县中长期人才发展规划纲要（2010—2020）》，建立了领导干部联系专家和优秀人才制度，引进重庆大学合作建立国家级镁合金工程材料研究分院，已经签订合作意向；引进北京环宇冠川等离子技术有限公司，与县融聚远公司合作应用等离子体发生煤气技术；与山西省农科院、山西农大、山西鑫四海养殖公司合作建立了博士工作站；配备14名大学本科学历30周岁以下副乡镇长，公开招聘了74名教师、43名民政系统工作人员、18名新闻中心工作人员、55名卫生和人口计生系统工作人员。

五、改善民生取得新实效

武乡县始终把改善民生作为最大的政务，着力解决好人民群众最关心最直接最现实的利益问题，努力让老区人民过上更有质量、更加幸福的好生活。五个全覆盖工程方面，新五个全覆盖工程全面实现，农村街巷硬化工程实现了377个行政村全覆盖，超计划完成111.22公里。文化教育方面，农家书屋实现377个行政村全覆盖，投资2050万元新建的红星幼儿园项目主体完工，2013年秋季力争投入使用。医疗卫生方面，县医院综合门诊楼主体工程完工，完成投资7500万元，2013年可全面投入使用；新型农村合作医疗参合率达99.3%。保障性住房方面，实施了景兴花苑小区、舒香门邸小区、兴隆小区等保障性住房工程，600户农村危房改造工程全部完工，在2012年前半年全市保障性住房建设综合排名中居13个县区第一。基础设施建设方面，体育场、丰州路改造、学府街延伸工程全面完工，南泊湾商务大厦主体完工，滨河道路排水、生活垃圾填埋场、乡镇污水处理厂、县城热电联供等工程扎实推进。

六、社会安全稳定保持新局面

以党的十八大和谐稳定为重点，成立了十八大信访维稳指挥中心，县委常委、人大主任、政协主席、副县长轮流坐班，收集研判处置各类信访维稳信息。深入开展三级干部大接访，县级领导轮流接访，其他领导每天坚持在办公室开门接访。严格实行领导包案、带案下访制度，深入一线与信访当事人面对面解决问题，全年无一人赴省进京非访。建立运行《重大社会决策、重大工程项目社会稳定风险评估机制》，做到了关口前移、风险预知。特别是充分发挥八路军文化引领作用，继续开展消夏文化活动，营造一种干事创业的氛围，把群众的主要精力凝聚到谋转型、抓增收、建和谐上来，信访稳定形势明显好转。集中精力解决了乡镇文化辅导员、计生助理员、武装干事、民办教师、亦医亦农等“五大员”历史遗留问题和一批涉法涉诉案件以及群众关心的热点焦点难点问题。加强安全生产，严格落实责任，全年未发生一起死亡3人及以上生产安全事故。

七、党的建设科学化水平实现新提升

县委始终坚持党要管党、从严治党，坚持解放思想、改革创新，以建设学习型、服务型、创新型党组织为目标，不断加强执政能力建设、先进性和纯洁性建设，严明铁纪律、锻造硬作风，党的建设得到全面加强。

（一）强化理论武装，建设学习型党组织。以“素质提升、作风转变、能力加强”为目标，以深入开展创先争优、保持党的纯洁性、学雷锋活动为契机，强化理论武装，提升素质能力，不断完善自我，增强领导科学发展的能力，着力建设学习型党组织。充分利用山西干部教育在线学院这一平台，制定出台《武乡县干部在线学习学分制管理暂行办法》，全县13521名公务员参加网上自主选学，参学率达95%。创新性地在八路军文化园开展全封闭、体验式、拓展式培训，邀请省、市各类专家教授现场授课，800余名乡科级干部和农村“两委”主干普遍接受了培训教育。特别是十八大和十八届一中全会胜利闭幕后，县委把学习宣传贯彻十八大精神作为首要政治任务，县委常委会、县委理论学习中心组带头进行专题学习，县四大班子领导带头深入联系乡镇、下乡住村联系点和分管领域宣讲辅导，县委宣讲团分七组赴乡镇、农村进行了广泛宣讲。举办了5期十八大精神轮训班，对所有科级干部、农村党支部书记、村委主任进行集中轮训，县委常委分期作辅导报告。全县各级各部门和广大干部群众以十八大精神统一思想、激发干劲，进一步坚定了听党话、跟党走的理想信念，在全县掀起了学习宣传贯彻十八大精神的热潮。2012年6月武乡县被省委表彰为“全省创先争优活动先进县”。

（二）深入开展“基层组织建设年”活动，加强基层组织建设。严格落实“基层组织建设年”活动部署要求，创造性地实施了“强村帮弱村、先进带后进”结对共建工程，开展了“1+1”献爱心志愿结对帮扶贫困学生活动。深入推进干部下乡住村活动，结对帮扶304个行政村，提供帮扶资金3500余万元，为群众办好事实事2600余件。切实加强非公党组织建设，率先在全市第一家建立非公有制经济党组织，开通县级非公党建工作网站，实现非公有制经济党组织全覆盖，非公企业党组织组建率全市第一。创新大学生村干部集中管理模式，实行乡村双测评、县乡双审核、注重硬指标的考核办法，强化扶持大学生村官创业富民力度，经过省委组织部考核，武乡县被确定为全省首批大学生村官创业贴息贷款扶持试点县。

（三）从严治吏、强化执行，加强干部队伍建设。以严明铁纪律、锻造硬作风为要求，从严管理干部，狠抓作风改进，增强约束力，提升执行力，切实加强干部队伍建设。成立了党建工作领导组，制定出台了《关于进一步加强干部管理的意见》、《干部召退回暂行规定》、《科级干部末位淘汰暂行办法》、《干部交流暂行规定》等制度，对各级干部教育培训、监督管理、选拔任用、考核问责等方面进行全方位管理。进一步转变作风、创优环境，建立了“一站式”服务机制并付诸实施，实行“一个窗口受理、集中办公、缩短办结时限”等措施，对投资项目从规划选址开始，到建设部门颁发建设施工许可证，每个环节都设计了审批流程图，极大地提高行政效率。

（四）增强拒腐防变能力，加强党风廉政建设。严格落实党风廉政建设责任制，制定出台了《武乡县廉政风险预警机制实施办法（试行）》，各单位结合实际认真查找廉政风险点，并在网上公开公布，主动接受社会监督。深入开展“廉政教育月”活动，创作优秀廉政电视公益广告30个、廉政书画作品193幅、廉政手机短信435条、《廉政准则》电子书、廉政情景剧等一批廉政宣传教育精品，营造了风清气正的良好环境。扎实推进农廉建设，投资400多万元完成阳光农廉网建设，点击量达13016人次，通过农廉网解决涉农问题528个。

（五）加强民主政治建设，加快依法治县进程。县委充分发挥统揽全局、协调各方作用，加强和改进对人大、政协工作的指导，坚持压担子、出课题，包项目、落责任，促使人大、政协发挥职能最大化。县人大及其常委会围绕中心议大事、抓重点，组织召开常委会议7次，开展执法检查3次、视察调研活动9次，听取和审议“一府两院”专项工作报告14项。县政协认真履行政治协商、民主监督、参政议政职能，围绕全县核桃产业、物流产业发展以及重点项目实施进行专题视察调研5次，开展主席督办提案3次，提案办复率达100%。全力支持人民武装工作，充分发挥统战、老干、工会、团委、妇联桥梁纽带作用，凝聚起了广大干部群众和社会各界的强大力量。

（李亮亮）

附：一、中共武乡县委书记、副书记、常委名单

书　记：周　涛

副书记：阎新平　申林科

常　委：张维斌　魏书文　郭　强　王　霖
曲晋山（挂职，3月离职）
董晓纲（5月离职）　郝炳宏
王建军（挂职）　张　敏（3月挂职）
刘水源（5月任职）

二、乡镇（开发区）党委（党工委）书记、副书记名单

墨镫乡

书　记：申建斌

副书记：冯　晋

洪水镇

书　记：刘钢平

副书记：张　瑞

蟠龙镇

书　记：李俊田

副书记：张鸿儒

韩北乡

书　记：阎佳珅

监漳镇

书　记：魏宝鸿

副书记：王跃忠

大有乡

书　记：李晓东

副书记：崔红伟

贾豁乡

书　记：王五堂

副书记：贾弘伟

故县乡

书　记：郝建灵

副书记：张彦罡

上司乡

书　记：李朝霞

副书记：解建军

丰州镇

书　记：张国红

副书记：韩海威

石北乡

书　记：郝高宏

副书记：温志刚

涌泉乡

书　记：郝忠平

副书记：石建龙

故城镇

书　记：杜会平

分水岭乡

书　记：郑　丹

副书记：乔建平

石盘开发区

书　记：张　云

副书记：郝树福

中共沁县县委工作概况

县委书记　田志明

2012年，沁县县委以党的十七届七中全会和十八大精神为指引，深入贯彻落实科学发展观，不断强化党的建设，党的执政基础和执政地位，紧紧围绕省委、省政府建设全国“两宜”城市的战略部署，着力创建全国有机食品生产加工供应基地、全国休闲养生旅游度假胜地、全国生态功能区“三大转型示范区”，千方百计开展招商引资，推进富民强县，开创了县域经济转型发展、项目建设进展顺利、城乡面貌日新月异、民生质量持续提升、各项事业蓬勃发展的良好局面。

一、宣传思想文化水平整体提升

以贯彻落实科学发展观和十八大精神为指引，以建设“北方水城·中国沁州”为载体，出台了《全面推进社会主义核心价值体系建设的意见》《关于加快建设文化强县的决定》等重要文件，加强学习型党组织建设，采取扎实措施，充分利用县内新闻媒体、党校等阵地，深入宣传党和国家近年来特别是十七大以来取得的新成就，宣传基层党组织和党员干部队伍中的先进典型，开展道德模范推荐评选活动，组织开展宣传思想文化工作大观摩。年内县委中心组开展学习活动12次，全县举办宣讲报告会60余场，为迎接十八大召开营造了良好舆论氛围，为推进十八大精神贯彻落实夯实了工作基础。

二、党风廉政建设和反腐败工作深入推进

认真贯彻落实党风廉政建设各项规定，县委在全县党风廉政建设大会上和12名县委及政府班子成员、13个乡镇、80个县直单位签订了党风廉政建设和反腐败工作目标责任书。组织全县14名处级领导干部和91名科级领导干部在《沁州新闻》进行廉政承诺。加强对全县科级单位津补贴发放及“三公”经费支出监督检查。狠抓“吃拿卡要”专项整治。明察暗访、集中督查、突击检查52次，查处“吃拿卡要”案件14起，给予党政纪处分14人。在全县13个乡镇，116个行政事业单位排查出重点岗位385个，查找出廉政风险防范点1393个。

在全县范围内强力推进党务公开工作，创造性地推广了党务公开“五卡”工作模式（党员信息卡、岗位职责卡、便民联系卡、工作记录卡和履职公示卡），确定了39个党务公开联系点（3个乡镇、13个行政村和13个县直单位），在全县306个行政村和6个社区支部设立了村务监督委员会，并按1000人以上大村5名、1000人以下小村3名的规格配备了村务监督委员，党务公开工作更具操作性、指导性和推广性。12月，3个党务公开示范点在市纪委检查验收中全部合格。在县城和13个乡镇设立了“阳光农廉服务大厅”，306个行政村、6个社区成立了“农廉查询室”。

成功运用手机短信举报、网上邮箱举报和传真举报等新的举报方式，全年共受理各类信访举报46件次，筛选和提供案件线索43件，编写信访举报信息29篇，信访室直查快办信访案件5件，给予党政纪处分8人。采取全员办案制、量化考核制、每周“会诊”制、立案预审制、定期巡查制，提升案件治本功能。严格执行“一案三报告”制度。全年共查处各类违纪案件75件，处分98人（科级15人）。

三、组织建设和干部下乡住村工作成效显著

结合保持党的纯洁性学习教育活动，在全县干部中集中开展“坚定信念、对党忠诚、服务人民、廉洁自律”为重点的对党忠诚教育活动。以“强组织、增活力，创先争优迎十八大”的主题，深入开展“基层组织建设年”活动。开展集中点评、现场点评、座谈点评等点评活动630余场次，点评党员2万余人次。全县基层党组织建立创先争优长效机制8大项57小项制度，修订补充规章制度1500余项，建立健全各项工作机制800多个。2012年，党建考核全市第一、组织工作满意度全市第一，被市委授予“创先争优”示范县党委荣誉称号。

扎实开展干部下乡住村包村增收活动，并将活动从农村向社区、企业、学校延伸，实现了干部住点“全覆盖”，帮助各村制订“一村一品”产业发展规划312份，引进投资1.2亿元，引进项目485个，引进企业30多家，办实事4300

余件，解决群众生产生活中的实际困难5260件，带动2万余农户户均增收1000元。5月3日，全省“干部下乡住村、领导干部包村”增收活动现场推进会在沁县召开，沁县工作得到了省市各级领导的充分肯定。

四、招商引资成果丰硕

（一）签约项目110个，签约资金177.24亿元。完成市下达任务65亿元的272%；到位资金36.6亿元，完成市下达任务30亿元的122%。

1、在第七届中博会上，签约项目5个，分别是：①总投资10亿元的山西省柏图啤酒有限公司30万吨有机啤酒生产项目；②总投资4亿元的山东淄博兴龙房地产开发公司农牧产品仓储加工物流园区项目；③总投资1.5亿元的神奇山泉天然水公司10万吨天然水生产项目；④总投资0.6亿元的山西省焦炭集团公司清洁能源沁县加注站项目；⑤总投资0.5亿元的江苏山西商会淡水名贵鱼种养殖项目。

2、在首届晋商大会上，签约总投资20亿元的莱茵湖郡旅游开发公司段柳生态农业项目。

3、在第四届能源博会上，签约项目9个，分别是：①总投资5亿元的辅瀚实业有限公司沁州黄农业科技公司中老年米粉加工项目；②总投资2亿元的义乌台商协会核桃仁加工项目；③总投资3亿元的宁波启大光源有限公司肉兔加工生产项目；④总投资1亿元的曼奈柯斯（上海）有限公司糖膳宝南瓜系列产品加工项目；⑤总投资20亿元的农夫山泉有限公司农夫山泉矿泉水加工项目；⑥总投资2亿元的福建龙腾房地产开发公司湖滨花园小区开发项目；⑦总投资3亿元的浙江建工集团种猪和商品猪繁养育基地项目；⑧总投资20亿元的长治旅游发展有限公司南涅水佛塔景源开发项目；⑨总投资15亿元的唯思可达有限公司南湖生态文化旅游产业园开发项目。

4、县政府自行招商，签约项目95个，签约资金总额达69.64亿元。

（二）落地项目116个，落地金额71.84亿元。其中开工50个，在建13个，完工4个，前期工作阶段49个。

（三）项目立项审批等手续办理情况。全县116个落地项目全部办理了立项审批手续。73个重点项目中，手续办理齐全的有43个；立项审批手续办理完毕（其他手续不完善的）有18个；不需要办理前期手续的有5个；正在办理完善立项、土地、规划、环评等相关手续的有7项。

五、项目建设快速推进

2012年，全县共确定重点项目73个，总投资148亿元，年内累计完成投资57.7亿元，占年度计划任务的144.3%。其中，新建项目52个，开工率130%。

（一）竣工项目59个，年度完成投资28.43亿元。其中新建项目竣工39个，年度完成投资18.66亿元，续建项目竣工20个，年度完成投资9.77亿元。全县投资在亿元以上的竣工项目有4个，分别是总投资30亿元的潞宝金和生农副产品加工一期项目；总投资1.5亿元的农村街巷道路改造工程；总投资1.8亿元的万亩设施蔬菜基地建设项目；总投资2.5亿元的标准化肉鸡养殖基地建设项目。

（二）在建项目14个，年度投资完成29.3亿元。全县投资在亿元以上的在建项目进展情况具体如下：

1、湖滨花园小区开发项目，总投资1.36亿元，年度完成投资3750万元，一期工程完工，二期工程正在建设中；

2、世纪佳园小区开发项目，总投资1亿元，年度完成投资3880万元，二幢高层主体完工；

3、西湖苑小区开发项目，总投资1亿元，年度完成投资5450 万元，一、二期完工，三期工程正在建设中；

4、华安苑小区开发项目，总投资1亿元，年度完成投资5360 万元，一期完工，二期工程正在建设中；

5、莱茵湖郡旅游综合开发项目，规划总投资80亿元，年度完成投资10亿元，完成48幢商用住宅、旅游观光船码头、管理中心、玻璃房餐厅、接待室、景观大道建设及绿化工程；

6、定昌镇城中村改造项目，总投资3.7亿元，年度完成投资8140万元，西渠上主体完工；

7、山西沁州黄醋业开发公司小米老陈醋生产项目，总投资2亿元，年度完成投资1.25亿元，主体工程完工；

8、莱茵湖郡房地产B区、C区开发项目，总投资7亿元，年度完成投资5.3亿元，完成土建工程，正在施工阶段；

9、莱茵湖郡移民新村建设项目，总投资1.5亿元，年度完成投资8750万元，在樊村建成6排1万平方米移民新居；

10、县城集中供热工程，总投资2.4亿元，年度完成投资4500 万元，完成土地平整、道路等基础工程；

11、潞宝金和生食品公司肉鸡屠宰加工二期工程，总投资8.8亿元，年度完成投资2.9亿元，完成屠宰场、饲料加工厂主体工程。

六、农业现代化迈上新台阶

2012年10月9日，在全省重点工程项目现场观摩沁县检查中，沁州黄农业产业示范园区、潞宝金和生食品公司农副产品加工、矿泉水产品生产等农业现代化、带动农民增收翻番项目建设，赢得了省委、省政府主要领导的充分认可和高度评价，为长治树立了新标杆，摆出了新样板、增了光、添了彩。

（一）设施农业发展。依托“土地广、光照足、水源多”的优势，按照“丘陵沁州黄、沿山种核桃、平川建大棚”的思路，重点抓了设施农业。

1、全县蔬菜种植面积达到7万亩，其中设施蔬菜3万亩（日光温室1万亩，春秋棚2万亩），大田蔬菜4万亩。

2、核桃经济林种植面积达到11万亩，其中盛果期面积3万亩，带动2.6万个种植户户均收入3600元。

3、沁州黄谷子种植面积达到10万亩，总产量达到3180万公斤，带动2.8万种植户户均收入5300元。

4、以潞宝金和生食品公司为龙头，在全县规划50个标准化肉鸡养殖场，开工建设20个百万只标准化肉鸡养殖示范基地，年出栏达到2000万只。

（二）有机农业开发。

围绕创建“全国有机农业第一县”，在全县范围内推广发展有机农业。严格按照有机生产新标准要求，开展测土配方、土地培肥、病虫害防治、设施栽培等工作，推广使用农家肥、秸秆还田和轮作倒茬等有机生产模式。在潞宝金和生公司、海州兔业公司、金沁有机农业科技发展公司建设了3个有机肥生产厂。全县有机（转换期）认证产品达到32种，有机认证总面积达到1.16万亩，年产量达到1168.6万公斤。其中：有机蔬菜14种，有机瓜类4种，有机薯类2种，有机林产品6种，有机粮食作物6种。

（三）农业园区建设。

依托沁州黄农业产业示范园区，引进建设农业产业化龙头企业。14家企业入住园区，潞宝金和生食品公司（1亿只肉鸡屠宰加工项目、100万吨生物饲料加工项目）、山西康禾农业公司（万吨桑果酒加工项目、千吨桑叶茶加工项目）、乐邦巧克力食品公司（休闲食品及水果维生素生产项目）、山西沁州黄醋业开发公司（万吨沁州黄小米老陈醋加工项目）、沁县北方菜业公司（生态农庄建设项目）、佳美食品公司（万吨核桃仁系列产品加工项目）、山西沁州绿集团（蔬菜种植加工项目）、葆源农牧公司（有机蔬菜种植）等20多个项目落地建设。

七、城镇化建设取得新突破

在大县城建设方面：编制完成沁县城市建设总体规划（2010—2030），城市综合交通、停车设施、排水污水处理与中水回用、燃气、供热、环境卫生垃圾处理、给水节水、照明、绿地系统等10个专项规划正在编制中。城市绿化等市政公用设施完成投资1.25亿元，占市下达任务6000万元的208%。启动实施城乡清洁工程。县城生活垃圾无害化处理厂开工建设。宜居城市创建成效显著，省级园林城市创建完成初步验收，县城建成区绿化覆盖率达到40.7%，建成星级公园、园林道路、园林小区、园林单位等8个。城市供气工程完成沁州路等9条街路至门站连接段10公里管道铺装、接口汇通、门站建设任务，共入户750户。集中供热工程完成“三通一平”等前期工程。开工建设2030套保障性住房，其中廉租住房92套0.46万平方米，公共租赁住房30套，经济适用住房168套，棚户区改造住房1740套。全县城镇人口达到63884人，城镇化率达到37.21%。

在重点镇和中心村建设方面：全县规划确定5个大集镇、20个中心村。新店镇新建中心游园4000平方米、休闲游园400平方米和环镇绿化林带。规划新建一座住宅小区。郭村镇投资700万元，新修街道1公里，完成排水、路灯等配套设施建设，启动商贸一条街建设工程。故县镇新建养老院、卫生院，完成农村电网主线路改造和5公里街道硬化工程。册村镇编制完成小城镇近期建设规划，实施中心卫生院、镇文化广场、商住小区建设和路灯安装等工程。漳源镇完成镇中心卫生院、中心校教学楼改建工程，新建中石化208国道综合型服务区。根据各村实际，因地制宜重点抓了20个中心村，其中企业带动型3个，商贸带动型9个，旅游带动型4个，扶贫搬迁型4个。在这些村实施街巷硬化、亮化、村级组织活动场所建设、人畜饮水改造、园林绿化等40多项工程，村容村貌得到明显改观。

在基础设施建设方面：着眼于打基础、利长远，狠抓道路交通建设，改造农村公路41公里、危桥2座，完成客运站主体工程，挖补公路2.96万平方米。狠抓水利设施建设，完成河道治理工程2处、水库除险加固工程5处。启动坡耕地水土流失综合治理试点工程，新修水平梯田834公顷，新建生产道路1.5公里。完成4个村的水库移民工程。狠抓林业建设，实施了灭荒造林等8项造林工程，累计投资1500余万元，造林6万余亩，栽植各类苗木600余万株，建成万亩以上连片生态工程2个、千亩以上生态工程14个、经济林开发工程10处。启动30项山花烂漫工程，新建苗圃100多个。全县生态环境质量持续改善，空气质量全年保持在二级以上，一级以上天数达到191天。

八、主要经济指标完成及获得国家级荣誉情况

全县地区生产总值完成14.9023亿元，同比增长10.4%；全社会固定资产投资完成29.2546亿元，同比增长30.9%；社会消费品零售总额达到6.6184亿元，同比增长16.4%；全县规模以上工业增加值完成1.6350亿元，同比增长30.7%；财政总收入完成1.3136亿元，同比下降4.3%，其中一般预算收入完成6132万元，同比下降5.1%；农民人均现金收入达到3838元，同比增长16.1%；城镇居民可支配收入达到12858元，同比增长14.12%。

年内获国家林业局授予“千泉湖国家级湿地公园”，国家水利部授予“北方水城国家水利风景区”，国家认监委专家组授予“国家有机产品认证创建示范县”，中国曲艺家协会授予“中国曲艺之乡”等国家级荣誉。在北京宜居宜业典范城市创建与发展论坛上被评选为“中国宜居宜业典范县”，在中国（国际）休闲发展论坛峰会上，被评选为“中国最佳休闲小城”（山西唯一获此殊荣的县区）。

（王建宏　郝爱萍）

附：一、中共沁县县委书记、副书记、常委名单

书　记：田志明（9月离职）

副书记：张　斌　李国强

常　委：裴润山　韩晓红　秦苏良　张立强　郭爱斌　刘光清

二、乡镇党委书记、副书记名单

定昌镇

书　记：杨宏斌

副书记：裴晓凯

漳源镇

书　记：曹二伟

副书记：马国锋

郭村镇

书　记：武虹波

副书记：田新华

新店镇

书　记：张俊峰

副书记：梁世宝

故县镇

书　记：董昊晟

副书记：冯　宇

册村镇

书　记：张　鹏

副书记：王振华

段柳乡

书　记：魏　瑛

副书记：张　伟

松村乡

书　记：李佩璋

副书记：张太宏

次村乡

书　记：王东宏

副书记：刘向阳

南泉乡

书　记：崔艳红

副书记：张　鹏

杨安乡

书　记：张宏伟

副书记：张　瑞

牛寺乡

书　记：温建功

副书记：闫鹏云

南里乡

书　记：刘晓强

副书记：牛宇峰

中共沁源县委工作概况

县委书记　李丁夫

沁源县共有基层党组织595个，党员10923名。

2012年，沁源县委、县政府深入贯彻落实党的十八大和中央、省、市经济工作会议精神以及全市干部大会精神，团结带领全县干部群众，以迎接、学习、宣传、贯彻党的十八大为动力，积极应对宏观经济下的严峻考验，引深六化建设，加速五大赶超，全面推进宜居和谐幸福新沁源建设，各项主要经济指标均实现了两位数增长，较好地完成了赶超任务。全县地区生产总值完成110.86亿元，增长17.1%，高于全市平均增长速度6.5个百分点，增速位居全市第二。规模以上工业增加值完成87.05亿元，增长24.4%，优势工业和旗舰企业的主力军作用不断增强。固定资产投资完成58.33亿元，增长27.7%；社会消费品零售总额完成15.32亿元，增长16.2%，形成了投资消费并驾齐驱拉动县域经济发展的良性格局。财政总收入完成25.57亿元，增长16.8%；一般预算收入完成11.76亿元，增长39.3%，一般预算收入绝对额稳居全市第三。城乡居民人均收入达到22570元和8648元，分别增长14.1%和15.4%，农民人均纯收入增幅持续高于城镇居民人均可支配收入增幅。

（一）狠抓了打基础、利长远的四项重点工作

超前规划指导科学发展。修订完善沁源县2012—2030年城市发展总体规划，科学编制县城旧城南北片区控制性详规以及产业、交通、教育等一系列专项规划，编制完成了李元、灵空山、郭道、王和、王陶5个乡镇的总体规划，同步跟进规划成果的实践运用，坚决防止发展中的盲目性和建设中的短期行为。

项目建设支撑转型跨越。坚持转型标杆、绿色环保、新兴产业和民生项目优先，去年铺开总投资329亿元的重点项目188个，其中86个市级以上重点项目完成投资112.3亿元，引进签约总资金252亿元的项目23个，筛选储备总投资2466亿元的项目128个。

改善基础设施，破解发展瓶颈。积极支持省定预备重点项目黎霍高速公路前期工作，加紧争取省道汾屯线一级路改造，规划黄土坡隧道工程。加快省重点项目永和水库移民搬迁、道路改线和永和水电站混凝土垫层浇筑。在北

部乡镇建成了220千伏、110千伏变电站各一座，同步谋划南部乡镇未来发展的电力保障。

强化安全生产，维护社会稳定。严格落实政府安全监管和企业安全生产两个主体责任，推行煤矿安全隐患排查市场化管理、煤矿长述职评议等新机制，投资1000余万元组建了全省第一支县级专业森林消防队，扎实开展交通、学校、危化、建筑施工等重点领域的安全生产专项整治。圆满完成十八大信访维稳任务，全县重点信访案件息诉罢访率达90%。深入开展平安沁源和法治沁源创建活动，社会公众安全感满意度达99%。

（二）实施了快转型、大跨越的五大赶超行动

新型工业发展势头良好。20个煤炭技改扩能项目2012年完成投资58亿元，太岳煤矿通过竣工验收，全县原煤年产量突破800万吨，煤焦化、煤气化、煤化工、煤矸石建材等循环产业进一步延伸。老凹沟铝业双40万吨铝镁阴燃剂项目稳步推进，蓝天工业园区20万吨石油压裂支撑剂2条5万吨生产线即将投产，国电太岳山风电已具备10万千瓦发电能力，晋煤物流新干线项目投放重卡400辆。

现代特色农业扎实起步。一县一业脱毒马铃薯种植面积4万亩，总产量达到1.4亿斤，销售收入超过8000万元。续建沁河缘、昶苑、南石苗圃等现代农业园区，新建好乐草莓、家丰菇业、坤泰乳业三大示范园区，开工建设菩提农牧、螺山种植等23个生态庄园；挂牌成立了省农科院高寒所沁源工作站，设立特色产业研究所，建成脱毒马铃薯、夏季草莓2个博士工作站，组建农业产业协会6个，农民专业合作社发展到730个。

文化惠民强县加快实施。大力推进太岳红色文化旅游、特色宗教文化旅游、生态休闲文化旅游“三区同创”，实施了灵空山圣寿寺维修、花坡植被恢复等一批生态文化旅游项目，加快太岳军区司令部旧址和北莱沟国际滑雪场项目建设。推进节能减排、蓝天碧水、绿色生态和农村环境集中连片整治工程。县体育中心项目全部完工，县文化中心项目完成前期工作，县图书馆、文化馆、爱国主义教育基地免费开放，农家书屋和农村文化体育场所实现全覆盖，开展了一系列送文化、种文化、赛文化活动，创建国家公共文化服务体系示范区成效明显。

城乡宜居建设稳步推进。旧城改造完成15.4万平方米的房屋征收，实施了总面积18万平方米的安置房小区建设，化肥厂棚户区和国有太岳林局危旧房改造同步进行。集中供热扩建、人民路地下管网改造、观音坪公园建设等重点工程全部完工。安泽至沁源天然气接入项目完成管网铺设40公里，3条县乡道路改造基本完工，农村街巷硬化任务超额完成。全县城镇化率比上年提高了2个百分点。

民生社会福祉持续改善。公开招聘教育、卫生等事业岗位人员202名。新增就业2861人，失业人员再就业580人，转移农村劳动力2592人。建设各类保障性住房1076套。扩大城镇养老、医疗、失业、工伤、生育保险覆盖面，提高城乡低保、五保对象、60岁以上老人等补助标准，为全县4.6万农户提供冬季取暖用煤6.96万吨。新建和改扩建标准化幼儿园14所，县机关幼儿园硬件达到全省一流标准，实验小学新校区投入使用。累计免除学生费用2249万元。县二院及两所乡镇卫生院新建项目主体工程完工，挂牌组建并开工建设县中医院，县乡村三级医疗机构实行基本药物零差率销售。全年民生事业投入4.54亿元，比上年增长10.7%。

（三）形成了干事创业、争先进位的良好局面

全县上下扎实开展基层组织建设年和保持党的纯洁性学习教育活动，深入推进学习型党组织建设，以集中整治吃拿卡要为重点严肃查办违纪违法案件，端正选人用人导向，严格年度目标责任考核，着力打造奋发有为的领导班子和干部队伍。一年来，先后有5个省市现场会在沁源县召开，79 个单位205项工作受到市局级以上表彰；沁源县跻身全省17家省级园林县城之一，代表山西省接受国家公共卫生服务项目现场核查取得优异成绩，作为唯一一家县级单位在全国天保工程云南现场会上介绍经验；荣获全省县域经济发展先进县、全省林业生态县、全省创先争优活动先进县党委和全国计划生育优质服务先进单位等称号，荣膺2012 年度中国最具投资潜力中小城市百强县和中国最具区域带动力中小城市百强县。

（宋江华）

附：中共沁源县委书记、副书记、常委名单

书　记：李丁夫

副书记：杨红旗　高正堂（4月离职）　光宇航

常　委：赵永进　王宏斌　逯　江　任国华　石卫兵　孙建政　王旭琴（女，3月任职）

二、乡镇党委书记、副书记名单

沁河镇

书　记：胡亚明

副书记：王沁斌　董红星

李元镇

书　记：吴永红

副书记：王银刚

郭道镇

书　记：崔俊杰

副书记：刘保林

灵空山镇

书　记：李书祥

副书记：卫文丽（女）

王和镇

书　记：刘金虎

副书记：张永东

中峪乡

书　记：李建萍（女）

副书记：徐　靖

法中乡
书　记：王东刚
副书记：李　飞（2月任职）
交口乡
书　记：李建功
副书记：王　皓（女）
聪子峪乡
书　记：任　璟
副书记：贺奇伟
韩洪乡
书　记：史跃宏
副书记：张留恩
官滩乡
书　记：王　鸿
副书记：崔永红（2月任职）
景凤乡
书　记：梁晋峰（11月离职）
王银刚（11月主持工作）
副书记：刘　丹
赤石桥乡
书　记：阴永明
副书记：何相虎
王陶乡
书　记：马国威
副书记：张云江

中共晋城市委工作概况

市委书记　张九萍

2012年，中共晋城市委围绕迎接学习宣传贯彻党的十八大精神，坚持科学发展主题，突出转变经济发展方式主线和稳中求进、好中求快总基调，坚定不移争当全省转型跨越发展排头兵、坚定不移加快全面建设小康社会步伐，齐心协力、锐意进取、对标一流、创新实干，全市经济社会保持了平稳较快的发展态势。全年生产总值突破千亿元大关，达到1011.6亿元，增长11%；财政总收入突破两百亿元大关，达到213.5亿元，增长17.4%；其它主要经济指标均以两位数以上增幅圆满完成；一举荣膺“国际花园城市”综合金奖，被确定为国家低碳试点城市，率先荣获“全国创业先进城市”。

一、突出主题主线，坚持稳中求进，转型跨越的基础进一步夯实

一是“以煤为基、多元发展”步伐加快。在巩固煤炭资源整合成果的基础上，以新兴产业引领转型，加快发展高新技术、装备制造、新能源新材料和煤层气四大产业，煤层气综合利用循环模式被列为全国五个典型案例之一并加以推广；以园区集聚承载转型，“一区六园”都突出了各自的产业定位和发展方向；以现代服务业提升转型，一批以晋氏织造和晋陶陶瓷为代表的文化创意产业快速发展，一批以湖滨股份为代表的现代餐饮业规模壮大，一批以皇城相府为代表的精品旅游业效益凸显，全市旅游收入增幅全省第一；以县域经济支撑转型，形成了开发区高新技术、城区商贸物流、泽州装备制造、高平新能源新材料、阳城陶瓷产业、陵川生态旅游、沁水煤层气清洁能源为主导的非煤产业集聚区。

二是重点工程和重大项目进展顺利。出台了《晋城市转型综改试验行动方案》，加快“一市两县”、“一市两园”、“一县一企”试点建设，建立了一月一通报、一季一排队、半年一考评、一年一奖惩的项目建设推进机制。2012年，全市共签约引进项目188个，实际到位资金561亿元，完成省下达任务的156.7%，是上年的两倍多。特别是当年签约、当年落地项目超过三分之一，非资源类项目占比达到88%，10亿元以上项目占80%以上，重点项目落地提前4个月完成全年任务，招商引资提前3个月完成省下达目标。

三是“一村一品”、“一县一业”势头强劲。制定出台了农民收入翻番的《决定》，认真落实各项强农惠农政策，粮食总产、单产双创历史新高。大力发展“一村一品、一县一业”，“一村一品”专业村达304个，农民专业合作社发展到2697个，带动农户12.8万户。猪—沼—菜（果）循环农业、蚕桑丝麻、食用菌三大产业成为我市现代农业的新亮点。全省设施蔬菜现场会、小杂粮交易会、生猪产业推进会、中药材产业推进会先后在我市召开。启动实施了农村清洁工程，开展了首届晋城“最美乡村”评选活动，一批集生产之美、生活之美、环境之美、人文之美和山水之美为一体的“最美乡村”新鲜出炉，拉动了农村旅游业发展，带动了农民增收致富。

四是城乡一体化建设稳步推进。按照全省“一核一圈三群”的城镇化布局，统筹推进中心城市、大县城、重点镇和新农村建设。在中心城市建设上，加快拓展、改造、提质步伐，总投资达70亿元以上。在县城和小城镇建设上，围绕六大工业园区科学布局，加大了用地保障、户籍管理体制改革力度，突出了润城——郑庄沁河流域和环城高速

公路内7个城乡一体化示范区建设。在新农村建设上，重点抓了10个新农村连片示范区建设和300个新农村的提档升级。

五是城乡生态化建设成效明显。持续推进环境攻坚、造林绿化、节能减排三大工程。围绕环境攻坚，重点开展了城中村燃煤污染整治、建成区污染企业搬迁改造等工作，加大了丹、沁“两河”流域环境监管力度。市区空气质量二级以上天数达到353天，六县市区空气质量稳定达到国家二级标准。围绕造林绿化，重点实施了“两山”造林、“两网”绿化等六大林业工程，全年累计造林12.12万亩，植树800万株，跻身全国“百个国土绿化突出贡献单位”。围绕节能减排，重点开展了52项节能工程、38个减排项目，对41 家重点耗能企业进行了节能目标考核，六项污染减排指标全部实现预期目标。

六是招商引资成果丰硕。组团参加了中博会、能博会和首届世界晋商大会等，到江苏、浙江等地进行了交流对接，接待了新加坡、上海、广东等地企业家考察团38批次。特别是从理念、资金、管理、技术和人才等方面加强与上海的对接，实现了在更大空间、更高层次上谋划晋城发展。

二、加强和改善民生，创新社会管理，转型跨越的成效进一步显现

一是认真解决人民群众最关心、最现实的利益问题。各级财政用于民生事业支出占到总支出的70%以上，“五个全覆盖”工作提前超额完成，“方便晋城”十大工程全部兑现。大力实施教育优先发展和医疗提质两大工程。在全省率先实现普通高中免学费教育，为全市农村寄宿制学校配备的76辆校车交付使用，建立了贫困大学生资助体系，市区开工新建了4所学校。加强县乡村三级医疗基础设施建设，启动了晋城大医院建设，建立了市、县两级与北京各大医院对接的远程医疗会诊系统。开工各类保障性住房11560套，超额完成了省定目标，市区经济适用住房被国家住建部授予“国家康居示范工程”；向低收入农户供应冬季用煤任务提前完成。

二是就业和社会保障水平全面提高。新增就业岗位突破3 万个，城镇登记失业率控制在1.8%以内。加快完善城乡社会保障体系建设，养老医疗保险基本实现城乡覆盖。全市城镇职工、城镇居民医保待遇水平全省第一，新农保参保率和新城乡低保覆盖率居全省前列。

三是社会管理和维护稳定工作全面加强。瞄准争创全省社会管理创新先行区、示范区，创新管理理念、管理机制和管理方法，全省公安机关创新流动人口服务管理现场会在晋城市召开。深入开展严打整治，持续引深平安创建，社会管理综合治理工作走在全省前列。积极开展信访积案大会战，进京非正常重复上访同比下降56%，赴省集体访同比下降39%。特别是把抓好十八大安保工作作为一项特殊的政治任务，强化源头治理和预防，加强舆情研判，深入开展严打整治专项行动，实现了“六个坚决防止”和进京非正常上访“双零”目标。全年各类事故死亡238人，工矿商贸企业生产安全事故死亡8人。煤矿百万吨死亡率为0.1116。

三、加强宣传思想工作，推进文化强市建设，转型跨越的活力进一步迸发

深入贯彻落实十七届六中全会精神和文化强市建设《实施意见》，加快文化优势向发展优势转变。

一是深入开展社会主义核心价值体系建设。把社会主义核心价值体系教育融入转型跨越发展实践，推动中国特色社会主义理论体系进教材进课堂进头脑。大力弘扬晋城精神、人人争做“晋城好人”，涌现出来的203名“晋城好人”受到表彰。深入开展群众性精神文明创建活动，积极争创全国文明城市。

二是营造良好舆论氛围。充分发挥主流媒体主渠道、主阵地作用，唱响主旋律，打好主动仗。围绕迎接十八大，学习宣传贯彻十八大精神，开展了“千人万场大宣讲”活动；借十八大盛会召开的契机，通过人民网、新华网、人民日报、中央电视台、山西电视台和山西日报等主流媒体，全面宣传了晋城、推介了晋城、展示了晋城。加强互联网等新兴媒体管理，优化了网络文化环境。加强对外宣传工作，树立了晋城良好形象。

三是丰富群众精神文化生活。文化精品生产继续保持旺盛活力，涌现出以《西沟女儿》、《小二黑结婚》、《大耳朵爷爷历险记》为代表的一批群众喜闻乐见的文艺作品。全市累计共有43件作品荣获全省“五个一工程”奖，七次荣获组织奖。加强公共文化服务设施建设，文化惠民工程实现全覆盖。大力实施“文化低保”工程，受到了刘云山等中央领导同志的充分肯定，并在新华社等主流媒体宣传推广。

四是深化文化体制改革，大力发展文化事业和文化产业。文艺团体转企改制、广电体制机制改革等走在全省前列。大力发展文化产业，召开了文化强市建设动员大会。确立了“两地六业”主攻方向，建立了吉利尔潞绸文化、珏山二十八宿动漫等四个文化产业园区；搭建起创意研发、信贷融资、信息物流三个平台，促进了文化与旅游业深度融合。

四、全面提高党的建设科学化水平，为转型跨越发展提供了坚强保证

一是坚决贯彻党的十八大精神。把学习宣传贯彻党的十八大精神作为首要政治任务，集中时间进行传达贯彻，在全市迅速掀起了学习宣传贯彻热潮，并组织召开全市领导干部大会，市四套班子领导，市级老领导，各县市区、市直各单位主要负责人和重点企业负责人大会，对深入学习宣传贯彻党的十八大精神进行了安排部署。同时，以开展“千人万场大宣讲”活动、市四大班子领导市委党校集中授课和十八大代表深入基层一线进行宣讲传达等活动，

让党的十八大精神进机关、进社区、进农村、进企业，切实把学习贯彻党的十八大精神与学习贯彻习近平总书记一系列重要讲话精神相结合，与晋城转型跨越发展实际相结合，与全市各项重点工作相结合，真正把全市领导干部的思想和行动统一到了十八大精神要求上来。

二是持续引深创先争优活动。开展了“创先争优从我做起、挂牌承诺争当先锋”主题实践活动，形成了一批创先争优理论成果、实践成果和制度成果，城乡党建“三联两派一激励”、党员队伍“四分法”链式管理等做法，受到省委的充分肯定。

三是全面推进学习型党组织建设。扎实开展专题讲座“每月一讲”、自主选学“每月一班”、境外培训“每年一批”、在线学习“每人一卡”，分批选送处级以上干部到上海和境外进行专题培训。市委常委带头宣讲，市委中心组成员示范引领，在第一时间完成了学习贯彻十八大精神的首轮培训。

四是重点抓好纯洁性教育和“三联一住”活动。按照省委“六查六看”的要求，以“四重四戒四力促”为主题，扎实开展纯洁性教育活动。贯彻中央和省委要求，改进工作作风，打破常规、突破惯例，采取“四会合一”、“五会一天开”、“限定发言时间”等办法，减少会议，缩短时间，提高效率。对省市领导交办督办的100多项批件进行了跟踪回访问效。把下乡住村、包村增收等工作常态化，四大班子成员带头“三联一住”，下基层、接地气；1228名党员干部进农户、到地头，帮扶到村936个，帮贫到户5700多户，解决了一批群众反映强烈的突出问题。

五是切实加强领导班子和干部人才队伍建设。围绕转型跨越发展配班子、选干部、建队伍。2012年，市委共研究干部七次，调整处级干部57名。其中：提拔正处级干部11名、副处级干部11名，安排军转干部11名；平调正处级干部9名、副处级干部4名，免职11名。新提拔的22名干部中，竞争性选拔13名。所有新提拔任职的干部全部实行了市委常委会票决制。集中召开了一系列干部座谈会，探索深化干部人事制度改革。加强干部监督管理，开展了“一报告两评议”和领导干部报告个人有关事项工作。持续推进人才强市战略，完善了党委联系高级专家制度。累计引进各类紧缺人才3500多名，为转型跨越发展提供了人才支撑。

六是深入开展基层组织建设年活动。全面实施基层党建工作“联述联评联考”制度，狠抓党员教育培训，圆满完成了换届后农村“两委”主干培训工作。狠抓基层党建创新工作，在社区推进“三有一化”，在乡镇推行“文建明工作法”，在机关实施了“机关党建走在前”行动计划。狠抓非公企业党建工作，实现了非公企业党组织全覆盖。以“包保责任制”为抓手，扎实推进基层党组织分类定级和整改提高工作，在全省述党建测评中，晋城市位居前三名。

七是深入开展党风廉政建设和反腐败斗争。认真落实党风廉政建设责任制，统筹推进山西特色惩治和预防腐败体系建设的晋城实践。建立并实施了《领导干部廉政勤政约谈制度》。加强对重大决策部署的督促检查，深入开展食品安全、工程建设等领域的专项治理，解决了一批群众反映强烈的突出问题。加大纠风治理工作，被省政府评为全省政风行风先进市。坚决查处违纪违法案件，全年立查案件243件，对296名违纪干部给予了党纪政纪处分。

（李　超）

附：中共晋城市委书记、副书记、常委名单

书　记：张茂才（1月离职）　张九萍（女，1月任职）
副书记：王清宪　冯建平（9月离职）
于若杰（9月任职）
常　委：原国政　冯　征　张志仁（9月任职）
康吉仁（9月任职）　范丽霞（女）
刘爱军　常国荣　郝崇福（6月任职）
朱晓东（6月离职）

中共晋城市城区区委工作概况

区委书记　张玉宏

2012年，全区围绕迎接十八大、学习十八大、贯彻十八大，坚持以邓小平理论、“三个代表”重要思想和科学发展观为指导，深入实施“五区联动、产业升级、城乡一体、绿色崛起”的统筹发展战略，全区经济社会发展呈现出经济大步跨越、项目大见成效、品牌大批引进、民生大为改善、社会大有进步、党建大幅提升的强势推进、全面跨越的良好局面。

一、经济大步跨越，转型跨越的势头更加强劲

全年目标圆满完成。立足城区实际，把握发展大局，围绕“三个坚定不移、三个全市领先”的总体要求，全区上下聚精会神谋转型，全力以赴促跨越，主要经济指标超预期圆满完成：全区生产总值突破200亿元大关，完成203.3亿元，增长11%；财政总收入突破10亿元大关，完成11.6亿元，增长37.7%，公共财政预算收入完成7.02亿元，增长34.9%，增幅均排名全市第一；社会消费品零售总额

完成136.6亿元，增长16%；服务业增加值完成114亿元，增长10.8%；全社会固定资产投资完成172亿元，增长31.1%；城镇居民人均可支配收入、农民人均纯收入分别达到22565元、9052元，分别增长12.1%、13.7%。

非资源类产业加速发展。按照全市“突出特色、错位发展、差异竞争、优势互动”战略，大力推进非资源类产业集群化发展，全区“一体两翼”产业格局更加突出。服务业向高端化进军。围绕打造“面向中原的购物首选地、北方的义乌和太行国际商贸城”的目标，组织实施了总投资270 亿元的43个商贸物流项目建设。豪德物流一期和凤展新时代广场项目投入运营，开辟了全市商贸物流业的新时代；白马接待中心、国贸基斯顿酒店、金融财富广场、皇城相府城市综合体等一大批以五星级大酒店为主体的高端商业综合体集群化发展已经初具规模，大大加快我区商贸物流业向品牌化、高端化、规模化方向转变。工业向高质化转变。积极推进北石店工业园区建设，编制了园区总体规划。对10家规模以上工业企业提供3000万元贴息贷款扶持，六大工业技改项目全部完成。逐步形成了以科威工业园为主体的装备制造业，以海斯药业为龙头的生物制药业，以天煜煤层气为主导的新能源产业，以晟皓光电为重点的节能环保产业等新兴工业发展新格局。农业向高效化发展。“一村一品”成效明显，涌现出张岭、庞圪塔等18个省、市级“一村一品”专业村。摩登大地农庄、汇江亨通花卉项目落地建设，司徒、寺底等5大农业园区围绕城市做文章，服务城市求发展，努力实现土地效益最大化、农民增收最大化。

体制改革破冰攻坚。以争先综改为目标，研究制定《晋城市城区资源型经济转型综合配套改革试验行动方案》，确立27项转型综改试验标杆项目重点推进。事业单位分类改革扎实推进，医药、文化、卫生体制改革取得新进展，特别是倍受全区人民关注的市区财政体制问题得到破题，使财权与事权实现基本匹配。与此同时，发改、住建、物价等领域的体制调整工作积极推进、初见成效。

二、项目大见成效，转型跨越的支撑更加可靠

带动作用更加突出。深入开展“项目落地年”活动，全年落地项目162个，落地金额303.7亿元，提前四个月完成年度目标，全市排名第一。组织了总投资560.7亿元的81个非资源类重点项目，完成投资156.5亿元，占年度计划的170%。晋城大医院、北石店商务中心、科威工业园、中视钢铁二期、华大时代、豪德二期、庞大汽贸、皇城相府城市综合体、金融财富广场、赛博科技、红星美凯龙等十大项目攻坚效果明显，均取得了突破性进展；豪德一期、白马接待中心、太行明珠游乐城、凤展新时代、国贸基斯顿酒店、海天大酒店、居然之家、喜临门生活港、中视钢铁一期、白云怡景丽家等十大项目即将或已经投入运营，成为新的经济增长点。

推进措施更加有力。一是强化责任。区委、区政府班子成员，区人大、政协正职实行重点项目包干管理责任制，牵头领导和主管单位全面落实项目推进的“手续、招商、招投标、质量、资金、安全、稳定、税收、进度、廉政”等十方面的责任。二是强化服务。各级干部坚持“四个一”工作法，出台了《关于提高行政效能促进重点项目落地的实施意见》，审批总天数由1000天压缩到325天，缩减率达到67.5%；62项涉及重点项目收费的事项55项免收费，2项降低了收费，减免率达到91%。规定每月第二个星期为“无会周”，颁布午间禁酒令，减少会议数量，为项目推进营造了良好的氛围。三是强化考核。实行一周一通报、一月一排队、一季一奖惩、一年一考核，严格奖惩、严格问责。

社会效益更加凸显。区委坚持不懈实施重点工程带动战略，推动工作项目化，项目推进制度化，取得了经济和社会效益的双丰收。在全市重点工作观摩检查测评中我区名列第一，重点项目亮点纷呈，司徒城中村改造项目是我市档次最高的城中村改造项目；白马接待中心项目是我市环境最优的五星级生态园林式酒店；晟皓光电项目是我市品种最全的LED生产基地；中视钢铁交易中心是我市规模最大的钢铁交易平台；凤展新时代广场是我市品牌最多的城市商业综合体。

三、品牌大批引进，转型跨越的活力更加彰显

对外开放不断拓展。坚持“走出去、请进来”战略，采用定点式、跟进式、持续式招商，分别赴北京、上海、天津、南京、沈阳、义乌等地实地考察，先后参加了首届国际高端产业项目（上海、宁波）洽谈会、第七届长沙中部投资贸易博览会、首届世界晋商大会等五大展会，并取得了丰硕成果。同时接待了北京王府井百货等客商20余批次，进行了深度的洽谈和对接。以荣获国际花园城市为契机，与阿联酋阿爱恩市、意大利圣多梅罗市建立了友好关系，为今后经贸往来奠定了基础。

招商引资成果丰硕。大力实施“依托山西、对接上海、融入中原”的开放引进战略，瞄准世界500强、国内500强和行业领军企业，全力以赴招大商、引大资、大上项目、上大项目。与上海在项目、资金、管理、理念、技术等方面开展全方位的合作与对接，引进了德国大众宝马4S店、中科垃圾焚烧发电等8个项目。目前，我区已引进了全聚德、麦当劳、星巴克、必胜客、万达影院、苏宁电器、赛博科技、锦江之星、华润万家、红星美凯龙等十大知名品牌，正在努力引进沃尔玛、家乐福、王府井、上海新世界、郑州丹尼斯、台湾大润发、金凯瑞地下商业街等国内外知名品牌。全年共签约项目32个，引资154亿元，外来资金到位93.38亿元，全市排名第一。

企业扶持灵活多样。坚持内资、外资并重的原则，积极扶持本土企业发展壮大。通过搭建政银企合作平台，推

出贴息贷款和“助保贷”业务；实施市场准入、费用减免，争取专项支持等多种渠道和手段，累计投入1.4亿元扶持引导各类企业摆脱经济下行压力，加快转型升级步伐，实现效益稳步快速增长。充分发挥本土企业招商主体作用，把以企招企、以商招商作为招商引资的重要形式，积极开拓内外资融合发展的新模式。

四、民生大为改善，转型跨越的合力更加凝聚

城乡统筹协调发展。城中村改造顺利推进。将城中村改造作为我区经济发展的优势资源和民生改善的有效途径，出台了《关于进一步规范城中村改造的实施意见》，以“政府主导、市场运作、整村拆迁、安置优先”为原则，全面铺开了15个城中村改造，完成投资20亿元。新开工面积98.9万平方米，竣工面积25万平米。新农村建设亮点纷呈。认真落实各项强农惠农的各项政策，财政对“三农”的投入达到2.43亿元，占全区总支出的22.1%。农村新“五个全覆盖”全部超额完成，洞头村成为晋城市首批最美乡村，夏匠村被全国妇联、教育部、中央文明办授予“全国家庭教育示范村”称号。

民生事业全面进步。教育投入规模空前。投入9000万元对中小学和幼儿园实施了“五改”工程，汇仟小学完成主体工程；投入633万元大幅提高城市中小学生生均公用经费；公开招聘教师54名；华洋职业中学、城区职业中学相继投入使用，实现了职业教育的历史性进步。医疗条件大幅改善。加大公共卫生医疗服务投入，筹集资金1.2亿元开工建设市二院住院大楼项目，新建钟家庄社区卫生服务中心。劳动保障更加完善。积极打造创业城区，全年新增就业11007人，转移劳动力2234人，被市政府授予“全市创业型城市创建工作突出贡献奖”。出台了《失地农民社会保障办法》，为600多名社区工作者办理了养老、医疗等五种保险，切实抓好城乡低保、社会救助工作，城镇居民社会养老保险和新农保工作被确定为国家级试点，社会化征缴方式得到人社部的充分肯定。

民生热点有效化解。按照“划片、就近、免试”入学原则，杜绝跨区择校，严格控制班容量；实行“阳光编班”，确保了教育更加公平，更加均衡；投入1000多万元对市区低洼地段进行了治理，有效抵御了晋城市有水文记录以来最大的一场暴雨袭击；大幅提高环卫工人待遇，为环卫工人每人每月增资145元，达到1155元，处于全省最高水平，并为一线环卫工人提供免费的“贴心早餐”；高标准完成低收入农户和城镇未纳入集中供暖的居民供煤工作，总计供煤2.67万吨；专门拿出50万元，集中救助1000个困难家庭。

五、社会大有进步，转型跨越的效果更加明显

生态环境更加美好。积极开展环境整治，巩固创卫成果，启动实施城乡清洁工程。强力推进节能减排工作，万元GDP综合能耗指标完成年度3.5%的目标，被确定为第二批国家低碳试点城市。积极创建国家森林城市，白马寺山森林公园、豪德公园、凤还巢森林公园“三大公园”绿化提档升级，全年造林绿化7600亩。坚持不懈狠抓以白马寺山为重点的环境治理，荣膺国际花园城市综合金奖、国际花园城市景观改善类特别金奖和白马寺森林公园生态治理工程荣获自然类单项金奖三项桂冠,城市知名度、美誉度大幅提升。

文化建设成绩喜人。实施文化惠民工程，区文化馆、图书馆全部对外免费开放，开展农家书屋读书活动，为基层群众送戏下乡400多场、放映电影1600余场，群众文化活动丰富多彩。夏匠村阳光爱乐合唱团应邀赴德国参加国际合唱比赛并获一等奖；玉皇庙维修工程竣工，程颢书院开发正在高起点规划设计，怀覃会馆正在进行加紧修缮。全区全年接待游客290万人次，旅游综合收入达到24亿元，同比增长了62%；深入开展全国文明城市创建活动，共创建国家级文明典型3个，省级文明典型19个，市级文明典型32个，区级文明典型105个。

安全稳定成效显著。安全生产常抓不懈。始终树立“安全高于一切，安全重于一切，安全压倒一切”的安全理念，开展不间断安全生产隐患大排查，推行了安全生产有奖举报制度，选派11名安监人员充实到镇办安监站，实行企办和安监站分设，夯实了基层安全基础，保证了全年安全生产无事故。信访稳定攻坚克难。2012年以来，面对前所未有的信访稳定压力，通过经常性、不间断地开展信访稳定攻坚战，集全区之力重点化解了一大批信访疑难案件。在工作中，坚决推出六条举措，实行十项制度，严格五个不准，保持了全区信访稳定形势的总体平稳，特别是“十八大”信访维稳工作，圆满完成了省委、市委“零上访”、“零滞留”的工作要求。社会治安平稳运行。全面做好十八大安保工作，大力整治治安乱点，校园及周边秩序有了明显好转，市区治安形势呈现总体平稳的良好态势，群众的安全感满意度明显提高。

六、党建大幅提升，转型跨越的保障更加有力

认真学习贯彻党的十八大精神。开展了以“学习十八大、创造新业绩”为主题的“十个一”学习实践活动，举办了“学习十八大、城区怎么办”大研讨，开展了建言献策、解放思想大论坛活动，在第一时间对全区480余名科级干部进行了轮训，切实引导全区各级党组织和广大党员自觉把思想和行动统一到十八大精神上来，统一到推动城区转型跨越发展上来。

深入开展基层组织建设年活动。全面实施基层党建工作“联述联评联考”制度，狠抓党员培训，对243名村（社区）两主干进行了包括井冈山主题学习在内的“领头雁”培训。狠抓基层党建创新工作，在社区推进“三有一化”，

在乡镇推行“文建明工作法”，在机关实施了“机关党建走在前”行动计划，狠抓非公企业党建工作，新建党组织81个，使市区3212家非公经济组织实现了党组织全覆盖。以“包保责任制“为抓手，扎实推进基层组织分类定级和整改提高工作。深入实施“567”社区网格化管理推进法，目前基础性工作基本完成，精心挑选的十个试点正在加快推进。

切实加强作风建设。扎实开展下乡住村活动。全区33名处级领导干部及145名科级干部和64个区直单位持续深入开展下乡住村、包村增收“六个一”活动。共实施项目108个，已竣工项目21个，投入资金24648万元，制定完善了各村、社区的发展规划，形成了转变作风、推进发展、普惠民生、促进和谐的强大动力。持续引深创先争优活动。全区440个基层党组织、7213名党员进行了承诺履诺，为群众办实事好事2万余件，共落实帮扶资金740万元。深入开展纯洁性教育活动。开展“结对帮扶献爱心，争当城区活雷锋”主题实践活动，全区1000名党员干部“一对一”结对帮扶困难家庭，帮助解决生产生活中的实际困难。

深入开展党风廉政建设。积极探索具有山西特色惩治和预防腐败体系的城区实践，反腐倡廉教育、制度、监督、改革、纠风、惩处各项工作整体推进。坚持以廉政风险预警防控为抓手，对部门内部权力进行梳理规范，明确职责权限，优化业务流程，实行分级预警管理和“黄、橙、红”三色预警处置。大力整治“吃拿卡要”，创优发展环境，全区共受理“吃拿卡要”举报线索10件，查实7件，给予8人党纪政纪处分。深入开展食品安全、工程建设等领域的专项治理，解决了一批群众反映强烈的突出问题。全年立查各类案件24件，结案24件，给予29人党政纪处分。

切实加强民主政治建设。加强对人大工作的领导，大力支持人大及其常委会依法履行职能，不断加强和改进监督工作；把政治协商纳入决策程序，积极支持人民政协围绕团结和民主两大主题履行职能，提高参政议政实效；进一步巩固和壮大新形势下的统一战线，促进政党关系、宗教关系和谐；坚持党管武装原则，深化军民融合式发展，军地“双服务”水平进一步提高。加强和改进党的群众工作，充分发挥工会、共青团、妇联等人民团体联系和服务群众作用，形成了齐心协力抓发展、促和谐的良好氛围。

（王羿飞）

附：一、中共晋城市城区区委书记、副书记、常委名单

书　记：张玉宏

副书记：张利锋　杜　平

常　委：晋　昕（女）　李子荣　陈明龙　李　炎　高喜全　李永红　霍晋斌

二、乡镇（街道）党委（党工委）书记、副书记名单

北石店镇

书　记：张　宏（女）

副书记：郭瑞林

西上庄街道

书　记：尚东方

副书记：巩　俊

钟家庄街道

书　记：陈黎原

副书记：师红兵

东街街道

书　记：车文莲（女）

副书记：孟　晨

南街街道

书　记：卢坤拽

副书记：李　晋

西街街道

书　记：翟明太

副书记：陈玉霞（女）

北街街道

书　记：庞维敦

副书记：王爱萍（女）

矿区

书　记：田静妮（女）

副书记：李慧斌

中共泽州县委工作概况

县委书记　崔守安

泽州县委下辖基层党组织1271个，其中党委20个，党总支74个，党支部1177个。共有党员24582名，其中，女党员3225名。

2012年，县委、县政府紧紧围绕迎接十八大、学习十八大、贯彻十八大，按照省市推进转型跨越发展的战略部署，深入实施“1163”发展战略，全力主攻“1153”年度工作重点，攻坚克难，拼搏实干，各项工作取得新进展新成效。全县生产总值完成217.69亿元，增长10.9%；财政总收入完成37.52亿元，增长9.8%；公共财政预算收入完成12.49亿元，增长15.2%；城镇居民人均可支配收入达到21691元，增长14.2%；农民人均纯收入达到9044元，增长13.9%。县域经济实力和综合竞争力进一步增强。

经济转型势头强劲。与晋煤集团签订了企地合作协议，扎实推进天泰公司规范化建设，四大煤炭整合主体所属煤矿复产复工取得重要进展，全年煤炭产量完成740万吨。全力加快项目建设，65项省市县重点工程项目，年度投资完成率达到114%。实行点对点、企对企招商，晋煤高硫煤洁净利用化电热一体化示范项目、兰花科创己内酰胺、兰花物流、月星国际家居生活广场等69个项目相继落地，落地金额达到228亿元。切实把铸造和装备制造作为非煤主导产业来抓，全年铸造产品产量达到150万吨，荣获“中国铸造行业集群县”。大力发展外向型经济，全年外贸进出口总额达到4.13亿美元，连续两年在全市领跑。扎实推进市级转型综改先行试点县建设，积极创新土地管理、投融资等领域的体制机制，为推动经济转型注入了强劲动力。

现代农业不断壮大。充分挖掘粮食生产潜能，总产量达到5.4亿斤，荣获“全国粮食生产先进县”。坚持“一村一品、一县一业”，无公害蔬菜面积发展到5.2万亩，经济林发展到2.5万亩，有机农产品发展到2.1万亩，食用菌产量达到9420吨，生猪出栏达到49.2万头。“一村一品”专业村发展到111个，农民专业合作社发展到724个。彤康、晋宏等重点龙头企业全年实现销售收入5.7亿元。雨润10万头生猪养殖、泽地萃、长青苑等农业龙头项目建设进度加快。益丰园、绿之丰、绿成林果、成晔等一批现代农业科技示范园区，正在向生产销售、观光旅游、休闲娱乐一体化发展方向迈进。

城乡统筹稳步提升。坚持以“一体两翼”引领新型城镇化建设梯次推进，金村新区金村大道等标志性工程取得重要进展，巴公巴原新城项目前期准备就绪，南村“两纵两横”发展框架初步形成，其它中心城镇主动承接“一体两翼”的辐射效应，在建设工业强镇、商贸重镇、文化旅游名镇和生态农业大镇上各有侧重，全县城镇化率达到41.2%，比上年提高了两个百分点。坚持以新型农民社区引领新农村建设上档升级，全县煤层气用户达到2.2万户，集中供热达到73万平方米，自来水普及率达到92.3%，被评为“全国新农村建设示范县”。东四义、山耳东、东常村、苇町等一批老典型得到巩固提升，泊南、杨洼、大泉河等一批新典型脱颖而出，东四义、土岭荣获全市“最美乡村”。

和谐泽州全面推进。新建农村便民连锁店57个，新增农村街巷硬化里程704.4公里，新的“五个全覆盖”如期实现。煤矿沉陷区治理、大周公路、南小公路东下村段、巴公生猪屠宰场等一批惠民实事有序推进。教育、卫生、科技、文化等各项社会事业蓬勃发展。人口计生工作再上新台阶，荣获“全国计划生育优质服务先进县”。社会保障体系进一步健全，新农合参合率达到99%，新农保参保率达到98.5%。大力推进县域生态化，森林覆盖率达到35.09%，绿化率达到48.07%，荣获“全省林业生态县”。传承发扬雷锋精神，学习弘扬刘开周先进事迹，“税企和谐杯”职工篮球赛等各类和谐创建活动异彩纷呈，被市委、市政府表彰为“和谐建设先进县”。大力加强和创新社会管理，“十化”管理服务模式成效明显。始终支持人大政协履行职能，爱国统一战线作用得到充分发挥，党管武装工作不断加强，群团工作扎实推进，基层民主法治建设再上新水平。

党建工作保障有力。扎实开展保持党的纯洁性教育、创先争优和学习型党组织建设活动，取得了一批理论成果、制度成果和实践成果。围绕争先转型跨越发展配班子、选干部、建队伍，广大党员干部干事创业激情高涨。大力推行“文建明”和“4+2”工作法，择优选派了59名县乡优秀党员干部担任第一支书，非公企业和新社会组织实现了党建工作全覆盖，切实改进对大学生村干部的管理，党的基层基础更加稳固。扎实推进惩防体系建设，建起了数字化监管中心，率先在全省开通了县级惩防体系信息网。认真执行中央八项规定，引深弘扬右玉精神，扎实开展领导干部下乡住村包增收活动，专项整治吃拿卡要，树立了新时期领导干部的良好形象。

（牛世伟）

附：一、中共泽州县委书记、副书记、常委名单

书　记：崔守安

副书记：常广智　侯贵宝

常　委：张保国　王加林　王　丽（女）　王　涛　李正根　安旭敏　陈志忠

二、乡镇党委书记、副书记名单

下村镇

书　记：杨鸿飞

副书记：李俊文　牛　强

大东沟镇

书　记：郎云峰（2月离职）　许云发（2月任职）

副书记：李瑾卿　宋海东

川底乡

书　记：陈仲会

副书记：闫晓阳（2月离职）　樊曙钰（2月任职）　吕　焱

周村镇

书　记：郎军芳

副书记：焦志成　陈前锋

李寨乡

书　记：李云波（2月离职）　闫晓阳（2月任职）

副书记：原林林　李会斌

南岭乡

书　记：董建军

副书记：王红军　郭文芳（女）

犁川镇

书　记：原吉雷

副书记：刘小虎　王　冲

山河镇

书　记：车树文

副书记：郭海军　韩燕敏

晋庙铺镇

书　记：许云发(2月离职)　樊武斌（2月任职）
副书记：韩剑英（7月离职）　庞晋强

大箕镇

书　记：王江元
副书记：邢剑虹　刘江波

南村镇

书　记：李雪山
副书记：刘晋宇　晋云霞（女）

金村镇

书　记：樊海放（2月离职）　李池堆（2月任职）
副书记：王晓东（7月离职）　韩剑英（7月任职）
张志兵

柳树口镇

书　记：樊武斌（2月离职）　赵亮福（02月任职）
副书记：赵毅鹏　毋　忱

高都镇

书　记：李池堆（2月离职）　牛天明（2月任职）
副书记：史坤国　焦建强

北义城镇

书　记：牛天明（2月离职）　李云波（2月任职）
副书记：郭华英　王志毅

巴公镇

书　记：郎诗华
副书记：赵亮福（2月离职）　李　斌（2月任职）
田建刚

大阳镇

书　记：刘建云（女）
副书记：刘廷兵　韩安阳

中共高平市委工作概况

中共高平市委下辖29个基层党（工）委，其中乡（镇、街道）党（工）委16个，机关事业单位（部门）党委6个，企业党委2个，市直机关事业单位工委5个。共有41个党组、63个党总支（含村级党总支25个）、1084个党支部。党员总数为24996名，其中农村党员13986名。

2012年，高平市委围绕迎接十八大、学习十八大、贯彻十八大，团结带领全市干部群众，解放思想、锐意进取，创新实干、攻坚克难，圆满完成了全年目标任务，各项工作都取得了新的重大进展。

1、综合实力得到新提升。全市地区生产总值完成234.7亿元，同比增长11.9%；财政总收入42.3亿元，增长16.1%；一般预算收入11.9亿元，增长16%；城镇居民人均可支配收入21324元，增长14.7%；农民人均纯收入8647元，增长13.8%。我市连续三年被评为中国全面小康成长型百佳县市。先后荣获全国“创先争优活动先进县（市、区）党委”、“农田水利基本建设先进县”、“全民健身活动先进单位”和山西省“园林城市”、“环保模范城市”、“文化体制改革工作先进市”、“人口计生工作目标责任制考核先进县（市）”、“农建‘禹王杯’先进县”、“治超工作先进市”、“集体林权制度改革先进县”、“中小学德育工作先进市”、“一县一业先进市”、“粮食生产先进市”等荣誉称号。

2、转型发展取得新成效。继续大力实施“两个转移”战略，强势推进“六个十”项目，项目落地年和重点工程建设取得显著成效。唐一新能源、融高太阳能、福川制铁、金田农业等一批项目建成投产，华润制药、海诺科技、科兴光电、安泰矿工防护设备制造等一批项目开工建设。融高太阳能、海诺科技、金田农业三个项目代表晋城市接受省委、省政府观摩检查，受到高度肯定。工业园区建设步伐加快，马村煤电化工业园区被省政府升格为副处级工业园区；米山高新技术产业园区成为晋城市“一市两园”试点。四大园区落户企业达30余家，总资产150亿元，园区引领作用初步显现。

3、新农村建设呈现新景象。加快发展生猪、蔬菜两大主导产业，成功承办全国生猪产业高层论坛、全省发展生猪产业现场会，组建了高平市猪业协会，开通了高平生猪网，“一县一业”生猪示范基地规模效应充分显现，生猪出栏145万头。新发展设施蔬菜面积7562亩，新建百亩以上设施农业园区22个。“一村一品”扎实推进，涌现出10个“一村一品”示范村。创新性地启动实施了农村新一轮“五个全覆盖”工程，“一村一街亮化、农业科技服务、文化活动组织、天网工程、民兵武装”全覆盖工程均完成年度建设任务，受到广大农民群众热烈拥护。深入推进“六村联创”活动，新农村建设水平和层次明显提高。扎实推进扶贫攻坚工作，实施了一批产业扶贫项目，群众自我增收致富能力显著提升。

4、城乡面貌发生新变化。大力实施“一城五镇双百村”特色城镇化战略，启动实施了十大城建重点工程，开工建设了一批公用建筑。高标准完成丹河路改造工程，打通了10条断头路，市区道路交通明显改善。开工建设保障性住房1872套，新建商品房4000余套。大力推进集中供热、供气工程，新增供热面积80万平方米、供气5000余户。建成了综合性城市公园长平苑，新建一批城市小游园，被省政府命名为省级园林城市。加快推进“五镇”建设，实施基础设施项目48个，城镇人口达到24.78万人，城镇化率51.1%。

5、生态文明建设取得新成果。加快建设绿化、净化、气化、健康高平，完成造林2.3万亩，森林覆盖率达18.3%。持续开展环保专项行动，市区空气质量二级以上天数达到357天，顺利通过省级环保模范城验收。加快推进重点节能项目，全面淘汰落后产能。大力实施农村清洁工程，果则沟村、侯家庄村荣膺晋城市“最美乡村”称号。

6、社会建设实现新进步。全面推进教育协调发展，教育重点工程稳步推进，高考成绩再攀新高。率先实施普通高中“两免一补”、职业高中免费，实现了12年教育全免费。公立医疗机构彻底取消“以药补医”，新农合为农民直接减轻医药负担1.2亿元。就业再就业工作得到新加强，社会保障水平明显提高。大力实施公民道德建设工程，我市在第九届中国公民道德论坛上作了主题发言。深入推进精神文明创建活动，精心组织中国·高平第四届炎帝农耕文化节，创建村级文化活动组织150个，城乡文化生活日益丰富多彩。文化产业和文化事业蓬勃发展，《西沟女儿》二度晋京演出并作为廉政文化精品剧目在全省巡演。坚持党管武装原则，军民融合式发展成效显著。深入开展安全隐患排查专项整治，安全生产形势持续稳定。积极加强社会管理创新，构建了市、乡、村、网格“四级联动”的社会服务管理模式。大力推进“天网工程”全覆盖，社会治安防控体系进一步完善。认真落实市乡书记大接访、领导干部包案、机关干部下访等信访工作制度，圆满实现了十八大期间“两个零”、“五个不发生”目标。深入开展“打黑除恶”等专项行动，连续九年保持现行命案破案率100%，群众安全感和满意度明显增强。统计、档案、市志、民政、残疾人保护等各项社会事业均得到新发展。

7、党的建设得到新加强。围绕学习宣传贯彻党的十八大精神，深入开展“十个一”主题活动，成功召开市委五届四次全会，制定出台了加快建设美丽高平的指导意见，进一步统一了思想、凝聚了共识，明确了方向、完善了思路。扎实开展创先争优、保持党的纯洁性教育活动，建立健全“双服务”机制，深入开展“旗帜在行动”党员志愿服务和六村联创、干部下乡住村、领导包村增收等主题实践活动。深入开展“分类送学”专题培训、干部在线学习活动，学习型党组织建设成效显著。全面落实学习培训、常委分工、民主决策、常委值周、集体观摩等五项制度，健全完善“三考两推两评两票决全程差额”干部选任机制，领导班子和干部队伍进一步加强。按照“基层组织建设年”要求，分类召开了农村、机关、学校、企业党建推进会，基层党建科学化水平显著提升。认真落实党风廉政建设责任制，加强对重大决策部署落实情况的监督检查。从严整治吃拿卡要，发展环境明显改善。全面实行网上审批和动态监管，我市被确定为全国“县级政务公开平台建设试点县”。严肃查处违纪违法案件，全年共立案49件，其中大要案19件，给予党政纪处分62人，涉及乡科级干部5人，挽回经济损失1200余万元。

（李晓峰）

附：一、中共高平市委书记、副书记、常委名单

书　记：谢克敏

副书记：杨晓波　闫通宇

常　委：张俊明　李刘苏　刘海靖　靳水生　董小清　秦元法　牛晓明

二、乡镇（街道）党委（党工委）书记、副书记名单

东城街道

书　记：王　京

副书记：贺俊峰

南城街道

副书记：冯　硕

北城街道

书　记：毕建明

副书记：徐育玲

米山镇

书　记：郭勇虎

副书记：魏志宏

三甲镇

书　记：张旭强

副书记：吴绪鹏

神农镇

书　记：段晓军

副书记：李　皓

陈区镇

书　记：许宏建

副书记：成立忠

建宁乡

书　记：申中锋

副书记：张　弩

北诗镇

书　记：申忠群

副书记：张小军

石末乡

书　记：王国文

副书记：袁　萍

河西镇

书　记：孟向东

副书记：赵栋庭

马村镇

书　记：王广平

副书记：郑威剑

原村乡

书　记：姬国强

副书记：王志宏

野川镇

书　记：吴华芳

副书记：李树中

寺庄镇

书　记：赵海青

副书记：张群玲

永录乡

书　记：史晓波

副书记：韦魁龙　陈　丽

中共阳城县委工作概况

县委书记　冯志亮

阳城县委辖工委4个，基层党委28个，党总支73个，党支部1181个，党组6个，全县共有党员24978名。

2012年，阳城县委坚持以科学发展观为指导，全面贯彻落实中央和省、市一系列重大决策部署，团结带领全县广大干部群众，解放思想、锐意进取、凝心聚力、创新实干，推动全县经济、政治、文化、社会及生态文明和党的建设均取得新的成绩。

一、坚持统揽全局，凝聚转型跨越新合力

县委认真履行统揽全局、协调各方的重要职责，按照新形势、新任务的要求，着力在理清工作思路、明确工作重点、营造干事氛围上下功夫，努力开创聚精会神谋转型、上下同心促跨越的新局面。一是理清发展思路。顺应全县人民过上幸福美好生活的新期待，顺应经济社会转型跨越的新趋向，把握扩权强县等新机遇，按照省市工作的新要求，在深入调查研究、充分征求意见的基础上，确立了“主攻三大战略(‘1+4’、‘1+5’、‘3+1’发展战略)，打好四大硬仗（农民增收、项目建设、招商引资、环境创优硬仗)，推进五大建设（经济、政治、文化、社会和生态文明建设)”的年度工作总体思路，得到全县上下的高度认可，进一步统一了思想、凝聚了人心。二是明确发展重点。坚持“重点突破、整体推进”的工作方法，进一步明确“工业突出抓陶瓷、农业突出抓蚕桑、三产突出抓旅游”的产业转型新思路；进一步明确“改旧城、保古建、建新区”的城市建设新思路；进一步明确“安阳突出‘提档次’、演礼突出‘打基础’、北留突出‘抓巩固’、芦苇河突出‘上项目’”的园区发展新思路。特别是进一步明确“在项目选择上，注重围绕主导产业招商引资上项目；在项目布局上，注重工业化、城镇化、生态化统筹规划、整体推进；在项目发展上，注重朝着集群化、集聚化的方向来迈进”的项目建设新思路，使工作重点更加突出、工作推进更加高效。三是营造发展氛围。在年初，及早确定年度工作总盘子和总抓手，及时召开一系列会议作了全面安排和部署，做到了任务清、责任明；在年中，集中开展为期半年的“下基层、解难题、保稳定、促发展”主题实践活动，以信访稳定、安全生产、项目建设、争星晋位为重点，动员广大干部深入基层、深入一线、排查问题、破解难题，促进了稳定工作大加强、经济发展大提速、民生事业大改善、党建水平大提升；在年末，加大专项督查力度，组织四大班子“看干货”，严格年度目标责任考核，促进了各项工作快速推进、圆满完成。

二、强化班子建设，激发干事创业新活力

县委坚持把加强班子建设作为抓工作、干事业、谋发展的首要前提，持续加强队伍建设、思想建设和作风建设，进一步增强各级干部干事创业的积极性、自觉性。一是全方位配班子。按照“德才兼备、优化结构、提升功能、增强活力”的原则，全方位、分批次对科级班子进行补充完善。坚持“优先考虑乡镇班子、优先考虑乡镇推荐人选、优先考虑乡镇实绩突出干部”的原则，采取“全额定向推荐”的办法，对乡镇党政班子成员作了大规模调整；坚持在同等条件下“年轻的优先、学煤的优先、有安全生产经历的优先、工作实绩突出的优先”的原则，采取“三推一讲两票决”的办法，对阳泰集团及下属煤炭企业的董事长、总经理作了框架式调整；坚持“统筹兼顾、整体谋划、分步实施、稳妥推进”的原则，对县委工作部门、政府工作部门、县直正科级单位的班子作了大力度调整，科级班子配备基本到位，完整的干部框架基本形成。二是跟进式抓思想。突出把谈心谈话作为加强干部思想建设的重要途径、跟进抓。坚持在上岗之前，进行集体谈话，通过讲形势、教方法、提要求、压担子，督促新任干部尽快熟悉情况、尽早进入角色；坚持在到岗半年之后，及时召开座谈会，了解工作情况和思想状况，帮助新任干部查找不足、解疑释惑；坚持在任职一年之后，由包乡镇、包单位的县委领导进行面对面、一对一的谈话，并召开以班子建设和基层党建为主题的民主生活会，着力解决班子运行和工作推进中存在的问题。通过分阶段、分批次的谈心谈话，使各级班子思想认识高度统一，工作运转更加顺畅。三是本质性转作风。坚持把作风建设作为班子建设的重要内容，深化和延伸“正风肃纪、创优环境”主题活动成果，在狠抓“五治五督”、狠刹“三股歪风”、严明“五个不准”的基础上，集中在县直单位和各乡镇大面积、大力度推行班子成员分工调整、中层干部轮岗交流，不仅有效解决了“公权

垄断”和“权力依附”问题，使县乡机关“活”了起来，而且使各级机关内部自下而上增强了向心力、自上而下形成了号召力，大大提升了各级班子的战斗力。

三、紧扭第一要务，推动县域经济新发展

始终坚持转型跨越不动摇，牢牢把握“稳中求进”总基调，加快转变发展方式，协调发展三次产业，县域经济保持了持续健康发展的良好态势。特别是在宏观经济形势严峻复杂的情况下，主要经济指标均实现了平稳较快增长。一是壮大工业支柱保增长。坚持“以煤为基、多元发展”，加速推进工业转型。煤炭产业巩固提升资源整合和企业兼并重组成果，加快骨干矿井复工复产和建设改造进度，最大限度地释放生产潜能，稳住了全县经济的“基本面”。非煤主导产业突出围绕陶瓷跑项目、选项目、上项目，按照“资源集约、平台集中、企业集聚、产业集群”的指导思想和“扩大规模、提升档次、拉长链条、带动相关”的工作思路，集中新上三英、晋陶、舒耐奇等7个陶瓷类项目，陶瓷产业实现了从日用瓷、建筑瓷到工业瓷、艺术瓷的拓展，从传统向现代、从低端向高端的升级，从单系列向多系列的突破，正在形成横向配套、纵向延伸、有机衔接、互促互动的新格局。与此同时，安阳、演礼、北留等工业园区按照“一园一策、分类推进”的原则，积极探索“政府主导、园区组织、实体开发、市场运作”的新模式，在基础设施建设和招商引资上项目等方面均迈出新的步伐。二是夯实农业基础稳增长。认真兑现各类强农惠农政策，充分调动农民务农兴农的积极性，粮食总产和单产再创历史新高。加快实施农业“双六”工程，蚕桑产业快速发展，食用菌、小杂粮、中药材等特色基地稳步扩张，带动了农民收入持续增长。深入推进农业产业化经营，东鹏绿汇、晋豫食品、花烂漫土特产等一批“农字号”龙头企业加快发展，农民专业合作社新增104个，农业组织化程度进一步提高。三是做强旅游经济助增长。加快实施“3+1”大旅游战略，皇城景区顺利完成海会寺、郭峪古城的整合工作，接待功能不断拓展，品牌形象大幅提升，成功跻身全省标杆景区、全国百强景区行列；蟒河景区加快推进卧龙湾、滨河会所、桑林书院等二期工程建设，内部挖潜和对外促销效果明显，服务水平日趋优化，游客数量持续攀升，步入了良性运行的快车道；析城山景区有序推进旅游道路、服务中心等基础建设，旅游开发迈出新的步伐。与此同时，3A级景区天官王府投入运营，进一步丰富了全县大旅游。首届全国商汤文化学术研讨会、世界旅游小姐中国年度冠军总决赛成功举办，进一步增强了阳城旅游的知名度和影响力。县城承载旅游的接待能力和服务水平持续提升，以三大景区为支撑、以县城为支点，互相呼应、互相促动的新格局正在形成。全年接待游客量、景区门票收入、旅游综合收入均实现历史性突破。四是加快项目建设促增长。积极组团参加能博会、中博会、世界晋商大会等大型经贸与招商洽谈会引进项目，持续实行四大班子领导带头招商、乡镇“一把手”任务招商、经济部门主动招商发展项目，大力扶持民营企业、中小企业做大项目，鼓励引导阳泰集团、皇城集团等骨干企业新上项目，创新建立煤矿对口共建制、项目建设责任制、全程跟踪服务制推进项目，扎实开展护航重点工程和整治“吃拿卡要”专项行动保障项目，促进了签约项目早落地、落地项目早开工、开工项目早投产、投产项目早达效。一批新的打基础、扩就业、促转型、利长远的项目顺利实施。

四、致力统筹发展，形成城乡融合新格局

坚持把城乡一体化建设作为加快统筹发展、促进城乡融合的重要手段，围绕“一心、两域、三轴、多点”的总体布局，四级联动，梯次推进。坚持把大县城作为城乡一体化的龙头来打造。按照“1+5”大县城战略布局，补充、修订和完善了大县城发展总体规划以及五大片区发展功能分区规划，进一步强化了规划刚性。启动以古县衙为重点的凤凰古城修复，完成滨河东路延长线下川段改造，加快推进集中供气扩面、人民医院新建、安泽小区经济适用房等市政工程，持续提升六大森林公园和西小河、获泽河两条景观轴带，进一步完善了城市功能、美化了城市环境、提升了城市品位。演礼、白桑、西河等五大新区按照各自功能定位加快规划和建设，取得新的成效。坚持把沁河、芦苇河作为城乡一体化的重点来推进。在芦苇河流域，坚持城镇建设、项目建设、生态建设、基础设施建设有机结合、系统推进，以町店段为样板的“工业化、城镇化、生态化”实践区初具雏形；在沁河流域，注重在“延伸对接、拉大框架、完善功能、提升品位”上下功夫，以润城、北留为重点的示范区魅力显现。坚持把小城镇作为城乡一体化的重要节点来培育。因地制宜、突出特色，引导有条件的乡镇根据各自的优势和承载的功能加快提升改造，固隆、东冶、次营等乡镇的综合承载力和辐射带动力明显提升。坚持把新农村作为城乡一体化的主战场来建设。认真贯彻“二十字”方针，分类推进、连片建设新农村，提前完成农村新的“五个全覆盖”，村村庄庄都有了新变化。

五、创新社会管理，开创和谐建设新局面

坚持把促进社会和谐作为事关全局的头等大事，持续创新社会管理，切实加强社会建设，全方位推进顺民心、惠民生、解民困的各项工作，社会大局保持和谐稳定。加强和创新社会管理的经验在全市作了推广。一是人民生活持续改善。加大县乡幼儿园新改扩建力度，全面推进教育教学改革进程，切实加强教学设施配套建设，中高考成绩继续在全市领先。稳妥推进医药卫生体制改革和公立医院综合改革，健全完善基本药物制度和医卫服务体系，顺利完成新农合提标扩面和城镇医保“全覆盖”，医疗卫生服务水平稳步提升。城乡低保和农村“五保”供养实现应保尽保基础上的规范运行，新农保和城镇社会保险基本实现“面上全覆盖、服务一卡通”，干部下乡住村和“送温暖办

实事”活动深入开展，特困群众的生活困难得到有效缓解。持续开展植树造林，严格落实环保准入和节能减排政策，不断加大重点河流保护治理力度，生态文明建设迈出新的步伐。二是文化事业蓬勃发展。深入开展社会主义核心价值观教育，大力弘扬以爱国主义为核心的民族精神和以改革创新为核心的时代精神，城乡文明程度和公民文明素质明显提升。加快实施“文化强县”战略，不断加强公共文化体系和基层文化阵地建设，持续加大地方文化挖掘和保护力度，文化软实力有效增强。大力实施“文化低保”、“文化下乡”等文化惠民工程，广泛开展街头文艺、庆典文艺、体育比赛等群众性文体活动，进一步丰富了群众精神文化生活。不断引深和谐文明创建活动，涌现出一批省、市级“文明和谐村镇”、“文明和谐单位”。三是社会大局保持稳定。认真做好信访工作，深入开展矛盾纠纷大排查，扎实开展信访积案大化解，持续开展领导干部大接访，党的十八大、全国“两会”等重要会议和重大活动期间，圆满实现赴省进京“零上访、零滞留”。深入推进综合治理，强化完善社会治安防控体系，扎实开展社会治安专项整治，依法严厉打击各类违法犯罪活动，群众安全感明显增强。高度重视安全生产，严格落实安全生产责任制，突出抓好煤矿安全生产，持续加大道路交通、非煤矿山、危险化学品等重点行业、重要场所的安全监管和整治力度，杜绝了各类重特大事故的发生。四是依法治县步伐加快。支持县人大及其常委会依法履行职责，实现党的领导、人民当家作主和依法治县的有机统一。充分尊重和支持政府依法行使职权，依法行政水平稳步提升。坚持和完善中国共产党领导的多党合作和政治协商制度，政治协商、民主监督、参政议政的职能得到充分发挥。持续引深“同心”品牌工程，统一战线进一步巩固和壮大。坚持党管武装原则，军民融合发展和双拥共建水平有效提升。政务、村务、企务公开不断深化，“六五”普法纵深推进，工、青、妇等群团组织作用明显，科技、计生等各项事业协调发展。

六、注重改革创新，促进党建水平大提升

县委始终把加强和改善党的建设摆在突出位置，坚持党要管党、从严治党，着力提升党的建设科学化水平，党的凝聚力、创造力和战斗力不断增强。立足于提升驾驭力，持续加强班子自身建设。不断强化党性锻炼，坚定政治立场，时刻与党中央和省委、市委保持高度一致。始终坚持民主集中制原则，扎实推进县委权力公开透明运行，做到重大问题集体讨论、集体决定，增强了县委班子的公信力和凝聚力。充分发挥领导核心作用，有效调动各个方面的积极性，巩固和发展了求真务实、民主团结、开拓进取的工作局面。立足于提升引导力，持续加强思想政治建设。扎实开展保持党的纯洁性学习教育活动，层层落实学、查、改三个阶段“九个一”环节，进一步增强了党员干部自我净化、自我完善、自我革新、自我提高的能力。精心部署、广泛发动，迅速掀起学习宣传贯彻十八大精神的新高潮，努力促进十八大精神进机关、进乡村、进企业、进社区。持续加强各级中心组学习，邀请专家学者走进“阳城大讲堂”，促进了党员干部思想更新和思维创新。依托县乡党校、远程教育等平台，对科级领导干部和村“两委”干部进行集中轮训和重点培训，提升了各级干部的政治觉悟和理论素养。立足于提升战斗力，持续加强基层组织建设。巩固扩大创先争优活动成果，全面开展“基层组织建设年”活动，首次开展三级党组织书记履行党建工作专项述职，各级抓基层党建的责任意识持续增强。大力实施集成升级计划，扎实开展社区网格化管理、机关党建走在前头、推广文建明工作法、非公经济组织党组织集中组建等活动，基层组织的战斗力进一步提升。健全完善基层党务公开制度，提升优化党内激励关怀帮扶机制，不断推进基层组织争星晋位，各级党组织的凝聚力得到新加强。立足于提升公信力，持续加强党风廉政建设。创新推行红、黄、蓝廉政风险防控“三色预警”机制，扎实推进农村、企业、机关惩防体系建设，强化了从源头上预防腐败的制度基础。组织广大党员干部分赴右玉、延安、井冈山等地参观学习，走进各类廉政基地接受警示教育，进一步筑牢了党员干部拒腐防变的思想防线。创新建立涉纪信访“五个三”工作机制，着力解决发生在群众身边的腐败问题；深入开展商业贿赂、文山会海、庆典活动、公务用车等专项治理，加大煤炭领域、民生领域突出问题的专项整治，关键环节和重点领域反腐工作取得明显成效。突出案件查处的治本功效，全年受理各类违纪案件62起，60人受到党纪政纪处分。全面落实党风廉政建设责任制，大力纠正部门和行业不正之风，全县党风政风明显好转，党群干群关系更加密切。

（宋跃军）

附：一、中共阳城县委书记、副书记、常委名单

书　记：冯志亮

副书记：王晋峰　窦三马

常　委：许卫星　史小林　霍丽丽（女）

郭德灿（7月离职）　李庆平　商浩辉

任小广　王　毅（7月任职）

二、乡镇（街道）党委（党工委）书记、副书记名单

凤城镇

书　记：原天信

副书记：王宽红　李敏杰（6月任职）

白桑乡

书　记：梁飞昊

副书记：杨勇军　王江燕（6月任职）

北留镇

书　记：王东胜

副书记：赵鸿平　潘新强

润城镇

书　记：邢海斌

副书记：邢学军　贾　刚
东城办
书　记：郭景文
副书记：田学锋　张国平（6月任职）
町店镇
书　记：贾敦命
副书记：柴应龙　李红军（4月任职）
寺头乡
书　记：原前卫
副书记：刘王峰　焦阳沁（6月任职）
芹池镇
书　记：赵中怀
副书记：原红海　苏拴虎（6月任职）
西河乡
书　记：李素仙
副书记：张斌兵　郑泽锋
演礼乡
书　记：程苍库
副书记：孔宏伟　张目社（6月任职）
固隆乡
书　记：范常胜
副书记：刘爱萍　栗小红（6月任职）
次营镇
书　记：张国瑞
副书记：杨　浩　张晋芳（6月任职）
董封乡
书　记：崔晓利
副书记：郝录光
横河镇
书　记：陈永军
副书记：王向军　邵玉兵（6月任职）
驾岭乡
书　记：延岳鹏
副书记：吉俊峰　焦向军（6月任职）
河北镇
书　记：李瑞良
副书记：张大晋　韩宪育（6月任职）
蟒河镇
书　记：张万良
副书记：郑晓锋　崔进朝（6月任职）
东冶镇
书　记：白军龙
副书记：赵战兵　邢卫军（6月任职）

中共陵川县委工作概况

县委书记　石云峰

2012年，全县上下坚持以邓小平理论、“三个代表”重要思想和科学发展观为指导，深入实施“生态立县、工业强县、开放活县”战略，以“招商引资攻坚年、质量效益提升年、城乡环境整治年、行政效能建设年”为抓手，统筹推进经济建设、项目建设、城镇建设、生态建设和民生改善，全县经济、政治、文化、社会全面协调发展，党的建设科学化水平不断提高。

一、强组织重实效，扎实开展迎接学习宣传贯彻十八大各项工作

把迎接党的十八大胜利召开和深入学习宣传贯彻十八大精神作为首要政治任务。十八大召开前，组织媒体大力宣传党的十七大以来陵川经济社会发展取得的成就和经验，为党的十八大召开营造浓厚氛围。十八大召开后，县委第一时间发出《通知》，号召全县各级各部门深入学习和广泛宣传十八大精神，同时组织开展形式多样的学习和讨论活动。对全县436名科级干部进行轮训，使广大党员干部对十八大精神的新观点、新举措及五位一体总体布局在理论上有了认识和提高。县委成立十八大精神宣讲团，深入企业、农村、社区等单位，展开“百人千场”大宣讲活动。县四大班子领导深入各自下乡住村联系点，进行了宣讲辅导，确保了十八大精神进村入户。同时策划组织主题调研座谈，把学习贯彻落实十八大精神与推进转型跨越发展紧密结合起来，为陵川转型跨越发展提供了理论依据和实践基础。

二、抓项目促转型，经济发展势头更加强劲

一年来，面对经济下行压力加大的严峻形势，我县坚持调结构、促转型、保增长、惠民生，突出项目建设和招商引资，主要经济指标保持了企稳向好态势。2012年，全县地区生产总值完成30.39亿元，同比增长10%；全社会固定资产投资完成22.8亿元，同比增长32%；财政总收入完成42787万元，同比增长18%。

项目建设进展顺利，招商引资成效明显。2012年，全

县共实施省、市、县重点工程71项（包括14项重点预备项目），概算投资20.4亿元，在应开工的57项重点工程项目中，55项开工建设，开工率为96%，累计完成投资21.11亿元。一批好项目、大项目的落地开工和加快建设，使陵川经济的基础更加夯实，转型的势能更加充足。

工业经济运行平稳，转型升级步伐加快。坚持“提升传统产业抓工业、承接梯度转移抓工业、依托比较优势抓工业”发展思路，促进产业转型升级。煤炭产业资源整合有序推进，非煤产业逐步壮大。苏村煤业全年正常生产，关岭山煤业于10月份投产试运行，金隅水泥变频风机节能改造、德通电子、达利化工年产3万吨橡胶助剂、侨鑫铸造5万吨球墨铸管、工具公司10万套数控硬质合金刃具、行源化工乙炔一期工程等重点项目进展顺利。

特色农业快速发展，三农工作扎实推进。持续推进“五大特色产业”，全县粮食总产量达到1.2亿公斤，设施农业、观光农业、畜牧业、干鲜果业规模不断扩大，新上农业调产农民增收项目600余个，农民增收基础更加扎实。农业龙头企业加速发展，古陵山第二条马铃薯烘焙食品生产线全面投产，珍菇坪食用菌生产和马圪当特色农产品深加工项目、石佛沟农业生态园和鑫鼎农业循环示范园等项目正在建设，全年完成销售3.2亿元。

生态环境大力改善，旅游开发势头强劲。大力推进“山上治本”、“身边增绿”，新实施生态修复面积5.7万亩、水保初治面积3.5万亩和65平方公里小流域综合治理;新造林绿化3.07万亩和县城绿化6.6万平方米。按照全力打造“中原地区最具影响的休闲旅游健康度假中心”功能区新定位，加大旅游开发力度。2012年，全县旅游业共完成投资22426万元；接待游客首次突破100万人次，门票收入突破3000万元。

城乡一体统筹发展，基础设施持续加力。全年共实施各类基础设施及社会事业项目21个，总概算投资11.25亿元。完成赵马公路棋源山庄至古郊段改造工程路基铺设，高陵高速实现顺利通车，完成了371个村1612.3公里农村街巷硬化全覆盖任务。县城建设方面，黄围东街完成路基，郝经公园基本成形，县城污水处理厂投入试运，生活垃圾处理厂基本完工，客运中心奠基开工，城市品味和承载能力不断提升。

三、办实事惠民生，和谐稳定大局更加巩固

在加快经济建设的同时，着力解决群众最关心、最直接、最现实的利益问题，不断加强和创新社会管理，确保了全县社会大局和谐稳定。

大力实施民生工程。坚持教育优先发展，不断加快农村学校的基础设施建设，中小学校舍危房改造圆满完成，继续实行“两免一补”政策，为职中在校生和普通高中统招生免除学费。群众性文化体育活动蓬勃发展，积极开展“全民健身日”活动，新增体育活动面积1.3万平方米，人均场地面积达到1.39平方米。卫生事业快速发展，完成了县医院门诊楼配套建设，新增远程医疗会诊平台设施设备，对全县60岁以上的老人进行免费体检，城乡居民就医环境和医疗条件进一步改善。农村新的“五个全覆盖”工程全面完成。

扎实加强就业和社会保障。坚持政府主导、市场调节、群众自愿的方针，努力稳定和扩大就业。完成农民培训3.71万人次，转移富余劳动力10296人，城镇新增就业岗位2280个，下岗失业人员实现再就业631人，城镇失业率控制在3%以内。千方百计提高社会保障能力和水平。社会保险参保人数累计达到22.26万人，新农合参保率达到98.74%；城乡低保覆盖人数达到20342人。

全力抓好安全生产。坚持“安全第一、预防为主、综合治理”的方针，深入开展重点行业安全生产检查工作，同时加强应急救援能力。全县7座煤矿、39家危险化学品、14家非煤矿山、1家烟花爆竹、1家民爆物品、26家冶金等八大行业实行三级安全责任挂牌。全县安全生产形势持续稳定。

不断加强社会管理创新。社会管理创新亮点纷呈，“两员”服务管理、律师和信访接待对接、综治信息联络员制度等，有力地助推了我县跨越转型发展。积极开展信访风险评估，认真进行矛盾纠纷排查化解，一批重信重访案件、复杂疑难案件和涉法涉诉案件得到有效解决，信访局郎福淋同志荣获全国信访系统优秀信访局局长称号。

四、聚合力增活力，干事创业氛围更加浓厚

县委坚持以“团结、聚力、鼓劲”为核心，高度重视政治文明和精神文明建设，营造了全县上下同心协力、开拓奋进、干事创业、安定和谐的生动局面。

积极稳妥推进民主政治建设。始终注重调动和发挥县人大、县政协的工作积极性，支持县人大、县政协围绕全县改革发展稳定的重大问题参政议政、建言献策、实施监督。高度重视党外干部选拔、培养和管理，认真贯彻落实党的民族宗教政策、对台政策以及侨务政策。坚持党管武装，支持国防和驻县部队现代化建设，完善了军地齐抓共管国防后备力量建设机制。坚持和完善基层群众自治制度，完善了政务、村务和公共企事业单位办事公开等制度。支持工会、共青团、妇联等人民团体充分发挥作用。

持续加强宣传思想工作。充分发挥各类新闻媒体的作用，多渠道、多形式、多方位大力宣传党的路线方针政策和十八大精神，为全县加快转型跨越发展提供了强大的精神动力、思想保证和舆论支持。《大美陵川》等系列形象宣传片在市级以上电视台播出，其中反映我县水利事业专题片《太行山上护水人》在中央电视台播出并引起强烈反响，有效提升了陵川知名度和影响力。

深入开展精神文明创建活动。以提高公民文明素质和社会文明程度为目标，大力加强公民思想道德建设。开展公民思想道德建设和“美德少年”评选活动，评出32位杰出的“陵川好人”和15名“陵川县第一届美德少年”，“中

国好人榜”我县人数达到6人，居全市领先水平。大力推进家庭美德建设，开展“十星级文明户”、“乡村好人”、“特色家庭”等创建活动，30个个人和家庭分别被市文明委评为“乡村好人”和“特色家庭”。

大力发展文化事业和文化产业。积极推进覆盖全县的公共文化服务体系建设，文化低保工程深入推进，文化基础设施不断完善，文化活动丰富多彩，文化产业稳步推进。县文化馆、图书馆免费对外开放，12个乡镇文化站全部建成，378个农家和农民书屋投入使用，南北吉祥寺等一批文物修缮和环境整治工程开始实施。

五、抓班子带队伍，党的建设科学化水平得到切实提高

大力推进党的思想、组织、作风、反腐倡廉建设和制度建设，全县各级党组织的创造力、凝聚力、战斗力明显增强。

围绕保持党员干部思想纯洁、队伍纯洁、作风纯洁和清正廉洁，创新形式、丰富载体，扎实推进纯洁性教育、创先争优和学习型党组织建设活动。切实加强领导班子和干部人才队伍建设。探索形成了“四测评、两公示、两反馈”的干部实绩考评机制，通过竞争上岗选拔中层干部58名。建立了人才工作联络员制度，引进15名大学本科生到企业就业。持续加强行政效能和干部作风建设。在全县开展了正风肃纪、创优发展环境专项整治活动，建立了纪律作风常态化明查暗访制度。坚持在提高政风行风建设的实效上下功夫，不断丰富评议载体，推动了干部作风持续好转。大力加强基层党组织和党员队伍建设。通过严格程序分类定级、“四位一体”统筹整后、对口帮扶分类施治、量化标准严格考评，实现了37个后进村党组织晋位升级，中组部《组工通讯》和《组工信息》刊登推广了我县的经验做法，统筹推进农村干部的教育培训、培养管理和科学考核，增强了农村基层党组织的整体功能。

深入开展党风廉政建设和反腐败斗争。认真落实党风廉政建设责任制，不断引深惩防体系建设,坚持把源头治理和预防腐败放在首位，注重风险防控、廉政教育、廉政监督和惩治腐败，逐步建立起初具陵川特色的惩防体系。坚决查处违纪违法案件，全年立查案件38件，对53名违纪干部给予了党纪政纪处分。

（张晋峰　杨长力）

附：一、中共陵川县委书记、副书记、常委名单

书　记：马四清（3月离职）　石云峰（7月任职）

副书记：胡晓刚

常　委：张国文　郭龙龙　张　军　常先勤（女）
王立新　毛秀东（7月任职）
靳海峰（7月离职）

二、乡镇党委书记、副书记名单

崇文镇

书　记：杨志强（1月任职）　任素亮（1月离职）

副书记：宋志刚（1月任职）　张文翠（女，1月离职）
赵永利（3月离职）

礼义镇

书　记：都文芳（女，1月任职）　刘保全（1月离职）

副书记：靳赵平（1月任职）　张学工（3月离职）

附城镇

书　记：牛中文（1月任职）　赵志义（1月离职）

副书记：魏明明（1月任职）　路文兴（3月离职）

平城镇

书　记：张勇力（1月任职）　李志国（1月离职）

副书记：赵　勇（1月任职）　郝秀莲（女，1月离职）

西河底镇

书　记：张文翠（1月任职）　都文芳（女，1月离职）

副书记：王志军（1月任职）　宋志刚（1月离职）
侯东升（3月离职）

杨村镇

书　记：赵永胜

副书记：李　青（1月任职）　李田富（1月离职）
王苏文（3月离职）

秦家庄乡

书　记：谢　彬（1月任职）　杨志强（1月离职）

副书记：原晋毅（1月任职）　谢　彬（1月离职）
靳赵平（1月离职）

潞城镇

书　记：毕增林（1月任职）　王三虎（1月离职）

副书记：吴春梅（1月任职）　马喜平（1月离职）

夺火乡

书　记：武文胜（1月任职）　刘书香（女，1月离职）

副书记：苏红岗（1月任职）　赵　勇（1月离职）
李俊峰（3月离职）

马圪当乡

书　记：张陵芳（1月任职）　毕增林（1月离职）

副书记：靳碧海（1月任职）　张陵芳（1月离职）

古郊乡

书　记：马喜平（1月任职）　牛树新（1月离职）

副书记：李红瑛（女，1月任职）
魏明明（1月离职）　翟文洪（1月离职）

六泉乡

书　记：郝晋锋（1月任职）　宋红光（1月离职）

副书记：翟文洪（1月任职）　郝晋锋（1月离职）
苏红岗（1月离职）

中共沁水县委工作概况

县委书记　秦建孝

2012年，沁水县委高举中国特色社会主义伟大旗帜，坚持以迎接十八大、学习十八大、贯彻十八大为主旋律，以保稳定、保民生、保发展为总要求，以稳中求进、好中求快、快中求优为总基调，团结带领全县广大干部群众，解放思想谋转型、凝心聚力促跨越，圆满完成年度各项目标任务，全县上下呈现出经济发展、民生改善、干事创业、和谐稳定的良好局面。

一、兴起学习宣传贯彻党的十八大精神热潮，把党员干部群众的思想统一到十八大精神上来

十八大胜利闭幕后，县委以高度的政治责任感和使命感，把学习宣传贯彻十八大精神作为首要政治任务，立即召开全县领导干部大会进行安排部署，发出关于深入学习宣传贯彻党的十八大精神的《通知》。县委先后多次召开中心组会议、常委扩大会议进行专题学习，四大班子领导第一时间深入单位、机关、社区、农村、企业、学校宣讲辅导。精心举办学习十八大精神培训班，分期分批对全县领导干部、农村主干和大学生村官进行了集中培训。组织开展了为期一个多月的“学习十八大、发展大调研”活动，在学习宣传贯彻的同时加强调查研究，形成了一批有分量、有质量、有价值的调研成果，进一步坚定了信心、完善了思路、丰富了措施、推进了工作。按照县委的总体部署，各乡镇、各部门、各单位也都开展了一系列丰富多彩的学习宣传活动，以十八大精神统一思想、激发干劲，使十八大精神家喻户晓、深入人心，在全县上下兴起了学习宣传贯彻十八大精神的热潮，进一步把广大干部群众的思想统一到了十八大精神上来。

二、加强和改进党的建设，党建科学化水平全面提升

（一）创先争优、纯洁性教育、下基层“三项活动”成效明显。紧紧围绕“凝心聚力促发展，真抓实干当先锋”这一主题，积极开展了创先争优活动，推行了“党员公开承诺、领导层级点评、群众参与评议、团队集中考核”工作法，受到了中组部的充分肯定。按照省委总体部署，扎实开展了保持党的纯洁性教育活动，创造性地开展了“十五个一”，促进了广大党员干部思想纯洁、队伍纯洁、作风纯洁。从我县实际出发，结合领导干部下乡住村、扶贫帮困等工作，开展了以“三包三带三促进”为载体的“下基层、变作风、入民心、惠民生”活动，县委常委以身作则、率先垂范深入基层一线，影响和带动全县各级干部走访群众，帮助群众解决各类生产生活问题。省委常委、组织部部长汤涛在全省干部下乡住村现场会上对我县的做法给予充分肯定。

（二）领导班子和干部人才队伍建设切实加强。坚持围绕发展需要、事业需要、工作需要配班子、选干部、建队伍，不断深化干部人事制度改革，推进县委权力公开透明运行，拿出11个乡镇长空缺岗位，通过资格审查、笔试、经历业绩评价、面试、体检、考察等程序，在全县范围内进行了竞争性公开选拔。对这一做法，中组部的《组工通讯》和《领导参阅》分别予以介绍。注重干部队伍的思想建设和能力提升，在抓好政治理论学习的同时，组织各级干部不断走出去，到上海、江苏、浙江、济源、洛阳、吕梁等省、市参观考察，开阔视野，解放思想。不断完善干部教育培训制度，实行了定对象、定目标、定内容、定时间、定途径的“五定工作法”。认真落实县委联系优秀人才制度，实施“高端人才引进计划”，壮大了人才队伍。

（三）基层党组织建设扎实推进。深入开展基层组织建设年活动，实施了“集成升级”行动八个系列计划。34个后进党组织实现转化，206个基层党组织实现晋位升级，组建非公经济党组织68个，在社区推进网格化管理，在乡镇推广“文建明工作法”，实行党建工作“联述联评联考”，建立了书记履行基层党建工作责任专项述职制度。大学生村官工作扎实有效，荣获“全省大学生村官工作先进县”称号。

（四）党风廉政建设和反腐败斗争取得新成效。认真落实党风廉政建设责任制，统筹推进教育、制度、监督并重的惩治和预防腐败体系建设各项工作。牢牢抓住政策实施、项目落地、资金使用三个重点环节，进一步加强监督检查。深入开展整治吃拿卡要、创优发展环境专项活动，着力打造数量最少、流程最优、时限最短、服务最好的“四最”政务环境。建立了“两个不见面”代办制、“八个一”工作机制以及企业“宁静日”等涉企检查制度。注重加强农村基层党风廉政建设，在农廉网升级运行、农村“三资管理”、“三务公开”等方面均取得实质性成效。坚决查办违纪违法案件，始终保持了反腐败的高压态势。自觉接受上级监督，配合省委巡视一组圆满完成巡视任务。

三、加大经济转型力度，全县经济保持了向上向好的发展态势

面对经济下行压力加大的严峻形势，县委加强对经济

工作的领导，加强对发展形势的研判，坚持抓投资、上项目、调结构、提质量，全年实现生产总值162.7亿元，增长12%；财政总收入突破30亿大关，完成32.6亿元，增长25.2%;公共财政预算收入完成9.1亿元，增长25.2%；城镇居民人均可支配收入完成18371元，增长16.1%；农民人均纯收入完成7051元，增长15.8%，主要经济指标持续保持了两位数增长的势头。

一是加快产业结构调整，工业转型迈出大步伐。按照“以煤为基翻一番、多元发展再翻番”的转型思路，加快煤炭企业兼并重组整合后的复工复产和改造建设，大力实施十大“以煤为基”项目，积极推动东大煤矿、里必煤矿等400万吨以上的大型矿井建设，胡底煤矿、玉溪煤矿、坪上煤矿等矿井建设进展顺利。煤层气产业在集聚发展的同时进一步规范，抽采、压缩、液化、输送、发电以及民用等环节基本形成了循环产业链，中电明秀瓦斯发电、世行贷款煤层气开发利用、力宇燃气动力制造等十大“工业转型”标杆项目加快推进。通过提升传统产业，发展新兴产业，推进园区建设，以煤炭、煤层气、瓦斯发电、装备制造为支撑的新型工业体系加快形成。

二是积极发展现代农业，农民增收迈出大步伐。把农民收入翻番作为“三农”工作的核心任务，实施了十大“农民增收”工程，大象肉鸡、枫彩彩色苗木、嘉沁食用菌等项目陆续投产运营，博大灵芝北虫草、华康现代农业示范园、中乡设施蔬菜示范园加速建设，畜牧、蚕桑、蔬菜、苗木花卉、小杂粮、中药材等优势特色产业扩规上档。认真落实国家各项惠农补贴政策，不断加大扶贫攻坚力度，积极开展了产业扶贫、易地搬迁、领导干部包村增收、企业结对帮扶等活动，拓展了农民培训、劳务输出、创业就业等增收渠道，构建起多元化农民增收新格局，荣获山西省“2012年度增加农民收入先进县”称号。

三是加快基础设施建设，城乡发展迈出大步伐。按照“一城一带一圈”的特色城镇化思路，发挥县城的龙头带动作用，高标准建设“山水园林县城”，完成了县城总规修编，加快推进“三河四园七网”工程，实施了城市绿道、集中供暖、县河河道治理、城市综合展馆、梅园二期等十大城市建设项目，县城定位更加清晰，功能逐步完善。以端氏、嘉峰、郑村、中村等中心城镇为依托，精心打造沁河沿线特色城镇带和历山生态旅游城镇圈，实施了一批旧村改造工程，加强了乡村环境卫生综合整治，全县城乡面貌有了明显改善。

四是大力推进招商引资，项目建设迈出大步伐。坚持政策引领、流程再造、环境优化，加强与县内外的产业互动和区域合作，积极参加中博会、农博会、能博会进行招商推介。全年签约项目14个，引资总额310.8亿元，到位资金91.8亿元，超额完成年度目标任务。围绕“项目落地年”，全力推进重点工程建设和重点项目落地工作，全年共安排省、市、县三级重点工程82项，总投资516亿元，完成投资123亿元，提前超额完成了年度投资计划以及市里下达我县的年度重点项目落地任务，为全县经济社会又好又快发展提供了强力支撑。

五是高度重视节能减排，生态建设迈出大步伐。坚持绿色发展、低碳发展、永续发展，持续推进节能减排、造林绿化、蓝天碧水三大工程，继续加大对重点领域、重点行业、重点企业的监督检查和环境治理力度，节能减排完成市控指标。

四、加强和创新社会管理，人民群众的幸福指数逐年攀升

县委始终把改善民生作为一切工作的出发点和落脚点，着力解决基本民生、保障底线民生、关注热点民生，相继谋划和实施了一批民生项目，努力使全县人民享受到实实在在的发展成果。

民生事业统筹推进。坚持教育优先发展，加大对农村山区学校的投入力度，校舍安全工程成效明显，促进了城乡教育均衡发展。紧抓首批公立医院改革试点县的机遇，稳步推进医药卫生体制综合改革，县医院综合住院楼即将投入使用，首次在全县开展了孕前优生免费健康检查，实现了乡镇卫生院全达标、村级卫生所全覆盖、基本药物制度全覆盖。

社会保障不断健全。进一步落实就业优惠政策，加大就业援助、就业培训力度，扎实做好农村剩余劳动力转移工作。实施了“社会保障一卡通”工程，养老、医疗、工伤、生育、失业等各项社会保险全面落实，社会保险覆盖率达97.6%。不断完善社会救助体系，县慈善总会成立运行，困难群众得到有效救助。同时，在保障性住房建设、农村危房改造等方面做了大量工作，取得了较好成效。

和谐稳定全面加强。按照十八大期间实现“五个不发生”的要求，县委多次召开会议，对不同时期、敏感节点的安全生产和信访稳定工作，及时进行了研究部署。全面落实安全生产责任制，加强对重点行业、重点环节、重点部位和重点场所的安全监管，全县安全生产形势总体平稳。认真落实社会治安综合治理各项措施，扎实开展“十大平安创建”活动，推动建立了网格化社会服务管理体系。加大信访稳定工作力度，县委常委带头接访下访，带头包案化解矛盾，在全国、省、市的重大会议、重大活动期间，实现了非正常进京、赴省、到市“零上访、零登记”，十八大期间的维稳工作受到市委表彰。

五、推进民主法治和精神文明建设，构建和谐社会的基础更加扎实

积极推进民主法治建设。支持人大及其常委会依法履行职能，加强法律监督和工作监督。支持人民政协积极履行职能，围绕经济社会发展开展专题调研，协商讨论、献计献策。全面贯彻党的民族宗教政策和对台政策，深入开展“同心”品牌工程主题活动，巩固和发展爱国统一战线。坚持依法治县，扎实推进“法治沁水”建设，大力开展

"六五"普法宣传，支持法院、检察院依法独立办案。加强了村务公开民主管理，荣获"全国村务公开民主管理示范县"称号。高度重视老干部工作和涉老组织建设，充分发挥工会、共青团、妇联、科协、工商联、侨联等人民团体的优势，为其依照法律和各自章程开展工作创造了良好条件。深入贯彻落实市委、市政府和晋城军分区《关于进一步加强党管武装工作的意见》，深入开展"双拥、双服务"活动，加强了专武干部的教育管理，促进了军民融合发展，提升了民兵基层建设的质量。

不断强化宣传思想工作。牢牢把握新闻舆论的主动权和主导权，充分发挥各类新闻媒体的作用，多渠道、立体式、全方位宣传党的十八大精神。围绕全县中心工作，开辟《新沁水》、《走基层》等专题专栏，加强对重大主题、重点工程和重要活动的宣传报道，挖掘基层特别是农村涌现出的新人新事，形成了一批以《喜迎十八大的铿锵鼓点》、《无手人生也美丽》等为代表的好作品，为全县转型跨越发展、建设"三晋十强"提供了强大的精神动力、思想保证和舆论支持，在凝聚人心、团结鼓劲、推动发展上取得了新成效。

深入开展精神文明创建活动。持续引深文明和谐单位、行业、村镇创建工作，广泛开展群众性文体活动,群众精神文化生活不断丰富，嘉峰镇永安村跨入"全国文明村"行列，填补了我县国家级文明典型的空白。积极推进社会主义核心价值观体系建设，发掘并培树了霍文瑜等一批基层先进典型，在全县营造出人人学先进、争先进、当先进的浓厚氛围。组织开展企业安全文化创建活动，继续推进"文化惠民"、"文化低保"、"文化下乡"工程，扶持发展公益性文化事业，县、乡、村三级公共文化体系基本形成。

（刘　建）

附：一、中共沁水县委书记、副书记、常委名单

书　记：秦建孝
副书记：范兆森　李玉山
常　委：郭沁林　梁云辉　李培安　李喜红（女）
原　健　霍卫星　郭家胜（6月离职）
李立新（6月任职）

二、乡镇党委书记、副书记名单

龙港镇
书　记：于建斌
副书记：丁坚强　焦广瑞

樊村河乡
书　记：程家富（3月离职）　李书华（3月任职）
副书记：原国胜（6月离职）　王　锋

中村镇
书　记：郭　斌
副书记：刘永会（6月任职）　崔　勇

土沃乡
书　记：郝天亮（6月离职）　车功强（6月任职）
副书记：李书华（3月离职）　田玉珍（6月任职）
李向东

张村乡
书　记：毛兴学
副书记：吴俊霞（女，6月任职）
赵建文（6月离职）　田忠胜

郑庄镇
书　记：都林旭（3月离职）　张永忠（3月任职）
副书记：韩海亮（3月离职）　原国胜（6月任职）
潘晓育

苏庄乡
书　记：张永忠（3月离职）　原沁霞（3月任职）
副书记：刘永会（6月离职）　原永强（6月任职）
杨国良

端氏镇
书　记：刘建庭
副书记：王　强（6月任职）　杨春田（6月离职）
郭富太

嘉峰镇
书　记：牛沁斌
副书记：赵光义（6月任职）　李鑫杰（6月任职）
白利平（女，6月离职）

郑村镇
书　记：王海军
副书记：牛正太（6月任职）　魏淑芳（女）

胡底乡
书　记：吉张奎（3月离职）　李振强（3月任职）
副书记：李振强（3月离职）　陈跃武
张汉庭（6月离职）

固县乡
书　记：武书林（3月离职）　韩海亮（3月任职）
副书记：原沁霞（女，3月离职）
白利平（女，6月任职）　赵国强

柿庄镇
书　记：常志峰（3月任职）
副书记：常志峰（3月离职）　丁晓军（6月任职）
翟志慧

十里乡
书　记：樊宽社
副书记：李书孔（6月任职）　李沁龙（8月离职）
刘　海

中共临汾市委工作概况

市委书记　罗清宇

2012年，在省委、省政府的正确领导下，市委深入贯彻落实党的十八大精神，按照省委"办好两件大事，推动转型跨越，再造一个新山西"的战略部署，团结带领全市干部群众，举大事、谋全局，抓投资，稳增长，保民生、促稳定，主要经济指标保持较快增长，改革发展安全稳定各方面工作总体向好，临汾发展站在了新的历史起点，呈现出转型跨越的良好态势。

一、理清发展思路，深入开展"四个年"活动

市委在深入调查研究、广泛征求意见的基础上，在全市深入开展了思想解放年、项目落地年、环境建设年、作风转变年活动。"思想解放年"，立足于解决好"僵、畏、浮、满"问题，坚持"请进来、走出去"，邀请国内知名专家学者举办了解放思想、转型发展、信息化建设等一系列专题讲座，组织招商引资、商贸服务、文化旅游等多个专题考察团赴天津、广东、台湾等地区进行了实地考察，认真学习先进地区的超前思维、政策环境、发展模式和成功经验，进一步夯实了转型跨越发展的思想基础。"项目落地年"，立足于储备、签约、落地、建设"四位一体"，以项目落地为重点，进一步强化工作导向，对各县市区增设了70分的针对性考核指标，其中项目建设权重就占到了近一半；进一步强化制度保障，推行了领导包联、定期调度、对口推进、进展通报、督查督办、考核奖惩、观摩评比、领导示范等八大制度；进一步强化招商引资，先后组织和参加了中博会、广州大型经济合作暨招商推介会、首届晋商大会等大型招商引资活动，县市区党政"一把手"亲自带队走出去招商，主动承接东部沿海发达地区产业转移；进一步破解发展难题，探索实施了城乡用地增减挂钩、矿业用地整合利用、建设用地复垦整合等创新性的做法，今年除省里下达的5775亩用地指标外，还拿回1000亩物流用地指标、2万亩城乡建设用地增减挂钩和矿业存量用地周转指标；加强与金融机构的协调，想方设法激活民间资本，通过国开行、农发行等金融机构融资98亿元，通过市级财政性存量资金银行竞储的办法解决资金114亿元。全年重点项目完成投资1100亿、项目落地1700亿、项目签约3100亿、项目储备1.2万亿，四项指标均超额完成省里下达的任务。"环境建设年"，立足于解决好"脏、乱、差、堵"问题，从城乡环境卫生的顽疾难症和群众反映强烈的难点抓起，深入实施了城乡垃圾清理、市容环境整治、城乡道路环境整治等十大专项整治行动，坚持一月一督查、一月一评比，城乡面貌、道路环境、交通秩序明显改善，累计清理各类垃圾400多万方、整治工业污染500多家、规范广告牌匾3万多块、查处交通违法行为13.2万车次。"作风转变年"，立足于解决好"软、懒、散、贪"问题，大力倡导坚守使命、勇于担当的责任意识，深入弘扬狠抓落实、干事创业的优良作风，认真学习中央政治局改进作风八项规定，出台了市委常委会改进作风相关规定，从市委常委做起，带头改进工作作风。进一步加强市四大班子包联工作，深入推进干部下乡住村联户和包村增收活动，帮助农村制定发展规划2016个，解决农村群众实际问题6500余个，提供帮扶资金1.36亿元。集中开展了狠刹"三股歪风"、整治"吃拿卡要"、治理"庸懒散浮"活动，累计查处党员干部作风问题389起、给予党政纪处分579人，切实转变了工作作风、提高了机关效能。

二、以"百里汾河新型经济带"建设为抓手，全力推进"四化"战略

"四化"战略是转型跨越的根本举措，经济工作始终按照"四化"的要求来铺排和展开。一是牢牢抓住"百里汾河新型经济带"这一龙头引领，加快提升区域核心竞争力。把"百里汾河新型经济带"作为统筹"四化"的战略平台，举全市之力加以推进，整体工作取得实质性进展。主要抓了几个方面的工作，一是着眼于"科学规划、一体推进、分步实施"，建立了市县联动、部门协调、整体融资"三大机制"，从组织和制度层面进一步强化了沿汾各县市区一体化发展意识，保证了各项工作的顺利推进；二是成功举办了首届"汾河论坛"，开启了"百里汾河新型经济带"建设的新里程，打开了临汾转型跨越发展的新思路，展现了汾河流域加强区域合作的新愿景；三是通过国开行、江西信托、山西信托贷款和BT融资等方式，到位资金85亿元，有效缓解了资金短缺难题；四是大力实施河道水利生态治理、滨河东路等基础设施建设，襄汾、洪洞、霍州城区段及临汾城区段二期深度治理已竣工，沿河13个小城镇一般治理和粗放治理河段已全面开工；滨河东路道路基础处理工程已铺开，明年上半年可全线贯通；五是切实加快产业园区建设，8个工业园区、10个现代农业园区、6个物流产业园区、17个文化旅游景区建设全面铺开；六是扎实推进城镇化，经济带内19个小城镇全部完成总体规划，启动实施了广胜寺、甘亭、尧庙、汾城、高显等9个小城镇连片区建设。同时，加强"一市两县"、"一市两园"和"一县一企"试点工作，制定出台了转型综改试验行动方案，从项目认定、土地优惠、税收优惠、融资支持、人才激励、投资环境等方面对转型综改项目给予全方位政策支持，起到了较好的示范引领作用。二是牢牢抓住产业转型这一根本任务，加快推进工业新型化。按照全循环、多联产、抓高端的思路，扎实做好传统产

业改造提升和新兴产业培育壮大两篇文章。煤焦、钢铁、电力产业整合重组步伐加快,煤矿基本建设稳步推进,现代煤化工全面铺开,大力推进焦炉煤气制甲醇制烯烃、粗苯精制及深加工、煤焦油深加工三条产业链的延伸,重点建设了古县利达20万吨甲醇,尧都同世达20万吨甲醇和10万吨二甲醚,安泽永鑫22万吨甲醇,襄汾万鑫达20万吨甲醇等项目。装备制造、新型材料等新兴产业加快崛起,投资增速同比增长42.3%,翼钢500万吨优特钢、飞虹微纳米LED、霍州焦炉煤气提氢等一大批项目加快推进。文化旅游产业蓬勃发展,启动建设了广胜寺景区扩建、云丘山景区、仙洞沟风景区、人祖山整体开发等一批旅游项目,实现旅游招商引资155亿元,完成旅游综合收入160亿元。现代物流业快速发展,奥特莱斯"芭蕾雨"项目落实建设,国际陆港园区建设迅速推进,方略保税物流二期铁路集装箱物流中心已建成投入运营,1000亩特批物流用地已供地开工,公路现代配货物流中心、大型农副产品物流中心、大宗钢材交易中心、液态物流中心正在建设,对外开放"大通道"作用正在显现。同时,大力推进工业园区建设,重点建设洪洞煤焦化、翼城高端特钢、曲沃生态工业等百亿元园区,园区产值占全市工业总产值的比重达到63.4%。切实盘活民营资本,民间投资同比增长43%,高于全市固定资产投资增速14个百分点。三是牢牢抓住"三农"工作这一重中之重,加快推进农业现代化。围绕农民收入总体翻番和贫困人口普遍增收,以"一村一品、一县一业"为主攻方向,规划建设了西山百万亩水果基地、东山百万亩干果药材基地、平川百万亩蔬菜基地三大板块,重点发展吉县苹果、隰县梨、永和红枣、古县核桃、曲沃蔬菜、安泽中药材等10个基地县和483个专业村。全市65个省级"一村一品"专业村主导产业总收入增长20%;主导产业总收入占农户家庭经营总收入在70%以上的村达到88个、90%以上的村达到22个。突出农田水利基础设施建设,继续加大引黄和引沁两大水系工程建设力度,实施农业综合开发土地治理,农业综合生产能力持续增强,粮食总产再创历史新高。大力推进农产品加工龙头企业"513"工程,加快"两平台一通道"建设,加快发展农民专业合作社,农产品社会化服务体系不断完善。以片区开发为重点推进扶贫工作,新确定的240个重点推进村全部完成年度建设任务,25个连片示范区建设顺利实施。四是牢牢抓住城镇化这一最大潜力,加快推进市域城镇化。按照"一核两圈多点"的城镇化布局,统筹推进"一城三区"、大县城、重点镇、新型农村社区协调发展,城镇化率同比提升1.6个百分点,形成了扩容和提质并重、城乡梯次推进的城镇化态势。大力推进"大路网"工程,临汾北环及京昆与青兰高速联络线、临吉高速完工并投入运营,霍永、吉河高速进入扫尾阶段,完成1000公里的县乡村三级公路联网改造,客运西站主体完工、客运东站正在进行规划选址工作。大力推进尧都、洪洞、襄汾"一城三区"同城化发展,市区河西新城建设加快推进,实施了古城公园二期建设、解放路立交桥道路改造、城市标准化公厕建设、平阳大桥景观改造、西赵路道路建设、滨河东路辅道建设等市政道路和城市建设工程以及23个城中村社区化改造项目。加快侯马、侯马开发区、曲沃同城化和12个大县城建设,侯马城乡一体化、霍州霍东新区、曲沃城东新区、蒲县锦绣新区、吉县吉州新城等县城新区建设成效明显。加快建设53个重点镇和特色小城镇,编制完成了曲沃县曲村镇、翼城县浇底乡、襄汾县南辛店乡等小城镇总体规划,洪洞县广胜寺镇、乡宁县管头镇、翼城县里砦镇、蒲县乔家湾乡等重点小城镇建设全面拉开,通过促进土地有序流转全力抓好产业园区、农村社区"两区同建",逐步改变农民群众生产生活方式,实现城乡一体化发展。五是牢牢抓住资源环境这一基本支撑,加快推进城乡生态化。深刻认识生态文明建设在工作全局中的重大意义,以创建国家卫生城市为抓手,继续实施工业污染治理、城市环境综合整治、农村生态环境保护、水环境治理、蓝天碧水扩容提质五大硬仗,大幅度削减主要污染物排放总量,主要减排指标全部完成省定任务;以"两山"造林、"两网"绿化、"两林"富民、"两区"增绿为重点,大力度实施生态修复和植树造林,完成营造林63.39万亩,超省定计划23.2%。全年综合污染指数同比下降1.2%。全市17个县市区空气质量均达到国家二级标准。

三、突出保障改善民生,切实加强社会建设、创新社会管理

在保持经济平稳较快增长、抓好发展层面各项工作的同时,坚持以保障和改善民生为重点,加快健全基本公共服务体系,加强和创新社会管理,确保社会和谐稳定。一是千方百计保障和改善民生。全面振兴教育事业,统筹推进义务教育、高中教育、职业教育、学前教育协调发展,深入开展"名师、名校、名校长"活动,全市高考二本达线率达到31.61%,高于全省平均水平。着力推进创业就业,在政策扶持就业、培训促进就业、创业带动就业、重点工程拉动就业方面狠下功夫,各项指标均超额完成省定任务,城镇登记失业率控制在2.8%以内。稳步提升医疗卫生水平,扎实推进县域医药卫生一体化改革,基本公共卫生服务均等化不断加强,全市职工基本医疗、城镇居民基本医疗和新型农村合作医疗参保率均达到并稳定在98%以上。不断完善社会保障,全市七项社会保险参保全部完成省定任务,基本实现"社保全覆盖、服务一卡通"目标。切实加大保障性住房建设力度,开工建设各类保障性住房15982套,超额完成年度目标任务。全面繁荣文化事业,切实加强公共文化服务,大力推进文化体制改革,推出了一批文艺精品创作,17个县市区实现了"县县有两馆"目标。扎实推进农村新的"五个全覆盖",实现农村街巷硬化、便民连锁商店、文化体育场所、中等职业教育免费、新型农村社会养老保险全覆盖。二是坚持不懈抓好安全生产。深刻汲取煤矿安全事故教训,牢牢把握认识问题、责任问题、作风问题三个环节,严格落实政府监管责任和企业主体责任,切实加强重点领域和关键环节安全监管,扎实开展安全标准化创建工作,集中开展安全生产大反思、大检查、大整治,安全生产形势稳定好转。三是毫不动摇维护社会稳定。坚持以群众工作统揽信访工作,深入开展"三大四无"信访主题活动,加大"事

要解决”力度，畅通群众诉求渠道，大力开展矛盾纠纷排查，倾力化解信访积案老案，党的十八大期间实现进京“零非访”、“零滞留”，全市信访形势保持总体稳定。出台了《加强和创新社会管理的实施意见》、《加强和创新社会管理项目建设的实施意见》等政策措施，切实加强社会管理体制机制、人才队伍和服务体系建设，推出了安泽县“311”基层社会服务管理经验、铁路护路“线格化”管理经验、乡宁县“三化一卡”和侯马市“345”流动人口管理经验、襄汾县民爆物品管理经验等社会管理新办法、新措施、新思路；进一步充实完善“大调解”工作体系，深入推进“平安临汾”创建工作，八类危害严重的刑事案件同比下降0.35%。四是着力营造良好社会氛围。切实加大正面宣传力度，围绕中央、省委重大决策，特别是以“迎接十八大、学习十八大、贯彻十八大”为主题，精心组织了一系列舆论宣传活动。组织撰写了一批理论文章，精心制作了“气脉汾河、唐尧圣地”等一批外宣精品，进一步提升了临汾的知名度和美誉度。全面启动“文明临汾”创建活动，扎实推进思想道德建设，评选了“十大道德模范”，苗文娟等5人荣登“中国好人榜”。正确引导舆论导向，及时回应社会关切，严厉打击网络恶意炒作，妥善处置了一些敏感热点舆情，营造了良好的社会氛围。

四、全面加强党的建设，党建工作科学化水平不断提升

坚持把加强党的建设作为推动转型跨越的坚强保障，积极应对“四大考验”，切实防范“四大危险”，不断提高党建工作科学化水平。一是加强思想政治建设。把学习宣传贯彻十八大精神作为首要政治任务，举办市管干部集中轮训班，在全市迅速兴起学习贯彻的热潮。深入开展保持党的纯洁性学习教育活动，广大党员普遍受到一次深刻的党性教育。围绕“四强一好”加强领导班子思想政治建设，不断提升各级班子的能力和素质。进一步规范各级党委（党组）中心组学习，市委中心组带头组织集体学习13次。二是加强干部队伍建设。加大干部教育培训力度，依托清华大学、西安交大等院校举办了8期干部高端培训班，分批次选派222名干部外出挂职锻炼。深入推进“人才兴市”战略，启动实施“千百万”人才工程，打通人才引进的“绿色通道”。三是加强基层组织建设。按照“基层组织建设年”的要求，扎实推进“争两先创五好当先锋”活动，启动实施了“七个一”行动计划，探索建立了书记“面对面”、基层干部“四挂钩”等基层组织建设长效机制，农村“领头雁”行动和机关党建“走在前头”行动深入开展，非公经济组织党组织集中组建任务全部完成，基层组织的凝聚力、战斗力、创造力显著增强，涌现出了“全国创先争优优秀共产党员”解黎明，全国优秀党务工作者、“团职村官”张建国等先进人物。四是加强反腐倡廉建设。狠抓廉政教育监督，深入学习贯彻《廉政准则》，建立起22个廉政教育基地，营造了良好的廉洁从政氛围。狠抓规范权力运行，健全“四级”监督管理责任机制，深化工程建设领域突出问题专项治理，扎实开展公车清理和“小金库”治理，继续整治公路“三乱”和教育、卫生行业不正之风，解决了一批群众反映强烈的突出问题。狠抓防控廉政风险，探索“制度＋科技＋创新”工作模式，启动建设了行政审批及公共资源交易电子监察系统，从源头预防和治理腐败。狠抓惩防体系示范网建设，投入1.2亿元启动建设临汾市行政服务监察中心，着力打造全省一流的“一网多平台”监督体系。狠抓案件查办，全市纪检监察机关共受理信访举报1139件，立、结案件1094件，处分1112人，挽回经济损失186.71万元，营造了风清气正的社会环境。

（陈波轶）

附：中共临汾市委书记、副书记、常委名单

书　记：谢　海（1月离职）　罗清宇（1月任职）

副书记：罗清宇（1月离职）　岳普煜（1月任职）　王文英

常　委：黄翠莲（女）　赵建民　陈国荣　李东洪　张明星　刘玉温　白建荣　郑中夏　乔建军

中共尧都区委工作概况

区委书记　赵志坚

2012年，在市委、市政府的正确领导下，尧都区委坚持以中国特色社会主义理论体系为指导，认真学习贯彻党的十八精神，团结带领全区各级党组织和广大干部群众，集中精力、埋头苦干，团结拼搏、奋力争先，努力推进全区经济、政治、文化、社会和生态文明建设，全面提高党的建设科学化水平，全区各项事业开创了新的局面，在率先转型、全力跨越的历史进程中迈出了坚实的步伐。

一、基层党建工作稳步提升

2012年，按照中央“基层组织年”活动要求，尧都区以建设服务型党组织为目标，全面推进农村、企业、社区和机关、学校等基层党组织建设，努力构建城乡统筹发展的党建新格局。进一步巩固农村“两委”换届成果，基层党组织建设不断加强，全区122个后进党组织实现了晋位升级，整改率达96.8%；全区共新建“两新”党组织81个，总数达到了379个，对全区2875户企业和9593户个体工商户实现了党的组织

和党的工作双覆盖。认真落实省委下乡住村工作部署,积极开展干部下乡住村包村增收活动,全区成立了161支工作队,591名科级干部深入255个包扶村,协调贷款1500余万元,共为群众办实事、好事3800余件。

二、经济保持持续平稳发展

2012年,尧都区紧紧扭住发展第一要务,按照中央稳中求进、好中求快的总基调,上项目、调结构、保增长、促转型,全区经济继续保持了良好的发展势头。预计全年全区生产总值完成250亿元,同比增长11%;规模以上工业增加值完成76.7亿元,同比增长14.6%;固定资产投资完成178.7亿元,同比增长35.8%;社会消费品零售总额完成167.5亿元,同比增长18.7%;财政总收入完成32.8亿元,同比增长7.1%;城镇居民人均可支配收入完成21755元,增长14.9%;农民人均纯收入完成9017元,增长17%。全区综合经济实力迈上了新的台阶。

项目建设成效显著。2012年,全区储备项目突破千亿元大关;签约项目15个,签约资金达445亿元;项目落地完成225.5亿元,超市下达任务的48.3%;共铺摆重点项目56个,完成投资132.3亿元,超年度计划的62%。目前,投资71亿元、建设规模260万吨的中煤煤化工项目已经正式落户尧都;同世达公司和太原煤气化联合建设300万吨焦化项目基本达成合作意向,正在全力推进;中国五矿集团西里北铁矿开采项目前期勘探基本结束,今年将启动建设;总投资100亿元的奥特莱斯芭蕾雨项目已经进入征地阶段;总投资17亿元的山西大图置业仙洞沟旅游景区开发项目前期规划已经启动;总投资37.9亿元的涝洰河生态建设工程已经全面启动。这些项目的顺利实施,为尧都经济发展注入了新的生机和活力。

现代农业蓬勃发展。紧紧围绕农民增收这一目标,用工业化的理念抓农业,着力打造一大园区、三大基地,全面加快农业产业化进程。百里汾河尧都生态产业园建设取得重大进展,已完成投资3.8亿元,5000亩核心区已经形成,投资1.2亿元的12栋、4.2万平米智能连栋温室已经正式运营。以尧都生态产业园为核心,启动实施了产业园区、文化旅游区和新型农村社区"三区"同建,作为省、市重点工作观摩活动的亮点,得到了省、市领导和社会各界的高度评价。围绕"一县一业"、"一村一品"工程,启动实施了30万亩核桃、10万亩设施蔬菜和15万亩优质水果基地建设,2012年核桃栽植面积完成8.8万亩,新增面积全省第一;设施蔬菜面积达5万亩,优质水果面积达12万亩。同时,新农村建设46个重点推进村和两个连片区规划建设任务全面完成,农民的生产生活环境得到进一步改善。

社会事业健康发展。继续深化教育教学改革,提高教育教学质量,促进城乡义务教育均衡发展,2012年全区高考二本达线率增长23.2%,东城学校、职业技术学校教学楼、实验楼主体工程全部完工,启动实施了青少年活动中心、校舍安全改造工程和义务阶段薄弱学校改造项目。区乡村三级卫生服务网络建设不断完善,总投资3.02亿元的东城医院已经完成了地基工程,投资1195万元完成了6个基层卫生院建设工程,新农合参合率稳定在98%以上,实现了"村覆盖、乡达标、区提高"的目标。实施积极的就业政策,鼓励支持高校毕业生、失业人员、返乡农民工以创业带动就业,全年新增城镇就业8083人;积极购买公益性岗位,使下岗人员重新就业,动态消除零就业家庭。切实做好社会保险扩面工作,各类保险参保人数达到56.2万人;扎实做好新型农村社会养老保险和城市居民社会养老保险工作,实现100%全覆盖。开工建设了2615套保障性住房。农村新"五个全覆盖"工程全面完成。

三、干部队伍建设进一步加强

着力加强领导班子思想政治建设,把学习贯彻党的十八大精神和省、市经济工作会议精神作为重点,组织各级党委进行专题学习。坚持德才兼备、以德为先标准,选配了10名政绩突出、年富力强的优秀干部担任乡镇党政正职;采取乡村干部上挂、区直干部下派和异地挂职等形式,分四批对88名年轻干部进行锻炼,收到了良好的效果。按照中央关于改进工作作风、密切联系群众的要求,结合工作实际,研究出台了改进工作作风、密切联系群众的六条规定,从加强理论学习、深入基层调研、改进会风文风、规范公务活动及严肃工作纪律、恪守廉政规定等六个方面对党员干部工作、生活等方面行为进行了规范,努力形成转变作风、推动工作、改善民生的长效机制。

同时,始终把廉政建设摆在重要位置,带头落实党风廉政建设责任制,党风廉政建设和反腐败工作进一步加强。认真落实党风廉政建设责任制,扎实推进惩治和预防腐败体系建设。建立健全了"党委统一领导、党政齐抓共管"和"一把手"负总责、分管领导各负其责的工作机制,切实增强了广大党员干部廉洁从政意识,筑牢了反腐倡廉的思想防线。深入开展工程建设领域突出问题专项治理,扎实开展公车清理和"小金库"治理,继续整治公路"三乱"问题,狠刹教育、卫生行业不正之风,解决了一批群众反映强烈的突出问题。区纪委创造性地架构了行政审批电子监察平台和涉企行政检查网上报备系统,进一步规范了行政行为。不断完善案件查办协调机制,严肃查办违纪违法案件,全区纪检监察机关共受理来信来访182件,立、结案114起,处分114人。

(卢军强)

附:一、中共尧都区委书记、副书记、常委名单

书　记:赵志坚

副书记:王　震　杨午生　杨保春(挂职)

常　委:张安文　李建国　邓力儒(11月离职)
　　　鲁立波　乔飞鸿　牛少白　郭婷慧(女)

二、乡镇(街道)党委书记、副书记名单

辛寺街街道

书　记：张世杰
副书记：田向宇　张新建　孙卫东

解放路街道

书　记：殷双峰
副书记：郃国强　徐和平　郭继跃　朱建民

南街街道

书　记：王洪锁
副书记：于　波　席玉玲(女)

西街街道

书　记：刘　云
副书记：潘齐彪　张金明　郭梅英(女)

水塔街街道

书　记：王千里
副书记：李峥嵘　郭临生　贾国印

车站街街道

书　记：高向阳(女)
副书记：鲁建辉　李川杰

铁路东街街道

书　记：张福民
副书记：席春记　梁正岗　田姣娥(女)
孙杰英

乡贤街街道

书　记：赵　炜
副书记：李艳芳(女)　张文丽(女)　刘生瑞

汾河街街道

书　记：秦奇杰
副书记：杨　炜　李卫国　郭云岗　靳宝忠
杨林华(女)

尧庙镇

书　记：乔飞鸿(8月离职)　汤国庆(8月任职)
副书记：席新宏(8月离职)　孙建强

贾得乡

书　记：裴海峰
副书记：郭文生(8月离职)　曹泽峰(8月任职)
刘建明

段店乡

书　记：孔令泽
副书记：刘万里(8月离职)　王韶辉(8月任职)
左海洋

屯里镇

书　记：吉世平
副书记：徐　玉(8月离职)　张　峰(8月任职)
杨文生

乔李镇

书　记：薛向阳
副书记：李　俊(女，8月离职)　贾志琦(8月任职)
王　泽

大阳镇

书　记：孙杨毅
副书记：孙学平　袁国杰

县底镇

书　记：张卫峰
副书记：刘　峰　苏步青

贺家庄乡

书　记：郭婷慧（女，8月离职）　李　俊（女，8月任职）
副书记：贾志琦(8月离职)　刘忠平

金殿镇

书　记：王　勇
副书记：汤国庆(8月离职)　洪文斌(8月任职)
张保民

刘村镇

书　记：段　彩(5月离职)
李建国(5月至8月，主持工作)
张朝晖(8月任职)
副书记：洪文斌(8月离职)　温少华(8月任职)
郑章河　温马强

吴村镇

书　记：汤晓燕(女)
副书记：张贵荣　温济荟

土门镇

书　记：任伟民
副书记：苏志刚(8月离职)　席新红(8月任职)
梁魁明

魏村镇

书　记：史大胜
副书记：武建斌　杨永胜

一平垣乡

书　记：牛少白(8月离职)　徐　玉(8月任职)
副书记：苏兰记(8月离职)　王秉军(8月任职)
刘宝生

枕头乡

书　记：陈建峰
副书记：赵怀忠　丁春贵

河底乡

书　记：张朝晖(8月离职)　苏兰记(8月任职)
副书记：张　峰(8月离职)　李　杰(8月任职)
郃　杨

中共侯马市委工作概况

市委书记 马 彪

2012年,在省委、省政府和临汾市委、市政府的正确领导下,我们坚持以邓小平理论和"三个代表"重要思想为指导,以科学发展观为统领,紧紧抓住和用好、用足省转型综改试验先行区、扩权强县试点市、城乡发展一体化综合配套改革试验区、临汾"百里汾河新型经济带"建设的重大机遇和政策叠加优势,解放思想,创新思路,强化措施,扎实苦干,不断提高经济发展质量和效益,有力地推进了经济社会健康有序发展。先后获得全国双拥模范城(第六次)、省宜居城市、文明和谐城市等荣誉称号,各项工作都呈现出良好的发展态势。

一、党的建设

始终坚持民主决策,严格执行民主集中制、严格党内监督、强化纪律约束,班子凝聚力、创造力进一步增强;结合保持党的纯洁性学习教育活动,深入开展"作风转变年"活动、"市级领导包村增收、干部党员包户脱贫"活动、践行中央"八项规定"活动,组织党员干部为群众办好事、干实事、解难事,进一步改进了干部作风,密切了党群干群关系;围绕"基层组织建设年"活动,在全市农村、社区、非公组织、机关事业单位的524个基层党支部实施了"晋档升级四个五工程",有力地巩固了党的执政基础;严格落实党风廉政建设责任制,扎实推进惩防体系建设,大力推进廉政文化"六进"活动,实施廉政文化"六个一"工程,认真开展整治"吃拿卡要"和狠刹"三股歪风"的专项治理工作,深入开展工程领域、公务用车、大操大办等专项治理,加大违纪违法案件查办力度,严肃查处各类违纪违法案件44件,在全市营造了勤政务实、锐意进取、清正廉洁的崭新气象。

二、重大决策与主要工作

一是主要经济指标保持平稳增长。面对经济下行压力加剧的困难局面,积极谋划,多方筹措,全力帮扶,保持了经济持续健康发展的态势。全年地区生产总值完成91.16亿元,增长6.3%;规模以上工业增加值38.9亿元,增长5.2%;财政总收入完成5.78亿元,一般预算收入完成2.94亿元;固定资产投资40.4亿元,增长18.2%;社会消费品零售总额60.02亿元,增长15.5%;城镇居民人均可支配收入19050元,增长13%;农民人均纯收入9318元,增长11.5%。

二是项目建设扎实推进。围绕"项目落地年"活动,紧紧依托山西国际陆港园区建设,以省、临汾市项目观摩为契机,推动"项目建设年"活动深入开展。举行了项目总数达45个、总投资近300亿元的重点项目集中开工、推进、观摩、签约活动,掀起了项目建设的高潮。通过中博会、能博会等,招引项目18个,总投资198.35亿元;全年确定重点项目45个,总投资172亿元;已开工建设项目42个,累计完成投资42.6亿元。汇丰水泥、德邦橡胶、建邦煤化工等一批重大产业项目相继开工建设,为全市经济发展增添了强劲动力。

三是工业经济健康发展。加快工业新型化建设,以园区为承载,着力打造浍南机电装备制造、侯北冶金铸造循环经济加工、生化医药三大产业园区和平阳重工、北铜铜业两大基地。三大园区发展规划编制完成,路网改造、天然气入网快速推进,实现产值56.78亿元;平阳重工煤机产业基地自动焊项目、年产1000套电液阀项目、北铜铜产业基地3万吨精铜扩建项目竣工投产;全市新型工业化水平达到35.2%。同时,抢抓国家扶持小微企业发展的机遇,依托侯马普天电缆有限公司创办了小微企业创业园,为全市打造了一个新的创业发展平台,目前已入园企业40余家。

四是"三农"工作水平不断提升。全面落实中央、省、市各项惠农强农政策,持续加大"三农"投入,不断夯实农业基础,粮食生产稳步增收,粮食总产达到8.19万吨;现代农业发展快速发展,完成土地流转面积2.05万亩,新发展设施蔬菜发展2100亩,利华千亩设施山药、上阳千亩现代循环农业、卫家庄万亩中药材等10个现代农业种植园区健康发展,"一乡一业"、"一村一品"格局逐步形成;农产品加工龙头企业销售收入达到3.4亿元;新发展农民专业合作社25个,累计达到223个,实现了全覆盖;以下平望村为代表的"两区同建"取得实质性进展,新农村建设新的"五个全覆盖"提前完成。

五是现代服务业快速发展。围绕山西国际陆港园区建设,打造百亿方略物流园区,园区主干道路及附属人行道、水电暖气管网和方略二期卡口、场站楼、仓库、海关监管区基础设施等新建、改扩建工程竣工投用,联检办公大楼一层实现封顶;商贸市场提档升级,北方轻工城一期改造工程主体完工,名都家具中心投入运营;全年市场成交额达82亿元,外贸进出口总额实现5.67亿美元;侯马公路枢纽货运中心、旺龙医药物流中心等项目建设稳步推进,兴业废钢加工再生资源基地项目启动建设,"大商贸、大物流、大吞吐"的发展格局更加完善。

六是民生事业大幅改善。实施教育优先发展战略,中高考成绩稳步提升,高考二本B类以上达线率为40.4%;职业中专和五一路学校全面竣工并投入使用。实施医疗卫生体制改革,公立医院"以药补医"的旧机制逐步取消;提高新农合补助标准和住院补偿比例,参合率达99.95%;城乡居民健康档案标准化建设不断加快,市、乡、村三级医疗机构达标率达到98.06%。实施就业再就业工程，提供就业岗位1.4万多个，新增城镇就业人数6603人，城镇登记失业率控制在2%以内。实施文化惠民工程，加快爱国主义教育基地建设，彭真生平暨中共太原支部旧址纪念馆侯马分馆于10月12日正式开馆，得到了中央、省、市各级领导和社会各界、广大干部群众的广泛赞誉。

七是宜居特色更加凸显。深入开展以城市环境"六化一透"、农村环境"五化一清"综合整治为重点的"环境建设年"活动，城乡面貌全面改善。制定落实《加快创建国家环境保护模范城市的实施意见》，创模工作快速推进。108改线、大上线改造、海军路北延等工程快速推进，完成了新田路、浍滨街等8条破损严重街道的整修、补坑罩面工作。铺设天然气主支管网101.7公里，新增用户7730户。新增绿化面积25.27万平方米，城市绿化覆盖率达42.5%，人均公共绿地达12.8平方米，全年空气质量二级以上天数达363天。

八是社会大局和谐稳定。始终保持安全生产高压态势，事故发生起数和死亡人数严格控制在临汾市下达的目标范围内。率先开通远程视讯接访平台，全力做好干部下访、领导包案、教育稳定、积案化解等工作，十八大期间，全市未发生一起进京赴省非访事件，实现了"双零"目标。不断加强和创新社会管理，全力建设"平安侯马"，全面推行基层网格化管理，实现"天眼工程"三级网络全覆盖，形成了"打防管控"一体化运行机制，成功破获一批社会影响较大的大案要案，有力地震慑了违法犯罪行为，确保了全市社会大局和谐稳定。

（郝　豪）

附：一、中共侯马市委书记、副书记、常委名单

书　记：马　彪（9月离职）　李朝旗（12月任职）

副书记：李建国　马兴民

常　委：秦海玉　田怀宇　郑育敏　李俊胜　韩　睿　刘国平

二、乡镇（街道）党委（党工委）书记、副书记名单

新田乡

书　记：郭旭东

副书记：梁效杰　石　磊

高村乡

书　记：郭建伟

副书记：王廷章

凤城乡

书　记：于　乐

副书记：高先文

上马街道

书　记：卢正中

副书记：贺三军　施向阳

张村街道

书　记：白爱华（女）

副书记：郝小强

路东街道

书　记：董新胜

副书记：迟红霞（女）

路西街道

书　记：乔新刚

副书记：袁随义　卫建辉

浍滨街道

书　记：张爱军

副书记：李　健　田月菊

中共霍州市委工作概况

市委书记　陈　纲

2012年，团结带领全市广大干部群众，认真贯彻执行中央、省、市的各项决策部署，紧紧围绕"建设三晋经济强市、实现整体率先发展"的奋斗目标，深入开展"项目建设年、环境整治年、作风转变年"活动，经济社会发展取得明显成效。2012年，全市生产总值达到86.55亿元，同比增长10.9%；工业增加值达到61.58亿元，增长16.6%；固定资产投资达到89.1亿元，增长36.1%；社会消费品零售总额达到22.61亿元，增长14.7%；城镇居民人均可支配收入达到19923元，增长13%；农民人均纯收入达到8770元，增长15.14%；财政总收入完成16.3亿元，一般预算收入完成7.21亿元，呈现出结构改善、活力增强的良好局面。

一、经济社会发展工作方面

（一）强力转变发展方式，产业结构优化升级。围绕"项目建设年"活动，强力推进工业升级，国电"上大压小"并网发电，力拓煤业90万吨技改、液化天然气调峰储气进展顺利；霍东新区新产业聚集区启动建设，霍煤50亿非煤产业已落户园区，一期工程顺利推进，项目整体建成后，将带动全市工业经济总量和质量极大提升。大力发展现代农业，不断推进"无公害蔬菜、特色经济林、规模养殖"三大基地，发展蔬菜3.3万亩，新增规模养殖场85个。特别是现代农业生态循环示范园区建成高标准示范温室11栋、日光节能温室350棚，配套建设了现代化育苗中心、生态养殖基地等，建成后主产区人均可增收1700元。壮大升级第三产业，完成了七里峪镇山广场、中镇门、镇山坛、红色教育基地、陶唐峪景区修缮等

工程,举办了"中镇霍山·华夏州署"第七届文化旅游月,旅游产业不断壮大;建成了白龙综合商贸城、辛置商业文化广场,扶持壮大锣鼓、年馍、图书营销等传统文化产业,实现产值500余万元,形成了工业带动、农业促动、三产互动的产业格局,资源枯竭城市转型迈出坚实步伐。

(二)不断完善基础设施,宜居新城更加靓丽。加快旧城改造和新区开发,实施了东关城中村改造、融通大街、锦和小区、开元小区、汇元小区、凤华休闲广场等项目,完成了中镇广场和永和公园二期、霍东大道配套、新的"五个全覆盖"等工程,启动了霍州署文化产业示范园建设。总投资1.45亿元,建成了永康路及南涧河桥,改造了玉霍线、上霍线、南赵线、段庄至曹村等公路共46.5公里,成为霍州城乡交通建设投资最大、里程最长的一年。

(三)积极开展四城联创,发展环境全面优化。围绕"环境整治年"活动,持续整治城乡"硬"环境,开展了城乡垃圾清理、市容环境整治、交通环境整治、工业污染治理"四大会战",实施了汾河、南涧河综合治理、绿化造林等工程,新增绿地5万平方米,天然气置换扩户1.2万户,热电联产实现河西供暖,被评为省级城乡环境卫生清洁行动先进县市,连续四年成功创建省级卫生城市。全市二级以上天数达到了336天,创历史最好纪录。积极创优发展"软"环境,出台招商引资优惠政策,深化行政审批制度改革,加大民营经济扶持力度,与尧都农商银行签订了战略合作协议,为民营企业争取到扶持贷款2亿元,亲商、富商的社会氛围更加浓厚。

(四)不遗余力改善民生,幸福指数大幅提升。始终坚持保障和改善民生,民生支出连年占到财政支出的65%以上,启动了新医院、职教中心、公办幼儿园、社区服务中心建设,完成了一中图书楼、残疾人综合服务中心、党校综合教学楼等主体工程,安民馨苑廉租房具备入住条件。建立健全了弱势群体救助长效机制,加大对四类贫困家庭学生、贫困大学生、农村80岁以上老人固定救助。连续举办了9场"文明霍州·亮丽风采"大型广场消夏文艺晚会,开展各类文体活动80余次,门球荣获全国门球赛第九名,蝉联"中国民间文化艺术之乡"称号。公开招聘了250名事业单位人员和教师,解决了大学生就业难题,促进了社会和谐稳定。全市人民在实现了"五有"目标的基础上,逐步提升到"吃好饭、上好学、看好医、就好业、居好家"的"五好"标准。

(五)积极创新社会管理,全市大局和谐稳定。认真贯彻中央、省、市有关要求,切实加强和创新社会管理,着力维护和谐稳定大局。全面加强安全生产,投资8000余万元排查整治非煤矿山、危险化学品、食品卫生、公共消防等行业和领域的安全隐患1200余项,杜绝了各类事故发生。高度重视信访工作,实行领导带头接访、带案下访、包案调处、帮扶到位,解决各类信访案件638起,信访形势持续好转,实现十八大期间进京"双零"和"三个不发生"目标,荣获"全省信访工作十佳县市",受到中央督导组、省信访维稳工作督导组的充分肯定。持续引深"平安创建",实施了城市视频监控系统建设,开展了打击"两抢一盗"、整治民爆物品、维护交通治安秩序等专项行动,圆满完成了十八大维稳和安保任务,营造了和谐稳定的社会环境。

二、党建工作方面

2012年,霍州市委以党的十八大精神为指导,强作风、树形象、创业绩,全面加强自身建设,不断提高宗旨意识和执政能力,为全市经济社会发展提供了强有力的政治保证。

(一)不断强化思想政治建设。组织部分乡镇、部门负责同志到华西村挂职锻炼,到西安交大、西北农林科技大学等高校进行专题培训,赴陕西、甘肃、四川实地考察;组织全市农村"两委"主干,在临汾市委党校开展"领头雁"培训,使广大干部解放了思想,开阔了视野。十八大胜利闭幕后,召开了全市传达贯彻党的十八大精神会议,组成宣讲团,深入一线宣讲,迅速掀起学习热潮。特别是对全市农村党支部书记、村委主任进行了学习十八大精神专题培训,提高了新形势下的执政能力和工作水平。狠抓基层组织建设,认真开展基层党建"面对面"活动,着力建设"四强一好"领导班子,全面提高了基层组织的战斗力和凝聚力。

(二)公平公正选拔干部。严格按照《干部任用条例》"5+1"文件和省委出台的"四个规定"选任干部,树立了正确的用人导向。实行了"三推两考一票决"选人用人机制,对多数群众不赞同、不拥护的,民主推荐票达不到三分之一以上的不列为考察对象,公开、公平、公正地选拔了80多名副科级干部,激发了干事创业动力。霍州作为全省常委会任免干部票决制试点县市,从2010年开始,在历次常委会票决任免干部中,所有拟任免人选获得的"同意票"率均为100%,赢得了广泛好评。

(三)切实转变干部作风。在全市深入开展了"作风转变年"活动,各乡镇各部门结合实际,通过征求意见、开门接访等途径,真正找准问题、深入剖析原因、认真制定整改措施、建立了作风建设长效机制。规定凡是新提拔的副科级干部和新招录的行政事业单位人员必须到市信访局、招商局挂职锻炼,极大提升了其做好群众工作和引领经济社会发展的能力。

(四)深入推进党风廉政建设。组织各级干部学习了十八大中纪委工作报告、中纪委十八届一次全会精神、《廉政准则》等有关内容,集中收看收听了李天福、陈超英等同志先进事迹报告会,增强了各级党员干部廉洁自律意识。建成了清莲广场、廉政文化一条街和霍州署廉政文化馆,廉政文化体系全面形成。中央、省、市纪委领导亲临霍州署廉政文化馆揭牌,促其成为全省知名的廉政教育场所。临汾市纪检监察"抓重点、争亮点、创特色"工作中,霍州廉政文化建设勇夺第一名。持续引深"正风肃纪、创优环境"纪律作风整顿活动,突出抓好农廉建设、源头治理、纠风治乱、专项治理、案件查处等重点工作,全年纪检部门核实查处违法违纪案件98件,党政纪处分98人,涉及科级干部9人,有力维护了党纪法规的严肃性,确保了反腐倡廉取得明显成效。

(薛忠华)

附：一、中共霍州市委书记、副书记、常委名单

书　记：陈　纲

副书记：崔山原　樊洪平

常　委：周文伟　陈占平　郑效锋　黄晓君（女）

王长征　高雅铭　刘国平

二、乡镇（街道）党委（党工委）书记、副书记名单

辛置镇

书　记：刘国平（8月离职）　房文斌（8月任职）

副书记：闫万林

白龙镇

书　记：张伟兴（8月离职）　郭惠民（8月任职）

副书记：杨海林（8月离职）　崔世娟

李曹镇

书　记：贾亚龙

副书记：闫会波　乔宝山

大张镇

书　记：李晓斌

副书记：董斌斌（6月离职）

陶唐峪乡

书　记：门保生

副书记：张　浩　乔珍珍（6月离职）

三教乡

书　记：郭惠民（8月离职）　郭丽华（8月任职）

副书记：李　明

师庄乡

书　记：荀彦龙

副书记：张文轩　段志华（6月离职）

退沙街道

书　记：房文斌（8月离职）　杨海林（8月任职）

副书记：樊记虎　王　龙（6月离职）

高晓华（7月离职）

南环街道

书　记：张　斌

副书记：马魁东　张　铭（6月离职）

路　林（6月离职）

北环街道

书　记：白　亮

副书记：郭丽华（8月离职）　杜银全　秦仰军

李海龙（7月离职）

鼓楼街道

书　记：杜　明

副书记：王建华　曹继芳（女）　张良有（6月离职）

韩黎平（6月离职）　张秀梅（女）

开元街道

书　记：段小刚

副书记：房　鹏　朱江鹏　陈华斌

闫学文（7月离职）

中共曲沃县委工作概况

县委书记　张越轶

2012年，在省委、市委的正确领导下，曲沃县认真学习贯彻党的十八大、省委十届二次全会、市委三届二次全会精神，团结带领全县干部群众大力实施产业强县、城建靓县、文化立县三大战略，加快推进全省千万吨钢铁基地、全省最大的设施蔬菜基地、全国晋文化研究开发基地建设，开拓奋进、扎实工作，全县经济建设、政治建设、文化建设、社会建设和党的建设都取得了新的进展。

在思想政治建设上，不断加大干部教育培训力度，利用“一月一讲”活动，邀请省、市专家教授进行理论形势辅导；通过开办“党政人才大讲堂”，让全县12个职能部门的局长登台授课，为全县党员干部进行生态工业、设施农业、城市规划、社会管理等12个大类的培训，在宣讲内容、授课质量、培训效果上实现了新突破；举办了三期十八大精神培训班，县委主要领导登台授课，亲自解读报告精神，全县广大党员干部的政治理论素养得到了显著提高。在领导班子建设上，坚持德才兼备、以德为先的用人标准，经过提名推荐、资格审查、组织考察、县常委会票决等环节，对全县部分科级领导班子进行了调整配备，一大批优秀干部走上了领导岗位，优化了班子结构，加强了干部管理，增强了领导合力。在干部队伍建设上，先后组织县级干部、乡镇班子成员和职能部门领导分赴上海、无锡、昆山、成都、西安等地参观考察，学习工业、城建、旅游等方面的成功经验；选派22名年轻科级干部赴上海、宁波、丹阳挂职锻炼、招商引资，加强与外界的沟通交流，推动了思想大解放、观念大转变。在基层组织建设上，按照巩固先进、推动一般、整顿后进的要求，全面推进创星晋级活动；围绕“包村致富增收”的要求，全县所有包村单位和住村干部全部制订了年度帮扶计划，全县共捐助帮扶资金120万元，提供各类致富项目43个，解决各类问题302个；及时充实调整县非公工委领导班子，在全市率先完成了非公党建“两个全覆盖”；组织实施了农村“领头雁”培训计划，对全县291名农村“两委”主干进行了集中培训，党组织的凝聚力战斗力明显增强。在民主政治建设上，加强对人大、政协、一府两院和工会、共青团、妇联等群团组织的领导，支持他们协调

一致、创造性地开展工作。党管武装工作进一步加强,“双拥”共建活动取得明显成效。充分发挥统战工作的积极作用,把社会各界的力量和智慧凝聚到了加快曲沃发展上。在党风廉政建设上,认真落实党风廉政责任制,强化领导干部廉政教育,深入开展警示教育活动,广大干部廉洁自律意识进一步增强。围绕“项目落地年”活动的开展,强化对全县重点工程项目的监督检查,有效保障了县委、县政府重大决策部署的贯彻落实。全面加强农廉工作,健全规范了民主决策、考核机制、问责机制和农廉五项制度,在全市率先搭建了“曲沃县农廉移动飞信交流平台”,全年核实各类涉农资金4.69亿元,查处农村党员干部违纪案件33件,给予党政纪处分38人。深入开展“作风转变年”活动,大力整肃机关作风,行政行为更加规范,机关行政效能全面提高。扎实开展纠风治乱工作,深化对煤焦领域的反腐专项斗争,对教育乱收费、公路“三乱”、医药购销等群众反映强烈的突出问题继续保持了高压态势。加大案件查办工作力度,全年共查办各类违纪违法案件74起,给予党纪政纪处分79人,以反腐倡廉的实际成效赢得了群众的信任与支持。

2012年,中共曲沃县委坚持把项目建设作为推动经济发展、促进社会进步、不断改善民生的重要抓手。年初确定的68个重点项目,完成投资49.3亿元,超出年度计划投资10.5个百分点,项目数量和投资额度均为历年之最。项目建设的顺利推进,有力带动了全县经济社会的健康协调发展。全年全县地区生产总值完成98亿元,同比增长14%;城镇居民人均可支配收入达到20560元,同比增长17.3%;农民人均纯收入达到9065元,同比增长19.3%;全年规模以上工业增加值完成72.7亿元,同比增长21%,增速位列全市第一;财政总收入完成7.5亿元,同比增长17.2%,是平川县市区中唯一一家完成和超额完成了市定目标任务的县份,全县经济社会呈现出发展较快、效益较好、运行平稳、实力增强的良好态势。在工业发展上,大力推进五大“工业园区”建设。千万吨级钢铁工业园区,全年共投资49亿元,新上了1860立方高炉、180万吨双高线、150万吨焦化、10.5万千瓦煤气发电等13个延伸、循环项目;新中宇实现了满负荷生产,新上了150万吨双高线和煤气综合利用等项目,焕发出新的生机活力;新建的220千伏变电站和污水处理厂全面投入运行,园区基础设施日益完善,向建设千万吨钢铁基地目标迈出了坚实的一步。马庄装备制造园区,编制完成了园区总体规划,长林公司达到年产5万吨钢结构机加工能力,方圆塑业达到年产5000吨燃气管道生产能力,园区企业的发展步伐不断加快、势头良好。山西国际陆港曲沃项目园区,完成了先行建设的5平方公里区域地型测绘、村庄搬迁规划、入园主干道设计立项及用地预审手续,正在抓紧申报省转型综改专项资金。华电曲沃煤电一体化产业园区,电源项目初可研报告已上报省发改委,资源详查野外钻探工作基本完成。紫金山黄金产业园区,探矿权手续正在审批当中,采选项目规划设计和土地、环评手续正在落实,园区建成后,将成为全省最大的黄金产业基地。在农业发展上,围绕农民增收,大力实施千栋大棚建设工程,蔬菜大棚发展到6776栋、3.3万亩,蔬菜种植面积达到13万亩,被国家农业部确定为全国580个蔬菜重点县之一。在全县规划建设了以“晋之源”统一冠名的五大精品农业园区,曲村现代农业园区新品种展示中心、信息中心建成并投入使用,为群众发展大棚蔬菜生产提供了科技、信息服务,发挥了示范引领作用。在磨盘岭新建了4000平方米的工厂化育苗基地。通浍大道全线贯通,完成了沿线绿化和浍河北岸月季苗圃基地建设任务。畜牧产业发展上,培育建成了1个万只羊场龙头企业、10个千只养羊示范户和万户根茂肉牛、东张寨绿洁养猪等10余个规模较大的养殖园区。实施了小型农田水利重点县、禹门口引黄东扩、水库除险加固等基础设施建设工程,农业生产条件明显改善。在城乡建设上,以城东新区开发建设为重点,实施了主干道路、行政功能区、公益设施区、商业区、住宅区等十大工程建设。城东新区3条主干道路、2个住宅小区主体工程已完工,法院、司法局、卫生监督所等单位的便民服务中心和晋都文化公园、购物广场、星级酒店等工程已全面开工建设。扎实开展“环境建设年”活动,下大功夫对城乡垃圾、市容环境、道路交通、环境污染进行了综合整治,高标准建设了3个出县口、2个出城口的标志性特色景观,提前完成了农村新的“五个全覆盖”工程,城乡面貌焕然一新,县域形象和城市品位有了大的提升。在文化旅游发展上,以“晋文化”为主线,以晋国博物馆为龙头,积极推进感应寺塔印象广场、银杏树广场、烟草博物馆、曲沃中学贡院、太子滩、磨盘岭、浍河、景明等特色景区景点的规划和建设。晋国博物馆主体建筑已完工,正在加紧装修布展、绿化美化等后期工作,配套的旅游公路全线通车,作为全市唯一的文化产业项目迎接了全省观摩,得到省市领导的高度关注和一致好评。继续推行《古建筑认领保护办法》,吸引民间投资近亿元,对桥山黄帝庙、西海龙王庙、南林交龙泉寺等6处古建筑进行了保护修复,这一做法得到省、市文物部门的充分肯定。不断加大“晋文化”宣传力度,与省作协影视公司签订了合作协议,30集电视连续剧《晋文公》即将投入拍摄。在社会事业发展上,重点实施了涉及教育、医疗、住房、供气等一大批民生工程。新乐昌中学、新职业中学一期工程全面竣工并投入使用,曲沃中学生活区主体工程已完工,学校布局和教育资源配置进一步优化。高考成绩名列全市前茅,二本B类以上达线人数788人。县人民医院门诊楼、全民健身活动中心、4座星级公共卫生间全部投入使用。完成了4500余户居民的天然气置换煤气工作。400套保障性住房正在加紧建设,300户农村危房改造任务全面完成。县域总体环境质量明显改善,全年二级以上天数达到355天。社会保障的覆盖面不断扩大,保障水平进一步提高。

(祁　磊)

附:一、中共曲沃县委书记、副书记、常委名单

书　记: 张越轶

副书记: 郭惠勇　崔绍民

常　委: 成　功　程世杰　武兰萍(女)　牛春平(女)

刘岐山　费向前　管功克

二、乡镇党委书记、副书记名单

乐昌镇

书　记：崔永慧（女，3月离职）　李继红（3月任职）

副书记：秦康杰

北董乡

书　记：张永刚（3月离职）

副书记：于彩霞（女）

史村镇

书　记：柴志坚（3月离职）

副书记：魏　波

曲村镇

书　记：孟海河

副书记：聂　磊

杨谈乡

书　记：杜　斌

副书记：李俊杰

里村镇

书　记：李建晋

副书记：武勇刚

高显镇

书　记：李继红（3月离职）　张永刚（3月任职）

副书记：杨文有

中共翼城县委工作概况

县委书记　李朝旗

2012年，翼城县委始终坚持以提高广大党员干部特别是领导干部的先进性、纯洁性和执政能力为重点，抓思想、强队伍、变作风，充分发挥了党建的龙头带动作用，有力地促进了全县经济社会转型跨越发展。

一是基层组织建设年活动深入开展。按照开展基层组织建设年"七个一"行动计划的要求，认真实施了基层党组织定级晋位工程，采取百分制评分和"基层党组织自评、包村干部点评、支部之间互评、党员群众测评、上级党委考评"的办法，对全县所有基层党组织进行评分定级，增强了基层组织争先进位意识，提升了凝聚力和战斗力。认真实施了非公经济组织党的建设全覆盖工程，采取单独组建、集团领建、村企挂建、区域合建、专业市场统建、行业联建六种模式，率先实现了党组织组建工作的全覆盖。认真实施了农村干部承诺践诺工程，探索建立了"一账双评五挂钩"农村干部承诺践诺考核奖惩机制，有效杜绝了农村干部为当选乱承诺现象的发生，实现了"干部承诺办实事，群众监督得实惠"的目标。认真实施了大学生村干部创业富民工程，以提供技术、资金、场地支持为手段，全力促进全县大学生村干部干事创业。全年共发放大学生创业贴息贷款30万元，涌现出一批创业典型，56名大学生村干部在换届中担任"两委"主干或进入"两委"班子，成为新农村建设带头人。认真实施了村级组织活动场所达标升级工程，对全县经两轮集中建设后仍未达标的41个村，由县财政投入196万元进行新建或改造装修，实现了村级组织活动场所建设高标准、全覆盖。认真实施了流动党员管理创新工程，建立和完善了流动党员管理机制，通过抓动态、抓创新、抓阵地、抓服务、抓活动，实现了流动党员管理的信息化、全程化和网格化。同时，认真开展了学习推广文建明工作法、社区网格化管理、机关党建"走在前头"和农村"领头雁"集中培训四项活动，取得了阶段性成效。基层组织建设年活动的扎实推进，被授予"全省创先争优活动先进县"和"全市基层党建先进县"荣誉称号。

二是思想建设水平不断提高。以十八大精神、转型跨越发展为重点，全年县委中心组集中学习12次，组织理论骨干深入农村、社区、学校、机关开展专题宣讲100余场次，组织理论骨干外出培训200余人次，邀请知名专家教授来翼城作专题报告20余场。特别是以学习宣传贯彻十八大精神为重点，组织党员干部外出学习培训，对县直单位副科级以上干部、乡镇班子成员、农村"两委"主干、大学生村干部进行了轮训，在全县兴起了学习宣传贯彻十八大精神的热潮。

三是干部队伍建设全面加强。以巩固集中换届成果、加强领导班子思想政治建设为目标，积极探索创新领导班子和领导干部考核奖励机制，认真实行了科级班子和领导干部综合考评"一线工作法"，通过"一线定目标、一线促落实、一线抓考核"，在全县上下掀起了真抓实干、奋力赶超的工作热潮，各级领导班子凝聚力、战斗力明显增强。同时，按照一线考察干部、一线发现干部、一线任用干部的原则，根据干部选拔任用条例和编制、职数的要求，通过组织考察推荐和竞争性选拔，提拔任用科级干部43人，交流转任36人，领导班子结构进一步优化。

四是党风廉政建设扎实推进。始终把廉政建设摆上重要议事日程，以作风建设为突破口和着力点，全力抓好党风廉政建设责任制的落实。对税费统征、安全生产、"环境建设年"活动、非法违法采矿整治、农村街巷硬化等重点工作进行了监督检查，确保了中央和省、市重大决策部署的落实。深入开展工程建设领域、煤焦领域、公务用车腐败问题专项斗争，认真解决食品药品安全、公路"三乱"、县城环境综合整治等方面突出问题，真正做到了重视群众关切、维护群众利益。开展廉政文化"八进"活动，加强警示教育，以宣教活动筑牢了党员干部拒腐防变的思想道德防线。深入开展了“吃拿卡要”专项整治和狠刹“三股歪风”专项治理，党员干部工作作风、生活作风得到明显转变。不断加强对村务公开的监督检查力度，全面规范会计委托代理制度，切实加大涉农案件查办力度，农村党风廉政建设扎实深入。始终保持查办案件的高压态势，全年共初核线索130件，立案114件，结案114件，处分违纪人员114人，为国家挽回经济损失200余万元，有力地惩治了腐败。扎实推进廉政风险防控试点工作，加强反腐倡廉制度建设和改革创新，廉政建设的制度化、科学化、规范化水平逐步提升。

紧紧围绕“强力壮大钢铁、煤电、制造、林果四大主导产业，奋力建设富裕、繁荣、美丽、和谐新翼城”的发展思路，认真抓好“三件大事”，大力推进“五项工作”，全县经济社会保持了良好的发展态势。

一是主要经济指标持续增长。2012年，全县生产总值完成83.1亿元，同比增长9.6%；财政总收入完成11.7亿元，同比增长12.3%；规模以上工业增加值完成49.1亿元，同比增长13.3%；固定资产投资完成40.6亿元，同比增长38.4%；社会消费品零售总额完成28.2亿元，同比增长16.3%；城镇居民人均可支配收入达到19773元，同比增长13.7%；农民人均纯收入达到7141元，同比增长15.6%。

二是农业农村工作健康发展。粮食生产取得较好收成，小麦产量创历史最高水平。新发展干鲜果经济林6.2万亩，总面积达到25万亩，成功申报全省苹果产业“一县一业”基地县。完成了7家标准化养殖示范场改扩建项目，继续支持国家级龙头企业翼众公司做大做强，畜牧业规模化、标准化生产能力明显提升。实施了高标准农田建设、基本农田整理、农业机械化推广等项目，农业基础设施明显改善。新农村连片示范区和重点村建设稳步推进，农村新的“五个全覆盖”工程圆满完成。

三是工业转型步伐不断加快。高端锻造工业园区舜达公司基础设施建设基本完工，8000吨生产线完成设备安装；高端铸造工业园区华煜10万吨铸管项目和华星10万吨汽车零部件、励鑫5万吨电机壳铸件项目一期工程已竣工，亿通10万吨汽车零部件铸造及机加工、永益30万吨铸管、励鑫20万吨铸管项目稳步推进；高端特钢工业园区翼钢优特钢省级改造项目，居民搬迁正有序进行，配套干熄焦项目土建工程基本完工。首旺煤业120万吨坑口选煤厂投产运营，阳煤、晋煤12座整合煤矿技改工程全部开工，3座基本完工，煤炭产能持续释放。非煤矿山资源整合进度加快，5座铁矿取得安全设施设计批复。

四是城乡建设扎实推进。唐霸大道竣工通车，“两轴三环”城市发展框架搭建完成；县城道路拓宽改造、集中供气供热、城市防洪排水等工程顺利完成，北环路建设稳步推进；完成农村危房改造200户，国有工矿棚户区改造和保障性住房建设项目进展顺利；城乡环境整治取得阶段性成效，连续六年获“省级卫生县城”称号。

五是社会管理创新成效显著。食品药品安全监管持续加强，医疗市场秩序明显好转。扎实开展“三关爱”活动，对1800余户残疾人家庭实施了帮扶救助，将农村80岁以上无固定收入老人全部纳入低保范围。深入开展安全生产专项整治、“打非治违”和百日安全生产活动，全县安全形势持续好转。实行县级领导轮流接访，严肃信访工作责任制，畅通了信访渠道，一批信访复杂案件得到解决。集中开展打黑除恶、打击“两抢一盗”、网上追逃等严打整治专项斗争，推进社会治安综合整治“三项战役”，公众安全感进一步提升。

六是各项社会事业蓬勃发展。教师队伍不断充实，教育资源配置更加优化，中、高考成绩继续保持全市领先水平，唐霸文化公园建设顺利启动，“翼城花鼓”、“浑身板”等特色文化知名度进一步提高，科技专利申请和项目申报数量大幅增长，公立医院改革稳步推进，数字电视信号基本实现全覆盖，就业、再就业工作进一步加强，社会保障体系不断完善，“低供煤”工作圆满完成，造林绿化、节能减排完成年度目标，畜禽养殖业污染减排工作经验在全市推广。

(高　伟)

附：一、中共翼城县委书记、副书记、常委名单

书　记：李朝旗(12月离职)　郭行杰(12月任职)

副书记：杨春权　张志宏

常　委：卫　勇　杨建军　董跃明　任吉龙　许拥军　孙晋辉　师香丽(女)

二、乡镇党委书记、副书记名单

唐兴镇

书　记：师香丽(女,8月离职)　翟力龙(9月任职)

副书记：翟力龙(9月离职)　贾丽娟(女,8月任职)　吉顺俭　孙鸿龙

南唐乡

书　记：胡国华(女)

副书记：张天柱　张　东　王扬剑

里砦镇

书　记：史　鹏(9月离职)　任延青(9月任职)

副书记：贾永伟　张双燕　高　华　王宏山

王庄乡

书　记：翟铭娟(女)

副书记：杨晓清　冯日会　姜治国

浇底乡

书　记：杨世英(6月免职)　李学东(6月任职)

副书记：刘志强　张晓辉(女)　徐延平

隆化镇

书　记：单建民(6月免职)　李兴智(6月任职)

副书记：王新明　李清华　吕　晶(女)

桥上镇

书　记：任延青(9月离职)

副书记：侯文君　宋海英(女)　刘　明

西闫镇

书　记：李维跃(6月离职)　刘双辉(6月任职)
副书记：孔祥龙　刘晓峰
中卫乡
书　记：张国华(6月离职)　李维跃(6月任职)
副书记：曹俊义　辛树盛　刘　义
南梁镇
书　记：张新民
副书记：石广武　高　华　周甲寅

中共浮山县委工作概况

县委书记　毛克明

2012年，在中央和省、市的正确领导下，中共浮山县委高举中国特色社会主义伟大旗帜，坚持以邓小平理论、"三个代表"重要思想和科学发展观为指导，全面贯彻党的十八大精神，团结带领全县干部群众，奋力推进"五化"战略，认真实施"三五"工程，不断加强党的建设，各项工作取得了新进展新成效，全县呈现出经济持续健康发展、社会和谐稳定的良好局面。

综合实力持续提升。坚持以招商引资和项目建设为引领，签约引进石材设备制造、智能电瓶牵引车制造、华润风力发电、罐装橄榄油生产等一批技术先进、带动力强的转型项目，扎实推进矿山资源整合、煤矿升级改造、北王煤化循环工业园区建设，大力推进农业现代化、产业化和规模化，积极发展文化旅游服务业，县域经济实力不断增强，主要经济指标实现稳步增长，全年全县地区生产总值完成38.35亿元，同比增长11.2%；财政总收入完成4.69亿元，同比增长16.5%；城镇居民人均可支配收入19366元，同比增长13.6%；农民人均纯收入5577元，同比增长11.6%。

基础建设得到加强。重点实施了文化活动中心、尧山广场、青少年活动中心、职工活动中心、老年活动中心、县城集中供热、集中供气、古北线改造、北埝大坝、文昌110千伏输变电等一大批基础设施建设项目，积极推进引沁入浮水利工程、煤炭集运公路、铁路自备专用线、长临高速浮山直连线等事关未来发展的战略性项目，全面完成新农村重点推进村、连片示范区、典型示范村年度建设任务，深入开展了"环境建设年"活动，城乡面貌焕然一新，发展环境不断优化。

人民生活不断改善。五大惠民工程扎实推进，标准化示范幼儿园、新中医院门诊楼、卫生监督所、妇幼保健站等民生项目主体已经完成，高考达线人数再创历史新高，省级计划生育优质服务先进县创建工作通过验收。十件惠民实事全面落实，农村新的"五个全覆盖"工程任务全部完成，新型农村合作医疗、城乡养老保险、城镇居民医疗保险得到巩固，廉租房建设和棚户区改造任务全面完成，城乡低保标准逐步提高，覆盖面不断扩大。

社会大局和谐稳定。加强对人大、政协工作的领导，支持其依法履行职责。统战工作不断强化，民族宗教政策全面落实。党管武装工作进一步加强，工会、共青团、妇联、科协、残联等群团组织的作用进一步发挥。依法治县深入推进，"六五"普法工作扎实开展。安全责任进一步落实，安全基础进一步夯实。信访工作力度不断加大，一批群众反映的热点难点问题得到解决。社会治安综合治理各项措施得到认真落实，社会管理水平进一步提升，群众安全感进一步增强。

党的建设全面加强。坚持德才兼备、以德为先的用人导向，配齐配强了各级领导班子，干部队伍结构不断优化。深入开展创先争优、保持党的纯洁性学习教育和基层组织建设年活动，认真学习宣传贯彻十八大精神，党组织的凝聚力和战斗力不断增强。深入开展狠刹"三股歪风"、整治"吃拿卡要"专项行动，建立推行行政效能电子监察、科级干部工作情况季报告、干部下乡住村包村增收、"6+X"目标责任制考核制度，干部纪律作风明显好转。认真落实党风廉政建设责任制，深入开展煤铁领域和工程建设领域专项治理，狠刹行业不正之风，强化农廉工作，加大案件查办力度，营造了风清气正的社会环境。

（周　鑫）

附：一、中共浮山县委书记、副书记、常委名单
书　记：毛克明(12月离职)
副书记：张宏志　王煦杰
常　委：史全喜(5月离职)　尚　彬　任俊杰
张晓晖　郭瑞强　刘云生

二、乡镇党委书记、副书记名单
天坛镇
书　记：盖　勇
副书记：康忠强　吉广宇
张庄乡
书　记：丰志华
副书记：赵玉虎(6月离职)　李　晶(女，6月任职)
李学亮
响水河镇
书　记：王建斌(6月离职)　杨　哲(6月任职)
副书记：张克彪(6月离职)　赵玉虎(6月任职)
陈　荣
东张乡
书　记：陈波轩

副书记：崔　毅(6月离职)
　　　　王　强(6月任职)　郭立恒

槐埝乡

书　记：吉秀红(女)
副书记：王　强(6月离职)
　　　　侯　海(6月任职)　李学兵

北王乡

书　记：邢　磊
副书记：刘建忠　陈　光

北韩乡

书　记：杨　哲(6月离职)　张克彪(6月任职)
副书记：李　晶(女，6月离职)
　　　　孙　滨(6月任职)　巢凤电

米家垣乡

书　记：张　真
副书记：王二明　陈辽亮

寨圪塔乡

书　记：杨　波
副书记：张　虎

中共襄汾县委工作概况

县委书记　王国平

2012年，在省委、市委的正确领导下，紧紧围绕"转型跨越迈大步，进军中部百强县"赶超目标和全年"一四三十"总体部署，聚精会神谋转型、促跨越，圆满完成了各项目标任务，全县经济、政治、文化、社会、生态"五位一体"建设和党的建设都取得了新的成绩。全县地区生产总值完成131亿元，同比增长14.1%；规模以上工业企业增加值完成82.1亿元，同比增长27.4%；固定资产投资总额完成62.2亿元，同比增长39%；城镇居民人均可支配收入达到20154元，同比增长15.8%；农民人均纯收入达到8470元，同比增长19.04%；财政总收入达到13.86亿元，顺利完成了省、市下达的调控任务。

一、狠抓发展，力促转型，县域经济发展实现新跨越

按照"规模化、产业化、品牌化"的思路，加快推进农业现代化进程。产业规模不断扩大。围绕"一县一业"，以建设"全省生猪生产示范县"为目标，完成了3个万头生猪养殖园区建设和10个千头标准化猪场改扩建工程；围绕"一村一品"，以建设丁村白莲、景毛黄瓜、襄陵西红柿等8个万亩农业示范园区为重点，不断扩大特色产业规模，为打造全省优质农畜产品基地奠定了坚实基础。产业化水平稳步提升。出台了十项强农惠农政策，扶持奥格姆食用菌、三盛合米醋等龙头企业做大做强，全县年销售收入100万元以上的龙头企业达到26个，总产值突破4.5亿元；成立了县农副产品购销公司，建成了3个农副产品有形市场；发展各类专业合作社130个，创建了赵康尧禾、南贾高升等国家级、省级示范合作社，进一步提高了农业产业化水平。品牌化建设加快推进。赵康镇被农业部评为"中国辣椒之乡"，赵康三樱椒通过国家地理标志认证，侯临杏鲍菇获得无公害认证；组织农产品加工企业参加各地市场营销活动，有效提高了农产品的知名度和竞争力。

按照"传统产业新型化、新兴产业规模化、产业发展园区化"的思路，全力推进新型工业强县建设。传统产业整合成效显著。钢铁方面，星原与太钢签订了战略合作框架协议和股权合作协议，中升1200立方高炉和新金山2×120吨转炉获得省经信委批复。焦化方面，巨成100万吨焦化项目、新宏源120万吨焦化项目获得省经信委批复。新兴产业发展形势喜人。精密铸造方面，新兴冶炼、塔山通用和荣世达等企业铸造高炉获得工信部认定；塔山通用年产9万吨精密铸件二期项目、荣世达年产15万吨铸件项目等重点项目全部投产。新型建材方面，星原日产4000吨干法水泥生产线已经完工，昌祥建材公司60万立方粉煤灰加气块项目正在加紧施工。新能源、新材料方面，辉瑞制药一期年产200亿片固体制剂项目竣工投产；宏峰林纸年产8.6万吨特种纸、建滔万鑫达二期10万吨甲醇等续建项目建成投产；龙云飞天然石膏制硫酸、宏源一期10万吨甲醇等新上项目正在加紧建设。工业园区建设加快推进。初步规划了河西煤化工、河东冶金焦化等六大工业园区，其中河西煤化工园区获得省经信委批复，河东冶金焦化工业园区规划正加紧编制，其它几个园区正在开展项目设计方案的制订等前期准备工作。招商引资成果丰硕。组团参加了中博会、世界晋商大会、能博会等大型经贸活动，全年共签约项目28个，签约金额183.9亿元，为县域经济发展增添了新的增长极。

按照"东提、西扩、北推进"的发展思路，扎实推进宜居宜业新区建设。县城建设方面，完成了滨河东路襄汾段、振兴路北延、丁陶大道北延等框架性工程；完成了法院、司法局等业务用房和晨光嘉苑、水韵花园等七个高档住宅小区以及河西集中供热、自来水改造等功能性工程；实施了汾河治理与生态修复、锣鼓广场、授时广场等品位性工程。小城镇建设方面，完成了南辛店、永固等乡镇总体规划的编制和湖李、陈郭两个试点村的前期规划设计，启动了撤村并建和两区同建工作。城乡环境整治方面，重点对交通要道、城乡结合部、县境出入口等区域进行了大力度的卫生整治，城乡面貌焕然一新，被授予省级"卫生模范城"和"环境卫生整治先进县"称

号。

按照“文物是基础、发展靠旅游、升华在节庆”总思路和“挖掘内涵、打造载体、着力宣传、产业兴县”总路径，加快推进帝尧文化之都建设。文化旅游业步入发展的快车道。完成了丁村景区基础设施建设，实施了陶寺遗址景区道路、观象台复原工程，申报了双龙湖国家湿地公园项目；成功举办了帝尧文化旅游节、荷花节等系列节庆活动，全年实现旅游总收入7.64亿元；与广东中惠源实业投资有限公司合作，投资20亿元对丁村、陶寺、双龙湖等五大景区进行开发。文化事业更加繁荣。完成了43个农村文体广场改扩建任务和9个乡镇文化站、126个农家书屋、143个村级文化活动室的建设及设施配套任务，完成了《襄汾县歌》征集定稿工作，与山西大学、中北大学签订了“晋善晋美”雅乐研究基地协议，与省书协、美协签订了书画创作基地协议。文化产业逐步发展壮大。扶持唐人居古典家具、丁村土布等六大产业不断做大做强，全县文化产业年产值突破3000万元。

二、以人为本，构建和谐，社会建设和社会管理取得新成绩

民主法制方面，支持县人大及其常委会开展执法检查、代表视察、国家机关工作人员任免等工作，支持县政协开展视察调研、提案督办、社情民意反映等活动，认真贯彻党的民族、宗教和侨务、对台等政策，充分发挥工会、妇联、科协、共青团、工商联等群团组织的桥梁和纽带作用，全面推行党务、政务、村务公开制度，支持驻襄部队建设，全面推进“法治襄汾”建设，扎实开展“春季攻势”、“打黑除恶”等专项行动。社会事业方面，完成了年初确定的天然气入户、农村新的“五个全覆盖”等十件实事，中高考综合考评继续名列全市前茅，完成了三所中心卫生院改扩建和卫生监督所建设，新增城镇就业5320人，转移农村富余劳动力6280人，城镇登记失业率控制在2.8%以内。发放城乡低保3384万元、医疗救助868万元，全县参加“五大保险”参保人数达41.33万人次。投资5634万元，新建了境内三条公路，完成了县城新汽车客运站建设工程。深入实施蓝天碧水工程，城区环境空气质量二级以上天数达到339天。社会管理方面，积极构建县乡村三级网格化管理网络，建立襄汾民声网站，持续开展安全生产专项整治，累计排查治理各类安全隐患3261条。建立了县乡村组四级信访网络，完善了司法、民调、综治、矛排“四位一体”矛盾纠纷化解机制，维护了社会和谐稳定。

三、党要管党、从严治党，党的建设得到新加强

思想建设上，组织全县各级党组织和党员干部认真学习宣传贯彻党的十八大精神，对全县党员、干部进行了专题培训，选派4名县级干部和8名乡镇党政正职赴清华大学培训，组织全县党员、干部参加了网上学习。深入开展了解放思想大讨论活动，进一步增强了全县党员干部的大局意识、责任意识和创新意识。组织建设上，共提拔副科89名，平调副科99名，提拔正科33名，平调正科56名。以落实“七个一”行动计划为重点，完成了省市下达的各项目标任务。大力实施“人才强县”战略，储备各类人才11490名，全县人才总量不断增加，结构更趋合理。作风建设上，认真贯彻落实中央、省、市改进工作作风、密切联系群众的各项要求，严格执行领导干部包建重点工程项目责任制，狠刹“大操大办、吃喝玩乐、闲话生非”“三股歪风”，集中整肃干部“吃拿卡要”、谋取私利行为，发展环境进一步优化。反腐倡廉建设上，对35个新开工项目和在建重点项目进行了排查治理，对全县61个部门和251个基层单位开展了政风行风评议，对煤焦及非煤矿山领域、公路“三乱”问题进行了深入整治。全年共受理来信来访93件次，立查案件84起，党政纪处分85人。

（宋　静）

附：一、中共襄汾县委书记、副书记、常委名单

书　记：王国平
副书记：程明温　张瑜庆　扈新起（挂职）
常　委：李青彦　贾安民　苏嘉邦　王志宏　杨建廷
　　　　徐红平　范志军

二、乡镇党委书记、副书记名单

新城镇
书　记：杨江滨
副书记：杜振锁　郭海峰
赵康镇
书　记：王世红
副书记：梁高跃　燕东东（5月离职）
　　　　逯海英（女，5月任职）
永固乡
书　记：聂增勇
副书记：里培杰（4月离职）　梁　昌（4月任职）
　　　　邓　聪（5月离职）　沈震红（女，5月任职）
南贾镇
书　记：梁彦明（4月离职）　臧俊民（4月任职）
副书记：刘　荣（女，4月离职）　里培杰（4月任职）
　　　　刘　伟（5月离职）　张俊生（5月任职）
汾城镇
书　记：张国强
副书记：马瑞刚　高治国（6月离职）
　　　　崔毅华（6月任职）
景毛乡
书　记：王彦珍（女）
副书记：苏毅忠（4月任职）　贾耀勇（5月离职）
　　　　李　斌（5月任职）
南辛店乡
书　记：曹丽娟（女）
副书记：李晓枫　马东俊
邓庄镇
书　记：任治中

副书记： 臧俊民(4月离职) 马 健(4月任职)
谷志荣(5月离职) 李增彦(5月任职)

大邓乡

书 记： 张 峰(4月离职) 梁彦明(4月任职)

副书记： 吕 军 陈席斌(5月离职)
毛俊鹤(5月任职)

陶寺乡

书 记： 李 刚

副书记： 韩文跃 冯 鹿(5月离职)
王茂发(5月任职)

古城镇

书 记： 王宝贝(4月离职) 张 峰(4月任职)

副书记： 马 健(4月离职) 郝英伟(4月任职)
刘红卫(5月离职) 张 伟(5月任职)

襄陵镇

书 记： 张英杰

副书记： 史耀刚 吴建伟(5月离职)
张 蓓(女,5月任职)

西贾乡

书 记： 刘学武

副书记： 苏毅忠(4月离职) 王 瑛(女,4月任职)
康大刚

中共洪洞县委工作概况

县委书记 王黎明

2012年,全县上下紧紧围绕全省"转型跨越发展"总体要求和全市"百里汾河新型经济带"战略部署,按照县委"一三五"工作总思路,埋头苦干,开拓进取,经济社会保持了平稳较快发展。全县生产总值完成165.4亿元,财政收入完成22.6亿元,规模以上工业企业增加值完成115.4亿元,固定资产投资完成101.4亿元,社会消费品零售总额完成38.7亿元,城镇居民人均可支配收入完成18319元,农民人均纯收入完成7359元,全县经济社会全面进步,人民生活水平不断提高,在转型跨越发展的道路上迈出了坚实的步伐。

党建工作得到全面巩固。把学习宣传贯彻党的十八大精神作为当前党建的首要政治任务,召开专门会议,邀请专家讲座,进行专题培训,要求全县广大党员干部深刻领会科学发展观的指导意义,科学把握"五位一体"的战略部署,奋力推进全县各项工作再上新台阶。积极开展"思想解放年"活动,组织各级领导干部赴湖南攸县、四川大邑、山东滕州、广东广州等地学习考察或挂职锻炼,开阔了干部的眼界,拓宽了发展的思路,不断提高各级班子和干部谋发展、抓发展的能力和水平。

现代农业不断发展。粮食生产连续三年屡创新高,全年粮食总产7.8亿斤,其中小麦单产达到710.1公斤,为全省第一。积极推进特色农业、设施农业、精品农业规模发展,启动实施了以现代农业园区、新型农村社区"两区共建"为特色的甘亭现代农业转型综改示范园建设;巩固完善了大槐树农业生态园和历山农业观光园,发展林下经济1.68万亩、设施蔬菜1.32万亩、各类果树1.07万亩、核桃1.4万亩。大力发展规模健康养殖,全年畜禽存栏牛1.58万头,生猪23.83万头,羊10.96万只,禽类251万只。不断完善农村和农业基础设施,重点建设66个新农村,完成饮水安全工程23处、机井配套改造259眼、渠道防渗68.6公里。

工业转型稳步推进。恒美陶瓷二期、飞虹微纳米光电、华翔精密制造二期、普泰发泡铝、亿明LED、双银电热膜扩建、三维叔碳酸乙烯酯等项目建成投产;秉鼎陶瓷、山水水泥、尧天LED等项目进展顺利。"三个三分之一"招商工作成效明显,新储备项目184个,新签约项目17个,签约资金445亿元。园区配套设施不断完善,承载能力逐步提高,筹资1.9亿元,完成甘亭产业转移示范园5公里循环路工程、洪洞煤焦化深加工园东环路2.7公里路基及桥涵工程。

第三产业逐步提升。旅游开发力度不断加大,广胜寺景区拓展改造顺利推进,景区循环路、集中供热等基础设施建成竣工,成功举办第二十二届大槐树文化节,全年共接待游客150万人次,门票收入3300万元,旅游总收入达到26.8亿元。金融商贸繁荣发展,启动了龙信达、新丽都2个大型仓储物流项目和晋槐农贸、恒通建材等4个专业市场建设,全县城乡居民储蓄存款余额达到110亿元,贷款余额75.6亿元。

六城同创成果丰硕。加快扩容提质步伐,举全县之力,深入开展"六城同创"活动。以扩容为重点,总投资21.1亿元,完成汾河生态修复治理与保护一期、恒富西街、涧河大桥、二级汽车客运站、广电大楼、体育场翻新改造、洪淹路、赵关公路二期、赵克路翻新改造等工程,大槐树文化中心主体完工,滨河东路全线路基贯通,滨河新区完成规划编制,实施了湾里、城东、梗壁等10个城中村改造。以提质为重点,结合"环境建设年"活动,改造修缮城区19条主要街道,硬化小街小巷20条,高标准建设公厕25座,美化临街墙面300万平方米,统一改造临街牌匾1.2万余块,规划停车位5400余个,清理积存垃圾100余万方,植树394万株,造林3.9万亩,城中村全部创建成为"省级卫生村";新增供热面积50万平方米,新增天然气用户5300户,生活垃圾综合处理厂一期投入使用,飞虹中街棚户区改造和赵城农村环境连片综合整治等工程进展顺利，各项环保控制性指标超额完成市下达任务，城区空气质量二级以上天数达到352天，一级天数达59天。成功创建成为国家卫生县城、省级环保模范城、省级园林县城和省级文明县城，大幅度提升了城市品位，改善了发展环境，促进了市民文明素质的全面提高。

社会事业长足发展。学前教育、义务教育、高中教育、职业教育协调发展，东方幼儿园及辛村、明姜、赵城三个乡镇中心幼儿园投入使用；洪洞六中、广胜寺小学顺利搬迁；职业中学实现免费教育；高考二本以上达线1583人，再创历史新高。医疗卫生体系不断完善，新人民医院投入使用，25个乡镇卫生院实施国家基本药物制度。社会保障覆盖面不断扩大，五项社会保险参保人数达到61万人，新增就业岗位4230人，转移农村劳动力5165人次。社会救助力度逐步加大，开工建设各类保障性住房1800套，发放城乡低保和各类救助金8900万元，为农村低收入家庭发放取暖用煤19.4万吨。狠抓安全生产工作，严格落实安全生产责任制，集中开展了以煤矿为重点，覆盖非煤矿山、危险化学品、交通运输、消防、食品药品等重点行业和领域的安全生产专项整治行动。建立健全信访工作机制，深入推行“三段式”信访模式，有效化解各类社会矛盾。全面推进计划生育网格化管理，有效稳定低生育水平。积极应对和妥善处理突发性事件，国防建设和民兵预备役工作不断加强。同时，监察、审计、人事、统计、气象、残联、人防、民族宗教、史志档案、防震减灾、文物保护、妇女儿童等各项工作也取得新进步。

（曹　月）

附：一、中共洪洞县委书记、副书记、常委名单

书　记： 王黎明
副书记： 孙京民（12月离职）　赵双宝　韦　阳（挂职）
常　委： 王晓斌　张玉龙　李　竟　翟建科　乔永生　樊如荣（女）　刘春林

二、乡镇党委书记、副书记名单

大槐树镇
书　记： 敬三平（5月任职）
副书记： 高红平（5月任职）　李　白　张炜华
甘亭镇
书　记： 乔建红（5月任职）
副书记： 樊　玎（5月任职）　马龙娃
曲亭镇
书　记： 刘舒华（女）
副书记： 张文俊　黄随军
苏堡镇
书　记： 杨瑞平
副书记： 何林渊
广胜寺镇
书　记： 刘亚俊（5月离职）　郭惠军（5月任职）
副书记： 石心强　陈云川（5月离职）
明姜镇
书　记： 纪小明（5月离职）　席青松（5月任职）
副书记： 李金龙（5月离职）　张春芳（5月任职）　刘俊刚
赵城镇
书　记： 程洪俊（5月离职）　王秋平（5月任职）
副书记： 林北红（5月任职）　黄果林（12月离职）　史剑锋　席苏顺
万安镇
书　记： 敬三平（5月离职）　邱　波（5月任职）
副书记： 周颖峰（5月任职）　高红安（5月离职）　石云峰
刘家垣镇
书　记： 席青松（5月离职）　柳　勇（5月任职）
副书记： 贾宏海　冯卫卫
淹底乡
书　记： 郭双平
副书记： 朱江平　邢宝记
兴唐寺乡
书　记： 徐泽文（5月离职）　王　欣（5月任职）
副书记： 郭志刚
堤村乡
书　记： 张洪宝
副书记： 乔　强　张旭东
辛村乡
书　记： 郭芳芳（女）
副书记： 林北红（5月离职）　高彦民（5月任职）　乔新明
龙马乡
书　记： 倪宁慧
副书记： 周颖峰（5月离职）　郭　翔（5月任职）　王洪刚
山头乡
书　记： 郑国龙（5月离职）　崔保喜（5月任职）
副书记： 刘向明　李洪峰
左木乡
书　记： 邱　波（5月离职）　李金龙（5月任职）
副书记： 张春芳（5月离职）　陈云川（5月任职）　王湖锁　杜延海

中共安泽县委工作概况

县委书记　任秀红

2012年,安泽县紧扣转型跨越发展主题,严格按照"产业转型、环境提升、城乡统筹、民生改善"和"四个年"活动的总要求,进一步深化"一创六县三转化三目标"发展战略,大力实施"项目建设年"和"党建提升年"两大主题活动,坚定信心勇拼搏,携手并肩谋跨越,圆满完成了年初确定的各项工作任务,全县经济社会保持了平稳较快的发展态势。全年地区生产总值完成51.1亿元,增长11%;规模以上工业增加值完成41.3亿元,增长15.9%;全社会固定资产投资完成30.8亿元,增长37.3%;城镇居民人均可支配收入达到18352元,增长14.2%;农民人均纯收入达到5735元;特别是财政总收入完成12亿元,同比增长19.8%,再创历史新高。

项目建设。牢固树立"项目就是增长点,项目就是生命线"的观念,深入开展"项目建设年"活动,全力推进总投资62.7亿元,涉及结构调整、民生固本、争取发展三大类的60项重点工程项目(包括省定3项、市定7项重点工程)。目前,各项重点工程项目均已完成年度计划。不断加快唐城新型煤焦化工业园区建设,园区产业发展规划和总体规划已编制完成,报省经信委待批,园区移民工作正在制定搬迁安置方案,永鑫煤焦化公司上市工作进展顺利,已进入省拟上市公司资源储备库。同时,牢固树立"招大商、大招商"理念,以新兴产业为主攻方向,走出去引项目,请进来谈项目,全年共签约项目14个,签约资金达256.3亿元。

三农工作。不断加大资金整合帮扶力度,继续实施"双千万"促农工程,以优质玉米为主的粮食产业,以优质核桃为主的林果业,以优质连翘为主的中药材业和以优质肉牛为主的畜牧业等四大主导产业不断壮大。启动实施有机玉米产业化、万亩玉米高产创建示范片、中低产田改造等项目,新发展有机玉米1万亩、优质核桃2万亩、培育野生中药材6万亩,畜禽规模养殖户达到211户。立足连翘量大质优的资源优势,大力推进以连翘为主的中药材产业发展,被省农业厅确定为中药材开发"一县一业"基地县,农业产业化进程进一步加快。巩固完善"企业+合作社+农户"发展模式,着力扶持农业龙头企业、合作社发展,全年新增农民专业合作社49个,达到311个。

生态旅游。以"山上治本、身边增绿"为重点,大力实施太行山绿化、封山育林、退耕还林、通道绿化等造林绿化工程,完成人工造林2.5万亩;着力推进总投资2307万元,涉及19个村的省级环境连片整治示范区建设,极大地改善了农村环境。同时,强力推进节能减排,全面完成市定节能减排目标任务,全年县城空气质量二级以上天数达到365天,其中一级天数达155天,居省、市前列。围绕"一带、一线、五区"旅游总体规划,重点实施荀子文化园美化亮化、沁河湿地公园二期等景区及配套设施建设,加大旅游宣传与推介,深入挖掘以荀子、生态等为主题的旅游资源,全年累计接待游客7.2万余人次,实现旅游综合收入约9668万元。

城乡建设。以建设"山水园林城"为目标,编制完成县城控制性详规等3个总体规划和城市绿地系统等5个市政专项规划,完成了垃圾处理厂续建、府东街还迁安置住宅小区建设、街巷硬化改造等城建工程,城市发展基础有了新提升。着力推进"一廊两道七区"建设,完成沁河生态经济走廊22个重点推进村的基础设施项目和壮大集体经济项目,309国道、326省道的44个自然村的"三治四改六化"年度任务及7个连片区村内及村与村道路硬化、绿化工作,农村生产生活条件明显改善,夺得临汾市新农村建设东北片流动红旗。

民生改善。坚持以人为本,拿出50%以上的可用财力,全力实施"民生和县"战略,义务教育标准化验收工程、职业中学新建工程和冀氏幼儿园工程进展顺利,实施"十二年教育全免费"工程,促进了教育公平,继续引深"顶岗支教"、"三名创建"活动,教育教学质量全面提升,2012年高考116人达二本以上分数线。大力推进县级公立医院体制改革,成功创建全国农村中医药工作先进县、全国计划生育优质服务县。总投资8000余万元的奥体中心完成年度建设任务,免费开放望岳楼、文化馆、图书馆、乡镇综合文化站、农民书屋等文化场所,积极开展"乐在周五"等群众性文体活动,丰富了群众的精神文化生活。进一步提高城乡低保保障标准,全面扩大城乡医疗救助范围,城乡居民社会养老保险实现全覆盖,全年新增就业岗位718个,转移农村富余劳动力2156人,圆满完成低收入农户冬季取暖用煤工作,免费供应取暖用煤23435吨。同时,在全面完成省定新"五个全覆盖"的基础上,又投资3.8亿元,完成了80岁以上老年人生活补助、"五类贫困家庭学生"资助等县定"十个全覆盖",使群众得了到更多实惠。

社会管理。引深"安全基层基础管理年"活动,煤矿安全实现"零死亡",全年各项安全指标均控制在市控指标以内;着力加强信访稳定,采取三级书记带头接访、县级领导轮流值访等举措,主动消除各类隐患,积极化解各种矛盾,有效维护了社会和谐稳定;特别是,着眼夯实基层基础,创新实施了"三级中心、一网一格"工作新体系,并将其作为党委工作的总抓手、基层党建的主载体,强力推进、全力落实,为全县转型跨越发展营造了良好的社会环境,成功入选《中国社会管理创新报告》,荣获2012年度中国城市管理进步奖。

党的建设。坚持把"干部大学堂"作为提高干部能力素质的重要平台，持续加大干部“一学三培”力度，先后举办专题讲座12期，培训各级干部4500余人次；选派32名县级、科级干部分赴全国知名高校深造学习，抽调新提拔的4名科级干部，到江苏华西村挂职锻炼，各级领导干部的整体素质得到明显提高。深入开展保持党的纯洁性暨对党忠诚学习教育活动，以“一提高五加强”为主题，全面加强干部队伍建设，对乡镇和县直单位领导班子进行了调整、提拔和交流，全年共调整提拔科级干部79名，从大学生村官中遴选了2名乡镇副职。严格按照临汾市委《关于开展基层党组织定位晋级行动的通知》，结合“双引领、双服务”工作和“三包”整改法，扎实推进基层党组织分类定级、晋位升级工作；大力开展干部下乡驻村活动，为群众办实事好事400余件，引进项目80余项，引进资金260余万，投入帮扶资金140余万。制定出台《安泽县委工作规则》，以制度的形式规范工作、严肃纪律、创优作风。结合省委“六个一”下乡工作要求，实行领导干部包村“五包”责任制，切实帮助农民增收，促进农村发展。在全县机关单位中开展“正风肃纪”、整治“吃拿卡要”、狠刹“三股歪风”等专项活动，全年共查处违纪案件82件，给予党政纪处分82人。

（吕　瑞）

附：一、中共安泽县委书记、副书记、常委名单

书　记：任秀红（女）

副书记：郑步电　牛庆国

常　委：陈鹏飞　高成锁　杨玉果（女）　安海清（5月任职）　唐纯军　连忠武

二、乡镇党委书记、副书记名单

府城镇

书　记：连忠武（4月离职）　牛福生（4月任职）

副书记：张建富（4月任职）　郭有锁（4月离职）

唐城镇

书　记：李世明

副书记：王朝峰（4月离职）　张福增（4月任职）　王志刚

和川镇

书　记：李　晓（4月离职）　王朝峰（4月任职）

副书记：王新文（4月离职）　周来群（4月任职）　范成仁

冀氏镇

书　记：张俊生

副书记：任云智（4月任职）　薛长森

杜村乡

书　记：魏金平（4月离职）　王新文（4月任职）

副书记：付　强　李林峰（5月离职）

马壁乡

书　记：刘合生（4月离职）　雷改萍（女，4月任职）

副书记：刘建军　张里锁

良马乡

书　记：赵春亮

副书记：张福增（4月离职）　李栓香（女）

中共古县县委工作概况

县委书记　李　菲

2012年，全县生产总值完成62.45亿元，同比增长7.5%；规模以上工业增加值完成50.98亿元，同比增长10.8%；财政总收入完成10.0067亿元；城镇居民人均可支配收入完成20543元，同比增长13.8%；农民人均纯收入完成6381元，同比增长11.65%，经济社会各项指标均圆满完成既定任务。

一、加强党的领导，注重固本强基，努力提高基层党建科学化水平

古县县委始终坚持党建工作、经济工作两手抓、两促进，围绕转型跨越发展建班子、强队伍、打基础、聚人才，基层党建工作科学化水平不断提高。

（一）深入学习宣传贯彻十八大精神。十八大胜利闭幕后，古县县委把学习宣传贯彻十八大精神作为首要政治任务。县委常委带头到基层联系点和分管领域宣讲辅导。举办专题培训班，对101名科级干部、251名农村“两委”主干及大学生村官进行集中轮训。各级各部门加强组织领导，以十八大精神统一思想、激发干劲，全县形成了学习宣传贯彻十八大精神的浓厚氛围。

（二）思想政治建设成效显著。按照临汾市委“四强一好”意见，充实完善领导班子思想政治建设“四加强三提升”活动内容，大力开展“对党忠诚”教育，探索建立“两办两挂两讲坛”干部教育培训机制，修订完善《县委工作制度》等制度规则，广泛开展各层次谈心谈话活动，狠抓纪律作风建设，取得了明显成效，我县在全市推进会上做典型发言。同时，深入开展保持党的纯洁性学习教育活动，围绕“学、查、改”，突出抓好“十个一”，达到了提升党性修养、促进各项工作的目的。

（三）干部队伍建设持续加强。选派116名干部赴省委党校、潍坊干部学院学习培训，选派13名干部赴威海挂职锻炼，组织257名干部赴杨凌、寿光、孝义等地考察学习，邀请10余位国内知名专家学者来古县开设专题讲座，使全县各

级干部的素质和能力得到进一步提升。不断加强干部日常监督，修订完善《年度目标责任考核奖励办法(试行)》，形成正确导向。认真落实中央"八项规定"，继续推进"干部下乡住村包村增收"活动，在广大干部中形成了改进工作作风、密切联系群众的良好风气。

(四)基层党组织建设扎实推进。深入开展"基层组织建设年"活动，全县283个基层党组织全部"定级晋位"，178个非公经济组织实现党建全覆盖，111个行政村的"两委"主干全部参加"领头雁"培训，100万元贷款贴息资金专项用于大学生村官创业，"四议两公开"、"两定一查三评"等制度和"文建明工作法"有效落实，进一步提升了基层组织的凝聚力和战斗力。

(五)党风廉政建设和反腐败斗争取得新成效。认真落实党风廉政建设责任制，着力构筑教育、监督、改革、制度建设为一体的惩防体系，特别是廉政文化建设，成为古县特色工作。同时，加强对重大决策部署落实情况的监督检查，继续推进煤焦领域、工程建设领域突出问题专项治理，深入开展狠刹"三股歪风"和整治吃拿卡要专项行动，切实解决广大群众反映强烈的突出问题。全年共立查违纪案件44件，给予44人党政纪处分。

二、加大转型力度，推进城乡统筹，努力探索资源型山区县科学发展新路

古县县委坚持以优化产业结构、促进城乡协调发展、推进城镇化为重点，着力解决制约经济持续健康发展的重大结构性问题，使发展步入路径科学、后劲强劲的良性轨道。

(一)农业产业化水平有效提升。粮食总产量达到6.53万吨，增产5.8%。坚持"一县一业"，大力推进核桃产业发展，新发展核桃1.7万亩50万株，综合管护230万株，育苗3200亩，实现年产量1000万斤，农民人均增收1500元。发展产业化示范园区8个，累计组建发展农民专业合作社415个和"一村一品"专业村28个。完成整村推进项目16个、农业综合开发项目2个、农田水利建设4处，成功申报"连翘产业化与加工基地建设"国际合作项目。古县被省科技厅评为"全省可持续发展实验区"。

(二)煤焦产业改造升级深入推进。投资12.5亿元实施矿井改造提升工程，12座基建矿井全部开工建设，全市个性化考核排名第一；4座矿井完成基建并投产竣工验收，产能贡献度全市第一。继续推进焦化企业战略重组，《涧河工业园区"十二五"发展规划》、《华宝工业园区总体规划》正式获批。全年生产原煤390万吨、焦炭201万吨。强力推动项目建设，共签约项目7个，引资65.11亿元；落地项目61个，落地金额40.39亿元，完成市定目标135%；重点工程投资43.78亿元，完成市定目标143%。特别是利达10万吨甲醇项目投产运行；华康200万吨铸造焦和正泰焦炉煤气制天然气项目全面开工，进展顺利。

(三)文化旅游产业蓬勃发展。旅游方面，牡丹景区亲水步道、景观平台建设完成手续办理和方案设计，"蝴蝶花园"设计方案通过评审，成功举办第五届牡丹文化旅游节；伴森园休闲度假中心主体工程完工，初步具备接待能力；对省级文物保护单位热留关帝庙进行了全方位修葺。文化方面，出台《古县2011—2015文化事业发展改革规划纲要》和《文化强县实施意见》；完成10个图书馆分馆、22个村级文化体育场所、1万户有线电视数字化平移、5000套农村直播卫星、7个乡镇所在地调频广播等建设工程，均实现城乡全覆盖；启动非物质文化遗产整理保护工作；广泛开展群众性文化活动。

(四)统筹城乡发展步伐坚实。以创建"国家园林城"为契机，加快了文昌新区建设步伐，启动了东山生态公园建设，进行了主要路段的返修、绿化、亮化，实施了供水、供气、供热管网改造，启动了城市公交系统，新建改造9座"五星级"公厕，建成区面积达到2.8平方公里，绿化覆盖率达到40.64%，燃气和供热普及率达到80%以上，垃圾和污水处理率达到100%。国家卫生县城顺利通过复验。完成11个新农村重点推进村、5个标兵村和两个连片区的建设任务。完成退耕还林、荒山造林等造林工程共计9500亩。全县城镇化率达到39.1%。

三、坚持以人为本，倾力改善民生，努力使广大群众共享改革发展成果

古县县委不断加大对民生事业的投入力度，着力解决基本民生，保障底线民生，发展普惠民生，努力使广大群众享受到实实在在的发展成果。

(一)教育事业优先发展。完成城镇寄宿制学校主体工程、古县二中体育场建设和农村30所义务教育薄弱学校改造，为城区10所学校安装了直饮水设备。新招聘特岗教师48名，县财政出资150万元重奖教育功臣。高考达本科线143人，其中应届生80人，再创佳绩。

(二)卫生服务体系不断完善。县医院新建工程主体完工，旧县中心卫生院住院楼即将竣工投入使用。继续推进医疗卫生体制改革，基本药物制度、基本医疗保障和公共卫生服务实现城乡全覆盖，县医院和乡镇卫生院综合改革稳步推进。

(三)社会保障水平稳步提高。各项社会保障项目均超额完成年度任务，社保一卡通完成信息录入并开始发放。全年发放低保金、困难群众医疗救助金、抚恤金、农村70岁以上老人健康补贴、农村卸职干部和因公致残人员生活补助金等共计1807万元，受益群众达1.2万余人。120套廉租房完成入住，144套二期工程主体竣工；100户经济适用房开工建设；100户棚户区改造加紧实施。完成38个村725口人的扶贫移民工程。

(四)新的"五个全覆盖"工程圆满完成。街巷硬化完工率达108%。新型农村社会养老保险参保人数达3.25万人，完成任务的101%，覆盖率达90%。111个行政村的便民连锁店、文化活动室、农家书屋和体育健身场所全部建成并投入使用。

（五）安全稳定局面得到巩固。全面落实领导包案、领导接待周、责任追究等各项制度，深入开展信访隐患“大排查大调处大化解”活动，圆满完成信访维稳目标。严格落实安全生产责任制，深入开展以煤矿安全为重点的集中整治行动，加强长效机制建设，连续九年没有较大以上事故发生。全面理顺社会管理体制，突出抓好了社会矛盾化解、实有人口特殊人群服务管理、社会治安防控工作，营造了安定和谐的社会环境、公平正义的法制环境、优质高效的服务环境。

（赵安平）

附：一、中共古县县委书记、副书记、常委名单

书　记：李　菲（女）

副书记：加天山　张金虎

常　委：张亚斌　田卫东　姜红光　黄海华　石焕勤（5月离职）　安海清（5月离职）　白建成（5月任职）　元福明

二、乡镇党委书记、副书记名单

北平镇

书　记：张俊林

副书记：史　澎　张银贵

古阳镇

书　记：元福明

副书记：苏红光　杨青保

岳阳镇

书　记：柴保林

副书记：刘国强　王雪平

石壁乡

书　记：杨晋栋

副书记：张秋香（女）　牛玉强

旧县镇

书　记：李秋生

副书记：武　旭　韩碧文

永乐乡

书　记：赵贤慧

副书记：崔　艳（女）　贾　辉

南垣乡

书　记：韩红霞（女）

副书记：孔凡军　鲁永记

中共汾西县委工作概况

县委书记　任天顺

一、全面加强党的建设，为五大战略提供坚强保障

一是深入学习宣传贯彻党的十八大精神。把“迎接十八大、学习十八大、贯彻十八大”作为贯穿全年工作的一条主线。十八大召开前，开展一系列丰富多彩的主题宣传活动，营造喜迎十八大的浓厚氛围。十八大召开后，把学习宣传和全面贯彻十八大精神作为首要的政治任务，县委中心组进行专题学习，召开全县传达贯彻十八大精神会议，提出“学习贯彻党的十八大精神，全力以赴办好三件大事，坚定不移发展三大产业，努力把汾西的事情办好”，进一步统一了思想、凝聚了人心。县委常委深入基层就学习贯彻十八大精神进行督促指导，县委宣讲团赴各乡镇区、县直各单位开展深入宣讲。全县各级各部门高度重视，通过各种有效形式，迅速在全县掀起了学习贯彻十八大精神的热潮。

二是着力加强思想政治建设。集中开展保持党的纯洁性学习教育活动，围绕“四强一好”加强领导班子思想政治建设，全年召开县委工作例会13次，组织中心组集体学习13次，县级干部开展讨论交流12次，举办大型专题报告会4次。组织机关干部开展下乡住村联户包村增收行动，为包联村办实事560余件，解决热点难点问题380余件。落实《县委工作规则》，制定了《新任干部挂职锻炼制度》、《干部培训学习制度》、《干部下乡住村制度》等工作制度。

三是着力加强干部队伍建设。强化干部日常管理，出台了《干部离任交接管理办法》，完善了不称职、不胜任现职领导干部调整办法。优化选任机制，从实绩突出、群众公认、德才兼备的优秀干部中选拔干部，调整配备副科级以上干部45人；特别是9月上旬，选拔调整了35名干部，是近年来一次性调整干部最多的一次；选派5名年轻干部到信访部门和中部引黄管理局挂职锻炼，充实了基层力量，优化了队伍结构。

四是着力加强基层组织建设。扎实推进争两先创五好当先锋活动，探索建立书记“面对面”长效机制，引深“两定一查三评”和党员承诺评议制度。启动实施了“十个一”行动计划，

农村“领头雁”集中培训成效显著,非公经济党组织集中组建任务圆满完成,党建示范工程创建、农村党员发展特色经济“双带”等行动深入开展,培养了以郭瑞锋、张莹莹、郭少中为典型的创业示范带头人。

五是着力加强反腐倡廉建设。积极开展《廉政准则》学习宣传,广泛开展多种形式的“廉洁从政”主题宣传和警示教育,加强对重点领域和关键部位领导干部的廉政教育,下发警示教育碟片140余套,组织观看警示教育片5次,下发农村基层干部单行读本400余册。深化源头治理,注重监督管理,加强对中央、省、市、县重大决策部署落实情况的监督检查,持续开展教育乱收费、公路三乱治理,严肃整治医药购销与医疗行业不正之风,扎实开展政风行风评议,深入开展整治吃拿卡要和狠刹“三股歪风”专项整治,发展环境进一步优化。加大案件查办力度,查结违法违纪案件45案48人,其中,副科级以上领导干部8案8人。

二、深入开展五个年活动,五大战略迈出坚实步伐

一是狠抓项目落地,推进工业强县。按照“引进大型企业,利用高新技术,开发优势资源,狠抓项目落地”的思路,积极与大型企业集团和科研院所对接联姻,与省市政府和部门联系沟通,大招商,招大商,狠抓项目落地,签约9大招商项目,总投资273.7亿元,涉及煤炭、石膏、硫铁矿、铝钒土、风能等资源开发。投资6.6亿元的高端铝质耐火材料项目、投资9.7亿元的低品位硫铁矿强化富集与酸铁联产项目、投资14.7亿元的煤矿资源整合大矿井基建项目、投资1.3亿元的石膏加工项目具备开工条件,正在积极筹划、抓紧开工。总投资145.5亿元的180万吨氢氧化铝、120万吨氢氧化钙、60万吨铝合金、40万吨高精铝板带铂铝系产业项目已经省发改委备案立项。

二是发展特色产业,推进农业富民。按照“一县一业”、“一村一品”的要求,培育了40个“一长一园”示范园和40个“一村一品”专业示范村;建成标准化肉鸡养殖大棚265个,年出栏2000万只,比市政府下达的建设100个两万只规模养殖大棚、年出栏1000万只的任务翻了一番,总产值达到5.6亿元,农民人均增收500元,被省政府确定为“全省一县一业肉鸡养殖重点县”。新建核桃经济林1.6万亩,全县核桃栽植面积达到12.6万亩,总产量318万斤,总产值达到3180万元,农民人均增收186元,被省林业厅确定为全省“核桃产业重点县”。整合以工代赈、农业开发等项目,新增改善基本农田1.5万亩,全县沟坝地面积达到9.5万亩。规划建设了16个新农村建设重点推进村和9个连片区。积极发展特色产业,苦荞种植面积达到2.4万亩。中部引黄汾西段工程率先开工建设,工程隧道掘进822米。农村新的“五个全覆盖”任务圆满完成。

三是开发文化旅游,推进三产活县。加大师家沟清代民居和姑射山对外宣传力度,在大运高速公路制作了“神奇师家沟,魅力新汾西”大型宣传广告牌。建成凤祥鼓楼博物馆展厅,免费对公众开放;正在开发师家沟清代民居、姑射山真武祠两大景点,筹建了师家沟民俗文化活动园,对姑射山真武祠进行了修复性建设。正在开展“汾西精神”表述语征集评选活动,创作汾西县歌。弘扬道德模范精神,涌现出省级道德模范朱梅瑞、市级道德模范赵松山,为汾西赢得了好口碑,树立了新形象。落实《关于加快建设文化强县的实施意见》,完善公共文化体系建设,广泛开展消夏晚会等形式多样的群众性文化活动,文化旅游的软实力进一步增强。

四是建设三垣一城,推进城镇扩张。按照“南连西扩、三垣一城”发展思路,建设永安大桥,开发古郡新区,大修桃临公路,形成旧城垣、古郡垣、府底垣“三垣合一”的“A”字型县城新框架,城区面积由3.3平方公里扩大到9.9平方公里。投资5.5亿元,实施了永安大桥建设、高速引线城区拆迁和桃临公路改造。投资1.2亿元,在古郡新区开工建设了法院、检察院等8座大楼,建筑总面积3.96万平方米。投资8000余万元,实施了县医院综合大楼、北街低矮房改造和廉租房建设续建工程,启动了垃圾填埋场建设工程,建设标准化公厕4座。对城区供暖、供水、排水系统进行了维修改造,对城内道路、公园、绿地进行了维护整修,开展了城乡环境卫生综合整治,城区基础设施和环境面貌有了较大改善。

五是狠抓安全稳定,推进社会和谐。保持打击非法采矿高压态势,进一步完善打击非法采矿“4321”工作机制,开展打击非法采矿“拔钉子”行动,依法严惩涉煤涉爆违法犯罪行为,抓捕涉煤涉爆犯罪嫌疑人57人,非法采矿得到有效遏制。积极开展安全生产专项整治和隐患排查治理行动,强化各级各部门监管责任,严格实行安全生产“一票否决制”,安全生产形势有序好转,全年未发生重特大安全生产事故。深入开展“大排查、大下访、大化解”活动,坚持县级领导干部周二信访接待制度,采取财政垫资或一次性支付的办法,筹资5000余万元,化解了李家坡、东大街、北大街等16起信访积案,上访批数和人数分别下降17.4%和11%,实现了十八大期间“零上访”目标,全县呈现出人民安居乐业、社会和谐稳定的大好局面。

(陈华伟)

附:一、中共汾西县委书记、副书记、常委名单

书　记:任天顺

副书记:毛跟云　张全管

常　委:高　涨　贾文魁　段惠刚　李春雷　傅德明　杨晓舟

二、乡镇党委书记、副书记名单

永安镇

书　记:要赴朝

副书记:王　成　侯俊杰

勍香镇

书　记:师学斌

副书记:马华庆　任玉记

对竹镇

书　记：乔旭兵

副书记：庞良平　赵彦有

僧念镇

书　记：任贵平

副书记：曹兴林　杨虎龙

和平镇

书　记：侯明生

副书记：张俊林　师天龙

佃坪乡

书　记：王建国

副书记：苏　涛　李兴利

团柏乡

书　记：王红林

副书记：柏庆安　师　锐

邢家要乡

书　记：李胜利

副书记：王红伟　陈　军

社区委员会

书　记：刘元建(女)

副书记：柏红兵　王学义

中共蒲县县委工作概况

县委书记　邓彩彪

2012年，按照省委、省政府转型跨越发展的战略要求和市委、市政府“率先转型、全力跨越”的总体部署，围绕“树立三种理念，统筹四个发展，实现五大跨越”的总体工作思路，以开展转型突破年、民生工程年、作风建设年“三个年”活动为抓手，积极应对宏观环境偏紧、煤矿开工不足的严峻挑战，求真务实，奋发进取，坚持打基础、蓄后劲、利长远、惠民生，经济社会各项事业取得了长足发展。2012年，全县地区生产总值41.22亿元，同比增长10.7%；财政总收入完成16.52亿元，同比增长16%；一般预算收入完成7.59亿元，同比增长21.2%；规模以上工业增加值完成31.53亿元，同比增长14.6%；固定资产投资完成25亿元，同比增长55.6%；城镇居民人均可支配收入达到18364元，同比增长13.8%；农民人均纯收入达到5773元，同比增长18.4%，县域经济保持了持续较快发展的良好势头。

(一)以矿井改造、优化结构、招商引资为引擎，工业转型实现了新突破。煤炭资源整合快速推进。总投资100亿元的24座改造矿井，已开工建设21座，完成投资74.7亿元，11座矿井形成了705万吨原煤生产能力，经过改造建设，以煤炭为主的产业基础更加牢固。转型发展迈出实质性步伐。加快县东循环、黑龙关加工制造、蒲城煤化工、薛关农副产品加工、肖家沟物流五大园区建设，实施的重点调产项目中，万国全3000吨氨基酸粉、200吨胱氨酸系列产品项目和龙祥干法水泥日产4500吨熟料生产线二期全面启动，易恒天3000吨白酒生产线二期主体完工，赢晟园10万吨精密铸造一期两条生产线试车运行，以煤为基、多元发展的趋势初步形成。招商引资取得重大进展。立足产业基础、资源优势，在煤炭工业、加工制造、新型材料和农副产品加工等领域，储备重大项目68个，总投资1086亿元；集中组织赴广州、上海推介招商，积极参加中博会、能博会、晋商大会，签约中电国际煤电一体化、山煤国际物流园区和煤机制造、大唐10万瓩风力发电、中空能源煤层气开发等23个产业项目，签约资金400多亿元。

(二)以帮扶机制、培育龙头、基地建设为抓手，产业富民取得了新成效。围绕农民收入翻番目标，以“一县一业”为主攻方向，强力推进核桃、马铃薯“两个十万亩”基地建设。帮扶措施上，完善组织体系，县、乡两级成立产业发展办公室，村级组建专业协会，确保自上而下，层层有人抓、有人管；落实资金补贴，在政府免费提供优质核桃苗木、实行种薯补贴的基础上，对核桃、马铃薯种植，每年分别给予200元/亩和300元/亩资金补助；加大科技服务，聘请专家适时开展实用技术培训指导，每百亩核桃基地设1名农民技术员，报酬到位，全程跟踪服务，形成了全方位、多层次的产业发展机制。龙头带动上，投资4235万元的现代农业示范园竣工投用，成为全省一流的优质马铃薯育种基地和技术培训中心；正茂公司核桃油生产线扩建项目竣工投产，年销售收入突破3000万元，辐射带动能力进一步增强。基地建设上，示范带动，扩大规模，新栽核桃1.8万亩，管护水平明显提升；依托马铃薯产业，增收效益显现，被省政府确定为“一县一业”示范基地县。设施蔬菜、规模养殖加快发展，成为产业富民的新亮点。

(三)以设施建设、城乡建设、生态建设为主攻，城乡面貌发生了新变化。突出公路建设，临吉高速连接线蒲县段和13条村连村循环路竣工通车，五鹿山、古午线旅游路路基形成，霍永高速连接线完成前期工作；打造水利支撑，山中、薛关等灌溉和水保工程竣工投用，24处安全饮水升级改造全面完成；加快电网升级，建成蒲城110千伏输变电工程，完成110公里农网改造，基础设施保障能力日益增强。统筹推进城乡建设，锦绣新区奥体中心、新建中学、全民健康服务中心、三纵五横街道体系等主体工程基本完工，新城框架轮廓初步形成；旧城主街综合管沟改造完工，一次投资，长远受益，街心公园、翠屏公园、街景亮化、翠屏山森林公园二期、北山森林公园一期全面竣工；乔家湾乡跻身全省“百镇建设”行列。县城河道治理向东西延伸，实施东川河流域生态修复工程，完成县西3个乡镇14个行政村农村环境连片整治。林木覆盖率达到51.5%,被省政府评为“林业生态县”。

(四)以民生改善、安全生产、社会维稳为保障,和谐社会呈现出新气象。向全县人民公开承诺的“十件实事”基本兑现,总投资2亿元。克城中学、鹿城小学建成投用,大幅提高优秀教师奖励标准,实行农村教师补贴,深化教育内部改革,教育教学质量稳步提升;公立医院改革成效明显,群众就诊治疗费用大幅下降,并荣获“全国农村中医药工作先进单位”称号;259套保障住房平稳分配到户;城乡居民养老、医疗保险基本实现全覆盖,城乡低保实现应保尽保。持续强化安全生产,深刻汲取“2·19”事故教训,以煤矿安全为重点,开展“大反思、大排查、大整治”活动,全面落实安全责任、安全制度、安全措施,努力构建安全生产长效机制。深入开展“领导大接访,矛盾大排查,积案大化解”活动,有效处理和化解了一大批信访积案,在全国积案消化活动中,蒲县并列全省第一;以“平安蒲县”创建活动为载体,强化基层基础,创新社会管理,确保了全县和谐稳定。

(五)以思想建设、组织建设、党风廉政建设为根本,党的建设开创了新局面。把学习贯彻党的十八大精神作为首要政治任务,各级领导干部带头学习研讨,通过集中培训、专题辅导、巡回宣讲等多种形式,在全县掀起了学习贯彻十八大精神的热潮。举办“转型跨越新蒲县”干部教育大讲堂,组织干部赴上海、广州等地考察学习,进一步推动思想解放。按照市委“四强一好”加强领导班子思想政治建设的要求,注重在工作实践中锤炼各级班子,靠实责任,健全制度,督促落实,考核兑现,打造坚强有力、奋发有为的领导班子。树立正确的用人导向,让多数人选人,在多数人中选人,向乡镇和一线倾斜,采取个人自荐、大会定向定岗推荐、谈话推荐、四套班子领导实名推荐、全委会票决的办法,对29个正科实职岗位进行了交流调整,做到了组织满意、干部满意、群众满意;加强干部日常管理,规范干部行为,队伍建设进一步强化。扎实开展“基层组织建设年”活动,基层党组织定级晋位工作深入推进;全面落实农村“四议两公开”工作法,健全完善村党支部阵地组织生活,农村党组织的凝聚力和号召力明显增强;圆满完成非公企业党建任务,采取单独组建、联合组建、就地挂靠等方式,新建非公经济党组织19个,实现了党的组织和党的工作全覆盖。坚持实行县级领导包联责任制、干部公开承诺制,深入开展干部下乡包村增收活动,评选表彰农村功勋支部书记,大力引导和支持大学生村干部创办富民产业,在干部队伍中形成了奋勇争先、干事创业的浓厚氛围。认真落实党风廉政建设责任制,统筹推进廉政教育、制度建设、监督检查等防控工作,围绕煤焦和工程建设两个重点领域,构筑具有资源县特点的廉政风险防控体系。集中开展正风肃纪专项活动,进一步提升了工作效能,优化了发展环境。加大案件查办力度,立查案件88件,查结83件,处分83人,其中查处科级干部13名,充分发挥了震慑和教育作用,为转型跨越发展提供了纪律和作风保证。

(刘俊明)

附:一、中共蒲县县委书记、副书记、常委名单

书　记:邓彩彪
副书记:闫建国　郭迎明
常　委:陈振华　陈金庄　席建国　高永贤　余作明　尹保峰

二、乡镇党委书记、副书记名单

蒲城镇
书　记:席江红(6月离职)　刘俊绒(女,6月任职)
副书记:王晓晖(6月离职)　张晋峰(6月任职)　曹彦红

黑龙关镇
书　记:宋蒲刚(6月离职)　张彦龙(6月任职)
副书记:谭　源(6月离职)　李俊虎(6月任职)　辛普红

薛关镇
书　记:卢志俊
副书记:冯宥铨(6月离职)　辛耀恒(6月任职)　范海建

克城镇
书　记:辛耀庭(6月离职)　乔福顺(6月任职)
副书记:李永剑(6月离职)　赵志峰(6月任职)　庞志刚

山中乡
书　记:张彦龙(6月离职)　亢鹏飞(6月任职)
副书记:康向红(6月离职)　曹建生(6月任职)　崔海斌

古县乡
书　记:任建平(6月离职)　李永剑(6月任职)
副书记:李俊虎(6月离职)　席永红(6月任职)　任建龙

红道乡
书　记:刘俊绒(女,6月离职)　冯宥铨(6月任职)
副书记:亢鹏飞(6月离职)　霍岷翰(6月任职)　王丽霞(女)

乔家湾乡
书　记:张保平
副书记:张晋峰(6月离职)　王宝铭(6月任职)　宫智勇

太林乡
书　记:马华剑
副书记:乔福顺(6月离职)　康向红(6月任职)　毋蒲青

中共乡宁县委工作概况

县委书记　杨安虎

2012年，中共乡宁县委在省、市委的正确领导下，以邓小平理论、“三个代表”重要思想、科学发展观为指导，团结带领全县干部群众，重点抓好三件大事，全面推进六项工作，经济社会各项事业都取得了新进展新成效。全年全县地区生产总值完成78.08亿元，同比增长13.5%；财政总收入完成25.93亿元，同比增长4.6%；固定资产投资完成38.2亿元，同比增长38.4%；城镇居民人均可支配收入达到19271元，同比增长14.4%；农民人均纯收入达到6043元，同比增长9.39%。

一是核桃主导，特色并进，加快三化强三农。坚持农业产业化、农村城镇化、农民技能化的思路，加大资金投入，推动“三农”工作，全年财政涉农资金投入达3.66亿元（其中县级财政投入达1.9亿元）。一是特色产业规模快速扩张。县财政亩均补贴1150元，新发展核桃2万亩，目前全县累计发展核桃12万亩、葡萄4100亩、翅果油树5万亩、苹果4.1万亩，培育千亩以上特色产业专业村43个，双凤祥核桃、枣园白色农业、昱德新农业开发等现代农业项目建设步伐加快。二是新农村建设扎实推进。围绕“四化四改”、“六个一”建设任务，高标准推进了昌宁葡萄产业连片区、管头工矿商贸连片区和24个重点村建设，概算总投资达6000余万元，全面完成新的“五个全覆盖”任务，农村人居环境明显提升。三是农民技能化富有成效。围绕产业培训，坚持定向培养，致力提升农民致富能力。涉农部门全年共组织开展各类培训80余场次，招聘10名大学生充实乡镇农技推广站，组织85名农技专家进村入户指导，全年共培训农民万余人次。

二是以煤为基，多元发展，内留外引促转型。坚持“依托煤、延伸煤、超越煤”，加快推进工业新型化。一是着力提升煤炭产业。千方百计，全力以赴，加快整合矿井改扩建步伐。29座整合矿井中，直接提能3座，批复开工报告25座，未批复开工报告1座，开工建设21座，其中台头煤焦已具备联合试运转条件，煤炭产业规模化、机械化、清洁化、高效化水平全面提高。二是倾力打造循环产业。积极推进骨干煤炭企业延伸产业链条，发展循环经济。宏强焦化9000万块空心砖项目、台头煤焦150万吨洗煤厂项目建成投产，光华500万吨洗煤项目正在加紧筹备。三是致力培植新兴产业。全面落实“内留外引”二十条意见，采取干部包联、会议推动、典型带动等得力措施，全方位培育扶持新兴产业项目。戎子酒庄、云丘山旅游、琪尔康翅果油等产业项目迅速崛起，锦桥建材等非煤项目快速推进。

三是建管并重，以城带乡，五城联创靓鄂城。坚持规划先行，建管并重，城乡统筹，致力建设美丽乡宁。一是精心打造大县城。大气魄、大手笔推进县城建设，迎旭大街东延工程“三纵九横”路网建成通车，使县城面积扩大了一倍。明珠广场、体育馆、新城区幼儿园以及县城主街道改造、迎旭广场改扩建等重点工程建成投入使用，临吉高速引线、吉河高速引线、鄂河河道治理等市政工程有序推进，城市功能日臻完善。二是着力提升小城镇。编制完成了10个乡镇的总体规划和6个乡镇的修建性详规。启动实施了一批城镇基础设施建设工程，特别是全省“百镇建设”首批21个示范镇之一的管头小城镇建设成效显现。三是全面整治城乡环境卫生。深入开展“环境建设年”活动，扎实推进四个“大会战”和十项大整治，取得了明显成效，被市委、市政府表彰为环境建设年活动“优秀奖”。五城联创第一城——省级卫生城成功创建。

四是多措并举，标本兼治，堵疏结合保稳定。坚持在发展中解决问题保稳定，在生产中向管理监督要安全，在干事中协调关系求和谐。一是狠抓安全生产。始终把煤矿安全生产、打击私挖盗采作为难点中的难点常抓不懈，同时绝不放松大安全。认真落实政府和企业两个主体责任，深入开展百日安全生产、打非治违等专项整治，全面加强常态监管，安全生产形势持续好转。二是维护信访稳定。牢树信访就是信任、就是民意、就是标尺的群众工作理念，深入开展领导干部接访下访活动，信访工作实现“四降一好转”，社会大局和谐稳定。三是创新社会管理。按照“党委领导、政府负责、社会协同、公众参与”的要求，着力构建打、防、控、管一体化工作格局。扎实开展“六五”普法，深入推进“平安乡宁”、“法治乡宁”建设，人民群众的安全感和幸福感不断提高。充分发挥新闻网络媒体的导向作用，妥善处置敏感热点舆情，营造了良好的社会氛围。

五是领导包联，强势推进，工程实事惠民生。坚持把工程实事作为推动发展、惠及民生的切入点和着力点，按照“自上而下、自下而上，量力而行、尽力而为”的原则，确定实施了10项续建工程、10项新建工程和10件惠民实事。全力推进教育、卫生、就业和社会保障等社会事业。全年发放各类社会保险金1.9亿元，新型农村社会养老保险参保人数达到97345人，为2万余名60岁以上老年人发放基础养老金680余万元。城乡文化体育广电设施覆盖面进一步扩大。全面实现十二年“免费教育”，更为可喜的是，2012年高考达二本B类线以上481人，连续三年以超100人的速度，不断刷新着“乡宁纪录”。与此同时，文明和谐创建、民兵预备役、双拥等工作全面加强，工、青、妇等群团组织的作用有效发挥，先后被表彰为全省林业生态县、农田水利建设“禹王杯”先进县、政风行风建设先进县和全市2011年度目标责任考核、基层党建、安全生产工作先进县。全县各级各部门有6项工作受到国家部委表彰,5项工作受到省委、省政府表彰,30余项工作受到省直部门表彰。

六是夯实基础,优化队伍,加强党建聚合力。事业成败,关键在党。乡宁县委始终坚持以党建为统领,总揽全局,协调各方,为县域转型跨越提供了坚强有力的组织保证。一是不断加强基层党组织建设。继续引深"创先争优"活动,扎实推进市委"七个一"行动。年初按照"五好"标准,对全县基层组织进行了分类定级。坚持抓两头、带中间、整体推进的办法,促使先进支部上台阶、一般支部求突破、后进支部变面貌。依托市委党校和"农村远程教育"等平台,对全县农村"两委"主干进行了集中培训;建立10个大学生村干部创业基地,协调金融机构发放20万元创业贴息贷款;非公党组织集中组建实现"双百"目标和"两个全覆盖"。全县各级各类基层党组织的创造力、凝聚力、战斗力进一步增强。二是着力优化领导班子和干部队伍。坚持科学选人用人,严格按照"德才兼备、以德为先"的选人用人标准,重用有功劳、有苦劳、有魄力、有潜力的干部,进一步优化了各级班子和干部队伍结构。狠抓教育培训,邀请资深专家学者举办"干部大讲堂"12场次,各级各部门共举办各类专题讲座300余场次。先后组织有关干部赴湖南、湖北等地学习考察,在煤炭系统选派一批年轻干部到大集团挂职锻炼。高层次、高频率"请进来"讲,多渠道、多角度"走出去"学,使广大党员干部加强了党性修养、增强了宗旨观念,促进了思想大解放、能力大提升。三是深入推进党风廉政建设和反腐败工作。坚持标本兼治、综合治理、惩防并举、注重预防的方针,加大防治腐败工作力度,不断提高党风廉政建设科学化水平。强化对县委重大决策部署落实情况的监督检查,特别是对重点工程、产业项目和惠民实事的实施情况进行了跟踪问效。运用"制度+科技"手段,构建"五位一体"煤焦领域惩防体系,建成10个电子监察平台,全面推进具有乡宁特色的惩治和预防腐败体系建设。严查重处各类违纪违法案件,深入开展专项治理,集中整治"吃拿卡要",坚决狠刹"三股歪风",全面开展民主评议,解决了一批群众反映强烈的突出问题,营造了风清气正的发展环境。

(史怀荣)

附:一、中共乡宁县委书记、副书记、常委名单

书　记: 杨安虎
副书记: 郝忠祥　范洋平
常　委: 栗俊昌　解高民　张建山　陈海平　郭　举　郭玉龙　张红玉(女)

二、乡镇党委书记、副书记名单

枣岭乡
书　记: 王海鸣(8月任职)　郭玉龙(8月离职)
副书记: 樊艳萍(女,6月任职)　崔　鹏　高建新(6月离职)

昌宁镇
书　记: 任进科(8月任职)　刘建平(8月离职)
副书记: 李杰明(6月任职)　张世科　李宝堂(6月离职)

管头镇
书　记: 闫　鹏(8月任职)　杜吕科(8月离职)
副书记: 陈孟发(6月任职)　杨宏伟　贺伟科(6月离职)

台头镇
书　记: 郑安民(6月任职)　闫　鹏(6月离职)
副书记: 卢　冬(女)　赵连明

光华镇
书　记: 李宝堂(6月任职)　任进科(6月离职)
副书记: 李金学　王　力

双鹤乡
书　记: 刘玉杰(6月任职)　郑安民(6月离职)
副书记: 师军堂　栗晓鹏

关王庙乡
书　记: 贺伟科(6月任职)　王海鸣(6月离职)
副书记: 宋达颖　亢新民

尉庄乡
书　记: 高建新(6月任职)　刘玉杰(6月离职)
副书记: 于彦雪　杨晋荣

西交口乡
书　记: 王永生
副书记: 刘玉平(6月任职)　师泽熙　周彦喜(6月离职)

西坡镇
书　记: 赵继宁
副书记: 周彦喜(6月任职)　曹战敏　陈孟发(6月离职)

中共吉县县委工作概况

县委书记　毛益民

2012年，吉县县委深入贯彻落实科学发展观，团结带领全县广大干部群众，以推进转型、跨越、快速、争先"四个发展"，做好苹果转型、旅游开发、工业崛起、城市建设、民生改善"五篇文章"，建设人民群众安居乐业的"幸福吉县、和谐家园"为目标，凝心聚力、锐意进取，推进全县经济、政治、社会、文化和党的建设取得了新进展，实现了新跨越。

一、加强党建，统领全局，凝聚全县经济社会的发展合力

干部队伍建设上，按照市委"四强一好"的要求，大力加强领导班子思想政治建设。举办了18期干部大讲堂，使县乡村三级干部人人进课堂、受教育、正思想、提素质。公开选拔副科级后备干部37名，选派16名年轻干部到太原市小店区、陕西省宜川县挂职锻炼，增长见识，积累经验，促进了年轻干部的成长。基层组织建设上，扎实推进创先争优活动，在"七一"前夕，召开了全县创先争优活动专项表彰大会，教育引导广大党员干部学先进、见行动、比贡献。把学习宣传党的十八大精神作为工作重点，通过组织宣讲、撰写心得体会、举办培训班、专题讲座、座谈会等方式，组织全县广大党员认真学习贯彻十八大精神。党风廉政建设上，深入开展了狠刹"三股歪风"和整治"吃拿卡要"两项专项治理，打造工程建设领域廉政风险防控管理和"吉县农廉综合服务网"建设两项亮点工作，严格纠风治乱，狠抓案件查办，全年查处案件32件，给予党政纪处分32人。

二、咬定目标，真抓实干，经济社会实现了大发展、快发展

2012年，吉县始终把握转型跨越、快速争先发展的主旋律，采取有效措施，加大工作力度，各项经济指标继续保持强劲增长势头。特别是农民人均纯收入同比增长29.24%，增速位居全省第一，荣获"全省农民人均收入增幅先进县"。财政总收入完成2.46亿元，同比增长57.4%，三年翻了两番，增速继续领跑全市。苹果转型上，以促进农民增收为核心，紧抓"一县一业"发展机遇，新栽苹果一万亩，在太原、北京、广州等大中城市新增直销窗口20个。四个企业进驻苹果产业化园区，园区建设已初具规模。与首都最大的农产品交易市场--北京新发地联合建设水果批发市场项目成功签约落地。吉县超正果业向泰国成功出口吉县苹果，实现了自主直接出口零的突破。同时，临汾市西山果业"双百"工程——吉县果业转型苹果标准化生产示范基地项目即将落户吉县，吉县苹果又将迎来新的有机"革命"。旅游开发上，以景点建设为抓手，制定了旅游发展《总规》和《详规》，加快"两区三山一川一滩"的开发步伐，开发克难城窑洞群、修复古城墙等项目已落地；人祖山旅游开发、人祖庙遗迹发掘等工程已基本完工，人祖文化国际大厦正在施工；壶口景区明清一条街、演艺中心、庙宇群等旅游景点正在建设；成功举办了第二届中国（山西）黄河壶口文化旅游节，进一步提升了影响力和知名度。仅国庆长假期间，接待游客23.7万人次，创社会综合效益2.73亿元。工业崛起上，以财政增收为目标，霍州煤电桑峨500万吨煤电材一体化项目全面启动，三多500万吨煤化工项目正在落地，引进和签订了吉县煤热电联产合作开发，实施了昌盛煤业年产160万吨改造项目、中油中泰零散气CNG母站和县城供气管网的建设，中石油煤层气开发项目已钻探开发井150口，建成了明珠集气站。

三、凝心聚力，狠抓落实，"六个年"活动成效显著

紧紧围绕迎接十八大、学习十八大、贯彻十八大精神，在全县开展了"六个年"活动，凝聚了发展合力，取得了显著成效。招商引资年活动，立足于推动大发展、快发展，坚持以开放促招商，以项目促发展，进一步巩固和发展签订的"友好县市"、"县企合作"、"校县共建"关系，与韩国大田广域市中区开展了友好交流，与省农科院、省果树研究所签订了技术开发合作协议，积极组团参加全国旅交会、农博会、文博会、能博会和首届世界晋商大会，举办第二届壶口文化旅游节招商引资经贸洽谈会，扩大了影响，结交了朋友，提升了形象，引进了项目。全年签约重点项目13个，总投资82.1亿元；储备重点项目38个，总投资796.6亿元；重点项目落地资金累计达26.82亿元。同时，扎实推进项目建设，完成投资19.9亿元，为经济发展提供了引擎、注入了活力、积蓄了后劲。城市建设年活动，立足于建设"旅游观光城"目标，加快城市提质扩容，完成了新城开发一期工程和中心广场改造、新华东街道路改造、环城绿化、城区"红绿灯"交通设施配套等工程；实施了棚户区改造、城市公厕建设、清水河治理等工程；启动了文化广场扩容配套、劳动保障等业务用房建设以及新城路网、新城地热等工程项目；全面完成县城街巷、河道、山体亮化工程，山区"不夜城"精彩亮相，美丽吉县更加美丽！环境优化年活动，坚持"软、硬"环境并举，全面引深环境综合整治，城乡面貌明显改观，群众生产生活环境不断改善。同时，围绕项目引进和工程建设，在转变职能、提供服务上找差距、改不足，在投资企业征地、融资、用电等问题上提供便利，开展服

务，营造了“重商、便商、亲商、安商”的投资环境和发展氛围，获得了“山西投资环境创优县”荣誉称号。作风转变年活动，立足于解决“懒、缓、散”等问题，认真学习贯彻落实中央“八项规定”，从县委常委做起，带头改进工作作风。进一步引深了干部下乡住村活动，深入基层、深入群众解决实际问题。大力弘扬“壶口精神”，以一任接着一任干、“5+2”、“白 + 黑”的创业精神，抓执行、促落实。集中开展了狠刹“三股歪风”、整治“吃拿卡要”活动，营造了风清气正的发展环境。爱心集结年活动，立足于解决当前社会上黑白不分、道德缺失等问题，积极倡导开展了“爱心集结”志愿服务活动，在全县掀起了“关爱他人、快乐自己”的热潮。基层组织建设年活动，立足于提升基层党建工作科学化水平的目标，认真落实“七个一”行动计划，着力实施基层党建五大工程。即：打造“一把手”工程，落实党建工作责任制；打造先锋工程，提升党员队伍素质；打造堡垒工程，夯实基层组织；打造示范工程，实行定级晋位；打造创业工程，促进村官创业富民。全县非公经济党组织实现了全覆盖；成立了城镇社区工委，建立了6个社区党支部，加强了对社区党建工作的指导。把县直党总支经费由3万提高到5万，把农村“两委”主干待遇最高提到1万元，落实了卸任农村会计生活补助，让基层干部有干头、有奔头。

四、以人为本，改善民生，群众幸福指数不断提高

2012年，吉县以幸福指数为引领，实施教育提质、医疗健康、文化强县等“五大”工程，继续落实惠民政策，加大扶贫开发力度，提高人民群众的幸福指数。教育方面，完成了车城幼儿园建设项目。实施了二中体育场，二中、东城九年制学校学生餐厅，桥南、西关小学教师周转房，王家垣九年制学校学生餐厅、宿舍等工程项目。启动了新城中学建设项目。卫生方面，进一步完善县、乡、村三级医疗基础设施，规范医疗机构管理，不断加强基层医疗卫生队伍建设，提高了医护人员素质，增强了工作能力。完成了卫生监督所建设工程，启动实施了疾控中心和新城中医院建设项目。文化方面，推进文化事业繁荣发展，加强对县域特色文化的挖掘、研究工作，传承和发扬优秀传统文化。新城体育场建设项目列入规划，启动了柿子滩古人类文化遗址保护性开发项目。开展了广场文化活动和文化下乡活动，丰富了群众的精神文化生活。社会保障方面，完善社会保障体系，进一步扩大城乡低保、新型农村养老保险、城镇居民养老保险覆盖面。不断完善就业机制，扩大了就业规模。新增就业1000人，失业人员再就业实现了300人。对48名城乡重大病患者进行了医疗救助。同时，投资1亿元实施了城乡居民缴纳自然灾害公众责任保险、60岁以上居民免费乘坐公交车、500套保障性住房建设等10件民生实事。

五、强化措施，创新管理，营造平安和谐的良好社会环境

在发展经济的同时，坚持把创新社会管理作为工作重点，保稳定、促和谐。开展一项教育。在全县开展了以“有良心、有公心、有责任心、有敬畏心和有感恩心”的“五心教育”和“爱心集结”志愿服务活动，以“五心”和爱心奉献教育人、引导人、感召人、凝聚人。创新一种机制。投资200万元打造农廉综合服务网，开通服务平台，对群众的诉求实行“三定一告知”。即，对群众的诉求事项，定时间、定地点、定时限，告知群众什么事情该怎么办，实现了各类社会管理资源的有效衔接和良性互动。强化了一项工作，建立并落实各级领导干部接待群众来信来访、重大疑难复杂案件包案调处、联席例会研究、矛盾纠纷预警、重大决策风险评估等工作责任制，实现了到市赴省进京零非访。

(强晓辉 王国军)

附：一、中共吉县县委书记、副书记、常委名单

书　记：毛益民

副书记：刘　浩　姚焕章　李灵芝(女)

常　委：李晓民　赵新喜　吴吉红　熊伟星　李永芳　李建设

二、乡镇党委书记、副书记名单

吉昌镇

书　记：张增谦(9月任职)

副书记：张宇宏(9月任职)　葛耿恕(9月离职)　冯振西　窦昀泽(9月离职)

中垛乡

书　记：杨宗儒(9月任职)　肖　峰(9月离职)

副书记：吴俊红(9月任职)　王吉荣(9月离职)　强新芳(女)

柏山寺乡

书　记：党建明(9月任职)　韩克顺(6月离职)

副书记：杨　涛(9月任职)　党建明(9月离职)　郝军正

屯里镇

书　记：葛耿恕(9月任职)　李永芳(9月离职)

副书记：李敖升(9月任职)　杨宗儒(9月离职)　王吉亮　吴俊红(9月离职)

壶口镇

书　记：段晓娜(女，9月任职)　李俊忠(9月任职)

副书记：葛吉平(9月任职)　张宇宏(9月离职)　冯建亮

车城乡

书　记：郭东舟

副书记：洛较民(9月任职)　张永栓(9月离职)　刘　振

东城乡

书　记：李桂萍(女，9月任职)　李永升(6月离职)

副书记：窦昀泽(9月任职)　段晓娜(女，9月离职)　白占辉

文城乡
书　记：王吉荣(9月任职)　景洪才(9月离职)
副书记：白晓虎(9月任职)　李敖升(9月离职)
武淑琴(女)

中共大宁县委工作概况

县委书记　刘奎生

2012年,在省、市委的正确领导下,大宁县委团结带领全县干部群众,认真学习贯彻党的十八大精神,万众一心,奋发图强,奋起直追,奋力赶超,使全县经济建设、政治建设、文化建设、社会建设和党的建设都取得了新的明显进展。

一、强化措施,改进作风,党建科学化水平有了新提升

(一)以解放思想为先导,激发奋力赶超的精神动力。深入开展了"思想解放年"活动,选派县乡党政班子成员到清华大学、西安交大和省委党校轮训,邀请省委党校理论教师来宁培训全县科级干部;组织近千人次干部群众到省内外考察学习。依托干部在线学院平台,组织700余名干部参加网络在线学习。十八大胜利闭幕后,聘请市委党校、清华大学教授举办了三期学习十八大精神报告会,组建了学习贯彻党的十八大精神宣讲团,深入基层开展宣讲。

(二)以固本强基为目标,建设坚强有力的基层组织。深入开展基层党支部定级晋位等十项活动。对全县128名农村"两委"主干进行了系统的培训,开展了大学生村官"进百家门、知百家情、纳百家计"活动。推广了文建明工作法,健全完善了基层党组织书记抓党建"三定三查三结合"、一报告一评议、"两定一查三评"和党员承诺评议制度,建立了流动党员"七个一"管理服务机制,开通了"组织工作直通车",新发展党员130名。

(三)以制度建设为保障,建立公正公平的用人机制。在干部的选拔任用中,严格执行相关规定,探索制定了干部德的考核办法,完善了干部初始提名办法。2012年,共提拔干部27人,其中正科3人,副科24人;调整担任重要岗位领导职务4人。进一步加大了干部选拔监督力度,制定出台了《关于加强领导干部日常管理监督的办法》,认真执行谈心谈话、组织函询、任前公示等制度,建立了电话举报、信访举报和网上举报"三位一体"网络。

(四)以作风建设为抓手,树立求真务实的干部形象。开展机关纪律作风整治专项治理活动,以治理"庸、懒、散"为突破口,提能力、增效率、正风气。深入开展保持党的纯洁性学习教育活动,召开专题组织生活会207次,有力地保持了党员干部思想作风的纯洁。加大纠风力度,对18所学校教育收费、公路执法行为进行了检查和纠正。开展了干部下乡驻村活动,实行了县级领导包乡、包企、包校和县直单位包村责任制。各级干部共为群众办实事好事387件,落实帮扶资金510万元。

(五)以廉政建设为根本,打造风清气正的发展环境。每月向科级干部发送廉政短信,开展了家庭助廉、《廉政准则》专题教育等活动。对全县30个重点工程建设、主导产业发展、"环境建设年"活动开展和民生保障等情况进行了全程跟踪检查。注重科技反腐,加快"一网多平台"为惩防体系信息化建设,行政审批电子监察平台与市政务大厅实现了数据联通。集中开展了整治"吃拿卡要"、狠刹"三股歪风"、"工程建设领域"三个专项治理活动,为全县经济社会发展起到了保驾护航作用。

(六)以培育开发为重点,壮大干事创业的人才队伍。制定出台了《关于加速推进人才强县的意见》,建立了县委抓人才工作目标责任制。以教育、卫生、农业主导产业为重点,先后引进苹果产业、设施蔬菜产业急需人才10多名。开展了实用人才培训。成立了大宁县农村实用人才协会,举办多期设施蔬菜、苹果管理专题培训班,培训本地人才4100余人次。

二、突出重点,强力推进,县域经济实力有了新增强

2012年,按照转型跨越发展的总体要求,以富民强县为目标,创新机制、科学谋划、凝聚力量、狠抓落实,推进县域经济发展。

(一)主要经济指标持续增长。全年全县生产总值完成4.1亿元,同比增长8%;财政总收入完成4846万元,同比增长17.2%;一般预算收入达到2802万元,同比增长16.8%;城镇居民人均可支配收入达到13095元,同比增长13.2%;农民人均纯收入达到2035元,同比增长30.1%;社会消费品零售总额完成2.2亿元,同比增长17%;固定资产投资完成6.05亿元,同比增长40.2%。全县粮食总产量达到3.33万吨。

(二)农业主导产业快速发展。在全县八大垣面栽植苹果树2.3万亩,新建设施完善的蔬菜大棚1260座,建成了拥有现代化智能温室的有机蔬菜示范园区;引进了蔬菜营销龙头企业,所产的蔬菜进入了太原、临汾和周边市场。积极试行了"猪一沼一果"生态循环经济模式,加强了规模健康养殖小区建设,新建规模健康养殖小区4个,新增种羊1万余只。

(三)工业经济稳步发展。与西山煤电洽谈签订了合作开发的框架协议,编制出了《大宁县三多循环经济园区规划》;

积极争取煤层气开发项目,目前钻探气源工作正由中石油公司负责实施。引进新型工业项目,通过参加“中博会”、“能博会”、广州招商引资推介会等活动,签约了风能发电、苹果产业“双万一场”和生物发电项目,总金额达到41.2亿元。通过技术改造,提升整体水平。同德公司年产1万吨乳化炸药生产线正式投入生产;辰康公司原材料基地和麦绿素系列产品生产线也已建成。

(四)城乡建设步伐加快。完成了红卫桥加宽任务,启动了城南滨河路、集中供气、水网改造、古乡大桥建设等工程,城市功能进一步完善。引资启动了城西路、老城南区开发项目,建成了法院审判大楼、司法业务大楼和档案馆综合大楼,动工建设了保障性住房,新增建筑面积8万多平方米。新的“五个全覆盖”工程目标任务全部完成,农村危房改造、220千伏变电站建设工程全面启动,植树造林、土地整理、以工代赈、小流域治理、农业综合开发、农村环境连片治理等项目顺利实施,新增耕地2400余亩,造林5.68万亩,新建农村饮水安全工程7处。实施了环境整治大会战,使城乡面貌为之一新。

三、重视民生,全面发展,和谐社会建设迈出了新步伐

坚持把工作的着力点放在解决事关群众切身利益的问题上,积极推进各项社会事业发展,努力让广大群众享受更多实惠。

(一)民生事业全面进步。新的五个全覆盖工程全面推进,农村街巷硬化达到489公里、便民连锁店达到84个、配套农家书屋84处,中等职业教育实现100%免费,新型农村社会养老保险参保人数达到了20741人。实行了高中生义务教育制度,新建了8所标准化中小学校;建成了疾控中心综合大楼,完善了县医院、妇幼保健站医疗设备;城镇职工基本养老保险和医疗保险参保人数分别达7700余人、1.2万余人。

(二)安全稳定形势良好。建立了职责明确的安全生产责任制,修订完善了《大宁县安全事故紧急救援预案》;开展了非煤矿山、危险化学品、烟花爆竹、道路交通、公众聚集场所、民爆器材生产隐患排查专项行动,实行了隐患整改跟踪落实制度,确保了安全生产形势持续稳定。扎实推进“平安大宁”创建工作,开展了打击偷盗、抢劫、校园周边环境整治、扰乱和破坏市场秩序的专项行动,群众社会安全感满意度达到90%;制定出台了《大宁县信访工作制度》,倾力化解信访积案,实现了党的十八大期间“双零”和“四个不发生”的目标。

(三)精神文明和文化建设成效明显。开展了丰富多彩的文化活动,组织了社火表演、焰火晚会,举办了“新春之声”、“和谐之声”等文艺晚会,开展了“激情夏日、魅力大宁”首届消夏月群众文化活动,举办了“元宵节”、“庆七一、喜迎十八大”书画展,组织了威风锣鼓赛、老干部秧歌会等活动。实施了“2131”农村电影放映工程,送书、送戏、送春联下乡,农家书屋及文化信息资源共享等惠民工程。抓好舆论宣传引导,切实加强舆情研判、监控和处置,为大宁科学发展创造了良好的舆论环境,先后有99条新闻稿件被省、市电视台采用,320余篇新闻稿件被市级以上报刊发表。

(杨东明　李　伟)

附:一、中共大宁县委书记、副书记、常委名单

书　记: 刘奎生

副书记: 樊　宇　吴　滨

常　委: 焦宏文　王好收　郝爱民　冯小宁　陈海涛　陈东楷　张新平

二、乡镇党委书记、副书记名单

昕水镇

书　记: 白会宁(3月离职)　高广旭(3月任职)

副书记: 许华伟(3月离职)　贺鸿宙(3月任职)

曲峨镇

书　记: 雷建鹏(3月离职)　王建平(3月任职)

副书记: 贺晓龙

太德乡

书　记: 高宏旭

副书记: 李　玮　王锁平

三多乡

书　记: 贺晓东

副书记: 许爱琴(女)　李志刚

徐家垛乡

书　记: 张新平(3月离职)　张鹏华(3月任职)

副书记: 高广旭(3月离职)　张　浩(3月任职)　冯丽艳(女)

太古乡

书　记: 王建平(3月离职)　许华伟(3月任职)

副书记: 房小平　冯丽红

中共隰县县委工作概况

县委书记　王天郎

2012年,中共隰县县委紧紧围绕省委、市委的决策部署,坚持以邓小平理论、“三个代表”重要思想和科学发展观为指导,以“项目崛起、开放转型、特色跨越”为主旋律,深入开展梨果提质、工业提效、城市建设、财政翻番、开放招商“五个年”活动,强势推进“366”,加快建设新隰州,城乡建设再创佳绩,经济社会稳中快进,民生事业大幅改善,党的建设全面加

强，全县经济社会发展进入了新的阶段，为全面建成小康隰县奠定了坚实基础。隰县被评为“全国扶贫开发示范县”和“全国白内障无障碍县”，被授予全省“粮食生产先进县”、“扶贫工作先进县”、“干部下乡工作先进单位”、“休闲农业与乡村旅游示范县”称号，在农业综合开发项目建设检查验收中，排名第一。

一、抓项目搭平台，经济发展后劲不断增强

一是深入开展“梨果提质年”活动，“三农”工作开创了新局面。始终把“一县一业”作为发展现代农业的重中之重，通过长抓“四配套”（果水配套、果肥配套、果与林下经济配套、果与科技配套），短抓“六环节”（栽、接、管、防、储、销），主攻玉露香，梨果品质和产业效益得到大幅度提升。全县梨果总面积达到了32万亩，总产量4亿斤，总产值4亿元，仅此一项农民人均收入达到4000元，占农民收入的80%以上。成功举办了“中国?隰县第二届梨花节”，开工建设“中国梨博园”，梨果产业由单一的种植业向融旅游、文化、民俗等多元方向迈进，“中国金梨之乡”的知名度和开放度进一步提升。二是深入开展“工业提效年”活动，工业经济迈出了新步伐。汾西正佳煤业90万吨矿井建设项目基建工作基本结束，即将出煤。午城酿酒有限责任公司生产的清雅三春系列、老三春系列、露酒系列等十七款产品深受消费者青睐。天天饮料公司不断扩大规模，玉米深加工生产线、畜禽定点屠宰场等“农”字号企业主体完工。三是深入开展“城市建设年”活动，城镇化建设得到了新提升。新建或改造的11条街9座桥13个公园（广场）中，紫川街、天天街、西大街西延、怡泽街、接官街、梨花街等9条街投入使用，紫川桥、凤凰桥等6座桥建成投入使用，隰州广场、龙凤潭公园、等8个公园或广场建成投入使用，县城“四纵十一横”的城市框架基本形成。总投资2.06亿元，开工建设保障性住房1020套，目前主体竣工636套，完成投资1.3亿元。全县集中供热普及率达到65%，供水普及率达到97%，污水处理率达到81%，垃圾处理率达到100%。被评为山西省“城乡环境卫生整洁行动先进县”和“农村改厕先进县”。全面推进城乡一体化建设，倾力打造“一核三星”空间布局，全县城镇化率达到39.11%。小西天和梨博园景区初步通过国家4A级景区评审，晋西革命纪念馆上划省委党史办接管。四是深入开展“开放招商年”活动，项目建设取得了新成效。连续四年开展“项目年”活动，每年实施60个以上重点项目，共投入资金305亿、建设项目313个。2012年共铺开重点项目102个，其中必须完成的75个已完成72个，占总数的96%；13个启动实施的重点项目中，启动实施了10个，占任务的76.3%；14个争取立项的重点项目，立项8个。在中博会、广招会、晋商大会、能博会和“中国?隰县第二届梨花节”上，成功签约8个重点项目，协议引资96.57亿。

二、抓民生强管理，人民群众幸福指数不断向高位提升

一是优先发展教育事业。围绕教育均衡发展目标，狠抓教育资源整合和教育教学设施改善，投资700万元，新建了4095平方米的教师周转宿舍；为48所学校配备了多媒体教学设备、理化生实验仪器、音体美器材和图书；新建、改建食堂3300平方米，完善了学校寄宿功能；全县1.2万名义务教育阶段学生全部享受到“爱心营养餐”；高中学生全部减免了学杂费。72万元奖励模范集体和先进个人。新建4所、改建2所幼儿园全部投入使用，新建了北城中学。招录了58名特岗教师（含农硕生7名）。大力开展特色学校创建和课改实践活动，高考二本以上达线人数115名。二是积极发展卫生事业。医改工作稳步推进，新农合参合率达到98%。县医院达到“二级甲等”标准，中医院二级乙等综合医院创建工作启动，急救中心建成并投入使用，中医院建设项目主体建设完成。基本药物制度运行情况平稳，药品价格总体下降，群众“看病贵”问题得到有效缓解。三是重视就业和社会保障工作。全年城镇新增就业851人，帮助困难人员就业95人，城镇失业率控制在4%以内。社会保险参保人数达到9.9万人，1.1万名城乡居民纳入低保范围，新型农村和城镇居民养老保险提前4个月实现全覆盖。四是切实加强社会管理和维稳工作。严格落实政府安全监管和企业安全生产“两个主体责任”，持续深入开展安全隐患排查和专项治理工作，抓好重点行业和领域的安全生产，严厉打击非法违法生产经营和私搭乱建行为，全年没有发生重特大安全事故，被市政府授予“安全生产先进单位”称号。采取领导包案、挂牌督办、限时调处、依法办事等措施，有效解决一批重信重访案件、复杂疑难案件和涉法涉诉案件，共排查各类矛盾纠纷113起，化解108起，化解率达到95.6%。全年没有发生到市、赴省集体上访，无一例进京非正常上访。

三、抓文化强支撑，正能量不断向发展目标聚集

一是着力加强宣传思想工作。县委把“迎接十八大、学习十八大、贯彻十八大”作为贯穿全年工作的一条主线。全县领导干部深入包联乡镇和部门开展宣讲活动200余场，受教育人数3万余人次，在全县掀起了学习贯彻党的十八大精神的热潮。二是着力加强公共文化基础设施建设。积极推进“科技、文化、卫生”三下乡活动，深入乡镇、农村文艺演出50余场，放映电影800余场，发放书籍5000余册。全县8个乡镇全部建起了文化站；投资4000余万元的县文化馆、图书馆综合大楼、临汾山区十县面积最大、标准最高的集会广场——隰州广场投入使用；临汾山区十县面积最大，独具特色的奥体中心、儿童乐园正在抓紧建设；建成农家书屋97个，村级文化活动室51个，群众文化活动场所100余处，体育健身设施覆盖所有行政村。三是着力发展文化事业和文化产业。充分利用传统佳节举办各类大型文艺活动30余场，以“放歌金秋、喜迎十八大”为主题，举办15场大型文艺晚会和20场小梅花戏曲演出，观众达到了3万余人次；山核桃工艺品多次获得国家、省、市多项奖项，产品福寿瓶被北京博物馆收藏；出版发行了《隰州咏唱》、《梨乡古今》、《跨越的足迹》等一批

反映隰县发展变化的优秀作品;以午城战役为背景的大型抗战电影《血战午城》拍摄完成,并获山西省“第十届五个一工程优秀作品奖”;全省广播电视奖颁奖会议在隰县召开,《喜看隰县大变化》、《燃烧的亲情》等电视专题节目分别荣获全国、省、市大奖,《记者行动》被评为全省广播电视优秀栏目;县文联创办的“隰州风”网站在全国排名38位,被评为全国A类网站。四是深入开展精神文明创建活动。在全县深入开展了“学雷锋精神、树文明新风”、“学习孟佩杰、来虎平,争做文明道德隰县人”和向“优秀共产党员代表贺西平”学习等系列活动,涌现出一批“国”字号英模人物,继孟佩杰荣获全国道德模范后,冯廷记、宿全保荣登“中国好人榜”,推荐选送的贺西平、郭珍珍、曹翠珍、信海亮和张侯生五名同志荣获“临汾市百佳文明公民”称号。

四、抓党建转作风,党的建设不断向科学化水平迈进

一是切实加强领导班子和干部队伍建设。开展了以“四增强四提升”为主要内容的“思想政治建设年”活动,促进了各级领导干部带头讲党性、重品行、做表率。全年共举办各类主题培训班12期,受训人数达2600多人次;从大学生村官中公开选拔2名乡镇副职,从高校优秀学生干部中招考录用3名大学生村官;选送10名优秀年轻干部到对口省直单位挂职学习,干部队伍的整体素质得到明显提高。二是切实加强基层组织建设。以“实施五大工程,打造五大党建品牌”为抓手,深入开展“基层组织建设年”活动,不断引深创先争优活动。大力实施“党建示范走廊”工程,对基层组织活动场所实行“星级化”管理,全年新发展党员132人。对农村新任“两委”主干190余人进行了培训,进一步提升了农村干部素质。全县实现了非公有制企业党组织、机关、社区党组织全覆盖,远程教育全覆盖、专业人才继续教育培训全覆盖。隰县组织工作被中组部、国家人社部评为“讲党性重品行做表率”先进单位。三是切实加强干部作风建设。深入开展干部下乡住村联户包增收和到乡镇、到村任职“第一副书记”活动,全年共为群众办实事好事473件,扶持发展项目31个,帮扶困难农户261户,解决难点问题214个,得到了省市组织部门的充分肯定。进一步深入开展了以“问责治庸、问勤治懒、问效治散、问廉治贪”为主要内容的“四问四治”纪律作风专项整治活动,明查暗访121次,问责干部67人。四是切实加强党风廉政建设。坚持标本兼治、综合治理、惩防并举、注重预防的方针,严格实行管工作、管队伍、管安全、管廉政和管信访“五位一体”工作机制,自上而下层层签订了党风廉政建设责任书,健全落实各项廉洁从政制度,形成了强有力的约束机制。

(高　伟)

附:一、中共隰县县委书记、副书记、常委名单

书　记: 王天郎

副书记: 李　强　赵志慧

常　委: 亢大勇　薛小平　张　文　任　静(女)　高　涛(女)　王志华

二、乡镇党委书记、副书记名单

龙泉镇

书　记: 刘俊平

副书记: 王　辉　康印江

城南乡

书　记: 吴红洲

副书记: 卫建军　韩清萍(女)

午城镇

书　记: 任志明

副书记: 刘利明　李力明

黄土镇

书　记: 段兰虎

副书记: 史勇辉　郭全喜

下李乡

书　记: 宋元元

副书记: 高永平　苏文龙

寨子乡

书　记: 任新生

副书记: 王建勤　王　勇

阳头升乡

书　记: 冯晶萍(女)

副书记: 曹虎虎　王　东

陡坡乡

书　记: 贺宏鑫

副书记: 苏大立　薛艳龙

中共永和县委工作概况

县委书记　郭行杰

2012年,永和县坚持以科学发展观为指导,围绕迎接十八大、学习十八大、贯彻十八大,紧紧依靠全委会同志,团结带领全县干部群众,按照县委十二届二次全会暨全县经济工作会议的总体安排部署,始终坚定“穷县出精品、小县办大事、千方百计谋跨越”的理念,实施生态立县、工业强县、旅游兴县三大战略,建设“八个一”工程,全县经济社会呈现出大发展、快发展的良

好态势。地区生产总值完成5.87亿元,同比增长5.7%;全社会固定资产投资完成6.5亿元,同比增长54.5%;社会消费品零售总额完成3.2亿元,同比增长14.5%;财政收入完成5025万元,同比增长46.8%;城镇居民人均可支配收入完成14186元,同比增长13.3%;农民人均纯收入完成2206元,同比增长15.6%。各项指标均圆满或超额完成了年初市下达的目标任务,特别是全社会固定资产投资增幅位居全市第二,财政收入增幅位居全市第三。

一是项目建设成果丰硕。紧紧扭住项目建设这个强大引擎,持续开展"项目建设年"活动,为实现经济社会跨越发展提供了有力支撑。253亿元的项目储备,积蓄了老区发展的巨大潜力;42亿元的项目签约,开启了招商引资的崭新局面;27.5亿元的项目落地,实现了奋力赶超的加劲提速。特别是60个重点项目的全面实施,完成投资达10.97亿元,投资总额是前三年的总和。

二是产业结构明显优化。规模扩张与管理提质并重,4.4万亩经济林建设高标准完成,4800亩经济林得到科学管护;阁西垣1.5万亩苹果经济林当年规划、当年施工、当年栽植,为群众增收增添了又一支柱。勘探开发与转化利用并进,投资3.1亿元,完成了煤层气"7+1"井组钻探;山西燃气产业集团投资7.97亿元的LNG加工项目已经落地;投资7800万元的美特好农产品存储加工配送中心建设项目开工建设。景区建设与内涵提升并举,投资2400万元,实施了黄河蛇曲国家地质公园二期工程,完成了博物馆布展、景区道路建设任务。三大产业的协调发展,既是践行科学发展观的现实举措,更孕育着跨越发展的勃勃生机。

三是生态治理成效显著。园区建设再创佳绩,成功探索出"五位一体"的综合治理模式,整合资金4500万元,实施了芝河源头生态精品农业园区三期工程,完成机修梯田1.8万亩、发展核桃经济林1.6万亩、营造水保林4.3万亩。"绿色行动"持续推进,完成荒山绿化3.5万亩、通道绿化30公里、城区绿化1.2万平方米、新农村绿化5600亩、经济林建设2.8万亩。

四是城乡面貌日新月异。以创建市级文明和谐县城为目标,投资1.5亿元,重点实施了芝河综合治理、城市燃气供热、城区道路改造等十大城市建设项目,城市服务功能明显提升;以夯实跨越发展基石为目标,投资1亿元,重点实施了东征旅游路渡口段路面改造、农村街巷硬化、电力通信等十大基础设施项目,制约永和跨越发展的"瓶颈"得到有效破解;以巩固省级卫生城创建成果为目标,大力开展"环境建设年"活动,开展了八大环境整治工作,两次夺得市委、市政府授予的流动红旗,并获得了"临汾市环境建设年活动优秀县"荣誉称号。一批批城乡基础设施项目的全力推进,既是改善人居环境的有力印证,更是筑巢引凤的坚实举措。

五是社会大局和谐稳定。充分发挥县委总揽全局、协调各方的领导核心作用,支持政府依法决策、依法管理,支持人大、政协充分发挥职能作用,切实抓好统战、民族宗教工作,进一步加强党管武装工作,工、青、妇等群团组织日趋活跃,依法治县进程持续推进。大力实施安全生产"113"工程,即:围绕杜绝较大以上事故,减少一般事故这一目标,贯穿加强安全文化建设这一主线,突出落实责任、排查隐患、加大投入三个重点,扎实开展了以道路交通、地质灾害、食品安全等为重点的安全生产专项整治,全县未发生较大安全生产事故。深入开展了领导接访、信访积案攻坚、源头预防推进等活动,妥善解决了各类矛盾纠纷,省、市交办的信访积案全部化解,信访总量比去年下降了37%,圆满实现了党的十八大召开期间"双零"任务。以引深"平安永和"、"法治永和"创建为抓手,探索实践社区"网格化管理"模式,建成了县、乡、村三级社会服务管理中心。

教育事业优先发展。新建城镇第二幼儿园,有效缓解了幼儿入园难的问题;实施了县城学校标准化建设,教育教学环境明显改善;继续实施"三名"工程,师资队伍建设进一步加强。医药卫生体制改革深入推进。县直医院、乡镇卫生院医务人员工资全部纳入财政全额预算,县乡村三级医疗机构在全市率先实施了国家基本药物制度,实行了基本药品零差价销售。新农合参合率达到98.5%。民生改善更加有力。新的"五个全覆盖"任务全面完成。继续实施了"温暖工程",高考达二本线以上学生全部享受到助学金;为全县80岁以上高龄老人每人发放了1000元的生活补助。700户农村危房改造任务全部完成。兑现廉租房补贴190万元。城乡低保标准和公职人员津贴不断提高,城乡居民收入明显增加。

坚持以保持党的纯洁性学习教育活动、"基层组织建设年"活动为抓手,全面加强党的建设,着力提高党的建设科学化水平。一是抓教育强素质,建设学习型队伍。坚持"干什么学什么,缺什么补什么"原则,充分利用党校、高等院校、省内外培训机构、在线学院"四位一体"教育培训资源,多渠道、全方位对全县干部进行教育培训。全年共举办各类干部培训班19期5700余人次。二是抓考核强责任,建设实干型队伍。健全完善了部门联考、千分制目标责任考核办法,充分发挥目标责任考核的"指挥棒"、"风向标"、"助推器"作用。2012年全县共提拔科级干部53人,平级调整交流34名,并对目标责任考核排位靠后的单位"一把手"进行了诫勉谈话。三是抓阵地强基础,建设服务型队伍。着眼于"组织强基础、队伍增活力、党建上水平"这一目标,全力实施基层党组织晋位升级整改提高等"六大工程",认真执行"两带一点"基层党建立体示范体系建设等"九项措施",不断引深"基层组织建设年"和创先争优活动,充分发挥了基层党组织推动发展、服务群众、凝聚人心、促进和谐的作用。四是抓作风强活力,建设勤廉型队伍。围绕"一要干活、二要干净、坚持原则、认真负责"的总要求,采取"四结合"办法,着力加强作风建设。结合干部下乡住村领导干部包村增收活动,深入开展"大下乡、大接访、解民困、办实事"活动,促使广大党员干部"零距离"了解民情,"硬碰硬"破解难题;结合全市思想解放年、项目落地年、环境建设年、作风转变年"四个年"活动,以及县委、县政府确定的"135"工作思路和"八个一"工程等,实行"项目化管理"工作机制,一个项目、一套班子、一抓到底,推动各项工作的落实;

结合领导干部接待日、联系点、蹲点调研等制度的落实,促使领导干部在一线服务,情况在一线掌握,政策在一线落实,问题在一线解决;结合保持党的纯洁性学习教育活动,坚持"两手抓,两手都要硬",严格落实党风廉政建设责任制,认真执行《廉政准则》,切实加强党员干部廉洁从政教育和领导干部廉洁自律,强化监督检查,狠抓案件查处,健全制度建设,努力做到干部清正、政府清廉、政治清明。

(王贵忠)

附:一、中共永和县委书记、副书记、常委名单

书　记: 郭行杰(12月离职)

副书记: 梁秀娟(女)　郭　波(3月离职)　马连青(5月任职)

常　委: 马连青　廉海平(5月任职)　苏文龙　崔文学　李永升(5月任职)　白建成(5月离职)　弓记平(5月任职)　付景军

二、乡镇党委书记、副书记名单

芝河镇

书　记: 贺福平(5月离职)　冯润元(5月任职)

副书记: 冯润元(5月离职)　李　旻(5月任职)　段慧斌

桑壁镇

书　记: 郭记平(5月离职)　李　雄(5月任职)

副书记: 段永林(5月离职)　段东红

坡头乡

书　记: 白永明

副书记: 薛丽红(女,5月离职)　段永林(5月任职)　李　勇

交口乡

书　记: 韩永祥(5月离职)　薛丽红(女,5月任职)

副书记: 王连锁(5月离职)　田永峰(5月任职)　张海宏(5月离职)

阁底乡

书　记: 宋新亮(5月离职)　冯贵生(5月任职)

副书记: 冯贵生(5月离职)　白海艳(女,5月任职)　田永峰(5月离职)

打石腰乡

书　记: 段奇文(5月离职)　王连锁(5月任职)

副书记: 李　雄(5月离职)　徐引平(5月任职)　李彩宏

南庄乡

书　记: 刘永胜

副书记: 王　涛(5月任职)

中共运城市委工作概况

市委书记　白　云

2012年,在省委的正确领导下,运城市委坚持以科学发展观为指导,认真贯彻落实党的十八大精神和省委、省政府各项决策部署,团结带领全市干部群众,以工业新型化、农业现代化为重点,引领和带动市域城镇化、城乡生态化,大力实施工业强市和文化强市战略,全面加强经济、政治、文化、社会、生态文明和党的建设,各项事业取得了新进展、新成效。

一、强化领导、精心组织,深入学习宣传贯彻党的十八大精神

党的十八大胜利闭幕后,市委把学习宣传贯彻十八大精神作为首要政治任务,迅速召开常委(扩大)会议传达贯彻,及时下发关于深入学习宣传贯彻十八大精神的《通知》,制定出台《实施意见》,组建市委宣讲团深入基层开展宣讲60余场,举办了8期市管领导干部集中轮训班、培训干部1800余人。市委中心组先后开展了6次专题学习,市四大班子成员深入到基层联系点和分管领域进行宣讲,并分期在轮训班上作辅导报告。各县(市、区)、各部门加强组织领导,因地制宜开展了形式多样、丰富多彩的学习宣传贯彻活动,使十八大精神在农村、社区、机关、学校、企业等实现了全覆盖。

二、加快转变发展方式,促进经济平稳较快增长

全年完成地区生产总值1070亿元,同比增长7.2%;规模以上工业增加值344亿元,增长6%;固定资产投资827亿元,增长24.5%;社会消费品零售总额483亿元,增长15.7%;外贸进出口总额10.6亿美元,超额完成省定任务;财政总收入80.1亿元,下降8.4%;一般预算收入41.5亿元,增长1.8%;城镇居民人均可支配收入18616元,增长16.8%;农民人均纯收入6622元,增长17.8%。

市委、市政府成立工业强市领导组,召开动员大会,制定出台了《行动方案》。市财政拿出1亿元专项资金用于工业贴息贷款和引导扶持。市级四大班子成员包联84个重点项目

和企业，帮助解决土地、资金、用水、供电等问题130余个。启动实施27个传统产业改造升级项目，焦炭行业整体重组实现新突破。着力培育壮大新兴产业，汽车和运输设备、铝镁深加工、新型化工、农副产品加工、高新技术等五大产业预计全年完成增加值165亿元，同比增长14.5%。举办第十二届产学研合作活动，邀请14家科研院所、大专院校的院士、专家与市金属镁企业进行对接洽谈，西北工业技术研究院运城分院挂牌成立，并与银光镁业合作共建“高性能镁铝合金应用研发中心”。深入推进“品牌兴市”战略，新增3件中国驰名商标、15件省著名商标，成为全省唯一的全国商标战略试点市。加快推进有条件的企业上市融资，10家优势企业列入全省上市资源储备库，永东化工正在中国证监会排队等待审核，中磁科技已进入申报阶段，青山化工、粟海集团正在进行股改。加大金融支持力度，举办第八届银保企洽谈会，全市各项贷款余额713.4亿元，较年初增长17.9%，其中中小微企业贷款221.8亿元，较年初增长25.3%。着力推进企业强强联合，先后与中石化、中煤集团、江苏绿港公司、郑煤集团、山西焦煤集团、美特好集团等20余家省内外企业洽谈对接。中石化新星公司与本市合作开发地热资源；郑煤集团投资42亿元的80万吨氧化铝项目在平陆奠基；焦煤集团与本市签署了战略合作协议，投资整合运城盐化、大运重卡、安瑞风机、天海泵业等企业；阳煤集团与千军铝业成功重组，并计划投资40亿元，在铝深加工、农业开发、现代物流、煤化工等产业领域进行深度合作；美特好集团投资53.2亿元，在中心城区建设仓储物流中心和商超区域总部，在13个县(市、区)建设农产品生产加工基地和大型商业综合体。全市预计完成工业投资520.8亿元，同比增长37.6%。

粮食生产喜获丰收，总产达到30.4亿公斤，同比增长21.7%，创历史最高年。加快现代农业示范区建设，启动实施运城国家农业科技园区建设，打造国家一流的杂交小麦及转基因棉花科技创新中心；盐湖区国家级现代农业示范区总体规划通过评审、绿港现代农业示范园项目进展顺利，永济国家级农业产业化示范基地、新绛国家级农业标准化生产示范县建设加快推进。大力发展“一村一品、一县一业”，661个专业村主导产业占农民人均纯收入的50%以上，7个省级基地县主导产业占农民人均纯收入的59%。市财政拿出3000万元专项扶持农产品加工龙头企业，市级以上龙头企业发展到245家，其中省级30家、国家级6家，全市农产品加工转化率达到45%。大力加强农田水利基础设施建设，黄河小浪底引水工程开工建设，“三引六扩、河库成网”重点项目建设扎实推进，新增有效灌溉面积20万亩。加快推进新农村建设，完成330个重点村“四化四改”、“五个一”工程建设任务。《人民日报》、人民网刊发了《山西运城全力发展现代农业开启致富新天地》文章。

中铝山西分公司50万吨氧化铝挖潜改造项目、大运汽车集团年产1万套货厢和2万套车架项目、中远机械高速列车刹车盘项目、阳煤丰喜年产8万吨环己酮和10万吨己二酸项目等一批项目建成投产，同誉公司年产600万只铝合金汽车轮毂、盐湖九龙高效节能电机、亚宝药业芮城工业园、广亚铝业永济工业园等一批项目正在加快建设。全市共实施省、市重点项目243项，年内计划投资868.9亿元，完成投资978.6亿元，投资完成率113%。全年共落地1300余个项目，落地投资额突破2000亿元，占省下达全年落地任务的262%。

全市市政公用设施完成投资24.3亿元，城镇化率达到41.2%。启动实施总投资54亿元的30项重点工程，禹都公园、南山生态修复等项目全面开工，东部城镇化项目加快推进；集中开展城建质量提升综合整治行动，市容市貌得到有效改观。完成12个县城建筑风格规划编制，供热、供气、污水处理、垃圾处理、园林绿化等一批市政公用设施相继建成。

全面启动晋陕豫黄河金三角承接产业转移示范区建设，各项工作已全面铺开、有序推进。坚持“走出去、引进来”，积极参加中博会、能博会、晋商大会等大型招商活动；成功举办山西运城(广州)经济合作暨招商推介会，达成合同意向项目18项、总投资170.5亿元；组织党政考察团赴陕西渭南、河南三门峡考察学习。行政审批事项由过去的331项减少到116项，运城海关、运城出入境商品检验检疫局获准设立。全年共实施招商项目389项，实际到位资金562.3亿元。

三、加强社会主义民主政治建设，加快依法治市进程

切实保障人大及其常委会依法履行职能，支持市人大围绕转型跨越发展中心工作及维护人民群众切身利益等重大问题，实施法律监督、开展调研视察和工作评议。支持市政协围绕发展装备制造业、文化产业、农业示范区建设等，进行调查研究、协调讨论，履行好政治协商、民主监督和参政议政职能。认真落实党的民族、宗教、侨务和对台政策，深入推进“同心”品牌工程，巩固和发展最广泛的爱国统一战线。进一步加强对工会、共青团、妇联、科协、文联等群众团体的领导，支持他们依照法律和章程开展工作。高度重视党管武装工作，多领域推进军地军民融合发展，荣获“全国双拥模范城”称号。加强基层民主决策、民主管理、民主监督，推行党务、政务、厂务、村务公开。深入开展普法教育，继续引深政法队伍纪律作风大整顿活动，依法行政和社会法治化管理水平不断提升。

四、加快建设文化强市，不断提升文化软实力

广泛开展“运城精神”表述语征集活动，发现、树立和宣传荆保山、冯玉锁等一批先进人物和先进事迹，深入开展公民道德建设和群众性文明创建活动。稳步推进文化体制改革，完成15个电影公司、16个文艺院团改革任务，启动关帝庙、李家大院、永乐宫景区管理体制改革工作，荣获“全国文化体制改革先进地区”称号。大力实施送戏下乡、送书下乡等5项文化惠民工程。《咆哮无声》、《山村母亲》等一批文艺作品获得广泛好评，《生命》获文化部多项大奖，电视连续剧《李家大院》开机拍摄。楹联文化事业蓬勃发展，被评为“中国最佳楹联文化城市”。成功举办关公国际文化旅游节、舜帝德孝

文化节、永乐宫书画艺术节等活动。以关公文化、根祖文化、盐文化为龙头,挖掘内涵、整合资源,全力打造“五千年文明看运城”历史文化品牌。“关圣文化建筑群”列入《中国世界文化遗产预备名单》前5名。全市文化产业经营单位发展到1924家,文化产业增加值占GDP的比重进一步提升,全年旅游总收入达到166亿元,增长31.7%。

五、着力保障和改善民生,积极维护社会和谐稳定

全年用于农林水事务、教育、医疗卫生、社会保障和就业的支出分别增长14.6%、21.3%、11.6%和8.4%。全市共实施市级民生工程38项。农村新的“五个全覆盖”全部完成。圆满完成省下达的21323贫困人口脱贫任务,5个贫困县农民人均纯收入增长15%以上。各类保障性住房开工建设12814套、竣工7004套。全面完成123.5万低收入农户免费供应取暖用煤工作。千方百计拓宽就业渠道,城镇新增就业6.8万人,转移农村劳动力11万人,登记失业率控制在1.82%以内。统筹抓好各类教育工作,高考达线人数实现十连增,囊括了全省文理两科状元。加强卫生服务体系建设,县乡村三级医疗卫生机构达标率达到98.4%,新型农村合作医疗参合率达到99.6%。进一步健全完善养老、失业、医疗、工伤等社保体系,城乡低保和企事业人员养老金保障标准有了新提高。持续开展“严打”整治活动,保持对各类刑事犯罪的高压态势。进一步加强信访工作,全市进京非正常重复上访人次同比下降74.1%、全省排名第十,无一起赴省重复集体访、全省排名第十一。高度重视安全生产,全市各类事故同比下降10.4%。

六、加强生态文明建设,努力建设美丽运城

大力发展循环经济,2012年前三季度全市万元GDP能耗下降4.16%。加快淘汰落后产能,实施节能技术改造项目117个,节约标准煤106万吨。大力开发利用地热、风能资源,加快发展新能源产业。在全省率先实现天然气主管网13个县(市、区)全覆盖。大力实施植树造林工程,共完成各项工程造林55.5万亩,占全年总任务的167%。集中开展涑水河环境综合治理,主要污染物排放总量得到有效控制。深入推进农村环境连片整治,第一批示范项目基本完成。全市环境空气质量稳定达到国家二级标准。

七、加强和改进党的建设,进一步提高党建工作水平

深入开展保持党的纯洁性学习教育活动,共有30余万人次接受教育。全市21万名党员在同一时间参加“重温入党誓词、永葆党性纯洁”教育活动。组织开展“优秀共产党员先进事迹文艺展演周”活动,在全市巡演200余场次。围绕建设“学习型党组织”,加大干部教育培训力度,共培训干部2万余人次。

创新实施了“千名优秀年轻干部成长工程”,干部选拔任用工作和组织工作满意度均名列全省第一。鼓励和支持非公有制经济组织和新社会组织引进人才,被主流媒体誉为“运城新政”,新华社专门编发了新华内参《国内动态清样》。深入开展“热爱运城、回乡创业”活动,激发了在外人才回报家乡的热情。深入开展干部下乡住村活动,全市共有5702名干部深入2703个贫困村开展帮扶工作,结对帮扶困难户3579户,帮助引进项目920个,解决实际问题4434个。

引深以“放胆争先、奋勇跨越”为主题的创先争优活动和“基层组织建设年”活动,积极构建“五七三三”党建工作机制。在农村基层开展“领头雁”培训活动,在街道社区开展“一化三建一提升”活动,在机关、学校开展“五型四好三满意”活动,在市管企业开展争创“四强”党组织、争做“四优”共产党员活动,在非公有制经济组织、新社会组织中实施“五个二”工程,基层党组织建设得到全面加强。

将警示教育的范围由机关干部延伸到社会各个方面,实现了廉政教育的全覆盖,共教育党员干部45.8万人次;对全市警示教育基地进行大规模的重建提升,新建了运城市、盐湖区廉政警示教育基地。在总结提升“阳光农廉网”成功经验的基础上,延伸创建了覆盖党务、政务、司法和公共服务单位办事“四公开”的“阳光运城网”。全国村务公开民主管理现场会、全国农村经营管理信息化建设经验交流会在运城召开。省委袁纯清书记在《人民日报》发表了《用信息技术搭建基层民主新平台——关于山西省运城市“阳光农廉网”建设的调查》署名文章。扎实推进信息公开和诚信体系建设,巩固工程建设领域突出问题专项治理成果;加大纠风治乱工作力度,全力解决损害群众利益的突出问题;深入开展“吃拿卡要”问题专项整治。全市共立查案件1063件,处分各类违纪人员1163人。

(卫 鹏)

附:中共运城市委书记、副书记、常委名单

书 记:高卫东 (1月离职) 白 云(1月任职)

副书记:王安庞 董鹏翔

常 委:王殿民 赵建平 陈振亮 常建忠 王 蕾 崔克信 于 波 刘桂国 王正风 韩 宇(挂职,6月任职)

中共盐湖区委工作概况

区委书记　王志峰

盐湖区有党委30个，党支部819个，党员17833名。2012年，区委团结带领全区人民，以科学发展观为指导，紧紧围绕转型跨越发展这一主线，着力提升人民群众的幸福感和安全感，积极探索经济发展新思路、社会管理新模式、城乡统筹新路径、文化建设新载体和干部管理新机制，加快把盐湖区建设成为经济发展较快的集中区域、社会秩序良好的首善之区和生态环境优美的宜居城市，全区经济社会发展取得了显著成效。

一、以培训教育提高为重点，全面加强党的建设，为全区转型跨越发展提供坚强保障

抓学习。积极开展"大教育、大培训、大提升"工程，先后邀请国内知名专家、学者和领导干部授课讲学，培训干部6000余人次。采取集中培训的方式，对全区科级领导干部、农村"两委"主干、大学生村干部3个层面1300余人进行了十八大精神学习专题培训。大力开展"送学下乡"、"送教下乡"等多种活动，全面提升基层干部应对农村各种问题的方法和能力。

抓队伍。深入开展了创先争优活动、保持党的纯洁性学习教育活动和基层组织建设年活动。各级党组织完成承诺事项1360余项，党员完成承诺事项6700余项，全区729个基层党组织中722个已经实现晋位升级，转化率达99.04%。大力开展非公经济组织"党组织组建攻坚行动"，全区2867家非公有制企业全部纳入了党的组织覆盖中。

抓作风。不断加强对干部作风的监督检查，及时查处解决干部作风建设中存在的突出问题。通过强化宣传培训、规范网页内容、实行网页巡查、督查督导、健全制度、严格考核，全面推进阳光农廉网工作。最大限度地保证了强农惠农资金的安全使用，有效解决了农村长期以来存在的党务、村务、财务不公开的问题。

抓廉政。始终把查办案件作为各项工作的重中之重，不断加大工作力度。市、区两级廉政警示教育基地自投入使用以来，市直单位和盐湖区已有97批、7800余人次的党员干部、公职人员接受了廉政警示教育。

二、着力构建新型产业体系，推动区域经济实现转型跨越发展

全年地区生产总值完成162.1亿元，增长12%；财政总收入完成22.5亿元，增长7%；城镇居民人均可支配收入完成19661元，增长13.4%；农民人均纯收入完成7405元，增长14.5%。

农业方面：全区设施农业新增1万亩，新增干果经济林2万亩。绿港、颐源、润源等一批农业龙头企业相继建成。加快现代农业主题公园建设，完善园区基础设施。紧抓"三品一标"认证工作，认证面积63万亩。打造涑水牌韭菜、舜帝牌无公害蔬菜、关公故里水果、路露红苹果等多个品牌，申报了王过酥梨、晋南黄牛等多个地理标志。盐湖区国家现代农业示范区总体规划编制完成，并通过国家农业部评审。国家农业部和国家旅游局联合认定盐湖区为国家级休闲农业与乡村旅游示范县（区）。

工业方面：博鸣木业引进德国和意大利管理技术人才，实现了技术研发、生产经营、市场销售的快速发展，产品产销量同比均增长一倍以上。打造盐湖工业园区、医药园区、高效机电园区等专业化园区，营造产业配套的良好环境，打通资本进入通道，吸引亚宝药业、三一重工、喜洋洋新能源等一批企业相继落户盐湖，全年全区重点项目投资超过120亿元。研究出台《运城市盐湖区人民政府转型发展专项引导资金管理试行办法》，设立转型发展专项引导资金1亿元，采取贴息、股权投入、奖励3种方式，扶持优势企业和优势产业发展，现已投入5000万元用以上述项目。

三产方面：强化规划引导、集聚发展、品牌建设和政策扶持，加快构建具有盐湖特色的文化产业发展格局，重点推进"文化的产业化"和"产业的文化化"。聘请泛华集团、北京大学文化产业研究院对盐湖区全域经济发展和盐湖文化产业园区进行规划。响亮提出"把创意当成生意，让智慧变成实惠"，清华清尚集团文化创意孵化基地、北京大学文化创意谷、华宇阳光欢乐嘉年华等项目落户园区，22家高端设计公司签约入驻。

三、创新社会管理模式，切实保障和改善民生，推动各项社会事业全面发展

区委出台三级议事例会制度，确定每月的11日、21日和1日分别为村级、乡镇和区级议事例会日，及时解决群众诉求，并实行了每周六进行工作交流汇报制度。推行社区网格化管理，将全区划分为462个网格，网格长全部到位，楼院长531名，设立党小组457个，网格化的管理体系基本形成。区委、区政府主要领导，轮流坐班区信访服务中心，接待信访群众328批415人次，化解信访问题316件，化解率达到96%，梁博珍等一大批信访老户息诉罢访，全年新增信访量明显下降。

在扎实推进就业、社会保障、基本医疗卫生、住房保障、社会养老等工作的同时，始终把改善和保障民生作为工作的

重点。大力实施通道绿化、城市出入口绿化和村庄绿化,全区森林覆盖率提高了2个百分点。以城郊村城市化改造和特色小城镇建设为重点,加快城乡一体化进程,全区44个城中村全部完成改造建设规划,曹允村、陶上村等5个试点村改造工作全面铺开,100余户居民已喜迁新居。解州小城镇改造规划通过评审,已全面进入实施阶段。龙居镇赵村、冯村乡郭店村等19个村的生态环境得到明显改善,农民生活质量显著提高。

深入开展了“打黑除恶”、“两抢一盗”、“晋安利剑行动”等一系列专项活动,全年共破获各类刑事案件635起,其中现发命案13起全破,打掉犯罪团伙15个,抓获各类犯罪嫌人179名。全年共受理各类案件4666件,已结案4325件,结案率达92.7%。区委充分发挥综治成员单位职能作用,在安全保卫、学生接送、饮食住宿、消防安全、用电安全等49个方面,深入细致地对全区22个乡镇办及市管中小学幼儿园进行集中整治和严肃处理。

成功举办第三届德孝文化节,扎实开展德孝文化实践活动,50余个德孝义务讲师活跃在全区30多个德孝大讲堂,已有上万名群众自觉参加了德孝文化学习。积极探索养老新模式,发展农村和社区老年人日间照料中心30余个,启动运行了全省首家居家养老信息平台。2012年,盐湖区委被授予“全省创先争优先进党委”称号。 (李世清)

附:一、中共盐湖区委书记、副书记、常委名单

书　记: 王志峰
副书记: 王吉敏　郭一民
常　委: 陈建国　徐志英　姚广林　靳学武　钟立伟　常　正　黄亚平(女)

二、乡镇(街道)党委(党工委)书记、副书记名单

席张乡
书　记: 李俊龙
副书记: 卫开河　杜自勤
金井乡
书　记: 杨保园
副书记: 霍国荣　王军杰
上郭乡
书　记: 牛　睿
副书记: 王玉成　曹　峰
上王乡
书　记: 吴建华
副书记: 高　翔　王迎霞(女)
王范乡
书　记: 邓永红
副书记: 吴肖江　王东海
冯村乡
书　记: 李　宣
副书记: 谷超峰　邵运红
龙居镇
书　记: 苏引萍(女)
副书记: 王根强　李路明　李永莉(女)
北相镇
书　记: 马福森(3月离职)　张天才(兼,6月任职)
副书记: 朱建有　席永民　赵跃辉
泓芝驿镇
书　记: 张海滨
副书记: 郑　魁　南庭芳(女)
三路里镇
书　记: 叶建军
副书记: 苏建龙　王　鹏　陈晓娟(女)
陶村镇
书　记: 陈拥军
副书记: 王杰妮(女)　景志才
东郭镇
书　记: 雷　刚
副书记: 樊春云(女)　相秋喜
解州镇
书　记: 靳志球
副书记: 李朝霞(女)　赵洪波
车盘街道
书　记: 杨世进
副书记: 孙　鹏
姚孟街道
书　记: 邢学渊
副书记: 徐智勇　石自勇　张保国
大渠街道
书　记: 卫晓军(6月离职)　徐志英(兼,6月任职)
副书记: 仝粉娥(女)　赵登新
安邑街道
书　记: 张大虎
副书记: 马永胜　何光华
东城街道
书　记: 李致峰
副书记: 赵志云　岳国林
西城街道
书　记: 赵　屹
副书记: 何文龙　闫青云(女)
南城街道
书　记: 邵红福(11月离职)
副书记: 杨连智　王晓平(女)　周　荣
北城街道
书　记: 谢忠义
副书记: 淮占胜　王　光
中城街道
书　记: 武卫民
副书记: 许俊霞(女)　刘建章

中共永济市委工作概况

市委书记　陈　杰

截至2012年底，永济市共有党总支35个，党支部744个，党员16545名，其中新发展党员481名。2012年，在运城市委、市政府的正确领导下，永济市委深入学习贯彻党的十八大精神，坚持以科学发展观为统领，团结带领全市人民，紧紧围绕“打造五个永济、建设明星城市”奋斗目标，大力实施“四个主题年”活动，强力推进“四十＋双五”工程，锐意进取、克难攻坚，砥砺奋进、扎实苦干，经济社会发展呈现出了稳中有进的良好态势。

一、党建情况

建立市镇村三级“一站式”机构，搭建党建服务民生平台。设立市委党建服务民生指导中心，配备专职工作人员5名，财政每年拿出专项经费130万元，负责指导全市党建服务民生工作开展；整合镇（街道）党建、农经、民政、信访、计生等各个部门，在10个镇（街道）设立党建服务民生工作站，开通“信访司法、民生综合、农业综合”3个窗口，直接受理群众所办事项和反映的各类问题；在全市265个行政村和23个城市社区设立党建服务民生代办点。全年镇级工作站共为群众办理事项2200余件，村级代办点共代办群众事项3100余件。

突出民愿民事“全程化”办理，畅通党建服务民生渠道。在收集民情民意上，由全市40名副县级领导、111个市直单位和137名镇（街道）机关干部分包265个行政村和23个社区，每季度召开一次民情民意恳谈会，并在各村（社区）醒目位置设立民情民意见箱，倾听群众呼声，征求群众意见。在办理民愿民事上，每季度召开一次“民情交办会”，由市委主要领导面对面交办给市委市政府分管领导和相关职能部门，按照“即办件”、“交办件”、“补办件”、“上报件”分类加以解决。在落实民生事项办理上，由市委党建服务民生指导中心会同纪检、督查等部门，定期深入各单位督查督导，并在下季度召开上季度民事交办汇报反馈会，通报进展、研究问题、促进办理。

推行党建责任田“无缝隙”覆盖，丰富党建服务民生载体。将全市12万户城乡居民户确定为党建“责任田”，选定1300名党员示范户分片承包，每户示范户辐射60—100户不等，每月到“责任田”逐户走访一次，了解社情民意、化解矛盾纠纷、协助办理民事，发挥“八大员”作用，即政策宣传员、党建指导员、民情信息员、民生服务员、民事调解员、综治维稳员、廉政监督员、村（市）容协管员。市委为1300名党员示范户配备了专门的工作手机，每人每月补贴30元工作经费，并在8月中旬组织10名优秀党员示范户代表到全市10个镇（街道），对普通党员、村组干部、群众代表等进行了巡回宣讲。

开展党员与特困户“一对一”帮扶，引深党建服务民生内涵。在党建民生年活动中，抽调2264名党员干部开展“一对一”结对帮扶2264名特困户活动，定帮扶措施、记民情日记，并做到“五必到、五必助”（重大节日必到、生病住院必到、红白喜事必到、家庭变故必到、涉法问题必到，衣食不足必助、子女辍学必助、重大疾病必助、高龄老人必助、突发事件必助）；设立爱心救助基金，通过党员干部自愿捐款、社会爱心人士捐助等形式，共募集资金120万元，主要用于特困户救助及因意外事故、重大疾病等原因致贫的特殊群体；在“七一”前夕，开展了“党的生日、百姓节日”大型走访慰问活动，共走访慰问群众2300余人次，送去爱心物资80余万元。

二、经济发展情况

2012年，全市生产总值完成119.4亿元，同比增长13.5%；规模以上工业增加值完成39.6亿元，同比增长20.6%；财政总收入完成6.005亿元，同比下降5.7%；一般预算收入完成2.819亿元，同比增长16.8%；社会消费品零售总额完成38.6亿元，同比增长18.3%；固定资产投资完成63.3亿元，同比增长34.2%；城镇居民人均可支配收入19175元，同比增长15.2%；农民人均纯收入完成8082元，同比增长13.5%。

经济发展在工业带动下，后劲明显增强。狠抓工业项目的落地、投产和达效，全年先后有10个重点工业项目落地，其中8个项目建成投产，特别是全国500强企业之一的阳煤集团和全国知名企业广亚集团入驻永济市，为工业经济发展注入了新的强大动力。将招商引资任务层层分解，并严格执行招商奖励和考核办法，全年固定资产投资达到63.3亿元，同比增长了34.2%，特别是以工业为主的二产投资完成33.72亿元，同比增长了60.9%。全年招商引资到位资金达53.7亿元。重点完善配套铝深加工、机电配套和农副产品加工三大园区，进一步提高园区承载力和吸附力。继许家营农产品加工园区被确定为“全国农业产业化示范基地”之后，铝深加工产业园区又被省发改委确定为全省唯一一家“省循环经济试点园区”和运城市重点建设的15个工业园区之一，机电配套园区被国家科技部命名为“国家火炬特色产业基地”。同时，“三农”工作保持较快发展势头，粮食总产创历史新高，再次被评为“全国粮食生产先进市”。

城市建设在创建活动中，功能日臻完备。全年先后启动实施了十大城建重点工程，特别是中心汽车站建设工程，成为永济的标志性建筑;城市供热管网改造一期工程从启动到完工不到100天,成为永济建市以来最大的市政工程和民生工程;随着东环路及涑水西街的贯通,城市内环已经形成。集中开展城市质量提升和城市综合治理整顿活动,对市容市貌进行"手术式"改造,对城区环境卫生实行"网格化"管理,城市面貌大为改观。2012年5月,运城市特色城镇化现场会在永济市召开,本市还代表运城市接受了省委考核组关于城镇化工作的督查。进一步实施了舜帝山、涑水河滨河和蒲园三大公园绿化工程,全市绿化覆盖率、绿地率分别提高到40.06%和33.5%。特别是全市人均公共绿地面积提高到8.7平方米,分别高于全国和全省人均公共绿地水平0.2平方米和0.7平方米。

文化旅游在提质加速中,引领作用突显。成功举办了"中国·永济首届鹳雀楼诗歌文化节",面向全球华人征集优秀诗歌,共征集各种古、新体诗7656首,作品遍及31个省、市、自治区和港澳台地区。永济市被授予"中华诗词之乡"和"中国诗人之家"荣誉称号。聘请国内著名研究院所对全市旅游文化产业进行统一规划,并对鹳雀楼、普救寺、大铁牛和蒲州古城四大景点分别进行专项规划。在建成一批镇街道综合文化站、农村文化活动场所以及农家书屋的基础上,先后3次在舜帝山森林公园举办了大型广场文化惠民周活动,10万余市民免费享受到了文化盛宴。

社会管理在创新实践中,水平不断提升。建立了市社会矛盾调解中心,成立了九大行业调委会,深入开展了社会矛盾大排查和信访积案大化解两个"百日会战"活动,实现了十八大期间信访"零非访"和安全"零事故"的"双零"目标。实行城区"三警"联勤巡逻和农村"无缝隙"联防,特别是在市域范围内实施视频监控"全覆盖"工程,成为全省首家实现治安视频监控"全覆盖"的县(市)。坚持命案必破、群体性寻衅滋事严打、强买强卖重处,始终保持高压态势,组织召开了全市社会管理综合整治警示教育大会。全市已连续12个月实现了刑事、治安案件"双下降",连续90余天没有发生一起刑事案件。

(史晓媛)

附:一、中共永济市委书记、副书记、常委名单

书　记:陈　杰

副书记:朱晓东　高春宁(5月离职)

常　委:刘　明　孙中全　李建武

李金章(7月离职)　张廷耀　陈旭光　付　刚

李立勇(7月任职)

二、乡镇(街道)党委(党工委)书记、副书记名单

城东街道

书　记:韩　波

副书记:李忠东　李兴园

城西街道

书　记:李晓军

副书记:刘晓鹏　燕建刚

城北街道

书　记:张转运

副书记:王大凤　吕晓斌

虞乡镇

书　记:柴卫国

副书记:许管哲　周百友

卿头镇

书　记:张泽锋

副书记:尚卉泽(女)　姜　鹏

开张镇

书　记:王永明

副书记:李海峰　李行兵

栲栳镇

书　记:孙文伟

副书记:宁　昕　张永辉

张营镇

书　记:史云峰

副书记:杨　杏(女)　展红强

蒲州镇

书　记:麻亚龙

副书记:聂学政　张军峰

韩阳镇

书　记:苏红伟

副书记:闫　勇　宁　凯

中共河津市委工作概况

市委书记　胡　宝

河津市2012年共有基层党组织686个,其中党委18个,党总支42个,党支部626个,共有党员12988名,其中农村党员7703名。2012年,在省委、省政府和运城市委、市政府的正确领导下,河津市委团结带领全市广大干部群众,坚持以科学发展观为指导,按照"创新机制激活力、创造品牌促转型、创优环境快发展、提升社会管理、提升党建水平"的"三创两提升"的总体要求,抢抓转型综改试验区和晋陕豫黄河金三角承接产业转移示范区建设的重大机遇,大胆解放思想,正确研判形势,克服重重困难,各项工作都取得了新成绩。

全市完成GDP184.7亿元，工业增加值85.1亿元，财政总收入12.2亿元，一般预算收入6.3亿元，固定资产投资97.7亿元，社会消费品零售总额61.2亿元，城镇居民人均可支配收入19176元，农民人均纯收入8625元。

一、逆势突围，乘势转机，转型发展迈出新步伐

2012年，全市大力实施工业强市战略，提出"一保二上三转"的发展思路。一保，就是保现有企业生存和运行，实行县处级领导干部包项目、包企业、包煤矿工作制度，帮助企业破解原料、土地、资金等发展难题，加快煤矿复工复产。二上，就是坚持项目建设不动摇，上好项目、上新项目，在2011年实施总投资263亿元的55个重点项目基础上，确定了总投资102亿元的60个重点工程和项目，其中工业项目20个、农业项目10个、基础设施项目30个。阳光集团120万吨焦炭产能整合、中铝50万吨氧化铝挖潜、康培集团千亩优质苗木等20个完工，宏达高炉技改、龙门集团150万吨水泥等28个项目进展顺利，达康集团铁路专运线等12个项目正在开展前期工作。三转，就是深化对接合作，引进新技术，承接新产业，加快推进全市工业经济由资源依赖型向创新驱动型转变。加大招商引资力度，30个项目落户河津，到位资金59.23亿元。同时，大力发展现代农业和服务业，新增蔬菜水果面积1.2万亩、干果经济林3.1万亩(核桃2.65万亩)；发展"一村一品"专业村16个、农民专业合作社64个；发放惠农资金4630万元，干部下乡住村包村增收活动成效明显。迪宝大厦、曙光集团铁路专运线等7个项目有序推进。

二、统筹推进，超常发展，城乡建设展现新面貌

围绕建设"大城区、小城镇、中心村"目标，实施总投资15.5亿元的30项基础设施工程，加快推进城乡建设。坚持任务不变、标准不降、钱数不减、时间不拖，农村新的"五个全覆盖"工程全部完成；九龙大街、台头庙休闲广场、城南排洪渠、馨苑小区二期等工程有序推进；总投资1.2亿余元的公检法司、武装、民政等十大业务用房进展顺利；高禖庙旅游路和209国道西卫段改造工程全面完工，城市汽车客运站项目加快建设；石庙梁输变电工程、低压线路和台区、高损台区、智能电表改造工程均已完成，老窑头输变电工程基本完工；柴家和小梁流域沟坝地治理、遮马峪河护岸和常好段排洪工程等项目全面完工。

三、加大投入，共享成果，民生福祉得到新增进

优先发展教育事业，完成7所乡镇中心幼儿园，建成23所特色小学，高考二本达线人数1432人，再创历史新高。全面实施国家基本药物制度，提高20种大病补偿标准，新农合参合率达到98.8%；完成市人民医院改革试点工作，总投资1.5亿元的市人民医院新建工程进展顺利；顺利通过省级卫生城市检查验收。社会保险扩面征缴工作有序推进，五保供养保障标准进一步提高，发放城乡低保金和大病医疗救助金2800余万元。扎实推进山区群众安居工程，投资1.25亿元的南桑峪新村建设三期和陈家岭危房改造一期工程主体全面完工。

四、维护稳定，促进和谐，社会管理实现新加强

严格落实信访工作责任制，及时排查化解各类信访矛盾，全年接待来信来访356批452人次，批次和人次同比分别下降2.7%和34.3%，处理疑难案件28件，化解突出矛盾纠纷431件，25件上级交办案件全部办结。作为运城市唯一的全省信访维稳直联县，未发生群众进京重复访和赴省集体访。开展社会治安重点整治"三项战役"活动，治安防控体系进一步完善，群众安全感进一步增强。深入开展煤矿、非煤、危化等行业专项整治，安全生产形势稳定好转。新增林地面积3.7万亩，二级以上天气达到338天。全市人口自然增长率为5.95‰，控制在6.5‰以内。工青妇等人民团体的桥梁纽带作用进一步发挥。

五、配套政策，完善设施，文化建设取得新进展

大力发展文化产业，实施"四个三"工程：制定出台《关于推进文化强市若干政策意见》、《文化强市行动方案》、《关于加强全市宣传文化队伍建设的实施意见》三项配套政策，精心打造古耿文化旅游圈、龙门文化旅游圈和黄河文化旅游带三大文化旅游板块，建设台头庙休闲文化广场、高禖庙旅游路、龙门景区三大文化项目，培育体育文化、高档家具、琉璃艺术三大文化产业。开展文化下乡活动，送戏下乡400余场，放送电影1700余场，图书文化大楼主体完工，7个乡镇文化站和148个村的农家书屋建成投用，公共文化服务体系逐步完善，荣获"中国楹联文化城市"称号。

六、夯实基础，激发活力，党建水平有了新提升

扎实开展保持党的纯洁性教育活动和学习宣传贯彻党的十八大精神活动，精心组织"聚焦重点工程"、"优环境、强职责、促发展"等系列报道，营造了良好的发展氛围。加强新兴媒体的建设与管理，进一步提高了化解处置突发性舆情信息能力。按照德才兼备、以德为先的原则，坚持在转型一线发现、选拔和使用干部，制定出台了《中共河津市委常委会干部任免票决办法(试行)》和《河津市选拔任用科级领导干部初始提名办法(试行)》，分两批次调整干部108人，其中平职调整47人，新提任干部61人，配齐配强了乡镇领导班子，调整优化了市直科局级领导班子。深入开展基层组织建设年活动，继续推进创先争优活动，大力实施晋位升级、"领头雁"培养等八大项目，非公企业党组织实现全覆盖。农村主干岗位报酬进一步提高，卸职主干每月生活补贴最高达500元，基层党员队伍活力进一步激发。在全市开展了"优环境、强职责、促发展"活动，进一步优化了发展环境，减轻了企业负担，增强了发展后劲。投资140余万元建设改造阳光运城网河津服务中心和市乡村三级阳光农廉工作场所，实现为民服务一站办结。集中开展"整治吃拿卡要、创优发展环境"活动，查处10案14人。开展食品安全、涉农资金、住房公积金管理等专

项检查,开办《纠风在线》节目,坚决纠正和查处不正之风。以市乡两级警示教育基地为载体,丰富内容,增强辐射,1.4万余名党员干部接受教育。加大案件查处力度,立案调查违纪案件68件,处理违纪人员71人,为经济社会发展营造了风清气正的社会环境。

(原红斌)

附:一、中共河津市委书记、副书记、常委名单

书 记:胡 宝

副书记:杜中伟 董 耿

常 委:高克敏 胡凯旋 李满刚 王同华 赵红权 薛永琦 贺红林

二、乡镇(街道)党委(党工委)书记、副书记名单

城区街道

书 记:卫俊清

副书记:贺正平(2月离职) 杨敬军(3月任职) 陈美敏(女)

清涧街道

书 记:吕武荣

副书记:闫新善 赵伟民

樊村镇

书 记:姚文生

副书记:薛将军 杨忠义

僧楼镇

书 记:薛新民(2月离职) 吕 平(2月任职)

副书记:王高红 张景良

赵家庄乡

书 记:蔡 斌

副书记:王 润(女) 董卫红(3月离职) 阮国珍(女,3月任职)

小梁乡

书 记:李赛梅(女)

副书记:杨敬军(3月离职) 董卫红(3月任职) 王 岩

柴家乡

书 记:张 军

副书记:许 瑛 何伟良

下化乡

书 记:吕 平(2月离职) 贺正平(2月任职)

副书记:赵红刚 薛红泽

阳村乡

书 记:柴虎杰

副书记:任鹏云 谭晓华

中共闻喜县委工作概况

县委书记 张汪尤

闻喜县共有党委27个,总党支43个,党支部779个,党员16845名。2012年,在省、市委的正确领导下,闻喜县委坚持以科学发展观为指导,以迎接党的十八大胜利召开和学习贯彻党的十八精神为主旋律,全面落实中央和省、市委决策部署,团结带领全县干部群众,开拓进取,奋力拼搏,全面推进政治、经济、文化、社会以及生态文明建设和党的建设,各项工作取得新进展新成效。

一、转变作风,从严管理,党的建设全面加强

邀请知名专家学者进行专题辅导学习十八大精神,认真抓好中心组学习、桐乡大讲堂等学习活动;举办十八大精神轮训班,集中轮训乡科级干部、农村主干、大学生村官1770人;组建县委宣讲团赴农村、社区、企业,开展宣讲86场。

出台加强领导班子思想政治建设意见,对科局级干部、农村主干、大学生村官进行了2次集中轮训;深入开展保持党的纯洁性学习教育活动,举办座谈讨论1392场次,走访干部群众8.3万人,全县1.6万余名党员的党性观念得到增强。

围绕转型发展配班子、选干部、建队伍,分4批次对纪检监察系统、人大政协内设机构、3所高中领导班子、部分乡镇领导班子和县直单位部分空缺领导职位进行补充调整。组织实施"七环联动";34名县级领导干部和343名科局级干部共下乡住村3286天,解决实际问题1200余个。大力实施人才强县战略,坚持"四重工作法"推进人才政策落实,制定非公企业和新社会组织引进人才细则。

引深创先争优和"基层组织建设年"活动,农村党建"双五"强基工程、机关党建"六个走在前头"工程顺利推进,非公企业党建实现全覆盖,社区党建"131"工程取得新进展,创建红旗党支部69个,转化"后进"党支部42个,设立非公企业党组织89家;实施农村领头雁培训工程,实行大学生村官"双定双考双述双评"制度。

集中开展整治吃拿卡要、创优发展环境专项行动,立案查处违纪案件83件,处理违纪干部83人;对35个县直部门的行政审批项目进行清理对接;对具有行政执法权、审批权限的31个单位的28名负责人和200个重点股室、158个重点乡镇站所进行2次评议,对评议结果差的31个股室站所

负责人及单位分管领导进行了通报批评和诫勉谈话；推进“一网九平台”工作，狠抓农村“三资”管理、惠农政策落实等专项检查，查结涉农案件42起，查处农村干部25人。

二、锐意进取，团结奋进，经济社会事业快速发展

全年地区生产总值完成94.7亿元，与上年基本持平；财政总收入在夯实收入基数的基础上完成5.14亿元，甩掉了背负多年的“包袱”；全社会固定资产投资总额完成73.2亿元，比上年增长23.3%；社会消费品零售总额完成28.2亿元，增长19.1%；城镇居民人均可支配收入完成18390元，增长14.2%；农民人均纯收入完成6125元，增长16%。

县委把2012年确定为“项目建设年”，实施重点工程项目31个，总投资110.9亿元，其中有15个项目被列为省、市重点建设项目。银光轮毂一期、金阳光蓄电池一期等13个项目已经完工；银光2万吨包芯线、森特技改二期、鑫宇豪包装等18个项目正在加紧实施。全方位开展招商引资工作，成功引进项目37个，总投资48.8亿元，累计到位资金12.8亿元，比上年增长15.3%。

全县规模以上企业达到31家，资产总额230亿元，比上年增加7%。传统产业升级加快，完成投资15亿元，新建改建重点项目11个，海鑫年产220万吨热轧板卷生产线完成设备安装，玻璃行业新上全自动机制玻璃生产线2条，银光集团建成代表世界先进水平的第一条镁合金汽车轮毂生产线。城西工业园区完成勘测、规划工作。全县新认定国家级高新技术企业1家、省级企业技术中心1家、山西省著名商标3件，申报各种专利70件。

粮食总产达到2.8亿公斤，增幅居全市第一。新增蔬菜种植6000亩、设施蔬菜3100亩、中药材1600亩、规模养殖小区3个、农业示范园区2个，全县初步形成58个“一村一品”特色专业村。新发展农民专业合作社77家、农业龙头企业7家，全县农民专业合作社达到483个，农副产品加工企业达到139家，土地流转面积超过10万亩。省级著名商标企业发展到3家，市级知名商标企业发展到28家。投资8.5亿元的东侯新农村连片示范区建设启动实施；投资2300万元的23个省级重点推进村“四化四改”和“五个一工程”建设任务全面完成。

宰相文化、汤王登山节等民俗节庆文化的影响进一步扩大；首届中国·闻喜花馍艺术节成功举办，创造4项世界记录；国内首部以楹联为题材的数字电影《喜满堂》在本县完成拍摄；全国首个“最佳楹联文化县”称号花落闻喜。鼓乐节目《闻喜马拉鼓车》荣获全国第十六届群星奖山西省赛区金奖；大型现代蒲剧《母亲的呼唤》荣获第十三届“杏花奖”4项大奖。文化产业经营单位发展到328家，文化产业增加值达到4.5亿元。完成后稷庙修缮、裴柏碑馆保护等文保工程，精心打造宰相村至陈家庄“一日游”线路，全年旅游总收入突破3亿元。

完成桃园路拓宽、苗圃路和牌楼西街改造等一批重点工程，启动实施兴闻街绿化和开发、老城棚户区改造等工程建设。实施完成县乡道路建设200公里、街巷道硬化1793公里，汤王山旅游公路、礼薛公路、桐阳公路等重点工程竣工通车。新一轮农网改造升级工程全面完成，全县8座农村变电站实现双源双变。小浪底引黄工程奠基开工，白土河防洪应急、水库除险加固等25个工程启动实施。

用于社保、就业、医疗、教育等方面的民生投入达到7.1亿元，比上年增长5.9%；“十件实事”全面推进，农村新“五个全覆盖”、警示教育基地和老干部活动中心建设等5件实事完成目标任务。城镇新增就业8756人，创业就业2549人；7所农村寄宿制小学和3所县城学校投入使用；县乡村三级医疗卫生机构达标率达到98.8%，新农合参保率达到99.95%。养老、医疗、失业等社会保险综合覆盖率达到95%。“天眼”工程建设实现县城全覆盖，深入实施“三项战役”等整治活动，治安案件发案率下降49%；开展隐患排查治理、打非治违等专项检查18次，整改安全隐患120处；受理群众来访129批387人次，办结117件336人次。

推进涑水河流域环境综合治理和城区企事业单位煤改气工作，治理超标排放企业17家，改造城区燃煤锅炉71台，城市污水处理率达到85%、燃气普及率达到86%，闻喜县被表彰为全省污染减排先进县。淘汰改造高耗能电机700余台，实施节能技改项目16个，单位GDP综合能耗前三季度同比下降3.6%。完成营造林面积4.8万亩、道路绿化192公里、高速路沿线磨盘岭绿化12座、园林村建设60个，森林覆盖率达到18.34%。全县污染物排放总量得到有效控制，二氧化硫、氮氧化物、氨氮排放量、化学需氧量、烟尘、粉尘排放量均超额完成全年目标任务，城区二级以上天数达到354天，超市下达任务54天。

（郭海生　李秀琴）

附：一、中共闻喜县委书记、副书记、常委名单

书　记：张汪尤

副书记：张建元　张春吉　逯光耀

常　委：王海生　李清水　潘　鹏　张武学

奥卯辰（5月离职）　高俊红（女）

孙　锐（5月任职）

二、乡镇党委书记、副书记名单

桐城镇

书　记：翟东旭

副书记：张阿俭　刘正岩　郭红旭

东　镇

书　记：张水忠

副书记：蔺晓普　李金平　赵景娟（女）

河底镇

书　记：梁松彬

副书记：高秀海　朱学敏

郭家庄镇

书　记：吉俊伟

副书记：刘红吉　支红梅（女）

凹底镇

书　记：冯峥嵘

副书记：王海峰　陈江武

礼元镇

书　记：任东波(8月离职)　张英奇(8月任职)

副书记：付晓霞(8月离职)　刘新吉(8月任职)　薛习飞(8月任职)

侯村乡

书　记：郭亚斌

副书记：吉俊红(女)　焦耀奎

裴社乡

书　记：史学敏

副书记：张文凯　王吉胜　张中宝(挂职)

后宫乡

书　记：薛耀东

副书记：李升龙　王　泽　史巍鹏(挂职)

阳隅乡

书　记：张安红

副书记：刘新吉(8月离职)　任艳萍(女,8月任职)　杨　朝

薛店镇

书　记：李明虎

副书记：张晏平　樊家宏　柴晓明(挂职)

神柏乡

书　记：徐剑昆

副书记：赵官民　张刘斌　杨海军(挂职)

石门乡

书　记：张英奇(8月离职)　付晓霞(女,8月任职)

副书记：王红波　王英华　王武华(挂职)

中共临猗县委工作概况

县委书记　赵惠民

临猗县共有基层党委25个,基层党总支21个,基层党支部712个,党员18863名。2012年,临猗县委紧紧围绕中央提出的"强组织、增活力、创先争优迎十八大"主题,按照"组织抓转型,党员谋跨越,党建促发展"目标要求,在全县基层党组织和党员中实施党建"六大工程",确立"四三"工作机制,有力提升了全县基层党建工作科学化水平。

一、抓住基层党建工作的承接点,确立三个工作抓手

抓责任分解,发挥各级领导的带头作用。坚持书记抓、抓书记,明确了县委书记、县委常委、乡镇党委书记和基础党支部书记抓党建工作的四级责任。

抓目标考核,发挥基层党委的主体作用。县委建立了基层党委抓基层党建工作目标责任考核评价体系,每年组织基层党委书记进行两次党建工作专项述职测评。

抓城乡共建,发挥县直部门的帮扶作用。结合干部下乡住村包扶增收活动,组织69个县直有关职能部门党组织与"一般"和"较差"的69个农村党组织结成帮建对子,签订帮扶承诺书。

二、找准基层党建工作的切入点,夯实三大工作基础

加强乡村两级活动阵地建设。县财政拨出专项经费150余万元,力促乡村两级活动阵地的上档升级。今年共对10个乡镇党委的活动阵地进行了改造加固,改善其办公环境和办公条件,对50个村级活动阵地进行了加固修缮。

扩大基层党组织的覆盖面。一方面,在农村积极探索"支部+协会"、"党员+协会"、"支部+园区"、"支部+企业"等组织设置新模式,全县已在各类专业合作社、协会建立党组织15个;另一方面,大力实施非公企业党组织"全覆盖工程",目前,全县共建立非公企业党组织72个,实现了全覆盖,在全市排名第二。

建立健全基层党建工作长效机制。一是结合文建明工作法学习推广工作,以嵋阳镇为试点,探索确立了"五三四"工作机制,组织各乡镇党委书记深入嵋阳镇党委进行了认真的学习观摩,召开了乡镇党委书记座谈会,下发了《临猗县深入学习推广文建明工作法实施方案》,进一步提升乡镇党委科学化工作水平;二是总结创先争优活动经验,建立健全了党建工作"三级联述联评联考"制度、党建工作责任追究制度、基层党组织和党员星级化目标管理制度及评比表彰奖惩制度、农村"两委"主干岗位报酬定期增资制度、非公党建党群一体化工作机制。2012年七一,临猗县委被省委表彰为"全省创先争优先进县委"。

三、把握基层党建工作的关键点,强化三支队伍建设

实施"领头雁工程",强化乡村两级党组织书记队伍建设。一是选好配强乡、村两级党组织班子,坚持人岗相宜原则,把乡镇党委领导班子结构要求和能力素质要求统一起来,做到知识能力相长、经历经验互补、性格气质相容、形成整体合力。各乡镇结合上半年工作考核情况,对22名不胜任现职的农村党组织书记进行了调整;二是建立激励机制,坚持不让老实人吃亏,把年度目标责任考核结果作为基层党委书记是否提拔重用的标尺,与农村党组织书记的绩效工资挂

钩,严格兑现奖惩。

实施“标兵工程”,强化党员干部队伍建设。一是开展“三争”活动,即:在农村党员争当“致富标兵”,机关党员争当“服务标兵”,医院、学校、企业党员争当“技能标兵”;二是开展“强素质、讲责任、抓落实、比贡献”主题实践活动,着力解决全县党员干部中存在的精神不振、勇气不足、责任不强、协作不力、环境不优、深入群众不够等六方面的问题;三是开展农村无职党员“设岗定责”活动,按照因人设岗、因事设岗、按需设岗,以岗定责的原则,共设置文明新风岗、矛盾调解岗等30余个岗位。

实施“骄子工程”,强化大学生村官队伍建设。一是实施“大学生村官创业行动计划”,在资金、土地、税收等方面出台优惠政策,开辟绿色通道,鼓励支持大学生村官创业;二是加强对53名大学生村“主干”的培养、锻炼力度,组织他们外出参观学习、参加各种培训班,切实提升他们的工作能力和水平;三是建立奖惩激励机制,对担任村委主任的非党员大学生村官,同等条件下优先培养入党。在县乡事业单位工作人员和乡镇副职出现缺额时,优先考虑从担任农村“两委”主干的大学生村官中招录、公开选拔。

四、明确基层党建工作的着力点,注重三个方向倾斜

把基层党建工作的重心向服务民生倾斜。在全县大力实施“金桥工程”,一是发挥引领作用,架起农业增效、农民增收的“致富桥”,把党组织建立在各类协会和专业合作社,积极为群众提供产前、产中、产后一条龙服务;二是解决热点难点,架起密切党群、干群关系的“连心桥”,全县39名县级领导干部、109个县直单位和16个乡(镇、区)的副科级以上干部分别深入所包扶村,为各村提供包扶资金100余万元,开展各类培训150余场次,联系困难户1500余户,提供致富信息600余条,解决各种突出问题180余个;三是发展公益事业,架起丰富群众精神生活的“幸福桥”,大力实施新的“五个全覆盖”工程,全县共铺开各类民生工程1000余项,有力提升了农民群众的幸福指数。

把基层党建工作的中心向服务发展倾斜。在狠抓内部挖潜的同时,在全县大力实施“引凤工程”:一是发挥政治优势引路子。积极向本村在外人员、成功人士宣传近年来村“两委”在新农村建设、产业结构调整等方面取得的成就,积极引导他们回乡投资兴业。二是发挥地域优势引人才。各村党支部都对本村在外人员进行了一次认真摸底,动员他们发挥自身优势,结合本村实际,引回一批管理型、技术型、营销型人才,为农村经济社会发展提供人才支持和智力保障。三是发挥人脉优势引项目。注重发挥本村在外成功人士、企业家的作用,利用他们的人脉资源,向上争项目、要资金。

把基层党建工作的垂心向服务党员倾斜。一是强化县、乡、村3级党员服务网络建设,完善各项服务制度、服务措施,明确责任人;二是突出流动党员、生活困难党员、年老病残党员3个群体,采取帮扶措施,开展“送温暖、献爱心”活动;三是依托党员干部现代远程教育网,为党员提供科技、信息、劳务等方面的服务。

(周丽红)

附:一、中共临猗县委书记、副书记、常委名单

书　记:赵惠民
副书记:史　凯　李建刚
常　委:杨　涅　仇红学　董学刚　王功成　薛学农　张　猛　贠培齐

二、乡镇党委书记、副书记名单

猗氏镇
书　记:张勤学
副书记:薛文强　王周平

牛杜镇
书　记:滑卫红
副书记:李　梅(女)　樊　豫

楚侯乡
书　记:李红阳
副书记:王　戈　畅丽娟(女)

嵋阳镇
书　记:赵仲波
副书记:王青俊　郭民稳

庙上乡
书　记:钱　波
副书记:荆晓丽(女)　侯　宝　荆　晖

临晋镇
书　记:郝晓峰
副书记:张守刚　薛　军

七级镇
书　记:范海英
副书记:谢云飞　宋学儒

东张镇
书　记:王鹏君
副书记:李冬梅(女)　杨建刚

角杯乡
书　记:廉　辉
副书记:武　斌　王东波

孙吉镇
书　记:刘双胜
副书记:王　磊　罗　军

耽子镇
书　记:岳匡印
副书记:张志安

北辛乡
书　记:王世宏
副书记:张　晓　程立功

北景乡
书　记:管振波

副书记： 王海军　张新杰

三管镇

书　记： 胡银霞（女）

副书记： 尹　飞　王民管

中共稷山县委工作概况

县委书记　乔登州

稷山县共有党员11772名，其中农村党员7089名；共有基层党组织561个，其中党委11个，党总支22个，党支部528个。2012年，县委深入贯彻落实科学发展观，积极抢抓省综改试验区先行先试的政策机遇，紧紧围绕运城市建设山西向东向西开放的大通道和桥头堡的战略部署，深入实施"733"产业升级发展战略，重点抓项目，突出抓园区，强力抓项目，对欠发达地区转型跨越之路进行艰辛探索。

全年生产总值实现63.8亿元，增长13.7%；财政收入完成37686万元；一般预算收入完成14879万元；规模以上工业增加值完成20.2亿元，增长19.9%；外贸进出口总额完成5533万美元；固定资产投资完成43.4亿元，增长28.3%；城镇居民人均可支配收入完成17125元，增长14.4%；农民人均纯收入完成6709元，增长13.5%；社会消费品零售总额完成18.9亿元，增长22.5%。

一、壮大七大支柱产业，推进县域经济产业结构优化升级

在确保粮食安全的基础上，大力发展了"两红一白"(红枣、红果、鸡蛋)特色产业。全县板枣种植面积15.3万亩，年产4800万公斤，产值5亿元，是全国"十大名枣之一"；红提葡萄面积5万亩，是华北地区最大的红提葡萄生产基地，连续十年获省、市农展会金奖和优秀产品奖；蛋鸡存栏达到850万只，连续16年全省第一，可提供农民人均纯收入700元。稷王现代农业示范园是省政府确定的现代农业重点示范园，占地面积1000亩，总投资2.4亿元，现已建成一栋6000平方米智能化连栋温室，130个高档日光温室，培育栽植了蝴蝶兰等高档花卉和各种蔬菜品种，年收入达2000万元以上，并辐射带动全县种植户年增收1亿元以上。全县涌现出了核桃、药材、双季槐、灯笼编制、仿古工艺等38个专业村。

永恒工贸100万吨轧材、阳煤丰喜氨醇系统优化及6万吨合成氨、东方公司3万吨镁合金、永东化工第五条4万吨炭黑生产线等一批技改项目相继建成投产。全县形成了370万吨焦炭、80万吨生铁、100万吨钢、20万吨锰铁、15万吨金属镁及镁合金、3亿平方米纸箱板、5万吨红枣加工的生产规模；形成了"洗煤—炼焦—金属冶炼—废渣做建材等多种"资源—产品—再生资源"循环经济产业链模式。规模以上工业企业24家，总产值73亿元。永东化工炭黑生产规模跻身全国五强，正在积极筹备上市。

县医院、精神病院、痔瘘医院、骨髓炎医院等享誉八方；新建了稷王中学，高考达线增长率居全市第一；开辟了稷王文化、板枣观光特色旅游线路，举办了板枣观光文化节。三产占GDP比重由2010年35.1提升为现在的39.3，增长4.2个百分点。

积极宣传稷山"后稷故里"这一独特品牌，大力扶持地方特产企业把品牌做大做强。目前，已经形成了以"晋龙饲料"为代表的蛋鸡养殖品牌、以"贵妇人"、"友臻"为代表的稷山板枣品牌、以"赵氏四味坊"为代表的稷山麻花品牌等。

二、建设三大工业园区，开辟县域经济转型跨越发展"第二战场"

发展以煤焦化工为主导的焦化工业基地集群，产业延伸到金属镁深加工、精细化工、有色金属冶炼等。目前，园区已被确定为省新型工业化产业示范基地，产业规划、发展规划、环评等全部通过评审，路电水气等基础设施全部到位。园区现有企业90余家，其中规模以上企业12家。3月4日，西社园区被省经信委命名为第三批"省级新型工业化产业示范基地"(全省6家，稷山是惟一一家煤焦化为主导产业的园区)。

发展以纸箱加工为主导的纸包装文化产业集群，产业延伸到广告创意、制版、印刷、纸包装、仓储物流等。目前，翟店镇已经被省委、省政府确定为"山西省文化产业示范基地"、全省"百镇建设工程"首批示范镇。园区现有纸箱企业66家，产能4亿平方米，产值8亿元，5个投资在千万元以上的印刷包装技术改造提升项目全面竣工，产值超过亿元的企业有昕光包装、彭腾纸业和森森包装3家。

发展以丰喜工业园为升级版的高新技术产业集群，产业延伸到总部经济、技术研发、生物制药、现代物流、特色食品加工、LED电子等。目前，园区已有投资1亿元的晋龙饲料科技园项目入驻。

三、加快基础设施建设，增强县域经济转型跨越发展后劲

闻合高速、108国道、台运省道、运稷一级路、稷山—乡宁范坂旅游路、县道管裴线、宁仁线、乡村道路等相继新建和拓宽改造，侯西铁路扩能改造工程顺利开工，已经建成侯禹高速出口、闻合高速出口，正在规划建设河运、吉河高速出口。

实施了引黄扩面、汾河提水等水源工程建设，全县新增灌溉面积36万亩，水浇地面积占到80%，为现代农业发展奠

定了基础。

建成了太阳500千伏变电站、化峪220千伏变电站和佛东110千伏变电站。全县日供电能力由“十五”末的8万千瓦提高到15万千瓦，为转型跨越发展提供了可靠支撑。

投资1.5个亿，建成了全运城管道口径最大、管网布局最好、用气指标最多的县级供气网，日供气量15万立方。天然气不仅覆盖了县城，延伸到了西社、翟店两个乡镇，而且辐射到了芮城、万荣两县。

四、统筹推进城乡一体化发展，拉大县域经济转型跨越发展空间

新建改建了育英街、稷峰街、城南108国道、站前路、建设路、环城路等城市道路，形成了四横八纵的城市道路框架，规划建设了城东新区，县城道路由22.9公里增加到31.8公里，县城建成区面积由6.5平方公里扩大到10.2平方公里。实施了民乐园、污水处理厂、垃圾处理厂、四馆一中心等城市公益设施建设，提升了城市品位。

在发展主导产业的同时，不断加大两个乡镇所在地的基础设施建设力度，产城同建、产城同推。目前，这两个乡镇已经被省委、省政府确定为全省100个重点镇。

按照因地制宜、发挥优势的原则，中心镇与新农村齐抓，提升综合服务功能，做强主导产业。农村基础设施建设6个全覆盖任务圆满完成，“一村一品”主导产业初步形成，建成了8个新农村高标准片区。

通过下王尹移民搬迁、中华后稷农耕园、紫金山开发园、自行车制造等项目的带动，使每一个出口都成为特色产业引领，产城同推的一个开放式的、园区化的、高效的、充满活力的、可持续发展的特色功能区，都成为拉动稷山经济发展的大通道、展示稷山形象的大平台、推进稷山改革开放的大窗口。

五、始终坚持关注民生，构筑县域经济转型跨越发展基石

坚持强县与富民的统一，发展产业与促进消费的统一，努力搞好“基本民生”，全力保障“底线民生”，积极关注“热点民生”。2012年，县财政用于与民生相关的投入达到7.5亿元，占总支出的67%。社会保障全面加强，城乡居民养老和医疗保险实现全覆盖，城乡低保和五保供养对象实现应保尽保，534套保障性住房全面竣工。

六、不断加强基层党建，提供县域经济转型跨越发展保证

“一把手”素质能力提升工程连年举办，被省委组织部确定为全省组织工作创新项目之一；2012年5月非公党组织在全市率先实现了全覆盖，全县23个后进党支部全部实现晋位升级。积极开展了“常委一跑三谈五抓”、“书记扫边”、“领导干部下乡住村”等活动，营造了各级书记深入基层抓党建的浓厚氛围。

（侯俊峰）

附：一、中共稷山县委书记、副书记、常委名单

书　记：乔登州

副书记：李亚丽（女）　尚国桦

常　委：赵永刚　费克仁　王　钊　孙　斌　樊双全　姜存师　李宝珠（7月离职）　王云亮（7月任职）

二、乡镇党委书记、副书记名单

稷峰镇

书　记：樊双全

副书记：董武云　张奋前

太阳乡

书　记：梁永林

副书记：姚高华　杨建文

化峪镇

书　记：梁永明

副书记：薛钢善　王文奇

翟店镇

书　记：郝　冰（女）

副书记：翟廷伟　黄继红

清河镇

书　记：兰全锁

副书记：赵　鹏　史永安

蔡村乡

书　记：张国兴

副书记：王红新　薛高斌

西社镇

书　记：付红安

副书记：杨丙坤（5月离职）　韩张斌（5月任职）　杨素婷（女）

中共芮城县委工作概况

县委书记　王正风

芮城县共有党员14775名，其中农村党员9213名；共有基层党组织511个，其中党委18个，党总支19个，党支部474个。2012年，县委紧紧围绕“创建国家级生态文明县”的总体奋斗目标，深入推进“工业强县”和“文化强县”两强战略，全面加强社会管理和党的建设，全县上下呈现出经济发展、政治安定、社会稳定、人民群众安居乐业的新局面。

一、以招商引资和项目建设为抓手，县域经济实现平稳较快发展

全年县内生产总值完成66.85亿元，可比增长13.4%；规模以上工业增加值完成12.32亿元，可比增长40.6%；财政总收入完成4.29亿元，同比增长7.8%；一般预算收入完成1.76亿元，同比增长3.4%；固定资产投资总额完成40.3亿元，同比增长34.7%；社会消费品零售总额完成21.12亿元，同比增长23.9%；城镇居民人均可支配收入完成18840元，同比增长14.1%；农民人均纯收入完成6809元任务，同比增长13.4%；外贸进出口总额完成902万美元，同比增长19.2%。

截至2012年底，22家企业入驻工业产业聚集园区，园区固定资产投资总额达到25亿元。全县规模以上企业达到18家。规模以上工业企业完成工业总产值40亿元，同比增长22.2%；上缴税金1.69亿元，同比增长21%。

三大农业观光旅游循环圈建设稳步推进。投资9500余万元，恢复、改善和新增黄灌面积13.5万亩；新增标准化苹果示范园2000亩，改造中低产果园2万亩，认证无公害苹果面积35.5万亩；新增设施农业3753亩，新增干果经济林2.5万亩，新增“一村一品”专业村20个。全年生产粮食3.23亿公斤，同比增长15.4%，再次荣获“全国产粮大县”荣誉称号。

“一城两镇”建设力度不断加大。县城核心区改造全面完成，文博馆综合楼和永乐南广场建设如期完工，东茂广场、东茂商业街投入运营，县城核心区地标性中心建筑群形成。风陵渡镇小城镇建设框架基本形成。陌南以汉唐风格为主的旅游特色镇建设规划已经完成。总投资6800万元的污水处理二期工程、排水管网全覆盖工程与垃圾填埋场及配套设施建设工程全面完工。全县新增天然气用户5000户。投资1.73亿元完成了10个乡镇84个建制村903公里的街巷硬化任务；投资400万元，完成了24个自然村通油路40公里。运宝高速中条山隧道和运宝高速芮城连接线建设进展顺利。

全年栽植各种树木340万株，全县林木覆盖率由39.89%上升到41.09%，全年空气质量二级以上天数365天，其中一级天数达到了125天。全县共申报国家级生态乡镇5个，国家级生态村2个，建成省级生态乡镇8个，省级生态村11个。投资1607万元完成了阳城、古魏两个片区15个村的农村环境连片综合整治。

制定了《芮城县文化旅游总体规划（2012—2020）》，确立了“一带两区七景”文化旅游产业总体发展格局和“黄河第一游，永乐道芮城”文化旅游品牌。总投资近10亿元的圣天湖、百梯山、九峰山、水峪景区已开工建设，文庙武庙修缮全面完成，成功举办了第五届永乐宫国际书画艺术节，永乐宫文化传媒有限公司成功组建，并顺利运行。2012年全年共接待游客170余万人次，同比增长14%；全年文化旅游综合收入达到12亿元，同比增长13%。

二、以争做“五个表率”活动和保持党的纯洁性学习教育活动为载体，不断加强党的作风建设，党的建设科学化水平不断提升

积极举办各类学习宣传贯彻活动，实现了十八大精神培训学习全覆盖；同时，充分发挥“山西干部在线学习”新阵地的作用，加强干部的理论学习。

深入开展“下乡住村”活动，落实帮扶资金360万元，解决群众实际问题200余个；开展“生态文明建设集中承诺”活动，110个党组织负责人公开承诺事项1996项，兑现1956项。

县委严把选拔任用程序关，全年共调整干部3次，涉及干部60人，其中平调14人，新提拔45人，免职1人。建立非公企业党组织56个，实现了非公经济组织党组织和党的工作“双覆盖”；成立了城镇居委会党委，健全了社区党建工作网格化管理体系。全县3个基层党组织达到省级红旗支部标准，12个达到市级标准。

在农村全面推行“四议两公开”工作法，县乡村三级议事决策程序进一步规范。

组织5000余名公职人员和800余名农村基层干部到县廉政警示教育基地参观学习；全年共查结各类违纪案件55件，给予纪律处分94人，受理“吃拿卡要”案件27人，给予党纪政纪处分30人；对13家重点企业实行了封闭式管理；将36个行政审批单位160项行政审批项目通过取消、合并、转化为116项。

三、以民主政治建设和依法治县为重点，民主法治建设再上新台阶

县委充分发挥统揽全局，协调各方的作用，积极支持人大及其常委会依法履行职能，重视发挥政协政治协商、民主

监督、参政议政职能，注重加强与各民主党派、工商联和无党派人士的联系，民主法治建设不断推进。加强对武装工作的领导，全力支持武装工作。积极发挥工会、共青团、妇联等人民团体的桥梁纽带作用，有力地维护了社会和谐稳定。深入开展“六五”普法宣传活动，全年举办各类法制宣传活动25期。

四、以社会主义核心价值体系建设为引领，宣传文化工作取得新成效

县委把社会主义核心价值体系建设融入创建国家级生态文明县建设实践中，组织开展了“文明城市创建”、“学礼仪、讲文明、树新风”、“首届道德模范评选”等活动。

在县电视台和报社开设了《重点工程巡礼》、《贯彻党的十八大，共建生态文明新芮城》等专题专栏。通过主流媒体发表稿件500余篇（条），在中央电视台《朝闻天下》、《中国新闻》等30多家新闻媒体集中报道了中国（芮城）永乐宫国际书画艺术节盛况。

为10个乡镇文化站发放了办公设施、服装道具、乐器及各类图书；全年为群众放映公益电影2028场次；县蒲剧团精心编排的现代戏《生命》荣获8大类16个奖项。

五、以改善民生和维护稳定为切入点，社会管理工作不断加强

县财政出资1.4亿元，完成了基层卫生院业务用房建设项目、保障性住房建设项目、农村饮水改扩建工程、“天眼”工程、自然村通油路建设项目、农村义务教育薄弱学校改造项目、50个行政村150场送戏下乡演出、特殊教育学校建设、残疾人康复中心建设、提高公职人员津贴补贴和住房公积金比例等10件民生实事。

全年共接待来访群众515批1225人次，化解信访积案40件，实现了党的十八大与省、市两会等重要节点的“零上访”。组织开展了打击“两抢一盗”、“破案会战”等系列专项活动，破获各类刑事案件258起，受理查处行政案件655起。

实现了中等职业教育免费全覆盖。全年发放寄宿生生活补助资金、普通高中贫困生助学金、中职学生伙食补贴700余万元；发放城镇低保资金1900余万元，农村低保资金1800余万元，大病救助120余万元；全县41.1万人参加了各类社会保险，全年共支付各项社会保险1.7亿元；城镇登记失业率控制在了1.2%以内。

全年对非煤矿山、危险化学品、烟花爆竹及各类企业检查500余次，排查隐患100余处，整改到位90余处。深入开展了“打非治违”专项行动，对非法经营的8家企业，全部进行了依法处置。

（王钰斌）

附：一、中共芮城县委书记、副书记、常委名单

书　记：王正凤

副书记：董旭光　贾国平

常　委：姚广升　张建军　赵自成　王志迎　孟　力　王红梅（女）

二、乡镇党委书记、副书记名单

风陵渡镇

书　记：张建丰

副书记：杨志鹏　谭荣合　张玉君

阳城镇

书　记：王江荣

副书记：刘建民　孙春艳（女）

永乐镇

书　记：薛红阳（女）

副书记：张振东　蔡林权

大王镇

书　记：王旭鹏

副书记：任建永　范怡兵

学张乡

书　记：杨小召

副书记：张云鹏　张晓丽（女）

古魏镇

书　记：张　波

副书记：赵立会　赵创国

南卫乡

书：记：林　波

副书记：焦大鹏　封兴财

东垆乡

书　记：李　轩

副书记：刘晶晶（女）　闫　飞

西陌镇

书　记：张振江

副书记：姚建鹏　董军越

陌南镇

书　记：杜步奇

副书记：费建强　胡丹英（女）

中共绛县县委工作概况

县委书记　裴良杰

绛县共有基层党委12个,党总支19个,472个党支部,党员11645名。2012年,在省委、市委的正确领导下,绛县县委坚持以党的十八大为主线,紧紧围绕服务转型升级、推动科学发展,按照"围绕中心抓党建,抓好党建促发展"的工作思路,认真履行抓班子、带队伍的责任,切实加强党的建设,使全县各级党组织的创造力、凝聚力、战斗力不断增强,为经济社会转型跨越发展提供了坚强的政治保证。

一、突出理论武装,狠抓思想政治建设

县委把学习宣传贯彻党的十八大精神作为首要政治任务,深入开展了以"1264"读书学习活动和以"古绛大讲堂"为载体,以"三抓三创"为手段的学习型党组织建设活动。举办了农村两委主干、非公企业党组织书记、大学生村官等学习十八大精神专题培训班,启动"流动课堂",采取送教下乡的方式,组织百人宣讲团,组织全县党员干部学习,进企业、农村、机关、校园、社区,共举办宣讲报告会350余场,分期分批对全县科级领导干部进行集中培训,培训副科级以上干部1100余人次、村委主干500余人次。表彰了一批基层党组织和党员干部的先进典型,特别是树立了3名"2012年度绛县最具榜样力量的共产党员"。

二、深化制度改革,加强干部队伍建设

先后出台《科级干部选拔任用工作流程》、《干部任免投票表决实施办法》等一系列文件,2012年11月制定出台了"县委工作主要职责、县委议事决策规则、县委基本工作制度、县委有关工作流程图"等4个方面共29项县委工作制度,从制度层面夯实了干部选任工作的基础。坚持德才兼备、以德为先的用人标准,按照民主、公开、竞争、择优的方针,"凭实绩、重德才、看民意"选用干部。严格按照核定的职数及编制限额选任干部,严格按规定办事,不随意设置职务。全年共调整干部19人,其中提拔5人、平调9人、免职4人、县级领导兼职的1人;另外,配合市委组织部公开选拔乡镇党委委员、武装部长4人。全县共有党外科级干部47名,女干部157人。坚持备用结合,提高了科学选拔和使用年轻干部工作水平,结合年终考核工作,在全县范围内推荐了一批乡科级领导班子正职、副职后备干部人选。目前,全县35岁以下年轻干部113人占20.21%;36岁至40岁干部114人占20.39%,领导干部队伍的年龄结构更趋科学化。

三、实施三大工程,推进人才强县战略

依托"阳光工程"、"银河培训"、"创业培训"、"劳动技能培训"等项目,通过加大对各类人才的培养力度、建立完善政策激励机制、实施人才"请进来,走出去"培育、多部门联合培育等方式,在培养、挖潜企业内部人才上下功夫,采取多种形式提高企业人才综合素质。出台了一系列招才引智引资优惠政策,大力推行"本土人才+科研院所"、"本地企业+科研院所"的对接服务工作模式,通过引导企业与科研院所开展"科技兴绛"专家对接活动,邀请并聘请12名省属科研院所专家教授担任"绛县科技兴绛特聘专家",不断促进本县工业规模化、科技化发展;鼓励农村乡土人才与科研院所进行技术对接,2012年资助4名乡土人才共8000元差旅费参加了世界第七届草莓大会,提高了"一村一品"产业的技术水平。把绛县在外人才队伍作为开展招商引资引智的捷径,坚持招商引资和招才引智相结合,以政策为导向,乡情为纽带,精心为绛县籍在外优秀人才搭建创业平台,采取多种措施吸引绛县籍人才"回家"做贡献。截至目前,已有2项由绛县籍在外成功人士投资的"反哺工程"落户绛县,引进资金总计6.8亿元,已到位1亿元,有力地促进绛县经济社会发展。

四、夯实基础,狠抓基层组织建设

按照中央提出的"基层党组织建设年"活动要求,对全县党组织状况做了调查摸底分类定级,全县468个党支部,评定为"好"的68个,占14.5%,"较好"的242个,占51.6%;"一般"的121个,占26%;"较差"的37个,占7.9%。从三个方面抓了农村基层党组织晋位升级工作。狠抓后进村的转化工作。一是化解矛盾治"乱"。针对部分村两委关系不和,派性斗争不断,财务管理混乱,村民上访频繁,通过调整或协调"两委"班子,理顺各种关系,化解各种矛盾,使问题得到了解决;二是激励督促治"庸"。针对部分村"两委"主干工作一般化,长期不干实事,村民抱怨声不断。通过严肃谈话、组织培训,并带他们外出参观,激发了干事热情;三是引导发展治"穷"。针对部分村经济发展滞后、缺乏产业带动的实际,充分发挥支部引领作用,加大发展产业力度。四是更换党支部书记治"瘫"。对党支部工作处于瘫痪状态的"烂村",更换党支部书记,解决主要矛盾。五是选派党支部书记治"缺"。对党支部书记无合适人选的"空缺村",选派乡镇干部兼任村党支部书记。全面抓好领头雁培训工作。精心组织村支部书记参加县委党校专题培训、乡镇组织的各种培训和外出考察学习活动。7月14日至20日,县委组织10个乡镇党委书记及24个县级党建示范村党支书记到晋城皇城新村、平顺县西沟村、武乡县李峪村、昔阳县大寨村及太谷县白燕村进行了学

习考察活动。6月12日，县委召开了党建工作观摩推进会，组织各乡镇书记和村支部书记学习观摩了横水镇新庄村党支部活动经常化、古绛镇乔村抓制度建设实行“两委”干部目标管理和郝庄乡上吕村党员争当调产富民模范的典型做法。开展“树形象、办实事、惠民生”活动。在全县农村建立并实行了“两委主干轮流接待信访值班制度”，认真推行“四议两公开”工作法，建立工作考评制度，实行“村干部级差工资制”等5项制度。结合开展创先争优活动，通过开展问卷调查、广泛征求意见、组织召开民主生活会等形式，深入了解并及时解决群众关注的热点、难点问题以及农村产业发展中的突出问题。一年来，绛县共为“一村一品”建设和新农村建设投入资金达1.5亿元，解决群众生产缺水、缺电、道路硬化、优质苗木等难点热点问题480个。

五、拓宽监督渠道，推进反腐倡廉建设

完善和落实绛县《关于乡(科)级领导干部任前廉政谈话实施办法》、《关于进一步加强对全县党员干部监督实施意见》、《关于建立领导干部诫勉谈话的实施意见》；全面实行了县委常委会向全委会报告干部选拔任用并接受评议的“一报告两评议”制度，健全了领导班子民主生活会制度，全面推行了政务公开制度。进一步落实了领导干部“提醒谈话和勤政廉政谈话，诫勉谈话，任前谈话”等谈话制度，加强了与干部的思想交流，促进了干部工作的健康开展。认真做好群众举报查处工作，开通了12380举报网站，设立了举报电话。初步建立起党内监督、上级监督、群众监督相结合的干部监督管理体系。强化了协同联动监督，健全和完善了干部任用征求纪检、监察、计生、政法部门意见制度，干部工作联席会议制度，干部考察结果会审制度和干部工作情况通报制度，广泛听取有关部门、单位的意见，认真开展了科级干部离任审计和经济责任审计工作，对5个单位“一把手”进行了经济责任审计。

(郅海军)

附：一、中共绛县县委书记、副书记、常委名单

书　记： 裴良杰

副书记： 卫再学　李百选

常　委： 武胜强　马海强　孙　晓　李希平　赵建喜　王茂建

二、乡镇党委书记、副书记名单

古绛镇

书　记： 徐凌杰

副书记： 李玉林　尹兵涛

陈村镇

书　记： 马春海

副书记： 张宏旗　白菁杰

大交镇

书　记： 赵仙萍(女)

副书记： 王海忠　谭会龙

南樊镇

书　记： 黄新苏

副书记： 侯晓东　王李军

安峪镇

书　记： 王世伟

副书记： 樊军民　苏文云(女)

横水镇

书　记： 荆晨波

副书记： 赵军强　王李红

郝庄乡

书　记： 卫文静

副书记： 陈刚武　解　辉

冷口乡

书　记： 盖忠良

副书记： 李　谦　张永健

磨里镇

书　记： 马　辉(女)

副书记： 王　泰　王军红

卫庄镇

书　记： 李彩霞(女)

副书记： 刘新俊　彭　振

中共万荣县委工作概况

县委书记　李尧林

万荣县共有22个党委，15个党总支，537个党支部，15129名党员，占全县人口总数的3.44%。其中农村党支部281个，党员10692名，占党员总数的70.7%。2012年新发展党员503名。2012年，在省、市委的正确领导下，县委团结带领全县干部群众，坚持以科学发展为主题，以转型发展为主线，以跨越发展为目标，以工程项目为载体，奋力拼搏，扎实工作，年初确定的各项目标任务顺利推进，经济社会取得了平稳较快发展。

全县地区生产总值完成50.78亿元，同比增长13%；规模以上工业增加值完成9.76亿元，同比增长32%；固定资产投资完成43.26亿元，同比增长51.2%；财政总收入完成24517万元，完成市下达任务；社会消费品零售总额达到20.8亿元，同比增长22%；城镇居民人均可支配收入16327

元，同比增长 15.1%；农民人均纯收入 5596 元，同比增长 14%。

一、提升能力，激发活力，基层组织建设不断加强

狠抓学习培训，提升党员干部素质。坚持推行“一季听一次讲坛、一月读一本好书、两个月讲一次发展理念、半年召开一次课题研讨会”的“听读讲研”学习机制，一年来，先后为全县党员干部印发了《干部德的教育》、《有机农业知识读本》等书籍，邀请国内知名策划大师何学林、吕勇华，清华大学教授李江涛，省农业厅赵安泽、周贵贤等专家学者作了有机农业、工业强县、城市主题定位等专题讲座 12 场；举办了新一届农村干部培训、新任乡科级干部岗位培训、党员干部业务知识培训、公务员知识更新培训和十八大精神轮训，共培训 4000 余人次。

引深主题实践活动，激发基层组织活力。在“基层组织建设年”和“保持党的纯洁性学习教育”活动中，在农村组织中开展了“十星百旗”创建活动，树立了 150 多个“十星农村党支部”旗和 1000 多名“十星农村党员”旗；在机关开展了“十好四优”创建活动，各行政单位的政风行风好评率平均达到了 90%以上；在企业实施了党建“六育四引”工程，组建非公企业党组织 45 个，实现了党组织和党的工作全覆盖；在社区开展了党建“四定一创”活动；在全县干部中开展了“作风优化年”活动和“六比六看”竞赛。

创新管理，人才队伍建设取得新成效。不断完善“工程实事目标责任制”和“以岗定责、以事评官”的考评机制，修订出台了《年度目标考核评分细则》；搭建平台，在全县确立了 14 个大学生村官创业培养基地，启动实施大学生村官“星火创业行动计划”，引领大学生村官积极创业；建立了万荣籍在外人员和全县优秀人才信息库，制定了《万荣县引进高学历及急需紧缺人才暂行办法》和《万荣县鼓励支持非公有制企业和新社会组织引进人才的实施细则》，全年共引进各类人才 150 多人。

二、标本兼治，惩防并举，党风廉政建设科学推进

深化农廉工作，促进农村和谐发展。组织千名干部进村入户开展“阳光农廉网”操作培训，受训农民群众达 25 万余人，网上受理群众各类咨询投诉 882 条，及时解决了群众关注的灌溉、用电、农机补贴、养老保险、粮食直补、低保办理等问题 1200 余件；深入推进村务监督委员会建设工作，281 个村全部实现了管理有组织、工作有制度、运行有程序、办公有场所、监审有记录、活动有记载。

提升行政效能，发展环境不断优化。开展“作风优化年”活动，狠抓机关效能建设，将原有的 275 项审批项目精简为 98 项；深化公路“三乱”治理，对违规执法的 16 人次进行了告诫谈话；规范教育收费行为，建立网上收费机制，将全县 139 所中小学收费情况全部在网上公示；组织 52 家重点部门和行业单位，在电视上进行了政风行风公开承诺；深入开展“整治吃拿卡要、创优发展环境”活动，查处典型案件 4 起，给予党政纪处分 10 人。

加强制度监督，提高源头防治腐败水平。规范政府采购，坚持“公开透明、公平竞争、公开诚信”的原则，对 61 项采购项目进行了监督，累计检查采购资金 2328 万元，节约财政资金 168 万元；加大经济责任审计力度，对 22 名领导干部进行了任期经济责任审计。全年累计完成各类项目 153 项，交易总金额 6.6 亿元，节约资金 1398.1 万元，增值资金 7673 万元。

三、坚持三产协调并进，县域经济活力不断显现

工业经济不断壮大。投资 5500 万元的鸿鑫塑业、投资 4000 万元的世纪阳光等项目相继建成；联丰 800 吨鳌合树脂项目、华荣果业二期建成投产；汇源公司新建 4 条生产线，生产的瓶胚、瓶盖 80%销往加多宝公司，每月产值 3000 万元以上；荣河化工园新建 3 个外加剂企业，黄腾、凯迪被确定为国家高新技术企业。全县规模以上工业总产值完成 35.4 亿元，同比增长 26%；上缴税金 1.5 亿元，同比增长 8%。全年招商引资到位资金 36 亿元，超额完成 10 亿元。规划投资 200 亿元的国电荣达 4×100 万千瓦电厂项目，被列为“山西省综改示范标杆项目”和“山西省十二五火电示范项目”，已上报国家发改委和国家能源局。

农业经济充满活力。成功认证了 900 亩有机小麦基地，规划建设了 2 万亩黄河鲤鱼和大闸蟹有机水产养殖基地，引进了投资 2.2 亿元的有机肉用牛养殖项目；粮食生产获得丰收，总产量达到 1.78 亿公斤，同比增长 25.5%；完成果树大间伐 1.88 万亩、大改形 10 万亩，套高档纸袋 18 亿枚，全县苹果总产量 6.26 亿公斤，优质果率达到 40%，万荣文化果荣获第十届中国国际农产品交易会“畅销产品奖”；新增“一村一品”专业村 31 个，南景村成为全国“一村一品”示范村镇；全县新发展核桃、双季槐等干果经济林 4 万亩、露地西红柿 5000 亩、大葱 3000 亩，新增规模养殖场 36 个，新增农民专业合作社 157 个；农机化服务水平大幅提升，被评为“全省农机化生产先进县”；土地整理工作有序推进，被确定为“全国高标准基本农田项目建设示范县”。

文化旅游产业稳步发展。组建成立万荣县笑话戏剧研究所，精心打造了 20 多个笑话剧，在省内外演出 300 余场次，应邀参加了中央电视台节目摄制；万荣笑话剧《麦田风波》登上了 2013 年中国民间春晚；电视轻喜剧《快乐的万家村》在山西卫视贺岁热播；由著名导演张绍林执导，反映李家“善”文化的电视连续剧《李家大院》开始拍摄；南景花鼓成功晋级《我要上春晚》年终总决赛；高家庄软槌锣鼓参加了全国“戏宴天下”庆元宵晚会；新增市级非物质文化遗产 4 个，非遗总数名列全市前茅。实施了万泉文庙修缮、孤峰山和后土祠配套设施完善等工程；扎实推进李家大院国家 5A 级景区申报工作；投资 1.5 亿元，新建农家乐 2 家、旅游客栈 1 家，完善

了李家大院古玩城商铺；投资1500万元，规划打造百公里长的旅游线路有机农业观光带；全年共接待游客121万人次，门票收入1217万元。

（姚东杰 王梦江）

附：一、中共万荣县委书记、副书记、常委名单

书　记：李尧林

副书记：廉广锋　黄梅芳（女）

常　委：李　峰　李耀宗　刘政光　卫增辉　李鹏凯　谢　澎　陈富强（7月离职）　刘卫东（7月任职）

二、乡镇党委书记、副书记名单

解店镇

书　记：李东波

副书记：卫晋生　卫国威

西村乡

书　记：薛　峰

副书记：张创功　董小娟（女）

里望乡

书　记：丁文玲（女）

副书记：谢　东　张永全

通化镇

书　记：胡慎英

副书记：李永强　刘定明

南张乡

书　记：杨　强

副书记：张华峰　王国强

裴庄乡

书　记：丁文斌

副书记：徐晓凯　李红全

光华乡

书　记：杨晓凯

副书记：王世红　张　革

荣河镇

书　记：裴玉斌

副书记：李湘军　吴　雷

万泉乡

书　记：王　权

副书记：解胜刚　任晓丽（女）

高村乡

书　记：范炎森

副书记：尹艳霞（女）　董　凯

贾村乡

书　记：史旭强

副书记：黄　峰　郭　峰（4月离职）　司辉霞（4月任职）

王显乡

书　记：闫志宏

副书记：王肖龙　李智勇

汉薛镇

书　记：李明凯

副书记：谢　增　赵凯峰

皇甫乡

书　记：尉艳梅（女，3月离职）　孙红伟（3月任职）

副书记：孙红伟（3月离职）　潘海英　孙勇才（3月任职）

中共垣曲县委工作概况

县委书记　侯伟建

2012年，垣曲县委坚持以科学发展观为指导，全面贯彻落实中央、省、市一系列决策部署，团结带领全县干部群众，立足垣曲实际，顽强拼搏，扎实苦干，推动经济社会又好又快发展。全县呈现出了经济发展、政治清明、文化繁荣、社会和谐、生态改善、党的建设全面加强、人民群众安居乐业的良好局面。

2012年全县地区生产总值完成34.44亿元，同比增长13.8%；财政收入完成3.75亿元，同比增长13.65%；规模以上工业增加值完成15.2亿元，同比增长24.9%；固定资产投资完成30.1亿元，同比增长42.2%；城乡居民人均收入分别达到16951元和4220元，同比分别增长14%和13.1%。

截至2012年底，全县共有党组织514个。其中，党委23个、党总支18个、党支部473个，党员11187人。本年度新发展党员318名。

一、加快转型跨越步伐，县域经济持续健康发展

全县初步形成了“果、桑、畜、烟、菜、椒、菌、蜂”8个农业特色产业，农副产品加工销售收入达到5.4亿元。努力打造优质核桃生产基地县，先后投入1亿余元发展核桃经济林15万亩；年产200吨核桃油项目已经开始试生产，年产1万吨核桃酪和5000吨蜜汁核桃仁项目2013年力争投产。蒲掌乡1.25万亩坡改梯项目建设被中央电视台《新闻联播》播出。新农村建设持续推进，农民生产生活条件不断改善。千方百计抓招商，成立了三个招商局和两个专业招商小分队，全年招商引资22.4亿元，占市下达任务的131.8%。全力以赴上

项目，投资12.8亿元的五龙集团110万吨焦化和6万吨镁合金综合利用项目，2013年4月可投产；投资21.6亿元的中条山有色金属公司50万吨多金属矿综合捕集回收技改项目，2013年年底可建成投产；陶粒扩建、无烟煤、铁精粉、药业技改4个项目已投产达效；高档陶瓷、兽药及动物保健产品两个项目正加快推进。占地500亩的中小企业创业基地，已有4家企业入驻；占地3000余亩的循环经济工业园区，基础设施正在抓紧建设。城乡基础设施不断完善，投资2.2亿元，实施11项重点工程；城市供水、中心广场拆迁改造等跨年度工程正在抓紧进行；投资2.18亿元的皋落220KV变电站正式投入运营，投资4000万元的张家庄110KV输变电工程正式开工建设。坚持不懈推进道路攻坚战略，垣渑高速公路建设项目列入省交通网规划，2013年可开工建设；投资2亿余元，实施了10余项道路建设工程，全县形成了“出县道路高速化、县内道路循环化、乡村道路网络化、街巷硬化全覆盖”的格局。

二、积极推动依法治县，民主政治建设不断加强

全力支持人大工作，人大及其常委会依法监督抓重点，调查研究抓热点，听取和审议“一府两院”专项工作报告16个，组织代表视察、工作调研、专项检查21次。积极发挥政协职能，充分发挥人民政协协调关系、汇聚力量、建言献策、服务大局的作用，全年提出提案61件，反映社情民意206条。高度重视统战工作，引导广大党外人士与县委在思想上同心同德、目标上同心同向、行动上同心同行，各民主党派、工商联和无党派人士积极投身转型跨越发展大潮。全面推进依法治县，广泛开展法制宣传活动，群众法律意识和法制观念明显提升，法治垣曲进程稳步推进。

三、实施文化强县战略，文化事业得到繁荣发展

强化精神文明建设，积极开展文明和谐县城创建活动，荣获“市级文明和谐县城”。投资3000余万元的人民剧院，已经投入使用；举办文化、科技、卫生、法制“四下乡”系列惠民活动；全县奇石经营者200余户，根雕从业者50余户，并成功举办首届“山西垣曲梅花石推介会”；楹联文化建设成就显著，荣获了“全国楹联文化县”荣誉称号。

四、着力保障和改善民生，和谐社会建设稳步推进

大力实施新的“五个全覆盖”工程，各项建设任务全面完成。优先发展教育，累计投入8000余万元新建、改建7所中小学、幼儿园；教育教学质量大幅提升，万人达线率稳居全市第二，被国务院评为“全国‘两基’工作先进地区”。县医院整体迁建工程正加快推进，基本药物制度全面推行，乡村两级实现零差率销售，新农合参合率达到99.8%。城乡低保、农村五保实现应保尽保，全县养老院达到9所，集中供养率稳居全市第一。新开工建设经适房200套，完成棚户区改造703户，农村危房改造700户。持续开展社会治安大整治，共排查矛盾纠纷2045件，调解2004件，调解成功率达98.3%。刑事案件发案率同比下降35.2%，破案率同比提升11%；治安案件同比下降17.6%。积极畅通群众诉求渠道，全年接访群众122起679人次，结案率94.2%。严格落实安保维稳责任，全年没有发生一起赴省进京上访案件。强化安全生产，全年没有发生一起重特大安全事故。

五、突出生态旅游开发，生态垣曲建设成效显著

景区景点基础设施进一步完善，全县旅游接待水平大幅度提升，全年共接待游客11.2万人(次)，旅游直接收入1820万，带动相关产业收入近亿元。切实加大节能减排力度，各项减排指标均提前完成全年任务，二级以上天数达354天，主要河流入黄断面水质和3处集中饮用水源地水质均全面达标。投资3000余万元，栽植各类树木400余万株；古城国家级湿地公园建设稳步推进；全县生态环境进一步改善，荣获“省级林业生态县”荣誉称号。

六、以学习宣传贯彻党的十八大精神为契机，全面加强党的建设

县委中心组在第一时间进行了专题集中学习党的十八大精神。先后组织两次专场宣讲，听讲人数达1000余人次。组成宣讲团，深入到机关事业单位、乡镇、农村、企业作宣讲报告，直接听众达万人。

继续推行公开承诺“六三”工作机制，全县基层党组织和广大党员通过承诺、践诺，有力地推动了全县各项工作。在窗口单位和服务行业继续深化“舜乡先锋在行动”活动，通过“三亮三创四争四评”，不断提升工作效率、服务质量。

积极稳妥推进干部人事制度改革，通过竞争择优的方式，选拔科级领导干部13名。扎实做好年度考核，进一步细化指标，改进措施，促进了年度目标任务的完成。

实施“舜乡党员创业带富”工程，党员创办领办专业合作社22个，创办经济实体28个。开展“红旗党支部”创建活动，命名表彰了87个“红旗党支部”。抓好非公党建，应建已建率达到100%，向企业派驻党建指导员45名，实现党组织从有形覆盖到有效覆盖的统一。

紧紧依托警示教育基地，大力健全廉政警示教育长效机制。取消行政审批项目154项，合并行政审批项目10项，调整行政审批项目132项，各类行政审批事项按期办结率为100%。深入开展阳光农廉网“六进”活动，全县培训率达到90.79%，知晓率达到95%以上，会操作率达到85%以上。全年接受群众信访投诉1127条，受理回复637条，通过QQ远程诊断咨询解决问题45个，阳光农廉网真正成了真诚服务“三农”的一个有效途径。

（台　雷）

附：一、中共垣曲县委书记、副书记、常委名单

书　记：侯伟建

副书记：杨彦康　张登庆

常　委：刘社院　李　鹏　李　立　裴斌虎
李永辉　刘瑞林(5月离职)
刘剑平(5月任职)

二、乡镇党委书记、副书记名单

毛家镇

书　记：王　坚

副书记：郭言民　张慧龙

新城镇

书　记：庞卫民

副书记：赵　磊

皋落乡

书　记：王国平

副书记：郭亚明　王双红

长直乡

书　记：樊赵伟

副书记：杨春霞(女)　王朝阳

王茅镇

书　记：王爱东

副书记：李　明　王亮民

解峪乡

书　记：李海勇

副书记：张建玲(女)　刘向东

古城镇

书　记：狄雷霆

副书记：李　雷

华峰乡

书　记：靳　荣

副书记：韩俊辉　单　兵

英言乡

书　记：张艾红(女)

副书记：赵建刚　赵小进

蒲掌乡

书　记：赵王平

副书记：张海岗　王亚军

历山镇

书　记：焦立豹

副书记：郭红云　张俊辉

中共夏县县委工作概况

县委书记　张秀武

截至2012年底，夏县共有党委13个、党总支27个、党支部577个，党员14117人。本年度新发展党员425名。

2012年，在省、市委的正确领导下，县委团结带领广大干部群众，深入实践科学发展观，认真贯彻落实党的十八大精神，抢抓机遇，开拓进取，克难攻坚，扎实工作，较好地完成了全年工作任务，全县的经济、政治、文化、社会、生态、党的建设等各方面工作都有了新的突破。

一、坚持项目带动，推进“四化”建设，县域经济发展取得新成效

坚持招商引资和现有传统产业转型升级两手抓，优化服务环境和完善园区功能两手抓，引进新建了辣椒深加工、风电、肉鸡屠宰等10个企业项目，总投资25.4亿元，已到位资金12.67亿元。推动了格瑞特酒业、宇达集团、晋新双鹤药业等现有企业的改造升级。

加快推进木业加工、果汁加工、蔬菜加工、畜牧养殖等农副产品加工业发展，大力扶持格瑞特酒业、翱翔生物、晋星牧业等龙头企业发展壮大。全县新增设施蔬菜面积7000亩，总面积达到20.4万亩；创建蔬菜、水果等“一村一品”示范村和推进村21个，列入省级示范村和推进村总数达到45个；农产品加工龙头企业达到18家，共发展番茄、香葱、辣椒、葡萄等农产品生产基地5万余亩。

高标准完成了县城总体规划和控制性规划，新规划城市面积15平方公里，人口10万人。启动实施了城市外环路、白沙河中桥、康杰大道等重点城建工程，“五纵六横、内外两环”的城市道路骨架已经形成，“两轴、两带、三区、四组团”的城市功能布局初步显现。

按照“平原增景、丘陵增效、山区增色”三区开发战略，全年共完成造林工程5.6万亩，全县林地面积增加到90.29万亩；森林覆盖率增加两个百分点，达到44.56%，被评为“全省集体林权制度改革先进县”。

全年全县地区生产总值35.7亿元，同比增长11.8%；财政收入1.7亿元，同比增长7.7%；一般预算收入8105万元，

同比增长 6%；规模以上工业增加值 3.7 亿元，同比增长 22.3%；固定资产投资 34.2 亿元，同比增长 26.4%；社会消费品零售总额 17 亿元，同比增长 19%；城镇居民人均可支配收入 16863 元，同比增长 15%；农民人均纯收入 4692 元，同比增长 13.4%。

二、坚持民生为主，创新社会管理，和谐社会建设取得新成效

在省市及电力部门的大力支持下，山区水电自供区并入国家电网实行同网同价，涉及 3 万余人的山区群众用电难、用电贵问题得到了彻底解决。全年共硬化农村街巷 1080 公里，建成农村便民连锁店 97 个、农村书屋 193 个，中等职业教育免费招生 1552 人，新型农村养老保险参保 20.2 万人；争取项目资金 3000 余万元，完成了中小学宿舍餐厅、幼儿园改扩建等工程；建成廉租住房 102 套、经济适用房 511 套，解决农村住房困难群众 500 户；完成移民建房 302 户 1200 人；输出劳务 9838 人，新增就业 6256 人。

全县信访总量为 489 批次 1312 人次，与上年同期相比分别下降 11.42%和 55.66%，没有出现进京上访和赴省群体访，确保了党的十八大期间全县社会稳定。

严厉打击各类犯罪活动，全县共破获各类刑事案件 413 起，查处治安案件 377 起，为群众挽回经济损失 460 余万元。

三、坚持正确导向，强化思想道德，精神文明建设取得新成效

多次邀请省市理论教授对县乡村三级干部进行十八大精神学习辅导，组织四大班子领导、县乡住村帮扶干部全部深入所包乡村及重点企业宣讲十八大精神，全县各级各部门纷纷开展各类形式的学习宣传活动。

开展了环境卫生清洁、市容市貌整洁、城乡环境优化、交通秩序畅通、文明风尚提升等六大行动，城市人居环境明显改善。坚持把文明村、十星级文明户作为加强农村精神文明建设的切入点，截至年底，全县创建省级文明村 8 个，市级文明村 33 个，县级文明村 67 个，十星级文明户 15000 户。

组织开展了"四下乡"、"送欢乐下基层"、"新春戏剧调演"、"乒乓球比赛"、全县中小学生田径运动会等一系列文体活动，实现了 257 个行政村农家书屋全覆盖，累计赠送各类书籍 28.95 万册，光盘 1.93 万张。

四、坚持加强党建，夯实执政根基，基层组织建设取得新成效

把干部住村帮扶、创先争优、保持党的纯洁性教育、基层组织建设年活动有机结合起来。选派 500 余名科级后备干部深入全县 257 个村开展住村帮扶。近两年来，各帮扶工作队共为农村提供致富信息 1300 余条，援助资金 580 余万元，资助生产物资 200 余吨，解决实际问题 2400 余件。

完善干部选任机制，2012 年，县委共调整干部 67 人，其中平职调整 29 人，转任非领导职务 6 人，提拔 32 人，副科提正科 14 人，一般提副科 18 人。

对全县 492 个基层党支部逐个进行了分类定级，其中 43 个"较差"支部建立各类产业、公益服务党小组 68 个，全部实现了晋位升级。

五、坚持惩防并举，弘扬清风正气，党风廉政建设和反腐败工作取得新成效

县乡村三级阳光农廉网累计公开涉农事项 5 万余件，协调解决各类问题 389 件，接受群众咨询和查询 9300 余人次，组织领导干部与农民群众进行视频对话 1500 余人次，答复满意率达 97%。

通过举办党风廉政建设报告会，组织党员干部观看反腐倡廉电教片，新建廉政文化宣传长廊和廉政文化活动室，组建农民乐队、腰鼓队进行廉政文化宣传等多种主题实践活动，提升了县直 20 个廉政文化示范点和 50 个廉政文化示范村建设标准。

深入开展"吃拿卡要"专项整治活动，严厉查处滥用职权等损害群众利益的突出问题，共规范行政行为 2 起，减少入企检查 8 次。

全县纪检监察机关共受理群众信访举报 91 件，立案 67 件，查结 67 件，处分 61 人，其中党纪处分 45 人，政纪处分 30 人，涉及乡科级干部 16 人。

（樊金瑞）

附：一、中共夏县县委书记、副书记、常委名单

书　记：张秀武

副书记：葛作民　薛玉马

常　委：任　刚　翟龙飞　田成贵　张高学
苏丽红(女)　李永林　黄民建

二、乡镇党委书记、副书记名单

瑶峰镇

书　记：李永林(2 月离职)　张贵林(2 月任职)

副书记：杨　军(2 月离职)　崔晓国(2 月任职)
张首华(2 月离职)

庙前镇

书　记：武曙光(2 月离职)　温建新(2 月任职)

副书记：张建波(2 月离职)　刑　建(2 月任职)
张志久

裴介镇

书　记：杨可隆(2 月离职)　裴文荣(2 月任职)

副书记：刘红庆(2 月离职)　宁国荣(2 月任职)
裴卫平

禹王乡

书　记：吴朝晖(2 月离职)　尚靖宇(3 月主持工作)

副书记：张瑞芳(女，2 月离职)　李向东

水头镇

书　记：张贵林(2 月离职)　吴朝晖(2 月任职)

副书记：王青会（2 月离职） 臧孟义

胡张乡

书　记：黄运生（2 月离职） 杨　军（2 月任职）

副书记：高天赐　解利军

尉郭乡

书　记：裴文荣（2 月离职） 张建波（2 月任职）

副书记：张更群（2 月离职） 张首华（2 月任职）

翟红灯

南大里乡

书　记：王继瑞（2 月离职） 刘红庆（2 月任职）

副书记：樊艺兵（2 月离职） 张更群（2 月任职）

李怀波

埝掌镇

书　记：温建新（2 月离职） 张瑞芳（女，2 月任职）

副书记：秦晓军（2 月离职） 马　峰

洒交镇

书　记：刘　军（2 月离职） 秦晓军（2 月任职）

副书记：崔晓国（2 月离职） 宋晓英（女，2 月任职）

郭伟栋

祁家河乡

书　记：杨海娟（女，2 月离职） 樊艺兵（2 月任职）

副书记：宁国荣（2 月离职） 韩俊峰

中共平陆县委工作概况

县委书记　郭　宏

平陆县共有 14 个党委，25 个党总支，553 个党支部，13019 名党员，占全县总人口 4.98%，其中 2012 年度新发展党员 406 名。2012 年，平陆县委坚持以邓小平理论、“三个代表”重要思想和科学发展观为指导，围绕迎接十八大、学习贯彻十八大，深入实施“一二三四五”总体发展思路，加快转型跨越发展，主要经济指标整体向好，发展态势明显增强，社会保持和谐稳定，各项事业全面进步，全县呈现出团结干事，奋力向上的良好局面。

一、着力强化党的建设，引领发展的能力和水平全面提高

县委主要负责同志带头学习宣传贯彻十八大精神，分别到所包乡镇和企业以及分管领域宣讲辅导。举办十八大精神轮训班，统筹安排，分类分层，对全县党员干部进行了以十八精神和党章为主要内容的学习培训。聘请省委、市委教授专家在县委党校举办了 4 期“平陆大讲堂”，先后培训副科级以上领导干部 1620 多人次。对全县 28 个单位领导班子进行了调整配备，调整人员 143 人，其中提拔任用 87 名，平调 42 名，实现了组织满意、群众满意、社会满意。选拔了 13 名政治立场坚定、“双带”能力强、群众威信高的农村支部书记担任乡镇党委委员。深入开展了“书香平陆”全民读书活动，评选出了 60 名“读书模范”和“优秀授课员”。“我为群众办实事”活动中，党员领导干部共结帮扶对子 3600 余对，办实事好事 5436 件。全县共评定出了 138 个“好”支部，239 个“较好”支部，98 个“一般”支部，29 个“较差”支部。较差支部对照先进、查找问题、强力整改，已顺利晋级。在全县非公企业党组织中单独建立党支部 44 个，联合建立党支部 11 个，实现了“双百”覆盖目标。共开展志愿服务 7494 人次，解决各类难题 2400 余件。保持党的纯洁性教育行动进一步增强了广大党员的责任感和使命感。在廉政警示教育基地分批分次对全县 2098 名党员干部进行了教育培训。80%以上农民会上农廉网，网络点击率突破 25 万人次。2012 年 7 月，全国村务公开民主管理运城现场会在张店镇召开。

二、全力推进工业强县，经济发展后劲不断增强

全年重点工程投资完成 41 亿元，重点项目落地金额完成 60.7 亿元。天润风电一期、武圣铝业 10 万吨陶瓷粉体材料、昌盛铬铁精炼炉项目、昌鸿 5 万吨镍铁项目、鸿鑫源 30 万吨镍矿烧结项目、鑫森斯图 10 万吨铝矿石粉项目、康乐橡塑 1 万吨再生胶和 500 台塑化机项目、凯迪风电二期、阳煤丰喜平陆公司液氨醇烷化节能改造和安全改造项目等 9 个项目顺利完工。特别是投资 5.3 亿元，关系东部 4 个乡镇 8 万群众出行的平曹公路升级改造工程在 2012 年 11 月 20 日顺利开工，成为 2012 年全省交通建设资金紧缺，压缩地方公路投资的特殊背景下，唯一开工的山区二级省道建设项目。投资 42 亿元的郑煤 80 万吨氧化铝项目，经过前期相关审批流程，也于 12 月 21 日奠基开工。专门聘请有资质的规划设计机构对工业园区进行了详细规划；运用园区专项资金，加大投资力度，支持工业基础设施和相关配套设施建设；“七通一平”工程全面完成；博纳科技年产 2 万吨新型电子粉体材料、新环橡塑 120 万套汽车上支架总成项目 2 个入园项目即将开工。全年招商引资落地项目 14 个，到位资金 14 亿元。

三、紧紧扭住主导产业，农业精品化步伐进一步加快

紧紧围绕“一县一业”、“一村一品”，大力发展粮食、苹果、蔬菜、烟叶等主导产业，全年粮食总产量 1.1 亿公斤。县财政拿出 750 万元，新建果业标准化示范园区 16 个，通过了国家良好农业规范基地认证和国家级出口苹果质量安全示

范区验收，预计水果总产4亿公斤，农民人均果业收入突破3200元；种植烟叶1.5万亩，总产值达到2712万元；2万亩露地西红柿总产量6000万公斤，总产值6000万元。完成小麦直补27.6万亩，秋粮直补19万亩，良种补贴48.6万亩；完成农机具购置补贴653万元，受益农户1534户。建设农村饮水安全工程36处，完成了13座水库除险加固和四大万亩灌区改造。新列新农村建设推进村，实施“四化四改”、“五个一”工程135处。全县无公害农产品认证合作社达到23个，有机果品认证合作社达到7个。确定了以“平陆山地小麦”、“平陆苹果”和“杜马百合”等为主打产品的地理标志商标。

四、始终坚持依法治县，民主政治进程扎实推进

县委坚持总揽全局、协调各方，坚持党的领导、人民当家做主和依法治县有机统一，有力地推进了社会主义民主政治制度化、规范化、程序化进程。支持和保证县人大及其常委会依法履行职能，充分发挥代表作用。支持人民政协围绕搞好“项目落地年”活动，促进项目建设开展民主监督。进一步加强民族、宗教、侨务、对台和新社会阶层等各领域的统战工作，引导学习践行社会主义核心价值体系。圆满完成县工商联组织换届工作。支持工会、共青团、妇联等人民团体充分发挥作用。坚持党管武装原则，广泛开展双拥共建工作和“双服务”活动，国防建设与经济建设协调发展。

五、切实维护和谐稳定，人民群众幸福生活指数逐步提升

“十件民生工程”全部完成。农村街巷硬化累计完成2200公里，实现了228个行政村全覆盖；69874吨“爱心煤”全部入户；城乡居民养老保险基本实现全覆盖，全县新农保参保13.301万人，城镇居民养老保险参保人数2332人；顺利通过省义务教育学校标准化评估验收；485套保障性住房已全部开工。严格落实政府安全监管和企业安全生产两个主体责任，全年安全生产事故和死亡人数控制在市政府下达指标范围之内。严厉打击各类违法犯罪。全县11个乡镇全部建立了乡镇社会服务管理中心。实现主要路段、重点位置视频监控全覆盖。四级“两会”及十八大期间群众进京非正常上访和赴省集体上访“零上访”。

六、大力发展文化事业，文化整体实力和竞争力日趋增强

被市委、市政府命名为市级文明和谐县城。“大天鹅之乡”生态文化艺术园、黄河大峡谷漂流旅游景区、虞国古城生态文化园等一大批文化旅游工程建设步伐加快。圆满组织了“六十一个阶级弟兄”代表赴京参加诗歌朗诵会。2012年10月22日，在由《半月谈》、《中国名牌》杂志社联合主办的第三届“品牌生活榜”暨千万读者信赖的品牌推荐活动中，被评为“中国十佳最具投资潜力文化旅游目的地区县”。

七、不断优化发展环境，经济社会发展基础明显稳固

县城总规划通过市政府验收，三门镇、杜马乡的规划编制工作进入文本编制程序；垃圾填埋场土建工程基本完工；污水处理厂正式运行；改造县、乡、村三级道路173.5公里。深入开展全方位的城乡环境综合治理，切实解决影响平陆形象、群众反映强烈的城市“乱搭乱建、乱泼乱倒、乱写乱画、乱堆乱放、乱占乱摆”和农村柴堆、粪堆、砖堆、土堆、垃圾堆“五堆登场”等突出问题。对3家结构减排企业的主要设施已全部拆除；取缔非法木炭窑15座。全年造林2.92万亩，完成了龙门关森林公园和109个新农村绿化工程。进一步加大黄河湿地和白天鹅保护力度，被授予中国“大天鹅之乡”。全县二级以上优良天数达到360天。全县各单位通过“六查六看”措施，发现整改问题51起，整治吃拿卡要违纪案件4起5人(次)。

（赵怀亮）

附：一、中共平陆县委书记、副书记、常委名单

书　记：郭　宏

副书记：李　旸　石铁吨

常　委：吴　宣　罗宏伟　王建军　段毅平　郭淑文(女)　庞建军

二、乡镇党委书记、副书记名单

曹川镇

书　记：李　波

副书记：马庆国　臧正午

坡底乡

书　记：宋克宽

副书记：苗顺国　陈卫忠

三门镇

书　记：周春安

副书记：王丽萍(女)　吉永杰

圣人涧镇

书　记：张俊涛

副书记：马永杰　杨泽亮

张店镇

书　记：梁永杰

副书记：赵泽红(女)　尚保国

部官乡

书　记：吴　彬(5月离职)

副书记：石培恒　张晋伟

杜马乡

书　记：毛锐龙

副书记：赵拥军　郑大鹏

张村镇

书　记：郑文红(女)

副书记： 贾全辉　柴红新

常乐镇

书　记： 张福臻

副书记： 马苏义　赵选停

洪池乡

书　记： 何拥军

副书记： 仝华斌　王新刚

茅津开发区

书　记： 员晋杰

副书记： 王玉丰(挂职)　赵红雷

中共新绛县委工作概况

县委书记　邓雁平

截至2012年底，新绛县共有22个党总支，502个党支部，共有党员12236人，本年度新发展党员366名。2012年，在省委、市委的坚强领导下，县委一班人带领全县广大党员干部群众，坚持以党的建设为根本，以科学发展为引领，以改进作风为抓手，解放思想，振奋精神，创新思路，真抓实干，全县经济社会发展取得了明显成效。

一、始终坚持以科学发展观为引领，坚定不移推进转型跨越

2012年，全县生产总值完成634832万元，同比增长13.6%；财政收入完成5.01亿元，同比增长15.1%；一般预算收入完成18176万元，同比增长24.4%；固定资产投资完成470067万元，同比增长27.8%；城镇居民人均可支配收入达到17946元，同比增长14.1%；农民人均纯收入达到6991元，同比增长13.4%。财政收入首次突破5亿大关，迈入全市前五行列。

设施农业蓬勃发展。形成了菜、粮、果、畜、药五大主导产业。全县蔬菜播种面积达到30万亩，特别是新发展设施蔬菜1万亩，设施蔬菜达到14万亩，蔬菜年产销量达到14.2亿公斤，产值达到16亿元，蔬菜收入占到农民年收入的64%以上，供港蔬菜检验合格率达到99%。“绛州绿”品牌蔬菜成功走入全省70多家大型超市，远销全国20多个省市，并直接进入港澳及美国市场。全县省级“一村一品”专业村增加了18个，达到42个；蔬菜专业合作社发展到121家。被评为全省首批“一县一业”蔬菜基地县。

循环经济方兴未艾。以煤化工业园、轻纺工业园、农民创业园为依托，大力发展循环经济，煤化园初步形成了煤—焦—化—肥—电—冶炼—建材一体化的循环经济产业链。全县工业形成了煤化工、建材、中药制药、机械制造、农副产品加工等产业多元化发展格局。

城市建设步伐加快。先后完成了《新绛县县城总体规划》等五大城市规划，城区面积由原来的2.25平方公里扩大到现在的12.5平方公里。新城建设上，投资5亿元，完成了旅游路、荀子路建设工程，实施了新城区主干道路绿化、亮化、美化和冰凌沟大桥、新城水系、凤凰岭生态森林公园建设等工程；启动实施新型产业孵化园和绛州不夜城建设工程，文化产业园建设工程前期各项准备工作就绪；动工建设丽花苑、龙盛华庭等一批住宅小区，累计建成封顶50万平方米。老城保护上，加大老城区主要街道改造力度，完成了城壕路护崖、绿化工作，完成了工业路和正平街改造工程；有序推进新绛中学、新绛二中和西街学校整体搬迁工作，新绛中学整体搬迁已经实现。

民生事业快速推进。教育上，2012年高考二本达线人数达到2022人，达线率为42.4%，全省高考文科状元、理科榜眼均落户新绛县，有16名学子被北大、清华、香港中文、香港城市大学等一流大学录取；医疗卫生上，加快县人民医院迁建步伐，新建、改建星级卫生室163个，全面完成400名乡村医生培训任务；社会事业上，农村养老保险、企业养老保险、城镇基本医疗保险等5项保险有序推进，全县参保人数达到30余万人，城乡低保实现了应保尽保，“五个全覆盖”工程顺利实现，8万余吨低收入农户暖心煤供暖前保质足量发放到位，县体育场(馆)、残疾人康复中心等民生重点工程顺利完工。

二、始终坚持以党的建设为根本，奋力开创工作崭新局面

开展大培训，通过“干部讲学”、“党建论坛”平台，对全体党员领导干部进行十八大精神培训；分两批对全县科级以上领导干部进行了十八大精神专题培训，共举办讲座15次，受训干部达2000余人。继续开展“两代表一委员”密切联系群众、“万名干部进农户”等活动。一年来，1612名党代表、人大代表和政协委员，累计接待群众1300余次，走访群众6000余户，接受群众咨询或反映的各类问题863个，梳理汇总出六大类780余条意见建议，与群众结对子1200多个，为群众解决困难530余起，办理实事好事690余件。

积极探索并推行了“两推两提三考一票决”干部选拔任用新机制。“两推”，即后备推荐、拟任推荐；“两提”，即组织部部务会提名、县委常委扩大会提名；“三考”，即理论考试、后备考察、任前考察；“一票决”，即县委常委会票决。一年来，按照这一选任机制，共调整科级干部100人。其中，副科提正科12人，一般人员提副科37人，平职调整33人，免职18人。先后出台了《新绛县股级干部选拔任用和监督管理暂行规定》、《关于对乡镇和县直单位科级领导班子和领导干部

2011年度工作考核及建立2012年度岗位目标责任的实施方案》等一系列文件。对全县科级领导班子和领导干部年度工作进行了考核,对各单位年度目标、承担“双十工程”的单位进度情况进行了督查。

强化党建工作责任制,县委书记与各乡镇党委书记签订了基层党建工作目标责任书,县直工委书记与县直各口书记签订了基层党建工作目标责任书。统筹推进基层组织建设年活动,在乡镇建立了“三建一访两服务”工作机制,努力提高乡镇党委建设科学化水平;在农村建立了“五步工作法”工作机制,切实加强农村“两委”班子建设;在社区建立了“六联六进”工作机制,推动社区党建区域化建设;在机关建立了“五强化五提升”工作机制,切实发挥机关党组织的示范引领作用;在非公企业建立了“三抓一促”工作机制,指导非公党建工作逐步纳入规范化建设轨道。开展保持党的纯洁性学习教育活动以来,牢牢把握“学、查、改”三个重点环节,坚持加强组织领导贯穿始终,确保学习教育活动有序推进;坚持深入学习教育贯穿始终,确保党员干部思想纯洁到位;坚持强化舆论宣传贯穿始终,确保营造浓厚的活动氛围;坚持密切联系群众贯穿始终,确保学习教育活动问题查摆到位;坚持边学边查边改贯穿始终,确保学习教育活动取得实效。

三、始终坚持以优化环境为抓手,千方百计维护和谐稳定

整治“吃拿卡要”,优化经济发展环境。2012年,累计发放调查问卷1100余份,根据群众举报线索,共排查案件39起,查结案件12起,处分相关责任人22人。重点加强了对各单位的明察暗访和突击检查,下发了单位整改建议书,对8名工作人员进行了诫勉谈话,对检查期间发现的20名违纪人员做出了严肃处理。

在各乡镇、各单位聘请通讯员,组建了宣传、通讯、报道的网络。发放了《新绛县农廉网目前存在的问题》,要求各有关部门进行针对性整改,使“阳光农廉网”的规范性显著增强;建立和完善了信息报送审核、党政干部值班约谈等9项制度,进一步提升“阳光农廉网”的实效性。对照《工程建设领域项目信息公开和诚信体系建设工作实施意见》和《招标投标法实施条例》的规定,严肃查处招标投标环节的违纪违法案件,继续完善招投标领域的“新绛模式”,健全从源头上有效防治腐败的长效机制。

对涉及公路“三乱”的案件进行了严厉查处,一年来,共核实与纠风治乱有关的案件5件,查处18件,给予党政纪处分24人。对全县教育收费情况进行了监督检查,对检查中发现的问题及时处理,极大地净化了校园风气乃至社会风气。按照“领导组牵头总抓,职能部门各司其职”的工作思路,对保障性住房建设、“大水网”框架建设等项目进行了监督检查,行政效能建设成效明显。

(张惠明)

附:一、中共新绛县委书记、副书记、常委名单

书　记:邓雁平

副书记:田艺彬(女)　靳国全

常　委:裴良豪　赵高棠　高　力　韩小青

郝红霞(女)　解伟龙　刘晓功

二、乡镇党委书记、副书记名单

龙兴镇

书　记:孙贵明

副书记:王晓民　王晓明

三泉镇

书　记:许宏立

副书记:赵　珉　王智海

泽掌镇

书　记:郝红霞(女,8月离职)　王　玉(8月任职)

副书记:吴肖波　朱小龙

北张镇

书　记:董国华

副书记:张　芮　行宗泽

泉掌镇

书　记:王会民

副书记:高　瞻　赵俊亮

古交镇

书　记:杨轶群

副书记:唐　勇　李小旗

万安镇

书　记:席建功

副书记:王高林(8月离职)　卫红鸽(女,8月任职)

李文龙

阳王镇

书　记:史敏胜

副书记:成　俊　文彩平(女)

横桥乡

书　记:黄山石

副书记:王　玉(8月离职)　王高林(8月任职)

吉晓民

开发区

书　记:李虎杰

副书记:卫奇武　南天明

(本栏目责编:梁宇红　武　敏)

保持共产党员纯洁性学习教育活动

大力保持党的纯洁性为转型跨越发展提供坚强保证

袁纯清

胡锦涛总书记在中纪委七次全会上的重要讲话，从全局和战略的高度，深刻阐述了保持党的纯洁性的极端重要性和紧迫性，对保持党员干部思想纯洁、队伍纯洁、作风纯洁和清正廉洁提出明确要求，对于指导当前和今后一个时期党风廉政建设和反腐败斗争、全面推进党的建设新的伟大工程、保持党的先进性和纯洁性，开创各项事业发展新局面，具有重大而深远的意义。

目前，山西广大干部群众正在深入贯彻落实科学发展观，全面推进工业新型化、农业现代化、市域城镇化、城乡生态化，全力办好“两件大事”：力争全面小康实现程度5年达到全国平均水平，抓住建设国家资源型经济转型综合配套改革试验区的机遇，率先走出资源型地区转型跨越发展新路。办好“两件大事”，实现再造一个新山西的宏伟目标，需要坚定的信念、坚强的决心来引领，需要勤政廉洁的干部队伍来实施，需要严明纪律和良好作风来保证。省委常委会在学习讨论中纪委七次全会精神特别是胡锦涛总书记重要讲话精神时，决定今年上半年在全省各级党组织和党员干部中，开展保持党的纯洁性教育活动，要求各级党组织在学习教育的基础上，召开民主生活会，认真对照检查，开展批评与自我批评，通过学、查、改，推动活动深入有效开展。要坚持领导带头，搞好典型示范，强化思想教育，重在解决问题，努力实现在思想认识上有新提高，在作风建设上有新进步，在能力素质上有新增强，在转型跨越上有新成效。

一、把增强为中国特色社会主义不懈奋斗的责任感和紧迫感作为保持党的纯洁性的重要基础

党的纯洁性同先进性本质上是一致的，先进性是纯洁性的前提，纯洁性是先进性的基础。是否有坚定的理想信念，是否有为中国特色社会主义事业不懈奋斗的坚定信心和决心，是党的纯洁性的具体体现和检验标准。保持纯洁性是党的性质和宗旨的集中体现。我们党除了人民大众的利益没有任何私利，纯洁性是我们党的鲜明特征和力量之源。一个党性不纯的党员干部，不会有正确的世界观、人生观、价值观，不会有对事业的上进心和对人民的责任感；一个不纯洁的党组织，不会成为坚强的领导核心和战斗堡垒。在世情国情党情发生深刻变化的今天，强调保持党的纯洁性，抓住了党的建设的根本，找准了党员干部修养的要害，我们必须在保持党的纯洁性中永葆党的先进性本色。保持纯洁性是增强党的创造力凝聚力战斗力的关键所在。纯洁性体现的是马克思主义政党的价值目标、行为准则，是我们党不变的追求和坚守。它贯穿党90多年的发展历程，与我们党夺取一个又一个重大胜利紧密相连，与党同人民群众的血肉联系紧密相关，与党肩负的历史使命紧密相随。一些党员干部先进性不强，主要是因为纯洁性不够。党性不纯、思想不纯、作风不纯，必然会涣散斗志、消磨意志，贻误工作、损害事业。只要我们自觉保持党的纯洁性，就能斗志昂扬，攻坚克难，推动事业不断向前。保持纯洁性是建设高素质领导班子和党员队伍的现实需要。应对精神懈怠的危险、能力不足的危险、脱离群众的危险、消极腐败的危险，保持纯洁性是基本途径。我们党的干部队伍总体是好的，在改革发展稳定各个方面充分发挥了中流砥柱作用，但是党性不纯的问题在一些方面也比较突出，比如，有的缺乏远大理想和坚定信念，萎靡不振、得过且过，工作没思路，岗位没作为；有的对群众缺乏感情，官僚习气严重，漠视民生甚至与民争利；有的放松修身自律，以权谋私；有的对党组织弄虚作假，缺乏为人从政基本的诚信，

等等。党性不纯是精神之患、滑坡之始、腐败之源。以党的纯洁性为基，才能构建起党的各级领导班子和党员干部队伍的钢筋铁骨。保持纯洁性是深化反腐倡廉建设的重要任务。中央强调保持纯洁性，标志着反腐倡廉建设的理论和实践向更深层次迈进。保持纯洁性是党的建设的一个重要目标和抓手。只有大力保持党的纯洁性，我们党才能始终走在时代前列，每个党员干部才能更好地团结群众、引领群众，才能不断增强免疫力，实现反腐倡廉的自觉自为。必须把保持党的纯洁性作为一种起码的党性，作为一种崇高的境界，作为一种坚定的信守，作为一种必备的素养，贯穿于反腐倡廉建设乃至整个党的建设中，摆在加强领导班子和干部队伍思想政治建设重中之重的位置，切实做好保持党的纯洁性的各项工作。

二、把加强思想教育作为保持党的纯洁性的根本途径

"清正在德，廉洁在志"。思想纯洁是党性修养的第一课，是正确行为的先导。保持纯洁性，个人修养是基本内因，增强党性是决定因素。要坚定理想信念，抓住理论武装这个核心，教育引导广大党员干部用马克思主义中国化最新成果武装头脑、指导实践，坚定共产主义信仰和中国特色社会主义信念，认真学习实践中国特色社会主义理论体系，做到真学真懂真信真用，自觉划清马克思主义和非马克思主义等重大是非界限，旗帜鲜明抵制各种错误思想理论影响。要增强党性观念，强化党员意识，站稳政治立场，坚定政治信仰，明辨政治是非，在思想上政治上行动上自觉同以胡锦涛同志为总书记的党中央保持高度一致，认真贯彻中央大政方针，做到党有号召，党员有行动。要抓好学习培训，深化学习型党组织建设，利用山西宝贵的红色资源加强党性教育，引导党员干部自觉践行社会主义荣辱观，不断提高理论水平，提升思想境界，切实筑牢思想道德防线。

三、把密切联系群众作为保持党的纯洁性的基本要求

牢固树立历史唯物主义观点，始终不忘人民是历史的真正创造者，始终密切联系群众，是我们党克敌制胜的重要法宝和最大的政治优势。我们党的所有追求，归根到底都是为了实现好维护好发展好人民群众的根本利益。与人民群众的关系问题是保持纯洁性的根本问题。依靠群众、相信群众就能获得最广泛最可靠的力量支撑，脱离群众、失信群众就失去了事业的根基。对于山西，转型跨越发展的出发点、落脚点是造福全省人民，成功保证是依靠全省人民。我们要牢记人民是我们事业的靠山、政治的根本，始终把人民放在心中最高位置，始终把自己置身于人民中间，树立正确的政绩观、权力观、利益观，保持公仆情怀和平民心态，坚决克服形式主义、官僚主义，对民生不能冷漠，对民事不能无为，对民利不能侵害。

建立健全公共服务体系，加大民生投入力度，加快提高城乡居民收入，扎实推进新一轮扶贫攻坚，让人民群众共享改革发展成果。认真解决就业、社保、物价、住房等事关人民群众切身利益的突出问题，安排好"基本民生"，落实好"底线民生"，化解好"热点民生"。尤其要认识到，越是经济快速发展，城镇化、工业化加快推进，越要防止损害群众利益，越要及时了解群众诉求，越要做好化民怨、解民难的工作，特别是要解决好城镇拆迁、土地征用、企业破产重组、食品药品安全、环境保护、涉法涉诉等方面群众反映强烈的突出问题，维护群众的正当权益。

四、把干事创业作为保持党的纯洁性的重要标准

保持纯洁性最终要体现到为党和人民建功立业上。一些党员干部之所以无所作为、得过且过，究其原因是心中没有党的事业，失去了责任心。一些党员干部之所以急功近利、行为短期，是因为他们工作的出发点不是放在党和人民的事业上，而是建立在功利的基础上，其结果要么做表面文章，搞形式主义，一旦个人利益得不到满足，就心浮气躁，或心生怨气。山西作为资源型省份和欠发达地区，在工业结构畸重、生态环境脆弱、节能减排压力巨大、人民生活水平还不高的条件下实现转型跨越发展，还有大量的难题需要破解，还需要付出艰辛的努力。我们要大力弘扬太行精神、吕梁精神、右玉精神等宝贵精神财富，提倡求真务实之风、真抓实干之为，始终保持良好的精神状态和干事创业的激情，敢于对标一流、赶超发展，善于攻坚克难、打开局面，面对发展要有一股干劲，面对挑战要有一股闯劲、一股韧劲、一股钻劲，努力在资源型经济转型上有新作为，在保障和改善民生上有新作为，在加强和创新社会管理上有新作为，在富民强省、干事创业中实现自己的价值。特别要把心思和精力用在转型急需解决的问题上，用在群众期盼解决的问题上，坚持以煤为基、多元发展，抓住建设转型综改试验区的重大机遇，大胆解放思想、大胆先行先试、大胆改革探索，做好煤与非煤两篇文章，加快发展循环经济，推进改革攻坚，全方位招商引资，使山西经济形态发生深刻改观。巩固煤炭资源整合成果，确保安全生产形势持续稳定好转，提高驾驭复杂局面的能力，协调好各方面利益关系，妥善解决复杂矛盾，有效应对突发性事件，确保各项事业在和谐有序的氛围中稳中求进、又好又快发展。

五、把领导带头作为保持党的纯洁性的关键之举

保持党的纯洁性，领导干部必须以身作则、率先垂范。自己手脚不干净，没有资格要求别人讲卫生。作为领导干部，要时刻用纯洁性来对照自己、检点自己、修正自己，

做到党而不迷、正而不邪、净而不染。用无愧于党、无愧于民的追求砥砺自己。牢记自己的进步是党培养的、手中的权力是人民给予的。这些事情想清楚了，就会有一种良好心态，就会以只争朝夕、寝食难安的精神为人民群众谋福祉。我们要继续深入开展领导干部下乡住村包村活动，县以上领导干部尤其是党政主要领导每年都要到农村、企业住几天，与群众同吃同住同劳动。从今年开始，每个省委常委和副省长都要联系一个国有大型企业、一个国家扶贫开发重点县。各级各部门也要根据实际情况，采取相应措施。用良好的道德标准规范自己。头顶三尺是法纪，脚下支撑是官德；为官品不端，必定要翻船。领导干部要时刻检点自己的思想言行，注重道德建设和品格塑造。要弘扬勤俭节约、艰苦奋斗的作风，自觉抵制拜金主义、享乐主义、铺张浪费等不良风气。与此同时，无论主政一个地方还是一个单位，都要管好人，保证队伍不出事；管好事，保证各项工作顺利健康推进；管好钱，保证严格遵守经济纪律和相关规定。为官一任，既要发展一方，又要廉洁一方。用严格的规章制度约束自己。认真落实领导干部廉洁自律各项规定，自觉接受监督，以监督促廉洁，用廉洁保纯洁。特别是要正确对待舆论监督、自觉接受舆论监督。树立良好公众形象，是为政者的必备条件。领导干部既要做发展的引领者，又要做道德的示范者。

（作者为中共山西省委书记）

深刻认识和把握共产党执政规律　坚定共产主义理想信念

——保持党的纯洁性学习教育活动学习心得

袁纯清

保持党的纯洁性是马克思主义政党的本质要求，是我们党的生命所系、力量所在。为了深入贯彻胡锦涛总书记在中纪委七次全会上的重要讲话，省委在全省部署开展了保持党的纯洁性学习教育活动。省委常委带头参加每个阶段和环节的工作。同大家一样，这段时间我认真学习了《共产党宣言》、党章等重要文献，学习了《毛泽东选集》和邓小平同志、江泽民同志、胡锦涛同志以及其他中央领导同志的重要讲话，以党的十六大、十七大报告为重点重温了十一届三中全会以来历次党代表大会报告。通过学习和思考，深感胡锦涛总书记强调保持党的纯洁性的极端重要性和现实针对性。同时，进一步深化了对共产党执政规律的认识，增强了保持党的先进性和纯洁性的自觉性；进一步深化了对社会主义建设规律的认识，增强了建设中国特色社会主义的信心；进一步深化了对人类社会发展规律的认识，增强了矢志为共产主义奋斗的信心；进一步深化了对山西这样欠发达省份和资源型地区转型规律的认识，丰富了工作思路，增强了走科学发展之路的信心。

马克思、恩格斯在《共产党宣言》中指出，“在实践方面，共产党人是各国工人政党中最坚决的、始终起推动作用的部分；在理论方面，他们胜过其余无产阶级群众的地方在于他们了解无产阶级运动的条件、进程和一般结果”。这里的“条件”“进程”和“一般结果”就是规律。纵观世界各国，政党生生灭灭，执政党潮起潮落，只有科学把握执政规律、自觉顺应历史潮流，不断增强执政能力、始终维护人民利益的政党，才能跳出“历史周期率”，实现党兴国强民富。共产党执政规律，是党的执政使命、执政方位、执政方略、执政方式以及执政的理论认识和实践路径的综合体现，是社会主义建设规律、人类社会发展规律的重要组成部分。没有思想纯洁就没有队伍纯洁、作风纯洁和清正廉洁，没有对共产党执政规律、社会主义建设规律、人类社会发展规律的正确认知，也难以保持党的先进性和纯洁性。在世情、国情、党情发生深刻变化的今天，只有科学把握共产党执政规律及“三大规律”的内在联系，才能始终保持理论上政治上的清醒和坚定，而把握资源型经济转型规律是结合山西实际，对“三大规律”的具体运用。

把握共产党执政规律，必须加强理论武装、坚定理想信念。理想信念是人生奋斗之帆、事业发展之基、社会进步之源、党性纯洁之本。无论是一个人，还是一个政党，无论是干革命、“打天下”，还是“坐江山”、谋发展、搞建设，只有正确的理想信念，才能走稳、走好、走远。毛泽东同志在半殖民地半封建的中国开启了农村包围城市、夺取全国胜利的道路，提出“星星之火，可以燎原”，并创造性地提出在思想上建设党的问题，为全党在黑暗中划出了理想之光。方志敏在狱中始终坚信“中国一定有个可赞美的光明前途”，刘胡兰面对凶残敌人发出“怕死就不当共产党”的豪言，以及今天我省临汾“最美”大学生孟佩杰大孝感人，感动全国的“最美”女教师张丽莉舍身救人，都是崇高理想和坚定信念的生动写照。一些党员干部的不纯洁思想和行为包括形形色色的腐败现象，说到底还是理想信念掉队滑坡，自己打垮了自己。正如胡锦涛总书记指出的“理想信念是思想和行动的总开关、总阀门，理想的滑坡是最致命的滑坡，信念的动摇是最危险的动摇”。社会主义和共产主义理想信念，是建立在马克思主义揭示的人类社会发展客观规律基础上的，是共产党人最崇高的追求和强大精神支柱，也是我们党的政治优势。面对“四大考验”“四个危险”，必须深入系统学习和掌握辩证唯物主义和历史唯物主义的立场、观点、方法，牢固树立共产主义理想和中国特色社会主义信念，把做人从政的“根”和“魂”筑牢，在任何时候都不动摇、不迷失、不糊涂、不犯错。虽然人类社会的发展演进是复杂漫长的，但社会主义的产生是历史必然；虽然曾经遭遇严重挫折，但社会主义始终具有强大的生命力、强劲的凝聚力；虽然面临诸多严峻挑战，但社会主义事业和中华民族伟大复兴前途光明。《共产党宣言》发表160多年，但马克思、恩格斯作出的“两个必然”论断没有过时。20年前，邓小平在南方谈话中精辟指出，“马克思主义是科学，并没有过时”，“不要认为马克思主义就消失了，没用了，失败了，哪有这回事”。我们要坚持用马克思主义中国化最新成果武装头脑，全面领会和深刻把握中国特色社会主义理论体系，自觉划清马克思主义与反马克思主义等重大是非界限，坚定不移走中国特色社会主义道路。我们要正确认识当代资本主义发展新趋势和世界社会主义发展新动向，既要吸取借鉴人类创造的一切优秀文明成果，又要旗帜鲜明坚持正确的，理直气壮反对错误的，态度坚决抵制腐朽的。我们要牢记党有坚定的理想信念和不竭力量，就是因为我们党来自人民、植根人民、服务人民，只要始终保持与人民群众的血肉联系，不像希腊神话中安泰那样离开大地之母，我们就能够昂扬前行，战胜一切艰难险阻。

把握共产党执政规律，必须不断提高党的建设科学化水平。办好中国的事情，关键在党。执政能力取决于党建水平，把握执政规律取决于各级领导班子和领导干部的素质。我们党始终把党的建设作为一项伟大工程来抓，十一届三中全会以来，党的十二大提出“把党建设成为领导社会主义现代化事业的坚强核心”；在十二届二中全会上邓小平同志进一步指出，把我们党建设成为有战斗力的马克思主义政党，成为领导全国人民进行社会主义物质文明和精神文明建设的坚强核心。党的十四大强调“坚持党要管党和从严治党，加强和改进党的建设，努力提高党的执政水平和领导水平，使我们这个久经考验的马克思主义的党，在建设有中国特色社会主义的伟大事业中更好地发挥领导核心作用”；十四届四中全会提出党的建设新的伟大工程的总目标。党的十五大对这个总目标作了更加全面、更加深刻的表述，即“要把党建设成为用邓小平理论武装起来、全心全意为人民服务、思想上政治上组织上完全巩固、能够经受住各种风险、始终走在时代前列、领导全国人民建设中国特色社会主义的马克思主义政党”。党的十六大提出加强党的执政能力建设的五个方面的基本要求；十六届四中全会通过的《关于加强党的执政能力建设的决定》，提出要提高五种执政能力。党的十七大确立了思想建设、组织建设、作风建设、制度建设和反腐倡廉建设“五位一体”党的建设总体布局；十七届四中全会通过的《关于加强和改进新形势下党的建设若干重大问题的决定》，强调新形势下要提高党的建设科学化水平。由此可见，我们党对共产党执政规律的认识不断深化，对自身历史方位和执政方位、执政方略的认识不断深化，始终是中国人民爱戴的领导核心和主心骨。新形势新任务对党的建设提出了新的更高要求，胡锦涛总书记在庆祝中国共产党成立90周年大会上的讲话中强调，要从新的实际出发，以改革创新精神研究和解决党的建设面临的重大理论和实际问题，不断提高党的建设科学化水平。这就要求我们，在思想上，高举中国特色社会主义伟大旗帜，认真学习中国特色社会主义理论体系，自觉用马克思主义中国化最新成果武装头脑，始终保持理论上的成熟、思想上的清醒。在政治上，全面贯彻党的路线方针政策，认真贯彻中央的决策部署，不折腾、不观望、不懈怠，大是大非面前保持清醒头脑，大风大浪面前站稳正确立场，关键时刻经得起考验，自觉与以胡锦涛同志为总书记的党中央保持高度一致。在组织上，围绕转型跨越选干部、配班子，发展党内民主，坚持和健全民主集中制，加强基层党组织建设，搞好党员队伍的建设和管理。在作风上，坚持求真务实，发扬艰苦奋斗优良传统，积极开展批评与自我批评。在制度上，坚持和完善党的领导体制、工作机制和各方面制度，逐步建立完备的制度体系和强有力的监督体系。这样，我们党就会永葆生机和活力。

把握共产党执政规律，必须紧紧抓住、切实抓好发展这个第一要务。共产党执政规律，贯穿其中最基本、最本质、最核心的是“发展”。从邓小平同志“发展才是硬道理”，到江泽民同志“发展是党执政兴国的第一要务”，到胡锦涛同志“科学发展观，第一要义是发展”，一脉相承，精辟深刻，阐明了发展的极端重要性，从中可见发展是解决中国所有问题的关键。我们党从改革开放初期提出解放和发展生产力是社会主义的根本任务，确立“一个中心、两个基本点”的基本路线；到提出社会主义市场经济理论，实现经济体制和经济增长方式两个根本性转变；到把公有制为主体、多种所有制经济共同发展确定为我国社会主义初级阶段的一项基本经济制度，实现了所有制理论的重大突破；到提出以人为本，全面、协调、可持续的科学发展观；再到党的十七届五中全会把“加快转变经济发展方式”作为“十二五”时期我国经济社会发展的主线，等等，对发展规律的认识不断深化。正是我们党始终坚持以经济建设为中心，不断完善社会主义市场经济体制和扩大对外开放，使我国取得了举世瞩目的巨大成就，经济总量上升为世界第二，人民生活总体上达到小康水平。但是我国仍处于并将长期处于社会主义初级阶段的基本国情没有变，人民日益增长的物质文化需要同落后的社会生产之间的矛盾这一社会主要矛盾没有变。我们党要团结带领全国人民全面建成小康社会，圆满完成“三步走”战略，建成富强、民主、文明、和谐的社会主义现代化国家，实现中华民族的伟大复兴，还有很长的路要走，必须坚定不移地抓好第一要务，富有成效地推动科学发展，必须不断改进和完善生产关系中不适应生产力的环节和方面，改进和完善上层建筑中不适应经济基础的环节和方面，构建充满活力、富有效率、更加开放、有利于科学发展的体制机制，通过改革开放增强发展活力，通过改革开放取得发展突破，通过改革开放拓宽发展路径。省第十次党代表大会提出要办好走出转型新路、加快全面小康“两件大事”，就是运用社会主义建设规律、人类社会发展规律和共产党执政规律，放眼重要战略机遇期、把握山西转型规律的具体实践。转型成，则跨越成、人民富。我们要积极探索能源资源比重大的情况下转型发展的规律，坚持以煤为基、多元发展，通过资源整合聚集要素，通过链条循环倍增效益；积极探索转型任务重的情况下跨越发展的规律，以资源换项目、换资金、换技术、换人才、换发展，谋求资源效益最大化；积极探索煤矿和非煤矿山多的情况下实现安全发展的规律，牢固树立“安全生产也是第一要务”理念，实现全面安全、本质安全、持久安全；积极探索贫困面较大的情况下农民增收致富的规律，协调推进工业化、城镇化和农业现代化，发展壮大县域经济；积极探索文化底蕴深厚的情况下建设文化强省的规律，推动山西文化大发展，把文化产业培育成新的支柱产业；积极探索发展不平衡的情况下促进社会公平的规律，努力缩小城乡和收入差距，在惠民生、促和谐、保稳定中增强人民群众幸福感；积极探索能源原材料占主导的情况下推进转型综改试验区建设的规律，加快产业单一、资源依赖向以煤为基、多元发展、创新驱动转变。

把握共产党执政规律，必须牢记党的宗旨、自觉为民惠民。“无产阶级的运动是绝大多数人的、为绝大多数人谋利益的独立的运动”。我们党与广大人民群众有着天然的联系，毛泽东同志1939年2月第一次提出“为人民服务”的概念，并强调“共产党人的一切言论行动，必须以合乎最广大人民群众的最大利益，为最广大人民群众所拥护为最高目标”；邓小平同志指出要“把‘人民拥护不拥护’，‘人民赞成不赞成’，‘人民高兴不高兴’，‘人民答应不答应’作为制定各项方针政策的出发点和落脚点”；江泽民同志指出“党同人民群众的关系如何，是关系到党的事业兴衰成败和党的生死存亡的一个根本政治问题”；胡锦涛同志指出要“时刻把人民群众的安危冷暖挂在心上，做到权为民所用、情为民所系、利为民所谋”，并且强调“密切联系群众是我们党的最大政治优势，脱离群众是我们党执政后的最大危险”。世界上没有哪一个政党像中国共产党这样，对于群众观点、群众路线的认识如此自觉、如此深刻。我们党执政的基础在人民，价值在为民，根本在利民。执政为民是共产党执政最重要的规律。任何一个政党或政权，无论它曾经多么辉煌，一旦失去广大人民群众的拥护和支持，就必然垮台。上世纪前苏联和东欧国家执政的共产党纷纷丧失政权，其根本原因就是没有做到执政为民，失去了人民支持。正如列宁所说，无产阶级不能率领群众，整个机器就要散架。我们党革命28年，在舍身为民中铸就了辉煌；我们党已执政63年，在执政为民中铸造了新的辉煌。只要我们始终坚持“以人为本、执政为民”这个党的最高宗旨，我们党的执政基础就能更加巩固，执政地位就会牢不可破。因此，我们立足于思想上依靠群众、感情上贴近群众、工作上服务群众，努力提高全省人民社会保障水平、收入水平、健康水平、科技教育水平，把农民收入翻番作为“十二五”规划核心指标，实施两轮农村“五个全覆盖”，引导全省各级干部下乡住村包村。这些为民利民惠民的做法，要长期坚持，不断完善，使我们的事业发展始终获得最广泛、最深厚、最牢固的群众基础和力量源泉。

把握共产党执政规律，必须坚持党要管党、从严治党。列宁在总结十月革命的经验时指出，无产阶级无条件的集中制和极严格的纪律，是战胜资产阶级的基本条件之一。90多年来，无论什么环境，不管面临什么样的挑战和挫折，坚持党要管党、从严治党都是我们党一以贯之的优良传统和宝贵经验。综合国内外正反两方面教训，可见党的纯洁性对党的创造力、凝聚力、战斗力有着根本性影响。什么时候党的纯洁性保持得好，党就坚强有力，党的事业就能健康发展；什么时候党的纯洁性受到影响和削弱，党的战斗力就会下降，党的事业就会遭受损失。讲先进性和纯洁性，在任何时候都不过时，在任何条件下都十分必要，这是我们推进一切事业的根本保障。我们要把党要管党、从严治党贯穿到党的建设的各个方面，着力解决思想、队伍、作风不纯和不廉洁的问题，不断增强自我净化、自我完善、自我革新、自我提高能力，在保持先进性和纯洁性中提高执政能力。要大力弘扬太行精神、吕梁精神、右玉精神，以治庸提能力、以治懒增效率、以治散正风气、以治腐赢民心，狠抓反腐倡廉建设，认真贯彻党风廉政建设责任制，对领导干部要严格要求、严格管理、严格监督，继续深化煤焦领域反腐败专项斗争，严肃查处以权谋私、吃拿卡要等违法违纪行为，认真解决损害群众利益的突出问题，着力优化发展环境。各级领导干部要对照先进性和纯洁性，经常观照自己、反省自己，改造自己、提升自己，稳得住心神、管得住行为、抵得住诱惑，自觉廉洁自律，保持向上活力，做到精神境界不断“修习”，精神家园持久“保洁”。要引深创先争优活动和保持党的纯洁性学习教育活动，落实好胡锦涛总书记提出的“四个相结合”的任务要求，总结好运用好活动中的好做法好经验，选树表彰一批先进典型，推动创先争优和保持党的纯洁性学习教育活动常态化长效化，引导广大党员在转型跨越的实践中体现先进性、检验纯洁性，形成学习先进、崇尚先进、争当先进的社会环境，为党的十八大胜利召开营造良好氛围。

（作者为中共山西省委书记）

加强理论学习 坚持学以致用 以保持党的纯洁性教育的实际成效推动转型跨越发展

王 君

胡锦涛总书记在十七届中央纪委七次全会上强调，全党要充分认识新形势下保持党的纯洁性的极端重要性和紧迫性，扎实做好保持党的纯洁性的各项工作，努力保持思想纯洁、队伍纯洁、作风纯洁和清正廉洁。胡锦涛总书记的重要讲话高屋建瓴、总揽全局，内涵丰富、思想深刻，对于我们党始终保持党的性质和宗旨，永葆共产党人政治本色，永葆党的生机活力，更好地肩负起历史使命，推动中国特色社会主义现代化建设和中华民族伟大复兴具有重大而深远的意义。我省认真贯彻落实胡锦涛总书记的重要讲话精神，在全省开展保持党的纯洁性学习教育活动，必将对我省转型跨越发展起到巨大的推动作用。

(一)

保持党的纯洁性，前提是保持思想纯洁。保持思想纯洁，首要是加强理论学习，坚定理想信念，牢固树立正确的世界观、权力观、事业观。近一段时间，结合我省正在开展的保持党的纯洁性学习教育活动，重温《共产党宣言》《中国共产党章程》和十一届三中全会以来历次党代表大会报告等重要文献，认真研读毛泽东、邓小平、江泽民、胡锦涛等领导同志的重要讲话，深入学习毛泽东思想、邓小平理论、“三个代表”重要思想特别是科学发展观这一马克思主义中国化最新成果。通过学习和思考，进一步深化了对唯物史观基本原理、人类社会发展规律、生产力动力理论和中国特色社会主义理论体系尤其是科学发展观的理解，加深了对胡锦涛总书记强调的保持党的纯洁性的极端重要性、紧迫性和深刻内涵、基本要求的理解。

深刻理解唯物史观基本原理，牢固树立正确的世界观、人生观和价值观。辩证唯物主义和历史唯物主义是马克思主义最基本的理论内容。它深刻阐述了唯物史观的基本原理，指出社会存在决定社会意识，生产力决定生产关系，经济基础决定上层建筑；人类社会是由低级向高级发展，在一定条件下低一级的社会形态必然转变为高一级的社会形态，是由生产力和生产关系这一社会基本矛盾运动决定的，这是人类社会运动演变的基本规律；人民群众是生产力的创造者，是推动历史前进的根本动力。马克思和恩格斯阐明的唯物史观基本原理，为我们正确观察和认识人类社会提供了科学的世界观和方法论。

深刻理解人类社会发展规律，进一步坚定共产主义理想信念。崇高的理想信念，始终是共产党人保持纯洁性的精神动力。马克思主义科学论证了人类社会发展的各个历史阶段和总趋势，深刻阐明了“两个必然”的科学论断，即“资产阶级的灭亡和无产阶级的胜利是同样不可避免的”，并科学预测未来的共产主义社会，分为社会主义和共产主义两个不同的发展阶段，每个发展阶段都有着各自不同的经济和政治特征，从第一个阶段到第二个阶段将经历一个极其艰难而又漫长的过程。邓小平同志在准确把握我国基本国情的基础上，对我们所处的历史阶段做出科学论断，认为我国正处于并将长期处于社会主义初级阶段，这是在经济文化落后的中国建设社会主义现代化不可逾越的历史阶段。因此，在当代中国，每一位共产党员既要胸怀共产主义的远大理想，又要坚定不移地走中国特色社会主义道路，矢志不渝地为实现党在社会主义初级阶段的基本路线、基本纲领而奋斗。

深刻理解生产力是人类社会发展的根本动力，把发展社会生产力作为经济社会发展的首要任务。生产力是社会发展中最革命、最活跃的因素，生产力的巨大增长和高度发展是实现共产主义的首要前提。马克思主义认为：“生产力是社会历史发展的最终决定力量”，“要把发展生产力摆在首位，尽可能快地增加生产力的总量”。从我国来讲，社会主义建设的根本任务，是进一步解放生产力，发展生产力，逐步实现社会主义现代化。因此，我们党把发展作为执政兴国的第一要务，要求党的全部工作要有利于发展社会主义社会的生产力，有利于增强社会主义国家的综合国力，有利于提高人民的生活水平。只有大力发展社会生产力，才能实现民族复兴、国家富强、人民富裕。

深刻理解保持党的纯洁性是马克思主义政党的本质要求，切实增强保持党的纯洁性的自觉性。马克思主义指出，“共产党人是各国工人政党中最坚决的、始终起推动作用的部分”。中国共产党在革命、建设、改革的各个历史时期，都始终把保持党的纯洁性作为党的建设的根本问题和重要目标。早在1945年，毛泽东同志就明确指出，要夺取全国革命的胜利，必须建设“一个有纪律的、思想上纯洁的、组织上纯洁的党，合乎统一的标准的党”；在改革开放初期，邓小平同志强调“党的事业的胜利，党对于人民所负的责任的加重，党在人民中间威信的增长，这一切都要求党对于党员提出更高的标准”；在党的十五大报告中，江泽民同志指出“要把反腐败斗争与纯洁党的组织结合起来”；特别是在十七届中央纪委七次全会上，胡锦涛总书记对保持党的纯洁性又作了系统论述，并提出了五个方面的具体要求，即大力保持党员干部思想纯洁、队伍纯洁、作风纯洁和清正廉洁，大力加强监督和严明纪律，这是对马克思主义政党建设理论的创新和发展，是对共产党执政规律认识的进一步把握和深化，是推进中国特色社会主义伟大事业的又一纲领性文献，必将对经济社会发展和党的建设产生重要的指导作用。

(二)

加强理论学习，目的是武装头脑、指导实践、推动工作。当前，我们正站在一个新的历史起点上，全省经济平稳较快发展，社会保持和谐稳定，人民群众安居乐业，转型跨越发展势头强劲。各级各部门要把理论学习的成果转化为推动工作的力量，着力推动全省经济社会转型跨越发展、科学发展。在实践中，切实做到“五个不动摇”：

一要始终高举中国特色社会主义伟大旗帜不动摇。旗帜就是方向，旗帜就是形象。中国特色社会主义伟大旗帜是当代中国发展进步的旗帜，是全党全国各族人民团结奋斗的旗帜。中国特色社会主义伟大旗帜代表了中国最广大人民的根本利益，符合党心民心，是当代中华儿女同心同德、共创伟业的共同理想和政治基础。只有高举中国特色社会主义伟大旗帜，才能实现民族振兴、国家富强、人民幸福、社会和谐。高举中国特色社会主义伟大旗帜，就是要坚持以马克思列宁主义、毛泽东思想，邓小平理论、“三个代表”重要思想为指导，深入贯彻落实科学发展观，坚定不移地走中国特色社会主义发展道路。作为一名党员领导干部，就是要讲政治、顾大局、守纪律，自觉坚持党的基本理论、基本路线、基本纲领和基本经验，认真贯彻落实中央的方针政策和工作部署，在思想上、政治上和行动上与以胡锦涛同志为总书记的党中央保持高度一致。

二要紧紧扭住发展第一要务不动摇。以经济建设为中心是兴国之要、富民之本，是我们党、我们国家兴旺发达、长治久安的根本要求；只有以经济建设为中心，大力发展社会生产力，才能为社会主义现代化建设奠定坚实的物质基础。在新的历史条件下，坚持发展是硬道理的本质要求就是坚持科学发展，必须牢牢把握发展第一要义，以人为本这一核心，全面协调可持续发展这一基本要求，统筹兼顾这一根本方法，推动经济社会又好又快发展。对我省来讲，扭住发展第一要务不动摇，实现科学发展，就是要坚持科学发展主题和加快转变经济发展方式主线，牢牢把握稳中求进的工作总基调，着力推动转型跨越发展，率先走出资源型地区科学发展新路，加快实现全面建设小康社会的奋斗目标。当前，要全面贯彻落实国家宏观调控政策，正确处理保持经济平稳较快发展、调整经济结构和管理通货膨胀预期的关系，把稳增长放在更加重要的位置，努力保持一个较快的增长速度；加快调整经济结构和转变经济发展方式，扎实做好煤与非煤两篇文章，积极构建以煤为基、多元发展的产业体系；统筹城乡、区域发展，科学合理配置资源、要素，努力形成城乡、区域一体化发展新格局；切实抓好节能减排工作，加强生态文明建设，进一步增强可持续发展能力；深入实施科教兴省和人才强省战略，大力推进科技进步和创新，进一步强化人才保障和智力支撑；大力发展社会事业，加强和创新社会管理，抓好安全生产工作，维护社会和谐稳定，为经济社会又好又快发展创造良好的环境和条件。

三要坚持深化改革开放不动摇。改革开放是决定当代中国命运的关键抉择，是坚持和发展中国特色社会主义、实现中华民族伟大复兴的必由之路。只有改革开放才能发展中国，发展社会主义，发展马克思主义。30多年来，我们始终坚持以改革开放为强大动力，着力破除制约科学发展的体制机制障碍，认真解决发展中不平衡、不协调、不可持续的问题，经济社会发展充满生机和活力。山西作为内陆欠发达省份，面对新形势新任务，改革开放显得尤为重要而紧迫。要坚持社会主义市场经济的改革方向，大力推进经济体制、政治体制、文化体制、社会体制改革创新，着力推进重要领域和关键环节改革，努力在扩权强县试点、事业单位分类改革、集体林权制度改革、国有企业改革、文化体制改革、医药卫生体制改革等方面取得新的进展。要进一步扩大对外开放，优化发展环境，提升服务质量，加强区域合作和对外交流，加大招商引资和招才引智力度，吸引更多的资金、人才、技术服务山西转型跨越发展。要充分利用好转型综改试验区这个大平台、总抓手，积极推进市县、园区和企业的先行先试工作，大力实施一批转型标杆项目，重点在产业升级、生态修复、城乡统筹、民生改善等方面先行先试；积极推进项目审批、用地保障、资金筹措等体制机制创新，以此带动全省改革开放的全面推进，进一步增强转型跨越发展的动力和活力。

四要切实做到心系人民群众不动摇。全心全意为人民服务是我们党的根本宗旨，党的根基在人民、血脉在人民、力量在人民。要牢固树立群众观点，坚持群众路线，做到发展依靠人民、发展为了人民、发展成果由人民共享。要坚持以人为本、执政为民的理念，想问题、作决策、办事情要从群众利益出发，坚持问政于民、问需于民、问计于民，真诚倾听群众呼声，真实反映群众愿望，真情关心群众疾苦，想群众所想，急群众所急，办群众所盼。要把保障和改善民生作为一切工作的出发点和落脚点，既要大力发展教育、文化、卫生等各项社会事业，又要全力做好就业、住房、社保等事关群众切身利益的民生工作，特别是要大力改善农村民生，让全省人民生活得更加幸福、更有尊严。要下大气力抓好民生工程，在进一步巩固完善“五个全覆盖”工程的基础上，加快推进新的“五个全覆盖”工程，确保年底圆满完成全覆盖目标任务，并通过建立长效机制、加强管理，使其能够发挥出最大最好的效益，造福百姓；同时要结合实际，再谋划实施一批新的惠民工程，为老百姓办更多的实事，让群众得到更多的实惠。要尊重人民群众的主体地位和首创精神，相信群众、依靠群众，充分调动人民群众的主动性、积极性、创造性,把人民群众的智慧和力量凝聚到转型跨越发展的伟大实践之中，形成推动科学发展、促进社会和谐的浓厚氛围和强大合力。

五要全面推进党的建设新的伟大工程不动摇。这既是由世情、国情、党情的发展变化决定的，也是党站在时代前列带领人民不断开创事业发展新局面的需要。在新的形势下，只有全面加强党的思想建设、组织建设、制度建设、作风建设和反腐倡廉建设，始终保持党的先进性、纯洁性，不断提高党的领导水平和执政水平、提高拒腐防变和抵御风险能力，党才能始终成为中国特色社会主义事业的坚强领导核心。推进党的建设新的伟大工程，要以党的执政能力建设和先进性建设为主线，坚持用中国特色社会主义理论体系特别是科学发展观武装头脑，教育党员干部牢固树立共产主义的理想信念；切实加强党的组织建设和干部队伍建设，充分发挥各级党组织的领导核心、战斗堡垒作用和党员的先锋模范作用；进一步健全完善党建工作制度，切实增强自我净化、自我完善、自我革新、自我提高能力；牢固树立宗旨意识、群众观念，大兴求真务实之风、艰苦奋斗之风，以优良的党风促政风、带民风，凝心聚力促转型、谋发展；坚持“标本兼治、综合治理、惩防并举、注重预防”的方针，进一步完善惩治和预防腐败体系，强化对权力运行的制约和监督，以反腐倡廉的实际成效取信于民。

总之，我们要紧密地团结在以胡锦涛同志为总书记的党中央周围，深入贯彻落实科学发展观，认真贯彻落实中央决策部署，扎实做好各项工作，努力促进经济社会又好又快发展，以优异成绩迎接党的十八大胜利召开。

（作者为中共山西省委副书记、山西省省长）

自觉保持党的纯洁性
永葆共产党人政治本色

金道铭

保持党的纯洁性，是马克思主义政党的本质特征。马克思主义政党及其革命领袖历来高度重视党的纯洁性问题。马克思、恩格斯在创立无产阶级政党学说的过程中,就对党的纯洁性问题进行了深入思考。《共产党宣言》指出,共产党是代表无产阶级利益的,共产党人“没有任何同整个无产阶级的利益不同的利益”。要保持马克思主义政党的阶级属性,防止共产党人在资产阶级和小资产阶级的意识形态和生活方式的影响下丧失阶级立场、发生蜕化变质,就必须保持党的纯洁性。列宁在创建和领导俄国布尔什维克时明确指出，党“集中了经过顽强的革命斗争的教育和锻炼的、完全觉悟的和忠诚的共产主义者”，“绝不是什么人都可以加入的松散的联盟”、“徒有其名的党员，就是白给，我们也不要”。我们党在革命、建设和改革的各个历史时期，始终把保持纯洁性作为党的建设的一个根本问题加以强调，在不停歇地自我净化、自我完善、自我革新、自我提高的实践中，与时俱进地保持和发展党的纯洁性，为提高党的创造力、凝聚力、战斗力提供了强大动力，为保证党的事业无往而不胜奠定了坚实基础。在极其艰难的土地革命时期，我们党坚持用无产阶级思想建党建军，保证了党的发展和壮大。抗日战争时期，我们党通过延安整风，使全党经受“思想上入党”的洗礼，为抗日战争和新民主主义革命胜利奠定了重要的思想政治基础。解放战争初期，毛泽东同志明确指出，要夺取全国革命的胜利，“就要有一个有纪律的、思想上纯洁的、组织上纯洁的党。”全国解放前夕，毛泽东提出“两个务必”的要求，及时向全党发出永葆纯洁性的伟大号召。新中国成立后，我们党对长期执政条件下如何保持纯洁性进行了艰辛探索。世纪之交的“三讲”教育活动强党性正党风，推动了中国特色社会主义事业实现了历史性跨越。新世纪以来，我们党先后开展了保持共产党员先进性教育活动、深入学习实践科学发展观活动、创先争优活动，最广泛最充分地凝聚全党力量，为全面建设小康社会、坚持和发展中国特色社会主义、实现中华民族伟大复兴而努力奋斗。胡锦涛总书记在十七届中央纪委七次全会上强调，全党要充分认识新形势下保持党的纯洁性的极端重要性和紧迫性，扎实做好保持党的纯洁性的各项工作，努力保持思想纯洁、队伍纯洁、作风纯洁和清正廉洁。这是对马克思主义党的建设理论的创新和发展，是对共产党执政规律认识的进一步把握和深化，对于我们党始终保持党的性质和宗旨，永葆共产党人政治本色，永葆党的生机活力，更好地肩负起历史使命，推动中国特色社会主义现代化建设和中华民族伟大复兴具有重大而深远的意义。

在全省开展保持党的纯洁性学习教育活动，是省委深入贯彻胡锦涛总书记重要讲话精神，着眼于全面加强山西党的建设和干部队伍建设，切实抓好思想纯洁、队伍纯洁、作风纯洁和清正廉洁，为实现转型跨越发展提供坚强有力的思想、组织、队伍和作风保证而作出的一项重大战略部署。活动开展以来，得到了全省各级党组织和广大党员干部的普遍拥护与积极响应。各级、各部门、各单位普遍把保持党的纯洁性学习教育活动与开展创先争优活动结合起来，与开展基层组织建设年活动结合起来，抓学习提高，抓对照检查，抓整改落实，全省党员干部队伍的精神面貌更加奋发向上，工作状态更加积极主动，进一步巩固和发展了转型跨越争相竞发、各项事业协调发展、社会大局和谐稳定的良好局面。我们要按照省委的要求，按照开展保持党的纯洁性学习教育活动的部署和安排，加强组织领导，注重教育实效，做到善始善终，确保全面完成活动的目标任务，推动全省党的建设和队伍建设再上新的台阶。

一、保持纯洁性，第一位的是坚持高举旗帜、忠诚坚定，始终在思想上政治上行动上同党中央保持高度一致

旗帜代表信念，旗帜指引方向，旗帜凝聚力量。在当前世情、国情、党情发生深刻变化的形势下，举什么样的旗，走什么样的路，这是我们必须向历史和人民认真作出回答的重大理论和实践问题。《共产党宣言》发表一百六十年来的实践证明，马克思主义政党只有与时代发展同进步，与人民群众共命运，才能始终保持强大的生命力和创造力。中国特色社会主义是当代中国的马克思主义，是全体共产党员的精神旗帜和共同思想基础，党在现阶段的基本路线、方针、政策，都是中国特色社会主义道路、理论体系、制度的具体展开。

中国共产党人的忠诚，是基于马克思主义信仰和党性原则的政治忠诚，是对党和人民的伟大事业高度热爱的朴素情怀。永远忠诚于共产主义坚定信仰、忠诚于中国特色社会主义坚定信念，是每一名共产党员的神圣义务和最高品质。今年是党的十八大召开之年，做好改革发展稳定各方面工作，以优异成绩迎接党的十八大胜利召开，是摆在全省各级党组织和广大党员特别是党员领导干部面前的首要政治任务。在这样的历史条件下，党员领导干部必须始终高举中国特色社会主义伟大旗帜，始终保持高度的理论清醒和政治自觉，始终深刻认识中国特色社会主义道路、理论体系和制度的正确性和在社会主义初级阶段坚持科学发展观的必然性以及以改革创新精神推进党的建设新的伟大工程的长期性，不断增强党性观念，全面加强党性修养，在任何形势任何情况下，都做到对党绝对忠诚，时刻维护党的形象，不为困难风险所惧，不为噪音杂音所扰，不为传闻谣言所惑，更加自觉地把思想和行动统一到中央对当前形势的判断上来，统一到中央和省委对当前工作的总体要求上来，始终与以胡锦涛同志为总书记的党中央保持高度一致，坚定不移地贯彻执行党的路线、方针、政策，一心一意谋发展，聚精会神搞建设，全力以赴促转型，坚持不懈求跨越，以我省经济社会又好又快发展的实际成效迎接党的十八大胜利召开。

二、保持纯洁性，最核心的是坚持牢记宗旨、执政为民，自觉地实现好、维护好、发展好最广大人民根本利益

群众观点是历史唯物主义的基本观点，群众路线是我们党的根本组织路线和工作路线。是否始终把人民利益放在第一位，是检验马克思主义政党的试金石，也是检验党的纯洁性的试金石。我们党是中国工人阶级的先锋队，是中国人民和中华民族的先锋队，党除了工人阶级和最广大人民群众的利益没有自己特殊的利益。党的这种性质和宗旨，既决定了党的先进性，也决定了党的纯洁性。以人为本、执政为民，是我们党的性质和宗旨的集中体现，是指引、评价、检验我们一切工作的最高标准。经过60多年特别是改革开放30多年来的奋斗，我省人民群众的生活水平有了显著提高，但同时，发展不足、发展不平衡、不协调、不可持续的问题仍很突出。特别是按照国家新的扶贫标准，全省农村还有452万贫困人口，贫困对象规模大、贫困程度深、返贫情况严重等问题亟待解决，已成为我省实现转型跨越发展最为严峻的挑战。所有这些，都要求我们必须紧紧抓住国家赋予我省综改试验区建设的重大机遇，用好用足先行先试的难得政策，科学应对复杂严峻的经济形势，围绕省第十次党代会提出的办好“两件大事”、实现转型跨越的目标任务，履职尽责、倾力作为，进一步创新发展理念，完善发展战略，落实发展举措，破解发展难题，时刻把人民的安危冷暖放在心坎上，把为民谋利落实在发展上，做到发展为了人民、发展依靠人民、发展成果由人民共享。既要重视研究我省作为资源型地区长期矛盾和短期问题相互交织的因素，又要重视解决结构性因素和周期性因素相互作用的问题，既要重视研究关系人民群众根本利益的重大战略，又要重视解决人民群众反映强烈的突出问题，坚决纠正损害群众利益的不正之风，始终做到与群众心心相印、息息相通，不断提高发展的科学性和普惠性。

三、保持纯洁性，最根本的是坚持勇于负责、敢于担当，坚决地与不良风气和行为作斗争

党的十七届四中全会向全党发出“常怀忧党之心、恪尽兴党之责”的号召，充分体现了我们党对世情、国情、党情深刻变化的清醒认识，反映了我们党对永葆纯洁性的深刻自觉。非击浊无以扬清。正如毛泽东同志指出的，共产党员要“无论何时何地，坚持正确的原则，同一切不正确的思想和行为作不疲倦的斗争”。党员的纯洁性不仅表现为一心为公、兢兢业业，一身正气、作风正派，同时也表现为勇于为党负责，敢于与违背党的性质、宗旨，破坏党的形象的不良行为和歪风邪气作坚决斗争。每个党员作风正、胆气硬，整个党风就正气兴、邪气消。我省党员队伍的风气总体是好的，党员队伍的整体素质是适应全省转型跨越发展需求的。但也要看到，“抓经济建设一手硬、抓党的建设一手软”的问题在不少地方仍不同程度存在；对党员干部的管理失之于宽、失之于软的问题仍然突出；党员队伍中好人主义盛行，一些党员干部不谋事、不干事，说闲话、误发展的问题仍然普遍，等等。这些问题都需要

引起我们的高度重视并切实采取措施加以解决。我们一定要以科学的态度和唯物主义的立场，全面审视全省党的建设现状，下大力解决党内存在的真与假、是与非、公与私等问题，下大力解决部分党员意识淡化、党性观念不强、党性原则淡漠等问题，下大力解决形式主义、官僚主义、贪污腐化等问题，下大力解决部分党员干部不作为、乱作为和放任干部自由作为等问题，以党的作风建设的不断加强和改进，不断提升党在群众中的公信力和感召力。

四、保持纯洁性，最关键的是坚持严守党纪、严格自律，积极地应对各种风险和考验

领导干部在群众中能否树立廉洁自律的形象，直接影响到党和政府的威信，直接影响到转型跨越目标的实现。检验纯洁性学习教育活动的成效，一个很重要的标准就是党员领导干部在群众中的形象和口碑。马克思曾说，“道德的基础是人类精神的自律。”自律意识不是与生俱来的，也不是一成不变的，而是动态的、发展的，因而是需要不断磨练和砥砺的。高度的自律深深根植于人内心的事业向往和奋斗追求，以为大多数人谋幸福为己任的共产党人，更是把崇高的人生追求、高尚的道德品质、纯洁的精神家园看得比生命还要宝贵。我们每名党员干部特别是高级领导干部，必须时刻牢记胡锦涛总书记指出的“四个考验”和“四个危险”的警示，谨记权为民赋、责重山岳的道理，自重、自省、自警、自励，讲党性、重品行、作表率，以正确的世界观立身、以正确的权力观用权、以正确的事业观做事，严格执行中央、省委关于党风廉政建设的各项要求，做到立身不忘做人之本、为政不移公仆之心、用权不谋一己之私。要始终保持共产党人的政治本色，时时处处用党的纯洁性要求对照自己、检点自己、修正自己、提高自己，率先纯洁、追求高尚、远离低俗，特别是切实加强对子女、亲属和身边工作人员的要求，在干部群众中树立可亲、可信、可敬的形象，树立为民、务实、清廉的形象。要继承和弘扬革命优良传统，大力弘扬太行精神、吕梁精神、右玉精神以及胡兰精神、纪兰精神、双良精神等宝贵精神财富，身体力行，自觉表率，激发出顽强斗志和创业干劲，带领全省人民建设新山西、创造美好新生活，不断交出党和人民满意的答卷。

（作者为中共山西省委副书记）

在推进转型跨越发展大业中忠实践行党的纯洁性

李小鹏

开展保持党的纯洁性教育活动，是我们党在新形势下推进党的建设的又一项新的重大举措。胡锦涛同志在十七届中央纪委七次全会上的重要讲话，深刻阐述了新形势下保持党的纯洁性的重要性、紧迫性，是对马克思主义党的建设理论的创新和发展，对于夺取全面建设小康社会新胜利、开创中国特色社会主义事业新局面，具有重大而深远的意义。

一、开展保持党的纯洁性教育活动是重大而紧迫的政治任务

保持党的纯洁性，是坚持党的性质宗旨、保持党的先进性的本质要求，是永葆党的政治本色、更好地肩负起历史使命的现实需要。注重加强党的自身建设，这是我们党始终保持强大政治生命力，不断夺取革命建设改革伟大胜利的重要经验。当前，我国正处于改革发展的关键时期，我们面临着许多必须解决、不能拖延的问题和任务。光荣的使命和艰巨的任务，对加强和改进党的建设提出了新的更高的要求。在全省范围内深入开展保持党的纯洁性教育活动，正是省委认真贯彻落实中央决策部署，科学分析当前我省经济社会发展形势，审时度势作出的重大决策。

（一）保持党的纯洁性是加强党的建设的本质要求。

马克思主义政党高度重视保持党的纯洁性，把保持党的纯洁性作为党的建设的根本问题。党的发展历程证明，党的纯洁性对党的创造力、凝聚力、战斗力发挥着重要的作用。什么时候党的纯洁性保持得好，党就更加坚强有力，党的事业就能健康发展；什么时候党的纯洁性受到影响，党的战斗力就会削弱，党的事业就会遭受损失。所以说，保持党的纯洁性是永葆党的生机和活力的关键所在，是党的生命线。

（二）保持党的纯洁性是提高治国理政水平的重要保证。

党的纯洁性是党的建设的根本任务和永恒主题。在党90年的发展历程中，党的先进性和纯洁性为实现发展和完成使命提供了坚实的保证。当前，我们正处在改革发展的关键时期，世情国情党情和党所面临的“四种考验”、“四种危险”对党的执政能力提出了更为严峻的挑战。我们要从保证党永不变色、实现党执政兴国、保证国家长治久安的认识高度，始终保持党的先进性和纯洁性，只有这样，才能不断提高党的执政能力，不断提高治国理政水平；才能从容应对和化解各种风险和考验。

（三）保持党的纯洁性是推进转型跨越发展的现实需要。

保持党的纯洁性，最终要体现在为党和人民建功立业上来，体现在干事创业、推动发展上来。要实现转型跨越发展、再造一个新山西的宏伟目标，关键在人，成败在干。各级党员干部在推进全省改革发展稳定中发挥着组织者和

推动者的作用。但是，也有部分党员干部的思想、作风和行为与新形势的要求不相适应。这必然会影响党的领导，影响队伍的士气，贻误工作、损害事业。只有加强党的纯洁性建设，大力弘扬太行精神、吕梁精神、右玉精神，才能树立起浩然正气、昂扬锐气和蓬勃朝气，筑牢干事创业的精神支柱、信念之堤，为实现宏伟目标而努力奋斗。

二、领导干部要带头实践和保持党的纯洁性

保持党的纯洁性，关键在党的各级领导干部。领导干部既是组织者和领导者，又是执行者和实践者。必须以身作则、率先垂范，以实际行动来实践党的纯洁性。

一要坚定信仰，保持思想纯洁。信仰纯洁是共产党人最根本的纯洁。保持党的思想纯洁，最重要的是保持对共产主义的坚定信仰，保持对中国特色社会主义的坚定信念。正是因为有了信仰，党才能从“4·12”的血泊中站了起来，才能从长征的围追堵截中走了过来，才能从八年抗战中赢得胜利，才能以小米加步枪打出新中国，才能从封锁孤立中探索前行，才能在十年浩劫后实现自我纠正，才能坚定不移地实行改革开放、开创社会主义现代化建设新局面。要做到思想纯洁、信仰纯洁，就必须持之以恒地加强思想信念教育，牢固树立正确的世界观、价值观，不断增强对党的信念，增强对中国特色社会主义的信心，坚守共产党人的精神家园。

二要锤炼党性，保持作风纯洁。坚持发扬党的优良传统，是保持党的作风纯洁的内在要求。牢固树立“立党为公、执政为民”的理念，是党员干部保持作风纯洁的根本所在。要切实为群众办实事、解难事，代表好、实现好、维护好、发展好广大人民群众的根本利益。要在实践中锻炼自己，增长才干，做好工作。要大力弘扬勤俭节约、艰苦奋斗的优良传统和作风，脚踏实地、真抓实干，不断开创工作新局面。

三要严于律己，保持清正廉洁。作为党的领导干部，要以正确的世界观立身、以正确的权力观用权、以正确的事业观做事，带头遵守廉洁自律各项规定，以淡泊之心对待个人名利和权位，以敬畏之心对待肩负的职责和人民的事业。要主动接受监督，严格贯彻党的民主集中制原则，任何时候、任何情况下都不能凌驾于组织和党纪国法之上。在大是大非面前头脑清醒，在路线原则上立场坚定。要坚决在政治、思想、组织、行动上自觉同党中央保持高度一致，聚精会神搞建设、一心一意谋发展，维护好改革发展稳定大局。

三、要在实际工作中体现和保持党的纯洁性

马克思主义理论的本质属性，是彻底的科学性、坚定的革命性和自觉的实践性。党的纯洁性只有在实践中才能得到保持和发展，也只有在实践中才能转化为干事创业的不竭动力。践行党的纯洁性就是要在工作中贯彻落实科学发展观，带领人民群众推进经济社会又好又快发展。结合当前实际，应重点做好以下工作：

一要努力保持经济平稳较快发展。近年来，我省经济发展，社会进步，人民生活水平不断提高，各项工作都取得了长足的进步。特别是去年，我省地区生产总值突破万亿元大关，综合实力迈上了一个新的台阶。今年，在中央宏观调控政策的指引下，全省经济呈现出增长较快、效益较好、平稳运行的良好态势。但是，由于受国际、国内经济环境的影响，当前我省经济运行面临一些新情况、新问题，下行压力加大。对此，我们要高度重视，主动施策，有效应对，努力保持经济平稳较快增长，确保全年任务的完成。

二要继续抓好重点工程建设。作为欠发达省份，保持较强投资规模对经济增长意义重大。重点工程项目作为重要载体，建设速度事关转型跨越发展的大局。如果项目建设的效果不能保证，那么我们南下北上、东行西进签约所取得的成果就会付诸东流，我们千辛万苦招商得来的项目就会成为一纸空文，我们“五年5万亿、平均一年1万亿”的任务就会成为无源之水、无本之木，我们实现转型跨越发展、再造新山西的目标就无法实现。各级各部门要以非常之策、非常之力、非常之举扎实推进项目建设，按照“四位一体，统筹推进”的部署，抓好重点工程项目建设，为实现又好又快发展作出贡献。

三要着力保障和改善民生。关注、保障和改善民生，既是实践“立党为公、执政为民”宗旨的必然要求，也是落实以人为本、科学发展的重要体现。要着力办成一些让群众看得见、最需要、得实惠的好事实事。当前，要落实好国家和我省出台的各项惠民政策，切实抓好教育、就业、社保、医疗、物价、住房等事关群众切身利益的工作。特别是要继续加大保障性住房建设力度，全面完成新的“五个全覆盖”，努力实现农业增产和农民增收。

四要全力维护安定团结的大好局面。安定和谐的发展环境，对于我省改革发展稳定至关重要。一是继续抓好安全生产。我们要牢固树立安全意识，始终绷紧安全生产这根弦，努力推进我省安全生产由持续好转向根本好转转变。二是继续加强社会管理。今年是党的十八大召开之年，维护好全省的安全稳定责任重大。各级各部门要高度重视，切实做好信访、维稳、突发事件应急处置等各项工作，切实维护安定团结的政治局面。

（作者为中共山西省委常委、山西省常务副省长）

认真履行职责　维护党的纯洁
为促进转型跨越发展积极作为

李兆前

胡锦涛总书记在十七届中央纪委第七次全会上发表重要讲话，从全局和战略高度，深刻阐述了保持党的纯洁性的极端重要性和紧迫性，对保持党的思想纯洁、组织纯洁、作风纯洁和清正廉洁提出了明确要求。省委把保持党的纯洁性摆在重中之重的位置，决定在全省开展保持党的纯洁性学习教育活动，努力实现在思想认识上有新提高，在作风建设上有新进步，在能力素质上有新增强，在转型跨越上有新成效。全省各级纪检监察机关必须把保持党的纯洁性作为根本任务，认真履行党章赋予的职责，充分发挥教育、监督、检查、处理、保障职能，切实维护党的纯洁，为促进转型跨越发展提供有力保证。

一、深刻认识保持党的纯洁性的重大意义、总体要求、科学内涵及主要任务

胡锦涛总书记向全党提出保持党的纯洁性的要求，对于全党同志保持清醒头脑，增强党的意识、政治意识、危机意识和责任意识，提高党的执政能力和拒腐防变能力，全面推进党的建设新的伟大工程，做好党和国家各项工作，具有重大而深远的意义。必须深刻认识，保持党的纯洁性是建设坚强有力的马克思主义政党的迫切需要，是坚持改革创新、推进中国特色社会主义事业的迫切需要，是经受“四个考验”、化解“四个危险”的迫切需要，是解决当前党员干部队伍中存在问题的迫切需要。保持党的纯洁性，必须做到三个“准确把握”。

准确把握保持党的纯洁性的总体要求。坚持以马克思列宁主义、毛泽东思想和中国特色社会主义理论体系为指导，坚持党要管党、从严治党，坚持强化思想理论武装和严格队伍管理相结合、发扬党的优良作风和加强党性修养与党性锻炼相结合、坚决惩治腐败和有效预防腐败相结合、发挥监督作用和严肃党的纪律相结合，不断增强我们党自我净化、自我完善、自我革新、自我提高的能力，始终坚持党的性质和宗旨，永葆共产党人政治本色。

准确把握保持党的纯洁性的科学内涵。必须始终保持马克思主义政党的本质特征，始终坚持党的性质和宗旨，始终坚持马克思列宁主义、毛泽东思想和中国特色社会主义理论体系的指导思想，始终坚持中国特色社会主义道路；必须充分发挥党组织的战斗堡垒和党员的先锋模范作用，党的各级组织和每个党员必须始终做到信仰坚定、忠诚可靠，艰苦奋斗、拒腐防变，克己奉公、服务人民。

准确把握保持党的纯洁性的主要任务。思想纯洁是保持党的纯洁性的根本任务、组织纯洁是保持党的纯洁性的重要基础、作风纯洁是保持党的纯洁性的具体体现、清正廉洁是保持党的纯洁性的基本要求，严明纪律是保持党的纯洁性的有力保证。纪律检查机关必须把保持党的纯洁性作为根本任务，充分发挥党性党风党纪教育的引领作用、监督制约的规范作用、制度建设的保证作用、案件查处的震慑作用，坚决纠正各级党的组织和党员干部中存在的党性不纯现象，切实增强党的自我净化、自我完善、自我革新、自我提高能力。

二、认真履行党章赋予的职责，在维护党的纯洁、保障转型跨越上积极作为

胡锦涛总书记强调，各级纪律检查机关要全面履行党章赋予的职责，切实维护党的纯洁性。省委对充分发挥纪律检查机关在保持党的纯洁性中的职能作用提出明确要求。全省各级纪检机关必须按照中央和省委的要求，把保持党的纯洁性的要求贯穿党风廉政建设和反腐败斗争的全过程，在维护党的纯洁、保障转型跨越上积极作为。

坚持把维护党的纯洁体现在严明政治纪律、确保政令畅通上。思想上的纯洁是最重要的纯洁，政治纪律是最重要的纪律。要教育引导党员干部进一步增强坚持中国特色社会主义旗帜、道路、理论体系的自觉性和坚定性，坚持不懈地加强党性锻炼，讲政治、顾大局、守纪律，在大是大非面前站稳立场，在关键时刻经受住考验，坚决维护党的团结统一。要切实加强反腐倡廉舆情的收集、分析、研判和处置，坚决维护党的政治纪律；切实加强监督检查，保障中央和省委省政府重大决策部署落到实处。当前，应着重深化加快转变经济发展方式、促进转型跨越发展监督检查工作，有效促进重大项目落实；同时组织落实好《关于发挥纪律检查机关职能作用推动保持党的纯洁性学习教育活动深入开展的意见》，为纯洁性学习教育活动取得实效提供保障。

坚持把维护党的纯洁体现在转变干部作风、优化发展环境上。党的作风是党的形象。党性纯洁则作风端正、造福人民；党性不纯则作风不正、贻害无穷。按照中央纪委监察部和省委、省政府的部署要求，全省纪检监察机关在集中开展“正风肃纪”专项行动和纪律作风集中教育整顿月活动基础上，把集中开展“吃拿卡要”问题专项整治，作为服务保障和促进保持党的纯洁性的重要举措，并与当前工作有机结合，探索建立优化发展环境长效机制。同时大力支持配合精

简行政审批项目、行政审批流程再造和政府绩效管理试点工作，积极促进政务公开和政务服务规范化。总之要旗帜鲜明地支持干事者、保护改革者、警戒懒散者、查处诬告者、惩治腐败者，凝聚转型跨越发展的强大力量。

坚持把维护党的纯洁体现在维护群众利益、推动民生改善上。坚持以人为本、执政为民，是党的性质和宗旨的核心要义。近年来，全省纪检监察机关在深入开展基层涉纪信访“千组包千案、百日大会战”的基础上，制定实施了《关于进一步加强基层涉纪信访工作的意见》，建立健全了基层涉纪信访长效机制；在晋中开展食品安全责任监督试点工作基础上，在全省推广建设“分责全落实、知责全覆盖、履责全方位、问责全过程”的食品安全责任监督长效机制。要始终坚持党的宗旨，把省委、省政府对广大群众的关爱之情、致富之策、帮扶之举落到实处，做“群众的贴心人”。

坚持把维护党的纯洁体现在坚决惩治腐败、有效预防腐败上。加强反腐倡廉建设，纠正党员干部在思想、组织、作风等方面存在的党性不纯的问题，是纪检机关的基本职责，也是保持党的纯洁性最有效的手段。全省纪检机关必须坚持把审批权、管理权、人事权、执法权比较集中的关键岗位的腐败问题作为办案重点，坚决查处一批大案要案。特别是按照中央纪委和贺国强提出的最新要求，着力解决发生在群众身边的十个方面腐败问题。同时注重加强廉政教育和廉政文化建设，注重加强监督，注重运用“制度+科技”防治腐败，积极推进惩防体系信息网“一网六平台”建设，加快构建具有山西特色的惩治和预防腐败体系。

三、纪检机关和纪检干部要做保持党的纯洁性的表率

打铁必须本身硬。纪检机关和纪检干部应当努力成为保持党的纯洁性的主力军，像铁榔头，比铁还硬、比钢还强；像手术刀，锋利无比而又不锈无菌。要求党员干部做到的，纪检干部不仅要首先做到，而且必须模范做好，真正成为保持党的纯洁性的忠实实践者、有力监督者和坚决维护者。

作为党章和党内其他法规的维护者，纪检机关和纪检干部必须始终坚持共产党人的政治理想、政治信仰、政治品格，切实解决“为谁执纪、靠谁执纪、怎样执纪”这样一些重大课题，不断增强政治敏锐性和政治鉴别力，始终保持政治上的清醒和坚定。作为党内重要的监督力量，纪检机关和纪检干部必须牢固树立自觉接受监督的意识，敬畏权力、敬畏法纪、敬畏群众，诚恳接受来自各方面的批评，不断强化自我约束和自我监督。作为专门的执纪机关，纪检机关必须带头遵守党纪国法，模范执行各项规定，秉公执纪，严守底线，旗帜鲜明地同腐败现象作坚决斗争。

总之，全省纪律检查机关必须把保持党的纯洁性作为根本任务，认真履行职责，充分发挥作用，为促进转型跨越发展提供有力保证，以实际行动迎接党的十八大胜利召开。

（作者为中共山西省委常委、省纪委书记）

始终保持思想上的纯洁性
坚定不移地做中国特色社会主义的建设者和捍卫者

王建明

思想是行动的先导和指南。思想纯洁是党保持纯洁性的基础和前提，是党的正确政治方向和党的团结统一的根本保证。保持党的纯洁性首先要保持在思想上的纯洁性。为此，我们必须坚定理想信念，不断强化政治意识、宗旨意识和纪律意识，真正打牢保持党的纯洁性的思想基础。

一、坚定理想信念，始终保持信仰纯洁

信仰纯洁是共产党人最根本的纯洁。保持思想纯洁，最重要的是保持对共产主义的坚定信仰、对中国特色社会主义的坚定信念，坚持把马克思主义及其中国化的理论成果作为指导思想。

共产主义是人类最为美好的理想社会，实现共产主义是我们党的最高理想和最终目标。邓小平同志指出，“社会主义本身是共产主义的初级阶段，而我们中国又处在社会主义的初级阶段，就是不发达的阶段。”改革开放以来，我们党开辟了中国特色社会主义道路，形成了中国特色社会主义理论体系，我国经济社会发展取得了巨大成就，现在已经成为世界第二大经济体。事实雄辩地证明，中国特色社会主义最有利于我国生产力发展，最有利于我国综合国力增强，最有利于人民生活水平提高。

为保持思想上的纯洁性，我们既要树立共产主义远大理想，又要坚定中国特色社会主义信念。要通过认真学习马列主义、毛泽东思想和中国特色社会主义理论体系，充分认识共产主义取代资本主义的必然性和科学性，进一步牢固树立共产主义崇高理想；充分认识中国特色社会主义道路的历史必然性和光明前景，进一步坚定走中国特色社会主义道路的信念；充分认识中国特色社会主义理论体系的科学真理性，不断增强贯彻落实中国特色社会主义理论体系的自觉性和坚定性，做到真学、真懂、真信、真用；充分认识中国特色社会主义制度的优越性，始终坚持根本政治制度、基

本政治制度、基本经济制度以及各项具体制度。

二、强化政治意识，始终保持政治坚定

政治意识是政治信仰、政治观点、政治态度与政治观察力、鉴别力的集中体现。牢固树立政治意识，始终坚持讲政治，是对党员干部的基本要求。毛主席指出，“没有正确的政治观点，就等于没有灵魂”；“一定要反对不问政治的倾向”。我们党员干部都必须强化政治意识，时刻绷紧政治这根弦，始终保持高度的政治警觉、清醒的政治头脑和坚定的政治立场。

作为维护社会秩序的国家机器，政法机关必须牢固树立政治意识，忠实履行职责使命，坚决捍卫党的领导、捍卫人民民主专政政权、捍卫中国特色社会主义道路、捍卫改革发展稳定的大好形势。一是始终坚持党的领导。要坚决贯彻中央的决策部署，在思想上政治上行动上自觉同党中央保持高度一致。政法工作中的重大事项、重大问题、重大活动都要及时向党委请示报告，确保政法工作的正确政治方向，确保党的路线方针政策在政法工作中得到不折不扣的落实，确保政法队伍在任何时候、任何情况下都听党的话、跟党走。要不断巩固党的执政地位。通过坚决防范、有效打击敌对势力的渗透破坏活动，坚决维护国家安全；通过有效打击刑事犯罪，稳妥处理各类敏感案事件，积极化解社会矛盾，努力减少社会对抗，坚决维护社会和谐稳定；通过推动加强和创新社会管理工作，促进影响社会稳定的源头性、根本性、基础性问题的解决，从而保证党的执政地位的稳固，促进党管理经济社会事务能力的提高。二是始终高举中国特色社会主义伟大旗帜。要毫不动摇地坚持中国特色社会主义，不断增强对中国特色社会主义的政治认同、理论认同、感情认同，坚定不移地做中国特色社会主义的建设者和捍卫者。要把握好政法机关的思想动向、改革导向、办案方向，坚决反对“不信东方信西方”“不信马列信鬼神”的现象，坚决抵制敌对势力对我国社会主义政治制度、司法制度的攻击，坚决抵制西方错误政治观点、法学观点的影响，不断增强政治敏锐性和政治鉴别力，在大是大非问题上切实做到头脑十分清醒、立场十分坚定、旗帜十分鲜明。三是始终坚持服从服务大局。胡锦涛同志指出，“我们的领导干部，无论是在地方工作还是在部门工作，都负有维护全党全国工作大局的政治责任。”政法机关要立足于中国特色社会主义事业的总体布局，更加自觉地为改革发展稳定大局服务，更加充分地发挥职能作用，更加有效地运用法律手段调节社会关系，努力为我省转型跨越发展创造和谐稳定的社会环境、公平正义的法治环境、优质高效的服务环境。

三、强化宗旨意识，始终坚持群众路线

我们党是中国工人阶级的先锋队、同时是中国人民和中华民族的先锋队，党除了工人阶级和最广大人民群众的利益没有自己特殊的利益，党在任何时候都把人民群众的利益放在第一位，全心全意为人民服务。因此，我们必须不断强化宗旨意识，始终牢记权力就是责任、干部就是公仆、领导就是服务，不断夯实立党为公、执政为民的思想基础。

政法机关既是执法机关，也是群众工作机关；政法干警既是执法司法工作者，也是群众工作者。只有不断强化宗旨意识，始终坚持群众路线，站稳人民立场，牢记群众观点，践行为民理念，强化公仆意识，树立百姓情怀，在感情上贴近群众，思想上尊重群众，行动上深入群众，我们才能真正把政法工作做好，才能真正赢得广大人民群众的信任、拥护和支持。要把维护好人民合法权益作为政法工作的根本出发点和落脚点，始终把人民群众放在心中最高位置，带着对人民群众的深厚感情去执法，着力解决人民群众最为关心的公共安全、权益保障、公平正义等问题，着力为人民群众安居乐业提供有力的司法保障和法律服务。要通过“下乡住村”“深入农村、深入企业、深入社区”等活动，主动倾听群众呼声，及时了解群众诉求，密切与人民群众的联系，不断提高政法工作的及时性、针对性和实效性。要坚持充分发动群众、紧紧依靠群众，不断完善新形势下专群结合、群防群治的途径、办法、机制，把政法工作建立在坚实的群众基础之上。要坚决反对一切脱离群众、不关心群众疾苦的不良现象，坚决反对政法干警的特权思想、霸道作风以及对人民群众冷硬横推的不良风气。

四、强化纪律意识，始终维护党的形象

具有严密的组织性和纪律性，是我们党的鲜明特征和政治优势。严明的纪律是维护党的纯洁性的有力保证。我们要增强纪律意识，自觉接受党纪约束，切实把党的政治纪律、组织纪律、经济工作纪律、廉政纪律等规定转化为自己的行为规范。

一要严守政治纪律。坚决捍卫党的政治方向、政治原则，坚决维护以胡锦涛为总书记的党中央的权威。坚决反对政治上的自由主义，决不发表与党的方针政策、中央的决策部署相违背的言论，旗帜鲜明地批驳攻击党的理论、丑化党和国家形象的政治言论。二要严守组织纪律。认真贯彻民主集中制，切实做到个人服从组织、少数服从多数、下级服从上级、全党服从中央。每个党员干部对组织的决议、命令、指示都要坚决服从，无条件地置于各级组织的领导之下。三要严守廉政纪律。认真落实中央制定的一系列廉政建设制度，坚持自重、自省、自警、自励，筑牢拒腐防变的思想防线，自觉抵制拜金主义、享乐主义、极端个人主义的侵蚀，不拿权力作交易，不拿公权谋私利，切实做到秉公用权、廉洁自律。

此外，还要强化法治意识。法律是党领导人民制定的，是广大人民群众意志的体现。依法治国，是我们党领导人民治理国家的基本方略，是国家长治久安的重要保证。党章规定党员必须履行模范遵守国家法律法规的义务。法律面前人人平等，任何党员干部都不享有超越宪法法律的特

权。特别是领导干部要避免以言代法、以权压法。只有每一名党员干部都彻底摒弃特权思想，模范遵守法律，严格遵守党的纪律，坚决杜绝以权谋私、贪赃枉法，这样才能维护党的形象，才不辜负人民的信任，始终保持党的纯洁性。

（作者为中共山西省委常委、政法委书记）

围绕统战工作　贯彻“同心”思想
深入开展保持党的纯洁性学习教育活动

聂春玉

这次保持党的纯洁性学习教育活动是省委贯彻胡锦涛总书记在中纪委十七届七次全会重要讲话精神作出的安排部署，对全省党员、干部特别是统战系统的党员、干部，是一次提升政治素质、贯彻落实好“同心”思想的实践活动，是一次转变思想作风、提升统战工作水平的教育活动，是一次发挥统战优势、服务转型跨越的推进活动，非常及时、十分必要。各级统战部门和统一战线党员、干部一定要认真落实省委的要求，深入扎实地开展好保持党的纯洁性学习教育活动，切实取得成效。

一、在新形势下保持党的纯洁性意义十分重大

第一，保持党的纯洁性，是我们党加强自身建设，提高执政能力、巩固执政基础的根本保证。保持党的纯洁性是党的建设的永恒主题，是共产党人一以贯之的基本原则。当前，我们党正面临建设中国特色社会主义的重大课题，既有机遇，也有挑战，对党的自身建设提出了更高的要求。应当肯定，我们各级党组织和党员队伍的整体状况是好的，较好地发挥了党组织的战斗堡垒作用和共产党员的先锋模范作用。但也要看到，新形势下个别党员、干部身上还存在着与保持纯洁性的要求不相适应、不相符合的问题，诸如理想信念动摇、宗旨观念淡薄、工作作风飘浮、组织纪律松弛甚至以权谋私和违规违纪现象。还有一些基层党组织存在凝聚力、战斗力不强，甚至软弱涣散的问题。这些问题不解决，就会极大地影响我们党的执政能力，就难以完成我们党的历史使命。

第二，保持党的纯洁性，是推动山西转型跨越发展的现实需要。省十次党代会进一步明确了全省加快转型跨越、再造一个新山西的宏伟目标。实现这个宏伟目标，需要坚定的信念和决心来引领，需要勤政廉洁的干部来实施，需要严明纪律和良好作风来保证。我们开展纯洁性教育，就是要大力弘扬“太行精神”“吕梁精神”“右玉精神”，进一步增强各级党组织的号召力、凝聚力、执行力，增强党员干部的党员意识、执政意识、责任意识、宗旨意识，在全省转型跨越发展的伟大实践中争当表率。

第三，保持党的纯洁性，是统一战线服务转型跨越发展和实现自身科学发展的重要前提。统一战线的根本任务是凝聚人心、汇聚力量，把统一战线广大成员紧密团结在党的周围，把他们的智慧和力量凝聚到经济社会发展上来。统一战线的各级党组织和党员干部，只有保持党的纯洁性，我们才能坚定政治立场，坚决贯彻党的统战方针政策，引导统战成员坚定不移地走中国特色社会主义政治发展道路。只有保持党的纯洁性，我们才能以优秀品质、高尚人格、良好形象赢得党外人士的认可，实现大团结、大联合的目的，为全省转型跨越发展提供广泛的力量支持。

二、努力把握保持党的纯洁性对统一战线党员、干部的特殊要求

保持党的纯洁性，胡锦涛总书记提出了思想纯洁、队伍纯洁、作风纯洁、清正廉洁的要求。这是对全党的普遍要求，我们一定要认真学习贯彻，不折不扣地抓好落实。同时，要结合统一战线的实际，把保持党的纯洁性对统战系统党员、干部提出的特殊要求落实到位，体现统战特色。

在保持思想纯洁上，坚定理想信念，坚定政治立场，对统战系统党员、干部来讲，就是要坚持唯物主义世界观不动摇，坚持高举中国特色社会主义伟大旗帜不动摇，坚持中国特色社会主义政治发展道路不动摇，坚持中国特色社会主义制度不动摇。在做民主党派工作中，要坚持人民代表大会制度、共产党领导的多党合作和政治协商制度等中国特色社会主义基本政治制度，加强同民主党派团结合作，支持民主党派加强自身建设，发挥民主党派作为参政党和中国共产党亲密友党的作用，自觉抵制西方多党制、议会制等妄图否定共产党领导地位的图谋。做宗教工作中，既要坚持党的宗教信仰自由政策，善于同宗教界人士交朋友，维护信教群众的合法权益，又要坚定党的立场和对共产主义信仰，绝不能成为宗教的附庸和信徒。做非公有制经济人士工作中，既要充分肯定非公有制经济是社会主义市场经济的重要组成部分，充分肯定非公有制经济人士是中国特色社会主义事业的建设者，又要坚定中国特色社会主义信念，理直气壮地把同心同德、关注民生、消除不公、遵纪守法、节俭勤奋、明理诚信，作为行为准则抓紧抓好。

在保持作风纯洁上，坚持群众路线，实现好、维护好、发展好最广大人民根本利益是检验纯洁性的试金石。对统战系统党员、干部来讲，作风纯洁除了做到普遍性的要求

之外，还要做到一些特殊性的要求。第一，要广交朋友。统战工作是特殊的群众工作。要善于结交党外朋友，特别是党外代表人士，通过他们去做所联系群众的工作。第二，要同心同德。处理好加强党的领导与多党合作的关系，摆正位置、端正态度，平等待人、协商办事。第三，要热忱服务。照顾同盟者利益，帮助党外人士解决工作和生活中的实际困难，为他们搞好服务，是实践全心全意为人民服务宗旨在统战工作中的具体化，是代表和维护人民群众利益的具体体现。第四，要坚持原则。在民主党派、民族宗教、非公有制经济人士工作中，要贯彻落实好"同心"思想，坚持党的基本原则，依法依规依纪办事，妥善处置各种矛盾和问题。

三、在统战工作实践中检验保持党的纯洁性学习教育活动的成效

学习教育是为了更好地指导实践、推动工作。要把学习教育的成效体现在统战工作中，在完成好各项任务中增进纯洁性、体现纯洁性、检验纯洁性、彰显纯洁性。

第一，在贯彻"同心"思想、实施"同心"行动中增进纯洁性。切实把贯彻"同心"思想、实施"同心"行动作为当前和今后一个时期全省统战工作的总方针与总抓手，突出"同心"教育，推进"同心"实践，深化"同心"研究，强化"同心"宣传，引导统一战线广大成员自觉与党思想上同心同德、目标上同心同向、行动上同心同行，为我省转型跨越发展献计出力。

第二，在做好当前各民主党派、工商联换届工作中体现纯洁性。协助和指导省级民主党派、工商联组织换届，是今年统战工作的重要任务。要坚持用好的作风选人，选作风好的人，真正把那些政治素质过硬、代表性强、参政议政能力突出、群众公认的党外代表人士选拔进领导班子和领导机构。要严格政策要求，严明换届纪律，严格履行程序，严肃换届风气，确保民主党派、工商联换届风清气正、圆满成功。

第三，在筹备办好首届世界晋商大会中检验纯洁性。办好首届世界晋商大会，是省委、省政府交给统战系统的一项重任，是对统一战线思想、队伍、作风和工作能力的一次考验。我们一定要通过纯洁性学习教育活动，进一步锤炼作风，彰显能力，责任到人，责任到底，确保"把人请回来、把商招下来"两大目标的实现，确保把首届世界晋商大会办出山西特色，办出一流水平。

第四，在推动全省统一战线持续发展中彰显纯洁性。当前，重点是认真贯彻中央4号文件精神，切实加强全省党外代表人士队伍建设，努力做好党外代表人士的发现、培养、使用和管理工作，引导和促进党外代表人士队伍的健康成长。在此基础上，要做好统一战线各领域工作，正确把握和妥善处理政党、民族、宗教、阶层、海内外同胞五大关系，推进我省统一战线进一步巩固和发展。

总之，开展好保持党的纯洁性学习教育活动，是一项重要而紧迫的政治任务。我们要通过这次学习教育活动，努力做到在思想认识上有新提高，在作风建设上有新进步，在能力素质上有新增强，在服务转型跨越上有新成效，推动全省统战工作不断开创新局面，为全省转型跨越发展作出积极贡献，以优异成绩迎接党的十八大胜利召开。

（作者为中共山西省委常委、统战部部长）

保持党的纯洁性重在提升认识　自觉践行

杜善学

按照省委关于开展保持党的纯洁性学习教育活动的安排，我重温了《共产党宣言》和《党章》，阅读了中央领导同志的重要讲话和有关资料，深受教育，在思想认识上得到多方面的收获。

一、保持纯洁性，是对马克思主义政党建设的理论创新

去年，胡锦涛总书记在纪念建党90周年的重要讲话中指出，在世情、国情、党情深刻变化的新形势下，加强党的建设面临"四种考验""四种危险"。今年1月，总书记在中纪委七次全会上强调，"经受考验、化解危险，最根本的是要加强党的建设，始终保持党的先进性和纯洁性。"总书记的重要讲话中，对保持党的纯洁性的全面系统阐述，是对马克思主义政党建设理论的进一步丰富和发展，确立了在新形势下坚持以保持党的先进性和纯洁性为时代要求与本质要求的党建命题，是一次重要的理论创新，随着围绕纯洁性党建理论的不断实践，保持党的纯洁性理论一定会成为中国特色社会主义理论体系和马克思主义政党建设理论的重要组成部分。

通过学习胡锦涛总书记和党的领导人关于纯洁性的论述，进一步认识到，保持纯洁性，对于领导干部来说，就是坚持正确的世界观、人生观、价值观，认真履责、关注民生，慎重用权、严格自律；对于党组织来说，就是保持党员和干部思想纯洁、队伍纯洁、作风纯洁与清正廉洁，就是保持组织的健康、坚强、团结、奋进，充分发挥领导核心作用。党的纯洁，要靠全体党员的纯洁来实现。只有每个党员承担起为保持党的纯洁性而不懈奋斗的责任，勇做保持党的纯洁性的执行者和实践者，才能永葆党的纯洁。

省委决定在全省开展保持党的纯洁性学习教育活动，是深入贯彻中纪委七次全会精神特别是胡锦涛总书记重要讲话精神的重要举措，是按照保持党的先进性和纯洁性的创新理论建设坚强有力、奋发有为领导班子和高素质党员干部队伍的重要实践，是深入推进党风廉政建设和反腐败斗争的重要途径，对于推动全省转型跨越发展、以优异成绩迎接党的十八大胜利召开，具有十分重要的意义。

二、保持纯洁性，开展“六查六看”，增强了自我净化、自我完善、自我革新、自我提高的能力

在开展学习教育活动中，对照保持纯洁性的要求，进行“六查六看”，在思想上认识上有了新的提高。

一是通过查思想差距、看信念坚定不坚定，认识到保持纯洁性必须抓住理想信念这个根本。理想的动摇，是最危险的动摇；信念的滑坡，是最致命的滑坡。开展学习教育活动，要通过多种形式，教育引导党员干部具有崇高的理想、坚定的信念，夯实立党为公、执政为民的思想基础，形成践行党的宗旨、推动党和人民事业不断发展进步的重要保障。

二是通过查政治差距、看立场坚定不坚定，认识到保持纯洁性必须抓好党性修养这条主线。在社会转型、时代变迁的今天，面对种种不纯洁的诱惑，如果不加强自身党性修养，欲望不止，后果不堪设想。加强党性修养，不仅是共产党员自我提升的“必修课”，而且是保持纯洁性的关键所在。

三是通过查道德差距、看本色保持没保持，认识到保持纯洁性必须筑牢思想道德这个防线。教育引导党员干部，树立正确的世界观、权力观、事业观，带头弘扬以爱国主义为核心的民族精神和以改革创新为核心的时代精神，模范践行社会主义荣辱观，争做社会主义道德的示范者和党的为民宗旨的忠实践行者。

四是通过查作风差距、看联系群众密切不密切，认识到保持纯洁性必须坚持为民谋利这个核心。要教育引导党员干部，坚持把人民的利益放在心中最高位置是保持党的纯洁性的核心要求，牢固树立群众观念、站稳群众立场、增进群众感情,坚持把服务群众的重点放在推动发展、改善民生上，统筹兼顾各方面利益，着力解决群众最关心的问题。

五是通过查廉洁差距、看律己严格不严格，认识到保持纯洁性必须守住清正廉洁这个底线。洁身自好、克己奉公，是领导干部的从政之基。要教育引导党员干部，全面贯彻《廉政准则》，严格执行廉洁自律各项规定，切实做到自重、自省、自警、自励，勤政廉洁，严于律己，始终保持思想、作风、行为的纯洁。

六是通过查工作差距、看业绩明显不明显，认识到保持纯洁性必须把握干好本职工作这个基本要求。坚持不懈地做好本职工作是对纯洁性的最大体现，努力做出工作业绩是检验保持党的纯洁性的重要标准。要教育引导党员干部，深入贯彻落实科学发展观，自觉担负起引领转型跨越的重任，团结带领干部群众聚力同心，干事创业；忠诚履职，爱岗敬业，出色地完成本职工作，在平凡的岗位上干出不平凡的业绩。

三、保持纯洁性，关键要把最本质的要求落实和体现到工作实践中

保持纯洁性最基本的要求就是避免不纯洁，要避免不纯洁最直观的做法就是在不纯洁的问题上敢于拒绝，学会说“不”。

一是学习不松劲。真正把学习作为一种政治责任、一种精神追求、一种工作需求、一种生活常态。通过学习改变观念、改变思维、改变境界，通过学习解决知识不够、本领不够的问题，通过学习建立科学发展观，破解发展难题，推动事业发展。

二是信仰不动摇。始终保持对马克思主义的信仰、对中国特色社会主义的信念、对改革开放和社会主义现代化建设的信心不动摇。始终坚持马克思主义的指导地位，划清马克思主义同非马克思主义等重大是非界线，抵御反马克思主义的渗透和影响，坚守共产党人的精神家园。

三是政治不迷失。坚持不懈地加强党性修养和党性锻炼，不断增强政治敏锐性和政治鉴别力，坚持用党员领导干部的标准要求自己，讲政治，顾大局，守规矩，在思想上、政治上、行动上同党中央保持高度一致，在大是大非面前保持清醒认识，在大风大浪面前坚持正确立场。

四是精神不懈怠。当前，我省正处于加快转型跨越、办好“两件大事”，为实现再造一个新山西宏伟目标负重爬坡的关键时期，要紧跟省委工作节奏，适应全省发展态势，主动作为，积极作为，坚持以新的理念筹划工作，以新的思路搞好服务。

五是作风不漂浮。实践表明，只有狠抓落实，才能出效果、出成绩。抓而不实、抓而不紧、抓而不细，必然会错失机遇，贻误工作。做好办公厅的工作，尤其要坚持和发扬“认真负责的工作态度、立说立行的工作作风、创新服务的工作精神”，下功夫做好每一件工作，完成好每一项任务。

六是自律不放松。认真执行《廉政准则》的各项规定，坚持择善而学，自觉学习老一辈革命家从政为官的高尚情操和自律精神，加强党性修养，不断改造自己的主观世界；坚持择善而为，明辨是非，克己慎行，思想上筑牢防线、操守上守住底线、行为上不碰红线；坚持择善而交，纯洁社交圈、净化生活圈、规矩工作圈、管住活动圈，经得住考验、顶得住诱惑。

保持纯洁性目的是为了更好地发挥党员干部的先锋模范作用，作用的发挥关键是一个“干”字。不干，半点马克思主义也没有。结合我的岗位，要教育引导省委办公厅

党员干部深入研究新形势下办公厅工作的特点和规律，着眼于开创“三服务”工作新局面，牢固树立“忠诚、创新、奉献、自律”四种理念，弘扬认真负责、立说立行、创新服务的工作作风，下功夫提升办文能力、办会能力、协调能力、督办能力和保障能力，加强学习型机关、服务型机关、创新型机关建设，使办公厅职能作用有一个大的强化，服务质量有一个大的提升，全面提高办公厅工作科学化水平。

（作者为中共山西省委常委、秘书长）

领导与专家论坛

科学发展观引领山西步入发展新境界

袁纯清

胡锦涛总书记在省部级主要领导干部专题研讨班开班式上的重要讲话中指出："党的十六大以来我国取得巨大成就和进步的根本原因就是勇于推进实践基础上的理论创新，形成和贯彻了科学发展观。"近年来，山西始终把科学发展观作为推动转型跨越发展的强大思想武器，从内陆欠发达省份、资源型地区实际出发，紧紧扭住发展这个第一要义，践行以人为本这个核心，深刻把握全面协调可持续这个基本要求，充分运用统筹兼顾这个根本方法，在自觉自信、自强自为中走出一条富有山西特点的科学发展之路，使三晋大地焕发出新的生机和活力。

一、在解放思想中构建科学发展的战略支撑

解放思想是推动科学发展的先导性工程。思想之门越封闭，发展空间越受限。作为欠发展、欠开发、欠开放的资源型内陆省份，能不能在能源资源比重大的情况下实现转型跨越，在贫困面较大的情况下实现群众持续增收，在煤矿和非煤矿山多的情况下实现安全发展，在发展不平衡的情况下实现协调发展、促进社会和谐，关键是要按照科学发展观的要求解放思想。省委明确提出，着眼冲破影响科学发展的思想心结，从"煤炭依赖"、"政府依赖"、"内陆经济思维定势"、"计划经济模式"和"守成求稳心态"中解放出来，甩掉包袱、轻装前进，以思想解放深化省情认识，以观念革新完善发展思路。在深入调查研究的基础上，提出坚持以煤为基、多元发展，加快推进工业新型化、农业现代化、市域城镇化、城乡生态化，努力建设绿化山西、气化山西、净化山西、健康山西；在巩固和拓展煤炭大省优势，建设国家新型能源和工业基地的基础上，努力建设全国重要的现代制造业基地、中西部现代物流中心和生产性服务业大省，早日建成中部地区经济强省和文化强省的发展战略。这一发展战略是科学发展观在山西的具体化，使山西实现科学发展的支撑点更加明确，促进了生产力解放,调动了全省干部群众的积极性。与2006年相比，2011年全省地区生产总值由4746.5亿元增长到11237.6亿元，5年国内生产总值平均增速达11.3%，人均国内生产总值由2006年的不足2000美元增长到4796美元；城镇居民可支配收入由10027.7元增长到18123.9元，年均增长12.6%；农民人均纯收入由3180.9元增长到5601.4元，年均增长12%。

二、在全面转型中走出科学发展的山西路径

山西科学发展的关键，在于以资源型经济转型为"支点"，探求一种速度与质量并重、经济与社会同步、当前与长远兼顾、发展与生态协调的发展模式。只有全面转型，才能增创山西科学发展新优势，才能使山西走出"兴于煤、困于煤"的被动局面，走出"好"与"快"有机结合的发展路子，避免在资源型地区出现"富饶的贫困"。基于此，我们重新审视煤、立足用好煤，大力推动以煤为基、以煤兴产、以煤兴业、多元发展，努力做好煤与非煤整体联动、地下与地上一体开发，使集约发展、低碳发展、循环发展、多元发展成为山西的新亮点。一是着力在"引导"上想办法，把政策支持、产业引导和各类资金集聚到发展非煤产业和新兴产业上。2011年，非煤产业投资2097.3亿元，增长35.2%;新兴产业投资914亿元，增长49.9%，占全省工业投资比重的27.4%;非高耗能工业完成投资2178.7亿元，增长49.7%。二是着力在"强基"上下功夫，推动传统产业新型

化，提高资源就地转化率。经过煤炭资源整合和煤矿兼并重组，煤炭产业素质发生脱胎换骨的变化，矿井总数由2600座整合为1053座，办矿主体由2200个减少到130个，彻底结束“小煤窑”时代，进入现代化大矿发展阶段。三是着力在“循环”上花力气，实现高碳产业低碳发展。坚持全循环、抓高端、多联产，启动太原、长治、晋城、运城国家级循环经济试点市和15个试点园区、121个试点单位，100余个循环经济重大项目建成投产，资源综合利用率和就地转化率明显提高，“十一五”期间单位生产总值能耗、二氧化硫排放量和化学需氧量排放量等指标超额完成国家下达的约束性目标任务。四是着力在“科技”上增后劲，推进科技与经济紧密结合，利用高新技术和先进适用技术改造传统产业。全社会研发经费支出由2006年的36.34亿元增长到2011年的113.4亿元，首次突破百亿元大关；2011年专利申请数达到1.27万余件，比2006年增长3.5倍。五是着力在“多元”上做文章，产业结构调整和转型呈现强劲态势。装备制造业竞争力大幅提升，成为煤炭、冶金行业之后拉动全省工业经济增长的第三大动力。高新技术产业加快壮大，现代物流业加快发展，文化产业与旅游业深度融合，互动发展。山西通过全面转型，正在实现采掘文明向制造文明转变、粗放高耗增长向集约绿色发展转变、煤电基地向综合能源基地和现代产业基地转变、资源大省向经济文化强省转变、资源依赖向创新驱动转变。

三、在改革开放中增强科学发展的动力活力

在经济全球化加快推进，产业转移和技术创新深度演绎的情况下，我们坚持把改革开放作为科学发展的动力源和加速器，用好区位优势、增创体制优势、拓展政策优势。一是把转型综改作为“总抓手”，坚持以敢行敢试的勇气、善行善试的担当、能行能试的胆略、快行快试的速度，全力推进国家资源型经济转型综合配套改革试验区建设。铺开“一市两县”、“一市两园”、“一县一企”和11户省属国有企业试点工作，深化产业转型、用地保障、投资融资、生态环保、城乡统筹、行政管理等十个方面的改革，上马建设煤基合成油项目、煤制烯烃、煤制天然气、新能源、新材料、节能环保、新一代信息技术等十大产业标杆性项目，努力创造一套具有资源型特色的转型标准和范式，为资源型地区转型发展趟出新路。二是牢固树立“开放即发展、发现即发展”的理念，“走出去”通江达海，“请进来”海纳百川。深化与长三角、珠三角、环渤海等区域合作，成功举办中部投资贸易博览会、中国（太原）国际能源产业博览会、中国（山西）农业博览会及旅游博览会、平遥国际摄影大展等一批层次高、商机大、带动强的会展活动，激发了发展活力，扩大了开放半径，使晋商故里成为新的兴商之地。2011年全省共签约1198个投资合作项目，总投资额2.68万亿元。有40多个国家和地区的外商来晋投资，一大批海外资金、项目、人才、技术和先进的管理理念进入山西投资创业。三是树立与科学发展相匹配的环境观，既积极创造高效便捷的政务环境、公平公正的法治环境、诚实守信的信用环境、包容共赢的人文环境，又着力完善“硬环境”，补足“短板”，增强要素保障，推进基础设施网络化协调化发展。5年累计基础设施建设投资5974.5亿元，年均增长32.6%。公路通车里程增加到13.5万公里，基本实现县县通高速；投资1000多亿元的“两纵十横、六河连通”的大水网工程建设如火如荼，基本实现“水瓶颈”向“水支撑”转变；山西省大剧院、科技馆、图书馆等十大公益建筑拔地而起，成为山西扩大开放和改善民生的新地标、新阵地。

四、在民和民安中共享科学发展的幸福成果

民为邦本，本固邦宁。我们坚持民生为大、民生为重、民生为先，把心思放在百姓身上，把政绩建在百姓心上，让人民群众更多更公平地享受到看得见、摸得着的发展成果。一是全方位提升山西形象和人居环境。坚持建设绿化山西，每年造林400万亩以上，绿化覆盖率年均提高一个百分点以上；建设气化山西，已建成输气干线管道1600公里、支线管道725公里，煤层气、天然气总利用量达到41亿立方米，覆盖全省所有市和70%的县（市、区）；建设净化山西，节能减排并重、治污创优并举，11个重点城市空气质量优良率达到96%；建设健康山西，城镇职工基本养老保险覆盖率达到95.7%，新型农村合作医疗参合率达到98.9%，基层医疗卫生机构和村卫生室全部实行基本药物制度。二是全方位改善农村面貌和农民生活条件。先后投资600亿元，在农村实施中小学校舍安全改造、村级卫生室、村通广播电视、中等职业教育免费、新型农村社会养老保险等十个全覆盖。三是抓实安全生产这个“头号民生工程”。尊重和敬畏人民群众的生存权和发展权，严格落实企业安全生产、政府安全监管两个主体责任，深入开展以煤矿为重点，覆盖非煤矿山、尾矿库、道路交通等各行业各领域的安全生产专项整治行动，有效防范和遏制了重特大事故发生，安全生产形势持续明显好转。2011年煤炭百万吨死亡率下降到0.085，比2006年下降90%，连续两年多没有发生特别重大事故。四是全方位提高社会管理科学化水平。建立社会平等向上发展机制，社会平等流动机制、社会平等保护和特殊保护相结合的机制，让人人充分享有权利公平、机会公平、规则公平；加强流动人口服务管理，创新特殊人群管理服务方式；建立健全立体化社会治安防控体系和利益协调、诉求表达、矛盾调处、权益保障以及社会组织管理服务机制，最大限度激发社会活力，最大限度增加和谐因素，最大限度减少不和谐因素。合理统筹发展经济与改善民生，进一步实现民有其业、民有其得、民有其保、民有其居、民有其乐、民有其安，使转型跨越发展获得最广泛、最深厚、最牢固的群众基础和力量源泉。

五、在强基固本中提供科学发展的坚强保证

实现科学发展关键在党，根本在班子，成败在干部。

山西以党的执政能力建设和先进性纯洁性建设为主线，强队伍纯洁之基、固立党为公之本，强作风纯洁之基、固执政为民之本，下功夫建设坚强有力、奋发有为的领导集体，着力打造一支在转型跨越发展上有激情、有能力、有思路、有作为的干部队伍。一是深入开展创先争优活动，在全省部署开展为期半年的保持党的纯洁性学习教育活动，通过专题培训、重温入党誓词、组织先进事迹报告等多种形式，使党员受到教育、群众得到实惠。二是加强各级领导班子建设。全面深化干部人事制度改革，先后出台加强领导班子建设6条意见、优化班子结构7项具体措施的“6+7”举措；运用“两推两议两差额”方式选用干部,扩大了干部选任工作中的民主；着力加强市、县委书记队伍建设，实行省委书记与市、县委书记谈心制度；完善对干部的考核，公开结果，奖优罚劣。三是大力加强基层党组织建设，圆满完成新一届农村“两委”换届工作，班子的年龄结构、文化结构、干部结构得到优化；新建9615个村级组织活动场所，全省2.8万个村实现村级组织活动场所全覆盖；省委成立非公有制经济组织工作委员会，规模以上非公有制企业全部组建党组织。四是开展纪律作风集中教育整顿活动，狠刹闲话生非的不良之风、拉拉扯扯的庸俗之风、吃拿卡要的恶劣之风，治庸提能、治懒提效、治散提神、治软提劲；深入开展干部下乡住村包村活动，去年以来全省12万多名干部下乡住村2.1万个，领导干部包扶低收入村帮助农民解决实际问题6.7万个，干部“接地气”，群众顺心气。五是有效预防和坚决惩治腐败。建立具有山西特色的惩治和预防腐败体系，扎实推进煤焦领域反腐败专项斗争，切实加强农村党风廉政建设工作，建设开通“山西阳光农廉网”，促进广大党员干部不断增强自我净化、自我完善、自我革新、自我提高的能力，努力保持思想纯正、品行端正、处事公正、为官清正。

（作者为中共山西省委书记）

发掘丰富文化资源　加快建设文化强省

袁纯清

文化是民族的血脉和人民的精神家园。推动文化大发展大繁荣，建设社会主义文化强国，是我们党站在时代高度，从中国特色社会主义事业全局出发作出的重大决策。胡锦涛同志在党的十七届六中全会上强调，在新的历史起点上深化文化体制改革、推动社会主义文化大发展大繁荣，关系实现全面建设小康社会奋斗目标，关系坚持和发展中国特色社会主义，关系实现中华民族伟大复兴。中华民族伟大复兴必然伴随着中华文化繁荣兴盛。山西文化资源丰富、特色鲜明，是中华文化的重要组成部分。目前，山西正处在加快发展的重要时期，这也是文化发展的大好时期。我们要认真贯彻落实党的十七届六中全会精神，像重视地下资源一样重视文化资源，像重视煤炭产业一样重视文化产业，既做好“地下”这篇文章，又做活“地上”这篇文章，加快建设中部地区经济强省和文化强省，在文化建设与经济建设互促互动中实现再造一个新山西的宏伟目标。

强化精神支撑，凝聚文化繁荣发展的精气神

党的十七届六中全会《决定》指出，社会主义先进文化是马克思主义政党思想精神上的旗帜。实现全面建设小康社会奋斗目标和中华民族伟大复兴，关键要使社会主义核心价值体系这个兴国之魂更加深入人心。山西要实现又好又快发展，必须有强大的精神力量作支撑，夯实全省人民奋发进取的共同思想基础。

通过理想信念教育引导人民。坚持用中国特色社会主义理论体系武装头脑、指导实践、推动工作，把社会主义核心价值体系教育融入国民教育、精神文明建设和党的建设全过程，把学习型党组织建设作为重要抓手，把创先争优活动进一步引向深入，使爱党爱国爱社会主义教育更加入心入脑。针对世情、国情、党情深刻变化的新形势，深入开展形势政策教育、国情教育、革命传统教育、改革开放教育、国防教育，使广大群众澄清模糊认识、明确是非界限，增强对党的理论和事业的认同感，坚定对中国特色社会主义的信念和信心。

通过创新发展思路凝聚人心。山西作为典型的资源型地区，不转型发展，没有出路；作为欠发达地区，不跨越发展，会永远落在后面。建设国家资源型经济转型综合配套改革试验区，为山西科学发展带来了难得机遇。我们从解决思想、理念、观念问题入手，推进思想解放，增强发展信心，明确发展方向，加大宣传引导力度，让科学发展的主题、加快转变经济发展方式的主线和转型跨越发展的主战略更加深入人心。目前，全省上下正在坚持以煤为基、多元发展，全面推进工业新型化、农业现代化、市域城镇化、城乡生态化，加快绿化山西、气化山西、净化山西、健康山西步伐，率先走出资源型地区转型跨越发展新路，加快全面建设小康社会步伐。

通过弘扬光荣传统提振精神。信念坚则事业成，信心足才能干劲足。用人民群众在各个时期铸造的伟大精神教育人民群众，更有说服力、感召力。这既是建设社会主义

核心价值体系的具体实践，又为社会主义核心价值体系注入丰富内涵。我们大力弘扬以“不畏艰险、艰苦奋斗、敢于胜利、无私奉献”为核心的太行精神、吕梁精神和以“以人为本、不怕困难、百折不挠、奋力拼搏”为核心的右玉精神，深入开展社会主义荣辱观教育，激发干部群众攻坚克难、敢于胜利的勇气和开拓创新、积极进取的胆气，提炼升华具有影响力、引领力的崭新文化成果，并融入党的建设、理想信念教育等方面。

打造精品力作，用优秀文化作品鼓舞人、感召人

创作生产更多无愧于历史、无愧于时代、无愧于人民的优秀作品，是文化繁荣发展的重要标志。历史文化底蕴深厚的三晋大地，培育了崇尚文化、热爱艺术的民风，创造了璀璨夺目、富有魅力的文化。今天这样一个富有活力、蓬勃发展的时代，更加呼唤一大批讴歌美好、反映时代、鼓舞人心的精品力作。

具体来说，应重点做好以下几方面工作：一是坚持大作品表现、大集团运作、大景点支撑、大服务引领、大会展集聚的发展战略，提炼最具影响力和吸引力的山西文化符号，创作生产一批特色鲜明、水准较高的大作、大片、大戏，增强山西人民的文化自觉和文化自信，树立山西人民坚韧不拔、锐意进取、务实诚信、敢于超越的形象。二是坚持思想性、艺术性、观赏性的统一，既坚持社会主义先进文化前进方向，加强对文化产品创作生产的引导，热情讴歌改革发展的伟大成就，生动展示人民群众积极进取的精神风貌；又坚持以正确的价值观念、高超的艺术技艺、绚丽的表现手法反映人民群众的生动实践，创作生产更多既通俗易懂又内涵深刻、既水准精湛又雅俗共赏的文艺作品，使优秀文化产品成为引领时代风尚的载体、扩大影响力的桥梁、宣传山西的窗口。三是坚持社会效益和经济效益的统一，加大对优秀文化产品生产的支持力度，不断推出叫得响、传得开、留得住的精品力作，通过先进理念、高端策划、有效运作，做到可视、可感、可消费，形成有鲜明地域特色、有较高质量和思想内涵的文化品牌，让优秀文化产品在文化产业发展中发挥先锋作用。四是坚持挖掘历史底蕴和反映时代特征的统一，正确处理传承与创新的关系，在深入挖掘丰富传统文化资源的同时，为之注入改革创新的时代元素，创作出更多融历史感、时代美为一体的文化精品，使文化的生命力在传承中得到延续、在创新中得到张扬。

着力改革创新，激发文化创造活力

改革创新是我们这个时代的鲜明特征，也是社会主义文化建设的重要动力。改革带动文化大发展，创新促进文化大繁荣。只有深化文化体制改革，创新文化内容和形式，才能不断解放和发展文化生产力，为推动社会主义文化大发展大繁荣提供强大动力。

在改革中增强文化单位的活力。深化国有文化单位改革，加快推进经营性文化单位、非时政类报刊出版单位转企改制，全面推进文化事业单位人事制度、收入分配制度、社会保障制度改革，推动党报党刊、电台电视台等文化事业单位进一步完善管理和运行机制。通过培育扶持优势文化企业增强文化竞争力，支持文化企业跨地区、跨行业、跨所有制联合兼并重组，建立一批成长性好、竞争力强、特色鲜明的“晋”字牌骨干文化企业。

在改革中增强文化要素资源的活力。坚持行政引导与市场调节相结合，促进生产要素和社会力量向文化产业聚集，加大财政、税收、金融、用地等方面的政策扶持力度，确保文化支出占财政支出的比例逐年提高，并高于财政经常性收入增幅。引导社会资本、非公有制文化企业以多种形式参与国有经营性文化单位转企改制，引导社会资本、资源型企业进军文化产业。加快文化产业基地、园区和区域性特色文化产业集群建设，推动文化项目园区化、联合化发展，打造文化品牌优势、集群优势、板块优势。

在改革中增强文化产业的活力。文化产业是朝阳产业、环保产业，也是民生产业、幸福产业。山西文化旅游资源丰富，要按照做大在文化、拓展在旅游和创意在文化、扩张在科技的思路，牢牢把握当今世界文化产业发展趋势，牢固树立抓文化产业就是抢占经济社会发展制高点的新观念，把发展文化产业作为转型发展的重点领域，把满足群众文化需求作为扩大内需的重要组成部分；更加重视现代科技在文化发展与传播中的作用，以市场为导向、以企业为主体、以资本为纽带，推动传统文化产业升级、产品换代，大力发展新型文化业态，加快发展新兴文化产业，拓宽文化产品服务范围和领域。

在改革中增强文化机制的活力。深化文化行政管理体制改革，推动政企分开、政事分开，理顺政府和文化企事业单位关系。完善文化市场管理，落实谁主管谁负责和属地管理原则，严格执行文化资本、文化企业、文化产品市场准入和退出政策。完善管人管事管资产管导向相结合的国有文化资产管理体制，建立统一开放竞争有序的现代文化市场体系，建立科学的文化管理体制和富有活力的文化产品生产经营机制，有效解决发展动力不足、效率不高、布局不优、机制不活等问题，形成充满活力、富有效率、更加开放、有利文化科学发展的新格局。

在改革中增强文化人才队伍的活力。在解放思想中把握文化人才发展规律，深入研究文化人才培养成长规律，加大人才政策创新力度，破除束缚人才发展的思想观念和体制机制障碍。把培育与引进有机结合起来，加强各个类别、各个层次人才的培养，健全文化人才选拔使用、评价激励机制，积极引进高端人才和领军人物，大力培养文化产业经营管理、高新技术、新媒体等领域急需人才，发掘培养扎根基层的文化能人、民间文化传承人和文化积极分子。

坚持文化惠民，牢守文化繁荣发展的根本点

人民是推动社会主义文化大发展大繁荣最深厚的力量源泉。文化只有深入群众，才有广泛影响力；只有群众真正参与，才有持久生命力。满足人民基本文化需求是社会主义文化建设的基本任务。不论公益性文化事业还是经营性文化产业，都要突出人民群众在文化生产、创造、消费中的主体地位与作用。

坚持把文化繁荣发展与文化惠民结合起来，切实保障人民群众的基本权益，让群众文化消费有能力、文化活动有场所。牢固树立人民群众是物质财富和精神财富创造者的历史唯物主义观点，优先安排基层文化建设项目，合理配置城乡文化资源，建立健全覆盖城乡、结构合理、功能健全、实用高效的公共文化服务体系，扎实推进公共文化基础设施、公益文化服务设施建设，深入开展群众性精神文明创建活动，推动文化进农村、进社区、进学校。

注重通过文化产品反映群众实践、生活和感情，组织引导文化工作者深入群众、深入一线，提高文化产品的亲和力与感染力，推出更多反映人民群众投身改革开放、创造幸福生活的作品。着力推动群众参与，大力扶持群众利用自有资源自办文化，引导群众在文化建设中自我表现、自我教育、自我服务，使群众“自筹资金、自主经营、自导自演、自谋发展”的特色文化活动成为新时期农村文化生活的重要形式和公办文化的重要补充，使基层群众精神生活真正活跃起来、丰富起来。

（作者为中共山西省委书记）

加快县域经济发展　推进全省转型跨越

金道铭

县域经济是国民经济中与城市经济相对应的基本经济单元，是以县城为中心、乡镇为纽带、农村为腹地的区域经济。去年2月召开的全省县域经济暨农村工作会议提出，要把加快县域经济发展作为实现转型跨越目标的基础性、全局性和根本性重大战略举措加以实施。一年来，全省各级各部门认真贯彻落实省委、省政府的决策部署，立足实际、突出特色，明确思路、强化措施，加强领导、狠抓落实，取得了重要的阶段性成效。实践证明，只有不断地强县才能更好更快地强省。必须更加充分地凝聚和调动全省各级党委、政府，各有关方面以及广大干部群众的积极性、主动性和创造性，把最大的关注、最强的力量、最优的资源聚集到县域，在更高起点上加快县域经济发展步伐，为实现“十二五”时期主要经济指标翻番、再造一个新山西奠定坚实基础。

一、突出重点环节，在更高水平上同步推进“三化一体”

工业化、城镇化和农业现代化是县域经济发展的根本路径。要把握“三化一体”演进规律，紧密结合我省资源型经济占主体、工矿型城镇居多、特色农产品丰富的省情特征，统筹经济发展规划、土地利用规划、产业布局规划和城乡建设规划，努力走出具有山西特色的“三化一体”新路子。

推进农业现代化要以农业科技创新为基点。农业的根本出路在科技。我省农业立地条件差，加快农业科技创新显得尤为迫切。要围绕“一村一品”“一县一业”的主攻方向，大力推进农业科技进步，以工业化理念、产业化运作的思路，推进大同、晋中、运城三大现代农业示范区和10个现代农业示范县建设，实施整村整乡整县的特色优势农产品规模开发，培育壮大一批10亿、50亿、100亿元的农业龙头企业，打造小杂粮和生态畜牧两大特色农业品牌，把特色农业资源优势变为市场竞争优势、农民致富优势。要围绕提高土地产出率、资源利用率、劳动生产率，整合农业科技资源，完善现代农业产业技术体系，以新品种选育、旱作农业等关键技术为重点开展重大农业科技项目攻关，尽快解决一批制约我省农业发展的技术瓶颈问题。要围绕解决农技推广“最后一公里”问题，加快健全乡镇或区域性农业技术推广、动植物疫病防控、农产品质量安全监管等农业社会化服务组织，大力培养农业技术推广人才和农村实用人才，全面推进农业科技进村入户，加强农业实用技术培训和职业技能培训，培育有文化、懂技术、会经营、善管理的新型农民，使粮食增产、农业增效、农民增收尽快转到依靠科技进步和劳动者素质提高上来。

推进县域工业化要以产业园区为承载。园区是产业集群、企业集聚、资源集约的重要平台。要突出转变经济发展方式这条主线，坚持传统产业抓循环、新兴产业抓高端，深入推进产业结构优化升级，构建纵向延伸与横向拓展相结合的循环型产业体系，使产业由分散转向集中、低端转向高端、短链条转向长链条。坚决控制、集中治理高耗能、高排放、高污染产业，走科技含量高、经济效益好、资源消耗低、环境污染少、人力资源优势得到充分发挥的新路，决不能走粗放发展、重复建设、先污染后治理的老路。要突出构造县域主导产业这个根本，充分发挥各地的比较优势，充分考虑当地的资源禀赋和自然条件，严格落实全省

主体功能区划的要求，因地制宜、量力而行，宜农则农、宜工则工、宜牧则牧，努力在提高产品科技含量上做文章，在提升产品附加值上做文章，实现现有资源能力的最大效益，努力构造具有地方特色、富有竞争力的主导产业。要突出骨干企业这个支撑，优化生产要素空间布局，引导配套企业进行专业化协作生产，把技术链、产品链、资本链、利润链统一起来，促进基础设施共建共享、规模效益共生共享，实现优势互补、优势嫁接、优势放大。

推进特色城镇化要以“大县城”为“龙头”。县城对上承接中心城市，对下辐射广大农村，加快县城扩容提质步伐，把“大县城”建成“小城市”，对于县域城镇化具有全局性意义。首先要增强承载力，围绕“一核一圈三群”战略布局，科学制定县城规划，把健全产业体系与完善城市功能结合起来，把改造老城与建设新区结合起来，把突出地方特色与体现现代气息结合起来，把政府引导与市场化运作结合起来，强化市政基础设施建设，提高城市管理水平，发展旅游、餐饮、家政等服务业，加快建设一批10万人左右的县城。其次要增强聚合力，全面提升县城的生产功能、公共服务功能、文化功能、生态功能、集散功能，引导生产要素和优势资源向县城集中，形成县域经济发展核心。

放宽县城落户条件，把在县城稳定就业和居住的农民有序转变为城镇居民，积极推动人口集聚，使农民离土不离乡地享受城市文明，又防止产生留守儿童、留守妇女、留守老人等现实问题。第三要增强带动力，积极探索县城与中心镇进行产业链接、服务对接、功能衔接、设施连接的同城化发展模式，把县城的发展优势向乡镇和农村延伸，打造一批工业强镇、商贸重镇、历史文化名镇和旅游大镇，拉动农村二、三产业的发展，促进新农村建设上档次，不断巩固县域经济繁荣发展的良好态势。

二、坚持富民优先，在更高标准上改善城乡人民生活

根据中央新10年扶贫开发纲要确定的2300元的新扶贫标准，我省扶贫工作范围扩大到所有农业县。大幅度提高扶贫标准，表明中央对增加农民收入的高度关切，对缩小城乡差距、实现共同富裕的迫切期望。

一要把促进农民增收作为抓经济、谋发展的出发点和落脚点。坚持富民与强县相统一，制定发展规划、策划引进项目、考核评价干部，都要把是否有利于改善人民生活作为根本评判。深入挖掘农业内部增收潜力，增加农民经营性收入；从当地的比较优势、发展基础、市场需求出发，大力发展就业容量大、带动增收能力强的产业，加快农村富余劳动力转移和创业，大幅提高农民工资性收入；充分保障农民的土地承包权、宅基地使用权、集体收益分配权等合法财产权利，增加农民财产性收入；提高农业补贴和农民保障水平，推进“以煤补农、以城带乡”，增加农民转移性收入，让农民过上更加殷实的生活。

二要把扶贫开发政策覆盖全省所有农村低收入人口。扎实抓好并不断完善扶贫开发和农村低保制度的有效衔接，落实“两不愁三保障”的要求，形成“生存靠低保、发展靠扶贫”的机制，确保农村贫困人口应保尽保、应扶尽扶。经济较发达的市可根据财力制定更高的扶贫标准，使扶贫开发政策惠及更多人口。对吕梁、太行等集中连片贫困地区，要实施板块推进战略，规划布局一批基础设施和产业开发项目，着力提高自主发展能力。抓好易地扶贫搬迁，从根本上改变贫困人口的生存和发展条件。继续推进干部下乡住村包村活动，每个包扶村都要有1至2个增收项目，广泛动员社会力量参与扶贫助贫，形成扶贫攻坚的强大合力。

三要把基本公共服务均等化作为城乡一体化的基础工程。以县为单位推进城乡一体化，既必要又可行。着眼城乡经济、政治、文化、社会、生态的协调发展和融合互动，统筹城乡规划、产业发展、管理制度，扩大新农村连片建设区域，推进新农村建设与城镇建设的对接。其一，是以实施农村新的“五个全覆盖”为重点，完善农村路网水电和通信等基础设施，努力缩小与城镇基础设施上的硬件差距；其二，是以提高农民的社会保障水平、收入水平、健康水平和教育水平为重点，完善农村教育、卫生、文化和社会保障等社会事业，努力缩小与城镇居民生活质量和素质建设方面的差距，让广大群众共享转型跨越发展的成果。

三、深化改革开放，在更高层次上增添发展的活力和动力

转型跨越出题目，改革开放做文章。要抓住建设转型综改试验区的机遇，以先行先试的胆气、善行善试的智慧，大力消除制约县域经济发展的体制机制障碍，使县域经济始终充满生机活力。

一要简政放权，创新体制。通过扩权强县试点、转型综改试点、省直管县等举措，推进行政管理体制、发展改革体制、财税体制、人事制度等改革，提升县一级对所辖区域经济社会发展的统筹协调、自主决策和公共服务能力，充分发挥市场机制配置资源的基础性作用。各县特别是试点县要加快转变政府职能，在建立资源型与非资源型产业均衡发展机制、实施城乡建设用地增减挂钩、建立生态环境产权制度等方面积极探索，在完善农村基本经营制度、推进农村综合改革、发展农民新型合作组织等方面大胆实践，真正成为最具活力、最富有创新潜力的板块。

二要创优环境，狠抓项目。项目是发展的支撑和依托。大力实施“项目引进战略”，顺应东中西部产业梯度转移的大势，以政府为主导、企业为主体，实行定点式、跟进式、持续式的招商引资，用资源换市场、换资本、换技术、换项目，最大程度地把每一个县的比较优势转化为发展优势。完善绿色审批通道和项目推进、跟踪服务机制，用好先行先试的政策，解决项目建设面临的融资、土地、环评等问题，营造良好投资环境。

三要激活民营，全民创业。民营经济活，则县域经济强。认真贯彻国家和我省鼓励、支持、引导民营经济的一

系列政策措施，坚持非禁即入、一视同仁的原则，大力扶持民营企业投资转型产业和县域基础设施、社会事业，做到思想上放心放胆、政策上放宽放活、工作上放手放开。弘扬敢为人先、勇于创新、自信自强的创业精神，完善鼓励创业的政策措施，健全创业服务体系，鼓励多种形式的劳务创业、能人创业、知识创业，使一切创造财富的力量在县域经济的广阔舞台上竞相迸发。

四、加强组织领导，在更大力度上保障和推动县域经济发展

发展县域经济是一项系统工程、战略工程、转型工程。全省各级党委、政府特别是领导干部，要进一步把思想统一到中央和省委、省政府的决策部署上来，充分发挥省市支持与县域自主“两个积极性”，切实把这项重大任务抓紧抓好。

第一，工作机制要再加强。各级县域经济工作领导组要切实担负起领导之责，加强政策对接、工作对接、项目对接，研究解决县域经济发展中的重大问题。各级各部门特别是农业农村、宏观管理、公共服务等部门，要各负其责、加强协作、形成合力。积极开展“富县帮穷县”活动，发展较快的县域要充分发挥示范引领作用，带动更多的县（市、区）实现县域经济发展的大跨越。

第二，务实作风要再加强。坚持一切从实际出发，把因地制宜、分类指导、量力而行作为基本原则。定规划、上项目、搞建设，都要尊重自然规律、经济规律和社会发展规律。坚持统筹兼顾的方法，集中力量抓主要矛盾、抓矛盾的主要方面，分阶段确定工作重点，分步骤实施重点工作，力求突破一点、带动全局。找准中央和省市政策与县域实际的结合点，进行跨领域、跨界别的资源整合、政策整合、干部整合、工作整合，最大程度把各方面的积极因素调动起来，把当地的比较优势发挥出来。

第三，考核评价要再加强。认真总结去年以来的考核评价工作，按照科学发展观要求，完善考核指标体系，综合考虑各市各县的发展基础、资源禀赋、环境承载、产业方向等因素，提高目标设置和考核评价的科学性和针对性。把年度考核与日常考核结合起来，定期对县域经济推进情况分析研判，促进各地各部门把功夫下在平时。把考核结果与加强县级领导班子建设相结合，树立奖优罚劣、奖勤罚懒的鲜明导向。

第四，基层组织要再加强。按照中央要求抓好“基层组织建设年”，以创先争优为动力，以纯洁性学习教育活动为抓手，加强换届后村“两委”班子的建设工作，推动党的基层组织建设全面上水平，把党的政治优势和组织优势转化为推动县域经济又好又快发展的强大动力。做好大学生村干部工作，引导他们扎根农村、创业富民，在县域经济发展中发挥生力军作用。

（作者为中共山西省委副书记）

解放思想促发展　发挥职能保稳定

杨　司

2012年是山西实施“十二五”规划、推进转型跨越发展的重要一年。面对新形势新任务，如何充分发挥检察职能作用，服务山西经济社会发展，维护社会和谐稳定，是全省检察机关面临的重要课题。

始终坚持党的领导，积极服务转型跨越发展

坚持党对检察工作的绝对领导。要不折不扣地贯彻党的路线方针政策，始终确保检察工作沿着正确的方向发展。坚持和完善检察机关重大执法活动和事项报告制度，保证执法活动和重大事项符合法律规定，符合党和国家政策；坚持民主集中制原则，重大事项决策、重要干部任免、重大项目投资和大额资金使用，必须经过集体讨论决定，做到科学、民主、依法决策；加强和改进检察机关党的建设，落实民主生活会、专题组织生活会等制度，切实发挥党组的领导核心作用和党支部的先锋模范作用。

准确把握检察机关的职能定位。法律监督是检察机关的基本职责，是贯穿全部检察工作的主线。必须严格依法行使检察权，依照法定的程序实施法律监督；自觉接受外部监督制约，切实防止检察权滥用；主动适应经济社会发展，适应人民群众日益增长的司法需求以及执法环境、执法保障方面的新变化新要求，统筹协调开展各项法律监督工作，努力形成重点突出、布局合理的法律监督工作格局；遵循法治原则和司法规律，坚决纠正执法不严、司法不公的问题，完善监督的范围、措施和程序，保证诉讼活动有序高效运行。

依法服务和保障经济社会发展大局。服务服从于党和国家工作大局是检察工作的基本原则，同时，也只有紧紧围绕大局开展工作，检察工作才能不断发展进步。要主动把检察工作融入省委、省政府和当地党委、政府的重大战略部署去思考和谋划，科学谋划服务大局的总体思路、主要任务和重大举措，确保检察工作与当地经济社会发展大局同步、合拍。要充分发挥检察机关惩治、预防、监督、教育、保护等职能作用，在检察工作的各个环节最大限度

地发挥保障经济发展、维护社会稳定、促进社会和谐的整体效能，不断增强服务大局的有效性和针对性。

始终坚持解放思想，以思想大解放推动工作大发展

跳出检察看检察。要克服就检察工作抓检察工作的思想桎梏，站在经济社会发展全局和时代发展进步的高度，找准检察职能发挥与服务社会、服务群众、服务发展的结合点和着力点，确定检察工作科学发展的思路和措施。要把服务大局成效明显不明显、人民群众满意不满意作为衡量检察工作的重要标准，切实提升服务工作大局、保障人民权益、维护社会稳定、提升执法公信力的能力和水平。

在发展大局中找准定位。要破除固步自封、小进则满的思想，以全局的眼光、战略的思维审视检察工作，既要纵向比看进步，增强开拓创新的信心；又要横向比看差距，树立工作的高标准。要善于抓住牵一发而动全局的重点、难点工作，抓住检察工作发展的薄弱环节，认真研究解决的办法和措施，以点带面，推动检察工作全面、协调发展。

积极创新工作制度机制。优化检察职能配置，规范内设机构设置，规范各业务部门之间的职能划分；建立健全检察工作一体化机制，构建上下联动、整体运作的执法办案和检务保障体系；改进、完善考核评价机制，建立科学的考核评价体系，规范、完善执法办案流程和行为规范，强化自身执法活动的监督制约。

进一步改进工作作风。始终保持奋发有为的精神状态，努力建设一流班子，打造一流队伍，争创一流业绩。坚持求真务实，少说空话、多干实事，少开会、开短会，少发文、发短文，从“文山会海”中解脱出来，把心思和精力集中到干工作、抓办案上来，扑下身子狠抓落实，切实抓出成效。

始终坚持真抓实干，推进检察工作创新发展

全面加强和改进执法办案工作。进一步加强批捕、起诉工作，严格落实无罪判决案件专报和错案责任倒查制度，不断提高批捕、起诉办案质量。以扎实开展检察业务专项活动为抓手，进一步加强查办和预防职务犯罪工作，突出查办有影响、有震动的大案要案，促进惩治和预防腐败体系建设。进一步加强诉讼活动监督，切实提高监督质量，增强监督实效，维护司法公正。

加强执法规范化建设。牢固树立执法必须在阳光下操作、在监督下进行的观念，严格执行办案工作区准用制度和讯问职务犯罪嫌疑人全程同步录音录像制度。加大检务督察力度，及时发现和纠正执法不文明、不规范的行为，严肃查处执法办案中发生的违法违纪行为。进一步深化案件集中管理改革，规范执法行为，提升办案效率和质量。

深入推进检察信息化建设。把信息化建设作为推进检察工作科学发展的强大动力，向科技要效率、要战斗力。制定和实施检察机关信息化建设发展规划，建立和完善信息化条件下执法办案、自身监督、队伍管理等制度机制，不断创新工作方式，推动检察工作迈上新的台阶。

抓好学习培训。把学习、培训修改后刑事诉讼法作为今年工作的重中之重，认真制定学习培训计划，突出学习培训重点，加强执法实践锻炼，为修改后刑事诉讼法的实施做好充分准备。

狠抓检察队伍建设。以开展“忠诚、为民、公正、廉洁”政法干警核心价值观教育实践活动和保持党的纯洁性学习教育活动为载体，深化社会主义法治理念教育，牢固树立正确的发展理念和执法理念，巩固检察人员共同的思想道德基础。深入开展自身反腐倡廉建设，重点加强对领导干部和执法办案活动的监督，促进自身公正廉洁执法。

扎实推进基层基础建设。以执法规范化、队伍专业化、管理科学化、保障现代化建设为抓手，推动基层检察院建设协调发展、整体提高。稳步推进派驻乡镇检察室建设，延伸法律监督工作触角。着力提高检务保障水平，建立公用经费正常增长机制，推动检察机关技术用房和办案用房条件改善，为检察工作科学发展奠定坚实基础。

（作者为山西省人民检察院检察长）

以文化建设大繁荣推动经济社会大发展

王茂设

文化是一个国家和民族的灵魂。文化与经济政治相互交融，与科技创新紧密结合，是一个地区文明进步的重要标志，是一个区域竞争的软实力。当今世界正处在大发展大变革大调整时期，文化的作用更加广泛而深刻，谁占据了文化发展制高点，谁拥有了强大文化软实力，谁就能够在激烈的竞争中赢得主动。朔州市实施的文化强市战略，就是以此为方向，全面加强新时期文化建设，推动朔州经济社会转型跨越发展。

一、深刻理解文化强市的重大意义，把加强文化建设摆在转型跨越发展的重要位置

目前，我国已经进入全面建设小康社会的关键时期和

深化改革开放、加快转变经济发展方式的攻坚时期，文化越来越成为民族凝聚力和创造力的重要源泉、越来越成为综合国力竞争的重要因素、越来越成为经济社会发展的重要支撑，丰富精神文化生活越来越成为广大人民群众的热切愿望。当前，新一轮文化建设高潮正在全国范围内蓬勃兴起，全国各地都把推进文化建设、发展文化产业作为抢占新的发展制高点、培育新的竞争优势的重大举措。

今年是实施“十二五”规划承前启后的关键一年，是推进转型跨越发展的攻坚之年。朔州市按照省委、省政府的决策部署，进一步明确了“坚定不移地推进转型跨越发展，全力打造新基地新优势新朔州”的发展方向，确立了通过工业新型化推动市域城镇化、促进城乡生态化、实现农业现代化的“四化一体东部新区”发展战略，确定了“建设自然、生态、现代、宜居幸福新城”的发展目标，正在全面加快建设全省循环经济集聚区、国内知名的生态畜牧基地和全省一流的城乡一体幸福新城，着力开辟一条具有朔州特色的转型跨越发展之路。朔州市文化体制改革初步完成，文化建设围绕“建设自然、生态、现代、宜居幸福新城”的宏伟目标，呈现出点上有突破、面上有声势、整体有跨越的良好态势,充分展示了朔州“凝心聚力、干事创业、政通人和、转型跨越”的崭新形象。

当前，全省转型跨越发展形势依然十分紧迫，尤其是朔州市文化事业和文化产业发展依然存在着一些不足和差距，文化发展同经济社会发展和人民群众日益增长的精神文化需求还不完全适应，束缚文化生产力发展的体制机制问题尚未根本解决，文化在引领风尚、教育群众、服务社会、推动发展等方面的作用还没有得到充分发挥。而且从转变经济发展方式和保持经济平稳协调发展来看，发展文化产业是朔州加快转型跨越发展的必由之路。国际国内发展实践已经证明，一个国家、一个地区文化产业发展水平与经济发展梯度水平也都基本一致。文化产业资源消耗低、环境污染小、附加价值高，是内涵式发展的集中体现，是在转变经济发展方式和经济结构调整中应该突出发展的产业。朔州建市23年来经济发展成就令人瞩目，但过分倚重煤电能源产业的格局对生态和环境造成很大压力，资源型城市转型和经济结构调整的形势非常紧迫，必须把发展文化经济作为保持经济增长的重要支撑和转变发展方式的有效途径，切实发挥好文化的创新驱动功能和现实生产力作用。面对新形势、新任务，应对新挑战、新考验，我们必须从战略和全局的高度，围绕主题主线，科学把握趋势，明确目标方向，充分认识建设文化强市的重大意义，深刻理解加强文化建设的重要作用，切实从解决思想、理念、观念问题入手，把加强文化建设放到与经济建设、政治建设、社会建设同等重要的位置，把发展文化经济作为保持经济增长的重要支撑和转变发展方式的有效途径，最大限度发挥好文化工作教育人、鼓舞人、激励人的重要作用，让科学发展的主题、加快转变经济发展方式的主线和转型跨越发展的主战略更加深入人心，坚定不移地以文化建设大繁荣推动经济社会转型跨越大发展。

二、准确把握文化强市的战略方向，强化全市人民转型跨越发展的精神支撑和思想基础

建设文化强市是一项艰巨而宏大的系统工程，是一个贯穿于朔州建设和发展全过程的长期奋斗目标。朔州市适时出台的《关于加快建设文化强市的实施意见》，以理想信念教育引导人民，以弘扬光荣传统提振精神，以加快转型跨越凝聚人心，把握关键，突出重点，整体推进，不断强化全市人民转型跨越发展的强大精神支撑和共同思想基础。

（一）以社会主义核心价值体系建设为灵魂，增强社会主义先进文化的感召力。

建设社会主义核心价值体系，是文化建设的灵魂工程，也是建设文化强市的根本。首先，要大力推进学习型党组织建设。进一步抓好党委中心组学习，完善学习制度，加强督导考核和抽查评比，深入开展各类主题学习活动，不断把学习型党组织、学习型机关、学习型企业、学习型城市建设引向深入，努力为打造新基地新优势新朔州提供理论支撑和智力支持。其次，要加强思想道德建设。深入开展国情教育和形势教育活动，广泛开展爱党、爱国和社会主义荣辱观宣传教育，让广大干部群众在教育活动中受到感染、得到启迪。不断深化“右玉精神”的学习研究，进一步丰富“右玉精神”的思想内涵，将“右玉精神”打造成全国推进社会主义核心价值体系建设的“知名品牌”。不断加强和改进未成年人思想道德建设工作，精心组织好“首届朔州道德模范”评选表彰工作，广泛组织开展各类志愿服务活动，在朔州市营造“知荣辱、讲文明、树新风”的浓厚氛围。第三，要加强精神文明创建。坚持以城市带农村、以机关带基层、以干部带群众，深入推进文明城市、文明行业、文明单位、文明村镇、文明社区创建活动，努力创建一批全国、全省文明县区、文明村镇、文明单位。

（二）以新闻宣传和舆论引导为课题，增强文化对转型跨越发展的凝聚力。

要把提高舆论引导能力，作为建设文化强市的一个重要课题。要以全力打造新基地新优势新朔州、加快建设自然生态现代宜居幸福新城为中心任务，充分发挥舆论阵地和政治喉舌作用，最大限度调动朔州市上下主动支持转型、积极推动跨越、全力服务发展的智慧和力量。一要进一步提高主流媒体的影响力。进一步扩大主流媒体的覆盖面，提升吸引力、影响力和主导力，从而更好地赢得舆论引导的话语权和主动权。二要进一步提高对突发事件的应对能力。按照导向正确、及时准确、公开透明、有序开放、有效管理的原则，完善新闻应急机制，健全新闻发布制度，及时做好突发事件的新闻报道和舆论引导，坚决防止出现不利于转型跨越发展的舆论。三要进一步加强网络文化建设与管理。高度重视互联网的运用和管理，积极开展文明

办网、文明上网活动，建立和完善网络舆情研判机制、预警机制和网上重大突发事件、敏感热点问题统筹协调与应急处置机制，抓好朔州新闻网站建设，充分发挥新兴媒体在现代文化传播中的主力军作用。

（三）以公共文化服务体系建设为基础，增强文化惠民工程的影响力。

文化事业关系民生改善，事关千家万户的根本利益，是文化强市的重要基础。必须在繁荣文化事业上狠下功夫，让广大群众享受到越来越多的公共文化成果。一是要建设好公共文化设施。进一步精心规划和建设一批代表朔州文化形象的标志性工程，尽快完善配套新闻大楼、博物馆、图书馆、文化艺术中心等公共文化设施。同时，要全面落实广播电视村村通、文化信息共享、乡镇综合文化站、农村电影放映和农家书屋等重大文化惠民项目建设任务，尽快配套完善相关设施设备。二是要开展好群众文化活动。围绕迎接党的十八大胜利召开，坚持贴近实际、贴近生活、贴近群众，精心策划和组织举办好一系列有特色、有影响、有规模的大型文化活动，并对已经办出特色的文化活动进一步包装整合，使其向品牌化、规模化、系列化方向发展。同时，要深入开展送戏、送电影、送图书等文化下乡活动，不断扩大辐射带动作用，把多姿多彩的文化产品和文化服务送到基层。三是要实施好文化精品战略。立足弘扬朔州本土特色文化，围绕文化产品的创作、生产和传播，在继续修改完善大型北路梆子现代戏《侨女李林》等精品剧目的基础上，积极协调运作、充分吸纳社会资金，力争推出一批体现“佛宫奇塔、西口古道、内外长城”历史文化内涵的影视作品、歌舞剧目和精品图书。要健全完善朔州市文艺作品的评奖方法，合理调整艺术创作资金投入，着力推出一批把握时代脉搏、彰显朔州特色的高水平文化产品。

（四）以文化产业重点工程和项目建设为载体，增强文化对转型跨越发展的支撑力。

文化产业是伴随着工业文明和市场经济产生并发展起来的新兴产业，是在“经济文化化”向“文化经济化”转化过程中形成的新的经济业态。放眼世界，无论是发达国家，还是发展中国家，都把发展文化产业作为新的经济增长点。文化产业已经成为国际资本角逐的主要领域。因此，必须以全新的视角来看待文化的重要性与发展文化产业的必要性，树立与时代发展进步相适应的文化产业发展观。文化产业强，是文化强市的显著标志。我们要把文化产业作为重要的战略产业和新的经济增长点来培育，加快培育一批主导产业，发展一批龙头企业，打造一批知名品牌，使文化产业逐步成为朔州市重要的支柱产业。一要科学规划文化产业发展。把文化产业发展纳入经济发展总体布局，科学规划，统筹安排，分步实施，全面推进。进一步完善全市文化产业振兴规划，使之更加科学，更有操作性。各县区也要组织专门力量，在深入调研的基础上，尽快制定完善具有前瞻性、指导性、操作性的文化产业发展规划，形成整体联动的发展局面。二要加快重点文化项目建设。要全力推进应县木塔申遗工作，认真做好区域精品旅游景点和线路的规划建设工作，不断加快文化旅游产业化扩张的步伐。要高起点规划朔州市文化产业园区，高水平建设朔州市报业园区，努力打造朔州市广电创意的孵化发育基地。在继续办好中国应县释迦塔国际旅游文化节、中国右玉西口风情生态旅游文化节、中华门神文化艺术节等节会的基础上，精心打造一个凸显地方特色文化的品牌节，以此促进人流、物流、信息流、资本流的交流融汇，促进文化与旅游、科技的深度融合。三要培育壮大重点文化企业。要坚持走兼并联合、战略重组的路子，加大文化产业招商引资力度，积极引进和组建一批产业集团，充分发挥其龙头带动作用，促进朔州市文化产业上规模、上水平。要全力加强对现有文化产业的提升改造，培育一批骨干文化企业，拉长产业链条，提升产业效益。

三、充分激发文化强市的工作活力，为推动文化大发展大繁荣提供强大动力

改革创新是当今时代的鲜明特征，也是推进文化强市建设的强大动力。要进一步推动朔州文化建设的发展与繁荣，关键在于以世界眼光和战略思维大力推进文化创新。要以组织实施《国家“十二五”时期文化改革发展规划纲要》为重点，深化文化体制改革，创新文化内容和形式，以创新激发活力，解放和发展文化生产力，为加快建设文化强市、推动文化大发展大繁荣提供强大动力。

（一）在改革中增强文化单位的活力。

深化国有文化单位改革，加快推进经营性文化等单位转企改制，通过采取全员聘用、岗位工资、业绩考核等办法，积极推进图书馆、博物馆、群艺馆、文化馆、纪念馆等公益性文化事业单位劳动人事、收入分配和社会保障制度改革，并进一步完善朔州日报、朔州广播电视台等文化事业单位的管理和运行机制，加强流程再造，提高服务效能，激发内部活力。

（二）在改革中增强文化要素的活力。

坚持行政引导与市场调节相结合，促进生产要素和社会力量向文化产业聚集，加大财政、税收、金融、用地等方面的政策扶持力度，确保文化支出占财政支出的比例逐年提高，并高于财政经常性收入增幅。引导社会资本、非公有制文化企业以多种形式参与国有经营性文化单位转企改制，引导社会资本、资源型企业进军文化产业。

（三）在改革中增强文化机制的活力。

深化文化行政管理体制改革，积极推动政企分开、政事分开，理顺政府和文化企事业单位关系。完善文化市场管理，落实谁主管谁负责和属地管理原则，探索建立统一开放、竞争有序的现代文化市场体系，建立科学的文化管理体制和富有活力的文化产品生产经营机制，有效解决文化发展动力不足、效率不高、布局不优、机制不活等问题，形成充满活力、富有效率、更加开放、有利于文化科学发展的新格局。

四、切实抓好文化强市的责任落实，加快文化强市建设步伐

加快文化强市建设，事关朔州发展全局，事关朔州市人民的长远利益。需要各级各部门进一步加强领导，强化责任，狠抓落实，以全面掀起加快文化强市建设的新高潮。

（一）加强组织领导，健全工作机制。

各级党委、政府要高度重视文化强市建设，切实把建设文化强市纳入经济社会发展规划，作为衡量一个地方发展水平和领导干部工作业绩的重要方面；要建立党委统一领导、党政齐抓共管、宣传部门组织协调、文化部门具体实施、相关部门分工负责、社会力量积极参与的文化建设工作体制和工作格局，加快推动文化建设与经济社会协调发展。市、县区两级分别成立由党委或政府主要领导担任组长的文化强市建设领导组，加强对文化建设的领导、指导和协调。领导组办公室挂靠在同级党委宣传部，负责日常组织协调工作。宣传思想文化部门要充分发挥主力军作用，加强与各方面的联系，争取各方面的配合与支持。

（二）加大扶持力度，强化资金保障。

要切实加大公益性文化事业发展和文化产业引导的资金投入。市、县区两级要确保公共财政对文化建设投入的增长幅度高于财政经常性收入增长幅度，提高文化支出占财政支出比例。要按照中央和省有关政策标准，确保文化基础设施和公共文化服务体系建设的足额投入。从2012年起，市、县区两级要分别设立文化产业发展专项资金、农村文化建设专项资金和重点文艺作品扶持资金，纳入本级财政预算。朔州市将设立每年2000万元的文化产业发展专项资金。同时，要充分发挥财政资金的杠杆作用，积极引导金融资本和社会资本投入文化建设，鼓励商业金融机构面向文化企业开发金融产品，开辟文化发展贷款绿色通道，支持文化企业开展并购融资，支持发展前景好的新兴文化业态。继续贯彻国家、省和市现行关于对文化产业发展的税收优惠政策，在财税金融、土地城建、外贸出口、知识产权保护等涉及文化发展的关键环节，出台切实可行的扶持保障政策。文化建设用地要纳入各地土地利用总体规划和城乡总体规划编制中，确保用地规模和优惠政策落实到位。

（三）加强队伍建设，夯实人才基础。

加快建设文化强市，关键在人才。要适应形势需要，选好配强文化领域各级领导班子，重视加强文化领域干部培训，全面提升文化干部队伍的素质能力。要立足现有文化人才队伍，通过各类学习培训，积极培养一批理论、新闻、出版、文艺、文化产业经营管理等方面的专业人才，造就一批本土学术带头人和领军人物。把培育与引进有机结合起来，建立健全文化人才选拔使用、评价激励机制，积极引进高端领军人才，大力培养文化产业经营管理、高新技术、新媒体等领域急需人才，发掘培养扎根基层的文化能人、民间文化传承人和文化积极分子。特别要切实加强基层文化队伍建设，从政治上、工作上、生活上给予关心爱护，帮助解决实际困难，充分调动好、保护好、发挥好他们的积极性和创造性。

（作者为中共朔州市委书记）

以改革创新精神履行非公党建职责使命

——推进党的组织和党的工作“两个覆盖”的实践与思考

王虎胜

加强非公党建工作，是新形势下加强和改进党的建设的重要任务。省委对非公党建工作高度重视。2010年9月决定成立省市县非公有制经济组织工作委员会，作为同级党委的派出机构，与工商行政管理机关合署办公，在党委领导和组织部门指导下，具体负责领导和协调本辖区非公党建工作。9月29日省非公工委正式挂牌成立。次日，李源潮部长作出重要批示：“山西成立非公有制经济组织工作委员会，很好。这使非公有经济的党建和组织工作有一个统一负责的指导部门，有利于实现党建工作和组织工作对非公经济组织的全覆盖。”袁纯清书记指出：“加强非公党建工作，要充分发挥好非公工委的领导作用，非公党建工作联席会议的统筹协调作用，工商行政管理部门的主要依托作用。”近日，省委印发了《关于进一步加强和改进非公有制经济组织党的建设工作的意见（试行）》，根据中央精神，结合我省实际，进一步明确了非公党建工作的目标任务和政策措施。我们要深入贯彻《意见》精神，以改革创新精神履行非公党建职责使命，扎实推进全省非公党建工作开创新局面、迈上新台阶。

履行非公党建工作职责，使命光荣，责任重大，首要的任务是推进党的组织覆盖。今年以来，我们认真贯彻中组部“基层组织建设年”活动的部署，以实现党组织对所有非公经济组织全覆盖为目标，全力以赴实施非公经济党组织集中组建计划，共组建党组织13195个（今年集中组建8687个），基本覆盖了所有正常生产经营的非公企业和个体

工商户，推动全省非公党建工作步入了崭新阶段。

实现组织全覆盖的任务是把所有非公经济组织纳入党组织的管理，这是做好非公党建工作的前提条件。中央《关于加强和改进非公有制经济组织党的建设工作的意见(试行)》明确要求抓好党的组织和党的工作“两个覆盖”。实现组织覆盖是实现工作覆盖的基础和前提。没有党的组织覆盖就谈不上党的工作覆盖。即便有了党的组织，如果不能很好地发挥作用，也谈不上有效地实现党的工作覆盖。正如李源潮部长指出的那样：“没有党的组织，党的工作就没有经常性的依托”。从我省看，无党员的非公企业占到80%，无党员的个体工商户占到绝大多数。也就是说，即使实现了党组织对有党员的非公企业的全组建，覆盖面也仅仅在20%左右。为此，根据中央《意见》精神，总结我省左权、离石等地的实践经验，我们及时调整了实施非公经济党组织集中组建计划的目标任务，进一步明确为“实现所建党组织对所有非公经济组织的全覆盖”，不仅要做到“把所有非公经济组织的党员纳入党组织的管理”，还要做到“把所有非公经济组织纳入党组织的管理。”

实现组织全覆盖的关键是创新党组织设置方式和流动党员管理方式，这是做好非公党建工作的破题之举。非公经济党组织组建难，不是难在对有党员的企业的组建上，而是难在对量大面广的无党员的小微企业和个体工商户的组织覆盖上。因此，推进非公党建工作，破解组建难题，就要以改革创新的精神来创新组织建设、创新党员管理、创新作用发挥。在创新党组织设置上，除了采取“单独建”等传统组建方式外，我们把“联合建”作为突破口和创新点，或者说是主要的抓手、有效的载体。对有3名以上党员的企业，不仅要求单独建，而且鼓励党建工作基础好的企业发挥带动辐射作用，与有党员但不具备组建条件的，特别是无党员的企业建立联合党组织。“联合建”也不是简单的企企结对联建，而主要是依托行业性协会、区域性商会、楼宇经营者、市场主办者、园区管理者和产业链的龙头企业联合组建党组织。同时，创新流动党员管理办法，实施双重管理，以流入地管理为主，使流动党员享有与正式党员同样的权利和义务，以引导和鼓励他们主动亮明党员身份、积极发挥模范作用。这样，就找到实现组织全覆盖的钥匙，不仅有效地破解了组建难的难题，而且为实现党的工作全覆盖奠定了基础。这里需要说明的是，“联合建”的党组织也不是固定的最终的方式，而是一个动态的过程、过渡的方式。或者说，联合党组织就是“孵化器”，要孵化出职工在50人以上的企业有党员、职工在百人以上的企业能够单独建立党组织。

实现组织全覆盖的要害是做到有形覆盖和有效覆盖的高度统一，这是做好非公党建工作的重要基础。组建联合党组织，要害是实现有形覆盖和有效覆盖的高度统一，不能停留在“有形”上，必须体现在“有效”上。为此，在实施组建中，我们就采取质量控制措施，确保有效覆盖。一是按标准组建党组织、按标准选配党组织书记。执行标准是质量控制的基础性工作，产品质量控制是如此，党组织组建也是如此。我们要求所建党组织除了要达到中央《意见》提出的有场所、有设施、有标志、有党旗、有书报、有制度的“六有”场所建设标准外，还明确提出新组建党组织要达到有组织机构、有活动场所、有规章制度、有学习资料、有活动开展、有作用发挥的“六有”组织建设标准。为此，我们实施了“四送四赠”工程，对新组建的党组织送1面党旗、1枚印章、1块牌子和1套党建学习资料，为新组建党组织的党员赠1枚共产党员徽章、1本中国共产党章程、1个党员学习活动活动笔记本和1支笔，提高新组建党组织的规范化水平。选好书记是建好组织的决定性因素。根据中央《意见》提出的“守信念、讲奉献、重品行，懂经营、会管理、善协调，热爱党务工作和熟悉群众工作”的标准，我们采取民主选举、组织推荐、公开选聘、上级指派的办法，把具有理想信念，愿意服务奉献；具有组织能力，熟悉经营管理；具有群众威信，善做思想工作的优秀党员，选配到党组织书记岗位上来。二是建立联合党组织要与建立联合工会同步、与派出党建工作指导组同步。指导组成员至少三人，由组织、工商、税务等部门的党建工作指导员组成，发挥组织部门熟悉党建工作的业务优势、工商和税务部门监管企业行为的职能优势，不仅指导企业建立联合党组织和联合工会，推进党群共建、党群工作互动，而是要较长时期地指导和帮助联合党组织开展活动和发挥作用，养成工作习惯与行为自觉。三是联合党组织所覆盖的企业要作出承诺，自觉接受联合党组织、联合工会的领导和指导，积极支持联合党组织和联合工会开展各项活动。申请成立联合党组织的报告要附所覆盖企业承诺材料；批复联合党组织成立的文件，要详细列出覆盖企业和个体工商户的名单；所覆盖的企业都要指定一名党建工作联络员。四是建立保持组织覆盖的长效工作机制。在基本实现组织覆盖的基础上，着手建立全省非公党建工作数据库，省市县统一标准、分级管理、三级联网，对非公经济组织、党组织、党员、党组织书记及党建工作指导员（组）的基本情况实施数字化、信息化、科学化的动态管理，既有宏观的统计数据，又有微观的基本信息。特别是我们还出台实施了非公党建工作属地管理办法，形成两个有效巩固和保持集中组建成果的长效工作机制，这就是非公经济组织设立与党组织设立同步进行的机制和非公经济组织年检验照与党组织调查统计、实施组建同步进行的机制。对新设立的非公经济组织，具备单独成立党组织条件的，由属地县级非公工委批准成立党组织后才给予登记注册；不具备单独组建党组织条件的，由属地县级非公工委明确其隶属于哪个非公经济党组织管理后再予以登记注册。年检验照时，对已登记注册但没有组建党组织或没有明确隶属于哪个党组织管理的非公经济组织，也一并按上述办法执行。这样在今年基本实现组织全覆盖的基础上，通过实施上述办法，到明年企业年检结束，就可以实现完全彻底的组织全覆盖。

实现组织全覆盖的着眼点和落脚点是充分发挥党组织的“两个作用”、促进企业健康发展，这是做好非公党建工作的根本目的。组织覆盖是前提，工作覆盖是手段，发挥作用是目的。我们辩证地把握组织覆盖与工作覆盖的关系，把能不能有效发挥党组织在职工群众中的政治核心作用、在企业发展中的政治引领作用作为组建党组织的着眼点和落脚点。一是要求所有党组织，特别是新组建的党组织都要制订发挥“两个作用”的年度计划和具体措施。年度计划中要明确为企业、为职工、为党员办哪些实事，并在业主中征求意见、在职工中通报情况、在上级非公工委中备案考核。还要求新组建的党组织，一旦挂牌成立，就要立即着手扎扎实实办几件实事，实实在在解决一些问题，赢得企业员工、党员职工和企业出资人的拥护与支持，起步之举就要有利于增强党组织的战斗力、凝聚力和影响力。二是全省工商系统实施万名党员干部“进企业、抓党建、促发展”工程。在指导和推进党组织集中组建和活动开展的同时，要从品牌兴企、信用建设、招商引资、帮助融资、开拓市场、维护权益等方面开展帮扶服务，推进党的活动与企业发展同频共振、互促共进。三是大力度培训党组织书记和党建工作指导员两支队伍。在对工商系统党建工作指导员进行党组织组建知识培训的基础上，部署开展非公经济组织党组织书记和党建指导组负责人的轮训工作，以非公党建的理论知识、政策法规、工作要求为培训内容，以形势报告、专家讲座、案例分析、实地考察为培训方式，全面提高党组织书记和党建指导组负责人的履职能力和工作水平。四是发挥典型示范带动作用。要求各市县推荐一批发挥“两个作用”、促进企业发展的先进党组织，作为各级党委和组织部门、非公工委领导的联系点，加强指导，总结做法，提炼经验，努力打造出一批事迹立得住、舆论叫得响、经验推得开和群众信得过的先进典型，发挥示范作用，加大对面上工作的指导力度。

实现组织全覆盖的工作机制是各级党委坚强领导、组织部门牵头抓总、非公工委全力推进，这是做好非公党建工作的有力保证。实施党组织集中组建工作，牵涉面广、政策性强、工作量大，尤其是没有现成的路子可走，需要以改革创新的精神探索前进。在推进集中组建中，一是加强组织领导。各级党委高度重视，坚强领导，是圆满完成集中组建任务的根本保证。今年2月27日、3月31日，省委两次召开常委会专题研究非公党建工作，袁纯清书记强调指出：“当前非公党建工作的首要任务是抓好党组织的组建。实施集中组建，就是要建组织、配书记。”2月28日，省委召开高规格的集中组建动员大会，金道铭副书记明确要求集中组建工作要“书记抓、抓书记”，要及时通报进展情况，对推进慢的县区要约谈党委书记。汤涛部长对非公党建工作特别是集中组建工作多次听取汇报、多次专题调研、多次作出批示、多次出席会议，提出明确思路，作出具体要求，始终靠前指挥，一线督查指导。各级地方党委按照省委部署要求，把非公党建工作紧紧抓在手上，安排部署，落实责任，许多市县委书记还带头联系企业，指导组建工作。二是形成工作合力。组织部门和非公工委、工商机关形成“依托”和“依靠”互为表里的工作合力，是圆满完成集中组建任务的关键所在。各级组织部门抓实际困难和问题的解决，抓工商部门依托作用的发挥，抓相关职能部门积极性的调动，充分发挥了牵头抓总、统筹协调和工作指导的关键作用。各级非公工委和工商机关万名干部全员动员、全力以赴，进行摸底调查，实施集中组建，开展帮扶活动，充分发挥了工商机关联系企业紧密的职能优势、条块管理结合的体制优势、基层机构健全的组织优势和基层人员较多的队伍优势。三是责任落实到县。全省工商系统90%多的人员在县所。实施集中组建计划、推进非公党建工作，基础在县区、力量在县区、重心也在县区。按照党组织属地管理、市场主体属地监管的原则，我们以县区为基本单位摸清底数、实施集中组建、建立非公党建数据库、实施日常管理，并以县区为基本单位对集中组建成果进行“五查五看”的考核验收。一查市场主体，看是否实现全覆盖；二查台账信息，看是否建立数据库；三查联建组织，看是否做到“两同步”；四查活动场所，看是否实现“六个有”；五查工作计划，看是否发挥“两个作用”。四是现场会议推进。晋中市左权县认识高、动手早、推进快，率先在全省实现组织全覆盖。我们深入调研，总结经验，4月16日在左权召开现场推进会，针对各地工作进展不平衡的问题，重点解决认识问题、信心问题和方法问题。因为认识决定行动，信心决定出路，方法决定效果。左权现场推进会有力地推动了全省各地集中组建工作扎实开展、步伐加快。吕梁市离石区，认识高、理解深，行动快、措施实，能创新、效果好，走在了全省23个市辖区的前面。全省23个市辖区的非公经济发展快、基数大，占到全省总数的近60%，集中组建的任务重、难度大，相应进展也比较慢。抓住和抓好了市辖区的集中组建，全省集中组建任务的落实也就有了坚实的基础、可靠的保证。为此，5月11日在吕梁市离石区召开市辖区集中组建工作现场推进会，为百日集中组建计划的顺利实现，在关键时刻发挥了关键性的作用。两次现场推进会，汤涛部长都亲自出席并作重要讲话，分析形势，通报情况，明确任务，提出要求，为全省集中组建工作扎实推进指明了方向，提供了保障。

实现党的组织全覆盖，为推进党的工作全覆盖奠定了坚实基础。推进非公经济党组织集中组建的探索与实践，使我们深刻体会到：

一是必须带着责任抓党建。改革开放30年，非公经济得到快速发展，已成为市场经济的重要组成、财政收入的重要来源、解决就业的重要渠道、转型跨越发展的重要力量，也成为产业工人和新社会阶层人士的重要集中地。在山西，非公经济已占到经济总量的50%、财政收入的60%、企业总数的75%、就业人数的85%。非公经济的发展地位决定了非公党建工作的重要地位。能不能做到党的组织和党的工作对非公经济组织的有效覆盖，已成为增强党的阶级基础、扩大党的群众基础和有力夯实党的执政基础的紧迫任务，同时也成为加强和改进社会管理，促进非公经济科学和谐发展的重大课题。省委赋予我们非公党建工作的重要职责，是信任更是重托。全省各级非公工委和工商机关正是以党性自觉、使命自觉、责任自觉的实际行动，认真履行职责，推进集中组建，务求取得实效，不负信任重托。

二是必须理直气壮抓党建。理直气壮，不仅体现在抓党建有党章规定可循、法律法规可依上，而且主要体现在抓党建的出发点和落脚点上。非公经济组织的企业业主和个体工商户主同样是社会主义的劳动者、建设者和创造者，是转型跨越的推动者，社会责任的承担者，多元利益的实现者。第一要实现的是国家利益，通过国家征税来体现；第二要实现的是社会利益，如创造就业机会等；第三要实现的是员工利益，既有物质利益还有文化生活；第四要实现的是企业的利益，也就是所有股东的共同利益；第五要实现的是业主利益。业主利益是在实现了国家利益、体现了社会利益、保障了员工利益的基础上，与企业利益一起实现的，也是经历投资决策和经营管理等风险才实现的。抓非公党建，首要的任务是鼓励支持非公经济组织科学发展，没有发展实现多种利益也就无从谈起；同时还要帮助引导非公经济组织依法均衡地实现多元利益，这样才能实现健康发展、和谐发展和持续发展。因此，要把“围绕发展抓党建、抓好党建促发展”作为非公党建工作的出发点和落脚点，充分发挥党组织在政治上的引导力、组织上的凝聚力、发展上的助推力作用，引导和促进非公经济组织把握正确方向，负起社会责任，维护各方利益，凝聚发展力量，实现健康发展，形成职工有归属感、党员有荣誉感、业主有成就感的非公党建新局面。

三是必须充满信心抓党建。抓非公党建，无疑面对诸多困难，集中体现在党组织的组建难和发挥作用难。面对困难，精神状态至关重要。信心比黄金更重要。应对金融危机是如此，推进非公党建也是如此。在推进非公党建工作中，我们始终是充满信心的。首先，信心来自思路。思路是对事物本质的正确认识和准确把握。我们对非公经济组织的特点和规律的认识是清晰的，对非公党建的着力点、突破点、创新点的把握是准确的，对集中组建工作的目标任务、政策措施、方法步骤等做到了然于胸。情况明、思路清，自然也就有信心。其次，信心来自担当。敢担当是工作有朝气、有勇气、有底气的表现。非公党建工作是开创性的工作，没有敢担当的精神和勇气，是打不开新局面的。这种敢担当的行为，说到底就是党性自觉的表现，使命自觉的表现，责任自觉的表现。再次，信心来自力量。力量在动力，各级党委重视和支持就是动力；力量在合力，组织部门牵头抓总协调解决困难就能形成合力；力量在执行力，各级非公工委和工商机关抓贯彻、抓落实，积极作为，不负重托，表现出了抓好非公党建工作的高度自觉性和坚强执行力。

四是必须提高素质抓党建。非公党建工作的政策性、理论性、实践性都很强，对做好非公党建工作的能力和素质提出了新的更高的要求。为了提高履职能力，自去年起，我们结合加强机关基层党建工作，对各级工商干部开展非公党建知识培训，制定非公党建工作制度和规范，为今年实施集中组建计划提供了能力素质准备。提高能力素质，学习培训是基本形式，但实践锻炼是更好的课堂，是更重要的渠道。各级非公工委和工商机关正是在推进集中组建计划的实践中，有效地提高了克服困难的协调能力、破解难题的创新能力和落实任务的推进能力。为此，除了抓好大规模的培训工作外，尤其要抓好先进典型的培树工作，总结提炼推广他们的创新举措、实践经验，以进一步引导和促进各级非公工委提高指导力、广大党建指导员提高执行力、广大非公经济党组织书记提高探索“两个作用”发挥的创新力。

五是必须改革创新抓党建。全国非公企业党建工作会议指出：“非公企业党建具有很强的开创性、探索性，既要运用传统领域党建工作经验，又要针对新的特点进行创新。”量大面广，小型分散，企业变化快，职工流动快，无党员的企业占绝大多数，这是非公经济组织的主要特征。抓非公党建工作，必须深刻认识非公经济组织的特点，准确把握非公经济组织的发展规律，以改革创新的精神来创新组织建设、党员管理和党组织作用发挥，而不能简单地照搬和套用机关党建、国有企事业单位党建的方式方法。正因为如此，我们在实施集中组建计划中秉承了解放思想、改革创新的理念，坚持了大胆探索、注重实效的原则，加大了理论创新、制度创新、方法创新的力度，及时总结和推出了诸如“联合建”、“两同步”，党群互动指导组，长效机制数据库，“五查五看”摘验收等一系列既创新又务实，既着力当前又着眼长远，既能讲得清又能推得开的创新思路和创新举措，推进我省非公党建工作步入崭新的发展阶段。当前，尤其要积极探索发挥党组织在职工群众中的政治核心和在企业发展中的政治引领“两个作用”的有效途径和载体，推进职工有归属感、党员有荣誉感、业主有成就感的培树活动，把党组织的政治优势转化为促进企业的发展优势，把党员的先锋模范作用转化为促进企业发展的榜样力量，进一步把非公经济组织的热情调动起来、力量凝聚起来、作用发挥出来，在转型跨越发展的主战场干大事、创伟业、立新功。

（作者为中共山西省非公有制经济组织工作委员会书记，山西省工商行政管理局党组书记、局长）

打造质量环境 促进转型跨越发展

常高才

当前，“转型跨越发展、再造一个新山西”的战略部署正在稳步推进，建设综改试验区的工作正在如火如荼地先行先试。质量发展是保障和改善民生的迫切需要，是山西“以煤为基，多元发展”调整经济结构和转变发展方式的内在要求，是山西转型跨越发展的必由之路。质监部门作为质量工作的牵头和主管部门，一定要结合全省转型跨越发展和自身工作实际，深入学习贯彻落实《质量发展纲要（2011—2020年）》（以下简称《纲要》）。

一、建设质量强省是山西转型跨越的战略选择

国务院批准在山西省设立国家资源型经济转型综合配套改革试验区，省委、省政府确定“转型跨越发展，再造一个新山西”的宏伟目标，这为质量工作提出了新的更高要求，建设质量强省成为山西转型跨越发展的战略选择。同时，随着经济的快速发展，特别是各种战略性新兴产业的崛起，为质量工作提供了广阔的创新空间。

《纲要》颁布实施，对质量工作的发展目标提出了新的要求，这与山西转型跨越发展的目标相互契合。为此，抓好质量工作的极端重要性和现实紧迫性，要求全省质监系统认真贯彻落实《纲要》精神，结合山西省质量工作实际，全力破解质量管理难题，大力提升质量管理水平。要围绕质量强国战略，深入开展以质取胜、建设质量强省活动，加强质量强省工作机制建设，完善运行推进机制、评价考核制度和政策保障措施，将质量强省纳入地方政府目标责任考核体系；强化企业质量主体责任，加强质量监督管理，创新质量发展机制，优化质量发展环境；在不断扩大质量强市（县）、质量强企活动成效基础上，全面开展争创“全国质量强市示范城市”活动，进一步将质量强省引向深入；大力推动质量奖励制度，继续开展政府质量奖评审工作，推动各市设立市长质量奖，全力打造政府重视质量、企业追求质量、社会崇尚质量、人人关心质量的良好环境。

围绕贯彻《纲要》，要组织力量研究制定山西省的贯彻落实意见，适时对这项工作进行全面部署。当前，首先要抓好《纲要》和质量宣传工作。要以宣传贯彻《纲要》为主线，以提高全社会的质量意识为目标，大力宣传质量工作的方针政策、法律法规以及质量管理的先进典型，大力普及质量消费知识，大力曝光质量违法行为，力求使质量意识深入人心，全力打造政府重视质量、企业追求质量、社会崇尚质量、人人关心质量的良好环境。要突出对企业的质量宣传教育，强化企业的质量法制意识和主体责任意识，使追求质量成为每个企业的核心价值和自觉行动。其次要大力实施名牌战略。要进一步完善专家评审与市场评价相结合的名牌产品推选机制，认真组织2012年山西省名牌产品推选工作；围绕提升山西省名牌产品知名度，积极开展品牌价值评价和“全国知名品牌创建示范区”工作；不断加强对名优企业扶持培育政策的研究，加大政策支持和宣传保护力度，重点扶持培育符合山西省转型跨越发展需求的企业争创拥有核心技术和知识产权、具有市场竞争力的名牌产品。第三要加强宏观质量管理。要扎扎实实地抓好质量状况分析，把质量状况分析作为质监部门服务党委政府决策的重要途径，进一步完善质量分析报告制度，增强报告的时效性和有效性。第四要推进质量诚信建设。把质量诚信建设作为提升质量水平的重要基础，从假冒伪劣问题比较突出、群众反映比较强烈的领域入手，率先推进食品、建材、农资和中小企业质量诚信体系建设，实施质量失信“黑名单”制度，建立健全质量诚信联动共享机制，力求通过推进质量诚信建设，着力从根本上提高全社会的质量水平。

围绕山西省转型跨越发展的中心任务，综合运用标准、计量、认证认可等职能，以服务战略性新兴产业发展、传统产业升级改造、转型综改试验区建设为切入点，充分发挥基础战略作用，提升服务发展水平。一是服务新兴产业。紧紧围绕战略性新兴产业发展，加快构建相关地方标准体系、社会公用计量标准和认证认可制度；积极开展检验检测公共技术服务平台建设，加快布局筹建适应山西省新兴产业发展的国家和省级产品质检中心，为促进全省战略性新兴产业健康发展提供有力的技术支撑保障。二是服务产业升级。严格工业产品生产许可证管理，积极扶持符合产业和环保政策的实体经济发展；深入推进循环经济认证工作，加快研究制定循环经济认证标准和规则；全面推进太原、长治、晋城、运城国家循环经济标准化试点城市建设二、三阶段任务落实，健全完善并试运行相应的标准体系，研究建立试点城市的工作机制、推进模式和考核制度；加快循环经济先进技术成果的转化应用，努力带动全省传统产业循环率不断提升，促进传统产业升级改造。三是服务“项目落地”。对山西省转型跨越发展和综改试验区建设引进的重大项目、重点工程，只要涉及质监职能的，都要创优发展环境，在依法行政的原则下，减少审批环节，简化

审批程序，开辟绿色通道，实行上门服务，促进项目落地。继续积极协调，加快国家城市能源计量中心申筹步伐，力争今年获批筹建。全面完成国家煤矿安全计量器具产品质检中心筹建任务，开工建设省级综合检验检测大楼，加快纺织机械、煤层气、玻璃器皿3个国家质检中心建设。

二、注重四个方面，全面落实《纲要》

贯彻落实《纲要》，是今后一个时期我们开展质量工作的行动纲领和工作指南。必须注重把握指导思想，明确主要任务，抓好工作规划，加强协作配合。

首先要把握指导思想，在工作方针上贯彻落实《纲要》。正确的指导思想，是推动质量事业科学发展的坚强保障。要时刻牢记并认真践行“以人为本、安全为先、诚信守法、夯实基础、创新驱动、以质取胜”的指导方针，准确把握质量发展的价值导向、基本要求、重要基石、保障条件、强大动力和核心理念，抓住机遇，乘势而上。要充分发挥质量牵头和主管部门的职能作用，努力推动质量事业的持续发展。要真正把《纲要》的指导思想、工作方针和发展目标，转化为推动质量事业又好又快发展的实际动力。

其次要明确主要任务，在工作方向上贯彻落实《纲要》。要进一步提高质量水平，促进质量发展，为全面建设小康社会和社会主义现代化建设奠定坚实的质量基础，为经济社会可持续发展提供继续前进的动力。要大力强化企业质量主体责任，加强质量监督管理，创新质量发展机制，优化质量发展环境，夯实质量发展基础，实施质量提升工程，重点抓好产品质量、工程质量和服务质量的提升。

第三要紧紧抓住主线，在工作规划上贯彻落实《纲要》。要抓住“坚持以质取胜，建设质量强国”这一主线不放，将质量发展的规划同解决当前山西省突出的质量问题结合起来，突出重点区域、重点领域、重点环节、重点产品和重点人群，有效解决事关公共安全、人身健康和生命财产安全的重点质量问题，夯实质量基础，保障质量安全，促进质量发展。同时，要围绕《纲要》的指导性要求，研究制定山西省建设“质量强省”的具体措施，将《纲要》提出的指导性方针和政策转化为具有针对性和操作性的途径、方法和载体，促进《纲要》的各项目标在山西“落地开花”。

第四要采取有效措施，在加强协作配合上贯彻落实《纲要》。全省质监系统要以全面贯彻落实《纲要》为契机，积极联合发改、经信、农业、住建、工商等部门，大力开展“提升质量水平，打造质量环境”活动。要通过这一活动，进一步加强与各相关部门的沟通，相互协作配合，完善配套措施，切实形成政府主管、质监牵头、部门协作、齐抓共管的工作格局。

（作者为山西省质监局党组书记、局长）

做到三个结合　筑牢一个根基　推动审计事业科学发展

朱登云

以党的十八大精神为引领，紧密结合审计工作实际，把党的各项工作目标和任务落实到具体的审计工作中，对特派办的建设和审计事业的科学发展具有重要意义。

一、做到三个结合，以十八大精神引领审计事业科学发展

审计机关和审计人员在深入学习和贯彻落实十八大精神的过程中，要努力将学习贯彻十八大精神与审计事业发展的实际相结合，与特派办的工作实际相结合，与本人的思想和工作相结合，切实做到以十八大精神统领审计工作实践，敢于担当，勇于进取，不断创新，积极探索。

（一）与审计事业的科学发展相结合，围绕中心，突出重点，加强监督，努力推动实现国家良治。当前和今后一个时期国家审计要以促进全面建成小康社会各项要求落实到位，促进深化改革和制度创新为中心，加大审计力度，突出审计重点，紧紧围绕刘家义审计长提出的十个方面的工作任务，加强审计监督，充分发挥国家审计保障国家经济社会健康运行、推动完善国家治理的作用。审计机关和审计人员要牢固树立科学的审计理念，努力践行科学发展观，使科学发展观在审计工作实践中、在审计工作成果中得到具体体现。要以十八大精神为引领，把思想统一到党的十八大精神上来，认真履行审计监督职责，把党的十八大精神落实到审计事业发展的各项工作中。要在审计实践中，不断总结经验，探索规律，创新审计理念、工作方式和管理制度，通过审计实践不断完善中国特色社会主义审计理论和审计制度。

（二）与特派办的工作实际相结合，解决问题、转变观念、凝心聚力，更好履行审计监督职责。特派办应将党的十八大精神与特派办工作实际紧密结合，将科学发展观贯穿到特派办各项工作的方方面面。切实解决好工作中存在的与科学发展观、与科学审计理念、与审计发展的现实要求不相适应的一系列问题。尤其要重点解决好自觉践行科学发展观、用科学审计理念指导审计工作的思想认识问题；对审计工作所处的重要位置和在推进国家治理中发挥作用

的认识不足问题；对贯彻落实署党组各项工作部署和要求的行动滞后问题；干部队伍业务素质、工作能力、工作水平与工作任务不相适应问题等等。通过有效解决问题，切实把思想统一到党的十八大精神上来，为更好履行审计监督职责打下坚实的基础，为充分发展审计“免疫系统”功能提供重要保证。

（三）与本人的思想和工作相结合，增强责任意识、忧患意识和风险意识，立足岗位，勤勉尽责。每个审计人员应进一步增强责任意识、忧患意识和风险意识，要将十八精神与自己的思想和工作实际相结合，从自己的工作理念、工作能力、工作思路，以及工作方法等各方面，深刻进行自我剖析和检查，认真反思和改进存在的问题和不足。要不断加强自身政治理论学习，用正确的理论武装自己的头脑，用坚实的理论功基指导自己的工作实践。要发扬审计精神，筑牢审计人员核心价值观，坚守审计职业操守。对审计工作中遇到的制度体制机制性问题，要做到理论研究在先；对影响审计工作推进和发展的问题，要做到创新和行动在先；正确处理好荣与辱、得与失、奉献与回报的关系，以自身的实际行动全面履行好审计监督职责。

二、筑牢一个根基，打造高素质的人才队伍，推动特派办的长远发展

党的十八大报告最大的理论亮点和历史贡献就是明确将科学发展观列为党的指导思想。科学发展首先应当是人的发展，只有发展好作为科学发展主体的人，才能真正实现科学发展。就审计事业而言，人才已经成为审计事业科学发展的根基，只有筑牢这一根基，培养一支高素质的审计干部人才队伍，才能为审计事业的不断发展提供必要的组织保证和人才支撑，才能推动特派办的长远发展。

（一）坚持以科学的理念引导审计干部。审计机关应注重引导每个审计人员真正树立起符合科学发展观的审计理念，把科学的发展观转变为科学的审计观。一是要引导审计人员自觉践行科学发展观，增强贯彻落实科学发展观的自觉性、主动性和坚定性。做到以科学发展观为指导，理论联系实践，要在审计项目的实施中充分体现科学发展观的要求；二是引导审计人员牢固树立科学的审计理念，不断深化对审计工作发展规律的认识。要使审计人员深刻理解科学审计理念的内涵，充分认识到国家审计的本质是国家治理这个大系统中一个内生的具有预防、揭示和抵御功能的“免疫系统”，增强审计人员的政治责任感和历史使命感。

（二）坚持以正确的价值观塑造审计干部。审计机关要大力弘扬和积极践行“责任、忠诚、清廉、依法、独立、奉献”的审计人员核心价值观。一是要以正确积极的价值观指导和规范审计人员的行为，引导审计人员正确定位自己的价值取向。二是要以审计人员核心价值观为纽带，领导为点，审计机关为线，审计人员为面，建立由领导、审计机关、审计人员组成的价值观共同体，为实现党的十八大提出的各项工作任务和目标而共同努力。三是要通过“三个合格”的大讨论、保持党的纯洁性学习教育活动、创先争优活动等多种方式，加大审计人员核心价值观的宣传教育力度，让审计人员核心价值观植根于每个人的思想深处，自觉转为其行为的指南，贯彻到审计实践当中。

（三）坚持以多种途径培养审计干部。审计机关必须以科学发展观为引领，分层次、分专业，以多种途径、多种形式对审计人员进行培训，努力培养和造就一批“四手人才”。目前，特派办要按照审计署推行的公务员交流制度，积极的选送干部到党政机关、国有企业、国家重点建设工程等部门和单位，以及审计署系统内部进行多岗位锻炼，使更多干部的工作能力和业务素质得到锻炼。同时，特派办还要结合自身实际，进一步拓宽审计人员的培训渠道，组织好干部专业培训、知识结构培训、宏观知识和研究分析能力的培训，进一步开阔审计干部的视野，提高其综合素养，丰富实践经验，为适应新形势下开展审计工作的新要求，打下坚实的基础。

（四）坚持以健全的机制选拔任用审计干部。干部对一个组织目标能否实现具有极为重要的意义。审计署已经进一步健全和完善了干部选拔制度，如，《审计署关于进一步深化干部人事制度改革加强领导班子及干部队伍建设的意见》、《审计署司处级非领导职务设置和选拔任用工作办法》等等，为特派办组织开展选拔任用工作创造了有利的条件。对此，我们应该严格按照制度规定的程序和要求，通过民主推荐、民主测评、笔试、面试等多种方式相结合，组织实施好干部选拔任用工作，切实做到把品德优异、敢于担当、勇于奉献、勤奋敬业、业绩突出的优秀审计人才充实到领导岗位，充分发挥好他们在推动审计事业发展中的骨干、引领和示范作用。

（五）坚持以有效的方式激励审计干部。要建立健全新形势下与工作业绩紧密联系、充分体现人才价值、有利于激发人才活力、规范有效的审计人才激励机制。审计机关应在对审计人员个人需求进行全面调查、分析和预测的基础上，根据审计机关目前可供使用的有效资源，科学的设计各种激励制度。激励制度不仅包括物质上的激励，更包括精神上的激励。如授予荣誉，提供更多的培训机会和晋升机会，改善工作环境和工作条件，赋予更重要的工作任务，领导给予更多的表扬和尊重等等，都是积极有效的激励方式。

（作者为审计署驻太原特派员办事处党组书记）

抓住干部队伍建设的核心和灵魂

李 菲

思想政治建设是领导班子和干部队伍建设的核心和灵魂。县乡集中换届的圆满完成，为领导班子思想政治建设提供了有利机遇。认真贯彻落实中央、省委精神，我们以“四加强三提升”活动为抓手，强党性、增本领、聚合力、守作风，全面提升领导班子思想政治建设水平，为转型跨越发展提供坚强组织保证。

把理想信念放在首要位置，讲党性，抓学习，加强思想理论建设

强化党性教育。抓住保持党的纯洁性学习教育契机，以“对党忠诚”为主要内容，开展“缅怀先烈、弘扬传统、永葆党的纯洁性”“党的纯洁性”专题讲座、“我与党的纯洁性大讨论”等系列活动，引导领导干部进一步坚定理想信念，树立正确的世界观、人生观、价值观。

强化理论武装。本着“缺什么、补什么”的原则，以集体学习为主要形式，县委中心组带头学习调研，带头研讨交流，党员干部认真学习中国特色社会主义理论体系、社会主义核心价值体系，不断加强党史县情、市场经济、法律法规、项目建设、现代管理等知识的学习。

健全学习制度。坚持理论联系实际，建立健全中心组学习制度、主题教育制度、领导干部讲党课制度、考核评价制度。每个班子每年开展一次主题教育活动，每位领导干部每年讲两次党课。

把能力素质作为核心内容，谋发展，抓落实，加强执政能力建设

提高战略思维能力。积极落实干部调训任务，定期进行外出办班，邀请知名专家、学者举办讲座，引导领导干部洞悉形势、研究政策、科学决策，善于在纷繁复杂的经济社会现象中认识和把握客观规律，立足转型综改试验区建设，科学定位发展目标，科学谋划发展思路，科学制定发展举措，尽可能地用足产业政策，拓展发展空间。

提高落实执行能力。实行县级领导“三包三联”制度，建立健全领导干部工作岗位目标责任制，细化分解任务指标，实行外派干部挂职锻炼，重点加强关键岗位和重要部门领导干部能力培训，探索建立领导干部正常交流和班子成员分工变动机制，鼓励领导干部立足本职岗位抢抓机遇，在实践中增长才干。

提高创新发展能力。着力推进思想创新、组织创新、制度创新和方法创新，以项目落地年为契机，大力招商引资，开展“创新项目”评选活动，对在招商引资和创新发展上作出突出贡献的单位和个人优先提拔重用，从而有效突破发展瓶颈，扫除发展障碍，提高干部的改革创新和克难攻坚能力。

提高服务群众能力。注重在深入实际深入群众中提高领导班子能力。坚持和完善领导干部“三包三联”、调查研究和包村增收制度，每位班子成员联系一个贫困村、帮扶一户困难户，每年为联系村和包联户办1—2件实事，解决1—2个热点难点问题。

把民主集中制作为主要方法，建制度，强合力，加强民主集中制建设

加强民主集中制教育。教育引导领导干部把民主集中制，作为一门科学、一门艺术和一种根本方法，来认识、来学习，真正把握民主集中制的内涵、原则、方法和要求，提高班子成员对民主集中制的认识水平和运用能力。

建立高效运行机制。严格执行民主集中制各项规定，在科学发展大局下，“一把手”要带头执行民主集中制，善于实行民主与集中的统一、分工与合作的统一。要健全完善民主议事规则，探索实行重大事项决策论证制度和社会公示制度，凡是涉及长远发展规划、重大项目投资、重要人事任免等事项，都必须坚持集体领导、民主集中、个别酝酿、会议决定，实行集体研究、民主决策。班子成员间要相互尊重、相互信任、相互沟通、相互支持，做到分工不分家、补台不拆台。

落实民主生活会制度。把批评与自我批评作为解决班子自身问题、促进班子团结的手段，班子成员要自觉参加班子民主生活会，以普通党员身份定期参加党员组织生活会，认真加强会后整改。要建立经常性的交流沟通机制，定期组织谈心谈话活动，推行提醒谈话制度，及时改进不足。

把严明纪律作为重要保证，严要求，树形象，加强纪律作风建设

提高自我约束能力。切实严肃政治纪律、组织纪律、群众纪律、工作纪律，始终与党中央和上级党组织保持高度一致，保证上下一致、政令畅通；自觉维护群众利益，反对自由散漫，进一步弘扬正气，端正风气。

切实改进工作作风。大力倡导求真务实、真抓实干、立说立行、雷厉风行的工作作风，健全调查研究制度，坚

持和完善基层工作日志制度、接待日制度，加大治懒治庸力度，实行日常记事、年度考核，开展群众满意度测评，把测评结果作为年终考核的重要依据。

促进领导干部廉洁从政。认真落实党风廉政建设“一岗双责”制度，严格执行重大事项报告、述职述廉、诫勉谈话、函询和质询等制度，进一步加大违纪违法案件查处力度，拓宽监督渠道。

（作者为中共古县县委书记）

促进土地节约集约利用的对策

邢　斌

节约是相对于浪费而言（针对无偿）；集约是相对于粗放而言（针对有偿）。节约、集约用地包括三层含义：一是节约用地就是各项建设都要尽量节省用地，千方百计地不占或少占耕地；二是集约用地，就建设用地而言，就是每宗建设用地必须提高投入产出的强度，提高土地利用的集约化程度；三是通过整合置换和储备，合理安排土地投放的数量和节奏，改善建设用地结构和布局，挖掘用地潜力，提高土地的配备和利用的效率。

对策一：突出规划引领，统筹土地利用格局。

注重与专项规划相结合，将土地利用总体规划与交通、水利、城建等各项基础设施专项规划相衔接、相叠加，科学划定重点项目建设用地区域，为今后重点项目落地创造条件；注重与土地整理和实施挂钩工作相结合，结合空心村整治、高标准基本农田建设，确保耕地保有量不减少、质量有提高，充分利用农村建设用地分散、闲置和空间较大的特点，开展增减挂钩试点工作，挖掘农村存量、空间、废弃建设用地，调整用地布局，优化用地结构，促进村庄合并，统筹城乡建设用地；注重与节约集约用地、高效利用土地资源相结合，结合产业布局规划，调整工业和农业用地的空间布局，引导各类项目向经济圈、产业园区集中，推动布局集中、产业集聚、用地集约。

对策二：加强全程调控，严把土地利用关口。

严把项目预审关，建立项目申报预审制度，严控土地供应“闸口”，把好项目立项关、投资规模关、投资强度关、建筑系数关，从源头上控制低水平重复建设，力保重大项目和土地投入产出高的项目用地，使用地指标彰显经济效益最大化；严把土地供应关，坚持“区别对待，有保有压”土地供应政策，对投资强度达不到要求的项目或固定资产投资低的项目不再单独供地；严把合同签订履行关，加强土地出让合同履约管理和建设用地审批后的跟踪管理，对所有新供地项目实行跟踪管理，确保按照土地管理法律法规的有关规定和土地出让合同约定的要求用地，并将建设用地批后监管纳入有关部门和乡镇的年度岗位目标考核内容，真正将项目监督管理工作落到实处。

对策三：坚持多措并举，保障土地利用需求。

按照“管住总量、扩大增量、盘活存量、节约集约”的原则，多途径挖掘土地资源，保障土地有效供给。一方面力求扩大增量，在用好、用活计划指标的同时，大力推进城乡建设用地增减挂钩工作。另一方面注重盘活存量，全面清查，摸清底数，对闲置、抛荒的土地，按国家规定一律予以收回，缓解土地要素制约。对新批项目督促其尽快开工，重点抓好到位率，无特殊情况不再办理延期手续；对已办土地证但未开工的项目限期要求开工，在规定期限内未开工的项目，依法收回土地；对征而未用、征而少用，土地闲置超过规定期限的征收土地闲置费或依法收回土地使用权；对尚不构成收回条件的闲置土地，通过整合、调剂、置换等各种手段加以盘活，深度挖掘现有土地资源潜力，做到“寸土必尽其用”。

对策四：加强执法检查，健全土地利用监管。

着力推动执法联动，完善部门执法联动机制，持续开展用地情况执法检查，以清理闲置土地和治理违规用地为切入点，严肃查处土地出让领域的违纪违法案件，一案一策，动真碰硬，切实提高土地执法监察工作实效；不断加大执法巡查，探索建立国土资源违法违规举报奖励和村级土地执法协查员和信息员制度，定期不定期地开展执法巡查，确保对各类违法违规用地行为做到早发现、早报告、早制止，有效预防国土资源违法行为发生，真正做到“地动我知”；积极开展执法创建，扎实开展创建执法模范乡（镇）活动，抓住“按时告知”和“按期答复”两个重点，积极稳妥地处理土地信访问题，落实首问负责、责任追究和领导包案制，形成“统一领导、部门配合、标本兼治、齐抓共管”的土地信访新格局，促进用地秩序不断规范。

对策五：广泛开展宣传，营造良好社会氛围。

通过“矿产资源法颁布日”“世界地球日”“全国土地日”“全国法制宣传日”多渠道的宣传，使政府各部门及社会各界深入了解国土资源节约集约利用的相关理念和工作要求，进一步增强节约集约用地意识，营造良好的节约集约用地社会氛围，形成保护资源、合理使用集约用地的强大合力。

（作者为大同县人民政府县长）

人事变动

省委

1月5日　杜善学同志任省委秘书长

1月5日　免去李政文同志省委秘书长职务

5月26日　免去王铁选同志省委副秘书长职务

9月14日　冯建平同志任省委副秘书长

省人大专门委员会、工作机构

1月5日　李政文同志任省人大常委会党组副书记

1月5日　免去杨安和同志省人大常委会党组副书记职务

1月6日　亢官文同志任省人大常委会副秘书长

1月6日　李宝卿同志任省人大财政经济委员会副主任委员

1月6日　王玉明、樊挚敏同志任省人大常委会预算工作委员会副主任

1月6日　免去王玉明同志省人大常委会研究室副主任职务

1月14日　省人大常委会杨安和同志退休

3月28日　谢海同志任省人大财政经济委员会副主任委员

3月28日　王满春同志任省人大常委会法制工作委员会副主任

3月28日　杨波同志任省人大常委会教育科学文化卫生工作委员会主任

3月28日　王茂林同志任省人大常委会教育科学文化卫生工作委员会副主任

3月28日　刘巩同志任省人大常委会农村工作委员会主任

3月28日　王国正同志任省人大常委会城乡建设环境保护工作委员会副主任

3月28日　免去王树林同志省人大常委会教育科学文化卫生工作委员会主任职务

3月28日　免去吕德功同志省人大常委会农村工作委员会主任职务

3月28日　免去高志俊同志省人大常委会城乡建设环境保护工作委员会副主任职务

3月28日　免去邢燕芬同志省人大常委会人事代表工作委员会副主任职务

3月31日　张世文同志任省人大常委会法制工作委员会副主任（正式任职）

3月31日　宋伟同志任省人大常委会研究室副主任（正式任职）

5月14日　张立新同志任省人大财政经济委员会副主任委员（正式任职）

5月14日　免去王志青同志省人大法制委员会副巡视员职务，退休

5月25日　李仁和同志任省人大常委会党组成员

5月25日　免去朱明同志省人大常委会党组成员职务

5月31日　免去朱明同志省人大常委会代表资格审查委员会副主任委员职务

5月31日　刘巩、杨波同志任省人大常委会代表资格审查委员会委员

5月31日　免去王树林、邢燕芬、吕德功同志省人大常委会代表资格审查委员会委员职务

5月31日　李仁和同志任省人大常委会副秘书长

5月31日　梁权同志任省人大常委会教育科学文化卫生工作委员会副主任

5月31日　免去王立业同志省人大常委会副秘书长职务

8月29日　免去陈继民同志省人大内务司法委员会副巡视员职务，退休

9月28日　郭贵春同志任省人大常委会教育科学文化卫生工作委员会副主任

9月28日　董常生同志任省人大常委会农村工作委员会副主任

9月28日　免去樊挚敏同志省人大常委会预算工作委员会副主任职务

省政府

6月21日 刘杰同志任省长助理
6月25日 刘杰同志任省政府党组成员
6月25日 免去杨司同志省政府党组成员职务
12月19日 李小鹏同志代理山西省省长
12月21日 李小鹏同志任省政府党组书记
12月21日 免去王君同志省政府党组书记职务

省政协

1月5日 张茂才同志任省政协党组成员
1月15日 免去赵宏生同志省政协副厅级秘书职务
2月24日 刘道友同志任省政协经济和人口资源环境委员会巡视员
5月14日 免去高称心同志省政协经济和人口资源环境委员会副巡视员职务，退休
9月14日 阎贵林同志任省政协提案委员会副主任（正式任职）
9月14日 张建全同志任省政协教科文卫体委员会副主任（正式任职）
9月14日 免去王建华同志省政协调研室巡视员职务，退休
11月16日 省政协的丁杰同志退休

省纪委

3月26日 免去李正印同志省纪委副书记、常委职务

省纪委工作机构

2月24日 王珍同志任省纪律检查委员会副厅级室主任
2月24日 张勇、李方同志任省纪律检查委员会副厅级室主任（试用期一年）
2月24日 郭晋刚、赵润喜同志任省纪律检查委员会副厅级室主任（正式任职）
5月14日 免去孙锡平同志省纪律检查委员会副厅级室主任职务，退休
8月29日 免去李先之同志省纪律检查委员会副巡视员职务，退休
9月14日 马彪同志任省纪律检查委员会副厅级室主任（试用期一年）
9月14日 免去陈晓敏同志省纪律检查委员会副厅级检查员职务，退休
11月16日 省纪律检查委员会石正民同志退休
12月21日 免去任吾玺同志省纪律检查委员会副厅级检查员职务，退休

省高级人民法院

1月15日 免去孙继东同志省高级人民法院巡视员职务，退休
3月28日 免去孙继东同志省高级人民法院审判员职务
5月25日 免去罗锁堂同志省高级人民法院党组成员职务
5月25日 朱明、刘冀民同志任省高级人民法院党组副书记（正厅长级）
5月25日 张继荣、仇拉锁同志任省高级人民法院审判委员会专职委员（试用期一年）
5月25日 罗锁堂同志任省高级人民法院巡视员
5月25日 刘炳发、郑召才同志任省高级人民法院副巡视员
5月25日 免去梁权同志省高级人民法院党组副书记职务
5月25日 免去罗锁堂同志省高级人民法院审判委员会专职委员职务
5月31日 朱明同志任省高级人民法院副院长、审判委员会委员
5月31日 免去梁权同志省高级人民法院副院长、审判委员会委员职务
5月31日 免去罗锁堂同志省高级人民法院审判委员会委员职务
7月29日 王志刚同志任省高级人民法院党组成员
7月30日 张远光同志任省高级人民法院审判委员会专职委员
9月28日 王志刚同志任省高级人民法院副院长、审判委员会委员
9月28日 张远光同志任省高级人民法院审判委员会委员、审判员
11月29日 刘合廷同志任省高级人民法院审判员
11月29日 免去陶萍、庄新平同志省高级人民法院审判员职务
12月19日 免去陶萍同志省高级人民法院刑事审判第一庭副庭长职务
12月19日 免去张丽雅同志省高级人民法院审判员职务

省人民检察院

1月15日 杨司同志任省人民检察院党组书记
1月15日 免去王建明同志省人民检察院党组书记职务
2月23日 免去李勃同志省人民检察院党组成员职务
2月24日 李勃同志任省人民检察院巡视员
2月24日 免去郭成江同志省人民检察院副厅级检察员职务，退休
3月28日 李勃同志任省人民检察院检察员
3月28日 免去王满春、李勃同志省人民检察院副检察长、检察委员会委员职务
3月28日 免去郭成江同志省人民检察院检察员职务

3月30日 胡克勤同志任省人民检察院党组成员
3月30日 免去周茂玉同志省人民检察院党组成员职务
3月31日 胡克勤同志任省人民检察院反贪污贿赂局局长（副厅长级）
3月31日 赵相成、王建中同志任省人民检察院检察委员会专职委员
3月31日 免去周茂玉同志省人民检察院反贪污贿赂局局长（副厅长级）职务
5月13日 免去谢鹏程同志省人民检察院党组成员（挂职）职务
5月14日 免去平新科同志省人民检察院副厅级检察员职务，退休
5月25日 王国宏同志任省人民检察院党组成员
5月25日 文晓平、荣彰同志任省人民检察院党组副书记（正厅长级）
5月31日 秦文峰、胡克勤、赵相成、王建中同志任省人民检察院检察委员会委员、检察员
5月31日 张国强、汤德意同志任省人民检察院检察员
5月31日 免去谢鹏程同志省人民检察院副检察长、检察委员会委员职务
5月31日 免去周茂玉同志省人民检察院检察委员会委员、检察员职务
5月31日 免去平新科、孙晋枝、苑涛、丁毅同志省人民检察院检察员职务
7月30日 武传慧同志任省人民检察院政治部主任（正式任职）
9月28日 王国宏同志任省人民检察院副检察长、检察委员会委员
11月29日 免去赵相成同志省人民检察院检察委员会委员、检察员职务
12月19日 免去刘良善同志省人民检察院检察员职务
12月21日 张仲马同志任省人民检察院巡视员

省委工作部门

1月15日 免去张建平同志省委办公厅副巡视员职务，退休
2月24日 闫志强同志任省委巡视工作办公室副主任（副厅长级，试用期一年）
2月24日 罗民同志任省委巡视组副厅级巡视专员（试用期一年）
3月19日 杨森林同志任中共山西省委巡视工作领导小组成员
3月19日 刘巩同志不再担任中共山西省委巡视工作领导小组成员职务
3月30日 闫喜春同志任省委政法委员会委员
3月30日 闫喜春同志任省综治办副主任（副厅长级）
3月31日 韩道亮同志任省委办公厅副巡视员
3月31日 李高山同志任省委宣传部常务副部长
3月31日 免去杨波同志省委宣传部常务副部长职务
3月31日 免去李福明同志省委宣传部副部长（正厅长级）职务
3月31日 免去樊盛武、李云平同志省委统战部副部长职务
3月31日 樊盛武同志任省委统战部巡视员
3月31日 薛永辉同志任省委政法委员会副书记
3月31日 免去郭康锋同志省直属机关工作委员会副书记职务
3月31日 贺国琳、宁建平同志任省机构编制委员会办公室副巡视员
3月31日 省委统战部李云平同志退休
3月31日 免去李曾贵同志省委政法委员会委员职务
3月31日 免去李曾贵同志省综治办副主任（副厅长级）职务
5月14日 王建成同志任省直属机关工作委员会副书记（试用期一年）
5月14日 杨临生同志任省委统战部副部长
5月14日 免去边根棠同志省委统战部副部长职务
5月14日 尹天五同志任省委宣传部副部长（正式任职）
5月25日 王铁选同志任省直属机关工作委员会书记
5月25日 免去李仁和同志省直属机关工作委员会书记职务
6月19日 刘杰同志任省委政法委员会委员
6月20日 郭健同志任省委宣传部副部长
6月20日 孟安邦、韦川东同志任省委宣传部副巡视员
6月20日 免去李富林同志省委政法委员会常务副书记职务
6月20日 免去李富林同志省社会管理综合治理委员会办公室主任职务
7月30日 张云泽同志任省委统战部副部长（试用期一年）
7月30日 李志兰同志任省委统战部副巡视员
7月30日 周淑俊同志任省直属机关工作委员会副巡视员
7月30日 刘精瑛同志任省委巡视工作办公室副主任（副厅长级，试用期一年）
7月30日 吕海燕、赵志祥同志任省委巡视工作办公室副厅长级巡视专员（试用期一年）
7月30日 史保红同志任省委巡视组副厅长级巡视专员（正式任职）
9月14日 刘建义同志任省委办公厅副巡视员
9月14日 免去牛榆生同志省委办公厅副厅级督查专员职务
9月14日 省机构编制委员会何令祚同志退休
11月16日 免去石正民同志省委巡视组组长职务
11月16日 免去武振力同志省委巡视组副组长职务
11月16日 省委组织部武振力同志退休
12月21日 王树奇同志任省机构编制委员会办公室副主任（正式任职）
12月21日 免去李建芳同志省委政策研究室副巡视员职务，退休

省委部门管理机构

1月15日 王进军、张建平同志任省委省政府信访局副局长（正式任职）
2月24日 免去汪炳元同志省委“610”办公室副巡视员职务，退休
3月31日 免去崔义同志省委省政府信访局副巡视员职务，退休
3月31日 免去李福明同志兼任的省精神文明建设指导委员会办公室主任职务
5月14日 史保兴同志任省委省政府信访局副巡视员
5月14日 免去刘仰良同志省委老干部局副局长职务，退休
5月26日 免去王铁选同志省委“610”办公室主任职务
7月29日 赵威同志任省委机要局（省国家密码管理局）副局长
7月29日 刘炜东同志任省国家保密局总工程师（正式任职）
9月14日 冯建平同志任省委“610”办公室主任

省政府组成部门

1月5日 王赋同志任省发展和改革委员会党组书记
1月5日 免去李宝卿同志省发展和改革委员会党组书记职务
1月5日 胡玉亭同志任省经济和信息化委员会党组书记
1月5日 免去洪发科同志省经济和信息化委员会党组书记职务
1月5日 李俊明同志任省住房和城乡建设厅党组书记
1月5日 免去王国正同志省住房和城乡建设厅党组书记职务
1月5日 李平社同志任省农业厅党组书记、省委农村工作领导组办公室主任
1月5日 免去孙连珠同志省农业厅党组书记、省委农村工作领导组办公室主任职务
1月5日 免去王克建同志省经济和信息化委员会党组成员职务
1月5日 免去任在刚同志省住房和城乡建设厅党组成员职务
1月15日 郭燕平同志任省住房和城乡建设厅副厅长（正式任职）
1月15日 省经信委郭效义、王建华同志退休
1月16日 冯改朵同志任省监察厅厅长
1月16日 免去杨森林同志省监察厅厅长职务
2月20日 胡荣华同志任省经济和信息化委员会副主任、省中小企业局局长
2月20日 免去王克建同志省经济和信息化委员会副主任、省中小企业局局长职务
2月20日 免去胡荣华同志省经济和信息化委员会总工程师职务
2月20日 免去任在刚同志省住房和城乡建设厅副厅长职务
2月20日 免去郭效义、王建华同志省经济和信息化委员会副巡视员职务
2月23日 边智慧同志任省公安厅党委委员
2月23日 王学东同志任省环境保护厅党组成员
2月23日 张培良同志任省教育厅党组成员
2月24日 张培良同志任省高校工委副书记（试用期一年）
2月24日 免去畅日宝同志省高校工委副书记职务
2月24日 省教育厅史富泉同志退休
2月24日 省住建厅郝增元同志退休
2月24日 省商务厅高文平同志退休
3月16日 畅日宝同志任省教育厅巡视员
3月16日 安凡太同志任省公安厅技术侦察总队总队长（副厅长级，试用期一年）
3月16日 秦富明同志任省公安厅经济犯罪侦查总队总队长（副厅长级，试用期一年）
3月16日 戎劲光同志任省公安厅国内安全保卫总队总队长（副厅长级，试用期一年）
3月16日 穆如祥同志任省公安厅副巡视员
3月16日 李轶、陈满屯同志任省民政厅副巡视员
3月16日 任建中同志任省林业厅副厅长
3月16日 谢红同志任省卫生厅副厅长
3月16日 免去史富泉同志省教育厅巡视员职务
3月16日 免去郝增元同志省住房和城乡建设厅副巡视员职务
3月16日 免去任建中同志省林业厅总工程师职务
3月16日 边智慧同志任省公安厅副厅长
3月16日 句轶旺同志任省司法厅副厅长
3月16日 王学东同志任省环境保护厅副厅长（试用期一年）
3月28日 王赋同志任山西省发展和改革委员会主任
3月28日 胡玉亭同志任省经济和信息化委员会主任
3月28日 李俊明同志任省住房和城乡建设厅厅长
3月28日 李平社同志任省农业厅厅长
3月28日 免去李宝卿同志省发展和改革委员会主任职务
3月28日 免去洪发科同志省经济和信息化委员会主任职务
3月28日 免去王国正同志省住房和城乡建设厅厅长职务
3月28日 免去孙连珠同志省农业厅厅长职务
3月30日 赵友亭同志任省发展和改革委员会党组成员
3月30日 免去赵友亭同志省住房和城乡建设厅党组成员职务

3月30日 安尼瓦尔·买买提同志任省人力资源和社会保障厅党组成员（挂职）
3月31日 省民政厅王虎威同志退休
3月31日 省国土厅张晓岭同志退休
3月31日 免去李春荣同志省纪委驻文化厅纪检组组长职务
4月10日 赵友亭同志任省发展和改革委员会副主任
4月10日 李春荣同志任省文化厅巡视员
4月10日 免去王虎威同志省民政厅副巡视员职务
4月10日 免去张晓岭同志省国土资源厅副巡视员职务
4月10日 安尼瓦尔·买买提同志任省人力资源和社会保障厅副厅长（挂职）
5月13日 免去牛镇跃同志省发展和改革委员会党组成员职务
5月13日 免去刘四龙同志省环境保护厅党组成员职务
5月14日 免去赵晶同志省高校工委巡视员职务
5月14日 解放庆同志任省水利厅副厅长（正式任职）
5月14日 姚逊同志任省人力资源和社会保障厅副厅长（正式任职）
5月14日 常书铭同志任省水利厅副厅长（正式任职）
5月14日 张云龙同志任省林业厅总规划师（正式任职）
5月14日 省教育厅（省高校工委）赵晶同志退休
5月14日 省发改委牛镇跃、许一青同志退休
5月14日 省公安厅张世新同志退休
5月14日 省财政厅王永福同志退休
5月14日 省住建厅张立光、赵建宏同志退休
5月14日 省环保厅刘四龙、吕步云同志退休
5月14日 省水利厅武双海同志退休
5月14日 鞠振同志任省政府外事侨务办公室副主任（正式任职）
6月19日 免去刘惠民同志省教育厅党组成员职务
6月19日 免去孙兆岚同志省商务厅党组成员职务
6月19日 免去岳盛林同志的省国土资源厅党组成员职务
6月20日 刘杰同志任省公安厅党委书记
6月20日 免去杨司同志省公安厅党委书记职务
6月20日 免去岳盛林同志省纪委驻国土资源厅纪检组组长职务
6月20日 免去孙兆岚同志省纪委驻商务厅纪检组组长职务
6月20日 王舒袖同志任省纪委驻文化厅纪检组组长（试用期一年）
6月20日 省司法厅郭殿生同志退休
6月20日 省人社厅王新峰同志退休
6月21日 张存登同志任省发展和改革委员会巡视员
6月21日 李和平同志任省卫生厅副巡视员
6月21日 免去牛镇跃、许一青同志省发展和改革委员会副巡视员职务
6月21日 免去张世新同志省公安厅副巡视员职务
6月21日 免去王永福同志省财政厅副巡视员职务
6月21日 免去吕步云同志省环境保护厅副巡视员职务
6月21日 免去张立光同志省住房和城乡建设厅巡视员职务
6月21日 免去赵建宏同志省交通运输厅巡视员职务
6月21日 免去武双海同志省水利厅副巡视员职务
6月21日 免去刘四龙同志省环境保护厅副厅长职务
6月21日 潘志勇、苏广宇同志任省科学技术厅副巡视员
6月21日 刘惠民同志任省教育厅巡视员
6月21日 岳盛林同志任省国土资源厅巡视员
6月21日 孙兆岚同志任省商务厅巡视员
6月21日 免去刘惠民同志省教育厅副厅长职务
6月21日 免去郭殿生同志省司法厅巡视员职务
6月21日 免去王新峰同志省人力资源和社会保障厅副巡视员职务
6月21日 方建农同志任省政府外事侨务办公室副巡视员
7月26日 刘杰同志任山西省公安厅厅长
7月26日 免去杨司同志山西省公安厅厅长职务
7月29日 薛忠晋同志任省经济和信息化委员会党组成员
7月29日 免去郭正义同志省水利厅党组成员职务
7月29日 免去乔亮生同志省商务厅党组成员职务
7月29日 刘虎山同志任省林业厅党组成员
7月29日 王宇魁同志任省煤炭工业厅党组成员
7月30日 窦明生同志任省文化厅副厅长（正式任职）
7月30日 省水利厅范晓兵同志退休
8月16日 乔亮生同志任省商务厅巡视员
8月16日 免去乔亮生同志省商务厅副厅长、省投资促进局局长职务
8月16日 薛忠晋同志任省经济和信息化委员会总工程师（试用期一年）
8月16日 樊文彬、窦林琪同志任省经济和信息化委员会副巡视员
8月16日 李书平同志任省国家安全厅对外情报局局长（副厅长级，试用期一年）
8月16日 姚志飏、李有诚同志任省国家安全厅副巡视员
8月16日 李力同志任省水利厅副厅长
8月16日 郭正义同志任省水利厅巡视员
8月16日 刘虎山同志任省林业厅总工程师（试用期一年）
8月16日 尹福建同志任省林业厅副巡视员
8月16日 王宇魁同志任省煤炭工业厅副厅长（试用期一年）
8月16日 免去郭正义同志省水利厅副厅长职务
8月16日 免去李力同志省水利厅总工程师职务
8月16日 免去范晓兵同志省水利厅副巡视员职务
8月16日 免去刘虎山同志省林业厅副巡视员职务
8月16日 免去刘广德同志省卫生厅巡视员职务
8月28日 朱鹏同志任省经济和信息化委员会党组成员

8月28日　李凤岐同志任省卫生厅党组成员
8月29日　省住建厅刘玉坤同志退休
8月29日　省水利厅裴群同志退休
8月29日　省卫生厅乔连厚同志退休
9月13日　吴俊清同志任省教育厅党组成员
9月13日　郭英杰同志任省国土资源厅党组成员
9月13日　张建中同志任省水利厅党组成员
9月13日　牛榆生同志任省商务厅党组成员
9月13日　免去张志仁同志省政府外事侨务办公室党组成员职务
9月14日　吴俊清同志任省高校工委副书记（正厅长级）
9月14日　郭英杰同志任省纪委驻国土资源厅纪检组组长
9月14日　牛榆生同志任省纪委驻商务厅纪检组组长
9月14日　常国华同志任省财政厅总会计师（正式任职）
9月14日　张晓玲同志任省司法厅纪委书记（正式任职）
9月14日　王来平同志任省商务厅副厅长（正式任职）
9月14日　省国土厅李光明同志退休
9月27日　郝培亮、李锦生同志任省住房和城乡建设厅副厅长
9月27日　张建中同志任省水利厅总工程师（试用期一年）
9月27日　李润山同志任省水利厅副巡视员
9月27日　免去李光明同志省国土资源厅副巡视员职务
9月27日　免去郝培亮同志省住房和城乡建设厅总工程师职务
9月27日　免去李锦生同志省住房和城乡建设厅总规划师职务
9月27日　免去张志仁同志省政府外事侨务办公室副主任职务
11月16日　免去牛来有同志省国土资源厅党组成员职务
11月16日　省林业厅周洪同志退休
11月16日　省财政厅崔春香同志退休
11月16日　省公安厅高照、冯斌同志退休
11月16日　省民政厅李轶同志退休
12月20日　李玉生同志任省公安厅党委委员
12月20日　免去燕和平、李太平同志省公安厅党委委员职务
12月20日　免去李玉生同志省国家安全厅党委委员职务
12月20日　李太平同志任省民政厅党组成员
12月20日　李成先同志任省国土资源厅党组成员
12月20日　刘军同志任省环境保护厅党组成员
12月20日　免去李成先同志省煤炭工业厅党组成员职务
12月20日　张勤学同志任省交通厅党组成员（兼）
12月21日　张跃建同志任省商务厅党组副书记
12月21日　翟新山同志任省司法厅政治部主任（副厅长级）（正式任职）
12月21日　省卫生厅高生华同志退休

省政府直属特设机构

2月24日　宋世华同志任省国有企业监事会主席（正式任职）
8月16日　免去王孟传同志省国有企业监事会主席职务
8月16日　王孟传同志任省国有资产监督管理委员会巡视员
9月14日　曹慧昌同志任省政府国有资产监督管理委员会副主任（正式任职）

省政府直属机构

1月15日　张亥生同志任省纪委驻质量技术监督局纪检组组长（正式任职）
1月15日　薛愿兵同志任省纪委驻粮食局纪检组组长（正式任职）
1月15日　侯文禄同志任省宗教事务局（省民族宗教事务委员会）副局长（副主任）（正式任职）
1月15日　梁若皓同志任省政府机关事务管理局副局长（正式任职）
1月15日　姚十保同志任省纪委驻旅游局纪检组组长（正式任职）
1月15日　省质监局齐炳新同志退休
1月15日　省人防办裴洪涛同志退休
2月20日　刘贵海同志任省新闻出版局（版权局）副巡视员
2月20日　免去齐炳新同志省质量技术监督局副巡视员职务
2月20日　免去裴洪涛同志省人民防空委员会办公室巡视员职务
2月20日　免去郭效义、王建华省经济和信息化委员会副巡视员职务
2月23日　免去牛银虎同志省粮食局党组成员职务
2月24日　张建华同志任省纪委驻统计局纪检组组长（正式任职）
2月24日　省粮食局姚允民同志退休
3月16日　牛银虎同志任省粮食局巡视员
3月16日　吴体刚同志任省新闻出版局（版权局）副局长（试用期一年）
3月16日　免去姚允民同志省粮食局巡视员职务
3月16日　免去牛银虎同志省粮食局副局长职务
3月16日　免去吴体刚同志省新闻出版局（版权局）副巡视员职务
3月30日　李春泽同志任省粮食局党组成员
3月31日　李春泽同志任省纪委驻粮食局纪检组组长（试用期一年）
3月31日　免去薛愿兵同志省纪委驻粮食局纪检组组长职务

3月31日 省政府机关事务管理局王培英同志退休

3月31日 省中小企业局王锐勇同志退休

4月10日 薛愿兵同志任省粮食局副局长

4月10日 免去王培英同志省政府机关事务管理局副巡视员职务

5月14日 郭海刚同志任省宗教事务局（省民族事务委员会）党组书记

5月14日 免去边根棠同志省宗教事务局（省民族事务委员会）党组书记职务

5月14日 杨临生同志任省非公有制经济组织工作委员会副书记（兼）

5月14日 免去郭海刚同志省非公有制经济组织工作委员会副书记（兼）职务

5月14日 薛荣同志任省广播电影电视局副局长（正式任职）

5月14日 杜荣同志任省纪委驻体育局纪检组组长（正式任职）

5月14日 王振宇同志任省工商行政管理局副局长

5月14日 尹乃明同志任省质量技术监督局总工程师（正式任职）

5月14日 李和林同志任省广播电影电视局总工程师（正式任职）

5月14日 黄继忠同志任省文物局总工程师（正式任职）

5月14日 省地税局牛晋华同志退休

5月14日 省工商局段贵龙同志退休

5月14日 省安监局刘晋英同志退休

5月14日 省宗教局（省民委）郝中树同志退休

6月21日 郭海刚同志任省宗教事务局（省民族事务委员会）局长（主任）

6月21日 庞剑波、段晋峰同志任省广播电影电视局副巡视员

6月21日 戎晓峰、马爱民同志任省新闻出版局（版权局）副巡视员

6月21日 免去边根棠同志省宗教事务局（省民族事务委员会）局长（主任）职务

6月21日 免去牛晋华同志省地方税务局副巡视员职务

6月21日 免去段贵龙同志省工商行政管理局副巡视员职务

6月21日 免去刘晋英同志省安全生产监督管理局巡视员职务

6月21日 免去郝中树同志省宗教事务局（省民族事务委员会）巡视员职务

8月29日 省政府机关事务管理局王奇英同志退休

9月13日 张亥生同志任省地方税务局党组成员

9月13日 免去郭英杰同志省地方税务局党组成员职务

9月13日 田永明同志任省质量技术监督局党组成员

9月13日 免去张亥生同志省质量技术监督局党组成员职务

9月14日 张亥生同志任省纪委驻地方税务局纪检组组长

9月14日 免去郭英杰同志省纪委驻地方税务局纪检组组长职务

9月14日 田永明同志任省纪委驻质量技术监督局纪检组组长（试用期一年）

9月14日 免去张亥生同志省纪委驻质量技术监督局纪检组组长职务

9月14日 李贵同志任省旅游局副局长（正式任职）

9月14日 相里岩同志任省纪委驻人民防空委员会办公室纪检组组长（正式任职）

12月20日 免去刘军同志省质量技术监督局党组成员职务

12月20日 免去张跃建同志省地方税务局党组成员职务

12月21日 霍红义同志任省安全生产监督管理局党组书记

12月21日 免去张根虎同志省安全生产监督管理局党组书记职务

12月21日 胡凤莲同志任省工商行政管理局总会计师（正式任职）

12月21日 马春生同志任省纪委驻工商行政管理局纪检组组长兼省非公有制经济组织工委纪委书记（正式任职）

12月21日 王国强同志任省质量技术监督局副局长（正式任职）

12月21日 周计伟同志任省纪委驻省政府法制办公室纪检组组长（正式任职）

省政府部门管理机构

1月5日 胡荣华同志任省中小企业局党组书记

1月5日 免去王克建同志省中小企业局党组书记职务

1月15日 孟希雄同志任省政府应急管理办公室专职副主任（副厅长级）（正式任职）

1月20日 王华艳同志任省监狱管理局副局长（保留原待遇）

2月23日 免去刘敏、王丕谟同志省公安厅交通管理局（省交通警察总队）党委委员职务

2月24日 尹喜平同志任省公安厅交通管理局（省交通警察总队）党委书记（试用期一年）

2月24日 免去边智慧同志省公安厅交通管理局（省交通警察总队）党委书记职务

3月16日 尹喜平同志任省公安厅交通管理局（省交通警察总队）局长（总队长）（试用期一年）

3月16日 免去边智慧同志省公安厅交通管理局（省交通警察总队）局长（总队长）职务

3月16日 刘敏、王丕谟同志任省公安厅交通管理局（省交通警察总队）副巡视员

3月16日 免去贠亚明同志省食品药品监督管理局总检验师（保留副厅长级待遇）职务

3月16日　贠亚明同志任省食品药品监督管理局副局长（保留副厅长级待遇）
3月16日　免去谢红同志省食品药品监督管理局副局长（保留副厅长级待遇）职务
3月16日　赵建生同志任省农业综合开发办公室主任（副厅长级，试用期一年）
3月31日　省监狱管理局赵雪英同志退休
4月8日　免去刘敏、王丕谟同志省公安厅交通管理局（省交通警察总队）副局长（副总队长）职务
4月10日　师跃进同志任省就业服务局局长
4月10日　贺德孝同志任省社会保险局局长
4月10日　免去赵雪英同志省监狱管理局副巡视员职务
4月10日　免去王锐勇同志省中小企业局副巡视员职务
5月13日　免去张存登同志省物价局党组成员职务
5月13日　免去张继庆同志省国防科技工业党委委员职务
5月14日　省国防科技工业办公室张继庆同志退休
5月14日　胡安平同志任省政府参事室主任（副厅长级）（正式任职）
6月20日　李扁屯同志任省监狱管理局副厅长级干部（试用期一年）
6月21日　免去张继庆同志省国防科技工业办公室副主任（保留副厅长级待遇）职务
6月21日　刘昆明同志任省扶贫开发办公室巡视员
6月21日　免去张存登同志省物价局副局长（保留副厅长级待遇）职务
7月29日　王春庆同志任省物价局党组成员
7月29日　祁晓虎同志任省物价局副局长（正式任职）
7月29日　武振功同志任省物价局纪检组长（正式任职）
7月29日　徐跃华同志任省食品药品监督管理局纪检组长（正式任职）
7月29日　高建公同志任省监狱管理局纪委书记（正式任职）
7月29日　柴全管同志任省扶贫开发办公室纪检组长（正式任职）
7月30日　李效民同志任省劳教局（省戒毒管理局）政委（副厅长级，试用期一年）
7月30日　王伟同志任省监狱管理局政委（正式任职）
7月30日　省食品药品监督管理局刘广德同志退休
8月23日　王春庆同志任省物价局副局长
9月13日　刘建国同志任省食品药品监督管理局副局长（正式任职）
12月20日　史国兵同志任省国防科技工业党委副书记（试用期一年）
12月20日　齐建伟、段万乐同志任省国防科技工业党委委员
12月20日　李章贺同志任省国防科技工业办公室纪委书记（正式任职）
12月21日　省中小企业局石缠荣同志退休

省直属事业单位

1月5日　免去刘生义同志省委党校巡视员职务，退休
1月15日　赵宏生同志任山西广播电视台纪委书记
2月20日　免去刘生义同志山西行政学院巡视员职务
2月20日　李占鳌同志任山西广播电视台副总编
2月23日　王喜瑞同志任省测绘地理信息局纪检组长、党组成员
2月23日　于建刚、孔令礼、秦炎平、王秀珍同志任省测绘地理信息局党组成员
2月23日　翁金明、韩晋生、武胜、赵得权、潘海燕同志任省地质勘查局党委委员
2月23日　张稳科同志任省供销合作社联合社党组成员
2月24日　康有全同志任省地质勘查局党委书记
2月24日　安俊生同志任省地质勘查局党委副书记
2月24日　赵得权同志任省地质勘查局纪委书记
2月24日　牛来有同志任省测绘地理信息局党组书记
2月24日　张稳科同志任省供销合作社联合社纪检组长（试用期一年）
3月16日　高伐、阎世春同志任中国（太原）煤炭交易中心副主任
3月16日　申彦杰同志任中国（太原）煤炭交易中心总会计师
3月16日　杨茂林同志任省社会科学院副院长
3月16日　安俊生同志任省地质勘查局局长
3月16日　翁金明、韩晋生、潘海燕同志任省地质勘查局副局长
3月16日　武胜同志任省地质勘查局总工程师
3月16日　靳援军同志任省地质勘查局巡视员
3月16日　陈小萍同志任省地质勘查局副巡视员
3月16日　牛来有同志任省测绘地理信息局局长
3月16日　陈睿同志任省测绘地理信息局副巡视员
3月16日　免去杨茂林同志省社会科学院历史研究所所长职务
3月26日　于建刚、孔令礼同志任省测绘地理信息局副局长
3月26日　秦炎平同志任省测绘地理信息局总工程师
3月26日　王秀珍同志任省测绘地理信息局总经济师
3月30日　李福明同志任省委党校校委委员
3月30日　免去李高山同志省委党校校委委员职务
3月30日　张晓峰同志任省煤炭地质局党委委员
3月30日　免去郑全发同志省煤炭地质局党委委员职务
3月30日　吴建庭同志任省民航机场集团公司（管理局）党委委员
3月31日　李福明同志任省委党校常务副校长
3月31日　免去李高山同志省委党校常务副校长职务
3月31日　吴建庭同志任省民航机场集团公司（管理局）

纪委书记
3月31日 李劲民同志任省政府发展研究中心党组书记
3月31日 免去孟原生同志省政府发展研究中心党组书记职务
3月31日 免去赵友亭同志省政府工程建设事务管理局党组书记职务
3月31日 席献珍同志任省供销合作社联合社副巡视员
4月10日 李福明同志任山西行政学院副院长（正厅级）
4月10日 梁洪逵同志任省民航机场集团公司（管理局）副总经理（副局长）
4月10日 郑全发同志任省煤炭地质局巡视员
4月10日 张晓峰同志任省煤炭地质局副局长
4月10日 免去李高山同志山西行政学院副院长（正厅级）职务
4月10日 免去梁洪逵同志省民航机场集团公司（管理局）总经济师职务
4月10日 免去郑全发同志省煤炭地质局副局长职务
4月10日 李劲民同志任省政府发展研究中心主任
4月10日 免去张复明同志省政府发展研究中心主任职务
4月10日 免去赵友亭同志省政府工程建设事务管理局局长职务
5月13日 免去王永翔同志省委党校校委委员职务
5月13日 刘耀华同志任省公路局纪委书记
5月13日 免去李铁山同志省公路局纪委书记职务
5月13日 免去蒋品同志省公路局党委委员职务
5月13日 段新源同志任省民航机场集团公司（管理局）党委委员
5月13日 免去段同良同志省民航机场集团公司（管理局）党委委员职务
5月14日 冯进军同志任山西社会主义学院副巡视员
5月14日 杜天威同志任山西日报报业集团巡视员
5月14日 免去杜天威同志山西日报报业集团纪检组长职务
5月14日 免去王永翔同志省委党校副校长职务，退休
5月14日 陈忠辉同志任山西社会主义学院副院长（正式任职）
5月14日 张敬平同志任省农科院副院长、党委委员（正式任职）
5月14日 潘海燕同志任省地勘局副局长、党委委员（正式任职）
5月14日 省政府发展研究中心亢巨福同志退休
5月25日 王宝生同志任山西社会主义学院党委书记
5月25日 王建新同志任山西社会主义学院党委副书记、常务副院长（正厅长级）
5月25日 免去王宝生同志山西社会主义学院常务副院长（正院级）职务
6月8日 省农科院牛西午同志退休
6月20日 免去刘春来同志省委党校副巡视员职务，退休
6月20日 省农机局郭廷荣同志退休
6月20日 张宝玉同志任省测绘地理信息局党组书记
6月20日 免去牛来有同志省测绘地理信息局党组书记职务
6月21日 段新源同志任省民航机场集团公司（管理局）总经济师
6月21日 段同良同志任省民航机场集团公司（管理局）巡视员
6月21日 蒋品同志任省公路局副巡视员
6月21日 张奎元同志任中国煤炭博物馆副巡视员
6月21日 免去段同良同志省民航机场集团公司（管理局）副总经理（副局长）职务
6月21日 免去王永翔同志山西行政学院副院长职务
6月21日 张宝玉同志任省测绘地理信息局局长
6月21日 免去牛来有同志省测绘地理信息局局长职务
6月21日 免去刘春来同志山西行政学院副巡视员职务
6月21日 免去郭廷荣同志省农机局副巡视员职务
6月21日 张晋斌同志任山西广播电视台副台长
6月21日 免去亢巨福同志省政府发展研究中心副巡视员职务
6月22日 张兴顺、赵玉生同志任省公路局副局长
6月22日 免去蒋品同志省公路局副局长职务
6月22日 张立异、杨勇同志任省投资咨询和发展规划院副院长
7月29日 侯振全同志任省农机局（省农业机械发展中心）纪检组长、党组成员
7月30日 免去乔亮生同志省投资促进局党组书记职务
9月13日 王彤宇同志任省供销合作社联合社党组成员
9月13日 王宏伟同志任省煤炭地质局党委委员
9月13日 免去何吉祥同志省煤炭地质局党委委员职务
9月13日 省民航机场集团公司（管理局）段同良同志退休
9月13日 高志明同志任省政府发展研究中心党组成员
9月14日 王宏伟同志任省煤炭地质局党委副书记
9月14日 免去何吉祥同志省煤炭地质局党委副书记职务
9月14日 袁清茂同志任省供销合作社联合社副主任（正式任职）
9月14日 李海同志任省供销合作社联合社监事会副主任（正式任职）
9月27日 免去刘英魁同志山西广播电视台副台长、山西广播电视传媒（集团）有限责任公司董事长职务
9月27日 免去段同良同志省民航机场集团公司（管理局）巡视员职务
9月27日 高志明同志任省政府发展研究中心副主任
11月16日 免去刘付槐同志省投资咨询和发展规划院党组成员职务，退休
12月20日 宋儒同志任省煤炭地质局党委委员

12 月20日　卫继周同志任省地质勘查局党委委员
12 月20日　免去张彦杰同志省档案局（馆）党组成员职务
12 月20日　省地方志办公室任根珠同志退休
12 月21日　赵得权同志任省地质勘查局党委副书记，免去其省地质勘查局纪委书记职务
12 月21日　卫继周同志任省地质勘查局纪委书记
12 月21日　免去聂向庭同志山西社会主义学院院长职务

群团组织

2 月23日　李江龙同志任省总工会党组成员
2 月23日　免去王珍同志省总工会党组成员职务
2 月24日　李江龙同志任省总工会纪检组长（试用期一年）
2 月24日　免去王珍同志省总工会纪检组长职务
2 月24日　免去刘贵喜同志省总工会副巡视员职务，退休
5 月13日　高志勇同志任省工商业联合会党组成员
5 月14日　杨临生同志任省工商业联合会党组书记
5 月14日　免去郭海刚同志省工商业联合会党组书记职务
5 月14日　王立业同志任省归国华侨联合会党组书记
7 月30日　刘廷明、李和平同志任省文学艺术界联合会副巡视员
7 月30日　秦溱同志任省作家协会副巡视员
7 月30日　王崇德同志任省社会科学界联合会副巡视员
7 月30日　免去郝保平同志省残疾人联合会巡视员职务，退休
8 月29日　免去李照华同志省残疾人联合会副巡视员职务，退休
11 月16日　免去张烈珍同志省妇女联合会党组成员职务
11 月16日　免去高凤平同志省总工会党组副书记（正厅长级）职务
11 月23日　赵雁峰同志任共青团山西省委员会书记、党组书记
11 月23日　马皖东、刘娟同志任共青团山西省委员会副书记
11 月23日　马皖东、刘娟同志任共青团山西省委员会党组成员
12 月21日　张根虎同志任省文学艺术界联合会党组书记
12 月21日　免去宋新柱同志省文学艺术界联合会党组书记职务
12 月21日　尹惠民同志任省残疾人联合会副巡视员
12 月21日　吴刚同志任省法学会专职副会长（副厅长级）（正式任职）

省管国有企业

1 月5日　王创民同志任太原重型机械集团有限公司党委书记
1 月5日　免去岳普煜同志太原重型机械集团有限公司党委书记职务
1 月15日　赵石平同志任阳泉煤业（集团）有限责任公司党委书记
1 月15日　刘建中同志任山西国际电力集团有限公司党委书记
1 月15日　免去常小刚同志山西国际电力集团有限公司党委书记职务
2 月20日　王创民同志任太原重型机械集团有限公司董事长
2 月20日　免去岳普煜同志太原重型机械集团有限公司董事长职务
2 月20日　刘建中同志任山西国际电力集团有限公司董事长
2 月20日　免去常小刚同志山西国际电力集团有限公司董事长职务
3 月31日　免去曹晨明同志山西能源交通投资有限公司党委书记职务
4 月10日　免去曹晨明同志山西能源交通投资有限公司董事长职务
5 月25日　武强同志任山西能源交通投资有限公司党委书记
6 月21日　武强同志任山西能源交通投资有限公司董事长
7 月30日　李晋平同志任山西潞安矿业（集团）有限责任公司党委书记
7 月30日　免去王安民同志山西潞安矿业（集团）有限责任公司党委书记职务
8 月28日　免去蒋桂荣同志省农村信用社联合社党委委员职务，退休
9 月14日　免去刘英魁同志山西广播电视传媒（集团）有限责任公司党委书记职务
9 月15日　太原重型机械集团有限公司高志俊同志退休

高等院校

1 月5日　免去崔毅同志山西职业技术学院党委书记职务，退休
2 月23日　田建安同志任山西青年职业学院党委委员、书记
2 月23日　免去薛东平同志吕梁学院党委委员职务
2 月23日　薛东平同志任山西医科大学汾阳学院党委书记
2 月23日　免去王俊刚同志山西医科大学汾阳学院党委书记职务
2 月23日　免去马建华同志晋中学院党委委员职务
2 月23日　马建华同志任山西职业技术学院党委书记（正厅级）
2 月23日　刘发威同志任山西广播电视大学党委委员
2 月23日　王俊刚同志任广播电影电视管理干部学院党委

委员

2月24日 免去刘子学同志山西师范大学党委副书记职务，退休

2月24日 韩泽春同志任忻州师范学院党委副书记

2月24日 王俊刚同志任广播电影电视管理干部学院党委副书记

2月24日 刘发威同志任山西广播电视大学党委副书记

2月24日 免去马建华同志晋中学院党委副书记（正院级）职务，保留正厅级待遇

2月24日 免去薛东平同志吕梁学院党委副书记职务

2月29日 太原理工大学孙彦平同志退休

3月16日 郝建功同志任山西煤炭管理干部学院院长，山西煤炭学院筹建处主任

3月16日 刘发威同志任山西广播电视大学校长

3月16日 董元兴、罗小兰同志任忻州师范学院副院长

3月16日 免去韩泽春同志忻州师范学院副院长职务

3月16日 免去郝建功同志太原理工大学副校长职务

3月16日 免去刘发威同志山西煤炭管理干部学院院长职务

3月26日 李伟同志任山西青年职业学院院长

3月26日 成广海同志任晋城职业技术学院院长

3月30日 武升平同志任广播电影电视管理干部学院党委委员

3月30日 免去吴建庭同志广播电影电视管理干部学院党委委员职务

3月30日 李俊同志任朔州职业技术学院党委书记

3月31日 免去李广华同志山西大同大学党委副书记职务，退休

4月10日 靳金贵同志任太原工业学院副院长

4月10日 武升平同志任广播电影电视管理干部学院副院长

4月10日 免去吴建庭同志广播电影电视管理干部学院副院长职务

5月13日 免去王秀珍同志太原理工大学党委常委职务

5月13日 免去郭巍伟同志山西医科大学党委委员职务

5月13日 免去傅月晟同志山西广播电视大学党委委员职务

5月13日 免去李成来、朱晓明同志广播电影电视管理干部学院党委委员职务

5月14日 免去郭巍伟同志山西医科大学党委副书记职务

5月14日 免去王秀珍同志太原理工大学纪委书记职务

5月14日 免去朱晓明同志广播电影电视管理干部学院纪委书记职务

5月14日 免去李成来同志广播电影电视管理干部学院党委副书记职务，退休

5月14日 山西财经大学刘明贵同志退休

5月14日 梁丽萍同志任太原理工大学副校长（正式任职）

5月14日 王宏伟同志任山西医科大学副校长（正式任职）

5月14日 张晓永同志任山西大同大学副校长（正式任职）

6月19日 任玉平同志任太原大学党委书记

6月19日 免去姜根龙同志太原大学党委书记职务，退休

6月19日 免去贾学萍同志山西中医学院党委委员职务

6月19日 免去李月勤同志吕梁教育学院党委书记职务

6月19日 免去马玉勇同志山西职工医学院党委副书记、委员职务，退休

6月19日 免去贾学萍同志山西中医学院党委副书记职务，退休

6月21日 王秀珍同志任太原理工大学正校级调研员

6月21日 郭巍伟同志任山西医科大学正校级调研员

6月21日 王俊东同志任山西农业大学正校级调研员

6月21日 傅月晟同志任山西广播电视大学正校级调研员

6月21日 朱晓明同志任广播电影电视管理干部学院正院级调研员

6月21日 免去王俊东同志山西农业大学副校长职务

6月21日 免去傅月晟同志山西广播电视大学副校长职务

6月21日 免去刘明贵同志山西财经大学副校级调研员职务

6月22日 安正明同志任山西交通职业技术学院正院级调研员

6月22日 李俊同志任山西建筑职业技术学院正院级调研员

6月22日 索满花同志任山西林业职业技术学院正院级调研员

6月22日 李兆灵同志任山西青年职业学院正院级调研员

6月22日 刘丽华同志任山西艺术职业学院正院级调研员

6月22日 李华荣同志任山西药科职业学院院长

6月22日 免去高建国同志山西医科大学第一医院副院长职务

7月27日 吴建设同志任太原大学校长

7月27日 免去任玉平同志太原大学校长职务

7月29日 贾锁堂同志任山西大学党委委员

7月29日 免去郭贵春、梁吉业同志山西大学党委委员职务

7月29日 赵春明、张虎芳同志任山西农业大学党委委员

7月29日 免去董常生、岳文斌同志山西农业大学党委委员职务

7月29日 免去贾锁堂同志中北大学党委委员职务

7月29日 梁吉业同志任太原师范学院党委委员

7月29日 免去田润华同志太原师范学院党委委员职务

7月29日 田晓东同志任吕梁学院党委委员

7月29日 杨勇同志任阳泉师范高等专科学院党委书记

7月29日 免去张学武同志山西水利职业技术学院党委书记、委员职务

7月30日 贾锁堂同志任山西大学党委副书记

7月30日 免去郭贵春同志山西大学党委副书记职务
7月30日 赵春明同志任山西农业大学党委副书记
7月30日 免去董常生、岳文斌同志山西农业大学党委副书记职务
7月30日 刘有智同志任中北大学党委副书记
7月30日 免去贾锁堂同志中北大学党委副书记职务
7月30日 王尚义同志任太原师范学院党委书记
7月30日 梁吉业同志任太原师范学院党委副书记
7月30日 免去田润华同志太原师范学院党委书记职务
7月30日 田晓东同志任吕梁学院党委副书记
8月16日 贾锁堂同志任山西大学校长
8月16日 赵春明同志任山西农业大学校长
8月16日 刘有智同志任中北大学校长
8月16日 梁吉业同志任太原师范学院院长
8月16日 张虎芳、李宏全同志任山西农业大学副校长
8月16日 李长萍同志任晋中学院副院长
8月16日 免去郭贵春同志山西大学校长职务
8月16日 免去董常生同志山西农业大学校长职务
8月16日 免去贾锁堂同志中北大学校长职务
8月16日 免去王尚义同志太原师范学院院长职务
8月16日 免去张虎芳同志太原师范学院副院长职务
8月16日 免去岳文斌同志山西农业大学副校长职务
8月16日 免去梁吉业同志山西大学副校长职务
8月21日 陈永昶同志任阳泉师范高等专科学校校长
8月21日 王超同志任临汾职业技术学院院长
8月21日 梁崇太同志任山西师范大学临汾学院院长
8月21日 免去闫绪安同志山西警官职业学院院长职务
8月28日 免去王勇强同志山西经济管理干部学院党委委员职务
8月29日 免去王勇强同志山西经济管理干部学院纪委书记职务
9月13日 免去吴俊清同志太原工业学院党委委员职务
9月13日 免去刘润生同志晋中学院党委委员职务，退休
9月13日 长治职业技术学院郭建华同志退休
9月13日 免去梁宏堂同志晋城职业技术学院党委书记职务，退休
9月13日 山西建筑职业技术学院王世新同志退休
9月14日 免去吴俊清同志太原工业学院党委副书记职务
9月14日 免去刘润生同志晋中学院纪委书记职务
9月27日 王敬瑞同志任晋中学院正院级调研员
9月27日 免去吴俊清同志太原工业学院院长职务
10月26日 免去郭建华同志长治职业技术学院院长职务
11月16日 许文海同志任山西警官职业学院党委委员、副书记
11月16日 省政法管理干部学院肖峰昌同志退休
12月9日 许文海同志任山西警官职业学院院长
12月20日 董峰、闫肖卿同志任山西医科大学党委委员
12月20日 张飞同志任太原科技大学党委委员
12月20日 免去李志勤同志太原科技大学党委委员职务
12月20日 李大公、南志珍同志任晋中学院党委委员
12月20日 梁云阶同志任广播电影电视管理干部学院党委委员
12月20日 王瑞芬同志任山西经济管理干部学院党委委员
12月20日 免去王瑞芬同志山西广播电视大学党委委员职务
12月20日 李振兴同志任山西水利职业技术学院党委书记
12月20日 免去李大公同志太原理工大学轻纺美院党委书记职务
12月20日 山西交通职业技术学院安正明同志退休
12月21日 董峰同志任山西医科大学党委副书记
12月21日 张飞同志任太原科技大学党委副书记
12月21日 免去李志勤同志太原科技大学党委副书记职务
12月21日 李大公同志任晋中学院党委副书记
12月21日 南志珍同志任晋中学院纪委书记
12月21日 梁云阶同志任广播电影电视管理干部学院纪委书记
12月21日 王瑞芬同志任山西经济管理干部学院纪委书记

各 市

太原市

1月5日 任在刚同志任太原市委委员、常委
1月5日 免去李俊明同志太原市委常委、委员职务
1月20日 任在刚同志当选为太原市副市长
3月31日 蒋鹿同志任太原市委委员、常委
3月31日 免去负自博同志太原市委常委、委员职务
5月14日 太原市委田玉宝、张丁山同志退休
5月31日 周茂玉同志任太原市人民检察院检察长
6月20日 刘斌同志任太原市经济技术开发区管委会主任（副厅长级），免去其太原市民营经济开发区管委会主任职务
6月20日 郭建发同志任太原不锈钢产业园区管委会主任（副厅长级）
6月20日 徐宝明同志任太原不锈钢产业园区党工委书记（副厅长级）
6月20日 免去张金旺同志太原市经济技术开发区管委会主任职务
6月20日 免去陈河才同志太原不锈钢产业园区管委会主任职务
7月20日 石治文同志任太原铁路运输中级法院党组书记（副厅长级）
7月20日 张双喜同志任山西省人民检察院太原铁路运输分院党组书记（副厅长级）

7月26日 石治文同志任太原铁路运输中级法院院长

7月27日 张双喜同志任山西省人民检察院太原铁路运输分院检察长

11月19日 太原市委王志强同志退休

大同市

1月5日 王克建同志任大同市委委员、常委

1月5日 免去胡玉亭同志大同市委常委、委员职务

2月27日 大同市委刘志发同志退休

3月14日 曹惠斌同志当选为大同市副市长

3月31日 杨广雨同志任大同市委委员、常委

3月31日 操学诚同志任大同市委委员、常委（挂职，期限一年）

3月31日 免去侯立智同志大同市委常委、委员职务

6月30日 王克建同志当选为大同市副市长

7月3日 大同市委董变英、田云生同志退休

7月11日 操学诚同志当选为大同市副市长

7月26日 霍永宁同志任大同市人民检察院检察长

朔州市

1月5日 李正印同志任朔州市委委员、常委、副书记

3月23日 李武章同志当选为朔州市副市长

3月31日 高世宝同志任朔州经济开发区管委会主任（副厅长级）

4月16日 李正印同志当选为朔州市市长

5月11日 王志刚同志当选为朔州市副市长

5月31日 原维宁同志任朔州市人民检察院检察长

5月31日 免去孙赞东同志朔州市人民检察院检察长职务

6月20日 免去郭健同志朔州市委常委、委员职务

9月14日 刘英魁同志任朔州市委委员、常委

12月6日 薄志平同志当选为朔州市副市长

忻州市

1月5日 免去李平社同志忻州市委副书记、常委、委员职务

1月14日 忻州市委智俊德同志退休

2月24日 张晓峰同志任忻州市委副书记

3月30日 郑连生同志当选为忻州市市长

4月27日 吉久昌同志任忻州市委委员、常委

4月27日 免去武宪堂同志忻州经济开发区党工委书记职务

5月4日 武宪堂同志当选为忻州市副市长

5月29日 忻州市委温福亮同志退休

11月16日 忻州市委周如璧、王志勇同志退休

11月29日 免去王国宏同志忻州市人民检察院检察长职务

12月19日 闫绪安同志任忻州市人民检察院检察长

吕梁市

1月5日 高卫东同志任吕梁市委委员、常委、书记

1月5日 免去杜善学同志吕梁市委书记、常委、委员职务

1月5日 免去张九萍同志吕梁市委副书记、常委、委员职务

2月20日 吕梁市委薛万明同志退休

3月30日 丁雪峰同志当选为吕梁市市长

4月27日 吴志国同志任吕梁市委副书记

4月27日 雷建国同志任吕梁市纪委书记

4月27日 免去张效彪同志吕梁市纪委书记职务

5月18日 郝月生同志当选为吕梁市副市长

6月13日 张效彪同志当选为吕梁市副市长

10月29日 秦怀金同志任吕梁市委委员、常委（挂职，期限一年）

12月27日 秦怀金同志当选为吕梁市副市长

晋中市

1月15日 温毓诚同志任晋中经济开发区管委会主任

1月15日 免去刘贵海同志晋中经济开发区管委会主任职务

1月15日 免去申立康同志晋中经济开发区党工委书记职务

3月31日 王威同志任晋中市委委员、常委

3月31日 免去郭雄飞同志晋中市委常委、委员职务

5月7日 王盛章同志当选为晋中市副市长

5月7日 王希玲同志当选为晋中市副市长（挂职）

5月31日 史书贤同志任晋中市人民检察院检察长

5月31日 免去赵相成同志晋中市人民检察院检察长职务

阳泉市

1月5日 洪发科同志任阳泉市委委员、常委、书记

1月5日 免去白云同志阳泉市委书记、常委、委员职务

1月15日 要真同志任阳泉经济技术开发区党工委书记

3月31日 许霞同志任阳泉市委委员、常委

3月31日 免去李春泽同志阳泉市城区区委书记职务

5月30日 免去刘星同志阳泉市委常委职务

5月30日 阳泉市委李裕厚同志退休

7月26日 王守林同志任阳泉市人民检察院检察长

8月22日 徐芃同志当选为阳泉市副市长(挂职)

8月28日 阳泉市委吴学斌、马文建同志退休

11月16日 阳泉市委荆东生同志退休

长治市

3 月31日　尚宪芳同志任长治市委常委
3 月31日　郭康锋同志任长治市委委员、常委
3 月31日　免去薛永辉同志长治市委常委、委员职务
3 月31日　董岩同志任长治市委副书记
5 月30日　免去李年善同志长治市委副书记、常委职务
5 月30日　王贵平同志当选为长治市副市长
7 月26日　李曾贵同志任长治市人民检察院检察长
11 月19日　长治市委王进卯同志退休

晋城市

1 月5日　张九萍同志任晋城市委委员、常委、书记
1 月5日　免去张茂才同志晋城市委书记、常委、委员职务
2 月23日　晋城市委段伟祥同志退休
6 月20日　郝崇福同志任晋城市委委员、常委
6 月20日　免去朱晓东同志晋城市委常委、委员职务
9 月14日　于若洁同志任晋城市委副书记，免去其市纪委书记职务
9 月14日　张志仁同志任晋城市委委员、常委
9 月14日　康吉仁同志任晋城市纪委书记
9 月14日　免去冯建平同志晋城市委副书记、常委、委员职务
11 月19日　晋城市委贾联亭、李治国、王陆升同志退休

临汾市

1 月5日　岳普煜同志任临汾市委委员、常委、副书记（正厅长级）
1 月15日　罗清宇同志任临汾市委书记
1 月15日　免去谢海同志临汾市委书记、常委、委员职务
3 月29日　岳普煜同志当选为临汾市市长
4 月26日　临汾市委杨玉龙同志退休
5 月31日　免去闫喜春同志临汾市人民检察院检察长职务
9 月14日　毛克明同志任侯马经济开发区党工委书记（副厅长级），免去其浮山县委书记职务
11 月16日　临汾市委常富顺同志退休
12 月19日　苑涛同志任临汾市人民检察院检察长

运城市

1 月5日　白云同志任运城市委委员、常委、书记
1 月5日　免去高卫东同志运城市委书记、常委、委员职务
5 月25日　运城市委张建喜、王正选同志退休
6 月5日　韩宇同志当选为运城市副市长（挂职）
6 月20日　韩宇同志任运城市委委员、常委（挂职）
7 月30日　裴良杰同志任绛县经济开发区党工委书记（副厅长级）
7 月30日　李明造同志任运城空港经济开发区管委会主任（副厅长级）
9 月14日　何吉祥同志任风陵渡经济技术开发区管委会主任（副厅长级）
9 月14日　免去王宏伟同志风陵渡经济技术开发区管委会主任职务

其　他

2 月24日　郑文锋同志任省互联网信息办公室专职副主任（副厅长级，试用期一年）
3 月16日　姚少峰同志任省重点工程建设办公室主任（副厅长级，试用期一年）
3 月31日　赵友亭同志任省援疆工作前方指挥部常务副总指挥
9 月14日　武福玉同志任禹门口水利工程管理局党委书记
9 月14日　免去李润山同志禹门口水利工程管理局党委书记职务
9 月27日　武福玉同志任禹门口水利工程管理局局长
9 月27日　免去李润山同志禹门口水利工程管理局局长职务

（本栏目资料由省委组织部、省人大人事工委、省政府办公厅提供　责编：王　晖）

人　物

一、年度职务变动的省级领导简历

王　君

王　君

王君，男，汉族，1952年3月生，山西省大同市人，1977年7月加入中国共产党，1971年10月参加工作，中央党校哲学专业毕业，中央党校研究生学历。

1971年10月至1974年9月，山西省大同青磁窑矿工人；1974年9月至1977年9月，山西矿业学院采矿系采煤专业学习；1977年9月至1982年8月，山西省大同矿务局晋华宫矿通风区技术员、助理工程师；1982年8月至1982年12月，山西省大同矿务局晋华宫矿通风区副区长；1982年12月至1984年3月，山西省大同矿务局晋华宫矿通风区区长；1984年3月至1985年4月，山西省大同矿务局晋华宫矿副矿长；1985年4月至1993年2月，山西省大同矿务局党委副书记；1993年2月至1995年6月，山西省大同矿务局副局长；1995年6月至1997年10月，山西省大同矿务局局长；1997年10月至1998年3月，国家煤炭工业部副部长、党组成员；1998年3月至1999年9月，国家煤炭工业局副局长、党组成员(副部长级)；1999年9月至2001年12月，江西省副省长；2001年12月至2002年1月，江西省委副书记、副省长；2002年1月至2006年10月，江西省委副书记；2006年10月至2007年1月，中华全国供销合作总社党组副书记；2007年1月至2007年7月，中华全国供销合作总社党组副书记、理事会副主任；2007年7月至2008年3月，中华全国供销合作总社党组书记、理事会副主任；2008年3月至2008年9月，国家安全生产监督管理总局局长、党组书记；2008年9月至2009年1月，山西省委副书记、代省长；2009年1月至2012年12月，山西省委副书记、省长；2012年12月，任内蒙古自治区党委书记。

第十六届中央候补委员，十七届、十八届中央委员。

李小鹏

李小鹏

李小鹏,男,汉族,1959年6月生,四川省成都市人,1985年5月入党,1982年8月参加工作,华北电力学院电力工程系发电厂及电力系统专业毕业,大学学历,高级工程师。

1978年10月至1982年8月,华北电力学院电力工程系发电厂及电力系统专业学习;1982年8月至1989年8月,电力科学研究院系统所技术员、助理工程师、工程师;1989年8月至1990年8月,电力科学研究院计划经营处副处长;1990年8月至1991年10月,电力科学研究院电力技术经济研究所所长;1991年10月至1993年6月,华能国际电力开发公司总经理助理;1993年6月至1994年6月,华能国际电力开发公司副总经理、分党组成员;1994年6月至1995年10月,华能国际电力开发公司副总经理、分党组成员兼华能国际电力股份有限公司董事、副总经理;1995年10月至1996年3月,华能国际电力开发公司副董事长、总经理、分党组成员兼华能国际电力股份有限公司副董事长、总经理;1996年3月至1999年3月,华能国际电力开发公司副董事长、总经理、党组副书记兼华能国际电力股份有限公司副董事长、总经理;1999年3月至1999年12月,华能国际电力开发公司董事长、总经理、党组书记兼华能国际电力股份有限公司董事长、总经理;1999年12月至2001年12月,中国华能集团公司董事、总经理、党组书记兼华能国际电力开发公司董事长、总经理,华能国际电力股份有限公司董事长、党组书记;2001年12月至2002年12月,国家电力公司副总经理、党组成员兼中国华能集团公司董事长、总经理、党组书记,华能国际电力开发公司董事长、总经理,华能国际电力股份有限公司董事长、党组书记;2002年12月至2008年5月,中国华能集团公司总经理、党组书记兼华能国际电力开发公司董事长,华能国际电力股份有限公司董事长、党组书记;2008年5月至2008年6月,中共山西省委常委;2008年6月至2010年6月,中共山西省委常委、副省长;2010年6月至2012年12月,中共山西省委常委、副省长(负责常务工作),省政府党组副书记,山西行政学院院长;2012年12月,中共山西省委副书记、代省长、省政府党组书记。

第十八届中央候补委员,十七大、十八大代表。第十一届全国人大代表。第九届、十届省委委员。

李政文

李政文

李政文,男,汉族,1952年2月生,山西省垣曲县英言乡席坪村人,1971年1月加入中国共产党,1971年10月参加工作,中共山西省委党校在职大专学历,工商管理硕士学位。

1971年10月至1975年6月,中共山西省垣曲县委办事组、人防办干事;1975年6月至1982年6月,山西省垣曲县古城公社人武部长;1982年6月至1984年2月,中共山西省垣曲县上壬公社党委副书记兼人武部长;1984年2月至1989年11月,山西省垣曲县英言乡乡长、党委书记,新城镇党委书记;1989年11月至1993年5月,中共山西省平陆县委常委、纪委书记;1993年5月至1994年3月,中共山西省平陆县委副书记;1994年3月至1995年12月,中共山西省闻喜县委副书记、县长;1995年12月至1996年8月,中共山西省纪委常委;1996年8月至2000年10月,中共山西省纪委常委、秘书长;2000年10月至2002年6月,中共山西省纪委常委,太原市委常委、纪委书记;2002年6月至2003年1月,中共山西省纪委常委,太原市委副书记、纪委书记;2003年1月至2006年10月,山西省人民政府秘书长;2006年10月至2006年11月,中共山西省委常委、省人民政府秘书长;2006年11月至2006年12月,中共山西省委常委;2006年12月至2011年1月,中共山西省委常委、统战部长(2008年9月至2009年4月主持临汾市委全面工作);2011年1月至2011年10月,中共山西省委常委、省委秘书长;2006年10月,在中共山西省第九届委员会第一次全体会议上当选为中共山西省委常委;2011年10月至2012年1月,中共山西省委秘书长;2012年1月,山西省第十一届人大第六次会议上当选为山西省人大常委会副主任、党组副书记。

杜善学

杜善学

杜善学，男，汉族，1956 年 2 月生，山西省临猗县人，中央党校研究生学历，哲学硕士学位。1975 年 3 月加入中国共产党，1976 年 6 月参加工作。

1976 年 6 月至 1978 年 3 月，在临猗县财税局工作；1978 年 3 月至 1982 年 1 月，在山西财经学院会计系会计专业学习；1982 年 1 月至 1983 年 4 月，任山西省财政金融贸易委员会财政金融处干事；1983 年 4 月至 1985 年 3 月，任山西省人民政府办公厅第三办公室干事；1985 年 3 月至 1987 年 1 月，任山西省经济开发投资公司副总经理；1987 年 1 月至 1993 年 2 月，任山西省财政厅商业企业财务处副处长、处长；1993 年 2 月至 2000 年 5 月，任山西省财政厅副厅长、党组成员；2000 年 5 月至 2003 年 1 月，任山西省财政厅副厅长、党组书记；2003 年 2 月至 2003 年 3 月，任中共长治市委副书记；2003 年 3 月至 2008 年 2 月，任中共长治市委副书记、市长、党组书记；2008 年 2 月至 2011 年 1 月，任中共长治市委书记；2011 年 1 月，任中共吕梁市委书记；2011 年 11 月，任中共山西省委常委、吕梁市委书记。2012 年 1 月，任中共山西省委常委、省委秘书长。

第十一届全国人大代表；第九届省委委员；第八届省纪委委员；第十届省人大代表；第九届省政协委员；第八、九届长治市市委委员。

张茂才

张茂才

张茂才，男，汉族，1954 年 9 月生，山西省保德县人，中央党校在职研究生学历。1974 年 10 月加入中国共产党，1970 年 12 月参加工作。

参加工作后历任保德县贾家峁公社兽医站会计，桥头公社团委书记，团县委干事（期间：1974 年 10 月至 1977 年 8 月在山西师范学院政史系政治专业学习）；毕业后历任忻县地委组织部、地区教育局、忻州地委组织部干事、组织科科长；1985 年 8 月任省委宣传部干部处处长；1992 年 6 月任省新闻出版局副局长；1995 年 12 月任省新闻出版局(版权局)副局长；1999 年 2 月任临汾地委委员、组织部部长；2000 年 2 月任临汾地委副书记(期间：1997 年 9 月至 2000 年 7 月在中央党校在职研究生班法学专业学习)；2000 年 9 月任临汾市委副书记；2001 年 1 月任临汾市委副书记、市长；2003 年 1 月任临汾市委书记；2006 年 2 月任运城市委书记；2008 年 1 月任晋城市委书记；2012 年 1 月任山西省政协党组成员、省政协副主席。

十七大代表，八届、九届省委委员。十届省政协委员。

杨　司

杨　司

杨司，男，汉族，1956 年 5 月生，河北省藁城县人，中央党校在职研究生学历。1981 年 8 月加入中国共产党，1976 年 10 月参加工作。

参加工作后历任新疆石河子市公安局刑警队刑警、刑警大队组长、城区公安分局刑警队组长，新疆生产建设兵团公安局刑侦处主任科员(期间：1984 年 9 月至 1986 年 7 月在新疆政法管理干部学院公安专业学习)、技侦处副处长；1992 年 4 月任新疆生产建设兵团公安局政治部副主任(正处级)，局党委委员；1993 年 12 月任新疆生产建设兵团公安局副局长(期间：1995 年 8 月至 1997 年 12 月在中央党校领导干部函授本科班经济管理专业学习)；1996 年 4 月任新疆生产建设兵团公安局党委书记(主持全面工作)；1997 年 12 月任新疆生产建设兵团公安局局长、党委书记(期间：1999 年 9 月至 2002 年 7 月在中央党校函授学院党员领导干部在职研究生班经济管理专业学习)；2006 年 11 月任新疆生产建设兵团党委政法委副书记，兵团公安局局长、党委书记；2010 年 4 月任山西省公安厅党委书记，同年 5 月任省公安厅厅长；2011 年 1 月任省政府党组成员。2012 年 1 月任山西省人民检察院检察长、党组书记。

十届省委委员。

二、年度去世的省级领导生平

胡晓琴

中国共产党优秀党员、久经考验的忠诚的共产主义战士、原山西省顾问委员会副主任（享受省长级医疗待遇）胡晓琴同志，因病医治无效，于2012年1月12日1时25分在太原逝世，享年94岁。

胡晓琴同志1918年10月出生于山西省太原市，1932年冬加入社联、反帝大同盟参加革命工作，1937年冬加入中国共产党。历任同蒲铁路办事员、抗日救国会常委、组织部长，山西省阳城县委组织部长、县委书记，晋沁阳工委会常委，太行区委党校教员、敌工部秘书、城市科科长；1949年2月后任河南省新乡市委副书记、代书记，山西省委政研室副主任，省委办公室主任，省统计局局长，省计委副主任，省财贸部副部长，太谷县委书记，省委组织部副部长；1965年10月任省委常委、组织部长；“文革”中受迫害；1970年后任朔县县委副书记、革委会副主任，雁北地委文教部部长；1972年12月后任省革委会政治部组织办主任，省委组织部副部长；1979年3月任省委常委、组织部长，同年12月至1981年10月兼任省人大常委会副主任；1983年4月任省委常委、组织部长兼省委整党办副主任；1985年5月任省顾问委员会副主任；1991年3月退出领导岗位；1995年12月离职休养；2002年1月享受省长级医疗待遇。是中共十二大代表。

胡晓琴同志早年关心国家前途和命运，追求光明，探寻真理，参加了党的秘密外围组织社联和反帝大同盟。组织学生游行示威，向政府请愿，发起成立了流动读书会，宣传交流进步思想，揭露蒋介石、阎锡山的反动统治。抗日战争爆发后加入中国共产党，发起成立了同蒲铁路抗日救国会并担任常委兼组织部长，还先后担任了党小组长、铁路局党支部宣传委员、工人自卫队指导员，宣传党的政策，发动群众抗日，坚持开展游击战争。担任阳城县委组织部长、县委书记、晋沁阳工委会常委期间，积极发展党员、建立支部，壮大党的力量。成立了山西省第一个工会组织阳城总工会，发展自卫武装，整顿农村政权，撤换腐败干部，打击反动势力，迅速打开了工作局面。带领游击支队支援徐海东在阳城指挥的与日战斗，大获全胜。“阳城十二月事变”中，领导干部群众机智突围、坚持斗争。担任太行区党委党校教员和参加整风学习中，认真研究马列主义理论，广泛宣传党的路线方针政策，积极为党培养干部。解放战争期间，积极开展对敌宣传、搜集情报、瓦解敌军，争取新乡和平解放，在隐蔽战线和特殊战场做出了突出贡献。

新中国成立后，胡晓琴同志长期在省委、省政府工作部门担任领导职务，他深入基层调查研究，积极建言献策，为研究制定山西省第一个五年计划、促进全省的经济社会发展发挥了重要的参谋助手作用。在太谷县、朔县担任主要领导期间，他认真贯彻中央精神，带领班子成员和干部群众大搞工农业生产，为当地经济建设奠定了良好基础。任省委组织部副部长、部长、省革委会政治部组织办主任期间，扎实推进领导班子的思想、组织、作风建设，为培养年轻干部倾注了大量心血，为全省社会主义建设提供了坚强有力的组织保障。“文革”期间受到排挤、审查并被管制劳动，但他旗帜鲜明、立场坚定，不说违心话，不办违心事，自觉抵制政治利诱，同林彪、“四人帮”集团在山西的倒行逆施进行了顽强斗争。

党的十一届三中全会后，胡晓琴同志重新担任省委常委、组织部长，在省委的领导下，按照实事求是、有错必纠的原则，为大批长期蒙冤受屈的干部落实政策、恢复工作。坚持党的组织路线，公道正派，知人善任，提拔重用了一批年轻有为的干部，为稳定山西形势、推进各项工作发挥了积极作用。任省人大常委会副主任期间，为完善人民代表大会制度、推进民主法制建设尽职尽责、辛勤工作，取得了显著成绩。任省顾问委员会副主任期间，积极发挥参谋助手作用，向省委、省政府提出了许多建设性的意见和建议。

退出领导岗位后，他壮心不已，坚持学习邓小平理论、"三个代表"重要思想和科学发展观的重要论述，关注和支持全省改革开放和现代化建设。积极参加各项力所能及的活动，主编了《中国共产党山西历史人物传（第一卷）》，担任省烟草与健康协会会长、中华诗词协会顾问等社会团体职务，继续贡献余热。

参加革命工作80年来，胡晓琴同志始终坚信马列主义和党的领导，对党和社会主义事业充满信心，保持了一名共产党人的崇高气节和坚强党性。无论是在革命战争年代还是在和平建设年代，他不畏艰险、不怕牺牲、不图名利，衷心拥护党的路线方针政策，在思想上、政治上、行动上自觉同党中央保持一致。他牢记全心全意为人民服务的宗旨，勤奋敬业，求真务实，全省各地都留下了他的足迹，为民族独立、人民解放和现代化建设做出了积极贡献。他一身正气，两袖清风，始终保持共产党员和人民公仆的本色，严格要求家属子女和身边工作人员，在干部群众中树立了良好形象。

胡晓琴同志的一生，是忠诚革命事业的一生，是全心全意为人民服务的一生，是为共产主义事业鞠躬尽瘁的一生。他对党对人民无限忠诚，品格高尚，勤奋工作。他把毕生的精力献给了民族独立、人民解放和社会主义现代化建设的伟大事业，赢得了党的信任和人民群众的爱戴。他虽然离开了我们，但他的革命精神和高风亮节永存！

胡晓琴同志永远活在我们心中！

赵力之

中国共产党的优秀党员、忠诚的共产主义战士，原中共山西省委常委、副省长赵力之同志因病于2012年6月11日21时在太原逝世，享年98岁。

赵力之，原名赵继祯，曾用名赵一。1915年10月12日出生于山西省介休市板峪村一个农民家庭。1938年2月参加山西省抗日游击第五支队，同年9月加入中国共产党。历任介休县第三区牺盟会秘书，介休县抗日政府铁北办事处主任、铁北中心区委书记，介休县抗日政府公安局长，平遥县抗日民主政府县长，岳北专署公安分局局长、中共岳北地委社会部副部长，平遥县委书记，晋中三地委宣传部副部长，晋中三地委组织部部长等职。1949年7月任中共榆次地委办公室主任，太原市委省营工业党委会书记，太原市北城区委书记，太原市委常委、工业部副部长、部长，太原市委书记处书记等职；"文化大革命"中受迫害入狱三年；1970年3月任太原市革委会生产组副组长，同年7月调到大同市工作，任大同市革委会副主任、生产组组长，中共大同市委常委、革委会副主任，大同市委第一书记、革委会主任；1977年3月任省革委会副主任、副省长兼大同市委第一书记、革委会主任；1979年2月任省委常委、副省长，是第五届全国人大代表。

赵力之同志在汾阳铭义中学读书期间，受牺牲救国同盟会的影响，参加了青年学生的民主抗日救亡活动。1937年七七事变，日寇全面侵华，在中华民族处于危急存亡的关键时刻，赵力之同志毅然走出家门，奔赴抗日救亡前线。在介休、平遥创建党组织，组建游击队，开辟抗日根据地，实行减租减息，进行土地改革，配合和支援正规部队作战。在极端艰苦的斗争中，他勇敢战斗，不怕牺牲，只身潜入敌营，当场击毙日寇，威震敌占区，被群众誉为太岳区文武双全、善于打仗的县长，为中国人民战胜日本侵略和取得解放战争的胜利做出了贡献。

新中国成立后，赵力之同志根据党的七届二中全会决定，经常深入基层，调查研究，同工程技术人员和生产工人广交朋友，促膝谈心，倾听他们的意见，及时总结经验，发现问题。他关心工人群众的生活，关心知识分子的待遇。他在太原工作20年，全身心地投入到工业建设中去，为太原市的工业恢复改造、组建发展、完成苏联援建工业项目，做出了卓有成效的贡献。1970年到大同工作后，在政治经济形势比较混乱的情况下，排除各种干扰，大力抓紧煤、电生产和工业及城市基础设施建设，突击铁路运煤，为支援全国经济建设做出了较大的贡献。1979年调回省里工作后，任省委常委、副省长，分管全省的农业生产和农村工作，他积极贯彻落实党的十一届三中全会精神，解放思想，实事求是，深入调查研究，结合山西的实际，因地制宜，从实际出发，提倡多种经营，增加农民收入，培育树立各种不同类型的先进典型，积极探索发展农业的新路子，为全省农业发展和农村建设做出了应有的贡献。

1983年，赵力之同志积极响应中央号召，主动提出申请，退出省委、省政府领导岗位，并经中央批准，于1985年离职休养。从领导岗位上退下来之后，他仍然不断深入农村调查研究，支持新班子的工作，并多次向省委、省政府领导写出调查报告，反映情况，建言献策。与此同时，与太岳区老同志和省党史办的同志一起采访、征集、编写党史资料，完成了太岳区党史资料的出版工作。他年届90高龄，讲述自己一生走过的革命道路，实实在在，客观公正地反映史实，完成了《赵力之自述》一书，为后人留下一笔宝贵的精神财富。

赵力之同志的一生是革命的一生、战斗的一生，是坚持马列主义、毛泽东思想，为实现社会主义和共产主义理想而奋斗的一生。他在70年的革命生涯中，出生入死、临危不惧，百折不挠、无私无畏，历经艰险而坚贞不屈，屡遭磨难而奋斗不止，他爱憎分明、耿直不阿，勤政廉洁、严于自律，谦虚谨慎、襟怀坦白，真诚待人、团结同志，他顾大局，识大体，守纪律，不求名，不图利，始终保持共产党人的优秀品质和全心全意为人民服务的公仆本色，在他的身上充分体现出共产党员的先进性。赵力之同志把毕生的精力无私地献给了中国人民的解放事业、社会主义建设和改革开放伟大事业，在全省广大干部和人民群众中享有崇高的威望，是我省德高望重的老同志、党的优秀领导干部，人民群众的好公仆。他虽然离开了我们，但他的革命精神和高风亮节永存！

赵力之同志永远活在我们心中！

万良适

中国共产党的优秀党员，原中共山西省委常委、秘书长，山西省政协副主席、党组副书记万良适同志，因病医治无效，于2012年8月4日6时37分在太原逝世，享年78岁。

万良适同志1935年11月出生于湖北省随州市，1955年9月参加工作，1957年1月加入中国共产党。参加工作后历任山西省工业厅轻工处、轻工业局、轻工业公司技术员，山西省轻化工业厅轻工业公司办公室副主任，山西省轻工业厅轻工业公司食品科科长、副经理、工程师，食品处处长、党组成员；1983年任山西省轻工业厅副厅长；1985年任太原市委常委、副市长；1988年任太原市委副书记、市长；1991年任山西省委秘书长；1992年2月任山西省委常委、秘书长；1996年4月任山西省政协副主席、党组副书记；2002年10月退休。

万良适同志1955年从广州化学工业学校酿造专业毕业后到山西省工作。在山西省工业厅、轻工业厅工作期间，他认真学习，刻苦钻研，勇于改革创新，不断攻克技术难关，编著出版了《汾酒酿造》《酒精生产基本知识》《漫话山西醋》《山西名特产》等书籍。他充分发挥专长，深入基层，调查研究，帮助解决困难，发展生产，为我省轻工业的发展贡献了自己的力量。

任太原市委常委、副市长期间，分管财贸和外事工作，兼任经济协调领导组组长。在全市十万财贸职工中开展了“辛苦我一个，方便千万家”《迎春杯》竞赛活动。他关心群众疾苦，为商业职工解决了喝开水难、上厕所难、洗澡难等问题，深受大家好评。任太原市委副书记、市长期间，他以“一切为了人民，一切依靠人民”作为工作的出发点和落脚点，坚持“求实、创新、廉洁、高效”，尽职尽责，心系百姓，体察民情，开通了市长办公电话和“市长与市民”电视直播节目，建立了市长接待日制度，尽心竭力为老百姓办实事，办好事，赢得了老百姓的好评。他想方设法治理城市污染，解决市民供水、供电、供气紧张等问题，全力调整经济结构，平抑物价，改善人居环境，把精力倾注到太原人民生活水平提高和经济社会发展中，为太原市经济发展、社会稳定做出了积极的贡献。

任山西省委常委、秘书长期间，他充分发挥秘书长参谋助手、综合协调作用，主动为领导服务，为部门服务，为基层服务，建立了省委、省人大、省政府、省政协以及省军区、省纪委六套班子秘书长联系会议制度，全省党委秘书长会议制度，公、检、法、司“四长”协调会议制度，每季度向省级老同志、各民主党派通报情况制度，有效地发挥了省委办公厅的组织、协调、沟通、联系职能作用，使省委办公厅的工作迈上了一个新台阶。

任山西省政协副主席、党组副书记期间，他坚持中国共产党领导的多党合作和政治协商制度，认真履行“政治协商、民主监督、参政议政”三项职能，围绕中心，服务大局，充分发挥政协参政议政、建言献策作用，积极办理委员提案，解决社会反映的难点、热点问题，充分发挥港澳台侨的桥梁和纽带作用，成功举办了沿黄河8省区政协“腾飞吧，巨龙黄河”国际港澳巡回展，组织了国际杂粮食品暨第一届亚洲食品发展研讨会，圆满完成了泰国国王姐姐来晋参观访问活动，为我省政协工作做出了积极的贡献。

退出领导岗位后，万良适同志时刻关注全省改革开放和现代化建设，继续贡献余热，积极参加各项力所能及的工作，担任了中国食文化研究会副会长和山西省食文化研究会会长，中国城市经济学会副会长和山西省城市经济学会会长，以及省城老劳模联谊会会长等职务，宣传先进食文化，为全省食品行业提供咨询服务，主编《食品与文化》杂志，先后为晋城、朔州等市经济发展战略和全省城镇化问题进行了专题研究，并出版了专著。

万良适同志在山西工作生活近60年，始终忠于党，忠于人民，对中国特色社会主义事业充满信心。他政治立场坚定，具有很强的政治敏锐性和政治鉴别力，在大是大非面前头脑清醒，始终与党中央保持一致。他坚持解放思想、实事求是，善于统揽全局、推动工作，工作思路清晰，重点突出，具有较高的领导艺术和较强的亲和力。他恪尽职守，作风扎实，带头执行民主集中制原则，经常深入基层调查研究，公道正派，胸怀坦荡。他尊重知识、尊重人才，关心同志，爱护干部，赢得了广大干部群众的尊敬和好评。

万良适同志的一生是忠诚革命事业的一生，全心全意为人民服务的一生。他品格高尚，勤奋工作，把毕生的精力献给了社会主义建设事业。他虽然离开了我们，但他的敬业精神和高风亮节永存！

万良适同志永远活在我们心中！

陈德贵

中国共产党的优秀党员，原山西省政协副主席陈德贵同志，因病医治无效，于2012年9月26日8时20分在太原逝世，享年83岁。

陈德贵同志1930年1月生，山西省阳城县人，1944年11月参加工作，1950年2月加入中国共产党。参加工作后历任太岳区财贸公司业务员，阳城县贸易公司会计，山西省百货公司物价科科员，省针棉织品公司副经理，山西商业学校副校长，省商业厅业务处、省物价委员会轻工处副处长，省计委财贸物价处副处长、处长；1978年任山西省计委副主任兼省物价局局长；1983年4月任山西省商业厅厅长、党组书记，省经委副主任；1986年7月任山西省财贸办主任、党组书记；1988年1月任山西省政协副主席、秘书长兼省财贸办主任、党组书记；1991年7月任山西省政协副主席；1995年12月离职休养。

陈德贵同志在任省计委副主任兼省物价局局长期间，正值“文化大革命”结束、改革开放刚刚拉开序幕，为消除文革期间对山西经济带来的不良影响，他就我省“六五”计划的编制进行了大量的调查研究和测算工作，并组织有关专家进行了科学论证。这是我省按照党的十二大部署制定的一个比较完备的五年计划，是使国民经济走上稳步发展的健康轨道的五年计划。同时，在总结经验、调查研究的基础上，进一步解决过去遗留下来的阻碍我省经济发展的一些问题，努力为“七五”时期我省国民经济和社会发展奠定良好基础，创造良好条件。

任省商业厅厅长期间，在省委、省政府的领导下，坚持以市场为导向，在全省商业系统实行放开搞活的经营改革，使原有的高度集中的商品流通体制发生了突破性变化。按照政企职责分开的原则，以中心城市为依托，以经济区域组织商品流通，将设在全省9个地市的省属30个工业品二级站下放到所在地市，打破了延续30多年的以行政手段层层分配、层层调拨的运行机制，形成了多种成份并存、多条渠道流通、营销环节减少、灵活开放经营的新的运行机制和流通体制新格局。

在省财贸办工作期间，适逢全省经济体制、粮食购销体制和物价改革的关键时期，他精心组织，周密安排，率先进行粮食购销体制改革，得到了国务院领导的充分肯定，为全国大多数省市的改革提供了宝贵经验；攻坚克难，积极推动物价改革、经济体制改革和商贸体制改革，保持了市场物价的基本稳定，促进了市场繁荣，特别是保证了重大节日的繁荣稳定，为提高人民群众的生活水平做出了积极贡献。

任省政协副主席期间，他坚持中国共产党领导的多党合作和政治协商制度，认真履行“政治协商、民主监督、参政议政”三项职能，围绕中心，服务大局，充分发挥政协参政议政、建言献策作用，关注社会反映的难点、热点问题，充分发挥熟悉经济工作的优势，深入分析社会各界普遍关注的资金问题，提出了解决资金困难的对策建议，主编出版了《资金问题与对策研究》《世行贷款对农业开发的影响》《物价问题研究》等多部专著，对于深化财政金融管理体制改革拓宽了视野，开阔了思路，为我省政协工作做出了应有的贡献。

退出领导岗位后，陈德贵同志时刻关心关注全省改革开放和现代化建设，继续发挥余热，积极参加各项力所能及的工作，先后在省老龄委、省老促会、省关工委、省老年体协担任副主任、副会长、副主席等社会职务，尤其是推进了全省老年门球事业的开展，对全省老年体育事业的发展做出了贡献。

陈德贵同志的一生，始终忠于党、忠于人民，对中国特色社会主义事业充满信心。他政治立场坚定，具有较强的政治敏锐性和政治鉴别力，在大是大非面前头脑清醒，始终与党中央保持一致。他勤奋好学、思维敏捷，思路清晰、实事求是，善于统揽全局、推动工作，具有较高的领导艺术和较强的亲和力。他公道正派、胸怀坦荡，关心同志、爱护干部。他恪尽职守，作风扎实，坚持理论联系实际，经常深入基层调查研究，赢得了广大干部群众的尊敬和好评。

陈德贵同志的一生，是忠诚革命事业的一生，全心全意为人民服务的一生。他品格高尚，勤奋工作，把毕生的精力献给了中国人民的解放事业和社会主义建设事业。他虽然离开了我们，但他的高尚品质和优良作风永存！

陈德贵同志永远活在我们心中！

大事记要

中共山西省委大事记

1　月

4日至9日　省委常委分别带队赴各市进行2011年度目标责任考核。

5日　省委召开常委会，讨论王君在省十一届人大六次会议上所作的《政府工作报告》（送审稿）

同日　袁纯清、张少华、刘云海、李政文出席省军区党委九届十八次全体（扩大）会议，袁纯清讲话。

5日至6日　省委、省政府召开省委农村工作暨扶贫开发工作会议，袁纯清、王君出席会议并讲话，薛延忠、金道铭、陈川平、杜善学、申联彬、郭迎光、李潭生出席会议。

6日　金道铭、王建明、张建欣、郭迎光出席省社会管理综合治理委员会第一次全体会议。

7日至9日　省武警总队党委三届二次全体（扩大）会议召开，袁纯清看望与会代表。王建明、张建欣出席会议并讲话。

8日　袁纯清、王君走访慰问北京军区，国务委员兼国防部长梁光烈接见袁纯清、王君一行，北京军区司令员房峰辉、政委刘福连出席座谈会，李小鹏、张少华、刘云海、李政文参加走访慰问并出席座谈会。

9日　省委依法治省领导组召开专题会议，袁纯清主持会议并讲话，王君、胡苏平、王建明出席会议。

同日　省委办公厅召开干部大会，宣布杜善学任省委秘书长，李政文不再担任省委秘书长，汤涛出席会议。

10日　袁纯清会见出席省政协十届五次会议的港澳委员，薛延忠、聂春玉参加会见。

10日至14日　省政协十届五次会议召开。

11日至15日　省十一届人大六次会议召开。

12日　袁纯清与中央驻晋新闻单位负责同志座谈，胡苏平、杜善学参加座谈会。

同日　金道铭、高建民、王建明、左世忠出席在晋铁路检察院移交协议签字仪式。

同日　李小鹏出席纪念刘胡兰烈士英勇就义65周年大会并讲话。

13日　省委、省政府在太原煤炭交易中心举行2012春节联欢晚会，省四大班子领导出席晚会，袁纯清致新春贺辞。

14日　袁纯清会见中华全国总工会副主席、书记处第一书记王玉普一行，金道铭、郭海亮参加会见。

15日　省委召开常委会：1、传达十七届中央纪委七次全会精神，研究山西省贯彻落实意见；2、传达全国宣传部长会议精神，研究山西省贯彻落实意见；3、传达贯彻落实中央民族工作会议精神经验交流会精神，研究山西省贯彻落实意见；4、传达全国人才工作座谈会精神，研究山西省贯彻落实意见；5、审定中共山西省委常委会2012年工作要点。

同日　省委召开稳定和信访工作点评会议，袁纯清出席会议并讲话，金道铭主持会议，李小鹏、陈川平、王建明、杜善学、张建欣、左世忠出席会议。

同日　省委印发《中共山西省委常委会2012年工作要点》。

15日至18日　省委常委分赴各市走访慰问困难群众、老劳模、老党员。

17日至19日　省委常委、副省长分别带队慰问在太原的省级老同志及已故老同志遗孀。

18日　全省党风廉政建设干部大会暨省纪委十届二次全会召开，袁纯清出席会议并讲话，王君主持会议，省委、省人大、省政府、省政协负责同志和省法、检两长出席会议。

同日　袁纯清在省信访局调研，杜善学陪同调研。

同日　省党政军迎春招待会在太原举行，袁纯清、王君、薛延忠、金道铭、刘云海、徐宏亮、赵传祥、李小鹏、王建明、杜善学、申联彬出席，金道铭致辞，李小鹏主持。

19日 省城各界人士迎春茶话会在太原举行，袁纯清、王君、薛延忠、金道铭、李小鹏、高建民、汤涛、李兆前、陈川平、聂春玉、杜善学出席，王君讲话，薛延忠主持。

18日至19日 全省政法工作会议在太原召开，金道铭出席会议并讲话，王建明作工作报告，张建欣、左世忠、杨司出席会议。

20日 省委、省政府举行2012年春节团拜会，省委、省人大、省政府、省政协负责同志和部分正省级老同志出席会议，袁纯清致辞，王君主持。

21日 袁纯清在吕梁市临县走访慰问困难农户，看望干部群众，杜善学陪同走访。王君、金道铭、高建民、陈川平分两路在太原市检查春运和节日市场情况，看望慰问节日期间坚守在工作一线的干部职工。

29日 袁纯清在太钢集团调研,杜善学陪同调研。

30日 省委召开常委会：1、研究讨论《关于开展全省保持党的纯洁性学习教育活动的工作方案》；2、传达中央文件；3、安排部署省委、省政府领导同志在大型企业和贫困县建立联系点工作。

同日 省委、省政府召开全省转型综改试验区先行先试推进大会，袁纯清主持会议并讲话，王君讲话，省委、省人大、省政府、省政协负责同志出席会议，省军区、省法院、省检察院、省武警总队主要负责同志，省直各部门、中央驻晋单位和企业主要负责同志，省管国有骨干企业主要负责同志在主会场出席会议，各市、县设分会场。

31日 王君在山西焦煤集团调研。

2 月

1日至12日 袁纯清率中国共产党代表团、山西省经贸代表团赴日本、老挝、马尔代夫、斯里兰卡进行友好访问，访问期间，会见四国党政要人，考察相关企业，拜会我驻外使馆，广泛接触四国政府有关部门、地区、组织和企业界人士。

2日 王君在晋中市左权县调研。

同日 全省维护社会稳定工作会议在太原召开，金道铭主持会议，王建明、张建欣、杨司出席会议。

1月31日至2月4日 省委常委、副省长分别到各自联系的大型国有企业和贫困县联系点进行专题调研。

4日 王君、薛延忠、胡苏平、高建民、陈川平、杜善学出席元宵节音乐会。

6日 金道铭主持召开部分高校党委书记座谈会。

8日 金道铭出席省总工会十二届三次全委（扩大）会议并讲话。

同日 金道铭、郭迎光出席省委农村工作领导组会议并讲话。

同日 省第九届村民委员会换届选举工作领导组召开第四次会议，汤涛、王雅安出席会议并讲话。

同日 省委、省政府印发《关于进一步加强“三农”工作奋力实现农民收入翻番的决定》。

9日 高建民出席全省贸促工作会议并讲话。

10日 全省高等学校党的建设工作会议召开，金道铭出席会议并讲话，胡苏平、张平出席会议，汤涛主持会议。

13日 省委召开“213”会议，省委常委，省人大、省政府、省政协党员负责同志和省法、检两长以及在山西工作的党的十七大代表出席会议。

同日 金道铭、王建明、张建欣出席全省公安局长会议。

同日 金道铭、郭迎光、郭海亮、李雁红出席全省农业工作会议。

同日 省委、省政府印发《关于深入贯彻党的十七届六中全会〈决定〉加快建设文化强省的实施意见》。

14日 省委召开常委会：1、听取关于十八大议题讨论情况的报告；2、研究讨论《关于开展保持党的纯洁性学习教育活动的工作意见》（修改稿）。

同日 省委办公厅印发《关于开展保持党的纯洁性学习教育活动的意见》。

15日 袁纯清会见中国农业银行党委书记、董事长蒋超良一行，李小鹏参加会见。

同日 省委召开全省开展保持党的纯洁性学习教育活动动员会议，金道铭、胡苏平、汤涛、李兆前出席会议，陈川平在太原市分会场出席会议。

同日 金道铭出席全省关心下一代工作会议。

16日至19日 中央政治局委员、中央书记处书记、中宣部部长刘云山在我省太原、长治、晋城等地调研，袁纯清、王君、胡苏平、陈川平、杜善学、张平分别陪同调研。

17日至18日 中央政治局委员、国务委员刘延东在我省太原、晋中、吕梁等地调研，袁纯清、王君、陈川平、张平、任润厚分别陪同调研。

同日 全国文化体制改革工作会议在太原召开，中央政治局委员、中央书记处书记、中宣部部长刘云山，中央政治局委员、国务委员刘延东出席会议并讲话，袁纯清致辞，王君作典型发言，胡苏平、张平出席会议。中央文化体制改革和发展工作领导小组成员及其办公室成员，各省（区、市）党委宣传部长、副省长（副主席、副市长），中央宣传文化单位负责同志等出席会议。

19日 袁纯清在武乡县调研，杜善学陪同调研。

20日 省委办公厅、省政府办公厅印发《山西省非时政类报刊出版单位体制改革实施方案》。

23日 中国（太原）煤炭交易中心煤炭现货交易正式启动，袁纯清、王君共同启动煤炭现货交易，李小鹏、杜善学出席启动仪式，牛仁亮主持启动仪式。

同日 王君会见国家电监会党组书记、主席吴新雄一行。

24日 省委召开常委会：1、传达贯彻李长春重要批示精神以及刘云山、刘延东考察山西重要讲话精神，研究贯彻落实全国文化体制改革工作会议精神的意见；2、听取省妇联工作情况汇报；3、听取关于对省直纪检监察派驻机构实行联组管理意见的汇报。

同日 省委召开议军会议暨国动委第五次全体会议，袁纯清主持会议并讲话，王君讲话，金道铭、张少华、刘云海、李小鹏、高建民、陈川平、杜善学出席会议。

同日 大型原创舞剧《粉墨春秋》在太原演出，袁纯清、胡苏平、高建民、汤涛、李兆前、陈川平、王建明、杜善学、张平、郭良孝、令政策观看演出。

25日 王君、李小鹏、高建民会见台湾富士康集团董事长郭台铭一行。

27日 省委召开常委会：1、听取关于中央纪委、中央组织部严肃换届纪律深入整治用人不正之风工作推进会议精神的汇报；2、听取关于加强和改进全省非公有制经济组织党的建设工作意见的汇报；3、听取关于全省2011年度目标责任考核情况的汇报，审定考核结果。

同日 中央巡视组莅晋开展巡视回访工作，召开中央巡视组回访山西省工作动员会，中央第五地方巡视组组长徐光春、中央巡视办副主任李新丽分别讲话，袁纯清主持动员会并汇报有关情况，省委常委和省人大、省政府、省政协党组领导班子成员出席会议。

28日 省委召开电视电话会议，对在全省实施非公有制经济组织党组织集中组建计划进行工作安排，金道铭、汤涛、聂春玉、张建欣出席会议。

同日 金道铭出席省妇联十届四次执委（扩大）会议并讲话。

29日 袁纯清会见加拿大中国商会会长练子乔一行。

3 月

1日 省委召开常委会：1、听取关于山西省出席党的十八大代表候选人推荐提名和初步人选考察对象建议名单的情况汇报；2、听取关于全国学习贯彻《关于加强新形势下党外代表人士队伍建设的意见》电视电话会议精神汇报，研究山西省贯彻落实意见；3、听取团省委工作情况汇报。

同日 省委、省政府召开2011年度目标责任考核总结表彰大会，袁纯清出席会议并讲话，王君主持会议，金道铭宣读表彰决定，省委、省人大、省政府、省政协有关负责同志出席会议。

同日 袁纯清出席山西省与中直单位互派干部挂职并选派干部赴省外综改试验区挂职锻炼动员会并讲话，汤涛主持会议。

同日 出席全国政协十一届五次会议的在晋全国政协委员赴京，金道铭、高建民、王雅安、郭良孝、李潭生到太原火车站送行。

同日 省委办公厅印发《省市两级党委书记面对面点评信访工作制度》。

2日 出席十一届全国人大五次会议的在晋全国人大代表赴京，金道铭、靳善忠、任润厚、郭良孝到太原火车站送行。

同日 金道铭同志出席省委党校2012春季开学典礼并讲话。

同日 山西省在京举行山西籍和在山西工作过的在京领导同志招待会，袁纯清主持招待会，王君通报我省经济社会发展情况，出席全国“两会”的省领导、曾在山西工作和在京山西籍领导同志出席招待会。

5日 金道铭出席全省弘扬雷锋精神座谈会并讲话。

9日 金道铭出席团省委十三届六次全体（扩大）会议并讲话。

12日 袁纯清在京会见中国五矿集团公司党组书记、总裁周中枢一行，杜善学参加会见。

同日 金道铭主持召开部分国有企业党建工作座谈会。

同日 省委办公厅、省政府办公厅转发《山西省2012年“扫黄打非”行动方案》。

13日 省委、省政府召开全省县域经济推进会议，金道铭出席会议并讲话，陈川平、王雅安、张茂才出席会议，郭迎光主持会议。

同日 省委、省政府印发《贯彻落实<关于加快推进农业科技创新持续增强农产品供给保障能力的若干意见>的意见》。

15日 省委召开常委会：1、传达中央文件；2、传达中央对台工作会议精神，研究山西省贯彻落实意见；3、传达贯彻中办发电3号文件精神，研究山西省贯彻落实意见。

16日 省委召开常委会，传达十一届全国人大五次会议和全国政协十一届五次会议精神及贺国强、马凯参加山西代表团审议时的重要讲话精神，研究山西省贯彻落实意见。

17日 袁纯清会见泰国正大集团董事长谢国民一行，郭迎光参加会见。

同日 王君会见福特汽车（中国）有限公司董事长兼首席执行官萧达伟一行，李小鹏参加会见。

19日 金道铭、郭迎光出席全省机关单位定点扶贫动员暨表彰大会。

20日 袁纯清在太原市调研，就保持党的纯洁性学习教育活动进行座谈，汤涛主持座谈会，陈川平、杜善学陪同调研并参加座谈。

同日 金道铭主持召开全省部分高校加强大学生思想政治工作座谈会。

同日 省委常委集体观看廉政教育剧目《西沟女儿》。

21日至23日 袁纯清在临汾市调研，杜善学陪同调研。

26日 省委办公厅、省政府办公厅印发《关于加强和改进新形势下侨联工作的意见》。

同日 省委办公厅、省政府办公厅印发《贯彻落实<关于加强和创新社会管理的实施意见>重要政策措施分工方案》。

27日 袁纯清会见墨西哥驻华大使豪尔赫·瓜哈尔多一行。

27日至28日 王君在吕梁市、临汾市调研。

28日 省文明委召开第十一次全体会议，袁纯清主持并讲话，胡苏平、张平出席会议。

29日 袁纯清在晋中市和山西农业大学调研。

同日 省委办公厅印发《关于在全省深入开展学雷锋活动的实施方案》。

30日 省委举行保持党的纯洁性教育活动先进事迹报告会，袁纯清主持并讲话，省委、省人大、省政府、省政协负责同志和省法、检两长等出席报告会。

同日 袁纯清看望全国政协副主席陈宗兴一行，薛延忠、聂春玉、周然陪同看望。

31日 省委召开常委会：1、听取关于全国非公有制企业党的建设工作会议精神的汇报；2、听取关于山西省出席党的十八大代表候选人初步人选考察情况的汇报；3、听取关于民革省委驻会副主委（主持工作）张友君考察情况的汇报；4、听取省纪委有关干部处理情况的汇报。

4　月

1日 省委、省政府召开全省高速公路建设誓师动员大会，袁纯清出席会议并宣布“山西省2012年决战1000公里高速公路全面启动”，王君讲话，薛延忠、李小鹏出席，牛仁亮主持。

同日 省委、省人大、省政府、省政协负责同志和省军区、省法检两长、省武警总队主要负责同志到太原牛驼寨烈士陵园，向太原革命烈士纪念碑敬献花篮。

同日 第五届中国·介休清明（寒食）文化节在介休市绵山风景区开幕，胡苏平出席并致辞，李政文、令政策、卫小春出席开幕式。

5日 王君会见参加第三届“中外使节山西行”活动的中外使节代表团一行。

同日 王君会见韩国电力公社社长金重谦一行，任润厚参加会见。

5日至6日 袁纯清在忻州市调研,杜善学、周然陪同调研。

8日 省城举行党政军民义务植树活动，省委、省人大、省政府、省政协、省军区、省法检两院和省武警总队、驻太原部队军政负责同志参加植树活动。

9日 省委召开常委会，学习讨论《人民日报》评论员文章《集中精力把两会精神贯彻好》《牢牢把握稳中求进的总基调》《满怀信心迎接党的十八大》。

同日 袁纯清会见新疆昌吉州党政代表团一行,李小鹏参加会见。

10日 袁纯清会见中组部老干部政策落实督查组一行，汤涛参加会见。

同日 省委召开常委会，传达中央精神，就贯彻落实中央精神和做好当前工作提出明确要求，作出具体部署。

同日 省委召开全省领导干部大会，袁纯清主持并传达中央精神，就贯彻落实中央精神和做好当前工作提出明确要求，作出具体部署。

同日 省委办公厅、省政府办公厅印发《山西省基层密码工作管理规范（试行）》。

11日 省委办公厅、省政府办公厅印发《关于省社会治安综合治理委员会更名为省社会管理综合治理委员会的通知》。

12日 袁纯清在武乡县蟠龙镇砖壁村住村调研。

12日至13日 王君在大同市、忻州市调研。

13日 袁纯清在长治市黎城县调研。

14日 袁纯清、王君分别参观山西省第五届高新技术产业成果展，杜善学、牛仁亮陪同参观。

16日 省委召开常委会，听取省委统战部关于协助民主党派省级组织做好换届筹备工作情况的汇报。

同日 袁纯清、王君、薛延忠、高建民、陈川平、杜善学、申联彬、郭海亮、牛仁亮、张平、任润厚、令政策出席全省“项目落地年”启动仪式，袁纯清、王君共同为全省项目落地年活动启航，李小鹏主持启动仪式。

16日至18日 袁纯清率山西省党政代表团赴广东省学习考察。考察期间，召开两省交流座谈会，举行2012年山西省（广州）招商推介会。中央政治局委员、广东省委书记汪洋，广东省委副书记、省长朱小丹等陪同考察或出席座谈会。李小鹏、高建民、陈川平、杜善学参加考察活动。

19日至20日 袁纯清率山西省党政代表团赴湖北省学习考察。考察期间，召开两省交流座谈会，举行2012年山西省（武汉）招商推介会。湖北省委书记、省人大常委会主任李鸿忠，湖北省委副书记、省长王国生等陪同考察或出席座谈会。李小鹏、高建民、陈川平、杜善学参加考察活动。

19日 省委办公厅、省政府办公厅印发《各市和省直部门（单位）2012年度目标责任考核指标》。

21日 袁纯清会见中国侨联主席林军一行，聂春玉参加会见。

23日 袁纯清出席省军区第十次党代会并讲话。

同日 省委办公厅、省政府办公厅印发《关于进一步深化创新厂务公开民主管理工作的意见》。

24日 金道铭、郭迎光出席全省连片特困地区扶贫开发工作试点县座谈会，金道铭主持会议。

25日 金道铭、王建明出席省综治委专项组工作会议，金道铭出席会议并讲话，王建明主持会议。

26日 王君会见外交部驻外使节团一行，高建民参加会见。

27日 省委召开常委会：1、听取关于2012年山西省“五一”劳动奖章获得者省管干部推荐情况的汇报；2、研究讨论《关于专项整治“吃拿卡要”创优发展环境的实施意见》；3、听取关于全省党政机关公务用车问题专项治理情况的汇报；4、听取关于全国党史研究室主任会议精神及山西省贯彻落实意见的汇报；5、听取关于“山西精神”表述语征集提炼活动情况的汇报；6、听取省纪委关于案件审理情况和处分意见的报告。

27日 袁纯清会见中国残联党组书记、理事长王新宪一行,李小鹏参加会见。

27日至28日 王君在左权县石匣乡竹宁村下乡住村。

28日 山西省举办山西省职工“五一”文艺晚会，省委、省人大、省政府、省政协有关负责同志和省法检两长、部分老同志观看文艺晚会。

29日 山西省召开“五一”表彰大会，袁纯清、王君、薛延忠、金道铭、杜善学、申联彬、任润厚出席会议，金道铭讲话。

5 月

3日 山西省举行纪念中国共产主义青年团成立90周年大会，袁纯清讲话，金道铭主持会议，省委常委和省人大、省政府、省政协、省军区有关负责同志及省法检两长、省武警总队主要负责同志出席会议。

同日 袁纯清会见全国妇联党组书记、副主席、书记处第一书记宋秀岩一行，张建欣参加会见。

5日 王君会见教育部党组副书记、副部长杜玉波一行，张平参加会见。

6日 太原理工大学举行建校110周年庆祝大会，全国政协副主席厉无畏，袁纯清、王君、薛延忠、胡苏平、杜善学、张平，教育部、中国工程院、中国科学院等国家部委和部分省市有关负责同志出席庆祝大会。袁纯清为执教五十年的教师代表颁发荣誉证书，王君为捐资助学的校友代表颁发荣誉证书。

7日至9日 王君率领山西省党政代表团赴河南省学习考察。考察期间，两省举行经济社会发展座谈会和2012年山西省（郑州）招商推介会。河南省委副书记、省长郭庚茂，河南省委副书记、组织部长邓凯等陪同考察或参加座谈会。李小鹏、高建民、聂春玉、牛仁亮参加考察活动。

8日 山西大学举行建校110周年庆祝大会，中共中央政治局常委、全国政协主席贾庆林和中共中央政治局委员、国务委员刘延东发来贺信。袁纯清、薛延忠、杜善学、张平，教育部、中国工程院、中国科学院等国家部委及部分省市有关负责同志出席庆祝大会。袁纯清为杰出校友代表颁发荣誉证书，张平讲话。

9日至10日 袁纯清在吕梁市调研，杜善学、刘滇生陪同调研。

9日至11日 王君率领山西省党政代表团赴福建省学习考察。考察期间，两省举行经济社会发展座谈会和2012年山西（福建）经贸合作推介会。福建省委书记、省人大常委会主任孙春兰，福建省委副书记、省长苏树林等陪同考察或参加座谈会，李小鹏、高建民、聂春玉、牛仁亮同志参加考察活动。

10日 省委办公厅、省政府办公厅印发《关于整治“吃拿卡要”问题创优发展环境的实施方案》。

12日 袁纯清看望全国政协副主席、民建中央第一副主席张榕明一行，薛延忠、聂春玉、杜善学、王宁陪同看望。

14日 省委召开常委会：1、听取关于山西省出席党的十八大代表候选人初步人选有关情况以及建议召开省党代表会议的汇报；2、听取关于2012年省工商联换届筹备工作情况的汇报。

同日 省委中心组举行学习报告会，邀请中国社会科学院党组副书记、副院长李慎明作关于“保持党的纯洁性，为建设中国特色社会主义而奋斗”的辅导报告，袁纯清主持报告会并讲话，省四大班子负责同志出席报告会。

同日 王君会见北京汽车集团有限公司党委书记、董事长徐和谊一行，李小鹏、任润厚参加会见。

同日 省委、省政府印发《关于分类推进事业单位改革的实施意见》。

15日 中共山西省委十届三次全体会议召开，圈选山西省出席党的十八大代表候选人预备人选，通过关于召开中国共产党山西省代表会议的决议。

同日 省委常委召开保持党的纯洁性学习教育活动学习心得交流会。

同日 袁纯清和中国科协常务副主席、书记处第一书记、党组书记陈希出席山西省基层科普设施建设工程启动仪式，聂春玉主持仪式。

16日 袁纯清在湖南国际会展中心巡视山西省综合展区和新能源汽车展区布展工作，看望慰问参展企业和展区工作人员。

同日 王君会见中国科协常务副主席、书记处第一书记、党组书记陈希一行，陈川平、聂春玉、卫小春参加会见。

17日 中部论坛长沙会议召开，袁纯清、王君率领山西省有关部门主要负责同志参加会议，王君作题为《在转型跨越发展中实现绿色崛起》的大会发言。

18日 第七届中国中部投资贸易博览会在湖南国际会展中心开幕，中共中央政治局委员、国务院副总理王岐山宣布开幕，王君、高建民和皖豫鄂湘赣五省的领导同志出席开幕式。

同日 省委办公厅、省政府办公厅印发《关于建立健全维护稳定工作制度的意见》。

19日 省委召开常委会，研究中国共产党山西省代表会议有关材料。

20日 省工商联（总商会）第十一次会员代表大会召开，袁纯清、王君接见与会代表，薛延忠、聂春玉、杜善学、李政文、郭迎光参加接见或出席会议。

20日至23日 中共中央政治局委员、全国人大常委会副委员长、中华全国总工会主席王兆国在山西省晋城、长治、吕梁、晋中、太原等地考察。考察期间，王兆国分别参加人大、工会工作座谈会，袁纯清、王君、金道铭、陈川平、杜善学出席座谈会或陪同考察。

23日至24日 中国共产党山西省代表会议召开，来自山西省各条战线的667名党代表出席会议，选举产生42名山西省出席中国共产党第十八次全国代表大会代表，省委常委会主持会议，袁纯清作重要讲话。

24日 袁纯清会见中国人民保险集团公司党委书记、董事长吴焰一行，李小鹏参加会见。

25日 省老区建设促进会成立20周年总结表彰暨省老促会五届二次理事会召开，袁纯清接见与会代表并讲话，杜善学出席会议并讲话。

同日 省委召开常委会：1、听取关于当前山西省维护稳定形势和下一步工作意见的汇报；2、传达贯彻全国创先争优理论研讨会精神，研究山西省贯彻落实意见。

26日至27日 水利部部长陈雷在太原市、吕梁市调研，王君、陈川平、郭迎光分别陪同调研。

31日 袁纯清与新一届省工商联班子成员及有关专家进行座谈，聂春玉主持座谈会，郭迎光出席会议。

同日 王君会见工业和信息化部党组副书记、副部长、国防科工局局长陈求发一行，任润厚参加会见。

同日 省委办公厅、省政府办公厅印发《落实2012年“三农”政策措施分工方案》。

同日 省委办公厅、省政府办公厅印发《关于深化政务公开加强政务服务的实施意见》。

6 月

1日 省委中心组举行学习报告会，邀请国家统计局副局长许宪春作关于“GDP与当前经济形势分析”的辅导报告，袁纯清主持报告会并讲话，省四大班子负责同志出席报告会。

同日 袁纯清到太原市社会（儿童）福利院，看望孤残儿童，陈川平陪同看望。

同日 王君到太原市恒大小学、新星幼儿园看望慰问少年儿童，陈川平、张平、张建欣陪同看望。

同日 王君会见华润集团董事长宋林一行，李小鹏、令政策参加会见。

4日 袁纯清会见广东省人大常委会主任欧广源率领的广东省经贸代表团一行，杜善学、申联彬参加会见。

同日 省委办公厅、省政府办公厅、省军区政治部印发《关于进一步加强全民国防教育工作的通知》。

同日 省委办公厅转发《山西省党员领导干部信访工作责任追究暂行办法》。

4日至7日 广东省人大常委会主任欧广源率广东省经贸代表团莅晋考察，高建民、陈川平、杜善学、申联彬、李政文、任润厚陪同考察。

5日 袁纯清在太原市调研，陈川平、杜善学陪同调研。

同日 袁纯清看望来山西省调研的全国人大常委会副委员长、民革中央主席周铁农一行，李小鹏、谢克昌、王雅安陪同看望。

6日至7日 袁纯清在运城市调研，李兆前、杜善学、王宁陪同调研。

6日至7日 王君在忻州市调研。

8日 省委人才工作领导组召开第七次会议，袁纯清出席会议并讲话，李小鹏、牛仁亮出席会议，汤涛主持会议。

10日 省城安全生产月宣传咨询日活动在太原举行，袁纯清、王君、陈川平、申联彬、任润厚分别巡视活动现场或出席启动仪式。

11日 省委常委集体赴革命老区长治市武乡县，进行保持党的纯洁性革命传统教育。

同日 省委召开常委会：1、传达全国党委秘书长会议精神，研究山西省贯彻落实意见；2、听取关于民革山西省委换届人事方案的汇报。

12日 袁纯清会见上海市政协主席冯国勤率领的上海市政协港澳考察团一行，薛延忠、杜善学、令政策、王宁参加会见。

14日 王君会见国家税务总局党组书记、局长肖捷一行，李小鹏参加会见。

15日 山西省——中央企业合作交流恳谈会在北京举行，袁纯清、王君、李小鹏、高建民和国务院国资委主任、党委书记王勇、国务院国资委副主任黄丹华出席会议，袁纯清讲话，王君致辞。

同日 袁纯清在国防大学作题为“转型——山西科学发展的必由之路”专题辅导报告，国防大学校长王喜斌等出席，政委刘亚洲主持。

18日 王君在太原市调研，李小鹏、陈川平陪同调研。

19日 中央第五地方巡视组向山西省反馈巡视回访情况，巡视组组长徐光春代表巡视组反馈情况。袁纯清主持会议并讲话，省委常委和省人大、省政府、省政协党组成员出席会议。

同日 袁纯清会见新加坡国会议员、“通商中国”机构总裁刘燕玲率领的新加坡商务考察团一行，高建民、杜善学参加会见。

20日 省委召开常委会，传达中央马克思主义理论研究和建设工程工作会议精神，研究山西省贯彻落实意见。

同日 王君会见中国工程院院长周济一行,聂春玉、郭迎光参加会见。

同日 省委办公厅转发《2012年全省宣传思想文化工作要点》。

同日 省委办公厅、省政府办公厅印发《关于进一步加强和改进新形势下群众工作促进社会和谐稳定的意见》。

21日 袁纯清在吕梁市岚县调研太钢集团袁家村铁矿项目建设情况，任润厚陪同调研。

同日 袁纯清看望全国人大常委会副委员长路甬祥一

行，杜善学、靳善忠陪同看望。

25日 王君会见中国驻英国大使刘晓明一行，高建民参加会见。

26日 省委、省政府召开全省离退休干部暨老干部工作“双先”表彰电视电话会议，袁纯清、王君出席会议，李小鹏宣读表彰决定，汤涛讲话，陈川平在太原市分会场出席会议，杜善学主持会议。

同日 王君会见新疆生产建设兵团农六师五家渠市党政代表团一行，李小鹏参加会见。

同日 省委办公厅印发《关于进一步加强和改进非公有制经济组织党的建设工作的意见（试行）》。

27日 袁纯清出席山西省各民主党派新一届省委会领导班子成员座谈会并讲话，聂春玉同志主持会议。

27日至28日 省委常委分别深入基层，参加基层党组织纪念建党91周年党日活动。袁纯清在晋中市榆次区北田镇朱村，看望慰问老党员，参加田间劳动，与党员一起过组织生活，给大家讲党课。王君在山西焦煤集团西山煤电公司官地煤矿，走访慰问老党员、困难党员。

29日 省委中心组举行专题学习会，邀请中央对外宣传办公室、国务院新闻办公室、国家互联网信息办公室副主任钱小芊作题为“关于我国互联网发展和管理”的报告，袁纯清主持会议并讲话，省四大班子负责同志出席会议。

7月

2日 胡苏平、杜善学、曾广超分别代表省委、省政府、省军区慰问航天员景海鹏、刘旺的家属。

同日 李小鹏陪同民政部部长李立国在运城调研。

2日至3日 中央书记处书记、中央纪委副书记何勇在运城市考察工作，袁纯清、王君、金道铭、李小鹏、李兆前、杜善学分别陪同考察。

3日 全国村务公开民主管理工作会议在运城市召开，中央书记处书记、中央纪委副书记何勇出席会议并讲话，民政部部长李立国主持会议，中央组织部副部长王秦丰宣读《关于命名“全国村务公开民主管理示范单位”决定》，袁纯清致辞，王君、金道铭、李小鹏、李兆前、杜善学出席会议。

同日 张建欣代表省委、省政府慰问“蛟龙号”潜航员刘开周的家属。

4日至5日 王君在运城市调研。

9日 袁纯清看望省政协原副主席、九三学社省委原主委姚奠中，杜善学、刘滇生陪同看望。

10日 袁纯清在新华社山西分社、人民日报社山西分社、山西广播电视台、山西日报报业集团、黄河新闻网调研，胡苏平、杜善学陪同调研。

同日 袁纯清看望全国政协副主席李兆焯一行，薛延忠、令政策、王宁陪同看望。

12日 武警部队推进全面建设现代后勤工作会议在太原召开，武警部队司令员王建平出席会议并讲话，政委许耀元出席会议，袁纯清出席会议并致辞，王君、王建明、杜善学、张建欣出席会议。会前，袁纯清、王君同志会见武警部队司令员王建平、政委许耀元一行。

13日 省委召开常委会：1、传达全国科技创新大会精神，研究山西省贯彻落实意见；2、传达全国创先争优表彰大会和全国省区市党委组织部长创先争优情况通报会精神，研究山西省贯彻落实意见；3、传达全国村务公开民主管理现场会精神，研究我省贯彻落实意见；4、听取关于落实中央巡视组对山西巡视回访情况反馈意见整改方案的汇报；5、传达全国巡视工作理论研讨会精神，研究我省贯彻落实意见；6、听取省纪委关于干部处理情况的汇报。

14日 王君会见国家发改委副主任、国家能源局局长刘铁男一行，牛仁亮参加会见。

16日 袁纯清在省高级人民法院、省人民检察院、省公安厅、省国家安全厅调研，王建明、杜善学陪同调研。

同日 环境保护部与省政府签订合作协议，袁纯清出席签字仪式，环境保护部部长周生贤、王君分别代表部省双方签字，牛仁亮主持签字仪式。

同日 金道铭会见山西省受到第七次全国信访工作会议表彰的先进集体、个人和从事信访工作25年以上的代表，王建明、杜善学参加会见。

17日 省委中心组举行学习报告会，邀请环境保护部部长周生贤作关于“环境保护形势”的专题报告，袁纯清主持会议并讲话，省四大班子负责同志出席报告会。

同日 王君会见三一集团董事长梁稳根、总裁向文波一行，陈川平参加会见。

18日 袁纯清在朔州市调研，杜善学、任润厚陪同调研。

同日 王君主持召开全省焦化、冶金、电力、装备制造等重点行业国有大型企业座谈会。

19日 袁纯清会见彭云先进事迹报告团一行，汤涛参加会见。

同日 袁纯清会见老挝人民革命党中央委员、琅勃拉邦省省委书记、省长坎平·赛宋平一行，杜善学参加会见。

同日 王君主持召开民营企业座谈会。

20日 省委召开常委会：1、听取省政府关于上半年全省经济形势的汇报，研究下一步经济工作；2、传达第七次全国信访工作会议精神，研究山西省贯彻落实意见；3、传达全国维护社会稳定工作电视电话会议精神，研究山西省贯彻落实意见；4、研究讨论关于在全省开展干部人事档案专项清理工作的实施方案。

同日 王君会见老挝人民革命党中央委员、琅勃拉邦省省委书记、省长坎平·赛宋平一行，高建民参加会见。

同日 金道铭会见尼泊尔共产党（毛主义）主席基兰一行，杜善学参加会见。

同日 省委办公厅印发《关于加强全省县级党校工作的意见》。

同日 省委办公厅、省人大办公厅、省政府办公厅、省政协办公厅印发《山西省办理政协提案的规定》。

24日 全省深入推进学习弘扬右玉精神、保持党的纯洁性工作座谈会在右玉召开，金道铭出席会议并讲话，汤涛、李兆前出席会议。

26日 2012年华北东北地区纪检监察工作座谈会召开，中央纪委副书记张惠新出席会议，袁纯清出席会议并致辞，李兆前出席会议。

27日 省委召开全委（扩大）会议，会议由省委常委会主持，袁纯清讲话，王君对上半年经济工作进行总结，对下半年经济工作作出部署，金道铭通报中央巡视组反馈意见。

同日 王君会见国家质监总局局长支树平一行，高建民、张建欣参加会见。

30日 省委印发《关于认真学习贯彻胡锦涛总书记在省部级主要领导干部专题研讨班重要讲话精神的通知》。

同日 省委印发《关于落实中央巡视组反馈意见的整改方案》。

31日 袁纯清、王君、金道铭、李小鹏分别带队进行“八一”慰问，省委常委、副省长和省军区有关负责同志参加慰问活动。

同日 袁纯清在省防汛指挥中心调研，杜善学、郭迎光陪同调研。

同日 省城军民庆祝建军85周年电影晚会举行，省四大班子负责同志、省级老同志和省城军民观看影片《一八九四·甲午大海战》。

8 月

1日 全省综合防卫国防动员指挥演练暨党管武装工作述职会议召开，北京军区副司令员张宝书和袁纯清出席会议并讲话，王君主持演练活动，薛延忠、金道铭、刘云海、张少华、李小鹏、高建民、陈川平、杜善学、申联彬、牛仁亮、左世忠、杨司等出席会议和演练活动。

2日 省委召开“802”会议，在山西的十七届中央委员、中央候补委员、中纪委委员，省委常委，省人大、省政府、省政协党员负责同志和省法、检两长以及在山西工作的党的十七大代表出席会议。

3日 全省维稳信访综治工作电视电话会议召开，袁纯清、王君、金道铭、陈川平、王建明、杜善学、张建欣、左世忠、杨司分别在主会场和分会场出席会议，金道铭讲话，王建明主持会议。

5日 袁纯清会见以中央联席会议办公室副主任、国家信访局副局长徐业安为组长的中央信访工作督导组一行，杜善学参加会见。

6日 袁纯清会见来山西省交流参观的“爱我中华”两岸四地青年大汇聚火车团一行，高建民参加会见。

同日 中央信访督导组听取省委、省政府专题汇报，金道铭主持会议并讲话，李小鹏、王建明出席会议，杜善学汇报有关工作。

7日 省社会管理综合治理委员会2012年第二次全体会议召开，金道铭出席并讲话，王建明主持会议，张建欣、郭迎光出席会议。

同日 全省基层党建带团建工作会议召开，金道铭出席会议并讲话，汤涛主持会议。

8日 袁纯清在太原市晋阳湖区、明太原县城遗址和省高校新校区调研，李小鹏、陈川平、杜善学陪同调研。

同日 王君会见中国工商银行董事长姜建清一行，李小鹏参加会见。

10日 省委召开常委会：1、传达全国党校校长会议精神，研究山西省贯彻落实意见；2、讨论《中共山西省委关于进一步加强和改进新形势下人大工作的意见》（征求意见稿）；3、听取关于首届世界晋商大会筹备情况的汇报；4、研究讨论《中共山西省委关于加强新形势下党外代表人士队伍建设的实施意见》（讨论稿）。

同日 金道铭出席全省维护社会稳定专题座谈会并讲话，王建明主持，杜善学、张建欣出席会议。

同日 省委办公厅、省政府办公厅转发《关于进一步加强因公出国（境）人员审批管理的实施办法》。

14日 王君在省气象局调研，李小鹏陪同调研。

同日 省委人大工作会议召开，袁纯清出席会议并讲话，王君主持会议，金道铭、薛延忠、李小鹏、胡苏平、高建民、汤涛、李兆前、陈川平、王建明、聂春玉、杜善学、申联彬、杜玉林、李政文、靳善忠、安焕晓、郭海亮、王雅安、左世忠、杨司出席会议。

16日 袁纯清在阳泉市调研，杜善学陪同调研。

同日 全省金融工作会议召开，李小鹏、牛仁亮出席会议。

17日 省委召开市委书记履行基层党建工作责任专项述职会议，袁纯清主持会议并讲话，金道铭、胡苏平、汤涛、李兆前、陈川平出席会议。

同日 王君会见招商局集团董事长、招商银行董事长傅育宁和中远集团董事长、招商银行副董事长魏家福一行，李小鹏参加会见。

18日 袁纯清会见全国政协副主席、全国工商联主席黄孟复和中国侨联党组书记、主席林军一行，薛延忠、聂春玉、郭迎光、郭良孝参加会见。

19日 省委、省政府举行首届世界晋商大会欢迎晚宴和“晋商颂”文艺晚会。全国政协副主席、全国工商联主席黄孟复，袁纯清、王君、薛延忠、金道铭同志和中国侨联党组书记、主席林军，全国工商联常务副主席孙安民，中国侨联副主席王永乐，全国政协副秘书长、中国民间商会副会长宋北杉等中央部委和兄弟省市有关负责同志出席晚宴和晚会，王君致欢迎辞，金道铭主持欢迎晚宴。

同日 袁纯清分别会见参加首届世界晋商大会的全国工商联领导、知名企业家代表和港澳商会领袖、知名人士晋商代表，聂春玉、杜善学参加会见。

同日 王君分别会见参加首届世界晋商大会的知名侨领、侨商代表和晋籍台商代表、台湾商界知名人士代表，郭迎光参加会见。

同日 金道铭会见参加首届世界晋商大会的国内外晋商组织代表。

同日 金道铭出席首届世界晋商大会恳谈会并讲话，聂春玉主持会议。

20日 首届世界晋商大会召开，全国政协副主席、全国工商联主席黄孟复讲话，袁纯清致辞，王君主持大会，中国侨联党组书记、主席林军讲话，薛延忠、金道铭、李小鹏、胡苏平、高建民、汤涛、陈川平、聂春玉、杜善学和国家有关部委及兄弟省市负责同志，海外商会、社团代表，海外晋籍企业家，世界500强企业负责人，港澳台国内晋商代表，省工商联企业家副主席、副会长，各省区市山西商会负责人等出席大会。

21日 省委、省政府信访维稳工作督导动员会召开，金道铭、李小鹏、杜善学出席会议并讲话。

22日 金道铭出席全省维护高校稳定工作会议并讲话，张平出席会议。

同日 省委办公厅、省政府办公厅印发《关于做好2012年军队转业干部安置工作的通知》。

23日至24日 袁纯清在长治市、临汾市调研，杜善学陪同调研。

23日 王君在大同市调研，郭迎光陪同调研。

26日至27日 国务院三北防护林工作会议在朔州市召开，中央政治局委员、国务院副总理回良玉出席会议并讲话，会议期间，袁纯清、王君看望与会代表，金道铭代表省委、省政府致辞，郭迎光和国家有关部委、兄弟省市有关负责同志出席会议，国务院副秘书长丁学东主持会议。

28日 省委印发《关于加强新形势下党外代表人士队伍建设的实施意见》。

29日 省委召开常委会：1、传达2013年省级人大、政府、政协领导班子换届工作座谈会议精神，研究山西省贯彻落实意见；2、研究《关于省十二届人大代表名额分配工作的意见》；3、干部议题；4、传达贯彻落实《建立健全惩治和预防腐败体系2008—2012年工作规划》工作成果交流会精神，研究山西省贯彻落实意见；5、传达中组部加强党管人才工作会议精神，研究山西省贯彻落实意见。

同日 省委中心组举行专题学习报告会，邀请科技部副部长张来武作题为“依靠科技创新，实现发展方式战略转变”的报告，袁纯清主持会议并讲话，省四大班子负责同志出席报告会。

30日 省委召开常委会，研究换届事宜。

同日 全省创业就业表彰大会召开，王君看望受表彰的先进集体和个人代表，牛仁亮、张茂才出席会议。

同日 省委印发《关于进一步加强和改进新形势下人大工作的意见》。

31日 王君会见中国工程院院士、院长周济一行，张平参加会见。

同日 省委、省政府召开中央信访工作督导组第一阶段督导检查情况反馈会议，李小鹏出席会议并讲话，杜善学主持会议。

9 月

3日 袁纯清会见全国人大副委员长华建敏一行，申联彬、郭海亮、郭迎光参加会见。

同日 金道铭出席省委党校2012年秋季开学典礼。

5日至6日 中央政治局委员、广东省委书记汪洋，广东省委副书记、省长朱小丹率领广东省党政代表团在山西省参观考察，考察期间，举行两省合作交流座谈会，袁纯清、王君、金道铭、李小鹏、高建民、杜善学、任润厚分别陪同考察或参加座谈会。

10日 省委召开“910”会议，在山西的十七届中央委员、中央候补委员、中纪委委员，省委常委，省人大、省政府、省政协党员负责同志和省法、检两长以及在山西工作的党的十七大代表、新选出的党的十八大代表出席会议。

同日 袁纯清在太原市育英幼儿园、中北大学看望慰问教职员工，杜善学陪同看望。

同日 王君在太原市48中、省高校新校区看望慰问教职员工，李小鹏、张平陪同看望。

同日 王君会见交通银行董事长胡怀邦一行，李小鹏参加会见。

11日 袁纯清主持召开省人大、省政府、省政协换届筹备工作领导组会议，汤涛、李兆前、聂春玉出席会议。

同日 金道铭、张平出席全省师德建设工作座谈会。

12日 袁纯清在长治市武乡县砖壁村下乡住村。

13日 金道铭出席全省党校校长会议并讲话。

14日 省委召开常委会：1、传达回良玉同志考察山西重要讲话精神，研究山西省贯彻落实意见；2、听取第四届中国（太原）国际能源产业博览会筹备情况的汇报；3、研究讨论关于省人大省政府省政协换届工作有关事宜；4、听取当前维稳工作情况的汇报。

同日 省维护稳定工作领导小组全体会议召开，金道铭出席会议并讲话，王建明主持会议，杜善学、刘云海、张建欣、仲轩出席会议。

15日 省委、省政府和第四届中国（太原）国际能源产业博览会组委会举行欢迎晚宴和“黄河情韵”专场晚会，全国人大常委会副委员长华建敏，袁纯清、王君和商务部国际贸易谈判代表兼副部长高虎城，薛延忠、金道铭、李小鹏、胡苏平、高建民、李兆前、陈川平、王建明、聂春玉、杜善学、申联彬、杜玉林、郭海亮、牛仁亮、张建欣、任润厚、周然、令政策、卫小春、王宁与国家部委和兄弟省市有关负责同志出席晚宴和晚会。

同日 全国人大常委会副委员长华建敏和袁纯清、王君、薛延忠、金道铭、李小鹏、高建民、陈川平、杜善学、杜玉林共同巡视第四届中国（太原）国际能源产业博览会主场馆。

16日 第四届中国（太原）国际能源产业博览会开幕，全国人大常委会副委员长华建敏宣布开幕，袁纯清、高虎城分别致辞，王君宣读李克强副总理的贺信，薛延忠、金道铭、李小鹏、高建民、陈川平、申联彬、杜玉林、牛仁亮、张平、张建欣、任润厚与国家有关部委和兄弟省市负责同志出席开幕式。

同日 袁纯清会见国家知识产权局局长田力普一行，杜善学、张平参加会见。

同日 王君会见中国科协副主席、中星微电子集团董事局主席邓中翰一行，李小鹏、陈川平、牛仁亮参加会见。

同日 第四届中国（太原）国际能源产业博览会高峰论坛举行，王君作主旨演讲，商务部国际贸易谈判代表兼副部长高虎城,科技部党组书记、副部长王志刚,国家能源局副局长刘崎作主题演讲，李小鹏主持，国家知识产权局局长、党组书记田力普，高建民、张平出席论坛。

16日至17日 袁纯清、王君、金道铭分别参观第四届中国（太原）国际能源产业博览会大型机械设备展区。

17日 袁纯清会见德国北威州经济能源工业中小企业和手工业部部长加莱尔特·杜英率领的代表团一行，杜善学、牛仁亮参加会见。

同日 王君会见非洲可持续发展代表团一行，高建民参加会见。

同日 王君会见中国铝业公司党组书记、总经理熊维平和华润集团有限公司董事长宋林一行，李小鹏、牛仁亮参加会见。

同日 省委印发《关于认真做好2013年省人大、省政府、省政协换届工作的通知》。

18日 王君会见中国银行行长李礼辉一行，李小鹏参加会见。

19日至22日 袁纯清、王君率省观摩检查组在大同、朔州、忻州、太原就重点工作和项目推进情况进行观摩检查，分别召开汇报点评会，听取各市汇报并进行点评。薛延忠、金道铭、李小鹏、高建民、陈川平、杜善学、牛仁亮参加观摩检查和点评会。

22日 金道铭会见尼泊尔共产党（联合马列）中央书记香卡·博克瑞尔一行。

23日 袁纯清会见交通运输部党组书记、部长杨传堂一行，牛仁亮参加会见。

24日 省委召开省人大、省政府、省政协换届工作会议，袁纯清出席会议并讲话，汤涛主持会议，李兆前、陈川平出席会议。

同日 省委召开贯彻落实中央惩防体系《工作规划》和省委《实施办法》工作成果交流会，袁纯清出席会议并讲话，金道铭、陈川平、左世忠、杨司出席会议，李兆前主持会议。

同日 袁纯清会见全国政协副主席李金华一行，薛延忠、郭良孝、周然参加会见。

同日 山西省出席党的十八大代表履职培训班开班，袁纯清出席开班式并讲话，王君、金道铭、薛延忠、李小鹏、汤涛、李兆前、陈川平、申联彬以及原省级领导李立功出席开班式。

26日 王君会见中国银监会党委委员、副主席周慕冰，工商银行总行行长杨凯生一行，李小鹏参加会见。

同日 王君会见国家粮食局局长任正晓一行。

27日 省委召开全省创先争优活动总结交流大会，袁纯清出席会议并讲话，汤涛主持会议。

28日 省四大班子有关负责同志、省法检两长和省级老同志出席省城庆祝新中国成立63周年电影晚会，同省城各界人士观看影片《湘江北去》。

29日 省委召开常委会：1、传达中央文件；2、传达全国文化体制改革工作表彰大会、全国第十二届精神文明建设“五个一工程”表彰座谈会和全国宣传部长座谈会精神，研究山西省贯彻落实意见；3、传达全国大学生村官工作会议精神，研究山西省贯彻落实意见。

同日 省委、省政府举行山西省参加第30届奥运会庆功表彰大会，袁纯清、王君会前接见受表彰人员，薛延忠、金道铭、杜善学、申联彬、张平、王宁参加接见或出席表彰大会。

10 月

9日 省委办公厅印发《关于加强和改进党委信息工作的实施意见》和《关于加强和改进党委督促检查工作的实施意见》。

9日至12日 袁纯清、王君率省观摩检查组在长治、晋城、临汾、运城就重点工作和项目推进情况进行观摩检查，分别召开汇报点评会，听取各市汇报并进行点评。薛延忠、金道铭、李小鹏、高建民、陈川平、杜善学、牛仁亮参加观摩检查和点评会。

12日 彭真故居修缮竣工暨彭真生平业绩陈列展开展仪式在侯马市垤上村举行。中共中央政治局原候补委员、全国人大常委会原副委员长王汉斌，全国人大常委会原副委员长、全国妇联名誉主席彭珮云，中央有关部门领导和彭真传记组、年谱组成员，老一辈革命家和开国将帅子女代表，彭真亲属等出席开展仪式。金道铭讲话，李立功、胡苏平、高建民、申联彬、郭良孝出席，杜善学主持开展仪式。

15日 省委召开常委会：1、传达《中央宣传部关于当前意识形态领域情况和做好迎接党的十八大宣传舆论工作的意见》；2、听取关于整治“吃拿卡要”问题创优发展环境工作情况汇报。

同日 省委、省政府召开信访工作会议，金道铭、李小鹏出席会议并讲话，王建明作工作布署，杜善学主持会议，中央信访工作督导组第四组组长徐业安到会指导。

17日 袁纯清、薛延忠、高建民、杜玉林出席省直机关“喜迎十八大 岗位做奉献”主题活动启动仪式，杜善学主持仪式。

同日 袁纯清参观全省廉政文化书画展，薛延忠、金道铭、李兆前、王建明、杜善学、王雅安陪同参观。

同日 王君会见中国航天科工集团总经理、党组书记许达哲一行。

同日 山西省话剧院创作的大型话剧《立春》在北京解放军歌剧院演出，中共中央政治局常委、中央纪委书记贺国强观看，袁纯清、王君、胡苏平、李兆前、张平陪同观看。

同日 袁纯清会见来晋考察人口文化工作的全国政协副主席李金华一行，薛延忠、李潭生参加会见。

同日 袁纯清会见公安部郝万忠同志先进事迹报告团一行，王建明参加会见。

18日 省委办公厅、省政府办公厅转发《关于全省各级残联召开第六次代表大会的指导意见》。

19日 金道铭、郭迎光出席省委农村工作领导组会议并讲话。

同日 省委办公厅、省政府办公厅印发《关于命名我省第三批省级爱国主义教育基地的通知》。

22日至24日 袁纯清、王君率省观摩检查组在阳泉、晋中、吕梁就重点工作和项目推进情况进行观摩检查，分别召开汇报点评会，听取各市汇报并进行点评。薛延忠、金道铭、李小鹏、高建民、陈川平、杜善学、牛仁亮参加观摩检查和点评会。

26日 王君主持召开省文化改革发展专题会议，胡苏平、张平参加会议。

同日 省委、省政府召开中央信访工作督导组督导情况反馈会议，金道铭、李小鹏出席并讲话，杜善学主持会议。

29日 省委召开常委会：1、传达全国政法委书记座谈会、全国公安机关十八大安保会议精神，研究山西省贯彻落实意见；2、听取关于贯彻落实中央文件精神、做好山西省党内法规工作的情况汇报；3、听取关于中央信访工作督导组对山西省信访工作督导反馈意见的情况汇报；4、听取关于评选推荐上报国防动员建设2012年度人物的情况汇报。

30日 省政府与中国民用航空局《关于加快推进山西民航发展的会谈纪要》签署仪式在太原举行，王君和中国民用航空局局长李家祥分别代表双方签字，高建民主持仪式。

30日至11月3日 袁纯清、王君、金道铭、薛延忠、李小鹏、汤涛、陈川平、李立功分别先期赴京参加党的十八大，杜善学前往武宿机场送行。

11 月

1日至4日 袁纯清、王君、金道铭、薛延忠、汤涛、陈川平在京出席党的十七届七中全会。

5日 山西出席十八大的代表乘火车赴京，省委在迎泽宾馆举行送行仪式，高建民、张少华、杜善学、杜玉林、郭良孝出席送行仪式并到太原火车站送行。

8日至14日 中国共产党第十八次全国代表大会在北京召开，山西省42名代表参加会议。袁纯清、王君、金道铭、薛延忠、李立功、李小鹏、汤涛、李兆前、陈川平等赴京出席会议。

15日 袁纯清、王君、李小鹏、汤涛、李兆前、陈川平在京出席党的十八届一中全会。

16日 省委召开常委会：1、传达党的十八届一中全会精神；2、研究讨论《中共山西省委关于深入学习宣传贯彻党的十八大精神的通知》。

同日 省委召开传达贯彻党的十八大精神电视电话会议，袁纯清主持会议并讲话，省委、省人大、省政府、省政协负责同志，省军区、武警总队主要负责同志，省法、检两长，省级老同志，省出席党的十八大代表，省直各委办厅局和驻太原本科院校、省管国有骨干企业负责同志在主会场出席会议。

同日 省委办公厅、省政府办公厅印发《关于加强高等学校青年教师队伍思想政治建设的意见》。

同日 省委印发《关于深入学习宣传贯彻党的十八大精神的通知》。

19日至23日 全国人大常委会委员长吴邦国在山西省运城、太原、晋中等地就贯彻落实党的十八大精神进行调研。袁纯清、王君、金道铭、李小鹏、胡苏平、陈川平、杜善学、申联彬、杜玉林、李政文、靳善忠、安焕晓、郭海亮、王雅安分别陪同调研。

23日 省委召开常委会：1、传达吴邦国委员长考察山西重要讲话精神，研究山西省贯彻落实意见；2、学习《中共中央关于认真学习宣传贯彻党的十八大精神的通知》精神，研究山西省落实办法；3、传达中央文件。

26日 省委、省政府印发《关于深入推进大学生思想政治教育工作的意见》。

28日 袁纯清在太钢集团宣讲党的十八大精神，杜善学参加宣讲活动。

29日 省委办公厅、省政府办公厅印发《中共山西省委党校山西行政学院主要职责、内设机构和人员编制规定的通知》。

12 月

1日 中央宣讲团党的十八大精神报告会在太原举行，国务院研究室党组成员、副主任宁吉喆宣讲党的十八大精神，袁纯清主持报告会并讲话。省委、省人大、省政府、省政协负责同志，省军区、武警总队主要负责同志，省法、检两长，省级老同志，省直各部门、中央驻晋单位主要负责同志，驻太原本科院校、省管国有骨干企业主要负责同志出席报告会。

3日 全省省管领导干部学习贯彻党的十八大精神集中轮训班举行开班式,袁纯清出席开班式并作首场报告,金道铭主持开班式,李小鹏、汤涛、陈川平、杜善学出席，省直各部门主要负责同志，各市、县（市、区）委书记200余人参加开班式。

同日 袁纯清会见中央政法委副秘书长、中央综治办主任陈训秋一行，金道铭、王建明参加会见。

同日 金道铭出席山西省纪念宪法颁布实施30周年大会并讲话，李政文、张建欣、张茂才、左世忠、杨司出席会议。

4日 全省大学生村官工作会议召开，袁纯清接见与会代表并讲话，汤涛出席会议并讲话。

同日 王君在省管领导干部学习贯彻党的十八大精神集中轮训班作辅导报告，金道铭主持，李小鹏、陈川平出席。

5日 省委办公厅印发《关于深入做好党的十八大精神学习宣传工作的方案》。

6日 袁纯清接见省委党的十八大精神宣讲团成员，胡苏平、杜善学参加接见。

同日 袁纯清与从省直单位遴选的8位市委常委或副市长、15位县（市、区）长进行座谈，汤涛主持座谈会。

同日 王君会见国家人口计生委党组书记、主任王侠一行，张建欣参加会见。

7日 省委召开常委会：1、学习中央政治局关于改进工作作风、密切联系群众的八项规定，研究山西省贯彻落实意见；2、传达省区市党委组织部长、统战部长会议精神，研究山西省贯彻落实意见；3、研究讨论《中共山西省委关于贯彻落实党的十八大精神加快推进转型跨越发展的指导意见》（讨论稿）。

11日 省委办公厅印发《关于进一步加强党管人才工作的实施意见》。

12日 袁纯清在太原市阳曲县检查干部下乡住村包村增收工作，陈川平、杜善学陪同检查。

同日 全省深化弘扬右玉精神、加强作风建设工作座谈会在右玉召开，金道铭出席会议并讲话。

13日 省委召开常委会，传达学习习近平同志在十八届中央政治局常委会、中央政治局第一次会议上的讲话和中央关于改进工作作风、密切联系群众“八项规定”的有关文件精神，研究山西省贯彻落实意见。

同日 金道铭在省管领导干部学习贯彻党的十八大精神集中轮训班作辅导报告。

15日至16日 袁纯清、王君在北京出席中央经济工作会议。

17日 省委召开常委会，宣布中央关于山西省政府主要领导职务调整的决定。

同日 省委印发《关于李小鹏、王君同志职务任免的通知》。中央决定：李小鹏同志任山西省委副书记；免去王君同志的山西省委副书记、常委、委员职务。

同日 省委、省政府印发《关于进一步加强城市社区居民委员会建设工作的实施意见》。

18日 省委召开常委会，传达贯彻中央经济工作会议精神。

19日 省十一届人大常委会第三十三次会议在太原召开，袁纯清出席会议并主持第一次全体会议。会议表决决定李小鹏代理山西省省长。

20日 袁纯清参加太原市委常委民主生活会，陈川平主持会议。

同日 李小鹏在潞安集团调研安全生产工作，任润厚陪同调研。

21日至22日 金道铭、郭迎光在北京出席中央农村工作会议。

24日 袁纯清与部分县（市、区）委书记进行座谈，汤涛主持会议。

26日 省委召开常委会：1、研究讨论省委常委会工作报告，听取关于2012年经济社会发展计划指标完成情况和2013年计划指标及工作安排建议的汇报，听取中共山西省委十届四次全体会议暨全省经济工作会议筹备方案的汇报；2、传达中央农村工作会议精神，研究山西省贯彻落实意见；3、传达全国党委秘书长会议精神，研究山西省贯彻落实意见，讨论山西省关于改进工作作风，搞好调查研究、精简会议活动和文件简报、规范新闻报道的三个《实施办法》。

27日 共青团山西省第十四次代表大会在太原举行，袁纯清、李小鹏、薛延忠、金道铭、胡苏平、高建民、李兆前、陈川平、王建明、聂春玉、杜善学、申联彬出席开幕式，金道铭致辞。

28日 省委召开常委会，研究讨论山西省出席第十二届全国人民代表大会代表候选人建议人选和山西省第十二届全国政协委员、常委初步人选名单。

28日至29日 省委十届四次全会暨全省经济工作会议召开，听取和讨论省委常委会工作报告，审议通过《中共山西省委关于贯彻落实党的十八大精神，加快推进转型跨越发展的指导意见》。

29日 省四大班子负责同志和原省级老同志观看2013省城军民迎新年晋剧名家交响音乐会。

同日 省委办公厅、省政府办公厅印发《关于改进工作作风、搞好调查研究的实施办法》、《关于改进工作作风、精简会议活动和文件简报的实施办法》和《关于改进工作作风、规范新闻报道的实施办法》。

附　录

山西省2012年国民经济和社会发展情况

2012年，在党中央、国务院的正确领导下，山西省委、省政府带领全省人民认真贯彻落实中央各项决策部署，坚持科学发展主题、加快转变经济发展方式主线和稳中求进工作总基调，着力推动转型跨越发展，经济和社会发展取得新进展。

一、综　　合

全年全省生产总值12112.8亿元，比上年增长10.1%。其中，第一产业增加值697.9亿元，增长6.0%，占生产总值的比重为5.8%；第二产业增加值7009.1亿元，增长10.9%，占生产总值的比重为57.8%；第三产业增加值4405.9亿元，增长9.5%，占生产总值的比重为36.4%。

人均地区生产总值33628元，按2012年平均汇率计算为5327美元。全年全省财政总收入2650.4亿元，增长17.2%。一般预算收入1516.4亿元，增长25.0%。税收收入1045.2亿元，增长19.8%，其中国内增值税、营业税、企业所得税、个人所得税、资源税和城建税共计完成税收926.0亿元，增长19.4%。一般预算支出2761.5亿元，增长16.6%。其中农林水事务支出增长28.2%，教育支出增长32.1%，社会保障和就业支出增长10.3%，医疗卫生支出增长12.6%，文化体育与传媒支出增长22.3%，节能环保支出增长7.7%。

居民消费价格比上年上涨2.5%，其中，食品价格上涨4.2%。商品零售价格上涨1.8%。固定资产投资价格上涨1.2%。工业生产者出厂价格下降5.5%，其中生产资料价格下降5.8%，生活资料价格上涨0.4%。工业生产者购进价格下降1.9%。农业生产资料价格上涨5.4%。

全年全省城镇新增就业51.1万人。转移农村劳动力43.2万人。年末城镇登记失业率3.38%。

国务院正式批复《山西省国家资源型经济转型综合配套改革试验总体方案》，山西资源型经济转型综合配套改革试验区建设进入全面实施阶段。

二、农　　业

全年全省农作物种植面积379.6万公顷，比上年减少0.1万公顷。其中，粮食种植面积329.2万公顷，增加0.4万公顷；油料种植面积14.6万公顷，减少0.4万公顷；棉花种植面积3.7万公顷，减少1.6万公顷。在粮食种植面积中，玉米种植面积166.9万公顷，增加2.2万公顷；小麦种植面积68.9万公顷，减少2.1万公顷。

全年粮食产量1274.1万吨，增加81.1万吨，增产6.8%。其中，夏粮261.1万吨，增产7.8%；秋粮1013.0万吨，增产6.5%。

全年完成造林307.2千公顷，增长1.6%。其中，荒山荒地造林面积302.9千公顷，增长1.1%。全年木材产量12.2万立方米，增长1.3倍。

全年全省猪牛羊肉总产量67.1万吨，增长7.7%。其中，猪肉产量56.3万吨，增长7.9%；牛肉产量4.9万吨，增长8.6%；羊肉产量5.9万吨，增长6.9%。年末生猪存栏473.8万头，生猪出栏723.9万头。牛奶产量80.0万吨，增长7.2%。禽蛋产量74.7万吨，增长5.2%。水产品产量4.1万吨，增长14.1%。

年末全省农业机械总动力3056.1万千瓦，增长4.4%。机械耕地面积257.3万公顷，增长1.9%；机械播种面积244.4万公顷，机械收获面积151.5万公顷，分别增长5.9%和16.0%。全省农机化经营总收入115.0亿元，增长7.1%。

三、工业和建筑业

年末全省规模以上工业企业3716家，增加184家。全年规模以上工业增加值增长11.9%。

全社会原煤产量9.1亿吨，增长4.7%；发电量2535.0亿千瓦时，增长8.1%。规模以上工业企业焦炭产量8612.7万吨，下降3.1%；钢材产量3797.6万吨，增长11.8%。

规模以上工业企业实现主营业务收入17788.4亿元，增长9.7%。其中，煤炭、焦炭、冶金和电力工业分别实现主营业务收入7289.4亿元、1488.8亿元、3846.2亿元和1481.2亿元，分别增长10.0%、-13.9%、9.3%和19.9%；化学、建材、装备制造、医药和食品工业分别实现主营业务收入836.3亿元、356.8亿元、1516.1亿元、113.3亿元和632.2亿元，分别增长15.2%、5.2%、23.6%、17.6%和21.2%。

规模以上工业实现利税1770.7亿元，下降18.3%；实现利润806.5亿元，下降29.9%。

全年全省建筑业实现增加值706.4亿元，比上年增长2.5%。具有建筑业资质等级的总承包和专业承包建筑业企业实现利润54.7亿元，增长11.1%。

四、固定资产投资

全年全社会固定资产投资9176.3亿元，增长24.5%。其中，国有及国有控股投资4500.3亿元，增长16.5%；民间投资4568.4亿元，增长33.1%。

在全社会固定资产投资中，内资企业投资8701.0亿元，增长24.3%；外商及港澳台商企业投资170.3亿元，增长37.4%；个体经营及农户投资305.0亿元，增长22.4%。

在全社会固定资产投资中，第一产业投资381.0亿元，增长40.5%；第二产业投资4153.6亿元，增长24.0%；第三产业投资4641.7亿元，增长23.7%。在第二产业中，工业投资4136.5亿元，增长23.9%。其中，煤炭工业投资1345.2亿元，增长8.5%,非煤产业投资2791.3亿元，增长33.0%;传统产业（煤炭、焦炭、冶金、电力）投资合计2306.2亿元，增长9.6%,非传统产业投资合计1830.3亿元，增长48.3%。

全年全省在建固定资产投资项目10770个。其中，5亿元以上项目734个，计划总投资13921.5亿元，完成投资3256.1亿元。

全年房地产开发投资1010.5亿元，增长27.9%。其中，住宅投资735.6亿元，增长19.5%；商业营业用房投资139.3亿元，增长89.1%。

五、能　　源

全年全省一次能源生产折标准煤7.8亿吨，增长5.0%；二次能源生产折标准煤3.6亿吨，增长7.3%。

全年全省向省外运输煤炭5.8亿吨，增长0.1%，外运煤炭占原煤产量63.7%。在外运煤炭中，铁路运输4.6亿吨，增长2.0%；公路运输1.2亿吨，下降6.8%。向省外输送电力769.2亿千瓦小时，增长10.9%，外输电量占发电量30.3%；向省外运输焦炭5557.8万吨，下降14.6%，外运焦炭占焦炭产量64.5%。

全年全省全社会用电总量1765.8亿千瓦小时。其中，第一产业用电37.4亿千瓦小时，占全社会用电量2.1%；第二产业用电1456.1亿千瓦小时，占82.5%，其中工业用电1434.0亿千瓦小时；第三产业用电137.5亿千瓦小时，占7.8%；城乡居民生活用电134.8亿千瓦小时，占7.6%。

六、国内贸易

全年全省社会消费品零售总额4375.8亿元，增长16.0%。按经营地统计，城镇消费品零售额3632.5亿元，增长16.3%；乡村消费品零售额743.3亿元，增长14.3%。按消费形态统计，商品零售额3959.2亿元，增长16.0%；餐饮收入额416.6亿元，增长15.4%。

七、对外经济

全年全省海关进出口总额150.4亿美元，增长2.0%。其中，进口额80.3亿美元，下降13.9%；出口额70.1亿美元，增长29.4%。

全年出口煤炭143.4万吨，下降20.5%；出口焦炭40.0万吨，下降75.2%；出口镁及其制品5.1万吨，下降47.7%；出口钢材77.4万吨，下降2.1%，其中不锈钢29.8万吨，增长7.3%。出口机电产品34.4亿美元，增长1.2倍；出口高新技术产品19.2亿美元，增长2.5倍。

全年进口铁矿砂2366.3万吨，下降17.8%，进口金额28.8亿美元，下降32.9%；进口机电产品26.4亿美元，增长11.5%。

全年全省新设立外商直接投资企业39家；按全口径统计实际使用外商直接投资金额25.0亿美元，增长20.8%。

全年全省对外经济合作新签合同额6.4亿美元，增长52.4%。

八、交通、邮电和旅游

年末全省公路线路里程13.8万公里，其中高速公路5011.1公里，比上年末增加1005.8公里。

年末全省民用汽车保有量371.1万辆（包括三轮汽车和低速货车43.6万辆），比上年末增长6.5%，其中私人汽车281.7万辆，增长11.2%。本年新注册汽车57.2万辆，增长9.5%。年末轿车保有量184.3万辆，增长21.4%，其中私人轿车163.9万辆，增长24.4%。

全年全省完成邮电业务总量339.4亿元，增长11.2%。其中，邮政业务总量30.4亿元，增长15.8%；电信业务总量309.0亿元，增长10.8%。年末，移动电话用户2764.6万户，其中，3G移动电话用户547.6万户。全省宽带接入用户504.8万户，增长15.4%。

全年全省接待海外旅游者189.2万人次，接待国内旅游者1.9亿人次，分别增长21.8%和29.8%；旅游外汇收入7.2亿美元，国内旅游收入1766.3亿元，旅游总收入1813.0亿元，分别增长27.0%、35.3%和35.0%。

九、金　　融

年末全省金融机构本外币各项存款余额24157.0亿元，比年初增加3154.7亿元，比年初增长15.0%。各项贷款余额

13211.3亿元，比年初增加1935.2亿元，增长17.2%。

年末全省农村金融合作机构（农村信用社、农村合作银行、农村商业银行）人民币贷款余额2666.1亿元，比年初增加446.8亿元，增长20.1%;人民币存款余额4319.7亿元，比年初增加617.4亿元，比年初增长16.7%。

年末全省共有上市公司34家。全省辖区证券市场各类证券成交额7529.3亿元，下降18.5%。其中股票成交额5470.1亿元，下降31.8%；基金成交额60.4亿元，下降13.4%；债券成交额17.9亿元，下降60.3%。年末，投资者资金账户累计开户数163.7万户，增长5.1%。

全年全省保费收入384.7亿元，增长5.5%。其中，寿险业务保费收入234.1亿元，增长0.5%；健康险业务保费收入16.2亿元，增长30%；意外险业务保费收入6.6亿元，增长8.2%；财产险业务保费收入127.8亿元，增长12.8%。全年支付各类赔款及给付119.3亿元，增长15.3%。

十、教育和科学技术

年末全省普通高等学校67所，独立设置的成人高等学校13所。全省高等教育毛入学率32.5%，高中阶段毛入学率90%。成人技术培训学校培训职工和农民共计238.7万人次。

全年全省专利申请量与授权量分别为16786件和7237件，分别增长31.4%和45.5%；其中发明专利申请量与授权量分别为5417件和1308件，分别增长17.7%和17.4%。全年共签订各类技术合同3398项，技术合同成交总额124.2亿元，增长52.6%。全年新登记科技成果436项。获得国家科学技术奖9项。国家认定企业技术中心22家。省级企业技术中心155家。按照国家高新技术企业认定办法，年末累计高新技术企业290家。

全省23个经济开发区入区企业9147家，其中500强投资企业56家。区内税收收入99.4亿元，增长15.2%；企业主营业务收入2759.4亿元，增长33.5%。

年末全省共有省、市、县产品质量监督检验和计量检定技术机构126个，国家检测中心3个。省授权行业建立的检验所(站)36个，监督抽查了3462家企业22类47种6375批次的产品和商品。全年完成强制检定计量器具67万台件。

全省有气象台站121个。全省气象系统开展人工影响天气业务的单位121个，防雹、增雨累计受益面积118.6万平方公里，增雨量30.0亿立方米。全省有天气预报服务Intel网站24个，卫星云图接收站14个。

全省有专业综合地震台站10个，省级地震台网中心1个，省级数字测震地震台网1个。全年M3.0—M3.9级地震3次，M4.0—M4.9级地震0次，最大震级M3.2级。

十一、文化、卫生和体育

年末全省共有群众艺术馆12个，文化馆119个,博物馆89个。全省共有艺术表演团体298个。全省有公共图书馆126个。全省报纸出版60种（不含高校校报），各类杂志出版200种，各类图书出版4468种。年末有线电视用户478.7万户。山西影视集团全年完成电影18部，电视纪录片1部，完成合作电视剧1部28集。

年末全省共有卫生机构(含诊所、村卫生室)40191个，床位16.5万张。妇幼保健院（所、站）132个。全省卫生机构共有卫生技术人员20.0万人。全省115个农业县（市、区）全部开展了新型农村合作医疗试点工作，有2194万农民参加了合作医疗。

全年我省运动员在国内外重大比赛中获金、银、铜牌分别为28枚、36枚和47枚（包括非奥运项目比赛）。全省销售中国体育彩票10.2亿元，比上年增长5.6%。

十二、人口、人民生活和社会保障

据2012年人口抽样调查，年末，全省常住人口为3610.83万人，比上年末增加17.55万人。全年全省出生人口38.53万人，人口出生率为10.70‰；死亡人口20.99万人，死亡率为5.83‰；自然增长率为4.87‰。出生人口性别比为113.05。

全年城镇居民人均可支配收入20411.7元，增长12.6%；城镇居民人均消费性支出12211.5元，增长7.5%。全年农村居民人均纯收入6356.6元，增长13.5%；农村居民人均生活消费支出5566.2元，增长21.4%。城镇占调查总户数20%的低收入家庭人均可支配收入8544.9元，增长13.2%；农村占人口20%的低收入者收入1975.2元，增长9.9%。城镇居民家庭恩格尔系数（即居民家庭食品消费支出占家庭消费支出的比重）31.6%，农村居民家庭恩格尔系数33.4%。

年末参加城镇职工基本养老保险648.5万人，增加24.7万人；参加新型农村社会养老保险1397.7万人，增加314.0万人；参加城镇基本医疗保险1057.5万人，增加52.4万人；参加失业保险391.0万人，增加81.6万人；参加工伤保险529.5万人，增加181.0万人，其中农民工169.7万人，增加53.7万人；参加生育保险422.8万人，比上年增加156.8万人。

全年全省共有城市最低生活保障对象89万人、农村最低生活保障对象150.6万人，全年共发放最低保障资金43.3亿元。

年末全省各类福利院床位数6.3万张，收养4.0万人。城镇各种社区服务设施1697个，其中综合性社区服务中心331个。全年销售福利彩票25.5亿元,筹集社会福利资金7.9亿元，接收社会捐赠款0.4亿元。

农村新“五个全覆盖”工程全面完成。

十三、资源、环境和安全生产

全省水资源总量106亿立方米，减少14.8%。平均降水量498.5毫米，减少17.2%。全年总用水量75.1亿立方米，增长1.2%。

年末全省森林面积282.4万公顷，森林覆盖率18.03%。

全年全省11个重点城市空气质量二级以上天数平均为

348天。

黄河、海河流域山西段共监测99个断面，达到Ⅲ类以上水质标准的断面占48.5%，达到Ⅳ类水质标准的断面占15.1%，达到Ⅴ类水质标准的断面占9.1%，有27.3%的断面超过Ⅴ类水质标准。

全年各类自然灾害造成直接经济损失63.7亿元，下降23.2%；农作物受灾面积72.0万公顷，下降53.6%，其中，绝收8.8万公顷，下降46.7%。

全年共发生各类安全事故9475起，下降14.2%；死亡2507人，下降0.36%。未发生特别重大事故。全年全省煤炭百万吨死亡率0.091。

（山西省统计局）

太原市2012年国民经济和社会发展情况

2012年，面对复杂严峻的宏观经济形势，市委、市政府带领全市人民，认真贯彻落实中央和省委、省政府的各项决策部署，坚持科学发展主题、加快转变经济发展方式主线和“稳中求进”总基调，抓投资、稳增长、调结构、促转型、惠民生，对标一流、攻坚克难，努力推动经济社会发展，建设一流省会城市迈出了坚实步伐，为全面建成小康社会奠定了良好基础。

一、综　　合

经济增长：全市实现地区生产总值（GDP）2311.43亿元，比上年增长10.5%。其中：第一产业增加值36.02亿元，增长5.2%；第二产业增加值1035.57亿元，增长9.7%；第三产业增加值1239.84亿元，增长11.3%。第三产业中，交通运输、仓储和邮政业增加值168.44亿元，增长7.6%；批发零售及住宿餐饮业增加值430.13亿元，增长14.8%；金融保险业增加值241.22亿元，增长14.4%。

人均地区生产总值54440元，比上年增长9.8%，按2012年平均汇率计算达到8624美元。

产业结构：三次产业比重为1.6%、44.8%、53.6%，分别拉动经济增长0.1、4.4和6.0个百分点。与上年相比，第一产业比重持平，第二产业比重下降0.8个百分点，第三产业比重提高0.8个百分点。

财政：全市财政总收入454.49亿元，比上年增长15.6%。其中：市级财政完成246.16亿元，增长18.2%；县（区）级财政完成208.33亿元，增长12.7%。

全市一般预算收入215.67亿元，增长23.4%。其中：税收收入172.38亿元，增长21.7%，国内增值税、营业税、企业所得税、个人所得税、资源税共计完成税收112.20亿元。

全年一般预算支出277.51亿元，比上年增长16.0%。其中：一般公共服务支出增长7.3%，教育支出增长22.9%，科学技术支出增长23.1%，文化体育与传媒支出增长17.1%，社会保障和就业支出增长4.0%，医疗卫生支出增长21.9%，节能环保支出增长106.5%，农林水事务支出增长65.9%，城乡社区事务支出下降5.4%。

物价：居民消费价格总水平比上年上涨2.1%。其中：食品价格上涨3.8%，非食品价格上涨1.4%；消费品价格上涨1.8%，服务项目价格上涨2.7%。商品零售价格上涨1.2%。工业生产者出厂价格下降8.1%。工业生产者购进价格下降4.4%。

就业：城镇新增就业11.21万人，其中创业带动就业2.58万人。4.81万名下岗失业人员实现再就业，其中就业困难人员再就业1.25万人。年末城镇登记失业率3.38%。

二、农　　业

种植面积：全年农作物种植面积108.88千公顷，比上年减少1.16千公顷。粮食种植面积81.77千公顷，比上年减少0.47千公顷。其中：夏粮种植面积0.81千公顷，秋粮种植面积80.96千公顷。蔬菜种植面积21.84千公顷，药材种植面积1.02千公顷。

造林：全年造林面积15.71千公顷。零星植树1000万株。新增育苗面积1.38千公顷。

畜禽及水产品产量：年末大牲畜存栏4.20万头，猪出栏41.61万头。肉类产量4.98万吨，禽蛋产量2.58万吨，牛奶产量10.24万吨。水产品养殖面积2.39千公顷，水产品产量3653吨。

农机及化肥施用：年末全市农业机械总动力128.40万千瓦。全年农用化肥施用量（折纯）29054吨。

三、工业和建筑业

工业：规模以上工业企业440家。规模以上工业增加值782.96亿元，增长13.5%。

中央企业增加值120.97亿元，增长4.2%；省属企业增加值332.07亿元，增长0.6%；市属及以下企业增加值329.92亿元，增长43.4%。

占全市规模以上工业增加值85.0%的十大行业中，增加值比上年增长的有7个。

新兴接替产业增加值378.99亿元，增长49.3%，占全市规模以上工业增加值的48.4%。其中：装备制造业增加值254.56亿元，增长85.4%，占全市规模以上工业增加值的32.5%。

煤炭、钢铁、炼焦、电力等四个传统行业增加值403.97亿元，下降3.7%，占全市规模以上工业增加值的51.6%。其中：占全市22.8%的煤炭行业增加值下降7.6%，占全市18.1%的钢铁行业增加值增长8.2%，占全市6.4%的炼焦行业增加值下降20.7%，占全市1.9%的电力行业下降8.3%。

规模以上工业主营业务收入3307.94亿元，增长29.1%。利税总额121.40亿元，下降31.2%。利润总额18.43亿元，下降69.9%。亏损企业亏损额49.57亿元，增长115.2%。

建筑业：具有建筑业资质等级的总承包和专业承包建

筑业企业总产值1595.70亿元，增长12.4%；利税总额75.52亿元，增长12.2%；利润总额29.89亿元，增长12.4%；上缴税金45.63亿元，增长11.8%。

四、固定资产投资

固定资产投资：全年固定资产投资1320.63亿元，比上年增长28.9%。其中：中央项目投资124.36亿元，增长37.4%；省属项目投资290.34亿元，增长29.4%；市属及以下项目投资905.93亿元，增长27.7%。

分产业看，第一产业投资17.19亿元，增长16.4%；第二产业投资435.05亿元，增长50.1%。其中：工业投资428.87亿元，增长50.7%；第三产业投资868.39亿元，增长20.7%。三次产业投资比重为1.3%、32.9%和65.8%。

工业投资中，新兴接替产业投资221.88亿元，增长60.4%，占工业投资的比重达到51.7%。

分经济类型看，国有投资643.37亿元，增长22.7%；非国有投资677.26亿元，增长35.5%，其中：民间投资634.40亿元，增长34.5%。

全年在建固定资产投资项目1193个。其中：5亿元以上项目122个，计划总投资1816.86亿元，完成投资433.96亿元，占全市固定资产投资的比重为32.9%；10亿元以上项目56个，计划总投资1328.74亿元，完成投资303.50亿元，占全市固定资产投资的比重为23.0%。

房地产开发：全年房地产开发投资364.72亿元，比上年增长16.9%。住宅投资260.19亿元，增长5.6%，其中：90平方米以下住房投资58.19亿元，占住宅投资的比重为22.4%；商业营业用房投资41.10亿元，增长80.0%。全年商品房竣工面积230.94万平方米，商品房销售额221.48亿元。

五、能　源

能源生产：全市一次能源生产折标准煤2564.72万吨，比上年下降8.8%；二次能源生产折标准煤4336.44万吨，下降10.4%。

能源投资：能源工业投资157.31亿元，比上年增长50.9%。其中：煤炭工业投资89.69亿元，增长34.0%；焦炭工业投资4.81亿元，下降40.6%；电力工业投资19.56亿元，增长5.7%。

用电：全年全社会用电量247.87亿千瓦时，增长1.9%。其中：农业用电1.69亿千瓦时，下降4.4%；工业用电（含电厂自用电）181.32亿千瓦时，下降1.2%；建筑业用电3.30亿千瓦时，增长8.1%；第三产业用电32.21亿千瓦时，增长9.9%；城乡居民生活用电25.74亿千瓦时，增长9.1%，城乡居民人均生活用电604.75千瓦时。万元GDP电耗1147.61千瓦时，下降7.8%。

六、国内贸易

消费品零售：全年社会消费品零售总额1129.51亿元，比上年增长16.1%。其中：城镇消费品零售额1106.94亿元，增长16.1%；乡村消费品零售额22.57亿元，增长15.6%。

限额以上贸易企业零售额726.71亿元，比上年增长20.7%，占社会消费品零售总额的64.3%，比上年提高4.5个百分点。

七、对外经济

进出口贸易：全市外贸进出口总额84.74亿美元，比上年下降0.6%。其中：出口额42.42亿美元，增长21.1%；进口额42.32亿美元，下降15.7%。

出口商品中，煤炭、焦炭、金属镁分别为2.62亿美元、1.07亿美元、0.90亿美元，占出口额的10.8%。不锈钢材、机电产品分别为7.40亿美元、23.92亿美元，占出口额的73.8%。

有贸易往来的国家和地区154个。年进出口额在千万美元以上的国家和地区48个。

招商引资：全年新设立外商投资企业14家。实际利用外商直接投资额7.82亿美元，增长15.2%。

八、交通、邮电和旅游

交通运输：年末全市公路线路里程累计达到7008公里，其中高速公路288公里。公路密度100.3公里/百平方公里。

年末全市民用汽车保有量78.84万辆，比上年末增长10.4%，其中私人汽车64.92万辆，增长15.7%。本年新注册汽车13.23万辆，增长12.1%。年末轿车保有量45.17万辆，增长19.4%，其中私人轿车40.28万辆，增长21.9%；本年新注册轿车8.33万辆，增长15.3%。

邮电：全年邮电业务总量77.22亿元，比上年增长9.9%，其中：邮政业务总量5.33亿元，增长12.8%；电信业务总量71.89亿元，增长9.7%。年末市话到达140.62万户。农话到达6.97万户。移动电话用户718万户，其中：3G移动电话用户140.72万户。全市固定及移动电话用户总数达到865.59万户。每百人拥有电话203部，其中：固定电话和移动电话普及率分别达到35部/百人和168部/百人。计算机互联网用户134.93万户，净增加15.49万户，其中：宽带网用户123.39万户，增加11.98万户。

旅游：全市接待海内外游客2983.89万人次，比上年增长21.2%。其中：国内游客2941.64万人次，增长21.2%；海外游客42.25万人次，增长21.1%。海外游客中：外国人29.72万人次，香港同胞7.16万人次，澳门同胞0.79万人次，台湾同胞4.58万人次。全年旅游总收入355.55亿元，增长28.5%；国内旅游收入339.69亿元，增长28.9%；旅游外汇收入2.44亿美元，增长23.3%。

九、金融和保险

金融：年末全市金融机构本外币各项存款余额8976.90亿元，比年初增长17.5%；本外币各项贷款余额6452.21亿元，增长12.4%。

人民币各项存款余额8902.46亿元，增长17.4%，其中：个人储蓄存款余额3021.50亿元，增长13.3%；人民币各项贷款余额6376.21亿元，增长12.5%。人民币贷款中，中长期贷款余额4044.32亿元，增长3.1%；短期贷款余额2025.26亿元，增长27.9%。

保险：全年原保险保费收入91.53亿元，增长15.1%。其中：寿险业务保费收入52.70亿元，增长9.8%；健康险业务保费收入5.02亿元，增长26.6%；意外伤害险业务保费收入2.03亿元，增长24.7%；财产险业务保费收入31.78亿元，增长22.6%。

支付各类赔款及给付25.37亿元，增长21.3%。其中：寿险业务给付8.64亿元，增长18.2%；健康险业务赔款及给付1.56亿元，下降26.2%；意外伤害险业务赔款0.51亿元，增长47.6%；财产险业务赔款14.66亿元，增长31.6%。

十、城市建设

基础设施建设：新兰路改造、体育路南段打通、千峰南北路冷再生改造等7项工程全部完工。完成美术馆、博物馆等中博会后续亮化和景观完善工程。汾东商务区、晋阳湖区、南站片区配套道路建设进展顺利。启动双塔景区建设。西山旅游防火通道全线通车。城市轨道交通建设规划获国务院批准，2号线一期工程勘察、设计已完成招标。太古、太阳高速公路建成通车。新建、改建农村公路229.60公里。

年末全市天然气供气总量51809万立方米，其中新增供气能力1.22亿立方米。集中供热面积9650万平方米，集中供热扩网2785万平方米，是上年扩网面积的2.1倍。入选首批国家创建“公交都市”示范城市。新增公交车600辆，年末城市公交运营车辆3054辆，其中：公共汽车2921辆，电车133辆。公交运营线路网长度3217公里，年客运量7.42亿人次。建设自行车租赁点564个，新购置公共自行车2万辆，投放1.5万辆，建成了覆盖主城区的公共自行车服务系统。

城市绿化：建成区开工建设园林绿化工程16项，其中双塔南北路配套绿化工程、东峰生态公园建设工程、动物园馆舍建设等7项工程全面竣工。创建省级园林单位9个，省级园林小区3个，省级园林道路2条，省级星级公园5个。全市共有综合性公园31个，专类公园11个，带状公园4个，街头游园104个，社区游园42个，街旁绿地47块。建成区绿化覆盖面积达到12112公顷，园林绿地面积10596公顷，公园绿地面积3416公顷。建成区绿化覆盖率39.07%，绿地率34.18%，人均公园绿地面积10.66平方米。

十一、教育和科学技术

教育：年末共有普通高等院校43所（其中高职院校24所），普通中等专业学校30所，成人中等专业学校12所，职业高中学校18所，普通中学229所，小学581所，幼儿园671所。

全市学前三年毛入园率95.6%。小学学龄儿童入学率，初中生入学率、巩固率均达到国家标准。高中阶段毛入学率99.2%。2012年我市高考一本、二本达线率和录取率在全省继续名列前茅。

科学技术：全年科技发展项目215项，技术市场共登记技术合同720项，成交金额12.30亿元。研究与试验发展（R&D）经费支出70亿元，比上年增长15%，占地区生产总值的比重为3.0%。国家认定企业技术中心8家，省级企业技术中心46家。年末累计认定高新技术企业156家。全年鉴定180项科技成果，获得国家科技奖励3项。科技成果转化率达到58%。全年申请专利8500件，比上年增加1975件。每10万人专利申请数200项，比上年增加46项。高新技术产业增加值248.52亿元，增长63.5%，占地区生产总值的比重为10.8%。

年末高新区、经济区、民营区共有入区企业4716家。全年实现科工贸总收入2131.62亿元，增长21.1%。

十二、文化、卫生和体育

文化：年末全市共有专业、具备规模的民营艺术表演团体17个。群艺文化馆12个，博物馆11个。公共图书馆馆藏图书512.54万册。国家综合档案馆12个，馆藏档案资料116.16万卷（件、册）。广播节目12套，电视节目21套。有线广播电视用户95.77万户，有线电视入户率89.4%，有线电视数字用户85.47万户。广播人口覆盖率99.6%，电视人口覆盖率99.9%。推出晋剧《晋阳风》、大型歌舞情景诗《桃花红》等10余部大戏和50余部折子戏。创拍百集太原历史文化动画片。组织“文化太原、幸福龙城”广场文化活动2500余场。制作了历史文化纪录片《太原五千年》，从别具特色的文化标示、文化遗产、军事、宗教、商业、民俗等多方面对太原五千年文明史和两千五百年建成史进行了全景式的深入展现和科学系统的集中展示。全年荣获国家级奖31项、省级奖58项，话剧《信仰之光》荣获“全国戏剧文化奖·话剧金狮奖”小剧场奖。截止2012年末，共列入国家级非物质文化遗产保护项目16项、省级保护项目57项、市级保护项目110项。

卫生：年末共有卫生机构2537个（不含村卫生室），医疗床位33461张。每千人拥有医疗床位7.8张。各类卫生技术人员44947人，其中：执业（助理）医师18047人，注册护士19402人。每千人拥有医生4.2人。社区卫生机构标准化建设达标率为92.4%。乡村二级医疗卫生机构基础设施达标率为96.1%。实际参加新型农村合作医疗的农民104.52万人，参合率99.4%。

体育：全年太原运动员在国内外大赛中，获得12枚金牌、12枚银牌、14枚铜牌、57个第四至第八名。成功举办“2012全国女子拳击冠军赛”、“2012太原国际马拉松赛”、“全国小轮车冠军赛”等三项大型赛事。“2012太原国际马拉松赛”被评为“2012年度中国体育用品旅游精品项目”和“2012年度中国马拉松银牌赛事”。

十三、人口、人民生活和社会保障

人口：据2012年人口抽样调查，年末全市常住人口425.63万人，比上年末增加2.10万人。其中：城镇人口356.51万人，增加3.49万人；乡村人口69.12万人，减少1.39万人。城镇化率83.76%，比上年提高0.41个百分点。男性人口215.18万人，女性人口210.45万人，性别比为102.25：100。

全年出生人口3.86万人，人口出生率9.10‰；死亡人口1.76万人，死亡率4.16‰；自然增加人口2.10万人，自然增长率4.94‰。

人民生活：全年城镇居民人均可支配收入22587元，比上年增长12.1%；城镇居民人均消费支出13970元，增长6.6%。城镇居民家庭恩格尔系数为33.3%。农民人均纯收入10079元，增长13.4%；农民人均生活消费支出6550元，增长10.9%。农村居民家庭恩格尔系数为33.9%。城乡居民收入比为2.24：1，比上年缩小0.03个百分点。

社会保障：城镇社会保险参保率95.39%。全市企业职工参加养老保险77.24万人，参加城镇基本医疗保险232.90万人，参加失业保险78.81万人，参加工伤保险90.01万人（其中参保农民工16.26万人），参加生育保险的职工87.60万人。年末城市低保覆盖人口4.48万人，农村低保覆盖人口4.40万人。

全市各类收养类单位42个，床位5286张，收养4222人。救济农村五保户4220户，城市临时救助1359户次，农村临时救助1475户次。

农村新的“五个全覆盖”工程圆满完成，农村面貌和生产生活条件显著改善。

十四、环境保护和安全生产

环境质量：全年市区二级以上空气质量天数324天。空气污染综合指数2.06，比上年下降5.94%。饮用水源地水质达标率保持100%，地表水环境功能区水质达标率62.5%。市区区域环境噪声年均值53.3分贝、交通噪声年均值67.9分贝。2012年，为推进环境综合整治、改善省城环境，对27个城中村和两个片区实施供热改造，主动关停、搬迁8户重点污染企业，省城环境质量得到明显改善。

气温降水和用水量：全年平均气温7.4～10.9℃，降水量401～497mm。地下水水位平均上升0.78米。全社会用水量6.17亿立方米，其中：生活用水1.59亿立方米，生产用水3.88亿立方米，生态用水0.70亿立方米。

安全生产：全年各类安全生产事故发生数比上年下降13.3%，未发生较大以上安全生产事故。煤炭百万吨死亡率为0。火灾和道路交通事故起数分别下降10.0%和17.4%。

（太原市统计局）

大同市2012年国民经济和社会发展情况

2012年，面对复杂严峻的国内外发展环境，全市上下在市委、市政府正确领导下，坚持以科学发展为主题，全面贯彻落实党的十八大精神，紧紧围绕“转型发展、绿色崛起”发展战略和“三名一强”奋斗目标，把握稳中求进的工作总基调，统筹推进各项社会经济建设，国民经济继续保持平稳较快发展，社会事业取得了新进步，为“十二五”规划目标的顺利推进奠定了坚实基础。

一、综　　合

经济增长：初步核算，全年全市实现地区生产总值（GDP）931.3亿元，按可比价格计算，比上年增长10.0%。其中，第一产业增加值49.7亿元，同比增长5.8%；第二产业增加值472.2亿元，同比增长10.8%；第三产业增加值409.4亿元，增长9.7%。第一、二、三产业对GDP增长的贡献率分别为3.7%、50.4%、45.9%。三次产业结构比为5.3：50.7：44.0。全市人均GDP实现27813元。

价格水平：全年居民消费价格比上年上涨2.3%。其中，食品类价格上涨5.0%，烟酒及用品类上涨4.7%，居住类上涨1.1%，娱乐教育文化用品及服务类上涨1.1%，医疗保健及个人用品类上涨1.5%，家庭设备用品及维修服务类上涨0.2%，衣着类上涨0.5%，交通和通讯类下降0.1%。全市商品零售价格比上年上涨1.5%。工业品出厂价格比上年下降5.5%。

就业：全年全市城镇新增就业人数54369人；下岗失业人员再就业28587人；就业困难群体就业7899人；转移农村劳动力28820人；创业带动就业14172人；城镇登记失业率为2.9%。

二、农　　业

播种面积：全年全市农作物总播面积321.74千公顷，比上年增加2.22千公顷。其中，粮食作物播种面积278.94千公顷，增加2.12千公顷；在粮食作物播种面积中，夏粮播种面积1.29千公顷，减少1.69千公顷；秋粮播种面积277.64千公顷，增加2.81千公顷；全市油料作物种植面积15.87千公顷，比上年减少0.34千公顷；蔬菜面积18.76千公顷，比上年增加3.42千公顷，饲草作物种植面积2.23千公顷，比上年增加0.04千公顷。

粮食产量：全年全市粮食总产量94.90万吨，比上年增加9.00万吨，增长10.5%。其中，夏粮产量0.16万吨，比上年减少24.6%；秋粮产量94.74万吨，比上年增长10.6%。

畜禽产品产量：全年全市生猪出栏88.47万头，比上年增长4.5%；牛出栏7.88万头，下降3.7%；羊出栏114.45万只，下降1.2%；家禽出栏306.58万只,增长2.0%。全市肉类总产量12.8万吨，比上年增长6.5%。其中，猪羊肉产量10.97万吨，比上年增长7.3%；牛奶产量21.66万吨，比上年增长1.4%；禽蛋产量3.93万吨，比上年下降4.7%。猪存栏54.70万头，比上年下降1.3%；羊存栏131.56万只，比上年增长9.3%。

农业机械：全年全市农业机械总动力176.05万千瓦，比上年增长5.4%。机械耕地面积194.21千公顷，增长7.5%；机械播种面积139.62公顷，机械收获面积54.45千公顷，分别增长3.3%和23.4%。农村用电量3.24亿千瓦小时，比上年增长7.3%；化肥施用量29.62万吨，比上年增长1.6%。全市有效灌溉面积130.11千公顷，比上年增加3.32千公顷；新增节水灌溉面积4.86千公顷。

三、工业、建筑业

工业：初步统计，全年全市完成全部工业增加值比上年增长11.9%。其中，规模以上工业企业完成工业增加值418.74亿元，比上年增长13.4%。

全年全市规模以上工业企业实现主营业务收入1599.22亿元，比上年增长22.3%。实现利税105.81亿元，比上年下降12.5%。其中，国有控股工业企业实现利税94.37亿元，下降12.0%。实现利润29.08亿元，比上年下降32.8%，其中国有控股工业企业实现利润24.59亿元，下降32.9%。

建筑业：全年全市建筑业增加值52.62亿元，比上年增长2.6%。全市具有建筑业资质等级的总承包和专业承包建筑业企业完成建筑业总产值125.19亿元，比上年增长15.76%。房屋建筑施工面积717.60万平方米，比上年增长5.10%；房屋竣工面积221.80万平方米，比上年增长9.96%。

四、固定资产投资

固定资产投资：全年全市全社会固定资产投资完成831.79亿元，比上年增长25.1%。其中，国有经济单位投资完成453.00亿元，增长19.2%；非国有经济单位投资完成378.79亿元，增长32.9%。在全社会固定资产投资中，第一产业投资50.13亿元，增长56.8%；第二产业投资322.65亿元，增长41.9%；第三产业投资459.01亿元，增长13.2%。在第二产业中，工业投资322.37亿元，增长41.8%。其中，煤炭工业投资111.47亿元，增长25.7%；非煤产业投资720.32亿元，增长25.0%。传统产业（煤炭、焦炭、冶金、电力）投资合计201.23亿元，增长27.5%。

房地产开发：全年全市房地产业开发投资完成170.61亿元，比上年增长27.2%。其中，住宅投资115.07亿元，增长11.3%。全年全市房地产开发施工面积1589.86万平方米，比上年下降6.9%。其中，住宅施工面积1329.17万平方米，比上年下降12.6%。竣工面积197.01万平方米，比上年下降77.4%。其中，住宅竣工面积167.17万平方米，比上年下降79.4%。商品房屋销售面积110.17万平方米，比上年增长22.2%。

全市全年固定资产投资施工项目686个，其中新开工467个，全部建成投产项目449个，新增固定资产446.2亿元。

五、能　　源

能源生产、外调：全年全市一次能源生产折标准煤0.75亿吨，比上年下降0.94%；二次能源生产折标准煤0.06亿吨，下降2.31%。全年全市铁路外运煤炭9268.9万吨，比上年下降5.46%，外运煤炭占原煤产量的比重为88.35%。全年外输电力225.14亿千瓦时，比上年下降10.52%，外输电量占发电量比重为61.87%。全社会用电量138.74亿千瓦时，同比增长2.01%。第一产业用电量1.99亿千瓦时，同比下降16.04%；第二产业用电量110.53亿千瓦时，同比增长0.70%；第三产业用电量13.69亿千瓦时，同比下降0.35%；居民生活用电量10.89亿千瓦时，同比增长7.36%。

能源投资：全年全市能源工业投资完成220.1亿元，比上年增长29.2%。其中，煤炭工业投资111.5亿元，增长25.7%；电力工业投资73.4亿元，增长26.6%。

六、国内贸易

消费品零售：全年全市实现社会消费品零售总额413.65亿元，比上年增长16.00%。其中，城镇消费品零售额356.48亿元，增长16.01%；乡村消费品零售额57.17亿元，增长15.97%。分行业看，全年全市批发业实现零售额60.52亿元，增长13.11%；零售业实现零售额309.91亿元，增长15.66%；住宿和餐饮业实现零售额43.22亿元，增长23.06%。

消费结构：全年全市限额以上批发零售贸易企业零售额中，服装鞋帽、针、纺织品类增长109.4%；石油及制品类增长3.6%；书报杂志类下降20.36%；汽车类增长14.3%。

七、对外经济贸易

进出口贸易：全年全市海关进出口总额完成50395万美元,比上年增长16.9%。其中，出口完成23400万美元，增长139.0%；进口完成26995万美元，下降19.0%。

招商引资：全年全市新批外商投资企业3家，追加注册资金5家。全年全市合同利用外资2.13亿美元，比上年同期增长12.6%；实际到位外资2.10亿美元，比上年同期增长97.6%。

八、交通、邮电和旅游

交通运输：全年全市公路通车里程达到12515.08公里。其中，高速公路达到550.49公里。全市公路密度88.75公里/百平方公里。

年末全市民用汽车保有量达到30.14万辆，比上年增长4.4%。其中，新注册汽车5.10万辆，增长4.1%；私人汽车26.01万辆，增长9.4%。年末载客小型车保有量21.21万辆，比上年增长17.3%。其中，私人载客小型车达19.14万辆，增长22.1%。轿车总量14.43万辆，比上年增长20.2%，其中个人轿车13.11万辆，比上年增长24.2%

邮电：全年全市完成邮电业务总量28.44亿元，比上年增长7.6%。其中，电信业务总量25.96亿元，增长9.2%；邮政业务总量2.24亿元，下降8.2%。到2012年底，全市固定及移动电话用户总数达到382.63万户，比上年增长8.2%；其中固定电话用户57.11万户，增长2.0%；移动电话用户325.52万户，增长9.3%。计算机互联网络用户达到44.1万户，比上年增长33.5%。邮政局所110个，邮路总长度2361公里，全市订销报纸4149万份，增长10.2%，订销杂志188万份，下降2.6%，收寄国内函件251万件，下降16.9%，收寄国内包裹6万件，下降5.5%，年末拥有邮政储蓄78家，年末储蓄余额达114.9亿元，净增15.7亿元。

旅游：全年全市旅游业务总收入162.82亿元，比上年增长19.2%。其中，国内旅游业务收入156.2亿元，增长19.3%；国际旅游创汇10224.34万美元，增长18.2%。全年全市共接待国内、外旅游者1918.04万人次，比上年增长18.7%。其中，接待国内旅游者1890.29万人次，增长18.7%；接待海外旅游者27.75万人次，增长18.1%。

九、财政、金融和保险

财政：全年全市财政总收入完成190.74亿元，比上年增长17.6%。一般预算收入完成80.30亿元，比上年增长24.2%。财政收入中，增值税、企业所得税、营业税分别增长9.8%、26.5%和36.1%；个人所得税比上年同期下降3.3%。

全年全市一般预算支出执行186.79亿元，比上年增长10.3%。其中，农林水事务支出增长10.0%，教育事业支出增长32.2%，城乡社区事务支出增长26.4%，节能环保支出增长6.5%，文化体育与传媒支出增长93.9%，社会保障与就业支出增长3.4%。

金融：年末全市金融机构各项存款余额2013.93亿元，比年初增加144.62亿元，比上年同期增长7.7%。其中，储蓄存款余额1220.11亿元，比年初增加143.08亿元，比上年同期增长13.3%。年末全市金融机构各项贷款余额770.52亿元，比年初增加111.81亿元，比上年同期增长17.0%。其中，短期贷款余额237.40亿元，比年初减少2.04亿元，比上年同期下降0.8%；中长期贷款余额458.82亿元，比年初增加80.64亿元，比上年同期增长21.3%。

保险：全年全市共有注册保险机构25家。全年全市保费累计收入33.8亿元，比上年增长2.1%。其中，寿险业务保费累计收入20.9亿元，下降0.4%；财产险业务保费累计收入12.9亿元，增长7.0 %。全市累计支付各类保险赔款及给付13.5亿元，下降14.6%。其中，寿险业务给付6.9亿元，下降32.5%；财产险业务赔款6.6亿元，增长20.0%。

十、科学技术和教育

科技：全年全市共申请专利801件，比上年增长68.6%。其中，发明专利257件、实用新型463件、外观设计81件，分别占专利申请总数的32.1%、57.8%和10.1%。全市共授权专利402件。其中，发明35件、实用新型330件、外观设计37 件，分别占专利授权总数的8.7%、82.1%和9.2%。

全年全市共组织鉴定达到国际先进水平的省级科技成果4 项。获得2011年度省科技奖励9项。其中，省科技进步二等奖4项，省科技进步三等奖5项；组织鉴定市级科技成果11 项。启动了2012年度市科技奖励工作，共受理推荐奖励项目38项。

教育：全市中等职业教育招生人数1.06万人，在校生人数3.23万人。其中，职业高中招生0.49万人，在校生人数1.92万人。全市基础教育招生人数15.52万人，在校生人数52.32万人。其中，初中中学招生人数4.03万人，在校生人数13.03万人；普通高中招生数达2.58万人，在校生数达7.42万人。

全年全市产品质量监督抽查762家企业10类23种922个批次产品和商品，完成强制检定计量器具13.5万台件。全市有气象台站10个。开展121电话天气自动答询的台站8个。开展人工影响天气业务的单位8个。防雹、增雨累计收益面积1.4万平方公里，增雨量0.6亿立方米。全市有天气预报服务网发射Intel网站1个，卫星云图接收站9个。全年全市降水量434毫米，年平均气温6.4摄氏度，无霜期146天。

十一、文化、卫生和体育

文化：成功举办了第十一届中国大同云冈文化旅游节、第七届新年音乐会、第十届迎新春优秀剧（节）目评比展演、第二届春节文化庙会；协助拍摄完成大型旅游电视节目《明星带你游大同》。新创大型剧目《铁血红颜》《正德西巡》《喜鹊岭喜事》，现代戏《奶娘》获得山西省第十三届“杏花奖”综合大奖和编剧奖。全年全市共有群众文化艺术馆12 个，艺术表演团体10个，文化馆12个，公共图书馆13个，公共图书馆藏书57.9万册，博物馆1个，档案馆13个。全市共有广播电视台10座，电视发射、转播台29座，中波发射台1座，调频发射、转播台14座，微波站14座，有线电视网14个。广播人口覆盖率达93.53%，电视人口覆盖率达97.08%，有线电视用户48.94万户，数字电视用户36.57万户。

卫生：全年全市共有卫生机构（含诊所、村卫生室）3067个，床位15917张。其中，医院109个，卫生院145个，床位14184张；社区卫生服务中心（站）108个；疾病预防控制中心13个；妇幼保健机构13个；专科疾病防治机构1个。年末，全市卫生机构共有卫生技术人员19192人，其中执业医师和执业助理医师8681人，注册护士6669人；疾病预防中心卫生技术人员407人；妇幼保健卫生技术人员274人；农村乡镇卫生院卫生技术人员1420人。

体育：在第十三届英国伦敦奥运会上，全市选送的5名运动员代表国家参加了5个项目的比赛，获得一金一银一个第五名的成绩。在山西省第十四届运动会阶段赛中共获得100枚金牌、90枚银牌、76枚铜牌，总分2743分。金牌数、奖牌数、总分数均列全省第二位。广泛开展了丰富多彩的群众体育活动,举办了“全国青年迎青奥”长跑活动，承办了全国高等院校健身气功比赛、全国雪炭工程培训、中国健身名山登山赛恒山站比赛、山西省体育三下乡活动和农村体育场所全覆盖大同采风活动；积极开展体育大拜年、“全民健身日”等有规模、有影响、示范性强的群众传统体育活动近30余项。年末人均公共体育场地面积达1.50平方米，比上年增长48.5%。

十二、环境保护和安全生产

环境保护：全年全市二级以上良好天数达到349天，较上年增加2天。全市主城区新增供热面积600万平方米，实际集中供热面积4300万平方米，燃煤锅炉集中供热面积70万平方米，城市集中供热率为100%。现有燃气中低压管网1200公里，日供气能力31万立方米，天然气用户54万户，液化气用户2万户，城市气化率达到98%以上。城市供水管网290.37公里，城市日供水能力28万立方米，城市供水普及率达到99%以上，水质合格率达到100%；黄河供水工程完成投资12.91亿元，日供水能力达到6万立方米。市本级污水处理厂共处理生活污水2573.5万立方米，污水处理率达到82.1%，中水回用1180万立方米，中水回用率达到46%。市区日处理生活垃圾880吨，城市生活垃圾无害化处理率达到88%。

全年全市建成区新增绿化面积346.63多万平方米。城市建成区绿化覆盖率、绿地率、人均公共绿地三项指标分别达到41.7%、36.88%、13.12平方米/人。分别比上一年增加了3.2个百分点、2.48个百分点、1.23平方米/人。

全年全市共完成造林面积32.31千公顷，其中人工造林完成25.17千公顷，飞播造林面积2.33千公顷，年末实有封山（沙）育林面积132.44千公顷。

全年全市亿元地区生产总值事故死亡率0.082，煤矿百万吨死亡率0.177，工矿商贸企业就业人员10万人事故死亡率0.462，特种设备万台死亡率为零。

十三、人口、人民生活和社会保障

人口：据2012年人口抽样调查，年末全市常住人口为335.71万人，比上年末增加1.74万人。全年全市出生人口3.73万人，人口出生率为11.1‰；死亡人口1.99万人，死亡率为5.9‰；自然增长率为5.2‰。出生人口性别比为104.6。

人民生活：全年全市城镇居民人均可支配收入21482元，比上年增长13.6%。城镇居民人均消费性支出13441元，比上年增长9.8%。全年全市农民人均纯收入5642元，比上年增长14.3%；农民人均生活消费支出4214元，增长12.7%。城镇居民人均住房建筑面积26.27平方米，农村居民人均拥有住房面积23.12平方米。

农村新“五个全覆盖”农村街巷硬化、便民连锁商店、农家书屋、农民体育健身场所和村级文化活动场所建设均已完成；全年中等职业教育免学费和新型农村社会养老保险覆盖全部完成。

社会保障：全年全市城镇职工基本养老保险参保职工人数56.92万人，城镇职工基本养老保险基金征缴收入19.3亿元。新型农村养老保险参保人数89.29万人，农村养老保险基金征缴收入9715万元。城镇居民养老保险参保人数10.2万人，城镇居民养老保险基金征缴收入1081万元。城镇基本医疗保险参保人数129.76万人，城镇基本医疗保险基金征缴收入12.49亿元。失业保险参保人数43.8万人，失业保险基金征缴2.59亿元。工伤保险参保人数39.15万人，工伤保险基金征缴收入7660万元。生育保险参保人数38.7万人，生育保险基金征缴1808万元。全市新型农村合作医疗参合农民达到154.3万人，参合率达到98.57%。

全年纳入城市最低生活保障的居民20.18万人，发放城市低保资金5.18亿元，比上年增加0.06亿元；纳入农村最低生活保障的居民16.12万人，比上年增加0.09万人，发放农村低保资金2.22亿元，比上年增加0.14亿元。

年末各类福利院床位数9431张，收养6778人。城镇建立各种社区服务设施155个，其中综合性社区服务中心10个。全年销售社会福利彩票1.84亿元,筹集社会福利资金0.58亿元，接收社会捐赠款135.09万元。

（大同市统计局）

朔州市2012年国民经济和社会发展情况

2012年，全市人民在市委、市政府坚强领导下，认真贯彻落实科学发展观，大力弘扬右玉精神，紧紧围绕转型跨越发展总体战略部署，砥砺奋进、扎实苦干，加快转变经济发展方式，全力推进全面小康社会建设，全市经济保持平稳较快发展态势，各项事业取得新进展。

一、综　合

经济增长：全年全市生产总值1007.1亿元，比上年增长11.1%。其中，第一产业增加值50.9亿元，比上年增长5.5%，占生产总值比重5.0%；第二产业增加值596.1亿元，增长12.6%，比重59.2%；第三产业增加值360.1亿元，增长9.5%，比重35.8%。第三产业中，金融保险业增加值23.6亿元，增长17.0%；批发和零售业增加值81.2亿元，增长15.6%；房地产业增加值18.8亿元，增长10.0%。

人均地区生产总值58205元，按2012年平均汇率计算为9221美元。

价格：全年全市居民消费价格总水平比上年上涨2.7%，其中食品价格上涨5.0%。商品零售价格上涨2.5%。工业生产者出厂价格上涨0.8%，其中生产资料价格上涨0.7%，生活资料价格上涨3.0%。工业生产者购进价格上涨4.9%。

二、农　业

种植面积：全年全市农作物种植面积33.9万公顷，比上年增长0.5%。其中粮食种植面积26.8万公顷，减少0.5%；油料种植面积2.9万公顷，增长0.1%。在粮食种植面积中，玉米种植面积14.5万公顷，增长0.8%。

粮食产量：全年粮食总产量107万吨，比上年增长10.2%。其中，玉米87.0万吨，增长11.5%。

畜禽产量：据畜情监测结果显示，全年全市肉类总产量5.8万吨，增长16%。其中，猪肉产量2.3万吨，增长35.3%；羊肉产量2.5万吨，增长19%。牛奶产量47.2万吨，增长8.3%。禽蛋产量1.6万吨，下降5.9%。

全年生猪出栏23.9万头，存栏23.6万头；牛出栏6.2万头，存栏16.8万头；羊出栏120.4万只，存栏163.4万只。

农业机械：年末全市农业机械总动力223.1万千瓦，比上年末增长4.0%。机械耕地面积24.6万公顷，机械播种面积22.8万公顷，机械收获面积11.5万公顷，分别比上年增长1.2%、5.0%和18.9%。

三、工业和建筑业

工业：年末全市规模以上工业企业238家，增加21家。全年规模以上工业增加值569.9亿元，增长16.3%。

全年全市原煤产量2.07亿吨，比上年增长14.3%；洗煤1.34亿吨,增长17.0%。

全年规模以上工业主营业务收入1129.1亿元，比上年增长7.9%。其中，煤炭、电力工业分别实现主营业务收入869.5亿元和82.8亿元，分别增长3.6%和24.6%；食品和非金属矿物制造业分别实现主营业务收入26.2亿元和42.3亿元，分别增长15.4%和26.9%；新兴接替产业共实现主营业务收入138.1亿元，增长42.4%。其中，汽车制造业和医药工业分别实现主营业务收入1亿元和2.4亿元，分别增长9.1%和21.4%。

全年规模以上工业实现利税294.6亿元，比上年增长3.3%；实现利润173.4亿元，增长2.9%。

建筑业：全年全市建筑业实现增加值23.2亿元，比上年增长6.1%。

四、固定资产投资

固定资产投资：全年全市固定资产投资610.6亿元，比上年增长28.6%。按产业分，第一产业投资24.7亿元，增长168.0%；第二产业投资289.3亿元，下降4.7%；第三产业投资296.6亿元，增长83.3%。按登记注册类型分，国有投资411.7亿元，增长29.9%；非国有投资198.9亿元，增长26.1%。

在工业投资中，传统产业（煤炭、电力）投资193.6亿元，下降16.7%；非煤、电投资95.7亿元，增长34.9%。

全年全市在建固定资产投资项目731个，新开工项目536个 。其中亿元以上项目212个，计划总投资1643.5亿元，完成投资471.5亿元，占全市固定资产投资的比重77.2%。

全年城镇固定资产投资建成投产项目355个，项目建成投产率为45.7%；新增固定资产205.9亿元。

房地产开发：全年房地产开发投资46.4亿元，比上年增长91.6%。按工程用途分，商品住宅投资30.3亿元，增长101.0%；商业营业用房投资10.3亿元，增长199.5%。

五、能　源

能源生产：全年全市一次能源生产折标准煤1.48亿吨，比上年增长11.3%；二次能源生产折标准煤0.03亿吨，增长8.7%。

能源外调：全年全市向省外运输煤炭1.28亿吨（含洗精煤），比上年增长21.9%。

能源投资：城镇投资中，能源工业投资193.6亿元，比上年下降16.7%。其中煤炭工业投资117.8亿元，下降21.5%；电力工业投资75.8亿元，下降8.4%。

电力消耗：全年全市全社会用电总量98.67亿千瓦时。其中：第一产业用电1.48亿千瓦时，占全部用电量1.5%；第二产业用电87.68亿千瓦时，占全部用电量88.9%，其中工业用电86.43亿千瓦时；第三产业用电6.15亿千瓦时，占全部用电量6.2%；城乡居民生活用电3.36亿千瓦时，占全部用电量3.4%。

六、国内贸易

消费品零售：全年全市社会消费品零售总额191.1亿元，比上年增长16.5%。其中，城镇零售额147.2亿元，增长16.7%；乡村零售额43.9亿元，增长15.7%。

七、对外经济

进出口贸易：全年全市海关进出口总额25687万美元，比上年增长84.2%。其中，进口额24142万美元，增长93.7%；出口额1545万美元，增长4.3%。

招商引资：全年全市新批准外资企业2家，实际利用外资13400 万美元，增长15.6%。

八、交通、邮电和旅游

交通运输：全年全市交通运输、仓储和邮政业增加值103.2亿元，比上年增长8.1%。全年新增公路通车里程271.7公里，新增高级、次高级路面里程428.2公里。年末全市公路通车里程达到10056.6公里。

邮电：全年全市完成邮电业务总量14.0亿元，比上年增长21.7%。其中邮政业务总量0.99亿元，比上年增长9.0%；电信业务总量13.0亿元，比上年增长22.6%。固定电话用户年末达到24.7万户。其中，城市电话用户18.4万户，农村电话用户6.3万户。新增移动电话用户21.1万户，年末达到131.2万户。年末全市固定及移动电话用户总数达到155.9万户，比上年末增加22.7万户。移动电话普及率75.6部/百人。全市宽带接入用户达到19.6万户，增长32.4%。

旅游：全年全市接待入境游客6.2万人次，接待国内旅客675.0万人次，分别增长22.7%和25.7%；旅游外汇收入2211.1万美元，国内旅游收入63.4亿元，旅游总收入64.8亿元，分别增长34.0%、33.9%和34.2%。

九、财政、金融、证券和保险

财政：全年全市财政总收入210亿元，比上年增长20%。一般预算收入84.3亿元，增长18.8%。其中，税收收入186.3亿元，增长20.3%。

全年一般预算支出138.8亿元，比上年增长20.2%。其中农林水事务支出15.3亿元，增长26.0%；教育支出29.7亿元，增长46.5%；科学技术支出1.2亿元，增长27.0%；社会保障和就业支出10.6亿元，增长8.8%；医疗卫生支出8.3亿元，增长21.0%；节能环保支出5.1亿元，增长27.9%；文化体育与传媒支出3.0亿元，下降10.4%；城乡社区事务支出8.6亿元，增长5.3%；公共安全支出6.7亿元，增长23.8%。

金融：年末全市金融机构本外币各项存款余额1052.1亿元，比年初增加137.3亿元,增长15.0%,其中人民币各项存款余额1050.9亿元,比年初增加139.1亿元,增长15.3%;全市金融机构本外币各项贷款余额381.3亿元，比年初增加109.5亿元,增长40.3%,其中人民币各项贷款余额375.0亿元,比年初增加112.5亿元,增长42.9%。

证券：全年朔州辖区证券市场各类证券成交额79.6亿元，比上年下降27.4%。其中股票成交额60.6亿元，下降30.9%；债券成交额236.4万元，下降4.8%。年末投资者资金账户开户数2.2万户，比上年末增长6.6%。

保险：全年全市保费收入12.0亿元，比上年下降2.0%。其中，寿险业务保费收入5.8亿元，下降14.4%；健康险保费收入0.3亿元，增长25.2%；意外伤害险保险业务保费收入0.2亿元，增长14.2%；财产险业务保费收入5.6亿元，增长13.1%。支付各类赔款及给付4.5亿元，增长23.4%。其中，寿险业务给付支出1.5亿元，增长10.0%；健康险业务给付支出930.1万元，增长20.7%；意外伤害险业务给付支出601.5万元，增长26.0%；财产险业务赔款支出2.8亿元，增长31.6%。

十、教育和科学技术

教育：全年全市中等职业教育学校共招生0.17万人，在校学生达到1.6万人；普通高中共招生2.1万人，在校学生达到6.4万人；初中共招生3.2万人，在校学生达到10.1万人。

科学技术：全年全市共受理各项专利申请量770件，比上年增长69.2%。全市技术市场共签订技术合同3份，成交金额5190万元。全年有2个项目列入国家各类科技计划，获得国家资助130万元。全年全市共取得15项科技成果。

年末全市有气象台站6个。全市开展电话天气自动答询的台站6个。全市气象系统开展人工影响天气业务的单位6个，防雹、增雨受益覆盖面积四千余平方公里。全市有卫星云图接收站1个。

年末全市有专业综合地震台站1个，省级地震台网中心1个。全年小震活动13次，最大震级3.1级。

十一、文化、卫生和体育

文化：年末全市共有国有艺术表演团体8个，文化馆7个。广播电台5座，电视台3座。有线电视用户10.1万户。广播人口覆盖率94.4%，电视人口覆盖率98.6%。全市共有公共图书馆7个，馆藏图书73.2千册。

卫生：年末全市共有卫生机构(含诊所)365个，其中妇幼保健院（所、站）8个。全市卫生机构共有床位6447张；卫生技术人员8137人。全市新型农村合作医疗参合率达到98.3%。社区卫生服务体系覆盖人口30万人。

体育：全年全市销售中国体育彩票2816万元，比上年增长2.6%。年末全市拥有群众健身辅导中心、站点120个，体育指导员1215人，举办体育比赛活动86次。

十二、人口、人民生活和社会保障

人口：据2012年人口抽样调查，年末全市常住人口为173.5万人，比上年末增加9349人。全年全市出生人口18784人，人口出生率为10.86‰；死亡人口9432人，死亡率为5.45‰；人口自然增长率为5.40‰。

人民生活：全年城镇居民人均可支配收入为23114元（中心城市数），比上年增长13.9%；城镇居民人均消费性支出15296元，增长14.5%。农村居民人均纯收入8000元，增长13.9%；农村居民人均生活消费支出5416元，增长12.6%。城镇占调查总户数20%的低收入家庭人均可支配收入10948元，增长26.3%；农村占人口20%的低收入者收入3012元，增长6.9%。城镇居民家庭恩格尔系数（居民家庭食品消费支出占家庭消费支出的比重）30.5%，农村居民家庭恩格尔系数39.3%。

社会保障：年末全市企业养老保险参保人数达到14.9万人；农村养老保险参保人数达到65.0万人；城镇居民养老保险参保人数达到5.2万人；职工医疗保险参保人数达到13.9万人；城镇居民医疗保险参保人数达到24.7万人，工伤保险参保人数达到17.9万人；生育保险参保人数达到17.7万人。

全年全市纳入城市最低生活保障的居民6.7万人，发放城市低保资金1.7亿元；纳入农村最低生活保障的居民8.8万人，发放农村低保资金1.2亿元。

全年全市销售社会福利彩票8661万元,比上年增长51.7%。

全年全市完成保障性住房3.5万套。

农村新“五个全覆盖”工程全部完成，农村各项事业得到长足发展。

十三、环境和安全生产

环境：全年市区空气质量二级以上天数345天，比上年减少4天，大气综合污染指数由上年的1.53上升到1.80，上升17.6%。

年末市区污水处理率达到97.97%，提高0.47个百分点；城市生活垃圾无害化处理率达到100%；集中供热面积1628.2万平方米，集中供热普及率达到89.0%。

安全生产：全年全市地方企业共发生各类安全生产事故465起，比上年减少57起，下降10.9%；死亡71人，比上年减少15人，下降17.4%。

十四、“四化一体”东部新区

全年“四化一体”东部新区完成生产总值831.0亿元，增长11.5%，高于全市平均水平0.4个百分点，占全市经济总量82.5%；规模以上工业增加值完成473.9亿元，增长

18.0%，高于全市平均水平1.7个百分点，占全市总量83.2%；服务业增加值完成311.2亿元，增长9.9%，高于全市平均水平0.4个百分点，占全市总量86.4%；固定资产投资额完成427.4亿元，增长24.7%，占全市70.0%；社会消费品零售总额完成117.8亿元，增长16.5%，占全市61.6%；财政总收入完成171.0亿元，增长20.2%，高于全市平均水平0.2个百分点，占全市81.4%；一般预算收入完成64.9亿元，增长20.5%，高于全市平均水平,1.7个百分点，占全市77.0%；农民人均纯收入完成9271元，增长16.0%，绝对量高出全市平均水平1271元，增幅高于全市平均水平2.1个百分点；城镇居民人均可支配收入完成22093元，增长14.0%，绝对量高出全市平均水平（六县区加权平均数）1032元。

（朔州市统计局）

忻州市2012年国民经济和社会发展情况

2012年，在市委、市政府的正确领导下，全市上下继续坚持稳中求进的工作总基调，加大经济结构调整步伐，全面推进各项工作，全市经济保持平稳发展态势，运行质量和效益同步提升，基本上实现了又好又快发展。

一、综　　合

全年全市生产总值620.9亿元，比上年增长11.5%。其中，第一产业增加值58.7亿元，增长5.6%，占生产总值的比重为9.4%；第二产业增加值319.0亿元，增长14.9%，占生产总值的比重为51.4%；第三产业增加值243.2亿元，增长9.1%，占生产总值的比重为39.2%。第三产业中，金融保险业增加值30.3亿元，增长16.0%；交通运输、仓储和邮政业增加值49.4亿元，增长9.6%；批发和零售业增加值34.7亿元，增长12.9%。

人均地区生产总值20081元，按2012年平均汇率计算为3181美元。

全年全市财政总收入144.2亿元，增长18%。一般预算收入65.2亿元，增长21.64%。税收收入43.6亿元，增长19.97%，其中国内增值税、营业税、企业所得税、个人所得税、资源税和城建税共计完成税收38.5亿元，增长20.39%。一般预算支出181.4亿元，增长19.21%。其中农林水事务支出增长22.73%，教育支出增长32.7%，社会保障和就业支出增长0.78%，医疗卫生支出增长14.46%，文化体育与传媒支出下降8.35%，节能环保支出增长7.73%。

居民消费价格比上年上涨2.8%，其中，食品价格上涨3.8%。商品零售价格上涨2.7%。固定资产投资价格上涨1.2%。工业生产者出厂价格下降3.5%，其中生产资料价格下降3.5%，生活资料价格上涨5.1%。工业生产者购进价格下降0.5%。

全年全市城镇新增就业3.5万人。转移农村劳动力4.6万人。年末城镇登记失业率3.5%。

二、农　　业

全年全市农作物种植面积47.6万公顷，比上年增加0.27万公顷，增长0.6%。其中，粮食种植面积42.64万公顷，增加0.39万公顷，增长0.9%；油料种植面积3.28万公顷，减少0.19万公顷，降低5.6%。在粮食种植面积中，玉米种植面积24.75万公顷，增加0.48万公顷，增长2.0%。

全年粮食产量163.42万吨，比上年增加14.88万吨，增产10%。其中，夏粮0.09万吨，减产32.1%；秋粮163.33万吨，增产10.1%。

全年完成造林40.7千公顷，增长1.7%。其中，荒山荒地造林面积40.7千公顷，增长1.7%。全年木材产量1.54万立方米，增长1.32倍。

全年全市猪牛羊肉总产量9.83万吨，比上年增长13.5%。其中，猪肉产量5.8万吨，增长16.5%；牛肉产量0.72万吨，增长17.3%；羊肉产量2.88万吨，增长9%。年末生猪存栏48.34万头，生猪出栏58.99万头。牛奶产量5.06万吨，增长31.9%。禽蛋产量5.07万吨，下降5.9%。水产品产量0.23万吨，增长10.5%。

年末全市农业机械总动力236.71万千瓦，增长4.7%。机械耕地面积28.61万公顷，增长5%；机械播种面积26.7万公顷，机械收获面积12.13万公顷，分别增长8.8%和47.9%。全市农机化经营总收入9.56亿元，增长9.3%。

三、工业和建筑业

年末全市规模以上工业企业315家，增加50家。全年规模以上工业增加值增长16.4%。

全社会原煤产量5514万吨，增长25.5%；发电量213.0亿千瓦时，增长1.4%。规模以上工业企业焦炭产量190万吨，增长0.5%；钢材产量76.6万吨，增长106.4%。

规模以上工业企业实现主营业务收入596.9亿元，增长3.7%。其中，煤炭、冶金和电力工业分别实现主营业务收入164.6亿元、225.4亿元和74.0亿元，分别增长1.5%、4.4%和14.0%；建材、装备制造和食品工业分别实现主营业务收入9.4亿元、64.9亿元和1.2亿元，分别增长70.9%、1.9%、和20.9%；焦炭、化学和医药分别实现主营业务收入32.4亿元、9.0亿元和0.6亿元，分别下降2.4%、16.8%、14.0%。

规模以上工业实现利税104.6亿元，下降6.0%；实现利润58.5亿元，下降8.3%。

全年全市建筑业实现增加值27.7亿元，比上年增长13.7%。具有建筑业资质等级的总承包和专业承包建筑业企业实现利润1.99亿元，增长118.7%。

四、固定资产投资

全年全社会固定资产投资653.3亿元，增长26.6%。其中，国有及国有控股投资392.9亿元，增长29.4%；民间投资290.1亿元，增长16.2%。

在全社会固定资产投资中，内资企业投资644.0亿元，增长26.2%；外商及港澳台商企业投资1.96亿元，增长338.7%；个体经营及农户投资7.3亿元，增长43.1%。

在全社会固定资产投资中，第一产业投资27.6亿元，增长64%；第二产业投资350.5亿元，增长12.2%；第三产业投资275.3亿元，增长47.3%。在第二产业中，工业投资350.4亿元，增长12.2%。其中，煤炭工业投资122.6亿元，下降12.9%；非煤产业投资227.8亿元，增长32.8%。传统产业（煤炭、焦炭、冶金、电力）投资合计259.8亿元，增长8.3%，非传统产业投资合计90.6亿元，增长24.8%。

全年全市在建固定资产投资项目940个。其中，5亿元以上项目54个，计划总投资1003.3亿元，完成投资250.1亿元。

全年房地产开发投资27.6亿元，增长14.6%。其中，住宅投资18.8亿元，下降3.5%；办公楼投资0.6亿元，下降20.5%；商业营业用房投资5.3亿元，增长94.8%。

五、能　源

全年全市一次能源生产折标准煤4122.6万吨，增长25.8%；二次能源生产折标准煤996.1万吨，增长7.7%。

全年全市向省外运输煤炭658.5万吨，下降42.1%，外运煤炭占原煤产量11.9%。在外运煤炭中，铁路运输658.5万吨，下降39.2%；向省外运输焦炭139万吨，下降3.4%，外运焦炭占焦炭产量73%。

全年全市全社会用电总量103.2亿千瓦小时。其中，第一产业用电1.8亿千瓦小时，占全部用电量1.7%；第二产业用电72.5亿千瓦小时，占70.3%，其中工业用电71.0亿千瓦小时；第三产业用电20.5亿千瓦小时，占19.9%；城乡居民生活用电8.4亿千瓦小时，占8.1%。

六、国内贸易

全年全市社会消费品零售总额215.5亿元，增长16.2%。按经营地统计，城镇消费品零售额171.1亿元，增长16.4%；乡村消费品零售额44.4亿元，增长15.2%。按消费形态统计，商品零售额185.6亿元，增长11.5%；餐饮收入额29.9亿元，增长16.3%。

七、对外经济

全年全市海关进出口总额21800万美元，增长15.2%。其中，进口额74万美元，增长3.1倍；出口额21726万美元，增长15.0%。

全年出口镁及其制品96吨，增长192倍，出口金额34万美元，增长113倍；出口钢材7.9万吨，增长0.9%，出口金额14121万美元，下降2%；出口机电产品16316万美元，增长7.7%；出口高新技术产品49万美元。

全年进口机电产品71万美元，增长9倍。

全年全市新设立外商直接投资企业3家；按全口径统计实际使用外商直接投资金额1963万美元，增长17%。

八、交通、邮电和旅游

年末全市公路线路里程17280公里，其中高速公路730公里，比上年末增加264公里。

年末全市民用汽车保有量20.27万辆（包括三轮汽车和低速货车0.40万辆），比上年末减少2.56%，其中私人汽车16.30万辆，增长0.71%。本年新注册汽车3.52万辆，增长7.02%。年末轿车保有量9.59万辆，增长22.99%，其中私人轿车8.68万辆，增长26.42%。

全年全市完成邮电业务总量20.2亿元，增长12.2%。其中，邮政业务总量2.1亿元，增长10.5%；电信业务总量18.1亿元，增长12.4%。新增移动电话用户40.8万户，年末达到263.1万户，其中，3G移动电话用户达到38.3万户。移动电话普及率85部/百人。全市宽带接入用户33.6万户，下降8.7%。

全年全市接待海外旅游者20.9万人次，接待国内旅游者1518.3万人次，分别增长21.3%和26.2%；旅游外汇收入7475.6万美元，国内旅游收入157.9亿元，旅游总收入162.7亿元，分别增长21.5%、27.4%和27.2%。

九、金　融

年末全市金融机构本外币各项存款余额1311.32亿元，比年初增加175.72亿元，比年初增长15.47%。各项贷款余额479.82亿元，比年初增加69.13亿元，增长16.83%。

年末全市农村金融合作机构（农村信用社、农村合作银行、农村商业银行）人民币贷款余额211.37亿元，比年初增加35.32亿元，增长20.06%;人民币存款余额388.83亿元，比年初增加57.98亿元，比年初增长17.52%。

全年全市保费收入20.75亿元，下降3.6%。其中，寿险业务保费收入11.08亿元，下降10.8%；健康险业务保费收入0.38亿元，增长5.6%；意外险业务保费收入0.48亿元，增长20%；财产险业务保费收入8.81亿元，增长5.6%。全年支付各类赔款及给付7.14亿元，增长7.9%。

十、教育和科学技术

年末全市普通高等学校2所。全市高中阶段毛入学率89%。

全年全市专利申请量为739件，增长21.1%，专利授权量为245件，下降4.3%；其中发明专利申请量为190件，下降30.7%，发明专利授权量为36件，增长12.5%。全年共签订各类技术合同6项，技术合同成交总额2445.5万元，增长22.7%。全年新登记科技成果3项。市级企业技术中心64家。按照国家高新技术企业认定办法，年末累计高新技术企业10家。

全市1个经济开发区入区企业214家，其中500强投资企业4家。区内税收收入2.59亿元，增长20.04%；企业主营业务收入46.67亿元，增长10.37%。

年末全市共有省、市、县产品质量监督检验和计量检定技术机构14个，监督抽查了251家企业12类81种270批次的产品和商品。全年完成强制检定计量器具4.52万台件。

全市有气象台站 16 个，另建设有区域自动气象站115个。全市气象系统开展人工影响天气业务的单位 16 个，防雹、增雨受益覆盖面积 2.5万平方公里，增雨量1.2亿立方米。全市有卫星云图接收站16个。

忻州市地震局在全市有地震前兆台站2个，市级地震台网中心1个，市级地震应急指挥中心1个。全年没有发生M3级以上地震。

十一、文化、卫生和体育

年末全市共有群众艺术馆1个，文化馆14个,博物馆12个。全市文化系统共有艺术表演团体16个。全市有公共图书馆14个。全市报纸出版1种（不含高校校报），共1302万份，各类杂志出版1种，共3.6万册。广播电台11座，电视台2座，广播电视台1座。

年末全市共有卫生机构(含诊所、村卫生室)5149个，其中妇幼保健院（所、站）15个。全市卫生机构(含诊所)共有床位12177张。全市卫生机构共有卫生技术人员14209人。全市14个农业县（市、区）全部开展了新型农村合作医疗试点工作，有210.77万农民参加了合作医疗。

全年我市运动员在国内外重大比赛中获银牌2枚（包括非奥运项目比赛）。全市销售中国体育彩票3613万元，比上年增长20%。

十二、人口、人民生活和社会保障

据2012年人口抽样调查，年末全市常住人口为309.9万人，比上年末增加1.4万人。全年全市出生人口3.6万人，人口出生率为11.58‰；死亡人口2.3万人，死亡率为6.96‰；自然增长率为4.62‰。

全年城镇居民人均可支配收入18317.9元，比上年增长15%；城镇居民人均消费性支出10107.3元，增长11.5%。全年农村居民人均纯收入4776元，增长15.5%；农村居民人均生活消费支出4289.22元，增长10.9%。城镇占调查总户数20%的低收入家庭人均可支配收入9637.9元，增长15.3%；农村占人口20%的低收入者收入1834.17元，增长21.9%。城镇居民家庭恩格尔系数（即居民家庭食品消费支出占家庭消费支出的比重）31.5%，农村居民家庭恩格尔系数38.1%。

年末参加城镇职工基本养老保险37.53万人；参加新型农村社会养老保险148.82万人；参加城镇基本医疗保险64.80 万人，增加4.50万人；参加失业保险19.87万人，增加0.37万人；参加工伤保险 20.69万人，增加5.89万人，其中农民工6.42万人，增加0.92万人；参加生育保险23.32万人，比上年增加3.52万人。

全年全市共有城市最低生活保障对象10.9万人、农村最低生活保障对象23.5万人，全年共发放最低保障资金5.4亿元。

年末全市各类福利院床位数312张，收养185人。城镇综合性社区服务中心1个。全年销售社会福利彩票1.2亿元，筹集社会福利资金0.1亿元，接收社会捐赠款0.01亿元。

农村新“五个全覆盖”工程全面完成,农村面貌和生产生活条件显著改善。

十三、资源、环境和安全生产

全市水资源总量16.8亿立方米，增长11.6%；平均降水量541.3毫米，增长8.2 %。全年总用水量6.6亿立方米，增长40.7%。

全年全市14个县城空气质量二级以上天数平均为364天。

黄河、海河流域忻州段共监测14个断面，达到Ⅲ类以上水质标准的断面占43.8%，达到Ⅳ类水质标准的断面占27.2%，达到Ⅴ类水质标准的断面占10.5%，有18.4%的断面超过Ⅴ类水质标准。

全年共发生各类安全事故295起，下降35.87%；死亡159人，下降2.45%。未发生特别重大事故。全年全市煤炭百万吨死亡率0.031。

（忻州市统计局）

吕梁市2012年国民经济和社会发展情况

2012年，在山西省委、省政府的正确领导下，全市上下以“打基础、利长远、惠民生”为指导，坚持科学发展、转型发展和稳中求进的工作总基调，着力推进全市经济建设、政治建设、文化建设、生态文明建设，全市经济和社会发展取得了显著成效。

一、综　合

全年全市生产总值1230.4亿元，比上年增长10.8%。其中，第一产业增加值55.7亿元，增长5%，占生产总值的比重为4.5%；第二产业增加值900.3亿元，增长11.9%，占生产总值的比重为73.2%；第三产业增加值274.4亿元，增长8.6%，占生产总值的比重为22.3%。第三产业中，金融保险业增加值37.3亿元，增长24.2%；交通运输、仓储和邮政业增加值67.8亿元，增长6.9%；批发和零售业增加值38.5亿元，增长12.1%。

人均地区生产总值32709元，按2012年平均汇率计算为5182美元。

全年全市财政总收入341.7亿元，增长23.4%。一般预算收入141.9亿元，增长41.2%。税收收入288.4亿元，增长

16.2%，其中国内增值税、营业税、企业所得税、个人所得税、资源税和城建税分别增长1.4%、18.4%、45.8%、12.8%、34.3%和41.9%，共计完成税收76.7亿元。一般预算支出244.1亿元，增长29.2%。其中农林水事务支出增长20.5%，教育支出增长43.3%，社会保障和就业支出增长21.7%，医疗卫生支出增长12.1%，文化体育与传媒支出增长23.1%，公共安全支出增长32.5%，节能环保支出增长31.8%。

居民消费价格比上年上涨2.6%，其中，食品价格上涨4.3%。商品零售价格上涨1.8%。工业生产者出厂价格下降7.9%，其中生产资料价格下降8.5%，生活资料价格上涨5.6%。工业生产者购进价格下降1.3%。

全年全市实现城镇新增就业56057人，创业及带动就业10731人（自主创业2079人），下岗失业人员实现再就业16403人，其中就业困难人员就业3769人；新转移农村劳动力61394人，职业技能鉴定11502人。城镇登记失业率为2%。

全年全市创业培训3780人，劳动预备制培训1679人，城镇失业人员技能培训9658人，进城务工农村劳动者技能培训14846人。

二、农　　业

全年全市粮食种植面积35.39万公顷，减少0.35万公顷；玉米种植面积16.09万公顷，增加0.5万公顷；小麦种植面积0.71万公顷，减少0.34万公顷。

全年粮食产量110.55万吨，比上年增加4.44万吨，增产4.2%。其中，夏粮2.98万吨，减产26.6%；秋粮107.57万吨，增产5.4%。

全年全市猪牛羊肉总产量2.52万吨，比上年增加0.15万吨。其中，猪肉产量1.65万吨，增加0.2万吨；牛肉产量0.68万吨，减少0.09万吨；羊肉产量0.18万吨，增加0.03万吨。年末生猪存栏51万头，生猪出栏70.28万头。牛奶产量0.63万吨，增加0.05万吨。禽蛋产量2.24万吨。水产品产量0.15万吨，增长4.68%。

三、工业和建筑业

年末全市规模以上工业企业578家，全年规模以上工业增加值增长13.5%。

规模以上工业企业原煤产量11137.3万吨，增长3.3%；发电量93.9亿千瓦时，下降10.4%。规模以上工业企业焦炭产量1754.5万吨，下降9%；钢材产量306.1万吨，下降6.7%。

规模以上工业企业实现主营业务收入1763.6亿元，下降4.6%。其中，煤炭、焦炭、冶金和电力工业分别实现主营业务收入943.7亿元、247.3亿元、176.6亿元和22.6亿元，分别下降3%、27.5%、13.6%和4.3%；化学、建材、装备制造、医药和食品工业分别实现主营业务收入97.1亿元、49.6亿元、13.9亿元、2.1亿元和18.7亿元，分别增长3.4%、12.8%、5%、17.7%和36%。

规模以上工业实现利税226.8亿元，下降35.5%；实现利润88亿元，下降54.6%。

全年全市建筑业实现增加值11.39亿元，比上年增长44.91%。具有建筑业资质等级的总承包和专业承包建筑业企业实现利润2.62亿元，增长1.6倍。

四、固定资产投资

全年固定资产投资690.38亿元，增长26.97%。其中，国有及国有控股投资242.51亿元，增长36.86%,民间投资447.87亿元，增长22.18%。

在固定资产投资中，内资企业投资689.37亿元，增长24.58%；外商及港澳台商企业投资800万元，下降99.4%；个体经营及农户投资9400万元，增长84.31%。

在固定资产投资中，第一产业投资6.79亿元，下降5.03%；第二产业投资468.02亿元，增长34.8%；第三产业投资215.58亿元，增长13.82%。在第二产业中，工业投资468.02亿元，增长34.91%。其中，煤炭工业投资187.12亿元，增长71.83%；非煤产业投资280.9亿元，增长18.03%。传统产业（煤炭、焦炭、冶金、电力）投资合计281.74亿元，增长11.71%，新兴产业（食品、建材、化工、装备制造）投资合计186.28亿元，增长1.1倍。

全年全市在建固定资产投资项目616个。其中，5亿元以上项目95个，计划总投资2098.27亿元，完成投资406.54亿元，占全市固定资产投资的比重58.89%。

全年房地产开发投资29.38亿元，增长27.88%。其中，住宅投资21.98亿元，增长29.94%；办公楼投资4800万元，下降33.99%；商业营业用房投资3.69亿元，增长50.07%。

五、能　　源

全年全市一次能源生产折标准煤8700万吨，增长9%；二次能源生产折标准煤8500万吨，增长1.7%。

全年全市向市外运输煤炭1468.53吨，下降25%，外运煤炭占原煤产量12.75%。在外运煤炭中，铁路运输1390.87万吨，下降7%；公路运输77.66万吨，增长63.28%。向市外运输焦炭1435.21万吨，增长7.9%，外运焦炭占焦炭产量82.2%。

全年全市全社会用电总量133.62亿千瓦小时。其中，第一产业用电2.23亿千瓦小时，占全部用电量1.7%；第二产业用电108.11亿千瓦小时，占全部用电量81%，其中工业用电105亿千瓦小时；第三产业用电9.66亿千瓦小时，占全部用电量7.2%；城乡居民生活用电13.62亿千瓦小时，占全部用电量10.2%。

六、国内贸易

全年全市社会消费品零售总额301.4亿元，增长15.5%。按经营地统计，城镇消费品零售额238.7亿元，增长17.2%；乡村消费品零售额62.6亿元，增长9.2%。分行业看，批发业完成14.6亿元，增长14.2%；零售业完成249.6亿元，增长

15.8%；住宿业完成6.1亿元，增长11.9%；餐饮业完成31.1亿元，增长13.8%。

七、对外经济

全年全市海关进出口总额57859万美元，下降37.9%。其中，进口额46415万美元，下降28%；出口额11444万美元，下降60.1%。

全年出口焦炭9849吨，下降97.5%，出口金额438万美元，下降97.7%；出口镁及其制品283吨，增长179.4%，出口金额102万美元，增长243.1%；出口钢材2.4万吨，增长1543.3%，出口金额1903万美元，增长743.2%，其中出口不锈钢3吨；出口机电产品2295万美元，下降25.1%；出口高新技术产品467万美元，下降0.2%。

全年进口铁矿砂278.4万吨，比上年下降12.5%，进口金额35183万美元，下降34.8%；进口机电产品67万美元，下降90.5%。

全年全市新设立外商直接投资企业1家；按全口径统计实际使用外商直接投资金额3.19亿美元，增长166%。全年全市对外经济合作新签合同额0.82亿美元。

八、交通、邮电和旅游

年末全市公路线路里程16746.5公里，其中高速公路566.7公里，比上年末增加486.1公里。

年末全市民用汽车保有量22.9万辆（包括三轮汽车和低速货车0.7万辆），比上年末下降3.9%，其中私人汽车19.4万辆，下降0.95%。本年新注册汽车3.8万辆，增长2.5%。年末轿车保有量13.2万辆，比上年末增长17.4%，其中私人轿车11.8万辆，增长20%。

全年全市完成邮电业务总量26.6亿元，增长19.5%。其中，邮政业务总量2.1亿元，增长9.2%；电信业务总量24.5亿元，增长22.9%。

全年全市接待海外旅游者1339.3万人次，接待国内旅游者1334人次，分别增长37.57%和37.64%；旅游外汇收入1731.7万美元，国内旅游收入108.9亿元，旅游总收入110亿元，分别增长22.4%、43.8%和43.5%。

九、金　　融

年末全市金融机构本外币各项存款余额1587.5亿元，比年初增加229亿元，比年初增长16.8%。各项贷款余额762.1亿元，比年初增加240.6亿元，增长13.8%。

年末全市农村金融合作机构（农村信用社、农业银行、村镇银行）人民币贷款余额390.3亿元，比年初增加68.9亿元，增长21.4%;人民币存款余额646.7亿元，比年初增加99.9亿元，比年初增长18.3%。

全年全市保费收入28.8亿元，增长5.9%。其中，寿险业务保费收入18.65亿元，下降4.8%；健康险业务保费收入7854.9万元，增长30.4%；意外险业务保费收入5306.1万元，增长4.3%；财产险业务保费收入8.8亿元，增长7.3%。

十、教育和科学技术

年末全市高中阶段毛入学率为92.53%。2012年春季学期市直职业中专、各县（市、区）职业高中在校生的免学费资金全部到位，其中市级财政配套119.91万元，县级财政配套342.39万元。全市全年普通高中贫困学生助学金总额高达2641.95万元，其中：中央资金1585.17万元，省级资金327.6万元，市级资金129.42万元，县级资金599.76万元，资助学生19770名。

全年专利申请量与授权量分别为1202件和277件，分别增长30.4%和48.1%；其中发明专利申请量与授权量分别为511件和27件，分别增长28.4%和3.8%。全年全市共签订各类技术合同18项，技术合同成交总额5690万元，增长17%。全年新登记科技成果4项。国家认定企业技术中心1家。省级认定企业技术中心2家。市级企业技术中心31家。按照国家新的高新技术企业认定办法，年末累计认定高新技术企业8?家。

全市有气象台站14个。全市气象系统开展人工影响天气业务的单位14个，防雹、增雨累计受益面积140万平方公里。全市有天气预报服务Intel网站14个，卫星云图接收站14个。

吕梁市地震局在全市有专业综合地震台站2 个，全年M3.0—M3.9级地震1次，M4.0—4.9级地震0次，最大震级M3.4 级。

十一、文化、卫生和体育

年末全市共有公用图书馆14个，博物馆4个，群众艺术馆14 个，档案馆14个。广播电台7座，电视台13座。目前共有4个图书馆和6个文化馆达到了国家等级馆要求，全市所有的“两馆”都实现了免费开放；148个乡镇的综合文化站已全部建成；20户以下村村通,完成了20793套设备的安装调试任务。年末有线电视用户32.3万户，全市广播电视混合覆盖率达到98.04%；农村电影放映场次37308场，受益群众390万人次，覆盖率达99%，实现了“一村一月一场”电影的放映目标。各文艺院团积极开展“文化惠民、送戏下乡”活动，下乡演出达到4000余场。市局围绕“三大活动”，组织“和谐吕梁”专场文艺晚会10场。市直文艺表演院团送戏下乡572场，观众人数近140万人次。全市非遗项目总计达到116个，有183人分别被命名为国家、省、市级非遗项目传承人。

《红肚兜》、《杏花酒翁》先后荣获“全国戏剧文化奖”。《刘胡兰》和神话木偶剧《孙悟空三打白骨精》获“第七届全国儿童剧优秀剧目展演”优秀演出奖；《刘胡兰》、《杏花酒翁》被确定为庆祝党的十八大召开“山西省十大新创优秀剧目”晋京演出；《刘胡兰》和综艺专场《旗帜更鲜艳》参加由省委宣传部、省文化厅举办的“欢庆十八大”山西省优秀节目展演活动，获得观众好评。《廉吏于成龙》参加了以“弘扬清风正气、促进转型跨越”为主题的全省廉政文化精品剧目展演活动，获优秀剧目奖，在全省巡回演出。舞蹈《走四方》成功入围第十六届“群星奖”决赛。还推出了广播剧《村官梁宝》、歌舞剧《山里娃》等一批新创剧目。

全市共有艺术表演团体26家。继2011年底完成村级文化活动室建设任务和2396个“农家书屋”建设后，今年完成了716个“农家书屋”建设，实现了村级文化活动室和“农家书屋”的全覆盖。

年末全市共有卫生机构(含诊所) 3866个，其中妇幼保健院（所、站）14个。全市卫生机构(含诊所)共有床位1.05万张。全市卫生机构共有卫生技术人员1.4万人。全市13个县（市、区）的181个政府办基层医疗卫生机构和3112个行政村卫生室继续实施基本药物制度，实现了基本药物制度实施的全覆盖，并全部实施零差率销售，完成率达100%。

全年共举办体育赛事16次、文艺演出3次、政务会议3次、展览展销9次。全年我市组织70多名运动员分别参加山西省田径锦标赛和乒乓球锦标赛，取得了银牌1枚、铜牌11枚的成绩。全市销售中国体育彩票7619万元，比上年增长20.76%。全市3112个行政村全部完成了体育场地建设和建档工作。

十二、人口、人民生活和社会保障

据2012年人口抽样调查，年末全市常住人口为377.16万人，比上年末增加1.98万人，增长0.53%。全年全市出生人口4.23万人，人口出生率为11.25‰；死亡人口2.27万人，死亡率为6.05‰；自然增长率为5.2‰。出生人口性别比(女性为100）为107.08。

全年城镇居民人均可支配收入20006元，比上年增长14.8%；城镇居民人均消费性支出9425元，增长1.8%。全年农村居民人均纯收入5364元，增长13.1%；农村居民人均生活消费支出4305元，增长3.7%。城镇占调查总户数20%的低收入家庭人均可支配收入9423元，增长13.2%；农村占人口20%的低收入者收入1532元，增长8%。城镇居民家庭恩格尔系数（即居民家庭食品消费支出占家庭消费支出的比重）32.1%，农村居民家庭恩格尔系数39.9%。

新农合制度覆盖全市287万农民，参合人数达到277.26万人，比2011年272.98万人净增加5万多人，参合率达97.79%，比2011年97.25增加0.54个百分比。

企业职工基本养老保险参保完成18.4万人，比2011年净增5.3万人，完成目标任务的102%；机关事业单位养老保险参保完成8.9万人，比2011年净增6000人，完成目标任务的103%；新型农村社会养老保险参保完成164.9万人，比2011年净增30.9万人，完成目标任务的101%；城镇居民社会养老保险参保完成8.5万人，比2011年净增1.3万人，完成目标任务的108%；城镇基本医疗保险参保完成76.2万人，比2011年净增8000人，完成目标任务的100%；失业保险参保完成30.7万人，比2011年净增14.1万人，完成目标任务的102%；工伤保险参保完成44.4万人，比2011年净增27.3万人，完成目标任务的107%；生育保险参保完成32.6万人，比2011年净增25万人，完成目标任务的100%。各项社会保险累计征缴17.61亿元，累计发放和支出共计18.37亿元。

年末全市各类福利院床位数4579张，收养2254人。城镇建立各种社区服务设施43个，其中综合性社区服务中心8个。全年销售社会福利彩票1.95亿元,接收社会捐赠款：直接接收捐赠款数额2022.5万元，间接接收捐赠款数额11324万元。

十三、资源、环境和安全生产

年末全市耕地保有量823.298万亩，基本农田保护面积646.436万亩。全市供应土地240宗、731公顷，出让价款17.07亿元。其中，市本级供应土地4宗、4.8公顷，出让价款1.08亿元。全市保障性住房、棚户区改造和中小套型普通商品住房等“三类住房”用地34宗、46.3269公顷。

全年全市共完成国家和省级重点工程造林55.4万亩，省级灌木造林31万亩，核桃林栽植51.8万亩，植树1010万株（其中义务植树510万株）；通道绿化226.5公里、交通沿线荒山绿化8.22万亩、村庄绿化172个，新育苗4.82万亩，林权证发证率达到95%。全年没有发生一起较大森林火灾，没有发生一起较大破坏森林资源案件，没有发生成灾性有害生物，确保了森林资源的安全。

年末全市8座大型水库蓄水总量0.77亿立方米（其中兴县有2座空库）。全年全市共完成水保治理面积59.29万亩，实灌面积171.7万亩，新增有效灌溉面积5万亩，新增节水面积7.75万亩；万元工业增加值用水量下降18.86%，远远超过年度计划任务1.5%的指标；完成小水电发电1500万度，“山区千井灌溉富民工程”200眼井的建设任务全部完成；解决农村饮水安全人口15.52万人,全市水产品总产量达到1500吨；地下水位监测设备在线率达85%以上；水利规费征收完成4.5亿元，其中：水资源费征收3.93亿元（水利部门征收取水水资源费1.23亿元），河维费3500万元，水土保持补偿费2200万元。全年用于水利建设的各类投资达4.73亿元，其中中央投资35045万元，省级投资10474万元，市级投资1792万元。

全年全市发生煤炭死亡事故1起，死亡1人，百万吨死亡率0.0167。

全年全市空气质量稳步达到国家二级标准。

（吕梁市统计局）

晋中市2012年国民经济和社会发展情况

2012年，在市委、市政府的正确领导下，全市上下认真贯彻落实中央及省的各项决策部署和工作要求，围绕建设全省“四化”率先发展区总目标，按照“速度快、效果好、特色浓、人民富”的要求，坚持“开放引领、项目支撑、同城发展、综合推动”，着力推动转型跨越发展，全市经济和社会发展取得新的成绩。

一、综　　合

全年全市生产总值985.9亿元，比上年增长10.2%。其中，第一产业增加值83.2亿元，增长5.7%，占生产总值的比重为8.4%；第二产业增加值538.7亿元，增长11.6%，占生产总值的比重为54.7%；第三产业增加值364.0亿元，增长9.3%，占生产总值的比重为36.9%。第三产业中，金融保险业增加值36.1亿元，增长20.0%；交通运输、仓储和邮政业增加值97.7亿元，增长8.0%；批发和零售业增加值74.0亿元，增长9.1%。

人均地区生产总值30073元，按2012年平均汇率计算达到4779 美元。

全年全市财政总收入210.4亿元，比上年增长18.1%。其中，国税部门完成93.6亿元，增长6.5%；地税部门完成83.0亿元，增长25.6%；财政部门完成33.8亿元，增长40.0%。全年全市一般预算收入99.2亿元，比上年增长27.2%。一般预算支出178.7亿元，比上年增长15.8%。其中，教育支出增长19.6%，医疗卫生支出增长17.8%，社会保障和就业支出增长17.1%,农林水事务支出增长4.6%，节能环保支出增长4.4%，文化体育与传媒支出增长1.7%。

全年市区居民消费价格比上年上涨2.2%，其中，食品价格上涨5.5%。市区商品零售价格上涨2.2%。全市工业生产者出厂价格下降6.7%，其中生产资料价格下降7.3%，生活资料价格上涨5.3%。工业生产者购进价格下降3.4%。农业生产资料价格上涨4.7%。

全年全市城镇新增就业4.48万人。年末城镇登记失业率1.94%。

二、农　　业

全年全市农作物种植面积484.6万亩，比上年减少9.3万亩。其中，粮食种植面积416.7万亩，减少8.8万亩；油料种植面积5.4万亩，减少0.4万亩；棉花种植面积0.41万亩，增长0.02万亩。在粮食种植面积中，玉米种植面积315.1万亩，增加4.1万亩；小麦种植面积30.2万亩，减少6.4万亩。

全年粮食产量169.5万吨，增产7.0%。其中，夏粮9.2万吨，减产10.7%；秋粮160.3万吨，增产8.3%。

全年完成造林22.0千公顷，减少17.3%。其中，荒山荒地造林面积22.0千公顷，减少17.3%。经济林面积5.8千公顷，减少33.3%。全年木材产量0.79万立方米，增长92.7%。

全年全市肉类总产量16.97万吨，比上年增长8.5%。其中，猪肉产量11.33万吨，增长8.8%；牛肉产量1.3万吨，减少16.9%；羊肉产量1.29万吨，增长15.9%；禽肉产量3.05万吨，增长20.4%。年末生猪存栏98.42万头，增长9.2%；生猪出栏129.85万头，增长6.8%。牛奶产量11.11万吨，减少17.1%。禽蛋产量14.26万吨，减少4.6%。水产品产量0.26万吨，增长19.9%。

年末全市农业机械总动力349.9万千瓦，比上年增长4.8%。机械耕地面积27.5万公顷，机械播种面积25.6万公顷，机械收获面积11.7万公顷，分别比上年增长-3.8%、4.1%和12.5%。全市农机化经营总收入18.6亿元，增长7.5%。

三、工　　业

年末全市规模以上工业企业479家。全年规模以上工业增加值480.9亿元，同比增长13.7%。

全社会原煤产量7975.4万吨，比上年增长20.7%；发电量197.8亿千瓦时，增长81.9%。规模以上工业企业焦炭产量1127.4万吨，增长19.9%；粗钢产量171.8万吨，增长31.0%。

规模以上工业实现主营业务收入1262.0亿元，比上年增长2.7%。其中，煤炭、焦炭、冶金和电力行业分别实现主营业务收入650.0亿元、192.1亿元、114.9亿元和54.6亿元，分别增长2.5%、-1.7%、-13.5%和107.9%；新兴产业中，非金属矿制品业、化学行业、装备制造业、医药行业和食品行业分别实现主营业务收入45.5亿元、52.1亿元、75.1亿元、12.7亿元和51.7亿元，分别增长7.8%、26.1%、-19.0%、29.2%和16.3%。

规模以上工业实现利税88.2亿元，比上年下降26.2%；实现利润19.5亿元，比上年下降59.9%。

四、固定资产投资

全年全社会固定资产投资744.1亿元，增长28.2%。其中，国有投资289.3亿元，增长44.1%；民间投资451.3亿元，增长19.1%。

在全社会固定资产投资中，内资企业投资734.4亿元，增长36.4%；外商及港澳台商企业投资7.5亿元，增长1.5%；个体经营投资2.2亿元，增长6.7%。

在全社会固定资产投资中，第一产业投资25.8亿元，增长11.3%；第二产业投资377.1亿元，增长17.8%；第三产业投资341.2亿元，增长44.1%。在第二产业中，工业投资376.0亿元，增长17.8%。其中，煤炭工业投资161.7亿元，增长6.9%；非煤产业投资214.3亿元，增长27.5%。传统产业（煤炭、焦炭、冶金、电力）投资合计212.1亿元，增长1.5%，非传统产业投资合计163.9亿元，增长48.9%。

全年全市在建固定资产投资项目1129个。其中，5亿元以上项目88个，计划总投资1277.1亿元，完成投资297.1亿元，占全市固定资产投资的比重39.9%。

全年房地产开发投资70.3亿元，增长118.2%。其中，住宅投资完成55.4亿元，增长114.5%；办公楼投资1.1亿元，下降1.1%；商业营业用房投资7.03亿元，增长129.2%。

五、能　　源

全年全市向省外运输原煤4761.4万吨，比上年增长14.2%。其中，通过铁路直接售予外省1592.0万吨，增长5.4%；通过公路运往外省3169.4万吨，增长19.3%。外运原煤占原煤产量的59.7%。全年全市向省外运输焦炭888.1万吨，比上年增长37.7%。其中，通过公路直接售予外省330.8万吨，增长68.1%；通过铁路直接售予外省557.3万吨，增长24.4%。外运焦炭占焦炭产量的比重为78.8%。

全年全市全社会用电总量132.7亿千瓦小时。其中，第一产业用电3.8亿千瓦小时，占全部用电量2.9%；第二产业用电105.1亿千瓦小时，占全部用电量79.2%，其中工业用电102.5亿千瓦小时；第三产业用电10.7亿千瓦小时，占全部用电量8.0%；城乡居民生活用电13.1亿千瓦小时，占全部用电量9.9%。

六、国内贸易

全年全市社会消费品零售总额377.3亿元，比上年增长16.0%。按经营地统计，城镇消费品零售额273.3亿元，增长16.5%；乡村消费品零售额104.0亿元，增长14.6%。按消费形态统计，商品零售额344.8亿元，增长15.9%；餐饮收入额32.5亿元，增长17.0%。

七、对外经济

全年全市海关进出口总额49466万美元，比上年增长112.2%。其中，进口额24536万美元，增长98.3倍；出口额24930万美元，增长8.1%。

全年出口焦炭14.6万吨，同比增长32.8%，出口金额6807万美元，增长52.3%；出口玛钢8394吨，下降6.8%，出口金额1635万美元，下降5.1%；出口钢材3.4万吨，增长24.4%，出口金额4278万美元，增长22.7%；出口碳素2.1万吨，下降48.7%，出口金额2994万美元，下降38.1%；出口玻璃器皿3028万美元，同比下降1.8%；出口机电产品9112万美元，同比下降13.7%。

全年新签项目（合同）数达7个；合同利用外资项目投资总额达8824.4万美元，当年实际使用外资金额12004万美元。

八、交通、邮电和旅游

年末全市公路通车里程15330.6公里，比上年增加367.1公里，增长2.5%；其中高速公路572公里，比上年末增加117公里。

年末全市民用汽车保有量365837辆（包括三轮汽车和低速货车12218辆），比上年末增长10.7%，其中私人汽车313579辆，增长12.8%。本年新注册汽车60362辆，比上年增长5.5%。年末轿车保有量193961辆，比上年末增长25.1%，其中私人轿车179487辆，增长27.0%。

全年全市完成邮电业务总量[4]43.6亿元。其中，邮政业务总量2.0亿元；电信业务总量41.6亿元。全年全市固定电话用户年末达到69.0万户。新增移动电话用户21.2万户，年末达到232.9万户,其中，3G移动电话用户达到37.0万户。年末全市固定及移动电话用户总数达到301.9万户，比上年末增加17.9万户。全市宽带接入用户达到42.8万户，增长3.4%。

全年全市接待海外旅游者30.5万人次，接待国内旅游者2450.1万人次，分别增长22.9%和57.4%；旅游外汇收入10216.5万美元，国内旅游收入209.6亿元，旅游总收入216.2亿元，分别增长39.2%、60.5%和59.7%。

九、金融和保险

年末全市金融机构本外币各项存款余额1681.8亿元，比年初增加232.7亿元，增长16.1%。各项贷款余额753.6亿元，比年初增加142.3亿元，增长23.3%。

全年全市保费收入40.2亿元，增长6.9%。其中，寿险业务保费收入27.3亿元，增长4.2%；人身健康险业务保费收入0.7亿元，增长15.2%；人身意外伤害险业务保费收入0.6亿元，增长1.7%；财产险业务保费收入11.6亿元，增长13.5%。全年支付各类赔款及给付10.7亿元，增长24.3%。

十、教育和科学技术

年末全市普通高等学校9所，普通中学225所，小学718所，幼儿园524所。

全年全市专利申请量为949件，比上年增长25.0%，其中发明专利申请量为288件，比上年增长38.5%。全年全市专利授权量为476件，比上年增长41.2%。按照国家高新技术企业认定办法，年末累计认定高新技术企业15家，比上年增加1家，创造高技术产业总产值22.7亿元。

十一、文化、卫生和体育

年末全市共有群众艺术馆、文化馆12个，艺术表演团体13个，公共图书馆11个。年末全市公共图书馆图书总藏量达1238.1千册。全市共有电视台11座，广播电台节目10套。有线电视用户42.0万户。广播人口覆盖率94.06%，电视人口覆盖率98.98%。

年末全市共有卫生机构3661个。其中，医院92个，基层医疗卫生机构3526个，专业公共卫生机构38个，其他卫生机构5个。全市卫生机构共有床位12833张，其中医院床位8643张，卫生院床位3393张。全市卫生机构共有卫生技术人员15712人，其中，执业（助理）医师6669人，注册护士5466人。全市11个县（市、区）全部开展了新型农村合作医疗试点工作，215.5万农民参加了合作医疗，参合率99.14%。

年末全市拥有各级体育机关1个，体育场馆27个。全市共有二级运动员137人，二级裁判员164人。全市销售中国体育彩票7289.0万元，比上年增加603.0万元，增长9.0%。

十二、人口、人民生活和社会保障

据2012年人口抽样调查初步统计，年末全市常住人口为3286793人，比上年末增加16768人。全年全市出生人口36825人，人口出生率为11.23‰；死亡人口20050人，死亡率为6.12‰；自然增长率为5.12‰。男女性别比为106.14。

全年城镇居民人均可支配收入21409.0元，比上年增长13.2%；城镇居民人均消费性支出11996.0元，增长7.0%。全年农村居民人均纯收入7936.0元，增长14.8%；农村居民人均生活消费支出5880.9元，增长12.4%。城镇占调查总户数20%的低收入家庭人均可支配收入9972.2元，增长12.1%。城镇居民家庭恩格尔系数（即居民家庭食品消费支出占家庭消费支出的比重）30.4%，农村居民家庭恩格尔系数31.0%。

2012年末参加城镇基本养老保险的人数43.6万人，比上年末增加1.7万人，其中，参保职工37.1万人。参加新型农村社会养老保险人数145.4万人，增加0.4万人。参加城镇基本医疗保险人数80.7万人，增加2.1万人，其中，参加城镇职工基本医疗保险[5]人数44.0万人，参加城镇居民基本医疗保险人数36.7万人。参加失业保险的人数31.9万人，增加7.8万人；参加工伤保险人数38.2万人，增加16.9万人；参加生育保险人数33.2万人，增加15.7万人。

全年全市纳入城市最低生活保障的居民56446人，比上年减少205人；纳入农村最低生活保障的居民109643人，比上年增加12383人。

年末全市各类社会福利收养性单位94个，床位数5082张，比上年增加377张。

十三、资源、环境和安全生产

全年全市耕地保有量373.6千公顷。年末全市森林面积253.6千公顷。全市自然保护区总数5个，自然保护区面积101.5千公顷，占全市国土面积的6.2%。

全年全市11个县（区、市）空气质量二级以上天数总计达到3956天，比上年增加9天，增长0.2%。其中，市城区空气质量二级以上天数达到360天。市城区环境空气综合污染指数为1.54。

全年全市河流监测的7个断面中，有1个断面受到重度污染（劣Ⅴ类），占监测断面总数的14.3%；水质优良（Ⅰ－Ⅲ类）的断面6个，占监测断面总数的85.7%。其中，水质优（Ⅰ－Ⅱ类）的断面4个，水质良好（Ⅲ类）的断面2个。

年末全市城市污水处理率92.8%，比上年提高0.8个百分点，其中市区城市污水处理率96.23%；全市城市生活垃圾无害化处理率53.36%，比上年提高11.66个百分点，其中市区城市生活垃圾无害化处理率53.36%。

全年全市安全生产事故死亡348人，煤炭生产安全事故死亡人数3人。全市亿元GDP生产安全事故死亡率0.35；煤炭生产百万吨死亡率为0.0492；工矿商贸企业就业人员10万人死亡率为1.82；道路交通万车死亡率为6.2；特种设备万台死亡率为0。

（晋中市统计局）

阳泉市2012年国民经济和社会发展情况

2012年，全市经济保持平稳健康的良好运行态势，经济社会发展亮点纷呈，各项经济指标稳中有增，城乡居民收入同步提高，物价涨幅得到有效控制。在看到经济发展取得成绩的同时，也应该看到经济增长面临的压力仍然很大，2012年多数经济指标较上年呈现回落态势，究其原因：一是连年的快速增长给经济的再增长带来巨大压力，二是缺乏较多和较大的增长点使经济的发展缺乏动力。因此，必须进一步加快结构调整的步伐，全面推进“四大战略”实施，积极培育新的经济增长点，为经济社会发展添加新的动力。

一、综　　合

全年实现地区生产总值602.0亿元，比上年增长9.6%。其中，第一产业增加值9.3亿元，增长6.0%，比上年增幅回落4.4个百分点；第二产业增加值354.5亿元，增长10.1%，比上年增幅回落4.5个百分点；第三产业增加值238.2亿元，增长9.2%，比上年增幅回落0.9个百分点。第三产业中，金融业增加值31.7亿元，增长16.5%；批发和零售业增加值46.8亿元，增长15.4%；住宿和餐饮业增加值24.3亿元，增长12.5%；房地产业增加值15.8亿元，增长6.8%。

人均地区生产总值43723元，按2012年平均汇率计算达到6926美元。

第一、第二和第三产业增加值占全市生产总值的比重分别为1.5%、58.9%和39.6%，对经济增长的贡献率分别为0.9%、63.0%和36.1%。

全年全市财政总收入141.0亿元，比上年增长16.1%。一般预算收入56.9亿元，增长22.0%。其中，税收收入43.6亿元，增长15.4%，国内增值税、营业税、企业所得税、个人所得税、资源税和城建税共计完成税收37.4亿元，分别增长6.5%、30.2%、31.1%、-3.7%、3.2%和-6.2%。

一般预算支出执行88.6亿元，比上年增长24.7%。其中农林水事务支出增长20.6%，教育支出增长41.4%，科学技术支出增长29.5%，社会保障和就业支出增长7.0%，医疗卫生支出增长19.3%，节能环保支出下降15.0%，文化体育与传媒支出增长15.9%，城乡社区事务支出下降41.7%，公共安全支出增长19.2%。

居民消费价格比上年上涨2.3 %，其中食品价格上涨6.4%。商品零售价格上涨1.9 %。工业生产者出厂价格指数为99.0%，其中生产资料价格指数为98.8%，生活资料价格指数为107.6%；工业生产者购进价格指数为100.2%。

年末全市就业人员69.2万人，其中城镇就业人员27.6万人。城镇新增就业岗位2.1万个，下岗失业人员再就业人数达到13523人，其中就业困难对象再就业人数3678人。年末城镇登记失业率2.95%。

二、农　业

全年全市农作物种植面积5.9万公顷，比上年下降0.5%。其中粮食种植面积 5.7万公顷，增长 1.1%；油料种植面积　0.02万公顷，下降49.5%。在粮食种植面积中，玉米种植面积4.8 万公顷，增长1.1 %。

全年粮食总产量28.0万吨，比上年增产10.0%。其中，玉米 26.1万吨，增产 10.3%。

全年全市肉类总产量 1.6万吨，比上年增长15.0 %。其中，猪肉产量1.3万吨，增长17.4%；牛肉产量 0.01万吨，下降49.8 %；羊肉产量0.06万吨，下降 7.7%；牛奶产量 0.6万吨，下降11.5%；禽蛋产量2.5万吨，下降18.2 %；水产品产量0.07 万吨，增长11.1%。

全年完成退耕还林和荒山荒地造林面积0.8万公顷，造林合格面积0.8万公顷。2012年末全市森林覆盖率达 26.0%。

年末全市农业机械总动力130.4万千瓦，比上年末增长3.5%。机械耕地面积4.3万公顷，比上年增长2.0%；机械播种面积4.0万公顷，机械收获面积0.5万公顷，分别比上年增长8.9%和44.8%。全市农机化经营总收入达到6.9亿元，同比增长9.0%。

三、工业和建筑业

全年全部工业增加值比上年增长11.0%。其中，全市规模以上工业企业136户，完成工业增加值296.0亿元，同比增长11.9%。

全市规模以上工业企业原煤产量6833.2万吨，增长17.1%。

规模以上工业实现主营业务收入797.6亿元,比上年增长27.0%。其中，四大传统支柱产业实现主营业务收入744.3亿元，增长28.9%，煤炭、焦炭、冶金和电力工业分别实现主营业务收入562.7亿元、10.0亿元、54.4亿元和44.8亿元，煤炭和冶金工业同比分别增长40.5%和5.4%，焦炭和电力工业同比分别下降32.0%和1.3%。新兴产业中，装备制造业实现主营业务收入57.3亿元，增长16.5%。

规模以上工业实现利税72.0亿元，比上年下降33.0%；实现利润18.5亿元，下降66.8%。

全年全市建筑业实现增加值36.0亿元，比上年增长1.6%。具有建筑业资质等级的总承包和专业承包建筑业企业实现利润总额3.7亿元，下降54.5%；上缴税金5.5亿元，下降12.7%。

四、固定资产投资

全年全社会固定资产投资391.3亿元，比上年增长14.5%。按构成分，固定资产投资334.3亿元，增长18.1%；房地产投资57.0亿元，下降3.3%。按产业分，第一产业投资15.7亿元，增长58.5%；第二产业投资186.4亿元，增长13.6%；第三产业投资189.2亿元，增长12.6%。按登记注册类型分，国有投资183.5亿元，下降5%；非国有投资207.8亿元，增长39.7%。

固定资产投资建成投产项目335个，项目建成投产率为59.2%；新增固定资产216.9亿元，固定资产交付使用率为55.4%。

全年房地产开发投资57.0亿元，比上年下降3.3%。按工程用途分，商品住宅投资45.0亿元，下降2.8%；办公楼投资0.9亿元，下降61.9%；商业营业用房投资6.8亿元，增长1.6%。

2012年，全市188个重点工程项目中，有181个项目开工建设，开工率96.3%，有58个项目竣工，累计完成投资522.4亿元（包含跨市项目）。

五、能　源

全年全市一次能源生产折标准煤5068.8万吨，比上年增长16%；二次能源生产折标准煤240.7万吨，下降10.5%。

全年全市向省外运输煤炭5985.7万吨，比上年增长23.3%，外运煤炭占原煤产量的比重为85.2%；向省外运输焦炭46.8万吨，下降26.4%。

投资总量中，能源工业投资完成101.0亿元，比上年下降10.5%。其中煤炭工业投资78.4亿元，下降22.0%，电力工业投资22.6亿元，增长83.6%。

全年全市全社会用电总量81.8亿千瓦小时。其中，第一产业用电0.5亿千瓦小时，占全部用电量0.6%；第二产业用电70.1亿千瓦小时，占全部用电量85.7%，其中工业用电69.6亿千瓦小时；第三产业用电6.7亿千瓦小时，占全部用电量8.2%；城乡居民生活用电4.5亿千瓦小时，占全部用电量5.5%。

六、国内贸易

全年全市社会消费品零售总额217.6亿元，比上年增长15.6%。其中，城镇消费品零售额196.8亿元，增长15.2%；乡村消费品零售额20.8亿元，增长19.2%。

七、对外经济

全年全市海关进出口总额24350万美元，比上年下降27.0%。其中，出口下降8.8%，进口下降46.2%。

全年全市实际使用外商直接投资金额23576万美元，比上年增长30.0%；其中纳入商务部口径统计的为9698.8万美元。全年全市新设立外商直接投资企业1家。

八、交通、邮电和旅游

全年全市交通运输、仓储和邮政业增加值49.1亿元，比上年增长6.6%。公路线路年末里程5601.3公里，其中高速公路277.1公里。

年末全市民用汽车保有量达到15.4万辆（包括三轮汽车和低速货车0.6万辆），比上年末增长14.4%，其中私人汽车11.9万辆，增长19.6%。年末轿车保有量8.0万辆，比上年末增长25.0%，其中私人轿车7.0万辆，增长28.2%。

全年全市完成邮电业务总量14.3亿元，增长10.0%。其中，邮政业务总量1.3亿元，增长18.2%；电信业务总量13.0亿元，增长8.5%。新增移动电话用户4.9万户，年末达到136 万户，其中，3G移动电话用户达到23.4万户。移动电话普及率98.6部/百人。全市宽带接入用户达到27万户，增长18.7%。

全年全市接待海外旅游者3.8万人次，接待国内旅游者1178.9万人次，分别增长25.6%和23.5%；旅游外汇收入1009.7万美元，国内旅游收入94.9亿元，旅游总收入95.6亿元，分别增长22.3%、25.2%和25.2%。

九、金融和保险

年末全市金融机构本外币各项存款余额1098.4亿元，比年初增长12.6%。各项贷款余额530.3亿元，比年初增长23.2%。

全年全市保费收入19.7亿元，比上年下降 1.1%；其中，人身险业务保费收入13.0亿元，下降4.8%；财产险业务保费收入6.7亿元，增长7.0%。支付各类赔款及给付7.0亿元，增长41.4%。

十、教育和科学技术

年末全市高等院校达到2所。全市独立设置的高等学校在校学生11999人，中等专业学校在校学生4136人，农民实用技术培训18.5万人次。

全年全市共受理各项专利申请820件，比上年增长25.0%。全市技术市场共签订技术合同13份，成交金额5722.8万元。全年有17个项目列入省级科技计划，获得国家资助550万元；有9个项目列入国家级科技计划。全年共取得市级科研成果44项。

全市质检、气象、防震等各项社会事业均取得长足进展。

十一、文化、卫生和体育

年末全市共有艺术表演团体6个，群众艺术馆1个，文化馆5个，广播电视电台4座，有线电视用户26万户，广播人口覆盖率100%，电视人口覆盖率100%。全市共有公共图书馆5个，馆藏图书691.4千册。年末全市共有档案馆9个。《阳泉日报》发行量为680万份。

年末全市共有卫生机构(含诊所)454个，其中，妇幼保健院（所、站）6个。全市卫生机构(含诊所)共有床位7734张，其中，医院和卫生院床位6884张。卫生技术人员9048人。全市3个农业县（区）全部开展了新型农村合作医疗试点工作，57.4万农民参加了合作医疗，参合率99.7%。

全年我市运动员在国内外重大比赛中获金牌47.5枚、银牌37.5枚、铜牌39.5枚（包括非奥运项目比赛）。全年全市销售中国体育彩票2862万元，比上年增长15.3%。

十二、人口、人民生活和社会保障

据2012年人口抽样调查，年末全市常住人口为137.9万人，比上年末增加5019人。全年全市出生人口13278人，人口出生率为9.65‰；死亡人口8256人，死亡率为6.00‰；自然增长率为3.65‰。人口性别比为104.59。全市城镇化率达到63.04%。

全年城镇居民人均可支配收入为21892元，比上年增长8.1%；城镇居民人均消费性支出12503.8元，增长4.3%。农村居民人均纯收入8683元，增长13.1%；农村居民人均生活消费支出5969元，增长14.6%。城镇居民家庭恩格尔系数（即居民家庭食品消费支出占家庭消费支出的比重）32%，城镇占调查总户数20%的低收入家庭人均可支配收入8209元，下降2%；农村占人口20%的低收入者收入3712元，增长20.4%。

年末参加基本养老保险的人数为29.5万人；参加基本医疗保险的人数为60.6万人；参加失业保险的人数为24.1万人；参加工伤保险的人数为24.0万人；参加生育保险的人数为22.8万人。

全年全市纳入城市最低生活保障的居民4.3万人，比上年减少1217人，发放城市低保资金12706.8万元，比上年减少1041.1万元；纳入农村最低生活保障的居民4.1万人，比上年减少22人，发放农村低保资金6241.0万元，比上年减少271.6万元。全年全市共发放低保资金18947.8万元，比上年减少1312.7万元。

年末全市各类福利院床位数200张，收养各类人员143人。城镇建立各种社区服务设施79个，城镇便民、利民服务网点数345个。全年销售社会福利彩票1.5亿元,筹集社会福利资金4036.3万元，直接接收社会捐赠款37.8万元。

十三、环境和安全生产

全年全市环境空气质量Ⅱ级以上天数总计达到338天，比上年增加2天。

年末全市城市污水处理率达到85.0%；城市生活垃圾无害化处理率达到100%；城市集中供热面积2284.1万平方米，增长11.5%；城市集中供热普及率达到91.5%，提高0.4个百分点。

全年全市各类自然灾害造成直接经济损失0.2亿元。全年农作物受灾面积1.0万公顷，其中，绝收68.0公顷。

全年全市生产安全事故死亡84人，与上年持平。地方煤矿百万吨死亡率为0.58人，上升23.1%。

（阳泉市统计局）

长治市2012年国民经济和社会发展情况

2012年，全市人民在市委、市政府的正确领导下，以科学发展观为指导，围绕“两宜”城市建设，锐意进取，克难奋进，全力推动转型跨越发展，主要指标稳步增长，社会事业全面进步，为全面建成小康社会奠定了良好基础。

一、综　　合

全年全市生产总值1328.6亿元，比上年增长10.6%。其中，第一产业增加值53.5亿元，增长5.6%，占生产总值的比重为4.0%；第二产业增加值894.9亿元，增长11.5%，占生产总值的比重为67.4%；第三产业增加值380.2亿元，增长9.2%，占生产总值的比重为28.6%。第三产业中，金融保险业增加值45.7亿元，增长16.3%；交通运输、仓储和邮政业增加值80.6亿元，增长7.7%；批发和零售业增加值85.7亿元，增长13.9%。

人均地区生产总值39523元，按2012年平均汇率计算为6261美元。

全年全市财政总收入302.1亿元，增长18.2%。一般预算收入133.5亿元，增长27.9%。税收收入75.7亿元，增长11.9%，其中国内增值税、营业税、企业所得税、个人所得税、资源税和城建税共计完成税收66.3亿元，增长11.4%。一般预算支出201.8亿元，增长14.7%。其中农林水事务支出增长4.0%，教育支出增长35.4%，社会保障和就业支出增长19.4%，医疗卫生支出增长8.8%，文化体育与传媒支出增长12.6%，公共安全支出增长13.5%，节能环保支出下降30.1%。

居民消费价格比上年上涨2.4%，其中，食品价格上涨3.9%。商品零售价格上涨1.8%。工业生产者出厂价格下降7.3%；工业生产者购进价格下降4.4%。

全年全市城镇新增就业5万人。转移农村劳动力5.1万人。年末城镇登记失业率1.82%。

二、农　　业

全年全市粮食种植面积253.9千公顷，减少3.1千公顷；油料种植面积1.5千公顷，减少0.3千公顷；棉花种植面积0.06千公顷，减少0.02千公顷。在粮食种植面积中，玉米种植面积204.5千公顷，增加1.1千公顷；小麦种植面积14.2千公顷，减少2.3千公顷。

全年粮食产量159万吨，比上年增加10.5万吨，增产7.1%。其中，夏粮5.2万吨，增产1.0%；秋粮153.8万吨，增产7.3%。

全年全市猪牛羊肉总产量7.0万吨，比上年增长13.8%。其中，猪肉产量6.2万吨，增长14.8%；牛肉产量0.4万吨，增长6.0%；羊肉产量0.5万吨，增长7.1%。年末生猪存栏61.7万头，生猪出栏81.1万头。奶产量1.7万吨，增长5.7%。禽蛋产量12.2万吨，减少13.9%。

年末全市农业机械总动力198.5万千瓦，增长6.7%。机械耕地面积243.2千公顷，增长4.5%；机械播种面积223.7千公顷，机械收获面积91.9千公顷，分别增长3.5%和18.9%。全市农机化经营总收入10.6亿元，增长7.0%。

三、工业和建筑业

年末全市规模以上工业企业342家。全年规模以上工业增加值879.3亿元，增长13.4%。

全社会原煤产量1.05亿吨，增长1.4%；焦炭产量1322.2万吨，增长2.4%；发电量348.7亿千瓦时，增长14.0%；钢材产量553.7万吨，增长30.7%。

规模以上工业企业实现主营业务收入1826.6亿元，增长3.9%。其中，煤炭、焦炭、冶金和电力工业分别实现主营业务收入887.1亿元、215.8亿元、254.9亿元和106.3亿元，分别增长0.1%、-6.3%、-6.2%和25.6%；化学、建材、装备制造、医药和食品工业分别实现主营业务收入86.2亿元、17.1亿元、95.2亿元、19.7亿元和70.3亿元，分别增长3.3%、11.2%、39.2%、18.0%和49.0%。

规模以上工业实现利税242.3亿元，下降19.8%；实现利润135.5亿元，下降29.1%。

全年全市建筑业实现增加值33.8亿元，比上年增长4.2%。具有建筑业资质等级的总承包和专业承包建筑业企业实现利润2.6亿元，增长39.0%。

四、固定资产投资

全年固定资产投资867亿元，增长26.2%。其中，国有及国有控股投资359.1亿元，增长8.2%。

分产业看，第一产业投资57.1亿元，增长96.5%；第二产业投资459.6亿元，增长10.8%；第三产业投资350.3亿元，增长44 .0%。在第二产业中，工业投资458.9亿元，增长10.7%。其中，煤炭工业投资152.2亿元，下降5.9%。

全年全市在建固定资产投资项目1380个。其中，5亿元以上项目79个，计划总投资1287.7亿元，完成投资271.2亿元，占全市固定资产投资的比重31.3%。

全年房地产开发投资75.9亿元，增长41.2%。其中，住宅投资59.9亿元，增长41.0%；办公楼投资0.9亿元，下降47.2%；商业营业用房投资7.7亿元，增长25.6%。

五、能　　源

全年全市向省外运输原煤3030.1万吨，下降8.5%，外运原煤占原煤产量28.8%。在外运原煤中，铁路运输1919.3万吨，下降18.0%；公路运输1110.8万吨，增长14.7%。向省外运输焦炭780.2万吨，下降6.8%，外运焦炭占焦炭产量59.0%。全市采区煤炭资源回采率达到81%。

六、国内贸易

全年全市社会消费品零售总额372.6亿元，增长16.1%。其中，城镇消费品零售额321.1亿元，增长16.2%；乡村消费品零售额51.5亿元，增长15.4%。

七、对外经济

全年全市进出口总额114890万美元，增长47.5%。其中，进口额27254万美元，下降62.7%；出口额87636万美元，增长1722.3%。

全年全市新设立外商直接投资企业3家；合同利用外商投资7846.6万美元，增长285.6%；实际利用外商直接投资27928.7万美元，增长34.8%。

八、交通、邮电和旅游

年末全市公路线路里程11183.9公里，其中高速公路295.0公里，比上年末增加13.7公里。

全年民航客运量50.2万人，比上年增长21.8%，旅客周转量44777万人公里；货邮运输量3400吨，比上年增长17.2%，货邮周转量303.3万吨公里，运输总周转量625.7万吨公里。公路客运量3478.1万人，与上年基本持平，旅客周转量23.1亿人公里；货运量6450.2万吨，比上年增长15.2%，货物周转量92.6亿吨公里。

年末全市民用汽车保有量30.9万辆（包括三轮汽车和低速货车2.1万辆），比上年末增长11.0%，其中私人汽车25.3万辆，增长13.0%。本年新注册汽车5.2万辆，增长7.2%。年末轿车保有量15.9万辆，比上年末增长24.7%，其中私人轿车13.96万辆，增长27.7%。

全年全市完成邮电业务总量24.3亿元，增长8.4%。其中，邮政业务总量1.7亿元，增长11.3%；电信业务总量22.6亿元，增长8.2%。年末移动电话用户达到259.4万户，其中，3G移动电话用户达到42.7万户。全市互联网接入用户45.2万户，增长21.7%。

全年全市接待海外旅游者12.7万人次，接待国内旅游者1669.1万人次，分别增长24.1%和31.4%；旅游外汇收入3000万美元，国内旅游收入164.6亿元，旅游总收入166.5亿元，分别增长31.3%、31.9%和31.9%。

九、金　融

年末全市金融机构本外币各项存款余额1724.1亿元，比年初增加149.9亿元，比年初增长9.5%。各项贷款余额841.5亿元，增加110.7亿元，增长15.2%。

全年全市保费收入30.7亿元，增长5.6%。其中，寿险业务保费收入19.5亿元，增长2.3%；健康和意外险业务保费收入0.9亿元，增长7.9%；财产险业务保费收入2.1亿元，增长5.1%；车险业务保费收入8.2亿元，增长14.0%。全年支付各类赔款及给付10.9亿元，增长51.6%。其中，寿险业务保费赔付5.3亿元，增长82.8%；健康和意外险业务保费赔付0.5亿元，增长5.7%；财产险业务保费赔付0.9亿元，增长61.7%；车险业务保费赔付4.2亿元，增长28.8%。

十、教育和科学技术

年末全市普通高等学校6所；中等职业学校44所；普通高中48所；初中177所。

全年专利申请量与授权量分别为1358件和689件，分别增长13.5%和56.2%。全年全市科学技术成果124项，其中有53项技术获得省部级以上科学技术成果奖，比上年增加2项。全年全市共签订各类技术合同110项，技术合同成交总额5.2亿元，增长86.7%。

年末全市共有产品质量检验机构3个。全年对49户企业实施了产品认证，对7种产品进行了监督抽查。全市共有法定计量技术机构12个，全年完成强制检定计量器具35万台件。

十一、文化、卫生和体育

年末全市共有艺术表演团体24个，文化馆14个，公共图书馆14个，公共图书馆藏书量152.5万册，档案馆6个，已开放各类档案5982卷。全市广播电视台12座，广播、电视综合人口覆盖率分别达到97.1%和98.6%，年末全市有线电视用户达到42.3万户，其中接收数字信号用户35万户。

年末全市共有医疗卫生机构5014个，其中医院、卫生院193个，妇幼保健机构14个，疾病预防控制中心（防疫站）15个，卫生监督机构15个。病床位13404张，其中医院、卫生院10929张。卫生技术人员17467人，其中执业医师和执业助理医师7734人，注册护士6673人，药剂人员908人。乡镇卫生院140个，床位2768张，卫生技术人员2310人。全市新型农村合作医疗覆盖率100%。

全年全市运动员在各类体育比赛中获得全国冠军21个，全省冠军65个。

十二、人口、人民生活和社会保障

年末全市总人口为336.97万人，比上年末增加1.6万人。全年全市出生人口3.73万人，人口出生率为11.1‰；死亡人口2.13万人，死亡率为6.33‰；自然增长率为4.77‰。性别比（女=100）为105.36。

全年农村居民人均纯收入8120元，比上年增长14.5%；城镇居民人均可支配收入22548.9元，比上年增长12.0%。

年末参加城镇职工基本养老保险45.8万人；参加新型农村社会养老保险132.4万人；参加城镇基本医疗保险97.6万人。其中，参加城镇职工基本医疗保险54.1万人，参加城镇居民基本医疗保险43.5万人。参加失业保险39.7万人；参加工伤保险46.8万人，其中农民工19.5万人；参加生育保险40.3万人。

全年全市纳入城市最低生活保障的居民4.9万人，发放城市低保资金1.5亿元；纳入农村最低生活保障的居民13.0万人，发放农村低保资金1.7亿元。

年末全市各类福利院床位数1.2万张，收养7838人。城镇建立各种社区服务设施271个，其中综合性社区服务中心17个。全年销售社会福利彩票1.6亿元，筹集社会福利资金1968.2万元，接收社会捐赠款163.2万元。

十三、城市建设、资源、环境和安全生产

年末全市城市建成区面积5930万平方米。年末建成区绿化覆盖率45.0%。年末城市交通运营车辆710辆，出租汽车2823辆。市区有公园4座，总面积127公顷。

全年城市供水总量7522.2万吨，人均日生活用水量158.9升。全年液化气供气总量10906吨，天然气供应量2056.2万立方米，煤气供气总量6015万立方米，其中生活用煤气3729万立方米。燃气普及率84.5%，比上年增长0.5个百分点。市区集中供热面积2665万平方米，其中住宅供热面积1998.8万平方米。市区污水处理能力17.5万吨/日，全年污水处理量5460万吨。生活垃圾年清运量17.8万吨，无害化处理率达到100%。

年末全市森林面积429.6千公顷，森林覆盖率30.9%。本年度检查验收合格造林面积35.3千公顷。全市有自然保护区2个，面积46.9千公顷，占全市总面积的3.4%。

年末全市大中型水库蓄水总量2.4亿立方米，比上年增长900万立方米。全年总用水量4.5亿立方米，比上年增长15.4%。其中，生活用水增长26.8%。全年曾有1.5万人、0.15万头大牲畜因干旱发生临时性饮水困难。

全年全市空气质量Ⅱ级以上天数达357天，与上年持平，占全年天数的97.5%。全市达Ⅲ类水质标准的断面比例64.7%。城市集中式饮用水源地辛安泉水质达标率达到100%。

全市亿元GDP生产安全事故死亡率为0.177。煤炭百万吨死亡率为0.23。全年发生火灾事故66件，直接损失86.6万元。全年共发生道路交通事故356起，造成218人死亡、310人受伤，直接财产损失129.9万元。

（长治市统计局）

晋城市2012年国民经济和社会发展情况

2012年，在市委、市政府的正确领导下，全市上下坚持以科学发展为主题，以加快转变经济发展方式为主线，按照“稳中求进、好中求快”的经济工作总基调，认真贯彻落实各项宏观调控政策，全市经济保持平稳较快的发展态势，各项社会事业取得新的进步，为全面建成小康社会奠定了良好基础。

一、综　　合

全年全市生产总值1011.6亿元，比上年增长11.0%。其中，第一产业增加值41.6亿元，增长6.3%，占生产总值的比重为4.1%；第二产业增加值653.8亿元，增长12.1%，占生产总值的比重为64.6%；第三产业增加值316.3亿元，增长9.4%，占生产总值的比重为31.3%。第三产业中，金融保险业增加值38.8亿元，增长16.6%；交通运输、仓储和邮政业增加值73.6亿元，增长8.4%；批发和零售业增加值59.4亿元，增长13.9%；住宿和餐饮业增加值26.6亿元，增长11.9%；营利性服务业增加值34.1亿元，增长10.5%。人均地区生产总值44206元，按2012年平均汇率计算为7003美元。

全年全市财政总收入213.5亿元，增长17.4%。其中增值税完成88.2亿元，增长2.7%；企业所得税62.9亿元，增长44.8%；个人所得税7.9亿元，下降7.9%；营业税17.0亿元，增长26.2%；资源税2.8亿元，增长14.4%。公共财政预算收入82.9亿元，增长22.1%，其中税收收入61.5亿元，增长18.1%。公共财政预算支出129.7亿元，增长14.5%。其中科学技术支出增长27.3%，教育支出增长26.6%，农林水事务支出增长24.5%，社会保障和就业支出增长20.0%，文化体育与传媒支出增长16.9%，医疗卫生支出增长8.4%，节能环保支出下降21.1%。

居民消费价格比上年上涨2.4%，其中，食品价格上涨3.6%。商品零售价格上涨1.9%。工业生产者出厂价格下降3.0%，工业生产者购进价格下降3.2%。

全年全市城镇新增就业4.12万人。年末城镇登记失业率1.8%。

二、农　　业

全年全市农作物种植面积21.0万公顷，比上年减少0.7万公顷。其中，粮食种植面积20.0万公顷，减少0.6万公顷；油料种植面积0.3万公顷，减少0.05万公顷；棉花种植面积0.03万公顷，减少0.01万公顷。在粮食种植面积中，玉米种植面积8.6万公顷，减少0.05万公顷；小麦种植面积6.2万公顷，减少0.3万公顷。

全年粮食产量97.4万吨，比上年增加5.4万吨，增产5.9%。其中，夏粮27.1万吨，增产18.5%；秋粮70.3万吨，增产1.7%。

全年完成造林面积1.0万公顷，下降23.8%。其中，经济林面积0.19万公顷，下降64.5%。全年木材产量7572立方米，下降6.0%。

全年全市肉类总产量13.2万吨，增长15.8%。全年猪牛羊肉总产量13.1万吨，增长16.0%。其中，猪肉产量11.9万吨，增长17.5%；牛肉产量458.1吨，下降10.5%；羊肉产量1218.1吨，增长2.5%。年末生猪存栏92.2万头，增长2.4%；

生猪出栏156.4万头，增长8.3%。牛奶产量3414.0吨，下降2.1%；禽蛋产量6.9万吨，增长6.6%；水产品产量1639吨，增长19.2%。

年末全市农业机械总动力240.2万千瓦，增长2.6%。机械耕地面积15.6万公顷，增长0.6%；机械播种面积12.7万公顷，增长4.1%；机械收获面积10.7万公顷，增长8.1%。全市农机化经营总收入15.2亿元，增长3.4%。

三、工业和建筑业

年末全市规模以上工业企业223家。全年规模以上工业增加值增长14.6%。

全年全社会原煤产量8526万吨，下降6.7%；规模以上工业发电218亿千瓦时，增长14.0%；水泥233万吨，增长66.9%；农用化肥（折纯）236万吨，增长17.0%；焦炭91万吨，下降1.3%；钢材产量269万吨，增长31.3%；生铁334万吨，增长18.6%。

全年规模以上工业企业实现主营业务收入1317.9亿元，增长8.0%。其中，煤炭、炼焦、冶铸和电力工业分别实现主营业务收入750.2亿元、13.3亿元、148.9亿元和78.8亿元，分别增长0.2%、-11.9%、16.4%和21.5%；煤层气开采、化工、建材、装备制造、医药和食品工业分别实现主营业务收入39.5亿元、123.2亿元、10.8亿元、120.6亿元、1.9亿元和1.2亿元，分别增长38.2%、22.6%、29.1%、27.2%、19.5%和4.7%。

规模以上工业实现利税276.9亿元，增长1.2%；实现利润181.8亿元，增长2.3%。

年末全市具有资质等级的总承包和专业承包建筑业企业84家，完成总产值52.6亿元，增长16.0%；房屋建筑施工面积283.7万平方米，增长33.8%；签订合同额为93.1亿元，增长33.3%。

四、固定资产投资

全年全市固定资产投资完成655.0亿元，增长29.9%。其中，国有及国有控股投资347.3亿元，增长18.5%；民间投资307.7亿元，增长45.8%。

在固定资产投资中，内资企业投资629.0亿元，增长29.8%；外商及港澳台商企业投资25.6亿元，增长34.5%。

在固定资产投资中，第一产业投资28.5亿元，增长92.9%；第二产业投资363.3亿元，增长25.7%；第三产业投资263.2亿元，增长31.3%。在第二产业中，工业投资359.3亿元，增长24.3%。其中，煤炭工业投资162.6亿元，增长24.7%；非煤产业投资196.7亿元，增长24.1%。传统产业（煤炭、炼焦、冶金、电力）投资合计198.2亿元，增长13.8%；新兴接替产业投资合计161.1亿元，增长40.4%。

全年全市在建固定资产投资项目1167个。其中，5亿元以上项目73个，计划总投资1242.4亿元，完成投资187.4亿元，占全市固定资产投资的比重为28.6%。

全年房地产开发投资45.2亿元，增长20.5%。其中，住宅投资34.9亿元，增长16.1%；办公楼投资0.4亿元，下降5.3%；商业营业用房投资4.2亿元，下降6.3%。

五、能　源

全年全市一次能源生产折标准煤6384.4万吨，下降4.4%；二次能源生产折标准煤359.8万吨，增长10.9%。

全年全市向省外运输煤炭5849万吨，增长2.4%，外运煤炭占原煤产量69.4%。在外运煤炭中，铁路运输4576万吨，增长2.7%；公路运输1273万吨，下降1.4%。向省外输送电力183.0亿千瓦小时，增长8.6%，外输电量占发电量83.8%；向省外运输焦炭41.1万吨，下降10.6%，外运焦炭占焦炭产量45.5%。

固定资产投资中，能源工业投资完成240.9亿元，增长12.3%。其中煤炭工业投资162.6亿元，增长24.7%；石油和天然气开采业投资47.0亿元，增长16.8%；石油加工、炼焦及核燃料加工业投资0.4亿元，增长18.8%；电力的生产和供应业投资25.7亿元，下降29.1%。

全年全市全社会用电总量163.0亿千瓦小时。其中，第一产业用电1.2亿千瓦小时，占全社会用电量的0.7%；第二产业用电146.3亿千瓦小时，占全社会用电量的89.7%，其中工业用电145.4亿千瓦小时；第三产业用电8.7亿千瓦小时，占全社会用电量的5.3%；城乡居民生活用电6.9亿千瓦小时，占全社会用电量的4.2%。

六、国内贸易

全年全市社会消费品零售总额260.8亿元，增长16.2%。按经营地统计，城镇消费品零售额245.4亿元，增长16.7%；乡村消费品零售额15.4亿元，增长7.7%。

七、对外经济

全年全市海关进出口总额12.35亿美元，增长8.9%。其中，进口额9.90亿美元，增长16.1%；出口额2.45亿美元，下降12.9%。

全年出口煤炭34万美元，增长50.6%；出口钢材5515万美元，增长30.2%；出口机电产品18400万美元，下降18.5%；出口高新技术产品12413万美元，下降25.6%；出口电器及电子产品15504万美元，下降21.9%；出口计算机及通信技术产品11213万美元，下降26.1%。

全年进口铁矿砂38409万美元，增长48.9%；进口机电产品57704万美元，增长0.5%；进口集成电路6842万美元，下降53.9%；进口机械设备27161万美元，增长9.3%；进口电子技术产品8694万美元，下降52.0%；进口计算机集成制造技术产品32965万美元，增长91.4%。

全年全市新设立外商直接投资企业1家；按全口径统计实际使用外商直接投资金额25775.2万美元，增长18.2%。

八、交通、邮电和旅游

年末全市公路线路里程8757.1公里，其中高速公路

318.5公里，比上年末增加31.6公里。

年末全市民用汽车保有量24.1万辆（包括三轮汽车和低速货车2.0万辆），比上年末增长9.4%，其中私人汽车19.7万辆，增长12.9%。本年新注册汽车4.0万辆，增长20.6%。年末轿车保有量13.4万辆，增长22.8%，其中私人轿车12.0万辆，增长25.7%。

全年全市完成邮电业务总量17.8亿元，增长8.5%。其中，邮政业务总量1.2亿元，增长5.2%；电信业务总量16.6亿元，增长8.5%。新增移动电话用户14.2万户，年末达到171.8万户。全市宽带接入用户31.8万户，增长26.7%。

年末全市共有成规模的旅游景区（点）43处，其中有1个国家级5A级景区，5个国家级4A级景区,5个2A级景区，7个国家级工农业旅游示范点。共有星级饭店28家，其中五星级1家、四星级11家、三星级10家、二星级6家。全年全市接待海外旅游者9.6万人次，接待国内旅游者1686.9万人次，分别增长41.5%和44.6%；旅游外汇收入4564.0万美元，国内旅游收入149.9亿元，旅游总收入152.8亿元，分别增长69.3%、68.2%和68.2%。

九、金融、证券和保险

年末全市金融机构本外币各项存款余额1729.6亿元，比年初增加228.4亿元，增长15.2%。各项贷款余额776.9亿元，比年初增加141.5亿元，增长22.3%。

年末全市农村金融合作机构（农村信用社、农村合作银行、农村商业银行）人民币贷款余额195.3亿元，比年初增加38.0亿元，增长24.1%;人民币存款余额336.3亿元，比年初增加54.3亿元，比年初增长19.3%。

年末全市共有证券营业部3家，从业人员61人。累计资金开户数75990户，银证转入资金19.6亿元，下降16.8%，新增资产总额1.5亿元，增长43.4%。全年营业收入3661.1万元，下降36.2%，利润总额1845.1万元，下降71.9%。

全年全市保费收入30.7亿元，增长3.1%。其中，寿险业务保费收入20.8亿元，下降2.3%；财产险业务保费收入9.9亿元，增长16.5%。

十、教育和科学技术

年末全市普通高等学校1所，独立设置的成人高等学校1所。高中阶段毛入学率92.89%。

全年全市组织实施各类科技项目329项（其中国家级1项、省级39项、市级289项）。在国家级项目中，列入国家星火计划1项；在省级项目中，列入省级国际科技合作项目1项，科技重大专项1项，火炬计划4项，星火计划10项，农业攻关4项，社会发展3项，成果推广7项，工业攻关3项，软科学及基础平台建设6项。全年全市专利申请量1127件，增长11.9%；其中发明专利申请量314件，增长2.5%。全年新登记科技成果29项。国家认定企业技术中心1家。省级企业技术中心10家。省级工程技术研究中心3家。省级重点实验室3个。按照国家高新技术企业认定办法，2012年末累计高新技术企业11家。

十一、文化、卫生和体育

年末全市共有群众艺术馆1个，文化馆6个,博物馆1个。全市文化系统共有艺术表演团体6个，新创作首演剧目2个；演出场次1749场，演出收入570万元；全市共有艺术表演场馆2个，群众艺术馆1个，文化馆6个，公共图书馆6个，总藏书31万册。

年末全市共有各级医疗卫生机构3129个，其中妇幼保健院（所、站）7个。医院和卫生院床位8.3千张，卫生专业技术人员1.2万人，每千人拥有病床4.1张，每千人拥有医生数2.6人。全市6县（市、区）全部开展了新型农村合作医疗试点工作，新型农村合作医疗参合率98.8%。村卫生室覆盖率100%、县乡村三级医疗机构达标率（县乡级100%，村级98.6%）。全年各县（市、区）的儿童“五苗”全程接种率以乡镇为单位均达到了96.8%以上。碘盐覆盖率达到99.7%，合格碘盐食用率达到95.5%，各种地方病得到了有效控制。全市乡镇卫生监督站覆盖率达到83.3%。

年末全市拥有各级各类体育场馆4392个，体育锻炼标准达标人数达320174人。全年我市运动员在省级以上重大比赛中获金、银、铜牌分别为77枚、62枚和64枚（包括非奥运项目比赛）。全市销售中国体育彩票5787万元，比上年增长12.4%。

十二、人口、人民生活和社会保障

据2012年人口抽样调查，年末全市常住人口为229.14万人，比上年末增加0.59万人。全年全市出生人口1.95万人，人口出生率为8.50‰；死亡人口1.36万人，死亡率为5.92‰；自然增长率为2.58‰。出生人口性别比为101.12(以女性人口为100)。

全年城镇居民人均可支配收入22565元，比上年增长12.1%；城镇居民人均消费性支出16473元，增长27.0%。农村居民人均纯收入8037元，增长14.1%；农村居民人均生活消费支出6044元，增长14.3%。城镇占人口20%的低收入家庭人均可支配收入8812元，增长13.3%；农村占人口20%的低收入者收入4317元，增长14.5%。城镇居民家庭恩格尔系数（即居民家庭食品消费支出占家庭消费支出的比重）24.3%，农村居民家庭恩格尔系数33.0%。

年末参加城镇职工基本养老保险32.2万人，比上年末增加3.6万人；参加新型农村社会养老保险105.8万人，增加9万人；参加城镇基本医疗保险57.7万人，增加2.9万人；参加失业保险26.9万人，增加5.8万人；参加工伤保险44.6万人，增加22.4万人，其中农民工24.9万人，增加13.2万人；参加生育保险27.4万人，增加8.1万人。全市共有153.2万农民参加了合作医疗。

年末城镇低保人数28763人，减少2734人；农村低保人数79880人，增加9人；农村集中供养五保户1761人，户数

1754户；民政部门资助参加合作医疗98160人。优抚对象14226人，享受定期抚恤1792人，享受定期补助9717人。全年共发放最低保障资金2.23亿元。全市收养性单位60个，减少1个，床位数4307张，年在院79.95万人天。全市社区服务中心1个，社区服务站51个。全市福利企业38个，残疾职工596人。福利彩票发行单位1个，共销售福利彩票1.8亿元。全年直接接收捐赠款151.2万元，受益2436人次。

农村新“五个全覆盖”工程全面完成,农村面貌和生产生活条件显著改善。

十三、资源、环境和安全生产

全市有自然保护区5个，自然保护区面积达到15.6万公顷，占全市土地面积的16.6%；全市国家级生态示范区2个。

全年市区环境空气质量二级以上天数达到353天，其中一级天数81天，减少31天；空气综合污染指数为1.72，较上年上升0.02。

城市污水处理率达到95%；城市生活垃圾无害化处理率达到95%；集中供热普及率达到86%。

全年全市共发生各类生产安全事故803起，减少30起，下降3.6%；事故死亡238人，减少9人，下降3.6%，占省政府下达我市控制指标262人的90.8%；造成直接经济损失974.2万元，减少64.2万元，下降6.2%。亿元GDP生产安全事故死亡率0.235（省控指标0.249），煤矿百万吨死亡率0.1116（省控指标0.1626），特种设备万台死亡率0（省控指标0.67）。

（晋城市统计局）

临汾市2012年国民经济和社会发展情况

2012年,全市上下在市委市政府的坚强领导下，以科学发展为主题，以加快转变经济发展方式为主线，充分运用转型综改试验各项有利政策，牢牢把握“稳中求进、好中求快”的工作基调，突出“主攻项目，加快转型，打造特色，改善民生，推进跨越”的工作重点，经济和社会发展取得了新进展。

一、综　　合

全年全市生产总值1220.5亿元，比上年增长10.1%。其中，第一产业增加值80.5亿元，增长5.8%，占生产总值的比重为6.6%；第二产业增加值758.8亿元，增长11.2%，占生产总值的比重为62.2%；第三产业增加值381.2亿元，增长9.1%，占生产总值的比重为31.2%。第三产业中，金融保险业增加值36.4亿元，增长17.5%；住宿和餐饮业增加值22.1亿元，增长10.4%；交通运输、仓储和邮政业增加值91.8亿元，增长9.5%。

人均地区生产总值28019元，按2012年平均汇率计算为4439美元。

全年全市财政总收入201.6亿元，增长7.0%。一般预算收入110.8亿元，增长24.3%。税收收入51.6亿元，增长3.2%，其中国内增值税、营业税、企业所得税、个人所得税、资源税和城建税共计完成税收42.9亿元，增长1.2%。一般预算支出223.0亿元，增长19.0%。其中农林水事务支出增长7.6%，教育支出增长32.9%，社会保障和就业支出增长2.1%，医疗卫生支出增长7.0%，文化体育与传媒支出增长10.9%，公共安全支出增长8.7%，节能环保支出增长13.3%。

居民消费价格比上年上涨2.8%，其中，食品价格上涨2.9%。工业生产者出厂价格下降8.2%，其中生产资料价格下降8.4%，生活资料价格上涨3.5%。工业生产者购进价格下降4.9%。

全年全市城镇新增就业5.64万人，转移农村劳动力5.42万人。城镇登记失业率3.1%，控制在4.2%的目标范围之内。

二、农　　业

全年全市农作物种植面积55.98万公顷，比上年减少3147.8公顷，下降0.6%。其中，粮食种植面积50.94万公顷，减少2116.2公顷；油料种植面积11887.7公顷，减少894.5公顷；棉花种植面积3091.1公顷，减少751.7公顷。在粮食种植面积中，玉米种植面积21.36万公顷，增加6244.8公顷；小麦种植面积23.57万公顷，减少6676.4公顷。

全年粮食产量222.2万吨，比上年增加7.6万吨，增产3.6%。其中，夏粮98.2万吨，增产7.7%；秋粮124万吨，增产0.5%。

全年完成造林40152公顷。其中，荒山荒地造林面积37820公顷。经济林面积8903公顷。全年木材产量11814立方米，增长82.7%。

全年全市猪牛羊肉总产量98705吨，比上年增长8.5%。其中，猪肉产量86413吨，增长9.8%；牛肉产量5931吨，下降1%；羊肉产量6362吨，增长1.3%。年末生猪存栏83.8万头，生猪出栏103.4万头。牛奶产量36312吨，增长3.4%。禽蛋产量107618吨，增长16.1%。水产品产量5660吨，增长13%。

年末全市农业机械总动力439.9万千瓦，增长4.0%。机械耕地面积36.7万公顷，比上年下降6.9%；机械播种面积38.5万公顷，机械收获面积29.1万公顷，分别比上年增长3.0%和10.6%。全市农机化经营总收入12.3亿元，增长4.7%。

三、工业和建筑业

年末全市规模以上工业企业380家。全年规模以上工业增加值增长13.5%。

全社会原煤产量4970.76万吨，增长2.89%；发电量141.63亿千瓦时，下降4.79%。规模以上工业企业焦炭产量1873.01万吨，下降2.45%；钢材产量1195.67万吨，增长25.43%。

规模以上工业企业实现主营业务收入1967.4亿元，增长4.3%。其中，煤炭、焦炭、冶金和电力工业分别实现主营业务收入606.1亿元、342.7亿元、778.4亿元和40.6亿元，分别增长6.7%、-11.7%、7.7%和5.1%；化学、建材、装备制造、医药和食品工业分别实现主营业务收入102.06亿元、14.2亿元、52.4亿元、6.1亿元和14.8亿元，分别增长19.2%、-5.7%、15.6%、129.2%和43.3%。

规模以上工业实现利税125.9亿元，下降32.0%；实现利润38.6亿元，下降56.1%。

全年全市建筑业实现增加值57.5亿元，比上年增长3.2%。具有建筑业资质等级的总承包和专业承包建筑业企业实现利润2.8亿元，增长45.8%。

四、固定资产投资

全年全市固定资产投资822.5亿元，增长27.5%。其中，国有及国有控股投资477.1亿元，增长23.7%；民间投资432.7亿元，增长38.8%。

在全市固定资产投资中，内资企业投资818.1亿元，增长27.2%；外商及港澳台商企业投资1.9亿元，增长23.4%。

从三次产业看，第一产业投资29.9亿元，增长42.5%；第二产业投资379.5亿元，增长25.9%；第三产业投资413亿元，增长28.1%。在第二产业中，工业投资379.5亿元，增长25.9%。其中，煤炭工业投资155亿元，增长28.1%。传统产业（煤炭、焦炭、冶金、电力）投资合计243.7亿元，增长17.8%，非传统产业（食品、建材、化工、装备制造等）投资合计135.8亿元，增长43.6%。

全年全市在建固定资产投资项目1196个。其中，5亿元以上项目52个，计划总投资695.9亿元，完成投资168.8亿元，占全市固定资产投资的比重为20.5%。

全年房地产开发投资55.6亿元，增长48.6%。其中，住宅投资41.9亿元，增长38.8%；商业营业用房投资7.8亿元，增长60.4%。

全年全市市级重点建设工程349项，计划总投资2220.3亿元，其中当年计划投资641.7亿元，全年完成投资688.0亿元，项目开工率87.7%，当年投资计划完成率107.2%。

五、能　　源

全年全市一次能源生产折标准煤3550.6万吨，增长3.3%，二次能源生产折标准煤6470.8万吨，比上年增长11.5%。

全年全市向省外运输煤炭666.6万吨，下降21.4%，外运煤炭占煤炭产量6.5%。在外运煤炭中，铁路运输643万吨，下降23.1%；公路运输23.6万吨，增长95.5%；向省外运输焦炭958.5万吨，下降21.8%，外运焦炭占焦炭产量51.2%。

全市能源工业投资完成241.2亿元，增长30.1%。其中，煤炭工业投资155.0亿元，增长28.1%；电力工业投资33.8亿元，下降1.4%；焦化工业投资21.1亿元，增长1.7%。

全年全市全社会用电总量172.9亿千瓦时。其中，第一产业用电4.2亿千瓦时，占全部用电量2.4%；第二产业用电136.7亿千瓦时，占全部用电量79.0%，其中工业用电134.2亿千瓦时；第三产业用电12.4亿千瓦时，占全部用电量7.2%；城乡居民用电16.6亿千瓦时，占全部用电量9.6%。

六、国内贸易

全年全市社会消费品零售总额418.2亿元，增长16.0%。按经营地统计，城镇消费品零售额345.5亿元，增长16.8%；乡村消费品零售额72.7亿元，增长12.2%。按消费形态统计，商品零售额381.3亿元，增长16.3%；餐饮收入额36.9亿元，增长12.2%。

七、对外经济

全年全市海关进出口总额82554万美元，增长3.7%。其中，进口额54829万美元，下降6.5%；出口额27725万美元，增长32.0%。

全年出口焦炭1万吨，下降90.1%，出口金额440万美元，下降91.1%；出口钢材1万吨，下降14%，出口金额1112万美元，下降17.1%，出口机电产品14543万美元，增长41%；出口高新技术产品158万美元，下降58.7%。

全年进口铁矿砂419万吨，增长15%，进口金额47720万美元，下降9.7%；进口机电产品2823万美元，增长69.2%。

全年全市新设立外商直接投资企业3家；按全口径统计实际使用外商直接投资金额13611万美元，增长50.7%。

八、交通、邮电和旅游

年末全市公路线路里程17816公里，其中高速公路462公里，比上年末增加119公里。

年末全市民用汽车保有量33.4万辆（包括三轮汽车和低速货车1.5万辆），比上年末增长7.5%，其中私人汽车28.7万辆，增长11.9%。本年新注册汽车5.5万辆，增长6.6%。年末轿车保有量18.8万辆，比上年末增长22.5%，其中私人轿车17.0万辆，增长24.7%。

全年全市完成邮电业务总量33.2亿元，增长18.4%。其中，邮政业务总量2.4亿元，增长12.3%；电信业务总量30.8亿元，增长18.9%。年末全市固定电话62.7万部，减少3.8万部，下降5.7%；新增移动电话用户25.2万户，年末达到363.9万户，其中，3G移动电话用户达到55万户。移动电话普及率83.5部/百人。全市宽带接入用户53.1万户，增长22.1%。

全年全市接待海外旅游者14.5万人次，接待国内旅游者1739.8万人次，分别增长21.2%和27.4%；旅游外汇收入3100万美元，国内旅游收入157.98亿元，旅游总收入160亿元，分别增长22.7%、31.8%和31.6%。

九、金　融

年末全市金融机构本外币各项存款余额1656.9亿元，比年初增加197.9亿元，比年初增长13.6%。各项贷款余额749.57亿元，比年初增加90.99亿元，增长13.8%。

年末全市农村金融合作机构（农村信用社、农村合作银行、农村商业银行）人民币贷款余额418.39亿元，比年初增加42.54亿元，增长11.3%;人民币存款余额639.01亿元，比年初增加75.95亿元，增长13.5%。

年末全市共有上市公司2家。全市辖区证券市场各类证券成交额403.6亿元，增长29.0%。年末投资者资金账户累计开户数9.1万户，比上年末增长5.1%。

全年全市保费收入35.8亿元，增长3.0%。其中，寿险业务保费收入24.8亿元，下降0.2%；健康险业务保费收入1.3亿元；意外险业务保费收入0.59亿元；财产险业务保费收入10.9亿元，增长11.6%。全年支付各类赔款及给付9.5亿元，增长5.6%。

十、教育和科学技术

年末全市高等院校达到4所。高中阶段毛入学率达到90.8%。学前三年毛入园率61.2%。校舍维修改造项目进展顺利，改造面积15.63万平方米，改造项目学校197所，总投入资金4916万元。

全年全市受理专利申请830件，比上年增长30.7%。受理发明专利申请269件，比上年增长31.2%。全市累计认定高新技术企业达到19家，培育认定科技创新型企业10家，民营科技企业12家。全市已建立国家级研发中心1家，省级研发中心19家，市级研发中心27家。

年末全市共有市、县产品质量监督检验所7个，市授权行业建立的检定机构3个，监督抽查了147家企业7类产品和商品。全市共有法定计量技术机构17个，全年完成强制检定计量器具73588台件。

全市有气象台（站）17个，开展121电话天气自动答询台（站）17个。气象系统开展人工影响天气业务的单位17个，防雹、增雨受益覆盖面积1.5万平方公里。全市有天气预报服务Intel网站2个，卫星云图接收站17个。

全市有专业综合地震台站17个，市级地震台网中心6个，数字测震地震台网1个，数字测震子台2个。

十一、文化、卫生和体育

年末全市共有群众艺术馆1个，文化馆17个，博物馆14个，艺术表演团体13个。广播电视台17座。广播人口覆盖率96.4%，电视人口覆盖率98.31%。全市共有公共图书馆17个，档案馆23个。目前有6个县级图书馆和8个文化馆达到国家三级标准以上。

我市创作编排了现代戏《酸枣岭》荣获第十三届杏花奖，新编眉户剧现代戏《雷雨》参加了全省优秀剧目展演。在十六届全国少儿戏曲小梅花荟萃活动中，又摘得金花1朵，银花3朵，我市大小梅花增加到54朵。在国家、省非物质文化遗产评选中，入选国家级项目18个，省级项目97个，市级项目232个，位居全省前列。霍州威风锣鼓和翼城花鼓获文化部“中国民间文化艺术之乡”称号。

年末全市共有卫生机构(不含村卫生室)1153家，其中妇幼保健院（所、站）18家。全市卫生机构共有床位1.76万张，其中医院床位1.2万张，卫生院床位3539张。卫生技术人员2.1万人。全市各县（市、区）均实行了新型农村合作医疗，300万农民参加了合作医疗，参合率98.37%。

在山西省第十四届运动会上，我市体育代表团共获得金牌20枚、银牌25枚、铜牌30枚，总分868分的好成绩。全年实现销售体育彩票1.39亿元。

十二、人口、人民生活和社会保障

据2012年人口抽样调查，年末全市常住人口为436.7万人，比上年末增加2.2万人。全年全市出生人口4.7万人，人口出生率为10.84‰；死亡人口2.49万人，死亡率为5.72‰；自然增长率为5.11‰。出生人口性别比为106.5。

全年城镇居民人均可支配收入18126元，比上年增长13.6%；城镇居民人均消费性支出11618元，增长5.4%。全年农村居民人均纯收入6899元，增长13.4%；农村居民人均生活消费支出4428元，增长4.7%。城镇占调查总户数20%的低收入家庭人均可支配收入8217元，增长12.2%；农村占人口20%的低收入者收入2685元，增长8.3%。城镇居民家庭恩格尔系数（即居民家庭食品消费支出占家庭消费支出的比重）28.6%，农村居民家庭恩格尔系数36.2%。

年末参加城镇基本养老保险的人数为59.4万人，比上年增加21.8万人；参加农村社会养老保险的人数为178.8万人，比上年增加19.5万人；参加城镇基本医疗保险的人数为100 万人，比上年增加4.4万人；参加失业保险的人数为34.1万人，比上年增加8.1万人；参加工伤保险的人数为44.5万人，比上年增加13.5万人，其中农民工16.6万人；参加生育保险的人数为34.5万人，比上年增加14.8万人。

全年全市纳入城市最低生活保障的居民8.1万人，发放城市低保资金26583.6万元，比上年减少277.1万元；纳入农村最低生活保障的居民1.3万人，发放农村低保资金19814.8万元，比上年减少1241.4万元。

年末全市各类收养性单位床位数4212张，收养人数1871人。城镇建立各种综合性社区服务中心108个。全年销售社会福利彩票2.95亿元，直接接收社会捐赠款11.8万元。

年末市区建成区新增绿化面积29.58万平方米，绿化覆盖率达到37.38%，人均绿化面积10.42平方米。全市建成区新增绿化面积170.81万平方米，绿化覆盖率达到34.37%，人均绿化面积9.92平方米。人均道路面积达到10.74平方米。

农村新“五个全覆盖”工程全面完成。

十三、资源、环境和安全生产

年末耕地保有量741.66万亩。年末全市7座中型水库蓄水总量6810万立方米。

年末全市森林面积877.5万亩，森林覆盖率28.9%；全市已建成自然保护区3个，自然保护区面积62.66万亩，占全市国土面积的2.1%。

2012年市区空气质量好于二级以上天数342天，比上年增加3天，其中一级天数达到118天，比上年增加10天，全市17个县(市、区）空气质量均达到国家二级标准。

汾河临汾段出境断面（上平望断面）与入境断面（王庄桥南断面）相比，主要污染物COD浓度平均下降16%，水质明显改善，全市饮用水水源地水质达标率100%。

年末全市城市污水处理率81.12%，提高0.43个百分点；市区城市生活垃圾无害化处理率连续两年达到100%；全市集中供热普及率55.58%，提高2个百分点。

全年森林没有发生火灾事故，林业有害生物成灾率0.2‰，严格控制在国家要求的5‰以内

全年共发生安全事故847起，下降16.1%；安全生产事故死亡330人。全年未发生特别重大事故。全年亿元GDP生产安全事故死亡率0.27。

（临汾市统计局）

运城市2012年国民经济和社会发展情况

2012年，在市委、市政府的正确领导下，全市上下坚持以科学发展观为主题，以加快转变经济发展方式为主线，认真贯彻中央、省的各项决策部署，积极应对复杂多变的经济形势，强力推进“两强战略”和“四基地一中心”建设，国民经济保持了平稳运行，人民生活得到明显改善，各项社会事业取得新的进步。

一、综　　合

经济增长：全年生产总值1068.1亿元，比上年增长7.8%。其中，第一产业增加值177.0亿元，增长6.4%;第二产业增加值491.8亿元,增长7.5%;第三产业增加值399.3亿元,增长8.6%。第三产业中，金融业30.8亿元，增长19.4%；房地产业28.3亿元，增长13.7%；批发和零售业84.9亿元，增长11.3%；交通运输、仓储和邮政业96.0亿元，增长5.0%。第一、第二和第三产业增加值占全市生产总值的比重分别为16.6%、46.0%和37.4%，对经济增长的贡献率分别为13.3%、44.9%和41.8%。

人均地区生产总值20618元，比上年增长7.2%，按2012年平均汇率计算为3266美元。

价格：全年居民消费价格比上年上涨2.5%。其中，食品价格上涨4.4%。商品零售价格上涨1.9%。工业生产者出厂价格下降8.8%，其中，生产资料价格下降9.8%，生活资料价格上涨0.4%。工业生产者购进价格下降3.0%。

就业：全年城镇新增就业人员6.75万人，城镇下岗失业人员再就业1.67万人，就业困难人员实现就业0.46万人。年末城镇登记失业率2.02%。

二、农　　业

农业产值：全年农林牧渔服务业总产值331.6亿元，按可比价计算增长13.0%。其中，农业产值255.6亿元，增长14.4%；林业产值4.0亿元，增长7.3%；牧业产值48.0亿元，增长8.3%；渔业产值2.0亿元，增长21.9%；农林牧渔服务业产值22.0亿元，增长7.8%。

种植面积：全年农作物种植面积792.4千公顷，比上年下降0.8%。其中，粮食种植面积667.4千公顷，增长1.1%(小麦343.4千公顷，增长0.3%；秋粮324.0千公顷，增长2.0%；玉米275.8千公顷，增长5.0%)；棉花种植面积33.1千公顷，下降34.0%；油料种植面积10.9千公顷，下降3.4%；蔬菜种植面积57.3千公顷，增长2.5%；水果面积148.2千公顷，增长9.1%（苹果面积87.2千公顷，增长5.1%）。

农产品产量：全年粮食总产量30.4亿公斤，比上年增加3.8亿公斤，增长14.2%。

畜禽及水产品产量：全年肉类总产量15.1万吨，增长13.5%。其中，猪肉产量10.5万吨，增长8.8%；牛肉产量0.4万吨，下降16.4%；羊肉产量0.7万吨，增长5.5%;禽肉产量3.4万吨，增长32.1%。禽蛋产量19.9万吨，增长10.8%；奶类产量4.9万吨，增长10.6%。水产品产量1.7万吨，增长21.9%。

林业生产：全年造林合格面积22413公顷，零星（四旁）植树1300万株。年末实有封山育林面积30959公顷。

农业机械：年末全市农业机械总动力657.8万千瓦，比上年增长4.5%。机械耕地面积48.8万公顷，机械播种面积52.4万公顷，机械收获面积48.9万公顷。全年农机化经营总收入11.5亿元，同比增长7.5%。

三、工业和建筑业

工业：全年全部工业增加值423.8亿元，比上年增长6.8%，在第二产业中所占比重为86.2%，比上年下降1.7个百分点。其中，规模以上工业企业434户，完成工业增加值344.3亿元，比上年增长6.0%。产品销售率95.9%，比上年下降1.3个百分点。

全部规模以上工业中，五大支柱行业增加值219.0亿元，比上年增长6.1%，其中，黑色金属冶炼和压延加工业增长6.4%，有色金属冶炼和压延加工业增长6.6%，炼焦业增长1.4%，化学原料和化学制品制造业增长9.1%，电力热力生产和供应业增长17.1%。新型替代产业增加值135.6亿

元，增长12.8%，其中，农副食品加工业增长35.4%，非金属矿物制品业下降11.9%，医药制造业增长12.2%，电气机械和器材制造业下降12.2%，酒、饮料和精制茶制造业增长58.7%，通用设备制造业下降2.3%，纺织业增长44.8%。

全年规模以上工业主营业务收入1417.1亿元，比上年下降5.1%；实现利税67.2亿元，比上年下降26.2%；实现利润31.1亿元，下降35.3%。

建筑业：全年具有资质等级的建筑企业159个，其中有工作量的131个，实现增加值68.0亿元，比上年增长12.2%。具有资质等级的总承包和专业承包建筑企业上缴税金3.7亿元，增长4.7%；实现利润4.4亿元，增长42.7%。

四、固定资产投资

固定资产投资：全年固定资产投资826.8亿元，比上年增长24.5%。其中，第一产业投资44.6亿元，比上年下降2.5%；第二产业投资522.2亿元，增长37.6%；第三产业投资260.1亿元，增长8.8%。在固定资产投资中，国有投资161.5亿元，增长14.8%；非国有投资665.3亿元，增长27.1%。

房地产开发：全年房地产开发投资67.8亿元，比上年增长28.8%。其中，住宅投资52.3亿元，增长34.3%；商业营业用房投资8.6亿元，增长3.4%。

五、国内贸易

全年社会消费品零售总额483.2亿元，比上年增长15.7%。

六、对外经济

进出口贸易：全年货物进出口总额106405万美元，比上年下降15.2%。其中，出口38847万美元，下降0.3%；进口67558万美元，下降21.9%。

利用外资：全年合同利用外资总额4250万美元，实际利用外资1016.9万美元。当年新设立外商直接投资企业4家。

七、交通、邮电和旅游

交通运输：年末全市公路线路里程15509.1公里，其中，国道290.6公里，省道1452.1公里，县道2705.7公里，乡、村道及专用道11060.7公里；高速公路597.1公里。全市公路密度109.4公里/百平方公里。公路客运量5102万人次，比上年下降2.1%；公路货运量6842万吨，比上年增长20.0%。公路旅客运输周转量22.1亿人公里，比上年增长7.1%；公路货物运输周转量176.7亿吨公里，比上年增长21.0%。

运城机场全年新开通杭州—运城—乌鲁木齐、合肥—郑州—运城、天津—运城—昆明、三亚—运城—大同4条航线，总航线达到19条，通航城市达到22个。全年客运量92.4万人次，比上年增长23.2%；货运量2430.2吨，增长10.8%。飞机起降9641架次，增长18.6%。

年末全市民用车辆保有量84.2万辆，比上年末增长9.5%。民用汽车保有量达到37.9万辆（包括三轮汽车和低速货车2.9万辆），比上年末增长14.1%。其中，私人汽车31.6万辆，增长17.7%。本年新注册汽车6.7万辆，增长10.1%。年末轿车保有量19.7万辆，比上年末增长25.8%，其中私人轿车18.1万辆，增长28.7%。年末摩托车保有量33.9万辆，比上年末增长5.0%。年末拖拉机保有量11.0万辆，比上年末增长10.5%。

邮电：全年邮电业务总量32.2亿元，比上年增长13.0%。其中，邮政业务总量2.4亿元，增长8.1%；电信业务总量29.8亿元，增长13.4%。年末固定及移动电话用户总数达到464.4万户，比上年末增加60.8万户。其中，固定电话76.5万户，移动电话387.9万户。电话普及率达到89.4部/百人，其中固定电话和移动电话普及率分别达到14.7部/百人和74.7部/百人。全市宽带接入用户达到59.8万户，增长25.9%。

旅游：全年接待入境旅游人数15.9万人次，接待国内旅游人数2378.9万人次，分别增长18.0%和23.2%；旅游外汇收入4035.4万美元，国内旅游收入163.4亿元，旅游总收入166.0亿元，分别增长19.4%、32.0%和31.7%。

八、财政、金融、证券和保险

财政：全年财政总收入80.1亿元，比上年下降8.4%。一般预算收入41.5亿元，增长1.8%。在总收入中，税收收入67.2亿元，下降11.1%；非税收收入12.8亿元，增长8.9%。

一般预算支出192.6亿元,比上年增长16.2%。其中,农林水事务支出增长14.6%,教育支出增长21.3%,社会保障和就业支出增长8.4%，医疗卫生支出增长11.6%，文化体育与传媒支出增长36.9%。

金融：年末全部金融机构本外币各项存款余额1320.6亿元，比年初增长18.1%,其中人民币各项存款余额1318.4亿元,比年初增长18.2%。全部金融机构本外币各项贷款余额713.4亿元,比年初增长17.9%,其中人民币各项贷款余额708.7亿元,比年初增长17.3%。

年末农村金融机构（农村信用社、农商银行、村镇银行）人民币贷款余额290.1亿元，比年初增长14.6%。

证券：全年运城辖区证券市场各类证券成交额247.1亿元，比上年下降9.2%。其中股票成交额238.0亿元，基金成交额1.8亿元，债券成交额5.5亿元。年末投资者资金账户开户总数8.8万户。

保险：年末全市共有保险公司28家，全年保费收入40.3亿元，比上年增长3.1%。其中，财产险保费收入11.9亿元，增长13.1%；人身意外伤害险保费收入1.9亿元，增长25.4%；健康险保费收入0.5亿元，增长12.3%；人寿险保费收入25.9亿元，下降2.3%。全年支付各类赔款及给付11.6亿元，增长23.5%。

九、教育、科学技术和文化

教育：全年全市高等院校招生15557人，在校生40682人，毕业生7892人。各类中等职业学校招生17373人，在校生43071人，毕业生18621人。普通高中招生49620人，在校生142529人，毕业生52886人。初中招生67657人，在校生226288人，毕业生87485人。普通小学招生55386人，在校生360523人，毕业生80648人。特殊教育招生109人，在校生1022人，毕业生107人。幼儿园在园幼儿138922人。

科学技术：全年受理专利申请1035件，比上年增长51.1%。其中，受理发明专利申请275件，比上年增长36.8%。全市授予专利权636件，其中，授予发明专利权61件。全年有83个项目列入国家、省各类科技计划，获得项目研究资金2873万元。

年末全市共有产品质量监督检验机构4个，法定计量鉴定技术机构13个，省授权行业建立的检验所1个。全年共监督抽查了168家企业30类、50种、80批次的产品和商品。完成强制检定计量器具39752台件。

全市有国家基本气象观测站3个，国家一般气象观测站10个。开展人工影响天气业务单位13个，防雹、增雨受益覆盖面积0.5万平方公里。天气预报服务网站2个，卫星云图接收站1个。

全市有市级地震台网中心1个，数字测震台网1个，数字测震子台5个，县级地震监测台（站）13个。全年小震活动90次，未发生3级以上地震。

文化：年末全市共有艺术表演团体16个，群众艺术馆1个，文化馆13个。公共图书馆13个，馆藏图书119.48万册。博物馆20个，档案馆14个。市级以上重点文物保护单位173处，其中国家级44处，省级92处，市级37处。拥有广播电视台12座，有线电视用户57.2万户。广播人口覆盖率95.71%，电视人口覆盖率97.35%。蒲剧《山村母亲》获文化部保留剧目奖，蒲剧《生命》获文化部戏剧文化奖，鼓乐《闻喜鼓车》、舞蹈《支边教师》获中国第十六届“群星奖”山西赛区特等奖，蒲剧《母亲的呼唤》获山西省第十三届戏剧“杏花奖”编剧奖、导演奖、表演奖。

体育：全年全市运动员在省级重大比赛中获金牌41枚、银牌34枚、铜牌44枚。全年销售中国体育彩票12709万元，比上年增长9.5%。

十、卫生和社会服务

卫生：年末全市共有医疗卫生机构5432个。其中医院223个，乡镇卫生院204个，社区卫生服务中心（站）67个，诊所（卫生所、医务室）1286个，村卫生室3568个，疾病预防控制中心14个，卫生监督所（中心）14个。卫生技术人员25195人，其中执业医师和执业助理医师11768人，注册护士7520人。医疗卫生机构床位29149张，其中医院16838张，乡镇卫生院7186张。

社会服务：年末全市共有各类提供住宿的社会服务机构124个，床位7165张。其中，老年人与残疾人服务机构97个，床位5767张。年末共有社区服务中心160个，社区服务站50个。年末共有9.4万人纳入城市居民最低生活保障，发放城市低保资金25018万元。18.0万人纳入农村居民最低生活保障，发放农村低保资金21881万元。1.5万人纳入农村五保供养。全年城市临时救济1253人次，农村临时救济2573人次。全年销售社会福利彩票2.6亿元,筹集社会福利资金7756万元，接收社会捐赠123万元。

十一、人口、人民生活和社会保障

人口：据2012年人口抽样调查，年末全市常住人口为519.46万人，比上年末增加2.78万人。男女性别比为104.66（女性为100）。全年出生人口5.84万人，出生率为11.27‰；死亡人口3.06万人，死亡率为5.90‰；自然增长率为5.37‰。城镇化率达到41.41%，比上年提高1.90个百分点。

人民生活：全年城镇居民人均可支配收入18248.3元，比上年增长14.5%；城镇居民人均消费支出10804.8元，增长3.8%;城镇占调查总户数20%的低收入家庭人均可支配收入9692.5元，增长10.8%；城镇居民家庭恩格尔系数（即居民家庭食品消费支出占家庭消费总支出的比重）30.9%。中心城市（盐湖区）城镇居民人均可支配收入19661.4元，比上年增长13.4%；城镇居民人均消费支出11777.5元，增长5.3%;城镇占调查总户数20%的低收入家庭人均可支配收入6611.5元，增长3.2%；城镇居民家庭恩格尔系数28.5%。农村居民人均纯收入6381.3元，增长13.5%；农村居民人均生活消费支出4739.6元，增长12.8%。农村占人口20%的低收入者收入2349.1元，增长1.9%。农村居民家庭恩格尔系数32.6%。

社会保障：年末全市参加城乡居民社会养老保险329.8万人，其中，城镇职工基本养老保险47.7万人，城镇居民基本养老保险8.0万人。参加城镇基本医疗保险83.6万人，其中，城镇职工基本医疗保险49.1万人，城镇居民基本医疗保险34.5万人。参加失业保险32.9万人。参加工伤保险63.0万人。参加生育保险38.6万人。

十二、资源、环境和安全生产

资源：年末全市常用耕地面积504870公顷，其中水浇地290900公顷。全年国有建设用地供应总量3065.9公顷。其中，工矿仓储用地444.9公顷，房地产用地199.1公顷，商业服务用地75.2公顷，基础设施等其它用地2346.7公顷。

全市拥有省级自然保护区1个，自然保护区面积达到86861公顷。

全年平均气温为13.3℃，降水量387.9毫米，日照时数2039.5小时。

环境：全年中心城市空气质量二级以上天数为351天。年末中心城市建成区绿化覆盖率达到37.2%；污水处理率达到92.0%；城市生活垃圾无害化处理率达到95.0%；集中供热普及率达到89.0%。

能耗：初步核算，全年全社会能源消费总量2398.1万吨标准煤，比上年增长2.6%。全市万元国内生产总值能耗下降4.76%。

全年规模以上工业二次能源生产折标准煤2298.8万吨，比上年下降13.7%。消费原煤2746.9万吨，比上年下降7.3%；洗精煤1439.1万吨，比上年下降13.9%；焦炭312.0万吨，比上年下降9.5%；电力222.4亿千瓦时，比上年下降3.5%。

全年全社会用电总量294.0亿千瓦时。其中，第一产业用电17.3亿千瓦时，占全部用电量5.9%；第二产业用电247.8亿千瓦时，占全部用电量84.3%，其中，工业用电246.0亿千瓦时；第三产业用电8.8亿千瓦时，占全部用电量3.0%；城乡居民用电20.2亿千瓦时，占全部用电量6.9%。

安全生产：全年安全生产事故死亡226人，下降3.0%。其中，道路交通事故造成216人死亡，469人受伤，直接经济损失188.3万元。煤矿、危险化学品、道路交通、消防等行业未发生一次死亡10人以上的事故。全年未发生较大及以上食品安全事故。

（运城市统计局）

2012年山西省党组织情况

截至2012年底，山西省共产党员总数233.3万名，比上年度增加4.73万名。党员队伍建设不断加强，党员队伍结构更趋合理，全省党员队伍充满生机与活力，有力推进了我省转型跨越发展、综改试验区建设。

党员队伍结构逐步优化。截至2012年底，妇女党员48.4万名，占总数的20.8%，比上年增加0.4个百分点；大专以上文化程度党员82.8万名，占总数的35.5%，比上年增加1.3个百分点；35岁以下青年党员52.4万名，占总数的22.5%，比上年增长0.4个百分点。

党员构成分布更趋合理。截至2012年底，我省农牧渔民党员77.5万名，占总数的33.2%；企事业单位管理人员、专业技术人员和工人党员78.6万名，占总数的33.7%；党政机关党员21.2万名，占总数的9.1%；学生党员3.7万名，占总数的1.6%；离退休党员40.4万名，占总数的17.3%；其他党员11.4万名，占总数的4.9%。

党员队伍建设稳步推进。各级党组织深入贯彻党的十八大、省第十次党代会精神，不断创新党员的教育和管理。充分发挥现代远程教育网、三晋红e网、山西干部在线学院等网络平台，对党员特别是广大流动党员开展网络教育。从抓基层组织体系、场所阵地、工作制度等方面入手，加大基层党组织建设，为党员创先争优创造良好条件。加强非公经济党组织的党建工作，激发各行业、领域、群体中党外群众的入党热情。

2012年，全省申请入党人数达90.6万人，其中被党组织确定为入党积极分子的33.2万名，列为发展对象的9.97万名。

（中共山西省委组织部）

山西省机构编制委员会办公室

启动省市县三级机构编制核查工作

召开省编办机关干部大会

举办建设学习型党组织专题讲座

2012 年，山西省编办围绕深化行政管理体制改革、分类推进事业单位改革、进一步加强机构编制管理等中心工作，不断加强机关党的建设，努力提高全体党员思想道德水平和科学文化素质，机关党的建设成效显著。

一、宣传贯彻十八大精神，坚定理想信念。深入开展“喜迎十八大、岗位做奉献”系列活动，以实际行动迎接十八大胜利召开。在省直部门中率先举办了学习贯彻党的十八大精神培训班，省市县三级机构编制部门负责同志参加，进一步深化了对十八大精神及推进行政管理体制改革的认识。邀请专家教授就《保密法》、综改试验区建设等内容举办专题讲座 8 次，提升干部理论素养。

二、全面加强干部队伍建设，改进工作作风。近年来，省编办注重推进干部人事制度改革，下半年通过精心制定《方案》、严格选任程序、引入竞争机制和票决制、创新民主推荐办法等一系列措施，分 5 个批次对 23 名处级干部进行了调整交流和补充选拔，匡正了选人用人风气，优化了干部队伍结构，激发了干事创业热情，促进了机关工作作风的转变。

三、加强党风廉政建设，打造服务型机关。认真落实党风廉政建设责任制，加强对领导班子、领导干部特别是领导班子主要负责人的监督。利用警示录像、讲授党课等有效的教育形式，加强了对《廉政准则》的学习贯彻。开展整治“吃拿卡要”活动，全体干部职工进行了公开承诺，并向服务对象征求意见，定期召开整治“吃拿卡要”问题创优发展环境分析评议会，根据存在问题及时研究整改措施。通过扎实的机关党建工作，促进了机关作风和工作实绩的双提升。

省编办主任刘传旺听取村民对包村增收工作的意见建议

省编办全体党员在徐向前元帅纪念馆重温入党誓词

举办“党在我心中”主题演讲比赛

山西省高级人民法院

省委书记袁纯清在省法院与当事人亲切交谈

省长李小鹏在省法院调研

省委常委、政法委书记王建明与先进工作者合影

省高级人民法院担负着全省重特大刑事、民事、行政诉讼案件的审理和指导监督全省各级人民法院依法审理各类诉讼案件的任务，并通过审判活动惩办一切犯罪分子，解决民事纠纷，维护社会主义法制和社会秩序，保卫社会主义的全民所有的财产、劳动群众集体所有的财产，保护公民私人所有的合法财产，保护公民的人生权利、民主权利和其他权利，为全省各项事业的顺利进行提供可靠的司法保障。

省法院党组坚持抓党建、带队建、促审判的工作思路，始终把机关党建工作作为转作风、正形象、增素质、促工作的重要抓手，党组书记、院长左世忠带头讲党课，着力加强党的思想、组织、作风建设、党风廉政建设和精神文明建设，院机关连续四年被评为省直文明和谐标兵单位，在省委组织的年度综合考核中连续三年考为优秀，连续两年被省直工委和省政法委评为先进机关党委，刑一庭党支部曾被中组部评为全国优秀基层党组织。

一、以深化学习贯彻党的十八大精神为重点，强化理论武装

我们坚持以改造主观世界为先导，以创建学习型机关、学习型党组织、学习型部门、学习型领导班子为目标，完善学习制度，制定学习计划，明确学习内容，突出学习重点，丰富学习载体，注重学习效果。认真开展以践行《党章》和社会主义核心价值体系为主线、以理想信念为核心、以荣辱观为重点、以正反典型为代表、以弘扬廉政文化为内容等"五个系列教育"，在院机关办公楼、徐向前故居、太原第一监狱分别建立了"党员廉政教育基地"、"革命传统教育基地"、"廉政警示教育基地"。并注重通过专题讲座、主题演讲、心得交流、征文比赛、读书笔记展评等增强学习效果。

坚持和完善了中心组学习制度、周二、五下午理论学习日制度、学习计划制度、读书笔记制度、心得体会制度、学习考核制度、述职述学制度、督促检查制度等，加强学习管理，使理论学习的每个环节都有章可循，把学习的"软指标"变成"硬任务"，避免了随意性。

注重突出学习重点：突出党的十八大精神和习近平总书记一系列重要讲话精神的学习，始终保持政治上的坚定、思想上的清醒、方向上的正确、行动上的自觉；突出学习实践党章。使广大党员自觉增强党章意识、党员意识；突出科学发展观、社会主义核心价值体系等中国特色社会主义政治的学习，党员的政治理论素养普遍提高，辨别是非的能力普遍增强，思想道德境界普遍提升，理想信念更加坚定，世界观、人生观、价值

院长左世忠在人代会作报告

接见全国先进法官代表

观和权力观、地位观、利益观更加端正；突出对廉政纪律和各种管理制度的学习。提高纪律意识和廉洁意识，做到全面熟悉规章制度，自觉遵守规章制度，做遵章守纪的模范。

二、以"五好"、"五带头"为目标，发挥党支部的战斗堡垒作用和党员的先锋模范作用

每年对党支部的工作有部署、有检查、有考核、有讲评，按照"领导班子好、党员队伍好、工作机制好、工作业绩好、群众反映好"等"五好"标准，加强支部建设，党支部的核心领导作用不断增强；注重发挥党员的先锋模范作用，认真开展"带头学习提高、带头争创佳绩、带头服务群众、带头遵守纪律、带头弘扬正气"等"五带头"活动，通过抓党建、带队伍、促审判，党员干警的创先争优意识不断增强，在建党92周年之际，54名优秀共产党员、15名优秀党务工作者、5个先进基层党组织受到隆重表彰。

三、以落实"八项规定"为抓手，加强机关作风建设

为落实中央"八项规定"和省委"实施办法"，及时出台了"关于进一步改进司法作风的十项措施"，就全面落实便民诉讼措施、自觉接受各方监督、切实加强民意沟通、精简控制会议活动、深入开展调查研究、全力恭行真抓实干、切实厉行勤俭节约、严格执行各项规定、全面规范检查评比等做出规定，并对院机关的"财务管理制度"、"车辆管理制度"、"接待管理制度"等相关制度进行了修订，真正把思想和行动统一到中央和省委的决策部署上来。

四、以开展多种活动为载体，增强机关党建工作的活力

2013年以来，以服务大局，服务审判，服务干警为目的，积极开展内容丰富、形式多样、健康有益的活动，提升法官形象，提高法官素养，丰富法官生活，增强机关党建工作的活力。成功举办了院机关庆祝建党92周年"颂歌献给党庆七·一文艺汇演"、院机关"春季运动会"、"喜庆十八大，践行核心价值观"主题演讲比赛等，并充分发挥院机关主导和工会、青年团、妇工委联系和服务群众的优势，开展"迎三八联欢会"、"青春绽放 精彩2013"新春联欢会、"学雷锋送温暖"、"结对帮扶 爱心传递"等活动，丰富机关文化生活，受到广大干警的一致好评。

五、从健全制度机制入手，强化对公权力的监督制约

着眼对公权力的监督制约，逐步健全完善了近40项廉政建设制度，并在业务庭派驻了廉政监察员、在社会聘请了廉政监督员强化内外监督，实行了"五卡"制度，加强了立案、审判、执行和案前、案中、案后全过程监督；推行了岗位廉政自我教育和承诺，有效增强了自律意识；对重点岗位、关键部位的权力点、风险点进行了"权力搜索"，梳理出了不同部门不同岗位的权力点、风险点，有针对性地制定了防控措施，有效预防违法违纪案件的发生。

验试基层法院方便为民数字化系统

在奥克兰高等法院进行司法交流

慰问贫困老人

召开党的群众路线教育实践活动专题报告会

山西省信访局

省委书记袁纯清接访

省委副秘书长、省信访局局长李体柱给时任省委常委、秘书长杜善学汇报工作

召开全国“两会”期间信访工作会议

2012年是全省信访工作在砥砺中奋进、在继承中创新、在开拓中提升的一年，也是全省信访战线任务特别艰巨、工作特别辛苦、成效特别明显的一年。在省委、省政府的坚强领导下，紧紧围绕为十八大营造和谐稳定社会环境这条主线，着力下好先手棋，全力打好主动仗，全省信访形势平稳向好，维护了转型跨越发展大局，发挥了“首都护城河”作用。在第七次全国信访工作会议上，2个先进集体和12名优秀个人受到表彰。

一是通过健全书记点评信访工作机制，压实各级各部门信访工作责任。各级接待场所每天都有1名领导干部坐班接访、重大活动期间实行“无假日”接访，带动各级各部门高度重视信访工作，采取有力措施解决群众诉求。二是通过健全联席会议机制，形成攻坚化解信访疑难事项的合力。实行地方党委政府和省直部门主要领导“双交办、双包案”，定期不定期多次召开召开积案化解推进会、疑难信访案件会商会等措施，推动5079件信访积案得以化解。三是通过健全督查督办机制，加快推进信访突出问题的解决。出台《信访工作责任追究办法》，坚持全年常态化督导，特别是在十八大期间，陪同中央信访工作督导组深入市县乡村及省直部门企业开展专项督导，推进各级各部门切实加强信访工作。四是通过开展矛盾纠纷排查化解活动，确保把隐患消除在萌芽。在十八大召开前夕，排查出重点信访人4761人，逐一明确责任主体，落实了“四包一”措施，为十八大期间督促各

省委副秘书长、省信访局局长李体柱在沁县魏家坡村走访调研

在基层农村调研信访工作

责任单位找回重点人员87人奠定了基础。五是通过深入开展“预演彩排”活动，夯实十八大信访工作基础。把全国“两会”信访工作作为十八大的预演，实行信访信息日统计、周分析、旬讲评、月通报制度，一方面为省、市、县各级掌握信访动态、采取有针对性工作举措提供了决策依据，另一方面为健全分析研判机制、考核考评机制，确保重点时期关键节点信访形势平稳可控积累了经验。六是通过开展十八大期间信访工作攻坚活动，完成首都护城河使命。对可能进京滋事的重点人员，强化“四包一”措施，圆满完成了十八大期间信访工作任务，受到中央联席会议和省委省政府充分肯定。袁纯清书记作出了“巩固成绩，继续做好工作”重要批示。中央联席会议办公室和中国人民解放军总政治部分别发来感谢信，对我省十八大期间信访工作给予表扬。北京市委、市政府派出慰问团来晋，感谢我省十八大期间为首都稳定做出的贡献。七是通过开展创先争优活动，提升机关工作作风。扎实推进机关党的建设和内部管理，着力构建学习型、服务型、创新型机关，进一步机关面貌焕然一新，干部精神积极向上，工作氛围良好有序。

召开加强信访干部队伍建设座谈会

召开疑难信访问题化解推进会

开展喜迎十八大领导干部讲党课主题活动

省领导会见信访工作先进典型

召开信访积案化解推进会

山西省公安厅

省委书记袁纯清慰问公安交警

省委常委、政法委书记王建明调研“民生警务亲民公安”建设

2013年以来，省公安厅党委在省委、省政府和公安部的正确领导下，坚持以科学发展观为统领，深入学习贯彻党的十八大精神，进一步深化创先争优主题实践活动，弘扬党的光荣传统和优良作风，增强党组织的凝聚力和战斗力，大力推进全省公安机关党建工作和队伍建设，以“服务中心、建好队伍”为目标，以提高党的执政能力和先进性建设为着力点，大力加强和改进新形势下公安机关党的思想、组织、作风、制度建设，从而使整个公安队伍顺利地完成了维护社会稳定、推进改革开放、服务经济发展、促进和谐安定的各项重大任务。

省公安厅着力提升党建工作水平，积极营造齐心协力抓党建、促工作、带队伍的浓厚氛围，较好地发挥了党组织的战斗堡垒作用和党员的先锋模范作用，广泛开展了以“弘扬优良传统，忠诚，为民，奉献”为主题的系列活动和人民警察核心价值观教育实践活动，着力打造忠诚、为民、公正、廉洁的过硬队伍；围绕厅党委确立的“五个一”总体工作思路，不断引深创先争优活动，不断加强党员队伍建设。同时，按照中央和省委关于开展党的群众路线教育实践活动的安排部署，结合正在开展的民生警务亲民公安建设工作，省公安厅制定印发教育实践活动《实施方案》，领导带头，全体党员参与，深入开展党的群众路线教育实践活动。

开展党的群众路线教育实践活动以来，厅党委高度重视，精心组织，按照“照镜子、正衣冠、洗洗澡、治治病”的总要求，以为民务实清廉为主题，以反对“四风”为重点，以改作风、创满意、保平安为目标，立足“聚焦作风建设、解决突出问题”，坚持学习教育贯穿始终，征求意见广开言路，查摆问题找准穴位，对照检查触及灵魂，边查边改建章立制，各项工作稳步推进。

教育实践活动中，省公安厅先后5次召开会议分批次、分层次对活动中征集的问题进行责任分解，明确分管领导和牵头单位、配合单位，并制定整改任务书、列出时间表。针对群众反映强烈的“门难进、脸难看、事难办”等问题，在全省公安机关部署开展了“四项整治”活动和以“三转变三服务三提升”（“转变观念、转变作风、转变态度”，“送服务到企业、送服务到社区、送服务到农村”，“提升打防管控能力、提升服务质量和效率、提升公安机关形象”）为主要内容的民生警务、亲民公安警务实践活动，公安便民服务在线服务项目由185项增加到226项；为提高工作效率、改进工作作风、更好地服务基层，研究制定了服务基层十六条，开展了以“八推八解”为主要内容的“政工暖警”活动；针对“文件多、会议多、考核评比多”、“下基层不够深入，了解民警少，解决问题少”、“公车私用、办公用房超标”等问题发出了《进一步改进厅机关会风文风和调研工作的通知》，制定了《关于在厅机关开展违规用车专项清退活动的工作方案》，对厅机关办公用房按照规定标准进行了集中清理；针对基层民警反映的表报多、负担重等问题，将28种台帐压减为15种；针对人民群众反映的公安机关民警执法不公不严，服务态度不够好等问题研究制定了服务民生十六条。

全省公安机关和广大民警将继续深入开展群众路线教育实践活动，以抓铁有痕、踏石留印的精神抓好各项工作的落实，为我省转型跨越发展、构建和谐稳定社会做出更大的贡献。

厅长刘杰到基层调研

组织青年民警重温入党誓词，开展革命传统教育

组织青年民警赴昔阳大寨开展革命传统教育

组织开展庆“七一”暨创先争优表彰活动

召开党的群众路线教育实践活动动员部署大会

召开纪念建党92周年专题党课暨创先争优表彰大会

山西省质量技术监督局

局长常高才在全国质检系统工作会上介绍经验

2012年，在山西省委省政府的正确领导下，省质监局党组紧紧围绕服务转型跨越发展的战略部署，以"抓质量、保安全、促发展、强基础"为主线，凝心聚力，真抓实干，党建工作取得了明显成效。

抓学习提高素质。围绕建设学习型机关，不断加强干部职工的政治理论学习，使全系统干部职工始终做到政治上坚定、思想上统一，共组织开展党组（中心组）和机关干部集中学习13次，专家辅导、理论宣讲和专题培训11次。特别是党的十八大闭幕当天，省局就学习宣传贯彻党的十八大精神作出了安排部署，下发了具体方案，在全系统迅速兴起了学习宣传贯彻十八大精神的新高潮。同时，加大业务培训力度，举办2期食品安全培训班，近200人参训；开展食品检验、衡器操作等专业技能培训近1000余人次；对新录用的93名公务员进行了业务培训；举办"质监大讲堂"5期；完成530余人次脱产培训。

局长常高才陪同张建欣副省长在企业调研特种设备安全

转作风推动落实。不断加大调查研究和督查督导力度，省局领导班子成员深入基层调研、督导检查时间均达到60天以上。特别是围绕保障"两节"和"十八大"期间的食品和特种设备安全工作，全系统监管人员取消节假日和双休日，实行领导包片负责制，省局领导班子成员带队分赴全省各地监管一线督导检查，基层监管人员实行重点部位现场值守。中央政治局出台关于改进工作作风、密切联系群众的"八项规定"后，省局党组对改进作风问题进行专题研究，制定了《进一步改进作风严肃纪律提高效率狠抓落实的25条要求》。

省质监局领导班子成员

重民主科学决策。深入开展保持党的纯洁性学习教育活动，围绕"为民、务实、清廉"召开了党组专题民主生活会。认真贯彻落实民主集中制原则，坚持党组会、局务会、局长办公会制度，对"三重一大"事项和其他需协调解决的重要问题，严格按照"集体领导、民主集中、个别酝酿、会议决定"的原则进行决策，确保了决策的科学性、民主化。坚持周例会制度，及时开展有关学习和工作部署，保证了机关思想统一和工作步调一致。

强党建创先争优。召开了全系统庆祝建党91周年暨创先争优表彰大会，评选表彰41个先进基层党组织、56名优秀党务工作者和270名优秀共产党员。不断引深"创先争优"活动和"三晋先锋在行动"主题实践活动，以"三亮三比三评"和"承诺

省质监局邀请全国著名劳动模范申纪兰讲特殊党课

省质监局党组中心组(扩大)学习党的十八大报告

组织机关干部参观学习

省局领导下乡驻村调研

践诺”为载体，充分发挥先进典型的示范带动作用。扎实推进基层党组织分类定级工作，全面规范管理，实现晋位升级。举办了学雷锋道德模范事迹报告会，积极组织党员干部送温暖、送帮助、进社区、进企业，开展联企帮困和“博爱一日捐”，慰问建山机械厂8户特困职工家庭，向省慈善总会、省红十字总会捐款36160元。广泛开展“喜迎十八大、岗位做奉献”活动和“创优软环境、喜迎十八大”主题演讲、党建理论骨干宣讲、党员领导干部讲党课比赛。大力开展文明和谐单位创建活动，省局“全面提高机关干部素质、扎实推进精神文明建设”的经验在省直机关精神文明建设经验交流会上受到好评。深入推进包村增收工作，省局帮扶工作队工作努力，为当地争取了180万元沟坝地治理资金，帮扶“一村一品”红葱种植初见成效。

副局长张岐云在基层调研

全省质监系统农资打假暨“质监利剑行动”启动仪式

纪检组长田永明深入侯马经济技术开发区进行调研

举办学习贯彻党的十八大精神专题辅导讲座

召开省质监局学雷锋道德模范事迹报告会

山西省体育局

省委书记袁纯清等省领导接见奥运会受表彰人员

省委书记袁纯清在中阳县宁乡镇阳坡塔新村考察农民体育健身工程

国家体育总局局长刘鹏调研山西农民健身工程

2012年全省体育工作以科学发展观为统领，团结一致，攻坚克难，转变作风，取得进步。

一、解放思想，改革创新，全面提高党建科学化水平

不断强化理论学习，努力建设学习型党组织，全年安排中心组学习6次13天。深入开展保持党的纯洁性主题教育活动。深化人事制度改革，努力建设高素质干部队伍。夯实党的组织基础，努力抓好党员队伍建设。积极推进依法行政，努力维护群众体育权益。加强精神文明创建，局机关连续8年获省直文明和谐单位标兵称号，10个直属单位获得省直文明和谐单位称号。组织6批处级以上干部参加大宁县太德乡乌落村下乡住村活动。全面加强体育特色反腐倡廉建设，编印《山西省体育局廉政风险防控管理工作手册》，制定《山西省体育局贯彻执行"三重一大"制度暂行规定》《山西省体育局党组关于干部任免票决制的实施办法》，修订《山西省体育局工作规则》《山西省体育局国有资产出租出借管理意见》《山西省省级体育类社会团体财务管理办法》《山西省省级体育类社会团体内部审计办法》。

二、强化公共体育服务，竞技体育竞争实力增强，体育产业和体育场馆设施建设基础不断巩固

全省28200个行政村农民体育健身工程"全覆

伦敦奥运会摔跤资格赛在山西举行

全民健身日山西社会体育指导员技能展示

盖”，被评为2012年国内十大体育新闻之一；国家体育总局联合山西省人民政府在北京召开新闻发布会进行宣传推广。全省11个市全部设立体育总会。培训等级社会体育指导员近1万名，全省注册总数近4万名。11个市119个县（市、区）全部制定《全民健身实施计划》。

伦敦奥运创造优异成绩，取得1金1银1铜和1个第五名，实现山西28年奥运征战史上单项金牌“零”突破，创造奥运参赛历史最好成绩。年度比赛获得金牌18枚、银牌26枚、铜牌28枚。举办2012年奥运会摔跤项目资格赛、蹦床世界杯赛、太原国际马拉松赛等国际国内重大赛事。组建产业集团积极推进，体育市场监管更加规范，体育彩票销售10.16亿元，航空体育服务不断拓展。山西体育中心全面竣工并交付使用，承办多项大型国际体育赛事和大型文体活动。

伦敦奥运会摔跤资格赛比赛

世界蹦床太原站比赛

万人同下一盘棋山西分会场

伦敦奥运会方玉婷摘得银牌

伦敦奥运会王智伟夺得铜牌

山西省监狱管理局

省委常委、政法委书记王建明观摩太原一监大规模反罪犯脱逃联合演练

副省长任润厚赴西峪煤矿检查安全生产工作

省监狱管理局是对全省监狱单位实行直接领导和全面管理的职能部门。在省委省政府的正确领导和大力支持下，始终坚持党对监狱工作的绝对领导，认真贯彻落实“惩罚与改造相结合，以改造人为宗旨”的监狱工作方针，克服了监管压力不断增大、安全风险不断增多的不利条件，实现了监狱工作持续安全稳定，罪犯改造质量明显提高，成功地将大批罪犯改造成为守法公民，为我省经济社会发展提供了有力保障。

进入新的发展时期，以句轶旺同志为局长的新一届局党委，将思想和行动统一到党的十八大精神和省委省政府的决策部署上来，主动将监狱工作置于全省转型跨越发展的大局中去谋划，以“平安监狱”建设为抓手，确保安全稳定，服务“平安山西”建设，全省监狱工作取得了新的成绩。全省监狱系统连续七年实现无押犯脱逃、无重大狱内案件、无较大安全生产事故、无重大疫情的目标，取得了党的十八大安保等重大胜利；同时，罪犯改造质量进一步提高，监狱体制改革和监狱经济结构调整进一步深化，领导班子和民警队伍建设进一步加强，监狱布局调整和信息化建设协调推进，监狱执法环境进一步优化，为促进社会和谐，维护社会稳定做

副省长张建欣(前排左二)、组织部副部长陈跃钢(前排右二)和司法厅厅长王水成(左一)到监狱局检查指导工作

崔国红厅长到太原一监检查安全工作

句轶旺局长深入基层视察监狱建设

李效民政委在基层调研

出了应有的贡献。2011 年 12 月，省监狱局机关成功迈入“全国文明单位”行列。在局机关创建工作的引领下，一所监狱被评为国家级文明单位；三所监狱跨入部级现代化文明监狱行列。

监狱人民警察岗位练兵

太原一监监区一角

山西省戒毒管理局

崔国红厅长在戒毒所调研

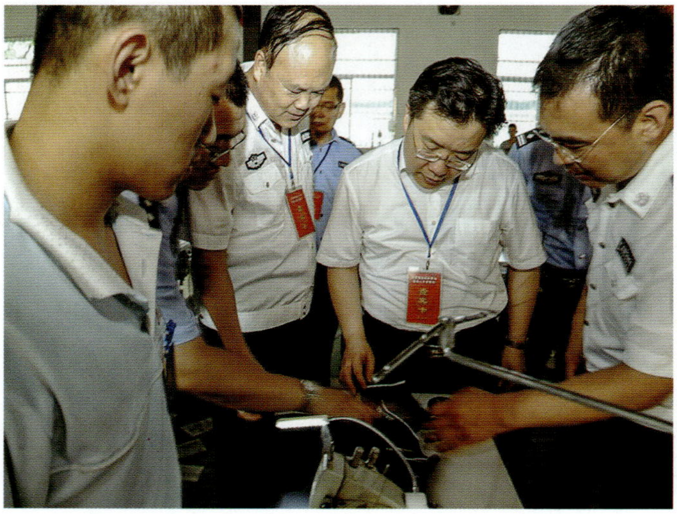

崔国红厅长和王伟局长在未教所调研

2012 年，全省戒毒系统在司法部、省委、省政府和省司法厅的正确领导下，坚持“稳定、规范、文明、创新、质量、效益”的十二字工作方针和“强基础、促规范、抓落实”的工作主线，以领导班子建设为龙头，以基层党组织建设为载体，以队伍建设为基础，凝心聚力，奋勇拼搏，圆满完成了全年各项工作任务，为维护全省社会和谐，促进转型跨越发展做出了积极贡献。

一、加强领导班子建设，不断提升班子的凝聚力和战斗力

一是坚持中心组学习不动摇。结合形势任务和工作需要，每月确定 3–5 个具体学习内容，并编印成册，下发副处以上干部，采取领导领题辅导、中层专题发言的方法组织集中学习。重点学习了十八大、全国、全省政法工作会议精神、政法干警核心价值观、党的纯洁性等内容，有效提高了领导干部的政策理论水平。

二是不断完善管理考核办法。制定出台《进一步加强全系统领导班子建设的意见》，共 5 个方面 25 条意见。对领导干部在理论学习、带头调查研究、坚持民主集中制、任职交流、值班巡查、廉政建设等方面提出了明确要求。推行“双管教”管理体制，并对市所领导班子的 12 名同志进行了调整交流，优化配强了所级领导班子。

三是狠抓党风廉政建设。坚持反腐倡廉宣传教育，落实党风廉政建设从局到所、基层大队三级责任制，认真执行党政领导干部廉洁自律规定，通过深化政务、所务、党务公开，加强审计监督，建立党委约谈制度，开设门户网站局长信箱等措施，有效地遏制了违法违纪行为的发生。

二、加强基层党组织建设，充分发挥基层党组织的战斗堡垒作用和党员干部的先锋模范作用

一是积极开展标准化党支部创建工作。下发了《关于

重温入党誓词

八一军警共建

进一步加强全系统基层党组织建设的意见》和《全系统基层党组织分类定级参考标准》。优化基层党组织设置，完善党支部、党员标准化管理体系，提高党建工作的规范化水平。将党支部建到了大队，全系统97个基层党支部全部配齐了党支部书记和支部委员，有效强化了基层一线党的领导。

二是深化创先争优活动。将创先争优活动与中心任务、日常工作和本职岗位紧密结合，全面推行党员亮身份，佩戴党徽上岗活动，设立党员先锋岗27个、示范岗56个，签订党员承诺书1750余份，把创先争优融入岗位职责，成为岗位行动，不断增强党组织的凝聚力和战斗力。

三是广泛开展立功创模活动。选拔6名先进模范，深入全系统13个所进行巡回宣讲，用身边人和身边事，教育了干部群众。同时，对全系统20个先进基层党组织、50名优秀共产党员和20名优秀党务工作者进行了表彰。全年共有31个集体，74名个人受到地市以上表彰。其中，3个集体，7名个人荣立二等功。

三、加强队伍综合素质建设，不断提升队伍的革命化、专业化和正规化水平

一是大力开展思想政治教育。深入开展政法干警核心价值观和保持党的纯洁性教育实践活动。通过赴烈士陵园扫墓吊唁，参观革命圣地，重温入党誓词，学雷锋，阅读红色经典书籍，组织先进人物宣讲，观看警示教育片等13项具体活动，强化了革命传统、理想信念、群众观点、公正执法和廉政警示教育引导。连续第9年开展纪律作风整顿活动，严明了纪律作风。扎实开展民警职工思想动态分析工作。通过每月召开通气会，节假日和敏感时段走访慰问，开展"四级谈心"活动，及时排查化解队伍中存在的矛盾和问题。

二是全面加强教育培训工作。先后选派处级领导干部85人次、中层干部216人次赴国家行政学院、北京大学、中山大学、中央司法警官学院、省委党校等高等学府进行培训，提高了干部的综合能力素质。同时，各业务部门分别组织了戒毒知识、心理矫治、信息网络、安全生产、财务管理等业务培训，累计培训420余人次。制定下发《全系统干部教育培训学分制管理暂行办法》，每季度对在线学习情况进行公示，提高了干部参学的自觉性和主动性。全系统1900余名干部人均完成86学时。

三是不断完善管理考核工作。强化基本功考核，在管教基层一线开展基本制度、基本程序、基本簿册、基本功底、基本模式、基本养成等"六个基本"考核，提升民警"八大基本功"，有效适应了形势任务的需要。举办了"山西省戒毒系统首届职工岗位技能大赛"，全系统85名职工分三个类别进行技能大赛，有效推动了职工学技能、提技能、用技能热潮的形成。严格落实纪委向管教大队派驻专职纪检员制度和学员入所、出所纪委谈话制度，认真落实"四防"工作联点督查制度，警务督察制度，及时纠正了民警在执法活动中存在的突出问题。开展挂职锻炼工作，选派局机关11名基层工作经验不到2年的新录用公务员赴各所一线大队挂职锻炼两年，选拔16名基层所同志赴省司法厅和局机关挂职锻炼两年，通过大规模的上挂和下挂，增强了干部的综合素质。

缅怀革命先烈

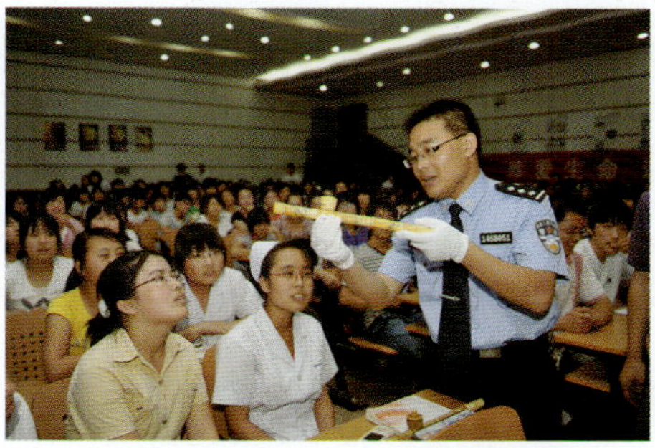

禁毒宣传到学校

禁毒宣传到街头

管理规范的车队

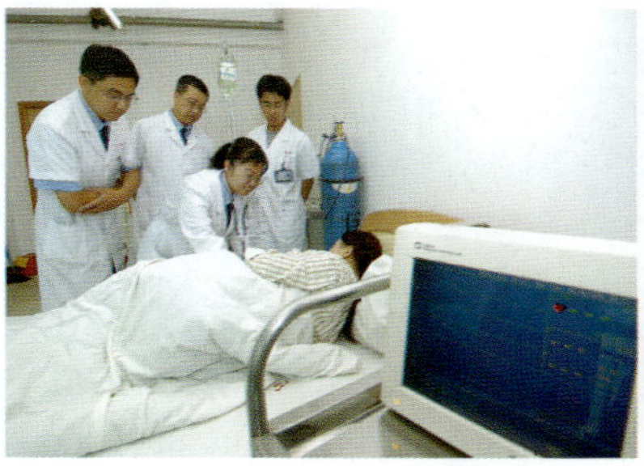

专业的医疗队伍

一队一特色的场所文化

岗位练兵女子方队

山西省总工会

省委书记袁纯清为山西省五一表彰大会获奖者颁奖

省人大副主任、省总工会主席田喜荣在2013年金秋助学仪式上颁发助学金

山西省总工会是山西省委和中华全国总工会领导下的山西省工人阶级群众组织，是山西省各地方工会组织和产业工会地方组织的领导机关。自1937年山西省工会第一次代表大会至今，共召开十二次工会代表大会。目前，全省共有11个市总工会、119个县(市、区)总工会、15个产业工会(工委)。到2013年9月，全省工会组织达到5.91万个，会员771万人。2010年、2011年、2012年省总工会三次被省委、省政府评为目标考核优秀单位。

2013年，在省委和全总正确领导下，山西省总工会全面贯彻落实党的十八大精神和省"两会"会议、中国工会十六大精神，以继承、完善、创新、提高为总体要求，解放思想、攻坚克难，认真践行党的群众路线，努力做好新时期工会工作，团结带领广大职工在推动转型跨越、实现中国梦的伟大进程中充分发挥了主力军作用。

——为实现中国梦凝聚广大职工的正能量。开展全省工会干部工会知识大竞赛活动，统一思想，凝聚共识，提升素质，确保工会工作始终坚持正确政治方向。在职工中广泛开展"凝心聚力跟党走、建功立业绘蓝图"主题教育活动、"中国梦·劳动美"主题宣传活动，评选"榜样山西·最美劳动者"，推动中国梦思想进基层、进企业。

——党的群众路线教育实践活动深入扎实。省总机关在反

出席中国工会十六大的山西代表意气风发地走出人民大会堂

对“四风”上立说立行、立查立改，各类会议同比减少 6 个，简报减少 38 个，办公经费预算压缩了 10%。建立厉行勤俭节约、反对铺张浪费长效机制，勤俭办会、服务基层，经费支出同比减少 21%，受到省委督导组肯定并作了经验介绍。

——围绕全省大局建功立业。山西国家资源型经济转型综合配套改革试验区建设劳动竞赛列入了全国示范性劳动竞赛。在全省评出 149 项职工优秀技术创新成果和 113 名技术带头人。开展“劳模精神在一线，转型跨越勇争先”的主题宣传月活动。同时，将全省五一表彰名额从近 1000 个压缩为 292 个，增强了五一表彰的权威性、品牌性和向心力、号召力。

——积极维护职工合法权益。全省共签订工资专项集体合同 34171 份，覆盖企业 79753 个，覆盖职工 4785195 人。职工 200 人以上企业建立劳动争议调解组织数达到 26660 个，增长 17.8%。全国工会参与社会管理暨职工法律援助维权服务工作推进会、全国工会企业民主管理工作推进会均在我省召开，推广了山西工作经验。

——大力帮扶困难职工。“送温暖”活动筹资 1.2 亿元，慰问困难企业 3514 家、困难职工 27.22 万人。与有关部门联合开展农民工工资支付情况专项检查，为农民工讨薪 1.7 亿元。开展了阳光就业行动、金秋助学、职工大病医疗互助等活动。

——切实加强自身建设。开展“调查研究年”活动，市县总工会副职以上、省总工会副处以上领导干部、省总工会委员人人动手撰写调研报告。以“工会组建月”为抓手，新建工会 1215 个，发展会员 61039 名。开展“选对手、找差距、争先进”对标争优创建星级工会活动，推广山西医科大学、榆次社区工会等经验，进一步深化“双亮双争双评”活动，落实会员“四权”。

省人大副主任、省总工会主席田喜荣与代表讨论

全省第二届工艺美术陶瓷职业技能大赛决赛举行

省人大副主任、省总工会主席田喜荣在岢岚县下乡调研

“中国梦·劳动美”全国劳模先进事迹报告会现场

党员领导干部在右玉县开展群众路线教育实践活动

大同煤矿集团有限责任公司

省委书记袁纯清在中国太原国际煤炭工业博览会同煤集团展区参观

省委书记袁纯清在同煤集团恒安新区调研

大同煤矿集团有限责任公司是省属特大型综合能源集团，秉承“以煤为基，多元发展”的绿色发展道路。2012 年是同煤集团“建设新同煤，打造新生活”战略体系的全面实施年，更是集团上下齐力奋进、攻坚克难，转型跨越发展取得显著成果的一年。一年来，集团公司各级党委充分发挥政治引领作用，谋全局、把方向、出思路、强保障，紧扣“两新”战略，在创先争优上谋思路，在提升企业软实力上求突破，在促进企业科学发展上下功夫，在转变干部作风上出实招，努力把党的政治优势转化为企业的竞争优势、发展优势，为企业转型跨越发展提供了有力保障，企业知名度和社会影响力大幅提升，进入了良性发展的快车道。总结一年来的党建工作，主要有以下几个特点：

一、政治优势在统领发展中充分发挥

同煤集团各级党委把深入学习宣传贯彻落实党的十八大精神作为首要政治任务，层层召开动员大会，把思想和行动统一到中央的重大决策部署上来。集团班子成员分期分批参加了省委党校专题培训班；各级党委中心组列出专题学习研讨；各级党组织举办培训班系统辅导，组织理论骨干巡回宣讲；广大党员干部深入学习、深刻领会、全面贯彻，用科学的理论武装头脑，完善思路，指导实践，推动工作。学习宣传贯彻十八大精神的典型经验受到了中办、国办联合督查组的肯定和好评。

各级党委以学习宣传贯彻“两新”战略愿景为抓手，把方方面面的智慧力量凝聚到实现既定的各项任务和目标上来。5 月 15 日，集团公司召开了“两新”战略体系推进会，董事长、党委书记张有喜围绕“两新”战略体系提出的背景、重要意义及如何深入推进等作了深刻的讲解。一年来，通过高层论坛、专家解读授课、基层党委书记分片座谈会、理论骨干下基层巡回宣讲等方式，“两新”战略体系在认识上不断深化，内涵上不断拓展，实践上不断创新，从集团公司层面到基层员工群众，从企业发展到惠及民生，“两新”愿景在同煤这片沃土上落地生根。各级组织和广大党员干部带领 80 万员工群众，心往一处想，劲往一处使，超前谋划、主动作为，成功驾驭了经济下行、煤炭市场下滑的复杂局面，八项指标再创历史新高，兑

省长李小鹏在同煤集团同德铝业项目现场调研

现了向员工群众的承诺，圆满完成了职代会确立的各项目标任务，党的政治优势在引领企业发展中得到充分发挥，大集团行业地位和影响力巩固提升。

二、组织建设在服务发展中得到加强

深入开展了纯洁性学习教育和基层组织建设年活动，实施了“基层党组织对标升级工程”，创建了党员突击队、党员安全标准岗、党员攻关项目、党员品牌工程和星级党员服务站五大类50个特色争创项目，签订“一助一”结对帮扶承诺书15000多份，“百、千、万”争创目标全面完成。全面实施“领头雁”工程，300名党支部书记接受了专门培训。认真落实党建工作责任制，在104个党委中开展了“联述联评联考”工作。开展了“责任·价值”党员风采访谈，录制专题访谈宣传片，通过宣传典型、学习先进，进一步强化了党员干部的宗旨意识。《创先争优在同煤》入围全国党员教育培训优秀教材，轩岗煤电公司、四台矿党委被命名为全国创先争优先进基层党组织。全省监管企业创先争优活动经验交流会在同煤集团召开，争创活动在全省、全国打响了品牌。

“两新”战略体系推进会

坚持党管干部、党管人才。向子公司派驻总法律顾问、总会计师，为主要生产矿选优配齐“六大员”。稳步推进“八个一批”选人用人工程和“五个一批”大培训工程，200名正处级领导干部在中国浦东干部学院学习，38名优秀青年干部在省委党校、中央党校、清华大学进行培训，扎实提高各级干部

同煤集团塔山循环经济园区

战略思维能力、领导发展能力和驾驭复杂局面的应对能力。首次评选首席专家、首席工程师、首席技师和优秀大学生，开展了第七届优秀人才评选表彰工作，197 名优秀人才和 3 名特殊贡献优秀人才受到表彰。申报了海外人才创业基地和外专项目，同煤集团人才工作经验在全省交流。

三、宣传思想工作在凝心聚力中有效提升

广泛开展同煤核心价值体系研讨活动，大力推进“岗位描述、手指口述”，集团公司《打造特色企业文化 实现转型跨越发展》和《构建特色企业文化 提升核心竞争力》被评为全国企业文化科研成果一等奖，并荣获全国企业文化建设优秀单位称号。

深入开展“百里煤海文明大创建”活动和“道德同煤·你我同行”道德建设“六个一”活动（即“一讲堂”：建立道德讲堂；“一餐桌”：开展文明餐桌活动；“一行动”：引深“青年感恩大行动”；“一阵地”：开辟道德建设宣传阵地；“一展览”：开展“道德文化”展览；“一评议”：开展“季度点评、年度考核”活动）。集团公司再获“中华慈善奖”，2 人入选山西省第四届道德模范和提名奖，3 人入选“中国好人”，11 人入选“百名感动中国的矿工”。

深入开展“走、转、改”活动，电视台改版、报社扩编、网站扩容，不断提升文化品位和社会影响力。深入生产一线，走进百姓家庭，时事追踪，热点访谈，深刻反映建设新同煤的丰硕成果和打造新生活的生动实践。全年在人民日报等主流新闻媒体发稿 430 篇，同煤网站总访问量突破千万次，大集团的知名度更加广泛。

四、党风廉政在监督保障中持续深化

深入推进党风廉政建设和反腐倡廉惩防体系建设，集中开展了“千名干部进课堂、千名干部读廉文、万名干部进基地、万名干部进考场”的“双千双万”系列教育活动，形成了强大的教育声势。深入推进党务公开工作，实现了党务公开内容系统化、公开形式多样化，公开范围全覆盖。完善效能监察制度，编制了廉洁风险防控流程图，强化源头治理和风险防控。围

省长李小鹏在同煤集团塔山煤矿调

同煤集团副董事长、总经理郭金刚在塔山矿调研

同煤集团董事长、党委书记张有喜在四老沟矿井下与员工交谈

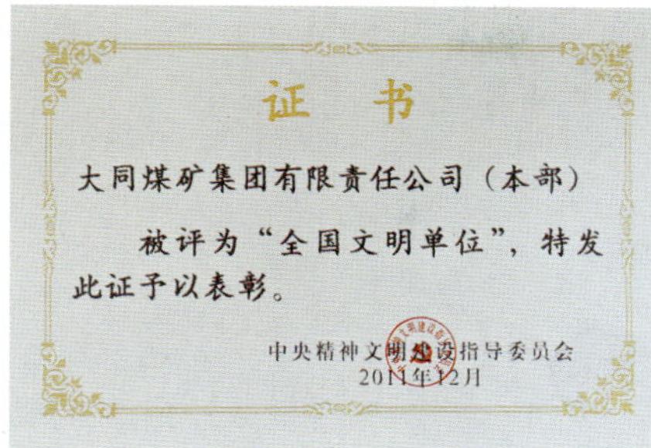

矿工在观看文艺表演

绕企业发展和民生热点，开展专项监督，在推动企业发展、服务员工群众上发挥了作用。按照中央“八项规定”，制定了集团公司“双十项规定”及实施办法，强力改进作风、会风、文风“三风”，推行“三个三分之一”工作法，压减会议、务实文风、“转作风、强素质、树形象”，工作效率和服务意识显著提高。

五、群团工作在共建共创中不断拓展

同煤集团不断加强党对工会、共青团、武装、老年等群众工作的领导，形成了“党委领导、行政支持、群团牵头、各方参与”的良好工作格局，各级群众组织围绕中心，服务发展，发挥了积极作用。各级工会充分发挥了参与、维护、建设、教育四项职能，强化企务公开和民主管理，广泛开展劳动竞赛，极大地调动了员工群众的积极性、主动性、创造性。集团公司工会荣获全国“五一”劳动奖状。各级共青团组织充分发挥先锋队作用，建功立业打造“青字号”品牌，持续帮扶青年就业创业，近万名团青参与了“青年感恩大行动”，百支“学联精神践行”青年志愿者服务队活跃在百里煤海，成为同煤青年弘扬新风的大平台，打造了富有时代特色的团建新品牌。此外，女工、老龄、文委、科协、统战等群众组织，发挥各自优势，创造性开展工作，为“两新”添砖加瓦，做出了积极贡献。

六、践行宗旨在惠及民生中更加坚定

惠及员工群众和老同志的“双十件”实事好事全部兑现。员工收入同比增长了 11.6%，持续开展了“党政工团大行动，环境治理献爱心”活动，打造了文化活动中心、煤海大道、“天眼”工程等一大批“亮化、美化、绿化”民心工程，员工群众生活质量持续改善。成立了帮扶中心，出资 914 万元对 2.5 万户困难员工进行帮扶，出资 183 万元对 126 名重特大病员工和 151 名考入大学的困难员工子女进行资助，关爱员工取得新成效。强化信访稳定，成立了维稳中心和舆情中心，畅通社情民意通道，加大社会治安综合治理，维护了一方平安，开创了和谐稳定发展的新局面。

阳煤集团

领导包片联点深入基层调研

签订责任状

表彰先进

召开民主生活会

2012 年，阳煤集团以科学发展观为引领，持之以恒地开展“创建四好班子、争做五好党员领导干部和创建红旗党支部、争做五好党员”（简称“双创双争”）活动，形成了具有阳煤特色的党建工作体系，党组织成为引领企业转型跨越发展的坚强核心。

一、突出“三项”建设，打造引领企业发展的坚强团队

1、把能力建设作为创建“四好”班子的主要途径。一是提升干部专业素质。制定出台了《阳煤集团干部素质提升工程方案》，与南开大学、中国矿大合作委培，举办煤矿主体专业学历提升班。二是完善培训教育机制。按照“缺什么、补什么”的原则，设立了采矿、机电、通风等七个专业学组，针对性地采取“请进来讲、走出去看、坐下来研”的方式，着力破解各个领域的突出问题，领导素质和管理水平得到同步提升。三是积极探索有利于干部能力提升的有效机制。强化干部的实践锻炼，严格干部提拔的年龄、学历、工作经历规定，组织矿处级干部公开选拔和交流，促进了机关与基层、本部与新区干部的轮岗锻炼，各级干部的阅历、能力得到显著提升。

2、把制度建设作为创建“四好”班子的根本保障。一是健全领导责任机制。提出并坚持了“统一领导，集体决策，分工负责，分级管理”的“十六字”领导和管理体制原则。二是健全工作规范机制。制定完善了民主推荐、后备培养、个别酝酿、组织考察、党委票决、任前公示、任职试用、任职交流回避等 10 多项管理制度，实现了干部管理的公开、公平、公正和透明。三是健全评价考核机制。在每年对基层领导班子及成员绩效完成情况进行考核通报的同时，坚持对三分之一的矿处级领导班子及成员进行民主评议，对群众信任度较低的班子进行调整、重组，对群众信任度较低的个人给予诫勉谈话和免职。四是健全奖励惩处机制。每年对 10—15 个四好班子、10%左右的矿处级领导干部进行表彰，同时建立了以安全、经营、稳定为核心的三大问责体系，强化了各级领导干部尽责履职意识。

3、把作风建设作为创建“四好”班子的重要标志。全面推行两级班子成员包片联点制，主要领导亲自带头，坚持每旬深入，每旬通报；严格落实干部带班下井、值班汇报和地面单位走动巡查制度，对矿处级领导干部下井实行计算机稽核管理，实现了对各级领导干部下井次数、时间和下井质量的计算机系统考核，并按照“271”原则进行打分排队，使各级干部形成了工作在一线指导、服务在一线体现、政策在一线落实、问题在一线解决、形象在一线树立的作风。

二、着力“三个”提升，筑牢保障企业发展的组织基础

1、夯实基础，活跃基层，提升党组织的凝聚力和战斗力。一是把加强党支部书记队伍建设作为基层组织建设的首要途径。明确了党支部书记任职

条件和标准，建立岗前培训和任职资格制度，集团公司党委和各基层党委每年举办新任党支部书记培训班，支部书记实现了100%持证上岗。二是把推行党支部议事制度作为基层组织建设的根本保障。对工资分配、人员调配、班组长选任等涉及职工切身利益的问题进行集体协商研究。三是把创建红旗党支部活动作为基层组织建设的重要载体。集团公司每年评定30个红旗党支部，基层党委开展五星级支部创建、品牌支部创建等活动，形成了层层创建和晋位升级的良好机制。

2、创新管理，完善机制，提升党建工作的规范化和科学化水平。一是建立党建工作新机制。编写了《阳煤集团组织工作流程汇编》，统一规范了领导班子民主生活会、换届选举、组织发展、民主评议、干部任免等一系列业务流程，保证了基层党建工作的规范性。二是建立党建工作新格局。积极顺应企业集群、产业集聚的发展趋势，组建了煤炭区域公司、化工、铝业、地产建筑等7个专业公司党委，实现了从"单个"向"集群"、由"分散"向"联合"、从"垂直管理"到"区域化管理"的党建格局的转变。三是实现党建工作全覆盖。下发了《加强新建和兼并整合煤矿党建工作的意见》等若干规定，建立了政治指导员制度，将其纳入党支部书记序列管理，新建和兼并整合企业基本形成了无党员抓发展、有党员抓组建、有组织抓规范、先规范再拓展的党建工作机制。

3、强化教育，典型引路，提升党员干部的精气神和感召力。一是党员教育培训有机制。形成了集团公司党委——党校——基层党委职校（党校、政校）——党支部党员之家的"四级"党员教育培训网络。二是党员组织发展有重点。连续三年落实发展党员两个70%（70%的发展计划在煤矿，煤矿70%的发展计划在井下生产队组），党员在企业安全生产中的作用明显增强。三是主题实践教育活动有特色。开展了党员安全立功竞赛、党员带徒学技术等富有煤矿特色的活动，共建立党员安全生产责任区396个、党员先锋岗539个。

三、推动"三个"发展，彰显深化双创双争的实际成效

1、坚持政治引领，推动企业转型发展。后半年以来，面对市场下行严重的严峻形势，各级党组织团结和带领全体干部职工，凝心聚力，拼搏奋进，积极落实各项反危机措施，保证了企业逆势增长。2012年，销售收入完成1803亿元，其中非煤收入占到77%，成功进入世界企业500强，在企业发展史上具有里程碑意义。

2、坚持党管安全，推动企业安全发展。坚持把安全作为党组织日常工作的首要任务："干部上讲台，培训到现场"工作制度化、常态化，成为提升队伍素质、密切干群关系的根本性措施。通过开展事故案例教育、推行手指口述、加大安全培训、完善问责体系等措施，增强了职工安全意识，提高了现场安全管理水平。

3、坚持以人为本，推动企业和谐发展。坚持企业发展惠及职工。在职工收入增加、子女就业、住房建设、环境改善、文化融合等各个方面取得了新成效，持续了企业和谐稳定发展的新局面。

井下现场指导安全生产

民主评议投票

深入群众慰问

群众送来感谢信

心连心文艺演出到基层

太重集团

省委组织部副部长张葆就太重群众路线教育实践活动开展情况进行调研

在党的群众路线教育实践活动中召开中心组学习会议

太重集团始建于 1950 年，是新中国自行设计、建造的第一座重型机器厂。在 60 多年的创业和发展过程中，累计创造了 360 多项中国和世界第一，被誉为“国民经济的开路先锋”和“共和国娇子”。面对新形势、迎接新挑战，太重集团坚持加强创新驱动，着力加快转型升级，不断打造“四个竞争优势”，重点发展冶金、矿山、轨道交通、工程机械、新能源、海洋装备等六大领域，全面推进企业实现转型跨越发展。

太重党委下设 10 个直属党组织(不含榆液党组)，共 16 个党委、21 个党总支、244 个党支部。现有在岗职工 14558 人，离退休人员 14820 人。党员总数 9287 名，在岗党员 5334 名，离退休党员 4493 名。近年来，太重党委充分发挥党的政治核心作用，围绕中心，服务大局，形成了“11235”的党建工作模式和“三个转化、一个融合”的目标体系，不断提升党建工作科学化水平，推动了企业中心工作的平稳发展。

2013 年，按照省委的统一安排部署，太重党委扎实开展党的群众路线教育实践活动。注重抓好学习教育，认真学习贯彻习近平总书记一系列重要讲话精神、省委和袁纯清书记关于开展教育实践活动的各项要求部署，确保思想基础打得牢；注重查摆问题

世界最大功率3000千瓦电牵引采煤机

国内首台ap1000环吊下线

聚焦，通过发放调查问卷和征求意见表、召开座谈会、个别谈话、开展民主测评、填写“三张表”、设置意见箱等各种方式征求意见建议，确保各方意见听得真；注重开展谈心交心，聚焦“四风”问题指出存在的不足，确保批评武器用得好；注重开展相互批评，召开了高质量的专题民主生活会，确保整风精神贯得实；注重进行边查边改，建立10项长效机制，确定了6项限期整改措施，已经解决了前进路道路拥堵等5个突出问题，梳理规章制度做好建章立制工作，确保整改措施定得准，努力使整改落实、建章立制见到实效，使活动成果切实落地。太重党委坚持边查边改、立说立行、立行立改，取消了记者招待会、劳模招待会、报喜大会、元旦环厂赛等形式大于内容的传统活动，从根本上遏制了形式主义的土壤；制定了领导干部深入基层进行“四必知、三必访、三必帮”，从根本上改革了官僚主义的陋习；提出了严禁聚餐聚会和相互吃请等，从根本上遏制了享乐主义和奢靡之风的漫延。

由太重集团为中化二建集团生产的、拥有全球最大起重能力的6400吨液压复式起重机

投产的125MN快速锻造液压机

以开展党的群众路线教育实践活动为契机，太重党建各项工作都紧紧围绕中心、努力服务大局。通过深入学习贯彻党的十八大精神，开展科学理论武装工程，打牢了全体干部职工创建世界太重的坚定信念。通过制定下发太重集团《落实中央八项规定、改进工作作风的实施细则》，强化领导班子和干部队伍建设，提升引领转型跨越发展的能力和水平。通过开展“增强党性、凝聚人心、攻坚克难、争创佳绩”的主题竞赛活动，全面加强基层党组织建设和党员队伍建设。通过全面实行人才强企战略，加强人才引进与开发，着力抓好人才队伍建设。通过大力加强舆论引导，广泛凝聚促进转型跨越的正能量。通过大力加强企业文化、精神文明创建和思想政治工作，不断增强全体职工的凝聚力和向心力。太重不断促进党建工作与中心工作的有机融合，推动党建工作成果转化为企业的核心竞争力，为企业全面深化改革、实现转型跨越发展提供了坚强保障。

太重制造的我国首台高海拔海陆两用5兆瓦风电机组

TZM500全地面起重机成功下线

中国银行股份有限公司山西省分行

中国银行与山西省政府签署"金融支持山西转型跨越发展"合作备忘录

2012年,中国银行山西省分行坚持防控风险和促进发展并重,完善机制体制,各项工作有序推进,经营管理成效显著。全年实现净利润23.76亿元,同比增长27.28%,创年度盈利最好水平。人民币各项存款余额增长12.78%,人民币各项贷款余额增长6.87%,实现中间业务收入同比增长18%。资产质量持续改善,不良贷款实现"双降"。绩效考核在系统内实现争先进位目标,较上年提高6个位次。

持续加大授信力度,全力支持地方经济建设。2012年9月,中国银行与山西省人民政府签署《金融支持山西转型跨越发展合作备忘录》,与省内8家核心重点企业签署《多元化业务合作协议》,进一步深化银政、银企合作关系,为服务支持山西综改区建设奠定了良好基础。充分利用中国银行全球一体化多元服务平台,加大金融产品和服务创新力度,有力促进全省重点工程建设、产

中国银行融资251亿元支持太钢集团转型跨越发展

中国银行直接投资72.1亿元支持晋豫鲁铁路出口通道建设(国家级重点项目)

中国银行融资1.4亿元支持山西大医院项目建设

业结构调整和经济平稳较快发展。2012年，该行累计投放基础设施建设项目贷款70亿元，重点行业贷款余额占比达83.42%；中长期贷款占比74.94%，较上年上升1.14个百分点。同时，继续发挥外汇贸易优势。为山西省进出口企业提供了及时高效、多样化的结算服务和贸易融资业务，全年累计办理国际贸易结算业务55.19亿美元，跨境人民币结算业务11.94亿元，有效支持了我省外向型经济的快速发展。

优化物理渠道网络布局，持续提升服务民生能力。不断加大人员和资金投入，加大对现有网点硬件的标准化改造力度。2012年，全辖新增自助银行20家、离行式ATM机36台。丰富和完善社保卡服务渠道和功能，进一步提升社保卡使用体验。截至2012年末，累计为全省百姓发放社保IC卡142万张。与多家省内重点客户签订企业年金账户管理协议，开展养老金福利计划。积极满足省内个人客户在购房、出国留学、个人消费等方面的融资需求，累计提供消费贷款资金18亿元。加大校园卡项目投入，与多家院校签订校园一卡通业务合作协议，为中职院校发行中职卡20.33万张，有效满足校方和学生的资金结算、项目融资、日常服务等金融需求。积极落实国家支持新医改政策，与省内大型医疗机构签署银医合作项目，成功研发投产诊疗卡项目，改善了广大患者就医体验，获得广泛的社会赞誉。

雄关漫道真如铁，而今迈步从头越。中国银行山西省分行将在山西省委、省政府的正确领导下，在社会各界的大力支持下，继续积极寻求山西经济转型与自身经营发展的结合点，加大资金投入、项目扶持和民生服务，努力建设成为山西最好的银行。

中北大学

团结奋进的校领导班子

2012年校党委认真贯彻党的十八大以及全国、全省高校党建工作会议精神，解放思想，以改革创新精神，全面加强党建和思想政治工作，为学校在新时期的科学发展提供了坚强的思想、政治和组织保证。

一、高度重视校级领导班子的思想政治建设，把班子建设成为团结奋进、开拓创新的坚强领导集体。

坚持中心组理论学习制度，不断加强班子的思想政治建设，班子成员增强了贯彻落实科学发展观和党的教育方针的自觉性，思想政治素质和办学治校能力有了明显提高。坚持党委领导下的校长负责制，贯彻执行民主集中制，健全了党委统一领导、党政分工合作、密切协调配合的工作机制，班子成员相互理解、相互支持、团结一致、扎实工作，得到了全校师生员工的信任和支持。

全校宣传思想工作会议

二、加强干部队伍建设，着力造就高素质干部队伍。

高度重视干部队伍建设，干部工作不断走向规范化。在干部选拔任用方面，按照"健全制度，坚持导向，严格标准，规范程序，强化监督"的思路，坚持正确的用人导向、用人标准，积极推进干部人事制度改革，使用了"干部选拔任用工作记实监督系统"，强化了干部选拔任用工作的监督机制。加强干部考核管理，注重定性考核和定量考核的结合，改进考核方式和考核方法，结合学校实际，创新了干部考核系统，采用网上测评的方式进行，保证了客观公正。

召开第一届教职工代表大会第七次会议

三、抓好基层党组织建设，夯实基础工程。

紧扣主题、突出特色，以努力实现基层党组织做到"五个好"、共产党员做到"五带头"为活动目标，认真组织全校23个党总支（直属党支部）、162个党支部、5629名党员和全体师生员工积极投入到创先争优活动中，开展了"红色五个月"、书记论坛、基层党组织课题立项、活动立项以及党员培训等一系列特色活动，党员干部的思想觉悟、认识水平进一步提高，基层党组织工作主动性明显提高，37个校内先进基层党组织、81名优秀共产党员受到学校表彰。

校党委书记陶功定

校长刘有智

四、坚持唱响主旋律，切实加强宣传思想工作。

坚持“围绕中心，服务大局，内聚人心，外树形象”的工作思路，抓好了党的十八大精神学习宣传贯彻工作，扎实推进社会主义核心价值宣传教育，开展了学校青年教师思想政治状况调研，出台了《中北大学精神文明与大学文化建设纲要》。创新新闻宣传模式，推出校报网络版，全年社会各种媒体宣传学校 50 多次，扩大了学校的影响。

图书馆、体育场

五、创建和谐校园，全力维护学校安全稳定局面。

高度重视安全稳定工作，坚持“安全第一、预防为主、综合治理”的方针，强化“一岗双责”，完善了安全工作机制，逐级签订了年度《安全管理目标责任书》。开展了安全隐患排查整治行动和应急演练活动，有效提高了安全事故防控能力。面对重大节假日等重大事件、重要时刻的考验，认真分析形势，有针对性地开展思想政治工作并组织系列活动，保持了学校安全稳定的局面，特别是“九一八”万人升旗仪式在全省产生了良好的影响。

消防安全演练活动

教学主楼

山西省肿瘤医院

山西省肿瘤医院(研究所)领导班子成员

山西省肿瘤医院(山西省肿瘤研究所、山西医科大学附属肿瘤医院、山西省第三人民医院)成立于1952年,是全国建立最早的六大肿瘤医院之一,全国首批三级甲等医院,卫生部第三批"全国百姓放心医院",全国"百万妇女乳腺普查工程"定点普查单位。医院面向我省及华北地区周边省市肿瘤患者提供肿瘤特色医疗服务,是山西省唯一可综合采用手术、放疗、化疗、介入治疗、生物治疗、靶向治疗、免疫治疗、中药治疗、临终关怀等多种手段并提供院前、院中、院后连续服务肿瘤患者的现代化多功能肿瘤医院。医院占地总面积12万平方米,建筑面积23.5万平方米,院内绿化面积3.2万平方米。

建筑面积5.5万平米的放疗医技综合大楼投入使用

王国平同志担任山西省肿瘤医院院长以来,带领省肿瘤医院全体员工确立创建"政府满意、患者满意、职工满意的现代化多功能肿瘤医院"的发展目标和"患者需求第一,需求决定发展,发展解决问题"的建设思路,积极响应省委、省政府"实现转型跨越发展,再造一个新山西"的"十二五"发展目标的部署,遵循市场经济规律,遵循医学规律,遵循内部改革发展运行规律,更新发展观念,转变发展方式,率先在医疗卫生系统提出"五个转型"发展思路:从强调肿瘤专科重点向现代化、多功能转型;从"重医轻防"向"综合防治模式"转型;从规模建设向内涵建设转型;从粗放式管理向精细化管理转型;从技术全面发展向诊疗规范化方向转型。医院连续几年实现了跨越发展,广大肿瘤患者看病难、看病贵的突出问题得到了有效缓解,医院的发展速度和建设理念走在了全省医疗卫生机构的前列。

王国平院长驾驶便民服务车陪同陈竺部长、张建新副省长等领导在院内参观

陈竺部长2012年在肿瘤医院调研

王国平院长主持第二十二届全国肿瘤医院管理学术研讨会开幕式

2013年，在学习宣传、贯彻落实党的十八大会议精神的基础上，坚持践行党的群众路线教育实践活动，开通手机预约服务、举办全院大型义诊公益活动、率先开通城镇职工医保大病实时结算服务、成立临床支持服务中心、开通急诊科“日间病房”，正式投入使用远程会诊中心等诸多惠民便民措施，切实为患者服务。按照全国和全省卫生工作会议要求，大力实施“创新驱动”战略，推动发展由规模扩张方式向内涵进步方式转变，自行研制了医院制剂“苏复宁洗液（冻干）”并取得国家发明专利七项。推动服务由临床诊疗模式向防治结合模式转变，举办全省肿瘤防治培训班。肩负起省级医院法人治理结构改革“排头兵”的责任担当。

“生物芯片北京国家工程研究中心临床转化肿瘤学分中心”在肿瘤医院挂牌成立

党委书记王国平坚持以邓小平理论、“三个代表”重要思想和科学发展观为指导，深入学习宣传贯彻党的十八大精神，认真开展保持党的纯洁性学习教育活动和创先争优活动，大力加强党的思想、组织和作风建设，着力推进公立医院改革和基层党建工作，坚持“围绕中心抓党建，抓好党建促发展”的工作思路，紧紧围绕医院中心工作，形成了“抓党建，促业务，同抓并举，齐头并进”的工作模式，荣获“全国医药卫生系统创先争优活动先进集体”和省“创先争优”先进基层党组织荣誉称号。在本届领导班子和全体职工的共同努力下，医院规模不断扩大、学科建设稳步推进、医疗科研齐头并进、文明创建硕果累累，成长为一个拥有2100余张病床、3200多名职工，在山西乃至华北地区都有相当影响力的，集医疗、科研、教学、预防、康复为一体的三级甲等专科医院。

组织党员干部参观八路军太行纪念馆

5年来，肿瘤医院共争取科研经费1200余万元，获得各级科研项目200余项，取得了国家自然科学基金项目零的突破，承担863项目3项，通过成果鉴定33项，其中国际领先1项，国际先进26项，获得山西省科技进步奖24项。

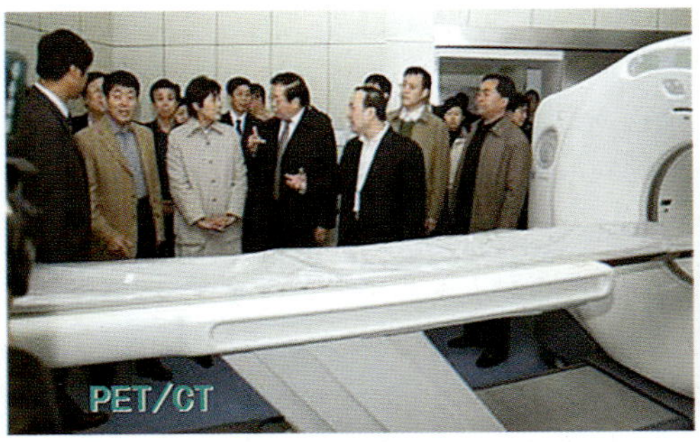

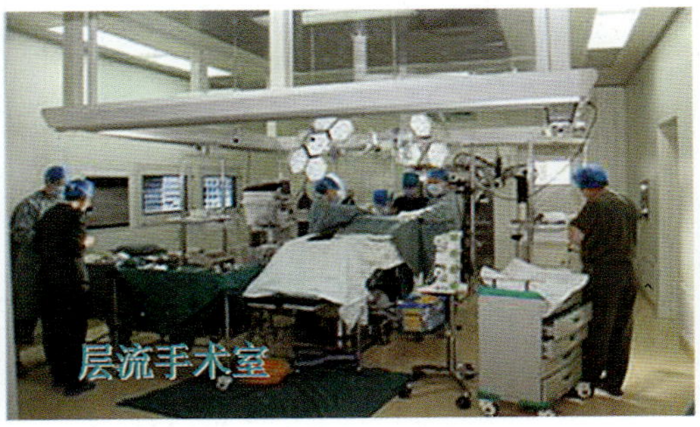

太原市

鸟瞰南中环

汾河公园

龙潭湖

2012年，中共太原市委在省委的正确领导下，高举中国特色社会主义伟大旗帜，以邓小平理论、“三个代表”重要思想、科学发展观为指导，围绕学习宣传贯彻十八大，全面落实省、市十次党代会部署，团结带领全市干部群众，对标一流、攻坚克难，率先转型跨越发展、建设一流省会城市迈出坚实步伐。

一是深入学习宣传贯彻党的十八大精神。把学习宣传贯彻十八大精神作为首要政治任务，及时传达学习大会精神。市委常委带头，深入基层宣讲辅导。对1200余名市管干部和乡镇、街道党组织书记集中轮训，组建十八大精神宣讲团，分赴全市宣讲。各级各部门结合实际，迅速兴起了学习宣传贯彻十八大精神的热潮。

二是加快率先转型跨越发展。坚持主题主线和稳中求进总基调，全力以赴抓投资、上项目、谋转型、促跨越、保稳定、惠民生，主要经济指标在全省的排位大幅前移。全年地区生产总值增长10.5%；全社会固定资产投资增长28.9%，增速位居全省和中部省会城市前列；社会消费品零售总额增长16.1%；财政总收入增长15.6%，一般预算收入增长23.4%；城镇居民人均可支配收入增长12.1%，农民人均纯收入增长13.4%。

三是全面启动转型综改试验先导区建设。转型综改行动方案获省批复。实现了“两集中、两到位”，实施了新的固定资产投资项目联合审批流程再造，开展了电子政务前期工作，效能政府建设取得突破性进展。太原武宿综合保税区和城市轨道交通项目获国务院批准，18个省级标杆项目进展顺利。认真落实《推进民营经济转型跨越发展的意见》，全年完成民营经济增加值1172.6亿元，增长16.7%。积极推进与北京学习对接，加强同晋中合作交流。加大招商引资力度，全年实际利用外资7.8亿美元，引进境内资金569.1亿元，分别增长15.2%和52.8%。

四是积极改进作风。认真落实中央“八项规定”，围绕搞好调查研究、精简会议文件、规范新闻报道分别制定了《实施办法》，市委常委带头，各级各部门认真遵照执行。大力弘扬“右玉精神”，扎实开展“向人民汇报、请人民评议”、为为人民群众“办实事、解难事”活动，积极做好包村包企工作，解决了一批事关

陈川平书记、耿彦波市长赴北中环附近调研城建工作

人民群众切身利益的热点难点问题。在全市开展纪律作风整顿，县级以上领导班子围绕加强纪律性召开专题民主生活会，万名政法干警开展大军训，大力整治“吃拿卡要”。坚持对标一流定目标、“一事一表”作计划、调度例会抓落实、活力曲线抓考评，有力地推动了各项工作的落实。

五是积极推进学习型党组织建设，不断引深创先争优活动。坚持集体学习和个人自学相结合，带头推进学习型党组织建设。坚持和完善“一述两考”制度。健全组织调训、干部选学和在线学习“三位一体”的教育培训格局，干部队伍综合素质和工作能力有了新的提升。以“对标一流在太原”为主题，组织开展“并州先锋在行动”等活动，积极推行“一句话承诺”，选树了一批先进党组织和党员。

六是认真抓好基层党组织建设，全面加强领导班子和干部队伍建设。深入开展基层组织建设年活动，非公经济组织党组织组建率达到 100%，社区“三有一化”建设得到加强，全市 1888 个党组织实现晋位升级。坚持德才兼备、以德为先、注重实绩、群众公认的用人导向，圆满完成了市人大、政府、政协的换届工作，先后对 387 名市直单位领导干部进行了调整交流，干部选拔任用的公信度明显提高。完善“三合一”考核模式，注重考核结果应用。全面落实“869”人才计划，加强各类人才队伍建设，引进 11 名院士、25 名“千人计划”人才和一批高端人才。

七是深入开展党风廉政建设和反腐败斗争。全面落实党风廉政建设责任制，深入贯彻《惩治和预防腐败体系建设的指导意见》，加大惩防体系信息网建设力度，形成了涵盖教育、制度、监督、改革、纠风、惩处等方面的长效工作机制。连续两年开展“百场”典型案例警示教育活动，受教育干部达 10 万人次。加大对农村“三资”管理、“四议两公开”落实情况的监督检查力度，解决了一批发生在群众身边的腐败问题。强化案件查办，全年立案 490 件，结案 500 件，处分 517 人，其中县处级干部 30 人，特别是严肃查处了一批典型案件，切实维护了党纪政纪的严肃性。

太原武宿综合保税区

长风商务区

太原西山城乡森林公园

快速成长的风电产业

浑源县

县委书记张清河

县长赵亚雄

2012 年以来，浑源县委、县政府坚持以科学发展观为指导，以贯彻落实党的十八大精神为抓手，以转变经济发展方式为主线，紧紧围绕建设“富裕浑源、诚信浑源、和谐浑源”发展目标，突出“项目投建加速、产业转型增效、城镇扩容提质、三农强基升级、民生优先发展”五大重点，深入实施“突破浑源、率先崛起”攻坚战略，县域经济实力不断增强、社会民生事业蓬勃发展、发展环境全面优化，党的建设全面加强，正昂首步入新一轮黄金发展期。

2012 年，全县地区生产总值完成 34.47 亿元，财政总收入完成 4.56 亿元，一般预算收入完成 **2.47 亿元**。**项目建设强势推进**。出台了《浑源县招商引资优惠政策》，建立健全了项目“六位一体”推进管理机制，2012 年，全县完成招商引资 144 亿元，列入省、市考核的 72 个重点项目完成投资 52.81 亿元，完成项目落地任务 42.22 亿元，创历史最好水平。**三次产业品牌化成长**。“一轴三带” 现代农业格局逐渐形成，“中国黄芪之乡”、“省级肉羊基地县”品牌建设不断深化，黄芪规范化种植面积达到 10 万亩，设施大棚达到 3500 栋，肉牛饲养量达到 5.43 万头，羊饲养量达到 73 万只，农民人均纯收入完成 4547 元；以煤炭、花岗岩为支柱的工业产业加快转型发展步伐，百川等 3 座露天煤矿通过联合试运转，循环经济园区建设水平进一步提升，“中国黑”、“芝麻白”花岗岩深度开发；旅游文化产业内涵扩张，恒山大景区建设扎实推进，恒山岳门湾恢宏再现，汤头温泉、千佛岭等景区开发进程加快，纪录片《北岳恒山》在央视四套和七套隆重播出。2012 年，共接待游客 82.7 万人次，实现门票收入 5008 万元，旅游综合收入突破 3.5 亿元。**城乡建设一体化发展**。深入推进“四城同创”基础建设工程，新区建设全面铺开，旧城区七大片区改造工程有序推进，实施完成了县城 9 条小街小巷硬化和 4 条主干街改造工程，全县形成了总里程 125 公里的高速公路交通框架，浑源进一步融入了大同同城发展和京津冀经济发展圈。**社会民生和谐化构建**。全面推进美丽浑源建设，大力实施了荒山、通道、景区、城市和村庄绿化工程，高质量完成植树造林任务 8.73 万亩；农村新“五个全覆盖”工程全面完成，教育、医疗、就业等社会保障政策有效落实；加强和创新社会服务管理，平安浑源创建纵深推进，治安环境持续好转，社会大局保持稳定。**党的建设科学化提升**。全面掀起学习宣传贯彻党的十八大精神热潮，持续深入开展创建学习型党组织、保持党的纯洁性学习教育、党员干部住村包村等活动，实现了党的组织和党的工作在全县 233 个非公企业中的全覆盖，全面引深党风廉政和反腐败建设，全县广大党员干部群众凝聚力、向心力进一步增强。

丰富多彩的群众文化生活

悬空寺

现代农业蓬勃发展

整治一新的柳河公园

市委书记高卫东在吕梁新城建设方山指挥部调研

市委书记高卫东就农业产业化发展在方山县调研

县委书记李少杰在新城调研

方山县

2012年，在市委、市政府的正确领导下，方山县委面对经济下行压力加大、主导产业市场疲软的不利形势，团结带领全县人民，深入贯彻落实科学发展观，紧紧围绕“打基础、利长远、惠民生”的总要求，以重点项目为支撑，以党的建设为保障，坚持绿色发展理念，大力实施“五位一体”战略，全县经济社会保持了持续快速增长的良好态势。全年地区生产总值完成26.5亿元，增长3.8%；财政总收入完成8.44亿元，增长17.5%；一般预算收入完成3.04亿元，增长21.8%；社会消费品零售总额完成6.8亿元，增长19.8%；城镇居民人均可支配收入达到14700元，增长14%；农民人均纯收入达到3268元，增长26.6%。各项主要经济指标均创历史新高，发展速度明显加快，发展质量明显提升，综合实力明显增强，实现了“五位一体”战略的良好开局。一是新型工业取得突破，项目建设全面推进。33个市县重点项目完成投资50.5亿元，占任务的125%；3个全市百项重点项目完成投资5.7亿元，占任务的105.4%。国电马坊风力发电项目、大唐国际风力发电项目、太阳能产品生产项目取得重大突破，为全县经济扩张、转型升级注入了新活力。二是特色农业不断壮大，农民收入持续增加。按照“突出绿色、一村一品、多元增收、生活提质”的总要求，积极引导教育农民“绿色种养”，大力推进以土豆、蔬菜、核桃、养殖等为主的“五大增收工程”，有力地带动了农民增收、农业增效。三是生态优势更加凸显，旅游开发再上台阶。全面启动了“百里绿色走廊”建设，完成横泉水库周边绿化3000亩、北武当山旅游路绿化4000亩、太佳高速两边荒山绿化1万亩、荒山灌木造林3万亩，实现了林木畜积率和森林覆盖率双增长。全年共接待游客79万人次，实现旅游总收入7.46亿元，同比增长36%。四是基础设施不断夯实，社会事业统筹发展。投资7亿元，铺开了新高中建设、城区集中供热、天然气入户、太佳高速方山连接线、北川河综合整治等多项民生工程。圆满完成农村新“五个全覆盖”工程，实施“便民五件实事”54个村，占下达任务的106%。五是社会管理日趋完善，幸福指数不断提升。深入开展了安全隐患大排查活动，全年未发生一起重特大安全事故。切实加大了社会治安综合治理，启动了县乡村三级社会服务管理中心体系建设，集中开展了打击违法犯罪“三项战役”活动。全年共立刑事案件154起，刑事拘留127人，治安案件215起，查处违法犯罪人员354人，确保了全县人民生命财产安全。六是党的建设全面推进，执政基础更加巩固。坚持民主集中制，高度重视发挥班子成员的作用，大力支持人大、政协工作，班子凝聚力明显增强。深入开展作风纪律大整顿，干部作风明显好转。扎实推进创先争优、保持党的纯洁性教育、基层组织建设年等活动。全面落实党风廉政建设责任制，全年共立案查处各类违纪案件118件，挽回经济损失45万元。

吕梁新城建设安置区开工仪式

中共方山县委九届三次全体(扩大)会议会场

朔州市

省委书记袁纯清在首届文博会朔州展厅参观

2013年4月，市委书记王安庞在怀仁县农村调研

市委、市政府主要领导在基层调研

党的十八大报告提出，加快形成新的经济发展方式，把推动发展的立足点转到提高质量和效益上来。作为典型的资源型城市，山西省朔州市坚持把优化经济结构和提升发展质量作为转型发展的着力点，以重点突破带动整体推进，以优势资源促创新、促升级，努力推进转型跨越发展。

把发展循环经济作为基本路径。大力发展循环经济，延伸拓展产业链，在低碳发展、循环发展、绿色发展中转型。一是推动煤电产业循环发展。按照路径最多元、产品最丰富、技术最高端的要求，发展煤、延伸煤、超越煤，全力打造煤基产业循环链。二是积极建设“五大基地”，拉动循环经济发展。建设全国综合能源示范基地、工业固废综合利用示范基地、日用陶瓷生产基地、生态畜牧养殖基地和全省特色农产品加工基地，努力提升煤炭产业循环率、新兴产业占比率、绿化覆盖率、城镇化率。抓住朔州被工业和信息化部确定为全国工业固废综合利用示范基地的机遇，综合利用工业固废，实现“变废为宝”。规划建设8个产业耦合、资源利用、闭路循环、吃干榨净的循环经济示范园区，形成了集煤炭生产、输送、洗选、电力、冶化、建材等为一体的循环发展格局。三是构建集有机农业、畜牧业、种养业循环于一体的循环生态农业。实现玉米和秸秆全部被畜牧业利用，农畜产品全部深加工，牲畜粪便全部生物化处理、资源化利用。

投资2.5亿元的福润生物质能发电项目

把发展新兴产业作为战略任务。大力培育发展新兴产业，是资源型地区摆脱资源依赖、形成多元支撑、实现长远发展的战略选择。开展朔州

图书馆

万亩现代养殖示范园区

企业家投资朔州活动，进一步完善和推行煤矿企业领办兴办非煤项目的“一矿一企”制度，加快发展新兴产业，促进企业转型升级。以“一村一品”、“一县一业”为主攻方向，以龙头带动、基地联动、科技驱动为主要手段，加大特色农产品开发和绿色地理标识保护力度，积极打造特色农业品牌。

把生态文明建设作为重要载体。生态文明建设是优化经济结构、提升发展质量的重要载体。牢固树立生态文明理念，大力弘扬“右玉精神”，把生态文明建设融入经济社会发展各方面，努力拓展集约高效的生产空间、宜居适度的生活空间、山清水秀的生态空间。坚持植绿与兴水同步、开发与保护同步、治污与节能同步，实现经济效益、社会效益、生态效益有机统一。

把综改试验作为强大引擎。紧紧抓住山西省资源型地区转型综改试验区建设的重大机遇，积极先行先试。深入推进用地管理改革，深化城乡建设用地增减挂钩试点，探索适合矿业特色的差别化土地管理政策。引导和组织企业、银行、担保、证券、股权交易机构共同参与，形成“五位一体”的综合融资服务平台。实行矿产资源开采与生态修复同步规划、同步实施，鼓励企业和个人治理废弃矿山、修复生态环境。坚持以城带乡、城乡互动，不断强化产业支撑、基础设施支撑、文化设施支撑，在统筹城乡中提升发展质量。

晶都太阳能生产车间

北坪循环经济园区外景

风力发电

把科技创新作为有力支撑。科技创新是经济结构优化、发展质量提升的有力支撑。加强科技创新平台建设，大幅度增加财政科技投入预算，推动企业成为研发投入主体，支持企业建设高水平研发中心。努力把国内外大企业、高等院校和科研院所的人才、技术、项目和研发平台等创新资源引入朔州，建立研究基地，依托大型央企建立实验室和研发中心。实施“三个一百”工程，即聘请100名知名专家学者、联系100名中高级紧缺人才，为转型发展建立强有力的人才支撑体系。

以项目为带动，全力壮大煤电循环经济、清洁能源、新型材料、农畜产品加工等优势产业。教练坪、东洼北、玉龙煤业三座矿井通过省级质量标准化验收，玉岭煤业矿井进入联合试运转。玉龙、元堡煤业两个洗煤厂完工，铁丰铁路开通运营，准池铁路右玉段控制性工程完工，开工建设教场坪集团准池铁路连接线项目，京玉2×30万千瓦电厂正式投运。全县煤炭生产、洗选、发运能力大幅提高，煤炭就地转化及煤电废弃物利用实现突破，煤炭产业步入现代化、规模化、循环化发展轨道。投资50多亿元的LED产业园区一期项目试生产，实现右玉高新技术产业的突破。全县风电装机容量达到50万千瓦。臣丰苦荞饮料加工等项目加速推进，全县大宗农产品实现就地加工转化。

右玉杀虎口

崇福广场

金沙植物园

省委常委、副省长高建民对家和苑保障性住房小区进行实地视察

省委常委、组织部部长汤涛就学习推广文建明工作法在张蔡庄乡检查指导工作

朔城区

2012年以来，朔城区委始终把勤于学习、与时俱进、勇于任事、廉洁勤政作为党建工作的基本要求，全面推进党的思想、组织、作风、制度和反腐倡廉建设，及时研究解决党建中面临的新情况、新问题，为推动全区经济社会持续健康发展提供了坚强有力的政治保障。

一是加强思想政治建设。推行了区委中心组"读、讲、议、写、用"学习法，全年集中学习30次，提升了中心组成员理论素质。举办各类培训班10期，受训人数5000多人次。特别是党的十八大召开以来，组织宣讲团深入基层宣讲60多场次，激发了基层党员干部理论学习的热情。精心打造了善阳报、新闻网两个内宣平台，出版报纸54期，网站访问12万人次。积极拓展外宣渠道，在各级媒体共发表报道126篇次，充分发挥了舆论的引导作用。扎实开展了文明创建活动，实行文明单位与文明村结对帮扶，实现了互补有无、双向促进，有效扩大了文明创建工作的覆盖面。

二是加强基层组织和干部队伍建设。扎实开展了创先争优、基层组织建设年、保持党的纯洁性学习教育、干部下乡住村、领导包村增收和"访知解"集中走访等活动，涌现出一批新的先进典型。大力学习推广文建明工作法，积极探索非公企业党建新模式，实

2012年6月，市委书记王茂设在富甲工业园区调研项目进展情况

市委副书记、市长李正印在富甲工业园区调研项目建设情况

省人大常委会副主任、省总工会主席郭海亮深入操场街社区详细了解社区党建“五化”模式

区委书记郭连厚在老城调研

现了党组织全覆盖，切实增强了各级党组织的凝聚力、号召力、战斗力。进一步规范干部选拔任用，提高选人用人公信度，及时充实加强了乡镇街道和机关事业单位领导班子，形成了勇于任事、真抓实干的工作氛围。

三是加强党风廉政建设。认真贯彻执行党风廉政建设责任制，加强城乡环境综合整治、重大项目落地、保障性住房建设、土地管理等重点工作的监督检查，有效保障重大决策执行到位、重要部署实施到位、重点工作落实到位。开展了整治吃拿卡要，创优发展环境专项活动。深化惩治和预防腐败体系建设，大力推进党务、政务和村务公开，切实加强反腐倡廉宣传教育。加大案件查处力度，全年共立查案件38件，收缴违纪款22万多元，促进了党风政风和社会风气的进一步好转。

区委书记郭连厚在西山生态区调研水系建设情况

区委书记郭连厚在北旺庄现场办公

区委副书记、区长刘彪在青钟村田间地头调研

右玉县

县委书记苏连根

县长苏斌如

县委书记苏连根调研企业运行情况

县委书记苏连根、县长苏斌如带头植树

2012年，面对复杂严峻的宏观形势，县委团结带领全县各级党组织和广大干部群众，认真贯彻落实党的十八大和省、市一系列会议精神，紧扣转型跨越发展主线，围绕"十二五"末实现地区生产总值和财政收入"双翻两番"、城乡居民收入有较大幅度提高的目标，大力传承弘扬右玉精神，真抓实干、奋力作为，全面实施大开放、大项目、大县城、大生态、大惠民"五大"战略，强力推进工业新型化、农业现代化、市域城镇化、城乡生态化"四化"建设，统筹推进各项工作，不断加快富美和谐的幸福新右玉建设步伐，全县经济社会各项事业和党的建设都取得了显著成效。

全年完成地区生产总值43.4亿元，同比增长12.4%；规模以上工业增加值20.5亿元，增长20.1%；固定资产投资58.8亿元，增长28.1%；财政总收入8.1亿元，增长37%；一般预算收入3.52亿元，增长63%；城镇居民人均可支配收入15684元，增长14.7%；农民人均纯收入4600元，增长20.7%。其中规模以上工业增加值、财政总收入、一般预算收入、农民人均纯收入增幅位居全市第一。年内，县委荣获全国创先争优活动先进党委称号和全国五一劳动奖状，右玉县获得全国绿化先进集体、国土绿化突出贡献单位、全球人居环境生态建设贡献奖、国家水土保持生态文明县、全国农田水利基本建设先进县、首批国家餐饮服务食品安全示范县、全省农田水利基本建设“禹王杯”先进县、省级环保模范县城、全省餐饮服务食品安全示范县、全省卫生应急综合示范县、省级卫生县城、全省基层农技推广与农村劳动力培训转移先进县、全省政风行风评议先进县、全省创建文明和谐工作先进县等多项省级以上荣誉。西口风情生态旅游文化节荣获全省“优秀文化会展奖”。全国“三北”防护林建设现场会在平鲁、右玉两地召开，右玉县生态建设赢得回良玉副总理好评。

荣获“全国五一劳动奖状”

被中组部授予“全国创先争优活动先进县（市、区、旗）党委”

生态建设享誉全国

人民生活幸福和谐

民生事业不断改善

工业经济蓄势待发

招商引资成果丰硕

文化产业蓬勃发展

山阴县

县委书记侯元

县长南志中

2012年，山阴县委抢抓“一市两县”扩权强县试点县和“一市两园”循环经济试点园区两大机遇，先行先试、开拓创新、和衷共济、奋力拼搏，全县经济保持平稳增长，各项工作都取得了新突破、新跨越、新成效。全年地区生产总值完成169.1亿元，同比增长11%；社会消费品零售总额完成27.1亿元，同比增长16.3%；工业增加值完成80.8亿元，同比增长17.1%；固定资产投资完成95.1亿元，同比增长28.1%；财政总收入完成30亿元，同比增长24.2%；一般预算收入完成10.6亿元，同比增长22.4%。城镇居民人均可支配收入完成22811元，同比增长13.5%；农民人均纯收入完成10110元，同比增长13.5%；粮食产量达到5亿斤，同比增长25.4%。

一、以加快转型跨越为根本，创优循环经济发展模式，“四化一体”同步发展

一是工业新型化进程明显加快。全年投入建设资金18.9亿元，进行煤矿标准化建设，实现综采矿井9座，加快了生产科技化、产品高端化、管理信息化、产业循环化进程。二是农业现代化发展势头强劲。全县农副产品加工销售收入达24亿元，存栏奶牛达到8.5万头，奶牛健康养殖园区达到153座，实现了畜牧养殖业的园区化、规模化、健康化发展。三是城乡生态化建设再创佳绩。投资10.5亿元，重点实施了“6+2+10”生态治理工程，种植各类树木共1200万株，为建设美丽山阴打下了坚实基础。四是县域城镇化建设整体推进。以桑干河湿地生态修复工程为龙头，掀开了大县城扩容提质的序幕。铺开市政建设项目20多项，开工建设各类保障性住房2251套，改造农村危房1515户。五是“十大园区”实现了集群化发展。依托现有资源禀赋，规划新建了十大园区，新上强工强农项目83个，总投资459亿元，十大园区互相促进、竞相发展，形成了带动区域突破的新格局。六是招商引资工作成绩突出。共签约项目49个，拟投资921.1亿元。其中：落地项目24个，累计到位资金95.6亿元，完成年度目标任务82.1亿元的116%。

二、以着力改善民生为重点，推动社会全面进步，人民群众幸福指数不断提高

一是振兴教育战略全面实施。以山阴一中建设为龙头，新建扩建了县二中、五中、二幼以及8所乡镇幼儿园等教育基础设施建设项目，公开择优聘用了100名教师，优化了教师队伍。二是社会保障体系日趋完善。养老、失业、医疗等九项社会保险参保人数达23万

县领导在中煤金海洋现场办公

省委书记袁纯清在中煤金海洋调研

省长李小鹏在中煤金海洋调研

朔州市委书记王安庞在昱光电厂调研

人次,保障率达 100%;三是城乡社会公共事业全面推进。着力推进乡、村级卫生室升级改造,乡村医疗卫生体系不断完善。全县农村医保参合人数达到 15.5 万人,参合率 97%。认真实施了农村新的“五个全覆盖”工程,并于年内全部完成。四是创业就业渠道不断拓宽。全县城镇新增就业人数 2844 人,创业带动就业人数 581 人,失业人员实现再就业 1170 人,就业困难人员实现就业 410 人,全县城镇登记失业率控制在 2.1%以内,低于全省平均水平。五是文化产业繁荣发展。不断推进文化体制改革,加快了文化产业发展。成功举办了首届中国山阴边塞文化周暨奶牛节,为山阴旅游业发展搭建了平台。六是信访维稳工作名列前茅。全年共接待受理群众来访 152 批次,同比下降 2%,实现了赴省集体访、赴京非正常上访两项控制指标为“零”的目标,成为全省信访工作“十佳县”、全国两会期间信访先进县。七是安全生产监管工作成效显著。重点实施了煤矿安全四项工程,把好煤矿安全四道防线,全年安全生产创下了零事故、零死亡的佳绩。八是社会治安综合治理进一步深化。全面落实社会治安综合治理各项措施,深入开展了一系列专项活动,有效维护了社会稳定。

三、以提高执政能力为核心,坚持勤政廉洁务实,党的建设全面加强

一是着力强化政治思想建设。积极开展了党员干部培训教育活动,全年共培训各级党员干部 79 批 1.6 万余人次。省委袁纯清书记对我县干教工作作出专门批示,给予高度评价。二是全力强化基层组织和领导班子建设。扎实开展了基层组织建设年活动,选任 78 名大学生村官担当村“两委”主干,组织千名干部开展了下乡住村包村增收活动,累计帮扶项目 312 个,投入帮扶资金 6700 多万元,解决实际问题 3649 个。三是大力加强干部作风建设。深入开展了向彭云同志学习的活动,深度挖掘了彭云精神。以彭云为镜子,以制度建设为保障,严格考核评价、严肃问责追究,干部作风纪律明显改进。四是全面加强反腐倡廉建设。全县共受理群众来信来访和电话举报 74 件,立案 45 件,结案 45 件,给予党政纪处分 84 人。通过对违纪违法人员的查处,极大地惩治了腐败,教育了广大党员干部。

朔州经济开发区

管委会主任高世宝

党工委书记吴会明

中心组学习党的十八届三中全会精神

建设学习型党组织支部书记座谈会

学习贯彻十八大精神会议

2013 年，区党工委坚持以邓小平理论、“三个代表”重要思想和科学发展观为指导，贯彻落实习近平总书记一系列重要讲话精神，积极推进全市“两大任务”，紧扣“围绕中心抓党建，抓好党建促发展”，解放思想，更新观念，凝心聚力，为开发区转型跨越发展提供强有力的政治保证、智力支持和精神动力，实现了社会经济和党的建设共同繁荣。1–10 月份全区财政总收入完成 3.45 亿元，同比增长 21.16%，增幅位列全市第一。公共财政预算收入完成 2.15 亿元，同比增长 23.83%，增幅位列全市第二。固定资产投资完成 45.32 亿元，同比增长 35.1%，增幅全市排名第三。工业增加值完成 15.2 亿元，同比增长 34.1%，增幅全市排名第一。

一、坚持主题主线，基层党建工作取得新进展

全区有党（工）委 3 个，党组 2 个，49 个党支部，554 名党员。2013 年以来，区党工委坚持以学习贯彻党的十八大和习近平总书记系列讲话精神为主线，大力实施机关党建走在前作表率战略，以“三个一”月读学习活动、庆祝“七一”系列活动和学习践行社会主义核心价值观教育活动为载体，不断健全创先争优长效机制，继续巩固发展基层组织建设年成果，全力抓好基层党组织建设工作，做到坚持不懈，常抓常新，扎实推进了全区“三型”党组织建设，着力提升了党建工作科学化水平。

二、坚持“右玉精神”，工作作风呈现新面貌

坚持把“右玉精神在朔州”活动作为党的群众路线教育实践活动的具体前奏，创新活动载体，丰富活动内容，明确了主题实践活动，扎实推动活动深入开展。一是以大学习和大讨论活动为载体，深刻领会右玉精神的深刻内涵。二是组织广大党员干部深入基层、深入群众调查研究，问计于民、问政于民。三是以学习弘扬右玉精神改进作风为主题认真组织领导班子专题民主生活会。四是积极组织开展“三联一住一报告”活动，不断转变工作作风，帮扶指导，破解发展难题。五是开展“传承右玉精神，创优发展环境”活动。以“五城联创”工程为契机，以基础设施建设“十大工程”为重点，不断加强基础设施建设，坚定不移推进现代城市建设。六是开展“传承右玉精神，促进区域发展和改善民生”活动。紧紧围绕创建国家级开发区，加大招商引资力度，大力实施“项目推进、百日攻坚”活动，全力推进项目建设，不断加大社会事业投入，“十件实事”和“收入倍增”计划正在稳步推进

彭云同志先进事迹报告会

传达朔州市第五次党代会精神

基层党组织建设暨保持党的纯洁性学习教育活动大会

开展“右玉精神在朔州”活动动员会

中。通过开展各项主题实践活动，全区党员干部思想境界有了新的提高，发展理念有了新的提升，干事创业的热情更加高涨。

三、坚持“两个全覆盖”，非公党建工作取得新

按照“有职工就要有党员，有党员就要有党的组织，有党的组织就要有党的活动”的思路，严格“六有五好”标准，通过单独组建，联合组建，挂靠组建，党员“孵化”等形式，组建独立和联合党支部27个，党组织覆盖率达到100%。同时大力开展非公党组织负责人、党建指导员培训工作并组织现场观摩学习，真正做到了成熟一个、组建一个、巩固一个、提高一个，实现了党的组织和党的工作“两个全覆盖”。

四、坚持齐抓共管，社会管理取得新成效

坚持以深化平安开发区建设为目标，突出工作重心，扭住关键环节，积极推进社区网格化管理，扎实开展了“六六工程”建设，积极推进“六网覆盖”工程，加强动态巡防体系建设，广泛开展了“打好六场硬仗、强化六项整治”活动，实施了开发区政法机关服务保障重点项目建设工程，深入排查化解“五类矛盾”，不断加强“六类”特殊人群管理，确保了辖区社会和谐稳定。

五、坚持督查整治，党风廉政建设取得新成果

认真贯彻党中央“八项规定”，以右玉精神为指针，以“五治五督”作风大整治和“三清一整治”活动为重点，严格落实党风廉政建设责任制，层层签订责任书，制定了开发区“十一项规定”，加强警示教育，加大重点工作监督检查力度，切实转变工作作风，全区政务环境进一步优化。

重温入党誓词

党建知识竞赛

中煤平朔集团办公楼

中煤平朔集团

2012 年是公司实施"十二五"规划的重要一年，是企业党建工作深化落实之年。一年来，在中煤集团党委的正确领导下，公司党委以科学发展观为指导，坚持虚功实做、管事项用的党建工作原则，充分发挥政治引领、凝心聚力、服务保障作用，围绕中心，服务大局，努力在完善党建体系上谋思路，在服务安全生产上出实招，在创先争优活动中求实绩，为公司圆满实现全年生产经营目标、推动转型跨越发展提供了坚强保障。2012 年，公司党委被中煤集团党委授予先进党委，露天设备维修中心党委被国资委党委评为先进基层党组织。主要做了以下七个方面工作：

第七届全国煤炭工业生产一线青年技术创新交流表彰大会在平朔召开

一、科学定位，政治引领，明确党建工作新思路

1、明确党建发展思路。公司党委深入贯彻落实中煤集团第二次党代会和公司第四次党代会精神，立足发展优势，结合企业实际，围绕公司"十二五"时期"坚持一个战略，实施两大规划，打造两条产业链，发展七大产业，实现一个跨越"的奋斗目标，不断深化"虚功实做、管事项用"的党建工作原则，明确了围绕一个中心，突出两条主线，深化八个机制，提升八大保障的基本要求，积极发挥"引领、凝聚、指导、协调、推动"作用，为公司全年党建工作的扎实深入开展奠定了坚实的思想基础。

贯彻落实中央八项规定专题讲座

2、持续加强党的建设。按照中煤集团党建工作"十二字"方针，为适应企业发展要求，及时调整充实了基层党的组织机构，目前共有直属二级党委 22 个，直属党总支 10 个，直属党支部 6 个，基层党支部 225 个，党小组 333 个，党员 3082 名。2012 年，公司党委加大生产一线党员队伍培养力度，注重在新建项目、关键技术岗位人员、年轻骨干中发展新党员，适时调整了入党积极分子队伍的结构比例，全年共发展党员 100 名，培训入党积极分子 220 名，党组织和党员队伍发展迅速，作用发挥更加明显。

五型班组推进会

3、健全完善党建体系。按照党建工作制度化、规范化、科学化的要求，公司党委不断完善党建工作制度体系和管理机制，制定并实施了党建工作考核评价、党风廉政建设、社会维稳风险评估、落实党管安全责任、推进党务公开、红旗党支部创建、党建工作联系会议等管理制度和实施方案，将党建各项工作予以指标量化，按季度考核，将考核结果与绩效挂钩，安全、维稳、保密、班组建设等统一纳入到考核范畴，在领导体制、决策机制、指导思想、发展目标上，公司党政同频

共振、同心协力，将党建工作与安全生产、经营管理实现了有机融合，构建了公司党建工作上下联动、横向交流、资源共享的推动机制。

二、创先争优，激发活力，提升党建工作新水平

1、扎实开展公开承诺与民主评议工作。公司党委对后两个阶段的争创活动进行了安排部署，使活动内容明确、主题突出、要求具体，便于操作落实。全年公司各二级单位党组织制定实施公开承诺项目194项，基层党支部承诺307项，党员承诺1826项；组织开展领导点评、民主评议3080人次，公司上下形成了"一心一意谋发展、凝心聚力促和谐"的良好氛围。

2、扎实开展党务公开与创新载体工作。作为创先争优活动的一项具体内容，公司党委明确了公司、二级单位两个层级党务公开的内容、形式、时限及审核、公开流程，规范了党务公开档案；建立了公司党务公开网站，加大对公司重大事项、职代会落实情况、人事任免等内容的公开力度，受到了中煤集团及山西省、朔州市检查督导领导组的高度评价。

3、扎实开展表彰先进与成果巩固工作。公司党委认真总结创先争优活动经验，健全完善了党管安全、诚信管理、党务公开、班组建设、思想文化、安全社区等长效机制，进一步加大了"创先争优"成果的固化和延伸。同时，公司党委表彰了一批在活动中涌现出的先进基层党组织和优秀党员，进一步激发了党员干部和职工群众参与创先争优活动的热情，为公司创先争优活动的深入开展，奠定了坚实的群众基础，提供了有力的组织保证。

三、强化责任，创新载体，打造党管安全工作新平台

1、强化责任落实，党管安全工作体系日趋完善。自去年以来，公司党委以中煤集团落实党管安全责任和企业文化建设现场推进会精神为指导，立足服务企业生产经营工作中心，突出抓好班子、带好队伍、管好思想、建好体系四个重点，强化政治、组织保障、督促引导、安全教育、监督检查和领导协调六大责任，三个专题会和三项主题活动为主要内容的"14633"党管安全工作思路，构建了覆盖党委、支部、班组三级党管安全运行、促进机制，建立完善了党政工团齐抓共管的网络架构。

2、强化安全保障，党管安全长效机制逐步成熟。公司党委大力推动党组织安全状况分析会、安全生产民主生活会、安全生产专题会和党员安全责任区、党员安全示范岗、班组警示教育活动的规范和实施。相继开展了"九种人群"梳理排查活动和落实党管安全责任"五查找"、"五提升"和"五个一"活动，各二级单位全年共召开安全生产专题民主生活会47次，深入分析查找安全隐患和薄弱环节1387项，制定实施整改措施765条，不断提升了公司的安全保障能力。同时，各级党组织通过党员干部责任区划分、党员持证上岗、组织职工学习《三大规程》、一月一考等方式，实现了党员干部融入安全管理、党员与职工良性互动，增强了党员干部的安保意识，积极发挥了基层党支部和党员的安保作用。

3、强化协调引导，党管安全工作不断拓展延伸。在公司党委的积极推动下，公司启动了安全风险评估预警体系建设工作，加强了三级

企业文化演讲

职工技能大赛

学习十八届三中全会精神

青年突击队在生产一线

生活区一角

安太堡露天煤矿洗煤厂

平朔井工矿综采工作面

安家岭露天矿生产现场

安全风险采集、分析、上报、评估和预警，形成了全方位、多角度的风险预知和预控；建立健全了班组危险预知预防机制，加强了班前会、交接班和班后会的安全管理，开展了班组危险预知和预控工作，促进了班组自主管理与强化安全责任落实。

四、深化教育，完善体系，取得党风廉政建设新成效

1、深化各级反腐倡廉教育，增强干部廉洁从业意识。2012 年，公司以“创先争优”活动为契机，以保持党的纯洁性为主题，组织开展了《党纪政纪典型案例解析》、《领导干部廉洁从政教育读本》等 5 项专题学习活动，并通过征文、廉洁从业讲座、党纪法规知识竞赛等形式强化教育效果，促使党员干部“知风险、提廉能”。公司建成了党建和廉政教育基地，通过运用“声、电、光、图”一体化的互动式教育模式，分期分批组织公司广大党员干部和职工群众到基地接受学习教育。

2、深化党风廉政责任落实，构建四位一体惩防体系。公司以落实党风廉政建设责任制为抓手，以建立完善岗位廉洁从业机制为重点，与 40 家单位签订了《党风廉政建设责任书》，将惩防体系建设纳入党风廉政责任制考核目标，与公司生产经营工作同部署、同安排、同考核、同落实。成立了党风廉政建设责任制考核组，深入开展了党风廉政建设责任制的考核和各二级单位党风廉政建设自查活动，形成了集中考评、民主测评和日常评价三种方式相结合的考核体系，保证了党风廉政建设工作责任、考核、落实、监督四到位。

3、深化集体决策制度落实，干部执行能力显著提高。公司把深入落实“三重一大”集体决策制度作为党风廉政建设、规范企业管理的重要内容。全年，公司共召开了 46 次党政联席会议、165 次总经理办公会议和招标委员会会议，保证了企业决策科学化、制度化和民主化。加强了领导干部值班带班日常监察和节假日期间履职监察，全年共开展电话检查 2584 个次、检查单位 392 个次、检查值班带班 2682 人次，切实加强了各级管理人员的工作责任心，促进了企业安全生产。

五、完善机制，广开渠道，适应干部队伍建设新需求

1、以强化教育为切入点，不断提升党员干部党性修养。2012 年，公司党委立足于企业改革发展稳定大局，以创建学习型党组织为抓手，着力完善学习教育培训机制，把解放思想、开拓创新贯穿于学习的全过程，通过采取集中学习、座谈交流及党员“三会一课”等形式，深入学习贯彻党的十七届五中、六中全

满载精煤的万吨列车驶出绿色亿吨矿区

会、全国“两会”和党的十八大精神，使党员干部的政治意识、责任意识和廉政意识及党性修养、理论素质等有了明显提升，保持了思想政治上的先进性，增强了推动企业科学发展的紧迫性和自觉性。

2、以提升管理为结合点，不断完善干部队伍管理机制。公司党委以深化“四好”领导班子创建活动为抓手，加大干部的选聘、培养、调整和交流力度，结合公司生产经营和项目建设实际，充实和调整助理级以上管理人员107人，举办了中央党校进修班和中层后备干部培训班，进一步提升了干部队伍的整体素质和工作能力。同时，公司党委定期召开领导班子专题民主生活会、党委中心组学习会，坚持理论学习与实践工作结合，在深入开展管理提升活动中，深刻剖析了各级领导班子自身及本单位面临的形势和任务、存在的短板和差距，广泛征求了党员干部和职工群众的意见，使各级领导班子和管理人员的思想、能力、作风不断提升。

运动会

3、以干事创业为落脚点，不断增强党员干部创新能力。公司党委以深入创建“五带头”优秀党员为抓手，以迎庆建党91周年为契机，大力开展了党员活动日、党员亮身份、革命圣地教育、党史矿史知识竞赛等系列活动，增强了全体党员的自豪感和积极性，培育了促进企业科学发展的先锋队伍；以创新理念、转变思维、提升素质为目标，组织开展了思想文化、团队建设、精细化管理、十八大精神专题讲座等千人大讲堂，积极推动企业改革发展与员工素质提升的和谐统一，取得了明显成效。

党管安全签名

六、以人为本，和谐共建，开创安全稳定新局面

1、党组织“三主动”，维护了企业安全稳定。自去年以来，全国经济形势复杂多变，煤炭价格持续下滑，特别是处于党的十八大胜利召开的重要时期，给企业稳定工作带来了前所未有的压力。公司党委明确了主动解决信访问题、主动加强沟通协调、主动消除安全隐患的工作要求，多次召开党委书记会议进行了安排和强调，积极发挥各级党群组织的职能作用，加强三级信息收集、上报联动，对出现的各类上访问题主动应对、迅速行动、及时控制和妥善处置，维护了企业安全稳定、和谐发展的良好局面。

入党宣誓

2、工会组织“三贴近”，促进了企业和谐发展。各级工会组织坚持贴近生产、贴近职工、贴近生活，以“三维一体”五型班组创建活动为抓手，加强民主管理、制度管理，大力推动五型班组和管理信息平台建设，开展了形式多样的群众性保安全活动，多家单位和个人荣获了“全国煤矿优秀安全班组”、“山西省工人先锋号”、“全国优秀班组长”等称号；深入开展创建“星级职代会”竞赛、职工代表巡视、落实惠民工程活动，在维护职工权益、促进企业管理、保障安全生产上积极发挥作用；建立了困难职工帮扶管理机制，通过开展职工大病医疗互助、金秋助学、特困职工救济等工作，积极为困难职工提供帮助；职工运动会、篮球赛、排球赛等文体活动蓬勃开展，丰富了职工群众业余文化生活，促进了企业和谐发展。

3、团委组织“三服务”，积极发挥青年生力军作用。各级团组织以“服务改革发展、服务安全生产、服务青年成才”为主线，深入推进青年安全监督、“五小”科技创新、岗位达标竞赛、志愿者服务、爱心助学等品牌活动，积极开展节能增效、安全教育、创先争优等主题实践活动，积极组织广大青年挑担子、讲奉献、争作为，被全煤团直委和共青团朔州市委授予“五四红旗团委”荣誉称号。

省委常委、组织部长汤涛调研忻府区新建路办事处逯家庄村党建工作

忻州市委常委、组织部长吉久昌在忻府区调研

忻府区

2012年，中共忻府区委认真贯彻落实中央及省、市关于基层组织建设年的各项安排部署，以科学发展观为统领，以喜迎党的十八大为主题，以基层党组织整改提高、晋位升级工作为重点，以创先争优活动载体创新为突破，全面实施集成升级“六项计划”，有效提升了基层党组织建设和党员队伍建设水平，夯实了党的执政基础。

一、精心实施集成升级“六项计划”，夯实基层党建工作基础。组织农村“两委”主干657人，分三批开展培训，实现农村领头雁培训全覆盖；扎实开展非公经济组织党建工作，全区1685户非公企业集中组建党组织185个；扎实推动城市社区网格化管理，大幅度提高了城市管理水平；在20个乡镇办大力推广“文建明工作法”，提高了基层机关工作水平和工作效率；以机关党建带动基层党建，广泛

区长赵志伟慰问困难群众

全市非公经济党组织集中组建工作现场会会场

开展党建带团建、党建带妇建，实施并完成了机关党建“走在前头”计划；认真实施区、乡、村“三级联述联评联考”，强化了党建工作的统领位置。

二、突出抓好基层党组织整改提高，推动各级党组织晋位升级。坚持巩固先进、推动一般、整顿后进的原则，通过剖析问题找原因、对标定位明方向、完善机制促整改、结合实际亮承诺、督查落实促提高、选树典型抓示范、下派优秀干部、党建指导员帮扶指导等措施，区内所有基层党组织全部实现晋位升级，做到了机构健全、制度规范、阵地巩固、素质提高、战斗力增强。

三、创新“五大载体”，激发基层党建活力。开展了选树十个先进党委、一百个先进党支部、一千名优秀共产党员的“十百千”创建活动；分类推进一个好书记、一个好思路、一套好制度、一个好阵地、一个好机制的“五个一”活动；深入开展“千名干部下农村，百名干部进企业”活动，打造特色载体，引深“三级联创”，扎实开展保持党的纯洁性学习教育活动，不断丰富基层党建工作内涵，激发基层党组织活力，被省委组织部评为“全省创先争优活动先进县（市、区）党委”。区委组织部被省、市组织部评为“组织系统讲党性、重品行、作表率先进集体”。

一年来，中共忻府区委以喜迎十八大、学习十八大、宣传十八大为重要抓手，扎实开展党建工作，突出重点、突破难点，狠抓落实，为推动忻府区实现转型跨越、率先发展提供了坚强有力的组织保证和政治保证。

忻州市副市长、忻府区委书记武宪堂访贫问寒

中共忻府区委常委保持党的纯洁性专题民主生活会

社区工作人员入户调查

全省创先争优活动先进县党委奖牌

原平市

2012 年，原平市委按照山西省委、忻州市委的决策部署，紧紧围绕“扭住跨越发展，挺进全国百强”的奋斗目标，大力弘扬“崇文尚武、自强包容”的原平精神，坚持“短期快速、适者先行”的发展战略，以实施“4965”工程为重点，齐心谋转型，戮力促跨越，扎实惠民生，全市转型跨越发展步伐明显加快，各项经济指标逆势上扬，国内生产总值超过 100 亿，财政收入突破 20 亿，粮食产量超过 7 亿斤，综合实力大幅攀升，实现历史性新突破。

一是高举龙头，项目建设强势推进。坚持大园区承载大项目，大项目推动大转型，将循环经济示范区建设作为转型综改破局之举，集全市之力，开历史先河，创原平速度。在一年多的时间内，总规划面积 50 平方公里，一期规划 20 平方公里的原平循环经济示范区已初具规模，万亩起步区内入园项目达 23 个，总投资 209.4 亿元，已完成投资 31 亿元，目前已被列为省级新型工业化产业示范基地(培育)和省级工业循环经济产业基地。在全省项目观摩中，省委袁纯清书记给予“建设速度之快、项目落地之多、招商效果之好，走在了全省前面，为推进转型综改试验区建设提供了新的标杆，值得学习借鉴”的高度评价。坚持传统产业改造和新兴产业培育双轮驱动，进一步加大招商引资力度，实施和建设了二十大工业项目、六大农业项目、四大商贸物流项目等，全市初步形成了铝、

滹沱河水利风景区

电、煤、铁、机械装备制造为支柱的多元产业格局，进一步积蓄了转型跨越发展的后发优势。

二是民生为先，和谐建设成果丰硕。市委、市政府主动作为，实事实办，好事快办，承诺为老百姓办的惠民实事基本兑现。着力提升城市宜居水平，全面创优发展环境，按照"东拓南改、三水环城"的发展思路，总投资1.2亿元的天牙山旅游风景区、总投资5.6亿元的滹沱河水利风景区全面竣工，打通了十二条城市"断头路"，拉大了城市框架，壮大了旅游产业，范亭广场和牛卧河生态公园顺利开工，街道整治、硬化绿化等一体化建设成效显著。民生实事惠及千家万户，城南供热站、轩岗立交桥等"六基五校"工程扎实推进，各项社保政策有效落实，基本实现城乡养老、医疗保障全覆盖。农村新"五个全覆盖"任务全部完成，打造出了城乡环境优美、人文气息浓厚的崭新形象。2011年被评为国家计生优质服务先进市、全省文化强市、食品安全全省级示范市。

三是夯基固本，党建引领全面转型。扎实推进创先争优和保持纯洁性教育活动，全市组织工作满意度测评名列忻州第一、全省前茅。深入开展反腐倡廉工作，全市农廉工作、惩防体系信息化建设等工作名列忻州第一、全省领先，连续三年被评为"全省政风行风评议先进市"。全面加强和创新社会管理工作，成为山西省唯一的全国法制宣传县级联系点，市公安局被评为"全国公安机关执法示范单位"，政法综治工作排名忻州第一。扎实推进信访维稳工作，获得了中央信访督导组的好评，工作经验在全国信访会议上交流推广。

原平天涯山风景区【莲花石鼓伴菩萨】

定襄县

2013年，定襄县解放思想谋转型，创优环境促发展，坚持干部、组织、人才三个轮子一齐转，思想、组织、作风、制度四个建设一起抓，在夯实基础上下硬功，在提质增效上出新招，在创新创优上求突破，党建工作科学化水平显著提升，经济社会各项事业健康发展。

打好主动战，解放思想谋发展。紧紧围绕学习贯彻党的十八大和习近平总书记一系列讲话精神，在全县范围内开展了轰轰烈烈的“解放思想大讨论活动”，先后举办巡回大宣讲15场，覆盖了全县9个乡镇和县直各单位。全县共组织中心组学习300余次，撰写学习成果报告120篇，其中产业规划建议6篇。通过大讨论，全县党员干部理想信念更加坚定，发展共识高度统一，为全县转型发展、跨越赶超奠定了坚实的思想基础。

找准着力点，多措并举强基础。一是创新实施“五位一体”干部教育培训模式，通过常规培训保质量、网络培训全覆盖、请进来培训上品位、送出去培训抓重点、走下去培训强服务，有效提升了干部素能，受到了中组部干教局和省委、市委组织部的肯定；二是扎实推进各领域党建基础工作，以“52318党建示范工程”为龙头，带动乡镇“文建明工作法”、社区网络化管理、机关党建走在前头、非公党建“双强六好”活动向纵深发展；三是科学实施干部综合考评工作。按照“删繁就减、便于操作、适度加压、突出重点”的原则，坚持凭实绩、重实干的考核导向，在招商一线、项目前沿和经济社会发展主战场上锻炼干部、发现干部、培养干部、使用干部，进一步健全完善了干部考核体系。

锤炼硬作风，创优环境促跨越。全面贯彻落实中央“八项规定”，结合“为民、务实、清廉”为主题的群众路线教育实践活动，通过真学、真查、真改，特别是通过常抓廉政教育、重抓案件查处、实抓服务群众，在全县形成了风清气正的发展氛围。

省委书记袁纯清在定襄县调研

忻州市委副书记、市长郑连生在定襄县调研时召开基层组织建设座谈会

定襄县委副书记、县长刘亮在赵家营村调研基层党建工作

定襄县庆祝建党92周年暨七一表彰大会现场

市县领导七一重温入党誓词

钢铁产业园区规划

代县

2013年，代县县委、县政府以党的十八大精神为指导，抢抓我省转型综改试验区建设重大战略机遇，全面实施三大战略，奋力推进五大跨越，深入开展“大干城建年”、“项目推进年”、“矿山安全标准化建设年”活动，扎实推进“四城联创”，着力加快转型跨越步伐。1–9月份，全县完成地区生产总值37.9亿元，规模以上工业增加值25.6亿元，固定资产投资16.9亿元，社会消费品零售总额5.5亿元，财政总收入10.6亿元，一般预算收入4.6亿元，城镇居民人均可支配收入8899元（季报），农民人均现金收入3031元（季报）。近半数指标已提前实现了十二五翻番的目标任务，县域综合实力显著增强。

雁门关天险门

雁门关国际边塞文化旅游节

一是工业新型化迈出坚实步伐。坚持把企业复产运营、安全生产、转型升级作为工作的重中之重，扎实推进全县工业经济平稳较快发展。总投资34.68亿元的200万吨钢铁企业开工建设；总投资4.75亿元的200万吨水泥技改扩建项目投产运营；总投资1.86亿元的久力尾矿砂制砖和加气混凝土砌块转型项目投入试生产；总投资3亿元的6000吨混炼胶绿色循环经济项目已建成生产线1条，填补了华北地区混炼胶产业的空白；总投资70亿元、规模为700MW的两个光伏发电项目与代县签订了框架协议，各项前期工作进展顺利。

二是农业产业化水平不断提高。累计建成包括小杂粮、水果玉米、金鸡牧业等农产品加工龙头企业20多家。金鸡牧业肉鸡养殖加工项目二期工程快速推进，“十二五”期间将建成华北地区最大的肉鸡养殖基地；伟盛农业科技实施5万只生态蛋鸡养殖项目基础设施建设全部完工；丰裕农产品项目完成了5万吨小杂粮系列生产线；景坤大地农产品物流项目开工建设。干鲜果、畜牧等5个十万亩基地建设取得显著成效，全县“一村一品”专业村达到47个，设施农业面积达到5000亩。

三是文化旅游产业发展势头强劲。投资6亿元实施了雁门关景区旅游大开发项目和生态绿化工程，雁门关景区大开发成为全省旅游开发的典范，成功举办了三届“中国雁门关国际文化旅游节”。投资1.5亿元的赵杲观旅游开发项目正在加紧建设；投资6200万元的西门瓮城和西城墙修复工程开工建设；古城游客集散中心快速推进。文化旅游业新增“中国特色文化产业示范县”和“中国传统建筑文化旅游目的地”两张名片。

四是城市建设步伐全面加快。新城建设累计投资21亿多元，市政基础设施建设基本完成。总投资1.4亿元的新城体育中心全面开工；总投资2.1亿元的新城供热站一期工程基本完成；新城商贸区、住宅区、教育区等各大功能区全面推进。同时创建国家级卫生县城、全国文明县城、全国平安县城和省级环保模范县城，即“四城联创”扎实推进。

滹沱河湿地公园

久力尾矿砂制砖

水果玉米生产车间

县委书记范波涛调研通用机场建设

县委书记范波涛、县长孔保宝调研廉租房建设

县长孔保宝调研县城东循环路与滨河公园东延伸工程

繁峙县学习贯彻十八大精神大会

繁峙县

2012年以来，繁峙县委、县政府按照省委“转型跨越发展、再造一个新山西”的战略部署和市委“3581”发展战略，坚持以项目建设为抓手，强化“一个理念”，突出抓好“六大战略重点”，以“一区一带十大产业园区”为承载平台，持续扩充经济总量，持续推动产业升级，持续统筹城乡发展，持续提升环境质量，持续强化社会管理，全面加强党的建设，经济社会发展步入转型跨越的快车道。

2012年，全县GDP完成58.7亿元，同比增长14.5%。财政总收入完成7.4亿元，同比增长23.4%。城镇居民人均可支配收入达到19039元，同比增长16.7%；农民人均纯收入达到4752元，同比增长18.9%。

坚持项目支撑、园区承载，全力推动经济转型升级。大力推进“十大产业园区”建设，产业发展的平台更加坚实。全县共实施100个重点项目，完成投资76.3亿元，完成率127.17%；11个省级重点项目完成投资7.53亿元，完成率117.3%；25个市级重点项目完成投资43.79亿元，完成率110.9%。在全市项目建设观摩评比中，繁峙县荣获三等奖。

坚持强化功能、扩容提质，全力加快县域城镇化建设。突出规划引领作用，县城总体规划和控制性详规报省住建厅备案。实施“五大城建重点工程”，平型关街延伸一期工程顺利完工，进一步畅通了县城微循环。扎实推进砂河示范镇建设和创建国家卫生镇工作，启动“两水两气两站一园”工程建设，镇区环境明显改善。

坚持以人为本、发展惠民，全面提升群众幸福指数。优先发展教育事业，进一步促进了教育公平。加快发展医疗卫生事业，投资1600万元建设的县第一人民医院医技大楼投入使用，新农合参合率达99.43%。落实更加积极的就业政策，城镇新增就业2840人。进一步提高社会保障水平，新农保参保人数达到13.8万人。农村新的“五个全覆盖”全面落实。

坚持强基固本、改进作风，全面加强党的执政能力建设。坚持“六个优先”用人导向，创新选人用人机制，大力实施“青年干部培养工程”，一大批优秀年轻干部走上领导岗位。以开展“基层组织建设年”活动为契机，全面加强基层党组织建设。全县非公企业党组织覆盖率达100%，乡镇“文建明工作法”推广、社区网格化管理、机关党建走在前、“三级联述联评联考”等工作都得到有效推进。创新实施“党的政治生命工程”，全年发展35岁以下农村党员140名。落实“八项规定”，改进工作作风，全面加强党风廉政建设，连续两年被省政府评为“政风行风先进县”。

太原诚达集团云雾峪风电场

风景如画的县城滨河公园

神池县

省长李小鹏在神池县富康达公司调研

2013年，神池县紧紧围绕省委、省政府“办好两件大事”和市委“3581”发展战略，按照全面建成小康社会的宏伟目标，继续推进特色种植和绿色食品工业园区建设，着力打造特色农业强县；继续推进“羊业富民”战略，着力冲刺三晋羔羊第一县；继续推进风电光电等新能源的开发利用，着力构建新型工业体系；继续推进物流业的发展，着力煤炭集散基地建设；继续推进民生改善，着力社会事业全面发展；继续推进大县城战略，着力美丽神池建设；继续推进党的建设，着力提高领导科学发展的水平。全县经济社会保持了平稳增长的发展态势。

神池县纪念建党92周年大学生村官学习党的十八大报告知识竞赛

重点抓了以下工作：

一、打造三晋羔羊第一县。

二、打造中国亚麻之乡。

三、打造绿色能源基地。

四、打造晋西北生态明珠。

五、打造宜居平安县城。

六、打造煤炭集散基地。

七、打造城乡一体化发展模式。

八、强化安全生产。

九、加强基层组织建设。

神池县教育系统离退休支部党员政治生日活动

神池县的经济社会发展取得了一定成绩，但经济总量少、产业结构不合理、发展水平低的问题依然突出，一是贫困面大、贫困程度深、返贫率高。二是项目“瓶颈”制约依然突出。三是受煤炭市场疲软的影响，煤炭发运量大幅下降，财政征收压力较大。神池县下一步将按照中央、省、市经济工作会议的总体要求，进一步明确目标，强化落实，团结带领全县人民，自加压力，奋力争先，同心同德，创新苦干，全力建设开放和谐、风光无限、绿色宜居、文明富裕新神池。

神池国家登山健身步道

汾河源头（水利部认定汾河源头在神池）

神池高山草甸

五寨县

2013年以来，五寨县委在省委、市委的正确领导下，团结带领全县广大干部群众，深入贯彻落实党的十八大精神，按照中央、省委、市委的安排部署，全面加强政治、经济、文化、社会和生态文明建设，全县经济社会持续健康发展。

全面加强党的建设。全县进一步强化理论武装，十八大精神不断深入人心，干部群众的理想信念进一步坚定。积极探索形成县委工作法，初步拟定了学习教育、监督管理、干部选用、党风廉政等10个方面的30余项制度。深入开展了“三线一体”网络培训和“4+3”在线学习活动，累计培训干部5000余人次，领导干部的能力素质得到新提高。按照上级党委要求，选拔了5名年轻干部担任农村第一书记。严格执行选任干部“四先四后”有关规定，坚持“四用五不用”用人导向，采用“三三制”干部选任方法，严把“推荐关、考察关、酝酿关、讨论决定关、职数审批关”五个关口，全年共调整干部两次80人，社会反响良好。以“文建明工作法”和“四议两公开”工作法的推广为重点，深入推进了基层工作模式的创新，乡镇、农村普遍建立起了工作学习考勤机制、责任事故问责机制、工作业绩考核机制，基层工作效率得到明显提高。全面开展了党员干部下乡住村、“访、知、解”、结对帮扶、“民情日志”、蹲点调研等活动，全县党员干部累计调研走访群众1万多户，为群众解决困难问题2400余个。认真贯彻落实中央“八项规定”和省委、市委的有关规定，厉行勤俭节约、反对铺张浪费，确实精简文件会议，狠刹“四风”，改进干部工作作风，党群干群关系进一步密切。不断加强全县党风廉政建设和反腐败工作。先后开展了会员卡专项清退、治理“吃喝不正之风”和狠刹“两节”期间公款送礼、违规用车专项清退、停止新建楼堂馆所和清理办公用房“五项”工作，共登记干部职工4779人，未发现持有会员卡。通过领导带头、加大宣传、监督检查和明查暗访，严格执行省纪委“五个不准”和市纪委“九个严禁”，公款吃喝和奢侈浪费之风得到有效遏制。深入开展反腐败斗争，加大大案、要案的查办力度，全年查结各类案件102件，处分102人，受党纪处分96人，政纪处分7人，双重处分1人，案件审结率100%，为全县经济社会转型跨越发展营造了良好的环境。

抓党建促经济。全县集中实施了“2235”工程，农业产业化进程快速推进；认真落实“八位一体”项目建设统筹推进战略，工业强县大步迈进；全面实施县城东移北扩战略，城镇化建设扎实推进；突出发展煤炭物流、餐饮服务和生态旅游业，第三产业收入逐渐成为全县财政的重要支柱；统筹发展教育、文化、卫生等各项社会事业，人民群众的幸福指数不断提升；加强和创新社会管理，信访、安全、社会治安形势持续稳定好转。通过加强党的建设，促进了全县经济社会的健康快速发展。全年地区生产总值预计完成20.9亿元，同比增长11%；财政总收入预计完成4.6亿元；一般预算收入预计完成1.8亿元；全社会固定资产投资预计完成19.6亿元，同比增长23%；社会消费品零售总额预计完成7.9亿元，同比增长16%；规模以上工业增加值预计完成1.9亿元，同比增长19%；城镇居民人均可支配收入预计达到17942元，同比增长13%；农民人均纯收入预计达到5536元，同比增长22%。

2012年4月5日，省委书记、省人大常委会主任袁纯清在李家坪乡大辛庄村与村民们亲切交谈。

2013年8月28日，省长李小鹏、副省长郭迎光在万兴制粉公司进行调研。

2013年8月28日，省长李小鹏、副省长郭迎光在砚城镇周家村走访农户。

县委书记张春、县长张宇光陪同市委书记董洪运在北环工业园区指导工作。

偏关县

2012年以来，偏关县委、县政府团结带领全县人民，继续深化“双五”发展战略，狠抓“七项”建设，强势推进“4815”重点项目，整体呈现出经济逆势走强、环境不断优化、民生显著改善、社会和谐稳定、党的建设全面加强的良好局面。尤其是“GDP、工业增加值和城镇居民人均可支配收入”三项指标增幅均位居全市第一，服务业增加值增速全市排名第二。

一是以产业转型升级为重点的项目建设实现了新突破。“4815”重点项目强势推进，4路建设使得困扰偏关发展多年的交通瓶颈即将打破，以8电项目为支撑的新能源开发利用峥嵘已现，15个煤炭加工物流企业的兴起使工业弱小的产业结构破局可期。

二是以农民增收为重点的社会主义新农村建设迈出了新步伐。设施农业扩量增效，全县日光温室总数达到1200座，老营镇大棚调产成功且正式取得了“无公害”蔬菜认证；舍饲养殖稳步扩张，全县养羊46.8万只，农民人均牧业纯收入达到2018.4元；经济林种植渐成规模，6个乡镇7个村共完成5大片区5000亩的白水杏种植，可带动农民人均增收1648元。

三是以特色旅游文化发展为重点的文化强县建设迈上了新台阶。紧扣黄河、长城、古堡、电站“四大要素”，精心打造“黄河入晋第一县”、“中华长城古堡(台)第一县”、“三晋水电第一县”、“黄河风情旅游特色县”。

四是以特色城镇化发展为重点的市政建设取得了新成果。重点在城区开展了“三街三路两桥”亮化、街巷硬化、门户牌匾、经营秩序、卫生清洁“五项治理”，彰显了县城的品味和活力。

五是以社会管理创新为抓手的民主法制建设攀升了新高度。高度重视信访排查调处和积案化解工作，全年共排查化解各类矛盾775起，被评为“信访工作先进县”；深入开展了“春安利剑”等专项行动，确保了全县社会治安良好。

六是以干部作风转变为重点的党的执政能力建设注入了新活力。狠抓基层组织建设，创新方法“五位一体”抓党建，全县400个基层党组织全部实现了晋位升级的目标，全年共提拔优秀干部81人，吸收106名积极分子加入了党组织；狠抓反腐倡廉建设，全面开展“吃拿卡要”问题专项整治，进一步优化了发展环境。

县委书记王源示范仁用杏树栽植

偏关县学习贯彻党的十八大精神宣讲大会

广盛恒300万吨洗煤厂

马家坡移民新区

乾坤湾景区

河曲县

县委书记边东圣

县长李旭清

2013年以来，在省委、市委的坚强领导下，河曲县认真贯彻落实省委转型跨越和市委“3581”发展战略，按照全市“项目推进年”、第二个“大干城建年”的部署要求，发扬“创卫”精神，统筹城乡发展，突出重点、狠抓落实，经济社会各项事业均取得了新的成绩。

项目攻坚成效显著，工业生产稳中有进。神华国能河曲电厂二期2×66万瓦机组正式并网发电，神华神东低热值煤2×30万瓦发电项目正式开工。煤运猫儿沟、山煤旧县、神达梁家碛等三座露天煤矿、神达选煤厂及输煤地道、振钢城市集中供气等项目进入全面建设阶段，振钢癸二酸项目建成试运营。涉及4乡10村近万人的矿区移民搬迁工作加速推进。晋神磁窑沟煤矿、同德产销爆一体化项目正式投产达效。山东信发集团80万吨氢氧化铝项目顺利推进。神华神东低热值煤发电二期项目(2×66万千瓦)在中博会签约。煤电化建铝同步发展的产业格局初步形成。

惠农政策有效落实，特色产业开发取得突破。认真落实各项惠农政策，通过财政补贴、项目支持、企业带动等措施，以脱毒马铃薯产业、设施农业、畜牧产业为主，大力推进特色产业项目，脱毒马铃薯种植面积达到7万亩，发展马铃薯专业村7个；新建日光节能温室200亩；新增标准化养殖场29户；发展富有机硒特色农作物1700余亩，农民增收效果明显。

注重民生改善，社会事业协调发展。进一步巩固、完善和扩展“创卫”成果，加快推进了长城大街的后续建设。河曲中学新校区正式投用，高考再创佳绩。县级公立医院全部取消了以药补医。城乡基本社会保障范围进一步扩大，“一卡通”制度全面落实。强化了安全生产主体责任，形成了全面覆盖、高度融合的安全生产监管责任体系。开展了“六打六整”创建平安河曲集中行动，全县信访形势稳定好转，社会大局保持和谐稳定。

县委书记边东圣在神华河曲电厂调研

河曲县“讲政治 树正气 转作风 创环境”主题教育活动动员会

蚰蜒峁新村

改造后的河曲黄河大街夜景

河曲兴农公司脱毒马铃薯育种大棚

振钢化工癸二酸项目

强基固本，党的建设全面加强。以深入贯彻落实党的十八大精神和学习贯彻习近平总书记系列重要讲话精神为抓手，不断加强思想政治建设、作风建设和纪律整顿，认真落实关于改进工作作风、密切联系群众的“八项规定”和省、市有关改进工作作风的一系列决策部署，开展了“讲政治、树正气、转作风、创环境”主题教育活动，全县广大党员干部进一步转变了工作作风、强化了服务意识、规范了行政行为，提升了干部素能，领导班子和干部队伍的凝聚力、战斗力和创造力明显提高。全面贯彻党风廉政建设责任制，扎实推进农村基层惩防体系建设，深入开展“五项治理”，严厉查处违反省市纪委“五不准，九严禁”的行为。立查各类案件50件，处分50人，反腐倡廉工作取得了明显实效。

晋神磁窑沟煤矿外景

白朴公园

新建成的河曲长城大街

保德县

忻州市委书记董洪运在保德崔家湾新农村调研

忻州市委组织部长吉久昌在保德吉港冠宇水泥厂调研企业党建工作

2013 年，中共保德县委以十八大精神为统领，不断加强党的执政能力建设、先进性和纯洁性建设，全面提高党的建设科学化水平，为推动全县转型跨越发展奠定了基础。

一是用十八大精神武装头脑，指导实践。持续引深十八大精神的学习贯彻，突出加强理想信念教育，以十八大精神指导实践、推进各项工作。全县累计开展学习讨论活动 770 多场次，下基层宣讲 270 多场次，并选派 60 多名县、乡两级领导干部到清华大学进行学习深造；全县公务员、参公人员、大学生村干部全部纳入网络在线学习的范围，参学干部 1140 多名。

二是扎实开展党的群众路线教育实践活动。以解决实际问题、提高干部做好群众工作的能力为主要内容，认真贯彻“照镜子，正衣冠，洗洗澡、治治病”讲话精神，开展了习近平总书记系列讲话学习活动，对照“四大考验”、“四大危险”和党的建设的重大任务，党内展开分析差距，查摆问题，探索破解之策的活动。开展了 13 个乡镇和 125 个县直单位主要领导在县电视台和报纸上公开承诺，并建立普通党员承诺台账，切实做到向人民问计、为人民办事、给人民汇报、请人民评议，确保了教育实践活动取得实效。

三是努力建设高素质的执政骨干队伍。始终坚持正确的用人导向，不断创新干部绩效考核评价体系和竞争选拔干部机制，共调整干部两批 73 人，增强了干部队伍的活力。进一步完善了干部日常管理监督机制，落实谈心谈话、民主生活会、报告个人有关事项等制度，及时发现和纠正干部队伍中苗头性、倾向性问题。大

县委中心组学习习总讲话专题会

文化广场周群众文艺演出

中共保德县委十三届四次全体(扩大)会议

全县项目促进会

力实施人才开发战略，大力培养和引进实用性人才。

四是不断加强基层组织建设。全面引深“六项计划”，继续推进基层党建项目化运作模式。强化了农村、社区党组织建设，从县直单位选派5名、市直单位选派1名农村“第一书记到村任职。加大了非公经济组织、社会组织党建工作力度。党建“网格化”管理进农村，落实了挂牌服务制、首问责任制、限时办结制、文明服务制、民情日记制“五项”机制。继续实施了干部下乡住村进企活动，诚心诚意为农民群众、企业办实事。加强了对大学生村官队伍的建设和管理。

五是扎实推进反腐倡廉建设。认真落实党风廉政建设责任制，深入贯彻《廉政准则》，推进惩治和预防腐败体系建设。严格执行领导干部述职述廉、诫勉谈话等制度。9月份在全县范围内开展了清房清车和三公经费自查活动。切实加强了招标采购、工程建设等重点领域的制度建设，引入廉政效能监察派驻制度，严肃查处违法违纪案件和严重侵害群众利益的案件，纠正了部门和行业不正之风。

繁庄塔高新科技农业示范园连栋温室内景

三叉煤层气集气站

兴保塔附属工程

创卫中的后坡综合治理工程

旧城区新建的休闲广场

吕梁市

省委书记袁纯清在吕梁调研

省长李小鹏在吕梁观摩检查指导工作

2013年，吕梁市委、市政府认真贯彻落实中央、省委决策部署，以转型综改试验区建设为统领，按照“打基础、利长远、惠民生”总体要求，突出资源转化和扶贫攻坚两个重点，全面推进经济、政治、文化、社会以及生态文明建设和党的建设，各项工作取得新进展新成效。

强化理论武装头脑，持续掀起学习贯彻十八大、十八届三中全会和习近平总书记系列讲话精神高潮。坚持把学习贯彻十八大、十八届三中全会和习近平总书记系列讲话精神作为首要政治任务，狠抓各级党委（党组）中心组学习，举办学习习近平总书记系列讲话研讨班和“引深十八大精神学习”、学习贯彻十八届三中全会精神培训班，在全市形成了学习宣传贯彻十八大、十八届三中全会和习近平总书记系列讲话精神的浓厚氛围。

加快转变发展方式，着力提高经济发展的质量和效益。坚持上大项目、新项目、好项目，深入开展“项目推进年”活动，全年共铺开各类重点项目173个，总投资8813.88亿元，其中50亿元以上88个。着力提高资源就地转化率，加快用先进技术改造传统产业，延伸产业链，促进资源型产业低碳、绿色发展。焦化行业兼并重组稳步推进。“一城三园”高科技产业基地开工建设，高性能云计算、应用微小卫星、无人系统和能源互联网等一批高科技项目取得重要成果。现代商贸物流业加快发展，旅游业继续保持快速增长势头。

全面落实强农惠农富农政策，扶贫开发和“三农”工作取得新突破。“一村一品”、“一县一业”扎实推进，农业产业化水平实现新提升。深入实施“百企千村”产业扶贫，50家企业投身产业扶贫，实施项目63个。大力实施以发展核桃、红枣、杂粮、畜牧、蔬菜、马铃薯、中药材、食用菌等八大产业以及市场建设和龙头企业为核心的“8+2”农业产业化增收工程，市县两级财政累计投入7.2亿元，为农民增收提供了产业支撑。扎实开展单位对口帮扶和干部住村包增收活动，2124个帮扶村农民收入实现较大幅度增长。

城镇化和基础设施建设加快推进，城乡一体化迈出新步伐。吕梁新区建设全面铺开，道路、河道等工程基本建成，大医院、图书馆等一批公益事业工程开工建设。大县城、重点镇建设步伐加快，13县市区共铺开城建项目147个，12个重点镇全部开工建

吕梁市环城高速互通枢纽

“天河二号”超级计算机在吕梁建成试用

设。吕梁飞机场正式通航，中南铁路、太兴铁路及西纵、环城高速等工程主体完工。中部引黄、柏叶口水库等工程顺利推进。

不断深化改革，对外开放取得新进展。深入推进国有企业改革、事业单位分类改革。坚持简政放权，扩权强县试点取得新成效。综改试验区建设扎实推进。在上海成功举办“山西吕梁投资发展推介座谈会”，签约项目 60 个，签约金额 1574 亿元。成功举办第七届世界核桃大会，签约项目 18 个，签约金额 68 亿元。

着力改善和保障民生，促进社会和谐稳定。省“五件实事”和市“5+1”六件实事顺利推进。各类教育统筹推进，新建幼儿园 70 所，交城、文水 7 个县通过省政府义务教育均衡发展验收，吕梁职业技术学院招生，吕梁高等师范专科学校等开工建设。全市 60%以上县级公立医院实施国家基本药物制度，新农合农民参合率达到 97%以上。巩固和引深以矛盾纠纷大排查、领导干部大接访、信访问题大化解为重点的“三大”活动，信访秩序进一步好转。深化安全生产隐患排查整治，安全生产形势持续向好。

加强和改进党的建设，为转型跨越发展提供保障。全面加强各级领导班子和干部队伍建设，大力实施人才强市战略，全年引进“两院”院士 5 名，高层次人才 10 名。扎实推进基层党组织建设。严格落实党风廉政建设责任制，建立了具有吕梁特点的“一网八平台”惩治和预防腐败体系。严格执行中央“八项规定”，坚决反对“四风”，深入开展“五个专项治理”活动，扎实开展整治“吃拿卡要”专项行动，干部作风和社会风气明显好转，党风廉政建设和反腐败斗争取得新成效。

红枣规模化种植示范园

食用菌培植基地

煤矸石综合利用示范园区

标准化蔬菜大棚

交城县

县委书记李志安

县长乔晓峰

华北第一漂——庞泉沟红柳湾漂流

佛教圣地——玄中寺

2012年,交城县委坚持以转型跨越发展为主线,紧紧围绕"打基础、利长远、惠民生"的总体要求,大力实施"1359振兴工程",全县经济社会呈现出转型发展、跨越发展的良好态势。

产业建设强力推进。全年共实施总投资209亿元的重点项目43个,煤系针状焦项目、耐高温乳糖酶项目、太阳能反射镜项目等填补国内空白,引进德国西格里、美国阿姆斯壮、中电国际、湖北宜化等大企业大集团,初步形成煤化工、装备制造、生物工程、医药化工、新材料、新能源、生态文化旅游七大新兴产业体系。全年地区生产总值完成73.5亿元,财政总收入完成11.4亿元。农业产业迅猛发展。流转设施蔬菜建设用地3200亩,建成日光温室和大棚1717亩。特别是引进太原河西农产品有限公司,建设蔬菜种植、仓储、物流基地,成为辐射吕梁、太原、晋中的蔬菜瓜果集散中心。全年农民人均纯收入达到6229元,同比增长18.3%。城乡建设日新月异。全年铺开城建重点工程20余项,全力打造山水园林宜居文化名城;龙门供水工程渠首枢纽工程顺利完工,"交城山交城水,不浇交城浇文水"的千年历史将彻底改写;柏叶口水库开始试蓄水,库区移民喜迁新居。旅游产业强势崛起。顺利通过国家"千年古县"专家组评审,卦山、玄中寺成功跻身国家4A级景区行列。2012年,全县旅游人数达到100万人次,是常年人数的10倍,旅游品牌全面唱响,旅游富民效应凸显。民生改善卓有成效。投资5亿元的山医大一院交城分院正式奠基开工,农村新的"五个全覆盖"、"方便农民五件实事"全面完成,农民群众得到实实在在的好处。党的建设全面加强。以学习贯彻党的十八大精神为统领,扎实开展"基层组织建设年"活动,445个基层党组织实现了晋位升级。坚持"三重三论"选人用人导向,一批德才兼备、苦干实干、能力突出的干部得到提拔重用,党风、政风和社会风气明显好转。

县四大班子领导重温入党誓词

"名人故里·山水交城"摄影展在太原开展

庆祝中国共产党诞生91周年

全国最大的煤焦油加工企业——山西宏特煤化工有限公司

柳林县

县委书记王宁

县长武跃飞

2012年，在省委、省政府和市委、市政府的正确领导下，柳林县委、县政府深入贯彻落实十八大精神，以“三个抓手”为重心，以“为民服务”为主线，乘势而上，攻坚克难，全县经济社会发展取得了显著成效。2012年，全县地区生产总值完成280.2亿元，同比增长14.8%；财政总收入完成86.36亿元，同比增长19.58%；一般预算收入完成25.35亿元，同比增长52.02%，财政总收入和一般预算收入名列全省双第一；城镇居民人均可支配收入21226元，同比增长17.9%；农民人均纯收入达到7596元，同比增长18.7%；城镇化率达到35.3%；森林覆盖率达到32%。全县共有10项工作获得国家级表彰，69项工作获得省、市级表彰，被授予“全国生态建设先进集体”、“全省十佳卫生县城”等一批荣誉称号，成功跻身2012年度最具投资潜力和最具区域带动力中小城市百强县行列。

抓党建，在“为民服务”的组织建设上有保障。全面落实党建责任制。把党建工作与项目建设、产业发展等重点工作结合起来，形成县委书记牵头总抓、常委分工负责、城乡横向联动、分层负责落实的齐抓共管局面。推行了村党支部书记“承诺、践诺、述诺、评诺”制度，全县257名农村支部书记全部在村党员大会和乡镇干部大会上进行了公开承诺，25名五星级农村党支部书记还进行了电视公开承诺。进一步规范非公经济党组织建设。在全县非公有制经济党组织中开展了“以党建先进引领企业先进”的“双先”活动。把党建工作贯穿于企业生产经营全过程，在促进企业发展的同时丰富党建内容，提升非公党建工作水平。以“典型”带动基层党组织服务群众工作。在全县基层党组织中开展了“群众工作典型案例”征集活动，总结完善了李家湾乡“双521”工作机制、贾家垣乡“无职党员代办群众事宜”工作机制和陈家湾乡在“十星级党员”评选活动中好的做法和经验，着力推动乡村两级党员干部作风不断转变和服务群众能力不断提高。

缅怀革命先烈、重温入党誓词

树旗帜、立标杆

吕梁市委常委、组织部长郑中夏检查指导农村党建工作

以“党建先进引领企业先进”的“双先”主题实践活动

柳林城区新貌

中阳县新城区

中阳县

县委书记郭保平，县委副书记、县长乔晓峰在“两路两片区一交通枢纽”拆迁改造现场办公

2013年以来，中阳县委、县政府紧紧围绕省委转型跨越发展战略和市委“打基础、利长远、惠民生”要求，明确以党建工作为抓手，实施“1234”“工程。

“1”即“三年打基础、五年大跨越”战略目标，力争2018年经济社会各项指标达到吕梁中上游水平，让群众过上更富裕、更安稳、更开心、更有尊严的日子。

“2”是“中阳大发展、我该怎么办”大讨论和创建市级文明和谐县城两项大活动。通过开展活动，干部群众思想明显解放，干部作风明显转变，发展环境明显优化，各项工作明显提升。

“3”是推进交通秩序、建筑秩序、矿业秩序“三项整治”。交通方面，投资30亿元的东山绕城过境公路完成前期准备工作、209国道城乡一体化完成改造、筹资7亿多元铺开两条运煤专线建设；建筑方面，基本杜绝了违法建筑和乱修乱建行为；矿业秩序方面，按照“整合提升、综合治理”原则，首批关闭非煤矿山22户，整合主体4户。

张子山乡移民工程

“4”是实施项目建设、城乡建设、民生改善、信访稳定“四大推进”。总投资133亿元产能2500万吨以上的16对煤炭矿井即将建成；中钢一体系升级改造、桃园东义水泥熟料竣工投产；引进16亿元的华润20万千瓦风电项目。城乡建设方面，提出一城三镇28个中心村建设，全面铺开“两路两片区一交通枢纽”拆迁改造。民生改善方面，大力实施吕梁市“8+2”农业产业化振兴三年计划，山地核桃林实现全覆盖，10万农民人均2亩；两个投资亿元以上的猪、羊养殖项目一期建成。信访稳定方面，出台了平安建设五年规划和信访工作责任追究、考核办法等8个文件，一批历史遗留问题得到化解和处理。

中阳钢铁有限公司

成绩的取得，得益于党建科学化水平不断提高。全县推行“梯级管理—分级帮扶—星级评创”党建工作法；乡镇推广“文建明工作法”；农村党组织推进“四议两公开”工作法；非公企业全部建立了党的组织；全县上下深入开展了学习习近平总书记一系列重要讲话精神的活动；严格落实中央八项规定和狠刹四风要求，全县文风、会风、工作作风等都有了明显转变。

中阳县林下中药材种植基地

离石区

区委书记阎刚平(右四),区委副书记、区长吕文平(左三)看望人大代表

2013年以来,离石区深入贯彻党的十八大、十八届三中全会和习近平总书记系列讲话精神,按照省委转型跨越发展的战略部署和市委"打基础、利长远、惠民生"的总要求,狠抓吕梁新城建设、基层组织建设、高新科技园区三件大事,大力实施大城区、大园区、大民生、大生态、大环境五大建设,着力打造美丽、智慧、幸福三新离石,全区呈现出经济发展、政治稳定、社会和谐,各项事业全面进步的良好态势。

经济平稳较快发展。坚持抓投资、上项目、调结构、促转型,重点项目建设取得较大进展,累计完成投资20.53亿元。大力实施蔬菜、养殖、核桃、中药材、食用菌等农业五大产业,农民增收产业基础得到夯实。机械制造、新型熟料生产、石头造纸等一批转型项目建成投产;无人系统产业、云计算等一批高科技项目积极推进;安置房、旅游公路等一批基础设施项目快速推进;热电联产、风能发电、建材等一批非煤项目快速成长。白马仙洞、千年水库、安国寺、彩家庄民居等一批旅游项目风生水起;农产品交易中心、铁路战略装备点等一批物流服务业项目取得积极进展,招商引资成果喜人,全区经济保持了企稳向好态势。

城乡发展统筹推进。大城区建设规划基本形成,吕梁新城建设成效显著,老城片区开发、城中村改造稳步发展,生态科技城扎实起步。产业扶贫开发进展顺利,方便农民十件实事取得积极进展,农村基础设施和公共服务不断完善。

社会事业整体进步。教育事业优先发展,江阴经验广泛推广,"两支队伍"建设得到加强,教育教学质量逐步提升。思想宣传文化局工作得到加强,人民群众的精神文化生活日益丰富。医疗卫生服务水平不断提高,就业再就业工作得到加强,社会保障范围持续扩大,各项事业有了新的推进。

政治社会基本稳定。信访工作力度不断加大,重点村工作成效明显;社会管理不断创新,流动人口和特殊人群众服务管理得到新的加强。社会治安大防控、治安秩序大整治工作有力推进,平安离石创建持续引深,安全生专项整治取得明显成效。

民主法制建设得到加强。人大和政协履行职能水平不断提高,与民主党派、工商联和无党派人士的团结合作更加密切,新形势下的统战、民族、宗教工作进一步加强。工青妇等群团组织和老干部的作用充分发挥,全区团结民主、和谐共进的氛围日益浓厚。法治离石建设全面启动,广大干部依法行政能力和人民群众依法维权意识不断增强。

党的建设全面加强。一是思想理论建设取得新成效。以塑造学习型干部为目标,建立干部考学制度,切实提高干部思想政治水平,不断推进实践基础上的理论创新。二是基层组织建设取得新成效。坚持抓基层、打基础,大力实施"六三工程"(建立"三会治村"机制、开展农村三项工作、建立三级信访评审机制、开展"三打一整治"专项行动、建立"三位一体"激励保障机制、建立"三级双向承诺考评"机制),着力解决基层基础薄弱的问题,基层组织建设、后进村集中整顿走在全省前列。三是干部队伍建设取得新成效。坚持德才兼备、以德为先,坚持业绩导向,坚持清廉导向,端正用人导向;创新选任方式,公开选拔5名乡镇长,扩大干部工作民主,采用实名推荐的办法选拔了7名乡镇、街道党委书记;强化了干部日常管理和考核,扎实开展全省干部从严管理干部试点工作,实行领导干部工作报告制度、民意调查制度、考核监督制度,对8名科级干部进行了诫勉谈话,6名乡镇街道党委书记免职

区委书记阎刚平在红眼川调研经济林建设

对科级干部进行理论考试

待岗处理，通过强化各级班子和干部队伍建设，提高了执政能力和领导水平。四是作风建设取得新成效。严格落实中央八项规定和省委、市委实施意见，切实整治形式主义、官僚主义、享乐主义、奢靡之风等"四风"问题；扎实开展"访民生、知民情、解民事"领导干部走访活动，认真开展党政机关办公用房清退、公务用车整治等专项行动，严肃党纪政纪，整顿机关纪律；大兴调查研究之风、求真务实之风、立说立行之风、团结奋斗之风，干部作风切实转变。五是制度建设取得新成效。坚持以党章为根本，以民主集中制为核心，把民主集中制原则切实运用到党的活动的各个领域。区委领导核心作用充分发挥，党内生活制度更加健全，各项工作制度严格执行，大力推进党务公开，让权力在阳光下运行。六是反腐倡廉建设取得新成效。坚持标本兼治、综合治理、惩防并举、注重预防方针，深入开展党风廉政教育，持续开展纠风治乱工作，不断推进惩治和预防腐败体系建设，严格执行《廉政准则》等规定，锤炼了一批政治坚定、能力过硬、作风优良、奋发有为的干部队伍，为全区经济社会转型跨越发展提供了坚强政治保障。

安国寺景区

城北安置小区建设

云计算项目之天河二号计算机

王文庄便民澡堂

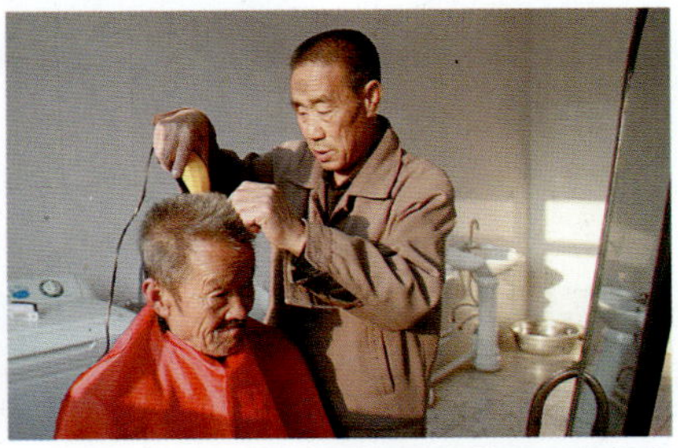

吴城镇上四皓村便民理发店

吕梁大道

岚　县

省长李小鹏在岚县调研太钢项目

市委书记高卫东在岚县调研

2013年以来,岚县县委、政府以科学发展观为指导，以党的建设统领全局,认真贯彻执行中央、省、市各项方针政策和决策部署,务实进取,开拓创新,取得了较为突出的业绩。

一、紧密结合县情实际,探索了转型跨越发展的新路径

岚县县委、政府在深入开展调查研究、科学分析宏观形势、客观总结经验教训的基础上,提出了建设实力岚县、富裕岚县、幸福岚县、美丽岚县、和谐岚县、勤廉岚县的奋斗目标和“3+1”、“1+3”发展战略。

“3+1”中的“3”主要指工业层面,就是大力发展以煤铁资源开采为主的采掘业、以煤铁资源转化为主的产业链延伸、以高新技术研发为主的新兴产业,到2020年,三大产业集群各提供20亿元以上的财政收入，全县财政总收入完成60亿元以上,达到全市中等水平;“3+1”中的“1”主要指农业层面。

“1+3”就是指“一主三辅”农业产业化发展思路。“1”就是马铃薯产业,“3”就是油松育苗、生态养殖和生态旅游。到2020年,“一主三辅” 产业总产值达到40亿元以上,农民人均纯收入达到11838元。

这一发展思路符合岚县实际,符合科

召开纪念中国共产党成立92周年大会

县委中心组 学习十八届三中全会精神

学发展观要求，已经成为全县上下的共识。

二、全力推进经济社会发展，奠定了转型跨越的新基础

以项目建设为抓手，推进经济社会全面发展。把全年工作梳理为工业、农业、民生等五个方面的55个重点项目，坚持一个项目、一名县级领导、一套服务班子、一个推进方案、一抓到底的工作机制和“三个24小时”工作要求，全力推进项目建设。1–9月份，全县地区生产总值完成10.8亿元，同比增长7.9%；工业增加值完成12.73亿元，同比增长26.9%，增速全市排名第一；财政总收入完成8.08亿元，同比增长14.21%，增速全市排名第四；一般预算收入完成5.84亿元，同比增长14.61%；城镇居民可支配收入10953元，同比增长9%；农民人均收入3078元，同比增长12.7%。

县委书记薄宇新

三、全面加强党的建设，强化了加快发展的组织保障

坚持党要管党、从严治党，切实加强党的思想、组织、作风、制度和反腐倡廉建设，不断提高执政能力和领导水平。

薄宇新在河口乡调研马铃薯产业

加强了思想政治建设。狠抓学习型党组织建设，制定出台《学习型党组织创建标准》，举办了学习习近平总书记系列讲话和十八届三中全会精神轮训班。加强了组织建设。坚持民主集中制原则，县委总揽全局、协调各方，支持人大、政府、政协按照分工开展工作，调动了班子成员干事创业的积极性。注重对优秀年轻干部的培养和使用，干部队伍结构得到优化。全面推行“545”工作法，加强了党支部领导下的村级民主政治建设，开展了创建机关“五好”党支部和争当“十星级”党员活动，党组织的战斗堡垒作用和党员的先锋模范作用得到充分发挥。加强了制度建设。制定出台了《县委工作制度》等一系列工作制度，促进了各项工作的规范运行，高效运转。加强了作风建设。认真落实中央“八项规定”和省委、市委关于转变干部作风、密切联系群众的各项规定，扎实开展了“五个专项治理”工作和“七查七验”活动，干部的宗旨意识和纪律观念切实增强，工作作风明显转变。加强了反腐倡廉建设。县四大班子领导带头做到“三个严禁”：严禁向纪检委打招呼；严禁向公检法机关打招呼；严禁家属、亲属在自已分管领域承揽工程。注重制度机制建设，出台了《岚县项目建设风险评估实施方案》、《关于加强工程建设项目监督暂行规定》等一系列制度。

薄宇新在普明镇调研

全县干部大会

对各村村务监督委员会成员进行业务培训

县委十三届四次全体（扩大）会议隆重召开

平遥县

省委常委、组织部长汤涛在平遥调研非公有制企业党建工作

晋中市委常委、组织部长丁文禄在平遥调研党建工作

2013年，平遥县深入学习贯彻党的十八大精神和省"两会"精神，立足平遥实际，抓住转型综改和被列入108综合发展廊带的机遇，以同心共筑平遥梦、合力再创黄金期统揽全局，县域经济社会转型跨越取得明显成效。

势头好。在经济下行的压力下，解放思想求突破，改革创新谋发展，现代农业深入推进，传统产业改造提升，新型工业强势迸发，全县各项主要经济指标稳中有进，基本能实现全年任务。铺开了总投资247亿

晋中市委常委、宣传部长黄耀春在平遥煤化集团开展党日活动

元的69项重点工程建设,煤化新型光学材料、造纸产业园、天然气液化、中科鸿基微生物产业园等一批填补空白、支撑发展的新型工业项目相继上马,建成后年产值可达220亿元,提供税收25亿元。

特色浓。出台了推进平遥旅游发展的九条意见,确立了建设山西旅游集散中心、晋商文化旅游中心的战略新定位。围绕城市建设、旅游发展、文化繁荣,创新机制,一年拆迁达到20万平米,中部神龟灵动、两翼凤凰展翅的城市格局初步形成。"又见平遥"上演以来,效益良好,不仅填补了北方印象系列空白,更是国内首部大型室内情境体验剧。截至10月底,演出已近500场,收入近3500万元,进一步带动了平遥旅游发展。

社会稳。在财政紧张的情况下,铺开了十大民生实事,涵盖了教育、医疗、水利、道路、住房等各个方面,到年底全部都能兑现,特别是道路投资、通车里程、建设质量均创历年之最,群众得到更多实惠。高度重视安全生产和信访稳定工作,推进社会管理创新,重大节日、重大活动期间实现了零上访,没有发生一例重大安全事故,继续巩固了和谐稳定的政治社会局面。

风气正。从县四套班子率先做起,各级领导干部带头转变作风,清房、清车任务全面完成。纠建并重,深入推进案件查处和纠正不正之风,八项规定得到有效落实。扎实加强党的建设,采取干部大谈心、公开大选配、程序严把关等一系列措施,公平正派选用干部,为全县发展注入了动力,形成了风清气正、干事创业、蓬勃向上的发展态势。

晋中市委督导组检查保持党的纯洁性学习教育活动

晋中市党建检查组在平遥县房管局检查指导

县委中心组集体学习

全县党建工作会议

左权县

县委书记王兵赴长治考察党建工作

乡镇党委书记述职大会

"全心全意解民忧,尽职尽责办实事"意见征询会

2013 年，左权县党建工作坚持以党的十八大精神为指引，以创建学习型、服务型、创新型党组织为目标，开拓进取、创新实践，各项工作取得了显著成效。目前，全县共有党组织 578 个，党(工)委 19 个，党(总)支部 559 个，党员 12719 名，其中女党员 2100 名，机关、企事业党员 5302 名，农村党员 7417 名。

一、目标责任制落实情况

一是建立了党组织书记工作目标承诺制度。全面推行党组织书记工作目标承诺制度，保证了党建目标任务层层落实到位。二是实现了党建责任项目化管理。围绕党建工作要点，确定了"党组织星级管理"、"片区联建党总支"、"121 联系群众制度"等党建项目，增强了基层党委抓党建的责任感、创造力、实效性。

二、发展党员和党员管理情况

——发展党员工作。坚持以德为先的原则，严格按照"1234"工作法，切实把党性观念强、自身素质高的人吸纳到党员队伍中。全年发展党员 260 名，预备党员转正 299 名。

——党员管理工作。建立了农村党员资格年检办法，采取百分制测评党员，把党员教育、管理、监督融为一体，使党员管理更加规范、出口更加顺畅。

三、基层党组织建设情况

——农村(社区)党组织阳光便民工作室建设。在全县20个村和2个社区探索推行了农村(社区)党支部阳光便民工作室试点工作,为群众提供“解惑、送智、代办”三位一体服务,让群众办事更加省心省力。

——党代表工作室建设。制定完善了党代表工作室建设实施方案和相关制度,保障了党代表工作室顺利运行。全县18个党代表工作室共进驻党代表1144人,其中市级以上25人、县级237人、乡镇882人。

四、住村增收活动开展情况

开展了“访民情、知民意、解民事”、“全心全意解民忧,尽职尽责办实事”、“两级机关下乡、千人千企进村”和“百人百村”助农增收等活动。全县共组织137名领导干部、127个机关支部、22个规模以上企业党组织与联系村建立了共建关系,切实增强了各机关、企业和广大领导干部深入农村开展活动的能动性和实效性。

选派“第一书记”到村任职欢送会

开展“千百活动”

麻田八路军纪念馆重温入党誓词

党代表工作室、党员资格年检安排会

党建网开通仪式

大学生村官工作会议

晋中市委副书记张秀萍在安泰集团就党建工作进行调研

市委书记王继堂在张兰古玩城项目施工现场进行调研

市委副书记、市长王怀民深入社区检查指导工作

介休市

近年来，介休市委、市政府高度重视党建工作，始终把党建工作作为推动转型跨越发展的基础工作来抓。坚持党要管党、从严治党的方针，以创建学习型党组织和创先争优活动为契机，以“基层基础基本功”建设为主题，突出抓好干部思想政治建设、干部队伍能力提升、基层基础建设、工作作风转变等重点工作，全面加强党的建设，为推动介休转型跨越发展提供了坚强组织保障。一是抓思想政治建设。紧紧围绕全市中心工作，以建设学习型党组织为目标，加大干部培训力度，提高思想理论水平和改革实践能力。为深刻领会党的十八大精神，通过组建十八大精神宣讲团、举办十八大精神学习讲座等活动全面贯彻落实十八大精神；依托清华大学优秀的教育资源，对全市正科级以上领导干部举办五期领导干部能力提升培训班；围绕慈孝文化之都建设，开设了慈孝文化国学公开课，通过学习弘扬慈孝文化，提升全市党员干部素养，促进勤政廉政氛围形成；依靠山西干部在线学院及晋中干部培训网络学院，加强干部日常教育工作，党员干部的理论素养、政治意识和能力水平大幅提升。二是抓干部队伍能力提升。始终以提高党员干部素质，建设高水平干部队伍为目标，严格按照干部《选任条例》的有关规定，严把人选质量关。在人事调整中，始终坚持群众公认、注重实绩、优化结构、适度平衡、理顺关系、增强活力的原则。在人员选拔上，既考虑专业结构、能力结构上的合理性，又考虑个性特点、工作阅历上的互补性；既大胆选用优秀的年轻干部，又合理使用其他年龄段的干部。经过几年的努力，在优化班子结构、选拔任用年轻干部、妇女干部、党外干部和加强干部交流力度等方面取得了明显突破，班子的整体功能和综合素质水平得到了全面提升，广大党员干部干事创业的积极性空前高涨。三是抓基层基础建设。按照“求实效、受欢迎、靠机制、常态化”的思路，围绕“八化”目标，开展了八项工程，即：村干待遇激励化，实施“高飞”工程；经费保障专项化，实施“保障”工程；党员活动定期化，实施“常态”工程；社区党建契约化，实施“共建”工程；城乡党建一体化，实施“帮带”工程；“两新”党建标准化，实施“规范”工程；机关党建规范化，实施“先锋”工程；党建工作项目化，实施“管理”工程。通过八化工程，进一步激发了基层党组织强服务、谋发展、保稳定的主动性和积极性，为保证市委、市政府重大决策的贯彻落实和推动各项工作任务的完成发挥了重要作用。四是抓工作作风转变。坚持标本兼治、综合治理、惩防并举、注重预防的方针，将党风廉政建设牢牢抓在手上。深化党风廉政建设责任制，充分发挥带动作用，一级抓一级，层层抓落实；加大廉政教育力度，对全市副科以上干部进行各种形式的廉政教育培训；紧密结合中央开展的群众路线教育实践活动，认真贯彻中央八项规定，坚决反对“四风”，全面改进干部队伍工作作风；加强农村基层党风廉政建设，进一步健全农村“三资”管理制度，积极推进农村财务和“三资”规范化管理；严肃查处了一批发生在群众身边的违纪违法典型案件。通过一系列措施，为全市转型跨越发展净化了环境，提供了保障。

纪念建党九十二周年表彰大会

张兰古玩城招商引资暨十三届古玩精品展示活动

领导干部能力提升班新型工业转型发展专题研修班举行开班典礼

县委书记丁学钦指导森林防火工作

昔阳县

近年来，昔阳县始终把党的建设作为发展的第一驱动力，围绕“举龙头，抓关键，夯基础，搞创新，促联动”的工作思路，坚持思想、组织、作风、队伍、制度、廉政建设同步推进，党建工作的科学化水平不断提升。在思想建设上突出学习弘扬践行大寨精神。县委出台了《学习弘扬践行大寨精神的实施意见》，把大寨精神作为推动昔阳发展、加强基层党建的一条主线、一面旗帜，贯穿于全县工作方方面面，用大寨精神打造昔阳发展的核心竞争力，构建昔阳干部群众的核心价值观。用大寨精神加强党建、解放思想、推动发展。

县委副书记、县长王根元参加县检察院民主生活会

在组织建设上，突出配强各级领导班子。从县直机关选派了120名干部担任农村“第一书记”或副书记。选拔23名村干部担任乡镇党委委员。组建了非公经济党组织，实现党的组织和党的工作在非公经济中的全覆盖。坚持科学的选人用人标准，进一步优化全县干部队伍结构。大力推行公推直选，对乡镇和县直单位的部分正副职岗位进行竞争性公开选拔，积极探索行政与事业、县直与乡镇干部之间的流转渠道。

在作风建设上，突出抓好干部住村工作。深入开展以“践行大寨精神，转变干部作风，推动农村发展”为主题的干部住村包扶“十个一”活动，全县500多名科级干部人人包村，一包三年，包增收、包民生、包稳定，并实行一年一考核，三年要交账，在实践中锤炼干部作风。

昔阳县非公经济组织党建工作会议

在队伍建设上，突出提升各级干部能力。采用“走出去学、请进来教”方法，多批次组织干部到山东、江南和我省的长治、晋城、汾阳等地考察学习培训，坚持每月两次的干部集中教育培训，先后和省委党校、山西大学等高校建立合作关系，邀请专家、教授为全县干部授课。通过“大学习、大培训、大锻炼”，有效提升各级干部的综合能力。

在制度建设上，突出保持党组织创新活力。围绕“出实招、办实事、求实效”的工作原则，探索建立了一系列基层党建新机制。不断改进和完善领导干部考核评价机制，加大干部考核力度。实行“群众事务网格化党员代理服务”新机制，实施了“百村千人万户”党员代理活动，全县万余名党员活跃在679个网格内为群众代言、代理、代办。不断完善“两保三带四规范”农村党建新机制，在“三带模式”上拓宽视野，在“两个保障”上提高标准，在“四个规范”上发挥作用，着力解决农村“无人管理、无人办事、无章理事”的问题。全面推行党务公开。提出了“一务带六务、七务全公开”，以党务公开为龙头，发挥“阳光”效应，统领和带动团务、政务、村务、企务、医务、校务公开，形成了全方位、多层面、宽领域的“七位一体”大公开格局。

2012，昔阳县领导干部镇江培训班开班仪式

在廉政建设上，突出对中央八项规定的贯彻落实。县委、县政府制定出台了《昔阳县进一步贯彻落实中央八项规定的实施细则》，实施细则共9大项25条，对公务接待、会议活动、公车管理、新闻报道、文件简报、工作纪律、举办各类家庭活动、规评比达标活动、发放奖金福利等方面内容进行了具体规定。县纪委也围绕整治大吃大喝之风、公车管理等方面制定了一系列规定，积极推进农廉网建设等廉政活动，真正实现了靠制度规范对各级领导班子和干部队伍的监督管理，有效地转变了全县干部作风，优化了发展环境。

社会网格化管理中心

全国"一村一品示范村"桃林沟村

阳泉市郊区

东村蔬菜大棚

2012 年，阳泉市郊区区委、区政府带领全区人民，以科学发展观为统领，以富民强区为目标，以转型跨越为主线，抢抓转型综改试点区重大政策机遇，经济社会各项事业取得了显著成绩。

经济平稳较快发展。全区生产总值完成 71.66 亿元，增长 9.7%；财政总收入完成 12.02 亿元，增长 19.9%；规模以上工业增加值完成 26.32 亿元，增长 16.1%；固定资产投资完成 56.1 亿元，增长 34%；农民人均纯收入完成 9203 元，增长 14%。在全市县区综合考核中位居第一。

重点工程顺利推进。全区共引进百万元以上经济技术合作项目 69 项，签约金额 413.4 亿元，到位资金 62.4 亿元。其中，保安煤矿顺利完成转产验收，冀东水泥一期项目实现试生产，华越机械、氧化铝二期等重点项目已成为新的经济增长极。

"三农"工作成效显著。义东沟、西南舁等 10 个新农村建设试点村全部达到"十个有"(产业、公园、自来水、洁净气、硬化路、亮化街、幼儿园、保健所、农家店、文化广场)和"六个一"(一项稳定收入、一部电话、一台数字电视、一辆机动车、一份养老金、一套整洁房)标准。当年确定的 24 个省级重点推进村"四改四化五个一"工程全部完工。新增温室大棚 304 亩、果品 2000 亩，新建规模养殖小区 10 个，生猪出栏 7 万头，蛋鸡存栏 180 万只。全省"一村一品"专业村增加到 18 个。桃林沟村荣获全国"一村一品示范村"称号。2012 年，被评为全省"农民增收先进县区"。

新城大道开通

翠峰山景区

城建环保再创新绩。双营路竣工通车，漾泉大道一期和南区新城主干道建设工程进展顺利。荣获省级“重点公路建设先进县区”称号。生态建设力度加大，全区共完成各类造林面积 3.3 万亩，水土流失治理面积 14 平方公里，森林覆盖率达到 27.32%，环境空气质量优良率达到 92.9%。

社会事业全面进步。优质教育联盟创建活动启动实施，义务教育标准化建设实现全覆盖。“美丽之春” 郊区首届春晚成功举办。郊区荣获全省“农家书屋全覆盖优秀县区”称号。区档案新馆建成并投入使用。区人民医院新建成全市首套远程诊疗系统，实现新农合“一卡通”。200 户危房改造全面完工，第一批廉租房分配到户。区财政支出 120 万元为下岗再就业职工和登记失业人员缴纳医疗保险，支出 100 万元提高五保供养标准，为二级以上残疾人共发放救助金 118 万元。

现代农业

菊花园小区

兆丰铝业

小河村全景

平顺县

省长李小鹏在中南铁路平顺段视察工作

长治市委书记马天荣在平顺调研

长治市委副书记、市长席小军在平顺调研

2013年,平顺县委紧紧围绕全省转型跨越发展的战略部署,按照市委、市政府实施“五五”战略、率先全面小康的发展思路,抢抓综改机遇,突出工作重点,全力建设全国一流旅游目的地、新型工业产业园区和全国生态建设示范区,打造宜居宜业宜游美丽平顺,经济社会各项事业稳步发展,全县呈现出政治安定、社会稳定、经济发展、人心思进的良好局面。

一是项目建设快速推进。平顺县认真贯彻落实省市“项目推进年”总体部署,坚持“六位一体”项目推进机制,统筹加大项目储备、签约、落地、开工、建设、投产力度,项目储备235个,总额累计完成1610亿元;项目签约14个,总额累计完成81.36亿元;项目落地55个,总额累计完成40.2亿元;项目开工90个,总额累计完成27.5亿元;项目建设86个,共完成投资35.02亿元;项目投产46个,完成投资总额81.92亿元。在项目建设的带动下,各项主要经济指标稳步增长。2013年,全县生产总值完成23.83亿元,固定资产投资完成26亿元,财政总收入完成16008万元,城镇居民人均可支配收入达到17240元,农民人均纯收入达到4229元。

二是产业素质全面提升。旅游产业方面着重抓好了红色西沟、神龙湾、太行水乡景区整合开发,通天峡景区项目一区工程,太行新天地旅游风情小镇,北方汉文化主题生态博物馆,旅游产业配套设施五大旅游项目;新型工业方面着重抓好航天工业园区和高新技术产业园区两大产业园区的建设;农业产业化方面着重抓好50万亩中药材种植GAP基地和中药饮片加工、平顺大红袍开发有限公司农副产品配送中心及扩建两个农业产业化主导产业,全力推进了全县支柱产业不断发展壮大。

县委书记吴小华

县长秦军

三是生态建设高位求进。共完成森林绿化任务7.62万亩，超省、市下达目标任务2.06万亩，完成“两网”提档70公里，“双育”增效5万亩，“双保”安全181.76万亩；完成种苗生产4100亩，四旁植树67万株。同时，为推动林业产业开发，促进农民增收，全县自定经济林建设任务3.5万亩全部完工。

四是民生福祉持续改善。率先在全市无煤县中实现集中供暖，供热面积达到60万平方米，虹梯关提水工程竣工通水，县城居民吃上了优质的山泉水；13栋587套保障性住房、滨河湾花苑小区等项目主体工程全面完工；长平高速全线通车，国道平顺至长治二级公路的控制性工程基本完工，群众反映强烈的幼儿园短缺问题得到有效改善，民生事业得到进一步发展。

五是安全形势平稳向好。有效整合县、乡、村、组四级矛盾纠纷排查和县、乡、村三级国家安全人民防线力量，加强对矛盾纠纷信息的收集、汇总、上报力度；全面开展了以加强安全生产、维护社会稳定为内容的专项行动，严厉打击非法违法生产经营建设行为；坚持实行县级领导包乡镇、乡镇领导包片、一般干部包村的矛盾纠纷逐级包保制度，畅通诉求渠道，推动信访积案化解，全县社会大局保持和谐稳定。

通天峡

纪兰饮料公司核桃原浆改扩建项目

生态绿化

劳模文化广场全景

高平市

省委书记袁纯清带队在高平市凯永生态循环农业园区观摩

2013年，高平市新一届市委领导班子在省委省政府、晋城市委市政府的正确领导下，深入贯彻党的十八大和十八届三中全会精神，团结带领全市干部群众，以“一争三快两率先”为统领，认真贯彻“456”工作思路，坚持稳中求进工作总基调，全面推进经济、政治、文化、社会和生态文明建设，扎实推进党的建设新的伟大工程，各项工作取得新突破、新进展、新成效。

1、认真学习贯彻中央精神，发展目标方向有了新定位。坚持把学习贯彻党的十八届三中全会和习近平总书记系列重要讲话精神作为首要政治任务，加强领导，精心部署，先后十多次召开中心组学习会议、市委常委扩大会议集中学习。各级各部门采用多种形式，精心组织，认真学习，在全市兴起了学习宣传贯彻的热潮。围绕学习贯彻中央精神，市委审时度势、果断决策，明确提出了“456”工作思路，确立了“打造炎帝故里、建设大美高平、挺进全国百强”的奋斗目标。“4”，就是“瞄准四句话目标”：唤起民众千百万、齐心协力创大业，新起点上谋跨越、挺进全国百强县。“5”，就是狠抓五方面工作：狠抓安全生产、狠抓重点项目、狠抓城市建设、狠抓生态绿化、狠抓环境整治。“6”，就是落实“六必须、六带头”的要求。围绕“456”工作思路，确立了“通过六种途径，打造炎帝故里”、“办好六件大事、建设大美高平”、“开辟三大基地、挺进全国百强”的实现路径，精心组织并扎实推进了城市建设、重点项目、信访稳定“三大战役百日攻坚”大会战。全市上下发展定位更加准确，发展思路更加清晰，发展方向更加明确，凝聚起了“新起点上谋跨越、挺进全国百强县”的强大社会合力。

市委书记张玉宏（中）调研城市建设

市长杨晓波（左二）督查森林防火工作

2、有效应对经济下行压力，转型跨越发展取得新成效。一是经济指标平稳增长。全市地区生产总值完成235亿元，同比增长8.1%；公共财政预算收入完成12.6亿元，增长6.1%；固定资产投资完成139.7亿元，增长33.4%；城镇居民人均可支配收入和农民人均纯收入达到23883元、9771元，分别增长12%、13%。二是城乡建设加快推进。大力实施粮食丰收工程，全年粮食总产2.45亿公斤，再创历史新高，成为山西省粮食生产先进县。加快发展生猪、蔬菜两大主导产业，启动了农村集体经济破零攻坚、“廉洁乡村、制度乡村、富裕乡村”建设工程，农民群众自我增收致富能力显著提升。全面铺开了以“打造丹河景观、建设两条道路、集中绿化四座山、打通城外大循环”为重点的15项城建重点工程，丹河景观建设、神农路南延、七佛山绿化提升、锦华街建设、城市集中供热等工程进展顺利。三是城乡生态明显改观。大力实施造林绿化工程，新增绿化面积1.37万亩，被省政府授予“省级林业生态市”称号。扎实推进节能降耗减排工作，大气环境质量稳中向好。四是着力办好民生实事。积极创建省级创业型城市，城镇新增就业岗位6071个。投资500余万元，实现市区

马村珠电化工业园区

公交车乘坐全免费。开工建设保障性住房3000套。加快推进"双供"工程，扎实开展城乡卫生清洁工程，全面完成农村街巷亮化工程任务，成为山西省农村街道亮化先进县。五是高度重视安全生产。牢固树立安全高于一切、安全重于一切、安全大于一切的理念，扎实抓好思想教育、隐患排查、严处重罚、机制建设，着力推进十大领域安全整治，建立健全了安全生产长效机制和突发事件应急体系，安全生产形势保持总体平稳。六是全力抓好信访稳定。认真开展大排查、大接访、大调解工作，扎实开展进京非访专项整治，化解了一批信访疑难案件，促进了信访工作规范化、科学化、制度化。加快三级社会管理服务中心建设，大力实施"六六创安"工程，深入开展"打黑除恶"专项行动，人民群众安全感和满意度不断增强。

3、加强宣传思想民主政治建设，精神文明建设和依法治市水平上了新台阶。一是加强思想道德建设。广泛开展中国特色社会主义宣传教育，大力加强公民思想道德建设，积极培育和践行社会主义核心价值观。围绕创建省级文明城市，深化群众性精神文明创建活动。二是营造良好舆论氛围。强化舆论引导，加强社会热点问题正面引导和舆论监督，全面宣传、展示经济社会发展成果。三是大力推进文化惠民。持续推进文化低保工程，不断推出文艺精品，打造了一批以《西沟女儿》、《深山腊梅》等为代表的精品力作。四是发展壮大旅游产业。加大炎帝陵修复开发力度，建国以来群众翘首期盼的炎帝陵修复保护工程已经破土动工，年内可基本建成。成功举办了台湾炎帝神农文史学会"中华神农文化寻根之旅"活动。五是积极推进民主政治建设。支持市人大及其常委会依法履行职责，充分发挥地方国家权力机关作用。支持和保证人民政协积极履行政治协商、民主监督和参政议政职能。扎实抓好"六五"普法教育。加强民兵预备役工作，国防动员能力进一步加强，军民融合式发展进一步提升。

4、坚持党要管党从严治党，党的建设科学化水平得到新提升。一是学习型党组织建设扎实推进。健全完善市委中心组学习制度，全年组织集体学习12次，扎实开展"干部素质提升年"活动，以高平大讲堂等为载体，大规模、多层次、专业化培训干部，共培训干部1万余人次。二是领导班子和干部人才队伍建设得到加强。坚持靠制度管人管事，制定了市委中心组学习、党建工作责任、重大事项决策等十项制度，不断提高市委班子科学决策水平和总揽全局的能力。按照"四项原则、五个导向、六个把关"的要求，扎实推进"六个一批"干部选用工作，采取有限性竞争选拔、公推遴选等方式，选拔了15名乡(镇、街道)党(工)委副书记、10名专业技术岗位科级干部，安排5名干部到省、晋城市对口单位上挂锻炼，选派16名机关干部到农村任"第一书记"。三是基层组织建设不断提升。着力推进"六个强化、六大工程"，评选五星级党组织86个，培训农村干部6000余人次，机关党建走在前、社区网格化管理、农村集体经济破零攻坚、非公经济组织党建提升等工程破题推进。四是党风廉政建设取得明显成效。严格落实党风廉政建设责任制，围绕上级重大政策、全市重点工程、重要工作的落实开展监督检查，纠正问题60多个，核减节约财政资金1127万元；围绕中央八项规定和反"四风"的要求开展监督检查，全市主要公务支出平均下降40%以上；严肃查处违纪违法案件，全年共立查案件62件，其中大要案10件，给予党政纪处分67人，涉及乡科级干部3人，移送司法机关4人，保持了惩治腐败的高压态势，营造了风清气正的政治环境。

高平市经济适用住房

兰花华润制药

唐一新能源锂离子动力电池项目

融高太阳能开发有限公司

江苏雨润集团高平新胜肉类食品有限公司

长平苑

晋城经济技术开发区

富士康(晋城)科技工业园党委揭牌

联合国环境规划署专员调研晋氏织造

中共晋城经济开发区非公有制经济组织工作委员会挂牌成立

2012年,晋城经济技术开发区在晋城市委、市政府的正确领导下,全面贯彻落实中央和省委、省政府的各项决策部署,围绕"确保翻两番,冲刺一百亿"的奋斗目标,抢抓综改试验区和中原经济圈建设机遇,狠抓招商引资项目落地,加速新兴产业工业园开发进度,着力提高产业层次,壮大高新技术产业,着力推进旧村改造,提升区域城市形象,着力创新体制机制,优化投资服务环境,着力扩大就业,发展社会事业,推动居民增收和民生改善,勇当全市转型跨越排头兵,晋城经济技术开发区建设工作和经济各项工作取得长足的进步。

2012年,全区地区生产总值完成50.28亿元,同比增长58.35%;工业总产值完成99.68亿元,同比增长41.85%;工业增加值完成32.4亿元,同比增长30%;财政收入累计完成5.7亿元,同比增长30.3%;海关统计外贸进出口完成8.2亿美元,同比增长10%;高新技术产业增加值完成28.78亿元,同比增长28%;利用外资1.96亿美元,同比增长43%;固定资产投资完成32.5亿元,同比增长62.5%。连续3年在全省省级开发区综合经济指标考核中排名第一,连续5年实际利用外资排名省级开发区第一,连续3年外贸进出口排名省级开发区第一。在2012年度全省开发区经济发展水平考核中晋城开发区排名第一。荣获"投资环境综合评估先进单位"、"全省先进开发区"等称号。

晋城经济技术开发区战略定位为"深化改革先行区、扩大开放引领区、新兴产业聚集区、创新要素聚合区"。到2015年实现地区生产总值100亿元,财政收入15亿元,招商新增项目投资100亿元,新兴产业规模扩大,逐步形成光机电精密制造、汽车零部件铸造、先进煤机装备制造、新能源、新材料等一区多园的产业发展格局,力争成为引领区域发展的示范区,成为晋城市最具生机活力的经济增长极,成为晋城乃至山西对接中原经济圈的重要桥头堡和对外开放的最靓丽窗口。

富基新材料有限公司

乐百利特有限责任公司

兰花汉斯有限责任公司

规划建设中的皇城相府中道能源高效锂电池工业园

富士康(晋城)科技工业园生产车间

富士康晋城科技工业园

华美瑞泽公司生产车间

晋城经济技术开发区金匠工业园区效果图

金鼎煤机制造园成套制造中心

开发区全貌图

临汾市

省委书记袁纯清在临汾调研

省长李小鹏在临汾调研

2012 年，在省委、省政府的正确领导下，市委深入贯彻落实党的十八大精神，按照省委“办好两件大事，推动转型跨越，再造一个新山西”的战略部署，团结带领全市干部群众，举大事、谋全局，抓投资，稳增长，保民生、促稳定，主要经济指标保持较快增长，改革发展安全稳定各方面工作总体向好，临汾发展站在了新的历史起点，呈现出转型跨越的良好态势。

市委始终坚持把加强党的建设作为推动转型跨越的坚强保障，积极应对“四大考验”，切实防范“四大危险”，不断提高党建工作科学化水平。

一是加强思想政治建设。把学习宣传贯彻十八大精神作为首要政治任务，举办市管干部集中轮训班，在全市迅速兴起学习贯彻的热潮。深入开展保持党的纯洁性学习教育活动，广大党员普遍受到一次深刻的党性教育。围绕“四强一好”加强领导班子思想政治建设，不断提升各级班子的能力和素质。进一步规范各级党委（党组）中心组学习，市委中心组带头组织集体学习 13 次。

市委书记罗清宇在调研转型发展

市委副书记、市长岳普煜在企业调研

二是加强干部队伍建设。加大干部教育培训力度，依托清华大学、西安交大等院校举办了8期干部高端培训班，分批次选派222名干部外出挂职锻炼。进一步匡正选人用人导向，分5批调整县级领导干部25名，全省组织工作满意度民意调查总满意度分值位居全省第三。深入推进"人才兴市"战略，启动实施"千百万"人才工程，打通人才引进的"绿色通道"。

三是加强基层组织建设。按照"基层组织建设年"的要求，扎实推进"争两先创五好当先锋"活动，启动实施了"七个一"行动计划，探索建立了书记"面对面"、基层干部"四挂钩"等基层组织建设长效机制，农村"领头雁"行动和机关党建"走在前头"行动深入开展，非公经济组织党组织集中组建任务全部完成，基层组织的凝聚力、战斗力、创造力显著增强，涌现出了"全国创先争优优秀共产党员"解黎明，全国优秀党务工作者、"团职村官"张建国等先进人物。

四是加强反腐倡廉建设。狠抓廉政教育监督，深入学习贯彻《廉政准则》，建立起22个廉政教育基地，营造了良好的廉洁从政氛围。狠抓规范权力运行，健全"四级"监督管理责任机制，深化工程建设领域突出问题专项治理，扎实开展公车清理和"小金库"治理，继续整治公路"三乱"和教育、卫生行业不正之风，解决了一批群众反映强烈的突出问题。狠抓防控廉政风险，探索"制度+科技+创新"工作模式，启动建设了行政审批及公共资源交易电子监察系统，从源头预防和治理腐败。狠抓惩防体系示范网建设，投入1.2亿元启动建设临汾市行政服务监察中心，着力打造全省一流的"一网多平台"监督体系。狠抓案件查办，全市纪检监察机关共受理信访举报1139件，立、结案件1094件，处分1112人，挽回经济损失186.71万元，营造了风清气正的社会环境。

市县党委书记抓基层党建工作"面对面"述评会

市委组织部"新春走基层"座谈会

曲沃千万吨钢铁基地

浮山杏鲍菇生产

侯马新百佳电子科技有限公司

洪洞县恒富美尔美陶瓷生产线

尧都区

省委书记袁纯清在山西光宇电源有限公司指导工作

省委书记袁纯清在尧都区检查指导

省长李小鹏在尧都区调研工作

尧都区位于山西省南部，是临汾市的政治、经济、文化和商贸中心。全区总面积 1304 平方公里，辖 6 乡、10 镇、9 个办事处，372 个行政村、50 个社区居委会，总人口 95 万。

转型跨越，风劲三晋。近年来，尧都区认真贯彻落实党的十八大精神，紧紧围绕转型跨越发展的总要求，充分利用好“百里汾河新型经济带”这一平台，奋力进取，真抓实干，全区经济社会继续保持良好发展势头。2012 年，全区生产总值完成 247.9 亿元，同比增长 10.2%；固定资产投资完成 178.7 亿元，同比增长 35.8%；财政收入完成 32.8 亿元，同比增长 7.1%；城镇居民人均可支配收入完成 21614 元，增长 14.2%；农民人均纯收入完成 8912 元，增长 15.6%。

项目建设成效显著 按照省委、省政府“六位一体”工作要求，严格落实“一个项目、一名领导、一套班子、一抓到底”的“四个一”机制，全面打响了“百项千亿”项目建设攻坚战。2013 年，全区共铺摆重点项目 153 个，总投资 1061 亿元，年度投资 206 亿元。目前，投资 15 亿美元的临汾奥特莱斯芭蕾雨项目正在建设；投资 50 亿元的中国五矿西里北铁矿项目，太原煤气化 300 万吨焦化项目已确定落户贾得工业园区，即将启动实施，建成后将成为全区乃至全市经济发展的新引擎。

现代农业蓬勃发展 紧紧围绕农民增收这一目标，坚持用工业化的理念抓农业，着力打造 30 万亩核桃、10 万亩设施蔬菜和 15 万亩优质水果基地建设，2012 年核桃栽植面积完成 8.8 万亩，新增面积全省第一；设施蔬菜面积达 5 万

临汾市委书记罗清宇在尧都区调研

临汾市委书记罗清宇、市长岳普煜在尧都区调研

亩，优质水果面积达12万亩。同时，新农村建设46个重点推进村和两个连片区规划建设任务全面完成，农民生产生活环境得到进一步改善。

城乡面貌焕然一新 按照省委“一核一圈三群”的总体构想，着力建设市域城镇化、城乡生态化的新尧都。重点推进投资37.9亿元，治理面积达22.4平方公里的涝洰河生态治理工程，将打造成汾河、涝河、洰河三河一体、文明宜居的生态新城，形成“百里汾河新型经济带”上的崭新亮点；全力实施投资77亿元的“八纵四横”12项道路工程，启动尧庙镇乔村、郭村等10个城中村改造工程，进一步改善城乡面貌，提升发展品质。

社会事业持续进步 投资50亿元全面完成两轮“五个全覆盖”工程，狠抓“农村五件实事”；投资17.8亿元开工建设6600套保障性住房；投资3.2亿元的东城医院主体完工；投资7200万元的十轨制的东城学校已经投入使用。同时，高度重视信访稳定工作，加强和创新社会管理，积极扩大社区“网格化”覆盖面，实现了民生服务“零距离”。

山西同世达煤化工集团

百里汾河尧都生态产业园智能温室

山西光宇电源有限公司大型LED照明生产线

山西临汾热电有限公司

古 县

2012年，古县县委坚持党建工作、经济工作两手抓、两促进，围绕转型跨越发展建班子、强队伍、打基础、聚人才，基层党建工作科学化水平不断提高。

深入学习宣传贯彻十八大精神。把学习宣传贯彻十八大精神作为首要政治任务，县委常委带头到基层联系点和分管领域宣讲辅导。举办专题培训班，对101名科级干部、251名农村“两委”主干及大学生村官进行集中轮训。各级各部门加强组织领导，以十八大精神统一思想、激发干劲，形成了学习宣传贯彻十八大精神的浓厚氛围。

思想政治建设成效显著。充实完善领导班子思想政治建设“四加强三提升”活动内容，大力开展“对党忠诚”教育，探索建立“两办两挂两讲坛”干部教育培训机制，修订完善《县委工作制度》等制度规则，广泛开展各层次谈心谈话活动，狠抓纪律作风建设，取得了明显成效。同时，深入开展保持党的纯洁性学习教育活动，围绕“学、查、改”，突出抓好“十个一”，达到了提升党性修养、促进各项工作的目的。

干部队伍建设持续加强。选派116名干部赴省委党校、潍坊干部学院学习培训，选派13名干部赴威海挂职锻炼，组织257名干部赴杨凌、寿光、孝义等地考察学习，邀请10余位国内知名专家学者来古县开设专题讲座，使全县各级干部的素质和能力得到进一步提升。不断加强干部日常监督，修订完善《年度目标责任考核奖励办法》，形成正确导向。认真落实中央“八项规定”，继续推进“干部下乡住村包村增收”活动，在广大干部中形成了改进工作作风、密切联系群众的良好风气。

基层党组织建设扎实推进。深入开展“基层组织建设年”活动，283个基层党组织全部“定级晋位”，178个非公经济组织实现党建全覆盖，111个行政村的“两委”主干全部参加“领头雁”培训，100万元贷款贴息资金专项用于大学生村官创业，“四议两公开”、“两定一查三评”等制度和“文建明工作法”有效落实，进一步提升了基层组织的凝聚力和战斗力。

党风廉政建设和反腐败斗争取得新成效。认真落实党风廉政建设责任制，着力构筑教育、监督、改革、制度建设为一体的惩防体系。加强对重大决策部署落实情况的监督检查，继续推进煤焦领域、工程建设领域突出问题专项治理，深入开展狠刹“三股歪风”和整治吃拿卡要专项行动，切实解决广大群众反映强烈的突出问题。

县委书记李菲调研基层党建工作

县长李强调研农业工作

古县领导班子思想政治建设活动推进会

组织党员致富能手外出学习参观

俯瞰古县县城

稷山县

2013年，稷山县委、县政府按照省委书记袁纯清视察稷山时的重要指示精神，深入贯彻落实市委、市政府重大战略部署，以党建引领发展，以党建推进发展，全力以赴上项目、凝心聚力抓转型、只争朝夕谋跨越，全县经济建设和社会事业发展等各项工作取得了新进展。

发展“一县一业”，建设全国一流的特色板枣基地和蛋鸡养殖基地。采取区域化布局、标准化生产、品牌化提升、枣文化融合的“四化”举措，2013年全县板枣面积达到15.3万亩，总产达到5000万公斤，产值突破6.3亿元，枣农人均收入9000元；投资一亿元的晋龙饲料集团蛋鸡养殖科技园项目开工建设，全县蛋鸡存栏达到850万只，继续保持全省前列。9月份，成功举办了山西稷山第四届板枣科技文化活动周，培训枣农2000余人次，投资交易额1.28亿元，央视《乡约》栏目录制了专题，面向全国播出。

加快项目推进，建设全省独特的纸包装文化产业园区和西社新型煤焦化产业园区。全县确定重大项目95项，截至10月底，重点项目“六为一体”指标完成在运城市综合排名第5，完成开工39.2亿元，占比104%。西社工业园区被省政府确定为“新型工业化产业示范基地”，“七通一平”等基础设施建设已全部到位。9月6日与阳煤丰喜合作投资19.2亿元的“3052”项目开工建设；翟店纸包装文化产业园区道路、排水、园区标志性雕塑已经完成，研发中心及现有企业厂区改造方案全部敲定，园区基本成形。

着力改善民生，建设全市区域医疗卫生服务中心和河东文化科教强县。制定了“一轴两带三圈”稷王文化名城建设规划，正在全力实施；启动了与国内知名医院远程会诊系统，确定了投资2亿元的城东新区医院建设项目；高考二本B类达线人数达到796人，实现“五连增”，投资6000万元的城市综合体“四馆一中心”投入使用。

注重生态建设，建设汾河之滨人居环境优美大县城。完成稷王文化名城、滨河公园等建设规划，总投资12.98亿元，重点实施汾河生态公园建设等20项精品工程，城市绿化覆盖率达到36%，人均公共绿地面积达到7.8平方米。

县委书记乔登州在庙岔村走访群众

县长李亚丽在城郊万亩板枣观光园调研

开启与阳煤丰喜集团合作新篇章

县医院党支部组织业务骨干下乡为村民义诊

稷王现代农业示范园日光温室花卉种植

花园式企业——永东化工公司

美丽如画的民乐园人工湖

省委书记袁纯清在农业博览会上参观闻喜花馍

市委书记王茂设在银光集团调研镁合金轮毂项目

县委书记张汪尤慰问村干部和农村党员

闻喜县

2013年，在省、市委的正确领导下，闻喜县紧紧围绕加快建设“工强农富、生态宜居、文明和谐、公正开放”新闻喜这一目标，大力实施“谋发展、惠民生、促和谐、树新风”四项任务，继续引深作风建设年、项目建设年活动，努力在工业转型升级、现代农业发展、城镇化有序推进、文化旅游繁荣、民生持续改善、生态文明建设、社会管理创新以及招商引资八个方面实现突破，各项工作都取得了新进展、新突破。

一、经济实力稳步提升。1—9月份，全县地区生产总值完成80.96亿元，同比增长5.5%；规模以上工业增加值完成38.4亿元，增长4.7%；财政总收入完成4.55亿元，增长7.2%；一般预算收入完成1.95亿元，增长8.6%；固定资产投资累计完成446779万元，增长16%；社会消费品零售总额完成249191万元，增长14%；城镇居民人均可支配收入预计达到16431.4元，增长18%；农民人均现金收入预计达到7725.8元，增长23%。

二、项目建设加快实施。全县共确定建设项目58个，总投资192亿元。其中，省市重点建设项目37个，总投资153.8亿元，宏业玻璃、象丰肉鸡、再生铝合金等3个项目已建成投产；鑫宇豪塑料容器、森特二期、康培苗木等27个项目正在加紧实施，晋丰120万吨硝基复合肥、桐乡500KAV变电站、大唐国际风电等7个项目正在有序推进。同时，着力

市、县领导参加城西工业园奠基仪式

县委书记张汪尤在企业调研玻璃产业发展情况

抓好招商引资工作，成功引进恒达镁业、金阳光蓄电池二期等 26 个项目，成功签约红叶风电、凡客诚品等 15 个项目。

三、"三农"工作稳步推进。坚持用工业化理念抓农业，靠产业化经营促增收，千方百计调整优化"粮食、林木、干果、药材、畜牧"主导产业。截至 9 月底，全县农民专业合作社达到 665 个，农副产品加工企业达到 139 家；林木种苗发展到 4 万亩，干果经济林发展到 8.35 万亩，中药材发展到 9.5 万亩，标准化规模养殖场达到 186 个；全县"一村一品"特色专业村发展到 84 个。

河底镇大尾沟村的花椒基地

四、社会事业协调发展。前三季度，在财力十分紧张的情况下，用于民生领域的资金投入达到 7.8 亿元，比上年增长 7.7%。新增城镇就业 5180 人，转移农村劳动力 8246 万人，城镇登记失业率控制在 0.26% 以内；中小学教育布局基本完成，高考两大类达线 515 人，再创历史新高；县乡村三级医疗卫生机构达标率达到 93%。

后宫乡三河口村反季节蔬菜基地

五、党的建设全面加强。按照"围绕发展抓党建，抓好党建促发展"的工作思路，认真落实抓班子、带队伍责任，加强和改进党的建设。一是深入学习党的十八大精神，不断加强广大党员干部的思想政治建设；二是进一步引深基层组织建设年和"双五"强基工程，落实"五七三三"基层党建工作机制；三是创新实施"六三"考核工作模式，对年度目标任务、重点项目和重点工作进行量化分解。

开展面对面亮诺问政活动

侯马经济开发区

省委书记袁纯清在开发区观摩检查

省委副书记、省长李小鹏检查指导开发区工作

2012年，侯马经济开发区认真贯彻落实党的十八大精神，经济发展和党的建设取得好成绩。

国内生产总值完成29.38亿元，同比增长36.5%；财政收入完成2.35亿元，同比增长17%；固定资产投资完成25.15亿元，同比增长82.8%；引进国内资金36亿元，同比增长38.2%；进出口总额完成2.67亿美元，连续12年保持了高速增长势头。全区企业总数达到710余户，其中规模以上工业企业62户，总部经济、商贸物流、电子商务等648户。

平台作用进一步发挥。方略保税物流中心各项进出口业务实现质的发展，服务实体经济、带动区域经济发展的作用更加明显；加工贸易梯度转移重点承接地的平台效应显著，一大批沿海产业转移项目考察入驻；商务部授牌的"国家电子商务示范基地"平台使电子商务企业在开发区得到集中发展，中国网库山西"电商谷"、恒威新生IDC数据中心、黄河金三角工业品交易中心、澳大利亚思迈斯中小企业在线、敦煌网外贸公共服务平台等国内知名电商企业入驻，有力推动了区域内企业应用电子商务。

招商引资迈出新步伐。全年引进各类项目共137个，其中，独立选址的工业项目8个，入驻标准厂房的工业项目8个，总部经济、电子商务类和商贸物流项目121个。项目数量比上年增长16%，投资额比上年增长63%。

项目建设取得大进展。在承接产业园区，投资38亿元启动推进的"双十"项目工程，全部完成年初目标任务。新百佳数码等10个项目竣工

商务办公园区一角

临汾市委书记罗清宇检查指导开发区工作

临汾市委副书记、市长岳普煜在开发区调研

投产；山西铃木电梯等 10 个项目开工建设。在 CBD 商务办公园区，总投资 20 亿元的 10 大现代服务业项目完成进度目标，2013 年可全部投入使用。完成了东区电网改造、供排水及道路等基础设施建设。启动了职工公寓、惠仁堂中医养生会所等民生工程。

人才工作进一步加强。引进各类人才 达到 390 余名。其中，海外高层次人才 10 余名。建立了 4 个企业研发中心，与引进高科技项目同步，引进了一批行业领军人才进入开发区，成为推动高新电子产业发展的中坚力量。当年开发区人才工作被临汾市委组织部和省委组织部分别评为 2012 年度全市组织工作创新项目和全省人才工作创新项目。

和谐新区建设呈现新面貌。全面落实政府监管责任和企业主体责任，持续开展隐患排查、专项整治、宣传教育和综合整治，安全生产、食品安全、社会治安等全面推进，没有发生一起安全生产事故，没有一起越级上访案件。安排 2200 多名人员就业，重视与当地农村文明共建，形成和谐发展新局面。

以党建工作统揽全局，坚持党建服务发展、以党建促进发展，基层组织建设、党风廉政建设等取得新进展。扎实推进“基层组织建设年”活动，开展了“七个一”活动和非公经济党组织集中组建工作。在对全区机关党组织和非公企业党组织进行了自查和整改的同时，成立了侯马开发区非公有制经济组织工作委员会，采取单独建、联合建、挂靠建等方式，新建了非公经济党组织党支部 9 个，使非公经济党组织党支部达到 18 个，实现了党组织和党的工作全覆盖。进行了一系列教育活动，党员素质得到提高。年初组织党员和机关干部进行了为期一周的集中学习培训，3 月中旬开始，开展了为期半年的保持党的纯洁性教育活动。以促进开发区转型发展为中心，持续开展了“创先争优”活动，优化了“一二三四”品牌服务，深化了制度创新，提高了行政效能，促进了作风转变。坚持持续开展党风廉政建设，认真贯彻执行党的一系列廉政建设规定，为开发区的发展创造了良好的环境。党的十八大召开之后，组织机关全体党员干部认真系统地学习党的十八大精神，并邀请市委讲师团进行专题辅导，促进了党的十八大精神的贯彻落实。

党工委书记毛克明在企业调研

管委主任李山林在惠建科技公司调研

党的纯洁性学习教育活动动员会召开

山西省社会科学院

省委常委、宣传部部长胡苏平莅院调研

院领导带头深入基层调研

与山西传媒学院签订战略合作框架协议

开展党的群众路线教育实践活动

山西省社会科学院是中共山西省委、山西省人民政府直属的正厅建制的事业单位，是全省最大的综合性哲学社会科学研究机构。其前身是 1959 年成立的中国科学院山西分院哲学社会科学研究所（后曾改称山西省社会科学研究所）。1970 年该所建制被撤销。1978 年春恢复建制，称山西省社会科学研究所。1983 年 5 月改为山西省社会科学院。下辖办公室、人事处、科研处、行政处、机关党委、监察室、工会、离退休干部处、图书馆等 8 个内设机构，经济研究所、能源经济研究所、历史研究所、社会学研究所、国际学术交流中心等 5 个副厅级研究所（机构），思维科学与教育研究所、语言研究所、文学研究所、哲学研究所、党的建设与政治法学研究所、马克思主义研究所、晋商文化研究中心等 7 个处级研究所，《经济问题》杂志社、《晋阳学刊》杂志社等两个杂志社，图书馆、五台山研究会共 16 个事业单位，均属财政全额拨款单位；另外还设有旅游经济研究中心、山西城市研究所、《现代消费导报》社、《会计之友》杂志社、《经济师》杂志社、《旅游时代》杂志社、山西学习科学与家庭教育研究中心、建设项目经济社会影响评价中心、司法鉴定研究所等 9 个自收自支事业单位。截止 2013 年底，全院在职职工 252 人，其中管理人员 43 人、专业技术人员 189 人（其中高级职称 78 人、中级职称 91 人，博士 9 人、在读博士 9 人、硕士 60 人）。

近年来，在省委、省政府的正确领导下，在全社会的大力支持下，院党组带领全院科研人员和干部职工紧紧围绕中心、服务大局，改革创新，抢抓机遇，围绕建设省级一流、国内知名的社会主义新智库的目标，遵循为省委、省政府决策服务，为推动经济发展和社会全面进步服务，为人民群众生产生活服务的宗旨，贯彻和谐建院、民主治院、开门办院、改革强院、科研兴院的方针，大力推进以学科建设、人才培育、精品打造为主体的“十大工程”，各项工作取得显著进步。

2013 年，省社科院认真贯彻执行中央八项规定和省委四个实施办法，积极转变工作作风，扎实开展党的群众路线教育实践活动，率先在全省启动实施哲学社会科学创新工程，连续四年面向全社会组织实施“山西经济社会发展重大课题”，院级课题和青年课题已取得阶段性成果。与此同时，继续编撰、发布《山西经济社会发展蓝皮书》，大力推进事业单位改革和岗位竞聘工作，加快旧院整体改造和新院建设步伐，全院上下风清气正，凝神聚力，努力担当好省委、省政府“思想库”、“智囊团”和“参谋部”的光荣使命。

2013 年是省社科院建院 30 周年，全体社科人决心以此为新的起点，继续高举马克思主义旗帜，坚持哲学社会科学研究围绕中心、服务大局、推进地方经济社会发展方针，充分发挥认识世界、传承文明、创新理论、咨政育人、服务社会作用，立足山西，面向全国，以学科齐全，人才集中，资料丰富的优势，在我省改革开放和现代化建设进程中，进行创造性地理论探索和政策研究，拿出高质量、高水平的研究成果，为省委、省政府决策提供理论支撑与智力支持，为全省经济社会发展贡献力量。

图书在版编目（CIP）数据

中共山西年鉴·2013 / 中共山西省委主办；中共山西省委党史办公室编. —北京：中央文献出版社，2013.12

ISBN 978—7—5073—4002—0

Ⅰ.①中…　Ⅱ.①中…　Ⅲ.①中国共产党—工作—山西省—2013—年鉴　Ⅳ.①D 235.25—54

中国版本图书馆CIP数据核字（2013）第308913号

书　　名：中共山西年鉴（2013）

主　　办：中共山西省委
编　　者：中共山西省委党史办公室
责任编辑：王春明
出　　版：中央文献出版社
社　　址：北京市西城区前毛家湾1号
邮　　编：100017
印　　刷：山西省煤炭地质制图印务中心
开　　本：1/16
字　　数：2040千字
印　　张：51.25
印　　数：1-3000册
版　　次：2013年12月第1版
印　　次：2013年12月第1次印刷

如有印刷质量问题与年鉴服务部侯艳彪联系调换，电话：0351-6695690

ISBN 978—7—5073—4002—0
定　　价：350.00元（精装）